中国文物地图集

广西壮族自治区分册

（上）

国家文物局主编

文物出版社

图书在版编目（CIP）数据

中国文物地图集. 广西壮族自治区分册/国家文物
局主编. --北京：文物出版社，2021.12
ISBN 978-7-5010-7257-6

Ⅰ.①中…　Ⅱ.①国…　Ⅲ.①文物－地图集－中国
②文物－地图集－广西　Ⅳ.①K870.2②K872.67

中国版本图书馆CIP数据核字(2021)第217497号

审图号：桂S（2015）22号

中国文物地图集
（广西壮族自治区分册）

主　　编：国家文物局

装帧设计：晨　舟
责任印制：陈　杰
责任编辑：周　成　窦旭耀
出版发行：文物出版社
社　　址：北京市东直门内北小街2号楼
邮　　编：100007
网　　址：http：//www.wenwu.com
经　　销：新华书店
制　　版：北京荣宝艺品印刷有限公司
印　　刷：河北鹏润印刷有限公司
开　　本：787mm×1092mm　1/16
印　　张：74.25　　插页：1
版　　次：2021年12月第1版
印　　次：2021年12月第1次印刷
书　　号：ISBN 978-7-5010-7257-6
定　　价：980.00元

《中国文物地图集》编辑委员会

顾　　　问：苏秉琦　张德勤　谢辰生　罗哲文　庄　敏
主　　　任：张　柏
副　主　任：黄景略　陆用森
委　　　员：（按姓氏笔画为序）
　　　　　　万　岗　王凌云　叶小燕　叶学明　沈　竹　李　季　李晓东　陆用森
　　　　　　宋新潮　张　柏　吴梦麟　杨　烈　孟宪民　俞伟超　黄景略
编　辑　组：叶学明　叶小燕　吴梦麟　王凌云　史俐敏

《中国文物地图集·广西壮族自治区分册》编辑委员会

编　委　会
主　　　任：甘　霖
副　主　任：谢日万
委　　　员：（按姓氏笔画为序）
　　　　　　陈远璋　莫志东　吴　兵　秦小燕　顾　航　蒋东彪　彭　鹏　程谢立
主　　　编：陈远璋
编　辑　组：（按姓氏笔画为序）
　　　　　　韦仁义　陈远璋　党丁文　梁景津　梁旭达　彭书琳　蓝日勇　谭发胜
特约编辑：钟　良

前　　言

　　中国是世界上著名的文明古国之一，具有悠久的历史和光荣的传统。保存于地上、地下丰富多彩的文物，是悠久历史和灿烂文化的见证，是进行科学研究的重要实物资料。它们以自己的真实性和形象性给人民以深刻的教育，帮助人民认识自己的历史和创造力，提高民族自信心，增强民族自豪感，振奋民族精神。

　　中国人民共和国成立以来，为切实了解现存的不可移动文物状况，各地曾进行了大量的各种形式的调查工作。根据国务院通知，进行了两次全国性的文物普查。第一次始于 1956 年，第二次始于 1981 年。20 世纪 80 年代的全国文物普查，规模大，时间长，调查内容广泛。在各级政府的领导下，由于社会各界的大力支持，广大文物考古工作者的辛勤工作，这次文物普查取得了前所未有的成绩。为了对历次文物调查的成果进行系统整理和科学总结，国家文物局决定编辑出版一套《中国文物地图集》。

　　《中国文物地图集》力图运用地图形式，对历次文物调查所获大量资料进行科学概括，综合反映中国文物工作中已有的学术成果和新的重大发现，全面记录中国境内已知现存的不可移动文物的状况，以充分发挥它们的作用。这套多卷本地图集的编制，是文物保护、管理和研究的一项重要基础工作，是各省、自治区、直辖市文物考古专业人员与地图工作者通力协作的科学研究成果。它将为科学研究工作者提供重要的第一手材料；为国家制定文物保护、管理和研究的长远战略决策与政策法规提供有益的资料；为国家经济建设部门规划、选址和设计提供可靠的依据，尽可能避免在生产过程中造成对文物的破坏。

　　《中国文物地图集》是一套大型工具书，包括各省、自治区、直辖市分卷三十二册和全国重要文物分卷一册，将陆续编辑出版。

　　编辑出版具有中国特色的文物地图集，在我国尚属首次尝试，这是一项极其复杂艰巨的工作，书中难免错误、不当之处，衷心希望广大读者提出宝贵意见。

《中国文物地图集》编辑委员会

Preface

China, one of the countries with world-famous ancient civilizations, has a long history and a glorious tradition. The rich cultural relics preserved both on the ground and underground are evidence for the long history and the splendid culture,as well as important material data for scientific researches.They make an impression on the people with their reality and vividness and help the people to realize their own history and creativity,to enhance their national confidence and sence of pride and to inspire their national spirit.

Since the founding of the People's Repubic of China ,a huge amount of survey work in various forms has been carried out in different areas in order to find out the current situation of unmovable cultural relics. Overall surveys have been carried out for two times according to notifications of the State Council. The first one started in1956 and the second one in 1981.The latter lasted for a long time in the 1980s and went on a large scale. The contents of the survey were very extensive. Under the leadership of governments at all levels and with the full support from various circles and the tremendous efforts of archaeological workers, this work has achieved an unprecedented success. In order to systematize and synthesize scientifically the results of all surveys, the National Bureau of Cultural Relics decides to publish *An Atlas of Chinese Cultural Relics.*

The Atlas of Chinese Cultural Relics is compiled with great assiduity to summarize scientifically the huge amount of original information acquired from the surveys, to reflect the academic results and new important discoveries achieved in Chinese cultural relics work and to record comprehensively the current situation of the unmovable relics known so far in the territory of China, so as to bring them into full play.The compilation of the atlas is a piece of important basic work of culural relics protection,management and researches,and at the same time is a cooperative scientific research project of professional archaeologists and geographers from all the provinces,autonomous regions and municipalities directly under the Central Government. It will provide scientific researches with extremely important first-hand material,furnish the drawing up of the national relics protection,management and research long-term strategy and administrative policies and acts with scientific information and offer reliable data for planning,locating and designing national economic constructions,so as to avoid destroying relics in the process of construction.

As a large-scale reference book series,the *Atlas of Chinese Cultural Relics* consists of 32 volumes covering the provinces,autonomous regions and municipalities directly under the Central Government and one volume on important cultural relics of the whole country,which will be compiled and published in succession,

It is the first attempt in China to compile and publish an atlas of cultural relics with distinctive Chinese features.The work is quite compicated and formidable. Errors in the books are unavoidable,and criticisms and suggestions from readers will be whole-heartedly welcomed.

The Editorial Board of *An Atlas of Chinese Cultural Relics*

凡　　例

1. 本地图集包括省、自治区、直辖市分册和全国重要文物分册。各省、自治区、直辖市分册内容包括：文物工作和文物状况概述；序图；文物地图（专题文物图和市、县文物图）；重点文物图；文物单位简介；文物单位索引。

2. 原则上收录经历次文物调查确定的现存不可移动的文物，包括少量为保护而进行搬迁的古建筑和碑刻等。

3. 所收文物年代下限一般为 1949 年，1949 年以后仅记录已公布为各级文物保护单位者。

4. 经过清理或发掘的古遗址和古墓葬、已经拆除的古建筑，原址已无文物而留有科学记录资料的也予收录，并在所在地"简介"中登记，但只编序号。不编分类号。

5. 收录的不可移动文物分为七大类（用汉语拼音字母顺序代表）二十七小类，在地图上各用不同符号表示（详见图例）。

6. 同一时代或不同时代有内在联系的不同类别的文物，如作为一处，则列入主体文物所属类别，在文物单位简介中予以说明。

7. 一处文物单位分布范围较大，包含的文物数量较多且较重要者，仍编为一处，下列子目。

8. 文物单位编号以县级行政区为单位分类编排，分为总顺序号和分类顺序号。各类中按时代早晚顺序排列。个别跨县的较大型文物，分别在各县文物分布图中收录，在文物单位简介中加以说明。

9. 文物单位名称原则上采用本名（学名）或影响较大的俗名。无法用上述方式命名的，以其所在地的村庄或自然地点命名。

10. 年代采用中国史学界公认的纪年。有些古人类与古脊椎动物化石地点使用地质学年代。历史时期使用王朝纪年。个别边疆地区一些难以确认朝代而大致属"青铜时代"的，标以"青铜时代"。1912 年起的近代和现代文物，一般使用公元纪年。

Notes on the Use of the Atlas

1. This Atlas consists of volumes covering the provinces, autonomous regions and municipalities directly under the Central Government and a volume on important cultural relics of the whole country. The contents of each of the former are: a summary on cultural relics work and the current situation of cultural relics; introductory maps; maps of cultural relics; illustrations of state-protected cultural relics; a brief account of cultural relics units; and an index to cultural relics units. The maps of cultural relics include those of particular subjects and those of county level administrative areas.

2. The Atlas records in principle the extant unmovable relics identified in surveys, including some ancient buildings, inscribed stones, etc. which have been moved for protection.

3. The latest time limit for recording relics in the Atlas is generally the year of 1949; those later than 1949 are included only if they are promulgated as cultural relics units under the protection of different levels.

4. The ancient tombs, settlements and buildings which have been excavated or demolished and whose scientific data have been kept but the relics are not preserved in situs are also included in the Atlas and registered in the brief account(in the item related to their location)with general ordinal numbers but without category ordinal numbers.

5. The unmovable relics recorded in the Atlas are divided into seven categories (represented alphabetically in the Chinese *pinyin*)and twenty seven subcategories, and are marked in the maps with various symbols(see the Legend).

6. The cultural relics of the same period or of different times regarded as one unit are grouped in the category to which the main monument belongs and then explained in the brief account of cultural relics units.

7. The relics units distributed widely and comprising a great number of important monuments are each listed as one unit with its main contents noted.

8. The relics units are numbered by the county-level administrative area as well as by the category. thus given both general ordinal numbers and category ordinal numbers. The units of each category are arranged in chronological order. Several large transcounty units are marked in the relics distribution maps of all corresponding counties and are noted in the brief account of cultural relics units.

9. The relics units are called in principle by their original names(scientific names)or their popular names if the latter are well-known. The units which can not be named in this way are given names after the villages or natural places where they are located.

10. The Atlas adopts the chronology generally accepted in Chinesc historical circles. For some localities of palaeoanthropological and palaeovertebrate fossils geological periods are adopted. The dynastical chronology is adopted for historic times. A few units in China's border areas difficult to be dated by the dynastic chronology but roughly belonging to the Bronze Age are marked as of this period. For the modern and contemporary cultural relics later than the year 1912 the Christian era is generally adopted.

目　录

Table of Contents

Introduction to Cultural Relics Units (Refer to Volume II)

Index of Cultural Relics Units (Refer to Volumee II)

List of Cultural Relics under National and Provincial Protection in Guangxi Zhuang Autonomous Region (Refer to Volume II)

List of Personnel Participating in the Second National Cultural Relics Survey and Related Cultural Relics Survey(Refer to Volume II)

Postscript(Refer to Volume II)

概　述

　　广西壮族自治区简称桂，地处祖国南疆边陲。东邻广东省，西连云南，东北接湖南，南临北部湾，西北靠贵州，西南与越南社会主义共和国毗邻。行政区划总面积23.67余万平方公里。聚居着汉、壮、瑶、苗、侗、仫佬、毛南、回、京、彝、水和仡佬12个世居民族，是以壮族为主体的省级少数民族区域自治区。少数民族居住地域占全区的60%。据2006年统计，广西总人口4961万。汉族人口最多，其次是壮族，2005年统计为1518万，占人口总数的30.8%。现辖14个地级市、7个县级市、56个县、12个民族自治县。

　　广西地处云贵高原东南边缘，地势自西北向东南倾斜，四周多被山脉和高原环抱，形成中部较低的广西盆地。西、北部多为喀斯特山地，东部为丘陵。山地、丘陵面积约占总面积的70.8%，山岭间及沿江河形成桂东北的大片谷地，以柳州为中心的桂中盆地和沿右江、郁江、浔江分布的百色盆地、南宁盆地、郁江平原、浔江平原以及沿海的冲积平原。境内有大小河流1210条，除湘江、资江北流属长江水系和南流江、钦江南流入北部湾外，其余多随地势自西北流向东南组成庞大的西江水系。主要河流有南盘江、西江、贺江、红水河、左江、右江、柳江、黔江、郁江、桂江、南流江、钦江、防城江、北仑河。河流水量丰富，水流湍急，河岸高，多弯曲、峡谷。沿海有1500余公里长的海岸线。北回归线横贯中部，属亚热带季风气候，气温较高，各地年平均气温16.5℃—23.1℃，累年极端最高气温在33.7℃—42.2℃。雨量充沛，常年降水量为1086.3—2754.5毫米，四季适宜植物生长。

　　广西历史悠久，80万—70万年前，人类就生息繁衍在这块土地上。商周时期是百越族群及其先民聚居之地。公元前214年秦始皇平定岭南置南海、桂林、象三郡，广西地属桂林、象郡，是广西建制之始。汉初属南越国，汉武帝元鼎六年（前111）平南越，析秦三郡地置九郡，广西地属苍梧、郁林、合浦郡及零陵、牂牁郡。三国属吴。唐属岭南西道。宋属广南西路。元初属湖广行省，至正二十三年（1363）析湖广行省置广西行中书省，是广西省称之始。明代设广西布政使司，清代设广西省，民国袭之。自设省至民国，省会均设在桂林，1912—1936年曾一度迁南宁。中华人民共和国成立后，仍称广西省，1958年成立广西僮族自治区，1965年改"僮"为"壮"，称广西壮族自治区。首府设在南宁市。

一

广西的文物博物馆事业开创于1933年，当时的中央研究院曾派人到广西进行文物调查。同年9月15日，广西省立博物馆筹备处成立。1934年7月，广西省立博物馆在南宁成立并开展工作，设立自然科学部和历史文化部，藏品包括文物和自然标本共20000余件。12月9日至1935年4月，广西省立博物馆到大瑶山进行民族文物调查，获瑶族文物80余件，动物标本950余件，植物标本2850余件，矿物标本30余件。1934年著名考古学家裴文中教授在桂北兴安和桂南武鸣等地进行考古调查，发现了多处石器时代遗址，拉开了广西考古工作的序幕。

中华人民共和国成立后，中国共产党和人民政府非常重视文物博物馆事业。1950年3月至1952年11月，文物博物馆工作由广西省人民政府文教厅文化处管理。1952年11月后，由广西省人民政府文化事业管理局社会文化科管理。1958年，改名广西壮族自治区文化局社会文化处。1966年"文化大革命"开始，文物管理部门陷于瘫痪。1972年设立广西壮族自治区革委会文化局，下设社会文化组（1973年8月改称社会文化处）管理文物博物馆工作。1984年3月，广西壮族自治区文化厅成立。1985年文化厅设立文物处，专管文物博物馆工作。2006年11月，广西壮族自治区文物事业管理局成立，履行文物事业管理职能。

在事业发展上，1950年4月广西省人民政府成立广西省文物馆筹备处。1951年11月，广西省人民政府颁发了必须切实做好民族文化遗产保护工作的政令。1952年1月至5月，广西省文教厅、文物馆筹备处配合土地改革，开展文物征集工作，组织有关人员赴全省29市、县，共征集文物76327件。1953年6月，改广西省文物馆筹备处为广西省文物管理委员会筹备处和广西省博物馆筹备处，并开展全省文物古迹的调查、保护、维修工作。1954年3月，广西省文物管理委员会筹备处和广西省博物馆筹备处由桂林市搬迁到南宁市，与广西省文史馆合署办公。1954年7月至1955年5月，广西省文物管理委员会筹备处在桂林、贵县等地发掘古墓葬187座，出土各类文物4141件。1954年8月，广西省文化事业管理局、省建筑工程局联合发出"在工地保护古文物的通知"。1954年12月20日，广西省博物馆办公楼在现南宁市人民公园动工兴建。1955年冬至1956年春，裴文中、贾兰坡教授率领的中国科学院古脊椎动物研究室广西洞穴调查队，先后赴来宾、上林、武鸣、崇左、大新五县调查洞穴堆积，发现了来宾县麒麟山人头骨化石、大新县黑洞巨猿牙齿及一批哺乳动物化石。1956年2月，广西省文物管理委员会正式成立，广西省博物馆新馆址在南宁市人民公园落成开馆。1956年，以裴文中教授为首的中国科学院古脊椎动物与古人类研究室广西调查队到广西调查山洞古人类遗址，在柳城巨猿洞发现3具巨猿下颌骨和数百枚巨猿牙齿化石。1958年广西省博物馆改名为广西壮族自治区博物馆。1978年12月6日，新建广西壮族自治区博物馆陈列大楼在南宁七一广场（今民族广场）落成。广西文物博物馆各项工作迅速发展。

1974年9月成立广西壮族自治区文物工作队，2005年更名为广西壮族自治区文物考古研究所。随着事业的发展，桂林、柳州、梧州、百色、田东等各市县文物管理委员会、博物馆、纪念馆、文物管理所、文物工作队等文博机构相继成立，文物博物馆事业管理体制和机构逐步建立和完善。至20世纪90年代末，自治区、市、县三级文物保护管理体系建立。截至2008年，全区已有文博事业机构118个，其中各类博物馆、纪念馆或陈列馆67个，文物管理所（站）43个，文物工作队2个，文物考古研究所1个，文物商店5个，从业人员近千人，藏品27.89万件（套）。1955年、1959年、1963—1966年、1981—1984年、1986—1989年共进行了5次全区性文物普查，2次全国性文物普查，调查登记不可移动文物点1万余处。1963—2009年先后公布了6批自治区文物保护单位283处。截至2009年，广西境内有全国重点文物保护单位42处，市、县级文物保护单位1593处，国家历史文化名城桂林、柳州2处。

文物保护方面，1982年11月《中华人民共和国文物保护法》颁布后，1993年12月广西颁布了《广西壮族自治区文物保护管理条例》，并于1997年、2003年、2004年三次修正。通过依法加强管理，各级政府对文物保护投入大量资金，文物保护工作逐步完善，文物古迹逐步得到有效的保护管理和合理利用。

地下文物的保护，以配合经济建设、基本建设进行抢救性发掘为主，同时为解决一些重要学术课题而开展考古发掘工作。50多年来，配合基建和重要课题研究发掘的古遗址和古墓葬约150处，其中发掘百色盆地及桂北、桂中洞穴旧石器时代遗址20余处，邕宁顶蛳山遗址、桂林甑皮岩遗址、南宁豹子头遗址、百色革新桥遗址等新石器时代遗址20余处，初步揭示广西史前时代发展的脉络。其中顶蛳山遗址和革新桥遗址的发掘成果分别荣获1997年度、2002年度"全国十大考古新发现"。先秦、汉代及以后墓葬群、古窑址、古城址及冶炼遗址等遗址的发掘也都取得重要成果，有效地保护了文物。

同时，加强对古建筑、近现代代表性建筑、历史纪念地的修缮和古遗址、古墓葬、古石刻、近现代史迹等地上文物的保护，重点维修了灵渠、经略台真武阁、靖江王府与王陵、桂林石刻、太平天国金田起义地址、中国工农红军第七军第八军军部旧址、八路军驻桂林办事处旧址、中共梧州地委旧址、中共广西特委扩大会议旧址等300余处各级文物保护单位。其中莫土司衙署、岑氏土司建筑群、程阳永济桥等民族文物也得到了充分的保护，同时开展了古代铜鼓、岩洞葬、左江岩画保护的专题科研与研究。

学术研究取得一批重要成果。先后成立了中国古代铜鼓研究会、广西考古博物馆学会，同时在石器时代考古、古代铜鼓、古代岩画、古代岩洞葬、古窑址的调查、汉墓的发掘和研究等方面取得了丰硕成果。创办了资料性与学术研究相结合的内部刊物《广西文物》，编辑出版了《广西博物馆文集》《广西考古文集》等学术论文集。在中央和省级刊物上发表了许多有关广西文物、考古研究的报告、简报。出版了《广西出土文物》《广西古代铜鼓》《广西铜鼓图录》《广西左江岩画》《广西贵县罗泊湾汉墓》《广西出土文物珍品》《百色旧石器》《广西先秦岩洞葬》等专著和大型图录，为提高我国文物保护与研究工作的水平做出了贡献。

二

广西石器时代考古工作取得了丰硕的成果，广西史前史发展脉络渐显清晰。

广西是中国有早期人类活动的重要地区之一。迄今已发现柳江人、麒麟山人等晚期智人化石出土地点16处，旧石器时代遗址或地点130余处，其中与人类化石共存的8处，主要分布于河流两岸阶地和喀斯特洞穴，以桂中、桂西分布最密集。阶地遗址数量多，约100处，主要分布在右江和西江流域江河沿岸。以百色盆地分布最密集，遗址地层堆积均为红土，厚多在1米以上，遗物单纯，一般只有石制品。洞穴类型遗址21处，主要分布在桂中、桂北，遗址堆积层有一定程度胶结，多呈灰黄色，遗物除石制品外，通常有人类和动物化石共存。这些遗址大致可分为早期和中晚期两大段。

旧石器时代早期遗址集中分布在西部百色盆地的百色、田东、田阳、田林等市县，其中高岭坡、百谷、百渡等20余处遗址先后经过发掘、采集、出土打制石器8400余件，包括砍砸器、刮削器、手斧、手镐等。其中发掘出土2500余件，出土地层为原生网纹红壤土层，一些石器与玻璃陨石共存。石器体形硕大、厚重，制作简单，除手斧外，多为单面打制，器身多保留原砾石面。百谷等遗址石器出土网纹红壤地层为早更新世，其古地磁测定年代与对石器共存的玻璃陨石的裂变径迹法测定、氩同位素测定的结果趋向一致：其中最早的年代为距今约80万—73.3万年前，属旧石器时代早期。百色旧石器时代早期遗址出土的手斧，制作技术展示了阿舍利石器加工技术的特征，这是广西旧石器时代考古重要的成果。此外，百色旧石器时代遗址如大梅岭遗址，在早期的网纹红壤地层上的棕黄色砂质黏土层中也有旧石器出土，但石器已明显变小，反映出百色旧石器时代遗址有早晚之分。

旧石器时代中晚期阶地遗址，除百色盆地大梅遗址后期、百达等遗址外，在盆地两端右江上、下游及其他较大江河两岸较高阶地也有发现，如田林龙王庙、南宁虎头岭、梧州木锋冲等遗址。晚期洞穴遗址，在桂北、桂中及桂西等地的喀斯特洞穴都有发现。这时期的石器，其制作技术、风格及器形均与百色盆地旧石器一脉相承，但形体变小，通常与"大熊猫—剑齿象动物群"化石伴出，有的伴出晚期智人化石。如柳江通天岩遗址出土的"柳江人"化石，伴出大熊猫、巨貘、中国犀、东方剑齿象等动物牙齿化石，其年代属更新世晚期，距今约6万—5万年。"柳江人"具有原始黄种人的特征，是正在形成中的蒙古人种的一种早期类型，是中国乃至整个东南亚发现的最早的现代人的代表。稍晚的，出土晚期智人的遗址有来宾麒麟山人遗址等15处，距今约2万—1万年。桂林宝积岩遗址，不仅发现人牙化石及共存的哺乳动物化石6目16种，还发现打制石器12件，是古人类化石与其制造工具共存的重要遗址。柳州白莲洞Ⅰ期代表旧石器时代晚期另一种遗址，除出土砾石石器外，还出土了不少以燧石为原料的小型石片石器，形成两套不同的工具组合，对广西旧石器时代文化与古人类的研究都具有特殊的意义。

新石器时代遗址迄今发现350余处，遍布广西各地，其中20余处经过科学发掘。遗址的类型，根据所处地理位置和自然环境划分，有洞穴（岩厦）、海滨和山坡（台地）等类型；根据堆积特征划分，则有富含软体动物介壳堆积的贝丘遗址和不含软体动物介壳堆积的遗址。经过考古工作者不懈的发掘和研究，新石器时代早、中、晚期文化特征与编年序列已初步显现。

新石器时代早期遗址分布于桂北、桂中喀斯特地貌发育地区的石山洞穴或岩厦下及桂中、桂南、桂西地区的江河沿岸和海滨沿岸，主要有桂林庙岩遗址及桂林甑皮岩遗址第Ⅰ至第Ⅳ期、南宁顶蛳山遗址第Ⅰ期、柳州鲤鱼嘴遗址上层及白莲洞遗址Ⅱ、Ⅲ期等遗址，年代距今约12000—8000年。多为洞穴遗址，地层堆积含螺蛳等软体水生动物介壳；石器以打制为主，磨制石器仍保留较多的砾石面及打制疤痕，多数仅磨制刃部，显示了与旧石器时代晚期文化的继承关系。此时期，发现了火候低的夹粗砂绳纹陶片，器形多为直口或敞口圜底釜、罐类器；骨、蚌、角、牙器也普遍出现；墓葬出现了曲肢葬及蹲葬；采集、渔猎是其经济生活的主要来源。

新石器时代中期遗址分布于河流沿岸的第Ⅰ级阶地，主要有南宁顶蛳山遗址Ⅱ、Ⅲ期和南宁豹子头、南宁灰窑田、横县秋江、象州南沙湾、桂平上塔、扶绥敢造等遗址，年代约距今8000—5500年。遗址堆积含螺壳等软体动物介壳和其他水陆生动物遗骸；石器以仅磨制刃部的为主，出现了通体磨光的石器；骨、蚌器占较大比例，以三角形蚌刀具有特色；陶器仍以夹砂绳纹陶为主，灰黑色陶呈增多趋势。出现了夹细砂陶和泥质陶，常见器形仍为圜底的釜、罐；墓葬以曲肢葬为主，肢解葬、二次葬、蹲葬等多种葬式并存，颇有特色。濒临海边的遗址，出土了网坠和一种富有地方特色的"蚝蛎啄"。采集、渔猎仍是当时经济生活的主要来源，原始农耕经济出现了。以顶蛳山遗址Ⅱ、Ⅲ期文化为代表的文化类型，被命名为"顶蛳山文化"，是以邕江流域为中心的新石器时代中期的重要文化，这是广西新石器时代考古的重要收获。

新石器时代晚期遗址分布范围更广，桂北、桂南和桂东南、桂西地区都有发现。主要有临桂大岩遗址Ⅵ期、灌阳五马山、资源晓锦第Ⅲ期、钦州独料、隆安大龙潭、平南石脚山、那坡感驮岩、百色革新桥等遗址。年代距今约5500—3000年。除洞穴遗址外，山坡、台地遗址等堆积中多已不含螺蚌壳和其他动物骨骼；石器以磨制为主，多通体磨光，加工精致，器形增多，常见的器形有斧、锛、凿、矛、戈、钺、镞、杵、铲、刀、镰、犁、磨棒、磨盘、砺石等；骨器种类增多；陶器以夹砂绳纹陶为主，除圜底器外，出现了圈足、三足和平底器，常见的有釜、罐、壶、盆、杯、钵、碗、簋、豆、鼎、纺轮等；农耕经济在经济生活中已居主导地位。由于新石器时代晚期遗址分布地域不同，环境有差异，文化面貌不仅呈现出复杂性和多样性，而且随着文化的传播与交流的不断增强，还融合了一些外来文化因素。

以磨制大石铲为特征的隆安县大龙潭遗址，是桂南地区最富地方特色的新石器时代晚期文化遗存，迄今已在43个市县发现这类遗址或散布点152处。遗址大多分布在靠近江河湖泊的岗坡上，以南宁为中心，在北抵河池、柳州，南达龙州、宁明、合浦，东到玉林、容县、北流、贺州，西至田阳、德保、靖西、凌云的广大区域都有发现。海南及广东的兴宁和越南的广宁省也有零星出土。遗址遗物单纯，以石铲为主，共存物较少，石铲多有一定组合形式，以柄部向下刃部朝天的形式最为常见。这类遗址应与农业祭祀有关，也有人认为是石器制作工厂。钦州独料遗址及百色盆地的遗址出土了象征男性生殖崇拜的陶祖和石祖，表明此时已进入父系氏族社会阶段。桂北地区甑皮岩遗址第Ⅴ期文化、资源晓锦遗址出土的高领罐、盘口釜（罐）、器座与支脚等器形及一些戳印、刻划纹样受湖南洞庭湖区、沅水流域、湘江流域的皂市下层、石家河、堆子岭等遗址文化因素的影响。平南石脚山遗址的文化面貌与广东珠江三角洲地区新石器时代晚期文化亦有许多相似之处。

三

新石器时代末至秦汉之前的历史时期属青铜时代。从目前考古资料看，新石器时代晚期的那坡感驮岩遗址Ⅱ期出土石范残件1件，伴出夹砂绳纹或磨光、圆底或圈足釜、罐及环、玦等玉石饰品，出土的稻、粟炭化标本经年代测定，约距今3463—2883年。平南石脚山遗址出土石范残件1件，大化弄石坡遗址上层亦有少量青铜器的痕迹。这些都说明，距今约3000年左右，广西已步入青铜时代。

这时期的墓葬，有岩洞葬和土葬两种形式。岩洞葬富有地域风格，是以天然洞穴作墓室的葬俗。洞穴一般选择在石山山脚、山腰或悬崖上，洞口小而隐蔽，洞内不很宽敞。位置较低的洞口用大石头封闭好，悬崖洞口则自然开敞。迄今，已发现岩洞葬23处，主要分布在左、右江流域和红水河流域，桂北的灵川、桂东的贺州等地也有发现。早期随葬器物多以陶器、石器、玉器为主。陶器多夹细砂细绳纹红褐、灰黑陶，流行圆底器、圈足器和三足器等。石器有斧、锛、凿、钺、石铲等。铜器仅出现在武鸣独山、灵川富足村、水头村、贺州龙中等战国时期的岩洞葬中。岩洞葬应是世居这里的"路人"、骆越人或其先民的墓葬。

墓葬为竖穴土坑葬，西周春秋时期有武鸣元龙坡、贺州桂岭、牛岩、燕子岩、恭城秧家等地的墓葬。多为长方形竖穴土坑，少数有二层台。随葬品包括富有地域特色的夹砂绳纹或磨光圆底釜、罐、钵类陶器和双刃、单斜刃钺，斧、矛、匕首、圆形器等青铜器；也有少量商周时期中原风格的鼎、卣、盘、罍、甬钟、镈等青铜器。元龙坡墓群8个炭屑的^{14}C年代测定，5个数据在距今约3230—2830年，3个距今约2770—2530年。这批墓在墓葬形制、随葬品组合和葬俗等方面带有浓厚地域色彩，是骆越人或其先人的墓葬。墓葬出土的20余件（套）石范，证明当时已有一定规模的青铜冶铸业，对探讨广西青铜文化有重要的意义。桂东地区，1996年贺州沙田西周墓出土铜罍、铜鼎、甬钟、短剑、矛、钺、锛、镞；1963年，贺州桂岭春秋墓群出土夔纹印纹陶釜、陶罐；1971年，恭城秧家春秋晚期墓出土的33件青铜器中既有地域风格鲜明的"越式"鼎、钺、剑、柱形器，也有中原风格的钟、罍、斧及"楚式"鼎等，与武鸣元龙坡同期文化有较大差异，应是苍梧人的墓葬。战国时期武鸣、宾阳、田东、平乐、岑溪、贺州等地墓葬，多为长方形竖穴土坑墓，出土有铜鼎、罍、钟、斧、钺、短剑及石寨山型铜鼓，还有小口小底、扁圆腹、饰复线弦、水波纹和锥刺篦点组合纹的陶罐、盒、米字纹陶罐、瓮，出现了铁锸等铁器。桂东地区墓葬，墓底多设有腰坑，出土陶器较普遍，青铜楚式剑、柱形器、铁器较多，桂西的墓葬则没有或极少；恢复区墓葬常见无格、一字格扁茎短剑、匕首、钗形器等铜器和铜鼓等，在桂东地区的墓葬则没有或少见。这两种不同的地域风格，反映了此时广西地区越族的两个支系骆越人与苍梧或西瓯人不同的文化内涵及其所受到的相邻的不同影响所呈现的文化差异。桂东地区的苍梧或西瓯人接近楚，受到楚文化一定的影响，而桂西地区的骆越人靠近滇，受到滇文化一定的影响。

桂西左江流域出现了一种用赤铁矿作原料的岩画，岩画系用软性"笔"在石山崖壁上勾勒、涂绘出呈赭红色的形象古朴的人或物的图像，在扶绥、宁明、龙州、凭祥、大新等六市县共发现此类岩画80处，通称"左江岩画"。其中以宁明花山岩画最具代表性，画面纵高40—50米，横宽170—210米，绘有1900余个各类图像，场面壮观。岩画的年代，上至战国，下不晚于东汉。

四

秦汉对岭南的统一与开发，促进了岭南地区社会政治、经济、文化的迅速发展与越汉民族间的往来和融合。灵渠，是秦始皇为统一岭南而开凿的著名水运工程，由铧嘴、大小天平、秦堤、泄水天平、陡门、南渠和北渠及沿岸附属建筑组成，全长36.5公里。其陡闸设置开创了现代船闸之先河。它沟通湘江与漓江，把长江水系和珠江水系联结起来，是世界上第一条人工运河，也是现存世界上最完整的古代水利工程之一，对巩固国家统一、繁荣南北经济起了巨大的作用。

随着郡县制的建立，郡、县治地和军事要地逐渐成为当地政治、经济和文化的中心城镇。全州、兴安、灌阳、荔浦、武宣、宾阳、贺州等都发现城址。全州洮阳故城址，《汉书·地理志》有记载，湖南马王堆三号墓出土的西汉初长沙国地形图上亦标出，1957年安徽寿县出土的楚鄂君启节铭文也说明洮阳在战国晚期已成为楚国的城邑关戍之所，是广西发现的现存最早的城址。兴安秦城地处湘桂走廊南端，南宋范成大在《桂海虞衡志》中说秦城"相传秦戍五岭时筑"，南宋周去非在其《岭外代答》书也说："湘水之南，灵渠之口，大融江小融江之间，有遗堞存焉，名曰秦城。"近年对"秦城"的王城进行了局部发掘，发现城墙、城门、护城壕及城内建筑基址等遗迹和两汉陶器、板瓦、筒瓦、瓦当、铺地砖及矛、镞、陶球等遗物，证明该城是西汉时期具有军事性质的城池，是否有秦代遗迹，尚待考古发掘认证。贺州临贺故城址包括大鸭村城址（西汉早期）、洲尾城址（西汉晚期）、河西城址（东汉—清）、河东城址（清）4处城址。随着社会经济的发展，冶铸业、陶瓷业亦发展起来。平南六陈镇冶铁遗址，分布范围3万余平方米，地面散布着炉渣、铁矿石、残陶风管及水波纹、弦纹、方格纹陶片等遗物，存炼炉遗迹10余处，是迄今岭南地区发现规模较大的汉代冶铁遗址。北流铜石岭、容县西山冶铜遗址，有采矿井、残炼炉、灰坑、排水沟、炉渣及矿石、铜锭、陶风管和汉至唐代陶瓷器等遗迹遗物，是集采矿、冶炼和铸造于一身的汉—唐代冶铸遗址，也是北流型铜鼓的原料产地和铸造基地。

铜鼓是古代南方民族的重器，是权力、地位和财富的象征。主要分布于中国云南、广西、贵州、广东、湖南、四川等省区，越南、老挝、柬埔寨、泰国、缅甸、马来西亚、印度尼西亚等国也都有发现。目前，中国学术界按其发展序列分为8个类型，即万家坝型、石寨山型、冷水冲型、灵山型、北流型、遵义型、麻江型和西盟型。

广西是出土和收藏古代铜鼓最多的省区。据统计，已有45个市、县251个地点出土铜鼓，计263面。且种类齐全，8个类型都有，而北流型、灵山型和冷水冲型是广西铜鼓主体部分。汉代是广西铜鼓的兴盛时期，《后汉书·马援传》载，马援征交趾时"于交趾得骆越铜鼓，乃铸为马式，还，上之"。除贵港、贺州、田东、西林等地西汉墓中出土石寨山型铜鼓外，在北流、桂平、岑溪等地出土了北流型鼓，在灵山、横县、博白、玉林等地出土了灵山型铜鼓，在郁江、浔江流域桂平、平南、藤县、象州等地出土了冷水冲型鼓，表明铜鼓已进入形式多样的发展时期。

汉代制陶业进一步发展，梧州、苍梧、藤县、象州、兴安、合浦等地都发现了窑址。梧州富民坊窑址，始于战国末期，至秦汉时期烧造富有地方特色的圜底附耳釜、宽盘口釜等方格印纹陶器。东汉晚期，藤县出现烧青瓷器的古龙窑址，青瓷釉较薄，青中泛黄，有碗、罐等。

合浦位于环北部湾中部南流江三角洲沿海平原，海岸线长，港湾众多，是我国汉代对外贸易与交通的重要港口。早在周代以前，合浦沿海一带已形成原始港口，越裳国等国前往中原朝贡，合浦是必经水道。春秋战国时期，我国大量物产通过合浦销往海外，合浦所产珍珠和产自南洋的翡翠、象牙等贵重物品也一起输入中原。西汉末至东汉中叶，合浦是"海上丝绸之路"的始发港之一。对外贸易十分繁盛。合浦、贵港、梧州等地汉墓出土玛瑙、琥珀、玻璃等质地的饰件和器皿中出现从海上输入的舶来品，其中"昆仑奴"形象的陶灯俑、陶俑等的发现，都是这种交往的见证。

汉代墓葬的分布遍及广西40余个市县，北起全州、灌阳，南及合浦，东至梧州、岑溪，西抵都安、西林，大致当时设有郡县和交通要冲之处都有发现。以桂北地区各市县及梧州、贺州、贵港、合浦等地最集中，其中仅合浦就有5000余座，是岭南地区最大的汉墓群。西汉前期墓葬保留着战国时期的风格，竖穴土坑墓盛行，分无椁墓和有椁墓两种，无椁墓为小型墓，随葬品较简朴，有椁墓多为大、中型墓，随葬品较丰富，包括铜、铁、金、银、锡、玉石、陶、竹木、漆等质地种类，部分器形具有较浓厚的地域色彩。汉武帝统一岭南后，带有浓厚地域色彩的器形逐渐减少、消失，反映了封建社会的政治经济秩序在广西地区的建立、巩固与发展以及越汉民族间接触、交流融合的历史进程。贵港罗泊湾一、二号汉墓是此期大型墓葬的代表。一号墓出土了包括铜鼓在内的一批精美青铜器，还有木简、木牍、漆器等珍贵文物；西部用铜鼓作葬具的西林铜鼓葬及大型铜棺墓属句町国王侯墓，显示了独特的风格。西汉后期，流行带墓道的土坑木椁墓，并出现了带耳室的多室墓。1971年发掘的合浦望牛岭一号墓，由墓道、甬道、南耳室（贮藏室）、北耳室（车马器室）、耳室和主室（墓主棺椁）组成。随葬品中，汉式器物占主要地位，陶器的簋、镶壶、提桶等新器形以及以錾刻花纹为特征的铜器出现，陶质和滑石质明器出现并逐渐流行。

东汉初期，土坑木椁墓演变为前低后高的二级二层式，并出现砖木合构墓和砖室墓。錾刻精致的铜器在大墓中仍有出现，陶器随葬普遍，出现了长颈瓶、双耳直身罐、龙首勺等新器形。陶质明器新出现楼阁建筑和灯具，滑石明器减少。东汉后期，流行砖室墓，出现石室墓和砖石合构墓。砖室墓新见平面呈近方形、"T"形、十字形、"廿"字形等形式。随葬品中錾刻铜器近于消失，鼎、壶腹部增加一道突出的棱边，直身罐下腹外侈，青瓷罐、耳杯和圈足碗等逐渐成为墓葬中常见的随葬品。明器模型到东汉有很大的发展，除了屋、井、灶、仓、楼阁、作坊、猪圈、禽舍外，有鸡、鸭、牛、羊等禽畜，新出现城堡模型，反映了当时广西庄园经济的发展。

五

两晋南朝时期，随着北方士族、百姓南迁，大量的劳动力和先进的生产技术与知识进入南方，促进了南方经济进一步发展，设置的郡县增多。广西已发现此时期的城址有北流勾漏故城址、铜州故城址、全州湘源故城址、平乐乐州故城址、荔浦建陵故城址、上林澄州故城遗址、横县简阳故城、乐山故城址、钦州钦江县故城址、浦北越州故城址、灵山钦州故城址、容县容州城址、藤县义昌城址、上林智城洞城址等。勾漏故城址，据《北流县志》载："勾漏废县在今治东北十里勾漏山前，晋置。"城平面呈长方形，面积约1.3万平方米。城墙用土夯筑，三面城墙已毁，西面残存城墙26米，宽8米，高3米，城内已被辟作耕地，可采集到晋代夹砂陶釜、盆等残片，其位置与《北流县志》记载相符。而越州故城址、钦江县故城址、钦州故城址是南朝至隋唐时期岭南两大豪族之一宁氏辖区的城址。越州故城址依山势而建，分内外城，夯土城墙，内城呈长方形，外城东、西、北三面有护城河。城内出土方格纹陶片、青瓷实足碗、莲花纹瓦当及"乾元"年款铜钟等遗物。智城洞城址是岭南豪强韦氏家族于武周万岁通天二年（697）建成，该城利用周边石山为城墙，在内、外谷口各筑一道夯土城墙，形成内城和外城，隐身群山中，平面呈镰刀形。两城墙南端靠山体各开一城门。外城墙外有通过沟渠与澄江相连的大水塘。城内有石碾槽、石臼、石马臼、水井、石滚、青瓷碗残片、四系罐残片等遗物，外城右侧山脚石壁有"大周万岁通天二年岁次丁酉""无虞县令韦敬一制"《廖州大首领左玉钤卫金谷府长上左果毅都尉员外置上骑都尉检校廖州刺史韦敬辨智城碑一首并序》摩崖石刻（简称《智城碑》），全碑1115字，内容丰富，堪称岭南第一碑。碑文赞颂城池山川秀丽与坚固、物产丰富及田园生活乐趣和廖州文治武功，对研究汉文化对壮族地区的影响以及唐代广西少数民族地区羁縻州、县社会政治、经济、文化等具有极为重要的意义。

桂柳运河和潭蓬运河的开凿是唐王朝开发大西南的举措。桂柳运河又称"相思埭"，又名临桂运河、南陡河。唐长寿元年（692）开凿，位于临桂县境良丰至大湾间，长16公里，设陡门18座。于会仙北狮子岩设分水塘，筑相思埭，凿东、西渠以分水，水沿东渠流入良丰江注入漓江；沿西渠流入相思江，经鲢鱼陡下大湾至苏桥接入洛青江、柳江，沟通并缩短了桂江与柳江间航程，使桂、容、邕三管联结更为便捷，是古代湖南、广西、贵州、云南之间重要交通水道，一直沿用至清末。现陡门、桥及碑刻等尚存20余处。潭蓬运河，又称天威遥、仙人泷，位于东京湾（今北部湾）北岸江山半岛，防城港市潭蓬和横嵩两村之间，长2公里。汉代马援征交趾时，欲在半岛最窄处的葫芦颈开凿运河，因岩石坚硬，工程艰巨，被迫中止。运河开凿于唐元和三年至咸通九年间（808—868），咸通七年（866）靖海军节度使高骈曾募工疏通，使之成为安南交通捷径。运河南壁至今留有"元和三年五月作""湖南军""咸通九年三月七日"等摩崖石刻。运河开通，往来船舶不须再绕过半岛而直驶安南，缩短40多公里航程，并确保了安全。

三国至隋唐时期是铜鼓发展的鼎盛时期，铜鼓作为象征权力、地位和财富的重器达到了巅峰。晋人裴渊在《广州记》中指出"俚僚铸铜为鼓，鼓唯高大为贵，面阔丈余"，"有鼓者号为都老，群情推服"，"得鼓二三者，便可僭号称王"，"欲相攻击，鸣此鼓集众，到者如云"。北流、桂平、平南、藤县、灵山、博白、玉林、上林、象州、鹿寨、龙州等地铜鼓出土数量多，既有北流型、灵山型、冷水冲型，又出现了西盟型和遵义型。

此时期，青瓷制造业进入成熟发展阶段，藤县古龙窑址、象州腊村窑址、恭城古城村窑址继续烧造罐、碗、盘等青瓷器。桂林、容县、钦州、合浦等地都设窑生产青瓷器。桂林桂州窑为坡式龙窑，使用匣钵装烧工艺，产品有碗、盘、碟、钵、罐、砚、盘口壶等青瓷器及佛像、陶塑和鸱尾、砖、瓦等建筑构件。合浦英罗、钦州潭池岭窑址地处北部湾沿岸，其产品有碗、盘、罐等，部分产品利用舟楫之便，外销越南及东南亚各地。

汉代，佛教传入广西。东汉末年，广信（今梧州）著名佛教学者牟子所著《理惑论》37篇是我国最早阐述佛学的著作。据载，晋代广西建有6寺：合浦灵觉寺、梧州开皇寺、封阳（今信都）禅封寺、冯乘（今富川）福堂寺、平乐龙兴寺和桂州缘化寺（均已毁），大都在古代水路通道南流江、西江、桂江沿线上。隋唐时期，桂林佛寺兴盛，是广西佛教传播中心，分布于城内、外的寺庙多达10余处，桂林西山西庆林寺（仅存遗址）为南方五大禅林之一。开元寺（已毁）是唐代高僧鉴真和尚第五次东渡日本未果后，从海南北返经桂林滞留之地，至今尚存明代洪武十八年重建的舍利塔一座。此外，贵港南山寺、全州净土院（今湘山寺）都是有名的佛寺。桂林木龙洞石塔古朴挺拔，为广西现存最早佛塔。

唐代摩崖造像，已发现156龛522尊，多为佛造像，达154龛519尊。除博白宴石山3龛4尊外，其余151龛503尊，分布于桂林市区的西山、骝马山、伏波山等处，足见唐代桂林佛教的兴盛。造像均凿山石而成，一般一龛三尊，为一佛二菩萨，也有一龛五、七尊，个别为一龛十一尊。造像场面都不大，最大高2米，最小的仅0.2米，宴石山及桂林的摩崖造像均为唐代佛造像，早期造像带有明显的印度佛教造像的风格；后期造像摆脱了前期简朴之风，带有较浓的世俗情态，多为唐大中年间（847—860）复兴佛法后所造。博白宴石山造像是佛教从海路经南流江传入中国的遗迹，是中华佛教艺术宝库中难得的珍品。

石刻，包括碑刻和摩崖石刻。广西现存最早石刻有南朝墓出土的滑石地券、符篆，带有浓厚的道教色彩。隋代有开皇十年(590)县迁在桂林七星岩口榜书"栖霞洞"及钦州久隆宁氏隋唐墓群出土的宁赞墓志。广西喀斯特地貌发育良好，悬崖绝壁和喀斯特洞穴是展示摩崖石刻艺术的理想场所。隋唐以来，达官贵人、文人墨客游山玩水之余题名纪事赋诗者众，石刻遍布石壁，特别是在城镇附近和交通便利的地方，随处可见。桂林则有"唐宋题名之渊薮，以桂林为甲"之誉。唐代摩崖石刻10处，30余方，主要分布于桂林，还有上林、防城、兴安等地，重要的有桂林西山"大唐调露元年十二月八日，隋太师太保申明公孙昭州司马李实造像一铺"题刻、上林《六合坚固大宅颂》碑及《智城碑》。桂林铁封山《大历平蛮颂》，开创了广西刻石纪功、记载羁縻州事之先河。刻于武周万岁通天二年（697)的《智城碑》，全文1115字，其中"日""月""星""天""地""年"等均为武则天自创字，说明广西少数民族地区与中央王朝关系之密切，是南方民族地区保存武则天自创字的实物。此外，桂林芦笛岩内有唐代墨壁书5件，多出僧人之手，是研究唐代桂林佛教发展的重要史料。

三国至隋唐墓葬，在桂林、全州、兴安、灌阳、恭城、永福、平乐、贺州、钟山、梧州、苍梧、藤县、贵港、钦州、灵山、浦北、融安、鹿寨等地都有发现。三国时期有土坑墓、砖室墓和石室墓；两晋南朝时期多砖室墓，以长方形券顶砖室墓为常见。青瓷器逐渐成为主要的随葬品，鸡首壶、盘口壶及宗教性物品流行。其他常见的青瓷器还有罐、碗、钵、果槅、唾壶等。南朝时期滑石明器盛行，反映广西豪门士族庄园经济的陶瓷模型、部曲家兵俑群、侍俑、仪仗俑群等随葬品也有较多发现。

钦州久隆宁氏墓群，是岭南豪强宁氏家族的墓地，地跨钦州、灵山两县。1976年和1980年发掘7座，均为券顶砖室墓。有"凸"字形、十字形、"干"字形和并列双室4种形制，设有壁龛、灯龛和边沟。随葬品以青瓷器和陶器为主，也有铜镜、铜钱及其他金属器、玻璃器皿等，对了解和研究南朝、隋、唐时期广西政治、经济、文化及民族融合有重要的意义。此外，灌阳隋大业七年（611）黄元墓、全州唐贞观十二年（638）永州赵司仓参军墓、兴安贞观十五年（641）唐家墓等纪年墓出土的盘口壶、碗、碟、杯、砚等一批青瓷器，为隋唐墓葬断代提供了标尺。

桂南、桂西、桂中地区仍沿袭岩洞葬习俗，所选择的岩洞一般是在河岸或近河岸的悬崖峭壁上，流行整木圆棺或拼合方棺殓葬，随葬品大为减少，且年代越晚，随葬品越少。隆安南圩镇万朗村那桑屯弄湾山岩洞葬，洞内圆木棺5具，均为二次葬，随葬品有瓷碗、铜刀、铜矛、隋五铢钱、贝壳等，是研究壮族地区政治、经济、文化及风俗的重要资料。

六

宋代广西社会经济迅速发展，锡、银、铅、铁等产量在全国占有重要地位，冶铸业和陶瓷业发达。北宋梧州元丰监、贺州监的发现，是广西宋代考古的重要收获。梧州元丰监是北宋江南六大钱监之一，熙宁四年（1071）在梧州设立，历神宗、哲宗、徽宗三朝。岁铸钱近19万缗，居全国第三位。该遗址面积约1.5万平方米，堆积厚2.5米。有铸造工场遗迹，出土残炼炉、坩埚、陶风管、炉渣及熙宁通宝、元丰通宝、元祐通宝、崇宁通宝、政和通宝、崇宁重宝和圣宋元宝等多种铜钱，规模可观。北宋贺州盛产锡矿，崇宁二年（1103），鉴于辽、金两国收取宋钞铁钱熔作兵器，北宋决定铸夹锡钱流通，贺州遂置监铸钱，成了南方铸夹锡钱的中心，南宋初停止。贺州监遗址在黄田新村，现存面积约17万平方米，1958年出土政和通宝夹锡钱12吨，还出土崇宁重宝等铁钱和夹锡钱。两监的发现对了解宋代广西经济、金融具有重要意义。

在钟山、岑溪、玉林、兴业等地都发现了冶铁遗址。绿鸦场冶铸遗址位于兴业龙安镇（原称绿霞），南宋称绿鸦场，《舆地纪胜》载："绿鸦场在南流县，岁收铁六万四千七百斤，往韶州涔水场库交。"分布于今龙安镇、山心镇、大平山镇、洛阳镇一带的40个地点，面积约12平方公里。现存残炼炉9座，以及大量的炉渣、残风管、泥范等。

横山寨，北宋景祐四年（1037）置，治田州横山县（今田东县祥周镇），为北宋王朝内控邕州右江诸羁縻州峒，外察西南自杞、罗殿、大理诸国动态的前沿。右江提举同驻其处。南宋时设有博易场、马市，活动频繁，今遗址仍存。另在明代，活跃于上林、忻城、来宾交界地区的八寨起义，活跃于黔江下游地区的大藤峡农民起义，活动于永福境的古田起义等，都留下许多遗址，南明政权在广西的活动也留下了一些遗迹。上林大丰镇南丹卫城址、忻城古蓬镇周安城址均为明王朝为镇压广西八寨起义而修筑的南丹卫所城。桂平碧滩村城址系明成化三年（1467）韩雍为镇压大藤峡农民起义所建。南木镇山峡总兵堆遗址是明朝官军镇压大藤峡农民起义的军事哨所，南木镇营盘顶、天堂顶等营盘遗址为大藤峡农民起义军的营地，西山镇九层楼遗址为明代侯大苟的农民起义军与明朝军队战斗的战场。桂林南明兵部右侍郎张同敞夫妇墓、梧州南明桂王墓地则是南明政权的遗迹。

随着社会经济的迅速发展、对外贸易日益繁荣，宋代广西陶瓷业迅速崛起，瓷窑址达60余处，遍及31个市、县，以桂北湘江上游、漓江、洛清江和桂东北流河流域最集中，并形成以桂北为主的青瓷和以桂东北流河流域为主的青白瓷两类瓷窑分布相对集中、密集的区域，其他则零星散布各地。这些瓷窑在产生和发展过程中，博采众长，烧制了品种丰富、形式多样、装饰花纹富有浓郁地域色彩和南方水乡生活气息的产品，形成各有自身特点的三个类型：中和窑类型、窑田岭类型和严关类型。中和窑类型主要烧制青白瓷，分布于桂东南，聚集于北流河流域。重要窑址有藤县中和窑、容县城关窑、北流岭峒窑、桂平窑址和浦北土东窑等。广西青白瓷窑约创烧于北宋中后期，兴盛于两宋之际，南宋后期衰落。采用依山势而筑的坡式龙窑和仰烧法工艺，胎洁白坚薄，釉白中微泛青，以青白为主，有的兼烧少量青绿、褐及窑变釉器。早期以刻划花纹为主，后多以印花为主。产品以碗、盘、盏、碟为主，还有执壶、罐、盏托、灯、炉、瓶、匜、盒、熏炉、水注、钵、枕、魂瓶、花腔腰鼓等。其锦地、席纹地缠枝花卉纹、海水摩羯纹、海水婴戏纹纹样及其模具，具有浓郁的地域特色。窑田岭类型和严关类型都属青瓷窑。窑田岭类型主要分布于湘江上游、漓江、洛青江、柳江右江沿岸，散布于广西各地，重要窑址有永福窑田岭窑、全州蒋安岭（江凹里）窑址中的大湾渡窑、瓦窑头、水尾江等窑口、万板桥窑、忻城红渡窑、上林九龙窑、田东那恒窑等。均为坡式龙窑，使用匣钵或明火叠烧。窑田岭窑址的青釉、绿釉印花器、花腔腰鼓都颇有特色。其中窑田岭窑与容县城关窑于北宋元祐年间（1087—1094）的一次烧成白瓷胎铜绿、铜红釉器，是中国陶瓷技术史上的新突破与重要贡献。严关类型分布于湘江上游、漓江、洛青江和柳江沿岸，重要窑址有兴安严关窑、全州上改洲窑、青木塘窑、蒋安岭（江凹里）窑址中的汉泽园窑口、桂林窑田村窑、柳江里雍窑和柳城窑等。采用明火叠烧装烧工艺，釉色除青釉外，还有青黄、酱褐、黑釉、月白等，其印花器、点洒褐彩器与窑变花釉器颇有特色。严关窑系烧造年代大都在南宋，全州汉泽园窑和柳城窑则为元至明代。宋代广西瓷窑多处在古代重要水路交通沿线，部分产品通过对外口岸广州和北部湾远销海外。

宋代墓葬在桂林、贵港、桂平、钟山等地有发现，多是小型砖室墓，也有土坑墓，随葬品较少，一般有瓷魂瓶1对，铜镜1件，铜钱若干，有的有金、银钗和耳环等饰件。此时，桂西各地岩洞葬流行用整木圆棺或拼合方棺殓葬。

明清时期，广西陶瓷业主要生产坛、罐、瓶、盆、缸、钵、碗等民间日用粗陶瓷器。北海上窑村窑址出土的瓷烟斗及"嘉靖二十八年"款陶拍，将烟草传入我国的时间提早了近半个世纪。明末清初开创烧青花瓷，清晚期出现粉彩瓷，产品较精的有浦北小江、北流岭峒等窑。清咸丰年间（1851—1861），钦州设窑仿烧江苏宜兴紫砂陶，胎质细腻坚硬，至清末民初，工艺益精。

明清时期地面文物古迹保存较多，种类繁杂，涵盖了城垣城楼、军事设施、亭台楼阁、衙署官邸、庙庵寺观、祠堂书院、驿站会馆、店铺作坊、牌坊古塔、桥涵码头、堤坝渠堰、池塘井泉、宅第民居、村寨庄园等诸多门类，从不同的侧面展示了广西建筑的地域风格，是研究壮族地区建筑史的实物资料。

明清时期的城垣城楼遗存虽多已残缺不全，但可以说明当时广西的城镇建筑有较大的发展。迄今已发现明清城址近80处。城址多存城墙或城门，比较重要的有崇左太平府城、大新养利州故城、柳州东门城楼、永福永宁州城、富川瑶族自治县富阳故城等，在一定程度上展示了广西这时期的城市规模和布局。

衙署官邸以桂林靖江王府为代表，是全国现存较完整的明代藩王府遗址。为明靖江王朱守谦于洪武五年（1372）就藩桂林时，"悉依王制"兴建，洪武九年（1376）建成。王府建筑原有四周城墙、四城门及外垣、棂星门、宗庙、社坛，中轴线上建筑依次为端礼门、承运门、承运殿、配殿、王宫、宫室、御苑、月牙池、广智门。其余有斋宫、进膳厨以及围绕宫殿的厅堂、楼阁、亭台轩室、书屋桥榭、库仓廊房共800余间，规模雄伟壮观。前后14位藩王住在这里。清顺治九年（1652），南明军围攻桂林，清定南王孔有德纵火自焚，王府建筑毁于一炬。现存王城城垣、四城门、承运殿台基及勾栏望柱、云阶玉陛等。忻城莫土司衙署是由土司衙署、莫氏宗祠、代理土司衙署、大夫第、戏台、三清观、兵营、练兵场等各类建筑构成的规模宏大的土司建筑群，占地4万余平方米，是岭南地区保存较好的土司衙署建筑。

庙宇建筑在明清时期尤其是清代有较多发现，且名目繁多，供奉各类神佛及名人，包括庙、寺、庵、宫、观等。以孔庙为例，清代广西府、厅、州、县共修建孔庙84座，至今遗存有20余处，大多已残存不全，最为完整的是恭城文庙。恭城文庙建于明永乐八年（1410），经成化十年（1474）、嘉靖三十九年（1560）两次搬迁至今址，至清道光二十二年（1842）遂成今之规模。文庙依山势而建，六层筑台，依次为照壁、礼门、义路、棂星门、泮池、大成门、状元桥、名臣祠、乡贤祠、庑殿、露台、大成殿、崇圣祠等建筑，占地面积约3600平方米。梧州白鹤观为道教宫观，建于唐开元年间（713—741），唐后期增修，明清改为书院，主殿犹存，是广西现存最早的道观。贺州开宁寺、桂平寿圣寺以及桂林、柳州、南宁、百色等地清真寺等宗教性建筑，是研究广西地区宗教史的实物资料。

塔是广西明清时期常见的建筑，已发现佛塔、风水塔、文昌塔等近60座，多为砖塔，也有石塔。砖塔主要有全州妙明塔、荔浦荔浦塔、崇左归龙塔、梧州允升塔、富川瑞光塔、桂平东塔、合浦文昌塔、那坡丹桂塔、来宾（兴宾区）文辉塔等。石塔规模小，主要有桂林舍利塔、河伯石塔、贺州会仙开山智岩慧公寿塔、崇左板麦石塔等。其中崇左归龙塔建于明天启年间（1621—1627），初建时塔高三层，清康熙年间（1662—1722）续建两层，共高五层。为八角形楼阁式砖塔，高23.28米，塔身向西南倾斜4°36′46″，水平偏位1.41米，是广西著名的斜塔。

桥是最常见的交通设施，广西现存最多的是石拱桥，也有亭阁式廊桥和石墩梁式石板桥或以间隔桥墩为步级的跳桥等形式。阳朔仙桂桥是现存最早石拱桥，建于北宋宣和五年（1123），南宋绍兴七年（1137）重修，桥长15米，宽4.2米，单孔，拱跨6.9米。富川瑶族风雨桥的特点是将一端桥亭建成楼阁式或建马头墙，桥亭多为单檐或重檐歇山顶。回澜风雨桥，是富川现存27座瑶族风雨桥的代表，建于明万历年间（1573—1620），崇祯十四年（1641）重修。砖木结构，为两台单孔三亭廊式桥，南端亭面阔进深各三间，穿斗与抬梁混合木构架，重檐歇山顶，桥廊为重檐歇山顶。建于清末的三江岜团桥则是侗族建筑的杰作，为两台一墩二廊三亭木结构廊桥，其特色是桥体分两层，人、畜分道，畜行道比人行道桥面低1.52米，既继承了我国古代廊桥传统，又具有侗族建筑艺术特色。它是较早具有立体功能的桥梁，在当时中外桥梁中罕见。

明清时期遗留下来的其他建筑，楼阁主要有南宁扬美村魁星楼、武鸣葛阳文昌阁、宾阳新桥尚武文昌阁、上林县三里观音阁、忻城三清阁、全州燕窝楼、容县真武阁、合浦大士阁等。容县真武阁是此时期木结构建筑的代表，建于明万历元年（1573），有"天南杰构"之誉，是一座重檐歇山顶三层木结构建筑，其突出特点是巧妙地利用杠杆原理与斗拱结构，独创了中层4根金柱悬空不落地的奇观。合浦大士阁由前、后两座紧相连的木结构单体楼阁连成一体，前座穿斗式木构架，后座穿斗与抬梁混合木构架，重檐歇山顶，梁枋、挑、斗拱施以南方特色民间彩画，建筑显得古朴厚重而不失绮丽，是南方古建筑中的精品。全州燕窝楼、柴侯祠、恭城周渭祠门楼都有明清木结构建筑特色。临桂、平乐、恭城、资源等地湖南会馆，兴安湖广会馆，龙胜楚南会馆，南宁安徽会馆、两湖会馆，南宁、龙州、荔浦、平乐、贺州、苍梧、钟山、玉林、北流、平南、田阳等地的粤东会馆，三江闽粤会馆、福建会馆，阳朔、百色江西会馆，灵洲会馆，钦州、灵山广府会馆，合浦广州会馆等，这些都是研究明清建筑及商品经济的实物资料。遗存于南宁、武鸣、宾阳、宁明、武宣、荔浦、贺州、玉林、兴业、北流、博白、钦州、浦北、合浦、防城港、上思、西林、田阳、德保等市县的各类书院，是现存广西文化教育发展的历史见证。钟山大田戏台、黄姚戏台、恭城武庙戏台等各地近40座戏台是研究明清广西地方戏剧的珍贵实物资料。昭平黄姚古镇、灵川大圩古镇、灵川江头村和长岗村、灵山大芦村等古民居，是具有南方气息的集市圩镇和民居建筑群。

宋元明清是广西摩崖石刻艺术发展的鼎盛时期，现存宋、元、明、清、民国初年的摩崖石刻、碑碣计495处4100余方，以桂林最多最集中，如宋代的630余方石刻中，桂林就有472余方。明代以后，石刻散布全区各地。全州湘山、兴安乳洞、永福百寿岩、柳州马鞍山与鱼峰山、融水真仙岩、宜州白龙洞、桂平西山、贵港南山寺、北流勾漏洞、凭祥白玉洞等风景名胜地是摩崖石刻荟萃之地。绝大部分为摩崖石刻，少量是碑碣，形式有题名、题记、诗词、曲赋、佛经、诰封、告示、禁约、楹联、榜书等。内容涉及历代政治、经济、军事、文化、科技各个方面，是研究当地历史文化的珍贵资料。有记载宋代以来历代广西重大农民、民族斗争历史事件的：宋刻《瘗宜贼首级记》《大宋平蛮碑》《平蛮三将题名》《平南丹寇记》《宜州铁城记》，元刻《广西道平蛮记》《融州平瑶记》，明刻《殷正茂讨怀远瑶记》《平定古田碑记》《右江北山平寇记》《府江两岸记事碑》《平果万人洞石刻》《剿抚田州碑》《韩雍纪功碑》、汪道昆《平蛮碑》、刘继《东兰纪事碑》等；有宋代以来倡导发展广西农业经济的：宋刻李师中《劝农事文》、范成大《经略范公劝谕》及融水真仙岩张锜《劝农事碑》、贵港南山寺林秉贡《劝农诗》反映了对农业生产的重视；桂林龙隐岩和融水真仙岩的《元祐党籍碑》，则是反映北宋元祐年间党争的珍贵石刻；有抨击时弊的桂林龙隐岩宋刻《梅公瘴说》；宋刻《静江府城池图》是中国现存最早、最大的地图石刻；宜州会仙山罗汉洞北宋元符戊寅年（1098）刻《供养释迦如来住世十八尊者五百大阿罗汉圣号》碑，是我国现存最早的五百罗汉名号碑，对研究佛教民俗化及向南方少数民族地区传播有重要意义。此外，桂西地区的忻城、马山、都安、平果、凌云、那坡、靖西、大新、崇左、宁明、南丹等地有关明清土司制度、改土归流内容的碑刻是研究土司制度及当地民族历史的重要资料。各地发现的乡规民约碑刻，反映了封建社会末期史治腐败现象及当地的风土民情。柳州柳侯祠中南宋嘉定十年（1217）"荔子碑"，汇韩愈撰文、苏轼书丹、柳宗元事为一体，被称为"三绝碑"。永福百寿岩史渭镌刻楷书长1.75、宽1.48米的大"寿"字上，在阳刻的笔画中再阴刻一百个各不相同书体的小"寿"字，构思奇特巧妙，具有较高的文学价值和书法艺术价值。广西石刻之多，内容之丰富，且与风景名胜相连，给人以"游山如读史，观景亦观书"的绝妙感受。

宋代摩崖造像较少，规模小。现存5处，其中4处为佛造像，1处为道教八仙造像。佛造像4处40龛139尊，多集中于桂林叠彩山风洞，23龛88尊，一龛左下方有"治平元年"造像记1方，造像面型消瘦，形态忧郁。另2处佛造像较多的是桂西壮族世居的宜州、河池。八仙造像1处10尊，在壮族世居的田东江城。明清摩崖造像，在横县青龙岩、大新穷斗山、益天洞、会仙岩、灵山六峰山、武宣仙岩等处都有发现，共75尊，其中穷斗山摩崖造像存明代摩崖造像21龛31尊，其中有观音像、持乐器仙女像、醉仙像、着短衣长裙朝贡人物像以及朱雀、白虎、梅花鹿等动物像，内容丰富，形态传神，别具一格。据岩内明代嘉靖二十六年（1547）碑刻所载，为明茗盈土州土官李氏命石匠所刻，有重要历史价值。

在桂林市芦笛岩和大岩内，现存南齐至民国壁书170余条，均为墨书，最早为南齐永明年间（483—493），最多的为明代，其次是宋代。墨书形式有题名、题记、题诗、榜书等，内容涉及天灾人祸、民众疾苦、宗教、农民起义及明靖江王为营建府第、陵墓差派王府官员带领工匠采山取石等史实，是研究宗教特别是明代广西历史的珍贵资料。凭祥、大新、天等、靖西、田东、金秀、宜州等地有宋至明清时期岩画，以颜料岩画为主，有少量凿刻岩画。图像有人像、人首、手印、足印、马、人骑马、鸟兽、花卉、太阳、圆点、圆圈、几何图案符号等，岩画以纤细的线条勾勒而成，技法较拙，风格、内容与左江岩画迥然不同。

明清时期，各地的岩洞葬明显具有地域特点。如左江、右江、柳江和红水河流域岩洞葬，一般在近河边的悬崖上，且都是整木圆棺的二次葬，每处岩洞少则二三具，多则数十乃至数百具，一棺一具尸骨，属于家族"墓地"。而南丹岩洞葬选择的位置则在山麓，地势平缓，棺木多是拼合木棺，放置于"井"字形木架或枕木、石块上，行一次葬，一家一棺，家中每死人即开棺放入，骸骨重叠交错，多代合葬，随葬品除随身衣物外几乎没有其他遗物，是居住在这里的瑶族人的墓葬。环江下南乡凤腾山墓群，是富有民族特色的毛南族谭氏家族墓地，占地约1万平方米，有大小古墓千余座，依山势错落，墓葬用料石围砌，制作精细，雕刻图案精美。

明太祖朱元璋在全国推行"封建亲王，屏藩帝室"的政策，封其侄孙朱守谦为靖江王，就藩桂林，传11世14王，共历时280余年。据统计桂林现存靖江王及宗室、姻亲墓葬320余座，是目前全国保存较为完好的明代藩王墓群。每座王陵的平面布局均呈长方形，分为外园、内宫两大部分，外园、内宫外各一道陵墙围护。外园有朝房、陵门、神道、玉带桥及神道两侧对列石人、石兽等石作仪仗。内宫有中门、享殿和地宫。地宫为双室券顶结构，有甬道、壁龛。王陵规模宏大，最大的占地21万余平方米，最小的也占地5000平方米左右。妃、将军墓亦有一定规模。中尉墓无石作，少数有围墙。1972年清理安肃王陵和宪定王陵，随葬品除金、银、锡、玉器外，早期多随葬敛口、鼓腹的黑釉陶罐，中期以后逐渐改用青花瓷梅瓶和青花瓷盖尊、白瓷梅瓶。出土的青花瓷梅瓶数量多，精美为世罕见。此外，贺州桂岭有明孝宗弘治初派官员为其生母孝穆皇太后先祖修建的茔墓。梧州市郊高旺村有明桂端王朱常瀛、桂安仁王朱由榔为主的南明王族陵茔。这些王陵是研究明代藩王及其丧葬制度的珍贵实物资料。土官墓亦颇有特色，宁明黄泽墓、靖西旧州岑氏土司墓地、平果旧城岑瑛先祖墓、赵氏土司家族墓地是现存较好的土司家族墓地，是研究明代广西土司制度重要的实物资料。

<h1 style="text-align:center">七</h1>

鸦片战争后，西方列强迫使清政府先后签订一系列不平等条约，中国的独立主权被严重破坏，沦为半殖民地半封建社会。在民族危难的年代，地处沿边沿海的广西各族儿女同全国人民一道，始终不屈不挠，进行艰苦卓绝的斗争，留下了丰富的遗迹和遗物。鸦片战争后的巨额赔款，加上连年不断的自然灾害，加剧了社会矛盾，广大劳苦民众纷纷奋起反抗。1851年洪秀全、冯云山等在广西发动金田起义，揭开了席卷大半个中国的太平天国运动。贵县赐谷村传教遗址、冯云山旧居遗址、韦昌辉故居遗址、太平天国金田起义地址、平南山人村营盘发布团营

令遗址、花洲团营遗址等是太平天国运动初期遗迹。金田起义后，太平军东进江口，西出武宣、象州，又回师金田紫荆山根据地，主要有桂平石头脚太平军行营指挥部旧址、武宣东乡洪秀全称王地址、独鳌岭战役遗址、平南官村大捷遗址、桂平茶地太平军总部旧址、太平军前军指挥部旧址等遗迹。9月太平军挥师北上，25日攻取永安州城。洪秀全在永安州封王建制，建立太平天国，同清军进行了长达8个月的斗争，奠定了太平天国政权的基础。东王府、天王发布诏令处、十里长墙、东西炮台、冯云山指挥所旧址、太平军水窦营盘遗址、太平圣库遗址、玉龙关太平军突围遗址、太平军三冲歼敌战场旧址等，是太平天国在永安州留下的历史遗迹。宜山翼王府遗址、白龙洞翼王石达开等唱和诗刻、太平军匹夫关战斗遗址等遗迹，是天京内讧后，1859年8月翼王石达开率师回广西留下的历史遗迹。在太平天国运动的影响下，广西天地会农民运动风起云涌，立国称王。留下的史迹有1851—1869年吴凌云起义地址、延陵国遗址、三台山营盘遗址，1854年10月朱洪英、胡有禄在灌阳建立的升平天国的王府遗址，1855年9月至1864年6月陈开、李文茂在桂平建立的大成国王府遗址，还有大成国军江口驻防遗址、大成军三里寨遗址、贵港黄鼎凤天平山的建章王山寨遗址、大成国登龙桥战斗遗址、平南大成国商埠遗址、横县平朗的李文彩起义地址等。

19世纪70年代后，英、法等西方列强势力进入广西，在梧州、北海、龙州口岸设立海关、领事馆和洋行，垄断关税和西江航运，控制广西的经济命脉。梧州海关旧址、梧州英国领事馆旧址、北海海关旧址、北海英国领事馆旧址等是历史遗迹。以法国天主教为首的西方传教士，深入广西穷乡僻壤，在田林、凌云、上思、贵港、永福、蒙山等地，以传教为名，欺压百姓，蒙骗群众入教，遭到广西各族人民的坚决反对，"西林教案""永安教案"是无数"教案"中的典型，旧址犹存。1883—1885年的中法战争，是中国近代史上又一次反抗外国侵略的战争。1885年3月，年近七旬的广西提督冯子材临危受命，率军在镇南关关前隘大败法国侵略军，史称"镇南关大捷"，并乘胜收复谅山、屯梅、观音桥等地。战场上的节节胜利扭转了战争形势，迫使法国茹费理内阁下台。钦州刘永福、冯子材旧居建筑群和凭祥镇南关大捷遗址是重要的历史遗迹。中法战争后，为巩固边防，在广西提督、边防督办苏元春等率领下，经过10年的努力，在中越边境及海岸上构筑了包括大、小连城在内的"三关百隘五十卡"，建造大小炮台82座、碉台83座，购置架设各式火炮119门，并修筑城墙、道路，把各处关隘、炮垒、碉台、兵营连接起来。一系列边防军事防御体系工程展示了近代中国人民保家卫国、巩固边防的坚强意志和决心。

19世纪末20世纪初，广西各地已形成不少集镇中心，但行商坐贾大都来自广东、湖南和福建。至今各地仍保存着各类商务会馆，如百色广东会馆、恭城湖南会馆及平乐商会旧址、沙子仁义响押旧址等，见证了广西商品经济发展的历程。同时也出现一些官办的矿冶业，如丹池（今河池、南丹）锡矿、平桂（今贺州、钟山、富川）锡矿、钟山西湾煤矿、合山煤矿等。与此同时出现了规模较大的专业手工作坊，如合浦的华身靛厂作坊等。1906年，在中国延续了1300多年的科举制最终被废除，社会上涌现出各类新式学堂和出国留学的新气象。广西贡院旧址、浦北张黄的上八团学堂旧址今犹存。

中法战争后，广西爆发了以游勇为核心，以会党为组织纽带的农民起义，沉重打击了清王朝的封建统治。桂平寻旺三点会起义遗址、学中三点会营盘等是其遗迹。以王和顺、黄明堂等为代表的一批天地会众，在大起义失败后，逐步投身到孙中山领导的民主革命洪流中。以孙中山为首的革命党人抓住时机，积极在广西建立和发展革命组织同盟会，并于1907—1908年间连续发动了钦廉防、镇南关和钦廉上思三次武装起义。邕宁扬美同盟会会议旧址、"三那"抗捐指挥部旧址、镇南关起义旧址、黄明堂墓犹存。

1911年爆发的辛亥革命推翻了清王朝，结束了中国两千多年的封建专制统治，建立了中华民国，但革命成果为袁世凯篡夺。陆荣廷响应辛亥革命宣布广西独立，当上广西军政府都督，确立了在广西的统治地位，结成了以其为首脑的旧桂系政治、军事集团，并在1915年、1917年，借"护国运动""护法战争"将势力扩及广东、湖南，破坏孙中山领导的革命运动。柳州刘古香墓、桂林蒋翊武先生就义处纪念碑便是历史见证。

1920年孙中山把旧桂系赶回广西后，次年又发动援桂讨陆之战，进军广西，迫陆荣廷下野，旧桂系宣告崩溃。1921年12月4日，孙中山督师北伐抵达桂林，在原靖江王府内设立大本营，以陆海空军大元帅名义，宣布行使战时最高统帅职责，着手整军北伐。孙中山在桂四个多月，还先后到梧州、桂平、横县、昭平、平乐、阳朔等地会见群众和演讲。桂林王府孙中山北伐大本营旧址、阳朔孙中山演讲地遗址等仍在。

五四运动促进了全国人民思想的觉醒和进步，一批热血爱国青年志士从俄国十月革命中寻找救国救民的出路。黄日葵、谭寿林创办的半月刊《桂光》对马列主义在广西的传播起了积极推动作用。韦拔群是广西农民运动的先驱，1922年即开始在东兰县组织发动农民进行反对土豪劣绅的斗争。1925年秋，中国共产党广西地方的第一个组织梧州支部建立，12月成立梧州地委，现其旧址仍存。至1927

年上半年，中国共产党广西地方组织在各地陆续建立了20余个支部，有党员200余人。农会组织遍及广西60余个县和市郊，其中25个县成立了县一级的农民协会或农会办事处，有会员20余万人。韦拔群革命活动旧址、广西农民运动讲习所旧址、东兰县第二届和第三届农民运动讲习所旧址、奉议县农民运动讲习所旧址、恩隆县农民运动讲习所旧址、北流县农民运动讲习所旧址、党州农友协会旧址、中国国民党广西省党部农民部田南道办事处旧址等，是第一次国内革命战争时期国共合作在广西的历史见证。1922年以后，从旧桂系下级军官分化并发展起来的李宗仁、黄绍竑、白崇禧等人，借助拥护广东革命阵营国民政府的名义，逐步发展壮大，形成以"李白黄"为核心的政治、军事集团——新桂系。第一次国共合作破裂后，新桂系响应南京国民政府，在广西发动一系列"清党""清乡"反共行动，镇压工农革命运动。面对新桂系的镇压，广西的共产党人和革命群众以武装斗争的方式予以回击。

1927年4月，桂平、平南、武宣三县成立农民武装，反抗新桂系的"清党""清乡"，武平桂农民赤卫军指挥部旧址、中国共产党广西特委机关遗址是这次斗争的遗迹。1927年7月第一次国共合作失败，8月中国共产党中央召开会议，确定了土地革命和武装斗争的总方针。12月中国共产党广西地委为响应广州起义，在平南劳五区组织武装起义，公开提出建立广西苏维埃政权的斗争口号，拉开了广西苏维埃革命运动的序幕。重要的史迹有劳五区苏维埃政府遗址、中国共产党广西省委(特委)办事处旧址、九代坡劳农会旧址、朱锡昂烈士墓等。同时，以韦拔群领导的东兰县为代表的左、右江地区各县农协会、农民自卫军亦高举武装斗争旗帜，为广西红军和革命根据地的建立奠定了基础。

1929年6月，新桂系在蒋桂战争中失败下野，蒋介石把持的南京国民政府"扶持"俞作柏、李明瑞主政广西。俞、李是思想进步、倾向革命的军人，主政广西后，为打开局面，主动请求中国共产党派干部到广西工作。中国共产党先后派出邓斌(小平)、张云逸等40余名干部来到广西，一面帮助俞、李工作，一面开展党的活动。俞、李在蒋介石武力威逼及汪精卫改组派的极力煽动下，错误估计形势，在主政不足半年、立足未稳的形势下，发动反蒋战争，结果倒蒋失败。新桂系借此重新执掌广西军政大权。1929年10月，俞、李倒蒋失败后，邓斌(小平)从实际出发执行中国共产党的指示，把革命的主要力量由南宁转移到国民党统治较薄弱、群众基础较好的左、右江地区。俞作豫率警备第五大队撤往左江龙州，邓斌(小平)、张云逸率警备第四大队，溯右江而上，向百色进发，与当地农民武装会合，准备建立左、右江革命根据地。田东县平马二牙码头是当年军械船队卸下军械弹药的码头，今仍存。中国共产党领导的部队与农民自卫队会合，召开工农兵代表会议，讨论通过了武装起义、建立红军、建立苏维埃政府决议案，分别于1929年12月11日、1930年2月1日召开大会，宣布发动百色起义和龙州起义，建立了中国工农红军第七军、第八军和左、右江革命根据地。红七军军长为张云逸，政委为邓斌（小平），下设三个纵队，全军共4000余人。右江苏维埃政府主席雷经天、韦拔群、陈洪涛等13人为第一届执委会委员，颁布《土地法暂行条例》和《共耕条例》，开展土地革命运动及军政、文化教育建设。红八军军长为俞作豫，政委为邓斌（小平），下辖两个纵队，全军2000余人。红七军、红八军总指挥为李明瑞，总政委为邓斌（小平）。左江革命委员会主席为王逸，秘书长为林礼，有委员20名，开展反帝反封建斗争，保卫革命根据地。百色起义筹备处旧址、中国工农红军第七军和第八军军部旧址、右江工农民主政府旧址、中共红七军前委旧址、东兰县苏维埃政府旧址、百色县总工会旧址、劳动小学旧址、广西第一劳动中学旧址、左江革命委员会旧址、龙州保卫战遗址、龙州起义标语、红八军攻城遗址等犹存。

1930年，黄旭初取代黄绍竑进入新桂系领导核心，为巩固和增强实力，他加紧镇压中共广西地方组织，围剿左、右江革命根据地。中国工农红军第八军在失去根据地后，转战数月，于1930年10月，在河池与红军第七军会师，并于11月进行整编，并入红七军。红七军在攻打柳州、桂林、广州等城市失利后不得不北上江西，于1931年7月与中央红军会师。中国工农红军第七军第八军军部旧址、中国工农红军第七军河池宿营地旧址、中共红七军前委全州会议旧址、中国工农红军第七军桂岭宿营地旧址等至今犹存。红七军主力北上后，韦拔群、陈洪涛等回东兰、凤山等地组建中国工农红军第七军21师，与新桂系及当地民团武装展开艰难的斗争。1932年冬，根据地失守，何世昌、韦拔群、陈洪涛等先后壮烈牺牲，根据地斗争进入最艰难的时期。天向农民赤卫队指挥部旧址、敢墨岩"国际歌"墨书、右江下游革命委员会旧址、龙蛇岩反围剿遗址、中国工农红军第七军21师师部旧址、韦拔群牺牲处、韦拔群烈士墓、恒里岩战斗遗址、拉好岩反围剿遗址等见证了这段艰苦卓绝斗争的历史。1934年冬，中国工农红军长征，在国民党军队的围追堵截下突破湘江封锁线，胜利经过桂北，留下了湘江战役旧址，包括中央机关渡江指挥部旧址、红军堂、红军楼、红军第一方面军千家寺宿营地旧址等16处史迹。

1936年5月蒋介石要求两广取消国民党西南执行部和西南政务委员会，结束半独立状态，并准备以武力解决，新桂系积极备战，百色劐鹅岭防御工事是当时的遗迹。新桂系为巩固广西割据统治，制定了"三自"（自卫、自治、自给）、"三寓"（寓兵于团、寓将于学、寓征于募）政策和全面规划广西发展的《广西建设纲领》，提出"建设广西，复兴中国"的口号，进行政治、军事、经济、文化"四大建设"，并聘请一批省外专家、学者来广西参加经济、文化建设，取得显着成效，使广西出现与其他省不同的新气象，有"模范省"之称。广西省立博物馆正是这时期成立的。广西省立师范专科学校旧址、广西大学旧址、广西建设干部学校遗址等史迹仍存。

1937年7月，抗日战争全面爆发。新桂系响应中国共产党停止内战一致抗日、建立抗日民族统一战线的号召，出兵北上，参加淞沪会战、徐州会战、武汉保卫战、随枣战役等及大别山区对日作战。广西学生军在奔赴抗日前线的同时，积极到广大农村宣传、发动群众抗日，抗日救亡运动在广西全面展开。留存至今的容县龙胆河口抗日标语则是佐证。1938年10月，广州、武汉相继失守，沦陷区大批爱国志士、名人、文化人士如郭沫若、巴金、夏衍等纷纷来到桂林，积极开展抗日救亡活动。中国共产党在桂林设立国民革命军第八路军驻桂林办事处，积极推动广西抗日救亡运动，使桂林成为全国抗战文化城。八路军驻桂林办事处旧址、《救亡日报》社旧址、广西省立艺术馆旧址等见证了这一历史。1939年11月，侵华日军为切断中国国际交通线，从钦州东京湾（今北部湾）企沙等地登陆入侵广西桂南地区，中国军队发动以昆仑关战役为重心、大规模对日作战的桂南会战，给日本侵略者以沉重打击。1944年9月，侵华日军为打通中国大陆与南洋连接的交通线，第二次大规模入侵广西，75个市、县惨遭日寇蹂躏，广西军民奋起抵抗，1945年8月15日广西全境光复。昆仑关战役遗址、昆仑关战役誓师会议旧址、秧塘机场旧址、柳北抗日挺进队队部旧址、八百抗日壮士阵亡处、阚维雍等三将军及八百抗日壮士墓、临江中学革命活动旧址、中共桂东南抗日游击区办事处旧址、陆川县人民抗日自卫军司令部旧址等，是反映国共两党再度合作，全国军民浴血奋战抵抗日本帝国主义侵略的功垂千古的历史丰碑。

抗战胜利后，国民党当局发动内战，中国共产党广西地方组织安排干部深入农村，广泛开展反"三征"斗争，建立秘密武装，开展武装斗争。1947年4月，广西省工委书记钱兴在横县陶圩召开各地区党组织主要负责干部会议，提出"积极准备武装起义，广泛发动游击战争，创造游击根据地，摧毁反动政权，建立新解放区"的总方针和任务。5—12月间，先后在桂东、桂北、左江、右江、桂中、桂中南等地区发动和领导武装起义，坚持游击战争，建立游击根据地。同时，在桂、柳、邕、梧四市发展组织，争取群众，团结爱国民主人士和一切可团结的力量，开展争取和平民主的斗争以及反内战、反饥饿、反迫害和反对美帝侵华政策的爱国民主运动，配合、迎接解放大军解放广西。广西省工委横县会议旧址、桂北起义指挥部旧址、中秋起义战斗遗址、中国人民解放军滇黔桂边纵队桂西区指挥部旧址、柳北人民解放军总队司令部旧址、粤桂边三支队联络站旧址，以及中国共产党八步特支遗址、联华印刷厂旧址、中国共产党柳州特支旧址、中国共产党广西桂柳区工委旧址、中国共产党桂林市工作委员会旧址、中国共产党梧州市城工委旧址等，是广西各族人民在中国共产党领导下为推翻桂系反动统治和迎接解放而斗争的史迹。

近现代的代表性建筑，有具岭南园林建筑特色的桂林市雁山区的西山公园、陆川的谢鲁山庄、武鸣的明秀园，具有独特民族风格的民居干栏建筑、侗族风雨桥和鼓楼，富有时代特色的桂东南地区封闭式多单元居民建筑，以及鸦片战争后各种西式建筑和受其影响产生的中西混合式建筑，都是广西近现代史的历史见证。

《中国文物地图集·广西分册》书共收录不可移动的文物6714处，另有子目1129条，共7843条，其中古遗址1366处（含子目83条），古墓葬1028处（含子目160条），古建筑2147处（含子目254条），石刻、造像（包括岩画、壁书等）1138处（含子目342条），近、现代重要史迹1199处（含子目247条），近现代代表性建筑339处（含子目41条），其他文物点626处（含子目2条）。本书涉及广西壮族自治区的行政区划资料均截止于2015年6月之前。

Summary

Guangxi Zhuang Autonomous Region is located in the southern border area of China. It is adjacent to Guangdong in the east, Yunnan in the west, Hunan in the northeast, North Bay in the south, Guizhou in the northwest, and adjacent to the Socialist Republic of Vietnam in the southwest. In the land of an area of 23.67 million square kilometers, there are 12 ethnic groups that have lived here for generations such as Han, Zhuang, Yao, Miao, Dong, Gelao, Mao Nan, Hui, Jing, Yi, Shui and Gelao, with a population of 49.61 million. This is a provincial minority autonomous region with Zhuang as the main body.

Located on the southeast margin of Yunnan-Guizhou Plateau, Guangxi is largely surrounded by mountains and plateaus, mostly karst mountains in the west and north and hills in the east. Mountains and hills account for about 70.8% of the total area of the region, compared with tableland and plain which account for 6.3% and 20.7% respectively. The main rivers are Guijiang, Liujiang, Hongshuihe, Zuojiang, Youjiang, Yujiang, Qijiang and so on. It has more than 1,500 kilometers of coastline, and 1020 kilometers of land border. It belongs to subtropical monsoon climate.

Guangxi has a long history, there have been human activities as early as 800-700 thousand years ago. It was a place where the southern tribes (known collectively as "Baiyue") and their ancestors inhabited from Shang and Zhou Dynasties to the Warring States Period. It belonged to Guilin County and Xiang County in the Qin Dynasty, and Nanyue Kingdom in Early Han Dynasty. After the 6th year of Yuanding in Han Dynasty (111 BC), it belonged to Cangwu, Yulin, Hepu, Lingling, Zangke and other counties successively. During the Three Kingdoms Period, it belonged to Wu. And it belonged to Lingnan West Dao in Tang Dynasty, Guangnan West Lu in Song Dynasty and Huguang Province in early Yuan Dynasty. In the 23rd year of Zhizheng (1363 AD) , established Guangxi Executive Secretariat, which was the beginning of the name of Guangxi Province. In Ming Dynasty, the Guangxi Provincial Administrative Government was set up. Guangxi Province was established in Qing Dynasty, and the name was carried on by the Republic of China. After the founding of the People's Republic of China, it was still called Guangxi Province untill Guangxi Autonomous Region was established in 1958.

In September 1933, Guangxi Provincial Museum Preparatory Office was established. In 1934 Professor Pei Wenzhong went to Xing'an, Wuming and other places for archaeological investigation, which marked the opening salvo of the work of the Heritage Museum. After the founding of the

People's Republic of China, the government attached great importance to the work of the Heritage Museum. In 1951, the People's Government of Guangxi Province issued a decree to stress the urgency and importance of protecting the national cultural heritage. In June 1953, the investigation and protection work for cultural relics and historic sites were put into action throughout the province. In February 1956, Guangxi Provincial Cultural Relics Management Committee was established. By 2009, there were 67 museums and memorials, 43 cultural relics management centers, 2 cultural relics and archeology research institutes (teams) and 5 cultural relics stores with 278,900 pieces (sets) of collections in the whole region. 5 rounds of regional cultural relics census, 2 rounds of national cultural relics census have been carried out with more than 10,000 immovable cultural relics registered; there are 42 national key cultural relics protection units, 283 autonomous region cultural relics protection units, 1593 city or county cultural relics protection units, 2 historical and cultural cities. Salvage excavations on 150 ancient ruins and ancient tombs have been implemented, and more than 300 cultural relics protection units such as Xing'an Lingqu have been repaired.

Guangxi is an important area for early human activities. 16 late Homo sapiens fossil sites and more than 130 Paleolithic sites have been found in Liujiang. Early paleolithic sites distributed in Baise, Tiandong, Tianyang, Tianlin and other cities and counties in western Guangxi. Some 8,400 pieces of stone tools have been collected and unearthed, such as choppers, hand axes and hand-picks etc, of which the earliest age were about 80-73.3 million years ago. The manufacture of the hand axes shows the characteristics of Ascilie Stone processing technology, which is an important achievement of Guangxi Paleolithic archeology. The middle and late paleolithic sites were found in the terraces on both sides of Youjiang and other rivers. The late paleolithic cave sites were mostly found in northern, central and western Guangxi, among which the "Liujiang man" is about 6 to 500,000 years old, and is an early type of Mongolian ethnicity being formed. The site of Guilin Baoji Rock is the site where human fossils coexist with stone tools. There are two sets of different stone assemblages of gravel stone tools and flint small stone tablets in Liuzhou Lotus Cave Stage I.

More than 350 Neolithic ruins have been found all over Guangxi. Early Neolithic ruins distributed in the rock caves and rock shelters of northern and central Guangxi, and along the rivers in central, southern and western Guangxi, dating back to about 12000-8000 years ago. The stone tools are mostly chipped ones, some polished stone tools only have their blades ground; Potteries are mostly straight or open mouthed round-bottom containers; Tools made of bones and clam shells are common; The remains of the dead are usually buried with their bodies bent or squatted. The mid-term Neolithic ruins are found on the terraces or coastal banks along the rivers, dating back to about 8000-5500 years ago. The stone tools are mostly polished ones with their blades ground; Tools made of clam characterized by triangular gecko knives; Potteries are mostly round-bottom kettles and pots;

In addition to bending burial and squatting burial, there are dismember burial and twice burial. The cultural type represented by Stage Ⅱ and Ⅲ of Dingsi Mountain site was named "Dingsi Mountain Culture" . Late Neolithic sites in northern Guangxi, Guangxi and Southeast Guangxi, Guangxi have found, dating back to about 5500 - 3000 years ago. The stone tools were fully polished , the types of bone tools increased and there were ring-foot, three-feet and flat-bottom potteries. 152 Dashi Shovel ruins of Southern Guangxi represented by Dalongtan site of Long'an County have been found in 43 cities and counties, indicating that the farming economy has made some progress.

About 3,000 years ago, Guangxi has entered the Bronze Age. 23 cave burials of this period have been found, which distributed along Zuojiang, Youjiang, and Hongshuihe Rivers and also in Lingchuan of northern Guangxi and Hezhou of eastern Guangxi. In the early tombs of this period, the burial articles are mostly potteries, stone tools and jades. Bronze ware were excavated from the cave burials of the Warring States Period in Longzhong, Hezhou. Burial tombs include Wuming Yuanlongpo and Gongcheng Yang's and other tombs of Spring and Autumn Period. There were bronze ware of late Spring and Autumn period, Yue-style tripods, Yues, swords, columnars of regional style, and Leis, bells, and Chu-style tripods of Central China style in Yang's tombs. The bronze knives, Yues, daggers, round containers, forks, etc. excavated from Yuanlongpo tombs have a strong regional style. Tombs of Warring States period were found in Wuming, Binyang, Tiandong, Pingle, Cenxi, Hezhou and other places, mostly vertical earthen tombs. There were waist pits in many eastern Guangxi tombs, many Chu-style bronze swords, columnars and ironware were excavated. Short swords with flat handles, daggers, cyphers, bronze drums and other bronzes were common in the western Guangxi tombs. In Fusui, Ningming, Longzhou, Pingxiang, Daxin and other cities and counties in the Zuojiang River Valley, more than 80 petroglyphs, represented by Ningming Huashan rock paintings, were discovered, dating from the Warring States to the Eastern Han Dynasty.

Lingqu Canal, the water transportation project of the First Emperor of Qin Dynasty for the unification of Lingnan, is composed of Huazui, big and small balances, Qin Dyke, drainage balance, steep gate, South Canal and North Canal, with the length of 36.5 kilometers, it was the first artificial canal in the world. Its steep gate setting created a precedent for modern ship locks.

With the establishment of the county system, counties and military areas became the center of politics, economy and culture. City sites have been found in Quanzhou, Xingan, Guanyang, Lipu, Wuxuan, Binyang, Hezhou and other places. The old city site of Taoyang in Quanzhou had become the pass and garrison of Chu in the late Warring States period. Xing'an Qincheng is located in Xianggui corridor, it's a city of military nature. Old city site of Linhe in Hezhou includes 4 sites of DaYa Village, Zhouwei, Hexi, Hedong, dating from the Western Han Dynasty to the Qing Dynasty.

The Iron Smelting Site in Liu Chen, Pingnan is of large scale in Lingnan of Han Dynasty. Beiliu Tongshiling and Rongxian Xishan metallurgical ruins combine mining and smelting together, dating from Han Dynasty to Tang Dynasty. Kiln sites of the Han Dynasty have been found in Wuzhou, Cangwu, Tengxian, Xiangzhou, Xing'an, Hepu and other places. The earliest one is Wuzhou Fuminfang Kiln Site, dating back to the late Warring States period. In the late Eastern Han Dynasty, Gulong kiln which produced celadon appeared in Teng county. During the Western Han Dynasty, Hepu became one of the ports of departure of the "Maritime Silk Road." Among the unearthed artifacts from the Han Tombs in Hepu and other places, there are imported goods from overseas.

There are Han tombs in more than 40 cities and counties throughout Guangxi, and they are most concentrated in Northern Guangxi and Wuzhou, Hezhou, Guigang, Hepu and other places, among which Hepu has more than 5,000 tombs and has the largest number of Han tombs in Lingnan. In early Western Han Dynasty, vertical earthen tombs prevailed, no coffin chamber in small tombs, and the funerary objects were simple. But there were coffin chambers funerary objects with regional styles in large and medium-sized tombs, Guigang Luobowan Tombs No. 1 and 2 are their representatives. Xilin copper drum burial and copper coffin tombs are tombs of the Kings and nobilities of Gou Ting. In the late Western Han dynasty, earthern-pit & wooden-coffin tombs with tomb passages prevailed, multi-chamber tombs with ear rooms appeared. The funeral objects were mainly Han style, Gui, Jiao, pails and other potteries of new shapes and bronze ware with engraved patterns were found. In early Eastern Han Dynasty earthern-pit & wooden-coffin tombs evolved into a 2-level&2-storey form, and there were also tombs of masonry and wooden structure and masonry tombs. Flasks, straight cans, dragon-head spoons and other potteries of new shapes and pavilion building planters were found. The number of talcose artifacts reduced. In late Eastern Han Dynasty, stone tombs, masonry tombs and tombs of masonry and stone structure appeared. Engraved bronze ware almost disappeared, celadon cans, ear cups and circle-foot bowls became common funerary objects.

Guangxi is the province where the number of unearthed bronze drums is largest. A total of 263 bronze drums have been unearthed at 251 sites in 45 cities and counties. During the Qin and Han dynasties, bronze drums of Shizhaishan type, Cold Water Flushing type, Beiliu type, Lingshan type and other types were popular. From Three Kingdoms Period to Sui and Tang dynasties, there were drums of Ximeng type and Zunyi type in addition to that of Beiliu type, Lingshan type and Cold Water Flushing type.

During Sui and Tang Dynasties, Buddhist temples flourished. Among the 522 cliff statues of 156 niches in the Tang Dynasty, 194 statues of 154 niches were Buddha images. In addition to 4 statues 3 niches on Yanshi Mountain in Bobai, there are 503 statues 151 niches distributed in West Mountain, Liuma Mountain, Fubo Mountain and other places in Guilin; There are more than 30 cliff inscriptions of Tang Dynasty at 10 places, located in Guilin, Shanglin, Fangcheng and Xing'an. In Tiefeng Mountain, Guilin, Han Yunqing's "Da Li Ping Man Song (Ode to Dali for Conquering Barbarians" in the 12th year of Dali in Tang Dynasty (777 AD) created a precedent for carving stones to record a merit in Guangxi.

Tombs dating from Three Kingdoms Period to Sui and Tang Dynasties have been found in Guilin, Quanzhou, Xing'an, Guanyang, Gongcheng, Yongfu, Pingle, Hezhou, Zhongshan, Wuzhou, Cangwu, Tengxian, Guigang, Qinzhou, Lingshan, Pubei, Rongan, Luzhai and other places. The tombs of Three Kingdoms Period include earthern-pit tombs, brick chamber tombs and stone chamber tombs. The tombs during Jin and Southern Dynasties mostly were brick chamber tombs, with chicken-spout ewers and other celadon and Talcose Artifacts prevailed, and many pottery house models, figurines of attendants and ceremonial figurines have also been found.

In the Song Dynasty, not only 2 cast money sites, Yuanfeng prison and Hezhou prison of Wuzhou were found, but also sites of metallurgy were discovered in Zhongshan, Cenxi, Yulin and Xingye, among which, the site of Lvya smelting ruins of Song Dynasty in Xingye County is distributed at 40 locations in the area of Long'an Town, Shanxin Town, Daping Town and Luoyang Town, covering an area of about 12 square kilometers on a large scale.

In the Song Dynasty, the ceramic industry developed rapidly in Guangxi. More than 60 porcelain kiln sites of Song Dynasty have been found involving 31 cities and counties, which were classified into three types: (i) Zhonghe type, mainly produced white porcelain, located in southeastern Guangxi, gathered in the Beiliu River Basin; (ii) Yaotianling type and (iii) Yanguan type, the latter 2 types were celadon kilns, mainly located along the upper stream of the Xiangjiang River, Lijiang, Luoqing River, Liujiang and Youjiang. Yaotianling kiln and Rongxian Chengguan kiln during Northern Song Dynasty Yuanyou years (1087-1094) produced white porcelain tyre copper green and bronze red glazed ware using single-firing technology, it was a great contribution for the history of Chinese ceramics. The florals ware, pointed sprinkle brown color ware and flambe-glazed ware of Yanguan type are quite distinctive.

Tombs of Song Dynasty have been found in Guilin, Guigang, Guiping, Zhongshan and other places, with brick chambers or earthern pits and less funerary objects, porcelain soul jars, bronze mirrors, coins are common.

During Ming and Qing Dynasties, Guangxi ceramics industry mainly produced daily potteries. The porcelain pipe of Ming Dynasty unearthed in the kiln site in Shangyao, Beihai shows that the tobacco was introduced into China nearly half a century earlier than we thought to be in the past.

From late Ming Dynasty to early Qing dynasty, the burning technology of blue and white porcelain were created, pastel porcelain appeared in late Qing Dynasty, the relatively refined products were produced by Pubei Xiaojiang kiln and Beiliu Lintong kiln and some other kilns.

There are many ground cultural relics of Ming and Qing Dynasties with a numerous of types. Nearly 80 city sites have been found, including the East Gate Tower of Liuzhou, the Ancient South Gate of Guilin, Yongning State of Yongfu and the Old City of Fuyang. Jingjiang Princes City in Guilin is a fairly complete Ming Dynasty Prince Palace. The Xincheng Mosausi Yamen is a large Tusi office building of Ming and Qing Dynasties. Temples are mainly of Qing Dynasty, including Miao, Si, An, Gong, Guan, etc. The most complete one is Gongcheng Cultural Temple. The Wuzhou Baihe Temple was built in the first year of Kaiyuan in Tang Dynasty (713-741) , it is the earliest existing Taoist temple in Guangxi. There are nearly 60 towers, mostly brick ones, of which the Chongzuo Guilong Tower of Ming Dynasty is inclined by 4° 36′ 46 " to the southwest and is a famous leaning tower in Guangxi. There are bridges including stone arch bridges, lounge bridges, stone slab bridges, step jumping bridges and so on. The Yangshuo Xianghui Bridge, which was built in the 5th year of Xuanhe in Northern Song Dynasty (1123), is the earliest existing stone arch bridge in Guangxi. The Huilan Wind-Rain Bridge of Ming Dynasty is the representative of Fuchuan Yao style wind-rain bridges. The Sanjiang Batuan Bridge built in late Qing Dynasty is a wooden structure lounge bridge, the bridge body has two layers with paths for human and animals separated, it's one of the earlist bridges with three-dimensional functions. There are pavilions including Quanzhou Yanwo Pavilion, Rongxian Zhenwu Pavilion, Hepu Dashi Pavilion. The Zhenwu Pavilion of Ming Dynasty used leverage principle and Dougong structure to create the wonder with four golden columns suspending in the center, thus got a reputation of "Tian Nan Jie Gou (Remarkable Building in Southern Sky)". There are 38 venues distributed in 24 cities and counties, 37 academic sites in 22 cities and counties and nearly 40 traditional theatrical stages in 18 cities and counties. They are valuable resource for studying Guangxi's economy, education and culture during Ming and Qing Dynasties. Ancestral halls of Qing Dynasty can be found all over Guangxi, so far there are 494.

The period from Song Dynasty to Qing Dynasty was the heyday of the development of Guangxi stone carving. More than 4100 cliff carvings and stone inscriptions at 495 locations dating from Song Dynasty to Qing Dynasty have been found, mostly in Guilin. After the Ming Dynasty, the stone carvings spread throughout the region, Quanzhou Xiangshan, Liuzhou Yufeng Mountain, Yizhou Bailong Cave, Guiping Xishan, Beiliu Goulou Cave and other famous attractions are places filled with Cliff carvings, there are signatures, titles, inscriptions, poems, Buddhist scriptures, conferments of honorary titles by imperial mandate, notices, prohibitions, couplets, Bangshu, etc., with the contents covering political, economic, military, cultural, technological and other aspects. Among them, the "City Map of Jingjiang Prefecture" of Song Dynasty is the earliest surviving Cliff carved map; The stone inscription "to Support the Custard of the Buddha, Eighteen Venerables and Five Hundred Arrohans" engraved in Song Dynasty is the earliest existing 500-Arrohan memorial tablets. Only 5 Cliff statues of Song Dynasty survived, and the sizes are small. Among them, 139 Buddha statues of 40 niches at 4 locations were discovered in Guilin, Yizhou and Hechi. A total of 75 Cliff statues of Ming and Qing Dynasties have been found in Hengxian, Daxin, Lingshan, Wuxuan and other places. The inscriptions about local folk regulations in Qing Dynasty, inscriptions about the Tusi system in the Ming and Qing Dynasties in western Guangxi are precious historical materials.

Jingling King's Mausoleum of Ming Dynasty is the tomb group of 11 generations of Jingjiang feudal kings and their concubines, imperial clans and generals in Ming Dynasty, a total of 320 tombs. It's a fairly well-preserved royal mausoleum. The Nanming Royal tombs are located in Gaowang village of Wuzhou. There are Tusi tombs of Ming Dynasty in Ningming, Jingxi, Pingguo, Eastland and other places. The cave burials along Zuojiang, Youjiang, Liujiang and Hongshuihe rivers dating Ming and Qing Dynasties have a large number of whole-wood round-coffin twice burials, with the bones of one body in one coffin. These are family cemeteries. The cave burials in Nandan are mainly composite wooden coffins, with once burial, bones of one family in one coffin, and multi-generations buried together.

In 1851 Hong Xiuquan et al. launched the Jintian Uprising in Guangxi and kicked off the Taiping Heavenly Kingdom Movement which swept most of China. So far, 180 related historical sites are still retained in 26 cities and counties such as Gui Ping. The consequent peasant movements in Guangxi also left more than 60 historical sites such as the Heavenly Kingdom Palace in Shengping, Guanyang.

After 1870s, Western powers established customs, consulates and foreign banks in Wuzhou, Beihai and Longzhou, monopolizing tariffs and shipping in the Xijiang River. 17 sites such as the North Sea British, French and German consulates remain. In 1883, the Sino-French War broke out. In March 1885, the Guangxi Military Assistant Feng Zicai led his army defeated the French army in Zhennan Pass, this victory was known as "the Zhennan Pass Great Victory." Liu Yongfu House, Feng Zicai House in Qinzhou, Ruins of Zhennan Pass Great Victory in Pingxiang town are important historical sites.

During 1907-1908, a group of clerics such as Huang Mingtang successively launched three armed uprisings of Qin Lian Fang, Zhennan Pass and Qinlian Shangsi. Former residence of Liang Lieya, Zhennan Pass Uprising site still exist. After the Revolution of 1911, the revolutionary achievements were usurped by Yuan Shikai. In October 1921, Dr. Sun Yat-sen arrived in Guangxi on the Northern Expedition, and delivered speeches successively in Wuzhou and Guilin. Sun Yat-sen Northern Expedition Vase Camp Site in Guilin, Site of Sun Yat-sen's lecture in Yangshuo are historical evidences.

In the autumn of 1925, Wuzhou branch, the first Guangxi CPC Organization, was established in Wuzhou. By 1927, the Guangxi CPC Organization established more than 20 branches in all parts of the region, including peasant associations covering more than 60 counties and cities in Guangxi. In December, the Guangxi CPC Prefectural Committee organized the armed uprising in Laowu District, Pingnan, and opened the prelude to the Soviet revolutionary movement in Guangxi. The former site of Wuzhou Committee of the CPC, the former sites of the Institute of Peasant Movement in Donglan, Fengli, Enlong and Beiliu, the former government site of the Soviet Union in Donglan County, the former site of Dangzhou Farmers Association, the former site of the Wu Ping Gui Peasants' Red Guard Headquarters Site, Pingnan Laowu Soviet Government Site and so on are the historical testimony of this period.

In October 1929, Deng Bin (Xiaoping) shifted the main forces of the revolution to Zuojiang and Youjiang areas, and led the Baise Uprising and Longzhou Uprising on December 11, 1929 and February 1, 1930 respectively, established the Red Army Seventh Army, the Eighth Army and Zuojiang and Youjiang Revolutionary Bases. In Baise, Hechi, Longzhou and other 26 cities and counties, there are 138 revolutionary sites such as Baise Uprising Preparatory Office Sites, which witnessed the hard history of this fight. In the winter of 1934, the Red Army of Chinese Workers and Peasants broke through the Xiangjiang River and passed through the north of Guangxi. It left 38 historical sites such as the Former Central Government Site of the Cross-river Headquarters and the Red Army Hall .

In July 1937, the War of Resistance Against Japan broke out. Guangxi military and civilians rose to resist the Japanese army. In October 1938, a large number of patriotic and intellectuals in the enemy-occupied areas came to Guilin and Guilin became a city of anti-Japanese war culture. The Former Site of the Eighth Route Army Guilin Office, the Former Site of the Guangxi Provincial Museum of Art, the Ruins of the Battle of Kunlun Pass, the Former Site of the Liubei Anti-Japanese Progress Team Corps, the Site where 800 Anti-Japanese Warriors were Killed, and the General Tomb of General Kan Wei-yong and other two Generals are greatest historical monuments of the bloody resistance to Japanese imperialist aggression.

From May to December 1947, the Guangxi CPC organization launched armed uprisings successively in the areas of Eastern Guangxi, Northern Guangxi, Zuojiang, Youjiang, Central Guangxi and other regions to cooperate and welcome the liberation of Guangxi. The Former Site of the Meeting of Hengxian County of Guangxi Provincial Working Committee of the CPC, the Site of the Northern Guangxi Uprising Headquarters and the Former Site of the Headquarters of Liubei

People's Liberation Army Corps are all the sites of the people of all ethnic groups in Guangxi in overthrowing the reactionary rule and welcoming the liberation.

There are 6714 titles of non-movable cultural relics included in the collection of "An Atlas of Chinese Cultural Relics-Guangxi Volume", and there are also 1129 items of sub-titles, with a total of 7843 items: of which 1366 are ancient ruins (including 83 sub-titles), 1028 are ancient tombs (including 160 subtitles), 2147 ancient architectures (including 254 subtitles), 1138 stone carvings and statues (including rock paintings and calligraphy) (including 342 sub-titles), 1199 important historic sites of modern and contemporary times (including 247 sub-titles), 339 representative buildings of modern and contemporary times (including 41 sub-titles) and 626 other cultural relics (including 2 sub-titles).

图 例

文物符号 / 文物保护单位级别 / 文物类别		全国重点	省级	市县级	未定级	文物时代
古遗址 (A)	洞穴和聚落遗址	⊡	⊡	⊡	⊙	旧石器时代
	古城址	⊡	⊡	⊡	⊡	
	长城遗址					
	古城墙					新石器时代
	烽燧、烽火台遗址	⊡	⊡	⊡	⊙	
	古道遗址					
	水利工程遗址					夏—战国
	古窑址	⊡	⊡	⊡	⊙	
	古建筑、古寨遗址	⊡	⊡	⊡	⊡	
	其他古遗址	◎	◎	◎	◎	秦
古墓葬 (B)		⌂	⌂	⌂	⌂	
古建筑 (C)	木构建筑	⊞	⊞	⊞	⊞	汉
	牌坊	⊞	⊞	⊞	⊞	
	古塔、经幢	⊞	⊞	⊞	⊞	
	古桥	⊞	⊞	⊞	⊞	三国—隋唐
	古城	⊞	⊞	⊞	⊞	
	关隘	⊞	⊞	⊞	⊞	
	古水利工程					宋—元
	园林	⊞	⊞	⊞	⊞	
	其他古建筑	■	■	■	■	
石窟寺及石刻 (D)	石窟寺、石造像	⊓	⊓	⊓	⊓	明—清
	碑刻	▮	▮	▮	▮	
	岩画	⊓	⊓	⊓	⊓	
	摩崖石刻	⊓	⊓	⊓	⊓	近现代 (1840~)
	其他石刻	⊓	⊓	⊓	⊓	
近现代重要史迹 (E)	革命史迹	⬤	⬤	⬤	⬤	
	其他重要史迹	▲	▲	▲	▲	不详
近现代代表性建筑 (F)	中国各民族风格建筑	⌂	⌂	⌂	⌂	
	外国风格建筑	⌂	⌂	⌂	⌂	
其他文物 (G)		△	△	△	△	

符号	说明
▣	直辖市、省级行政中心
◙	地级行政中心
◎	县、县级行政中心
⊙	乡、镇
○	街道办事处
○	农、林场
○	村庄
▬	铁路及车站
══	高速公路
╌╌	建设中的高速公路
—209—	国道及编号
══	省道
───	县乡道
—··—	国界
—·—	省、自治区界
—·—	地级界
—··—	县（市）界
----	管理区界
	常年河、时令河
	湖泊
	运河
	沟渠
⚓	港口
	等高线及注记
▲ 猫儿山	山峰及名称
	街区、街道
	公园、绿化地

36

LEGEND

Symbols of cultural relics / Categories of cultural relics	Grades of protected cultural relics units	State-protected	Provincial-protected	County (city)-protected	Ungraded
Ancient sites (A)	Cave and settlement	⬡	⬡	⬡	⬡
	City ruin	⬡	⬡	⬡	⬡
	Site of the Great Wall	(continuous symbol)			
	Site of the wall	(continuous symbol)			
	Beacon tower site	⬡	⬡	⬡	⬡
	Ancient road site	(continuous symbol)			
	Water project site	(continuous symbol)			
	Kiln site	⬡	⬡	⬡	⬡
	Building site and stockaded village site	⬡	⬡	⬡	⬡
	Other sites	◎	◎	◎	◎
Ancient tombs (B)		⌂	⌂	⌂	⌂
Ancient buildings (C)	Wooden building	▦	▦	▦	▦
	Memorial archway	門	門	門	門
	Pagoda and inscribed buddhist stone pillar	▲	▲	▲	▲
	Bridge	▦	▦	▦	▦
	Walled city	▦	▦	▦	▦
	Pass	▦	▦	▦	▦
	Ancient water project	(continuous symbol)			
	Gardens	▦	▦	▦	▦
	Other buildings	■	■	■	■
Grottoes and stone carving (D)	Grottoes and cliffside sculptures	⬣	⬣	⬣	⬣
	Stele inscription	⬣	⬣	⬣	⬣
	Pictograph	⬣	⬣	⬣	⬣
	Stone inscription	⬣	⬣	⬣	⬣
	Other stone inscription	⬣	⬣	⬣	⬣
Historic sites of modern and contemporary times (E)	Historical revolutionary site	⊛	⊛	⊛	⊛
	Other historic sites	▲	▲	▲	▲
Modern and contemporary representative buildings (F)	Minority style building	▦	▦	▦	▦
	Exotic style building	⌂	⌂	⌂	⌂
Others (G)		△	△	△	△

Time period of ancient monuments

Time period	Color
The Old Stone Age	(purple)
New Stone Age	(pink)
Xia Dynasty to Warring States Period	(yellow-green)
Qin Dynasty	(cyan)
Han Dynasty	(green)
Song Dynasty to Yuan Dynasty	(yellow)
Ming Dynasty to Qing Dynasty	(gold)
Yuan Dynasty to Qing Dynasty	(light orange)
Mordern and contemporary times (1840 ~)	(orange)
Period not clear	(white)

Map symbols

- Municipality, provincial administrative Center
- Regional administrative Center
- County, County-level administrative Center
- Township goverment
- The state-owned agricutural, forest farm
- Office of the streets
- Village
- Railway and railway station
- Highway
- Construction of the highway
- State Highway and the number
- Provincial highway
- Other highway
- National boundary
- Boundary of province and autonomous region
- Boundary of regional
- Boundary of City and County
- Management area
- River, Seasonal river
- Lake
- The canal
- Ditch
- Port
- Contour and notes
- Moutain peak & name
- Street, street block
- Park, green belt

中 国 文 物 地 图 集
——广西壮族自治区分册——

序 图

广西壮族自治区政区图

图　例

■　省级行政中心
◎　地级行政中心（外国重要城市）
⊙　县级行政中心（外国一般城市）
○　乡、镇行政中心
◉　外国首都
　　国界
　　省、自治区界
　　地级界
　　县级界
　　运河
　　河流及水库
　　湖泊

0　3.0　6.0　9.0千米

剑河县　锦屏县　　　　靖州苗族　绥宁县　　武冈市　　　祁阳县　　　安平
　　　　　　　　　侗族自治县　　　新宁县　　　　永州市　常宁市　　来阳市　柏林
平寨　　　　　　　城步苗族　　　东安县　　　　　零陵区　　　　　　　永兴县
　　　　黎平县　通道侗族　　自治县　　　梅溪　大西江　庙头　　清水桥　新田县　　　资兴市
茅贡　　　　　　自治县　　　　　　　黄沙河　龙口　　　　　　桂阳县　　郴州市
　　　省　　　　　三江侗族　　资源县　全州县　　双牌县　　　　宁远县　　良田　　文明
从江县　　　　　　自治县　　　　　桂　　　　仙子脚　　　嘉禾县　宜章县　坪石
　　　　　　龙胜各族　　　　　兴安县　　道县　　椅市　　　　　　临武县　乐昌市
　　　　　　　自治县　　　　　灵川县　林　　　　　蓝山县　　　　　
　　罗城仫佬族　　　　桂林市　七星区　　灌阳县　　江永县　江华瑶族　　　三水
　　自治县　　　　　临桂县　　　恭城瑶族　富川瑶族　　自治县　　连州市　乳源瑶族
　　州　　　　永福县　　　阳朔县　自治县　自治县　　　　连南瑶族　自治县
　　　柳城县　　　　　　　　平乐县　　钟山县　　　连山壮族　自治县　阳山县
市　　柳州市　鹿寨县　　　荔浦县　　　　八步区　瑶族自治县　　　广
宜州市　　　柳北区　　　　金秀瑶族　　昭平县　　贺州市　　　七拱　　英德市
　　　柳南区　柳江县　　自治县　蒙山县　　富罗　　州　　　怀集县　和云
忻城县　鱼峰区　　　象州县　　　　　　　苍梧县　　　　市　清新区　清远市
来　宾　　来宾市　　　　　国安　　　　　　　梧州市　　广宁县
　　　　　武宣县　平南县　　梧　万秀区　封开县　东　四会市　花都区
　上林县　　市　桂平市　本永　　长洲区　龙圩区　　　郁南县　　三水区　广州市
宾阳县　　　　港北区　　　藤县　　州　　　　德庆县　　高要区　佛山市
宁市　　贵港市　港南区　　　　市　　　郁南县　　肇庆市　高明区　顺德区
横县　　　　　　容县　岑溪市　　云安县　　云浮市　　　鹤山市
青秀区　　　　兴业县　玉　北流市　罗定市　　新兴县　　江门市　新会区
邕宁区　　　　玉林市　福绵区　　　　信宜市　　　　恩平市　台山市　斗门区
灵山县　　　林　陆川县　　　　合水　　阳春市　开平市
钦　州　　浦北县　博白县　　　　马贵　阳东县　高栏岛
市　　　　　　　　　　　　　阳江市　阳西县　高栏列岛
钦州市　　　　　　　　高州市　　　　　上川岛
钦南区　北海市　　　　廉江市　化州市　　　海陵岛　南鹏岛　下川岛　川山群岛
合浦县　铁山港区　　吴川市　　河北　　　　　
海城区　　　　　遂溪县　湛江市　　南三岛
北海市　铁海区　　　　霞山区　坡头区
　　　　　　　　　　　南　　　海
涠洲岛　江洪　　雷州市　　　硇洲岛
斜阳岛　　　东里

43

广西壮族自治区地势图

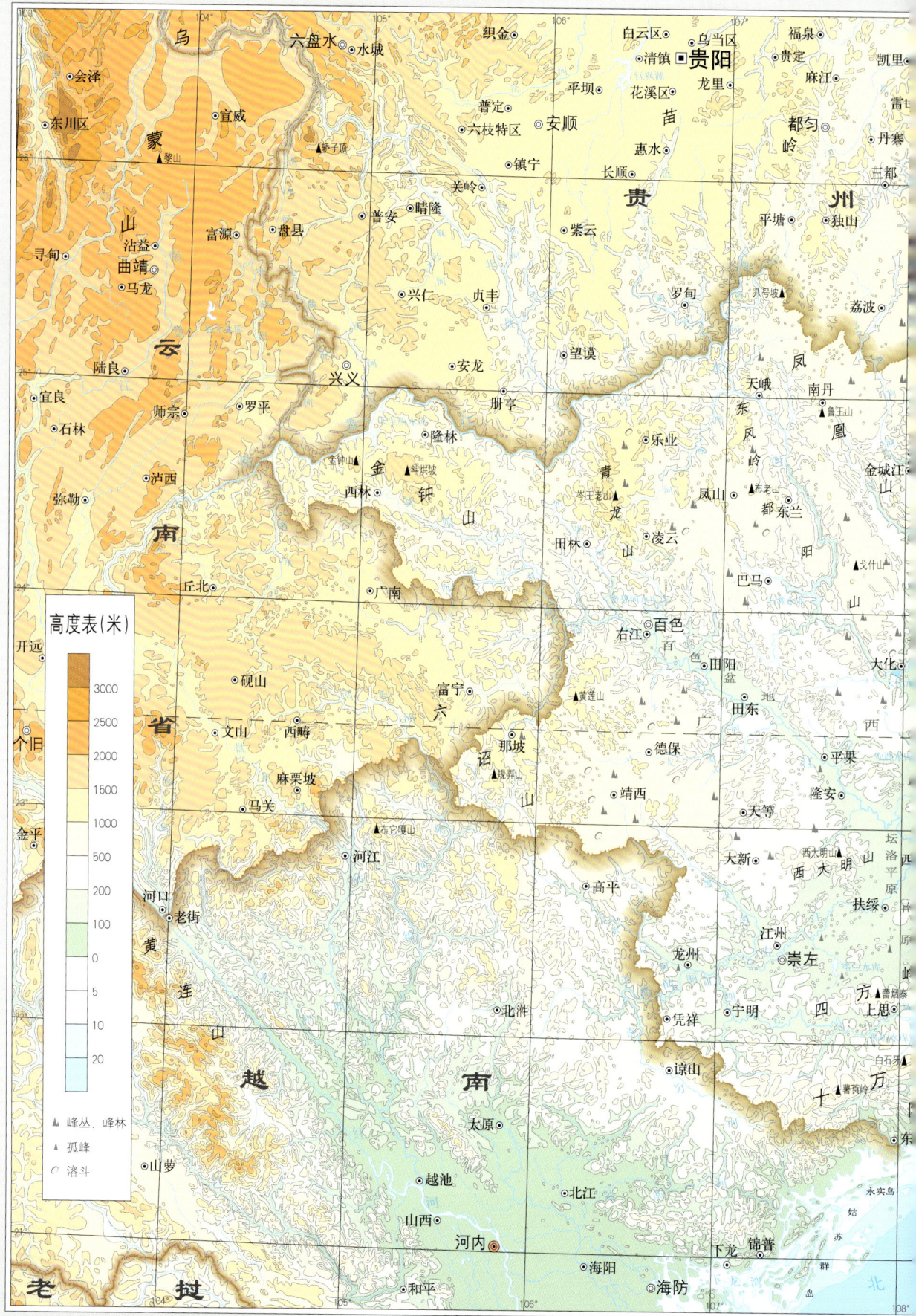

高度表(米)

3000
2500
2000
1500
1000
500
200
100
0
5
10
20

▲ 峰丛、峰林
▲ 孤峰
◎ 溶斗

1 : 300 000

0　3.0　6.0　9.0千米

剑河　锦屏　武冈　祁阳　常宁　耒阳

靖州　绥宁　永州　湖

黎平　通道　新宁　东安　零陵区　永兴　资兴

八十里大南山　城步　越城　真宝顶　原　阳明山　南　省

南山顶　资源　城　全州　道县　宁远　新田　桂阳　郴州

从江　三江　龙胜　南　岭　湘江　都　庞　江永　江华　蓝山　临武　宜章　乐昌

省　九万大山　摩天岭　元宝山　天平山　兴安　灵川　宝盖岭　韭菜岭　岭　春箕窝　石坑崠　乳源

融安　秀峰山　象鼻山　叠彩　七星　洋　江永　连州　连南

融水　桂林　临桂　平　原　山　富川　萌　马塘顶　连山　阳山

永福　鸳鸯桥　阳朔　恭城　渚　贺江　英德

罗城　柳城　三县坡　古排岭　平乐　钟山　岭　八步　贺州　广

宜州　柳北　柳州　鹿寨　荔浦　大　桂　怀集　罗壳山　清新区　清远

柳南　柳江　鱼峰　城中　蒙山　昭平　山　苍梧　广宁　陵

忻城　象州　金秀　平　原　都庞顶　丘　四会　花都区

合山　来宾　圣堂山　瑶　广　平南　梧州万秀　长洲　封开　鼎湖区　三水区　广州

上林　兴宾　武宣　山　浮江平原　龙圩　郁南　德庆　高要　佛山

宾阳　平原　莲花山　桂平　藤县　勾　云安　肇庆　高明区　东

兴宁　青秀　横县平原　容县　漏　岑溪　云浮　鹤山　顺德区

邕宁　灵山　罗阳山　兴业　北流　山　罗定　大云雾山　新兴　江门　省

铜鱼山　浦北　玉林　玉　望君顶　开　云　新会区　开平

钦北　钦州　博白　陆川　大　信宜　大田顶　雾　阳春　台山　斗门区

钦南　合浦平原　博　平　山　恩平

海城　北海　铁海　合浦　铁山港　化州　高州　阳江　阳东　高栏岛

涠洲岛　廉江　电白　茂名　阳西　上川岛

斜阳岛　遂溪　吴川　大锤岛　海陵岛　南鹏岛　川山群岛

雷州　湛江　坡头区　坡鸡岛　下川岛

霞山区　南三岛　南　海

东海岛　硇洲岛

45

广西壮族自治区交通图

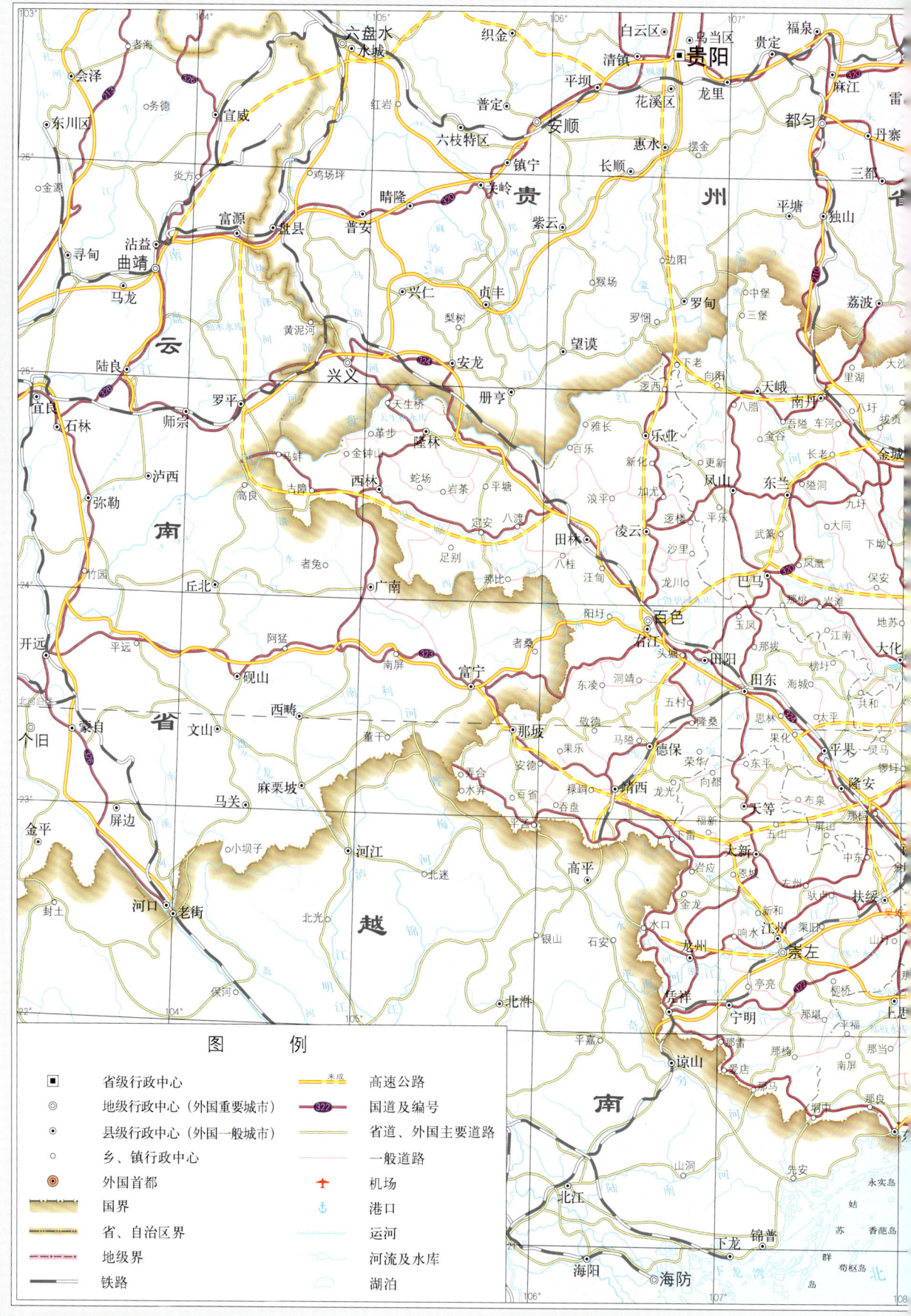

图　例

■ 省级行政中心	高速公路
◎ 地级行政中心（外国重要城市）	322 国道及编号
⊙ 县级行政中心（外国一般城市）	省道、外国主要道路
○ 乡、镇行政中心	一般道路
◉ 外国首都	✈ 机场
国界	港口
省、自治区界	运河
地级界	河流及水库
铁路	湖泊

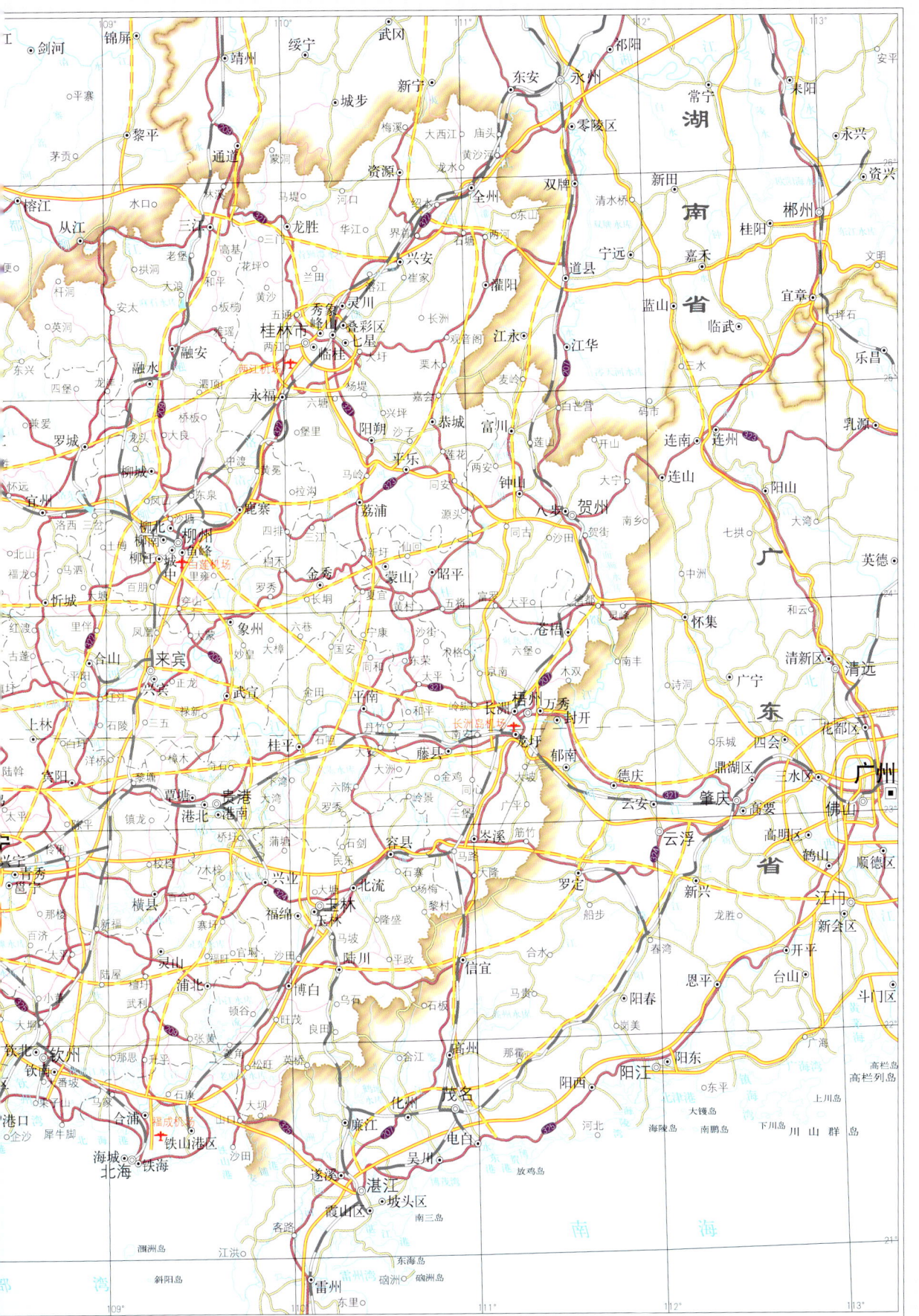

1 : 300 000

0　3.0　6.0　9.0千米

中国文物地图集
—广西壮族自治区分册—

专题文物图

广西壮族自治区旧石器时代文化遗存

1 : 300 000

0   3.0   6.0   9.0千米

湖　南　省

广　东　省

湖南省

九万大山

越城岭

萌渚岭

都庞岭

大　桂　山

大　瑶　山

云　雾　山

大　容　山

十万大山

南　海

北部湾

剑河　锦屏　武冈　绥宁　邵阳　江　常宁　耒阳
从江　靖州　新宁　东安　永州　零陵区　桂阳　郴州　东江水库　永兴
黎平　通道　资源　城步　全州　双牌　新田　宜章　资兴
真宝顶　宝盖山　灌阳　宁远　嘉禾　蓝山　临武　乐昌
天平山　兴安　道县　江永　江华　连南　连州　乳源
融安　葛清山　秀峰区　灵川　七星区　富川　横山遗址　狗公山遗址　连山　阳山
桂林　临桂　雁山区　尖山遗址　荆竹山遗址　钟山　贺州　英德
罗城　永福　恭城　平乐　八步区
柳城　三江界　阳朔　荔浦　蒙山　昭平　清新区　清远
柳城巨猿洞　古桥尾　荔浦人遗址　金秀　怀集　罗壳山　广宁
鲤鱼嘴遗址　柳州　大瑶山　苍梧　四会　花都区
甘前岩遗址　白莲洞遗址　象州　梧州万秀区　长洲区　封开　高要　肇庆　广州　佛山
柳江人遗址　合山　来宾　武宣　平南　藤县　郁南　德庆　遂溪区　三水区　高明区　顺德区
两麒麟山人遗址　兴宾区　桂平　郁南　云安　云浮　鹤山区　江门
上林　宾阳　港北区　贵港　港南区　容县　罗定　新兴　新会区　开平
邕宁区　青秀区　横县　兴业　玉林　北流　信宜　阳春　台山　恩平　斗门区
兴宁区　罗阳山　陆川　大田顶　阳江　高栏列岛
灵山　灵山人遗址　博白　化州　阳东　大锚岛　海陵岛　南鹏岛　川山群岛
钦北区　浦北山　茂名　阳西
防城港　港口区　合浦　陆川　廉江　化州　电白　吴川　放鸡岛
海城区　北海　银海区　铁山港区　遂溪　湛江　坡头区　南三岛　东海岛　硇洲岛
斜阳岛　雷州

全国重点文物保护单位
自治区级文物保护单位
市县级文物保护单位
未定级文物单位

51

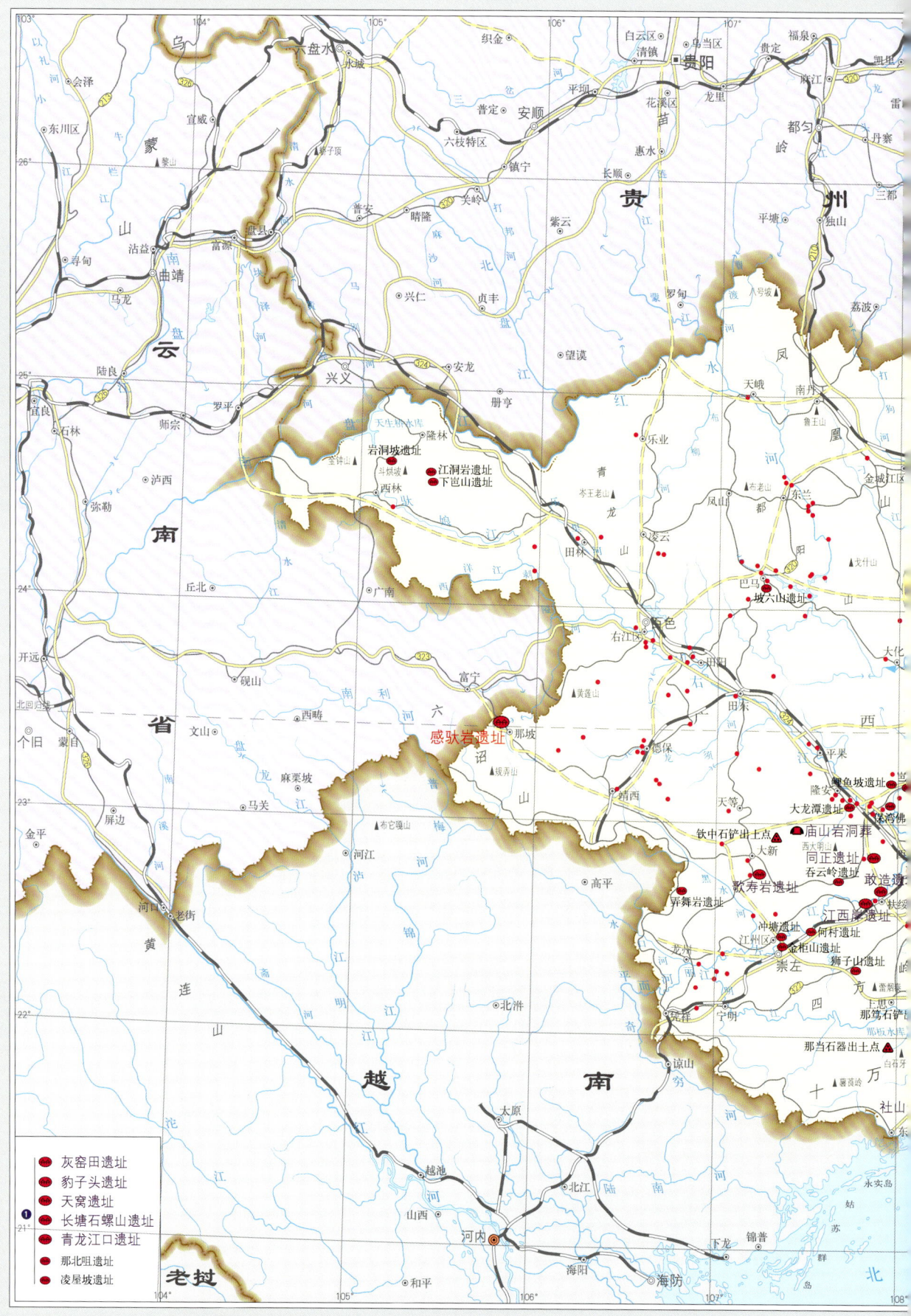

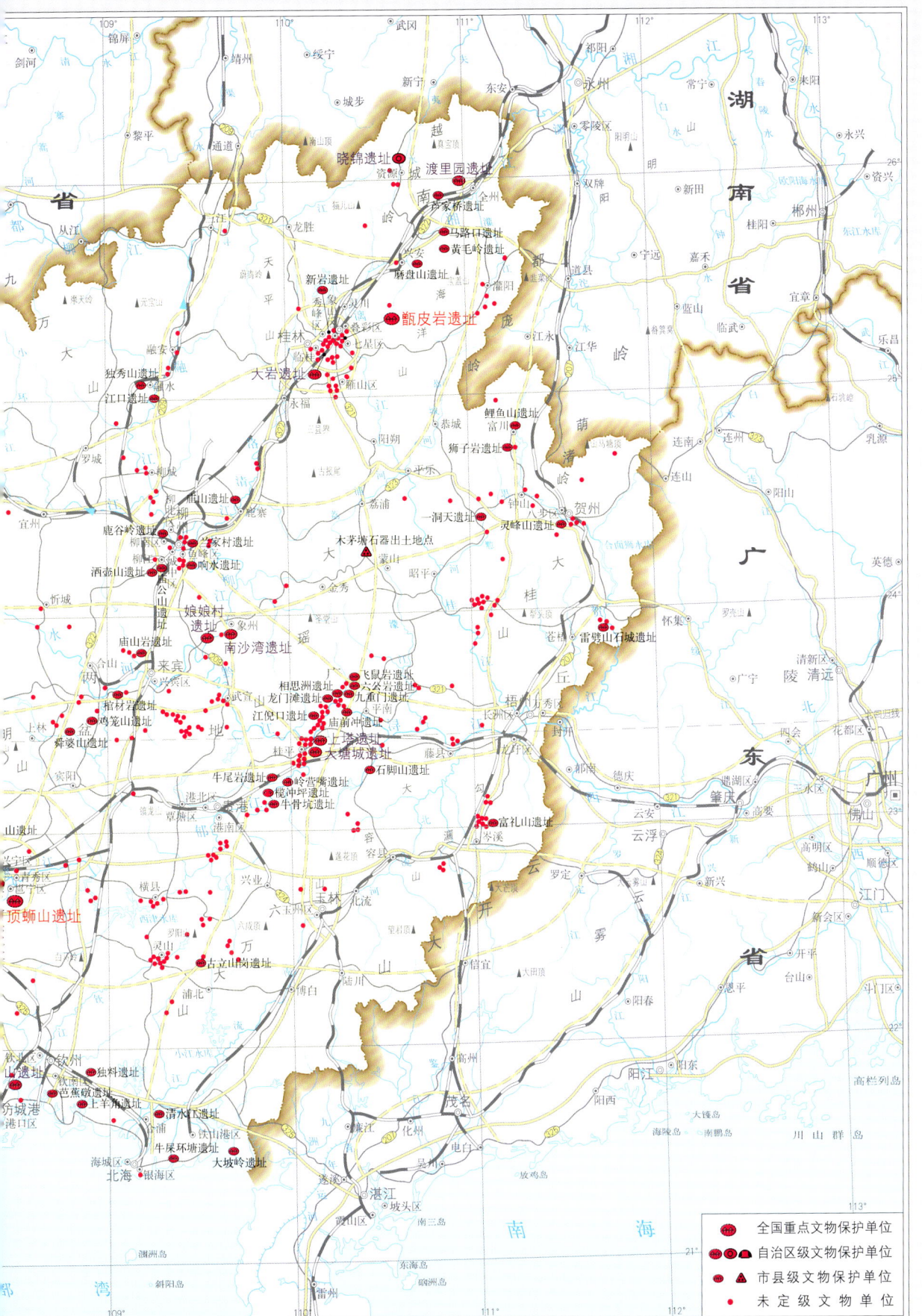

1 : 300 000

0   3.0   6.0   9.0千米

湖 南 省

广 东 省

晓锦遗址　渡里园遗址
南家桥遗址
马路口遗址
黄毛岭遗址
新岩遗址
磨盘山遗址
甑皮岩遗址
大岩遗址
鲤鱼山遗址
富川
狮子岩遗址
一洞天遗址
灵峰山遗址
木茅塘石器出土地点
庙山遗址
鹿谷岭遗址
兰家村遗址
酒壶山遗址
响水遗址
雷劈山石城遗址
公山遗址
娘娘村遗址
庙山岩遗址
南沙湾遗址
飞鼠岩遗址
相思洲遗址
六谷岩遗址
龙门滩遗址
九重门遗址
棺材岩遗址
江俣口遗址
庙前冲遗址
鸡笼山遗址
上淡遗址
舜婆山遗址
大塘城遗址
石脚山遗址
牛尾岩遗址
岭壹嘴遗址
椴冲坪遗址
牛骨坑遗址
富礼山遗址
山遗址
青秀区
顶蛳山遗址
古立山岗遗址

山遗址
独料遗址
芭蕉嘴遗址
上羊角遗址
清水江遗址
铁山港区
牛屎环塘遗址
大坡岭遗址
北海　银海区

南 海

	全国重点文物保护单位
	自治区级文物保护单位
	市县级文物保护单位
	未定级文物单位

53

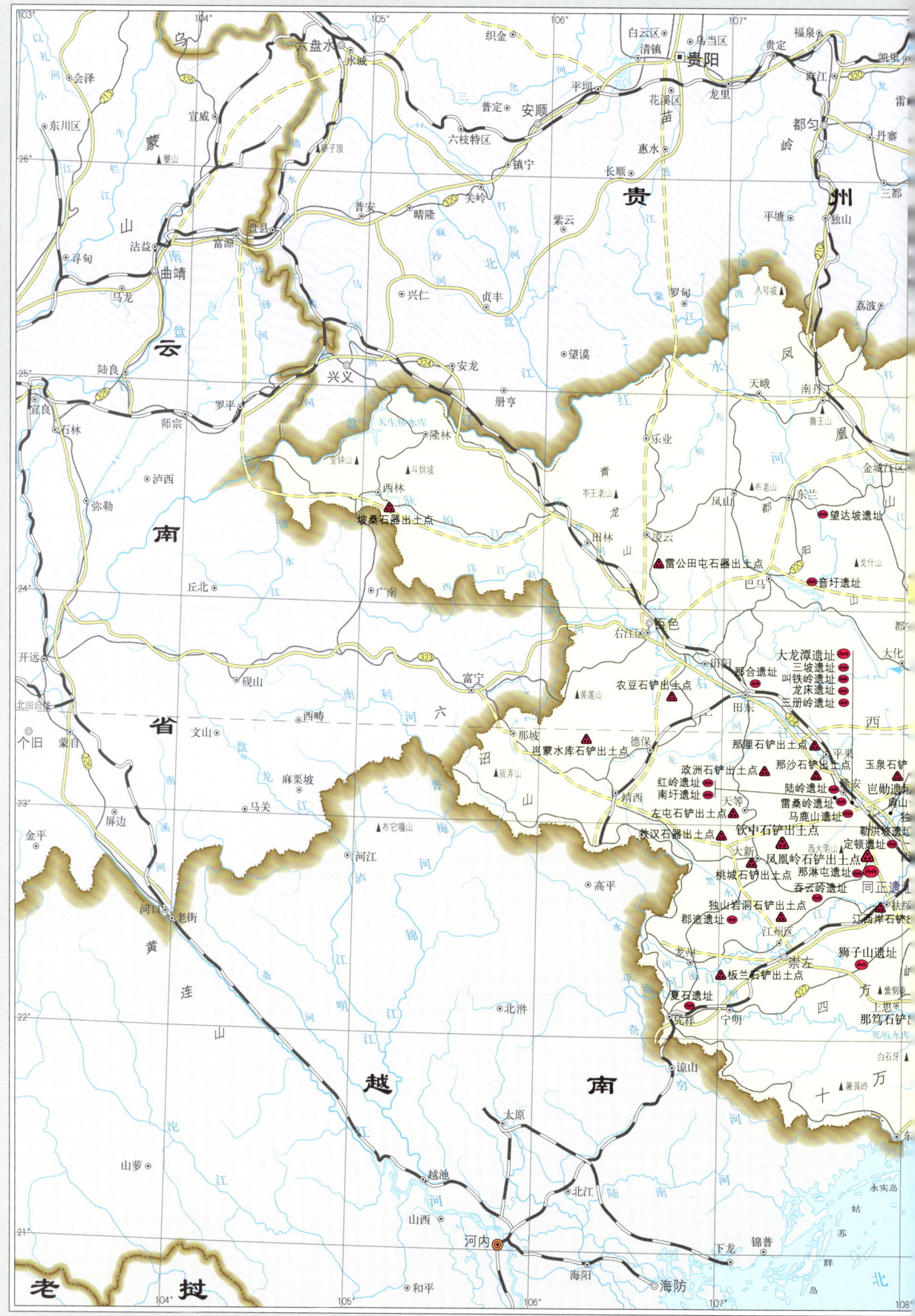

坡桑石器出土点

雷公田屯石器出土点

望达坡遗址

音圩遗址

大龙潭遗址
三坡遗址
叫铁岭遗址
龙床遗址
三册岭遗址

农豆石铲出土点

那合遗址

那厘石铲出土点

玉泉石铲

岜蒙水库石铲出土点

政洲石铲出土点
红岭遗址
南圩遗址
左屯石铲出土点

那沙石铲出土点
陆岭遗址
雷桑岭遗址
马鹿山遗址

岜勋遗址

敖汉石器出土点

钦中石铲出土点

定顿遗址

凤凰岭石铲出土点
桃城石铲出土点
那淋屯遗址
吞云岭遗址

同正遗址

独山岩洞石铲出土点
郡道遗址

江西岸石铲出土点

狮子山遗址

板兰石铲出土点

夏石遗址

那笃石铲

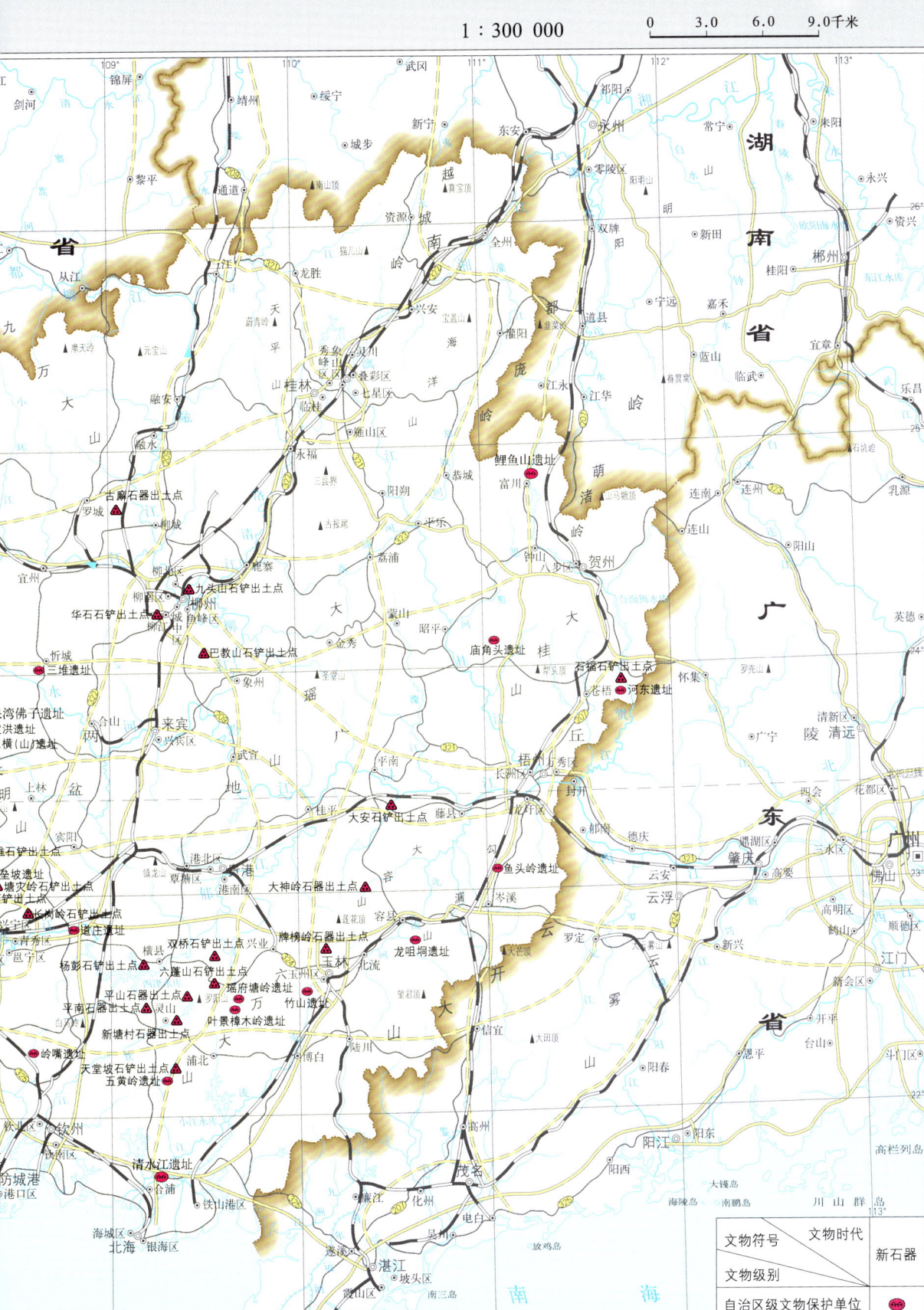

广西壮族自治区已发掘的古遗址、古墓葬

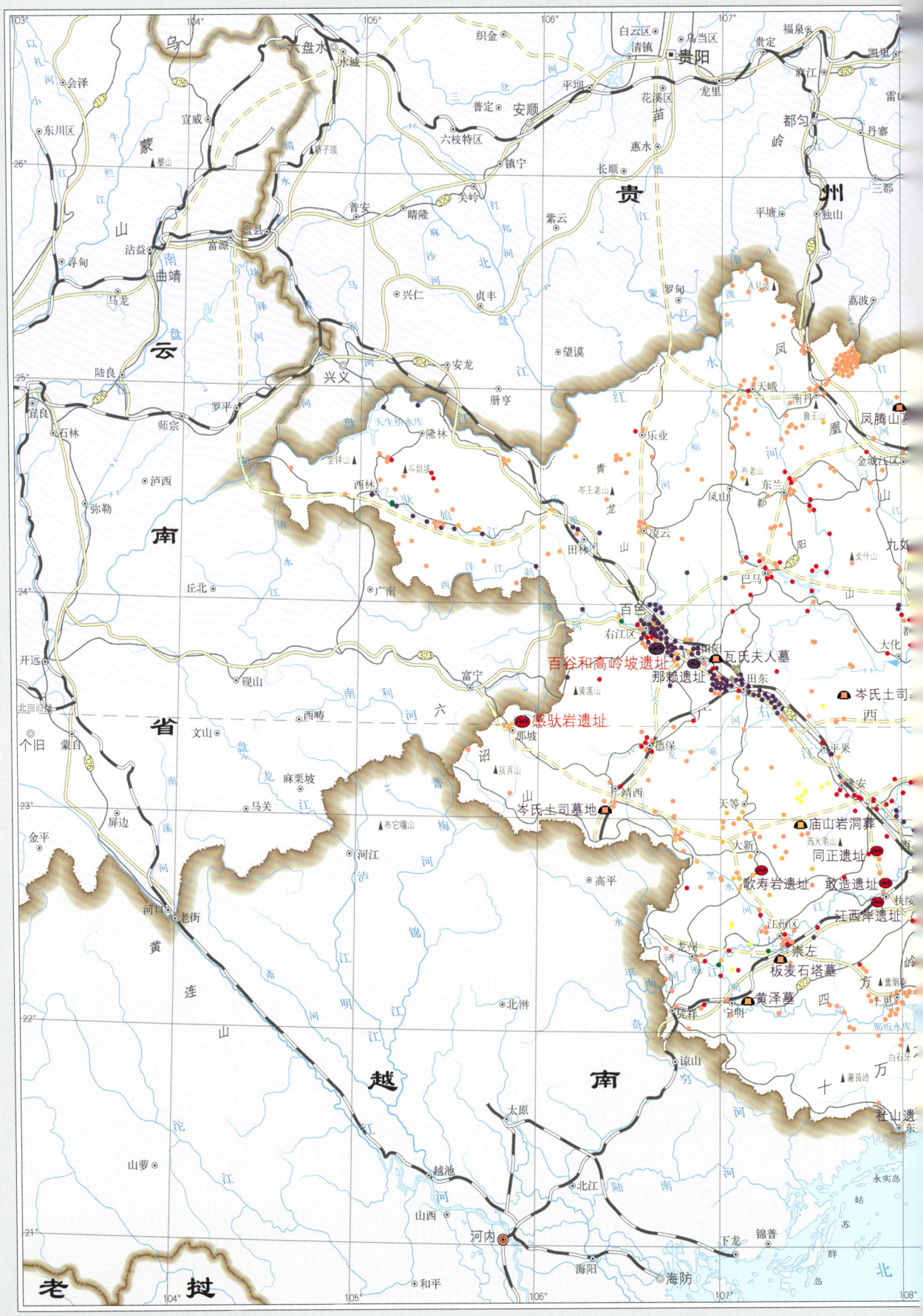

百谷和高岭坡遗址

瓦氏夫人墓

那赖遗址

岑氏土司墓

感驮岩遗址

岑氏土司墓地

庙山岩洞葬

同正遗址

歌寿岩遗址 敢造遗址 江西岸遗址

板麦石塔墓

黄泽墓

社山遗址

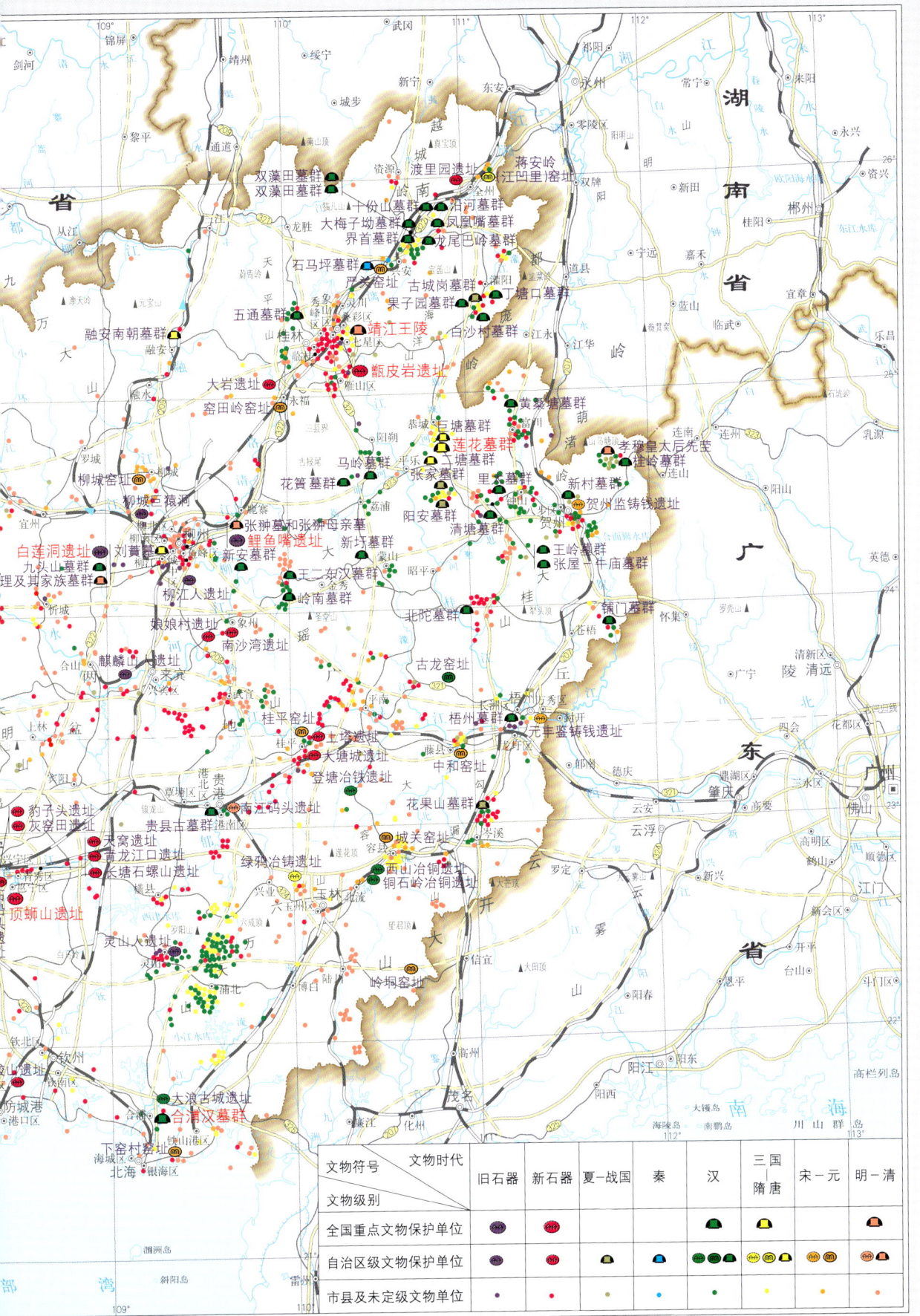

1:300 000

0 3.0 6.0 9.0千米

文物符号 文物级别	文物时代	旧石器	新石器	夏-战国	秦	汉	三国—隋唐	宋-元	明-清
全国重点文物保护单位									
自治区级文物保护单位									
市县及未定级文物单位									

57

广西壮族自治区岩洞葬

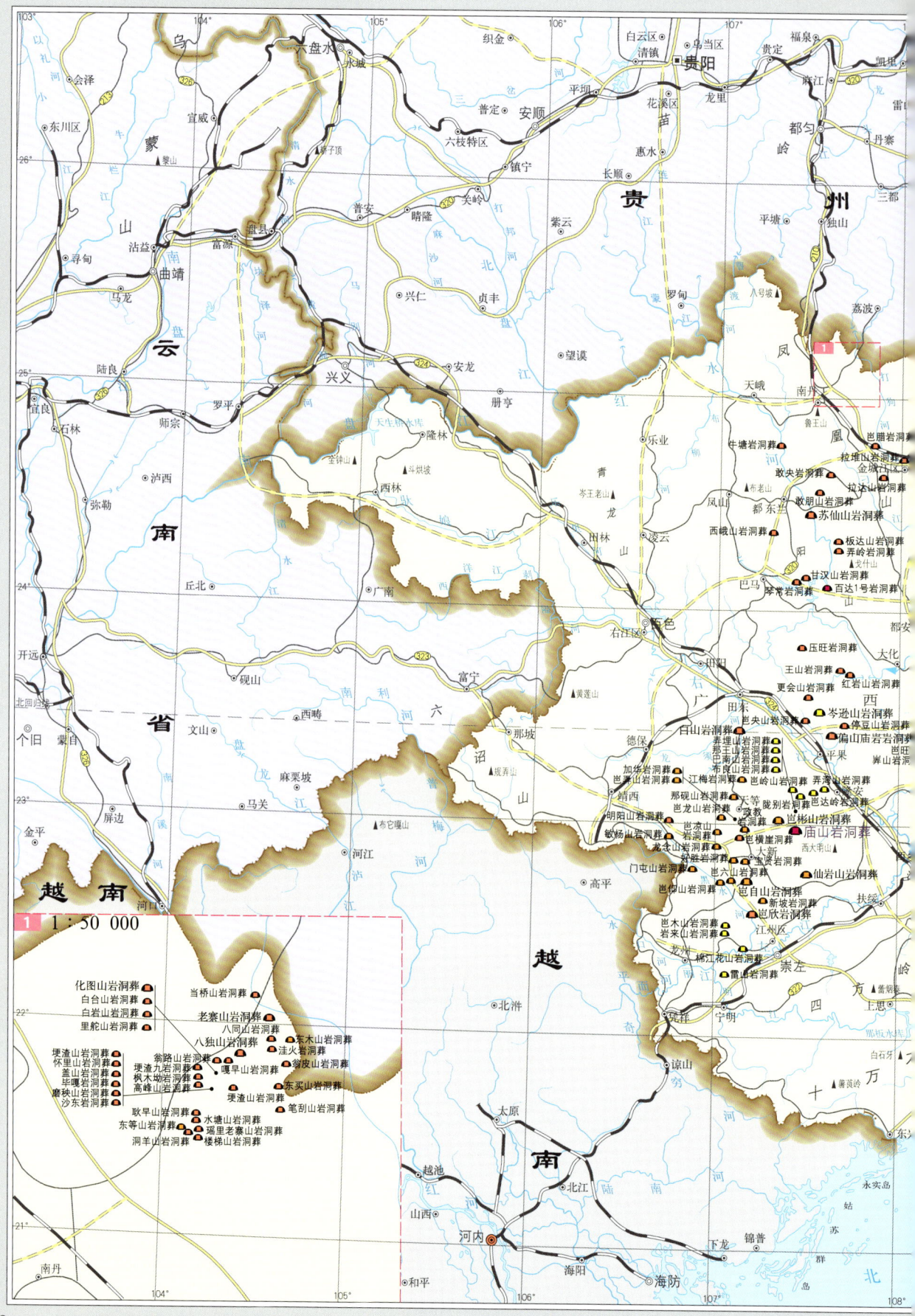

1 : 300 000

文物符号 \ 文物时代 \ 文物级别	新石器	夏－战国	三国－隋唐	宋－元	明－清
自治区级文物保护单位					
市县级文物保护单位					
未定级文物保护单位					

59

广西壮族自治区古代铜鼓遗存

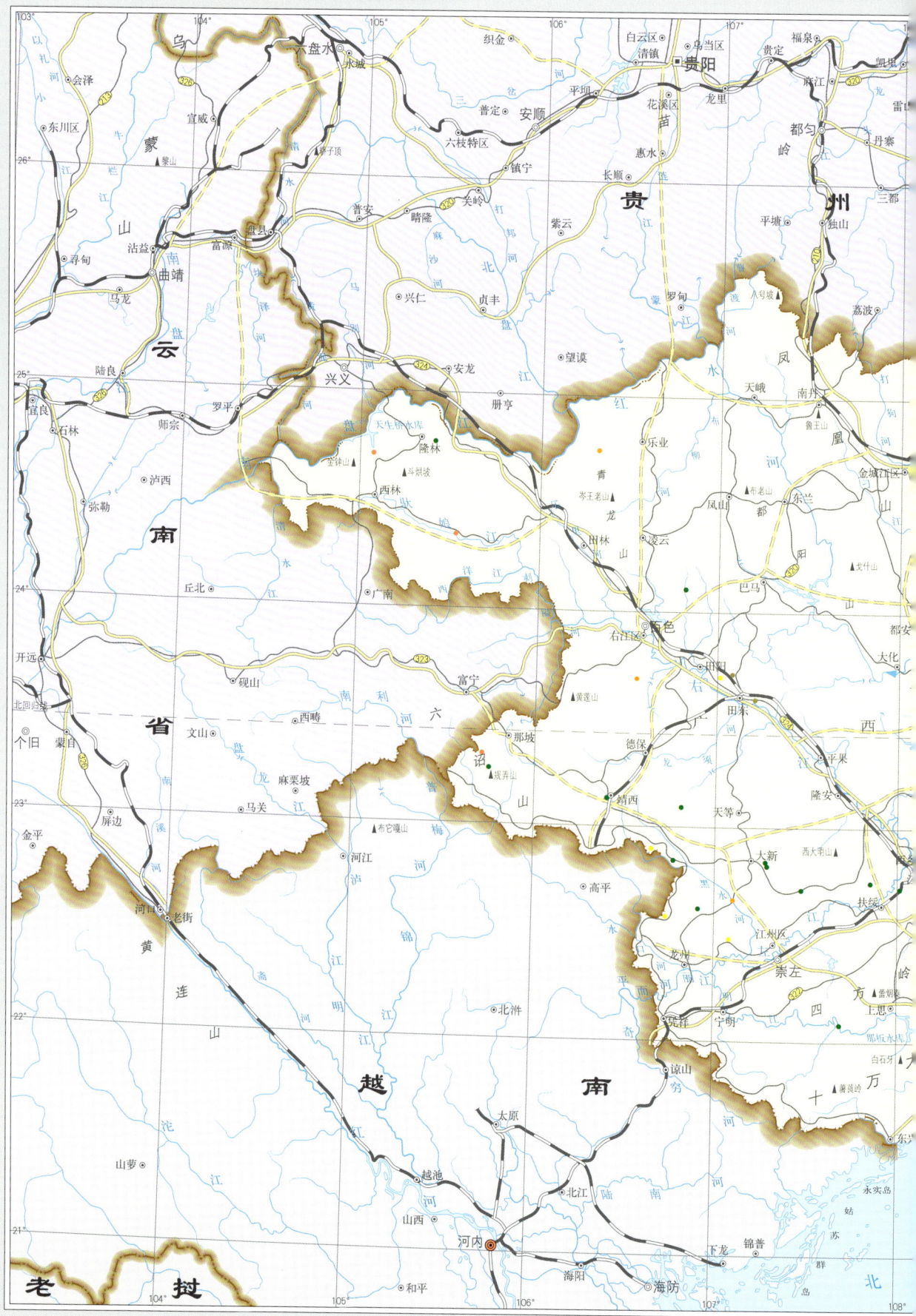

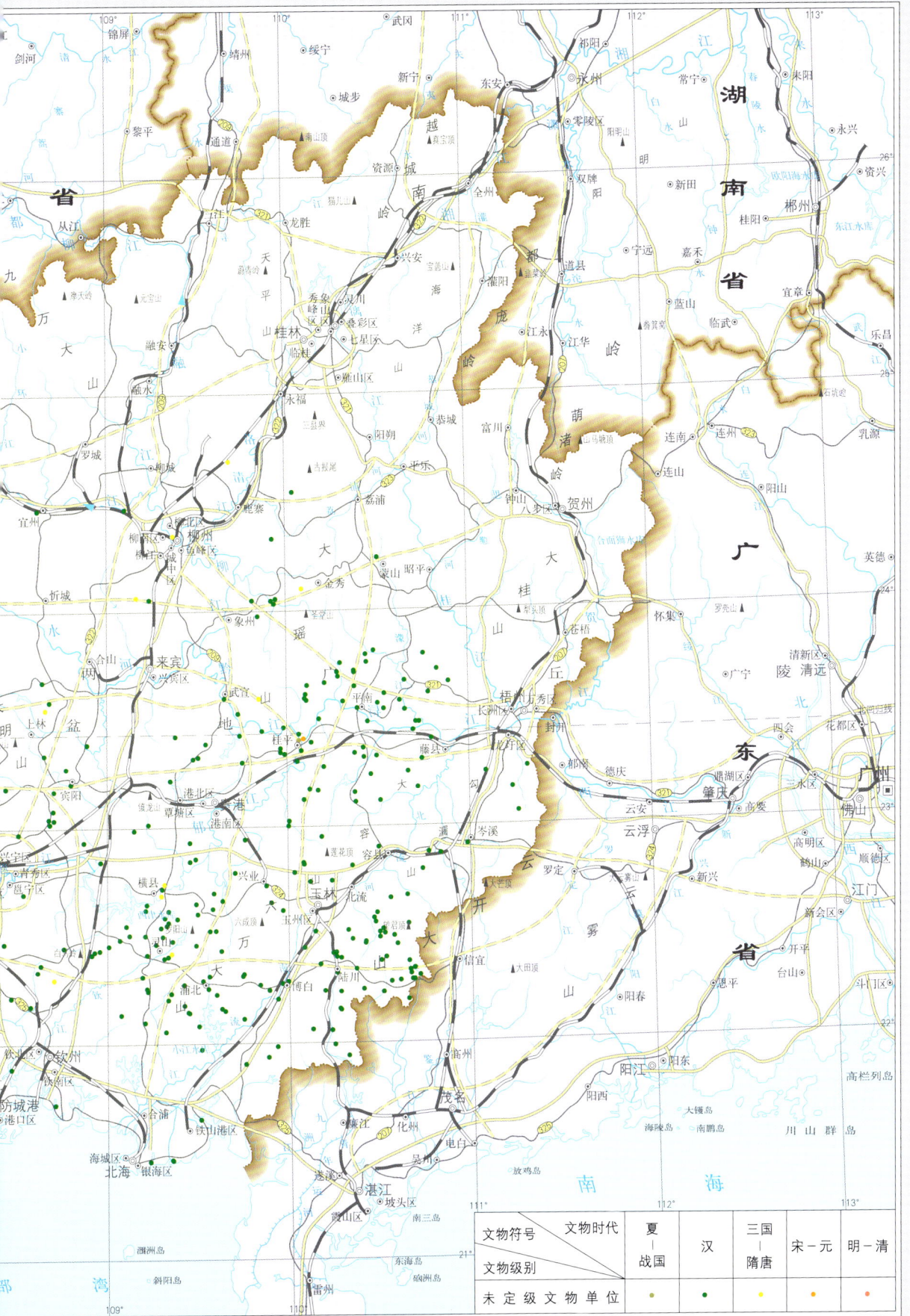

1 : 300 000

0   3.0   6.0   9.0千米

文物符号	文物时代	夏—战国	汉	三国—隋唐	宋—元	明—清
文物级别						
未定级文物单位						

61

广西壮族自治区古代岩画

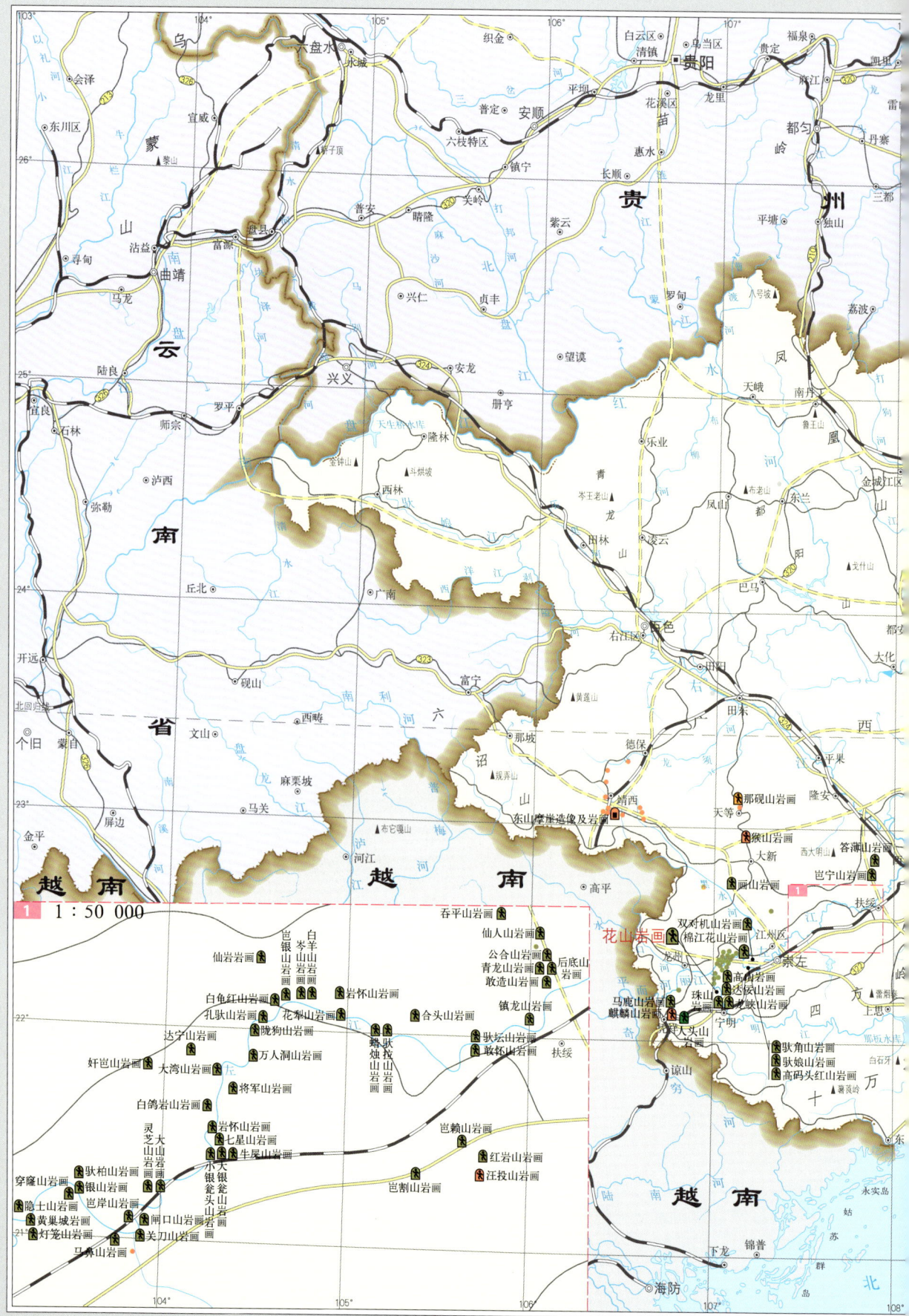

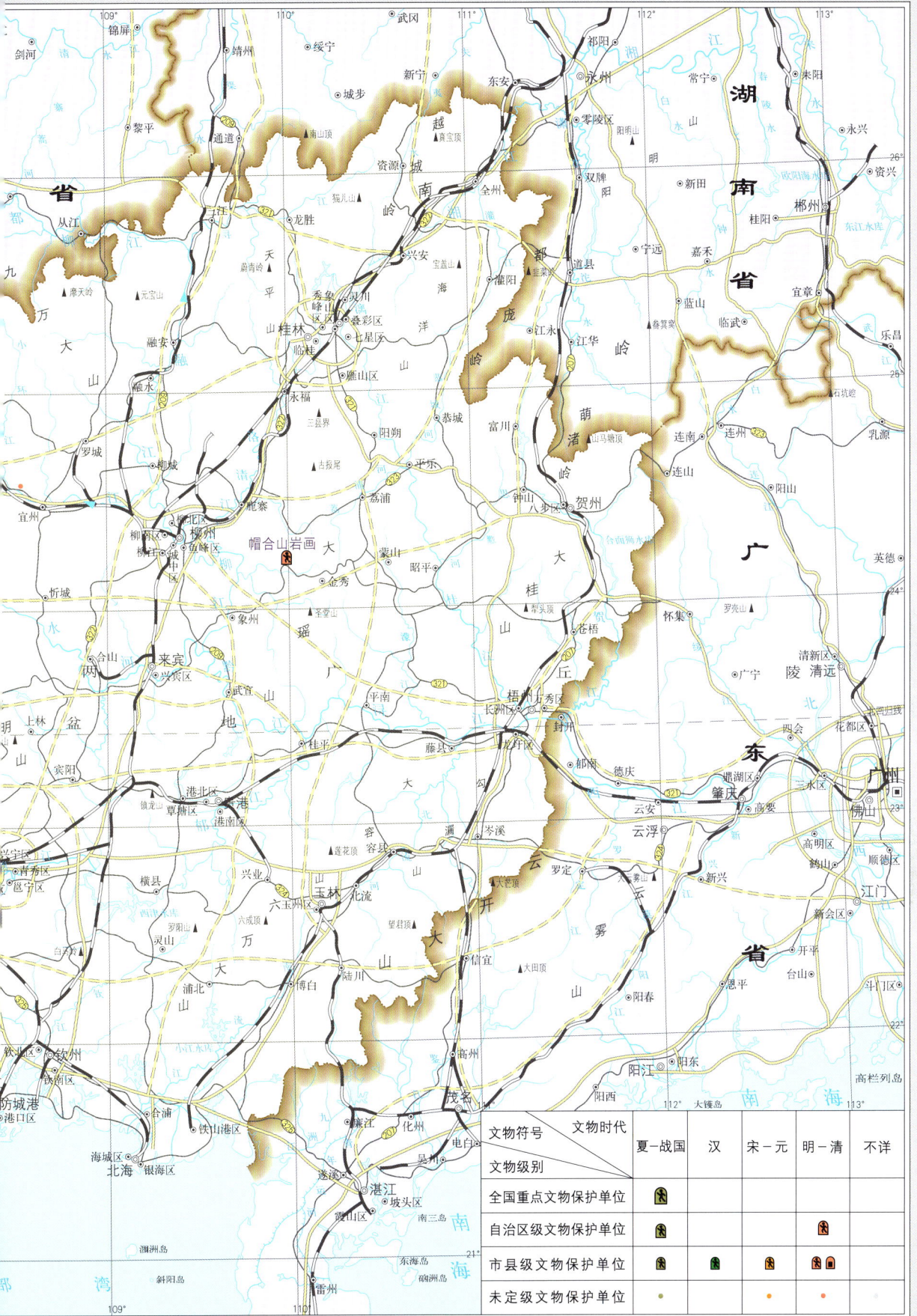

1 : 300 000

0 3.0 6.0 9.0千米

湖南省

广东省

广西

湖
南
省

九
万
大
山

大
瑶
山

大
容
山

大
桂
山

萌
渚
岭

都
庞
岭

越
城
岭

海城区 北海 银海区

钦北区 钦州 钦南区

防城港 港口区

合浦 铁山港区

廉江 化州 电白

湛江 坡头区

雷州

遂溪

茂名

吴川

阳西 阳江 阳东

台山

开平 恩平

江门 新会区

斗门区

高栏列岛

佛山 广州

顺德区 鹤山 高明区

三水区 肇庆 高要

四会 清远 英德

清新 陵北 广宁

云浮 云安 德庆

罗定 新兴

信宜 阳春

大田顶

大雾山

开建

云开大山

六万大山

玉林 北流 陆川

博白 浦北

横县 兴业

灵山

浦北

青秀区 邕宁区

上林 宾阳

两广丘

来宾 兴宾区 武宣

象州 忻城 合山

柳州 柳城 罗城

宜州 宜州区

融水 融安 三江

龙胜 资源

兴安 灵川 桂林 临桂 永福 阳朔 恭城 富川 贺州 苍梧 梧州 万秀区 长洲区 龙圩区 封川 郁南 云安

平乐 荔浦 昭平 平南 藤县 岑溪 罗定

金秀 蒙山 桂平 容县

武冈 绥宁 城步 新宁 东安 永州 零陵区 双牌 祁阳 邵阳

常宁 耒阳 永兴 资兴 郴州 桂阳 宜章 临武 蓝山 江华 江永 道县 宁远 嘉禾 新田 阳明山

乐昌 乳源 连州 连南 连山 阳山 怀集

帽合山岩画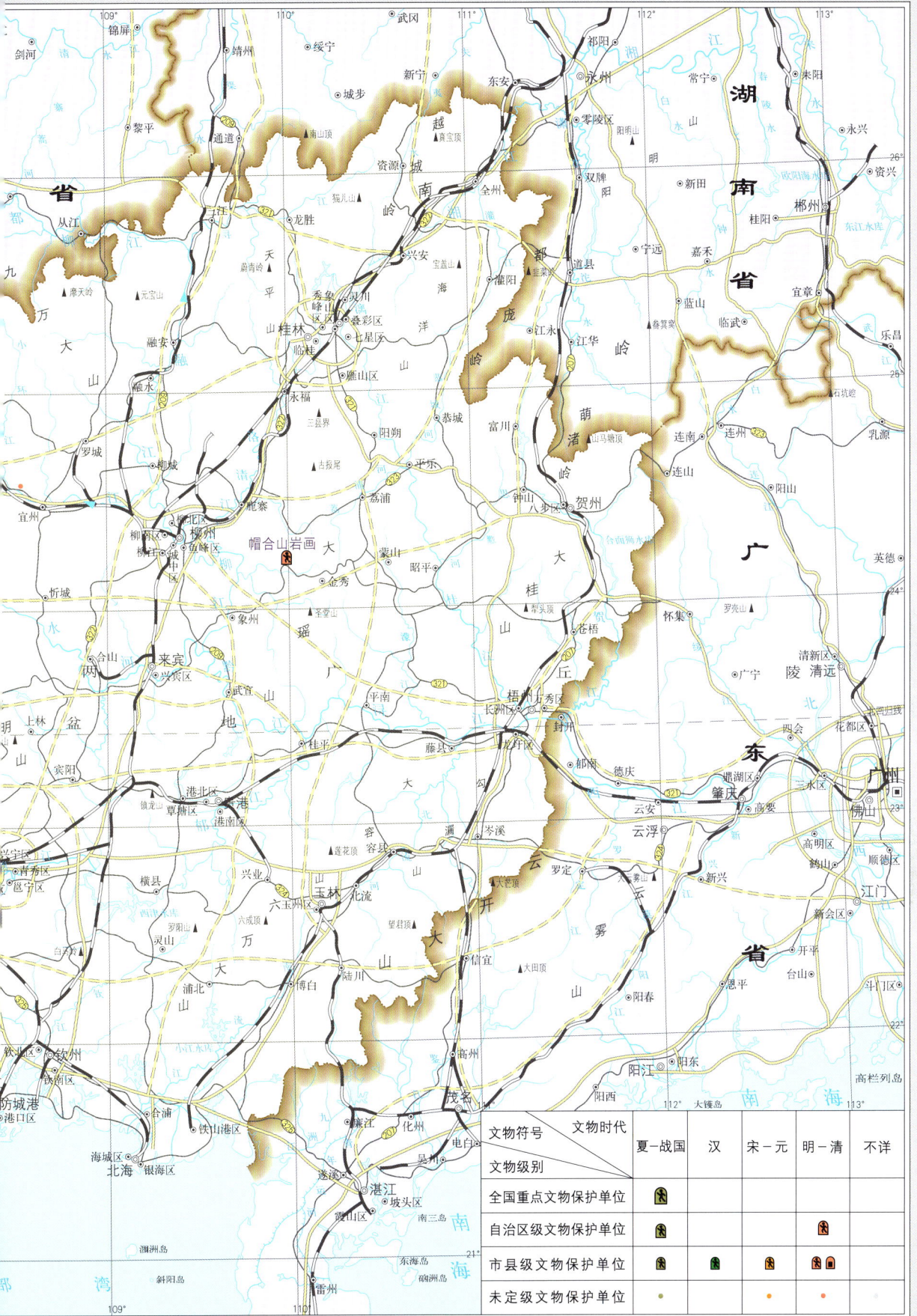

文物符号 文物级别	文物时代				
	夏－战国	汉	宋－元	明－清	不详
全国重点文物保护单位	🔰				
自治区级文物保护单位	🔰			🔰	
市县级文物保护单位	🔰	🔰	🔰	🔰 🔰	
未定级文物保护单位	•		•	•	

广西壮族自治区秦汉遗存

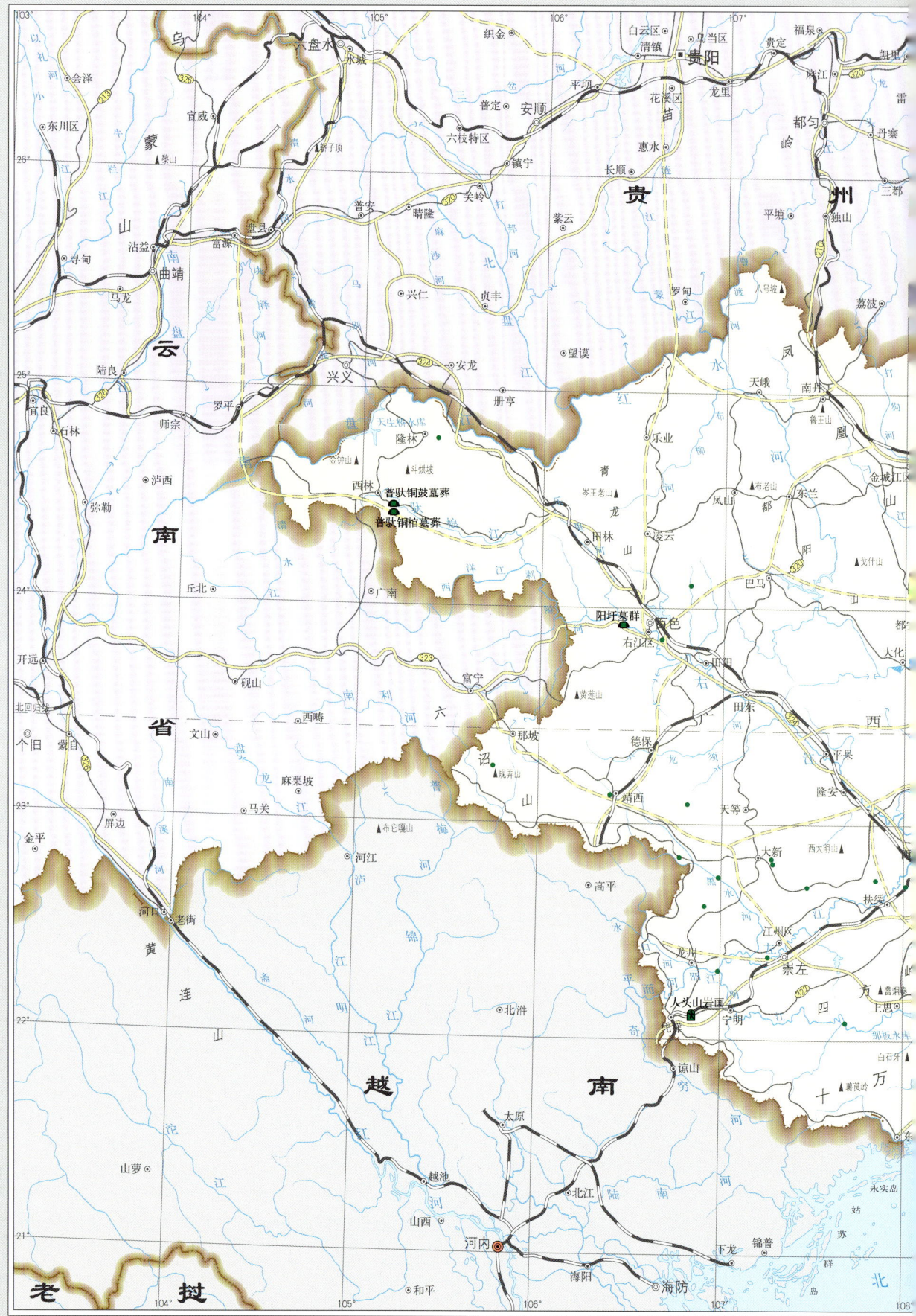

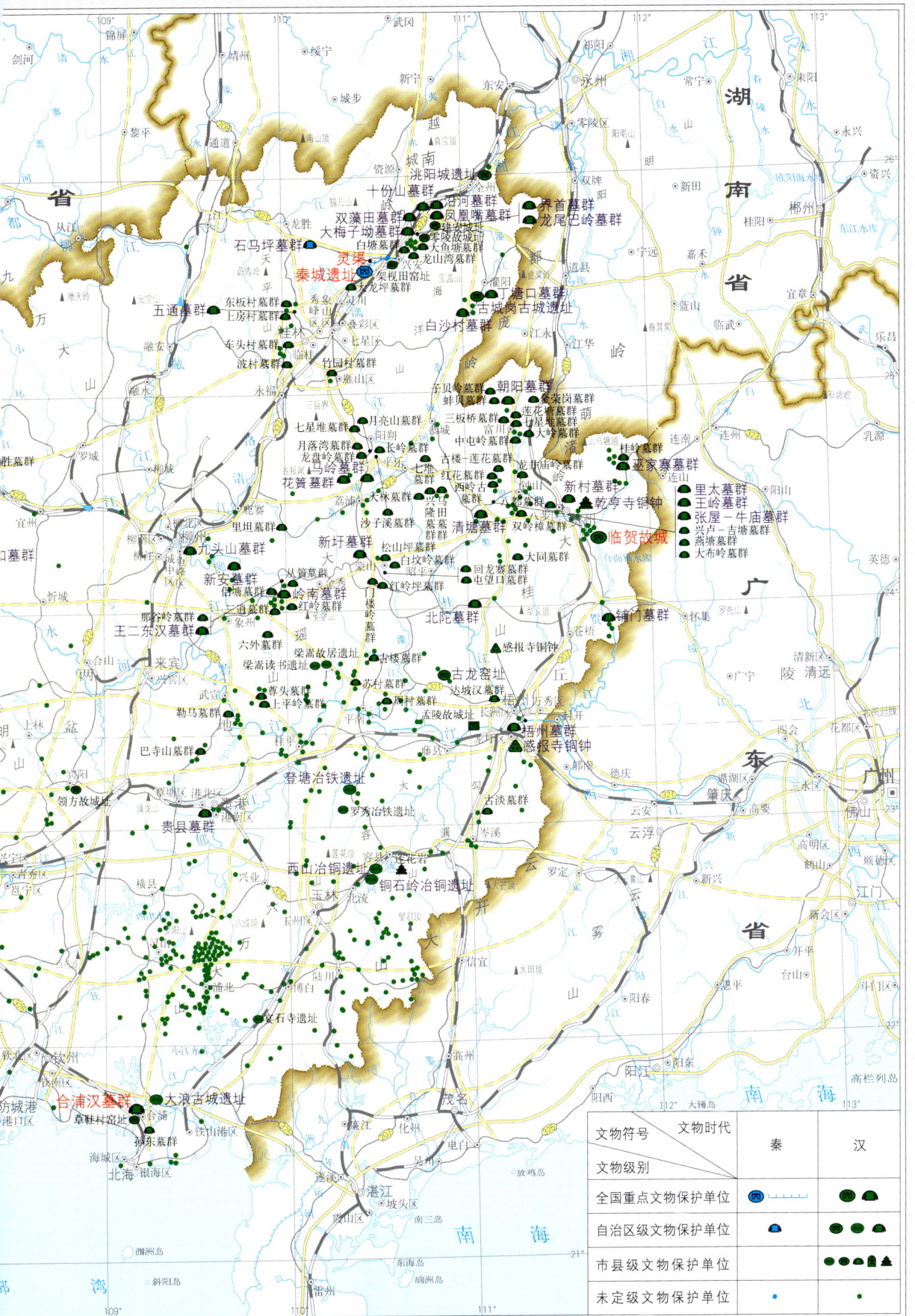

1 : 300 000

0 3.0 6.0 9.0千米

文物符号	文物时代	秦	汉
文物级别			
全国重点文物保护单位			
自治区级文物保护单位			
市县级文物保护单位			
未定级文物保护单位			

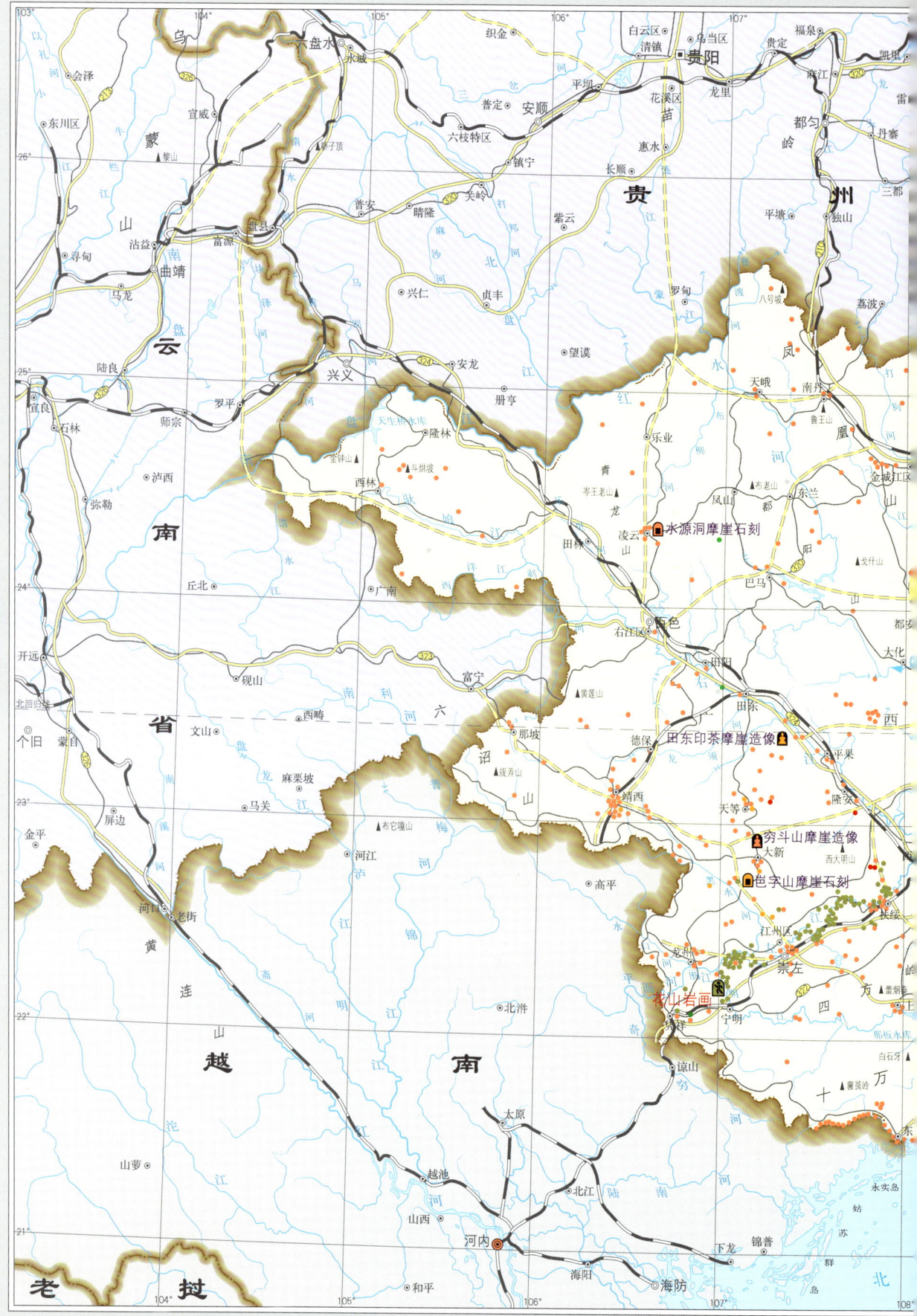

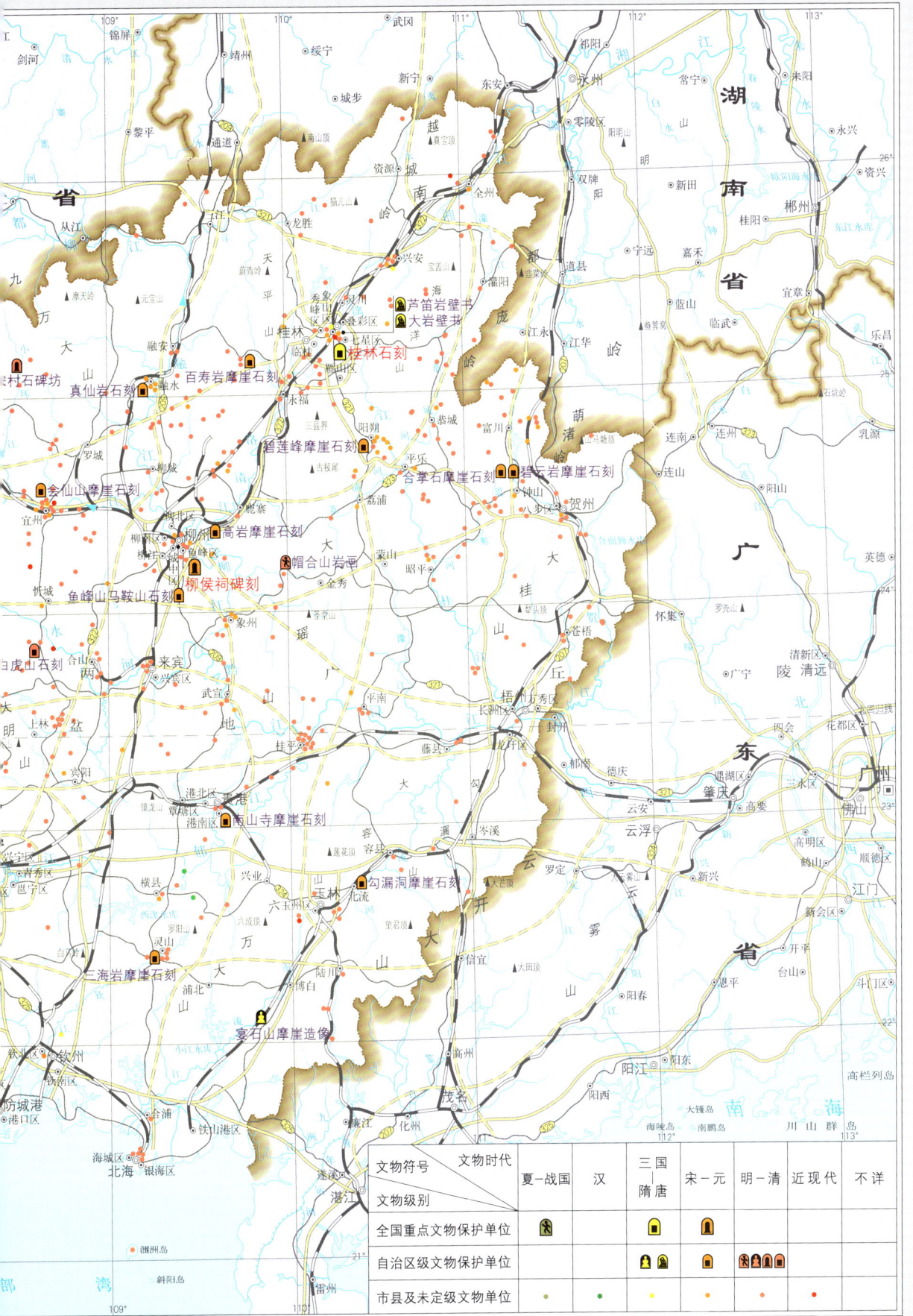

1：300 000

0   3.0   6.0   9.0千米

文物符号 文物时代 文物级别	夏—战国	汉	三国—隋唐	宋—元	明—清	近现代	不详
全国重点文物保护单位							
自治区级文物保护单位							
市县及未定级文物单位							

广西壮族自治区古代窑址

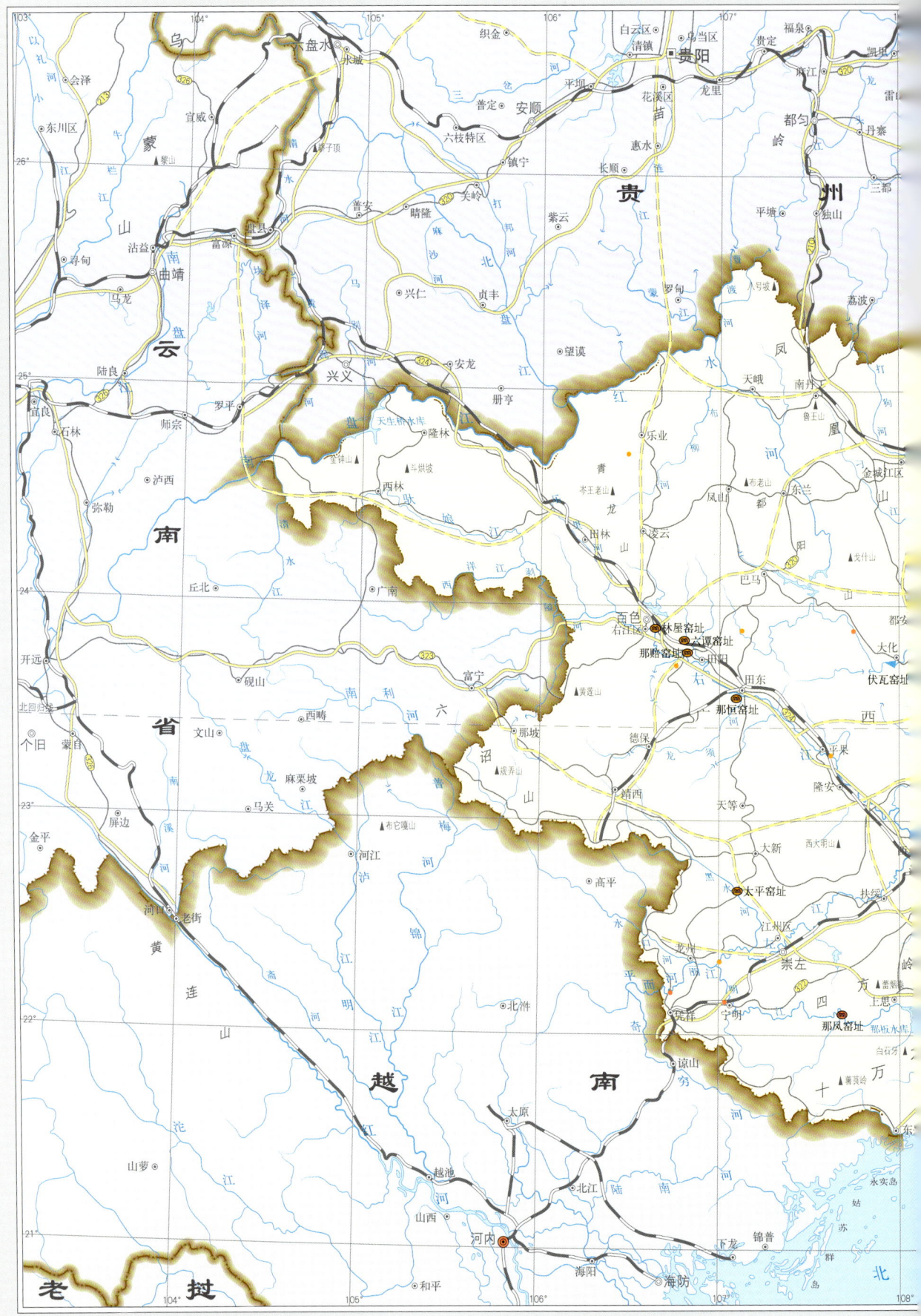

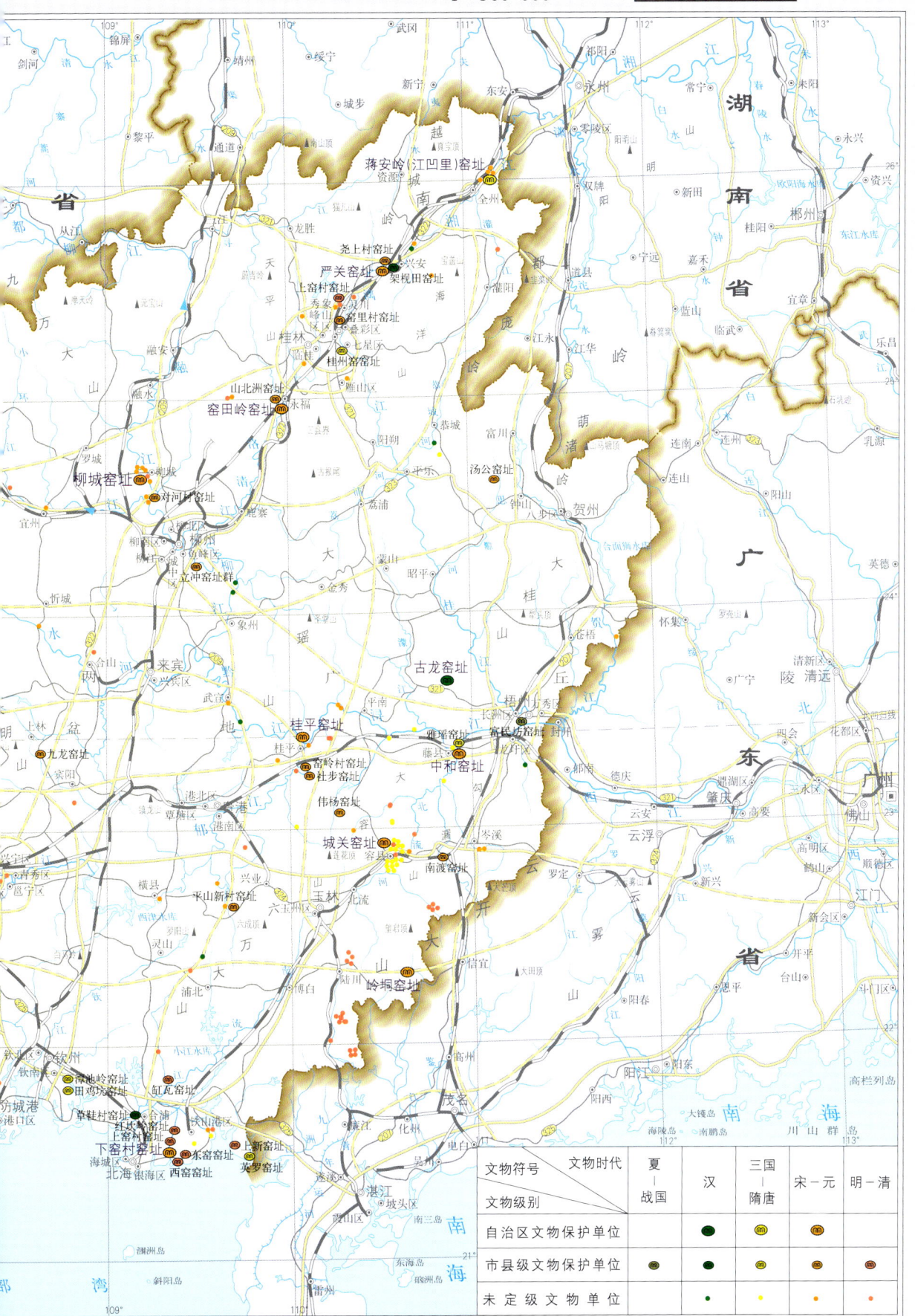

1 : 300 000

0   3.0   6.0   9.0千米

文物符号 文物级别	文物时代	夏 — 战国	汉	三国 — 隋唐	宋—元	明—清
自治区文物保护单位						
市县级文物保护单位						
未定级文物单位						

广西壮族自治区太平天国运动史迹

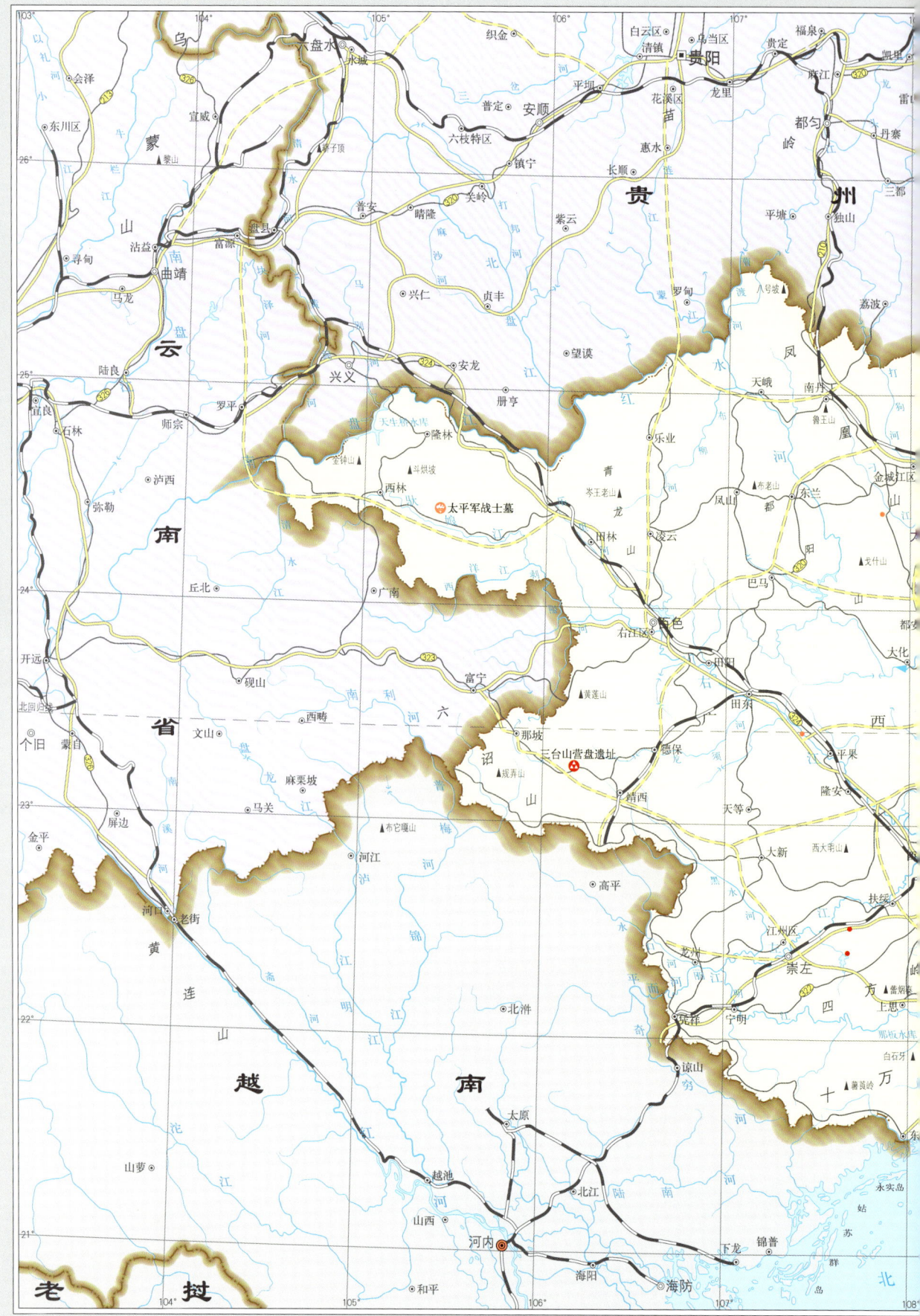

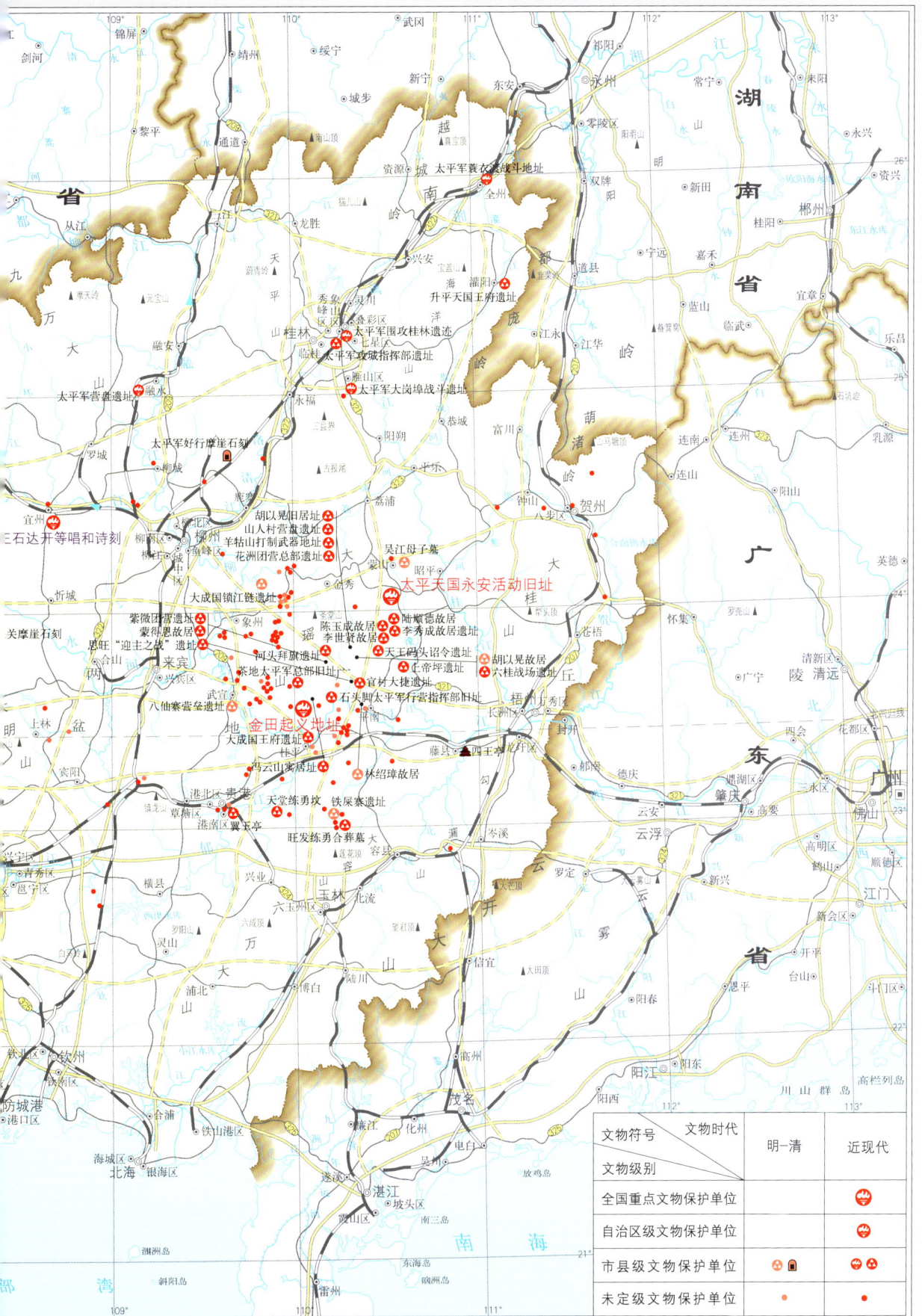

1：300 000

0　3.0　6.0　9.0千米

文物符号	文物时代	明—清	近现代
文物级别			
全国重点文物保护单位			
自治区级文物保护单位			
市县级文物保护单位			
未定级文物保护单位			

广西壮族自治区抗日战争史迹

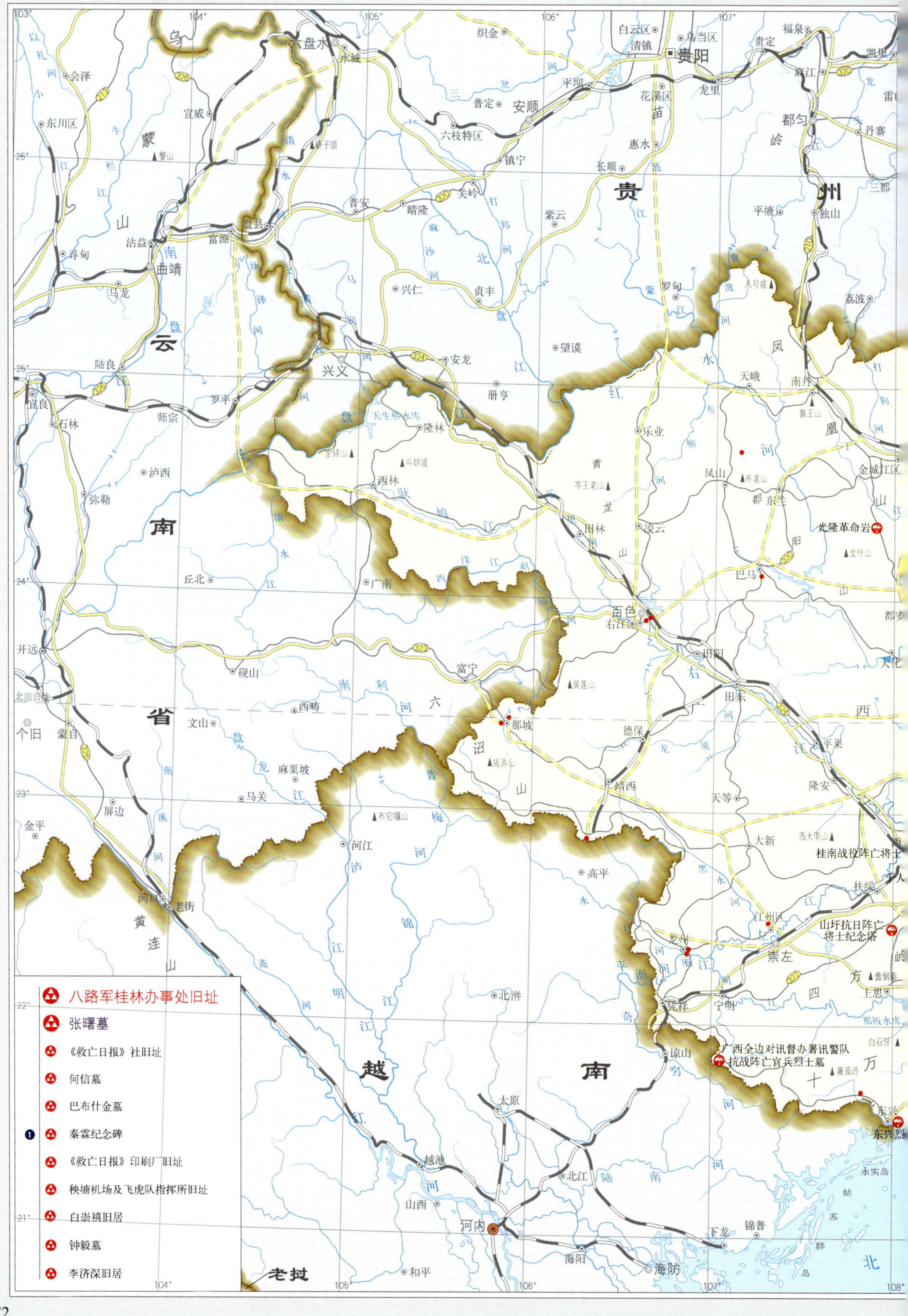
八路军桂林办事处旧址
张曙墓
《救亡日报》社旧址
何信墓
巴布什金墓
1 秦霖纪念碑
《救亡日报》印刷厂旧址
秧塘机场及飞虎队指挥所旧址
白崇禧旧居
钟毅墓
李济深旧居
光隆革命岩
桂南战役阵亡将士
山圩抗日阵亡将士纪念塔
广西全边对讯督办署讯警队抗战阵亡官兵烈士墓
贵阳
安顺
六盘水
曲靖
兴义
百色
右江区
田阳
田东
德保
靖西
那坡
凌云
乐业
田林
西林
隆林
凤山
东兰
巴马
天峨
南丹
都安
平果
隆安
大新
天等
江州区
崇左
龙州
凭祥
宁明
上思
扶绥
东兴
河内
海防
谅山
高平
北江
太原
越池
山西
下龙
锦普
海阳
和平
北浒
河江
老街
河口
个旧
蒙自
文山
砚山
富宁
广南
丘北
马关
麻栗坡
西畴
开远
屏边
金平
弥勒
泸西
师宗
罗平
石林
宜良
陆良
马龙
沾益
富源
盘县
普安
晴隆
兴仁
贞丰
安龙
册亨
望谟
罗甸
紫云
关岭
镇宁
普定
平坝
织金
惠水
长顺
都匀
独山
平塘
荔波
三都
丹寨
福泉
贵定
龙里
麻江
凯里
宣威
会泽
东川区
寻甸
云南省
贵州
越南
广西
老挝
北回归线

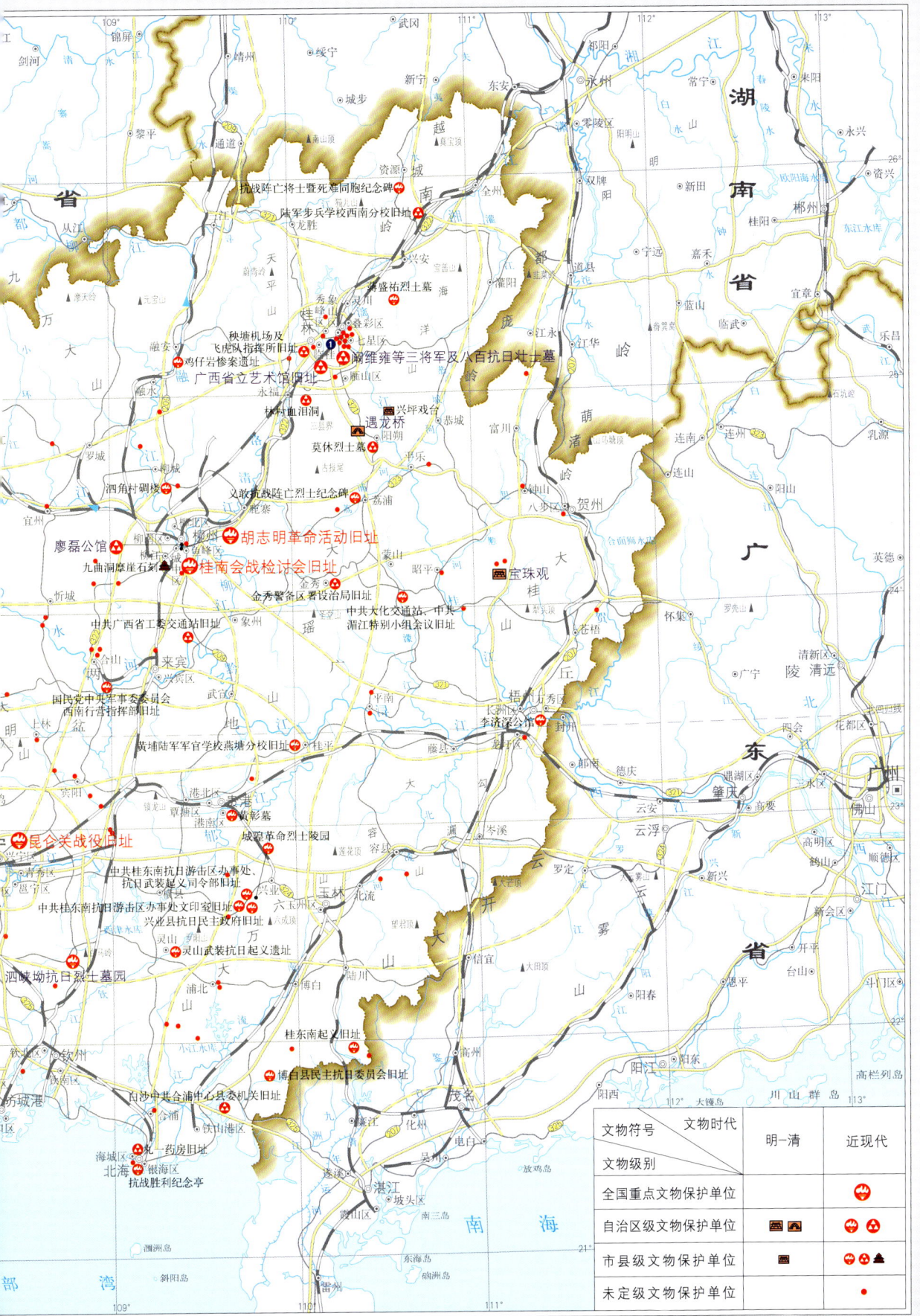

1 ： 300 000

0   3.0   6.0   9.0千米

文物符号	文物时代	明-清	近现代
文物级别			
全国重点文物保护单位			
自治区级文物保护单位			
市县级文物保护单位			
未定级文物保护单位			

73

广西壮族自治区少数民族建筑

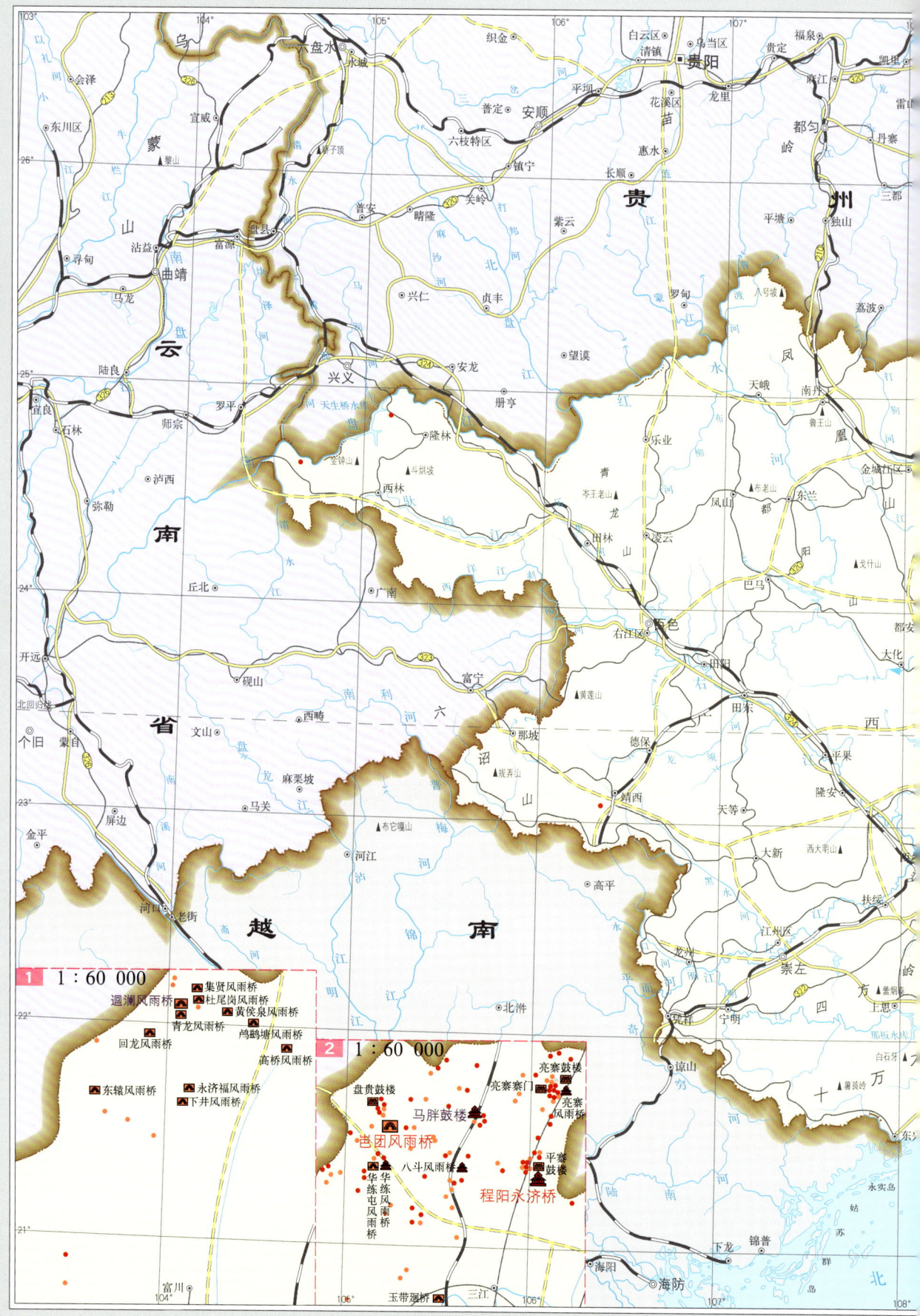

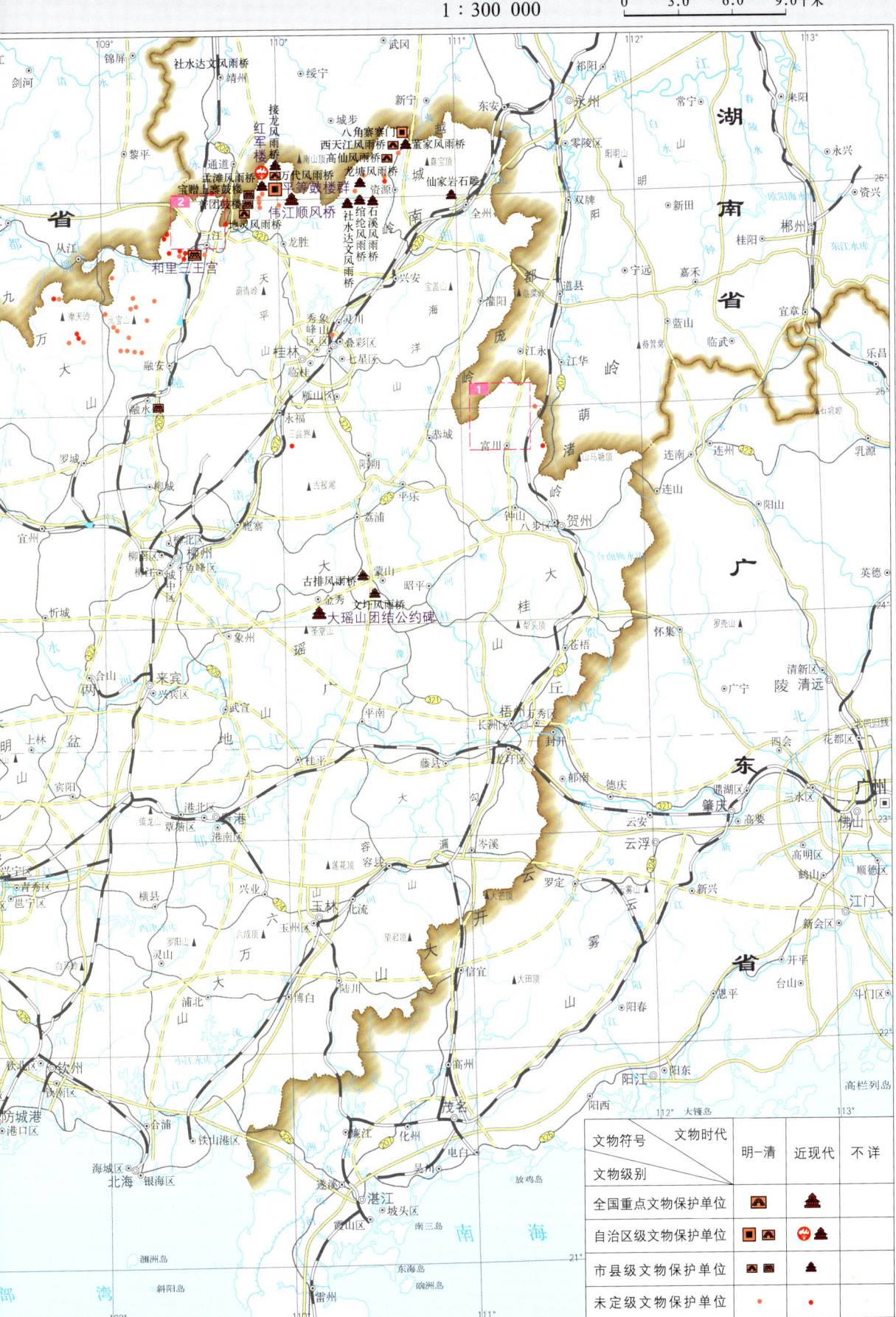

1 : 300 000

| 0 | 3.0 | 6.0 | 9.0千米 |

文物符号	文物时代	明—清	近现代	不详
文物级别				
全国重点文物保护单位				
自治区级文物保护单位				
市县级文物保护单位				
未定级文物保护单位				

广西壮族自治区全国重点文物保护单位和自治区文物保护单位

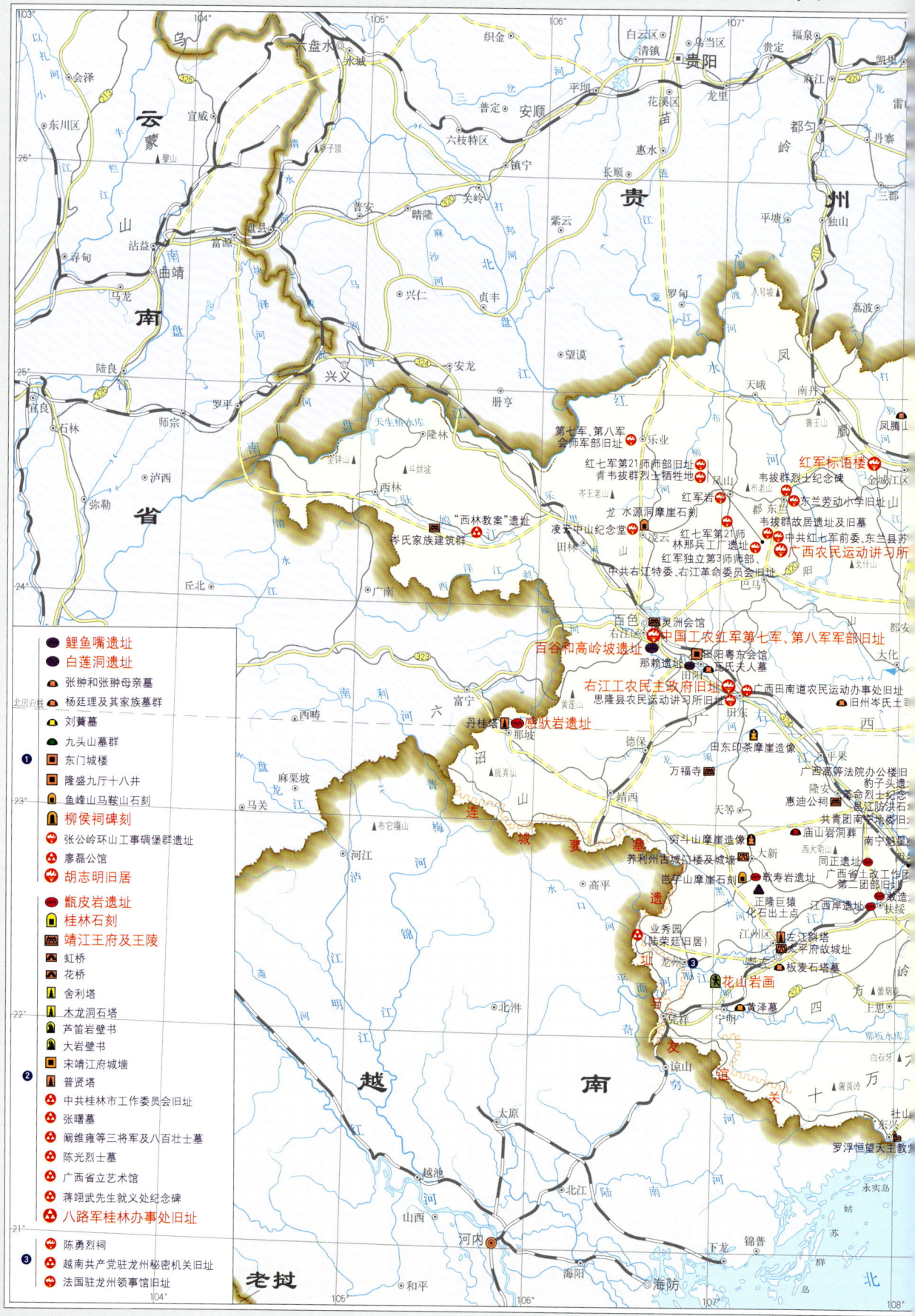

图例：
- 鲤鱼嘴遗址
- 白莲洞遗址
- 张翀和张翀母亲墓
- 杨廷理及其家族墓群
- 刘蒉墓
- 九头山墓群
- ❶
- 东门城楼
- 隆盛九厅十八井
- 鱼峰山马鞍山石刻
- 柳侯祠碑刻
- 张公岭环山工事碉堡群遗址
- 廖磊公馆
- 胡志明旧居
- 甑皮岩遗址
- 桂林石刻
- 靖江王府及王陵
- 虹桥
- 花桥
- 舍利塔
- 木龙洞石塔
- 芦笛岩壁书
- 大岩壁书
- 宋靖江府城墙
- ❷
- 普贤塔
- 中共桂林市工作委员会旧址
- 张曙墓
- 阚维雍等三将军及八百壮士墓
- 陈光烈士墓
- 广西省立艺术馆
- 蒋翊武先生就义处纪念碑
- 八路军桂林办事处旧址
- ❸
- 陈勇烈祠
- 越南共产党驻龙州秘密机关旧址
- 法国驻龙州领事馆旧址

76

1 : 300 000

0　3.0　6.0　9.0千米

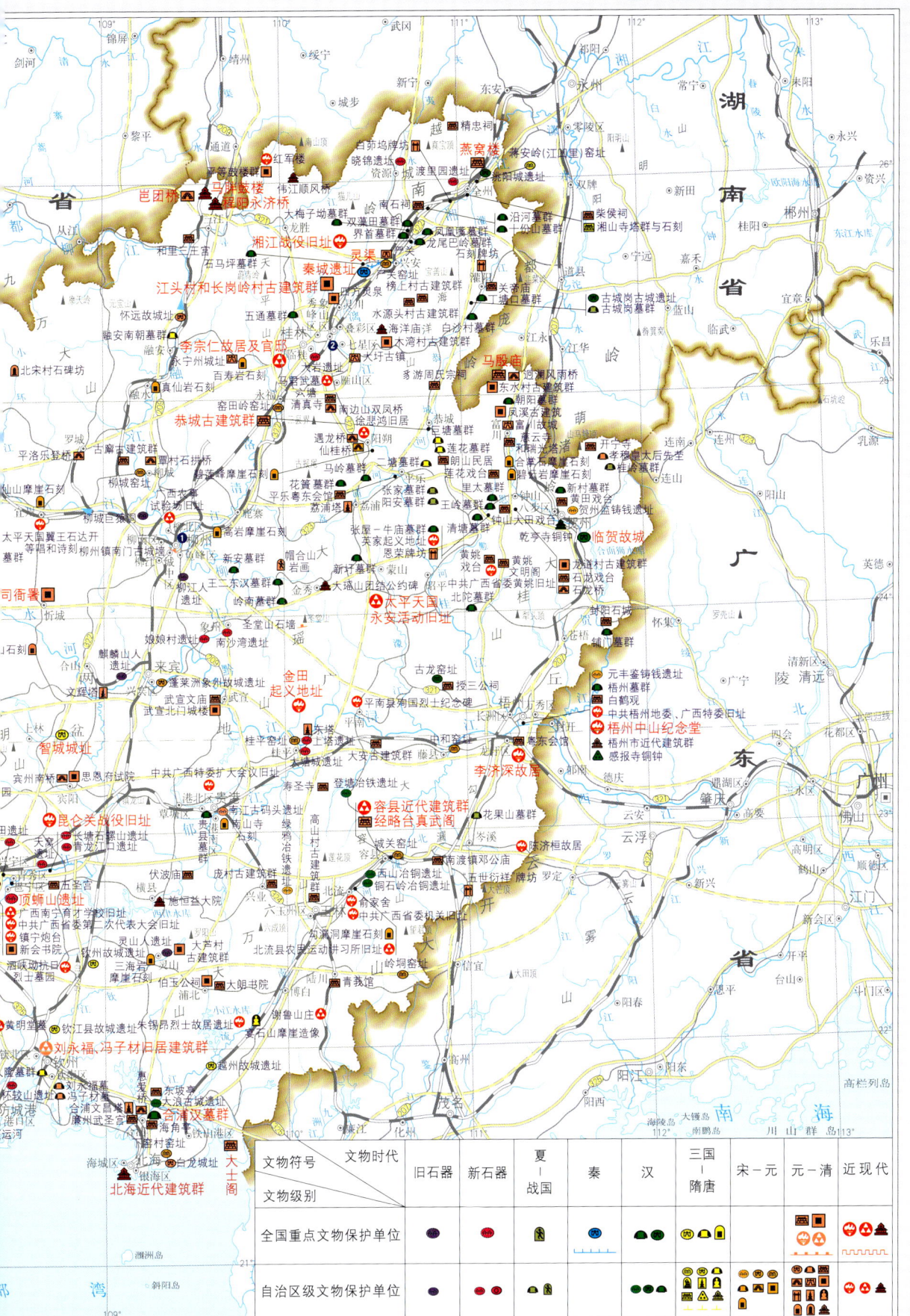

文物符号　文物时代 文物级别	旧石器	新石器	夏—战国	秦	汉	三国—隋唐	宋—元	元—清	近现代
全国重点文物保护单位									
自治区级文物保护单位									

专题文物图说明

广西壮族自治区旧石器时代文化遗存

广西是旧石器时代文化遗存比较丰富的地区，迄今已发现的旧石器时代文化遗存约有130余处，涉及全区21个市、县，其中全国重点文物保护单位2处，自治区（省）级文物保护单位3处。广西旧石器时代考古始于1934年，经发掘或试掘的有30余处，其中古人类化石地点16处，出土和采集了丰富的文化遗物。尤其是百色盆地旧石器时代遗址的调查与发掘以及晚期智人化石的发现和研究，为建立我国南方旧石器时代文化发展序列以及研究人类的起源和发展提供了宝贵的资料。

在桂西地区百色盆地已发现旧石器时代文化遗址和地点100多处，主要分布在百色、田东、田林、田阳、平果等市、县境的右江两岸阶地上。由于长期受到水土流失和自然剥蚀的影响，有大量的打制石器散布在地表或土岭的冲沟中。目前从地面采集的石器有8400多件，经发掘出土的石制品约有2500件。原料是以砂岩、石英岩、石英为主的粗砾，打片和加工方法均采用锤击法和碰砧法。石器用砾石直接打制而成，但也有相当数量是用石片为毛坯。石器的制作比较简单，除手斧外，其他基本都是单面加工，多数石器均保留或多或少的砾石面，有些石器所保留的砾石面达到三分之二以上。器形有砍砸器、刮削器、手镐（尖状器）、手斧等，器形一般比较硕大，长度多在0.1米以上，较大的长度可达0.3米。

对于百色盆地旧石器的年代，在较早发表的报告中，定为更新世晚期。1993年以后在百色的百谷、杨屋、紫幕、小梅、田东林逢镇高岭坡等遗址的地层中发现与石器共存的玻璃陨石，经裂变径迹法测定，年代距今约73.3万年；氩同位素测定，年代距今约80万年。对百色盆地20余处旧石器遗存发掘的结果表明，百色盆地旧石器的年代从旧石器时代早期一直延续到旧石器时代中、晚期，涵盖了旧石器发展的历程。

百色盆地旧石器时代早期遗址出土的手斧，展示了阿舍利石器加工技术的特征，证明了早期东亚人类也具有先进的石器加工技术。这是旧石器时代考古重要的成果，被国家科技部评选为2000年中国基础科学研究十大新闻。

旧石器时代中、晚期文化遗存的分布范围相对更广，在桂北、桂南、桂中、桂东、桂西等地区均有发现。按遗址所处的自然环境基本可分为两种类型：一种是阶地遗址，如南宁盆地的小崩山、虎头岭遗址，百色盆地的大梅、百达遗址和梧州地区的木铎冲遗址等。另一种是洞穴（岩厦）遗址，如桂林宝积岩、柳州白莲洞、平南石脚山、田东定模洞等遗址。阶地遗址多数处于江河两岸，出土遗物单纯，目前只发现有打制石器，尚未发现伴出物。而有些洞穴遗址则发现打制石器与古人类化石、动物化石共存。桂林宝积岩是洞穴遗址的典型代表，在出土石器的原生灰黄色胶结堆积层中发现了人类牙齿化石、打制石器和一些具有更新世晚期特征的"大熊猫—剑齿象动物群"化石。这一时期的石器主要是用河滩的砾石简单加工而成，以石核石器为主，石片石器较少。石器以单面打击为主，多数石器均保留较多的砾石面。砍砸器、刮削器、尖状器是此时期常见的工具类型，且以砍砸器的数量最多。与百色旧石器时代早期遗存相比，石器的器形明显细小化，种类也更为简单。

广西发现旧石器时代晚期人类化石较多，有16处地点，均为石灰岩洞穴。以桂中地区最集中，继1956年1月中国科学院古脊椎动物研究室在广西来宾县桥巩圩麒麟山发现了麒麟山人头盖化石、1958年在柳江县新兴农场通天岩发现柳江人头盖骨及体骨化石后，考古工作者又陆续在灵山县东胜岩、葡地岩、洪窟洞发现灵山人牙齿及骨骼化石（1960），在荔浦县水岩东洞（1961）、都安瑶族自治县干淹岩（1972）和九楞山（1977）、柳州市九头山（1975）和白莲洞（1982）、桂林宝积岩（1979）、柳江县甘前岩（1981）、田东定模洞（1982）和么会洞（2002）、隆林各族自治县那来洞（1984）和龙洞（1986）等遗址和地点发现了晚期智人化石。除柳江人、麒麟山人有头骨和肢骨化石外，其余只发现牙齿化石，多数有动物化石共存，少数伴出打制石器。其中，柳江人化石包括一个完整头骨（缺下颌骨）、四个胸椎、五个腰椎以及骶骨、右髋骨，还有左右股骨各一段。人类化石为一个年龄约40岁的男性个体。柳江人属形成中的蒙古人种的一种早期类型，是迄今在我国以至东亚发现的最早的现代人代表。根据伴出的哺乳动物群化石推断，其地质时代应为更新世晚期，距今年代约6万—5万年。而田东么会洞发现的人牙化石伴出有大型哺乳动物化石25种，有可能属于早期人类的化石。

广西壮族自治区新石器时代文化遗存

广西境内的新石器时代文化遗存十分丰富，分布范围已遍及全区。迄今为止，发现的遗址已达350多处。根据遗址所处的地理位置和自然环境来划分，有洞穴、岩厦、山坡、河旁台地、海滨等；根据遗址的堆积特征来划分，则有含大量软体动物介壳堆积的贝丘遗址和不含软体动物介壳的遗址。

早期文化遗存主要有桂林庙岩、桂林甑皮岩第Ⅰ期至第Ⅳ期、南宁顶蛳山的第Ⅰ期遗存、柳州白莲洞Ⅱ、Ⅲ期和鲤鱼嘴上层等，距今年代约在12000—8000年。除南宁顶蛳山的遗址外，大多数属洞穴遗址类。一般洞口距地表较低，附近有水源或较开阔的坡地。洞内有呈黄灰色或灰褐色的、富含螺蛳等软体水生动物介壳的地层堆积。打制的砾石石器占石器总数的多数，常见的器型有砍砸器、刮削器、尖状器等。磨制石器虽然已普遍存在，但多数仅磨制刃部，器身保留较多的砾石面及打击疤痕，通体磨光的石器很少，斧、锛是常见的器形。陶器以夹砂绳纹粗陶为主，也有篮纹、席纹、划纹、附加堆坟等，颜色以红褐、灰黑为主，也有灰黄和黑色的。胎质粗糙，火候较低，陶器大多为敞口或直口、束颈、鼓腹，一般颈部较短，常见的器类有圜底的罐、釜、钵等。骨、蚌、牙、角器普遍出现，但工艺大多比较简单。墓葬出现了屈肢葬，特别是蹲葬葬式。采集、渔猎是其经济生活的主要来源。甑皮岩遗址是早期洞穴遗址的典型代表，文化遗存分五期，第Ⅰ至第Ⅳ期均为早期遗存，在第Ⅳ期遗存中发现用火的灶和两座蹲葬墓葬，出土的30余具人骨经测试鉴定属黄色人种，并显示出与"柳江人"有明显继承关系。

中期文化遗存以顶蛳山遗址Ⅱ、Ⅲ期文化为代表，其他还有南宁豹子头、窑田岭、象州南沙湾、横县的秋江等遗址，距今年代约为8000—5500年。遗址广泛分布于河流两岸的阶地上，文化堆积中富含软体动物介壳和其他动物的骨骼。出土石器以磨制石器为主，也有少量打制石器。虽然已出现通体磨光的石器，但精磨的较少。不少石器仅磨刃部，器身保留有较多砾石面和打击疤痕。陶器仍以夹砂绳纹陶为主，细绳纹有所增加，颜色多为红褐、灰褐，也有灰黑陶，灰黑陶呈增多趋势，出现了不少夹细砂陶和泥质陶。陶器的常见器形仍为圜底釜、罐，口沿有直口、敞口、敛口等，但出现口沿更外撇和领部增高的趋势，中期后段已出现较多的折沿器。有较多的骨、角、蚌器，一些遗址发现较大量的穿孔和不穿孔的三角形蚌刀。濒临海边的防城港亚婆山、马拦嘴遗址，出土了网坠和一种富有地方特色的"蚝蛎啄"。顶蛳山遗址Ⅱ、Ⅲ期文化被学术界命名为"顶蛳山文化"，是广西第一个被命名的原始文化。在南宁顶蛳山、豹子头、横县秋江和西津等遗址均发现大量人类遗骸或墓葬。这些人类遗骸分布十分密集，极少发现随葬品。葬式有仰身直肢、仰身屈肢、俯身屈肢、蹲葬、肢解、二次等葬式。

晚期文化遗存分布较广，桂北、桂南和桂东南、桂西地区都有发现。主要有临桂大岩Ⅵ期、钦州独料、资源晓锦第Ⅲ期、隆安大龙潭、平南石脚山、那坡敢驮岩、百色革新桥等遗址，距今年代在5500—3000年左右。出土文化遗物有石器、陶器、骨器而不见蚌器。石器以磨制石器占绝大多数，且多通体磨光，少见或不见打制的石器。石器类形增多，除常见的斧、锛外，还有镞、矛、戈、刀、钺、杵、铲、磨盘等，有的遗址还发现有镯、环、玦等石、玉质装饰品。陶器以火候较高的夹砂绳纹陶为主，器胎较薄，均匀坚致。陶器装饰手法多样，有拍印、刻划、镂空、穿孔、戳印、彩绘等。陶器除圜底外，还出现了三足、平底、圈足等，口沿的变化则主要表现为领部增高和折沿；器形逐渐多样化，除常见的釜、罐外，还有壶、盆、杯、钵、碗、簋、豆、鼎、纺轮等。

桂西地区百色革新桥遗址，发现了大量的石器及其半成品，以及较多的石砧、石片，研究者认为是新石器时代晚期的石器制作场所。以磨制精致的大石铲为特征的隆安大龙潭遗址，是桂南地区最富地方特色的新石器时代晚期文化遗存，迄今已在43个市县发现这类遗址或散布点152处。在桂东南地区，以钦州独料遗址为代表，遗址出土了大量的与农业生产有关的石制工具，如刀、锄、镰、铲、杵、磨棒、磨盘等。桂北的晓锦遗址发现了炭化稻谷，反映了此时期的农业经济有了较大的发展。

由于地域不同，晚期文化面貌不仅呈现出复杂性和多样化，也反映出此时文化的传播和交流在不断加强，桂北地区与湖南接壤，其晚期文化明显受到北部洞庭湖区、沅水流域、湘江流域原始文化的影响。甑皮岩第五期文化、资源晓锦遗址中一些陶器器表的戳印纹和刻划纹，以及敞口罐、高领罐、直口盘口釜、敛口盘口釜、支脚等，与湖南皂市下层文化、高庙下层文化相同或相近。资源晓锦遗址出土的陶器与皂市下层文化、石家河遗址、堆子岭遗址有一定关系。桂南地区平南石脚山遗址处郁江下游，地理位置靠近广东，出土陶器的特征与广东珠江三角洲地区的新石器时代晚期文化有较多的相似。桂南地区出土的大石铲在广东西部、海南和邻国越南北部也都有发现。

广西壮族自治区大石铲遗存

大石铲是广西新石器时代晚期文化中的一种特殊遗物，其形制一般都较宽大、扁薄，有短柄、双肩、圆弧刃，制作规整，棱角对称，打磨光洁，具有很高的工艺水平。因其形体硕大，与新石器时代的其他各类石器有明显的不同，故名之为大石铲；又因主要分布于广西南部地区，学术界称之为"桂南大石铲"。以大石铲为主体的文化遗存构成了广西新石器时代晚期极富特色的文化类型。

这类大石铲，最初是1952年修筑崇左至镇南关（今友谊关）公路时，于大新县太平镇境发现的，随后在南宁、邕宁（今属南宁市）、武鸣、隆安、崇左、扶绥等地不断有所发现，1960年春，在扶绥县国营金光农场同正园艺场四周的畲地上发现了成批石铲，散布范围约2000平方米。1962—1965年，在南宁地区文物普查中发现石铲散布地点60多处，采集到大量标本。后陆续对扶绥韦关岭、中东、崇左吞云岭、靖西那耀、隆安大龙潭、内军坡、定出岭、大山岭、秃斗岭、麻风坡等15处遗址进行了试掘和发掘。迄今为止，已在广西43个县、市发现152处大石铲遗存，出土大石铲1200余件。广西之外，大石铲遗存在相邻的广东7个县发现15处、海南5个县发现6处，邻国越南北方的广宁省等地也有发现。总体而言，大石铲遗存散布范围大多在岭南地区之内，广西南部分布最密集，以隆安县东南部的那桐、乔建、丁当、南圩、古潭，扶绥县东北部的中东、昌平、渠黎，南宁市西乡塘区的金陵、坛洛、双定等乡、镇为中心。这些遗址正处于珠江水系上源的左江与右江汇合成邕江的三角地带，总面积约3000多平方公里。这一带发现含大石铲的文化遗存分布稠密，出土的石铲数量最多，器形也最典型。以此为中心，散布地点东到玉林、北流、容县、贺州，远至广东封开、郁南、德庆、高要，乃至兴宁；南到龙州、宁明、合浦，远至海南和邻国越南的广宁；西到田阳、德保、靖西，乃至凌云；北到柳州、河池等地。

制作大石铲的材料主要是页岩、板岩，其次是砂岩、石灰岩，个别的是燧石或玉。其形制、大小、厚薄、轻重、硬度存在较大差异，不少石铲质地脆弱，扁薄易断，刃缘厚钝，有的甚至为平刃，无使用痕迹。其形制可分为三个类型：I型为直边形，铲身两条侧边呈直线；Ⅱ型为束腰形，铲身两条侧边自肩以下内收，至中腰又外展，然后呈弧状回收成圆刃；Ⅲ型为袖衫形，双肩突出有齿，形如上衣短袖。Ⅰ型出现的年代略早，延续时间最长，分布面最广，以上分布范围均有发现；Ⅱ型出现时间略晚，分布范围较窄；Ⅲ型出现的年代更晚，分布面最窄，在大新、崇左、隆安一线以西和柳州以北目前尚无发现。

从已发掘的大石铲遗址资料看，此类遗址文化堆积单一，遗迹比较少，内涵较单纯，出土遗物以大石铲为主，伴出的其他质地遗物极少。1979年发掘隆安大龙潭遗址，揭露面积820平方米，出土遗物有石铲231件，石凿、扁形器、小陶罐各1件，遗迹有灰坑、沟槽、烧土坑。灰坑有20个，有圆形竖穴式、袋状、椭圆形和不规则形。灰坑主要用来放置石铲，每坑置石铲2—20件不等。石铲在遗址中有直立、斜立、平置、侧放等多种堆放形式，以多件石铲直立或斜立、均刃部向上柄部向下的排列组合最为常见。还有的用石铲围成一定形状，如圆圈形、"凹"字形、"U"形等。石铲之间互相紧贴，或间有体型较小的石铲夹在其间。在钦州独料、崇左吞云岭和隆安大山岭、秃斗岭、麻风坡、雷美岭等遗址发现的长方形或圆形灰坑中，与石铲伴出的有少数陶罐、石斧、橄榄核、红烧土等物。在隆安内军坡遗址中发现一处碎的石铲堆积，体积约有4立方米。

大石铲遗存一般发现于南宁地区新石器时代贝丘遗址上层，零星石铲多出自新石器时代晚期的其他遗址中，对隆安大龙潭遗址文化层中的炭屑进行^{14}C测定的3个数据分别为距今约5910±105年（树轮校正为距今约6570±130年）、4750±100年（树轮校正为距今约5320±135年）、4735±120年（树轮校正为距今约5300±150年）。武鸣弄山岩洞葬出土石铲与陶、石、玉、蚌等器伴出。综合上述情况，可确定桂南大石铲文化遗存处于新石器时代晚期。在贵港桐油岭、合浦文昌塔西汉晚期墓均出土了1件Ⅱ型石铲，说明大石铲使用有可能已延续到青铜时代。其族属应是当时生活在桂南地区的骆越先民。

关于桂南大石铲文化遗存的性质，主要有三种意见：①有不少石铲没有开刃或使用痕迹，而成群地堆放着，遗存应为石器制作场。②桂南大石铲不是实用器，应是一种与农业生产有关的祭祀礼器。遗址是农业祭祀场所。许多石铲形体硕大，平刃而无使用痕迹，且从石铲摆放形式来看，有直立或斜立排成一定的队列，显然不同于一般的工具存放形式，而应与祭祀活动有关。③大石铲的出现肯定与农业生产的发展有关，大石铲中有实用的生产工具，也有祭祀用品，似有一个从实用器到祭祀礼器的转化过程，而且这两种现象在很长时间是同时存在的，发现石铲特别集中的地段应是当时农业祭祀的活动场所。该类遗址的发现和研究，对于探讨桂南地区新石器时代晚期的经济形态、生产水平、思想意识等都具有重要的意义。

广西壮族自治区已发掘的古遗址、古墓葬

广西的田野考古发掘工作始于20世纪50年代，到了70年代初，田野考古工作开始增

多，此后不断加强、发展，先后发掘了一批古遗址和古墓葬，出土了大量可揭示本地区古代社会发展概貌的珍贵历史文物。

广西已发现的旧石器时代遗存约137处，其中包含人类化石的遗存16处。已发掘20多处，其中时代最早的是百色盆地旧石器遗址群，均为阶地遗址，早期的年代距今约80万—73.3万年，文化延续涵盖了旧石器时代早、中、晚三个阶段，先后采集、出土了各阶段、各类打制石器8000多件，其中出土2500件，反映出百色旧石器文化的发展历程。从遗址出土器物看，早期石器形体硕大，中、晚期逐渐小型化。百色旧石器的器形丰富，有砍砸器、刮削器、手镐（尖状器）、手斧等，其中以具有阿舍利石器加工技术特征的手斧最为著名。这些遗址的发掘与研究，为确定广西旧石器时代文化发展序列，研究我国南方乃至东亚早期人类历史以及石器制作工艺提供了珍贵资料。旧石器时代晚期遗址包括阶地遗址和洞穴遗址两类，已发掘的桂林宝积岩、柳州白莲洞均是洞穴遗址，其中桂林宝积岩遗址发现了人类牙齿化石、古动物化石与打制石器的共存关系，具有十分重要的意义。柳州白莲洞遗址包含了旧石器时代晚期及新石器时代早期两个阶段的文化。石器不仅有传统的砾石打制石器，还出现了以燧石为原料的细小石器以及少量磨制石器。

新石器时代遗址遍布广西各地，已发掘的有20多处。桂林的大岩、庙岩、甑皮岩等遗址的早期遗存年代最早，距今年代约在12000—8000年间。质地松软、火候较低的夹砂绳纹陶与较多的遗留有旧石器时代风格的打制石器、简单的磨刃石器共存是早期文化的特征之一。中期遗址以南宁顶蛳山遗址为代表，被命名为"顶蛳山文化"，具有较重要的学术价值。属于"顶蛳山文化"范畴的遗址还有横县江口、西津、秋江、象州南沙湾、南宁豹子头等。从发掘的情况看，墓葬的葬式以屈肢葬为主要特征，包括仰身屈肢、俯身屈肢、侧身屈肢、蹲葬及肢解葬等，年代约在距今8000—5500年之间。已发掘的新石器时代晚期遗址有桂北的资源晓锦、桂南的隆安大龙潭、桂西南的钦州独料、桂东南的平南石脚山、桂西的那坡感驮岩等，其中晓锦、大龙潭、独料等为山坡（台地）遗址，石脚山、感驮岩等为洞穴遗址。由于遗址所处的地理位置不同，其文化内涵呈现浓厚的多元性，如资源晓锦遗址受到来自湖南的原始文化因素影响，而平南石脚山遗址出土的陶器则与广东珠江三角洲地区的新石器时代晚期文化有较多的相似之处。

商周时期，广西地区缓慢地进入青铜时代。一些具有中原地区风格的卣、钟、尊、壶等青铜器相继出现，表明了中原青铜文化在广西的传播。武鸣元龙坡350座春秋墓出土了许多具有地方色彩的刀、钺、斧、匕首、镞、圆形器、叉形器等青铜器和一批石范，证明了广西青铜冶铸业的崛起。战国时期墓葬发掘了7处，重要的有平乐银山岭、武鸣安等秧山2处。地处桂西的武鸣安等秧山战国墓，墓主人可能为当地土著骆越人，而地处桂东的平乐银山岭墓则有可能为西瓯墓。两处墓葬随葬品的差异，为印证史籍所记载的骆越、西瓯族群的分布及社会生活提供了证据。

新石器时代末期，广西武鸣、大新等地开始出现岩洞葬。青铜时代的岩洞葬已发现23

处，其中已发掘10余处，以武鸣岜旺、弄山岩洞葬年代最早，出土夹砂细绳纹陶器及磨制石器等，属新石器时代末期。武鸣独山、贺州龙中等岩洞葬年代较晚，为战国时期。其中龙中等岩洞葬出土了鼎、牺尊、铜鼓、铜罍、盉、龙头饰件、兽头饰件、箕形器、钺、勾形器、叉形器等青铜器、陶罍及原始青瓷擂钵等。岩洞葬出土的不少器物都具有浓郁的地方特征，其族属应是当地的骆越人。这些墓葬的发掘，对于研究南方民族的葬俗、文化、宗教信仰、体质特征以及经济状况都有着极重要的意义。

秦至两汉时期，较重要的发掘有贵港和合浦等地的汉墓、兴安秦城遗址、合浦草鞋村窑址、梧州富民坊窑址、北流铜石岭冶铜遗址等项。广西汉墓遍及广西40余个市县，已发掘1000余座，出土文物万余件。贵县（今贵港市）罗泊湾一号墓是广西迄今所发掘最大的一座汉墓，一椁三棺，椁底有7具殉葬棺，出土了一批精美青铜器，还有竹简、木牍、漆器等珍贵文物。合浦汉墓出土的一些玻璃、玛瑙、水晶、琥珀、黄金饰件可能是从海外输入，与文献记载相吻合，也见证了汉代合浦港作为"海上丝绸之路"始发港之一的经济繁荣。兴安秦城遗址由4处城址组成，发掘证实其中七里圩王城是建于西汉时期的军事性质的古城。北流铜石岭遗址发现有矿井、灰坑、排水沟、炼炉、炉渣、铜锭、鼓风管、陶器灰坑、排水沟等遗迹和遗物，年代上限至汉代，下限可能延至唐代，对于研究古代铜鼓的铸造及冶炼技术都具有重要的作用。

晋墓、南朝墓在藤县、梧州、贺县、兴安、恭城、融安等市县均有过发掘，随葬品中有烧制水平较高的青瓷器，以及珍贵的滑石买地券，券文反映了当时土地私有制的发展和土地买卖的情形。同时，反映南朝时期豪强士族庄园经济的陶瓷模型、兵俑、侍俑、仪仗俑群等随葬品有较多发现。梧州出土的西晋纪年铭文墓砖的"永嘉中天下灾但江南康平""永嘉六年壬申富且寿考"等铭文，反映了广西当时社会相对安定和经济取得较大发展。

隋唐时期墓葬，发掘了灌阳隋大业七年（611）黄元墓、全州唐贞观十二年（638）永州赵司仓参军墓、兴安唐贞观十五年（641）唐家墓等纪年墓葬及钦州久隆宁氏家族墓群，出土盘口壶、碗、砚等一批青瓷器，为隋唐墓葬断代提供了标尺。

广西瓷器制造业在宋代最为发达，已发现的宋代窑址有60多处，均为坡式龙窑。青瓷窑址主要分布于桂北地区，已发掘的青瓷窑址主要有窑田岭类型的永福窑田岭、严关窑类型的严关窑等。其中严关窑以烧造碗、碟、杯、壶等日常生活用品为主，青灰胎，以青釉、月白釉为主，装饰工艺以印花为主，亦有划花、刻花、彩绘等手法。青白瓷窑址主要分布在桂东南地区，已发掘的窑址有中和窑类型的藤县中和窑、容县城关窑、北流岭峒窑、桂平西山窑等。产品胎质细腻洁白，釉色晶莹。装饰早期以刻划花为主，后期印花装饰盛行。其中北流岭峒1号窑全长达110米，是迄今广西发现最长的古瓷窑。容县城关窑北宋时期已掌握了白瓷胎一次烧成高温铜绿、铜红釉瓷器的技术，是陶瓷工艺史上的创举。宋代广西瓷窑出土的印花模具数量之多为国内所少见，且形式、纹样独特，具有浓厚的地域色彩。繁荣的宋代广西陶瓷业，产品不仅供应当地需求，而且部分产品已远销海外。

明清时期，主要发掘有桂林靖江王陵中的一些墓葬、梧州南明王族墓群。这些王陵为研究明代藩王及明末社会和典章制度等提供了珍贵的实物资料。

广西壮族自治区岩洞葬

岩洞葬是人类利用天然的石灰岩溶洞置放棺材的一种特殊葬俗，其做法是"殓死有棺而不葬，置之岩穴间，高者绝地千尺，或临大河，不施蔽盖"。其主要特点是"藏"，"藏之幽岩，秘而不识"。广西岩洞葬大多不加任何修饰，直接放置灵柩或尸骨。

广西岩洞葬分布广泛，到目前为止，已在27个市、县发现约151处，主要集中在桂西、桂西南、桂西北、桂中地区，以左江、右江、柳江及红水河流域为中心，部分见于桂东、桂北地区。桂西、桂西南岩洞葬分布比较密集，仅南丹县里湖瑶族乡就有39处，另有大新县17处，大化瑶族自治县10处，平果县9处，隆安县、河池市各8处，天等县7处。广西岩洞葬延续的时间比较长，早期与晚期的埋葬方式、随葬品有较大的区别。

广西岩洞葬始于新石器时代晚期的末段，经夏商周、春秋战国时期，南朝隋唐时期发展起来，流行于明清时期，消亡于清末民初。

新石器时代末期的岩洞葬有武鸣县岜旺、山岩和大新县歌寿岩、大化瑶族自治县北景Ⅰ号洞4处；青铜时代早期的岩洞葬有龙州县更洒岩、八角岩，忻城矮山、翠屏山，宜州范家洞等；商代中晚期至西周早期有武鸣县敢猪岩、岜马山岩，敢猪岩1个人骨标本 ^{14}C 测定年代为距今约 3245 ± 35 年，2个木炭标本测出的年代为距今 3160 ± 35 和 3105 ± 40 年；西周中晚期有宜州市鹞鹰山岩、六桥等；春秋时期有来宾县古旺山岩、白面山；战国时期有武鸣县独山岩、灵川县富足岩、水头村岩岩洞、贺州龙中岩等。先秦时期岩洞葬主要分布在左江、右江、红水河、柳江支流龙江及浇江、漓江、贺江流域，其葬地一般选择在山脚或山腰容易到达的山洞，个别葬地选择在悬崖峭壁上和近山顶处，洞口一般高出地面6—30米，个别的洞口高出地面约100米，洞口用大石封堵，且多为树丛和杂草掩蔽。除岩厦外，洞口不大，宽、高多在0.6—2米之间，洞内也不宽，最多能埋葬数具尸骨，朝向无固定要求。此时期的岩洞葬，没有发现葬具和墓圹，仅有尸骨残段和一些随葬品，早期随葬品一般有陶器、石器、玉器、蚌器，陶器以夹细砂细绳纹或素面红褐、灰褐、灰黑、黑色陶为主，流行圜底器、圈足器和三足器的罐、釜、钵、杯、壶、碗等。石器有斧、锛、凿、钺、石铲等。铜器见于战国时期的岩洞葬。岩洞葬以多人合葬为主，葬法有一次葬和二次葬。这种形式的葬俗一直沿用至宋代。

秦汉时期的岩洞葬迄今尚未发现。

南朝时期主要有忻城县鬼岩、龙州县棉江花山以及相邻的岜楞山、岜木山、雷山等岩洞葬。棉江花山的棺木标本经^{14}C测定年代为距今约1512±51年；隋唐时期的有隆安县弄弯山、那康山、弄埋山等岩洞葬。宋代的有武宣县田辽、来宾市黄安大山、大新县岜史山、天等县岜龙岩等岩洞葬；明清时期的有大新县岜仰山、全州县屏山渡、平果县岑逊山等岩洞葬。南丹县里湖瑶旗乡岩洞葬时代上自宋，下迄清末民初。

南朝以后至明清时期，广西各处岩洞葬使用葬具，行殓棺葬，且位置大多选在距地面较高的悬崖峭壁之上的岩洞，有的高达数百米，难以攀缘，岩洞葬的洞口敞露，不加遮掩。左江流域的崇左、靖西、天等、大新，龙州，右江流域的田东、平果、隆安，柳江流域的河池、宜州、柳江、象州，红水河流域的东兰、都安、大化、忻城、来宾、河池等县市的岩洞葬一般就在离地面高50—100米的悬崖峭壁上。洞口朝向不固定，洞厅较大，可置棺十至几百具。只有南丹里湖等地岩洞葬多处在陡峭的山坡上，不是很高，也不临河，但相当隐蔽。

广西岩洞葬的殓棺葬以整木圆棺最普遍，只有个别岩洞用整木方棺。左江、右江、柳江、红水河流域的岩洞葬，多用整木圆棺，其特点是头大尾小，将整段原木从中剖开为二，两半均剖成槽形，开子母口，下为棺床，上为棺盖，个别的棺床凿出人体体形，上下扣合成圆棺。棺不施钉，上下棺头、棺尾凿出牛角、短角形或燕尾形角饰，并在其根部凿出榫眼，插入木销将棺栓固，或在棺的两侧子母口上各凿出榫眼，用小木栓将棺拴固。棺木一般长0.8—1.2米，宽0.22—0.27米，高0.27—0.32米，最小尺寸者，棺身长仅0.46米，宽0.1—0.16米，高0.06—0.11米。使用整木圆棺的岩洞葬均行二次葬，每处岩洞少则二三具，多则数十具乃至数百具，重重叠叠，排列有序，棺内置尸骨一具。

南丹里湖岩洞葬棺木主要是拼合方棺，由上下左右四块长方形木板和前后两块正方形挡板组成，有的棺盖板、底板内面四周开槽，将侧板和挡板嵌入槽中，侧板两端凿出凸起的雀尾，雀尾上凿出榫眼，穿以长木栓。棺木放在由木柱组成的"井"字形框架上，形成架棺；架棺又分高架棺和低架棺，高架棺的立柱顶部多饰有牛角形、矛头形、小鸟形或人头形等雕饰。低架棺侧板、底板无雀尾和木栓，棺架低矮，柱顶没有装饰。有的将棺木直接搁在方木、圆木或石块上，称为枕棺。枕棺的盖板、底板和侧板两端均有凸出的雀尾，木栓十字交叉把棺板固定。架棺和枕棺的棺身一般长1.8—2.1米，宽0.5—0.6米，高0.4—0.5米。棺盖是活动的，可打开，一家一棺，家中每过世一人，即开棺将尸体放入，形成几代人同棺合葬，骸骨重叠交错，属于一次葬。随葬品有生产工具、生活用具、佩饰品、工艺品、货币，按质料则包括石、玉、陶、瓷、铜、铁、骨、角器、装饰品、丝织品。

先秦时期岩洞葬发现石器有斧、锛、铲、凿、刀、矛，玉器有锛、凿、戈、环、玦、镯、璜、珠、管饰等，陶器有釜、罐、钵、壶、碗、豆、杯、纺轮。唐、宋、明、清各个历史时期有瓷碗、盏、碟、杯、罐，铜器有铃、手镯、指环、耳环。随葬各个朝代的铜钱，有"五铢""大泉五十""开元通宝""乾元通宝""建炎通宝""元祐通宝""大观通宝”"政和通宝""元丰通宝""洪武通宝""康熙通宝""光绪元宝"等年号钱。铁器有环首刀，还随葬手镯、手钏、玻璃珠、玛瑙珠、骨器、角器、海贝串饰、木枕、木扁担、麻纺织品残片等。

广西自古就是越人居住、活动的地区，先秦时期活跃在广西的古越人主要有骆越和西瓯两大支系。骆越人主要活动区域在今南宁及其附近的左江、右江流域以及越南北部地区。广西岩洞葬主要分布在左江、右江和红水河流域。有的学者认为先秦时期岩洞葬的族属是骆越人。也有的学者认为与越族无关，而与生僚、生蛮关系密切，它们分别属于乌浒、左人、瑶、仫佬和壮族，是先后进入僚族分支的遗迹，是壮族或其先民的一种葬俗。在历史长河中，因为民族的迁移和各民族间的融合，在不同时期的民族称谓也有不同，岩洞葬的族属都会因此发生变化。多数学者认为先秦时期岩洞葬的族属是骆越人，左、右江流域的岩洞葬属左人、西原蛮、广源蛮，都是壮族的先民。全州、永福岩洞葬属瑶族先民。南丹里湖岩洞葬则属白裤瑶先民。

广西除了主要利用天然洞穴、裂缝、岩厦等岩洞葬安置死者外，还有利用绝壁凿孔安木桩放置棺木的悬棺葬，如宜州八滩山和凌云陇麻的岩洞葬即为悬棺葬；另有一种在自然石灰岩洞内人工凿出长方形洞龛放置棺木，洞龛不大，仅能置一棺，棺木一端暴露于龛口，如全州县视塘乡屏山渡的岩洞葬属于岩龛葬。

广西壮族自治区古代铜鼓遗存

古代铜鼓主要发现于中国、越南、缅甸、老挝、柬埔寨、马来西亚和印度尼西亚等国。考古发现和研究成果表明，中国大约在公元前6世纪即开始铸造和使用铜鼓，最早起源于云南洱海—礼社江流域，而后主要流传在云南、贵州、广西、四川、重庆、广东、海南、湖南等省区（直辖市）。大约从战国早期开始，广西地区的越人开始铸造铜鼓。

广西地下出土铜鼓，依文献记载始于唐代。唐人刘恂所著的《岭表录异》记载了唐昭宗时期在龚州（今平南县）州城出土铜鼓的史实。此后，历代正史、野史、笔记小说、诗词歌赋记载本地区出土铜鼓之事，不胜枚举。可惜铜鼓出土后，不断被没入官府或置于神祠佛庙之中，随着时间的飞逝渐渐散失。

广西是出土铜鼓最多的省（区），据不完全统计，至今已有45个市、县251个地点出土铜鼓，计265面。铜鼓遗存包括墓葬和铜鼓窖藏2种。其中，墓葬出土12面，其余皆为窖藏。1972年清理的西林县普驮屯粮店汉墓，是一座用铜鼓作为葬具的"二次葬"墓，形制非常特殊，墓坑略作圆形，有1块圆形石板盖住墓口，石板下面并排放着12块大小不等的石条，石条下面4面铜鼓互相套合，类似内棺外椁，最里层的铜鼓内堆放墓主骨骸。随葬品一部分散布在铜鼓周围，一部分装在铜鼓内，主要是铜器和玉石玛瑙器。有铜鼓随葬的墓葬发现6座，出土铜鼓8面。其中田东县祥周镇联福村战国墓出土2面，伴出铜罍等；田东县林蓬乡小沙屯大岭坡战国墓出土1面，伴出兽面纹铜甬钟1件；田东县祥周镇甘莲村锅盖岭战国墓出土1面，伴出剑、矛、戈、斧、镦等铜器；贺县（今贺州市）沙田镇龙中战国岩洞葬出土1面，伴出牺尊、罍、盉、越式鼎等铜器；贵县（今贵港市）高中汉墓出土1面，同出随葬品有33件，大多为铜、铁器；贵县（今贵港市）罗泊湾一号汉墓出土2面，一大一小，分别出于椁室头箱底板下的东西两个器物坑内，伴出盆、盘、勺、竹节筒、杯形壶、蒜头扁壶、壶、鼎、钫、匜、三足案、九枝灯、筒形钟、羊角纽钟等铜器及铁釜、釜架等。

铜鼓窖藏248处，出土铜鼓252面，分布于41个市、县。埋藏的地形有山地、丘陵、台地、河岸、沟边、海滩等，以丘陵山地居多。埋藏方式多为倒置埋，亦有少量正埋、侧埋和排列埋。鼓面朝上足朝下的正埋法迄今仅见桂平金田高车铜鼓窖藏、宜州冲英村穿山铜鼓窖藏2例。侧埋法也仅见横县板露乡圭壁村旗岭山铜鼓窖藏、桂平蒙圩新阳铜鼓窖藏2例。排列埋法只见于上林县三里镇云聪屯旧村坡地铜鼓窖藏。铜鼓窖藏所埋的铜鼓绝大多数为单鼓，而且大都无伴随物。特殊现象是一穴2鼓或4鼓。有伴出物的只发现3处，其中桂平金田高车窖藏伴出铜锅，桂平县木根乡秀南村母鸡头岭窖藏伴出四系陶罐，灵山县新圩绿水村窖藏伴出唐代"开元通宝"钱。

广西古代铜鼓遗存出土铜鼓265面，按照中国古代铜鼓八大类型划分法，每个类型都有发现，可以说广西是中国古代铜鼓最丰富的地区。其中万家坝型3面、石寨山型10面、冷水冲型98面、遵义型2面、麻江型3面、北流型72面、灵山型75面、西盟型2面。北流型、冷水冲型、灵山型铜鼓是广西壮族先民僚人、乌浒人、俚人的创造，出土数量大，构成广西古代铜鼓的主体部分。

北流型鼓以广西北流县出土的铜鼓命名。体形厚重硕大，面径最大者达1.65米，小的也超过0.5米；鼓面伸出鼓颈外，有的面沿有向下的"垂帘"，胸腰间一般附以环耳两对；面沿多环立大蛙4只；太阳纹多见八芒；饰云雷纹或云雷填线纹。部分鼓间有钱纹、席纹、水波纹等。分布在桂东南的北流、玉林、灵山、贵港、博白、陆川、容县、桂平、平南、钦州、合浦、南宁、浦北、防城、苍梧、岑溪、藤县17个市县，以北流县为中心。使用时间较长，从西汉延续到唐代。

灵山型鼓以广西灵山县出土的铜鼓命名。特点是胸部圆鼓，附以扁耳；面沿多立6只三足蛙，蛙背饰旋涡纹。部分大蛙背小蛙，个别负田螺；鼓的腰、足部或内壁有的附有马、乘骑、牛、鸟等立体装饰；太阳纹多为十芒或十二芒；装饰变形羽人纹、鸟纹、兽纹、"四出"钱纹、瓣花纹、虫纹、蝉纹等；分布地域包括灵山、玉林、北流、博白、陆川、容县、桂平、钦州、合浦、上思、南宁（包括邕宁区）、横县、崇左等市县。其流行的年代从东汉到唐代。

冷水冲型鼓以广西藤县蒙江横岭冷水冲出土的铜鼓为标准器。体形高大而轻薄，面不出沿或略出沿，胸上部内收成筒形，足部高，耳宽大或间半环耳；面沿多铸大蛙4只，蛙间饰乘骑、马、牛、小蛙、鸭、龟、鱼、穿山甲等立体装饰；鼓面装饰以变形羽人纹和变形翔鹭纹为主。胸、腰间多饰变形船纹和变形舞人图案。出土地点多集中于邕江、郁江、浔江和黔江两岸，南到岑溪，北到金秀、鹿寨，西到田阳，都有少量出土。此型鼓的年代从西汉中期到南朝。

经过对包括广西出土铜鼓在内的一百面铜鼓取样检测与分析，中国古代铜鼓的铸造工艺已经搞清楚了。合金成分中铜、锡、铅三种元素之和平均在95%以上，其他元素的含量均较低。铜鼓均由铸造而成，万家坝型、石寨山型、冷水冲型、北流型、灵山型、遵义型、麻江型采用合范法工艺铸造，西盟型用失蜡法工艺铸成。个别红铜及低锡青铜鼓进行了局部加工及退火过程。

铜鼓在历史上曾用于祭祀、战阵、集会以至贮藏财货、作陪葬品和娱乐等，而本质上是统治权力的象征。尤其战国墓的铜鼓，与其伴出的有牺尊、罍、盉等铜器，可见墓葬主人地位相当高。贵县罗泊湾一号汉墓的主人是桂林郡郡守一级的官吏，随葬两面铜鼓。西林县普驮屯粮店汉墓为句町国贵族墓，以4面铜鼓互相套合作葬具。而东汉至宋代窖藏出土的铜鼓，当作体现身份以及祭祖、战阵、集会和娱乐之用的可能性最大。

广西古代铜鼓是历史上壮族先民的综合艺术品，它们从各个不同侧面反映了本地区历史上冶金、铸造、音乐、美术、舞蹈、宗教等经济、科技和文化方面的成就，是研究广西民族历史的重要实物资料。

广西壮族自治区古代岩画

广西壮族自治区境内的古代岩画，主要分布于左、右江流域，包括桂南地区崇左市、桂西地区百色市所辖市、县，此外桂中地区金秀瑶族自治县境内也有发现。目前已发现岩画地点110处，有绘制及凿刻两类，以颜料绘制岩画为主，仅在少数地点发现有凿刻岩画。作画的位置大体在露天岩壁、岩厦和洞穴内的岩壁上。岩画所属时代及岩画风格因不同地域而各不相同，岩画最早的为战国时期，最晚的为宋至明清时期。

战国至东汉时期的岩画均为颜料岩画，分布于左江流域。迄今为止已在左江及其支流明江、平而河两岸的悬崖峭壁上发现了岩画地点85处，涉及崇左市及所辖的扶绥县、宁明县、龙州县、凭祥市、大新县6市县，分布范围连绵长达200多公里，其中凭祥市1处、龙州县21处、宁明县8处、江州区28处、扶绥县25处、大新县2处。这些岩画时代相近，图像的画法风格及内容一致，因而被研究者统称为"左江岩画"。左江岩画是颜料画，是以毛、草类软物体制成的"笔"，蘸上用氧化铁加动物胶混合剂调制而成的颜料，在岩壁上勾勒、涂绘出人或物的轮廓图像，线条粗犷，形象古朴、凝重、粗犷。岩画呈赭红色，具有原始风味。

左江岩画规模宏大，著名的宁明花山岩画，画面范围纵40—50米，横170—210米，面积约8000多平方米。除模糊不清的外，可数的图像尚有1900余个，大约包括111组图像。而龙州锦江岩画画面连绵40余米，有各种图像298个。从局部观之，一组完整的岩画范围小者2—5米，大者20—30米，一般图像高0.6—1.5米之间，最大的达3米有余，在国内岩画中占有重要地位。

左江岩画的图像，大体可归纳为人像、器物、动物、自然物四大类，而以人像为岩画主体，又构成了左江岩画的显著特点。岩画人像以屈双臂肘上举、两腿屈膝半蹲的人像为特征，世界岩画史上称此类图像为"半蹲踞式"人像。左江岩画主要刻画了人像正面及侧身两种基本姿态，人像的大小、装饰、位置的差别，表示出他们不同的身份及地位。器物图像主要有铜鼓、羊角纽铜钟、环首刀、长剑、扁茎短剑、矛、面具、舟船等。动物图像有马、鹿、犬、鸟等。自然物图像较少，仅在少量的画面有出现，主要有太阳、农作物及地面（道路）等。

左江岩画的分期主要有三期和四期等不同意见。分三期的意见认为：早期岩画构图完整，场面宏大，具有很强的写实性，能反映不同的活动场景，画面主要由人、铜鼓、羊角纽铜钟、马、动物、舟船、太阳、地面（道路）等多种图形组成，年代大致属于战国至西汉时期。中期岩画，画面已不如早期岩画场面宏大、繁缛，画面主要由大小、形态一致的正面人列成一横排，已经具有象征性的含义，侧身人像、铜鼓、刀剑及马等图像仅有极少量存在，其他图像已绝迹，其年代大约相当于西汉中、晚期。晚期岩画，正面人像独立存在，已经演变成具有特殊意义的符号，其年代下限不会晚于东汉。分四期的意见认为：第Ⅰ期以左江下游的扶绥县居多，岩画图像组合简单，规模小，正面人像不突出，均为圆头圆脑，头饰多样化，侧身人少，年代大致相当于战国早期至中期。第Ⅱ期地理分布比第一期广泛，图像组合趋于复杂，宏大的场面增多，图像布局趋于程序化，侧身人围绕正面人的情况普遍，正面人头饰简化。羊角纽铜钟、渡船等图像出现，圆形图像比第一期多，年代为战国晚期至西汉早期。第Ⅲ期地理分布与第Ⅱ期大致相同，图像组合的形式与第Ⅱ期大体相似，但规模变小，侧身人像数量大为减少，羊角纽铜钟、渡船等图像消失，圆形图像种类减少，人和动物图像进一步简化，年代为西汉中、晚期。第Ⅳ期多分布于左江中游河段，图像组合形式简单，人像以纤细线条画成，形体已完全简化，年代大致为东汉时期。也有将左江岩画划分为二期的意见。

对左江岩画的年代，认为属"战国至东汉时期"的观点已为学术界普遍认可。左江岩画的分布地域处在当时岭南骆越人的活动地区，岩画应为骆越人所作，这与岩画本身充满浓郁的越文化因素是完全一致的。学术界多数学者认同左江岩画是"群体祭祀"活动反映的观点，但对"群体祭祀"活动内容即左江岩画的内容的见解并不完全一致，主要有"巫术文化说""庆祝战争胜利说""祈求水神赐福说""祭祀雷神说""蛙神说""祖先崇拜说""图腾入社仪式说""生殖崇拜说""语言符号说"等。

宋至明清时期的岩画，主要分布于左、右江流域，以及桂中来宾市辖金秀瑶族自治县，共发现25处，其中崇左市所辖的凭祥市1处、大新县3处、天等县3处、扶绥县2处、百色市所辖靖西13处、田东县1处、南宁市所辖马山县1处、河池市所辖宜山市1处。多见于石灰岩山峰的岩壁或岩厦的石壁上，分为颜料画及凿刻画2种，颜料画用红、白、黑三种色彩，以红色为主，图像包括人像、人首、手印、足印、人骑马、武士、坐轿、穿裙妇女、武器、铜鼓、动物、麒麟、马、牛、山羊、狗、鸭、鸟、凤、花鸟、龙、星云、飞天、女阴、太阳纹、圆点、圆圈和几何图案式符号等，反映的内容比较复杂，大都与宗教或信仰有关，如动植物崇拜、生殖崇拜、祈求吉祥等。金秀瑶族自治县桐木镇帽合山岩画，以赭红色颜料在岩壁上绘制，绘有人物像20个，马、龙、星、鸟和类似文字符号图像10个，内容与祖先崇拜有密切联系，为明代生活在当地瑶族的作品。凿刻岩画极少，靖西东山、弄犁屯、岩怀山、独峰山有阴刻人骑马图、女阴、太阳纹、卧牛、飞鸟、人物、花等图案，其中独峰山人物图像身穿百褶裙，为少数民族女性图像。

广西古代岩画是先民社会、精神生活的真实反映，是研究岭南民族历史、宗教等的宝贵资料。

广西壮族自治区秦汉遗存

公元前214年，秦始皇统一岭南，开郡县治。汉承秦制，广西社会政治、经济、文化迅速发展，遗留至今的遗存非常丰富，迄今全区已发现秦汉遗存约223处，有水利工程、城址、窑址、冶炼遗址、墓葬等。

秦代遗存有城址、窑址和水利工程。据南宋周去非《岭外代答》记载："湘水之南，灵渠之口，大融江小融江之间，有遗堞存焉，名曰秦城。"位于湘桂走廊兴安县大溶江的"秦城"，由通济村城址、水街城址、马家渡"城墙埂子"、七里圩"王城"组成。1990—1996年，发掘七里圩"王城"，出土遗物显示出浓厚的汉代文化特征，因而有观点认为其为两汉时期军事性质古城，而并非"秦城"。梧州富民坊窑址是广西现知最大的印纹陶窑址，1977年发掘24座，均为马蹄形窑，年代为秦至西汉中晚期。灵渠是秦始皇进军岭南时开凿的，由铧嘴、大小天平、秦堤、泄水天平、南渠、北渠及渠道上的陡门、水涵和两岸的附属建筑物组成，全长36.5公里。它沟通湘江与漓江，联系长江和珠江两大水系，是世界上现存最完整的古代水利工程，至今仍发挥运输和灌溉等功用。

汉代遗址有城址、窑址、铜铁冶炼遗址等。城址已确定有14处，多数为县治所，少数为军事城堡。仅在南宁领方故城址及合浦大浪城址作过小面积试掘。领方故城平面呈长方形，面积约2.47万平方米。城墙用泥土夯筑，发现了城门、护城壕及菱形大方格纹砖及板瓦、筒瓦片等建筑遗物。大浪城址西门外发现了被认为是码头的遗迹，对进一步寻找汉代合浦郡城，促进"海上丝绸之路"始发港的研究具有重要意义。汉代窑址12处，分布在梧州、苍梧、藤县、象州、武宣、兴安、恭城、合浦、浦北等市县。合浦草鞋村窑址已发现窑口20座，已发掘马蹄形窑2座，清理出水井、淘洗池、沉淀池、贮泥坑、工作坑、灶坑、房址及沟等较为完整的汉代遗迹，出土了绳纹板瓦、筒瓦残片、几何印纹陶、瓦当、陶垫、木陶拍等。该遗址应是汉代岭南地区重要的官营作坊。对于汉代手工业研究具有重要的价值。藤县古龙窑和苍梧大坡窑是印纹陶和原始青瓷共烧窑址，为研究印纹硬陶和原始青瓷间的关系提供了重要的依据。铜冶炼遗址在北流、容县各发现1处。北流铜石岭冶铜遗址经过2次发掘，发现了矿井、灰坑、排水沟、炼炉、鼓风管、炉渣、铜锭、陶器等。容县西山冶铜遗址发掘出矿井、炼炉、灰坑、排水沟等遗迹，获得当时的矿石、鼓风管、炉渣、铜锭和陶器等遗物。炼炉呈圆柱形，由炉基、炉缸、炉身三部分组成，并有风口，以木炭作燃料，通过鼓风提高炉温，采用内热法进行熔炼。炼出的铜锭经科学检测，含铜量高达96.4%，铜渣含铜量仅0.65%，这个指标高于欧洲19世纪末冶炼同种矿石的水平，表明汉代广西冶炼技术已达到很高的水平。冶铁遗址发现2处，分别在平南县和桂平县。平南县六陈镇冶铁遗址群，包括登塘、坡嘴、铁屎尾、坡岗、茶岭、祖龙山、大妙村等处遗址，分布面积约3万平方米，可见10余处炼炉，堆积厚0.2—1米，地面散布炉渣、铁矿石、陶风管残件及水波纹、方格纹陶片等遗物。

汉墓是广西存量最大的汉代遗存，迄今已发现汉墓191处，遍及40个市县，多集中在当时郡县治地周围及交通要道，如合浦（汉合浦郡治所在地）、贵港（汉郁林郡治所在地）、梧州（汉苍梧郡治所在地）、贺州高寨、钟山牛庙、昭平北陀、兴安石马坪、武宣勒马等处。其中合浦汉墓群最大，仅地面封土查明的就有5000多座。

广西已发掘的汉墓1000余座，出土文物万余件。重要的有贵县（今贵港市）罗泊湾一、二号汉墓以及风流岭31号墓、合浦望牛岭1号墓、风门岭汉墓、堂排汉墓、母猪岭东汉墓、贺县（今贺州市）高寨汉墓、金钟1号墓等。广西汉墓形制主要是土坑墓、砖室墓、石室墓3类。西汉前期皆为竖穴土坑墓，分无椁墓和有椁墓2种。前者为小型墓，后者为大中型墓，无椁墓随葬品较少，有椁墓随葬品较多，大型者多达数百上千件，包括铜、铁、金、银、锡、玉石、陶、竹木、漆等类，常见的是印纹硬陶器和铜器。陶器除了瓿、碗、钵、三足盒、五联罐等一套富有地方色彩的器物之外，还有仿铜的鼎、壶、钫等一套中原式礼器。1976年、1979年发掘的贵县（今贵港市）罗泊湾一、二号汉墓是此期大型墓葬的代表，是随葬品丰富的大型土坑木椁墓，其中一号汉墓是迄今广西发掘的最大的一座汉墓，一椁三棺，墓道两侧有器物（车马）坑，椁底有7人殉葬及器物坑。墓主可能是桂林郡郡守级高官。西汉后期仍盛行竖穴土坑墓，一般都有棺椁，有的作上下两层的双层椁室结构，新出现带耳室的多室木椁墓。其结构布局既沿袭了本地墓葬的特点，又仿中原做法，形成独特的形制。出现了夫妇同穴合葬或同坟异穴合葬。夫妇异穴合葬，一般男居左，女居右，随葬品男多且较珍贵，女少而质量较低，体现了当时男尊女卑的世俗。随葬品中，地方色彩的陶器逐渐减少、消失，新出现了簋、壶等器，一批以錾刻精细花纹为特征的铜器出现了。此外，象征地位财富的陶质和滑石质明器出现并逐渐普遍随葬。东汉前期墓葬，除了传统的土坑木椁墓之外，新出现砖木结构墓和砖室墓。砖木结构墓，有的墓底铺砖，有的墓壁砌砖，这是木椁墓向砖室墓过渡的形式，现知最早的东汉墓是梧州市的永元元年（89）墓。砖室墓今见年代最早的是兴安东汉永平十六年（73）墓。砖室墓先出现于桂北，然后才渐向桂东等地传播。砖室墓有长方形、"中"字形和近"甲"字形三种。厚葬之风依然存在，錾刻花纹的铜器在大墓中还有较多出现。随葬陶器普遍，新出现长颈瓶、双耳直身罐、龙首勺等器形。陶质明器新增加楼阁建筑模型和灯具2种，滑石器明显减少。东汉后期大量流行砖室墓，同时出现石室墓和砖石合构墓。此期砖室墓，新见近方形、"丁"字形、十字形、"廿"字形等4种形制，但多被盗严重，留下完整的墓例很少。随葬品方面，錾刻花纹的铜器几近消失。陶器也有变化。例如鼎、壶腹部增加一匝突出的平边，直身罐下腹外侈。陶质明器出现城堡建筑模型。特别是早期青瓷双耳罐、圈足碗的出现，更是本期随葬品的特色。

广西西汉墓还有一例铜棺葬和一例铜鼓葬，前者以铜棺为葬具，后者以4件铜鼓相互套合成棺，这种特殊的墓例均发现于西林县普驮，是句町国贵族墓葬。广西汉代墓葬资料丰富多彩，从中可窥见汉越文化融合消长的轨迹。

广西壮族自治区石刻

广西峰林叠翠，江河秀丽，隋唐以来，文人墨客游山玩水之余在悬崖绝壁和岩溶洞穴壁上题刻或立石刻碑者众。石刻构成了广西文物的重要组成部分，在我国石刻中占有一席之地。据不完全统计，广西现存隋唐—明清的摩崖石刻（3369方）、摩崖造像（746尊）、碑刻（748方）共495处4863方，遍及广西各地。以唐、宋石刻较集中，而明、清石刻最多，分布也最广。

广西石刻有摩崖石刻、造像、碑碣等，书体有真、行、草、隶、篆5种，内容有题榜、题字、题名、题记、诗词、曲赋、佛经、诰封、告示、禁约、楹联等。涉及政治、经济、军事、文化、艺术、科技、民族、民俗各个方面，是研究广西历史的珍贵资料。

摩崖石刻在南宁、崇左、柳州、来宾、桂林、贺州、梧州、玉林、贵港、防城港、百色、河池所辖的72个市、县均有发现。以桂林居首，已发现唐—民国摩崖石刻2100余方，有"唐宋题名之渊薮，以桂林为甲"之誉。碑刻则散见于广西各地。

据明人邝露《峤雅·游虞山记》卷七载："其碑：晋有庾阐之叙，后魏有温子升之碑。"但今未见到碑，历史上是否刻过，不得而知。隋开皇十年（590）昙迁在桂林七星岩口榜书"栖霞洞"摩崖，是为广西石刻之始。

唐刻较少，主要见于桂林、兴安、上林、博白等地。以桂林最为集中，有摩崖石刻30余方。这一时期石刻除了传统的建筑纪事、墓志碑铭的内容之外，出现了以纪功及以游览观光为题材的题名、题榜、题诗、写景抒怀等纪游作品。其中桂林市铁封山的唐尚书礼部郎中上国柱韩云卿撰《平蛮颂》，记述了唐大历十一年（776）唐王朝命李昌夔领桂州都督，持节招讨西原少数民族酋长潘长安部，斩首三万余级，在其地建十八州羁縻之事。首次在石刻中记录唐代在广西建羁縻州之事，开广西刻石纪功之先河。唐宝历二年（826）桂州刺史李渤《南溪诗并序》，唐会昌四年（884）桂管观察史元晦《叠彩山记》《四望山记》，唐干宁元年（894）乡州司户张濬、岭南东道节度使刘崇龟杜鹃花唱和诗等，均为游山即景之作，意在歌颂山水，寓景抒情。上林唐永淳元年（682）《六合坚固大宅颂》碑刻、武周万岁通天二年（697）《智城碑》摩崖石刻，均为廖州刺史韦厥长子韦敬辨撰文。《六合坚固大宅颂》碑记述韦氏家族在澄州开拓领地、韦厥擢升刺史后，在智城山和麒麟山修建大宅作州治所的过程。《智城碑》赞颂智城山风光形胜和廖州府文治武功。以上二者是现存记录古代壮族社会状况的最早石刻。《智城碑》碑文还使用了"日""月""星""天""地""年"等武则天自创字，是南方民族地区保存武则天自创字的重要实物。

隋唐时期，桂林佛寺兴盛，西山、伏波山、骝马山、叠彩山等处有关佛像的摩崖造像约151龛503尊，此外，博白宴石山也有隋—唐代佛像3龛4尊，动物2尊。其中桂林西山、骝马山、博白宴石山等处造像，面相丰满、高鼻梁，耳垂肩，右袒轻薄袈裟，有较明显的印度佛教造像的风格，是早期造像；伏波山造像的特点为面相浑圆、神态庄严、衣饰较繁丽，带有较浓的世俗情态，多为唐大中年间复兴佛法后所造。

宋元明清时期，广西石刻艺术迅速发展，已发现宋元明清历代摩崖石刻、碑碣计495处4117方，摩崖造像746尊。

宋代现存碑刻比较少，仅见5方，存于柳州柳侯祠的南宋嘉定十年（1217）"荔子碑"，为韩愈撰文，苏轼书丹，关庚跋语，集唐宋八大家之"韩（愈）赋、苏（轼）字、柳（宗元）事"于一体，称"三绝碑"。碑文为韩愈《柳州罗池庙碑》所附迎享送神诗，内容表达了对柳宗元的追恩缅怀之情及赞颂。永福百寿岩南宋永宁知县史渭绍定乙丑年（1229）楷书"寿"字，字长1.75米，宽1.48米，在阳刻的笔画中阴刻100个不相同书体的小"寿"字，构思奇特巧妙，堪称珍品。

宋代是广西摩崖石刻的鼎盛时期，广西各州府所在地凡适宜游览的景点，几乎都已成为宋人赋文刻石的场所，记事题名、诗词歌赋、曲铭序跋、神话对联、绘画制图，形式内容繁多，今存约630余方，主要见于桂北地区、桂中地区，桂南、桂东、桂西地区也有一些发现，以桂林市、柳州市最为集中，仅桂林市就有472方之多，柳州市亦有32方。桂林龙隐岩、融水真仙岩的《元祐党籍碑》是有关北宋元祐年间党争的珍贵资科。桂林龙隐岩南宋绍熙元年（1190）《龙图梅公瘴说》，把官场租赋、刑狱、饮食、货财、帷薄斥为致仕之"五瘴"，可以说是抨击时弊的一篇檄文，极其难能可贵。桂林鹦鹉山南宋咸淳八年（1272）刻《静江府城池图》，将桂林的山川、城池、兵营、衙署及主要街道、桥梁等均标明，所用符号达39种之多，是我国现存最早、最大的摩崖石刻地图之一。桂林北宋宣和四年（1122）吕渭跋刻养气汤方，将养气汤方三味药香附子、甘草、姜黄及用量、服法均刻于石壁上。南宋淳熙八年（1181）梁安世《乳床赋》中认为钟乳的形成是"石有脉其何来，泉春夏而渗流。积久而凝，附赘垂疣"，"抑尝以岁而计之，十万年而盈寸，度寻丈之积累，岁合逾于千万"，是符合科学的观点。

宋代摩崖造像，主要有桂林叠彩山、西山、河池罗汉岩、宜州会仙山、田东印茶八仙山等处。其中4处为佛造像，造像面形瘦削，衣饰厚重，莲座低矮，风格与唐代造像明显不同。元代石刻所存不多，质量和数量较前朝都大为逊色。仅在桂林、永福、荔浦、柳州、融水、来宾、贺州、钟山、贵港等地有少量发现，重要的有元至顺三年（1332）《农元帅平瑶复县治》、元统二年（1334）《广西道平蛮记》。

明代石刻以摩崖石刻为主，且出现了较多以镇压少数民族为主要内容的纪功石刻。明朝统治期间，古田、八寨、大藤峡等地少数民族反抗从未间断，每次均遭到明王朝的镇剿。镇剿之后，明朝官史为了彰显其功绩，往往刻石纪功。在上林、马山、桂林、柳州、忻城、鹿寨、宜州等地已发现纪功摩崖20余方，仅明统督参将、骠骑将军李应祥在上林就有3处纪功石刻。桂林普陀山省春岩平定怀远纪功碑刻于明万历二年(1574)，碑文记述：朝廷调集广西左、右两江及湖、浙两省官兵十万名征讨怀远瑶民起事，第二年又移师对洛容、柳城、永宁、永福、阳朔、荔浦等地进行围剿，总共斩首上万人之多，事后，对殷正茂、郭应聘等40余名官员刻石表彰。纪功碑记述了各次起事、征剿的经过，以及杀戮、俘获，参与镇剿军队有功人员等，是研究这段历史的珍贵资料。另外，明政府在广西少数民族地区实行改土归流政策，促进了当地文化事业的发展，桂西南左右江流域一带，出现了土司和土著乡绅的石刻作品。

明代摩崖造像在横县青龙岩、大新穷斗山、益天洞、会仙岩、灵山六峰山、武宣仙岩等处有少量发现。清代郝浴、陈元龙、李绂、金鉽、阮元、梁章钜、谢启昆等著名历史人物曾在广西任职，文人激增，闲趋名山幽谷，兴怀感慨，石刻之风盛行。

碑刻作品以营缮纪事、乡规民约为大宗，特别是反映禁赌、禁盗等的禁约碑刻在广西许多地方都有发现，反映了封建社会末期吏治腐败现象及当地的风土民情。其余还有诰封旌表、神道墓志、晓民文告、书榜诗词等，以纪事述实的笔触真实记录了历史片段，涉及面十分广泛，大大丰富了石刻内容。

一些摩崖石刻具有较高的文学价值和书法艺术价值。阳朔清道光十四年（1834）王元仁榜书"带"字，草书一笔而成，"带"字被后人解读成多种内容，如："一带山河，少年努力""一带山河甲天下，少年努力举世才"的笔意，被视为奇书。

清代石刻不少与当时广西的重要历史事件有关。宜山会仙山白龙洞太平天国翼王石达开唱和诗刻、鹿寨中渡镇牛角坳"太平军好行"、都安匹夫关《安定司世侯潘凤岗纪功碑》等是研究太平天国运动后期历史的重要摩崖石刻。凭祥大连城摩崖石刻，多为中法战争后，清广西提督、边防督办苏元春督办边防时所题。广西土司制度崩溃于清，到清乾隆年间（1736—1795）"全省土官唯田州、南丹稍大，其余皆尾琐不足道……苟延残喘"。在马山、凌云、巴马、都安等地的摩崖留有土官、土司的榜书、题诗、分界石刻或土司剿杀瑶民的记载。忻城、三江、马山、都安、平果、凌云、那坡、靖西、田阳、田东、隆林、大新、崇左、宁明、河池、南丹、环江、都安、恭城、灌阳、兴安、龙胜、钟山、浦北等地的碑刻，如崇左明嘉靖年间（1522—1566）左州改土归流碑，宁明清光绪七年（1881）《奉宪示勒碑》、清光绪年间禁革土司科派告示碑、清《迁隆土司宗祠世系碑》、大新清道光十二年（1832）《奉宪应留革碑记》、恭城明万历二年（1574）《瑶目万历二年石碑古记》、清乾隆二十七年（1762）瑶民分管界碑，隆林清同治八年（1869）改土归流碑、清雍正五年（1727）那达土司禁革科派碑记、田阳明嘉靖七年王守仁（1528）《剿抚田州碑》、河池清乾隆五年（1740）白土教化碑、东兰清咸丰元年（1851）结盟碑等，都反映了广西土司制度衰退时期的历史，是研究广西清代土司制度及改土归流的重要资料。

广西壮族自治区古代窑址

广西是我国较早烧造和使用陶器的地区之一，约一万年前就出现了陶器，在南宁市豹子头和资源县晓锦2处遗址各发现1处火烧遗迹，疑似烧制陶器的痕迹。东汉出现青瓷。此后，陶瓷业迅速发展，至宋代遍及广西各地。迄今，已发现古代窑址160余处。

广西目前发现最早的窑址是梧州市富民坊窑址，年代上至战国末，下至东汉早期。早期产品主要是极富地域色彩的圜底、附耳或宽盘口方格印纹夹砂粗陶釜等及纺轮，晚期烧造宽盘口、三锥足方格印纹夹砂粗陶鼎等。窑口为马蹄形，窑炉为土洞式，由窑床、火膛、窑门和单孔烟囱构成，窑床长为窑室长三分之二。

汉代，广西陶瓷业迅速发展。东汉后期，在桂北、桂东和桂南地区汉墓中，时有碗、罐、钵、耳杯等青瓷器出土。此时期，除富民坊窑址外，还发现了苍梧县大坡窑、合浦县草鞋村窑、浦北县新永窑、柴地尾窑、兴安县架枧田窑、狮子塘窑、武宣县勒马窑、象州县运江窑、藤县古龙窑等窑址。其中草鞋村窑址发现了水井、淘洗池、沉淀池、贮泥坑、工作坑、灶坑、房址及沟等较为完整的遗迹60多处，是规模较大的制陶作坊。这时期的窑炉多数仍是土洞式的马蹄窑，但普遍将窑床缩短加宽，窑室平面呈马蹄形，烟囱普遍增至3个，还出现了龙窑。古龙窑址烧造实足或平底碗、钵等青瓷器。三国两晋南北朝时期，各地墓葬普遍出土青瓷器，但窑址发现不多，除象州运江窑址继续烧造外，新发现恭城瑶族自治县古城村、桂林市桂州窑等2处窑址。桂州窑址采用了匣钵和圆饼底座中心柱等装烧工艺。瓷器产品有碗、盘、罐、盘口壶等日用品，釉微泛绿色，开细片。

隋唐时期，广西陶瓷业有了长足的发展，瓷窑增多，分布于桂北、桂东及海滨地带，已发现窑址19处，主要有桂林市桂州窑址、容县琼新窑址、北海市晚姑娘村窑址、合浦县英罗窑址和钦州市潭池岭窑址。桂州窑址，窑口为坡式龙窑。采用匣钵和倒"T"形圆扁底座中心柱窑具装烧，也用柱状三叉支具、齿形支圈、垫圈、支垫、筒形座垫等窑具支烧。产品以碗、钵、盘、杯为主，还有盘口壶、高足杯、洗、壶、罐、砚等，胎较粗，釉色青中泛黄，少数器物施刻花、印花装饰。后期兼烧瓦、瓦当、金翅鸟筒瓦和鸱尾等陶瓷建筑构件和武士、罗汉、佛像等佛教塑像。潭池岭窑址、英罗窑址和晚姑娘村窑等，采用明火叠烧工艺，器里留有大块疤痕或粗十字形涩胎。产品有碗、盘、碟、罐、钵等日用器，胎粗厚，青釉微泛黄。它们的部分产品应是外销商品通过海路远销越南、东南亚各地。

宋代广西制瓷业达到鼎盛时期，已在31个市、县发现瓷窑址60余处，遍及广西各地，不仅窑址数量、规模剧增，而且形成多种色釉争芳斗艳的繁荣景象，成功创新一次烧成白瓷胎高温铜绿、铜红釉，出现了具有自身特色的窑址类型。

窑田岭类型：主要分布于桂北。重要的有永福县窑田岭、全州县永岁蒋安岭（江凹里）窑址中的大湾渡、瓦窑头、水尾江等窑口，还有万板桥窑、忻城红渡窑、上林九龙窑、田东那恒窑等窑址。约创烧于北宋初期，北宋后期形成窑系并达到鼎盛时期，南宋末衰落。均为坡式龙窑，主要烧造碗、盘、碟、罐、壶、盏、灯等，青灰胎，青釉。早期窑多使用匣钵装烧，产品多素面，少数施印钱纹，后期则多明火叠烧。早期产品多素面，北宋晚期出现印花装饰。使用匣钵叠烧装烧工艺，南宋后使用明火叠烧工艺。窑田岭窑及容县城关窑于北宋元祐年间（1086—1074）一次烧成的灰白胎高温铜绿、铜红釉器为创新品种。规模较大的窑址还烧造特色浓郁的花腔腰鼓等，印证了宋人周去非《岭外代答》关于广西能歌善舞的风土人情的记载。

严关窑类型：主要分布于桂北、桂中地区。重要的有兴安县严关窑、全州改洲窑、青木塘窑、蒋安岭窑（江凹里）窑址中的汉泽园窑口，桂林市窑田村窑、柳江里雍窑、柳城窑等窑址。严关窑类型烧造年代，大都在宋代，汉泽园窑和柳城窑则为元至明代。使用坡式龙窑，明火叠烧工艺。青灰胎，胎质较粗、厚，呈灰褐或灰色，制作欠精，宽矮圈足。釉色除青釉外，还有青黄、酱褐、黑釉，最有特色的是乳浊不透明的月白、仿钧及窑变釉等。印花装饰盛行，还有点、洒褐斑彩及福山寿海、福寿嘉庆等吉祥语装饰点缀。印花器和仿建窑窑变釉器颇有特点。元代后，柳城窑、汉泽园窑等兴起，烧青釉和仿钧釉，胎体厚重，印花装饰变为粗犷疏朗。明代后，仅烧青釉和陶器。

中和窑类型：烧制青白瓷，北宋中期在桂东南地区崛起，与青瓷并驾齐驱。窑址聚集于北流河沿岸的藤县、容县、北流三市县，散布于桂平、贵港、浦北和岑溪等市县。重要的有藤县中和窑、容县城关窑、北流岭峒窑、桂平窑、浦北土东窑等窑址。坡式龙窑，采用匣钵仰烧工艺装烧，一钵一器。胎洁白细腻、坚薄，青白釉晶莹秀澈，白中微泛青，呈湖蓝色，次者泛灰或闪黄。有的兼烧青、褐、黑、窑变釉和高温铜绿、铜红釉。产品丰富，以碗、盘、盏、碟为主，还有壶、罐、盒、灯、炉、钵、渣斗、枕、魂瓶、腰鼓、印花模具等等。早期以刻划花为主，后期印花装饰盛行，花纹多细致繁缛、流畅。印花模具均为蘑菇形，自名"花头"，形制、纹样独特，具有浓厚地域色彩，出土数量之多为国内所少见。匣钵上往往刻划或印有各种姓氏名号、数字和记号。容县城关窑出土的"元祐七年七月"款缠枝菊花纹印花模具，是高温铜绿、铜红釉最常见的缠枝菊花纹盏的印花模具，为高温铜绿、铜红釉的烧制年代提供确切年代。

宋代广西瓷窑址众多，且多聚集于古代水路交通要道沿线，产品有相当一部分应是通过舟楫之便运抵广州或北部湾远销海外的外销瓷。

元代，广西制瓷业急剧衰落，众多瓷窑濒临停产断烧，青白瓷已销声绝迹，全州县蒋安岭（江凹里）窑址中的汉泽园窑口、柳城窑等维持生产，但规模、种类等已是今非昔比。1993年发掘的柳城窑址木桐窑区一号窑，产品种类、式样明显减少，产品以碗、盘、盏、碟为主，胎较厚。釉有青、酱及仿钧釉，装饰花纹以印花为主，多为一朵盛开的葵花，还有点、洒褐斑彩及八思巴文等文字。

明清时期，广西青瓷窑规模小、分散，且多以民间日用缸、盆、瓮、罐等粗陶为主，兼烧一些日用碗、盘、碟、壶等青瓷器。平南、合浦、钦州等地生产的缸、瓮、罐等还远销广东、港、澳、越南和东南亚各地。明清之际，宾阳、容县、北流等地出现烧造青花瓷的窑址，生产碗、盘、碟等民用粗瓷。清中期以后，浦北、合浦、北海、陆川及桂北、桂西一些地方也相继设窑生产民间日用青花瓷器。浦北、合浦、北海等地瓷窑多设在沿海地带，应与外销有关。

清咸丰年间（1851—1861），钦州设窑仿烧江苏宜兴紫砂陶，生产花盆、花瓶、笔筒、茶具、炉等，胎质细腻坚硬，其中又以"黎家园"最为著称。钦州紫砂陶工艺独特，比之江苏宜兴紫砂别有一番情趣，1915年、1930年曾分别荣获在美国旧金山举办的巴拿马太平洋万国博览会金奖、在比利时举办的陶瓷展览会金奖。

广西壮族自治区太平天国运动史迹

1851年爆发于广西的太平天国运动，是中国近代史上反抗帝国主义侵略和封建压迫规模最大的一次农民运动。它席卷大半个中国，给封建势力以沉重打击，动摇了清王朝的封建统治。在太平天国运动的影响下，广西各地风起云涌的天地会武装斗争，有力地支持了太平天国的斗争，留存的史迹180余处。

1843年，洪秀全、冯云山等在广东创立拜上帝教。次年5月下旬，来到广西贵县赐谷村传教，建立了广西第一个拜上帝会。天王井和大汶坝，是当年他们发动群众解决饮水和水利纠纷修建的，至今犹在。1844年，冯云山深入桂平紫荆山区，创建拜上帝会基地，发展杨秀清、萧朝贵等加入拜上帝会。保存至今的桂平古林社冯云山寓居旧址、大冲曾家私塾遗址是其遗迹。至1848年，以桂平为中心，东到平南、藤县，西至贵县，北到武宣、象州，南及玉林、陆川、博白和广东信宜、化州、廉江等地都建立了拜上帝会。遗存至今的有金秀罗秀镇龙坪上帝坪遗址。韦昌辉、石达开、胡以晃、蒙得恩、林绍璋、李秀成、陈玉成、陆顺德、李世贤等也参加了拜上帝会。他们的故居、旧居或遗址今犹存。1850年7月，洪秀全在平南山人村营盘发布团营令，今山人村洪秀全居住遗址、营盘遗址犹存。团营令发布后，韦昌辉、石达开、胡以晃分别在桂平韦昌辉故居、白沙白水塘岭、平南花洲羊牯山等地开炉打造武器，现遗址均存。12月下旬，洪秀全在平南发动"迎主之战"，粉碎了清军团练对花洲的围攻，回到金田。平南大鹏镇紫微团营遗址、河头拜旗遗址、国安乡花洲团营总部遗址、"迎主之战"遗址等是这一历史的佐证。

1851年1月11日，洪秀全等领导拜上帝会会众在桂平县金田村犀牛岭营盘誓师起义，揭开了太平天国运动的序幕，史称金田起义。桂平太平天国金田起义地址，包括犀牛岭营盘、誓师拜旗石、收藏武器的犀牛潭、金田起义的总机关韦昌辉故居等史迹今妥为保存。金田起义后，太平军移营东进战略要地江口圩，设大本营于圩北石头脚村，依江择险布防固守，历十余天奋战，粉碎了由清广西提督向荣指挥的万余清军的围攻。江口镇石头脚太平军行营指挥部旧址、金田镇莫村太平军总部遗址、金田镇屈甲洲战场遗址等今犹在。

10日，太平军撤离江口，挥师西进武宣、象州。12日，立大营于东乡莫村。23日，洪秀全在东乡莫村登基称天王，建号太平天国，定全军五主将，史称"东乡登极"。洪秀全称天王地址，又称红屋，原为二进院落建筑，被清军毁坏，基址、残垣尚存。东岭营盘、茶子岭营盘、茶岭营盘等遗址是太平军在武宣驻营及同清军战斗的史迹。5月15日，太平军撤离武宣，北上象州，大本营设于中平新寨。6月8日，太平军在中平独鳌岭一带大败清军，并连日出击，粉碎了清军的围攻，史称"中平之战"。上古城营盘、甘阳岭营盘、平贯营盘、甘锋岭营盘、独鳌岭营盘等遗址是太平军进驻象州及与清军战斗的史迹，今均存。

7月2日，太平军回师桂平，分两路驻防：一路以紫荆山茶地村为总部，在猪仔峡、双髻山、花雷、大坪等地设防；一路以大宣里莫村为总部，在新牙、盘龙、安众、金田驻防，控制从思盘河至鹏化水之间的几十里平川，并同清军进行了历时70多天的激烈争夺战。9月11日，太平军突出重围，进军平南鹏化，占思旺圩。15日，从思旺分两路出击驻官村和莫村的清军，取得"官村大捷"。之后，太平军从大旺分水陆两路向永安州进军。史迹桂平风门坳战场遗址、茶地太平军总部旧址、太平军金田起义前军指挥所旧址、平南官村大捷遗址、天王码头诏令遗址今犹在。

9月25日，太平军攻占永安州城，开始了太平天国封王建政，并在此与清军进行了长达8个月的斗争。太平天国永安活动旧址今妥善保存，它包括武庙，因杨秀清驻此，亦称东王府。太平天国建国初期，整军、肃奸、封王，举行开国大典，制定各种规章制度和历法，并准备突围，一系列重大活动都在这里进行谋划。武庙建于清顺治元年（1644），清康熙、乾隆年间重修，由门楼、东西厢房、天井和大殿组成，今犹存。永安州城及其外围四周的十里长墙，东、西炮台，莫家村冯云山指挥所旧址、中营岭营盘、水窦营盘、西浮岭地洞、龙眼塘营盘等16处遗迹，是太平军驻永安州期间军事设施遗迹，除州城仅存一段西城墙外，余犹存。其他尚有太平圣库遗址等及清军营垒遗址等。

1852年4月5日太平军突破清军包围撤离永安，经城东古苏冲口，进入龙寮山区。8日，于三冲峡谷歼灭尾追的乌兰泰、向荣率领的清军近5000人。太平军玉龙关突围遗址、三冲歼敌战场旧址等遗迹犹在。9日，太平军从大峒挥师北上。经三妹瑶区出天平坳，走荔浦马岭，直上临桂六塘。16日，直抵桂林城下。19日，在象鼻山云峰寺设指挥部，在山上架炮轰城。太平军大岗埠战斗遗址、太平军围攻桂林遗迹、太平军攻城指挥部遗址等尚在。太平军攻城一月不克，于5月19日弃城北上。6月3日陷全州城。5日，太平军船队沿湘江顺流北去，至全州蓑衣渡北水塘湾遭清军伏击，损失惨重，南王冯云山在战斗中受伤，死于军中。冯云山纪念碑刻为此役遗迹纪念碑刻。1852年6月7日，太平军从蓑衣渡分批进入山区，经扁担勒出广西进入湘南永州。

1859年8月，太平天国翼王石达开率众20余万从湖南回师广西，转战两年半，先后攻占过府、州、县城近30座，掀起太平天国运动的又一高潮。进入广西后，由石镇吉率部围攻桂林，半月不克，9月13日撤离桂林南下。19日石达开亦率军从桂林西进。

石镇吉撤离桂林后，兵分数路南下，一支由陶金汤率军万人，经阳朔、荔浦，与张高友联合，9月16日占永安州。不久，陶被张杀害，余部转战桂东北、湘南一带。一支为石镇吉率众数万经会仙至永福，转向永安州，又折越大瑶山西出武宣、象州，11月底进驻宾州，转战上林、永淳、迁江等地。象州罗秀镇马鞍山、中平镇平贯、百丈乡甘阳岭、甘锋岭等太平军营盘遗址、中平镇太平军前线指挥部旧址、独鳌山战场遗址，妙皇乡上古城、上古城西大小营盘岭、永龙村、大乐镇木棉岭、介岭、水晶乡利泪岭等清军营盘遗址、盘古百人坟，金秀大樟乡罗盘岭、瓦窑岭、洛槽岭、牛岭、圆岭等太平军营盘，大樟乡崖甫岭、桐木镇马桥岭、母猪岭等清军营盘遗址，临桂会仙的石门箐寨址等，为此段历史的史迹。据象州妙皇乡盘古村清同治八年（1869）百人坟墓碑载，清咸丰九年十月十二日，上帝会路经妙皇一带，古楼村覃、罗、廖、周等富户据苛吼岩对抗，被上帝会击毙，尸骨被乡人收葬。临桂会仙的石门箐寨址南寨门清同治元年（1862）修寨路碑载太平军曾攻此寨，"攻击五昼夜，困寨三十余日"。1860年3月4日，太平军自宾州奔袭百色，不克撤离。一支北上占西隆州与泗城府城，转战黔桂、滇桂边境。石镇吉则率部东进，谋与驻庆远石达开会合，途经安定土司境险隘匹夫关，遭土官潘凤岗伏击，全军覆没，石镇吉等被俘，解至桂林被害。隆林那达的太平军战士墓、都安菁盛乡太平军匹夫关战斗地址及匹夫关安定司世侯潘公凤岗纪功碑今犹存。碑文记述清咸丰十年潘凤岗于娘娘隘（匹夫关）设伏擒拿太平天国将领"协天燕"石镇吉经过。石镇吉被俘处石刻记"咸丰十年世袭安定司潘梧生擒发逆石镇吉之处，勒石以志其事"，是这段壮烈历史的见证。

石达开率部离桂林西进后，10月15日攻克庆远府城（今宜州市），以庆远府署为翼王府，驻留八个月之久。遗址建筑今已不存。1985年宜山县政府在遗址立碑纪念。"太平天国翼王石达开等唱和诗刻"是1860年春，石达开同幕僚张遂谋、孔之昭、石蔡亲、萧寿璜、周竹歧、朱衣点等十余人，巡视庆远郊后登会仙山白龙洞，见洞壁上前人诗刻有感而就和诗，并且刻于洞壁上，抒发他们的抱负与情怀。6月8日，石达开率部撤离庆远南下，与上林李锦贵等联合，以宾州、上林为基地，转战迁江、来宾、武宣、横州、永淳、兴业、玉林、邕宁、武缘等地。宾阳古辣太平军坟、邕宁昆仑关战场遗址今仍存。1861年7月，因李锦贵病亡，友军叛变投敌，石达开被迫退出上林、宾州，向贵县转移，设翼王府于县城水源街粤东会馆（已毁）。1861年8月21日，大成国秀京陷落，石达开仓促离贵县西走横州，9月18日转至融县，10月18日，从怀远越青林界入湖南。今存的融水永乐太平军营盘遗址，是太平军回师广西进出两次驻营融水的史迹。

广西天地会的活动，对拜上帝会的顺利发展起了掩护与声援作用。而拜上帝会金田起义与进军，又使天地会势力迅速得以恢复和发展。1852年6月，太平军出广西后，天地会起义遍及广西11府1个直隶州，大小起义队伍20余支，它们有的打着太平天国的旗号，有的则据地立国称王。胡有禄、朱洪英建立的升平天国，陈开和李文茂建立的大成国，吴凌云、吴亚忠父子建立的延陵国，以及打着太平军旗号的广东天地会陈金刚部的活动，范亚音领导的桂东起义等影响均较大。重要的遗址有灌阳升平天国王府遗址、桂平大成国王府遗址、鹿寨大成国军江口驻防遗址、三里寨遗址、柳城宝山寨遗址、刘八起义寨址、海山寨址、横县李文彩起义地、李文彩粮道、宾阳龙马寨遗址、贵港大成国登龙桥战斗遗址、建章王山寨遗址、扶绥延陵国遗址、贺州太平军大圆寨战斗遗址、太平军攻占贺城遗址、容县南山的南山同仁甲堡遗址等，今犹存。

广西壮族自治区抗日战争史迹

抗日战争是中国人民抵抗日本帝国主义侵略，捍卫民族独立的战争，是世界反法西斯战争的重要组成部分。

广西是抗日战争正面战场之一。抗日战争期间，侵华日军两次入侵广西。1939年2月，侵华日军占领海南岛后，为切断桂越交通线，阻止国外援华物资输入，威胁柳州、桂林、贵阳、重庆，入侵桂南。11月15日，日军从钦州湾企沙登陆入侵广西，24日占领南宁，桂南的钦州、防城、合浦、灵山、邕宁、横县、宾阳、上林、迁江等24个县相继沦陷。国民政府为打破日军的封锁，收复桂南沦陷区，组织了反击日军的桂南会战，其中以1939年12月18—31日的昆仑关战役最为惨烈。国民革命军陆军第五军经十多天的浴血苦战，收复了日军占据的昆仑关，歼灭日军步兵第21旅团长中村正雄少将以下日军4000余人，震惊中外。经过军民的浴血奋战，1940年11月17日桂南沦陷区全境光复。钦州康熙岭镇金鸡塘村侵华日军海军司令部遗址，就是侵华日军从龙门登陆占领钦州后，在茅岭江边金鸡塘村所设海军司令部和陆军警备队驻地。昆仑关战役旧址分布面积约20万平方米，包括昆仑关、古道、金龙山、仙女山、老毛岭、罗塘南、同兴堡、石家隘以及441、660、653高地等多处阵地、工事遗迹，日军步兵第21旅团团长中村正雄少将墓以及国民革命军陆军第五军昆仑关战役阵亡将士墓园、南北牌坊、陆军第5军昆仑关战役阵亡将士纪念塔、抗日将士公墓、抗战碑亭等。其中墓园南、北牌坊镌刻有蒋介石、何应欣、陈诚、顾祝同、白崇禧、李济深、李宗仁、徐永昌、张发奎、余汉谋、张治中、杜聿明、林蔚、郑洞国、于右任、黄旭初等国民政府军政要员所撰碑文、铭记、题词。南宁市桂南战役阵亡将士纪念亭是1941年为纪念在桂南会战阵亡的国民革命军第16集团军2296名将士而建。桂南会战期间，广西民众奋起抗战，1940年5月5日，钦州市板城镇六虾村村民与驻扎小董的侵华日军发生激烈战斗，伤毙敌数十名，缴获步枪8支、子弹数千发，时任国民党第4战区司令长官张发奎赠"忠勇可风"匾一方，六虾村抗战旧址至今犹存。1939年9月，合浦县抗日救亡团在张黄召开全县抗日青年代表大会，宣传共产党团结抗日的政治主张。1940年4月，合浦中共小江地下党发动群众、师生，在小江镇米行召开大会和游行示威，反对汪精卫政权官商勾结抢购大米资助侵华日军，要求严办奸商，史称"小江米案"。现存遗址上立有纪念碑。此外，柳州桂南会战检讨会旧址、合山昆仑关战役誓师会议旧址、扶绥山牙抗日阵亡将士纪念塔、宾阳昆仑关战役桂林行营指挥部旧址、中华镇抗倭阵亡将士墓、甘棠抗日阵亡将士墓、上林巷贤抗日阵亡将士公墓、大丰抗日阵亡将士墓、灵山县四峡坳抗日烈士墓、合浦县抗日阵亡将士纪念碑、苍梧县龙圩镇古凤宕室村望江嘴山石灰和卵石铺成的"抗日救国"标语、南宁市江南区沙井街道金鸡村黄章岭千人坟、钦州市贵台镇那岭村万人坑等，都是这段悲壮历史的见证。

1944年9月，侵华日军为打通中国大陆连接南洋的交通线，沿湘桂铁路及其以东地区和沿西江西进，分兵三路入侵广西，梧州、柳城、桂林、柳州、梧州、邕宁、南丹等80个市县相继沦陷。中国军民奋起抵抗，1944年11月9日侵华日军攻陷桂林，退守七星岩的国民革命军第31军131师391团官兵及伤员共823人，进行顽强抗击，全部壮烈牺牲。师长阚维雍自杀殉国，城防司令部参谋长陈济桓及第31军参谋长吕旃蒙在突围中阵亡。桂林光复后入岩检骸，发现死者多临战姿态，甚为壮烈。桂林八百抗日壮士阵亡处、阚维雍将军殉难处、阚维雍等三将军及八百抗日壮士墓、象鼻山抗战遗址、荔浦县大塘镇义敢村抗战阵亡烈士纪念碑等遗址，是桂柳会战之桂林保卫战的史迹。日军所到之处疯狂进行烧杀淫掠，惨绝人寰。桂林市雁山镇大稷岩惨案遗址、药山惨案遗址、临桂临桂镇正山白骨洞、马埠江白骨岩、两江镇忠宝白骨岩、永福罗锦镇林村血泪洞、钦州贵台的万人坑等，是日军罪行之见证。

抗战全面爆发后，国共两党再次合作，共同抗日，广西一度成为全国抗日救亡运动的中心。抗战八年，广西向抗日战场输送100万兵员，参加淞沪会战、徐州会战、武汉会战、随枣会战、枣宜会战以及桂南会战、豫湘桂会战之桂柳战役等，征调200万民工抢修铁路、公路、机场、军事设施，先后组建三届广西学生军分赴抗日前线和省内各地开展抗日救亡活动。贵港市南山寺曾是广西学生军（第三届）军部驻所，容县石寨乡龙胆河口渡亭抗日标语"军民合作，驱逐日寇"是广西学生军的遗迹。在淞沪会战南翔战役中牺牲的国民革命军陆军少将旅长秦霖纪念碑、在随枣战役中以身殉国的国民革命军陆军中将钟毅墓、中华民国空军第10总站、中华民国空军美籍志愿大队（俗称飞虎队）基地——临桂二塘秧塘机场及飞虎队指挥所旧址等，至今犹存。1938年10月，广州、武汉沦陷，广西省会桂林成为西南军事重镇和连结西南、华南、华东的重要交通枢纽，也是通过香港同海外特别是南洋各地联系的重要途径。11月，中国共产党在桂林设立国民革命军第18集团军驻桂林办事处，又是中共中央南方局的一个派出机构，由八路军总部秘书长李克农任办事处处长。它的设立，加强了中共中央对桂、粤、湘、赣、港澳及南洋等地中共组织的领导，促进了广西抗日民族统一战线及桂林抗日文化城的形成及发展，为前线的八路军、新四军提供了有效的后勤支持。桂林八路军驻桂林办事处旧址、灵川县路西村八路军驻桂林办事处物资转运站、救亡室旧址、电台室旧址至今保存良好。1937年10月，广西成立了带有反蒋政治色彩的广西建设研究会，1939年春，在中国共产党推动下又创办了广西地方建设干部学校，一批进步文化人士、爱国志士和中共党员受聘在这两个机构任职，将广西地方建设干部学校办成"南方的抗大"，既加强了抗日民族统一战线，又保护了一批进步人士。位于桂林叠彩区大河乡天圣山的广西地方建设干部学校遗址今仍存。自1938年10月武汉失守，至1944年9月桂林大撤退的6年间，沦陷区大批文化团体和进步文化人士、爱国志士达千余人云集桂林，其中有郭沫若、茅盾、巴金、柳亚子、何香凝、田汉、夏衍、欧阳予倩等著名人士200余人。他们以各种不同形式开展抗日救亡活动。《新华日报》《救亡日报》《大公报》《野草》等近200家报刊杂志纷纷在桂林复刊或创刊发行，新中国剧社、广西省立艺术馆话剧实验剧团、广西大学青年剧社、中华全国文艺界抗敌协会桂林分会等三四十个团体在桂林展开了轰轰烈烈的抗日救亡运动，桂林成为中外闻名的抗日文化城。《救亡日报》社旧址、《救亡日报》印刷厂旧址即是桂林抗日文化城的史迹。1944年2月至5月，西南第一届戏剧展览会在桂林隆重举行，把抗日文化运动推向高潮。参加剧展的有来自桂、粤、湘、赣、滇、闽等8个省34个单位1000余人，演出各种剧目80个、175场，观众达10余万人次。还举办了戏剧资料展览，召开了戏剧工作者大会，成立了中华全国戏剧界抗敌协会西南分会。这是一次盛况空前、影响深远的文化活动。桂林广西省立艺术馆旧址是这次剧展活动的主要场所。

新桂系采取既联共又反共两面政策，皖南事变后，他们制造了"七九事件"等破坏中国共产党广西地方组织、迫害共产党人和爱国进步人士的事件。中共广西地方组织在极其艰险的环境下，积极开展抗日救亡运动，开展敌后游击战争。在桂东北成立了桂东北人民抗日游击纵队临阳联队和灵川抗日政工队，活跃于漓江两岸；在桂中柳州一带，建立有柳北人民抗日挺进队、挺秀队、忠勇队和柳江抗日青年挺进队等抗日武装，以融安、大苗山为根据地经常出击侵华日军；桂南有中共南路特委领导的南路人民抗日军以及武鸣、宾阳、上林等县抗日武装积极对敌开展斗争；在桂东南建立了桂东南抗日游击区办事处，领导了桂东南起义，成立了抗日武装和民主政府，以六万大山为根据地对敌斗争。荔浦、平乐、横县、贵县、迁江、涠洲岛等地爱国人士亦纷纷组织抗日武装，到处燃起抗日的战火。中共钦县县委机关旧址、浦北反汪反资助日军大会旧址、灵山武装抗日起义遗址、荔浦茶城的光复亭、融安抗日挺进队部旧址、《柳州日报》柳城分社旧址等即为此时期历史的见证。广西各族人民英勇抗击侵华日军，为抗日战争的胜利作出了贡献。

广西壮族自治区少数民族建筑

　　少数民族建筑是广西历史时期建筑的重要组成部分。一些少数民族建筑继承了南方建筑木构架榫卯结构体系，沿袭着传统的干栏式建筑文化；另一方面，它们吸收了中原建筑的砖木结构的技术，呈现出多姿多彩的局面。本图集收录广西少数民族代表性建筑123处，包括干栏式民居、风雨桥、鼓楼、寨门、谷仓、戏台、庙宇和土司衙署等。

　　干栏式民居是下层架空圈养牲畜或堆放杂物，上层住人的建筑形式，这类建筑因适应山区自然环境和湿热气候而得以传承，至今桂北、桂西北、桂西南和桂中山区的壮族、侗族、瑶族、苗族、布依族、彝族等少数民族仍喜爱干栏式民居，有木结构、木竹结构、砖（土砖、土坯）木结构、石木结构等建筑形式，形态多样，各具特色。建于清末的隆林天生桥镇九龙壮族民居，共有楼房140座，均为木结构干栏式吊脚楼房。前半部是架空楼房，后半部依山搭建平房。木柱、木板壁、木楼板，悬山顶，盖小青瓦。民国时期西林县那蚌浪吉布依族干栏式民居，木结构，高二层，平面呈矩形或"凹"字形，穿斗式木构架，小青瓦屋面，悬山顶，木楼板、木板墙，四周设回廊，有的数座横向相连，有的上层檐柱不落地，俗称"吊脚楼"。散居在深山、弄场中的瑶族也修建竹、木"干栏"，且"寨远屋疏，单家独户"较多。大化瑶族自治县七百弄乡弄味瑶族民居，为干栏式二层建筑，底层房基及四围或用料石和片石垒砌，或用圆木设围护，用来关养牲畜。上层用于住人，墙体用木板嵌围或竹片编制，铺木楼板，房间用木板壁间隔，歇山顶或悬山顶，盖小青瓦。苗族住宅多是竹木结构，以木作架，木板或竹片作墙，树皮、茅草盖顶。石山区多为人字形双斜面平房，三开间，牛栏在外，人畜分居；土山区则为干栏吊脚楼，上层住人，下层存放杂物或关养禽畜。侗族聚族而居，村寨很大，住宅也多为数家甚至数十家建在一起的连排干栏式吊脚楼。特点是"厅廊"，厅廊设在住人的二楼，各户的厅廊互相连通。此外，干栏式谷仓也是一些民族村寨流行的建筑物，目前在龙胜各族自治县、东兰、隆林、靖西、大新等壮族乡村和南丹瑶族乡村都有发现。谷仓为木结构，高两层，下部架空，上面铺板，根立柱与谷仓交接部位装挡鼠罐或挡鼠板。调查时在靖西县地州乡欣村浓屯就发现了民国时期的干栏式壮族谷仓。

鼓楼，是侗族村寨的标志性建筑，是侗寨议事、典礼、祭祀、聚会、娱乐、休息的公共场所，主要分布在与贵州、湖南相邻的三江侗族自治县、龙胜各族自治县。自明清时期，鼓楼在侗族村寨已普遍流行，至今依然。一般一寨一座鼓楼，大的寨子有三四座，现存鼓楼大多是清代、民国至现代修建的。

鼓楼为木结构，有厅堂式、干栏式、密檐式三种形式，平面布局常见四边形、六边形，也有八边形的。

厅堂式鼓楼，以底层作集会厅堂，四壁嵌木板槛墙、直棂式通窗、三江八江乡扁迈屯鼓楼、寨吾鼓楼、马胖岩寨上鼓楼、六更鼓楼、良口乡布糯鼓楼、大茶屯鼓楼、独峒乡唐朝屯鼓楼、林溪乡高友下鼓楼、平寨鼓楼、亮寨鼓楼、华夏屯鼓楼、平寨鼓楼、独峒乡具盘鼓楼、洋溪乡寨全鼓楼、和龙胜平等乡伍氏鼓楼、杨氏鼓楼等，属厅堂式鼓楼。平寨鼓楼是现存较早的厅堂式鼓楼，建于清道光元年（1821），平面长方形，面阔三间，室内4根大木金柱，两侧边柱各5根，穿斗式木构架，底封木板槛墙，正中开门，三重檐，悬山顶，盖小青瓦。

干栏式鼓楼，采用下部架空、二层为厅堂的结构。底层空置，或作为过街通道，使鼓楼成为过街楼，也有的四壁封木板作为房间使用。三江独峒乡田赖屯鼓楼、寨卯鼓楼、林溪乡高友中鼓楼、务衙鼓楼、八江乡八江鼓楼、龙胜平等乡吴氏鼓楼、衙寨胡氏鼓楼、寨江鼓楼、石氏鼓楼、罗氏鼓楼、松树坳鼓楼、乐江乡宝赠上寨鼓楼、普团鼓楼、甲业上寨鼓楼、甲业下寨鼓楼、南岳鼓楼等，均为干栏式鼓楼。甲业上寨鼓楼为清光绪二十年（1894）重修。木结构方形鼓楼，4根金柱，12根边柱构成柱网，穿斗式木构架，三重檐，一、二重檐为四角歇山，顶层八角攒尖顶，底层架空为过路巷道，二楼为厅堂，四周有坐凳和槛墙式木栏板。

密檐式鼓楼，特点是底层平面较大，多重檐，有多达7—15层。三江县独峒乡盘贵鼓楼、归滚鼓楼、良口乡江平鼓楼等，即为密檐式鼓楼。八江乡马胖鼓楼是此类型的代表。该鼓楼建于1928年，重建于1943年。平面正方形，高约20米，九层重檐，歇山顶，盖小青瓦。楼中4根粗长的杉木金柱直通屋顶，四周12根檐柱构成方型木结构柱网，利用逐层内收的梁、枋和瓜柱支撑着层层挑出的屋檐，各屋檐的岔脊饰以飞禽走兽等雕塑，木构件用榫铆结构，不用一钉，显示了侗族高超的建筑技巧。

风雨桥，也叫花桥、凉桥、廊桥。有木结构、木石结构、砖木结构等多种形式。现存风雨桥多分布在湖南、贵州、广西毗邻地带。广西的风雨桥主要分布在三江侗族自治县、龙胜各族自治县、资源、融水苗族自治县、富川瑶族自治县等地的侗族、瑶族、苗族、壮族村寨，资源、全州、灵州永福、蒙山等汉族地区也有少量风雨桥。

侗族聚居区风雨桥多且分布密集，仅三江侗族自治县就有100多座，著名的有三江程阳永济桥、岜团桥和龙胜接龙桥等。程阳永济桥建于1924年，为两台三墩四廊五亭木结构廊桥，是规模最大的侗族风雨桥。料石桥墩上悬臂托架木梁，木板桥面，桥廊为穿斗式木构架，亭为四重檐歇山顶或攒尖顶，盖小青瓦，桥廊两边安放长凳，设栏杆、挑檐。邑团桥建于清光绪二十七年（1901），两台一墩二廊三亭木结构廊桥，其特色是人畜分道，畜行道比人行道桥面低1.52米，是较早具有立体功能的桥梁。龙胜接龙桥建于清代光绪八年（1882），1922年重修，1962年重建。木结构，二台三墩四孔五亭，八字架形石桩，架枕木组成托梁架式桥墩，上架设大梁，桥廊为抬梁式构架，中亭为二重檐六角攒尖顶，中间两亭为单檐四角攒尖顶，两端亭为三重檐四角攒尖顶，各顶均立宝葫芦，廊两侧有木栏杆和坐凳，栏杆外下侧出挑檐。

瑶族风雨桥主要分布在富川瑶族自治县、恭城瑶族自治县等瑶族聚居区。恭城瑶族自治县有三江乡上卡风雨桥；富川县有朝东镇回澜风雨桥、青龙风雨桥、麦岭镇黄侯泉风雨桥、城北镇石漕回龙风雨桥、凤溪风雨桥、石家乡龙湾风雨桥、油沐乡钟灵风雨桥等27座风雨桥。凤溪风雨桥在溪涧两岸利用自然石壁或砌筑石桥台，其上架木桥建桥廊、桥亭。回澜桥、青龙桥在单孔或双孔石拱桥上修建桥廊、桥亭。瑶族风雨桥将一端桥亭建成楼阁式或建马头墙，桥亭多为单檐或重檐歇山顶。

苗族风雨桥见于龙胜各族自治县、资源、融水苗族自治县等地，如资源县梅溪乡西天江风雨桥、董家风雨桥、两水苗族乡绾纶风雨桥、车田苗族乡龙塘风雨桥、水口风雨桥、龙胜伟江潘寨顺风桥等。伟江潘寨顺风桥建于清光绪年间（1875—1908），1947年重建，为两台两墩木廊桥，桥墩为"N"形木架，与桥台共同用圆杉木叠架构成悬臂梁支撑桥梁，桥梁上横铺杉木板。

壮族、侗族等年代较古老村寨的村前村后多建有寨门，作为出入村寨的主要通道。侗族寨门为木结构，穿斗式木构架，重檐或密檐式，小青瓦顶，有的在寨门外两边立放一对石兽，以辟邪镇妖。

桂东北、桂北等地规模较大、年代较老的侗、瑶等民族村寨或庙宇中，大多建有戏台。村寨戏台用于节庆唱戏，庙宇戏台用于唱戏酬神。三江侗族自治县、龙胜各族自治县侗寨戏台常与鼓楼、鼓楼坪组成一组公共建筑，是逢年过节演唱侗戏的场所，三江侗族自治县马胖鼓楼、牙寨鼓楼、冠小鼓楼和龙胜平等陈氏鼓楼等设有戏台。陈氏鼓楼由鼓楼和戏台组成：西面为鼓楼，高二层，穿斗式木构架，三重檐四角攒尖顶，盖小青瓦，两层皆空敞无栏；东面为戏台，两侧立柱各2根，前、后台隔木板壁，开侧门相通，台面铺木板，歇山顶，盖小青瓦。瑶族村寨戏台多在盘王节时在此唱戏。戏台平面一般呈"凸"字形，分前台、后台和两厢三部分。侗族戏台多为全木结构，瑶族戏台多是砖木结构，单檐歇山顶或重檐歇山顶。

广西少数民族民间流行多神信仰风俗，庙宇建筑形式多种多样，明清至民国时期的庙宇建筑大量采用汉族建筑形式。桂北、桂西侗族、壮族等少数民族的庙宇建筑保持较多本民族传统建筑特点。三江侗族自治县岩寨飞山宫为侗族建筑，建于清同治三年（1864）。原为全木结构单体建筑，面阔三间，进深一间，穿斗式木结构，悬山顶，小青瓦屋面。因曾受一次火灾，宫四周墙壁受损，重修时四壁用红砖砌槛墙，上置直棂式通窗，前置6级砖砌踏跺。

广西壮族自治区全国重点文物保护单位和自治区文物保护单位

截至2009年，广西壮族自治区境内已由国务院公布全国重点文物保护单位42处，自治区人民政府公布的区（省）文物保护单位283处。分布于全自治区的各市、县（自治县），包括从旧石器时代至近现代各个历史时期的文化遗址、遗存史迹，基本反映了广西地区历史发展的进程和文化面貌及特点。

古遗址58处，上自旧石器时代、新石器时代，秦汉以后，迄止明清时期，其内容涉及洞穴遗址、聚落遗址、城址、瓷窑址、冶炼遗址、铸钱遗址、寺庙遗址等。百色盆地百谷、高岭坡遗址、那赖遗址是百色盆地旧石器遗址群的代表。遗址发现了大批打制石器，年代跨越旧石器时代早、中、晚期各阶段，最早距今70—80万年，是亚洲地区最为重要的旧石器时代遗址。百谷、高岭坡等遗址网纹红土地层中，大量地层明确的大型打制手斧的发现，对20世纪40年代美国哈佛大学人类学家莫维斯提出的"莫氏线"理论形成了冲击，在国内外科学界引起了轰动。它展示了东亚早期直立人的行为能力和高超的石器制作技术，而且其年代早至80万年前，这表明了在亚洲大陆的砍砸器区内同样存在手斧文化。柳江县通天岩遗址发现的"柳江人"化石，是正在形成中的蒙古人种的早期类型，也是晚期智人的重要代表，说明广西是古代人类起源的重要地区。桂林甑皮岩遗址是新石器时代早期遗址，是构成桂北原始文化序列的重要遗址，也是华南新石器时代最具价值的遗址。桂南地区的贝丘遗址及以大石铲为特征的遗存，是广西最具特色的新石器时代文化。贝丘遗址的代表邕宁顶蛳山遗址第二、三期文化，被命名为"顶蛳山文化"，是广西首次被命名的新石器时代文化。扶绥同正遗址是富于地域色彩的新石器时代晚期大石铲类型遗址的代表。古城址以贺州市临贺故城为代表，历经西汉、东汉、东晋、宋、明、清等各个历史时期，对研究县一级城址的演变有重要意义。隋唐以后，特别是宋代，广西制瓷迅速发展，在广西各地江河沿岸已发现宋代瓷窑址达60余处，遍布31个市、县，以桂北湘江上游、漓江、洛清江和桂东北流河流域最集中，并形成以桂北为主的青瓷（窑田岭窑类型、严关窑类型）和以桂东北流河流域为主的青白瓷（中和窑类型）两大类瓷窑分布区域。中和窑类型中藤县中和窑印花器、容县城关窑刻划花器、北流岭峒窑印花器各具特色，印花模具及窑田岭窑类型永福窑田岭窑腰鼓颇具地域色彩。容县城关窑北宋元祐年间一次烧成白瓷胎铜绿釉器是中国陶瓷技术史上的创举。梧州、贺州的铸钱遗址，史书上都有记载。北流铜石岭冶铜遗址及容县西山冶铜遗址，有专家认为可能是铜鼓的铸造地。

古墓葬共有53处，有墓群、单座墓和岩洞葬。多分布在柳州、桂林、梧州、贺州、贵港、玉林、柳州、钦州、北海等市所属各县。墓群多属战国或汉至各朝，以合浦汉墓群最为著名,范围约60平方公里,有两汉时期的墓葬6000余座,是岭南规模最大的汉墓群。桂林尧山明代靖江王陵,共有历代靖江王墓11座及宗室、姻亲等墓320余座,是保存最为完整的明代藩王墓群。而百色、河池等市所属各县多土司墓或少数民族墓葬。

古建筑102处,所包含的类别较多,有水利工程、城府、寺庙、祠堂、楼阁、会馆、亭台、塔、桥、牌坊等。开凿于秦代的兴安灵渠,是我国古代著名的水利工程,对沟通五岭南北交通和国家统一起着极其重要的作用。容县明代经略台真武阁,其结构特点是四根金柱悬空,被建筑界誉为"天南杰构"。忻城县莫土司衙署是我国现存明清时期规模较大保存较好的土司衙署。桂林市木龙洞唐代石塔,是广西现存最早的塔。全州明代燕窝楼,门楼324个如意斗拱巧筑如燕窝,具有较高的科学和艺术价值。富川瑶族自治县明代瑶族建筑百柱庙,用柱120根,有"百柱如林,宽大幽深"之境界。灵川县江头村和长岗岭村古建筑群等古建筑也被列入了保护单位名单。

石窟寺及石刻,包含摩崖造像、摩崖石刻、碑刻及岩画,共22处。石刻主要见于上林、大新、柳州、融水、鹿寨、忻城、金秀、桂林、阳朔、永福、钟山、北流、博白、贵港、田东、凌云、灵山、宜州等市县,其中桂林西山、伏波山、骝马山、叠彩山摩崖造像、博白宴石山摩崖造像为唐代作品。摩崖石刻以桂林石刻名满天下,有"唐宋题名之渊薮,以桂林为甲"之誉。共有唐至清代摩崖石刻2000余件,散布于市区各山之石壁上。重要的碑刻以上林县唐代《智城碑》《六合坚固大宅颂碑》为代表,是研究壮族历史的重要资料。岩画主要分布于崇左市左江流域及其支流两岸,为颜料绘岩画,以宁明花山岩画为代表,绘屈肘举手的半蹲人像及动物、铜鼓、刀剑等图像1900余个,是战国至东汉时期骆越人的文化遗迹。另有墨书壁书1处,保存有唐代至民国的珍贵墨宝。

近现代重要史迹71处,主要包括:清末时期的史迹,如连城要塞与友谊关、法国驻龙州领事馆旧址、太平天国金田起义地址、太平天国永安活动遗址、太平天国翼王石达开等唱和诗刻、西林教案遗址等;旧民主主义革命时期的史迹,如桂林市蒋翊武先生就义处纪念碑、梧州中山纪念堂、田东县田南道农民办事处旧址等;新民主主义革命时期的史迹,如中共广西省第二次代表大会旧址、中国工农红军第七军第八军军部旧址、田东工农民主政府旧址、湘江战役旧址、昆仑关战役旧址、中共广西省工委黄姚旧址、八路军桂林办事处旧址、李宗仁故居及官邸等;现代的重要史迹,如广西省土改工作团第工团部旧址、越南中央学舍区(广西南宁育才学校)旧址、大瑶山团结公约碑等。上述保护单位都已得到有效的保护。

近现代代表性建筑15处。北海市近代西式建筑群,包括了德、美、英、法等国设立的领事馆及教会、医院等建筑。三江侗族自治县程阳永济桥、马胖鼓楼、岜团桥、龙胜各族自治县平等鼓楼群、恭城瑶族自治县朗山民居等,都是少数民族建筑的精华。建于清末的岜团桥为两台一墩两孔木廊桥,其特点是桥面分两层,即人畜分道,人行道在上,畜行道在下,是当时具有立体功能的先进桥梁。人畜分道的设计,在当时中外桥梁的设计中处于领先的地位。

其他类3处，包括大新县正隆巨猿化石出土地点、梧州市报恩寺铜钟、贺州市干亨寺铜钟。

另外各市、县（自治县）人民政府还陆续公布了一批市、县级文物保护单位，广西境内各级文物保护单位已达1912处。

中国文物地图集

—广西壮族自治区分册—

市、区、县文物图

南宁市文物图

南宁育才学校旧址

重修吞霄江古陂碑记

林氏祖屋

共青团南宁地委旧址

金狮巷民居群

粤东会馆

民生码头铜印出土点

西乡塘钱币窖藏

黄氏家族民居

烟墩岭烽火台

西乡塘区

江南区

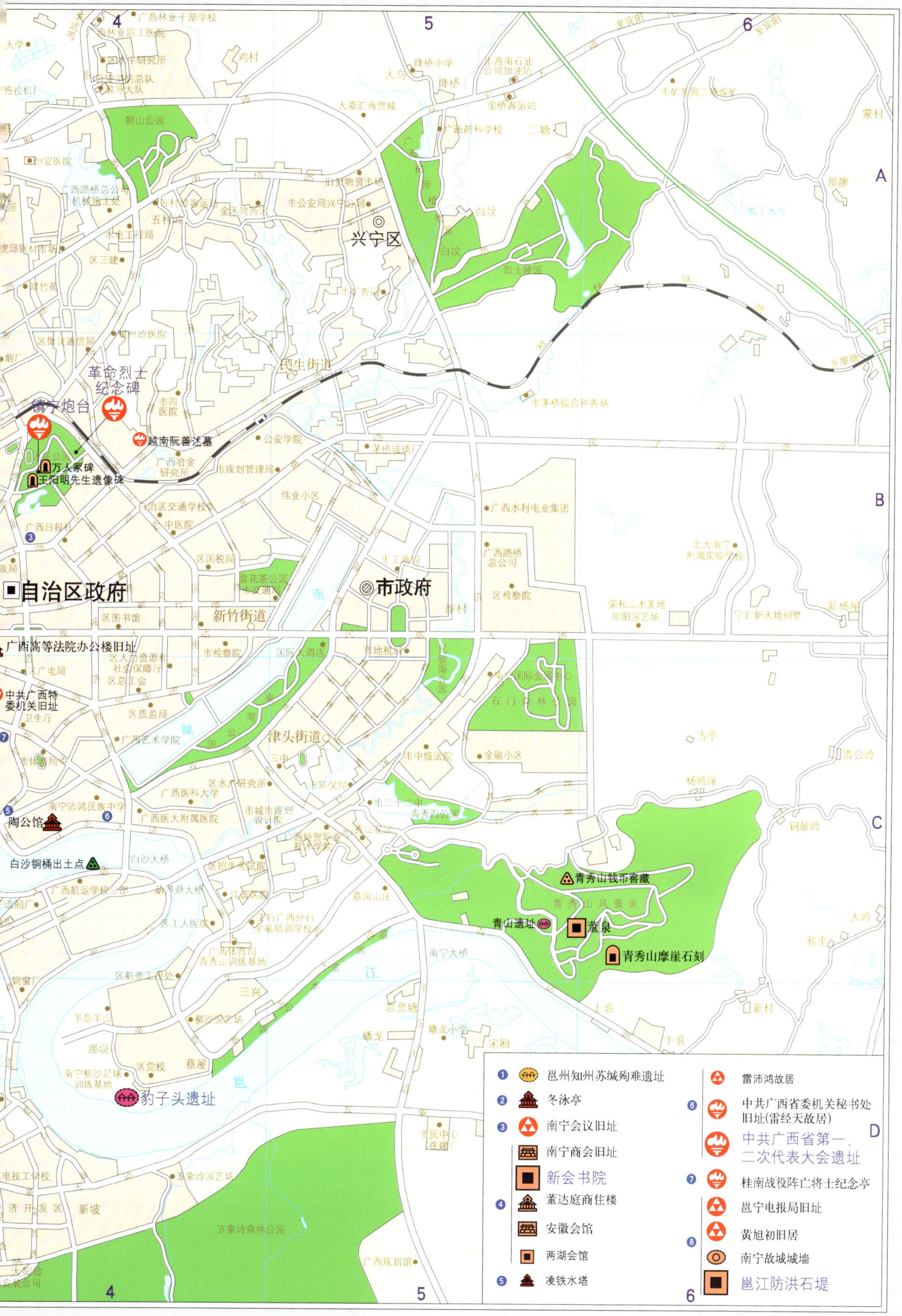

1 ： 60 000

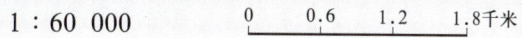

0   0.6   1.2   1.8千米

大学
拖拉机厂
广西林业干部学校
广西林业职工中专学校
区科干研究所
公主岭公墓
公安局特警总队
消防大队
大慕汇商贸城
降桥小学
降桥
大鸟
西南石油公司加油站
金桥客运站
二塘
西药科学校
白坟
A
蒙村
那廖
马子水库
那坝
白安医院
西路桥总公司机械施工处
五村
水利工程局
区三建
陈竹社区
龙邦铁术市场
五里亭
金匙湾商务
市公安局兴宁分局
旧物资市场
兴宁区
白坟
白坟
烈士陵园
主要设局二手交易区
西烟厂
区块交通运输局
区档案局医院
革命烈士纪念碑
民生街道
市四医院
丰茅桥综合种养场
区域检测院
镇宁炮台
广西冶金研究所
越南阮善述墓
公安学院
市规划管理局
伟业小区
广西水利电业集团
上大南宁附属实验学校
B
宁江新天地别野
万人家碑
王阳明先生遗像碑
区治交通学校
中医院
伟业小区
广西路桥总公司
区检察院
荣和山水美地朝阳园艺场
广西日报社
自治区政府
区图书馆
新竹街道
南
市政府
区检察院
新村
广西高等法院办公楼旧址
区广电局
市人力资源和社会保障厅区总工会
市检察院
国际大酒店
区地税局
中共广西特委机关旧址
区质监局
伟地税局
广西国际投资国际会展
石门森林
吉亭
广西艺术学院
津头街道
市中级法院
金融小区
雪公岭
区体育局
杨鸥溪
陶公馆
南宁沛鸿民族中学
广西医科大学
市二十一中
青秀公园
训练岭
白沙铜桶出土点
白沙大桥
市城市规划设计院
易园山庄
青秀山钱币窖藏
青秀山风景区
大岭
西航运学校
广西分行
全能培训中心
青秀山训练基地
青山遗址
董泉
和平
邕窑厂
广西体育青秀训练基地
南宁大桥
青秀山摩崖石刻
市工人医院
新村
三兴
上塘
区党校
那坝
蔡屋
南宁大桥
蟠龙
蟠龙小区
宋厢
南宁柳沙足球训练基地
下塘
水电技工学校
经济开发区
新坡
豹子头遗址
市民中心在建
五象岭园艺场
广西规划馆
五象岭森林公园

图例

① 邕州知州苏缄殉难遗址
② 冬泳亭
③ 南宁会议旧址
　南宁商会旧址
　新会书院
④ 董达庭商住楼
　安徽会馆
　两湖会馆
⑤ 凌铁水塔

　雷沛鸿故居
⑥ 中共广西省委机关秘书处旧址(雷经天故居)
　中共广西省第一、二次代表大会遗址
⑦ 桂南战役阵亡将士纪念亭
　邕宁电报局旧址
⑧ 黄旭初旧居
　南宁故城城墙
　邕江防洪石堤

113

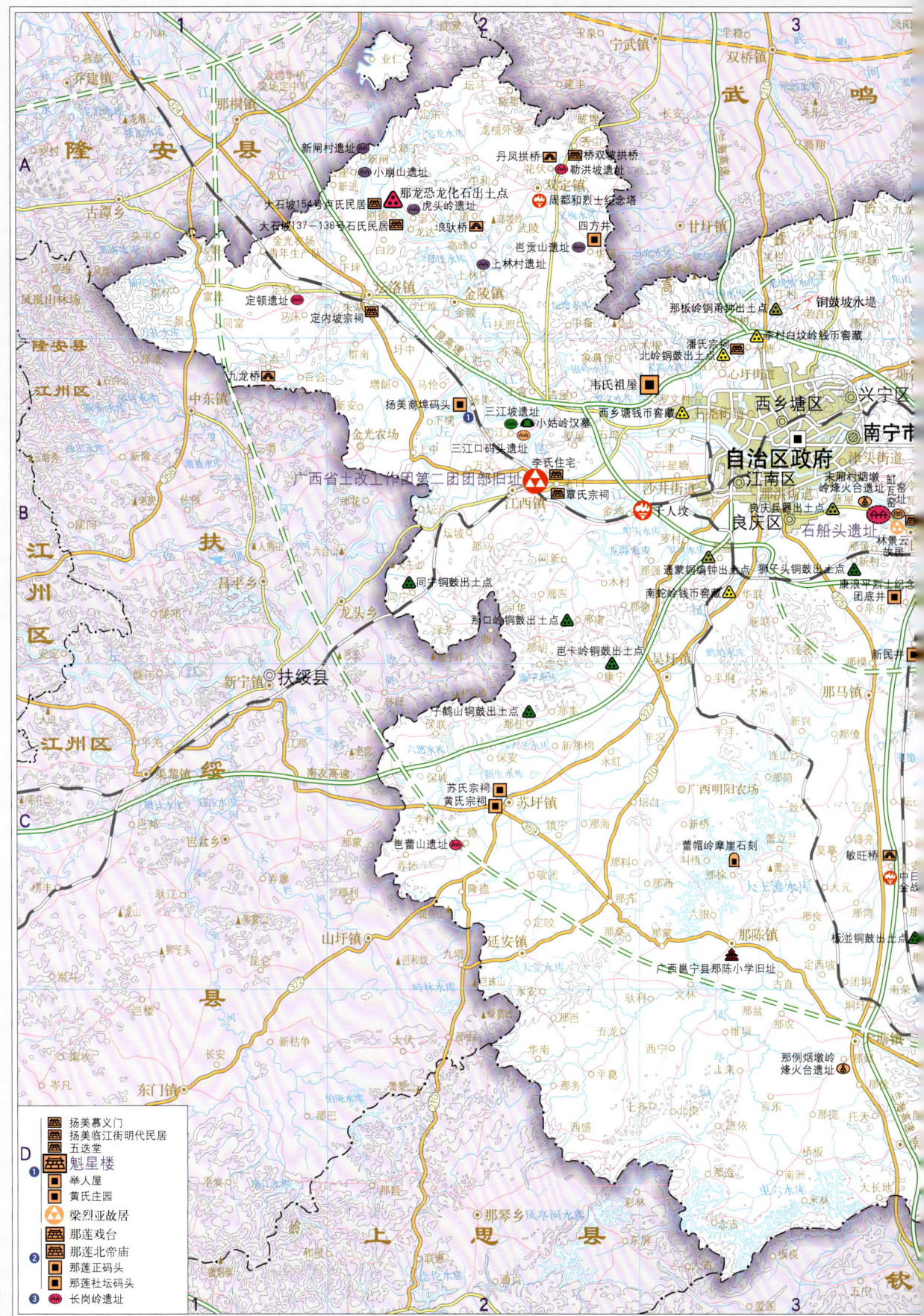

1 : 450 000

0   4.5   9.0   13.5千米

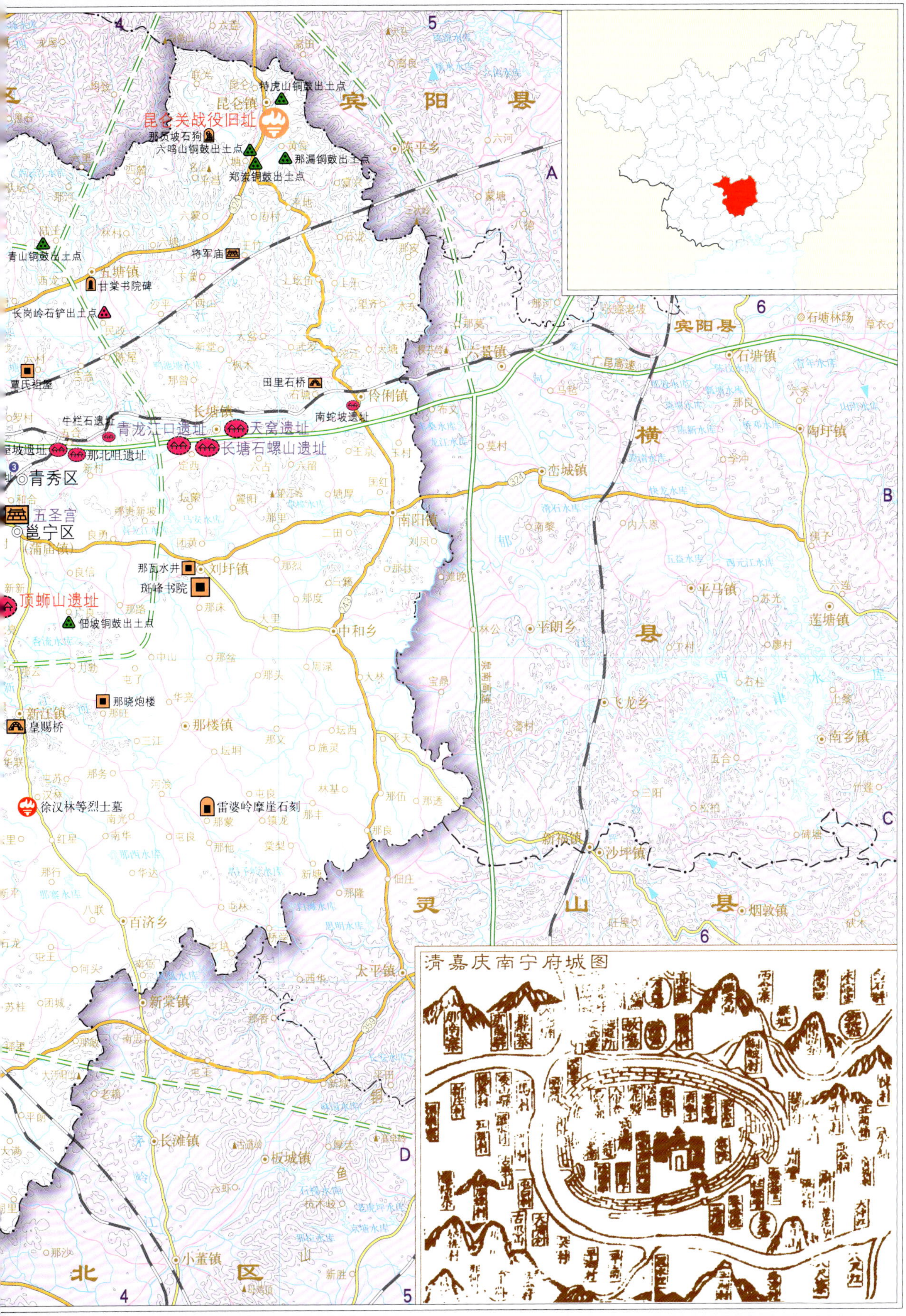

宾阳县

昆仑镇
特虎山铜鼓出土点
昆仑关战役旧址
那贵坡石狗
六鸣山铜鼓出土点   那漏铜鼓出土点
郑寨铜鼓出土点

陈平乡
蔡塘

六河

石塘林场

草衣

宾阳县
石塘镇

青山铜鼓出土点

将军庙
五塘镇
甘棠书院碑
长岗岭石铲出土点

六昆镇
广昆高速
陶圩镇

田里石桥
长塘镇
伶俐镇
南蛇坡遗址
覃氏祖屋

横

牛栏石遗址 青龙江口遗址 天窝遗址
蕉坡遗址   长塘石螺山遗址
那北咀遗址
青秀区

五圣宫
邕宁区
（蒲庙镇）

峦城镇

南阳镇

顶蛳山遗址
那瓦水井   刘圩镇
斑峰书院

平马镇
莲塘镇

佃坡铜鼓出土点
中和乡

平朗乡

县

那晓炮楼
新江镇   皇赐桥
那楼镇

飞龙乡
南乡镇

徐汉林等烈士墓
雷婆岭摩崖石刻

灵

山

县

新桥镇
沙坪镇

烟墩镇

太平镇

新棠镇

北

区

小董镇

长滩镇
板城镇

清嘉庆南宁府城图

115

武鸣县文物图

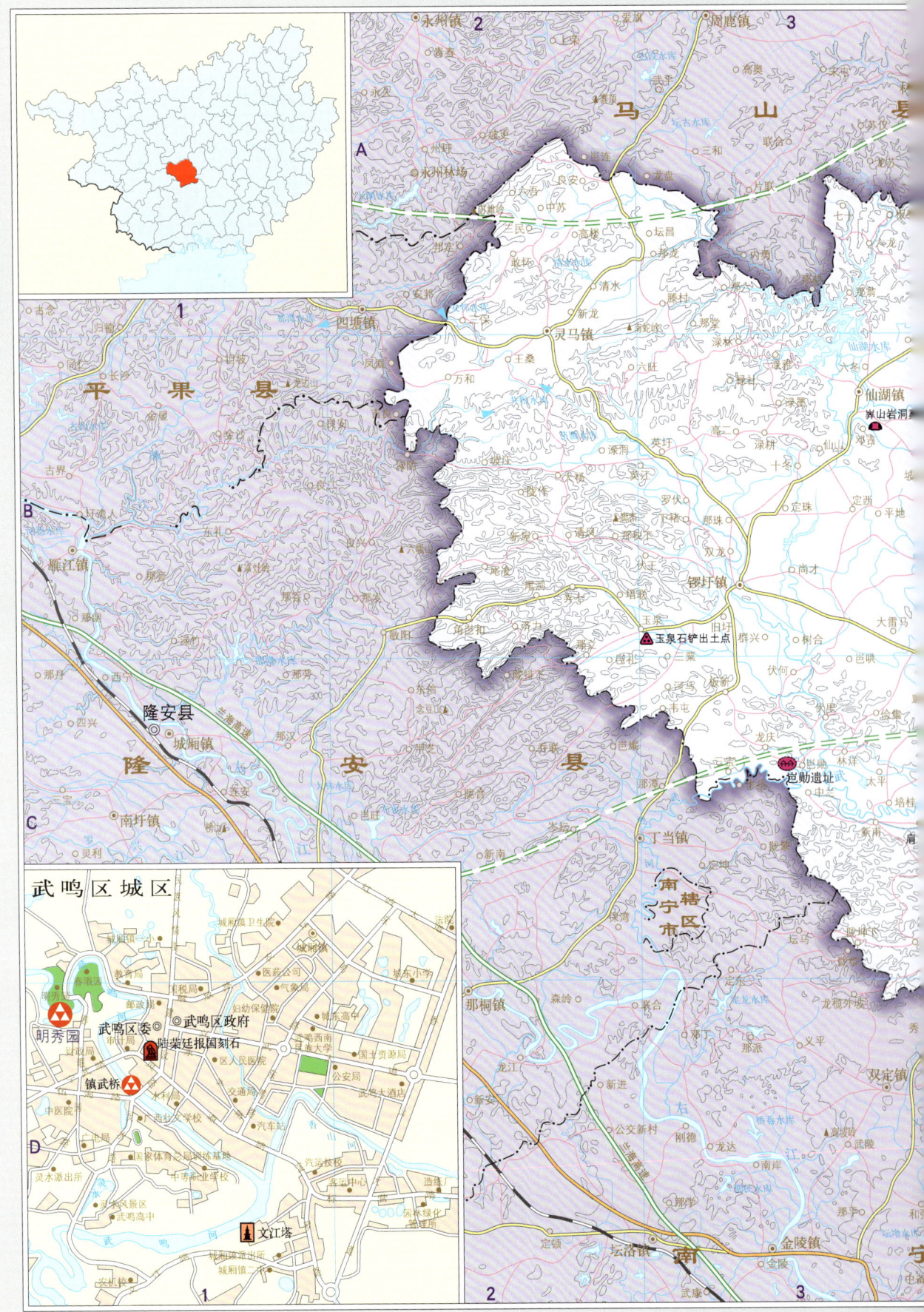

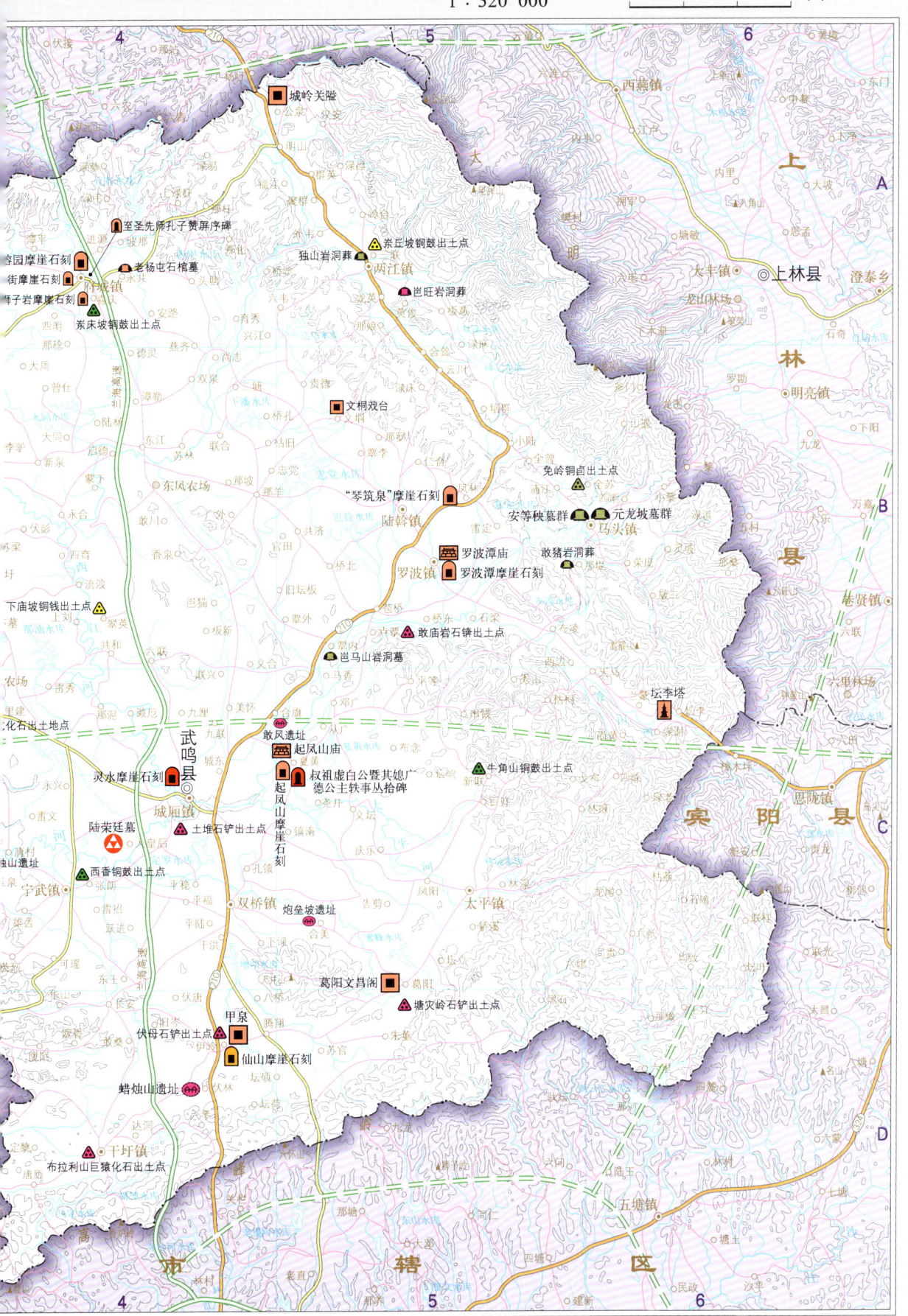

1 : 320 000

0　3.2　6.4　9.6千米

城岭关隘

西燕镇

上林县

大明山

至圣先师孔子赞屏序碑

崇丘坡铜鼓出土点

独山岩洞葬

两江镇

火丰镇

澄泰乡

夸园摩崖石刻

老杨屯石棺墓

芭旺岩洞葬

府城镇

街摩崖石刻

狮子岩摩崖石刻

崇床坡铜鼓出土点

林县

明亮镇

文桐戏台

兔岭铜卣出土点

"琴筑泉"摩崖石刻

陆斡镇

安等秧墓群

元龙坡墓群

巧头镇

罗波潭庙

罗波镇

罗波潭摩崖石刻

敢猪岩洞葬

下庙坡铜钱出土点

敢庙岩石锛出土点

芭马山岩洞墓

蟠坛李塔

化石出土地点

武鸣县

敢风遗址

起凤山庙

牛角山铜鼓出土点

宾阳县

灵水摩崖石刻

起凤山摩崖石刻

陆荣廷墓

城厢镇

土堆石铲出土点

思陇镇

虫山遗址

宇武镇

西香铜鼓出土点

双桥镇

炮垒坡遗址

太平镇

葛阳文昌阁

塘灾岭石铲出土点

甲泉

伏母石铲出土点

仙山摩崖石刻

蜡烛山遗址

干圩镇

布拉利山巨猿化石出土点

五塘镇

市　辖　区

117

横县文物图

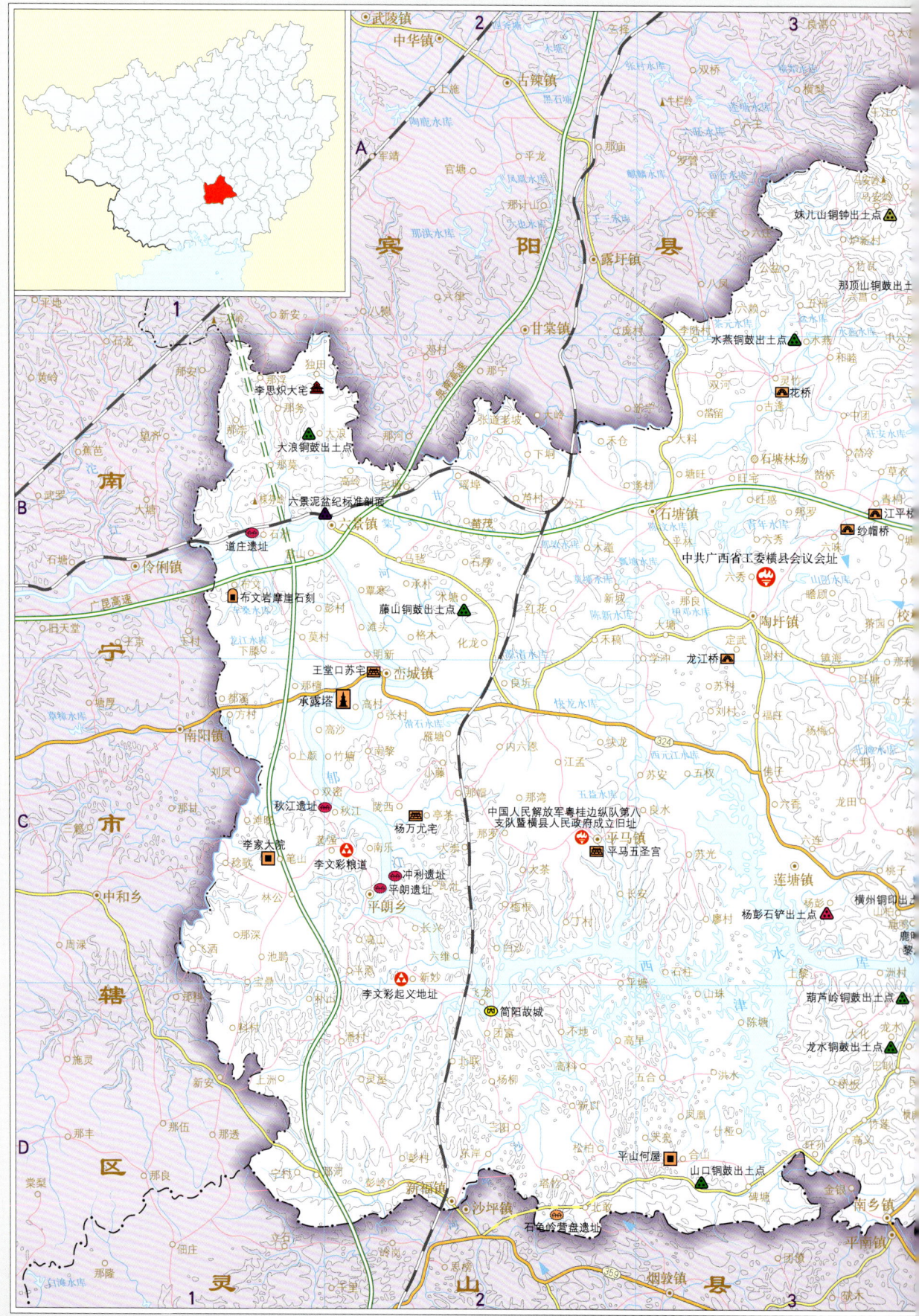

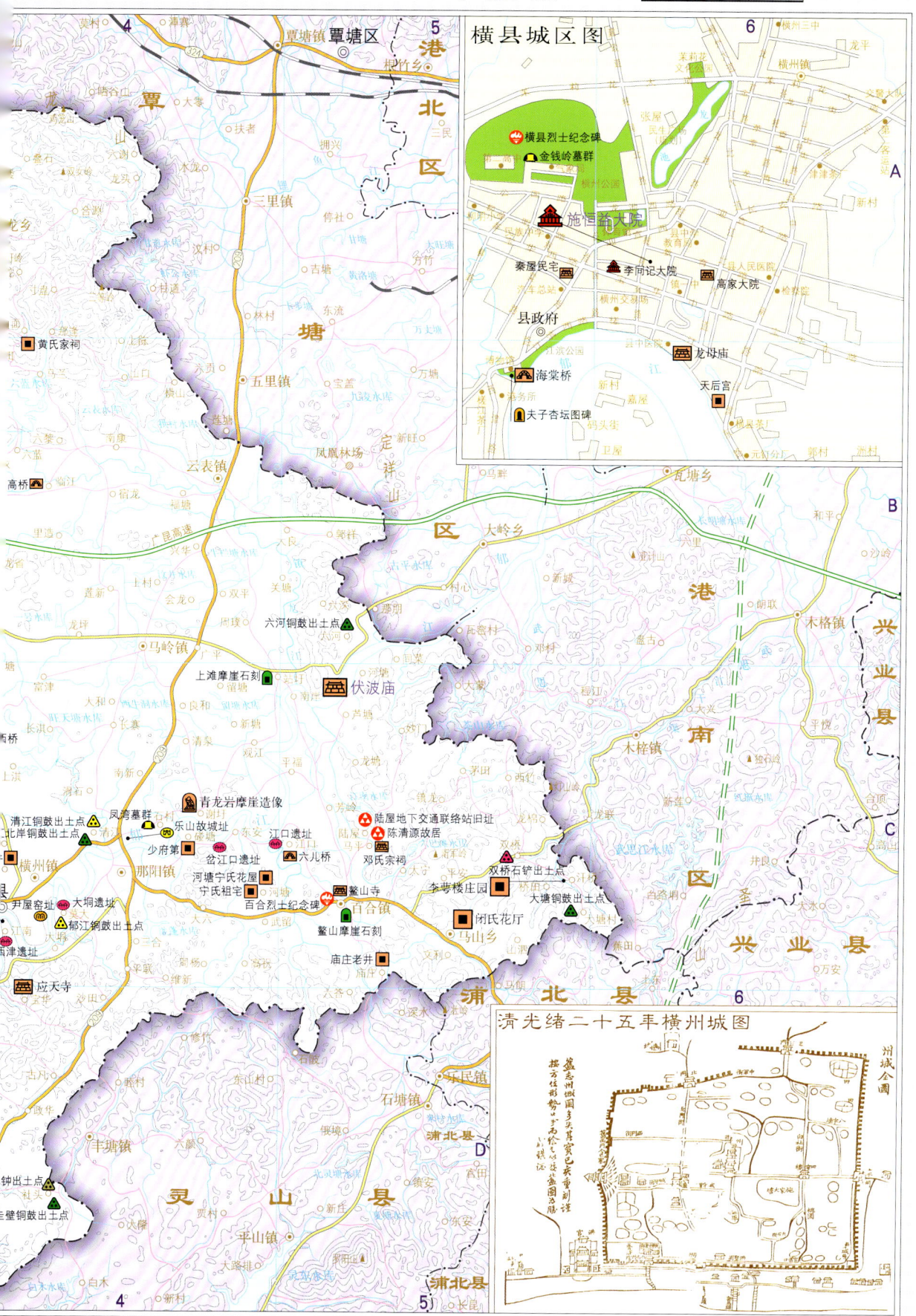

1 : 320 000

0 3.2 6.4 9.6千米

横县城区图

横县烈士纪念碑
金钱岭墓群
施恒益大院
秦屋民宅　李同记大院　高家大院
县政府
龙母庙
海棠桥
天后宫
夫子杏坛石碑

覃塘镇　覃塘区
港北区

324

龙山　叠石
覃塘区
六吉山　六头

三里镇
停社　甘棠　方竹
五里镇　宝盖
黄氏家祠　横山　吉塘
凤凰林场　定祥山

云表镇
高桥　渝江
凤凰林场

马岭镇
六河铜鼓出土点
上滩摩崖石刻　伏波庙
定祥山区

港南区
大岭乡

木格镇
兴业县

木梓镇
南区

青龙岩摩崖造像
清江铜鼓出土点　凤筹墓群　乐山故城址
北岸铜鼓出土点　少府第　江口遗址
横州镇　那阳镇　岔江口遗址　六凡桥
尹屋窑址　大垌遗址　河塘宁氏花屋　邓氏宗祠
郁江铜鼓出土点　宁氏祖宅
郁津遗址　百合烈士纪念碑　鳌山寺　李萼楼庄园
应天寺　鳌山摩崖石刻　百合镇　闭氏花厅
庙庄老井
陆屋地下交通联络站旧址　陈清源故居
双桥石铲出土点
大塘铜鼓出土点
马岭乡

兴业县

石塘镇
浦北县

丰塘镇
鸟钟出土点
圭壁铜鼓出土点
灵山县
平山镇

浦北县

清光绪二十五年横州城图

119

隆安县文物图

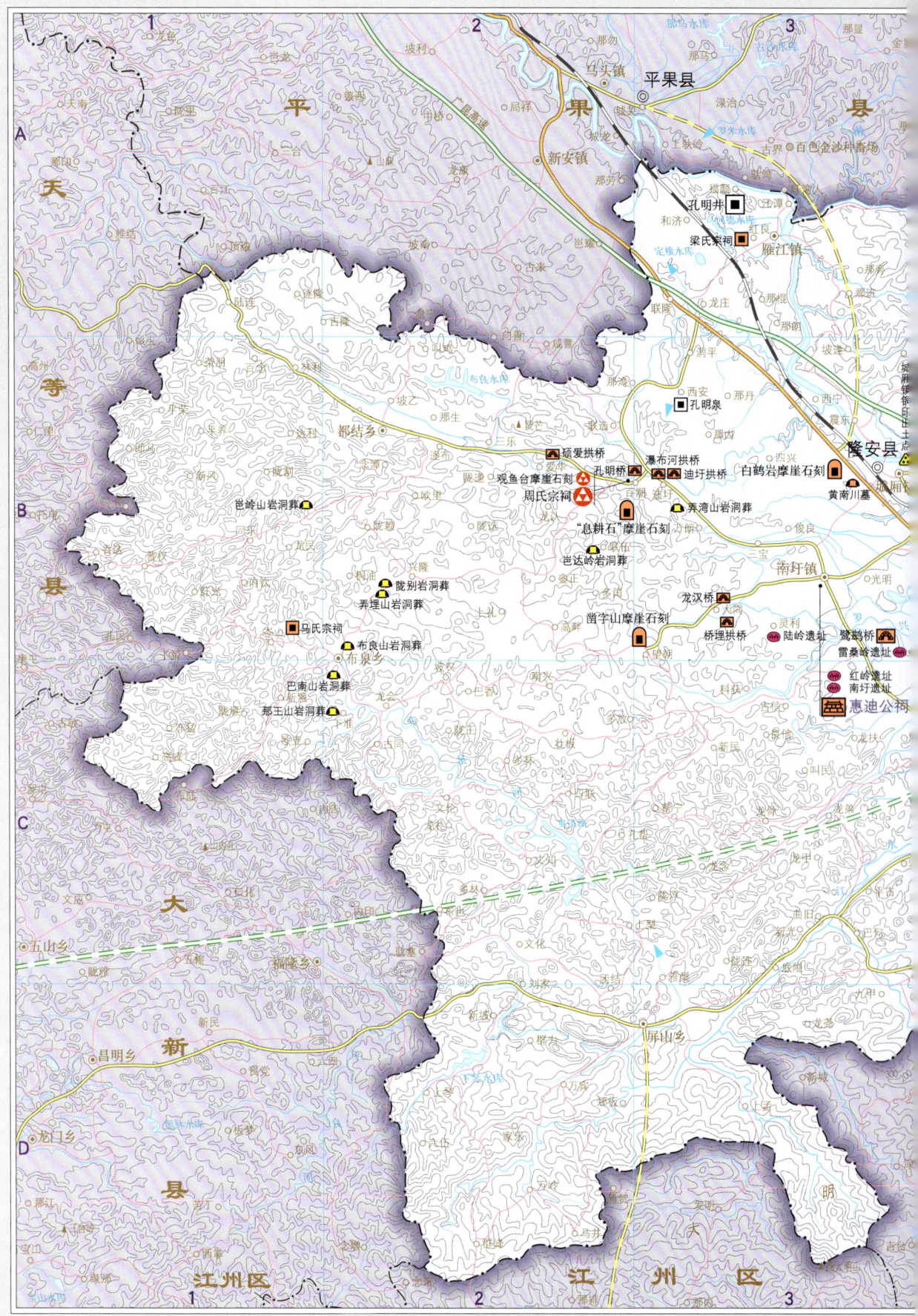

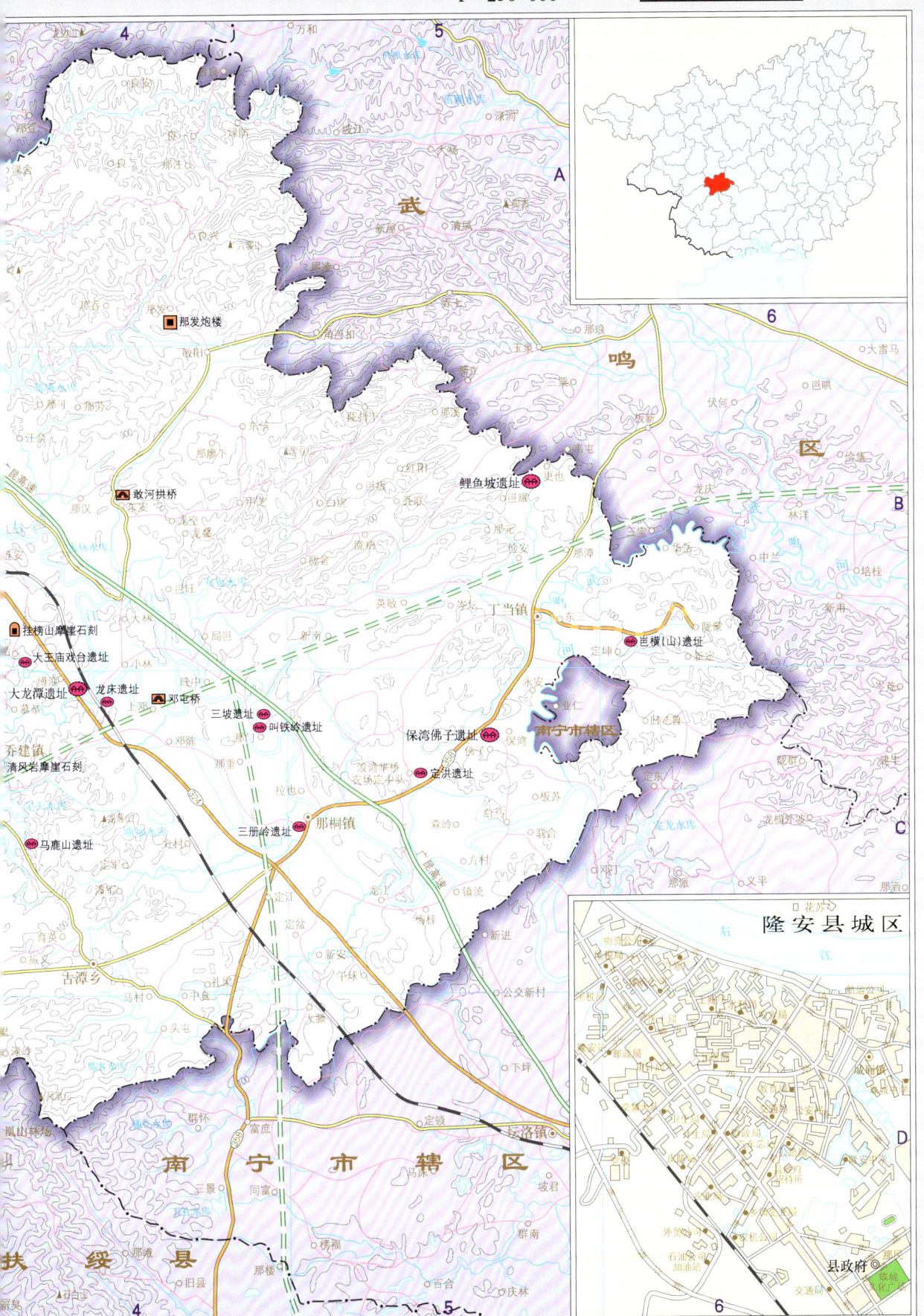

1 : 250 000

0 2.5 5.0 7.5千米

隆安县城区

县政府◎

宾阳县文物图

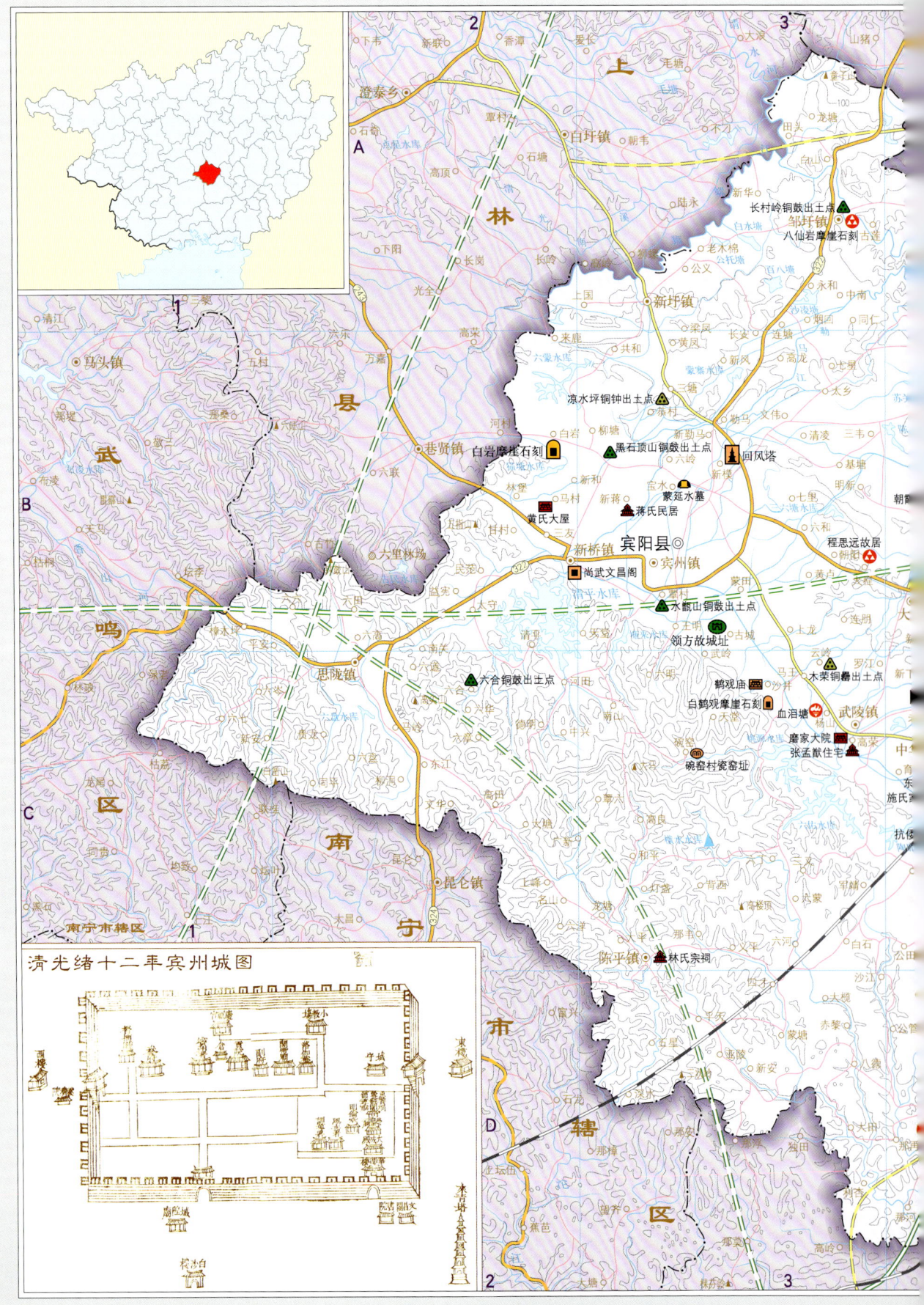

1 : 280 000

0　2.8　5.6　8.4千米

马山县文物图

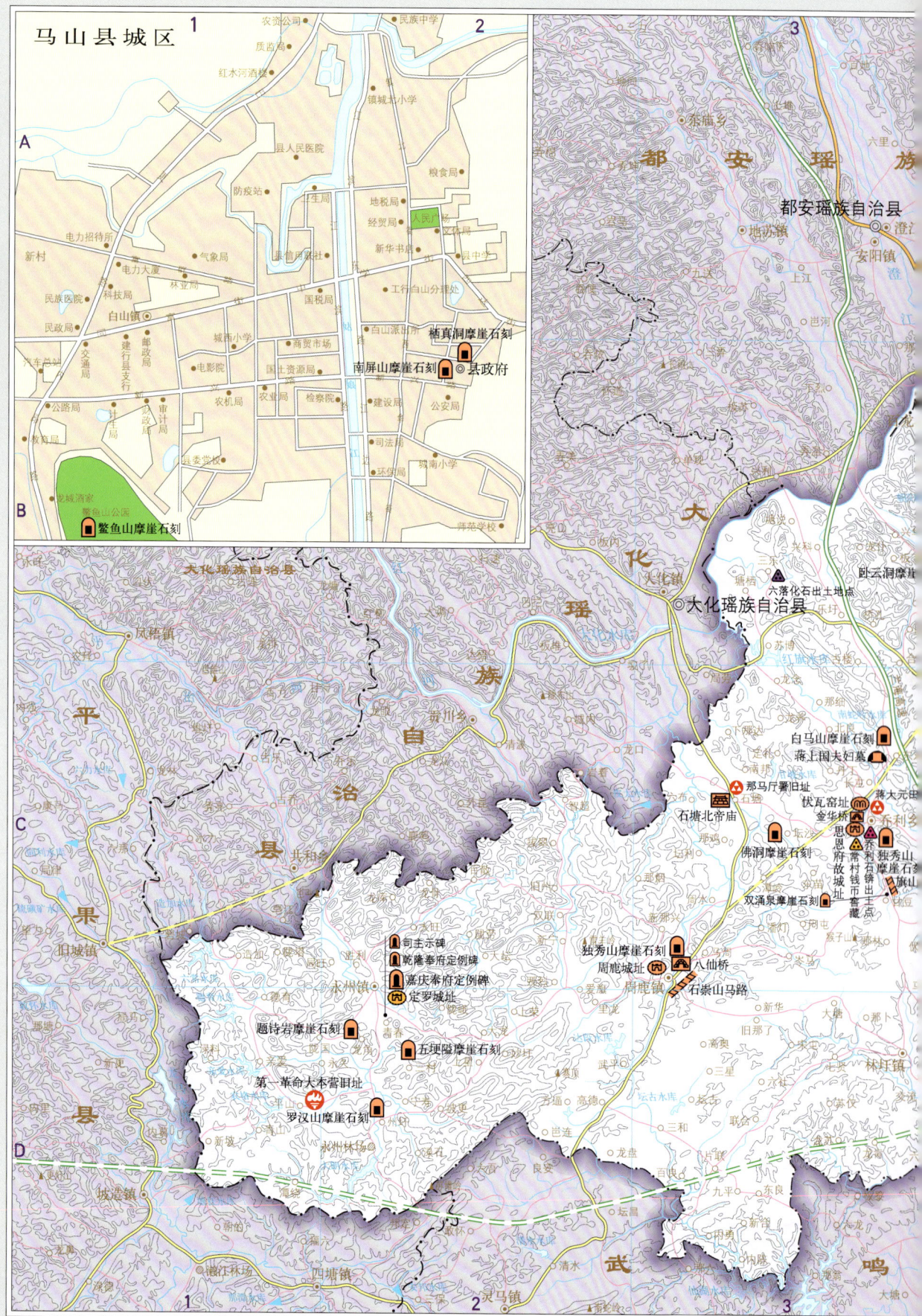

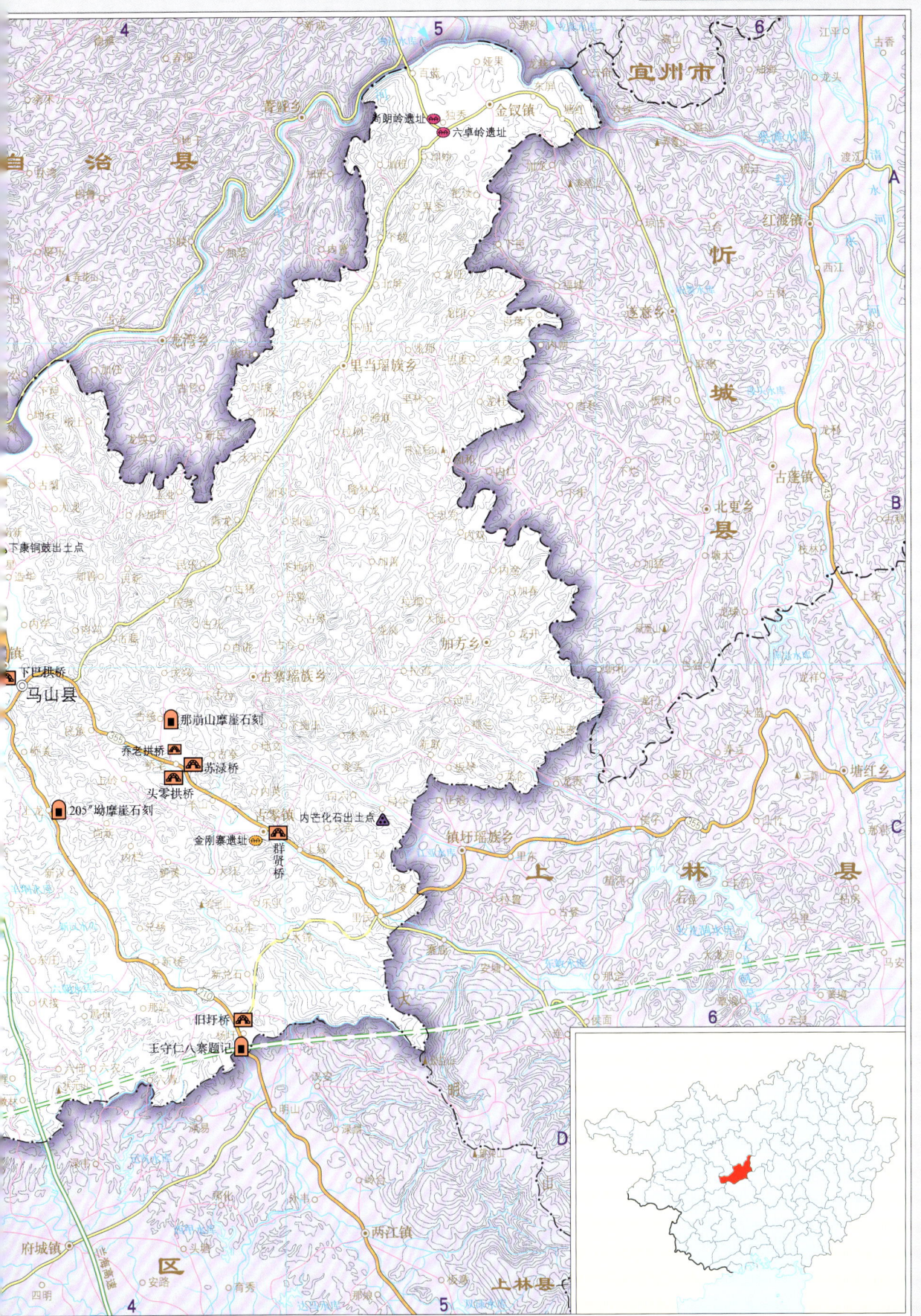

1 : 310 000

0　3.1　6.2　9.3千米

宜州市

自治县

忻

城

县

上　林　县

马山县

两江镇

上林县

府城镇

区

125

上林县文物图

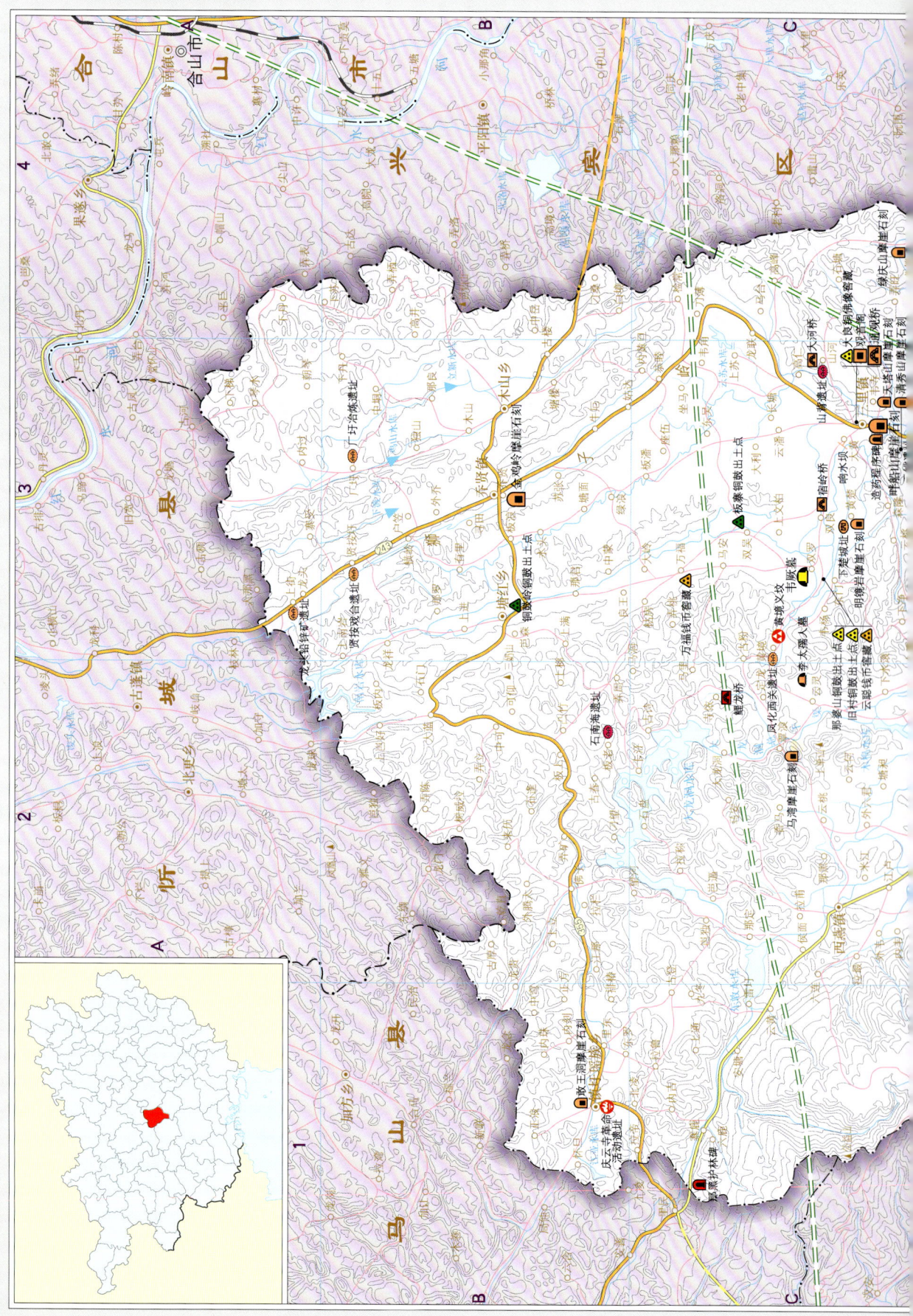

1 : 250 000

0 2.5 5.0 7.5千米

宾阳县 ◎宾州镇

上林县

武鸣区

武鸣区

南宁市辖区

上林县城区

县政府

南丹卫城址

北关城址

杨腾旧居

崇左市江州区文物图

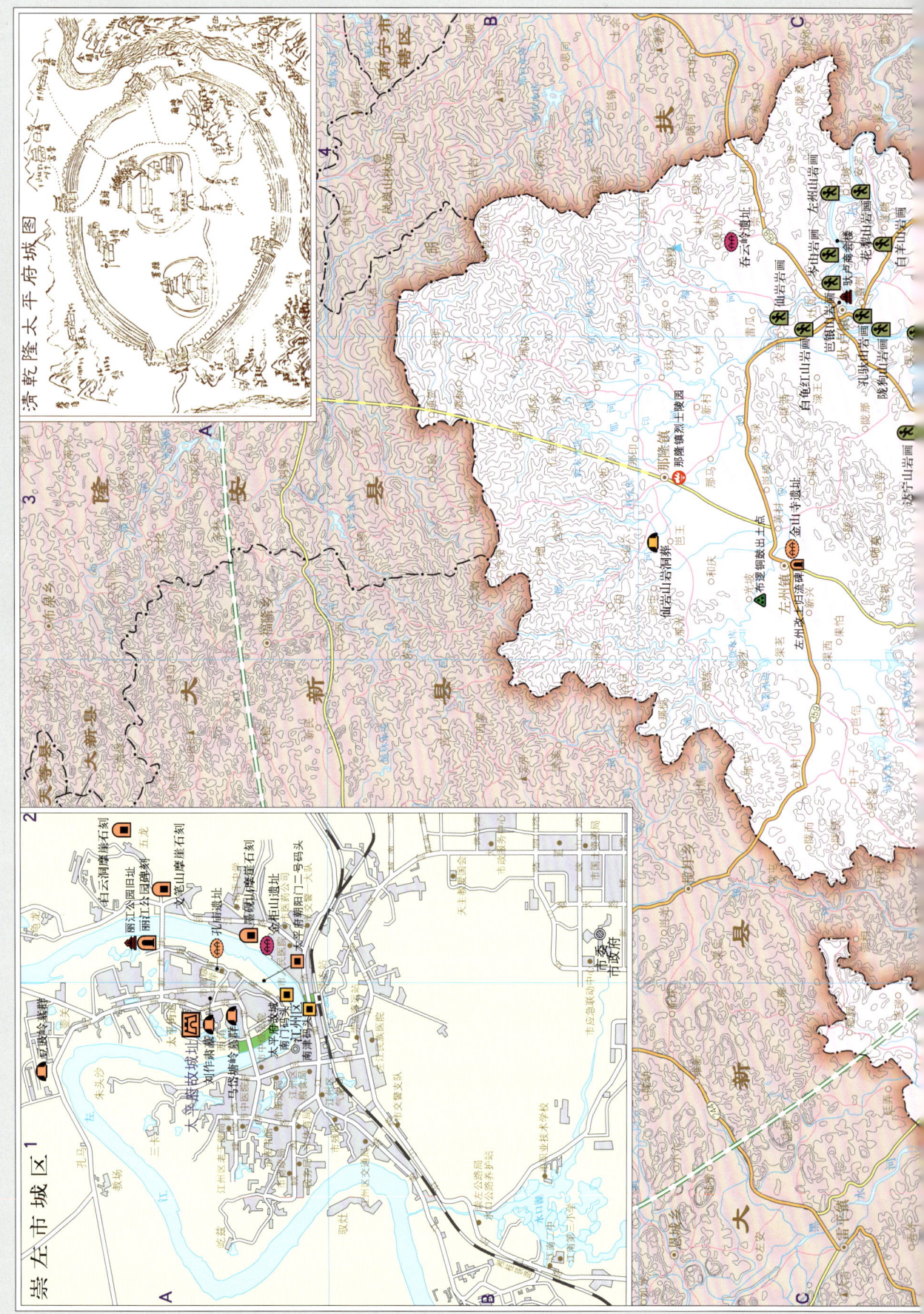

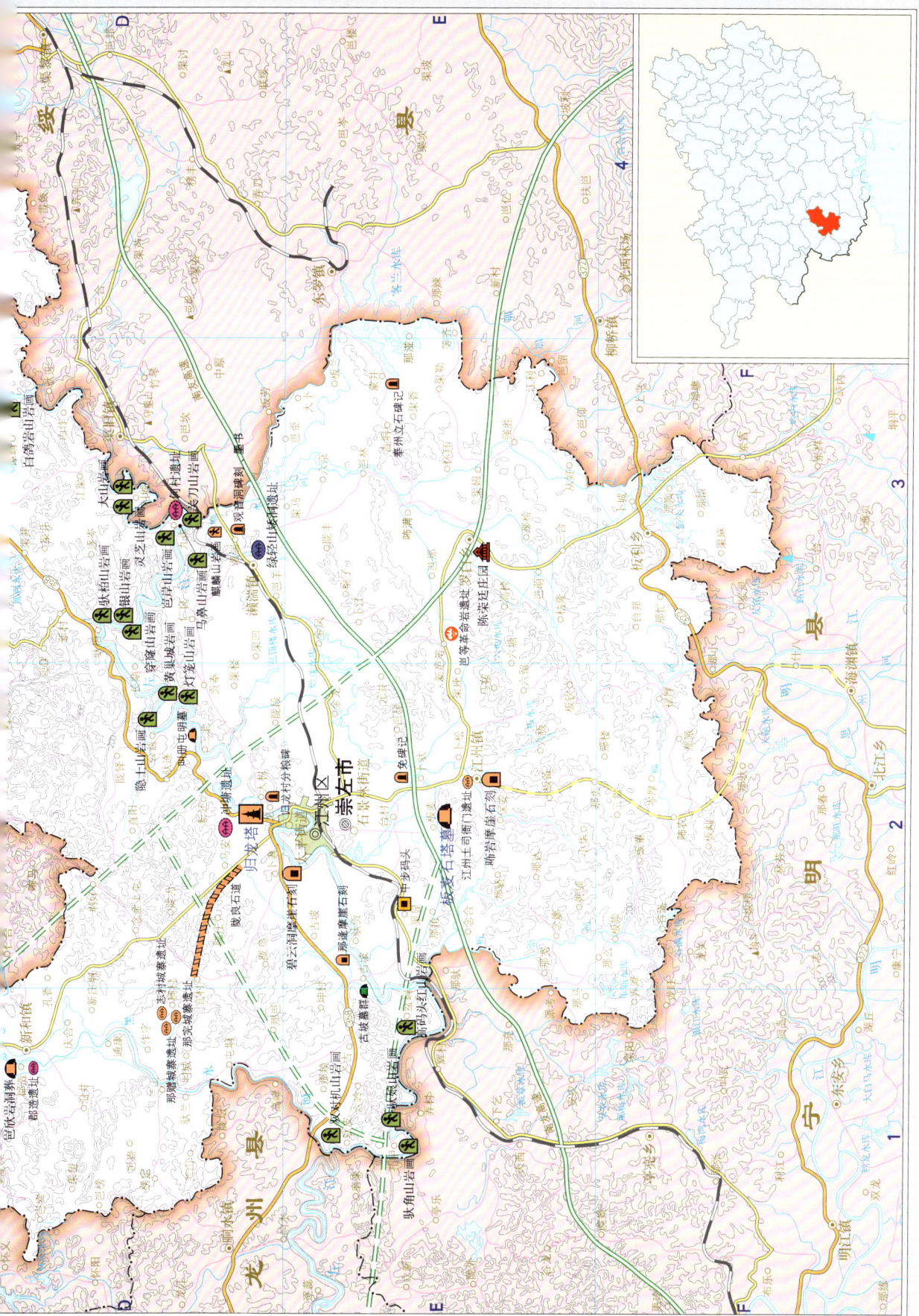

1 : 330 000

0   3.3   6.6   9.9千米

宁明县文物图

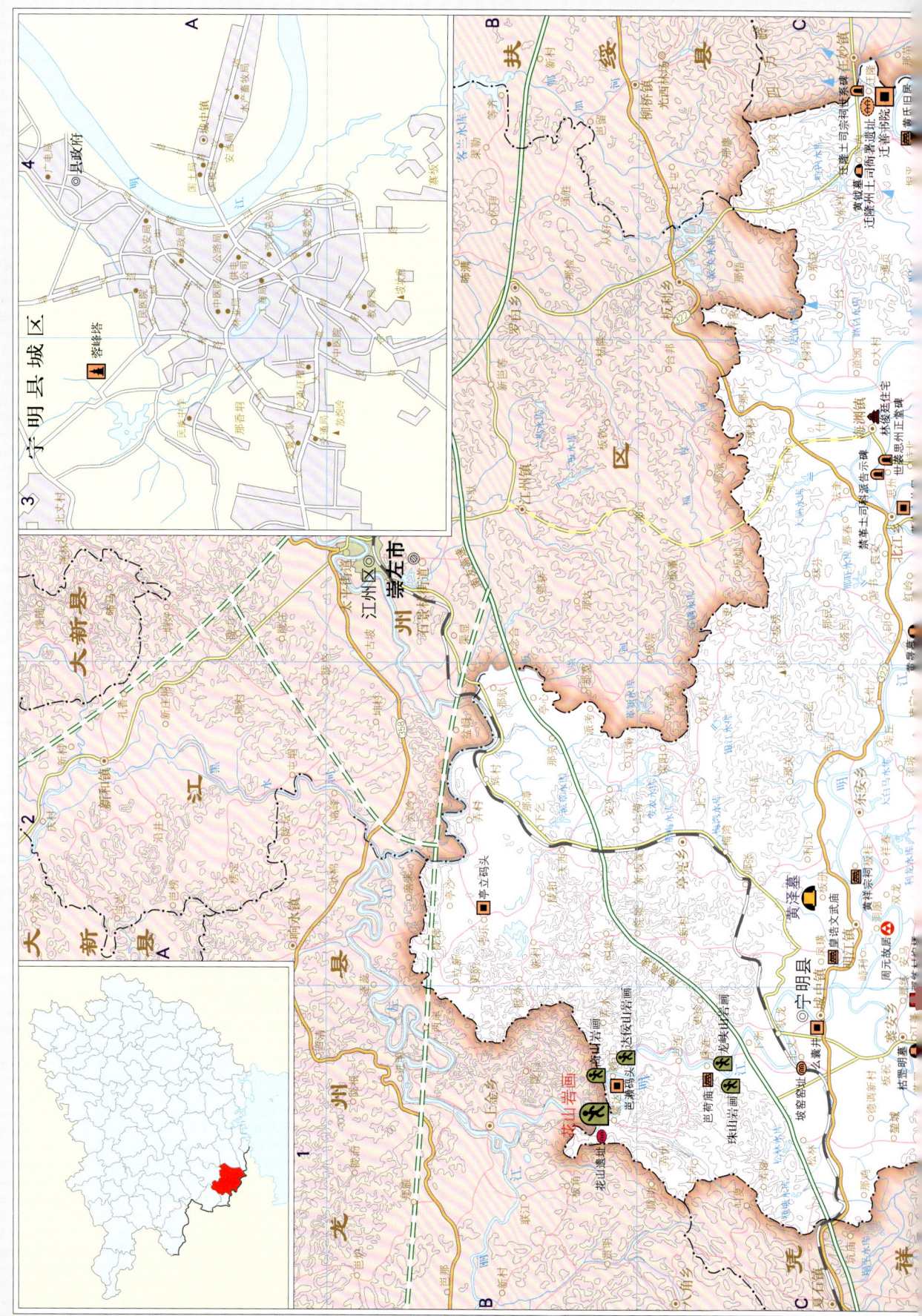

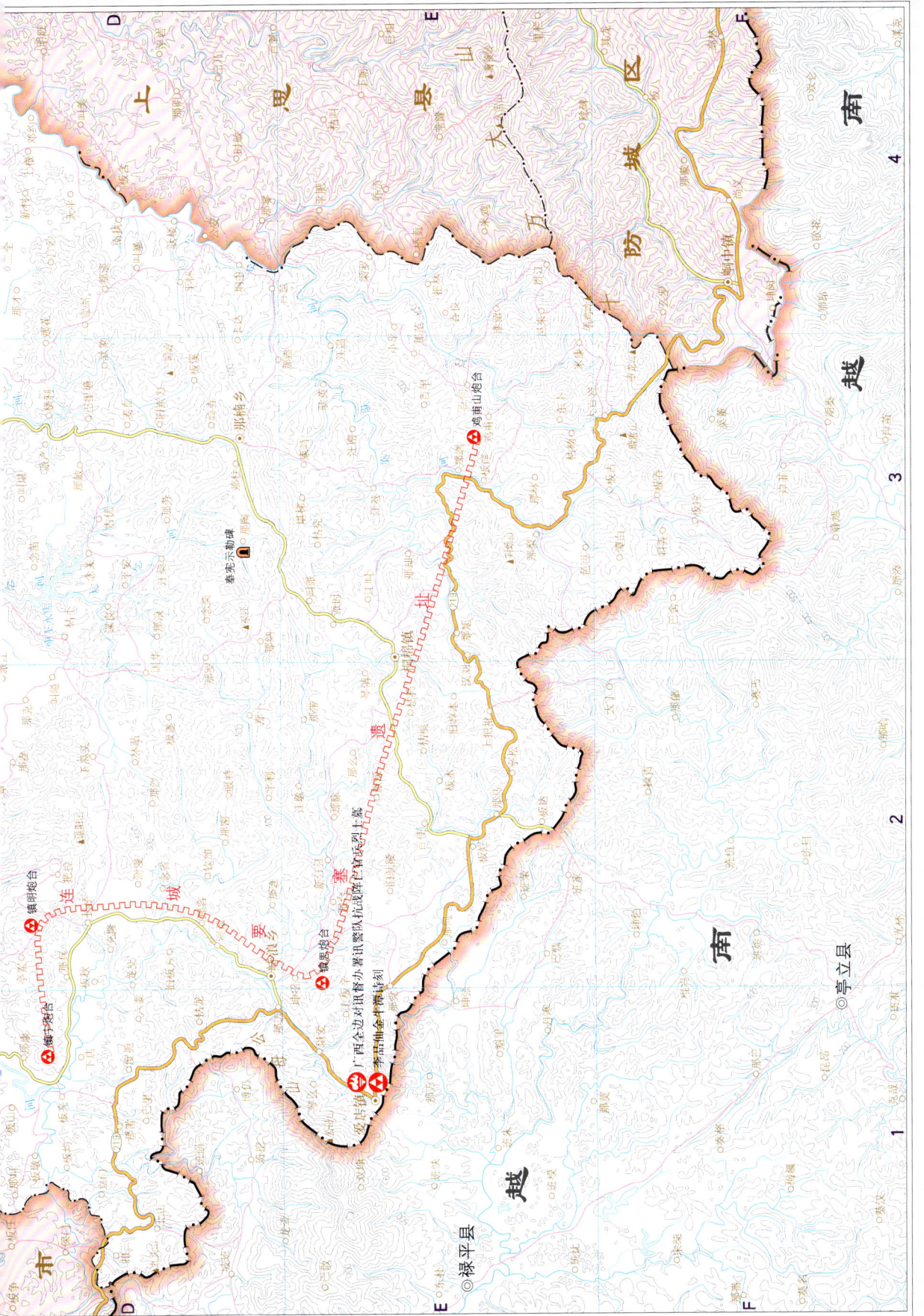

凭祥市文物图

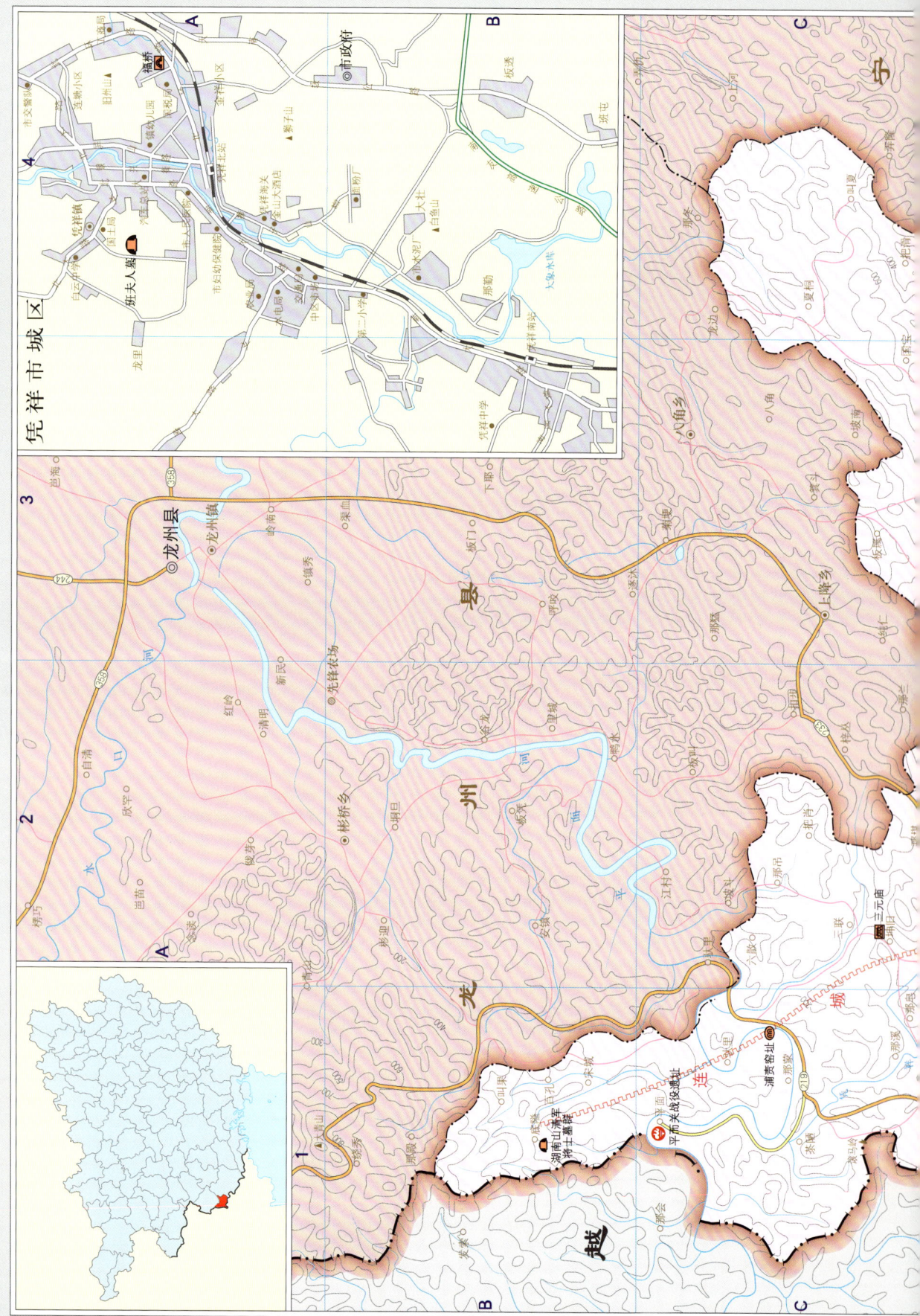

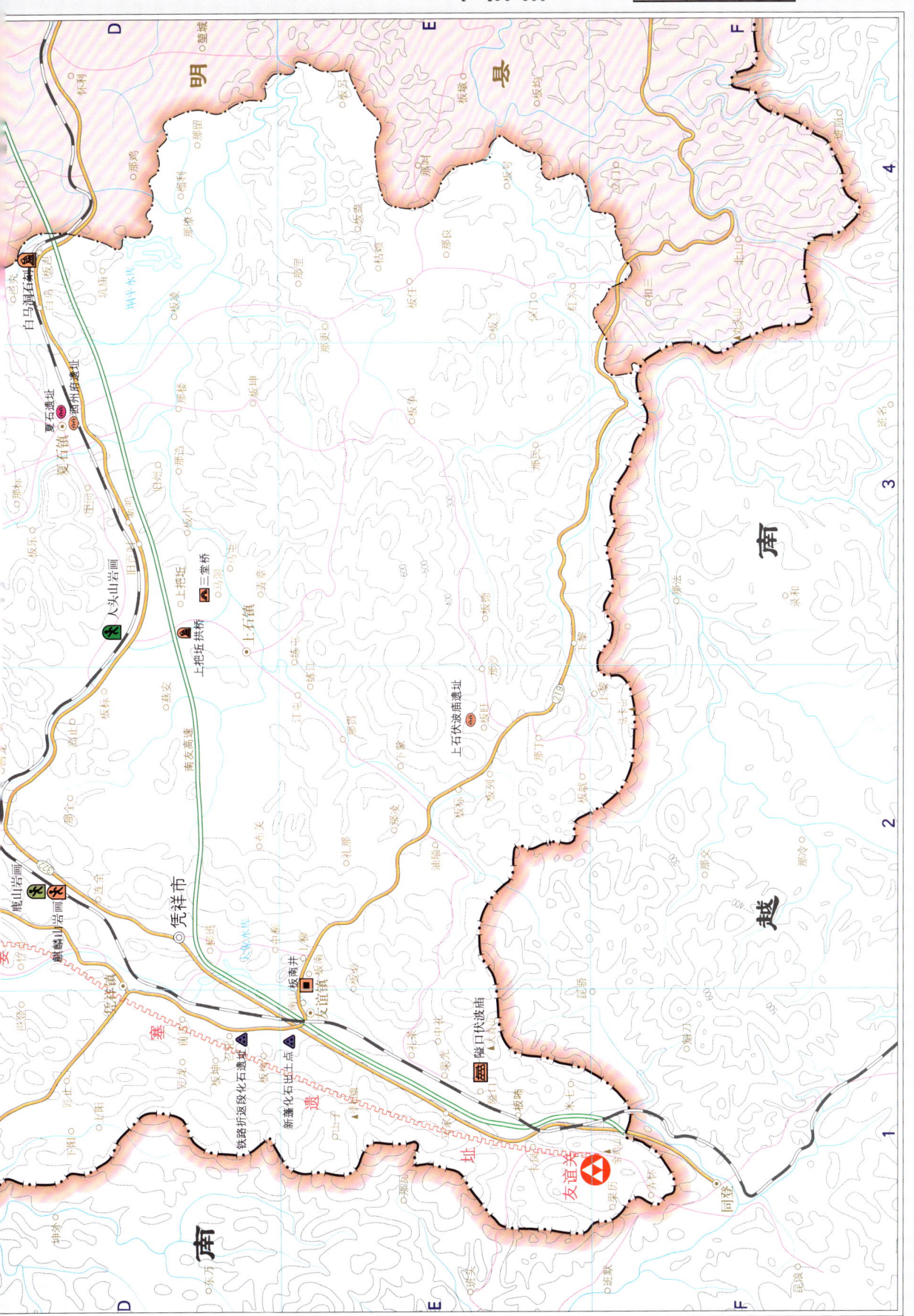

1 : 150 000

0　1.5　3.0　4.5千米

133

龙州县文物图

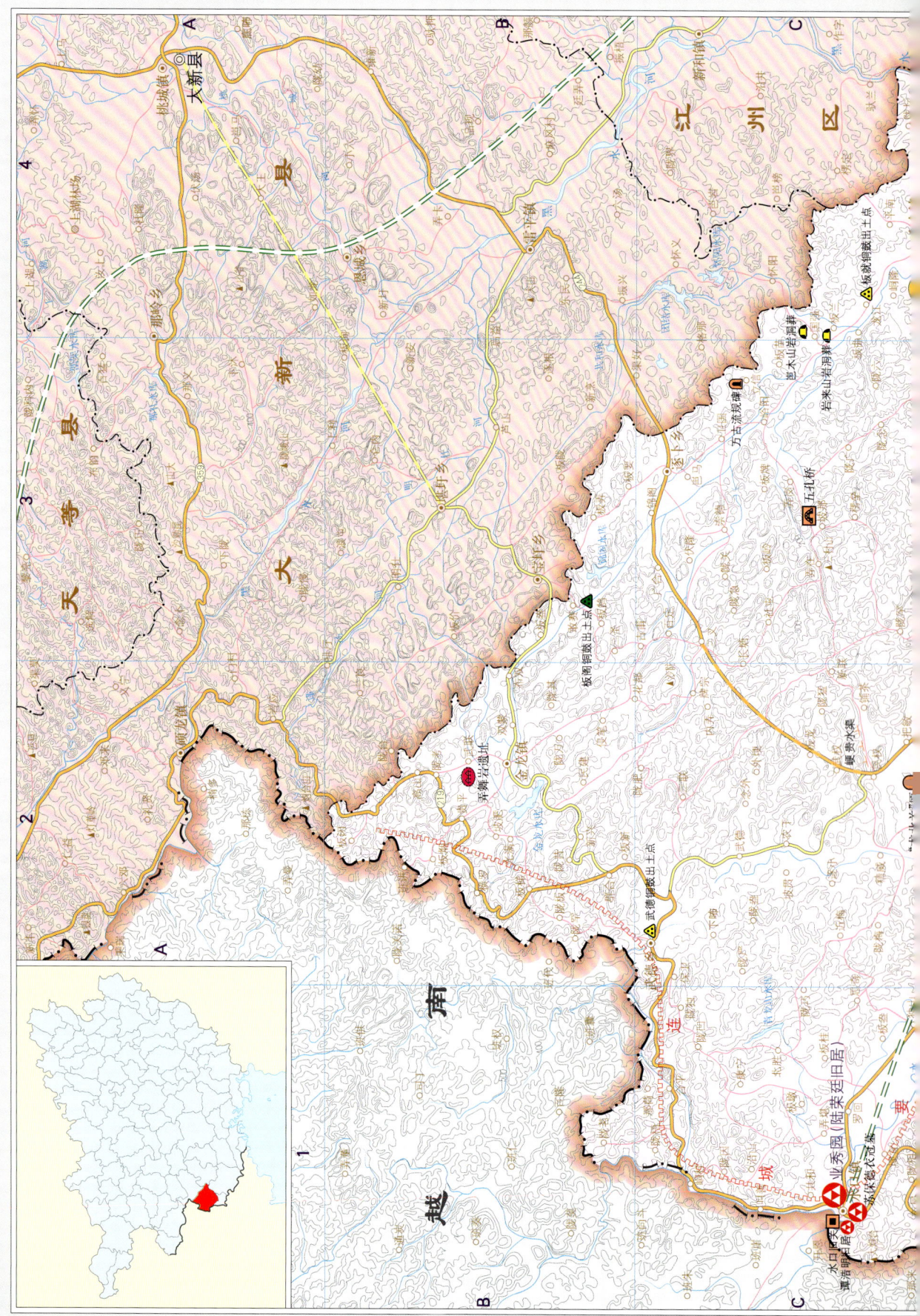

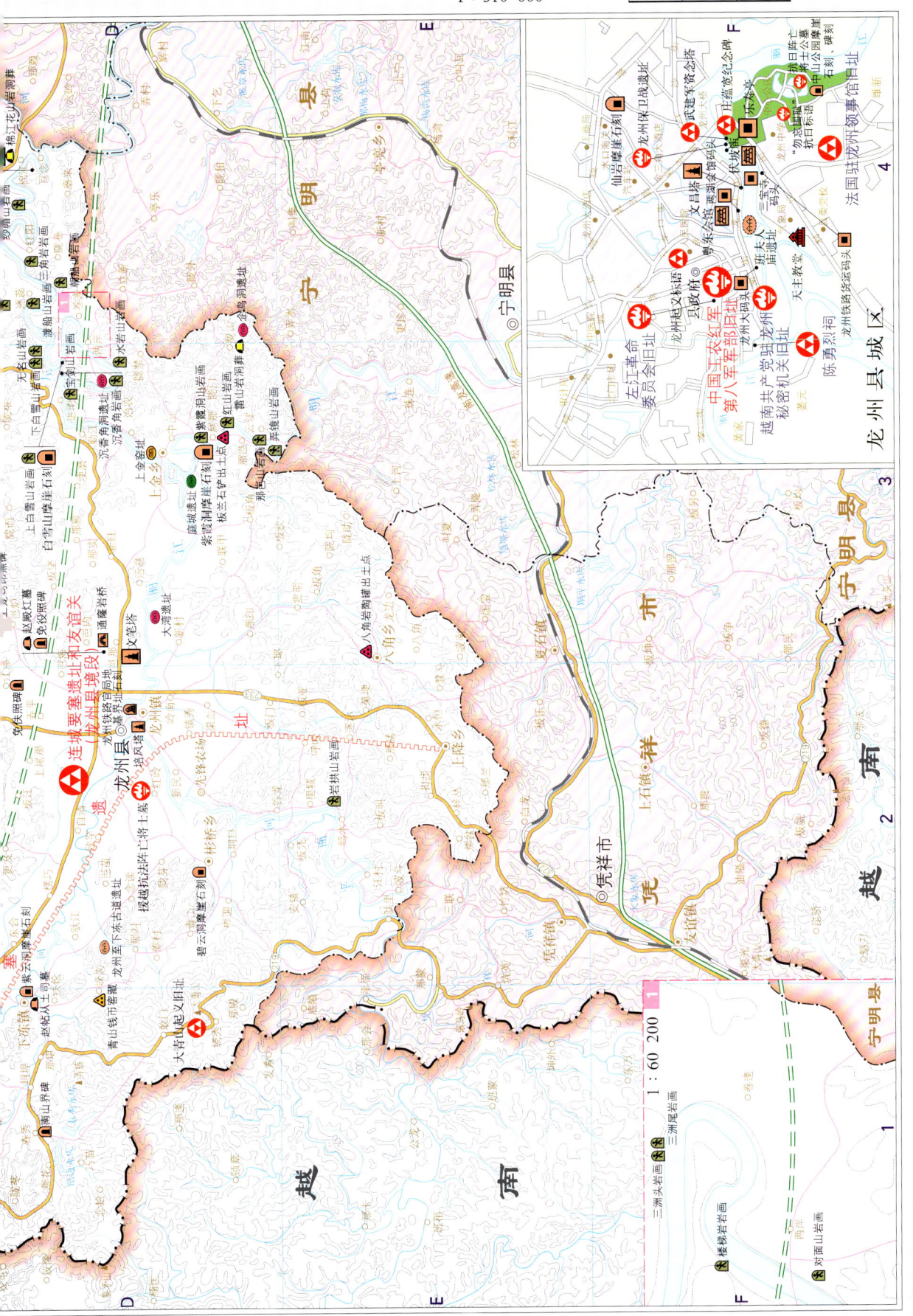

1 : 310 000

0　3.1　6.2　9.3千米

龙州县城

1 : 60 200

135

扶绥县文物图

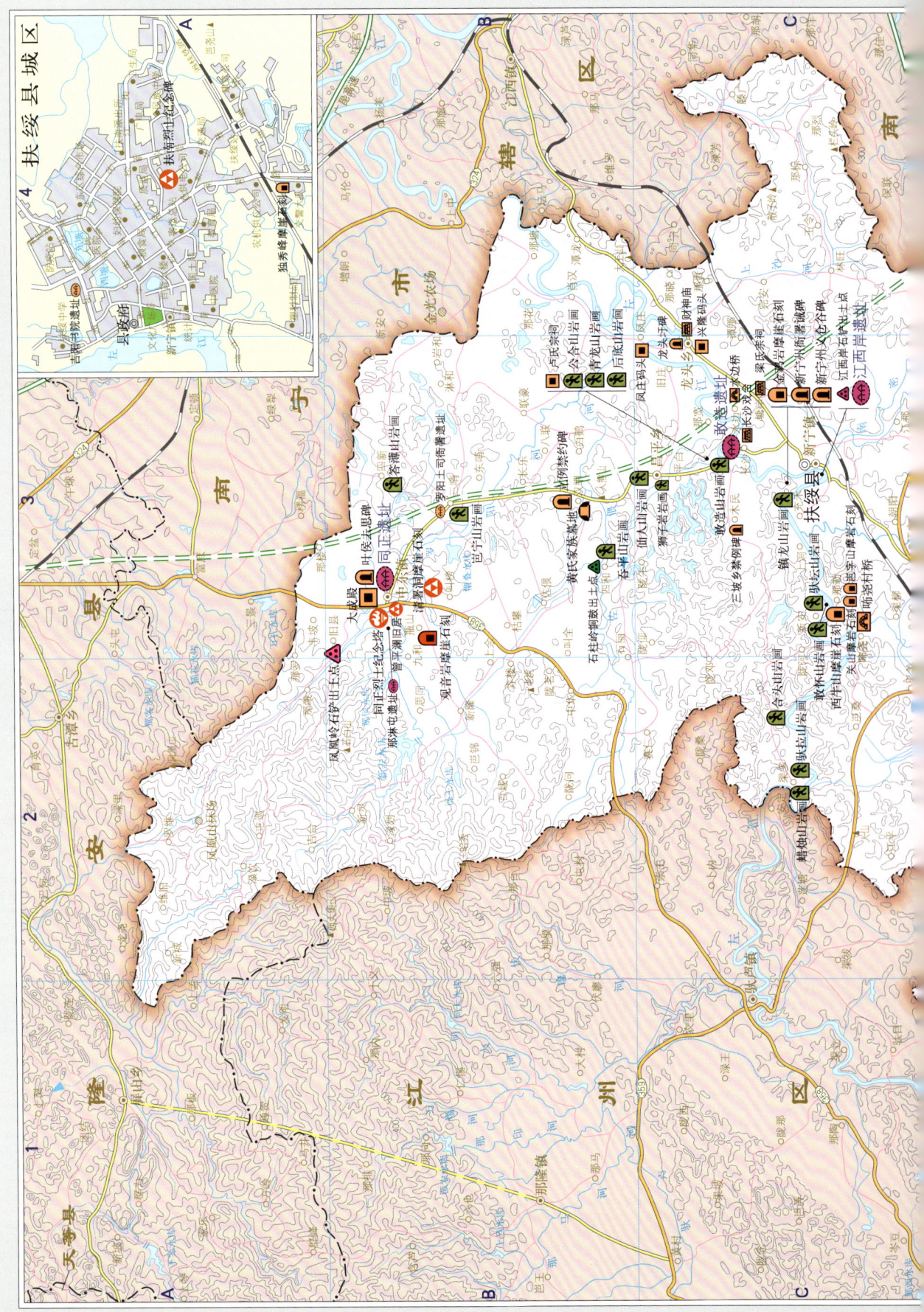

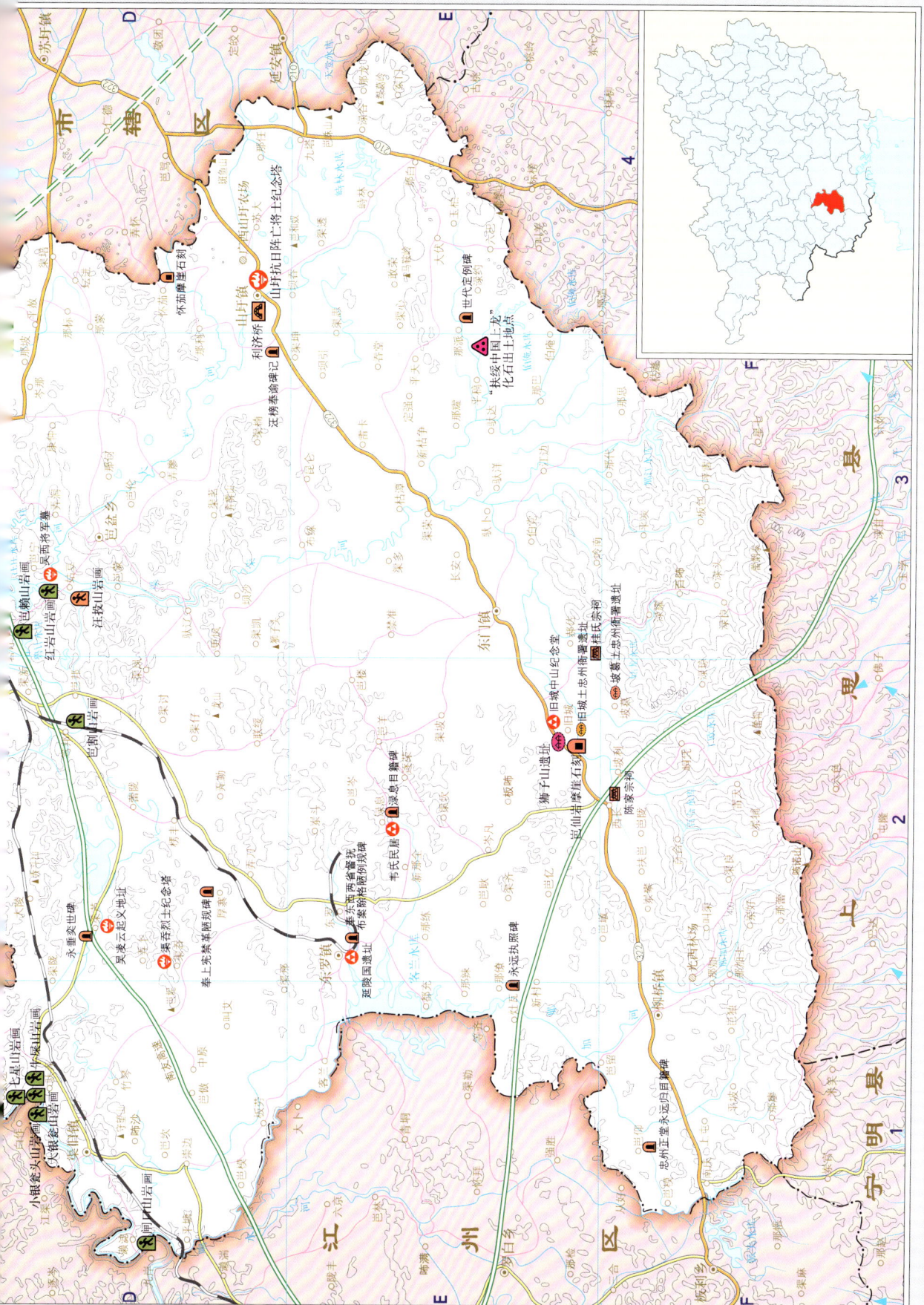

0   2.8   5.6   8.4千米

天等县文物图

1:260 000

0 2.6 5.2 7.5千米

平果县

东县

江城镇

立碑准免碑

应革留章程碑

东平镇

巴美村规民约碑
进远摩崖石刻   惜字塔
进远乡   政洲石铲出土点

江梅岩洞葬   进结镇
土官冯大勋墓

那印铜钺出土点

子山石墙遗址

隆

万古留碑   **安**

驮堪乡

上司寨碑
洪桥
那砚山岩画   那砚山岩洞葬   尊奉册主定例碑
都康乡   南岭摩崖石刻   **县**
清音洞摩崖石刻   布泉乡
那羊山岩画
尊奉上宪应留碑

天等县

天等镇

屯石铲出土点   244

大新县

加华岩洞葬

芭弄山岩洞葬

小山乡

岚光洞摩崖石刻

全茗镇

龙门乡

上湖林场

大   **新**   **县**

359

桃城镇

大新县

天等县城区

丽川拱桥

劳动职业
培训中心

公安局   文体广场

气象局

水利局   地税局

人民医院   国税局

县政府

汽车客运站   凌城派出所

百货大楼

文物局   邮政局   县委党校

县关派出所   迎宾楼   会堂

城关派出所

北帝庙

革命烈士纪念碑   教育局
天等镇   天等高中
小石林摩崖石刻   教师进修学校
牛行摩崖石刻

卫生局

龙蟠山石墙遗址
妇幼保健院

交警队

天等中学

大新县文物图

1:103 000

恩城摩崖石刻
聚仙岩摩崖石刻   镇虎拦河石坝
上渡码头   恩城乡
恩城旧州城遗址   画山岩画

朱砂矿开采遗址   岜六山岩洞葬
新圩   岜仰山岩洞葬

清乾隆养利州城图

140

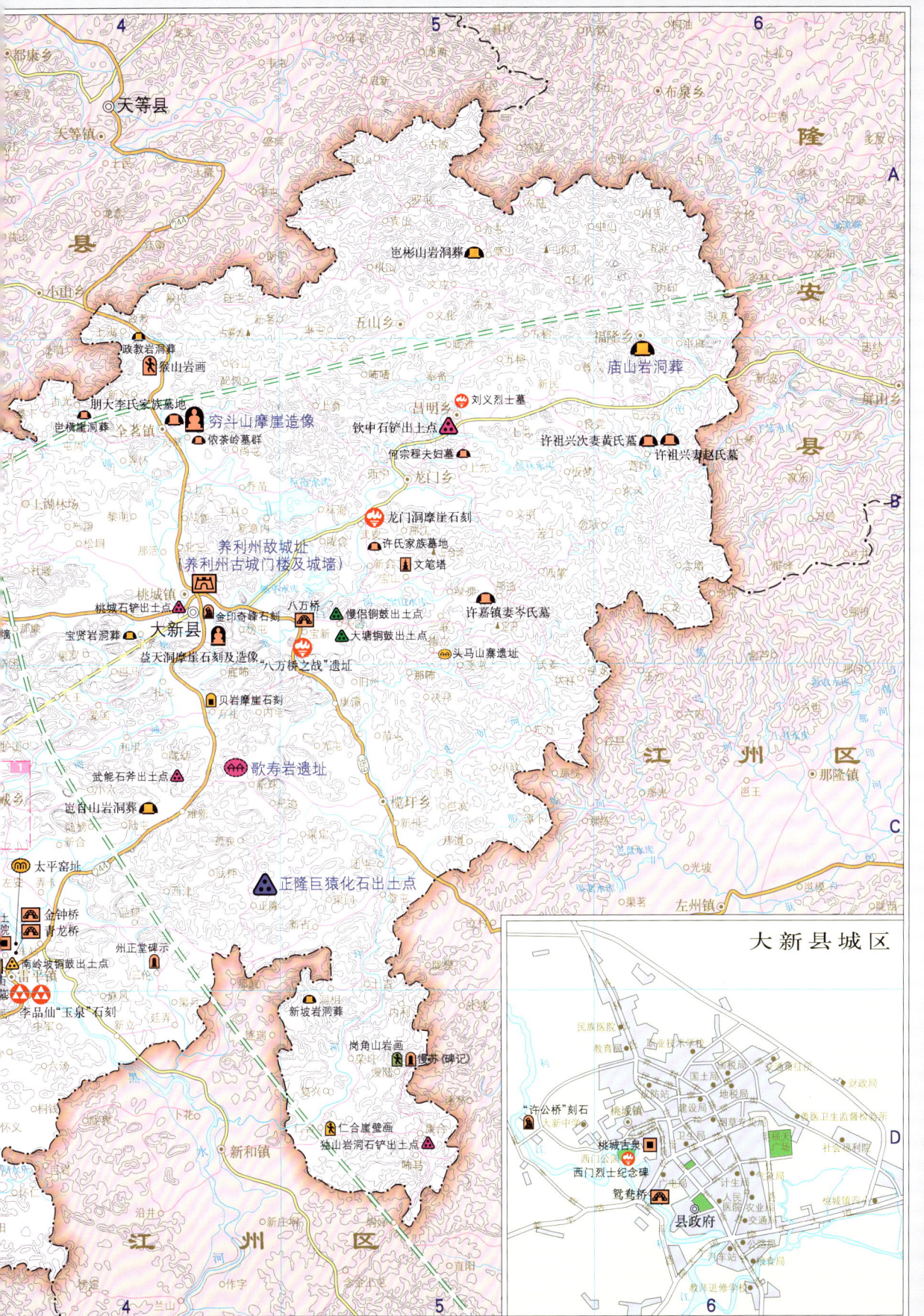

1 : 310 000

0　3.1　6.2　9.3千米

天等县
天等镇

都康乡

隆
安
县

小山乡

五山乡

福隆乡

政教岩洞葬
猴山岩画

朋大李氏家族墓地
岜横崖洞葬
全茗镇
依茶岭墓群

穷斗山摩崖造像

钦中石铲出土点
昌明
刘义烈士墓

何宗程夫妇墓

龙门乡

许祖兴次妻黄氏墓
许祖兴妻赵氏墓

庙山岩洞葬

养利州故城址
(养利州古城门楼及城墙)

桃城镇
桃城石铲出土点

宝贤岩洞葬

大新县

金印奇峰石刻

益天洞摩崖石刻及造像

八万桥

慢侣铜鼓出土点
大塘铜鼓出土点

"八万桥之战"遗址

龙门洞摩崖石刻

许氏家族墓地
文笔塔

许嘉镇妻岑氏墓

头马山寨遗址

江
州
区

那隆镇

贝岩摩崖石刻

歌寿岩遗址

武能石斧出土点
岜白山岩洞葬

正隆巨猿化石出土点

左州镇

太平窑址

金钟桥
青龙桥
州正堂碑示

南岭坡铜鼓出土点

李品仙"玉泉"石刻

新坡岩洞葬

岗角山岩画
题苏(碑记)

仁合崖壁画
独山岩洞石铲出土点

新和镇

江
州
区

大新县城区

民族医院

教育局
职业技术学校
国土局
地税局
财政局
桃坡镇
许公桥"刻石
建设局
桃城古泉
大新中学
卫生局
洞革局

西门公园
西门烈士纪念碑
鸳鸯桥

县政府

141

柳州市城区文物图

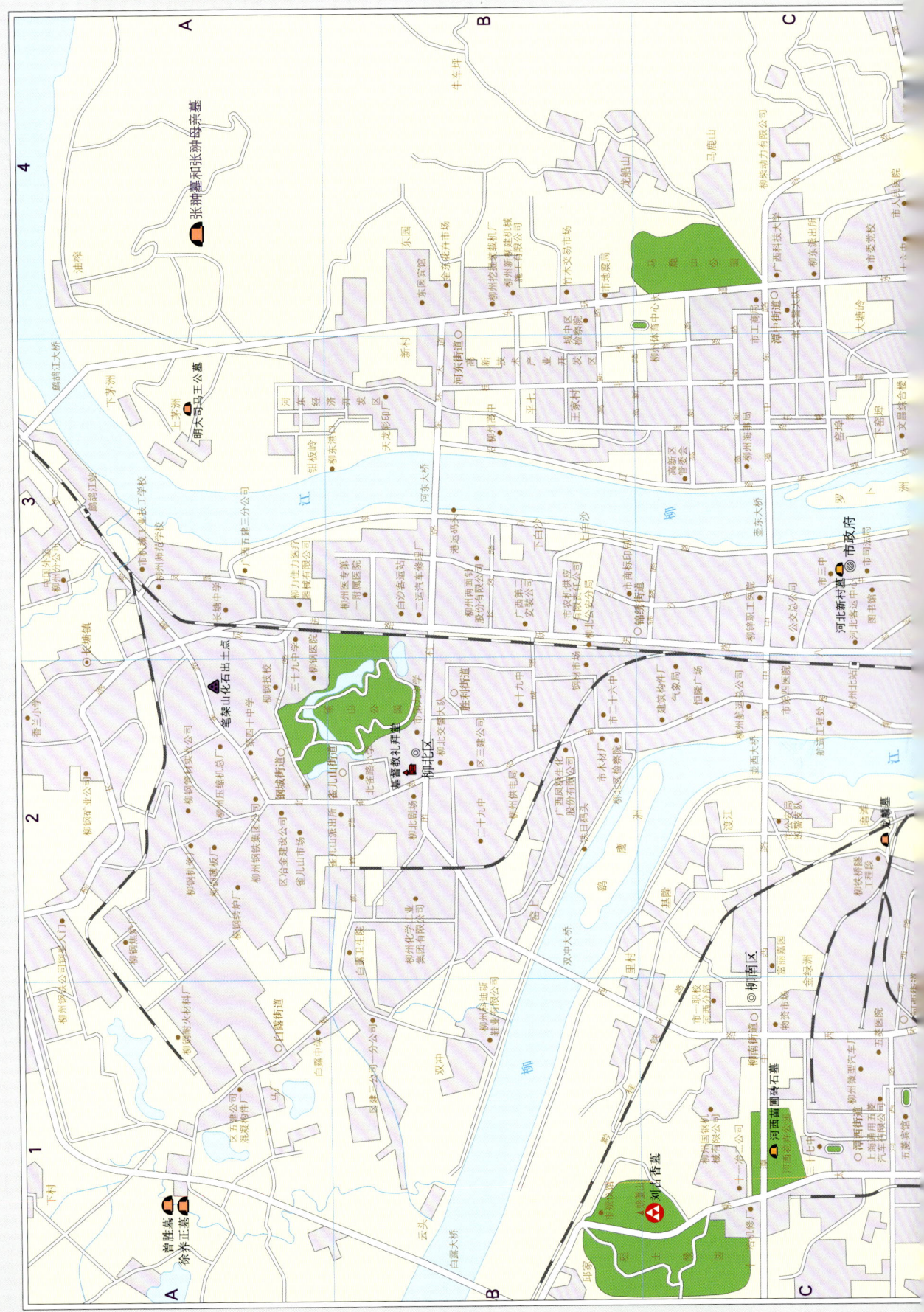

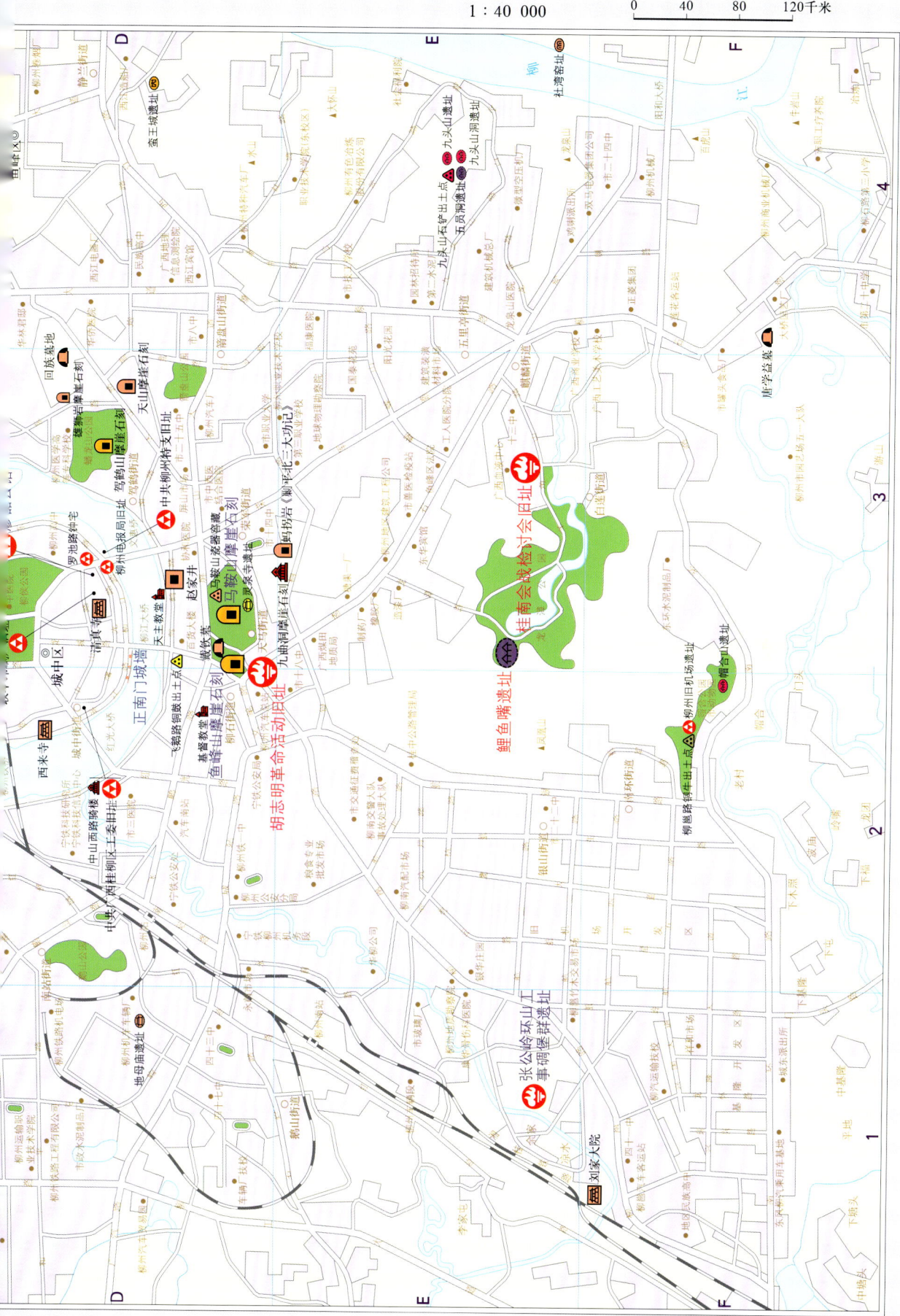

柳州市辖区文物图

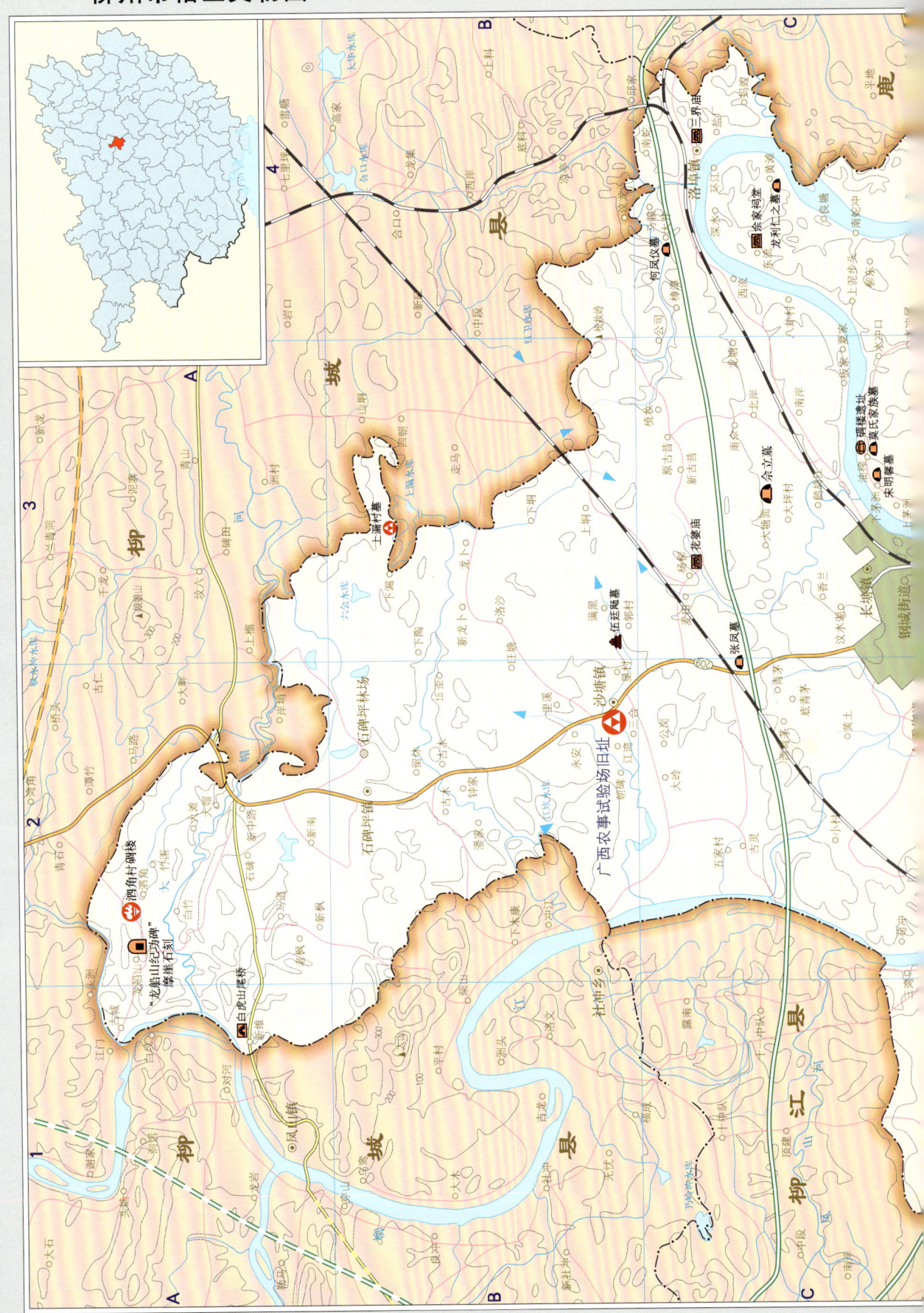

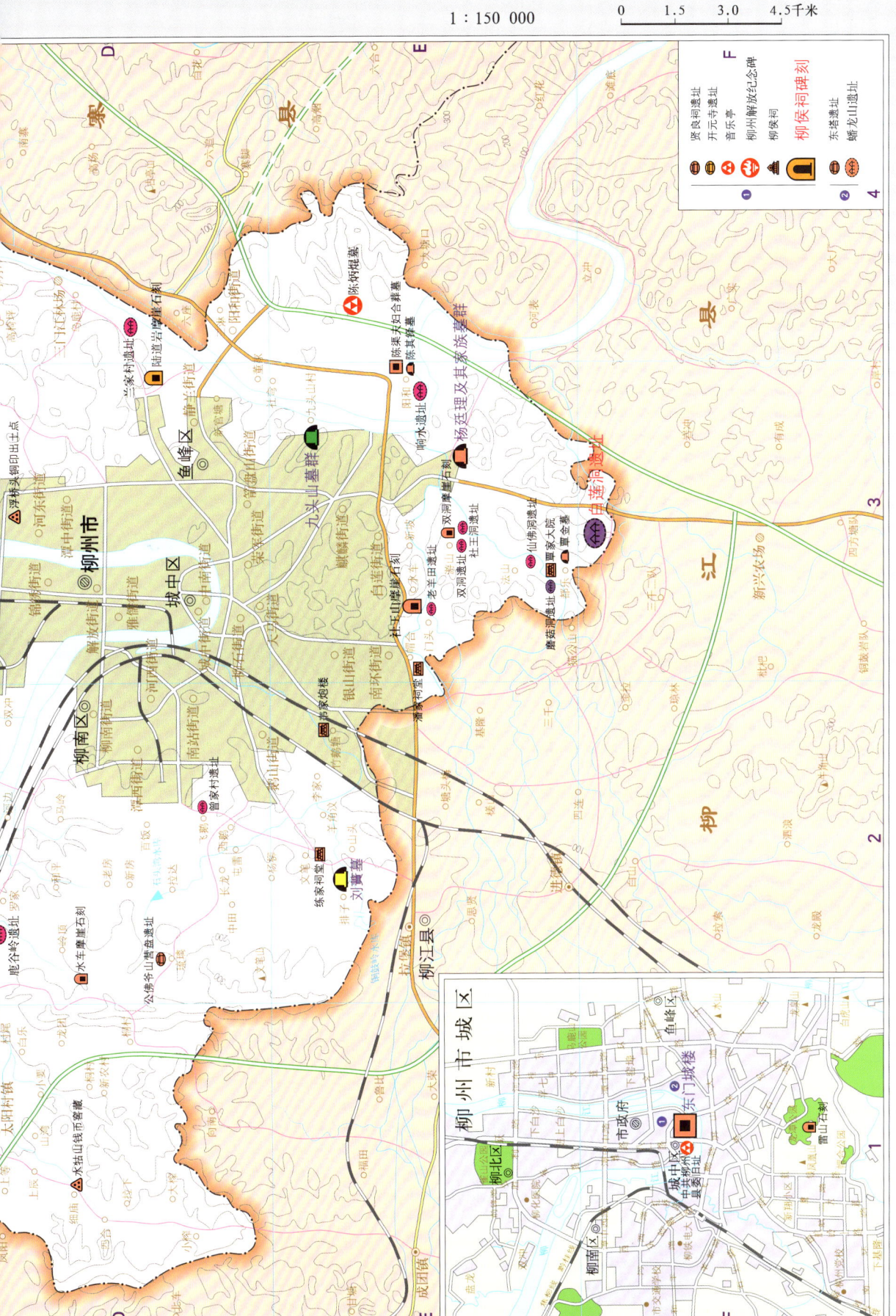

1 : 150 000

0　1.5　3.0　4.5千米

柳侯祠碑刻

贤良祠遗址
开元寺遗址
音乐亭
柳州解放纪念碑
柳侯祠
东塔遗址
蟠龙山遗址

①
②

浮桥头铜印出土点
三江区林场
兰家村遗址
陆道岩摩崖石刻

鱼峰区
静兰街道
阳和街道
鹿寨县

陈柄榈墓
陈渠夫妇合葬墓
陈其芳墓
杨廷理及其家族墓群
响水遗址
中莲洞遗址

柳州市
城中区
柳南区

九头山墓群
磐龙山街道
窑埠街道
白莲洞摩崖石刻
老羊田遗址
双洞遗址
壮王洞遗址
山佛洞遗址
蘑菇洞遗址
覃金墓

柳江区
鹿谷岭遗址
水车摩崖石刻
公佛岑山崖盘遗址
水垅山崖墓葬
太阳村镇

练家祠堂
刘蕡墓

柳江县
成团镇

柳州市城区

鱼峰区
东门城楼
城中区
中共柳州县委旧址

145

柳江县文物图

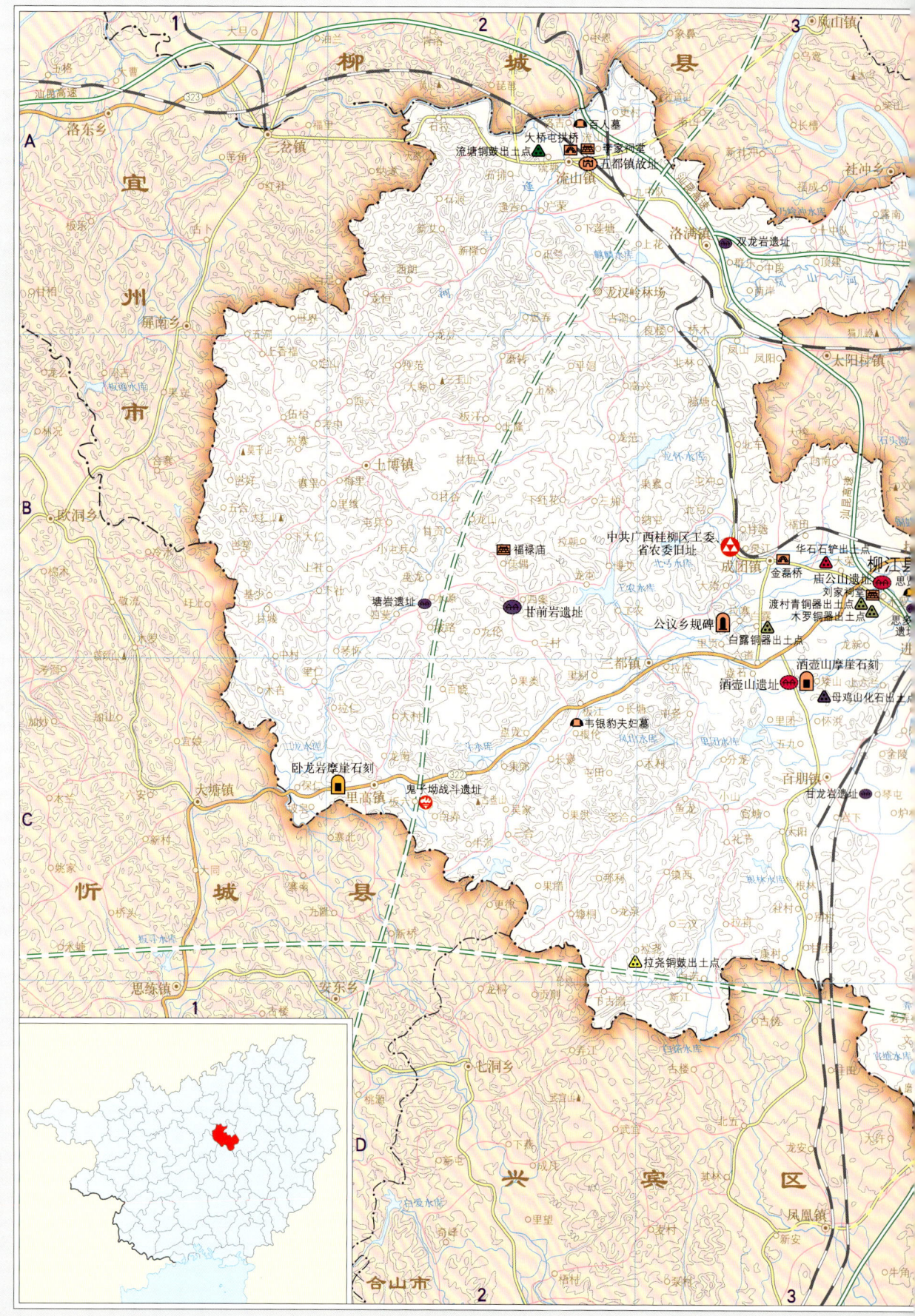

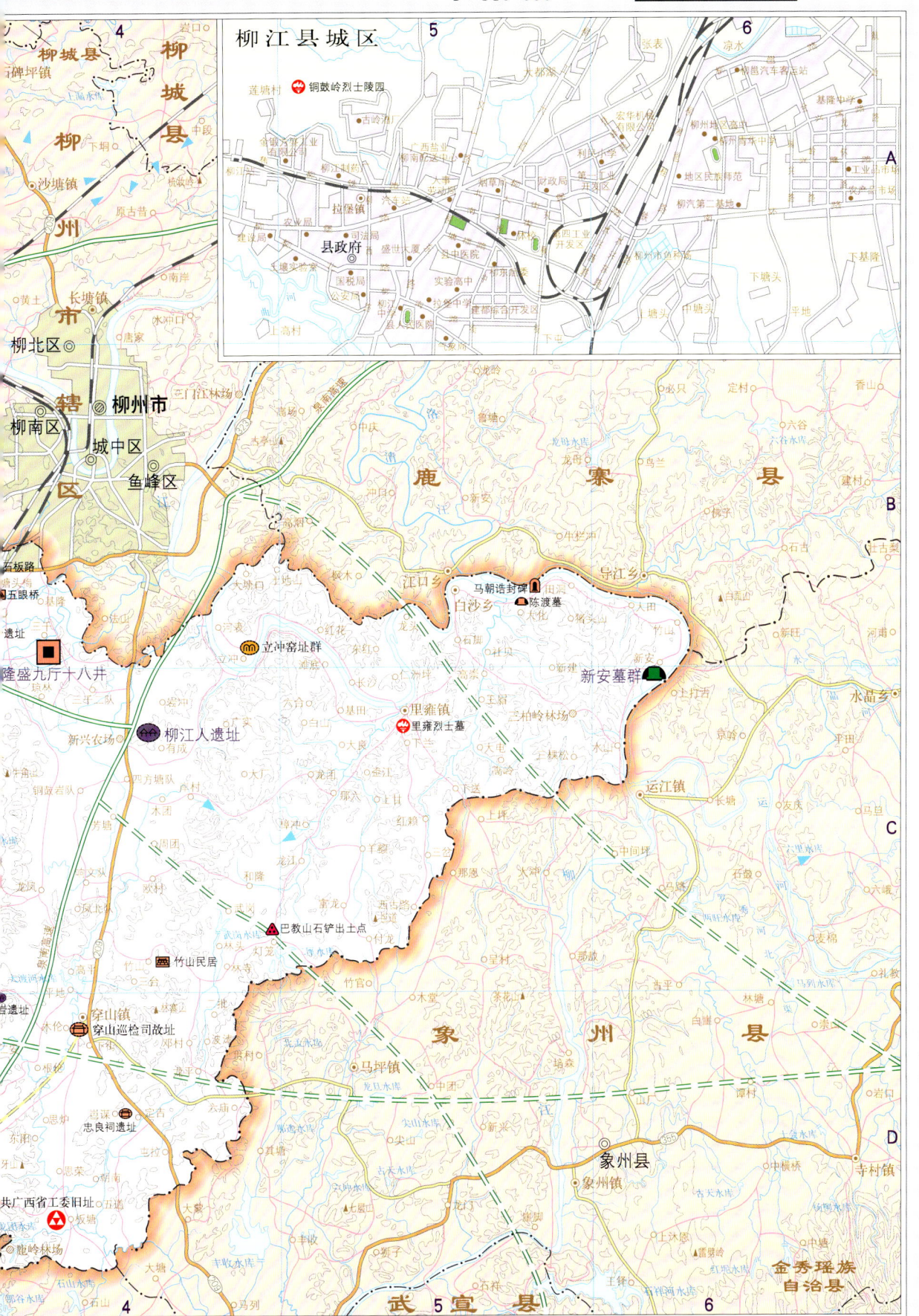

1 : 310 000

0   3.1   6.2   9.3千米

柳江县城区

铜鼓岭烈士陵园

莲塘村

古岭洞

广西制药有限公司

柳南制药厂

拉堡镇

利华小学

柳州地区民族师范

柳汽第二基地

柳州地区干校

广西柳州第一中学

新基隆汽车客运站

基隆加油站

工业市场

土产市场

A

县政府

盛世大厦

司法局

司中医院

市政局

实验高中

公安局

国税局

建都综合开发区

拉堡中学

建都综合开发区

柳州市鱼苗场

下塘头

平地

中塘头

下基隆

柳城县

古碑坪镇

柳城县

柳州

沙塘镇

原古昔

黄土乡

长塘镇

柳北区

柳州市

辖

区

柳南区

城中区

鱼峰区

石板路

五眼桥

遗址

蓬盛九厅十八井

立冲窑址群

鹿 寨 县

B

江口乡

马朝诰封碑

白沙乡

陈渡墓

导江乡

新安墓群

柳江人遗址

新兴农场

里雍镇

里雍烈士墓

三柏岭林场

运江镇

水苗乡

C

巴教山石铲出土点

象 州 县

竹山民居

穿山镇

穿山巡检司故址

马坪镇

忠良祠遗址

D

共广西省工委旧址

鹿岭林场

象州县

象州镇

寺村镇

金秀瑶族自治县

武 5 宣 县

147

柳城县文物图

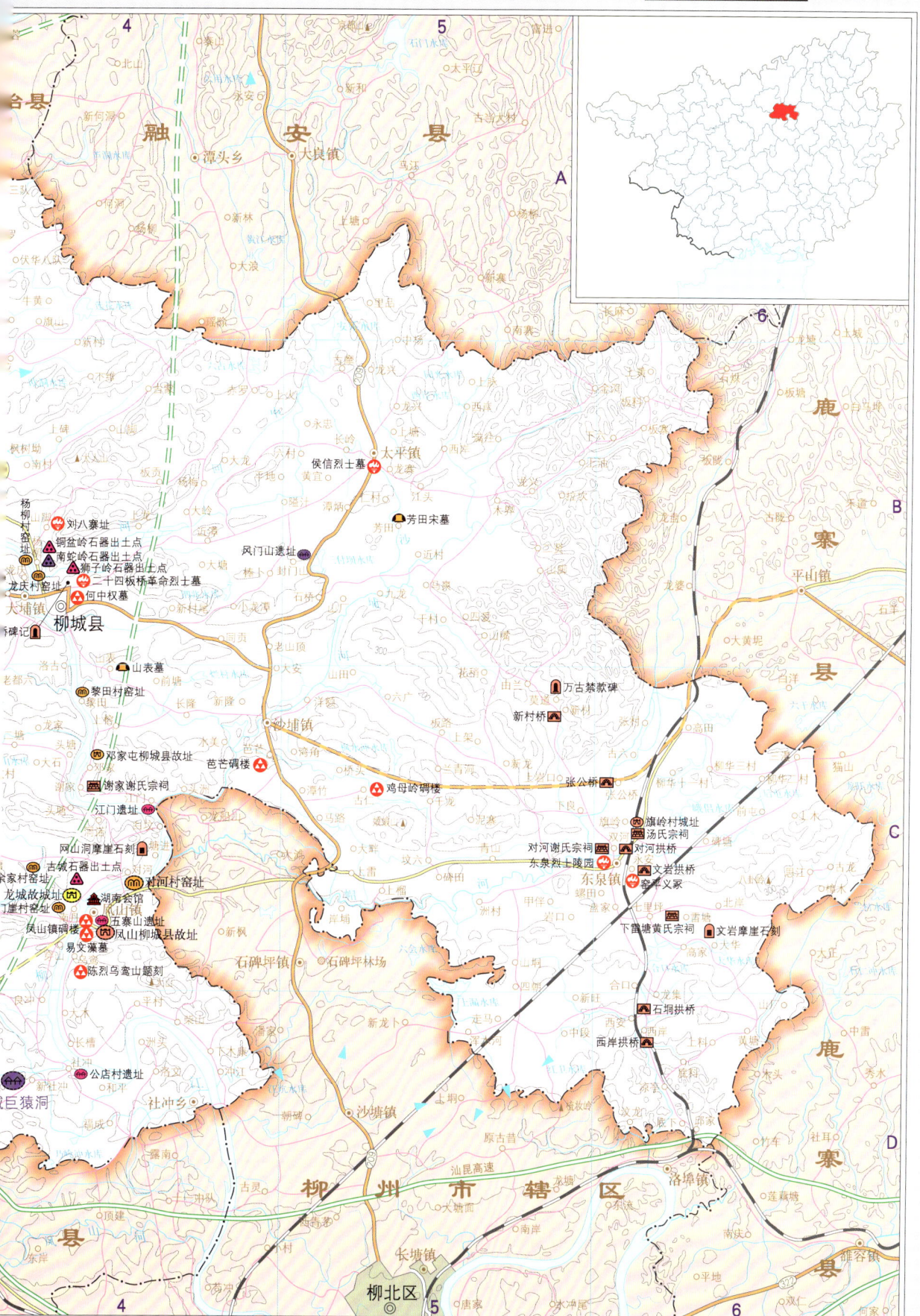

1 : 250 000

0　2.5　5.0　7.5千米

融　安　县

合县

潭头乡　大良镇

太平镇
侯信烈士墓

芳田宋墓

杨柳村窑址
刘八寨址
铜盆岭石器出土点　风门山遗址
南蛇岭石器出土点
狮子岭石器出土点
二十四板桥革命烈士墓
龙庆村窑址
何中权墓
大埔镇
柳城县
碑记

山表墓
黎田村窑址

邓家屯柳城县故址
谢家谢氏宗祠

江门遗址
冈山洞摩崖石刻
古城石器出土点
李家村窑址
龙城故城址
丁崖村窑址
凤山镇　湖南会馆
五寨山遗址
凤山镇碉楼　凤山柳城县故址
易文藻墓

陈烈乌鸾山题刻

石碑坪镇　石碑坪林场

公店村遗址

巨猿洞

社冲乡

芭芒碉楼

柳埠镇

鸡母岭碉楼

对河谢氏宗祠
东泉烈士陵园

万古禁款碑
新村桥

张公桥

旗岭村城址
汤氏宗祠
对河拱桥
文岩拱桥
东泉镇　窑华义冢
下雷塘黄氏宗祠　文岩摩崖石刻

石垌拱桥
西岸拱桥

鹿　寨　县

平山镇

鹿　寨　县

柳　州　市　辖　区

洛埠镇

沙塘镇

长塘镇

柳北区

融　安　县

鹿　寨　县

149

融安县文物图

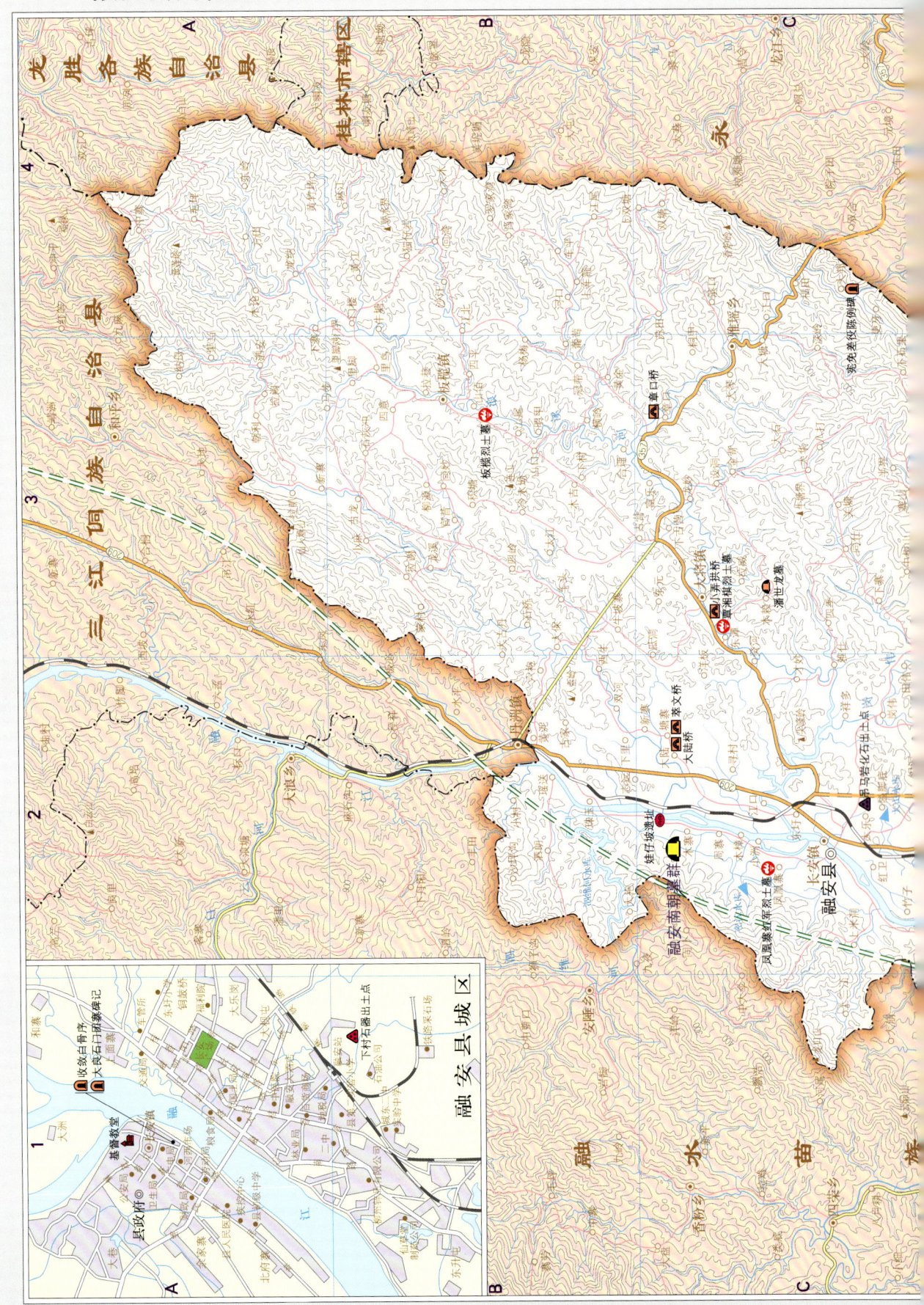

1 : 290 000

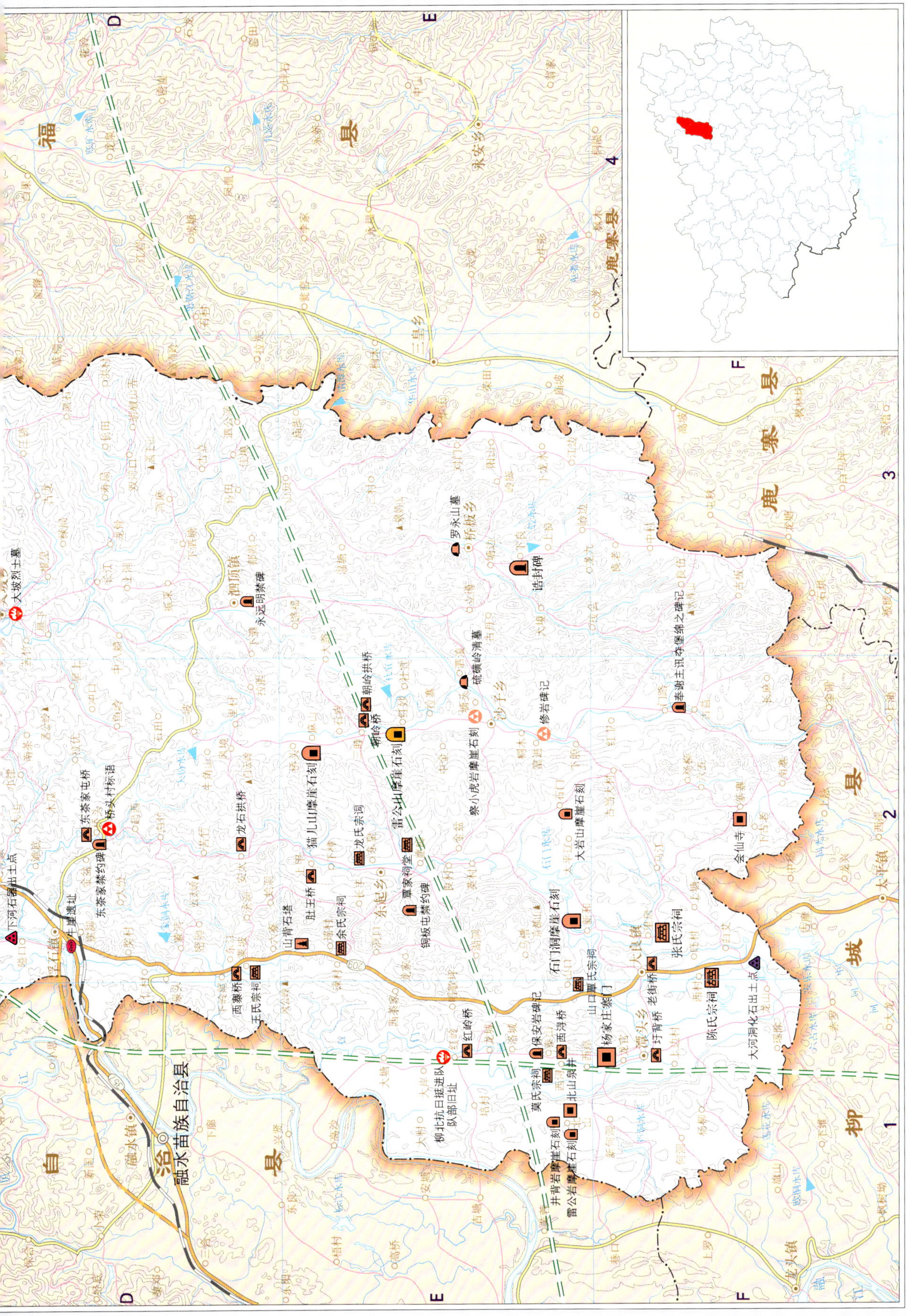

融水苗族自治县文物图

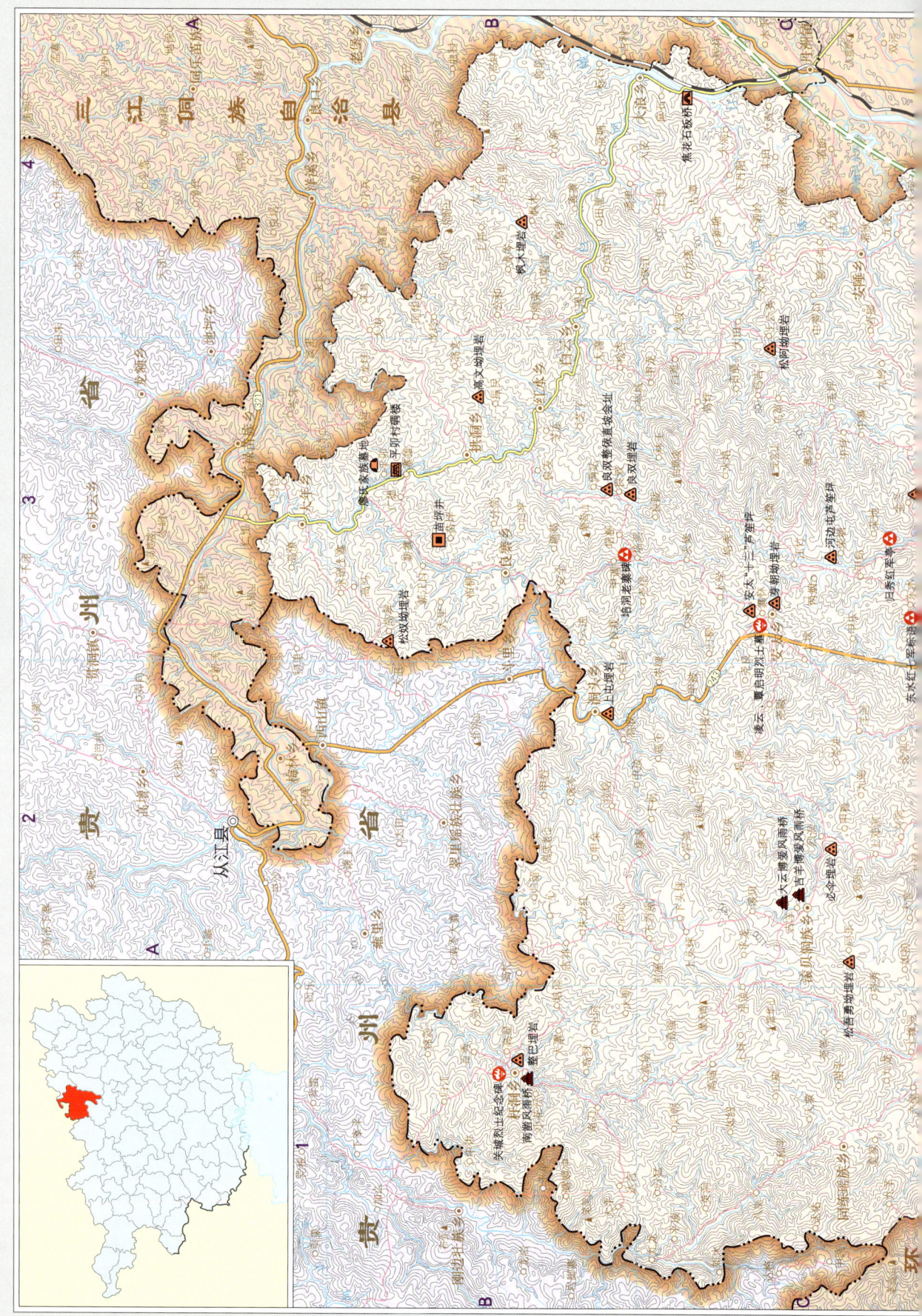

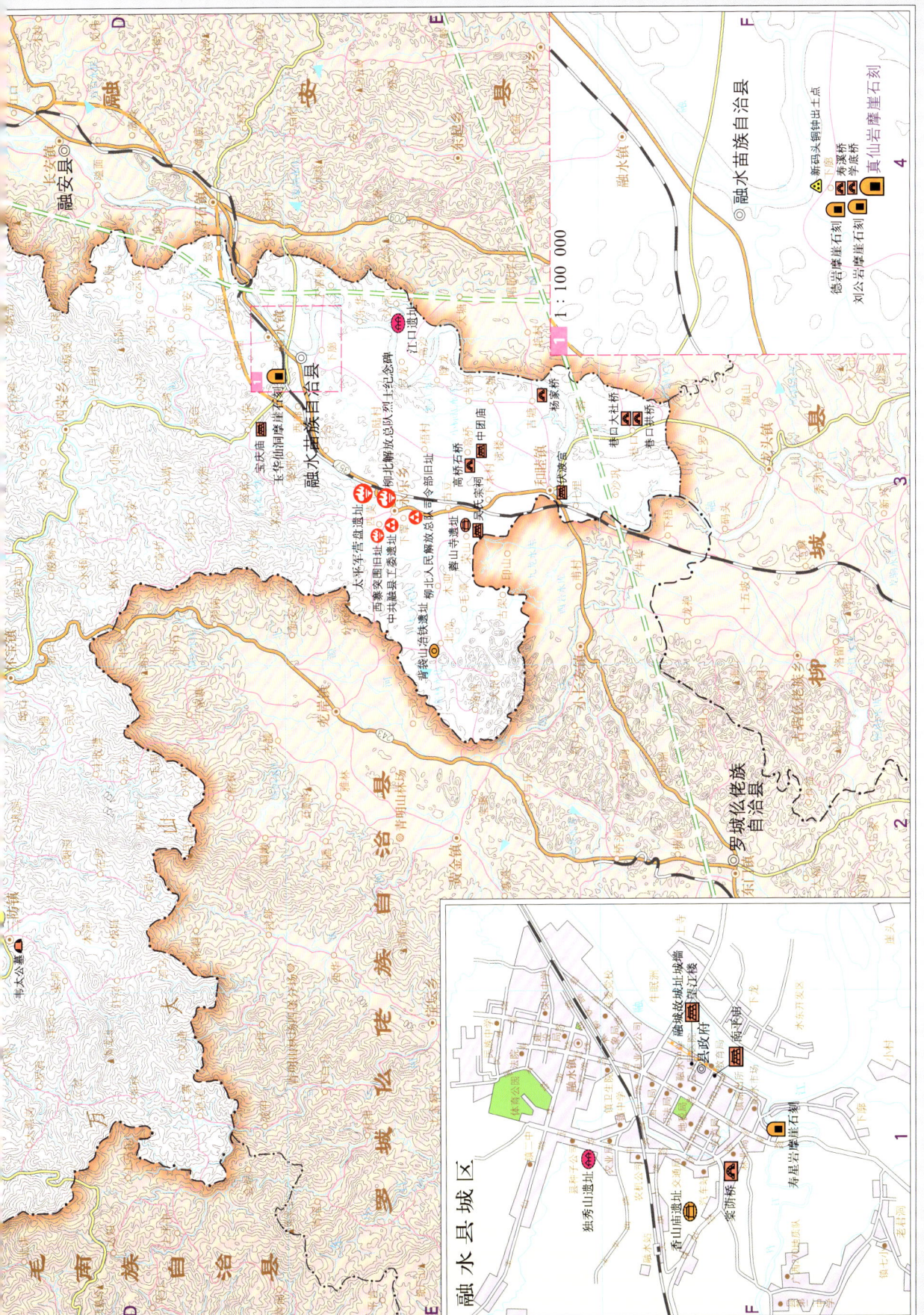

比例尺 1 : 400 000

0 4.0 8.0 12.0千米

1 : 100 000

融水县城区

153

鹿寨县文物图

融　安　县

柳城县

柳　城　县

太平镇

柳城县

沙埔镇

凤山镇

石碑坪镇

石碑坪林场

社冲乡

福成

沙塘镇

柳　州

洛埠镇

柳江县

长塘镇

柳北区

太阳村镇

柳州市

柳南区

城中区

辖　鱼峰区

柳江县

拉堡镇

区

进德镇

柳　江　县

雷王庙(秋碑记)刻

香桥岩摩崖石刻　太平军好行摩崖石刻

西祖岩摩崖石刻

平山镇　樟木屯桥

平龙岩摩崖石刻　拉敦岩摩崖石刻

述旧碑记

中渡镇

庙山遗址

鹿寨县

鸡冠山墓群　陶家村

大汾塘遗址　兴隆村官府执照碑　濑勒桥

孟村屯拱桥

关帝庙

赵公桥　雄容镇

高岩摩崖石刻

牛栏岭遗址　牛栏岭墓群

板滩村遗址

佘之格墓

猫耳山摩崖石刻　大成国锁江链遗址
大村南朝墓

铜鼓岭墓群　大成国军江口驻防遗址
大营岭墓群

江口

白沙乡

154

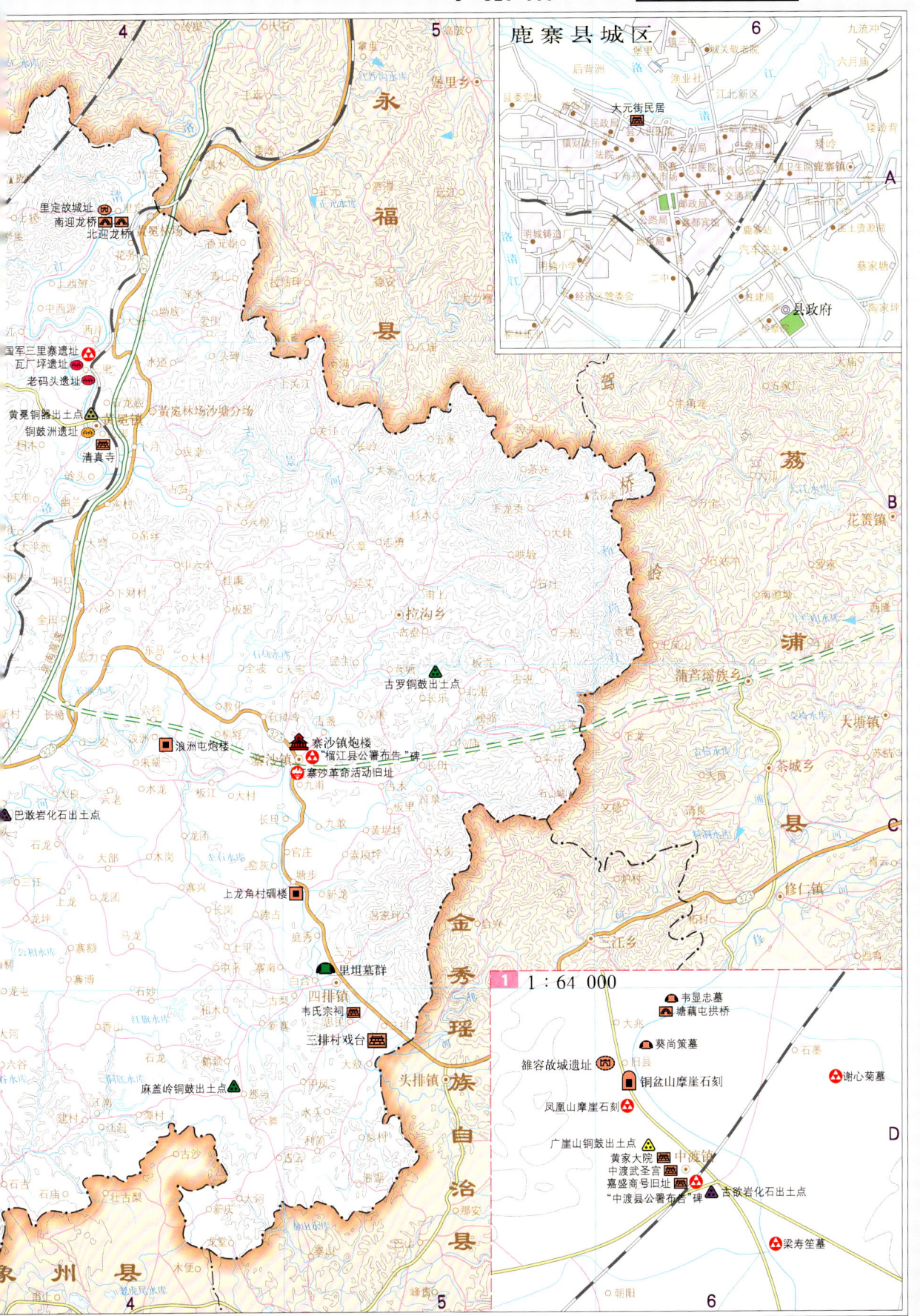

三江侗族自治县文物图

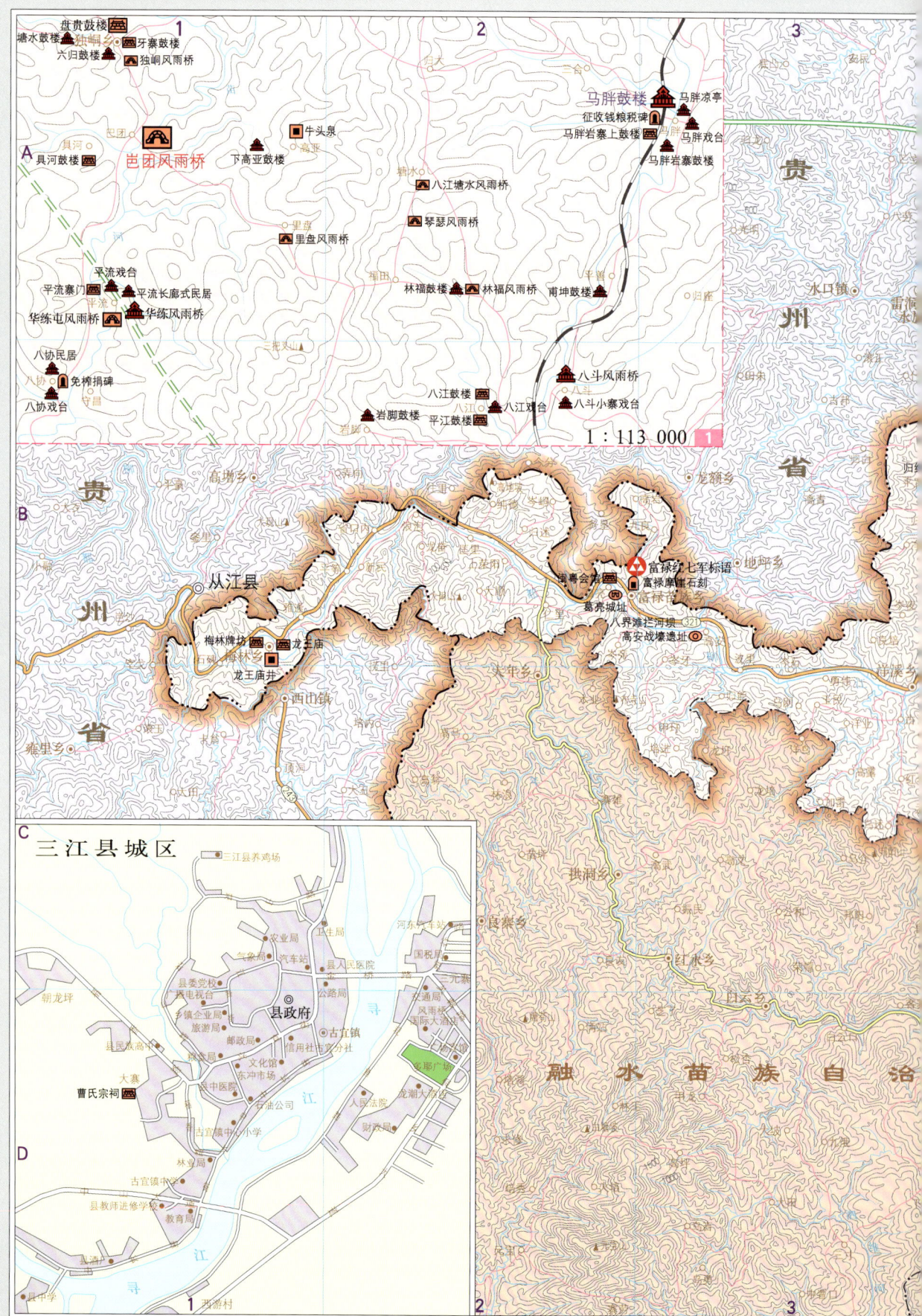

盘贵鼓楼
塘水鼓楼　独峒乡
六归鼓楼　牙寨鼓楼
独峒风雨桥

马胖鼓楼　马胖凉亭
征收钱粮税碑
马胖岩寨上鼓楼　马胖戏台
马胖岩寨鼓楼

具河鼓楼
邑团风雨桥
牛头泉
下高亚鼓楼

八江塘水风雨桥
琴瑟风雨桥

里盘风雨桥

平流戏台
平流寨门　平流长廊式民居
华练屯风雨桥　华练风雨桥

林福鼓楼　林福风雨桥　甫坤鼓楼

八斗风雨桥

八协民居
八协　免榨捐碑
八协戏台

八江鼓楼
岩脚鼓楼　八江戏台
平江鼓楼

八斗小寨戏台

1 : 113 000

贵　州　省

水口镇

从江县

富禄红七军标语
富禄摩崖石刻
闽粤会馆
葛亮城址
八界滩拦河坝
高安战壕遗址

梅林牌坊　龙王庙
龙王庙井

三江县城区

三江县养鸡场

农业局
卫生局
气象局　汽车站
县委党校　县人民医院
县电视台　公路局
县委企业局
邮政局　通局
旅游局　风雨楼
信用社三寄分社
县政府　古宜镇
文化馆
大寨　东冲市场
县中医院
曹氏宗祠　石油公司
人民法院
古宜镇中心小学
林业局　财政局
古宜镇中学
县教师进修学校　教育局

融　水　苗　族　自　治

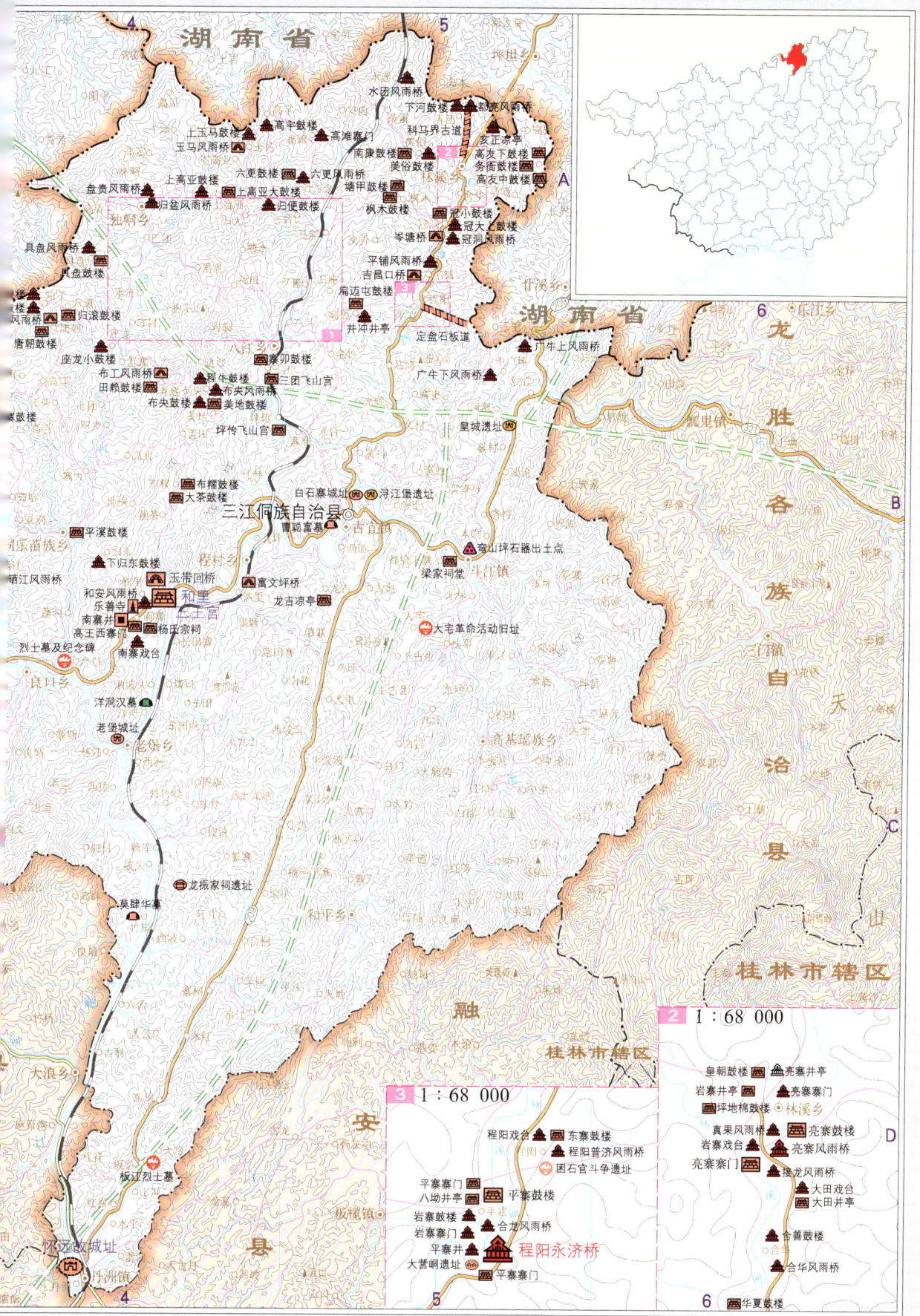

1 : 340 000

0　3.4　6.8　10.2千米

湖南省

湖南省

三江侗族自治县

桂林市辖区

桂林市辖区

龙胜各族自治县

天

山

2 1 : 68 000

林溪乡

皇朝鼓楼　亮寨井亭
岩寨井亭　亮寨寨门
坪地棉鼓楼

真果风雨桥　亮寨鼓楼
岩寨戏台　亮寨风雨桥
亮寨寨门　接龙风雨桥
大田戏台
大田井亭

合善鼓楼

合华风雨桥

华夏鼓楼

3 1 : 68 000

程阳戏台　东寨鼓楼
程阳普济风雨桥
困石宫斗争遗址
平寨寨门
八坳井亭　平寨鼓楼
岩寨鼓楼　合龙风雨桥
岩寨井
平寨井　程阳永济桥
大营峒遗址
平寨寨门

157

来宾市兴宾区文物图

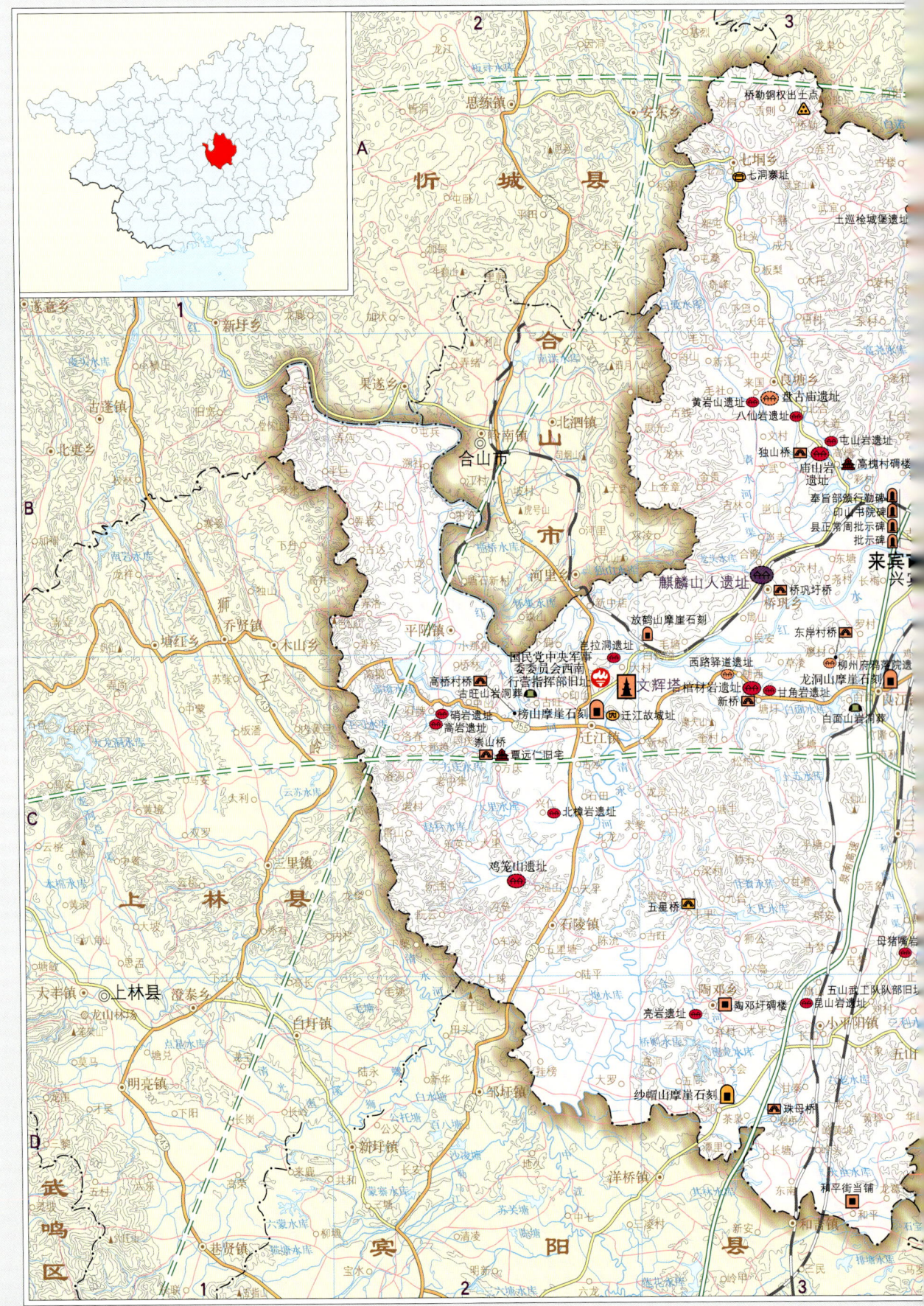

1 : 420 000

0　4.2　8.4　12.6千米

1 : 140 000　1

柳　江　县

象　州　县

金秀瑶族自治县

桂平市

武宣县

蓬莱洲象州故城址

覃塘区

港北区

莲花山

来宾市城区

来宾市

兴宾区

河西街道办

合山市文物图

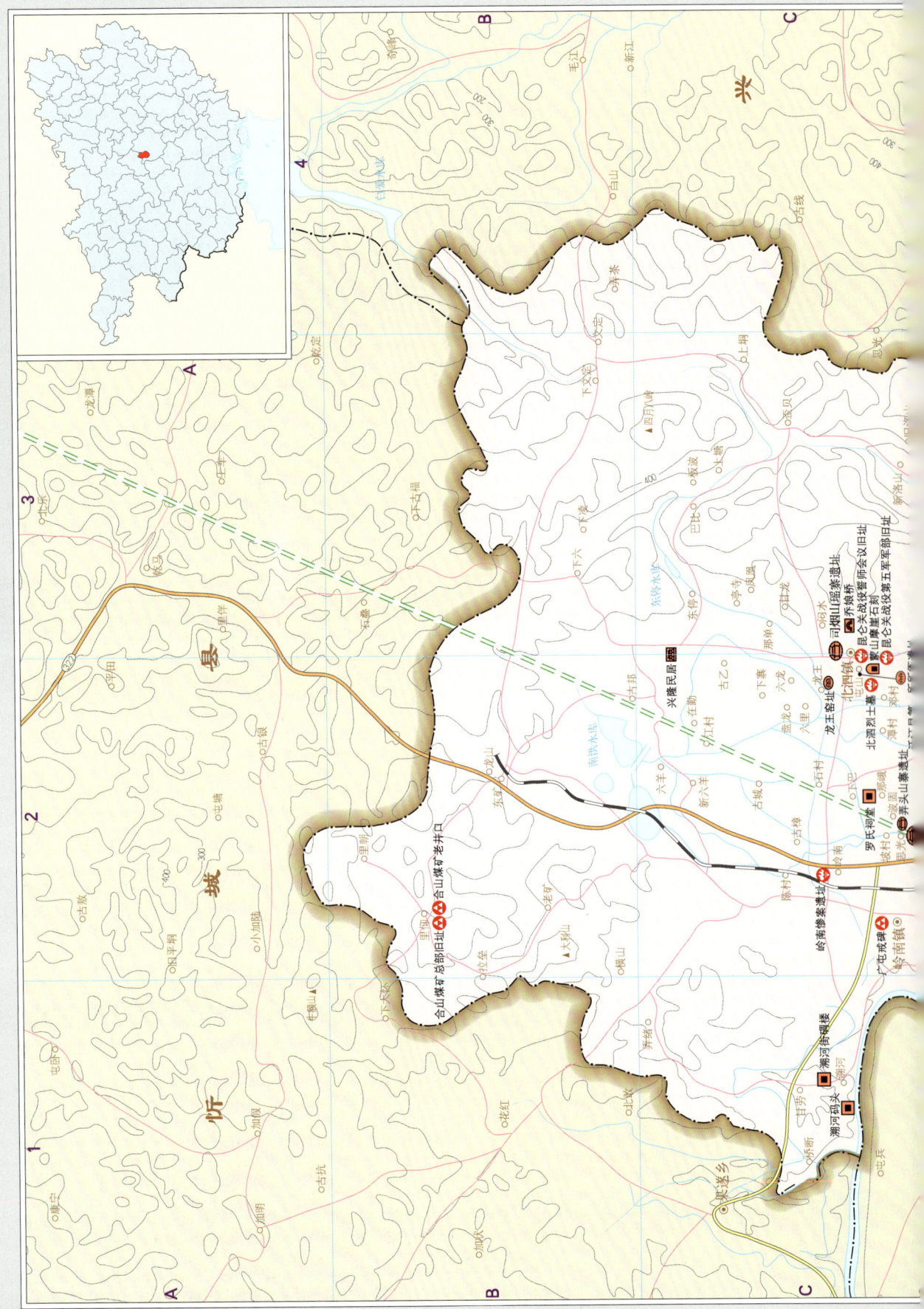

1：110 000　　0　1.1　2.2　3.3千米

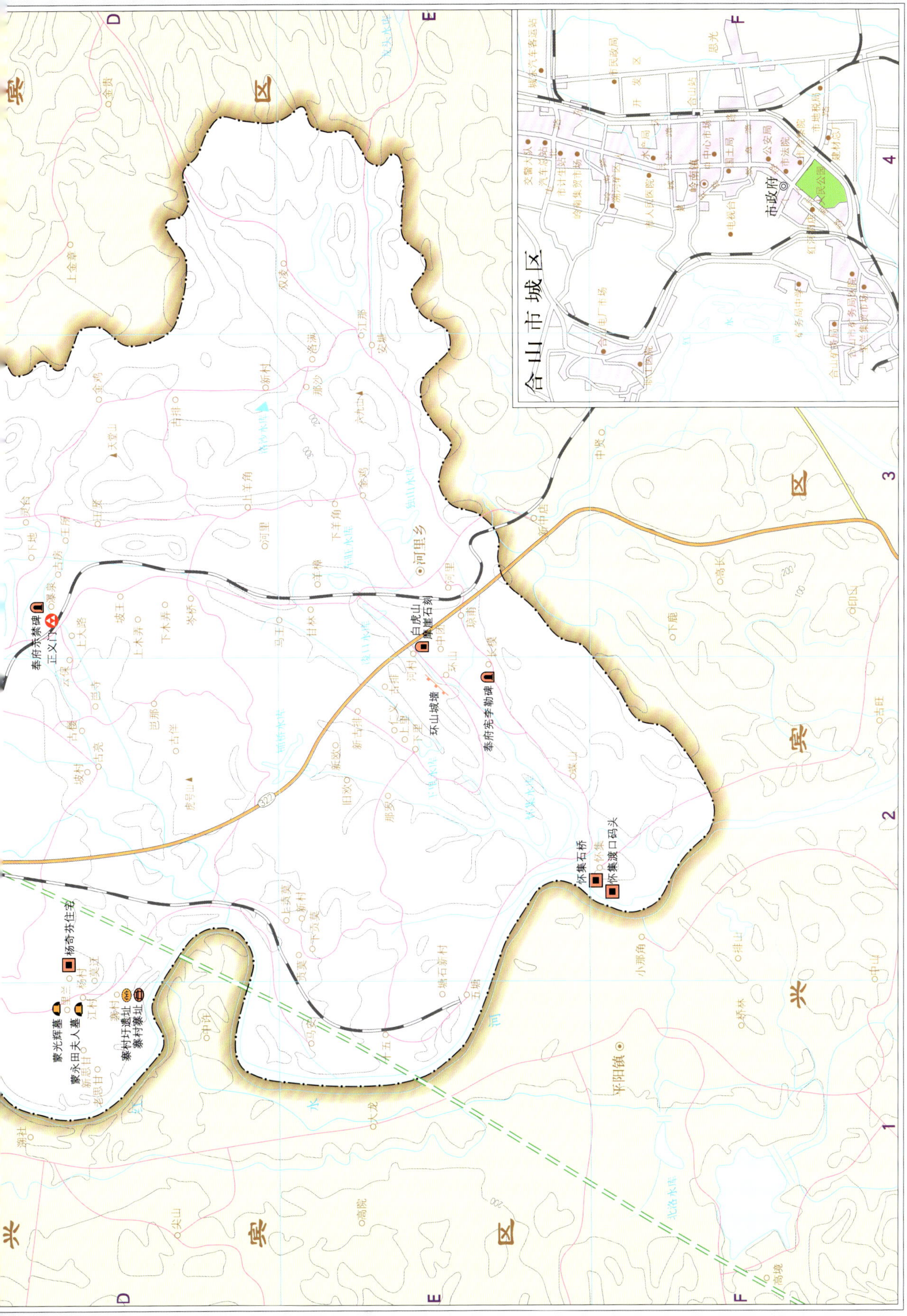
合山市城区
市政府
人民公园
河里乡
平阳镇
白虎山摩崖石刻
环山城墙
秦府完李勒碑
秦府示禁碑
正义门
怀集石桥
怀集渡口码头
杨奇芬住宅
蒙光辉墓
蒙永田夫人墓
寨村圩遗址
寨村寨址
兴宾区

武宣县文物图

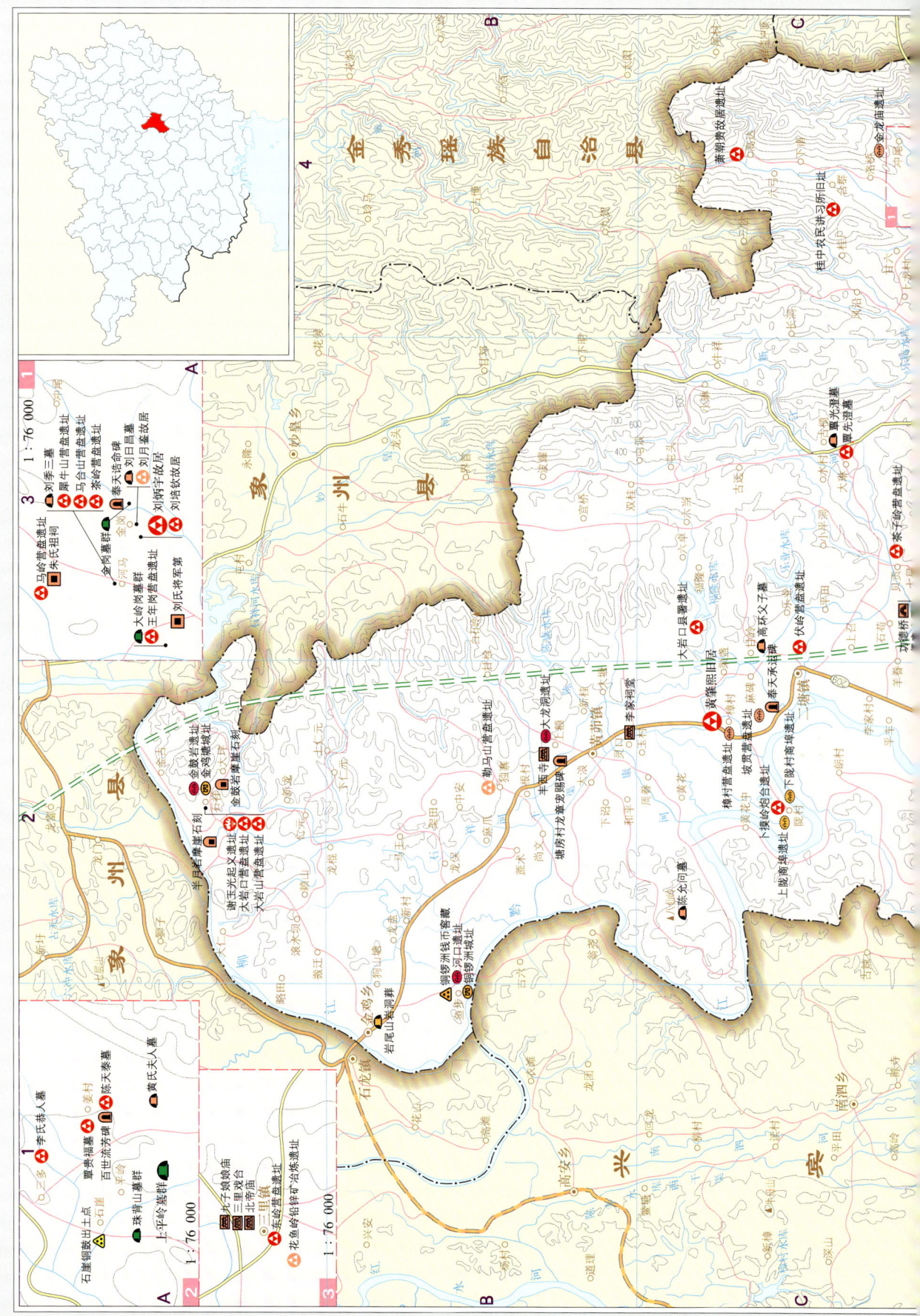

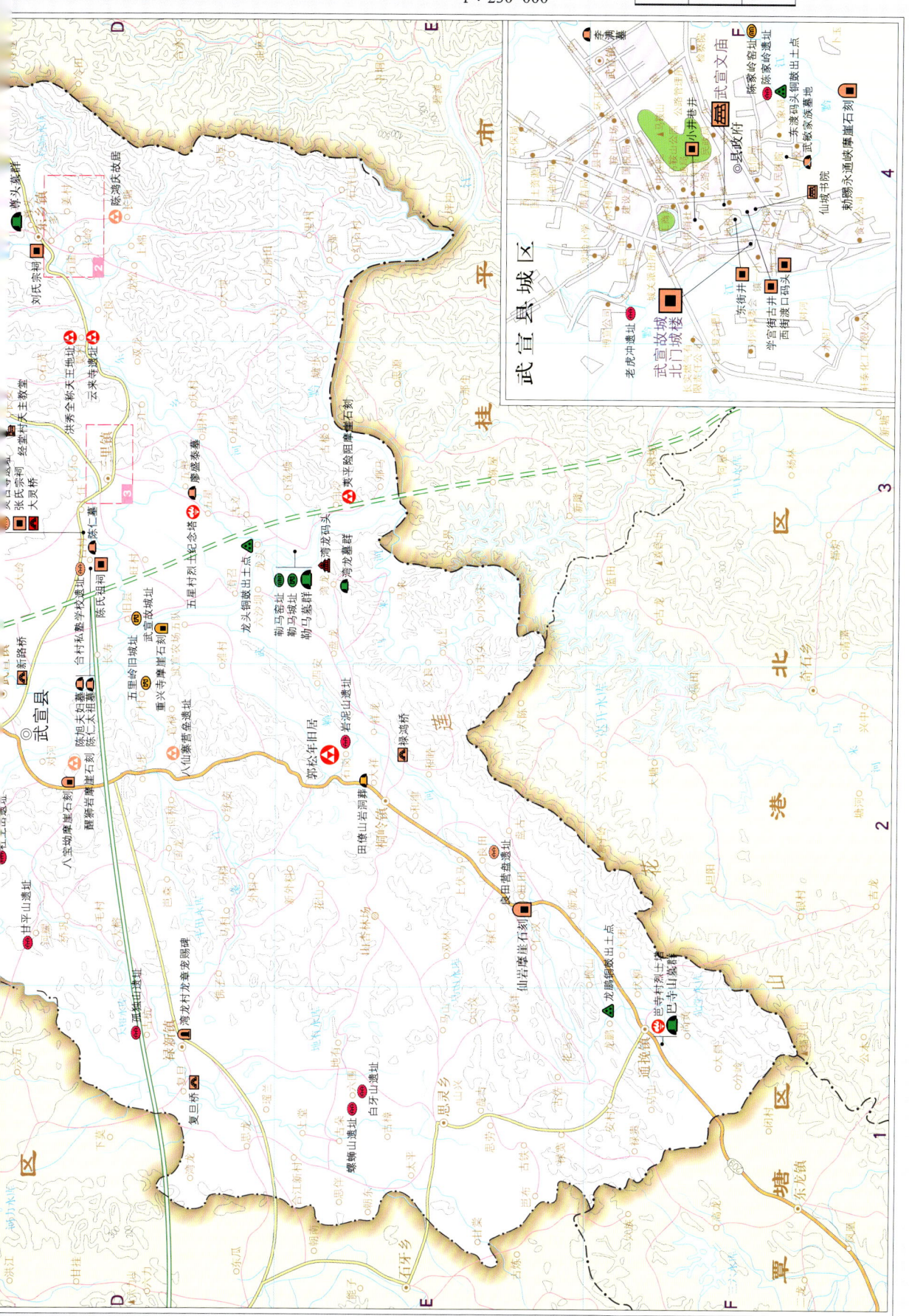

1 : 230 000

0　2.3　4.6　6.9千米

武宣县城区

武宣文庙

武宣故城址
北门城楼

163

忻城县文物图

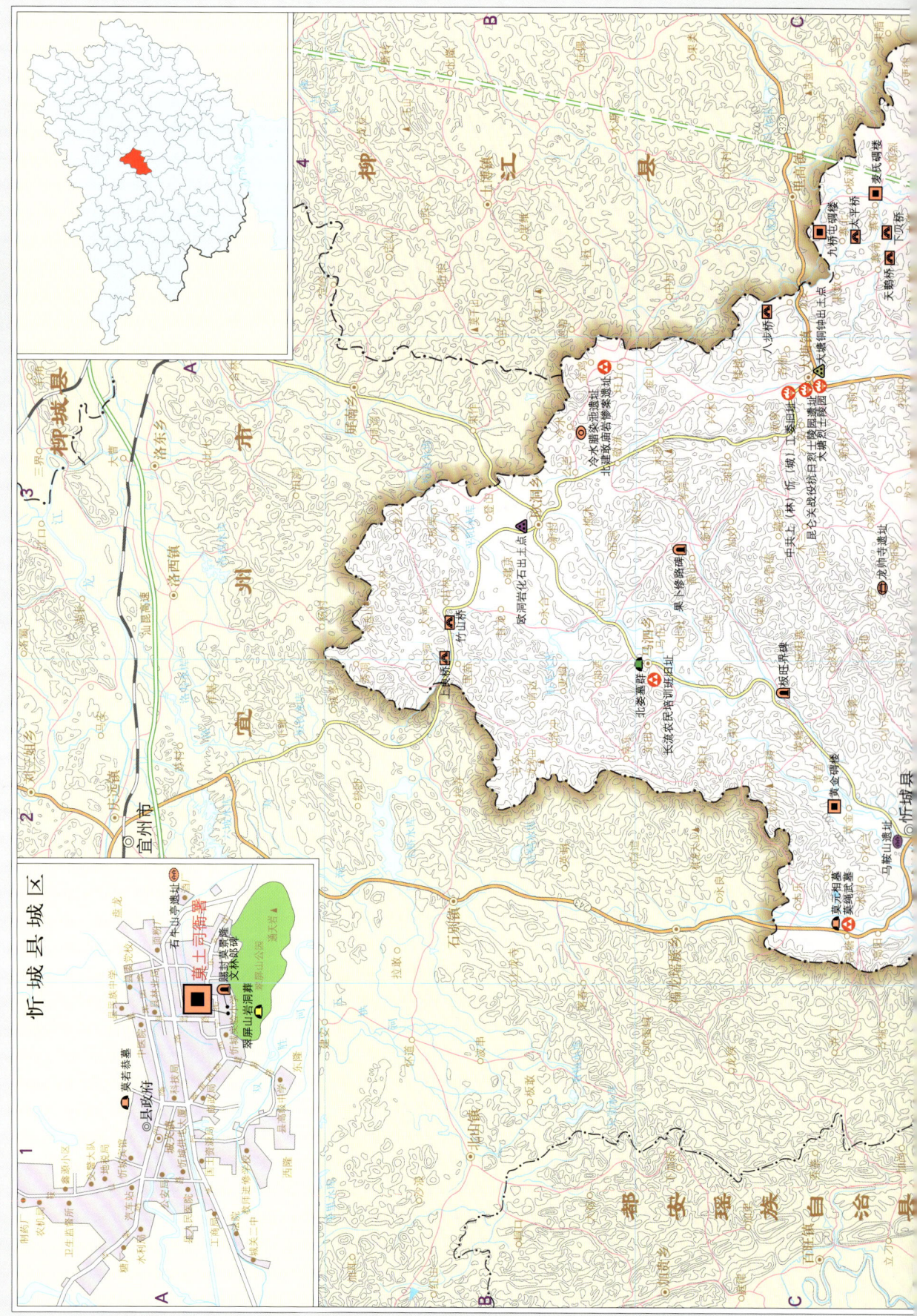

忻城县城区

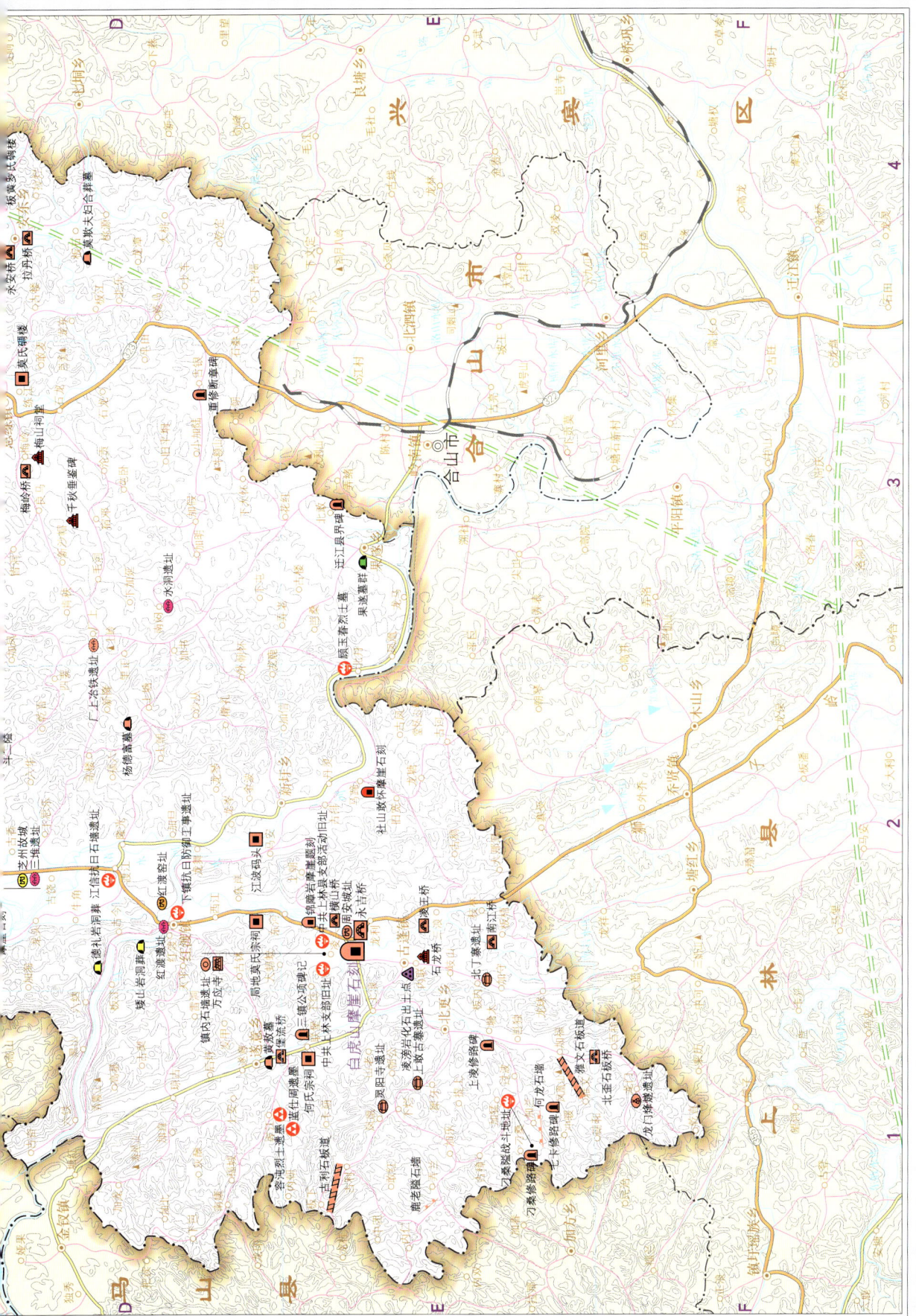

兴

宾

市

合

山

市

区

县

林

上

县

马

山

县

合山市

合山故城

三维遗址

德补岩洞葬

矮山岩洞窟

红渡遗址

方应寺

局地莫氏宗祠

三镇公所碑址

中共上林县支部旧址

白虎山摩崖石刻

黄肚岩墓

垦阳寺遗址

岑利石板桥

上镇古石寨遗址

汇龙乡

石龙桥

北寨遗址

南江村桥

良安桥

凌涛岩化石洞

习奎路战斗地址

何龙石墙

七泰修路碑

雅文石板桥

北圣石墙

龙门楼遗址

永安桥

拉丹桥

莫欺夫妇合葬墓

莫氏碉楼

梅岭桥

梅山祠堂

千秋垂鉴碑

重修断章碑

水洞遗址

杨德富墓

汪富县尹碑

果遂墓葬群

顾王春烈士墓

广上冶铁遗址

社山敦怀摩崖石刻

江波码头

锦塘摩崖题刻

中共上林县支部活动旧址

横江桥

南安寨城址

沃吉桥

蓝仕国遗墓

窑泄烈士墓

古利石板桥

廉老院石墙

江波渡口

灵阳寺遗址

阿氏宗祠

下辖抗日防御工事遗址

水口桥

165

象州县文物图

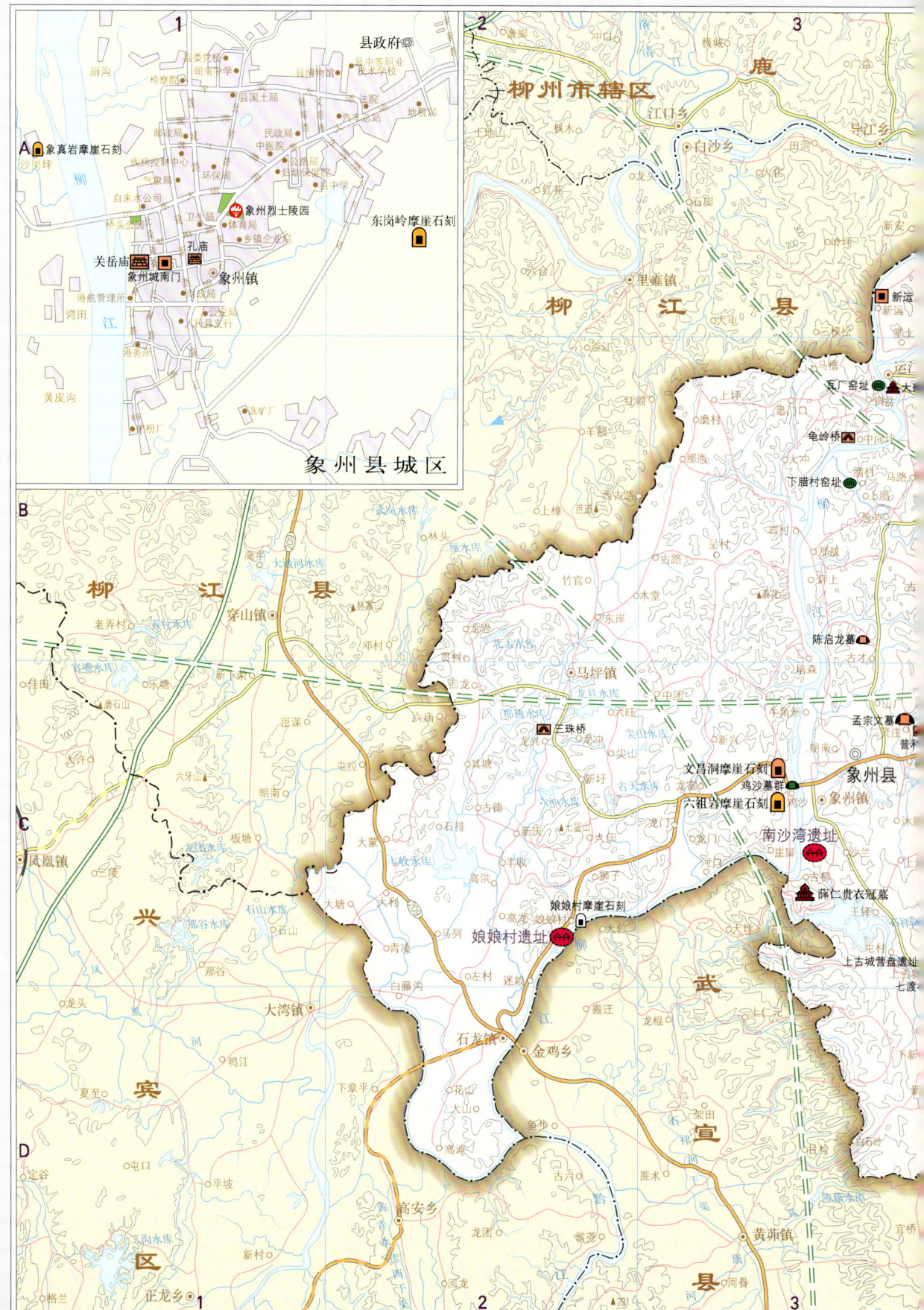

象州县城区

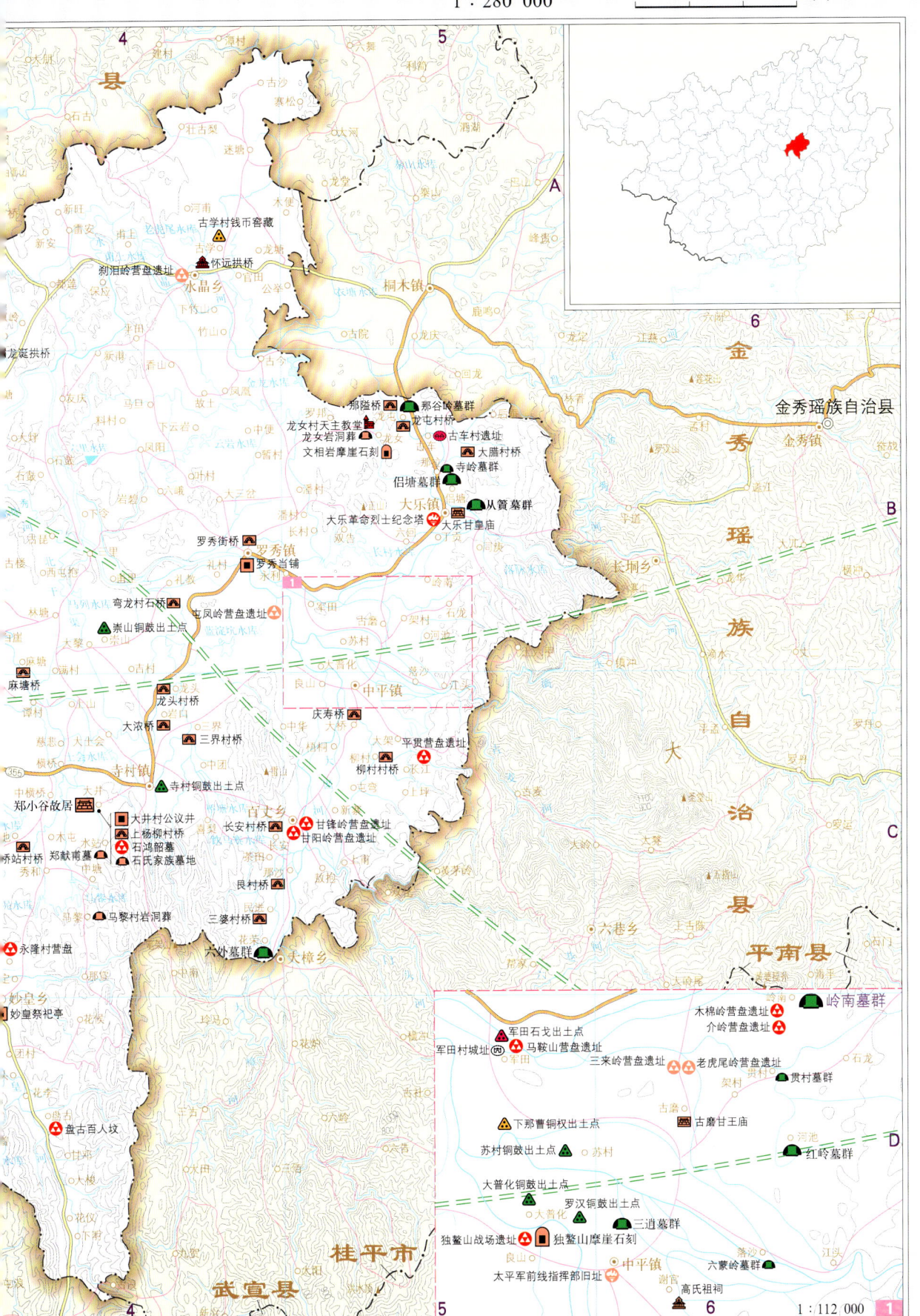

1 : 280 000

0　2.8　5.6　8.4千米

金秀瑶族自治县

县

桐木镇

永晶乡

古学村钱币窖藏

刹泪岭营盘遗址　怀远拱桥

龙涎拱桥

那隘桥　那谷墓群

龙屯村桥

龙女村天主教堂

龙女岩洞葬　古车村遗址

文相岩摩崖石刻　大瞒村桥

寺岭墓群

侣塘墓群

大乐镇　从簧墓群

大乐革命烈士纪念塔　大乐甘皇庙

罗秀街桥　罗秀镇

罗秀当铺

弯龙村石桥　屯凤岭营盘遗址

崇山铜鼓出土点

麻塘桥

龙头村桥

大浓桥　三界村桥

庆寿桥

平贯营盘遗址

寺村镇　柳村村桥

寺村铜鼓出土点

郑小谷故居　百丈水

大井村公议井

上杨柳村桥　长安村桥　甘锋岭营盘遗址

石鸿韶墓　甘阳岭营盘遗址

乔站村桥　郑献甫墓　石氏家族墓地

艮村桥

马黎村岩洞葬　三婆村桥

永隆村营盘

六妙墓群

妙皇乡

妙皇祭祀亭

盘古百人坟

桂平市

武宣县

金秀镇

金秀瑶族自治县

长垌乡

瑶

族

自

治

大

县

六巷乡

平南县

岭南墓群

木棉岭营盘遗址

军田石戈出土点　介岭营盘遗址

军田村城址　马鞍山营盘遗址

三来岭营盘遗址　老虎尾岭营盘遗址

贯村墓群

下那曹铜权出土点　古磨甘王庙

苏村铜鼓出土点　苏村　河池

红岭墓群

大普化铜鼓出土点

罗汉铜鼓出土点

三逍墓群

独鳌山战场遗址　独鳌山摩崖石刻

中平镇　六蒙岭墓群

太平军前线指挥部旧址　谢官

高氏祖祠

1 : 112 000　1

167

金秀瑶族自治县文物图

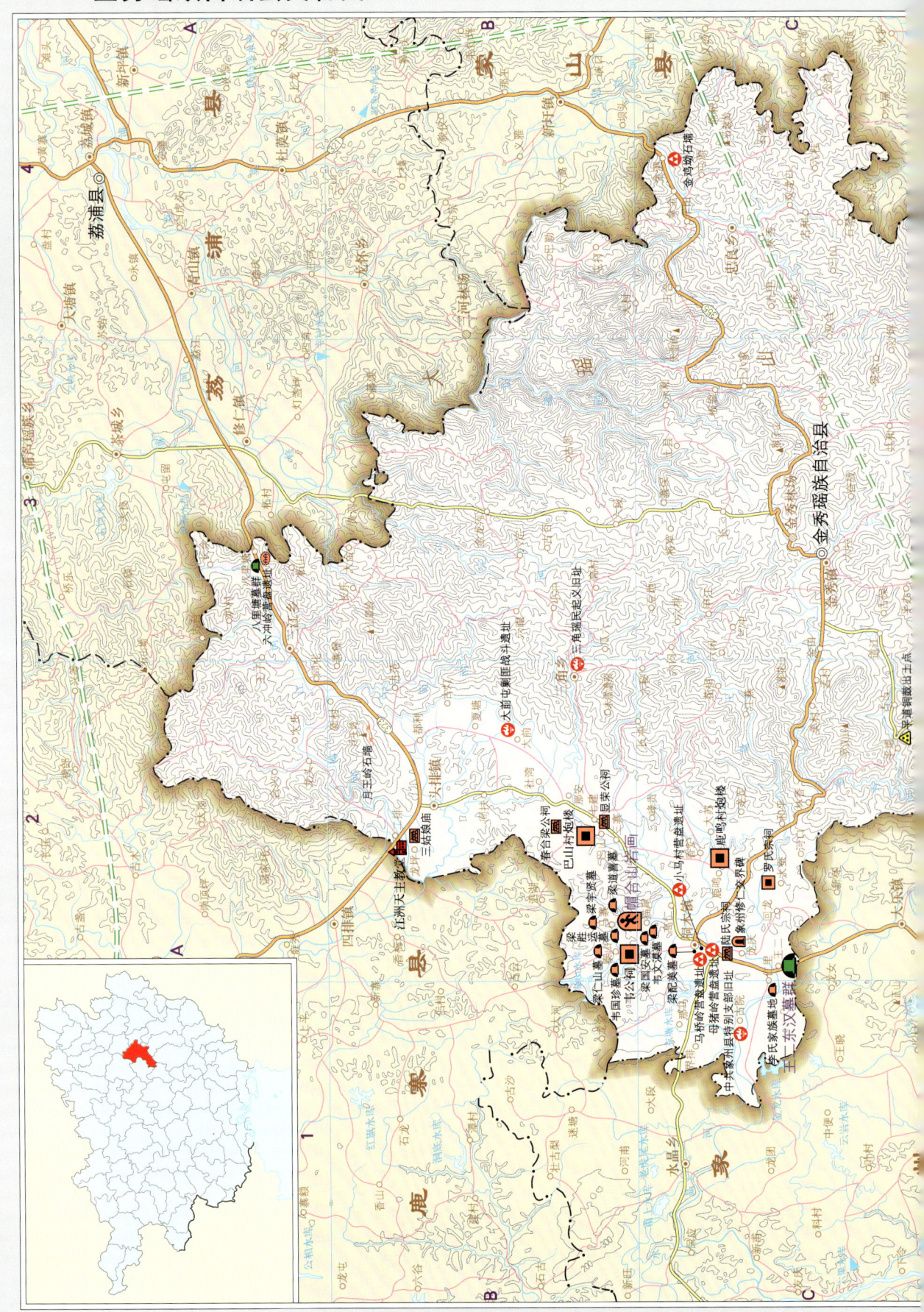

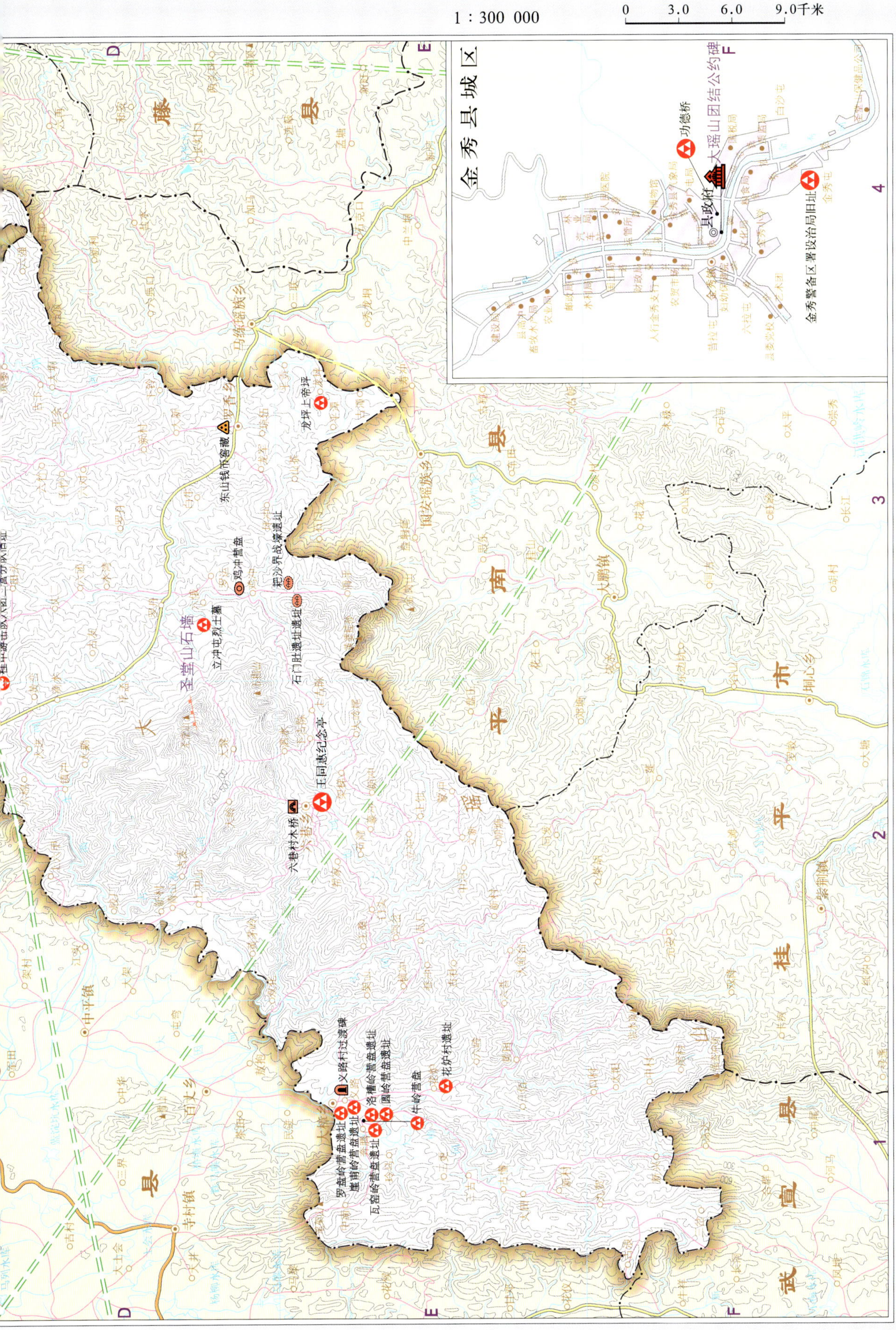

1 : 300 000

0 3.0 6.0 9.0千米

金秀县城区

大瑶山团结公约碑
功德桥
县政府
大瑶山
金秀
金秀警备区署设治局旧址

藤　县

蒙　山　县

平　南　县

罗香瑶族乡
东山铁市窑藏
龙坪上帝坪
同安瑶族乡
鸡冲营盘
把沙界成塚遗址
石门肚遗址遗址
圣堂山石墙
立冲屯烈士墓
王同惠纪念亭
六巷村木桥
六巷乡

平　南　瑶　山

桂　平　市

桐心乡

紫荆滩

金　秀

罗盘岭营盘遗址
义路村过瑶碑
莫甫岭营盘遗址
冷槽岭营盘遗址
瓦窑岭营盘遗址
圆岭营盘遗址
牛岭营盘
花炉村遗址

武　宣　县

象　州　县

中平镇

桂林市城区文物图

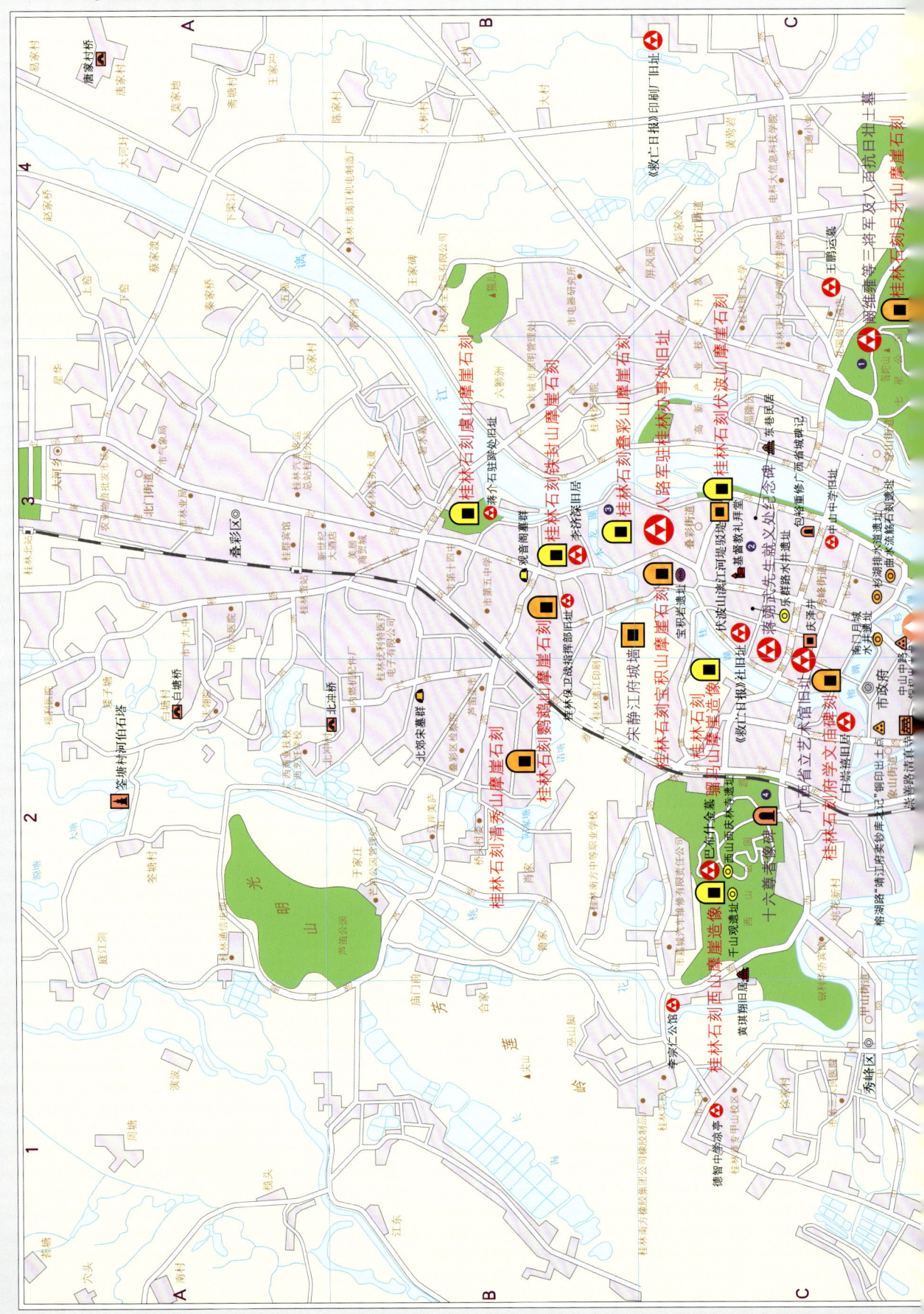

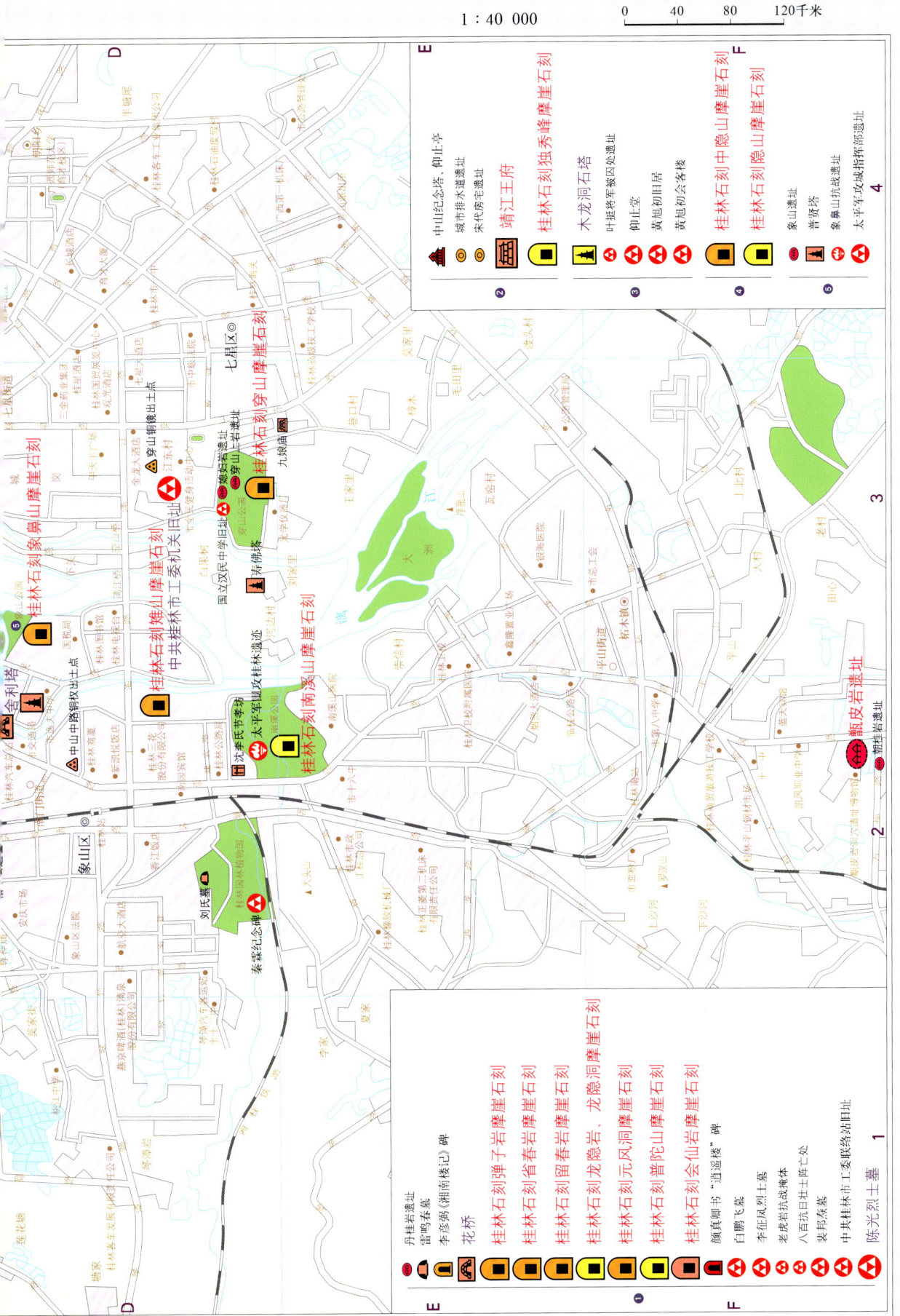

1 : 40 000

| 0 | 40 | 80 | 120千米 |

D

E

F

七星区

象山区

② 中山纪念塔、仰止亭
⊙ 城市水道遗址
宋代房宅遗址
靖江王府
桂林石刻独秀峰摩崖石刻
木龙洞石塔
叶挺将军坡囚处遗址
仰止堂
黄旭初旧居
黄旭初会客楼

③

④ 桂林石刻中隐山摩崖石刻
桂林石刻隐山摩崖石刻

象山遗址
誊贤塔
象鼻山抗战遗址
太平军攻城指挥部遗址

⑤

桂林石刻象山摩崖石刻

桂林石刻桃山摩崖石刻

桂林石刻穿山摩崖石刻

国立汉民中学旧址

中共桂林市工委机关旧址

九娲庙

舍利塔

中山中路铜镜出土点

中共桂林城工委遗址

太平军山攻桂林遗迹

桂林石刻南溪山摩崖石刻

沈孝氏节孝坊

桂林石刻南溪山摩崖石刻

刘氏墓

秦栞纪念碑

蝙皮岩遗址

塑坪岩遗址

丹桂岩遗址
雷鸣春墓
李彦弼《湘南楼记》碑
花桥
桂林石刻弹子岩岩摩崖石刻
桂林石刻省春岩摩崖石刻
桂林石刻留春岩摩崖石刻
桂林石刻龙隐岩、龙隐洞摩崖石刻
桂林石刻元风洞摩崖石刻
桂林石刻陀山普山摩崖石刻
桂林石刻会仙岩摩崖石刻
颜真卿诗"逍遥楼"碑
白鹏飞墓
李征凤烈士墓
老虎岩抗战掩休
八百壮日出土阵亡处
中共桂林市工委联络站旧址
陈光烈士墓

①

171

桂林市辖区文物图

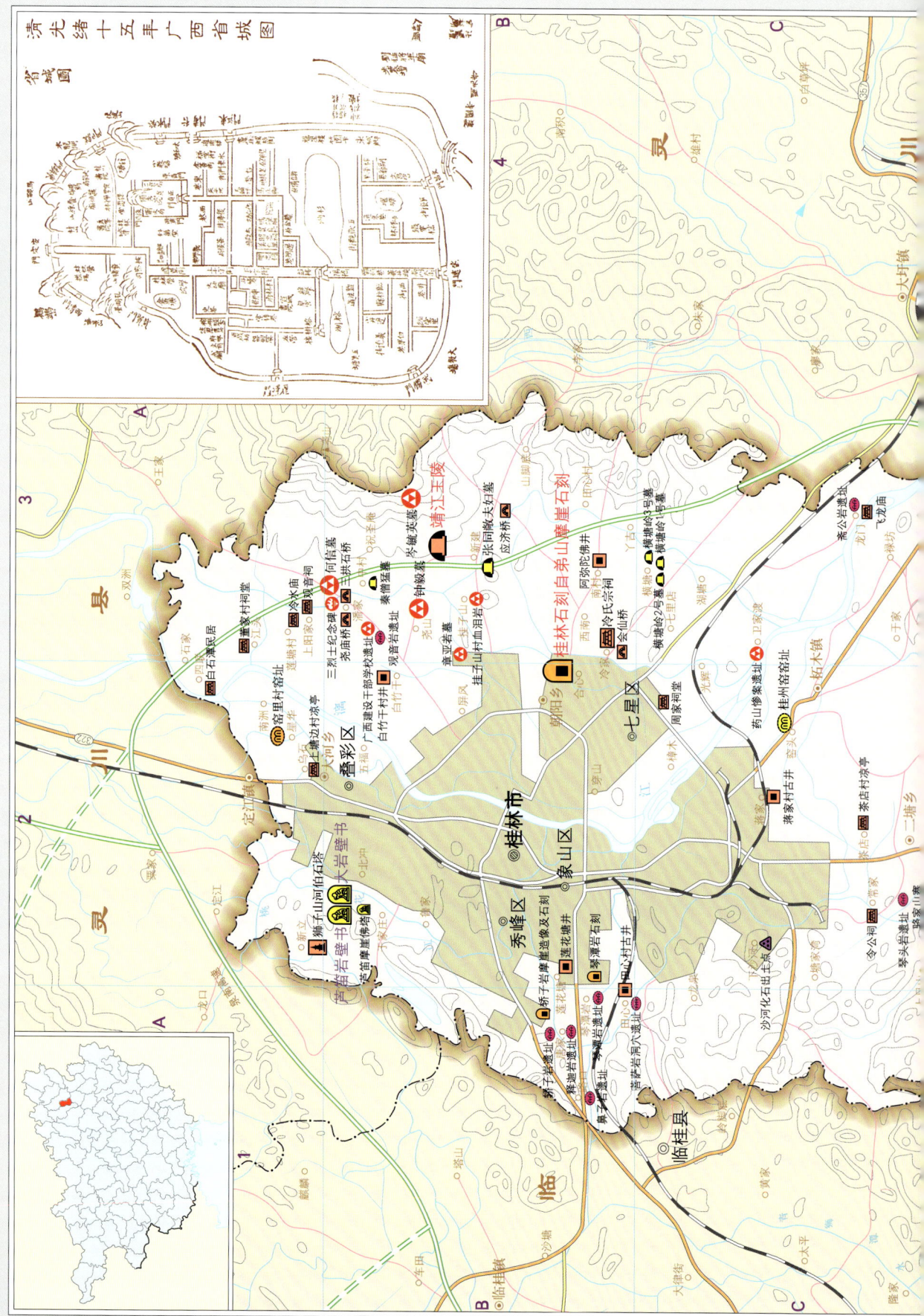

0   1.4   2.8   4.2千米

D   E   F

县

朔

阳

县

桂林石刻矿岩寨摩崖石刻

卓村回族乡

白氏宗祠

暗崴村井

虾蛾村石墙遗址

黎家村石墙遗址

烈崴寨遗址

龙溪桥

翁里寨址

乔公岩遗址

南岩遗址

罗洪遗址

李家坳

寺山洞穴遗址

安子上遗址

下黄拱桥

圣上岗窑址

桂林石刻化岩摩崖石刻

北村井

唐氏庄园

汕头石门

汕头石门

大桥

思上桥

思上桥

雁山公园

雁山区

雁山镇

竹园村墓群

马君武墓

李家村码头

下东家村桥

李家村桥

南漠墓

红头岭墓群

文家祠堂

下东村石板桥

良丰农场

文家村祠堂

刘氏祠堂

大塘岩修案遗址

莫家祠

看鸡岩遗址

大岭头墓群

洞上村井

太平军大滉阻战斗遗址

桂

桂川镇

县

承

福

县

173

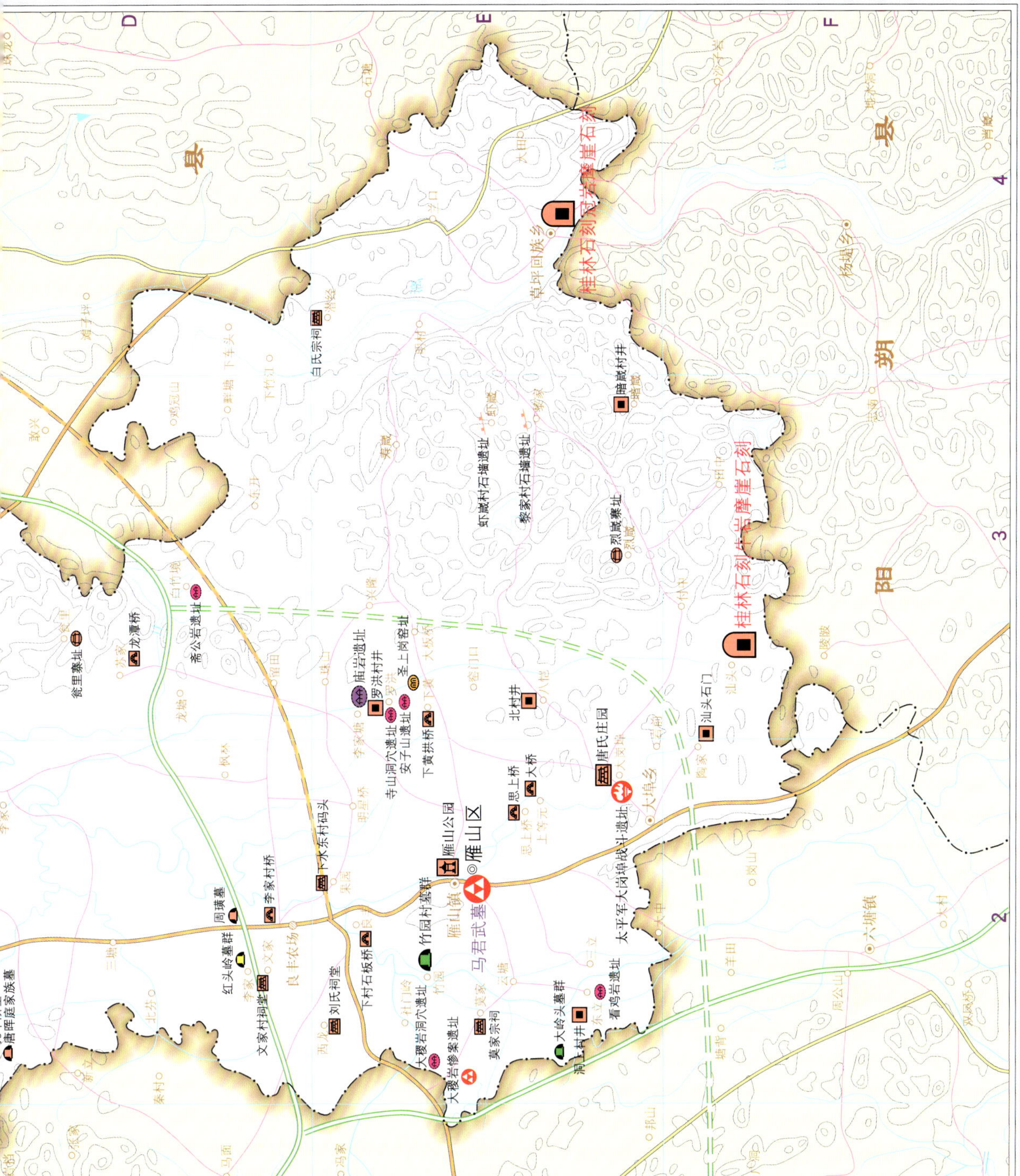

阳朔县文物图

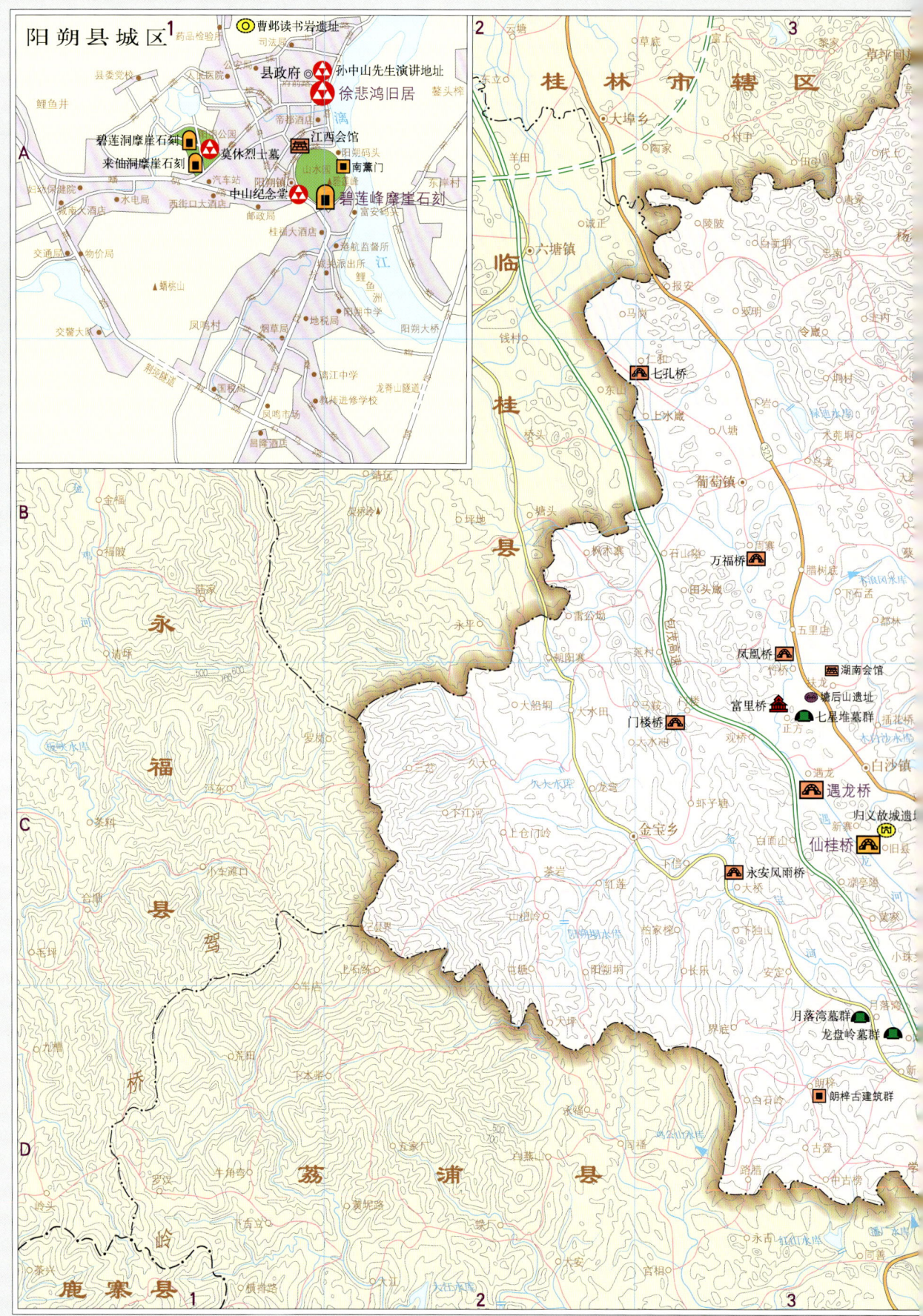

阳朔县城区

- 曹邺读书岩遗址
- 孙中山先生演讲地址
- 徐悲鸿旧居
- 碧莲洞摩崖石刻
- 江西会馆
- 莫休烈士墓
- 来仙洞摩崖石刻
- 南薰门
- 中山纪念堂
- 碧莲峰摩崖石刻

桂 林 市 辖 区

临 县

桂

县

- 七孔桥
- 万福桥
- 凤凰桥
- 湖南会馆
- 富里桥
- 塘后山遗址
- 门楼桥
- 七星堆墓群
- 遇龙桥
- 归义故城遗址
- 仙桂桥
- 永安风雨桥
- 月落湾墓群
- 龙盘岭墓群
- 朗梓古建筑群

永

福

县

驾

桥

荔

浦

岭

县

鹿 寨 县

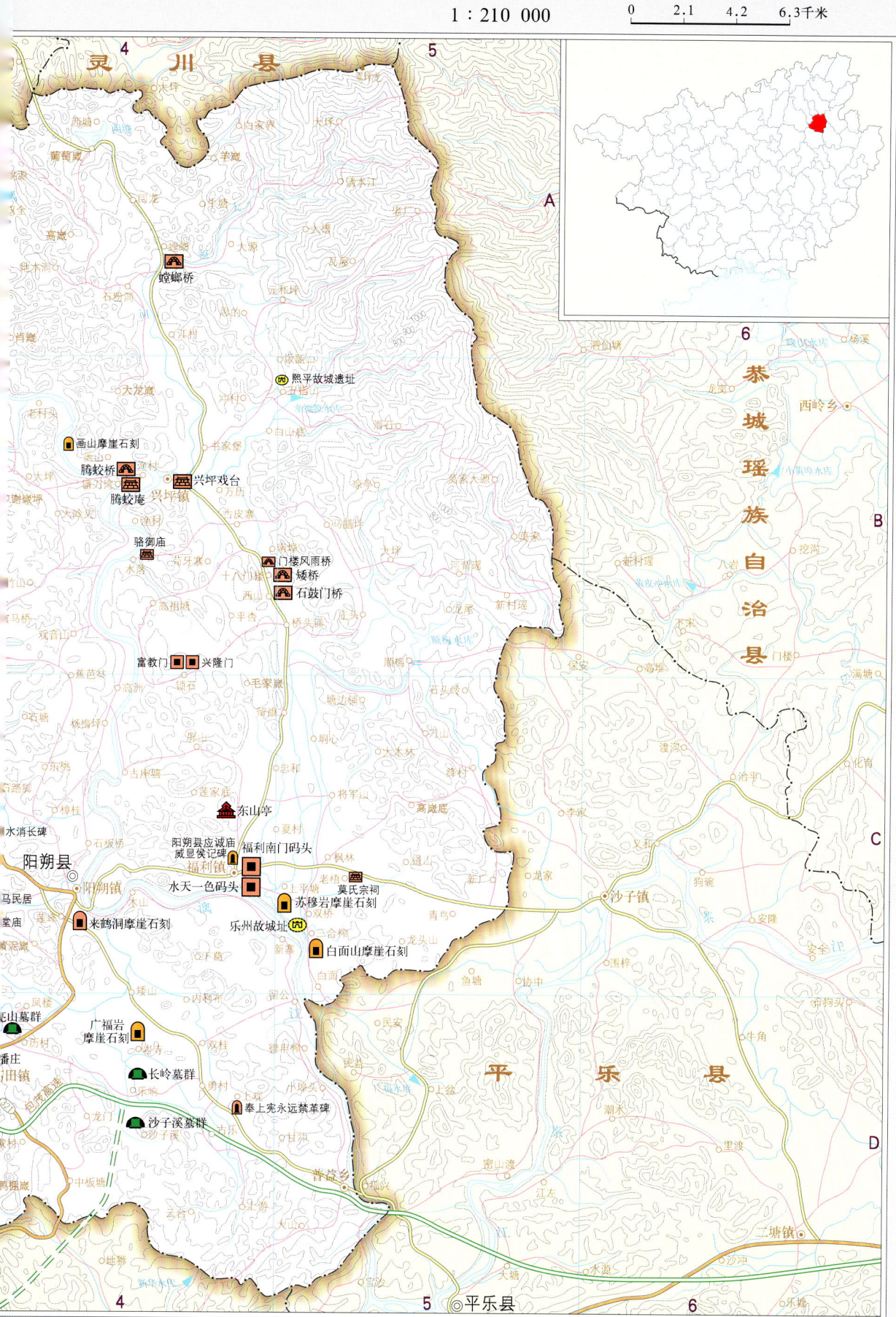

1 : 210 000

0   2.1   4.2   6.3千米

灵 川 县

恭城瑶族自治县

螳螂桥

熙平故城遗址

画山摩崖石刻
腾蛟桥
腾蛟庵
兴坪戏台
兴坪镇

骆御庙

门楼风雨桥
矮桥
石鼓门桥

富教门 兴隆门

东山亭

阳朔县应诚庙
威显侯记碑
水天一色码头
福利南门码头
福利镇
莫氏宗祠

阳朔县
苏穆岩摩崖石刻
乐州故城址
来鹤洞摩崖石刻
白面山摩崖石刻

山墓群
广福岩
摩崖石刻
长岭墓群
奉上宪永远禁革碑
沙子溪墓群

平   乐   县

沙子镇

平乐县

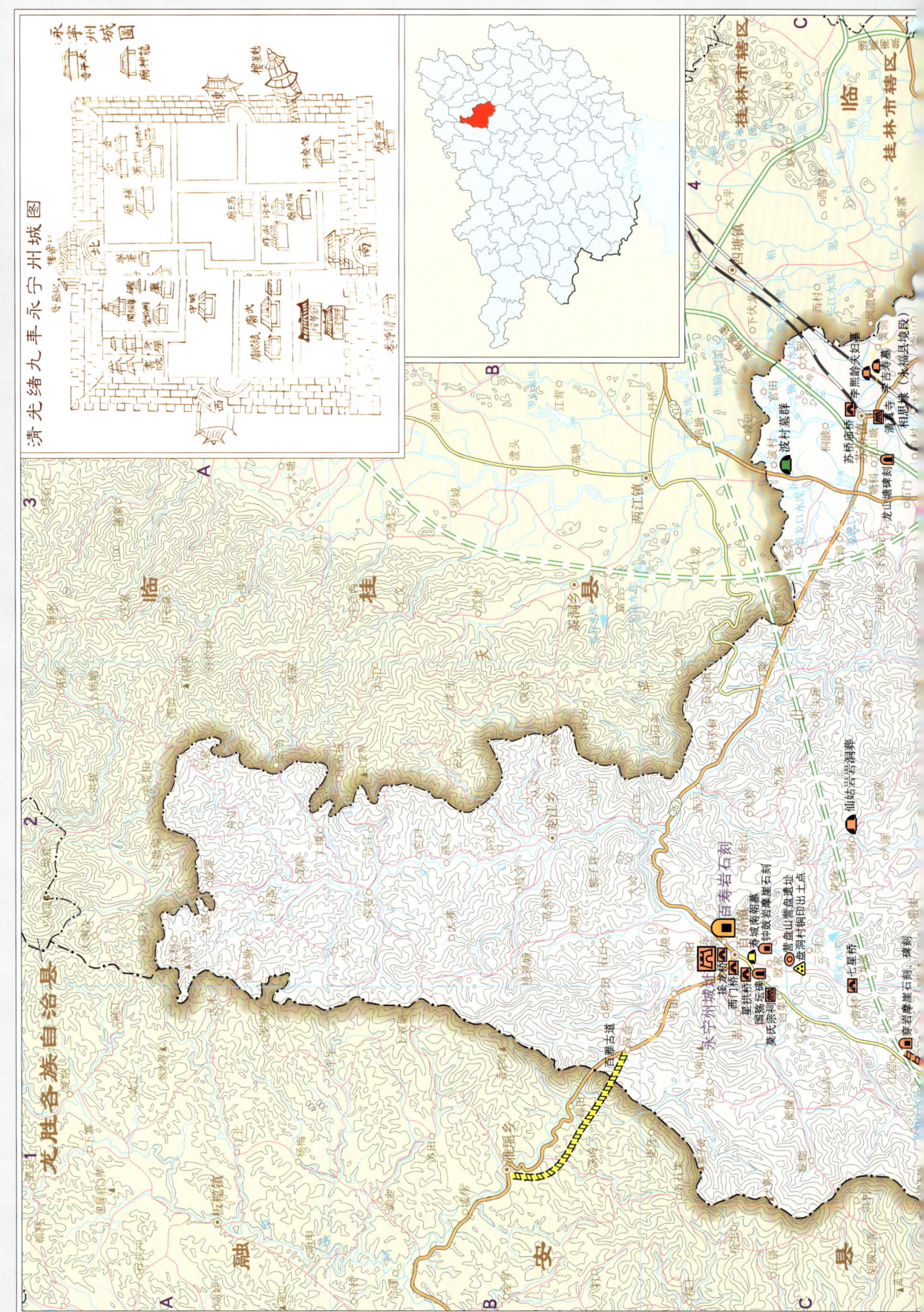

清光绪九年永宁州城图

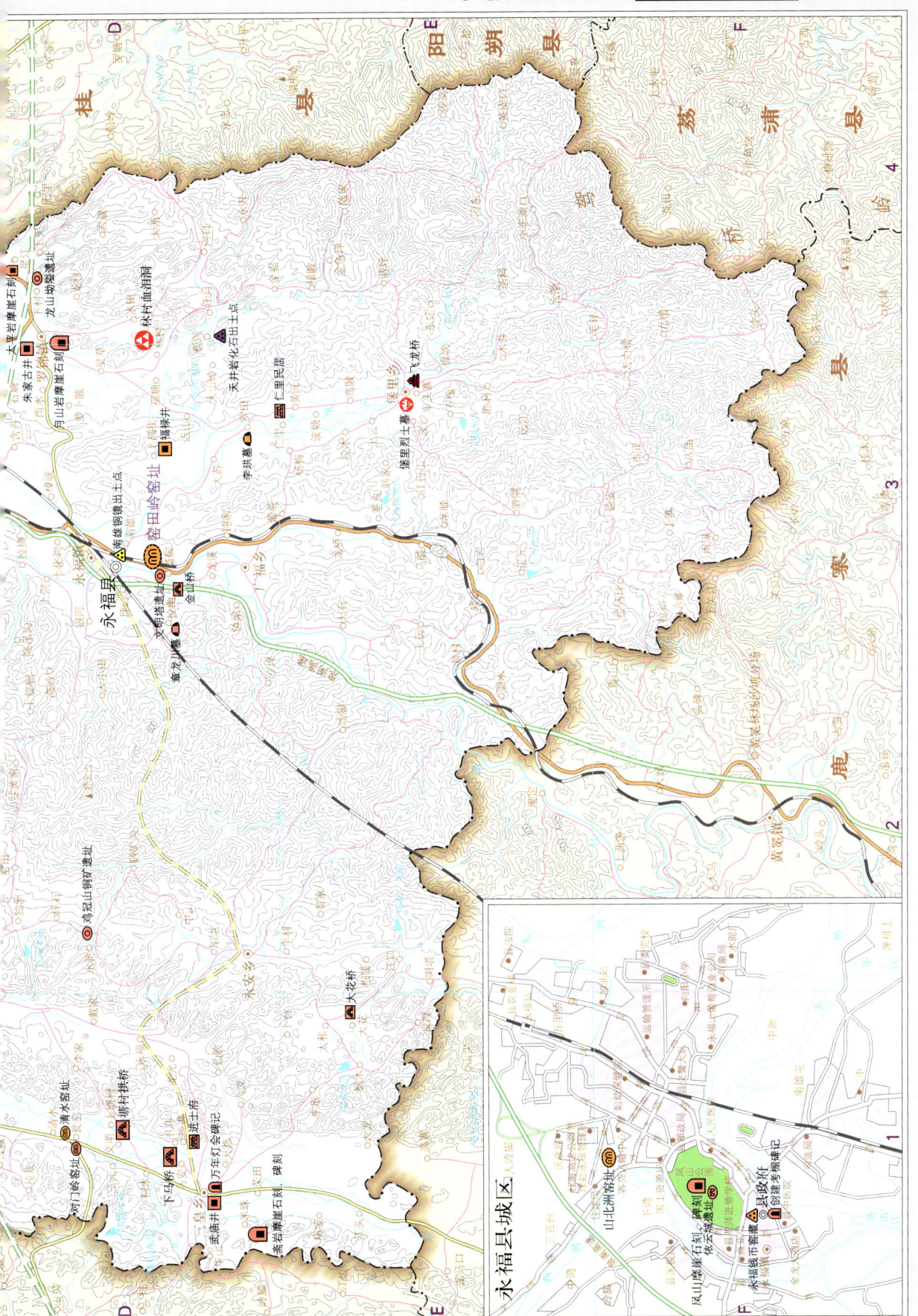

1 : 290 000

0   2.9   5.8   8.7千米

永福县城区

177

临桂县文物图

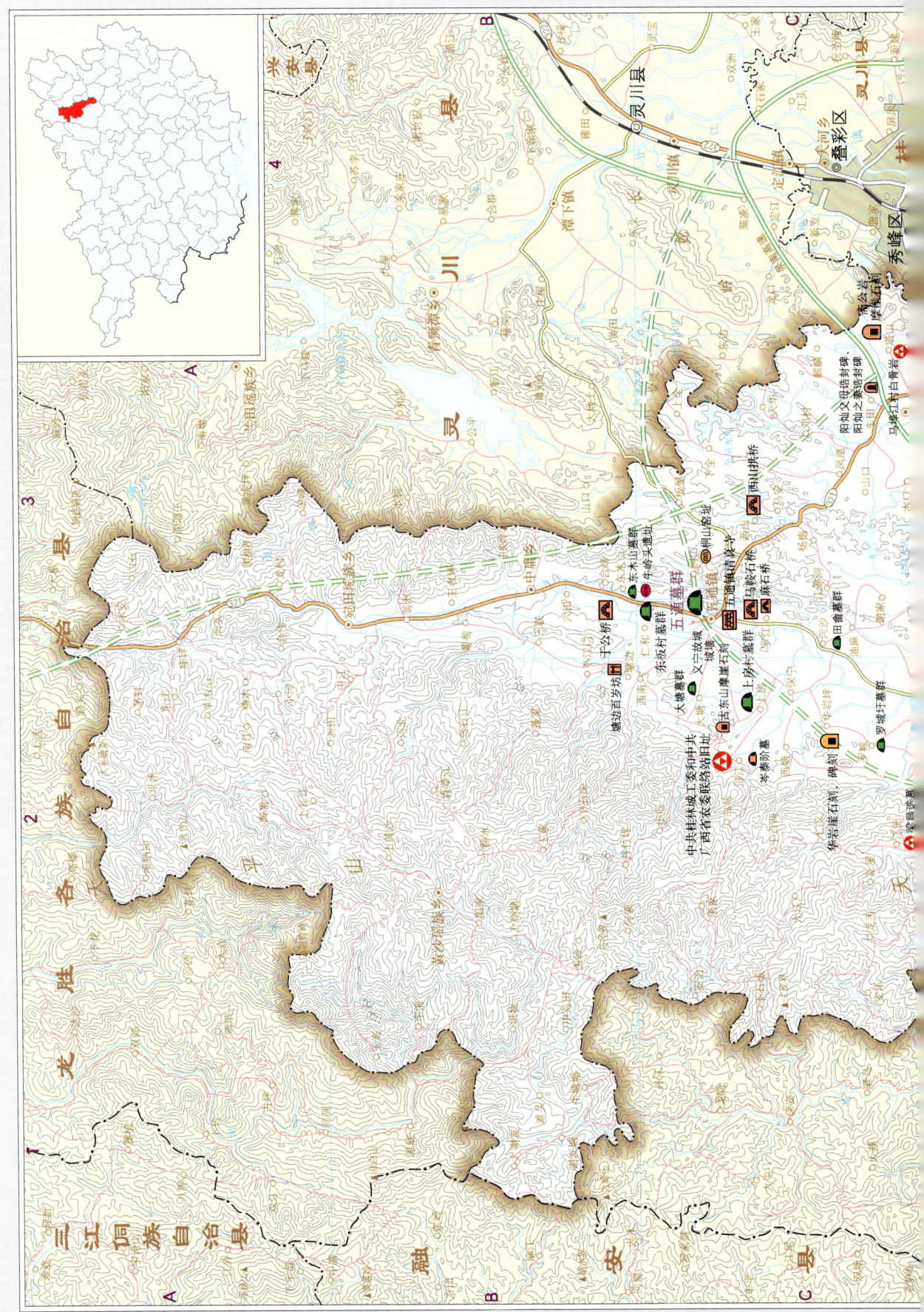

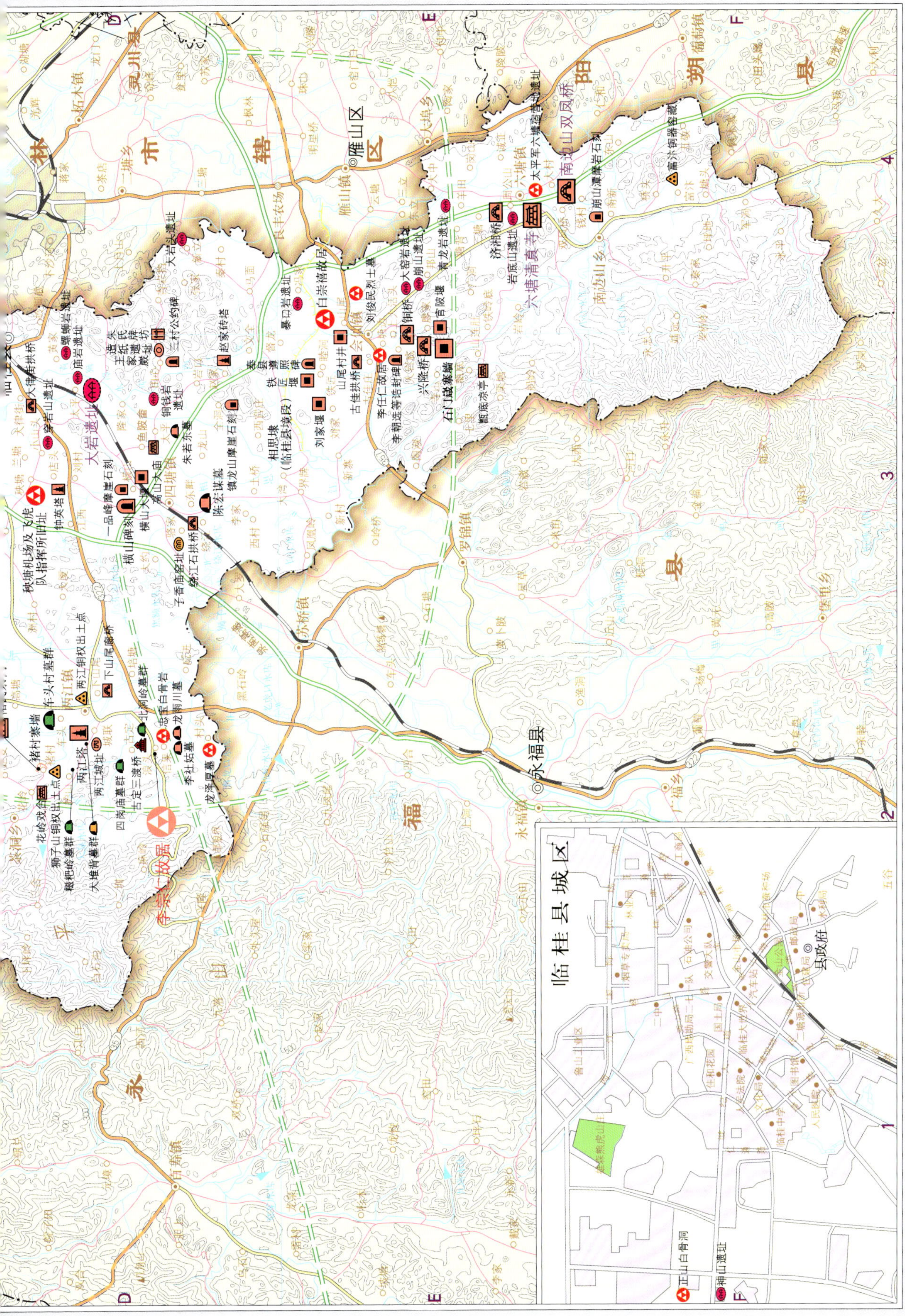

0　2.9　5.8　8.7千米

灵川县文物图

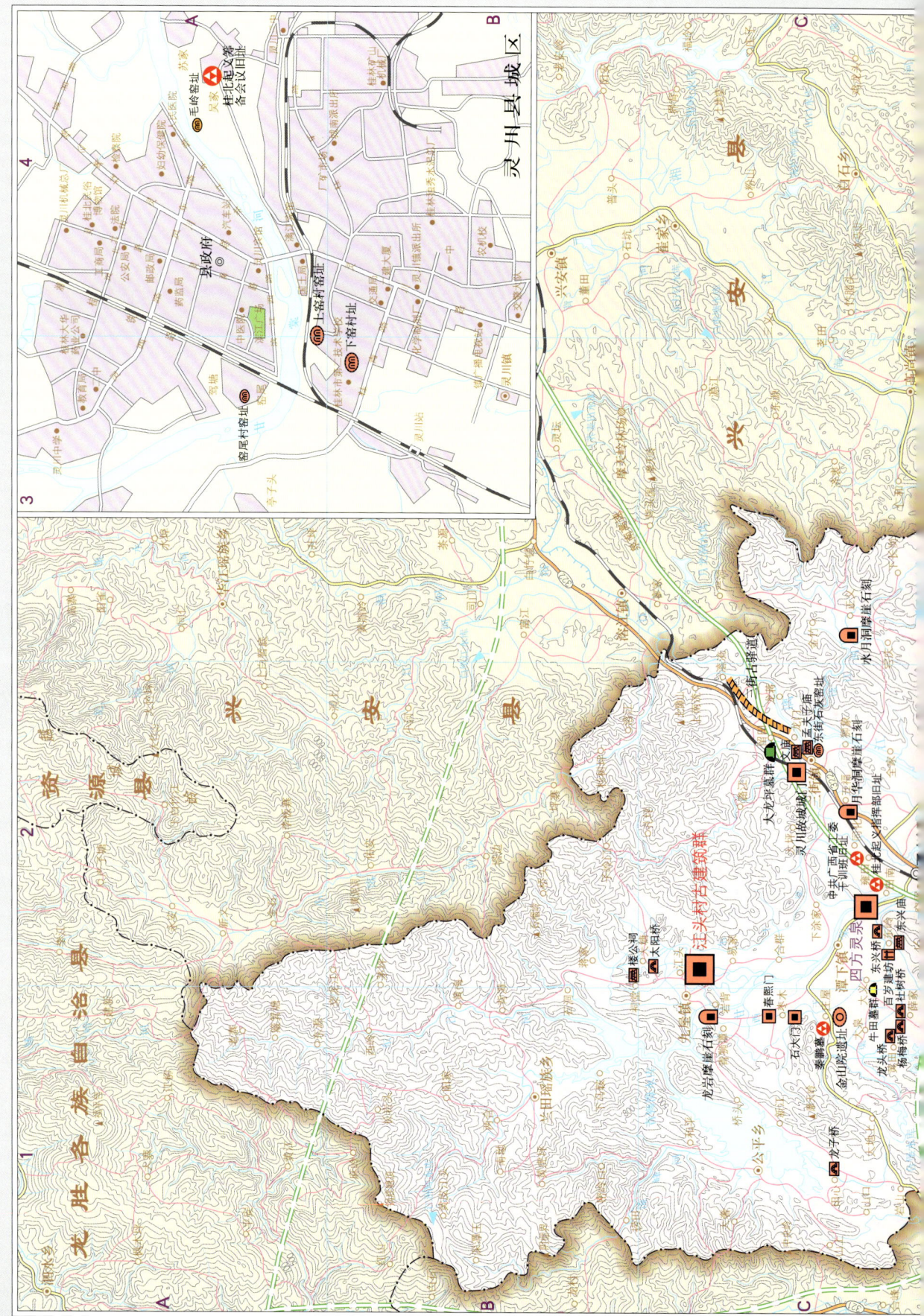

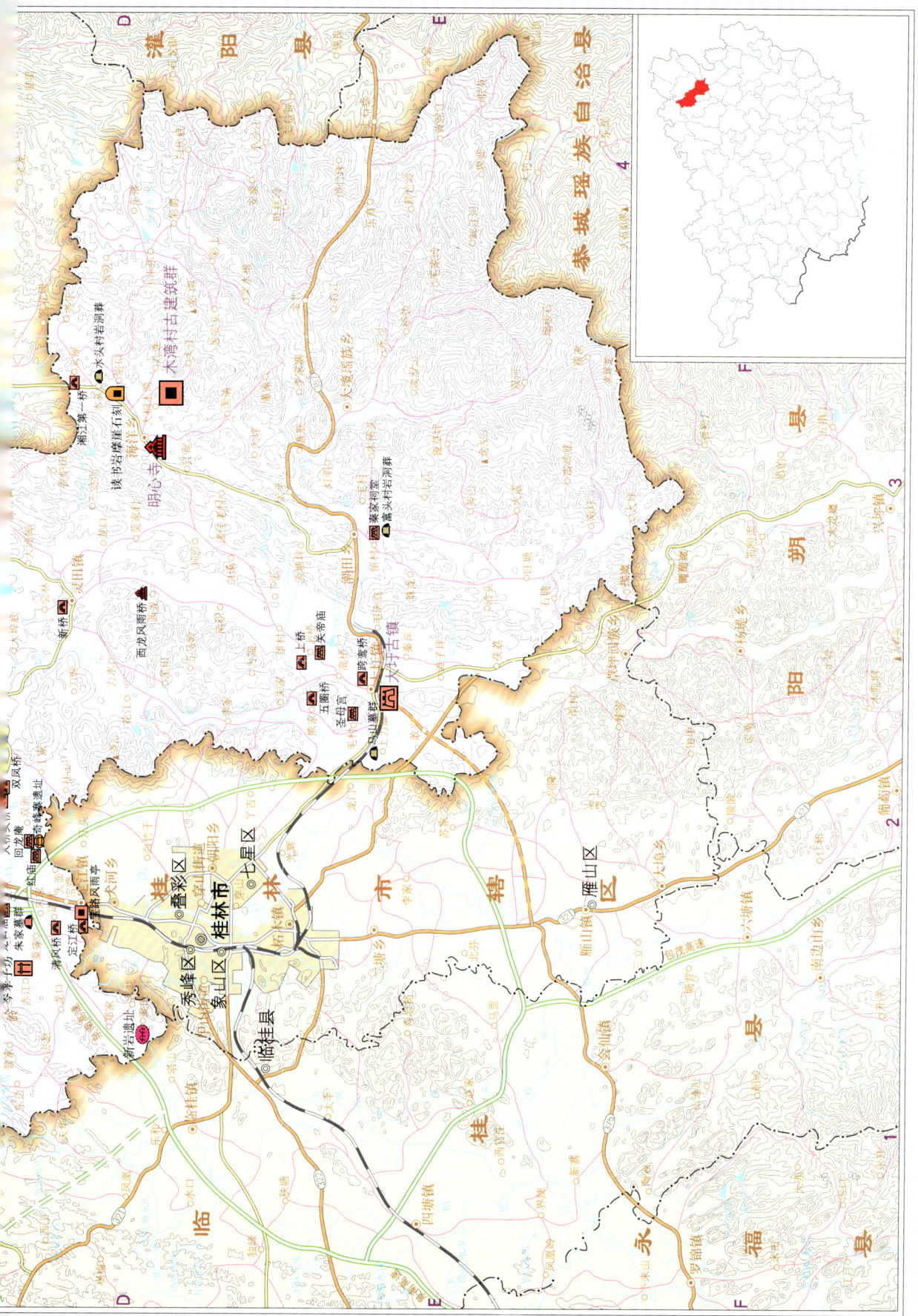

1 : 310 000

0 3.1 6.2 9.3千米

兴安县文物图

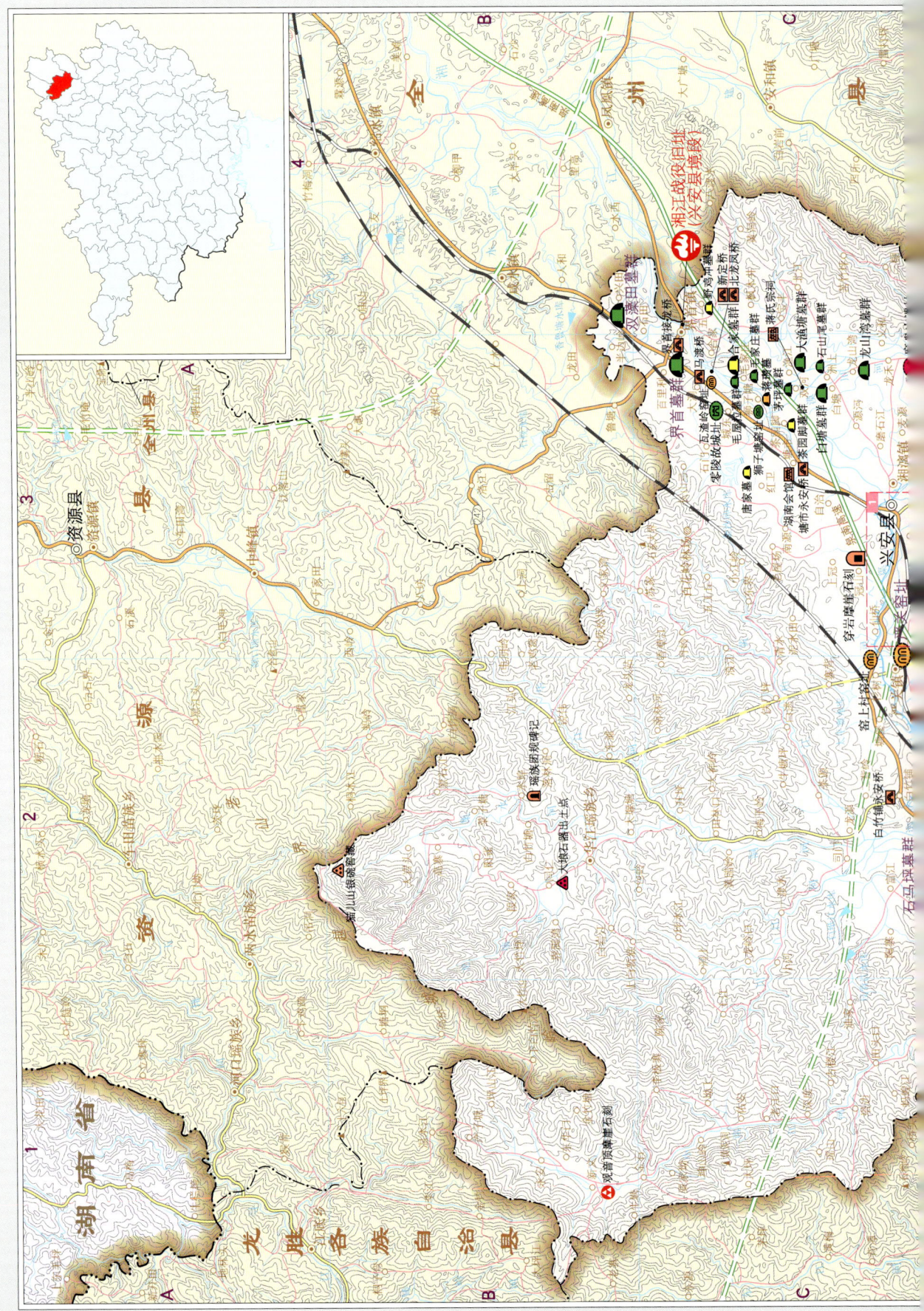

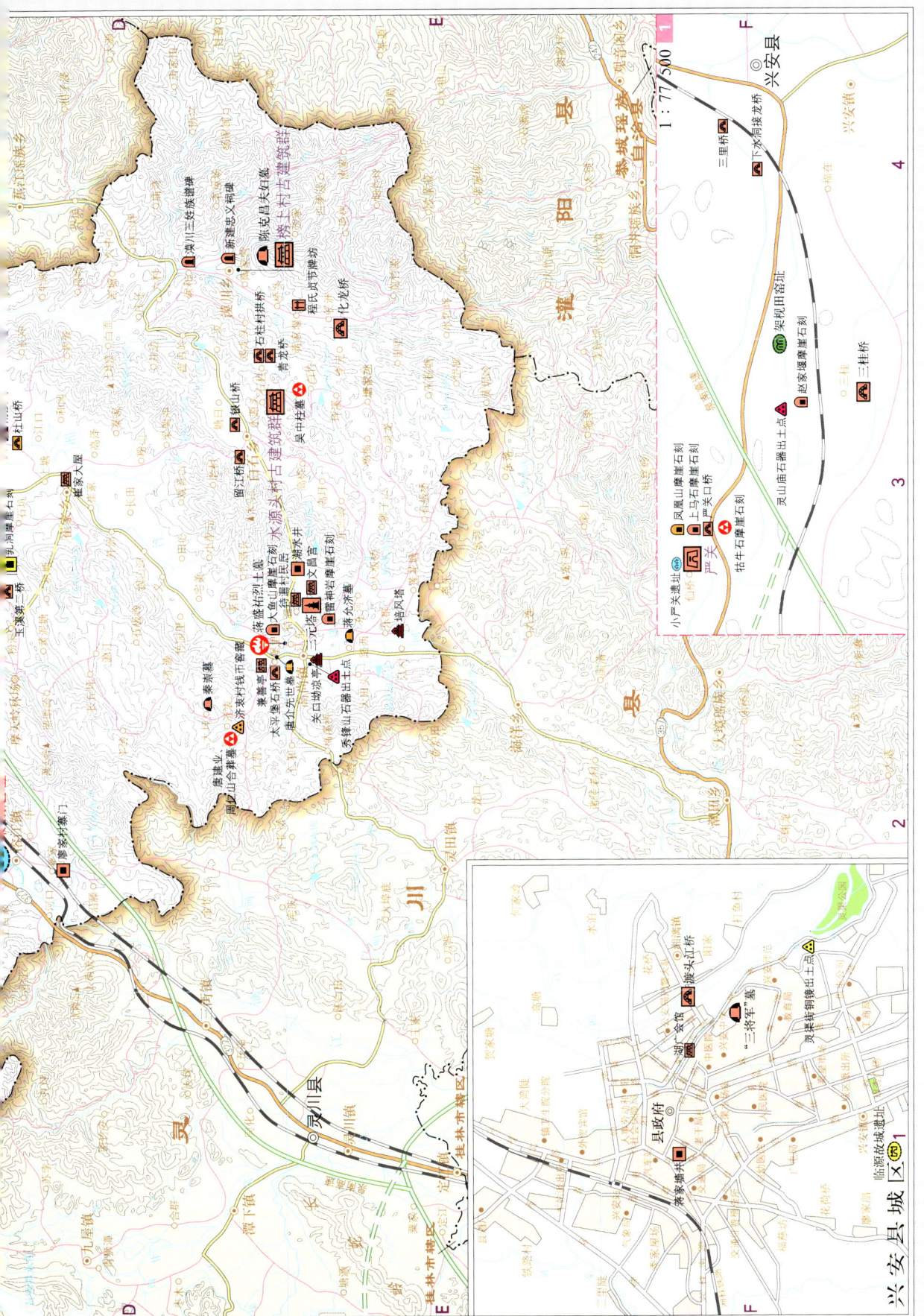

兴安县城

全州县文物图

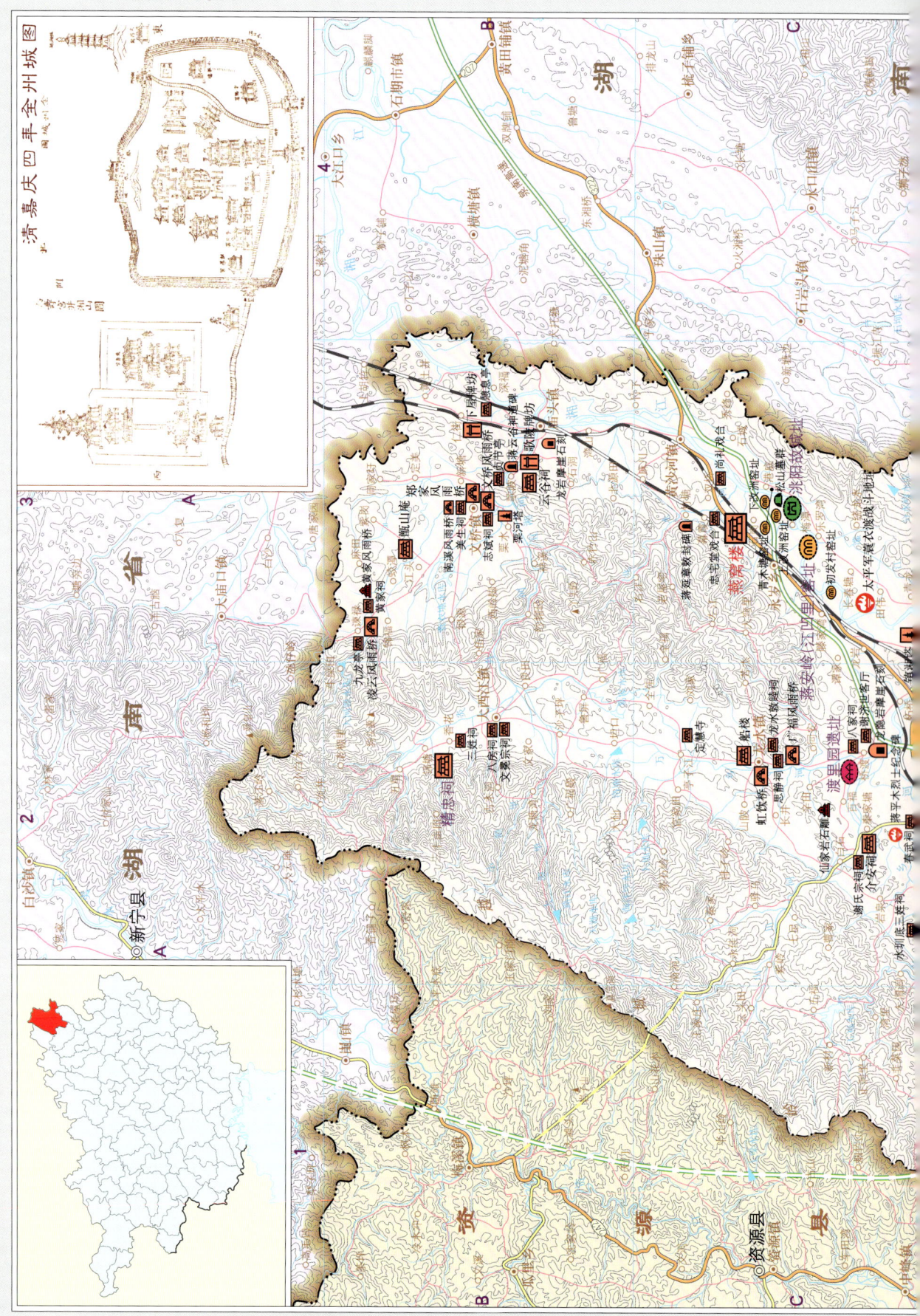

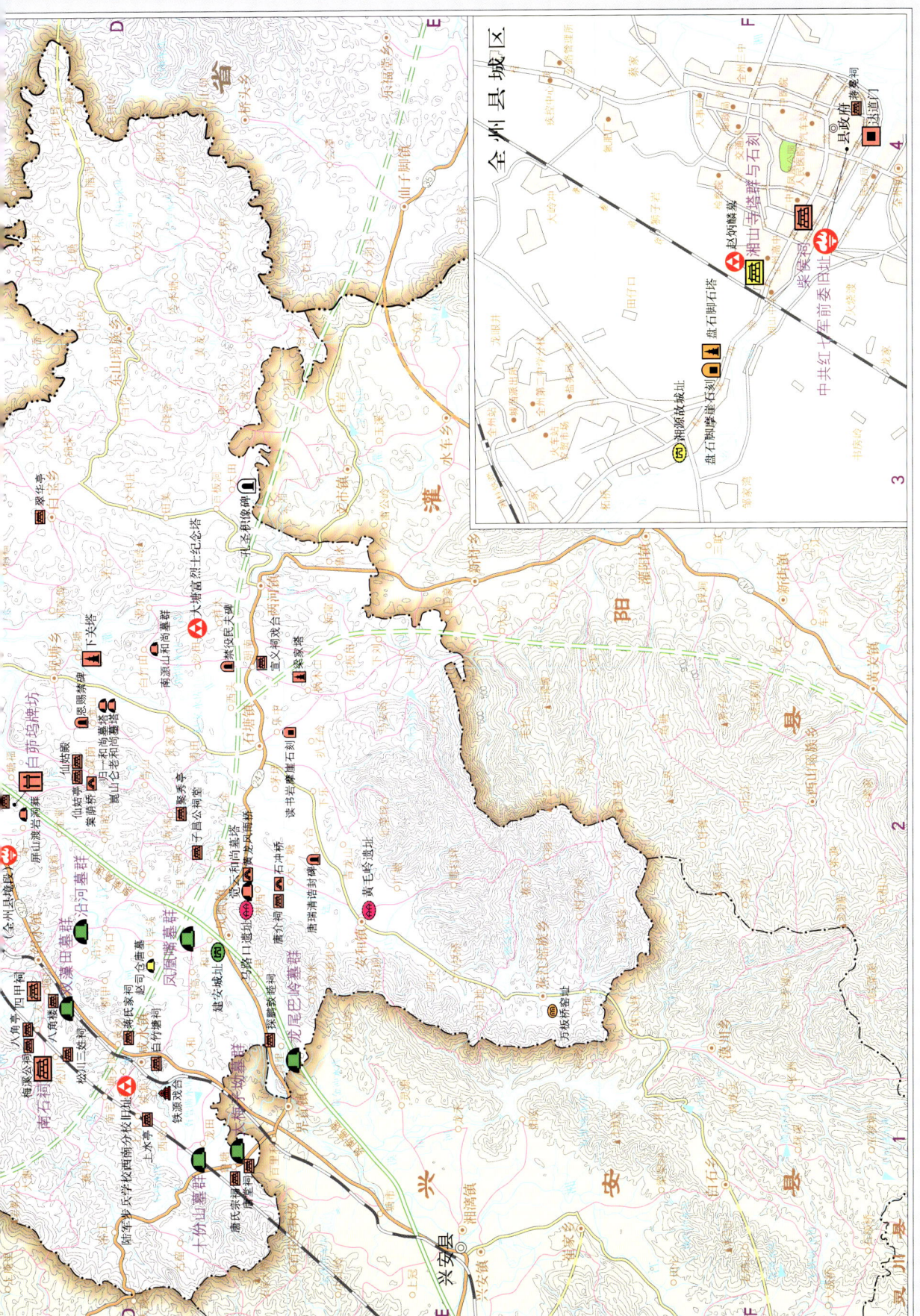

全州县城区

1：380 000

资源县文物图

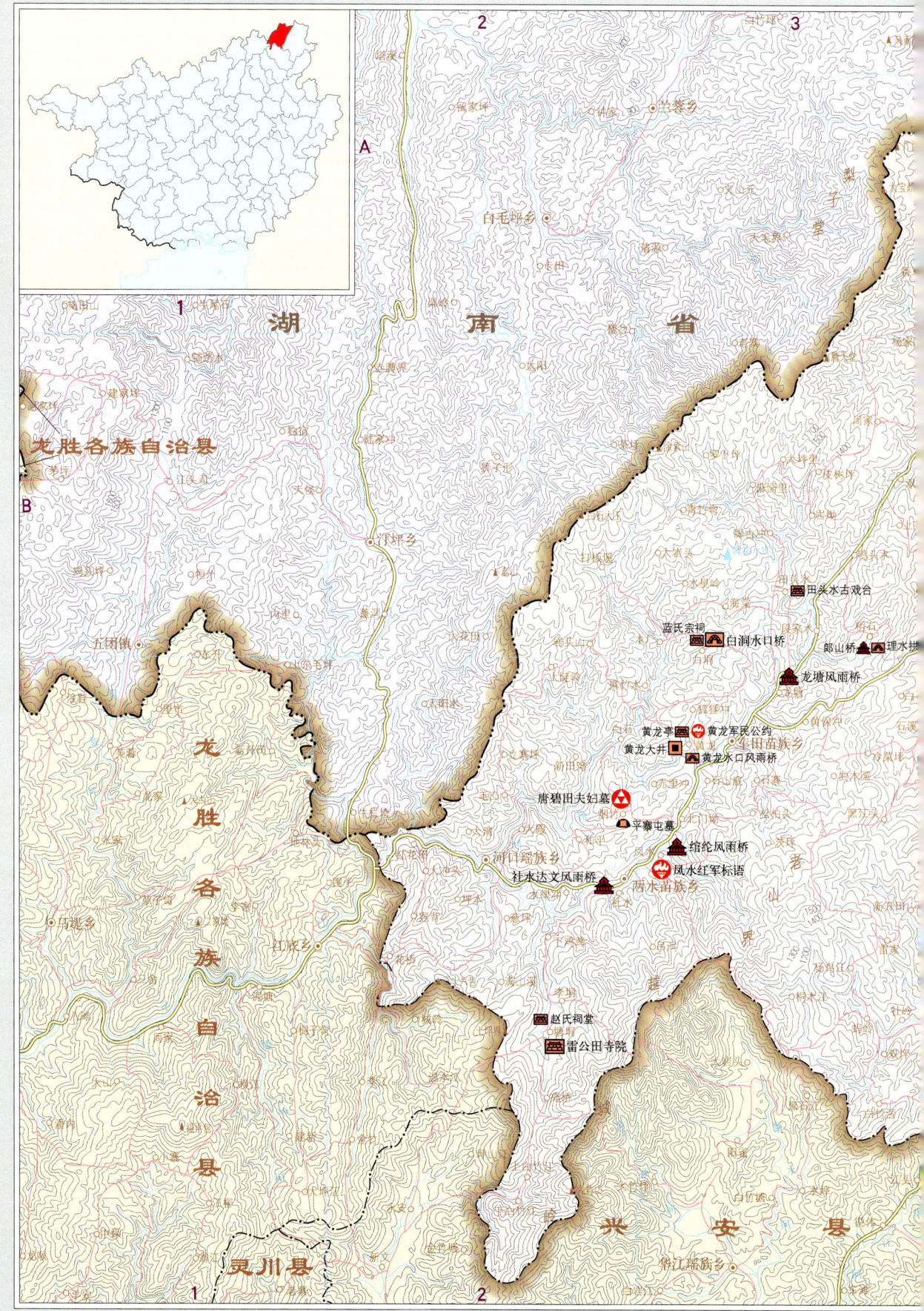

湖　南　省

龙胜各族自治县

B

田头水古戏台

蓝氏宗祠
白洞水口桥　郎山桥　理水桥

龙塘风雨桥

黄龙亭　黄龙军民公约
黄龙大井　黄龙水口风雨桥

唐碧田夫妇墓

平寨屯墓

绾纶风雨桥

社水达文风雨桥　凤水红军标语
两水苗族乡

赵氏祠堂

雷公田寺院

龙胜各族自治县

兴安县

灵川县

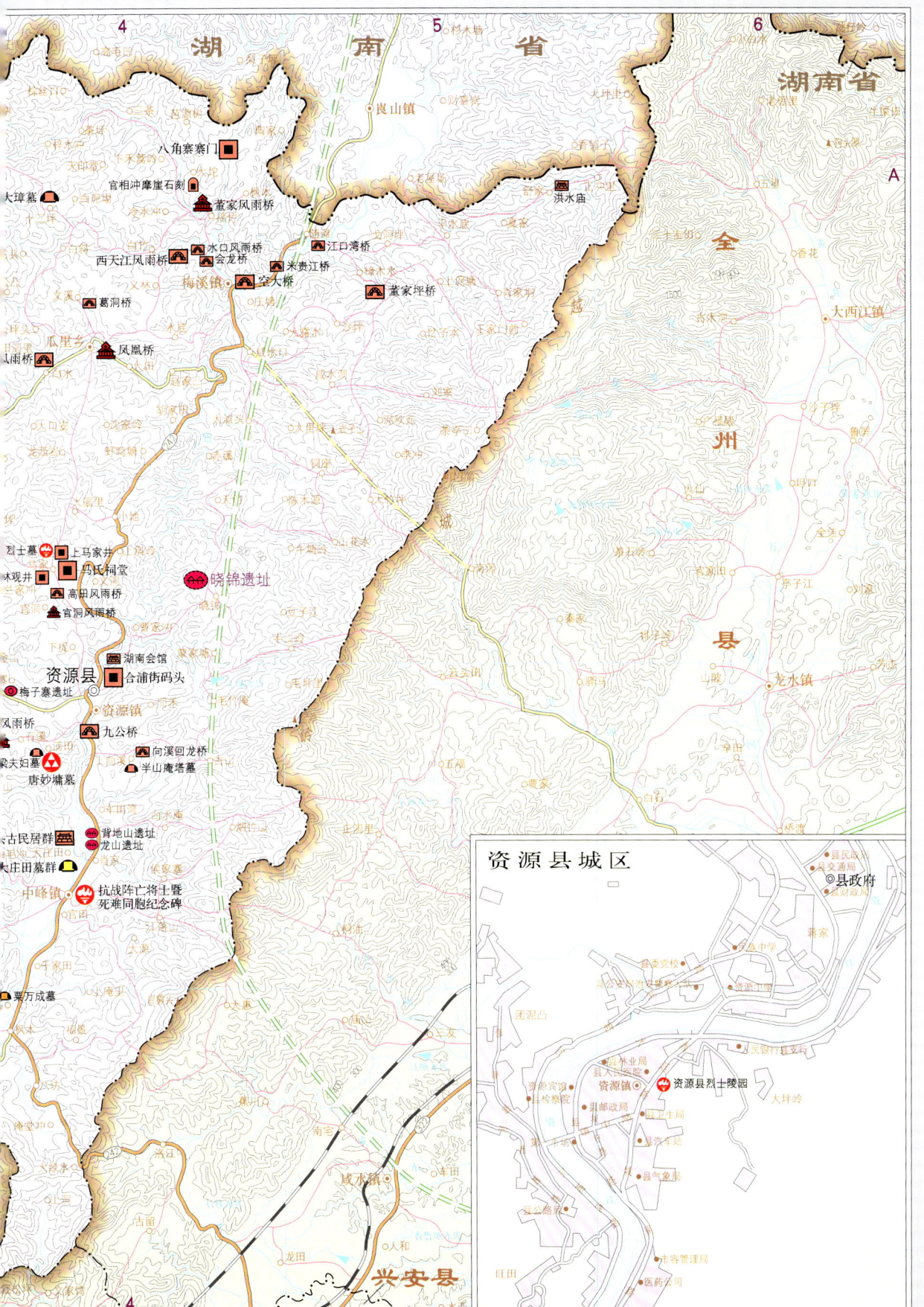

1 : 280 000

0　2.8　5.6　8.4千米

湖　南　省

湖南省

4　　　　　5　　　　6

良山镇

八角寨寨门

官相冲摩崖石刻

大璋墓

董家风雨桥

洪水庙

全

西天江风雨桥
水口风雨桥
会龙桥
江口湾桥

米贵江桥

梅溪镇
空大桥

董家坪桥

葛洞桥

瓜里乡

风雨桥
凤凰桥

州

晓锦遗址

越

城

县

烈士墓
上马家井
林观井
马氏祠堂
高田风雨桥
官洞风雨桥

大西江镇

龙水镇

湖南会馆
合浦街码头
资源县
梅子寨遗址
资源镇
风雨桥
九公桥
夫妇墓
唐妙塘墓
向溪回龙桥
半山庵塔墓

古民居群
大庄田墓群
中峰镇
抗战阵亡将士暨
死难同胞纪念碑

背地山遗址
龙山遗址

粟万成墓

资 源 县 城 区

县政府

资源镇
资源县烈士陵园

兴安县

4

187

灌阳县文物图

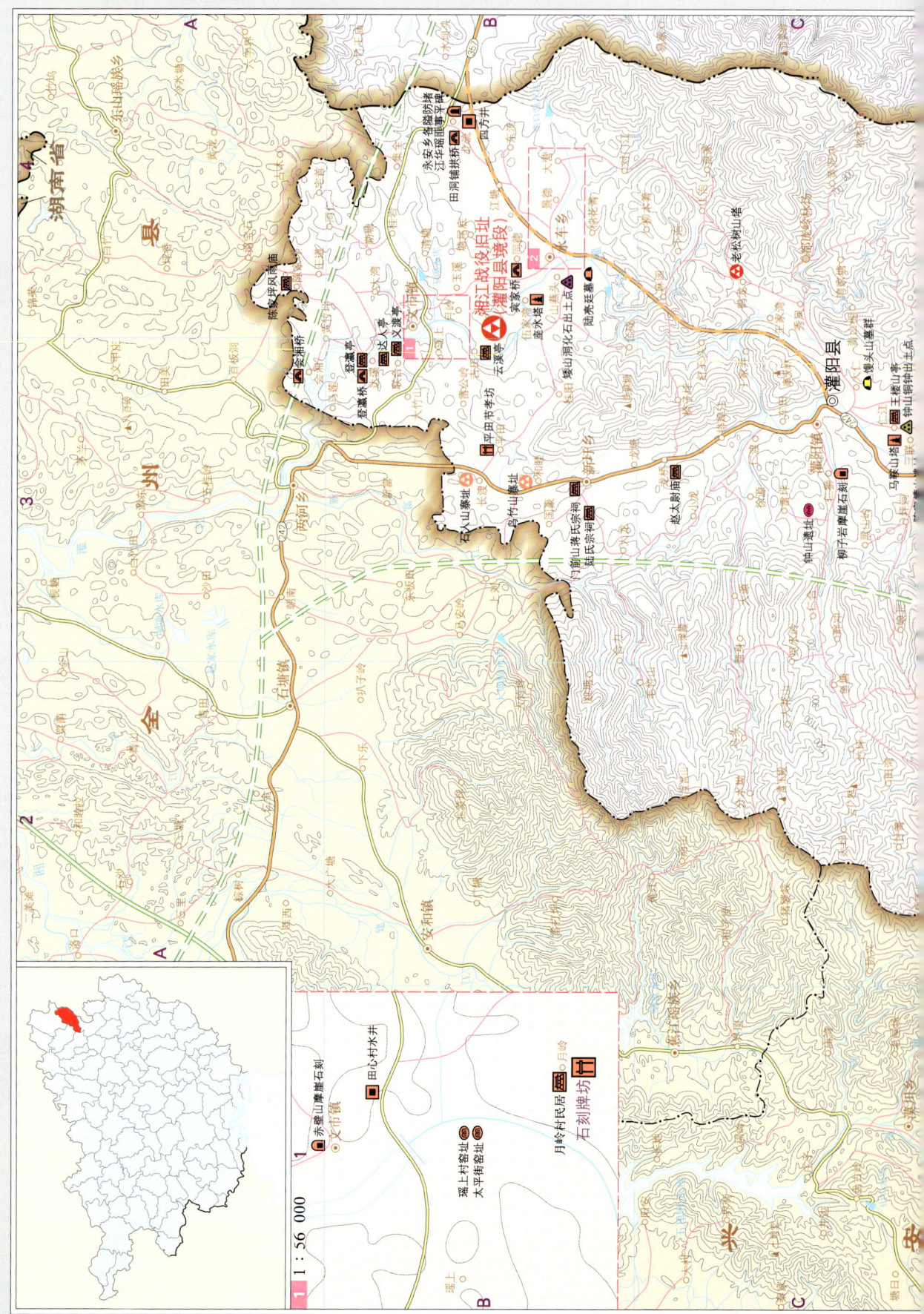

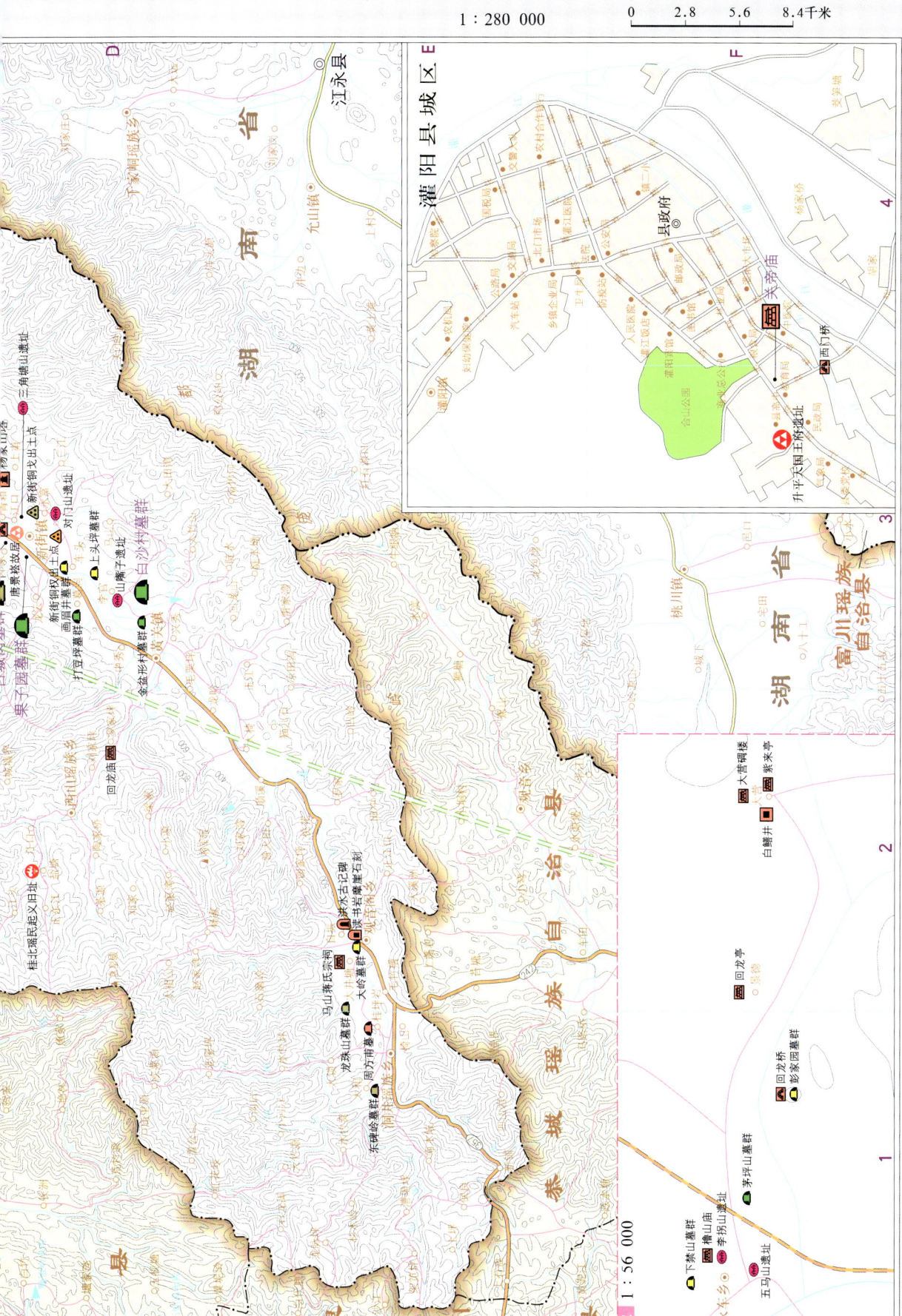

1 : 280 000

0   2.8   5.6   8.4千米

灌阳县城区

江永县

湖　南　省

都

三角塘山遗址
新衔铜戈出土点
对门山遗址
唐景崧故居
上头坪墓群
山嘴子遗址
白沙村墓群
画眉井墓群
新衔铜戈双出土点
打豆坪墓群
李清山遗址
金盆形村墓群
观音阁
回龙庙

果子园墓群

桂北瑶民起义旧址

马山蒋氏宗祠
龙珠山墓群
大岭墓群
周方甫墓
东碑岭墓群
洞井瑶族乡

洪水记碑
读书岩摩崖石刻

湖　南　省

富川瑶族自治县

桃川镇

恭城瑶族自治县

灵川县

1 : 56 000

下寨山墓群
楠山庙
李坳山遗址
水车乡
五马山遗址

茅坪山墓群

彭家园墓群

回龙桥

白鳝井

大营碉楼
紫来亭

回回亭

189

荔浦县文物图

永福县

永福县

鹿

寨

县

荔浦县城区

荔浦烈士陵园
荔浦一小
县政府

迎薰门
荔浦塔
荔浦书院
石阳宾馆
福建会馆
荔城二十四码头遗址

蒲芦瑶族乡

义敢抗战阵亡烈士纪念碑
大塘镇

拱秀铜器窖
光复亭
兴贤楼
荔浦故城址

建陵故城址
粤东会馆
荔修航道碑
修仁镇
修仁烈士陵园
状元桥
禄阁第
飞龙岩关隘遗址

金秀瑶族自治县

1 : 250 000

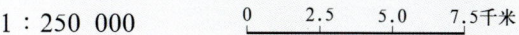

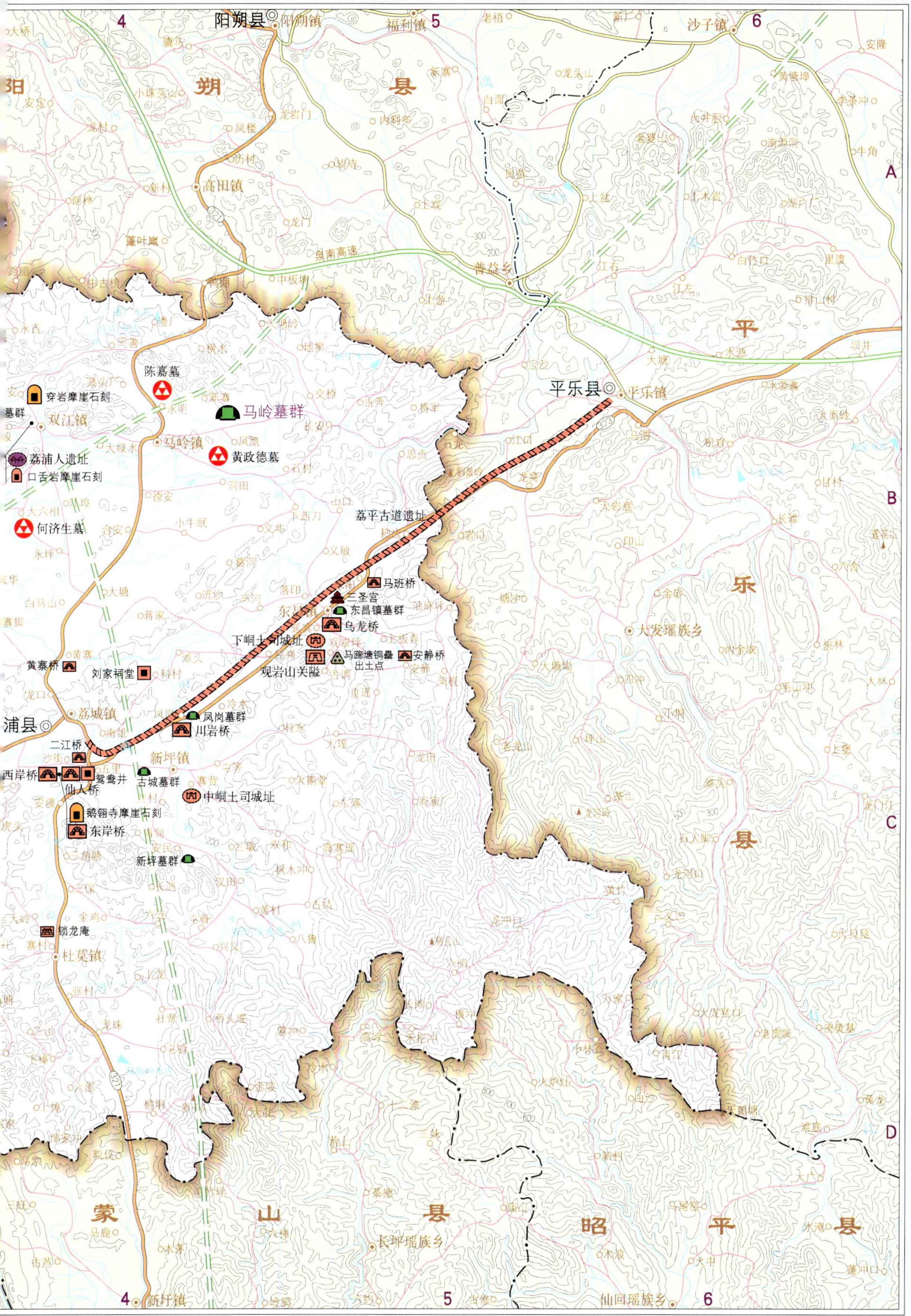

阳朔县 阳朔镇   福利镇   沙子镇

A

平乐县 平乐镇

穿岩摩崖石刻
陈嘉墓
墓群
双江镇   马岭墓群
荔浦人遗址   马岭镇 凤凰
口舌岩摩崖石刻   黄政德墓

B

何济生墓   荔平古道遗址   乐

马班桥
三圣宫
东昌镇墓群   大发瑶族乡
乌龙桥
下峒土司城址   观岩
黄寨桥   马蹄滩铜鼓   安静桥
刘家祠堂   出土点
观岩山关隘
荔城镇   凤岗墓群
浦县   川岩桥
二江桥   新坪镇   县
西岸桥   鸳鸯井   古城墓群
仙人桥   中峒土司城址   C
鹅翎寺摩崖石刻
东岸桥
新坪墓群

锁龙庵
杜莫镇

蒙   山   县   昭   平   县   D

新圩镇   仙回瑶族乡

191

平乐县文物图

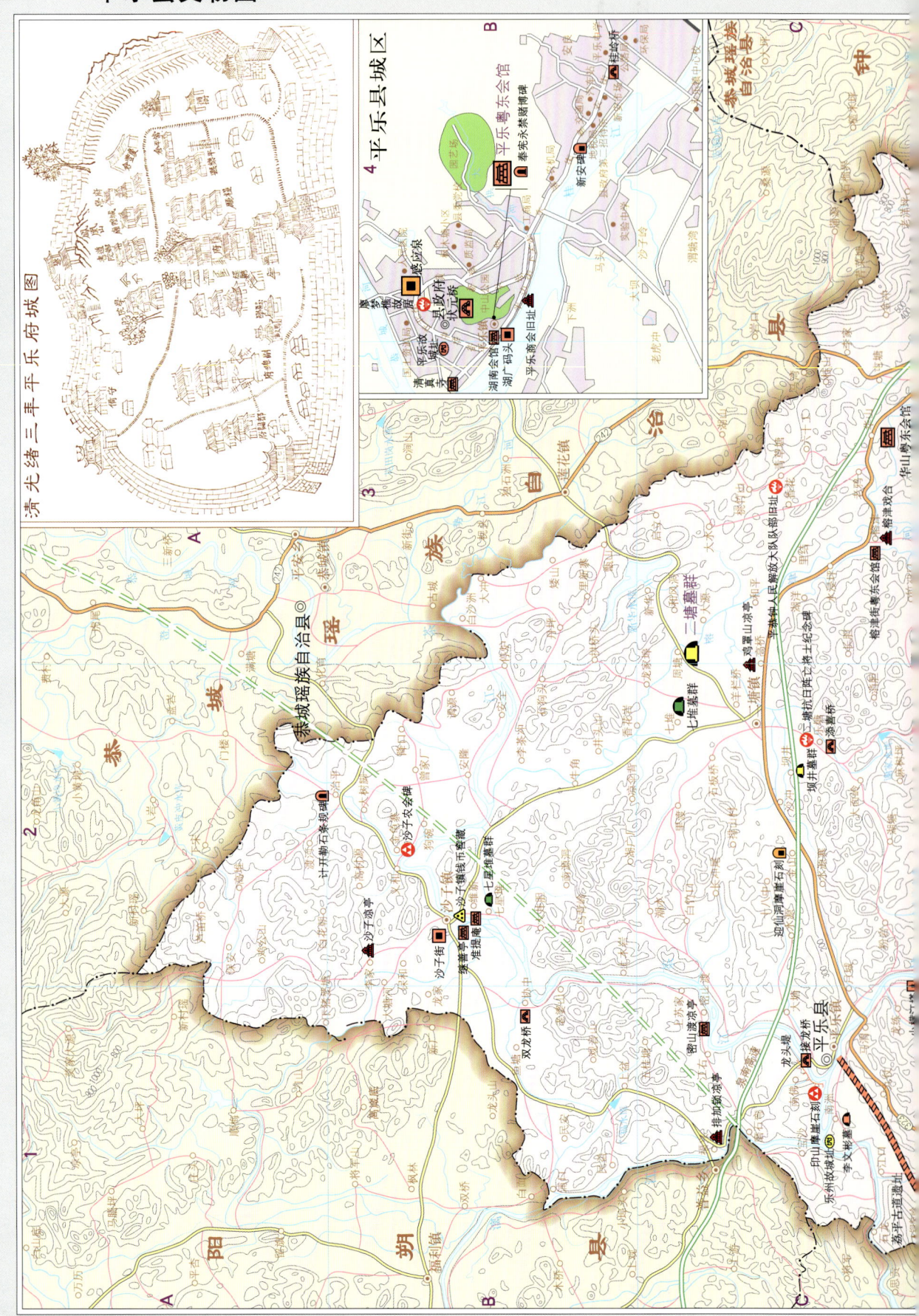

清光绪三年平乐府城图

平乐县城区

4 平乐县城区

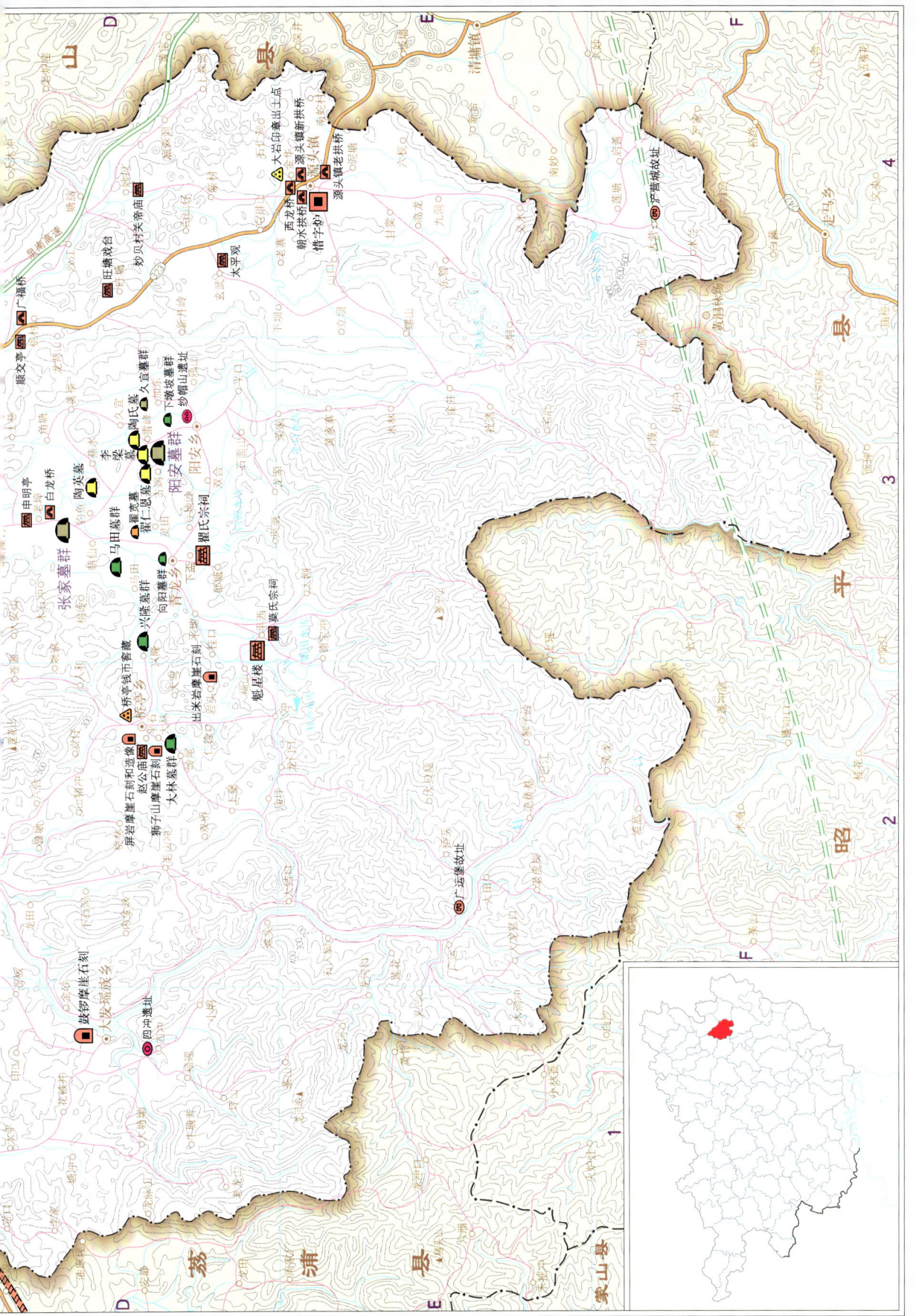

1 : 230 000

0   2.3   4.6   6.9千米

193

龙胜各族自治县文物图

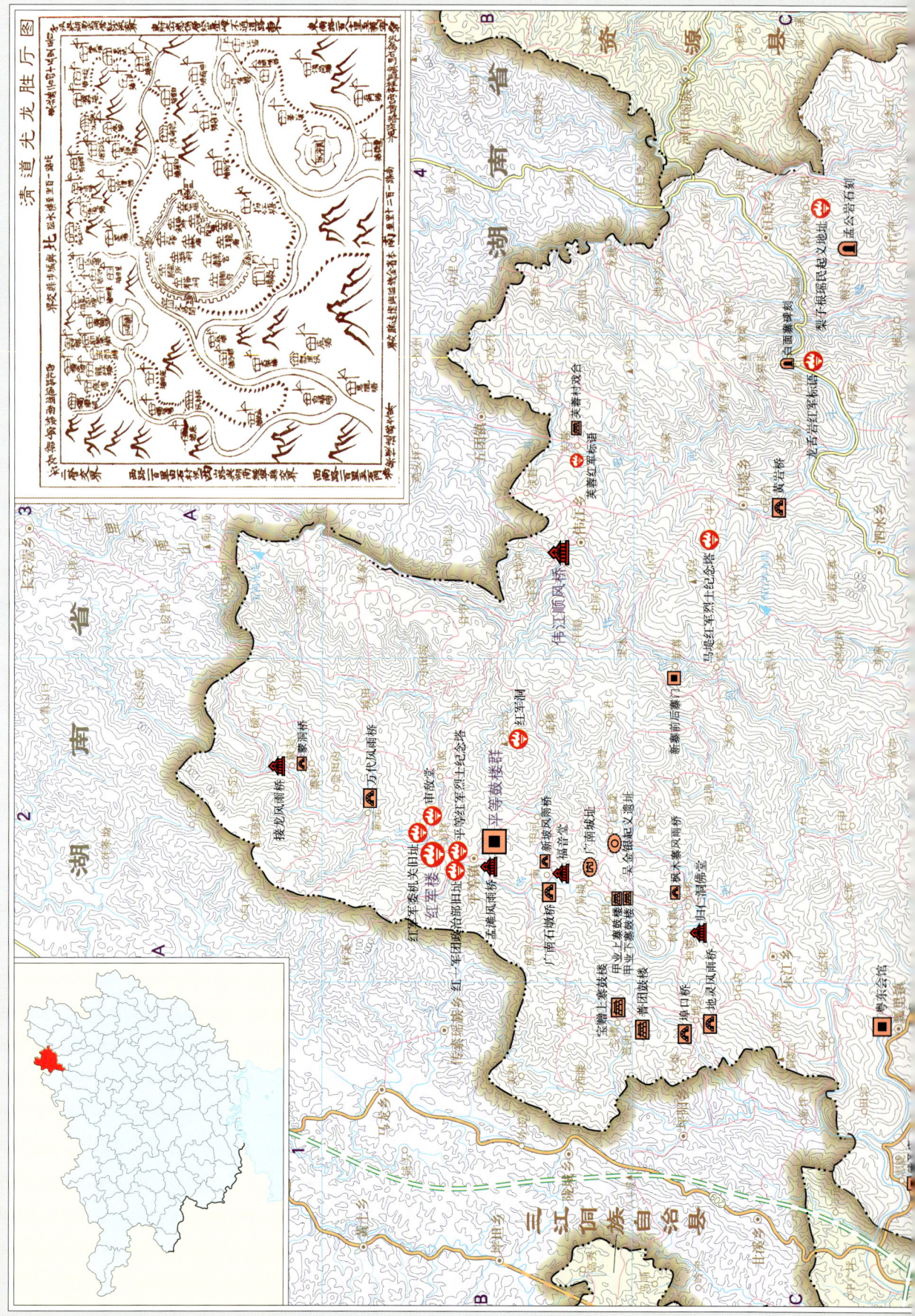

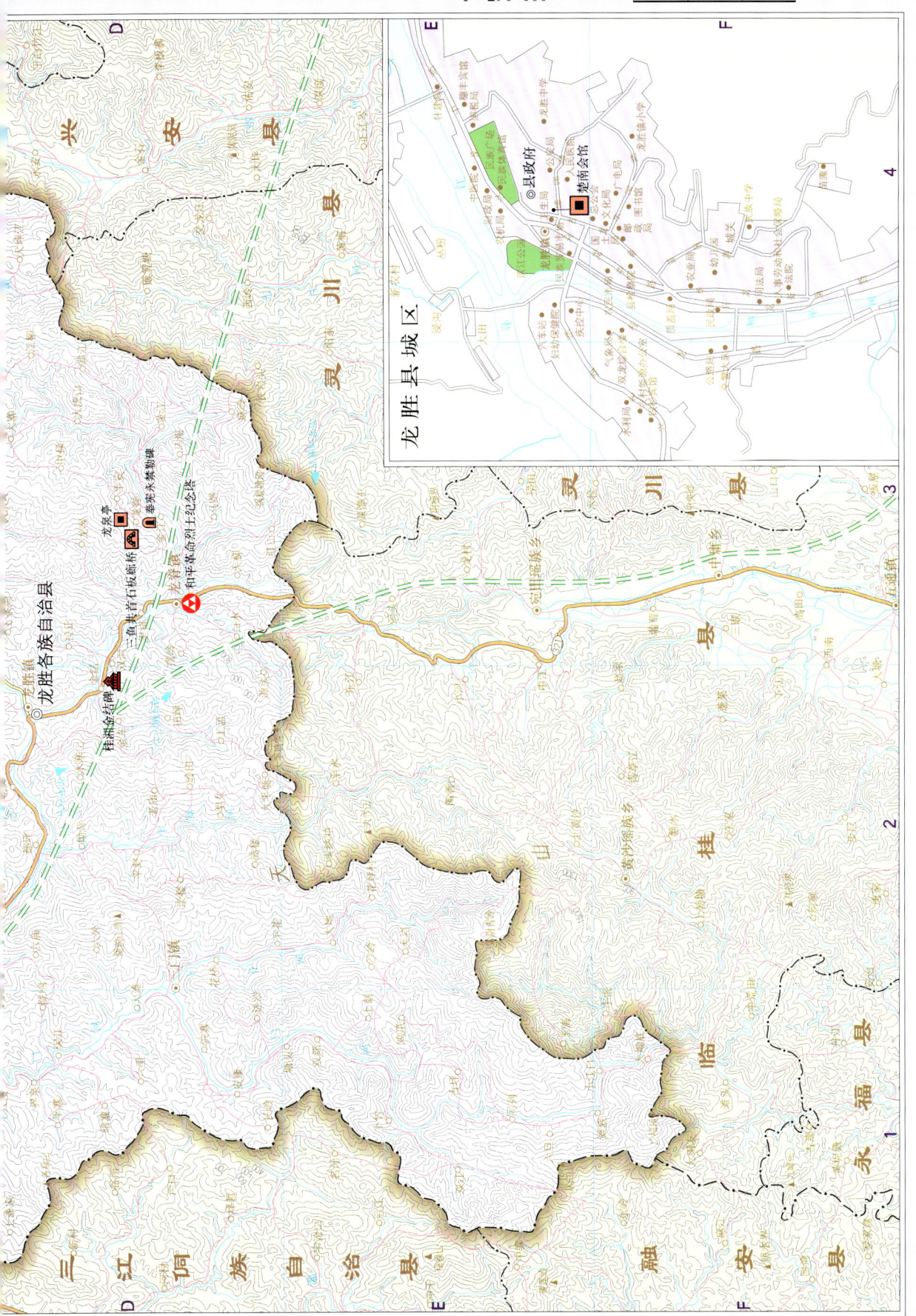

1 : 290 000

0   2.9   5.8   8.7千米

龙胜县城区

龙胜各族自治县

195

恭城瑶族自治县文物图

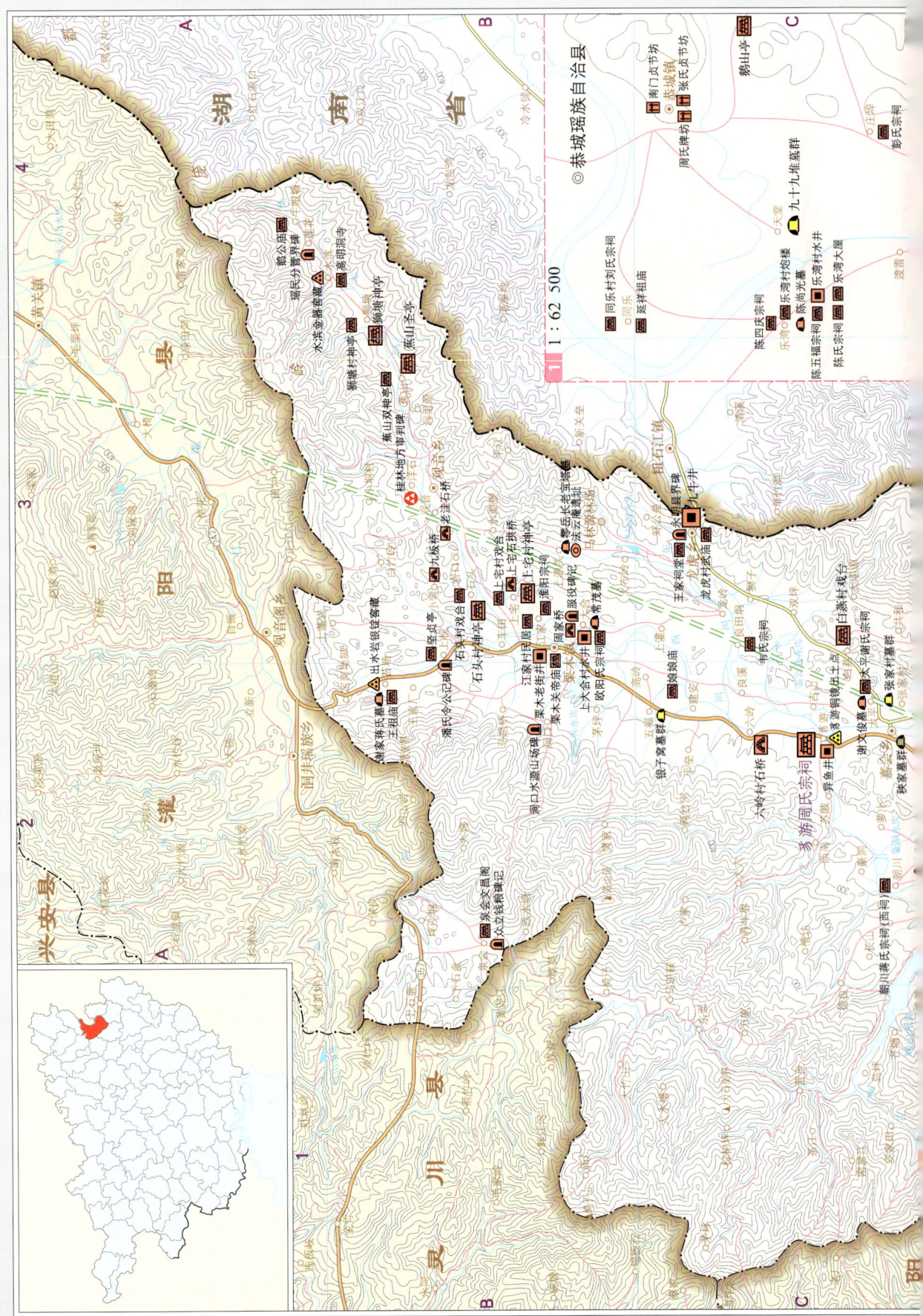

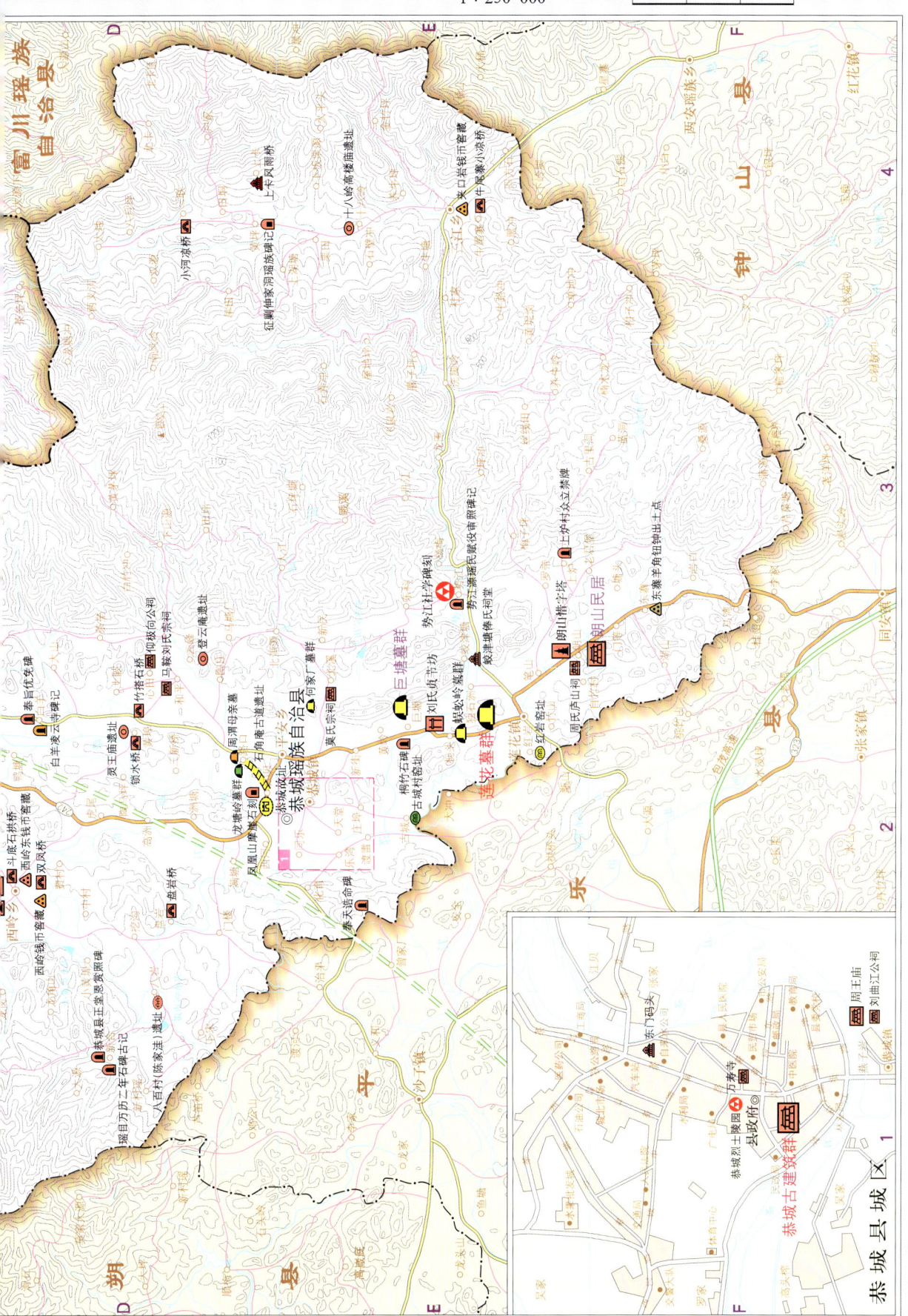

1 : 250 000

0　2.5　5.0　7.5千米

富川瑶族自治县

上卡风雨桥
小河凉桥
征蛮伸家洞瑶族碑记
十八岭高楼庙遗址
来口岩钱币窖藏
牛尾寨小凉桥
牛尾寨刘氏宗祠

钟山县

努江社学碑刻
势江源瑶民赋役审照碑记
毂津堡梁氏祠堂
上岭村众公碑
东寨羊角钮出土点
朗山民居
朗山民居

奉旨优先碑
白羊凌云寺碑记
仰板向公祠
登云庵遗址
马致刘氏宗祠
巨塘墓群

莫氏宗祠
周渭母亲墓
竹塔石刻
何家厂墓群
莫氏宗祠
献策岭城碑
刘氏贞节坊

梧岭乡
西岭东线币窖藏
双风桥
灵王庙遗址
锁水桥
桐岭岭墓石刻
石角古道遗址
莫氏宗祠
平安乡
桐竹石碑
恭城古城村窑址
红岩窑址
莲花墓群

盘岩桥
凤凰山摩崖石刻
恭城瑶族自治县
恭城县城址
南氏卢山祠堂
乐湾

恭城县正堂恩宽限碑
恭城县二年石碑古记
瑶目历乙年历宽限碑
人百村陈家冲遗址
秦天造命碑

两岭乡
斗底石拱桥

平乐县

朔县

少丁镇

恭城县城区

东门码头
周王庙
刘仙江公祠
恭城烈士陵园
万寿寺
县政府
恭城古建筑群

恭城县城区

197

梧州市辖区文物图

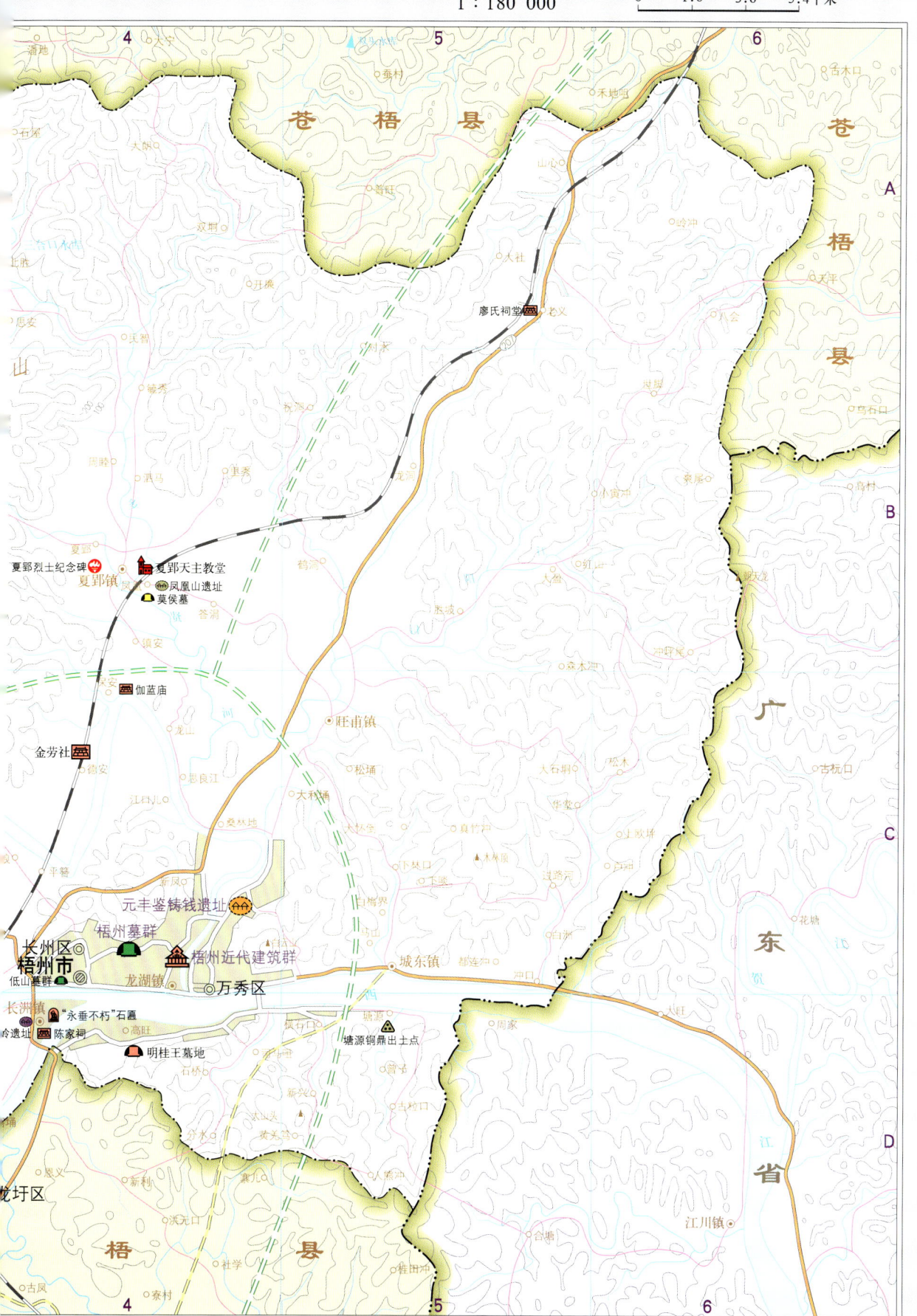

1 : 180 000

0　1.8　3.6　5.4千米

苍　梧　县

苍
梧
县

A

廖氏祠堂

B

广

夏郢烈士纪念碑　夏郢天主教堂
夏郢镇　凤凰山遗址
莫侯墓

伽蓝庙

金芳社

旺甫镇

C

元丰鉴铸钱遗址
梧州墓群
长州区　梧州近代建筑群
梧州市　城东镇
低山墓群　龙湖镇
长洲镇　万秀区
"永垂不朽"石匾
冷遗址　陈家祠
明桂王墓地　塘源铜鼎出土点

东

省

D

龙圩区
梧　　　县

江川镇

苍梧县文物图

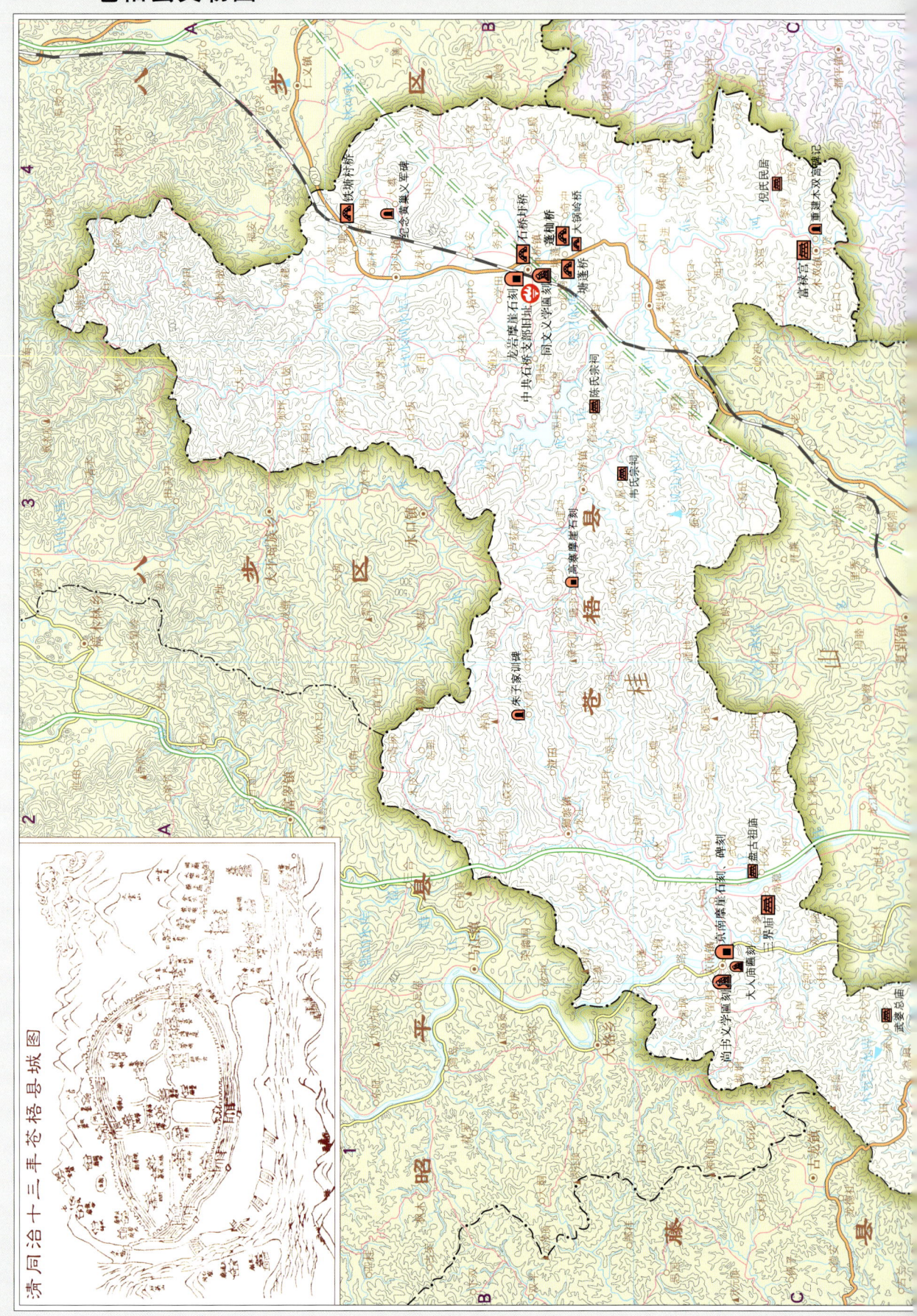

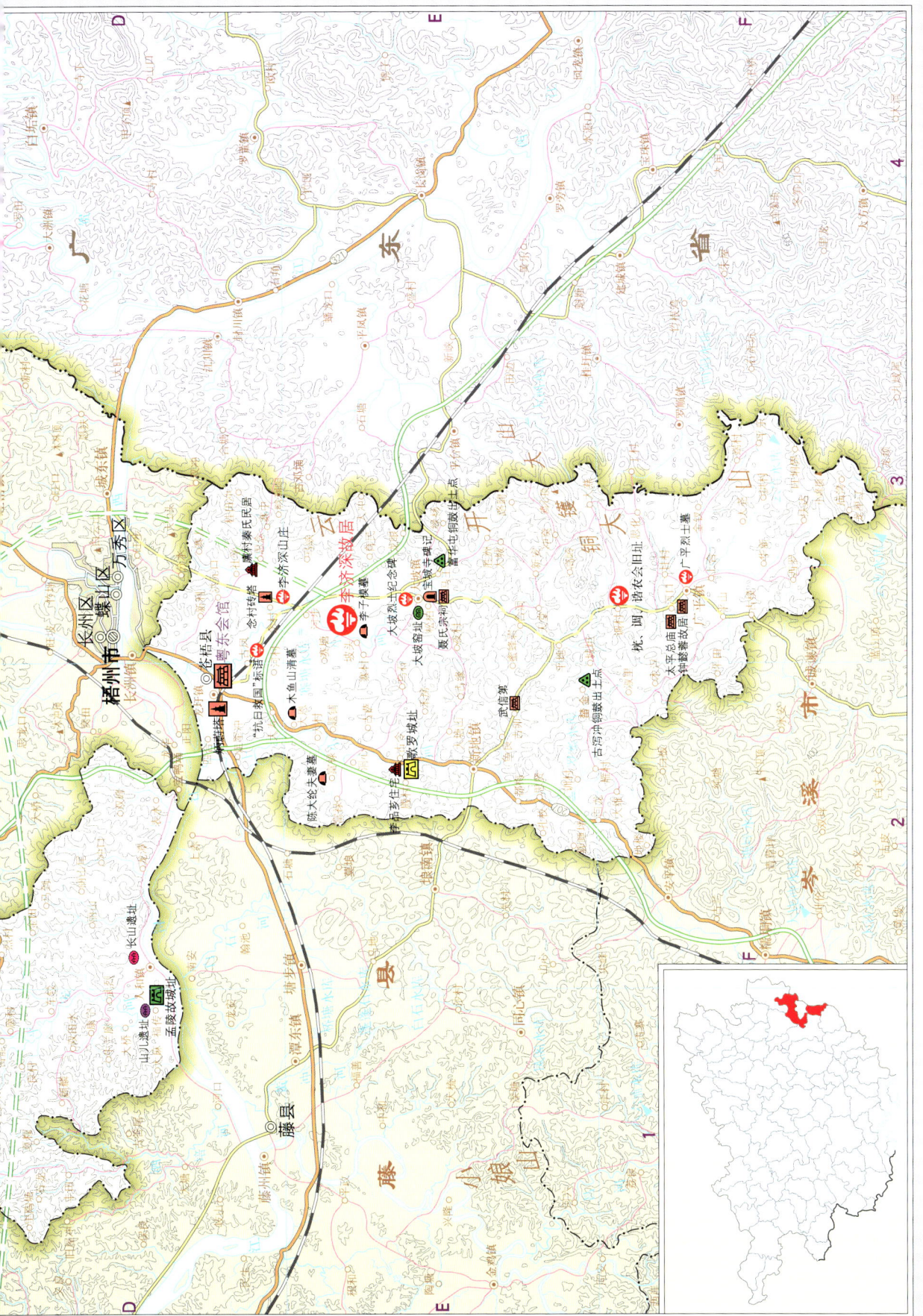

1 : 400 000

0   4.0   8.0   12.0千米

藤县文物图

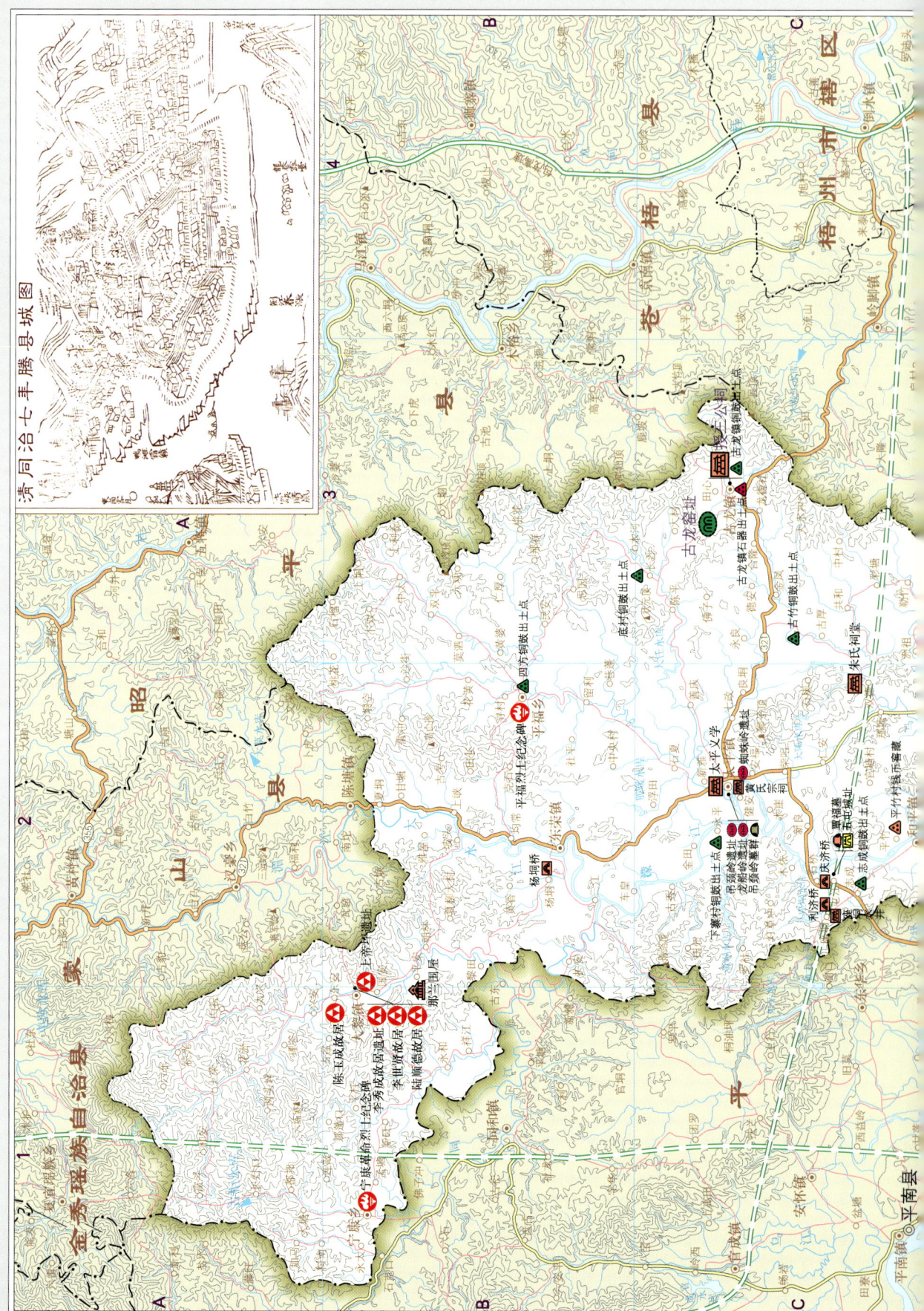

清同治七年滕县城图

202

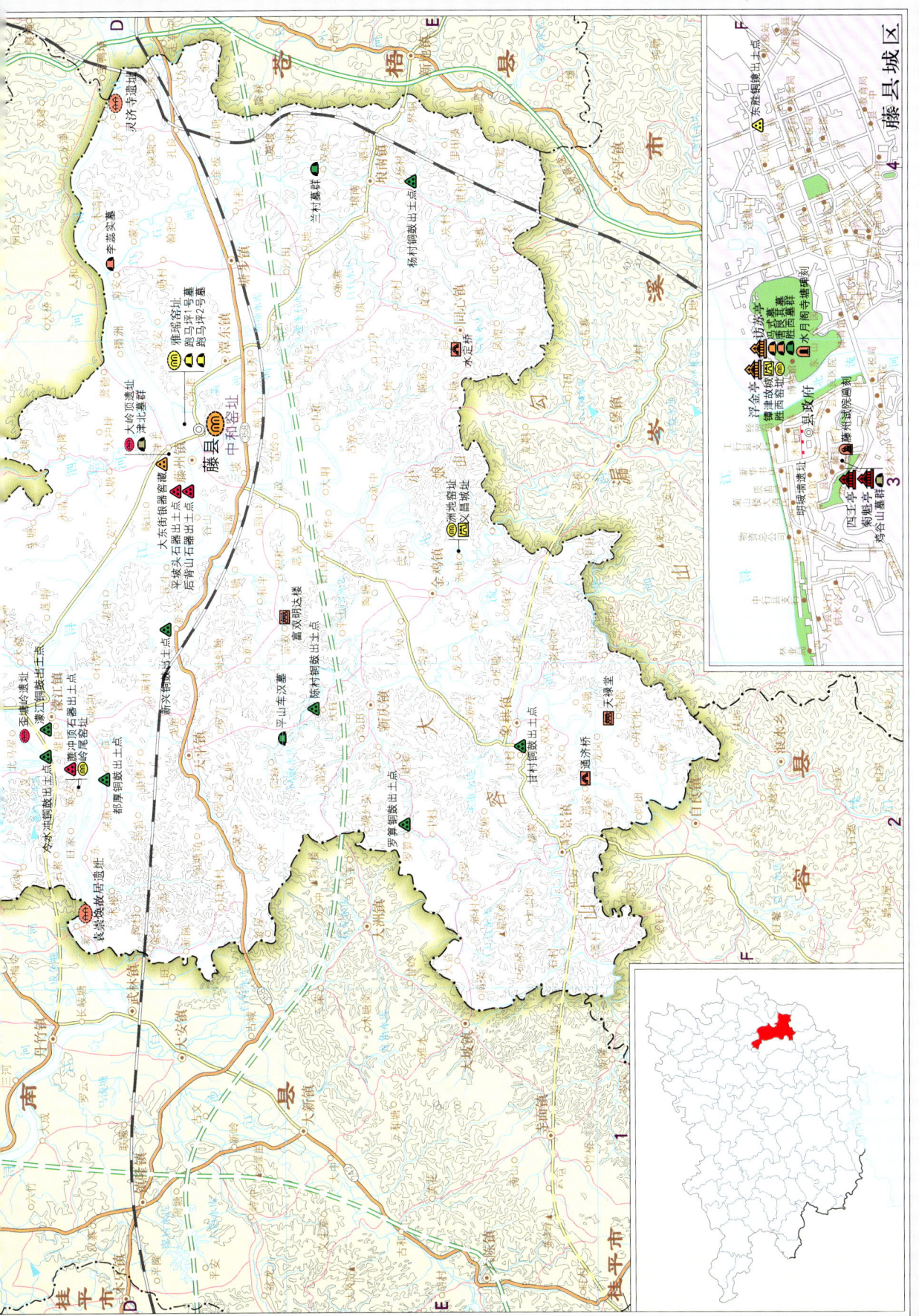

1 : 380 000

0　3.8　7.6　11.4千米

藤县城区

D

E

F

苍梧县

梧

新地镇

藤州镇

岭景镇

太平镇

D

E

岑溪市文物图

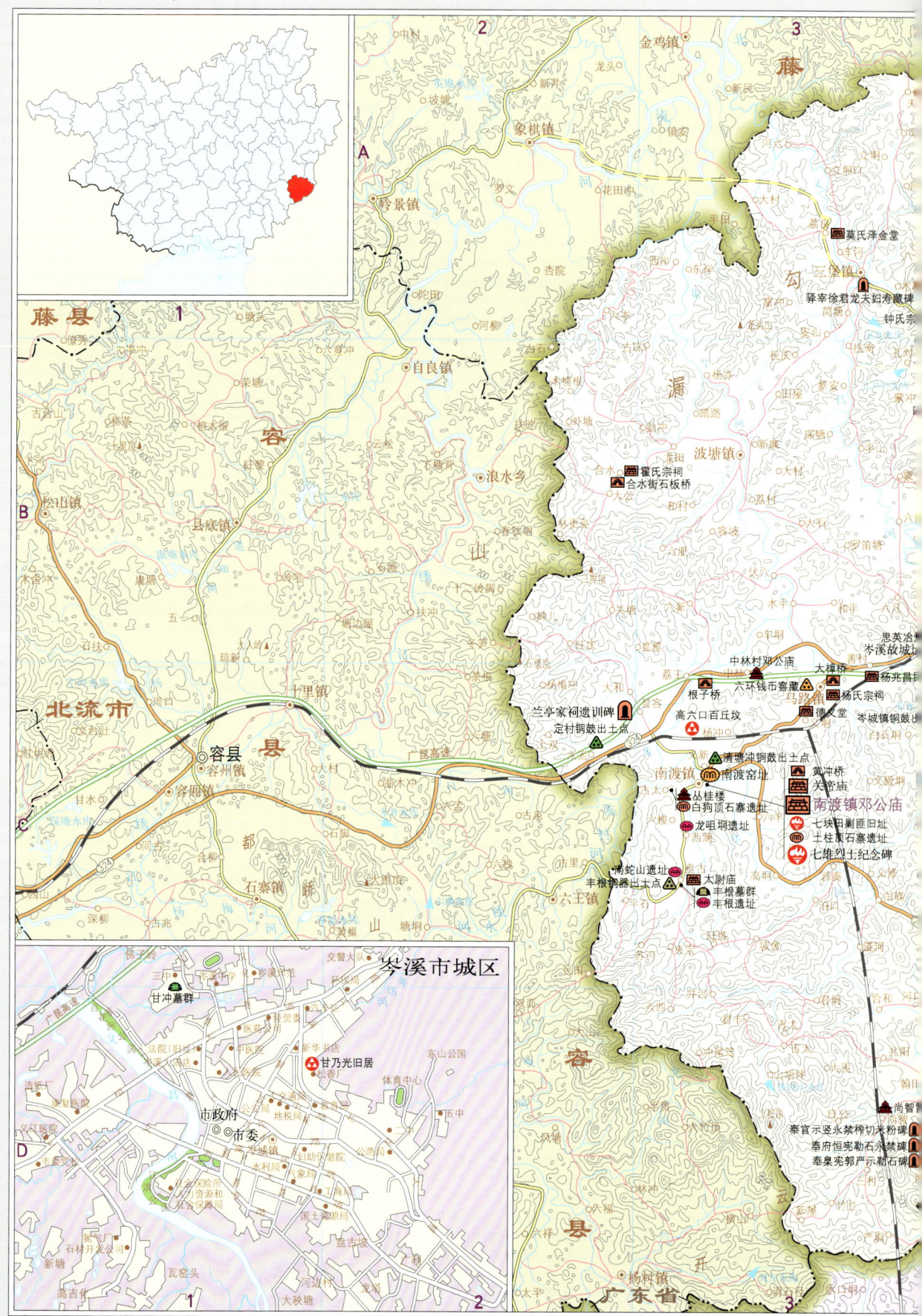

岑溪市城区

广东省

204

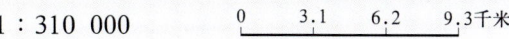

0　　3.1　　6.2　　9.3千米

县

苍

A

梧

里田寨

安平镇

罗同石斧出土点

大崩岭唐墓

富宁铜斧出土点

鱼头岭遗址

古陇坡遗址

黄塘庄

石门冶炼遗址

古藏屯铜鼓出土点

广平镇

罗顺镇

县

世馨堂

花果山墓群

凤背岭墓群

昙炉山遗址

古龙山遗址

古立坡遗址

唐遗址

胜塘遗址

炭菇岭墓群

樟桐镇

古淡甏群

同心坡冶炼遗址

同心坡遗址

林氏宗祠(七房)

富礼山遗址

界牌山遗址

绿云天主教堂

成谏镇

陈氏宗祠

兰亭李公祠

超贤李公祠

广

B

得中堂
韦氏牌坊

韦氏墓

鸟峡六角楼

岑溪市

樟木街邓公庙

筋城镇

大堨战国墓

普家祖庆

西岭铁斧陶器出土点

李道华烈士纪念碑

甘溪和屋

山义镇

三界庙

庙岭窑址

鸡儿杜窑址

三圣庙

大业镇

陈树勋故居

八角楼

家修李公祠

筋竹镇

东

李立夫屋

筋竹农会旧址

陈三吉祠

云

陈济桓故居

县

C

高贤公会葬墓

高氏墓

太白队烈士纪念碑

梨木镇

开

大

五世衍祥牌坊

省

黎少镇

泗纶镇

梁家围屋

水汶镇

山

加益镇

扶合镇

都门镇

连州镇

D

广

东

省

贵子镇

榨树寨

木围

新榕镇

旺沙镇

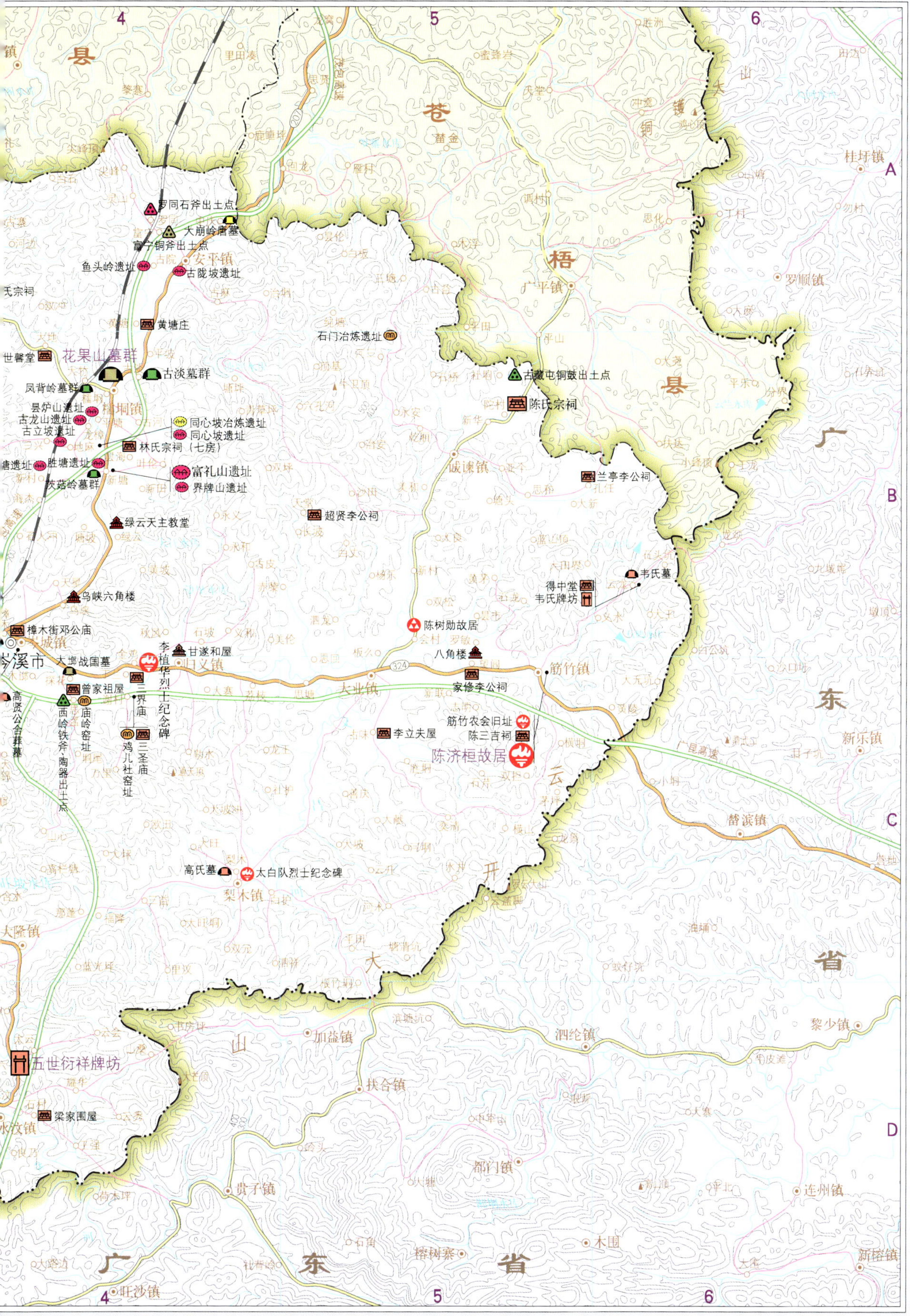

蒙山县文物图

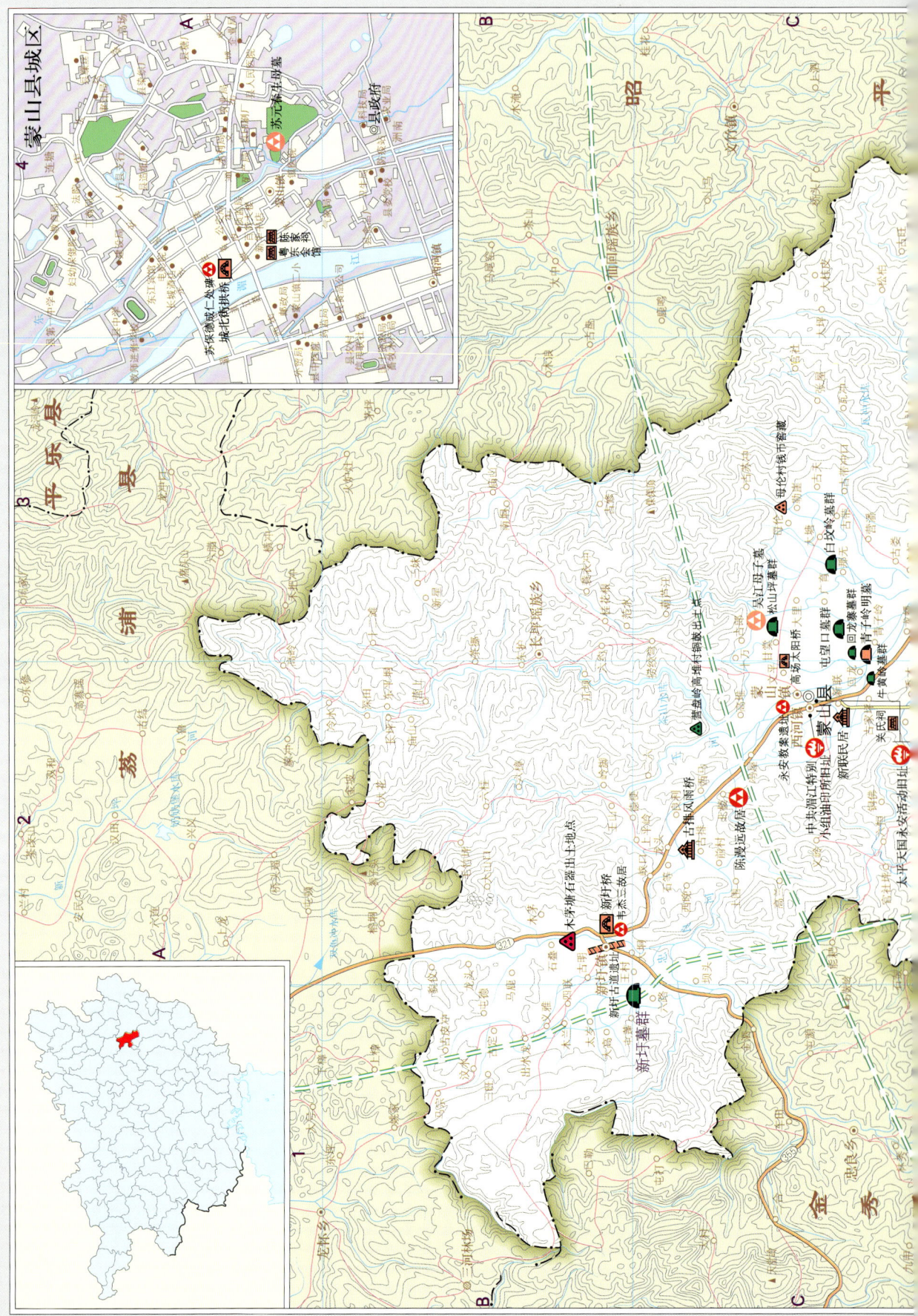

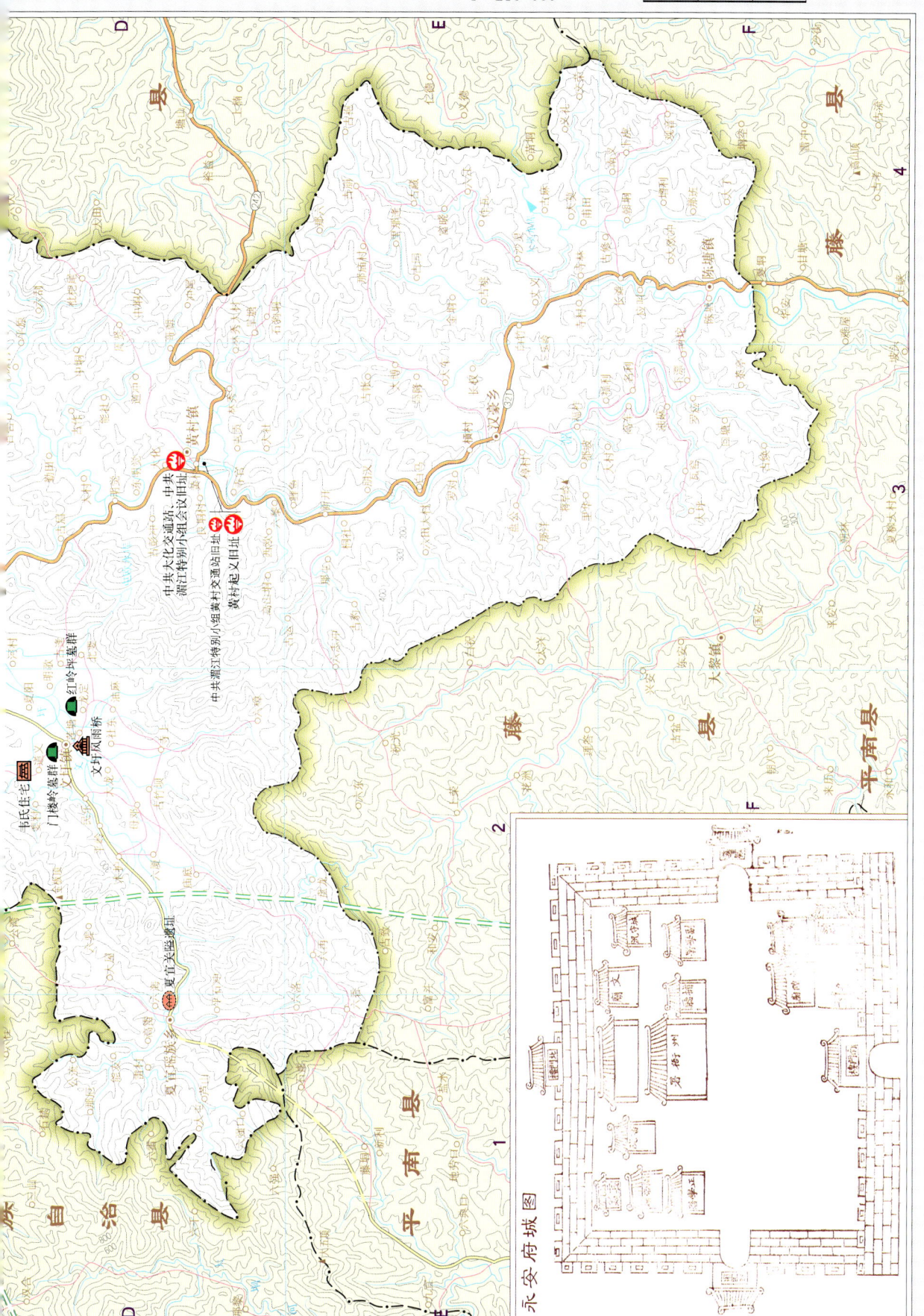

1 : 210 000

0　2.1　4.2　6.3千米

中共大化交通站、中共
湘江特别小组会议旧址
中共湄江特别小组黄村交通站旧址
黄村起义旧址

红岭坪墓群
韦氏住宅
门楼岭墓群
文圩风雨桥

夏宜瑶族乡临时遗址

永安府城图

贺州市八步区文物图

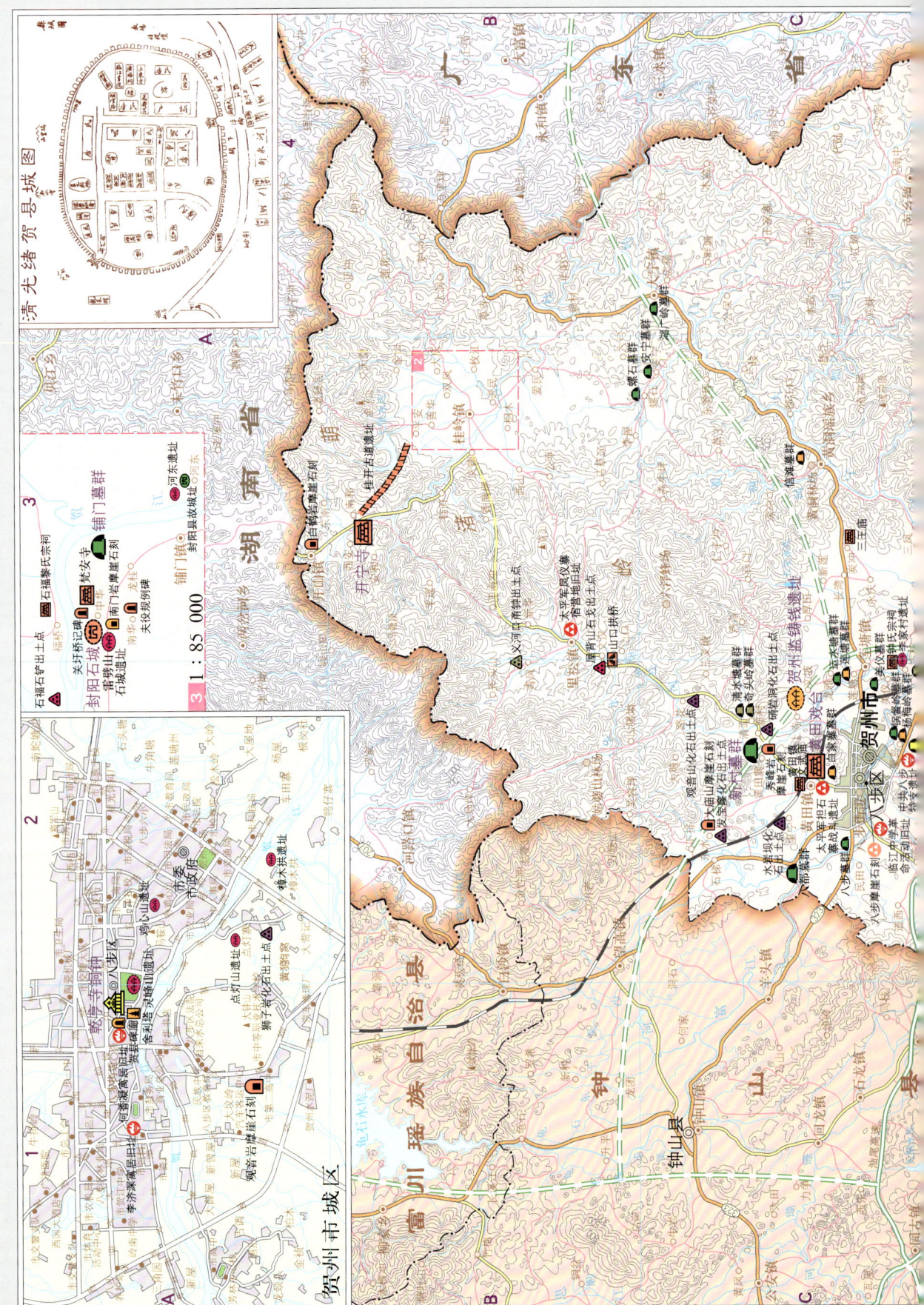

清光绪贺县城图

河东遗址 ⊙河东

铺门墓群

封阳县故城址 ⊙封阳县

1:85 000

208

1 : 400 000

0　4.0　8.0　12.0千米

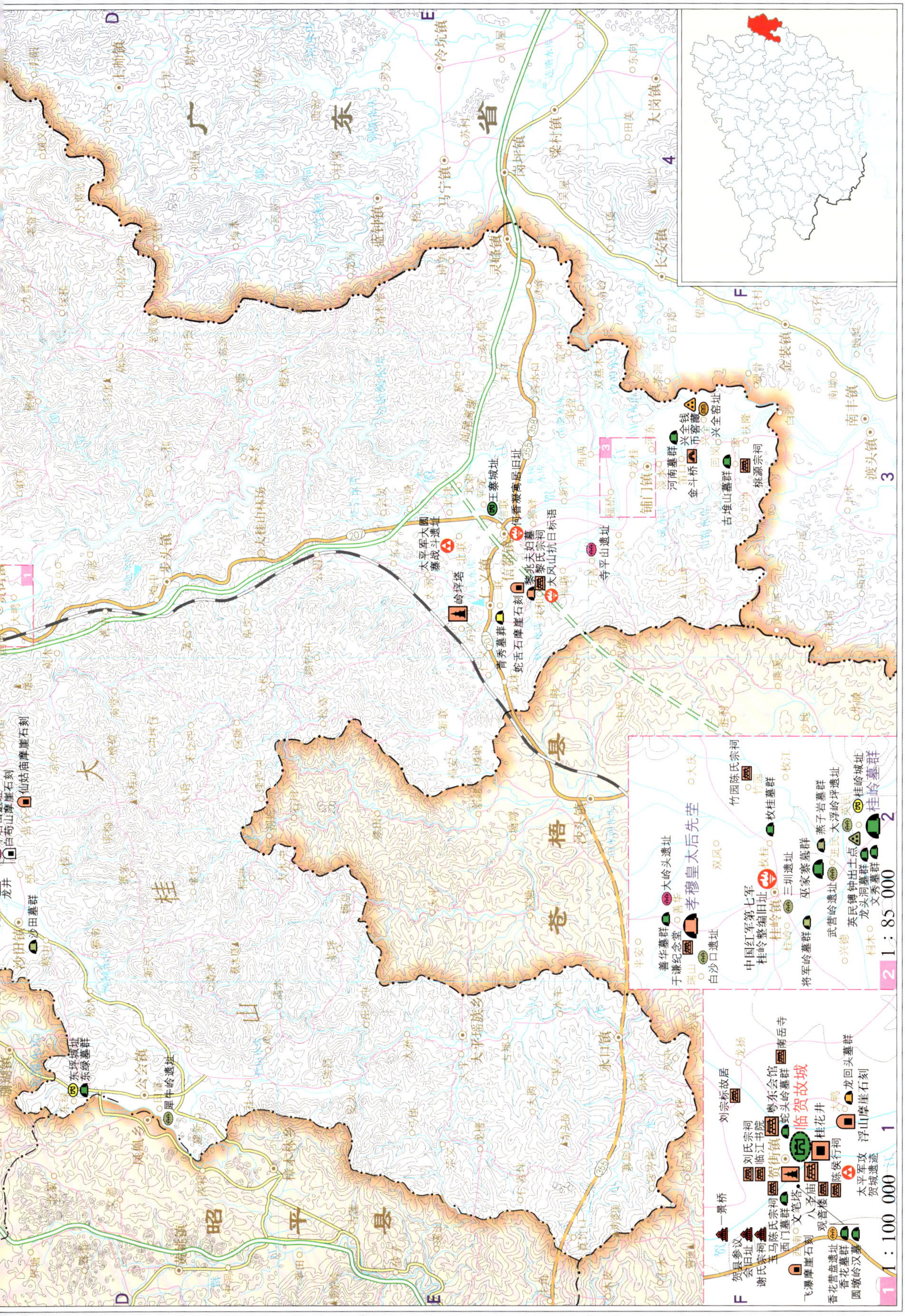

昭平县文物图

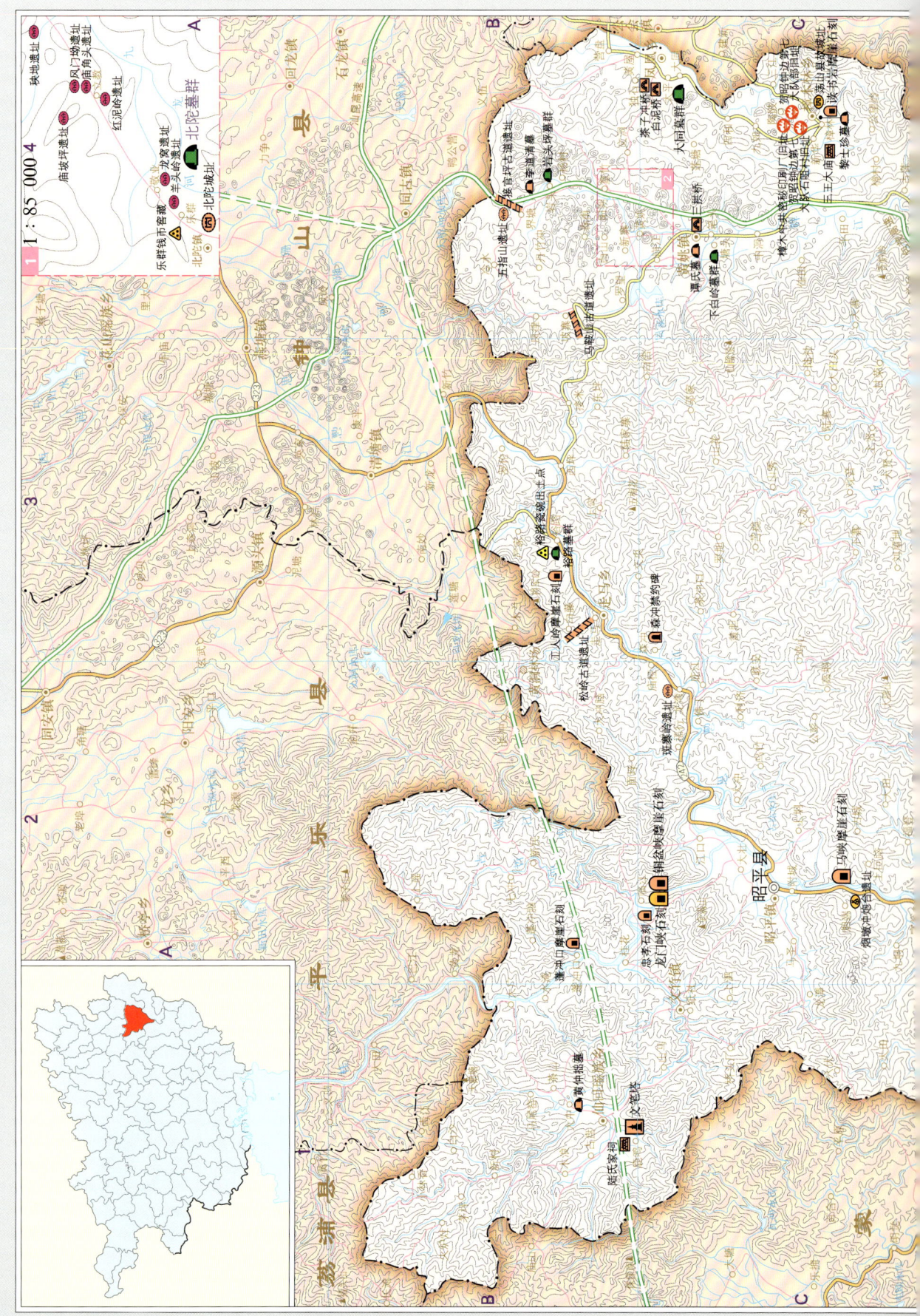

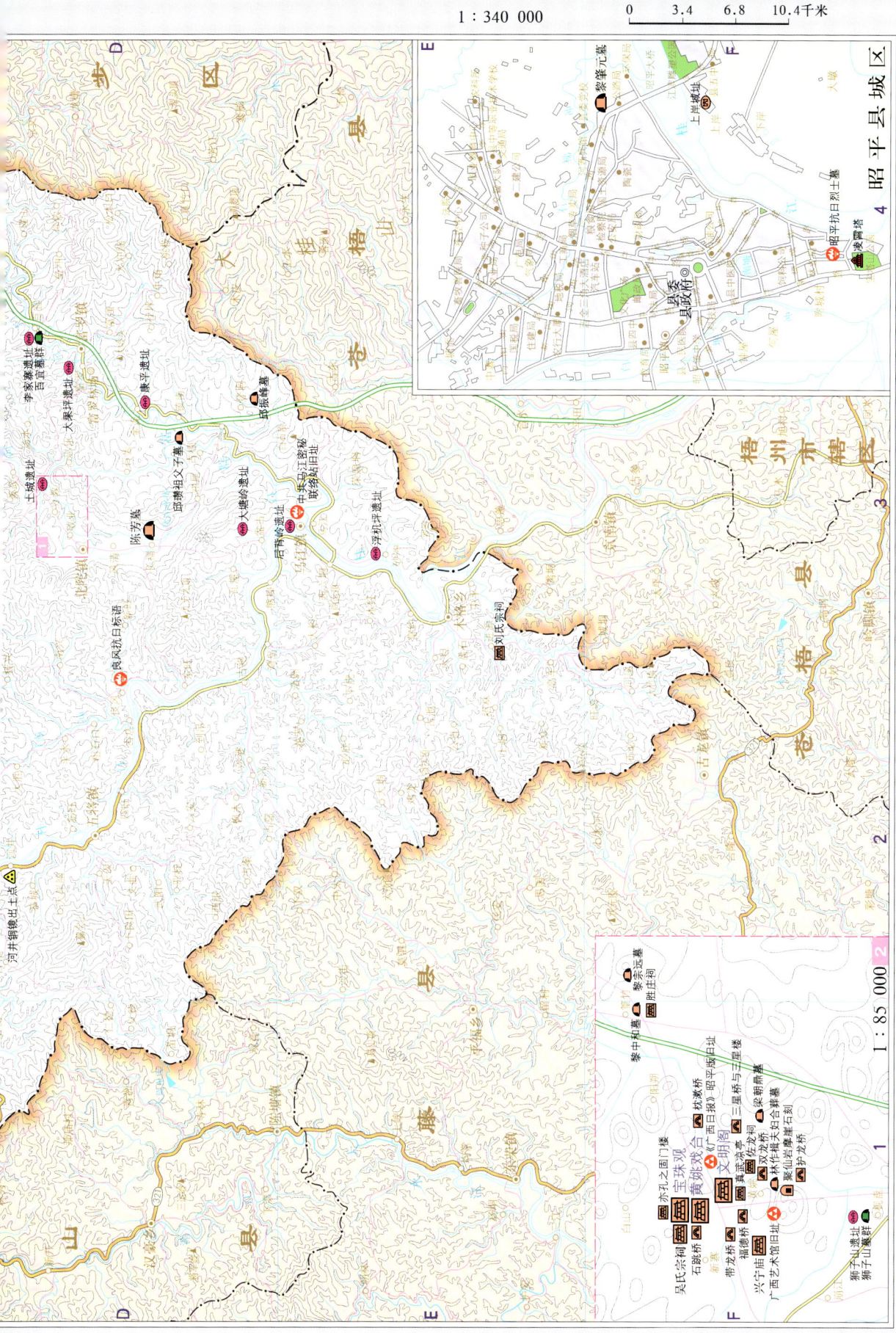

1 : 340 000

0　3.4　6.8　10.4千米

昭平县城区

上岸城遗址

黎崇元墓

昭平抗日烈士墓

凌霄塔

县政府

步 头 区

大 桂 坳 山

梧 州 市 辖 区

梧 州 市 辖 区

梧 州 市 辖 区

苍 梧 县

苍 梧 县

藤 县

D 区

李家寨遗址
吉富墓群
大禾坪遗址
康平遗址
邱振峰墓

土城遗址

陈芳墓
邱嫩祖父子墓
白育岭遗址
大塘岭遗址
中共西江委秘密联络站旧址
浮垌坪遗址

刘氏宗祠

良风汛日标语

河井铜镜出土点

木格乡

平福乡

1 : 85 000

吴氏宗祠
亦孔之画门楼
宝珠观
黄桃戏台
文明阁
真武凉亭
双龙桥
林作楫夫妇合葬墓
聚仙岩摩崖石刻

石础桥
带宁桥
福德桥
广西艺术馆旧址
狮子山遗址
狮子山墓群

黎中和墓
黎崇远墓
胜庄祠

秋波桥
《广西日报》昭平版旧址
三星桥与三星楼
梁朝鼎墓
护龙桥

211

富川瑶族自治县文物图

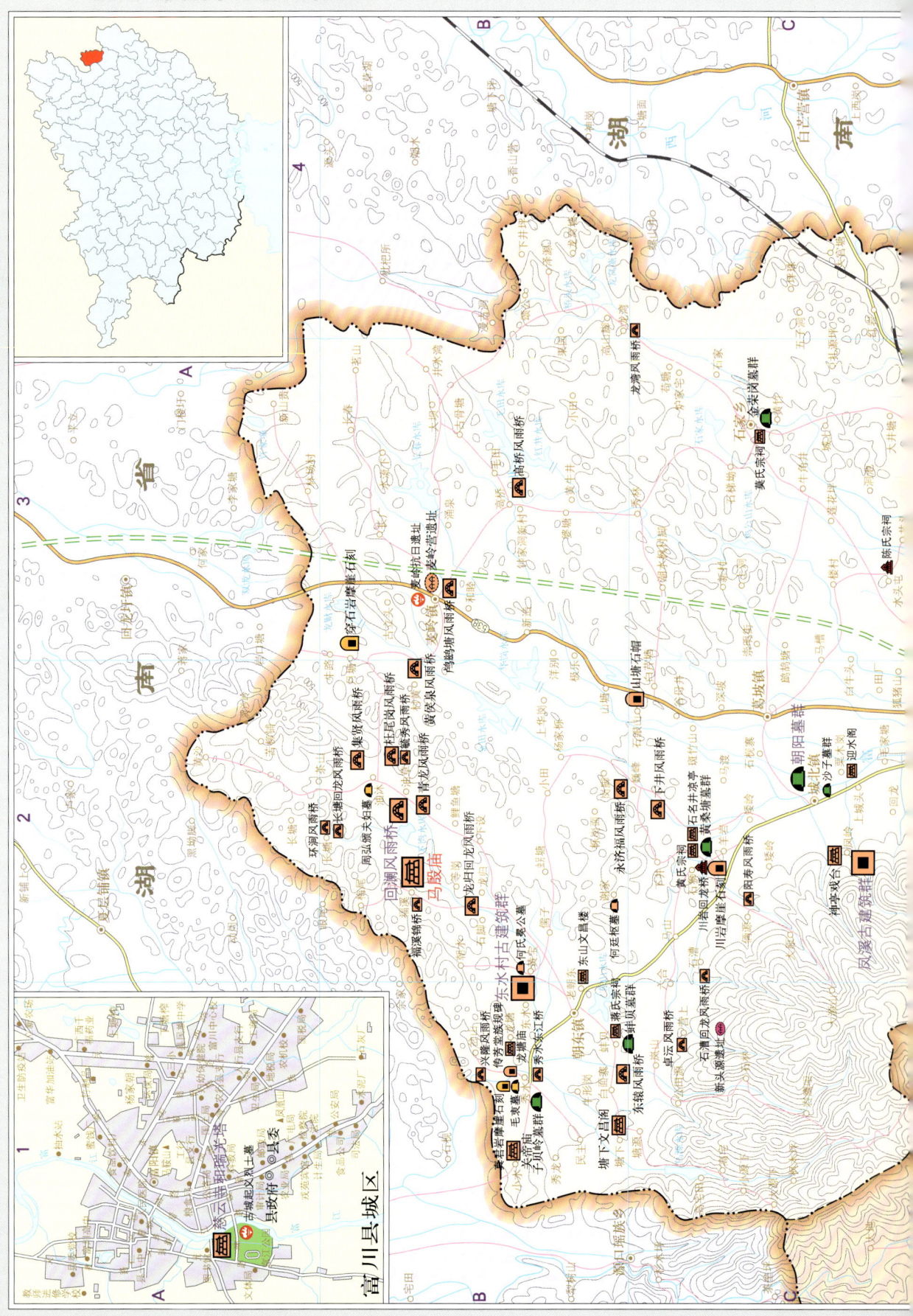

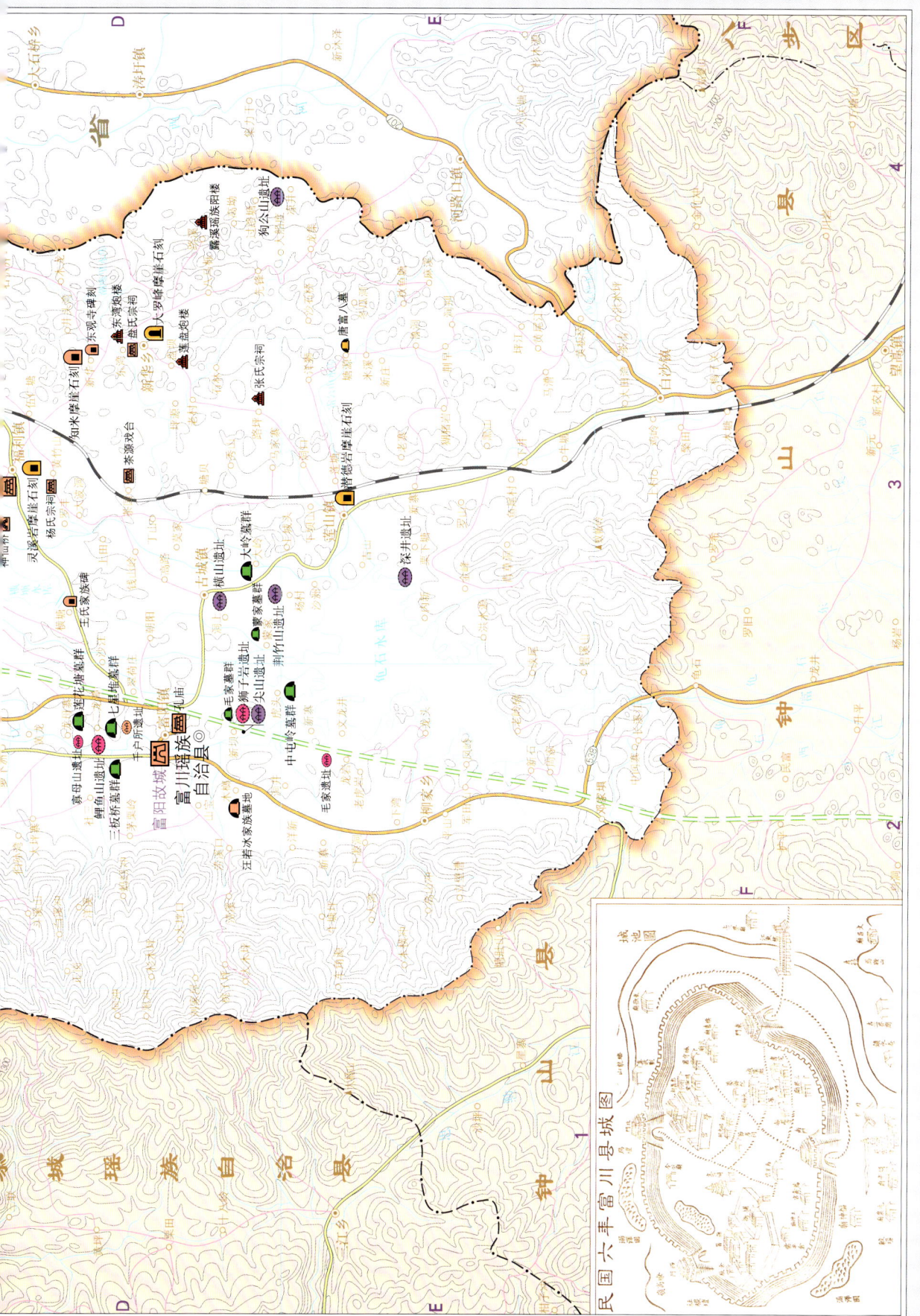

1 : 210 000

0   2.1   4.2   6.3千米

民国六年富川县城图

钟山县文物图

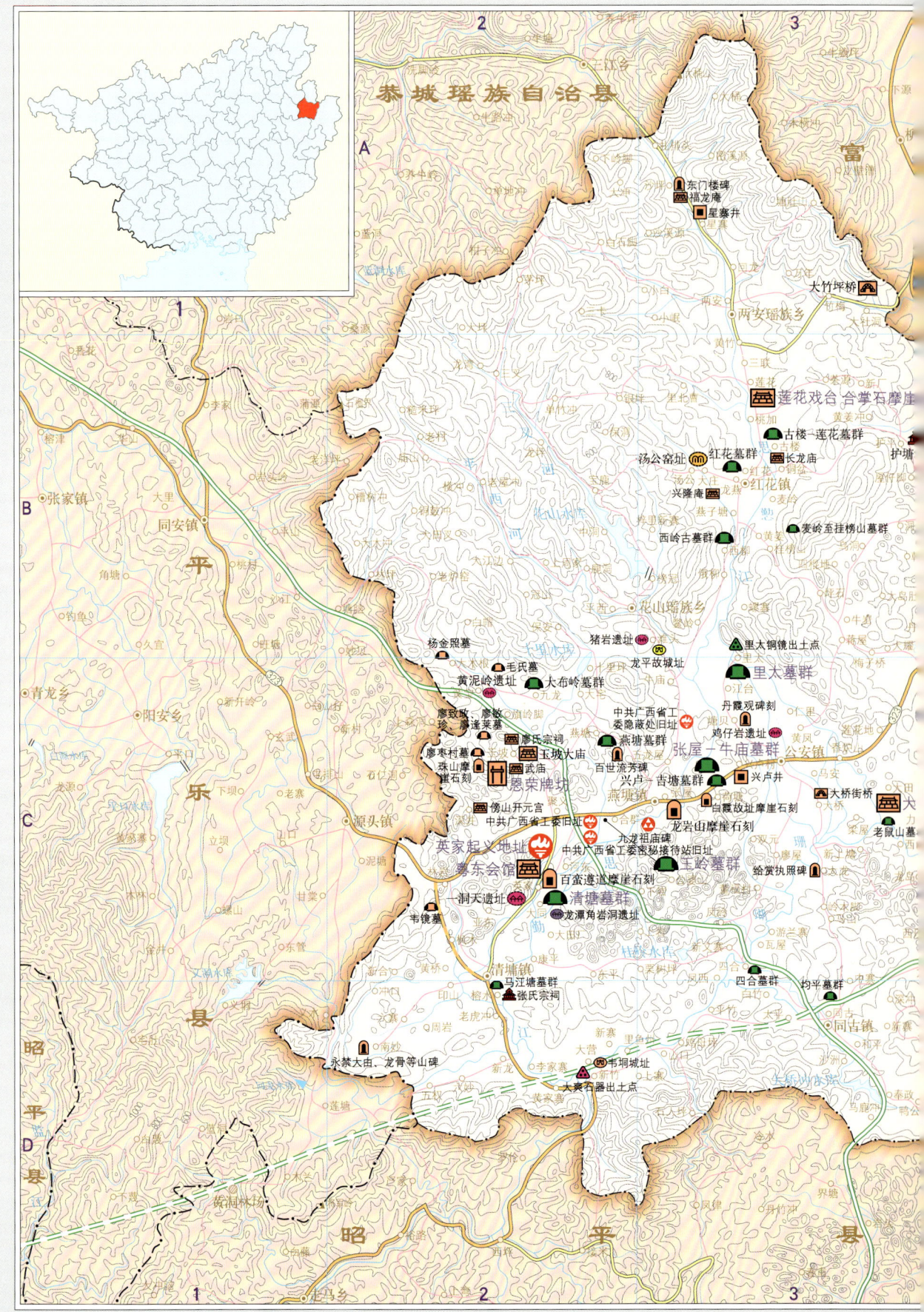

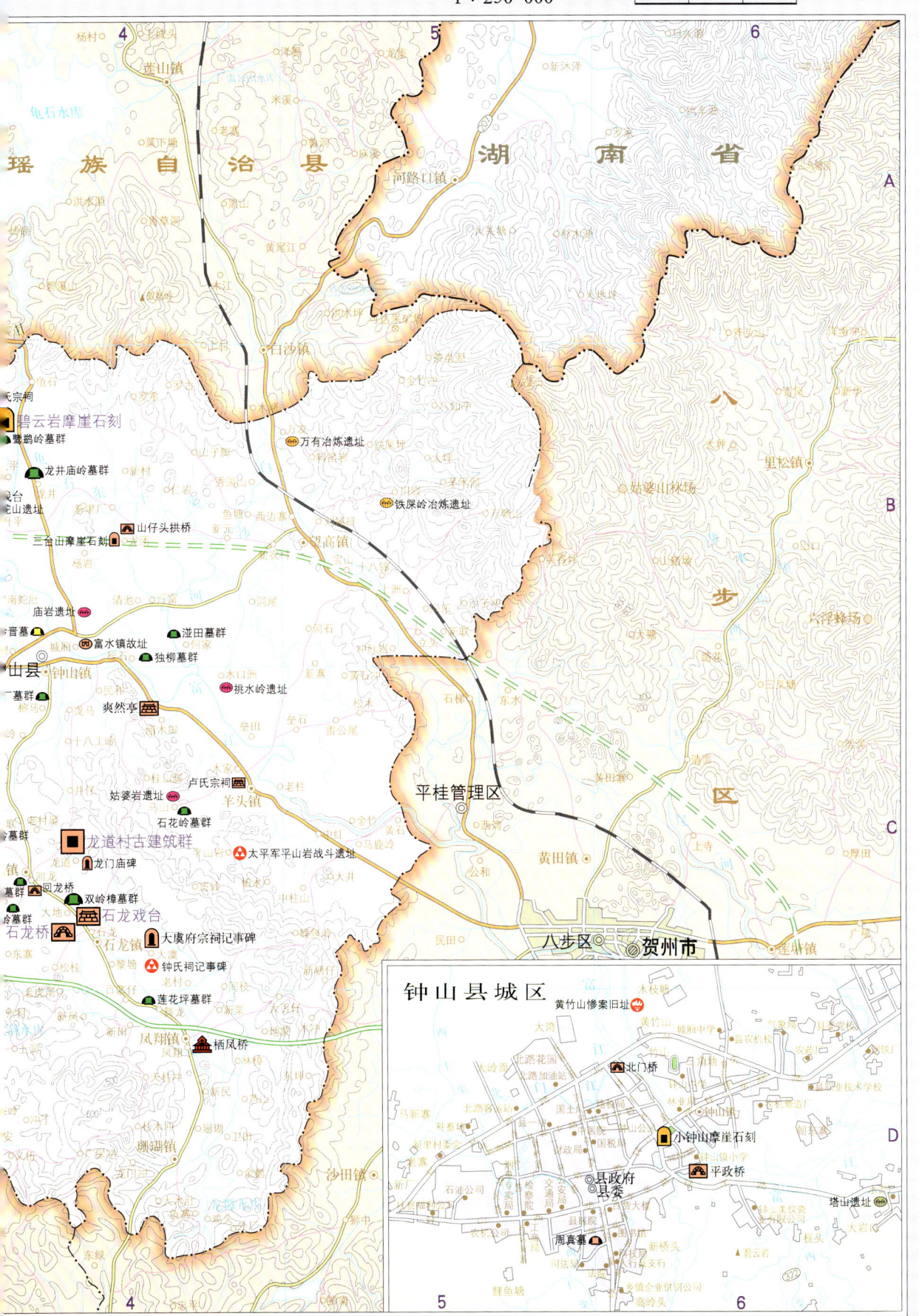

1 : 250 000

0 2.5 5.0 7.5千米

4

莲山镇

龟石水库

瑶　族　自　治　县

5

河路口镇

湖　南　省

新汶洋

6

A

石沙镇

里松镇

B

天宗祠

碧云岩摩崖石刻

鹭鹚岭墓群

龙井庙岭墓群

山仔头拱桥

三台田摩崖石刻

望高镇

万有冶炼遗址

铁屎岭冶炼遗址

姑婆山林场

六浮峰场

八

步

市

庙岩遗址

晋墓

富水镇故址

涩田墓群

独柳墓群

挑水岭遗址

爽然亭

钟山镇

姑婆岩遗址

卢氏宗祠

石花墓群

羊头镇

平桂管理区

区

C

龙道村古建筑群

太平军平山岩战斗遗址

龙门庙碑

回龙桥

双岭樟墓群

石龙戏台

石龙桥

石龙镇

大瑶府宗祠记事碑

钟氏祠记事碑

黄田镇

八步区

贺州市

连州镇

莲花坪墓群

凤翔镇

栖凤桥

D

珊瑚镇

沙田镇

东绿

钟山县城区

黄竹山惨案旧址

北门桥

小钟山摩崖石刻

平政桥

县政府

县委

塔山遗址

周真署

5

6

215

玉林市辖区文物图

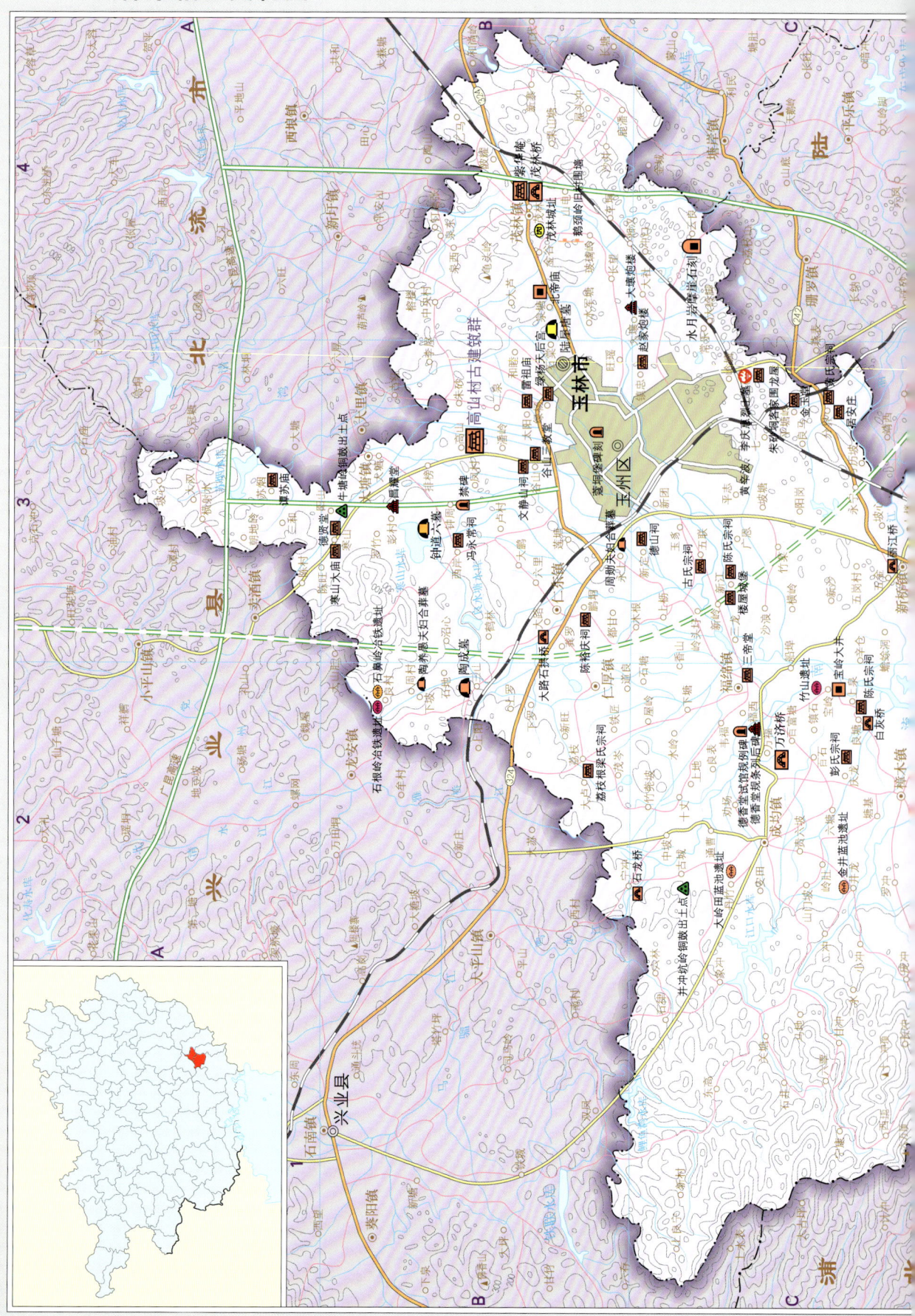

1 : 230 000

0　2.3　4.6　6.9千米

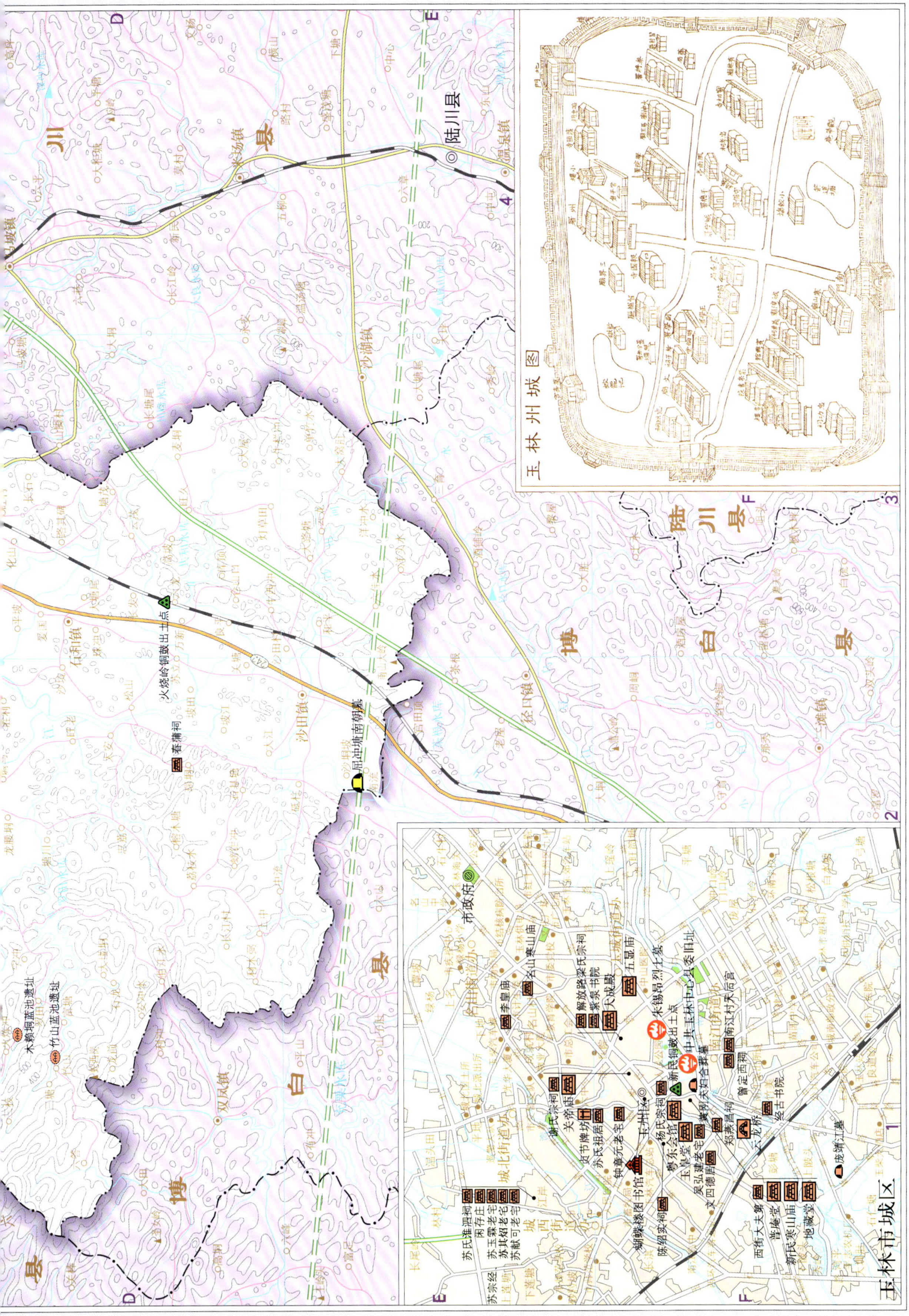

玉林州城图

陆川县

陆川县

博白县

玉林市城区

木根洞蓝池遗址
竹山蓝池遗址

火烧岭铜鼓出土点

市政府

兴业县文物图

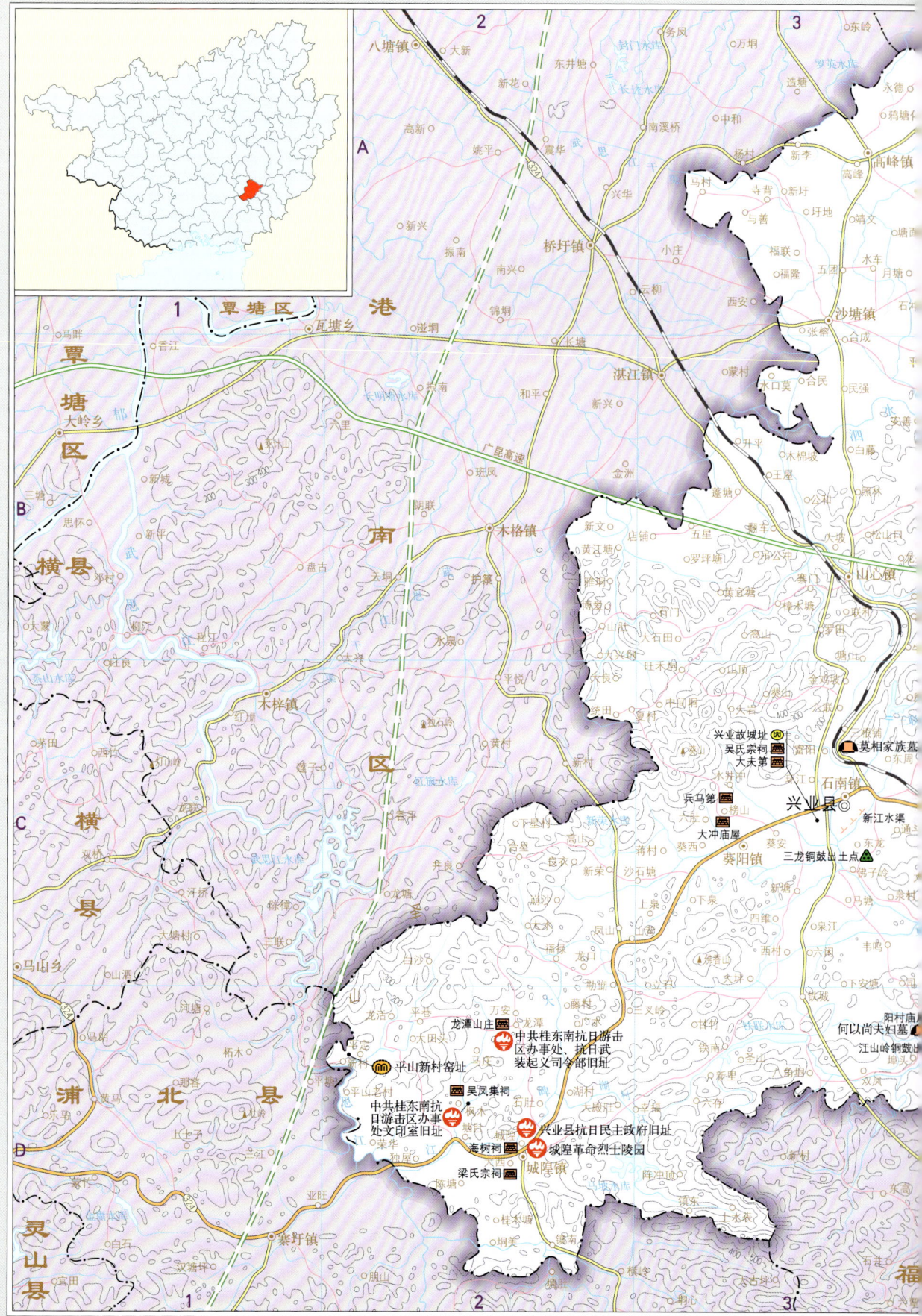

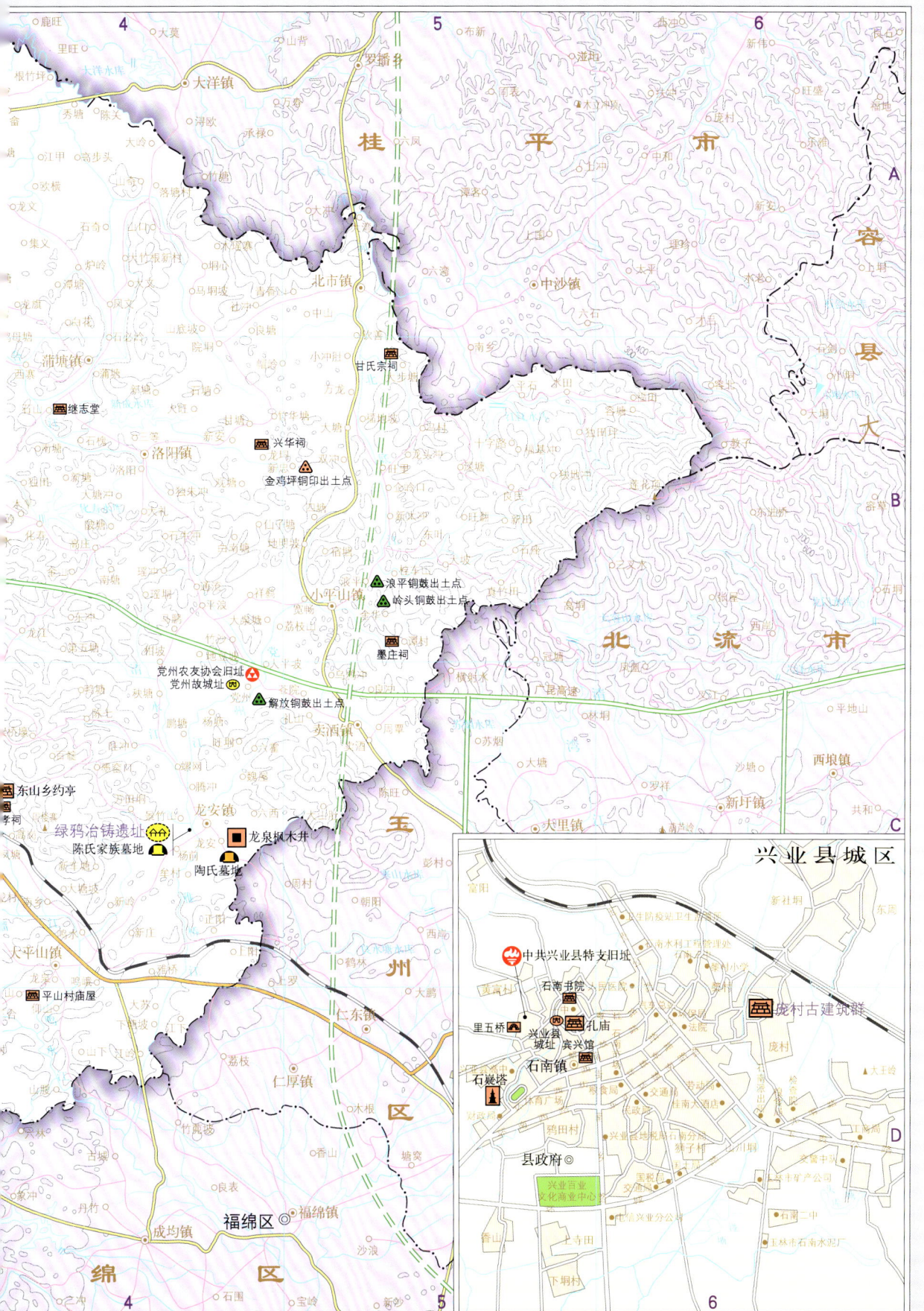

1 : 240 000

兴业县城区

北流市文物图

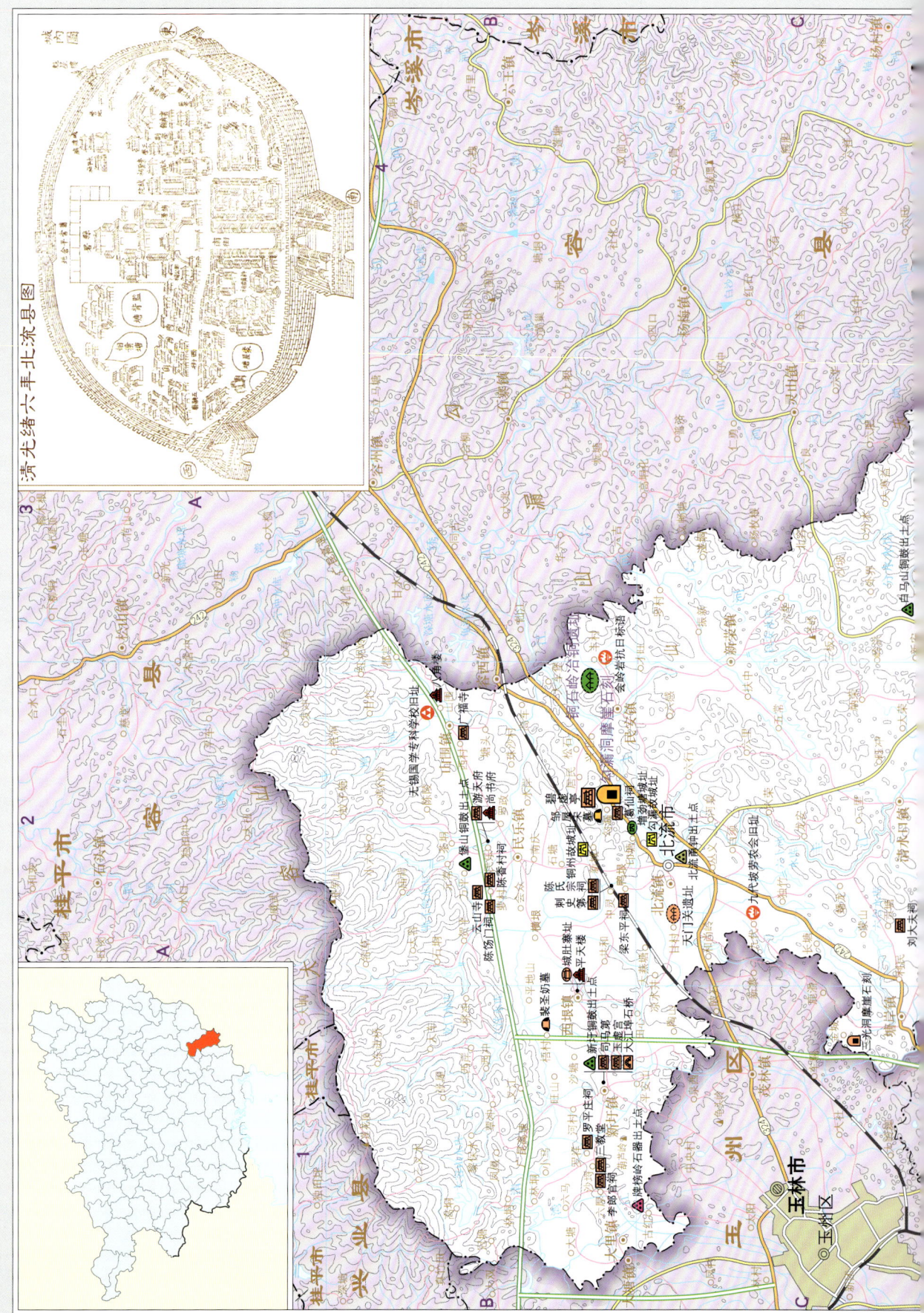

1 : 300 000

0　3.0　6.0　9.0千米

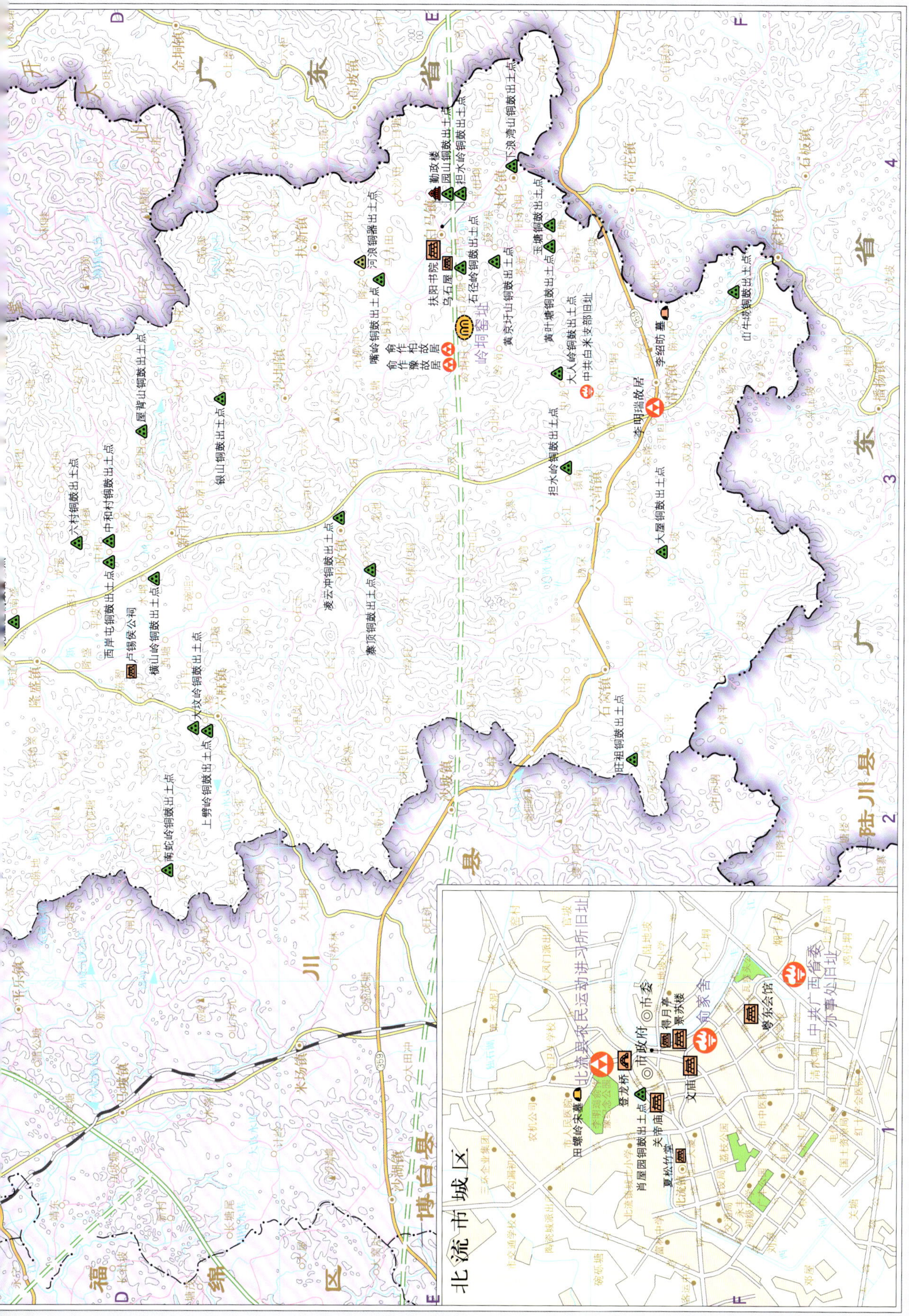

容县文物图

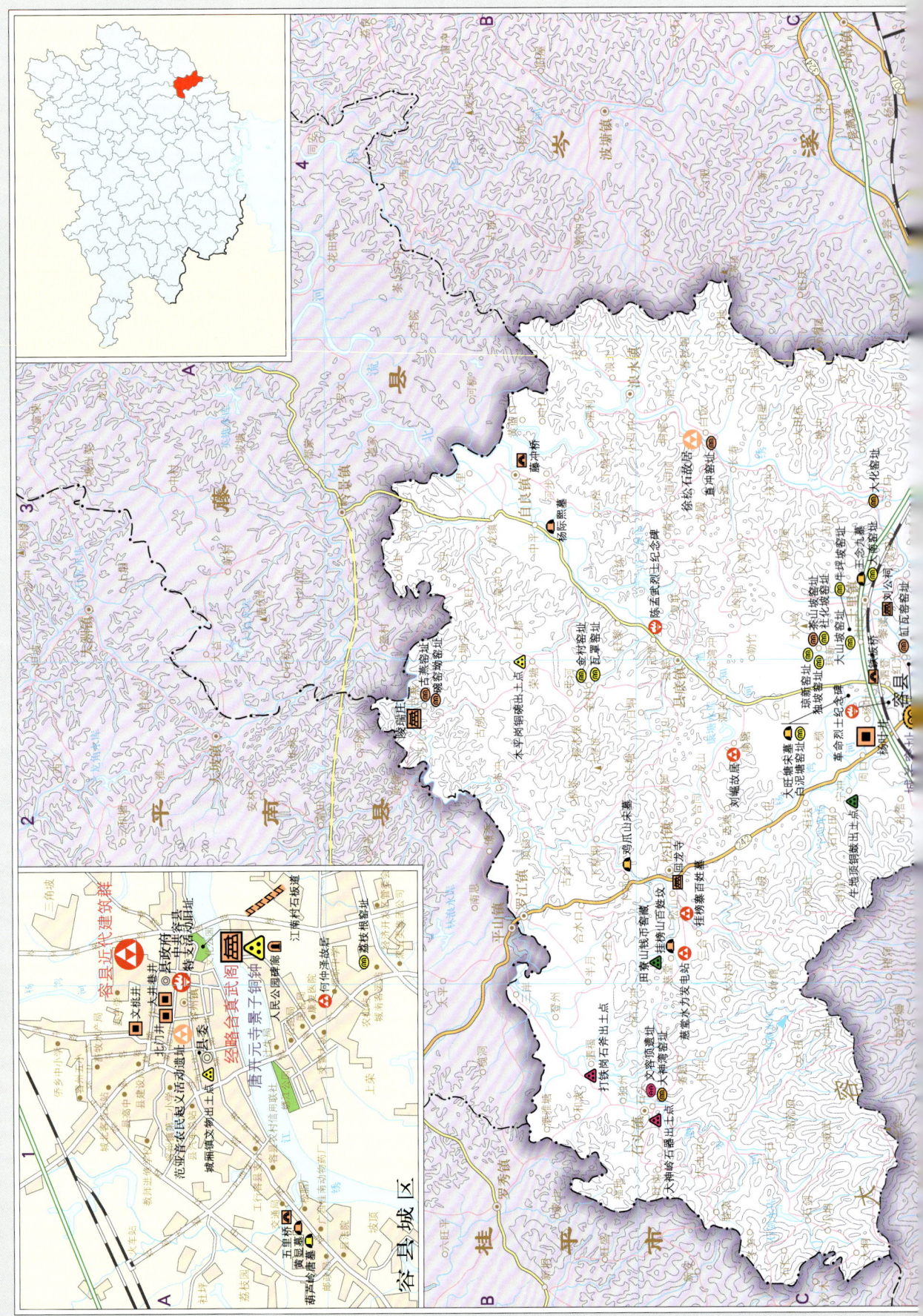

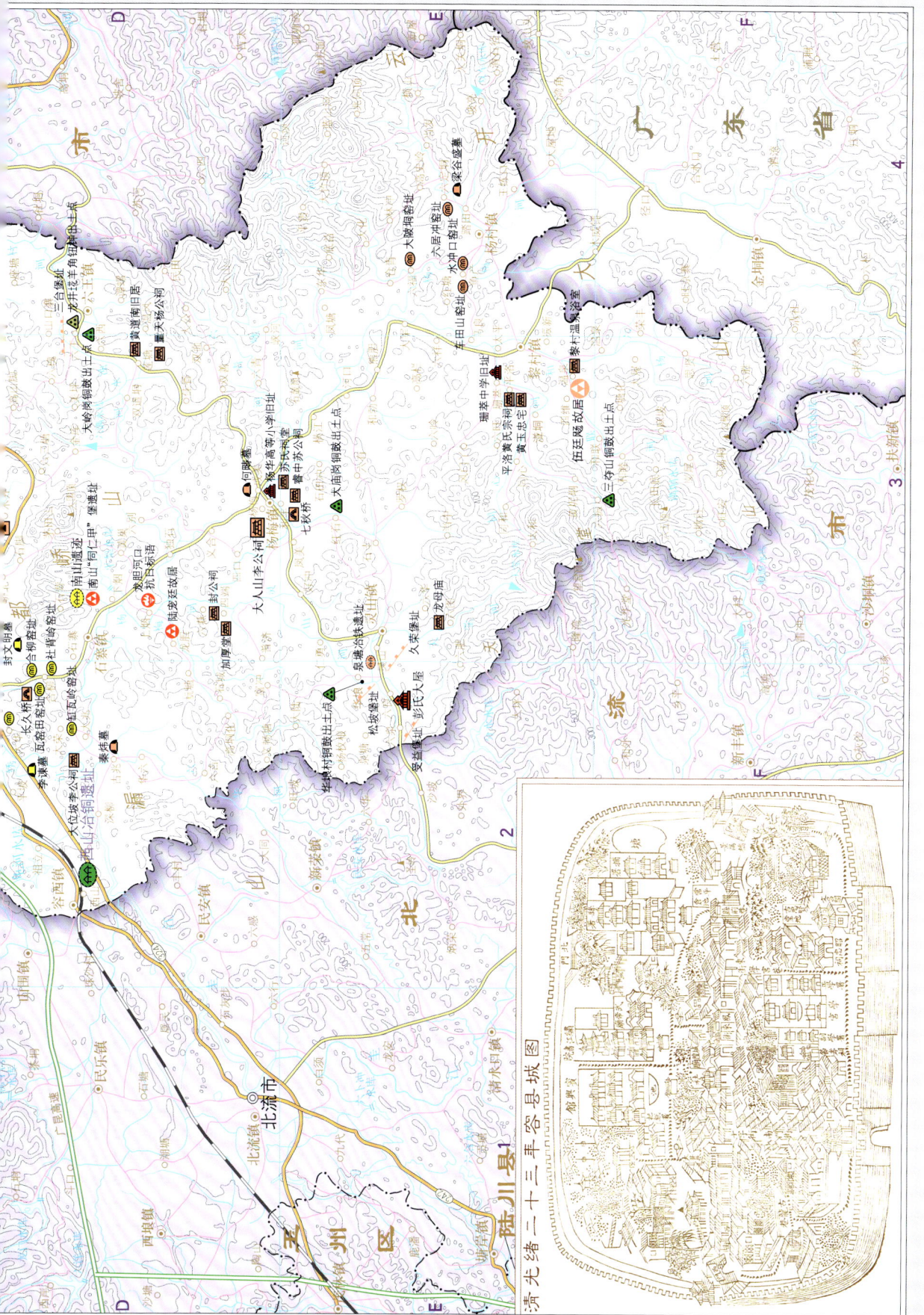

1 : 290 000

0 2.9 5.8 8.7千米

223

博白县文物图

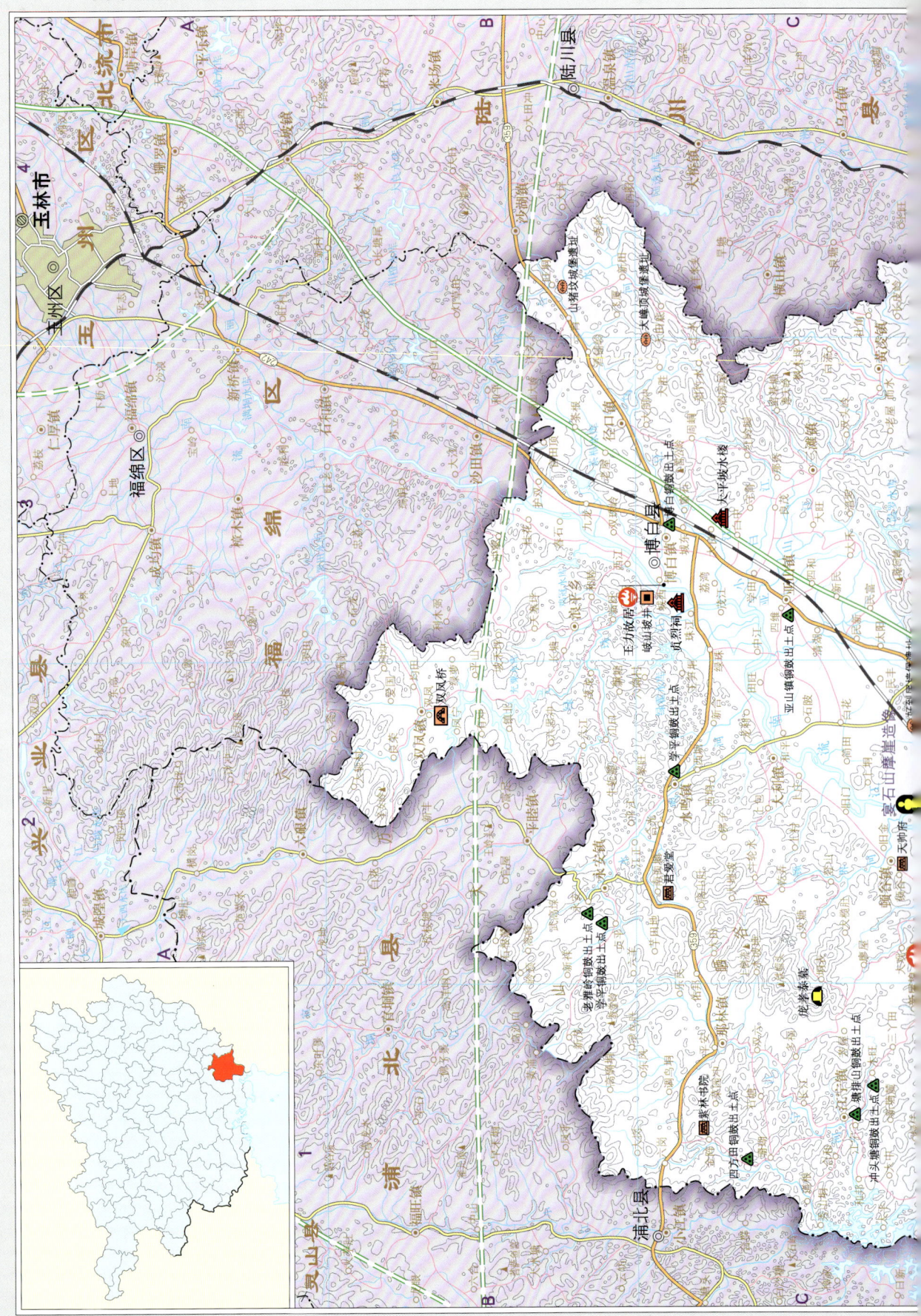

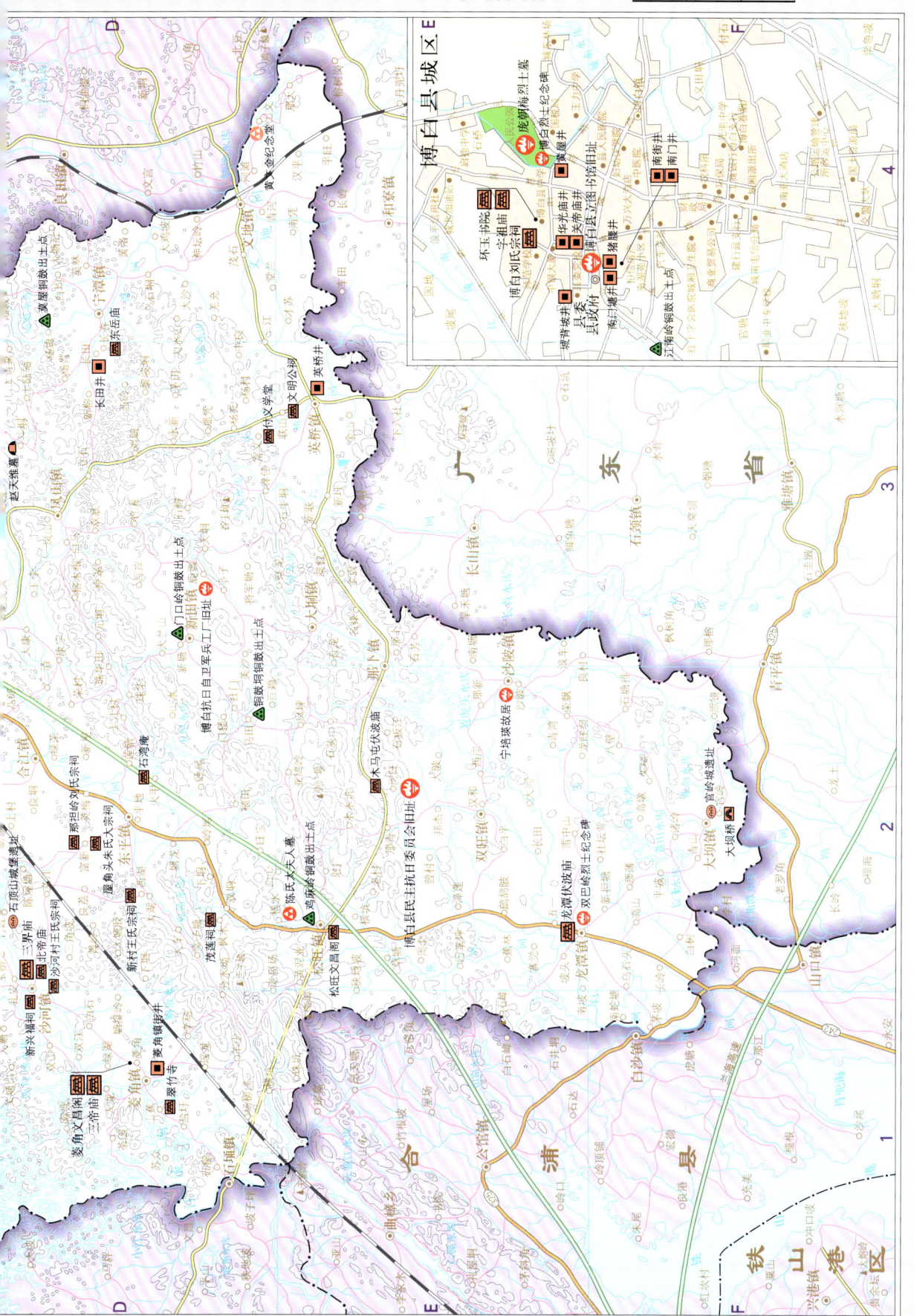

1 : 360 000

0 3.6 7.2 10.8千米

博白县城区 E

225

陆川县文物图

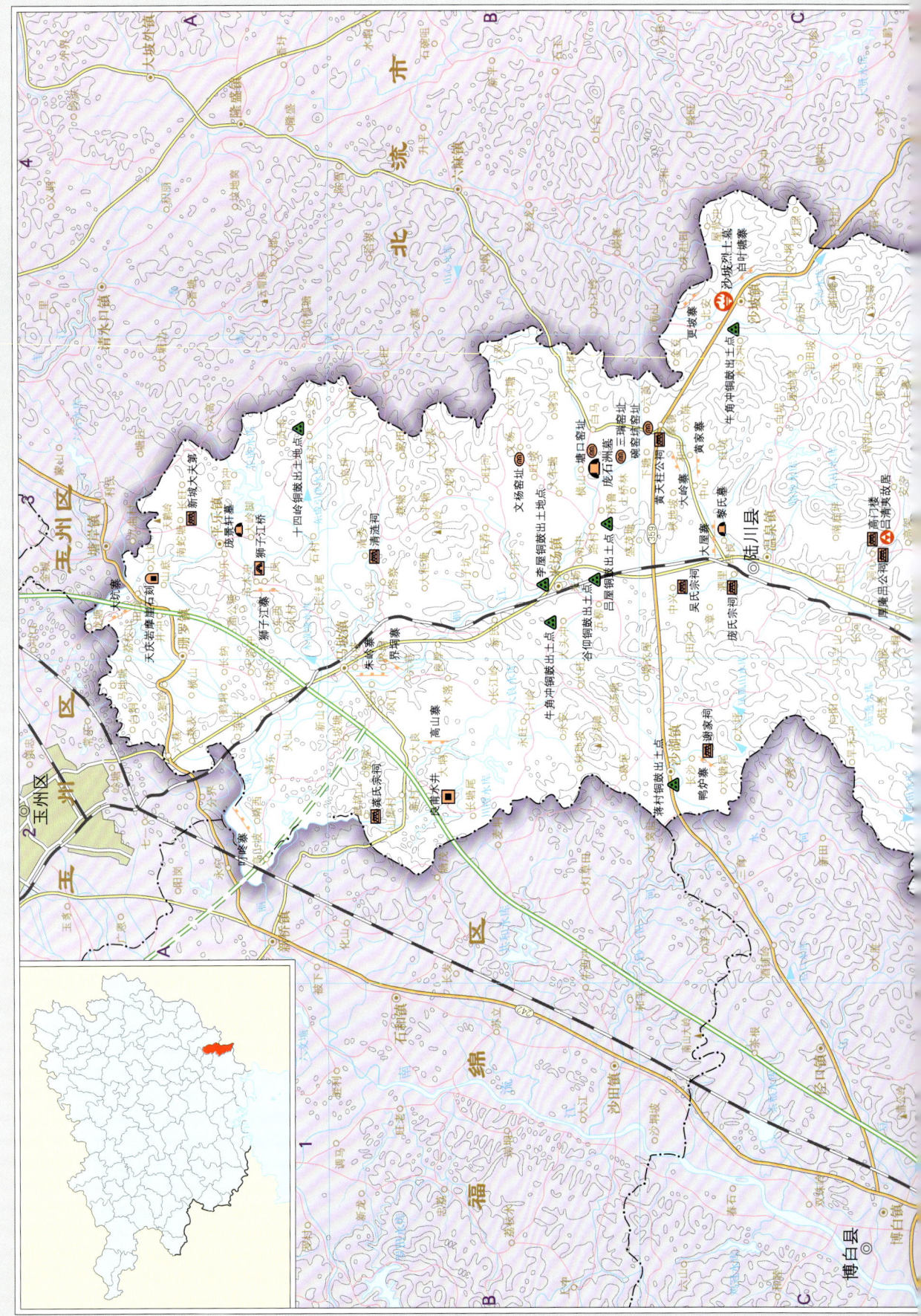

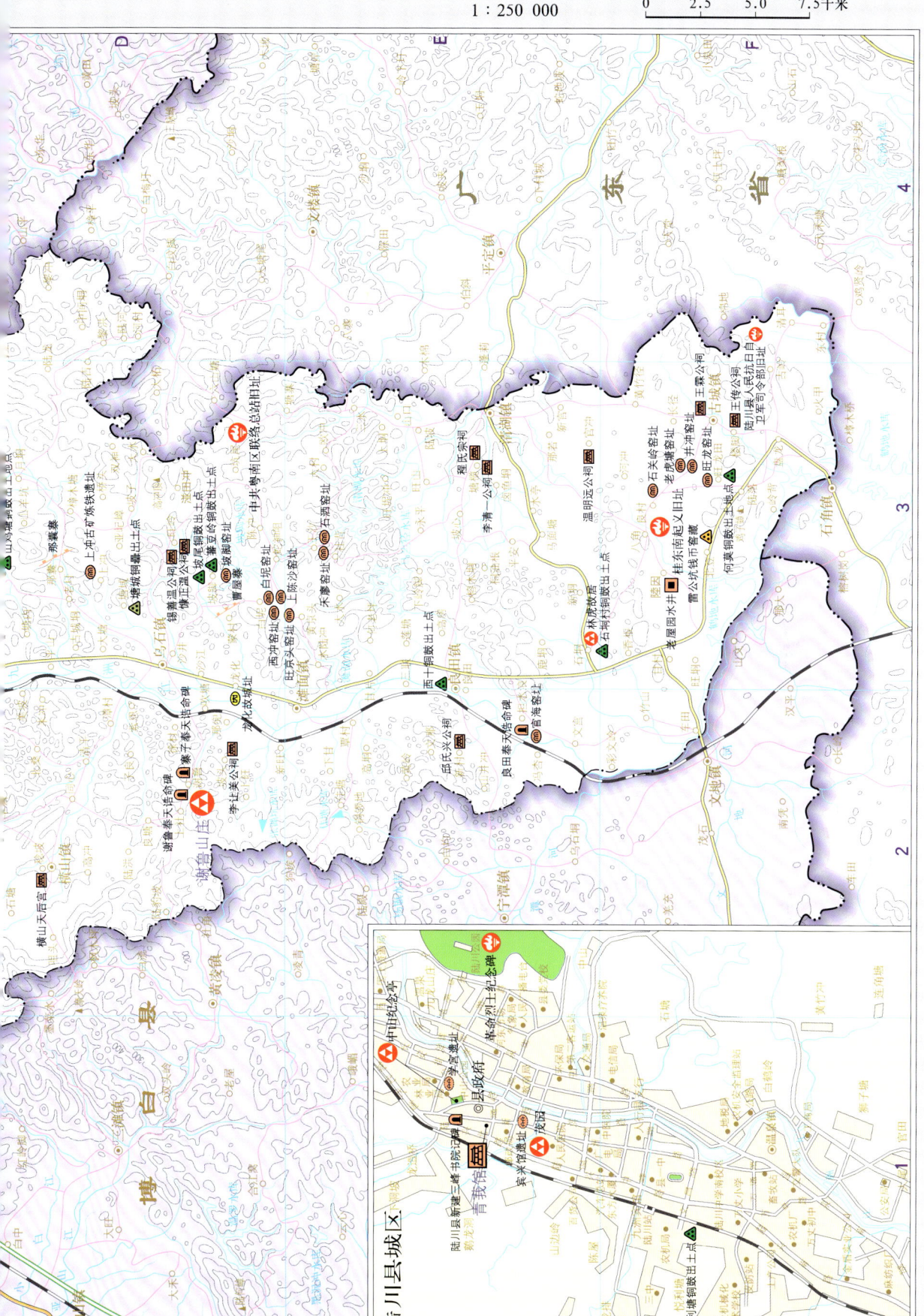

陆川县城区

贵港市辖区文物图

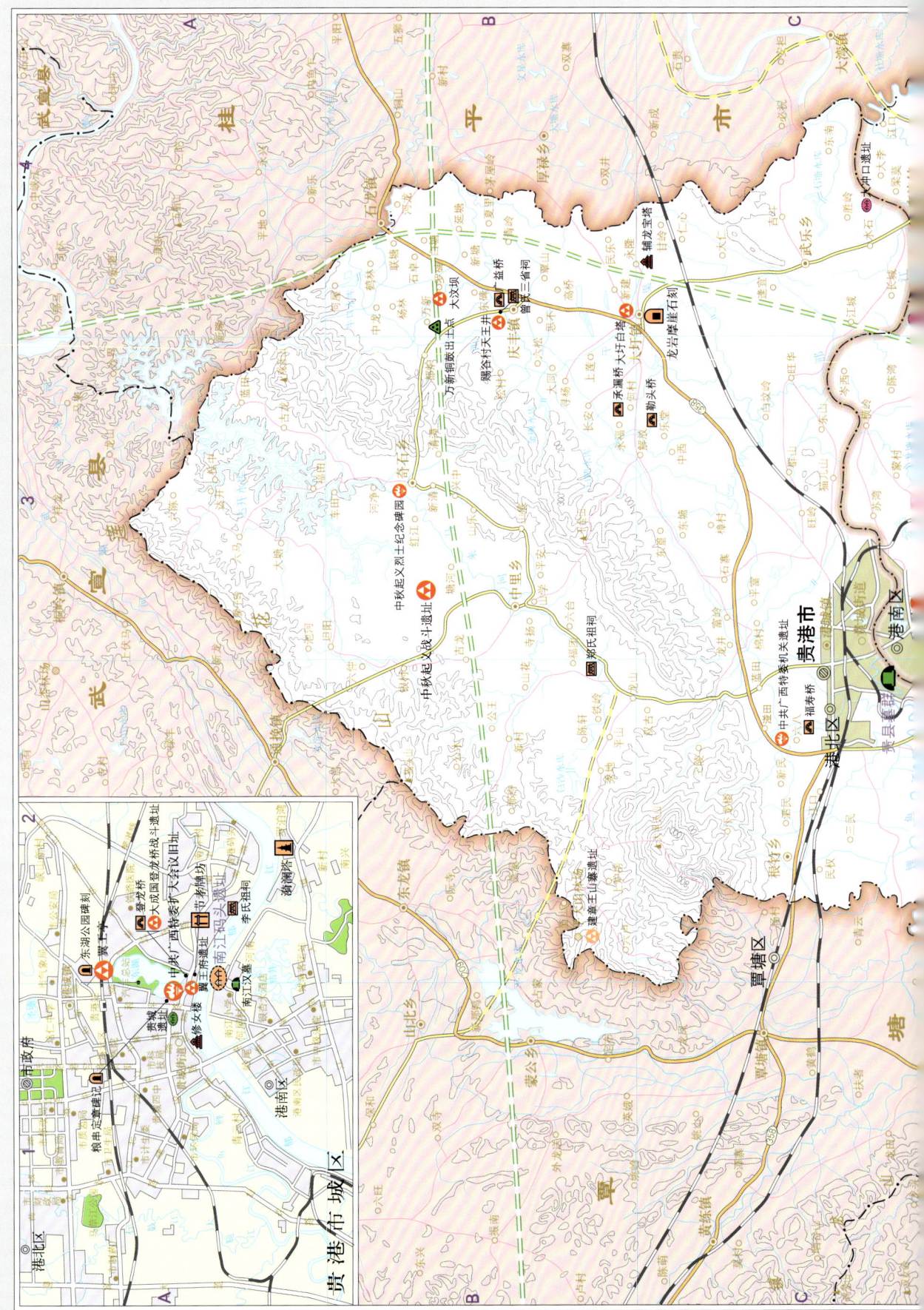

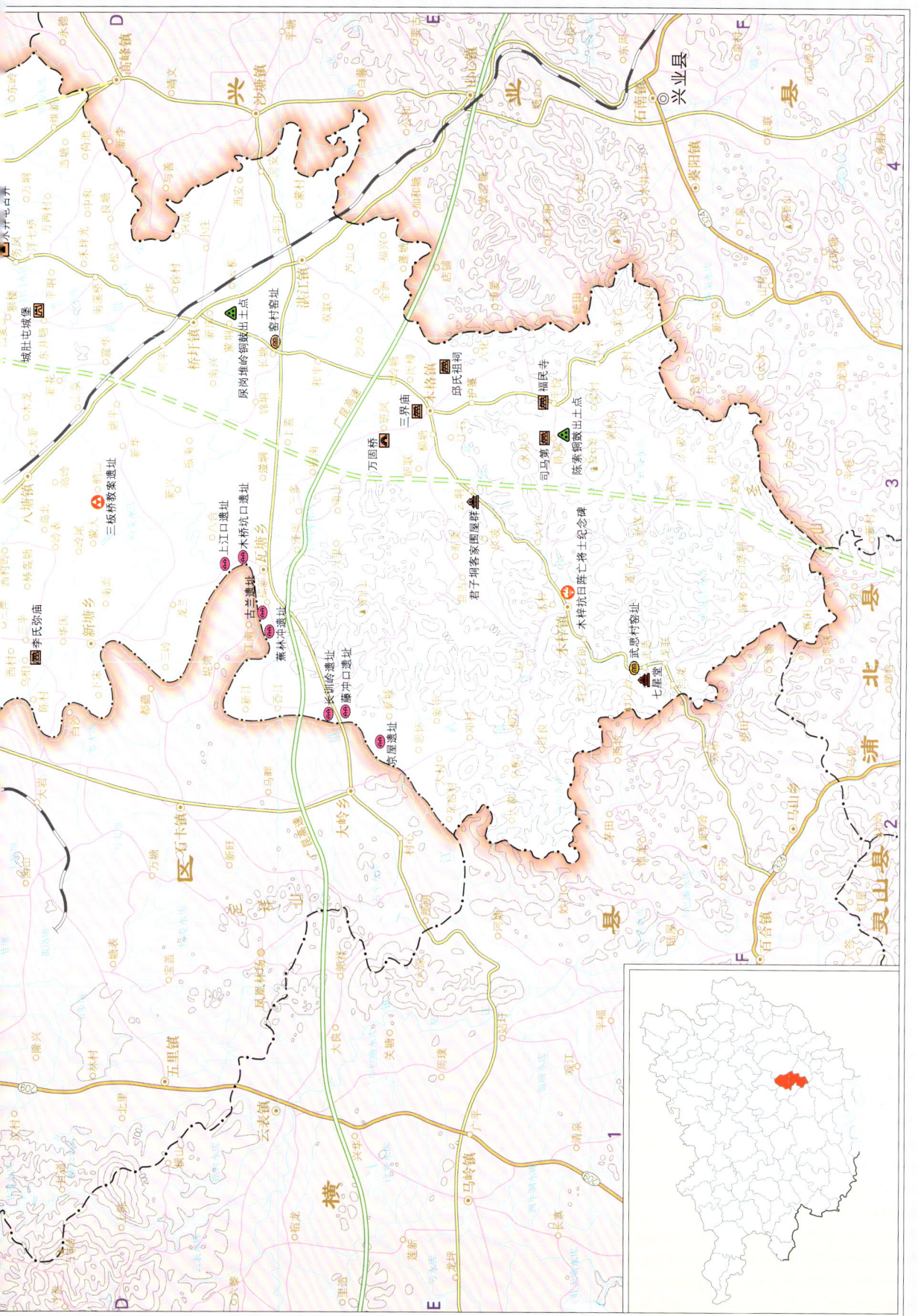

0　　2.8　　5.6　　8.4千米

贵港市覃塘区文物图

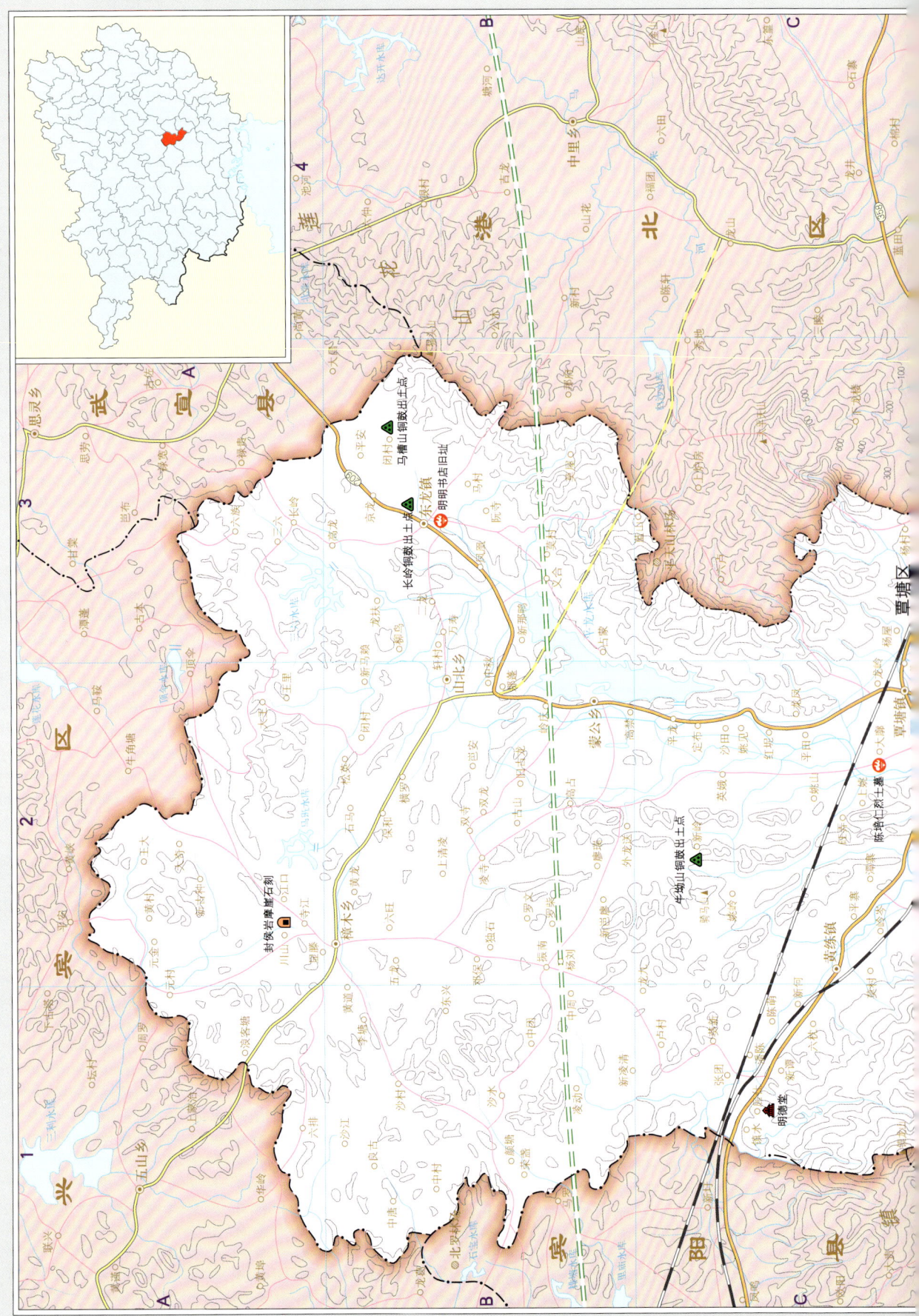

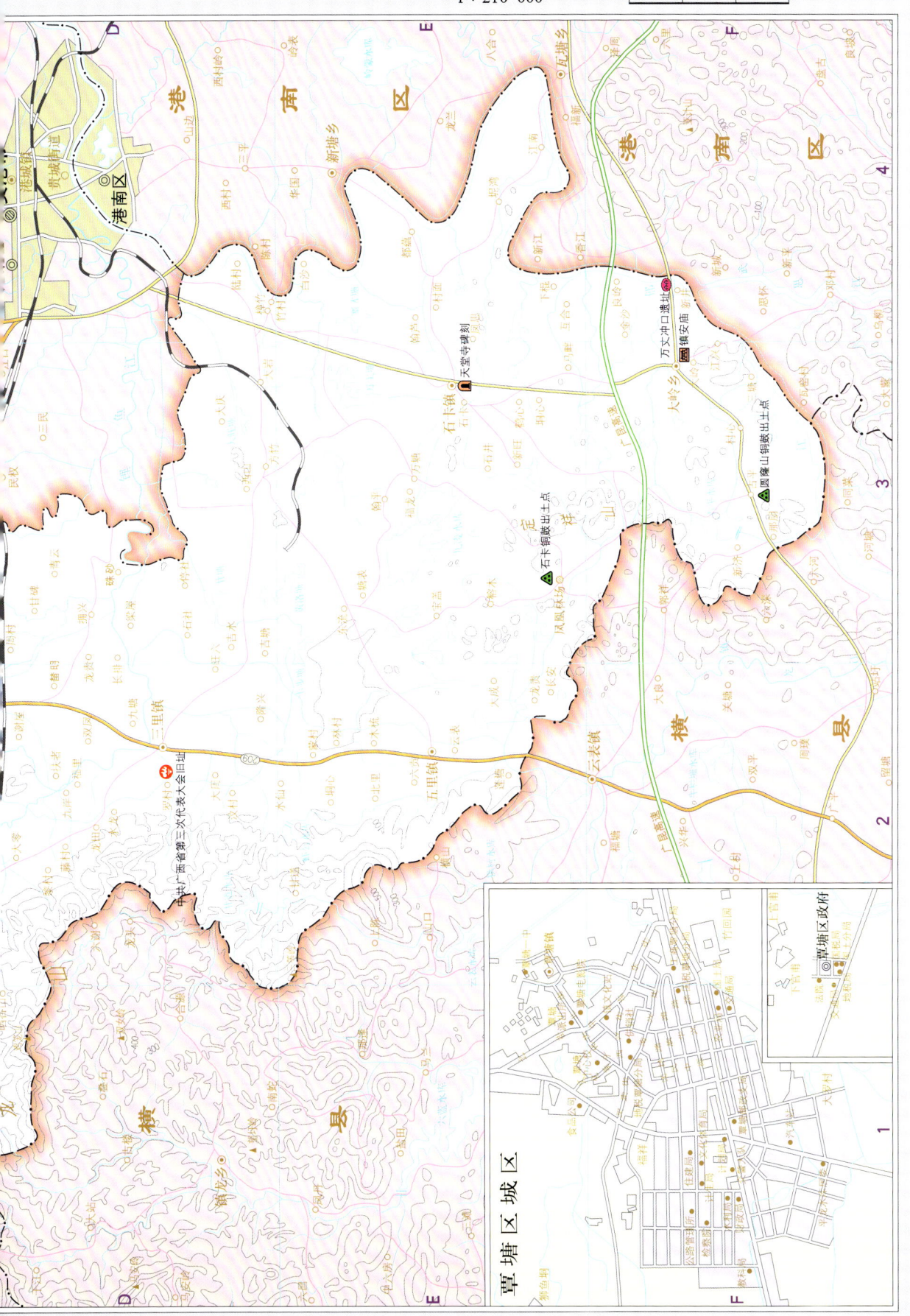

1 : 210 000

0   2.1   4.2   6.3千米

港　南　区

港南区○

港　南　区

反塘乡

新塘乡

天堂寺碑刻　　万文冲口遗址　镇安庙

石卡镇　　　　　　大岭乡

周藤山铜鼓出土点

石卡铜鼓出土点

凤凰林场○

横　　　县

云表镇

三里镇

五甲街

中共广西省第三次代表大会旧址

横　　　县

镇龙乡

覃　塘　区　城　区

覃塘区政府○

桂平市文物图

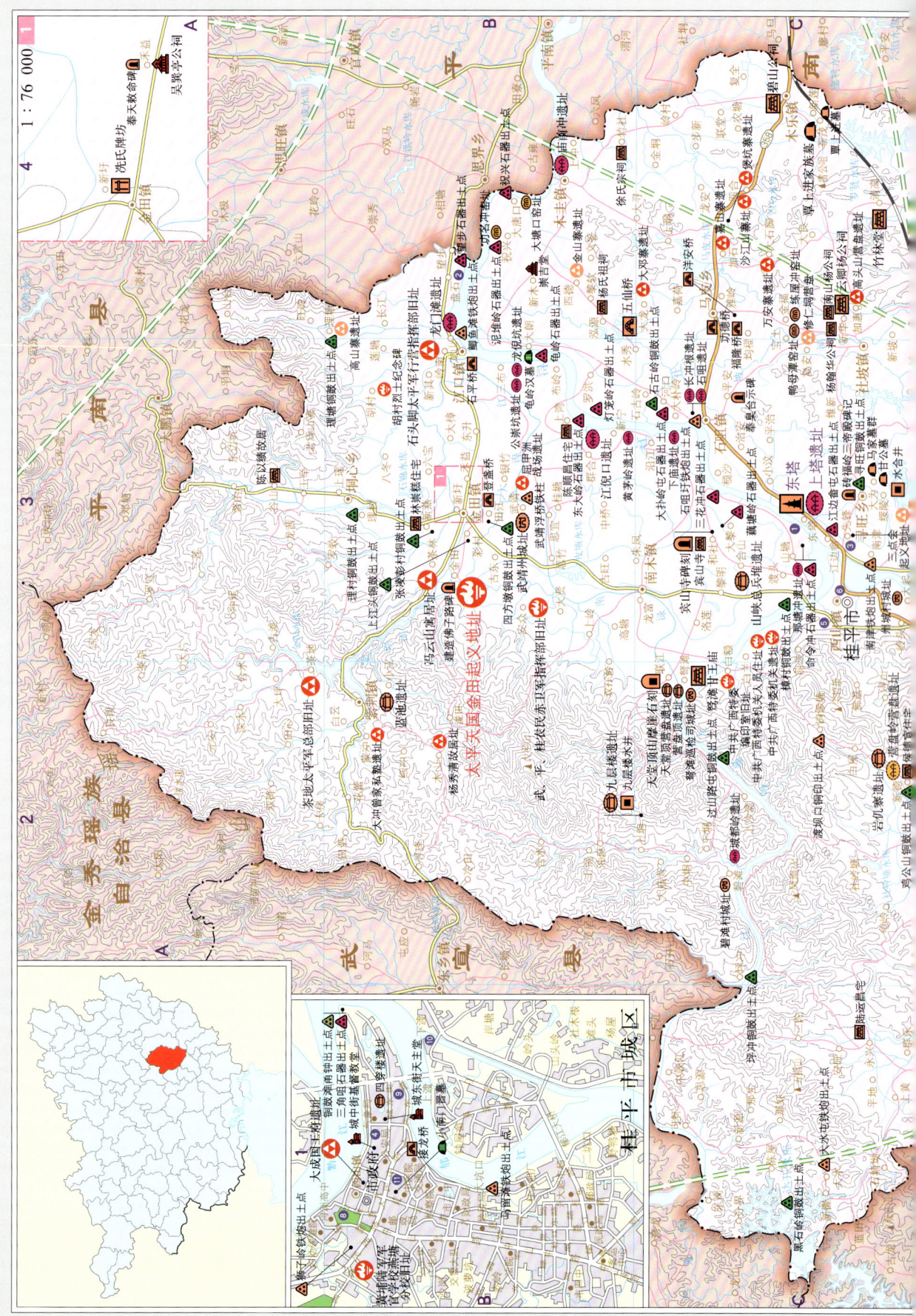

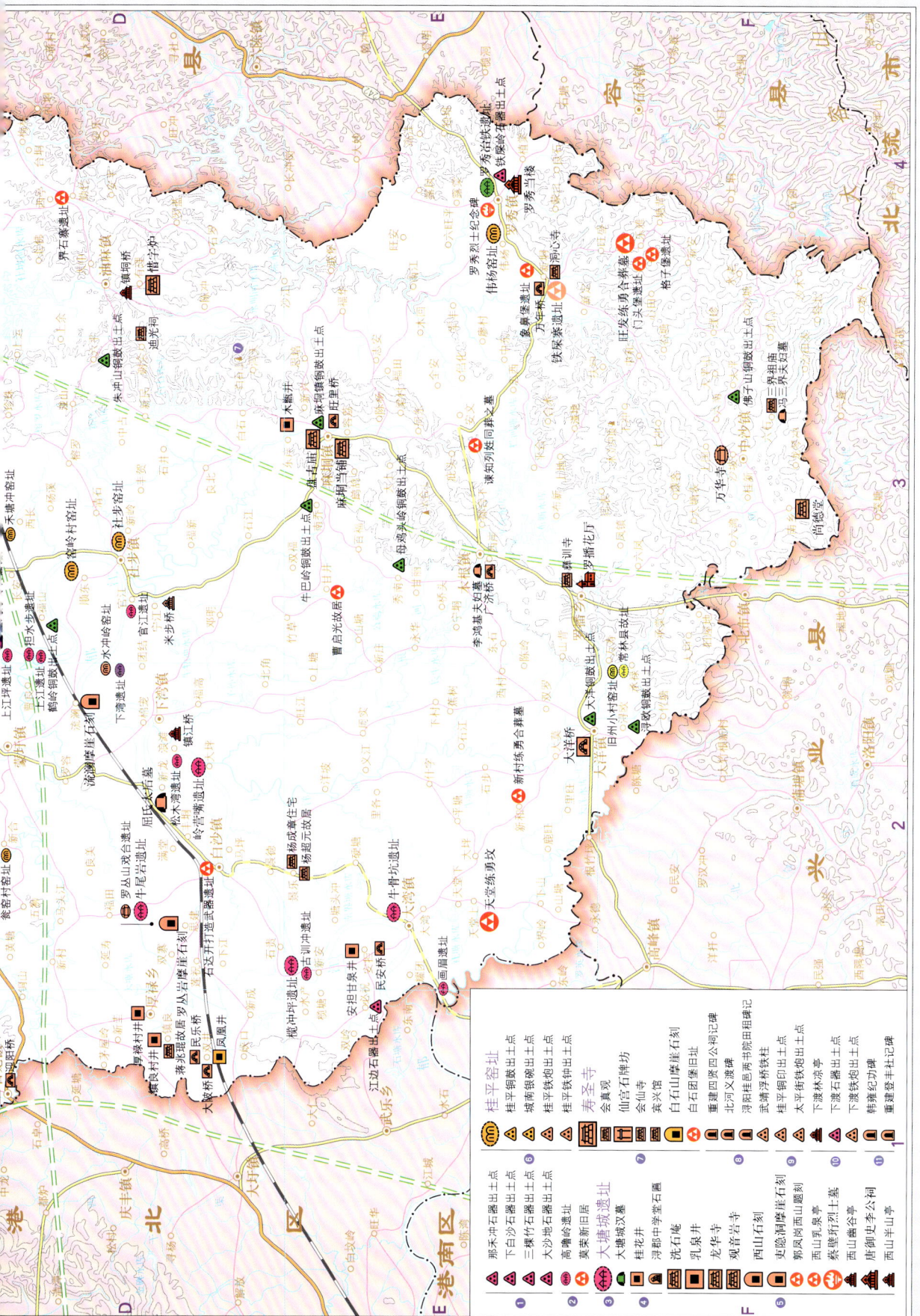

平南县文物图

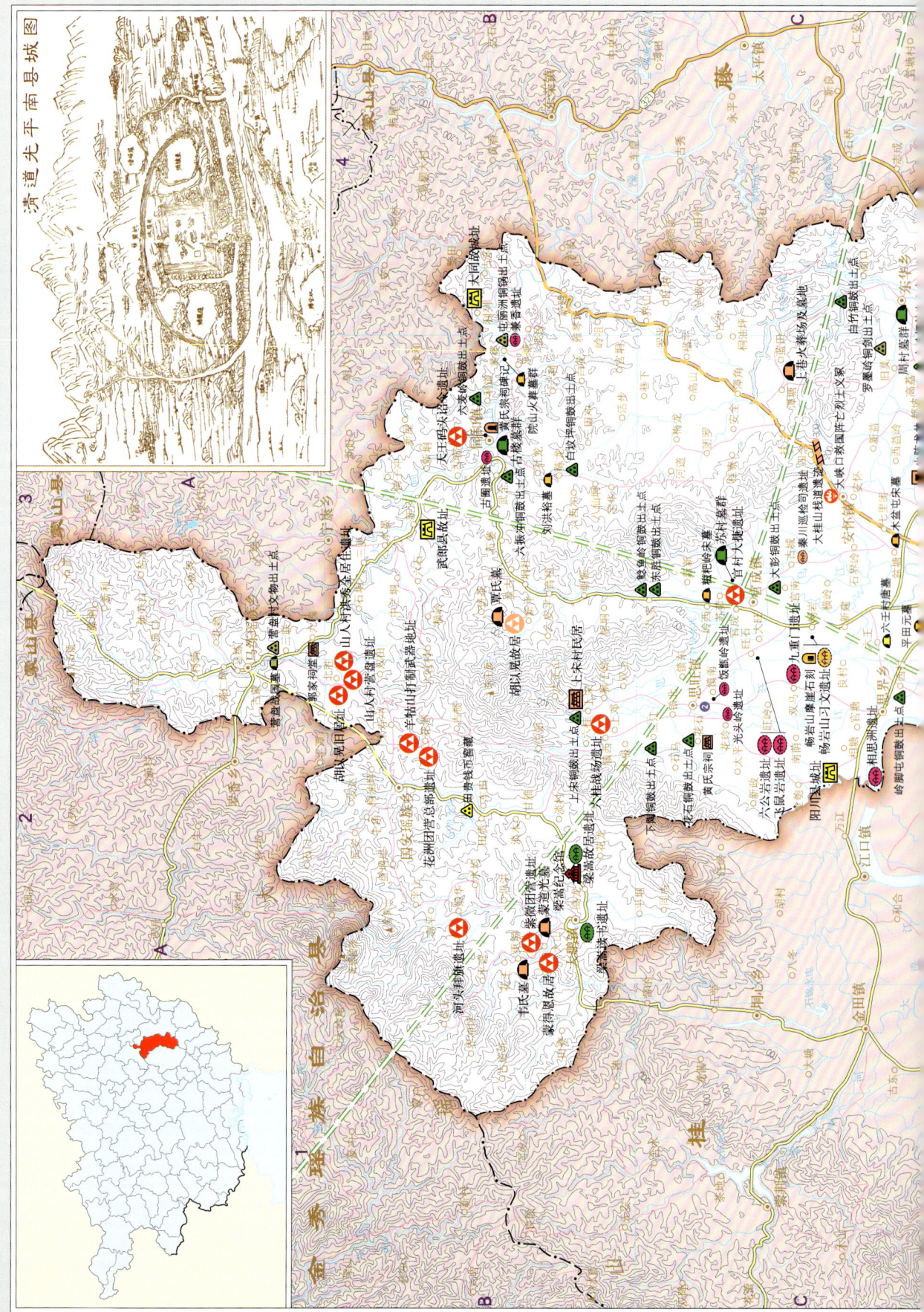

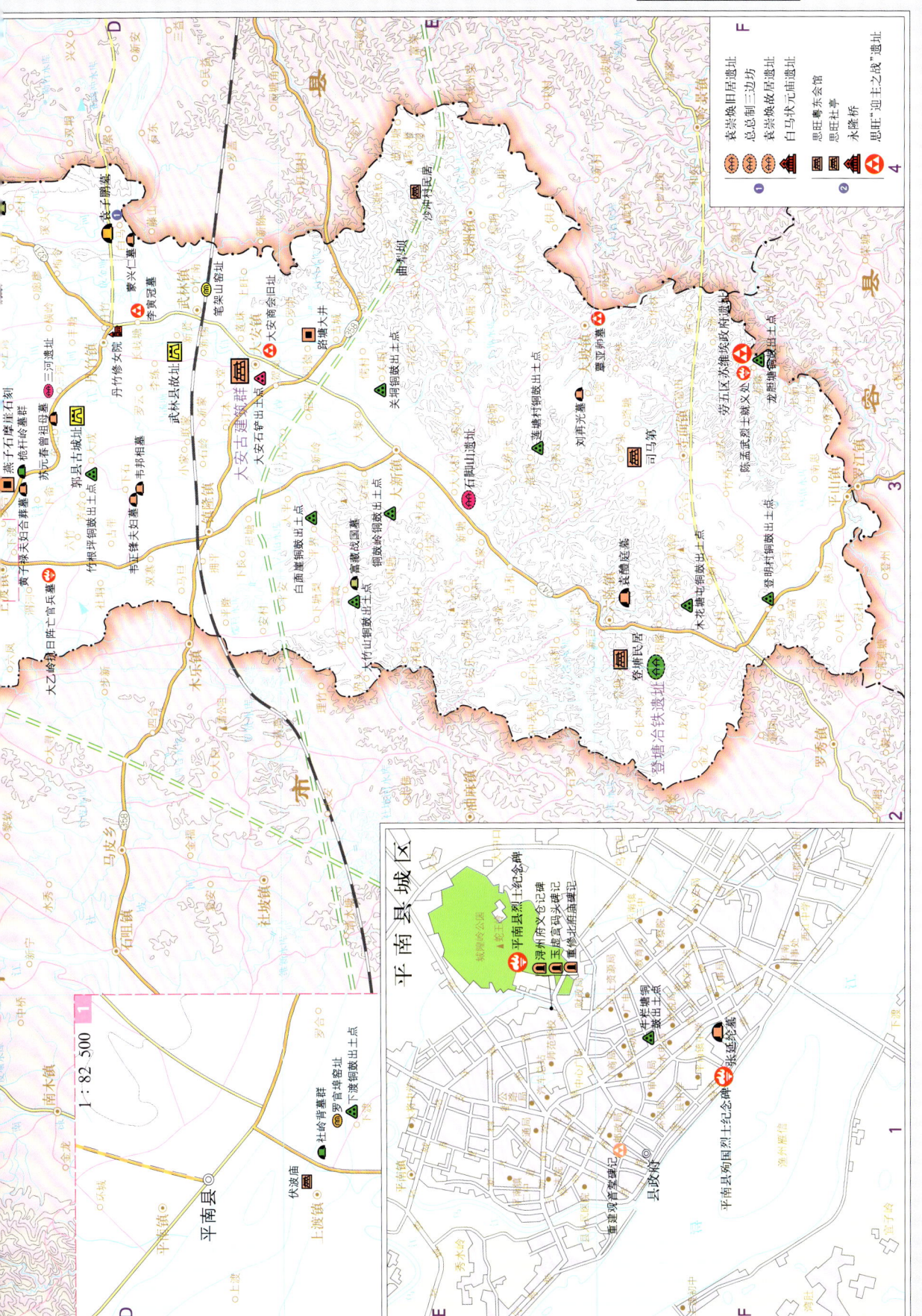

1 : 330 000

0　3.3　6.6　9.9千米

袁崇焕旧居遗址
总督制三边坊
袁崇焕故居遗址
白马状元庙遗址
思旺粤东会馆
思旺社亭
永隆桥
思旺"迎主之战"遗址

1　2　4

钱子鹏墓
蒙兴仁墓
武林山窑院
李黄冠墓
三河遗址
桂林县女院
丹竹修祖母墓
大安商会旧址
大安县城址
韦邦相墓
武林县衙址
大安古建筑群
大安名刹出土点
关垌村铜鼓出土点
沙冲村民居
曲利坝
大州坝
燕子崖摩崖石刻
苏元春祖母墓群
桄榔岭墓群
桄榔坪铜鼓出土点
竹根坪铜鼓出土点
韦正锋夫妇墓
黄子禄夫妇合葬墓
大乙岭抗日阵亡将兵墓

大姚坝
覃亚帅墓
汾五区苏维埃政府遗址
刘帝光墓
陈孟武烈士就义处
龙塘村铜鼓出土点
司马第
莲塘村铜鼓出土点
台脚山遗址
嘉裕岭战国墓
铜鼓岭铜鼓出土点
白雀庵铜鼓出土点
登明屯铜鼓出土点
袁鲼庭墓
大竹山铜鼓出土点
木花塘村铜鼓出土点
登埔民居

昙塘台铁遗址

石脚镇

平南县城区

平南县烈士纪念碑
浔州府文包记碑
玉建宫码头碑记
重修北帝庙碑记
牛栏埇铜鼓出土点
张延纶墓
平南县殉国烈士纪念碑
重建观音亭碑记
县武衙署
平南县殉国烈士纪念碑

1 : 82 500

南木镇
平南县
社岭青墓群
罗富窑遗址
伏波庙
下波村铜鼓出土点
平南县

百色市右江区文物图

百寨遗址

那旁桥

晚江瓷碎出土点

百达遗址

阳圩营盘遗址
阳圩墓群
阳圩桥
革新桥遗址
马公钓台遗址
上宋遗址
那达坡遗址
沙洲遗址
椅子山石斧出土点
大法遗址
陆纯刚墓
黄阿艳墓
平甫坡遗址

横浪遗址
南山遗址
狮子坡
那
六合遗址

百维遗址

田林县
云南省
右江区
田东县
德保县
靖西县

次隆镇
剥隘镇
东凌乡
大楞乡

1 : 370 000

0　3.7　7.4　11.1千米

清光绪十七年百色厅图

云　县

凤山县

巴 马 瑶 族 自 治 县

甘龙洞遗址
竹仙洞石刻、壁书
龙州镇
平乐铜鼓出土点

田　阳　县

田　东　县

玉凤镇

义打镇

那拔镇

所遗址
涧叭口遗址
鸬鹚岛遗址
松林岛遗址
横山岛遗址

紫幕遗址
大旺遗址
杨屋遗址
本民山遗址
不山遗址
南坡山遗址
弋塘铸剑出土点
江凤遗址
陆纯刚父母合葬墓
百谷遗址
四塘镇
六级遗址
那力遗址
国遗址
六拉坡遗址
那练遗址
小梅遗址
南半山遗址
那照遗址
大梅遗址
那坡镇

城洪镇
县

百色市城区

红七军长蛇岭战斗遗址
百色起义纪念碑
粤洲会馆
中国工农红军
第七军军部旧址
剿鹅岭防御工事
市人大
市政府
右江区
百色起义筹备处旧址
百色县总工会旧址
三只井
清真寺
百色机场旧址
美军后勤补给站遗址
广西第一劳动中学旧址
那毕渡碑刻
百林桥遗址
那驼石器出土点
东噌遗址
六三嫁嘛遗址
林屋窑址

237

田阳县文物图

1 : 310 000

0　3.1　6.2　9.3千米

巴马瑶族自治县

所略乡

东贯遗址 凤凰镇

燕洞乡

A

巴马瑶族
自治县

B

义圩镇

那坡镇

田

平果县

平果县

东

遗址

坡防才遗址
平合坡遗址

百果遗址

大塘石器出土点

狮子山战斗遗址

春晓岩战斗遗址

田州镇

花茶革命活动遗址

田阳县

赖遗址

右江铜器出土点 东邦下屯青铜剑出土点

蝠洞摩崖石刻

驮岜烈士公墓

那生遗址

百育镇

坡埂那遗址

那满镇

东贡防盗碑刻

坡庙岭营盘遗址

1 1 : 103 000

平朴石斧出土点

黄桓栈烟厂旧址

田阳县政府旧址 那坡镇

田阳县苏维埃政府旧址 黄桓栈西平楼

奉议州驿道

C

莲花山寺遗址

长蛇岭遗址

那哈坡遗址
坡平遗址

冷塘遗址

长蛇岭遗址

祥周镇

2 1 : 77 500

"田州土知府印"出土点

324

平马镇

田东县

县

4

5

凤马

田州镇

田阳县

奉议州驿道

牌楼铜剑出土点 牌楼石器出土点

崇正书院

两湖会馆

粤东会馆

6

239

田东县文物图

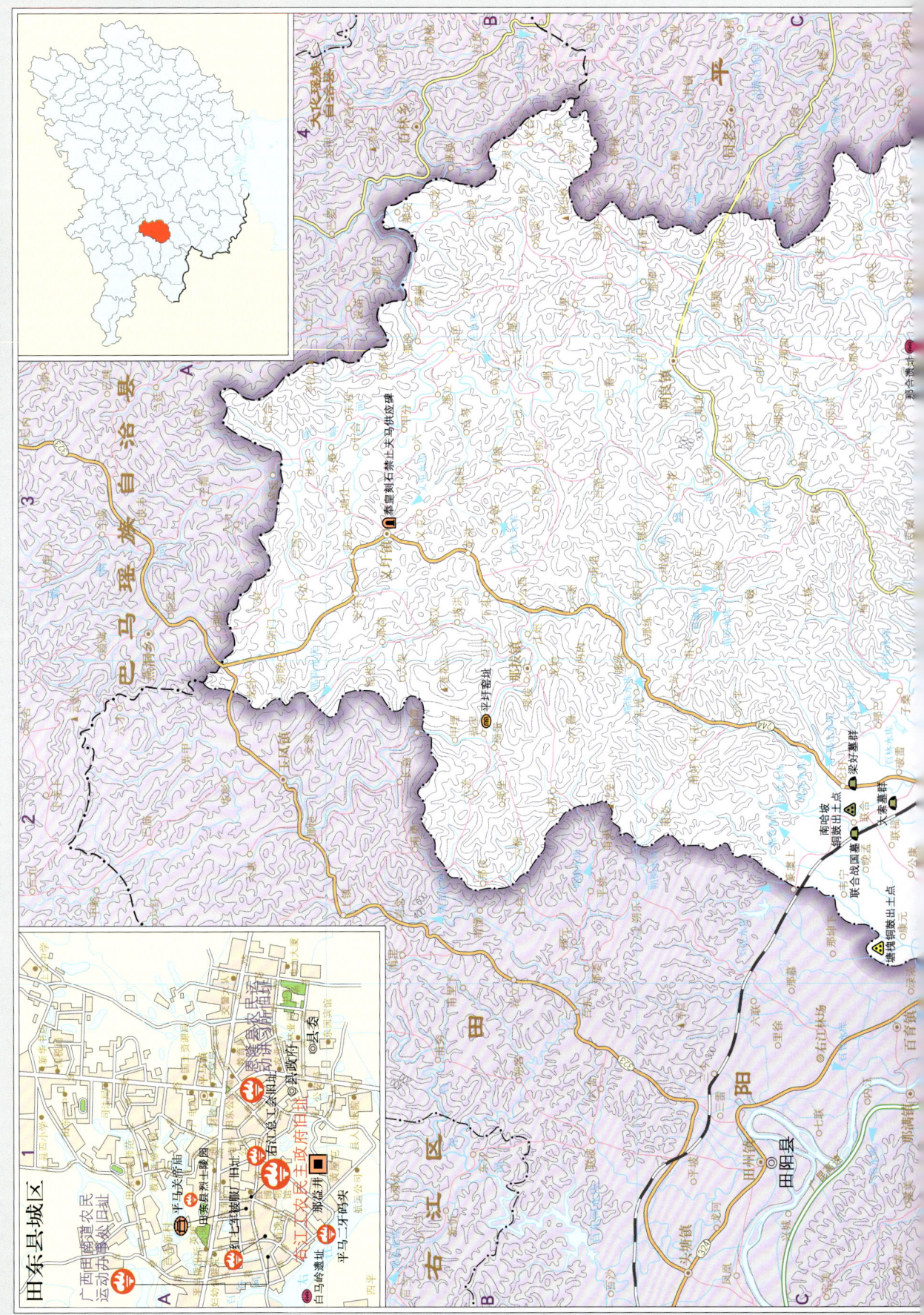

田东县城区

平马关帝庙
西田田隘道农民
运动办事处旧址
田东县烈士陵园
红七军政府旧址
白马岭古遗址
台江八农民协会旧址
平马二牙码头
那恩码头
古田八县苏维埃政府旧址
奥隆黄氏工会旧址
县政府

秦望刻石禁止天马供应碑

平圩窑址
那仔窑址

南哈坡
铜鼓出土点
联合战国墓群
大秦寨群
梁好寨群

塘境铜鼓出土点

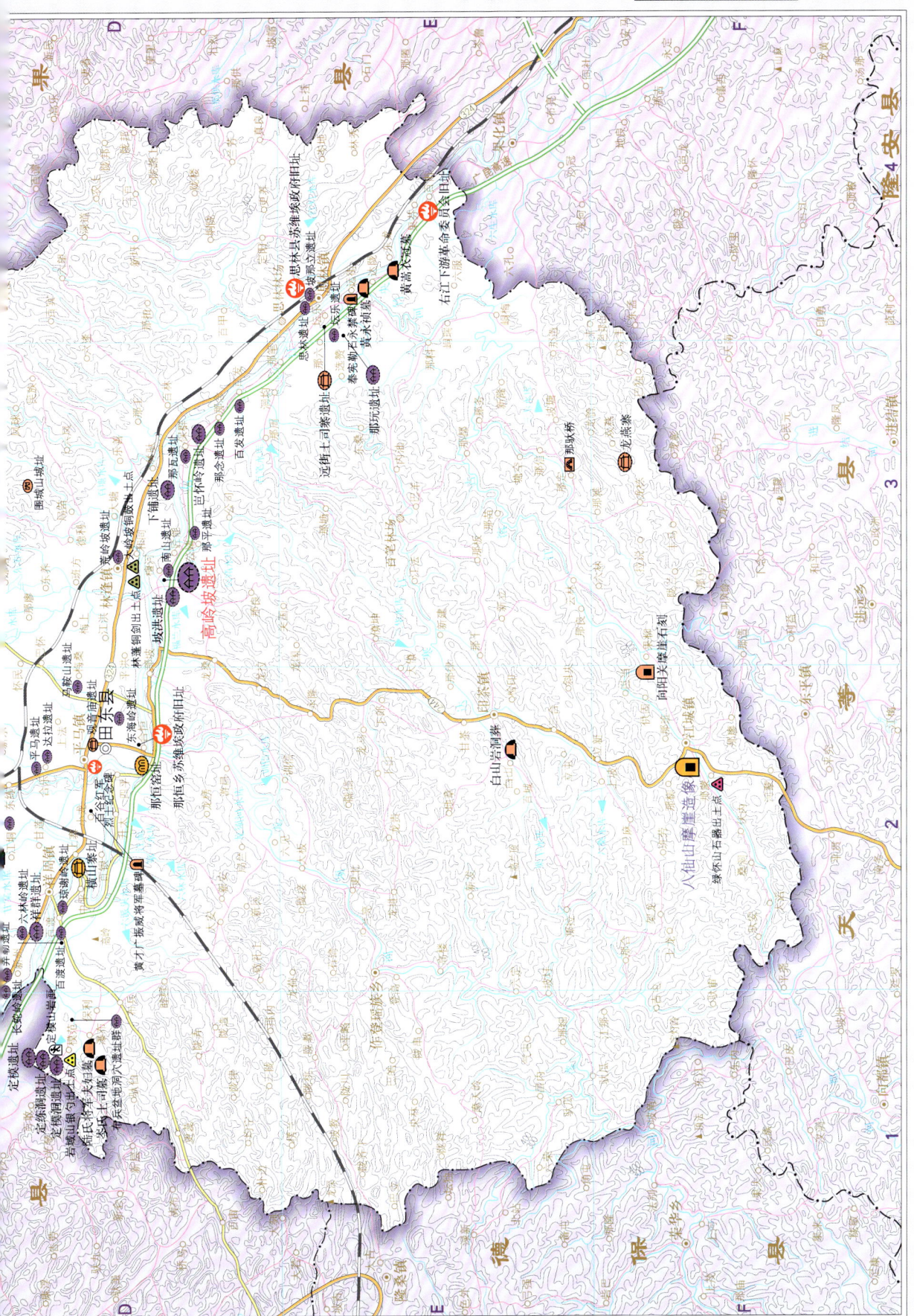

1：280 000

0 2.8 5.6 8.4千米

果　县

思林县苏维埃政府旧址

黄宁大队队址

右江下游革命委员会员会旧址

埃那坡城址

坡那立遗址

黄承铜遗址

坡坡遗址

乐乐遗址

秦先勤石示苏碑

近伟土司寨遗址

那坡城遗址

那孔遗址

那瓦遗址

百发遗址

龙燕寨

那驮桥

巴怀岭遗址

黄岭遗址

下铺遗址

那平遗址

林蓬遗址

南江山遗址

林蓬铜剑出土点

高岭坡遗址

坡洪遗址

隆　安　县

墨城山城址

定城山城址

坡那遗址

黄岭遗址

黄岭坡铜鼓出土点

邻江山遗址

向阳关摩崖石刻

田东县

东海岭遗址

田东矿

那麻造像遗址

平马遗址

达拉遗址

观潘南遗址

天　等　县

平洪红军桥

标色军需处

那恒乡沐维埃政府旧址

印茶镇

白山岩洞葬

江城镇

绿茶山石器出土点

八仙山摩崖造像

那桥乡沐维埃政府旧址

坡洪遗址

横山寨遗址

垌漖湖设用阃遗址

黄才广张威将军墓碑

六林岭遗址

定祥群遗址

那凌遗址

井勒遗址

百凌遗址

德　县

定楼遗址

定练桐遗址

定横岭遗址

黄才广弓玉夫妇墓

万兵益地洞穴遗址群

岩城山弓玉夫妇墓

桥氏将军遗址群

黄才益土司墓

石器出土点

保　县

德　县

241

那坡县文物图

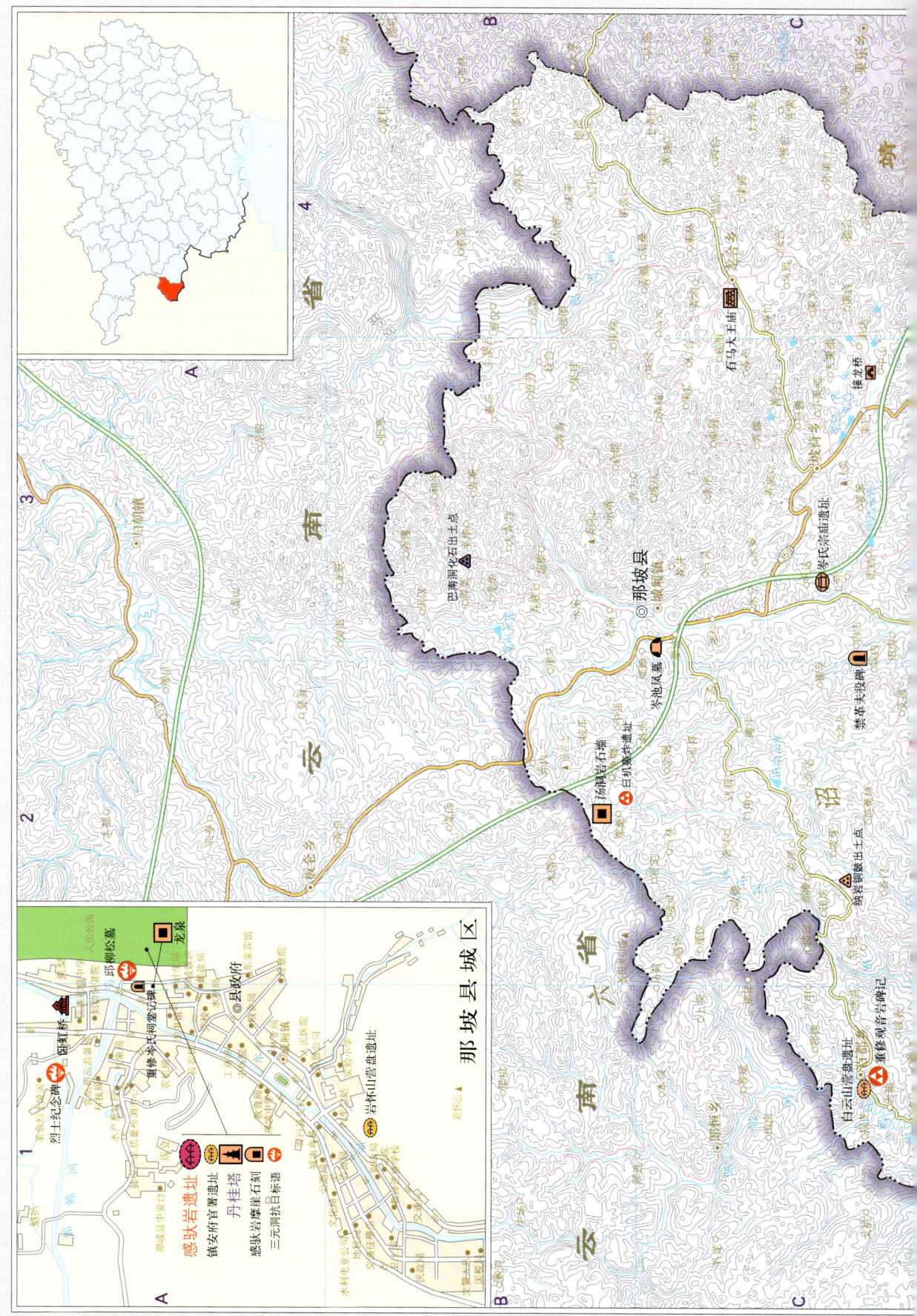

白马大王庙

接龙桥

岑氏宗庙遗址

巴南洞化石出土点

那坡县
城厢镇

岑池风墓

紫荣夫妇碑

白机寨井遗址
汤洞岩石棺

统岩铜鼓出土点

白云山岩盘遗址

重修观音岩碑记

云　南　省

云　南　省

那坡县城区

列士纪念碑
邱卿松墓
龙泉
土目杯
童修岑氏祠堂记碑

感驮岩遗址
镇安府署遗址
丹桂塔
感驮岩摩崖石刻
三元洞抗日标语

岩怀山岩盘遗址

242

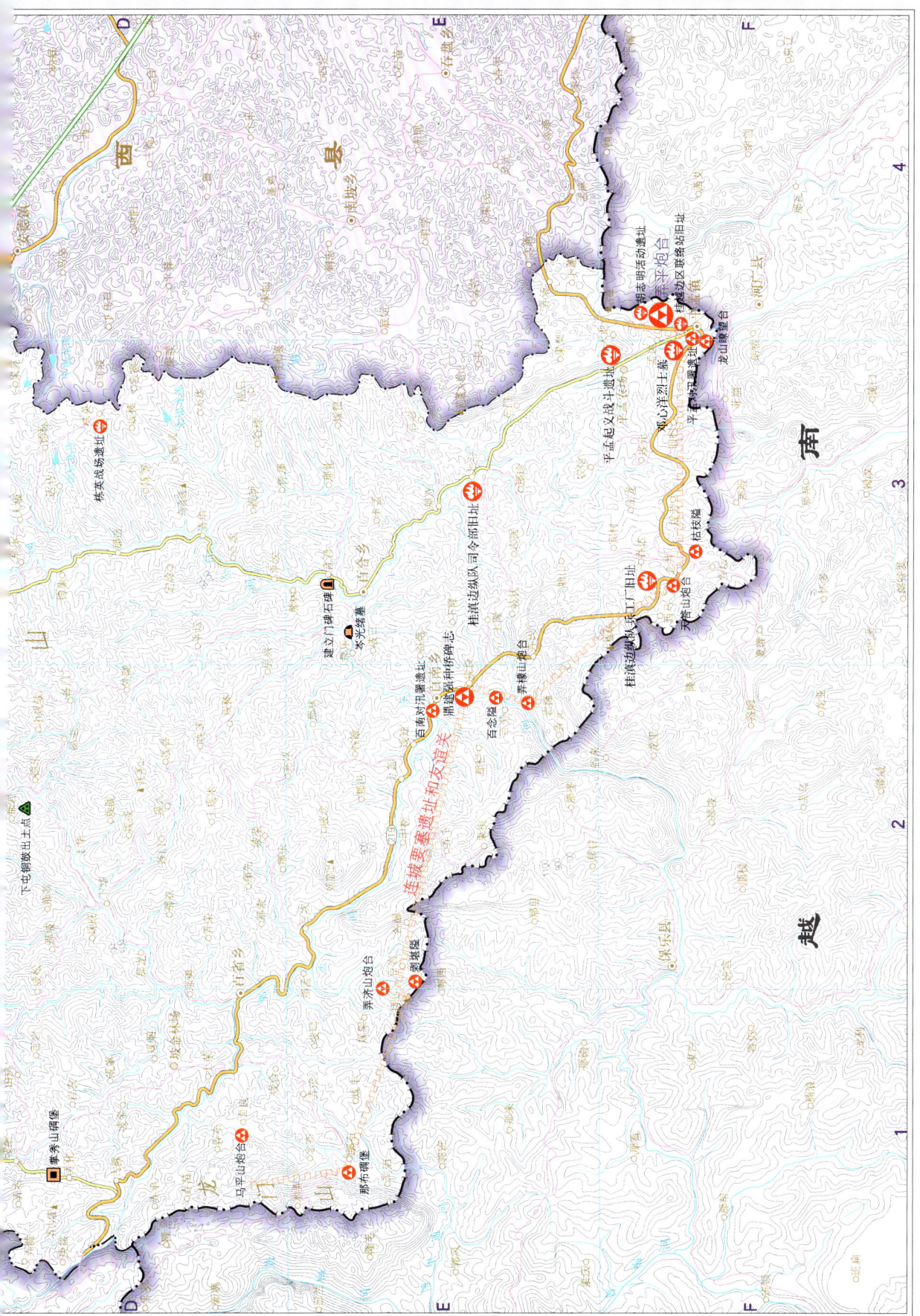

1 : 310 000

0   3.1   6.2   9.3千米

西
隆
县

各怀乡

南坡乡

D

E

F

胡志明活动遗址

平孟炮台

桂越边区联络站旧址

龙山瞭望台

邓小平战斗遗址

平孟洋烈士墓

平孟乡

平孟汇墓遗址

平孟起义战斗遗址

栋英战场遗址

南

古枝隘

建立门碑右碑

岑光绪墓

桂边炮台

桂越边纵队司令部旧址

八百乡

百南对汇墓遗址

邓建墨种碑碑志

连城要塞遗址和友谊关

百念隘

茅楼山炮台

桂越边纵队我们工厂旧址

山

越

下屯铜鼓出土点

测堪堡

茅沐山炮台

马平山炮台

掌秀山碉堡

那弗碉堡

龙门山

D

E

F

平果县文物图

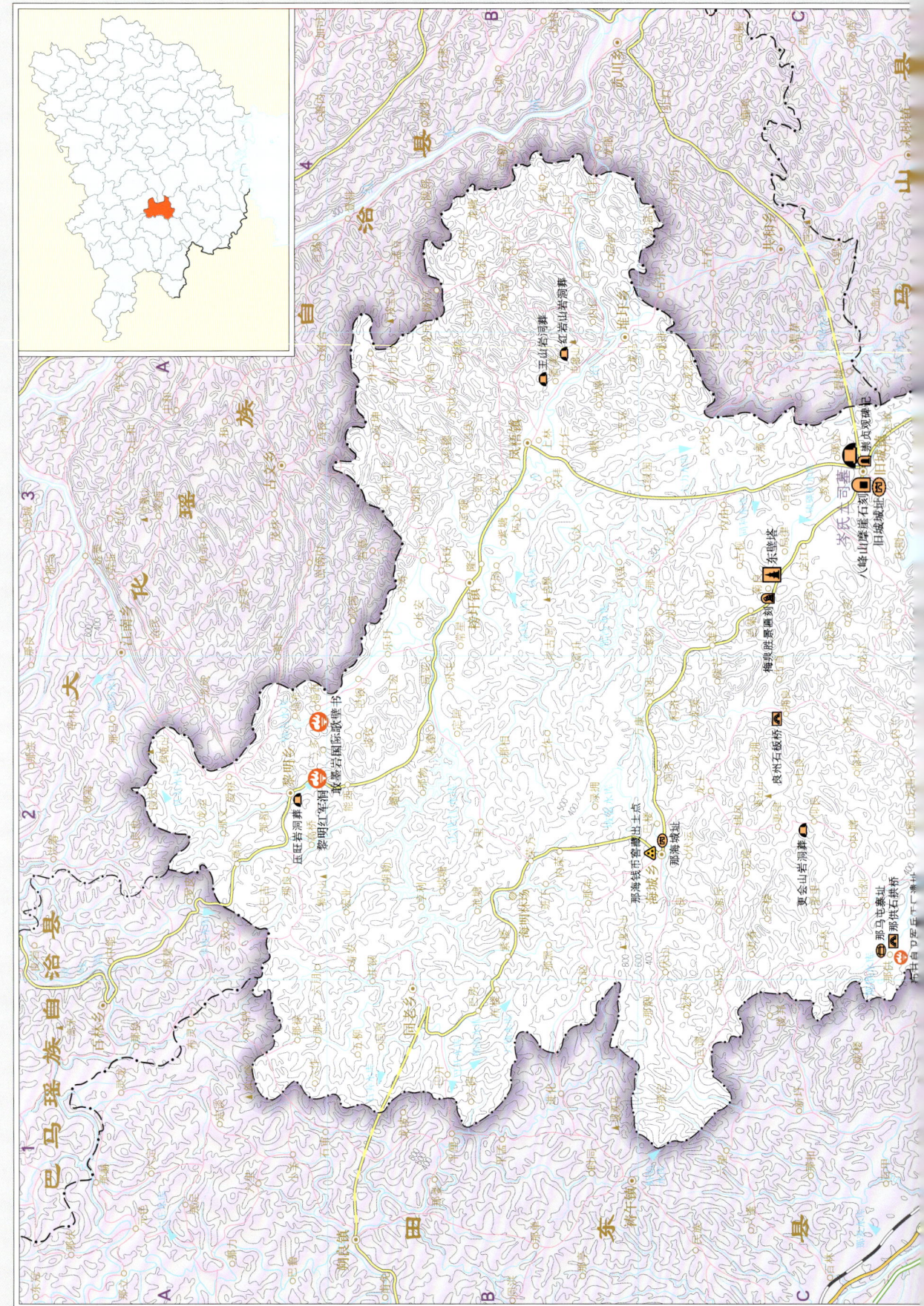

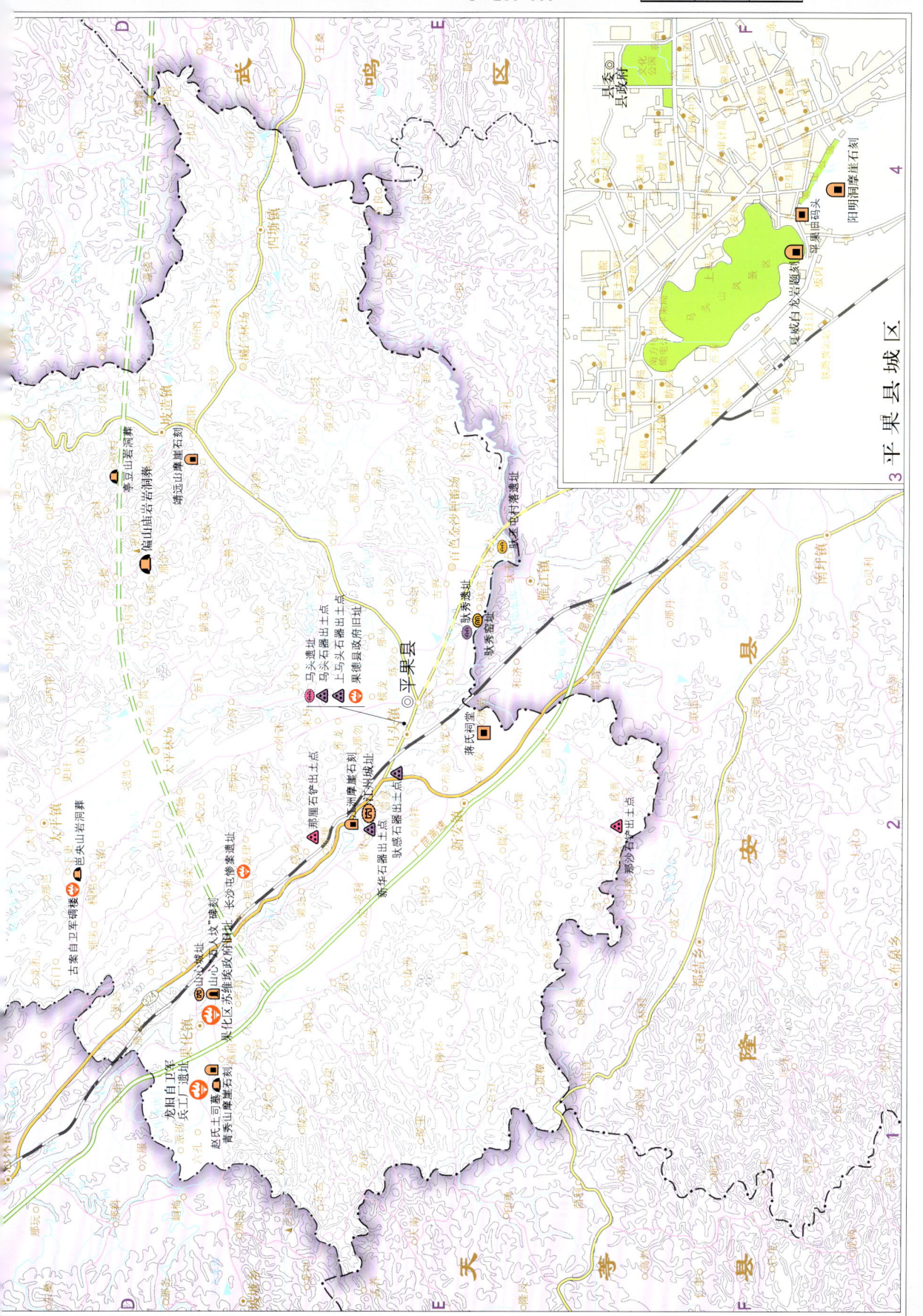

1 : 280 000

0 2.8 5.4 8.2千米

武

鸣

区

平果县城区

平果县

安

德

县

隆

安

县

天

等

县

靖西县文物图

云 南 省

右江区

黄 莲 山

《红星报》编辑部旧址

邑蒙水库石铲出土点

果乐乡

果乐石斧出土点

新甲镇

那坡县
城厢镇

那

六

德保县

熙阳关摩崖石刻、壁书

黑旗军创建地址

三台山营盘遗址

龙临镇

坡

山

县

弄浪岩战斗遗址

县底定林场

南城乡

石埠乡

农民协会干训班旧址

作弄山摩崖石刻

葛麻炮台

那凛炮台

连城

壮族谷仓

越

品明炮台

南

越

南

十二道门炮台

倭华旧军暴岩遗址

金龟

1 1:115 600

排金

周氏家族墓地

五岭林场

金龙水电

岑氏土司墓地

紫壁山摩崖石刻

独秀山岩画

天泉山摩崖石刻

云峰山摩崖石刻

岜蒙山岩画

旧州文昌阁

独峰山岩画

神仙洞摩崖石刻

东山摩崖造像及岩画

张天宗墓

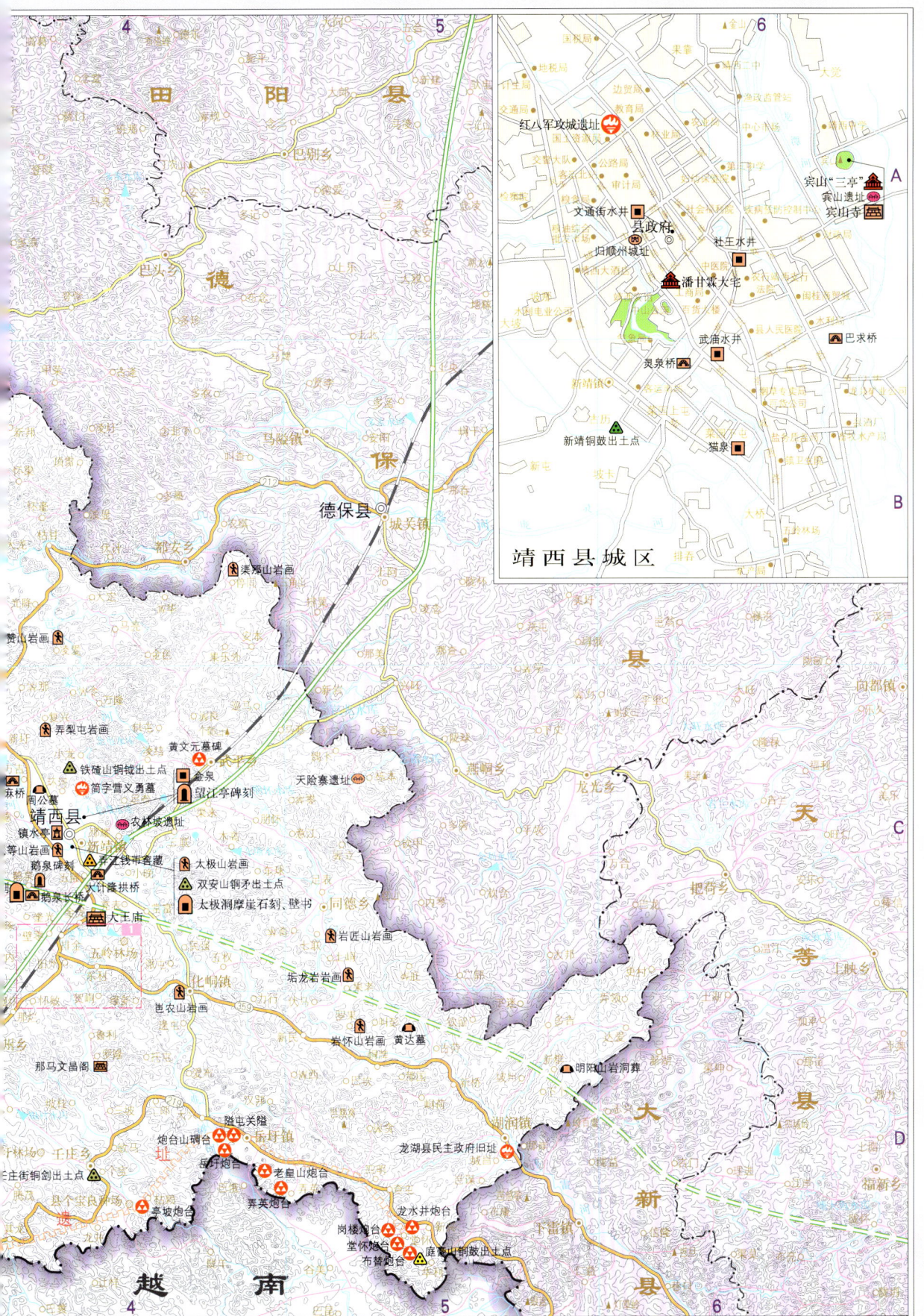

1 : 370 000

0　3.7　7.4　11.1千米

红八军攻城遗址

宾山"三亭"
宾山遗址
宾山寺

文通街水井

县政府

归顺州城址

杜生水井

潘甘森大宅

武庙水井

泉泉桥

巴求桥

新靖镇

新靖铜鼓出土点

猫泉

靖西县城区

A

B

田　阳　县

巴别乡

德

巴头乡

马隘镇

保

德保县　城关镇

赞山岩画

弄梨屯岩画

铁碓山铜钱出土点

黄文元墓碑

金泉

天险寨遗址

靖西县

闵公墓
蒜桥

简字营义勇墓

望江亭碑刻

燕峒乡

龙光乡

镇水亭

等山岩画

弄龙钱甬窖藏

农林坡遗址

太极山岩画

双安山铜矛出土点

鹅泉碑刻

大汁隆拱桥

鹅泉长桥

太极洞摩崖石刻、壁书

同德乡

大王庙

天

那雷山岩画

渠那山岩画

岩匠山岩画

挹荷乡

化峒镇

三映乡

邑农山岩画

垢龙岩画

岩怀山岩画

黄达墓

那马文昌阁

明阳山岩洞葬

湖润镇

大

碉屯关隘

炮台山碉台

乐圩镇

龙湖县民主政府旧址

王庄街铜剑出土点

岳圩炮台

老皇山炮台

新

弄英炮台

龙水井炮台

岗楼炮台

堂怀炮台

庭意山铜鼓出土点

布替炮台

越　　南

县

4

5

6

247

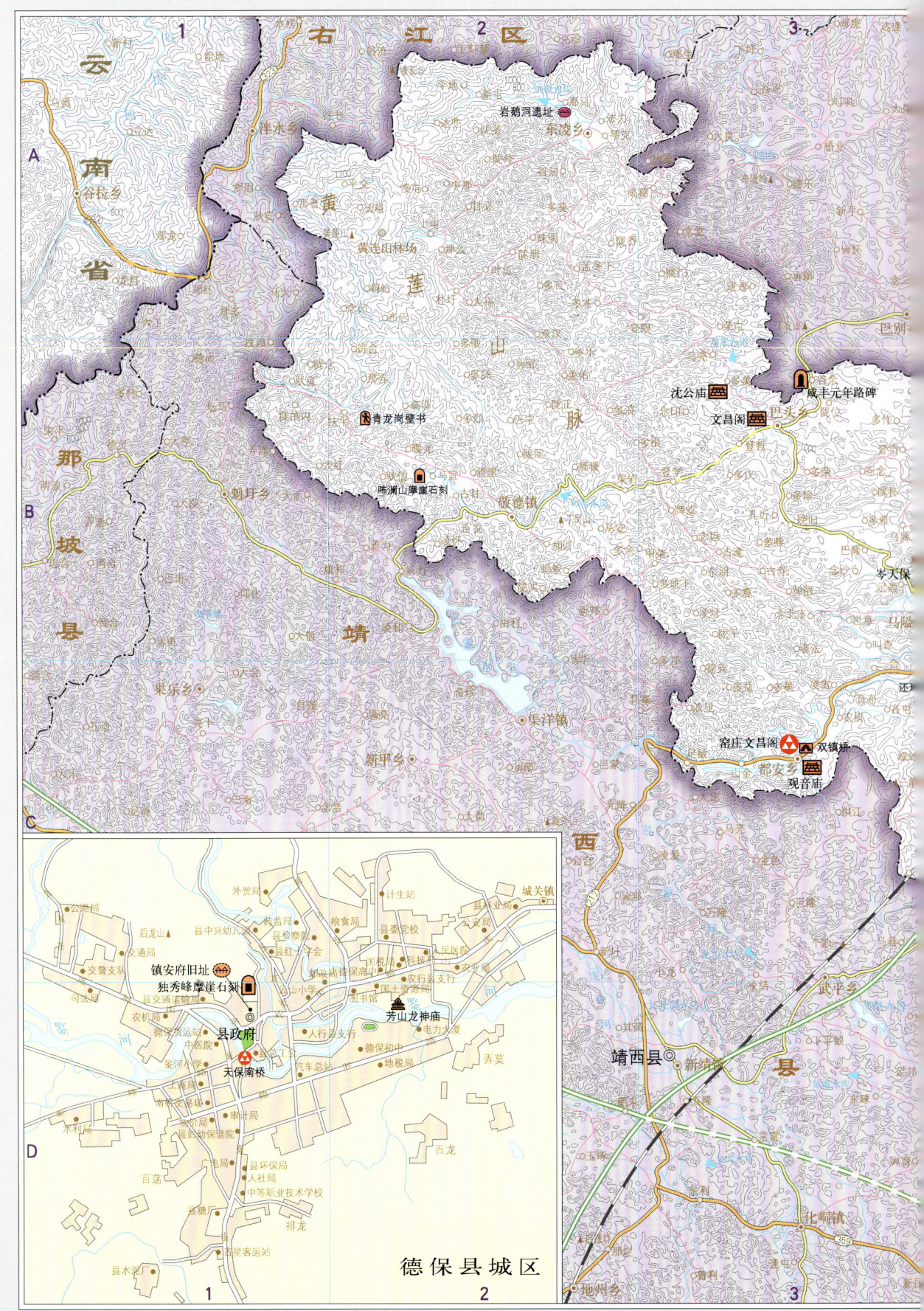

德保县文物图

岩鹅洞遗址

沈公庙　　咸丰元年路碑
文昌阁

青龙岗壁书

昕浦山摩崖石刻

窑庄文昌阁　双镇桥
观音庙

云南省

那坡县

右江区

莲山山脉

靖西县

德保县城区

镇安府旧址
独秀峰摩崖石刻
县政府
天保南桥
芳山龙神庙

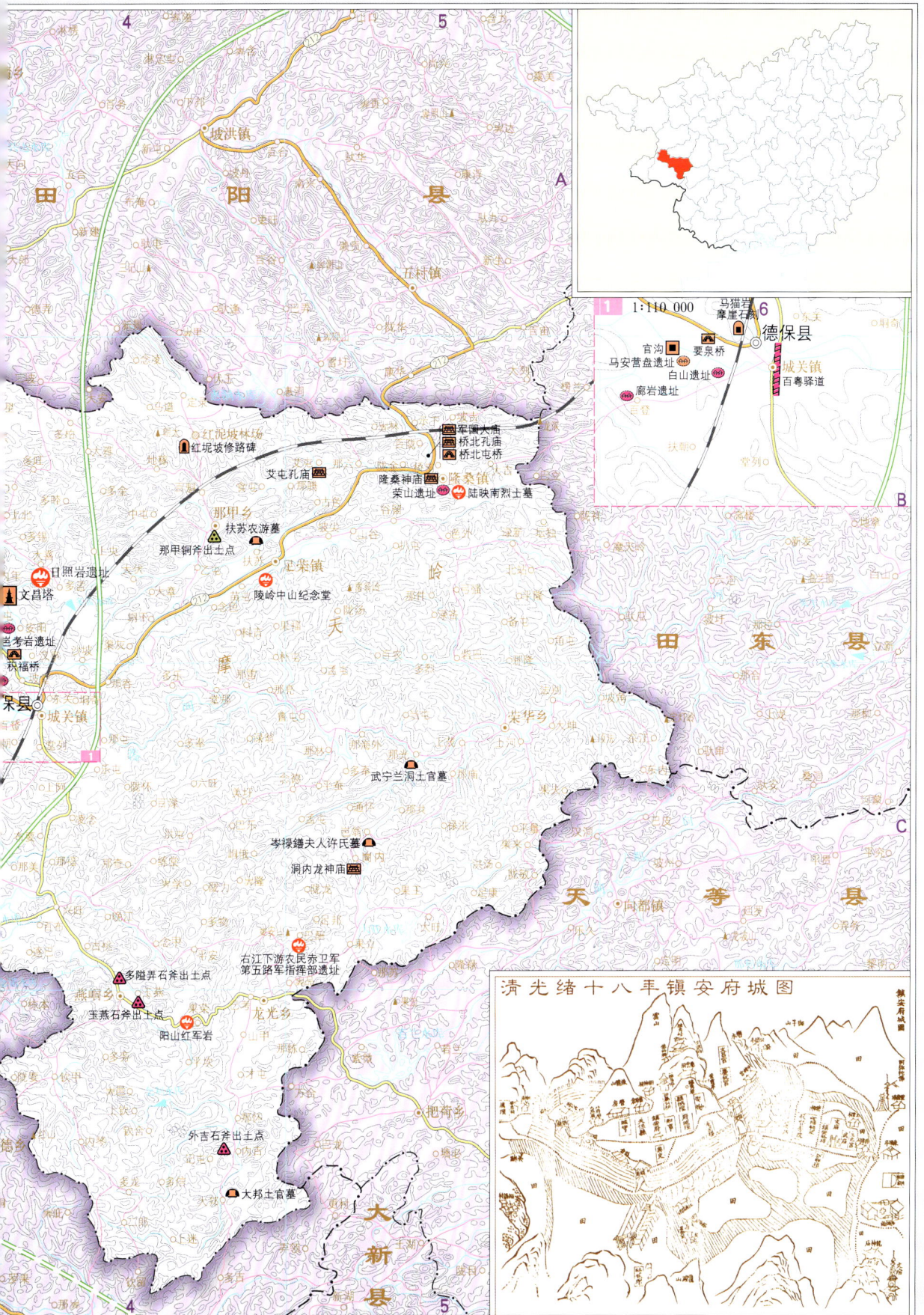

1：330 000

0　3.3　6.6　9.9千米

1：110 000

田阳县

城洪镇

五村镇

A

6

马猫岩
摩崖石刻

德保县

官沟

要泉桥

马安营盘遗址

白山遗址

城关镇

廊岩遗址

百粤驿道

田
阳
县

扶明

B

红泥坡林场

红泥坡修路碑

艾屯孔庙

军團大庙

桥北孔庙

桥北屯桥

隆桑神庙

荣山遗址

隆桑镇

陆映南烈士墓

那甲乡

扶苏农游墓

那甲铜斧出土点

足荣镇

日照岩遗址

文昌塔

陵岭中山纪念堂

岭

田
东
县

峇考岩遗址

秋福桥

呆县

城关镇

天

摩

荣华乡

1

武宁兰洞土官墓

岑禄镥夫人许氏墓

洞内龙神庙

天
等
县

向都镇

C

右江下游农民赤卫军
第五路军指挥部遗址

多隘弄石斧出土点

宝燕石斧出土点

阳山红军岩

龙光乡

龙

把荷乡

外吉石斧出土点

大邦土官墓

大

新

县

德

4

5

清光绪十八年镇安府城图

田林县文物图

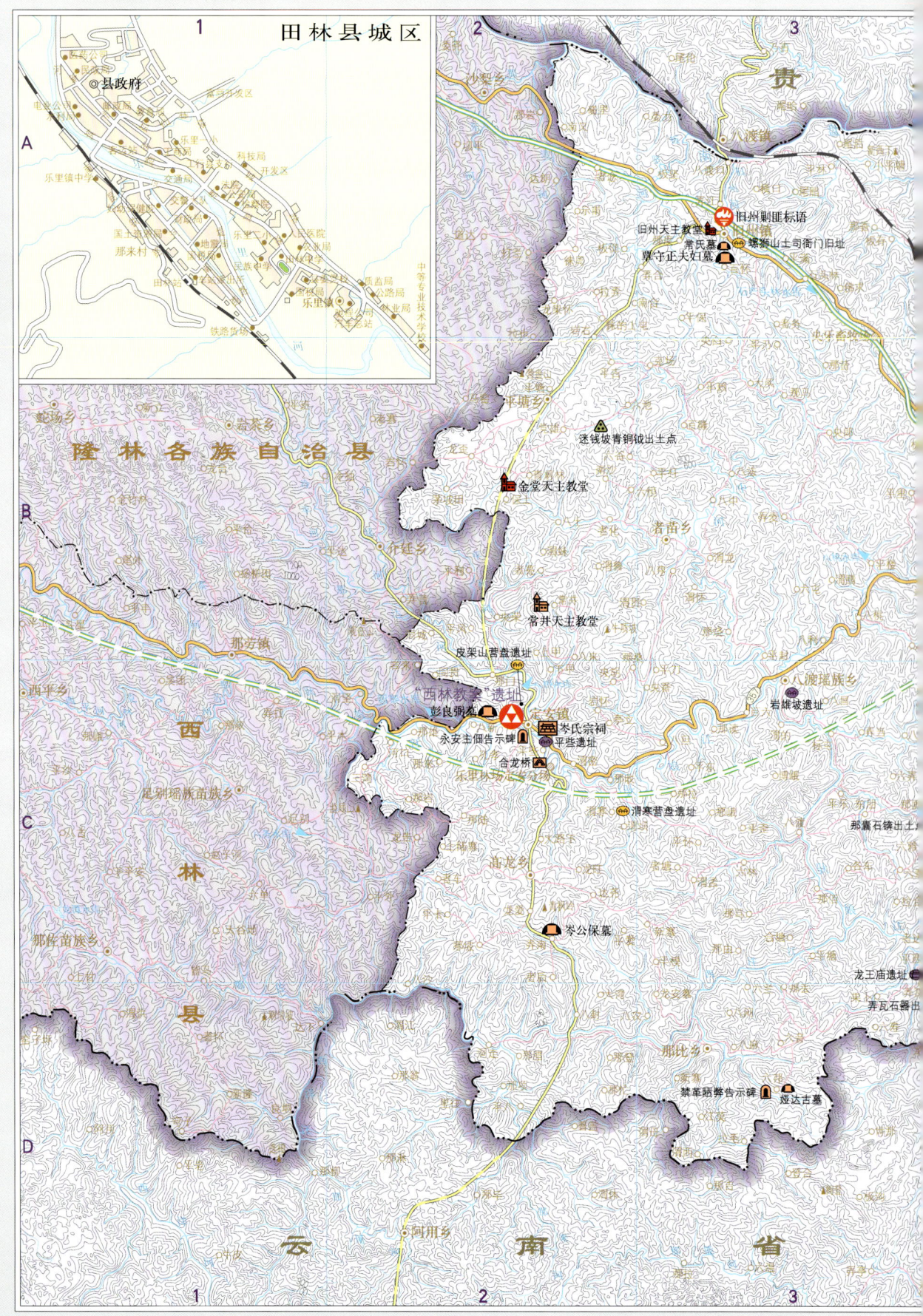

县政府

乐里镇中学

那来村

贵

隆 林 各 族 自 治 县

蛇场乡

介廷乡

那劳镇

西平乡

足别瑶族苗族乡

那佐苗族乡

西

林

县

旧州天主教堂
旧州剿匪标语
常氏墓　螺狮山土司衙门旧址
慕寺正夫妇墓

迷钱坡青铜钺出土点

金堂天主教堂

常井天主教堂

皮架山营盘遗址

八渡瑶族乡
岩雄坡遗址

"西林教案"遗址
彭良弼墓
永安主佃告示碑　平塘遗址
岑氏宗祠
合龙桥

渭寨营盘遗址

那嚣石镇出土

岑公保墓

龙王庙遗址
弄瓦石器出

那比乡

禁革晒弊告示碑　垭达古墓

云　南　省

阿用乡

0　　4.2　　8.4　　12.6千米

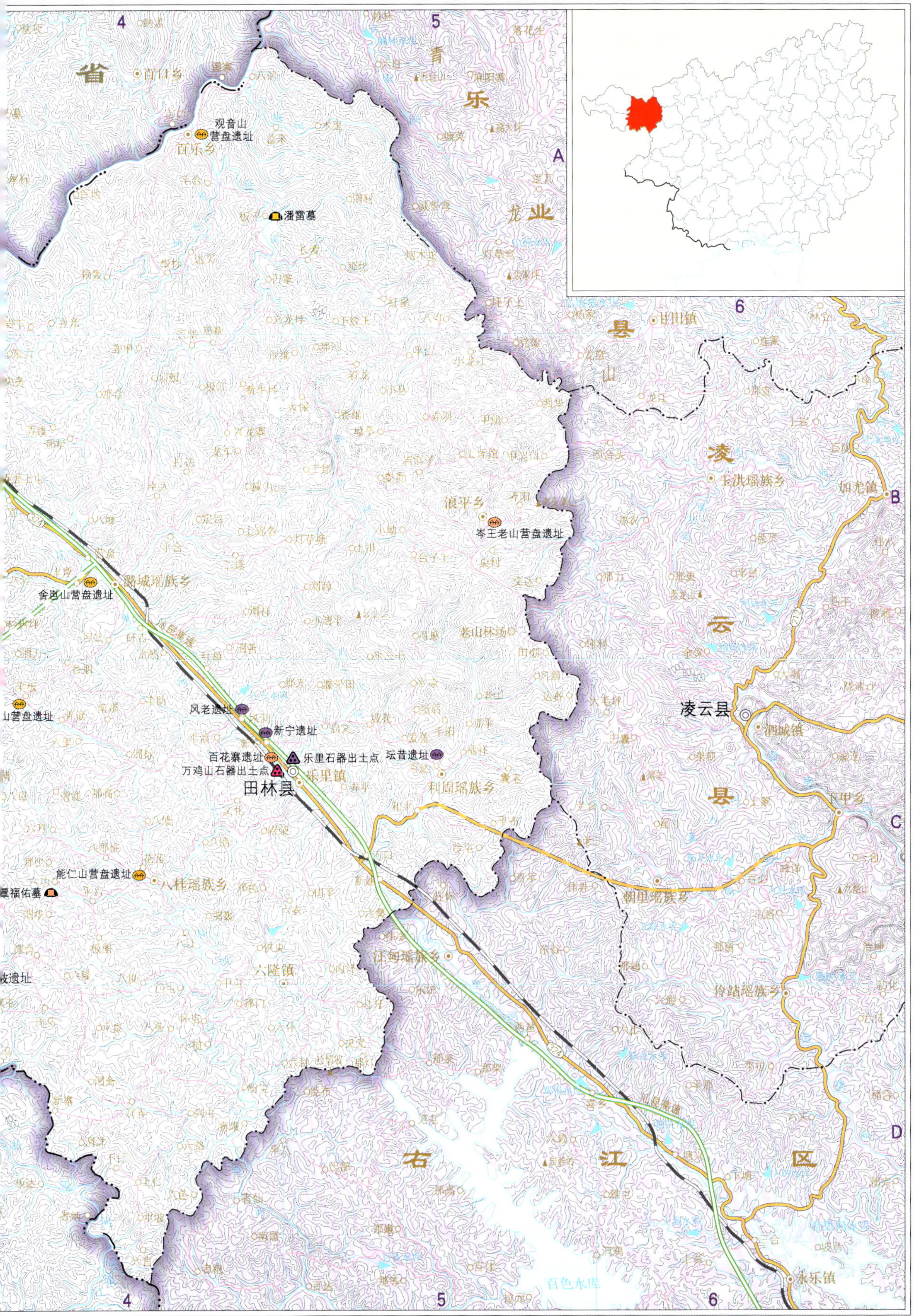

省

百口乡

青

乐

观音山
营盘遗址
百乐乡

潘雷墓

龙

业

县

山

凌

卡洪瑶族乡

田田镇

加尤镇

A

6

B

浪平乡

岑王老山营盘遗址

舍老山营盘遗址

潞城瑶族乡

云

凌云县

泗城镇

山营盘遗址

风老遗址

新宁遗址

百花寨遗址

坛昔遗址

乐里石器出土点

县

万鸡山石器出土点

乐里镇

利周瑶族乡

田林县

C

能仁山营盘遗址

八桂瑶族乡

朝里瑶族乡

覃福佑墓

遗址

六隆镇

浪甸瑶族乡

右

江

伶站瑶族乡

区

D

百色水库

永乐镇

乐业县文物图

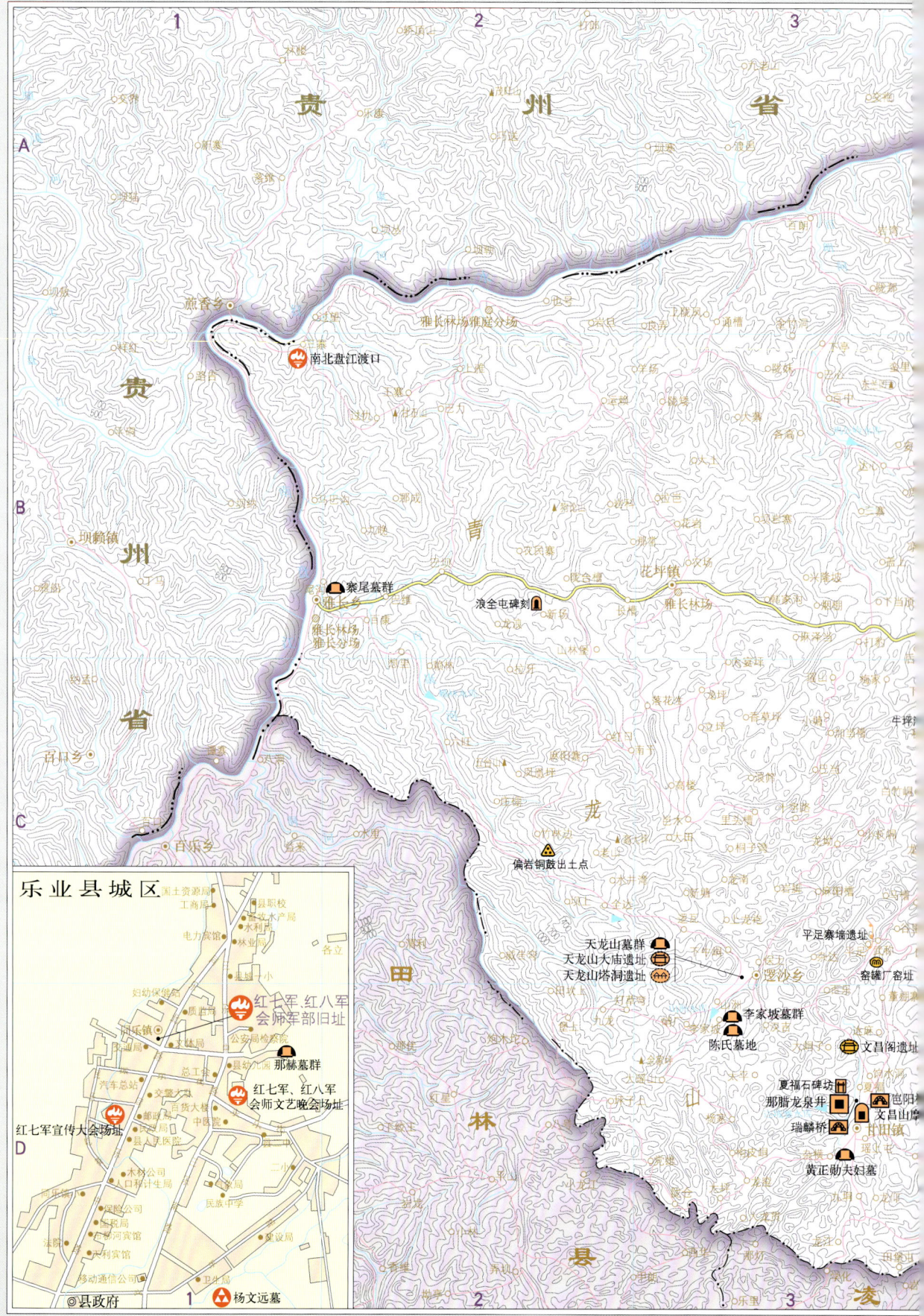

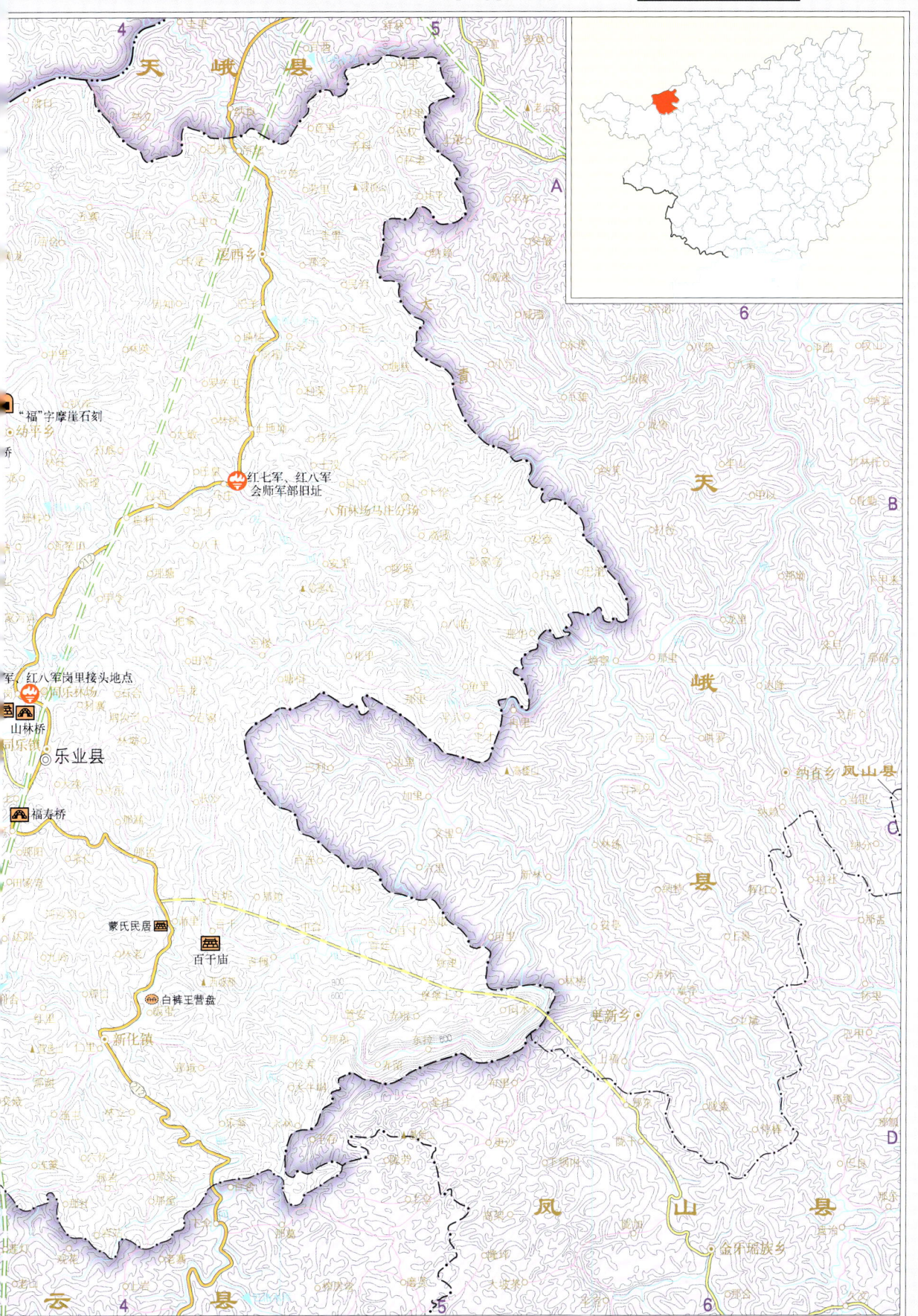

1 : 310 000

0   3.1   6.2   9.3千米

"福"字摩崖石刻
幼平乡
乔

红七军、红八军
会师军部旧址

八角林场马庄公路

天

峨

军、红八军岗里接头地点
同乐林场
山林桥
同乐镇
乐业县

福寿桥

蒙氏民居
百干庙
白裤王营盘
新化镇

天

县

纳直乡凤山县

更新乡

凤

山

县

金牙堀族乡

云

县

4

5

6

凌云县文物图

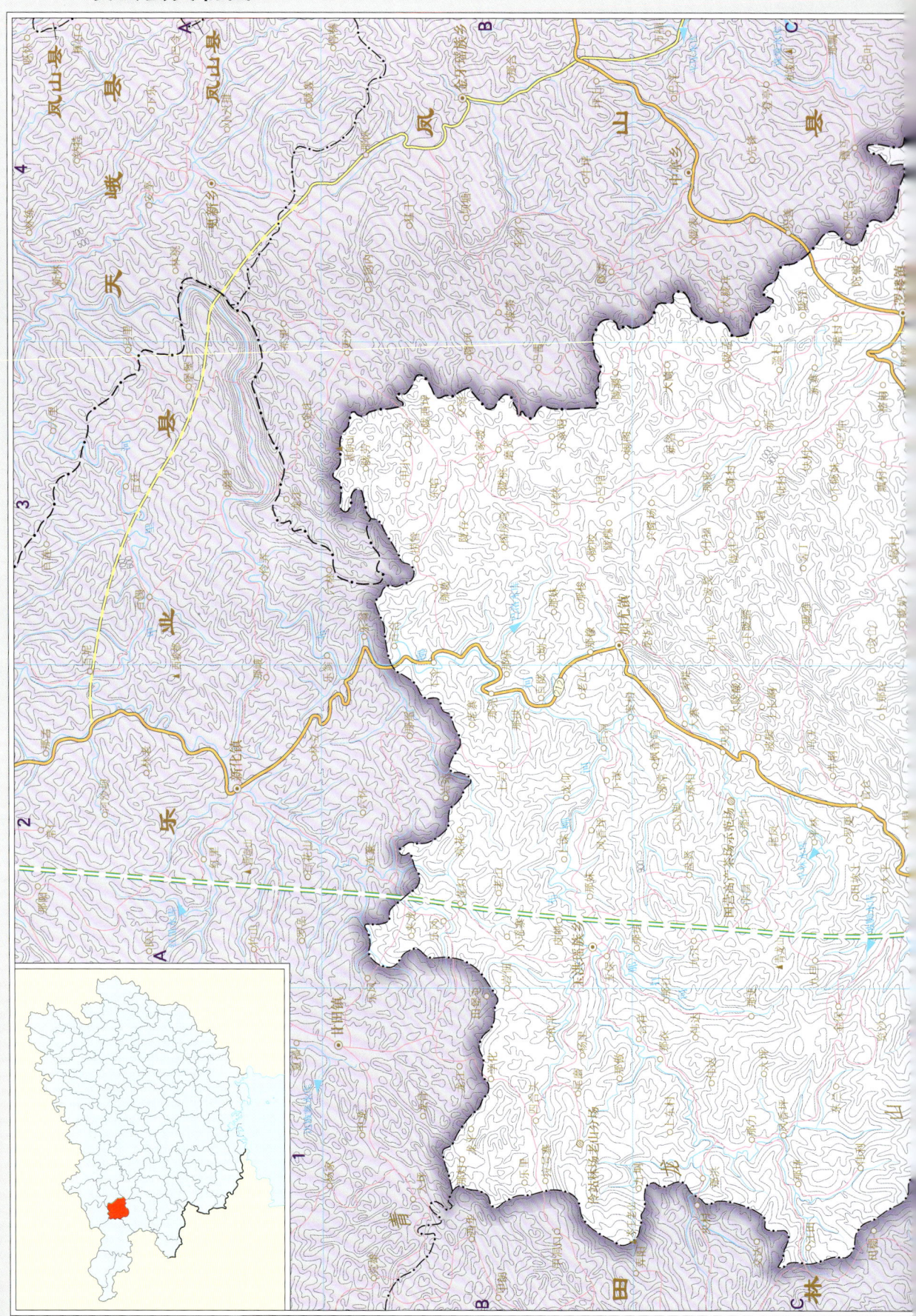

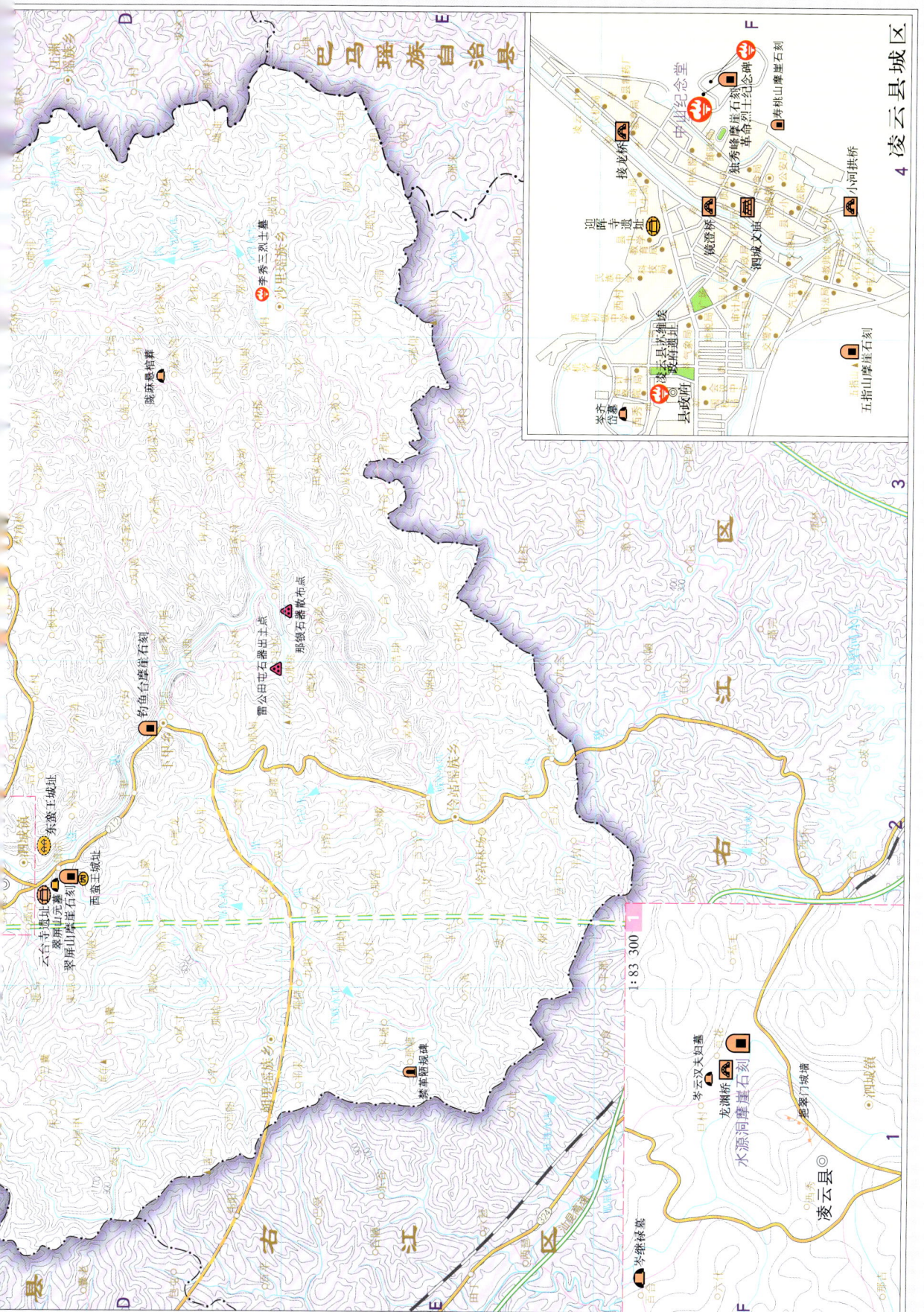

1 : 250 000

0　2.5　5.0　7.5千米

巴马瑶族自治县

李秀三烈士墓
少里瑶族乡

陇林葬棺群

钓鱼台摩崖石刻

雷公田石器出土点
那银石器散布点

东蛮王城址
云台寺遗址
翠屏山元墓
翠屏山摩崖石刻
西蛮王城址

逻楼瑶族乡
秦革暗规碑

右

江

区

岑继禄墓

中山纪念堂
航秀峰摩崖石刻
寿桃山摩崖石刻
凌云县苏维埃革命列士纪念碑

接龙桥
小河拱桥

迎晖寺遗址
县图书馆

烧瓷桥
泗城文庙

岑齐
岑墓

凌云县苏维埃
政府旧址
县政府

五指山摩崖石刻
五指山摩崖石刻

区

右

江

区

1:83 300

岑云汉夫妇墓
龙渊桥摩崖石刻
水源洞摩崖石刻

把麦门城墙

泗城镇

凌云县

255

隆林各族自治县文物图

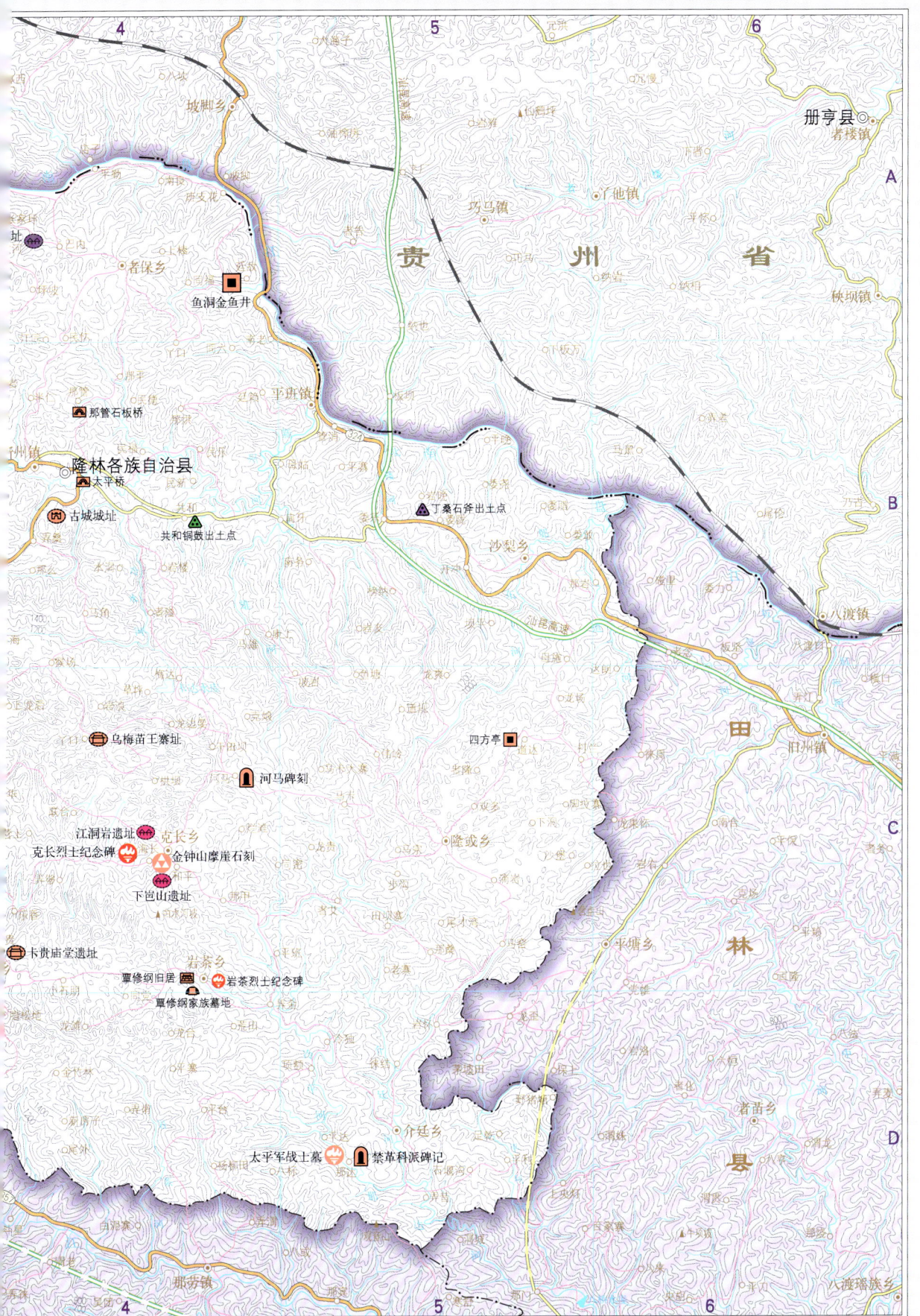

1 : 330 000

0   3.3   6.6   9.9千米

4   5   6

册亨县

岩楼镇

A

坡脚乡

贵   州   省

巧马镇

丁他镇

峡坝镇

鱼洞金鱼井

平班镇

那管石板桥

隆林各族自治县

太平桥

丁桑石斧出土点

古城城址

共和铜鼓出土点

沙梨乡

B

八渡镇

田

旧州镇

乌梅苗王寨址

四方亭

河马碑刻

C

江洞岩遗址

克长乡

克长烈士纪念碑

金钟山摩崖石刻

隆或乡

下岜山遗址

林

卡贵庙堂遗址

平塘乡

覃修纲旧居

岩茶乡

覃修纲家族墓地

岩茶烈士纪念碑

省   苗乡

D

太平军战士墓

介廷乡

禁革科派碑记

县

那劳镇

八渡瑶族乡

4   5   6

西林县文物图

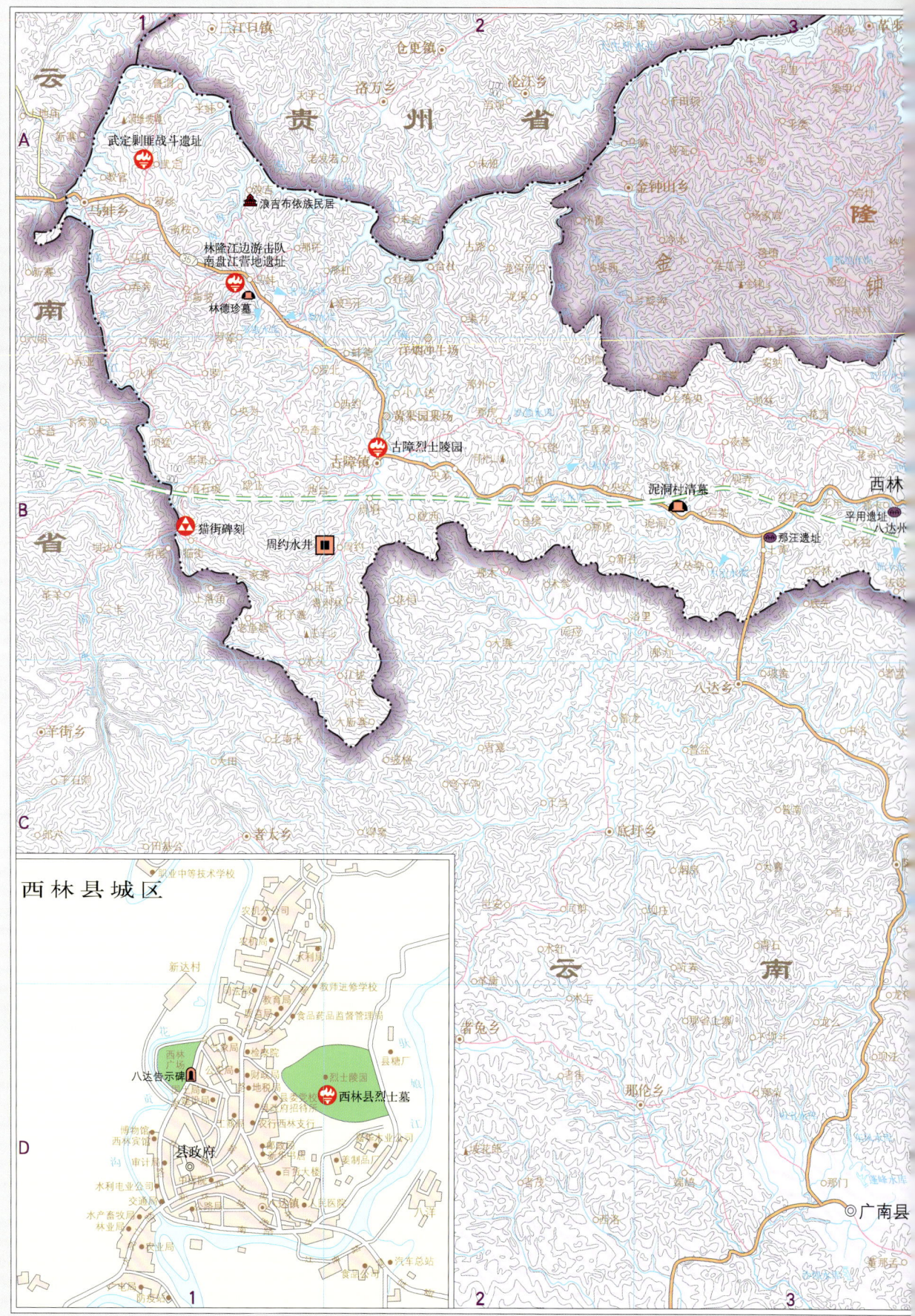

云 南 省

贵 州 省

隆 金 钟

西 林

云 南

武定剿匪战斗遗址

浪吉布依族民居

林隆江边游击队
南盘江营地遗址
林德珍墓

古障烈士陵园
古障镇

泥洞村清墓

平用遗址
八达州

那汪遗址

猫街碑刻

周约水井

羊街乡

八达乡

底圩乡

足兔乡

那佐乡

◎ 广南县

西林县城区

新达村

职业中等技术学校

教师进修学校

食品药品监督管理局

县糖厂

烈士陵园

西林县烈士墓

八达告示碑

博物馆
西林宾馆

县政府

水利电业公司
交通局
水产畜牧局
林业局

那劳镇人民医院

汽车总站

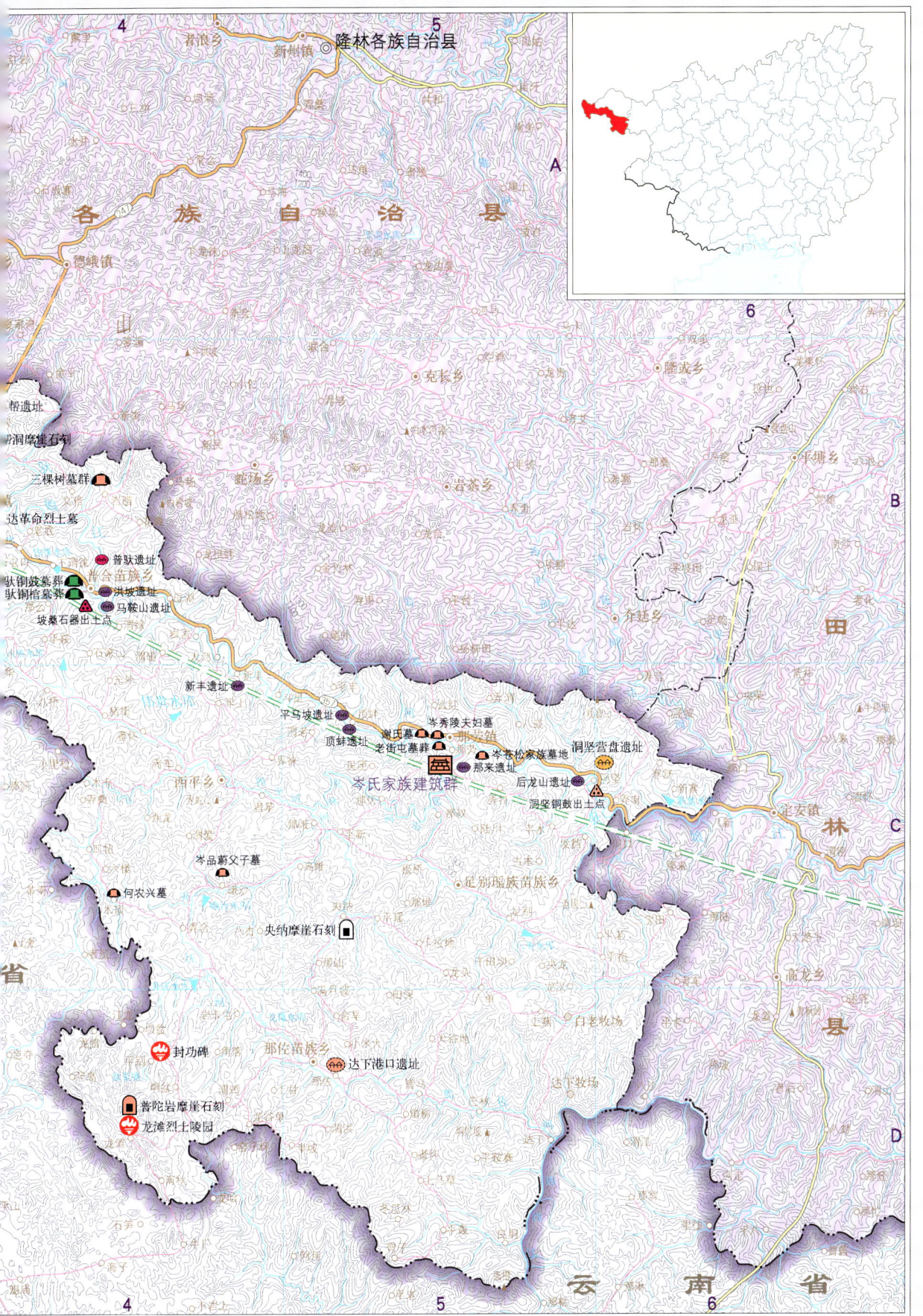

1 : 380 000

0　3.8　7.6　11.4千米

隆林各族自治县

新州镇

A

B

C

D

各　族　自　治　县

德峨镇

山

帮遗址

洞摩崖石刻

三棵树墓群

达革命烈士墓

普驮遗址

普合苗族乡

驮铜鼓墓葬

洪坡遗址

驮铜棺墓葬

马鞍山遗址

坡桑石器出土点

新丰遗址

平马坡遗址

岑乔陵夫妇墓

顶蚌遗址

谢氏墓

老街屯墓葬

洞坚营盘遗址

岑松家族墓地

那来遗址

后龙山遗址

洞坚铜鼓出土点

岑氏家族建筑群

岑品蔚父子墓

何农兴墓

央纳摩崖石刻

碰别瑶族苗族乡

田

林

县

省

那佐苗族乡

封功碑

达下港口遗址

普陀岩摩崖石刻

龙滩烈士陵园

云　南　省

隆波乡

克长乡

岩茶乡

平班乡

那比乡

那路镇

定安镇

白老牧场

达下牧场

259

钦州市钦北区文物图

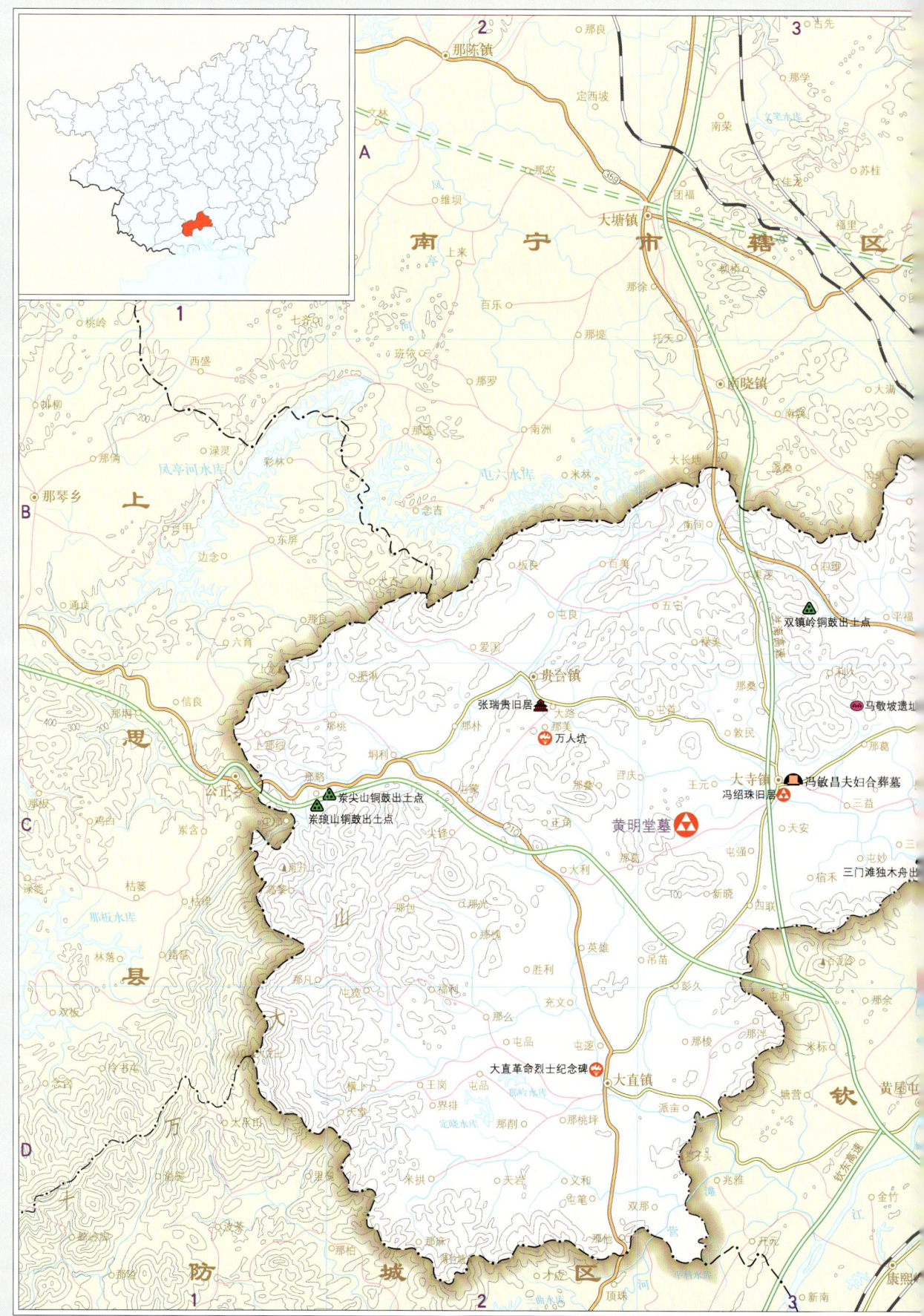

1：280 000　　　0　2.8　5.6　8.4千米

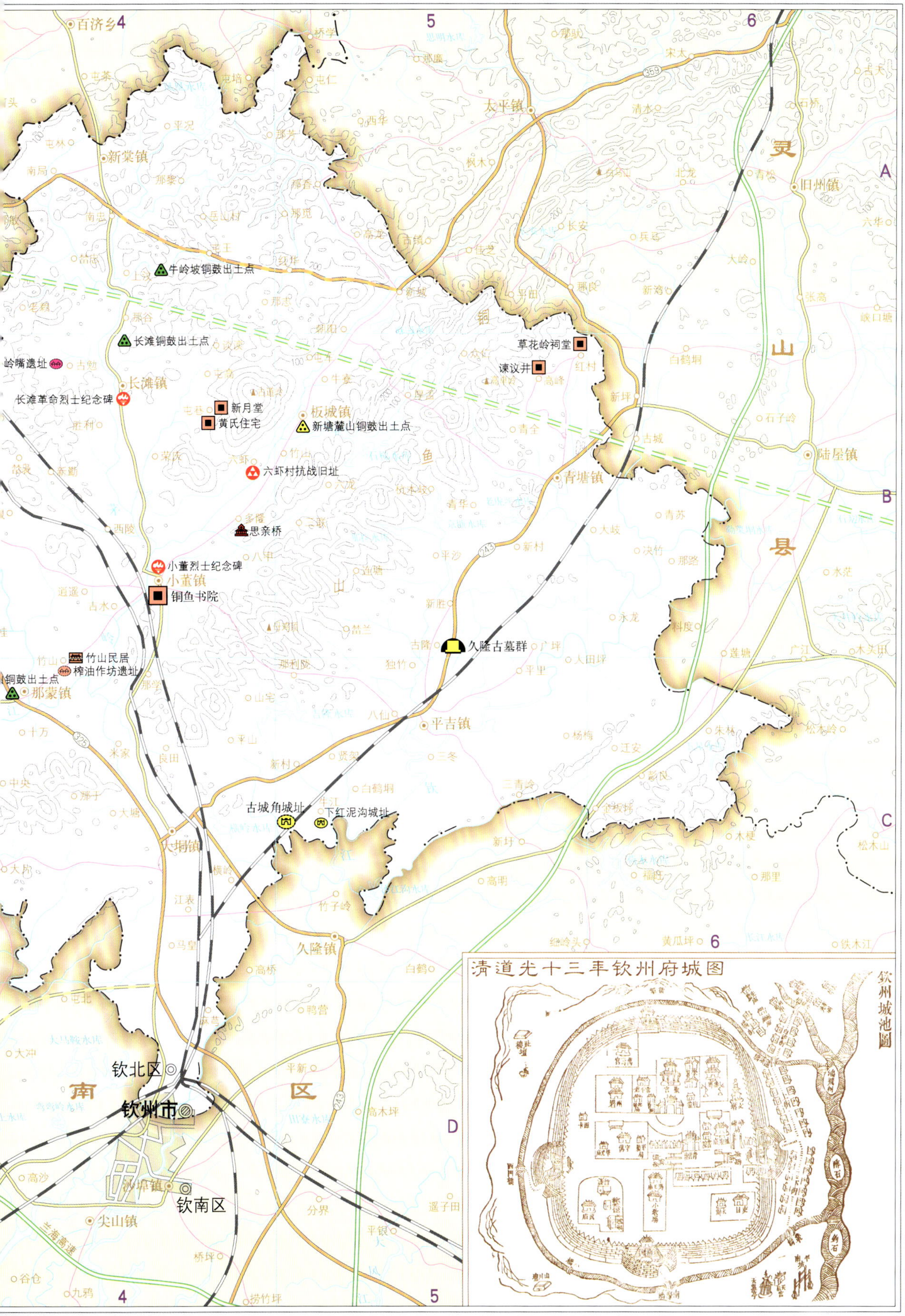

百济乡4

太平镇

灵

山

县

新棠镇

牛岭坡铜鼓出土点

长滩铜鼓出土点

草花岭祠堂

谏议井

岭嘴遗址

长滩镇

长滩革命烈士纪念碑

新月堂

黄氏住宅

板城镇

新塘麓山铜鼓出土点

陆屋镇

六虾村抗战旧址

青塘镇

铜

鱼

山

思亲桥

小董烈士纪念碑

小董镇

铜鱼书院

久隆古墓群

竹山民居

榨油作坊遗址

铜鼓出土点

那蒙镇

平吉镇

古城角城址

下红泥沟城址

久隆镇

钦北区

南

钦州市

区

钦南区

沙埠镇

尖山镇

清道光十三年钦州府城图

钦州城池图

261

钦州市钦南区文物图

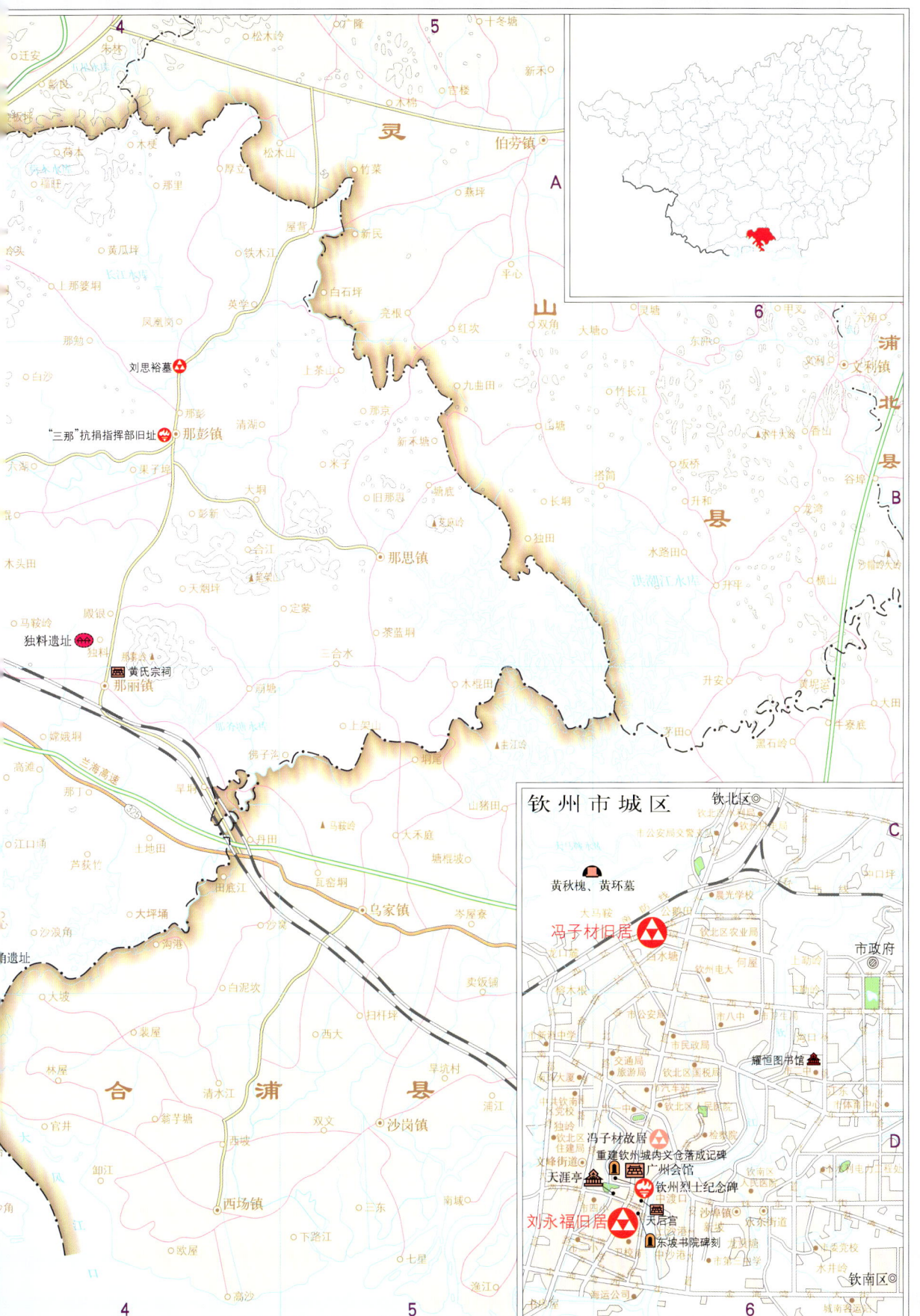

1 : 280 000

0   2.8   5.6   8.4千米

钦州市城区

263

灵山县文物图

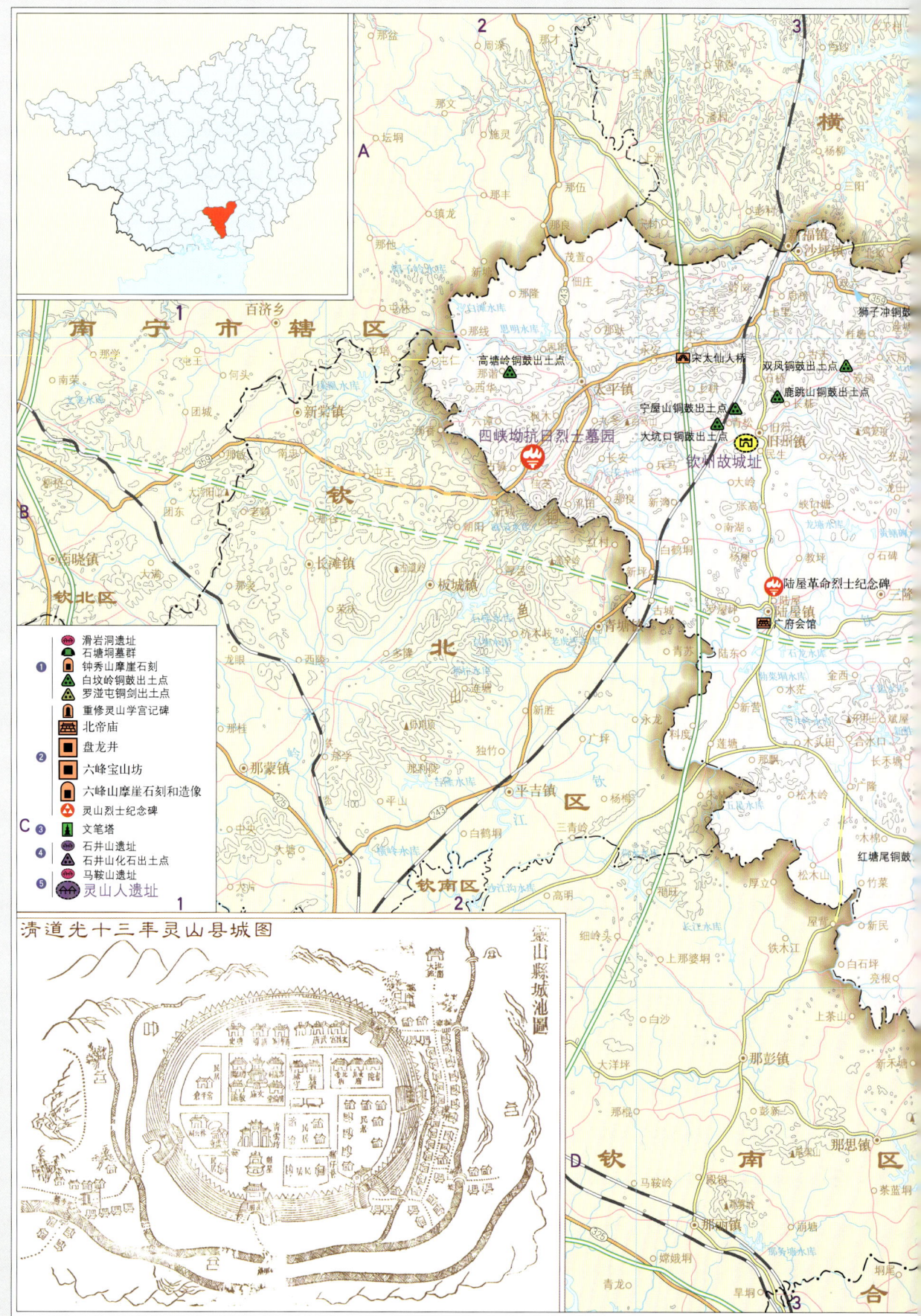

南宁市辖区

钦北区

四峡坳抗日烈士墓园

高塘岭铜鼓出土点

宋太仙人桥

双凤铜鼓出土点

鹿跳山铜鼓出土点

宁屋山铜鼓出土点

大坑口铜鼓出土点

钦州故城址

陆屋革命烈士纪念碑

欧府会馆

狮子冲铜鼓

红塘尾铜鼓

钦南区

图例

① 滑岩洞遗址
   石塘坰墓群
   钟秀山摩崖石刻
   白坟岭铜鼓出土点
   罗滠屯铜剑出土点

② 重修灵山学宫记碑
   北帝庙
   盘龙井
   六峰宝山坊
   六峰山摩崖石刻和造像
   灵山烈士纪念碑

③ 文笔塔

④ 石井山遗址
   石井山化石出土点
   马鞍山遗址

⑤ 灵山人遗址

清道光十三年灵山县城图

灵山县城池图

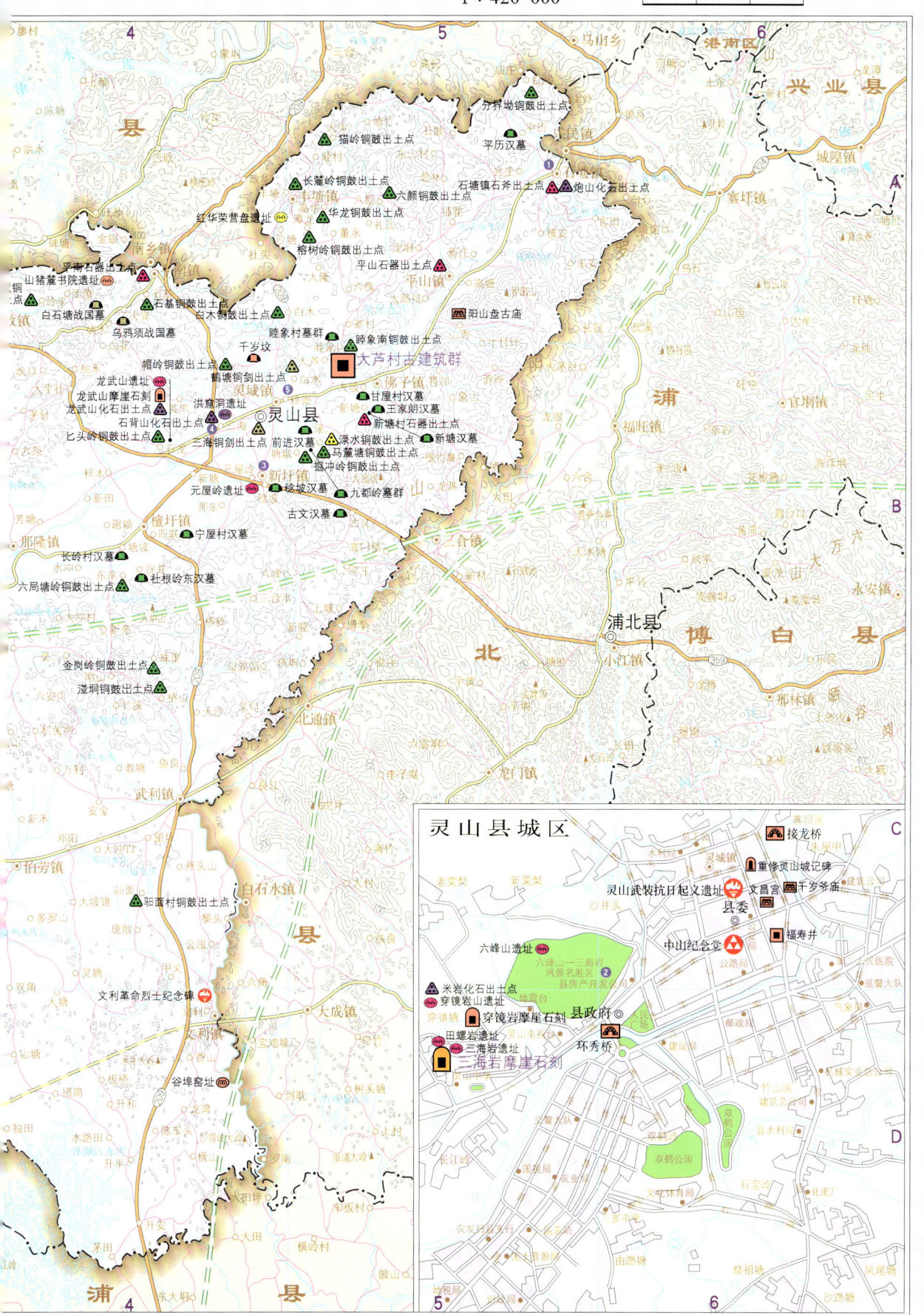

1 : 420 000

0   4.2   8.4   12.6千米

兴业县

港南区

浦

北

县

博

白

县

灵山县

浦北县

分界坳铜鼓出土点
平历汉墓
猫岭铜鼓出土点
长麓岭铜鼓出土点
石塘镇石斧出土点
炮山化石出土点
六颜铜鼓出土点
华龙铜鼓出土点
红华荣营盘遗址
平山石器出土点
格树岭铜鼓出土点
阳山盘古庙
平南石器出土点
山猪麓书院遗址
白石塘战国墓
石基铜鼓出土点
白木铜鼓出土点
睦象村墓群
睦象南铜鼓出土点
乌鸦须战国墓
千岁坟
大芦村古建筑群
帽岭铜鼓出土点
鹤塘铜剑出土点
甘屋村汉墓
龙武山铜鼓出土点
洪窟洞遗址
灵城镇
王家朗汉墓
龙武山摩崖石刻
石背山化石出土点
渌水铜鼓出土点
新塘汉墓
龙武山化石出土点
前进汉墓
马麓塘铜鼓出土点
七头岭铜鼓出土点
三海铜剑出土点
掘冲铜鼓出土点
元屋岭遗址
稔坡汉墓
九都岭墓群
古文汉墓
宁屋村汉墓
檀圩镇
长岭村汉墓
六局塘岭铜鼓出土点
社根岭东汉墓
金岗岭铜鼓出土点
那隆镇
滗垌铜鼓出土点
北通镇
武利镇
龙门镇
小江镇
邢林镇
永安镇

驮面村铜鼓出土点
白石水镇
伯劳镇
文利革命烈士纪念碑
大成镇
谷埠窑址

灵山县城区

接龙桥
重修灵山城记碑
灵山武装抗日起义遗址
文昌宫
千岁爷庙
县委
福寿井
六峰山遗址
中山纪念堂
六峰山—三海岩风景名胜区
县房产开发公司
米岩化石出土点
穿镜岩山遗址
穿镜岩摩崖石刻
县政府
田螺岩遗址
三海岩遗址
环秀桥
三海岩摩崖石刻
双鹤公园

浦北县文物图

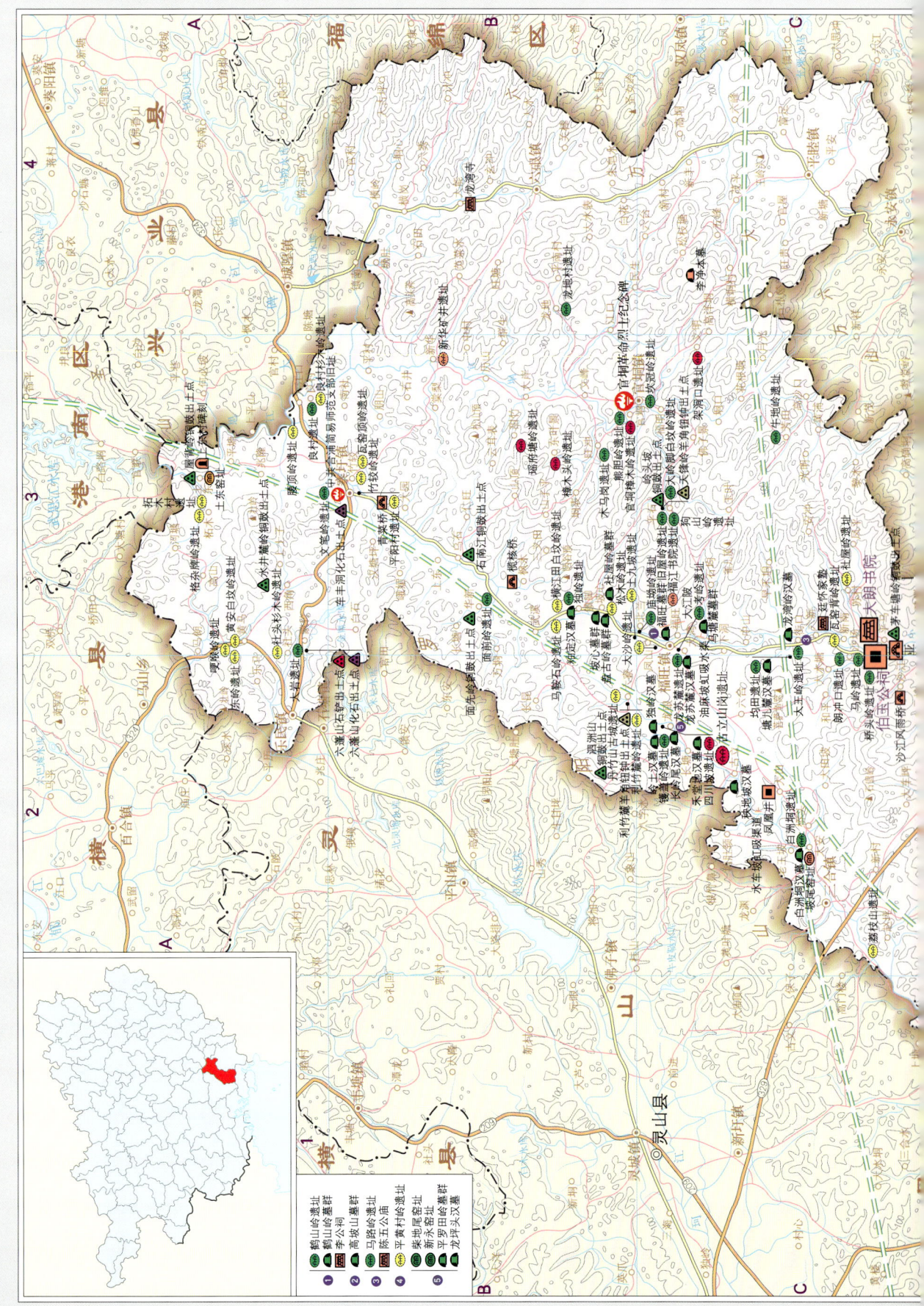

266

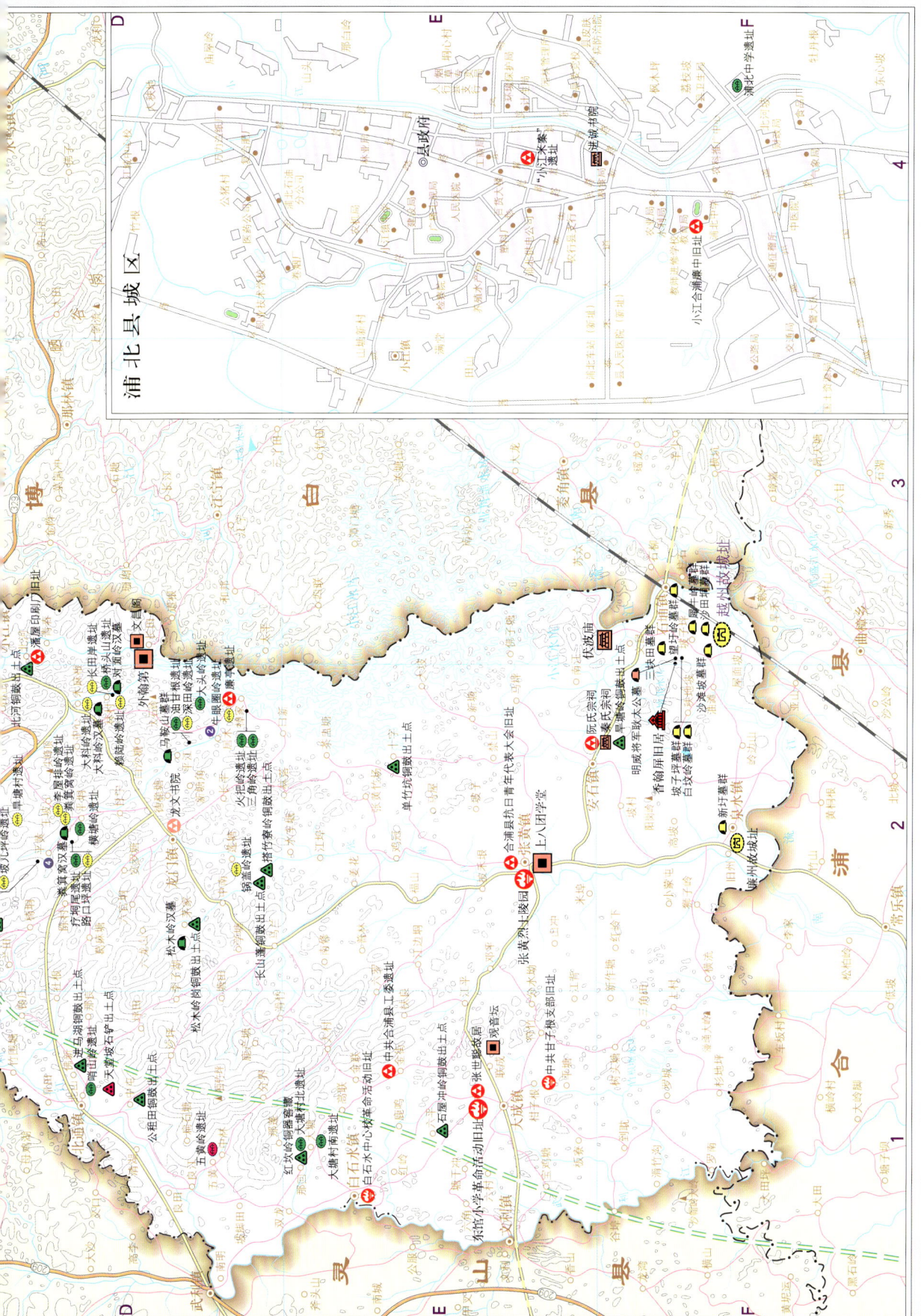

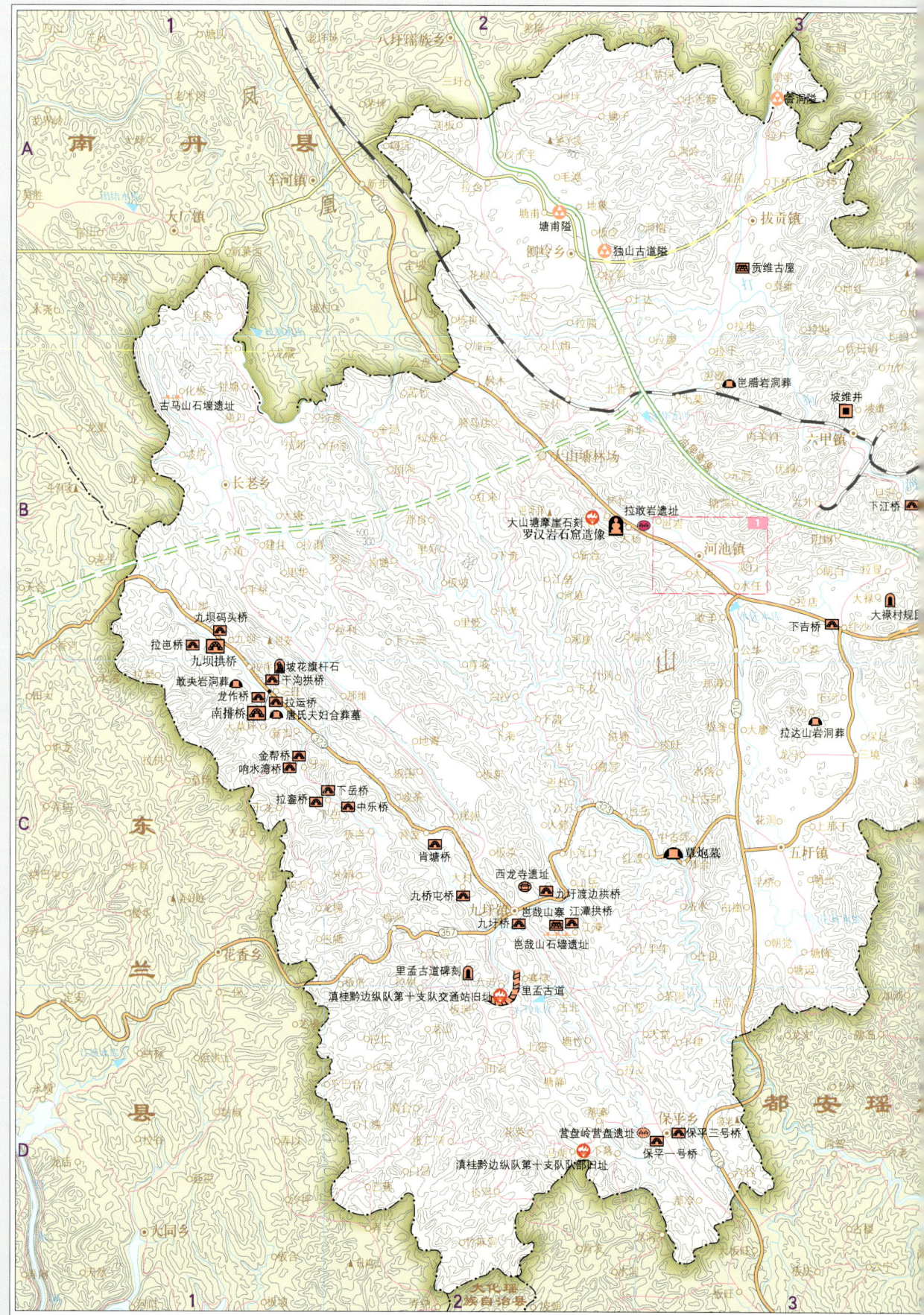

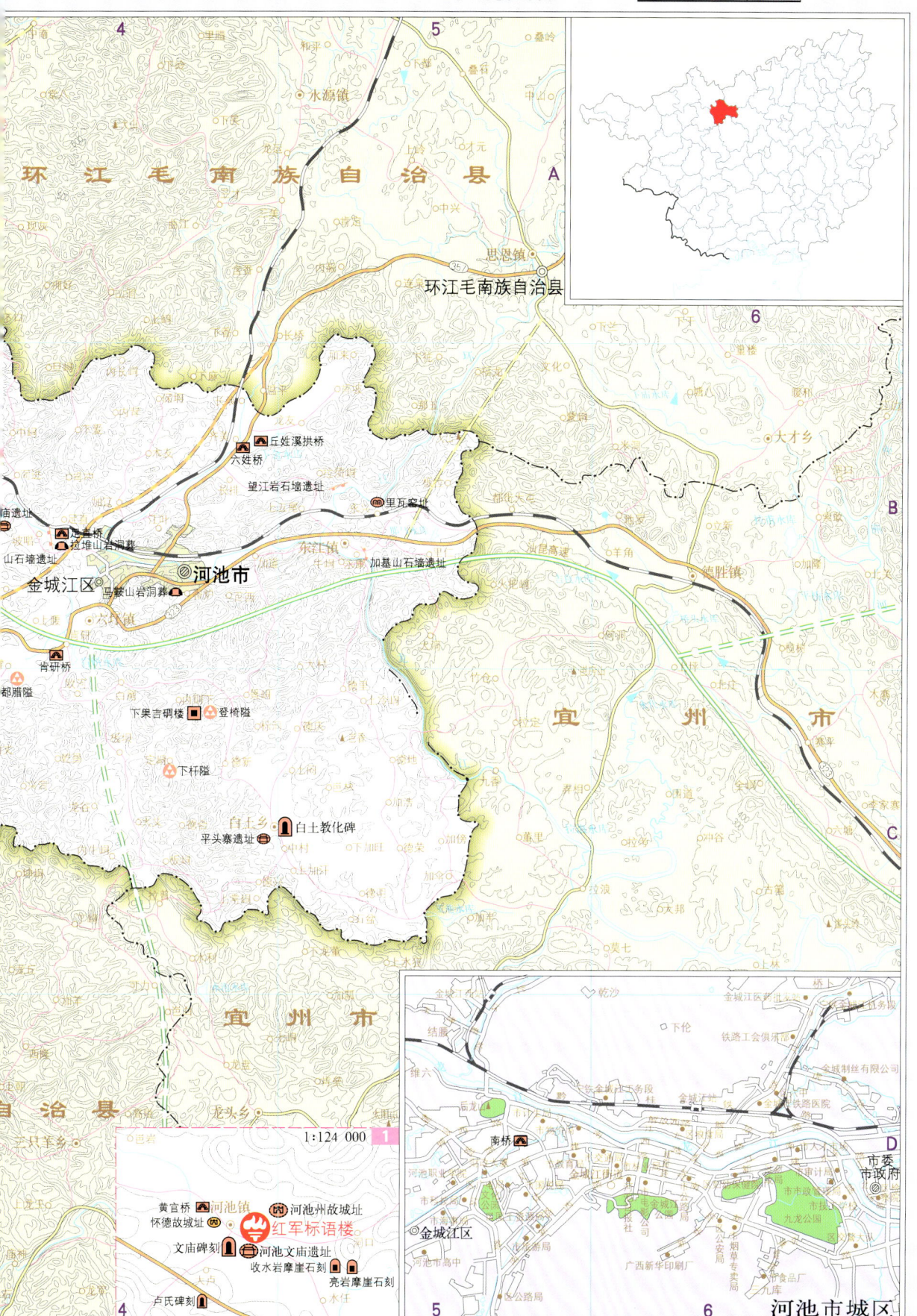

1 : 310 000

0　3.1　6.2　9.3千米

环江毛南族自治县

水源镇

A

思恩镇

环江毛南族自治县

6

丘姓溪拱桥
六姓桥
望江岩石墙遗址
里瓦窑址

B
庙遗址
山石墙遗址
拉堆山岩洞葬
河池市
东江镇
加基山石墙遗址
金城江区
马鞍山岩洞葬
六圩镇
肯研桥
都腊隘

大才乡

羊角
德胜镇

宜
州

市

下果吉碉楼
登椅隘

下杆隘

C

白土乡
白土教化碑
平头寨遗址

宜 州 市

自 治 县

1 : 124 000　1

河池市城区

黄官桥　河池镇　河池州故城址
怀德故城址　**红军标语楼**
文庙碑刻　河池文庙遗址
收水岩摩崖石刻
亮岩摩崖石刻
卢氏碑刻

4

乾沙
结膝
下伦
铁路工会俱乐部
金城制丝有限公司
铁路医院
南桥

金城江区

D
市委
市政府

5

6

河池市城区

都安瑶族自治县文物图

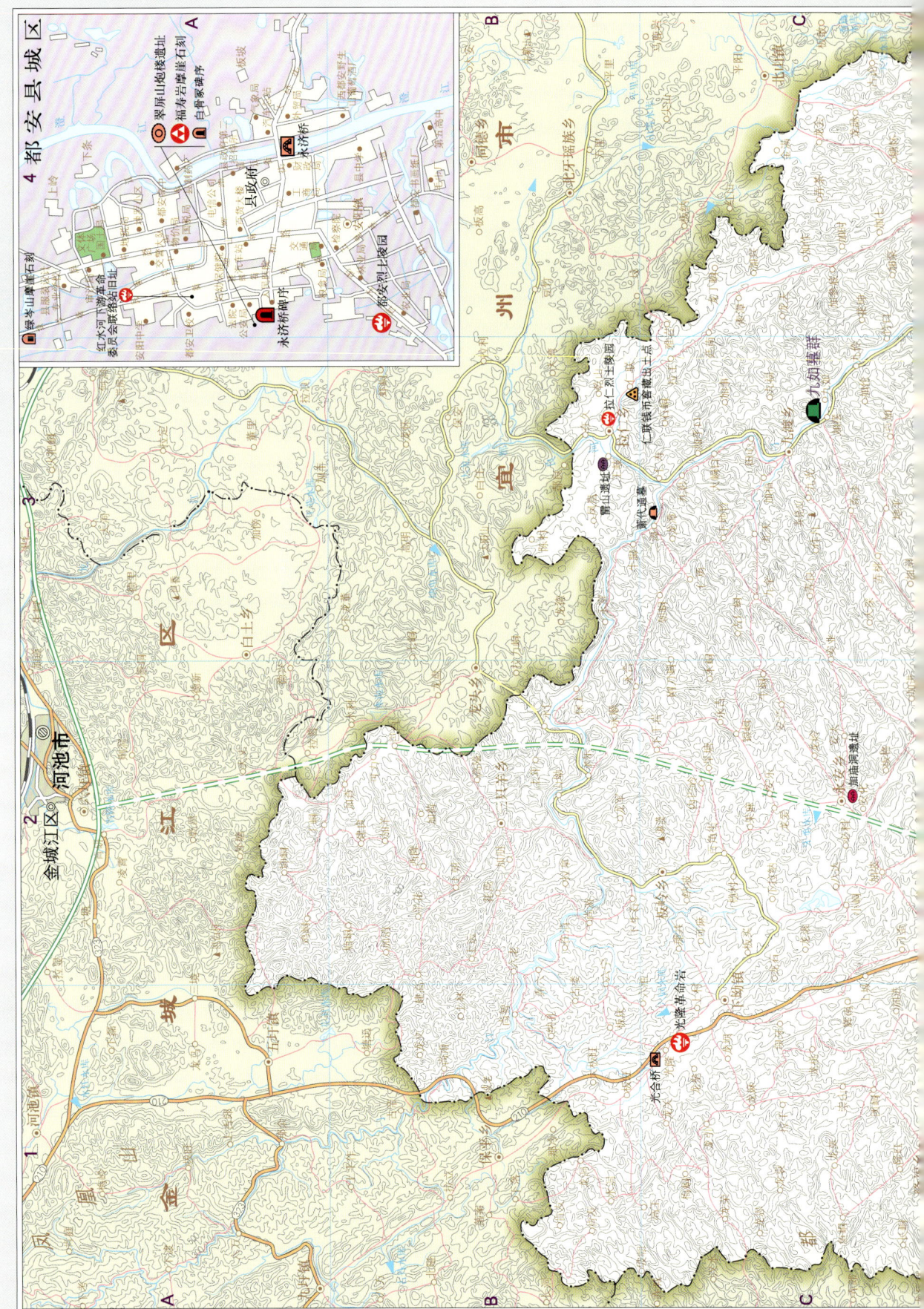

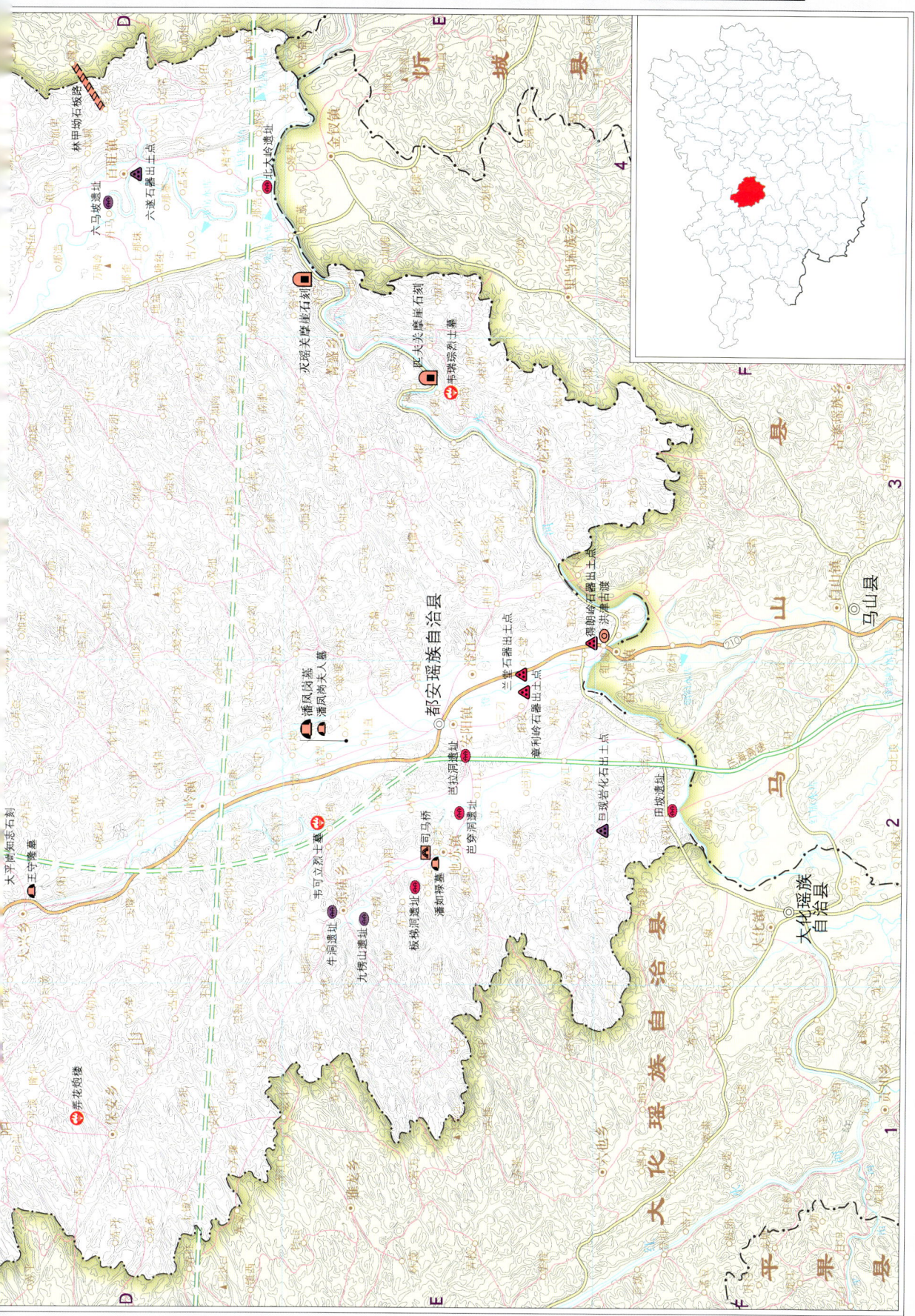

1 : 330 000

0   3.3   6.6   9.9千米

天峨县文物图

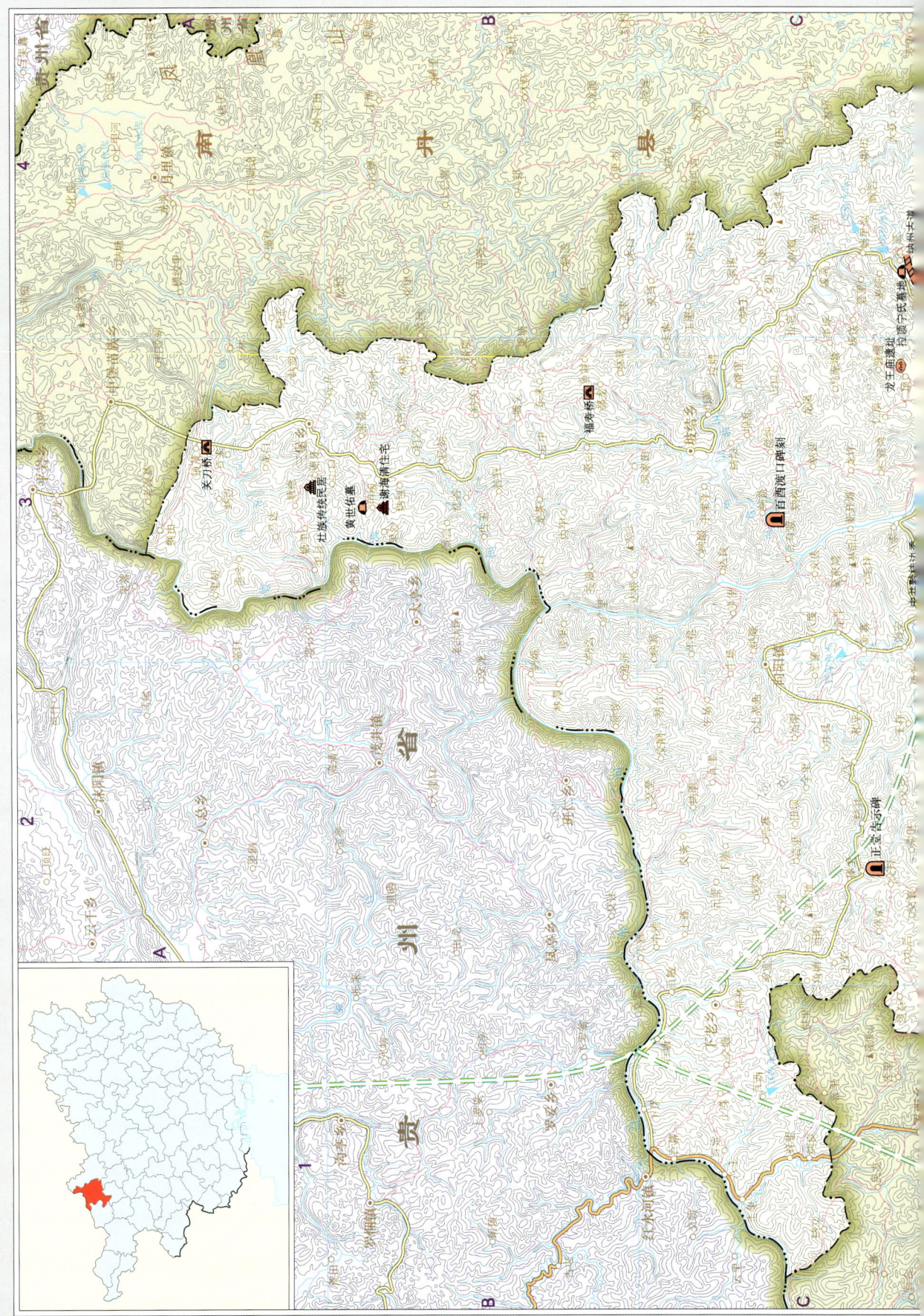

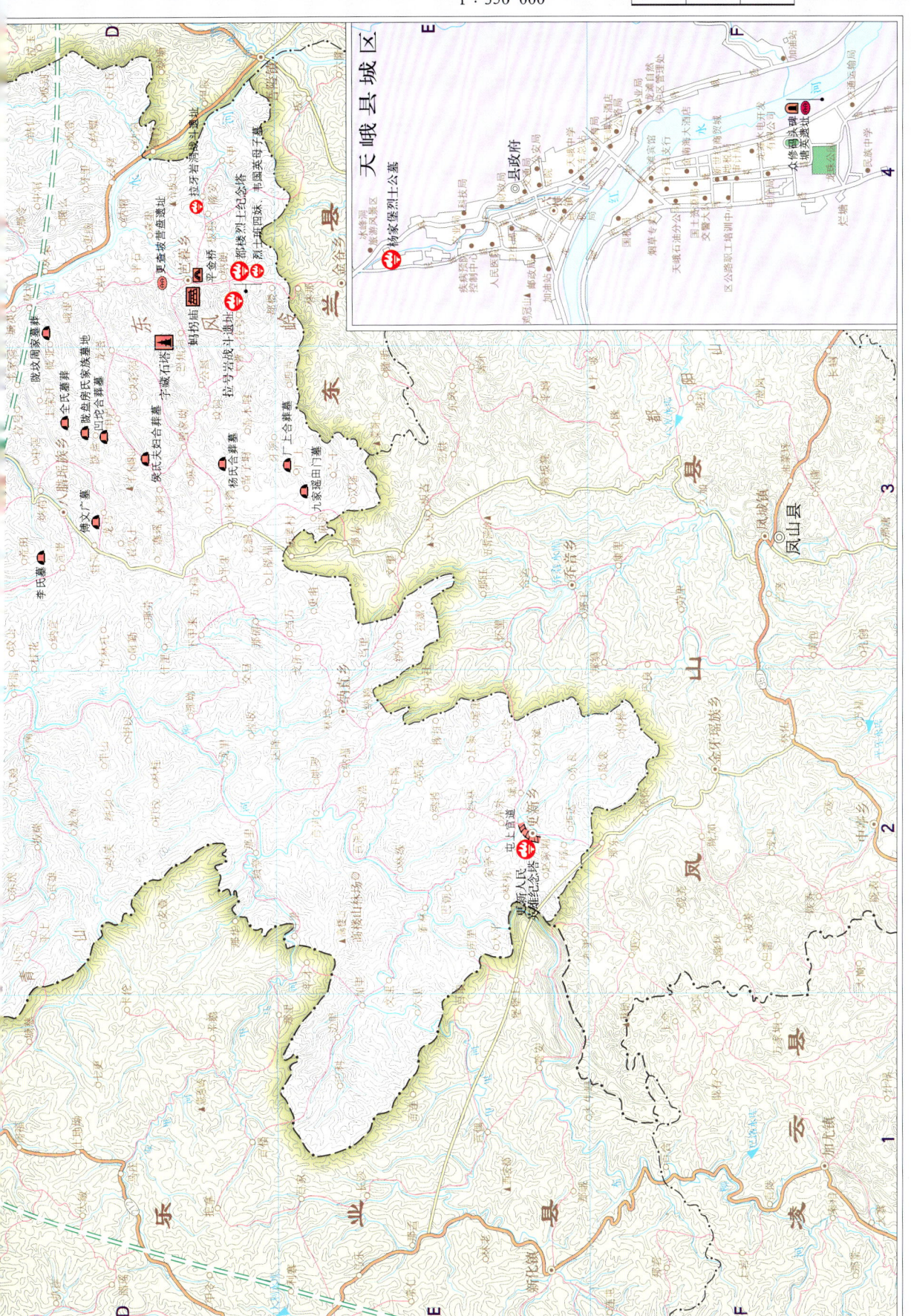

1 : 350 000

0　3.5　7.0　10.5千米

天峨县城区

杨家堡烈士公墓

273

南丹县文物图

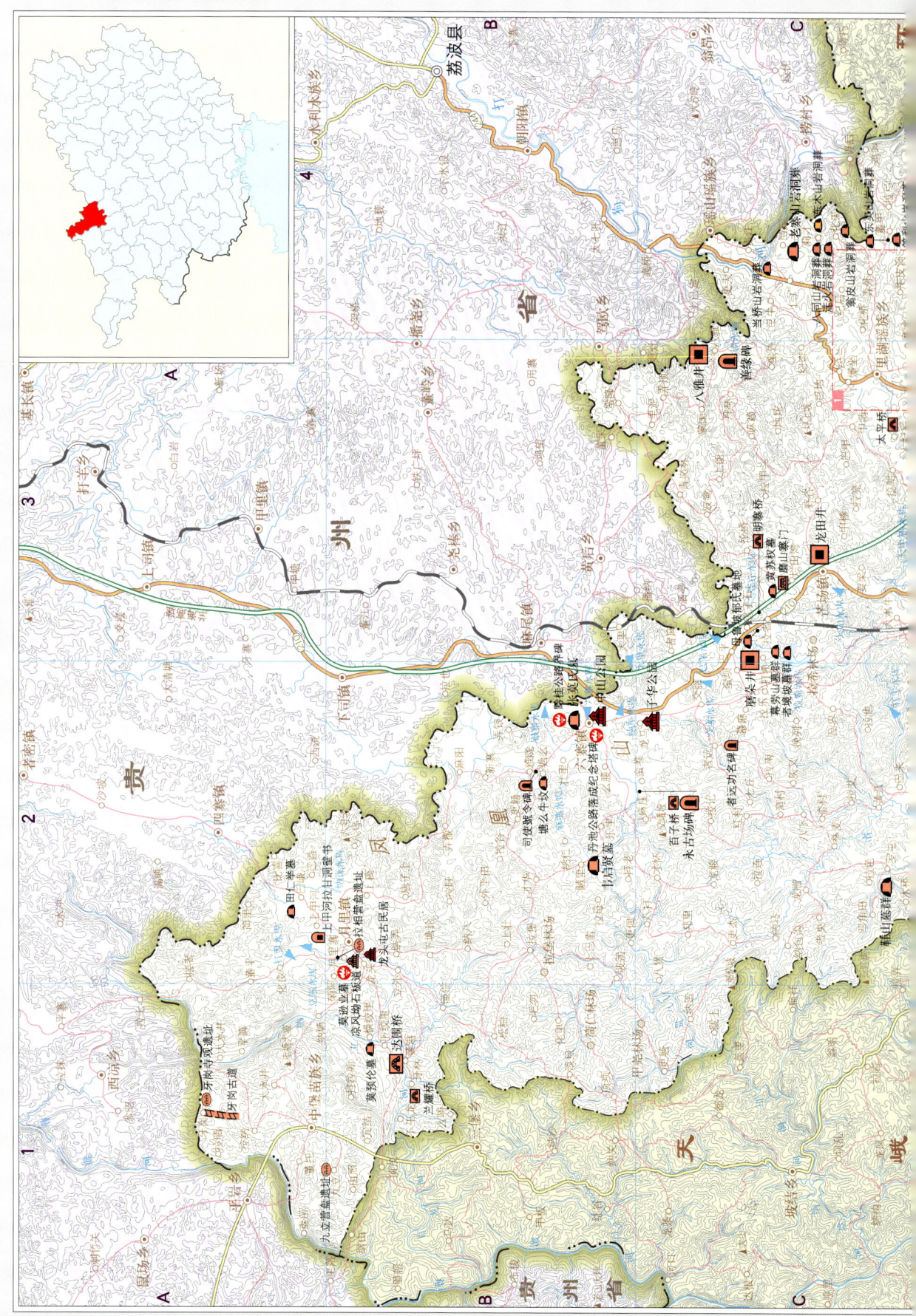

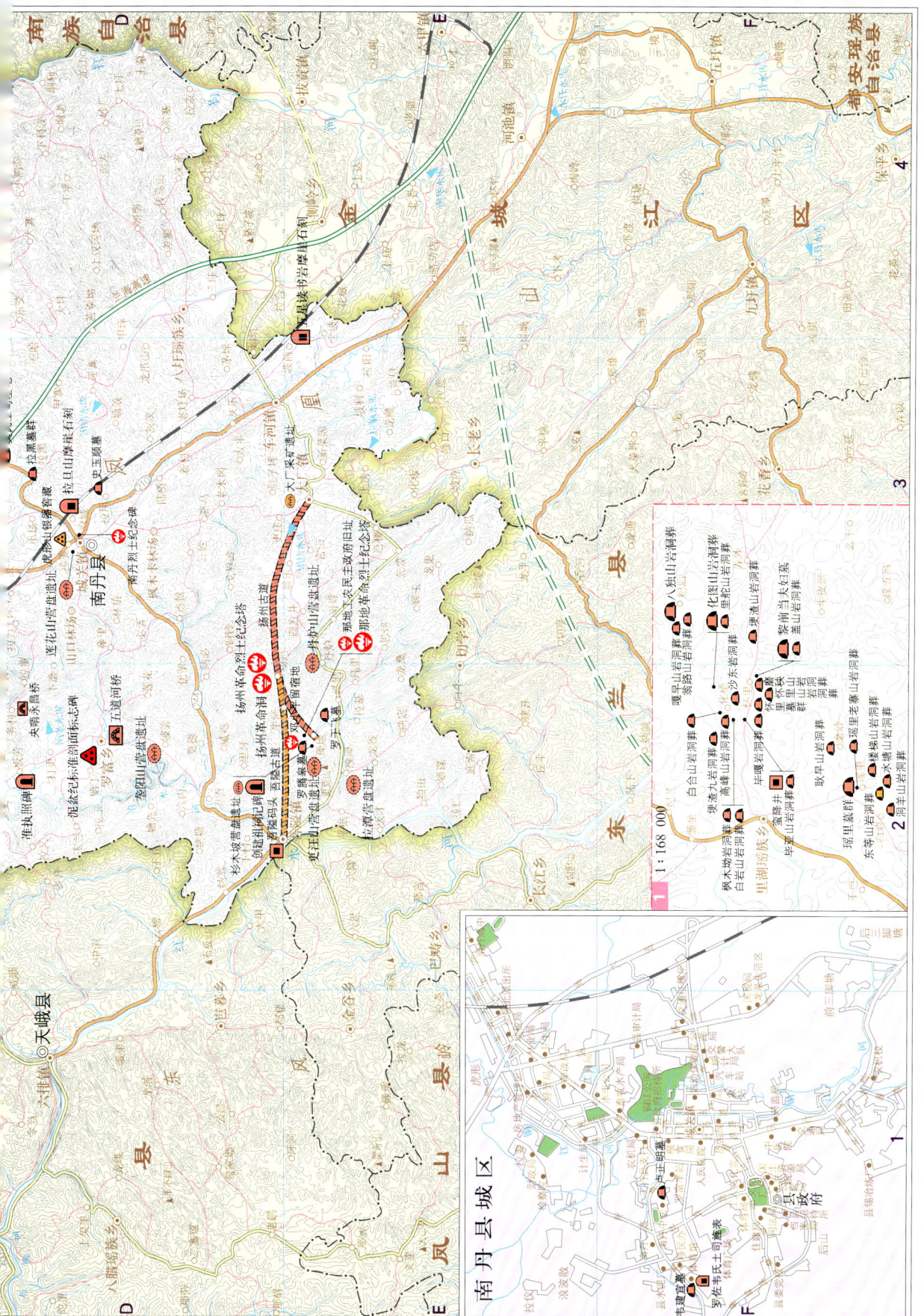

1 : 420 000

0 4.2 8.4 12.6千米

1 : 168 000

南丹县城区

宜州市文物图

环江毛南族自治县

思恩镇
环江毛南族自治县

廖仕宽家族墓

六峒岩洞葬

河池市

金城江区
东江镇
怀胜镇

红七军怀远宿营地旧址
怀远烈士塔
大观寺

牛岩岩洞葬
牛岩碑

瓦窑屯窑址

金 城 江 区

八婆山
怀远镇
怀远三界庙

白土乡
白加沃

乌律桥
邓文茂墓

坪上岩洞葬
凤凰山
相公岩洞葬

独山岩遗址

龙头乡
龙田

五圩镇

九圩镇

北牙烈士墓
北牙瑶族乡
赖康岩遗址
猴山摩崖石刻

保平乡

三只羊乡

拉仁乡

北山镇
北山烈士

大
化
瑶
族
自
治
县

板岭乡

都 安 瑶 族 自 治 县

下坝镇

九渡乡

拉烈镇

永安乡

金钗镇

马 山 县

宜州市城区

驼山坪

民族中学
广西民族师范学校

四柏岭口

会仙山摩崖造像及石刻
张鱼书白龙洞诗刻
龙公庙

山谷祠
山谷祠故址
北山顶

跃进

建设

南蛇山
刘三姐音乐喷泉广场
古庙保护碑

宜州博物馆
旅客集散中心

市山谷高级中学

流泉

园村社区居委会

龙江

龙汪码头碣刻
告示碑

交通局

小北门码头
佛语碑刻

宜山翼王府遗址

八角亭

孙中山先生纪念塔
黄莺墓

城西经济开发区

市委
市政府

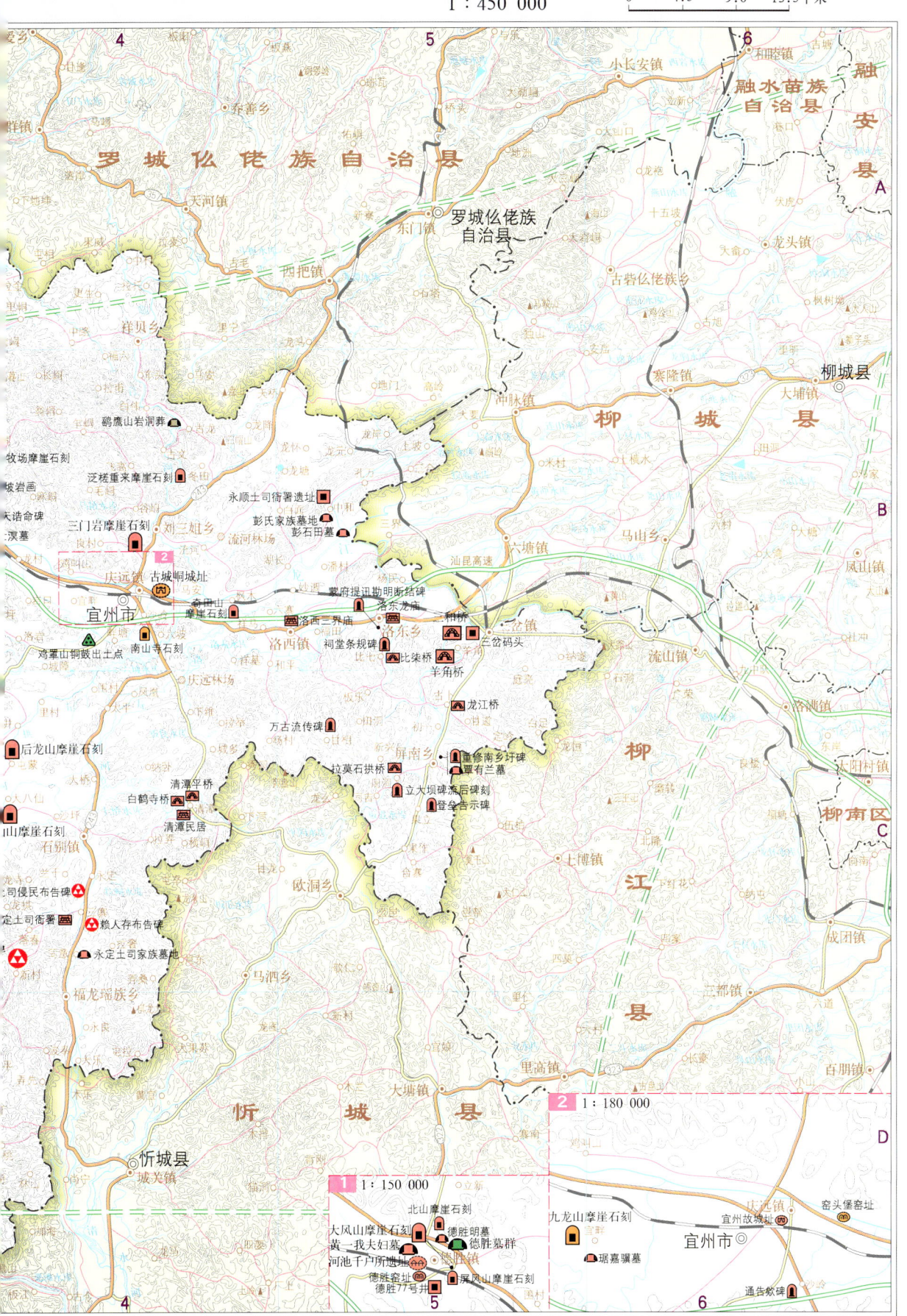

1:450 000

0　4.5　9.0　13.5千米

A

罗城仫佬族自治县

乔善乡

天河镇

西把镇

东门镇

罗城仫佬族
自治县

柳城县

柳　城　县

B

牧场摩崖石刻
坡岩画
天谕命碑
溪墓

鸱鹰山岩洞葬
泛槎重来摩崖石刻
三门岩摩崖石刻
永顺土司衙署遗址
彭氏家族墓地
彭石田墓
刘三姐乡
流河林场
六塘镇
马山乡
凤山镇

古城峒城址
庆远镇
宜州市
命田山
摩崖石刻
蒙府提讯勘明断结碑
洛东龙庙
洛西三界庙
洛东乡
狮桥
兰岔镇
兰岔码头

南山寺石刻
鸿罩山铜鼓出土点
洛西镇
祠堂条规碑
比栄桥
羊角桥
流山镇

万古流传碑
龙江桥
屏南乡
重修南乡圩碑
覃有兰墓

柳

C

后龙山摩崖石刻
拉莫石拱桥
立大坝碑滋后碑刻
登拿告示碑
上博镇

山摩崖石刻
百别镇
清潭平桥
白鹤寺桥
清潭民居
欧洞乡

江

司侵民布告碑
定土司衙署
赖人存布告碑
永定土司家族墓地
马泗乡
里高镇
百朋镇

县

福龙瑶族乡

忻　城　县
大塘镇

D

2　1:180 000

庆远镇
宜州故城址
窑头堡窑址

忻城县
城关镇

1　1:150 000

北山摩崖石刻
九龙山摩崖石刻
宜州市

大凤山摩崖石刻
黄一我夫妇墓
河池千户所遗址
德胜明墓
德胜墓群
德胜镇
琚嘉骥墓

德胜窑址
德胜77号井
屏凤山摩崖石刻
通告敕碑

277

环江毛南族自治县文物图

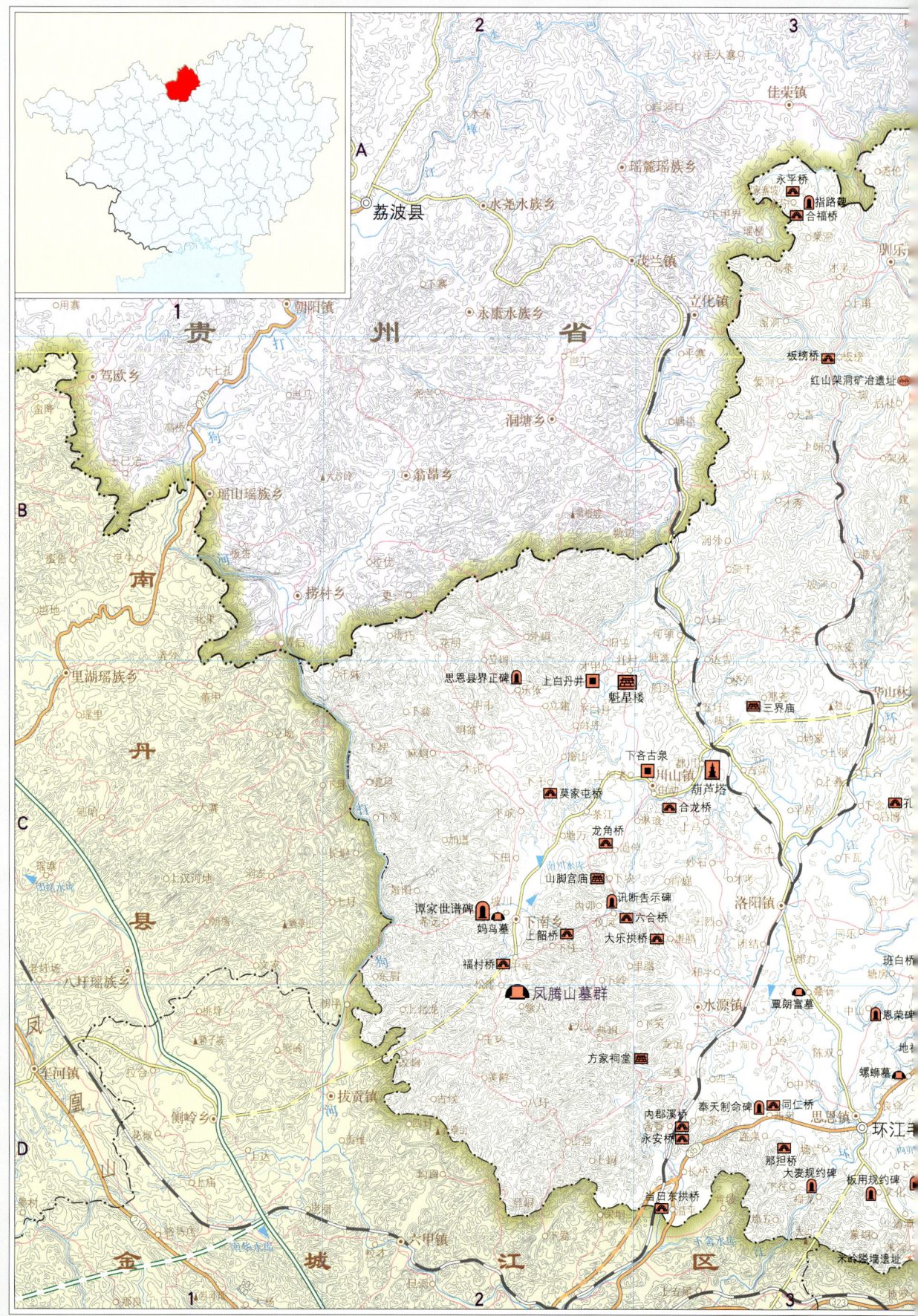

罗城仫佬自治县文物图

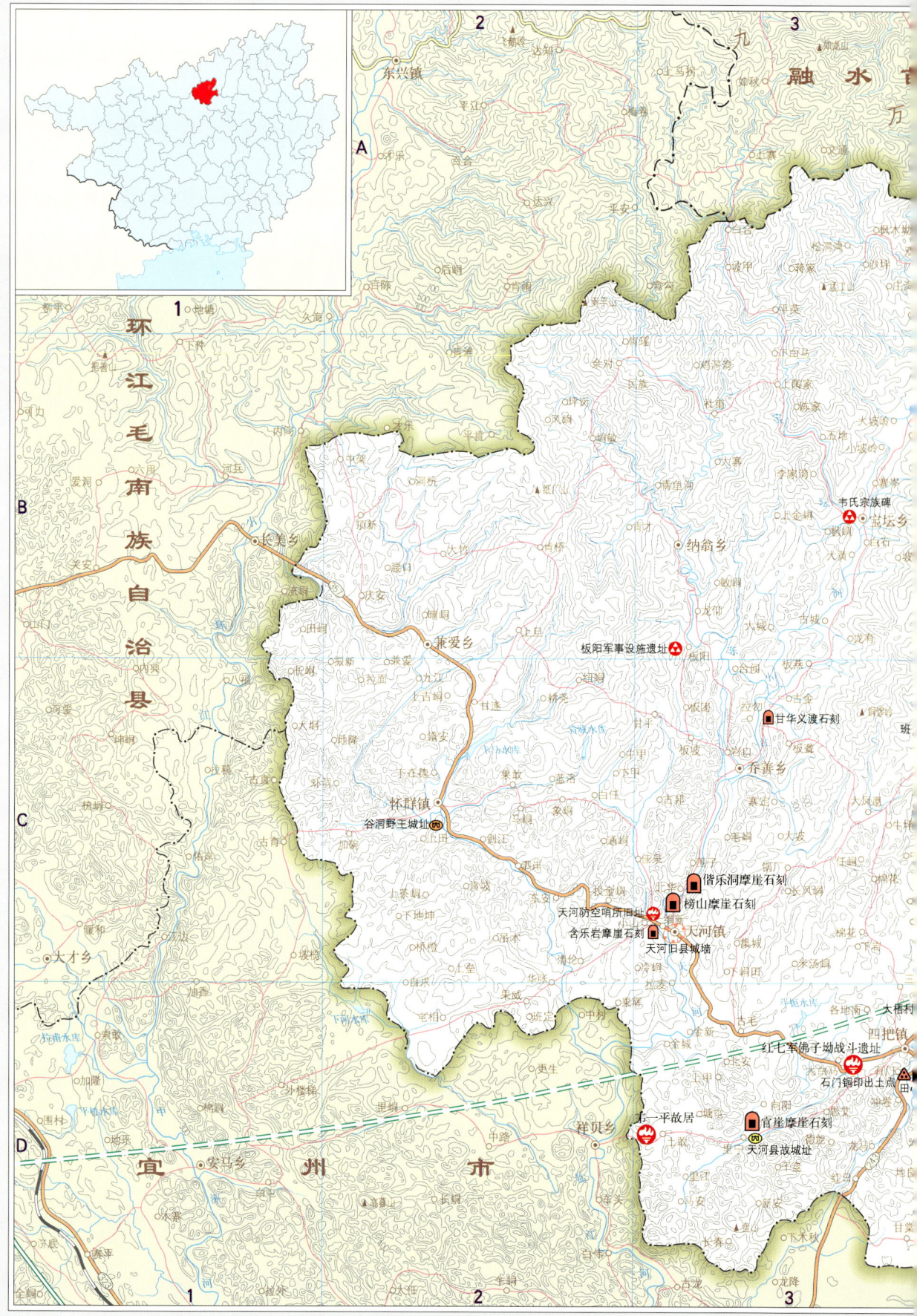

1 : 280 000

0　2.8　5.6　8.4千米

融安县

自治县

融水苗族自治县

融水镇

融安县

大

山

县畜牧场

风强门楼

良泗拱桥

邱氏祠堂

平正街门楼

李德山故居

下珠桥

龙岸镇双降古民居

平正石板道

黎文裕墓

上回龙满汉碑

龙凤土城址

陈家老宅

永乐乡

东阳

青明山林场

三匹江拱桥

峡山门楼

瑶灰拱桥

黄金镇

和睦镇

重修凤凰口碑

何家拱门

众立禁碑

黎山门楼

欧偕顶墓

黎山拱桥

融

安

东岸遗址

吴氏宗祠

小长安镇

县

回龙桥

桥头风雨亭

干�

罗

干公旧治摩崖石刻

地梁桥

城

龙头镇

银氏墓

石大有桥

东门镇

潭头坪

罗城仫佬族自治县

柳

城

县

开元寺

平洛乐登桥

冲脉镇

罗城城区

罗城站

罗城公园

凤凰山

白帝庙

白马岩

东门镇

县政府

罗城高中

东门镇中心小学

狮子山

281

凤山县文物图

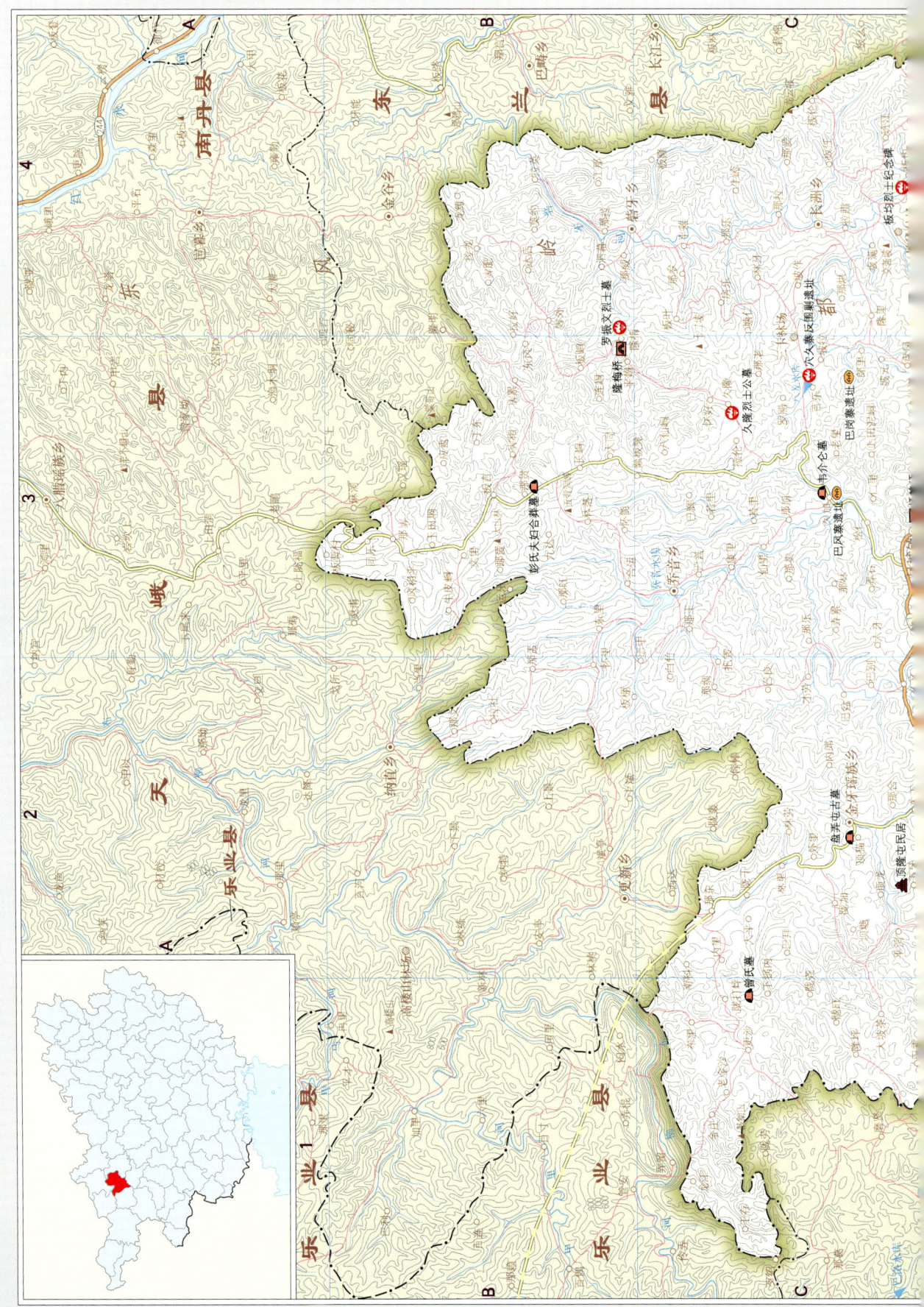

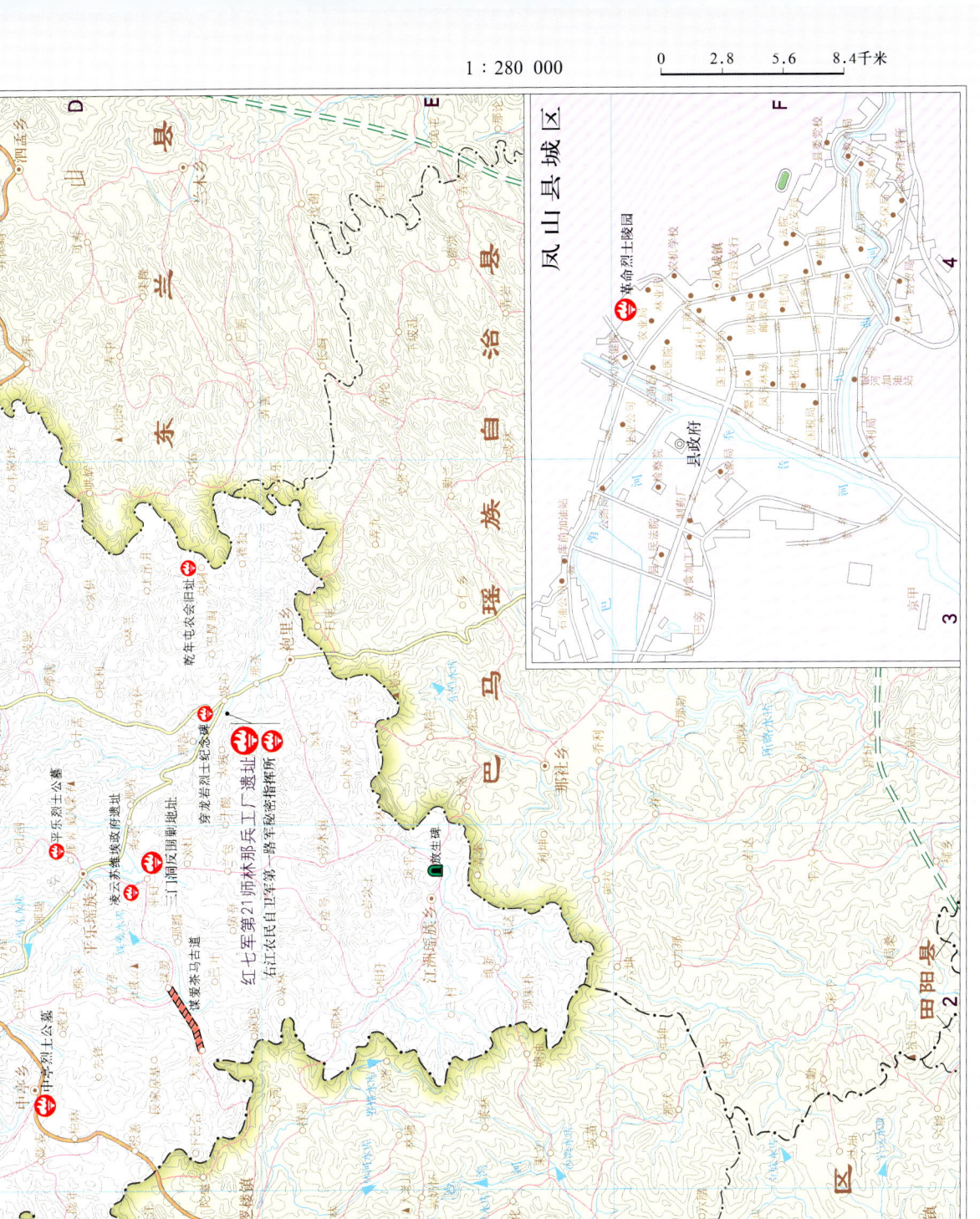

1 : 280 000

0 2.8 5.6 8.4千米

凤山县城区

革命烈士陵园

县政府

红七军第21师林那工厂遗址

台江农民自卫军第一路军秘密指挥所

东兰县文物图

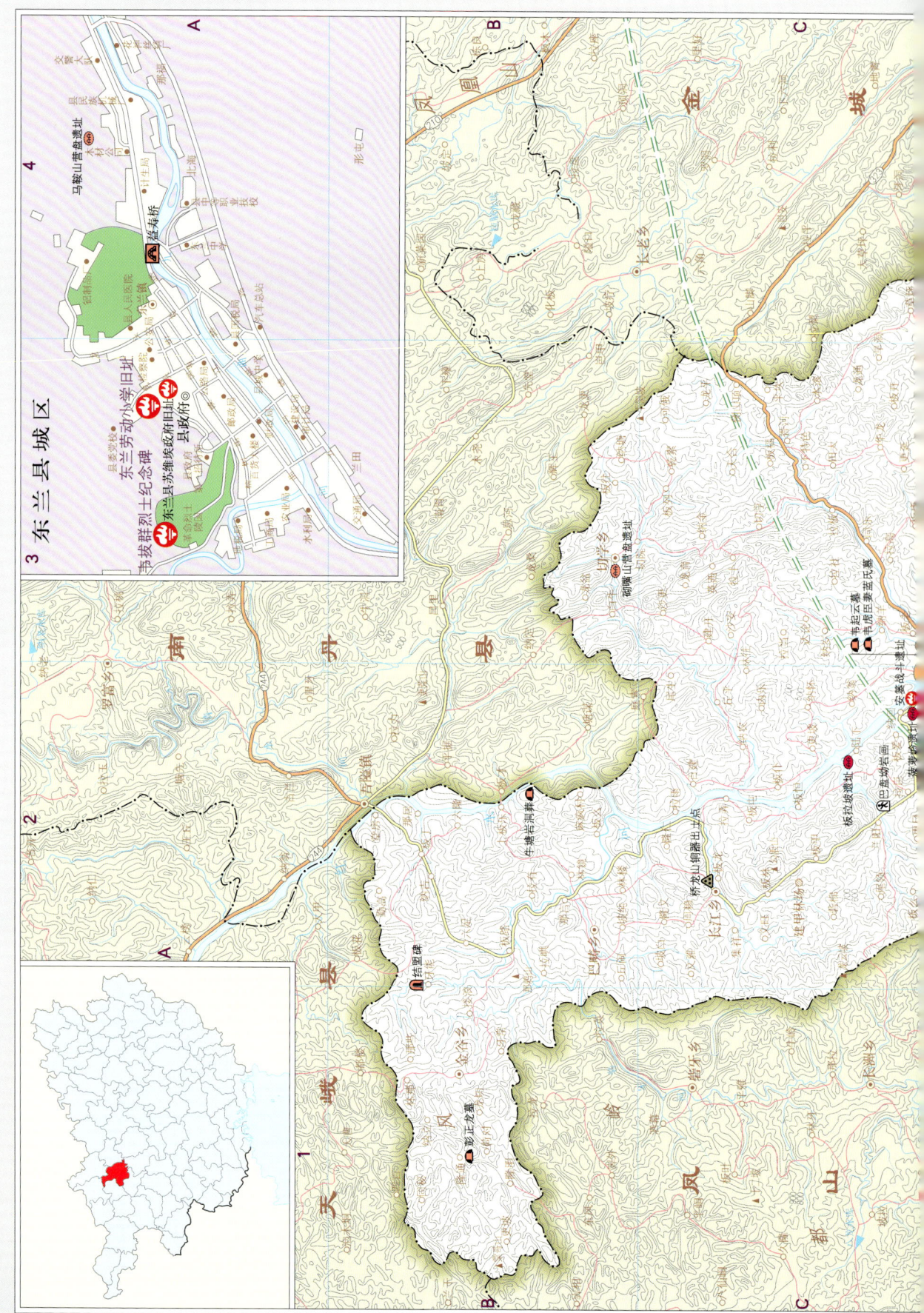

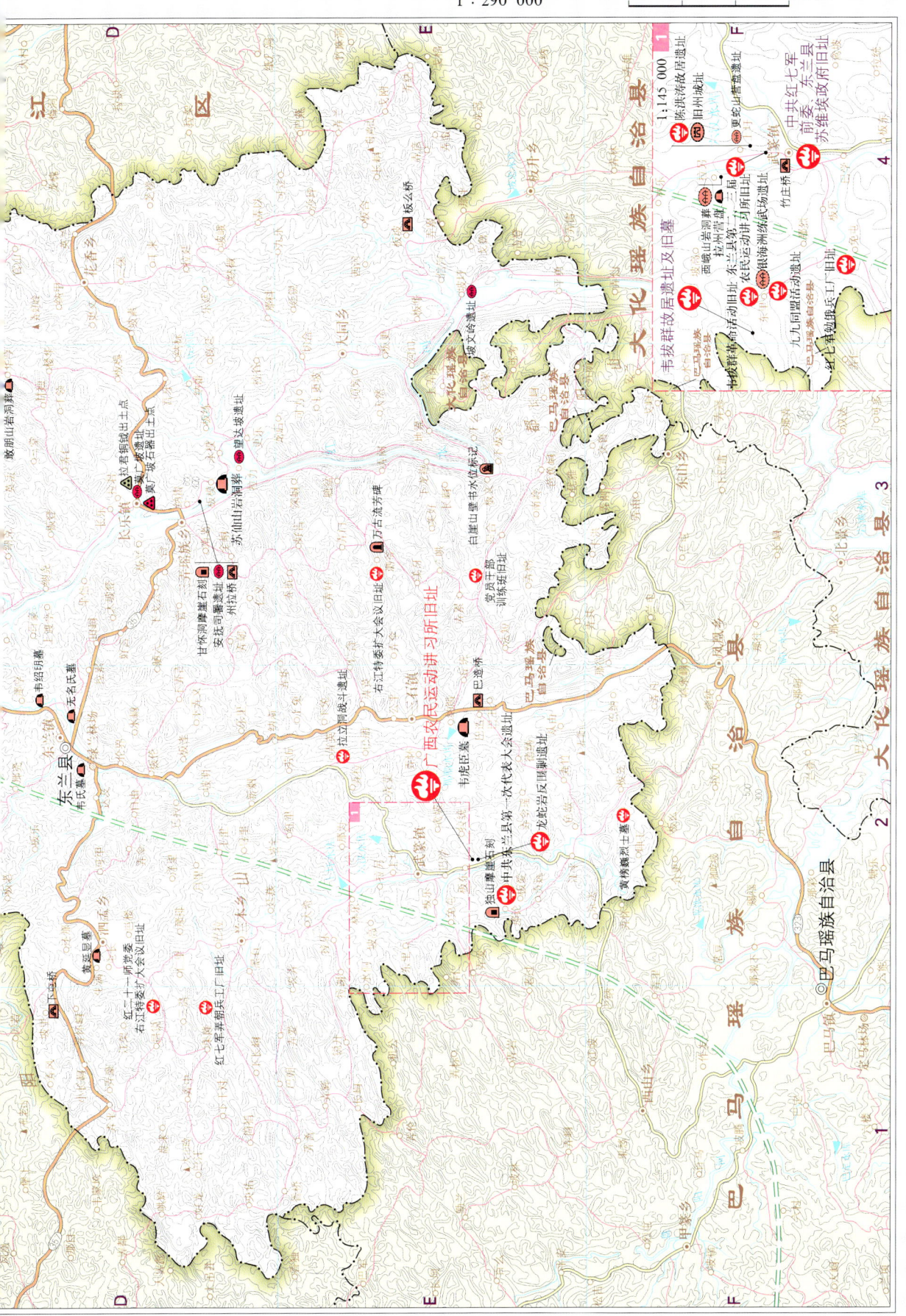

0　2.9　5.8　8.7千米

1 : 145 000

江
区
大
化
瑶
族
自
治
县

陈洪涛故居遗址
旧州城址
更龙山岩画群遗址
中共红七军
东兰县
前委东
苏维埃政府旧址

西镜山岩洞葬
韦拔群故居遗址及旧墓
拉州营盘
东兰县苏
三届农民运动讲习所旧址
银海洲农民运动遗址
银海洲苏维埃武装遗址
巴马瑶族
自治县
九九同盟活动旧址
韦拔群革命活动旧址
红七军轺兵工厂旧址

板么桥

巴马瑶族
自治县

化混寨
自治县

大文岭遗址

都
韦坡坡岩洞葬遗址
白莲山堡书水位标记

敢明山岩洞葬
拉君铜鼓出土点
黄氏广弄墓遗址
广弄兵器出土点
望达坡遗址

苏伽山岩洞葬

万古流芳碑

甘怀洞摩崖石刻
安拔司寨遗址
州拉桥

营员干部
训练班旧址

巴造桥

韦绍昆寨
无名氏墓

东兰镇
韦氏墓

广西农民运动讲习所旧址

右江特委旧战斗遗址
韦拔群拉同故居遗址

巴马瑶族
自治县

广西农民运动讲习所旧址

韦虎臣墓
巴马瑶族
自治县
自
治
县
大
化
瑶
族
自
治
县

独山摩崖石刻
中共东兰县第一次代表大会遗址

龙蛇岩反围剿旧址
黄情魏烈士墓
巴马瑶族自治县

巴马镇

黄廷昆墓
红二十一师营委
右江特委扩大会议旧址
红七军兵工厂旧址

巴
马
瑶
族
自
治
县

285

巴马瑶族自治县文物图

凌云县

东兰县

凤山县

A

江洲瑶族乡

那弯屯民居

谷岩战斗遗址
巴盘二十四烈士墓
狮子岩战斗遗址

那社乡

桂西人民解放
第一指挥所旧址

沙里瑶族乡

凌

云

县

B

右

那常坡遗址
甲篆乡
李朝德墓
田州与东兰分州界碑

江

区

龙川镇

弄莫洞巨猿化石遗址

田

阳

C

云盘山营盘遗址
云盘山铜炮出土点

所略乡

坡连岭

燕洞乡
燕洞会议遗址

D

县

巴马县城区

巴马高中

教师进修学校

水利局

镇冈炮楼   罗勇山摩崖石刻

民族师范学校

巴发屯

民族饭店

万冈起义遗址

巴玛镇

县政府

公鸡山战斗遗址

△公鸡山

烈士
公园

笑狮岩壁书

1:112 000

棕榈树叶围房

红七军第21师
师部旧址

红七军第21师弄索兵工厂遗址

弄扑坳战斗遗址

加么坳战斗遗址

红军独立第3师师部、中共右江特委、
右江革命委员会旧址

田

那拨镇

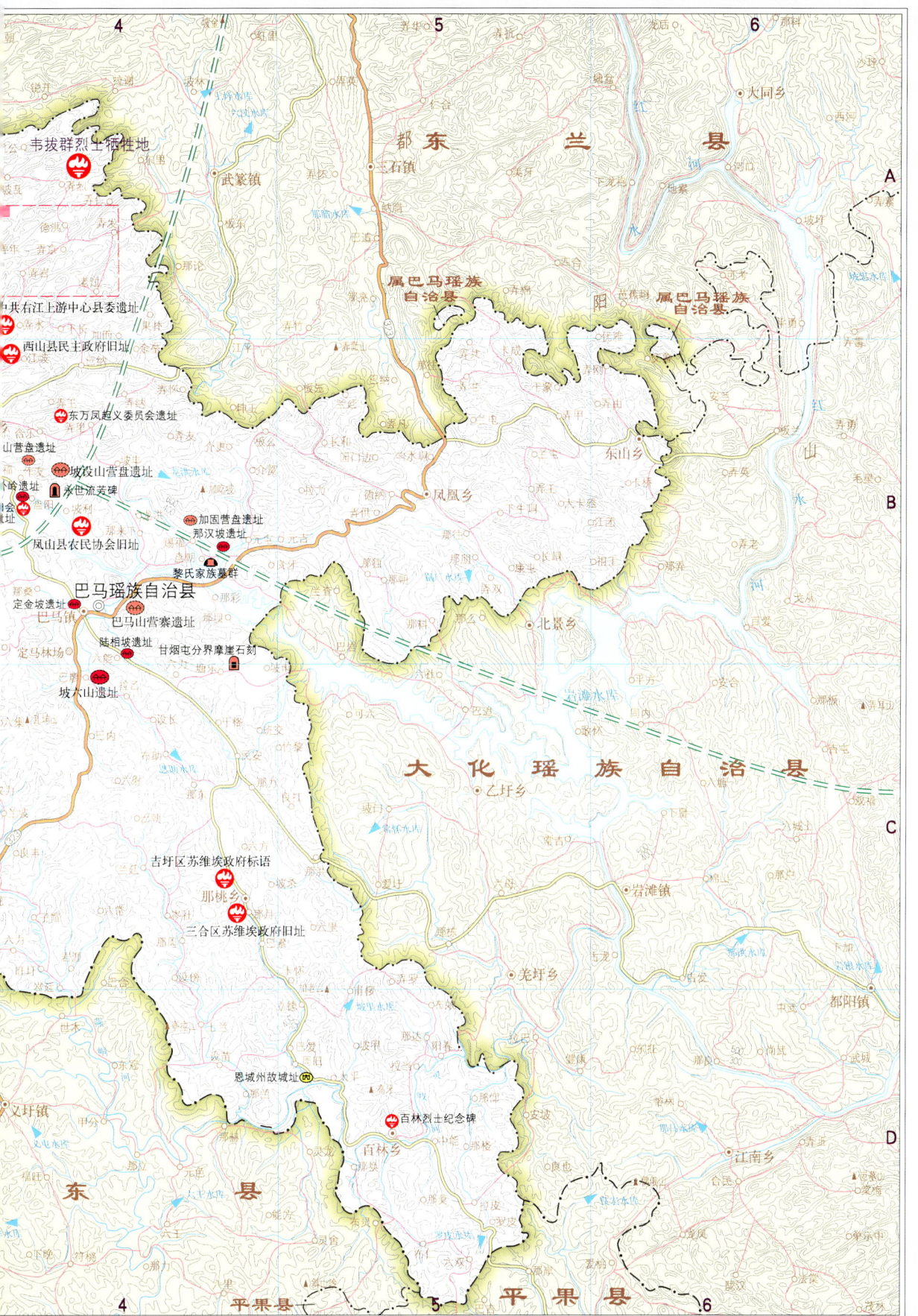

1 : 280 000

0　2.8　5.6　8.4千米

都　东　兰　县

属巴马瑶族
自治县

阳

属巴马瑶族
自治县

山

水

韦拔群烈士牺牲地

中共右江上游中心县委遗址

西山县民主政府旧址

东万凤起义委员会遗址

山营盘遗址

坡役山营盘遗址

永世流芳碑

卜岭遗址

会址

加固营盘遗址
那汉坡遗址

凤山县农民协会旧址

黎氏家族墓群

巴马瑶族自治县

定金坡遗址

巴马镇

陆相坡遗址

甘烟屯分界摩崖石刻

坡太山遗址

凤凰乡

东山乡

北景乡

大　化　瑶　族　自　治　县

岩滩镇

吉圩区苏维埃政府标语

那桃乡

三合区苏维埃政府旧址

羌圩乡

都阳镇

恩城州故城址

百林烈士纪念碑

江南乡

东　　县

百林乡

义圩镇

平果县

平　果　县

287

大化瑶族自治县文物图

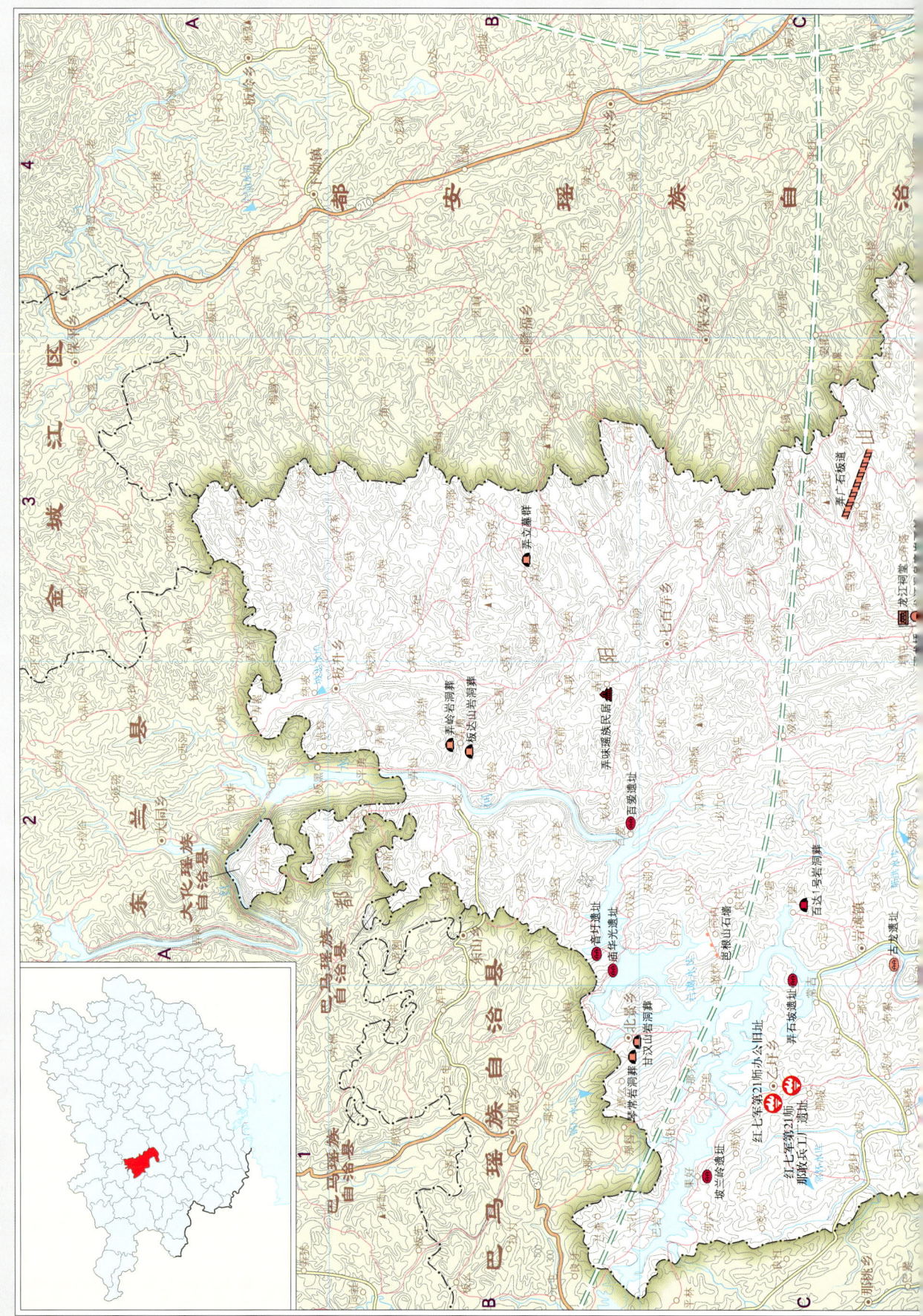

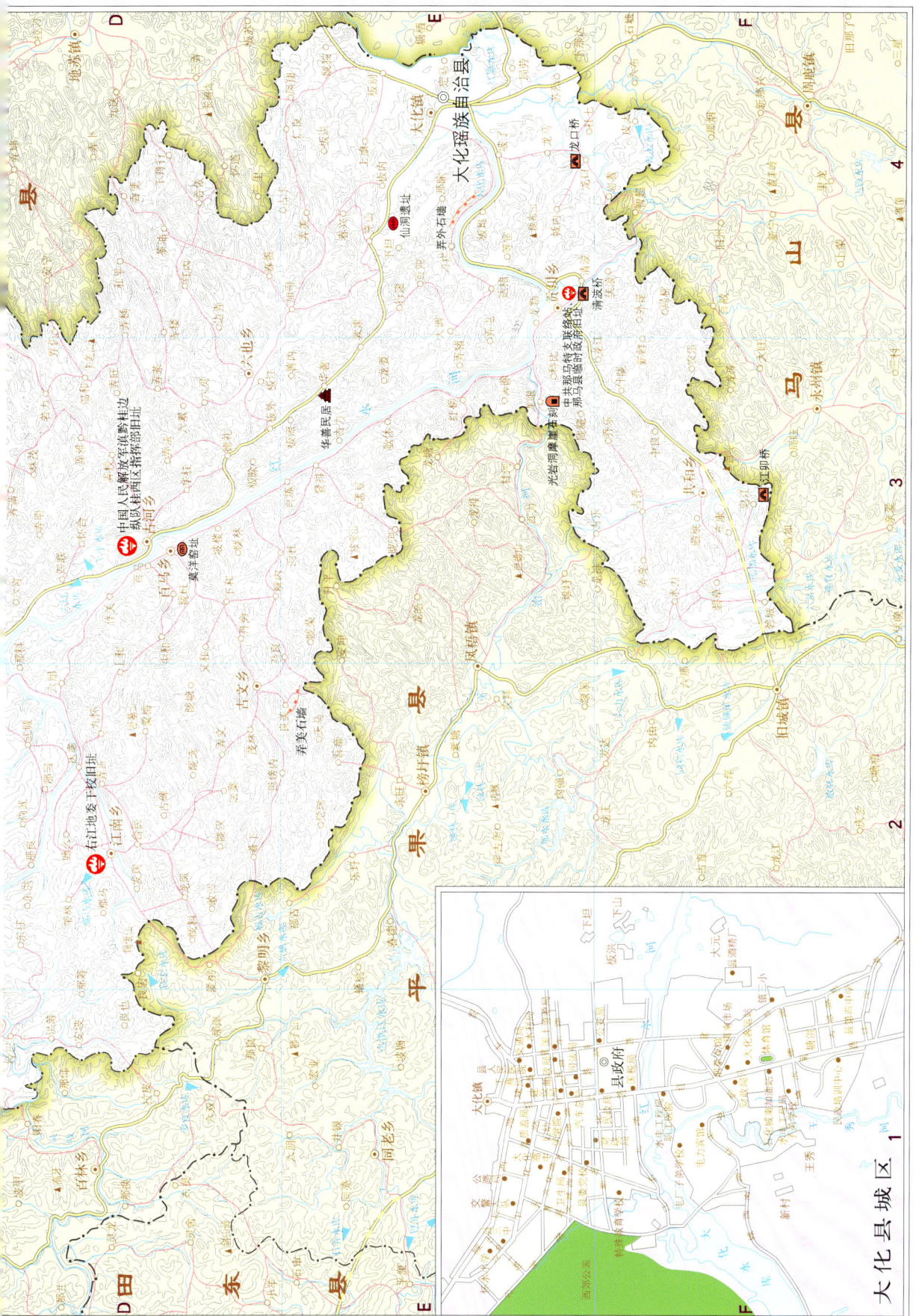

1 : 310 000

0   3.1   6.2   9.3千米

大化瑶族自治县

大化县城区

北海市辖区文物图

北海市城区

北海市城区 1

街渡口告示碑
丸一药房旧址
北海电报局旧址
街渡口告示碑
北海三菱庙
海城区

连城要塞遗址
和友谊关
（北海市段）

冠头岭灯塔
冠头岭碉堡群
冠头岭炮台
南沥钱市出土点
武帝庙

中山路近代
建筑群
茶亭遗址
珠海路
双水井
北海瑞园
市政府

英国医院画刻
广州会馆石刻
圣路加堂奠基石
嘗渡震宫
高州会馆画刻

抗战胜利纪念亭

观音堂双水井
市政协
北海烈士陵园

北海港

银海区

西街街道

B

北海市

北部湾

涠洲岛
涠洲镇

涠洲岛 斜阳岛位置图
1：830 000

后背塘
涠洲林兴墓
三婆庙封禁碑
涠洲镇

涠洲岛 斜阳岛
1：250 000

斜阳岛

孙东墓群

赤东井
陈氏祠堂

C

北海港

缸瓦窑遗址

高德唐墓
平阳镇

高德民宅
高德布路

北海市

地角街道
海角街道
珠海路近代建筑群
海城区
北海市近代建筑群

马栏井

D

侨港镇

高么墩遗址
白虎头

银滩镇

银海区

崇表岭屯铜鼓出土点

田头井

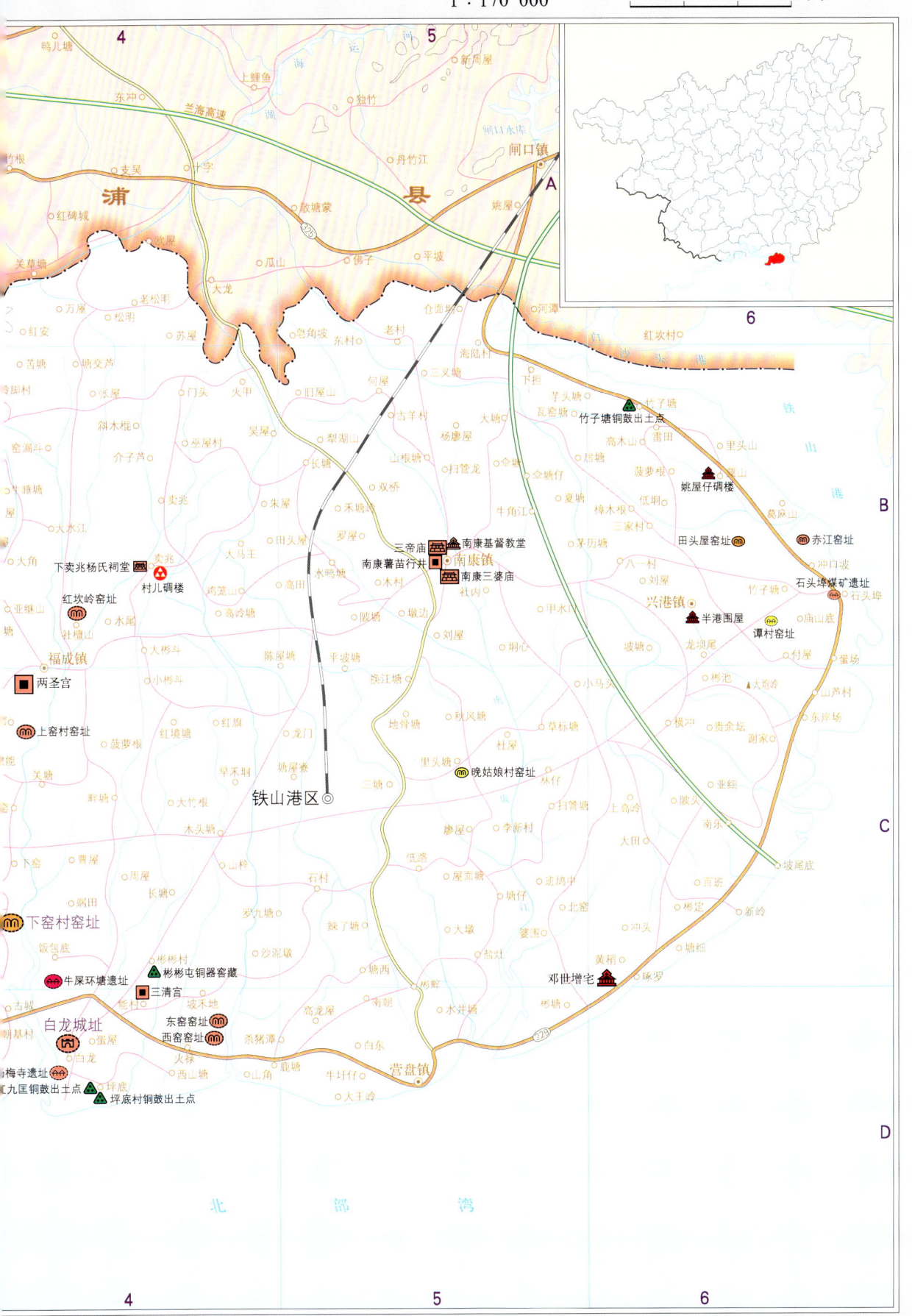

1 : 170 000

0　1.7　3.4　5.1千米

浦　县

闸口镇

鸭儿塘
上鲤鱼
东冲
兰海高速
新周屋
独竹
竹根
支吴
十字
丹竹江
散塘蒙
平坡
佛子
瓜山
关草塘
红碑城
冰屋
A

浦
红安
苪塘
坳交芦
苏屋
门头
火甲
旧屋山
古羊山
仓面塘
河潭
红坎村
冷脚村
斜木榄
门头
火甲
坐屋村
吴屋
犁湖山
大塘
三义塘
下担
芋头塘
竹子塘
竹子塘铜鼓出土点

介子芦
坐屋村
长塘
山根塘
扫管龙
杨廖屋
双桥
金塘仔
夏塘
高木根
菠萝根
雷田
里头山
姚屋仔碉楼
低俐
樟木根
田头屋窑址
赤江窑址
B

卖兆
朱屋
罗屋
田头岭
禾塘屋
牛角江
茅历塘
三家村
八一村
石头埠煤矿遗址
石头埠

下卖兆杨氏祠堂
村儿碉楼
大马王
水鸭塘
三帝庙
南康基督教堂
南康镇
南康薯苗行井
南康三婆庙
社口
一村
刘屋
兴港镇
半港围屋
谭村窑址
庙山底

红坎岭窑址
水尾
鸡仔山
高田
木村
陇塘
墩边
甲水岭
桐心
龙坝屋
坡塘
付屋
蛋场

福成镇
两圣宫
亚继山
大彬斗
小彬斗
平坡岭
刘屋
坡塘
彬池
大炮岭
山芦村
东岸场

上窑村窑址
菠萝根
红旗
泥境塘
龙门
平坡塘
地骨塘
秋风塘
草标塘
横冲
斋会坛
谢家
亚细

早禾坤
三塘
里头塘
晚姑娘村窑址
林仔
扫管龙
上窑岭
腰头
南乔
坡尾底
C

铁山港区

大竹根
木头塘
山禾
石村
低俹
李新村
大田
进鸠岭
百班
新岭
塘细
冲头

下窑
曹屋
周屋
长塘
山尾
罗九塘
坡面塘
李新村
大田
窑仔
婆围
沙岭
北窑
冲头

下窑村窑址
彬彬村
沙泥墩
塘西
大墩
岱灶
黄利
邓世增宅
啄罗

牛屎环塘遗址
彬彬屯铜器窖藏
三清宫
塘西
坡卦
高龙屋
南朝
水井塘
坡塘
229

白龙城址
蛋屋
东窑窑址
西窑窑址
杀猪潭
白东
营盘镇

梅寺遗址
白龙
西山塘
山角
鹿塘
牛圩仔
D

九匡铜鼓出土点
坪底
坪底村铜鼓出土点
大王岭

北　部　湾

合浦县文物图

1 : 290 000

0　2.9　5.8　8.7千米

浦　北　县

安石镇
红焱下
上村
坡村
阴炭岭
文昌
流石槽
盐圩
石槽
李杨
宽子塘
东垌
松旺镇

竹根塘
树头塘
澄涌大垌
杉地坪
泉水镇
油逻
屋寨
创村
黄泥业
马子塘
白

车板村
镜直坡
旧州
阳月
平心
岭边山
亚山度
蟠龙
陈铭枢故居
陈氏宗祠
岽地坡
老村
县

车板
皇后
李家
竹山
黄枥根
灵隐寺
六甘
曾村

大岭脚
瓦窑址
连丰
坡心
王南水
上城
沙公会
曲樟乡
书院
竹根坡
石湖
岽角
龙潭镇

常乐镇
石城
莲北
丙城
平济
入教
平山
岭
长坡
长田

多宜
周低马
牛雅岭
康屋
礼屋山
公馆武圣宫
真如院
公馆镇
武乐
B

新塘
莲南
白沙江
新屋
乌龟岭
铁山
铁山烽火台
莲池寺战斗旧址
南坡
龙潭镇

松树园
城址
石康镇
石康水
象古
水水
茅坡村
岭口
石达
五甲
乌石头
社坛背

华身靛厂作坊遗址
木头脚
新周屋
岽头村
岭顶岭
火烧窑
白沙镇
高山
青山水库

大庄江
鲜鱼
独村
大路山村惨案遗址
文昌庙
闸口镇
石子坝
朱尾
林翼中住宅
长甫麓

红砖城
欧屋
大龙
佛子
社边坡石城
河潭
红坎村
良垌
白沙中共合浦中心县委机关旧址
乐凤
虎塘
青山

门关
旧屋山
三叉塘
白石港
铁
允美
东湾
兰海高速
虎岭
河新

大水江
雷田
居塘
粟山
那江
邓郊
山心角
高桥镇
老罗角

南康镇
八一村
丹兜海
永军塘
山口
林氏家庙
C
广

大彬斗
接江塘
竹子垌
石头埠
那垌
和荣
山心
东山

镇
兴港镇
小马头
大炮岭
沙尾
东

木头埠
龙川
亚绵
大水安
高坡
武驮
省

石村
铁山港区
扫管塘
上新窑址
上新
山口文武庙
包庶
北窑
沙田镇
(对达头)
大坡岭遗址
沈福墓
大村

池屋
盐灶
新岭
孝子祠遗址
千人坟
那潭

白龙
西山塘
鹿塘
营盘镇
坡尾底
东屯水井
英罗窑址

北　部　湾

293

防城港市港口区文物图

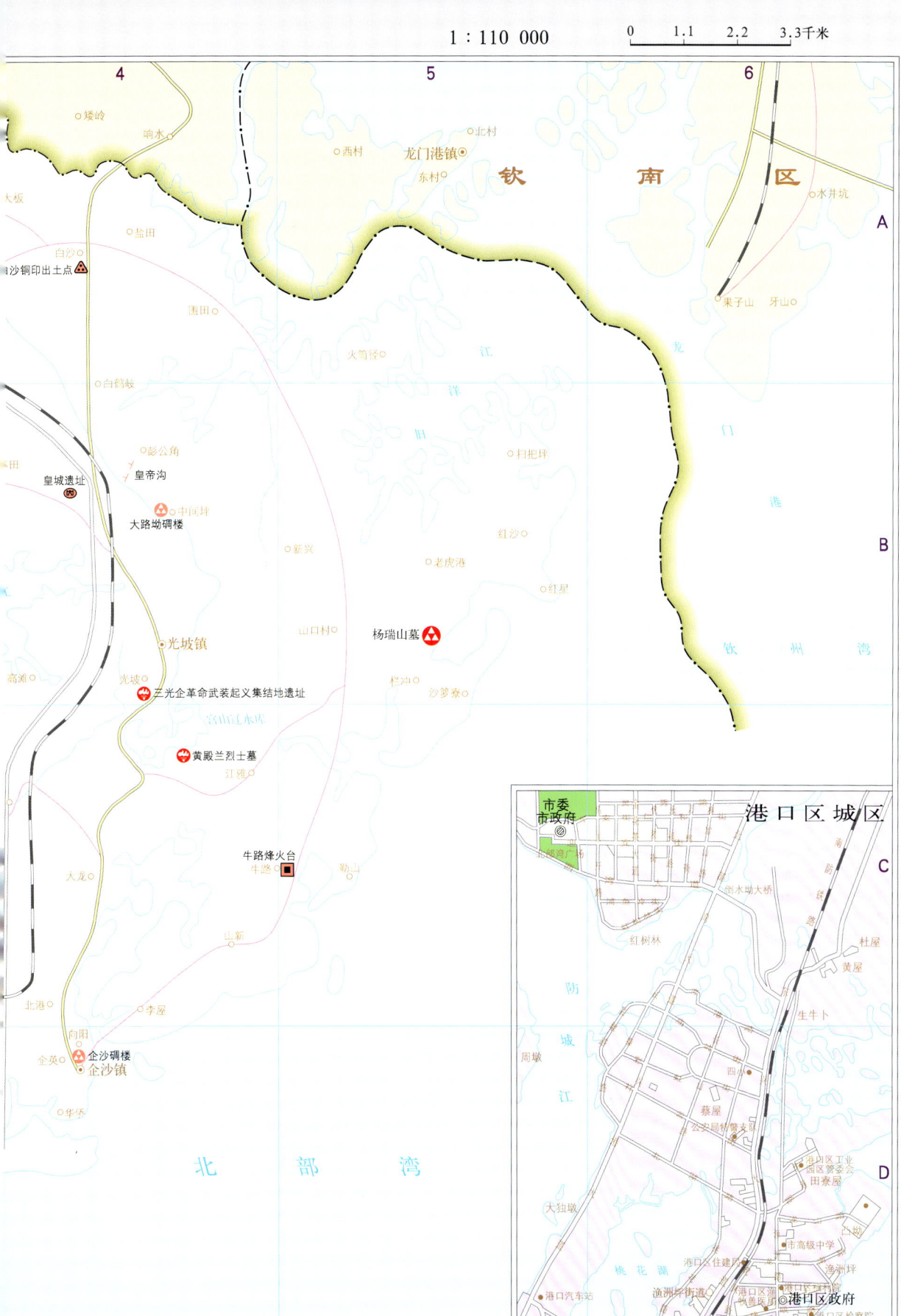

1 : 110 000

0　1.1　2.2　3.3千米

矮岭

响水

北村

西村

龙门港镇

东村

钦　南　区

水井坑

大板

白沙

盐田

A

白沙铜印出土点

果子山

牙山

马田

江

白鹤岐

火筒仔

扫把坪

洋

彭公角

皇帝沟

阳

皇城遗址

中间坪

大路坳碉楼

新兴

红沙

龙

B

老虎港

杨瑞山墓

山口村

红星

光坡镇

钦

州

湾

门

光坡

三光企革命武装起义集结地遗址

栏冲

沙箩寮

港

宝山江水库

黄殿兰烈士墓

江墩

港口区城区

市委
市政府

大龙

牛路烽火台
牛路

勒山

红树林

倒水坳大桥

C

杜屋

黄屋

山新

生牛卜

北港

李屋

周墩

四

向阳

企英

企沙碉楼

企沙镇

防

城

江

蔡屋
公安局特警支队

港口区工业
园区管委会
田寮屋

华伍

大独墩

白坳

市高级中学

D

涝洲坪

桃花湖

港口区住建局

港口汽车站

渔洲坪街道

港口区政府

市招商促港局

港口区财政局

港口区检察院

北　部　湾

市公安局公路巡警支队

港口公安分局　港口区反贪局

防城港市防城区文物图

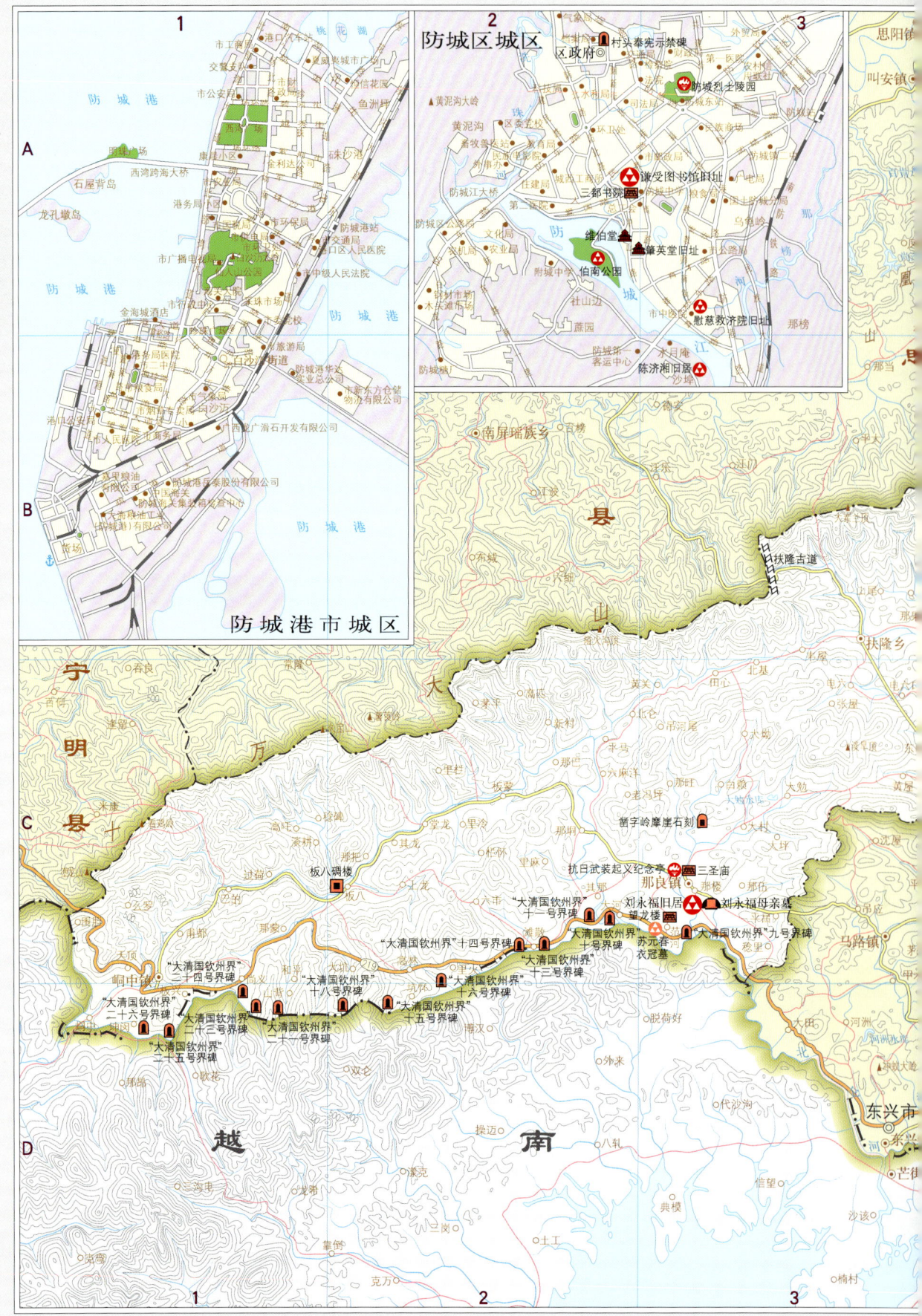

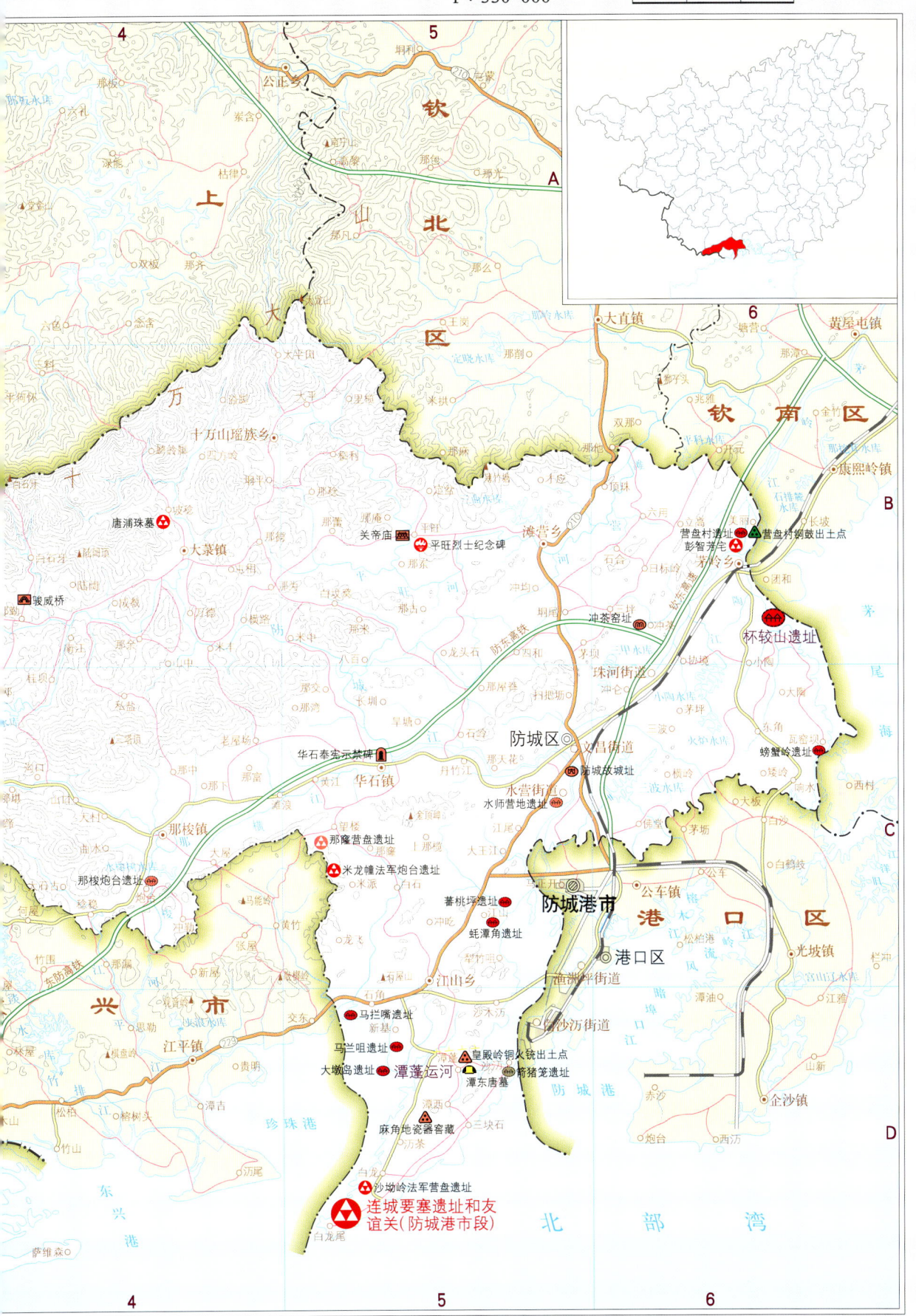

1 : 330 000

0   3.3   6.6   9.9千米

4   5
钦   A

上   北

山   区

大

万   钦 南 区

十万山瑶族乡   B

唐浦珠墓   关帝庙   滩营乡   营盘村遗址   营盘村铜鼓出土点
大菉镇   平旺烈士纪念碑   彭智芳乞   茅岭乡

骏威桥   冲茶窑址   杯较山遗址

珠河街道

华石奉宪示禁碑   防城区◎文昌街道   螃蟹岭遗址   C
华石镇   防城故城址
那梭镇   水营街道
那梭炮台遗址   水师营地遗址
那窿营盘遗址
米龙幢法军炮台遗址   防城港市   港   口   区
蕃桃坪遗址   港口区
蚝潭角遗址   渔洲坪街道
江山乡   光坡镇
兴   沙沙街道
市   马拦嘴遗址   企沙镇
江平镇   马兰咀遗址   皇殿岭铜火铳出土点
大墩岛遗址   潭蓬运河   箭猪笼遗址
潭东唐墓   D
麻角地瓷器窖藏

北   部   湾

沙坳岭法军营盘遗址
连城要塞遗址和友
谊关(防城港市段)

4   5   6

东兴市文物图

越 南

防

那良镇

马路镇

谭良何公祠

国民党军统局海外部训练班旧址

"大清国钦州界"八号界碑

"大清国钦州界"七号界碑

"大清国钦州界"六号界碑

罗浮恒望天主教堂

东兴市 "大清国钦州界"三号界碑

东兴镇

伏波庙

芒街

越 南

东兴市城区

市委市政府

市人大

东兴镇

东兴烈士墓园

中越人民革命烈士纪念碑

明江师范图书楼旧址

"大清国钦州界"四号界碑

陈济棠旧居

王氏民居

"大清国钦州界"五号界碑

越 南

芒街

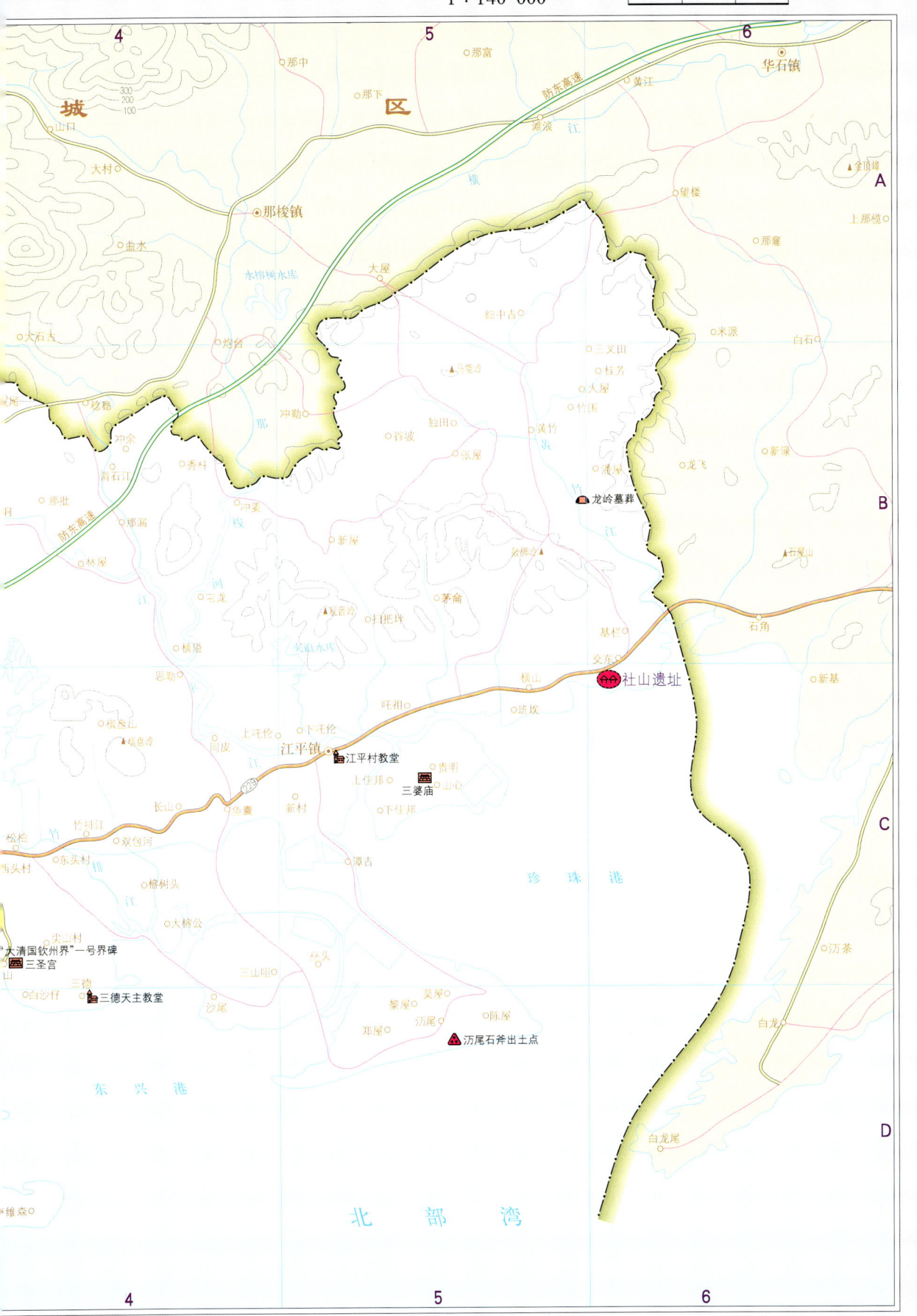

1 : 140 000

0   1.4   2.8   4.2千米

4   **5**   **6**

城

区

那中

那富

华石镇

防东高速

黄江

300
200
100

山口

金顶峰

A

大村

那棱镇

滩滨
江

望楼

上那峻

那窿

曲水

横

米派

白石

那棱镇水库

大屋

大石古

细中古

新深

炮音

三叉山

龙飞

桂芳

大屋

B

那余

冲勒

谷坡

独田

竹围

石尾山

防东高速

秀村

那漏

新屋

潘屋

江

龙岭墓葬

清石江

那北

河

毛龙

泉音凌

板桥冲

茅畲

基栏

司

林屋

横墩

思勤

石角

横亚山

大狼水库

交东

社山遗址

新基

下吒伦

横山

上吒伦

江平镇

吒祖

班坎

同皮

江平村教堂

鱼塘

长山

新村

青明

竹岭江

上住邦

山心

三婆庙

双包河

下住邦

C

松柏

东头村

榕树头

潭古

珍 珠 港

江

大榕公

尖山村

"大清国钦州界"一号界碑

三圣宫

三山叫

沥茶

白沙仔

三德天主教堂

三德

丛头

莫屋

沥尾

白龙

郑屋

黎屋

陈屋

沥尾石斧出土点

东 兴 港

白龙尾

D

维森

北 部 湾

4   **5**   **6**

上思县文物图

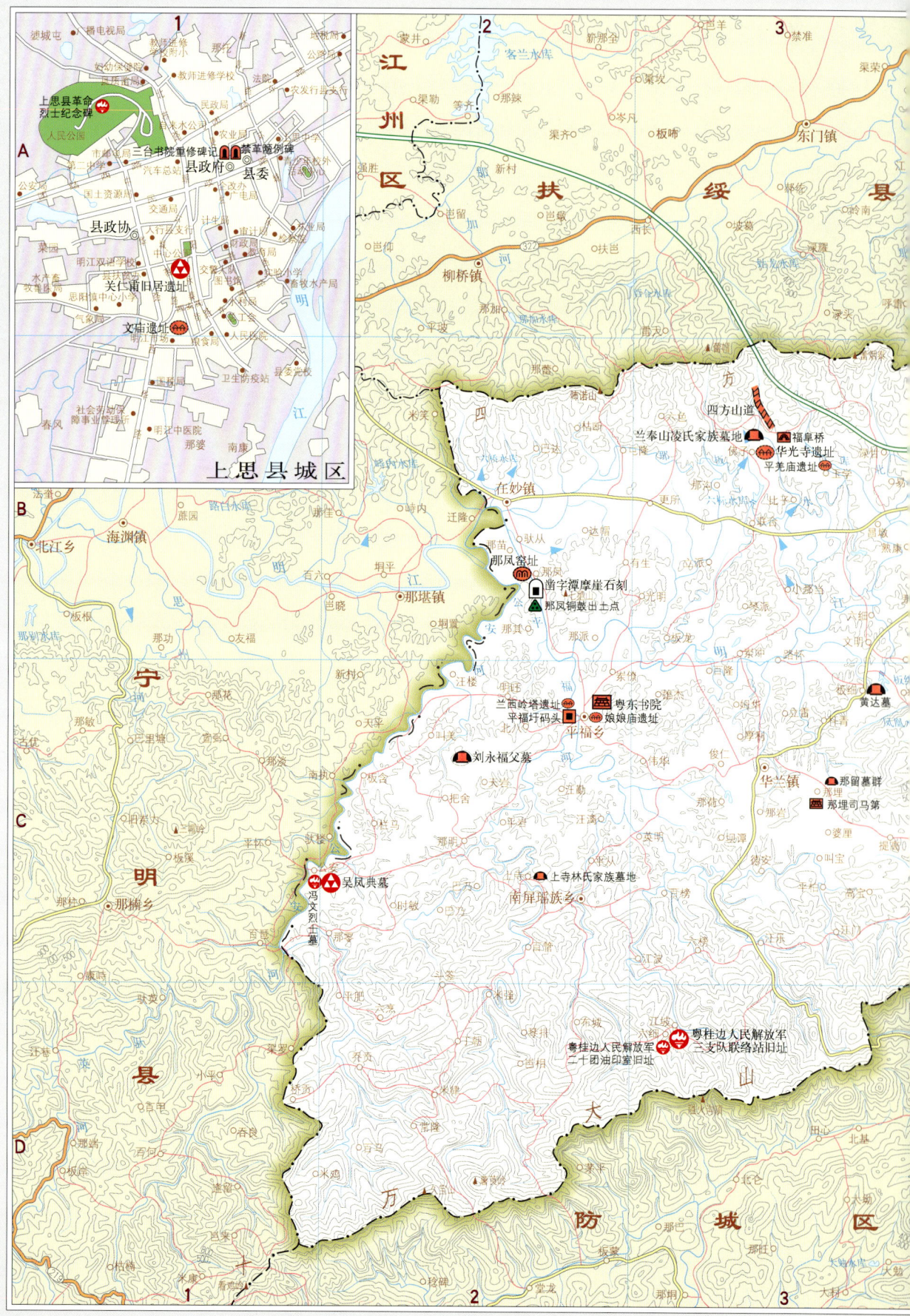

上思县城区

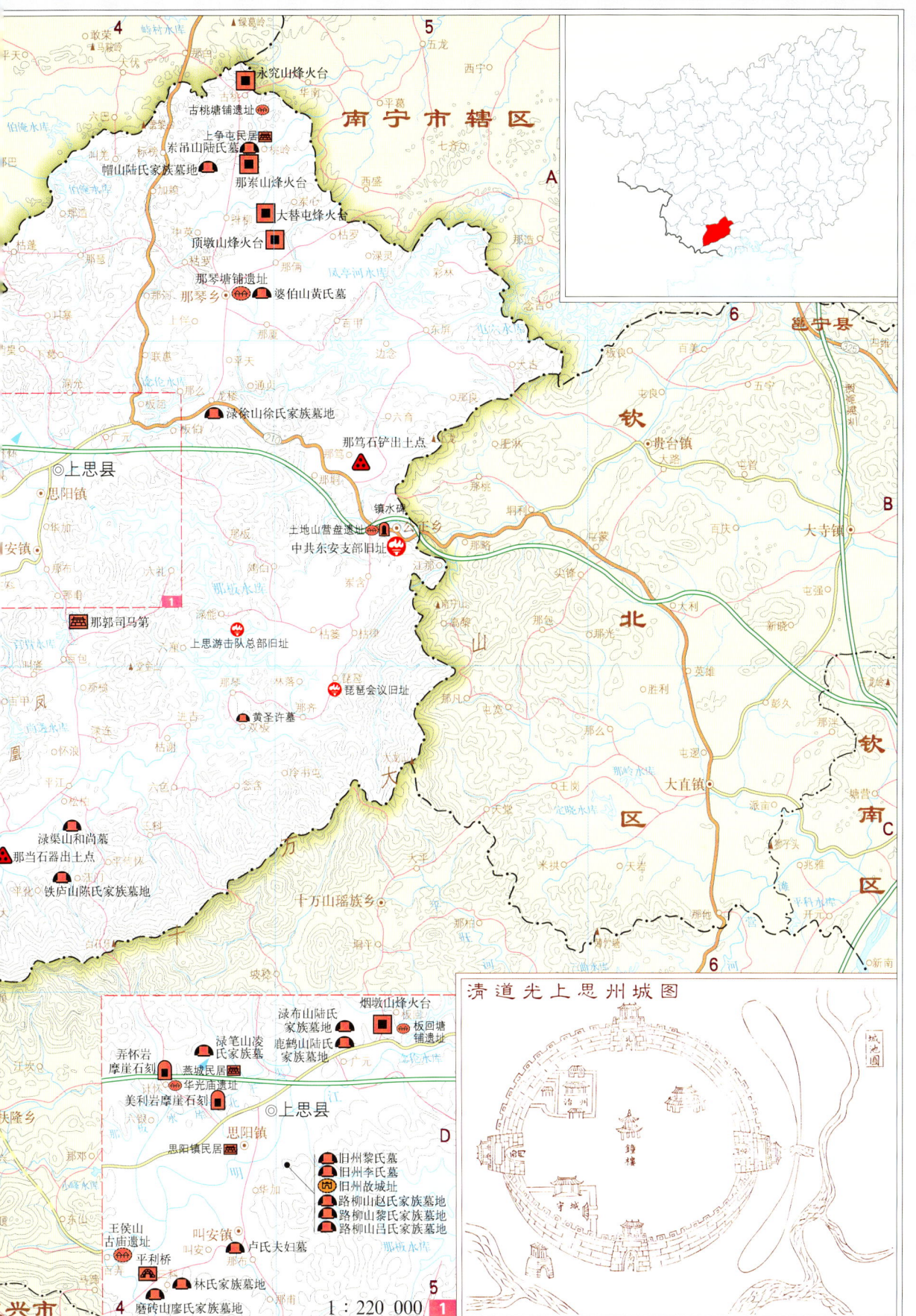

1 : 330 000

0　3.3　6.6　9.9千米

南宁市辖区

永宪山烽火台
古桃塘铺遗址
上争屯民居
崇吊山陆氏墓
帽山陆氏家族墓地
那崇山烽火台
大替屯烽火台
顶墩山烽火台
那琴塘铺遗址
那琴乡
婆伯山黄氏墓

上思县
思阳镇

钦

北

山

区

邕宁县

贵台镇

大寺镇

屯强

大直镇

钦

南

区

绿徐山徐氏家族墓地
那笃石铲出土点
镇水碑
土地山营盘遗址
中共东安支部旧址
那郭司马第
上思游击队总部旧址
琵琶会议旧址
黄圣许墓

绿渠山和尚墓
那当石器出土点
铁庐山陈氏家族墓地

十万山瑶族乡

大

万

凰

凤

清道光上思州城图

烟墩山烽火台
绿布山陆氏家族墓地
绿笔山凌氏家族墓
弄怀岩摩崖石刻
板回塘铺遗址
鹿鹤山陆氏家族墓地
燕城民居
华光庙遗址
美利岩摩崖石刻
上思县
思阳镇
思阳镇民居

旧州黎氏墓
旧州李氏墓
旧州故城址
路柳山赵氏家族墓地
路柳山黎氏家族墓地
路柳山吕氏家族墓地

王侯山古庙遗址
平利桥
卢氏夫妇墓
林氏家族墓地
磨砖山廖氏家族墓地

城池图

沽州

钟楼

宁城

1 : 220 000

301

中 国 文 物 地 图 集

—广西壮族自治区分册—

重 点 文 物 图

柳城巨猿洞

位于柳城县社冲乡社冲行政村新社冲屯西面楞寨山。是国内外著名的巨猿化石出土地点，为迄今世界上出土巨猿化石最多的一处洞穴。

1956年于洞内发现巨猿下颚骨化石，至1966年，进行过6次发掘，出土3个巨猿下颚骨和1100多枚巨猿牙齿以及大量的哺乳动物化石。巨猿下颌骨1个为雌性、2个为雄性，分别属于2个老年个体和1个年轻个体。牙齿代表着77个巨猿个体。伴出哺乳动物化石主要有猩猩、猕猴、大熊猫小种、桑氏鬣狗、豹、德氏花面狸、灵猫、东方剑齿象、似锯齿三棱齿象、裴氏獏、柴氏犀牛、最后双齿尖河猪、多突起河猪、柳城猪、丘齿鼷鹿、湖麂、凤岐祖鹿、云南黑鹿、广西巨羊等。巨猿在分类系统中属人超科、人科、巨猿亚科，是人类演化历程中已灭绝的一个旁支，生活在更新世初期，距今约100万年。

1994年公布为自治区文物保护单位，2013年公布为全国重点文物保护单位。

巨猿洞远景

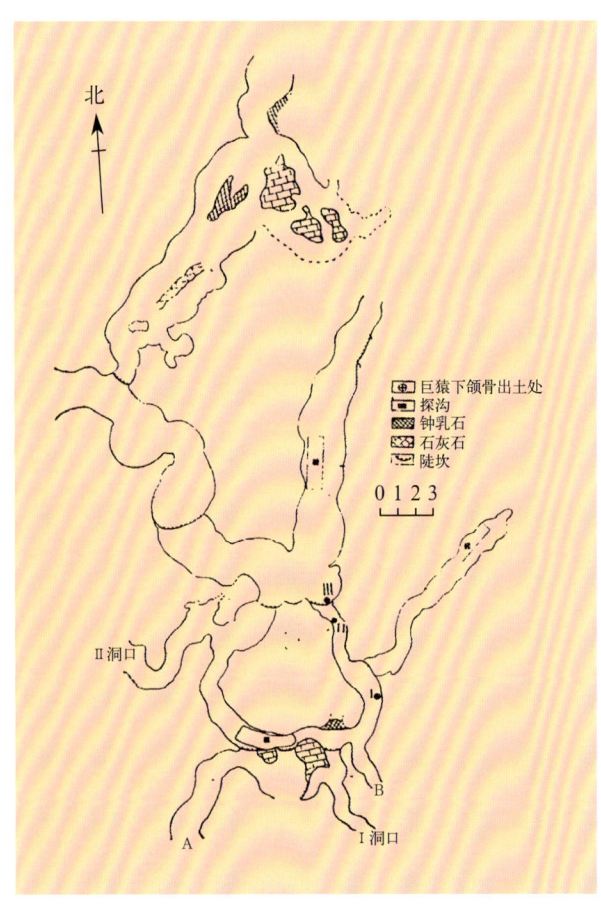

Ⅰ号洞和Ⅱ号洞平面图

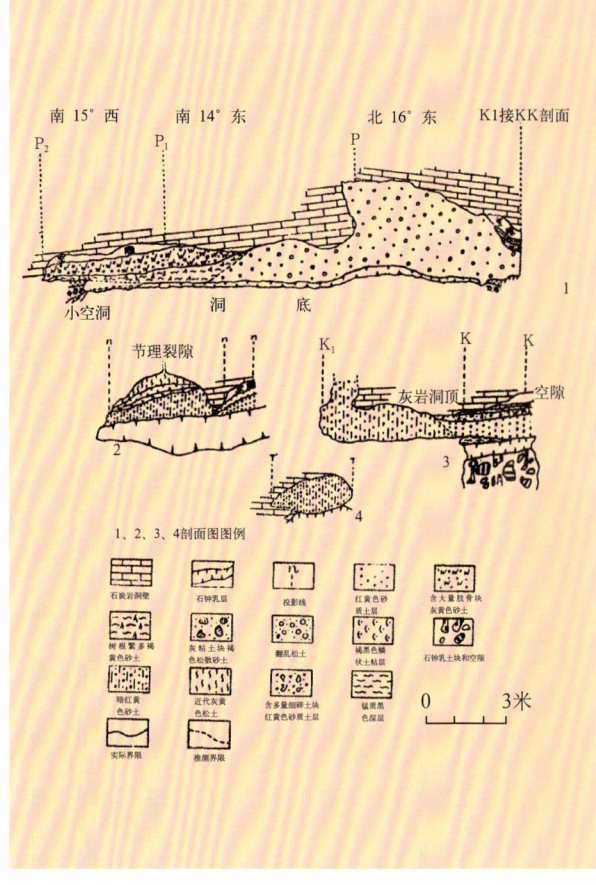

Ⅰ、Ⅱ号洞发掘区剖面图

巨猿下颌骨化石

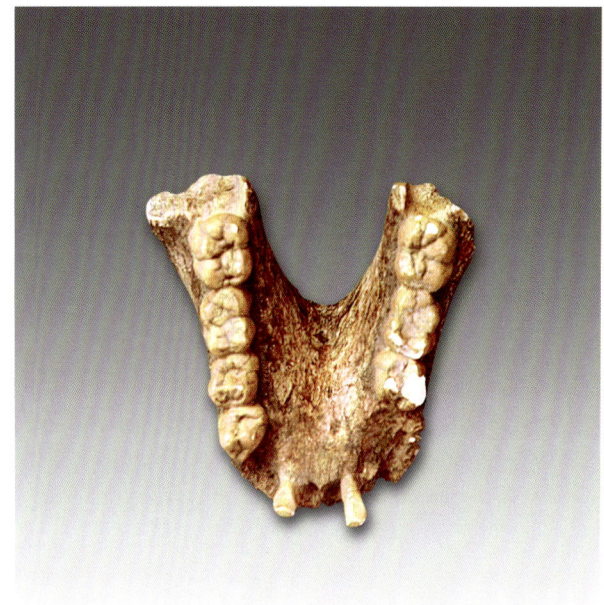

巨猿下颌骨化石

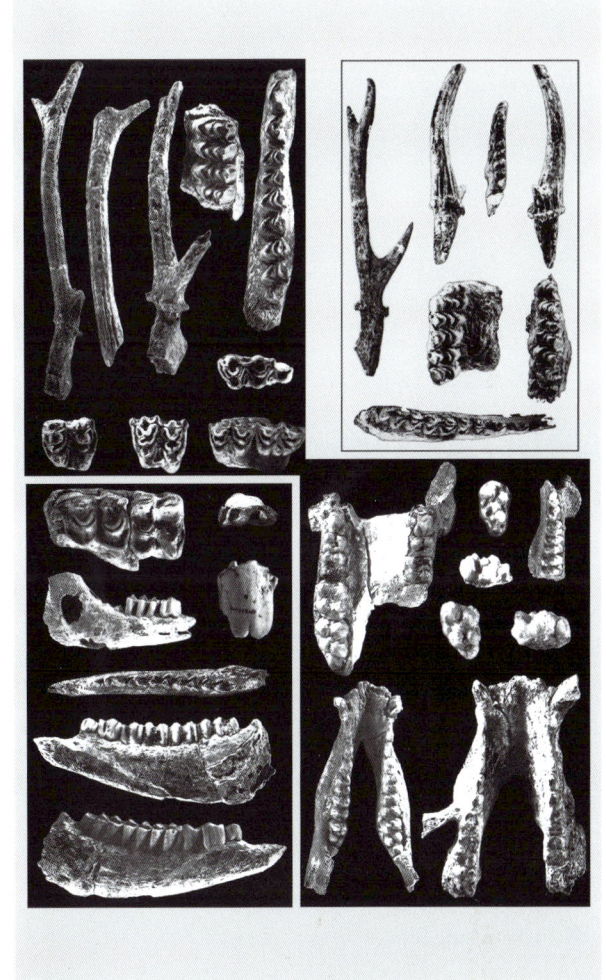

动物骨骼及牙齿化石

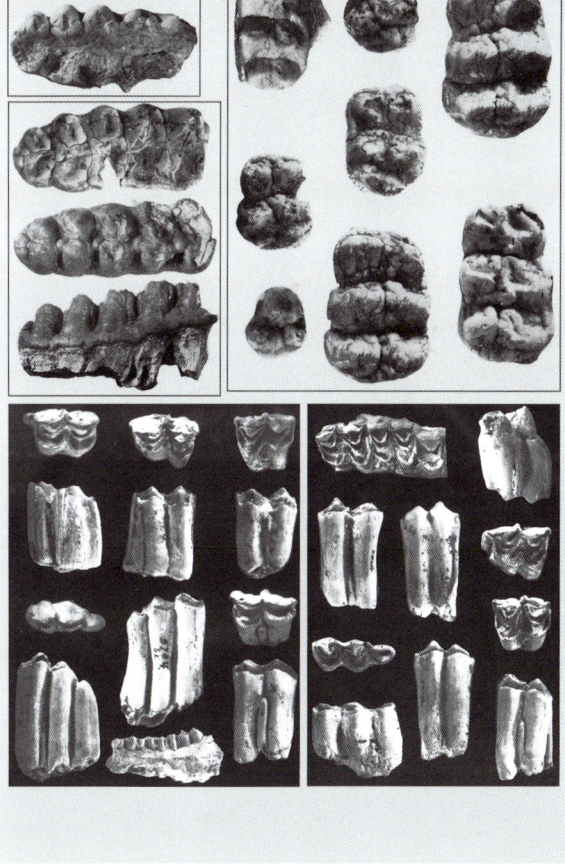

动物牙齿化石

布兵盆地洞穴遗址群

位于田东县祥周镇布兵盆地。

布兵盆地地处田东县百色盆地东南部，为小型断陷盆地，目前已发现早更新世至全新世的洞穴遗址10余处，包括茅草洞、吹风洞、么会洞、感仙洞、雾云上洞、宝来洞、定模洞、雾云洞、陆那洞、瀑布洞、小山洞、中山洞、鲤鱼洞和村空洞等。在吹风洞出土哺乳动物化石915件，巨猿牙齿化石92件。哺乳动物群共24种，是典型早更新世早期的代表性种属；时代为早更新世早期，距今约200万年左右。2004年两次发掘么会洞，发现625件哺乳动物化石和8件石制品，哺乳动物22种。其他洞穴均出土过动物化石或石制品。对于研究东亚早期人类的起源、现代人类的起源和中国南方第四纪环境变化意义重大。

2013年公布为全国重点文物保护单位。

布兵盆地地貌

么会洞

定模洞

陆那洞

瀑布洞

中山洞

美国史密森研究院科学家到么会洞考察

百谷和高岭坡遗址

百谷遗址位于百色市右江区龙景街道大和行政村百谷屯东北约400米百谷山。地处百色盆地右江河谷第IV级阶地。1993、1996和2001年三次发掘，在网纹红土层中，发现打击石器与玻璃陨石共存。出土打制石器70件。石器形体硕大、厚重，制作以锤击法单向打击为主，保留较多砾石面。器形以砍砸器为主，其次手斧，还有尖状器、刮削器、石核、石片等。其中手斧的制作技术展示了阿舍利石器加工技术的特征。经测定年代距今约80万—73.3万年。

高岭坡遗址位于田东县林逢镇檀河行政村坡算屯南约500米，属右江河谷IV级阶地。1988、1989、1993和

百谷和高岭坡遗址远景

1996年四次发掘，在网纹红土中发现300多件打制石以及共存的玻璃陨石。石器包括砍砸器、刮削器、石核及石片等。

百色盆地田东到百色，长约100公里，发现80余处旧石器地点，出土打制石器2500余件，时代包括旧石器早、中、晚各个阶段，对研究中国南方和东南亚地区人类发展及环境变迁提供了丰富的资料。

2001年公布为全国重点文物保护单位。

高岭坡遗址全景

砍砸器

手斧

三棱尖状器

玻璃陨石

那赖遗址

位于田阳县田州镇兴城行政村那赖屯西约200米的山坡上。面积约5平方公里。

遗址属右江河谷南岸第Ⅳ阶地，地表散布着丰富的打制石器及碎片。2005年对遗址进行局部抢救性发掘，出土了砍砸器、手斧、手镐、刮削器等打制石器，还采集到玻璃陨石。在遗址的最高点有一处约50平方米的核心区，石制品分布密集。经对与手斧同地层出土的玻璃陨石进行年代测定，该遗址的年代为距今80.3万年。

那赖遗址是一处规模较大的旧石器时代文化遗址，是百色盆地旧∷石器时代文化遗址群的重要代表，对研究我国南方旧石器时代早期文化具有重要的价值。

2009年公布为自治区文物保护单位，2013年公布为全国重点文物保护单位。

那赖遗址远景

遗址N区发掘现场（北—南）

SAT12西壁

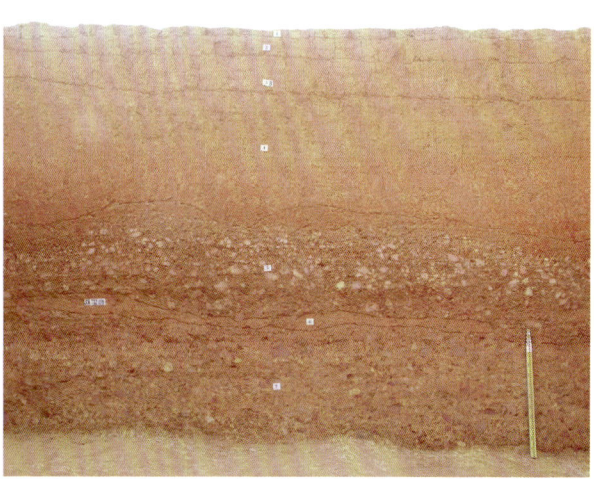

SAT10⑤层面

手镐

手斧

砍砸器

刮削器

石片

玻璃陨石

柳江人遗址

位于柳州市柳江县穿山镇竹山行政村新兴农场通天岩。洞口高距地表5米。

1958年，在通天岩旁一岔洞中发现一具完整的头骨化石及4个胸椎肋骨和5个胸椎、骶骨、右髋骨及左右股骨化石各一段，属一个老年男性个体。伴出大熊猫、剑齿象、貘、中国犀牛、牛、鹿等16种动物化石。地质年代为更新世晚期，属旧石器时代晚期，距今约6万—5万年。"柳江人"是正在形成中的蒙古人种的一种早期类型，为迄今我国乃至东亚发现的最早的晚期智人的代表。

1963年公布为自治区文物保护单位。

柳江遗址远景

遗址洞口

柳江人复原像

柳江人头骨化石

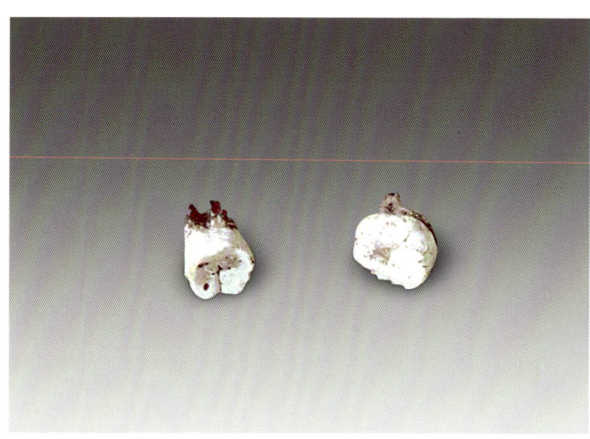

柳江人牙齿化石

柳江人骨骼化石

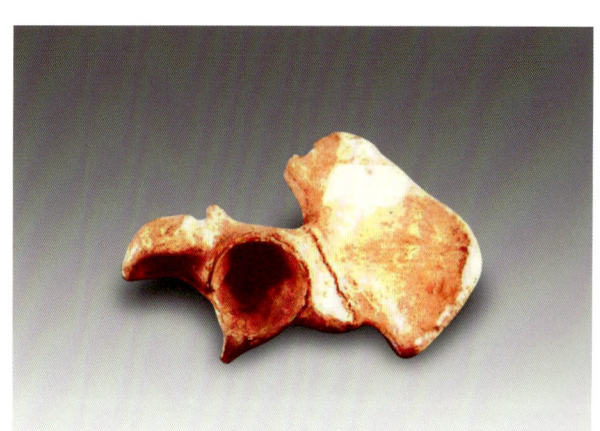

柳江人骨骼化石

白莲洞遗址

位于广西柳州市鱼峰区白莲街道柳石路472号白莲洞洞穴科学博物馆内（白面山南麓）。面积约150平方米。

1956年发现，1973—1982年多次发掘。发现人类用火遗迹火坑2处，出土人类牙齿化石2枚，石器500多件及一些陶片，动物骨骼、牙齿化石4000多件。遗址堆积由下而上划分为四期三个阶段，年代距今约37000—7000年。Ⅰ期为旧石器时代晚期文化，石器以砍砸器和刮削器为主，有较多的燧石小石器；发现人牙化石及大熊猫、剑齿象等的牙齿化石。Ⅱ、Ⅲ期为旧石器时代晚期向新石器时代早期过渡的文化，出现了磨刃石器、穿孔石器及装饰品；四期为新石器时代早、中期文化，遗物主要有磨光石器、骨针、骨锥等磨制骨角器及陶片。该遗址的发现为探索南方旧石器时代文化向新石器时代文化的过渡提供了重要的材料。

2006年公布为全国重点文物保护单位。

白面山远景

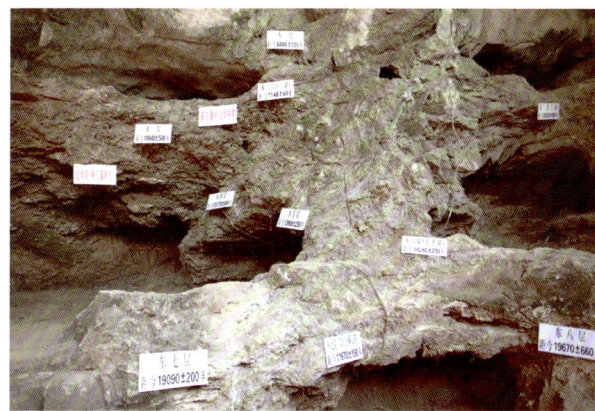

白莲洞遗址外景　　　　　　　　　　　　　　遗址文化堆积

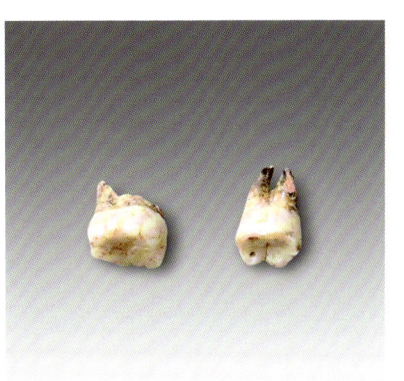

人牙化石　　　　　　　　　燧石石器　　　　　　　　　薄体砍砸器

刮削器　　　　　　　　　　磨制石锛　　　　　　　　　夹砂陶片

剑齿象牙齿化石　　　　　　　　　　大熊猫颌骨及牙齿化石

313

甑皮岩遗址

位于桂林市象山区平山街道甑皮岩路独山南麓。现存面积约200平方米。

1965年发现，经过3次试掘。文化堆积分为五期，距今约12000—7000年，以采集和渔猎为主要经济生活，并已出现原始饲养农业，历经了新石器时代早期、中期、晚期三个阶段。揭露出灰坑、烧坑、墓葬等遗迹。出土石器有打制和磨制两种，以打制为主，有砍砸器、尖状器、切割器、穿孔器、锤等；骨器有锥、针、铲、镖等，蚌器主要是穿孔刀。陶器以夹砂绳纹陶为主，火候低，质地粗劣，有夹砂陶圜底釜、罐、圈足盘、盆、钵等。发现动物骨骼25种，人骨架35具，多为屈肢蹲葬，属蒙古人种，在体质特征上与"柳江人"有明显的继承关系。该遗址是岭南新石器时代遗址的典型代表，为研究岭南古代人类社会、体质特征及埋葬习俗提供了珍贵的实物资料。

2001年公布为全国重点文物保护单位。

甑皮岩遗址外景

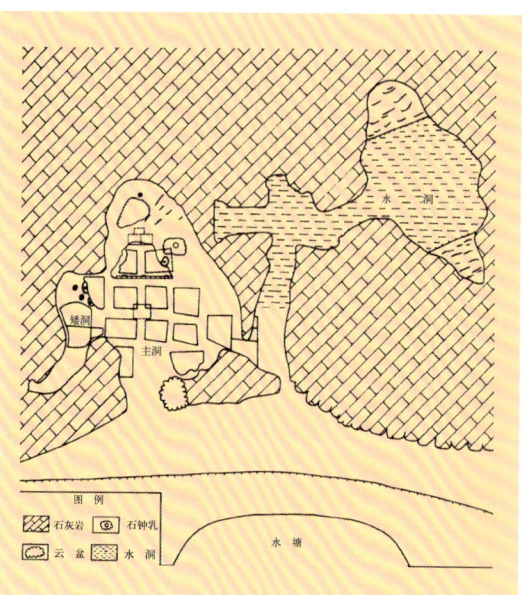

遗址平面图

甑皮岩遗址

BT2北剖面

BT2M1蹲葬

墓葬分布图（东—西）

砍砸器

磨制石锛   陶盆   陶豆

鲤鱼嘴遗址

位于柳州市鱼峰区天马街道大龙潭公园龙山南麓鲤鱼嘴山。遗址依山势分布，并延伸至大龙潭边，面积约200平方米。

1980年、2003年两次发掘。出土了一些人骨架及砾石石器、燧石石器、陶片、骨片等遗物千余件和大量水、陆生物遗骸及螺壳。文化堆积由下而上可划分为三期，距今约15000—6500年。第Ⅰ期出土大量的打制石器、燧石细石器，未见陶器，属于旧石器时代向新石器时代的过渡阶段。第Ⅱ期打制石器、燧石细石器继续存在，出现了饰绳纹的敞口、束颈、圜底的釜（罐）类陶器及骨器、角器，属新石器时代早期，距今9000年左右。第Ⅲ期遗物以磨制石器、细绳纹陶器为主，属新石器时代中期，距今约6500年。

鲤鱼嘴遗址是处于旧、新石器过渡时期的重要遗址，对探讨华南地区旧石器时代文化向新石器时代文化的过渡具有重要的学术价值。

2006年公布为全国重点文物保护单位。

鲤鱼嘴遗址远景

遗址文化堆积

燧石石器

第一期石器

夹砂陶片

磨制石器

骨锥

出土2号人颅骨

顶蛳山遗址

位于邕宁区蒲庙镇新新行政村九碗坡东面顶蛳山。面积约5000平方米。

1996—1999年间多次发掘，遗址分生活区和墓葬区。生活区堆积以螺壳为主，发现排列有规律的柱洞，表明其为长方形干栏式建筑。墓葬区清理墓葬331座，发现人骨遗骸400余具，葬式包括仰身、俯身、侧身等屈肢葬及蹲葬、肢解葬。出土大量陶片、石器、蚌器、骨器等文化遗物及水、陆生动物遗骸。陶器饰篮纹、绳纹，器形有直口、敞口圈底釜、圜底罐、高领罐等。石器包括磨光斧、锛、穿孔石器及砺石，骨器有锛、铲、镞、锥、针、鱼钩及装饰品，蚌器有穿孔刀、铲。文化堆积层分为四期，分别为新石器时代早、中、晚三个时期的文化遗存，距今约10000—6000年。其中第Ⅱ、Ⅲ期文化遗存是分布在南宁及其附近地区的贝丘遗址文化的典型代表，被命名为"顶蛳山文化"，属新石器时代中期，年代距今约8000—7000年，是广西首次命名的考古学文化。

遗址的发掘，对于认识广西及南方地区史前贝丘遗址的文化特征及内涵，研究广西地区史前文化的发展序列，探讨广西与华南及东南亚地区史前文化的关系有重要意义。

2001年公布为全国重点文物保护单位。

顶蛳山遗址

墓葬区发掘现场

遗址地层堆积

蹲葬

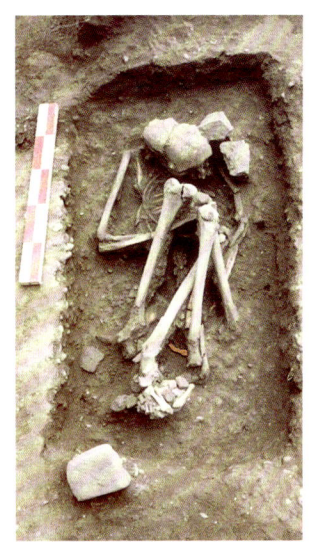

屈肢葬

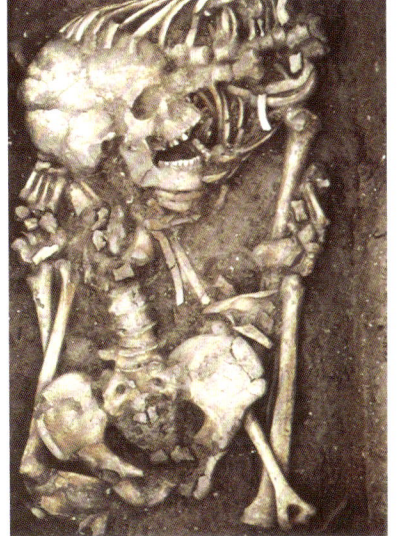

肢解葬

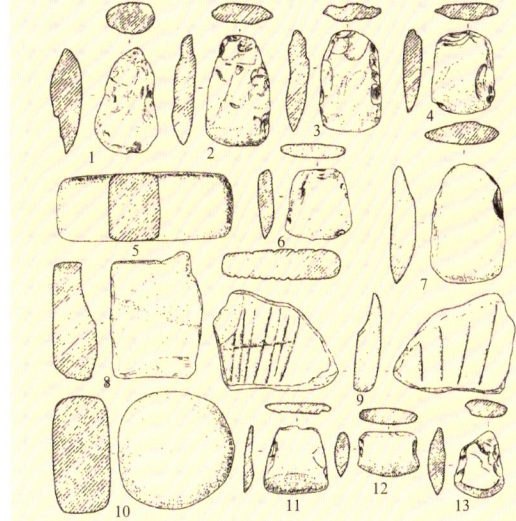
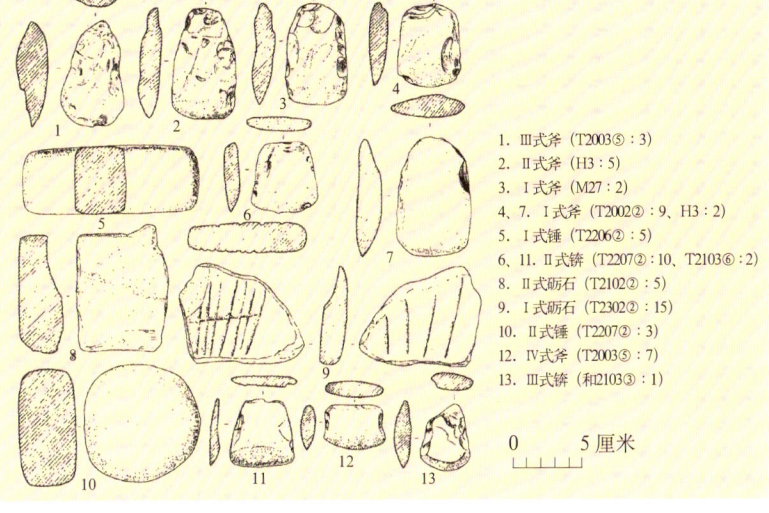

1. Ⅲ式斧（T2003⑤：3）
2. Ⅱ式斧（H3：5）
3. Ⅰ式斧（M27：2）
4、7. Ⅰ式斧（T2002②：9、H3：2）
5. Ⅰ式锤（T2206②：5）
6、11. Ⅱ式锛（T2207②：10、T2103⑥：2）
8. Ⅱ式砺石（T2102②：5）
9. Ⅰ式砺石（T2302②：15）
10. Ⅱ式锤（T2207②：3）
12. Ⅳ式锛（T2003⑤：7）
13. Ⅲ式锛（和2103③：1）

0　　5 厘米

第三期出土石器

第二期圜底陶罐

穿孔蚌刀

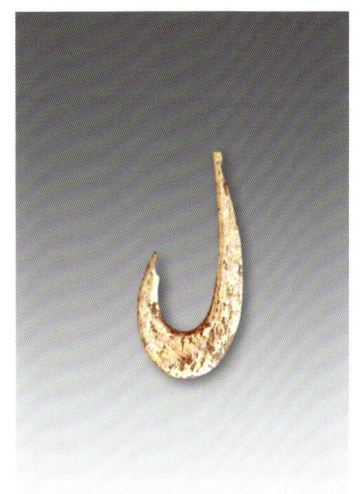

骨鱼钩

317

感驮岩遗址

感驮岩遗址位于那坡县城厢镇公园路县人民公园内后龙山脚感驮岩内、外，面积约1.8万平方米。

1963年、1986年、1997年三次发掘，发现墓葬、灰坑、用火遗迹多处，以及陶、石、玉、骨器等千余件。文化堆积可分为二期：第Ⅰ期陶器除圜底、圈足器外，还流行三足器，对该期炭化编织物碳十四测定为距今4718±50年，树轮校正值为公元前3560±205年，均相当于新石器时代晚期的较早阶段。第Ⅱ期陶器有少量泥质陶，器类增多，饰绳纹为主，并出现大量的炭化稻、炭化粟等。碳十四测定距今3800±2800年，为青铜文化早期。感驮岩遗址对研究广西及华南地区乃至东南亚的新石器时代晚期文化面貌、发展及其向青铜时代早期文化的过渡发展具有重要的意义。

2001年公布为全国重点文物保护单位。

感驮岩遗址外景

遗址发掘现场

三足陶罐

簋形陶器

石斧

石锛

石凿

石牙璋　　　　　　　　　　　　石镞　　　　　　　　　　　　骨铲

晓锦遗址

位于资源县资源镇晓锦行政村下锦屯后龙山，面积约1万平方米。

1998年—2000年间，先后四次发掘，发掘面积740平方米。遗址发现了大量柱洞、灰坑、水沟和10余座房址，以及陶窑和墓葬，出土了大量的陶片、石器、及数万粒炭化稻米等重要的文化遗物。

晓锦遗址具有鲜明的地域特色，是桂北新石器时代中、晚期的一个新的文化类型，炭化稻米是两广地区发现年代最早的一批标本，对研究稻作农业的起源和传播有十分重要的意义。

2009年公布为自治区文物保护单位，2013年公布为全国重点文物保护单位。

晓锦遗址远景

遗址发掘现场

陶碗

陶圆足罐

炭化稻米

秦城遗址

位于兴安县溶江镇一甲行政村水街、通济村，莲塘行政村七里圩、大营一带。据《淮南子·人间训》记载，为秦始皇进军岭南时，令尉屠睢率兵在灵渠与漓江汇合的三角洲地带筑城。宋代及其以后的文献都称之为"秦城"。

现有秦城遗址分布于兴安县严关以南，白竹铺以下，至小溶江口的7.5公里之间，东临灵渠，西至榕江。包括通济村城址、七里圩埋圩村"王城"、水街城址、马家渡"城墙埂子"4处城址和城址范围内的石马坪秦—晋墓群。1990年至1996年发掘七里圩埋圩村王城，略呈长方形土城，四面城墙长度不一，其中东墙长164米，西墙长149米，南墙长257米，北墙长214米，面积约38376平方米。发现有角楼、马面台基、北门、城内夯土建筑台基、城外护城壕沟、外城墙等遗迹。出土了陶、铜、铁质生活用具、生产工具、兵器和建筑构件，以及大量板瓦、筒瓦、卷云纹瓦当、几何纹铺地砖、水管等。该城应为两汉时期的军事要塞。

2006年公布为全国重点文物保护单位。

通济村城址

七里圩王城

马家渡城墙埂子

七里圩王城出土的瓦当

七里圩王城出土的筒瓦

七里圩王城出土的地砖

七里圩王城出土的铁权

七里圩王城出土的陶球

临贺故城

位于贺州市八步区贺街镇瑞云山东北侧河西街临江西岸。西汉武帝元鼎六年（前111），首设临贺县，以后历称临贺县、临贺郡、贺州、贺县，至清代一直是该地区的政治、经济、文化中心。

临贺故城是西汉—清代临贺县城故址，包括大鸭村西汉临贺故城城址，洲尾西汉晚期临贺故城城址，河西东汉至清代临贺故城城址，河东清中期以后城址及城外古墓群等。宋以前各城址均以夯土板筑城墙，自宋开始，以青砖砌筑城墙，修城垛，建敌楼。汉代城址均保留夯土城墙，城内遗存有汉代陶片，城外有护城壕或护城河。宋明时期的砖墙部分完好，城内建筑以明清时期建筑为主。城址外有汉—清代古墓群6处。是迄今国内保有较好，延续时间最长的一处县级行政治所。

2001年公布为全国重点文物保护单位。

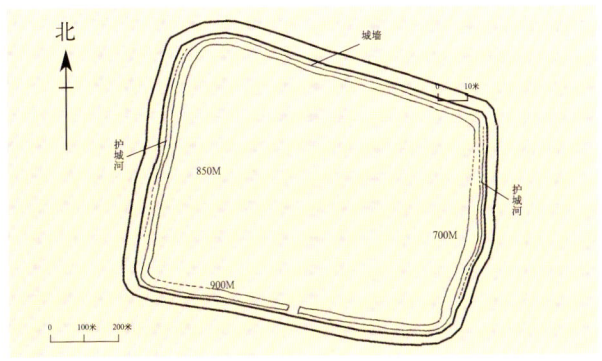

大鸭村（旧县肚）西汉城址平面图

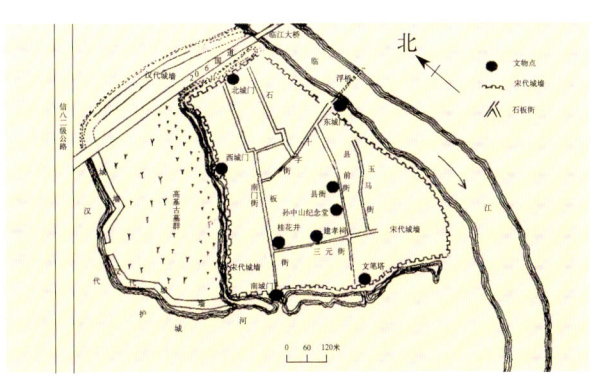

河西东汉—清代城址平面图

大鸭村（旧县肚）西汉城址

河西主城西南转角

五代护城河

河西城址宋代城墙

南城墙及文笔塔

河东魁星楼

河西码头

粤东会馆

文庙遗址 　　　　　　　　　　　石板街 　　　　　　　　　　　蛇头岭古墓群

草鞋村遗址

位于合浦县廉州镇廉南社区草鞋村西南侧西门江东岸的土岭上。面积约1.33万平方米。

2007年至2008年对遗址进行考古发掘。发现窑口共22座，建筑遗址5处，水井5口及一批作坊遗迹，呈环状分布于小岭的坡坎四周。出土瓦当、几何印纹陶片、陶器及大量的筒瓦、板瓦残片，也有米字纹、方格纹及方格带戳印纹陶罐，水波纹陶钵，以及瓦当，陶垫，陶拍、网坠等。为汉代岭南地区重要的官营手工业作坊，为集制陶作坊和窑场于一体的汉代遗址。

草鞋村遗址是规模大、较完整的汉代制陶作坊遗迹，在我国南方地区汉代考古上较为少见。

1993年公布为县级文物保护单位，2013年公布为全国重点文物保护单位。

草鞋村遗址全景 　　　　　　　　　　　　　　　遗址发掘现场

残存窑口 　　　　　　　　　　　　　　　　　　筒瓦

板瓦

云纹瓦当

陶纺轮

大浪古城遗址

位于合浦县石湾镇大浪行政村古城头村。面积约4.5万平方米。

2002年开始对古城进行考古调查、勘探与试掘。城址轮廓清晰，呈长方形，东、南、北三面有护城河，西面临周江古河道。城墙用土夯筑，残宽5—20米，残高1—5米。四面城墙的中部均有缺口，可能为城门，西南角已被破坏，其余三角均存角楼遗迹。城址内出土了较多的刻划纹和几何印纹陶片、建筑石构件等遗物，城中央有建筑遗址，西门外古河道边发现了码头遗迹。初步确定大浪古城遗址可能是《汉书》记载的海上丝绸之路合浦港之一，可能延续至明代。

2009年公布为自治区文物保护单位，2013年公布为全国重点文物保护单位。

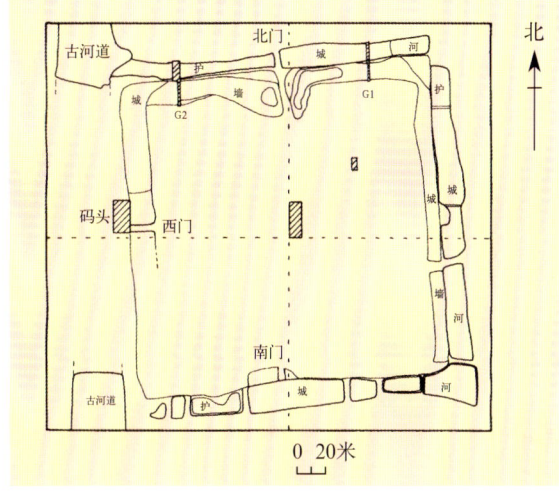
大浪古城遗址平面图

大浪古城东城墙和护城河现状

建筑遗址

码头遗址

陶片纹饰拓片

陶匜

砺石

越州故城址

位于浦北县石埇镇坡子坪行政村仰天湖村北面。据《南齐书》记载，越州是南朝时期的军事政治中心。面积约24.67万平方米。

越州故城为南朝宋明帝于泰始七年(471)所建，废于唐。1963年对位于城址内子城（官厅地）进行试掘。城址呈方形，分内外城，外城周长2080米，夯土城墙，开东西南北四门，城墙每隔百步有一突出城墙外的"马面"，城内有十字街道。内城南北长130米，东西宽160米，全城四周有护城濠。

越州城自置至废，经历了我国南朝时期宋、齐、梁、陈四个王朝，是目前广西保存较好的南朝城址之一。

1981年公布为自治区文物保护单位，2013年公布为全国重点文物保护单位。

越州故城航拍图

故城子城一角

东门遗址

西门遗址

南门遗址

北门遗址

智城洞城址

位于上林县白圩镇爱长行政村石检庄东北约500米智城山，为唐代澄州刺史韦隐居处，面积约3.34万平方米。

智城处狭长谷地。城东、西、北三面被山环抱，南为峒口，是进出的唯一通道。城分内、外城，两城间筑墙相隔。外城占地面积约3.14万平方米，内城面积2003.6平方米。南、北及中间共筑四道城墙。城墙墙基用石条砌成，上部为夯土墙。城内地势平坦，地面有唐代瓦片等遗物。

城内东南面石壁刻有大周万岁通天二年（697）廖州刺史韦敬辨撰文，无虞县令韦敬一刻的摩崖《廖州大首领左玉钤卫金谷府长上左果毅都尉员外置上骑都尉检校廖州刺史韦敬辨智城碑一首并序》（简称《智城碑》）1方。赞颂智城山的风光形胜及廖州府的文治武功。另在澄秦乡洋渡行政村大山庄东南石牛山有《六合坚固大宅颂》碑刻1方，唐永淳元年（682）立。两碑是现存记录壮族社会状况的最早碑刻，对研究壮族历史有重要价值。

2006年公布为全国重点文物保护单位。

智城碑

智城城址

内城

内城水井

石臼

永宁州城城墙

位于永福县百寿镇寿城街社区半边街北端。面积约6.88万平方米。

永宁州城始建于明成化十三年（1477），时为土城，十八年（1482）加砌石墙面，经明隆庆五年（1572）、明万历三年(1575年)增高、扩建，万历十四年（1586）筑护城河堤，清康熙十一年(1672)南北敌楼曾被火烧，城墙多处崩塌，后修复。城址平面略呈长方形。四方各辟城门一座，南为永镇门，清光绪年间（1875—1908）重修，重檐歇山顶砖木结构；北为迎恩门，东称东兴门，西称安定门，均为清道光至同治年间（1821—1874）重修，此处还存城南、城西护城河堤、石拱桥、国殇坛等，是广西保存较为完整的明、清州城城墙，是研究城建史的重要实物资料，具有较高的历史和科学价值。

1981年公布为自治区文物保护单位，2013年公布为全国重点文物保护单位。

永镇门

迎恩门

安定门

东兴门

中和窑址

位于藤县藤州镇中和村的北流河东岸沿岸的小山丘上。面积约1平方公里。

窑址发现窑口20多座，废品堆积10余处，两次试掘。为斜坡式龙窑，依山势而建，窑长10—60米，宽1.5—3米。早期采用一钵一器仰烧法，晚期兼用叠烧法。产品以碗、盏、盘、碟等日用器为主。纹饰以印花为主，主要有折枝、缠枝花卉、海水摩羯、海水戏婴等。出土的印花模具印面所刻花纹分阴、阳两种，颇具特色。其中一件飞鸟花卉印花模具，背面刻"嘉熙二年戊戌岁春季念龙参造"年款。中和窑址的年代应在北宋至南宋的后期，是以生产外销瓷为主的地方民窑。

中和窑址是分布于北流河沿岸及桂平、贵港、浦北、岑溪等市（县）的青白瓷的代表，扩大了我国青白瓷窑址的分布范围，为研究中国陶瓷发展史、我国古代外销陶瓷及对外友好往来有重要意义。

1981年公布为自治区文物保护单位，2013年公布为全国重点文物保护单位。

中和窑址全景

废品堆积

摩羯水波纹瓷印花碗模

"嘉熙二年"款瓷印花盏模

青白瓷玉壶春瓶

影青细碎纹莲花苞形小瓷壶

影青缠枝莲印花盏

影青葵口印花盘

影青席地缠枝纹花口碗

影青圈足碗杯

城关窑址

位于容县容州镇绣江两岸，东西长约6—7公里的范围内，盛烧于北宋中、晚期。

窑址分为五个窑区：变电所窑区、松脂厂窑区、东光下垠窑区、河南上垠窑区，红光缸瓦窑窑区。每窑区有窑口数座至数十座。有马蹄窑和龙窑两类窑，使用"一钵一器"匣钵仰烧法装烧。以烧青白瓷为主，兼烧绿、褐、黑等色釉及窑变釉，釉莹润光泽。胎质洁白细腻坚硬，透明度好。产品主要有碗、盏、洗、碟、腰鼓、印花模具等，装饰以刻划、印花为主。其一次烧成白瓷胎高温铜绿釉和铜红釉瓷是中国陶瓷技术史上的创举。匣钵和一些器物上印、划有张、张七、莫小一、莫四、卢七郎等各种姓氏或数目字，为探索窑主和经营方式等提供了珍贵资料，是广西北流河流域重要的青白瓷窑。

1981年公布为自治区文物保护单位。

松脂厂窑区

东光下垠窑区

河南上垠窑区

红光缸瓦窑区

印花模具

青白釉执壶

青白釉瓷碟

湘山寺塔群与石刻

　　位于全州县全州镇湘山寺公园湘山。湘山寺始建于唐，被誉为楚南第一刹。现存妙明塔、放生池、舍利塔、洗钵岩泉、觉传和尚墓塔、大圆鉴翁老和尚塔、湘山石刻等。

　　妙明塔在湘山南麓山腰，始建于唐乾符元年（874），原属湘山寺附属建筑，有楚南第一塔之称。北宋元祐七年（1092）重建，南宋绍兴五年（1135）宋高宗赐塔名"妙明"。明、清两代及近代均有修缮。为八角形七层砖塔，塔内壁上嵌宋、明、清、民国时期碑刻24方。

　　湘山石刻原有摩崖石刻百余方，现存81方，其中宋代5方，明代5方，清代10方，民国5方，佚年56方。重要的石刻有：南宋绍兴二十二年（1152）道齐刊的巨幅榜书"湘山"、清康熙皇帝御书"寿世慈荫"匾、明末清初画家石涛所作兰花石刻等。湘山山脚下，有清光绪五年（1879）雕刻的"放生池"石雕。

　　1994年公布为自治区文物保护单位，2013年公布为全国重点文物保护单位。

湘山寺远景

妙明塔

觉传和尚墓塔

"湘山"石刻

湘山石刻

清康熙皇帝御笔"寿世慈荫"   放生池

张家墓群

位于平乐县张家镇老埠行政村老埠村至钓鱼行政村和村银山岭。主要分布于荒头岭、大穴岭、莲花岭、大岭、银山岭等处,面积约4平方公里。

墓葬封土多已不存,有数百座之多。1974年在银山岭发掘墓葬165座,其中战国墓110座、汉墓45座、东晋墓1座。除东晋墓为石室墓外,其余都是小型竖穴土坑墓。战国墓或有二层台,或墓底有腰坑。随葬品有铜器、铁器、陶器、瓷器、铜铁合制器、滑石器等1535件。随葬品组合规律性较强,应有性别之分。汉墓均为竖穴土坑墓,包括西汉前后期、东汉前期的墓葬,有的墓底保留腰坑,或铺卵石,或筑二层台。出土陶器、铜器、铁器、玉器、滑石、水晶珠等随葬品481件。

1981年公布为自治区文物保护单位。

张家墓群

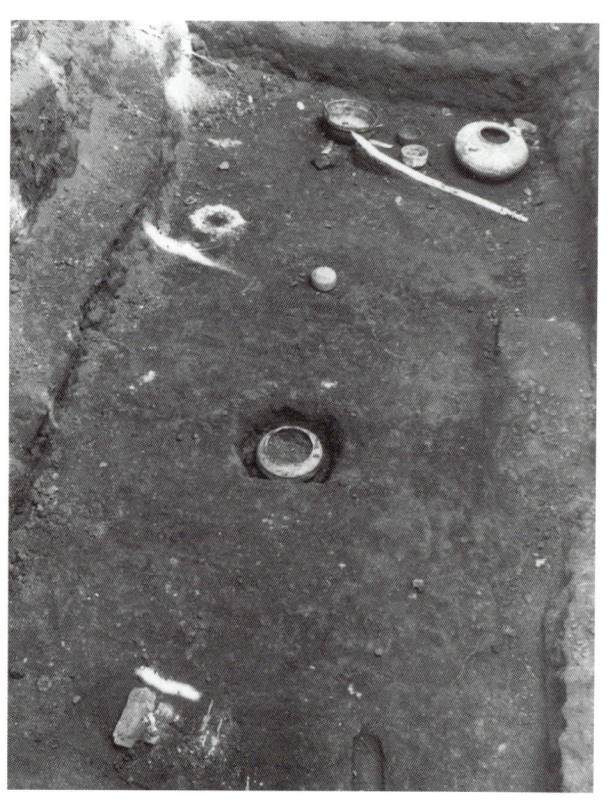

银山岭墓葬发掘现场   银山岭战国M71

银山岭出土的米字纹四系陶瓮

银山岭出土的单鋬三足陶尊

银山岭出土的三足陶瓿

银山岭出土的方耳铜鼎

银山岭出土的夔纹铜盖鼎

银山岭出土的铜单鼻铜矛

银山岭出土的圆空首铜剑

银山岭出土的方銎云纹铜钺

合浦汉墓群

分布于合浦县廉州镇东、南、北三面的廉东、廉南、平田、冲口等社区及廉北、堂排、禁山、杨家山、中站等行政村辖区内，范围约68.75平方公里，可查的汉墓有5000余座。

20世纪70年代以来已发掘341座，有土坑墓、木椁墓和砖室墓，随葬品有铜、铁、金、银、陶瓷、骨、玉石、水晶、琉璃、琥珀、漆器等及荔枝、杨梅、谷等植物种实。1971年秋发掘廉南望牛岭1号墓，是西汉晚期大型竖穴土坑木椁墓，墓室呈"干"字形，分墓道、甬道、主室和左右耳室等部分。出土铁器有剑、书刀，铜器有鼎、壶、扁壶、钫、三足盘、魁、博山炉、凤灯、药臼、酒尊、镇、灶、仓等，陶器有鼎、壶、罐、提筒、屋、灶等，还有玻璃、水晶、琥珀等佩饰器及漆器残件等240余件。墓主人应是合浦郡高级官吏。重要的发掘还有凤门岭26号墓、堂排汉墓、黄泥岗1号墓、文昌塔汉墓等。

合浦是汉代对外交往与贸易的重要港口，汉墓群规模大，随葬品丰富，其中的琉璃、水晶、玛瑙、琥珀等佩饰品不少是舶来品，反映了西汉晚期合浦的繁荣与海外交往贸易之发达。

1996年公布为全国重点文物保护单位。

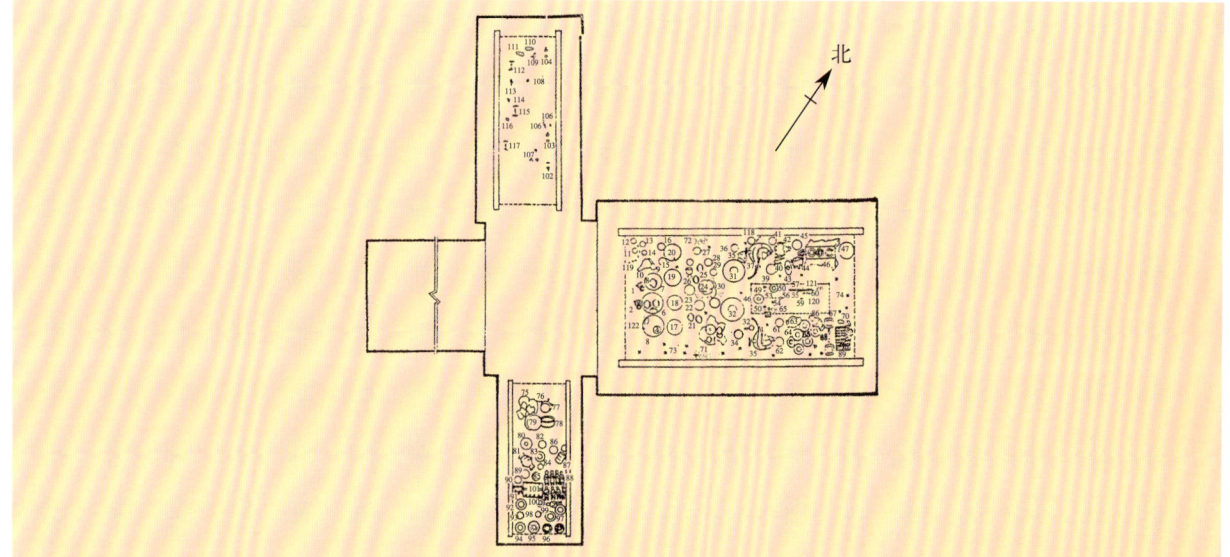

1、2. 铺首环 3、5. 熊足铜盘 4. 铜座灯 6、8、21、25. 残漆羽觞 7、19. 人足铜盘 9、29. 铜碗 10. 铜长颈壶 11—14. 铜镇 15、16. 铜奁 17—20、47. 残漆盘 22、23. 残漆奁 24. 残漆盒 26. 铜高足杯 27、28. 铜鉴 30. 金平脱箔片 31、32. 铜博山炉 33、35、37. 铜凤灯 34、36. 铜盆 38. 铜博山炉盖 39、41. 小铜釜 40. 铜鐎壶 42、43. 铜扁壶 44、45. 铜鼎 46. 铜灶 48. 鎏金铜壁形器 49、50. 铁刀 51、58. 金饼 52、60、72. 五铢钱 53. 玛瑙耳塞 54. 玉鼻塞 55. 玉玲 56. 铜镜 57. 铁剑 59. 玉饰 61、62、65、66. 铜壶 63、64. 铜钫 67、68. 鸭首铜方匜 69. 陶屋、圈 70. 陶猪 71、121. 蓝琉璃串珠 73、74. 鎏金四叶花泡钉 75. 陶瓮 76、77. 鸭首铜魁 78. 铜锅 79. 铜鉴 80、81、83、100. 陶壶 82、87、89. 陶提筒、篛盖 84、98. 壶盖 85、86、94、96. 陶罐 88. 陶涌 90、91. 陶鼎 92、99. 陶瓿 101. 铜屋 102—104. 车害 105. 车軎镣 106. 铜帽 107、108. 铜花 110、111. 当卢 109、113、116. 车軏 112、115、117. 衔、镳 118. 铜臼、杵 119、121. 水晶串珠 120. 玛瑙、琥珀穿坠 122. 铜勺

望牛岭一号墓平面示意图

望牛岭1号墓发掘现场

金鸡岭汉墓封土

风门岭M26

文昌塔M34号墓室

干栏式铜仓

跪俑足铜盘

羽纹铜凤灯

龙首三眼铜灶

龙首羽纹铜魁

谷纹高足杯

弦纹玻璃杯

玛瑙水晶饰

贵港墓群

　　位于贵港市港北区贵城街道糖厂至郁江北岸罗泊湾一带及南岸南江村的丘陵坡地上，面积约18.75平方公里。

　　墓葬分布密集，数以千计，多已无封土。自1954年迄今已发掘了汉墓500余座。出土陶器、铜器、金器、铁器、玉器、漆器、滑石器、竹木器、琥珀、玛瑙等质地器物1万余件。其中以罗泊湾一、二号墓规模最大，随葬品最丰富。两墓均为竖穴土坑木椁墓，形制呈"凸"字形，一号墓全长54米。墓道东侧有附葬车马坑，椁室分隔成前、中、后室及12个椁厢，内置3具漆木棺。椁底有7具殉葬木棺和两个器物坑。出土陶、铜、铁、金、银、锡、玉石、玛瑙、琉璃、竹木、漆麻、丝绸等随葬器物千余件。贵县属西汉桂林郡郡冶地，一号墓应属西汉初期桂林郡高级官吏的墓葬。二号墓早年被盗，残存陶、铜、玉、铁、木、金、漆、竹等随葬品约123件，从出土的"夫人"玉印看，墓主可能为桂林郡郡守级官吏的配偶。

　　1963年公布为自治区文物保护单位。

密岭汉墓

梁军垌汉墓

罗泊湾一号墓底殉葬棺

罗泊湾一号墓椁室出露情况

罗泊湾二号墓

罗泊湾二号墓椁室情况

羽人划船纹铜鼓

勾连雷纹铜桶

人面纹羊角纽铜钟

漆绘提梁铜筒

铺首衔环圆底铜盆

十枝扶桑树形铜灯

八孔竹笛

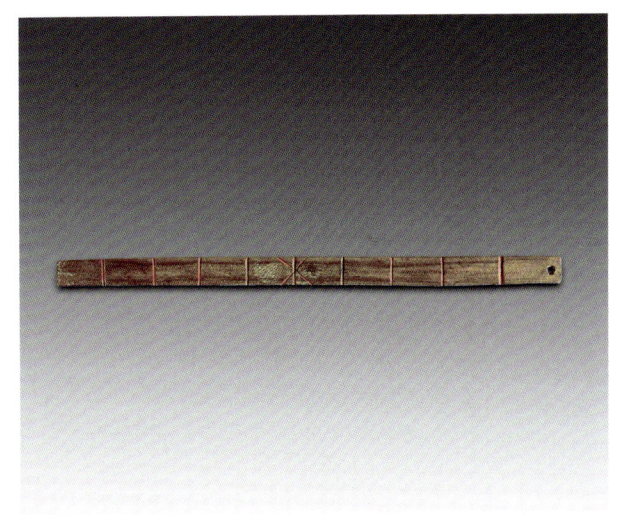

木尺

"从器志"木牍

靖江王府及王陵

　　王府位于桂林市秀峰区秀峰街道广西师范大学内独秀峰下，为明代靖江王朱守谦及其后代的府第。建于明洪武五年至二十六年（1372—1393）。城址平面呈长方形，占地面积约18万平方米。城墙砖石结构，有内外城垣，辟体仁、遵义、端礼、广智四门。城内前有承运门，中为承运殿，后为寝宫，左宗庙、右社坛，后有御苑。自第一代靖江王朱守谦起，沿袭十一代十四王，至清顺治七年（1650）定南王孔有德失陷桂林时止，历280余年。现存王城及月牙池、承运门、承运殿台基及其云阶玉陛和勾栏望柱等。

　　王陵位于桂林市七星区朝阳乡、叠彩区大河乡尧山西南麓，是明历代靖江王及宗室、姻戚的墓地。除第一代王朱守谦及最后两王朱亨嘉、朱亨歆外，其余十一王均葬于此，并附葬宗室、姻戚等墓葬320余座。墓葬区面积约150平方公里。王陵建筑布局均呈平面长方形，最大的占地315余亩，小的仅有69亩。各陵均分为外园和内宫两大部分。外园有朝房、陵门、神道、玉带桥以及石翁仲、石兽、华表等石作；内宫则有中门、享殿、石翁仲和地宫等。地宫为双室券顶结构，有甬道、壁龛。

　　1996年公布为全国重点文物保护单位。

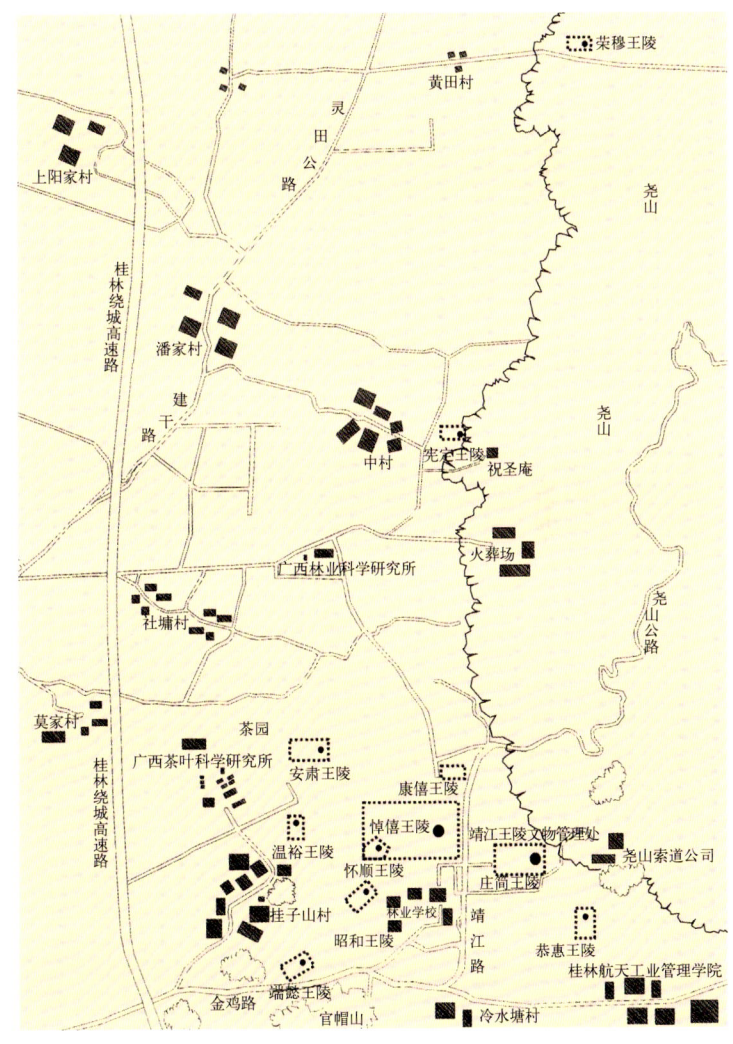

靖江王陵分布图

庄简王陵

昭和王陵

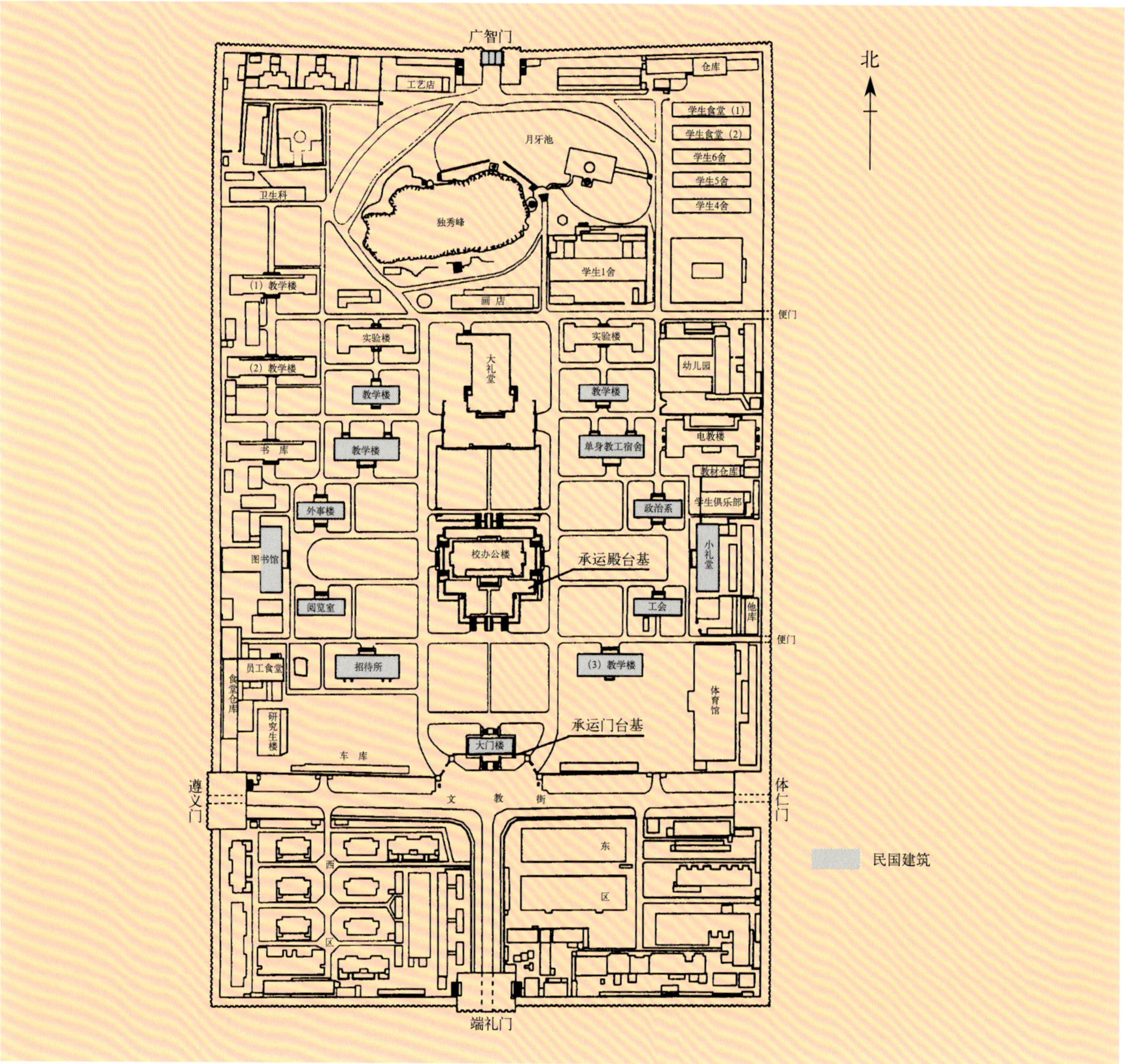

靖江王府现状总平面示意图

温裕王陵

承运门

承运殿云阶玉陛

体仁门

端礼门

独秀峰石刻

凤腾山墓群

　　位于河池市环江毛南族自治县下南乡堂八行政村堂八村西北凤腾山东南坡上，面积2万多平方米。

　　墓群从山脚排向山顶，有大小墓葬600余座，均朝东，墓冢呈圆丘形或方形，有单体或连体墓。墓前大都有牌坊式墓碑与护碑石，碑顶是造型各异的石刻，雕饰各种立体图案，雕刻工艺融合了圆雕、浮雕、镂雕、线雕、阴阳雕等不同的技法，工艺精细。

　　凤腾山古墓群是迄今毛南族规模最大，数量最多，保存较为完整的清代墓群，对研究毛南族的历史有重要的价值。

　　2000年公布为自治区文物保护单位，2013年公布为全国重点文物保护单位。

凤腾山墓群

墓群局部

墓群局部

墓群局部

灵渠

位于兴安县兴安镇、湘漓镇、严关镇及溶江镇区域，又称秦凿渠、陡河、兴安运河，是我国最古老的运河之一。

灵渠开凿于秦始皇二十四年至三十二年（公元前223—前214），历代重大维修36次。全长36.4公里。由铧嘴、大小天平、泄水天平、秦堤及南北两渠、陡门、水涵等设施构成完整的水道工程体系，联结湘江与漓水，沟通了长江和珠江两大水系。自秦至清代，一直是岭南同中原水利交通运输的大动脉，其陡门设施开了近代船闸航运工程的先河。在铧嘴附近南渠岸边有后人纪念开凿、修建灵渠功臣的四贤祠、三将军墓及唐宋以来碑刻多方。

1988年公布为全国重点文物保护单位。

灵渠远景

大小天平

泄水天平

秦堤

湘漓分派碑

南渠

北渠

鸾塘陡

粟家桥

大士阁

　　位于合浦县山口镇永安行政村永安村。建于明成化五年（1469），清道光六年（1826）修缮。初供奉观音大士，故称大士阁，又因大士阁下层通达四衢，因此又称"四排楼"。坐北朝南，木结构，由前、后两座楼阁相连组成，前阁穿斗式构架，后阁为穿斗与抬梁混合木构架，重檐歇山顶，琉璃勾头滴水。整个建筑面阔三间，进深六间，两阁均以三进四椽厅为中心，无廊、无天井，上层嵌木板壁，设镂花边内镶四瓣环形通花或变异回纹形木窗。建筑手法上保留梭柱，角柱侧脚与生起、梁架上有两瓣驼峰、金柱上安园盘斗、斗侧插弯形托脚，出檐深远等，有宋元时期的遗风，是在建筑布局、结构上具有独特风格的建筑。
　　1988年公布为全国重点文物保护单位。

大士阁正立面图

大士阁全景

大士阁正立面

大士阁二层结构

大士阁脊饰

经略台真武阁

　　位于容县容州镇东外街57号真武阁公园绣江河畔。经略台始建于唐乾元二年（759），因唐代诗人元结任容管经略使时所建而得名。经略台为砖石包砌夯筑土台。明洪武十年（1377）在经略台上修建道观，名玄武宫。明万历元年（1573），在台上修建真武阁。明、清期间经6次修缮。坐北朝南，木结构，高三层，檐柱12根，金柱4根，置如意斗拱，穿斗式木构架，重檐歇山顶。脊饰鸟兽，"卐"字曲水和花草配饰。其结构特点是中层金柱以檐柱、角柱为支点，利用出檐、翼角的重量形成杠杆作用，和其他构件的力学作用使4根金柱悬空，这种独特的"杠杆结构"是建筑史上罕见的杰作，被誉为"南天杰构"。1959年，经梁思成先生考察测绘，揭示了其重大价值。清以后，在其周增建前亭、花廊、面面亭等建筑。

　　1982年公布为全国重点文物保护单位。

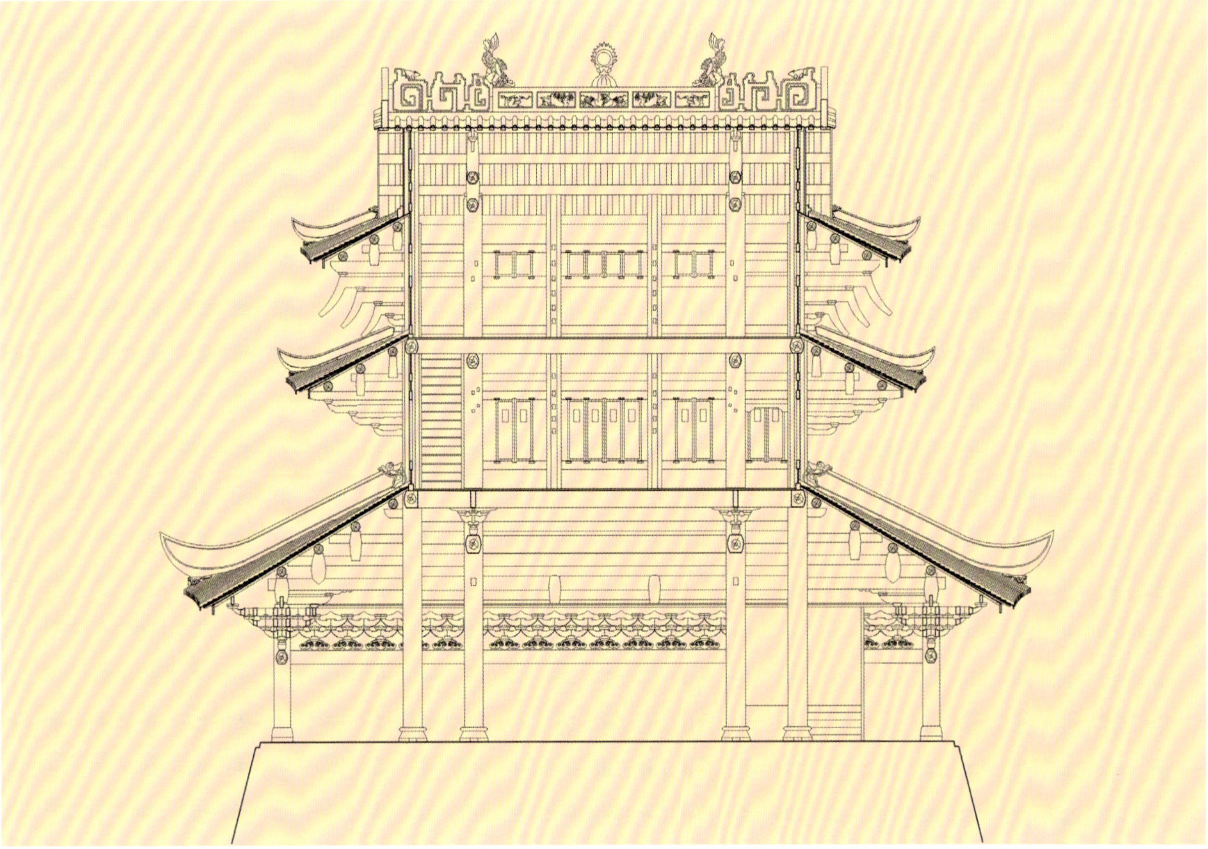

真武阁正立面剖面图

经略台真武阁全景

真武阁正立面

真武阁底层内部结构

真武阁梁架

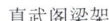

真武阁悬空柱

燕窝楼

　　位于全州县永岁乡石岗行政村石岗村，为该村蒋氏宗祠。始建于明弘治八年（1496），明正德六年（1511）重修，明嘉靖七年（1529）建成牌楼、门楼及后殿，明清两代多次修葺。

　　楼坐西北朝东南，砖木结构，三进院落，由门楼、前座、中座、亭廊、后堂、前后天井及走廊组成。门楼为四柱三间三楼，木结构，小青瓦庑殿顶；明楼大小额枋有龙、狮、卷草浮雕，次楼额枋、垫板有如意八宝。檐下有如意斗拱，明楼、次楼共324个如意斗拱，层层相叠，形似燕窝，故称"燕窝楼"。门楼与前座相连，穿斗式木构架，门两侧有明万历内阁大学士叶向高题木刻楹联；中座为抬梁式木构架；后堂为穿斗与抬梁混合木构架；皆面阔、进深三间，硬山顶。燕窝楼雕刻构图严谨，大量使用圆雕、高浮雕、镂雕技艺，刀工细腻，是艺术价值极高的建筑杰作。

　　2006年公布为全国重点文物保护单位。

燕窝楼门楼立面图

门楼

门楼斗拱

东门城楼

位于柳州市城中区城中街道东门社区曙光东路，为明代柳州府城之东门城楼。

柳州府在明洪武四年（1371）筑土城，洪武十二年（1379），以青砖砌城垣，修门楼、城垛。清光绪元年（1875）重建门楼。城门朝南，明代建筑，料石基础，墙为砖砌，城门洞为券顶，南面门额坊题"东门"，署"洪武十四年四月立"。城楼为二层谯楼，面阔五间，进深三间，有前廊重檐歇山顶，脊饰宝珠、鳌鱼、博古。底层前檐设卷棚顶前廊，后檐以墙承重，穿斗与抬梁混合木构架，梁架饰以花虫鸟兽，底层设木楼梯通二层，二层瓜柱不落地，四壁开方格花窗。

1994年公布为自治区文物保护单位。

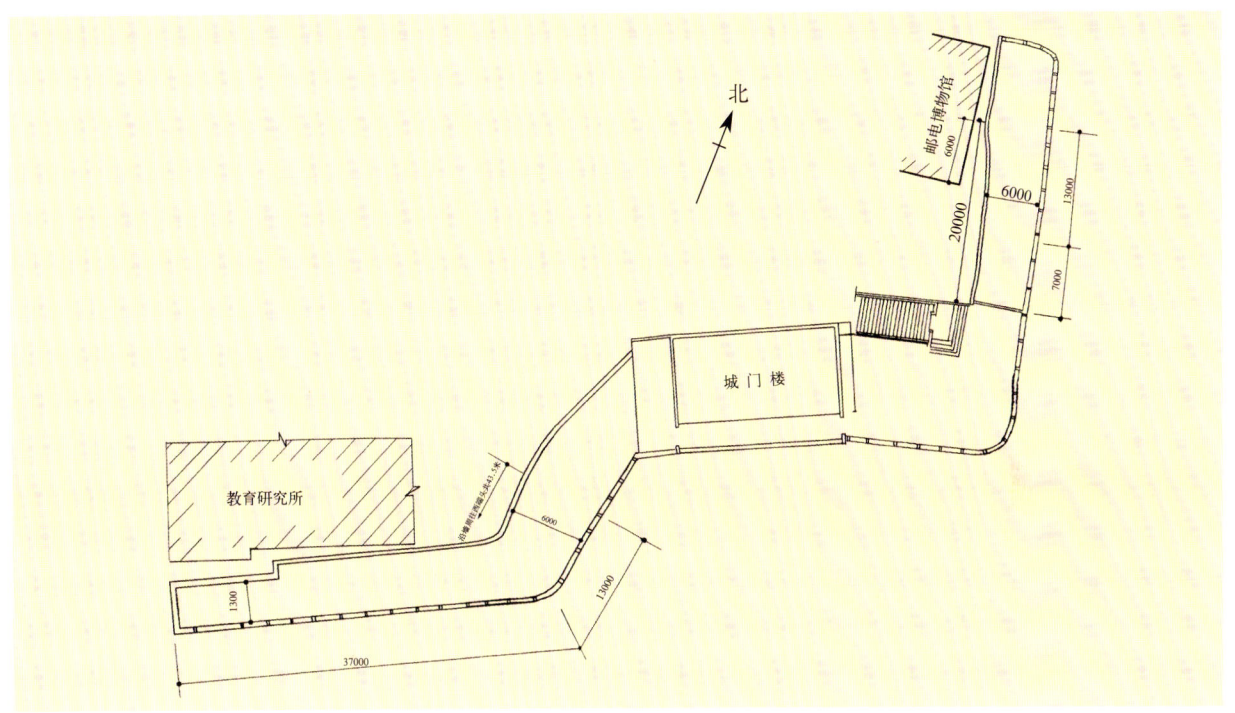

东门城楼平面图

东门城楼

城楼内部结构　　　　　　　　　　　　　　　城楼底层前廊

莫土司衙署

　　位于忻城县城关镇西宁街98号，为明、清时期忻城莫氏土司衙署兼住宅。

　　明万历十年（1582），莫氏第八代土司莫镇威开始兴建衙署，历代土司都有增修。莫土司衙署背靠翠屏山，建筑包括土司衙署、莫氏宗祠、代理土司官邸、大夫第、参军第、三清阁、观戏台、汉堂邸、兵营、练兵场、关帝庙、城隍庙、花婆庙、镇威亭、伴云亭、土司官塘、土司陵园等建筑，形成以衙署为中心的庞大建筑群，占地面积约4万平方米。其中土司衙门为三进院落，砖木结构，中轴线上有照壁、大门、头堂、花廊、二堂、三堂和后苑。两侧配以厢房、花厅等附属建筑。莫土司衙署是研究广西少数民族地区封建典章制度的重要实物资料。现辟为忻城土司博物馆。

　　1996年公布为全国重点保护单位。

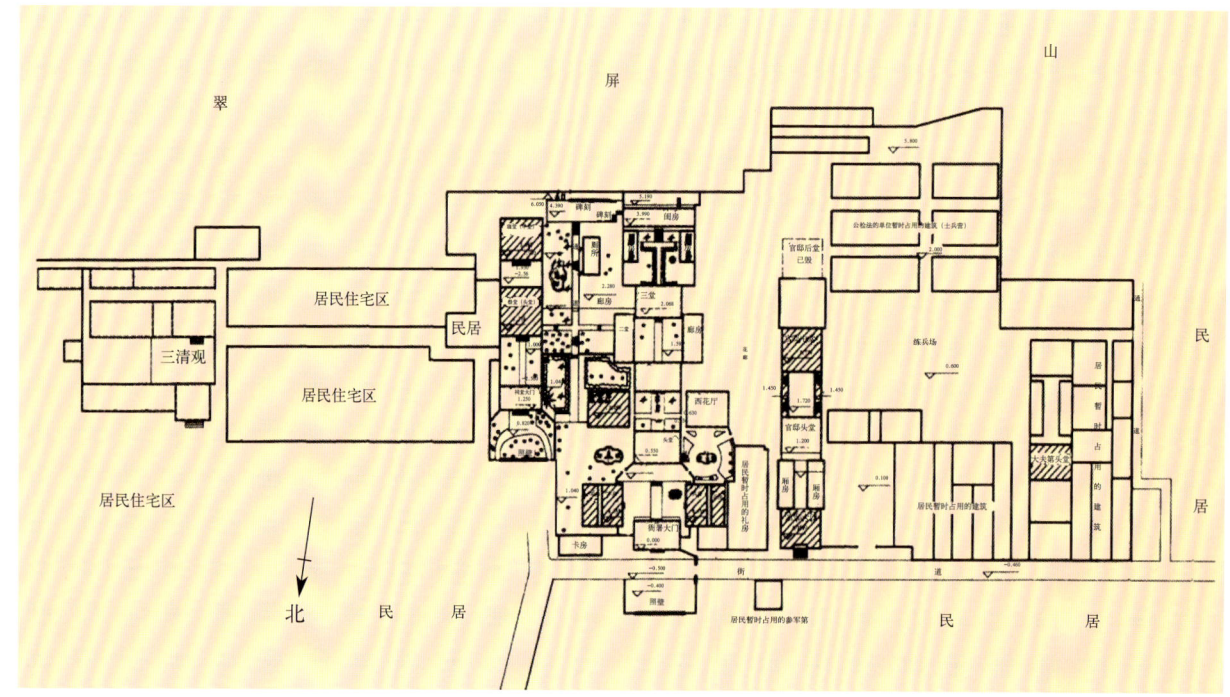

莫土司衙署平面图

莫土司衙署

东花厅

土司办案处

闺房

三星阁

恭城古建筑群

恭城古建筑群包括文庙、武庙、周渭祠、湖南会馆四座建筑。

文庙位于恭城瑶族自治县恭城镇拱辰街西山南麓。始建于明永乐八年(1410)，明、清时期多次重修。清道光二十二年（1842）重建成今之规模。建筑依山势，坐北朝南，中轴线上依次为状元门、棂星门、泮池、状元桥、大成门、露台、大成殿、崇圣祠等建筑。东西两侧对称设礼门、义路、碑亭、厢房、乡贤祠、名宦祠、庑殿、昭文楼、尊经阁等附属建筑。

武庙位于恭城镇拱辰街西山南麓，与文庙相隔50米。始建于明万历三十一年（1603），清康熙五十九年（1720）、同治元年（1862）两度重修。坐西北朝东南，由戏台、雨亭、前殿、正殿、后殿及两侧配殿组成。戏台为穿斗式木构架，重檐歇山顶，内置斗八藻井，后厢为楼阁，硬山顶。

周渭祠位于恭城镇太和街，系纪念北宋监察御史周渭的祠庙。始建于明成化十四年（1478），清雍正元年（1723）重修。现存门楼、正殿、厢房。坐西北朝东南，门楼檐下由座斗、交瓦斗、鸳鸯交手斗等组合的斗拱环环相扣，组成蜂窝状装饰，故又称为"蜜蜂楼"。

湖南会馆与周渭祠相邻，建于清道光十五年(1835)，清同治十一年（1872）重修。由门楼、戏台、前座、回廊、后堂、天井、厢房组成。门楼后连戏台，高三层，穿斗式木构架，明间重檐歇山顶，两次间硬山顶，盖小青瓦。

2006年公布为全国重点文物保护单位。

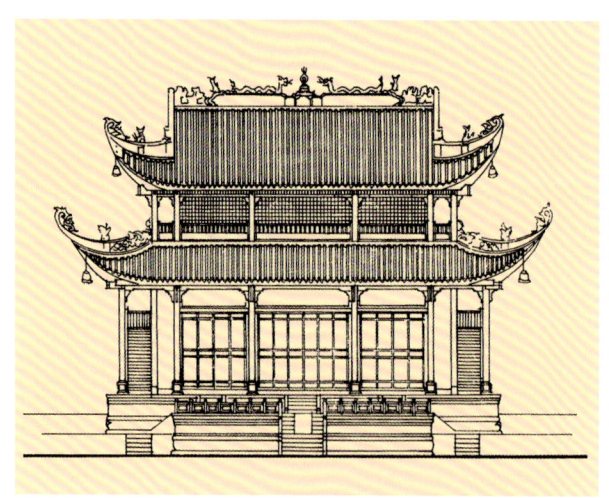

文庙大成殿正立面图

文庙棂星门、泮池、状元桥

恭文庙大成门

文庙大成殿

武庙

武庙大殿

武庙戏台

周渭祠

周渭祠正殿

周渭祠门楼如意斗拱

湖南会馆

湖南会馆前座

湖南会馆雀替

湖南会馆戏台

马殷庙

位于富川瑶族自治县朝东镇福溪行政村福溪村，系祭祀五代十国时期楚国国王马殷的建筑，由马楚都督庙、马楚大王庙和钟灵风雨桥组成。

马楚都督庙，供奉马殷的武官相。始建于明永乐十一年（1413），明弘治十三年（1500）、清康熙十五年（1676）重修。经清康熙十五年（1676）、清嘉庆十一年（1806）修缮，至清同治六年（1867）扩建，始成如今之规模。由大殿、戏坪和戏台组成。大殿由前、后两殿和中间的连廊及抱厦等构成"凹"字形，穿斗与抬梁混合木构架，殿内有落地与悬柱共124根，外檐吊柱，百柱林立，故又称百柱庙。

马楚大王庙始建于明洪武二十五年（1396），清代多次修缮。清道光二十八年（1848）迁至现址，今存庙殿和戏台。庙殿由主殿和附殿构成，穿斗式木构架，硬山顶。月梁驼峰上均置平盘头，雀替为镂雕。

钟灵风雨桥在福溪河上，各距马楚都督庙、马楚大王庙90米，始建于清光绪三十二年（1906），东北—西南走向，为两台两墩三孔木廊桥，桥两端砌牌坊式门枋。

马王庙建筑群是南方瑶族地区保存最完整、年代最早、规模最大的古建筑，做法具有浓郁的瑶族建筑特色，且构件带有较多宋式风格。

2006年公布为全国重点文物保护单位。

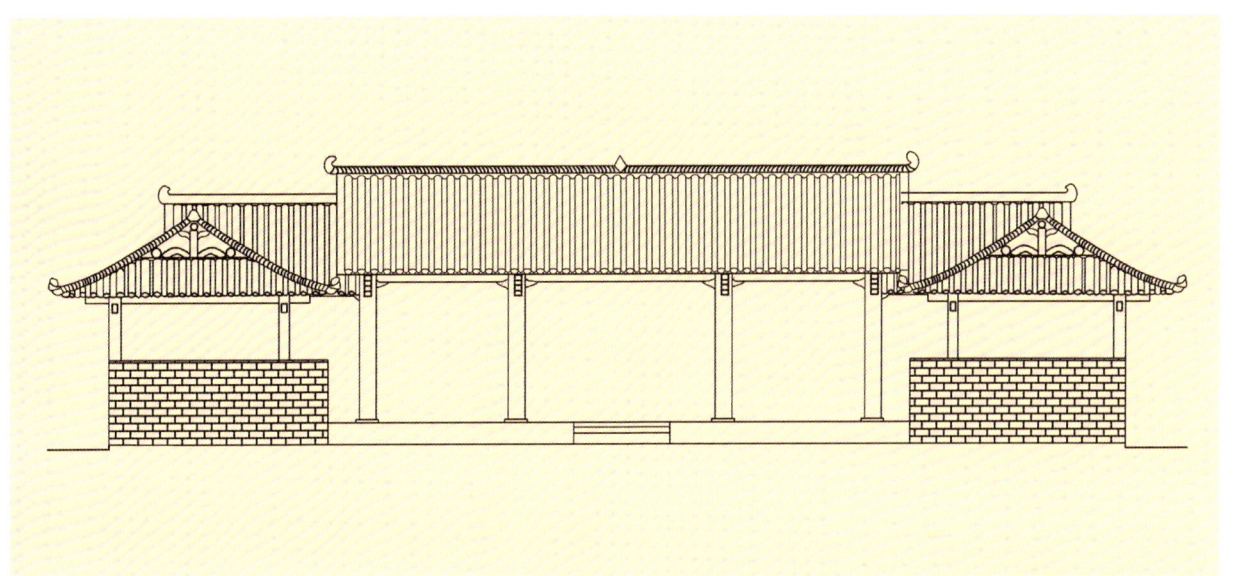

马楚都督庙正立面图

马楚都督庙正立面

马楚都督庙内部梁架结构

马楚都督庙戏台

马楚大王庙

马楚大王庙梁上彩绘

钟灵风雨桥

钟灵风雨桥内部结构

富川瑶族风雨桥

位于富川瑶族自治县朝东、城北、麦岭三（乡）镇的河道溪流上，在当地又称"石墩风雨桥""石拱风水凉桥"等。

明万历三十年（1602）至清光绪年间（1875—1908），共修建风雨桥29座，历代均有维修，现保留完整的有27座，始建于明代的有回澜风雨桥、朝阳风雨桥等8座，建于清代的有回龙风雨桥、东辕风雨桥等19座。其中石拱桥6座，石梁桥10座，木梁桥11座，单孔至五孔，最长的达30米，最短的仅有6米。桥宽在3至6米之间，桥上为木结构或砖木结构的桥廊、桥亭、歇山顶或悬山顶。有的桥亭用砖墙将两侧封闭，有的为楼阁式，高二三层。以穿斗式木构架为主，有的使用穿斗和抬梁混合木构架，桥头的两端多以山墙封堵，部分桥的两侧有引桥。

富川瑶族风雨桥，是广西瑶族地区保存最完整、年代最早、保存最集中的瑶族风雨桥群。其用材讲究，工艺精湛，是广西瑶族地区独有的一种桥梁形式。

1994年公布为自治区文物保护单位，2013年公布为全国重点文物保护单位。

回澜风雨桥

青龙风雨桥

石漕回龙风雨桥

永济福风雨桥

黄侯泉风雨桥

毛家青龙风雨桥

伏波庙

位于横县云表镇六河行政村龙门塘屯西南郁江乌蛮滩北岸。始建年代不详，北宋庆历年间（1041—1048）、明洪武初（1368）、清康熙三十七年（1698）、清雍正三年（1725）皆重修。坐北朝南，砖木结构。三进院落，包括钟鼓楼、牌楼、前殿、回廊、祭祀亭、厢房、中殿、连廊、后殿、耳房等。主体建筑面阔五间，进深二间，穿斗与抬梁混合木构架。前殿硬山顶，中殿歇山顶，其余悬山顶，小青瓦屋面。牌楼、祭坛、后殿已毁。是岭南两广纪念马援的祠庙中规模较大的一座。

1994年公布为自治区文物保护单位，2013年公布为全国重点文物保护单位。

伏波庙

钟楼

门楼

正殿

回廊浮雕

和里三王宫

位于三江侗族自治县良口乡和里行政村欧阳寨南约200米双溪交汇处,为祭祀古夜郎国三王子而建。

三王宫始建于明嘉靖年间(1522—1566),清乾隆三年(1738)扩建,道光至同治年间(1821—1874)曾进行过三次维修。建筑由三王宫、人和桥组成。三王宫现存宫门、戏台、走廊、中门、神宫及偏舍等。人和桥横跨宫前的溪水,始建于清光绪二十一年(1895)。单孔砖拱木廊桥,三亭十二间,长48.9米,中央桥亭为四重檐攒尖顶,两端桥亭为四重檐歇山顶。

和里三王宫是清代湘、桂、黔侗族地区纪念和祭祀夜郎王三王子的祠堂,对研究西南古夜郎的历史及西南地区民族关系史具有重要的历史价值。

2009年公布为自治区文物保护单位,2013年公布为全国重点文物保护单位。

戏台

和里三王宫远景

灵川县江头村和长岗岭村古建筑群

　　江头村属九屋镇江头行政村。该村历史悠久，现存明、清至民国时期的建筑100余座，包括民居、水井、祠堂、巷道、牌坊、桥梁、庙宇、香火堂等。以民居数量多，布局规整有序，传承脉络清晰，多保存完整。村中巷道、民居错落分布，建筑各式格扇雕花玲珑剔透，处处折射出北宋理学家周敦颐的理念，显示出积淀深厚的历史文化。主要建筑有爱莲家祠、太史第、五代知县宅、进士宅院、奉政大夫第、同知府第、军功六品宅、闺女楼、通奉大夫第、解元第、按察使第、盐大使宅等。

　　长岗岭村属灵田乡长岗岭行政村，地处桂北通往梧州、广州最便捷的通道，明代就有不少商人在此开设商铺。该村保留有明、清、民国时期的建筑60余座，有建于明万历中期的莫府老院、莫家新大院、陈家大院，清康熙年间（1662—1722）的"卫守府"官厅，建于清道光年间（1821—1850）的"莫氏宗祠""五福堂"公厅等。

　　2006年公布为全国重点文物保护单位。

江头村爱莲家祠

江头村闺女楼

江头村五代知县宅

江头村护龙桥

长岗岭村古民居

长岗岭村莫氏宗祠

长岗岭村卫守府　　　　　　　　　　　　　　长岗岭村太白亭

大芦村古建筑群

位于灵山县佛子镇大芦行政村大芦村，面积3.5万余平方米。

建筑群建于明嘉靖二十五年至清同治二年（1546—1863）间，主要有四美堂、三达堂、双庆堂、东园别墅、东明堂、蟠龙堂、陈卓园、杉木园、富春园和劳克中公祠共10处明、清建筑，保存完整。建筑构件雕刻及绘画精美，保留有古匾17方和300多副传世楹联，反映修身、持家、创业、劝学、报国等积极向上的内容，文化内涵丰富。四美堂、三达堂、双庆堂和东园别墅这四个院落，集居住、防卫、聚会等多种功能于一体。

大芦村古建筑群环境优美，依就地势，参差错落。建筑构件雕刻工艺讲究，内容丰富。建筑内的清代牌匾楹联，反映出大芦村明清以来积淀的深厚文化和宗亲观念特征。

2009年公布为自治区文物保护单位，2013年公布为全国重点文物保护单位。

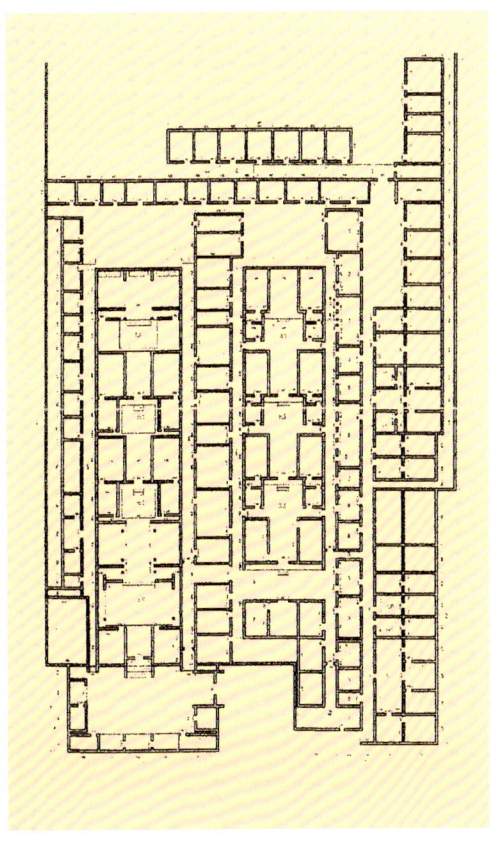

东园平面图

东园正立面图

四美堂平面图　　　　　　　　　　　　　东园别墅平面和正立面图

大芦村古建筑群远景

东园别墅

四美堂"镬耳楼"

刘永福、冯子材旧居建筑群

位于钦州市区。建筑群包括刘永福旧居、冯子材旧居。

刘永福旧居原名三宣堂，位于钦州市钦南区文峰街道板桂街10号。建于清光绪十七年（1891）。砖木结构，庭院式布局，包括门楼（头门、二门、炮楼）、照壁、主座（前座、前花厅、中堂、后花厅、祖厅及天井）、廊房、谷仓、书房、戏台及暗道、碉楼等，共有大小楼房119间，还有花园、菜园、果园、鱼塘、晒谷场等设施。占地面积约2.27万平方米。

冯子材旧居原名宫保府，位于钦南区南珠街道白水塘社区白水塘。建于清光绪元年（1875）。包括主体建筑和三山一水一田，占地面积1.5万平方米。主体建筑坐北朝南，庭院式，前有门楼、明堂。后面并列三排三进院落共9座27间，包括门厅、前厅、后厅、天井及厢房、书房、马厩。三山一水一田范围内建有六角亭、三婆庙、珍赏楼、书房、虎鞭塔、花园、果园、鱼塘等，但多已毁。

刘永福（1837—1917）、冯子材（1818—1903）是中国近代史上著名的爱国英雄，在中法战争中，冯子材以东线、刘永福以西线之兵共同抗击法军，演绎了悲壮的历史篇章。

2001年公布为全国重点文物保护单位。

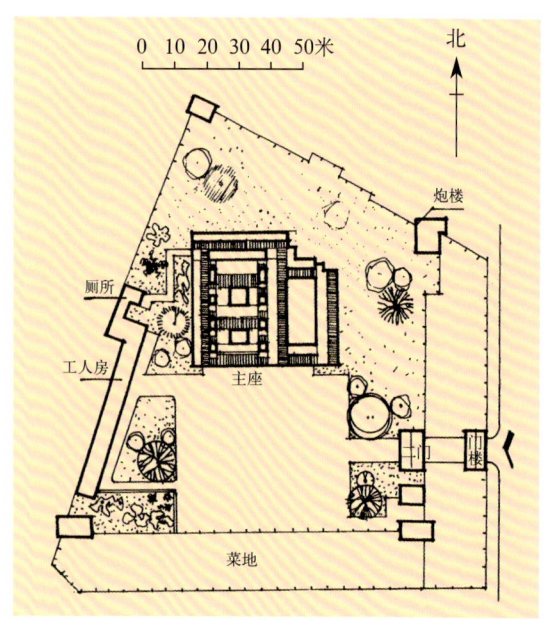

刘永福旧居平面图

刘永福旧居门楼

刘永福旧居北廊房

刘永福旧居主座

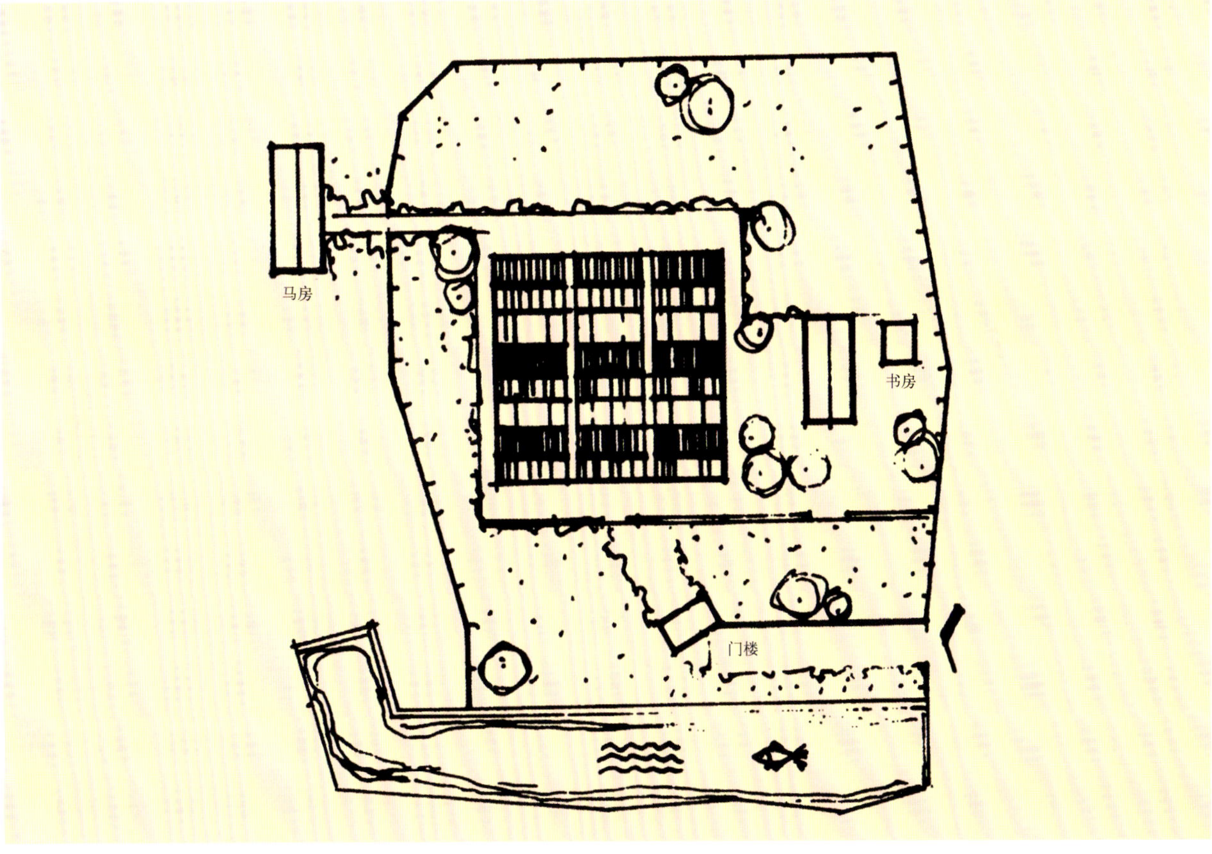

冯子材旧居平面图

冯子材旧居大门

冯子才旧居主座

西林岑氏家族建筑群

位于西林县那劳乡那劳行政村那劳屯，面积约4万平方米。

明弘治年间（1448—1505）上林（今西林）长官司土司岑密始建，经其后裔清代云贵总督岑毓英及兵部尚书署理两广总督岑春煊父子维修、扩建后形成的岑氏家族建筑群。包括明代岑氏土司府、岑怀远将军庙以及清代炮楼、宫保府、增寿亭、荣禄第、南阳书院、思子楼、岑氏宗祠、佛母房（已毁）、孝子孝女牌坊、围墙、南北闸门等。岑氏家族建筑群依山而建，依地形地势分布在村落的山坡不同位置上，体现了壮族传统民居布局上因地制宜，灵活多变的特点，是桂西、桂西北壮族地区保存规模最大、延续时间最长、保存最为完整的壮族建筑群。

1994年公布为自治区文物保护单位，2013年公布为全国重点文物保护单位。

西林岑氏家族建筑群远景

宫保府

岑氏宗祠

荣禄第

南阳书院

思子楼

增寿亭

孝子孝女牌坊

惠爱桥

位于廉州镇惠爱路西门江上。

又称金肃门桥、西门桥、旧桥。始建于明正德年间（1506—1521），后多次重修。现桥为清宣统元年至二年（1909—1910）重建。其特点是采用木构三角桁架梁（两榀并列）桥身，当地俗称为三铰拱结构。各节点与吊杆顶心共凿有6个小方孔盛放桐油以渗入木头防裂防腐。在我国传统桥梁中较为少见。

2009年公布为自治区文物保护单位，2013年公布为全国重点文物保护单位。

惠爱桥

惠爱桥桥面

花山岩画

位于宁明县城中镇耀达行政村耀达屯东北约500米明江东岸，又称宁明花山岩画。

岩画画面高距江面约30—90米，画面长172米，高约40—50米，面积8000多平方米。可辨图像1900多个，呈赭红色，以曲肘举手半蹲的正、侧身人像为主体，间有动物、铜鼓、太阳、刀、剑、羊角纽钟、船、道路等图像，是广西左江流域战国至东汉时期骆越人的遗迹。

广西左江岩画群分布于左江流域的凭祥、龙州、宁明、崇左、扶绥、大新等市、县境，连绵200多公里，共发现战国至东汉时期的岩画点80处，宁明花山岩画是左江岩画群的代表。

1988年公布为全国重点文物保护单位。

花山远景

岩画局部

岩画局部

岩画局部

岩画局部

岩画局部

岩画局部

桂林石刻

　　位于桂林市。桂林石刻包括摩崖石刻和摩崖造像，以摩崖石刻为主，分布于市区或近郊的普陀山、伏波山、叠彩山、月牙山、龙隐岩龙隐洞、南溪山、鹦鹉山、虞山、象鼻山、独秀峰等30余处名山洞府。

　　桂林石刻始于东晋，兴于唐，盛于宋，繁于明清，现存唐至清代摩崖石刻近2000方，其中唐代石刻28方，唐代造像149龛484尊，五代石刻1方，宋代石刻484方，宋代造像26龛101尊，元代石刻30方，明代石刻352方，清代石刻478方，年代不详的石刻117方，是全国摩崖石刻最多的地方。石刻文体有题铭、题记、诗词曲赋、赞颂歌铭、论说评议、序跋书札、诏令散文、告示执照、乡规民约、墓碑墓志、地券契据、楹联榜书、格言古语、书目医方、经文偈句等。内容包括情语故事、历史纪事、军事记功、抨击时弊、文化教育等，书体篆、隶、行、草俱全。造像多为佛教内容，时代以唐宋为主。桂林石刻集中反映了桂林乃至广西地区政治、军事、经济、文化发展的历程。

　　2001年公布为全国重点文物保护单位。

龙隐岩龙隐洞石刻

叠彩山风洞石刻

普陀山栖霞洞石刻

隐山北牖洞石刻

虞山韶音洞石刻

伏波山还珠洞摩崖造像

骝马山摩崖造像

柳侯祠碑刻

位于柳州市城中区公园街道文惠路柳侯公园内柳侯祠内。

祠内外共存有南宋至现代有关柳宗元史迹及柳侯祠沿革的碑刻42方。有南宋嘉定十年（1217）"荔子碑"、元至元三十年（1293）造像记、元至大二年（1309）《柳州路重建灵文庙记》、清康熙五年（1666）《重修罗池庙记》、清乾隆二十九年（1764）《重建柳刘二公合祠碑记》等，都是史料价值和艺术价值都很高的碑刻精品。其中"荔子碑"集唐宋八大家之"韩（愈）赋，苏（轼）字，柳（宗元）事"于一体，史称"三绝碑"。

柳侯祠始建于唐长庆二年（822），是全国最早纪念柳宗元的祠庙，后经历代修建，附属建筑有柳宗元衣冠墓、亭祠、轩等。

2006年公布为全国重点文物保护单位。

柳侯祠远景

南宋嘉定十年苏东坡荔子碑

元至大二年柳州路重修灵文庙记

元至元二十六年柳州路文宣王庙碑

元至元三十年柳宗元像跋

清康熙五年重修罗池庙记

明计宗道荔子碑

百寿岩石刻

位于永福县百寿镇东岸行政村东岸屯东面百寿岩。

又称夫子岩，因宋代知县史渭书刻由百个异体小"寿"字组成一大"寿"字于岩壁而得名。现存宋至民国摩崖石刻18方，其中宋代5方，元代3方，明代5方，民国2方，佚年3方。内容有记事、题名、题诗、题榜等。重要的石刻有宋代知县史渭"寿"字，长1.75米，宽1.48米，笔画中阴刻真、楷、草、隶、篆各体小"寿"字100个。元代赵孟頫的"宁寿"榜书，明隆庆五年（1571）广西总兵俞大猷"古田纪事碑"及诗刻，碑文记载明王朝派兵镇压广西韦朝武、韦银豹起义经过。这些摩崖石刻都具有较高艺术和历史价值。

1981年公布为自治区文物保护单位，2013年公布为全国重点文物保护单位。

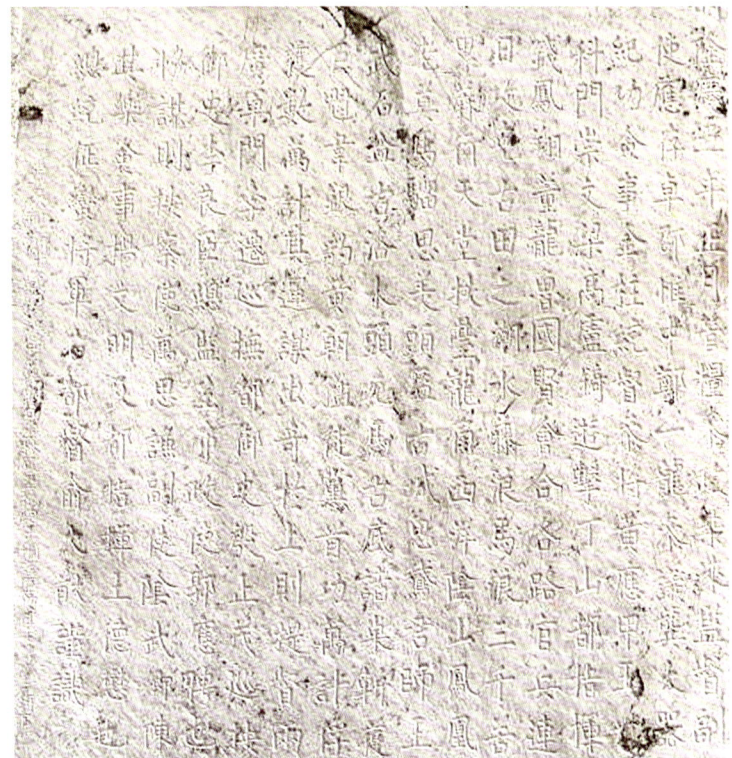

古田纪事碑

百寿岩摩崖石刻

会仙山摩崖石刻

位于宜州市庆远镇白龙公园内会仙山。

有宋代徐嘉宾、岳和声、张自明、史少南，明代张烜、彭举、胡智、孔孺、刘良彦、蔡文、郭子卢，清代杨彪、昭沈、石达开等人的摩崖石刻70余方。

重要的有宋代"五百罗汉名号碑"，刻于元符戊寅年（1098），比"江阴军乾明院罗汉尊号石刻"早36年，是全国现存最早的五百罗汉名号碑。还有婺州双林寺善慧大士"化迹应现图"、徐嘉宾"述职碑"等。最著名的为太平天国翼王石达开等唱和诗刻，是全国仅存的太平天国诗文石刻。

会仙山摩崖石刻对研究桂西北佛教文化传播历程和太平天国历史有重要的价值。

1994年公布为自治区文物保护单位，2013年公布为全国重点文物保护单位。

会仙山远景

太平天国翼王石达开唱和诗刻

五百罗汉名号碑

太平天国金田起义地址

位于桂平市金田镇金田行政村金田村西犀牛岭。

金田村地处大瑶山西南坡的紫荆山下，紫水环抱，村后犀牛岭有土筑营盘。1851年1月11日，洪秀全等领导2万余会众聚集金田犀牛岭营盘揭竿起义，揭开了震惊中外的太平天国运动的序幕。犀牛岭营盘平面呈长方形，周绕夯土围墙，墙残高3.6米，底厚7.5—14米，东墙中段开一门，中央筑圆形平台，台旁有拜旗石。南面营盘出入口墙外有壕堑和演武场。西北面有收藏起义武器的犀牛潭。1980年在犀牛岭脚修建的金田起义文物陈列室保存有关于起义的历史资料。

1961年公布为全国重点文物保护单位。

金田村远景

营盘遗址

演武场遗址

收藏武器地点犀牛潭

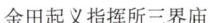

金田起义指挥所三界庙

冯云山传教处

太平天国永安活动旧址

位于蒙山县蒙山镇民主街32号及县城周边乡镇。

包括蒙山镇民主街32号东王府（武庙）、西城墙、瞀井、莫家村冯云山指挥所旧址以及蒙山镇周边乡镇的东西炮台、十里长墙、太平军圣库遗址、太平军营盘、清军围攻永安的营盘、古苏冲（玉龙关）战场、三冲歼敌战场、天平坳战场等共26处遗存。1851年9月25日，太平军攻占永安州，开始了太平天国封王建政，在东王府（武庙）颁布了《分封五王诏令》等诏令、诏书，确定官制，奠定了天朝政权的基础。为保卫永安州，太平军依托城周山形水势，在东自古苏冲口，西至栾岭，北起龙眼塘，南到水秀村，方圆约400平方公里范围内修筑长墙寨棚、炮台、营垒，设置外围防线，分兵据险驻守，在古苏冲玉龙关、三冲、天平坳等地与清军展开激战。经过长达八个多月的斗争，至1852年4月8日，太平军永安突围，挥戈北上。

永安州城是太平天国起义军首夺的第一座城池，太平天国在永安活动旧址以其特有的历史地位和价值，见证了中国近代史上波澜壮阔的的太平天国运动。

2006年公布为全国重点文物保护单位。

太平天国永安活动旧址分布图

洪秀全封王发布诏令处

东王府（武庙）

永安州西城墙

太平军处决州官之瞽井

十里长墙

南王冯云山指挥所旧址

中营岭圣库遗址

仙台岭营盘

太平天国诏令碑廊

连城要塞遗址和友谊关

连城要塞和友谊关位于北海市、防城港市、东兴市、宁明县、凭祥市、龙州县、大新县、靖西县、那坡县的中越边境线上中国边境的一侧，全线长1000余公里。为晚清广西提督、边防督办苏元春督修的边境防御军事设施，始于清光绪十一年（1885），止于光绪二十四年（1898）。

连城要塞也称垒城，因炮台、碉台之间多以城墙相连，故又被誉为"南疆小长城"。要塞以凭祥市西南的友谊关为前沿，凭祥市、龙州的大、小连城提督行署为全边军事指挥中心的大本营，指挥东、西两翼中越边境沿线的炮台、碉台165座，关隘109处，关卡66处，构成气势宏伟的军事防御体系，是清末我国南疆边境抵御外敌的牢固长城，具有极其重要的价值。

友谊关位于凭祥市友谊镇卡凤行政村卡凤村东南，是中越边境主要关口。关始建于汉朝，原名雍鸡关，又名大南关、界首关。明代先后称鸡陵关、镇夷关、镇南关，清代沿称镇南关，1953年更名为睦南关，1965年命名为友谊关。友谊关建筑包括关楼、城墙、左辅山炮台（镇关炮台）、右辅山炮台（金鸡山炮台）、清末广西全边对讯署及大清国万人坟等。关坐北朝南，料石城墙，拱形城门，门额嵌陈毅元帅书"友谊关"石匾。在友谊关发生过震惊中外的镇南关大捷、孙中山领导的镇南关起义以及中国人民解放军将红旗插上镇南关标志广西全境解放等重大历史事件。

2006年公布为全国重点文物保护单位。

大连城炮台及城墙

大连城白玉洞及石刻

大连城兵营

大连城叫弯山雕台局部

小连城镇龙一大炮台

保元宫玉阙门楼

大新县靖边城

友谊关

友谊关法式楼

友谊关城墙

友谊关左辅山炮台

友谊关右辅山炮台

广西农民运动讲习所旧址

位于东兰县武篆镇巴学行政村干孟屯拉甲山。

旧址所在岩洞原名北帝岩，后改名列宁岩。洞口朝北，高距地表约50米，岩洞内地面平坦，有长约300米的隧道直通后山，是能攻能守的战略要地。1925年11月，广西农民运动领袖韦拔群（壮族）在此创办广西第一个农民运动讲习所，传播马列主义。岩内设置教室、图书室、俱乐部、宿舍、厨房等。广西农民运动讲习所培养了右江地区10多个县的进步青年276名，学员们回到各地后，向群众宣传马列主义，组织农民协会和农民武装，开展革命斗争，使广西右江地区的农民运动蓬勃发展起来，成为全国农民运动的中心之一，为邓小平领导百色起义，创建红七军和右江革命根据地打下了基础。

2006年公布为全国重点文物保护单位。

广西农民运动讲习所旧址远景

广西农民运动讲习所旧址内景

广西农民运动讲习所旧址内景

中国工农红军第七军、第八军军部旧址

中国工农红军第七军军部旧址位于百色市右江区百城街道解放街39号。

1929年12月11日，邓斌（小平）、张云逸率广西警备第四大队及教导总队，与韦拔群、陈洪涛领导的农民自卫军在百色举行武装起义，建立红军第七军，军部和前委设在粤东会馆。旧址建于清康熙五十六年（1717），坐西朝东，三进院落，包括门楼、中座、后座、天井、庑廊、厢房等。1978年8月邓小平为旧址题名"中国工农红军第七军军部旧址"，1988年江泽民总书记为旧址题词"百色起义的英雄业绩光照千秋"。

中国工农红军第八军军部旧址位于龙州县龙州镇新街19号。1930年2月1日，邓斌（小平）、李明瑞、俞作豫、严敏、何世昌、袁振武等率领广西警备第五大队在龙州举行起义，成立红军第八军和左江革命委员会。军部设在商人梁德祥别墅。邓斌（小平）任红七、八军总政治委员，李明瑞任红七、八军总指挥。旧址建于民国初，原为商人梁德祥别墅及"瑞丰祥"钱庄，别墅坐北向南，为法式三层平顶楼房。

1988年公布为全国重点文物保护单位。

邓斌（小平）

李明瑞

张云逸

俞作豫

中国工农红军第七军军部旧址

中国工农红军第七军军部旧址内景

中国工农红军第七军军部旧址警卫营房

中国工农红军第七军政治部旧址

中国工农红军第八军军部旧址

左江革命委员会旧址

"瑞丰祥"钱庄

右江工农民主政府旧址

位于田东县平马镇南华路1号。

1929年12月11日，右江各县第一届工农兵代表大会在思隆县（今田东）平马镇召开，选举产生了工农民主政府第一届执行委员，12日，召开庆祝红七军和右江苏维埃政府成立万人大会。政府机关设在平马镇。旧址原为清光绪三年（1877）修建的经正书院，辛亥革命后改为经正学堂。为砖木结构三进院落，由大门、中座、后厢、天井、厢房组成。主体建筑面阔三间，清水墙，穿斗式木构架，悬山顶，灰塑翘脊，盖小青瓦。1977年邓小平题名"右江工农民主政府旧址"。现辟为右江革命纪念馆。

1996年公布为全国重点文物保护单位。

韦拔群

右江工农民主政府旧址

右江工农民主政府旧址内景

右江工农民主政府旧址营房

红军标语楼

位于河池市金城江区河池镇河池街28号。

1930年，红军第七军向黔桂边区进发，3、5、10月三次进驻河池，军部宿营于此。11月初，红七、八军在这里进行整编，并在此召开红七军第一次党代会。在此期间，邓斌（小平）、张云逸、李明瑞等在此下榻。

旧址原为县城凤仪小学校长吴自若住宅，建于1926年，坐北朝南，砖木结构，三进院落。主体建筑为夯土墙，木构架二层楼房。红军进驻时曾在屋内墙壁上书写了许多标语，画了一些漫画，以第二进的楼上最为集中。现存当年红七军红八军总指挥部、总指挥部士兵委员会、第二纵士兵委员会留下的标语55条、漫画6幅，书画面积达90余平方米。标语的内容很丰富，涉及中国共产党的性质与纲领，革命任务、对象与前途，红军的性质和纪律等。

2006年公布为全国重点文保护单位。

红军标语楼

军医处

红军标语及漫画

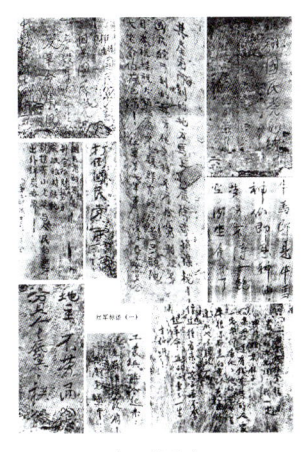

红军标语

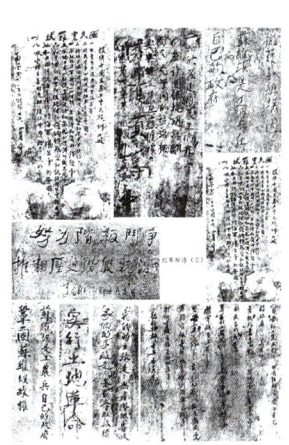

红军标语

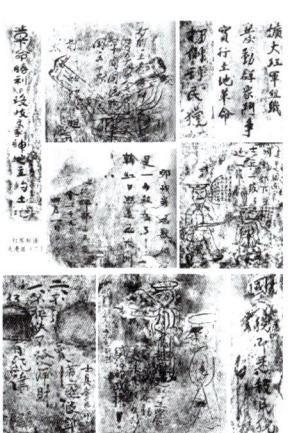

红军漫画

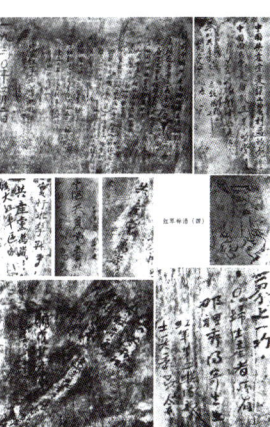

红军漫画

湘江战役旧址

位于广西桂林北部的兴安、全州、灌阳三县交界区的湘江两岸。

1934年11月，中国工农红军突破敌人设置的三道封锁线进入广西，敌人精心布置了第四道湘江封锁线以及30万兵力五路大军，进行围追堵截。11月25日至12月2日，红军在兴安光华铺、全州脚山铺、灌阳新圩一带与敌军展开了激烈的战斗，并分别从兴安界首、全州大坪、屏山、凤凰嘴、灌阳文市等几个渡口强渡湘江，突破了第四道湘江封锁线，粉碎了敌人企图全歼红军于湘江东岸的计划。湘江战役旧址体现了当年中央红军血战湘江、突破敌人第四道封锁线等重大历史事件的全过程。

旧址包括兴安县光华铺、全州县脚山铺、灌阳县新圩3个阻击战场旧址，兴安县界首、全州县大坪、屏山、凤凰嘴、灌阳县文市灌江5个渡江渡口旧址，以及中央机关渡江指挥部——兴安界首"三官堂"、红三军团新圩阻击战指挥部——灌阳水车乡"九如堂"、兴安县界首中央机关驻扎地旧址"红军街"、灌阳县新圩战场救护所旧址下立湾蒋家祠堂、红军烈士墓等16处遗址。

2006年公布为全国重点文保护单位。

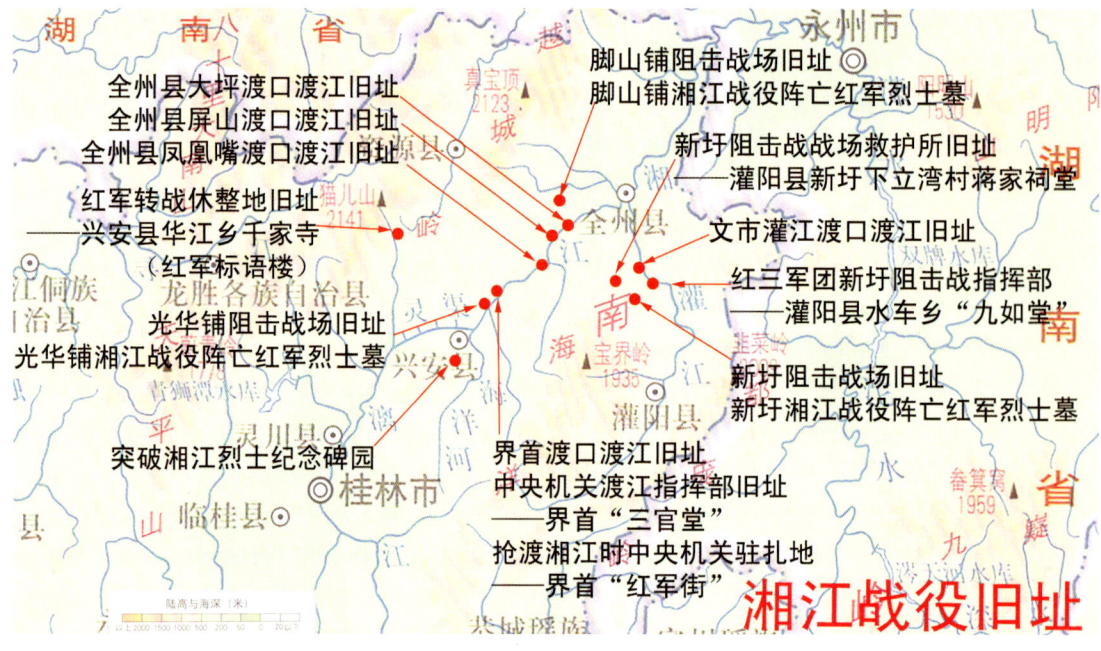

湘江战役旧址分布图

中央机关渡江指挥部旧址兴安界首红军堂

新圩阻击战战地救护所旧址灌阳县新圩下立湾村蒋家祠堂　　　　红三军团新圩阻击战指挥部灌阳水车乡九如堂

八路军桂林办事处旧址

位于桂林市叠彩区叠彩街道中山北路14号、灵川县定江镇宝路行政村路西村。全称国民革命军第十八集团军驻桂林办事处。

1938年11月中旬成立，同时在灵川县定江镇路西村设立办事处物资转运站、救亡室、电台室，1941年1月撤回延安。是抗日战争时期中国共产党领导的八路军、新四军设在桂林的公开办事机构，同时又是中共中央南方局派出的办事机构，负责为八路军、新四军转运抗日军需物资和人员，联络南方各省及香港、南洋各地中共组织，团结各阶层爱国人士建立和发展抗日民族统一战线，领导桂林等地的抗日文化运动。

旧址原为"万祥坊"。坐东向西，砖木结构，二进院落，由前楼、庭院、厢房、后楼等组成，前楼为办事处驻地，后楼为房东酿酒之坊。1944年毁于战火，1967年修复，1977年旧址辟为八路军桂林办事处纪念馆。物资转运站、救亡室旧址原为路西村莫氏宗祠，坐北朝南，砖木结构，两进院落，附近设有电台室。

1996年公布为全国重点文物保护单位。

李克农

八路军桂林办事处旧址　　　　　　　　　　　办事处旧址内景

李克农卧室兼办公室

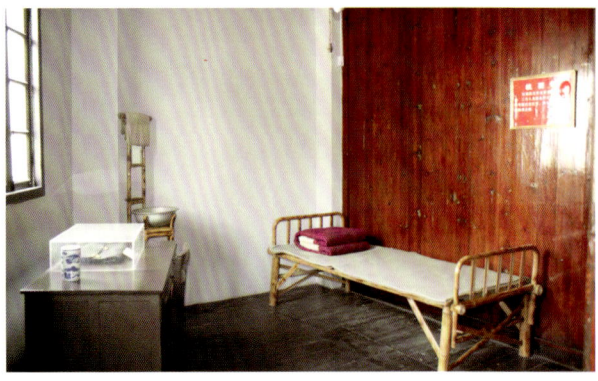

机要室

救亡室旧址——莫氏宗祠

电台室

周恩来使用过的公文包

周恩来使用过的钢笔

李克农使用过的相机

李宗仁故居及官邸

　　李宗故居位于临桂县两江镇信果行政村浪头村。李宗仁官邸位于桂林市象山区象山街道文明路16号。

　　李宗仁（1891—1969），字德邻，广西临桂县两江镇人，民国桂系首要人物。抗日战争爆发后任第五战区司令长官兼安徽省主席，指挥台儿庄战役。抗战胜利后，曾任国民政府副总统、代总统。1965年7月回国定居，1969年病故。

　　故居是李宗仁出生地。建于清末，三次扩建。坐西北朝东南，庭院式，单体均为砖木结构二层楼房。有7个院落，13个天井，房间、客厅、学馆、将军第、安乐第、阁楼等113间，设有后院，高围墙，四角设炮楼。

　　官邸是1948—1949年李宗仁在桂林期间居住和办公、开会、接待要员的场所。建于1948年初，庭院式，大门朝南，围墙内由主楼、南北附楼、平房五部分组成，主楼为中西结合砖木结构两层楼房，内设客厅、会议室、秘书室、警卫室、书房、卧室等。

　　1996年公布为全国重点文物保护单位。

李宗仁

李宗仁故居

故居将军第前院

故居安乐第

故居学馆

故居后院

李宗仁官邸全景

官邸大门

官邸主楼

官邸附楼

梧州中山纪念堂

位于梧州市万秀区城中街道中山公园北山山顶。

1925年3月孙中山逝世后，梧州市人民为了纪念他的丰功伟绩，集资兴建中山纪念堂。1930年10月建成，是全国最早建成的中山纪念堂。由纪念堂、广场、台阶三部分组成，占地面积约1630平方米。纪念堂坐北朝南，为中西结合的砖混结构，平面呈"中"字形，分前后两部分。前部分主座塔楼和两翼，正门上题"中山纪念堂"，后部为会堂。纪念堂前门外为广场、莲花池。

2006年公布为全国重点文物保护单位。

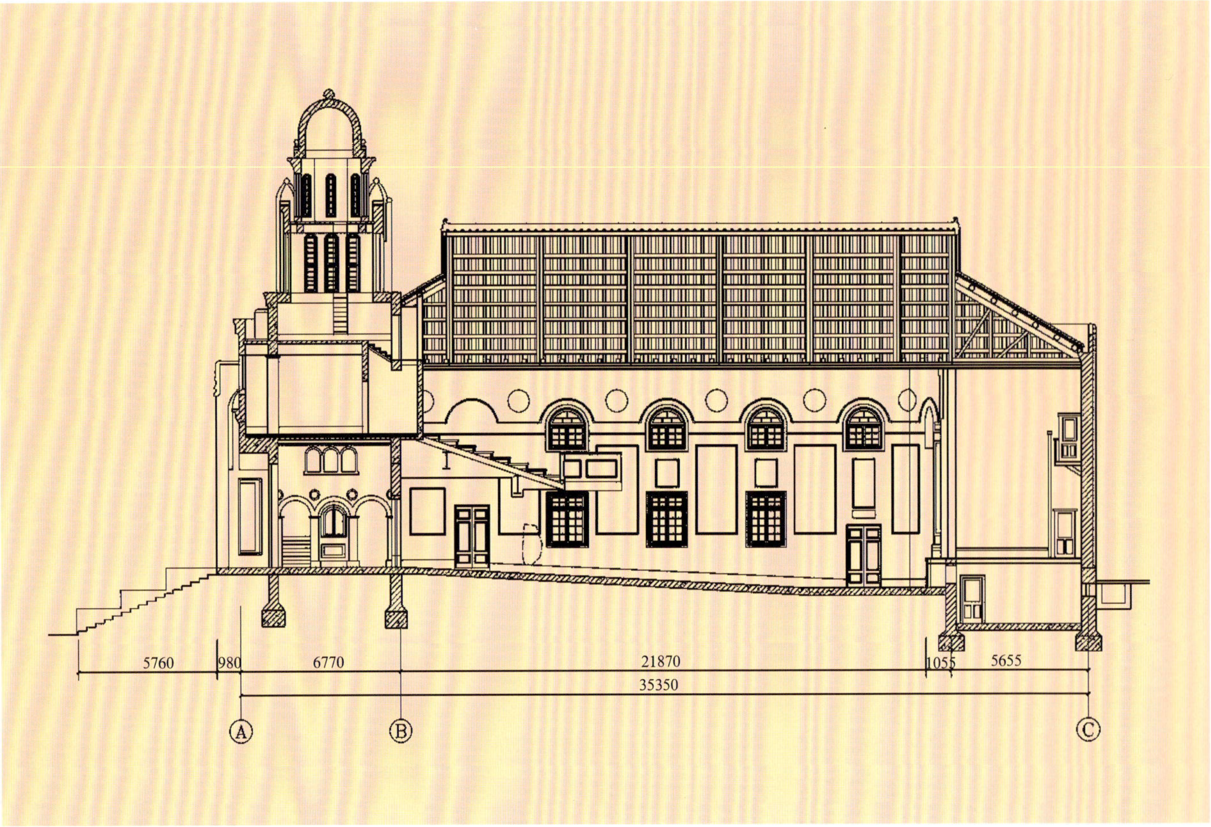

梧州中山纪念堂剖面图

中山纪念堂

中山纪念堂内部

李济深故居

位于苍梧县大坡镇坡头行政村料神村。李济深（1886—1959），字任潮，广西苍梧县大坡镇人。曾任粤军军长、国民革命军总司令部参谋长、黄埔军校副校长、广东省政府主席、国民党中央军事委员会桂林办公厅主任，是中国国民党革命委员会主要创始人和领导人之一。中华人民共和国成立后，任中央人民政府副主席、全国人大常委会副委员长、全国政协副主席，1959年在北京病逝。

故居建于1925年，庭院式，砖木结构，三层楼青砖建筑，共有大小厅房53间，四角设有炮楼，占地面积3500平方米。院内回廊曲折，二楼回廊镶嵌西洋风格的铁栏杆，东楼有李济深先生卧室和客厅，西楼为议事厅，三楼设电报室。瓦面设墩子式走廊通向四角炮楼，形成完整的防御体系。

1996年公布为全国重点文物保护单位。

李济深

李济深故居远景

主座

二进庭院

昆仑关战役旧址

位于南宁市兴宁区昆仑镇九塘社区欧廖村昆仑山与领兵山之间的山隘中。

1939年11月至1940年2月，中国军队对入侵日军展开桂南会战，昆仑关战役是这次会战主要战役。国民革命军陆军第五军担任主攻任务。12月17日，战斗开始，经过十多天的浴血奋战，于30日攻克昆仑关，击毙日军第二十一旅团长中村正雄少将、四十二联队长坂田元一等5000余人，取得了大捷，震惊中外。

旧址分布面积约20万平方米，包括昆仑关、金龙山、仙女山、老毛岭、罗塘南、同兴堡、石家隘以及441、660、653高地等多处昆仑关战争中的阵地、工事遗迹以及陆军第五军昆仑关战役阵亡将士墓园、南北门牌坊、陆军第五军昆仑关战役阵亡将士纪念塔、抗日将士公墓、抗战碑亭、日军第十二旅团长中村正雄少将被击毙处、桂南会战检讨会旧址、前线指挥部旧址等。陆军第五军阵亡将士墓园建于1944年。墓园南北牌坊、纪念塔、阵亡将士公墓、抗战碑亭等均用花岗岩石材筑成。建筑上有国民党党政军要员的题词。

昆仑关是历史古关，唐元和十一年（816）垒石为关，宋景祐二年（1035）建昆仑关门，宋皇祐四年（1052）、明嘉靖七年（1528）、明万历二年（1572）、清道光年间（1821−1850）皆有修缮或重修。现存关口、关楼和古驿道。

2006年公布为全国重点文物保护单位。

中国军队在昆仑关上欢呼胜利

柳州市桂南会战检讨会旧址

阵亡将士墓

阵亡将士墓园南牌坊

阵亡将士墓园北牌坊

昆仑关战役纪念塔

胡志明革命活动旧址

位于柳州市鱼峰区天马街道柳石路1号、2号和驾鹤街道蟠龙山、柳北区解放街道友谊路柳州饭店内。包括胡志明旧居、乐群社旧址、蟠龙山扣留所旧址及红楼旧址，是越南社会主义共和国主席胡志明在中国从事革命活动的遗址。

旧居1930年始建，为柳州南洋客栈，两层砖木结构楼房。1943年9月至1944年9月胡志明居住在客栈二楼东侧客房内，并在南洋客栈对面的乐群社（即今乐群社旧址）设立办公室。乐群社旧址建于1927年，原为柳州汽车总站，为二层法式建筑。这期间，胡志明在柳州开展了大量重要的革命活动。1942年12月，胡志明曾被国民党当局关押在蟠龙山扣留所。1954年7月初，胡志明秘密来到柳州市，入住红楼（今柳州饭店1号楼）1—6号套房，在此与周恩来总理进行了会谈，就日内瓦会议涉及的重大问题交换意见，随后就会谈成果发表了中越两国联合公报。

2006年公布为全国重点文物保护单位。

胡志明旧居南洋客栈

旧居胡志明卧室

旧居二楼内景

乐群社旧址

乐群社旧址内景

蟠龙山拘留所旧址

红楼

红楼内胡志明卧室

越南共产党驻龙州秘密机关旧址

位于龙州县城南街99号。

1931年，越南印度支那共产党总书记黄文树以做生意为名，在龙州县城南街租用了74号房屋（现99号），作为指导越南革命活动的秘密机关和交通联络点。据统计，在旧址进行过革命活动，后来成为越南国家、军队重要领导干部的有20多人。旧址始建于清末，坐南朝北，南临左江，北临南街，东西两侧与民居贴墙相连，为广西龙州传统的前铺后宅、四水归堂式民居。

2009年公布为自治区文物保护单位，2013年公布为全国重点文物保护单位。

越南共产党驻龙州秘密机关旧址

旧址一楼

旧址二楼

柳州旧机场及城防工事群旧址

柳州旧机场位于柳州市柳南区柳邕路73号，始建于1929年。抗日战争期间，是我国空军部队、苏联志愿航空队、美国飞虎队的重要基地。现存飞机跑道、机场指挥塔、机场指挥部（山洞内）、山洞飞机库、机场油库、哨所碉堡、机场驻军营房、弹药库和飞虎队营房、飞虎队军人俱乐部等设施。是中苏人民、中美人民共同抗击日本法西斯侵略者的历史见证。

柳州城防工事群旧址位于柳南区竹鹅乡柳邕路张公岭，占地面积8000多平方米。1933年秋，柳州百姓配合柳州驻军——第七军第二十四师和军部直属工兵营在张公岭修建工事，历时一年，之后，不断有所扩建。旧址包括环山工事碉堡群及战壕、瞭望台、地道、指挥部等设施。

2009年公布为自治区文物保护单位，2013年公布为全国重点文物保护单位。

机场指挥部外景

机场指挥部内景

机场机库

机场驻军营房

机场飞虎队军人俱乐部

城防工事群碉堡

城防工事群碉堡

城防工事群战壕

南宁育才学校旧址

位于南宁市西乡塘区心圩街道和德行政村九冬坡。

南宁育才学校亦称越南中央学舍区总部，创办于1951年，是应越南社会主义共和国胡志明主席的要求，为越南培养干部人才而成立的一所学校。在南宁育才学校学习毕业回国的学子大多数成为越南各条战线上的英才。原为黄氏宗祠，建于清道光十九年（1839），为砖木结构，两进院落。

南宁育才学校是在特殊的历史条件下设立的，是培植中越两国人民友谊的园地，有着特殊的历史意义。

2009年公布为自治区文物保护单位，2013年公布为全国重点文物保护单位。

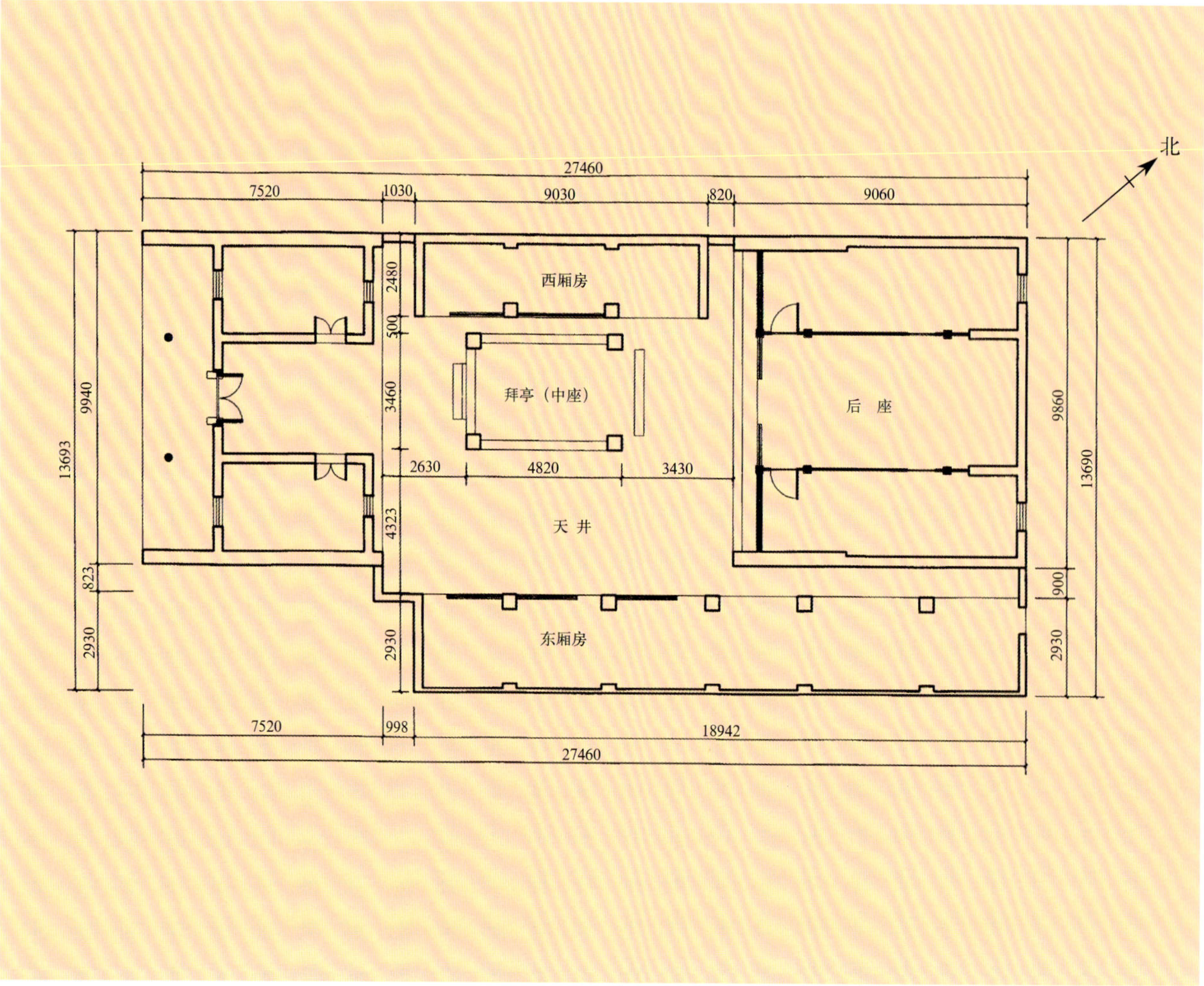

南宁育才学校旧址平面图

育才学校外景

学校厢房

学校拜亭

程阳永济桥

位于三江侗族自治县林溪乡平岩行政村马安屯西北约50米林溪河上，是侗族风雨桥的代表性建筑。

建于1912年，1924年竣工。用料石160立方米，材木400多立方米，青瓦20万块。桥为两台三墩四孔五亭木廊桥，由台、墩、引桥、桥廊、亭等组成。东西走向，长77.76米，宽3.75米。桥台、墩为石砌，悬臂梁结构，叠架式桥身，廊、亭为穿斗式构架，桥亭分别为攒尖顶和歇山顶，皆四重檐，桥面两侧设栏杆、长凳，长廊中雕梁画栋。桥外观秀丽，从形式到结构具有独特风格，是侗族建筑艺术和建筑技艺的杰作。

1982年公布为全国重点文物保护单位。

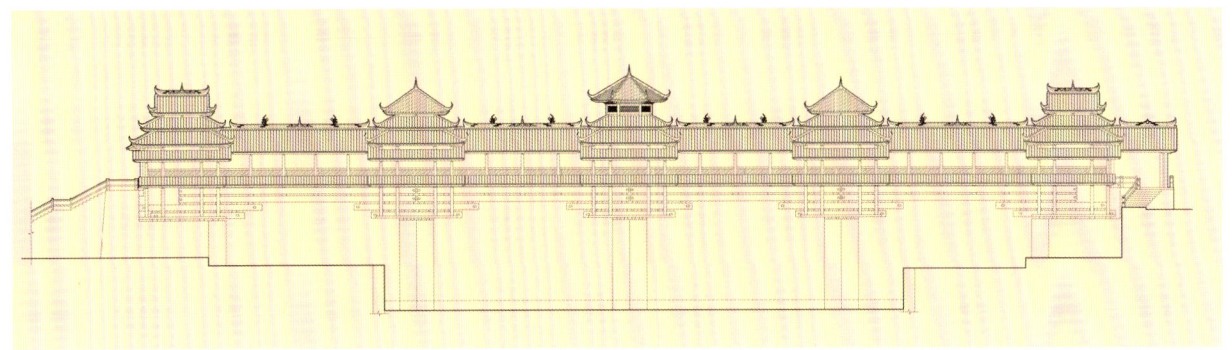

程阳永济桥南立面图

程阳永济桥

程阳永济桥桥亭

程阳永济桥内景

岜团桥

位于三江侗族自治县独峒乡岜团行政村岜团村边苗江河上，为侗族风雨桥的代表性建筑。

清光绪二十二年（1896）始建，宣统二年（1910）建成。为两台一墩两孔木廊桥，由台、墩、引桥、桥身及桥廊、亭组成。墩、台以石砌成，叠架式桥身，桥两端建廊式牌楼引桥，桥廊建3亭。其特点是桥面分两层，即人畜分道，上层为人行道，下层为畜行道。人畜分道的设计在当时世界桥梁中处于领先的地位，是具有立体功能的先进桥梁。

2001年公布为全国重点文物保护单位。

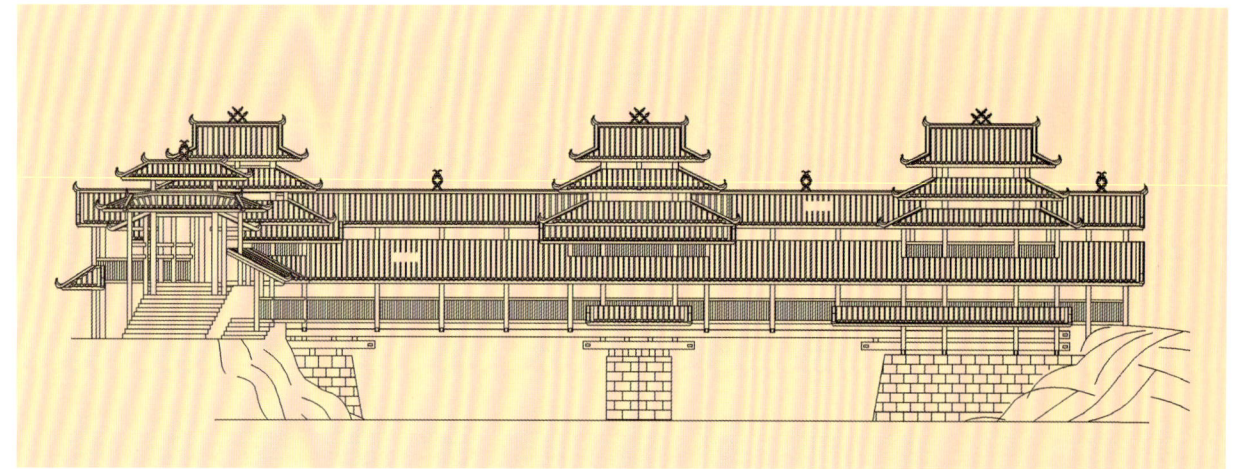

岜团桥立面图

岜团桥

岜团桥人行道

岜团桥畜行道

马胖鼓楼

位于三江侗族自治县八江乡马胖行政村马胖屯。鼓楼是侗乡盛行的具有浓厚民族特色的公共建筑。

马胖鼓楼始建于清代，1944年重修，是广西侗乡鼓楼的代表。坐东朝西，木结构，平面呈方形，穿斗式构架，九重檐，高13米，金柱、边柱枋榫衔接，歇山顶，宝葫芦顶尖。檐下及板壁饰绘精美民族图案。整个建筑结构严密，气势雄伟。

2006年公布为全国重点文物保护单位。

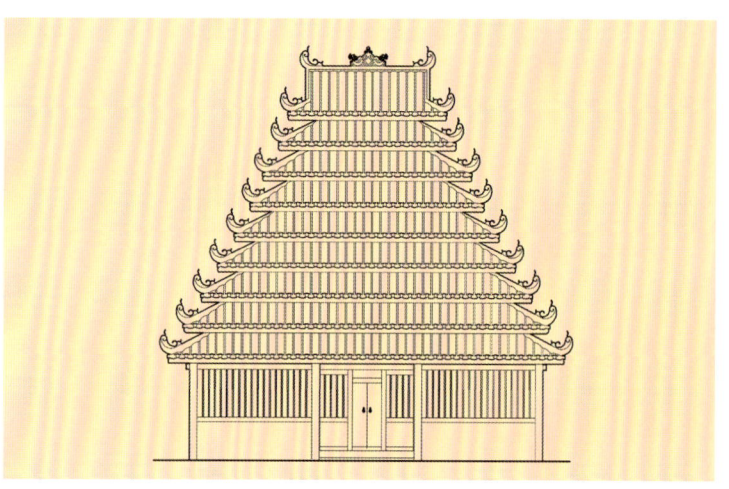

马胖鼓楼正立面图

马胖鼓楼

鼓楼内顶藻井

鼓楼内部梁架

鼓楼内部梁架

鼓楼内部金柱与柱础

北海市近代建筑

位于北海市海城区北部湾中路、北京路、解放路、海关路、中山东路、公园路、涠洲镇。

清光绪二年（1876），中英两国签订了不平等的《烟台条约》，把北海作为对外通商口岸。从光绪三年（1877）起，先后有英国、德国、奥匈帝国、法国、意大利、葡萄牙、美国、比利时8个国家在北海设立了各种机构。现存英国领事馆旧址、法国领事馆旧址、德国领事馆旧址、双孖楼、北海海关大楼旧址、德国森宝洋行旧址、德国信义教会旧址、北海天主堂、涠洲盛塘天主教堂、涠洲城仔教堂会吏长楼旧址、主教府楼旧址、女修院、普仁医院、贞德女子学校、大清北海邮政分局旧址、合浦图书馆旧址等17座建筑。多为西式建筑，高一至二层，设有回廊、地垄、壁炉、拱券式门窗等。

2001年、2006年分别公布为全国重点文物保护单位。

英国领事馆旧址

德国领事馆旧址

法国领事馆旧址

北海海关大楼旧址

森宝洋行旧址

涠洲盛塘天主教堂

贞德女子学校旧址

梧州近代建筑群

位于梧州市万秀区、蝶山区。

清光绪二十三年（1897）梧州辟为通商口岸，成为桂、湘商品出口集散地。出现了一批西式建筑，现存清末至民国期间的建筑有7处13座，包括万秀区西江三路5号梧州海关旧址、西江四路5号美孚石油公司旧址、高地路南三巷1号思达医院旧址、大东上路55号梧州邮局旧址、西江一路14号新西酒店、民主路维新里25号天主教堂和蝶山区珠山河滨公园的白鹤岗顶英国领事署旧址等。

梧州近代建筑群是广西近代内陆口岸中建筑种类较多、各类建筑较为集中、保存较为完好的建筑群，是广西近代对外开埠通商的重要实物见证。

2009年公布为自治区文物保护单位，2013年公布为全国重点文物保护单位。

梧州海关旧址

美孚石油公司旧址

思达医院旧址

梧州邮政局旧址

新西酒店

英国领事署旧址

容县近代建筑群

位于容县容城镇及黎村、杨村、杨梅、松山等乡镇。

建筑群包括黄旭初别墅、故居，黄绍竑别墅、故居，罗奇别墅、韦云淞别墅、马晓军别墅、夏威和夏国璋别墅、苏祖馨别墅、容县中学旧教学楼、容县图书馆旧址等11座建筑。多为西式或中西结合的一至三层砖木结构建筑，平面布置规整，结构合理。多设联拱外廊，屋顶多为四面坡瓦顶，以拱门窗为多见，在保持中国建筑传统的基础上，吸收了西方建筑的艺术特点，是我国南方民国时期受西方建筑影响所产生建筑形式中较为典型的一类，反映了民国时期新桂系军阀的形成，同时又是研究中国、广西近现代史的重要物证史料。

2006年公布为全国重点文物保护单位。

黄旭初旧居 　　　　　　　　　　　　　　　　黄旭初别墅

黄绍竑故居

罗奇别墅

韦云淞别墅

苏祖馨别墅

夏威、夏国璋别墅

马晓军别墅

谢鲁山庄

　　位于陆川县乌石镇谢鲁行政村寨子屯的燕子山南麓，原名"树人书屋"，又名"谢鲁花园"，是民国广西陆军中区步兵第一司令（少将）、国民革命军第八军副总指挥吕春琯（芋农）的私人庄园。

　　山庄始建于1920年，历时20年建成，为庄园式园林。山庄依山构筑，因地设景，分前山、后山两大部分。前山有42个景点，取"九九（久久）天地久"之意构思而设，即一个小门、二重围墙、三大主体建筑、四座园门、五座假山、六幢房屋、七口池塘、八座凉亭、九曲巷道。此外，尚有12个游门。后山为果园。

　　1994年公布为广西壮族自治区文物保护单位，2013年公布为全国重点文物保护单位。

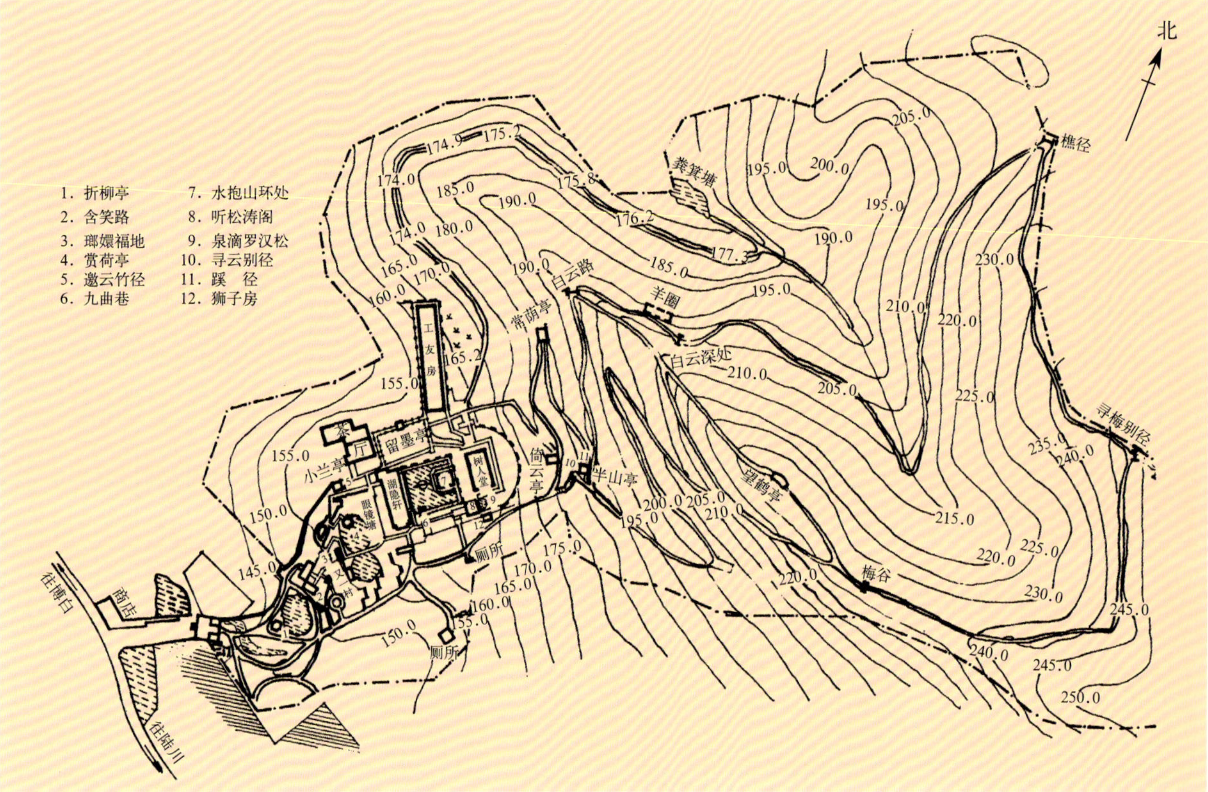

谢鲁山庄总平面图

山庄大门

折柳亭

瑯嬛福地

邀云竹径

眼镜塘

湖隐轩

水抱山环处

树人堂

中国文物地图集

广西壮族自治区分册

（下）

国家文物局主编

文物出版社

目　　录

Table of Contents

文物单位简介

南宁市

青秀区

1 - A₁ **豹子头遗址** 〔青秀区中山街道柳沙社区柳沙园艺场那贝村西南约 2 公里邕江北岸·新石器时代·自治区文物保护单位〕 贝丘遗址。1964 年发现。遗址分布于邕江北岸河流拐弯处的 I 级台地上，面积约 5000 平方米。1973 年、1997 年发掘 264 平方米。文化层厚 0.3—2 米，文化遗存分为早、晚两期，出土文化遗物 600 件，石器有斧、锛、凿、刀、杵、网、坠等。陶器多为碎片，器类见圜底罐、釜等夹砂绳纹陶，灰、红褐色胎。蚌器见刀（多穿孔），骨器有锥、针、镞、矛等。蚌壳标本经 ¹⁴C 测定为距今 10720 ± 200 年，早、晚两期文化遗存分别相当于顶蛳山遗址 II、III 期文化遗存。（见《考古》2003 年 10 期）

2 - A₂ **青山遗址** 〔青秀区津头街道青秀山风景区龙象塔南面山脚·新石器时代〕 贝丘遗址。1965年发现。遗址分布于邕江北岸台地，面积约 800 平方米，文化层厚 2 米左右，有墓葬，墓坑不明显，多屈肢葬。出土石器有斧、锛，蚌器主要是穿孔蚌刀，此外还有夹砂绳纹红陶片及炭屑等。遗址已受严重破坏。

3 - A₃ **长岗岭遗址** 〔青秀区津头街道三岸园艺场南约 1.5 公里·新石器时代〕 贝丘遗址。1977 年发现。遗址分布于邕江北岸台地，面积约 250 平方米，文化层厚 0.2—0.3 米，内含螺壳、石器、蚌器及夹砂绳纹红陶片等。遗址仅存边沿部分，中心部分已被河水冲毁。

4 - A₄ **灰窑田遗址** 〔青秀区津头街道三岸园艺场西约 500 米邕江北岸灰窑田岭·新石器时代·自治区文物保护单位〕 贝丘遗址。1973 年发现。遗址分布于邕江北岸台地，面积约 1000 平方米。遗址螺壳堆积厚 2 米，采集有磨光石器、蚌器和夹砂粗绳纹陶片等。陶片多数为红陶，亦有灰黑陶。临邕江部分被冲刷。

5 - A₅ **那北嘴遗址** 〔青秀区仙湖经济开发区五合社区五合村那窝坡南约 2 公里邕江北岸·新石器时代·市文物保护单位〕 贝丘遗址。1963 年发现。遗址分布于邕江北岸临江 I 级台地，分布面积约 1400 平方米。地表可见堆积的螺蛳壳，文化层厚约 1 米，含螺蛳壳、石器、蚌器、陶片、人头骨等。采集有磨光石斧、蚌刀、夹砂粗绳纹和细绳纹陶片，陶片胎质有红、黑、灰等颜色，遗址地表被垦为耕地，临江面坍塌严重。

6 - A₆ **凌屋坡遗址** 〔青秀区仙湖经济开发区五合社区五合村凌屋坡西南约 50 米邕江北岸·新石器时代·市文物保护单位〕 贝丘遗址。1987 年发现。遗址分布于邕江北岸临江 I 级台地，分布面积约 3000 平方米。临江面暴露文化层厚约 1 米，含螺壳、石器、蚌器、兽骨和陶片。采集有石斧、穿孔蚌刀以及夹砂粗、细绳纹红、灰褐、红褐陶片。地表已垦为耕地，临江面有砖瓦窑。

7 - A₇ **青龙江口遗址** 〔青秀区长塘镇定西行政村冲豆内坡西北约 1 公里青龙江口·新石器时代·自治区文物保护单位〕 贝丘遗址。1963 年发现。遗址分布于青龙江与邕江交汇处的东、西两岸台地上，东侧面积 3.6 万平方米，西侧面积 1.5 万平方米。文化层厚 0.3—2.3 米，在东岸采集到石斧、蚌刀、陶片、兽骨等，在西岸采集有石斧、石锛、陶片等。陶片为夹砂灰、红陶，火候较低，饰篮纹。东岸台地保存基本完好，西岸台地受河水冲刷，崩塌严重。

8 - A₈ **天窝遗址** 〔青秀区长塘镇长塘行政村天窝村东约 2.5 公里螺蛳山·新石器时代·自治区文物保护单位〕 贝丘遗址。1963 年发现。遗址分布于邕江南岸的临江台地上，原面积约 7.2 万平方米，临江部分被洪水冲垮，现存面积 1200 平方米。文化层厚 1.2 米，采集有磨制石斧以及夹砂粗、细绳纹红、黑陶片，断壁上可见零星螺壳。

9 - A₉ **牛栏石遗址** 〔青秀区长塘镇德福行政村新村粟屋坡西南约 300 米·新石器时代〕 贝丘遗址。1963 年发现。遗址分布于邕江北岸台地，面积约 3000 平方米。文化层厚约 2 米，灰褐色，含螺壳、石器、蚌器、兽骨等。采集有打磨石斧、蚌器、兽骨和夹砂绳纹陶片，陶片颜色有红、黑、黄褐色等。遗址临江处被洪水冲蚀严重

10 - A₁₀ **长塘石螺山遗址** 〔青秀区长塘镇长塘行政村长塘村·新石器时代〕 贝丘遗址。1963 年发现。遗址南临邕江，面积约 3000 平方米。1964 年试掘 25 平方米。文化层厚 2 米，自上而下分为两层：第一

层为褐色，厚 0.5—0.8 米，含大量螺壳、绳纹夹砂陶片、石斧、石锛、蚌刀等，第二层为黄褐色，厚 1 米左右，含石器等。石器多磨光，陶器多为敞口器。还发现屈肢葬人骨架 15 具。

11 – A₁₁ 南蛇坡遗址 〔青秀区伶俐镇伶俐社区南蛇坡西南约 1 公里·新石器时代〕 贝丘遗址。1989 年发现。遗址位于邕江北岸，分布面积约 1800 平方米。文化层厚 0.6—2.5 米，含螺壳、石器、陶片、兽骨等遗物。采集有磨制石器、人骨、兽骨和夹砂绳纹陶片。

12 – A₁₂ 三岸窑址 〔青秀区津头街道三岸园艺场三队及五队·明—清〕 窑址位于邕江北岸边台地上，分布面积约 4000 平方米。发现的窑口 7 座，窑床依江岸坡势而建，有斜坡式龙窑和馒头形窑两类。其中 6 座窑口已崩塌，从残留的窑壁和红烧砖、土，仍能辨别部分窑室结构。在地表上采集到碗、盏、杯、碟、盘、壶、罐、瓶、缸等半成品及残片，多为灰质胎，釉色以青黄釉、黄釉、酱黄釉等色泽为主，纹饰有刻花和印花等。

13 – A₁₃ 南宁故城城墙 〔青秀区中山街道中山社区邕江一桥东北端东侧·清代·市文物保护单位〕 位于邕江东北岸边，为清代南宁城城墙。建于清乾隆六年（1741）。1916 年拆除西北一带城墙，至 1956 年城墙大部分已被拆除。尚存西段城墙残长 57.2 米，马面 2 个，青砖砌筑，残高 4 米，上宽 0.4、下宽 1 米。

14 – C₁ 董泉 〔青秀区津头街道青秀山风景区内青秀山南侧半山中·明代·市文物保护单位〕 明嘉靖三十七年（1558），刑部主事董传策被谪戍南宁，游青秀山见到清泉及亭，命名"混混泉""混混亭"。嘉靖四十一年（1562），左江道兵备佥事徐浦和南宁郡守方瑜敬仰董传策，改泉名为"董泉"，将"混混亭"更名为"董泉亭"，于泉涌处凿石引泉，砌"清莲池"，在董泉亭东侧岩石上阴刻"董泉" 2 字，落款"闽人台石书"。西侧岩上刻诗文数方，字迹多已不清，其中一首七绝："一派甘泉泄石涌，石龙暂卧此山中。商霖自是苍生泽，只令邕南忆董公。"也有落款"台石"的。"台石"为左江道兵备佥事徐浦自号。清末，亭毁泉荒废。1986 年重新修缮，亭为四角形，内置《董传策遗像碑》和《重修碑记》。

15 – C₂ 邕江防洪石堤 〔青秀区中山街道中山社区邕江大桥北端东面约 300 米处·清代·自治区文物保护单位〕 清乾隆八年（1743），左江道道员许日炽、南宁知府苏士俊、宣化县知县宋敏经勘察，创修石岸（堤）五十一丈以护城基，并建造码头 3 处，乾隆十八年（1753）、五十二年（1787）、清道光二十六年（1846）、三十年（1850），均对堤岸重修，并在安塞门高地处建祭江台。现存石堤长约 68 米，高约 8 米，占地面积约 680 平方米。堤西端有一条石上刻有"永镇三江" 4 字，三江指左江、右江、邕江。

16 – C₃ 斑峰书院 〔青秀区刘圩镇新兴社区刘圩街刘圩中学·清代·市文物保护单位〕 建于清光绪四年（1878）。由乡绅士黄玉吾等捐资兴建。坐东朝西，砖木结构。原为三进院落，现存前座及左、右厢房，占地面积约 180 平方米。前座面阔三间，进深一间，清水墙，硬山顶，盖青瓦。设前檐廊，2 根石础圆木檐柱，门额横匾题"斑峰书院"，为清光绪进士钟德祥题。门前有 2 级石踏跺，明间南侧墙壁嵌《斑峰书院记》等石碑 4 方。

17 – C₄ 田里桥 〔青秀区伶俐镇石塘村田里铁路桥北约 100 米·清代〕 建于清代，具体时间不详。东西走向，单孔石拱桥，长 23 米，宽 3.1 米，拱跨 7 米。料石砌筑桥身、桥拱，桥面铺砌石板。

18 – C₅ 那瓦水井 〔青秀区刘圩镇刘圩行政村·清代〕 建于清代，具体时间不详。井平面呈长方形，长 5.9 米，宽 2.5 米，井深约 1.5 米。井壁以方块料石围砌，井台为四方形，三合土铺面；水井三面砖砌矮围墙；东北面设有踏跺以便上下。占地面积约 14.75 平方米。

19 – D₁ 青秀山摩崖石刻 〔青秀区津头街道青秀山风景区内的撷青岩·明、清、现代·市文物保护单位〕 青秀山撷青岩，因明左江道兵备佥事欧阳瑜，为纪念兵部尚书王守仁，改称为"阳明洞"。今洞壁有石刻约 30 方。主要有明嘉靖四十一年（1562）徐浦的"董泉"及"诗刻"，明嘉靖四十年（1561）欧阳瑜题"阳明先生过化之地"。

D₁₋₁ 阳明洞摩崖石刻 〔津头街道青秀山撷青岩·明代〕 摩崖石刻 1 方。明嘉靖四十年（1561）刻。石刻距地面约 8 米，刻面高约 1 米，宽 5.5 米。碑文横 3 行，计 32 字，楷书，阴刻。欧阳瑜撰文并书丹。首题"大明嘉靖四十年闰五月吉日"，落款"左江道兵备佥事门生欧阳瑜刻"，字径 0.05 米，中部正文横行刻"阳明先生过化之地"，隶书，字径 0.6 米。阳明先生，即王守仁（1472—1529），字伯安，浙江余姚人。明嘉靖六年（1527）以兵部尚书兼左都御史总督两广军务，镇压广西思恩、田州、八寨、大藤峡等地少数民族起义。

20 – E₁ 雷沛鸿故居 〔青秀区中山街道津头社区河堤路雷屋 16 号·1887 年·市文物保护单位〕 雷沛鸿（1888—1967），字宾南，广西南宁市津头村人。著名教育家，国民基础教育的倡导者。同盟会会员，

1911 年参加广州黄花岗起义。中华人民共和国成立后任全国政协副主席。故居建于清乾隆年间（1736—1795）。坐南朝北，砖木结构。四进院落，占地面积约520 平方米。主体建筑面阔三间，清水墙，抬梁式木构架，硬山顶，盖小青瓦。

21 – E₂ **邕宁电报局旧址** 〔青秀区中山街道中山社区明德街 55 号·1922 年·市文物保护单位〕 据史料记载，旧址原为中府街南头中营守备署。1922 年邕宁电报局（原名南宁官电分局）从仓西门城楼迁此营业。因抗日战争爆发几度搬迁，并于 1943 年 7 月改称为邕宁电信局，1945 年 5 月迁回现址。2007 年维修。坐南朝北，砖木结构，现存四进三天井，前后建筑 4 座，占地面积 1164.1 平方米。4 座皆为中西结合二层楼房，面阔三间，四坡顶（类似歇山顶），盖小青瓦。前、后檐开方形或拱形门窗，设有西式外廊或中式走廊，第四进二楼有天桥与第三进相连。天井东侧设有二层厢房。

22 – E₃ **中共广西省委机关秘书处旧址** 〔青秀区中山街道津头社区河堤路雷屋 17 号·1929 年·市文物保护单位〕 1929 年 1 月，中共中央巡视员贺昌在香港主持召开广西工作会议，传达中央关于将广西临委改为中共广西省委的决定。2 月初，省委机关改设在南宁中山路 96 号，秘书处则设在津头村。旧址原为雷经天住宅，建于清道光年间（1821—1850），清末民初重建。坐南朝北，砖木结构。三进院落，左边另有一排杂物房，占地面积为 550 平方米。前、中、后座皆面阔三间，清水墙，穿斗与抬梁混合木构架，硬山顶，盖青瓦。东侧紧邻雷沛鸿故居。

23 – E₄ **中共广西特委机关旧址** 〔青秀区中山街道中山社区中山路 96 号·1929 年〕 1929 年 4 月，根据中共中央决定，中共广西省委改组为广西特委，特委机关设此。以"光昌汽灯店"铺面为掩护开展工作。邓斌（小平）到南宁后时常住于此。旧址为砖木结构，二进院落，占地面积约 80 平方米。前座为临街骑楼，高二层，面阔一间，硬山顶。后有天井、二层小阁楼，小阁楼硬山顶，盖板瓦。

24 – E₅ **中共广西省第二次代表大会遗址** 〔青秀区中山街道津头社区河堤路雷屋·1929 年·自治区文物保护单位〕 1929 年 9 月 10—14 日，中共广西省第二次代表大会在此召开。有来自南宁、梧州、玉林和右江地区的代表 19 人。中共广东省委代表贺昌到会作政治报告，传达中共中央六届二中全会精神。大会通过《政治任务决议案》，选举了中共广西特委。旧址原为雷经天祖居，坐南朝北，砖木结构二进院落，由前座、后座、天井、厢房组成，占地面积约 545 平方米。

前、后座面阔三间，青砖墙，抬梁与穿斗混合木构架，硬山顶，盖小青瓦。1950 年倒塌。存墙基及一排厢房，立有保护标志牌。

25 – E₆ **黄旭初旧居** 〔青秀区中山街道中山社区明德街（原公晏街）53 号·1931—1949 年·市文物保护单位〕 黄旭初（1892—1975），广西容县杨村镇东华村人。国民党桂系主要首领之一，国民革命军陆军中将加上将衔，1931—1949 年任国民政府广西省政府主席，国民党第 4 届、第 5 届中央执行委员。旧居建于民国时期。1931—1949 年，黄旭初任广西省主席期间在此居住。坐西朝东，砖木结构。中西合璧三层楼房，高约 10 米，面阔 10 米，进深 3 米，占地面积约 30 平方米。四坡屋顶（类似歇山顶）盖小青瓦，四周砌女儿墙。屋面西南角有一座方形硬山顶小阁楼。室内地板及楼板上铺红阶砖，各层东、南、北面三面设回廊，外墙设双开玻璃窗，底层大厅的天面塑有浮雕图案。

26 – E₇ **桂南战役阵亡将士纪念亭** 〔青秀区中山街道桃园北社区植物路广西区第一幼儿园院内·1941 年·市文物保护单位〕 1941 年 7 月竣工，为纪念 1939—1940 年在桂南会战中国民革命军第 16 集团军阵亡的 2296 名将士而建。坐西朝东，砖木结构，高 7.4 米，平面呈五边形，五棱锥形木构架，盖小青瓦，顶部置葫芦。三角形檐柱墙，底连矮墙，高窗门洞。东面设门，砌 6 级踏跺。亭内墙、天棚扶灰过白、亭外墙扶赭红色砂浆作清水墙装饰，亭内墙共镶碑刻 8 方，其中 3 方为李宗仁、白崇禧、张发奎的题字碑，1 方亭碑，4 方为阵亡将士芳名碑。亭占地面积约 23 平方米。

27 – E₈ **南宁会议旧址** 〔青秀区新竹街道民主路社区新民路明园饭店内五号楼·1958 年·市文物保护单位〕 1958 年 1 月 11—12 日期间，党和国家领导人毛泽东、周恩来、刘少奇、李先念和九省二市领导人，在这里召开了中央工作会议，史称"南宁会议"。旧址属明园饭店五号楼日光室，建于 20 世纪 50 代初，坐西朝东，砖木结构，单体平房，整体呈长方形布局，高 6 米，硬山顶，盖红瓦。占地面积约 720 平方米。

28 – F₁ **凌铁水塔** 〔青秀区中山街道河堤新街社区植物路 53 号凌铁水厂内·1934 年〕 1934 年 4 月与南宁水厂（今凌铁水厂）同时建成，是水厂主要设施之一，是南宁市第一座水塔。水塔为钢架结构，高 25 米，占地面积 16 平方米，上托椭圆球形储水铁罐，可储水为 80 立方米，配有直径为 100 毫米进水管及出水管各一条。20 世纪 60 年代停止使用。

29 – F₂ **陶公馆** 〔青秀区中山街道河堤新街社区河堤一街 37 号·1935 年·市文物保护单位〕 建于 1935 年，系国民政府广西省矿务局局长陶绍勤出资修建，故名"陶公馆"。坐北朝南，砖木结构，部分使用钢筋混凝土梁。中西合璧二层楼房，占地面积约400平方米，建筑高12米，四坡顶（类似歇山顶），盖小青瓦，砌女儿墙，以天沟排水，南面大门顶上弧形山花浮雕西式风格图案。上下层周设仿联拱式外廊。

30 - F₃ 冬泳亭 〔青秀区中山街道中山社区邕江大桥北端西侧邕江东北岸边平台上·1974年·市文物保护单位〕 建于1974年。为纪念1958年冬毛泽东主席畅游邕江而建。仿古重檐六角亭，钢筋混凝土结构，盖金黄色琉璃筒瓦，亭内檐柱6根，柱间横梁上饰木棉花，柱间以石凳相连，亭柱、石凳、地台均以水磨石饰面。亭南、北两面设垂带踏跺3级。占地面积22平方米。董必武同志为该亭题名"冬泳亭"，并撰写《题冬泳亭记》。

31 - G₁ 青秀山钱币窖藏 〔青秀区津头街道青秀山风景区·清代〕 1980年5月25日，在青秀山挖出清代铜钱1罐。铜钱共有3667枚，包括清康熙、雍正、乾隆、嘉庆、道光等五个年号的铜钱。以康熙通宝最多。钱文楷书，部分康熙通宝背面有"宣""析"字。

兴宁区

1 - A₁ 邕州知州苏缄殉难遗址 〔兴宁区民生街道兴宁社区兴宁路西一里·北宋·市文物保护单位〕遗址今仅存清代护坡墙，东西走向，长约70米，高约2.8米，由长0.7—1.6米、厚约0.2米的砂岩、花岗岩条石砌筑，在护坡墙西端中部设宽1.97米、高约2米的台阶。北宋熙宁八年（1075），为抵抗交趾李朝入侵，知州苏缄带领全城军民在邕城奋战，后因外援不至，城被攻破。苏缄率全家大小36人在此引火自焚，以身殉国。邕城人民在原州署衙门废址建起一座"苏忠勇祠"以资纪念。今祠已毁。

2 - C₁ 两湖会馆 〔兴宁区民生街道人民中社区解放路38、40号·清代·市文物保护单位〕 建于清乾隆年间（1736—1795），由当时湖南、湖北旅邕商人集资兴建。坐东北朝西南，砖木结构，三进院落，占地面积约760平方米。前、中座已经过改建。后座面阔、进深三间，青砖墙，抬梁式木构架，硬山顶，灰塑博古脊，马头山墙。木板墙，木格门窗。各进之间隔以天井，天井两侧为单面坡木柱走廊。

3 - C₂ 新会书院 〔兴宁区民生街道人民中社区解放路42号·清代·自治区文物保护单位〕 广东新会籍人士集资兴建。建于清乾隆元年（1736），清道光二十三年（1843）重修。1987年、2002年两次维修。

坐北朝南，砖木结构。三进二廊一阁，占地面积约800平方米。前座面阔三间，进深二间，清水墙，抬梁式木构架，硬山顶，盖琉璃瓦。正脊饰浮雕花鸟人物，鳌鱼吻，垂脊饰博古。前檐廊立石檐柱4根，额枋立石狮背檩，后檐设麒麟。廊前设五级踏跺，封檐为花草木雕，厅堂梁柱雕刻人物、飞禽、八宝等图案。各进间以天井相隔，两侧为敞开式石柱连廊。中座进深14.5米，石檐柱，前有卷棚，踏跺5级；后座结构与中座基本相同，梁架不设斗拱，踏跺7级，两侧垂带设抱鼓石。

4 - C₃ 安徽会馆 〔兴宁区民生街道人民中社区石巷口12号·清代·市文物保护单位〕 建于清嘉庆年间（1796—1820）。坐北朝南，砖木结构。二进院落，分前、后两座，占地面积约300平方米。主体建筑面阔三间，硬山顶，弧形山墙。前座西侧为大门，东侧设两间耳房，门廊进深8.6米，后座中为大厅，两侧为耳房。利用天井采光、通风。东侧墙壁上保存多块碑刻，碑面已被灰浆涂抹，但仍可见"安徽会馆"字样。

5 - C₄ 南宁商会旧址 〔兴宁区民生街道人民中社区解放路54号·清代·市文物保护单位〕 旧址原为龙兴寺，建于唐代，明洪武年间（1368—1398）改称天宁寺，清沿袭，清光绪三十三年（1907）在此成立"南宁商务总会"，清宣统元年（1909）各商户集资改造，1915年更名为"南宁总商会"。建筑坐北朝南，砖木结构，二层楼房，占地面积约220平方米。面阔三间、进深四间，清水墙，穿斗式木构架，硬山顶，盖小青瓦。建筑二层两侧及后檐三面设回廊。

6 - C₅ 覃氏祖屋 〔兴宁区三塘镇六村行政村六村村·清代〕 建于清末，具体时间不详。坐北朝南，砖木结构，三进院落，由前、中、后三座和天井、厢房组成，占地面积约375平方米。主体建筑面阔三间，穿斗式木构架，硬山顶。前座用泥砖隔墙，两次间各开一门。中座明间设神楼，次间设阁楼。后座前开3门，两侧次间设阁楼。室内为三合土地面，天井东侧建有厢房，西侧建有侧门楼。

7 - C₆ 将军庙 〔兴宁区五塘镇王竹行政村粟村坡北面·清代〕 始建年代不详，清道光二十四年（1844）和1934年两次重修。坐东朝西，二进院落，中设天井，前、后殿面阔、进深三间，抬梁式木构架，硬山顶，脊饰灰雕博古。前殿高6米，设檐廊，立檐柱2根，隔扇门。后殿高7米，前壁1米高砖檻墙，木格檻窗，开两门，内有金柱两排8根。门两侧墙嵌有碑刻6方，多为芳名碑。

8 - D₁ 王阳明先生遗像碑 〔兴宁区民生街道人

民北一里社区人民公园望仙坡镇宁炮台内·明代〕碑刻1方。明嘉靖四十五年（1566）立。碑高2.13米，宽1.39米。首题"王阳明先生遗像"7字，字径0.09—0.14米，篆书。为线刻坐像，头带冠，身穿官服，神态逼真。王阳明是对王守仁的尊称。

9-D₂ 那员坡石狗 〔兴宁区昆仑镇九塘社区泰昌村那员坡东面·明代〕 石雕2尊。刻于明代，具体年代不详。石狗雌雄一对，仰首半蹲，雄性高1米，长0.83米。雌性高0.73米，长0.78米。雕工粗糙。

10-D₃ 万人冢碑 〔原立于西平桥西侧，现存兴宁区民生街道人民北一里社区人民公园望仙坡镇宁炮台内·南明〕 碑刻1方。南明永历三年（1649）立。碑高1.85米，宽0.9米，厚0.21米。碑文竖11行，计151字。字径0.02米，楷书，阴刻。无撰文、书丹、镌刻者姓名。额题"皇图执固"，落款"永历三年四月立"，碑文载：撰文者奉命南居至邕，见郊盈枯骨，命吴学庶、程天思、汪泰传瘗而痊之。

11-D₄ 甘棠书院碑 〔兴宁区五塘镇五塘中心小学·清代〕 刻于清代。碑刻1方2块：大碑高0.75米，宽0.6米，厚0.1米；小碑高0.6米，宽、厚0.1米。两块共宽1.2米。碑文竖行，楷书，阴刻。碑文记载：甘棠书院建于清雍正八年（1730）四月，主持建院的有两广总督鄂弥达、南宁知府黑天池等。清乾隆十四年（1749）宣化县知县戴汝槐主持扩建为广学书院，清光绪十六年（1890）覃宏思、覃锡元等捐资建成毓秀书院，清光绪三十年（1904）改为尖峰书院。

12-E₁ 镇宁炮台 〔兴宁区民生街道人民北一里社区人民东路16号人民公园望仙坡·1917年·自治区文物保护单位〕 1917年10月，两广巡阅使陆荣廷拆望仙坡六公祠建炮台，名"镇宁炮台"，安装从龙州平公岭炮台拆运来的德国克鲁伯兵工厂造加农炮1门。炮台平面呈圆形，石砖构筑，直径38米，高6米，中间设炮位，外环筑围墙，开南、北二门。南门上方刻"镇宁炮台"匾额，炮台内侧壁上嵌刻陆荣廷撰《新建镇宁炮台记》碑刻。1982年于炮台基脚下建碑廊，集王明阳遗像等碑刻14方镶嵌于炮台基座周围。

13-E₂ 越南阮善述墓 〔民生街道长堽西社区官桥村西北·1926年〕 阮善述（1844—1926），越南阮朝官员，曾任海阳、山西赞襄军务，越南抗法将领。中法战争后流亡中国，1926年病故于广西南宁。墓为圆丘形土冢，底径2米，高1米。墓前有阮辉旺、黄阮氏1929年2月28日立"越南革命故将军阮公善述之墓"碑刻1方。现墓已不存。

14-E₃ 共青团南宁地委旧址 〔兴宁区民生街道北宁社区北宁街47号·1926年·自治区文物保护单位〕 1926年11月2日，共青团南宁地委于此成立，严敏任书记。旧址原为清右江镇总兵马盛治的祠堂回春阁，清宣统三年（1911）广西提督陆荣廷为祭祀其上司马盛治，将回春阁改建为马武烈祠。1987年维修。原为三进院落，由前座、中座、后座、天井、两廊、厢房组成，占地面积约2330平方米。现存前座及两廊，其余已被改建。前座坐西朝东，砖木结构，二层楼房，面阔三间，清水墙，抬梁式木构架，硬山顶。前有小凹形廊，前设5级踏跺。二层楼面铺木地楼板，两廊各以4柱支撑，硬山顶，正脊及山墙饰博古。

15-E₄ 昆仑关战役旧址 〔兴宁区昆仑镇九塘社区欧廖村昆仑山与领兵山之间的山隘中·1939·全国重点文物保护单位〕 昆仑关战役旧址分布面积约20万平方米，包括昆仑关、古道、金龙山、仙女山、老毛岭、罗塘南、同兴堡、石空隘以及441、660、653高地等多处阵地、工事遗迹、日军步兵第21旅团团长中村正雄少将被击毙处以及"陆军第五军昆仑关战役阵亡将士墓园"、南、北门牌坊、国民革命军陆军第5军昆仑关战役阵亡将士纪念塔、抗日将士公墓、抗战碑亭、桂南会战检讨会旧址、前线指挥部旧址等。为粉碎侵华日军企图占领南宁，截断自河内至南宁的西南国际补给线的阴谋，1939年11月—1940年2月，中国军队发动了南宁战役，亦称桂南会战。昆仑关战役是会战主要战役，12月17日，战斗打响，国民革命军第38集团军陆军第5军担任主攻任务，于30日攻克昆仑关，击毙日军步兵第21旅团旅团长中村正雄少将、42联队联队长坂田元一等4000余人，取得了大捷。次年1月，日军向昆仑关反扑，2月3日重占昆仑关；3月，中国军队再次收复昆仑关。此即抗日战争钟震惊中外的昆仑关大捷。

E₄₋₁ 昆仑关 〔昆仑镇昆仑山与领兵山之间的山隘中·清代〕 地处宾阳、邕宁两县交界处，为桂中、桂南之通道，周围群山环抱，地势险要，为历代兵家必争之地。唐元和十一年（816），桂州刺史裴立行垒石为关之雏形，北宋景祐二年（1035），建昆仑关，北宋皇祐四年（1052）侬智高加修，明嘉靖七年（1528）王守仁重修，南明永历二年（1648）朱恒、赵康璘重建，清道光年间（1821—1850）南宁府同知、宣化知县柳际清重修，1976年遭毁。1982年按清代原貌重建。关墙用片石、砂浆砌筑，长20米，高3.94米，关门高2米，宽2.3米。关门额题"昆仑关"为南明永历二年（1648）重建时所刻，匾高1米，宽1.5米，"昆仑关"3字，篆体，阴刻，为南明永历帝朱由榔撰文并书丹，副总兵朱恒、赵康璘勒石。落款"大明永历二年戊子岁次立，副总兵朱恒、赵康璘同修"。关门拱壁嵌有碑刻 4 方。清咸丰皇帝御笔"盛世干城""南邕砥柱""同甘化壁""南关保障"匾分别镌刻悬挂于关南口亭和长山八塘义勇祠。

E₄₋₂　陆军第五军昆仑关战役阵亡将士墓园　〔昆仑镇昆仑关南侧山岗·1946 年〕　为纪念在昆仑关战役中阵亡将士而建。1944 年春，国民革命军第 38 集团军陆军第 5 军工兵营兴建，1946 年 6 月落成。由南、北牌坊、331 级花岗岩台阶、纪念塔、纪念亭和阵亡将士公墓组成，占地面积约 2660 平方米。牌坊、纪念塔、墓等均花岗岩构件砌筑，气势雄伟。石构件镌刻有蒋介石、何应欣、陈诚、顾祝同、白崇禧、李济深、李宗仁、徐永昌、张发奎、余汉谋、张治中、杜聿明、林蔚、郑洞国、于右任、黄旭初等国民政府军政要员所撰碑文、铭记、题记。墓园旁另有阵亡日军步兵第 21 旅团旅团长少将中村正雄墓，墓碑文为杜聿明所撰。

E₄₋₃　南牌坊　〔昆仑镇昆仑关陆军第五军昆仑关战役阵亡将士墓园南面入口处·1946 年〕　为一字形四柱三门石牌坊，面阔 15.5 米，方形四柱，四方尖顶，底为夹杆石。明间门宽 4.5 米，侧门宽 2.5 米。坊后有 331 级花岗岩阶通达昆仑山顶。坊南面明间额坊为国民革命军第 38 集团军陆军第 5 军军长杜聿明题刻"陆军第五军昆仑关战役阵亡将士墓园"，两侧门坊额分刻国民政府军事委员会常委、军令部长徐永昌题词"毅魄长雄"、李宗仁题词"雄关铭勋"，中柱镌刻国民政府军事委员会委员长蒋中正挽联"芳烈长流为国家尽忠民族尽孝，英豪继起信抗战必胜建国必成"。边柱镌刻杜聿明挽联"血花飞舞苦战兼寻攻克昆仑寒敌胆，华表巍峨扬威万里待清倭寇慰忠魂"。坊北面两侧门坊额坊刻国民革命军第 4 战区司令长官张发奎题词"气横山河"、第 7 战区司令长官余汉谋题词"民族正气"，中柱镌刻国民政府监察院院长于右任挽联"昆仑关下英雄记，革命军前金石光"，边柱镌刻国民革命军第 3 战区司令长官顾祝同挽联"战绩令人怀壮烈，国殇为鬼亦雄奇"。

E₄₋₄　北牌坊　〔昆仑镇昆仑关陆军第五军战役阵亡将士墓园北面入口处·1946 年〕　为一字形二柱一门石牌坊，四方形柱，尖顶。北面额坊镌刻国民革命军第 6 战区司令长官陈诚题词"气壮山河"，两柱镌刻国民政府军事委员会桂林行营副主任林蔚挽联"百战尚留苌氏血，九功更轶狄青勋"。南面额坊镌刻国民政府军事委员会政治部部长张治中题词"不朽是为"，两柱镌刻国民政府广西省政府主席黄旭初挽联"编成战史勋名重，合葬雄关俎豆新"。

E₄₋₅　陆军第五军昆仑关战役阵亡将士纪念塔　〔昆仑镇昆仑关山顶·1946 年〕　在南牌坊后面山顶上。坐北朝南，花岗岩结构，纪念塔高 16 米，三级六边形塔座，塔身分二层，底层为六棱柱体，正面刻有国民政府军事委员会委员长蒋中正题词：右上款小字"昆仑关战役阵亡将士纪念塔"，中间竖行刻"碧血千秋" 4 大字，左下落款"蒋中正"。北面刻有国民政府军事委员会参谋总长何应钦题词"气塞苍冥"。其余四面分别刻有国民政府桂林行营主任、桂南会战总指挥官白崇禧和国民政府军事参议院院长、昆仑关战役监军李济深撰写的纪战碑文。上层为三棱柱形，尖顶，每面上端皆刻有"青天白日"徽，其下竖行刻"陆军第五军昆仑关战役阵亡将士纪念塔"，落款"杜聿明题"。纪念塔周围砌有花岗岩护栏板，正面设 5 级石台阶。纪念塔北侧，有 3 座阵亡将士公墓，各墓前立有花岗岩石碑，碑面刻有 3400 多名阵亡将士芳名。

E₄₋₆　陆军第五军昆仑关战役阵亡将士纪念亭　〔昆仑镇昆仑关山东面约 500 米暗探顶山上·1946 年〕　六边形石亭，六棱柱顶端饰雀替，柱间砌有石板，六角攒尖顶。亭中立有民国三十三年（1944）国民革命军第 38 集团军陆军第 5 军军长杜聿明撰书的纪战碑刻。碑文记述昆仑关战役之始末及陆军第 5 军将士血战昆仑关之史实。

16－E₅　革命烈士纪念碑　〔兴宁区民生街道人民北一里社区人民东路 16 号人民公园内托子岭·1956 年·自治区文物保护单位〕　建于 1956 年，由纪念碑、台基、台阶和广场组成，占地面积约 1 万平方米。碑坐北朝南，为钢筋水泥结构，外砌花岗石。碑座长方体，碑身为方形立柱体，高约 25 米。东、西两面镌刻"革命烈士纪念碑"，南、北两面镌刻"革命烈士永垂不朽"，汉白玉底铭文。台基高 1.6 米，东西长 23 米，北南宽 22 米，四周有汉白玉栏杆，9 级台阶通道。南面山坡 157 级台阶与广场相连，前置石狮 1 对，广场两侧建有"瞻忠"和"仰烈"两座四角亭。

17－F₁　金狮巷民居群　〔兴宁区民生街道兴宁社区兴宁路西二里·清—民国·市文物保护单位〕　金狮巷民居群分布面积约 1700 平方米，民居隔巷分南北两列，巷南建筑已改建。巷北面共 10 栋（即 50、52、54、56、58、60、62、64、66、68 号）均保持清末民初的建筑风格，其中 50、52、56、68 号为后改建的民国时期的建筑。各座建筑均为三进以上，清代建筑为砖木结构，硬山顶，清水墙；民国时期的建筑均高二至三层，多为中西结合建筑。

18－F₂　董达庭商住楼　〔兴宁区民生街道人民中社区解放路 35－1 和 37 号·清代·市文物保护单位〕建于清末民初。原为商铺孔德记，后由商人董达庭购买。坐西朝东，砖木结构。四进院落，进深 53 米，占地面积约 305 平方米。前座为临街二层骑楼，面阔 5.75 米。底层为开敞店堂二间，屋顶砌女儿墙，第二、三座均为三层楼，楼房前、后设双开玻璃窗，砖砌弧形窗眉。门头、檐口等处面饰花草图案，楼内采用木楼板铺红阶砖。

19－F_3 **广西高等法院办公楼旧址** 〔兴宁区民生街道兴宁社区朝阳路 3—5 号·1927 年·自治区文物保护单位〕 旧址原为南宁府署所，1913 年当局将府署原有辕门、仪门、清风亭等建筑拆除改建。1919 年广西高等审判庭随省会迁南宁市民权路（今朝阳路），1927 年 8 月，改高等审判庭为高等法院。坐西朝东，钢筋混凝土和砖木结构三层楼房，面阔 24 米，进深 18.64 米，占地面积约 475 平方米。砖墙批灰，小青瓦四坡屋面。门窗宽阔高大，门前两侧立罗马塔司干式壁柱、倚柱各 2 根，柱直通三楼阳台。底层地面铺红阶砖，二、三楼层铺木板。

20－F_4 **新华街水塔** 〔兴宁区民生街道高峰社区新华路西段·1936 年·市文物保护单位〕 1936 年南宁水厂（今凌铁水厂）进行了第一次扩建，在民生路与德邻路（今解放路）交汇口处（今新华街西段）高台处新建水塔。1937 年 4 月建成，6 月 25 日开始供水，系南宁市最高的水塔。水塔为钢架结构，高 35.1 米，采用八条双层钢夹板作立柱，柱间以钢条交错焊接形成塔架，顶部为椭圆球形储水铁罐，可储水 300 立方米。底部设有开关阀门各一个，进、出水管直通地面，衔接地面水管。1965 年停止使用。

21－G_1 **长岗岭石铲出土点** 〔兴宁区五塘镇民政行政村陈屋村南 1.5 公里的长岗岭·新石器时代〕 陈屋村民在长岗岭东面坡地上耕地时，于距地表约 0.3 米处发现 2 件石铲。一件完好，长 0.307 米，宽 0.16 米，厚 0.01 米。另一件肩部略残，长 0.347 米，宽 0.15 米，厚 0.01 厘米。均用细砂叶岩制成，通体磨光。

22－G_2 **特虎山铜鼓出土点** 〔兴宁区昆仑镇九塘社区坛敏村特虎山·西汉中期—南朝〕 1979 年 10 月，特虎山出土冷水冲型铜鼓 1 面。鼓面径 0.47 米，高 0.433 米。鼓面太阳纹十二芒，面沿环列四蛙，饰辫纹与栉纹夹双行勾连同心圆纹带、复线交叉纹、变形羽人纹、变形翔鹭纹等。腰上部被纹带纵分为六格。

23－G_3 **青山铜鼓出土点** 〔兴宁区五塘镇英文行政村橄村北约 350 米青山·西汉中期—南朝〕 1976 年 6 月，青山出土冷水冲型铜鼓 1 面。鼓面径 0.673 米，高 0.452 米。鼓面太阳纹十二芒，面沿环列四蛙。饰素晕与栉纹夹双行同心圆纹纹带、复线交叉纹、变形羽人纹、变形翔鹭间定胜纹。足部有栉纹和同心垂叶纹。胸腰间附扁耳 2 对。

24－G_4 **那漏铜鼓出土点** 〔兴宁区昆仑镇黄宣行政村那漏村·西汉中期—南朝〕 1963 年，那漏村出土冷水冲型铜鼓 1 面。鼓面径 0.639 米，高 0.42 米。鼓面太阳纹十芒，面沿环列四蛙。主要纹饰羽人纹、鱼含鸟纹。胸腰间附扁耳 2 对。

25－G_5 **郑岽铜鼓出土点** 〔兴宁区昆仑镇八塘行政村郑岽村·西汉中期—南朝〕 1963 年，郑岽村出土冷水冲型铜鼓 1 面。鼓面径 0.63 米，高 0.418 米。鼓面太阳纹十芒。面沿环列四蛙。面饰素晕与栉纹夹双行勾连同心圆纹纹带、复线交叉纹、变形羽人纹等。足部有圆心垂叶纹。胸腰间附扁耳 2 对。

26－G_6 **六鸣山铜鼓出土点** 〔兴宁区昆仑镇八塘行政村六增村六鸣山·西汉中期—南朝〕 1957 年，六鸣山出土冷水冲型铜鼓 1 面。鼓面径 0.682 米，残高 0.472 米。鼓面中心太阳纹十二芒。面沿环列四蛙。面饰羽纹与栉纹夹双行"S"形折线纹带、复线交叉纹、变形羽人纹、变形翔鹭纹等。胸腰间附羽纹扁耳 2 对。足部立 1 鸟。

27－G_7 **民生码头铜印出土点** 〔兴宁区民生码头东约 300 米·北宋〕 1991 年 3 月 4 日，在民生码头东防洪堤，距地表 20 米深处出土铜印 1 枚。通高 0.045 米，边长 0.055 米，宽 0.051 米，边厚 0.016 米，直柄纽。印面呈长方形，篆刻"广南西路驻泊兵马都监铜记"12 字。背刻"庆历七年""少府监铸"等字。

江南区

1－A_1 **岜蕾山遗址** 〔江南区苏圩镇仁德行政村柳晚坡西南面约 1 公里处的岜蕾山脚·新石器时代〕 洞穴遗址。1987 年发现。岩洞高距地表约 1.3 米，洞口朝北，洞内高约 5 米，宽约 15 米，进深约 20 米。洞内平面呈半圆形，较平坦，地表有大块岩石裸露，未见文化层堆积。在距洞口外 3 米处的地表上采集到夹砂陶片、桡骨、人牙等遗物。

2－A_2 **三江坡遗址** 〔江南区江西镇同江行政村三江坡东面约 200 米的那城顶上·汉代〕 遗址北面和东面右江环绕，西面、南面沟壑环绕，沟宽约 30 米。遗址面积约 5100 平方米，在遗址南面耕地断面上可见厚 0.3—1 米的文化层。地表散布有许多汉代板瓦、筒瓦残片，瓦片均外饰中、细绳纹，泥质，火候较高，颜色有灰、红和青灰色。

3－A_3 **烟墩岭烽火台** 〔江南区福建园街道亭子社区烟墩村南侧烟墩岭·明代·市文物保护单位〕

明代南宁府所设驿站之一。建于明代，具体时间不详。烽火台用泥土砂石混合夯筑，呈圆台形，底直径约10米，高约3.5米，顶有一直径4.5米的平台。据史载，自明代开始在南宁府的周边附近设立驿站，称"辅"，清代改称"塘"，每站相距约十里，每站均设兵防驻，防兵亦称"辅兵"或"塘兵"，逢军事紧急，驿站的辅、塘兵则集柴草烧起"烽火"，传递军情。

4－A₄ 三江口码头遗址 〔江南区江西镇同江行政村三江坡三江汇合处的左江北岸边·明—清〕 遗址北临右江，东临邕江，南临左江，西北距三江坡约800米。遗址东西长约40米，南北宽约4.5米，面积约200平方米。由于洪水的冲刷，码头崩塌，码头部分条石塌落江中，或被淤泥所覆盖。地表散布有明、清时期的碗、杯、碟、盘、壶、罐等瓷器残片，砖、瓦等建筑材料，以及铁质网坠、鱼钩等，采集到清代乾隆、道光时期的铜钱7枚。

5－B₁ 小姑岭汉墓 〔江南区江西镇同江行政村三江坡北小姑岭·汉代〕 1988年暴露汉墓1座。墓葬在岭顶部，为竖穴土坑墓，墓坑长约2.5米，宽约1.5米，深2米余。出土铜鼎、铜剑、铜镜、玉杯和少量夹砂陶器残片。（见《中国考古学年鉴》1990年）

6－C₁ 扬美临江街明代民居 〔江南区江西镇扬美行政村临江街20号·明代〕 建于明万历年间（1573—1620），具体时间不详。坐东朝西，砖木结构，单体建筑，面阔三间，青砖墙，硬山顶。占地面积约105平方米。前设檐廊，2根石础圆木檐柱，廊地面用青砖铺地，条石围边。明间木板前檐壁，中开门，两次间砌砖墙，开方形小窗。室内平行竖有7根柱子，故又称"七柱屋"。

7－C₂ 苏氏宗祠 〔江南区苏圩镇行政村苏保村·清代〕 建于清乾隆年间（1736—1795）。清嘉庆、清光绪年间、1987年进行过数次重修或修缮。坐北朝南，砖木结构，三进院落，占地面积约734平方米。前座、中厅、后堂均面阔五间，明间、次间前有檐廊，两端以人字山墙分隔两稍间，青砖墙，抬梁式木构架，硬山顶，盖小青瓦。座间以两天井分隔，天井两侧有厢房。

8－C₃ 黄氏庄园 〔江南区江西镇扬美行政村金马街·清代〕 建于清乾隆年间（1736—1795），具体时间不详。由主体院落及东面庭院、两排青砖瓦房组成，占地面积900多平方米。主体院落坐南朝北，砖木结构，三进院落，包括前、中、后三座及天井，各座面阔三间，清水墙，硬山顶，盖小青瓦。前、中座设前檐廊，石础圆木柱。天井、东面庭院大门朝西，天井、庭院过道以青砖铺成，梁雕、柱饰、壁画精美。

9－C₄ 五进堂 〔江南区江西镇扬美行政村解放街西端·清代〕 建于清嘉庆年间（1796—1820）。坐西北朝东南，砖木结构，五进四天井，占地面积约555平方米。各座建筑面阔三间，清水墙，硬山顶，盖青瓦。室内有彩绘壁画。前座明间室内凹小檐廊，前置3级条石踏跺。后座高两层。各天井地面以青砖铺砌。

10－C₅ 举人屋 〔江南区江西镇扬美行政村临江街13号·清代〕 建于清代。清道光八年（1828）该屋杜元春登科，被授予"举人"牌匾，因此得名"举人屋"。坐东朝西，砖木结构，三进院落，占地面积356平方米。前、中座面阔三间，清水墙，硬山顶，盖小青瓦。明间前设内凹小檐廊，木板壁前墙，窗格为各种图案，墙上有彩绘壁画。后座为厨房。天井以青砖铺砌。

11－C₆ 魁星楼 〔江南区江西镇扬美行政村东侧希望小学·清代·自治区文物保护单位〕 建于清乾隆元年（1736），清道光二十二年（1842）重建。坐北朝南，砖木结构。二层阁楼高15.3米，面阔三间，进深四间，占地面积约158平方米。置前廊，清水墙，穿斗式木构架，重檐歇山顶，盖小青瓦，正脊饰鳌鱼。封檐板雕刻人物、花卉。楼内4柱贯通阁顶，二楼以木板铺面，上层小阁楼正面开两小圆窗，二楼开方形窗，圆窗上书金字"魁星楼"匾，阁楼顶立横梁有一块匾，上书"文明"2字，为清道光年间（1821—1850）解元梁德显手书。

12－C₇ 黄氏宗祠 〔江南区苏圩镇苏保行政村欧村坡·清代〕 建于清代，具体时间不详。坐北朝南，砖木结构，二进院落，由前座、后堂、天井、厢房组成，占地面积约171平方米。前座、后堂面阔三间，砖墙，硬山顶，盖小青瓦。前座设前檐廊，天井东西两侧各有厢房，西侧厢房里有石碑5方，记载宗祠修建历史等内容。

13－C₈ 扬美商埠码头 〔江南区江西镇扬美行政村西北左江东岸·清代〕 建于清代，具体时间不详。为当时的商埠码头，西面面临左江，从临江街的街尾入口，直通左江岸边，呈南北走向，南高北低。码头以砂岩石块砌建而成，长39.5米，现存踏跺68级，最窄处0.6米，最宽处3米。

14－C₉ 扬美慕义门 〔江南区江西镇扬美行政村中山街40号·清代〕 建于清代，具体时间不详。坐东北朝西南，砖木结构。三进院落，占地面积约267平方米。主体建筑面阔一间，砖墙，硬山顶。前座门开于左侧，两侧为砖砌方形球形顶柱，中开拱门，高3.145米，宽1.63米，门额顶嵌"慕义门"匾，门前有3级条石踏跺。内建有厅堂、厨房各一间，余为房间、木门窗雕纹图案。

15 - E₁ **梁烈亚故居** 〔江南区江西镇扬美行政村解放路 35 号·清代·市文物保护单位〕 为辛亥志士梁植堂、梁烈亚的故居，又是孙中山领导的镇南关起义筹备会议的会址之一。梁烈亚 15 岁以前生活于此。故居建于清末，原来的规模较大，现仅存一进，面积约 210 平方米。坐北朝南，砖木结构，面阔二间，清水墙，抬梁式木构架，硬山顶，盖小青瓦。前檐为木板壁。

16 - E₂ **千人坟** 〔江南区沙井街道金鸡村马草坪坡黄章岭北面·1941 年·市文物保护单位〕 系 1939—1940 年期间在南宁沙井一带被侵华日军杀害村民的合葬墓，占地面积约 80 平方米。建于 1941 年，1995 年维修。墓葬朝北，冢呈圆丘形，周以砖围砌。青砖墓圈墙，高 0.6 米。墓碑镶嵌在青砖墓门柱之间，碑文记录侵华日军在南宁的暴行。墓前原设拜台、供台。供台为青砖错缝铺砌，拜台已被毁坏。

17 - E₃ **广西省土改工作团第二团团部旧址** 〔江南区江西镇锦江行政村麻子畲坡老口渡口南岸边·1951—1952 年·自治区文物保护单位〕 1951 年末至 1952 年夏，广西土改工作团第二团进驻麻子畲坡，拉开了该地区土改工作的序幕。第二团的成员多是中国文化、教育界的名人，有胡绳、田汉、安娥、艾青、李可染、吴景超等。团部旧址除田汉居住过的房子已被拆除、卫生队驻扎的房子崩塌外，其余的都基本保持完好。现存的 6 处房屋均为清代建筑，形制基本相同。为砖木结构，高 1—2 层，面阔三间，前置檐廊或在明间前檐设凹廊，青砖墙，抬梁式木构架，硬山顶，盖小青瓦面。面积约 95 平方米。

18 - G₁ **通蒙铜编钟出土点** 〔江南区那洪街道苏盆行政村通蒙村·春秋〕 1946 年，通蒙村出土编钟 1 件。通高 0.36 米，栾长 0.223 米，甬长 0.04 米，铣间 0.247 米，舞横 0.201 米。舞饰窃曲纹。纹饰被刮剥。(见《文物》1978 年 10 期)

19 - G₂ **白沙铜桶出土点** 〔江南区江南街道白沙行政村白沙村南约 600 米邕江·汉代〕 1989 年 11 月，白沙村南邕江中打捞出铜桶 1 件。同出的还有木板（似船板）、陶罐、垫支石等。桶为圆筒形，上大下小，平口，底内凹成圈足，口下有贯耳 1 对。饰变形夔龙纹、菱形回纹。高 0.39 米，口径 0.325 米，底径 0.28 米。

20 - G₃ **子鹤山铜鼓出土点** 〔江南区吴圩镇定宁行政村那佳村西北 1.5 公里子鹤山·东汉—唐〕 1986 年 6 月，那佳村子鹤山山坡出土灵山型铜鼓 1 面。鼓面径 0.81 米，高 0.48 米。鼓面太阳纹十芒。面沿三

单蛙与三累蹲蛙相间。面、身均饰鹭鸟纹、雷纹、联机纹、虫纹、水波纹、四瓣花纹、钱纹、席纹、蝉纹、兽面图案等。胸腰间附扁耳 2 对，胸内壁立蛙 2 只，足部立鸟 1 只。

21 - G₄ **那口岭铜鼓出土点** 〔江南区吴圩镇那德行政村那审坡那口岭·东汉—唐〕 1989 年 5 月 9 日，那口岭出土灵山型铜鼓 1 面，鼓面向下，无伴出物。鼓面径 0.79 米，高 0.48 米。鼓面太阳纹八芒。面沿环列蛙六只。饰四瓣花纹、鹭鸟纹、半圆填线纹、"四出"钱纹、变形羽人纹、鱼纹、鸟形纹、兽面图案纹等。胸腰间附羽纹扁耳 2 对，足部立鸟 1 只。

22 - G₅ **同宁铜鼓出土点** 〔江南区江西镇同宁行政村同宁村·东汉—唐〕 2003 年 6 月 4 日，同宁村出土灵山型铜鼓 1 面。鼓面径 0.95 米，高 0.565 米。鼓面饰太阳纹，面沿顺时针环列 4 蛙。面、身均饰雷纹、云纹和叶脉纹。

23 - G₆ **岜卡岭铜鼓出土点** 〔江南区吴圩镇康宁行政村敢渌屯西南约 2 公里岜卡岭·东汉—唐〕 1989 年 2 月，岜卡岭出土灵山型铜鼓 1 面，鼓面向下，无伴出物。鼓面径 0.915 米，高 0.55 米。鼓面太阳纹十芒。面沿环列三足蛙六只。面身饰"四出"钱纹、四瓣花纹、蝉纹、鸟纹、席纹、虫纹、兽纹、骑兽纹、雷纹填线纹、联机纹等。胸腰间附扁耳 2 对，一耳下立 1 乘骑。(见《中国考古学年鉴》1990 年)。

24 - G₇ **南蛇岭钱币窖藏** 〔江南区良凤江畔南蛇岭·唐代〕 1982 年 11 月 20 日，南蛇岭出土铜钱 1 罐。铜钱共计 813 枚，其中"开元通宝"804 枚。"乾元重宝"9 枚。

西乡塘区

1 - A₁ **小崩山遗址** 〔西乡塘区坛洛镇上正行政村公座村东 250 米·旧石器时代〕 阶地遗址。1987 年发现。位于右江台地上，分布面积约 4000 平方米，在地表采集有砍砸器，石核、石片等打制石器。用砾石单向打制而成。

2 - A₂ **岜贡山遗址** 〔西乡塘区双定镇和强行政村华强村西北 800 米岜贡山·旧石器时代〕 阶地遗址。1988 年发现。位于右江台地上，分布面积约 200 平方米。在地表采集有砍砸器，石核、石片等打制石器，皆用砾石打制而成。

3 - A₃ **虎头岭遗址** 〔西乡塘区金陵镇双义行政村中义村北 1500 米虎头岭·旧石器时代〕 阶地遗址。1987 年发现。位于右江西岸台地上，分布面积约 400 平方米。1988 年试掘，文化层厚 0.2—0.3 米，仅

含少量木炭和打制石片。采集有打制的砍砸器、石核、石片等。石器是用砾石单向打击制成。（见《广西文物》1992年第2期）

4－A₄ 上林村遗址 〔西乡塘区金陵镇陆平行政村上林村北400米·旧石器时代〕 阶地遗址。1987年发现。位于右江东岸台地，分布面积约400平方米。在地表采集有砍砸器、石核、石片等打制石器，用砾石打制而成。

5－A₅ 勒洪坡遗址 〔西乡塘区双定镇秀山行政村花伏村东约1公里勒洪坡·新石器时代〕 山坡（台地）遗址。1988年发现，分布面积约250平方米。地表散布有石铲及石铲残片，有的打磨成形，有的仅打制未经磨制加工。

6－A₆ 新闸村遗址 〔西乡塘区坛洛镇上正行政村新闸村北2公里·旧石器时代〕 阶地遗址。1987年发现。位于右江东岸山坡顶部，分布面积约300平方米。在地表采集有砍砸器、石核、石片等打制石器，均用砾石打制而成。

7－A₇ 定顿遗址 〔西乡塘区坛洛镇定顿行政村南2公里·新石器时代〕 山坡（台地）遗址。1982年发现，分布面积约150平方米。地表散布有较多的石铲碎块，采集石铲残体10多件，最大的石铲长0.25米，宽0.18米。

8－C₁ 韦氏祖屋 〔西乡塘区石埠街道罗文社区·明—清·市文物保护单位〕 建于明万历年间（1573—1620）。清乾隆四十二年（1777）、清道光十七年（1837）和1981年多次修缮。坐北朝南，砖木结构。三进院落，依山而建，占地面积约1000平方米。其中第三进及天井为明代所建，二进为清代加建。主体建筑面阔三间，清水墙，抬梁式木构架，硬山顶，盖小青瓦。第二进除两侧墙为砖砌外，均为木结构，12金柱，木板壁。

9－C₂ 林氏祖屋 〔西乡塘区心圩街道四联行政村林屋坡内·清代·市文物保护单位〕 建于清康熙二年（1663）。坐北朝南，砖木结构。三进院落，分前门、前院、中屋、天井、后座，面积约600平方米。主体建筑面阔三间，中为厅堂、两侧为耳房。砖墙，硬山顶，叠瓦屋脊，盖小青瓦。无前檐廊，前门设6柱，中屋10柱，后座14柱。天井筑"官"字形排水沟，铺"人"字形的地砖。门额悬挂"骑尉第""进士""熙朝俊父""馨莪学府"等牌匾。前门面阔一间，无柱小前廊，单檐硬山顶。

10－C₃ 黄氏家族民居 〔西乡塘区华强街道永和社区中尧南路东三里88号·清代·市文物保护单位〕 建于清康熙十年（1671）。坐北朝南，砖木结构，共有5列8排33栋房屋（现存29栋），包括由正厅、对厅、议事厅、灶间、居室等，占地面积约3653平方米。主体建筑为清水墙，硬山顶，盖小青瓦。大门上、屋檐下有彩绘壁画，室内还保存一些旧式家具、木制磋炮机、石磨等生产、生活用具。

11－C₄ 潘氏宗祠 〔西乡塘区安吉街道大塘行政村东坡·清代〕 建于清康熙二十五年（1686）。清雍正七年（1729）重建，此后进行过三次重修。坐西朝东，砖木结构，四合院，占地面积约624平方米。前座、后堂面阔三间，穿斗式木构架，硬山顶，盖小青瓦，正、垂脊翘角，新盖绿色瓦滴水。前座进深一间，泥砖隔墙，大门前砌4级石踏跺，背面出檐。后堂进深四间，室内8根金柱，前檐为拱形廊，水波纹镂空木雕封檐板。天井铺三合土，两侧厢房面阔三间，进深一间。

12－C₅ 粤东会馆 〔西乡塘区华强街道永宁社区壮志路22号·清代·市文物保护单位〕 由旅邕粤商兴建于清乾隆年间（1736—1795）。清道光年间（1821—1850）重修，1950年局部修缮，1997年全面维修。坐北朝南，砖木结构。原为三进院落，现仅存前座，面阔三间，进深二间，青砖墙，硬山顶，盖小青瓦，琉璃高脊，人字山墙。明间为中厅，两次间为二层楼阁，置前檐廊，石檐柱4根，二层额坊，梁架雕刻人物故事，内外墙上绘壁画。门前有高1.1米平台，设3级石踏跺。

13－C₆ 定内坡宗祠 〔西乡塘区坛洛镇朱湖村定内坡·清代〕 建于清乾隆八年（1743）。原为单体建筑，清嘉庆八年（1803）增建一进，清光绪二年（1876）重修二进。占地面积约285平方米。坐北朝南，砖木结构。前座为中西合璧二层楼房，面阔三间，青砖墙，穿斗式木构架，硬山顶。上层设前檐廊，方形砖柱，花窗式栏杆。底层前设3联拱外廊，门额嵌"望重南阳"横匾。后堂面阔三间，青砖墙，抬梁式木构架，硬山顶。正、垂脊塑灰雕，沿山墙顶部绘有壁画。门前有数级石踏跺。祠内保存碑刻6方。

14－C₇ 九龙桥 〔西乡塘区坛洛镇合志行政村稔生坡南约300米无名小溪上·清代〕 建于清嘉庆六年（1801）。东南—西北走向，为两台八墩梁式石板桥，长36米、宽0.6米，孔跨1.45—2.6米。桥墩用料石干垒，台、墩间用长条青石板连接为桥面，青石板长1.6－2.8米，西北侧桥头立有清嘉庆六年建桥石碑1方。

15－C₈ 四方井 〔西乡塘区双定镇和强行政村华强坡·清代〕 建于清道光年间（1821—1850）。井口平面呈长方形，长5米、宽3.4米、深0.9—1米。用青条石砌筑井台、井壁，红砖铺井底，占地面积约 17 平方米。北侧砌 4 级条石踏跺下井底，南侧下方为井眼。井的东侧用条石砌排水沟一条，长 6 米、宽 0.2 米；井的西北角开有排水口一个；井的东侧约 3 米处立有关于使用该井的禁约碑 1 方。

16 – C₉ 大石坡 154 号卢氏民居 〔西乡塘区金陵镇刚德行政村大石坡 154 号·清代〕 建于清同治年间（1862—1874）。坐南朝北，砖木结构，二进院落，由前座、后座、天井组成，占地面积约 273 平方米。各座面阔三间，清水墙，穿斗式木构架，硬山顶，盖小青瓦。前座明间前设内凹檐廊。后座为两层干栏式建筑，上层铺木楼板住人，下层圈养牲畜，西侧隔过道有侧房一排，面阔三间。天井东侧砌围墙，西侧建有二层楼房一座。

17 – C₁₀ 覃氏宗祠 〔西乡塘区石埠街道老口行政村那告坡·清代〕 建于清代，具体时间不详。坐西朝东，砖木结构，二进院落，占地面积约 174 平方米。主体建筑面阔三间，清水墙，抬梁式木构架，硬山顶，翘脊，盖青瓦。前座前檐绘有彩色壁画，门前铺设 3 级青石阶。后堂内列金柱 8 根，明间前檐墙两侧开有 2 扇小门，后檐设檐廊，立栏杆。天井呈横长方形，南侧开侧门。

18 – C₁₁ 李氏住宅 〔西乡塘区石埠街道老口行政村建宁坡·清代〕 建于清代，具体时间不详。坐北朝南，砖木结构，三进院落，依坡势而建，逐进增高。由前座、中座、后座、天井、厢房、走道等组成，占地面积约 740 平方米。各座均面阔三间，青砖墙，穿斗式木构架，硬山顶，盖小青瓦，建筑前砌条石踏跺。前、中座间天井两边隔墙各开拱门通厢房，天井及走道铺青砖。

19 – C₁₂ 埌驮桥 〔西乡塘区金陵镇广道行政村群益坡埌驮河上·清代〕 建于清末，具体时间不详。南北走向，单孔石拱桥，长 20.87 米，宽 3.17 米，拱跨 5.3 米。桥身、桥拱用长约 1.29 米、宽 0.34 米、厚 0.17 米的条石浆砌而成，桥面平整。

20 – C₁₃ 丹凤拱桥 〔西乡塘区双定镇秀山行政村花伏坡小溪上·清代〕 建于清末，具体时间不详。东西走向，单孔石拱桥，该桥含引桥共长 33.4 米，宽 2.55 米，桥拱用红砂岩条石砌筑，桥面铺方青石板，石灰砂浆勾缝。东、西端引桥迎水面用条石砌筑护堤，东端引桥旁的保存有建桥捐资碑 1 方。

21 – C₁₄ 桥双坡拱桥 〔西乡塘区双定镇秀山行政村桥双坡南面约 400 米山溪上·清代〕 建于清末，具体时间不详。南北走向，单孔石拱桥，长 14 米，宽 2.55 米，拱跨 3.7 米。桥身、桥拱为平整的条石砌筑，

桥面为料石铺砌，石灰砂浆勾缝，桥拱顶部东侧条石雕刻有"福""寿"两字。20 世纪 80 年代，桥面曾用水泥砂浆铺平。

22 – C₁₅ 大石坡 137—138 号石氏民居 〔西乡塘区金陵镇刚德行政村大石坡 137—138 号·清代〕 建于清末，具体时间不详。坐南朝北，砖木结构，三进院落，由前座、中座、后座、二天井组成，占地面积约 291 平方米。各座面阔三间，前、中座明间设内凹檐廊，穿斗式木构架，硬山顶，脊饰灰雕。中座明间开隔扇门。后座为干栏式两层建筑，进深一间，上层铺木楼板住人，下层圈养牲畜。

23 – C₁₆ 铜鼓坡水堤 〔西乡塘区安宁街道永宁村东北约 500 米·1911 年·市文物保护单位〕 北宋皇祐年间（1049—1054），邕州司户参军孔宗旦始建堤坝引水灌田，明永乐、成化、嘉靖和清嘉庆、道光、光绪年间重修。清宣统三年（1911）重建。水堤由堤坝和引水渠组成，堤坝长 46.5 米、高 5 米。泄水口呈喇叭形，三合土夯筑。堤坝的两侧有长 35 米，宽 1 米、高 1.5 米的护墙，泄水天平用片石叠砌，三合土铺面。堤坝东侧开引水渠，灌田千余亩。

24 – D₁ 重修吞霾江古陂碑记 〔西乡塘区心圩街道西北天霾水库·清代〕 碑刻 1 方。清道光二十四年（1844）立。碑高 0.93 米，宽 0.77 米，厚 0.07 米。碑文竖 25 行，400 余字，字径 0.025 米，楷书，阴刻。横行额题"重修吞霾江古陂碑记"，落款"道光二十四年"。碑文记载吞霾江古陂为清康熙年间（1662—1722）由宣化赵继颜、白洵兴修，清乾隆五十一年（1786）重修之经过，并说明该渠灌溉田三万七千顷，分享水利受益的约定和禁令等事以及捐款芳名。

25 – E₁ 南宁市育才学校旧址 〔西乡塘区心圩街道和德行政村九冬坡·1951 年·自治区文物保护单位〕 应越南社会主义共和国胡志明主席的请求，1951 年 7 月，广西南宁育才学校（越南中央学舍区总部）创办于南宁。是一所专门为越南培养干部人才的学校。旧址原为黄氏宗祠，建于清道光十九年（1839）。坐西北朝东南，砖木结构，二进院落，由前座、后座、拜亭、天井、走廊组成，占地面积约 340 平方米。主体建筑面阔三间，清水墙，硬山顶，盖小青瓦。地面铺青砖。

26 – E₂ 周都和烈士纪念塔 〔西乡塘区双定镇兴平行政村兴隆街播秋标岭·1955 年〕 周都和，湖南人，中国人民解放军长江部队第 5 支队战士，1950 年 7 月在当地与国民党余部激战中牺牲。纪念塔建于 1955 年 7 月，坐北朝南，砖混结构。由塔身、塔座组成，占地面积约 2.25 平方米。塔身为四方柱形，四坡顶，高 1.37 米，宽 0.52 米；塔座平面呈正方形，长 1.05 米、

高 0.93 米。塔座南面镶有烈士简介碑 1 方。

27 - G₁ **那龙恐龙化石出土点** 〔西乡塘区金陵镇刚德行政村石村石火岭盆地·白垩纪·市文物保护单位〕 1969 年 7 月，在修建水利渡槽工程时发现。化石分布面积约 120 平方米。出土巨龙、鸭嘴龙肢骨、肋骨、椎体化石。后经修复，巨龙长 18 米、高 11 米，鸭嘴龙长 8 米、高 4 米。

28 - G₂ **那板岭铜甬钟出土点** 〔西乡塘区安宁街道永宁村那板岭·春秋〕 1998 年 11 月，在永宁村那板岭出土 1 件青铜甬钟。甬钟正面 18 枚，篆间饰雷纹，钲间饰蚕纹；背面 18 枚，钲、篆间光素。通高 0.33 米，底宽 0.195 米，顶宽 0.16 米，甬高 0.075 米。底角残，2 枚已断。

29 - G₃ **北岭铜鼓出土点** 〔西乡塘区心圩街道振兴行政村北岭·东汉—唐〕 1962 年 3 月，振兴村北岭出土灵山型铜鼓 1 面。鼓面径 0.695 米，高 0.41 米。鼓面太阳纹十芒。面沿环列累蹲蛙与单蛙各三相间，饰钱纹、席纹、鸟纹、联机纹、蝉纹、四瓣花、"四出"钱纹、变形羽人纹等。足部残缺。胸腰间附辫纹扁耳 2 对，耳下足部立鸟已失。

30 - G₄ **西乡塘钱币窖藏** 〔西乡塘区邕江边·唐代〕 1977 年 2 月 3 日，西乡塘邕江边出土铜钱 3 罐。陶罐为四耳罐，仅 1 件陶罐完整，余 2 件已破碎。出土铜钱重约 60 公斤，均为唐代铜钱，以开元通宝最多，有少数乾元重宝。

31 - G₅ **李村白坟岭钱币窖藏** 〔西乡塘区安宁街道李村白坟岭·唐代〕 1983 年 7 月 29 日，李村白坟岭施工挖出唐开元通宝铜钱 1 罐。铜钱共计 1620 枚。用麻绳串联，盘置罐中，文字清晰。

32 - G₆ **大塘白坟岭钱币窖藏** 〔西乡塘区安吉街道大塘行政村白坟岭·南宋〕 1980 年 5 月 6 日，大塘村白坟岭挖出铜钱 1 罐。铜钱重约 24.65 公斤，计有两宋铜钱 27 种，42 品，681 枚。钱文有楷、隶、篆、行四体。其中南宋钱背有二、三、四、十一、十六等字。

良庆区

1 - A₁ **石船头遗址** 〔良庆区良庆镇那黄行政村那黄村北约 3.5 公里邕江南岸临江台地上·新石器时代·自治区文物保护单位〕 贝丘遗址。1963 年发现。位于邕江南岸，分布面积约 750 平方米。文化层厚约 0.8 米，内含大量螺壳、零星石器和陶片。采集有石斧、蚌刀、兽骨和夹砂红褐色、灰色陶片，陶片火候较低，饰粗或细绳纹。

2 - A₂ **宋厢村烟墩岭烽火台遗址** 〔良庆区良庆镇宋厢村东南约 500 米烟墩岭·明代〕 建于明代，具体时间不详。明代南宁府所设驿站之一，烽火台用泥土堆筑，经夯实，呈圆台形，底部直径 10 米，高 5 米，顶部有直径约 3 米的平台。

3 - A₃ **那例烟墩岭烽火台遗址** 〔良庆区大塘镇那例行政村那造坡南面约 500 米烟墩岭·明代〕 建于明代，具体时间不详。明代南宁府所设驿站之一。烽火台用砂石泥土夯筑成圆台形，高 1.8 米，底径 5 米，现山坡开辟为耕地，烽火台的表面长满杂草。破坏比较严重。

4 - A₄ **缸瓦窑窑址** 〔良庆区良庆镇良庆社区缸瓦窑村·清—民国〕 建于清雍正年间（1723—1735），占地面积约 27.5 平方米。现存窑口建于晚清至民国时期，产品主要为酱釉陶缸、瓦。有窑数座，窑口朝北，依坡而建，青砖砌建，均已残缺不全。其中一座窑头和窑尾已毁，存窑身长 43 米，高 2.5 米，宽 2.5 米，窑身呈拱形，窑壁用青砖砌筑，窑内壁两侧现存 45 个火孔，火孔和拱顶存留完整。

5 - C₁ **团底井** 〔良庆区良庆镇新团行政村新庄坡东侧·清代〕 建于清道光十年（1831）。井口平面呈圆形，径 2 米，深 2.3 米。井壁用砂岩石砌建。井台呈长方形，长 6.8 米，宽 4.6 米，占地面积 31.28 平方米。水井北面约 10 米处有清道光十年《修砌团底井碑记》碑 1 方，碑高 0.78 米，宽 0.62 米，厚 0.15 米，内容述"团底井"由来、修建经过以及村民捐款情况。

6 - C₂ **敏旺桥** 〔良庆区大塘镇太安行政村那廖坡·清代〕 建于清道光二十七年（1847）。20 世纪 40 年代拆除桥面石板，现桥面铺盖水泥并拓宽。南北走向，三孔石拱桥，长 14 米，宽 2.5 米，拱跨 3 米。桥身、桥拱用料石砌筑。桥西面约 30 米处有清道光二十七年《敏旺石拱桥碑记》1 方。

7 - C₃ **新民井** 〔良庆区良庆镇新兰行政村新民坡·清代〕 建于清同治六年（1867）。井口平面呈圆形，径 2.2 米，井壁用方块砂岩石砌筑，井圈西面开一缺口，筑 4 级石踏跺。占地面积 29.4 平方米。井台呈长方形，片石铺面，台周围砌砂石矮扩围墙。水井东北 2 米处，有清同治六年《鼎建修井碑记》2 方，内容记述修井经过。

8 - C₄ **五帝庙** 〔良庆区良庆镇良庆街西二巷·清代〕 建于清同治十二年（1873）。坐南朝北，砖木结构，二进院落，由前殿、后殿、天井组成，占地面积 177 平方米。前殿、后殿面阔三间，青砖墙，硬山顶，盖青瓦。前殿设有前檐廊，2 根石础圆木柱，东侧墙面嵌石碑 2 方，记录村民捐款修建庙宇的情况。

9 - D₁ 蕾帽岭摩崖石刻 〔良庆区那陈镇那徐行政村平丙坡蕾帽岭顶峰·清代〕 摩崖石刻 10 方，分布在数块岩石石壁上。刻于清光绪年间（1875—1908）。书体有篆书、隶书、楷书。因年久风蚀，部分字体已难辨认。石刻内容多为触景即兴题诗及题榜，可辨认的有"日升顶上千林晓""题名就唤作冠峰"等诗刻及"仰止""梯月""到碧虚""冠峰""寅日""朝晖""石室"等榜书。石刻多无落款与年代，其中一方石刻上落款"清光绪九年（1883）"

10 - E₁ 林景云故居 〔良庆区良庆镇良庆社区缸瓦窑村·清代〕 林景云（1902—1930），广西南宁良庆镇缸瓦窑村人。1929 年 10 月参加邓斌（小平）同志领导的"南宁兵变"，1930 年 2 月参加龙州起义，任中国工农红军第八军第 2 纵队第 1 营政治指导员，3 月 22 日在龙州县掩护主力部队撤退后被捕并牺牲。故居建于清末，坐东北朝西南，砖木结构，二进院落，占地面积 233.2 平方米。主体建筑面阔三间，进深两间，青砖墙，抬梁式木构架，硬山顶，盖青瓦。屋檐两侧有雀替雕花，后座为林景云生平展厅。

11 - E₂ 中日桂南会战遗址 〔良庆区大塘镇太安行政村那廖坡东约 1 公里·1939—1940 年〕 1939 年 12 月—1940 年 2 月，为收复南宁，恢复通往越南的国际交通线，中国军队 9 个军 27 个师共 15.4 万余人在桂南一带同侵华日军进行会战，为阻止日军增援被围困昆仑关日军，将那廖桥破坏。桥建于清道光二十七年（1847），三孔石拱平桥，长 25 米，宽 1.63 米，桥身、桥拱皆用红砂岩料石构筑。

12 - F₁ 广西邕宁县那陈小学旧址 〔良庆区那陈镇那陈社区那陈中学内·1936 年〕 建于 1936 年。为中西合璧二层楼房，占地面积 181.44 平方米。坐北朝南，上下层周设回廊。正面如西式骑楼，上下层前走廊各有 3 个联拱门，下层中拱门为进出的大门，二楼设通透栏杆，顶砌女儿墙。背面上下层设走廊，硬山顶，盖小青瓦。

13 - G₁ 良庆兵器出土点 〔良庆区邕江河段·西周—春秋〕 1992 年，在邕江河段捞沙时捞出 4 件青铜兵器。戈 1 件，援部较长，上、下边、胡及端部均有边刃。阑前四穿。内平直。通长 0.218 米。矛 1 件，刃部呈桂叶状，中脊凸起，刺末尖锐。骹部圆形，单侧桥形鼻纽。通长 0.17 米，刃宽 0.036 米。钺 1 件，椭圆形不对称，通长 0.089 米，刃宽 0.094 米。匕首 1 件，扁茎无格，叶宽扁呈锐三角形，截面呈菱形，通长 0.309 米，刃宽 0.07 米。

14 - G₂ 狮子头铜鼓出土点 〔良庆区良庆镇新村行政村新村坡南约 400 米狮子头·西汉中期—南朝〕 1967 年 6 月，狮子头出土冷水冲型铜鼓 1 面。鼓面径 0.946 米，残高 0.27 米。鼓面太阳纹十芒。面沿环列三足四蛙。饰栉纹与三角填线纹夹两道 S 形曲折纹带、复线交叉纹、变形羽人纹、变形翔鹭纹等。胸腰间附扁耳 2 对。

15 - G₃ 板涩铜鼓出土点 〔良庆区大塘镇那团行政村板涩村·西汉—唐〕 1979 年 6 月 20 日，板涩村出土北流型铜鼓 1 面。鼓面径 0.985 米，高 0.585 米。鼓面太阳纹八芒。面沿环列四蛙，面饰云纹、填线纹。身饰细云纹。胸腰间附缠丝纹环耳 2 对。

邕宁区

1 - A₁ 顶蛳山遗址 〔邕宁区蒲庙镇新新行政村九碗坡东面顶蛳山·新石器时代·全国重点文物保护单位〕 贝丘遗址。1994 年发现。位于邕江支流八尺江与清水泉交汇处三角嘴右岸第Ⅰ级阶地，分布面积约 5000 平方米。1996—1999 年间多次发掘，揭露面积约 500 平方米。出土了陶器、石器、骨器和蚌器等生活用品，生产工具以及水陆生动物遗骸。发现墓葬 149 座，葬式包括各种屈肢葬及蹲葬、肢解葬。出土陶器有圜底罐、敛口釜、高领罐等，石器包括磨光斧、锛、穿孔石器及砺石，骨器有锛、铲、镞、锥、针、鱼钩及装饰品，蚌器有穿孔刀、铲。顶蛳山文化遗存共分四期，年代在距今 10000—6000 年间，其中Ⅱ、Ⅲ期文化遗存代表着桂南贝丘遗址文化，称"顶蛳山文化"。（见《考古》1998 年 11 期）

2 - C₁ 那莲社坛码头 〔邕宁区蒲庙镇孟莲村那莲街北端·明代〕 建于明代，具体时间不详。现存码头位于八尺江西岸，东西走向，从江岸至江边，长约 21 米，宽约 2.1 米，其间设有三个平台。码头由条石砌筑，条石每块长约 1.3 米，宽约 0.34 米，厚约 0.11 米。

3 - C₂ 那莲正码头 〔邕宁区蒲庙镇孟莲村那莲街北端·清代〕 建于明正德四年（1509），明崇祯年间（1628—1644）毁于洪水，清乾隆、清嘉庆年间及清道光十五年（1835）多次重修。现存码头位于八尺江西岸，东西走向，长 81.5 米，宽 4.5 米，56 级踏跺，15 个平台，碑刻 2 方。码头由条石砌筑，条石每块长约 1.1 米，宽约 0.38 米，厚约 0.17 米。

4 - C₃ 那莲戏台 〔邕宁区蒲庙镇孟莲村那莲街北端·清代·市文物保护单位〕 建于清乾隆五十八年（1793）。坐东朝西，砖木结构，由前台、后厢及两侧走廊组成，占地面积约 104 平方米。前台以条石围砌台基，台面铺木板，面阔 4.3 米，进深 5 米，高 1.35 米，后侧有内柱 2 根，南、北两侧各立石础圆檐柱 3 根，两侧开小门与后厢相通；后厢面阔 4.3 米，进深 4 米。后、左、右三面用青砖、石块砌筑，抬梁式木构架，硬山顶，盖青瓦，琉璃滴水。脊雕葫芦、鳌鱼。

5－C₄ 那莲北帝庙 〔邕宁区蒲庙镇孟莲村那莲街北端·清代·市文物保护单位〕 始建年代不详，清嘉庆二十二年（1817）重建。坐西朝东，砖木结构。现仅存前殿，占地面积约 60 平方米。面阔三间，清水墙，硬山顶，盖青瓦，灰瓦筒，琉璃滴水，正、垂脊饰博古。梁架、封檐板浮雕人物花草。墙柱头饰砖雕，墙内外壁彩绘山水、花草、禽兽配诗文壁画。前檐廊立棱形饰雀替石檐柱 2 根，明间无额枋，次间弓形石额坊上石狮背檩，条石门框，门额嵌"北帝庙"横匾，两侧阴刻楹联。

6－C₅ 皇赐桥 〔邕宁区新江镇新江社区新江街北端新江河上·清代·市文物保护单位〕 又称新江大桥。据碑文记载，桥建于清道光十七年（1837）。邕武生补授千总钦授武骑尉李翘然捐资修建。东西走向，五孔石拱桥，长 60.45 米，宽 4.74 米，拱跨 10 米。以长 1.13 米、宽 0.4 米、厚 0.3 米的料石砌桥身、桥拱，桥面铺石板。桥东立碑记 5 方。1974 年在桥面铺盖砂石和增设水泥栏杆。

7－C₆ 五圣宫 〔邕宁区蒲庙镇蒲津社区蒲津路 63 号·清代·自治区文物保护单位〕 建于清乾隆八年（1743）。清乾隆五十九年（1794）、清咸丰元年（1851）和清光绪十二年（1886）三次重建。坐南朝北，砖木结构。二进院落，占地面积 483.82 平方米。前、后两殿，面阔三间，进深二间，青砖墙，穿斗与抬梁混合木构架，硬山顶，琉璃瓦盖顶。内外挑檐及墙上端均有浮雕和壁画。东西两侧隔过道有侧殿。前殿设前檐廊，立方石檐柱 2 根，其上饰雀替，额枋立石雕小狮。

8－C₇ 那晓炮楼 〔邕宁区那楼镇那旺村那晓坡·清代〕 建于清代，具体时间不详。坐东北朝西南，砖木结构，面阔、进深一间皆 4 米，面积约 16 平方米。炮楼高四层约 10 米，青砖墙，顶盖瓦，底层正面开拱门，内设木楼梯上下，四壁上部均开有窗和枪眼。

9－C₈ 团阳杨宅 〔邕宁区新江镇团阳村团阳坡 160 号·清代〕 建于清代，具体时间不详。建筑依山傍水，沿山而建。坐西朝东，砖木结构，三进院落，占地约 2800 平方米。平面呈"国"字形，主体建筑面阔三间，砖墙，硬山顶，四角建四层碉楼与住宅连成一体，并以门、墙、廊、道、梁、柱等互为构结，形成一个完整的防御体系。

10－D₁ 雷婆岭摩崖石刻 〔邕宁区那楼镇那良行政村那蒙村东雷婆岭北面岩壁上·清、民国·市文物保护单位〕 有摩崖石刻 62 方。分布面积约 330 平方米。石刻最早的刻于清嘉庆二十四年（1819），最晚的是民国时期所刻，形式有题榜、题词、题诗、题记等，书法有楷、行、隶、魏等体，刻面形式有横幅、直幅、圆幅、扇形、对联式等，石刻内容多是赞誉风景、歌功颂德，如榜书"胜似桃源""名山仙洞""道大德宏""德著明峰"等。

11－E₁ 徐汉林等烈士墓 〔邕宁区新江镇汉林行政村汉林村西南 400 米盘古山顶·1957 年·市文物保护单位〕 徐汉林（1925—1950），广西西林县人。1950 年 9 月 29 日在盘古村剿匪中，以手榴弹引爆敌碉堡，光荣牺牲。后与牺牲的 22 名烈士，同葬在企沙山，1957 年迁葬于此。墓葬朝北，冢呈圆丘形，底径约 2 米，高 1.8 米，钢筋水泥结构。占地面积约 1000 平方米。碑高 2.2 米，宽 1.2 米，顶塑五角形，碑文刻"徐汉林等烈士之墓"。墓的北面约 20 米处是混凝土结构的徐汉林六角纪念亭，陵园半山腰平台两边有砖木结构的徐汉林纪念陈列室各 1 间。

12－E₂ 康浪平烈士纪念碑 〔邕宁区蒲庙镇孟连行政村孟连村西面约 200 米的村级道路旁·1989 年〕 康浪平（1921—1945），原名康良年，又名志岗、瑞源，广西南宁市人。曾任中共南路特支书记。1945 年 3 月，在邕宁县被当地恶霸杀害。纪念碑坐南朝北，钢筋混凝土结构，占地面积约 50 平方米。碑高 7.65 米，平面呈方形，碑座为正方形，四面镶嵌碑文；碑身呈四方锥体，北面题"康浪平烈士纪念碑"，南面题"缅怀先烈继往开来"。

13－G₁ 佃坡铜鼓出土点 〔邕宁区蒲庙镇广良行政村屯佃坡·西汉中期—南朝〕 1993 年 8 月，屯佃坡出土冷水冲型铜鼓 1 面。鼓面径 0.695 米，残高 0.42 米，足径 0.65 米。鼓面太阳纹十二芒。面沿环列蛙六只，累蹲蛙与单蛙相间。面、胸主要饰鸟纹、"四出"钱纹等。胸腰间附扁耳 2 对。

武鸣县

1－A₁ 岜勋遗址 〔锣圩镇岜勋行政村水响屯龙水岸水电站旁台地上·新石器时代·县文物保护单位〕 贝丘遗址。1935 年发现，1973 年、1988 年复查，位于武鸣河与水响河汇流的龙水岸边，分布面积约 200 平方米。文化层厚 2 米，含螺蚌壳、动物骸骨、石器、红烧土等。采集有磨制的石斧、石锛、石杵和石铲残片。

遗址保存较好。

2 - A₂ **蜡烛山遗址** 〔双桥镇伏林行政村伏林屯蜡烛山·新石器时代·县文物保护单位〕 山坡（台地）遗址。1963 年发现。蜡烛山为独立石山，高约 150 米。在山南面、北面山脚发现红烧土、草木灰和夹砂陶片，遗址面积约 300 平方米。文化层厚约 0.5 米，采集有石锛、骨锥、夹砂绳纹红陶、红褐色陶片等，器形有罐、盆、圈足器等。东面山脚堆积破坏严重。

3 - A₃ **敢风遗址** 〔城厢镇合旗行政村栏丰屯香山糖厂东南面约 400 米的敢风洞口·新石器时代〕 山坡（台地）遗址。1987 年发现。遗址位于敢风洞前，洞口朝西，洞内面积约 60 平方米。洞口前沿有一道长 10 米、宽约 0.5 米堆积层，堆积层距地表约 0.2 米，含夹砂陶片、螺壳、动物骸骨、红烧土、草木灰等。

4 - A₄ **独山遗址** 〔宁武镇梁新行政村陇慕屯南面约 300 米的独山·新石器时代〕 山坡（台地）遗址。1987 年发现。独山高约 100 米。遗址位于山东、西侧山坡，面积约 50 平方米，采集有肩石铲、石凿和一些夹砂陶片等遗物。遗址受雨水冲刷严重，未发现文化层。

5 - A₅ **肩山遗址** 〔宁武镇梁新行政村陇龙慕屯西约 500 米肩山·新石器时代〕 山坡（台地）遗址。1992 年发现。石铲残片分布面积约 1000 平方米，采集石铲 2 件及一些石铲半成品。石铲通体磨光，有平肩和斜肩两种，束腰。最大的长 0.265 米，肩宽 0.131 米，腰宽 0.122 米，厚 0.015 米。

6 - A₆ **炮垒坡遗址** 〔双桥镇合美行政村伏巷屯南约 500 米炮垒坡·新石器时代〕 山坡（台地）遗址。1991 年发现。遗址地表散布石铲碎片，分布面积约 1500 平方米。采集到双肩石铲 2 件，双肩石斧 4 件。石铲通体磨光，双肩溜斜，束腰，长 0.197 米，肩宽 0.13 米，腰宽 0.107 米，厚 0.015 米。石斧有平肩和溜肩两种。

7 - B₁ **元龙坡墓群** 〔马头镇马头社区木托屯东北约 500 米元龙坡·西周—春秋·县文物保护单位〕 元龙坡形呈"Y"形，三条坡脉呈向北、向东、向西南走向。墓葬主要分布于北支坡到西南支脉处，墓葬分布面积约 4000 平方米。1985 年 11 月至 1986 年 3 月发掘墓葬 350 座。均为竖穴土坑墓。分竖穴、竖穴带二层台、竖穴带侧室等 3 种类型。墓室长 2.2—3.5 米，宽 0.6—0.8 米。出土铜器、陶器、玉器、石器等共计 1000 多件。铜器有斧、钺、矛、刀、匕首、凿、镞、镖、针、圆形器、卣、盘、甬钟、链环、铃；陶器多为夹砂陶，少量泥质陶，装饰绳纹、云雷纹、弦纹、篮纹和方格纹，个别彩绘。器形有釜、钵、瓮、壶、

罐、碗、杯、纺轮等。玉器有环、玦、管饰、穿孔玉片、坠子、扣形器、方形玉片、镂空雕饰、凿等。石器有砺石、钺、斧、镞、镖、圆形器、钗形器等石范等。（见《文物》1988 年 12 期）

B₁₋₁ **元龙坡 56 号墓** 〔马头镇元龙坡西坡东端顶部·西周—春秋〕 墓葬方向 114°。竖穴土坑带二层台。二层台设于东西端，宽 0.74 米，长 0.3—0.7 米，高 0.92—1.04 米。墓室东、西两端各伸入二层台下，整体呈船形，长 4 米，宽 0.74 米，深 1.2 米。出土铜矛、陶罐、玉环等 7 件。

B₁₋₂ **元龙坡 63 号墓** 〔马头镇元龙坡北坡上·西周—春秋〕 墓葬方向 120°。竖穴土坑带侧室。墓室长 2.2 米，宽 0.6 米，高 0.7 米。侧室开于南壁，呈半圆形，直径 1 米。出土陶罐 2 件，置于侧室，其中 1 件覆置。

B₁₋₃ **元龙坡 130 号墓** 〔马头镇元龙坡西坡顶·西周—春秋〕 墓葬方向 100°。为长方形竖穴土坑墓，长 2.5 米，宽 0.6 米，深 1.25 米。填土中杂有陶件和炭屑。出土陶罐、陶釜、陶钵、铜钺、玉管、玉环、砺石及石块等 12 件。

B₁₋₄ **元龙坡 147 号墓** 〔马头镇元龙坡西坡顶·西周—春秋〕 墓葬方向 114°。竖穴土坑带二层台。墓室长 4 米，宽 0.6 米，深 1.64 米。出土二层台设于东、西两端，东二层台长 1 米，宽 0.6 米，高 0.84—0.96 米；西二层台长 0.5 米，宽 0.6 米，高 0.74—0.8 米。二层台面及墓底经火烧烤，存有炭屑。填土中夹杂陶片和 3 件石范。出土铜矛、铜卣、铜钺、陶钵、陶罐等 5 件。

B₁₋₅ **元龙坡 295 号墓** 〔马头镇元龙坡南坡顶·西周—春秋〕 墓葬方向 50°。竖穴土坑带侧室。墓室长 2.35 米，宽 0.5 米，高 0.75—0.95 米。侧室开于南壁，长方形，长 1.15 米，宽 0.4 米。出土玉环、玉玦各 2 件。填土中还出玉玦 1 件。

B₁₋₆ **元龙坡 311 号墓** 〔马头镇元龙坡南坡顶·西周—春秋〕 墓葬方向 20°。为长方形竖穴土坑墓，长 2.9 米，宽 0.6 米，深 0.35—0.45 米。出土铜匕首、铜佩饰、铜圆形器和陶钵等 4 件。

B₁₋₇ **元龙坡 316 号墓** 〔马头镇元龙坡中坡顶·西周—春秋〕 墓葬方向 85°。竖穴土坑带二层台。墓室长 3.5 米，宽 1.6 米，深 2.4 米。四周二层台高 1.6 米，宽 0.4 米。墓底及二层台上放置大石块，其中二层台发现 49 块。出土铜矛、铜刀、陶罐、陶碗、玉雕饰、玉环等 10 件。

8 - B₂ **安等秧墓群** 〔马头镇马头社区南约 300 米安等秧山坡·战国·县文物保护单位〕 面积不详。

1985 年 10 月发掘墓葬 86 座、祭祀坑 12 个。墓葬基本为东西方向，均为长方形竖穴土坑墓。墓坑长 1.6—2.5 米，宽 0.65—0.9 米，存深 0.16—0.9 米。未见葬具和人骨痕迹。随葬品简单，最多的 14 件，少的 1—2 件。约有 30% 的墓没有随葬品。随葬器物一般为实用兵器、生产工具、生活用具和少量的装饰品。出土和采集铜器、铁器、陶器、玉器、石器计 216 件。铜器有剑、矛、钺、镞、斧、刮刀、镯、钏、带钩、铃等，铁器仅发现铁锸 1 件。陶器多为泥质硬陶，少量夹砂陶，器形有罐、钵、杯、釜、纺轮等，主要饰拍印方格纹、米字纹。祭祀坑在墓区的边缘，长 2—0.8 米，宽 0.6—0.5 米，存深 0.45—0.07 米，未发现人工遗物，仅在 1—3 号坑内发现石块，有 3 种排列方式。（见《文物》1988 年 12 期）

B_{2-1}　安等秧 14 号墓　〔马头镇安等秧山墓区西南侧坡顶·战国〕　墓葬方向 65°，为长方形竖穴土坑墓。墓坑长 1.9 米，宽 0.9 米，存深 0.16—0.2 米。随葬品集中于墓室东端，出土铜矛、铜斧、铜铃、铜刮刀、铜镯和陶杯等 14 件。

B_{2-2}　安等秧 69 号墓　〔马头镇安等秧山墓区西南面中部·战国〕　墓葬方向 70°，为长方形竖穴土坑墓。墓坑长 2.1 米，宽 0.7 米，深 0.5 米。出土随葬品 11 件，墓室前端对称放置玉玦 2 件、铜刮刀及铜带钩各 1 件，中部两侧置铜剑、铜斧各 1 件，后端放陶釜 1 件和陶罐 3 件。

9 - B_3　老杨屯石棺墓　〔府城镇永共行政村老杨屯东北面约 60 米处·清代〕　墓葬朝西北，竖穴土坑墓，长 2 米，宽 0.8 米，面积 1.6 平方米。葬具为石棺，石棺的 2 块侧板由整块石板加工而成，底板和盖板由数块四方形的石板组成。石棺内仅存半枚钱币，尸骨无存。石棺底板下面垫了一层防潮木炭，两侧和顶部用三合土封盖。

10 - B_4　岜山岩洞葬　〔仙湖镇邓吉行政村雷兰屯东面约 300 米的岜山·新石器时代〕　岜山由数石灰岩山峰组成，高约 40—120 米。岩洞在西南山脚，高距地表约 9 米，洞口朝西南，洞内有主洞室及 4 个支洞，面积约 200 平方米。主洞室及其中 3 个支洞都发现了文化遗物，出土陶器、石器、玉器和蚌器 100 余件，以及一些人骨遗骸（4 个个体）和剑齿象、大熊猫、犀牛等动物化石。陶器有釜、罐、钵等，饰细绳纹或细绳纹底划“S”形等曲折线纹；石器有斧、锛、铲、刀、碾槽等；玉器有玦、坠饰等；蚌器为饰品，包括贝饰及蚌饰。

11 - B_5　岜旺岩洞葬　〔两江镇英俊行政村岜旺屯石山上·新石器时代〕　岜旺山（又称横山），为东

南—西北走向的石灰岩山，岩洞在山的西南侧，高距地表约 6 米，洞口朝西南，洞内低矮，约长 20 米、宽 10 米，面积约 200 平方米。出土了陶器、石器、玉器等 24 件和一批人骨遗骸。陶器均为夹砂陶，有杯、釜、钵等，饰细绳纹、刻划纹；石器有斧、锛，玉器有玦、坠饰等。

12 - B_6　岜马山岩洞墓　〔陆斡镇覃内行政村覃内屯南约 200 米的岜马山弄伦岩·商代〕　岜马山高 160 余米，岩洞在山南东侧山脚。洞口朝西，洞分内、外两个洞室。外洞室呈不规则圆形，内洞室洞口在外洞室后壁上端，用石块封堵。墓葬在内洞室南、北两侧顶端壁的天然壁洞中，未见葬具，只发现零星的人骨残块。随葬品有陶器、玉器、石器等 27 件，还有石子 58 颗。陶器有壶、釜、杯和纺轮。石器有斧、戈、刻刀、砺石等，玉器仅镯 1 件。（见《文物》1988 年 12 期）

13 - B_7　敢猪岩洞葬　〔马头镇那堤行政村那堤村南约 3 公里的敢猪山·商代〕　敢猪山高 70 余米，岩洞在山东面近山顶处，岩洞洞口朝东，洞内面积约 20 平方米。岩洞葬主要在前洞室，1976 年 1 月发现，2006 年 9 月发掘。采集的人骨经鉴定有 16 个个体，其中男性 6 个，女性 8 个，未成年 2 个。死者平地摆放，可能为屈肢葬。随葬品数量较多，包括夹砂陶片及可辨的陶器、石器、玉器、骨器、铜器、海贝等 1000 余件。以陶器和石器、玉器为主。陶器有壶、釜、罐、钵、杯、豆、盘、簋、纺轮等，石器有钺、刀、锛、凿等，玉器有玉锛、玉凿、玉环、玉管等。

B_{7-1}　敢猪岩铜戈出土点　〔马头镇敢猪岩·商代〕　1974 年，敢猪岩洞内出土铜戈 1 件。器体扁薄，援前部残失，援中脊起棱，上下栏突出，长方形直内，内后部有二穿。援残长 0.06 米，内长 0.04 米。（见《考古》1984 年 9 期）

14 - B_8　独山岩洞葬　〔两江镇三联行政村伏帮屯独山·战国〕　独山高 120 余米。岩洞在山西南面山腰悬崖上，高距地表约 100 米。洞口很小，在岩洞最深处有一个长方形的自然岩穴，长 1.8—2 米，宽 0.7—0.95 米，深 0.3 米。1986 年在岩穴内清理出人骨遗骸 1 具，头朝北，随葬品多摆在遗骸南端及两侧，盖土厚 0.15—0.19 米。出土铜斧、铜钺、铜矛、铜剑、铜戈、铜镞、铜刮刀、玉镯、砺石、夹砂灰褐色陶钵等。（见《文物》1988 年 12 期）

15 - C_1　城岭关隘　〔两江镇公泉行政村全才屯北约 2 公里城岭顶·明—清·县文物保护单位〕　城岭是旧时武鸣至马山杨圩必经交通要塞，明代筑城隘防匪患。城隘面东，以片石干砌，南北长 100 米，高 3—

4米，底宽1.5—1.6米，顶宽0.88—0.99米。每隔10米左右有枪眼。现南端崩塌约2米外，其余完好。

16 - C₂ 葛阳文昌阁〔太平镇葛阳行政村葛阳村·清代·县文物保护单位〕 建于清嘉庆二十四年（1819），清道光二十九年（1849）重修。坐北朝南，砖木结构，二进院落，占地面积约295平方米。前座面阔三间，进深一间，有前廊，廊前大门为四柱三间牌坊式，仿西式三联拱门。后座为主楼，面阔三间，进深一间，设前廊，明间为四层楼阁，高14米，以木梯绕壁而上，底层正面出挑檐，次间高二层，青砖墙，重檐歇山顶，盖小青瓦。

17 - C₃ 文江塔〔城厢镇渡头社区渡头屯南郊香山河与西江河交汇处的河岸·清代·县文物保护单位〕 建于清道光六年（1826），武缘县（今武鸣县）知县申及甫率当地富绅梁源洛等倡建。1915年修缮。坐东南朝西北，八边形七层楼阁式砖塔，高31米。塔基高1.7米，层高3.48米，占地面积71.6平方米。各层叠涩出檐，底层西北面开门，门额镶嵌清代郡守候官李彦章题"文江塔"石匾。塔腔内空，壁厚1.5—3米，各层以木板铺设，第一至六层梯作螺旋状而上，尖状塔刹。1988年维修，将塔顶改为琉璃瓦盖。

C₃₋₁ 黄君钜文江塔诗刻〔文江塔内·清代〕碑刻1方。清光绪年间（1875—1908）刻。黄君钜登文江塔赋《晚登县城文江塔》七绝诗："登城一望目几劳，翠壁青山四面遭。圩落参差烟树绕，浮图撑起月轮高。"刻嵌于塔内。黄君钜（1818—1887），号丹崖，广西武缘（今武鸣县）人。历任云南浪穹、富民、易门等县知县。著有《燕石漫藏》，已佚，与其子黄诚沅编纂有《武缘县图经》一书。

18 - C₄ 文桐戏台〔陆斡镇文桐行政村谢桐屯·清代〕 建于清道光十年（1830），坐东朝西，砖木结构，占地面积68.7平方米。戏台通高6.55米，前台台基以砖砌成，面阔7.85米，进深6米，高1.5米，歇山顶，脊饰葫芦，两端龙吻，饰几何形透雕莲花图案，盖小青瓦，四角飞檐。戏台后厢设化妆间，长7.04米，宽2.7米，清水墙，墙上端绘"八仙图"等人物山水画11幅。今戏台改用青石护边，前加宽长4.9米，两侧各加宽1.1米。

19 - C₅ 起凤山庙〔城厢镇夏黄行政村夏黄村西北约400米起凤山东峰东面山腰·清代·县文物保护单位〕 清道光二十四年（1844）武缘县知县余思诏倡建。1920年修缮。庙依山构筑。坐西朝东，砖木结构，由观音阁、文昌阁、藏经阁、耳房组成，占地面积约100平方米。观音阁建在岩穴上，面阔、进深一间，立石柱，青砖墙，抬梁式木构架，硬山顶。文昌

阁在观音阁的上方，面阔三间，硬山顶，脊饰浮雕，左右设耳房，中为厅。厅高二层，楼面以木板铺设，墙壁内处有彩绘壁画。皆盖小青瓦。

20 - C₆ 甲泉〔双桥镇伊岭行政村雅亭屯东面约100米·清代·县文物保护单位〕 甲泉平地涌出，清澈味甘，冬暖夏凉。清光绪八年（1882）雅亭村民以磨盘石为盖，修成三眼流水泉，出水处用料石砌成长约8.6米，宽3米，深0.8米的蓄水池。石盖上径为1.07米，下径为1.18米，厚0.58米，侧置扇形幅阴刻"甲泉"2字，楷书，阴刻，字径0.3米，落款为"光绪八年□月"。

21 - C₇ 罗波潭庙〔罗波镇罗波社区罗波潭东岸·清代·县文物保护单位〕 建于清光绪二十五年（1899），原名关岳庙。坐东朝西，砖木结构，占地面积138.5平方米。现存大门、中殿，面阔三间，进深一间，青砖墙，抬梁式木构架，卷棚顶，盖小青瓦。大门设前檐廊，立八角形石柱2根。中殿明间为敞厅。天井两侧设走廊。庙墙内外均绘花卉图案。

22 - C₈ 坛李塔〔罗波镇坛李行政村坛李屯西面约500米·清代·县文物保护单位〕 建于清宣统元年（1909），坐北朝南，八边形楼阁式砖塔，占地面积约12平方米。塔高五层约20米，葫芦顶。塔基径3.87米，各层高3.25米。底层称玉虚宫，原有建塔碑记1方，第二层为天鹅塔，第三层称三界亭。各层叠涩出檐，翘角，开假门、窗，各层楼面铺木板，以木梯登塔。现塔匾、楼板、碑记均已失。

23 - D₁ 仙山摩崖石刻〔双桥镇伊岭行政村广寺屯仙山东面山崖上·宋代·县文物保护单位〕 刻面长、宽约0.8米，为宋代的周氏墓志，文阴刻，因刻字浅小，年久残损，字迹已模糊难辨。

24 - D₂ 起凤山摩崖石刻〔城厢镇夏黄行政村夏黄村西北约400米起凤山·清—民国·县文物保护单位〕 摩崖石刻41方，多集中于山的东峰山崖上。最大的题刻"凤"字，字径3—4米，正楷，阳刻，为王元仁书于清道光己亥年（1839）。榜书"朝阳鸣凤"刻面高2米，宽0.4米，碑文竖行，字径0.3米，草书，阳刻，无落款。榜书"读书岩"3字，刻面长1米，宽0.6米，为清道光庚子年（1840）黄彦伯书刻。部分石刻已毁。

D₂₋₁ 黄诚沅赋刻〔起凤山东峰·民国〕 摩崖石刻1方。民国初刻。刻面高0.6米，宽0.4米。黄诚源撰文并书丹。楷书，阴刻。诗一首，诗云："山苍苍兮野茫茫，极目滇云兮天一方，毫无建树兮空悲伤，余亦何心兮归此故乡。"黄诚沅（1863—1939），字云生，号芷萍。广西武鸣县城厢镇夏黄村人。清光绪末曾任

云南腭嘉州判兼署南安州知州。编辑《云南通省舆地图说》《滇南界务陈牍》《隆安县志》《上林县志》等志书，并与其父黄君钜编制了《武缘县图经》。

25 – D₃ 狮子岩摩崖石刻〔府城镇喜庆行政村那浪屯西面约1公里狮子岩内·清代〕 摩崖石刻8方。明嘉靖年间（1522—1566），王守仁抚降广西思恩、田州、八寨、花相等地七万余人，分置流官，土官以治，并新筑思恩府城（府治在今武鸣）。清代在府城建王公祠、阳明书院，并在狮子岩内题刻"阳明先生过化之地"8字，刻面约高1.1米，宽1.8米，字楷体，双线阴刻，未见落款。另有"高明""清□洞"等榜书。

26 – D₄ 罗波潭摩崖石刻〔罗波镇罗波社区罗波潭东岸·清代·县文物保护单位〕 摩崖石刻2方。其一为榜书"小三山"3字，文竖1行3字，楷书，阴刻。清道光元年（1821）刻，刻面高1米，宽0.5米。思恩府郡守李彦章撰文并书丹。其二为"郡守李彦章行部至此祠下题记"。文竖1行，楷书，阴刻。刻面高2米，宽0.75米。

27 – D₅ 榕园摩崖石刻〔府城镇府城社区府城高中校园沿河一带·清代·县文物保护单位〕 摩崖石刻4方，均为思恩府郡守李彦章于道光七年（1827）刻。其中榜书3方，除"阳明书院"被凿坏外，其余"水月岩""云鳞洞"保存完整。另一方为春游题记，碑文竖7行，满行9字，计63字，楷书，阴刻。无首题、落款。刻文内容为道光七年三月三日，李彦章偕同僚春游云鳞洞即景抒怀之记刻。

28 – D₆ 四喜街摩崖石刻〔府城镇府城社区四喜街·清代·县文物保护单位〕 摩崖石刻1方，为思恩府郡守李彦章于清道光七年（1827）题刻。刻于一块形似卧牛的自然石上，刻面高0.5米，宽0.2米，竖行阴刻"卧牛望月"4字，字径0.1米，楷书。落款阴刻"郡守李彦章劝农至此"文竖3行，字径0.14米。刻面高0.45米，宽0.7米。

29 – D₇ "琴筑泉"摩崖石刻〔罗波镇凤林行政村板龚屯西面约1公里·清代〕 摩崖石刻1方。清道光年间（1821—1850）刻。思恩府郡守李彦章撰文书舟。刻于近水边的岩石上，刻面高0.5米，宽1.5米，横行榜书"琴筑泉"3字，字径0.4—0.5米。楷书，阴刻。左侧竖行落款"郡守李彦章题"，字径0.1米，楷书，阴刻。

30 – D₈ 至圣先师孔子赞序碑〔府城镇府城社区粮所（原孔庙故址）·清·县文物保护单位〕 清康熙二十五年（1686）立。碑高2.18米，宽1.2米，厚0.22米，碑文竖行，字径0.45米，楷书，阴刻，部分文字已被破坏。碑文赞孔子为圣人，为人师表等。碑

已从室内移至粮所院内，断成两截。

31 – D₉ 叔祖虚白公暨其媳广德公主轶事丛拾碑〔城厢镇夏黄行政村夏黄小学墙壁上·1930年·县文物保护单位〕 碑刻1方。1930年夏黄村黄诚沉撰立。碑朝西南，高0.9米，宽0.6米，碑文竖20行，楷书。首行题"叔祖虚白公暨其媳广德公主轶事丛拾"，碑文记述：广德公主是南明永历帝朱由榔次女，1648年永历帝奔邕，其女广德公主和一宦官逃到武鸣夏黄村，该村举人黄爆为保护广德公主，将其冒充为己媳，藏于其家。黄爆死后，其子黄辛甫与广德公主结为夫妻。

32 – E₁ 明秀园〔城厢镇灵源社区蒙家屯·1919年·自治区文物保护单位〕 为乡宦梁流庭的荔枝园，建于清道光初年（1821）。1919年两广巡阅使陆荣廷购建为私人花园，在园内增种花果，建亭、台、铺路，并易名"明秀园"以纪念其叔。1921年粤桂战争爆发，明秀园被粤军焚毁。1934年，南宁民团指挥官梁翰嵩修茸该园。园三面为武鸣河环绕，呈半岛形，园内树木葱郁，环境幽静，尚存文虎楼、别有洞天亭、荷风移亭以及教师办公室、宿舍、修志房和专家楼、碑刻2方。占地面积约3万平方米。

33 – E₂ 陆荣廷报国刻石〔城厢镇武鸣县外事侨务办公室院内·民国·县文物保护单位〕 碑刻1方2块，后碑已遗失，存前碑。碑高1.38米，宽0.8米，碑文竖行，字径0.03米，楷书，阴刻。为两广巡阅使陆荣廷自述其三十年的戎马生涯，即从中越边境一带抗法战绩卓著，取得清政府的赏识、袁世凯的嘉奖，到讨袁等历史。

34 – E₃ 镇武桥〔城厢镇灵水社区灵源路西江河上·1921年·县文物保护单位〕 又名五海桥，由两广巡阅使陆荣廷建于1921年。南北走向，三孔石拱桥，长79米，宽6.71米，拱跨11米。桥身用料石砌边，内以三合土填充。1995年，桥面新铺混凝土，桥面两边各伸出2.71米为人行道，并设铁栏杆。桥头碑亭有碑刻2个。

E₃₋₁ 镇武桥碑〔城厢镇灵源路镇武桥头碑亭内·1921—1922年〕 碑刻2方。其一《鼎建镇武桥记》，1921年刻。碑高1.25米，宽0.69米，字径0.03米，楷书，阴刻。陆荣廷撰文并书丹。其二《镇武桥碑记》，1922年刻。碑高1.92米，宽1米，楷书，阴刻。字径0.04米。署田南道尹黄诚高撰文，凭祥县知县陆永思书丹。两碑文内容歌颂陆荣廷解囊捐资修建镇武桥之功德。

35 – E₄ 陆荣廷墓〔城厢镇大皇后行政村新屯西约500米狮啸山·1929年·县文物保护单位〕 陆荣廷（1859—1928），原名陆特宋、陆亚宋、陆阿宋，字

干卿，广西武鸣县宁武镇雄孟村垒雄屯人。民国广西旧桂系主要人物，被袁世凯册封为"宁武将军"（后改为"耀武上将军"）。历任北洋政府广西都督、广东都督、两广巡阅使、督办两粤防务、广西边防督办等职。墓葬朝北，冢呈圆丘形，径7米，高1.4米，砖石砌筑，占地面积约8000平方米。墓前立"耀武上将军陆公墓"墓碑及章炳麟撰《陆荣廷将军墓表》碑和纪念亭等，墓表已毁，多次被盗。

36 – E₅　灵水摩崖石刻　〔城厢镇灵源行政村灵源村灵水湖北岸螃蟹山南面·1934年·县文物保护单位〕　摩崖石刻2方。一为榜书"灵源"2字，1934年刻。刻面高0.9米，宽0.4米，字径0.3米，行书，阴刻，余江人吴迈书丹。一为榜书"龙津吐碧"4字，字迹模糊。

37 – G₁　布拉利山巨猿化石出土点　〔甘圩镇甘圩社区甘圩中心校后布拉利山的山洞里·更新世〕　洞口朝南，有两个洞口相通，洞口宽4米，高5米，进深约50米。面积约200平方米，东端有一个面积约60平方米的大洞穴。1956年，我国著名生物学家裴文中一行在此洞的堆积层中发现12枚巨猿牙齿化石。化石现保存于中国社会科学院。

38 – G₂　祝寿屯化石出土地点　〔城厢镇武鸣华侨农场民涵分场祝寿屯西北面约200米水利渠道·更新世〕　1976年挖西江水道时发现亚洲象牙齿化石1件，化石距地表深约3米。

39 – G₃　玉泉石铲出土点　〔锣圩镇玉泉行政村玉泉村西约400米·新石器时代〕　1990年7月，村西面山脚出土石铲4件，距地表30厘米，无伴随物。通体磨光，双平肩，束腰，圆弧刃。通长0.247—0.18米，肩宽0.14—0.093米，腰宽0.115—0.078米，厚0.01米。

40 – G₄　伏母石铲出土点　〔双桥镇伊岭行政村伏母屯·新石器时代〕　1996年、1973年伏母屯附近出土大石铲2件，距地表0.3米。铲通体磨光，均为双平肩，束腰，圆弧刃。最大的长0.32米，肩宽0.205米，腰宽0.185米，厚0.021米。

41 – G₅　土堆石铲出土点　〔双桥镇平稳行政村土堆屯东约300米·新石器时代〕　1980年7月，土堆屯出土大石铲1件。通体磨光，双斜肩，束腰。长0.218米，残肩宽0.094米，腰宽0.086米，厚0.012米。

42 – G₆　塘灾岭石铲出土点　〔太平镇葛阳行政村葛阳圩南面约2公里塘灾岭·新石器时代〕　1981年4月，塘灾岭出土大石铲22件。出土时深距地面0.3米，石铲摆放有序，底垫草木灰。通体磨光。最大的长

0.308米，宽0.145米，厚0.015米。

43 – G₇　敢庙岩石锛出土点　〔陆斡镇卢覃行政村卢岩屯北面约300米敢庙岩·新石器时代〕　敢庙岩洞高距山脚约15米，洞口朝东北，呈竖狭缝状，宽5米，高20米左右，有洞厅和支洞，面积约75平方米。岩洞已被人为破坏。在洞内采集到磨制石锛1件，长0.055米，刃宽0.016米。

44 – G₈　免岭铜卣出土点　〔马头镇全苏行政村朗三屯北面约300米免岭·商代〕　1974年1月，免岭山麓坡脚出土铜卣、铜戈各1件。铜卣身和盖四面有棱脊，提梁置于正面脊上。通体以云雷纹为地，盖面和腹部饰浮雕式兽面纹，眉、目凸起。盖面和腹部饰两兽面。盖缘、颈、圈足均饰夔纹，盖纽饰六只蝉纹。提梁饰夔纹和蝉纹，两端作牛头形。通高0.4米，腹径横0.24米，纵0.194米。（见《文物》1978年10期）

45 – G₉　牛角山铜鼓出土点　〔太平镇新联行政村皇庙屯西北约400米牛角山·西汉中期—南朝〕　1979年3月7日，百山腰出土冷水冲型铜鼓1面，鼓面向下。鼓面径0.72米，高0.51米。鼓面太阳纹十二芒。面沿环列四蛙。面饰栉纹、勾连同心圆纹纹带、复线交叉纹、变形羽人纹、变形翔鹭纹等。身饰同心圆纹带。胸腰间附辫纹扁耳2对。（见《广西铜鼓图录》，文物出版社1991年）

46 – G₁₀　峦床坡铜鼓出土点　〔府城镇喜庆行政村那浪屯西约1公里峦床坡·西汉中期—南朝〕　1983年2月8日，那浪屯西东江河段东岸峦床坡出土冷水冲型铜鼓1面，鼓面向下。鼓面径0.766米，高0.525米。鼓面太阳纹十二芒。面沿环列四蛙。面饰栉纹、同心圆纹、变形羽人纹、变形翔鹭纹和圆心垂叶纹等。身饰同心圆纹。胸腰间附扁耳2对。（见《广西铜鼓图录》，文物出版社1991年9月）

47 – G₁₁　西香铜鼓出土点　〔宁武镇张朗行政村西香屯东北约500米武鸣河边·西汉中期—南朝〕　1995年2月20日，西香屯附近的武鸣河边荒地出土冷水冲型铜鼓1面，鼓面倒置。鼓面径0.81米，高0.635米，足径0.795米。鼓面太阳纹十二芒，面沿环列三足蛙四只。面饰变形羽人纹、变形翔鹭纹。胸、腰饰变形鸟纹和栉纹夹双行切线圆圈纹纹带。胸腰间附辫纹扁耳2对。

48 – G₁₂　峦丘坡铜鼓出土点　〔两江镇三联行政村那院屯峦丘坡·西汉中期—南朝〕　1975年5月22日，峦丘坡出土冷水冲型铜鼓1面，鼓身侧置，足部侧向下。鼓面径0.685厘米，高0.468米。鼓面太阳纹十二芒。面沿环列四蛙。面饰变形羽人纹、变形翔鹭纹、圆心垂叶纹、复线交叉纹等。身饰同心圆纹带。

胸腰间附扁耳2对。（见《广西铜鼓图录》，文物出版社 1991 年）

49－G₁₃ 下庙坡铜钱出土点 〔城厢镇翠英行政村那也屯西北约 500 米的下庙坡·清代〕 1983 年 2 月，在下庙坡地下约 0.2 米深处发现一堆铜钱，铜钱共 47 公斤，3333 枚，为唐、北宋、明、清等时代的 45 种年号钱币，其中最早的是唐代的"开元通宝"，最晚的是清代的"光绪元宝"。

横县

1－A₁ 西津遗址 〔横州镇江南行政村西竹屯郁江月江湾东岸边·新石器时代〕 贝丘遗址。1964 年发现。遗址位于邕江和西竹坑小溪江汇合口，分布面积约 414 平方米。1965—1966 年发掘，发掘面积 114 平方米。文化层厚约 5—6 米。发现墓葬 100 余座，多为屈肢蹲葬。出土石器有斧、锛、凿、刀、矛、杵、网坠等；陶器以夹砂绳纹红陶为主，器形有罐、钵、釜类器；骨器有锛、镞、锥、针等；蚌器见刀、匕等。因洪水冲刷，破坏严重。现存仅 30 平方米。（见《考古》1975 年 5 期）

2－A₂ 鹿鸣遗址 〔横州镇太平行政村鹿鸣村后龙山南·新石器时代〕 贝丘遗址。1987 年发现。遗址位于郁江河岸Ⅱ级台地上，面积约 150 平方米，螺壳堆积厚 5.3 米，文化遗物含磨制的石斧、石锛等。遗址遭严重破坏。

3－A₃ 黎屋遗址 〔横州镇蒙垌行政村黎屋屯·新石器时代〕 贝丘遗址。1963 年发现。遗址位于郁江左岸支流的南岸Ⅱ级阶地上。分布在长约 60 米，宽约 5 米的地带，面积约 300 平方米。地表发现有螺壳分布，未发掘，文化层内涵不详。

4－A₄ 秋江遗址 〔平朗乡秋江行政村秋江村西北约 200 米郁江边·新石器时代〕 贝丘遗址。1964 年发现。遗址位于郁江与马峦江汇合口Ⅰ级台地，面积约 8000 平方米，文化层厚 0.8—2.85 米，分为二期，出土石器有斧、锛、凿、矛、镞、镰、锤、砧、砺石等，蚌器有刀、锛、铲等，骨器有斧、锛、锥、针、簪等，角质器有角锥、鳖甲刀等。陶片分泥质、夹砂两类，多饰绳纹，个别刻划纹、附加堆纹及镂孔，器形多直口或敞口的釜、罐类，多圜底器。此外，还发现了较多人骨遗骸，均未见墓坑。葬式多屈肢葬，以蹲葬最具特点，也有肢解葬和二次葬。秋江遗址相当于顶蛳山遗址二、三、四期文化，年代距今约 8000—7000 年。遗址大部分被西津水电站淹没。

5－A₅ 平朗遗址 〔平朗乡平朗社区平朗街石梯村东面郁江西岸边·新石器时代〕 贝丘遗址。1987 年发现。遗址位于郁江河岸台地上，面积约 300 平方米，文化层厚 0.8—1.5 米，含较多螺蛳壳及少量石器。采集有磨制的石斧、石锛、石凿、石杵等遗物。部分遗存已被西津水电站淹没。

6－A₆ 冲利遗址 〔平朗乡平朗社区冲利村西约 100 米郁江东岸边·新石器时代〕 贝丘遗址。1964 年发现。遗址位于郁江与冲利溪交汇处，现存面积 60 多平方米。断面文化层厚 0.3—0.7 米，含螺蛳壳及碎陶片，地面有螺蛳壳及零星石器散布。1987 年在地表采集有石斧、石凿和夹砂绳纹褐色陶片，器形有罐类。

7－A₇ 道庄遗址 〔六景镇石洲行政村道庄村西约 400 米郁江北岸·新石器时代〕 贝丘遗址。1987 年发现。遗址位于郁江与冲逢坑交汇的Ⅱ级岸台地，面积约 5000 平方米，文化层厚约 1.2—2 米。在遗址地表及断层剖面发现大量螺蛳壳及零星石器、陶片、人骨等，采集有磨制石斧、石锛、石铲、石杵、蚌刀、夹砂绳纹陶片等器物。

8－A₈ 江口遗址 〔百合镇江口行政村江口村西约 1 公里郁江东岸·新石器时代〕 贝丘遗址。1987 年发现。遗址位于郁江东岸郁江与大埠江汇合处台地。面积约 600 平方米。1995—1996 年发掘，文化层厚约 0.8—1.2 米，内含较多螺壳及石器、陶片、动物骨骼等。出土的遗物有石器、骨器、蚌器及陶器等。石器常见器形有斧、锛、凿等，以琢制和磨制为主。陶片分泥质黑陶和夹砂红陶两类。夹砂红陶火候较低，泥质黑陶火候较高，皆饰粗、细绳纹，器形多为直口或敞口的釜、罐类。蚌器主要有蚌刀。（见《考古》2000 年 1 期）

9－A₉ 岔江口遗址 〔百合镇江噪地西 2 公里·新石器时代〕 山坡（台地）遗址。遗址位于岔江与郁江交汇之南岸台地上，面积约 4 万平方米。文化层可分二层，每层厚在 0.8—1.2 米之间，内含少量石器、砺石及陶片。出土有零星的磨光有肩石斧、石锛等石器。陶片为夹砂绳纹红陶和黑陶，质软，火候低，器形不详。遗址中心区域已被河水冲刷破坏。（见《中国考古学年鉴》1996 年）

10－A₁₀ 大垌遗址 〔那阳镇莫大行政村大垌村北约 150 米·新石器时代〕 贝丘遗址。1987 年发现。遗址位于郁江与大洞溪汇合西南岸边的Ⅱ级台地上，距水面高 0.4—1 米。因下游贵港蕖衣水电站的建设，水位抬高，遗址大部被淹没，尚存面积 20 余平方米。地表原有螺壳堆积，采集到磨制有肩石斧、石锛石凿及螺壳等遗物。

11－A₁₁　简阳故城〔新福镇江口街东南 300 米·西晋—隋〕据《横县志》载，西晋太康七年（286）置宁浦郡，南朝梁天监年间（502—519），分宁浦郡地增置简阳郡，隋开皇十一年（591）废。面积约 1600 平方米，西北面残存有东汉时期的瓦片堆积，长约 4 米，厚 0.25—0.4 米，晋代及各代城墙基已被西津水库淹没。

12－A₁₂　乐山故城址〔横州镇石村行政村故城村东南约 150 米·东晋—唐〕据《横县志》载，东晋宁康年间（373—375）置乐山县，南朝梁大同十二年（546）置乐阳郡，唐武德四年（621）改置乐山县。城址平面呈长方形，面积约 1.5 平方公里，城墙基础埋入地表约 0.2—0.4 米。城墙夯筑，均已毁。东面护城河隐约可见，采集有方格纹砖、菊花纹砖、菱形纹砖、八线散射形纹砖。城址东约 800 米处有南朝墓群。

13－A₁₃　石龟岭营盘遗址〔新福镇塔竹行政村玉坪村南约 1 公里石龟岭·清代〕石龟岭上有巨石似龟状，相传为吴三桂反清营地，面积约 300 平方米，建筑皆毁，龟石东约 150 米处的巨石上凿有米石臼坑 120 个，石臼宽深为 0.2—0.4 米，臼间距 0.26—0.5 米，石臼的倾斜底面大多有一条排水槽。传为吴三桂驻兵时用于舂米处。

14－A₁₄　尹屋窑址〔横州镇东郭行政村尹屋村中及东、南、北面一带·宋—元〕窑址面积约 45 万平方米，分为三个窑区：南面为小窑塘区，有窑 5 座，中、东面为沙煲窑窑区，有窑口 4 座，北面为窑塘窑区，有窑口 4 座。小窑塘区窑口为斜坡式龙窑，窑长 37—45 米，宽 2—4 米，发现碗、碟、盏、杯、壶、罐、魂坛、擂钵等器具及匣钵等窑具，釉色为黑、黄、褐色。一些碗底印有蟹纹及"太平"字款。即北宋太平兴国年号（976—983）。其他窑区为元代马蹄形陶窑，出土有陶盆和罐。

15－B₁　凤湾墓群〔横州镇石村行政村凤湾村西一带·南朝〕墓群南濒郁江，分布面积约 700 平方米。地面封土不明显或已被夷平。已暴露的墓葬为砖室墓，墓砖呈灰白和浅红色，饰方格纹、菱形纹。墓区范围已被民居及耕地覆盖。

16－B₂　金钱岭墓群〔横州镇柳明社区西北郊金钱岭南坡·唐代〕分布于现横县党校、气象局一带到金钱岭南坡，面积约 6000 平方米。墓葬封土多毁而不显，已知有砖室墓及二次葬墓两类，曾出土陶魂瓶和陶片。现墓区已建房和辟为耕地。

17－C₁　伏波庙〔云表镇六河行政村龙门塘屯西南约 1.2 公里郁江乌蛮滩北岸·明—清·自治区文物保护单位〕始建年代不详。北宋庆历年间（1041—1048）重修，明洪武元年（1368）重建，明嘉靖年间（1522—1566）增修，清康熙三十七年（1688）、清雍正三年（1725）重修。坐北朝南，砖木结构，三进院落，中轴线上依次为钟鼓楼、牌楼、前殿、回廊、祭坛亭、厢房、中殿、连廊、后殿、耳房，占地面积约 1452 平方米。牌楼、祭坛亭、后殿已毁，其余完好。前、中殿面阔三间，进深二间，青砖墙，穿斗与抬梁混合木构架，硬山顶，盖小青瓦。

18－C₂　镇西桥〔校椅镇石井行政村西约 500 米小江上·明—清〕又名进西桥。明、清时属官道，原横州至陶圩的必经之路。建于明末，清代多次修缮。1994 年在桥面上架起钢筋水泥板，两边加铁栏杆。东西走向，单孔石拱桥，长 11 米，宽 3.05 米，拱跨 5 米。桥身、桥拱用料石干砌，桥面原铺设石板。桥西原有碑刻 2 方，已散失。

19－C₃　平山何屋〔南乡镇合山行政村平山村·明代〕由粮盐大商何保堂建于明末。坐东朝西，砖木结构，庭院式，三排三进共 21 栋房屋，占地面积 1300 多平方米。主体建筑面阔五间，硬山顶，盖小青瓦。墙体青砖在外，泥砖在内，厅堂壁画以花卉山水为主，一些厅门用隔扇装饰。每排中间有天井 2 个，天井两侧有耳房。入院大门悬挂"大夫第"牌匾。

20－C₄　庙庄老井〔百合镇庙庄行政村庙庄村北面·明代〕建于明代，具体时间不详。井口平面呈圆形，井圈用整块花岗岩凿成，外径 0.69 米、内径 0.52 米，厚 0.1 米，井口高出地面 0.54 米，井深 3.2 米，井圈下以砖头砌成四方形，井口边沿有数十道凹槽，井台为三合土铺设。

21－C₅　花桥〔石塘镇石塘社区花桥村北约 400 米花桥江上·明代〕又名化桥，建于明代，具体时间不详。清乾隆十一年（1746）《横州志》有记载。东西走向，单孔石拱桥，长 35 米，宽 3.25 米，拱跨 7.5 米。桥身、桥拱用料石干砌，桥面椭圆形，铺石板，已凹凸不平，两端设引桥。桥东原有碑刻 5 方，已散失。

22－C₆　江平桥〔校椅镇青桐行政村江平村南约 20 米处无名小河上·明代〕建于明代，具体时间不详。是江平村通往青桐圩的道路桥梁。东南—西北走向，单孔石拱桥，桥面略弧。桥长 8 米，宽 3.7 米，拱跨 3.6 米，桥身、桥拱用料石干砌，青石板桥面。桥北基石略有塌陷。

23－C₇　六儿桥〔百合镇江口行政村南面约 800 米处·明代〕建于明代，具体时间不详。南北走向，单孔石拱桥，长 5.45 米，宽 3.37 米，拱跨 5 米，拱高 2.1 米。桥身及桥面石板均已不存，仅存桥拱，用单层料石砌成。

24 - C₈　龙母庙　〔横州镇洪德社区槎江路166号·清代·县文物保护单位〕　建于宋代，明末清初重建，现庙宇为清代建筑。坐北朝南，砖木结构，三进院落，由前殿、中殿、后殿、天井及两侧厢房组成，占地面积约522平方米。主体建筑面阔三间，青砖墙，穿斗与抬梁式混合木构架，硬山顶，盖小青瓦。室内金柱刻云龙图案。前座设前檐廊，石檐柱2根，屋前有条石踏跺10余级。

25 - C₉　纱帽桥　〔校椅镇六味行政村六味村东北约300米纱帽江上·清代〕　建于明末清初，具体时间不详。为当时六味村通往青桐圩的道路桥梁。南北走向，单孔石拱桥，长14米，宽4米，拱跨4.5米。桥身、桥拱用料石浆砌，桥面铺设石板。

26 - C₁₀　海棠桥　〔横州镇镇洪德社区横县博物馆前70米郁江岸边·清代·县文物保护单位〕　因北宋词人秦观"瘴雨过，海棠开，春色又添多少"词句而得名。建于北宋，原为木桥，南宋淳祐六年（1246）、明嘉靖十五年（1536）重修。清康熙十年（1671）易木以石，清乾隆七年（1742）重修。1985年修缮。东南—西北走向，单孔石拱桥，长32米，宽4米，拱跨9.3米。桥身桥拱用规整料石砌筑。

27 - C₁₁　高桥　〔校椅镇临江行政村茶村高桥江上·清代〕　建于清雍正年间（1723—1735）。1963年局部小修。为茶村通往东圩、云表的要道桥梁。东南—西北走向，双孔石拱桥，长16米，宽3.9米，拱跨5米。桥身、桥拱用料石浆砌，桥面西南侧石板上刻乌龟一只。原建桥碑记已散失。

28 - C₁₂　杨万尤宅　〔峦城镇亭茶行政村亭茶村西·清代〕　建于清嘉庆年间（1796—1820）。坐东朝西，砖木结构，三进院落，由前座、中座、后座、二天井、左右回廊组成，占地面积约800平方米。主体建筑面阔三间，青砖墙，硬山顶，盖小青瓦。正脊椎塑动物花草、亭台楼阁等图案，檐板雕果枝、八宝、梅花鹿、麒麟、竹梅兰等，挑首雕琢莲花托、麒麟、凤凰牡丹。后座为干栏式建筑，楼上人居，底层蓄养家畜，外墙彩绘英雄出海、花开富贵、鸟语花香等人物故事和田园山水配诗词画。

29 - C₁₃　阳光井　〔横州镇宋村行政村东北面·清代〕　建于清嘉庆十年（1805）。井口平面呈圆形，井圈用整块花岗岩凿成，内径0.5米，外径0.76米，高0.3米，井深5.42米。在井沿相对应的两边，分别凿一方形孔，以便下井清洗。井口边沿有数十道绳索压痕。井北面约2米处有清嘉庆十年《新建阳光井碑》碑刻1方。

30 - C₁₄　少府第　〔那阳镇涩塘行政村上村屯·清代〕　建于清嘉庆十六年至咸丰二年（1811—1852）间。又称天成大宅门。清光绪十五年（1889）重修。坐西北朝东南，砖木结构。三进院落，有房屋11间，占地面积约2700平方米。前设围墙，左、右、后均有厢房，前座左侧为书房，主体建筑面阔三间，墙体承重，硬山顶，盖小青瓦。前座门楣上悬挂"少府第"木匾，后座门楣上悬挂"虞庠德范"木匾，为清道光三十年（1850）由横州正堂黄报部咨详奉旨恩赐闭业文九品登仕郎题额。

31 - C₁₅　李家大院　〔平朗乡笔山行政村笔山村·清代〕　建于清道光年间（1821—1850），因其雕檐画壁，俗称花屋。坐西朝东，砖木结构。庭院式，两排四进院落、前包廊、后围廊，占地面积约3200平方米。主体建筑面阔、进深三间，硬山顶，盖小青瓦，琉璃滴水。内墙绘以彩色壁画，外墙灰雕动物、花草。

32 - C₁₆　李萼楼庄园　〔马山乡汗桥行政村汗桥村·清·县文物保护单位〕　建于清道光十六年（1836），民国初续建。坐北朝南，砖木结构，四合院式，由建筑18栋，碉楼2座组成，占地面积约4831平方米。主体建筑东西排列，四排，每排为两进一天井院落。每进面阔三间，左右两边用耳房连接，前面是小院，院墙边有小门相通。建筑为清水墙，硬山顶，脊塑饰博古、花鸟、灵芝、祥云、山兽等图案，小青瓦琉璃贴边，封檐板雕刻动物、花草，内外墙上绘山水、鸟虫、人物故事壁画和诗词楹联。

33 - C₁₇　天后宫　〔横州镇洪德社区槎江路中山小学西·清代〕　建于清代中期，道光二十四年（1844）重修。坐北朝南，原为三进院落，由大门、祭坛亭、中殿、回廊、后殿组成，占地面积约1000平方米。抬梁式木构架，硬山顶，盖小青瓦。现存大门及部分回廊，后殿改建成盐仓。大门砖木结构，清水墙，面阔三间，明间为通道，后壁开门，门额塑"天后宫"匾。门两侧石雕楹联。墙上有诗书山水彩绘壁画。

34 - C₁₈　鳌山寺　〔百合镇百合社区鳌山山脚下百合中学内·清代〕　又名北辰寺、鳌山书院。建于明嘉靖五年（1526），清咸丰、同治年间（1851—1874）捐资重修，并增建院舍，始名鳌山书院。坐北朝南，石围砌的明台，原为二进院落，占地面积约385平方米。现存后殿，面阔三间，青砖墙，抬梁式木构架，硬山顶，正脊彩塑双龙戏珠、喜上眉梢，盖小青瓦。青砖地板。有前檐廊，廊立4根圆木柱，石础。两次间开拱门，大门前置4级踏跺。檐墙彩绘壁画正面绘山水，侧面绘花鸟草虫。

35 - C₁₉　高家大院　〔横州镇城东社区城东街298

号·清代〕 建于清咸丰年间（1851—1861）。坐北朝南，砖木结构，庭院式，由主体院落及两侧厢房、后花园组成，占地面积约1450平方米。主体院落为三进，各座面阔三间，青砖墙，硬山顶，盖小青瓦。前座明间设凹廊，门额挂"参军第"木匾。主体院落两侧有厢房，后面为花园，内有古井一口。

36 - C₂₀ **黄氏家祠** 〔镇龙乡马兰行政村下白面屯西北面·清代〕 建于清同治八年（1869），为清代"赐总兵衔、尽先补用副将、广东罗定协都司、悍勇巴图鲁"黄才贵祭祖的祠堂。坐西朝东，砖木结构。二进院落，由前座、后堂、天井、回廊、马厩等组成，占地面积约500平方米。前座、后堂前檐廊立2根方石柱，面阔三间，砖墙搁檩，硬山顶，盖小青瓦，琉璃滴水，封檐板雕动物花草，马头博古山墙。墙壁有人物山水彩绘壁画，珍禽异兽塑墙。前座大门额嵌"黄氏宗祠"匾。祠中尚存清咸丰、清同治、清光绪御封汉、满文字匾4方，贺匾1方。

37 - C₂₁ **平马五圣宫** 〔平马镇平马行政村丹竹村南面·清代〕 建于清光绪年间（1875—1908）。坐西朝东，砖木结构，二进院落，前殿、后殿夹天井，占地面积约70平方米。前、后殿面阔三间，青砖墙，穿斗与抬梁混合木构架，硬山顶，盖小青瓦，封檐板雕刻动植物花草。前殿门额嵌"五圣宫"匾，门前有7级石砌踏跺。存《重建五圣宫碑记》石碑1方。

38 - C₂₂ **承露塔** 〔峦城镇高村行政村高村东北约500米金龟岭·清代·县文物保护单位〕 明万历四十二年（1614）永淳县县令童时明建。清光绪二年（1876）重建。八边形七层砖塔。通高39米。底层边长4.9米，墙厚2.6米，占地面积约101平方米。正门朝南，门额上书"天南福地"，两侧对联"天外瑶台承玉露，云间琼树起金龟"，二层拱门额嵌"承露塔"石匾。塔身各层叠涩出檐，饰圆窗、券门。葫芦刹顶。

39 - C₂₃ **龙江桥** 〔陶圩镇陶圩社区定武村西南约600米龙江上·清代〕 建于清代，具体时间不详。2006年在桥面上铺钢筋水泥板。东西走向，双孔石拱桥，长18米，宽3.04米，拱跨4.3米。桥身、桥拱用料石浆砌，桥身北面中部刻"龙江桥"3字，南面中部刻"如冈如陵"4字。桥身嵌龙头、龙尾石雕。龙头已缺失。

40 - C₂₄ **秦屋民宅** 〔横州镇大南街中段西面·清代〕 建于清末。坐东北朝西南，砖木结构。三进院落，由前座、中座、后座、天井、两侧厢房等组成，共有8栋建筑，占地面积约1060平方米。主体建筑面阔三间，砖墙搁梁，硬山顶，脊饰花卉灰雕，盖小青瓦。部分房屋已被改建。

41 - C₂₅ **应天寺** 〔那阳镇宝华行政村宝华村宝华山山腰·清代·县文物保护单位〕 原称寿佛寺。建于唐代，宋、元、明代均有修缮重修，清末重建。坐南朝北，砖木结构，三进院落，由前殿、中殿、后殿、天井、耳房、走廊组成，占地面积约7591平方米。主体建筑面阔五间，进深三间，砖墙承重，硬山顶，盖小青瓦。前殿有前、后檐廊，前檐木柱，明间木板楞条檐墙，前有4级踏跺，后檐砖柱。天井两侧为木柱走廊。中殿部分已被改建，后殿坍塌。另有建寺碑刻7方。《横州志》《徐霞客游记》均有载。

42 - C₂₆ **王堂口苏宅** 〔峦城镇镇峦城社区王堂口15号·清代〕 建于清末民初。为苏氏私人住宅。建于山坡上，坐北朝南，砖木结构，六进五天井，占地面积约1800平方米。前二进面阔三间，每二进递增一间，左右厢房共二排，主体建筑皆砖墙搁楞，硬山顶，盖小青瓦。山脊、人字山墙饰吉祥草花纹。前座门额挂"进士"匾牌。

43 - C₂₇ **闭氏花厅** 〔马山乡卫民社区龙佑屯18、19、20号·清代〕 建于清代，具体时间不详。坐南朝北，砖木结构，由三进院落及两侧厢房，共9栋房屋组成，占地面积约980平方米。院落主体建筑面阔三间，硬山顶，盖小青瓦。封檐板雕刻果枝、八宝、挑首雕莲花托及刻松鹤、麒麟、蝙蝠、牡丹等。石门框、砖铺地板。内外墙上彩绘竹报平安、福禄寿三星、花开富贵等人物故事和田园山水配诗彩色壁画。

44 - C₂₈ **邓氏宗祠** 〔百合镇马平行政村马平村东门·清代〕 建于清代，具体时间不详。坐东朝西，砖木结构。三进院落，由大门、中厅、后堂、天井、两侧厢房组成，占地面积约1100平方米。大门为仿西式建筑，砖墙，中开方形门，额嵌"邓氏宗祠"匾，顶饰绿釉宝瓶栏杆女儿墙，三角形山花。中厅、后堂面阔三间，砖墙承檩，硬山顶，弧形山墙，木雕、砖雕及灰塑精巧，墙上壁画有《万象维新》《引子食禄》《三狮会燕》《花香衬马蹄》等。天井宽敞，回廊通达。

45 - C₂₉ **河塘宁氏花屋** 〔百合镇河塘行政村河塘村162号·清代〕 建于清末，具体时间不详。因宅屋雕檐画壁，当地俗称"花屋"。坐东北朝西南，砖木结构，二进院落，占地面积约600平方米。前座、后座面阔间，清水墙承重，盖小青瓦。正脊堆塑动物、花草等图案，檐板雕饰果枝、八宝、麒麟、竹梅兰等图案，挑首、雀替精雕细琢莲花托、麒麟、凤凰牡丹图，墙上彩绘人物故事和田园山水。

46 - C₃₀ **宁氏祖宅** 〔百合镇河塘行政村89号·清代〕 当地俗称"三厅"。建于清末，具体时间不详。坐东北朝西南，砖木结构。三进院落，由前座、中厅、后厅、包廊、天井组成，占地面积约 800 平方米。主体建筑墙面阔三间，砖墙承重，硬山顶，盖小青瓦。正脊椎塑动物、花草、封檐板雕饰果枝、八宝、麒麟、竹梅兰等，挑首、雀替雕琢莲花托、麒麟、凤凰、牡丹等。前座明间前有内凹小檐廊，门前石铺面明台，前设 5 级石砌踏跺。

47 - D₁ 布文岩摩崖石刻 〔六景镇布文行政村南约 500 米布文山·明、清〕 布文岩在布文山山腰上，有聚仙、铜鼓、布文三处洞口。洞内岩壁上有明、清摩崖石刻 27 方。其中明代 3 方，清代 24 方。多楷书、草书。为县令、诗人题刻、诗刻。年代最早的为明万历四十二年（1614）永淳县令童时明于聚仙洞额阳刻榜书"聚仙岩" 3 字，字径 0.4 米，楷书。最晚为清嘉庆四年（1799）题刻。石刻内容多是赞美岩洞优美景物之辞。少数石刻文字模糊不清，部分石刻被泥土掩埋。

48 - D₂ 上滩摩崖石刻 〔云表镇站圩行政村上滩屯南之郁江北岸岩石上·清代〕 有摩崖石刻 2 方。一方为清道光二年（1822）榜书"古乌蛮驿"，字径 0.43—0.35 米，文竖 3 行，计 19 字，楷书，阴刻，首题"道光壬午孟夏"，落款"山阴余应松勒石并书"。刻面高 1.9 米，宽 0.8 米。古乌蛮驿为明洪武三年（1370）所设，供官员途中歇宿、换马、换船之所。今古码头残迹尚在。另一方为榜书"升恒履泰"，落款"道光甲辰周保之勒"，阴刻，楷书，字径 0.15 米。余应松，字小霞，浙江山阴（今绍兴市）人，清嘉庆（1796—1820）时期进士，曾任官广西，著有《乙庚笔记》。

49 - D₃ 鳌山摩崖石刻 〔百合镇百合社区百合街北面鳌山西北面观音岩中·清代〕 原有摩崖石刻多处，刻诗词 20 多首，刻面高 0.4—1.2 米，宽 0.3—0.5 米。今石刻大部分已被破坏，仅存 2 处。观音岩洞口右侧有石刻 1 方，刻七律诗一首，文竖 10 行，满行 7 字，计约 64 字，首行题"顺邑锦□"，落款 2 行"道光□西初夏顺德□□□"，诗文赞美鳌山石洞奇景。观音寺左 100 米处德岩有石刻 2 方。一方为横行榜书"修德岩" 3 字，书丹无名氏，正楷，阴刻。其下方有石刻 1 方，落款"大清同治八年刻"。碑文竖行，内容述鳌山之地形及清咸丰七年（1857）李文彩率众数万侵入此地等事，字迹多已无法辨认。

50 - D₄ 夫子杏坛图碑 〔现置横州镇海棠园·南宋〕 碑刻 1 方。南宋绍兴年间（1131—1162）刻。碑高 0.8 米，宽 1.04 米，厚 0.15 米，碑上方刻孔子及其弟子十人。下方为碑文，竖行，计 178 字，楷书。碑文载夫子像为唐代画圣吴道子所作，并刊刻之经过。北宋绍圣年间（1094—1098）左宣德郎知兖州仙源县事孔宗寿撰文，南宋兖州学正甘彦摹，绍兴年间左宣教郎权知横州事何先觉重刻。

51 - D₅ 青龙岩摩崖造像 〔横州镇谢圩行政村谢圩村西北约 500 米·明代·县文物保护单位〕 青龙岩又称道君岩，高出地面约 180 米，洞口朝南，有大小洞口 2 个，互不相连。小洞又名"六日窟"，高距地表约 20 米，岩内北壁有明代摩崖造像 1 尊，形似道君，刻于明代，造像残高约 0.4 米，头部断失。

52 - E₁ 李文彩起义地址 〔新福镇新妙行政村莲花山上·1852—1854 年〕 李文彩（？—1872），又名李七，广西永淳县平朗狮子塘村（今横县新福镇新妙村）人。清咸丰二年（1852）六月，李文彩在永淳平朗发动起义，并以莲花岭为根据地。莲花山北临郁江，东、南山峦起伏绵延数十里，范围约 2.5 平方公里。现山顶尚有跑马场、操练水兵的山谷水塘及山腰起义军指挥部驻地的"本朝岩"。"本朝岩"洞口朝西南，洞内高 6 米，宽 40 米，进深 15 米，面积约 600 平方米。岩洞中有沙石平台，还残存石台、石凳。

53 - E₂ 李文彩粮道 〔平朗乡黄强行政村黄强村东约 1.2 公里瓦灶山坳·1852—1864 年〕 清咸丰二年（1852），李文彩为确保莲花山根据地粮食供给，率农民军袭占黄强村作储粮点，并修建由莲花山经平朗至黄强村石板道，便于起义军出入和运送粮食及物资。石板道全长 7.5 公里，宽 1.5 米，现存平朗乡至黄强村之间瓦灶山段，长约 500 米，用沙石板铺筑。

54 - E₃ 陈清源故居 〔百合镇陆屋行政村陆屋村·清代〕 陈清源（1919—），原名陆永耀，广西横县百合镇陆屋村人，横县武装起义领导人之一，中国人民解放军粤桂边纵队第八支队副政委，粤桂边区人民解放军第十九团政委，中华人民共和国成立后曾任广西横县第一任县长、广西农学院党委书记。故居建于清末，坐北朝南，砖木结构，三进院落，由前座、中座、后座、回廊、天井组成，占地面积约 100 平方米。主体建筑面阔三间，清水墙，硬山顶，盖小青瓦。花岗岩门槛，莲花托挑首，松鹿、鹦鹉、松树、祥云图案雀替。

55 - E₄ 陆屋地下交通联络站旧址 〔百合镇陆屋行政村陆屋村中·1943 年〕 1930 年中共百合党小组在陆屋村建立联络点，1943 年在陆氏宗祠设立秘密交通联络站。旧址原为陆氏宗祠，建于清光绪三十四年（1842）。坐北朝南，砖木结构，二进院落，由前座、后座、天井、厢房等组成，占地面积约 400 平方米。主体建筑面阔三间，砖墙，硬山顶，盖小青瓦。

56 - E₅ **中共广西省工委横县会议会址** 〔陶圩镇六秀行政村六秀村·1947 年·县文物保护单位〕 1947 年 4 月 7 日至 14 日，中共广西省工委书记钱兴在此召开中共广西地下党各地组织负责干部会议，通过了关于开展游击战争、农民运动和城市、党务、宣传工作等决议。旧址原为同乐馆小阁楼，坐西朝东，平面呈曲尺形，悬山顶，夯土墙瓦房，分主间与搭间，占地面积约 35 平方米。1978 年重建为泥砖瓦房，并在旁建纪念亭、接待室。

57 - E₆ **中国人民解放军粤桂边纵队第八支队暨横县人民政府成立旧址** 〔平马镇平马社区中心小学内·1949 年〕 1949 年 10 月 19 日，在龙平乡（今平马镇）中心小学操场成立中国人民解放军粤桂边纵队第 8 支队，同时成立横县、上林两县人民政府。旧址现为平马镇中心小学操场，占地面积约 500 平方米，操场地面现已铺上水泥。1997 年，横县人民政府在操场西面建了六角纪念亭，亭高 4.5 米，周长 12 米，亭正面题有"革命纪念亭"5 个大字，亭内立有石碑 1 方，碑文介绍旧址的历史。

58 - E₇ **百合烈士纪念碑** 〔百合镇百合社区百福公路狮子岭·1951 年〕 1951 年，百合人民为纪念捍卫人民政权而牺牲的烈士而修建。纪念碑由碑座及碑身组成，占地面积约 160 平方米。坐北朝南，高 8 米，碑座如"工"字形，碑身为砖砌长方柱体，庑殿顶，外抹石灰。碑正、背面题"烈士精神永垂不朽"，左、右题"革命烈士纪念碑"。

59 - E₈ **横县烈士纪念碑** 〔横州镇柳明社区横州公园内报恩寺岭上·1964 年〕 1964 年秋，为纪念在横县革命斗争中牺牲的烈士而建。由碑座、碑身、地坪组成，占地面积约 576 平方米。花岗岩结构，碑高 18.8 米，碑座正长方形，边长 8 米。碑身为长方立柱体，正面书"革命烈士纪念碑"，其余各面书"烈士精神永垂不朽"，林克武书丹，白玉石上凹纹镏金。地坪 2 级，长条石铺砌。

60 - F₁ **李同记大院** 〔横州镇新州街·1930 年〕 建于 1930 年，坐北朝南，砖木结构，四合院，由前、后两座及天井两侧座，共四座中西合璧二层楼房连体围成，占地面积约 2000 平方米。前、后座面阔十三间，青砖墙，硬山顶，盖小青瓦。中为天井，天井两边侧座上、下层内檐中式前走廊与前、后座上、下层皆设西式联拱外廊，绿釉宝瓶或几何形花窗栏杆；两侧楼座下层设木板前檐墙，隔扇门，竹、梅、兰图裙板。

61 - F₂ **施恒益大院** 〔横州镇城司社区城司街东二巷 394 号·1933—1935 年·自治区文物保护单位〕 俗称施家大屋。建于 1933—1935 年，为当时横州首富施恒益住宅。坐北朝南，砖木结构，平面呈倒"T"形，占地面积约 2300 平方米。西面为四进院落，四座中西结合二层楼房前后排列，天井厢房、回廊前后联袂，面阔五间，硬山顶，马头山墙，底层双楣拱门、窗，二楼蔽檐。东面为四合院，天井前、后、左、右共四座中西结合二层（局部三层）楼房连体围成，底层、二（三）层设西式三联拱外廊相通呈回廊，廊设绿釉宝瓶栏杆，硬山顶，盖小青瓦。

62 - F₃ **李思炽大宅** 〔六景镇大浪行政村独田村·民国〕 李思炽，国民党陆军师长，辞官后回乡经商，富甲一方，1948 年外逃。大宅建于 20 世纪 30 年代。坐西朝东，砖木结构。三进院落，共有房屋 11 座，占地面积约 2100 平方米。主体为中西结合建筑，面阔三间，硬山顶，盖小青瓦。前座高二层，明间前设内廊，底层明间拱形大门，两次间开拱窗。门前设弧形 3 级踏跺。二层明间廊前沿置绿釉宝瓶栏杆。

63 - G₁ **六景泥盆纪标准剖面** 〔六景镇六景社区火车站东北面一带·泥盆纪〕 是距今约四亿至三亿五千万年形成的各种沉积物、各种生物化石、沉积标志等系列地质记录，剖面长约 3000 米，宽约 2000 米，面积约 600 万平方米，分布范围从后山的霞义岭到八联的谷闭村，共分四个保护区：火车站小区、六景岭小区、六景中学小区、谷闭村小区。

64 - G₂ **杨彭石铲出土点** 〔莲塘镇杨彭行政村杨彭村·新石器时代〕 1990 年 7 月，出土石铲 2 件。出土时无伴随物。方形柄，双肩平直，圆弧刃，分束腰、直边形两种。石铲长 0.16 米、0.13 米；宽 0.1 米、0.11 米，厚 0.15 米。

65 - G₃ **双桥石铲出土点** 〔马山乡双桥行政村双桥村·新石器时代〕 1974 年 10 月，在双桥村山坡出土石铲 4 件。出土时叠置。石铲形制、大小基本一致。长柄，双肩溜斜，束腰圆弧刃。长 0.26 米，宽 0.14 米，厚 0.02 米。

66 - G₄ **妹儿山铜钟出土点** 〔镇龙乡那旭行政村那桑村妹儿山·西周〕 1958 年 5 月，在妹儿山边塌方处出土铜钟 1 件。铜钟为直圆甬式，鼓饰窃曲纹，钲、篆饰斜角雷纹，栾边饰水波纹。舞饰兽面纹。钲边、篆间以两行小乳钉为界。正面鼓部左右在窃曲纹地上附以浮雕装饰。通高 0.685 米，铣间 0.335 米，舞长 0.313 米，宽 0.214 米。（见《文物》1978 年 10 期）

67 - G₅ **南乡甬钟出土点** 〔南乡镇社头行政村社头村·春秋〕 南乡镇社头村出土甬钟 1 件。钟体扁圆较瘦长，甬出土时因锈蚀与体分离。甬体上小下大，衡闭封，甬上有半环旋，无干，正面钲呈梯形，内饰三角形夔纹，钲侧有六组凸枚，共 18 枚，枚上有景。

篆间设线分界，饰斜角云雷纹，鼓部饰窃曲纹，舞部素面。背面有 18 枚，无纹饰，甬长 0.112 米，栾长 0.148 米，舞长 0.145 米，广 0.105 米，铣间 0.183 米。（见《考古》1984 年 9 期）

68 - G_6　**水燕铜鼓出土点**　〔石塘镇附村行政村水燕村·西汉中期—南朝〕　1974 年，出土冷水冲型铜鼓 1 面。鼓面径 0.775 米。鼓面太阳纹十二芒。面沿环列四蛙，饰变形羽人纹、变形翔鹭纹、复线交叉纹等。胸腰间附扁耳 2 对。

69 - G_7　**清江铜鼓出土点**　〔横州镇清江行政村清江村北·西汉中期—南朝〕　1997 年 2 月，在清江村北清江段河中打捞出冷水冲型铜鼓 1 面，鼓腹内伴有一件陶罐。面径 0.616 米，高 0.43 米。鼓面太阳纹十二芒。面沿环列四蛙。鼓面饰变形羽人纹、变形翔鹭纹、复线交叉纹、同心圆纹、栉纹，身饰栉纹等。胸腰间附绳纹扁耳 2 对。

70 - G_8　**那顶山铜鼓出土点**　〔镇龙乡凤丹行政村田村北那顶山·西汉中期—南朝〕　1984 年 4 月，在田村屯北那顶山出土冷水冲型铜鼓 1 面。鼓面径 0.775 米，高 0.526 米。鼓面太阳纹十二芒。面沿环列四蛙。饰水波纹、同心圆纹、栉纹、复线交叉纹等。

71 - G_9　**六河铜鼓出土点**　〔云表镇六河行政村六河村·东汉—唐〕　1970 年，六河村出土灵山型铜鼓 1 面，鼓内伴出东汉—南朝时期黄釉瓷器碎片。鼓面径 0.654 米。鼓面太阳纹十二芒。面沿环列三单蛙和三累蹲蛙相间。饰"四出"钱纹、四瓣花、"四出"五铢钱、云雷纹、席纹等。足残。胸腰间附扁耳 2 对。

72 - G_{10}　**山口铜鼓出土点**　〔南乡镇合山行政村山口村·东汉—唐〕　1964 年，在山口村附近出土灵山型铜鼓 1 面。鼓面径 0.693 米。鼓面太阳纹十二芒。面沿环列四蛙，饰云雷纹。胸腰间附扁耳 2 对，耳有二孔。足残。

73 - G_{11}　**龙水铜鼓出土点**　〔南乡镇广龙行政村龙水村·东汉—唐〕　1964 年，在龙水村出土灵山型铜鼓 1 面。鼓面径 0.795 米，高 0.468 米。鼓面太阳纹十二芒。面沿环列三累蹲蛙和三单蛙相间，饰鸟纹、虫形纹、兽面图案、连钱纹、席纹等。胸腰间附羽纹扁耳 2 对，足部立 1 小鸟。

74 - G_{12}　**葫芦岭铜鼓出土点**　〔南乡镇红宜行政村红宜村葫芦岭·东汉—唐〕　20 世纪 50 年代初，在红宜村葫芦岭出土灵山型铜鼓 1 面。鼓面径 0.787 米，高 0.559 米。鼓面太阳纹十芒。面沿环列三单蛙和三累蹲蛙相间。饰席纹、蝉纹、虫纹、"四出"钱纹、四瓣花等。胸腰间附扁耳 2 对，足部立 1 鸟。

75 - G_{13}　**圭壁铜鼓出土点**　〔南乡镇社头行政村圭壁村西南 1.5 公里·东汉—唐〕　1988 年出土灵山型铜鼓 1 面。鼓面径 1.18 米，高 0.64 米。鼓面太阳纹十二芒。面沿环列四单蛙和二累蹲蛙，饰有"四出"钱纹、席纹、四瓣花、云雷纹等。胸腰间附扁耳 2 对。耳边饰乳钉。足立 1 兽，双翅上各坐 2 个人像。（见《广西铜鼓图录》，文物出版社 1991 年 9 月）

76 - G_{14}　**大塘铜鼓出土点**　〔马山乡泙桥行政村大塘村·东汉—唐〕　1973 年，出土灵山型铜鼓 1 面。鼓面径 0.7 米。鼓面太阳纹八芒。面沿环列三单蛙和三累蹲蛙相间。饰"四出"钱纹、连钱纹、云雷纹、半云填线纹、席纹等。胸腰间附扁耳 2 对。

77 - G_{15}　**大浪铜鼓出土点**　〔六景镇大浪行政村大浪村·东汉—唐〕　20 世纪 50 年代初出土灵山型铜鼓 1 面。鼓面径 0.787 米，高 0.473 米。鼓面太阳纹十二芒。面沿环列三单蛙和三累蹲蛙相间。饰联机纹、蝉纹、四瓣花、"四出"钱纹、席纹、虫形纹等。胸腰间附扁耳 2 对。足部立鸟 1 对。

78 - G_{16}　**藤山铜鼓出土点**　〔六景镇木塘行政村藤山村·东汉—唐〕　1976 年，出土灵山型铜鼓 1 面。鼓面径 0.955 米，高 0.559 米。鼓面太阳纹十芒。面沿环列三单蛙和三累蹲蛙相间。饰席纹、蝉纹、虫纹、"四出"钱纹、四瓣花纹等。胸腰间附扁耳 2 对，足部立 1 鸟。

79 - G_{17}　**郁江北岸铜鼓出土点**　〔横州镇清江行政村清江村南郁江边北岸·东汉—唐〕　1990 年 2 月，在郁江北岸出土灵山型铜鼓 1 面。出土时，鼓斜埋于水中，无伴随物。鼓面径 0.8 米，高 0.52 米。鼓面中心太阳纹十芒。面沿环列三足蛙六只。身饰蝉纹、钱纹、云雷纹、席纹、半圆纹、虫纹等。胸腰间附扁耳 2 对。

80 - G_{18}　**郁江铜鼓出土点**　〔横州镇郁江段·东汉—唐〕　1997 年 4 月，横州郁江段捞出灵山型铜鼓 1 面。鼓面径 0.81 米，高 0.48 米。鼓面饰太阳十芒，芒间饰联机纹。面沿顺时针环列六蛙（已失）。饰变形羽人纹、鸟纹和兽面纹。胸腰间有辫纹扁耳 2 对。

81 - G_{19}　**横州铜印出土点**　〔横州镇南约 200 米郁江·南明〕　1989 年从郁江河捞出铜印章 1 枚。为正方形三层台式，边长 0.102 米，通高 0.112 米。蹲虎纽，印面 6 字 3 行柳叶篆文"援江将军之印"。背右竖刻"永历三年八月口日"内行为"礼部造"3 字，上刻"永字一千四十九号"，均阴文，楷书。（见《文物》1998 年 10 期）

隆安县

1 - A_1　**大龙潭遗址**　〔乔建镇博浪行政村大龙潭

东南约 12 米右江西岸·新石器时代·县文物保护单位〕 山坡（台地）遗址。遗址位于右江Ⅱ级阶地，分布面积约 5000 平方米。1979 年 3 月进行发掘，揭露面积约 820 平方米。文化层分两层，新石器时代文化层厚约 1 米。出土遗迹有灰坑、沟槽、石铲排列遗迹等，遗物除一件陶器外，全都是石器，以通体磨制的石铲为主，石铲磨制精致，棱角分明，出土时的放置方式较独特，有直立、斜立、侧放、平直四种形式，是桂南石铲遗存的典型代表性遗址。（见《考古》1982 年 1 期）

2 - A₂ 马鹿山遗址 〔乔建镇乔建板栗场南约 800 米马鹿山·新石器时代〕 山坡（台地）遗址。1963 年发现。东北面有石山，西南面为起伏的丘陵，遗址面积约 50 万平方米，在地表采集到有石铲、石斧等石器。遗址上种板栗树成林。

3 - A₃ 雷桑岭遗址 〔乔建镇鹭鹚行政村雷桑岭·新石器时代〕 又称哨垒山遗址。山坡（台地）遗址，1988 年发现。遗址面积约 1.6 万平方米。在岭顶和南面坡地表采集到石斧、石铲、石刀、石锛、石锤等石器。遗址地表部分受雨水冲刷。

4 - A₄ 保湾佛子遗址 〔丁当镇保湾行政村佛子屯西北约 1.5 公里岜肚岭·新石器时代·县文物保护单〕 山坡（台地）遗址。1958 年发现。遗物散布于丘陵坡地上，分布面积约 1000 平方米。1963 年采集石铲 20 多件。均为页岩制作，石铲束腰，长 0.14—0.4 米，宽 0.05—0.2 米。现遗址已辟为耕地，破坏严重。

5 - A₅ 岜横山遗址 〔丁当镇定坤行政村西北约 800 米岜横山·新石器时代〕 山坡（台地）遗址。1987 年发现。遗址面积约 400 平方米。东北面有石山，西南面为起伏土岭。在遗址表土层下 0.3 米处发现石铲，遗址已遭破坏。

6 - A₆ 鲤鱼坡遗址 〔丁当镇俭安行政村更也屯西约 1.5 公里鲤鱼坡·新石器时代·县文物保护单位〕 贝丘遗址。1988 年发现，遗址为溪旁孤立的小土坡，面积约 450 平方米。北面和东面为北更溪，进行了试掘，试掘面积约 26 平方米。地层堆积较厚，包含物以螺蚌壳为主。出土有石器、骨器、陶片等。

7 - A₇ 定洪遗址 〔丁当镇浪湾农场定洪队·新石器时代〕 山坡（台地）遗址。1963 年发现。遗址在山坡上，面积约 500 平方米。1963 年调查时在表土深 0.3 米处，采集到石铲 22 件，其他石器 1 件。遗址上种柑橙等农作物。

8 - A₈ 陆岭遗址 〔南圩镇灵利行政村陆岭屯南约 300 米陆岭·新石器时代〕 山坡（台地）遗址。1963 年发现。遗址面积约 400 平方米。三面石山环绕，北面为起伏土坡。在遗址表土层下 0.1—0.2 米处发现有石铲、石刀等石器。石铲长 0.2—0.4 米，宽 0.1—0.2 米。石刀长 0.5 米，宽 0.8 米。

9 - A₉ 南圩遗址 〔南圩镇于完山·新石器时代〕 山坡（台地）遗址。1988 年发现。遗址面积约 500 平方米。在表土层下 0.3—0.5 米处发现石铲，大者长 0.3 米，宽 0.2 米；小者如拇指一样大。遗址已遭严重破坏。

10 - A₁₀ 红岭遗址 〔南圩镇新地街东南约 200 米红岭·新石器时代〕 山坡（台地）遗址。1988 年发现。遗址在山坡上，分布面积约 1000 平方米。在地表采集到石斧、石铲等石器。遗址受严重破坏。

11 - A₁₁ 三册岭遗址 〔那桐镇那桐社区福翁屯西南约 100 米三册岭·新石器时代〕 山坡（台地）遗址。1988 年发现。遗址位于丘陵坡地上，面积约 1 万平方米，在表土层下 0.1—0.35 米处发现有石斧、石铲等石器。遗址大部分被垦种作物，少部分被雨水冲刷成沟状。

12 - A₁₂ 龙床遗址 〔那桐镇上邓行政村龙床屯西南约 500 米·新石器时代〕 山坡（台地）遗址。1988 年发现。遗址面积约 5000 平方米。地表被雨水冲刷成沟槽状，零星散布有石器，采集到石斧、石铲等石器。遗址受严重破坏。

13 - A₁₃ 三坡遗址 〔那桐镇那门行政村平安屯·新石器时代〕 山坡（台地）遗址。1988 年发现。遗址东、南、北三面有石山环绕，西面为丘陵坡地。遗址面积约 100 平方米，在表土层下 0.8 米处，发现石铲 2 件。遗址受到破坏。

14 - A₁₄ 叫铁岭遗址 〔那桐镇那门行政村那门村叫铁岭·新石器时代〕 山坡（台地）遗址。1963 年发现。遗址在山坡上，分布面积约 1000 平方米。在地表零星散布石器，采集到石斧、石铲等石器。遗址遭破坏。

15 - A₁₅ 大王庙戏台遗址 〔乔建镇儒浩行政村东南约 200 米·清代〕 据大王庙戏台石碑记载，戏台建于明嘉靖至万历年间（1522—1620），清道光十七年（1837）重修。戏台距大王庙约 50 米，坐东北朝西南，平面近方形，占地面积约 50 平方米。1964 年拆建学校，现仅剩台前 2 根条石杆、石狮 1 对、石鼓 1 双、神台 1 个、碑记 2 方。

16 - B₁ 黄南川墓 〔城厢镇新兴社区黄李屯南约 1.5 公里墓激岭·清代〕 黄南川，生于清乾隆年间（1736—1795），力能举鼎，武艺超群，因在京城应考武状元时误听奸臣谗言而落榜，回乡激愤而死，故俗称其墓为"墓激"，意指墓中之人系激气而死的意思。

墓葬朝东北，冢呈圆丘形，四周以青砖砌护，底径1.4米，高1.8米，墓碑高1.7米，宽0.3米，厚0.1米，面刻楷书"远逝太始祖讳南川黄老府君之墓"。占地面积约8平方米。

17 - B₂ 弄湾山岩洞葬 〔南圩镇万朗行政村那桑屯西南约2公里弄湾山·隋代〕 弄湾山又称金猴山，高约120米。墓葬在山西北面峭壁上一岩洞内，高距地表高约75米。洞口朝西北，洞内高、宽约2米，进深约30米，面积约60平方米。洞内置圆棺5具，大小不一，子母口套合，多数有棺角。棺内人骨遗骸均为二次葬。随葬品有瓷碗、铜刀、铜矛、铜铃、铜手镯、隋五铢钱、唐开元通宝、骨簪、玻璃珠、贝壳等。（见《中国考古学年鉴》1992年）

18 - B₃ 弄埋山岩洞葬 〔布泉乡兴隆行政村陇别屯西南约1.4公里弄埋山·唐—宋〕 岩洞在弄埋山西面峭壁上，高距地表约50米。洞口朝西北，洞内分上、下两洞，上洞高1.5米，宽1米，进深2米，内有3具圆棺。下洞高2米，宽2米，进深2.5米，内有6具小圆棺。棺内存人骨遗骸。随葬品有陶器和唐开元通宝。（见《文物》1993年1期）

19 - B₄ 那王山岩洞葬 〔布泉乡布泉社区布泉街东南约1公里上准屯那王山·唐—宋〕 那王山高约150米。岩洞在山东南面峭壁上，高距地表约72米。洞口朝东南，高3.4米，宽6米，洞内进深10米，面积约60平方米。洞内有圆棺18具，棺一般长0.67米、宽0.34米、高0.18米。棺与盖前端留有牛角形木柄。其中一具棺内有2具骸骨，随葬圆形松脂块和唐乾元重宝。棺外摆放瓷碗数件。（见《文物》1993年1期）

20 - B₅ 巴南山岩洞葬 〔布泉乡布泉社区布泉街南约2公里的巴南山·唐—宋〕 巴南山高约150米。岩洞在山西北面峭壁上，高距地表约70米。洞口朝西北，高6米，宽10米，洞内进深5米，面积约50平方米。洞内有8具圆棺，子母口套合，两端有柄。棺内有人骨遗骸，未见随葬品。1958年遭破坏。现洞内仅剩部分人骨。

21 - B₆ 陇别岩洞葬 〔布泉乡兴隆行政村陇别屯西南约1000米陇别岩·唐—宋〕 陇别岩高约180米。岩洞在山东北面的峭壁上，高距地表约55米。洞口朝东北，洞内高1.2米，宽1.8米，进深约2.8米。面积约4.14平方米。洞内原有棺3具。棺内有人骨遗骸，棺外摆放木碗。1973年遭破坏。现洞内存一些人骨和盛装祭品的木槽1件，长0.13米，宽0.1米。

22 - B₇ 岜岭山岩洞葬 〔都结乡龙民行政村布翁屯南约100米岜岭山·唐—宋〕 岜岭山高约90米。

岩洞在山东北面峭壁上，高距地表约40米。洞口朝东北，洞内高3米，宽2米，进深20米，面积约40平方米。内存残棺数具，棺内有人骨。

23 - B₈ 布良山岩洞葬 〔布泉乡布泉社区布泉街东南约1公里上准屯布良山·唐—宋〕 岩洞在布良山东南峭壁上，高距地表约60米，洞口朝东南，高3米，宽4.5米，洞进深约15米，面积约68平方米。洞内有1具小圆棺，棺盖大部分破损，棺内无物。

24 - B₉ 岜达岭崖洞葬 〔南圩镇联伍行政村都洞屯西约1500米的岜达岭上·唐—宋〕 岜达岭高100余米。岩洞在山的西面峭壁上，高距地表约60米。洞口朝西北，洞口呈半月形，高1.5米，宽5米，洞内进深2米，面积约10平方米。洞内有圆棺5具，子母口合盖。棺两侧边沿有木钉。棺高0.3米，长约0.8米，宽约0.3米。

25 - C₁ 鹭鹚桥 〔乔建镇鹭鹚行政村陆海屯东南约60米罗兴河上·明—清·县文物保护单位〕 又称九门桥。建于明天启六年（1626），清康熙二十五年（1686）重修。原为九孔石拱桥，抗日战争时期炸毁桥东北端一孔。现为八孔石拱桥，东北—西南走向，长92米，宽2.9米。五个大拱，拱跨2.9米。三个小拱，拱跨0.9米。桥身用片石干筑，桥拱为料石砌筑，桥面原用石板铺成。现已铺上水泥。两端有引桥，西南端长20米，东北端长60米。西南桥侧有"鹭鹚桥"石刻1方。

26 - C₂ 龙汉桥 〔南圩镇大同行政村那棍屯东北约200米大同河上·清代〕 建于清乾隆年间（1736—1795），具体时间不详，乡绅马元德发动村民集资修建。东北—西南走向，原为五孔石拱桥，1930年桥两端各一孔被洪水冲毁，修复时用片石填实。现存三孔，长30米，宽3.8米，拱跨3.7米。桥身用片石砌筑，桥拱用料石圈砌，桥面铺片石，两端各有引桥长20米。桥西南原立建桥石碑1方，已佚。

27 - C₃ 惠迪公祠 〔南圩镇南圩社区积发屯·清代·自治区文物保护单位〕 建于清乾隆十九年（1754），清嘉庆十九年（1814）重修，为当地陈姓的宗祠。坐西北朝东南，砖木石结构，三进院落，由前座、中座、后堂及天井、厢房组成，占地面积约1900平方米。各座皆面阔三间，青砖墙，穿斗式木构架，硬山顶，盖小青瓦。封檐板浮雕花草，前、中座设前檐廊，八角石檐柱，木板槛墙镂空隔扇窗，前置4级垂带踏跺。后堂为通厅，前置6级石踏跺，内山墙有彩绘壁画，厅立碑刻2方。天井两侧为三间厢房。

28 - C₄ 梁氏宗祠 〔雁江镇红良行政村洪造屯·清代〕 建于清道光二十二年（1842）。坐西北朝东南、砖木结构，二进院落，由前座、后堂、天井、厢房组成，占地面积约 266 平方米。前座、后堂面阔三间，均设前檐廊，石础木圆柱，砖墙，穿斗式木构架，硬山顶，盖小青瓦。前座门额嵌"梁氏宗祠"匾，其上及两侧有彩绘"富贵"等题材的壁画，廊前置 5 级石踏跺。天井两侧有厢房。

29 - C₅ 榜山文塔 〔城厢镇宝塔行政村宝塔村东约 100 米独秀山·清代·县文物保护单位〕 清光绪二十二年（1896），知县褚兴周倡导捐资修建。坐东北朝西南，八边形楼阁式砖塔，占地面积约 113 平方米。外观三层内分六层，高 24.8 米。塔壁厚 1.5 米。各层瓦檐均为直檐和菱角檐的复合檐，檐口灰塑，塔内底层为青砖地面，正面设一个拱门，门额上有"榜山文塔"匾，第二层至五层以木板分隔。第二层对开圆窗 4 个，第四、五层错位各开圆窗 2 个。塔顶已被雷电击毁。塔建成后，每年以榜山书院的田产收入设宴祭塔，邀请县内才子名贤参加，故名为榜山文塔。

30 - C₆ 那发炮楼 〔城厢镇兴阳社区那发屯 57 号·清代〕 建于清光绪三十三年（1907），乡民为防盗匪而建。坐西北朝东南，砖木结构。占地面积约 25 平方米。面阔 5.5 米，进深 4.5 米，高五层 14 米，红砖砌墙，硬山顶，盖小青瓦，各层设木楞楼板，墙开枪眼，第四、五层开有瞭望窗。1949 年前曾作为中共党组织及游击队活动场所。

31 - C₇ 孔明桥 〔南圩镇百朝社区百朝街东北约 1.2 公里百朝河上·清代〕 始建年代不详。相传孔明南征时兴建，又传为清晚期豪绅任兰胜集资所建。现桥为清代建筑，南北走向，单孔石拱桥，长 15 米，宽 2.7 米，拱跨 8.8 米。桥身及桥拱用料石砌筑，桥面铺以石块，桥两端各有踏跺 12 级。

32 - C₈ 敢河拱桥 〔城厢镇东安行政村板蔡屯岜解山北面山脚敢河上·清代〕 建于清代，具体时间不详。南北走向，单孔石拱平桥，长 25 米，宽 2.8 米，拱跨约 9 米余。桥身、桥拱用料石干砌。桥面铺石板，两端与河岸齐平。20 世纪 50 年代在桥上修建了一座多孔高架水渠，桥面被破坏。

33 - C₉ 迪圩拱桥 〔南圩镇百朝社区迪圩村东北约 400 米百朝河上·清代〕 建于清代，具体时间不详。西南—东北走向，双孔石拱平桥，长 12 米，宽 2.7 米，拱跨 4 米。桥身、桥拱用料石干砌，桥面铺石板，两侧护栏石已缺失，两端与河岸齐平。

34 - C₁₀ 瀑布河拱桥 〔南圩镇百朝社区迪圩村东北约 450 米瀑布河上·清代〕 建于清代，具体时间不详。位于联造瀑布河与百朝河交汇处上游 5 米处。东南—西北走向，单孔石拱桥，长 19 米，宽 2.8 米，

拱跨 5.7 米。桥身、桥拱用料石干砌，桥面铺石板，两侧护栏石已缺失，东南端有石踏跺，西北端与河岸齐平。

35 - C₁₁ 马氏宗祠 〔布泉乡岑山行政村上礼屯西南约 800 米·清代〕 建于清代，具体时间不详。坐西南朝东北，砖木结构，原为三进院落，占地面积约 200 平方米。现存前座，占地面积约 30 平方米，建于片石台基上，设前檐廊，2 根方形石檐柱，八角形石鼓础，檐柱刻楹联"天道广灵万国勋名晋万载，主恩大德千川永赖志千秋"。门额上挂"马氏宗祠"匾，廊前置 5 级石踏跺。建筑面阔、进深三间，砖墙，穿斗式木构架，硬山顶，盖小青瓦。封檐板雕鸟、花草。

36 - C₁₂ 桥埋拱桥 〔南圩镇大同行政村那料屯东南面约 600 米那料溪上·清代〕 建于清代，具体时间不详。西南—东北走向，单孔石拱桥，长 12.3 米，宽 2.6 米，拱跨 6.5 米。桥台用料石砌筑，桥身已被拆掉，仅存单层桥拱石，桥面铺石板不存，两端原有石踏跺，后改为引桥 3 米。

37 - C₁₃ 硕爱拱桥 〔南圩镇爱华行政村爱华村东北面约 1.5 公里硕爱河上·清代〕 建于清代，具体时间不详。东南—西北走向，三孔石拱桥，长 17 米，宽 2 米。桥中部为大拱，孔跨 4 米，两端各有一个小孔，孔跨 1 米。桥身、大拱用片石干砌，料石围砌桥拱，小孔为长方形，料石砌边，上架条石而成。桥面铺石板，两端原有石踏跺。

38 - C₁₄ 邓屯桥 〔那桐镇上邓行政村兰邓屯东北约 200 米处小溪上·清代〕 俗称神仙桥。建于清代，具体时间不详。位于无名小溪与右江的汇流处，当时为上、下邓村通往小林村的要道。桥建在小溪两边岩石上，东南—西北走向，单孔石拱桥，长 13 米、宽 3 米。桥身用片石干筑，桥拱为料石圈砌，桥面铺石板，两侧无护栏石。

39 - C₁₅ 孔明井 〔雁江镇福颜行政村谭荒屯南约 100 米·时代不详·县文物保护单位〕 建于何时不详，传是孔明征南蛮路过时挖掘。井口用条石围砌成长方形，宽 0.4 米，深 0.9 米，水下以整节樟木凿空圆圈为壁，壁开多处小孔渗水，孔径约 0.4 米。井台用石板铺砌。现仍为村民饮用水。

40 - C₁₆ 孔明泉 〔南圩镇西安行政村立岜屯西南约 50 米·时代不详〕 建于何时不详，传为孔明征南蛮路过此地所挖。泉口呈圆形，径 2.1 米、深 1.75 米。泉壁原用大樟木凿空面成，后改用大石板垒砌，底部置一石板。泉口开一凹口通小沟，泉台现已改铺水泥，周砌片石矮墙与田地隔开。

41 - D₁ 挂榜山摩崖石刻 〔乔建镇儒浩行政村儒

浩村北约 3 公里挂榜山西北面山腰官岩内·明代〕摩崖石刻 1 方。官岩在山腰，分三层，可容上千人。明崇祯十一年（1638）十二月初六，地理学家徐霞客曾游挂榜山，并撰有《榜山游记》。石刻在官岩洞壁上，刻面高约 2.5 米，宽约 0.6 米，竖行榜书"第一洞天" 4 字，字体线刻内空，字径 0.6 米，楷书，阴刻。明嘉靖年间（1522—1566）隆安县令姚居易撰文并书丹。

42 - D₂ 凿字山摩崖石刻 〔南圩镇望朝行政村多劝屯西南约 1 公里的凿字山南面山腰·明代·县文物保护单位〕 摩崖石刻 3 方。一方为"界碑"，刻于明嘉靖三十七年（1558），高距地表约 15 米，刻面高 1.1 米，宽 1.5 米，计 87 字，楷书，阴刻。隆安县令姚居易撰文并书丹。刻文记载为避免都结、万承二州争地，安抚地方，查考旧境定界，以杜绝后来争端之事。落款"晋江姚居易书，嘉靖戊午冬"。一方为榜书"南涯过迹" 4 字，字径 0.6 米，阴刻，楷书。刻面高 1.1 米，宽 2.5 米。另一方刻面高 1.4 米，宽 5.5 米，刻文首句为"隆安壬申教子留祈……"落款"石匠李菊刻"，字径 0.33 米，行书，其余文字已漫漶不清。

43 - D₃ "息耕石"摩崖石刻 〔南圩镇百朝社区百朝街西南约 1.2 公里·明代〕 摩崖石刻 1 方。明嘉靖三十七年（1558）刻。刻于耸立于农田当中的一块岩石南面底部。明嘉靖年间（1522—1566），百照村民耕作时常在此休息，隆安县令姚居易因此在此书丹刻石。刻面高 0.5 米，宽 1.28 米。横行刻"息耕石" 3 字，楷书，阴刻。落款"嘉靖戊午冬立，晋江姚南崖书，陈尚德督工"。

44 - D₄ 白鹤岩摩崖石刻 〔城厢镇国泰社区电力大厦西北约 1.5 公里白鹤岩·清代·县文物保护单位〕 因为前洞垂乳如白鹤，击之声如鹤鸣，谓"鹤鸣九皋"，故得名。石壁上有摩崖石刻 7 方，洞口东面石壁 4 方，南面石壁 3 方，阴刻或阳刻，隶书，清道光年间（1821—1850）隆安县知县钟孚吉撰文。石刻文字少的 4 个字，多的有 3 百多字，多已不清晰，内容主要描述洞内自然景物。其中有横行榜书"古白鹤岩"，落款"闽武钟孚吉书"，隶书，阴刻；清道光二年（1822）刻《重修白鹤岩记》，刻面高 1 米，宽 0.7 米，楷书，阴刻。刻文记述白鹤岩形胜、历史以及重修白鹤岩的情况。

45 - E₁ 周氏宗祠 〔南圩镇百朝社区百朝街西约 10 米的百朝山腰百朝岩·1916 年·县文物保护单位〕 百朝岩高 8 米，宽 5 米，进深 25 米。1916 年，百朝街周家在岩洞口建一座 3 拱牌楼，将此岩辟为"周氏宗祠"。牌楼坐西朝东，四柱三间，明间开拱门，门额饰

多条凸线门楣，额枋横书"周氏宗祠"，两边砖柱面墨书对联，右联"周氏本汝川万派还归一脉"，左联"宗祠因岩穴百朝世间千秋"。后人在牌楼后面砌砖墙，开方形门，门额刻"继往开来"。1934 年后，国民党隆安县长黄守先和南宁行政督查区民团指挥官梁瀚嵩曾在岩洞内题书刻石，今尚存。

E₁₋₁ 梁瀚嵩等百朝岩题刻 〔南圩镇百朝山百朝岩内·1934 年〕 梁瀚嵩（1886—1949），字浩川，广西宾阳县人。国民革命军陆军中将，南宁行政督查区民团指挥官。1934 年，驻军隆安游百朝岩时，与县长黄守先等于岩壁上题刻榜书"气吞山河"（刻面高 0.7 米，宽 2.1 米）、"汝川之源"（刻面高 0.7 米，宽 1.9 米）、"进士"（刻面高 0.8 米，宽 0.65 米）、"乐观"等摩崖石刻。

46 - E₂ 清风岩摩崖石刻 〔乔建镇乔建行政村乔建村清风山清风岩·1940 年〕 因岩内两洞贯通，清风对流，故得名清风岩。岩内有摩崖石刻 3 方。1940 年刻。乔建街文人叶森轩撰文并书丹。洞额榜书"清风岩" 3 字。洞口东南面石壁刻对联"清光常在目，风景尽宜人"，草书，阴刻。中间题刻七律一首："岩前后有清凉，两面风声似鼓簧。西望碧池降玉女，东来紫气满乔阳。洞中幽雅尘气净，山外黄花草色苍。欲至蓬莱新处去，何劳别去寻仙乡。"西北面石壁刻《追忆洞中文武星楼阁》七绝一首："文武魁星万古扬，岭楼高阁让乔阳。自遭兵变摧残后，惟有清风带月凉。"落款"民卅三夏森轩居士"。草书，阴刻。

47 - E₃ 观鱼台摩崖石刻 〔南圩镇百朝社区百朝街西约 800 米百朝河边岩石上·1943 年〕 岩石悬空伸向河中心，常有人上石顶游玩赏鱼，故名观鱼台。有摩崖石刻 2 方，1943 年刻。观鱼台上部，有石刻 1 方，刻面宽 1.7 米、高 0.68 米，中间刻"观鱼台" 3 字，右边落款小字"民国三十二年夏"，左边落款小字"里人任治明七五岁书"。在观鱼台下侧另有石刻 1 方，刻面宽 1.19 米、高 0.86 米，首刻《培植杨湾乡风景碑记》，刻文已模糊不清。

48 - G₁ 城厢镇铜印出土点 〔城厢镇·唐代〕 1984 年，在城厢镇出土铜官印 1 枚。出土时，印置于一铜盒内。印为正方形，边长 5.5 厘米，厚 1.5 厘米，鼻纽，高 0.027 米。印文为小篆"武夷县之印"，其背也刻"武夷县之印"，无铸颁年款。盒为正方形，通高 0.095 米，盒身高 0.04 米，边长 0.066 米，子母口盒盖，盖与身以铰链相连，作攒尖形加圆宝顶，四边镂空作心形。

宾阳县

1 - A₁ 大乙遗址 〔黎塘镇司马行政村大乙水库范围内·新石器时代〕 山坡（台地）遗址。1988 年发现。遗址位于大乙水库东坝的东南面河岸及水库中，面积约 1000 平方米，在地表采集到石纺轮和穿孔石器等。

2 - A₂ 领方故城址 〔宾州镇古城行政村西北领方山·东汉—南宋·县文物保护单位〕 据《宾阳县志》载，汉元鼎六年（前 111）置领方县，东汉建安十二年至南宋祥兴二年（207—1279）为县治所在地。筑城具体年代不详。城址平面呈长方形，长约 120 米，宽约 80 米，占地面积约 9600 平方米，以土夯筑城墙。现存西南面部分残墙，墙厚 2 米，残高 1.5—2.0 米，城东、西、南门仅见遗迹，城外有护城壕，西门外有西门塘等，采集有汉代砖、板、筒瓦碎片等，破坏严重。

3 - A₃ 绥宁故城址 〔黎塘镇龙胜行政村安城村·西晋—唐·县文物保护单位〕 据《宾阳县志》载，西晋太康年间（280—289）设绥宁县治，南朝梁天监年间（502—519）为安城县，唐至德二年（757）为保城县治。城池建于西晋，后有加修，城址南向，平面呈椭圆形，占地面积约 12000 平方米，以料石砌筑城墙，现遗存东北面城墙，残周长约 950 米，残高 0.5—1.78 米，厚 1.5 米。原存南城门，拱高 4 米，面阔 3.6 米，1999 年夏因水灾部分倒塌，城内原有建筑不存。

4 - A₄ 宾州故城 〔宾州镇三联社区三联街·北宋—清〕 据《宾阳县志》载，北宋开宝年间（968—976）知州杨居政筑城，明洪武元年（1368）、明正德八年（1513）、明万历十五年（1587）几经修建。城址平面呈长方形，以砖石构筑城垣，墙高 1.5 米，厚 1.2 米，雉 750 垛，开东、南、西城门和北面文昌门，上建门楼及四角楼，西门角楼残高 5 米，面阔、进深皆 4 米。城外西、北两面有护城河沟，分别长 100 米和 150 米。

5 - A₅ 碗窑村瓷窑址 〔宾州镇碗窑行政村东南面山坡·明—清〕 窑址面积约 120 平方米，在窑址的东南面发现有两座龙窑，窑室已倒塌，窑场部分垦为耕地，地表上尚散布有大量的青瓷片，以及一些瓷片堆积。采集有明、清时期瓷器碎片。

6 - B₁ 韦坡村墓群 〔露圩镇上塘行政村韦坡村红泥岭·战国·县文物保护单位〕 墓群面积约 5000 平方米。墓葬封土已不存。1977 年、1979 年先后暴露

2 座，1986 年发现 6 座。均为东西向的长方形竖穴土坑墓。一号墓长约 1.8 米，宽约 0.8 米，深约 0.7 米，随葬品沿墓坑两侧排列，有鼎、剑、矛、斧、刮刀及钺形器等铜器；二号墓长约 1.7 米，宽、深度大致同一号墓，随葬器物置于墓坑的两端和两侧，主要有钟、剑、钺形器等铜器。另征集铜器一批，陶碗 1 件。（见《考古》1983 年 2 期）

7 - B₂ 蒙延水墓 〔宾州镇宝水行政村大浪塘村西侧六羊岭·五代〕 蒙延水，生卒年不详，湖南长沙人。五代末任宾州知州，率兵抵抗贼寇围城遇难。墓葬朝东，冢呈圆丘形，高 1.7 米，底径 9 米。占地面积约 170 平方米。冢前原立有碑，于 20 世纪 60 年代初散失。现存碑 5 方为近年新立。

8 - B₃ 蒙大赉墓 〔宾州镇永武社区永武街西北约 200 米潘村岭·明代〕 蒙大赉（1519—1564），字善卿，别号山泉先生，广西宾阳县宾州镇同义村人。明嘉靖二十九年（1550）进士，官至明刑部山西司郎中，明世宗恩封"国舅"。墓葬朝西，冢呈圆丘形，几经修整，现冢外用石灰浆包砌，底径 4.3 米。墓前原立有碑，已下落不明。现存碑 3 方为近年族人新立。

9 - C₁ 陈氏宗堂 〔古辣镇义陈社区·明—清〕 坐北朝南，砖木结构。二进院落，由前座、后堂、天井、左右厢房组成，占地面积 1082.06 平方米。前座建于明崇祯十一年（1638），面阔三间，进深四间，青砖墙，穿斗式木构架，硬山顶，盖小青瓦。前檐廊立 2 根砖柱承额枋，过厅两侧以 8 根大圆木柱支撑，石柱础。门额有"□族流芳"石匾，为赐进士出身特授宾州正堂江高遴题。后堂为清代建筑，面阔三间，青砖墙，穿斗式木构架，硬山顶，盖小青瓦。天两侧厢房已破败坍塌。

10 - C₂ 施氏家庙 〔中华镇上施行政村施村西面·明—清〕 坐西朝东，砖木结构。三进院落，建筑面积 1621 平方米。一、二进建于明崇祯十三年（1640），三进建于清康熙四十三年（1704），左右厢房建于清乾隆二十年（1755）。主体建筑面阔五间，青砖墙，硬山顶，盖小青瓦。雕花封檐板。前座有檐廊，檐廊立 2 根砖柱。后堂为通厅，室内靠后墙砖砌神台 2 个。三进主体两侧有厢房各一排。

11 - C₃ 鹤观庙 〔武陵镇沙井行政村·明—清〕 建于明代，具体时间不详。清康熙年间（1662—1722）修缮。坐南朝北，砖木结构，二进院落，有前殿、后殿、天井、厢房等，占地面积约 170 平方米。后殿面阔三间，进深两间，青砖墙，抬梁式木构架，硬山顶，盖小瓦。明正德二年（1507）广东信宜知县廖琳题楹联"一泉碧水清归性，数簇苍松翠入神"，镌刻于庙内

石柱上。

12 - C₄ 马鞍山城墙 〔新桥镇白岩行政村白岩村·明—清〕 建于明代，具体时间不详。白岩村群众为防盗匪而修筑。墙沿山南面陡壁顺坡而下，围绕村南，长约 3000 米，高 1.5—2 米，厚 0.5 米，用泥土夯筑，每隔 10 米左右设枪眼。

13 - C₅ 安城拱桥 〔黎塘镇仑胜行政村安城村·明代〕 建于明代，具体时间不详。东西走向，三孔石拱桥，长 17 米，宽 3 米，高 2.5 米，拱跨 2.5 米。桥身及桥拱均以料石砌成，桥面铺石板。两端有引桥，东引桥长 35 米，西引桥已毁。

14 - C₆ 东头书院（屋） 〔中华镇上施行政村下施村·清代〕 建于明末清初。坐西朝东，砖木结构，四合院落，由前座、后座、其间天井及两侧厢房组成，占地面积约 350 平方米。前、后座均面阔三间，进深三间，青砖墙，穿斗与抬梁混合木构架，悬山顶，盖小青瓦。除部分改建外，基本完整。

15 - C₇ 节孝祠 〔宾州镇三联社区三联街与南街交接处·清代〕 清雍正年间（1723—1735）知州陈城所建。坐北朝南，砖木结构，两进院落，由前殿、主殿、天井、厢房等组成，占地面积约 365 平方米。前殿、主殿面阔三间，清水墙，穿斗式木构架，硬山顶，盖小青瓦。地面铺青砖。前殿设内凹小檐廊，中开拱门，主殿正中设有经知州官奏准放置的烈女牌位，专供妇女祭祀。

16 - C₈ 宾州南桥 〔宾州镇南街和三联街交接处宝水江上·清代·自治区文物保护单位〕 又称"太平桥"。建于明洪武六年（1373）。明崇祯年间（1628—1644）、清雍正十二年（1734）两次重建。南北走向，三孔石拱桥，长 20 米，宽 4 米，拱跨 5.5 米。桥身、桥拱用料石干砌，桥面两侧立望柱 24 根，高 0.8 米，其间栏板 22 块，高 0.6 米，浮雕双龙戏珠、凤凰翔舞等 40 幅图案。桥身东、西两侧各嵌龙头、龙尾石雕。桥北端东侧栏杆及两块浮雕已毁坏。

17 - C₉ 思恩府试院 〔宾州镇三联社区三联街宾县中等职业技术学校内·清代·自治区文物保护单位〕 为清代科举院试的场所。原以右江道行署改建。清乾隆六年（1741），知州宋允升以试院倾圮而重建，八年（1743）知州阮维章维修，二十五年（1760）知州徐尚忠、二十六年（1761）知州梁居震维修。清道光六年（1826）知府李彦章捐金并发动宾阳、武鸣、上林、迁江四县民众捐资扩建试院。清咸丰八年（1858）试院毁于盗匪。清同治四年（1865）知府熊寿山、邑绅蒋承同、陆生兰等筹款重建。坐西北朝东南，砖木结构，三进院落，中轴线为前、中、后三座，两侧为过道及考房，通面阔 32 米，进深 41 米，占地面积约 1300 平方米。主体建筑面阔三间，进深一间，青砖外墙，内隔泥墙，抬梁式木构架，硬山顶，盖小青瓦，人字山墙。前、座前檐出廊，方砖柱（原为圆砖柱），廊前设踏跺。中座明间为过道，后座不分间。两侧隔过道为两厢考房，每边九间，进深一间，前置通廊，立圆形砖檐柱 8—9 根。

18 - C₁₀ 湛氏民居 〔宾州镇三联社区外东街 160 号·清代〕 建于清道光年间（1821—1850）。坐北朝南，砖木结构，三进院落，由前座、中座、后座、天井、厢房、仓库、舂米磨坊、牛栏、马厩等组成，占地面积约 640 平方米。前、中、后三座面阔三间，青砖墙，硬山顶。前座大门设内凹小檐廊，两侧与纵向厢房相连。大门右边为两间厨房，左边有一口井。中座与后座间边廊檐封檐板雕花鸟虫。天井以青砖铺砌。

19 - C₁₁ 卢氏宗堂 〔中华镇老卢行政文棠村·清代〕 建于清道光八年（1828）。坐北朝南，二进院落，由前座、后堂、天井及两侧厢房组成，占地面积 704 平方米。主体建筑面阔三间，内墙是泥砖，外墙为青砖，抬梁式木构架，硬山顶，盖小青瓦。天井两边各开一门通向厢房。宗堂内保留有铁钟 1 口和石香炉 1 个。

20 - C₁₂ 秀峰塔 〔大桥镇水美行政村水美村西北面约 50 米·清代·县文物保护单位〕 俗称水美塔。建于清道光十四年（1834），十九年（1839）重建。为水美村群众集资兴建的风水塔。坐东朝西，六边形楼阁式砖塔，底边长 2 米，占地面积约 16 平方米。塔高五层 13 米。每层叠涩出檐，第一层门外设有踏跺，第二层以上各层开假门、窗。塔腔中空，各层为木楞楼板，第一、二、三层每面内壁有彩绘壁画。六角攒尖顶，外墙嵌石刻 2 方。

21 - C₁₃ 李氏民居 〔宾州镇三联社区外东街 157 号·清代〕 清咸丰年间（1851—1861）武举人李若珠修建。坐北朝南，砖木结构，正门临街，三进院落，由头厅、二厅、天井、后院组成，占地面积约 467 平方米。头厅、二厅面阔五间，泥砖、青砖混合墙，悬山顶，盖小青瓦。头厅、二厅间有天井，天井两边有走廊。

22 - C₁₄ 黄氏民居 〔宾州镇南街社区 271 号·清代〕 清咸丰年间（1851—1861），黄氏先人黄裕辉修建。坐东朝西，砖木结构，四进院落，第一、二进为客厅，第三进为正屋，第四进为后院，占地面积约 560.86 平方米。主体建筑面阔三间，青砖墙，抬梁式木构架，硬山顶，盖小青瓦。各进间为青石镶嵌的天井。各厅之间的宅门雕刻有"花开富贵""竹报平安"

"如意吉祥"等字以及花鸟图案和方格木窗。屋顶上檐角高翘，厅堂的隔墙后面为黄家后院，院设后有厨房、作坊、仓库、晒场等。

23 - C₁₅　蔡氏住宅　〔古辣镇古辣社区蔡村村·清代·县文物保护单位〕　建于明正德年间（1506—1521），清咸丰九年（1859）毁于兵灾，现存最早的建筑为清代举人蔡凌霄于咸丰九年（1859）后重修。占地5000多平方米。建筑多坐东朝西，砖木结构。三进院落，主体建筑面阔三间，青砖墙，硬山顶，盖小青瓦。院内地面用大青石或青砖铺砌。门窗饰"福""禄""寿"等篆文图案，前门亦有山水画壁画及篆文书法。

24 - C₁₆　回风塔　〔宾州镇新模行政村合岭村北龙岭顶上·清代·县文物保护单位〕　时任宾州知州叶茂松建于清光绪二年（1876）。1923年、1987年维修。塔坐北朝南，八边形砖塔，底层边长2.2米，占地面积约16平方米。塔高七层20余米，塔腔中空，底层、二层开拱形通门，门额题"回风塔"3字，各层开圆形、拱形或长方形小窗。葫芦顶塔刹，塔顶悬挂铜铃。现塔身多处裂缝，铜铃多已遗失，各层檐边图案模糊不清，原对联已不存。

25 - C₁₇　杨家大屋　〔甘棠镇那宁行政村杨屯·清代〕　是清末进士杨怀震于19世纪90代修建。坐西朝东，砖木结构，五进院落，平面布局呈"国"字形，有大小房间72间，第二、三、四、五进两侧各有厢房1间，占地面积约2000平方米。主体五座建筑面阔三间，青砖墙，硬山顶，脊饰浮雕，盖小青瓦。各座间隔天井。

26 - C₁₈　磨家大院　〔武陵镇武陵行政村高荣村·清代〕　建于清宣统二年（1910）。坐西朝东，砖木结构。七进六天井院落，占地面积约2376平方米。主体建筑面阔三间，青砖墙，硬山顶，盖小青瓦。前门楼与两侧带廊厢房以及后走廊连成一体。东、西两侧厢房原配有彩色玻璃装饰。院内的巷道和地板全用青砖铺设。

27 - C₁₉　尚武文昌阁　〔新桥镇尚武社区尚武街南面·清代〕　建于清代，具体时间不详。1971因火灾烧毁第三进，1995年改两层楼阁为一层。现存前座、中座，中隔天井，占地面积约339.15平方米。坐北朝南，前、中座面阔二间，有前檐廊，各开1门，青砖墙，抬梁式木构架，悬山顶，盖小青瓦。天井用青砖铺砌，两侧院墙各开1门，在房屋内外的墙上镶嵌碑刻17方，内容多为清代各时期民众募捐修建文昌阁的名单。

28 - C₂₀　永福饷押　〔甘棠镇甘正街东·清代〕

建于清末，具体时间不详。绅士王金玻集股兴建，为当铺、赌场之场所。坐西朝东，砖木结构，二层楼房，面阔、进深12米，高13米，青砖墙，抬梁式木构架，硬山顶，盖小青瓦。前、后墙各开券顶窗1个和窗四排30个。东墙正中泥塑"永福饷押"招牌，西墙有金鱼浮雕2条。

29 - C₂₁　稔竹古城桥　〔古辣镇稔竹行政村东面约1公里古城河上·清代〕　建于清末，具体时间不详。是当时宾阳通往横县的道路桥梁。西南—东北走向，单孔石拱平桥，长15.5米，宽3米，1991年加宽1.5米，拱跨3.3米。桥身、拱用料石干砌。桥面铺青石板，两侧护栏石缺失，两端与河岸齐平。

30 - D₁　白岩摩崖石刻　〔新桥镇白岩行政村白岩村南面白岩山葛翁岩·南宋·县文物保护单位〕　白岩山下有一洞，可容数百人。南宋乾道年间（1165—1173）知州葛翁曾建亭于此，并在岩西洞口崖壁上题刻榜书"葛翁岩"3字，刻面高0.45米，宽1.1米，字径0.35米。楷书，阴刻。1939年该岩洞曾作为昆仑关战役桂林行营指挥部。

D₁₋₁　昆仑关战役桂林行营指挥部旧址　〔新桥镇白岩山葛翁岩·1939年〕　1939年12月下旬，昆仑关战役打响后，国民党军事委员会桂林行营主任、昆仑关战役总指挥白崇禧将指挥部移驻白岩村葛翁岩，直到战役结束。葛翁岩为石灰岩洞穴，有东、西两个洞口，西洞口高大，距地面约30米，岩口石壁有南宋乾道年间（1165—1173）知州葛翁题刻"葛翁岩"3字。洞高宽数丈，幽邃，可容数百人，洞内有泉水，怪石嵯峨，属一胜景。洞口前为一宽阔平台。

31 - D₂　白鹤观摩崖石刻　〔武陵镇沙井行政村沙井村南约2.2公里天堂山上·明代〕　白鹤观是宾阳八景之一，有摩崖石刻1方，匾刻1方。摩崖石刻刻于白鹤观前方的巨石上，为明嘉靖二十七年（1548）刻。正文榜书"三清洞"3字，文竖行，字径0.2米，楷书，阴刻。廖琳书丹。匾刻"山不在高"4字，挂在古庙中。为清康熙二十七年（1688）张星焕书丹并刻。

32 - D₃　莽将军碑　〔甘棠镇甘棠社区大庙内·清代〕　碑刻1方。原碑清康熙二十八年（1689）立。清乾隆五十九年（1794）甘棠圩建庙时将碑文录刻于庙内。碑高0.62米，宽1.05米。碑文竖行，字径0.15米，楷书，阴刻。碑文记述：莽将军即莽依图，满洲人，为镇南将军，清康熙十二年（1673）抵邕州，击贼首吴世琮于五象岭，后卒于军中，奉祀于望仙坡六公祠。

33 - D₄　重建宾阳书院碑记　〔宾州镇城北上华街水井旁·清代〕　碑刻1方。清光绪年间（1875—

1908）立。碑高 1.7 米，宽 0.83 米。碑额刻龙凤图案。碑文竖行，楷书，阴刻。宾邑庠生李清涟撰文并书丹。额题"重建宾阳书院碑记"，篆体。碑文记述清乾隆三十六年（1771）知州陈之鹏改文庙为书院，清嘉庆十六年（1811）、二十五年（1820）扩建书院的历史，以及本次重建书院的情况。

34 - E₁ 龙马寨遗址 〔黎塘镇黎塘社区东北约 4.5 公里龙马山·1856—1864 年〕 又名亚富寨，为太平天国将领黄鼎凤的军师黄亚富所建。龙马寨建于山上，占地面积约 5000 平方米。山东面坡较缓，其余三面为陡壁。寨东、西、南三面用石块干砌寨墙，修有枪眼，开四门，寨内房屋及寨门毁于 1958 年。现存西北段石寨墙，长 190 米，高 1—1.5 米，厚 0.9—1 米。

35 - E₂ 古辣大缸坟 〔古辣镇义陈社区义陈街·1857—1859 年〕 清咸丰七年（1857）春太平天国黄鼎凤部、九年（1859）冬太平天国翼王石达开部途径古辣时均遭到清军和地主武装的袭击。两役阵亡计 2000 余人。事后村人将尸骸收集用 72 大缸埋之。冢呈圆丘形，底径 9.6 米，高 0.8 米。三合土围砌。墓前有碑和祭台，占地面积约 120 平方米。

36 - E₃ 八仙岩摩崖石刻 〔邹圩镇古莲行政村仙岩村东面将军山·1939 年〕 摩崖石刻 1 方。1939 年刻。刻面高 2.2 米，宽 1.4 米。碑文竖行，行书，阴刻。唐代韩愈撰文，民国李毓杰书丹，刻文内容为仿刻柳州柳侯祠唐代韩愈的"荔子碑"。

37 - E₄ 朝霞岩摩崖石刻 〔大桥镇长范行政村廖平村北约 0.5 公里白羊山西北山脚·1939 年〕 朝霞岩又称"三仙洞"。洞内有摩崖石刻 2 方：一为榜书"三仙洞"，楷书，阴刻。二为 1939 年宾阳县长朱昌奎重修此洞，将"三仙洞"易名时所题榜书"朝霞岩"，并题刻七绝诗一首："云山四面碧玲珑，洞壑幽深见化工。前度摩崖人老去，岩花无语夕阳红。"刻面高 0.9 米，宽 0.65 米。字径 0.07 米，楷书，阴刻。

38 - E₅ 中日桂南会战遗址 〔甘棠镇东南和南面·1939 年〕 1939 年 12 月，昆仑关战役期间，为阻止侵华日军增援昆仑关日军，中国军队炸毁甘棠镇东南和南面的遗爱桥和南桥。直至 1947 年才修复。遗爱桥和南桥分别建于清康熙二十六年（1687）和清乾隆十九年（1754）。其中遗爱桥东西走向，为三孔石拱桥，长 53.5 米，宽 6.5 米，三孔不等跨，从西往东孔宽分别为 7.7 米、8.25 米、7.85 米。桥身、拱用长方形料石砌成，桥面铺石板。南桥为两孔石拱桥，长 20 米，宽 4 米，桥身、桥拱均用料石干砌。

39 - E₆ 抗倭阵亡将士墓 〔中华镇上施行政村上施村南约 150 米苍抱山·1939 年〕 1939 年冬，侵华日军入侵宾阳，中国军队在上施苍抱山狙击日军，数百名将士壮烈牺牲。事后当地知名人士施子文等发动群众募捐建墓。墓葬朝东北，圆丘形土冢，用青砖围砌。墓碑刻"中华民国抗倭阵亡将士墓"，并刻挽联"卫国抗倭留伟绩，苍山仙水护英灵"。墓前原建纪念塔，现碑及纪念塔已毁。

40 - E₇ 梁志航烈士墓 〔宾州镇宾阳县中山公园西侧狮子山·1939 年〕 梁志航（1914—1938），原名梁护昌，字孝满，广西宾阳县黎塘镇新梁村人，梁瀚嵩之侄。国民革命军上尉飞行员。1938 年 4 月 10 日，在徐州、临沂等地与侵华日机空战，击落敌机 2 架，在激战中，以身殉国，归葬原籍。1986 年广西壮族自治区人民政府追认为革命烈士。墓冢呈圆丘形，底径 5.1 米，高约 1 米。用青砖和三合土围砌。原墓碑和纪念亭已毁。

41 - E₈ 甘棠抗日阵亡将士墓 〔甘棠镇甘棠社区农药厂东北约 200 米桐油坪·1944 年〕 1940 年春，侵华日军进犯甘棠，中国军队在龙母岭、马影山、洪信山一带抵抗，八百将士壮烈牺牲。1944 年当地政府和群众集资建墓，定每年农历十二月二十二日（甘棠沦陷日）为纪念活动日。墓葬朝南，由墓冢和碑亭等组成。墓、亭等石构件上镌刻有国民政府政要李宗仁、白崇禧、张发奎、黄旭初、李任仁等的题词。1953 年甘棠中学扩建，迁葬于桐油坪。现碑及碑亭已毁。

42 - E₉ 血泪塘 〔武陵镇杨山行政村上顾村西·1945 年〕 1945 年 3 月 15 日晨，侵华日军入侵上顾村。村民奋起低抗，因敌我悬殊，弹尽被攻陷。日军将村中男女老幼赶下池塘，施行暴行，杀害 117 人。水塘面积约 4000 平方米。

43 - E₁₀ 邓村烈士墓塔 〔甘棠镇邓村行政村邓村南·1950 年·县文物保护单位〕 为 1950 年 11 月 8 日中国人民解放军在邓村一带剿匪中牺牲的 34 位烈士之墓。冢用水泥片石砌筑。墓平面呈方形，正面题刻"烈士之墓"。墓上建塔，塔呈四方立柱体，尖顶，高 8 米。正面竖刻"革命烈士永垂不朽"。周边有望柱石栏板，前有十数级台阶。占地面积约 161.6 平方米。

44 - E₁₁ 梁瀚嵩将军墓 〔黎塘镇新圩行政村新梁村西约 1 公里象山北坡脚·1985 年·县文物保护单位〕 梁瀚嵩（1886—1949），字浩川，广西宾阳县黎塘镇新梁村人。国民革命军陆军中将，历任广西民团中将副总指挥和南宁、武鸣区民团指挥官等职。1944 年出任宾阳县代县长期间，与中共广西党组织建立联系，其家是中共秘密联络站。1949 年 5 月，梁瀚嵩被李品仙密令保安团团长龙义昌杀害。1984 年广西壮族自治区人民政府追认为革命烈士,并于象山北坡建立墓园。墓葬朝北,冢呈圆丘形,高1.75米,底径6.5米,用混凝土围砌,前有平台、拜台、碑座。碑座上镶嵌有东海舰队副政委邓楚白、广西壮族自治区人大副主任林克武等题词碑刻3方,占地面积约500平方米。

45 – E₁₂ 程思远故居 〔大桥镇大程行政村两岸村东北面·1994年〕 建于清光绪二十二年(1896),为程思远父亲程德升所建。1968年倒塌,1994年按照原故居结构重建,改建为水泥平顶屋,2008年重建。故居坐南朝北,砖木结构,二进院落,占地面积约265平方米。原为土墙瓦盖屋,前、后两座,面阔三间,悬山顶。分为上下两厅,中间隔天井,天井两边为廊房、厨房、牛棚、草房、磨房位于厅之左侧。故居西面紧挨新建的程思远陈列馆。

46 – F₁ 蒋氏民居 〔新桥镇新和行政村新蒋村内·1912年〕 建于1912年。坐西朝东,砖木结构,五进院落,占地面积约1075平方米。大门为二层小阁楼,两侧房为私塾。院内青砖铺地,大门内有一条青砖小道,道右侧为主体建筑,三进,由客厅、香火堂、后院组成。主体建筑青砖墙,硬山顶,盖小青瓦。门槛、门楣均用青石制作。门窗饰"福""禄""寿"篆文图案。后院为厨房。大门口上边和两旁角墙上面,各设有一个炮楼,池塘对面开阔地为蒋氏花园。

47 – F₂ 下廖村小洋楼 〔新桥镇清平行政村下廖村东北面·1923年〕 建于1923年。坐东北朝西南,砖木结构,四合院,占地面积约580平方米。建筑为仿西式二层楼房,主楼面阔六间,两侧副楼面阔二间,硬山顶。上下两层,楼板用木楞木板和青砖做隔层,底层砖墙开拱门和方窗,内墙抹石灰和用石膏泥花雕装饰,上层木板墙,开长方形窗,院外墙饰拱形窗檐。

48 – F₃ 林氏宗祠 〔陈平乡陈平社区林村西北面·1928年〕 建于1928年。坐东南向西北,砖木结构,两进院落,由前座、后堂、天井组成,占地面积约289平方米。前座、后堂面阔三间,青砖墙,抬梁式木构架,硬山顶,盖小青瓦。两座之间有天井相隔,天井两边设廊房,天井有雨棚连接两厅,地面青砖铺地。

49 – F₄ 六卢骑楼 〔露圩镇百合行政村六卢小学内·1935年〕 建于1935年,为当时六卢乡政府办公楼。坐北朝南,中西式混合二层骑楼,占地面积273.6平方米。骑楼面阔七间,砖墙,穿斗式构架,硬山顶,盖小青瓦。顶沿砌女儿墙。底层明间为通道,两边为房间,第二层有房六间,楼板是木板作托上铺水泥面。上、下层前面皆有廊道,廊道外为联拱门。

50 – F₅ 黄氏大屋 〔新桥镇马村行政村马村西南

面·1937年〕 建于1937年。坐西北朝东南,砖木结构,四进院落,占地面积1432.68平方米。主体建筑面阔三间,砖墙,穿斗式木构架,硬山顶,盖小青瓦。前座有内凹小檐廊,天井两边设有厢房,有两层排楼与两边厢房相接。东北角设有炮楼1座。正厅、厢房门、窗用石膏泥作雕花装饰。

51 – F₆ 张孟猷住宅 〔武陵镇武陵行政村高荣村·1940年〕 张孟猷,民国时期广东陈济棠部独立团团长。住宅建于1940年。坐西朝东,砖木结构,五进院落,占地面积约1417平方米。前座为二层骑楼,南、北两面上下均有走廊,廊柱顶饰雀替,上层走廊设护栏墙,平顶,望柱女儿墙。弧形窗楣,长方形窗。第二至五座为砖木结构中式建筑,面阔三间。进深五间,硬山顶,盖小青瓦。天井两侧有厢房。院落两侧廊房分别与骑楼和第六进相连形成院落。

52 – G₁ 木荣铜罍出土点 〔武陵镇云岭行政村木荣屯·西周〕 20世纪70年代中期出土铜罍1件。铜罍侈口,广斜肩,斜腹,高足,肩附两只牺形耳,牺背上各铸一环。器高0.415米,口径0.245米,腹径0.34米,足径0.24米。

53 – G₂ 北庙甬钟出土点 〔古辣镇刘村行政村北庙·春秋〕 出土铜甬钟1件。为扁圆直甬式,甬上有干,干上有旋,钲侧凸枚六组,每组3枚,枚尖短而无景,钲间、篆间纹饰可辨的有圆圈纹,舞面饰兽面纹。器通高0.41米,甬长0.125米,铣间0.22米,舞横0.175米,纵0.145米。

54 – G₃ 凉水坪铜钟出土点 〔宾州镇恭村行政村下河村凉水坪·春秋〕 1973年7月,出土铜钟1件及残铜剑、小块铜片。钟为直圆甬式,甬上有旋,正面钲部上饰栉纹,下饰圈带纹,钲间、篆间饰栉纹和齿纹,枚间饰叶脉纹。背面钲部饰栉纹、齿纹、钲间饰雷纹,篆间饰叶脉纹,鼓部光素。器通高0.45米,舞长0.169米,广0.065米,于长0.26米。(见《文物》1978年10期)

55 – G₄ 芦圩铜钟出土点 〔宾州镇·春秋〕 1970年3月,出土铜钟1件。直圆甬式,甬缺损,形制与芦圩镇下河凉水坪出土的栉齿钟相似。通高0.413米,甬长0.12米,铣间0.205米,舞长0.172米,宽0.127米。(见《文物》1978年10期)

56 – G₅ 刘村铜鼎出土点 〔古辣镇刘村行政村刘村·战国〕 1998年2月,刘村出土残铜鼎1件。附耳,圆腹,圜底,三蹄足,口沿下饰蝉纹,腹中部饰窃曲纹,足饰兽面纹,兽耳突出器外,腹胎较薄,足厚重。

57 – G₆ 黑石顶山铜鼓出土点 〔新桥镇白花行政

村六里村黑石顶山 · 西汉中期—南朝〕 1976 年，六里村黑石顶山出土冷水冲型铜鼓 1 面。鼓面径 0.82 米，高 0.56 米。鼓面太阳纹十三芒。面沿环列四蛙。饰栉纹夹双行同心圆纹纹带、复线交叉纹、变形羽人纹、变形翔鹭纹和定胜纹等。胸腰间附扁耳 2 对。

58 - G₇ **长村岭铜鼓出土点** 〔邹圩镇邹圩社区长村岭东 · 西汉中期—南朝〕 1963 年，在岭东出土冷水冲型铜鼓 1 面。鼓面径 0.664 米，高 0.47 米。鼓面太阳纹十二芒。面沿环列四蛙。饰羽纹与栉纹夹双行同心圆纹纹带、复线交叉纹、变形羽人纹、变形翔鹭纹间定胜纹等。

59 - G₈ **六合铜鼓出土点** 〔思陇镇六合行政村六合村 · 西汉中期—南朝〕 1972 年，出土冷水冲型铜鼓 1 面。鼓面径 0.831 米，高 0.588 米。鼓面太阳纹十三芒。面沿环列四蛙。晕间饰复线交叉纹、变形羽人纹、变形翔鹭纹及由栉纹和同心圆纹组成的纹带。胸腰间附辫纹扁耳 2 对。

60 - G₉ **水甑山铜鼓出土点** 〔宾州镇新廖行政村覃村水甑山 · 西汉中期—南朝〕 1974 年，在覃村水甑山出土冷水冲型铜鼓 1 面。鼓面径 0.428 米，高 0.582 米。鼓面太阳纹十二芒。面沿环列四蛙。饰辫纹、同心圆纹、羽纹、复线交叉纹、变形羽人纹、变形翔鹭纹、圆心垂叶纹。胸腰间附扁耳 2 对。

马山县

1 - A₁ **六卓岭遗址** 〔金钗镇独秀行政村那烂屯六卓岭 · 新石器时代〕 山坡（台地）遗址。1987 年发现。位于红水河东岸台地上，呈阶梯形状，分布面积约 8000 平方米。采集到打制的砍砸器及磨制的石斧、石锛、砺石等遗物。

2 - A₂ **尚朗岭遗址** 〔金钗镇独秀行政村那烂屯里记屯西北约 500 米尚朗岭 · 新石器时代〕 山坡（台地）遗址。1987 年发现。位于红水河南岸 Ⅰ 级台地上，分布面积约 6000 平方米。在地表采集到石斧、石锛、刮削器、石片及通体磨光的双肩石斧等遗物。

3 - A₃ **定罗城址** 〔永州镇永州行政村定罗街西北约 100 米 · 宋代 · 县文物保护单位〕 城址平面呈圆形，占地面积约 500 平方米。城墙以石砌成，现残存石筑墙基，高 2—3 米。四周护城河依稀可见，原城内建筑已毁，遗留有大量陶瓷碗、罐及砖瓦残片，瓦片厚大，砖块大小厚薄不一，部分砖上有浮雕图案。

4 - A₄ **金刚寨遗址** 〔古零镇古零行政村拉社屯后山 · 北宋〕 相传为北宋侬智高屯兵处。寨址高距地表约 170 米，东、南、北面高山环抱，西面为山口，

寨墙连接南、北两山，以原生岩为基础，用片石垒砌，长 50 米，高 4 米，宽 3 米，寨门向西，门面阔 1 米，高 1.6 米，上、下两块石板，均钻 5 个相对的圆孔，用以插柱封门。寨内地势较平，面积约 6660 平方米。寨内现留有一个方形石臼。

5 - A₅ **周鹿城址** 〔周鹿镇周鹿行政村周鹿街周鹿中学 · 明代 · 县文物保护单位〕 建于明洪熙元年（1425），明嘉靖七年（1528）重修。地处周鹿街西侧坡地，城址平面呈椭圆形，占地面积约 66600 平方米。现存土筑城墙残长约 80 米，高 0.7—3 米，宽约 3 米。石碑 1 方。今为镇人民政府和中学校地。

6 - A₆ **思恩府故城址** 〔乔利乡乔利行政村乔利街西侧那旧屯 · 明代 · 县文物保护单位〕 明正统年间（1436—1449），思恩府土司岑瑛修筑。城址在一小土山上，南以石山作隔，北为土坡环绕，西有小河向东流，东西两侧为开阔地带，城墙沿土坡北面砌起，占地面积约 67000 平方米。现仅存东边残城墙 50 米，高 2 米，宽 5 米，城中曾出土手脚镣铐，水波纹砖等遗物。

7 - A₇ **石崇山马路** 〔周鹿镇周鹿行政村那兴屯后山顶 · 明代 · 县文物保护单位〕 据《那马县志》记载，马路为明思恩土知府岑瑛修建，具体时间不详。路由社丛山顶石门始，连接石崇山又往西延伸数百米，全长约 1500 米，宽 5 米，用石灰及卵石铺筑，路面塌坏严重。

8 - A₈ **旗山石板道** 〔林圩镇甘豆行政村旗山屯乔利圩 · 明代 · 县文物保护单位〕 建于明代，具体时间不详。甘豆村原是兴隆土司治所，古道是甘豆村通往乔利的要道。石道从兴隆起至乔利旧府城址，沿山修筑，东西走向，全长 4 公里，宽 1—2 米，路面铺石板，在部分路段的石壁上凿有深 0.15 米，宽约 0.1 米，长约 0.15 米的石槽多个，一字排开。现多处崩坏。

9 - A₉ **伏瓦窑址** 〔乔利乡乔利行政村伏瓦屯后山 · 明代 · 县文物保护单位〕 分布于长约 1 公里之山坡，面积约 3 万平方米，有马蹄窑口 100 多座，窑室残深约 2 米，径 1 米。窑区内发现水波纹烧砖和三弦纹瓦。窑址西北面距明代思恩府故城仅 500 米，从窑址留存的砖瓦纹与思恩府故城残存的砖瓦及其纹饰推断，砖瓦窑当与思恩府修建年代相同，窑场今已垦为耕地。

10 - B₁ **蒋上国夫妇墓** 〔乔利乡东鸡行政村白马屯西面约 1 公里白马山脚 · 清代 · 县文物保护单位〕 蒋上国，清恩赐武略佐骑尉，其妻为安人。墓冢 2 座，为金坛葬（二次葬）。墓葬朝北，冢呈圆丘形，砌砖封面，高 1 米，底径 1.4 米，占地面积约 12 平方米。墓前、墓后有清光绪三年（1877）立的墓碑 3 方，呈

"品"字形排列，碑文记述蒋上国夫妇生平。

11 – C₁ 八仙桥 〔周鹿镇周鹿行政村周鹿街东北侧码头边辰河上·明代·县文物保护单位〕 明思恩土司岑瑛修建。清光绪二年（1876）重修。东西走向，两台四墩梁式石板桥，长40米，宽3.2米，孔跨2.7—3米。桥台、桥墩料石干砌，桥面石板铺成。20世纪70年代将桥加宽1.7米，桥面铺混凝土一层。《那马县志》有载。

12 – C₂ 下巴拱桥 〔白山镇大同行政村下巴屯东约30米无名小河上·清代·县文物保护单位〕 建于清道光年间（1821—1850），具体时间不详。东西走向，单孔石拱桥，长18米，宽3米，拱跨12米。桥身、桥拱用料石干砌，桥面铺规整石板，两端设微呈斜坡的引桥，引桥填铺卵石。原有建桥碑刻已于20世纪50年代散失。

13 – C₃ 石塘北帝庙 〔周鹿镇石塘行政村石塘圩西面约50米·清代·县文物保护单位〕 建于清道光十五年（1835），清同治二年（1863），清光绪七年（1881）重修。坐北朝南，砖木结构，二进院落，占地面积约100平方米。前殿、后殿皆面阔、进深三间，青砖墙，穿斗与抬梁结合木构架，硬山顶，盖小青瓦。后人在前殿前增建二层三联拱西式外廊。墙内外彩绘壁画，庙内神像早毁。

14 – C₄ 头零拱桥 〔古零镇乔老行政村头零屯东南约100米无名小河上·清代·县文物保护单位〕 建于清代，具体时间不详。南北走向，单孔石拱桥，长8米，宽2米，拱跨3米。以料石干砌桥身及桥拱，桥面铺石板，可通行人畜。清咸丰九年（1859），太平军石达开部经过此桥上都安。

15 – C₅ 苏渌桥 〔古零镇乔老行政村苏渌屯东约400米两峡谷间小河上·清代·县文物保护单位〕 俗称"劲桥"。建于清代，具体时间不详。东西走向，单孔石拱桥，长8米，宽2米，拱跨3米。以料石干砌桥身及桥拱，桥面铺石板。清咸丰九年（1859）太平军石达开部经过此桥北上都安。

16 – C₆ 群贤桥 〔古零镇古零行政村古零街东约50米无名小河上·清代·县文物保护单位〕 建于清同治三年（1864）。是当时古寨、加方等乡进入古零圩之道路桥梁。因时称古零地称"群贤"，故为桥名。南北走向，单孔石拱桥，长18米，宽2.7米，拱跨5米。桥拱、桥身以料石浆砌，桥面铺石板，两端略呈弧形，引桥与河岸接。《隆山县志》有载。

17 – C₇ 乔老拱桥 〔古零镇乔老行政村乔老屯·清代〕 建于清代，具体时间不详。南北走向，双孔石拱桥，长20米，宽3米，大拱跨5米，小拱跨3米。

桥身、桥拱以料石砌筑，桥面铺石板。

18 – C₈ 金华桥 〔乔利乡乔利行政村乔利街西约100米小河上·清代〕 建于清代，具体时间不详。东西走向。三孔石拱平桥，长15米，宽3米，拱跨4.5米。桥身、桥拱用料石砌筑，桥面铺石板，较平直，两端与岸齐平。1938年乔利圩民众为阻止侵华日军进犯旧府城，把桥拆去了一半。后重新修复原状，现封合处还留有痕迹。

19 – C₉ 旧圩桥 〔古零镇杨圩行政村杨圩旧街北面小河沟上·清代·县文物保护单位〕 建于清代，具体时间不详。南北走向，单孔石拱桥，长5米，宽2.2米，拱跨3.2米。桥身用片石、桥拱用料石干砌，两端各设石踏跺4级，接石板道。

20 – D₁ 五埂隘摩崖石刻 〔永州镇三村行政村班排屯五埂隘南侧岩石上·明—清·县文物保护单位〕 "五埂隘"是永州、州圩两乡交界五个隘的总称。有摩崖石刻2方：一方为明思恩土司岑瑛榜书"坦途"2字，刻于明正统三年（1438）之前，刻面高2.5米，宽1.3米。楷书，阴刻。一方为清康熙五十八年（1719）刻。刻面高0.6米，宽0.4米。碑文竖行，文字多难辨识。首题"捐修五埂隘碑记"，落款"康熙五十八年二月勒石"。碑文记述定罗土官徐士贤、白山土官王维翰、那马土官黄君尚、旧城土官黄永安等捐款献银两修五隘之事。碑文楷书，阴刻。

21 – D₂ 题诗岩摩崖石刻 〔永州镇龙角行政村局里屯西北面约300米题诗岩·明—清·县文物保护单位〕 有摩崖石刻5方。其中明代1方，清代2方，佚年2方。形式有题榜、题诗刻。字体有草、行书。其中有明思恩土知州岑瑛竖行榜书"镇安"，阴刻；清定罗土官徐士贤于清雍正癸卯年（1723）题七绝诗一首，竖行四句28字，诗意写山川之景；清道光二十七年（1847）思恩郡守彭舒莘的七绝诗一首，竖行四句28字，借景抒怀，感山川之美，"使人心清畛域，要以淳朴见山川"。

22 – D₃ 白马山摩崖石刻 〔乔利乡东鸡行政村白马屯西北约400米白马山·明—民国·县文物保护单位〕 山形如昂首马头，故名。有摩崖石刻4方：明思恩土司岑瑛榜书"归顺"2字，刻于明代。刻面高2米，宽1米。碑文竖2行，计15字，楷书，阴刻。无首题，落款"领兵官思恩州土官知州岑瑛书"。另有民国诗刻3方。

23 – D₄ 独秀山摩崖石刻 〔周鹿镇周鹿行政村周鹿街东北约300米独秀山·明代·县文物保护单位〕 有摩崖石刻4方。皆为明代那马土官黄如金的题诗。其中一方为五绝诗一首，明万历二十二年（1594）刻。

刻面高、宽1米左右。碑文竖行，21字，楷书，阴刻。无首题，诗云："欲知前世因，今生受者是。欲知后世因，今生作者是。"诗句充满禅机。黄如金，原籍山东定远县人，明嘉靖三十九年（1560）为那马土官，曾随王守仁征剿八寨义军。

24 – D₅　205坳摩崖石刻　〔白山镇上龙行政村六代屯东约200米205坳南面山崖·明代·县文物保护单位〕　摩崖石刻1方。高距山脚约7米，刻面高0.6米，宽0.7米。碑文竖、横各1行。思恩土司岑瑛题横行榜书"坦径"2字、隶字，字径0.6米，阴刻。无首题，落款已模糊难辨，仅能辨出"顺"字，应是明代"天顺"。天顺元年（1457）明思恩土司岑瑛升为都指挥同知，当时正在马山境内"剿蛮"。

25 – D₆　王守仁八寨题记　〔古零镇杨圩行政村南约1公里公路东侧·明代·县文物保护单位〕　摩崖石刻1方。明嘉靖七年（1528）刻。刻面高1.02米，宽0.8米，刻文严重漫漶，只能辨认："剿除□□八寨，新建伯尚书阳明王公□□□，……嘉靖年秋□□……"为王守仁征剿"八寨"，镇压农民起义的记刻。

26 – D₇　那崩山摩崖石刻　〔古零镇古统行政村动旗屯东约200米那崩山·明代·县文物保护单位〕摩崖石刻1方。明宣德四年（1429）刻。石刻高距地面约6米，刻面高1.5米，宽0.7米。碑文竖3行，计38字。明思恩土司岑瑛撰文并书丹。首题"督头官万户后裔周昱，领哨官□阴后裔岑瑛同书"20字，落款"宣德四年岁次己酉廿一冬月念七日立"。正文榜书"剿蛮"，字径1米，楷书，阴刻。

27 – D₈　双涌泉摩崖石刻　〔林圩镇甘豆行政村岜沓屯北面约200米的山腰双涌泉·明代〕　明万历二十四年（1596）刻。于双涌泉侧石崖上，共有摩崖石刻4方。其一为阴刻手掌印。其侧为兴隆四世土官韦应材序，刻面高0.3米，宽约0.45米。文竖6行，满行8字，计39字，楷书，阴刻。无首题，落款"韦应材记"。内容述因见前人刻掌印而赋七律2首。诗刻2方，为七律，议有关掌印事。刻面高0.7米，宽0.5米。另用篆刻榜书"双涌泉"1方。

28 – D₉　鳌鱼山摩崖石刻　〔白山镇新兴社区西南约500米鳌鱼山·清代·县文物保护单位〕　因山如鳌鱼状，故名。山下有两洞，名"莲湖洞"，"配天洞"。壁有摩崖石刻8方，刻于清光绪年间（1875—1908），其中莲湖6方：有清代白山土官王言纪、王焱堉等题记，题诗4方及一些墨书。榜书"莲湖洞"1方，楷书，阴刻。刻面高0.32米，宽0.6米。配天洞壁有王之纯等题刻2方，其一为榜书"配天洞"，楷书，阴刻。刻面高0.6米，宽0.3米。

29 – D₁₀　罗汉山摩崖石刻　〔永州镇州圩行政村州圩村西北面罗汉山·清代·县文物保护单位〕　摩崖石刻2方：一方为榜书"罗汉山"，楷书，阴刻。刻面高1.5米，宽3米。无首题、落款。另一方为徐土贤于清雍正三年（1725）榜书"慈云岩"，文横1行，楷书，阳刻。刻面高0.6米，宽1米。徐土贤，清定罗土官。

30 – D₁₁　卧云洞摩崖石刻　〔白山镇立星行政村立星砖瓦厂西约300米卧云洞·清代·县文物保护单位〕　卧云洞又名双岫岩，有摩崖石刻4方。形式有题榜、题记刻，书法有行、草二体。其中题记1方，清乾隆四十九年（1784）刻。刻面高1.1米，宽0.72米。碑文竖行，计400余字。王伟撰文并书丹。刻文记述白山土官王伟春游，在白山间，发现"卧云洞"，筑室别居于此之事。后其子王言纪袭职后，于清乾隆癸丑年（1793）在洞额榜书"卧云"2字，行书，阴刻。刻面高0.7米，宽1.2米，在洞侧题刻榜书"笤仙弹琴处"，楷书，阴刻。刻面高0.8米，宽0.6米。此外还有王言纪、王倬、韦孜的诗刻，诗皆七律，赞卧云洞之景奇。

31 – D₁₂　栖真洞摩崖石刻　〔白山镇西华社区伴云山西面山脚·清代·县文物保护单位〕　摩崖石刻6方。均为当地土官所作，形式有题榜、题诗、题记等，字体有楷、草、篆等。最早的石刻为白山第十一代土司王维翰于清康熙年间（1662—1722）榜书"公余小隐"，行书，阴刻。其余有王言纪于清道光七年（1827）榜书"白云深处""坐啸风生"和题诗、题记各1方。此外还有榜书"栖真""适性"，据传亦为王言纪所题。王言纪，字肯堂，号笤仙，清代白山十三世土官，是《白山司志》编纂者。

32 – D₁₃　独秀山摩崖石刻　〔乔利乡乔利行政村后独秀山·清代·县文物保护单位〕　摩崖石刻1方。清嘉庆年间（1796—1820）刻。刻面高4米，宽2米。白山十五代土司王言纪撰文并书丹。榜书"笤仙天柱"，落款"白山十三世土人王言纪"，楷书，阴刻。

33 – D₁₄　佛洞摩崖石刻　〔周鹿镇坛沙行政村伏下屯西面约300米佛洞·清代·县文物保护单位〕这里昔日有庙，佛像甚多故名。洞口上方壁面有摩崖石刻1方。刻面高0.7米，宽1.2米，周有线刻方框。框内横行榜书"玄真"，楷书，双线阴刻。无落名、无年款。

34 – D₁₅　南屏山摩崖石刻　〔白山镇西华社区县人民检察院后南屏山·清代·县文物保护单位〕　南屏山又名巴锣山，有摩崖石刻7方。多为题榜、题记。其中有白山土司王一璋题榜书"奕□维屏"，阳刻，行书，刻面高 3 米，宽 1.2 米；榜书"维屏洞"，阳刻，行书，刻面高 0.5 米，宽 1 米；张洛川题记《南屏山记》，行书，刻面高 0.68 米，宽 0.42 米。另有题诗 4 方。保存尚好。王一璋（1660—1707），字五玉，白山土司官王如纶之长子，白山第十代土司官，清康熙十七（1678）年授职土巡检。

D₁₅₋₁ **南屏山记** 〔白山镇南屏山维屏洞侧·清代〕 清咸丰乙卯年（1855）刻。刻面高 0.68 米，宽 0.42 米。文竖刻，计 190 字。楷书，阴刻。张洛川撰文，王焱垧书丹。首题"南屏山记"4 字，落款"咸丰乙卯岭山城吾友张洛川题，王焱垧录"。文记述南屏山之形胜奇观，并附七律诗一首。

35 – D₁₆ **乾隆奉府定例碑** 〔永州镇永州行政村定罗圩池塘边桥畔·清代〕 碑刻 1 方。清乾隆年间（1736—1795）立。碑高 1.3 米，宽 0.6 米，碑残损严重，文字模糊，碑文竖行，现存 12 行，额题"奉宪定例"，落款仅存"乾隆"2 字，楷书，阴刻。为思恩府颁布的定例，由定罗刻成碑文，碑文内容主要是对土官、公差使用民夫、接待的禁款地租等规定。

36 – D₁₇ **嘉庆奉府定例碑** 〔永州镇永州行政村定罗圩东约 100 米小溪桥畔·清代·县文物保护单位〕碑刻 1 方。清嘉庆六年（1801）立。碑高 1.34 米，宽 0.71 米，厚 0.12 米。碑文竖行，楷书，阴刻。额题"奉府定例"，内容主要是思恩府颁布的六条规定。

37 – D₁₈ **司主示碑** 〔永州镇永州行政村定罗小学内·清代〕 碑刻 1 方。清嘉庆十七年（1812）立。碑高、宽均 0.67 米，厚 0.13 米。碑文竖 14 行，满行 15 字，计 191 字，楷书，阴刻。为思恩府定罗司告示。横行额题"司主示"，落款"嘉庆十七年三月初五日示"。碑文记述：圩民杜琼湑、黄正锦等恳请每年三月初三至五月初一日止，圩内牛交易，每只扣歇租钱 3 文以备圩内北帝庙小修。司主认为公允，公告示谕。

38 – E₁ **蒋大元田契碑** 〔乔利乡乔利行政村乔利村·1862 年〕 碑刻 1 方。清同治元年（1862）立。碑高 0.6 米，宽 0.35 米。碑文竖 10 行，满行 16 字，计 155 字，楷书，阴刻。无额题、落款。碑文记述：同治元年，思恩营总司加戴蓝翎千总蒋大元，买塘流垌那紫田大、小四、伏瓦蓝井田一口，捐给寺庙，并勒碑以志。蒋大元，字魁三，广西马山县乔利人。清咸丰年间（1851—1861），任思恩府卫良团（今乔利）团长。

39 – E₂ **那马厅署旧址** 〔周鹿镇石塘行政村石塘村·1873—1876 年·县文物保护单位〕 清同治十二年（1873）那马土司升为那马厅，撤销定罗土司并其地入那马厅。厅署始设在石塘村，清光绪二年（1876）

新署建成后迁走。旧址原为北帝庙，建于清道光十五年（1835），清同治、清光绪年间（1862—1908）重修。坐北朝南，砖木结构。占地面积约 100 平方米。面阔三间，内设中廊，廊两侧各三间，两端开门，青砖墙，穿斗与抬梁混合木构架，硬山顶，盖小青瓦。后增建前檐廊，外为 3 个拱形门。

40 – E₃ **第一革命大本营旧址** 〔永州镇平山行政村坡马屯后背山·1931 年·县文物保护单位〕 原名感应岩，是中共那马党组织转入地下活动后的领导机关所在地。1931 年 12 月，中国工农红军第七军第 21 师党委委员黄书祥将其命名为"那马革命第一大本营"。中共那马县总支、那马特支、那马中心县委的很多重要会议都在这里召开。感应岩高 3 米，宽 1 米余，进深约 500 米，面积约 2000 平方米。洞里分上下两层，上层干燥，下层有 1 条地下河。大本营的营部设在洞里上层中央一个约 4.5 米见方的大殿内，革命者食宿、开会、办公、武器弹药储存在此处。

41 – G₁ **六落化石出土地点** 〔乔利乡三乐行政村六落屯东南面一土山的半山腰岩洞内·更新世〕 洞内面积约 15 平方米。1999 年 4 月，在洞内地表采集到犀牛肋骨、椎骨及部分四肢骨化石。

42 – G₂ **内芒化石出土点** 〔加方乡局仲行政村内芒屯后山·更新世〕 1987 年 3 月 20 日，在内芒屯后山地面下陷约 20 米深处，出土 1 具熊的头骨化石。头骨高 0.2 米，长 0.25 米。

43 – G₃ **乔利石锛出土点** 〔乔利乡乔利行政村九儿山西北约 1 公里红水河滩旧码头·新石器时代〕 1987 年 3 月，在红水河滩石缝中发现石锛 1 件。石锛呈棱形，磨光，单面刃，长 0.11 米，宽 0.048 米，厚 0.08 米。

44 – G₄ **下康铜鼓出土点** 〔白山镇造华行政村下康屯·西汉中期—南朝〕 1993 年 9 月 2 日，在屯边挖出冷水冲型铜鼓 1 面，鼓面向下。鼓面径 0.695—70.5 米，高 0.45 米。鼓面太阳纹十二芒。面沿列四蛙。面饰双翎眼纹、栉纹夹双行同心圆纹、复线交叉纹、变形羽人纹、翔鹭纹和定胜纹等。身饰栉纹夹双行同心纹纹带，足部为素晕夹栉纹纹带、圆心垂叶纹。胸腰间附扁耳 2 对，腹内存 3 个小环钮。

45 – G₅ **长屯村钱币窖藏** 〔乔利乡乔利行政村长屯村·北宋〕 1985 年 10 月，出土唐宋铜钱百余枚。除唐"开元通宝"外，余皆为北宋钱，最晚的是北宋晚期"宣和通宝"。

上林县

1 – A₁ **山背遗址** 〔三里镇山河行政村山背村西

约 150 米敢龙山峭壁下·新石器时代〕 贝丘遗址。1959 年发现。遗址在敢龙山脚的岩厦中，面积约 90 平方米，文化层为螺蚌壳堆积，厚 1.2 米，采集有石锛、石斧等石器、骨器及象、猩猩、猴、鹿、牛等动物牙齿化石。

2 - A₂ **清秀山遗址** 〔三里镇云姚行政村云姚村东约 500 米清秀山·新石器时代〕 洞穴遗址。1987 年发现。遗址面积约 100 平方米。文化层厚约 0.1 米，为螺蛳壳堆积，内含有残碎陶片。未采集到其他文化遗物。遗址已遭到严重破坏。

3 - A₃ **云姚遗址** 〔三里镇云姚行政村云姚村北·新石器时代〕 洞穴遗址。1987 年发现。遗址面积约 20 平方米。文化层厚 1.5 米，有大量螺蚌壳堆积，采集有夹砂陶片，器形不明。现洞内堆积多遭破坏，仅余 4 平方米的文化堆积。

4 - A₄ **舜婆山遗址** 〔白圩镇覃排社区瓦窑村东北约 1.2 公里舜婆山·新石器时代·县文物保护单位〕 贝丘遗址。1987 年发现。遗址面积约 1000 平方米，文化层厚约 2 米。采集有打制石器、磨制石斧、石锛及夹砂绳纹陶片，陶片器形不明。1989 年 2 月，在遗址中部堆积层发现 1 副人骸骨，残存头骨、胫骨等。

5 - A₅ **石南海遗址** 〔塘红乡石门行政村板老村石南海水潭·新石器时代—南朝〕 山坡（山坡）遗址。遗址面积约 160 平方米。1972 年试掘。文化层分两层，上层出土铜刀、铜锹和水波纹、凹弦纹灰陶片，时代为南朝。下层出土石斧、石锛、石杵等器物，绳纹夹砂陶片以及人骨、鹿、牛、象、犀牛、熊、狗、豪猪、山羊、龟等动物遗骨，时代为新石器时代。今遗址已被水淹没。

6 - A₆ **澄州故城遗址** 〔澄泰乡澄泰社区古城村·唐代〕 据《上林县志》载，唐武德四年（621）为无虞县治地，唐贞观八年（634）为澄州所治地。面积约 3.2 万平方米，分内外城，城墙系夯土构筑。外城城墙已毁，现存内城的东、东南、西北面三段残城墙，共残长 18 米，存高 2.5—3.3 米，底宽 4—6.3 米，顶宽 1.5—2 米，城内有残断石柱，柱础等遗物。

7 - A₇ **智城洞城址** 〔白圩镇爱长行政村石捡村东北约 500 米智城山·唐代·全国重点文物保护单位〕 据《智城碑》及南宋王象之《舆地纪胜》载，智城洞为唐代澄州刺史韦厥隐居处。城址处四周石山环抱之中，依山势呈不规则形，面积约 3.34 万平方米。城分内外城，内城位在外城的西南角，平面近圆形，外城平面略似镰形。现存残城墙四道，其中三道城墙为石基础，夯土墙；一道为片石墙。残长 30—130 米，高 0.5—27 米，底厚 20—70 米，顶厚 10—35 米。城门开

于城墙南端，已毁无存。城内建筑已毁，地表有石磉、石臼、石门檐、石马槽、石碾以及残砖、瓦片等。内城尚有水井 1 口。外城东南面崖壁上刻有武周万岁通天二年（697）的《智城碑》。

A₇₋₁ **智城碑** 〔白圩镇智城山崖壁上·唐代〕 摩崖石刻 1 方。武周万岁通天二年（697）刻。刻面高 1.64 米，宽 0.79 米。文竖 24 行，满行 47 字，计 1108 字。字径 0.015 米，楷书，阴刻。澄州刺史韦厥长子韦敬辨撰文，族长韦敬一书丹。额题"廖州大首领左玉铃卫金谷府长上左果毅都尉员外置上骑都尉检校廖州刺史韦敬辨智城碑一首并序"，落款"维大周万岁通天二年岁次丁酉四月辛卯朔七日癸酉检校无虞县令韦敬一制"，碑文赞颂智城山风光形胜和廖州府文治武功。文字有的已漫漶不清。刻文中"日""月""星""天""地""年"等字皆用武则天颁行字。

A₇₋₂ **六合坚固大宅颂碑** 〔澄泰乡洋渡行政村大山村东南石牛山·唐代〕 碑刻 1 方。唐永淳元年（682）刻。刻面高 0.95 米，宽 0.65 米。碑文竖 17 行，满行 27 字，计 382 字。字径 0.015 米，楷书，阴刻。澄州都云县令韦敬辨撰文并书丹。首题"六合坚固大宅颂" 7 字，落款"永淳元年岁次壬午十二月十五日聊摄"。碑文记述韦氏家族在澄州开拓领地、建立宅基的过程，韦厥擢升刺史后，即在智城山和麒麟山修建大宅，作州治所；并写大宅地险宅固，"其近修兹六合坚固大宅，以万事澄居。博文则物色益兴，用武则悬巇斩绝。一人所守，即万夫莫当"。

8 - A₈ **黎口隘遗址** 〔明亮镇三黎行政村黎军村东面约 2 公里·宋—清〕 建于宋，明设巡检司驻守，清咸丰初年（1851）重修。该隘呈东西走向，长约 2 公里。西面坡短，坡面不设踏跺；东面坡长，坡面残存石踏跺 500 多级，级高 0.2—0.5 米，宽 3—4 米，地势险要，为上林通武鸣、南宁要道。太平天国时期，武鸣韦凤、上林李锦贵农民起义军以及太平军石达开部均迂回于此。

9 - A₉ **北关城址** 〔大丰镇城北社区北关村东北约 1 公里·明代〕 建于明洪武年间（1368—1398），具体时间不详。城址朝西南，平面略呈长方形，长约 200 米，宽约 160 米。占地面积约 3.2 万平方米，夯土城墙，残高 1—2 米，顶宽 1—3 米底宽 4—5 米。城外西南面有护城河。城内有方形台基，面积约 400 平方米。其余已辟为耕地。城址应为明洪武年间屯田时置的千户所遗迹。

10 - A₁₀ **南丹卫城址** 〔大丰镇皇周社区云马村东约 20 米·明代〕 据《上林县志》载，南丹卫于明洪武十八年（1385）建于南丹，明永乐二年（1404）

徙上林，筑城以卫，明正统八年（1443）移宾州城，明万历七年（1579）又移上林三里镇。系明王朝为镇压广西八寨农民起义而筑的南丹卫所城。城址平面略呈圆形，占地面积约11.98万平方米，夯土城墙，城墙残高4米，底宽8米，顶宽4米，城内建筑已毁，地表有残砖、青釉瓷片等遗物。

11 - A₁₁　下楚城址 〔三里镇黄楚行政村下楚村·明代〕据城门碑刻载，城为明天启六年（1626）前为防侵和防盗而建。城址平面不规则，占地面积约9万平方米，周环群山，仅东北面洞开，城墙修于两山之间，用粗石干砌。城址长约150米，残高1.3—2.25米，厚1.45米。中开拱门，料石砌建，门洞高2.25米，面阔1.6米，进深1.45米，门洞内北壁立"大明天启六年孟冬众村重立"碑。

12 - A₁₂　化西关遗址 〔西燕镇云灵行政村拉厂村东北约300米碉瓦隘山·明—清〕碉瓦隘为西燕镇与三里镇山界，是明清时期上林县丞署地三里城通往思恩府和古零土司必经隘口。关隘长约1000米，关设于隘口。清初，在隘口两面山之间以石砌隘墙。现存隘墙残长12米，残高0.5—2米。墙中开一门，门前、后额原分别嵌"西隅保障""凤化西关"额匾（今已佚）。

13 - A₁₃　九龙窑址 〔明亮镇九龙行政村黎赵村至论文村间山岭·宋代·县文物保护单位〕窑址分布面积约2000平方米。有坡式龙窑8座，窑通长36—60米，通宽9—12米，窑床宽3—6米。废品堆积厚约2.5米。采集有匣钵、垫饼、支钉以及碗、碟、盘、壶、罐、钵、灯盏、盏灯座等残瓷片。釉色有酱、青、青绿、青黄、青灰等。纹饰装饰手法有刻花、堆花等，纹饰有鱼纹、钱纹、吉祥纹等。

14 - A₁₄　龙头铅锌矿遗址 〔乔贤镇龙头行政村上街村童女山·清代〕又名兰干矿，盛产铅锌矿，面积约4.9万平方米，清嘉庆年间（1796—1820）开始开采，矿工来自粤、湘、赣、皖、川等省。清光绪年间（1875—1908）立碑禁采。民国复采。矿井多已崩塌，现仅存禁采碑和矿工墓碑等。

15 - A₁₅　卢村炼铁遗址 〔白圩镇繁荣社区卢村村内·清代〕始建年代不详，盛于清代中期。村巷到处散布有铁渣，铁渣堆积厚2.5米，散布面积约8000平方米，村西部的岭坡，原为平地，因冶炼铁矿，长年累月于此倾倒铁渣，堆积如山岭，当地群众称为"铁屎岭"。

16 - A₁₆　厂圩冶炼遗址 〔木山乡厂圩行政村新圩村附近东山煤矿群山·清代〕是采煤矿、冶炼铅锌为一体的遗址，分布面积约600万平方米。由外国人开办，采东山煤，炼龙头童女山铅锌矿，现在煤田区域内遗存有炼炉、坩埚、矿渣堆积，炼炉遍布东山煤田数十个山头及山下，大小不等，大者高1米，径1.5—2米，还发现了采煤器具和工人死者石碑等遗物。

17 - A₁₇　贤按戏台遗址 〔乔贤镇龙头行政村贤按村·清代〕建于清同治年间（1862—1874）。坐东朝西，砖木结构，平面呈长方形，建筑已崩垮，残存戏台高1.3米，面阔9米，进深8米，后台青砖墙残高3.5米；残八角形石柱径0.25米，镌刻有楷书楹联。戏台前檐原挂"寓褒贬"匾额，墙上有彩绘壁画及篆、隶书楹联。占地面积约72平方米。

18 - A₁₈　鼓岩书院遗址 〔白圩镇高长行政村不孤村北面·清代〕清光绪年间（1875—1908），不孤村贡生周泰在村边鼓岩洞内办学，称"鼓岩书院"。洞口朝东南，洞内面积50余平方米。洞口南侧竖行阴刻榜书"鼓岩书院"4字，草书。洞内存利用岩壁糊成的黑板，洞口有石凿门槛等遗迹。村内原立有纪念周泰的石碑坊，尚存立柱4根，其中一柱上刻"岁贡周泰"4字。

19 - B₁　韦厥墓 〔三里镇双罗行政村老圩村北约200米·唐代·县文物保护单位〕俗称高祖墓。韦厥，生卒年月失考，唐澄州刺史。清《广西通志》载："相传韦将军征蛮终此，乡人瘗冢瘗之。"墓葬朝南，冢呈圆丘形，高1米，底径16米。墓前有"高祖庙"，庙面阔三间，砖木结构硬山顶，内有"唐澄州刺史忠义侯高祖韦厥公之位"碑，高1米，宽0.8米。1947年立。庙于1978年拆毁，后重建。占地面积约20平方米。

20 - B₂　李太孺人墓 〔西燕镇云灵行政村沙圩村东北约800米猫山·清代〕建于清乾隆三十一年（1766）。墓葬朝南，圆丘形三合土冢，高0.73米，底径4米，占地面积约50平方米。墓碑有单坡顶檐，高1.36米，宽0.75米，厚0.17米，碑面刻"皇清大淑德外翰元配姚讳韦母李太孺人之墓"，落款"乾隆三十一年岁次丙戌三月七丙申日申时立"。

21 - B₃　张鹏展夫妇合葬墓 〔澄泰乡下江行政村云屯村东南约500米后背山·清代·县文物保护单位〕张鹏展（1760—1827），号南嵩，壮族，广西上林县巷贤镇六联村留仙屯人，官至清通政使。清嘉庆二十五年（1820）告假回乡，编著有《谷诒堂全集》《离骚经注》等。墓葬朝西，冢呈圆丘形，外以料石围砌，顶饰石珠，高2.5米，底径12.5米。立有"皇清诰授通政使司通政使显考南嵩张鹏展暨显妣卢太夫人之墓"碑，高1.5米，宽1米。墓前原华表和护石已毁。墓曾被盗。占地面积约350平方米。

22 - B₄ **黄忠立墓** 〔澄泰乡澄泰社区清光水坝南面山岭·清代·县文物保护单位〕 黄忠立（1840—1909），字殿臣，广西上林县澄泰乡黄喃村人，清柳庆镇总兵、署理右江镇总兵、左江镇总兵。宣统元年（1909）在南宁病故。墓葬朝北，圆丘形土冢，高1.2米，底径8米。墓碑距墓3.5米，重檐歇山顶盖，墓碑正中镌楷书"清建威将军□寿显考讳忠立号殿臣黄老府君之墓"。左、右分别立墓表、碑记，前有祭台。占地面积约100平方米。

23 - C₁ **通观桥** 〔三里镇三里社区云石村北约1公里汇水河上·明代·县文物保护单位〕 始建年代不详，明正德六年（1511）重建。西北—东南走向，梁式石板桥，长78米，宽0.7米。桥原为二台二十八墩二十九孔，后增至三十五墩三十六孔，孔跨1.8—2.2米。墩间架设长条单石板为桥面，石板长2.4—2.62米，厚0.35米。桥墩以石砌，迎水面呈分水尖状，西南侧立有明正德六年《鼎新通观桥碑记》1方。

C₁₋₁ **鼎新通观桥碑记** 〔通观桥西南约80米处·明代〕 明正德六年（1511）立，匠人莫世钟等刻石。碑初始立于桥头，后移至桥南约80米的塘基上。碑下部为土深埋，露出地面部分高0.95米，宽0.74米，厚0.16米。额题竖2行"鼎新通观桥碑记"，左、右边框雕龙凤图案，碑文刻序及捐款人芳名，文竖行，楷书，阴刻。落款"大明正德六年辛未岁二月初二立，广西灵川匠人莫世钟、莫世锦、莫世相……"碑阴边沿刻花边图案。

24 - C₂ **大河桥** 〔三里镇山河行政村大河庄西北约500米大河上·明代〕 建于明代，具体时间不详。东南—西北走向，三孔石拱平桥，长38.8米，宽2.8米。用片石干砌桥身，料石券桥拱，桥面以料石铺砌，两侧护栏石缺失，两端与河岸齐平。桥东侧立有鼎新素创碑1方，碑盖葫芦顶，碑体近四方柱体，通高2米，宽0.4米，厚0.355米，碑面刻"鼎新素创"，其余为人名，已模糊不清。20世纪70年代在桥上修建引了一条水渡槽，桥面改铺成水泥面。

25 - C₃ **宿岭桥** 〔三里镇大黄行政村良池村东北约500米小溪上·清代〕 始建年代不详，清乾隆十八年（1753）、清光绪十二年（1886）两次重修。东西走向，单孔石拱桥，长10米，宽1.8米，拱跨4米。桥身、桥拱以料石干砌，桥面铺石板，两端设石踏跺。桥西约100米处路旁立清乾隆、清光绪年间重修桥碑记2方，记述两次重修宿岭桥之事。

26 - C₄ **观音阁** 〔三里镇三里社区南街白欧公路东面·清代〕 建于明崇祯十一年（1638）前。清嘉庆十五年（1810）、清光绪三年（1877）重修。坐西朝东，砖木结构，原建筑包括戏台、前殿、庭院、后殿及两侧厢房，占地面积约700平方米。现存后殿，占地面积约260平方米。面阔三间12米，进深8.5米，有前檐廊，砖墙，穿斗式木构架，硬山顶，盖小青瓦。阁内存清嘉庆十五年、清光绪三年《重修观音碑记》各1方。明崇祯十一年莲瓣圆形石香炉1尊。

27 - C₅ **鲤龙桥** 〔西燕镇覃浪行政村马湾村西南面约250米汇水河上·1933年〕 建于清道光年间（1821—1850），1933重修。东西走向，两台十五墩梁式石板桥，长57米，宽1.2米，各孔等跨，拱跨1.8米。以石砌台、墩，墩宽1.5米，迎水面作尖状，长石板架桥面。东面桥头立重建碑记及捐次芳名碑4方。

28 - C₆ **福赐寺** 〔巷贤镇苏仁行政村苏桥村·清代〕 始建年代不详，清道光二年（1822）重修。1980年修缮。坐南朝北，砖木结构，二进院落，占地面积约225平方米。前、后两殿均为两层建筑，面阔三间，青砖墙，穿斗式木构架，硬山顶，盖小青瓦。前殿底层前檐廊突出墙外，檐柱2根，上以平台为檐，中柱为方形砖柱。明间开隔扇门，左右置石鼓各1个，二楼无前墙，设矮护栏。马头山墙，前殿大门侧墙立村规条例碑2方，无年款。

29 - C₇ **响水坝** 〔三里镇大黄行政村三刻村南约500米·清代〕 石砌拦河坝，建于清代，具体时间不详。筑于汇水河中段思恩桥附近，东南—西北走向，坝用料石砌成，长约70米，高4米，顶宽1—1.4米。据清《上林县志》载，清宣统年间（1909—1911）县丞甘化骊自响水坝修水渠，"绕城而南贯入城内，自东门流出灌溉田亩，于是人咸蒙泽"。

30 - D₁ **畔船山摩崖石刻** 〔三里镇三里社区三里街南约1.2公里的汇水桥畔船山·明、清·县文物保护单位〕 畔船山前有汇水河流经，有桥通三里圩，山崖东侧石壁有清代榜书隶刻"汇水桥畔"4字，字径0.4—0.5米，隶书，阴刻，刻面高1.3米，宽3米。畔船山也称"汇水桥畔"。有摩崖石刻12方，其中明代5方，清代7方。字体真、行、草、隶风格各异。重要的石刻有明万历十一年（1583）李应祥的题榜、题诗、题记，明嘉靖二十二年（1543）郑登高的题榜等。

D₁₋₁ **郑登高摩崖题榜** 〔三里镇畔船山岩壁上·明代〕 摩崖石刻1方。明嘉靖二十二年（1543）刻。刻面高2.63米，宽1.15米。碑文竖3行，24字。郑登高撰文并书丹。首题"钦差整饬兵备副使郑登高"，落款"大明嘉靖癸卯年八月吉立"，正文榜书"千军镇"3字。字径0.94米，楷书，阴刻。因此也有后人把"畔船山"称为"千军镇"。

D₁₋₂ **千古伟绩题记、题诗** 〔三里镇畔船山岩壁上·明代〕 摩崖石刻 1 方。明万历十一年（1583）刻。刻面高 3.4 米，宽 1.5 米。碑文竖行，约 179 字，楷书，阴刻。李应祥撰文并书丹。无首题，前为序，序文述四川松潘副总兵李应祥任思恩参将时，围剿十寨建城、屯田、辟路、安边之功绩。中部题"千古伟绩" 4 字，落款为知县、主簿、教谕、举人、贡生、生员、武举等人签名同立。另有李应祥题五绝诗《白露横江岸》一首。李应祥（1547—1617），字秉和，号仁宇，湖南临澧县人，明万历六年（1578）任思恩参将加都指挥同知，之后任四川松潘副总兵、四川总兵、贵州总兵等职。《明史》有传。

D₁₋₃ **李应祥纪功碑** 〔三里镇畔船山岩壁上·明代〕 摩崖石刻 1 方。明万历十年（1582）刻。刻面高 2.3 米，宽 1.5 米。文竖行，计 268 字，楷书，阴刻。李应祥撰文并书丹。无首题，落款"明骠骑将军荆楚李应祥书识壬午孟秋吉"。碑文记述明骠骑将军李应祥于万历九年（1581）冬，率汉土兵 8 万余，击古卯、龙蛤二寨，斩首级三千，俘人畜过万，洗荡献捷之事。

31 - D₂ **金鸡岭摩崖石刻** 〔乔贤镇乔贤社区高祥村旁金鸡岭·明、清·县文物保护单位〕 明代摩崖石刻 1 方，清代碑刻 1 方。石刻刻于一块巨石东壁，为明统督参将李应祥的纪功碑，明万历七年（1579）刻。刻面高 0.65 米，宽 0.79 米。文竖 10 行，满行 9 字，计 85 字。字径 0.05 米，真书，阴刻。李应祥撰文并书丹。无首题，落款"统督参将荆楚李应祥书"。刻文记述明万历七年（1579），统督参将李应祥随巡抚张任大征十寨，斩首二千五百，擒斩合三千余人之事。碑刻立于巨石前，清嘉庆十五年（1810）立《修路碑》，碑高 0.49 米，宽 0.4 米。碑文竖 6 行，计 29 字，字径 0.05 米，楷书，阴刻。□霖撰文并书丹。首题"修路碑" 3 字，落款"嘉庆庚午都安分司衡山□霖记"。碑文为四言诗，大意是路已修平，坦荡通途，不敢言劳累等。

32 - D₃ **清秀山摩崖石刻** 〔三里镇三里社区王马村的清秀山·明、清〕 摩崖石刻 3 方，其中明代 2 方，是明太平府通判郑策的榜书、题诗；清代 1 方，为覃姓"族规"碑，清光绪十七年（1891）立。刻面高 0.7 米，宽 0.95 米。碑文竖 28 行，400 余字，楷书，阴刻。归部候选思进士覃树薇撰文并书丹。无首题，落款"光绪十有七年岁在重光单阏冬涂月嘉平，□□敬镌"。碑文内容是关于耕读、品行、婚嫁、祭祖等 15 条规定。

D₃₋₁ **郑策题榜、题诗** 〔三里镇清秀山独山岩洞壁上·明代〕 摩崖石刻 2 方。山下有洞，宽 5 米，进深 18 米，其一为太平府通判郑策在洞壁所题横行榜书"清秀山" 3 字，字径 0.44 米，楷书，阴刻。在榜书上方有七律诗一首，明嘉靖九年（1530）刻。刻面高 0.6 米，宽 0.67 米。文竖 9 行，计 79 字。字径 0.04 米，楷书，阴刻。无首题，落款"皇明嘉靖九年孟秋吉旦委官太平府通判郑策题"。诗文咏山之高耸，烟霞、清风、明月、古木、老藤风景如画，游人流连忘返。

33 - D₄ **马湾摩崖石刻** 〔西燕镇覃浪行政村马湾村西南约 1 公里贼寺山·明代〕 摩崖石刻 1 方。明万历四十四年（1616）刻。刻面高 1.5 米，宽 0.7 米。碑文竖 8 行，计 102 字，楷书，阴刻。无首题，落款。刻文记录：明万历四十四年，思恩府参将奉广西道抚院、按院、守道令，清出本府设公费官田四段，即由古务村耕头领种平田、高田各二段的尺寸及四面界限。

34 - D₅ **狮岩摩崖石刻** 〔白圩镇高长行政村不孤村东 1 公里狮岩·明代〕 明万历四十三年（1615）刻。不孤村人周悦丛于明万历四十三年（1615）请石匠围岩，并于岩壁上题刻，刻面高 0.3 米，宽 0.43 米。文竖 6 行，计 31 字，字径 0.05 米，楷书，字不规范。刻文为"万历四十三年十二月十六日周悦丛请匠砌岩出银两三钱政子孙应当记号"。字径 0.05 米，楷书，阴刻。

35 - D₆ **天塔山摩崖石刻** 〔三里镇韦寺行政村亥马村天塔山西脚洞壁·明代〕 俗称亥马山，《徐霞客游记》中称为小独山。有摩崖石刻 2 方。其一刻于天塔山山脚的岩洞内，明嘉靖九年（1530）刻。刻面高 0.58 米，宽 0.47 米。题七律诗一首，文竖 9 行，计 76 字。字径 0.035 米，楷书，阴刻。太平府通判郑策撰诗并书丹。无首题，落款"嘉靖九年仲夏吉旦委官太平府通判郑策题"。诗文述天塔山的风光，表达作者安民万年的心声。诗刻上方数米处隐约可见竖行"天塔" 2 字。

36 - D₇ **公梅山摩崖石刻** 〔巷贤镇六联行政村留仙村西南约 2 公里公梅山山腰·清代·县文物保护单位〕 摩崖石刻 1 方。清道光二年（1822）刻。刻面 2.4 米，宽 7.17 米。文竖行，首题"朱文公书"，落款"道光二年南嵩重刻"，正文横行榜书"忠孝廉节" 4 字，字径 1.7 米，楷书，阴刻。清通政使司通政使张鹏展在公梅山别墅"平山草堂"办书院，为勉后学而重刻。

37 - D₈ **明镜岩摩崖石刻** 〔三里镇黄楚行政村韦归村西南约 100 米韦归山明镜岩及山脚·清代〕 明镜岩内清潭一湾如明镜，故名。摩崖石刻 4 方。其中明镜岩洞内 3 方，清道光十八年（1838）刻。有岩名、序文碑记。其中竖行榜书"明镜岩"3字，刻面高1.3米，宽0.45米。周韩启书丹，覃劳型勒石，文竖行，楷体。南侧序文碑刻，刻面高1.3米，宽0.59米。文竖14行，计210字，为黄滨诗撰文。北侧为碑记正文，刻面高0.6米，宽0.45米，刻文记述覃乃和等数十人游明镜岩，有感命名经过。另有一方为清乾隆五十八年（1793）《韦归屯规碑》，刻于韦归山北山脚岩壁。

D₈₋₁ 韦归屯规碑 〔三里镇韦归村韦归山北山脚岩壁·清代〕 摩崖石刻1方。清乾隆五十八年（1793）刻，刻面高0.48米，宽0.78米。碑文竖27行，计548字。字径0.015—0.02米，楷书，阴刻。无首题。落款"乾隆五十八年十月初二日勒石"。刻文规定了韦归屯"六村分八甲"的保甲关系、"轮充保长周而复始"的保长任职制度、权责以及征收、村中收禾、禁牛马践踏禾草、偷剪禾梢等禁弊等共14条村规。文中多有土语。

38-D₉ 绿庆山摩崖石刻 〔白圩镇龙楼行政村内蓬村东约300米绿庆山·清代〕 摩崖石刻2方。清道光二十六年（1846）刻。刻于距地表约25米高岩壁上，两石刻间距0.4米。东侧一方为《奕世遗规碑》，刻面高1.21米，宽1.33米。文竖25行，满行23字，计590余字，楷书，阴刻。首题"奕世遗规"，落款为"勒石不朽"。刻文内容为刻石者对身后家庭竹木园林产业经营管理的安排以及奖励读书、惩罚赌钱吹烟等遗规。西侧一碑无字。

39-D₁₀ 凤凰山崖摩崖石刻 〔三里镇云姚行政村云姚村西北面凤凰山·清代〕 摩崖石刻1方。清光绪十七年（1891）刻。石刻高距地表约15米，刻面高0.7米，宽1.06米。文竖28行，约491字。字径0.02米，楷书，阴刻。本地归部候选进士覃树徽书丹。无首题。落款"归部候选恩进士覃树徽盥手谨书光绪十有七年岁在重光单阏冬涂月嘉平石工敬镌"。刻文记云姚大小五村百余家共议立族规，包括立品行安本分、族内不婚、祭祀、入学、军功、继嗣、招夫、招婿、犯族规、盗贼、是非、祭祖等15项内容。

40-D₁₁ 古峰山摩崖石刻 〔白圩镇狮螺行政村山底村旁古峰山·清代〕 摩崖石刻2方。南面一方为董家贞题《吟古峰岩》七律诗一首，刻面高0.36米，宽0.48米。碑文竖10行，计67字，楷书，字径0.04米，落款为"上谷董贞家题"，刻"贞家"印一方。北面一方为唯然题《和董县尊佳韵》及《住古峰有感》七律诗二首，刻面高0.4米，宽0.64米。字径0.03米，楷书，阴刻。诗文内容皆为赞颂风光形胜。

41-D₁₂ 敢王洞摩崖石刻 〔镇圩瑶族乡镇马村社区罗基村东南约250米枫木山·清代〕 摩崖石刻3

方。刻于清代。敢王洞洞口向南，石刻见于洞口上方岩壁，高距地表约12米。均为诗刻，诗文皆竖行，楷书，阴刻。其一为明山散人七言长诗一首，刻面高0.35米，宽0.58米。文16行，计178字。文意以栽竹喻事，示教于其子。其二为七律诗一首，刻面高0.28米，宽0.35米。碑文7行，计71字。落款"咸丰戊午武巴羽仪覃鸿翥萍寄因题"。三为五律诗二首，刻面高0.28米，宽0.4米。碑文13行，计99字。落款"戊午春自镇市徒居因题以志萍迹岭山韦丰华"。皆以景言志，感慨世事、人生。

42-D₁₃ 永为定例碑 〔巷贤镇光全行政村黄库村黄库小学内·清代〕 碑刻1方。清道光元年（1821）立。碑阳向南，高0.75米，宽0.42米，厚0.12米。碑文竖19行，满行23字，约450字。字径0.015—0.02米，楷书，阴刻。撰文书丹不详。额题"永为定例"，落款"道光辛巳年十二月众立"。碑文云："朝廷有律，乡党亦有禁条，此所以联保甲而弭贼盗也。"故立黄库村禁盗、禁赌、禁窝藏盗贼、禁烧山垦荒、禁破坏种养等10条村规。

43-D₁₄ 造药程序碑 〔原立三里营，现存三里镇粮所内·清代〕 碑刻1方。清道光十六年（1836）立。碑文竖31行，部分已遭损坏，字数不明。字径0.025米，楷书，阴刻。额题"造药程序碑"5字，落款："道光十六年岁次丙申季秋榖旦特授三里营都司纪录二次太原田□千总谭云光，把总李光玉、谭翔蛮，外委陈国隆、陈国贵同营兵下等公立。荷蒙恩大人懿政仁深，教训有方，官兵□□无汇□。"碑文内容为介绍制造火药的程序、质量验收标准，并表彰制药精进的三里营官兵。

44-D₁₅ 那黑护林碑 〔西燕镇寨鹿行政村那黑村东南约1.5公里大明山·1919年〕 碑刻1方。1919年立。碑阳向北，碑高0.85米，宽0.48米，厚0.13米。碑文竖12行，满行18字，约230字，楷书，阴刻。无额题，落款"民国八年十二月□日立"。碑文记述山林田地权，毁林危害，不准入山伐木，揭发奖励等。

45-E₁ 瓦窑屯寨墙 〔白圩镇覃排社区瓦窑村东北约700米·清代〕 清咸丰九年（1859）建。寨址占地面积约15万平方米，东、西、北三面环山，仅南面洞开，寨墙筑于南面东、两山之间，用料石垒筑，长约150米，残存部分高1.2米。寨门用料石砌筑，大石板盖顶，门高2.6米，宽1.3米，进深3.7米。城门内墙阴刻碑文，碑文记载筑城事，落款"咸丰九年六月吉日垂瓦窑村等同建"。史料记载，清道光、清咸丰年间，宾阳陶八、上林李锦贵响应太平天国运动，杀官攻城，为躲避战乱，瓦窑村等即在此处筑寨墙以避之。寨内现为耕地。

E$_{1-1}$ 筑城碑记 〔白圩镇瓦窑庄寨墙寨门洞·清代〕 清咸丰九年（1859）立。碑高0.35米，宽0.66米。碑文竖9行，计72字，字径0.02米，楷书，阴刻。无额题，落款"咸丰九年六月吉日垂瓦窑村普同建"。碑文记述："道光、咸丰，历二代王，贼盗四起，劫杀打团，陶八诸贼，尚有可原，及至王三，自封为王，市谕蓄发，破城杀官，我等无主，鼎建万门，靳石垂后，万古流芳。"

46 - E$_2$ 李锦贵营盘遗址 〔大丰镇皇主行政村皇主村及附近山岭·清代〕 李锦贵（？—1862），清广西上林县大丰镇东关团（今皇主村）内皇主村人，壮族。清咸丰五年（1855）李锦贵聚众起义，咸丰七年（1857）加入大成军，咸丰九年（1859）改用太平天国年号，翼王石达开封其为"纯忠大柱国体天侯"。咸丰五年李锦贵聚在内皇主村设立大本营，并于附近山岭修建营盘。营盘方圆面积约1平方公里，设有兵库、练兵场、炮台、寨门、城墙、壕沟等设施，今多已毁，仅存马鞍山、狮子山土筑寨墙4段，残长50—150米，残高0.25—1.25米，顶宽0.4米，底宽0.5米。

47 - E$_3$ 黄境义坟 〔三里镇黄境行政村岜响村东北·1861年〕 清咸丰十一年（1861）3月，上林农民起义军首领李锦贵会同太平军扫荡盘踞上林各地团练据点。周定邦、李有联率部围攻三里城清军，失利。黄境义坟为此役阵亡的81名农民军之墓葬。墓冢为圆丘形土冢，底径约5米，高1.3米。无墓碑。

48 - E$_4$ 黄忠立旧居遗址 〔大丰镇东春行政村下水源村西约8公里的大明山上·1905年〕 建于清光绪三十一年（1905），坐南朝北。砖木结构，原为三进院落，青砖铺地，占地面积约500平方米。现仅存中间碉楼，二层，高6米，面阔4.2米，进深6米。青砖墙，硬山顶，盖小青瓦。底层四面开拱门，二层有十字砖砌花窗，设枪眼。黄忠立（1840—1909），字殿生，号明山老人，广西上林县澄泰乡人。历任参将、清柳庆镇总兵、署理右江镇总兵、左江镇总兵。在大明山下水源村引植八角，为上林种植八角之始。

49 - E$_5$ 杨腾辉旧居 〔大丰镇大丰社区正街·1933年·县文物保护单位〕 建于1933年。坐西朝东，中西混合建筑。砖木结构，二进院落，由前、后两座二层楼房、天井组成，占地面积约530平方米。前、后座面阔八间，砖墙，木楼板，硬山顶，盖小青瓦。前座为骑楼。杨腾辉（1889—1939），原名杨仁和，字醒凡，广西上林澄泰乡云龙村人。国民党新桂系高级将领，领上将衔。曾任任国民革命军第七军军

长、国民党编遣委员会直辖第四编遣分区办事处主任等职。

50 - E$_6$ 梁威烈墓 〔白圩镇龙宝行政村万宝村·1936年〕 1936年重修。墓葬朝东，圆丘形土冢，高约2.2米，底径约10米。占地面积约10平方米，墓前立水泥碑，面书"宋故大学士威烈将军梁仲保公之墓"。墓后《追义碑》为1936年立，高2.85米，宽0.53米。碑上有国民革命军陆军中将梁瀚嵩、宾阳县长兼民团司令梁志高、上林县长兼民团司令覃瑞松等3人题志，楷、隶书。墓前左、右两边各有华表1个。梁威烈，山东青州府人，北宋翰林大学士。北宋皇祐四年（1052），随狄青南征，屯戍上林。

51 - E$_7$ 巷贤抗日阵亡将士公墓 〔巷贤镇高贤社区仓帽村西北约200米·1941年〕 建于1941年。为1940年2月，在王丈、圩底、巷贤桥头等地抵御侵华日军而牺牲的郑惠民等300余名烈士的公墓。墓葬朝北，冢呈圆丘形，用砖围砌，底径3米，高2米，占地面积约19.6平方米。墓碑刻"抗日阵亡诸先烈将士之公墓"，额书"精神不死"。两侧楹联"誓志扫虾夷木石乌填东海水，归魂封马□香花人供上林者"。另有前永淳县知事李毓杰撰碑记。

52 - E$_8$ 大丰抗日阵亡将士墓 〔大丰镇城南社区新安村东南约300米宾上公路旁·1942年〕 建于1942年。为1940年4月，于大丰桥头、尖岭截击侵华日军而牺牲的烈士公墓。墓葬朝东，冢呈圆丘形，青砖围砌，占地面积约49平方米。底径4米，高1.2米，前立牌坊式墓碑，高2.8米，正中镌刻"上林大丰乡抗日忠勇将士之义冢"。由时任上林县田赋管理处副处长李青补撰碑记。

53 - E$_9$ 南垓学堂旧址 〔巷贤镇卢柱行政村大卢村·1942—1949年·县文物保护单位〕 1942—1949年间，南垓学堂是中共上林组织秘密活动的重要地点。卢哲、陈衷、卢仲岐等共产党员在这里以教书掩护革命活动。旧址原为卢氏宗堂，建于清乾隆四十五年（1780），后多次改建。1941年春办为私立南垓学堂。现存多为民国建筑，坐北朝南，砖木结构，两进院落，由前座、后堂、天井、厢房组成，占地面积约1160平方米。前座为中西合璧二层建筑，面阔三间，青砖墙，歇山顶，盖小青瓦。底层设三联拱外廊，顶层饰女儿墙三角形山花。后堂面阔九间，青砖墙，抬梁式木构架，悬山顶，盖小青瓦。

54 - E$_{10}$ 庆云寺革命活动遗址 〔镇圩瑶族乡镇马社区镇圩初中·1944年〕 1944年，上林县中学迁此后，中共上林组织经常在此秘密集会，散发进步刊物，宣传抗日，开展革命活动。庆云寺始建年代不详。民

国初改为上林县第二高级小学。后被拆毁。现仅存寺前台阶、石鼓及后殿一堵墙。

55 - E₁₁ 杨腾辉墓 〔澄泰乡云龙行政村六况村唐灵山·1974年〕 杨腾辉于1939年在香港病故，1974年迁葬于此。墓葬朝西，圆丘形土冢，高0.75米，底径2米，占地面积约6.5平方米。广西省政府主席黄旭初为其撰墓志记生平，国民党军第4战区司令张发奎为其撰墓表，现均已散失。

56 - G₁ 铜鼓岭铜鼓出土点 〔塘红乡塘红行政村上荣村南约800米铜鼓岭·西汉中期—南朝〕 1974年11月，上荣村南面铜鼓岭出土冷水冲型铜鼓1面。鼓面径0.92米，高0.67米。鼓面太阳纹十二芒。饰变形羽人纹、变形翔鹭纹、同心圆纹、勾连雷纹、船纹等。面沿环列四蛙。

57 - G₂ 安灶山铜鼓出土点 〔明亮镇万古行政村塘桃村北约400米安灶山·西汉中期—南朝〕 1975年3月，在山东面水利沟边上出土冷水冲型铜鼓1面。鼓面径0.82米，高0.54米。鼓面太阳纹十二芒。面饰素晕与栉纹夹同心圆纹纹带、复线交叉纹、羽纹、变形羽人纹、变形翔鹭纹间定胜纹。胸上部和腰下部为纹带，足部有两晕圆心垂叶纹。

58 - G₃ 板寨铜鼓出土点 〔三里镇双吴行政村板寨村东北约700米土岭·西汉中期—南朝〕 1986年7月，在板寨村东北面土岭出土冷水冲型铜鼓1面。鼓面径0.72米，高0.47米。鼓面太阳纹十二芒。面沿环列四蛙。面饰栉纹夹同心圆纹纹带、复线交叉纹、变形羽人纹、变形翔鹭纹间定胜纹、羽纹。胸部有纹带，腰中上部被纹带纵分六格，下部为纹带加雷纹填线纹，足部雷纹填线纹和圆心垂叶纹各一晕。

59 - G₄ 旧村铜鼓出土点 〔三里镇双罗行政村云聪村东北约500米坡地·西汉中期—南朝〕 1992年2月，在坡地上挖出冷水冲型铜鼓4面，由东向西排列，仰置。鼓面径0.74—0.81米，高0.54—0.635米，足径0.73—0.825米。鼓中心太阳纹十二芒。面沿环列四蛙，或蛙间立龟、饰屎壳郎，或背饰小涡纹，或附鱼一尾。胸腰间附扁耳2对。

60 - G₅ 那婆山铜鼓出土点 〔三里镇双罗行政村云聪村北1公里那婆山·西汉中期—南朝〕 1991年12月，在那婆山挖出冷水冲型铜鼓1面。鼓面径0.63米，残高0.385米，足径0.57米。鼓面太阳纹十二芒，面沿环列四蛙。面饰饰变形羽人纹、变形翔鹭纹、同心圆圈纹。胸腰间附扁耳2对。

61 - G₆ 大良铜佛像窖藏 〔三里镇三里社区大良村·南朝—隋〕 1977年8月，在村附近出土铜佛造像18件。其中有覆莲座观音立像、坐像、鎏金观音立像、各种造型的观音像9尊。另有覆盆座释迦佛立像、鎏金护法天王像、弟子立像等等。铜造像通高0.165—0.079米，像高0.101—0.039米。（见《文物》1998年9期）

62 - G₇ 云聪钱币窖藏 〔三里镇双罗行政村云聪村东北约500米·北宋〕 1992年2月，出土铜钱5.6公斤。分别为唐开元及北宋元丰、元祐等年号的唐、宋钱币。

63 - G₈ 万福钱币窖藏 〔塘红乡万福行政村万福村·北宋〕 1985年10月，村民建房挖出铜钱1罐。铜钱重约7.5公斤，合计1200枚，包括唐、五代、北宋时期的钱币42种。

崇左市

江州区

1 - A₁ **绿轻山矮洞遗址** 〔江州区濑湍镇濑湍社区陇料屯西约 50 米绿轻山·旧石器时代·市文物保护单位〕 洞穴遗址。1955—1956 年发现。洞高距地表约 70 米。洞口向东北，高约 6 米，宽约 5 米，进深约 13 米。洞内分两层，堆积遭严重破坏，仅存 1 立方米。出土打制砍砸器、刮削器以及淡水螺、丽蚌、鱼牙、鹿牙等，另发现赤铁矿碎块 1 粒。（见《古脊椎动物与古人类》第 2 卷第 1 期，1960 年）

2 - A₂ **吞云岭遗址** 〔江州区驮卢镇崇王行政村更别屯东南约 1 公里吞云岭·新石器时代·市文物保护单位〕 山坡（台地）遗址。1982 年发现。遗址位于左江北岸吞云岭南坡，分布面积约 900 平方米，遍地散布着石铲残片和板岩石料碎片。1985 年试掘，出土石铲、石斧和夹砂绳纹红陶片等。

3 - A₃ **冲塘遗址** 〔江州区太平镇马安行政村冲塘屯东北约 800 米左江北岸·新石器时代·市文物保护单位〕 贝丘遗址。1990 年发现。位于左江北岸 I 级台地上，面积约 480 平方米。地表散布较多的螺蛳壳、少量蚌壳、人骨和动物残骨。采集到打制的砍砸器、刮削器、磨刃石锛、砺石等。发现墓葬 2 座，墓穴略呈圆形或长方形，葬式分别为蹲葬和侧身屈肢葬，未见随葬品。

4 - A₄ **何村遗址** 〔江州区濑湍镇九岸行政村何村屯东约 700 米左江北岸的台地上·新石器时代·市文物保护单位〕 贝丘遗址。1982 年发现。分布面积 600 多平方米。2007 年抢救发掘 550 平方米，文化层厚 0.2—1.3 米之间。出土石器、蚌器等遗物及人类的骸骨、象牙等兽骨等。

5 - A₅ **金柜山遗址** 〔江州区太平镇崇左市人民医院东北角左江南岸的金柜山脚·新石器时代·市文物保护单位〕 贝丘遗址。1988 年发现。遗址分布范围近圆形，径约 11 米，分布面积 110 平方米。遗址地表散布有螺蛳壳、石锛及石器残件等遗物。

6 - A₆ **郡造遗址** 〔江州区新和镇卜花行政村郡造屯南钓 2 公里黑水河中·新石器时代〕 贝丘遗址。20 世纪 60 年代发现，地表散布着石铲及残片，分布面积约 300 平方米。20 世纪 70 年建设水电站后，遗址没入黑水河中。

7 - A₇ **那完城寨遗址** 〔江州区新和镇作字行政村那完屯东山山顶·清—民国〕 寨城环绕山顶而建，有内、外两道近圆形的寨墙，用片石、料石垒筑，高 2—3 米，厚 0.5—1.2 米。内墙直径 20 米，外墙直径 30 米，占地面积约 700 平方米。寨墙内外已无地面建筑。

8 - A₈ **那赠城寨遗址** 〔江州区新和镇作字行政村那赠屯南面约 300 米处的山顶上·清代〕 建于清代。寨城环绕山顶而建，占地面积约 150 平方米。寨墙用片石垒筑，部分已崩塌，残长约 25 米，宽 10 米，高 1.5—3 米，厚 1—1.2 米。寨墙有大门及炮口各一处。地上建筑损毁不存。

9 - A₉ **江州土司衙门遗址** 〔江州区江州镇江州社区江州街西面至江州中学校园·明代·市文物保护单位〕 建于明代，为江州黄姓世袭土官衙门。原占地面积约 5000 平方米，现建筑已全毁，尚存三个台阶共 48 级石踏跺，石狮、石鼓各 1 对，石龟、石浴缸各 1 只。

10 - A₁₀ **孔庙遗址** 〔江州区太平镇崇左高级中学校园内西北角·明代·市文物保护单位〕 建于明洪武三十年（1397）。清康熙五十八年至同治四年（1719—1865）多次重修。原为三进院落，有棂星门、状元桥、大成门、大成殿、崇圣寺、厢房等建筑。占地面积约 890 平方米。现存左、右厢房及崇圣寺。崇圣寺坐东向西，砖木结构，面阔五间，青砖墙，硬山顶，盖灰瓦。门前有砖铺小路。孔庙曾是龙州起义崇善农民运动讲习所、中共崇善县委、中共龙州地委旧址。

11 - A₁₁ **金山寺遗址** 〔江州区左州镇左州街西约 1700 米·明代·市文物保护单位〕 建于明嘉靖二十五年（1546）。地处一座小山丘上，占地面积约 1 万平方米。抗战时期寺曾被侵华日军飞机轰炸，金山寺被毁。1984 年在遗址重建忠烈祠。为三进院落，砖木结构，建筑面阔 8 米，进深 15 米，面积约 120 平方米。

12 - A₁₂ **志村城寨遗址** 〔江州区新和镇作字行政村志村屯北约 1 公里炮台山顶上·清代〕 建于清代，具体时间不详。遗址平面呈长方形，寨墙用片石垒筑，部分城墙已倒塌，残长约 35 米，宽 15 米，高

2—3 米，占地面积约 525 平方米。寨大门向西南。寨内地面建筑已毁。

13 - A₁₃ 陇良石道 〔江州区太平镇马安行政村陇良屯西约 1 公里山中·明—清〕　建于明末至清初，石道多绕山腰而修，是太平府至新和圩的唯一道路，原路长约 13 公里。现存陇良屯西侧至宜村北约 1 公里处一段，长约 4 公里，宽 1—1.5 米。路面以石铺垫，山坡处凿石踏跺。道旁有明天启元年（1621）《隘碑记》、清《重修码头碑记》、清道光年间（1821—1850）《唐盛才修路碑记》以及摩崖碑刻 2 方，其中 1 方是清乾隆二十三年（1758）查礼赴太平府任知府时路过陇良石道横云岗时所题。

14 - B₁ 古坡墓群 〔江州区太平镇渠显行政村村古坡铁路林场西约 500 米泥岭·汉代〕　泥岭高 30 多米，北面临左江。墓群分布面积约 8000 平方米。封土多不存，可辨墓葬 3 座。曾出土汉代铜盆、铜碗、铜矛、铜斧等器物及陶罐残片。

15 - B₂ 豆豉岭墓群 〔江州区太平镇壶兴社区壶关街东北豆豉岭·明—清·市文物保护单位〕　墓群分布面积约 6 万平方米，可辨明墓 36 座，清墓 413 座。20 世纪 90 年代初，因建设需要清理了一批墓葬，今存墓葬约 30 座。

16 - B₃ 马岱塘岭墓群 〔江州区太平镇壶兴社区壶关街东南约 500 米马岱塘岭·明—清·市文物保护单位〕　墓群分布面积约 1 万平方米，有明、清墓葬 376 座。修建、扩建崇左糖厂时对墓群进行了清理，现在墓葬群已不存在。

17 - B₄ 板麦石塔墓 〔江州区江洲镇板麦行政村板麦村东南约 1 公里宝塔山·明代·自治区文物保护单位〕　建于明万历四十年（1612），是江洲土司黄河汉之子黄绍伦墓塔。地下为墓穴，地面为实心石塔。塔平面呈六角形，高七层 5.1 米，塔基为须弥座，各层用巨石雕琢而出翘脊短檐，第一层正面刻明万历四十年建塔碑文，楷书，阴刻。其余各层面分别浮雕旌旗、钟、宝瓶、桥、花草鱼池、飞禽走兽、人像、佛教符图、琵琶、快板、鼓、跋等共 42 幅，球形顶刹。占地面积约 50 平方米。

B₄₋₁ 建塔碑 〔江洲镇板麦村宝塔山石塔第一层·明代〕　明万历四十年（1612）刻。明万历广西左江直隶江州奉训大夫、前知江州事致仕官撰文书丹。碑文竖 19 行，满行 7—10 字，计 185 字。无额题，落款"万历四十年岁次壬子季灵念一之吉旦建"。碑文记述黄绍伦佛性天成，不染诸荤，因其性遂送入寺，从佛阿师觉惠，笙名华严。不幸就寂，父黄河汉、母李氏、兄黄绍韬为其造此塔墓。

18 - B₅ 叫册屯明墓 〔江州区太平镇公益行政村叫册屯南约 1 公里·明代〕　1987 年该墓暴露。为同坟三穴墓葬，右穴较大，壁用三合土抹平，平面呈长方形，长 2.5 米，宽 1.5 米，高 1 米。内置棺 2 具，墓口上用 200 余只瓷碗混以石灰封盖，碗作鱼鳞状排列，三层，棺上各放 10 只瓷碗。出土戒指 1 枚，发针 2 根，耳环 2 只。中穴和本穴较小，内各置 1 棺。

19 - B₆ 刘作肃墓 〔江州区太平镇壶兴社区新街左侧左江西岸山坡东北面斜坡上·清代·市文物保护单位〕　建于清同治二年（1863）。有墓葬 2 座，墓葬朝南，冢呈圆丘形，高 1.5 米，底径 2.4 米。西面为刘作肃夫妻合葬墓，冢底部用条石叠筑，两重庑殿顶墓碑，脊饰宝珠、鳌鱼吻。东侧为多禄墓，用石灰砂浆覆面。墓碑记述两人的生平。墓葬占地面积约 173 平方米。刘作肃，清末署理太平府知事，多禄为其副官，死于地方农民起义。

20 - B₇ 仙岩山岩洞葬 〔江州区那隆镇岜王行政村上峙村北约 500 米仙岩山·宋—清·县文物保护单位〕　仙岩山高 80 余米。岩洞在山北麓峭壁上，高距地表约 40 米。洞口朝北，略呈圆形，径 2.5 米，洞内约高 5 米、宽 3 米，面积约 40 平方米。据民国版《同正县志》卷三记载，仙岩"半土半岩，其面削然，上东小洞，十余丈高……洞中搁小棺，参差数十具，其形如圆筒"。1963 年，广西壮族自治区博物馆调查时仅存小圆棺 5 具，长 0.5—0.6 米，宽 0.4 米，头、尾两端有木柄。1971 年洞里的棺木被全部推下山烧毁，仅存垫棺石块。

21 - B₈ 岜欣岩洞葬 〔江州区新和镇新和社区郡造村西南约 500 米岜欣山·清代·市文物保护单位〕　岜欣山为孤峰，岩洞在山东面陡壁上，岩洞高距地表约 70 米。洞口朝东，高距地表约 70 米。洞内面积约 15 平方米。洞内原有 10 余具圆棺。长 1 米左右，头、尾两端有木柄。棺内装人骨遗骸，无随葬品。20 世纪 60 年代，大部分棺木已被推下山崖砸坏烧毁，仅存零星的棺木和遗物。

22 - C₁ 南津码头 〔江州区太平镇中渡社区崇左火车站广场北面左江南岸·宋代〕　建于宋代，历代沿用。码头一侧为自然石壁，码头沿石壁先向东北，后折向西南，转折处设有 2 个平台。踏跺用料石、砂浆铺砌，现存 132 级，级高 0.2 米，宽 7 米，边沿用料石砌有矮护栏。

23 - C₂ 太平府南门码头 〔江州区太平镇中山社区南约 50 米的左江北岸·宋代〕　建于宋代。明代已是南、北两岸交通的主要通道。码头用料石加石灰砂浆砌成，现存石踏跺 82 级，级高 0.2 米，宽 7 米。

24 - C₃　**归龙塔**　〔江州区太平镇大村行政村归龙村北 1.5 公里左江中心鳌头岛·明—清·自治区文物保护单位〕　又名左江斜塔。建于明天启元年（1621），初为三层，清康熙年间（1662—1722）续建两层。坐北向南，五层八角形楼阁式砖塔。底层边长 2.64 米，占地面积约 120 平方米。塔基用片石围砌，内夯填三合土，径约 11 米，高 4.8 米。塔身高约 17.6 米，每层菱角砖叠涩出檐，八角攒尖顶，葫芦形塔刹。塔腔中空，塔底层开南门和西门及 1 窗，以上每层开 2 个拱形窗，设木楼板，砖砌螺旋踏跺。塔身向西南倾斜 4°36′46″。水平偏位 1.41 米。

25 - C₄　**太平府故城址**　〔江州区太平镇中山社区·明—清·自治区文物保护单位〕　明洪武五年（1372）太平府知府赵监、千户程良督屯军修建土城。永乐六年（1408）城墙坍塌四百余丈，太平府征所属州、县助修，在土城内外筑石墙。隆庆五年（1571）大规模修缮。明末、清代、民国、1996 年均进行过维修。城在左江北岸，现存东、南、西面城墙约 1360 米，城门 3 个（长春门（今朝阳门）、安远门（今大西门）、镇边门（今小西门）、敌楼 6 个。城门为砖石券顶结构，门额有匾题，设登楼石阶。长春门为城砖垒砌，门高 3.3—3.75 米，宽 3.2—3.85 米，深 15.4 米，城上存民国门楼一座，砖木结构，面阔三间，穿斗与抬梁混合木构架，歇山顶；镇边门用为方整料石垒筑，高 2.7—4 米，宽 2.65—3.4 米，深 11.8 米；安远门用方整料石垒筑，高 2.7—3 米，宽 2.65—2.95 米，深 12 米。敌楼已残损不全。城墙内外檐墙以料石干砌，内填夯土，残高 4—5 米，残厚约 5—14 米，城垛、墁地砖、石已不存。

26 - C₅　**太平府朝阳门二号码头**　〔江州区太平镇中山社区太平府故城长春门（今朝阳门）与南门码头之间·明代〕　建于明代。是当时官府鉴于长春门（今朝阳门）码头和南门码头负荷过大而集资建设的左江北岸第三个码头。上游 300 米为南门码头，下游 200 米为长春门码头，对岸为中渡码头。码头用料石、石灰砂浆砌成，共有 67 级石踏跺，宽 4 米，级高 0.2 米。

27 - C₆　**中步码头**　〔江州区太平镇渠显行政村驮浪屯东北约 200 米左江南岸·清代〕　建于清代。码头用料石铺砌，水面以上有 138 级石踏跺，级高 0.2 米，宽 2.4 米。码头顶端一侧，立有道光二十八年（1848）《重修中步码头碑记》1 方，高 0.92 米，宽 0.68 米，厚 0.1 米。碑面字迹已难辨认。

28 - D₁　**四坝鳌鱼摩崖石刻**　〔江州区新和镇新村行政村四坝鳌鱼山东崖·元代〕　摩崖石刻 1 方。元泰定三年（1326）刻。刻面高 0.67 米，宽 0.4 米，四周阴刻卷草纹。文竖 3 行，满行 10—11 字，计 31 字。无首题，落款"泰定三年八月十一日刊记"，正文为五言诗一首："世与平口亲，□□□□□。居安长远虑，警示后来人。"

29 - D₂　**碧云洞摩崖石刻**　〔江州区太平镇卜寨行政村教场村西约 0.5 公里青连山·明、清·市文物保护单位〕　碧云洞口朝东北，高约 10 米，进深约 30 米。有摩崖石刻 12 方，可辨者 8 方。刻面最大的 1.3 平方米，小的 0.1 平方米，字阴刻，多楷书。明万历四十年（1612）参戎顾凤翔在洞顶题刻榜书"碧云洞" 3 字。洞侧小洞洞壁有榜书"蟠龙窟"。此外有本邑人李为连题刻的七律诗刻，赞美碧云洞的奇异风光。明代旅行家徐霞客曾到此洞考察，在其《徐霞客游记》中称碧云洞为"丽江胜第一"。

30 - D₃　**白云洞摩崖石刻**　〔江州区太平镇大村行政村五龙屯东约 1000 米的白云山·明、清·市文物保护单位〕　洞口朝西，高 10 米，宽 6 米，进深 30 米。洞壁原有摩崖石刻 20 方：明代 4 方，清代 16 方。现仅存 10 方。有题榜、题诗、题记。字体多为楷书、草书。明嘉靖二十三年（1544）思恩府知府周璞（福宁州人），在洞口榜书"白云洞" 3 字，字径 0.5 米，楷书，阴刻。

D₃₋₁　**查礼题记**　〔江州区太平镇白云山白云洞左壁·清代〕　清乾隆二十三年（1758）刻。刻面高 1.1 米，宽 0.9 米，文竖 16 行，满行 9—18 字，计 281 字，行书，阴刻。太平府知府查礼撰文并书丹。无首题，落款"乾隆庚辰冬十一月偕官舍光大令游白云洞宛平查礼题于洞之左壁"。刻文内容主要描写白云山之险要及景色。

31 - D₄　**墨砚山摩崖石刻**　〔江州区太平镇崇左市人民医院东北约 500 米左江东岸墨砚山（金柜山）·明代·市文物保护单位〕　摩崖石刻 1 方。明嘉靖二十年（1541）刻。刻于临江崖面，刻面高 3.3 米，宽 5.76 米。文横 2 行，每行 4 字。御史毛伯温撰文、书丹并勒石。无首题，正文榜书"元老壮猷，平交伟绩"，字径 1.2 米，楷书，阴刻。毛伯温（1482—1545），字汝厉，号东塘，江西吉水八都镇人，明朝兵部尚书。明嘉靖十九年（1540）率军征讨安南登庸，登庸乞降，伯温归朝经太平府时勒石。

32 - D₅　**岜岩摩崖石刻**　〔江州区江州镇江州社区江州街西南约 600 米岜岩山脚岜岩泉边石壁上·清代·市文物保护单位〕　有摩崖石刻 2 方。一方刻于清乾隆二十五年（1760）。太平府知府查礼撰文，书丹，文竖 16 行，满行 2—17 字，160 余字，行书，阴刻。为五言诗一首，无首题，落款"乾隆二十五年夏六月十三日招同宦舍光大令范骏和吏目李旭培、孝廉□□、秀才游土江州波岩兮赋得十四□宛平查礼题岩之左崖"。内容为描写赞美哪岩泉风景及人生感慨。另1方是左江使者三韩王某所题，年代不详，碑文竖12行，行草，阴刻，内容描写哪岩泉风景，字迹难辨认。

33 – D₆　文笔山摩崖石刻〔江州区太平镇城东约1公里文笔山·清代·市文物保护单位〕　文笔山为独立山峰，近山顶之西壁有摩崖石刻1方。刻于清代，具体时间不详。石刻高距地表约150米。刻面高1.5米，宽3米。无首题、落款。正文横1行，榜书"连元"2字，字大小不一，径1.32—1.58米，阴刻，楷书。

34 – D₇　那逢摩崖石刻〔江州区太平镇古坡行政村那逢屯南约60米左江北岸的观音岩洞口·清代〕　观音岩在山东侧山脚，洞口向东，高1.7米，宽0.7米，进深约16米。洞口壁上有摩崖石刻2方，南壁上1方，刻面高0.8米，宽1.35米，横行榜书"静幽洞"3字，字径0.3—0.5米，阴刻，隶书。落款"黄显进谢开伦书"，字径0.3米，洞口上方镶嵌碑刻1方，清道光十五年（1835）立。高0.65米，宽0.95米。

35 – D₈　左州改土归流碑〔江州区左州镇左州行政村村委会大门左侧·明代〕　碑刻1方。明嘉靖年间（1522—1566）立。碑高2.3米，宽1.4米，碑文竖8行，满行9—19字，计107字，字径0.015米，行书，阴刻。撰文，书丹、勒石皆为左州知事黄层识。无额题，落款"左州知事闽中黄层识"。碑文记述左州改土归流后迁治所于古榄及修建城垣的情况。黄层识，闽中（福建）人，明嘉靖年间任广西左江知事。

36 – D₉　观音洞碑刻、墨书〔江州区濑湍镇濑湍旧街南面500米观音山上·明代〕　洞口向西北，高距地表30多米。洞口高约2米，洞内有几个小洞。洞内立碑刻1方，壁上有墨书2处。碑刻名《上帝碑》，高1.5米，宽0.66米，厚0.22米。碑文记述明万历乙酉年（1585）季夏吉旦，奉训大夫、知州黄河汉主持重修雷鸣洞之事。洞内壁上有明万历七年（1579）季春南海苏妍春、万历三十七年（1609）李夏的墨迹，字迹已模糊不清。

37 – D₁₀　奉州立石碑记〔江州区罗白乡蒙井行政村蒙井屯·清代〕　碑刻1方。清乾隆五十二年（1787）立。碑高1.2米，宽0.7米，厚0.6米。碑文竖19行，满行6—41字，计436字，楷书，阴刻。撰文、书丹、刻工不详。额题"奉州立石碑记"，落款"江州遵照合批给韦补等收执"。碑文记述磨岭村民韦补等开畲为田，应按规定纳粮税之事。

38 – D₁₁　归龙村分粮碑〔江州区太平镇大村行政村归龙屯小庙堂内·清代〕　碑刻1方。清光绪二年（1876）立。碑高0.9米，宽0.6米，厚0.13米。碑文竖17行，满行11—28字，计351字，楷书，阴刻。撰文、书丹、刻工不详。无额题，落款"清光绪二年十一月初十日"。碑文记述归龙、明堂二村自元朝以来纳粮之历史。

39 – D₁₂　免碑记〔江州区江州镇卜驮行政村岭弄屯·清代〕　碑刻1方。清光绪十五年（1889）立。碑高1.43米、宽0.76米，厚0.21米。碑文竖22行，满行3—44字，计510字，楷书，阴刻。撰文、书丹、刻工不详。为江州正堂告示。落款"光绪十五年七月初五日众村立刻免碑记"。碑文记述江州正堂革免夫役、税钱之事。

40 – D₁₃　双对机山岩画〔江州区太平镇孔甲行政村驮头屯南约1公里左江东岸双对机山·战国—东汉·市文物保护单位〕　又称赫头山，高约260米，距江面20米处有1处岩画，画面只有1个单独正面人像，头饰双羽，屈肘上举，屈膝半蹲，腰间佩长剑。高约1.7米，模糊。

41 – D₁₄　驮角山岩画〔江州区太平镇孔甲行政村驮角屯东约600米左江西岸驮角山·战国—东汉·市文物保护单位〕　山呈南北走向，高约90米，临江西壁北端距江水面约20米处有1处岩画，画面高6米，宽10米。可辨人物图像16个，铜鼓图像2个。正面人像最大的高约1.5米。图像呈赭红色，已模糊不清。画面右下方有一清晰楷书"魁"字，字体红色，字径约1.5米。

42 – D₁₅　驮娘山岩画〔江州区太平镇孔甲行政村渴星屯南约500米左江南岸驮娘山·战国—东汉·市文物保护单位〕　又称陇娘山，山高约150米，临江崖壁高距水面20余米处有1处岩画，画面宽13米，高12米。图像模糊，隐约可见6个人像，可辨识者为屈肘举手半蹲的正面人像。图像呈赭红色。

43 – D₁₆　高码头红山岩画〔江州区太平镇盆峒行政村盆峒屯西约1公里左江北岸高码头红山·战国—东汉·市文物保护单位〕　红山因临江绝壁上有大量红色石斑而名。山高约80米，在临江峭壁东端，距水面约20米处有1组岩画，画面宽1米，高2米。有3个正面人像，头戴羽饰，屈膝半蹲，屈肘举手，呈赭红色，下肢均已剥落，色亦淡。此外，画面上方尚有斑驳的画迹。

44 – D₁₇　灯笼山岩画〔江州区太平镇公益行政村冲登屯东南约800米左江东岸灯笼山·战国—东汉·市文物保护单位〕　山呈东西走向，由东、西南山峰构成，高约 150—200 米。在东峰临江面绝壁，距江面约 40—70 米处的壁面上有岩画 5 组，可见人像 25 个，大都为屈肘举手足半蹲的正面人像，呈赭红色，但多已模糊不清。

45 – D$_{18}$　隐士山岩画　〔江州区太平镇公益行政村公益屯东约 1 公里左江北岸隐士山·战国—东汉·市文物保护单位〕　山为孤峰，由 3 个山峰相连成，高约 70 米，岩画主要见于西峰，在距江面高 20—50 米岩壁间，有岩画 3 组，有正面人像 25 个，铜鼓图像 1 个，动物图像 1 个。图像呈赭红色。

46 – D$_{19}$　穿窿山岩画　〔江州区太平镇长期行政村卜瑞屯东南约 500 米左江西岸穿窿山·战国—东汉·市文物保护单位〕　山高约 150 米。临江距水面约 10 米处。隐约可见人物图像 2 个，人像残缺不全。图像呈赭红色。

47 – D$_{20}$　黄巢城岩画　〔江州区濑湍镇仁良行政村贡奉屯西北 1.5 公里左江南岸黄巢城山·战国—东汉·市文物保护单位〕　山呈东西走向，处江之湾口，高约 150 米，3 峰相连，中峰临江壁距江面高约 20—40 米，有岩画 3 组，人像 13 个，多为屈肘举手足半蹲的正面人像，铜鼓图像 1 个，图像呈赭红色，但多已模糊不清。

48 – D$_{21}$　灵芝山岩画　〔江州区濑湍镇叫城行政村叫城屯西约 1.5 公里左江北岸灵芝山·战国—东汉·市文物保护单位〕　又名凌支山，山呈东西走向，高 150—200 米。在临江二峰间的岩壁上，高距江面 20—30 米，有岩画 2 组，共有正面人像 17 个，铜鼓图像 1 个。人像皆作举手半蹲的姿势。图像呈赭红色。

49 – D$_{22}$　大山岩画　〔江州区濑湍镇叫城行政村左江西岸大山临江崖壁上·战国—东汉·市文物保护单位〕　画面朝东南，可分 4 组：第 1 组宽约 1.5 米，高约 2 米，依稀可见 1 个正面人像；第 2 组宽约 1.5 米，高约 2 米，有 3 个正面人像；第 3 组长宽各约 2 米，隐约可见 6 个人像；第 4 组宽、高各约 1 米，画面模糊不清，人像残缺不全。人像均为屈肘举手腿半蹲姿势。

50 – D$_{23}$　邕岸山岩画　〔江州区濑湍镇九岸行政村何村屯北 1 公里左江北岸邕岸山·战国—东汉·市文物保护单位〕　又名"神窿山"，山高 250 米，在山东端南壁，有岩画 1 组，画面高 3 米，宽 2 米，正面人像 4 个，屈肘举手，腿半蹲；铜鼓图像 2 个。其中 3 人图像呈倒"品"字形排列。图像呈赭红色。

51 – D$_{24}$　马鼻山岩画　〔江州区濑湍镇仁良行政村马放屯东北约 500 米左江东岸马鼻山·战国—东汉·市文物保护单位〕　山呈南北走向，高 250 米。

临江峭壁，距江面约 40 米有岩画 2 处，共有屈肘举手，足半蹲的正面人像 6 个，其中佩环首刀者 1 个，图像有残缺，呈赭红色，较淡。

52 – D$_{25}$　关刀山岩画　〔江州区濑湍镇九岸行政村何村屯东约 1.2 公里左江东岸关刀山·战国—东汉·市文物保护单位〕　山呈南北走向，高约 230 米。在西面临江峭壁，距江面 20—60 米间有岩画 5 组，共有人像 43 个，皆为屈肘举手腿半蹲的正面人像，另有铜鼓图像和动物图像各 1 个。图像尚清晰。呈赭红色。

53 – D$_{26}$　驮柏山岩画　〔江州区驮卢镇驮柏行政村驮柏旧街东约 50 米左江东岸驮柏山·战国—东汉·市文物保护单位〕　山呈南北走向，高约 220 米，在临江壁高约 60 米的一个大岩洞下方，有 1 组岩画，画面高 5 米，长 40 余米，有人像 43 个，皆为正面人像；铜鼓图像 2 个，动物图像 2 个。在山之北端，高 20 米左右，也有 1 处岩画，有 8 个人像。图像呈赭红色。部分人像模糊，难以辨认。

54 – D$_{27}$　银山岩画　〔江州区驮卢镇驮柏行政村旧村东南约 400 米左江东岸银山·战国—东汉·市文物保护单位〕　银山北端与驮柏山相接，山呈南北走向，高约 220 米。临江壁中部，距水面约 25 米，及山之南端，高约 100 米处，各有 1 处岩画。共 3 组，有人像 51 个，其中正面人像 48 个，侧身人像 3 个。图像呈赭红色，部分图像被岩溶覆盖，残缺较多，色较模糊。正面人像皆屈肘举手半蹲腿，侧身人像作前伸手屈肘上举，腿前伸半蹲。

55 – D$_{28}$　白鸽岩山岩画　〔江州区驮卢镇驮思屯南约 1.5 公里左江西岸白鸽岩山·战国—东汉·市文物保护单位〕　又叫白鹤山、观音山，山南北走向，高约 110—255 米，在临江峭壁，距江面约 50—80 米间，长约 850 米的壁面有岩画 6 处，可见正面人像 68 个，皆屈肘举手，腿半蹲；铜鼓图像 3 个。图像呈赭红色，画面模糊不清。

56 – D$_{29}$　将军山岩画　〔江州区驮卢镇驮目行政村驮目街东南约 800 米左江东岸将军山·战国—东汉·市文物保护单位〕　又叫驮目山，山呈西北走向，高约 184 米，岩画处于临江石壁西侧，高距江面约 120 米，画面高、宽约 10 米，可见屈肘举手，足半蹲的正面人像 10 个，皆屈肘举手，腿半蹲；图像呈赭红色，损坏严重。

57 – D$_{30}$　大湾山岩画　〔江州区驮卢镇逐盎行政村那陶屯东南面约 2 公里左江西岸大湾山·战国—东汉·市文物保护单位〕　又叫红山，山呈西北走向，高约 140 米。在临江陡壁南端，距江面约 30 米处，有岩画3处，共有正面人像4个，皆屈肘举手，腿半蹲，人像残缺模糊；铜鼓图像2个。图像呈赭红色。

58-D₃₁ 万人洞山岩画 〔江州区驮卢镇雷州社区渠立屯东北约1公里左江东岸万人洞山·战国—东汉·市文物保护单位〕 山呈南北走向，南北三峰相连，高130—160米，在南峰北端及北峰中部北端的临江峭壁，距江面高40—80米间，宽200米的壁面上有岩画3处共6组，共有屈肘举手足半蹲的正面人像94个，其中佩剑或环首刀者6个；铜鼓图像9个，铜鼓呈横列置于中心硕大的佩剑正面人像前，或成组悬挂。图像呈赭红色。画面受到自然损坏。

59-D₃₂ 陇狗山岩画 〔江州区驮卢镇雷州社区弄玖屯南200米左江东岸陇狗山·战国—东汉·市文物保护单位〕 又名弄玖山，为孤山，高150米，临江距江面约30米的陡壁山高，有岩画3处，共有正面人像10个，皆屈肘举手，腿半蹲；另有铜鼓、动物图像各1个。图像呈赭红色，受雨水侵蚀漫漶不清。

60-D₃₃ 岜银山岩画 〔江州区驮卢镇灶瓦行政村驮米屯西约1000米左江北岸岜银山峭壁上·战国—东汉·市文物保护单位〕 又叫大岸山，为南北走向孤山，长300米，宽100米，高70余米，处在河流拐弯角上。南面临江峭壁，距江面20米处有岩画2处，画面高、宽各10米，可见正面人像41个，皆屈肘举手、腿半蹲；铜鼓图像2个，其中一鼓太阳纹有八芒。图像呈赭红色，画面黯淡，已模糊不清。

61-D₃₄ 白龟红山岩画 〔江州区驮卢镇灶瓦行政村灶瓦村东南约2公里左江东岸白龟红山·战国—东汉·市文物保护单位〕 东南山脚下为红山村，山呈南北走向，高179米，岩画多绘于临江西面峭壁的岩洞周围，距江面40米左右范围，有岩画4处，共5组，共有屈肘举手、腿半蹲的正面人像38个，其中一人腰佩环首刀；另有铜鼓图像1个，动物图像1个。图像呈赭红色。

62-D₃₅ 白羊山岩画 〔江州区驮卢镇莲塘行政村湾望屯西南1.5公里左江南岸白羊山·战国—东汉·市文物保护单位〕 山呈西南至东北走向，高约110—130米。岩画位于西峰近山顶临江面崖壁上，第1处高距江面约100米，有正面人像6个，第2处高距江面130米，有正面人像10个。人像皆屈肘举手、腿半蹲，已残缺不全，模糊不清。图像呈赭红色。

63-D₃₆ 岑山岩画 〔江州区驮卢镇灶瓦行政村灶瓦村东南约4公里左江北岸岑山·战国—东汉·市文物保护单位〕 又称拉顺山，山呈东西走向，高约200米，岩画在临江石壁，距江面约30米处，共有岩画4处，第1处有3个正面人像；第2处在其右侧20

米，有正面人像3个；第3处位于第二处右下约10米，有正面人像8个；第4处有正面人像2个；共有正面人像16个，皆屈肘举手、腿半蹲，呈赭红色，部分图像不清。

64-D₃₇ 左州山岩画 〔江州区驮卢镇莲塘行政村上坡村西北1.5公里左江北岸上左州山·战国—东汉·市文物保护单位〕 山呈东西走向，长约400余米，高170余米，岩画在左江拐弯临江崖壁上，零星分散，共有7组岩画。其中北峰有两组，一组近峰顶，高160米，有正面人像1个；另一组距水面约50米，亦有人像1个；另在东起第一、二峰上，距水面约20—120米的岩壁上，共有岩画5处，正面人像11个；人像皆屈肘举手、腿半蹲，有的人像残缺不全。图像呈赭红色。

65-D₃₈ 花犁山岩画 〔江州区驮卢镇莲塘行政村上坡屯西约300米左江西岸花犁山·战国—东汉·市文物保护单位〕 东面隔江为花犁屯，山呈东西走向，长300余米，高60余米。岩画在临江石壁，距江面约30米，发现岩画2处，其中南端处剥落殆尽，北端1处有7个正面人像，其中6人只保留部分躯干，只有1人保存完整，作举手半蹲腿状。图像呈赭红色。

66-D₃₉ 奸岜山岩画 〔江州区驮卢镇岑豆行政村更伸屯西北约1.75公里奸岜山·战国—东汉·市文物保护单位〕 为独立的山峰，高约126米。岩画右山的西面腹部凹壁上，宽约3米，高约1.5米，高距地表约25米。隐约可见4个正面人像，多较黯淡，有的已残缺不全。人像皆举手蹲足，其中2个正面人像腰配剑。

67-D₄₀ 达宁山岩画 〔江州区驮卢镇逐盎行政村那陶屯东北约0.8公里达宁山·战国—东汉·市文物保护单位〕 又称丈四山，山呈东西走向，高约200米。岩画在山东南面近山顶的崖壁上，距地表约70米。共有10个正面人像，皆屈肘举手、腿半蹲，中间2人较大，腰间佩剑，左侧有两横排人像，每排3人；有铜鼓图像1个。图像呈赭红色，色彩模糊，部分已被现代白色标语覆盖。

68-D₄₁ 仙岩岩画 〔江州区驮卢镇农里行政村那涩屯西约1公里仙岩·战国—东汉·市文物保护单位〕 又称楞庙山，山呈西南东北走向，高120米，岩画在西南东端崖壁上，距地面约40米，有正面人像5个，铜鼓图像2个。正面人像屈肘举手、腿半蹲，其中2人腰部佩刀（剑），最下方1人头部单髻粗大，歪向一侧，另一侧抽粗大的羽毛饰。呈赭红色，色泽较黯淡。

69-D₄₂ 麒麟山岩画 〔江州区濑湍镇濑湍社区

昌隆屯东南约 1.5 公里麒麟山·清代〕 据传绘于清同治年间（1862—1874）。山呈南北走向，在西壁距地表约 30 米的壁面有岩画，画面长、宽各 2 米，绘麒麟一头，作站立状，右眼珠被凿失，身长 1.6 米，高 1.4 米。呈赭红色，色泽鲜艳。

70 - E₁ 岜等革命岩遗址〔江州区江州镇渠座行政村岜等屯西的岜等独山上·1949 年〕 1949 年 11 月 4 日，中共崇善县委领导的游击队排长黄维汉等 10 名同志被龙州区保安团包围于该岩，游击队与敌人战斗 34 天，毙敌保安团副团长兼独立营长韦学政等 3 人，于 12 月 8 日胜利出岩。山高约 200 米，岩口高 3.1 米，宽 5.8 米，洞内宽 30—40 米，进深约 52 米，岩里洞道弯曲，钟乳石嶙峋。被群众称为"革命岩"。

71 - E₂ 那隆镇烈士陵园〔江州区那隆镇那隆社区小山南面山脚·1957 年〕 1957 年为纪念周祥隆、马忠、罗国雄、黄业昌等 24 名在那隆献出生命的先烈而建。陵园平面为方形，长 28 米，长 25 米，由大门、活动广场、纪念碑、纪念墙、纪念碑组成，占地面积约 700 平方米。

72 - F₁ 陈荣廷庄园〔江州区罗白乡罗白社区罗白街·1920 年·市文物保护单位〕 陈荣廷，清末罗白县大地主。庄园建于 1920 年。坐南向北，三合土和砖木构筑。三进院落，由大门、大门侧屋、中、后座、厢房、走廊、天井及四角炮楼组成，占地面积约 2860 平方米。大门为二层楼阁，面阔一间，硬山顶。大门左侧屋面阔二间，右侧屋面阔五间，外墙开窗。中座及两侧厢房面阔三间，进深一间，炮楼高三层。后座及后炮楼已毁。建筑多为三合土夯筑，部分青砖墙，抬梁式木构架，悬山顶，盖小青瓦。内壁彩绘山水、花鸟壁画。

73 - F₂ 驮卢商会楼〔江州区驮卢镇繁荣社区·1947 年〕 建于 1920 年。1945 年被侵华日军烧毁，1947 年重建。坐西北朝东南，中、法式混合钢筋水泥结构，三层楼房。高 15.8 米，宽 5.8 米，深 37 米，建筑面积 222 平方米。面阔三间，进深二间。青砖墙。正面有三联拱走廊，宝瓶式栏杆，楼顶砌女儿墙，饰三角山花。该楼曾为中国工农红军第八军的办公地点。

74 - F₃ 丽江公园旧址〔江州区太平镇壶兴社区新庆街东南左江西岸·1919 年·市文物保护单位〕建于清乾隆年间（1736—1795），初为龙神庙，后崩塌。1919 年改建为丽江公园。园内有中山纪念堂、景查楼、图书馆、丽水轩、爱江亭等建筑。1944 年侵华日军入侵崇善县城，公园受破坏。1946 年增建抗日纪念塔。1985 年崇左县人民政府拨款复修，重砌围墙。现存"寿"字碑、丽水龙神庙碑、奉宪勒石碑等碑刻

10 方。

F₃₋₁ 丽水龙神庙碑〔原址无考，现存丽江公园内·清代〕 碑刻 1 方。清乾隆二十四年（1759）立。碑高 3.1 米，宽 1.3 米，厚 0.26 米。碑文竖 27 行，满行 6—53 字，计 897 字，字径 0.025—0.035 米，行书，阴刻。太平府知事查礼撰文，书丹者徐良，刻工岑光。碑额题"丽水龙神庙碑"，篆书，阴刻。落款"清乾隆二十四年岁次己卯十二月二十三日高要岑光镌石"。碑文对环绕太平府即城的丽水及其流域进行了介绍。

F₃₋₂ 奉宪勒石碑〔原址无考，现存丽江公园内·清代〕 碑刻 1 方。俗称"大象碑"。清光绪十二年（1886）立。碑高 1.45 米，宽 0.96 米，厚 0.18 米。碑文竖 11 行，满行 10—34 字，计 259 字，楷书，阴刻。撰文、书丹者不详，太平府正堂李勒石。额题"奉宪勒石"，落款"光绪十二年九月十四日"。碑文记述：1885 年 3 月，冯子材取得"镇南关大捷"，萃军俘获大象一头，欲献京师，根据上谕，所获大象发太平府喂养。

F₃₋₃ 寿字碑〔原址无考，现存丽江公园内·清代〕 碑刻 1 方。清道光二十九年（1849）立。碑高 2.25 米，宽 0.98 米。碑文竖 3 行，满行 1—5 字，计 10 字，行书，阴刻。无额题，碑面刻一"寿"字，一笔连成，笔流畅，远看为"寿"字，近看似"千年寿" 3 字，字径 1.92 米，落款"道光己酉年王元仁书"。王元仁，清道光年间崇善县知县。

75 - G₁ 岇逻铜鼓出土点〔江州区左州镇光坡行政村岇逻屯·东汉—唐〕 1973 年 10 月 2 日，岇逻屯出土灵山型铜鼓 1 面。鼓面径 0.505 米，高 0.366 米。面中心饰太阳纹。面沿环列三单蛙和三累蹲蛙相间。饰钱纹、四瓣花、席纹等。

宁明县

1 - A₁ 花山遗址〔城中镇耀达行政村花山屯西北约 500 米明江岸边·新石器时代〕 贝丘遗址。20 世纪 50 年代发现。位于花山岩画管理站入门处，明江东岸Ⅰ级台地上。遗址残存面积约 18 平方米。文化层堆积含螺蛳、贝壳等及碎陶片，采集有石斧和夹粗砂绳纹红、黄陶片等遗物。

2 - A₂ 坡窑窑址〔城中镇北丈行政村北丈村北面约 100 米明江南岸约 300 米坡窑·明—清〕 窑址分布面积约 4800 平方米。发现窑口 3 座，其中一个残窑局部裸露，红砖砌成，窑室两壁及顶部已不存，窑底仍有残存。窑址地表陶瓷碎片堆积丰富，器形有碗、罐、盅等，部分陶瓷表面上施青釉，部分为青瓷。

3 – A₃ 迁隆州土司衙署遗址 〔那堪乡迁隆行政村迁隆街北·明—清·县文物保护单位〕 北宋皇祐年间（1049—1054）迁隆知州黄胜奇始建，明末土巡检黄元吉重建，清康熙十四年（1675）土巡检黄国运修缮，清雍正二年（1724）土巡检黄震中重修，第二十二代土司黄文光扩建。原建筑坐北向南，砖木结构，为五进院落，占地面积约7000平方米。现存石磉数个，石柱2根，石鼓、石狮各1对和石墩26个分列于砖砌路边。遗址东侧有清乾隆六年（1741）《奉宪应裁应留陋例碑》1方。1962年，在衙门西侧曾挖出明"迁隆州印"1枚。

A₃₋₁ 奉宪应裁应留陋例碑 〔那堪乡迁隆街北迁隆州土司衙署遗址东侧·清代〕 碑刻1方。清乾隆六年（1741）刻立于迁隆土司衙署大门东侧。碑高2米，宽0.82米，厚0.11米。碑文竖行，楷书，阴刻。碑文记述土司统治地区赋税摊派严重情况，是研究土司制度的珍贵资料。

4 – B₁ 黄泽墓 〔明江镇琴岳行政村板册屯四把岭·明代·自治区文物保护单位〕 原定为宋代思明土司黄善璋墓，后在对该墓进行探掘时出土一地券石，证实墓主为黄善璋后裔明代土司黄泽。黄泽（1463—1531），北宋皇祐年间（1049—1054）思明土府黄善璋后裔，明广西左江思明府中顺大夫。卒于明嘉靖十年（1531），安葬于嘉靖十三年（1534）。墓葬朝南，冢呈圆锥形，以条石围砌，前有墓碑。神道长150米，宽10米，两旁序列石人、石马、石兽。墓地入口有石牌坊，牌坊前约50米有望柱2条。墓两侧各有从墓2座，墓主不详。早年被盗。占地面积约3000平方米。

5 – B₂ 枯罡明墓 〔寨安乡莲罡行政村枯罡屯西约1.5公里·明代〕 墓葬朝南，冢呈圆丘形，砖砌，墓周有内、外三合土圆形墓圈墙，内圈墙周长18米；外圈墙周长约84米，墙高0.9米，厚0.4米，占地面积约400平方米。此墓早年被盗，墓冢已塌，墓碑不存，墓主不详。

6 – B₃ 黄钺墓 〔那堪乡峙内行政村那城屯东北约500米·清代〕 黄钺，清康熙二十四年（1685）袭父黄国运职，为迁隆峒第十九代土司。墓葬朝东北，长方形三合土冢。高0.8米，宽1.1米，长1.40米。墓为二柱一间二层一楼式，重檐歇山顶盖，高1.2米，宽0.8米，碑文蚀损严重，仅依稀可辨"皇清奉直大夫世知迁隆州正堂事颢祖讳钺黄老太爷之墓"等字。占地面积约30平方米。

7 – B₄ 黄晟墓 〔北江乡峙书行政村龙田屯北约1.5公里·清代〕 黄晟（1685—1736），字颖园。承袭始祖黄善璋思明州土司职。死后与妻李氏、妾黄氏合葬。墓葬朝南，圆丘形三合土冢，用料石围砌。高1米，底径2米。墓碑高1.22米，宽0.84米。碑文记述墓主人生平事略。墓前神道两旁序列石人、石马、石狮等各1对。占地面积约100平方米。早年被盗。

8 – C₁ 黄祥宗祠 〔东安乡板桂行政村那罗屯·清代〕 建于清乾隆二十六年（1761）。20世纪70年代维修。坐北朝南，砖木结构，单体建筑，面阔三间，进深一间，砖墙，悬山顶，盖小青瓦。明间前设内凹小檐廊，中为敞开大门，门左侧嵌有乾隆二十六年《流传注碑》1方。祠堂前设土筑戏台。占地面积约50平方米。

9 – C₂ 蓉峰塔 〔城中镇西北郊1.5公里·清代·县文物保护单位〕 始建于清道光元年（1821）。知州伊沈公筹建，历时三十多年方落成。坐西朝东，五层八角形楼阁式砖塔，高43.44米，占地面积约30平方米。塔基、塔座以料石砌成，塔身各层叠涩出檐，每层开拱门窗。底层门额嵌"蓉峰塔"横石匾，门边镶石刻楷书对联，二层题"珠联"，三层题"璧合"，四层题"梯云"，五层题"取月"等匾。塔顶为八角攒尖顶，木质葫芦刹，盖琉璃瓦。清光绪十八年（1892）塔顶被雷击毁。塔内木楼梯、楼板被盗毁，1983年楼板、楼梯改为钢筋水泥混凝土结构。

10 – C₃ 亭立码头 〔亭亮乡亭乐行政村亭立屯·清代〕 建于清道光二十一年（1841）。码头原有石踏跺100多级，用青条石砌而成，大部分已被水淹没。现可见码头上方的10余级石踏跺，宽2.2米，级高0.25米。码头东北2米立有《修码头碑》1方，碑文记载修码头事由及捐款人名单。

11 – C₄ 岜荷庙 〔城中镇珠连行政村岜荷屯南面约150米龙峡山北面山腰岩洞口·清代〕 建于清道光二十五年（1845）。坐南朝北，砖木结构，与山洞结合构建，青砖墙，硬山顶，盖小青瓦。现庙顶坍塌。左、右砖墙上有墨书诗歌数首，楷体。正梁上有楷书"道光二十五年岁次乙巳仲夏自望日通村沐□弟子立置毂旦"。占地面积约50平方米。

12 – C₅ 皇诰文武庙 〔明江镇凤璜行政村皇诰屯·清代〕 清道光二十六年（1846）由村民捐资重修。坐北朝南，砖木结构，单体建筑，占地面积约290平方米。面阔三间，青砖墙，穿斗与抬梁混合木构架，硬山顶，正脊中部饰宝葫芦，盖小青瓦。前设檐廊，檐柱2根，门额上挂"名垂竹帛"木匾，正门两侧墙嵌有碑刻3方，内容为重建此庙事由及捐资人名单。廊前设踏跺2级。

13 – C₆ 黄守忠故居 〔北江乡北江行政村北江村东·清代〕 黄守忠，字莨臣，广西上思（今宁明县北江）人，清刘永福黑旗军部将，在抗法战争中以英勇闻名。死后，清光绪帝封其为"清皇浩授一品顶戴武功振威将军"。故居建于清光绪年间（1875—1908），坐北朝南，砖木结构，二进院落，占地面积约700平方米。前座已毁，门旁存炮楼一座。后座面阔七间，青砖墙，硬山顶，盖小青瓦。屋内石础金柱林立，柱上雕龙画凤。

14-C₇ 黄氏旧居 〔那堪乡那钱行政村那钱屯·清代〕 迁隆土司黄隆昌后裔建于清光绪十二年（1886）。由三座单体建筑组成"品"字形，占地面积约300平方米。坐东南朝西北，砖木结构，面阔三间，进深一间，青砖墙，硬山顶，盖小青瓦。檐下墙上方有彩绘缠枝花图案。其中1座设有前檐廊，门额挂阳刻楷书"长年介祉"横木匾，系清康熙二十八年（1689）钦命广西提督学政杨□为监生黄隆昌之父秉贤赠。

15-C₈ 迁善书院 〔那堪乡迁隆行政村迁隆小学内·清代·县文物保护单位〕 迁隆土司黄振纪始建于清光绪二十年（1894），至二十一年（1895）建成。坐北朝南，砖木结构。三进院落，由前、中、后三厅及天井、厢房组成，占地面积约447平方米。现存后厅，面阔三间，进深二间，前置檐廊，木门，几何格窗，清水墙，穿斗与抬梁混合木构架，硬山顶，盖灰瓦，人字山墙。墙内壁画已损坏。院内存清代《鼎建迁善书院碑》1方。

C₈₋₁ 鼎建迁善书院碑 〔原迁善书院院内·清代〕 碑刻1方。清光绪二十一年（1895）立。碑高0.95米，宽0.63米，厚0.08米。碑文竖20行，满行14—38字，计606字。字径0.02米，楷书，阴刻。迁隆岗长官黄振记撰文作序，庠生方辰闰书丹。首行题"□维"2字，落款"光绪二十一年岁次乙未孟月吉日彀旦竖立"。碑文记述读书育人之重要及修建迁善书院之始末。

16-C₉ 岜濑码头 〔城中镇耀达行政村濑江屯明江西岸·清代〕 建于清代，具体时间不详。码头为条石砌成，有75级踏跺，长约30米，宽2.5米，75级，级高0.25米。

17-C₁₀ 么囊井 〔城中镇福仁街西面·清代〕 建于清代，具体时间不详。么囊，系壮语阿婆的译音。井口平面呈圆形，井圈以青石凿成，直径0.8米，井深约3米。井壁用青砖圈砌，井台铺砌石板，井旁边砌大、小两个方形水池，供村民洗衣、洗菜之用。占地面积0.39平方米。

18-D₁ 禁革土司科派告示碑 〔海渊镇思州行政村思州屯·清代〕 碑刻1方。清光绪年间（1875—1908）立。碑文竖行，楷书，阴刻。内容是揭露在土司统治下，"土官遇事科派，不恤民艰，需索使费"的情况。碑残破为数块，碑文尚可辨。

19-D₂ 奉宪示勒碑 〔原立于那楠乡那陶行政村那陶屯·清代〕 碑刻1方。清光绪七年（1881）立。碑高1.1米，宽0.6米，厚0.06米。碑文竖行，楷书，阴刻。为太平府告示。碑文记述：土思州哨目王永良，罗本先等控告土官，苛征粮钱。经太平府核裁，勒碑告示，禁革土官"不得违例加派"，"土民亦不得借端诬控"。碑裂数块，字漫漶不清。

20-D₃ 世袭思州正堂碑 〔海渊镇思州行政村思州屯·清代〕 碑刻1方。清光绪十五年（1889）立于思州土司衙署大门左侧。碑高0.63米，宽0.24米，碑文竖3行，计21字，楷书，阴刻。碑额题"世袭"2字，碑文已模糊。

21-D₄ 迁隆土司宗祠世系碑 〔原立于黄氏宗祠，现置那堪乡迁隆行政村迁隆屯·清代〕 碑刻1方。清代立，具体时间不详。碑高1.52米，宽0.74米，厚0.12米。碑文竖行，楷书，阴刻。无额题，中刻"皇宋钦命世授正总兵镇守边疆开创太始祖讳胜奇黄公神主"。两边刻二十二代土司名讳。黄胜奇，山东益都人，北宋皇祐年间从狄青讨伐侬智高有功，授正总兵衔，世袭迁隆土知州。祠毁碑存。

22-D₅ 花山岩画 〔城中镇耀达行政村耀达屯东北约500米花山·战国—东汉·全国重点文物保护单位〕 位于明江东岸，海拔345米，高约270米，长350余米。岩画分布在临江面西峭壁，距江面高30—90米。画面高40—50米，宽170—210米，面积8000多平方米。共有图像1900多个。包括人、动物、铜鼓、刀、剑、钟、船等。其中人像1300多个，人图像一般高在0.6—1.5米之间，大者高3米余，小者高约0.3米。主要由正面、侧身两类屈肘举手半蹲腿的人像组成画面。图像用平涂方法绘画，呈赭红色。花山岩画居左江岩画之冠，是左江岩画的代表。

23-D₆ 珠山岩画 〔城中镇珠连行政村珠山屯西南约1公里珠山·战国—东汉·县文物保护单位〕 位于明江西岸，山呈南北走向，高100—120米，岩画分布在临江南、北两峰东壁的岩面，其中南峰2处，北峰7处，共22组，多由独立的图像组成。许多图像已漫漶不清，可见正面与侧身人像共169个，其中正面人像手执或腰际佩剑、环首刀者38个；动物图像15个，铜鼓图像10个。正面、侧身人像皆屈肘举手，腿半蹲。图像呈赭红色。

24-D₇ 龙峡山岩画 〔城中镇珠连行政村驮河屯东南约400米龙峡山·战国—东汉·县文物保护单位〕 位于明江河道拐弯处东岸。山由四个相连的山峰组成，呈南北走向。南端峰脚伸入内岸陆地。北起第一、二、三峰，西侧紧临江面，为断岩峭壁，山的峭壁山共发现岩画6处，共有正面与侧身人像56个，其中正面人像手执或腰佩长剑者10个；动物图像4个，铜鼓图像5个，船图像1个。正面、侧身人像皆屈肘举手、腿半蹲。像呈赭红色。

25 – D₈ 达佞山岩画 〔城中镇耀达行政村达佞屯东南约500米达佞山·战国—东汉·县文物保护单位〕位于明江东北岸。山为峰峦连绵的断岩山，岩画绘于西南面临江峭壁中部近山脚处，高距江面约40米。画面呈斜横幅状，中部岩画被钟乳石覆盖，两端风化剥蚀，图像多残缺不全，现存9个人像，屈肘举手、腿半蹲。中部一正面人像，头饰羽，腰配刀，脚下有动物图像。图像呈赭红色。

26 – D₉ 高山岩画 〔城中镇耀达行政村赖江屯明江对岸高山·战国—东汉·县文物保护单位〕位于明江转弯处北岸。山有东西两峰，高200—300米，临江壁陡峭立。西峰峭壁中部有两岩洞，岩画分布两洞附近，共有8组；东峰西壁岩画各5组，共有18组。画面积约800平方米。共有正面人像、侧身人像、动物、铜鼓、羊角纽钟等图像约379个。其中正面人像手执或腰佩剑，环首刀者20个。图像呈赭红色，东峰西壁岩画颜色较淡。

27 – E₁ 连城要塞遗址和友谊关（宁明县境段） 〔寨安乡、峙浪乡、明江镇、桐棉乡·1885—1896年·全国重点文物保护单位〕连城要塞是清末广西提督、边防督办苏元春于清光绪十一年至二十四年间（1885—1898）间督建的边防军事设施。宁明县境段分布于寨安乡、峙浪乡、明江镇、桐棉乡等地。

E₁₋₁ 镇宁炮台 〔寨安乡安阳行政村枯号屯东侧牛头山·1894年〕清光绪二十年（1894），广西提督、边防督办苏元春督建。建于牛头山顶，炮台平面呈六边形，边长20米，高7米，占地面积1100平方米。用料石砌筑。大门朝西北，拱形，门额嵌阴刻楷书"镇宁台"石匾，两边款为"光绪二十年孟春月"和"毅新副左营监修"。门外砌片石护墙，内分两层，底层设营房、弹药库、神龛、天井和踏跺；上层为炮位、指挥台、战壕和垛墙。炮位原置德国克虏伯大炮一门，现仅存炮座。

E₁₋₂ 镇思炮台 〔峙浪乡思陵行政村坤招屯南约3.5公里宝盖山·1895年〕清光绪二十一年（1895），广西提督、边防督办苏元春督建。建于宝盖山顶，平面呈六边形，边长14米，高5.52米。占地面积500平方米，料石砌筑，大门朝东北，拱门额上嵌阴刻楷体"镇思台"石匾。左款刻"督办边防太子少

保头品顶戴提督□□□□苏元春建督修……"炮台内部两层，底层由兵房和天井、弹药库连成"C"形；上层中心设有圆形炮位，前有瞭望哨，两端设传话孔。现存被锯断德国克虏伯大炮1门。

E₁₋₃ 镇明炮台 〔明江镇百泉行政村南观音山·1896年〕清光绪二十二年（1896），广西提督、边防督办苏元春督建。建观音山顶，平面呈圆形，底径22米，高6米，占地面积约380平方米。用料石砌筑。大门朝东北，门额嵌阴刻楷书"镇明台"石匾，两边刻款"光绪二十二年岁次丙申"和"毅新副左营监修"等字。炮台内分两层，底层有兵舍、巷道式台阶和神龛等；上层为炮位，南、北两端设有通气孔，周砌女儿墙。原有德国克虏伯大炮1门，已毁。

E₁₋₄ 鸡甫山炮台 〔桐棉乡板岸行政村鸡甫屯西北约1公里鸡甫山东北2公里·1893年〕清光绪十九年（1893），广西提督、边防督办苏元春督边所建。炮台平面呈鞋底形，长约80米，宽15米，面积约950平方米，由料石叠砌而成，前为瓮城，后为炮台。炮台由护墙、炮位、兵房和旗杆石组成，炮位平面呈圆形，高3.5米，底径15米，护墙厚0.53米。原设置德国克虏伯大炮1门，已失。

29 – E₂ 那练村炮楼 〔寨安乡那练行政村那练村中间·1929〕具体修建时间不详。那练村是宁明县大革命时期的红色根据地，1929年这里成立了宁明县第一个农民协会和第一支农民赤卫队。炮楼高约5.5米，大门朝北，面阔3.6米，进深4.2米。泥砖砌筑，悬山顶，盖小青瓦。内分两层，以木板隔开，有木梯可供上下。一楼有两窗，木窗枝。二楼有枪眼数个。

30 – E₃ 李品仙金牛潭诗刻 〔爱店镇爱店社区爱店小学西北约700米金牛潭·1933年·县文物保护单位〕摩崖石刻1方。1933年刻。石刻面向北偏西，刻面高约1.5米，宽约1.3米。是李品仙任广西对汛署长官期间，巡边游金牛潭时在石壁上题的七绝一首。文竖8行，满行4—10字，计58字，阴刻，楷书。诗云："兀坐山间听水声，满怀忧愤寄边情。碧潭不见金牛影，开路再休用五丁。"

31 – E₄ 周元故居 〔明江镇洞廊行政村洞廊屯·1934年〕周元（1894—1938），字凯之，广西宁明县明江洞廊村人。国民革命军陆军第48军173师中将副师长。1938年5月徐州会战，周元奉命率173师1团扼守安徽蒙城，于5月9日激战中牺牲。1985年中华人民共和国民政部追认周元为烈士。故居建于1934年，坐北朝南，砖木结构，二层楼房，面阔三间，明间有木梯上至二楼。二楼铺木板，明间设内凹走廊，直棂木栏杆，正堂上悬描金漆"攸跻攸宁"木匾，落款为

"李宗仁题赠"，青砖墙、硬山顶，盖小青瓦。占地面积约 188 平方米。

32－E₅ 广西全边对汛督办署汛警队抗战阵亡官兵烈士墓 〔爱店镇爱店社区西北约 500 米公母山·1941 年·县文物保护单位〕 为 1941 年 8 月在爱店奋力抗击侵华日军而阵亡的 25 名广西全边对汛督办署汛警官兵墓。墓葬坐东南朝西北，冢呈圆丘形，高 1.65 米，底径 2 米，混凝土构筑。墓顶立方柱形石碑，高 4.15 米，阴刻"广西全边对讯督办署汛警队抗战阵亡官兵烈士碑"。墓前立《爱店抗战阵亡汛警士兵烈士碑文》碑 1 方，碑文记抗战事由、经过及 25 位英烈名单。占地面积约 50 平方米。

33－F₁ 林俊廷住宅 〔海渊镇正街社区北面·1928 年〕 林俊廷（1876—1933），字莆田，广西防城县扶隆乡人，旧桂系将领，曾任广西省长兼广西自治军总司令。住宅始建于 1924 年，历 4 年建成。坐南朝北，钢筋水泥结构，法式建筑，三进院落，面阔三间，占地面积约 750 平方米。前为庭院，有八字形正门，中座三层，后座二层楼房。各层南、北、西三面有外廊，四面联拱式窗。顶层砌女儿墙，外墙饰雕花图案。

凭祥市

1－A₁ 夏石遗址 〔夏石镇夏石行政村夏石中学校院内·新石器时代·市文物保护单位〕 山坡（台地）遗址。1982 年发现。面积约 200 平方米，文化层厚 0.15—2.5 米。20 世纪 70 年代初，因挖窑而被破坏。出土磨光石铲 2 件。

2－A₂ 西州府遗址 〔夏石镇夏石行政村夏石中心小学校内·明代·市文物保护单位〕 始建年代不详。明万历间（1573—1620）从夏石旧州迁至茶柳（今夏石中心小学）。建筑物已毁，现仅存东、西、北三面夯土残墙，用石灰、红糖、黄泥混合夯筑；一条石板小道、一些石柱础、石鼓、石凳及残青花瓷片等遗物。

3－A₃ 浦责窑址 〔友谊镇三联村浦责屯西 1 公里山脚·清代〕 据传为清末广西提督、边防督办苏元春督边时，在浦责屯建兵营修建的三座砖窑之一。窑口向西，马蹄形砖窑，青砖砌筑，由窑门、窑室、出烟口组成。窑室为圆体，直径 4 米，高 3.2 米。占地面积约 13 平方米。

4－A₄ 上石伏波庙遗址 〔上石镇板旺行政村东北约 2 公里伏波山顶·清代〕 清光绪二十四年（1898），广西提督、边防督办苏元春修建于伏波山北炮台旁。坐北朝南，土木结构，原为一进二院四厢房，面阔三间，占地面积约 200 平方米，现仅存夯土残墙高 3.5 米，厚 0.43 米，分层夯筑；还有庙前石踏跺和建庙碑 2 方。

5－B₁ 班夫人墓 〔凭祥镇白马山山脚凭祥市一中校园内·清代·市文物保护单位〕 清道光年间（1821—1850）朝廷重修。相传班夫人（生卒年不详）名都英，为凭祥市柳班村人，著名壮族女英雄。东汉初因支援马援南征交趾有功，封为一品太尉夫人。墓葬向东，占地面积 289.3 平方米，冢呈圆塔形，四周以石砌，分三层，尖锥顶。高 1.7 米，底径 3 米。墓前立碑 1 方，呈长方形，中刻"皇汉敕封太尉威灵感应护国庇民班氏夫人古墓"等字。墓坪前面有 11 级石踏跺，前端两侧立华表 1 对。其余三面为砖砌护围，围墙上嵌有记载班夫人功绩题词碑刻，为清代立。

6－B₂ 湖南山清军将士墓群 〔友谊镇宋城行政村底隘屯南边湖南山半山腰·清代〕 建于清光绪年间（1875—1908），为历来服务边地及中法战争中在平而关阵亡官兵墓地。因墓主均为湖南籍人，故称为湖南山。墓葬均朝南，沿坡而修筑，逐层排列，约有 200 多个土冢，每座冢下埋魂坛 2 个，一些冢前立一块无字砖头做记号，部分封土已平，魂坛暴露开裂。占地面积约 1680 平方米。

7－C₁ 福桥 〔凭祥镇北环路 5 巷旁凭祥河支流上·清代〕 建于清光绪年间（1875—1908）。南北走向，单孔石拱桥，长 4 米，宽 2.4 米，拱跨 3.45 米。桥身用片石，桥拱用料石干砌，桥面石板多缺损。桥东侧面嵌有"光绪年建""福"条石。

8－C₂ 隘口伏波庙 〔友谊镇隘口街·清代·市文物保护单位〕 建于清光绪二十年（1894），光绪二十五年（1899）重修。1983 年维修。坐北朝南，砖木结构，二进院落。原有前、后两殿、拜亭、戏台、厢房、天井等，占地面积约 1000 平方米。现存前殿及两边厢房，前殿，面阔三间，进深二间，有檐廊，立石檐柱，后有回廊，穿斗式木构架，歇山顶。庙内有清光绪二十年（1894）、二十五年（1899）建庙碑 2 方。

9－C₃ 板南井 〔凭祥镇南山行政村板南屯南边约 100 米处·清代〕 建于清代。面积约 22 平方米。井口平面呈圆形，径约 0.9 米，井壁采用条木箍建，后人维修时用水泥砂浆过面。井台亦呈圆形，三合土铺面。

10－C₄ 三元庙 〔友谊镇三联行政村坤旧屯公路旁·清代〕 又称江三庙。建于清末，具体时间不详。坐南朝北，木结构，面阔三间，进深一间，穿斗与抬梁混合木构架，悬山顶，四壁敞开，瓦为后来重盖。占地面积约 45 平方米。

11－C₅ **三堂桥** 〔上石镇马垌行政村三堂屯北约200米无名小沟上·清代〕 建于清代,具体时间不详,为当时马垌村周边村民往来上石镇和夏石镇的小道桥梁。南北走向,单孔石拱桥,长9.3米,宽1.75米,拱跨2.85米。桥身用片石干垒,桥拱为料石砌筑,桥面铺石,两端无护栏,由于桥面残损严重,村民用水泥进行了填补。

12－C₆ **上把丘拱桥** 〔上石镇马垌行政村上把丘屯东约1公里·清代〕 建于清代,具体时间不详。当时为上石镇至夏石镇往来的道路桥梁。西北—东南走向,单孔石拱桥,长7.9米,宽3.5米。桥身、桥拱用料石、青砖砌筑,桥面石板已被泥土覆盖。

13－D₁ **白马洞石刻** 〔夏石镇白马行政村板岜屯北约500米的白马洞里·明代·县文物保护单位〕洞口与地面平,东西相通。洞内有摩崖石刻6方。洞口内左壁上方是清嘉庆二十二年(1817)广西左参议吴鹏题榜书"白马洞"3字,字径0.33米,楷书,阴刻。首行"嘉靖二十二年七月既",落款"广西左参议秀水吴金事南海冯徽自镇南关公务还憩白马池上州官黄泰称兹洞之胜乘兴来游抵暮而还黔泉鹏书泰刻"。另外左壁有石刻2方,草书,阴刻;右壁石刻3方,楷书,内容为题榜、题诗。

14－D₂ **鹿山岩画** 〔凭祥镇连全行政村那逢屯西南约750米鹿山南面山腰·战国—东汉·市文物保护单位〕 鹿山孤峰耸立,高约200米。岩画高距地表50余米,在"葫芦洞"口东侧,绘鹿图像1个,鹿高约1.9米,头东尾西,头呈椭圆形,上有双角,回首张嘴。颈部较长,躯干比较肥圆,呈站立状,背部插有棒状物。图像呈赭红色,颜色模糊。

15－D₃ **人头山岩画** 〔上石镇上石行政村岜板村西约200米火车站铁路道口北面约200米人头山·清代·市文物保护单位〕 位于人头山南坡半山岩洞中,洞口呈桃形,洞内有2个人头像,右侧人头宽0.07米,高0.5米;左侧人头宽0.5米,高0.6米,从颈部处伸出一手,五指张开。图像呈赭红色,画像极其模糊。

16－D₄ **麒麟山岩画** 〔凭祥镇连全行政村那逢屯西南约1公里海马山·清代·市文物保护单位〕 又称麒麟山。为孤山,高200余米,岩画位于山东侧岩壁上,高距地表约30米处,画面宽1.3米,高1.16米,绘一麒麟图,头上有角,作回首张口状,全身绘满鳞片,站立,尾粗短。图像呈红色。画面西侧,有正方形方框,用石灰楷书"河图呈瑞"4字。

17－E₁ **连城要塞遗址和友谊关(凭祥市境段)** 〔凭祥镇、友谊镇、上石镇·1885—1898年·全国重点文物保护单位〕 连城要塞又称垒城,为便于防务,

清末广西提督、边防督办苏元春将广西提督府由柳州移驻广西边防前线龙州,在北海市、防城港市、东兴市、宁明县、凭祥市、龙州县、大新县、靖西县、那坡县的中越边境线上中国边境的一侧中越边境沿线的险要山头及沿海一线进行大规模边防军事设施建设,始建于清光绪十一年(1885),止于清光绪二十四年(1898)。连城要塞由凭祥市、龙州县大、小连城提督行署与其前沿友谊关以和行署两翼的炮台、碉台群及城墙组成,共修炮台、碉台165座,关隘109处,关卡66处,构成气势宏伟的军事防御体系。因炮台、碉台之间多以城墙相连,故又被誉为"南疆小长城"。连城要塞凭祥市段分布于友谊镇、凭祥镇、上石镇。友谊关为建于汉代的边境关口,至清代时为连城要塞的前沿。

E₁₋₁ **友谊关** 〔友谊镇卡凤行政村卡凤村东南约2.5公里·1885年〕 连城要塞前沿,中越边境主要关口。始建于汉代,原名雍鸡关,又名大南关、界首关,明洪武元年(1368)改名鸡陵关,明永乐五年(1407)更名镇夷关,明宣德三年(1428)改名镇南关,1953年改为睦南关,1965年命名友谊关。友谊关包括关楼、城墙、左辅山炮台(镇关炮台)、右辅山炮台(金鸡山炮台)、清末广西全边对汛署(法式楼)以及大清国万人坟等,总占地面积约250万平方米。关坐北向南,料石城墙,券拱城门,门额嵌陈毅元帅书"友谊关"石匾。关楼原为木结构,清末为砖木结构,1957年改建为三层料石钢筋水泥结构。高22米,面阔23米,进深9.7米,关楼两翼有明代城墙1202米,分别连接左、右辅山,关门后有法式楼、水井等。清光绪十一年(1885)二月,侵越法军进犯中国边境,三月二十三日,冯子材率部分兵三路迎敌。经两昼夜浴血奋战,歼敌2000余,乘胜追击收复文渊、谅山等地,史称"镇南关大捷"。孙中山领导的镇南关起义,标志着广西全境解放的红旗插上镇南关都发生于此。

E₁₋₂ **关前隘大捷遗址** 〔友谊镇隘口行政村关前隘屯的北面地带·1885年·县文物保护单位〕 关前隘是中法战争镇南关战役的主战场,因此镇南关大捷亦称"关前隘大捷"。清光绪十一年(1885)三月二十三日,冯子材率杨瑞山等将领在此迎击入侵法军。在苏元春、陈嘉、王德榜、王孝祺等友军配合下,歼尼格里等法军2000余人,并乘胜追击克复文渊、谅山等地,取得震惊中外的镇南关大捷。关前隘是镇南关后马鞍山、大小青山与右辅山、凤尾山之间20公里长峡谷隘口,地势险要,两边高山夹峙,南北长3000米,东西宽1500米,占地面积约45万平方米。隘口原筑有长约1000米的御敌长墙,墙内挖有堑壕,两边山上筑

有战壕营垒，现仅存残迹。

E₁₋₃ 大清国万人坟 〔友谊镇友谊关右辅山脚·1885 年〕 中法战争镇南关战役阵亡将士墓群，建于清光绪十四年（1888），二十四年（1898）重修。占地面积约 3000 平方米。墓区中部立有纪念碑 1 方，额行横题"大清国"，其下竖行"万人坟"，落款"光绪二十四年清明立"。主碑两侧的副碑为国民革命军陆军第 188 师师长海竞强以及下属 3 个团的团长、龙州司法局补刻。墓葬朝东，依山势呈阶梯式排列，泥土冢，墓前用青砖砌护坡，前竖立青砖作为记号。有 4 座墓前有石碑，坟区顶部中央独葬一大砖室墓。

E₁₋₄ 右辅山炮台 〔友谊镇友谊关右侧右辅山山顶·清代〕 又称金鸡山炮台，清光绪十一年至二十四年间（1885—1898），广西提督、边防督办苏元春督建。清末中法战争后不久，清广西提督苏元春将广西提督府由柳州移驻广西边防前线龙州，在中越边境一带的险要山头进行大规模的工事建设，右辅山炮台即为其一。右辅山海拔 595 米，山上共有 3 座炮台，分别坐落在 3 个山头，成犄角鼎立之势，分别称镇中、镇南、镇北炮台。

E₁₋₅ 左辅山炮台 〔友谊镇友谊关左侧左辅山顶·清代〕 又称镇关炮台，清光绪十一年至二十四年间（1885—1898），广西提督、边防督办苏元春督建。炮台建于山顶，朝南，平面略呈椭圆形，占地面积 2472 平方米。分内、外两部分。外台围片石垛墙，四周有枪眼，墙内侧筑平台环绕炮台。内台用片石砌主炮台，内部结构为"中"字形，券拱顶，有 3 间兵房，四面各设一门，南门额匾刻"镇关炮台"，其余门额分别嵌"东门""西门""北门"石匾，环形巷道，内外台间亦设环形通道，可通往外台的瞭望窗和城垛。南面设瞭望台一座。

E₁₋₆ 镇中炮台 〔友谊镇友谊关右辅山中间山峰·清代〕 建于清光绪十一年至二十四年间（1885—1898），广西提督、边防督办苏元春督建。右辅山炮台之一。炮台朝东，平面呈正六边形，护墙为砖石结构，大门门额嵌"镇中台"匾。炮台分三层，一层为环形券拱道，向外一侧设东、西、北 3 个双层拱形门，有楼梯上二层环形巷道，巷道西边有石梯直上三层，三层中部有炮位掩体，炮台外侧有一圈垛墙，四周有枪眼。占地面积约 1899 平方米。

E₁₋₇ 镇南炮台 〔友谊镇友谊关右辅山南峰·清代〕 清光绪十一年至二十四年间（1885—1898），广西提督、边防督办苏元春督建。右辅山炮台之一。炮台朝西南，平面略呈椭圆形，占地面积约 1600 平方米。护墙为砖石结构。大门门额嵌"镇南台"匾。炮台分三层，一层有为屯兵房，有石梯上二层，大门右侧亦有石梯上二层平台，东南面外侧砌垛墙，有一石梯上三层炮台顶部，炮位在西面，尚存克虏伯大炮一门，炮堂口衔未出膛炮弹 1 枚。炮位南边有二间弹药库。

E₁₋₈ 镇北炮台 〔友谊镇友谊关右辅山北峰·清代〕 清光绪十一年至二十四年间（1885—1898），广西提督、边防督办苏元春督建。右辅山炮台之一。炮台向西南，平面呈长方形，占地面积约 1780 平方米。炮台护墙用料石砌筑，分内、外两重，外重为操场，门额嵌"福星门"匾，右面石壁上刻有《镇北炮台记》；内重为兵房，大门和后侧门额嵌"镇北台"匾。炮台分两层，一层有天井、兵房，兵房外墙开瞭望门 2 个，顶部设 3 个通气口。炮位在东北边，现存德国克虏伯大炮一门。二层为炮台顶部，炮台外侧一圈有垛墙。

E₁₋₉ 右辅山前闸门 〔友谊镇友谊关金鸡山顶·清代〕 清光绪十一年至二十四年间（1885—1898），广西提督、边防督办苏元春督建。西北面与金鸡山体连接，东南面为悬崖峭壁，是护卫右辅山三炮台重要门户。坐西南向东北，料石砌筑，双重券拱门，门额题"前闸门"3 字，字径 0.2 米，楷书，阴刻，落款为蒙山苏元春立。闸门左侧倒塌一角，"前闸门"额匾已被破坏。

E₁₋₁₀ 金鸡山后闸门 〔友谊镇卡凤行政村东南约 3 公里处友谊镇友谊关金鸡山顶·清代〕 清光绪十一年至二十四年间（1885—1898），广西提督、边防督办苏元春督建。坐西南朝东北，占地面积 31.75 平方米，料石砌筑，双重券拱门。城墙宽 8.2 米，高 7.2 米，厚 3.8 米。拱门高 3.15 米，宽 2.23 米。闸门顶建有一间砖混结构平顶房，门额上书"后闸门"3 字，楷体，阴刻，落款"管带毂新正右营副将衔补用参将吴田秀立"。

E₁₋₁₁ 广西全边对汛督办署旧址 〔友谊镇友谊关内约 50 米·清代〕 俗称"法式楼"，建于清末，为清政府在中越边境设立的对汛机关。广西沿边在洽峒、峙马、南关、平而、布局、水口、里板、平孟设立对汛 8 处，督办署设在凭祥友谊关。对汛督办署坐北朝南，为砖、钢、木混合结构二层西式楼房，歇山顶，红色平瓦，屋顶设女儿墙。周有回廊，拱形门窗，柱头浮雕，花阶砖地面。楼楞使用工字钢并在其两侧凹槽内用薄砖起券拱。楼四周的砖柱之间有砖砌栏杆。

E₁₋₁₂ 马鞍山炮台 〔友谊镇卡凤行政村米七屯北面约 2 公里马鞍山·1893 年〕 清光绪十九年（1893），广西提督、边防督办苏元春督建。炮台朝西，平面呈蝶形，由主炮台、掩体组成，占地面积 1070

平方米。砖石砌筑，顶部设 4 道等距的护墙，墙上开有 "T" 形枪眼。台内设有 3 间兵房、4 个出口拱门、2 口天井、炮台周围修有巷道，门外设扇形掩体。1979 年后，原西面外墙体被拆，建成现在的大门、围墙，用水泥加固兵房墙体和顶部。

E₁₋₁₃ **大青山炮台** 〔友谊镇隘口行政村隘口街东约 3 公里大青山顶·1887 年〕 大青山位于关前隘东侧，为 1885 年中法战争关前隘战役右翼阵地。清光绪十三年（1887）广西提督、边防督办苏元春在山上建南、北两炮台，相距约 50 米，均用砖石砌筑。南台向西北，平面呈 "工" 字形，分上下二层，一层有 2 间兵房，墙体外侧开 3 个拱门，四面有 5 个出入口。二层是炮位，有地道、壕沟将炮台连为一体。占地面积约 1034 平方米。北台向东北，平面呈 "T" 形，宽 4.1 米，进深 14.3 米，高 4.5 米，兵房在一层，炮位在二层。炮台呈半圆形。内有清光绪十三年刻碑记。占地面积约 630 平方米。

E₁₋₁₄ **小青山炮台** 〔友谊镇隘口行政村隘口街东约 2 公里小青山顶·1887 年〕 清光绪十三年（1887），广西提督、边防督办苏元春督建。炮台朝西北，平面呈三角形，占地面积约 650 平方米。炮台为砖石结构，分两层：一层外设拱门，门额匾已缺失，内设兵房、天井，有石踏跺通向二层。二层设有炮位。

E₁₋₁₅ **金钱山炮台** 〔友谊镇卡凤行政村浦寨屯南面金钱山顶·1892 年〕 清光绪十八年（1892），广西提督、边防督办苏元春督建。炮台砖石结构，朝南，平面呈不规则多边形，占地面积约 1400 平方米。炮台外开双层拱门，门右侧的石墙上刻有楷书 "停云" 等字，前面 5 米的石壁上有清光绪二十五年（1899）广西提督马盛治撰《金钱山炮台记》摩崖石刻 1 方，记载建台的经过。炮台内分两层，底层设兵房、天井，有踏跺连接二层，顶层右端设炮位。

E₁₋₁₆ **凤尾山炮台** 〔友谊镇隘口行政村隘口街东约 2 公里凤尾山顶·1887 年〕 清光绪十四年（1888），广西提督、边防督办苏元春督建。位于山顶。炮台朝东，砖石结构。东南、北设门，北门已倒塌。东南门前两旁是石边夯土护墙。炮台平面近圆形，高 5 米（不含底层），直径 47.6 米，占地面积约 2013 平方米。分上、中、下三层，底层设兵室，中层设出入口至上层中心碉楼。顶层有碉楼、露天通道、天桥。有建台碑记，碑文已模糊。

E₁₋₁₇ **伏波岭炮台** 〔上石镇板旺行政村板旺屯东南约 2.5 公里伏波岭顶·1888 年〕 清光绪十四年（1888），广西提督、边防督办苏元春督建。位于岭顶。分南、北两炮台，相距约 100 米，均用料石构筑。南台

朝东南，平面呈梅花形，高约 6 米，占地面积约 1500 平方米。四面各设一拱门，门外有护墙。内分上、下二层，下层设兵房，二层顶部有炮位，外围设垛墙、枪眼。北台朝北，平面略呈半圆形，占地面积约 1000 平方米。东、西两面有拱门，内分两层，上层为炮位，下层兵房。存残缺的德国克虏伯大炮一门。

E₁₋₁₈ **渠历山炮台** 〔友谊镇卡凤行政村渠历屯西面约 1 公里渠历山顶·1892 年〕 又称营盘山炮台。清光绪十八年（1892），广西提督、边防督办苏元春督建。依山而建，由一座炮台和两座营垒构成，占地面积约 1345 平方米。设于山的三个山峰顶，用片石垒砌。炮台朝东，平面呈圆形，设东、北两个拱门，西面设瞭望窗。东、西营垒分别呈长方形，片石砌筑，片石城墙连接炮台和营垒。

E₁₋₁₉ **渤泗山一炮台** 〔凭祥镇连全行政村连城屯西北渤泗山顶·清代〕 清光绪十一年至二十四年间（1885—1898），广西提督、边防督办苏元春督建。炮台朝东，平面呈方形，四周护墙用料石及片石砌筑。四面墙各开一门，炮台露天。占地面积约 40 平方米。

E₁₋₂₀ **渤泗山二炮台** 〔凭祥镇连全村连城屯西北渤泗山山顶·清代〕 清光绪十一年至二十四年间（1885—1898），广西提督、边防督办苏元春督建。炮台朝东，平面呈圆形，护墙用料石及片石干砌，无顶盖，北面墙设一炮口。东面与渤泗山二炮台呼应。占地面积约 60 平方米。

E₁₋₂₁ **中营炮台** 〔友谊镇卡凤行政村卡凤屯南约 1 公里中营山顶·清代〕 清光绪十一年至二十四年间（1885—1898），广西提督、边防督办苏元春督建。山海拔 528 米。炮台朝北，呈不规则圆形，炮台墙体为片石干砌，南、西、西南、东西各设有炮口，炮台中间为圆盘台地。炮台占地面积 400 平方米。此炮台与马鞍山炮台、金鸡山炮台呈犄角。

E₁₋₂₂ **大连城提督行署旧址** 〔凭祥镇连全行政村连城屯及周边大连城山·1885 年〕 连城要塞指挥中心之一，又称 "一大垒城"。清光绪十一年（1885），广西提督、边防督办苏元春督边时督建。处中越边境交通咽喉，在方圆约 5 公里群山间垒石成城，石筑城墙，把各山连为一体。在山上修建炮台、碉台 15 座，外环卫设卫连前、中、后、左、右炮台 5 座，又在附近龙凭界高山构筑炮台 4 座，烽火台 1 座。周围设栅闸。山下前闸建营房、操场、行台、演武厅、庆祝宫、衙门、亭阁、水井、神台、武圣宫、来安馆等建筑设施。后闸建有军装局、火药局。北面那皇屯有水力军碾 3 座。东面主峰白玉洞作军事指挥部。洞内设有养心处、军机处、点将台、养心处、书房、蓄水池等，并有题

刻 48 方、"星图" 1 方，山腰崖壁刻 "连城天险"。现存武圣宫第一进、水井、砖拱桥 4 座、白玉洞及摩崖石刻、炮台及残石城垣。武圣宫为砖木结构，面阔、进深三间，风火山墙，硬山顶，盖小青瓦。占地面积约 134 平方米。

E₁₋₂₃ 大连城白玉洞摩崖石刻 〔凭祥镇连全行政村连城屯东面白玉洞·清代〕 白玉洞为大连城提督行署指挥部旧址，这里群山环抱，地势险峻。白玉洞内有当年摩崖石刻 48 方，"星图" 1 方，多为题字、题榜、题记等。重要的有清乾隆皇帝御笔临摹米芾《读书乐》，清光绪皇帝御笔 "福" 字，清苏元春题榜书 "连城天险" "又一蓬莱"，题记 "一大垒城"，题刻 "寿"，马丕瑶题刻 "龙" "虎" 及李星科题《白玉洞记》等。

E₁₋₂₄ 苏元春 "一大垒城" 题刻 〔凭祥镇连全行政村连城屯东面白玉洞内·清代〕 摩崖石刻 1 方。清光绪十一年至二十四年间（1885—1898）刻。刻面高 2.32 米，宽 1.3 米。文竖 6 行，满行 21 字，计 102 字，楷书，阴刻。广西提督、边防督办苏元春撰文并书丹。额题 "志安社稷"，首题 "一大垒城"，字径 0.45—0.54 米。落款 "光绪庚寅夏五月督边使者蒙山苏元春书并志"、印 "臣苏元春清宫少保"。碑文记述苏元春对边防建设的认识及其五年建设边塞、壁垒之成果。

E₁₋₂₅ 苏元春又 "一蓬莱" 题刻 〔凭祥镇连全行政村连城屯东面白玉洞内·清代〕 摩崖石刻 1 方。清光绪十八年（1892）刻。刻面高 1.3 米，宽 5.95 米。文横 1 行，竖 2 行，计 28 字，字径 0.1 米。广西提督、边防督办苏元春撰文并书丹。正文横行榜书 "又一蓬莱"，楷书。落款 "光绪壬辰岁仲夏之月湘子大仙降来仙亭题蒙山苏元春书"。

E₁₋₂₆ 乾隆临摹米芾《读书乐》题诗 〔凭祥镇连全行政村连城屯东面白玉洞内·清代〕 摩崖石刻 1 方。清光绪十一年至二十四年间（1885—1898）刻。刻面高 1.1 米，宽 0.6 米。文竖 3 行，满行 20 字，计 46 字，草书，阴刻。为清乾隆三十六年（1771）乾隆皇帝临北宋书画家米芾书，清光绪年间广西提督、边防督办苏元春命人刻于洞壁。刻文述 "圣贤不以乐为安而以难自勉也"。落款 "乾隆三十六年秋临米芾书"，印文 "一统天子之宝"。

E₁₋₂₇ 关骏杰节帅苏公奉题记 〔凭祥镇连全行政村连城屯东面白玉洞内·清代〕 摩崖石刻 1 方。清光绪十五年（1889）刻。刻面高 1.75 米，宽 1.24 米。碑文竖 17 行，满行 25 字，计 382 字，字径 0.06—0.55 米，楷书，阴刻。无额题，落款 "分统毅新前路各营补用游击关骏杰大清光绪十五年岁次己丑三月下浣刊

石"。碑文记述广西提督苏元春奉旨援越，并督办边防及其在中越边境修筑营垒、炮台，建行署、备械储粮，开辟白玉洞，建设南疆第一重镇的功绩。

E₁₋₂₈ 李星科《白玉洞记》 〔凭祥镇连全行政村连城屯东面白玉洞内·清代〕 摩崖石刻 1 方。清光绪十三年（1887）刻。刻面高 2.43 米，宽 1.07 米。文竖 17 行，满行 43 字，计 678 字，字径 0.04 米，隶书，阴刻。湘会李星科撰文并书丹。额题 "白玉洞记"，落款 "大清光绪十有三年岁在丁亥冬月浣立"。记文述白玉洞之景及广西提督、边防督办苏元春辟白玉洞之劳绩。

E₁₋₂₉ 卫连前炮台 〔友谊镇召化行政村板梅屯西北南约 2 公里唱梅岭顶·1887 年〕 又叫唱梅岭炮台。清光绪十三年（1887），广西提督、边防督办苏元春督建。又叫唱梅岭炮台。炮台朝南，砖石三合土构筑，平面呈八角形，正面宽 75 米，占地面积约 3750 平方米。分三层，下层从 "严守门" 可进兵房和天井，主兵房门额刻 "卫连前台" 匾。二层为回廊式通道，外侧有 4 个圆形窗口，有 3 条上三层的阶梯。炮位在三层的西边，北面有一间瞭望室，中间有一座指挥台，外埰墙环绕四周。

E₁₋₃₀ 卫连中炮台 〔凭祥镇连全行政村龙塘屯西南叫弯山顶·1898 年〕 又称叫弯山炮台。在大连城山北侧约 1.5 公里。清光绪二十四年（1898），广西提督、边防督办苏元春督建。位于山顶。炮台朝东，平面呈 "凹" 字形，基础及底部用石料砌筑，上面为三合土结构。高三层，底层由兵房、弹药库、天井、巷道组成，门额上有 "卫连中台" 匾。二层有两室。顶层置炮位，周边有夯筑护墙环绕，顶砌墙垛。占地面积约 1380 平方米。

E₁₋₃₁ 卫连左炮台 〔友谊镇友谊关大道行政中心大楼东面白云山顶·1887 年·市文物保护单位〕 又称白云山炮台。清光绪十三年（1887），广西提督、边防督办苏元春督建。炮台坐北向南，砖石结构，南端呈弧形，北端作方形，外墙则近似长方形。分内、外两重，外重墙长 50 米，宽 28.9 米，高 4.1 米，北端拱门额上刻 "卫连左台" 匾，内部结构呈 "百" 字形，3 间并列兵室，2 口天井，药库、正厅、暗道等。东、西兵房门前有石踏跺通炮台顶部。南面是炮位，沿炮台外侧一圈有垛墙。占地面积约 1445 平方米。

E₁₋₃₂ 卫连右炮台 〔凭祥镇竹山行政村岜登屯西北孔明山顶·1898 年〕 清光绪二十四年（1898），广西提督、边防督办苏元春督建。炮台朝东南，砖石结构，高 5 米，平面呈八边形，由照壁、厢房、炮台、厢房、巷道和暗道等组成，占地面积约 2500 平方米。正门门额刻 "卫连右台" 匾。门前有一字形照壁，两侧

残存厢房墙基。炮台分三层，一层并列兵房 3 间，二层为围绕炮台的巷道，顶层炮位居中，外侧砌垛墙一圈。

E₁₋₃₃ 玉洞山一炮台 〔凭祥镇连全行政村连城屯东白玉洞山顶·清代〕 清光绪十一年至二十四年间（1885—1898），广西提督、边防督办苏元春督建。炮台朝西，主体呈六边形，无顶，护墙用片石砌筑，设有梯形炮口一个。炮台原分为上、下两层，有四道石踏跺上下，现楼板已坍塌。占地面积约 738 平方米。

E₁₋₃₄ 玉洞山二炮台 〔凭祥镇连全行政村连城屯东白玉洞山顶的北面·清代〕 清光绪十一年至二十四年间（1885—1898），广西提督、边防督办苏元春督建。炮台朝西，平面呈长方形，无顶，护墙用片石干砌，设有 6 个炮口，有石踏跺巷道与玉洞山三炮台相通。占地面积约 200 平方米。

E₁₋₃₅ 玉洞山三炮台 〔凭祥镇连全行政村连城屯东白玉洞山顶·清代〕 清光绪十一年至二十四年间（1885—1898），广西提督、边防督办苏元春督建。炮台朝西，平面呈方形，无顶，护墙用片石干砌。占地面积约 100 平方米。

E₁₋₃₆ 玉洞山四炮台 〔凭祥镇连全行政村连城屯东面玉洞山顶·清代〕 清光绪十一年至二十四年间（1885—1898），广西提督、边防督办苏元春督建。北面与玉洞山一炮台对峙，西面与派连山炮台、咘更山炮台为犄角。分南、北两座炮台，平面皆呈圆形，面积约 60 平方米，护墙用片石干砌，无顶，四壁设有炮口。

E₁₋₃₇ 尾弄山一炮台 〔凭祥镇连全行政村连城屯北尾弄山顶·清代〕 清光绪十一年至二十四年间（1885—1898），广西提督、边防督办苏元春督建。炮台朝南，平面呈椭圆形，周边护墙用片石干砌，无顶。占地面积约 30 平方米。西南面与尾弄山二炮台呼应。

E₁₋₃₈ 尾弄山二炮台 〔凭祥镇连全行政村连城屯北面尾弄山顶·清代〕 清光绪十一年至二十四年间（1885—1898），广西提督、边防督办苏元春督建。炮台朝南，平面呈圆弧形壕沟式，护墙用片石干垒，无顶。西北面与叫弯山炮台相呼应，东北面与尾弄山一炮台对峙。

E₁₋₃₉ 咘更山炮台 〔凭祥镇连全行政村连城屯西咘更山顶·清代〕 清光绪十一年至二十四年间（1885—1898），广西提督、边防督办苏元春督建。平面呈圆形，占地面积约 68 平方米，护墙用片石垒砌，残高 1.5 米，东南、西北各开一门。东面 5 米有 1 块旗杆石。东面有上下山的石踏跺。

E₁₋₄₀ 派连山炮台 〔凭祥镇连全行政村连城屯西

南派连山山顶·清代〕 清光绪十一年至二十四年间（1885—1898），广西提督、边防督办苏元春督建。分南、北两座炮台。均朝北，占地面积约 60 平方米，炮台用料石砌围墙，无顶盖。北炮台围墙外呈圆形，内为六边形。南面、西南面和东南面各有炮口 1 个，东面设拱门。南炮台平面呈椭圆形。两炮台有战壕连接。

E₁₋₄₁ 平岗岭炮台 〔友谊镇平而行政村平而村西南面约 3 公里的平岗岭顶·清代〕 清光绪十一年至二十四年间（1885—1898），广西提督、边防督办苏元春督建。平面呈"工"字形，由南、北炮台和连接两台的地下营垒组成，占地面积约 1530 平方米。两炮台为砖石结构，呈环状形，周长各为 70 米。地下营垒青砖券顶，长 240 米，高、宽 2.45 米，设 24 个对称出口，地下坑道两侧暗开出口，两炮台地下通道最低交汇处东面设有 5 间并列兵房。北台大炮原有德国克房伯火炮，1921 年被陆荣廷拆迁于南宁"镇宁炮台"。南台大炮现只剩炮筒。

E₁₋₄₂ 秀龙岭炮台 〔友谊镇宋城行政村叫果屯西面约 2.3 公里的秀龙岭顶·1891 年〕 清光绪十七年（1891），广西提督、边防督办苏元春督建。炮台朝南，平面近八角形，占地面积约 1259 平方米。炮台外围为夯土墙，四面均有砖砌拱门。内分两层，底层并列兵房、天井、拱顶巷道。有踏跺上二层，外侧砌一圈垛墙，南面有一座旗杆石座。

E₁₋₄₃ 右奇门 〔友谊镇竹山行政村坤旧屯西北约 2.5 公里山坳处·1887 年·市文物保护单位〕 清光绪十三年（1887），广西提督、边防督办苏元春督建。城门朝西。筑于两山之间，以料石砌筑，两翼墙延伸至两边山脚，城墙长 17 米，高 5.3 米。中开重拱门，面阔 3.2—4.2 米，高 3.6—4.6 米，西面拱门门额嵌刻"右奇门"3 字。城门左、右两侧皆有石踏跺通往城墙顶部，门楼已毁。

E₁₋₄₄ 那岩右伏门 〔友谊镇竹山行政村那岩屯西北面约 2 公里山坳处·清代〕 光绪十一年至二十四年间（1885—1898），广西提督、边防督办苏元春督建。是扼守大连城提督署的门户。坐东朝西。由城门和城墙组成，占地面积 141.7 平方米。城墙为料石砌筑，长 13.4 米，高 5.3 米，宽 6.7 米，厚 6.7 米，城门为两层拱顶，高 3.5 米，宽 3.22 米，门额嵌刻行书"右伏门"匾。城门左侧有 21 级踏跺通往城门顶部。

E₁₋₄₅ 得月门 〔凭祥镇北环路新洞口上方山坳处·清代〕 是连城要塞防御设施。清光绪十一年至二十四年间（1885—1898），广西提督、边防督办苏元春督建。城墙用料石砌筑，宽 14.5 米，高 4.7 米，墙厚 3.72 米，城门朝南，券拱顶门。面阔 2.1 米，高

2.73 米。南面门额嵌"得月门"石匾,篆体,北面拱门门额上嵌"出奇"石匾,楷书。

E₁₋₄₆ **通气桥** 〔友谊镇竹山行政村坤旧屯东北约 200 米公路旁小河上·清代·县文物保护单位〕 清光绪十一年至二十四年间（1885—1898），广西提督、边防督办苏元春督建的边防道路桥。南北走向，单孔石拱桥，长 12 米，宽 8.7 米，两端引桥各长 50 米。桥身、桥拱用料石砌筑，引桥护墙用片石垒砌。桥面两侧有护栏墙，西面桥身嵌"通气桥"三字匾。

E₁₋₄₇ **那行军火库遗址** 〔凭祥镇竹山行政村那行屯北约 1 公里山腰处·清代〕 建于清光绪十一年至二十四年间（1885—1898），广西提督、边防督办苏元春督边时修建的军火库。遗址呈阶梯状，宽 52.3 米，长 60 米，占地面积约 3120 平方米。现仅存石砌房基 6 处、夯筑泥残墙 1 道、石水井 1 口、石水磨残片。遗址附近多处发现柱形石柱础、石桌和少量写有"广西军火"4 字的陶质罐。

E₁₋₄₈ **龙凭界烽火台** 〔凭祥镇连全行政村那堪屯北约 2 公里叫过山顶·1887 年〕 清光绪十三年（1887），广西提督、边防督办苏元春督建。位于凭祥与龙州交界的山顶，扼控平而河通道，拱卫大连城。原有炮台 4 座，占地面积约 1210 平方米。现仅存烽火台，坐西朝东，平面呈圆形，片石干垒围墙，有拱门，分上下两层，设射击孔 10 个，原有的木结构瓦顶已不存。占地面积约 50 平方米。

E₁₋₄₉ **镇南关起义地址** 〔友谊镇右辅山北炮台·1907 年〕 1907 年，钦防起义失败后，孙中山指派同盟会员黄明堂为镇南关都督，策划镇南关起义。12 月 2 日，黄明堂率领革命军 100 余人攻占镇南关西侧右辅山镇北、镇南、镇中三炮台，控制镇南关。4 日，孙中山、黄兴、胡汉民从河内赶到，亲自指挥革命军与陆荣廷、龙济光的 5000 余清军鏖战七昼夜，因寡不敌众失败撤离。史称镇南关起义。

18-E₂ **平而关战役遗址** 〔友谊镇平而行政村西南面约 3 公里的平岗岭顶·1950 年〕 1950 年 2 月 5—7 日，中国人民解放军第 45 军 134 师在平而关围歼国民党军第 17 兵团残部 6700 余人，俘其兵团司令刘嘉树等将级军官多名，史称"平而关战役"。平而关，中越边境重要关口。清光绪二十一年至二十四年（1895—1898），在关周围山上建炮台、营垒等。现关和多数炮台、营垒已毁，仅存平岗岭上南、北炮台及连接炮台的地下营垒（见 E₁₋₄₃）。

19-G₁ **新蓬化石出土点** 〔友谊镇召化行政村新蓬屯西北约 200 米岩洞·更新世〕 岩洞洞口朝东南，距地面约 20 米，洞高 5 米，宽 3 米，进深约 150 米，

堆积厚 2 米。1984 年，在此岩洞采集有印度象、江南象、中国犀牛、猩猩、猕猴、豪猪、熊、野猪、牛等哺乳动物化石。（见《人类学学报》1986 年 5 期）

20-G₂ **铁路折返段化石遗址** 〔凭祥市铁路折返段后山的岩洞中·更新世〕 山海拔 278.8 米，岩洞高距地面约 30 米，洞口朝东，面积 518.8 平方米。洞内出土有印度象、江南象、中国犀牛、猪、猩猩等动物牙齿化石。现岩洞已修建成观音庙。

龙州县

1-A₁ **大湾遗址** 〔龙州镇岭南行政村大湾屯东北约 600 米·新石器时代〕 贝丘遗址。1988 年发现。在左江南岸 Ⅱ 级台地上，面积 120 平方米。文化堆积含大量螺蛳壳、蚌壳以及少量兽骨，出土的石器有磨制石斧、石锛及打制的刮削器等。遗址范围已被开垦，堆积被扰乱。

2-A₂ **企鸟洞遗址** 〔上金乡陇山行政村企鸟屯东南约 600 米·新石器时代〕 洞穴遗址。1980 年发现。在石灰岩山东南壁的一个宽敞的洞穴中，洞高 6 米，宽 5 米，进深 8 米，面积约 40 平方米。仅在洞内后半部发现堆积，厚 1—3 米，含有较多的蜗牛壳、螺蛳壳、贝壳、兽骨等。出土打制的尖状器、刮削器和磨制的石斧、石锛、砺石等。距今约 5000—4000 年。

3-A₃ **沉香角洞遗址** 〔上金乡进明行政村荷村东约 700 米沉香角山·新石器时代〕 洞穴遗址。1987 年发现。位于左江东岸石壁上沉香角山洞，高距地表 20 余米。洞口向西，洞高约 2 米，进深 3.6 米，面积约 8 平方米，文化层厚 0.15—0.3 米，含有红色和灰色夹砂绳纹陶片，受严重破坏。

4-A₄ **弄舞岩遗址** 〔金龙镇武联行政村都鸟屯东北约 200 米弄舞山·新石器时代·县文物保护单位〕 洞穴遗址。1963 年发现。在北山脚，高距地面约 3 米。洞口朝北，呈扁形，高 1—2 米，宽 15 米，洞内进深 5.5 米，面积 82.5 平方米。洞内文化堆积含有篮纹夹砂陶片和动物碎骨。遭严重破坏。

5-A₅ **庭城遗址** 〔上金乡联江行政村会舍巴屯东北面约 500 米·汉代〕 处左江东岸 Ⅲ 级阶地上。范围东西长 49—61 米，南北长 61—63 米，占地面积约 3600 平方米。文化层厚 0.45—1.7 米，遗物丰富。地面发现绳纹板瓦、筒瓦、陶罐残片以及石斧、石砍砸器等。

6-A₆ **上金窑址** 〔上金乡中山行政村上金新街西北面约 200 米的左江东岸·宋代〕 发现窑口 2 座，相距约 50 米，分布面积约 500 平方米。均为龙窑，西

向，损毁严重，只剩土堆，窑址周边地表散落大量的陶瓷碎片，废堆积含陶瓷碎片和陶胚，类型有碗、碟、罐等器。

7 – A₇　龙州至下冻古道遗址　〔下冻镇驮江行政村下声屯西北面约 600 米处·明—清〕　建于明代，清光绪二十四年（1898）重修。为明、清时期龙州往下冻、水口的必经道路。古道沿山脚呈南北走向，长约 160 米，宽 1—1.5 米，青石板铺砌路面，起点处立清光绪二十四年《砌路碑记》1 方，字迹已模糊。

8 – A₈　班夫人庙遗址　〔龙州镇龙江街青龙桥头·明代·县文物保护单位〕　始建时间不详，明崇祯十六年（1643），为纪念东汉时当地班姓女子援助马援南征的事迹而建重建，清雍正十年（1732）后再重修，1926 年、1938 年两度重修。原建筑为砖木结构，二进院落，分前、后殿，中间一亭，占地面积约 527 平方米。1986 年毁于洪水。

9 – B₁　赵帖从土司墓　〔下冻镇下冻社区下冻镇镇政府南面约 400 米处土坡上·明代〕　赵帖从，明洪武元年（1368）为上下冻州首任土知州。州署设于下冻圩。清嘉庆五年（1800）重修。墓葬朝东，圆丘形土冢，占地面积 5.18 平方米。墓碑高 1.2 米，宽 0.9 米，碑阳中部竖刻墓主及其夫人姓名，碑文记述了上下冻土司来源及墓的修建原因和经过。

10 – B₂　赵殿灯墓　〔上龙乡岜那行政村弄堪新屯西约 1 公里岜那山·清代〕　赵殿灯，清龙州世袭第十五代土知州。墓葬朝南，冢呈圆丘形，三合土筑成，四周以石板围砌，石板雕刻马、牛、花等图案，墓室用砖砌成，券顶，长 4.3 米，宽 1 米，高 1.5 米。占地面积约 5 平方米。以瓷碗堆砌为椁，碗口径 0.125—0.155 米，高 0.04 米。故又俗称"碗墓"。20 世纪 60 年代初被盗。

11 – B₃　棉江花山岩洞葬　〔响水镇棉江行政村伏荷屯南约 700 米左江西岸棉江花山·南朝〕　棉江花山高约 290 米，岩洞在临江壁面，有 3 个呈"品"字排列的内相通的洞口，高距河面约 25 米。洞口朝北，高 1.5 米，宽 1.2 米，洞内面积约 10 平方米。洞内左右支洞置放圆棺 3 具，长 1.8—2.03 米，宽 0.34—0.44 米，高 0.32—0.36 米，棺身、棺盖子母合盖，棺身、棺盖头尾饰双燕尾形扁柄。棺内及地面有人骨碎件及动物骸骨，没有其他随葬品。

12 – B₄　岩来山岩洞葬　〔响水镇图强行政村舍坝屯西约 1 公里岩来山·南朝〕　岩洞在岩来山北面峭壁上，高距地表约 50 米，洞口朝北，高 2 米，宽 6 米，洞进深 15.3 米。面积约 152 平方米。洞内分上下两层，层高 2—4 米，宽 6—11.9 米，上下两层原有圆棺

约 30 具，现存圆棺 15 具，棺长 0.85—1.2 米，直径 0.38—0.56 米，棺内仅见少量碎骨。

13 – B₅　雷山岩洞葬　〔上金乡陇山村企鸟屯南约 1.5 公里雷山·南朝〕　岩洞在雷山西北峭壁，高距地面约 60 米。洞口朝西北，外窄内宽，高约 1 米，宽 2 米，洞内进深 15 米。距地面高约 60 米。洞内面积约 30 平方米。原来置放圆棺 3 具，棺身两端上下层均饰有对称扁木柄。1958 年搬走 2 具，余下的 1 具棺盖亦失，仅剩棺身，长 1.2 米。

14 – B₆　岜木山岩洞葬　〔响水镇图强行政村舍坝屯东北约 1 公里岜木山·南朝〕　岩洞在岜木山东南壁，高距地面约 60 米。洞口朝东南，高 3 米，宽 2 米，洞内进深 6 米，面积约 8 平方米。置放圆棺 1 具，长 1.2 米，子母口合拢，棺盖、身两端皆饰有牛角形柄。现仅剩 1 块棺板。

15 – C₁　通窿岩桥　〔上龙乡岜那行政村弄堪新屯西面约 500 米河上·明代〕　建于明代，具体时间不详。时为通龙州古城与上龙陇那、弄堪等村屯的桥梁。两台五墩梁式石板桥，南北走向，长 18 米，宽 0.45 米，孔跨 1.4—1.6 米。桥台、墩用方料石砌成，台、墩之间的桥面各列两条长方条石板。

16 – C₂　峎贵水渠　〔上龙乡民权行政村坡那屯北峎贵岗·明代〕　为明邑人李阳集资倡导兴建，由李少泉等十余名石匠开凿，明嘉靖十一年（1532）开始兴建，至万历三十二年（1604）落成。渠道解除了上游陇祥、弄灰屯涝灾，灌溉下游坡那屯等 5 个屯 800 农田。渠道长 168 米，宽 1.2 米，最深处 10 米。渠道出口处有摩崖石刻 1 方，记述渠道作用，赞扬发起人的功绩，施工者姓名，开工竣工年月等。

C₂–₁　峎贵水渠碑　〔峎贵岗南山腰峎贵水渠出口处·明代〕　刻在高 1.7 米，宽 2 米的原生岩石上。明嘉靖十一年（1532）刻。刻面高 0.9 米，宽 0.5 米。碑文竖 17 行，满行 3—32 字，计 409 字，楷书，阴刻。李阳侄吕福庆撰文并书丹。无首题。落款"嘉靖十一年十月十三日开造至万历三十二年正月十二日，嫡嗣李时春、李时达、李时贵、李时秀，长孙李乔芳同立"。碑文记述邑之官李阳辅佐州政，忧弄灰杖至陇末一带地土尽遭水患，乃捐金数百，招匠人开峎贵水渠，其后人承其事业维修渠道。

17 – C₃　三宝寺码头　〔龙州镇龙江街文昌阁西·明代〕　明正德年间（1506—1521），为纪念航海家郑和而建，清乾隆四十六年（1781）重修。码头从街道至河边，长 53 米，宽 3.5 米，共 120 级，料石砌筑。因码头陡斜如梯，故又名"驮梯"。有清乾隆四十六年立《码头碑》一方，载重修码头事及拨款人姓名。

C_{1-1}　码头碑　〔龙州镇龙江街三宝寺码头·清代〕　碑刻1方。清乾隆四十六年（1781）立。碑高1.27米，宽0.67米。碑文竖行，计125字并附捐款芳名，楷书，阴刻。额题"码头碑"，落款"乾隆四十六年岁次辛丑孟秋月吉日立碑纪"。碑文记述：首事蒋成榜、梁宁德、王定国等，龙江秦世雍、秦世珍等将龙江街元宵办龙灯所余彩钱六千文重修驮黎码头，并倡众捐资，芳名永垂。

18－C_4　伏波庙　〔龙州镇利民街龙州中学大门西侧约100米·清代·县文物保护单位〕　建于明代，具体时间不详。清雍正十三年（1735）以后多次重修，1917年再修。庙平面呈"凸"字形，砖木结构，两进院落，分前、后两殿，中为天井，占地面积约440平方米。两殿皆面阔三间，进深两间，穿斗与抬梁混合木构架。硬山顶，盖小青瓦，正脊为石湾陶塑博古脊，封檐镂花。地台边上砌雕花石板，前殿设檐廊，两根方形石檐柱刻有对联。门前置7级踏跺。后殿已毁。

19－C_5　粤东会馆　〔龙州镇龙江街·清代·县文物保护单位〕　建于清康熙四十六年（1707），为粤人黄、杨、劳、庞等十七姓捐资修建。嘉庆元年（1796）、道光十七年（1837）、光绪十一年（1885）重修。坐北朝南，砖木结构，三进院落，由前、中、后三座组成，中隔天井，占地面积约914平方米。现存中、后座，面阔、进深三间，穿斗式木构架，硬山顶，盖小青瓦。弧形山墙，山墙内侧彩绘壁画。

C_{5-1}　粤东会馆码头　〔龙州镇龙江街粤东会馆门前约20米·清〕　由广东商人集资建于清末民初。码头用条石铺砌，长17米，宽4.3米，共42级石踏跺，级高0.17米，宽0.28米。原码头入口处立一牌坊，坊额刻有"利涉大川"四字，现已毁。

20－C_6　文昌塔　〔龙州镇龙江街左江岸边·清代·县文物保护单位〕　又名凌云塔。建于清乾隆三十二年（1767）。三层楼阁式砖塔，高约16米。平面呈六角形，底层边长2.1米，六角攒尖顶，盖青瓦。塔身每层开窗，有木楼梯、楼板。顶层挂铜钟一口。塔西北约5米立乾隆三十二年《鼎建碑记》碑1方，碑文记载鼎建文昌阁始末。占地面积约35平方米。

21－C_7　水口旧关　〔水口镇水口社区旧街西北约100米·清代〕　中越往来要道。清初建关，清乾隆五十七年（1792）正月奉准开放通商贸易。关口城墙南北走向，从山脚伸向界河岸，原设城堞哨楼。城墙用料石构筑，设"左关""右关"两座城关，相距约200米。现仅存右关，坐西北朝东南，拱形门，外拱高2.75米，内拱高3.63米，门额横书"右关"石匾。城墙残长10.5米，厚2.7—5米，高5米。

22－C_8　乐寿亭　〔龙州镇利民街伏波庙东北面约30米·清代·县文物保护单位〕　建于清同治十三年（1874）。1986年维修。坐南朝北，砖木结构，六角形两层楼阁式亭，高约10米，青石地台，上层开圆形小窗。六角攒尖顶，盖小青瓦。1986年改为水泥制假琉璃瓦。占地面积约50平方米。《龙州县志》有载。

23－C_9　文笔塔　〔龙州镇独山路龙州民族中学北面独山·清代·县文物保护单位〕　清光绪年间（1875—1908），时任太平府思顺道道员蔡希邠修建。楼阁式砖塔，平面六角形，底边长2.6米，高七层，塔腔中空，无门窗，高9米。塔刹被雷击毁，一侧有裂缝。占地面积约24平方米。《龙州县志》有载。

24－C_{10}　培风塔　〔龙州镇岭南行政村小湾屯西北约500米小湾山·清代〕　在半山腰上，建于清光绪年间（1875—1908），时任广西太平府思顺道道员蔡希邠修建。六角形实心塔，料石砌筑，原有八层，顶层已毁，余七层，高5.82米。底座直径3.5米，塔顶直径1.4米，第四层以上稍有崩塌，第五层北面镌刻"培风塔"三字。

25－C_{11}　五孔桥　〔逐卜乡弄岗行政村坡那屯东侧·清代·县文物保护单位〕　又名伏波桥。建于清代，具体时间不详。东西走向，五孔石拱桥，长19米，宽3.8米，拱跨3.4米。桥身、桥拱以料石砌筑，石面凿刻波浪纹，第一桥墩下方浮雕一蛤蚧像。

26－C_{12}　龙州大码头　〔龙州镇康平街南端临江处·清代〕　建于清末。为全镇最大的码头。码头用石条铺砌，共32级踏跺，长25.3米，宽5.65米。码头入口处原建有四柱三间一字形牌坊一座，拱门，两次间门额分别刻"左通""右达"石匾。

27－C_{13}　两湖会馆码头　〔龙州镇龙江街101号旁·清代〕　建于清末。为湖北、湖南两省来龙州经商的商人集资修建，是两湖会馆的专用码头。在左江北岸，用条石铺砌，长18.7米，宽4米，共有47踏跺级。每级高0.16米，宽0.28米。

28－C_{14}　龙州铁路货运码头　〔龙州镇利民街左江南岸·清代〕　建于清末，为筹建龙凉（龙州至越南凉山）铁路起卸货物而建。东南—西北走向，由3条石梯并列而成，每条石梯长35米，宽2.7米。石梯中间隔大青条石铺砌的护坡石墙，石墙宽12.5米，整体沿河岸坡面向下至江面。码头入口处已被民房侵占，除中间码头可见外，旁边石梯踏跺已被杂草覆盖。

29－D_1　仙岩摩崖石刻　〔龙州镇独山路广西民族师范学院龙州校区仙岩·明—民国·县文物保护单位〕　仙岩位于一座高约20米的小石山的南面山脚，洞内高7—8米，宽6—7米，进深约15米。内壁上有摩崖石刻共 18 方。形式有题榜、题记、题诗等，内容多为游览、赞美仙岩景色。字体多楷书、行书。其中榜书"仙岩"2 字，为龙州世袭第十五代土知州赵殿炟于清康熙五十八年（1719）题刻。

D₁₋₁ 尹贤诗刻 〔龙州镇仙岩内·明代〕 摩崖石刻 1 方。明正德三年（1508）刻。刻面高 0.57 米，宽 0.29 米。文竖 9 行，满行 3—7 字，计 60 字。字径 0.04 米，楷书，阴刻。尹贤题诗并书丹。无额题，落款"指挥尹贤"。正文为七律诗一首，诗文赞美仙岩之奇巧及古今清平之世。明正德戊辰（1508）二月，尹贤陪同翰林院编修沈涛、给事中许天锡、行人何洁等同游仙岩，赋七律刻于洞壁。

D₁₋₂ 许天锡诗刻 〔龙州镇仙岩内·明代〕 摩崖石刻 1 方。明正德三年（1508）刻。刻面高 0.38 米，宽 0.63 米。文竖 8 行，满行 7 字，计 56 字，字径 0.038 米，楷书，阴刻。许天锡题诗并书丹。无额题，落款"给事许天锡"。正文七律诗一首，诗文赞美仙岩胜景。明正德戊辰（1508）二月，许天锡与翰林院编修沈涛、指挥尹贤、行人何洁等同游仙岩，赋七律刻于洞壁。

D₁₋₃ 赵英题榜 〔龙州镇仙岩内·明代〕 摩崖石刻 1 方。明万历三十一年（1603）刻。刻面高 1.05 米，宽 0.42 米。文竖 3 行，计 18 字，楷书，阴刻。赵英撰文并书丹。首题"万历癸卯春正月"，落款"八景主人赵英书"，正文榜书"月色洞天"4 字，字径 0.16 米。赵英，明代龙州第十一代土司。

30 - D₂ 紫霞洞摩崖石刻 〔上金乡中山行政村河抱屯南约 750 米明江西岸·清代·县文物保护单位〕 紫霞洞分左、右两洞，洞口向东。明末清初在洞内建庙，现洞内建筑物已毁，仅存清代摩崖石刻 42 方，其中右洞 23 方，左洞 19 方。形式有题榜、题记、题诗等。以题榜为多，有"别开莲界""佛恩荫佑""德隆仰止""胜俨登瀛""德被苍生"等，阳或阴刻，书法多为楷书。以时任广西太平府龙州同知蔡希邠题记《紫霞洞记》最佳。

D₂₋₁ 蔡希邠《紫霞洞记》 〔上金乡河抱屯紫霞洞壁·清代〕 摩崖石刻 1 方。清光绪七年（1881）刻。文竖行，楷书，阴刻。清时任广西太平府龙州同知蔡希邠撰文并书丹。首题"紫霞洞记"。文记述蔡希邠于清光绪七年（1881）与同僚站在洞口，凭栏远眺，群峰挺拔，俯视明江，碧波荡漾，美不胜收，赞赏之情溢于言表，文中有"长河如带，远山如屏，云影天光，浮萦翠朗。吟：何当搴紫霞，饱与仙人餐"之句。蔡希邠（1832—1900），原名蔡有邠，字仲歧，号稼堂、孺真子，江西省南昌新建人。历官广西太平思顺

兵备道，广西、湖南按察使。

D₂₋₂ 黄秀铢题榜 〔上金乡河抱屯紫霞洞内·清代〕 摩崖石刻 1 方。清光绪三年（1877）刻。刻面高 0.8 米，宽 1.7 米。碑文横 3 行，计 19 字。黄秀铢撰文并书丹。首题"光绪三年孟秋初三"，落款"沐恩信士黄秀铢"，中间正文题"一尘不染"4 字，字径 0.06 米，楷书，阳刻。

D₂₋₃ 吴世贤等题榜 〔上金乡河抱屯紫霞洞内·清代〕 摩崖石刻 1 方。清光绪四年（1878）刻。刻面高 0.75 米，宽 1.8 米。碑文横 3 行，计 28 字。吴世贤等撰文、书丹。首题"光绪四年岁次戊寅满月立"，落款"吴世贤、林树茂、马赵群同立"，中行榜书"善果同修"，字径 0.06 米，楷书，阳刻。吴世贤、林树茂、马赵群等皆为乡绅。

31 - D₃ 碧云洞摩崖石刻 〔彬桥乡彬桥行政村内营屯北约 200 米·清代〕 在半山有洞，云树丛杂，森然一碧，故名碧云洞。洞内存摩崖石刻 15 方。形式有题榜、题诗等。如榜书"荫佑群英""慈航普渡""共沐恩光""慈施莲露""莲界一新"等。书法有行、隶、楷书。字径最大 0.4 米，最小为 0.05 米。

D₃₋₁ 碧云洞题记 〔彬桥乡内营屯碧云洞内·清代〕 摩崖石刻 1 方。清光绪二十二年（1896）刻。刻面高 1.36 米，宽 0.83 米。撰文、书丹、刻工不详。文竖 3 行，满行 12—23 字，字径 0.09 米，楷书，阴刻，楷书。无首题，落款"光绪二十二年岁次丙申仲秋月"，正文"头点非顽质化无知成慧业波光塘作鉴心从不染澄莲花"。

32 - D₄ 紫云洞摩崖石刻 〔下冻镇下冻社区下冻镇政府西南约 500 米白马山·清代〕 岩洞在山腰，原名无遮岩。洞口朝东，洞内高约 5 米，宽 11.7 米，进深 15.9 米。洞内尚存摩崖石刻 8 方。有清同治六年（1867）"慈洞宏开"、甲午冬月吉日"胜境莲开"以及"慈云普渡""南海慈航"等榜书。除此，还有清光绪十一年（1885）苏元瑞题两首七绝。

D₄₋₁ 苏元瑞诗刻 〔下冻镇白马山紫云洞内·清代〕 清光绪十一年（1885）刻。刻面高 0.9 米，宽 1.35 米，文竖 9 行，满行 5—9 字，计 89 字。落款"光绪永安苏元瑞题书"，字径 0.04 米，隶书，阴刻。苏元瑞撰文、书丹。无首题，正文七绝二首，内容主要描绘山色风光，并抒发其情感。其一："硐古无遮木叶稀，嶙峋石笋露崔巍。钟鼓敲落波涛静，览尽群峰锁翠微。"其二："悬崖峭壁倚天空，万仞崇山一堂中。硐里烟霞多缥缈，依然身在普陀宫。"落款"光绪乙酉驻军于下冻州，公余重九登无遮观音岩，醉占七绝二首。永安苏元瑞题壁"。均楷书，阴刻。苏元瑞

(1846—1922)，号霭庭，清广西提督、边防督办苏元春之堂弟，历官补授贵州威宁镇总兵、贵州镇远镇总兵。

35 - D_5 **白雪山摩崖石刻** 〔上金乡卷逢行政村白雪屯南约500米白雪山·清代·县文物保护单位〕 在距地面约6米崖壁上，摩崖石刻2方：一为清光绪十七年（1891）八月十二日题榜“魁星”2字，字径0.03—0.05米，楷书，阴刻；二为题榜“黄河山陵”，字径0.2—0.3米，楷书阴刻。均模糊。现已被左江电站河水淹没。

36 - D_6 **中山公园摩崖石刻、碑刻** 〔龙州镇利民街丽江南岸中山公园。清—民国〕 园内有摩崖石刻24方，分别刻在虎山、葵山等石壁上。题榜有“威慑百越”“南天一柱”“勿忘国耻”“共赴国难，抗战必胜”“别有天”“秀冠南藩”“砺山带河”“篑山”“鸿雪”“虎石”“拔秀”“笑啼岩”“皆大欢喜”等。题记有《知仁亭序》等及一些诗刻。字体有行、草、隶、楷书。字径0.05—0.7米。另有《中山公园序》碑6方，隶书，直行，共56行880字。碑文记述了中山公园的修建经过。韦云淞撰文，卢绍香书丹。

D_{6-1} **庄蕴宽榜书“篑山”** 〔龙州镇中山公园的篑山·清代〕 篑山为公园内一座小山。庄蕴宽于清光绪丁未年（1907）在山崖书刻2方，一方刻面高1.2米，宽0.65米。横行榜书“篑山”2字，楷书，阴刻，落款为“来龙州二稔未成一篑，兹以忧去识歉于此。光绪丁未庄蕴宽题”。另一方刻面高0.85米，宽0.58米，为竖行榜书“江乌雪”3字，落款“丁未中秋西湖渔子蹑蠡自题”，楷书，阴刻。庄蕴宽，清光绪末年太平思顺兵备道、镇南关监督。

37 - D_7 **南山界碑** 〔下冻镇春秀行政村南山脚下·明代〕 碑刻1方。明万历四十八年（1620）立。碑高1.05米，宽0.6米，厚0.3米。碑文竖12行，满行30字，计360字。字径0.03米，楷书，阴刻。撰文书丹不详。额题“界碑”，落款“右仰谕众通万历四十八年十一月初一”，碑文记述高平府首范世兴屡次兴兵越界侵入埂花、布局二隘，侵占土地，被太平府派官差责令其尽数退还。

38 - D_8 **万古流规碑** 〔逐卜乡立信行政村弄来屯祠堂内·清代〕 碑刻1方。清康熙二十八年（1689）立。碑阳向东，高1.35米，宽0.95米，厚0.17米。龙州正堂示，额题阳刻楷书“万古流规”，正文竖25行，满行37字，约561字。碑面磨损严重，部分字迹不能辨识。碑文内容为上龙土司关于公差人员不得扰民和索食酒饭的规定。

39 - D_9 **上龙司印照碑** 〔上龙乡民强行政村岜炉屯村边土地庙内·清代〕 碑刻1方。清雍正十一年（1733）立。碑高0.95米，宽0.6米。无额题。碑文竖17行，满行20字，280余字。首行“世袭上龙司正堂赵为准给印照以息讼端事”。内容是上龙司赵土司告诫村民不可抗拒夫役并规定接送公差公文的事项。

40 - D_{10} **“龙北关”匾** 〔原立上龙乡龙北关，现移至龙北农场龙北关分场场部南端·清代·县文物保护单位〕 匾刻1方，清光绪二十三年（1897）广西提督、边防督办苏元春建立龙北关时刻。匾长1.4米，宽0.65米，厚0.3米。匾面横行阴刻“龙北关”，字径0.23米，楷书，阴刻。匾原嵌于关门额。龙北关是当时的重要关口。

41 - D_{11} **阁村奉司勒碑记** 〔上龙乡上龙行政村板卜屯·清代〕 碑刻1方。清光绪二十八年（1902）立。碑阳向西北，高1.07米，宽0.68米。额沿碑顶弧线题“阁村奉司勒碑记”，首横题“执照”，阳刻。正文竖23行，满行27字，计522字，楷书，阴刻。落款“光绪二十八年四月初八日给司遵照”。碑文记载上龙司赵土司于清光绪二十八年（1902）向上龙阁村颁布的村规，内容涉及赋税、徭役的减免规定。字迹已模糊。

42 - D_{12} **免伕照碑** 〔上龙乡弄平行政村那江屯·清代〕 碑刻1方。清宣统二年（1910）立。碑阳向东，高1.38米，宽0.68米，厚0.2米。碑文竖21行，计359字，字径0.03米，楷书，阴刻。陆贤秀撰文、书丹。横行额题“免伕照碑”，落款“陆贤秀宣统二年四月十三日告示实将贴那江村贱谕”，碑文记述那豆、祈江、渠套、枯里等四村请求照例免修路出夫，愿捐出银三百以资修路，恳请恩准永远免派夫役之事。陆贤秀，时为那江村民团团长。

43 - D_{13} **弄堪免伕照碑** 〔上龙乡岜那行政村弄堪屯西南面村口·清代〕 碑刻1方。清宣统二年（1910）立。碑阳向西北，高1.12米，宽0.75米，厚0.13米。额题“免伕照碑”，碑文竖行，楷书，阴刻，内容载该屯出二百银修路，而获永远免征夫役。

44 - D_{14} **龙州铁路官局地基界址石刻** 〔龙州镇龙州左江大桥西面约50米·清代〕 刻于清代，具体时间不详。刻在一块高3.2米、周长7.8米不规整的独立岩石上。碑文竖2行，其一为“第四十七号”，其二为“龙州铁路官局地基界址”，隶书，阴刻。

45 - D_{15} **岩拱山岩画** 〔上降乡鸭水行政村平给屯东约400米，左江支流平面河东岸岩拱山·战国—东汉〕 又叫岩洞山岩画。山呈南北走向，高90米。临江峭壁南端，距山脚约40米高处有岩画2处，共有图像16个，其中正面人像3个，侧身人像9个，皆双臂屈肘上举，腿半蹲；铜鼓图像4个。有数个侧身人立于"V"形粗线上。图像呈赭红色，颜色暗淡。

46 - D₁₆ 弄镜山岩画 〔上金乡云江行政村岜等屯西面约 300 米明江西岸弄镜山·战国—东汉〕 山呈南北走向，高约 150 米。岩画处在山东南临江岩壁上，距江水面 10—20 米。发现 2 处岩画，共有 15 个图像，其中人像 9 个，动物图像 3 个，铜鼓图像 3 个。图像呈赭红色，已模糊不清。

47 - D₁₇ 那岜山岩画 〔上金乡云江行政村那岜屯西南约 1 公里明江西岸那岜山·战国—东汉〕 山呈南北走向，高约 160 米。岩画处在山东面。距地面约 120 米处岩壁上，仅可见 2 个正面人像，双臂屈肘上举，腿半蹲。色彩暗淡，其余仅见斑驳画迹。岩画呈赭红色。

48 - D₁₈ 红山岩画 〔上金乡云江行政村懒村东南明江东岸红山·战国—东汉〕 又称洪山岩画。山呈东西走向，高约 290 米，南壁临江。岩画绘于峭壁中部小岩洞右边，距江面高 50 余米，可见图像 14 个成一组。其中 2 个饰羽佩剑体型高大的正面人位于画面左侧，右侧为 10 个朝正面人膜拜的侧身人，作二横排，5 排尾上方有铜鼓图像 1 个，部分图像模糊。图像呈赭红色。

49 - D₁₉ 紫霞洞山岩画 〔上金乡中山行政村河抱屯南约 1 公里的明江西岸紫霞洞山·战国—东汉〕 位于明江西岸，山呈南北走向，高 250 米，东面临江、岩画位于山峰腹部，距江面 100 米处，画面宽 3 米，高 2 米。剥蚀严重，仅见斑驳画迹。

50 - D₂₀ 沉香角岩画 〔上金乡进明行政村荷村东约 600 米左江东岸沉香山·战国—东汉〕 山呈曲尺形，西北东南走向，临江石壁陡峭多岩洞，在距江面 20—40 米处，自左至右有岩画 6 处，共 8 组，图像 171 个。其中人像 156 个，包括正面人像 67 个，侧身人像 87 个，鸟 1 只，动物 1 只，铜鼓图像 16 个。图像呈赭红色，部分图像残缺不全，模糊不清。

51 - D₂₁ 宝剑山岩画 〔上金乡进明行政村荷村屯南约 1.7 公里左江西岸宝剑山·战国—东汉〕 山呈南北走向，东壁临江陡立，岩画在临江面南端下部一块平整的灰黄色岩壁上，距江面 15 米。画面宽 3 米，高 2 米，有 3 个图像，其中正面人图像 1 个，作举手蹲足状；铜鼓图像 2 个，圆形，径 0.25—0.4 米，绘 4—5 个。画像呈赭红色，已模糊不清。

52 - D₂₂ 水岩山岩画 〔上金乡两岸行政村陇禁屯西北约 1.5 公里左江东岸水岩山·战国—东汉〕 山高约 160 米，西北临江，岩画在临江岩壁上，距江面约 50 米。有岩画 2 处。看到残缺不全的人像 7 个，排一横列，侧身屈肘举手，腿半蹲，身体略后仰。呈赭

红色，色暗淡，其余画像已漫漶不清。

53 - D₂₃ 对面山岩画 〔上金乡两岸行政村大岸屯西南 900 米小岸屯 500 米左江东岸对面山·战国—东汉〕 亦称大岸山岩画。山高 150 余米。西北面临江，岩画在临江中部岩壁上，距江水面约 120 米有岩画 2 处。有 33 个图像。其中正面人像 1 个，侧身人像 30 个，铜鼓图像 2 个。图像呈赭红色，色多暗淡。

54 - D₂₄ 楼梯岩岩画 〔上金乡两岸行政村大岸屯北约 0.75 公里左江北岸楼梯岩·战国—东汉〕 山呈南北走向，高约 190 米。北起两峰间，距江面约 50 米处，有岩画两组。1 组岩画表现为侧身人围绕形体粗大正面人像的场面。另 1 组为正面侧身分别成两横排的情景。共有正面人像 9 个，侧身人像 30 个，双臂屈肘上举，腿半蹲；铜鼓图像 1 个。图像呈赭红色。

55 - D₂₅ 三洲头山岩画 〔上金乡卷逢行政村白雪屯西约 1.5 公里左江北岸三洲头山·战国—东汉〕 为岩怀山东端部分，临江峭壁如削，在峭壁西端腹部，距水面 25—50 米，有岩画 5 处 6 组。共有图像 96 个，其中正面人像 29 个，侧身人像 56 个，双臂屈肘上举，腿半蹲；动物图像 2 个，铜鼓图像 9 个。图像呈赭红色。

56 - D₂₆ 三洲尾山岩画 〔上金乡卷逢行政村白雪屯东约 0.75 公里左江北岸三洲尾山·战国—东汉〕 为岩怀山西端部分，山南面临江，距江面 20—25 米在面宽 50 米岩壁上，有 3 处岩画，共有 108 个图像，其中正面、侧身人像 95 个，双臂屈肘上举，腿半蹲；动物图像 3 个，铜鼓像 10 个，图像呈赭红色。

57 - D₂₇ 上白雪山岩画 〔上金乡卷逢行政村白雪屯西南约 500 米左江南岸上白雪山·战国—东汉〕 又称岩敏山岩画。山高 120 余米，沿江断岩峭壁，东端距水面高 20—30 米，在高 5 米、宽 20 余米范围，有 6 组岩画，共有图像 42 个，其中人像 40 个，包括正面人像 3 个，侧身人像 37 个，双臂屈肘上举，腿半蹲；铜鼓图像 2 个。图像呈赭红色。

58 - D₂₈ 下白雪山岩画 〔上金乡卷逢行政村白雪屯北约 800 米左江北岸下白雪山·战国—东汉〕 又称岜逢山岩画。山呈南北走向，高约 150 米，临江腹壁，距江水面 40 米和 20 米，各有 1 组岩画。共有人像 13 个。其中正面人像 5 个，侧身人像 7 个，双臂屈肘上举，腿半蹲。图像呈赭红色。

59 - D₂₉ 无名山岩画 〔上金乡卷逢行政村白雪屯北约 750 米左江北岸无名山·战国—东汉〕 山高约 60 米，在山南面临江中部，距江水面约 25 米处，有 1 组岩画，画面宽 4 米，高 2 米，可见 4 个人图像，皆为侧身人像，侧身双臂屈肘上举，腿半蹲。作一横列。

图像呈赭红色，其余已漫漶不清。

60 - D₃₀ **朝船山岩画** 〔上金乡卷逢行政村桥板屯西南800米左江东岸朝船山·战国—东汉〕 山高约150米，山顶四峰倚立，山脚临水陡立，南起二峰一个岩洞下方，距江面50米有1组岩画，画面宽约2米，高3米，有正面、侧身人像7个，双臂屈肘上举，腿半蹲，铜鼓图像1个及代表道路的横线一条。图像呈赭红色。

61 - D₃₁ **渡船山岩画** 〔上金乡卷逢行政村桥板屯西北约500米左江北岸渡船山·战国—东汉〕 因山似船形故名。山呈西南至东北走向，高188米，近山南端距水面约20米的宝岩洞南、北侧各有1处岩画，山之中部距水面约80米处，也有1处岩画。3处岩画共5组，可辨正面人像4个，侧身人像28个，双臂屈肘上举，腿半蹲；动物图像1个，其余有5个人像形态不能辨识。图像呈赭红色。

62 - D₃₂ **大洲头山岩画** 〔上金乡卷逢行政村贯内塘边屯北约1公里左江北岸大洲头山·战国—东汉〕 山为呈西北—东南走向的峰丛，高约120米。岩画主要分布在西起第三峰的临江南壁上，高距水面60余米，画面高约8.5米，宽约30米，自左至右有6组，可见正面人像25个，侧身人像23个，双臂屈肘上举，腿半蹲；动物图像1个。图像呈赭红色。

63 - D₃₃ **三角岩岩画** 〔响水镇红阳行政村杨额屯西面约1300米左江东岸三角岩·战国—东汉〕 山呈西南—东北走向，高210米，岩画分布在临江东北端的一个小岩洞上方，距江面20余米高处，分为3组可看到21个人像，其中正面人像11个，侧身人像10个，双臂屈肘上举，腿半蹲；其余图像皆已剥蚀不清。图像呈赭红色，色彩较淡。

64 - D₃₄ **纱帽山岩画** 〔响水镇棉江行政村孟命屯约1.75公里左江南岸纱帽山·战国—东汉〕 山高160余米，五矮峰相连在北起第三、四峰间临江崖壁，距江面15—30米，有岩画3组，有侧身人像11个，侧身双臂屈肘上举，腿半蹲；动物图像1个。图像呈赭红色。

65 - D₃₅ **棉江花山岩画** 〔响水镇棉江行政村伏荷屯南约700米左江西岸棉江花山·战国—东汉·自治区文物保护单位〕 该山呈南北走向，主峰高200余米，岩画主要分布在南北端临江岩壁，两个岩洞的顶上及旁边距江水面25米至70米，画面长120米。岩画共有图像298个，包括人、动物、铜鼓等图像，其中正面、侧身人像282个，作双臂屈肘上举，腿半蹲，刀、剑佩带于正面人像腰间；铜鼓图像9个，动物图像7个，图像呈赭红色。

66 - E₁ **连城要塞遗址和友谊关（龙州县境段）** 〔彬桥乡、龙州镇、下冻镇、水口镇、金龙镇、上降乡、上龙乡、武德乡·1885—1898·全国重点文物保护单位〕 连城要塞是清末广西提督、边防督办苏元春督建的边防军事设施。龙州县境段包括小连城提督行署遗址、炮台、关、隘、石桥、道路等。

E₁₋₁ **耀武炮台** 〔武德乡科甲行政村营墩屯西岜必山·1888年〕 又称岜必炮台。清光绪十四年（1888），广西提督、边防督办苏元春督建。在岜必山1平方公里范围内的几座山峰上，共建有炮台6座，向西北，平面均呈圆形，直径8米左右，围墙用料石干砌，部分已经坍塌，敞顶。残存一道石墙长约120米，高1.3米，宽0.8米。

E₁₋₂ **固边三中炮台** 〔武德乡科甲行政村科甲街北约1.2公里马鞍山·清代〕 又称马鞍山炮台。清光绪十一年至二十四年间（1885—1898），广西提督、边防督办苏元春督建。炮台平面呈椭圆形，长27.1米，最宽处16.8米，高3—4米。围墙用片石干砌，开有炮口，墙内设有炮台、兵房、弹药库、通道，皆用料石砌成。占地面积455.28平方米。

E₁₋₃ **固边四中炮台** 〔武德乡科甲行政村科甲街东北约1.5公里叫背山·清代〕 又称叫背山炮台。清光绪十一年至二十四年间（1885—1898），广西提督、边防督办苏元春督建。西南距马鞍山炮台约1.5公里，遥相对望。共修建炮台3座，分别在3座山头。炮台平面均为圆形，直径约8米，高2.5米，墙体用片石干垒，敞顶，占地面积37.68平方米。

E₁₋₄ **固边五中炮台** 〔金龙镇双蒙行政村板梯屯西约600米山上·清代〕 又称板梯炮台。清光绪十一年至二十四年间（1885—1898），广西提督、边防督办苏元春督建。由两座炮台组成，分别向西南、东北方向。炮台平面皆呈圆形，直径9米，用片石干砌护墙，毁坏严重，残墙上设有长方形瞭望窗、枪眼，门口置石踏跺，占地面积14.13平方米。

E₁₋₅ **固边六中炮台** 〔金龙镇横罗行政村都宽屯西北约500米大明山一带·1889年〕 又称横罗炮台。清光绪十五年（1889），广西提督、边防督办苏元春督建。是以大明山大炮台为主，与大明山小炮台、营盘、板罗、陇义等5座炮台组成的炮台群。炮台皆用料石砌筑，平面呈圆形。主炮台外径10米，内径5.7米，高4.2米，内墙衬料石，外墙砌片石，顶盖瓦。南面开门，内分上、下两层，上层有垛口、通道，下层西北向有3个炮口。顶盖已坍塌。占地面积15.17平方米。其余炮台皆露天，无顶盖。

E₁₋₆ **固边七中炮台** 〔金龙镇贵平行政村板烟屯

西北约500米·1889年〕 又称板烟炮台。清光绪十五年（1889），广西提督、边防督办苏元春督建。由更重、冲天和岜伍3座炮台组成，分别建在分布呈三角形的3个峰顶上。炮台平面均呈圆形，用料石及片石筑墙，顶部已坍塌。更重炮台据主峰，炮台向西，外圆内方，直径9.4米，高2.3米，护墙厚1.3米。炮台分上下两层，下层是兵房和炮位，上层为炮台顶部，四周有女儿墙。炮台北面有2个炮口，西南面有1个炮口。冲天炮台在其北面约2公里，岜伍炮台在西北面约3公里。

E$_{1-7}$ **固边八中炮台** 〔金龙镇高山行政村板闭屯南约400米炮台山·1889年〕 又称板闭炮台。清光绪十五年（1889），广西提督、边防督办苏元春督建。炮台平面呈圆形，直径8米，高2.5米。墙体用料石及片石构筑，分上、下两层，上层为跑马道，外层有一圈女儿墙。门东向，炮眼西向。炮台东西两面墙有坍塌，仅存的残墙高2.1米。占地面积78平方米。

E$_{1-8}$ **岜哈炮台** 〔金龙镇双蒙行政村板梯屯西南约300米岜哈山·1889年〕 又叫沙哈炮台。清光绪十五年（1889），广西提督、边防督办苏元春督建。位于山顶东面，用片石干砌，周有护墙，残高2.4—3米，长9.4米，宽6.2米，设有观察哨4个。炮台顶毁，墙崩塌。占地面积58.3平方米。

E$_{1-9}$ **小连城提督行署旧址** 〔彬桥乡红岭行政村广西茶科所四队西北面约50米将山东南面山腰上·清代〕 建于清光绪十六年（1890），为广西提督、边防督办苏元春督建。为连城要塞的指挥中心之一，控镇南、水口两关水陆交通，护卫龙州重镇。依山势构筑城墙及大小炮台15座，烽火台1座；以大里、那王2座炮台为前卫屏障，形成小连城炮台群的立体火力防御体系。小连城的后山筑"小垒城"门。城内设兵舍、军械局、火药库、光禄寺，山腰龙元洞设保元宫指挥所。由保元宫门楼、玉阙、天阙金阶、玉阶、九龙壁等建筑构成。将山主炮台长89.1米，宽21.6米，占地面积约2530平方米。各炮台、碉台间以城墙相连，城墙以石垒砌，长约12公里，至县东南境与凭祥大连城城墙相连，全长27公里，有"南疆小长城"之称。

E$_{1-10}$ **那王炮台** 〔龙州镇新民行政村那王屯西南约900米将山次峰那王峰·清代〕 建于清光绪十八年至二十年间（1892—1894），广西提督、边防督办苏元春督建。位于那王山峰顶，由2座主炮台和5座副炮台组成炮台群，主炮台建在前两山顶上，东为卫龙一大炮台，面积约800平方米；西为卫龙三中炮台，约700平方米；副炮台沿山脊砌筑。炮台间用石墙连接，长1公里，东西两侧山口分别设"东门"和"西巩门"。炮台平面呈"凸"字形，均以料石构筑，高6.1米，长23米。入口设拱门，分两层：一层有兵房2间，天井2处，4间弹药库。二层是炮位，中心为圆形炮台，东西两侧有垛墙。

E$_{1-11}$ **大里城炮台** 〔上降乡里城行政村菊榕屯东北约1.2公里岜登山·1892年〕 又称卫龙二大炮台。清光绪十八年（1892），广西提督、边防督办苏元春督建。建于山顶，由炮台、营房组成，占地面积约550平方米。炮台朝西，平面外圆内方，外径12.4米，墙用片石、料石砌筑，敞顶，高2米，厚1.25米。分三层：一二层有兵房，长11米，宽8米，有巷道与西南兵房、弹药库相连，三层为炮台顶部，外围砌圆形护墙。

E$_{1-12}$ **卫连后台** 〔上降乡鸭水行政村岗龙坳屯西南面约1公里扣樟山·1893年〕 又称岗龙坳炮台。清光绪十九年（1893），广西提督、边防督办苏元春督建。炮台平面呈长方形，为片石砌筑，四周有用砖、三合土砌筑的护墙，分为两层，底层有兵房5间，有2处石踏跺上二层炮位。南、北开拱门，南门额匾"卫连后台"。炮台设在兵房顶上中部，呈圆形，直径8米，两侧用砖砌成半圆形护墙，高1米，置炮2门，已佚。有小路通山脚龙坳屯，屯内原有清军营房。占地面积约875平方米。

E$_{1-13}$ **榜书"保奠黎元"** 〔龙州镇新民行政村那王屯将山·清代〕 摩崖石刻1方。清光绪二十二年（1896）刻。刻面高1.28米，宽4.5米。文横3行，楷书，阴刻。首题"光绪丙申年仲夏月中浣穀旦"，正文榜书"保奠黎元"，落款已不清。

E$_{1-14}$ **龙北关炮台** 〔上龙乡龙北农场龙北关分场东南约1公里山上·1897年〕 清光绪二十三年（1897），清广西提督、边防督办苏元春督建。龙北关时为通往越南的重要关口，已毁，仅存"龙北关"石门匾1方。关周边山顶建有炮台4座，正面山顶2座，左边莲花山、右边陇念山各1座。炮台皆以片石干垒，平面呈圆形，敞顶，直径6米，高2米。部分墙体坍塌。占地面积200平方米。

E$_{1-15}$ **卫龙关** 〔彬桥乡彬桥行政村岜巫屯西南面·1897年〕 建于清光绪二十三年（1897），为清广西提督、边防督办苏元春督建。龙州县西南重要关卡。关墙及关门皆以片石砌筑。关墙南起岜巫山，西北至岜彬山，长328.32米，宽2.2米，高3.20米，设人行道和射击口。靠岜彬山处设有关门，现已毁，存残墙及楷书"卫龙关"石额匾1方。

E$_{1-16}$ **卫龙四中炮台** 〔彬桥乡彬桥行政村塘波屯西北面约1公里的陇津坳山·清代〕 又称陇津炮台。清光绪十一年至二十四年间（1885—1898），为广西提督、边防督办苏元春督建。从岜巫屯对面的岜彬山至塘坡屯后的姆娘山，山上共有4座小炮台。占地面积85.26平方米。主炮台龙津炮台位于最高峰，朝西北，用片石砌成方柱体炮台3座，长2.5米，宽2米，高1.9米。炮台间距1米左右。周筑片石护墙，长8.2米，有两处瞭望口。从陇津屯至山顶炮台修有路，砌有石踏跺。其余3座副炮台为圆形，直径8米，高2米，较简陋。占地面积85.26平方米。

E_{1-17} **双凤山炮台** 〔龙州镇西北约1公里双凤山（又称公姆山）·清代〕 清光绪十五年（1889），广西提督、边防督办苏元春督建。炮台建在双凤山南、北两个峰顶，南峰炮台平面呈方形，用片石垒砌，顶已坍塌，占地面积91.8平方米。北峰在沿河一侧修筑三级炮台，用三合土加片石夯护墙，一级炮台位于山北端，呈梯形，长12米，宽6.3—9米；二级炮台位于其西部上端，扩护墙长34.5米，炮台平面呈圆形，内径4.7米；三级炮台位于山顶部，仅存一段长12米、高1.5米的护墙。在战壕的崖壁上有清光绪三十四年（1908）二月兵备道兼广西边防督办龙济光题刻的榜书"龙城保障"4字。

E_{1-18} **镇龙炮台** 〔龙州镇新民行政村那王屯将山主峰·1887年〕 清光绪十三年（1887），广西提督、边防督办苏元春督建。位于将山主峰，与各次峰的15座炮台、碉台、烽火台作辐射状连接。占地面积约2530平方米。炮台以料石砌成，内设兵房、药库、瞭望哨位等，以明、暗通道相连，两端有券拱石门各一道。

E_{1-19} **水口一炮台** 〔水口镇水口社区旧街西南后山约1.6公里山上·1893年〕 建于清光绪十九年（1893）。广西提督、边防督办苏元春督建的"二关""二连城"边防炮台之一。炮台向西，平面略呈椭圆形，料石砌成，径约40米。炮台分上、下两层，上层中心炮位为圆形，东南面与下层兵房有踏跺相连，西南面设瞭望台。下层设有兵房、药局、子库。占地面积62.8平方米。

E_{1-20} **水口二炮台** 〔水口镇水口社区旧街西北面约500米·1893年〕 又称镇口二大炮台。清光绪十九年（1893），广西提督、边防督办苏元春督建的"二关""二连城"边防炮台之一。炮台用料石砌筑，分上、下两层，上层是炮位，下层是兵房、子药局，兵房门额上阴刻楷书"兵房"匾，两侧有踏跺与上层炮位相连，炮位在兵房东北面，平面为圆形，径13米，周围有一圈护墙。炮位上建有瞭望哨。原有护墙及炮位已毁。占地面积约120平方米。

E_{1-21} **水口三炮台** 〔水口镇水口社区旧街西北面约500米山上·1893年〕 又称洞口中炮台。建于清光绪十九年（1893）。广西提督、边防督办苏元春督建。炮台利用天然石洞作兵房，外围建有围墙、碉堡，占地面积143.55平方米。现洞口已封闭，情况不详。

E_{1-22} **水口四炮台** 〔水口镇水口社区旧街西北面约800米山上·1893年〕 清光绪十九年（1893），广西提督、边防督办苏元春督建的。与水口二、三炮台在同一条线上。炮台比较简陋，只有围墙、壕沟和碉堡，占地面积约150平方米。

E_{1-23} **固边一中炮台** 〔水口镇合平行政村陇茗屯东北约1公里岜吉山·1893年〕 又称岜吉山炮台、陇茗前山炮台。清光绪十九年（1893），广西提督、边防督办苏元春督建。炮台2座，分别建于岜吉山东北和西面山峰上。炮台平面呈圆形，皆料石砌筑，敞顶。东北炮台径13米，高3米，墙厚1米，占地面积约133平方米。西炮台径11.5米，高2.8米，炮台前垒砌两道长10余米、高1.5米石砌护墙。占地面积约104平方米。

E_{1-24} **固边二中炮台** 〔武德乡保卫行政村甫茶屯北面约600米大山·清代〕 又称大山炮台，位于中越边境苛村隘东侧。清光绪十一年至二十四年间（1885—1898），广西提督、边防督办苏元春督建。炮台平面呈圆形，直径8米，用片石砌筑。周设护墙，高约1.7米，东北面留有一炮孔，已坍塌。内设兵房、药库。占地面积12.56平方米。

E_{1-25} **陇茗后山炮台** 〔水口镇合平行政村陇茗屯西北面后山·清代〕 清光绪十一年至二十四年间（1885—1898），广西提督、边防督办苏元春督建。炮台朝西，平面呈圆形，直径9.1米，用片石干砌，门洞高2.4米，宽1.55米。炮台外围护墙残高约3米，厚1.4米，有2个炮口、7个瞭望口。西南面、东面部分墙体坍塌。占地面积约140平方米。

E_{1-26} **陇吾炮台** 〔水口镇合平行政村陇吾屯东南约800米山顶·1893年〕 清光绪十九年（1893），广西提督、边防督办苏元春督建。炮台平面呈圆形，直径12米，周用片石干砌护墙，高2.5米，墙厚1.2米，敞顶，有炮口3处。西面设拱门，门洞面阔1.15米，进深1.6米，高2.6米。门内两侧各有石踏跺5级。占地面积23.55平方米。

E_{1-27} **奉村炮台** 〔水口镇共和行政村板奉屯后山·1893年〕 清光绪十九年（1893），广西提督、边防督办苏元春督建。有主、副炮台5座，分布于方圆1平方公里不同高度的山峰上。主炮台高1.5米，平面呈圆形，直径9米，门额刻"镇口右台"，内部分两层，设有天井，底层天井南、北边各有1间兵房，北兵房门额上阴刻"分截炮台";南兵房有子局、弹药库各一间,有踏跺与二层炮位相连。二层炮位平面为圆形,直径7.8米。副炮台较小,平面呈圆形,片石垒砌,周围有高1米、厚0.7米石墙环护。占地面积约200平方米。

E_{1-28} **那蒙石拱桥** 〔水口镇共和行政村那蒙屯北偏西约350米小河沟·清代〕 建于清光绪十一年至二十四年间(1885—1898),为奉村炮台的附属建筑,是通向炮台和营垒的主要通道。桥呈东西走向,单孔石拱桥,长6米,宽3.35米,拱跨3.3米。桥拱、桥身皆用料石砌筑。

E_{1-29} **峒桂炮台** 〔水口镇峒桂行政村峒桂村西南约200米·1893年〕 清光绪十九年(1893),广西提督、边防督办苏元春督建。炮台建于一座孤山顶,用片石砌筑。平面呈圆形,敞顶,直径13米,高2.6米。炮台围墙高2.6米,厚1—1.5米,内设兵房、药库,可见门洞遗存。占地面积约133平方米。

E_{1-30} **布局关炮台** 〔下冻镇布局行政村江巷屯西北约1公里·1893年〕 清光绪十九年(1893),广西提督、边防督办苏元春督建。由炮台和隘卡组成。炮台两大一小共3座。皆以料石砌成。大炮台位于海拔531米石山两个山峰顶上。炮台平面呈圆形,直径分别为20米和12.8米,高2米和1.8米,墙厚1.35米。两台间有约40米石墙(高4.5米、宽4米)及壕沟相连,中间建兵房、药库;小炮台在大炮台东南约300米,平面呈长方形,长8.4米,宽6.7米,高3米。小炮台左侧50米即布局隘,隘墙为南北走向,高4.5米,厚4米,残长17米,料石砌筑,中开东西向双拱券隘门,大拱高3.5米,面阔3.7米,进深2.3米;小拱2.5米,面阔2.4米,进深1.1米,门顶端已毁。

E_{1-31} **镇冻三中炮台** 〔下冻镇下冻社区西南约300米连山·1908年〕 又称连山炮台。清光绪三十四年(1908),时任左江镇总兵的陆荣廷督建。炮台平面呈椭圆形,敞顶,长17米,最宽处12.7米,周有片石护墙,高2.8米,厚1—14米,部分墙体有坍塌,占地面积212.5平方米。

E_{1-32} **镇冻四中炮台** 〔下冻镇春秀行政村弄畔屯西北面后岜雷山·1893年〕 又称岜雷炮台。清光绪十九年(1893),广西提督、边防督办苏元春督建。有主、副炮台共3座,相距约500米。炮台向东北,平面略呈圆形,直径10米,周边用片石垒砌围墙,高2米,敞顶,开拱门,设有2个圆锥形炮口,分别指向南面和西南面。炮台内残存有柱础。占地面积约80平方米。

E_{1-33} **镇冻五中炮台** 〔下冻镇两庄行政村右庄屯西约800米·清代〕 又称两庄炮台。清光绪十一年至二十四年间(1885—1898),清广西提督、边防督办苏元春督建。有炮台2座,分别建在2座相距约1公里的山峰上。炮台平面呈方形,边长7米,用片石干砌,高2米,厚1.2米。1座完好,1座受严重破坏。周有围墙,长30米,宽7.3米,占地面积220平方米。

E_{1-34} **冻阳炮台** 〔下冻镇扶伦行政村那造屯西北约800米娄山·1893年〕 清光绪十九年(1893),广西提督、边防督办苏元春督建。由主、副炮台共5座组成,占地面积约408平方米。料石构筑。主炮台建在娄山上,平面呈圆形,直径13.8米,护墙高5.2米,门额上有"镇冻壹台"匾,内分上、下两层,上层是炮位,炮位为圆形,有德国造大炮1门,外侧有围墙;下层有兵房、弹药库各一间。副炮台亦作圆形,直径10米。

E_{1-35} **龙凭古道遗址** 〔龙州镇新民行政村蛤蚧屯南端·清代〕 清光绪年间(1875—1908),广西提督、边防督办苏元春为运送架设在"连城要塞"炮台上的大炮而修建,其中蛤蚧屯至大理屯段,为通往凭祥方向前卫炮台的要道,残存路面约长800米,宽约2.5米,盘山而至炮台。在道路中段修建城楼,名"通卫门",已塌毁。

E_{1-36} **苛村隘** 〔武德乡科甲行政村科甲街西北约1公里·1898年〕 又称科甲关口,清光绪二十四年(1898),广西提督、边防督办苏元春督建。隘墙呈西南东北走向,用料石砌筑。现存隘墙残长28米,高4.3米,宽5.14米。设有券拱隘门,门面阔2.75米,进深1.9米,高4.3米。门额镶楷书"苛村隘"石匾,阴刻。占地面积145.6平方米。

67-E_2 **援越抗法阵亡将士墓** 〔彬桥乡红岭行政村红岭小学南约60米·清代·县文物保护单位〕 又称万人坟,为清光绪十年(1884)在越南船头、陆岸、谷松、委波一带为抗击法军而牺牲的李纯五等300余名清军官兵墓。墓建于清光绪十三年(1887),呈马鞍形,三合土构筑。墓前立碑和石人、石马、石狮、石鼓、望柱等石仪作。占地面积约400平方米。现仅存墓和碑。

68-E_3 **陈勇烈祠** 〔龙州镇北帝巷·清代·自治区文物保护单位〕 祠奉祀清抗法名将陈嘉。陈嘉(1839—1885),广西荔浦县马岭人。清光绪十一年(1885)三月,在镇南关战役中,身负重伤仍率部英勇杀敌,获"勇冠全军"称誉。六月十三日创伤复发,逝世于龙州。清光绪十三年(1887)十二月奏准建祠,十八年(1892)建成,谥名"陈勇烈祠"。1919年、1963年维修。祠坐东向西,原为三排三进院落,砖木结构，占地面积 9315.53 平方米。现存前厅、昭忠祠和揽秀园。前厅面阔三间，进深两间，清水墙、硬山顶、穿斗式木构架，盖琉璃瓦，马头山墙。前设檐廊，有 5 级石踏跺。昭忠祠和揽秀园木构件及柱、梁已朽，损毁严重。

E₃₋₁　昭忠祠码头〔龙州镇北帝巷陈勇烈祠西面约 30 米左江东岸·清代〕　建于清光绪十八年（1892），为陈勇烈祠的专用码头。码头用条石铺砌，长 40 米，宽 4.7 米，共 33 级踏跺，级高 0.08 米，宽 0.08 米。

69 - E₄　苏保德衣冠墓〔水口镇水口社区旧街西南约 150 米·清代·县文物保护单位〕　苏保德（？—1851），广西永安州（今蒙山）人，永安州团练团总。清咸丰元年（1851）太平军陷州城时被击毙。清光绪十九年（1893），其子广西提督、边防督办苏元春在水口建衣冠墓。墓葬朝东，方形券顶砖室墓，高 2.5 米，墓壁绘三友图等壁画 10 余幅。墓前立龙纹石牌坊，高 4.27 米，宽 4.7 米，左右镶"旌表"碑和李鸿章题挽联。牌坊后面刻有石龟，神道两旁立石狮、望柱等。占地面积约 1320 平方米。

70 - E₅　武建军资念塔〔龙州镇利民社区利民街·1905 年·县文物保护单位〕　建于清光绪三十一年（1905）。时任广西全边对汛督办郑孝胥为纪念驻防龙州的湖北武建军官兵而建。坐南朝北，四方形砖塔，四级石砌基座，边长 2.4 米，塔身宽 1.3 米，高 3.4 米，塔顶四面坡，塔刹圆球形。塔正面镶"武建军资念塔"碑刻，落款"光绪三十一年夏四月，督办郑孝胥书"。占地面积 68.34 平方米。

71 - E₆　法国驻龙州领事馆旧址〔龙州镇利民社区利民街·1908 年·自治区文物保护单位〕　建于清光绪二十二年（1896）。包括 2 座并列的法式楼房及 1 座消防池，周有围墙，建筑面积约 1560 平方米。均为西式二层楼房，坐南朝北，面阔四间，进深二间。上、下层四周有联拱回廊，廊沿设铁质栏杆。一楼地面铺砌青石板，二面铺木楼板，设旋梯上下。屋顶覆以金属瓦片。

72 - E₇　庄蕴宽纪念碑〔龙州镇利民社区利民街龙州中学大门对面约 80 米处·清代·县文物保护单位〕　清宣统二年（1910），广西提督陆荣廷等为纪念庄蕴宽的功绩而立。砖砌两柱牌坊式碑，高 4.2 米，宽 1.63 米。镶有碑刻 1 方，碑阳朝北，面刻"钦加二品衔统领边防各军太平思顺兵备道镇南关监督庄公蕴宽纪念碑"，落款"宣统二年岁在上章阉茂应钟节陆荣廷陈炳焜谭浩明率新军前路巡防各队将佐弁兵等同□立于双溪止水之□"，碑文竖 15 行，内容为追忆庄蕴宽

功绩。文皆楷书，阴刻。占地面积约 15 平方米。庄蕴宽（1867—1932），字思缄，号抱阁，常州府武进县人。1906 年 2 月任广西太平思顺兵备道兼镇南关监督，驻扎龙州，统领边防各军。他大力推行新政，创办学校，为辛亥革命培养了不少骨干和人才。

73 - E₈　业秀园（陆荣廷旧居）〔水口镇水口社区水口旧街东北端·1919 年·自治区文物保护单位〕建于 1919 年。旧桂系首领陆荣廷修建，为纪念其父陆业秀而称"业秀园"。因当时陆荣廷任两广巡阅使、广西都督、中将，故又名"中将第"。原规模较大，有门楼、主座、花厅、左厢房、后厢房、右连廊、戏楼、码头等建筑，占地面积 6 万多平方米。现存主座、花厅、码头等。主座坐南朝北，砖木结构二层楼房，面阔四间，夯土墙，硬山顶，盖小青瓦，一、二层前后均有走廊，外檐砌青砖柱，拱形门、窗。花厅坐东向西，夯土墙，硬山顶，盖小青瓦。码头建于水口河西岸与门楼相接，长 34.3 米，宽 3.5 米不等，共 81 级，7 个平台。

74 - E₉　谭浩明旧居〔水口镇水口社区旧街·1916 年〕　谭浩明（1871—1925），字月波，广西龙州县水口人。旧桂系重要将领。历任龙州镇守使、两广护国军总司令、广西边防督办、广西督军、湘桂粤联防军司令，1925 年被刺杀于上海。旧居建于 1916 年。砖木结构，为三进院落，由前、中、后座、天井厢房、回廊等组成，占地面积约 1600 平方米。今已毁不存。

75 - E₁₀　中国工农红军第八军军部旧址〔龙州镇新街 19 号·1930 年·全国重点文物保护单位〕　1930 年 2 月 1 日，邓斌（邓小平）李明瑞、俞作豫领导的广西警备第五大队在龙州举行武装起义，成立中国工农红军第八军（红八军）和左江革命委员会，颁发《中国工农红军第八军目前实施政纲》，史称"龙州起义"。旧址由原商人梁德祥别墅及龙州"瑞丰祥"钱庄组成，总占地面积 4922.5 平方米。建于民国初，1978 年、2009 年维修。别墅坐北朝南，为法式三层平顶楼房，砖木结构，面阔 10.8 米，进深 11.8 米，前有台阶上达二层拱门，二、三层前有三联拱外廊，占地面积约 382 平方米。是龙州起义前后党的领导机关、红八军军部所在地。邓小平同志先后两次到龙州领导和发动起义，都在这里居住、办公。瑞丰祥钱庄为中式三进庭院，坐西北向东南，高二层，面阔三间。前座有前廊，立圆形砖檐柱 2 根，清水墙，二层走廊栏板墨书"瑞丰祥"3 字，中座为左江革命委员会旧址。后天井有"红军井"。

76 - E₁₁　左江革命委员会旧址〔龙州镇新街 19 号·1930 年·自治区文物保护单位〕　1930 年 2 月 1

日龙州起义，成立左江革命委员会，颁布了劳动法和土地法，召开万人大会。左江革命委员会设立秘书处、肃反、军事、财经、文教、农民、妇女等委员会，管辖龙州、上金、宁明、明江、思乐、崇善、左县、雷平、养利、凭祥等11个县。旧址与红八军军部旧址相邻，原为商人梁德祥"瑞丰祥"钱庄第二进，建于民国初，仿古建筑，几经改造变成砖木结构两层楼房，设有前檐廊，硬山顶，盖小青瓦。面积323平方米。

77 - E₁₂ 龙州起义标语 〔龙州镇仁义街县人民医院门诊楼左侧小门旧墙壁上·1930年·县文物保护单位〕 1930年龙州起义后书写。墨书标语"拥护苏维埃政府，拥护中国共产党"。书写范围长9米，字体大小不一，字径0.09—0.13米，楷书，朱红色，字迹已模糊。

78 - E₁₃ 龙州保卫战遗址 〔龙州镇兴龙路南端临江处及左江南岸·1930年·县文物保护单位〕 1930年3月20日，中国工农红军第八军（红八军）第二纵队为保卫红色政权，同桂系梁朝玑部在龙州铁桥两端展开激战，红八军军委委员严敏等官兵400余人壮烈牺牲。龙州铁桥建于1913—1915年，长123米，宽3.8米，引桥长32米。1940年7月，侵华日军进犯龙州时被炸毁。现存铁桥两端桥墩和北岸的《龙州铁桥碑记》，碑高0.98米，宽0.62米，厚0.17米。碑文记载龙州铁桥建设经过。

79 - E₁₄ 越南共产党驻龙州秘密机关旧址 〔龙州镇南街99号·1931年·自治区文物保护单位〕 1931年，越南印度支那共产党总书记黄文树在龙州县城南街租用了74号房屋（现99号），作为指导越南革命活动的秘密机关和交通联络点。1944年8月，胡志明带领18名越南青年干部来到龙州，居住于此并接见了龙州的进步青年。旧址原为民房，建于清末。坐南朝北，砖木结构，三进院落，前铺后宅，现存两层硬山顶楼房，穿斗式木构架，木楼板、隔扇门。占地面积约378平方米。

80 - E₁₅ "勿忘国耻"抗日标语 〔龙州镇中山公园中山堂正门前5米处的岩石上·1932年〕 摩崖石刻1方。为1932年国民革命军陆军第188师133团政讯处所刻。刻面高1.2米，宽约1米，右侧竖行首题"一三三团政讯厅制"，正文竖2行，阴刻"勿忘国耻，共赴国难"，左侧竖行落款"陈济桓题，刘伯坚书"。字径0.3—0.45米，行书。

81 - E₁₆ 抗日阵亡将士公墓 〔龙州镇利民社区利民街中山公园内·1944年〕 1944年国民革命军陆军第188师长海竞强重修，1985年维修。为国民革命军陆军第188师抗日阵亡将士公墓，墓区占地面积900

平方米。墓葬朝南，冢呈圆丘形，三合土构筑，底径4米，高1米。墓碑高1.47米，宽1.05米。原墓碑题"陆军第一百八十八师抗战阵亡将士墓"，无落款。重修墓碑加上"中华民国三十三年仲夏吉日重修""师长海竞强敬立"。墓前原有牌坊一座，已毁。

82 - E₁₇ 大青山起义旧址 〔彬桥乡先锋农场大青山分场·1947年·县文物保护单位〕 1947年8月19日，中共左江工委领导大青山起义，中共广西省工委书记黄嘉带领武装小分队奔袭大青山龙州林场警察队，俘虏警队长等10余人，并建立以大青山为中心的革命根据地，组建了滇桂黔纵队左江支队和左江支队龙津县大队，史称"大青山起义"。旧址原为建于1933年的龙州林场场部。坐西向东，二层楼房，面阔三间，夯土墙，木构架，硬山顶，盖小青瓦。明间前设内凹小檐廊，立两砖砌檐柱。占地面积293.32平方米。

83 - E₁₈ 越南"边界战役"指挥所旧址 〔下冻镇布局行政村江巷屯017号·1950年〕 1950年1月底，越南民主共和国胡志明主席秘密访问中国，请求援助。1950年7月，陈赓将军与胡志明主席、越南人民军参谋部多次在此研究作战方案，组织指挥边界战役，取得了边界战役的胜利。旧址坐西南向东北，木结构两层楼房，面阔二间，穿斗式木构架，悬山顶，盖小青瓦，木板壁、木楼板。占地面积约116.6平方米。

84 - F₁ 天主教堂 〔龙州镇利民社区利民街146号龙州气象局·清代·县文物保护单位〕 清光绪十六年（1890），法国传教士赖保利开始在龙州传教。清光绪二十二年（1896）建教堂、洗礼池，占地面积113.4平方米。教堂朝南，原为哥特式三层楼房，尖顶已被拆除，现为平顶，面阔21米，进深5.4米、高12米，占地面积113.4平方米。门楣、窗楣已改，底层南北两端原有拱门已封堵。洗礼池面积约30平方米。

85 - G₁ 八角岩陶罐出土点 〔八角乡八角行政村八角屯北约300米八角岩·新石器时代〕 1958年，八角岩出土夹砂陶罐1件，直口圆底，器表呈灰褐色，饰粗绳纹。高0.128米，口径0.103米，腹径0.12米。

86 - G₂ 板兰石铲出土点 〔上金乡联甲行政村板兰屯·新石器时代〕 在板兰屯的一处岩缝中出土大石铲1件。青灰色，底稍白色，两肩呈锯齿状袖口形，铲面光滑，长0.46米，腰宽0.17米，厚0.025米。

87 - G₃ 板阁铜鼓出土点 〔逐卜乡锦阁行政村板阁屯东面约2公里空排龙坡地·东汉—唐〕 1994年2月15日，在空排龙坡地北端出土灵山型铜鼓1面，鼓面向下，无伴出物。鼓面径0.92米，高0.55米。鼓面太阳纹十芒。面沿环列六只三足累蹲蛙。鼓面与身饰鸟形纹、变形羽人纹、席纹、四出钱纹、四瓣花纹、蝉纹等。胸腰间附带状扁耳 2 对。

88 - G₄ 板就铜鼓出土点 〔响水镇龙江行政村板就屯·唐—清〕 1971 年，在板就屯出土西盟型铜鼓 1 面。鼓面径 0.499 米，高 0.334 米。鼓面太阳纹七芒。面沿环列四蛙。饰变形羽人纹、翔鹭纹、鸟纹、同心圆纹、栉纹等。胸腰间附扁耳 2 对。

89 - G₅ 武德铜鼓出土点 〔武德乡武德街西南约 2 公里·唐—清〕 1996 年 11 月 2 日，在武德街西南出土西盟型铜鼓 1 面，鼓面向下，无伴出物。鼓面径 0.62 米，高 0.42 米。鼓面太阳纹十二芒，面沿环列四蛙。芒间饰坠形纹。晕间饰变形羽人纹、翔鹭纹、交叉双线纹、同心圆纹、栉纹等。胸腰间附扁耳 2 对。

90 - G₆ 青山钱币窖藏 〔下冻镇峡岗行政村青山·南宋〕 1978 年 9 月，在峡岗村青山脚出土铜钱 2 罐。铜钱共重约 116.5 公斤，计 24 种年号钱，最早的是北宋"熙宁重宝"，最晚的是南宋"咸淳元宝"。

扶绥县

1 - A₁ 江西岸遗址 〔新宁镇城厢社区江西岸屯东南约 1 公里左江北岸·新石器时代·自治区文物保护单位〕 贝丘遗址。1963 年发现。位于左江北岸台地上，面积约 3000 平方米，地表散布大量的螺壳、蚌壳、石器等遗物。1973 年试掘 52 平方米，在 2 米厚的螺壳堆积中，出土有大量斧、锛、凿等石器，锛、笄等骨器，刀、匕等蚌器，以及陶片和兽骨等陶片。陶片为夹砂绳纹陶，胎质呈红、黑或灰色。（见《考古》1975 年 5 期）

2 - A₂ 敢造遗址 〔新宁镇长沙行政村那普屯西南约 1.5 公里·新石器时代·自治区文物保护单位〕 贝丘遗址。1963 年发现。遗址在左江西岸台地上，分布面积约 1000 平方米。1973 年试掘 8.32 平方米，出土石斧、石凿、石矛、石锛、蚌匕、蚌刀、骨锛、骨簪等遗物和人骨架 14 具。墓葬无明显墓坑，葬式有蹲葬、侧身葬、仰身直肢葬等。陶片为夹砂绳纹陶，颜色有红、灰或黑色。（见《考古》1975 年 5 期）

A₂₋₁ 敢造 2 号墓 〔新宁镇敢造遗址·新石器时代〕 1973 年发掘。无墓圹，有人骨遗骸 1 具，仰身直肢葬，左上肢骨弯向胸前，放在锁骨处，右臂伸直被 1 块砺石压住，下肢骨分开。无随葬品。

A₂₋₂ 敢造 13 号墓 〔新宁镇敢造遗址·新石器时代〕 1973 年发掘。无墓圹，存人骨遗骸 2 具，为侧身合葬，向左侧卧的人骨架较完整，上肢屈向头部，手掌放在头前，弯腰，下肢向屈起。向右侧卧的人

骨架不完整，其面骨与左侧卧者正好对面。无随葬品。

3 - A₃ 同正遗址 〔中东镇中东社区中东街东约 2 公里土坡·新石器时代·自治区文物保护单位〕 山坡（台地）遗址。1962 年发现。遗址面积约 500 平方米。1978 年试掘，出土石铲及断块 40 多件，石铲短柄，平肩或斜肩，弧刃磨光，长 0.09—0.667 米，宽 0.056—0.448 米，厚 0.012 米。堆放较整齐。

4 - A₄ 那淋屯遗址那淋屯遗址 〔中东镇九和行政村那淋屯·新石器时代〕 山坡（台地）遗址。1962 年发现。遗址处于丘陵坡地上，地表散布较多的石铲残片，面积约 1 平方公里。1973—1978 年试掘，文化堆积厚 0.3—0.4 米。出土遗物多为磨光石铲及其碎片。石铲短柄，双肩，弧刃，通体磨光，制作较精致。（见《文物》1978 年 9 期）

5 - A₅ 狮子山遗址 〔东门镇旧城行政村旧城屯西北约 2 公里狮子山·新石器时代·县文物保护单位〕 洞穴遗址。1987 年发现。在山脚下一洞穴内，洞口宽 2.4 米，深 10 米。遗址包括狮子岩洞及洞前台地，面积约 1500 平方米。出土石铲 16 件，大部分只简单加工，表面粗糙，少部分通体磨光，刃部磨损。

6 - A₆ 旧城土忠州衙署遗址 〔东门镇旧城行政村旧城中学内·宋—清〕 旧城土忠州建于南宋，废于清光绪二十九年（1903）。现仅遗留州衙署一段围墙，长约 7 米、高约 2.5 米的 4 个石墩以及由长方形条石砌成的房屋地基。现遗址上为旧城中学。

7 - A₇ 罗阳土司衙署遗址 〔中东镇三哨行政村旧城屯·明—清〕 明洪武年间（1368—1398），第九代罗阳土司迁建于今址。明、清时衙署曾多次重修，1912 年废止。现存三间平房，为清代建筑。坐西北向东南，砖木结构，硬山顶，盖小青瓦。另存二道残围墙，长 0.78 米，高 3.5 米，厚 0.48 米。遗物有石鼓、石柱础、石横梁等。

8 - A₈ 吉阳书院遗址 〔新宁镇城厢社区吉阳小学内·清代〕 建于清康熙年间（1662—1722），1854 年吴凌云领导天地会先后两次攻陷新宁州城，吉阳书院毁于兵燹。清光绪二十二年（1896）补用同知直隶州知南宁府新宁州事吴庆蒂重修，并于金鸡岩立《新建广西新宁州吉阳书院记》碑 1 方。现几经拆改书院已面目全非。

A₈₋₁ 新建广西新宁州吉阳书院记 〔新宁镇城厢社区城厢街西北约 1 公里金鸡岩·清代·县文物保护单位〕 碑刻 1 方。清光绪二十二年（1896）立。碑阳朝南，高 2.07 米，宽 1.03 米，厚 0.2 米。碑文竖行，共 698 字，楷书，阴刻"清诰授中宪大夫花翎四品衔在任补用同知直隶州知南宁府新宁州事吴庆蒂撰

文, 诰授奉政大夫五品衔知州衔翰林院编修曹驯书丹, 桂林蒋存远镌". 首题为"新建广西新宁州吉阳书院记", 落款"光绪二十二年岁次丙申二月启立". 文记载吉阳书院之历史及重建书院之事.

9 - A₉ 坡葛土忠州衙署遗址 〔东门镇坡葛行政村坡葛屯西面·清代〕 清光绪二十一年 (1895) 从旧城迁建于此, 至 1912 年废. 坐东向西, 面阔 63 米, 进深 152 米, 占地面积约 9576 米. 建筑已毁, 仅存花池、石桥、炮楼各 1 处, 城墙 1 段. 花池为长方形, 用料石砌筑; 石板桥跨池而过, 梁式石板桥, 长 23 米, 宽 4.8 米; 城墙残长 63.5 米, 残高 4.8 米; 炮楼位于遗址东南角, 用料石砌筑, 高二层, 面阔 5 米, 进深 3.8 米.

10 - B₁ 黄氏家族墓地 〔昌平乡八联行政村双甲屯西南约 300 米官坟岭·清—民国·县文物保护单位〕 为罗阳黄姓土县祖茔, 故又称罗阳土司墓群. 罗阳土司始设于宋, 清末改土归流, 1928 年撤销, 并入同正县. 墓群有清雍正、清同治、清光绪及民国年间的墓葬 11 座, 分葬于两处, 一处于岭顶, 分布 9 座, 多为女墓, 高 0.8 米, 底径 0.4 米. 最晚一座葬于清光绪年间 (1875—1908). 一处在岭下, 为末代土县官黄均政及其子黄霭忻墓, 分别葬于 1912 年、1923 年. 墓葬均向西, 圆丘形土冢.

B₁₋₁ 黄均政、黄霭帆墓 〔官坟岭下·1912、1923 年〕 黄均政 (1864—1912), 字简初, 罗阳土县第二十七代世袭土官, 后参加同盟会和辛亥革命, 1912 年在南宁被陆荣廷捕杀. 黄霭帆 (1888—1923), 原名锡禧, 黄均政之长子, 广西向都县知事, 广东南路游击司令部参谋长, 1923 年随军驻防廉州, 被暗杀. 两墓并列, 圆丘形土冢, 占地面积约 20 平方米. 墓前均立有墓碑及碑记. 黄均政碑刻"黄简初公之墓"及生平简介, 碑高 1.3 米, 宽 0.79 米.

11 - C₁ 利济桥 〔山圩镇山圩社区山圩街西约 1 公里无名小溪上·清代·县文物保护单位〕 建于清康熙五十六年 (1717). 东西走向, 单孔石拱桥, 长 10 米, 宽 3 米, 拱跨 6 米, 桥身、桥拱以料石干砌, 桥面铺石, 桥东端有康熙五十六年建桥碑记 1 方, 记述修桥经过. 桥北约 300 米有修桥芳名碑 1 方. 桥东端北部分塌落, 破坏较严重.

12 - C₂ 卢氏宗祠 〔昌平乡平白行政村新湾屯东面·清代〕 建于清乾隆二十九年 (1764), 道光八年 (1828) 重修. 坐东北朝西南, 砖木结构, 二进院落, 由前座、后堂、天井、双耳房组成, 占地面积约 190 平方米. 前座、后堂面阔三间, 进深二间, 青砖墙, 硬山顶, 博古脊, 盖小青瓦. 前座设 2 柱前檐廊, 廊前

置 5 级石踏跺. 耳房面阔一间, 进深一间. 祠内墙上分别镶有乾隆二十九年《裕后碑记》、道光八年《祠例碑》和《重修祖祠碑记》等碑刻.

13 - C₃ 凤庄码头 〔龙头乡凤庄行政村凤庄屯西南面左江东岸·清代〕 建于清道光年间 (1821—1850), 是当时周边中东、肖汉等地货运中转地. 码头用不同规格的条石铺砌 55 级踏跺, 长 55 米, 宽 2.7 米, 两旁片石护栏高 0.6 米. 码头顶端西面有石碑 1 方, 碑文记载清道光年间修建码头之事.

14 - C₄ 兴隆码头 〔龙头乡龙头社区兴隆屯北面左江南岸·清代〕 建于清道光年间 (1821—1850). 在左江岸边, 共砌筑 66 级石踏跺, 长 50 米, 宽 3.5 米, 两旁砌有片石护栏, 高 0.6 米.

15 - C₅ 财神庙 〔龙头乡龙头社区兴龙屯·清代〕 建于清道光二十年 (1840), 清光绪十八年 (1892) 第三次重修. 庙坐西朝东, 砖木结构. 二进院落, 前、后殿夹天井, 占地面积约 67.71 平方米. 前、后殿面阔三间, 进深二间, 清水墙, 穿斗与抬梁混合木构架, 硬山顶, 盖小青瓦. 前殿有前檐廊, 石檐柱 2 根, 门额书"财神庙"匾, 廊前有 2 级石踏跺. 脊灰塑博古、吉祥图梁, 封檐板浮雕花鸟, 檐壁上彩绘壁画. 庙内保存有石碑 7 方, 记载修建财神庙历史.

16 - C₆ 咘尧村桥 〔渠黎镇咘尧行政村咘尧屯东约 60 米汪庄河上·清代·县文物保护单位〕 建于清末. 东西走向, 单孔石拱平桥, 长 23.45 米, 宽 4.65 米, 拱跨 10.3 米. 桥身、桥拱用料石干砌, 桥面铺石板, 两侧间隔置料石墩作护栏, 桥头石墩上立小石狮.

17 - C₇ 大成殿 〔中东镇中东社区中东小学院内·清代·县文物保护单位〕 为文庙大成殿, 建于明万历三十年 (1602), 明崇祯十三年 (1640) 毁于兵燹, 清康熙四年 (1665) 重建, 十四年 (1675) 遭火焚, 十九年 (1680) 再建, 清咸丰三年 (1853) 又毁于火, 清同治九年 (1870) 第四次重建. 现存大成殿及泮池, 大成殿坐东北朝西南, 砖木结构, 面阔五间, 进深四间, 前置挑檐廊, 石檐柱 2 根, 金柱 6 根, 穿斗式木构架, 歇山顶, 盖小青瓦. 泮池为四方形. 占地面积约 240 平方米.

18 - C₈ 梁氏宗祠 〔新宁镇塘岸村行政坛佑屯西面·清代〕 宗祠坐南朝北, 砖木结构, 二进院落, 占地面积约 336.4 平方米. 前座建于清光绪九年 (1883), 设有 2 柱前檐廊, 廊墙上彩绘山水壁画, 门额嵌"梁氏宗祠"匾. 后堂建于清光绪二十五年 (1899). 前座、后堂均面阔、进深三间, 穿斗与抬梁混合木构架, 硬山顶, 盖小青瓦. 三合土地面.

19 - C₉ 长沙戏台 〔新宁镇长沙行政村长沙屯小

学·清代〕 建于清光绪十五年（1889）。戏台坐东朝西，砖木结构。由前台及后台组成，穿斗与抬梁混合构架，歇山顶，盖小青瓦。前台高1.5米，面阔8.4米，进深9米。用条石围砌，台面周立6根石础圆木檐柱。后台前分隔墙两端各开一门，额有篆书"鸾翔""凤寿"额匾。

20 - C₁₀ 陈家宗祠 〔柳桥镇西长行政村大那埋屯西面·清代〕 建于清末。宗祠坐西南向东北，砖木结构。二进院落，由前座、后堂、耳房、天井、厢房组成，占地面积约662平方米。前座、后堂面阔三间，设前檐廊。两端各建一耳房，硬山顶，盖小青瓦。前座为穿斗式构架，人字山墙，前面西侧立有石碑1方。后堂为墙体搁檩，弧形山墙。屋内檐墙有彩绘壁画。

21 - C₁₁ 桂氏宗祠 〔东门镇郝佐行政村禄幸屯东面·清代〕 建于清代，具体时间不详。宗祠坐南朝北，砖木结构，单体建筑，清水墙，抬梁式木构架，面阔、进深三间，硬山顶，脊饰灰雕卷书、博古，盖小青瓦。前置檐廊，石础檐柱2根。台基用条石护砌，前有3级踏跺。占地面积约120平方米。

22 - C₁₂ 水边桥 〔新宁镇水边行政村水边屯东面约400米小河上·清代〕 建于清代，具体时间不详。东南—西北走向，双孔石拱桥，长29米，宽3.1米，西北端拱高4.5米，拱跨4.7米，东南端为小拱，高1.52米，拱跨2.4米。桥拱用料石叠砌，桥身为片石砌筑，三合土勾缝。桥面铺石板。

23 - D₁ 西牛山摩崖石刻 〔渠黎镇那勒行政村那勒屯西约1公里西牛山·明代·县文物保护单位〕 有摩崖石刻7方。其中西牛洞5方，洞外岩壁2方。刻于明嘉靖癸亥年（1563）。多为题榜、题诗。如榜书"莲花池""锦屏""西牛洞天"等，部分石刻已漫漶不清。字体多楷书。

D₁₋₁ 西牛洞石刻 〔渠黎镇那勒屯西牛山西牛洞·明代〕 西牛洞高距地表约80米，洞口向西，高8米，宽5米。洞内石壁上有摩崖石刻5方。其一为横行榜书"西牛洞天"，刻面高2.2米，宽0.7米，字径0.4米，行书，阴刻；其二无首题，刻面高0.7米，宽1.45米，碑文竖8行，草书，阴刻；其三为横行榜书"莲花池"，刻面高0.5米，宽1.5米，字径0.5米，行书，阴刻，为福建人镌，无年款；其四无首题，刻面高0.8米，宽1.3米，碑文竖7行，草书，阴刻，为闽人镌，无年款；其五字迹模糊不清。

D₁₋₂ 榜书"千岩竞秀" 〔渠黎镇那勒屯西牛山西牛洞洞口下方约30米岩壁·明代〕 摩崖石刻1方。明嘉靖四十二年（1563）刻。在山腰一块突出的岩壁上，高距地表约50米，刻面高2.2米，宽2.4米。碑文竖4行，计27字，楷书，阴刻。杨式撰文、书丹并刻石。榜书"千岩竞秀"分2行，每行2字，字径约0.6米，首题"明嘉靖癸亥孟夏日"8字，落款"八闽山人莹石子识督备四都指挥杨式镌"。

24 - D₂ 关山摩崖石刻 〔渠黎镇那勒行政村那勒屯西面500米关山·明代〕 摩崖石刻1方。明嘉靖四十二年（1563）刻。高距地表约12米。刻面高约1.2米，宽约1.88米，碑文横4行，计26字，榜书"关山"，字径0.6米，楷书，阳刻。杨式撰文并书丹，李琏督刻石。首题"嘉靖癸亥季冬吉日立总旗李琏督镌"，落款"督备四都指挥杨式书总旗李琏督镌"，字径0.09米。

25 - D₃ 独秀峰摩崖石刻 〔新宁镇城厢社区城厢街南面约1公里独秀峰玄天洞·明代〕 摩崖石刻2方。明万历二年（1574）刻。玄天洞在山东北面山腰，高距地表约50米。石刻在洞口上方。刻面高约0.5米，宽约1.5米。横行榜书"玄天洞府"，字径0.3米，阳刻，楷书。其右下方约4米处另有"栖玄观妙"榜书1方，阴刻，刻面高0.25米，宽0.55米。

26 - D₄ 岜字山摩崖石刻 〔渠黎镇那勒行政村那勒屯西南面约800米岜字山·明代〕 摩崖石刻1方。刻于明代。位于榜书"关山"南面约500米的岜字山顶，高距地面约60米的绝壁上，刻面高约2米，宽约1米。无首题，无落款。竖行榜书"锦屏"2字，字径约0.9米，楷书双线，阴刻。

27 - D₅ 岜仙岩摩崖石刻 〔东门镇旧城行政村旧城屯西南3.5公里岜仙岩内·清代·县文物保护单位〕 摩崖石刻2方。题榜、题记各1方。题榜为清康熙年间（1662—1722）刻。位于岩内东侧石壁上，距洞内地表3米，刻面高0.3米，宽约1米。无首题、落款。撰文、书丹、刻工均不详。正文横1行，榜书"泽庇疆场"，字径0.28米，楷书，阳刻。题记在其南侧，为题记，清光绪三十一年（1905）刻。刻面高0.6米，宽1.2米，有1000余字，模糊难识。

28 - D₆ 金鸡岩摩崖石刻 〔新宁镇城厢社区城厢街西北1.5公里金鸡岩登岩阶梯中部·清代·县文物保护单位〕 摩崖石刻1方。清道光二十八年（1848）刻。高距江面约50米，刻面高2.15米，宽0.5米。碑文竖2行，计10字。刘宅俊撰文并书丹。无首题，落款"悌堂刘宅俊题"。正文榜书"鸡岩帆影"，字径约0.5米，行书，阴刻。刘宅俊，号悌堂，安徽桐城人，为道光二十八年（1848）新宁州知州。

29 - D₇ 怀茄摩崖石刻 〔山圩镇那利行政村怀茄屯东南面约300米石山脚岩洞外上方壁面·清代〕 摩崖石刻1方。清道光二十四年（1844）刻。高距离地表 2.7 米，刻面高 1.55 米，宽 1 米。横行首题"建修果行桥碑记"，篆体，阳刻。正文竖 15 行，满行 25 字，共 332 个字。落款"清道光二十四年□旦立"楷书，阴刻，刻文记述道光二十三年十一月，督理动工修造路桥之事。

30 – D₈ 叶侯去思碑 〔原存中东镇教育局院内，现移至中东镇中东社区中心小学大成殿内·明代·县文物保护单位〕 碑刻 1 方。明万历三十六年（1608）立。碑高 1.2 米，宽 0.65 米。额题"叶侯去思碑"，隶书，阴刻。碑文竖 22 行，共 820 字，楷书，阴刻。碑文记述万历年间（1573—1620）永康州知府叶时敏在任期间修城垣、建学校、发展生产、体恤民疾、减轻赋税、捐棒助学的事迹。叶时敏，字志卿，号修自，福建长乐人，万历年间（1573—1620）任永康州流官。

31 – D₉ 龙头圩碑 〔龙头乡龙头社区兴龙屯玉文熹屋外墙上·清代〕 碑刻 1 方。清乾隆十一年（1746）立，碑阳朝西南，高 1.43 米，宽 1.06 米，横行额题"龙头圩碑记"，碑文竖行，阴刻，楷书。文记载龙头圩因人稠地狭，生员莫晖鹏、莫晖盛兄弟自愿捐献土地，周边村捐款捐物建设圩场，圩场建成后免收摊位税。

32 – D₁₀ 奉上宪禁革陋规碑 〔东罗镇厚寨行政村厚寨屯北面约 100 米·清代〕 碑刻 1 方。立于池塘旁。碑趺长 1.5 米，宽 1.2 米，高 0.2 米，其上碑身高 1.85 米，宽 1.1 米，厚 0.2 米。碑两面均有碑文：碑阳横行额题"奉上宪禁革陋规"，落款"乾隆三十三年（1768）四月十六日示"，正文竖 26 行；碑阴横行额题"奉督抚布按禁除陋例碑记"，落款"乾隆五十三年（1788）二月三十日"，正文 21 行。碑文为官府规定差役以及各乡村应差的条例的告示。

33 – D₁₁ 永垂奕世碑 〔渠黎镇大陵行政村渠芦屯入屯道东侧·清代〕 碑刻 1 方。清乾隆四十七年（1782）立。碑阳朝北，高 1.16 米，宽 0.8 米，厚 0.2 米。横行额题"永垂奕世"，楷书，阴刻。正文竖 22 行，碑文内容为官员在进行公差中使用差役以及各乡村应差的规定条例。

34 – D₁₂ 奉东西两省督抚布案除格陋例规碑 〔东罗镇东罗行政村伯敏屯东南面约 600 米土坡上·清代〕 碑刻 1 方。清乾隆五十三年（1788）立。碑阳向东南，高 1.4 米，宽 1.2 米，厚 0.15 米。横行额题"奉东西两省督抚布案除格陋例规"，落款"乾隆五十三年三月三十日立"。正文竖行，阴刻，楷书。碑文记载约束政府官员不得为难民众之规定。

35 – D₁₃ 三坡乡禁例碑 〔昌平乡木民行政村木民屯·清代〕 碑刻 1 方。清嘉庆五年（1800）立。碑阳朝西，高 1.10 米，宽 0.75 米，厚 0.19 米。额题"三坡乡禁例碑"，正文竖 18 行，满行 4—21 字，计 350 余字，楷书，阴刻。碑文记载乡规六条，为关于猪、鸡、鸭、鹅、瓜菜、果品等相关约定。

36 – D₁₄ 永远执照碑 〔柳桥镇新村行政村那僚屯南面·清代〕 碑刻 1 方。清嘉庆十五年（1810）立。碑阳朝南，高 1.37 米，宽 0.93 米，厚 0.12 米。横行额题"永远执照"，阳刻，楷书。落款"嘉庆十五年八月十三日给遵照"。碑文竖 30 行，满行 5—43 字，约 900 字，楷书，阴刻。碑文记述广西南宁府忠州正堂荫官黄处理当地赎卖田地及有关村规、地界事。

37 – D₁₅ 忠州正堂永远归目籍碑 〔柳桥镇上屯行政村芭仰屯东面·清代〕 碑刻 1 方。清嘉庆十六年（1811）立。碑阳朝南，高 1.84 米，宽 1.02 米，厚 0.17 米。横行额题"忠州正堂永远归目籍碑"，正文竖 28 行，满行 16—33 字，约 800 字，楷书，阴刻。碑文记载：官族田主五人，向村佃黄莴等人卖田地，每年收取钱粮，立契约，不得反悔，子孙世代相传，永远归目籍。

38 – D₁₆ 立例禁约碑 〔昌平乡八联行政村双甲屯西南 0.4 公里耕地内·清代·县文物保护单位〕 碑刻 1 方。清嘉庆二十四年（1819）立。碑高 1.57 米，宽 0.97 米，厚 0.24 米。横行额题"立例禁约"，正文竖 17 行，满行 2—12 字，约 200 字，楷书，阴刻。撰文、书丹、刻工不详。碑文记述：清嘉庆以来，社会秩序混乱，盗贼蜂起，侵犯群众，双甲村为自卫联防，联系邻近各村订立条规，勒石为志。

39 – D₁₇ 渌息目籍碑 〔东罗镇渠坎行政村渌息屯南面 100 米·清代〕 碑刻 2 方。清道光二十七年（1847）立。2 碑阳朝东北，大小基本一致，高 1.8 米，宽 0.88 米，厚 0.13 米。两面皆有碑文：西北面 1 方，碑阳额题"补给目籍碑记"，碑阴额题"世袭目籍碑记"；西南面 1 方，碑阳额题"复归目籍碑记"，碑阴额题"赏给永远目籍"。碑文皆记载官府同意减免该村税赋的公文。

40 – D₁₈ 世代定例碑 〔山圩镇那派行政村累乙屯西南约 200 米·清代〕 碑刻 1 方。清咸丰五年（1855）立。阳朝东南，高 0.8 米，宽 0.54 米，厚 0.12 米。横行额题"世代定例"，落款"咸丰五年□"，正文竖 17 行，满行 25 字左右，约 400 字，楷书，阴刻。碑文记载咸丰五年广西南宁府忠州正堂黄在累乙等村为定例粮价制定的章程。

41 – D₁₉ 新宁州义仓谷碑 〔新宁镇城厢社区城厢街西北约 1 公里的金鸡岩·清代·县文物保护单位〕

碑刻 1 方。清光绪八年（1882）立。碑阳向东，高 1.15 米，宽 0.7 米，厚 0.2 米。碑文竖 23 行，满行 8—20 字，计 386 字，楷书，阴刻。撰文、书丹、刻工不详。竖行首题"前先补用府印补同知直隶州特授新宁州正堂戴"，落款"光绪八年十二月吉日"。碑文记述：新宁州知州戴焕南倡建义仓于霍公祠内，储备义谷，以济民度荒。为防止营私舞弊，订立管理条规共七条。

42 - D$_{20}$ **新宁州衙署诫碑** 〔原立新宁镇城厢社区城厢街西北约 1 公里的金鸡岩，现存扶绥县文物管理所·清代·县文物保护单位〕 碑刻 1 方。清光绪十四年（1888）立。碑高 1.02 米，宽 0.72 米，厚 0.18 米。碑文竖 10 行，满行 10—12 字，计 126 字，楷书，阴刻。额题"广西巡抚部院沈示"，正文首题"署南宁府新宁州正堂邱遵奉"，落款"清光绪十四年六月□日敬刊"。碑文记述禁止官员勒索、打扰、差使村民，应除弊恤民等有关事宜。

43 - D$_{21}$ **汪榜奉谕碑记** 〔山圩镇坝引行政村汪榜旧屯南面约 300 米·清代〕 碑刻 1 方。碑阳朝东南，高 1.05 米，宽 0.76 米，厚 0.2 米。横行额题"奉谕碑记"，正文竖 11 行，楷书，阴刻。碑文记述：广西南宁府忠州为各村减免粮食，严禁迎送，如有衙差使索者，村民可赴禀告。

44 - D$_{22}$ **闸口山岩画** 〔渠旧镇濑濒行政村濑濒屯南约 800 米左江东岸闸口山·战国—东汉·县文物保护单位〕 山呈东南西北走向，长约 400 米，高 50 余米，在西南面临江壁上，距水面约 40 米：第 1 组可见正面人像 10 个，侧身人像 3 人；第 2 组可见正面人像 7 个，成一横排，铜鼓图像 3 个；第 3 组隐约可见正面人像 6 个。人像皆作屈肘举手，腿半蹲式。图像呈赭红色，部分人像残缺，漫漶不清。

45 - D$_{23}$ **大银瓮山岩画** 〔渠旧镇驮弄行政村驮弄屯北约 0.25 公里米左江东岸大银瓮山·战国—东汉·县文物保护单位〕 山呈南北走向，高 150 米，岩画在临江面腹壁上，有岩画三处，第一处近壁南端，现存 9 个正面人像，其中 1 人较高大，腰佩剑，画面上方横杠上悬挂铜鼓图像 4 个。第二处岩画在其北端约 30 米处，剥蚀严重，仅见两段不完整的肢体。第三处在崖下南端，有正面人像 1 个。人像皆屈肘举手、腿半蹲。图像呈赭红色。

46 - D$_{24}$ **小银瓮头山岩画** 〔渠旧镇驮弄行政村驮弄屯西约 1.3 公里小银瓮头山·战国—东汉·县文物保护单位〕 又称小银翁山。位于左江北岸，山呈东西走向，长近万米，高约 80 米，南面临江壁近中部壁面上有岩画 2 组。第 1 组距江面约 50 米，有正面人

像 18 个，最上方 2 人，一人头饰羽，腰佩剑，脚下有铜鼓 1 个；另一人跨动物，下方置铜鼓 10 面。第 2 组在第 1 组岩画两侧上方，共有 9 个正面人像，较为分散。人像皆屈肘举手、腿半蹲。图像呈赭红色，部分图像模糊不清。

47 - D$_{25}$ **七星山岩画** 〔渠旧镇驮弄行政村驮弄屯七星山·战国—东汉·县文物保护单位〕 位于左江东岸。山呈东南—西北走向长 200 余米，高 160—180 米，由两个山峰组成。岩画分布在两个相邻山峰腹部临江岩壁，第 1 组分布在两峰间峭壁中部，高约 40 米处，有正面人像 11 个，皆屈肘举手、腿半蹲。另一组岩画在山之东端，有一巨大的正面人像残躯。图像呈赭红色。图像共 20 个：其中正面人像 18 个，其中佩剑者 1 个；铜鼓图像 2 个。人像高 0.7—1.7 米。图像呈赭红色。

48 - D$_{26}$ **牛屎山岩画** 〔渠旧镇驮弄行政村驮弄屯北约 3 公里牛屎山·战国—东汉·县文物保护单位〕 又叫孔驮山。位于左江东岸，呈南北走向，长约 400 米，高约 120 米，三大峰沿江耸立，西面临江壁有岩画 2 组，第 1 组在高约 40 米处的岩洞下侧，有 3 个正面人像，分上下两排，其中 1 人腰佩剑。第 2 组在该洞北下侧约 20 米，隐约可见正面人像 8 个。人像皆屈肘举手、腿半蹲。图像呈赭红色。

49 - D$_{27}$ **岩怀山岩画** 〔渠旧镇驮弄行政村驮迳屯左江北岸岩怀山·战国—东汉·县文物保护单位〕 山呈东西走向，高 250 米，临江面平直陡峭，其上有岩画 1 处，距地面高约 100 米。可见图像共 12 个：正面人像 11 个，铜鼓图像 1 个。其余图像已模糊不清。图像呈赭红色。

50 - D$_{28}$ **驮拉山岩画** 〔渠黎镇渠苓行政村渠苓屯东南约 500 米左江北岸驮拉山·战国—东汉·县文物保护单位〕 又称驮那山。为一座孤山，其上两峰相连，长约 450 米，高约 100 米。临江峭壁上，距江壁面有岩画 2 处，一处在西峰中部，高约 50 米处，有正面人像 1 个，腰间佩剑，双腿已缺失。另一处在东峰中部，高约 35 米处，画面高约 3 米，宽约 1 米，有 3 个正面人像，屈肘举手、腿半蹲，排成一纵列，图像呈赭红色，颜色较黯淡。

51 - D$_{29}$ **蜡烛山岩画** 〔渠黎镇渠苓行政村渠苓村南 1 公里左江西岸蜡烛山·战国—东汉·县文物保护单位〕 山呈东西走向，三峰相连，高约 100 米。东面临江壁面，有岩画 2 处，第 1 处在峭壁中部，高 20 余米处，另一处岩画在峰东端，高约 40 米处，共有正面人像 24 个，皆屈肘举手、腿半蹲，其中 1 人腰佩剑（刀）；铜鼓图像 1 个。人像图像呈赭红色，色彩多

暗淡。

52 – D₃₀ 合头山岩画 〔渠黎镇岜桑行政村上屯左江北岸合头山·战国—东汉·县文物保护单位〕山呈东西走向，高约160米，画在临江两个山峰腹部崖壁上，距水面40米至70米间，有岩画4处5组，共有正面人像59个，皆屈肘举手、腿半蹲。图像呈赭红色。

53 – D₃₁ 驮坛山岩画 〔渠黎镇新安行政村新安屯东面1.85公里左江东岸驮坛山·战国—东汉·县文物保护单位〕又名新安山。山呈东南—西北走向，两峰相连，高约150米。在西北峰临江壁距水面高约100米处，有岩画1处，隐约可见正面人像8个，分成上下五个横排，皆屈肘举手、腿半蹲，其中1人体形硕大，高约3米。图像呈赭红色。

54 – D₃₂ 敢怀山岩画 〔渠黎镇驮河行政村陇河合屯东南约1公里左江北岸敢怀山·战国—东汉·县文物保护单位〕又称荚杯山岩画。山呈东西走向，山长约300米，高200余米，南面临江壁面可见岩画2处。一处在山中部，高距江面约50米处，有正面人像7个。另一处在一个小岩洞侧，高距江面约25米，有正面人像2个。人像皆屈肘举手、腿半蹲，图像呈赭红色。

55 – D₃₃ 岜赖山岩画 〔渠黎镇碧计行政村必计屯南约2.5公里岜赖山·战国—东汉·县文物保护单位〕岜赖山又名岜来山。山呈东西走向，长约500米，高约90米。山南壁偏西端的陡坡上有一岩洞，高距地面30余米。岩画多集中于洞内、外岩壁上。洞内岩画2组，第1组绘于东壁，有正面人像5个，铜鼓、动物图像各1个。第2组位于西壁，有二横排正面人像7个，铜鼓图像1个。洞外有岩画4组，共绘正面人像16个。其中一组人像7个，居中者头部椎髻，上方有鸟图像，腰佩环首刀，胯下有动物图像1个。人像皆屈肘举手、腿半蹲。图像呈赭红色。

56 – D₃₄ 岜割山岩画 〔渠黎镇笃邦行政村笃邦屯东南约2公里岜割山·战国—东汉·县文物保护单位〕山呈东西走向，长约200米，高80米。岩画在南壁东端峰脚，离地面约2—10米间，细看可见岩画2处，分布在岩穴左右西侧及顶上，有正面人像12个，皆屈肘举手、腿半蹲。图像呈赭红色。

57 – D₃₅ 红岩山岩画 〔渠黎镇必计行政村三哈屯南约1.5公里红岩山·战国—东汉·县文物保护单位〕山略呈东西走向，岩画在山西南一小岩洞内壁上，有正面人像4个，皆屈肘举手、腿半蹲，高0.21—0.31米，在人像之间及左侧石壁上，散布着30个左右似字非字的图形。图像呈赭红色。

58 – D₃₆ 镇龙山岩画 〔新宁镇上洞行政村下洞屯南约300米左江东岸镇龙山·战国—东汉·县文物保护单位〕镇龙山又名下洞山，呈南北走向，长约600米，高约200米，临江峭壁垂直，岩面下部高距江面约25米，有岩画2处，相距约50米。一处画面高宽约10米，计有人像29个，除1人侧身外，余皆为正面人像。另一处岩画有正面人像10人，皆头呈圆形，短四肢，人像皆屈肘举手、腿半蹲，其中1人腰佩环首刀。图像呈赭红色。

59 – D₃₇ 敢造山岩画 〔昌平乡木民行政村木民屯东南约2.7公里左江西岸敢造山·战国—东汉·县文物保护单位〕位于左江西岸。山呈东西走向，高约120米。东峰山形如锥，东南壁临江，距离江面约80米的壁上有岩画1处，有正面人像6人，作三横排，皆屈肘举手、腿半蹲，其中1人腰间佩剑（刀）。图像呈赭红色。

60 – D₃₈ 青龙山岩画 〔昌平乡平白行政村新湾村东南约300米左江北岸青龙山·战国—东汉·县文物保护单位〕青龙山又名新湾山。山呈东南—西北走向，高100余米，临江面上发现岩画2处。第1处岩画可见正面人像5个，第2处岩画可见正面人像9个，皆屈肘举手、腿半蹲。图像呈赭红色。

61 – D₃₉ 吞平山岩画 〔昌平乡四和行政村岑淋屯东约1公里吞平山·战国—东汉·县文物保护单位〕山南距左江约4公里。山呈东西走向，高70余米。共有岩画3组，在山中部近山脚的1组，离地面高6米，有正面人2个，其中腰佩剑者1个，胯下置铜鼓1面，画面上侧绘太阳图案。山中部偏西1组，离地面高约3米，有一横排7个正面人像，其中1人腰佩环首刀，胯下置铜鼓1个。另有动物图像1个。在上述岩画西侧上方1组，仅见1个正面人像残存躯干。人像图像呈赭红色。

62 – D₄₀ 仙人山岩画 〔昌平乡社区昌平街东北4.5公里仙人山·战国—东汉·县文物保护单位〕山东南距左江约3公里。为一孤峰，呈东西走向，高80余米，南壁距地表高30余米有1处岩画，共11个正面人像，皆屈肘举手、腿半蹲，高0.7米左右。图像呈赭红色。

63 – D₄₁ 公合山岩画 〔昌平乡平白行政村新湾屯西约1公里公合山·战国—东汉·县文物保护单位〕山西南距左江约2公里。山高约80米，岩画位于西峰东端，距地面约45米。隐约可见侧身人像2个，皆屈肘举手、腿半蹲，高约1米。图像呈赭红色，已模糊不清。

64 – D₄₂ 后底山岩画 〔昌平乡平白行政村新湾屯北约150米后底山·战国—东汉·县文物保护单位〕

山西南距左江约 1 公里。山略呈东西走向，高 110 米。在南壁高 60 余米处有岩画 2 处。1 处在山东端，画面宽 2.5 米，高约 3 米，有人像 9 个，其中侧身人像 2 个，另外可见 2 个巨大正面人像的腿部。另 1 处隐约可见肢体不全人像 3 个。皆屈肘举手、腿半蹲。图像呈赭红色，风雨剥蚀严重。

65 - D₄₃　狮子岩岩画　〔昌平乡狮子岩，南距左江 2.5 公里·战国—东汉〕　山呈东西走向，山高约 150 米。临江岩面有岩画 1 处，高距地面 70 余米。有正面人像 3 个，成一横排，皆屈肘举手、腿半蹲。图像呈赭红色。

66 - D₄₄　答薄山岩画　〔中东镇四新行政村那浪屯西南约 2.5 公里答薄山·战国—东汉·县文物保护单位〕　山是一座孤山，南面腹壁上有 1 处岩画，距地面高约 30 米，可见人像 2 个，皆屈肘举手、腿半蹲。图像呈赭红色，因风雨侵蚀，色已暗淡不清。

67 - D₄₅　岜宁山岩画　〔中东镇三哨行政村旧城屯西南约 1.5 公里岜宁山·战国—东汉·县文物保护单位〕　山是一座孤山，呈东西走向，高 80 米。岩画在南面腹部靠西的壁面，高距地表约 30 米。画面高约 7 米，宽约 23 米。可见正面人像 15 个，均正面人像，皆屈肘举手、腿半蹲，高约 0.8—1.2 米。其余模糊不清。图像呈赭红色。

68 - D₄₆　汪投山岩画　〔岜盆乡姑豆行政村小姑豆屯西南约 300 米汪投山·明代·县文物保护单位〕　山峰高约 70 米，岩画在山南壁的一个岩洞内，洞呈半圆形，高 3 米，宽 6 米，进深 2.5 米，洞内北壁上有岩画 2 处，有人像 17 个，动物图像 7 个，难以辨认图像 8 个以及"天"等文字。图像呈赭红色。

69 - E₁　吴凌云起义地址　〔渠旧镇大陵行政村渠芦村·1851 年〕　吴凌云（？—1863），原名吴元清，新宁州（今广西扶绥）人。秀才，天地会首领，1851 年因"串通歹徒谋反"被捕，后越狱，毁家发动天地会众于渠芦寨起义。1853 年 10 月，据有南宁、太平二府交界广大农村。1861 年春，封王建国，国号延陵。1862 年 10 月失败。渠芦寨起义地址四周环山，地势险要。

70 - E₂　延陵国遗址　〔东罗镇·1853—1863 年〕　1853 年吴凌云将起义总部从渠芦寨迁到陇罗（今东罗镇），队伍不断壮大，威震左右江地区。1861 年正月，起义军各据点头领在此聚义，公推吴为王，举行建国大典，国号延陵，封侯赐爵。直至 1863 年 2 月被清军攻陷，这里是吴凌云起义军总部的所在地和延陵国国都。清军攻陷陇罗后所有建筑皆被夷为平地，仅后山顶上残存一道石墙。

71 - E₃　韦氏民居　〔东罗镇渠坎行政村渌息屯·清代〕　建于清末，具体时间不详。民居坐北朝南，为木结构干栏式建筑，面阔十二间，每间面阔 3.8 米，穿斗式木构架，悬山顶，盖小青瓦。高二层，底层木柱架空，门前砌条石踏跺数级上二层，铺木楼板，檐墙及隔墙均系木板壁。屋前并列大、小两个片石砌筑晒台，高 1.4 米，大者长 45.6 米，宽 7.6 米；小者长 9.2 米，宽 3.8 米。占地面积 1007.76 平方米。

72 - E₄　观音岩摩崖石刻　〔中东镇瓶山行政村岜陈屯西南约 500 米观音岩·1912 年·县文物保护单位〕　观观音岩为孤峰山洞，洞壁上有摩崖石刻 3 方，为信士林栋华、黄瑞、马维祥等联合众信士镌刻于 1912 年。均为题榜，无首题、落款。其一刻面高 0.5 米，宽 1.5 米，横刻 2 行，榜书"皆大欢喜"4 字，隶书，阳刻。其二刻面高 0.5 米，宽 1.7 米，横刻 1 行，榜书"寿比老彭"4 字，楷书，阴刻。其三刻面高 0.5 米，宽 1.4 米，横刻 1 行，榜书"桁昭万古"4 字，楷书，阴刻。3 方石刻字径均在 0.2 米左右。

73 - E₅　清暑洞摩崖石刻　〔中东镇瓶山行政村岜耶屯马鞍峰·1925 年·县文物保护单位〕　清暑洞高距地表约 150 米。洞内壁上有摩崖石刻 4 方，主要有应寿昌题名画、曾发燊题刻、韦志群辟洞志、苏平成题记等。内容多为赞清暑洞之景。书体有楷书、草书、隶书等。

D₅₋₁　应寿昌题名画　〔中东镇岜耶屯马鞍峰清暑洞内·1925 年〕　摩崖石刻 1 方。1925 年刻。刻面高 1 米，宽 0.5 米。应寿昌撰文并书丹。首题"南极老人应寿昌"7 字，字体线条绘成一个老人依席静坐，神态生动。落款"岁乙丑霜降之辰，山老僧此愚志"。并刻五言绝句一首："云树此荒峤，石山足应传。沧桑知几变，相目对遥天。"草书，阴刻。

D₅₋₂　韦志群辟洞志　〔中东镇岜耶屯马鞍峰清暑洞内·1925 年〕　摩崖石刻 1 方。1925 年刻。刻面高 0.45 米，宽 0.65 米。韦志群撰文并书丹。首题"韦志群辟洞记"6 字，落款"吞鲸勒志"。文记述：1925 年，韦志群辟此洞，以作私人避暑之地，取名清暑洞。楷隶混体，阴刻。韦志群，号吞鲸，扶绥中东镇大地主，时任扶绥县长。

D₅₋₃　苏平成题记　〔中东镇岜耶屯马鞍峰清暑洞内·1925 年〕　摩崖石刻 1 方。1925 年刻。刻面高 0.6 米，宽 0.42 米。文竖行，隶书，阴刻。无首题。刻文赞清暑洞奇景，记述游洞定名情况。苏平成，昭陵人，韦志群的同学。

74 - E₆　旧城中山纪念堂　〔东门镇旧城行政村旧城屯·1936 年〕　1936 年为纪念孙中山先生而建。纪念堂坐北朝南，分前、后两部分，前面为三层仿法式建筑，两端各为八角楼，底层窗有弧形窗楣，顶层设直棂式围栏，外墙面有浮雕图案。中间连房为平顶建筑，底层开拱门，二层设拱窗，窗上方横塑"中山纪念堂"5字。后面为中式建筑，面阔三间，穿斗与抬梁混合木构架，硬山顶，盖小青瓦。

75－E₇　山圩抗日阵亡将士纪念塔〔山圩镇山圩社区山圩街东约600米·1941年·县文物保护单位〕1939年12月底，中日昆仑关战役爆发，国民革命军第188师将士在山圩、渠透等地阻击增援昆仑关的日军，激战两昼夜。1941年4月，师长魏镇在山圩建纪念塔，纪念此役牺牲的第188师将士。纪念塔青砖石灰砌筑，坐南朝北，由塔座及纪念碑组成，占地面积约10平方米。塔座为须弥座，边长1.5米，正面嵌师长魏镇撰写碑文。塔身为上小下大柱体，高5米，塔正面镌刻"抗日阵亡将士纪念塔"等字。四周有围护栏杆。

76－E₈　曾平澜旧居〔中东镇中东社区中东街西门片·民国〕曾平澜（1896—1943），广西同正城厢（今中东镇）人，近代壮族女作家、诗人。1935年，主编《日刊》。联合妇女界知名人士，组织了广西妇女联合会，是20世纪30年代初期广西妇女活动的先驱者之一。旧居为曾平澜1927年返乡后所建，取名"平庐"。坐东北朝西南，中西结合砖木结构，二层楼房，面阔三间，清水墙，四坡顶，占地面积75.53平方米。上下层开拱门、窗。

77－E₉　扶南烈士纪念碑〔新宁镇第二小学东约10米·1950年·县文物保护单位〕为纪念1950年在土匪暴乱中牺牲的中共扶南县委副书记卢金灿、副县长邓奇干、中国人民解放军第134师炮兵营3连班长王顺等21位烈士而建。砖石砌筑，塔座边长1.67米，高1.63米，四周镌刻县长黄韦爵等题记及烈士英名。塔身为方锥形，高约8米，正面灰塑"烈士纪念塔"，其余三面刻"光荣伟大，人民敬仰"，周砌栏杆，塔的南面有两座烈士墓。占地面积约35平方米。

78－E₁₀　同正烈士纪念塔〔中东镇中东社区中东圩西南面·1950年·县文物保护单位〕为纪念在1950年土匪暴乱中牺牲的刘志光、农西、甘色毓等45位烈士而建。纪念塔用砖石灰砌筑，高6米，坐东北朝西南。塔座边长2米，四面有当时县领导题词，镌刻碑文及烈士英名。塔身为方锥体，正面灰塑"革命烈士纪念塔"，塔座四周砌护墙，占地面积约32平方米。

79－E₁₁　渠吞烈士纪念塔〔渠旧镇渠吞行政村渠吞屯西约1公里·1956年〕建于1956年。为纪念1950年在渠吞村剿匪而牺牲的中国人民解放军134师5

名战士而建。坐西北朝东南。塔座方形，边长3.4米，高0.7米。碑身方柱体，边长1.4米，高6.1米，四面中间呈凹面。东南面书"人民英雄，永垂不朽"，西南书"生的伟大，死的光荣"，东北面书"革命烈士人民敬仰"。西北面无文字。占地面积11.56平方米。

80－E₁₂　吴西将军墓〔渠黎镇必计行政村三哈屯北面约500米·2005年〕吴西（1900—2005），原名吴有良，广西扶绥县渠黎乡（今渠黎镇）三合村人，壮族。1925年投身革命，1955年被授予少将军衔。中国人民政治协商会议第五届全国委员会委员，中国共产党第七次全国代表大会代表。2005年10月22日吴西及其夫人的部分骨灰葬于此。冢无封土，地面用大理石块平铺，长2米，宽1.8米，高0.12米，墓碑斜放，碑文上书"戎马万里携手行，涛声千转相伴听"。墓旁西南方立有石碑1方，碑文介绍吴西的生平。占地面积约3.6平方米。

81－G₁　"扶绥中国上龙"化石出土地点〔山圩镇那派行政村上英屯东北面约600米的土山旁·白垩纪·县文物保护单位〕1973年4月发掘，发掘面积80平方米，出土广西亚洲龙牙齿1枚和部分骨架，属蜥脚类恐龙新种，扶绥中国上龙的牙齿5枚以及部分瓣鳃、鳞片、骨板等，以及其他伴随的水生动物化石。距今约1.3亿年。

82－G₂　凤凰岭石铲出土点〔中东镇旧县行政村旧县屯凤凰岭南约300米·新石器时代〕1963年，在凤凰岭南出土大石铲2件。其中1件双肩似衣短袖，袖口平直。长0.321米，宽0.11米。

83－G₃　江西岸石铲出土点〔新宁镇城厢社区江西岸村南约400米·新石器时代〕1963年，江西岸南出土大石铲4件，有束腰型和短袖型2种。

84－G₄　石柱岭铜鼓出土点〔昌平乡四和行政村恒丰屯石柱岭·西汉中期—南朝〕1985年2月，在石柱岭出土冷水冲型铜鼓1面。鼓面径0.73米，高0.45米。鼓面太阳纹十二芒。面沿环列四蛙。面、身饰栉纹夹同心圆纹带、复线交叉纹、变形羽人纹、变形翔鹭纹、眼纹、圆心垂叶纹等。胸腰间附扁耳2对，内壁胸、足部各有2对组。

天等县

1－A₁　八仙山石墙遗址〔龙茗镇龙英社区龙茗镇政府背后约300米八仙山上·明—清·县文物保护单位〕建于明代，为防兵匪之扰而建，清同治年间（1862—1874）重修。共建有5道石墙，用料石及片石干砌，石墙长约200—300米不等，高2米，厚0.6米。

第1道石墙仅存几块石条。其余保存基本完好。第2道石墙开长方门，第3道石墙开拱门，门额刻"仙山洞"三字。

2 - A₂　狮子山石墙遗址〔宁干乡宁干街东面约50米狮子山·清代〕修建于清代，具体时间不详。石墙建于山腰，高距地表30余米，有2道石墙，现存第1道石墙，石墙残存80余米，高2—3米，厚1米。西面一端有二重石门，高2.4米，宽1米。

3 - A₃　龙蟠山石墙遗址〔天等镇镇南街西南约100米龙蟠山·清代·县文物保护单位〕始建年代不详，为避匪盗而建，清光绪二十三年（1897）重建。有城墙2道，间距约10米，用料石干垒砌墙体，第1道石墙长90余米，第2道石墙长120多米，石墙高3米，厚0.6米，中间开拱门。第2道石墙门额刻"龙蟠山"匾，门洞旁立清光绪二十三年《重修龙蟠山记》碑刻1方。龙蟠山头及附近几个山巅筑有瞭望台4座。

4 - A₄　岚光洞石墙遗址〔小山乡小山行政村默屯南岚光山·清代〕岚光洞为东西贯穿的石灰岩溶洞，是养利土州往龙英土州的唯一通道。清咸丰年间（1851—1861），天地会攻占养利州城。龙英州土官为防止天地会入侵而于岚光山下洞内垒筑石墙，堵绝通道，并于墙旁巨石刻石以记。石墙用片石干砌，长约80米，高2—3米，厚0.5—1米。

5 - B₁　永觉和尚墓〔向都镇中和社区北约800米土丘上·清代〕永觉和尚，法名普照，为清代万福寺住持。建于清代，具体时间不详。朝西，长方形土堆冢，长2米，高0.8米，宽0.8米，占地面积约200平方米。墓碑高0.55米，宽0.35米，厚0.08米。碑面刻"清登圆寂法藏祖师法名普照讳（上）兹（下）永觉老和尚墓"。

6 - B₂　土官冯大勋墓〔进结镇进结社区进结镇政府后山东约200米山上·清代〕建于清光绪三十一年（1905）。为佶伦州土官冯大勋墓。墓葬朝北，冢呈圆丘形，高1.2米，占地面积约0.6平方米。墓碑单檐顶盖，碑高1.2米，宽0.8米，碑面刻"清诰授朝议大夫四品衔赏黄花翎世知佶伦州讳大勋公冯老大人之墓"，旁边小字刻墓主生平。冢后为山崖，冢两侧用片石围砌墓圈护墙，前面护墙端各立副碑1方，碑文记载土官制度组织情况。

7 - B₃　岜龙山岩洞葬〔龙茗镇益山行政村呈屯东西南约300米岜龙山·宋—明〕岜龙山高约160米。岩洞在山西北麓峭壁上，高距地表约80米。洞口朝西北，高4米，宽2—3米，洞内进深5米，面积约15平方米。洞内置圆棺17具，棺长1—2米，宽0.3—0.43米，多头、尾大小一致，饰牛角形木柄。早年因

寻宝者扰动，人骨散落地面，葬式不明，未见随葬品。

8 - B₄　岜凉山岩洞葬〔龙茗镇东南行政村兰屯北约500米岜凉山·宋—明〕岜凉山高约150米。岩洞在山西麓的峭壁上，岩洞高距地表约90米，洞口朝南，高1—2米，宽2—3米，洞内进深2米，面积约6平方米。洞内原置有圆棺5具，因早年被盗，破坏严重，仅存一些残朽的棺木和人牙、人骨碎片。

9 - B₅　加华岩洞葬〔龙茗镇桥皮行政村加华屯东北约200米的大山岩洞中·宋—明〕山高200余米。岩洞在山的西面陡壁上，岩洞高度距地表约80米，洞口朝西，高、宽各约5米，进深16米，洞内面积约150平方米。由洞底向东10米上攀4米的一个洞穴中，有3具圆棺，一大二小，棺头、尾饰有燕尾形木柄，棺身平口，凹槽凿挖成人形，大棺内装成年女性尸骸1具，尚存头发及风干皮肤、盖尸织锦残段，随葬环首刀、指环、玻璃串珠、海贝等；小棺内各置小孩骸骨1具。

10 - B₆　岜弄山岩洞葬〔小山乡小山行政村逐弄屯北约500米岜弄山·宋—明〕岜弄山高200余米。岩洞在山北麓的峭壁上，有东、西2个洞口，内部贯通。东洞俗称"古人洞"，高距地表约150米，东西贯通，洞高3米，宽2—3米，面积8平方米。1987年发现东、西洞内原有圆棺约60具，一般长1.3米、宽0.4米左右，棺身表面大部分素面，个别用赭红和黑色颜料绘饰斜线间小圆圈纹。洞内棺木大部分已被抛下悬崖，余存部分多零乱朽断，遗物仅发现S形铁片1种。

11 - B₇　江梅岩洞葬〔东平乡江龙行政村江梅屯东南约100米高山·宋—明〕山高200余米。岩洞在山南麓悬崖上，高距地表100多米。洞口朝南，高、宽各1.2米，洞内进深3米，面积约4平方米。洞内原存放圆棺、长方棺各1具。长方棺用整段圆木凿修而成，头大尾小，上大下小，头尾皆有角形木柄，长0.6米，宽0.25米，高（除盖）0.18米。

12 - B₈　龙念山岩洞葬〔福新乡福宁行政村宁下屯西北约1公里龙念山·宋—明〕岩洞在龙念山的东南壁，岩洞高距地表80余米，洞口朝东南，高4米，宽3米，洞内进深4米，面积约12平方米。洞中原有圆棺20余具，棺长1—1.5米，宽0.3—0.4米，棺头、尾有角形木柄。20世纪80年代遭破坏，只剩残棺。

13 - B₉　那砚山岩洞葬〔天等镇荣华行政村那砚屯东约1公里那砚山·宋—明〕那砚山又叫岜意山，高约140米。岩洞在山的南麓峭壁近山顶处，高距地表约120米，有3个洞口并排，其中中洞与东洞洞内贯

83

通，洞高2—4米，宽2—3米，进深约25米。洞内原置有棺木2具，因早年被盗，洞内仅存少许棺木残件及2具残碎人骨遗骸。

14-C₁ **万福寺** 〔向都镇中和社区北约800米独隆山·清代·自治区文物保护单位〕 清康熙八年（1669）始建，十一年（1672）建成。清嘉庆七年（1802）扩建维修，清道光二十一年（1841）修缮。坐北朝南，依山构建，自下而上依次为寺门、文武庙、观音阁、如来殿、护花庙等。以登山栈道相连，在洞内高处建木质天桥。占地面积约350平方米。寺门为砖木结构，面阔三间，进深一间。穿斗式木构架，硬山顶，盖青瓦。文武庙、观音阁、如来殿为木结构。寺中有清代及民国年间的摩崖诗刻和碑记12方，其中4方已残缺难辨。

C₁₋₁ **万福寺摩崖石刻** 〔向都镇独隆山万福寺·清、民国〕 万福寺为向武（今向都部分）"十景之冠"。洞壁有摩崖石刻12方，8方完好，4方漫漶不清。多为楷书，部分行书。最早的石刻为清康熙十一年（1672）"诚心募化开山元老"杨廷□的《万福寺碑》。另有清乾隆十年（1745）山左济邹平、成兆瑑的《万福山序并诗》和清乾隆十一年（1746）田阳横山□□□的诗刻，1939年百色民团司令谢宗铿的榜书"南疆永固"，向都县长王锡九题榜书"风洞"等。

15-C₂ **向都戏台** 〔向都镇中和社区中和街·清代〕 建于清代中期。20世纪90年代重修。坐北朝南，砖木结构，面阔11.1米，进深8.8米，占地面积97.68平方米。戏台为两层，前台设木隔扇厅，穿斗式木构架，歇山顶，盖小青瓦。

16-C₃ **北帝庙** 〔天等镇太平街西35号·清代〕 原为文昌庙、关帝庙，建于清嘉庆九年（1804）。坐东北朝西南，砖木结构，二进院落，由前、后殿、天井组成，占地面积约486平方米。主体建筑面阔三间，砖墙，硬山顶，盖小青瓦。天井中间铺砌料石、青砖通道。庙内保存有石碑4方。第二次国内革命战争时期，龙茗县农民赤卫军纵队司令部设在北帝庙内。

17-C₄ **布里桥** 〔福新乡选解行政村布里屯南面约200米高山脚山沟上·清代〕 建于清咸丰二年（1852）。东西走向，两台二墩梁式石板桥，长4.5米，宽1米，孔跨1.2米。两台用片石、桥墩用料石干砌，台、墩上铺架6块长条石板为桥面，每孔并列石板2块，石板长1.5米，宽0.5米。距桥西约20米有清咸丰二年《建通古桥碑》1方，记载当地群众捐款修建之事。

18-C₅ **惜字塔** 〔进远乡进远行政村斉仁屯·清代〕 又名"敬字炉"。清光绪年间（1875—1908），

当地文人陶方瑞建。塔在巨石上，二层四方形砖塔，底边长1.3米，高4米。塔顶葫芦形。上层每面刻"敬惜字纸"四字。飞檐四角塑龙、凤头。檐下浮雕花草图案。

19-C₆ **布银桥** 〔福新乡进行政村布进屯北约200米小河渠上·清代〕 建于清光绪六年（1880）。当地村民集资修建。南北走向，单孔石拱桥，长4.8米，宽1米，拱跨2.5米。桥身、桥拱用料石干砌，桥面铺石板。桥头立《修起布银桥记》1方，碑文记述修桥经过及捐款芳名。

20-C₇ **大汉拱桥** 〔向都镇汉洞行政村大汉屯西南约500米汉洞河上·清代〕 建于清代，具体时间不详。是汉洞村北面几个村屯前往向都镇赶圩的主要道路桥梁。南北走向，单孔石拱桥，长14米，宽0.8米，高3米，桥身用片石，桥拱用料石干砌，桥面铺条石板，两侧砌料石护栏。

21-C₈ **那造拱桥** 〔龙茗镇三北行政村那造屯东南面约80米小河上·清代〕 建于清代，是当时东南面几个村屯前往龙英州赶圩的道路桥梁。南北走向，单孔石拱桥，长4.2米，宽1.5米，拱跨3.5米。桥身、桥拱用料石干砌，桥面铺条石板。

22-C₉ **农信拱桥** 〔都康乡降祥行政村农信屯宁干河支流上·清代〕 建于清代，具体时间不详。东西走向，单孔石拱桥，长4.5米，宽1.5米，拱跨3米。桥身、桥拱以料石干砌，桥面铺砌料石，两侧置条石矮护栏，两端砌石踏跺数级。

23-C₁₀ **丽川拱桥** 〔天等镇丽川社区营坡屯西约100米丽川河上·清代〕 建于清代。具体时间不详。是当时东面十几个村屯到天等赶集的必经之路。东西走向，五孔石拱桥，长53米，宽2.4米，拱跨5.4米。桥身、桥拱用料石干砌，桥面两边每隔1米设一长方形条石护栏，两端引桥各长2米。

24-D₁ **牛行摩崖石刻** 〔天等镇镇南街南约200米岩洞壁上·元代〕 元至正三年（1343）刻。距离地表约5米，刻面高1米，宽0.9米。无额题，落款"至正顺年癸未三月□日刻上垠恩州知州龙英军民州为头辨事赵理安记"。为七言长诗一首，文竖11行，字径0.04米，楷书，阴刻。内容为龙英州人赵理安记述流落的贫苦生活。文尾另有1932年石刻1方"民国二十一年立秋后复填文墨"。

25-D₂ **清音洞摩崖石刻** 〔天等镇北约1.5公里通山·清—民国·县文物保护单位〕 岩洞南北贯通，长40余米。清溪从洞中穿过，俗称"穿窿岩"。又因洞中垂乳滴水叮咚作响，雅名"清音洞"。洞口有摩崖石刻5方，其中清代4方，民国1方。形式有题诗、题

榜，字体有楷书、行书、草体。石刻包括清广西太平府知府查礼、苏元春之弟苏元瑞、邕州名人梁秀春光绪庚子年（1900）游清音洞诗刻，浙江文人章秉纯于清乾隆五年（1740）游清音洞七绝一首，民国石刻为新桂系将领李品仙榜书"劈破乾坤"。

D_{2-1} **查礼诗刻** 〔天等镇清音洞岩壁上·清代〕摩崖石刻 1 方。清乾隆二十五年（1760）刻。刻面高 1.3 米，宽 1.3 米。碑文竖行，计 205 字，行书，阴刻。清查礼撰文并书丹。无额题，落款"乾隆二十五年冬十月十九日游土龙英州清音洞宛平查礼题"。正文为 36 句五言长诗，诗文写清乾隆二十五年，查礼冬游清音洞的详细情况，介绍了该洞的山形奇幻以及游览时的感受。

D_{2-2} **苏元瑞诗刻** 〔天等镇清音洞岩壁上·清代〕摩崖石刻 1 方。清光绪十五年（1889）刻。刻面约高 1.1 米，宽 0.9 米。碑文竖行，楷书，阴刻。清苏元瑞撰文并书丹。无额题，落款"光绪十五年仲秋永安苏元瑞题"。正文为七律诗一首并附序。序文 120 余字，记述己亥年春，苏元瑞与朋友避暑清音洞，可惜坐立无地，爰为捐资，除碍路，叠石台，以便游人。诗文则赞清音洞石水玲珑，清意凉爽，令人留恋。

26 - D_3 **岚光洞摩崖石刻** 〔小山乡小山行政村默屯南岚光山·清代〕洞宽阔，光线充足，水气绕缭，故名"岚光"。有摩崖石刻 2 方。一为清乾隆二十五年（1760）太平府知府查礼的五言长诗，共 20 句，约 100 字，落款"乾隆二十五年冬十月二十七日游土龙英州岚光洞宛平查礼题"。诗文写岚光洞之景"空谷响急流"，"宵然一洞天"，以及其游览时的情与景。二为清咸丰九年（1860）《重修岚光古洞记》，文记述："本年六月，因养利（今大新）防备不严，被游寇黄八晚，带羽党拥入城南⋯⋯，吾龙英州（今天等）僻壤相近，不可不防，⋯⋯合众重修古岩之岚光，以为避居之所。"

27 - D_4 **永安碑记** 〔龙茗镇益山行政村旺屯东北面田间·明代〕在田间一座巨石上，刻面朝东，高 0.32 米，宽 0.36 米。碑文竖 12 行，楷书，阴刻。"永安碑记" 4 字刻于尾行，字径 0.05 米，落款"万历□年十一月十三日吉旦季冬立赵里请雇工银五□"。正文为楷书，阴刻，字径 0.02 米。内容为村民赵里将土地给子孙耕食之凭据。

28 - D_5 **永禁石碑** 〔福新乡江岸行政村江岸街土地庙前·清代〕清乾隆三十九年（1774）立。碑阳朝北，碑高 1.62 米，宽 1.12 米，厚 0.17 米。横行额题"永禁石碑"，字径 0.06 米。正文竖行，阴刻、楷书，字径 0.02 米。碑文内容为龙英土州例公项禁革 40

条定例。碑已断成两截，部分文字磨平，右下角残缺。

29 - D_6 **遵上司案碑** 〔都康乡降祥行政村多良屯东约 500 米土地庙岑大罗都大庙前·清代〕清嘉庆六年（1801）立。碑阳朝东，高 1.2 米，宽 0.9 米，厚 0.2 米，右上方残缺。横行额题"遵上司案碑"，正文竖行，阴刻、楷书，字径 0.02—0.06 米。碑文为向武土州遵奉镇安府正堂颁布的应禁应革条例。

30 - D_7 **巴美村规民约碑** 〔进远乡进远行政村巴美屯村西约 100 米的泉边·清代〕清嘉庆十一年（1806）立。碑阳朝西，高 0.65 米，宽 0.47 米，厚 0.1 米。无额题，碑文竖 15 行，满行 21 字，270 余字，阴刻，楷书。落款"嘉庆十一年岁次丙寅孟春望日榖旦竖碑志"。碑文为巴美村村民保护山林和水源的村规民约及违者处罚的条文。

31 - D_8 **万古留碑** 〔驮堪乡道念行政村立屯·清代〕清嘉庆十四年（1809）立。碑阳朝东北。高 1.1 米，宽 0.7 米，厚 0.1 米。横行额题"万古留碑"，阴刻，楷书，字径 0.04 米，落款"嘉庆十四年六月十二日立约"，正文竖 16 行，满行约 26 字，计 330 余字，阴刻，楷书，字径 0.015 米。碑中记载当时山地买卖契约，并经结安州府批准执行。

32 - D_9 **石碑桥路** 〔福新乡黎亮行政村村公所前 500 米·清代〕清嘉庆十九年（1814）立。碑阳朝东北，高 0.92 米，宽 0.62 米，厚 0.12 米。碑已断成两截。横行额题"石碑桥路"，首题"万古流芳"，落款"嘉庆十九年孟春月"，正文竖 18 行，楷书、阴刻。内容为记载清代当地群众捐款修桥、修路之事及捐款者芳名。

33 - D_{10} **遵奉册主定例碑** 〔驮堪乡贤民行政村日屯村头北边·清代〕清道光二十五年（1845）立。碑阳朝北，碑高 1.57 米，宽 1.2 米，厚 0.4 米。碑额题"遵奉册主定例碑"，字径 0.10 米，正文竖行，字径 0.02 米。皆楷书，阴刻。碑文记载结安土州年例公项禁革条文。

34 - D_{11} **立碑准免碑** 〔进结镇品力行政村龙大屯·清代〕清光绪十六年（1890）立。碑阳朝东南，高 1.16 米，宽 0.92 米，厚 0.25 米。横行额题"立碑准免"，字径 0.07 米。正文竖行，楷书、阴刻，字径 0.02 米。碑文内容为佶伦州遵奉永康州谕令而制定的年项公例禁革条文，涉及当时的陇掩、陇盖等十二个屯的土地使用范围及交纳公粮情况。

35 - D_{12} **应革留章程碑** 〔进结镇天南行政村天南屯·清代〕清光绪十六年（1890）立。碑阳朝东南，高 1.12 米，宽 0.71 米，厚 0.2 米。横行额题"应革应留章程"，字经 0.05 米。碑文竖行，楷书，阴刻，字径 0.015 米。碑文记载佶伦州遵奉永康州军民司令而立的年项公例禁革条文。

36 – D₁₃ 尊奉上宪应留碑 〔驮堪乡南岭行政村追屯村头土地庙前·清代〕 清光绪十六年（1890）立。碑阳朝东，碑高 1.1 米，宽 0.88 米，厚 0.11 米。横行额题"尊奉上宪应留碑"，正文竖行，字径 0.06 米，楷书，阳刻。正文竖 26 行，楷书，阴刻。碑文记载结安土州陋规禁革条文。

37 – D₁₄ 那砚山岩画 〔天等镇荣华行政村那砚屯东约 1 公里那砚山·宋—明·县文物保护单位〕呈东西走向，高约 140 米。岩画在山南面峭壁，高距地面 5—8 米，可分为 3 组，1 组在一块条石状岩壁上，绘人、骑马人、马、狗等图像 128 个。另 1 组在一个洞穴内壁，绘人骑马图像 34 个。还有 1 组共有 40 多个图像，以人骑马图像较多。图像较小，呈红色。

38 – D₁₅ 那羊山岩画 〔天等镇荣华行政村那羊屯东北约 200 米那羊山·明—清代〕 山呈东西走向，高 50 米。在山西面峭壁，距地面 6 米处有岩画 1 组。画面高 2 米，宽 5 米。部分图像颜色褪淡，模糊不清，可见有 17 个人物图像，或站立，或骑马，另有马图像数个。图像呈红色。

39 – E₁ 小石林摩崖石刻 〔天等镇教育路中山公园内·1935 年·县文物保护单位〕 摩崖石刻 1 方。1935 年刻。刻面高 1.2 米，宽 0.4 米。李品仙撰文书丹。竖行榜书"龙蟠虎踞"，字径 0.4 米，楷书，阴刻。

40 – E₂ 南岭摩崖石刻 〔驮堪乡南岭行政村南岭村东南约 1 公里山坳间·1939 年〕 1939 年刻。石刻在山坳东南壁面，距地面约 2 米，刻面高 2.5 米，宽 1.2 米。文竖 7 行，满行 24 字，约 120 余字。首行"镇茗两县分界碑"，字径 0.08 米，楷书，阴刻。正文竖行，字径 0.03 米，楷书、阴刻。内容记载镇结县和龙茗县政府公布两县分界内容。

41 – E₃ 进远摩崖石刻 〔进远乡进远行政村进远中学北面约 20 米弄怀山腰·1939 年〕 石刻在弄怀山西壁高约 30 米的岩面上，刻于 1939 年。刻面高 2 米，宽 6 米，为时任南宁女子中学校长卢永铨榜书"邕管重光"4 字，文横行，字径 1—1.2 米，附题记 79 字，字径 0.05 米，竖行，楷书，阴刻。记载抗战时期女子中学搬迁之事。

42 – E₄ 革命烈士纪念碑 〔天等镇中山公园内·1951 年〕 1951 年初建，1968 年重修，为纪念龙茗、进结县及武鸣军分区 42 大队与残匪作战而牺牲的烈士。碑坐东朝西，由碑座、碑身组成。碑座略成方形，碑身长方立柱形，高 7.6 米，正、背面各刻有"革命烈士永垂不朽"宋体镀金字。碑周边石铺台基边长 4.53 米，周边置望柱石板护栏，前有两层石台阶 10 余级。占地面积约 274 平方米。

43 – F₁ 韦氏祠堂 〔上映乡福赖行政村赖屯·民国〕 建于民国。坐北朝南，中西式合璧砖木结构平房，占地面积约 30 平方米。面阔三间，进深一间，青砖墙，硬山顶，盖小青瓦。前檐开 3 联拱西式门，檐顶砌女儿墙，祠堂内有"忠义勇""韦氏家祠"字样，祠堂正门内竖"忠义勇"石碑 1 方。

44 – G₁ 政洲石铲出土点 〔进远乡政洲行政村北约 30 米山脚·新石器时代〕 1989 年 12 月，在山脚出土大石铲 1 件。器身有明显的打击疤痕，只磨刃部。有柄，双平肩，两腰平直，圆弧刃，长 0.28 米，宽 0.15 米，厚 0.02 米。

45 – G₂ 左屯石铲出土点 〔龙茗镇进宁行政村左屯南山山脚·新石器时代〕 1987 年出土大石铲 1 件。通体磨光，双肩，束腰，弧刃，袖肩形。长 0.38 米，宽 0.17 米，厚 0.017 米。

46 – G₃ 救汉石器出土点 〔福新乡救汉村救汉小学·新石器时代〕 1994 年 4 月，在校园内出土石铲、石斧各 1 件。石铲通体磨光，长 0.249 米，宽 0.12 米，厚 0.013 米。石斧长 0.084 米，宽 0.083 米，厚 0.016 米。

47 – G₄ 那印铜钺出土点 〔进结镇高州行政村那印屯前·战国〕 1987 年初，在村头的土坡上出土青铜钺 1 件。銎为新月形，圆弧刃，长 0.076 米，肩宽 0.06 米，銎宽 0.03 米。

48 – G₅ 上映乡铜鼓出土点 〔上映乡·西汉中期—南朝〕 2003 年上映乡至靖西湖润境边出土冷水冲型铜鼓 1 面，已破碎成残片，经粘对可以复原。鼓面径 0.46 米，高 0.39 米。鼓中心饰太阳纹，面饰圆圈圆点纹、蹲鸟纹、翔鹭纹。身饰栉纹带、阳弦纹。胸腰间附辫纹双夹耳。

大新县

1 – A₁ 歌寿岩遗址 〔榄圩乡新球行政村逐标屯东北约 500 米歌寿山·新石器时代·自治区文物保护单位〕 洞穴遗址。1973 年发现。岩洞在山东北面山腰，高距地面约 60 米，洞口朝东北，洞高 2.7 米，宽 2—5 米，进深约 50 米，面积约 150 平方米。出土三足夹砂绳纹灰陶罐、夹砂绳纹陶釜、有肩石斧及人牙、兽骨等遗物。

2 – A₂ 恩城旧州城遗址 〔恩城乡恩城社区恩城街旧州东南段·唐—明〕 唐设恩城羁縻州，宋置上、下恩城二州，元升为一州，明改为恩城。州城遗址有两处，一处位于恩城乡恩城街东南约500米，城墙东连观音山，西接岜字山，长约120米，宽约2米，面积约400平方米。另一处位于恩城乡街，面积约1100米。城墙东始于岜字山险要处，西接利江河岸，长约130米，宽约2.5米。

3-A₃ 头马山寨遗址 〔桃城镇德立行政村头马屯西约100米山上·宋—清〕 山寨建在山顶上，平面呈不规则形。寨墙用料石及片石干垒，高2—4米，厚1—1.5米，占地面积约1000平方米。寨西开寨门通至山下，门宽1.3米，高约2米。寨内采集到宋—清代陶瓷残片。是当地群众逃避社会动乱而临时居住的城寨。

4-A₄ 信隆古城 〔下雷镇信隆行政村布温屯西约500米·北宋〕 据传为北宋侬智高屯兵城，侬智高败走大理后，该城废存至今。城墙建于群山之中，依山而建，面积约0.38平方公里，分内外两重，城高2—4米，厚1—2米，料石构筑。

5-A₅ 下雷土州北门遗址 〔下雷镇下雷社区北面榕亭·明—清·县文物保护单位〕 遗址从河边小石山开始，向西延伸至青龙山脚，全长120多米，占地面积约400平方米。现仅遗存小石山古榕亭遗址1处。明崇祯十年（1637）十月二十八日，明代地理学家徐霞客到下雷考察时到过北门城楼和榕亭，并在《徐霞客游记》中作了记载。清乾隆五十一年（1786），特调广西镇安府下雷汉堂官李绍浩也登北城，在城上榕亭写下碑记。

6-A₆ 陇吾山寨遗址 〔雷平镇安民行政村安汉屯西南北约500米山弄·明—清〕 山寨南、北、西三面为大山环抱，东面山冈有小路进出，弄内面积约2000平方米。明中叶安平土司辟为避暑山寨，清代安平州和临州农民起义时，土司官多到此避难。清末土州改土归流，山寨被撤他用。现山中有多处建筑遗迹及石狮、石墩、石条等遗物。

7-A₇ 青龙山山寨遗址 〔下雷镇下雷社区下雷镇中学背后青龙山·明代〕 为明崇祯年间（1628—1644）下雷土官修建。筑于两山峰间，用石块垒砌，长约50米，宽2.5米，现残高0.8—1.5米。

8-A₈ 太平窑址 〔雷平镇车站行政村驮庙屯东南约200米·宋代·县文物保护单位〕 在桥来屯与驮庙屯之间，黑水河西岸，分布面积约500平方米。在地表上采集到大量陶瓷残片。陶片多为青黄釉，个别饰鱼纹，器形以罐为多；瓷片多为灰白釉，个别饰莲瓣纹，器形以碗、盆为多。1963年调查时发现有窑炉残壁，现已无存。

9-A₉ 将军庙遗址 〔下雷镇下雷街北面约600米杰岭上·清代〕 为清康熙二十三年（1684）以后下雷群众为纪念明末清初抗倭英雄许文英及其夫人岑玉音而修建的庙宇。庙坐北朝南，砖木结构，单体建筑，面阔8米，进深12米，青砖墙，硬山顶，盖小青瓦。现建筑已毁，仅存庙基及零星砖瓦。

10-A₁₀ 上甲石墙遗址 〔宝圩乡板价行政村板统屯附近山峡中·明—清〕 为明清时期安平土州上甲31屯与外界交界的山间入口石墙。石墙长约80米，厚2米，高2—8米。用石块干砌而成，局部已崩塌。

11-A₁₁ 板置石墙遗址 〔宝圩乡景阳行政村板置屯与渠蕾屯之间山峡中·明—清〕 石墙为安平土州与太平州分界线，建于明洪武年间（1368—1378）。石墙用料石、片石干砌，长约110米，厚1.5—10米。石墙中部设有门，门宽2米，高2.5米。石墙多处崩塌，原立于石门东侧石碑已佚。

12-A₁₂ 陇斗石墙 〔那岭乡龙贺行政村陇斗屯入口山岭上·清代〕 修筑于清道光十四年（1834）。石墙横接两山，用片石干砌，长约35米，高1—3米，厚1—2米。中部开1门，门高2米，宽1.5米。门前左侧立清道光十四年碑刻1方。

13-A₁₃ 凤宫洞石墙 〔那岭乡那廉行政村旧州屯东北约500米·清代〕 清末严嘉模、赵生等领导太平、恩城农民起义时，群众在此避乱修筑。洞为石灰岩洞穴。洞口朝南。高17米，宽15米，进深70余米。洞口用石块砌墙，长5米，高1.8米，厚2.2米，中开一门。

14-A₁₄ 龙宫洞石墙 〔那岭乡那岭社区伏旧屯岜伏山·清代·县文物保护单位〕 清末严嘉模、赵生等领导太平、恩城农民起义时，群众在此避乱修筑。洞为石灰岩洞穴，洞口朝西北，洞宽1.2—48米，高3—25米，进深约530米。洞口用石头砌墙，长5米，高1.82米，厚2.3米，中开门。

15-A₁₅ 民六洞石墙 〔堪圩乡民六行政村民六村东2公里·清代〕 明清社会动乱时，均是村民避乱藏身之所。民六洞为石灰洞穴。洞口朝东南，高12米，宽15米，进深约40米。洞口用片石砌墙一道，长15米，高4米，厚0.7米。中开洞门。

16-A₁₆ 朱砂矿开采遗址 〔恩城乡新圩行政村均屯东北约1.5公里朱砂矿山东面·清代〕 为法国商人开采的一处矿场，占地面积约1万平方米。遗存矿井3处，口宽约4米，高约2.5米。因法商撤离时炸毁矿井，今矿井深已不足5米。矿井范围散布当年开采朱砂矿时留下的废石。

17-B₁ 朋大李氏家族墓地 〔全茗镇灵敖行政村

朋大屯东南约 3000 米·明—清·县文物保护单位〕
茗盈土官李德卿，山东青州益都县白马街人，北宋皇
祐五年（1053）随狄青平依智高，授铜符铁契，世守
茗盈，世袭三十代，清光绪三十三年（1907）改土归
流。墓区面积约 2000 平方米，有墓葬 12 座，皆朝西。
其中明墓 3 座，冢高 2.1 米，分两层，底层八角形，周
围用浮雕动物石构件砌护，角立竹节形石柱，上下设
石护栏。上层圆锥形，以弧形石板拼接封面，顶饰石
雕莲花，墓前立龟屃座碑，碑长方形，刻墓主姓名及
生卒年月等。

18－B₂ **依茶岭墓群** 〔全茗镇灵熬行政村灵熬屯
东南约 1.2 公里依茶岭·明—清〕 分布面积约 300
平方米。共有墓葬 12 座，包括一次葬 10 座、二次葬 2
座。其中明万历四十年（1612）、明崇祯十二年
（1639）、南明永历八年（1653）等 3 座墓结构特殊：
冢分 3 层，底层为八棱体，高 0.93 米，正面立碑，其
余各面嵌浮雕石板；中层是半圆体，半径 0.95 米，周
用料石围砌，中间填土；冢顶饰石雕莲花。

19－B₃ **许氏家族墓地** 〔龙门乡武安行政村新兴
屯东面约 200 米依陇岭·明—清〕 为万承土官许世
和（1499—1546）及其家族墓地，面积约 1600 平方
米，有墓 8 座。墓葬朝西，其中料石围砌 2 座，高 2.1
米，底径 2 米。冢分三层，底层为八棱体，各面嵌浮
雕石板，中层圆丘形，冢顶为石雕莲花。三合土冢 6
座，呈圆丘形。高 1.5 米，底径 2.5 米。墓前皆立碑。
许世和墓碑刻"明故太土官考翠峰许公讳世和之墓"
等字。

20－B₄ **安民李氏家族墓地** 〔雷平镇安平行政村
安民屯南约 500 米·清代·县文物保护单位〕 分布
面积约 200 平方米。有墓葬 8 座。东向。三合土冢，呈
圆丘形，高约 0.7—1.5 米，底径 1.2—1.5 米。1977 年
暴露 1 座，出土 1 具男性鞣尸，随葬书籍记为"第三
将军"。同年，发掘 1 座，出土 1 具清乾隆二十四年
（1759）入葬的女尸。

21－B₅ **杰岭明墓** 〔下雷镇下雷街北 800 米杰
岭·明代〕 1988 年暴露。为券顶砖室墓。距地表约
2 米，地面无标志。墓室平面呈长方形。长 2 米，宽
0.85 米，高 1.3 米。出土青釉托鲤鱼、青釉陶壶、瓣
形陶盘、青黄釉仰龟形陶盏和男女陶俑、铜扣、木扣
等 10 余件随葬品。陶俑中武俑背刻"梁茂记"三
个字。

22－B₆ **许祖兴妻赵氏墓** 〔福隆乡营旺行政村内
坟屯北岭坡上·清代·县文物保护单位〕 赵氏
（1611—1684），万承第十九任土官许祖兴妻，封太夫
人。葬于清康熙二十三年（1684）。墓葬朝西南，冢

八角形，高 2.3 米。周边围砌石板浮雕麒麟、狮子、大
象、龙、龟以及山、水、花草、流云等图案，边立竹
节形柱，上下设护栏。墓碑重檐庑殿顶盖，碑座浮雕
圆钱、竹节、花鸟。墓后护墙及左右拱手嵌浮雕石刻
18 方，雕刻花、鸟、虫、兽、珍禽、日月和云雾等。
墓前序列望柱和石狮各 1 对。占地面积约 200 平方米。

23－B₇ **许祖兴次妻黄氏墓** 〔福隆乡营旺行政村
内坟屯·清代·县文物保护单位〕 黄氏（1613—
1679）万承土州第十九代土官许祖兴为次妻，因育子
成才，被封为夫人。原葬于龙门祖地，清康熙三十七
年（1698）迁葬现址。墓葬朝西南，八角形冢，高 2.5
米，底径 3.1 米。每面用石板围砌，浮雕动物及花草图
案。冢顶呈圆锥体。墓碑重檐庑殿顶盖，碑跌浮雕双
鱼双凤。墓后护墙嵌石刻 18 方。占地面积约 100 平
方米。

24－B₈ **许嘉镇妻岑氏墓** 〔龙门乡三联行政村内
屯东约 750 米岭坡上·清代·县文物保护单位〕 岑
氏（1638—1681）万承土州第二十任土官许嘉镇妻。
墓建于清康熙二十年（1681）。墓葬朝西，冢呈八角
形，周边用浮雕花草图案的石板围砌，冢顶用青砖围
砌成圆丘形。墓碑刻"清故妻岑夫人之墓"。墓前序列
石鼓、石狮、华表各 1 对。墓后及左右护墙嵌石刻 28
方，浮雕珍禽异兽。占地面积约 200 平方米。

25－B₉ **何宗程夫妇墓** 〔昌明乡昌明社区昌明行
政村中先屯东北岭坡上·清代〕 何宗程（1739—
1824），妻梁氏（1739—1819），生平不详。两墓并列，
男左女右。皆坐朝西南，冢呈八角形，用浮雕麒麟、
狮子、龙、猴以及日、月、花草图案的石板围砌，冢
顶部呈圆丘形，顶中饰莲花石雕。墓碑庑殿顶。何墓
碑刻"皇清例诰儒林郎厚德显考君耋寿加六何老大人
之墓"；其妻碑刻"皇清例封和顺慈惠耋寿有一何母梁
氏人八品孺人之墓"。墓前原有华表一对，已佚。

26－B₁₀ **下雷许氏墓** 〔硕龙镇礼贤行政村明阳村
山岭上·清代〕 下雷土司许氏墓，墓葬朝西南，冢
呈八棱形，八棱面各镶嵌石质浮雕石板一块；顶为半
球形，三合土结构，墓周边护围嵌浮雕石板，占地面
积 200 多平方米。

27－B₁₁ **芭彬山岩洞葬** 〔五山乡文应行政村章山
屯背后芭彬山仙岩·宋—明·县文物保护单位〕 芭
彬山又称樟山，高约 312 米。岩洞在山西南麓近山顶的
峭陡岩壁上，高距地表约 270 米。洞口朝西南，高 4.2
米，宽 10 米，洞内进深 18 米，面积约 180 平方米。
1981—1985 年间进行过多次调查。洞内地面铺一层鹅
卵石，石上顺洞方向圆棺 52 具，头里尾外，共 9 排，
每排置棺 2—16 具不等，棺长 0.52—1.1 米，宽 0.3—

0.45 米，深 0.11 米左右。棺内、外见少量人骨遗骸，属二次葬。无随葬品。（见《文物》1993 年第 1 期）

28 - B₁₂ **政教岩洞葬** 〔全茗镇政教行政村政教村小学后面练山政教岩·宋—明〕 练山高约 215 米，政教岩在山西南麓的峭壁上，高距地表约 160 米，有大小 2 个相通的洞口，洞口朝西南，大洞高约 2.8 米，宽约 4 米，洞内进深 7—8 米，面积约 20 平方米。洞内原有圆棺 10 余具，棺长 1.6 米，宽 0.43 米，后被烧毁，现存圆棺 2 具。1988 年复查时发现穿孔海贝 10 余枚、一些棺木残片、人骨遗骸。

29 - B₁₃ **岜仰山岩洞葬** 〔恩城乡新圩村岜仰屯西南约 50 米岜仰山·宋—明〕 岜仰山高约 130 米。岩洞在山东面峭壁上，高距地表约 115 米。洞口朝东，宽 5 米，高 4 米，洞内进深约 15 米。洞内原放置圆棺数具。棺用整段圆木纵剖凿凹面而成，子母口套合，头、尾两端有木柄。1988 年复查，仅存少量棺木和人骨残骸。（见《文物》1993 年 1 期）

30 - B₁₄ **门屯山岩洞葬** 〔硕龙镇门村行政村门屯村西 100 米门屯山·宋—明〕 门屯山高约 250 米。岩洞在山南壁上，高距地表 80 余米。洞口朝南，宽 2—4 米，高 3—6 米，洞内进深约 10 米，面积约 35 平方米。洞内放置圆棺 2 具，头大尾小，两端上下有鸟形木柄，棺长 1.5 米，宽 0.4 米。棺内各有人骨遗骸 1 具，尸骨散乱，无随葬品。（见《广西文物》1986 年 4 期）

31 - B₁₅ **新坡岩洞葬** 〔榄圩乡上吉行政村新坡屯东南约 500 米梦山·宋—明〕 梦山高约 340 米。岩洞在山西壁，高距地表约 150 米，洞口朝西，洞高 6 米，宽 7 米，洞内进深约 10 米，面积约 70 平方米。洞内原有圆棺 7 具，棺头、尾分饰鸟头、鸟尾形木柄，棺长 1.25—1.45 米，直径 0.25—0.35 米。棺内各放人骨遗骸 1 具，属二次葬。现仅存少量棺木残片、人骨遗骸及垫石。

32 - B₁₆ **岜六山岩洞葬** 〔恩城乡恩城社区弄龙屯西南约 500 米岜六山·宋—明〕 岜六山高约 442 米。岩洞在山西北麓的峭壁上，高距地表高约 120 米。洞口朝西北，高约 2 米，宽 4 米，进洞内深约 6 米，面积约 24 平方米。洞内有圆木棺 2 具，棺长 1.52 米，直径 0.38 米。棺头、尾两端分别饰有鸟头、鸟尾形木柄，棺内放六段木头代替人体头、身、手、脚等部位骨头，无随葬品。今洞中仅有少量棺木碎片和垫棺石。

33 - B₁₇ **宝贤岩洞葬** 〔桃城镇宝贤行政村西约 2 公里宝贤山·宋—明〕 岩洞在宝贤山东北面岩壁上，高距地表约 30 米，洞口朝东北，洞内分前厅、过道、后厅三部分。后厅岩洞经过人工修整，高 3.5 米，宽 4—5 米，进深约 15 米，厅内地面置圆棺 10 多具，棺长 1.2—2 米，径 0.4—0.5 米，头、尾饰牛角形或燕尾形木柄。棺木都已残，部分棺内还有人骨遗骸。

34 - B₁₈ **庙山岩洞葬** 〔隆隆乡福隆社区福隆街北面约 700 米庙山·宋—明·自治区文物保护单位〕 庙山又名倒干山，高约 420 米。岩洞在山东麓峭壁上，高距地表约 180 米。洞口朝东，洞高 18 米、宽 5 米，进深约 24 米，面积约 120 平方米。20 世纪 40 年代有村民入洞取走小瓷碗 6 件、小铁剑 1 件。1986 文物普查时发现岩洞内共有棺 62 具，其中 54 具圆棺，8 具船形棺，有的船棺旁放置船桨 1—2 件。棺一般长 0.9—1.5 米，径 0.3—0.45 米。头、尾分别饰鸟头、鸟尾或船头、船尾形柄。曾清理 11 具，棺内有人骸骨，棺外置瓷碗、小铁剑等随葬品。（见《民族学研究》第 4 辑）

35 - B₁₉ **敏杨山岩洞葬** 〔下雷镇仁惠行政村弄江屯东约 500 米敏杨山·宋—明〕 敏杨山高约 320 米。岩洞在山西北麓峭壁上，高距地表约 200 米，洞口朝西北，宽 12.2 米，高 8.1 米，洞内进深约 10 米，面积约 122 平方米。洞内放置圆棺 8 具，子母口套合，头、尾两端有角形或燕尾形木柄，棺内有少量人骨遗骸。1976 年棺木被寻岩泥的村民烧毁，仅存一块棺木，坠落于洞口下方山腰上。

36 - B₂₀ **好胜岩洞葬** 〔那岭乡好胜行政村普了屯后山·宋—明〕 山高 160 余米。岩洞在山南壁，高距地表约 120 米，洞口朝南，高约 3 米，宽 2—5 米，进深 20 米。洞道面积约 80 平方米。洞内有棺不 10 余具。长 1.1—1.8 米，径 0.4—0.5 米，棺内外无骸骨和随葬品。

37 - B₂₁ **岜自山岩洞葬** 〔恩城乡维新行政村陆屯东北面 1.3 公里的岜自山·宋代·县文物保护单位〕 岜自山高约 223 米，岩洞在山东北麓峭壁上，高距地表约 120 米。洞口朝东北，宽 4 米，高 2.5 米，洞内进深 12 米，面积约 50 平方米。原有圆棺 30 余具，调查时洞内仅存残棺 2 具，残长 1.3 米，径 0.45 米。1984 年复查时，仅存残棺板 3 块及一些人骨遗骸残块，在洞内积土中发现南宋建炎通宝铜钱 1 枚。（见《文物》1993 年 1 期）

38 - B₂₂ **岜横崖洞葬** 〔全茗镇顿周行政村古光屯东南约 200 米岜横崖·清代〕 岜横山高约 230 米。岩洞在山西麓的峭壁上，高距地表约 230 米，洞口朝西，高约 3 米，宽约 1.5—4 米，洞内进深约 16 米，面积约 100 平方米。洞内并列放置圆棺 2 具，棺长 2.02—2.05 米，宽 0.5 米左右，棺头、尾两端有角形木柄。棺内分别置一男（约 60 岁）一女（约 50 岁）骸骨及糯稻谷穗及果壳及清康熙通宝数枚，棺间置有小陶杯8只。

39-C₁ 养利州古城门楼及城墙 〔桃城镇旧城区·明—清·自治区文物保护单位〕 又称桃城，旧名历阳，后称上雷。明弘治十四年（1501）养利州知州罗爵建土城，万历十一年（1583）知州叶朝荣改建为石城。万历二十九年（1601）知州许时谦改建北楼。清康熙七年（1668），洪水冲垮城垣，知州王乾德重修。康熙二十四年（1685）知州章泰重修，乾隆三十二年（1767）州牧麻永年再修。城周长约1300米，城墙以料石砌成，中间填土，青砖盖面，墙高4.3米，宽3.5米，城垛491个。开东、南、西、北、小西门共5门。现存东、南、西城门楼和北城墙150米。城门料石构筑，券拱门高3.3米，面阔3.2米，进深7.5—8.3米，门额分刻"东门""南门""西门"，城楼砖木结构，面阔三间，进深二间，硬山顶，盖小青瓦。楼高12—14米。

C₁₋₁ 桃城水闸门 〔桃城镇民族街西段利江河边·明—清代〕 建于明代。用料石干砌，拱形涵洞，形似城门。门洞宽2.8米，高4米，深8.2米，占地面积约500平方米。原门中部安装木质闸门两扇，现已不存。

40-C₂ 桃城古泉 〔桃城镇民权街与民族街交界处·明—清〕 相传明宣德年间（1426—1435），土官赵氏迁州府于此，开拓此泉为桃城饮水之用。泉池周边以石围护东边为石壁，南、北两边砌垂带石踏跺。面积约20平方米。

41-C₃ 青龙桥 〔雷平镇车站行政村桥来屯西北约200米小河上·明代·县文物保护单位〕 为当时太平至安平的道路桥梁。建于明代，具体时间不详。崇祯十年（1637），地理学家徐霞客考察桂西南时路过此桥，《徐霞客游记》有载。因桥拱券墩间镶石雕龙头、龙尾面得名。南北走向，双孔石拱桥，长12米，宽5.2米，拱跨5米。桥身、桥拱皆以料石干砌，桥面铺石板，两端与地面平。

42-C₄ 金钟桥 〔雷平镇车站行政村桥来屯西北约300米小河上·明代·县文物保护单位〕 建于明代，具体时间不详。明崇祯十年（1637），地理学家徐霞客考察桂西南时已路过此桥，《徐霞客游记》有载。因桥头有铜钟而得名，现铜钟已毁，铭文载1948年版《雷平县志》。南北走向，单孔石拱平桥，长6.2米，宽3米，拱跨6米，桥身用片石干筑，桥拱用料石砌成，桥面铺石板，两端与岸平。

43-C₅ 靖斧拦河石坝 〔恩城乡恩城街北桥恩城河上游约200米天然坝堰上·清—民国〕 建于清初，清代、民国均有修缮。为拦河引水坝。因水坝形似斧头而得"靖斧"之名。坝长约70米，宽5米，高0.5—1.5米，蓄水从西岸引出，引水渠道长约7公里，中途建有10多处分水石坝。

44-C₆ 上渡码头 〔恩城乡恩城社区恩城街恩城河东岸·清代〕 是当时恩城通往安平、养利、下雷等州的水上交通码头。清初由当地群众捐资修建。咸丰年间（1851—1861），因兵乱码头遭破坏，光绪元年（1875）重修。从河岸街道至河边共砌码头石踏跺24级，级高0.30米。河岸上建拱门，门前立石狮一对，旁有清光绪初年石碑1方，高0.9米，宽0.7米，厚0.2米，碑文载重修码头事及捐资芳名。

45-C₇ 城隍庙 〔雷平镇安平行政村安平街·清代·县文物保护单位〕 建于清康熙年间（1662—1722），具体时间不详。由安平土官出资修建。清道光年间（1821—1850）重修。坐西朝东，砖木结构，二进院落，由门楼、天井和后殿组成，占地面积736.3平方米。门楼面阔三间，进深二间，后殿面阔、进深三间，青砖墙，穿斗式木构架，硬山顶，盖小青瓦。大梁、檐板雕花，墙端彩绘壁画。

46-C₈ 鸳鸯桥 〔桃城镇解放路利江上·清代·县文物保护单位〕 又叫利江大桥。建于清乾隆年间（1736—1795），具体时间不详。为土州牧麻永年修城墙时所建。东西走向。单孔石拱平桥，长14米，宽4米，拱跨14米。桥身、桥拱料石砌成，自两岸护堤边起券拱，桥面铺石，两端设引桥。1979年用钢筋水泥对桥加宽、加厚，加建栏杆，成为公路桥。

47-C₉ 粤东会馆 〔下雷镇下雷社区下雷街·清代〕 建于清乾隆年间（1736—1795）。坐东朝西，砖木结构，二进院落，由门楼、后座组成，占地面积约1000平方米。门楼面阔三间，进深二间，青砖墙，穿斗式木构架，硬山顶，盖小青瓦。后座已改建他用。

48-C₁₀ 八万桥 〔桃城镇宝新行政村那阳屯北约80米龙门河上·清代·县文物保护单位〕 建于清嘉庆十二年（1807），清同治十一年（1872）重修。南北走向，三孔石拱平桥，连引桥共长80米，宽3米，拱跨5米。桥身、桥拱以料石砌成，桥中拱上有同治十一年"万寿金桥""海晏""河清"题刻。1949年6月11日，解放军左江纵队第3团及养利县独立营、万承县部分民兵在此围歼国民党养利县自卫总队200多人，称八万桥之战。

49-C₁₁ 安平土州衙门 〔雷平镇安平行政村安平街·清代〕 为李氏土司建于明初，清道光二十年（1840）重建。坐北朝南。砖木结构。五进院落，由照壁、钟鼓楼、大门、正堂、天井、室厅、后厅等建筑组成，占地面积约1.5万平方米。现存房屋1座，面阔三间，进深五间，房基以条石围砌，前有檐廊，方形砖柱，穿斗式木构架，硬山顶，盖小青瓦。占地面积约510平方米。

50 - C₁₂ 关帝庙 〔雷平镇太平社区武街·清代·县文物保护单位〕 建于清道光二十八年（1848）。坐西朝东，砖木结构。二进院落，前、后殿夹天井，占地面积约505平方米。前殿面阔、进深三间，后殿面阔三间，进深四间，两殿皆为砖墙，穿斗式木构架，硬山顶，盖小青瓦，雕花封檐板。

51 - C₁₃ 岩漆文星阁 〔堪圩乡民六行政村格更屯东约300米岩漆洞口·清代〕 安平土官李秉圭建于清咸丰八年（1858），同治六年（1867）重建。坐北朝南，砖木竹结构，阁高二层8米，第一层面阔三间，进深二间，第二层面阔一间，进深二间，竹编墙，穿斗式木构架，悬山顶，盖青瓦。岩内存清咸丰、清同治年间碑刻3方。占地面积约42平方米。

52 - C₁₄ 那信古泉 〔那岭乡五一行政村上屯东约200米河边·清代〕 修建于清光绪二十一年（1895）。井平面呈半月形，径3.5米。周围用料石砌筑。井旁边有光绪二十一年（1895）碑刻1方，碑面刻满汉文字，记述上屯群众捐款、捐物修建该井的事迹。

53 - C₁₅ 巧桥 〔雷平镇后益行政村那琼屯北约500米小河上·清代〕 建于清代，具体时间不详。南北走向，单孔石拱桥，长23米，宽2.4米，拱跨4米。桥身、桥拱用料石砌筑，桥面铺石板。

54 - C₁₆ 太平土司宅院 〔雷平镇太平社区太平街·清代〕 太平土司设于北宋皇祐五年（1053）。第一任土官李茂，传祖籍系山东省青州府益都县。北宋皇祐五年（1053）随狄青南下平依智高有功而被封为太平土州官。1911年改土归流。土司宅院建于清代，占地面积约5000平方米。现存二进院落。坐西朝东，砖木结构，主体建筑面阔三间，青砖墙，穿斗与抬梁混合木构架，硬山顶，盖小青瓦。宅院四周建围墙，墙高4.5米，围长250多米。

55 - C₁₇ 文笔塔 〔龙门乡宝山行政村宝山村文笔山三联村·清代〕 建于清代，具体时间不详。因地处偏僻，当地人望多出人才，遂垒砌石塔。塔圆形实心状如笔，名文笔塔，用片石垒砌而成，底部周长12.2米，塔高5.4米，向上逐层内收，尖塔刹。

56 - D₁ 贝岩摩崖石刻 〔桃城镇万行行政村万礼村叫岩西南面山脚贝岩石壁上·北宋〕 摩崖石刻1方。北宋熙宁二年（1069）刻。刻面高0.5米，宽0.7米。文竖行，计40字，字径0.09米，楷书，阳刻。无首题，正文题铭："六宅使陶弼抚边至此，曹春卿、李

时亮从行。熙宁二年仲冬二十七日指使龙逵、马仲谋、程环邵先贝岩。"

57 - D₂ 恩城摩崖石刻 〔恩城乡恩城社区恩城乡政府北面的岜翠山、南面的岜字山、岜仰山的岩壁上·元、明、清·自治区文物保护单位〕 恩城于北宋皇祐年间（1049—1054）已是土州的治所。历代土官在岜翠山、岜字山、岜仰山留刻甚多，现存的仅有18方：岜翠山3方、岜仰山2方、岜字山13方（另有清代郡守查克榜书"小玲珑"和墨书题榜"山边清闲"）。书法四体皆有。多为题榜、题诗、题记刻等。

D₂₋₁ 赵福惠摩崖记刻、诗刻 〔恩城乡恩城社区恩城乡政府北面的岜翠山、南面的岜字山、岜仰山的岩壁上·明代〕 赵福惠为明宣德至天顺年间（1426—1464）恩城土州第七代土官，在"三山"均有题刻。岜翠山题"重修恩城土州治所碑"，介绍了恩城土州及对恩城土州治所进行修缮的经过。岜仰山有题刻《庙会记》，记述了岜仰山下庙会的盛况："岜仰山之下有洞，洞有神女……每年三月仲春，男女聚会洞口，唱歌娱乐，祝报平安……"落款"大明正统十年（1445）三月十三日奉训大夫世知恩城世事天水郡赵福惠书"。岜字山有题诗和手、脚印刻，诗刻为七绝诗一首，四句28字："遗迹存形在后岩，留名千古子孙看。愿惟地久天长永，保守宗基若大山。"落款"天顺八年（1464）十二月十一日致仕知州赵福惠"。

58 - D₃ 金印奇峰石刻 〔桃城镇城西金印奇峰山岩壁上·明代〕 孤峰突起状如印，故名金印奇峰，是自清代以来养利州八景之一。洞口向西北，岩内空阔，大部分石刻已被毁，可辨识有清知州许时谦七律诗一首："一颗原从化鹤来，俨然造物为谁开。紫泥色带花中露，丹篆文留石上春。应助伯仁金系肘，更催郭隗马登台。山灵已改从前事，会看风云接汉才。"

59 - D₄ 益天洞摩崖石刻及造像 〔桃城镇新城社区上村屯北面观音山益天洞·明代·县文物保护单位〕 洞在山西面山脚。洞口向西，洞高4米，宽8—12米，进深15米。在洞口上方的两侧岩壁上分别有横行榜书"慧日""慈云"，字径0.45—0.55米，篆书，阴刻。"慧日"右边落款"崇祯甲申（1644）□□□□"，字径0.03—0.05米，楷书。洞内原有摩崖造像21尊，现存观音像、青龙、红日造像等。

60 - D₅ 聚仙岩摩崖石刻 〔恩城乡恩城社区恩城中学后北面的观音山·清代〕 清嘉庆十一年（1806），恩城知县赵凤池开拓观音山下岩洞，取名"聚仙岩"。洞高距地表约20米，洞口朝北，高约30米，宽5米，进深约20米，岩洞内原有大士、花王、豆娘、韦陀、十八罗汉等泥塑像，今已毁。仅存洞外

摩崖石刻 6 方。有题榜、题诗、题记，除赵凤池题记《鼎建聚仙岩记》及 1 方榜书"弥□佛"尚清晰外，其余漫漶不清。

61 – D₆　穷斗山摩崖造像〔全茗镇灵熬行政村朋大屯东北约 1.2 公里穷斗山·明代·自治区文物保护单位〕　明嘉靖二十六年（1547），全茗土官令石工镌刻。在南山画岩中，洞口朝南，高 5 米，宽 10 米，进深 13 米。洞内有摩崖浮雕造像 12 龛，31 尊，有观音（1 龛）、仙侣及醉翁（10 龛）、土官（1 龛）等造像，造像高 0.26—0.67 米，宽 0.24—1.6 米，人物造像或站或坐，或玩棋或舞蹈。

62 – D₇　会仙岩摩崖造像〔雷平镇安平行政村完小后约 200 米山会仙岩·明—清·县文物保护单位〕　会仙岩在山东面山脚，洞内有明清时期摩崖造像 7 龛 21 尊。主要有"新官上任""仙女胡琴""仙宫夜乐""醉仙对弈""洞房修心""观音雕像"等，造像构图严谨，雕刻细致，可惜已严重毁坏。此岩明清时为安平土州宗教文化活动中心。明代地理学家徐霞客曾游此岩。后人留有墨迹。

63 – D₈　"许公桥"刻石〔桃城镇大新中学与旧纸厂之间利江河旁·明代〕　许公桥建于明代万历年间（1573—1620），为太平府养利（上雷）州许氏土官所建。被洪水冲垮后，改搭建浮桥。桥早已无存，现只存桥旁一巨石，石上书刻"许公桥" 3 字，字径 0.35 米。

64 – D₉　奉宪应留革碑记〔硕龙镇隘江行政村岜乾屯内·清代〕　碑刻 1 方。清道光十二年（1832）镇安府立，碑阳朝南，高 1.7 米，宽 0.9 米，厚 0.1 米。碑文竖 49 行，计 1006 多字，字径 0.025 米，楷书，阴刻。额题"奉宪应留革碑记"，落款"道光十二年十一月十八日示"。碑文记载镇安府给下雷州详定应革应留各项开支。

65 – D₁₀　"大清国广西界"五十三号界碑〔硕龙镇德天行政村西北平地·清代〕　立于清光绪年间（1875—1908）。中越勘界定立新碑前，该碑为中越两国国界碑。中越勘界定立新碑后，该旧界碑即成为今天德天旅游景点之一。碑面正面右上方竖行刻"五十三号"，中部竖行"中国广西界"，字径 0.1—0.2 米；下刻法文 3 行。

66 – D₁₁　州正堂碑示〔雷平镇三伦行政村新品小学围墙边·清代〕　碑刻 1 方。清光绪二十年（1894）立。碑阳朝北，高 0.9 米，宽 0.9 米，厚 0.17 米。横行额题"州正堂碑示"，落款"光绪二十年十月初八日给付"。碑文竖行，字径 0.02—0.04 米，阴刻，楷书。碑文记述清代太平土州给当地确定的有关夫役赋税应革留应条款。

67 – D₁₂　慢苏《碑记》〔榄圩乡荣圩行政村慢苏屯·清代〕　碑刻 1 方。清光绪三十二年（1906）立。碑阳朝西南，碑高 1.45 米，宽 0.83 米，厚 0.24 米。横行额题"碑记"，落款"光绪三十二年岁次丙午十一月廿四日给州行附"。碑文竖 19 行，满行 28 字，320 余字，字径 0.02—0.04 米，阴刻，楷书。碑文记述清光绪三十二年慢苏屯捐款办学后，太平土州给其永久免夫免役之事。

68 – D₁₃　奉宪示碑〔下雷镇仁爱行政村岜幸屯村头泉水边·清代〕　清光绪三十四年（1908）立。碑阳朝东，高 1.1 米，宽 0.7 米，厚 0.13 米。横行额题"奉宪示"，落款"光绪三十四年下雷至德天乡村公路从碑西侧经过"。碑文楷书，阴刻，字径 0.02—0.03 米，内容为清光绪下雷土州奉示公布应革应留有关条文。

69 – D₁₄　万古不朽碑〔雷平镇怀礼行政村岎白屯土地庙前·清代〕　清宣统三年（1911）立。碑阳朝北，碑高 1.25 米，宽 0.77 米，厚 0.19 米。横行额题"万古不朽"，首行"世袭太平州正堂加三级纪录三次记大功二次李"，碑文竖 12 行，满行 26 字，计 226 字。字径 0.02—0.04 米，楷书，阴刻，碑文记述清代太平土州给岎白村确定的有关夫役赋税之事。

70 – D₁₅　画山岩画〔恩城乡恩城社区那望屯北约 300 米画山东南山崖·战国—东汉·县文物保护单位〕　又名岜娅山、九峰山。呈东西走向，长约 400 米，山南壁陡峭，距地面约 70 米处有岩画 1 处，共绘有正面人像 15 个，其中形体最大者腰佩环首刀。其余人像，躯体粗短。图像皆作屈肘上举半蹲状，呈赭红色，已模糊。

71 – D₁₆　岗角山岩画〔榄圩乡荣圩行政村慢陆旧屯西北约 750 米岗角山·战国—东汉〕　岩画在岗角山南面绝壁上，高距地表约 80 米。画面高约 7 米，宽约 5 米，由 8 个正面人像组成，大小不一，皆作屈肘上举半蹲姿势。图像呈赭红色，多已不完整。

72 – D₁₇　那角山岩画〔堪圩乡拔浪行政村那角屯东北约 500 米那角山西面崖壁上·宋—清〕　岩画高距地表约 30 米。画面高 2.5 米，宽 2.6 米，绘有人物、动物等图像 60 多个，以人像居多，高 0.045—0.22 米，宽 0.04—0.3 米。人像或双手直臂外展略向上，或一手屈肘上举，一手屈肘向下，或双臂屈肘向下，均作站立状；动物图像以线条勾勒而成，头有双角，四肢站立。图像呈赭红色，部分已模糊。

73 – D₁₈　仁合崖壁画〔榄圩乡仁合行政村仁合屯叔祖山东岩 2 号洞内·宋—清〕　岩洞高距地表约

18 米，洞内两边高约 2 米的石壁上绘有岩画。共有图像 100 多个，大部分是人像，少部分像狗、马以及由圆点组成的点圆形。人像很小，高 0.015—0.2 米。图像呈赭红色，模糊难辨，分布面积 20 平方米。

74－D₁₉　猴山岩画　〔全茗镇政教行政村上伴屯南约 300 米猴山·清代·县文物保护单位〕　猴山高约 20 米，岩画在猴山东面崖壁上，画面距地面 2—7 米。长 12 米，宽 2—3 米。有图像 470 余个。大部分是人像，其余为狗、马以及由圆点组成的圆形。图像较小，高 0.015—0.2 米。图像呈红色。

75－E₁　连城要塞遗址和友谊关（大新县境段）　〔硕龙镇礼贤、念典、岩应、德天等村一带·1885—1898·全国重点文物保护单位〕　连城要塞是清末广西提督、边防督办苏元春于清光绪十一年至二十四年间（1885—1898）督建的边防军事设施。大新县境段已发现的要塞遗址分布在硕龙镇的礼贤、念典、岩应、德天等村一带，包括靖边城、沙岗卡、念斗炮台山、底屯炮台山、银盘山等炮台及岩应炮楼、底屯隘等。

E₁₋₁　靖边城　〔硕龙镇礼贤行政村下侧屯西南约 500 米炮台山·1893 年〕　清光绪十九年（1893），广西提督、边防督办苏元春督修。建于山顶，由炮台和兵营组成，占地面积约 3000 平方米。炮台平面呈方形，边长 11 米，料石护墙，高 5 米，内分两层。北面拱门额镶"靖边台"石匾，北墙开暗道通往顶部。顶部设东、南、西 3 个炮口。炮台东面约 500 米山凹为兵营，有宽 1.3 米石板道相连。营墙用料石及片石干砌，近中开拱门，门额刻"镇边城"3 字。拱门左墙残长 34 米，右墙残长 60 米，墙高 5.8 米，厚 1.9 米。

E₁₋₂　沙岗卡炮台　〔硕龙镇念典行政村念斗屯西北约 1.5 公里沙岗卡山山顶·1893 年〕　清光绪十九年（1893），广西提督、边防督办苏元春督建。炮台平面呈圆形，底径 12 米，用料石干砌，护墙高 3 米，厚 2 米。大门坐西朝东，面阔 1.45 米，高 3 米。大炮已失。

E₁₋₃　固边九号中炮台　〔硕龙镇念典行政村念斗屯南约 1.3 公里炮台山山顶·1893 年〕　又称炮台山炮台，亦称炮台山炮台。清光绪十九年（1893），广西提督、边防督办苏元春督建。炮台平面呈圆形，占地面积约 200 平方米。护墙用料石干垒，分内、外两重，外重台底径 15 米，墙高 2.3 米，厚 1.9 米，向边境方向开炮口 3 孔，枪眼 5 孔。内重台底径 4 米，高 2.6 米，墙厚 1.0 米。东边开门，门前有照壁、水井。

E₁₋₄　岩应炮台山炮台　〔硕龙镇岩应行政村底屯西北约 800 米炮台山（北旗山）山顶·1895 年·县文物保护单位〕　清光绪二十一年（1895），广西提督、

边防督办苏元春督建。炮台平面呈圆形，底径 11.7 米，墙用料石干砌，高 5 米。大门向东，面阔 1.3 米，炮台围墙上开炮口 3 处。内设兵营、药库。损坏严重。

E₁₋₅　靖边二号中炮台　〔硕龙镇德天行政村德天瀑布风景区银盘山·1893 年〕　又称银盘山炮台。清光绪十九年（1893），广西提督、边防督办苏元春督建。砖石结构。在银盘山山顶，台基呈方形，边长约 50 米。炮台圆形，底径 11 米，高 3.5 米，料石墙，顶部已塌。西面、南面各设炮口一孔，东北面开门。原置大炮 2 门，已失。有登山道通至炮台。占地面积约 2500 平方米。

E₁₋₆　岩应炮楼　〔硕龙镇岩应行政村底屯新村东面约 200 米的山间平地上·1895〕　清光绪二十一年（1895），广西提督、边防督办苏元春在底屯督建关隘时修建的兵营。今仅存炮楼和壕沟，占地面积约 700 平方米。炮楼平面呈圆形，径 5.8 米，墙用料石、片石砌筑，高 6.4 米，厚 0.6 米，顶部砌有墙垛。底层大门向南，内分 3 层，内部木构架已缺失。近代进行过扩建增高。

E₁₋₇　底屯隘　〔硕龙镇岩应行政村底屯新村岩应炮楼西面约 2 公里山间弄弄中·清代〕　清光绪十一年至二十四年间（1885—1898），广西提督、边防督办苏元春督建。隘墙南北走向，连接南、北两山，长约 200 米，高约 4 米，厚约 4 米，用片石干垒，部分墙体已坍塌。占地面积约 500 平方米。

76－E₂　土湖红军岩　〔下雷镇新湖村百诺屯西北 1.5 公里山上岩洞中·1930 年〕　1930 年，二十四寨农军配合红八军第 1 纵队攻打靖西未果归来后，被困于此。岩洞高出地面 500 多米。洞口高约 20 米，宽约 15 米，进深约 70 米。洞内发现红军遗骸 6 具以及红军雨帽、匕首、须刀等遗物。

77－E₃　碧云洞会议遗址　〔宝圩乡宝圩社区宝圩街西南约 500 米观音山·1930 年·县文物保护单位〕　1930 年 3 月 2 日，中国工农红军第七军、第八军总政委邓斌（邓小平）在碧云洞召开两次重要会议，即第 1 纵队党员干部会议，对严重违反军纪的官兵进行处理，严肃军纪；中国工农红军第八军第 1 纵队委员会第一次会议，研究往靖西袭击叛军郑超营的行动计划。碧云洞又称观音岩。位于观音山东南面山腰，高距地表约 100 米，洞口向东南，宽 12 米，高 5 米，进深 14 米。洞口额刻"碧云洞"3 字，落款"清嘉庆十一年（1806）建"，洞内尚存 10 方清代题字墨迹。

78－E₄　李品仙"玉泉"石刻　〔雷平镇玉泉西北饱阳山东麓山脚·1935 年·县文物保护单位〕　雷平玉泉，古称麻泉。1935 年广西边防对讯督办李品仙到

雷平县视察时，见该泉水清如玉，即在石壁上题刻"玉泉"2字，字径0.6米。横行，行书，阳刻。落款"民国廿四年春李品仙"。

79 - E₅ 龙门洞摩崖石刻 〔龙门乡武安行政村武安村东北约500米紫云山龙门洞·1935年·县文物保护单位〕 洞内有摩崖石刻8方。较有名的有广西边防对讯督办李品仙唱七律诗一首，1935年刻。刻面高1.2米，宽0.8米，字径0.12米，楷书，阴刻。李品仙撰文并书丹，诗云："千仞巉岩一道通，乾坤劈破仗天工。碧潭无底灵踪显，玉栋横空气势雄。战迹当年赢古垒，烽烟到处遍哀鸿。筹边策马关前过，再整山河指顾中。"落款"民国二十四年李品仙"。另有和诗四首。此外有李荣、粟建勋、吕善沅、王奂山（万承县长）等人题诗。

80 - E₆ 陈宏墓 〔雷平镇玉泉西北面约250米匏阳山·1937年·县文物保护单位〕 陈宏（1898—1937），广东海丰县人，广州市立美术专科学校教授。1937年5月1日，到雷平石林飞瀑处写生，落水身亡，葬匏阳山东坡上。墓葬坐西朝东，冢为砖、石、灰浆砌筑。分两层，上层呈半球形，径约1.5米；底层呈长方形，长4.4米，宽2.2米，高1.6米。上立方柱形墓碑，高1.5米，宽0.35米。碑面刻"陈宏画家之墓"。前立墓志1方，记述陈宏生平。墓前设平台，两侧砌石踏跺10级。占地面积约180平方米。

81 - E₇ 堪圩起义、雷平县民主政府旧址 〔堪圩乡堪圩社区堪圩街·1948—1949年·县文物保护单位〕 1948年3月12日，中共左江工委在此发动堪圩起义，同时成立中共雷平县特别支部。1949年9月8日，雷平县民主政府在此成立并召开万人大会。旧址坐东朝西，砖木结构两层楼房，青砖墙，面阔二间，硬山顶，盖小青瓦。占地面积约60平方米。

82 - E₈ 堪圩烈士墓 〔堪圩乡堪圩社区堪圩街南面·1948年〕 为1948年在堪圩起义中牺牲的中国人民解放军滇桂黔边区纵队左江部队雷平县独立大队副政委农秀、中队长黄政、黄兆品、中队副队长农益民、排长林美都和战士黄焕章、农日深等7位烈士的墓园。1959年重修。有大墓1座，小墓4座，朝南，冢呈圆丘形，用灰沙、砖砌筑。墓前各立石碑1方，大墓碑刻"烈士之墓"。墓园有栏杆围护，占地面积约1000平方米。

83 - E₉ "八万桥之战"遗址 〔桃城镇宝新村那阳屯·1949年·县文物保护单位〕 1949年7月12日，养利县国民党民团副司令冯贻惠的联防队及同正、养利县常备队等武装，进犯养利县城，中共左江工委调集部队在天宝乡八万桥一带围歼，毙敌80余名，俘冯贻惠以下140余人，缴获长短枪支120余支，史称"八万桥之战"。八万桥建于清嘉庆二十一年（1816），清同治十一年（1872）重修。桥跨龙门河，三孔石拱平桥，长80米，宽3米，拱跨5米。桥身、桥拱皆用料石垒砌。

84 - E₁₀ 刘义烈士墓 〔昌明乡昌明社区昌明街东南侧·1950年〕 刘义，中国人民解放军战士，1950年7月在剿匪战斗中牺牲。塔形墓葬，朝东，基座方形，高1米，边长8米。上立柱体墓碑，砖水泥结构，高5米，宽1米。正面上方塑五角星，下方竖行浮塑"革命烈士刘义同志之墓"，背面刻烈士生平。墓有砖墙直棂式栏杆围护。占地面积约100平方米。

85 - E₁₁ 西门烈士纪念碑 〔桃城镇桃城街西门岛公园·1987年〕 1987年建成。周边台基为方形，边长20米，占地面积约400平方米。周边有石雕栏杆，前面有二平台多级台阶。纪念碑坐西朝东，高约12米，碑座方形，边长5米，正面嵌碑志1方，碑文记述土地革命以来大新县人民为革命奋斗的事迹，碑身为上小下大的立柱体，碑顶塑战士群雕，正面刻"革命烈士纪念碑"。

86 - G₁ 正隆巨猿化石出土点 〔榄圩乡正隆行政村那隆屯东北约1公里牛睡山黑洞·更新世·自治区文物保护单位〕 1956年初，裴文中、贾兰坡教授率中国科学院古脊椎动物与古人类研究所野外考察队，在牛睡山黑洞堆积中发现巨猿牙齿化石3枚和双齿尖河猪、笔架山猪、广西巨羊、东方剑齿象、猩猩、金丝猴、长臂猿、中国犀、巨貘、大熊猫、华南箭猪等25种哺乳动物化石。（见《古脊椎动物与古人类》1982年1期）

87 - G₂ 马鞍山化石出土点 〔下雷镇逐更行政村布康村东南约3公里·更新世〕 1984年冬，大新锰矿医院后侧马鞍山一岩厦的棕褐色沙质土堆积中出土猩猩、猕猴、叶猴、无颈鬃豪猪、竹鼠、熊、虎、猪獾、中国貘、中国犀、野猪、鹿、麂、剑齿象等哺乳动物化石。

88 - G₃ 龙骨岩化石出土点 〔下雷镇土湖社区三角屯后山·更新世·县文物保护单位〕 龙骨岩在山脚，洞口向北，高3米，宽4米，进深48米，面积约45平方米。1984年在附于岩内石壁上，范围长约10米、宽约0.4米的地层堆积中，出土猴、鹿、剑齿象、野猪等哺乳动物牙齿化石。

89 - G₄ 独山岩洞石铲出土点 〔榄圩乡康合行政村三合屯东南约1公里独山·新石器时代〕 为一小岩洞，洞口高3米，宽4米，进深10米，面积约20平方米。1980年，在岩洞中出土石铲1件，无其他伴出物。石铲磨光。短柄，双肩，腰内收，弧刃。长 0.747 米，残宽 0.255 米，厚 0.024 米。

90 - G_5 **钦中石铲出土点** 〔昌明乡昌明社区钦中屯后山 · 新石器时代〕 1982 年在钦中屯后山腰出土石铲 1 件。双肩平直，束腰，圆弧刃，磨制精致。长 0.23 米，宽 0.15 米，厚 0.01 米。

91 - G_6 **桃城石铲出土点** 〔桃城镇城东区 · 新石器时代〕 原为稻田，后在挖鱼塘时发现石铲 6 件，最大者长 0.2 米，宽 0.107 米；最小者长 0.06 米，宽 0.058 米。

92 - G_7 **武能石斧出土点** 〔恩城乡维新行政村武能村武能小学东北泉水边 · 新石器时代〕 1985 年武能村小学教师赵郑德在学校东约 200 米泉水边采集到石斧 1 件。器短柄，双平肩，肩下斧身平直，刃弧形，有使用痕迹。长 0.062 米，刃宽 0.078 米，厚 0.011 米。

93 - G_8 **那岸铜钺出土点** 〔雷平镇那岸村那岸屯 · 战国〕 1956 年在那岸屯出土铜钺 2 件。出土时无伴随物。柄銎椭圆，圆弧刃，长 0.105—0.059 米，刃宽 0.084—0.049 米，厚 0.021—0.014 米。

94 - G_9 **上利铜矛出土点** 〔雷平镇上利行政村上利屯 · 汉代〕 1956 年出土铜矛 1 件。出土时无伴随物，刃尖残断，刃部呈叶状，两脊凸起，延至茎柄，柄銎扁圆。残长 0.163 米，宽 0.039 米，厚 0.031 米。

95 - G_{10} **慢侣铜鼓出土点** 〔桃城镇大岭行政村慢侣屯 · 西汉中期—南朝〕 1993 年 10 月 22 日，在慢侣屯挖出冷水冲型铜鼓 1 面。铜面径 0.64 米，高

0.47 米。鼓面太阳纹十二芒，面沿环列四蛙，饰变形羽人纹、变形翔鹭纹、云雷纹等。

96 - G_{11} **大塘铜鼓出土点** 〔桃城镇大岭村大塘屯村头 · 西汉中期—南朝〕 1993 年 10 月 22 日，该屯村头出土冷水冲型铜鼓 1 面，鼓面向下，无伴出物。鼓面径 0.64 米，高 0.47 米。鼓面中太阳纹十二芒，面沿环列四蛙。圈足有一处残破。

97 - G_{12} **南岭坡铜鼓出土点** 〔雷平镇太平村振武街南约 300 米南岭坡 · 西汉中期—南朝〕 1954 年，在南岭坡出土冷水冲型铜鼓 1 面，鼓面倒置，无伴出物。鼓面径 0.644 米，身残。鼓面太阳纹十二芒。面沿环列四蛙。面、身饰栉纹、同心圆纹带、复线交叉纹、变形羽人纹、变形翔鹭纹、眼纹、细方格纹、变形船纹、圆心垂叶纹。

98 - G_{13} **岜权铜鼓出土点** 〔硕龙镇隘江村岜权屯西北山岭 · 西汉中期—南朝〕 1939 年，在山岭出土冷水冲型铜鼓 1 面，鼓面倒置，无伴出物。鼓面径 0.59 米，残高 0.09 米。鼓面太阳纹十一芒。面沿环列四蛙，已残 2 只。面、身主要饰鱼纹、云雷纹和弦纹、变形羽人纹、变形翔鹭纹等。胸腰间附耳 1 对。

99 - G_{14} **下雷铜印出土点** 〔下雷镇 · 清代〕 印铜质，正方形，长 0.075 米，厚 0.018 米，通高 0.113 米。椭圆形柄，印面左刻篆体"下雷州印"汉字，右刻同义的满文。印背左右刻有"礼部造，下雷州印"满、汉文字。印左右侧分别刻"干字一万四千一百五号""乾隆三十四年三月□日"等字，均为楷书。

柳州市

鱼峰区

1 - A₁ 白莲洞遗址 〔鱼峰区白莲街道大桥社区柳石路 472 号白莲洞洞穴科学博物馆内·旧石器时代—新石器时代·全国重点文物保护单位〕 洞穴遗址。1956 年发现。白莲洞在白面山南麓，洞口高距地表约 27 米，朝南，洞高 5—6 米，宽 18 米，洞内面积约 150 平方米。1973—1982 年进行了多次发掘。共出土了人牙化石 2 枚，石器 500 余件，发现动物牙齿 300 多枚，骨骼化石 3000 多件，还有粗绳纹夹砂红陶片、骨角器等，人类用火遗迹 2 处。西部地层堆积分 10 层，厚约 1.8 米。含大量螺蛳壳。出土有打制石器、穿孔砾石、人牙白齿及猕猴牙齿等动物化石。东部地层堆积分八层，厚约 2 米，上层出磨制石锛、骨角器、粗绳纹夹砂红陶片等。文化层可分为 4 期。第 I 期文化即白莲洞西⑤—西⑦层文化遗存，其中西⑥年代距今 28000±200 年，属旧石器时代晚期。第 II、III 期为白莲洞西③、②层—东⑥层，年代距今 14650±230 年，属旧石器向新石器时代过渡阶段。第 IV 期文化，距今 7000 年至 3000 年左右，已进入新石器时代。(见《南方民族考古》1987 年第一辑)

2 - A₂ 鲤鱼嘴遗址 〔鱼峰区天马街道大龙潭社区大龙潭公园龙潭山南面的鲤鱼嘴山·旧石器时代—新石器时代·全国重点文物保护单位〕 岩厦遗址。1980 年发现。遗址在鲤鱼嘴山下岩厦内，高距地面约 1.5 米，岩厦高约 8 米，深 2.5 米，面积约 200 平方米。1980 年、2003 年两次发掘。出土了一些人骨架及砾石石器、燧石石器以及陶片、骨片等千余件和大量水、陆生物遗骸及螺壳。文化层厚 1.31—2.1 米，自下而上可分为 3 期：第 I 期以燧石石器为主，器形包括刮削器、尖状器、切割器、石核和石片。砾石石器次之，未见陶器，属旧石器时代晚期向新石器时代的过渡阶段。第 II 期出土陶器、石器、骨器、角器及较多水、陆生动物遗骸。仍以燧石石器为主，陶器均为残片，以夹粗砂红褐陶为主，部分为灰褐陶，器形以敞口、圆底（釜）罐类器物为主，器表多饰粗绳纹或中绳纹，距今 9000 年左右。第 III 期出土陶器、石器、骨器及各种水、陆生动物遗骸。陶器仍以夹砂红褐陶为主，纹饰以细绳纹为主。器形仍以圜底釜（罐）类器为主。石器只见少量磨制石器。骨器仅见骨锥 1 种。距今约 6500 年前后。(见《考古》1983 年 9 期)

3 - A₃ 蘑菇洞遗址 〔鱼峰区白莲街道大桥社区都乐公园都乐岩·旧石器时代〕 洞穴遗址。1980 年发现。面积约 50 平方米。洞口朝东南，高约 2 米，宽 1—6 米，进深 10 余米，洞底与地表平。1976 年在洞中出土 1 枚右上第二乳白齿人牙化石及伴出的牛、鹿等动物牙化石，已无堆积。

4 - A₄ 五员洞遗址 〔鱼峰区麒麟街道元江社区白云路九头山五员洞内·旧石器时代〕 洞穴遗址。1980 年发现。洞口朝东，高出地表约 5 米。洞口高约 2 米，宽约 30 米，洞内进深 20 米。1975 年在洞中出有人的下白齿化石 1 枚及猪等动物化石，堆积已毁。

5 - A₅ 九头山洞遗址 〔鱼峰区麒麟街道元江社区白云路九头山东北面山脚山洞内·新石器时代〕 洞穴遗址。1975 年发现。洞口朝东北，高距地表约 2 米，洞口宽 5 米，高 3 米，洞内面积约 80 平方米。在洞内，发现人牙白齿化石 1 枚。20 世纪 70 年代，在此修建防空洞，洞内堆积遭破坏，基本不存。

6 - A₆ 九头山遗址 〔鱼峰区麒麟街道元江社区白云路九头山南面约 100 米·新石器时代〕 1979 年发现。山坡（台地）遗址。遗址分布在坡地上，面积约 1000 平方米。1982 年再调查。共采集石斧 1 件，夹砂陶片 58 片，因残损严重，器形不明。

7 - A₇ 响水遗址 〔鱼峰区阳和街道阳和社区西约 2 公里都乐河与柳江交汇处北侧·新石器时代·市文物保护单位〕 山坡（台地）遗址。1979 年发现。在柳江西岸 I 级台地上，遗物散布面积约 2100 平方米。1979 年试掘约 4 平方米。文化层厚 0.4—0.8 米。出土打制石器有砍砸器、尖状器、刮削器；磨光石器有斧、锛及饰绳纹和篮纹的夹砂红、黑、灰陶片。(见《考古》1983 年 7 期)

8 - A₈ 双洞遗址 〔鱼峰区白莲街道大桥社区游山村大牛山西南面双洞·新石器时代〕 洞穴遗址。1986 年发现。此洞有两个洞口，右洞口被一石柱分成两边，高出地面约 2 米，洞口宽 12 米，高 4.7 米。左洞较小，洞口宽 4.3 米，高 3.5 米。两洞在 20 米深处汇合，总进深约 50 米，面积约 200 平方米。堆积上覆盖一层淤泥，为螺蛳壳堆积，含动物碎骨、牙齿化石、石英岩石片等。

9 - A₉ 社王洞遗址 〔鱼峰区白莲街道大桥社区游山村北面社王山·新石器时代〕 洞穴遗址。1986年发现。岩洞位于山西端南面山脚，洞口高距地表约2米，宽8米，高5米，洞内进深8米，面积约60平方米。在洞壁上有螺壳堆积，洞内地面有较完整的地层，深度不明。左面有一个小洞，也发现有少量堆积。

10 - A₁₀ 仙佛洞遗址 〔鱼峰区白莲街道大桥社区仙佛山南麓·新石器时代〕 洞穴遗址。1986年发现。岩洞在半山腰，高距地表约10米，洞口宽6.5米，高5米，洞内面积约250平方米。洞内四周残存部分螺壳堆积，残高0.2—2.5米，胶结较硬，内含动物化石、石片等。主洞下右侧约3米有一小洞，有少量堆积。

11 - A₁₁ 灵泉寺遗址 〔鱼峰区天马街道乐群社区马鞍山西侧梓潼岩前·唐—明〕 灵泉寺建于唐，北宋元祐三年（1088）改为十方禅院，崇宁（1102—1106）中改名天宁万寿禅寺。南宋绍兴二年（1132）扩建大殿，七年（1137）改名报恩光孝禅寺。遗址由地面、柱洞、水沟、火塘组成，占地面积约350平方米。地面用青砖错缝砌成，东侧的南、北两端用青砖砌边。天井1个，天井边缘用青砖围砌。火塘在地面北部，一大一小，平面均呈圆形，灶内填充黑色黏土、碎瓦片、砖块等。水沟位于青砖地面北部西侧，长4.2米，宽0.2米，深0.3米。水沟底铺砖，两侧砌回纹花砖。地面发现了唐、宋、明各时期柱洞。

12 - A₁₂ 蛮王城遗址 〔鱼峰区麒麟街道西江社区西江造船厂内·北宋〕 遗址三面环山，一面临水，地势险要，占地面积约2万平方米。现山上残存2道干垒石城墙，在背后山顶有一堡垒遗址，城内有少量的砖、瓦残片。相传为北宋皇祐年间（1049—1054）侬智高在此修建屯兵，派兵设卡。

13 - A₁₃ 蟠龙山遗址 〔鱼峰区贺鹤街道蟠龙社区蟠龙山公园蟠龙山北面半山腰·明代·市文物保护单位〕 初为明代柳州文士王启元兄弟读书隐居之所。后曾被辟为僧庐和蟠龙庙，崇祯十一年（1638），徐霞客到此，仍见庙在洞前。遗址由东林洞和洞前的建筑构成，东林洞面积约100平方米，洞外建筑占地面积约150平方米，依山而建，与洞浑然一体。后来，当地人集资建成蟠龙庙，毁于20世纪60年代。东林洞保存较好，洞外建筑残留局部料石基础及青砖。

14 - A₁₄ 社湾窑址 〔鱼峰区阳和街道阳和工业新区社湾社区老虎头抽水站一带柳江东岸边·明代〕 分布范围约1000平方米。暴露窑口1座，马蹄形窑，顶露出地面，宽2米，进深1.9米，窑床高度不详。窑壁红烧土烧结坚硬，附近发现有青砖残块。

15 - A₁₅ 东塔遗址 〔鱼峰区贺鹤街道蟠龙社区蟠龙山顶·清代〕 始建年代不详，清道光七年（1827）《漓江泛棹图集》已载有此塔。原塔为六角形七层风水塔。1936年蒋桂战争期间，桂军为避免该塔作为飞机轰炸指示标志，将该塔拆除，仅存底层，残高2.25米。1994年在原东塔位置重建六角形七层文光塔。

16 - B₁ 九头山墓群 〔鱼峰区麒麟街道元江社区九头山屯西南·汉代·自治区文物保护单位〕 存汉墓3座，分布范围约3000平方米。现存封土高1.4—4米，底径10—15米，1982年、1983年发掘2座竖穴土坑墓。其中一号墓为带墓道的竖穴土坑墓，墓室东西长6.3米，南北宽4米，深3米。葬具及骸骨已不存，出土陶、铜、铁器及装饰品共70余件，包括汉宣帝时期的五铢钱、昭明镜、日光镜等。二号墓为同坟异穴夫妇合葬墓。为长方竖穴土坑墓，有斜坡墓道、墓室2个，出土陶罐、陶盆、陶壶、铜盆、铜壶、铜镜、铜削、"大泉五十"铜钱、铁镢、铁刀及玛瑙饰品等20余件。（见《文物》1984年4期，《考古》1985年9期）

17 - B₂ 回族墓地 〔鱼峰区箭盘街道窑埠社区雄狮岩·清代·市文物保护单位〕 据传为清康熙年间（1662—1722）驻柳州的广西提督马雄（回族）设。墓区共有墓葬400余座，占地面积约7.8万平方米。清代墓葬大多已塌毁。其中有康熙五十二年（1713）马起凤墓，籍陕西西凉州。现存最早的墓葬为康熙十八年（1679）所葬。该墓地现今仍使用。

18 - B₃ 杨廷理及其家族墓群 〔鱼峰区白莲街道洛维社区洛维园艺场底村、城中区河东街道河东村马鹿山东南约1公里的杨家岭·清代·自治区文物保护单位〕 杨廷理（1747—1813），字清和，号双梧，晚年自署更生，明广西柳州府马平县（今柳州市）人。曾任清台湾府南路理番同知、台湾知府、台澎兵备道兼提督学政加按察使衔。杨廷理墓在柳石路通往洛维园艺场约500米公路右侧。墓葬建于嘉庆二十一年（1816）。墓葬朝东北，圆丘形三合土冢，上有宝顶，青砖围砌，底径4.15米，高2.9米，墓碑高1.4米，宽0.8米，碑文记述杨廷理生平。总占地面积约90.95平方米。

B₆₋₁ 杨廷理家族墓 〔城中区河东街道河东行政村河东村马鹿山东南约1公里的杨家岭·清代〕 共有墓葬5座，其中有杨廷理生母墓、父杨刚继室王夫人墓、次子杨立元之妻陈氏墓、次孙杨庆安、杨庆安之妻朱氏墓，分别葬于清乾隆至清嘉庆年间（1736—1820）。冢皆为圆丘形，青砖围砌、铺顶，顶置圆珠，前有砖铺拜台，周有砖砌墓圈墙，均经过维修。

19 – B₄　戴钦墓　〔鱼峰区天马街道鱼峰社区鱼公园鱼峰山北麓·明代·市文物保护单位〕　戴钦（1493—1526），字时亮，号鹿原，自署玉溪子，明广西柳州府马平县（今柳州）人，明柳州八贤之一。官至刑部浙江司主事。卒于明嘉靖五年（1526），移梓回柳，《马平县志》有载。墓于抗日战争期间被侵华日军炸毁，1949 年重修并立碑。墓葬朝北，冢呈圆柱形，以片石围砌，石质宝珠顶，底径约 3.5 米，高 1.9 米，占地面积约 7 平方米。墓碑高 1.65 米，宽 1.35 米，顶立单檐山字碑盖，碑刻"明故特授刑部浙江司主事戴公讳钦字时亮老太公墓"等字。

20 – B₅　唐学益墓　〔鱼峰区白莲街道大桥社区大桥园艺场三台山南坳·清代·市文物保护单位〕　唐学益（1633—1711），字虞臣，清康熙八年（1669）举孝廉，后历浔阳、太平及光山知县。墓葬修建于清康熙五十年（1711），冢原为片石围砌，占地面积约 1.5 平方米。因年久失修，封土塌毁，墓碑遗失。

21 – B₆　佘之格墓　〔鱼峰区阳和街道阳和工业新区六座行政村六追屯鹿用岭·清代〕　佘之格（1725—1775），字景武，清乾隆戊辰（1748）武进士，殿试以卫守备用，拣发粤东龙门协都阃事。旋调云南，晋秩都阃，迁昭通镇游府，擢漳腊营参府，因征金川战殁。钦赐世袭云骑尉，诰赠武功将军。墓在鹿用岭之阳，冢呈圆丘形，底径 4.3 米，高 2 米，用青砖围砌。墓碑宽 0.7 米，高 1.5 米。占地面积约 20 平方米。

22 – B₇　覃金墓　〔鱼峰区白莲街道大桥社区都乐村·清代〕　覃金（1780—1854），广西柳州府马平县（今柳州市）都乐村人，因为高寿有德，在清道光年间（1821—1850）获得旌表，由当时的李提督学政题写"乡宾德望"匾。同治十一年（1872）迁葬于此。墓葬朝北，冢呈圆丘形，底径 3.5 米，残高 1.8 米，青砖围砌，墓前三合土筑扇形拜台，长 6.2 米、宽 8 米。占地面积约 129 平方米。

23 – B₈　陈其铎墓　〔鱼峰区阳和街道阳和社区阳和村蝴蝶岭·清代〕　为陈士荣的祖父陈其铎墓。陈士荣，广西柳州府马平县（今柳州市）人，清乾隆五十四年（1789）己酉科进士，官至广东南雄知州等。墓葬朝南，冢为圆丘形，青砖围砌，墓顶被破坏，底径 3.5 米，高 1.4 米，占地面积约 35 平方米。墓碑高 1.3 米，宽 0.7 米，周围装饰卷云纹。诰命碑位于墓前右方约 20 米，重檐碑盖，高 2.26 米，宽 1.25 米，为陈士荣任瓯宁县知县时，朝廷诰封其祖父陈其铎为文林郎、祖母杨氏为孺人的敕命。

24 – B₉　陈渠夫妇合葬墓　〔鱼峰区阳和街道阳和工业新区阳和村蝴蝶岭·清代〕　为陈士荣的父母陈渠夫妇合葬墓。墓葬朝南，冢呈圆丘形，青砖围砌，底径 4.7 米，高 1.5 米，占地面积约 35 平方米。墓碑高 1.1 米，宽 0.65 米。诰命碑位于墓右前方约 20 米，重檐碑盖，两侧刻龙纹。高 2.26 米，宽 1.25 米，碑文记录陈士荣任直隶州知州时，朝廷诰封其父为朝议大夫、其母黎氏为恭人的诰命。

25 – C₁　赵家井　〔鱼峰区驾鹤街道江滨社区江滨公园内文惠桥南端西侧·清代·市文物保护单位〕　古称"响水泉"，为柳州著名风景名胜。柳州县志记载："响水泉在水南江岸，水味甘美。"清乾隆年间（1736—1795）易名赵家井。井口平面呈圆形，井壁用片石砌筑。占地面积 32.4 平方米。由于柳江下游修建红花水电站，柳江水位上升，水井已被淹于水下。

26 – C₂　覃家大院　〔鱼峰区白莲街道大桥社区都乐村·清代〕　建于清代，具体时间不详。坐西朝东，砖木结构。原为四进院落，占地面积约 1925 平方米。现存大门、正堂、二堂、三堂部分墙体，三个天井及北侧碉楼。主体建筑面阔、进深三间，硬山顶，盖小青瓦。三合土墙，地面铺青砖。大门为推拢门，石门墩和石门槛，"乡宾德望"门匾为当时广西李姓提督学政所题。

27 – D₁　马鞍山摩崖石刻　〔鱼峰区天马街道乐群社区马鞍山岩壁上·北宋—清·自治区文物保护单位〕　马鞍山也叫仙奕山，有摩崖石刻 33 方，其中宋代 19 方，元代 3 方，明代 6 方，清代 3 方，佚年 4 方。主要分布于马鞍山主峰的仙奕岩及洞口附近、马鞍山西麓及梓潼岩附近的岩壁上。字体有篆、隶、楷、行、草书，多为游览题名，题诗、题榜，亦有记刻。仙奕岩附近主要有北宋淳化二年（991）蔡仲典、张怀德等题名、北宋元祐八年（1093 年）知州曹迁等题名、南宋绍兴六年（1136）文安礼题诗并序、元至正二十年（1360）哈剌不花等题名等石刻。山西麓主要有北宋宣和四年（1122）柳僧《功德铭》、北宋靖康元年（1126）丘允《仙奕山新开游山路记》、南宋绍兴二年（1132）刻北宋王安中所书的《新殿记》、南宋绍兴六年（1136）文安礼题诗并跋、南宋嘉定八年（1215）方信儒书的榜书"白云洞"、明崇祯六年（1633）朱大典《咏仙奕枰》诗、王朝柱《步朱道台韵》，清康熙四年（1665）阎兴邦《重修仙奕山开化洞记》等。

D₁₋₁　蔡仲典、张怀德题名　〔天马街道马鞍山仙奕岩内岩壁上·北宋〕　摩崖石刻 1 方。北宋淳化二年（991）刻。刻文竖行，计 31 字，楷书，阴刻。蔡仲典、张怀德撰文并书丹，文云："淳化二年辛卯五月四日，广南转运使、时九州都检使蔡仲典、张怀德同游志之。"

D₁₋₂ 仙弈山新开游山路记 〔天马街道马鞍山西麓上山小道旁·北宋〕 摩崖石刻 1 方。北宋靖康元年（1126）刻。时任柳州知州丘允撰文书丹，觉昕禅师立。首题"仙弈山新开游山路记"，落款"靖康改元三月望日福唐丘允记，天宁住持传法净悟师觉昕立"。刻文竖行，270 余字，楷书，阴刻。刻文记述唐柳子厚记仙弈山之形胜，岂因岁月湍驶，今非昔比，其路之莫通也。天宁寺主僧昕师凿石填罅，芟除榛莽，循山诘曲，通道一百九十有五步，又于其中间作小亭以憩息，足嘉也，故书之石壁。

D₁₋₃ 王安中题《新殿记》 〔天马街道马鞍山西麓岩壁上·南宋〕 摩崖石刻 1 方。南宋绍兴二年（1132）刻。刻文竖行，约 450 字，楷书，阴刻。北宋王安中撰文并书丹，天宁寺住持净悟大师觉昕刻石。首题"新殿记北宋王安中撰并书"，落款"绍兴二年四月十七日住持净悟大师觉昕刻石，桂林蒋善镌"。刻文记载天宁寺的沿革及仪轨制度的变化情况，赞天宁寺新殿伟杰胜丽之观。王安中（1075—1134），字履道，号初寮，中山阳曲（今山西省阳曲县）人。曾为翰林学士，靖康后，因获罪谪置象州，寓柳时与吴敏、汪伯彦共创书院。

D₁₋₄ 范子坚题名 〔天马街道马鞍山崖壁上·南宋〕 摩崖石刻 1 方。南宋乾道三年（1167）刻。刻面高 1.08 米，宽 0.67 米。刻文竖 3 行，计 23 字。字径 0.09 米，隶书，阴刻。南宋范子坚撰文并书丹。无首题，落款"乾道丁亥二月辛卯"。碑文为"范子坚伯固继至郑镇马厚登仙弈山"。

D₁₋₅ 赵师遴题诗并序 〔天马街道马鞍山仙弈岩口·南宋〕 摩崖石刻 1 方。南宋嘉泰三年（1203 年）刻。石刻高距地面约 4 米，刻面高 1 米，宽 0.65 米。诗文并序共 200 余字，楷书阴刻。柳州知州赵师遴撰文并书丹。为南宋嘉泰三年（1203 年）赵师遴率同僚九登高所题诗云："九日登高仙弈山，当年驾鹤莫追攀。空余峭壁三千丈，下瞰清溪九曲弯。因灾宦游岩岭表，今疑身在碧霄间。东篱未放黄花叶，对酒南山豁笑颜。"赵师遴，开封人，南宋嘉泰二年（1202）出任柳州知州。

28-D₂ 驾鹤山摩崖石刻 〔鱼峰区荣军街道江滨社区驾鹤公园内驾鹤山壁上·南宋—清·市文物保护单位〕 摩崖石刻 8 方，其中南宋 5 方，明代 2 方，佚年 1 方。形式有题榜、题诗及记刻等。书法多楷书、隶书。有南宋绍兴二年（1132）王安中榜书"驾鹤书院"、榜书"竹里"，南宋淳熙元年（1174）郑镇榜书"小桃源"。还有南宋嘉泰三年（1203）柳州知府赵师遴《重建三相亭记》及榜书"来仙"，明代万历七年（1579）张翊题驾鹤山诗、明万历十九年（1591）周维新《登驾鹤山》诗等。

D₂₋₁ 王安中题榜 〔荣军街道驾鹤山南麓岩壁上·南宋〕 摩崖石刻 2 方。南宋绍兴二年（1132）刻。皆王安中撰文并书丹。其一刻面高 0.5 米，宽 1 米。刻文 6 字，竖行首题"初僚"，无落款，正文榜书"驾鹤书院"，字径 0.35 米，楷书，阴刻。其二刻面高 0.35 米，宽 0.85 米。刻文 7 字，竖行首题"初僚"，竖行落款"熊氏园"，正文榜书"竹里"，字径 0.13 米，楷书，阴刻。

D₂₋₂ 郑镇榜书"小桃源" 〔荣军街道驾鹤山南麓崖壁上·南宋〕 摩崖石刻 1 方。南宋淳熙元年（1174）刻。刻面高 0.3 米，宽 1.63 米。刻文共 11 字，隶书，阴刻。郑镇撰文并书丹。竖行首题"淳熙元年"，竖行落款"郑镇马厚"，正文横刻行榜书"小桃源"。

D₂₋₃ 赵师遴榜书"来仙" 〔荣军街道驾鹤山南麓岩壁上·南宋〕 摩崖石刻 1 方。南宋嘉泰三年（1203）刻。刻面高 0.38 米，宽 0.64 米。柳州知州赵师遴撰文并书丹。刻文共 14 字，首题"癸亥仲夏皇日"，正文榜书"来仙" 2 字，落款"开封赵师遴书"，楷书，阴刻。

D₂₋₄ 赵师遴《重建三相亭记》 〔荣军街道驾鹤山南麓崖壁上·南宋〕 摩崖石刻 1 方。南宋嘉泰三年（1203）刻。柳州知州赵师遴撰文并书丹。文竖行，共 267 字，楷书，阴刻。刻文记述驾鹤书院、三相亭之由来，嘉泰三年赵师遴因城池修葺了毕，访水南报恩寺，访寻三相亭石刻，按初制修茅亭之事。落款"时嘉泰癸亥仲春日题"。

D₂₋₅ 张翊题驾鹤山诗 〔荣军街道驾鹤山南麓崖壁上·明代〕 摩崖石刻 1 方。明万历七年（1579）刻。刻面高 1.4 米，宽 0.80 米。碑文竖行，计 80 字，字径 0.10 米，行书，阴刻。张翊撰文并书丹。无首题，落款"万历己卯春仲吉的山主人张翊书"，诗文赞驾鹤山之景，抒发自己的情怀。张翊（生卒年不详），号的山，广西柳州人，明嘉靖十三年（1534）举人，历官广东高州同知，因其弟兵部尚书张翀被贬受牵连，辞官回家。

29-D₃ 鱼峰山摩崖石刻 〔鱼峰区天马街道乐群社区鱼峰公园鱼峰山·南宋—民国·自治区文物保护单位〕 共有摩崖石刻 63 方，其中元代 1 方，明代 14 方，清代 22 方，民国 3 方，佚年 23 方。主要分布在清凉国、罗汉洞、花婆岩、三星洞或半山的石壁上。字体有篆、隶、行、草书。形式多为题诗、题榜、题名。

重要的石刻有元至大元年（1308）监郡大同马里、柳州路总管梁国栋等题名，明正德年间（1506—1521）戴钦《登立鱼山》诗、明嘉靖三十七年（1558）柳庆参将范德荣《颂立鱼岩》诗、明隆庆三年（1569）曹栋《题跃鱼岩》诗、明万历十三年（1585）赵承豫《咏立鱼峰》诗、明万历二十七年（1599）杨芳题立鱼峰诗及榜书"南来兹穴"、明崇祯十六年（1643）王朝柱《重游小龙潭》诗，南明隆武二年（1646）钟行旦《题咏》诗，清康熙五十二年（1713）戴锦榜书"清凉国"、清光绪丁未（1907）署柳州府事方霆榜书"鱼山清梵"等。

D₃₋₁ **戴钦《登立鱼山》诗** 〔天马街道鱼峰公园鱼峰山崖壁上·明代〕 摩崖石刻 1 方。明正德年间（1506—1521）刻。刻面高 0.8 米，宽 0.5 米。刻文竖行，计66字，楷书，阴刻。明戴钦撰文并书丹。首题"登立鱼山"4 字，落款"明正德年戴钦"。刻文为即景抒怀七言诗，赋小龙潭之立鱼山，诗云："小龙潭上立鱼山，绝壁悬萝岂易攀。金磴斜分天路转，翠霞高抱玉峰闲。洞中白日凭吞吐，江上渔舟自往还。清啸随风落牛斗，置身遥在五云端。"

D₃₋₂ **范德荣《颂立鱼岩》诗** 〔天马街道鱼峰公园鱼峰山清凉国洞口旁·明代〕 摩崖石刻 1 方。明嘉靖三十七年（1558）刻。刻文竖行，计86字。范德荣撰文并书丹。首题"颂立鱼岩"4 字，落款"大明嘉靖三十七年仲秋奉敕分守柳庆左参将广东石溪范德荣"。刻文为七言诗，即景抒怀，颂立鱼岩之景。

D₃₋₃ **曹栋《题跃鱼岩》诗** 〔天马街道鱼峰公园鱼峰山罗汉洞外台阶旁·明代〕 摩崖石刻 1 方。明隆庆三年（1569）刻。刻面高 1.33 米，宽 1.18 米。刻文竖 11 行，满行 16 字，计164字。字径 0.055 米，楷书，阴刻。曹栋撰文并书丹。首题"题跃鱼岩"4 字，落款"隆庆三年孟秋一日京口见川曹栋书"，刻文为七言长诗，写跃鱼岩壮观之景。

D₃₋₄ **杨芳题立鱼峰诗** 〔天马街道鱼峰公园鱼峰山清凉国洞·明代〕 摩崖石刻 1 方。明万历二十七年（1599）刻。时任广西巡抚杨芳撰文并书丹。刻文竖行，60 余字，七律一首，赞立鱼峰之景，诗云："郡城南去是鱼峰，洞启氤氲紫气重。鸟道斜通天际月，龙鳞秀出石间松。仙人幻迹春常驻，幼妇留题薛半封。乘兴不妨时寄傲，归来山寺已鸣钟。"杨芳（1548—1609），字以德，号济宁，明四川太平县（今万源市）人。明万历五年（1577）进士，万历二十六年（1598）以都察院右副都御史巡抚广西。

D₃₋₅ **龚一清题立鱼峰诗** 〔天马街道鱼峰公园鱼峰山清凉国洞·明代〕 摩崖石刻 1 方。明万历四十

八年（1620）刻。明广西右江分巡道龚一清撰文并书丹。刻文竖行，120 余字，楷书，阴刻，五言诗，诗文写立鱼峰之山川胜形及奇特之景。龚一清（1538—1594），字仲和，号日池，明浙江金华府义乌县人。明万历十八年（1590）官至广西承宣布政使司参议，分守右江。

D₃₋₆ **戴锦榜书"清凉国"** 〔天马街道鱼峰公园鱼峰山清凉国洞口·清代〕 摩崖石刻 1 方。清康熙五十二年（1713）刻。刻面高 0.53 米，宽 1.16 米。刻文竖 2 行，计9 字。清右江观察戴锦撰文并书丹。无首题，落款"右江观察戴锦"，正文榜书"清凉国"3 字，字径 0.29—0.41 米，楷书，阴刻。

D₃₋₇ **方霆榜书"鱼山清梵"** 〔天马街道鱼峰公园鱼峰山·清代〕 清光绪三十三年（1907）刻。刻面高 0.58 米，宽 1.73 米。刻文横 3 行，计20 字。方霆撰文并书丹。首题"光绪丁未季秋"6 字，落款"署柳州府事皖湖方霆题"，文后钤印 2 方。正文榜书"鱼山清梵"，字径 0.32 米。隶书，阴刻。

30-D₄ **蚂拐岩《剿平北三大功记》** 〔鱼峰区荣军街道岩村社区荣军路西二巷 14 号蚂拐岩东北面石壁·明代·市文物保护单位〕 摩崖石刻 1 方。明万历六年（1578）刻。《马平县志》载："石壁纪功，在振柳营外，上镌平蛮功绩。"石刻高距地表约 10 米，刻面高 2.98 米，宽 2.78 米。刻文竖 30 行，计908 字，字径 0.07 米，楷书，阴刻。明张翀撰文并书丹。首题"剿平北三大功记"7 字，落款"万历六年秋九月吉日，赐进士第、刑部尚书、前奉敕总督漕运兼提督军务兵部右侍郎兼都察院右佥都御史鹤楼张翀拜手书"。刻文记述：广西古田、府江、怀远"诸贼"已讨平，唯北三、八寨未靖。万历五年（1577），小江吴公以右江参将倪中化统柳庆诸兵，永宁参将王瑞统迁来三哨，卷甲兵趋北三，"兵进凡三十日，克破巢寨一百有奇，擒斩四千八百名颗"，牛刀器械又倍之。其后"分兵屯种，益为善后计"。

30-D₅ **雷山摩崖石刻** 〔鱼峰区天马街道大龙潭社区大龙潭公园内雷山北崖壁·明代〕 摩崖石刻 3 方。一方为张翀五绝诗一首，刻面高 2 米，宽 1.05 米。刻文竖 5 行，满行 5 字，计23 字，行书，阴刻。无首题，落款"张翀书"，无年款。诗云："山下清泉出，林间白发来。寒云如可卧，不必问蓬莱。"一方为明广东海北道副使罗之鼎题记，刻面高 1.1 米，宽 0.45 米。草书，阴刻。刻面严重风化，字迹已模糊不清，大意记述罗之鼎隐居大龙潭之事。另有明崇祯六年（1633 年）右江道朱大典诗刻 1 方。罗之鼎，明万历丁未（1607）进士，任户部主事、广东海北道副使。

31 – D₆　天山摩崖石刻　〔鱼峰区驾鹤街道天湖社区天山南路猪头塘天山南壁·明代·市文物保护单位〕摩崖石刻 1 方。明嘉靖三十九年（1560）刻。清乾隆《马平县志》载："天山在水南村后，石壁上有'天山万里'四字。"刻面约高 1.1 米，宽 7.2 米。刻文首题、落款共 7 行 624 字。柳庆参将范德荣撰文并书丹。首题"分守柳庆参将范德荣、兵部职方司郎中王尚学、广西府知府徐可久、广东潮州府通判计嘉邦会射于以记之"。落款"大明嘉靖庚申暮春，分守参将范德荣书"。字径 0.15 米。中为正文榜书"天山万里"，字径 1.2 米，楷书，阴刻。

32 – D₇　双洞摩崖石刻　〔鱼峰区白莲街道大桥社区游山村大牛山西南双洞·明代〕摩崖石刻 2 方。双洞由左右两个洞构成，石刻位于右洞内，一方位于洞右壁上，为"万历三十年雨水口连绵"；另一方位于洞口中间的石柱上，大部被后来的钟乳石覆盖，仅见两字，为"王柳"，其余模糊不清。

33 – E₁　陈炳焜墓　〔鱼峰区阳和街道阳和行政村龟山屯东蝴蝶岭·1927 年·市文物保护单位〕陈炳焜（1868—1927），字舜琴，广西马平县（今柳州市）阳和村人，旧桂系将领。1914 年任桂军陆军第 1 师师长兼桂林镇守使时，杀害武昌起义的主要组织者和领导者蒋翊武于桂林。后任广西督军兼省长。墓葬朝西，冢呈圆丘形，底径 6.5 米，高 2.5 米，用料石围砌，水泥封顶。墓碑顶为"山"字形单檐碑盖，碑面阴刻"陆军上将陈公讳炳焜字舜琴府君墓"。前有立狮、麒麟、牌坊等，墓周有围护石墙，占地面积约 150 平方米。现墓碑、牌坊等已毁，石狮、麒麟残断。

35 – E₂　桂南会战检讨会旧址　〔鱼峰区天马街道大龙潭社区广西龙潭医院宿舍区内·1940 年·全国重点文物保护单位〕1940 年 2 月 22 日至 25 日，蒋介石召集上百名高级将领在此召开军事会议，检讨桂南会战的得失和经验教训，会议期间，遭日军飞机轰炸，蒋介石等到附近的一个山洞躲避，该洞后俗称为"护蒋洞"。旧址为民国仿西式建筑，占地面积 635.75 平方米。坐东北朝西南，砖木结构。平面呈"T"形，面阔三间，明间为通道，正面前突出一间，高二层，底层开拱门，二层有拱窗，悬山顶。两次间为会议室，平顶一层建筑，开长方形窗，顶周砌女儿墙。

36 – E₃　胡志明革命活动旧址　〔鱼峰区柳石路 1 号、2 号和蟠龙山、柳北区柳州饭店内·1942—1954·全国重点文物保护单位〕旧址包括胡志明旧居、乐群社旧址、蟠龙山扣留所旧址及红楼旧址，是越南社会主义共和国领袖胡志明在中国从事革命活动的遗址。

E₃₋₁　胡志明旧居　〔鱼峰区天马街道乐群社区柳石路 2 号·1943—1944 年〕原为南洋客栈。1943 年 9 月至 1944 年 8 月，胡志明在客栈二楼东侧客房生活、办公，组织召开了越南革命同盟会代表大会，并当选为同盟会副主席。旧居建于 1930 年。坐西朝东，砖木结构。为中式两层楼房，面阔 14 米，进深 13 米，占地面积约 182 平方米，硬山顶，盖小青瓦。底层是客栈正厅，左右两间门面分别用来销售熟食，现已辟为陈列馆。

E₃₋₂　乐群社旧址　〔鱼峰区天马街道乐群社区柳石路 1 号·1943—1944 年〕是胡志明从事革命活动的办公地点，也是他与越南革命同盟会主席阮海臣及越南革命主要领导人范文同、武元甲、黄文欢等召开会议的重要场所。旧址建于 1927 年 5 月。原为柳州汽车总站，1935 年改为乐群社。法式建筑。乐群社面阔 22.6 米，进深 22.7 米，占地面积约 600 平方米。坐东南朝西北，砖木结构。东西两侧为二层法式平顶楼房，中间连四层西式角楼，第四层顶层为方形钟楼。角楼设有圆形、长方形窗、门，饰弧形或三角形楣。二层有阳台，地面铺花阶砖。已辟为陈列馆。

E₃₋₃　蟠龙山扣留所旧址　〔鱼峰区驾鹤街道蟠龙社区蟠龙山·1942—1944 年〕自 1942 年 12 月 9 日起，胡志明被国民党当局关押在此山洞内，不久被押往桂林，1943 年 1 月又被押回柳州关押在此。旧址为蟠龙山的一个山洞。国民党第 4 战区司令部迁来柳州后，作为政治部的军人扣留所。山洞高距离地表约 6 米，洞口面阔约 7 米，进深约 70 米，高约 5 米，洞口砌有青石墙，安装了铁栅栏门。

E₃₋₄　红楼旧址　〔柳北区解放街道友谊社区友谊路柳州饭店内·1954 年〕1954 年 7 月初，胡志明来到柳州市，入住红楼（今柳州饭店 1 号楼）1—6 号套房，在此与周恩来总理进行了会谈，随后就会谈成果发表了中越两国联合公报。旧址 1953 年建成，为仿苏式建筑。砖木结构，平面略呈"中"字形，平顶，三层楼房。占地面积约 123 平方米。红楼建在柳江河边，周围环境优雅，因楼外墙为红砖清水墙，外观呈红色，故称红楼。

37 – F₁　天主教堂　〔鱼峰区驾鹤街道江滨社区驾鹤路 91 号·1934 年〕1933 年广西天主教会在柳州建教堂，1934 年建成。1982 年维修，1984 年改建。教堂现有主教堂、小平房等。主教堂正面两侧为方形三层尖塔建筑，每层均设有拱窗，四角攒尖顶，顶立十字。正面中间三角顶建筑，顶部立十字，高二层，底层中开拱门，二层并开拱形窗 2 个。两窗间竖雕"天主堂"三字。占地面积约 365 平方米。

38 – F₂　九曲洞摩崖石刻　〔鱼峰区荣军街道岩村

社区岩村路柳州第十四中学内蚂拐岩南壁上·1940年·市文物保护单位〕 据说此洞曾是附近民众躲避侵华日军之所。1940年刻。石刻中部为"九曲洞",右侧刻"民众避难所",左侧刻"防□会题"。下刻"民纪念九年采","念"为二十之意,"采"为开大的意思,应为1940年扩大该洞。

39 - G₁ 九头山石铲出土点 〔鱼峰区麒麟街道元江社区白云路九头山·新石器时代〕 1979年,九头山出土大石铲2件。一件长0.258米,宽0.167米,厚0.012米;另一件高0.392米,宽0.177米,厚0.015米。均通体磨光,微残。

40 - G₂ 马鞍山瓷器窖藏 〔鱼峰区乐群社区马鞍山东北约100米·清代〕 1983年,在距地表1米深处出土瓷器1窖。共藏有瓷器18件,其中有暗花白瓷盘,清光绪年间"五彩龙凤"纹碗、白瓷杯碟1套,部分残破。

城中区

1 - A₁ 兰家村遗址 〔城中区静兰街道静兰行政村兰家屯南约300米柳江西岸Ⅱ级台地上·新石器时代·市文物保护单位〕 山坡(台地)遗址。1979年发现。分布面积约550平方米,1979年试掘面积约10平方米。文化堆积厚约0.2—0.4米。出土石器146件,其中打制石器有砍砸器、盘状器、刮削器、石锤;磨制石器有双肩石斧、石斧、石锛、石凿、穿孔石器及饰粗绳纹、细绳纹、篮纹、划纹或素面的夹砂红、黑、灰陶片。(见《考古》1983年9期)

2 - A₂ 开元寺遗址 〔城中区公园街道罗池社区文惠路柳侯公园内·北宋—民国〕 开元寺始建于宋代,明万历十三年(1585)重修,后圮。清二十九年版《柳州府志》有载。经试掘发现房屋遗址一处,房址内发现有墙基、柱础、门槛石等遗物。青砖道路二条,其中一条青砖路面有上中下三层,下层为北宋末期至南宋初,中层为明代,上层属清末民国初。出土了铜大门构件、烟斗、瓷碗、碟、盏、杯、灯座、玉镯、围棋子、水晶骰子等遗物及宋、明、清等朝的钱币。

3 - A₃ 贤良祠遗址 〔城中区公园街道罗池社区文惠路柳侯祠左侧·明—清〕 为纪念唐左谏议大夫、昌平侯刘蒉而建。建于北宋皇祐年间(1049—1054),原址在西关,明万历年间(1573—1620)迁东关今址。清康熙六年(1667)右江道戴玑重修,乾隆二十八年(1763)倾圮。遗址发现了柱墩、三合土地面、青砖墙基、花圃栏杆基础等遗迹。出土了绿釉瓷壶、影青菊

花纹小碗、青花碟、菊花纹瓦当、小青砖以及大量碎砖、瓦等。清乾隆二十九年版《柳州府志》有载。

4 - A₄ 镇南门城墙 〔城中区城中街道五星社区曙光中路中段·明—清·自治区文物保护单位〕 为明、清柳州镇南门城墙的一段,建于明洪武十二年(1379),明、清时期皆有修缮。城墙西至柳江大桥,东至立新路南侧,暴露城墙长约70米,上宽6.4—8.5米,下宽约9米,残高3.9—4.3米。其中东段18米,外檐墙为隔层"T"形料石墙,灰浆砌固,内侧以碎石填充压实。西段52米,外檐为砖墙,其中邻石墙西40米一段,用明代青砖砌成,内檐墙为清代维修的砖。外檐墙与内檐墙之间用黄土夯实。

A₄₋₁ 明清城墙 〔城中区城中街道五星社区曙光中路与立新路交叉处、滨江西路11-1栋背后、西柴街西段·明—清〕 为明、清柳州城墙的一段,建于明洪武十二年(1379),清代曾多次修缮,民国时期逐步拆除。现存城墙3段,曙光中路与立新路交叉口的一段,残长25.6米,高2.3米,青砖砌筑;滨江西路11-1号背后的一段,残长25米,高3.7米,青砖砌筑;西柴街西段的一段,残长24米,高3.3米,片石砌墙。

5 - A₅ 碉楼遗址 〔城中区河东街道河东行政村油榨屯·清代〕 建于清代,具体时间不详。为柳州最早的碉楼之一。地处柳江与古码头的道路交汇处,现残存墙体为三合土夯筑,内夹碎石。残长5.5米,宽5.1米,厚0.6米,残高2米。

6 - B₁ 莫氏家族墓 〔城中区河东街道河东行政村油榨屯东南老虎头山西面山脚·明—清〕 又称"六个坟",有明、清墓葬6座,分别葬于明正德、清光绪年间,为莫氏家族墓,占地面积约350平方米。墓葬由南向北依次排列。墓葬朝西,除M2冢呈六角形外,余冢皆为圆丘形,料石围砌,内填黄土。碑作重檐顶或帽顶。

7 - B₂ 张翀墓和张翀母亲墓 〔城中区河东街道河东行政村油榨屯东南蜈蚣岭东面山腰·明代·自治区文物保护单位〕 张翀(1525—1579),字子仪,号鹤楼,明广西柳州人,明柳州八贤之一。曾任太常寺少卿、大理寺少卿、兵部侍郎兼右佥都御史、刑部侍郎,死后追赠兵部尚书衔,谥"忠简",《明史》有载。明万历九年(1581)葬柳州铜鼓岭,明天启元年(1621)迁葬于此。墓葬朝西,冢呈八角形,高1.92米,底径6米。四周用料石包砌,球形宝顶。墓碑侧柱浮雕人物、莲花,碑面刻"明故刑部侍郎兼都察御史嘉议大夫显考鹤楼张公之墓",落款"万历九年辛巳吉日,孝男应仕、应佩,孙继昌,曾孙秉忠同泣血

立"。神道长约 90 米，宽 30 米，设 3 级墓台，两侧序列石狮、石羊、石虎、石马、执笏石翁仲、石龟各 1 对，右侧龟驮"皇明谕祭"碑刻 1 方。近墓两侧还有石龟 1 对。墓多次被盗。石马、石龟残损。占地面积约 2700 平方米。

B₂₋₁ 张翀母李氏墓 〔城中区河东街道油榨屯蜈蚣岭·明代〕 张翀母亲李氏，原葬于柳州羊角山社湾山林村东古亭山，1962 年、1982 年、1984 年 3 次重修，2006 年迁葬现址。地处蜈蚣岭的半山腰，墓葬朝西，冢呈圆丘形，底径 7 米，高 2 米，用青料石围砌，墓碑为明万历元年立，面刻"明故诰封太恭人显妣张母李氏之墓"，署款"万历元年十二月吉日""孝男翀、孙应仕、应俊、应佩、应伟、应侃"。墓前两侧原有翁仲、石马、石狮、石狗、华表及"皇明谕祭"碑、两广总督殷正茂撰墓志铭，今缺失。占地面积约 1500 平方米。

8－B₃ 明大司马王公墓 〔城中区河东街道河东行政村上茅洲屯东南黄家岭·明代〕 王尚学，字敏叔，号抑滨，明代兵部职方司，《明史》有记载，其子王化、其孙王启元，均为明代柳州名流。墓葬朝北，残存长方形墓冢，长 4.5 米，宽 2.3 米，高 1.2 米。外用料石无浆包砌。墓碑高 1.05 米，宽 0.6 米。墓碑刻"隆庆二年戊辰仲春廿六日明大司马显考王公墓孝男化仲信任仕佳等立"。占地面积约 10.35 平方米。

9－B₄ 龙利仁之墓 〔城中区静兰街道环江行政村黄滩屯南平岭·清代〕 建于清咸丰二年（1852）。墓葬朝东，冢呈长方形，高 1.5 米，长 6.6 米，宽 4.1 米，占地面积约 27 平方米。墓前有青砖砌墓墙，内嵌青石墓碑，刻"皇清待赠孺人登仕郎龙公利仁之墓殁于咸丰乙卯年二月吉日吉时咸丰二年四月初五日穀旦"。

10－B₅ 宋明馨墓 〔城中区河东街道河东行政村下茅洲屯东公路旁·清代〕 建于清光绪二十九年（1903），占地面积约 70 平方米。墓葬朝西，平面仿宅院布局，前为泮池，中间为带院墙的门式墓碑，后为墓冢，泮池为半月形，长 2.5 米，宽 2.0 米。圆丘形三合土冢，底径 3.3 米，高 1.8 米。墓碑位于冢前 1 米，单檐碑顶，脊中为葫芦，两端鸱吻，碑侧边刻挽联，碑中部依稀可辨"皇清诰封奉直大夫敕授承德郎显考宋公讳明馨府君大人之墓……光绪二十八年十月二十九日吉立"。

11－C₁ 东门城楼 〔城中区城中街道东门社区曙光东路中段·明—清·自治区文物保护单位〕 为明、清柳州城东门。明洪武四年（1371），马平县丞唐叔达筑土城，十二年（1379）柳州卫指挥苏铨等易之以砖、

筑门楼。清嘉庆年间（1796—1820）城楼毁于火，光绪元年（1875）重建门楼。占地面积约 500 平方米。城门坐北朝南，明代建筑，料石基础，砖砌城墙，青砖券拱城门，南窄北宽，南面面阔 3.36 米，高 3.43 米，北面门面阔 4.02 米，高 4.62 米，进深 11 米，门额嵌"东门"匾，落款"洪武十四年四月立"。残存城墙长 115.73 米，高 7 米，厚 6 米，门楼为砖木结构二层谯楼，面阔五间，进深三间，穿斗与抬梁混合木构架，重檐歇山顶，盖板筒瓦。底层为内厅外檐廊，檐柱大斗拱，九架梁，二层四周为方格花窗，梁架饰花虫鸟兽。正脊两端博古，正中置莲座宝珠、鳌鱼。

12－C₂ 清真寺 〔城中区公园街道罗池社区公园路 53 号·清代·市文物保护单位〕 建于清顺治十年（1653），原址在东台路鹧鸪堆。清康熙十一年（1672）迁至今址。清雍正十二年（1734）、清乾隆三十年（1765）、清嘉庆十九年（1814）、清嘉庆二十一年（1816）、清道光十三年（1833）、清咸丰四年（1854）均修缮。清光绪四年（1878）再重建。1923 年，马、以、白姓等教徒集资修缮。清真寺坐西朝东。由大殿、二殿、经堂三部分组成，面积 291.41 平方米。大殿及经堂已被拆除，现仅存二殿及清洁房 1 间。二殿为砖木结构，面阔 16 米，进深 14.5 米，高 8 米，殿内廊柱 2 根，金柱 8 根，盔形圆顶，长方形窗，前开拱门。

13－C₃ 西来寺 〔城中区中南街道西门社区雅儒路西一巷·清代·市文物保护单位〕 始建时间不详，清康熙四年（1665）重修，此后曾有多次修葺。1980 年，进行大修。坐北朝南，院落式，前为庭院，中间为大殿，东侧为沙弥尼的住房。占地面积 155.3 平方米。大殿面阔三间，进深三间，隔扇门，前设檐廊。正门右边嵌有清光绪年间"西来古寺"石匾一方。大殿经 1980 年重修，原结构已由砖木结构变为砖混结构，面貌有所改变。

14－C₄ 佘家祠堂 〔城中区静兰街道环江行政村东流屯·清代〕 建于清末，为明代柳州八贤之一佘立的后人所建。坐东朝西，砖木结构，二层单体建筑，占地面积 163.8 平方米。面阔三间，进深二间，青砖墙，硬山顶，盖小青瓦。前有檐廊，立木檐柱 2 根，高柱础。大门为推笼门，青石门磴。两侧山墙高于屋顶。

15－D₁ 柳侯祠碑刻 〔城中区公园街道罗池社区文惠路柳侯公园柳侯祠内·南宋—民国·全国重点文物保护单位〕 柳侯祠内立有南宋、元、明、清有关柳宗元史迹及柳侯祠沿革的碑刻 50 方。重要的有：南宋嘉定十年（1217）重刻唐韩愈苏轼等"荔子碑"、元至元二十六年（1289）《先圣文宣王新修庙碑》、元至元三十年（1293）造像记跋、元至大二年（1309）柳

州路《重建灵文庙记》碑，明正德十三年（1518）仿刻"荔子碑"、清康熙五年（1666）《重修罗池庙记》碑、清康熙十一年（1672）《柳侯祠祭田记》碑等。清乾隆二十九年（1764）《重修柳刘二公合祠碑记》碑等。

D₁₋₁ **荔子碑** 〔柳侯公园柳侯祠中殿·南宋〕碑刻 1 方。南宋嘉定十年（1217）立。碑高 1.79 米，宽 1.3 米。碑文竖 10 行，满行 16 字，计 146 字，字径 0.18 米，楷书，阴刻。韩愈撰文，苏轼书丹，柳州军事权签判关庚跋语。由于该碑集唐宋八大家之"韩（愈）赋苏（轼）字柳（宗元）事"于一体，故称"三绝碑"。因碑首句"荔子丹兮蕉黄"，称"荔子碑"。碑文为韩愈《柳州罗池庙碑》所附迎享送神诗，系祭祀柳宗元时的唱词。内容表达了对柳宗元的追恩缅怀之情及赞颂。跋语载碑之流传经过。原刻于北宋，后毁，南宋嘉定十年（1217）关庚据长沙帅安公家藏拓本重刻。

D₁₋₂ **先圣文宣王新修庙碑** 〔柳侯公园柳侯祠后院·元代〕碑刻 1 方。元至元二十六年（1289）立。碑高 2.08 米，宽 1.15 米。碑额阴刻柳宗元撰书"柳州路文宣王庙碑"，竖 4 行，字径 0.11 米，篆书。碑文竖26 行，满行 24 字，计 389 字，字径 0.03 米，楷书，阴刻。胡梦魁书丹。首题"先圣文宣王新修庙碑"，落款"至元二十六年四月日，承务郎广南道儒学提督陈懋卿校定，承直郎广西海北道提刑按察司事胡梦魁书丹，中议大夫礼部侍郎李思衍篆额"。内容记述要求人们世世代代都像今天一样尊敬孔子。碑的下半部为柳宗元像。有部分字缺损，或模糊不清。

D₁₋₃ **造像记跋** 〔柳侯公园柳侯祠西碑廊·元代〕碑刻 1 方。元至元三十年（1293）立。碑呈圆头方底，碑高 1.77 米，宽 1.43 米，碑上半部刻造像记跋，元奉训大夫柳州路总管兼内劝农事李□□题跋。碑文竖 13 行，满行 11 字，约 139 字，楷书，阴刻。内容记述刻制石像的因缘，碑文云："神姓柳，讳宗元，字子厚，河东人也。唐元和中，为柳州刺史。不鄙夷其民，教以礼法。三年，民化。殁而为神。"碑下半部线刻柳侯（宗元）穿官服执笏像。落款"时癸巳至元三十年五月吉日，奉训大夫柳州路总管兼内劝农事李□□"。

D₁₋₄ **重建灵文庙记碑** 〔柳侯公园柳侯祠西碑廊·元代〕碑刻 1 方。元至大二年（1309）立。碑高1.79 米，宽 1.19 米。碑文竖 36 行，满行 41 字，计997 字，字径 0.03 米，楷书，阴刻。刘跃为元柳州路总管梁国栋重修灵文庙撰文。额题"重建灵文庙记"，落款"时至大二年仲春朔旦记，前柳州□□儒学教□□□、征事郎柳州路总管府经□□□□、直奉大夫同知柳州路总管府□□□□、奉训大夫柳州路总管府达鲁花赤兼管内□□"。碑文记述：柳州路总管梁国栋，谒灵文庙，重修之。赞柳侯之道、之文、之灵、之诗，称"侯生师南中学者，死师天下后世学者"，表达了敬慕之意。梁国栋，字君用。寿春人。元至大二年任柳州路总管。

D₁₋₅ **明刻"荔子碑"** 〔柳侯公园柳侯祠西碑廊壁上·明代〕碑刻 1 方。嵌于柳侯祠西碑廊。明正德十三年（1518）立。碑高 1.04 米，宽 0.66 米。碑文竖 8 行，满行 17 字，计 145 字，字径 0.06 米，行楷，阴刻。明计宗道撰文并书丹。落款"大明正德三年咸寅秋罗池后学计宗道"。碑文仿刻南宋"荔子碑"。计宗道，柳州明代第一位解元。

D₁₋₆ **重修罗池庙记碑** 〔柳侯公园柳侯祠西碑廊壁上·清代〕碑刻 1 方。清康熙五年（1666）立。碑高 1.45 米，宽 0.85 米。碑文竖 13 行，满行 44 字，计 559 字，字径 0.025 米，楷书，阴刻。清广西分守右江道戴玑撰文并书丹。额题"重修罗池庙记"，字径0.1 米，篆书，阴刻。落款"皇清康熙五年岁次丙午孟春穀旦马平县知县阎兴邦立"，字径 0.025 米，楷书，阴刻。碑文记述重修罗池庙的经过，对柳宗元在柳州的文教、政绩作了热情的赞颂。戴玑，字紫杓，福建长泰人。清顺治六年（1649）进士，康熙初年（1662）任广西分守右江道。

D₁₋₇ **重修罗池碑记** 〔柳侯公园柳侯祠西碑廊壁上·清代〕碑刻 1 方。清康熙六年（1667）立。碑高 1.12 米，宽 0.5 米。碑文竖 14 行，满行 59 字，计733 字，字径 0.015 米，楷书，阴刻。清戴朱弦撰文并书丹。额题"重修罗池碑记"，篆书，字径 0.051—0.08 米。首题"重修罗池碑记"，落款"大清康熙六年"，字径 1.5 厘米。碑文记述重修罗池之事由及经过。戴朱弦，广西柳州人，清康熙三年（1664）进士，官至山东武城县知县。

D₁₋₈ **柳侯祠祭田记碑** 〔柳侯公园柳侯祠西碑廊壁上·清代〕碑刻 1 方。清康熙十一年（1672）立。碑高 1.11 米，宽 0.46 米。碑文竖刻 12 行，满行 64字，计 637 字，字径 0.018 米，楷书，阴刻。清骆士愤撰文并书丹。额题"柳侯祠祭田记"，篆书，字径0.05—0.08 米。首题"柳侯祠祭田记"于正文首行，落款"大清康熙十一年……"碑文记述清康熙十一年右江道戴玑主持修葺柳侯祠，并将地方豪强侵夺的柳侯祠祭田查清追回之事。骆士愤，字子发，康熙元年（1662）曾任柳州知府。

D₁₋₉ **谒柳文惠侯祠碑** 〔柳侯公园柳侯祠西碑廊

壁上·清代〕 碑刻 1 方。清乾隆二十六年（1761）立。碑高 0.84 米，宽 0.49 米。碑文竖 6 行，满行 10 字，计 56 字，字径 0.045—0.055 米，行书，阴刻。清朱佩莲撰文、书丹。额题"谒柳文惠侯祠"，落款"乾隆辛巳东江朱佩莲敬题"。碑文七律诗一首："幼诵唐文梦见公，今来故治拜遗容。登坛吏部曾更霸，配庙参军属附庸。尚有香柑随地结，可能丝柳拂天浓。思人徒倚罗池畔，不独西瞻彩笔峰。"朱佩莲，字玉阶、蒻塘，清东江（今浙江海宁）人。清乾隆二十五（1760）年十一月任广西学政。

D₁₋₁₀ 重修柳刘二公合祠碑记 〔柳侯公园柳侯祠西碑廊·清代〕 碑刻 1 方。清乾隆二十九年（1764）立。碑高 2.28 米，宽 1.1 米。碑文竖 18 行，满行 42 字，计 739 字，字径 0.04 米，楷书，阴刻。清右江分巡道王锦撰文并书丹。落款"乾隆二十九年甲申夏五穀旦，赐进士出身翰林院编修中宪大夫巡右江观察使者，析津王锦撰并书"。碑文介绍了柳刘二公合祠的经过情况，并从柳宗元、刘贤良二人的遭遇、德政及为人，阐明二人合祠的缘由，表达了对先贤的景仰之情。

D₁₋₁₁ 乙丑春仰谒柳侯墓碑 〔柳侯公园柳侯祠西碑廊壁上·清代〕 碑刻 1 方。清同治四年（1865）立。碑高 0.35 米，宽 0.68 米。碑文竖 27 行，满行 20 字，计 525 字，字径 0.03 米，行书，阴刻。清孙寿祺撰文并书丹。为七律诗一首："文章政事仰先型，一瓣心香特荐馨。生则有功民戴德，死犹驱厉鬼为灵。罗池尚照今时月，神剑难寻旧日铭。柳绿柑黄都寂寞，一抔终古草青青。"赞颂了柳宗元的文章政事，表达了对柳宗元的仰慕之情。孙寿祺，字锡祉同治元年（1862）任柳州知府。

D₁₋₁₂ 重建柑香亭碑记 〔柳侯公园柳侯祠柑香亭旁·清代〕 碑刻 1 方。清光绪十八年（1892）立。碑高 1.45 米，宽 0.64 米。碑文竖 16 行，满行 40 字，计 559 字，字径 0.03 米，楷书，阴刻。清光绪年间（1875—1908）代理柳州知府蒋兆奎撰文并书丹。额题"重修柑香亭碑记"，字径 0.075 米，落款"光绪十八年季春月下瀚，盐运使衔补用道署柳州府事长沙蒋兆奎谨撰"。碑文记述柑香亭重建的经过和建筑特点，介绍了柳侯祠祭田租息的收支情况，并对柳宗元治理柳州的政绩加以赞扬。蒋兆奎，湖南长沙人，清光绪年间（1875—1908）代理柳州知府。

D₁₋₁₃ 龙城石刻 〔柳侯公园柳侯祠大殿·1933年〕 碑刻 1 方。又名"剑铭碑""匕首铭"。传原刻为柳宗元手书，唐元和十二年（817）刻。明代天启三年（1623）有龚姓人氏从井中得到石刻，不久遗失。

清雍正六年（1728）又有王姓人氏从柳宗元种柑处掘得。清乾隆二十八年（1763）右江道王锦重修柳侯祠，王姓后人将碑献出，砌在祠内墙上。1928 年因火灾碑损，1933 年，周耀文重刻。碑已残，不规则，高 0.355 米，宽 0.72 米。碑文竖 8 行，每行 4 字，计 30 字，字径 0.03 米，楷书，阴刻。柳宗元撰文。首题"□□石刻"，落款"元和十二年柳宗元"，正文三言诗："龙城柳，神所守，驱厉鬼，出比首，福四民，制九丑。"

16－D₂ 陆道岩摩崖石刻 〔城中区静兰街道静兰行政村独凳屯北陆道山陆道岩·南宋·市文物保护单位〕 摩崖石刻 6 方，在陆道岩内岩壁上。其中南宋 4 方，佚年 2 方。主要为题诗、铭刻，字体有楷、行、草书。石刻有南宋淳祐七年（1247）《拱真岩功德铭》，内容反映宋代柳州城市发展、社会经济及宗教活动的情况；南宋报恩光孝寺住持僧□舆书的《□眼还龙三月春》七言律诗；南宋景定二年（1261）《判府大将军王公诗》及《和王公诗》，春日游陆道岩题七言律诗一首及"天地欲吾玄""脱却凡尘"铭刻各一幅。

17－D₃ 雄狮岩摩崖石刻 〔城中区静兰街道窑埠行政村窑埠屯雄狮岩·清代〕 摩崖石刻 1 方。位雄狮岩南面的一个石壁上，西南面为回民墓地。刻面长 2.5 米，高 0.65 米，横行榜书"回教坟山"，字径 0.5 米，阴刻，楷书。无落款。

18－E₁ 罗池路钟宅 〔城中区公园街道罗池社区罗池路东一巷 8 号·1912 年〕 建于 1912 年，1944 年被侵华日军飞机轰炸，部分损毁。现存砖木结构二层楼房一座。坐南朝北，面阔二间，进深一间，占地面积 74.7 平方米。临街面为仿西式建筑，西间开拱门，门额上方嵌"钟公寓"横匾，各房开拱形楣长方窗。东侧墙壁残留有日机轰炸扫射的弹痕。

19－E₂ 廖磊公馆 〔城中区公园街道罗池社区中山东路 36 号·1932 年·自治区文物保护单位〕 廖磊（1890—1939），字燕农，广西陆川县清湖乡上坡村人。新桂系重要人物之一。曾任国民革命军第 21 集团军总司令兼第 7 军军长、安徽省主席兼保安司令、豫鄂皖边区游击兵团总司令。公馆建于 1932 年，是廖磊为其夫人所建居所。坐北朝南，砖木结构。院落式，由大门、主楼、前院、警卫室、防空洞、后花园及围墙组成，占地面积约 1000 平方米。主楼为中西混合三层楼房，青砖墙、主梁、阳台、天面为砖混结构，东面顶上有八角亭。西面为硬山顶，布筒瓦屋面。共有两厅及大小房间 11 间，南北各有一阳台。

20－E₃ 音乐亭 〔城中区公园街道罗池社区柳侯公园柳州解放纪念碑南侧·1933 年〕 建于 1933 年，1932 年 8 月，时任国民革命军第 7 军军长廖磊、第 24

师师长覃连芳召集地方人士，捐款修建国民革命军第7军阵亡将士纪念碑（今解放纪念碑），次年，修建此亭。亭平面呈六角形，钢筋水泥结构，高10米，6柱，攒尖宝珠顶，盖琉璃瓦。占地面积33.6平方米。

21-E₄ 柳州电报局旧址 〔城中区公园街道罗池社区罗池路东一巷20号·1934年〕 光绪二十九年（1903），柳州设立官电子局，为柳州最早的电报局。清宣统元年（1909）元月，升格为官电子分局。1916年，改为二等乙级电报局。1920年，广西核定为二等电报局。1934年，局址迁至斜阳路电灯公司。坐西朝东，砖木结构，中西结合三层楼房。面阔、进深三间，歇山顶。外观为西式，黄色墙体，门前有二层小抱厦，底层开拱门，二层设宝瓶栏杆。占地面积约447平方米。现为柳州市邮电博物馆。

22-E₅ 中共柳州县委旧址 〔城中区公园街道东门社区曙光东路118号·1946—1948年〕 1946年中共柳州县委机关迁至此，中共广西省工委书记钱兴和广西省桂柳区工委书记陈枫多次在此活动。坐北朝南，砖木结构，两层楼房，面阔一间，进深二间，屋内分隔墙为木板壁，硬山顶，盖小青瓦。占地面积76.8平方米。

23-E₆ 联华印刷厂旧址 〔城中区城中街道五星社区中山路50号·1946—1947年·市文物保护单位〕 1946年7月至1947年7月，为中共柳州特支印制传单工厂。其中印发柳州中学等学校联名抗议美军暴行（沈崇事件）的《向全国各大中学通电宣言》传单，起了强烈反响。旧址坐北朝南，砖木结构。仿西式二层楼房，面阔二间，进深三间，硬山顶，盖小青瓦，占地面积136.8平方米。底层前檐封木板，二层木楼板，前檐开横长方形窗。前檐墙外壁中部保留当年题写"联华印刷厂"，上层开通窗，顶砌女儿墙。

24-E₇ 中共柳州特支旧址 〔城中区城中街道东门社区龙城中学·1946—1947年·市文物保护单位〕 又称八角楼。1946年4月，中共柳州特支成立，机关驻地设在八角楼。特支书记陈光，宣传委员梁华新住在八角楼。特支领导柳州的革命斗争，发展党组织。至1947年1月特支撤销。八角楼建于1935年。坐北朝南，砖木结构。二层楼房，面阔三间，进深二间，歇山顶，盖小青瓦。

25-E₈ 中共广西桂柳区工委旧址 〔城中区中南街道曙光西路223号·1947—1949年·市文物保护单位〕 1947年10月，中共广西桂柳区工委从桂林迁此，工委书记陈枫在此以开杂货店为名掩护。至1949年7月均在此办公。旧址建于1946年。坐南朝北，砖木结构，两层楼房，平面呈长方形，面阔一间，硬山

顶，盖小青瓦。屋后设有木吊楼，另有厨房一间。占地面积62.8平方米。1985年改为钢筋水泥结构。

26-E₉ 柳州解放纪念碑 〔城中区公园街道罗池社区柳侯公园内·1950年·市文物保护单位〕 原碑始建于1932年8月，是时任国民革命军第7军军长廖磊、师长覃连芳及民众为纪念北伐战争中阵亡的第7军将士而建的纪念碑。为纪念柳州解放，在原碑基础上改建现碑。由碑座及碑身构成，基座呈八边形，其上为四层出檐方形碑座，上立四方柱体碑身，顶呈锥状，上塑五角星，高13.3米。碑正面为时任柳州市市长魏伯书"柳州解放纪念碑"，北面为时任中共广西省委书记、省政府主席张云逸题写"为争取人民彻底解放而斗争"。

F₁ 中山西路骑楼 〔城中区中南街道青云社区中山西路·1927年〕 柳州骑楼始建于1927年，仿沿海城镇的模式修建，俗称"粤式骑楼"。东接樵家巷，西临曙光西路，共有单体骑楼14间，门牌号为95号、97号、99号、101号、103号、105号、107号、109号、111号、113号、115号、117号、119号。占地面积约1600平方米。均为砖木结构，多为二层木板楼建筑，面阔一间，青砖墙抹白灰，硬山顶，盖小青瓦。底层前为骑楼通廊，廊顶即为二层的房间。

F₂ 柳侯祠 〔城中区公园街道罗池社区文惠路柳侯公园内·1987年〕 原为纪念柳宗元而建的罗池庙，后改为柳侯祠。建于唐长庆二年（822），北宋元祐七年（1092）宋哲宗赐额"灵文之庙"，称"灵文庙"。元至大二年（1309）柳州路总管梁国栋、清康熙五年（1666）右江道戴玑、乾隆二十九年（1764）右江道王锦等都主持过柳侯祠修缮。历代修葺有记载的七次。1987年按清乾隆二十八年（1763）石刻柳侯祠平面图重修。坐北朝南，砖木结构，三进院落，依次为仪门、中殿、后殿，占地面积约1952平方米，仪门及各殿都设檐廊，面阔三间，穿斗式木构架，硬山顶，盖青瓦。仪门前门柱有同治年间（1862—1874）湖南永州知府杨翰书题楹联。祠内有南宋、元、明、清碑刻50方（见16-D₁）。祠东有罗池、柑香亭，祠北有柳侯衣冠墓。柳宗元（773—819），字子厚，唐河东（今山西永济虞乡）人。唐宋八大家之一。官至监察御史、礼部员外郎。永贞革新失败后贬永州司马，唐元和十年（815）调任柳州刺史，人称"柳柳州"。

F₂₋₁ 柳宗元衣冠墓 〔柳侯公园柳侯祠北面·清代〕 唐元和十四年（819），柳宗元病故，灵柩曾停放在罗池边上。第二年，灵柩得以运回长安万年（临潼）县安葬。唐长庆二年（822），柳州人于在柳宗元停柩处建其衣冠墓，以为纪念。历代均进行过加固、

维修。1935 年修整，冢以料石围砌，碑题"唐刺史柳侯之墓"，署款"邑人覃连芳重修并书"。1974 年重修。墓区占地面积约 120 平方米。墓冢为圆丘形，以长方青条石包砌，华盖宝顶，墓高 2 米，直径 4 米，冢前立长方形碑，碑面中竖行刻"唐代柳宗元衣冠墓"为郭沫若补题。墓冢周边围八边形护栏，以石望柱接石栏板，正面留空，护栏呈八字形。

F₂₋₂ 罗池 〔柳侯公园柳侯祠东侧·清代〕 唐代已存在罗池，柳宗元在柳州任职时，常与部属在池边休闲流连，曾留下"馆我于罗池"的遗言。柳宗元去世后，柳州百姓在罗池旁立罗池庙以祀，即今之柳侯祠。罗池平面略呈长方形，占地面积约 1700 平方米，清代以青条石围砌池壁，池周立有条石围栏。景色秀丽，为柳州古八景之一。

F₂₋₃ 柑香亭 〔柳侯公园罗池东畔·清代〕 为纪念柳宗元种柑之事，于宋代建柑子堂，并将柳宗元《柳州城西北隅种柑树》诗刻石立于堂内，北宋陶弼因之赋《柑子堂》诗。后柑子堂被毁。清乾隆十九年（1754），柳州知府孟端亭在罗池旁重建亭，取名"柑香亭"，乾隆二十八年（1763）右江道王锦修缮。亭建于台基上，平面呈六边形柱网，檐柱均设柱础，亭高二层，重檐屋顶，盖小青瓦屋面，占地约 120 平方米。现亭为 1978 年依清乾隆年间亭重建，"柑香亭" 3 字为黄云补题。1963 年，郭沫若重游柳侯祠，写下《柑香亭》诗一首。

F₂₋₄ 思柳轩 〔柳侯公园柳侯祠东侧·清代〕 宋代始建思柳亭，后又建思柳堂，均先后被毁。清宣统元年（1909），在柳江书院讲经堂的基础上修建思柳轩，占地面积约 290 平方米。思柳轩由一字形长廊及其两端相衔接于同一侧面各设的短廊构成，砖木结构，硬山顶，盖小青瓦，硬山屋顶。

29 - G₁ 浮桥头铜印出土点 〔城中区市浮桥头·南明〕 1983 年，在浮桥头出土铜印 1 枚。印面呈正方形，边长 0.083 米，高 0.097 米。刻阳文九叠篆"廉州府印" 4 字。背左竖刻"廉州府印"，右仅见竖刻"永历" 2 字，以下文字磨损严重不能辨认，上横刻"□七十□"。均为阴文楷书。（见《文物》1998 年 10 期）

柳南区

1 - A₁ 鹿谷岭遗址 〔柳南区太阳村镇和平行政村西柳江旁·新石器时代·市文物保护单位〕 山坡（台地）遗址。1979 年发现。在柳江南岸台地上，面积约 580 平方米。1979 年试掘约 5 平方米，文化堆积厚

0.1—0.3 米。出土打制石器有砍砸器、尖状器、刮削器，磨光石器有斧、锛及饰绳纹和篮纹的夹砂红、黑、灰陶片。（见《考古》1983 年 7 期）

2 - A₂ 帽合山遗址 〔柳南区银山街道银山社区帽合公园帽合山东麓·新石器时代〕 洞穴遗址。1983 年发现。岩洞高距地表约 10 米，洞口高约 5 米，宽 19 米，进深 12 米。洞内为螺蛳壳胶结堆积，厚约 1.8 米。堆积层已被破坏扰乱，洞外散布有大量松散的螺蛳壳堆积。于洞内采集到砺石、石祖及零星的动物骨骼。

3 - A₃ 曾家村遗址 〔柳南区南环街道曾家村西柳江南岸·新石器时代〕 山坡（台地）遗址。1979 年发现。位于柳江南岸 I 级阶地，面积约 1500 平方米。未经发掘。在地表采集到打制的砍砸器、网坠、刮削器；磨制石斧、石锛、砺石及一些石器半成品等。（见《考古》1983 年 7 期）。

4 - A₄ 老羊田遗址 〔柳南区银山街道门头行政村老羊田山岩北侧山脚·新石器时代〕 洞穴遗址。1986 年发现。面积约 30 平方米，地层堆积中夹有大量螺蛳壳。在遗址地表亦发现大量螺蛳壳，但未采集到石器。

5 - A₅ 地母庙遗址 〔柳南区鹅山街道红岩社区红岩路三区 30 号·清代〕 建于清代，具体时间不详。是祭祀地母的庙宇，占地面积约 300 平方米，因年久失修、洪水灾害损毁，现仅存一些三合土泥墙及石构件。

6 - A₆ 公佛爷山营盘遗址 〔柳南区太阳村镇长龙行政村琉璃屯公佛爷山·清代〕 相传为太平天国驻军营盘，用于扼守柳州通往宜州的必经之路。公佛爷山的山势险要，易守难攻。现存石墙 3 段，分布在三个山头险要处。用不规则片石干砌，为环形石墙，残高约 1—2 米，残宽约 0.8—1 米。

7 - B₁ 刘蕡墓 〔柳南区太阳村镇文笔行政村兴龙屯·唐代·自治区文物保护单位〕 刘蕡（生卒年不详），字去华，唐幽州昌平人。宝历二年（826）进士。初官谏议大夫，唐会昌至大中年间（841—860）后被贬柳州司户参军事，在乡间劝农坠马身亡，追赠左谏议大夫。新旧《唐书》有载。墓葬建于唐大中三年（849），原为土冢。明成化十三年（1477）广西布政司右参政黄好修葺，墓周建墙垣。清雍正十一年（1733）重修，乾隆三十年（1765）右江道王锦再修，增建石牌坊。光绪三十四（1908）柳州知府杨道霖再修缮。墓葬朝南。冢呈圆丘形，外以砖包砌，石珠宝顶，高 2 米，底径 6 米。墓碑刻"唐谏议大夫贤良刘公墓"。墓周砖砌圆形墓圈墙。墓前华表已毁。牌坊砖

石结构，龙凤板铭"唐贤良刘蕡"。总占地面积约 37 平方米。

8–B₂ 河西苗圃砖石墓 〔柳南区潭西街道河西社区河西苗圃·南宋—元〕 2000 年 5 月，河西苗圃施工工地清理砖室墓 1 座，为长方形双层券顶墓，青砖砌筑，东西向。墓室内筑熟土二层台，棺已朽，葬式不明。出土陶罐、碗共 8 件，铁皮 1 块。陶碗与广西窑田岭南宋、元时期烧制的碗盏等器特征相似，推断该墓年代在南宋—元之间。（见《柳州博物馆文集》）

9–B₃ 龙麟墓 〔柳南区南站街道磨滩行政村三队韦立君民居旁·明代〕 为柳州明代八贤之一龙文光高祖龙麟墓。墓葬朝西北，圆丘形冢，青石围砌，底径 4.2 米，高 0.9 米。碑高 1.6 米，宽 0.7 米，弧形碑首饰双凤朝阳浮雕，碑身两侧浮雕云龙柱。墓碑文字风化严重，上首记载了龙氏家族迁徙的情况。碑面正文为"明故高祖将仕郎礼修龙公讳麟府君墓"。墓冢大部塌毁，砌墓石条大部缺失。

10–C₁ 刘家大院 〔柳南区南环街道新鹅社区凉水屯·清代·市文物保护单位〕 清光绪十八年（1892）清奉政大夫刘花琼修建。坐西北朝东南，砖木结构，三进院落，由大门、中厅、后厅、天井、厢房、侧屋、雕楼等组成，共有 3 厅 6 井，房屋 32 间，占地面积约 1400 平方米。主体建筑为抬梁式木构架，硬山顶，盖小青瓦，地面墁铺青砖。大门开 3 门，中厅有券拱顶前檐，各厅柱间隔板装饰木格花窗，檐板雕花。屋后两角有三层雕楼各 1 座。

11–C₂ 韦家炮楼 〔柳南区太阳村镇竹鹅行政村四队·清代〕 建于清代，具体时间不详。共有炮楼 2 座，占地面积约 74 平方米。1 座位于铁路旁，另 1 座位于竹鹅村四队居民区。土木结构，平面呈长方形，面阔 5 米，进深 3 米，高 11 米，共三层。三合土砌筑泥墙，硬山顶，盖小青瓦。壁设有瞭望孔、枪眼。

12–C₃ 练家祠堂 〔柳南区太阳村镇文笔行政村龙汶屯·清代〕 建于清代，具体时间不详。坐西北向东南。砖木结构，四合院，由前座、后堂、天井、走廊组成，占地面积约 306 平方米。前座面阔三间，后堂面阔一间，砖墙，硬山顶，盖小青瓦。前座明间设内凹檐廊，门额挂"文魁""杖国耆英"木匾。"文魁"匾为光绪五年（1879），两广总督刘坤一、署两广总督裕宽为乡试第五十九名中式举人练毓章立。"杖国耆英"匾为光绪三十年（1904），广西学政刘某为耆民练宏玉立，文字由候选学正练纯青书写。

13–C₄ 潘家祠堂 〔柳南区银山街道帽合行政村所好屯·清代〕 建于清末。坐西朝东，土木结构，院落式，占地面积 758.5 平方米。三合土筑泥墙，部分墙角清砖包砌。硬山顶，盖小青瓦。前座面阔九间，中间为祠堂、门厅和天井，两侧配有厢房，天井东北、东南角各有三层炮楼 1 座。门口挂有对联"日月光天地，山河壮阳居"，落款"宾昌衍庆壬午年春"。

14–D₁ 社王山摩崖石刻 〔柳南区银山街道门头行政村水车屯南约 300 米社王山·明代·市文物保护单位〕 摩崖石刻 1 方。嘉靖十九年（1540）刻。位于山南麓的石壁上，高出地面 2.5 米。刻面高约 0.58 米，宽 0.83 米。刻文竖行，阴刻，字迹已模糊不清。无首题，落款"嘉靖十九年三月□日金光尾等公众刻立"。刻文竖行，360 余字，记述门头村与各村村界、河界由先辈界定，今与下梧村发生村界、河界纠纷，马平县正堂吴察断门头村村界、河界，不许外村人等再行越村争占。

15–E₁ 刘古香墓 〔柳南区西山公墓对面螃蟹岭·1913 年·市文物保护单位〕 刘古香（1869—1913），原名起今，字古香，广西柳州府马平县（今柳州市）人。广西早期同盟会员之一。辛亥革命后任广西右江军政分府总长、广西陆军第五军统领。因参加倒袁运动，1913 年 10 月 14 日被广西都督陆荣廷杀害，就义于柳州东门外鹧鸪堆。1987 年，被追认为辛亥革命烈士。原葬鱼峰区羊角山乡马鹿村马鹿山东麓，1999 年迁葬于此，并建六边形古香亭，亭内立纪念碑。墓朝北，墓冢呈圆丘形，底径 1.5 米，高 1.4 米，用石块围砌。占地面积约 28 平方米。

16–E₂ 柳州旧机场遗址 〔柳南区南环街道东苑社区柳邕路 73 号柳州动物园内·1929 年〕 建于 1929 年。抗日战争期间，曾驻扎中国空军部队、苏联志愿航空队、美国飞虎队。现存遗迹包括飞机跑道、机场指挥塔、机场指挥部（山洞内）、山洞飞机库、机场油库、哨所碉堡、机场驻军营房、弹药库和飞虎队营房、飞虎队军人俱乐部等。另有部分附属建筑和遗址分散在机场附近区域，包括南环路、航五路、帽合公园、柳邕路、银仔山等。占地面积约 6.6 万平方米。

17–E₃ 城防工事群遗址 〔柳南区南环街道竹鹅行政村张公岭·1933—1937 年·自治区文物保护单位〕 张公岭在柳南区南端，向来为兵家必争之地。明代嘉靖二十四年（1545）开始设防，至清代乃为驻军重地。1942 年秋，柳州百姓配合柳州驻军国民革命军第 7 军第 24 师和军部直属工兵营在张公岭修建工事，历时一年，之后，不断地有所扩建。现存岭上的军事建筑为钢筋混凝土结构，有战壕、明暗碉堡、瞭望台、地道等设施，战壕藏地下可绕至岭顶，内有储藏所、弹药库、指挥室、炮台等，部分有上下两层，现存约 8000 米。另柳江南岸南面、东南、西南地区，和柳江北岸分别筑有碉堡、战车防御壕、散兵壕、掩体坑道、指挥所及炮台等。

18 - F₁ 基督教堂 〔柳南区柳石街道大同社区谷埠路维新巷 66 号·1951 年〕 1947 年 6 月 19 日，美国传教士海效林租用鱼峰路 73 号楼房 1 间，开办布道所。1951 年，教会购买今址建教堂。教堂坐北朝南，为砖混结构西式楼房，高二层。面阔三间，人字顶，盖大红瓦。底层开拱形侧门，二楼设拱形窗，门、窗额均凸尖状楣。占地面积 107.8 平方米。

19 - G₁ 横山甬钟出土点 〔柳南区太阳村镇横山·春秋〕 1986 年 3 月，在横山出土铜甬钟 1 件。钟体椭圆形，直甬中空，无旋无干，舞面无纹饰，钲部饰变形蝉纹，钲两侧有六组凸枚，共 18 枚，篆部饰三角云纹，鼓部素面。甬长 0.115 米，舞广 0.11 米，铣间 0.21 米，鼓间 0.10 米。

20 - G₂ 柳邕路铜牛出土点 〔柳南区柳石街道柳邕路东旧飞机场·战国〕 出土铜牛 1 件。作静立状，脊股部较丰圆，头部向前，头顶一对大弯角，喉下有胡，尾收敛贴于股间，下端与后蹄齐平。身长 0.095 米，前脊高 0.05 米，后股高 0.04 米。

21 - G₃ 飞鹅路铜鼓出土点 〔柳北区柳南街道飞鹅路·西汉中期—南朝〕 1963 年，出土冷水冲型铜鼓 1 面。鼓面径 0.695 米，高 0.46 米。鼓面太阳纹十二芒。面沿环列四蛙。面、身饰栉纹夹同心圆纹纹带、复线交叉纹、变形羽人纹、变形翔鹭纹等。胸腰间附扁耳 2 对。

22 - G₄ 水牯山钱币窖藏 〔柳南区太阳村镇北水牯山·明代〕 在太阳村镇北水牯山出土铜钱 1 罐。用黑釉四耳罐盛装，铜钱重约 10.5 公斤，2693 枚，有唐至明各代铜钱 15 种；最早的为唐代"大中元宝"，最晚的为明代"洪武通宝"钱。部分锈蚀。

柳北区

1 - B₁ 河北新村墓 〔城北区解放街道宏柳社区三中路中段·宋、明、清〕 1999 年，在三中路农行建设工地抢救清理墓葬 5 座。墓葬均为小型竖穴土坑木棺墓，墓室长 1.4—2.1 米，宽 0.9—0.95 米。其中宋墓 1 座（M3），出土唐宋钱币 40 枚。明墓 3 座（M1、M2、M4），M1 墓主为李氏女性，出土墓志铭 1 方，文为明刑部郎中王士俊撰，明兵部尚书张翀书，明通仪大夫应天府府尹李珊篆墓志盖。清墓 1 座（M5），出土陶罐、瓷碗、铜烟斗、鎏金铜泡及清乾隆通宝 5 枚。（见《柳州博物馆文集》）

2 - B₂ 徐养正墓 〔柳北区白露街道马厂行政村盘龙村西北·明代·市文物保护单位〕 徐养正，字吉夫、吉甫，号蒙泉。明广西柳州府马平县（今柳州市）人。明嘉靖二十年（1541）进士，柳州八贤之一。官至南京户部左侍郎、南京工部尚书，赠太子少保。《明史》有载。墓葬建于明代，为徐养正与诰封孺人赠夫人李氏、诰封太夫人沈氏合葬墓。墓葬朝南，冢残存半边，底径约 4 米，高 2.5 米，墓区占地面积约 180 平方米。1984 年修缮后为圆丘形青砖墓，底径约 8 米，高 3 米。墓前原有碑和翁仲、石马、石狮，均已被毁。原碑为明万历十七年（1589）立，墓面刻"南京工部尚书显考徐公墓"，1984 年徐氏后人重立水泥墓碑 1 方，刻生平事迹。

3 - B₃ 佘立墓 〔柳北区长塘镇鹧鸪江行政村木莽屯后山·明代·市文物保护单位〕 佘立（1537—1599），字季札，号乐吾。明广西马平县（今柳州市）人，明代柳州八贤之一。历官至南京兵部左侍郎。万历年间，因援朝抗倭有功，获朝廷嘉奖。《柳州府志》《马平县志》有载。墓葬为圆丘形冢，料石围砌，三合土宝顶，底径 5 米，高 2.5 米。外砌弧形青砖墓圈墙。原有神道，石人、石马、石狮及墓碑遗失。占地面积约 56 平方米。

4 - B₄ 曾胜墓 〔柳北区白露街道盘龙村北白坟岭上·清代·市文物保护单位〕 曾胜（1772—1837），字诚斋，号心一。清广西马平县（今柳州市）人，官至广东陆路提督。道光十四年（1834），他指挥广东水陆军，把入侵珠江的英国兵舰驱逐出海。《清史稿》有传。墓建于道光十七年（1837）。占地面积约 56 平方米。墓葬朝西南，冢呈圆丘形，青砖围砌，底径 4 米，高 2.5 米，墓顶出檐，顶铺鹅卵石。墓碑盖浮雕双龙戏珠图案，双层檐，额题"谕葬"，碑面题"皇清建威将军谥勤勇显考曾公之墓"，两侧字迹已模糊。

5 - B₅ 何凤仪墓 〔柳北区长塘镇西流行政村大井屯大岭顶·清代〕 始建时间不详，清同治十二年（1873）重修。由前后二重拜台、泮池、祭台、墓碑、墓冢、后土组成。占地面积约 792 平方米。冢呈圆丘形，宝顶，底径 6.5 米，高 4 米。三合土砌筑，墓前墙两端左右扶手。碑文："……皇清显考字虞阶，讳凤仪，何云老大人墓。廿八孙花翎记名，总兵展勇巴图鲁鲁元凤，三大房裔孙等同祖，同治癸酉年孟秋吉日重修。"1999 年何氏后人重修第一重拜台，并用水泥将墓体等批灰。

6 - B₆ 张凤墓 〔柳北区凤凰陵园将军岭·清代〕 建于清道光十二年（1832）。原为青砖圆形墓，1998 年用混凝土包筑，冢呈圆丘形，盔顶，底径 2.5 米，高 2

米。碑高 1 米，碑宽 0.6 米，字迹模糊。碑文："考讳凤，号岐山，谥贞毅，……皇清诰授振威将军任云南提督军务卓立克恭巴图鲁显考张公字楼梧府君墓。男庆元、殿元，侄鼎元，侄孙吉安。道光十二年岁次壬辰仲秋月吉日同立。"

7 – C₁ 龙家桥 〔柳北区白露街道白露村云头屯水冲沟上·清代·市文物保护单位〕 清乾隆五十八年（1793）建。1964 年柳州市交通局修缮。东西走向，单孔石拱桥，长 18 米，宽 4.7 米，拱跨 8.2 米。桥身用长方形料石砌筑，单层料石券拱，桥面铺石板，修缮时改填砂石，两侧立望柱条石栏板，高 0.5 米。桥上有石刻 3 方，其中 2 方为桥名"龙家桥"，1 方为修桥事宜，已被水淹没。

8 – C₂ 三界庙 〔柳北区洛埠镇洛埠行政村·清代〕 始建年代不详。清同治六年（1867）重建。原有戏台、大厅、正殿、厢房等建筑，现存正殿。坐西北朝东南，砖木结构，面阔三间 12.12 米，进深 12.28 米。殿内梁上书"大清同治六年岁次丁卯口冬口旦重建"。殿内、外立木柱 8 根，穿斗式木构架，硬山顶，盖小青瓦。设前檐廊，檐廊两侧廊墙开拱门。廊前设 5 级踏跺。

9 – C₃ 花婆庙 〔柳北区沙塘镇杨柳行政村杨柳小学内·清代〕 建于清光绪三年（1877）。原为三进院落，现存大殿，占地面积约 90 平方米。砖木结构，面阔三间，青砖墙，抬梁式木构架，硬山顶，盖小青瓦。庙内存两张雕花木神案。左墙上有建庙功德碑 1 方，大梁上有"光绪丁丑年"，梁倍士等建庙题记。

10 – C₄ 白虎山尾桥 〔柳北区石碑坪镇新维行政村门口沟白虎山尾·清代〕 建于清代，具体时间不详。南北走向，单孔石拱桥，长 17 米，宽 4 米，拱跨 13 米，桥身、桥拱用料石干砌，两侧刻有八仙图案。因遭受洪水浸泡，桥侧部分塌毁。

11 – D₁ "龙船山纪功碑"摩崖石刻 〔柳北区石碑坪镇古城行政村山尾屯北面约 250 米龙船山南麓·明代·市文物保护单位〕 摩崖石刻 1 方。明万历二年（1574）刻。刻面高 4.11 米，宽 2.4 米。文竖 18 行，计 462 字。字径 0.09 米，楷书，阴刻。撰文、书丹不详。无首题，落款"万历二年七月立石"。刻文记述万历元年（1573），两广军门右御史殷正茂调集左右江及江浙官兵十万人，围剿怀远瑶、侗族起义，十二月攻克怀远（今三江侗族自治县）板江、破河潺、田寨、蕉花、潘营、太平、河里、土八寨等一百五十余巢。二年二月移师汇剿洛容、柳城、永宁、永福、阳朔、荔浦诸巢。后记参加征剿有功人员 20 多人。石刻漫漶。《柳城县志》有记载。

12 – E₁ 广西农事试验场旧址 〔柳北区沙塘镇柳州农科所内·1936 年·自治区文物保护单位〕 当时广西农业科研、教育、生产试验基地，被赞为中国的农都。1926 年成立于柳州羊角山，初名柳江农科试验场，1935 年迁至柳州市北郊沙塘，改名广西农事试验场，1936 年迁至此处，占地面积约 3480 平方米。1937 年春，中国共产党在此举办了"广西农林技术人员培训班"并成立了秘密党支部。1944 年秋，沙塘被侵华日军攻陷，房屋破坏殆尽，目前尚存当时园艺系办公室 4 幢，建成于 20 世纪 30 年代，为中西混合建筑，砖墙，庑殿顶。1 号建筑平面为"山"字形，面阔 62 米，进深 30 米，由三个独立单元连接组成，并设内通廊，将房间分割成前后两排，广西大学农学院研究室奠基碑镶于其右端墙上。2 号建筑为"T"形，面阔 23 米，进深 28 米。3 号建筑前设内凹无柱檐廊。4 号建筑门前立柱 2 根，面阔 34 米。

13 – E₂ 泗角村碉楼 〔柳北区石碑坪镇泗角行政村泗角屯·1944—1945 年·市文物保护单位〕 共有碉楼 3 座，其中 2 座建于清光绪元年（1875），1 座建于 1919 年。占地面积 58.08 平方米。1944 年冬当地村民和国民革命军陆军第 31 军第 188 师 1 个排，利用碉楼抗击侵华日军，保住了村庄。1945 年春又重创了前来围攻的日军。1、2 号碉楼高四层，相距约 32 米，面阔、进深一间，墙厚 0.4 米。三合土木结构，顶层为青砖，硬山顶，盖小青瓦，四周布满枪眼。底层铁皮包木门。3 号碉楼上部已经塌毁，下部墙体开裂，木结构已全毁。碉楼墙上仍留有弹痕。

14 – E₃ 上漏村墓 〔沙塘镇上漏村北约 70 米·民国〕 为国民党桂系重要将领廖磊父亲之墓。墓葬朝南，圆丘形水泥冢，墓室长 2.9 米，宽 1.27 米，高 1.44 米。东壁和北壁各有一壁龛。墓前及两侧水泥制成的墓围上镌刻有孔祥熙、陈恩元、黄维、覃连芳等国民党军政委员的题词。字已模糊不清、残缺。

15 – F₁ 基督教礼拜堂 〔柳北区胜利街道北雀路 65 号·1984 年〕 1906 年加拿大传教士从梧州到柳州开设福音堂，并在今中山中路柳江大桥北桥头修建基督教堂。1984 年迁今址重建，1985 年 12 月竣工。礼拜堂为仿西式建筑，坐北朝南，砖混结构。面阔三间，正面呈"山"字形，中间高二层 15 米，两侧仿罗马柱，底层中开尖顶拱门，门前置台阶，额横塑"基督教礼拜堂" 6 字。二层外壁面大拱形凹饰内并开长方形尖拱窗 3 个。尖状顶立十字。两边为平顶建筑。占地面积约 384 平方米。

16 – F₂ 伍廷飏墓 〔柳北区沙塘镇垦村行政村 5 队老钟塘尾·民国〕 伍廷飏（1893—1950），字展空，广西容县黎村镇温泉村人，曾任国民革命军第15军第1师师长，浙江、湖北建设厅厅长等职。原墓被毁，2004年其后人重修。椭圆形青石墓，由拜台、墓碑、墓冢、后山、挡土墙等组成。占地面积61.8平方米。冢呈圆丘形，底径2.3米，高1.64米。墓前墙呈梯形，两端立狮，中嵌墓碑，碑顶有檐，边框雕云龙纹饰；碑前为石铺祭台，周砌圆形矮墙，入口两侧有1对石狮子，前有3级石砌踏跺。

17-G₁ 笔架山化石出土点 〔柳北区雀儿山街道南雀社区北雀路笔架山腰·更新世〕 因山峰相连，形似笔架而名。洞穴在山腰，高出柳江水面约60米。1972年2月试掘，洞内堆积厚8.2米，分9层，出土有似锯齿嵌齿象、先东方剑齿象、东方剑齿象、大熊猫、桑氏鬣狗、小猪、笔架猪、中国貘、德氏野狸等21种哺乳动物牙齿化石。现残存小部分堆积。（见《古脊椎动物与古人类研究》1975年4期）

柳江县

1-A₁ 柳江人遗址 〔穿山镇竹山行政村新兴农场场部驻地东约2公里通天岩内·旧石器时代·自治区文物保护单位〕 洞穴遗址。1958年发现。岩洞高距地表约5米。出土的人类化石计有头骨（缺下颌骨）、胸椎、腰椎、骶骨、髋骨和股骨等。除一段骨外，其余都属一个40余岁的男性个体。柳江人头是形成中的蒙古人种的一种早期类型，为迄今在我国乃至东亚发现的最早现代人代表。有大熊猫、剑齿象、中国犀牛、鹿等16种动物骨骼或牙齿化石伴出。地质年代都属更新世晚期，距今约6万—5万年。（见《古脊椎动物与古人类》第1卷第3期，1959年9月）

2-A₂ 蚂蚁岩遗址 〔穿山镇仁安行政村仁安屯西北约4公里波台山·旧石器时代〕 洞穴遗址。1988年发现。蚂蚁岩在波台山山腰，洞口朝西南，洞高约7米，宽6米，进深约20米，面积约120平方米。堆积层厚0.7—2.5米，长8米。含少量螺壳和兽骨，采集有打制的砍砸器、刮削器等。

3-A₃ 陈家岩遗址 〔进德镇穿山岩·旧石器时代〕 洞穴遗址。1959年发现。岩洞高距地表约20米。洞口南北贯通，洞内堆积分上下两层，下层为黄色堆积，含砂子及剑齿象等动物化石。上层为螺蛳壳、介壳堆积，出土打制石器若干。（见《古脊椎动物与古人类》第2卷第1期，1960年3月）

4-A₄ 双龙岩遗址 〔洛满镇洛满行政村双龙山·旧石器时代〕 洞穴遗址。1988年发现。洞口朝东南，高1.5米，宽2米，进深100余米。面积约250

平方米。在洞内发现大熊猫等动物牙齿化石。采集有砍砸器等。现残存堆积厚0.2—0.5米。

5-A₅ 甘前岩遗址 〔土博镇四案行政村四案屯西南约100米甘前山·旧石器时代·县文物保护单位〕 洞穴遗址。1981年发现。在甘前山东北面山腰甘前岩内，洞口朝东北，高2.5米，宽10米，洞内进深约100米，面积300平方米。堆积层厚0.2—0.5米。出土9枚人牙化石，属于5个不同个体。伴出物有剑齿象、巨貘、中国犀等动物牙齿化石。现只残存一些堆积层。（见《人类学学报》第3卷第4期，1984年11月）。

6-A₆ 塘岩遗址 〔土博镇水源行政村水源屯·旧石器时代〕 洞穴遗址。1981年发现。洞口朝西南，高1.8米，宽2.5米，进深约30米。面积约80平方米。堆积层厚0.4—0.7米。出土大熊猫、剑齿象动物牙齿化石。采集有砍砸器等。现残存一些堆积层。

7-A₇ 甘龙岩遗址 〔百朋镇琴屯行政村甘龙屯甘龙山·旧石器时代〕 洞穴遗址。1988年发现。洞口朝南，高5米，宽8米，进深约30米。面积约200平方米。堆积层厚0.5—3平方米。含大量螺壳和兽骨。出土有亚洲象牙齿化石等。采集有砍砸器、刮削器等。

8-A₈ 思多岩遗址 〔进德镇沙子行政村思多屯硝岩洞·旧石器时代〕 1955—1956年间发现。洞穴遗址。洞内堆积遭到严重破坏，所存不多。堆积内含螺蛳壳，在堆积中出土经人工多次打制的燧石石片1件，石片上具有明显的双锥体。（见《古脊椎动物与古人类》第2卷第1期）

9-A₉ 酒壶山遗址 〔百朋镇百朋行政村矮山屯前约200米酒壶山·新石器时代·县文物保护单位〕 洞穴遗址。1981年发现。在酒壶山脚一洞穴内。洞内呈半椭圆形，高约1米，宽约4.5米，进深约10米。堆积长、宽约2米，厚0.8米，内含大量螺蛳壳及兽骨。部分堆积已被坍塌岩石覆盖。

10-A₁₀ 庙公山遗址 〔拉堡镇木罗行政村木罗屯北面约100米庙公山·新石器时代·县文物保护单位〕 洞穴遗址。1981年发现。山高约15米，山脚有洞，南北贯通，洞高2.2米，宽3.2米，进深15.1米，面积约50平方米。洞内有3处堆积，厚0.4—0.6米，长度均在1米以上，含大量胶结的螺壳和烧焦的兽骨。采集有打制砍砸器。在洞口附近曾发现双肩石斧1件。

11-A₁₁ 立冲窑址群 〔里雍镇立冲行政村立冲屯段柳江南北两岸·南宋—元·县文物保护单位〕 窑址范围约1平方公里，在立冲沟西丘陵、立冲屯5队北约1公里白坟、西北面约600米那顾坪、白沙尾屯东北面约 400 米瓦窑坪都发现有窑口。窑口为坡式龙窑，均已残，长 10—30 米，宽 2.7—7.8 米。废品堆积散布在窑口周围，厚 0.3 米左右。地面散布及采集的瓷器有碗、盏、碟、罐、执壶、灯、腰鼓等，以及匣体、支钉圈等烧制工具。釉色有青、青黄、褐、月白等。胎灰或灰白，少数器表有刻划纹，碗心印有"利"字。

12 – A₁₂　**穿山巡检司故址**　〔穿山镇穿山街社区北约 1 公里·明—清·县文物保护单位〕　据《马平县志》载，明、清时期曾设立穿山巡检司。城址为巡检司驻地。在一座小山丘上，沿山筑城，平面呈长方形，东西长约 70 米，南北宽约 100 米，占地面积约 7000 平方米。城墙为泥土夯筑，已残缺。残墙高 0.5—0.8 米，宽约 1 米。城外有宽 1.5 米、深 1 米的护城壕。城内地表采集到明、清瓷片。

13 – A₁₃　**五都镇故址**　〔流山镇流山行政村码头屯西南约 1 公里·明代·县文物保护单位〕　据《马平县志》载："明至清初曾在五都设镇，乾隆年间废。"《计氏族谱》载"在五都设巡检司"。城址为五都镇及巡检司驻地，建于明。城址平面为长方形，南北宽约 80 米，东西长约 120 米，占地面积约 9600 平方米。城墙厚约 2 米，以黏土夯成，现残存西南面城墙一段长50 米，残高 1—1.5 米。在城内出土有明、清钱币及陶瓷片。南、北两面遗存壕沟各长 500 米、1250 米。

14 – A₁₄　**忠良祠遗址**　〔穿山镇定吉行政村芭谋屯东 500 米处·清代〕　建于清道光二十二年（1842）。是后人为了纪念乾隆年间（1736—1795）两广总督陈宏谋而建。坐东南朝西北，旧址天面已不存，后墙已倒塌，仅残存两侧的混凝土夯墙，墙残高 3—5米，占地面积 774.55 平方米。

15 – B₁　**新安墓群**　〔白沙乡新安行政村小田头村至崖尾村间的柳江河西岸·东汉·自治区文物保护单位〕　俗称"九十九堆"，分布面积约 40 万平方米。现存汉墓数十座，封土呈圆丘形，高 1—1.5 米，底径10—15 米。1983 年发掘砖室墓 4 座、土坑墓 6 座。砖室墓形制呈"中"字形和"凸"字形，均券顶。土坑墓为长方形竖穴，长约 5 米，宽 2.6 米，高约 2 米，斜坡式墓道，墓底有的垫一层小砾石，有的以砖铺成棺床。出土陶器、滑石器、铜器、铁器等 40 余件。其中4 组滑石器较特殊，每组由上下 2 件构成，上为戴冠人头像，下似壁，套合成铺首含环状。（见《中国考古学年鉴》1984 年）

16 – B₂　**思贤宋墓**　〔拉堡镇思贤行政村思贤屯·宋代〕　1981 年发现 1 座土坑墓，形制不详，出土陶罐 4 件，为宋代遗物。

17 – B₃　**韦银豹夫妇墓**　〔三都镇板江行政村巴等屯东面约 500 米的天马山南麓·明代〕　为明嘉靖年间（1522—1566）柳州府三都土巡检统管韦银豹及其夫人合葬墓。清代及现代均有重修。墓葬朝东南，冢呈圆筒状，周边用石头、灰浆围砌，高 2.1 米，底径 4米。墓碑已毁。冢周围建有半圆墓圈护墙，地面铺混凝土地板，高约 1 米。占地面积 108.79 平方米。

18 – B₄　**陈渡墓**　〔白沙乡白沙行政村大化屯北约500 米的岭地上·明代〕　陈渡，明嘉靖三十四年（1555）乙卯科举人，姚安知府。墓葬朝西南，冢呈圆丘形，高 1.5 米，底径 6 米，用料石围砌，封土稍塌陷，占地面积约 28.26 平方米。墓碑断裂。

19 – B₅　**百人墓**　〔流山镇流山行政村洛吉屯东约100 米洛吉山北麓·清代〕　建于清咸丰十年（1860）。为清咸丰庚申年（1860）流山村千万屯百余名被清兵残害的村民遗骨合葬墓。墓葬朝北，圆丘形土冢，高 1.5 米，底径 4.3 米。墓碑为清同治七年（1868）立，碑文详叙墓的由来及方位等。占地面积约37 平方米。

20 – C₁　**李家祠堂**　〔流山镇流山行政村李家屯·清代〕　明末清初由广东梅县迁居柳江县的李昌万修建。坐南朝北，砖木结构，两进院落，由前座、后堂、天井、碉楼组成，占地面积约 1500 平方米。前座、后堂面阔七间，青砖墙，墙面批灰，抬梁式木构架，硬山顶，盖灰瓦，前座明、次间置内凹檐廊，廊立石础圆木檐柱 2 根，双开木门。次间、稍间开直棂窗。东北角有碉楼一栋。

21 – C₂　**刘家祠堂**　〔拉堡镇木罗行政村上渡屯·清代〕　建于清初。客家建筑。坐北朝南，砖木结构，庭院式，三进六天井两厢房，四周有碉楼，南边有口人工池塘，总占地面积约 2608 平方米。前座、中厅、后堂面阔九间，夯土墙，硬山顶，盖灰色瓦。座与座间并列两天井，两边厢房为东西向，两端为弧形马头山墙，厢房部分损毁，墙壁大部分有脱落。

22 – C₃　**金磊桥**　〔成团镇成团行政村金磊屯河上·清代〕　建于清康熙年间（1662—1722），具体时间不详。两台三墩梁式石板桥，长 12 米，宽 1.1 米，桥墩用片石砌成。桥面架铺 4 块青石板，每块石板长 3米，厚 0.3 米。

23 – C₄　**隆盛九厅十八井**　〔进德镇三千行政村隆盛屯·清代·自治区文物保护单位〕　清乾隆年间（1736—1795）曾勋、曾光麟兄弟所建。俗称"隆盛东、西庄园"。在隆盛东、西两端，相距约 300 米处，占地分别约为 8000 平方米、9000 平方米。其间隆盛桥相通。平面呈椭圆形，建筑坐北朝南，砖木结构，庭院式，四周围墙用桐油、石灰、沙石、黏土夯成，高

5.5 米和 6 米。东园有 8 厅 16 井房屋 92 间，西园有 9 厅 18 井房屋 120 间。咸丰年间（1851—1861），毁于兵火。现仅残存 10 余间危房，硬山顶，盖灰瓦，还有围墙柱、天井、柱墩等，庄园布局仍清晰可辨。

C_{4-1}　**隆盛桥**　〔进德镇三千行政村隆盛屯小河上·清代〕　清乾隆年间（1736—1795）曾勋、曾光麟修建，用于沟通东、西隆盛庄园。东西走向，两台五墩六孔梁式石板桥，长 36 米、宽 3.5 米，正中车道稍低，宽 1.2 米，两旁人道稍高，各宽 1.15 米。桥墩用条石砌成，迎水呈尖形，桥面铺青石板，两端有条石矮护栏。

24 – C_5　**多仁石板路**　〔进德镇沙子行政村石山屯西北约 500 米的一条小溪上·清代〕　清道光年间（1821—1850）沙子、木罗、大荣等村集资修建，石板路从沙子村多仁屯起，经木罗村至成团大荣村，现多已毁，仅在石山屯北约 500 米的一条小溪上存路桥一座，东西走向，梁式石板桥，长 30 米、宽 1.12 米，另立功德碑 1 方，高 0.91 米、宽 0.59 米、厚 13 米。

25 – C_6　**福禄庙**　〔土博镇四案行政村佳偶屯北约 200 米的坡地上·清代〕　清光绪二十二年（1896），当地居民为纪念清咸丰年间（1851—1861）柳州府团总韦惠霖而建。坐北朝南，砖木结构。四合院，占地面积 377.4 平方米。前、后殿面阔三间，青砖墙，硬山顶，盖小青瓦，墙开小方窗。前殿明间开拱门，门额书"福禄庙"匾，门两侧有楹联，门前置 5 级踏跺。后殿为抬梁式木构架。天井两侧为两层厢，面阔四间，进深一间。

26 – C_7　**五眼桥**　〔进德镇槎山行政村星光屯西北面小河上·清代〕　建于清晚期。位于槎山村星光屯与基隆村平地屯交界处，西南—东北向，五孔石拱平桥，长 40 米、宽 4.4 米，桥身、桥拱均由料石干砌，桥面铺青石。

27 – C_8　**大桥屯拱桥**　〔流山镇流塘行政村大桥屯西南 200 米小河上·清代〕　建于清代，具体时间不详。东南—西北走向，单孔石拱桥，长 28 米、宽 3.4 米，拱跨 13.4 米。桥身、桥拱用料石、砂浆砌筑，桥拱较高，两端各置石踏跺 20 级。

28 – C_9　**竹山民居**　〔穿山镇竹山行政村竹山屯东面·清代〕　建于清代，具体时间不详。坐东南朝西北，泥砖木结构，二进院落，由前座、后座、天井、厢房组成，占地面积约 648 平方米。前、后座面阔三间，泥夯墙，穿斗式木构架，硬山顶，盖小青瓦。前座有前檐廊，廊立石础方形檐柱，弓形木额枋。条石护砌高台基，5 级踏跺。明间双开木格门，木格板壁。两次间开直棂窗。天井两侧厢房为两层木板楼。

29 – D_1　**卧龙岩摩崖石刻**　〔里高镇里高街社区西北 2 公里橹锅山崖壁上·南宋·县文物保护单位〕　摩崖石刻 1 方。南宋嘉定八年（1215）刻。刻面高 3 米、宽 2.1 米。碑文竖行，计 26 字。方信孺撰文并书丹。首题"重开岩释庆宗摩崖嘉定乙亥八月望"，落款"转运判官方信孺书"，中为榜书"卧龙岩"，字径 0.68 米，楷书，阴刻。方信孺，南宋广南西路转运判官，《宋史》有载。

30 – D_2　**酒壶山摩崖石刻**　〔百朋镇百朋行政村矮山屯西约 2500 米酒壶山崖壁上·清代·县文物保护单位〕　因山形似酒壶而得名。有摩崖石刻 5 方。皆为清代当地名士覃少海所撰写、书丹。其中有榜书"壶山""象鼻""读书楼"3 方，皆阴刻，楷书。除此，还有题记 2 方，均记述壶山的山水风光。

D_{2-1}　**覃少海题记**　〔百朋镇矮山屯酒壶山崖壁上·清代〕　摩崖石刻 2 方。刻于清代，具体时间不详。其一刻面高 0.28 米、宽 0.7 米。刻文竖行，计 259 字，楷书，阴刻。覃少海撰文并书丹。无首题，落款"榕村覃少海"。刻文记述壶山美景，称"此山有趣，此山有清福"。赋诗云："此是神仙真洞府，人间峰独一罗浮。"其二刻面高 0.33 米、宽 0.35 米，碑文竖行，计 134 字，楷书，阴刻。覃少海撰文并书丹。无首题，落款"清□覃少海"。刻文记述壶山的山水风光以及游山"谈诗客，乘酒兴，尽把句来联"之兴。

31 – D_3　**马朝诰封碑**　〔白沙乡白沙行政村马朝屯东侧·清代〕　碑刻 1 方。清雍正十三年（1735）立。碑阳朝南，高 1.57 米、宽 0.82 米，底有碑座，宽 0.9 米、厚 0.4 米，高 0.2 米，碑周用砖、灰浆砌护墙，墙顶出檐。碑首及两侧阴刻龙纹、祥云，下方刻海水。碑额横行篆文"奉天敕命"，碑文竖行，楷书，阴刻。内容为清雍正十三年（1735）九月初三日雍正皇帝册封广西平乐府恭城县训道陈让之母叶氏为九品孺人的诏书。

32 – D_4　**公议乡规碑**　〔三都镇觉山行政村拉寨屯·清代·县文物保护单位〕　碑刻 1 方。清咸丰八年（1858）立。碑碑阳朝北，高 1.17 米、宽 0.67 米，厚 0.2 米，碑文竖 16 行，600 余字，字径 0.03 米，楷书，阴刻。撰文、书丹者不详。横行额题"公议乡规"，落款"大清咸丰八年岁次戊午季春月穀旦立"。碑文记述：拉寨村众公议立下乡规 10 条，共同遵守。条规内容包括孝友宜教、乡党宜和、剿贼宜齐、赏罚宜公、不得恃强欺弱、不得为匪不法、不得贪心窃取、不得窝藏聚赌、不得私下借账、众宜相顾等内容。

33 – E_1　**中共广西省工委旧址**　〔穿山镇板塘行政村板塘屯·1942—1944 年·县文物保护单位〕　1942

年桂林"七·九"事件后，中共广西省工委迁此，继续组织象州、来宾、柳江一带革命力量开展对敌斗争。省工委书记钱兴两次到此同黄彰研究工作。旧址原为村民黄正荣住宅，面阔三间，进深二间，硬山顶，泥墙，木构架平房，顶盖小青瓦。正面开侧门进出。占地面积约60平方米。

34 – E₂ 鬼子坳战斗遗址 〔里高镇板六行政村板六村东面约500米鬼子坳·1945年〕 原名百子坳，地势险要。1945年6月14日，国民革命军第46军525团与当地自卫队在该坳阻击从忻城大塘沿柳邕公路向柳州撤退的侵华日军，激战两昼夜，歼敌200余名。抗战胜利后，在此建"百子坳抗日胜利纪念亭"及四柱三门牌坊以纪念，坊额横书"鬼子坳"三字，并有第46军军长覃连芳、525团团长卢玉衡题词。现亭、坊皆毁。

35 – E₃ 中共广西桂柳区工委、省农委旧址 〔成团镇灵江行政村水灵屯·1948—1949年·县文物保护单位〕 1948年2月14日至3月5日，中共桂柳区工委在此召开柳北、象县、都宜忻地区及桂、柳、邕三市党组织负责人会议。1949年1月，中共桂柳区工委撤销，省农委机关仍然设在此，并于1949年2月在此召桂北、柳北地区党组织负责人会议。旧址原为村民熊柳生住宅，现存二层楼房1栋，泥墙，木构架，硬山顶。占地面积约7000平方米。活动中心为碉楼，泥筑墙，木构架，悬山顶，二层楼房，占地面积约50平方米。

36 – E₄ 里雍烈士墓 〔里雍镇里雍街社区南面约200米老虎岭东麓·1950年〕 是1950年中国人民解放军某部在龙江等地剿匪时牺牲的4名战士合葬墓。墓葬朝东，冢呈圆柱形，用片石、灰浆围砌、封顶，高2.05米，底径2.07米，占地面积约97.2平方米。碑嵌于墓东面，顶塑五角星，高1.5米，宽1.2米。碑额横2行刻"中国人民解放军烈士公墓"，碑面竖行刻烈士姓名及事迹。墓前修水泥台阶23级，左右及墓后有水泥护栏。

37 – E₅ 铜鼓岭烈士陵园 〔拉堡镇北约3公里的莲塘岭上·1981年〕 建于1981年3月。占地面积约5029平方米，为近现代在柳江因公牺牲的烈士陵园，包括1座烈士纪念碑及13座烈士墓，大门石牌坊1个，石板走道1条，均为混凝土结构。纪念碑呈方柱体，碑座长5米，宽4米，碑高9米。烈士墓朝南，冢为方体弧顶。石牌坊朝东，为四柱三间三楼，盖琉璃瓦。

38 – G₁ 母鸡山化石出土点 〔百朋镇怀洪行政村北弄屯北母鸡山·更新世〕 在北弄村北母鸡山东侧山头山麓发现。原为一洞穴，后因开石而遭破坏，但堆积仍保留原地。1984年冬，从堆积中发现的哺乳动物牙齿化石有猩猩、猕猴、豪猪、无颈鬃豪猪、竹鼠、水鹿、印度象、似中国貘等。(见《人类学学报》1986年5期)

39 – G₂ 巴教山石铲出土点 〔穿山镇林寺行政村灯笼屯北约100米巴教山·新石器时代〕 1991年10月，在山腰石缝中出土大石铲1件。出土时刃部向上，上盖着一块大石，无共存物。铲为锯齿短袖形，双肩溜斜，通体磨光，长0.72米，宽0.22米，厚0.06米。

40 – G₃ 华石石铲出土点 〔成团镇大荣行政村华石屯西北约500米·新石器时代〕 1979年出土石铲1件。双肩直腰，弧刃。长0.35米，宽0.165米。

41 – G₄ 木罗铜器出土点 〔进德镇木罗行政村中渡屯北约50米·春秋〕 1985年4月19日，木罗村村民在村北挖鱼塘，深至1米处，挖出甬钟、短剑等4件青铜器。甬钟椭圆，直甬，中空，干上有旋，钲两侧起扉棱，六组凸枚，共18枚。篆及隧部饰云雷纹，钲正面饰双线S纹，舞面饰云纹，通高0.278米。短剑茎扁，两端略宽，饰云雷纹、弦纹、栉纹，剑格中部隆起，剑身有人面纹，人面左右两侧有鸟形纹，沿中脊向下延伸。剑两面纹饰相同，长0.23米，宽0.46米。(见《文物》1990年第1期)

42 – G₅ 白露铜器出土点 〔成团镇白露行政村白露屯·战国〕 出土铜矛、铜钺各1件。铜矛长身厚刃，中脊起细棱，骹中空，后部椭圆，叶基中部有一小穿。通长0.16米。铜钺銎下有一道凸棱，圆刃，素面，长0.097米，刃宽0.06米。

43 – G₆ 渡村铜器出土点 〔拉堡镇木罗行政村中渡屯北面50米处·战国〕 分布面积约2500平方米。1986年，当地村民在挖鱼塘时发现甬钟、喇叭形器、匕首等3件青铜器。甬钟高0.278米，横断面瓦形，中空，两面有36枚乳钉纹，正面及篆间饰云雷纹，征间为夔纹。匕首两侧近脊有简易凤凰饰纹，长0.228米。喇叭形器底为盘状，中至底中空，外表有卷云纹、环带纹等，高0.085米。

44 – G₇ 流塘铜鼓出土点 〔流山镇流塘行政村流塘屯·西汉中期—南朝〕 1993年，出土冷水冲型铜鼓1面。鼓面径0.656米，高0.512米，足径0.668米。鼓面太阳纹十二芒，主晕饰变形纹。面沿有立蛙和乘骑塑像。胸腰间附扁耳2对。

45 – G₈ 拉尧铜鼓出土点 〔百朋镇镇西行政村拉尧屯南约5公里·西汉中期—南朝〕 1980年，距地表约0.3米深处出土冷水冲型铜鼓1面。鼓面径0.815米，高0.55米。鼓面太阳纹十二芒。面沿环列四蛙。饰栉纹、变形羽人纹、变形翔鹭纹、水波纹等。

柳城县

1－A₁　柳城巨猿洞　〔社冲乡社冲行政村新社冲屯西面约 500 米的楞寨山·更新世·自治区文物保护单位〕　洞穴遗址。1956 年发现。洞在山西麓的峭壁上，洞口朝西北，高距地表 90 余米，包括巨猿洞Ⅰ号洞及Ⅱ号洞（已贯通），洞口宽约 1.8 米，高约 0.5 米至 2.5 米，洞内进深约 28 米，面积约 180 平方米。1957—1966 年 6 次发掘，洞内堆积厚 2—4 米，出土巨猿下颌骨 3 个、牙齿 1000 多枚以及大量的哺乳动物化石。现洞内还保存有部分堆积物。遗址距今约 100 万年。（见《古脊椎动物学报》1959 年 1 卷 2 期）

2－A₂　风门山遗址　〔太平镇黄宜行政村新村屯南面约 1.5 公里的风门山上·更新世〕　洞穴遗址。1957 年发现。位于山东边的一处岩洞内，高距地表约 80 米，洞口朝东，宽 0.8 米，高 1 米，洞内进深 6 米，洞内弯曲，宽窄不一。1957 年至 1966 年间中国科学院古脊椎动物与古人类研究所曾发掘，出土了数百枚动物化石。遗址距今 100 多万年。

3－A₃　五寨山遗址　〔凤山镇五寨山山脚·新石器时代〕　洞穴遗址。1962 年发现，遗址包括洞内、外两部分，面积约 100 平方米。1978 年、1980 年再调查并试掘，发现石核、骨锥、贝饰品、兽骨以及人牙、下颌骨、肢骨等人类遗骸。

4－A₄　江门遗址　〔凤山镇旧县行政村江门屯南约 100 米·新石器时代〕　山坡（台地）遗址。1987 年发现，遗址位于融江河北岸，分布面积约 10000 平方米，东面约 200 米为沙埔河与融江河交接处，在地表采集到打击石器 4 件、磨制石器 2 件、石器半成品 3 件。

5－A₅　公店村遗址　〔社冲乡社冲行政村公店村·新石器时代〕　山坡（台地）遗址。1963 年发现。遗址面积约 1300 平方米。采集到石器及半成品 40 余件，多为磨制石器，器形有斧、锛、双肩器等，有少量打制的砍砸器、敲砸器。还有砺石和大量石料。

6－A₆　龙城故城址　〔凤山镇南丹行政村南丹屯·唐—明·县文物保护单位〕　始建年代不详。据《柳州府志》载，南梁大同三年（537）曾置龙城县治于此，曾作为龙州的州治，柳州路治地。元至元十三年（1276）废。废后设"南荡堡"，后演化成"南丹"。城北紧靠龙江，东滨柳江。城址平面呈梯形，占地面积约 17 万平方米。城墙用土夯筑，周长 1730 米，设东便门、石城门、西江门、镇北门四城门。现城墙残高 4—7 米，上部宽 3—5 米，基宽 10—11.4 米。外檐墙砌城垛，现残存 6 垛。城西、南约 40 米外有护城河。城内、外均发现唐开元通宝及唐至明各时期陶瓷器残片。

7－A₇　邓家屯柳城县故址　〔凤山镇旧县行政村邓家屯·宋代〕　当地群众称之为"大县畲"，据宋史《地理志》以及《九域志》记载，"柳城县故城在今柳城县凤山镇治东十里大社里旧县村"。《柳城县志》载："宋景德三年（1006）在此设县城，将龙城县改称柳城县，属柳州第三县。"元至元八年（1271）年，柳城县迁至南丹村。城址西南约 150 米为融江。城址面积约 7000 平方米。现存两道石垒城墙，残长约 60 米，高约 2 米，厚约 0.8 米，城内辟为耕地，畲地中有砖瓦片。

8－A₈　凤山柳城县故址　〔凤山镇内·明代·县文物保护单位〕　据《柳州府志》载，元至元十三年（1276）柳城县从南丹村迁至今凤山镇。地处龙江、融江、柳江三江汇合处，西面隔柳江为龙城故城址。建于明洪武二年（1369），用土夯成，明成化元年（1465）改为料石砌筑，清顺治、康熙、雍正年间六次修缮。平面呈刀形。周长约 1100 米，设石城门、西江门、镇北门三城门，皆毁。现残存城墙共长 248.3 米，高约 5 米，城墙下部为料石干砌，高 3.2 米，上部为三合土夯筑，高 1.8 米，厚 0.55 米。存三合土城垛 15 个。1987 年为解决交通，将城墙 28.2 米内迁 2 米。

9－A₉　旗岭村城址　〔东泉镇对河行政村旗岭村东约 50 米·明代〕　建于明洪武元年（1368），据《柳州府志》载："因其地近四十八弄，万山重叠，时有匪徒往来……特筑北城并及巡检收武官以资守御。"城墙用料石砌筑，东墙长 136 米，西墙长 82 米，北墙长 138.5 米，南墙长 141 米，占地面积约 1.7 万平方米。城墙厚 5.2 米，设四门。地表散布宋、明时期的陶、瓷片和瓦片。该城毁于民国。现仅残存墙基。

10－A₁₀　海山石城址　〔古砦仫佬族乡云峰行政村上雷屯西南约 300 米海山上·清代·县文物保护单位〕　据《柳城县志》载，明都司龙韬于南明永历二年（1648），为迎永历帝朱由榔而修筑。城址平面呈三角形，系用石垒墙将海山山脉的龙脊山、独座山、将官山三座山峰连接而成。龙脊山、独座山间石墙长约 200 米，高约 2.6 米，厚 1.2—2 米。将官山、独座山间石墙长约 120 米，高 1—1.8 米，厚 0.9 米。三峰内约有 9000 平方米坪地。今城已毁，石墙仍存。清咸丰九年（1859），刘洁（刘八）等率农民起义军在此修营为寨。现山上尚存两道石墙，长约 120 米，高 1.5 米。

11－A₁₁　龙庆村窑址　〔大埔镇里明行政村龙庆村东约 100 米·宋—元〕　在融江西岸，遗物分布东西宽约 50 米，南北长约 1000 米，面积约 5 万平方米。在地表采集到碗、碟、盘、壶、罐、盆、钵、盏等瓷器，碗内印"福""寿""王"字或双鱼、菊花图案。釉色有青、黑、酱色等。可辨窑口有3座，均为斜坡龙窑，受损严重。

12 – A₁₂　杨柳村窑址〔大埔镇六休行政村杨柳屯西约50米融江东岸边·宋—明〕　窑址北起杨柳屯的柳城水厂抽水站，南至杨柳屯南面约300米的无名岭，西至融江边，向东延伸约100米。瓷片散布面积约10万平方米，距地表深0.5米处有陶瓷残片堆积层。残存窑口6座，均为龙窑，已坍塌。产品有瓷壶、碗、碟、罐、匣钵等，胎薄，施青、青灰、酱色釉，饰莲花瓣、双鱼、花卉等纹饰。部分碗印有"福""寿"等字。

13 – A₁₃　对河村窑址〔凤山镇对河行政村东南约50米融江西岸·宋—明·县文物保护单位〕　分布面积约9000平方米。可辨的窑口9座，其中有一座窑室尾部露出，高1.2米，长0.9米，宽2.4米，烧结厚0.1米，三个烟道间距0.6米。窑区范围散布有大量瓷片，堆积厚达1.5米。器形有碗、胆瓶、盏、器盖等。碗内有支钉痕迹，内外壁印莲花、双鱼纹或冰裂纹。以青灰胎为主，釉色为青黄、酱色等。

14 – A₁₄　山嘴村窑址〔大埔镇洛崖社区洛崖街渡口处·宋—明〕　位于融江岸边，遗物散布面积约1000平方米，窑室已毁。采集到瓷器有碗、碟、罐、坛等残片。釉色有青、青黄、酱色等。灰胎，圈足，内有支钉痕。多饰莲瓣纹。

15 – A₁₅　西门崖村窑址〔凤山镇南丹行政村西门崖村·宋—清〕　在龙江岸边，遗物散布面积约1.5万平方米。窑口数目及窑室结构不详。采集到的器物有青瓷碗、碟、罐、坛、器盖等，多灰胎，圈足，内有支钉痕。

16 – A₁₆　黎田村窑址〔大埔镇靖西行政村黎田村北面·宋代〕　在融江东岸，分布面积约2万平方米，发现窑口2座，均为龙窑。在窑址的范围内发现大量的陶、瓷片，并有较完整的碗、壶、盆等瓷器。釉色为青、酱、黑色等。还有无釉的厚胎器物。破坏严重。

17 – A₁₇　中寨村窑址〔大埔镇中寨行政村中寨村北约1000米·宋代〕　发现窑口2座，均为龙窑。瓷片散布范围南北长约120米，东西宽约50米，废品堆积厚1—2米。器物有碗、碟、罐、窑具等。釉色有青、青黄、酱色等。碗内、外壁刻莲瓣。一窑室尾部残存3烟道，间距0.86米，长1.2米，表面烧结。

18 – A₁₈　余家村窑址〔凤山镇对河行政村余家村东北约100米·宋代〕　在土坡上，分布范围东西宽约20米，南北长约100米，面积2000平方米。窑

室已毁。采集到瓷碗、碟等。胎色有青灰及红色两种，底为圈足。器外表施半釉，不及外底，器内有支钉痕。

19 – A₁₉　柳城窑址〔大埔镇木桐行政村木桐屯北侧150米·南宋—元·自治区文物保护单位〕　在融江西岸，包括木桐窑址、龙庆窑址和靖西窑址，瓷片散布范围约5.5万平方米，现存窑口11座，1992年清理坡式龙窑1座，采集出土瓷壶、坛、罐、钵、盆、盘、碗、碟、盏、杯、水注、灯、坛、器盖等5000余件，以及碾轮、垫柱、垫饼、支钉等制瓷器具。釉色有青、酱、黑、青灰色等及仿钧釉。器身纹饰采用印、刻划、点洒褐彩手法，碗内中间主要有"福""寿""富""宝""吉利""王""臣"、八思巴文等字样，纹饰有双凤、双鱼、鹿、乌、鱼、莲花、菊花、水藻等图案。

20 – A₂₀　靖西村窑址〔大埔镇靖西行政村靖西村内·明—清〕　窑址位于融江东岸，顺坡而建。为龙窑，窑身及顶面以砖砌，长约30米，高1.8米，宽2.5米。以烧制陶器为主，产品有钵、缸等近50种。据当地何氏族谱记载，何氏于明嘉靖年间（1522—1566）迁来大埔即建窑生产陶器。

21 – A₂₁　古砦司巡检署遗址〔古砦仫佬族乡古砦行政村古砦村·明—清〕　建于明弘治二年（1489）。原范围不详。现仅存一段石墙，用不规整石块垒筑。南北走向，长约300米，高4米，厚0.6米。有五个石门，高2.3米，宽1.2米。分别有石刻"弘治二年""正德五年十二月""雍正己酉正月二十八日"。城内原有清代建筑群，明设"古砦司巡检署"于此。城内现仅存清乾隆时期（1736—1795）重建的梁氏祠堂。城外为石板路，宽3米。城北有大量清墓。

22 – A₂₂　龙莪寺遗址〔古砦仫佬族乡云峰行政村容客屯南约1公里野猫岭西侧岭脚·明代〕　据《柳城县志》载，龙莪寺建于明初。坐东北朝西南，四进院落，面阔21米，进深54米，占地面积1130平方米。现地面建筑已毁，墙基仅见痕迹。房基东南侧3米外，横排列灶坑8个，原寺正门外两侧石狮、石象、石狗尚存。

23 – A₂₃　龙和寺遗址〔大埔镇乐寨行政村良村屯正北面约350米龙和山·明代〕　建于明代，具体时间不详。毁于20世纪60年代。在龙和山南麓，占地面积600多平方米。现残存寺院墙基，寺内散布寺庙的青砖块。

24 – A₂₄　感应寺遗址〔古砦仫佬族乡古砦行政村东约1公里牛岭南麓·清代〕　又名"南山寺"。始建时间不详，明洪武元年（1368）重修，清顺治、清雍正、清乾隆年间多次修缮，清嘉庆十六年（1811）

再重建，后毁。遗址在牛岭南麓半坡一大岩洞内，洞口高 4 米，宽 5 米，进深约 40 米。寺前残存石墙基长约 60 米，高 2 米，厚 0.7 米，另一段石墙基长 50 米，宽 0.8 米。可见残存一段石板路长 40 米，宽 0.8 米，寺内碑刻多毁，仅存清嘉庆十六年重建感应寺碑刻 1 方。

25 - A₂₅ 田村寨址 〔马山乡龙田行政村田村屯东北面约 500 米的寨山上·清代〕 为清代天地会军首领乔老苗为安营扎寨而筑。寨址距山脚约 70 米，在半山腰上筑有一道片石墙，残长 70 余米，高约 2 米，厚约 0.9 米，开石门一道，面阔 1.5 米。部分墙体已崩塌。占地面积约 630 平方米。

26 - A₂₆ 覃村当康境路 〔古砦仫佬族乡龙美行政村覃村屯西南约 2 公里社山至周山山坳上·清代〕 修建于清代。为当时古砦通向罗城县城的通道。路始于覃村屯，长约 24 公里，宽 0.8—0.9 米，为青石板砌筑，路面光滑。现仍可通行。

27 - A₂₇ 潘村石板道 〔古砦仫佬族乡云峰行政村潘村屯·清代〕 建于清乾隆五十年（1785）。是潘村途经云峰乡的必经之路。石板道南北走向。始于潘村口，经龙桥跨龙桥河，达卖村。道长约 300 米，最宽 1.6 米，最窄处 1.2 米，由石块砌铺。龙桥为两台十一墩梁式石板桥，长 30 米，宽 1.3 米，墩间距约 1.7 米。桥墩由青石条垒成，桥面铺架长条石板，石板最长 2 米，宽 1.3 米，厚 0.044 米。桥墩原有浮雕龙造像已受损。桥北有碑刻 1 方，为灵川匠人刘廷举铭刊，记载清乾隆岁次乙巳年孟夏建桥经过及募捐芳名。

28 - B₁ 古廨墓群 〔古砦仫佬族乡古砦行政村古廨屯西北面约 200 米的大平山西南麓·明—清〕 明、清时期墓葬，其中明代墓葬约有 50 多座，清代墓葬约有 100 多座，分布面积约 1 万平方米。墓葬坐东向西，墓冢为圆丘形，多用料石围砌，高在 1—1.7 米，周长在 4—7 米。多数墓葬的墓碑保存完好。

29 - B₂ 山表墓 〔沙埔镇长隆行政村山表屯东北面约 500 米的丘陵上·宋代〕 建于宋代。墓葬朝西南，冢呈圆丘形，用青砖围砌，高 1.8 米，底径 5 米。占地面积 29.4 平方米。墓前立碑 1 方，两侧有圆丘形土冢 2 座，高 1.2 米，底径 2.5 米，传说为陪守墓。山表墓主人为姚姓。

30 - B₃ 芳田宋墓 〔太平镇江头行政村芳田屯西北约 1 公里凤凰岭西南约 500 米·北宋〕 1987 年清理。单室券顶砖室墓。墓室长 3.03 米，宽 1.5 米，高 0.75 米。底铺砖两层。出土陶罐 2 件，墓志 1 方。墓志铭文为"洪州□尚□小使郑□其往融州到此节道入云南皇祐五年（1053）八月五日记"。

31 - B₄ 王学尹墓 〔龙头镇龙头行政村蒙村北约 100 米·明代〕 王学尹，字莘乐，别号觉宇。明万历十三年（1585）举人，十四年（1586）副榜授北京顺德府平乡县教谕，二十五年（1597）擢广东新宁、阳山知县。墓葬朝西，冢呈圆丘形，四周以料石围砌，高 1.8 米，底径 3.5 米。前立碑 1 方，碑呈长方形，屋檐状盖。碑文记述墓主生平。

32 - B₅ 谭书墓 〔大埔镇田垌行政村眷村屯东约 200 米羊青公路的东边 5.8 米·清〕 谭书（1779—1844），字国政，官居登仕郎。墓建于道光二十五年（1845）。墓葬朝西，圆丘形冢，用料石围砌。高 1.40 米，底径 1.9 米，占地面积 16 平方米。墓碑高 2 米，宽 0.7 米，硬山两面坡碑顶，檐下正中楷书阳刻"卜云其吉"四字。

33 - C₁ 古廨建筑群 〔古砦仫佬族乡古砦行政村古廨屯·明—清代·自治区文物保护单位〕 始建于明弘治二年（1489），现存建筑多为清代所建。建筑坐落有致，风格统一，整体呈长方形，东西走向，长约 350 米，宽约 100 米，占地面积约 35000 平方米。民居均坐北朝南，砖木结构，悬山顶。每户有小天井、正房、侧房等，呈小庭院式。墙体外部为青砖砌成，中间填充泥砖，多数民居正房前门上方用木板作隔墙，窗条粗大，推拉式窗门。是仫佬族地区保存较为完整的古民居建筑群。

34 - C₂ 张公桥 〔东泉镇尖石行政村张公桥屯西面约 100 米张公河上·明代〕 传明初东泉设巡检司时已有此桥。东北—西南走向，单孔石拱桥，长 16 米，宽 4.85 米，拱跨 12.4 米。拱身、桥拱、桥面用条石干砌，条石长 0.5—0.6 米，厚 0.2—0.3 米。桥面两侧有重修的料石护栏。东北桥头北侧大约 20 米处有一小码头。

35 - C₃ 新村桥 〔东泉镇莫道行政村新村屯西南村边约 150 米无名小河沟上·明代〕 建于明代。南北走向，两台一墩梁式石板桥，长 8 米，两岸桥台用料石砌成，桥墩干砌。台、墩间各用一块大青石板铺架成桥面，一块石板长 4.13 米，宽 1.23 米，厚 0.52 米；另一块石板长 2.83 米，宽 1.18 米，厚 0.44 米。

36 - C₄ 覃村建筑群 〔古砦仫佬族乡龙美行政村覃村屯政府西约 800 米·清代〕 覃村占地面积约 6 万平方米，由 200 余栋房屋组成，多为清代建筑，砖、木、石结构，青砖墙，穿斗式木构架，硬山顶，盖小青瓦，木雕花窗。宅院以 7 条砖巷巷道连接，屋间隔道地面则用石块铺砌。村中有古井 5 口，原石门楼仍可见。

C₄₋₁ 覃州府衙狱 〔古砦仫佬族乡覃村屯中·清

代〕 始建于明代，清代重建。坐北朝南，砖木结构，两进院落，由正门、天井、公堂、男牢、女牢、刑房及狱官、狱卒寝室等组成，占地面积约600平方米。主体建筑面阔六间，穿斗式木构架，硬山顶。正门额原悬挂有"覃州府衙狱"木匾。正门右侧2米处有一瞭望口。门前上方有木雕篆书"寿"字花窗。村中有一100多平方米坪地，曾是犯人放风场所。

C4-2 覃村拱桥 〔古砦仫佬族乡覃村屯东南约100米覃村河下游 · 明代 · 自治区文物保护单位〕 建于明永乐年间（1403—1424）。《柳城县志》载，明人龙韬幼时"奉母至覃村，依舅氏居，村有桥，韬垂钓焉"。东南—西北走向，三孔石拱桥，长21米，宽3.4米，拱跨7米。桥身、桥拱用料石砌筑。两侧护栏石已毁，两端有引桥，各长15米。桥旁立有建桥碑刻1方。

37 – C5 潘村建筑群 〔古砦仫佬族乡云峰行政村潘村屯 · 清代〕 建于清代。共有民居80余座，长约150米，宽约140米，分布面积约21000平方米，南北走向。民居砖木结构，每座面阔三间，进深五间，青砖墙体，硬山顶，盖小青瓦。明间前檐为木板墙，有的墙上绘有图案，正梁及挑手浮雕纹饰，民居外围有4个砖石门楼，高二层，底砌料石上砌砖，上层有瞭望窗，下层砌条石踏跺，屯内通道用石板铺砌。

38 – C6 靖西何氏宗祠 〔大埔镇靖西行政村靖西村柳城大桥东桥头南侧约300米的融江东岸边上 · 清代〕 建于明末清初，清乾隆四十年（1775）、清嘉庆二年（1797）、清光绪二十七年（1901）均有重修。坐东朝西，砖木结构。二进院落，由山门、院子、正堂组成，占地面积324平方米。山门明间两侧为八字墙，门上嵌楷书"何氏宗祠"匾。门旁俯卧一石兽，院子宽敞。正堂为两层楼阁，面阔三间，山墙搁檩，硬山顶，盖小青瓦。正堂内为庐江堂，正中为祭台，两侧立砖柱，有楹联。

39 – C7 对河村拱桥 〔东泉镇对河行政村东南约100米蟠龙河上 · 清代〕 又名彩虹拱桥，清道光二十四年（1844）卢永康等倡建。南北走向。单孔石拱桥，长20米，宽4.2米，拱跨14.5米。桥身、桥拱皆用料石砌筑，石块上残留凿痕，桥面铺石及泥土，北端引桥已毁，南端为斜坡。

40 – C8 庆合桥 〔马山乡龙田行政村田村南约30米龙江河的无名小支流上 · 清代〕 建于清道光二十五年（1845）。南北走向，两台一墩梁式石板桥，长15米，宽1.2米，高3.6米。两台用料石筑成弧形伸向河面，桥墩用料石砌成。墩、台间架设6块条石作桥面，每石长4.8米，宽0.4米，厚0.3米。桥两侧无护栏。

桥北端原有《庆合桥碑记》等清代碑刻2方。

41 – C9 汤氏宗祠 〔东泉镇螺田行政村汤家屯 · 清代〕 建于清同治十二年（1873）。宗祠坐北朝南，砖木结构，两进院落，占地面积约350平方米。前座、后堂面阔三间，抬梁式木构架，悬山顶，盖小青瓦。前座置前檐廊，立石础圆木檐柱2根，门额挂"汤氏宗祠"木匾，门旁对联"铭盘世德，理学家风"，为光绪年间（1875—1908）柳州府尹林肇元题。天井中砌水池。后座前无檐墙，室内金柱6根，后檐墙置祭台。祠内金柱皆挂有楹联。宗祠东面约20米有名为"铭盘第"院门。

42 – C10 下雷塘黄氏宗祠 〔东泉镇永安行政村下雷塘村 · 清代〕 建于清光绪年间（1875—1908）。坐北朝南，砖木结构，二进院落，由前座、后堂、天井、厢房组成，占地面积270平方米。前座、后堂面阔三间，穿斗式木构架，硬山顶，室内四周墙壁上方有荷、竹、戏婴等彩绘壁画。前座设前檐廊，卷棚式廊顶，明间门额横挂"黄氏宗祠"木匾。后堂明间设牌位，两侧对联"宗开东粤迁西粤，派衍梅州及柳州"。

43 – C11 对河谢氏宗祠 〔东泉镇对河行政村对河村 · 清代〕 建于清光绪三年（1877）。宗祠坐北朝南，砖木结构。二进院落，由前门、后堂、天井、廊房等组成，占地面积600平方米。前门面阔三间，进深二间，前设檐廊，立石础圆木柱2根。明间开门，门额泥雕"康采居"，前设5级如意踏跺。后堂面阔、进深三间。门额匾刻"谢氏宗祠"，落款"光绪三年"。两侧有楹联1副。建筑皆抬梁式木构架，硬山顶，盖小青瓦。

44 – C12 旧村南门楼 〔古砦仫佬族乡古砦行政村旧村屯南面村头20米 · 清代〕 建于清代，光绪七年（1881）重建。坐北朝南，砖、石、木结构，二层楼阁，高6米，面阔5.3米，进深5米，占地面积26.5平方米。底层为料石墙，上层为青砖墙，硬山顶，盖小青瓦。前有内凹檐廊。底层为通道，门额嵌楷书"南峰启秀"门匾，通道内西面墙上有碑刻2方，分别记载重建大门捐资情况及清雍正七年（1729）古癣与旧村屯地界纠纷情况。上层为哨楼。

45 – C13 文岩拱桥 〔东泉镇永安行政村罗家屯西北边约200米的文岩河上 · 清代〕 建于清光绪十七年（1891）。东西走向，由子母两座单孔石拱桥组成，中隔一道岩石。单孔石拱桥，长20米（含引桥），宽2.82米。母桥拱跨5.5米，子桥拱跨1.8米。桥身、桥拱皆用料石砌筑，桥面铺石板，两侧有条石护栏，两端为坡状引桥，设有踏跺。子桥南侧桥面于1994年加宽。

46－C₁₄　**石垌拱桥**　〔东泉镇西安行政村石垌屯南面村头约 40 米的无名小河上·清代〕　清光绪十九年（1893）当地村民集资修建。东北—西南走向，单孔石拱桥，长 10 米，宽 3.27 米，拱跨 5.7 米。桥身、桥拱用料石干砌，桥面的泥土塌陷较严重，两端引桥用青石和砂石块浆砌成斜坡状。石垌屯还保留有建桥的碑记 1 方。

47－C₁₅　**西岸拱桥**　〔东泉镇西安行政村西岸屯南面村头约 400 米的无名小河上·清代〕　建于清光绪三十二年（1906），是当时东泉镇至洛埠镇一带的道路桥梁。西北—东南走向，单孔石拱桥，长 30 米，宽 4.1 米，拱跨 9 米。桥身、桥拱用料石浆砌。桥台和桥面用青石铺砌。桥面东北侧尚存长石条护栏，长 5.3 米，高 0.6 米。

48－C₁₆　**古廪桥亭桥**　〔古砦仫佬族乡古砦行政村古廪屯南 1500 米桥停河·清代〕　建于清代，具体时间不详。共有单孔石拱桥 3 座，均东西走向。其中两桥桥台相连接，总长 20.7 米，其一桥长 6 米，宽 3.08 米，拱跨 4 米；其二桥长 10 米，宽 3.3 米，拱跨 3.4 米。另一拱桥长 1.6 米，宽 1.45 米，拱跨 2.1 米。桥身、桥拱用规整料石干砌，桥面铺石板。

49－C₁₇　**谢家谢氏宗祠**　〔凤山镇旧县行政村谢家屯·清代〕　建于清代，具体时间不详。坐东朝西，砖木结构，原有两座并列祠堂及侧厢房，现存单体平房一座，占地面积约 400 平方米。面阔、进深三间，清水墙，抬梁式木构架，硬山顶，盖小青瓦。檐柱、金柱皆为方形砖柱。原有"谢氏宗祠"木匾已毁，祠堂内有清代"文魁""进士"木匾 3 块。门前立有历次重修祠堂碑记 39 方。

50－D₁　**十五坡摩崖石刻**　〔古砦仫佬族乡十五坡行政村十五坡村东约 10 米融江西岸崖壁上·清代〕　摩崖石刻 1 方。清康熙二十二年（1683）刻。刻面高 0.45 米，宽 0.45 米。碑文竖行，计 24 字，楷书，阴刻。刻文记述"北乡龙袍村文林郎侍用修码头石梯一道"。涨水时石刻被淹，部分字风化。

51－D₂　**文岩摩崖石刻**　〔东泉镇螺田行政村寨脚屯北约 250 米文岩洞·清代〕　摩崖石刻 1 方。清嘉庆十四年（1809）刻。刻面高 0.47 米，宽 0.39 米。刻文竖 11 行，满行 10—13 字，计 140 字，楷书，阴刻。无首题，刻文记述：文岩洞门前旷而无关，有信士罗炳章、章配缘、龙法成、龙振河等人，请匠人挑泥填平台前，砖砌安好门头，升以匾联。是以为序。落款"嘉庆十四年岁次己巳年冬月立"。

52－D₃　**网山洞摩崖石刻**　〔凤山镇对河行政村塘进村西北约 600 米网山南麓网山洞东壁上·清代〕

摩崖石刻 1 方。清嘉庆二十年（1815）刻。刻面高 0.76 米，宽 2.6 米。刻文竖 36 行，满行 17 字，计 612 字，楷书，阴刻。张大聪撰文并书丹。无首题，落款"大清嘉庆乙亥岁仲春吉旦张大聪沐手蓝第"。刻文记述：本县大湾村全大定之子有足疾，全大定到全州山寺为子求医，子病愈。全大定集资在此建开山寺。总耗银三千四百两，花时六年。现庙毁石刻存。

53－D₄　**南平桥碑记**　〔大埔镇北南平桥南约 80 米小土岭西北岭脚·清代〕　碑刻 1 方。清乾隆三十八年（1773）立。碑阳朝南，碑、座通高 1.18 米，厚 0.21 米。横行额题"南平桥碑记"，碑文竖 20 行，部分字迹模糊不清，内容记载了修建南平桥经过及捐款芳名，楷书，阴刻。

54－D₅　**马平县界石碑**　〔原立社冲乡仓贝行政村南山屯西面约 2.5 公里与柳江县流山镇交界处，现存柳城县档案局·清代〕　清乾隆四十二年（1777）立。为柳城和柳江两县分界碑。碑高 1.14 米，宽 0.36 米，厚 0.21 米。碑文竖 2 行，中部刻"马平县界石"，左下落款"乾隆四十二年八月立"，楷书。

55－D₆　**万古禁款碑**　〔东泉镇莫道行政村莫道屯北面村口 6 号门牌院子东南角·清代〕　碑刻 1 方。清宣统二年（1910）立。碑阳朝东南，高 1.07 米，宽 0.62 米，厚 0.18 米。额题"万古禁款"，落款"宣统二年春"。碑文竖行，楷书，阴刻。碑文记载清宣统二年中渡县（今鹿寨县）抚民厅调解莫道村民土地纠纷案及结案处理情况。

56－E₁　**宝山寨遗址**　〔马山乡龙田行政村田村屯东北·1853 年〕　1853 年，天地会首萧亚杞、乔老苗等率领会众起义攻融县城。后退宝山驻扎为寨。遗址位于宝山顶，四周山峰环抱，山谷平地可容数千人。现山东面坳口尚存石砌寨墙，长约 60 米，高 2 米，厚 0.9 米，开一寨门。（见《太平天国前后广西反清运动》）

57－E₂　**田村县衙旧址**　〔马山乡龙田行政村田村屯·1853 年〕　清咸丰三年至十一年间（1853—1861），乔老苗、陈戊养等领导的天地会、大成国李文茂部、太平军石达开部等，占据县城。知县洪光岳被迫将县衙迁田村。旧址原为住宅，清嘉庆、咸丰时期（1796—1851）建。坐西南朝东北，砖木结构，四合院，占地面积约 194 平方米。前为县衙大门，面阔三间，硬山顶。房内原木板隔墙已改为砖墙，三合土地面。大门两侧另有配房，是处理公务的公署及寝室住所等。中间为天井，内有配房两间，设有牢房等建筑（已拆毁）。《柳城县志》有载。

58－E₃　**刘八寨址**　〔大埔镇六休行政村山脚屯东

约 1 公里狮子山上的山谷里·1858 年〕 刘八（？—1871），原名刘洁，广西柳城凤山头塘村大石屯人。清咸丰八年（1858）在柳城发动农民起义，攻县城，杀知县邓树崇于马山街，刘八驻营狮子山，垒筑营寨，故名柳八寨。狮子山海拔 602 米，现山上西北、东南两个坳口和山谷内尚存石墙 3 道。石墙用料石垒筑而成。每道石墙长 70 余米，厚 0.9—1 米，高 1.5—3.5 米。均东北—西南走向，石墙倒塌严重。

59 - E₄　窑平义冢　〔东泉镇螺田行政村菜园村西 300 米·1884 年〕 1859 年 10 月，太平军石达开部回师广西西进途中，于东泉同清军和当地地主武装冲突。事后，清光绪十年（1884）三月，村民将阵亡清兵团勇遗骸合葬立碑，称为"义冢"。为圆丘形土冢，底径 4 米，高约 1.4 米。碑文记述"咸丰之季世遭石逆之戈兵"一事。

60 - E₅　易文藻墓　〔凤山镇凤凰岭·1913 年〕 易文藻（1875—1913），字采脥，广西柳城县凤山镇人，同盟会员，民国参议院议员。1913 年因参加反对袁世凯的运动在北京被杀害，归葬故里。墓葬修建于 1913 年，20 世纪 60 年代被毁，1985 年柳城县人民政府按原样重修。墓葬朝西南，冢呈圆形，料石包砌，高 1.9 米，底径 4 米，占地面积约 6 平方米。墓碑刻"中华民国参议员易君文藻采脥长兄之墓"，落款"中华民国二年八月六号立"。墓南侧有易文藻侄女 1985 年立水泥碑 1 方。

61 - E₆　杨清义墓　〔马山乡横山行政村横水屯南约 1 公里大龙水库旁的无名岭上·1914 年〕 杨清义（1836—1914）。江西南昌府丰城县建楼村人。清咸丰九年（1859）十月随太平军翼王石达开部汇师广西，经柳城县时，落户马山洛崖。墓葬建于 1914 年，朝北。圆丘形土冢，底径约 3 米，高 0.9 米。占地面积约 7.5 平方米。墓碑碑文记述墓主落户柳城之经过。

62 - E₇　何中权墓　〔大埔镇城东·1930 年〕 何中权（1887—1930），字绍衡，广西柳城县大埔镇人。国民革命军陆军少将。曾任广西陆军第五纵队司令、边防军第八路军司令等职。墓葬朝西，圆丘形土冢，底径 2 米，高 0.8 米。墓前墙砖砌成三角形，中嵌墓碑，宝盖碑顶。

63 - E₈　陈烈乌鸾山题刻　〔凤山镇东南约 80 米乌鸾山·1937 年〕 摩崖石刻 1 方。1937 年刻。陈烈（1902—1940），字石经，广西柳城县凤山镇人。国民革命军第 54 军军长，陆军中将。1937 年回故乡凤山，游乌鸾山，在山脚一泉眼的石壁上榜书"鸾山水美"4 字，落款"陈烈题十六、九"，竖 2 行，计 9 字，草书，阴刻。刻面高 2 米，宽 0.22 米。

64 - E₉　《柳州日报》柳城分社旧址　〔龙头镇龙头中学的东南边·1942 年〕 1942 年 2 月，《柳州日报》在柳城龙头镇设《柳州日报》柳城分社，出版日报，宣传抗日救国。旧址为何庆英住宅，坐西北朝东南，砖木结构，曲尺形平房共七间，占地面积约 170 平方米。主屋面阔三间，进深二间，明间为通廊，青砖、泥砖隔墙，硬山顶，盖小青瓦。屋后东北面并列二间，进深一间，尾间为炮楼。周有三合土围墙，高约 2 米。

65 - E₁₀　鸡母岭碉楼　〔沙埔镇古仁行政村鸡母岭屯鸡母岭脚·1945 年〕 1945 年 8 月，200 多名中国军民被侵华日军包围于鸡母岭屯，激战一天两夜，除部分突围外，均遭日军杀害。3 座碉楼为民国时期柳城县参议院参议长曾贯之建，是当时中国军民据守的制高点。碉楼为两层楼房，三合土墙，墙开枪眼，硬山顶，盖小青瓦。占地面积最小的 17.6 平方米，最大的 28.5 平方米。另有门楼及围墙。现碉楼残墙断壁上尚可见弹痕累累。

66 - E₁₁　中共广西桂柳区工委交通站旧址　〔大埔镇镇政府内·1947—1949 年〕 1947 年中共广西桂柳区工委在此设立交通站。1949 年 1 月桂柳区工委撤销后，是中共广西省农委的交通站，直到解放。旧址原为居民杨富凡住宅，坐北朝南，木构架瓦房，泥墙，悬山顶。占地面积约 35 平方米。

67 - E₁₂　凤山镇碉楼　〔凤山镇城凤山社区·民国〕 建于民国初，具体时间不详。民国时期国民党柳城县党部、柳城县女子学校曾先后设于此。碉楼为三合土三层楼房，面阔、进深一间，悬山顶，盖小青瓦。各层墙壁均有窗及枪眼。顶层西、南墙壁横开大窗约 3 米。

68 - E₁₃　芭芒碉楼　〔沙埔镇沙埔行政村芭芒屯南·民国〕 建于民国初，具体时间不详。坐北朝南，三合土、砖木结构。面阔 7.9 米，进深 7.7 米，高约 12 米，占地面积 60.8 平方米。碉楼共分五层，底四层是三合土墙体，顶层为青砖墙体，楼内中心立一根青砖柱直通顶端，各层架设木楼板。悬山顶，盖小青瓦。碉楼四面墙体上有枪眼和瞭望眼。

69 - E₁₄　妙景炮楼　〔寨隆镇寨隆行政村妙景屯西南背山的东南约 50 米·1950 年〕 1950 年 8 月 18 日，中国人民解放军某部 438 团 1 营及县大队、六塘区中队和民兵围歼盘踞寨隆妙景村土匪，匪支队副司令以下 209 人破歼。炮楼为当年战场之一。炮楼坐西北朝东南，面阔 4.57 米，进深 4.15 米，高五层约 12 米，占地面积 18.97 平方米。炮楼外墙上用青砖，内墙砌泥砖。内墙面呈台阶状，四、五层开有枪眼瞭望窗。

70 - E₁₅　白阳岭烈士陵园　〔大埔镇白阳北路白阳

岭·1952年〕 建于1952年。1951年全国政协广西省土改工作团在沙塘区作土改试点工作，1952年1月8日，工作团成员晏铸、程明沏、张昆刚被土匪韦家杀害，和其他4位烈士一同葬于白杨岭。陵园由纪念碑和7座烈士墓组成，占地面积约3500平方米。纪念碑为砖水泥结构，方形基座，后有郭沫若敬书碑刻1方，碑文记载三位烈士牺牲的经过。座上立柱形碑，高约10米。正面书"晏铸、程明沏、张昆刚三烈士永垂不朽郭沫若敬题"。纪念碑北面约45米为烈士墓，7座烈士墓，成横列，冢呈长方形，弧形顶，长3米、宽、高各1.5米。墓前立牌楼式牌坊。

71-E₁₆ 二十四板桥革命烈士墓 〔大埔镇靖西行政村靖西村二十四板桥东南约200米无名岭·1952年〕 1952年，柳城县人民委员会、中共柳城县委员将参加解放战争的无名烈士迁葬于此。烈士墓朝北，砖混凝土结构，占地面积约45平方米。冢呈长方形，长6.5米、宽3米、高3米，墓前嵌有墓碑1方，宽1米、高1.4米，正面竖刻"永垂不朽"。墓前有半圆形祭台，东、西两侧有砖砌围栏。

72-E₁₇ 侯信烈士墓 〔太平镇龙盘山东面·1963年〕 侯信（1919—1949），又名骏驹，广西柳城人，任柳北人民解放总队第2大队大队长，1949年11月在太平战斗中牺牲。烈士墓由纪念塔及墓冢组成，占地面积约1200平方米。原墓位于融安潭头，1963年迁葬于此。墓朝西，冢用水泥覆面，呈圆丘形，底径1.75米、高2.1米。墓前立牌楼式墓门，壁正中下方镶水泥碑，碑文"革命烈士侯信同志之墓"及烈士简历。纪念塔立柱形，顶塑五角星，高10米，正面题"侯信烈士永垂不朽"。有35级混凝土台阶通往山脚。

73-E₁₈ 东泉烈士陵园 〔东泉镇西边约800米的一座小山陵上·1989年〕 为了纪念1950年至1954年在剿匪战斗中牺牲的解放军战士、民兵以及1981年6月13日牺牲的戍边战士莫金华等烈士等。东泉镇人民政府于1987年修建。陵园坐北朝南，由主碑、卧碑、烈士浮雕、忠骨存放室、瞻仰台、管理室等建筑组成，占地面积约1000平方米。主碑为方柱形，高约15米，顶端塑红五星，下有沈章平题词"革命烈士永垂不朽"。碑座四周镶嵌6幅汉白玉浮雕，重现烈士雄姿。卧碑立在主碑前，高2米，正面书"烈士纪念碑"，镌刻烈士的事迹，背面书"革命烈士陵园纪念碑"，悼念平台立于主碑前，忠骨存放室、瞻仰台、石狮、管理室等列于主碑四周。

74-F₁ 湖南会馆 〔凤山镇凤山社区凤山粮所内·1913年〕 始建时间不详。清乾隆四十六年（1781）、清嘉庆元年（1796）、1913年重修，仅存单座。会馆坐东南朝西北，砖木结构。面阔三间12.8米，进深12.7米，高约9米。砖墙，穿斗与抬梁混合木构架，硬山顶。前设檐廊，立石础圆木柱2根。明间开门，次间开窗。占地面积162.6平方米。

75-F₂ 洛崖码头 〔大埔镇洛崖社区洛崖街东北融江的西南岸边·1936年〕 建于1936年。是古砦、龙美、云峰、冲脉、六塘、马山以及洛崖等地通往柳州、广州等地的水运集散地。码头东南—西北走向，用方形石块砌筑，现存44级台阶，长22.5米，宽5米，每5级台阶间隔一小平台，台阶两侧有混凝土浆砌石护栏墙；中间方形石上刻有隶书"民国二十五年仲冬筑"。

76-G₁ 南蛇岭石器出土点 〔大埔镇文休行政村杨柳村南蛇岭·旧石器时代〕 在南蛇岭方圆10米内采集到砍砸器5件。其中3件呈楔形，2件扁形，打击点明显，最大的1件长0.17米，宽0.12米，厚0.06米。

77-G₂ 铜盆岭石器出土点 〔大埔镇六休行政村杨柳村铜盆岭·新石器时代〕 在铜盆岭上采集到打击石器4件。其中砍砸器2件，石斧2件。

78-G₃ 狮子岭石器出土点 〔大埔镇北约4公里狮子岭·新石器时代〕 在狮子岭采集到石器10件。其中打击石器9件，砺石器1件。

79-G₄ 中寨石器出土点 〔大埔镇中寨行政村中寨村西南约800米融江河滩·新石器时代〕 在融江河滩砾石中采集到石器2件，其中一件为打制的尖状器；另一件为磨制的双肩石斧，长0.07米，宽0.047米。

80-G₆ 古城石器出土点 〔凤山镇古城村西约100米融江东岸·新石器时代〕 在村西约100米的融江东岸阶地上，采集到石器7件。其中砍砸器4件，磨光石斧2件，网坠1件。网坠长0.16米，宽0.13米，厚0.06米。

81-G₇ 古廨石器出土点 〔古砦仫佬乡古砦行政村古廨屯西约200米·新石器时代〕 1979年，村民在开垦荒地时，挖至深0.1米发现双肩石铲1件。出土时，石铲刃部向上，石铲束腰，铲尖呈舌形，刃部平整，长0.33米，最宽0.215米。

融安县

1-A₁ 娃仔坡遗址 〔长安镇安宁行政村黄家寨村娃仔坡融江西面沿河台地上·新石器时代〕 山坡（台地）遗址。1981年发现。调查时在地表采集石网坠多件，分布面积约15平方米。文化层已被遭破坏，未经发掘，遗址面积、文化内涵不详。

2 – A₂ **牛崖遗址** 〔浮石镇浮石行政村牛崖村融江河东岸·新石器时代〕 西山坡（台地）遗址。1981年发现。遗址在融江河东岸沿河Ⅱ级台地上，东面临209国道。发现零散的文化层，分布面积约5000平方米。采集到打制砍砸器3件。

3 – B₁ **融安南朝墓群** 〔长安镇安宁行政村黄家寨、木寨村行政村马架屯、红卫村行政村下崩冲屯、东圩行政村、浮石镇泉头行政村九龙屯一带·南朝·自治区文物保护单位〕 分布范围北起长安镇的安宁行政村黄家寨、南到浮石镇泉头行政村九龙坡屯一带的融江两岸，包括安宁村、牛寨坡、牛爬塘和九龙屯等墓群，面积约6平方公里，墓葬数目不详。自1979年以来，先后发掘了其中的10座，有土坑墓和砖室墓两类，土坑墓为长方形；砖室墓有单室券顶墓、多室券顶墓等，平面呈"凸"字形和"中"字形。出土器物主要有滑石器、青瓷器、铜器和金器等80余件。

B₁₋₁ **安宁墓群** 〔长安镇安宁行政村黄家寨西边·南朝〕 分布面积约4平方公里。墓葬封土不明显。1979年以来，清理了7座砖室墓和1座土坑墓。土坑墓为长方形，砖室墓有"凸"字形和"中"字形两种。墓砖红色，饰人像和缠枝花。出土滑石俑、猪、杯、勺、钵、甑、盘、地券及青瓷碗、盘、砚等，共39件。（见《考古》1983年9期、1984年7期）

B₁₋₂ **2号南朝墓** 〔长安镇安宁行政村黄家寨·南朝〕 为券顶砖室墓，方向239度。平面呈"凸"字形，由甬道、墓室、供台组成。墓底平铺红砖两层，上层呈人字形，下层一横一竖铺砌。顶部塌落。出土青瓷碗、砚及滑石杯、砚、男俑、女俑、猪、买地券等共11件。滑石买地券上刻"太岁己亥年十二月四日齐熙郡覃（潭）中县"等字。"己亥年"为梁武帝萧衍天监十八年（519）。

B₁₋₃ **4号南朝墓** 〔长安镇安宁行政村黄家寨·南朝〕 为券顶砖室墓，方向92度。平面呈"中"字形，由前室、中室及后室组成。前室长1.3米，宽1.38米；中室长3.02米，宽1.86米；后室长1.25米，宽1.32米。前室的前壁、后室的后壁内侧及前、中、后三室之内的两壁中，各设砌一角柱。墓底平铺二层红砖，中室高出前室0.32米，其间有5级单砖砌阶梯；后室以矮砖墙分隔。墓顶塌落，早年被盗。随葬品存滑石盘、滑石俑、滑石猪和铜镜共4件。

B₁₋₄ **5号南朝墓** 〔长安镇安宁行政村黄家寨·南朝〕 为长方形竖穴土坑墓，方向280度。墓室长5.2米，宽2米。沿坑壁四周有厚约0.32米的木炭，坑内亦堆积大量的炭块，墓底开三条横向沟槽。葬具

及尸骨已朽。从装饰品出土位置判断，死者头西足东。随葬品集于西端，计有青瓷器、陶器、滑石器、铜器、金器共22件。

B₁₋₅ **牛寨坡墓群** 〔长安镇木寨行政村马架屯南约450米·南朝〕 分布面积0.2平方公里，在此范围内显露3座砖室墓，墓砖呈红色，被盗挖1座，出土青瓷片、滑石猪及铜质残件等遗物。

B₁₋₆ **牛爬塘墓群** 〔长安镇红卫行政村下崩冲屯东南约1000米·南朝〕 墓群分布在面积约9000平方米的台地上，1980年和1981年分别发现，并清理2座砖室墓。出土滑石杯、滑石俑、滑石猪和陶四系罐等遗物。

4 – B₂ **覃光佃墓** 〔长安镇太平行政村太平屯南面白坟塘边·北宋·县文物保护单位〕 覃光佃，广西融安长安镇大乐村人。北宋开宝年间（968—976）进士，历任监察御史、都总管兼劝农使等职。墓葬朝南，冢呈圆丘形，高1.1米，底径约3米。墓碑高0.85米，宽0.6米，上刻"有宋银青光禄覃大夫墓"等字，明代进士陈容丹于明万历十一年（1583）立。此墓传说为衣冠冢。

5 – B₃ **罗永山墓** 〔桥板乡桥板行政村东北约600米松树坡·明代〕 罗永山，明代富禄（今桥板乡一带）世袭土巡检司，曾参与清剿韦银豹起义有功而受封。葬于明末，清嘉庆二十年（1815）重修立碑。墓葬朝南，冢为圆丘形，料石围砌。高2.5米，底径4米，占地面积约20平方米。墓碑高1.25米，宽0.86米，厚0.13米。碑首浮雕双龙戏珠，墓面刻"明世袭土巡检罗公讳永山公之墓"，两边小字述墓主家世及参与围剿韦银豹起义的史实。

6 – B₄ **潘世龙墓** 〔大将镇板茂行政村木赖屯东约1500米山上·清代〕 潘世龙（？—1764），又名潘瑞龙，号腾飞，融安大将镇保安村富户，例授员外郎。生前捐款修路数十里，建桥梁72座，兴修多处义渡。墓建于清乾隆二十九年（1764）。墓葬朝西，冢呈圆丘形，周边用青砖围砌，冢高2.3米，底径3.2米。占地面积约8平方米。

7 – B₅ **硫磺岭清墓** 〔泗顶镇吉照行政村泗浪屯西约100米硫磺岭·清代〕 建于清光绪二十五年（1899）。墓葬朝东，冢呈圆丘形，周边用长1.25米、宽0.4米、厚0.2米的料石围砌，上下共3层，高1.2米，底径2米，墓碑高1.6米，宽1米，顶有庑殿顶碑盖，碑面刻墓主姓名、生平，文字多不清。占地约8平方米。

8 – C₁ **山背石塔** 〔浮石镇六寮行政村山背屯西金顶坳·明代〕 俗称"镇邪塔"，为石塔。建于明

末，具体时间不详。平面呈八角形，高六层 7 米。塔基用料石干砌，底周长 9.51 米，占地面积 14.63 平方米。底层用料石砌筑，以上用青砖砌成。各层以上每面开高 0.7 米、宽 0.3 米拱门或假拱门，圆锥形刹。原上三层被毁，1916 年按原貌修复。

9 – C_2　肚王桥　〔东起乡红日行政村上甲屯西约 150 米小河上·清代〕　建于清康熙三十二年（1693）。东西走向，单孔石拱桥，长 7 米，宽 3.3 米，桥身用料石干砌，单层料石券拱，桥面铺料石。桥头有清康熙三十二年建桥碑记 1 方。

10 – C_3　西浔桥　〔潭头乡东相行政村西浔村东约 300 米西浔河上·清代〕　建于清乾隆年间（1736—1795），具体时间不详。东西走向，二台十墩梁式石板桥，长 38.3 米，宽 1.1 米。桥面为墩、台间铺一块长石板，每块长约 3 米，厚 0.3—0.5 米。桥台、墩均料石叠砌，桥墩迎水面呈分水尖状。

11 – C_4　萃文桥　〔长安镇塘寨行政村塘寨屯南约 20 米小沟上·清代〕　建于清乾隆年间（1736—1795），具体时间不详。东南—西北走向，单孔石拱平桥，长 14.5 米，宽 3 米，拱跨 2.8 米。桥身、桥拱用料石砌筑，桥拱侧阴刻"萃文桥"3 字。桥两端与地面齐平。

12 – C_5　朝岭桥　〔沙子乡三睦行政村朝岭屯东约 150 米朝岭河东边的支流上·清代〕　建于清乾隆年间（1736—1795），具体时间不详。东西走向。二台四墩梁式石板桥，长 16.5 米，宽 0.85 米，桥墩、台用条石砌成，墩间距离约 2—3 米。墩、台间架设长条石板成桥面。

13 – C_6　会仙寺　〔大良镇新寨行政村新寨屯东南面山腰·清代〕　建于清乾隆年间（1736—1795），嘉庆十六年（1811）、咸丰二年（1852）重修。建于山腰上一个天然岩洞中，面积约 200 平方米。建筑以岩洞顶为屋顶，只砌外砖墙及内隔墙，均不到顶，外墙开 3 门，门口右上方石壁阴刻"会仙寺"三个字。寺中有佛像 3 尊，记事碑 2 方。

C_{6-1}　会仙寺碑　〔大良镇新寨屯会仙寺岩洞内·清代〕　碑刻 1 方。进入岩洞约 8 米深处，崖壁边《重修会仙寺碑》尚存，碑高 1.3 米，宽 0.9 米。碑文竖行，楷书，阴刻。落款"咸丰二年"。碑文记述会仙寺"屋宇累被山中石落，尽皆颓坏"，因此乡中父老解囊捐资重修会仙寺。

14 – C_7　大陆桥　〔长安镇塘寨行政村大陆屯东面旱沟上·清代〕　建于清乾隆二十一年（1756）。东北—西南走向，单孔石拱桥，长 17.4 米，宽 2.3 米。拱跨 8 米。桥身、桥拱用料石干砌，桥面铺石板，桥

侧有护栏石。原建桥碑已毁。

15 – C_8　老街桥　〔大良镇大良社区老街东南约 100 米小水沟上·清代〕　建于清乾隆三十年（1765），道光十年（1830）重修。原称"西渡桥"，东西走向，两台单孔梁式石板桥，桥长 3 米，宽 1.8 米。桥面为 2 块石板架铺于二台间，桥东端有清道光十年（1830）《鲤鱼镇西渡桥碑》1 方。

16 – C_9　东茶家屯桥　〔浮石镇桥头行政村东茶家屯西北约 500 米茶岭沟上·清代〕　建于清乾隆四十年（1775）。东南—西北走向。单孔石拱桥，长 8 米，宽 2.35 米，拱跨 3.5 米。用片石、料石干砌桥身，料石砌桥拱，桥面铺料石，两端各有引桥 2.5 米。

17 – C_{10}　西寨桥　〔浮石镇东江行政村西寨屯东北约 1 公里西寨河上·清代〕　建于清乾隆五十年（1785）。东北—西南走向，两台六墩梁式石板桥，长 16 米，宽 1 米，墩距 2—3 米。石砌桥墩，迎水面呈分水尖状，墩中部有凹槽，墩、台面凹槽嵌铺长条石板 1 块为桥面，厚 0.6 米。

18 – C_{11}　余氏宗祠　〔浮石镇谏村行政村黎家屯·清代〕　建于清嘉庆元年（1796）。坐东朝西，砖木结构。三进院落，分前座、中厅、后堂及天井、厢房，占地面积 786.6 平方米，前座设前檐廊，面阔三间，青砖墙，抬梁式木构架。硬山顶，盖小青瓦。人字山墙，外檐墙有彩绘。天井侧墙开拱门，祠内尚存部分镂雕装饰。

19 – C_{12}　王氏宗祠　〔浮石镇东江行政村粟坡屯南头·清代〕　建于清嘉庆十三年（1808）。坐东朝西，砖木结构。三合院，由前门、正堂、天井、厢房组成，占地面积约 327.6 平方米。前门面阔一间，门额书"王氏宗祠"匾，门前置石鼓 1 对，单面坡瓦顶。天井南、北侧各有厢房三间，进深一间；东面为正堂，面阔、进深三间，檐柱 2 根，掌拱承挑梁，内金柱两组共 4 根，抬梁式木构架，明间为敞厅，前置 3 级石踏跺。

20 – C_{13}　莫氏宗祠　〔潭头乡东相行政村风村村内·清代〕　建于清嘉庆二十四年（1819），清光绪二十一年（1895）重修。坐西朝东，砖木结构，三进院落，由前门、中厅、后堂及天井、厢房组成，面积约 330 平方米。主体建筑面阔三间，进深二间，抬梁式木构架，硬山顶，盖小青瓦。墙设木格直棂窗。前门额书"莫氏宗祠"匾，中厅耳阴墙嵌嘉庆二十四年建祠堂碑 1 方，记载修建祠堂之情况及捐款芳名。后堂前檐石柱阴刻楹联 1 对。

21 – C_{14}　圩背桥　〔潭头乡潭头行政村南约 1 公里河沟中学南面·清代〕　建于清道光年间（1821—

1850），具体时间不详。南北走向，单孔石拱桥，长 11 米，宽 2 米，拱跨 3.5 米。桥身、桥拱以料石干砌，拱顶部位厚 0.5 米。桥面栏石已不存。

22 – C₁₅　山口覃氏宗祠〔大良镇山口行政村山口屯·清代〕　建于清道光十三年（1833）。坐东朝西，砖木结构，二进院落，由前座、后堂、天井组成，占地面积约 200 平方米。前座、后堂面阔三间，青砖墙，硬山顶，盖小青瓦。前座明间双开木门，门后为过道。后堂前置 3 级石踏跺，内为通厅，立 6 根圆木金柱，穿斗与抬梁混合木构架，厅堂上悬挂"始兴堂"木匾。

23 – C₁₆　覃家祠堂〔东起乡崖脚行政村北村屯·清代〕　建于清道光二十三年（1843）。坐东朝西，砖木结构，二进院落，分前座、后堂、中间天井、左右走廊，占地面积约 350 平方米。前座、后堂面阔三间，进深二间，穿斗式木构架，硬山顶，盖小青瓦，弧形封火墙。

24 – C₁₇　红岭桥〔潭头乡红岭行政村红岭圩东南约 200 米山岭前小河上·清代〕　建于清咸丰元年（1851）。东西走向，二台十二墩梁式石板桥，长 52 米，宽 2.62 米，桥墩用 2—3 块大条石砌成，桥面为在墩、台间用厚 0.35 米石板 2 块并列铺成。

25 – C₁₈　小弄拱桥〔大将镇东潭行政村小弄屯东面小河沟·清代〕　建于清同治六年（1867）。为当时融县至高寿县之要道。东南—西北走向，单孔石拱平桥，长 6.5 米，宽 2.4 米，高 3.5 米。桥身、桥拱用料石砌筑，桥面铺料石。桥旁有清同治六年建桥碑记 1 方。

26 – C₁₉　陈氏宗祠〔大良镇和南行政村西村·清代·县文物保护单位〕　又称颍川堂。始建年代不详，清同治十三年（1874）重修。坐西朝东，砖木结构，二进院落，由前座、后堂、天井及两侧厢房组成，占地面积 503.8 平方米。前座、后堂面阔三间，砖墙石檐柱，刻楹联。抬梁式木构架，硬山顶，盖小青瓦。前座前数米砌"凸"字形照壁，明间有前凹廊，门额挂"陈氏宗祠"木匾，厅内正梁书"大清同治十三年岁次甲戌仲冬吉日重修"。后堂前檐由格栅木门组成，南、北两侧厢房面阔三间，单坡瓦顶，弧形封火墙。

27 – C₂₀　章口桥〔雅瑶乡章口行政村章口屯东北边雅瑶河支流上·清代〕　清光绪十六年（1890）村民们捐款修建。是当时通往桂林的邮路的道路桥梁。南北走向，单孔石拱桥，长 4.8 米，宽 2.35 米，用片石砌桥身，料石单层桥拱，桥面铺石块。

28 – C₂₁　龙石拱桥〔东起乡安太行政村罗洞屯村级公路旁·清代〕　建于清光绪十七年（1891）。东西走向，单孔石拱桥，长 6.8 米，宽 3.4 米，拱跨 3 米。

桥身、桥拱用片石砌成，两侧用长条石压边，南侧护栏石板已脱落，桥面青石板只剩 1 块。

29 – C₂₂　杨家庄寨门〔潭头乡西岸行政村杨家屯西·清代·县文物保护单位〕　建于清光绪十九年（1893）。杨家庄原有砖围墙，现墙毁，仅存寨门。寨门为砖石结构，高 4 米，宽 5.1 米。四根方形石柱立于柱础上，柱顶呈尖锥体，柱间用砖砌墙，中间二柱间开一拱门，门高 2.5 米，宽 2.1 米，额刻"杨家庄" 3 个字，人字顶。

30 – C₂₃　朝岭拱桥〔沙子乡三睦村行政朝岭屯西北约 150 米朝岭河上·清代〕　建于清光绪二十年（1894）。东西走向，单孔石拱桥，长 8.6 米，宽 4.4 米，高 4 米。桥身用料石干砌，单层料石券拱，桥面铺石板，厚 0.7 米，两侧条石护栏大部分已拆毁，两端各有石踏跺 10 余级。

31 – C₂₄　龙氏宗祠〔东起乡红日行政村东皇屯北面·清代〕　建于清光绪三十四年（1908）。坐东朝西，砖木结构。二进院落，由前座、后堂、天井、厢房组成，占地面积 409.4 平方米。前座、后堂面阔三间，青砖墙，硬山顶，盖小青瓦。前座明间设内凹廊，门两侧置石鼓 1 对，门前置 5 级垂带踏跺。后堂进深四间，前檐柱 2 根，圆木金柱石四组 8 根，屋前置 4 级踏跺。天井两侧厢房向院外凸出，单檐瓦顶。

32 – C₂₅　张氏宗祠〔大良镇古兰行政村里居屯·清代·县文物保护单位〕　建于清代，具体时间不详。坐东朝西，砖木结构。由二进院落及南侧厢房组成，占地面积约 352 平方米。前座、后堂面阔三间，青砖墙，硬山顶，盖小青瓦，马头山墙。前座明间有内凹廊，门额上挂"张氏宗祠"木匾，门旁置石鼓 1 对。后堂进深三间，有前檐廊，石檐柱 2 根，堂内木金柱三组 6 根。前檐为砖砌槛墙，方格木槛窗。天井两侧有敞开式走廊。庭院墙外南侧接厢房一排，单檐瓦顶。

33 – C₂₆　北山泉井〔潭头乡岭背行政村北山村·清代〕　为三口（吃、洗、用三口）三级连体井，井圈用长 1 米以上、宽 0.5 米的花岗岩条石围砌成，平面呈长方形，南北长 13.4 米，东西宽 6.6 米，面积约 88.4 平方米。水源由村北雷公岩流出，向南经村头至井。

34 – D₁　雷公山摩崖石刻〔沙子乡红妙行政村红妙村西北雷公山东面岩壁上·宋代·县文物保护单位〕摩崖石刻 1 方。刻于宋代。石刻在山崖高约 30 米处，刻面高 0.15 米，宽 0.2 米，题刻"宋故雷公之墓"，字径 0.2 米，篆体，阴刻。因开山修路墓已被毁，只剩下崖壁上碑文 6 字。《融县志》载："雷公系何人？墓于何人亦不可考。"

35 – D₂ 猫儿山摩崖石刻 〔沙子乡麻山行政村宅岭屯东北猫儿山·清代·县文物保护单位〕 摩崖石刻 1 方。清咸丰四年（1854）刻。石壁上刻有一大圆套小圆，大圆径 0.8 米，小圆径 0.55 米。大圆内额刻"猫儿山"3 个字，小圆内竖刻："无待教读，式合天民，倾家不顾，悉为其亲，沿山草木，祈勿剪焚，伊何人斯，孝子左寅。"楷书，阴刻。大圆左边款"大清咸丰四年立"，右边款"花月冠山居士题"。

36 – D₃ 大岩山摩崖石刻 〔大良镇石门行政村都月村西南大岩山·清代〕 又名仙桂山。南面山腰有一岩洞，岩前有山门，门两侧有石墙，共 10 余米。有匾刻 2 方。一为山门匾刻"仙桂山"三字，二在洞口额上刻"绳武岩"3 字，均为楷书，阴刻。刻面高 0.35 米，宽 0.3 米。

37 – D₄ 雷公岩摩崖石刻 〔潭头乡岭背行政村北山屯西面雷公岩内·清代〕 洞内岩壁上有清代石刻 2 方，清光绪二十七年（1901）刻。刻面高 0.75 米，宽 0.35 米，一方内容被磨光，只存落款"光绪庚子年六月初三立"；另一方刻入岩的 46 名户主名单，无落款。刻文皆阴刻，楷书。

38 – D₅ 井背岩摩崖石刻 〔潭头乡岭背行政村北山屯东北约 350 米井背岩·清代〕 摩崖石刻 2 方。清光绪二十年（1894）刻。刻面高 0.55 米，宽 4.5 米。撰文、书丹不详。一为记刻，隐约可见"盖兴乱世"，"集资修岩以避匪患"。落款"光绪二十年"。另一方只看到"辛亥""戊戌"等字。

39 – D₆ 石门洞摩崖石刻 〔大良镇新和行政村新和村东北约 3 公里石门水库岩洞中·清代·县文物保护单位〕 摩崖石刻 1 方。清咸丰、同治年间（1851—1874）刻。刻面高 0.5 米，宽 0.8 米。刻文竖 8 行，满行 7 字，计 56 字。字径 0.028 米，楷书，阴刻。大良乡绅石小峰撰文并书丹。无首题，落款"小峰氏石大亨题咏"。七律诗一首，诗文写石门洞之景并暗喻清咸丰、同治年间李文茂起义及自己避难于石门洞内之事。

40 – D₇ 宪免差役陈例碑 〔雅瑶乡福田行政村大南屯寨门·清代〕 碑刻 1 方。夏家在这里原建有祠堂，已毁，祠堂碑刻尚在。清道光六年（1826）立。碑阳朝东，高 1.3 米，宽 0.9 米，厚 0.1 米。额题"宪免差役陈例碑"，落款"大清道光六年冬月刊立"。碑文记述："我州昔号古田，穴居野外……明隆庆年间壮党韦银豹、黄朝猛蛊惑壮众逆乱地方，由俞将（俞大猷）统兵剿服，奏敕壮户免死，堂差……苦其壮语莫通……上宪招徕汉民，杂处各里……劝善惩恶。"

41 – D₈ 永远明禁碑 〔泗顶镇于南行政村杨柳屯南约 100 米·清代〕 碑刻 1 方。清同治元年（1862）立。碑阳朝东，高 1.2 米，宽为 0.66 米，厚 0.044 米。碑文竖 18 行，字径 0.025 米，阴刻，楷书。额题"永远明禁"，落款"同治元年岁次壬戌十二月立"。碑文记述"朝有律例，乡有禁条"，为防"不法之徒"，公议立禁盗偷等 14 条。

42 – D₉ 大良石门团寨碑记 〔原立大良镇石门行政村团寨，现藏县文物管理所·清代〕 碑刻 1 方。清同治六年（1867）立。碑共 7 方，每方高 0.75 米，宽 0.53 米，厚 0.07 米。碑文竖行，满行字数不等，计 1975 字。字径 0.026 米，楷书，阴刻。撰文为大良乡绅石小峰及书丹，刻工为石匠黄国梓。额题"大良石门洞团寨碑记"，落款"清同治六年丁卯岁季秋月毂旦竖石匠黄国梓镌"。碑文记述清咸丰年间，李文茂起义军在永安期间的活动及太平天国翼王石达开回师广西途经永安入柳州之历史，并载民团与义军之战斗经过。

43 – D₁₀ 奉谢主讯夺堡绵之碑记 〔沙子乡古益行政村南弄屯南面约 30 米，现已移入村头庙中保管·清代〕 碑刻 1 方。清光绪五年（1879）立。碑高 1.46 米，宽 0.88 米。为审讯判决告示书。碑首中部竖刻"告示"2 字及印钤一方，两侧为《奉谢主讯夺堡绵之碑记》，碑文竖行，楷书，阴刻。碑文内容为光绪五年（1879）融县正堂断案，本村罗秀实、罗秀英等人乱征收其他村民棉花税一案纪实经过。

44 – D₁₁ 收殓白骨序 〔现藏县文物管理所·清代〕 碑刻 1 方。清光绪七年（1881）立。碑高 1 米，宽 0.6 米。碑文竖行，满行字数不等，计 468 字，字径 0.027 米，楷书，阴刻。撰文者已难辨识，四川缪世熙书丹，刻工不详。额题"收殓白骨序"，落款"光绪七年七月初一立"。碑文记述撰文者与杨瑞卿、张翼之等人，见朽骨枯骸散于原野，遂募施得捐资百有余，雇工将散露白骨掩埋于桐垃坪，并复鸠工为塔。

45 – D₁₂ 诰封碑 〔桥板乡下良行政村下良屯西北面约 2 公里·清代·县文物保护单位〕 清光绪十四年（1888）立。碑碑阳朝北，高 3 米，宽 1 米。碑盖呈半圆形，盖面刻"龙章宠幸"4 字。碑面中部内凹平，竖行阴刻"奉旨诰封奉直大夫、五品宜人韦黄公子信、母陆氏二位大人纪录"，落款右侧为"光绪十四年冬奉"，左侧为"例授州同衔次子志尧、邑庠颜孙瑞昌同勒"。

46 – D₁₃ 保安岩碑记 〔潭头乡东相行政村泰山屯东北约 2 公里保安岩洞中·清代〕 碑刻 1 方。清光绪二十四年（1898）立于保安岩洞中。碑碑阳向西，高 0.7 米，宽 0.47 米，厚 0.14 米。碑文竖行，楷书，阴刻。额题"保安岩碑记",落款"光绪廿四年三月廿一日立"。碑文记述清光绪廿二年,因盗贼将起,为防匪盗,村民二十余人创修岩洞防护门墙的事由、经过。

47－D₁₄ 铜板屯禁约碑 〔东起乡崖脚行政村铜板屯南面约 100 米·清代〕 碑刻 1 方。清光绪二十五年(1899)立。碑高 0.9 米,宽 0.3 米,厚 0.3 米。额题"碑"字,碑文竖 7 行,阴刻,楷书,碑文内容为村规民约,记述关于盗窃竹木、谷物、牲畜、水果等物品的惩罚条款和相应罚金数额规定。碑已倒伏于地。

48－D₁₅ 东茶禁约碑 〔原立浮石镇桥头行政村东茶屯西面,现已移于东茶屯大门口东边·清代〕碑刻 1 方。清光绪二十六年(1900)立。石碑嵌于院门砖墙里,碑阳朝南,高 0.93 米,宽 0.74 米,碑文竖 20 行,楷书,阴刻。横行额题"禁约碑记",落款"光绪二十六年八月十五日勒石"。碑文内容:东茶禁砍树木,禁偷秧苗,禁偷花□、麦、芋头和菜园中果物,茶树竹木不许盗砍,禁止毒鱼装虾,如此等等。记载了村规及对违反者处罚的约定。

49－E₁ 察小虎岩摩崖石刻 〔沙子乡沙子行政村塘头屯北面·清代〕 察小虎岩位于半山腰,南北对穿,南洞口为绝壁,北洞口高距地面 80 余米,洞高 4 米,宽 5 米,进深约 80 米。清咸丰年间(1851—1861),村民为避乱寄居岩洞,并在洞口石壁刻诗为警,刻岩高 0.7 米,宽 0.6 米。刻文竖行,字径 0.027 米,楷书,阴刻。刻诗一首:"清□咸丰出蛮贼,亦生蝗蜩吃禾苗。四方州县都破尽,乡正被杀乱纷纷。百姓无主立营砦,方便盗来护身产。打炮丢石走如飞,哪怕强贼千万多。后人若遇此年情,赶紧搬家上砦来。不知何时又来劫,悬笔晋□□□□。"

50－E₂ 富进洞碑刻 〔沙子乡桐木行政村富进屯东南约 1 公里·清代〕 碑刻 1 方。清光绪二十九年(1903)立。清光绪末年,社会动荡,村民躲进山洞避乱,并于洞口石门上嵌碑为记。碑高 0.4 米,宽 0.7 米,碑文可数 17 行,满行约 9 字,计 138 字,字径 0.03—0.06 米,楷书,阴刻。横行额题"修岩碑记",落款"光绪二十九年岁次癸卯三月十六日刊"。碑文内容为捐款修岩名录及捐修以外之人进入洞中应捐份银之规定。富进洞深长宽敞,洞口石砌围墙一道,高 3.5 米,长 15 米,厚 1.64 米,开有一门。

51－E₃ 凤凰寨红军烈士墓 〔长安镇大巷行政村凤凰屯北面土坡·1930 年〕 1930 年 3 月 20 日,李明瑞、张云逸率中国工农红军第七军(红七军)由黔边榕江下富禄,入苗山、三防、过庆远。4 月 12 日,由背江攻打长安,事后将牺牲的 3 名红军战士收殓下葬

于凤凰屯北。墓冢为土堆,圆丘形,底径约 3 米,高 1.2 米,无墓碑。

52－E₄ 柳北抗日挺进队队部旧址 〔潭头乡红岭行政村南岸屯南秦氏祠堂·1940 年〕 抗日战争期间,柳北抗日挺进队队部设在南岸村秦氏宗祠。宗祠柱子上留有抗日挺进队队员墨迹 2 处。其一为"倭寇倡狂起祸端,区区岛国逞雄装,愿我同胞齐抗战,征兵入伍莫逃亡。1940 年 3 月 15 日,落伍背题"。其二为"中华国耻不多端,要振精神把武装,他日征兵入了伍,同胞切切莫逃亡。无聊题"。旧址建于 1933 年。砖木结构,二层仿西式建筑,面阔三间,进深一间,青砖墙,上下层皆有前檐廊,廊立方形砖柱 2 根。硬山顶,盖小青瓦。

53－E₅ 鸡仔岩惨案遗址 〔长安镇太平行政村大坡屯西南约 1 公里大石山鸡仔岩·1944 年·县文物保护单位〕 1944 年冬,侵华日军侵犯融安县太平村一带,百姓纷纷避难,其中十户 28 人藏身于太平村东大石山鸡仔岩内,被日军用辣椒烧熏至死,仅有 4 人幸免于难。鸡仔岩位于大石山半山腰,岩口向西北,距地面约 50 米。洞口小而洞内渐宽敞,可容数百人,分上、中、下三层,面积约 250 平方米。洞口上方刻"鸡仔岩"3 字。

54－E₆ 桥头村标语 〔浮石镇桥头行政村桥头屯 21 号·1949 年〕 建筑为二层单体建筑,泥砖墙,盖小青瓦。标语书于正屋大门外墙窗左边的两面墙上,面积约 1.5 平方米。是中国人民解放军清匪反霸时留下的宣传标语,左边一幅标语内容为"乡老同志:解放军是老百姓的队伍,请你们不要害怕,我们不打人不骂人,不拉夫,不抓丁,不拿老百姓一针一线,不调戏妇女,请你们回家安居乐业,你们不要听国民党的伪宣传,快点回家吧!快回来吧!六班宣"。右边墙为宣传画,画面为解放军用枪指着下跪投降的土匪。画面有墨书"解放大军""六班宣"等字。

55－E₇ 大坡烈士墓 〔大坡乡南面约 500 米山脚处·1950 年〕 1950 年为大坡乡大将冲剿匪战斗中牺牲的烈士而建,墓葬朝西,冢呈圆丘形,前有塔式碑,呈立柱体,高 4.5 米,柱体上部分正面刻"革命烈士永垂不朽",底部嵌拱门形碑刻,镌刻楷书"革命烈士之墓",左右刻付明礼、韦行瑾、韦志凡、韦弟关 4 名烈士的事迹,周边砌十字形通透花窗式栏杆。前面有台阶 21 级。占地面积约 56 平方米。

56－E₈ 板榄烈士墓 〔板榄镇南约 1 公里山坡上·1951 年〕 建于 1951 年。塔式墓,朝西,塔身为立柱体,高 5.5 米,东西宽 8.6 米,南北长 9.35 米,墓建于一小山坡,墓前有 26 级台阶,墓碑镌刻楷书

"革命烈士墓"，墓碑左右刻有行文记录了王英成、迟友、李登亮、蒙恩、龙年生、黄中才6位烈士于1951年在板榄乡四安、陇山、黄竹坪、梨木岭等地剿匪战斗中牺牲的事迹。

57-E₉ 覃湘棋烈士墓 〔大将镇东潭行政村小片屯公路东面山坡上·1978年〕 覃湘棋（1895—1950），广西融安县大将乡东潭村人，1949年秋任东潭村农会会长，1950年9月牺牲。墓建于1950年，1978年重修。烈士墓占地面积约90.59平方米。墓葬朝西，长方形三合土冢，前筑三合土墓墙，墙中部为塔式墓碑，底座呈长方形，面阳刻"覃湘棋烈士之墓"，其上方为三级长方形碑，顶塑五角星，正面阴刻"光荣伟大"。两侧嵌碑刻2方，一方题刻"名垂千古"，介绍烈士生平；另一方题刻"功不可居"，为烈士后裔所立。

58-F₁ 基督教堂 〔长安镇新华街·1924年〕 清光绪十三年（1887）夏，英国传教士进入融安县境传教，后美国传教士丁惠民入长安镇（今融安县城）成立宣道会。此后，基督教得以在融安发展。现基督教堂即原福音堂。福音堂建于1924年。新中国成立后曾作他用，改变了原貌。1983年，长安街道委员会在原址修建基督教堂，占地面积约1000平方米。

59-G₁ 大河洞化石出土点 〔大良镇和南行政村大白艾屯大河洞水库东约1.5公里大河洞·更新世〕 大河洞高出地面5米，洞口向西，于洞内采集到豪猪、剑齿象、貘、鹿、野猪等的牙齿化石，堆积层被破坏。

60-G₂ 吊马岩化石出土点 〔长安镇大乐行政村大乐村大乐中学北侧吊马岩洞中·更新世〕 岩洞面积约200平方米，在洞中发现剑齿象、野猪、熊等的牙齿化石。

61-G₃ 下村石器出土点 〔长安镇大巷行政村下村·新石器时代〕 石斧为村民整理菜地时发现。石斧见于深0.8米土层中，用石灰岩磨制，长0.20米，宽0.08米。

62-G₄ 下河石器出土点 〔浮石镇隘口行政村下河屯西南面·新石器时代〕 在融江西岸台地，采集到磨制石斧1件，石斧上宽下窄，长约0.12米，宽0.06米。

融水苗族自治县

1-A₁ 江口遗址 〔融水镇东华行政村江门屯西南约150米融江东岸·新石器时代·县文物保护单位〕 贝丘遗址。1981年发现。在融江与达洞河交汇处，高出河漫滩20余米，分布面积5200平方米。表土经扰乱，文化层含大量螺蛳壳堆积，采集石器有斧、锄、刀、矛和磨盘等。

2-A₂ 独秀山遗址 〔融水镇城北社区西北面独秀山东部山腰岩洞·新石器时代·县文物保护单位〕 洞穴遗址。1981年发现。岩洞洞口朝东，高8米，宽4.1米，进深15.2米，面积约40平方米。洞内呈三角形。文化层不详。采集到红、灰黑色的夹砂陶片。器形有罐、钵等。纹饰有少量绳纹，多数素面。

3-A₃ 融城故城址城墙 〔融水镇望江路·明—清·县文物保护单位〕 据《融县志》载，城建于唐，明易土为石，历代均有修葺。城址残损极严重，1958年冬县人民政府拨款修复了部分城墙，现残存城墙400余米，檐墙基础用料石，其上用青砖砌筑，城垛高6.8米，厚0.4米。《融县志》有记载。

4-A₄ 香山庙遗址 〔融水镇交通局西南香山园内的大旗山腰坳间·南宋·县文物保护单位〕 香山庙是祀南宋理宗册封梁、吴二侯之所。明崇祯十年（1637），地理学家徐霞客曾登此庙。原庙坐北朝南，砖木结构。原为二进院落，有敕书楼、敕书亭、威烈门等，占地面积400平方米。现仅残存庙墙、石基和两棵古樟。《融县志》有记载。

5-A₅ 蓉山寺遗址 〔永乐乡蓉山行政村山背屯西北面芙蓉山山腰·明代〕 据《创蓉山寺碑》记载："蓉山寺创建于明崇祯元年（1628），有文昌、奎星阁，唐韩文公像，三天诸佛像，文塔、和尚。"1936年《融县志》记载："蓉山寺在西区下芦村旁距城四十里，山如芙蓉故名。由山前上尽石磴百余级至山腹，洼下如围广数十亩，有佛寺，寺中有泉水，清冽可供数十人饮，冬不涸，今寺已圮。"现尚存1座文塔、照壁及寺前百余级石踏跺。文塔清道光年间（1821—1850）毁，后又重建，为六边形砖塔砖体结构，高7米，3层，六角攒尖顶塔，径1.2米，塔内彩绘有人物、龙、虎、鹿和山水花鸟图画。照壁通体灰色，无纹饰。占地面积约1800平方米。

6-A₆ 背袋山冶铁遗址 〔永乐乡北高行政村北高屯东西北约1.2公里羊角山·宋代〕 遗址从羊角山东北方向延伸到木王水库周围，西南方向延伸至罗城县的龙岸镇周围，范围长约12公里，宽约40米，分布面积约0.48平方公里。每个冶炼点面积约为80平方米。出土器物有坩埚、铁渣和矿石。现遗址大部分被辟作耕地，仅背袋山处保存尚好。剪伯赞的《中国史纲要》一书曾提到此遗址。

7-B₁ 廖氏家族墓地 〔拱洞乡平卯行政村平卯屯东北约1公里花墓山·清—民国〕 墓地占地面积约120平方米。有墓葬6座，圆丘形冢，高0.8—1米，底径 3—4.5 米。均用料石围砌，护墙顶置石雕遮檐，下砌石栏，墓碑两侧皆有龙、凤、鱼、鸟石雕。最早的廖文才墓，建于清光绪二十六年（1900）。冢高 1.65 米，底径 4.5 米。墓前建有二柱三楼重檐石牌楼式碑门、门脊装饰宝葫芦、鳌鱼吻和蝙蝠，门柱浮雕云龙、楹联，门洞中立两条立体竖龙。

8 - B₂ 韦太公墓 〔三防镇三防社区新街北·清代〕 建于清代。墓葬朝东，冢呈圆丘形，周由料石砌筑，高 2 米，底径 8 米，占地面积 85.5 平方米。墓碑为清道光二十四年（1844）立，碑顶脊为铁锚状，檐下横行题刻"韦氏五祖宗支谱"，其下为韦氏族谱碑刻 7 方。

9 - C₁ 苗坪井 〔良寨乡苗坪行政村苗平屯新寨东约 500 米·明代〕 明永乐六年（1408）前后修建。井口正方形，用方石砌筑，井深 0.6 米。房屋式井，高 1 米，宽 1.2 米，进深 1 米。外为房屋式井亭，盖雕刻成单坡屋面，硬山顶，两侧石板山墙刻妇女挑水及男女青年晚间"坐妹"图，内壁刻纹锦、龙珠。占地面积约 5 平方米。

10 - C₂ 伏波宫 〔和睦镇和睦街社区东南侧的南平山上·清代〕 又称"南平庙"。建于清初，清乾隆、清嘉庆（1736—1820）年间均有重修，1982 年地方群众再次维修。坐西南朝东北，砖木结构。原为二进，现存前殿，面阔三间，砖墙批灰，硬山顶，盖小青瓦。前有檐廊，廊立檐柱 4 根，仿斗拱，明间开隔扇门 4 扇，门侧书楹联。两次间前砌槛墙通窗，殿内为通殿。殿后遗存一些石础。占地面积约 118.80 平方米。

11 - C₃ 寿溪桥 〔融水镇下廊行政村下廊村南约 1.2 公里真仙岩洞灵寿溪上·清代〕 为真仙岩洞口外的跨溪桥，系一名三桥：寿溪桥、通济桥、惠民桥。南宋绍定年间（1228—1233）天庆观主持杜应然建。历代均有维修。清道光版《融县志》载，废一存二。现存的两桥为清代建筑。一座桥长 20 米，宽 6 米；另一座桥长 16 米，宽 5 米。两桥均为单孔石拱平桥，条石砌筑桥身、桥拱，桥面以石铺砌，桥栏为石砖砌。

12 - C₄ 杨家桥 〔和睦镇吉塘行政村吉塘屯东约 1.5 公里阳江上·清代〕 又称"大岭桥"。建于清乾隆年间（1736—1795）。东北—西南走向，两台三墩梁式石板桥，长 19 米，宽 1.9 米，高 1.2 米。桥面由并列 2 块石板铺成，桥墩用条石砌筑，迎水面呈分水尖状，墩面凿凹槽镶嵌桥面板。

13 - C₅ 宝庆庙 〔融水镇小荣行政村西洞屯西北·清代〕 建于清乾隆元年（1736）。乾隆三十五年（1770）、嘉庆十七年（1812）、道光八年（1828）、同

治二年（1863）均有维修。坐北朝南，砖木结构，三进院落。由前门、中殿、后殿组成，占地面积约 387.60 平方米。主体建筑面阔三间，前门立面呈"凸"字形，明间较高，门额书"保庆庙"，中、后殿抬梁式木构架，后殿为通殿。皆硬山顶，盖小青瓦。庙存清代建庙碑刻 9 方。

14 - C₆ 学底桥 〔融水镇下廊行政村紫佩屯西北约 200 米学底江上·清代〕 又名"石灶桥"，清乾隆二十年（1755）邑人潘瑞龙建。同治十年（1871）贡生李冠群等募捐重修。南北走向，单孔石拱桥，长 20 米，宽 5 米。以料石干砌桥身、桥拱，桥面铺石板，两侧置条石矮护栏，两端设石踏跺。《融县志》有载。

15 - C₇ 巷口大社桥 〔和睦镇巷口行政村巷口屯东北约 2 公里小船岭南巷口江上·清代〕 建于清乾隆五十五年（1790）。南北走向，单孔石拱桥，长 18 米，宽 3 米。桥身用片石砌筑，用料石券拱，桥面铺片石，两侧置条石护栏，两端有数级石踏跺。

16 - C₈ 都景风雨桥 〔香粉乡古都行政村都景村·清代〕 建于清乾隆末年（1795）。一墩二台木廊桥，长 27 米，宽 2.5 米。墩为圆锥形，用黄糖糯米浆砌，墩台间用杉木架梁，上铺木板为桥面。桥廊高 3 米，用 30 根杉木作柱，抬梁式木构架，悬山顶，盖小青瓦。桥内两侧有木栏杆。

17 - C₉ 焦花桥 〔大浪乡麻石行政村焦花屯南约 1500 米小溪上·清代〕 建于清嘉庆十五年（1810）。为当时焦花村、大德村、安陲乡通往麻石、大浪、三江县的道路桥。东南—西北走向，两台石板桥。两岸桥台用料石护边，桥面由 3 块条石并排平铺而成，其中 1 块正中雕有"双龙戏珠"，四周刻有花草纹饰。桥西北原有板必村举人黄壁撰文碑刻 1 方，现已毁。

18 - C₁₀ 棠荫桥 〔融水镇和平街西南蔡邕江上·清代·县文物保护单位〕 又称"济安桥""蔡邕桥"。建于南宋淳熙五年（1178），历代均有维修，清嘉庆十六年（1811）重建。南北走向，单孔石拱平桥，长 21 米，宽 7 米，高约 12 米。桥身以料石干砌，单层石券拱，桥面和栏杆均用石板、条石铺砌而成。《融县志》有载。

19 - C₁₁ 中团庙 〔和睦镇读楼行政村高桥屯中团小学南约 20 米·清代〕 建于清嘉庆十六年（1811），道光、咸丰、同治年间（1821—1874）均有维修。坐北朝南，砖木结构，两进院落，由前殿、后殿、天井、厢房组成，占地面积 252.3 平方米。前殿、后殿面阔三间，青砖墙，穿斗式木构架，硬山顶，盖小青瓦。前殿明间双开木门，两次间开直棂窗。后殿前檐敞开，内为通殿。天井两侧各有一间厢房。庙内现存 4 方历

代维修庙的捐资碑。

20 - C_{12} 平卯村碉楼 〔拱洞乡平卯行政村下寨屯·清—民国〕 拱洞乡大地主廖飞鹏为防盗所建。从清道光年间至民国元年（1821—1912），建有8座碉楼。矮者三层，高者五层，层高2.3—2.62米，碉楼间距3—5米。均系砖石木结构。楼顶半边盖瓦，半边系石灰砂浆铺面。每座碉楼各层四周都设有枪眼、窗口。部分楼板、楼梯损坏。

21 - C_{13} 高桥桥 〔和睦镇读楼行政村高桥屯西南约1公里阳江上·清代〕 清道光八年（1828）邑举人路顺德建。西南—东北走向，单孔石拱桥，长16米，宽5米。桥身呈半弧形，用料石砌桥身、桥拱，桥面铺石板，两侧无护栏，两端设石踏跺。《融县志》有载。

22 - C_{14} 南平庙 〔融水镇济安街东北面·清代·县文物保护单位〕 为祀东汉伏波将军马援而建。建于清同治年间（1862—1874）。砖木结构，院落式，庙内有前殿、伏波宫、望江楼等建筑，占地面积约350平方米。主殿伏波宫面阔三间，进深一间，青砖墙，穿斗式木构架，硬山顶，盖小青瓦。脊饰花鸟灰雕。内塑马援像。望江楼东外壁有"寻真"2字。

23 - C_{15} 龙皇庙 〔汪洞乡廖合行政村·清代〕 建于清同治年间（1862—1874）。砖木结构，单体建筑，面阔一间7米，进深一间9米，高4米。前置小檐廊，无檐柱，人字山墙，飞檐翘角，木门格窗，硬山顶，盖小青瓦。

24 - C_{16} 吴氏宗祠 〔永乐乡荣山行政村山背屯村道旁·清代〕 建于清光绪五年（1879）。坐北朝南，砖木结构，二进院落，由前座、后堂、天井、走廊组成，占地面积约175平方米。前座、后堂面阔三间，青砖墙，穿斗式木构架，硬山顶，盖小青瓦。前座明间双开木门，后堂为通殿，原有隔扇门已毁，其上格心为木板及几何通透图案。天井两侧有敞开式走廊。祠内有光绪十年（1884）、二十年（1894）重修祠碑刻2方。

25 - C_{17} 巷口拱桥 〔和睦镇巷口行政村巷口屯东北约1公里小河沟上·清代〕 建于清代，具体时间不详。南北走向，单孔石拱桥，长10.8米，宽2.1米。桥身、桥拱用料石干砌，桥面铺石板。部分条石及桥面护栏已损坏。

26 - C_{18} 望江楼 〔融水镇望江路·清代·县文物保护单位〕 清《融县志》载："楼历宋、元、明，迄今数百年。""梁吴行宫一所在城东，名望江楼。"建于宋，系梁、吴二侯行宫，后屡有修补。清代重建。坐南朝北，占地面积约75平方米。砖木结构，高二层，

面阔二间，重檐硬山顶，盖小青瓦。1937年中共融水党支部第一次会议在此召开。

27 - D_1 德岩摩崖石刻 〔融水镇下廊行政村下廊村西南约1.5公里德岩·北宋·县文物保护单位〕 有摩崖石刻3方。德岩又名弹子岩，岩高5米，宽9米，进深约30米。明代桑悦曾改名为邃岩，有记，已不存。因岩口有宋代隶刻"德岩"2字，故名。岩口东壁有1方，北宋元丰六年（1083）刻。知军州事钱师孟撰文书丹，刻文竖14行，满行9字。首行"德岩记"，落款"宋元丰六年二月初吉权知军州事钱师孟记"，内容记德岩之由来。另一方已风化漫漶不清。《融县志》有载。

28 - D_2 玉华仙洞摩崖石刻 〔融水镇新国行政村鲤鱼岩屯玉华洞·宋代·县文物保护单位〕 玉华洞高4米，宽4米，纵深20米。现存摩崖石刻4方。一为北宋靖康元年（1126）李洪温题《游玉华仙洞记》。二为记述南宋嘉定年间（1208—1224）石泧赵善谋题刻《玉华游记》，碑文记述真仙洞、老人岩已热观其胜，独玉华洞未开发，赵善谋开发之。三为南宋甘唐松题《策马寻春到玉华》诗。四为杨幼兴榜书"玉华洞天"。《融县志》均有载。

29 - D_3 真仙岩摩崖石刻 〔融水镇下廊行政村南约1.2公里真仙岩·南宋—民国·自治区文物保护单位〕 真仙岩原名老君洞，宋太宗赵光义御名真仙岩。原建筑很多，后尽毁。洞内原有摩崖、碑碣150余方，1967年，因在洞内建设，将近百方碑刻埋于楼房之下，仅宋《元祐党籍碑》《劝农碑》2方碑碣及摩崖石刻30方得以保存。摩崖石刻有宋代26方，明代2方，清代1方，民国1方。其中有南宋张孝祥榜书"天下第一真仙之岩"、南宋嘉定元年（1208）张庄榜书"清远军""融州"、南宋司马备在融州任职时摹刻其祖司马光隶书风火家人卦辞、明代王佐榜书"真仙岩"、民国黔军将领卢焘题榜"云深"等。书体有楷、隶、篆、草等，现大部分清晰可辨。《融县志》有载。

D_{3-1} 张孝祥题榜 〔融水镇下廊屯真仙岩崖壁上·南宋〕 摩崖石刻1方。南宋乾道元年（1165）刻，刻面高1.45米，宽4米。南宋知静江府兼广南西路经略安抚使张孝祥撰文并书丹。刻文竖4行，榜书"天下第一真仙之岩"，字径0.55米，楷书，阴刻。落款"张经略舍人书"。字体潇洒遒劲，集朱颜、苏体的大成。张孝祥（1132—1170），字安国，号于湖居士，历阳乌江（今安徽和县乌江镇）人，卜居明州鄞县（今浙江宁波）。南宋乾道元年（1165）知静江府兼广南西路经略安抚使。《宋史》有传。

D_{3-2} 王佐题榜 〔融水镇下廊屯真仙岩崖壁上·

明代〕 摩崖石刻 1 方。明嘉靖四十一年（1562）刻，刻面高 2.2 米，宽 1.35 米。刻文横 2 行，计 22 字，楷书，阴刻。明督备融怀将军王佐撰文并书丹。无首题，岩顶榜书"真仙岩"，落款"皇明嘉靖四十一年六月，督备融怀将军王佐书"。王佐，宁远人，为衡州卫指挥使，嘉靖年间至广西镇压融怀苗族，被义民杀死。

30 - D₄ 寿星岩摩崖石刻 〔融水镇城南约 500 米老子山寿星岩·南宋—民国·县文物保护单位〕 岩内存摩崖石刻 12 方。形式有题刻、题榜、题诗等，字体有楷、行、草三体。重要的石刻有南宋宝祐三年（1255）融州（今融水县）郡守李桂高题"寿"字，刻面高、宽 1.32 米，"寿星岩"之名由此而来。另外还有元至正六年（1346）姚道人、黄仪国的题诗，明嘉靖三年（1524）冯天竣的题诗，莫汝题榜书"览胜岩"、龙应祥题诗和胡美夏题诗等。其余为清代、民国石刻。大部分石刻漫漶不清。

31 - D₅ 刘公岩摩崖石刻 〔融水镇下廊行政村下廊村西南约 1.5 公里刘公岩·南宋·县文物保护单位〕 岩洞原称"西峰洞"，南宋绍定元年（1228），郡守刘继祖重开该岩。存摩崖石刻 5 方。有南宋绍定元年（1228）郡守刘继祖重开此岩时，桂林司理参军饶某的记和榜书"刘公岩记"及南宋宝祐三年（1255）融州（今融水县）郡守李桂高榜书"西峰之岩"。除此，还有 3 方记刻，分别为宋刘公岩记、刘公岩诗各 1 方，清咸丰六年（1856）重修刘公岩记 1 方，多已漫漶不清。《融县志》有载。

32 - E₁ 太平军营盘遗址 〔永乐乡东阳行政村大岩屯西北约 1.5 公里犀牛岭·1859—1861 年·县文物保护单位〕 清咸丰九年（1859）和十一年（1861），太平军翼王石达开部先后两次经过融水。大岩村西北营盘即太平军驻扎时所筑，有 2 处，相距约 40 米。大营盘占地面积约 3000 平方米，四周内、外壕沟环绕，相距 3.2 米，沟宽 1.8—2 米，深 1.8—2.2 米。小营盘四周筑夯土墙一道，高约 1 米，无壕沟，面积约 300 平方米。

33 - E₂ 培洞老寨碑 〔良寨乡培洞行政村培洞老寨·1929 年〕 1929 年平安团十甲众立。碑阳向西，高 0.89 米，宽 0.5 米，厚 0.07 米。碑文竖行，楷书，阴刻，文系融县公署布告第 112 号，内容为：1. 年内各团需办初等小学一所；2. 民间借贷利率年息不得超过 20%；3. 统一背江度量衡秤尺标准；4. 凡丰歉年岁，不可抬高时价；5. 人民有讼事，各乡团要调理排解，不得借故重罚或杀猪宰牛；6. 征税人员要按县署规定数额收取；7. 废除师公等封建迷信；8. 凡各乡团乡村大小讼事，要由族村甲寨老实行公判，不服送本团

局送官，不得任意肆妄或互相残害。

34 - E₃ 东水红七军标语 〔怀宝镇东水行政村·1930 年〕 1930 年 11 月，中国工农红军第七军（红七军）欲攻柳州，在罗城四把受阻后，撤至三防往长安，途经东水，在民房木板上书写了不少标语。现能辨认的有写于村民何仲然家仓库板壁上的"……铲除汉奸！""红七军第四八三〇连……一九三〇年……"等标语，用蓝靛书写。

35 - E₄ 归秀红军亭 〔四荣乡荣地行政村归秀屯南面·1933 年〕 建于 1933 年。1930 年 11 月，中国工农红军第七军（红七军）过苗山经归秀屯时，在山坳休息。后村民为纪念红军过苗山，自愿捐款物在此建风雨亭，称"红军亭"。平面呈长方形，面阔一间，进深五间，亭高 3.7 米，两边各立木檐柱 6 根，穿斗式木结构，歇山顶，盖小青瓦。旁立功德碑 1 方。

36 - E₅ 中共融县工委遗址 〔永乐乡四莫行政村西寨屯南·1945—1949 年〕 1945 年秋至 1949 年 6 月，中共融县工委设在西寨屯，领导融县人民进行革命斗争。旧址已毁，面积约 80 平方米。1986 年 7 月，县人民政府在遗址立碑纪念。碑高 2 米，宽 1.5 米，厚 0.31 米。

37 - E₆ 西寨突围旧址 〔永乐乡四莫行政村西寨屯·1949 年〕 1949 年 1 月 26 日晨，共产党员江明、林润葱、卢云三人被保安队围困在西寨屯莫矜家中，后越墙到莫二婶家待援。他们以一支手枪与敌周旋数小时，中午被莫矜率领武工队救出。旧址为单座土砖平房，坐西朝东，高 3 米，面阔三间，悬山顶，盖小青瓦。屋内墙面存当时用鲜血书写的 4 条标语"共产党万岁""毛主席万岁""打倒反动派！""血决非白流"，但如今已被后人用红漆描过。

38 - E₇ 柳北人民解放总队司令部旧址 〔永乐乡下覃行政村下覃屯 23 号·1949 年〕 1949 年 6 月，中国人民解放军桂黔边人民保卫团司令部从西寨屯移驻下覃村。随后改称柳北人民解放总队。在此粉碎了国民党广西第二区（柳州）专署保安副司令王凯、第十五区（长安）专署专员蒋晃等纠集省保安队和地方部队的围剿。旧址为民房，坐北朝南，小庭院，院中为泥砖墙，木构架三层楼房，面阔三间，悬山顶，盖小青瓦，顶层后檐设有木架吊脚走廊。占地面积约 205 平方米。

39 - E₈ 凌云、覃启明烈士墓 〔安太乡寨怀行政村安太乡中心小学后山腰屋背岭·1951 年〕 是凌云、覃启明两位烈士的合葬墓。凌云（？—1930），湖南衡州（现衡山县）人，生前任中国工农红军师参谋。1930 年 4 月攻打贵州榕江古州城时，负伤牺牲。覃启

明（？—1951），广西武宣人，中国人民解放军第四野战军146师436团2营5连战士。1951年4月，在洞头高马屯与拉培屯之间的山坳剿匪时不幸牺牲。墓葬朝南，长方形土冢，长3米，宽2米，高1.3米。前为"凸"字形塔式碑，高4.5米，碑座嵌墓碑2方，凌云、覃启明烈士各1方。

40–E₉ 柳北解放总队烈士纪念碑 〔永乐乡永乐街东北约500米朴撮山·1977年·县文物保护单位〕 为纪念在人民解放战争中牺牲的柳北人民解放总队指战员而建。由烈士墓和纪念碑组成，占地面积约500平方米。烈士墓呈圆丘形，水泥封顶，高2.1米，径4米。前立有周兆华、莫自南等11位烈士墓碑。纪念碑立于烈士墓后约10米，由基座及碑组成，高7米，宽1.2米，碑呈长方柱体，歇山顶盖。正面塑红星，竖行题"革命烈士永垂不朽"，另在碑西南方约30米处修有原柳北解放总队司令员莫矜墓。

41–E₁₀ 关城烈士纪念碑 〔杆洞乡杆洞行政村杆洞村·1987年〕 关城（1926—1956），广西玉林市仁东镇良村人。参加中国人民志愿军，在上甘岭战役中，荣获三等功。1956年12月26日在反击赵金瑞反革命暴乱战斗中，不幸牺牲。1987年12月，由中共杆洞乡党委、人民政府修建烈士纪念碑，朝东北，高6米，碑座呈正方形，边宽1.32米，碑身呈立柱体，顶塑五角星。正面塑"关城烈士永垂不朽"，侧面塑"革命烈士纪念碑"。

42–F₁ 圣母庙 〔汪洞乡腾合行政村廖洞屯·1929年〕 建于清代，1929年重建，1984年维修。坐西朝东，砖木结构。单体平房，面阔三间，前置檐廊，廊立石础木檐柱2根，前檐明间开木门，门额上挂"圣母庙"木匾，次间为木板槛墙、直棂槛窗，殿内为穿斗式木构架，硬山顶，盖小青瓦。人字山墙。占地面积57.76平方米。

43–F₂ 吉羊博爱风雨桥 〔滚贝侗族乡吉羊行政村大云村东北约50米·1948年〕 建于1948年。二台一墩木廊桥，长14米，宽2.4米，高3米。墩为石砌方柱，台为卵石垒砌。用二层杉木为梁架，上横铺杉木板桥面。桥廊、进深六间，抬梁式木构架，硬山顶，脊用瓦片堆成，盖小青瓦。桥内两侧置木栏杆、坐凳。

44–F₃ 南凯风雨桥 〔杆洞乡杆洞行政村杆洞乡卫生院东·1949年〕 建于1949年，1985年维修。二台木廊桥，长9米，宽3.5米，高4米，用大杉木为梁，上铺杉木板桥面。桥廊进深三间，抬梁式木构架，硬山顶，盖小青瓦，脊饰葫芦宝顶，脊两端和四角翘起，桥内两侧置木栏杆和坐凳。

45–F₄ 大云博爱风雨桥 〔滚贝侗族乡吉羊行政村大云村北约100米·1951年〕 建于1951年。二台一墩木廊桥，石木结构，长25米，宽2.5米，高6米。桥台为石砌，墩以两根大木为柱，2根短木穿斗固定而成。墩、台间以二层杉木为梁架，上铺木板为桥面。桥廊进深九间，抬梁式木构架，硬山顶，盖小青瓦。脊用瓦片堆成。桥内两侧置木栏杆和坐凳。

46–G₁ 新码头铜钟出土点 〔融水镇下廊行政村下廊村·唐代〕 1987年9月，在距村约30米外的河中捞出铜钟1口。通高1.2米，钟围2.65米。麒麟形纽，钟身下部饰莲花纹。身铸3处铭文，其中有"贞元三年（787）岁次丁卯正月"。

47–G₂ 松努坳埋岩 〔良寨乡大里行政村高翁屯西约2公里的松努坳上·明、清〕 埋岩亦称竖岩，苗语叫"依直"，是融水苗族一种无文字记录、约定俗成的传统。当出现重大事件时，有关村寨头人在某地点相聚，就事件商议并约定若干条规，集众宣布，杀鸡饮血盟誓，并竖立一块无文字的石头。这种习俗即称"埋岩"。松努埋岩传说是在500年前，头人苟楼钢浪为严禁偷盗和抢劫而立。此岩是一块长条形的天然石，露出地面0.43米，宽0.12米，厚0.07米，无文字。是融水县境内北大埋苗族从贵州迁入后，在松努坳做的第一次埋岩，故也称"总岩"。历史上先后在这里做了五次埋岩，第一次埋岩是严禁偷盗抢劫，第二次是"用牛顶替姑舅表婚"，第三次是解除族内婚，第四次是处罚偷盗并活埋偷盗者，第五次是严禁乱收钱粮。埋岩右侧立有碑刻《永远禁碑》。

G₂₋₁ 永远禁碑 〔良寨乡高翁屯松努坳埋岩西南侧·清代〕 碑刻1方。清光绪九年（1883）十一月初六立。碑碑阳朝南，高1.2米，宽0.85米，厚0.02米。下端插入一石块的方形石孔里。融水拱洞乡高武村人出资立，贵州从江县斗里乡花甲屯王光前刻文。碑文竖行，楷书，阴刻。横行额题"永远禁碑"，首行"□加盐运使衔补用道黎平府正堂西林巴图鲁郑"，落款"大清光绪九年十一月初六日……实立滚古大埋岩"。碑文记述贵州黎平府会同七埋岩、五埋岩各乡团的苗族头领43人竖碑立法，整顿法纪，对犯法者进行惩处。

48–G₃ 枫木埋岩 〔白云乡枫木行政村枫木屯北约1公里小山坡上·清代〕 据传为清康熙十年（1671）头人为劝诫人们不要行盗和防盗而立。此崖断面为三角形的长条天然石。露出地面高1.3米，宽0.25米，无文字。清同治十年（1871），大瑶陇六百河村众亦在此埋岩，议定革除陋弊，将每年应征禾额书役供应概从轻纳拆做钱文，立定章程事宜，并立《同守宪章碑》1 方。

G₃₋₁ 同守宪章碑 〔白云乡枫木屯枫木埋岩东北侧·清代〕 碑刻 1 方。清同治十年（1871）立。碑阳朝北，顶呈弧形，高 1.5 米，宽 0.75 米。碑文竖 20 行，楷书，阴刻。覃白玉等撰文书丹。横行额题"同守宪章"，首行"大瑶陇六百河众埋岩……"，落款"同治十年岁次辛未吉立"。碑文记述本地六品军功司事头人覃白玉等会同地方苗族寨佬约法定章，抑制浮征赋税等事宜。

49－G₄ 东水埋岩 〔怀宝镇东水行政村东水村南约 700 米·清代〕 清乾隆五十四年（1789），义宽、义和、太安等团共同议定：田租不乱收，不能超五；借钱不准高利，不能超二成；儿女要赡养老人；反对偷盗、杀人、压人；不能弄火、失火；互不争吵，安心生产；强不欺弱，大不欺小。共议定 10 项公约埋岩。此岩属天然石，上粗下细。

50－G₅ 松阿坳埋岩 〔安陲乡大田行政村上六秀寨约 500 米松阿坳上·清代—民国〕 松阿坳埋岩为泗维河流域各族的总埋岩，距今有 250 多年，此埋岩前后聚众进行了数次埋岩活动。第一次是为了驱逐外地人中的部分坏人离山，不准外地人中坏人进山。立此岩的头人是乌勇旧寨的鸿鸡鸿汪。1930 年、1932 年、1943 年等的埋岩目的分别是宣布改革婚礼、驱逐外匪、严禁偷盗法规等。

51－G₆ 良双埋岩 〔红水乡良双行政村良双屯·清代〕 清代良双屯杨勇为加强民族团结，在良双洞寨龙潭草坪边聚众乡亲共同埋岩，并向黔桂边区苗族同胞发"标尖"（通知）来良双学习吹芦笙、踩堂。从此，每年良双初十坡会期间，村民们都来此祭祖，举行芦笙坡会进场仪式。埋岩高 0.44 米，宽 0.33 米，厚 0.27 米。

52－G₇ 上屯埋岩 〔洞头乡洞头行政村上屯·清代〕 洞头周围几个侗村苗寨人民为了改革婚礼、抚养子女、教育后代、孝敬、侍奉老人，同心协力，同舟共济抵御强暴和严禁偷盗、抢劫而进行了几次埋岩。每次所埋岩均为一块无文字的天然石，形状各异。

53－G₈ 高文坳埋崖 〔红水乡高文行政村和振民行政村之间的高文坳上·清代〕 埋岩之地是高文、高武、振民、黄奈几个大苗村的中心地带。清光绪年间（1875—1908）匪乱频繁，为同心协力，同舟共济抵御匪乱，保护人民的财产而进行埋岩。此岩为一方形天然石，无文字，露出地面 0.3 米。现存 2 块。

54－G₉ 金兰埋岩 〔香粉乡金兰行政村金兰屯东南约 1.3 公里山坡·清代〕 相传是清代香粉金兰及安太的培秀、四荣的南团分水等村一带苗族为防匪乱、坏人为虐，共同协力抵抗外侵而埋岩。原有 5 方，20 世纪 60 年代毁 3 方，现存 2 方，均为长形椭圆天然石。分别为高 1.64、宽 0.78 米和高 0.6、宽 0.45 米。

55－G₁₀ 必伞埋岩 〔滚贝侗族乡吉羊行政村必伞村南约 1.5 公里埋岩山·清代〕 清光绪二十年（1894）罗城梁桂才率众起义进驻三防，滚贝团总石光群、副团总向天祥、韦永注为首召集各路团首，在必伞坡举行埋岩议事，商议对策而埋立。埋岩为长方形天然石。目前尚存 10 方，分布面积约 100 平方米。

56－G₁₁ 松吾勇坳埋岩 〔滚贝侗族乡同乐行政村同乐村松吾勇坳上·清代〕 相传在清代，吉曼、乌吉等元宝山东侧十几个苗族村寨为了严禁大秤小斗盘剥现象，保护苗民的利益而埋岩。主持埋岩的头人为梁戈租。此岩近似一蘑菇状，上大下小，露出地面约 0.4 米。

57－G₁₂ 芽朝坳埋岩 〔安太乡寨怀行政村寨怀旧寨南约 300 米芽朝坳·清代〕 此岩是安太地区的苗侗瑶村寨于清代所埋，其目的是禁止夺他人的田地、山场、柴山、杉木等，违者罚银 20—30 两，此外还包括禁偷、禁盗的内容。主持埋岩头人有雍田、别田、罢尚等。此岩是一块无文字的石板。

58－G₁₃ 整巴埋岩 〔杆洞乡杆洞行政村杆洞村 1.5 公里的山坡·明—清〕 整巴埋岩系明代从"丢雍埋岩"分岩而来，原地点在今杆洞河边的一处草坪上，管辖杆洞地区，后将埋岩标志的石块搬到草坪对面的坡上竖立。埋岩高 0.9 米，宽 0.45 米，厚 0.15 米，占地约 3 平方米。在当地苗族群众中普遍传说，此埋岩一是禁偷，二是明确山场、河流的管理权属等。

59－G₁₄ 古龙坡会址 〔香粉乡香粉行政村香粉乡政府背面山坡果园屯古龙坡·清代〕 由韦兰亭于清光绪二十八年（1902）创立。面积 1000 多平方米，一直沿用至今。每逢十六古龙坡会（每年的正月十六与八月十六）由大盘、雨梅两村的芦笙队为头，奏起祭曲后，其他芦笙队才陆续上坡会聚集。期间，除了吹芦笙踩堂外，还有赛马、斗马、舞狮、对歌等活动。香粉古龙坡会是融水县系列坡会群之一。现长期竖在古龙坡上各村屯的芦笙杆有 13 根，每屯 1 杆。

60－G₁₅ 良双整依直坡会址 〔红水乡良双行政村良双屯河滩·清代〕 清康熙三十七年（1698），良双苗族头人杨勇军创建，一直沿用至今，面积约 4250 平方米。现立有芦笙柱 9 根。每年农历正月初十全村苗族同胞和来自贵州、广西的芦笙队在这里共同吹芦笙踩堂，打同年。

61－G₁₆ 安太"十三"芦笙坪 〔安太乡寨怀行政村旧寨旁·清—现代〕 安太"十三"芦笙坪是安

太一带苗族每年农历正月十三举行的传统习俗活动的场所，始于清光绪年间（1875—1908），原设在林洞村，今移寨怀旧寨旁山坡，占地面积约 4500 平方米。竖有芦笙杆 11 根。

62 - G₁₇ 河边屯芦笙坪 〔四荣乡荣塘行政村河边屯东约 500 米·清代〕 芦笙踩堂是融水苗族一种传统习俗活动。以四荣为中心，附近以及贵州榕江、从江一带的苗族青年亦远道前来参加。河边屯芦笙坪始于清道光年间（1821—1850），为梁家所创，一直沿用至今，面积约 2000 平方米，竖有芦笙杆 1 根。每年农历正月初四进行。此坪为芦笙踩堂舞之场所。

鹿寨县

1 - A₁ 瓦厂坪遗址 〔黄冕乡大端行政村三里屯西北约 600 米瓦厂坪·新石器时代〕 山坡（台地）遗址。1981 年发现。在洛清江东南岸边的 II 级台地上，分布面积约 1500 平方米。1981 年在遗址地表采集到打制的砍砸器、尖状器、石片及磨光石斧、石锛等遗物。遗址现已辟为耕地。

2 - A₂ 老码头遗址 〔黄冕乡大端行政村三里屯东南约 150 米洛清江边·新石器时代〕 山坡（台地）遗址。1982 年发现。在洛清江北岸的二级台地上，分布面积约 3.6 万平方米。在遗址地表散布有残碎陶片，采集到磨光石斧、石锛。遗址现大部分为耕地。

3 - A₃ 大汾塘遗址 〔鹿寨镇鹅洲行政村大汾塘新村西南约 300 米洛清江边·新石器时代〕 山坡（台地）遗址。1982 年发现。在洛清江西岸的台地上，东距河面约 400 米，分布面积约 1400 平方米。1982 年在地表采集到打制砍砸器和磨光石斧等遗物。现已辟为耕地。

4 - A₄ 板滩村遗址 〔江口乡丹竹行政村板滩屯北约 500 米·新石器时代〕 山坡（台地）遗址。1982 年发现。在洛清江东岸平缓的坡地上，高出河面约 40 米，分布面积约 500 平方米。在遗址采集到打制砍砸器及磨光石斧等遗物。现已开垦为耕地。

5 - A₅ 牛栏岭遗址 〔江口乡中庆行政村下坪屯西约 2 公里牛栏岭·新石器时代〕 山坡（台地）遗址。1982 年发现。在洛清江北岸的坡地上，分布面积约 800 平方米。在遗址采集到有肩石斧、石锛等遗物。现为耕地。

6 - A₆ 铜鼓洲遗址 〔黄冕乡黄冕行政村下坪屯铜鼓洲·宋代〕 山坡（台地）遗址。1982 年发现。遗址分布在洛清江西岸 II 级台地上，高出河面约 50 米，在遗址范围遗存有大量的宋代瓦片、陶片、瓷片

等，分布面积约 1 万平方米。遗址现已辟为耕地。

7 - A₇ 里定故城址 〔黄冕乡大端行政村里定屯西南 3 米·明代〕 里定县早已有之。据《永福县志》载："嘉靖二十二年（1543）知县林天荣重砌砖城，设兵防守。"其后县治迁至永福。里定屯是古代桂柳往来之水陆交通要道，关于该地设县城的史实，地方古籍有记载，现城址范围已不明，存残墙长约 25 米，高 2.2 米，宽 4.1 米，内、外檐墙以青砖围砌，中间筑夯土。

8 - A₈ 雒容故城遗址 〔中渡镇大兆行政村旧县屯西面约 800 米·明代·县文物保护单位〕 据《雒容县志》载，雒容县原在旧县村之西白龙岩，明景泰年间（1450—1456）陷，天顺中徙至今址，成化年间（1465—1487），广西佥事何汉宗改以石砌墙，嘉靖三年（1524）巡按御史江渊重修。城址东临洛清江，北为凤凰山与狮子山，两山围成半圆形，地势险要。城依山为垣，用石块干砌而成。原开有东、南、西、北四门，皆毁。现尚存城墙约 1000 米，高 3.5 米，宽 1.7 米，成"T"形。

9 - B₁ 铜鼓岭墓群 〔江口乡江口行政村江口屯铜鼓岭·汉代·县文物保护单位〕 墓群封土多被夷为平地，分布面积约 500 平方米。残存墓葬封土多为圆丘形，高 1.5—2.5 米，底径 2.5—3.5 米。在墓群间开垦的耕地上可拾到方格纹硬陶片。

10 - B₂ 大营盘岭墓群 〔江口乡江口行政村江口屯大营盘岭背·汉代〕 墓葬封土多夷平，分布面积约 4 平方公里，可见封土 12 座，呈圆丘形，高约 3 米，底径 6 米。墓区现已经成为牧场，间隔有小块耕地。

11 - B₃ 牛栏岭墓群 〔江口乡中庆行政村下坪村东约 1000 米·汉代〕 墓葬分布于牛栏岭山脚，南临洛清江，范围面积约 1500 平方米。现存封土的墓葬有 3 座，呈圆丘形，封土残高约 1 米，底径约 3 米。在地表散布有汉代方格纹陶片。周边已辟为耕地。

12 - B₄ 里坦墓群 〔四排乡四排行政村里坦屯公路两侧·汉代·县文物保护单位〕 墓葬封土多夷平，存墓葬 25 座，残存封土呈圆丘形，但多不明显，高 1—3 米，底径 3—10 米，分布面积约 2 平方公里。1958 年修水利时挖掘出汉墓 3 座，1982 年试掘汉墓 1 座，为砖室墓，长 10 米，宽 2 米，有耳室，因早年已被盗，仅出土少量陶器。

13 - B₅ 鸡冠山墓群 〔鹿寨镇新胜行政村小竹山村南约 400 米·汉代〕 墓葬在鸡冠山西北 100 余米的平缓地带，北临石榴河。封土多夷平，分布面积约 1600 平方米，有封土的墓葬 4 座，呈圆丘形，高约 1 米，底径约 2.5 米。在地表散布有汉代方格纹陶片。

14 - B6　陶家坪墓群〔鹿寨镇龙田行政村龙田村·明代〕　墓葬分布在村前地名为陶家坪的耕地里，分布面积约 800 平方米，现存封土的墓葬有 17 座，呈圆丘形，残高 1—1.5 米，底径 2 米左右。1980 年清理 1 座，因破坏严重，形制不明，随葬品佚失，征集到陶罐 2 件，陶碗 6 件，碗内有"福"字，还有明万历通宝钱 12 枚。

15 - B7　大村南朝墓〔江口乡水碾行政村大村屯北面约 1 公里的土坡耕地边·南朝·县文物保护单位〕　1987 年 3 月，大村农民在耕地边发现砖室墓 1 座，出土青瓷四系壶、"中大通五年"滑石地券等随葬品。占地面积约 10 平方米。

16 - B8　韦显忠墓〔中渡镇马安行政村塘藕屯石磨山中部·明代〕　韦显忠（1541—1603），字梅亭，广西东兰县人，世袭知州韦祖铉之次子。明隆庆三年（1569）韦显忠奉调参与平息古田韦银豹等起义有功，敕封永宁州常安土巡检司职，后加敕封为宣武将军。墓葬朝东南，冢呈圆柱形，料石围砌，三合土弧形顶，高 1.6 米，底径 3 米。墓碑为清嘉庆二十四年（1819）重立，碑面竖行刻"皇明特授土巡检司加封宣武将军韦梅亭公之墓"及韦显宗生平。占地面积约 10 平方米。曾被盗，出土"常安镇土巡检司印"铜官印 1 方。

17 - B9　葵尚策墓〔中渡镇大兆行政村旧县屯北面约 20 米的菜园内·明代〕　葵尚策（1527—1601），旧县屯乡绅。墓葬朝西，冢呈圆丘形，周围用料石围砌，高 2.1 米，底径 2.2 米，占地面积约 15 平方米。墓碑立于明万历四十三年（1615），高 1.30 米，宽 0.8 米。墓周石块局部塌落。

18 - C1　北迎龙桥〔黄冕乡大端行政村里定屯南面约 150 米道路中小沟上·明代〕　据《永福县志》载，迎龙桥建于明成化年间（1465—1487），具体时间不详。南北走向，单孔石拱桥，长 2 米，宽 1.8 米。桥身及桥拱用料石砌筑，桥面铺石板，两侧无护栏石。

19 - C2　南迎龙桥〔黄冕乡大端行政村里定屯西南 150 米洛清江支流上·明代〕　据《永福县志》载迎龙桥建于明成化年间（1465—1487），具体时间不详。南北走向，单孔石拱桥，长 2 米，宽 1.8 米。桥身、桥拱用料石砌筑，桥面铺石板。

20 - C3　孟村屯拱桥〔雒容镇竹车行政村孟村屯西南约 700 米孟村河上·明代〕　建于明代，具体时间不详，是当时孟村至雒容的道路桥梁。东西走向，单孔石拱桥，长 25 米，宽 4.7 米，拱跨 8.54 米。桥身、桥拱用料石干砌，桥面铺石，两侧置条石护栏，宽 0.3 米，高 0.35 米。

21 - C4　赵公桥〔雒容镇雒容社区民生街东面西小河上·清代〕　原名接龙桥。始建年代不详，清康熙年间（1662—1722），太守赵公捐款重修，故名。南北走向，单孔石拱桥，长 7 米，宽 3.5 米。用料石、石灰砂浆砌桥身、桥拱，桥面铺石板。1985 年镇政府重修桥面，并在桥两侧加装铁栏杆。

22 - C5　关帝庙〔雒容镇雒容社区中山街 21 号对面·清代·县文物保护单位〕　清乾隆十三年（1748）知县黄星德修建。坐北朝南，砖木结构，二进院落，由前殿、天井、大殿、两廊组成，占地面积约 250 平方米。前殿、大殿面阔三间，穿斗与抬梁混合木构架，硬山顶，盖青瓦。大殿两侧山墙有光绪丙申年（1896）绘制彩色壁画 2 幅：西墙为寿星图，龙城谭子宾作并题联"九天听其所之惟此老经过严霜烈日，百年同归于尽笑斯世何为覆雨翻云"；东墙绘山水人物，谭和记作并题联"寒藻舞沦漪观来活泼天机顿生悟境，群峰争向背识得纵横画意无限诗情"。雒容县志有载。

23 - C6　上龙角村碉楼〔四排德占行政村乡上龙角屯·清代〕　建于清道光年间（1821—1850），具体时间不详。平面正方形，面阔、进深 4 米，共四层，高 11 米，平顶。墙用三合土夯筑，石门石窗，木楞楼板（已毁），楼上方每面壁均有 4 个青石板围成的枪眼，每个高 0.3 米，宽 0.1 米，外墙上部四面均浮雕动植物图案。

24 - C7　瀼勒桥〔鹿寨镇角塘行政村欧村屯西南 2.5 公里瀼勒沟上·清代〕　建于清道光十四年（1834）。东南—西北走向，单孔石拱桥，长 5.5 米，宽 3.5 米。以青石砌桥身、桥拱，桥面铺石板，有的石块已残缺。两侧无护栏石，两端有石踏跺。桥头 8 米处有清道光十四年《捐建瀼勒桥序》碑及"瀼勒桥碑永垂不朽"捐款芳名碑各 1 方。

25 - C8　清真寺〔黄冕乡山脚行政村黄冕中学路口·清代〕　始建时间不详，清道光二十八年（1848）重修。坐西朝东，砖木结构。二进院落，由前座、经堂、天井、右厢组成，占地面积约 1000 平方米。均面阔三间，进深二间，抬梁式木构架，硬山顶，盖小青瓦。前座兼作住房，中门额有"清真寺"横匾。经堂为教众念经场所。寺内有清道光二十八年重修碑记 1 方。

26 - C9　三排村戏台〔四排乡三排行政村三排屯·清代·县文物保护单位〕　建于清光绪三年（1877）。1949 年修缮。1984 年维修。坐南朝北，三合土木结构。通高 10 米，面阔、进深皆 8 米。台基高 1 米，台面铺厚板。两侧三合土墙不到顶，台上 4 根木柱支撑，穿斗式木构架，歇山顶，盖小青瓦，正脊用砖砌成；后台的两侧及后檐三合土墙，内立4根木柱，硬山顶，前、后台的隔板已毁。观众坐地筑三合土斜坡。

27－C₁₀ 嘉盛商号旧址 〔中渡镇英山社区东街72号·清代〕 清光绪九年（1883）在汇源街（今中渡镇东街）开设"嘉盛"商号，经营杂货及鱿鱼、墨鱼等海产品。坐东南朝西北，砖木结构，两进院落，由前、后座天井组成，占地面积约200平方米。前、后座面阔一间，砖墙，硬山顶，盖小青瓦，地面铺青砖、石板。前座前檐为木板壁，大门用铁皮嵌包，门后有门杠。大门上方板壁嵌"嘉盛"商号匾。门前置2级石踏跺。

28－C₁₁ 黄家大院 〔中渡镇大兆行政村菜园屯68号·清代〕 东泉人黄日高建于清末。坐西朝东，砖木结构，二进院落，由前、后座及天井组成，占地面积约220平方米。前、后座面阔五间，进深三间，青砖墙，穿斗式木构架，硬山顶，盖小青瓦。前座明、次间前设内凹廊，廊立方形石础圆木檐柱2根，明间双开木门，两次间开直棂窗，廊两端山墙开拱门通稍间。廊前置4级石踏跺。

29－C₁₂ 浪洲屯炮楼 〔寨沙镇龙江行政村浪洲屯·清代〕 炮楼建于清代，具体时间不详。2座，相距45.8米。均为三合土夯筑，高10米，面阔、进深一间4.9米，仅存墙体，厚0.45米，楼内构架、楼梯均已拆除，四面墙上均装有石砌瞭望孔、枪眼，底层西面有一门，门高2米，宽0.88米。两炮楼占地面积约60平方米。

30－C₁₃ 樟木屯桥 〔平山镇芝山行政村樟木屯西约200米樟木河上·清代〕 建于清代，具体时间不详。东西走向，两台九墩梁式石板桥，长26米，宽0.95米。桥台用料石围砌成半圆形，桥墩用料石垒砌，迎水面呈分水尖状。墩面两侧有凹槽，用以嵌桥面板，台、墩间架设大石板一块为桥面。

31－C₁₄ 塘藕屯拱桥 〔中渡镇大兆行政村糖藕屯小河沟上·清代〕 建于清代，具体时间不详。东西走向，单孔石拱桥，长12米，宽3.55米，高3.25米，拱跨6米。桥身、桥拱用料石干砌，桥面铺石板，两侧条石护栏已毁，桥两端各置多级石踏跺，原桥西端立有碑刻1方。

32－C₁₅ 中渡武圣宫 〔中渡镇英山社区北街与东街交汇口·清代〕 建于清代，具体时间不详。坐南朝北，砖木结构。由正殿及两侧偏殿组成，占地面积约200平方米。正殿为通殿，面阔、进深三间，前檐开敞，立石础木檐柱2根，明间挂"武圣宫"牌匾，殿内金柱2组共4根，抬梁式木构架，硬山顶，盖小青

瓦。青砖铺地，两侧山墙上有彩绘壁画。偏殿面阔3.7米，进深9.2米，硬山顶。

33－C₁₆ 韦氏宗祠 〔四排乡思民行政村寺村屯·清代〕 建于清代，具体时间不详。坐西北朝东南，砖木结构。三进院落，由前座、中厅、后堂组成，占地面积约300平方米。各座面阔三间，青砖墙，盖小青瓦。前座高二层7米，有前檐廊，廊立石檐柱2根，门额上塑"韦氏祠"匾，廊前置3级垂带石踏跺。两次间开直棂窗。中厅建于高台基上，进深三间，前立石檐柱2根，室内为敞厅，内立金柱两组共4根。

34－C₁₇ 大元街民居 〔鹿寨镇大元街25号·清代〕 建于清代，具体时间不详。砖木结构，三进院落，由前、中、后座及天井组成，占地面积约600平方米。各座面阔三间，青砖墙，硬山顶，盖小青瓦。前座高二层，底层明间有凹廊，双开木门，廊为卷棚顶，两次间有直棂窗，上层开小长方窗。中座及后座均已有所改动。

35－D₁ 高岩摩崖石刻 〔雒容镇高岩行政村高岩屯南约1公里高岩·宋、明、清·自治区文物保护单位〕 高岩又称白象岩。岩分三层：下层曾塑观音，也称"观音岩"。岩洞高距地面约100米。洞内存宋、明、清摩崖石刻16方，其中宋代5方，明代2方，清代9方，包括题诗、题榜、题记等，书体有真书、楷书等。重要的有南宋"王相公墨迹"诗刻、南宋方信孺的榜书"白象岩"、明代知县郭元佐的榜书"天然大厦"（已毁）及明万历邑令古梅蔡的诗刻、马平李永雒题七律诗等。

D₁₋₁ 王相公墨迹摩崖 〔雒容镇高岩村西白象岩岩壁上·南宋〕 刻于南宋绍兴二年（1132）年或之后不久。刻面高0.63米，宽1.8米，碑文竖行，满行2—6字，计96字。字径0.07米，真书，阴刻。额题"王相公墨迹"，落款"右高岩立春日，初寮书，修山韦道宝上石"。刻文为五言诗，诗云："二年白玉堂，挥翰供帖子。风生起草台，墨照澄心纸。三年文昌省，拜赐逝天咫。红蓼柑御盘，金幡袅宫蕊。晚为日南客，环堵隐乌几。朝来闻击鼓，土牛出墟市。幽怀不自闲，欲逐春事起。安得五亩园，种蔬引江水。"此诗为王安中（1075—1134，号初寮）流寓柳州游观高岩时的题刻。

D₁₋₂ 方信孺榜书"白象岩" 〔雒容镇高岩村西白象岩山腰·南宋〕 南宋嘉定九年（1216）刻。刻面高2.9米，宽0.95米，碑文竖4行，满行3—19字，计44字，严体，阴刻。广西转运判官方信孺撰文书丹，守岩道者善合道宝勒石，首题"嘉定丙子六月既转运判官方信孺书"，落款"修武郎权发遣柳州军州兼管内

劝农事郑肃立守岩道者善合道宝上石"，榜书"白象岩"3字。

D₁₋₃ "古梅蔡"题诗 〔雒容镇高岩村西白象岩崖壁上·明代〕 明万历四十六年（1618）刻。刻面高0.65米，宽0.9米。碑文竖9行，满书5—6字，计46字，楷书，阴刻。五言诗，无首题，诗云："闻道高岩胜，天中得其攀。石门鬼并步，岭草翠相环。砥柱千年在，鸣琴百里闲。尘心如涤尽，望气似临关。"落款"邑令古梅蔡题"。作者可能是广东澄海人蔡腾蛟。

36－D₂ 拉敢岩摩崖石刻 〔中渡镇朝阳行政村拉敢屯南约600米拉敢岩·宋、民国·县文物保护单位〕 拉敢岩又称"尼姑岩"。岩壁有摩崖石刻2方，其中宋代1方，民国1方。宋刻为题记，南宋淳熙元年（1174）刻。刻面高0.45米，宽0.43米。文竖行，计142字，楷书，阴刻。王仲显书丹，蒋连作记，佛佑刻石。竖2行额题"睢阳王仲显来"，下面文字记述名僧佛佑与桂林进士蒋连陪同大臣王仲显游岩之事。落款"宋淳熙甲午年"。民国石刻为1942年中渡县长梁恒义题楷书"寿"字，刻面高1.2米，宽0.86米。

37－D₃ 猫儿山摩崖石刻 〔江口乡水碾行政村山脚屯东南面约1.5公里洛清江西岸边猫儿山左侧崖壁上·宋代〕 摩崖石刻1方。刻于宋代，具体时间不详。刻面高0.5米，宽0.4米。撰文书丹及刻工不详。刻"宋崇宁寺僧师利之松"9字，左右还有小字多行，已漫漶不清。刻文竖行，楷书，阴刻。

38－D₄ 西祖岩摩崖石刻 〔平山镇芝山行政村红岩村东北半山腰·南宋、明、清·县文物保护单位〕 西祖岩内有清代石窟寺2座，现石窟寺已毁，但岩壁上尚保存有南宋、明、清各代摩崖石刻10方。其中南宋广南西路转运判官方信孺的竖行榜书"西祖岩"最为醒目。刻面高1.6米，宽0.75米。文竖3行，满行3—8字，计19字。首题"嘉定丙子一月朔日"，正文"西祖岩"，字径0.6米，颜体，落款"转运判官方信孺书"。

39－D₅ 铜盆山摩崖石刻 〔中渡镇大兆行政村旧县屯北铜盆山·明代·县文物保护单位〕 铜盆山崖壁上有岩崖石刻7方，其中有明隆庆辛未（1571）高肇左参将马龙川的大小榜书"一方保障"、五言诗刻以及明万历二年（1574）《平蛮碑》等，刻文内容记述明代隆庆至万历年间，朝廷派遣大将俞大猷等人镇压当地壮瑶人民起义的史实。

D₅₋₁ 马龙川榜书"一方保障"及诗刻 〔中渡镇旧县屯铜盆山岩壁上·明代〕 有大、小榜书"一方保障"各1方。大"一方保障"刻面高0.75米，宽2.9米。横1行，楷书，撰文、书丹皆为高肇左参将马

龙川。右上方首题竖刻"隆庆辛未"，左方落款"马龙川书"。其下文有诗刻2首，刻面高1.3米，宽0.6米，草书，刻五言诗，其一为："孤城殊寂寞，无处遗幽情。爱景寻芳径，贪山见石屏。四方民业整，百里瘴烟清。聪荷明尧得，年年见太平。"落款"隆庆辛未仲夏奉，分守高肇左参将并镇使洛容桂林马龙川书"。

D₅₋₂ 万历二年平蛮碑 〔中渡镇旧县屯铜盆山岩壁上·明代〕 明万历二年（1574）刻。刻面高2.75米，宽3米，碑文竖行，楷书，阴刻。撰文、书丹、刻工不详。无首题，落款"万历二年七月立"，刻文记载万历元年（1573）、万历二年（1574），朝廷调集左右两江及湖浙官兵10余万人马，由提督两广军门右都御史殷正茂、巡抚广西军门右副都御史郭应聘等率领，镇压怀远瑶民起义，剿灭洛容、柳城、永宁、永福、阳朔、荔浦等义军。

40－D₆ 平龙岩摩崖石刻 〔平山镇青山行政村堡底屯平龙山平龙岩·清—民国·县文物保护单位〕 平龙岩高敞，原建有圣母宫，现已毁。岩洞顶部岩壁有摩崖石刻6方。岩顶书刻"福禄寿喜"4字，字径约1米，楷书，阴刻。岩顶中部刻榜书"白鹤洞仙"4字，楷书，阴刻。岩顶后部草书一大"龙"字。

41－D₇ 香桥岩摩崖石刻 〔中渡镇贝塘行政村下末村北约2公里香桥岩·清—民国·县文物保护单位〕 岩口东南向，四周有高山围绕，其间有天然巨石若拱桥架两山之间，称"香桥"，长约40米，在桥侧壁有清代和民国的题刻、诗刻，记刻10方。其中榜书"桃源真境""巧渡仙桥""家业救国"最为醒目。

42－D₈ 兴隆村官府执照碑 〔鹿寨镇角塘行政村查比屯·清代〕 碑刻1方。清乾隆十九年（1754）立。碑高1.43米，宽0.88米，厚0.17米。碑文竖行，楷书，阴刻。除碑额题"兴隆村官府执照"较清晰外，其他文字多模糊。碑文内容为：清乾隆十九年正月，清政府一官吏到此巡察核实垦荒范围，经查属实，出示布告准许村民贾政文、范开相、梁元光、韦国贤等人到此开荒落户。

43－D₉ 太平军好行摩崖石刻 〔中渡镇贝塘行政村贝塘村北约500米牛角坳三门隘·清代·县文物保护单位〕 清咸丰十年（1860）刻。刻面高1.1米，宽0.6米，碑文竖4行，计23字。全州石匠撰文，书丹并刻。首题"全州石匠十名为记"，落款："□□□□年二十七日四月"。正文"太平军好行"5字。"行"，广西方言是"走"的意思。咸丰九年（1859）九月，太平军石达开部回师广西途经全州、兴安、龙胜、临桂、永福、鹿寨等地，军纪严明，民以所服，全州石匠在古道山坳路旁一巨石刻石以念。

44－D$_{10}$ 雷王庙《秋碑记》刻 〔中渡镇黄腊行政村黄腊屯雷王庙·清代〕 碑刻1方。清同治四年（1865）立。碑高1.2米，宽1米，厚0.12米。碑文竖行，楷书，阴刻。原为雷王庙碑刻之一，庙早毁，碑存。额题"秋碑记"，碑文记述了咸丰八年（1858）六月到九年九月间，太平军石达开部在中渡黄腊一带与地方团练战斗的经过，文云："九年九月，赖拨皮带长毛数万，初八敌六洛岭，初十阻御马形岭，十四贼则侵境。……"

45－D$_{11}$ 述旧碑记 〔平山镇大阳行政村大社八屯东面约300米高岩山岩口石壁·清代·县文物保护单位〕 碑刻1方。清光绪八年（1882）立。碑阳向西，高1.1米，宽0.72米，厚0.2米，系先用石块制成碑，后镶入石壁。碑文竖行，楷书，阴刻。里人陶日显撰文，陶监、陶钦补志勒石。额题"述旧碑记"，额款："光绪八年岁在壬午清，男监，钦志勒石。"碑文云："咸丰初年，寇贼峰起，乡人不知所择，惟就其附近之岩寨而避之焉。……"记载了咸丰九年（1859）太平军石达开回师广西途经此地与当地团练发生冲突的经过。

46－E$_1$ 大成国军江口驻防遗址 〔江口镇江口行政村江口村二、三队东面约500米放马岭·1857年〕 清咸丰七年（1857）二月，大成国李文辉率部驻防江口，构筑营盘，在洛清江口设置锁江铁链，以阻止清军从桂林沿江南下侵扰柳州。营盘位于洛清江与柳江汇合口放马岭上。现存砖砌围墙残长800米，高1米，厚0.45米。墙外绕以护城壕，残长约1200米，宽1.5米，深0.8米。

47－E$_2$ 大成国锁江链遗址 〔江口镇江口行政村江口码头洛清江口北约400米的河道中·1857年·县文物保护单位〕 据《洛容县志》载，清咸丰七年（1857），大成国平靖王李文茂派其弟李文辉设锁江链于江口，拦截清军船只，清军从桂林南下走水路进攻柳州时，不得不在雒容抬船上岸绕道，经洛埠渡口攻柳州。锁江链从东岸拉向西岸的一峭壁上，全长约300米，共2条，链条用生铁铸成铁环连成，每环直径0.24米，重1.1公斤。1958年渔民打捞得铁环2000多公斤，其大部分尚沉水底。

48－E$_3$ 大成国军三里寨遗址 〔黄冕乡大端行政村三里村东南约500米湘桂铁路左侧山上·1857年〕 清咸丰七年（1857），大成国平靖王李文茂部将廖鸣盛及乔老苗等率部在此筑城寨，抵抗清军。寨位于桂柳水陆交往必经要冲的山上，寨墙依山势构筑，环绕数座相连的山头，长约5公里，高1—2.8米，顶厚1米，底宽2.6米，底为石块基础，上层为三合土墙。开有寨门及岗楼。寨内营房、练武场等尚有遗迹，寨门已毁，寨墙基本完整。

49－E$_4$ "中渡县公署布告"碑 〔中渡镇英山社区东门码头·1921年〕 1921年立。是县知事钟秀杰颁布的布告。原置县署门外。署废碑存，碑高1.34米，宽0.8米。碑文竖行，楷书，阴刻。碑文记述革除县署的抄录费、传供费、开票费、提堂费、开锁费等16项陋规。钟秀杰，字明甫，广西陆寨县中渡镇人。民国期间曾任广西警察厅司职，后任中渡、宜山、马平等县县长，庆远区税捐稽征局长等职。

50－E$_5$ "榴江县公署布告"碑 〔寨沙镇寨沙社区寨沙镇粮所·1926年〕 1926年立。是榴江县（今属鹿寨县）代知事肖殿元任职时颁布的布告。碑高1.1米，宽0.9米，碑文竖行，楷书，阴刻。碑文内容为革除县署各种陋规陈俗的规定。

51－E$_6$ 凤凰山摩崖石刻 〔中渡镇大兆行政村旧县屯凤凰山中部东面岩壁·1933年〕 有摩崖石刻2方，均刻于1933年。其中1方为黄孟祥撰文书丹，刻面高1.6米，宽0.5米，刻文为古体诗一首，竖行，阴刻，楷书。另一方刻面宽1.6米，高0.4米，为榜书"洛江旧迹"，阴刻，楷书，黄启元书丹，梁恒义立。

52－E$_7$ 谢心菊墓 〔中渡镇石墨行政村上里屯东1公里东北锅盖岭·1940年〕 谢心菊（？—1940），广西百寿县人，国民革命军陆军中将梁寿笙生母。墓葬朝南，墓冢呈圆丘形，底径4.5米，占地面积约50平方米。墓冢用三合土构筑，前有弧形扶手。墓碑高1.24米，宽0.57米，"山"字形顶。碑刻"梁母谢心菊墓"。墓志铭为国民革命军陆军上将汤恩伯撰写。

53－E$_8$ 寨沙革命活动旧址 〔寨沙镇南约250米·1941年〕 1941年10月，中国共产党在这里设地下秘密联络站，开展地下革命活动，在此召开过多次党小组会议。旧址原为廖家祠堂，砖木结构。单座平房，面阔三间，悬山顶，盖小青瓦，占地面积约150平方米。

54－E$_9$ 梁寿笙墓 〔中渡镇石墨行政村石排屯背双马岭中部·1945年〕 梁寿笙（1907—1945），原名梁春华，广西鹿寨县中渡镇北街人。国民政府军事委员会中将高级参谋，派驻广西绥靖公署。1945年病死乡里。墓葬朝南，墓冢呈三角锥形，周边用片石头垒砌，围宽6.6米，长5米，占地面积约40平方米。墓碑顶剜国民党党徽，两侧为国民革命军陆军中将罗烈题挽联"抗战台庄留胜绩，经营吉塘寄闲身"。

55－F$_1$ 寨沙镇炮楼 〔寨沙镇寨沙社区团结街113号·1918年·县文物保护单位〕 建于1918年，原为逢源当铺，后改为防匪保境的炮楼。共7层，平面略呈方形，面阔14米，进深14.5米，占地面积约203平方米。炮楼下部夯筑灰沙三合土墙，三层以上砌青砖清水墙，墙厚0.45米，每层中间用铁条拉紧，二层以上每层南、北向各有9个枪眼。炮楼内立5根方形砖柱，其中两根主柱直达层顶，小柱到四层。

56－G₁ 巴敢岩化石出土点 〔鹿寨镇角塘行政村巴敢屯南约1公里巴敢岩·更新世〕 岩洞在山脚，岩口向东，洞高7米，宽6米，进深12米，面积约72平方米。1980年5月，在巴敢岩一块巨石中发现大量化石，其中有完整的黑熊头骨1个和大熊猫、鹿、豪猪等哺乳动物骨骼和牙化石等。

57－G₂ 古欲岩化石出土点 〔中渡镇古欲岩·更新世〕 岩口向北，面积约60平方米。1970年洞内出有完整的犀牛头骨、巨貘下颌骨及其他动物牙齿化石。严重破坏。

58－G₃ 黄冕铜器出土点 〔黄冕乡北约3公里洛清江北岸Ⅱ级台地·战国〕 1989年3月，在台地耕土中出土了一批青铜器，有剑、钺、矛等。

59－G₄ 古罗铜鼓出土点 〔拉沟乡背塘行政村古罗屯·西汉中期—南朝〕 1986年9月，在古罗屯出土冷水冲型铜鼓1面，鼓面向下，鼓身全残，只存直径约0.5米的鼓面碎片。鼓面太阳纹八芒，饰羽状纹、栉纹圆圈纹、变形羽人纹、翔鹭纹等。

60－G₅ 广崖山铜鼓出土点 〔中渡镇西北1.5公里广崖山·西汉中期—南朝〕 1985年，在山腰出土冷水冲型铜鼓1面。鼓面径0.687米，残高0.48米。鼓面太阳纹十芒。面沿列有四蛙，蛙间一乘骑。饰水波纹、栉纹、同心圆纹、复线交叉纹、羽纹、变形羽纹等。胸腰间有瓣纹扁耳2对，半环耳2只。

61－G₆ 麻盖岭铜鼓出土点 〔四排乡那当行政村桂兰屯麻盖岭·西汉中期—南朝〕 1997年4月，在麻盖岭出土冷水冲型铜鼓的大半残面，无伴随物。鼓面径0.472米。鼓面太阳纹十二芒，芒间饰翎眼纹和羽纹，面沿列有四蛙。饰"S"形曲折纹、切线同心圆纹、栉纹、变形羽人纹、变形翔鹭纹等。

三江侗族自治县

1－A₁ 皇城遗址 〔斗江镇沙宜行政村杉木寨南约200米浔江东岸边小岭上·宋代〕 建于宋代。城址南北向，平面呈长方形，城墙长约87.6米，宽约69.2米，占地面积约6061.6平方米。城墙用黄土夯筑，残高3.2—4米，墙基宽4.6米，顶宽1—3米，西南城墙和西北部分城墙已被破坏，城墙四角处外凸，四面城墙中部各有一处凸起，类似马面。城墙外有一

周宽约5.6—9.5米的平台，平台下为深3—5米的护城壕，西北面和南部现有两处缺口，可能是城门。

2－A₂ 浔江堡遗址 〔古宜镇东北约3公里白石寨后山坡·北宋〕 建于北宋崇宁四年（1105），属融州管辖，该堡址在林溪河石眼口对岸，依山傍水，西临浔江。遗址已辟为农田，但城墙尚可辨认，城墙为黄土夯城，平面略呈方形，边长约132米，占地面积约1.74万平方米。

3－A₃ 老堡城址 〔老堡乡老堡社区老堡乡政府后屋背坡上·明代〕 明隆庆五年（1571），怀远（今三江）知县马希武在今老堡筑城，遭民众反抗，马希武被民众斩首，城未能全部筑成。后任知县于万历十九年（1591）迁县于丹洲。现老堡城址平面呈马蹄形，城墙沿山而上，黄土夯筑，三面共长约600米，高4米，底厚3米，城外有护城壕。占地面积约6000平方米。现城墙大部分已毁。

4－A₄ 怀远故城址 〔丹洲镇丹洲社区丹洲岛上·明代·自治区文物保护单位〕 建于明万历十九年（1591）。俗称"丹洲古城"。平面呈方形，占地面积约4.7万平方米。现存东门、北门和北面城墙。北门为拱门，面阔3.05米，进深11.9米，高3.24米，额刻"治定门"，门洞嵌清光绪二十八年（1902）洪水记录刻铭。城墙为明代修建，以砖砌成，残长195米，宽3米，高5.7米。门楼为清代改建，木结构，高两层，面阔三间，重檐歇山顶。东门立有清道光二十六年（1846）怀远县城图碑、补修怀邑城厢道路碑各1方。城内原有建筑除福建会馆、丹洲书院等外都已毁，残存衙署城隍庙、金花宫等屋基。《柳州府志》有载。

A₄₋₁ 丹洲书院 〔丹洲镇丹洲岛东南面·清代〕 建于清初。四合院，坐东南朝西北，原有前、后座、两侧楼及天井，占地面积约1340平方米。前座为大门，砖木结构，面阔三间，明间开门；其余为木结构，穿斗式木构架，硬山顶，盖小青瓦。四周有砖石围墙。1945年曾被侵华日军烧毁。经群众修复。

A₄₋₂ 丹洲福建会馆 〔丹洲镇丹洲岛怀远故城址北门外约100米·清代〕 坐西朝东，砖木结构，二进院落，由前楼、正厅、天井、左右厢房组成，占地面积约800平方米。前楼、正厅面阔三间，硬山顶，盖小青瓦，马头山墙。前楼明间开门，门旁有对联1副。二楼为戏台，下为走道，正厅南北次间各有月门。馆内有建馆碑刻2方，记载建馆经过和捐资善士名单。

5－A₅ 葛亮城址 〔富禄苗族乡富禄行政村葛亮屯东南约100米山岗·明代〕 平面呈长方形，长约130米，宽约56米，占地面积约7800平方米。黄土夯墙，城墙大部分被毁，残墙高2.45米，厚4米，顶宽

2 米。原在东、西面各设一城门，四角设有角楼。城内建筑已毁。西南面约 50 米处有一口"葛亮井"。据清乾隆《柳州志》载，相传为三国时诸葛亮南征时所筑。

6 – A₆ 大营峒遗址 〔林溪乡平岩行政村程阳永济桥下游西南约 1 公里·明代〕 大营峒辖今湖南省黄土、平坦、高步和广西的林溪、程阳等地。现存少量的城壕和土夯城墙尚可辨认，遗址面积约 5000 平方米。20 世纪 80 年代发现一些陶瓷瓦片。遗址已被辟为农田及耕地。

7 – A₇ 白石寨城址 〔古宜镇东北约 3 公里·明代〕 据《三江县志》载，此城系南明永历帝朱由榔驻扎处。城长约 60 米，宽约 170 米，占地面积约 1.02 万平方米。北西、南城墙存部分。为黄土夯筑。底宽 5 米，高 3 米。1987 年采集到明代铺地残砖数块。

8 – A₈ 高安战壕遗址 〔富禄苗族乡高安行政村高安屯大田坡·清代〕 建于清代，具体时间不详。是当地村民为防匪盗而建。大田坡顶原建有炮楼，现已无存。战壕建在山坡的四周，战壕宽 3—7 米，深 2.4—5 米，周长约 240 米，护墙 3.6 米。现整个山坡已辟为菜园。

9 – A₉ 龙振家祠遗址 〔老堡乡塘库行政村盘鱼泠屯·清代〕 建于清代，具体时间不详。是六品官员龙辛超修建。砖木结构，四合院，原有前殿、走廊、后殿、石板道等，因年久失修，现前殿、走廊等已毁，仅存残墙及构筑物的石雕、石柱、石门。

10 – B₁ 洋洞汉墓 〔老堡乡让口行政村洋洞屯南约 100 米·东汉〕 1981 年发现。为竖穴土坑墓。形制不详，占地面积约 50 平方米，出土随葬品有陶豆、罐、壶、钵、鼎和滑石耳杯、砚台等共 21 件。（《广西文物》1987 年 3 期）

11 – B₂ 莫肆华墓 〔老堡乡坡头行政村竹脚屯西瓦窑坡·清代〕 莫肆华，清代侗族武举，卒于咸丰年间（1851—1861）。墓葬朝东，冢呈圆丘形。四柱三间二楼牌坊式墓碑，高 1.8 米，宽 1.4 米。明楼顶为单层瓦檐，脊顶立石狮，两端鱼吻。檐下三拱门，双龙盘柱，门上浮雕人物图像，碑在门内。次楼碑面及中、边柱均刻有文字。占地面积约 2.52 平方米。

12 – B₃ 曹聪富墓 〔古宜镇大竹行政村大寨屯西四文头山半坡·清代〕 建于道光七年（1827）。墓葬朝北，冢呈圆丘形，占地面积约 4 平方米。墓碑高 0.96 米，宽 0.58 米，厚 0.07 米，碑面中竖刻"诰封光禄大夫曹老太祖讳聪富公之墓"，左刻"道光丁亥年（1827）立"。光绪十五年（1889）重立新碑，碑高 1.3 米，宽 0.9 米，厚 0.07 米，碑两侧刻花纹，上方刻有"世代昌荣"4 字，碑面刻"光绪十五年冬后裔同立"，两侧刻对联"山水环绕克昌厥后，寄蛮叠奏长发其祥"。

13 – C₁ 定盘石板道 〔林溪乡平岩行政村平寨屯东约 500 米定盘山脚·明—清〕 建于明代，清代沿用，是通往广西桂林和湖南绥宁县的交通要道，石板道长约 10 公里，大部分已毁坏，现尚存 10 余段，计约 2 公里，宽 1.5 米，均用石板铺设或片石砌成。1911 年，天地会李红林、梁月初、张三嫂在此歼灭清军驻程阳的一个团练分队。

14 – C₂ 科马界古道 〔林溪乡林溪行政村岩寨屯科马界山·明—清〕 建于明、清年间，具体时间不详。是当时林溪乡通往湖南通道县平坦、高步等地的古道。古道用石板、卵砾石镶嵌，由于年久失修，现三江境内断续保存有 10 段，约 255 米的石板路，宽 1.5—2 米。1930 年红七军长征时曾经从这条古道开往湖南。

15 – C₃ 龙王庙井 〔梅林乡梅林行政村梅林屯龙王庙前·清代〕 建于清初，具体时间不详。井圈用整块巨石凿成，口长方形，长 0.86 米，宽 0.63 米，井深 0.75 米，井圈外壁浮雕多种动物。井盖为 2 块石板搭成人字形，井前用石板铺井台，占地面积约 0.5418 平方米。

16 – C₄ 六更鼓楼 〔八江乡归令行政村六更屯·清代〕 建于清中期，具体时间不详。坐西朝东，木结构。鼓楼平面呈正方形，面阔、进深 8 米，占地面积约 64 平方米。楼高 9 米，穿斗式木构架，歇山顶，三重檐，盖小青瓦。底层四壁镶嵌木板槛墙通窗。正面北端开木门。

17 – C₅ 盘贵鼓楼 〔独峒乡牙寨行政村盘贵屯·清代·县文物保护单位〕 建于清乾隆年间（1736—1795）。坐西朝东，木结构。面阔、进深均 7.2 米，占地面积约 51.84 平方米。楼高约 10 米，穿斗式木构架，主梁见"乾隆"2 字，七重檐，歇山顶。盖小青瓦，底周封木板槛墙、直棂通窗。

18 – C₆ 和里三王宫 〔良口乡和里行政村欧阳寨南约 200 米双溪交汇处·清代·自治区文物保护单位〕 为祭祀古夜郎国国王竹多三王子而建。建于明嘉靖年间（1522—1566），清乾隆三年（1738）扩建，道光至同治年间（1821—1874）曾进行过三次维修。二进院落，砖木结构。由宫门、戏台、走廊、天井、中门、神宫及偏舍等组成，占地面积约 403.6 平方米。戏台为木结构，神宫为正殿，面阔三间，硬山顶，盖小青瓦。檐口灰塑，内墙顶部绘有壁画。回廊、戏台穿斗式木构架。宫内保留有历代碑刻 54 方、楹联 9 副、镜屏牌匾 19 块。附属建筑有人和风雨桥。

C_{6-1}　**人和风雨桥**　〔良口乡欧阳寨三王宫前的溪流上·清代〕　建于清光绪二十一年（1895）。1917年和1985年维修。东西走向，两台石拱木廊桥，长48.9米，宽4.35米，高7.2米。以青砖砌桥台、桥身及桥拱，架圆木为梁，梁上铺木板成桥面，桥廊三亭十二间，穿斗式木构架，桥中部亭为五重檐六角攒尖顶，两端亭为四重檐，歇山顶，盖小青瓦。廊两侧有木栏杆、板凳。

19－C_7　**平寨鼓楼**　〔林溪乡平岩行政村平寨屯·清代·县文物保护单位〕　建于清道光元年（1821）。坐西朝东，木结构。面阔三间，进深一间，占地面积约57.04平方米。鼓楼高6.7米，中立4圆木大柱，两侧边柱各5根，穿斗式木构架，二重檐，悬山顶，盖小青瓦，石板地面。底封矮木板槛墙，上为直棂通窗。楼前鼓楼坪旁立道光元年（1821）立修砌平寨鼓楼坪碑刻1方。

20－C_8　**南寨井**　〔良口乡南寨行政村南寨屯边农田旁·清代〕　建于清道光十年（1830）。井口平面呈长方形，长2.1米，宽1.2米，井沿及井壁用长条石围砌，占地面积约2.52平方米。有碑刻1方，记叙募捐修井事宜。

21－C_9　**平江鼓楼**　〔八江乡八江行政村平江屯·清代〕　建于清道光二十七年（1847）。木结构，平面呈正方形，面阔、进深皆10米，高5.5米，穿斗式木构架，歇山顶，四重檐，盖小青瓦，底层封木板槛墙，直棂通窗，正面开门。

22－C_{10}　**富文坪桥**　〔程村乡泗里行政村富文坪屯北面河沟上·清代〕　建于清咸丰年间（1851—1861）。南北走向，单孔石拱平桥，长8.1米，宽4米，拱跨6米。桥身、桥拱用料石砌成，桥面铺料石，两端与岸齐平。

23－C_{11}　**平寨寨门**　〔林溪乡平岩行政村平寨屯西南面的林溪河边上·清代〕　建于清同治年间（1862—1874）。坐东朝西，木结构。平面呈方形，面阔、进深一间4.2米，占地面积约17.64平方米。寨门高两层8米，两侧每边立4柱，穿斗式木构架，悬山顶，三重檐，盖小青瓦，上层原铺有楼板，四壁已不存。寨门八字外开。

24－C_{12}　**亮寨鼓楼**　〔林溪乡林溪行政村亮寨屯北曲龙冲口·清代·县文物保护单位〕　建于清同治三年（1864）。坐西朝东，木结构，平面呈长方形，面阔三间7.8米，进深7.2米。楼高7.3米，穿斗式木构架，二重檐，悬山顶，脊饰宝瓶，盖小青瓦，地铺杉木板。楼前有石板地坪和寨门。占地面积约56.16平方米。

25－C_{13}　**亮寨寨门**　〔林溪乡林溪行政村亮寨屯鼓楼旁·清代〕　建于清同治三年（1864）。为亮寨屯东北面寨门。坐西朝东，木结构。四柱三间三楼牌坊式，宽5.5米，深3.2米，高5.2米，穿斗式木构架，三楼皆悬山顶，盖小青瓦，正楼脊饰宝瓶，檐下额枋间直棂式封板，小额枋彩绘图案，双扇门。次楼檐下额枋间封木板。占地面积约17.6平方米。

26－C_{14}　**皇朝鼓楼**　〔林溪乡林溪行政村皇朝寨·清代〕　因南明永历帝朱由榔曾驻跸林溪村，到过小鼓楼。后人称此村为皇朝寨，鼓楼叫皇朝鼓楼。今小鼓楼尚存，但已迁移别处。现鼓楼为清同治四年（1865）在原小鼓楼旧址所建。坐北朝南，木结构，平面呈正方形，面阔、进深皆8米。五重檐，歇山顶，顶立葫芦。底层无围护。楼外设芦笙坪，以小石片嵌成各种图案。门外立同治年间碑刻1方。占地面积约64平方米。

27－C_{15}　**东寨鼓楼**　〔林溪乡程阳行政村东寨屯·清代〕　建于清同治四年（1865）。坐东朝西，木结构，平面呈正方形，面阔、进深一间，高9.4米，占地面积约34.8平方米。穿斗式木构架，五重檐，四角攒尖顶，顶饰宝葫芦，底层无围护。

28－C_{16}　**大田井亭**　〔林溪乡合华行政村大田屯东南边·清代〕　建于清同治七年（1868）。坐北朝南，木结构。四柱长方亭。高3.2米，面阔2.4米，进深3.2米，占地面积约7.68平方米。建筑为穿斗式木构架，歇山顶，盖小青瓦。亭内铺石板，井用青石围砌。

29－C_{17}　**务衙鼓楼**　〔林溪乡高友行政村务衙屯·清代〕　建于清光绪年间（1875—1908）。坐西朝东，木结构。平面呈方形，面阔、进深5.8米，占地面积约33.6平方米。楼高7.5米，穿斗式木构架，三重檐，歇山顶，盖小青瓦，底层架空无围护，二层四壁镶木板槛墙通窗，内设火塘。

30－C_{18}　**高友下鼓楼**　〔林溪乡高友行政村高友屯·清代〕　建于清光绪年间（1875—1908）。坐东朝西，木结构。平面呈正方形，面阔、进深7米，占地面积约49平方米。楼高15米，穿斗与抬梁混合木构架，三重檐，歇山顶，盖小青瓦。正面中开木门，四壁木板槛墙通窗。

31－C_{19}　**乐善寺**　〔良口乡南寨行政村南寨屯东约100米青鹅岭脚下·清代〕　建于清光绪年间（1875—1908）。坐东南朝西北，砖木结构。二进院落，由前、后殿，中间天井，两侧走廊构成，占地面积约413平方米。前、后殿面阔三间，青砖外墙，内为木构架，前殿歇山顶，后殿悬山顶，盖小青瓦。

C_{19-1}　**乐善寺桥**　〔乐善寺大门外小溪上·清代〕

建于清光绪年间（1875—1908），是为方便村民到乐善寺烧香拜佛而建。西北—东南走向，石木结构。两台一孔廊桥，长4米，宽1.5米。桥台用料石砌护，桥面用6块石板铺成，厚0.8米。桥上建木结构的凉亭，穿斗式木构架，三重檐，六角攒尖顶，盖小青瓦。

32 – C₂₀ 八江鼓楼 〔八江乡八江行政村八江屯溪边·清代〕 建于清光绪年间（1875—1908）。坐南朝北，木结构。平面呈长方形，面阔7.9米，进深10.7米，占地面积约84.53平方米。楼高10.7米，穿斗式木构架，三重檐，歇山顶，盖小青瓦，四周木槛墙，吊脚式直棂通窗。内设凉台。长木板凳。

33 – C₂₁ 坪地棉鼓楼 〔林溪乡林溪社区坪地棉屯·清代〕 建于清光绪年间（1875—1908）。坐北朝南，木结构。平面呈长方形，面阔4.9米，进深7.3米，占地面积约36.07平方米。楼高6.2米，穿斗式木构架，三重檐，歇山顶，盖小青瓦。底层周封木板槛墙，门两侧开窗。

34 – C₂₂ 华练屯风雨桥 〔独峒乡平流行政村华练屯南约50米苗江河上·清代·县文物保护单位〕 建于清光绪元年（1875）。二台二墩木廊桥。长65米，宽3.88米，高8米。台、墩皆以料石砌成，台、墩上架圆木为梁，悬臂梁结构。桥面铺木板，桥廊十七间，穿斗式木构架，桥两端各1亭，中部间隔2亭，皆为四重檐，歇山顶，盖小青瓦。廊侧设栏杆，栏杆外下方有飘檐。

35 – C₂₃ 玉带迴桥 〔良口乡和里行政村和里屯溪流上·清代〕 建于清光绪四年（1878）。东西走向，二台一墩木廊桥，长18.8米，宽3.3米，高3米。以片石围砌土坡为台，墩用2根圆石柱架木而成，其上搭架圆木为梁，上铺木板，廊进深七间，穿斗式木构架，有三亭，两端亭为三重檐歇山顶，中间亭为三重檐六角攒尖顶。桥两侧有栏杆。

36 – C₂₄ 琴瑟风雨桥 〔八江乡福田行政村琴瑟屯北面三把叉山东北面山冲小溪上·清代〕 建于清光绪五年（1879）。西北—东南走向，二台木廊桥，长5米，宽4米，高3米。桥廊进深三间，穿斗式木构架，歇山顶，盖小青瓦。外檐柱封槛墙式木板桥栏，内金柱架板为长凳。

37 – C₂₅ 林福风雨桥 〔八江乡福田行政村林福屯山冲的小溪上·清代〕 建于清光绪五年（1879）。东西走向，二台木廊桥，长6米，宽4米，高3米。桥台用石块砌铺，上架圆木为梁，梁上铺木板为桥面。桥廊进深二间，穿斗式木构架，悬山顶，盖小青瓦。

38 – C₂₆ 南康鼓楼 〔林溪乡美俗行政村南康屯·清代〕 建于清光绪六年（1880）。坐北朝南，木结构。平面呈长方形，面阔7.8米，进深5.7米。楼高5.3米，穿斗式木构架，二重檐，悬山顶，盖小青瓦。底层封木板槛墙，直棂通窗，地面铺三合土。占地面积约44.46平方米。

39 – C₂₇ 龙王庙 〔梅林乡梅林行政村岑地屯·清代〕 建于清光绪八年（1882）。坐西朝东，砖木结构。面阔三间，进深二间，前置檐廊，木柱石础，大门槛联"飞见昭乾象，沾濡佑地灵"。青砖墙，抬梁式木构架，硬山顶，盖小青瓦。庙后墙已无存，大部分木料已朽。占地面积约133平方米。

40 – C₂₈ 独峒风雨桥 〔独峒乡独峒行政村独峒村上寨溪流上·清代〕 建于清光绪九年（1883）。为两台一孔木廊桥，木结构。东南—西北走向，长13.1米，宽3.2米，两端桥台以片石叠砌，两台间叠架圆木梁，上铺木板成桥面，桥廊进深四间，穿斗式木构架，廊侧施直棂式木栏杆，顶盖小青瓦，亭置桥中部，为重檐歇山顶。

41 – C₂₉ 平溪鼓楼 〔同乐苗族乡同乐行政村平溪屯·清代〕 建于清光绪十一年（1885）。木结构，平面呈正方形，面阔、进深皆7米，高约9米，穿斗式木构架，五重檐，歇山顶，盖小青瓦。四周小回廊，周壁木槛墙通窗。

42 – C₃₀ 岜团风雨桥 〔独峒乡岜团行政村岜团村边苗江河上·清代·全国重点文物保护单位〕 建于清光绪二十七年（1901）。二台一墩木廊桥，分上下两层。上为人行道，人道两侧有直棂栏杆、坐凳。下为畜道，是一座人畜分道的立体风雨桥。桥长50米、高6.8米，人道宽3.1米，高2.4米；畜道宽1.4米，高1.9米。以料石砌筑桥台及桥墩，桥廊三亭十间，三亭分设于桥两端及中部，均为穿斗式木构架，五重檐，歇山顶，盖小青瓦。

43 – C₃₁ 龙吉凉亭 〔古宜镇西游行政村龙吉屯西南约2公里·清代〕 建于清光绪十七年（1891）。木结构。平面呈长方形，面阔7.7米，进深5.8米，高4.8米，穿斗式木构架，歇山顶，盖小青瓦。四周无护围。

44 – C₃₂ 唐朝北风雨桥 〔独峒乡唐朝行政村唐朝村北面约700米小溪上·清代〕 建于清光绪十七年（1891）。南北走向，两台一孔木廊桥，长12.4米，宽2.3米，桥台底部以片石叠砌，上立木柱支撑。桥台间叠架圆木梁，上铺木板桥面。桥廊高8米，进深五间，穿斗式木构架，歇山顶，盖小青瓦，楼面板部分受损，栏杆不存。

45 – C₃₃ 大茶鼓楼 〔良口乡燕茶行政村大茶屯·清代〕 建于清光绪十七年（1891）。坐西南朝东北，木结构，平面呈长方形，面阔7.5米，进深6米，占地面积约45平方米。楼高10.5米，穿斗式木构架，五重檐，歇山顶，盖小青瓦。底层四周封木板槛墙通窗。

46－C₃₄ 布糯鼓楼 〔良口乡布糯行政村布糯屯·清代〕 建于清光绪十七年（1891），工匠杨石树修建。坐东北朝西南，木结构，鼓楼平面呈长方形，面阔、进深7.5米，占地面积约56.25平方米。楼高12米，五重檐，攒尖顶，盖小青瓦。底层四周为木槛墙，吊脚直棂通窗。

47－C₃₅ 唐朝鼓楼 〔独峒乡唐朝行政村唐朝屯·清代〕 建于清光绪二十年（1894）。坐东北朝西南，木结构。面阔、进深一间，占地面积约25平方米。楼高6.7米，穿斗式木构架，三层檐，歇山顶，盖小青瓦。正门额顶出两面坡人字檐，檐下封檐板，四周用杉木板槛墙通窗，置栏杆。门口设青石踏跺6级。

48－C₃₆ 寨卯鼓楼 〔八江乡三团行政村寨卯屯·清代〕 建于清光绪二十二年（1896）。坐西南朝东北，木结构。平面呈正方形，面阔、进深皆7.7米，高11米，穿斗式木构架，五重檐，歇山顶。底层为过道，二层铺设木板楼，周封木板槛墙通窗，内置木板凳。占地面积约59.29平方米。

49－C₃₇ 玉马风雨桥 〔独峒乡玉马行政村玉马村西面约1.5公里的溪流上·清代〕 建于清光绪二十六年（1900）。南北走向，二台一墩木廊桥，长25米，宽3.3米。两岸以卵石墙护土坡为台，桥墩用大卵石砌成长方形石台。台、墩架木梁，上铺木板桥面。桥廊高6.6米，进深九间，穿斗式木构架，有三桥亭，两边亭三重檐，中亭五重檐，皆歇山顶，盖小青瓦。

50－C₃₈ 高友中鼓楼 〔林溪乡高友行政村高友屯·清代〕 建于清光绪二十七年（1901）。坐东朝西，木结构，形似风雨桥，面阔、进深11.5米，占地面积约132.25平方米。北端为二层楼三重檐歇山顶；南端为单层廊式，硬山顶，穿斗式木构架，盖小青瓦。底层无护围，可作过道。二层木楼板，木板矮槛墙通窗。

51－C₃₉ 扁迈屯鼓楼 〔八江乡高迈行政村扁迈屯·清代〕 建于清光绪二十八年（1902）。坐北朝南，木结构。平面呈正方形，面阔、进深6.8米，占地约46.24平方米。楼高7.6米，穿斗式木构架，三层檐，歇山顶，盖小青瓦。底层围封木板墙，中部以上外凸如吊脚楼，正面开门。

52－C₄₀ 具河鼓楼 〔独峒乡具盘行政村具河屯·清代〕 建于清光绪二十八年（1902）。坐西南朝东北，木结构。平面呈正方形，面阔、进深8.5米，占地面积约72.25平方米。楼高12米，穿斗式木构架，七层檐，檐角飞翘，歇山顶，盖小青瓦。底层四周镶封木板槛墙通窗。正面开门。鼓楼内存清代大鼓1具。

53－C₄₁ 杨氏宗祠 〔良口乡南寨行政村南寨屯·清代〕 建于清光绪二十九年（1903）。坐西北朝东南，砖木结构。三进院落，由前座、中厅、后堂、天井、走廊组成，占地面积约496.65平方米。各座面阔三间，青砖墙，硬山顶，盖小青瓦。座间置天井，天井两侧建有走廊。前座大门上嵌"杨氏宗祠"匾，后堂有碑刻4方。

54－C₄₂ 曹氏宗祠 〔古宜镇大竹行政村大寨屯·清代〕 建于清光绪三十年（1904）。坐东南朝西北，砖木结构。三合院，由前门、正堂、大院、厢房组成，占地面积约360平方米，前门已毁，正堂面阔12.5米，进深9.6米，高6米，抬梁式木构架，硬山顶，脊饰鳌鱼、宝葫芦、博古。马头山墙。两边厢房，面阔三间，进深一间，硬山顶。建筑皆青砖墙，盖小青瓦。祠内有清代碑刻2方。

55－C₄₃ 归滚鼓楼 〔独峒乡唐朝行政村归滚屯·清代〕 建于清光绪三十三年（1907）。坐东南朝西北，木结构。平面呈长方形，面阔12米，进深5米，占地面积约60平方米。楼高10米，穿斗式木构架，五重檐，歇山顶，盖小青瓦。底层四周封木板槛墙通窗。正面中部开楼门。

56－C₄₄ 平寨井 〔林溪乡平岩行政村平寨屯东面·清代〕 原有木结构井亭，已毁。井口平面呈圆形，用青石板围砌，外径1米，内径0.65米，井深1.23米。后人维修时，用水泥加固井壁，批荡井台。占地面积约0.78平方米。西面约600米处有林溪河由北向南流。

57－C₄₅ 枫木鼓楼 〔林溪乡枫木行政村枫木屯·清代〕 建于清末，具体时间不详。坐南朝北，木结构。平面呈长方形，面阔5.10米，进深8.1米，占地面积41.3平方米。楼高5.6米，穿斗式木构架，二重檐，歇山顶，盖小青瓦。脊饰宝葫芦。底层四周封木板通窗，正面中部开门，门前设踏跺数级。楼前有约150平方米石铺鼓楼坪。

58－C₄₆ 塘甲鼓楼 〔林溪乡枫木行政村塘甲屯·清代〕 建于清末，具体时间不详。木结构。平面呈正方形，面阔、进深皆6米，占地面积约36平方米。楼高7.7米。穿斗式木构架，五重檐，歇山顶，盖小青瓦。底层四周封木板槛墙通窗。开侧门。

59－C₄₇ 美地鼓楼 〔八江乡布央行政村美地屯·清代〕 建于清末，具体时间不详。坐西北朝东南，木结构，平面呈正方形，面阔、进深皆6米，占地面积约36平方米。楼高8米，穿斗与抬梁混合木构架，三重檐，歇山顶，盖小青瓦。楼底悬空，二层周封木板槛墙通窗，正面中开券顶隔扇门。

60 – C₄₈　具盘鼓楼〔独峒乡具盘行政村具盘屯·清代〕　建于清末，具体时间不详。坐北朝南，木结构，平面呈正方形，面阔、进深皆6.8米，占地面积约46.24平方米。楼高9.3米，穿斗式木构架，五重檐歇山顶，盖小青瓦。底层封木板槛墙通窗，正面东端开木门。

61 – C₄₉　田赖鼓楼〔独峒乡弄底行政村田赖屯·清代〕　建于清末，具体时间不详。坐西北朝东南，木结构。平面呈长方形，面阔5.9米，进深6.3米，占地面积约37.17平方米。楼高6.9米，穿斗式木构架，三层檐，歇山顶，盖小青瓦。底架于斜坡上，木架上架梁，铺设木板为底层，四周护围已缺损。

62 – C₅₀　布工风雨桥〔独峒乡弄底行政村布工屯公路边·清代〕　建于清末，具体时间不详。西北—东南走向，二台木廊桥，长13.5米，宽5米，高4米。台间架设二层圆木梁，上层铺设木板，桥廊一亭六间，穿斗式木构架，亭在桥中部，为三重檐，歇山顶，盖小青瓦。桥两侧设木栏杆。

63 – C₅₁　八江塘水风雨桥〔八江乡塘水行政村塘水屯·清代〕　建于清末，具体时间不详。木结构。二台木廊桥，长7米，宽3米，高5米。台以石筑，其间架木梁，上铺木板，桥上建穿斗式木构架桥廊，歇山顶，盖小青瓦。

64 – C₅₂　冠小鼓楼〔林溪乡冠洞行政村冠小屯·清代〕　建于清代，具体时间不详。坐东朝西，木结构。鼓楼平面呈正方形，面阔、进深皆7.3米，占地面积约532.9平方米。楼高12米，穿斗式木构架，七重檐，底三层歇山，上四层六角攒尖顶，盖小青瓦。底层周封木板槛墙通窗。正面开一门。楼外是石板地坪，对面有木结构戏台。

65 – C₅₃　闽粤会馆〔富禄苗族乡富禄行政村葛亮寨·清代〕　建于清代，具体时间不详。为闽、粤、湘、赣、黔五省商人集资兴建，亦称五省会馆、天后宫。坐南朝北，砖木结构。二进院落，由门楼、正厅、天井、厢房组成，占地面积308.75平方米。门楼前设檐廊，门廊檐柱两根。中设大门，门额上墨书"闽粤会馆"。门楼内为戏台。正厅面阔三间，弧形山墙，硬山顶，盖小青瓦。正厅侧门门额上嵌"抗日救国"石匾，为抗日战争时期所刻。

66 – C₅₄　华夏鼓楼〔林溪乡合华行政村华夏屯·清代〕　建于清代，具体时间不详。1918年、1965年、1985年维修。坐北朝南，木结构。平面呈长方形，面阔7.55米，进深6米，占地面积约45.3平方米。楼

高12.10米，穿斗式木构架，五层檐，四角攒尖顶，盖小青瓦。底层四壁封木板壁或木板槛墙槛窗。

67 – C₅₅　牛头泉〔独峒乡高亚行政村下高亚屯·清代〕　雕凿于清代，具体时间不详。用整石雕凿成立体水牛形，泉水由牛尾部流入，经过腹部从牛口中流出。石牛高1米、长1.4米，腹径1.23米，造型生动。占地面积1.722平方米。

68 – C₅₆　牙寨鼓楼〔独峒乡牙寨行政村·清代〕建于清代，具体时间不详。木结构。由鼓楼、戏台、民居组成的封闭式的公共活动空间。鼓楼架空高9米，村寨道路由公共活动空间（广场）经牙寨鼓楼蜿蜒而下，穿行于架空层巨柱之间。

69 – C₅₇　上高亚大鼓楼〔独峒乡高亚行政村上高亚屯·清代〕　建于清代，具体时间不详。坐东朝西，木结构。鼓楼平面呈方形，面阔、进深6.6米，占地面积43.56平方米。楼高13.6米，穿斗式木构架，五层檐，歇山顶，盖小青瓦，顶饰宝葫芦，底层四周为木板槛墙通窗，内柱用圆柱形大青石为础。

70 – C₅₈　坪传飞山宫〔古宜镇坪传行政村坪传屯南·清代〕　建于清代，具体时间不详。坐东南朝西北，砖木结构。二进院落，由前门、正殿、天井、厢房组成，占地面积约104.64平方米。前门额嵌"飞山宫"匾。正殿面阔、进深三间，前置檐廊，抬梁式木构架，硬山顶，盖小青瓦，正脊饰鳌鱼、葫芦宝顶饰，马头山墙。天井两侧为厢房，面阔三间，硬山顶，盖小青瓦。

71 – C₅₉　三团飞山宫〔八江乡三团行政村三团村公路边·清代〕　建于清代，具体时间不详。坐西朝东，砖木结构。四合院，由前门、后殿、天井、厢房组成，占地面积320.4平方米。前门门额嵌"飞山宫"石匾。后座面阔三间，青砖墙，硬山顶，盖小青瓦。宫内砖墙大部分已倒塌。

72 – C₆₀　梅林牌坊〔梅林乡梅林行政村岑武屯边·清代〕　建于清末，为怀远知县叶舒翠拨款为梅林贞洁女子吴四姑而建。坐东北朝西南，砖结构，一字形四柱三间三楼牌坊，面阔5.35米，进深0.75米，高约5米，占地面积约4.01平方米。各间开拱门，门额上方嵌匾字迹已不清。楼顶小青瓦已毁不存，牌坊前有石狮子。

73 – C₆₁　八界滩拦河坝〔富禄苗族乡富禄街八界滩河中间·清代〕　建于清代，民国年间曾几次维修，为官方修筑的河道设施。主要是使河水集中，河床加高，以便船只通过。拦河坝为青片石砌成，坝长115米，宽1.1—3米，高1米。

74 – C₆₂　八坳井亭〔林溪乡平岩行政村八坳屯·

清代〕 建于清末。村民集资，由工匠杨善成修建。坐西北朝东南，木结构。四方井亭，高 3.5 米，面阔、进深一间，占地面积约 10.9 平方米。四角各立 1 柱，穿斗式木结构，四面敞开，悬山顶，盖小青瓦，亭地面铺砌青石板。

75 – C₆₃　岑塘桥　〔林溪乡冠洞行政村冠洞大寨河段下游约 1.5 公里的岑塘溪口·清代〕 建于清代。东西走向，单孔石拱平桥，桥面长 3.9 米，宽 2.55 米，拱跨 6.2 米，桥身、桥拱用料石砌筑，两端与岸齐平，原桥面上设有桥廊，但已全损毁。

76 – C₆₄　梁家祠堂　〔斗江镇斗江社区下寨·清代〕 建于清末。砖木结构，四合院，由前门、后堂、天井、厢房组成，占地面积约 209.7 平方米。前门、后堂面阔三间，青砖墙，硬山顶，盖小青瓦。墙上彩绘动物、花草图案，三合土地面。后堂立金柱 4 组共 8 根，抬梁式木构架，前无檐墙，内为通殿。

77 – C₆₅　高王西寨门　〔良口乡南寨行政村高王屯寨边·清代〕 建于清代，具体时间不详。是村民御敌防盗，迎送宾客场所。坐东朝西，木结构，面阔 3.5 米，进深一间 3.4 米，高 4 米，占地面积 11.9 平方米。寨门内、外各立 4 柱，垫方石础，穿斗式木构架，悬山顶，盖小青瓦。高 4 米，寨门原封板壁已不存，门前有一座小型土地庙。

78 – C₆₆　岩寨井亭　〔林溪乡林溪社区岩寨屯西面山冲·清代〕 建于清光绪年间（1875—1908）。坐西朝东，木结构。亭平面呈方形，面阔、进深一间，占地面积 4.5 平方米。亭高 4.3 米，穿斗式木构架，悬山顶，盖小青瓦。井口用青石围砌。

79 – C₆₇　平流寨门　〔独峒乡平流行政村平流屯东面溪边·清代〕 建于清代，具体时间不详。坐北朝南，木结构。寨门一侧傍山，一面临水，并向河中挑出一部分，高 6 米，面阔、进深一间，穿斗式木构架，二重檐，悬山顶，盖小青瓦。周有直棂式矮栏杆，占地面积约 21 平方米。

80 – C₆₈　吉昌口桥　〔林溪乡平铺行政村吉昌屯东约 400 米吉昌溪口·清代〕 建于清代，具体时间不详。东西走向，单孔石拱桥，宽 2.55 米，拱跨 4 米。桥身、桥拱用料石干砌成，桥面铺石板，凹凸不平。

81 – C₆₉　马胖岩寨上鼓楼　〔八江乡马胖行政村岩寨屯·清代〕 建于清末，具体时间不详。坐西朝东，木结构。鼓楼平面略呈长方形，面阔 7.7 米，进深 7.4 米，占地面积 56.98 平方米。鼓楼高 7.6 米，穿斗式木构架，三重檐，歇山顶，盖小青瓦。底层四壁镶嵌木板壁，正面中部置双开木门，两侧开直棂窗。

82 – C₇₀　里盘风雨桥　〔独峒乡里盘行政村里盘屯南面山冲的小溪上·清代〕 建于清代，具体时间不详。南北走向，二台木廊桥，长 8 米，宽 3.3 米，高 4.6 米。桥台用石块砌铺，上架圆木为梁，梁上铺木板为桥面。桥廊进深三间，穿斗式木构架，悬山顶，盖小青瓦。桥面两侧有直棂式栏杆，内置长条木凳。

83 – C₇₁　亮寨寨门　〔林溪乡林溪行政村亮寨屯·清代〕 建于清末，具体时间不详。木结构。面阔 4.5 米，高约 6 米，门阙式寨门。采用局部悬挑、吊顶等装饰，并重彩其外。造型、装饰醒目。

84 – D₁　富禄摩崖石刻　〔富禄苗族乡富禄社区富禄街西榕江上游约 3 公里租溜山南山脚下·清代〕 摩崖石刻 1 方。清乾隆三年（1738）刻。刻面高 3.26 米，宽 3.76 米。刻文竖 4 行，满行 4—5 字，字迹勉强可辨认，字径 0.14 米，楷书，阴刻。刻文内容为"此处□□头巨石并□川门滩俱已修过乾隆三年冬月记"。记录当时榕江疏通河道事宜。字径 0.14 米，阴刻，楷书。

85 – D₂　征收钱粮税碑　〔八江乡马胖行政村岩寨屯飞山宫内·清代〕 碑刻 1 方。清光绪年间（1875—1908）立。碑高 1.25 米，宽 0.7 米，厚 0.04 米。竖行，楷书，阴刻。碑文内容记叙当时征收钱粮事宜，文字迹尚清晰。

86 – D₃　免榨捐碑　〔独峒乡八协行政村八协屯八协鼓楼坪旁·清代〕 碑刻 1 方。清宣统二年（1910）立。碑高 1.08 米，宽 0.77 米，厚 0.06 米。碑阳额横题"免榨捐碑"，碑文竖 12 行，满行 23 字，计 254 字。碑文首行为"钦命二品衔署广西分巡右江兵备道总理右江水陆营务处沈为……"落款有长方章印，落款"八协守昌两村众姓人等全立，宣统二年初八日告示"。碑文内容为官府应准猛江一脚、二脚、三脚、四脚、五脚苗人油榨捐永远豁免事宜。碑阴刻捐款功德碑。

87 – E₁　困石官斗争遗址　〔林溪乡程阳行政村阳寨屯溪边·清代〕 清宣统二年（1910）为反对清政府的苛捐杂税，万人围困知县石家全于阳寨屯武昌庙内，并打死随员梁兼才，掀起了"困石官反刘官"的斗争。遗址原为武昌庙，建于清初，面积约 1500 平方米。1936 年改建为乡农仓，后群众又改建为木结构庙宇。1964 年武昌庙被拆除改为农田。

88 – E₂　富禄红七军标语　〔富禄苗族乡富禄街·1930 年·县文物保护单位〕 1930 年 5 月上旬，中国工农红军第七军奔袭贵州榕江胜利后回师右江，在富禄休整。在居民赖全生家东厢房木板壁上用石灰水书写下了"团总是军阀的（走狗）""打倒国民党军阀"等标语。字径 0.15 米，楷书。1989 年该木房改建，标语移至村公所保护。

89 - E₃ **大宅革命活动旧址** 〔斗江镇扶平行政村大宅屯小学内·1949〕 1949年前，此处为中共三江地下党组织活动地点。旧址建于民国时期。坐北朝南，木结构，二层楼房，面阔三间12.1米，进深7.8米，悬山顶，盖小青瓦。一层明间设大门，二层明间设木板槛墙、槛窗。四壁镶封木板。占地面积约94.38平方米。

90 - E₄ **板江烈士墓** 〔丹洲镇板江社区板必屯西瓜岭·1950年〕 为1950年在三江剿匪战斗中牺牲的中国人民解放军某部438团2营5连1排和地方游击队的14名烈士而修建，后将荣成礼烈士墓亦迁入此地。由烈士墓、烈士纪念碑组成。墓葬2座，墓冢为圆柱形，一墓以三合土封弧顶，墓碑额横行刻"革命烈士之墓"，碑文刻14名烈士事迹；另一墓碑中部竖行刻"荣成礼烈士之墓"及事迹。前面有烈士纪念碑，砖混结构，高6米，上有"革命烈士永垂不朽"8个大字。占地约18平方米。

91 - E₅ **烈士墓及纪念碑** 〔良口乡产口行政村产口屯产口榕江边·1950年〕 是1950年在洋溪剿匪战斗中牺牲的中国人民解放军某部袁副排长、万进强、伍浦成3位烈士的墓地。墓葬朝东，长方形土冢，高1米，宽1.5米，长2.1米。墓碑记三烈士的事迹。纪念碑在墓前，砖混结构，二级碑座，立柱碑身，三级台阶状碑盖，顶塑五角星，高8.5米。碑身正面竖行刻"革命烈士永垂不朽"。占地面积约3.15平方米。

92 - F₁ **冠洞风雨桥** 〔林溪乡冠洞行政村冠洞屯村边的小溪上·1912年〕 建于1912年。1985年维修。西南—东北走向，二台四墩木廊桥，长58.6米，宽3.1米，高6.5米。空架梁及悬臂梁混合结构。杉木桥面。桥廊三亭十七间，穿斗式木构架，三亭皆四重檐，四角攒尖顶，盖小青瓦。廊两侧设长凳及直棂式木栏杆。外接25米长的引桥的过街楼。

93 - F₂ **冠大上鼓楼** 〔林溪乡冠洞行政村冠大屯北·1914年〕 建于清代，1914年重建。坐东朝西，木结构。平面呈正方形，面阔、进深皆7.8米，占地面积约60.84平方米。楼高10.6米，穿斗式木构架，五重檐歇山顶，盖小青瓦。

94 - F₃ **林福鼓楼** 〔八江乡福田行政村林福屯·1914年〕 建于1914年。坐东朝西，木结构。平面呈长方形，面阔三间7米，进深8米，占地面积约56平方米。楼高7米，穿斗式木构架。三重檐歇山顶。底层四壁镶封木板壁，正面南端开木门。

95 - F₄ **程阳永济桥** 〔林溪乡平岩行政村马安屯西北约50米林溪河上·1912年·全国重点文物保护单位〕 由村民1912年集资，于1912年始建，1924年建成，1937年和1983年部分被洪水冲垮，均按原貌修复。东西走向，二台三墩木廊桥，长77.76米，宽3.75米，高11.52米。桥墩为石砌，橄榄形，桥梁为杉木悬臂梁结构，桥面以杉木铺成。桥廊五亭十九间，桥亭均为四重檐，中亭为六角攒尖顶。其旁两亭为四角攒尖顶，两端亭为歇山顶。桥廊两侧设长凳及木栏杆，栏杆外出挑檐，脊饰侗家吉祥鸟，各亭檐板彩绘植物图案。

96 - F₅ **座龙小鼓楼** 〔独峒乡八协行政村座龙屯·1918年〕 建于1918年，1988年维修。侗族建筑。坐北朝南，木结构，平面呈六角形，占地面积约49平方米。楼高14.8米，穿斗式木构架。三重檐，六角攒尖顶，盖小青瓦。大门上方有"固俗匡风"匾。1930年红七军北上时曾在此楼住了2天。

97 - F₆ **平寨寨门** 〔林溪乡平岩行政村平寨屯·1918年〕 建于1918年。位于寨前的主要道路上。为干栏楼阁式寨门，以4根大柱作主承柱，直立于寨门中央，另加4根檐柱，将结构连接成整体。

98 - F₇ **具盘风雨桥** 〔独峒乡具盘行政村具盘屯北面约150米的小河上·1920年〕 建于1920年。东西走向，二台二墩木廊桥，长35米，宽5米，高5米。桥台、墩为片石垒筑，桥梁为悬臂梁结构，桥面铺设杉木板，桥廊三亭十二间，穿斗式木构架，亭为四重檐歇山顶，盖小青瓦。两侧设长凳、木栏杆。

99 - F₈ **程阳戏台** 〔林溪乡程阳行政村程阳寨·1921年〕 建于1921年。位于十字街口的广场前。木结构，前为戏台，左侧为厢房，演出时作化妆室，平时是村民休息聊天之所。设有火塘。戏台屋顶由四坡屋面及重檐攒尖顶组合而成。

100 - F₉ **归盆风雨桥** 〔独峒乡牙寨行政村牙寨屯东300米小溪上·1922年〕 建于1922年。二台一墩木廊桥，长24米，宽4米，高8米。桥台、墩用卵石及片石砌筑，梁为悬臂梁结构。桥面铺设杉木板，桥廊三亭十三间，穿斗式木构架，中亭为四重檐，两端亭为二重檐，皆歇山顶，盖小青瓦。

101 - F₁₀ **南寨戏台** 〔良口乡南寨行政村南寨村·1922年〕 建于1922年。木结构。戏台借鉴了鼓楼立面造型，在三层正方形的檐上，用叠顶的做法，形成两个八角攒尖顶，并设四重棂窗。

102 - F₁₁ **都亮风雨桥** 〔林溪乡弄团行政村都亮屯西南坡脚下的山冲小溪上·1924年〕 建于1924年。东西走向，二台木廊桥，长8.7米，宽3.3米，高3.7米，桥台用片石垒筑，架二层圆木为梁，桥面铺杉木板，桥廊进深三间，穿斗式木构架，悬山顶，两侧设长凳、木栏杆。栏杆外出挑檐。

103 - F$_{12}$　**下河鼓楼**　〔林溪乡弄团行政村下河屯寨边科马界山脚·1924年〕　建于1924年。坐西朝东，木结构。鼓楼与戏台一体，前为鼓楼，后设戏台。面阔8.5米，进深5.10米，高7.4米，占地面积约43.86平方米。穿斗式木构架。三重檐歇山顶，盖小青瓦。

104 - F$_{13}$　**马胖凉亭**　〔八江乡马胖行政村马胖村·1925年〕　建于1925年。位于马胖寨道路交汇处，木结构，干栏式建筑，高约6米，四角4立柱，悬山顶，盖小青瓦。亭内三面设连柱坐凳。占地面积约20平方米。

105 - F$_{14}$　**广牛上风雨桥**　〔斗江镇广坪行政村寨山脚屯南小溪上·1926年〕　建于1926年。东西走向，二台木廊桥，分正桥及引桥两部分，正桥长12米，宽3米，高7.7米。引桥长10米。以溪岸土坡为台，架设圆木桥梁，铺木板桥面。桥廊三亭六间，穿斗式木构架，中亭为攒尖顶，两端亭为歇山顶，均四重檐。

106 - F$_{15}$　**两拜鼓楼**　〔独峒乡知了行政村两拜屯·1927年〕　建于1927年。侗族建筑。坐东朝西，木结构。楼与戏台一体，前为戏台，后连鼓楼，平面呈"凸"字形，面阔8.5米，进深6米，占地面积约51平方米。楼高10米，穿斗式木构架，三重檐歇山顶，盖小青瓦。

107 - F$_{16}$　**高滩寨门**　〔八江乡汾水行政村高滩屯东面村头·1927年〕　建于1927年。坐西朝东，木结构，平面呈长方形，占地面积约9平方米。前、后各立一排3柱，穿斗式木构架，悬山顶，盖小青瓦。高4.5米，前、后两端开门，连接入村石板路。北端置栏杆，跨路边小沟。

108 - F$_{17}$　**六更风雨桥**　〔八江乡归令行政村六更屯·1928年〕　建于1928年。二台木廊桥，长17米，宽3米，高5.5米。桥廊进深五间，穿斗式木构架，桥面铺杉木板，廊上二桥亭，二重檐歇山顶，盖小青瓦。廊两侧设长凳、木栏杆。

109 - F$_{18}$　**平铺风雨桥**　〔林溪乡平铺行政村平铺屯东北蛮溪上·1930年〕　建于1930年。东南一西北走向，两台木廊桥，长9.2米，宽2.5米，高4米。以两岸山坡为桥台，三层圆木桥梁。桥廊进深三间，穿斗式木构架，悬山顶，盖小青瓦。

110 - F$_{19}$　**平流戏台**　〔独峒乡平流行政村平流村·1930年〕　建于1930年。木结构，穿斗与抬梁混合木构架，十六架三柱或四柱，屋后接出六架屋作后台。吊顶、屋檐采用大量弧线。装饰图案有对称的线形装饰及花草图案，雕刻精细，用色浓重而协调，突出了戏台的艺术性。

111 - F$_{20}$　**马胖戏台**　〔八江乡马胖行政村马胖村·1930年〕　建于1930年。马胖戏台与马胖鼓楼相对，形成该村寨的中心广场。戏台为砖木结构，飞檐、脊饰雕刻精致，造型生动，与鼓楼的脊檐雕饰相呼应，增强了广场建筑艺术感。

112 - F$_{21}$　**广牛下风雨桥**　〔斗江镇广坪行政村洞口屯东小溪上·1931年〕　建于1931年。东西走向，二台木廊桥，长33.4米，宽3.2米，高3米。桥台垒片石而成，上架大圆木梁，桥面铺杉木板。桥廊三亭八间，穿斗式木构架，两端亭为歇山顶，中间亭为四角攒尖顶，均为四重檐。

113 - F$_{22}$　**六归鼓楼**　〔独峒乡独峒行政村六归屯·1932年〕　建于1932年。坐东南朝西北，木结构，平面呈正方形，面阔、进深均5.6米，占地面积约31.36平方米。楼高8.7米，金柱4根，边柱12根，穿斗式木构架，五重檐歇山顶，盖小青瓦。底层四壁封木板壁，正面中部开门。

114 - F$_{23}$　**盘寨鼓楼**　〔同乐苗族乡高洋行政村盘寨屯·1933年〕　建于1933年。苗族建筑，木结构，平面呈正方形，面阔、进深均7米，占地约49平方米。楼高14米，穿斗式木构架，五重檐歇山顶，盖小青瓦。底层围封木板槛墙通窗，内有板凳。楼下架空，四面敞开。

115 - F$_{24}$　**下归东鼓楼**　〔同乐苗族乡归东行政村下归东屯寨边·1934年〕　建于1934年。侗族建筑。坐南朝北，木结构，平面呈正方形，面阔、进深皆7米，占地面积约49平方米。楼高9米，穿斗式木构架，五重檐歇山顶，盖小青瓦。栏杆、板凳已损坏。

116 - F$_{25}$　**美俗鼓楼**　〔林溪乡美俗行政村美俗屯·1935年〕　建于1935年。坐东朝西，木结构，平面呈正方形，面阔10米，进深6.2米，占地面积约62平方米。楼高9米，穿斗式木构架，前面为三重檐歇山顶，盖小青瓦。封木板壁，其余各面木板槛墙通窗。

117 - F$_{26}$　**大田戏台**　〔林溪乡合华行政村大田屯·1935年〕　建于1935年，戏台左侧是鼓楼，前面是广场。戏台外形与民居相似，屋顶一侧是歇山顶，一侧为悬山顶，设偏厦。进村寨要从戏台下面通过，故戏台三分之一架空于高坎下，入寨道路通过高坎拾级而上。

118 - F$_{27}$　**水团风雨桥**　〔林溪乡水团行政村水团屯·1936年〕　建于1936年。二台木廊桥，长16米，宽3.3米。桥廊二亭，穿斗式木构架，两亭均为重檐歇山顶。廊两侧设长凳、木栏杆。

119 - F$_{28}$　**布央风雨桥**　〔八江乡布央行政村布央屯东·1936年〕　建于1936年。二台木廊桥，长17

米、宽 3 米、高 4 米。桥廊进深五间，穿斗式木构架，廊顶单檐，盖小青瓦。廊两侧设长凳、木栏杆。

120－F$_{29}$　八斗风雨桥　〔八江乡八斗行政村八斗村八斗溪流上·1936 年·县文物保护单位〕　建于 1936 年。东西走向。二台一墩木廊桥，长 64.54 米，宽 3.66 米。墩为石砌，梁为悬臂梁结构。以杉木板铺桥面，桥廊三亭十四间，穿斗式木构架，二重檐两面城，亭顶为五重檐歇山顶，廊侧设长凳、木栏杆。

121－F$_{30}$　归纳鼓楼　〔同乐苗族乡归美行政村归纳屯·1936 年〕　建于 1936 年。侗族建筑。坐东朝西，木结构，平面呈正方形，面阔、进深皆 8 米，占地面积约 54 平方米。楼高 12 米，穿斗式木构架，五重檐歇山顶，盖小青瓦，内置火塘，设长木凳。

122－F$_{31}$　岩寨戏台　〔林溪乡林溪行政村岩寨的小坡上·1936 年〕　建于 1936 年。木结构。戏台 4 柱，穿斗与抬梁混合木构架，台后两侧接出七架，形成后台，并在后面挑出檐柱。

123－F$_{32}$　亮寨风雨桥　〔林溪乡林溪行政村亮寨屯南·1937 年·县文物保护单位〕　建于 1920 年，1937 年水毁后按原貌修复。木结构，二台一墩木廊桥，长 49.55 米，宽 34 米，高 8 米。桥廊为三亭十二间，穿斗式木构架，四重檐歇山顶。以杉木板铺桥面，两侧设长凳木栏杆，部分梁架已朽。

124－F$_{33}$　岩寨鼓楼　〔林溪乡平岩行政村岩寨屯边的坡地上·1937 年〕　建于清宣统二年（1910）。1937 年被水毁后重建。坐东朝西，木结构，面阔 3 间，占地面积约 60.14 平方米。鼓楼高 7.2 米，穿斗式木构架，三重檐，歇山顶，盖小青瓦。楼前有石板鼓楼坪，立碑刻 1 方。

125－F$_{34}$　高宇鼓楼　〔独峒乡玉马行政村高宇屯·1937 年〕　建于 1937 年。木结构，平面呈正方形，面阔、进深皆 10 米，占地面积约 100 平方米。鼓楼高 11.2 米，穿斗式木构架，五重檐歇山顶，盖小青瓦，四壁镶木板槛墙通窗。保存完好。

126－F$_{35}$　塘水鼓楼　〔独峒乡独峒行政村塘水屯·1938 年〕　建于 1938 年。坐西南朝东北，木结构。平面呈方形，面阔、进深均 5.6 米，占地面积约 31.36 平方米。鼓楼高 9.1 米，穿斗式木构架，五重檐，歇山顶，盖小青瓦。底层四壁镶嵌木板壁，内设木凳，正面侧端开楼门。

127－F$_{36}$　八江戏台　〔八江乡八江行政村八江屯·1938 年〕　建于 1938 年。台基高 1.5 米，卵石铺砌。戏台面阔 5 米，进深 4 米，高 7 米，以木板铺面。重檐悬山顶。占地面积约 20 平方米。

128－F$_{37}$　八斗小寨戏台　〔八江乡八斗行政村八斗小寨·1939 年〕　建于 1939 年。坐南朝北，砖木结构。平面呈"凸"字形，面阔 8 米，进深 9.2 米。占地面积约 73.6 平方米。由前台、后台及前、后台间两侧的两侧室组成，穿斗与抬梁混合木构架，悬山顶，盖小青瓦。前后台基高约 2 米，以砖围砌，木板铺面，前台有遮雨板。前台侧设木梯上下。

129－F$_{38}$　和安风雨桥　〔良口乡和里行政村欧阳屯西溪流上·1940 年〕　建于 1940 年。东西走向，二台一墩木廊桥，长 21.75 米，宽 4 米，高 3.5 米。桥廊三亭九间，穿斗式木构架。中亭为五重檐，两端亭均为两重檐，三亭均为歇山顶。桥廊立碑刻 1 方，记述建桥事宜。廊两侧设长凳、木栏杆。

130－F$_{39}$　真果风雨桥　〔林溪乡林溪行政村岩寨屯的小溪流上·1940 年〕　又名林溪村岩寨上桥，是通往湖南的交通要道。建于 1912 年，1937 年被洪水冲垮，1940 年重修，二台一亭廊桥，木结构。南北走向，长 16.7 米，宽 3.8 米，高 5.7 米。桥用片石干砌，其上架多层木为梁，面铺木板，桥廊进深五间，穿斗与抬梁混合木构架，两侧置栏杆。亭为二重檐歇山顶，盖小青瓦。

131－F$_{40}$　上玉马鼓楼　〔独峒乡玉马行政村上寨·1940 年〕　建于 1940 年。坐北朝南，木结构，面阔三间 11.7 米，进深 10 米，占地面积约 117 平方米。楼高二层 7.7 米，穿斗式木构架，三重檐悬山顶，盖小青瓦。底层空敞，二层周围木板槛墙，吊脚楼式通窗，内设木凳。

132－F$_{41}$　上高亚鼓楼　〔独峒乡高亚行政村上高亚屯·1940 年〕　建于 1940 年。侗族建筑，木结构，平面呈方形，面阔、进深均 6 米，占地面积约 36 平方米。楼高 13.6 米，穿斗式木构架，五重檐歇山顶。

133－F$_{42}$　布央鼓楼　〔八江乡布央行政村布央屯·1940 年〕　建于 1940—1945 年。坐西朝东，木结构，平面呈正方形，面阔、进深皆 6 米，占地面积约 36 平方米。楼高 8 米，穿斗式木构架，三重檐歇山顶，盖小青瓦。四壁镶嵌木板槛墙通窗。

134－F$_{43}$　布央鼓楼　〔八江乡布央行政村布央屯·1940 年〕　建于 1940—1945 年。侗族建筑。坐西朝东，木结构，平面呈正方形，面阔、进深皆 6 米，占地面积约 36 平方米。楼高 8 米，穿斗式木构架，三重檐歇山顶，盖小青瓦。四壁镶嵌木板槛墙通窗。

135－F$_{44}$　程牛鼓楼　〔八江乡布央行政村程牛屯·1940 年〕　建于 1940 年。侗族建筑，木结构，平面呈长方形，面阔 7 米，进深 6 米，占地面积约 42 平方米。楼高 6 米，穿斗式木构架，五重檐歇山顶。

136－F$_{45}$　合龙风雨桥　〔林溪乡平岩行政村平寨

屯新寨河上·1940 年〕　建于 1920 年，1937 年水毁，1940 年重建。东北—西南走向，二台二墩木廊桥，长 52.9 米，宽 3.4 米，高 9.6 米。梁为悬臂梁结构，以杉木板铺桥面。桥廊三亭十四间，穿斗式构架，亭为三重檐歇山顶，盖小青瓦。桥两侧设长凳及木栏杆。桥上设有神龛。

137 – F₄₆　接龙风雨桥　〔林溪乡林溪社区林溪街的小溪上·1940 年〕　建于 1920 年，1937 年水毁，1940 年重建。南北走向，二台二墩木廊桥，长 23 米，宽 3.9 米，高 4.7 米。梁为悬臂梁结构，以杉木板铺桥面。桥廊三亭六间。穿斗式木构架，边亭为二重檐，中亭为四重檐歇山顶。损坏严重。

138 – F₄₇　岩寨寨门　〔林溪乡平岩行政村岩寨屯东北面溪边·1941 年〕　建于清宣统二年（1910），1937 年坍塌，1941 年重建。侗族建筑，木结构，坐西朝东，面阔 3.65 米，进深 4.1 米，占地面积约 14.96 平方米。寨门高二层 5.5 米，穿斗式木构架，木楼板，悬山顶。上层设有房间，底层为行人通道。

139 – F₄₈　合善鼓楼　〔林溪乡合华行政村合善屯·1942 年〕　建于清末，又称王相鼓楼。1920 年、1942 年两次重修。侗族建筑，坐北朝南，木结构，平面呈长方形，面阔 8.85 米，进深 7.65 米，占地面积约 67.7 平方米。楼高 11.2 米，穿斗式木构架，五重檐歇山顶，盖小青瓦。

140 – F₄₉　下高亚鼓楼　〔独峒乡高亚行政村下高亚屯·1942 年〕　建于 1942 年。坐南朝北，木结构，平面呈长方形，面阔 8.6 米，进深 3.6 米，占地面积约 30.96 平方米。楼高 5 米，穿斗式木构架，二重檐悬山顶，盖小青瓦。底层四周封木板壁，部分镶板已不存。

141 – F₅₀　岩脚鼓楼　〔八江乡岩脚行政村岩脚屯·1942 年〕　建于 1942 年。坐西南向东北，木结构，平面呈正方形，面阔、进深皆一间 7 米，占地面积约 49 平方米。楼高 11 米，穿斗式木构架，五重檐歇山顶。基本完好。

142 – F₅₁　马胖鼓楼　〔八江乡马胖行政村马胖屯·1944 年·全国重点文物保护单位〕　建于清代，1944 年维修。侗族建筑。坐东朝西，木结构。平面呈现正方形，面阔、进深皆 11.5 米，占地面积约 133 平方米。楼高 13 米，穿斗式木构架，九重檐，歇山顶。以 4 根巨杉作金柱，金柱四方用枋榫衔接 12 根边柱，层层收分，形成九层塔阁。每层均有飞檐翘角，檐板彩绘动植物图案，底层四周封木板槛墙通窗。正门开中门。内设火塘，围木凳，置牛皮木鼓。

F₅₁₋₁　马胖鼓楼碑　〔原置八江乡马胖屯大路旁，现立马胖鼓楼对面的戏台旁·清代〕　碑刻 1 方。清

光绪二十年（1894）立。碑阳朝北，高 1.2 米，宽 1 米，厚 0.13 米。碑文竖行，字迹模糊，依稀可辨认。碑文内容为清光绪年间马胖屯一带民众制定的条规。碑阴刻有州府"奉谕咸照"文告。

143 – F₅₂　盘贵风雨桥　〔独峒乡牙寨行政村盘贵屯小溪流上·1944 年〕　建于清光绪六年（1880），水毁后 1944 年修复。侗族建筑。南北走向。二台一墩木廊桥，长 47.4 米，宽 3.85 米，桥廊三亭十二间。高 6.6 米，穿斗式木构架，五重檐歇山顶，盖小青瓦。桥面铺杉木板，桥两侧置木栏杆、长凳。

144 – F₅₃　归便鼓楼　〔八江乡归令行政村归便屯·1944 年〕　建于 1944 年。坐东朝西，木结构。平面呈正方形，面阔、进深皆 10 米，占地面积约 100 平方米。楼高 10 米，穿斗式木构架，五重檐歇山顶，盖小青瓦。

145 – F₅₄　合华风雨桥　〔林溪乡合华行政村合善屯东南约 20 米林溪河上·1945 年〕　又称安治桥。建于 1920 年，1937 年遭水毁，1945 年重建。东南—西北走向，二台一墩木廊桥，长 42.3 米，宽 3.35 米，高 8.5 米。桥台、桥墩用料石、灰浆砌筑，台、墩上架悬臂梁，桥面铺杉木板，桥廊三亭十一间，穿斗式木构架，中亭为四重檐，两端亭为三重檐，歇山顶，盖小青瓦。桥两侧设长凳及直棂式木栏杆。栏杆外有挑檐。

146 – F₅₅　知了鼓楼　〔独峒乡知了行政村知了屯寨边·1945 年〕　建于 1920 年，1945 年复修。坐东北朝西南，木结构。平面呈正方形，面阔、进深 8 米，占地面积约 64 平方米。楼高 11 米，穿斗式构架，七重檐歇山顶，盖小青瓦。下层檐下是围栏吊柱，底层四周围木板槛墙通窗。西南面开门。

147 – F₅₆　马胖岩寨鼓楼　〔八江乡马胖行政村岩寨村·1946 年〕　建于 1946 年。坐西朝东，木结构，平面呈正方形，面阔、进深皆 9.8 米，占地面积约 96.04 平方米。楼高 12.5 米，穿斗式木构架，九重檐六角攒尖顶，顶饰宝葫芦。

148 – F₅₇　甫坤鼓楼　〔八江乡平善行政村甫坤屯·1948 年〕　建于 1948 年。坐西南朝东北，木结构，平面呈方形，面阔、进深皆 7.1 米，占地面积约 50.41 平方米。楼高 8.7 米，穿斗式木构架，三重檐歇山顶，盖小青瓦。四壁设木板槛墙通窗。

149 – F₅₈　亥正凉亭　〔林溪乡林溪行政村岩寨东北与湖南交界的科马山半坡·1949 年〕　建于 1949 年。木结构，平面呈长方形，面阔 5.6 米，进深 4.4 米，占地面积约 26.64 平方米。亭高 4.3 米，穿斗式木构架，悬山顶，盖小青瓦，亭内三面的坐凳镶于亭柱脚中。

150 - F₅₉　亮寨井亭　〔林溪乡林溪行政村亮寨屯·民国〕　村头有一巨石，巨石下有泉水涌出。井亭建在巨石之上，木结构。九架三柱，抬梁式木构架，悬山顶，盖小青瓦。亭内设有坐凳。

151 - F₆₀　井冲井亭　〔八江乡高迈行政村大寨屯东南面的井冲口·民国〕　建于民国时期。坐北朝南，木结构。敞开式井亭，平面呈长方形，面阔3米，进深3.8米，占地面积约11平方米。亭高3.2米，亭东、西面各立一排3柱，穿斗式木构架，悬山顶，瓦垄脊，盖小青瓦。

152 - F₆₁　平流长廊式民居　〔独峒乡平流行政村平流寨·近代〕　这种长廊式民居（也称连排木楼）有数十户，其最大特点是"厅廊"。各户的"厅廊"互相连通，歇息谈心，互相照料小孩，看管家庭，逢年过节在"厅廊"共同举杯纵饮。

153 - F₆₂　华练风雨桥　〔独峒乡平流行政村华练屯苗江河上·1951年·县文物保护单位〕　原建于清代，1947年遭火焚毁，1951年重建。东南—西北走向，两台三墩木廊桥，长66米，宽4米，高7.8米。桥台用片石垒砌，桥墩用料石砌筑，台、墩架圆木悬臂梁，上铺杉木板为桥面，铺有15平方米卵石花纹，桥廊三亭二十七间，穿斗式木构架，亭皆为五重檐歇山顶，盖小青瓦。两侧有栏杆，内置板凳、关公神位。西北出入口处有10级石台阶。

154 - F₆₃　晒江风雨桥　〔良口乡晒江行政村新寨屯·1970年〕　建于1970年。二台二墩木廊桥，长59.3米，宽3.8米。台、墩架悬臂梁，桥面铺木板，桥廊三亭二十四间，穿斗式木构架，桥亭为三重檐歇山顶，盖小青瓦。廊两侧设长凳、木栏杆。

155 - F₆₄　八协戏台　〔独峒乡八协行政村八协屯·1982年〕　建于1982年。木结构。戏台与长廊一体建筑，戏台坐东朝西，面阔8.6米，进深10米，高10米。穿斗式木构架。台分上、下层，上层为戏台，左、右为乐池，后为化妆室；下层为贮藏间。戏台饰斗拱封檐板，壁饰民族图案彩绘。戏台的南侧连长廊，廊中一亭，四层檐，八角攒尖顶。

156 - F₆₃　程阳普济风雨桥　〔林溪乡程阳行政村大寨屯寨边·1989年〕　建于1920年。1937年水毁后修复。原在村西北，1989年迁此。东西走向，二台一墩木廊桥，长47.7米，宽4.7米，高9.05米。梁为悬臂梁结构，桥面铺木板。桥廊三亭十一间，穿斗式木构架，二重檐，中亭为四重檐，两边亭为三重檐，歇山顶，盖小青瓦。

157 - F₆₅　八协民居　〔独峒乡八协行政村八协屯·现代〕　民居依势而建，二层建筑。悬山顶。可从石山之间的凹处穿过第一层，之后从石山高坎上，经过天桥进入第二层，临江一面增加转角处理，既取得良好景观，也丰富了建筑主面。

158 - G₁　弯山坪石器出土点　〔斗江镇斗江社区斗江弯山坪·新石器时代〕　位于浔江河流岸边的台地上，在地表发现打制石器数件。

来宾市

兴宾区

1-A₁ **麒麟山人遗址** 〔兴宾区桥巩乡桥巩行政村合隆村南约 500 米麒麟山·旧石器时代·自治区文物保护单位〕 洞穴遗址。1956 年发现。石灰岩孤山，岩洞高距地表 7 米，洞口朝东南，洞高 2.7 米，洞内进深 4.8 米，面积约 12.96 平方米，洞内堆积厚 1.7 米。1956 年中国科学院古脊椎动物研究室在麒麟山盖头洞发现 1 具残碎的人类头骨化石，包括 3 件颅骨碎片：上颌骨腭部、右侧颧骨残块、枕骨大部分，还发现 3 件打制石器。(见《古脊椎动物与古人类》1959 年第 1 卷第 1 期)。

2-A₂ **高岩遗址** 〔兴宾区平阳镇石牌行政村古鲁村东南约 500 米高岩·新石器时代〕 洞穴遗址。1987 年发现。岩洞高出地表约 8 米，洞口朝西，洞宽 20 米，洞内进深 20 米，面积约 400 平方米。文化层厚约 1.5 米，未经发掘，在地表采集到有肩石斧 2 件，夹砂绳纹红陶片 2 片，器形不明。

3-A₃ **硝岩遗址** 〔兴宾区平阳镇石牌行政村古鲁村东南硝岩·新石器时代〕 洞穴遗址。1987 年发现。岩洞高距地表约 40 米，洞口朝南，洞高 20 米，宽 5 米，洞内进深 12 米，面积约 100 平方米。文化层平面呈椭圆形，堆积含有小蚌壳、田螺壳，采集残石斧 2 件，绳纹夹沙红陶片 2 片。

4-A₄ **鸡笼山遗址** 〔兴宾区石陵镇福山行政村巴庙村北约 1 公里鸡笼山·新石器时代·市文物保护单位〕 洞穴遗址。1983 年发现。岩洞有东、南两个洞口，长约 150 米，面积约 2000 平方米。东岩口高距地表约 30 米，洞宽 10—20 米。洞内文化层厚约 3.5 米，胶结坚硬，内含螺壳、蚌壳、兽骨、打制石器等。

5-A₅ **屯山岩遗址** 〔兴宾区桥巩乡高槐行政村屯山村北约 5 米屯山·新石器时代〕 洞穴遗址。1987 年发现。岩洞高距地表约 30 米，洞口朝东南。洞高 12 米，宽 4 米，洞内进深 15 米，面积 60 余平方米。洞内含螺、蚌壳堆积已毁。调查时在地表采集到打制砍砸器、刮削器各 1 件。

6-A₆ **庙山岩遗址** 〔兴宾区桥巩乡高槐行政村高槐村西北约 100 米庙山·新石器时代·市文物保护

单位〕 洞穴遗址。1987 年发现。孤山，岩洞高距地表约 30 米，洞口向东。洞高约 12 米，宽 16 米，洞内进深 10.5 米，面积约 168 平方米。洞内文化层厚约 3 米，胶结坚硬，含炭屑、碎骨、兽牙、烧骨、打制石器等。

7-A₇ **北樟岩遗址** 〔兴宾区迁江镇大里行政村兴仁村东约 300 米北樟岩·新石器时代〕 洞穴遗址。1987 年发现。洞口朝南，岩洞分上下两层，文化堆积分布于上层岩洞，宽 8—15 米，进深约 30 米，面积 240 平方米。堆积含螺壳、蚌壳、磨光石器、砾石等。文化堆积层因取土煮硝而遭破坏，采集到磨光石凿 1 件。

8-A₈ **棺材岩遗址** 〔兴宾区良江镇塘圩行政村塘圩村西北约 500 米棺材岩·新石器时代·市文物保护单位〕 洞穴遗址。1987 年发现。洞口朝西。岩洞高距地表约 20 米。洞内高 10 米，宽 9 米，洞内进深 16 米，面积约 144 平方米。文化堆积埋于地表下 3 米左右，内含螺壳、蚌壳、蚌器、兽骨、打制石器等。采集有石器以及蚌壳做成的刮削器。

9-A₉ **甘角岩遗址** 〔兴宾区良江镇塘圩行政村东北面约 1.5 公里甘角岩·新石器时代〕 洞穴遗址。1987 年发现。岩洞高距地表约 20 米，洞口朝南，洞口处东侧为二层岩，较平坦，其上有螺壳堆积，面积 5 平方米。现堆积已遭破坏。

10-A₁₀ **社山岩遗址** 〔兴宾区石牙乡石牙行政村石牙村东北约 800 米社山·新石器时代〕 洞穴遗址。1987 年发现。孤山，有上、下两个洞口，上洞口略呈三角形，朝西，高出地表约 3 米，洞高 5 米，宽 15 米，面积约 200 平方米。洞口壁残存有螺壳、碎骨、炭屑等堆积。采集有打制石器、穿孔石器及夹砂陶片。

11-A₁₁ **龙殿岩遗址** 〔兴宾区石牙乡石牙行政村能子村南约 50 米龙殿山·新石器时代〕 洞穴遗址。1987 年发现。分左、右两洞，高距地表约 5 米。洞口均朝南，呈半月形，左洞高、宽约 20 米；右洞高 10 米，宽约 30 米；两洞面积约 700 平方米。在两洞壁残存螺壳堆积，采集有打制石器、石片、牛牙、鹿牙、动物肢骨和夹砂绳纹陶片，器形不明。

12-A₁₂ **甘钟岩遗址** 〔兴宾区石牙乡石牙行政村石牙村西北约 2 公里甘钟山甘钟岩·新石器时代〕

洞穴遗址。1987年发现。南面为榨油山。岩洞在南面山脚，高出地表0.5米，洞口高约5米，宽25米，洞内进深约10米，面积约250平方米。洞口残存少量含螺、蚌壳、碎骨、炭屑的文化堆积，采集到经人打制过的砾石、石片各1件。

13－A₁₃　**甘照岩遗址**　〔兴宾区石牙乡石牙行政村石牙村西北约2公里榨油山甘照岩·新石器时代〕洞穴遗址。1987年发现。西面为甘钟山，岩洞高距地表约40米，洞口朝南，略呈长方形，高约25米，宽约20米，洞内进深约18米，面积约360平方米。洞内堆积为螺、蚌壳胶结。

14－A₁₄　**龟山岩遗址**　〔兴宾区石牙乡莲花行政村东北约500米龟山岩·新石器时代〕洞穴遗址。1987年发现。岩洞高距地表约5米，洞口朝西南。洞高8米，宽15米，洞内进深5米，面积75平方米。洞内文化堆积含螺壳、蚌壳。

15－A₁₅　**甘碑岩遗址**　〔兴宾区石牙乡石牙行政村西北约2公里的东传山甘碑岩内·新石器时代〕洞穴遗址。1987年发现。岩洞高距地表约4米，洞口朝西北，洞内较为开阔，呈喇叭形，高约20米，宽约25米，洞内进深约15米，面积约375平方米。洞内有螺壳堆积层，未经发掘。

16－A₁₆　**大岩遗址**　〔兴宾区寺山乡乌慢行政村大村西北约200米大岩山·新石器时代〕洞穴遗址。1987年发现。岩洞在山中间山峰的山腰，高出地表约25米。洞口朝南，略呈半圆形，高10米，宽10米，洞内进深10米，面积约100平方米。文化堆积大部分被破坏，只有洞壁尚存少许。在洞内采集到2件有肩石斧、夹砂粗绳纹陶片、夹砂方格纹陶片以及陶纺轮等。陶器可辨有罐类。

17－A₁₇　**金山岩遗址**　〔兴宾区寺山乡乌慢行政村乌慢村东约200米金山·新石器时代〕洞穴遗址。1987年发现。石灰岩孤山，岩洞高距地面约2米。洞口朝东北，略呈半圆形，高、宽约20米，洞内进深约40米，面积约800平方米。文化层厚约2米，呈灰褐色，部分已被破坏。地表散布螺壳，出土打制石器、动物牙齿、人骨及夹砂粗陶片等，陶片已难辨器形。

18－A₁₈　**赛岩遗址**　〔兴宾区寺山乡大河行政村山峡村东南约500米赛山·新石器时代〕洞穴遗址。1987年发现。岩洞高距地表约7.5米，洞口朝北，呈椭圆形，高6米，宽4米，洞内进深14米，面积56平方米。文化层已被破坏，洞内散布碎石块、螺壳、蚌。采集到打制石器及夹砂绳纹陶片等。

19－A₁₉　**母猪头岩遗址**　〔兴宾区寺山乡东陈行政村陈村西约400米母猪头岩·新石器时代〕洞穴

遗址。1987年发现。洞口有东、南、北三个，其中南、北洞口相通，洞口高距地表约6米，高2.5米，宽5米，面积40平方米。在南、北洞口石壁上残存少量螺壳堆积，面积约12.5平方米。采集到2块夹砂粗、细绳纹陶片，器形不明。

20－A₂₀　**寺山岩遗址**　〔兴宾区寺山乡寺山行政村寺山村西约300米寺山·新石器时代〕洞穴遗址。1987年发现。石灰岩孤山，洞在山东面山腰，高距地表约40米，洞口高约12米，宽25米，洞内面积约300平方米。洞内地表散布有较多夹砂陶片，饰方格纹、水波纹、水藻纹等，器形不明。

21－A₂₁　**甘桃岩遗址**　〔兴宾区蒙村镇银峡行政村银峡村南约600米甘桃岩·新石器时代〕1987年发现。洞穴遗址。岩洞南北相通，面积约170平方米。南洞口高出地面约3米，略呈方形，高、宽各3米，洞内残存部分灰黄色文化堆积，含螺壳、砾石、碎骨、炭屑等，胶结坚硬。采集到打制石器4件。

22－A₂₂　**石龙岩遗址**　〔兴宾区蒙村镇歌朗行政村铁匠村东北约1公里的灵口山石龙岩内·新石器时代〕洞穴遗址。1987年发现。岩洞在南面山脚，洞口呈竖长形，高11米，宽29.6米，洞内进深9.6米，面积约284.16平方米。洞内平坦明亮，文化层已遭破坏，洞壁还残存少量的螺壳堆积，胶结坚硬。

23－A₂₃　**根村岩遗址**　〔兴宾区蒙村镇银峡行政村银峡村西南约100米根村山·新石器时代〕洞穴遗址。1987年发现。岩洞高出地表2米，洞口朝南，高10米，宽8米，洞内进深约24米，面积约190平方米。洞壁残存少量胶结坚硬的螺壳、蚌壳、碎骨等堆文化积，呈灰黄色。采集到夹砂陶片、砾石、燧石等。陶片已难辨器形。

24－A₂₄　**母猪嘴岩遗址**　〔兴宾区三五乡三五行政村金山村北约700米大梁山母猪嘴岩·新石器时代〕洞穴遗址。1987年发现。大梁山为长形山脉，岩洞在南面近山脚，高距地表约5米。洞口略呈三角形，高15米，宽13米，洞内进深8.5米，面积约120平方米。洞内东、东北各有一支洞，东支洞洞壁残存含螺壳、蚌壳、碎骨、动物牙齿的胶结堆积。采集有打制石器、骨制刮削器及经雕刻石质饰物。

25－A₂₅　**岜拉洞遗址**　〔兴宾区迁江镇大村行政村岜腊村南约50米岜拉山·新石器时代〕洞穴遗址。1956年发现。岩洞高距地表约5米，洞口朝东，分上下两层，下洞内无堆积；上洞宽约11米，洞内进深约52米，面积约570平方米。洞壁残存少量螺壳、蚌壳、动物碎骨等胶结堆积。中国科学院古脊椎动物与古人类研究所调查队采集到1件磨光小石斧残件、夹砂黑粗绳纹陶片及大熊猫的下颌骨。

26－A₂₆　**八仙岩遗址**　〔兴宾区良塘乡北合行政村北合村西南约2公里八仙山·新石器时代〕　洞穴遗址。1987年发现。洞口高距地表约3米，宽约25米，洞内进深约15米，面积约375平方米。洞内堆积分布面积约200平方米，含螺壳、蚌壳、动物碎骨等。

27－A₂₇　**黄岩山遗址**　〔兴宾区良塘乡来国行政村甘东村南面约2公里黄岩山上·新石器时代〕　洞穴遗址。1987年发现。洞口朝南，高约5米，宽15米，进深约5米，面积约75平方米。洞内堆积内含有螺壳、蚌壳，胶结坚硬。现已被破坏。

28－A₂₈　**亮岩遗址**　〔兴宾区陶邓乡三育行政村莫乔村东北约80米亮岩·新石器时代〕　洞穴遗址。1987年发现。石灰岩孤山，岩洞高距地表约6米，洞口在山的东北端，岩分东、东北两个洞，东洞高7米，宽8米，进深约40米，面积320平方米。洞内右侧壁残存螺壳堆积，胶结坚硬。

29－A₂₉　**昆山岩遗址**　〔兴宾区小平阳镇长山社区昆山村东南约300米昆山岩·新石器时代〕　洞穴遗址。1987年发现。岩洞在山北面，高距地表约3米，洞口朝西北，高15米，宽22米，洞内进深7.3米，面积约160.6平方米。洞内左右上方都有支洞，含螺壳堆积已毁。

30－A₃₀　**迁江故城址**　〔兴宾区迁江镇迁江社区老街红水河与清水河交汇处·南宋—清代〕　据《迁江县志》载，迁江唐属羁縻思刚州，北宋天禧四年（1020）改州为迁江县。城建于南宋嘉定三年（1210），城墙内、外檐墙砌料石或青砖，内填夯土，范围约1平方公里。现仅存城东与城北残墙，长约1公里，残高1.3米，宽2.95米，厚3米。

A₃₀－₁　**迁江官渡遗址**　〔兴宾区迁江镇·清代〕遗址长约80米，宽2.8米。为料石铺砌，踏跺已残。在渡口砌有护坡石墙，残高2.3米。据县志载，迁江知县徐氏在道光四年（1824）于渡口刻立"清官渡""清云梯"2碑，已毁。

31－A₃₁　**蓬莱洲象州故城址**　〔兴宾区城厢乡五香行政村二沟村南约500米蓬莱洲·南宋·自治区文物保护单位〕　蓬莱洲地处红水河中，呈东西走向的椭圆形，长约500米，南北最宽处约250米，面积约12.5万平方米。南宋景定二年（1261），广西经略使朱祀孙奉上司丞相贾似道旨意在蓬莱洲岛筑城。景定三年（1262），象州州治从阳寿县（今象州县）移治蓬莱洲。元至元十三年（1276）于象州立安抚司，象州州治迁回原州城阳寿，洲城遂废。洲上建筑已毁无存，只遗留有料石护坡、城砖、房砖、瓦等以及南宋石刻

牛一尊，南畔东端石壁上有蓬莱洲象州故治修城摩崖石刻1方。

A₃₁－₁　**蓬莱洲象州故治修城摩崖石刻**　〔城厢乡二沟村蓬莱洲东端石壁上·南宋〕　蓬莱洲为红水河孤岛，有摩崖石刻1方。南宋景定二年（1261）刻。刻面高2.33米，宽1.79米。四周饰云龙纹。碑文竖12行。满行11—20字，计219字，字径0.11米，颜体，阴刻。撰文、书丹不详。无首题，碑文记述南宋景定二年徙象州治所于来宾县蓬莱洲，广南西路经略使朱祀孙遵丞相贾似道之命，率部修筑州城的经过。《宋史》有载。

32－A₃₂　**界首营盘遗址**　〔兴宾区蒙村镇龙南行政村界首村西约1公里·南宋〕　位于营盘岭。岭西不远有南宋时期的象州州城。当时为屯兵防卫而筑营盘，占地面积约2250平方米。营墙已不存。但在遗址范围内采集到许多小圈足酱釉瓷碗残片。

33－A₃₃　**来宾故城址**　〔兴宾区城厢乡城厢街·元—1954〕　据《来宾县志》载："元时初移县治于此，仅有土城……永乐十三年，始于县治改建砖城。"直至1954年该县治才迁往他处。现仅残存西城墙长27米，高3.6米，厚6米，基础及底部砌料石，其上砌青砖。西城门残高3.6米，面阔2.6米。

34－A₃₄　**七洞寨址**　〔兴宾区七洞乡七洞行政村七洞街东南约2公里处的山谷中·元代〕　苗族山寨，建于元代，具体年代不详。寨址三面环山，内为略呈圆形的谷地。谷口朝西，谷口山坳间共筑有三道片石干砌寨墙：第一道长约100米，厚2米，高2.5米，寨门宽约1.8米，开一门；第二道长约80米，厚2米，高0.8—1.8米，寨门宽1.2米；第三道已毁。寨内建筑已毁。

35－A₃₅　**土巡检城堡遗址**　〔兴宾区凤凰镇北五行政村大王村西约20米小山上·明代〕　据民国《来宾县志》载："土舍（土巡检）韦学祖故宅在大王村，傍山而建，……有巨石凿作马枥，豪侈可想。"山为孤山，原沿山边的片石围墙及墙内建筑早年已毁，现残存东面牢房及部分城堡残墙，皆用料石及片石干砌。牢房面阔9米，进深5米，残高3.3米，碉堡长8.6米，进深7米，残高7米。左面城堡面阔8.6米，进深7米，残高7米，占地面积约60.2平方米。

36－A₃₆　**鳌山庙遗址**　〔兴宾区寺山乡陈王行政村陈王村东约1.5公里·明—清·市文物保护单位〕建于明万历年间（1573—1620）。清乾隆、清道光、清同治、清光绪年间均有重修或维修。现仅存左厢房、左走廊的残墙、砖铺地板、踏跺及正殿、右厢房、厨房残基。还有"鳌山庙"石匾1方，刻石柱楹联1副

和清乾隆、道光、同治、光绪年间重修碑记 5 方，另有残碑多块。

37 - A₃₇　盘古庙遗址 〔兴宾区良塘乡来国行政村甘东村南面约 1 公里的盘古山岩洞内·明代·市文物保护单位〕　盘古庙建于盘古山岩洞内，20 世纪 50 年代被拆除，现只在庙旁周边存长 10 米、高 1.7 米、厚 0.4 米的残墙，占地面积约 315 平方米。

38 - A₃₈　西路驿道遗址 〔兴宾区良江镇草凌行政村朝西村西约 800 米·清代〕　据县志载，西路驿道为来宾县经迁江至南宁的官道。现存较好的一段长约 50 米，宽 3.4 米，用大块扁平石板铺砌。其余尽毁。

39 - A₃₉　柳州府鸦落院遗址 〔兴宾区良江镇中团行政村廖村南约 100 米·清代〕　遗址面积约 500 平方米。现仅存围墙 1 堵，残长 60 米，高 0.5 米，厚 2 米。墙基是先铺石块，再砌青砖，上夯筑泥土。原立"柳州府鸦落院"碑 1 方，已毁。据《来宾县古驿道图》载，为西路驿道"鸦落塘"（今廖村）驿站。

40 - B₁　古旺山岩洞葬 〔兴宾区平阳镇溯社行政村古旺村西北约 500 米古旺山·西周—春秋〕　古旺山高 50 余米。岩洞在山南麓近山脚处，高距地表约 8 米，洞口朝东南，高 8 米，宽 7 米，洞内有上下 2 个洞厅。上洞厅高 9 米，宽 1.5—4 米，洞内进深 19 米，面积约 76 平方米。墓葬在洞内约 3.5 米转弯处，清理时发现一些零星碎骨，出土铜钺、铜匕首、铜镦、石斧、石锛以及夹砂绳纹陶片等。（见《广西文物》1991 年 2 期）

41 - B₂　白面山岩洞葬 〔兴宾区良江镇思杠行政村白面村东南约 300 米白面山·战国〕　岩洞在白面山的西壁岩厦，岩口朝西，高距地表约 10 米。发现人骨遗骸 3 具，仰身直肢葬，尸骨旁有一堆已炭化的稻谷和一件曲刃铜矛。1986 年被严重破坏，人骨、稻谷已毁。

42 - B₃　大山岩洞葬 〔兴宾区凤凰镇牛角行政村黄安村东北约 2 公里大山·宋代〕　岩洞在山西南壁，高距地表约 15 米，洞口朝西南。洞口已毁，洞室狭长，最宽处 0.5 米，进深 4 米。据发现者口述，随葬品置于洞内一石龛中，包括陶罐、陶碗、黑酱釉瓷罐、瓷碗、瓷盏等。未发现尸骨和葬具。征集到盏、钵、罐等陶瓷器。（见《广西文物》1992 年 1 期）

43 - C₁　五星桥 〔兴宾区陶邓乡韦里行政村韦里圩北约 1 公里小河上·元代〕　又名韦里桥，《迁江县志》载，桥建于元至正七年（1347）。南北走向，单孔石拱桥，长 9 米，宽 5.3 米，拱跨 3.4 米，引桥长 11 米。以料石砌桥身、桥拱，桥面铺石板。民国年间，为了通汽车曾拓宽路面。

44 - C₂　文辉塔 〔兴宾区迁江镇大村行政村扶济村南约 100 米红水河北岸·明代·自治区文物保护单位〕　始建时间不详。明万历年间（1573—1620）迁江八所武举黄文辉重建，改名文辉塔。八角形楼阁式砖塔。须弥座石塔基，塔高七层 35 米，各层叠涩出檐。底层开南、北、西三拱门，其余各面设假门，二层以上各层开南、北二风门，其余面设假门，塔腔中空。各层设佛龛，底层 5 龛，以上各层均 6 龛。塔顶为铁铸覆钵形。占地面积约 33.06 平方米。

45 - C₃　清水桥 〔兴宾区城厢乡马上行政村定谷村东约 300 米定清水上·清代〕　据《来宾县志》载，桥建于清康熙至雍正年间（1662—1735），具体时间不详。南北走向，单孔石拱桥，长 11.2 米，宽 2.85 米，拱跨 3.3 米。桥台、桥身、桥拱均用料石浆砌，桥面铺石板。

46 - C₄　老街桥 〔兴宾区寺山乡石塘行政村石塘老街西南约 30 米小河上·清代〕　清康熙十六年（1677）贡生刘帮定等募建。东北—西南走向，单孔石拱平桥，长 8 米，宽 2.6 米，拱跨 2.2 米，桥身用规格不一的片石干砌，料石券拱，桥面铺石板，原有建桥碑已佚，后人将桥东侧加宽。

47 - C₅　桥巩圩桥 〔兴宾区桥巩乡桥巩行政村桥巩圩东约 500 米小河上·清代〕　清康熙四十五年（1706）邑人朱子元等倡建。东西走向，单孔石拱平桥，长 15 米，宽 2.5 米，拱跨 2.5 米。桥身用料石砌筑，楔形石券拱，桥面铺大石板，两端与岸齐平。《来宾县志》有载。

48 - C₆　三里桥 〔兴宾区城厢乡城厢行政村城厢街北约 1.5 公里定清水支流上·清代〕　据《来宾县志》载："三里桥，清康熙五十三年（1714）乡民欧君赞等修。"为昔年驿道桥梁。东南—西北走向。单孔石拱平桥，长 7.5 米，宽 3.2 米，拱跨 1.5 米。桥身、桥拱以料石砌筑，桥面铺石板，两端与岸齐平。

49 - C₇　广嗣桥 〔兴宾区城厢乡马上行政村横路塘村定清水支流上·清代〕　又名三多桥、独髀桥。建于清雍正元年（1723）。位于昔年驿道上。南北走向，单孔石拱桥。长 6.7 米，宽 3.5 米，拱跨 1.85 米。用不规则片石砌桥身，料石券拱。两端与岸齐平。《来宾县志》有载。

50 - C₈　南泗桥 〔兴宾区南泗乡南泗行政村南泗圩西约 400 米云溪河上·清代〕　建于清乾隆二十三年（1758）。为昭明团诸村入县通道。东西走向，单孔石拱桥，长 10 米，宽 3.1 米，拱跨 3.8 米，用料石砌桥身、桥拱，桥面铺石板。原有建桥碑已佚。《来宾县志》有载。

51 – C₉ **泡水桥** 〔兴宾区三五乡大桥行政村桥头村南约100米白马溪·清代〕 建于清乾隆三十五年（1770），清道光二十三年（1843）重修。昔年为南路驿道上的桥梁。西北—东南走向，三孔石拱桥，长50米，宽4.3米，拱跨5.2—5.8米，桥身、桥拱均料石砌筑。桥面用大块料石板铺平。

52 – C₁₀ **方氏祠堂** 〔兴宾区蒙村镇歌郎行政村铁象村·清代〕 建于清乾隆四十七年（1782）。坐西朝东，砖木结构，三进院落，由前座、中座、后堂、天井组成，占地面积约1000平方米。各座面阔三间，清水墙，穿斗与抬梁混合木构架，硬山顶，盖小青瓦。室内青砖墁地。大门门额挂"道学名流"匾。

53 – C₁₁ **大桥村桥** 〔兴宾区三五乡大桥行政村大桥村东约150米白马溪上·清代〕 清乾隆五十六年（1791）乡众捐资修建。东南—西北走向，三孔石拱桥，长48.6米，宽3.15米，东南端拱跨7.1米，中拱跨6.1米，西北端拱跨3.6米。桥身、桥拱用料石砌筑。桥面用大块料石铺砌。《来宾县志》有载。

54 – C₁₂ **巴积村桥** 〔兴宾区高安乡高台行政村巴积村东约300米小溪·清代〕 俗称泥桥，建于清嘉庆九年（1804）。当地乡民捐资，湖南衡州府清泉县黄永富承建。东南—西北走向，单孔石拱桥，长12米，宽3.7米，拱跨2.4米。桥身、桥拱用料石干砌，桥面料石铺垫，两端与岸齐平。

55 – C₁₃ **茶浦桥** 〔兴宾区城厢乡城厢行政村城厢街北约2.5公里红水河支流上·清代〕 旧称蓬桥。建于清道光六年（1826）。1950年修缮。南北走向，单孔石拱桥，长23米，宽3.5米。桥身、桥拱用料石浆砌，桥面铺石板。桥边立清道光六年建桥碑记3方，记载建桥经过及捐款者芳名。

56 – C₁₄ **蒙村西碉楼** 〔兴宾区蒙村镇蒙村行政村老蒙村西·清代〕 据《梁氏族谱》载，为清贡生梁士球于清道光十七年（1837）修建。坐西朝东。三合土木结构，三层楼，高10.3米。面阔5.35米，进深4.1米，占地面积约21.94平方米。三合土墙厚0.46米，木楼板，硬山顶，每层墙四面设圆或方形枪眼。南面原有跑马房与之相通，已倒塌。

57 – C₁₅ **蒙村东碉楼** 〔兴宾区蒙村镇蒙村行政村老蒙村东·清代〕 据《梁氏族谱》载，为清贡生梁士球于清道光十七年（1837）修建。坐西朝东，平面呈方形，面阔4.5米，进深4.3米。原为四层，现存三层。高约7米。泥土夯筑墙，厚0.46米，每层四面壁设方形枪眼，悬山顶，盖小青瓦。

58 – C₁₆ **独山桥** 〔兴宾区桥巩乡文武行政村古塔村北约150米旱河·清代〕 始建时间不详，清同治十二年（1873）重建。有平行2座桥，南北走向，一为单孔石拱桥，长10米，宽4米，拱跨3米，以料石砌筑桥身，系车行桥；另一座为梁式石板桥，长10米，宽1米；三墩，皆以石砌筑，墩间架石板，系人行桥。有同治十二年建桥碑记1方。

59 – C₁₇ **东岸村桥** 〔兴宾区良江镇中团行政村东岸村西约300米河上·清代〕 始建时间不详，清光绪年间（1875—1908）重修。东西走向，单孔石拱平桥，长13.4米，宽3.8米，拱跨4.2米，桥身、桥拱皆以石砌，桥面用大块料石铺砌，两端与岸齐平。原有建桥碑记6方，均已散失。

60 – C₁₈ **福堂村碉楼** 〔兴宾区蒙村镇那涩行政村福堂村·清代〕 为该村陈氏乡绅建于清光绪年间（1875—1908），具体时间不详。面朝东北，碉楼平面呈长方形，泥土夯筑墙，四层，高11米，面阔一间3.84米，进深一间5.24米，墙厚0.46米，硬山顶，每层均设枪眼4—10个。二层楼有门与附属楼相通。占地面积约20.12平方米。

61 – C₁₉ **陶邓圩碉楼** 〔兴宾区陶邓乡陶邓行政村陶邓圩·清代〕 建于清光绪年间（1875—1908），具体时间不详。平面呈方形，砖和泥土混合建筑，高三层13米，面阔40.2米，进深3.6米，墙厚0.46米，硬山顶，各层有枪眼，每面壁6孔。底层开一长方形门，高2.1米，面阔0.78米。占地面积15.12平方米。

62 – C₂₀ **新桥** 〔兴宾区良江镇塘圩行政村塘圩村西约300米河上·清代〕 清光绪十六年（1890）乡人募捐兴建。东西走向。二台三墩梁式石板桥，主桥长26.5米，宽1.35米，引桥长17米。桥面铺石板，每块长3.4米，宽0.46米，厚0.23米。墩台用扁平石块砌成，迎水面呈分水尖形。

63 – C₂₁ **珠母桥** 〔兴宾区小平阳镇甘秦行政村老桥头村北约300米小河上·清代〕 建于清代，具体时间不详。光绪十二年（1886）重修。南北走向，单孔拱石桥，长16米，宽3米，拱跨8米。桥身、桥拱用料石干砌，两端有引桥，北端长约30米，南端长约34.7米。存光绪十二年碑刻1方，置于秦村小学门口。

64 – C₂₂ **崇山桥** 〔兴宾区迁江镇大里行政村崇山村北约1公里小河上·清代〕 建于清代，具体时间不详。东南—西北走向，单孔石拱桥，长4米，宽3米，拱跨3米。桥身以不规则石块干砌，料石券拱，以石板铺桥面。

65 – C₂₃ **屯故村断桥** 〔兴宾区蒙村镇歌郎行政村屯故村西北约1公里屯故河上·清代〕 建于清代，具体时间不详。东西走向，单孔石拱桥，长21米，宽

3.7 米，拱跨 5.5 米。料石砌筑桥身、桥拱，桥面铺砌石板。

66 - C₂₄　王旦桥 〔兴宾区寺山乡大河行政村良头村东约 400 米小河上·清代〕 建于清末，具体时间不详。东西走向，二台六墩梁式石板桥，长 17.3 米，宽 1.15 米，桥墩用石块干砌，迎水面呈分水尖形。每孔用 2 块并列石板为桥面，每块长 1.7 米，共 10 块。

67 - C₂₅　黄安桥 〔兴宾区凤凰镇牛角行政村黄安村西南约 1 公里凤凰河上·清代〕 建于清代，具体时间不详。东西走向，为二台七墩梁式石板桥，长 38 米，宽 2.5 米，桥面石板每块长 2.5 米，宽 0.6 米，两端有引桥。墩、台为料石砌成，迎水面呈分水尖形。建桥碑已佚。《来宾县志》有载。

68 - C₂₆　高桥村桥 〔兴宾区迁江镇雅山行政村高桥村东约 1.5 公里弦江上·清代〕 建于清代，具体时间不详。亦称弦江桥、仙人桥。东西走向，单孔石拱桥，长 10 米，宽 2 米。桥身及桥拱用料石砌成，桥台砌于两山崖岩石上。《迁江县志》有载。

69 - C₂₇　和平街当铺 〔兴宾区小平阳镇和平行政村和平街·清代〕 建于清末，具体时间不详。坐北朝南，砖木结构，三层楼房，面阔 13.5 米，进深 12.7 米，占地面积约 171.45 平方米。楼房高 15 米，双层墙，内墙为土坯砖墙，外层为清水砖墙，厚 0.64 米，俗称"铁包金"。穿斗与抬梁混合木构架，硬山顶，盖小青瓦，弧形马头山墙。室内设木板楼面。前面门框用条石砌成，以铁皮包镶。门前条石围砌泥土平台，两边设石踏跺。

70 - C₂₈　葫芦塔 〔兴宾区南泗乡南泗行政村茶罗村东面约 500 米的小土丘上·清代〕 建于清代，具体时间不详。为方形风水塔，坐东北向南西，塔身用泥土夯筑，砖砌三角顶，葫芦形塔刹。塔顶已毁，现存塔身残墙，高 4.8 米，面阔 5.4 米，进深 5.5 米，门宽 1.6 米，高 2.6 米，有碑刻 1 方，记载建塔历史，文字模糊。占地面积约 29.7 平方米。

71 - C₂₉　月亮井 〔兴宾区城厢乡城厢行政村老街南面·清代〕 建于清代，具体时间不详。井平面呈半圆形，因形似半月，故称"月亮井"。井径 1 米，井下壁砌青砖，上壁为青石板，石板上雕刻梅花纹 8 朵。占地面积约 0.73 平方米。

72 - D₁　纱帽山摩崖石刻 〔兴宾区陶邓乡大邓行政村大邓村东北约 3 公里纱帽山·元·明·市文物保护单位〕 纱帽山又名开蠲山。北面山洞内、外岩壁有摩崖石刻 4 方。洞内一方为元至正七年（1347）孔怀德书刻的"千里来龙万里山"七律诗刻。刻面高 0.2 米，宽 0.32 米，字径 0.02 米，楷书，阴刻，诗文写纱

帽山之景。二是明成化八年（1472）骠骑大将军岑志明刻榜书"开蠲山" 3 字。三是明成化八年（1472）番禺彭景忠的诗刻。四是明成化八年（1472）曲宾庠教费广的四言诗。石刻字迹多模糊。

D₁₋₁　彭景忠诗刻 〔陶邓乡大邓村纱帽山北面山洞·明代〕 摩崖石刻 1 方。明成化八年（1472）刻。高距地表约 8 米，刻面高 1.07 米，宽 0.5 米。碑文竖 16 行，满行 10—16 字，计 88 字，字径 0.06 米，行书，阴刻。彭景忠撰文并书丹。无首题，落款"明成化壬辰岁秋吉奉训大夫知宾州事彭景忠书"。七言长诗，诗写纱帽山之清水城，并赞誉都帅岑志明修城之功。诗为彭景忠随岑志明督工清水城，候命之作。

D₁₋₂　费广题四言诗并引 〔陶邓乡大邓村纱帽山北面山洞·明代〕 摩崖石刻 1 方。明成化八年（1472）刻。高距地表约 8 米，刻面高 1.1 米，宽 0.57 米。碑文竖 11 行，满行 17—20 字，计 191 字，字径 0.03 米，楷书，阴刻。无首题，落款"典宾庠教横槎费广书"。四诗为四言长诗 16 句，诗意写纱帽山之险峻，歌颂明骠骑大将军岑志明筑城之功。引文记述骠骑大将军岑志明发观纱帽山岩洞之经过，并镌"开蠲山"。

D₁₋₃　开蠲山题榜 〔陶邓乡大邓村纱帽山北面山洞·明代〕 摩崖石刻 1 方。明成化八年（1472）刻。距地表约 8 米，刻面高 1.8 米，宽 1 米。碑文竖 3 行，满行 3—12 字，计 24 字，字径 0.56 米，楷书，阴刻。明骠骑将军岑志明撰文并书。首题"山成化壬辰季大吉日"，正文榜书"开蠲山"，落款为"骠骑将军舞阳后裔岑志明书"。岑志明于明成化八年奉命在纱帽山东面修筑清水城，时登游纱帽山，发现一岩，取名开蠲山，并书"开蠲山"三字于东壁。

73 - D₂　龙洞山摩崖石刻 〔兴宾区良江镇良江社区良江圩东北约 7 公里龙洞山·明·清·市文物保护单位〕 在山东南面岩洞内、外有摩崖石刻 4 方：一是在洞口外右壁，柳州同知两江伍宇等人的游龙洞山题诗，明嘉靖四十二年（1563）刻。二是洞口左壁的 1 方，已毁，仅存 16 字，刻面高 0.37 米，宽 0.82 米；三是在洞内左壁题记，记述邑庠朱廷琼等 3 兄弟，遵祖母遗嘱在洞下协修龙洞寺之事。清嘉庆十八年（1813）刻，文字模糊难辨。另一方已模糊不清。

D₂₋₁　伍宇、郑天宪游咏唱和诗 〔良江镇良江圩龙洞山洞口外右壁·明代〕 摩崖石刻 1 方。明嘉靖四十二年（1563）刻。刻面高 1.05 米，宽 0.68 米。碑文竖 12 行，满行 6—25 字，计 286 字，字径 0.03 米，楷书，阴刻。撰文为伍宇、郑天宪、脱颜翱等。首题"大明嘉靖四十二年癸亥春三月"。序文载："柳州府同

155

知两江伍宇偕来宾知县郑天宪游咏于此。"唱和诗皆七言律诗,为游览应景之作,内容主要赞叹龙洞山险要,景观雄伟,感叹世事之变化。伍宇,嘉靖四十二年任柳州同知,生卒年、居里不详。郑天宪,字棉淇,广东揭阳人,嘉靖三十五年(1556)任来宾知县,后擢四川雅州(今雅安)知州。民国《来宾县志》有传。

D₂₋₂ 朱廷琼送田入寺题记 〔良江镇良江圩龙洞山洞内壁·清代〕 摩崖石刻 1 方。清嘉庆十八年(1813)刻。刻面高 0.37 米,宽 0.82 米。碑文竖 28 行,满行 7—11 字,计 325 字。字径 0.025 米,楷书,阴刻。撰文为朱廷琼等 3 兄弟,书丹、刻工不详。无首题,落款为:"嘉庆十八年癸酉春二月,邑庠朱廷琼、廷壁、廷珊同记。"内容主要记述朱廷琼三兄弟,遵祖母廖孺人遗嘱,协助修龙洞寺,并将祖母所购之田地送入寺以为香祀之事。

74 - D₃ 放鹤山摩崖石刻 〔兴宾区迁江镇白鹤隘沙街东北红水河北岸放鹤山岩内·清代〕 摩崖石刻 1 方,为刻诗 4 首并序。清光绪七年(1881)刻。刻面高 0.42 米,宽 0.88 米。碑文竖 23 行,满行 8—16 字,计 269 字,字径 0.02 米,楷书,阴刻。无首题,前为序,述命名"放鹤岩"之由来。第一首为集杜工部五言诗,第二首为和前韵题放鹤岩五言诗,第三首为拆字五言诗,第四首为回文七绝,内容皆为放鹤岩览胜题咏。落款"辛巳孟夏龙平岩端直方题",并刻印章。

75 - D₄ 榜山摩崖石刻 〔兴宾区迁江镇新桥行政村尧威村清水河北岸约 500 米的榜山·清代·市文物保护单位〕 摩崖石刻 2 方。清迁江知县颜嗣徽于清光绪十七年(1891)刻。一方刻面高 2.6 米,宽 1.4 米,正文横行榜书"榜花"2 字,字径 1—1.16 米,右边小字"庚午科解元",左边落款"颜嗣徽题";另一方高距地表约 80 米,刻面高 2.3 米,宽 3 米,为榜书"望眉"2 字,字径 0.8—1.3 米,右刻有"光绪辛卯"4 字,左边款为"知县颜嗣徽"。均楷书,阴刻。《迁江县志》有载。

76 - D₅ 灯笼山摩崖石刻 〔兴宾区五山乡周罗行政村良村东南约 2 公里·清代〕 摩崖石刻 1 方。刻于清代,具体时间不详。在山东面山脚下的一块巨石上,刻面高 0.98 米,宽 0.3 米,行书,阴刻。竖行题刻"孟将军创辟遗记",落款"化缘谢金仙、谢金相众等镌刻"。

77 - D₆ 奉旨部颁行勒碑 〔现藏兴宾区来宾市博物馆·清代〕 清乾隆二年(1737)立。碑高 1.63 米,宽 0.86 米,厚 0.23 米。碑文竖 52 行(不计姓氏名单),满行 6—29 字,计 513 字。字径 0.02 米,楷书,阴刻。撰文、书丹、刻工不详。首题"奉旨部颁

行勒碑",额题"奉思恩军民府刘大老爷批行禁革陋规碑"。碑文将所有禁革陋规依次列出,主要有送上司礼节生辰、迎接新官等费、差役催粮索银,州县衙门什物、奏销编审册费、迎春祭酒三牲等陋规 42 条。落款"乾隆二年三月十五日立"。

78 - D₇ "印山书院"碑 〔原立于印山书院,现藏兴宾区来宾市博物馆·清代〕 清嘉庆三年(1798)立。碑高 2.62 米,宽 1.15 米,厚 0.12 米。碑文竖 1 行,满行 4 字,计 4 字,字径 0.45 米,楷书,阴刻。迁江县知县石方川撰文并书丹。碑文题刻"印山书院"4 字,阴刻,无落款。石方川,云南昆明人,嘉庆三年(1798)任迁江县知县,五年(1800)离任。

79 - D₈ 村规碑记 〔兴宾区蒙村镇那澄行政村福堂村北面社王岭上·清代·市文物保护单位〕 碑刻 1 方。清道光二年(1822)立。碑为方柱形,高 0.44 米,宽 0.3 米,厚 0.32 米。碑阳向西,四坡碑盖。碑阳及左、右面皆有碑文,竖 35 行,满行 4—15 字,共 441 字,字径 0.025 米,楷书,阴刻。额题"村规碑记",落款"道光二年仲秋月吉日立"。碑文记述:村人陈珏召集叔侄兄弟公议,议定禁盗窃及处罚条规 11 条,内容涉及偷猪、犬、羊、鸡、鸭、猫、偷砍竹、木、笋、偷草、瓜、菜、豆、谷、禾、六柴、鱼、牛、马、挖房屋、赌钱、窝赌、隐匿、接赃等处罚规定。

80 - D₉ 县正常周批示碑 〔现藏兴宾区来宾市博物馆·清代〕 清光绪五年(1879)立。碑高 1.07 米,宽 0.54 米,厚 0.08 米。碑文竖 5 行,满行 21—23 字,计 130 字,字径 0.025 米,楷书,阴刻。撰文、书丹为迁江县知县周藩。额题"县正常周批示",落款"光绪五年岁次己卯季夏日立"。碑文记述:为批示以定行规事,准全寿堂禀,每只运载货物之船,准许船行陈发抽取钱四百文,不得再有增加事项。周藩,号屏山,浙江绍兴人。清同治十二年(1873)授任迁江县知县。

81 - D₁₀ 批示碑 〔现藏兴宾区来宾市博物馆·清代〕 清光绪十二年(1886)立。碑高 0.89 米,宽 0.56 米,厚 0.09 米。碑文竖 11 行,满行 12—37 字,计 364 字,字径 0.025 米,楷书,阴刻。迁江县知县颜嗣徽撰文并书丹。额题"批示",落款"光绪十二年十一月二十七日立"。碑文载:西门河下氏全寿堂禀呈批准,率由旧章,以走例规而平舆论,不准内司加收分毫,及县知县奉批,准照向定规。颜嗣徽,号望眉,贵州省贵州人。光绪十二年十一月任迁江县知县。

82 - D₁₁ 骆朝振楹联刻石 〔兴宾区寺山乡陈王行政村陈王村东鳌山庙·清代〕 清光绪二十五年(1899)刻。刻石高 2.15 米,宽 0.33 米,厚 0.33 米。

竖 2 行，满行 17 字，计 54 字，楷书，阴刻。撰文书丹皆邑人骆朝振。首题"光绪己亥年重修新钊"，落款邑人"群庠骆朝振沐拜题"。楹联为"踵前事以增华满座维新昭列圣无疆福祚，治群工而效技中庭式廓垂千秋不朽规模"。骆朝振（1868—1927），字奠邦，号鹭班，广西来宾县寺山乡寺山街人，乡试不中，遂而经商。

83 - E₁ 国民党中央军事委委员会西南行营指挥部旧址 〔兴宾区迁江镇大村行政村新村西约 200 米塘禾山敢墙岩·1939 年·市文物保护单位〕 1939 年 12 月，昆仑关战役前夕，国民党中央军事委员会西南行营指挥部设此。塘禾山是一座孤山，旧址敢墙岩为石灰岩溶洞，洞口朝西南，分上、下两洞，相距约 10 米。下洞口距地面约 5 米，宽 11—15 米，洞内高约 15 米，进深 15 米。上洞稍大。两洞口均有当年修筑的夯土围墙和碉楼。

84 - E₂ 中共广西省工委交通站旧址 〔兴宾区大湾镇大湾行政村大湾街 135 号（原大湾街 60 号）·1942—1944 年·市文物保护单位〕 1942 年 12 月，中共广西省工委组织部长黄彰在大湾召开了党员会议，建立中共来宾大湾小组，1943 年初在党员甘化民家开办"天马运输行"设立秘密交通站。旧址坐北朝南，砖木结构，两进院落，有前座、后座、天井、厨房、后院，占地面积约 180 平方米。前座为两层楼房，木楼板，设木梯上下；后座为平房；均硬山顶，盖小青瓦。

85 - E₃ 东汉塘百人坟 〔兴宾区凤凰镇维都行政村东汉塘东约 600 米圆岭上·1944 年〕 抗日战争期间，侵华日军在东汉塘村屠杀村民 108 人，1944 年合葬于此。墓葬坐西朝东，冢呈圆丘形，底径约 8 米，高 1.2 米，占地面积约 64 平方米。坟前立有碑刻 2 方，记载了侵华日军在东汉塘村烧杀 108 人的历史事实。

86 - E₄ 五山武工队队部旧址 〔兴宾区五山乡止马行政村止马村·1947 年〕 1947 年 9 月，五山武工队在此成立，开展抗征粮、征兵、征税的抗"三征"斗争，参加解放五山、分界、石龙等乡镇。旧址为两进院落，前、后两座，中夹天井，占地面积约 170 平方米。前、后座均面阔三间，夯土墙，木构架平房，悬山顶，盖小青瓦。两座间围墙开侧门。

87 - E₅ 中国人民解放军桂中支队来宾县大队石牙中队活动旧址 〔兴宾区石牙乡莲花行政村青翠村东南狮子岩·1948—1949 年〕 1948—1949 年间，狮子岩为中国人民解放军桂中支队来宾县大队石牙中队活动基地。石灰岩溶洞，高距地面 5 米，洞口朝西北，洞高、宽各约 15 米，进深 18.6 米，面积约 279 平方米。洞口用片石砌围墙一道，长 15 米，高 3 米，厚

0.6 米，中开砖砌拱门，原洞内有砖木结构平房，已毁。

88 - E₆ 石牙村联络站旧址 〔兴宾区石牙乡石牙行政村石牙村·1948—1949 年〕 1948 至 1949 年，旧址为中国人民解放军桂中支队来宾县大队石牙中队秘密联络站，为村民黄大寿住宅，由前屋、侧屋、后屋及侧楼组成。均泥墙、木梁架，悬山顶，盖小清瓦。前屋面阔三间，前有小檐廊，一端连侧屋。后屋面阔一间，一端连侧楼，侧楼高两层，木楞木楼板。

89 - E₇ 中共柳来象特支训练班旧址 〔兴宾区大湾镇那谷行政村甘苗村西·1949 年〕 1949 年 7、8 月间，中共柳来象特支在狮子岩举办训练班，培养游击战争骨干，参加学习的有大湾街、平洞村、东番村、甘苗村、龙南村、牛角塘等地学员共 16 人。狮子岩为石灰岩溶洞，基本保持原状。

90 - E₈ 南泗乡烈士纪念碑 〔兴宾区南泗乡南泗行政村南泗街西面·1963 年〕 建于 1963 年，为纪念在南泗剿匪中牺牲的 22 名烈士而建。纪念碑坐北朝南，高 8 米，碑座长 10.36 米，宽 7.4 米，四面都有刻字，但字迹已不清楚；碑身为四方立柱体，四面均竖刻"革命烈士永垂不朽"，东边建有纪念亭一座。占地面积约 1568 平方米。

91 - F₁ 高槐村碉楼 〔兴宾区桥巩乡高槐行政村高槐村背·1916 年〕 建于 1916 年，坐西朝东，平面呈方形，面阔进深一间，高三层约 11 米，占地面积约 52.8 平方米。墙以三合土夯筑，二、三层西面墙设有枪眼，盖小青瓦，四角攒尖顶。室内设木楞木楼板构成楼层，屋顶现已被钢筋混凝土所替代。

92 - F₂ 覃远仁旧宅 〔兴宾区迁江镇大里行政村崇山村·1917 年〕 建于 1917 年。中西式合璧二层楼房，砖木结构，坐西朝东。面阔五间，进深一间，高 10 米，硬山顶，盖小青瓦，占地面积约 317.5 平方米。前为两层西式联联拱外廊，室内设木楼楞、铺木楼板。覃远仁，1931 年任广西大学教授。

93 - F₃ 文字桥 〔兴宾区城厢乡格兰行政村中团村北约 2 公里·1927 年〕 据《来宾县志》载："文字桥，旧志称横四桥，盖译音讹传。距城东十里许，在中团平安两村间，石马泉汇流处，形如文字。此桥久圮，民国十六年（1927）秋县人陈必连、林东山等倡募重修。"东北—西南走向。单孔石拱桥，长 15 米，宽 3.8 米，拱跨 1.4 米。桥身、桥拱用料石砌筑，桥面铺石板。

94 - F₄ 天主教堂 〔兴宾区大湾镇东番行政村成田村·1934 年〕 建于 1934 年，由成田村曾在日本留学的丘春光与法国神父筹建。建成后先后由白、代、

刘等神父主持教务。教堂有正堂 1 座，厢房 2 座，占地面积约 300 平方米。泥砖砌墙，硬山顶，盖小青瓦。正堂面阔五间，前檐墙中开门，两侧开长方窗。

95 - G₁ **马鞍山铜鼓出土点** 〔兴宾区石牙乡牛角塘行政村南阳村北约 2.5 公里马鞍山·西汉中期—南朝〕 1984 年 10 月，马鞍山东麓出土冷水冲型铜鼓 1 面，鼓面倒置，无伴出物。鼓面径 0.685 米，高 0.442 米，足径 0.665 米。鼓面太阳纹十二芒。面沿环列四蛙。面、身饰栉纹、同心圆纹、水波纹、羽纹、变形翔鹭纹、变形羽人纹等。胸腰间附扁耳 2 对。

96 - G₂ **榕树山铜鼓出土点** 〔兴宾区凤凰镇白山行政村上马寨村西北约 3 公里榕树山·西汉中期—南朝〕 1989 年 7 月，榕树山东坡出土冷水冲型铜鼓 1 面，鼓面倒置，无伴出物。面径 0.81 米，高 0.54 米，足径 0.78 米。鼓面太阳纹十二芒。面沿环列四蛙。饰栉纹、同心圆纹、鱼纹、水波纹、变形羽人纹、变形翔鹭纹等。胸腰间附扁耳 2 对。足内壁有半环耳 1 对。

97 - G₃ **月亮山铜镜出土点** 〔兴宾区城厢乡月亮山·宋代〕 1991 年于城厢乡月亮山出土菱花铜镜 1 件。圆形，镜背后铭 "永原后用" 铭文，面径 0.242 米。

98 - G₄ **桥勒铜权出土点** 〔兴宾区七洞乡桥勒行政村桥勒村东北约 200 米山洞·元代〕 岩洞高距地表面约 15 米，洞口朝西，洞内面积约 16 平方米。1992 年，洞出内土铜权 1 件。梯形纽，下为圆盘形肩，器身呈上大下小的椭圆形，一面铸阴刻铭文 "元贞元年"，另一面铸 "潭州路造"。通高 0.066 米，底径 0.033 米。

合山市

1 - A₁ **寨村圩遗址** 〔岭南镇里兰行政村寨村屯南约 150 米·宋—清〕 位于寨山遗址东面山脚下，是宋至清代的一个集市，始于宋代，兴于元、明，衰于清宣统年间（1909—1911）。遗址南临红水河中许村渡口，面积约 1000 平方米。遗址内原建筑已毁，地表发现有较多的宋至明代的陶瓷残片及大块残砖、铁锅 1 只，宋瓷碗 2 个。

2 - A₂ **司烟山瑶寨遗址** 〔北泗镇北泗行政村北泗街东南约 4 公里司烟山·明—清·市文物保护单位〕 建于明代，具体时间不详。在山南面山腰，海拔 260.2 米，占地面积约 1.158 万平方米。寨墙用石或砖砌成，寨内尚存有石磨、石碾、石榨油槽及明、清陶瓷残片。寨旁岩壁刻有人像及鱼、鸟、马和一些符号共 16 个。原建筑已残毁。

3 - A₃ **寨山寨址** 〔岭南镇思光行政村思光屯东南面寨山·明—清·市文物保护单位〕 建于明崇祯十七年（1644），平面略呈狭长椭圆形，占地面积约 9.836 万平方米。四周是石山，山间缺口处用条石垒砌 3 段石墙，东北墙长约 60 米，东南墙长约 130 米，西南墙长约 8 米，残高 0.8—3.5 米。其间开一门，高 2.18 米。门前面山道有 10 余级石踏跺。石门东侧立 1 碑，碑文记村民捐资购田、在寨山前挖池塘解决饮水之事。寨内有条石房基 38 处及舂米石槽、石踏跺、瞭望台、山池等遗迹。

4 - A₄ **弄头山寨遗址** 〔岭南镇思光行政村那峨屯东南边弄头山·清代〕 清康熙十年（1671）村民为躲避匪患而建。弄头山海拔 99.3 米，山寨在山顶，寨的东、西、南三面均为悬崖，北面用石干砌寨墙一道，今仕存部分，墙前为一条护寨沟。现存寨址占地面积约 7334.6 平方米。寨内已被开垦为耕地。

5 - A₅ **寨村寨址** 〔岭南镇里兰行政村寨村屯南约 200 米背山顶·清代〕 建于清康熙五十年（1711），当地村民为防匪而建。建于山顶，占地面积约 2556 平方米。寨四周砌石墙，约长 294.8 米，高 3.5 米（部分倒塌）。寨内残存房基 20 间，大厅基础 1 间，碉楼遗迹 5 处，水井 1 口，山门 2 处。

6 - A₆ **环山城墙** 〔河里乡环山行政村环山屯后背两座大山之间的两边斜坡处·清代〕 清乾隆元年（1736），当地村民为防匪患而建。占地面积约 764.53 平方米。城墙呈东西走向，石泥结构，基础为石条垒砌，其上城墙用黏土夯成，现存城墙长约 311.35 米，宽 2 米。残高 10 米，斜坡修筑炮楼 1 座，已坍塌，残宽 1.5 米，高 3.25 米。

7 - A₇ **龙王窑址** 〔北泗镇六龙行政村龙王屯东南面龙王二桥北边·清代〕 建于清顺治十年（1653），分布面积约 713.12 平方米。窑室为馒头窑，平面略呈圆形，直径 10 米，窑口宽 2 米，高 1.5 米。现存窑 2 口，存窑室、烟道、窑口、窑天窗，以烧砖瓦为主。分布范围内散落有断砖碎瓦。

8 - A₈ **迁江县第一所所衙遗址** 〔北泗镇屯山行政村屯山屯·清代〕 建于清顺治十八年（1661）。建筑分为前、后两排，每排有房屋 6 间，中间以天井相隔，天井用石板铺设。占地面积约 1337.83 平方米，房屋硬山顶，盖小青瓦。前排的门前 2 根大柱石础呈鼓形，四周雕刻花草龙凤吉祥物。

9 - B₁ **蒙光辉墓** 〔岭南镇里兰行政村里兰村北面古美岭东面半山腰·北宋〕 蒙光辉（？—990），北宋恩授二品武功将军，墓建于北宋淳化元年（990）。1913 年族人重立碑，20 世纪 90 年代末，族人扩大了墓葬，立功德碑 2 方。墓葬朝东，冢呈圆柱形，高 2 米，底径 5 米，墓周砌以石块，墓碑高 1.3 米，宽 0.8 米，厚 0.15 米。碑中部竖行刻"皇宋恩授二品武功将军蒙讳光辉公老府君之墓"。占地面积约 67.33 平方米。

10 - B₂ 蒙永田夫人墓〔岭南镇里兰行政村江村屯西北岑岭·北宋〕 墓主系北宋宾州刺史蒙永田元配夫人，葬于北宋雍熙三年（986），1913 年重立墓碑。墓区占地面积约 179 平方米。墓葬朝南，冢呈圆丘形，四周用石块围砌。高 2 米，底径 5 米，墓碑高 1.1 米，宽 0.8 米，厚 0.15 米，面刻"皇宋恩封蒙老三品夫人墓"，楷书。墓前干砌曲尺形石拱手，拱手前端两侧各立蒙氏家族捐资修墓碑 1 方。

11 - C₁ 怀集渡口码头〔河里乡怀集行政村怀集屯西南约 400 米红水河岸边·明—清〕 据清《迁江县志》载，码头建于明成化年间（1465—1487），清嘉庆三年（1798）修整、扩建。是当时水上运输的交通要道。码头呈西南—东北向，由怀集屯河岸下至红水河边平坡，用大小不等条石砌成踏跺，共有 103 级，长 49.3 米，宽 1.2 米。石踏跺两侧设有排水沟，水沟宽约 0.35 米，深约 0.25 米。

12 - C₂ 溯河码头〔岭南镇溯河行政村下村屯西南红水河岸边·明—清〕 建于明成化年间（1465—1487），清乾隆五十八年（1793），广东籍商人重修，是一处通商码头。2008 年维修。码头从河岸至河边，共有石踏跺 86 级，长 203 米，宽 2.7 米，其间 2 处正方形平台为当年置货地方。

13 - C₃ 兴隆民居〔北泗镇东亭行政村兴隆屯·明—清〕 始建于明嘉靖二十年（1541），主要建筑为清顺治十年（1653）兴建。坐西朝东，三进院落，由前座、中座、后座，南、北两排厢房、炮楼，共 30 间房组成，占地面积约 4512.43 平方米。前、中座面阔三间，左右有小巷通后座，后座一排七间。均为青砖墙、砖砌檐柱，硬山顶，盖小青瓦。室内为夯土地面。院内地面用砖块拼成图案。门、窗、门墩、石础等雕刻各种图案。原有 4 座炮楼，已倒塌 2 处。

14 - C₄ 乔娘桥〔北泗镇北泗行政村北泗街菜园村西北约 50 米旱河上·明—清〕 建于明万历八年（1580），清乾隆三十五年（1770），广东籍马华昌寡妇捐款重修。东西走向，两台一墩梁式石板桥，长 4.3 米，宽 1.95 米，孔跨 2.0 米。台、墩皆以料石干砌，高 2.6 米，桥面用青石板铺设。原有《重修乔娘桥记》石碑，已断裂，碑下半部分已缺失。

15 - C₅ 罗氏祠堂〔岭南镇思光行政村那峨屯水塘北边·清代〕 建于清嘉庆十年（1805）。砖木结构，坐西北朝东南，二进院落，由前座、后堂、天井

组成，占地面积约 123.31 平方米。前座、后堂面阔三间，进深一间，青砖墙，穿斗与抬梁混合木构架，硬山顶，盖小青瓦。室内山墙檐下有彩绘壁画，室外檐口封檐板雕花草图案。

16 - C₆ 杨奇芬住宅〔岭南镇里兰行政村杨村屯·清代〕 建于清道光年间（1821—1850），坐西朝东，泥砖木结构，单座平房，面阔三间，泥砖墙，悬山顶，盖小青瓦。占地面积约 120 平方米，明间前设内凹小檐廊，门额挂隶书"进士"木匾，右边镶刻"钦命广西提督学政翰林院编修杨写应已巳科"，左边镶刻"光绪四年岁戊寅季冬月旦立岁贡生杨奇芬"。杨奇芬，生卒年不详，光绪四年（1878）进士。

17 - C₇ 怀集桥〔河里乡怀集行政村怀集屯西约 300 米·清代〕 据清《迁江县志》载，桥建于清道光二年（1822），村民集资修建。东西走向，长 18 米，宽 1.8 米，用料石干砌。现部分已被淹没于怀集水库坝下。

18 - C₈ 溯河街碉楼〔岭南镇溯河行政村溯河南街·清代〕 清同治七年（1868）溯河街富豪冯亮斋修建。碉楼平面呈方形，面阔、进深 4.92 米，高四层 12 米，青砖墙，硬山顶，盖小青瓦。二楼至顶楼四壁设枪眼，顶楼有瞭望窗。占地面积约 24.6 平方米。

19 - D₁ 白虎山摩崖石刻〔河里乡环山行政村何村屯西南白虎山·明代〕 摩崖石刻 1 方。明崇祯七年（1634）刻。刻面高 1.7 米，宽 1.5 米。榜书"吉星"，楷书，阴刻。据清《迁江县志》载："土人以其形如虎，恐于河里风水有碍，特刻'吉星'二字于山之崖，字三尺有奇，因更名吉星山。"

20 - D₂ 蒙山摩崖石刻〔北泗镇屯山行政村屯山屯南蒙山南瑞山头·明代〕 明崇祯四年（1631）刻。系屯山村民为感召在外地做事的乡亲不忘家乡养育之恩，为家乡做贡献而刻。石刻高距地面约 4 米，刻面高 2 米，宽 0.35 米，竖行榜书"感召"2 字，无落款。宋体，阴刻。

21 - D₃ 奉府宪李勒碑〔河里乡长模行政村长模屯·清代〕 碑刻 1 方。清道光七年（1827）立。碑高 1.65 米，宽 1 米，厚 0.09 米，碑文竖 20 余行，共 800 余字（部分字迹已模糊）。楷书，阴刻。额题"奉府宪李勒碑"，落款"清道光七年七月二十日"。碑文内容为关于实行迁江县颁布的保甲章程而订立的保甲制："十村为里，二十里为保，五十里为度，征来稽查。"并定下防匪盗、保甲连坐、处罚差役保甲欺凌乡民的规定。

22 - D₄ 奉府示禁碑〔北泗镇瀑泉行政村拉的屯榕树脚下社坛内·清代〕 碑刻 1 方。清道光七年

（1827）立。碑高 1.9 米，宽 0.95 米，厚 0.15 米。石碑已断为两截，左上角残缺。横行额题阴刻"奉府示禁"，楷书，阴刻。正文字迹不清，内容大意系经过迁江县府批准制定的保甲章程。

23－E₁ 合山煤矿老井口 〔岭南镇里仰行政村老矿屯背大岭北面山腰·1905 年〕 合山煤矿是广西开采较早的煤矿，老井口是清光绪三十一年（1905）同福同德煤矿公司最早开采合山煤矿的井口。1942 年停采。老井口在山腰，为斜道式，井口上窄下宽，高 1.2 米，宽 1.16—2 米，井内巷道纵横，深度不明。井口前有一面积约 40 平方米的卸煤平台。

24－E₂ 合山煤矿总部旧址 〔岭南镇里仰行政村老矿屯·1913 年〕 清光绪三十一年（1905）合山煤矿开采后，同福同德煤矿煤矿公司总部设在老矿屯。1913 年兴建总部，1942 年迁移作废。旧址为四合院，共有大小房屋 23 间，占地面积约 17392.21 平方米。主体建筑为平房，沙、石、泥混合夯土墙，木构架，悬山顶，盖小青瓦。院东、西两侧有四层炮楼，高 12 米，面阔、进深一间，砂石泥夯土墙，二至四层皆为木楼板，四壁有枪眼 8 个。现旧址仅存夯土墙以及西炮楼土墙、煤矿专用窄轨铁路桥的砖桥墩等遗迹。

25－E₃ 广屯戒碑 〔岭南镇思光行政村广屯屯中西北水塘的东塘边处·1915 年〕 碑刻 1 方。名为戒碑，碑高 1.5 米，宽 0.8 米，厚 0.2 米。碑文记述广屯村人没有田地，祖祖辈辈受迁江县谭家的剥削，直到辛亥革命才把土地赎回来，为告诫子孙后代并期望后人常读此碑而立。落款"中华民国四年岁次乙卯"，楷书，阴刻。碑已断为二，仅存碑上半部分。

26－E₄ 正义门 〔北泗镇瀑泉行政村拉的屯南边大路旁榕树脚下·1918 年〕 1918 年为防匪患而修建，取名"正义门"。坐北朝南，砖瓦结构，面阔一间 3.98 米，进深一间 4.9 米，高 6.09 米，占地面积 21.34 平方米。正面为二楼一间一楼牌坊式，坊额题"正义门" 3 字，落款"民国七年"。弧形顶。背面坊额为梅花窗，下开圆形门。

27－E₅ 昆仑关战役第五军军部旧址 〔北泗镇屯山行政村屯山屯·1939 年〕 1939 年冬，中日桂南会战昆仑关战役前夕，国民革命军陆军第 5 军军部设在屯山村。国民政府中央军事委员会西南行营主任前线总指挥白崇禧、副总指挥第 5 军军长杜聿明、副军长郑洞国等在这里召开昆仑关战役军事会议。旧址原为凌茂伦住宅，建于清光绪年间（1875—1908），坐东朝西，砖木结构，三合院，占地面积 237.5 平方米。主体建筑为二层楼房，前设檐廊，面阔五间，抬梁式木构架，悬山顶，盖小青瓦。

28－E₆ 昆仑关战役誓师会议旧址 〔北泗镇屯山行政村北泗街仙掌山北泗岩·1939 年〕 1939 年冬，昆仑关战役前夕，桂南会战前线总指挥白崇禧曾下榻这里，并在这里主持召开有关各县县长和军团级以上人员参加的昆仑关大战动员誓师会议。旧址北泗岩在仙掌山半山腰，为石灰岩溶洞，洞高 1.7—2.5 米，面阔 2.3—8 米，穿山而过，进深 58 米，面积约 24712.83 平方米。

29－E₇ 岭南惨案遗址 〔岭南镇岭南行政村新村屯北面·1945 年〕 1945 年春，侵华日军怀疑合山煤矿矿警准备投奔抗日自卫队，以给领遣散费为由，骗 12 名矿警到驻地后，即将矿警活埋。遗址原为一小土岭，20 世纪 60 年代合山市机电总厂在此盖厂房和住宿区，原貌已改变。

30－E₈ 北泗烈士墓 〔北泗镇屯山行政村屯山屯玉屏山北边山脚下·1955 年〕 1955 年为安葬 1950 年在北泗地区剿匪战斗中牺牲 5 位烈士而建。墓葬朝东，冢为石灰石和水泥砂浆结构，呈椭圆丘形，底径 6.4—7 米，高 3 米，墓区占地面积约 503.95 平方米。墓碑上面刻有 5 位烈士芳名。

武宣县

1－A₁ 大龙洞遗址 〔黄茆镇上额行政村上额村东北经元山大龙洞·新石器时代〕 洞穴遗址。1986 年发现。大龙洞在山坳南面半山腰，高距地表约 45 米，洞口朝南，洞内面积约 500 平方米。文化层厚 1—5 米，黄色和灰褐色，含有炭屑和残碎黑色夹砂陶片。采集到剑齿象、犀牛、巨貘、獾、大熊猫、野牛、鹿、麂、啮齿动物等动物的牙齿和骨骼等。

2－A₂ 社王山遗址 〔武宣镇大禄行政村老北汉村东约 200 米社王山·新石器时代〕 洞穴遗址。1981 年发现。洞穴在山南面近山脚处，高距地表约 6 米。洞口朝南，高 2.5 米，宽 1.5 米，洞内进深不明。洞内残存文化堆积长 7 米，宽 2—3 米，厚约 1 米，面积 18 平方米。呈棕褐色，含螺壳，有烧骨、兽骨、石器等。采集有剑齿象、虎、牛、猪、鹿、羊等动物遗骨和 10 多件打制石器。堆积现已遭到严重破坏。

3－A₃ 陈家岭遗址 〔武宣镇陈家岭行政村陈家岭村南面黔江北岸台地上·新石器时代〕 山坡（台地）遗址。1988 年发现。遗址分布面积约 5000 平方米。在地表采集到打制砍器、石犁、磨制石斧、石锛、石凿以及刮削器、石网坠、石器半成品等遗物。

4－A₄ 老虎冲遗址 〔武宣镇西北老虎冲黔江东岸台地上·新石器时代〕 山坡（台地）遗址。1981

年发现。遗址南北长约 105 米，东西宽约 50 米，分布面积约 5250 平方米。在地表采集到打制石器、磨制石斧等。

5 – A₅　甘平山遗址　〔武宣镇河耀行政村河耀村西北约 500 米·新石器时代〕　洞穴遗址。1978 年发现。岩洞高出地表约 15 米，洞口朝南，洞内面积约 90 平方米，堆积厚 1—2 米，呈棕黄色，内含螺壳、蚌壳，有动物骨骼和牙齿。采集到 10 多件打制石器，器形有砍砸器等。

6 – A₆　六月岩遗址　〔武宣镇大禄行政村大禄村古墓山东南面山脚六月岩·新石器时代〕　1981 年发现。岩洞高距地表约 6 米，洞口朝东南，洞高 12 米，进深 15 米，后洞逐步变窄，深度不明。文化堆积在洞内 10 米左右，厚 0.1—1 米，堆积含螺壳。地表散布动物碎骨骼、打制石器、石片、夹砂陶片等，堆积已受到严重破坏。

7 – A₇　孤独山遗址　〔禄新乡古杭行政村古杭村北约 2 公里·新石器时代〕　洞穴遗址。1988 年发现。洞口高出地表约 35 米，洞内面积 470 平方米。文化层厚度不详。地表散布有大量螺壳，采集到牛、羊、鹿等动物牙齿和打制石器 1 件。

8 – A₈　金鼓岩遗址　〔金鸡乡石祥行政村石祥村东北约 500 米金鼓岩·新石器时代〕　洞穴遗址。1987 年发现。洞穴在南山脚，高于地面 1 米。洞口朝南，高 15 米，宽 30 米，洞内进深 19 米，面积约 570 平方米。洞内堆积呈灰褐色胶结层，含较多螺蛳壳，厚度不明，面积约 41 平方米。采集到野牛、羊、猪、鹿等动物牙齿和打制石器、磨制石斧。

9 – A₉　河口遗址　〔金鸡乡鱼步行政村鱼步村群山沟河口·新石器时代〕　山坡（台地）遗址。1981 年发现，分布面积约 300 平方米。发现石器多为半成品，在地表采集到磨制石斧 3 件。

10 – A₁₀　白牙山遗址　〔思灵乡古樟行政村六围村东南约 200 米白牙山·新石器时代〕　洞穴遗址。1988 年发现。白牙山又称赶车山，岩洞在山西面山脚，高距地表约 15 米，洞口朝西，洞高 6 米，宽 13 米，进深 10 米，洞内面积 30 平方米，文化层堆积为螺壳胶结，内含动物碎骨。在地表采集到打制石器。破坏较严重。

11 – A₁₁　螺蛳山遗址　〔思灵乡古樟行政村六围村西约 300 米螺丝山·新石器时代〕　洞穴遗址。1988 年发现。洞口在山的西北面半山腰，高距地面约 18 米，洞口朝西北，洞内高 6 米，宽 5—6 米，进深 10 余米，面积约 60 平方米。文化层厚约 1 米，呈灰褐色。内含螺壳、动物碎骨。在地表采集到打制石器。

12 – A₁₂　岩泥山遗址　〔桐岭镇石岗行政村石迭村东岩泥山·新石器时代〕　洞穴遗址。1987 年发现。在半山腰岩泥洞内，洞口朝西北，洞高 8 米，宽 5 米，进深 25 米后向两侧延伸，面积约 125 平方米。洞内有螺壳等堆积层，未发掘。

13 – A₁₃　勒马窑址　〔三里镇古立行政村勒马村南约 200 米·汉代〕　窑口呈圆丘状，窑径 10 米，高 5 米，窑顶已毁。窑内存有大量陶片，器形有缸、罐、壶等陶器，器表饰以水波纹、方格纹等多种纹饰。陶胎为红色。

14 – A₁₄　陈家岭窑址　〔武宣镇陈家岭行政村陈家岭村东南约 100 米黔江北岸·宋代〕　窑区面积约 5000 平方米，有窑 7 口，排列于黔江北岸台地上。为马蹄形土窑，窑呈圆丘形，高 2.1 米，腹径 4 米，单窑占地面积约 16 平方米。遗物有陶器、瓷器。瓷器以黄色釉为主，器形有碗、碟、钵等。陶器有壶、罐、钵、擂、筒瓦等，多数器物内有支钉痕，器壁有印花，以菊花纹为主，一些器底有印记，多为“太平”2 字。

15 – A₁₅　勒马城址　〔三里镇古立行政村勒马村东约 500 米黔江北岸·汉代〕　据史料记载，此城为汉武帝平南越时驻兵之地。位于黔江北岸，平面呈长方形，东西长约 500 米，南北宽约 80 米，面积约 4 万平方米。夯土城墙已毁，遗址地表发现了大量的瓮、罐、壶、碗、钵、筒瓦、纺轮等汉代陶器的陶器残片，器表饰绳纹、水波纹、方格纹等纹饰。城北、南面分别为勒马、七星堆汉墓群。明成化年间（1465—1487）在城址上修建有营盘。

A₁₅ – ₁　勒马营盘遗址　〔三里镇古立行政村勒马村东约 500 米勒马城址上·明代〕　据《武宣县志》载，“勒马营垒故址乃系明成化年间（1465—1487）韩襄公征大藤峡贼屯兵处”。营盘筑于勒马城址上，紧临黔江，范围长 76 米，宽 64 米，面积约 4864 平方米。围墙以土夯筑，墙高 1.5—2 米，厚 3—6 米。营盘内建筑已不存。

16 – A₁₆　武宣故城址　〔三里镇旺村行政村旧县村黔江东岸·宋—明〕　据《武宣县志》载，唐武德四年（621）分桂林县置武仙，明宣德六年（1431）改名武宣，为县治所在。故城在今旧县塘（即今旧县村）。城址略呈方形，长、宽约 600 米，占地面积约 36 万平方米。城墙以土夯筑，残高 1—3 米，厚 2.1—5 米，子城、城外护城壕的痕迹依然可辨。城内地面散布有宋—明代的酱釉印花、青黄釉、青花瓷片及青砖。

17 – A₁₇　五里岭旧城址　〔武宣镇官禄行政村广村东南约 1 公里五里岭·宋—明〕　据《武宣县志》载，五里岭旧城址与武宣旧县隔黔江相望，应为武仙旧县的组成部分，建于宋末，废于明洪武三年（1370）。城址位于黔江西岸台地，坐东南朝西北，平面呈长方形，长约250米，宽约200米，面积约5万平方米。四周城墙以泥土夯筑，现仅见遗迹。城内散布有较多宋至明代的青瓷碗、杯、碟残片和砖、瓦等建筑材料残片。

18-A₁₈　铜锣洲城址〔金鸡乡鱼步行政村鱼步村南三江口·宋—明〕　始建于何时不详。处柳江、红水河、黔江三江交汇处的柳江东北岸台地上。城址东西长约200米，南北宽约100米，占地面积约2万平方米。依稀可见夯土残墙、古道及护城河、下水道的痕迹。城址内散布有较多酱釉印花瓷片、青黄釉瓷片及砖、瓦残件等。城内出土窖藏钱币，计有唐"开元通宝"和北宋"淳化元宝""治平元宝""崇宁重宝"等。

19-A₁₉　金鸡塘城址〔金鸡乡石祥行政村马鞍山村金鸡塘岩尾山脚东面柳江南岸·宋—清〕　具体建于何时不详。城址平面呈长方形，南北长约300米，东西宽约100米，面积约3万平方米。城垣及原有建筑均已毁，南、北面原各开1门，当时以条石、砖块铺设的城墙、街道痕迹尚可见。城内地表散布有许多宋代至清代的酱釉印花、青花瓷器残片。北面有码头通柳江码头。

20-A₂₀　上陇商埠遗址〔二塘镇陇村行政村上陇村西约500米·宋—明〕　始设于宋代，延续至明代。据史料载，当时是柳州至梧州、广州的水路货物集散地。商埠设在黔江西北岸山岭上，距黔江约200米。遗址西北宽100米，西南长140米，占地面积约1.4万平方米。有码头通至江岸，在地表采集到大量的酱釉、青黄釉、青花瓷和陶器残片。器形有罐、碗、碟、杯、擂钵、碾轮等。

21-A₂₁　下陇商埠遗址〔二塘镇陇村行政村下陇村西约600米黔江东北岸·宋—明〕　始设于宋代，延续至明代。遗址东自"三脚马"向西延伸至下陇村边，长约190米，宽约150米，占地面积约2.85万平方米。遗址范围内一座小山岗的地表上，散布有较多陶瓷残片，器形有碗、碟等，釉色有青黄釉、酱色釉、底足多含支钉痕，纹饰以花草为主，多花瓣纹。

22-A₂₂　围子街遗址〔三里镇三里行政村灵湖村南阴江岸边·明、清〕　为明至清初时期三里旧圩贸易场所。遗址东西向，平面呈长方形，宽约100米，长约230米，占地面积约2.3万平方米，文化层厚约1米，街道铺设砖块，有排水出水口，地表散布明、清陶瓷残片。整个遗址轮廓清晰可见，现遗址已辟为菜园。

23-A₂₃　樟村营盘遗址〔二塘镇樟村行政村樟村西约1公里·明代〕　据《武宣县志》载，"樟村营垒故址乃系明成化年间韩襄毅公征大藤峡屯兵处"。遗址在黔江岸边的台地上，南北长约150米，东西宽约100米。现存夯土围墙高2米，厚3—6米，营盘内建筑已毁，地表散布有明代陶、瓷片。

24-A₂₄　良田营盘遗址〔桐岭镇良田行政村田台村内·明代〕　为明代当地绅霸"独齿王"为配合韩雍兵剿大藤峡瑶民起义所筑。营盘东南长约200米，西北宽约200米，占地面积约4万平方米。营墙用黄土夯筑，墙残高1.2—2米，厚1米。营盘的东南和西北面约2里处各筑一小营盘。《武宣县志》有载。

25-A₂₅　坡贯营盘遗址〔二塘镇麻碑行政村坡贯村西黔江东北岸·明代〕　据《武宣县志》载，"坡贯营垒故址乃系明成化年间韩襄公征大藤峡贼屯兵处"。遗址在黔江东北岸边的Ⅱ级台地上，平面略呈方形，南北长约150米，东西宽约150米，占地面积约2.25万平方米。营墙用黄土夯筑，墙高2米，厚3—6米。西北角开有1门，面阔3米。南、北两面有护营壕沟。

26-A₂₆　灵台寺遗址〔三里镇灵湖行政村灵湖村东南约300米处·清代〕　建于清初。原建筑坐东南朝西北，砖木结构，两进院落，占地面积约589平方米。咸丰年间（1851—1861）为太平军所毁。光绪戊戌年（1898）修复。1920年前座倒塌，仅存走廊。后座面阔五间，南次间及稍间已坍塌。原为硬山顶，后改为悬山顶，盖小青瓦。

27-A₂₇　台村私塾学校遗址〔三里镇台村行政村台村小学内·清代〕　建于清初，原以西侧陈元隆祠作私塾，后在此处扩建校舍与陈元隆祠后座相接。旧址面阔21米，进深58米，占地面积约1228平方米。现北面建筑已拆除，仅见基础轮廓；存南面一座校舍，砖木结构，坐北朝南，面阔九间，青砖墙，山墙搁檩，悬山顶，盖小青瓦，夯土地面。

28-A₂₈　金龙庙遗址〔东乡镇金岗行政村排上屯北面金龙山顶·清代〕　据《浔州府志》卷十二庙坛记载，金龙庙为永乐六年（1408）建。清嘉庆七年（1802）重建，咸丰年间（1851—1861）被太平军捣毁。遗址现存明清时期的碎砖残瓦及碑刻3方，其中1方为清嘉庆七年重修碑刻。

29-B₁　岜寺山墓群〔通挽镇尚黄行政村岜寺村岜寺山脚·汉代·县文物保护单位〕　在山脚西南约100米，分布面积约6400平方米。墓葬封土多已不存，残存封土5座，呈圆丘形，高2—3.5米，底径17—27米。其中1座被破坏，采集到陶罐、陶碗等，饰水波纹、弦纹。

30 - B₂　湾龙墓群　〔桐岭镇湾龙行政村湾龙村·汉代〕　俗称"七星墩"。墓葬分布于房屋和菜地之中，范围面积约7500平方米。封土多已推平，可见封土12座，呈圆丘形，高0.5—2米，底径10—20米。已暴露的墓葬均为券顶砖室墓，在地表发现了汉代水波纹、方格纹、弦纹陶片及墓砖残块。

31 - B₃　勒马墓群　〔三里镇古立行政村勒马、古立、龙头三村之间·汉代·县文物保护单位〕　俗称"七星墩"。分布于黔江东岸台地土岭上，呈南北走向，面积约10万平方米。残存封土呈圆丘形，高2—5米，底径18—30米。地表零星散布有水波纹、方格纹、弦纹陶片。1984年发掘6座，均为竖穴土坑墓，出土铜器有盘、盂、酒樽、壶、镜、碗、釜、五铢钱，铁器有环首铁刀，陶器有鼎、壶、罐、钵、杯、酒樽、屋、灶等及料珠、玛瑙等随葬品。（见《中国考古学年鉴》1985年）

32 - B₄　尊头墓群　〔东乡镇尊头行政村尊头村·汉代·县文物保护单位〕　分布面积约7.5万平方米。封土已不存，残存封土5座，呈圆丘形，一般高1—4米，底径16—28米，已有2座墓被破坏，采集到汉代陶罐、陶碗等，饰水波纹和弦纹。

33 - B₅　上平岭墓群　〔东乡镇平岭行政村上平岭村西南食粥岭·汉代·县文物保护单位〕　分布于食粥岭岭顶，面积约1660平方米。封土多已不存，可辨5座，封土呈圆丘形，残高0.5—1.5米，底径7.6—20米。于地表采集到汉代水波纹、方格纹陶片。

34 - B₆　下平岭墓群　〔东乡镇平岭行政村下平岭村东珠背山·汉代〕　分布于珠背山山顶，面积约6400平方米。墓葬封土多已毁，反可见少量封土堆，呈丘圆形，残高约0.8—1米，底径10—20米。在地表采集到汉代水波纹陶片。

35 - B₇　金岗墓群　〔东乡镇金岗行政村金岗村·汉代〕　分布面积约2万平方米。封土多已夷平，残存封土呈圆丘形，高2—3米，底径10—15米。在地表采集到汉代弦纹、水波纹陶片。生产动土时常有陶器（片）发现。

36 - B₈　大岭岗墓群　〔东乡镇河马行政村新高沙村大岭岗·汉代〕　分布面积约3万平方米。墓葬数目不明，封土多已夷平，墓葬数目不明，残存封土呈圆丘形，高1—2米，底径16—20米。在地表采集到汉代水波纹灰胎陶片，器类多属四系陶罐。

37 - B₉　七星墓群　〔二塘镇七星行政村七星村·东汉〕　分布面积约5万平方米。封土多已不存，仅见封土堆5座，残存封土呈圆丘形，高1米左右，底径

7—20米，多为券顶砖室墓。在地面发现大量的墓砖，砖长0.33米，宽0.17米，厚0.06米，饰绳纹、弦纹、"X"纹和五铢钱纹。

38 - B₁₀　武敏家族墓地　〔武宣镇陈家岭行政村陈家岭村东南约1公里瘦狗岭·明代〕　武敏，字捷，广西三江县南城珠矶巷人。明成化元年（1465）随钦差赞理军务兼理巡抚广东广西都察院左佥都御史韩雍征剿大藤峡农民起义，擢升参将，镇守浔洲府城，任千户职。明天启四年（1624）迁葬此地，1924年重立碑。有武敏及其子武荣宗、孙武维垣等3座墓，占地面积约864平方米。3墓呈一字并列，大小略相同，皆朝西南，圆丘形灰沙土冢，高1.6米，底径7.2米。墓前有碑9方，每墓3方。主碑高1.6米，宽1米，记载墓主生平，副碑记武家后代传人。

39 - B₁₁　陈允问墓　〔黄茆镇周眷行政村周眷村八仙岭老鼠山·明代〕　陈允问，广西武宣东乡人，明万历丁酉（1597）科进士，官至云南昆阳州知州，崇祯十年（1637）归葬于此。墓葬朝北，冢呈八面形，周用花岗岩条石围砌，高1米，底径3.6米。占地面积约229平方米。墓碑高1.9米，宽0.6米，歇山顶盖顶，碑跌浮雕麒麟腾云、枝叶纹和水波图案。碑文记述墓主生平。设有祭台。

40 - B₁₂　廖盛泰墓　〔三里镇五星行政村五星村西南龙头山·明代〕　廖盛泰，福建省兴化府莆田县赖溪村人。据《武宣县志》记载，廖盛泰明洪武三年（1370）征平东南海贼陈童柳，又平马流贼于山深六斗间，封"清益将军"。墓建于明代。1916年修缮。墓葬朝西，圆丘形三合土冢，底径4.4米，高2米，占地面积约100平方米。墓前嵌碑7方，正中主碑额刻刻"都督"2字，额及两侧边框刻灯笼、游旗和双龙，碑文记载墓主生平事迹。墓前两侧各立1石座蹲狮，拱手立碑8方，上刻凤鸟、麒麟、翠竹、花草、八卦等纹饰。墓后建半月形墓圈石墙。

41 - B₁₃　李满墓　〔武宣镇黑石岭武宣县物资仓库西南黑石岭·明代〕　李满，字颜荣，明曾任安南凉州府同知。葬于明代，1921年第三次立碑。墓葬朝西南，冢呈圆丘形，周用长条石板竖向围砌，高2.4米，底径9.3米，占地面积约400平方米。墓前列碑3方，有卷角半圆碑盖，中间主碑高2米，宽0.95米。碑面竖写"明故祖字颜荣任安南凉州府同知李公之墓"，余文记述墓主生平，落款"中华民国十年岁次壬戌阴历二月二十九日寅时立"。两侧碑刻墓主后裔名单。武宣县志有记载。

42 - B₁₄　陈仁太祖墓　〔三里镇台村行政村台村西面风火岭上·清代〕　建于清康熙九年（1670），嘉庆

二十五（1820）重修。墓葬朝东北，圆丘形三合土冢，高1米，底径9米，占地面积约88平方米。前并列墓碑9方，中间主碑为嘉庆二十五年立。碑文记述陈氏家族于明万历年间（1573—1620）从粤东连州平州惠化图上坪乡迁居武宣等事。左右4方为1988年增立。后土碑记述陈母张氏平生事，落款"皇清康熙九年闰二月吉日同立"。

43 - B₁₅ 陈仁墓 〔三里镇台村行政村台村南道台岭上 · 清代〕 陈仁（1706—1780），字元若，号体斋、寿山，广西武宣三里镇台村人。清雍正癸丑（1733）进士，官至湖北督粮道，《武宣县志》有载。嘉庆十五年（1810）迁葬于此。墓葬朝西，圆丘形土冢，高1.5米，底径3.3米，占地面积约49平方米。墓碑碑文"皇清诰授中宪大夫湖北督粮道体斋陈公墓"，落款"嘉庆十五年十二月初六立"。

44 - B₁₆ 陈旭夫妇墓 〔三里镇台村行政村台村西面风火头岭 · 清代〕 陈旭（1706—1733），字东升，号晓村，陈仁堂弟。广西武宣三里镇台村人。清雍正癸丑（1733）进士，授工部屯田司主事，《武宣县志》有载。墓于光绪十七年（1891）重修。墓葬朝南，圆丘形土冢，高1米，底径3米。占地面积约25平方米。墓碑刻"皇清敕授承德郎工部屯田司主事及其妻黄氏应封安人□□"，落款"光绪十七年岁次辛卯孟春榖旦立"。

45 - B₁₇ 高环父子墓 〔二塘镇甘岭行政村甘岭东南约1公里东寿岭西坡山腰 · 清代〕 高环（？—1856），字陶圃，浙江人。清咸丰六年（1856），县署迁到二塘大岩口办公，知县高环及其子高宝臣相继死在岩内，合葬于此。《武宣县志》有载。父子两墓并列，朝西北，料石围砌长方形冢，长3.5米，宽、高各1.5米。墓碑记述墓主在大岩口殉难经过。占地面积约200平方米。

46 - B₁₈ 刘季三墓 〔东乡镇河马行政村原河马乡政府驻地北约10米 · 清代〕 刘季三（1821—1860），号梅士，广西武宣东乡莲塘人。清道光二十九年（1849）武举，官至记名提督特授直隶通永镇总兵，在富阳战役中被太平军斩首，《武宣县志》有载。葬于咸丰十一年（1861）。墓葬朝西，占地面积约180平方米。长方形三合土冢，长2.5米，宽1.4米，高1.6米。墓碑额刻双凤朝阳图案，碑面刻"皇清晋授振威将军讳季三号梅士刘公老太人之墓"，落款"咸丰十一年岁次辛酉十月初三日立"。碑文记墓主生平。

47 - B₁₉ 黄氏夫人墓 〔东乡镇江村行政村新樟村西北边韦氏屋前宝厂山上 · 清代〕 黄氏，清武显将军陈步瀛原配夫人。光绪三十二年（1906）重修。墓葬朝西北，冢呈半月形，顶为弧形，占地面积约126平方米。墓前面用青砖砌。墓碑山字脊，碑额浮雕寿仙像，左右草龙鲤鱼图案，碑额篆刻"福禄寿"3字，碑面阴刻楷书"皇清诰封二品夫人陈母黄太夫人之坟墓"，落款"光绪三十二年七月初一日申时重修"。左右边碑记述墓主之事。

48 - B₂₀ 刘日昌墓 〔东乡镇金岗行政村永安村西南约200米 · 清代〕 建于清光绪二十年（1894）。墓葬朝西南，冢呈半月形，底径6.9米，高1.7米。前立面用青砖砌筑，碑为四柱三间二楼牌坊式，歇山顶，坊板上雕双龙戏珠，下为团龙图案。三间各嵌1碑，明间主碑高1.6米，宽0.6米，碑文"郡庠生谥纯简讳日昌刘公墓"。侧碑高1.35米，宽0.39米：右碑记述墓主事迹，左碑刻其后人姓名。

49 - B₂₁ 覃光澄墓 〔二塘镇大琳行政村大琳村朝列山南面 · 清代〕 覃光澄，广西武宣县人，清光绪八年（1882）壬午科举人，广东界场监大使。墓葬朝西，墓冢呈圆丘形，高1.8米，底径约3米，冢周以砖围砌，占地面积约50平方米。墓前两侧边框刻楹联，碑文记载墓主生平。1988年4月曾被盗，为券顶砖室墓，随葬品仅存清朝官帽顶、料珠、乾隆通宝等。

50 - B₂₂ 田僚山岩洞葬 〔桐岭镇大祥行政村田僚村北田寮山 · 宋代〕 岩洞位于田寮山东壁，高距地表约20米，洞口朝东，洞高、宽2米，洞内分3个洞厅，最里面的洞厅内卧女性人骨遗骸2具，一具被扰乱，另一具屈肢，无葬具。随葬品有碗、碟、罐等瓷器。施青黄釉和酱色釉，饰莲花纹和点彩纹。（见《文物》1993年1期）

51 - B₂₃ 岩尾山岩洞葬 〔金鸡乡岩尾山东南 · 宋代〕 岩洞在岩尾山东南壁，高距地面约25米，洞口朝东南，高、宽各约1.5米，洞内进深11米。墓葬已遭破坏，发现一件完整的人下颌骨，出土酱釉印花瓷碗、罐及大泉五十铜钱等。

52 - C₁ 武宣故城北门城楼 〔武宣镇上北街尾 · 明—清 · 自治区文物保护单位〕 据县志载，武宣故城建于明初，洪武三年（1370）以灰土夯筑城墙，成化年间（1465—1487）改为砖筑。宣德六年（1431）迁至今址筑城，城墙基础为青条料石，以砖筑墙，内填灰土，现存城墙高6米，长39米，厚11米。辟东、南、西、北四门。北门称"尚武门"，俗称"北楼"。清乾隆三十一年（1766）重修门楼。城墙基础为青条石，以砖筑墙，内填灰土，现存城墙高6米，长39米，厚11米。城门分内、外两重，外层高2.8米，宽3.1米；内层高4.2米，宽4米。门楼高二层9米，砖、木、石结构，面阔三间，进深一间，抬梁与穿斗混合木构架，重檐歇山顶，正脊饰葫芦，灰雕花草，盖小青瓦。封檐板刻绘花卉、禽兽图案。一楼地面铺青砖。

53－C₂ 西街渡口码头 〔武宣镇西街头尾黔江东岸西街渡口·明—清〕 建于明宣德年间（1426—1435）。清代铺青砌码头石踏跺（有些就河岸原生石凿成），共143级、52个平台。宽3.8米，长163.5米，下衔河床，上接街道，为明代以来武宣县城主要码头之一。

54－C₃ 武宣文庙 〔武宣镇东街·明代·自治区文物保护单位〕 又称孔庙。明宣德六年（1431）从旧县城（今旧县村）迁建于此。明正德、嘉靖、崇祯、清康熙、雍正、嘉庆、道光至近代均有修葺。砖木结构。坐北朝南，由照壁、礼门、义路、棂星门、状元桥、泮池、大成门、东西两庑、大成殿、乡贤祠、崇圣祠和尊经阁、明伦堂等组成，占地面积约5860平方米。大成殿为两层楼阁，面阔、进深三间，青石台基，青砖铺地，穿斗与抬梁混合木构架，重檐歇山顶，盖琉璃瓦。四面回廊。部分建筑在20世纪60年代被毁。

55－C₄ 学宫街古井 〔武宣镇学宫街·明代〕 建于明代，具体时间不详。清代修缮。井口平面呈圆形，由两块半圆环状青石围砌成，井口径0.8米，深5米，井壁用砖构筑。井台亦以砖铺砌。

56－C₅ 小井巷井 〔武宣镇东街小井巷内·明代〕 建于明代，具体时间不详。井口平面呈圆形，井圈用整石凿成，径1米，高0.29米，口沿厚0.19米，井深4.8米，井壁用青砖围砌。井台方形，铺石块，占地面积约12.9平方米。

57－C₆ 刘氏将军第 〔东乡镇河马行政村下莲塘村·清—民国〕 建于清代早期，至民国时期，形成八进院落。坐北朝南，由门楼、主体建筑8座、左厢房2座，右厢房3座组成，院中有井，井中有巷，占地面积约14758平方米。主体建筑高二层，面阔五间，前设檐廊，左右两边各有侧屋1座2间，青砖和卵石墙，山墙搁檩，硬山顶，盖小青瓦。门楼为仿西式牌楼，中开拱门，额上嵌"将军第"匾。为清代直隶通永镇总兵、记名提督、授振威将军一品衔刘季三和民国国民革命军陆军中将广西自治军第10路军司令刘炳宇的祖居。

58－C₇ 东街井 〔武宣镇东街一巷74号小巷内·清代〕 建于清初。井口平面呈圆形，井圈为整石凿成，径0.81米，高0.6米，厚0.15米，井深5.4米，井壁用青砖砌成。井台方形，铺长条青石，四面开排水沟，占地面积约8.4平方米。旁有一圆形石盆，以整石凿成，径0.85米，高0.24米。井南面墙壁上设有神龛。

59－C₈ 张氏宗祠 〔三里镇灵湖行政村灵湖村·清代〕 建于清初。坐北朝南，砖木结构，五进院落，占地面积约690平方米。现存后三进，面阔三间，青砖和土砖混合墙，穿斗与抬梁混合木构架，硬山顶，盖小青瓦。天井铺青砖，两侧有无柱廊庑。民国县志载："灵湖村人张任宏，清乾隆三年（1738）戊午科文举人；张梦骥，清嘉庆丁丑（1817）进士，授贵阳绥阳知县升古州同知；张炳辰，清道光二十三年（1843）癸卯科文举人。"均是张氏族人。

60－C₉ 丰西寺 〔黄茆镇上额行政村下额村·清代〕 建于清康熙年间（1662—1722），具体时间不详，乾隆年间（1736—1795）重修。坐南朝北，砖木结构，院落式，占地面积约1200平方米。主体建筑面阔、进深三间，硬山顶，盖小青瓦。寺内存建寺碑刻5方，载修寺原因及捐款芳名。

61－C₁₀ 陈氏祖祠 〔三里镇台村行政村台村·清代〕 陈仁、陈旭兄弟建于清代中期。陈仁、陈旭《武宣县志》有载。祠坐北朝南，砖木结构，四进院落，占地面积约693平方米。中厅已拆除，前座、后堂面阔三间，清水墙，抬梁式木构架，硬山顶，盖小青瓦。

62－C₁₁ 武家祖厅 〔二塘镇七星行政村七星村·清代〕 建于清代中晚期，武胜周、武永达修建。坐西南朝东北，三进院落，占地面积约324平方米。主体建筑面阔三间，清水墙，砖砌方柱，抬梁式木构架，硬山顶，盖小青瓦。地面、天井铺青砖，两侧走廊门为拱形。前座廊墙壁上挂清嘉庆、清道光、清同治年间立的"进士"牌匾。后座正厅左边墙壁上并列镶有《立遗嘱分单》和《蒸尝遗规》碑刻各1方，为清道光二十九年（1849）立。

63－C₁₂ 李家祠堂 〔黄茆镇玉村行政村灵口村·清代〕 建于清乾隆年间（1736—1795），具体时间不详。坐东朝西，砖木结构。三进庭院，包括前座、中厅、后堂，左、右厢房及天井，占地面积约1820平方米。每座面阔五间，进深二间。青砖、泥砖、灰沙混合墙，前座、后堂山墙搁檩，中厅抬梁式木构架，硬山顶，盖小青瓦，脊饰花草灰雕。封檐雕花鸟图案，墙端绘云龙、花草、山水图画。天井地面铺设青砖。

64－C₁₃ 仙城书院 〔武宣镇武宣县教师进修学校内·清代〕 清乾隆三十四年（1769）郑高萃创建。坐北朝南，砖木结构，两进落院，占地面积约1029平方米。前座已改建，右厢房已拆除。后座、左厢房为清代建筑。后座面阔三间，进深七间，抬梁式木构架，硬山顶，盖小青瓦，前廊卷棚，地面青砖已改为混凝土。

65 - C14 **禄鸿桥** 〔桐岭镇和睦行政村禄鸿村北约250米山岩山东南山脚·清代〕 建于清道光年间（1821—1850），具体时间不详。桥原跨禄鸿河，因河水改道，桥下已改造成水田。西北—东南走向，三孔石拱桥，长58.5米，宽3.1米，拱跨4.5米，桥身、桥拱以料石砌筑，桥面铺石板，两侧置条石护栏，两端设石踏跺。桥西北端通山岩山，东南端接片石砌护墙引桥。《武宣县志》有载。

66 - C15 **北帝庙** 〔三里镇三里行政村三里街·清代〕 又称玉虚宫。建于清道光三年（1823）前，具体时间不详。1928年改为三里团局。坐东南朝西北，砖木结构，二进院落，由前、后殿和天井、厢房组成，占地面积约198平方米。前殿为大门，前设檐廊，须弥础石柱，石质门框，前置八字墙绘壁画，垂带石踏跺7级。面阔三间，进深二间，抬梁式木构架，硬山顶，盖小青瓦。

67 - C16 **刘氏家庙** 〔东乡镇六道行政村河背村中·清代〕 建于清咸丰年间（1851—1861），清总兵衔记名提督刘季三死后赐葬建庙。坐东南朝西北，砖木结构，两进院落，占地面积约240平方米。前、后殿面阔三间，山墙搁檩，硬山顶，盖小青瓦，地铺青砖。前殿设前檐廊，石檐柱2根，刻挽联。明间拱门额上嵌浮雕"刘氏家庙"匾。后殿正厅立神龛。

68 - C17 **新路桥** 〔武宣镇东约2.5公里新江河上·清代〕 明崇祯年间（1628—1644）知县陈允问修建，至清咸丰三年（1853）第三次重修，由黎觐光倡修，陈美互督工。东西走向，单孔石拱平桥，长40米，宽5米，拱跨19米。在两岸岩石上砌桥台，桥身、桥拱皆以料石砌筑，单层券拱，桥两侧设条石桥栏，两端与岸齐平。《武宣县志》有载。

69 - C18 **复旦桥** 〔禄新乡复旦行政村复旦村东南约1公里濠江上·清代〕 建于清同治十年（1871）。原名"镇龙桥"，是当时复旦村等诸村至禄新乡的道路桥梁。东南—西北走向，三孔石拱桥，长23米，宽1.8米，拱跨3米。桥身、桥拱用料石砌筑，两端接石板小道。

70 - C19 **三里戏台** 〔三里镇三里行政村三里街·清代〕 建于清同治元年（1862），十二年（1873）重修。坐西北朝东南，砖木结构，占地面积约130平方米。戏台面阔8.5米，深5米，底层高2米，四面封闭，只开小门。台面为抬梁式木构架，歇山顶，盖小青瓦，四角飞檐，脊饰双龙戏珠，檐板雕花草。台面铺设木板，前戏台与后台用木雕棋、琴、扇、花鸟屏风分隔。

71 - C20 **功德桥** 〔二塘镇七星行政村七星村北约300米新江上·清代〕 又称七星桥。清光绪二十四年（1898）重修，七星村人武锐等捐款倡修。南北走向，三孔石拱桥，长35米，宽5米，拱跨10米，桥身、桥拱以料石干砌，桥面两侧石护栏高1米，桥栏中间石板东、西面阴刻"功德桥"3字，两端设石踏跺。《武宣县志》有载。

72 - C21 **九子娘娘庙** 〔三里镇三里行政村三里街·清、民国〕 建于清代，民国年间扩建。坐东朝西，砖、泥、木结构。二进院落，由大门、天井、主殿组成，占地面积约135平方米。大门面阔、进深一间，硬山顶，前置小凹廊。主殿面阔四间，山墙搁檩，硬山顶，盖小青瓦。夯土地面，青砖及三合土夯筑墙，墙壁有花草图案。

73 - C22 **保安庙** 〔二塘镇七星行政村七星村北村边·清代〕 建于清晚期，具体时间不详。坐西朝东，砖木结构，两进院落，占地面积约80平方米。主体建筑面阔三间，现仅存前、后殿明间，青砖墙搁檩，硬山顶，盖小青瓦。前殿有小檐廊，门额上镶"保安庙"石匾。后座明间壁绘彩画。

74 - C23 **刘氏宗祠** 〔东乡镇东乡行政村东乡街北原铁木社里·清代〕 建于清代，具体时间不详。坐南朝北，两进院落，由前座、后堂、左右横屋、天井、廊房组成，占地面积约975平方米。主体建筑面阔三间，左右山墙为灰沙夯筑，其余为青砖墙，抬梁式木构架，硬山顶，盖小青瓦。门前廊立砖砌方柱2根，天井左右廊屋崩塌。祠内有刘氏宗祠石刻残碑。

75 - C24 **朱氏祖祠** 〔东乡镇河马行政村石牛村石牛岭北山脚处·清代〕 建于清代，具体时间不详。坐南朝北，两进院落，由前座、后堂、天井、走廊组成，占地面积约187平方米。前座、后堂面阔三间，主要为青砖墙，部分墙体由卵石砌筑，青石、砖砌包角，墙面批灰，抬梁式木构架，硬山顶，盖小青瓦。隔扇门，天井两侧有连廊。前座大门门额嵌"朱氏祖祠"阳刻石匾。

76 - D1 **重兴寺摩崖石刻** 〔武宣镇官禄行政村广村东黔江西岸巨石上·北宋〕 石刻在一巨石上，刻面向东，高0.56米，宽0.86米。文竖16行，楷书，阴刻，字迹多已模糊不清。可辨识"县南重兴寺住持僧意聪……元祐六年十月一日洪鉴手下立……"等，内容主要记载在县城南建设街道、房屋等事及僧人筹款内容。

77 - D2 **敕赐永通峡摩崖石刻** 〔武宣镇马步行政村璞玉村西面黔江东岸古迹滩璞玉山·明代·县文物保护单位〕 摩崖石刻1方。在山西壁上，明正德十一年（1516）刻。刻面高4.5米，宽1.5米。文竖3

行，计 43 字。明分守柳庆右参将张佑撰文并书丹，左都御史陈金刻石。首题"正德丙子岁秋月之吉分守柳庆右参将张佑奉"，落款"总督府太子太保左都御史陈金会议钩碑敕石"，中为正文榜书"敕赐永通峡"，字径 0.8 米，真书，阴刻。

78－D₃ 八宝坳摩崖石刻 〔武宣镇对河行政村双狮山与八宝山间八宝坳的凸石上·明代〕 摩崖石刻 1 方。明万历二十二年（1594）刻。刻面向东，高 0.74 米，宽 0.66 米。首题及落款皆横行，首题"开榜通衢"，落款"太平街"。正文竖 16 行，楷书，阴刻。落款"蒙德邦、黄德验……万历甲午岁春正月初九日立"。碑刻大部分已不能辨认，大意是：传说明万历年间（1573—1620），李满修建县城，规模大，需修二十二年，劳民伤财，百姓反对，才缩小到如今的范围。

79－D₄ 金鼓岩摩崖石刻 〔金鸡乡石祥行政村石祥村西金鼓岩·明代〕 摩崖石刻 3 方，集中在金鼓岩洞口石壁。其一，刻面高 1.2 米，宽 0.46 米。榜书"龙隐洞"3 字，首题"嘉靖己酉夏九月九日"，落款"饬翁题"，楷书。其二，刻面高 0.4 米，宽 0.4 米，字体模糊不清。其三，刻面高 0.4 米，宽 0.4 米，文竖 8 行，只能辨认首行"嘉靖二十八年季夏九日"，其余字迹已模糊不清。

80－D₅ 半月岩摩崖石刻 〔金鸡乡石祥行政村马鞍山村金鸡塘岩尾山北面半月岩洞内·明代〕 摩崖石刻 3 方，明嘉靖年间（1522—1566）刻，集中在内右壁。其一，为七律诗一首，刻面高 0.5 米，宽 0.34 米，文竖行，计 59 字，楷书，阴刻。诗云："天造名山辟洞心，圆如半月向江滨。四千年内无人到，七星山前自我新。洞口藤蔓任延蔓，岩心气候自氤氲。惺惺座到无人处，便是儒流第一人。"落款"修翁题"。其二，横刻榜书"半月岩"，字径 0.2—0.42 米，楷书，阴刻。首题"嘉靖己酉夏六月十日"，落款"化修饬翁题"，皆竖行。其三，刻面高 0.4 米，宽 0.32 米，文竖 8 行，字迹模糊不清。

81－D₆ 仙岩摩崖石刻 〔桐岭镇仁汉行政村旺田村猫头山西面仙岩洞内·明代·县文物保护单位〕 石刻共 9 方：其中摩崖石刻 8 方，集中在仙岩洞口右壁上。现可辨的只有 1 方。为七律诗一首，明万历元年（1573）刻。刻面约高 0.7 米，宽 1.2 米。文竖行，计 89 字，楷书，阴刻。明武宣知县张佑舜撰文并书丹。首题"奉和张公明"，落款"万历元年仲冬月武宣知县衡阳虞峰张佑舜题"。诗云："我来远览仙岩胜，崒律孤峰傍水流。石蹬坐收千障景，蹊云踏破九天秋。巢松莫是纯阳鹤，野牧依稀老子牛。入望八荒皆洞达，伟骖聊且一周游。"另有摩崖造像 1 尊，为圆雕佛像，身高 2 米，面南，脚踏莲花座，身穿袈裟，头大阔耳，面表慈善。

82－D₇ 湾龙村龙章宠赐碑 〔原立禄新乡复旦行政村湾龙村覃氏墓旁，现已移至禄新村梁氏房屋前存放·清代〕 碑刻 1 方。清嘉庆元年（1796）立。碑高 1.56 米，宽 0.67 米，厚 0.115 米。碑额中竖行刻"龙章宠赐"，左右及边框浮雕龙云图案。碑文竖 10 行，满行 1—18 字，计 114 字。正文首、二行刻"奉天承运"，碑文内容为赠甘肃赤金营都司梁士聪之生母覃氏为恭人。碑之东侧约 15 米处为覃氏墓，土堆冢，向东，墓碑刻 3 方，为乾隆四十三年（1778）立。

83－D₈ 百世流芳碑 〔东乡镇姜村行政村江村·清代〕 清咸丰十一年（1861）立。碑阳朝西北，高 1.68 米，宽 1.03 米，卷角半圆碑盖，浮雕龙头卷云纹，左右边框雕刻龙云图案，额呈书页形，题双线勾楷书"百世流芳"。正文竖 10 行，字径 0.05 米，楷书，阴刻"奉天承运皇帝制曰……蓝氏为总兵衔浙江严州协副将陈步高之继祖母……覃恩赠尔为夫人……咸丰十一年十月初九日"。东北角即是蓝氏夫人墓，碑正文"皇清诰赠夫人陈祖母蓝老太夫人之坟墓"。落款"同治六年二月二十三日未时立"。

84－D₉ 奉天承运碑 〔二塘镇麻碑行政村波贯村东南黄氏房屋东约 50 米处·清代〕 碑刻 1 方。清光绪四年（1878）立。碑阳朝西南，高 1.83 米，宽 0.94 米，厚 0.23 米，碑框雕刻龙纹，碑底部刻水波、荷花、鱼鹤、云纹等。碑文竖行，阴刻，楷书，碑文褒奖五品衔尽先知县黄检真之父黄恩祖、母李氏，教子有方，赠黄恩祖为奉直大夫，李氏为宜人。落款"光绪四年九月十八日"。

85－D₁₀ 奉天诰命碑 〔东乡镇金岗行政村坡斗村灯盏山山脚·清代〕 碑刻 1 方。清光绪二十七年（1901）立。碑阳朝西，高 2.66 米，宽 1.02 米。卷角半圆碑盖，顶雕龙纹，下方半月形双凤朝阳纹，碑框浮雕盘绕云龙，扇形碑额，内刻额题"奉天诰命"，碑文竖 12 行，157 字，楷书，阴刻。碑文记述花翎同知衔加五级广东补用知县陈天珍之曾祖母蒙氏，训子有方被封夫人。

86－D₁₁ 塘房村龙章宠赐碑 〔黄茆镇大浪行政村塘房村西大塘东侧·清代〕 碑刻 1 方。碑高 1.56 米，宽 0.675 米，厚 0.115 米。碑上方中竖行刻"龙章宠赐"，左右及边框边雕云龙图案。碑文竖 9 行，阴刻，楷书。碑文记载："奉天承运皇帝制曰……甘肃赤金营都司梁士聪之嫡母贺氏诰封为恭人……"据县志记载，梁士聪，广西武宣县黄茆大浪村人，清乾隆戊戌武科进士，任京提塘、甘肃赤金营都司护理安西协副将，诰封昭武都尉。

87 – E₁ 萧朝贵故居遗址 〔东乡镇合群行政村高达村北约 500 米沙田山东面半山腰之山路旁·1820 年〕 萧朝贵（？—1852），壮族，广西武宣县东乡下武兰村人。金田起义重要组织和领导者之一。太平天国西王。1852 年 12 月，率太平军围攻长沙时中弹身亡。遗址三面临北口河，西靠大山，原建筑朝南，遗址面阔 6 米，进深 8 米，占地面积约 48 平方米。现尚存部分泥沙夯墙，厚 0.6 米，高 4 米，长 5 米。遗址北约 500 米有萧家祖坟 1 座。

88 – E₂ 洪秀全称天王地址 〔东乡镇莫村行政村莫村村·1851 年〕 1851 年洪秀全等率太平军西进武宣。3 月 23 日洪秀全在东乡镇莫村登基称天王。地址原为三进院落，占地面积约 1050 平方米。后为清军所毁。现第二、三座三合土残墙基尚存，残墙长 10 余米，高 0.3—4 米，厚 0.6 米。围墙高 1—2 米，厚 1 米。因墙面刷以红色（传为称王时所刷），故当地群众称为红屋。《浔州府志》有载。

89 – E₃ 云来寺遗址 〔东乡镇莫村行政村莫村村南·1851 年〕 1851 年 3 月中旬，太平军西进武宣占据东乡、三里等地，设大本营于莫村村，太平军驻莫村村期间，捣毁了位于村南的云来寺。寺建于清乾隆十一年（1746），坐东朝西，占地面积约 200 平方米。寺庙已毁。现遗址尚存《云来古寺碑》、石香炉等物。

90 – E₄ 犀牛山营盘遗址 〔东乡镇河马行政村河马村犀牛岭上·1851 年〕 1851 年春，太平军为抵御清军、地方地主武装团练而筑。营盘西临王道河，依山势而筑，环山掘壕沟一周，周长约 1500 米，深 2 米。《武宣县志》有载。

91 – E₅ 马台山营盘遗址 〔东乡镇河马行政村河马村西南约 100 米·1851 年〕 1851 年夏，清军为阻击太平军所筑。共有营盘 3 座，成"品"字形布局，相距约 150—200 米。营盘平面略呈圆形，每座直径约 120 米。依山环绕营盘掘壕沟一道，壕沟深 1—2 米。

92 – E₆ 马岭营盘遗址 〔东乡镇河马行政村高桂村西马岭山·1851 年〕 1851 年，地方地主武装团练刘孟三为阻击太平军而筑。营盘筑于马岭山上，连绵 3 个山峰，依山势用石块、卵石垒砌营墙，残墙高 1.2 米，厚 0.68 米，外绕以壕沟，南北长约 300 米，东西宽约 100 米，深 1 米左右。营盘占地面积约 3 万平方米。

93 – E₇ 茶岭营盘遗址 〔东乡镇河马行政村河马村西南茶岭·1851 年〕 1851 年，太平军西进武宣时所建。营盘呈方形，长、宽约 200 米，占地面积约 4 万平方米。营盘四周石垒城墙。墙厚 0.8 米，高 2 米。现墙已毁，但残垣可见。

94 – E₈ 王年岗营盘遗址 〔东乡镇河马行政村新高沙村北面王年岗山顶上·1851 年〕 当地群众称为"旗墩营盘"。1851 年太平天国军队在此驻扎的营盘。遗址高出周围地面 0.6—1.2 米，平面呈四方形，东北长约 42 米，东南宽约 41 米，占地面积约 1722 平方米。周边原有壕沟及建筑皆已不存。

95 – E₉ 东岭营盘遗址 〔三里镇三里行政村三里村东岭山上·1851 年〕 原为清军所筑。1851 年为太平军攻占，并以此和三里、台村、灵湖一带作为前沿据点与清军对峙。营盘环山而筑，平面略呈圆形，占地面积约 2 万平方米。四周有夯土围墙，外绕以壕沟。营墙已毁坏，轮廓尚可辨，尚残存部分围墙、壕沟，壕沟残深 1 米左右。

96 – E₁₀ 茶子岭营盘遗址 〔二塘镇四通行政村贝贡村东约 500 米·1851 年〕 清军为阻击太平军北上所筑。1851 年 3 月 15 日为太平军占据，4 月 3 日粉碎清军秦定三部的进攻。营盘位于山顶，环山而筑，四周有夯土围墙，高 2 米，厚 3 米。营盘面积约 1.1 万平方米。

97 – E₁₁ 伏岭营盘遗址 〔二塘镇伏岭村东·1851 年〕 1851 年，清军为阻击太平军北上所筑。共有营盘 3 座，东西横列于岗丘上，环筑夯土墙，外绕以壕沟。每座长、宽皆约 100 米，占地面积约 1 万平方米。现墙、壕尚可见。

98 – E₁₂ 谢玉光起义遗址 〔金鸡乡石祥行政村石祥村西岩口山·1851 年〕 1851 年，谢玉光等领导武宣天地会众起义，以石祥岩口山大岩为营，控制柳江来往船只。岩口朝东，宽 8 米，高 4 米，洞内宽敞可容数百人，后洞口下即为柳江。洞内大厅北侧有一凸出 2 米，长 1.95 米，宽 1.2 米，人工凿成的平台，传为谢玉光之点将台与卧床。《武宣县志》有载。

99 – E₁₃ 大岩山营盘遗址 〔金鸡乡石祥行政村石祥村西·1852 年〕 1852 年，谢玉光领导的天地会所筑。位于大岩山山腰，与大岩口清军营盘相对峙。营盘平面呈圆形，径约 30 米，周用石块垒砌营墙，墙厚 0.8 米，高 1.5 米。

100 – E₁₄ 大岩口营盘遗址 〔金鸡乡石祥行政村石祥村西·1852 年〕 1852 年，清军为围剿谢玉光天地会所筑，与大岩山天地会营盘相对峙。营盘平面呈长方形，南北长约 80 米，东西宽约 30 米，四周用夯土围墙。现围墙已崩毁，残高 0.8 米。

101 – E₁₅ 大岩口县署遗址 〔二塘镇福龙行政村福龙水库西北大岩山·1856 年〕 1856 年 5 月，大成国平靖王李文茂等率水师攻据武宣县城，杀副将福格等，知县迁县署至大岩口。知县高环父子病卒于岩内。大岩口洞位于山东南面，高出地面约 2 米，洞口朝东南，洞深邃，岩内大厅宽敞，面积约 4500 平方米，有石块铺砌的古道、人工开凿的石坎以及提取地下水的木架等遗物。

102 - E₁₆ 卜摸岭炮台遗址 〔二塘镇陇村行政村陇村北 1 公里卜摸岭·1856 年〕 卜摸岭炮台扼控黔江上游河道。滩多水急。炮台始建年代不详。清道光、咸丰年间为清军维护航道畅通的据点。1856 年秋冬，大成国平靖王李文茂率水师攻据此炮台。炮台平面呈方形，夯土围墙，占地面积约 100 平方米。现围墙已塌毁，残迹可见。

103 - E₁₇ 勒马山营盘遗址 〔黄茆镇根村行政村独寨村勒马山·清代〕 清咸丰年间（1851—1861），地主郭司城等为防御太平天国和大成国等农民起义军而筑。营盘东、西、北三面为陡壁。现存西南面的石块垒砌石墙，东西长 15 米，南北长 9.7 米，厚 3 米，高 2.2 米。南面开一门，宽 1.1 米，高 2 米。

E₁₇₋₁ 郭司城墓 〔黄茆镇上额行政村甘检村东 100 米·清代〕 郭司城，广西武宣黄茆镇独寨村人。清咸丰年间（1851—1861），纠集当地武装在勒马山构筑营垒，抵抗太平军和大成国等农民起义军。墓葬朝南，圆丘形土冢，以青砖围砌。径 3.3 米，高 1.5 米。

104 - E₁₈ 八仙寨营垒遗址 〔武宣镇官禄行政村官禄村东南八仙山·清代〕 八仙寨为八仙山群峰环抱谷地村寨。清咸丰、同治年间（1851—1874）团练武装据此建营垒。东、西、北三面山峰间垒石寨墙，各开一寨门，扼守进寨要道。西面存寨门及 2 道石垒寨墙：第 1 道寨墙长约 20 米，高 2.9 米，厚 2.1 米，门用大块青石垒成，高 2.15 米，宽 0.8 米，上下门框凿有 3 个穴眼；第 2 道寨墙长约 50 米，宽 1.7 米，高 2 米，与第 1 道城墙相距约 150 米。其余两面仅存石寨墙。

105 - E₁₉ 花鱼岭铅锌矿冶炼遗址 〔三里镇花鱼岭·清代〕 清末，法国人在花鱼岭投资开采、冶炼铅锌矿，掠夺矿产资源。现沿山尚存一堆堆炼渣。岭南坡西侧为矿场住宅办公区。离矿场不远的经堂村有法国人建的天主教堂。

106 - E₂₀ 覃贵福墓 〔东乡镇江村行政村富龙村东村背岭东·1903 年〕 覃贵福（1839—1905），字寿堂，广西武宣县东乡那沙村人。太平天国定都南京开科取士，覃贵福中庚申（1860）科武状元。太平天国失败后，降清，在广西提督苏元春部下任帮带之职。墓葬朝东北，圆丘形土冢，面覆盖混凝土。底径约 3 米，高 0.5 米。村南约 200 米风山有其妻欧氏墓。

E₂₀₋₁ 覃贵福夫人墓 〔东乡镇江村行政村富龙村南约 200 米风山北面·民国〕 为覃贵福夫人欧氏墓。墓葬朝北，圆丘形土冢，底径 4 米，高 0.9 米。占地面积约 13 平方米。墓碑缺失。欧氏，南京人氏，94 岁时尚能行走自如，当时民国广西省主席黄旭初题书送匾祝寿。匾正上方刻有"广西省政府印"方印，上款"武宣县寿妇覃欧氏"，正文"金萱寿永"，下款"广西省主席黄题赠"。

107 - E₂₁ 刘炳宇故居 〔东乡镇河马行政村下莲塘村南约 500 米·清代·县文物保护单位〕 刘炳宇（1869—1923），字统成，广西武宣县东乡下莲塘村人，旧桂系将领，陆军中将，曾任广西讨龙（济光）军司令、广西自治军第 10 路军司令。旧居建于清宣统年间（1909—1911），坐东朝西，砖木结构，庭院式，由前院、主楼及两侧附楼、四角碉楼组成，占地面积约 6715 平方米。主楼为中西结合三层楼房，面阔五间，进深三间，硬山顶，房间之间用内廊相连。两侧附楼为中式二层楼房，青砖墙，歇山顶，盖小青瓦。

E₂₁₋₁ 刘炳宇墓 〔东乡镇下莲塘村·1923 年〕 墓建于 1923 年，1939 年重修。墓葬朝南，平面呈葫芦形。冢八角柱形，以砖围砌。墓碑 3 方，中碑高 1.65 米，宽 0.74 米，弧顶卷角碑盖，面刻"陆军中将刘公炳宇之坟墓"，并记刘炳宇生平。两侧碑高 1.05 米，宽 0.44 米，则记刘之后人。墓周有砖砌护围，占地面积 400 平方米。

108 - E₂₂ 陈鸿庆故居 〔东乡镇长塘行政村长塘村·清代〕 据武宣县志记载，陈鸿庆生于 1834 年，广西武宣县东乡禄富村人，旧桂系将领，陆军步兵上校，历任柳州防营管带左区陆军步兵司令、广西自治军第 3 军司令官。故居建于清同治九年（1870）。坐东朝西，三进二天井院落，共有房屋 88 间，占地面积约 17440 平方米。主体建筑面阔十间，青砖、泥砖墙，山墙搁檩，硬山顶，盖小青瓦。红方砖块铺设地面。构件装饰雕游鱼花鸟，卷草缠枝等彩雕图案。

109 - E₂₃ 刘月鉴故居 〔东乡镇金岗行政村永安村·清代〕 据县志载，刘月鉴（1906—?），广西武宣县东乡镇永安村人，国民革命军第 7 军 172 师少将师长，1949 年 10 月在衡宝战役中被中国人民解放军俘虏。故居建于清代。坐东北朝西南，庭院式，东西长约 160 米，南北长约 130 米，占地面积约 2.08 万平方米。单体建筑皆砖木结构，青砖墙，硬山顶，盖小青瓦，地铺青砖。现部分侧房已被拆除。

110 - E₂₄ 刘培钦故居 〔东乡镇河马行政村下莲塘村·清代〕 据县志记载，刘培钦，又名匡汉、宣岑，广西武宣县东乡下莲塘村人，民国广东廉江县长。故居建于清代。坐北朝南，四合院，由前、后座及两侧廊屋组成，占地面积约 619 平方米。前、后座，两侧廊屋皆二层楼房，内侧上、下层皆有走廊相连，砖砌方形檐柱、十字花栏杆。二楼楼面为木楼板上铺设砖块。青砖墙，山墙搁檩，硬山顶，盖小青瓦。

111－E₂₅ 李氏恭人墓 〔东乡镇三多行政村下禄库村南约 100 米高楼岭西南面·1916 年〕 墓葬朝西南，灰沙夯土半月形冢，占地面积约 225 平方米。正面用青砖砌护。墓碑高 1.94 米，宽 1.02 米，碑帽呈卷角半圆形，上层浮雕双凤朝阳，下层浮雕双鹿，碑额扇形双勾篆书刻"奕世流芳"，碑文"清例封宜人晋封恭人陈母李老太君之墓……中华民国五年……立"。

112－E₂₆ 黄肇熙旧居 〔二塘镇樟村行政村樟村村·1924 年·县文物保护单位〕 黄肇熙（1869—1942），字晦余，又作惠儒，广西武宣二塘镇樟村人，清末附贡，旧桂系将领，陆军少将，广西自治军第 4 军司令。旧居始建于 1916 年，1924 竣工。庭院式庄园，坐西朝东，砖木结构，三进院落，占地面积约 13066 平方米。前、中、后座及左右厢房皆二层楼房，硬山顶，盖小青瓦。前院两侧为花厅、客厅，天井四侧设柱廊连通。四角设置碉楼，北面用走马楼相连，南面与书楼沟通。

E₂₆₋₁ 黄肇熙墓 〔二塘镇六唑村背后山半山腰东面·1942 年〕 建于 1942 年。墓葬朝西，冢为圆丘形，高 1.5 米，底径 3 米，占地面积约 300 平方米。冢用方石围砌，混合土封顶。青砖券顶墓室，四柱悬棺，棺下堆放大量木炭。墓碑有歇山顶碑盖，高 2.6 米，宽 1.4 米。碑框刻挽联，碑文记载黄肇熙之生平。墓多次被盗。

113－E₂₇ 郭松年旧居 〔桐岭镇石岗行政村雅岗村东南村头·1924 年·县文物保护单位〕 郭松年（1876—1950），又名椿森，广西武宣县桐岭镇雅岗村人，旧桂系将领。历任广西督军署秘书长、广东督军府少将参谋长。旧居始建于 1920 年，历时 5 年建成。坐西北朝东南，两进院落，有房 99 间，占地面积约 2905 平方米。前、后座面阔七间，砖石混合结构，中西合璧三层楼房。前座设联拱外廊，顶砌山花、女儿墙。后有走马楼与左右厢房沟通，外墙处设置枪眼；四角设碉楼、厢房、碉楼均高二层。

114－E₂₈ 陈天泰墓 〔东乡镇江村行政村江村北面约 1 公里大棍山·1925 年〕 陈天泰（1891—1925），号升平，广西武宣东乡人，旧桂系将领，陆军中将，后因参与广州倡乱，被枪毙。墓区占地面积约 500 平方米。墓葬朝西北，冢为圆丘形，用青砖砌围。前立碑，顶呈卷角半圆式，高 1.84 米，宽 1.03 米。额刻篆书"奕世流芳"，中刻"中华民国陆军中将显考讳

天泰号升平陈府君志……民国二十三年十二月十六日巳时吉立"，边框对联不能辨认。

115－E₂₉ 覃先澄墓 〔二塘镇大琳行政村卢村东北约 200 米朝列山山顶南面·1927 年〕 覃先澄（？—1927），字映资，号镜川。晚清举人，历任东兰学正、广东东界场盐大使，编纂《武宣县志》。墓葬朝南，券顶砖室墓，高 1.9 米，底径 10 米，占地面积约 145 平方米。墓碑卷云半圆形碑帽，高 1.93 米，宽 0.96 米，碑文"清敕授文林郎讳先澄字映资号镜川覃老大人之墓民纪十六年十二月九日立"。1988 年被盗。

116－E₃₀ 醒狮岩摩崖石刻 〔武宣镇南双狮山醒狮岩口·1928 年〕 摩崖石刻 1 方。1928 年刻。刻于醒狮岩洞口上方，刻面高 1.6 米，宽 0.6 米。额题榜书"醒狮岩"3 字，字径 0.25 米，落款"石化龙书"，楷书，阴刻。石化龙，时任广西浔州警备司令部直属第二团团长。1928 年 3 月带兵至武宣镇压东乡农民运动。

117－E₃₁ 夷平险阻摩崖石刻 〔三里镇上江行政村白沙村小神滩尾河滩西滩石壁上（黔江西滩）·1936 年〕 1936 年疏通河床竣工时刻。刻面向东，高 1 米，宽 3 米。横行榜书"夷平险阻"4 字，字径 0.6 米。右边刻"疏河委员会"，左上角 0.7 米处刻"疏河委员会，民纪廿五，工目黄志兴、朱得先刊，监工陈焕然题"等小字。皆阴刻，楷书。

118－E₃₂ 三管泉碑刻 〔三里镇长乐行政村长安村北面汶水岭脚·1947 年〕 碑刻 2 方。1947 年立。其一立于三管泉上左边。碑高 1.15 米，宽 0.78 米。横行额题"三管泉"3 字，隶书，阴刻。为时任武宣县长宋厚祁撰文并书丹。其二为《浚修三管泉记》，碑高 1.45 米，宽 0.75 米。碑文竖 16 行，落款"东岭朱遭西撰，梁伯奎刻石，陈汉强书"。碑文记述兴修三管泉水利工程的前后经过、受益情况以及有关人员和水利委员会主任、委员名单。

119－E₃₃ 桂中农民讲习所旧址 〔东乡镇合群行政村花潘村屯·1949 年〕 1949 年 5 月间，中共桂中地工委在此创办农民讲习所，为开展桂中地区武装斗争，建立桂中人民解放总队培训干部。旧址原系潘建中住宅，坐西北朝东南，二进院落，占地面积约 567 平方米。后座左边房屋已崩塌，前座为二层楼房，面阔五间，青砖、泥砖混合墙，山墙搁檩，硬山顶，盖小青瓦。

120－E₃₄ 五星村烈士纪念塔 〔三里镇五星行政村五星村北面约 500 米水塘公路西侧 5 米处·1949 年〕 为纪念 1949 年间中国人民解放军在解放五星村时牺牲的 3 位烈士而建。纪念塔坐南朝北，用青砖砌筑，由塔座及塔身组成，占地面积约 62.5 平方米。正方体塔

座，塔身立柱形，顶立五角星，高 5.2 米，宽 2.5 米，塔身北面题"革命烈士永垂不朽"。

121 - E₃₅ 岜寺村烈士塔 〔通挽镇尚黄村行政村岜寺村岜寺山西北山脚处·1968 年〕 1968 年为纪念参加 1947 年中秋起义而牺牲的韦华宪等 11 位烈士而建。塔朝西北，方形四层塔，面阔 5.5 米，进深 4 米，高 10 米，占地面积约 900 平方米。底层呈"凸"形立面，正面镶石碑 1 方，碑框边右边刻"革命烈士"4 字，左边刻"永垂不朽"4 字，碑内标题"最高指示"，碑文主要记载韦华宪等 11 位烈士的事迹。塔二至四层三面镶红色瓷砖，塔顶立红色火炬。

122 - F₁ 经堂村天主教堂 〔三里镇长乐行政村经堂村马岭寨山东北山脚下·清代〕 建于清光绪年间（1875—1908）。外国传教士所建。坐北朝南，砖木结构。中西合璧二层楼房，面阔三间，进深二间。前间为讲经堂。台基用青石围砌，前设多级踏跺。正面两侧贴墙立柱，顶上女儿墙呈山锋形，尖顶立十字架，其下竖嵌"天主堂"匾。正面开拱门，两侧置拱窗。顶为两面坡，盖小青瓦。

123 - F₂ 大灵桥 〔三里镇三里行政村灵湖村南约 300 米阴江上·1921 年〕 建于 1921 年。南北走向，单孔石拱桥，长 41 米，宽 4.2 米，拱跨 10 米，桥身、桥拱皆以料石砌筑，桥面两侧用青石块为护栏，高 0.7 米，西面栏板刻"大灵桥"3 字，楷书，阴刻。桥两端设台阶各 19 级。

124 - F₃ 湾龙码头 〔桐岭镇湾龙行政村湾龙村东黔江南岸·1934 年〕 清末已设立简易的码头，是桐岭、通挽、禄新等方向至黔江货物交通的主要通道。1934 年东乡一妇人出资修建码头。码头从河床至河岸上，呈东西走向，青石条铺 5 个平台，砌踏跺 52 级，全长 57 米，通宽 4.7 米，内宽 2.1 米，砌踏两边护栏用片石和灰浆加固。

125 - G₁ 石崖铜鼓出土点 〔东乡镇平岭行政村石崖村北·西汉中期—南朝〕 1988 年 1 月，出土冷水冲型铜鼓 1 面。鼓面径 0.73 米，高 0.53 米。鼓面太阳纹十二芒。面沿环列四蛙，蛙间有两只衔鱼鹭鸶鸟，已失其一。饰有变形羽人纹、翔鹭纹、眼纹等。胸腰间附扁耳 2 对，环耳 1 对。

126 - G₂ 东渡码头铜鼓出土点 〔武宣镇东面东渡码头·西汉中期—南朝〕 1966 年，在东渡码头出土冷水冲型铜鼓 1 面。鼓面径 0.892 米，高 0.657 米。鼓面太阳纹十二芒。面沿环列四蛙，蛙间原有观蛙台模型，台面作一浅池，内铸四蛙相对而观，作争鸣状，台旁 2 人扶台沿观看。主要饰变形羽人纹、变形翔鹭纹等。胸腰间附辫纹扁耳 2 对。

127 - G₃ 龙鹏铜鼓出土点 〔通挽镇江龙行政村龙鹏村东·西汉中期—南朝〕 1973 年，在村东出土冷水冲型铜鼓 1 面。鼓面径 0.82 米，高 0.06 米。鼓面中心饰太阳纹。面残小部分，一处有一乘骑立体装饰，一处饰物已失。饰羽纹夹同心圆纹纹带，相背变形船纹、细方格纹、眼纹、波浪纹等。

128 - G₄ 龙头铜鼓出土点 〔三里镇古立行政村龙头村·西汉中期—南朝〕 1985 年，出土冷水冲型铜 1 面。鼓面太阳纹十二芒。面沿环列四蛙。饰有变形羽人纹、眼纹、栉纹等。

139 - G₅ 铜锣洲钱币窖藏 〔金鸡乡渔步行政村渔步村铜锣洲·宋代〕 1987 年 5 月，铜锣洲出土铜钱 1 罐，重 20 公斤，除少量唐代铜钱外，大部分是宋代钱币。

忻城县

1 - A₁ 马鞍山遗址 〔城关镇北约 1 公里马鞍山南麓山腰·旧石器时代〕 洞穴遗址。1982 年发现。岩洞高距地表约 50 米，洞口朝南，呈半椭圆形，高约 10 米，宽 2 米，进深 8 米，面积约 20 平方米。洞内有大量的淡黄色沙砾胶结堆积，坚硬且多附于洞壁上，堆积含动物骨骼及牙齿化石，未发现石器。

2 - A₂ 水洞遗址 〔思练镇南闷行政村水洞屯南约 1 公里巴朝山·新石器时代〕 洞穴遗址。1989 年发现。在半山腰的山洞中，洞口朝西南，洞高 7 米，宽 10—30 米，进深约 21 米，面积约 400 平方米。1989 年，在洞壁胶结层中发现人骨遗骸。1991 年调查时仍见人之头骨 2 个及部分肢骨。堆积厚约 1.5 米。采集一些人牙、人骨以及夹砂陶片 3 块。

3 - A₃ 三堆遗址 〔城关镇江平行政村三堆屯至龙堂屯南一带·新石器时代〕 山坡（台地）遗址。1982 年发现。在龙堂屯、三堆屯、水寨屯、范团和红渡镇墓堆屯之间丘陵地带，由南向北排列有 8 座高 2—8 米，径约 10—30 米的圆丘形土堆，绵延约 10 公里。1990 年底至 1991 年初，对其中三堆村的 5 座土堆进行了发掘。出土有大石铲、石凿及红烧土，并发现了较多的螺、蚌壳。

4 - A₄ 红渡遗址 〔红渡镇红渡社区红渡大桥西北和东南侧两岸·新石器时代〕 山坡（台地）遗址。1981 年发现。遗址分布于红水河两岸 I 级阶地，面积约 1 万平方米。地表上零星散布石器残块，1981 年，1987 年和 2009 年在遗址范围内采集石器 10 余件，器形有打制的砍砸器、磨制的石斧、锛及石核等。

5 - A₅ 芝州故城 〔城关镇江平行政村三堆屯西

约 300 米·唐—宋〕　城址西临清水河，东西宽约 200 米，南北长约 300 米，面积约 6 万平方米。原地面建筑已不存，地层堆积厚约 0.2—0.6 米，采集的遗物有青砖、板瓦、菊花纹瓦当，刻划纹陶片，以及青釉、褐釉、酱釉瓷器残片等。据《旧唐书》载，唐置芝州，天宝元年（742）改为忻城郡，乾元元年（758）复为芝州，领县一，为忻城州所治。又据城关镇西山龙隐岩宋代石刻记载，此遗址当为芝州旧治所。现为耕地。

6 - A₆　周安城址　〔古蓬镇凌头行政村周安村东约 100 米潒江河两岸·明代〕　建于明嘉靖年间（1522—1566），是宾州守备孙纲，协同镇守副总兵张佑修建的南丹卫城。未驻兵即弃置。城址在潒江河两岸，由南、北城及城外烽火台组成，面积约 1.5 平方公里。南城在河东岸，平面呈方形，边长约 200 米，面积约 4 万平方米。四面墙正中及拐弯处均设城门。北城位于河西沿岸，南北长约 500 米，东西宽约 250 米，面积约 6 万平方米。城垣呈不规则的三角状，西面城垣与北面城墙呈直角状，城门设于西北端。另外南城东北面靠山脚，有不明显的城垣。烽火台在河东岸，遗存 3 个较大的土堆，径 20 米，高约 7 米，呈"品"字形排列。城垣及烽火台均由夯土筑成。

7 - A₇　北丁寨遗址　〔古蓬镇板内行政村北丁屯东约 200 米的坡岭·明代〕　建于明代，为八寨农民起义军北丁寨遗址。由营盘、跑马道和练武场等组成，占地面积约 15 万平方米。营盘在坡岭上，面积约 5 万平方米。跑马道为片石砌成，长约 2 公里，宽 0.8—1 米，为片石砌成，村南约 1.5 公里至练武场，为一片洼地，面积约 5 万平方米。

8 - A₈　上敢古寨遗址　〔北更乡犀牙行政村犀牙屯西北约 500 米的上敢屯·清代〕　遗址在高距地面约 50 米山腰上的一片平地上，占地面积约 2 万平方米。东、西和北面依崖壁，南侧为悬崖，东南侧和西南侧各设一寨门，寨门宽 1.5 米，高 2 米。在东北侧石壁下有 3 处石墙，长 13 米，厚 0.8 米，墙内遗存建筑柱础，柱础间距为 4 米，柱础呈圆台形，是当地流行的干栏建筑柱础形式。

9 - A₉　红渡窑址　〔红渡镇渡江社区北巷屯东南约 500 米社王坡·宋代〕　位于红水河东北岸台地上，分布面积约 2 万平方米。现存废品堆积 10 余处，窑口 1 座，窑床 2 条，均为龙窑，依坡而建，长约 30 米，宽 1 米，窑床附近发现大量柱洞，采集有酱色、青黄、青灰等釉色瓷器残片。器形有碗、盘、碟、钵、杯、壶、罐、器盖、烛台、梅瓶、腰鼓、印模和匣钵和垫圈等。器物上刻印花纹及款识。

10 - A₁₀　镇内石墙遗址　〔古蓬镇凌头行政村镇内屯北后山强半山处·明代〕　建于明代，是八寨农民起义军抵御官兵的防御工事。山东、南、西面下方为山崖，石墙依地势而建，用片石垒筑，长 8 米，宽 4 米，厚 0.8 米，大部分已坍塌，残高 0.2—0.3 米不等。

11 - A₁₁　何龙石墙　〔北更乡加兰行政村何龙屯西南约 500 米的山隘口·清代〕　建于清末，村民为防盗匪而建。石墙筑于山间隘口，呈南北走向，用片石干垒，长约 90 米，高 3.4 米，厚 0.8 米，占地面积约 120 平方米；长方形隘门设于偏北约 40 米处，宽 1.1 米，高 2.2 米。南端的西南侧为一宽 3 米的长方形烽燧。

12 - A₁₂　鹿老隘石墙　〔北更乡弄兰行政村鹿老屯西北约 200 米的隘口·清代〕　清末当地村民为防盗匪而筑。石墙建于两山间，依山势而建，西南—东北走向，墙长约 90 米，残高 1.5—2.5 米，厚 1 米，门设于东北端约 30 米处，高约 2.05 米，门两边各用 3 块条石垒砌而成。

13 - A₁₃　石牛山亭遗址　〔城关镇翠屏社区北约 300 米的山顶·明代〕　据《莫氏总谱》载，第八任土司莫镇威建亭，并写《石牛山记》。亭依山势而建，坐东北向西南，石结构，面阔 2 间，门设于西南间，内开一门通东北间。占地面积约 60 平方米。亭已坍塌，残存石墙、石门。残墙最高处为 3.3 米，墙厚 0.75 米。

14 - A₁₄　龙帅寺遗址　〔思练镇加毫行政村上龙帅屯东莲花山·清代〕　亦称香莲寺。建于清乾隆年间（1736—1795），具体时间不详。位于莲花山山腰侧面崖厦内，占地面积约 200 平方米，原有砖木结构建筑延伸至外面。毁于 20 世纪 50 年代初，基址尚存，在基址踏跺两侧存清道光至民国时期建寺修寺碑刻 11 方，其中最早为清道光元年（1821）的《重修菩缘》碑，最晚的为 1919 年的《功德碑记》。另有壁龛 4 处，存清代木刻佛像 17 尊，高 0.53—0.8 米。

15 - A₁₅　冷水蜡染池遗址　〔欧洞乡欧洞行政村冷水屯西南·清代〕　清乾隆年间（1736—1795），都安籍苏氏到冷水屯建村并制作染池。已发现 6 个蜡染池，占地面积约 60 平方米。蜡染池用片石砌成，桐油石灰浆勾缝。池平面略呈圆形，最大的外径为 2.4 米，小的外径为 2 米，深 0.8 米，残高 0.3 米，壁厚 0.35—0.55 米。每个染池均设有一排水孔，染池边上均设有染布槽。

16 - A₁₆　厂上冶铁遗址　〔思练镇厂上行政村厂上村中·清代〕　清同治年间（1862—1874）广东嘉应州（今梅州市）人黄德立发现厂上有铁矿后，组织民众挖矿炼铁，开厂铸锅，冶炼铁。废弃何年不详。在长30米，宽25米的范围内遍地散布有废铁砂。

17 - A₁₇　龙门烽燧遗址　〔北更乡龙门行政村龙门村旁白虎山顶·清代〕　建于清咸丰年间（1851—1861）。平面呈圆形，直径3米，墙用石块垒砌，残高1.2米，门设于北面，宽1米，占地约12平方米。壁设2个枪眼，枪眼向西。部分墙已坍塌。

18 - A₁₈　灵阳寺遗址　〔北更乡凤凰行政村凤凰屯东南约1公里的山腰隘口上·清代〕　建于清代，具体时间不详。由蓝有恒捐资修建，原建筑坐南朝北，由大门、戏台、石道、大殿、后殿等组成，占地面积约2万平方米。大门口为戏台，穿过戏台及30米石道，即为大殿，后殿门口悬挂"杨枝雨沛"匾，面阔三间，内供4尊神像。20世纪50年代寺庙被毁，神像和碑刻被砸碎，遗址内除基座和现存的三间瓦房外，其余已垦为耕地。

19 - B₁　果遂墓群　〔果遂乡果遂行政村·汉代〕　分布面积约1000平方米。封土多夷平，残存封土呈圆丘形，高1—2米，底径3—4米。地表未发现遗物。

20 - B₂　北娄墓群　〔马泗乡马泗行政村北娄屯北约1公里小山脚土坡上·汉代〕　位于山西面平缓的土坡上，有由南向北排列呈"S"形的8—9座封土堆，呈圆丘形，最大的高1.5米，径5.3米，最小的高0.7米，径3米。分布面积约800平方米。

21 - B₃　黄敖墓　〔遂意乡遂意行政村堡流屯北通墓岭·明代〕　黄敖，明万历时期人，原为八寨农民起义军首领，后倒戈。明王朝委其管理堡流村堡内事务，死后追赠登仕郎。墓葬朝南，圆丘形三合土冢，高1米，底径3.2米。占地面积约30平方米。墓碑为墓主后裔于清光绪二十六年（1900）立，碑面竖行刻"皇明追赠太祖登仕郎黄讳敖老府君原墓"，旁边小字介绍墓主生平。墓前两侧立有重修墓碑及其子孙谱系。

22 - B₄　莫元相墓　〔城关镇高塘行政村新队北大塘岭·清代〕　莫元相，忻城莫氏土司第十三世祖，清康熙二十四年（1685）承袭土司职，著有《劝官族示》《黄竹岩》《翠屏山赋》等，是清代壮族文人之一。墓葬朝南，冢为圆丘形，高1.7米，径4.2米。占地面积约50平方米。占地面积约50平方米。碑高0.8米，宽0.5米。墓圈墙呈大半圆，石砌成，厚0.7—1米，与墓间距为1.1米。

23 - B₅　莫欺夫妇合葬墓　〔安东乡桃源行政村板石屯南约1公里鸳鸯岭东侧·清代〕　莫欺（震）（？—1851），忻城莫氏土司莫镇威之子莫志本第六代孙，晚清广西诗人。葬于咸丰元年（1851）。墓葬朝东，为莫欺与夫人黄氏合葬墓，冢呈圆柱形，微隆宝顶，墓台呈半圆形，深12米，宽12米，高1.6米。墓碑刻"清故文林郎显考芹陵莫公嫡妣黄孺人合墓"，落款"咸丰元年仲冬月庚午榖旦"。占地面积约160平方米。

24 - B₆　莫志坚夫妇墓　〔安东乡安东行政村北荡屯北约2公里的莲花山半山腰·清代〕　莫志坚，忻城莫氏土司莫镇威的第六子。其子嗣于清光绪二十二年（1896）重修并勒碑纪念。墓葬依山坡而建，朝西南，圆丘形冢，片石垒砌，径4.1米，墓周围有片石垒砌的半圆墓圈墙。西侧6米为莫志坚夫人墓，墓前和墓后各有4个柱础。占地面积约216平方米。

25 - B₇　莫宗诏墓　〔城关镇泮水行政村新村屯西南1.5公里西山东麓·清代〕　莫宗诏（1649—1714年），号一轮，忻城莫氏十二世祖，第九任土司。墓葬朝东，冢呈圆柱状，用料石围砌，三合土封顶，高1.7米，底径3.4米。墓碑边框为圆柱形，碑文记莫宗诏世袭土司时间、生卒年月及葬地。占地面积约11平方米。

26 - B₈　莫若恭墓　〔城关镇忻城县政府大院围墙外约20米的盘鹤岭·清代〕　建于清代，具体时间不详。清同治二年（1863）墓主后裔莫昌荣重修。墓葬朝南，冢为圆丘形，石灰砂浆过面，高1.4米，径4.3米，占地面积约20平方米。墓碑介绍莫若恭土官的生卒年月及葬地，落款"同治二年岁次癸亥十二月二日承继莫昌荣重立"。

27 - B₉　杨德富墓　〔城关镇弄洪行政村丰田屯西·清代〕　杨德富，祖籍江西，后迁居广西忻城丰田。清咸丰年间（1851—1861），因征剿太平军，朝廷赐六品顶戴。墓葬朝北，冢呈圆丘形，径2.7米，高1.1米，周用料石围砌。1917年重立墓碑，额题"光前裕后"。两侧有挽联。碑文记述杨德富带兵有功，奉旨赏赐六品顶戴等，落款"中华民国六年丁巳岁八月十五日卯时榖旦立碑"。条石墓圈墙两端呈八字状，条石面和石柱边浮雕龙、凤、狮子和麒麟各1对，石柱上雕金鸡和狮子1对。东侧为其妻罗氏墓，西侧为次子武生杨毓凤墓。占地面积约170平方米。

28 - B₁₀　矮山岩洞葬　〔红渡镇红渡社区矮山屯东约200米红水河东岸刁眉山·商—西晋〕　岩洞高距红水河水面约50米，洞口朝西，略呈圆形。洞口高1.6米，宽1.4米，洞内进深4.6米，面积约10平方米。1990年清理。在洞中下部凹槽中，发现一老年女性及一儿童骨架。出土石锛2件、贝壳2枚，玉片近百片。另征集到石锛、石钺、石斧、石凿、陶釜、陶杯、陶罐、陶纺轮、青瓷钵、铜铃、玉管、蚌镰、贝壳等器物40余件。出土遗物分别属于商、西周、西晋三个

历史时期。（见《中国考古学年鉴》1991 年）

29 - B₁₁ 翠屏山岩洞葬 〔城关镇翠屏山公园翠屏山·商—西晋〕 翠屏山海拔 176 米。岩洞在山南侧壁，高距地表约 30 米，洞口朝西南，高 4 米，最宽 2 米。洞内堆积早年被破坏。1992 年清理，出土陶罐、陶釜残件及砺石、蚌壳、贝壳、核桃核、兽骨、人骨遗骸等。人骨遗骸分别属于 2 个成年男性、1 个成年女性及 1 个婴幼儿个体。

30 - B₁₂ 德礼岩洞葬 〔红渡镇六纳行政村古岭屯德礼悬崖山洞中·南朝—宋〕 当地人称之为"鬼岩"。岩洞在山南壁上，高距水面 100 余米。洞口朝南，呈倒葫芦状，洞分两层，上层大，下层小，面积约 20 平方米。洞中置有多具圆棺。20 世纪 70 年代，附近村民进洞取棺木做柴烧。现上、下层洞内仅存棺木残片、人骨残骸及骨笄、棺钉等遗物。

31 - B₁₃ 合山岩洞葬 〔城关镇尚宁行政村三步屯东南约 200 米西山·宋代〕 西山高约 250 米。岩洞名"合山"，在山西北壁山腰，高距地表约 50 米。洞口朝西北，洞口中间隔石柱，内分上、中、下三层，面积约 16 平方米。洞内堆积早年被破坏，1991 年 2 月清理，出土陶铃、陶纺轮、铁器件残片和陶瓷器残片，以及人牙、人骨、螺壳及各类动物骨骼一批。

32 - C₁ 莫土司衙署 〔城关镇西宁街 98 号·明—清·全国重点文物保护单位〕 位于翠屏山北麓，是明清时期忻城莫氏土司的衙署及住宅。明万历十年（1582），莫氏第八代土司莫镇威始建，自明万历三十三年（1605）始莫氏土司官族内讧百年，土司衙署数次遭劫，均在原基础上营造修缮，至清康熙二十一年（1682），土司莫宗诏修建石围墙，清康熙四十年至五十三年（1701—1714）土司莫元相重修土司衙门，清乾隆十八年（1753）修建莫氏宗祠等建筑，清光绪间（1875—1908）修建代理土司官邸等建筑，自建衙署以来，历代土司陆续营建了大夫第、参军第、汉堂邸、三清阁、兵营、练兵场、关帝庙、城隍庙、花婆庙、镇威亭、伴云亭、土司官塘、土司陵园等建筑，形成规模庞大的建筑群，占地面积 4 万多平方米。至清光绪三十二年（1906）改土归流，历经了 300 多年的历史沧桑。现尚存建筑主要包括土司衙署、莫氏宗祠、代理土司官邸、大夫第、汉堂邸、参军第、三清阁等建筑群，占地面积约 2.1 万平方米。

C₁₋₁ 土司衙署 〔城关镇莫土司衙署主轴线上·明—清代〕 忻城莫氏第八代土司莫镇威始建于明万历十年（1582），清康熙四十年至五十三年（1701—1714）土司莫元相重修衙门。衙署坐南朝北，砖木结构。庭院落，由照壁、大门、头堂、二堂、三堂、闺房、花廊、东西花厅、东西廊房、兵房、卡房等建筑组成。大门外立照壁，两侧街口辕门分别书"庆南要地""粤西边隅"。大门面阔三间，进深二间，穿斗与抬梁混合木构架，硬山顶，前设垂带石踏跺 4 级，两侧置抱鼓石、石狮。大门后为天井，西侧为兵房，东侧设牢房。头堂面阔、进深皆三间，明间为土司办案处。二堂明间为客厅。三堂为土司家居之地，堂后院设有闺房、东西花厅。

C₁₋₂ 莫氏宗祠 〔城关镇莫土司衙署东侧·清代〕 清乾隆十八年（1753），莫氏第十五任土司莫景隆建。由外门、大门、祭堂、寝堂组成，外门、大门布局结构与土司衙署略同。祭堂面阔、进深三间，清水墙，穿斗式木构架，硬山顶，盖小青瓦。明间前檐出雨篷，卷蓬悬山顶。后檐设槛墙，上置镂花格子窗。寝堂正脊，两山垂脊均塑花叶卷草，正脊塑半浮雕"仙葫飞蝠"图案。前设檐廊，次间檐廊下为十字通花砖墙。

C₁₋₃ 代理土司官邸 〔城关镇莫土司衙署西侧·清代〕 清光绪年间（1875—1908），由代理土司莫传经修建。官邸坐南朝北，砖木结构。由大门、头堂、中堂、东西连廊、厢房等组成。大门面阔、进深三间，硬山顶，明间凹形小檐廊，各房隔木板壁，正、垂脊均塑博古。头堂面阔、进深三间，穿斗式木构架，硬山顶，博古脊，前檐有轩廊，设栏杆。中堂面阔三间，进深一间，山墙搁檩，小青瓦硬山顶，靠后檐处设屏风，前檐设 6 扇门，门楣为格子花罩。厢房为小青瓦硬山顶，前檐带廊。

C₁₋₄ 大夫第 〔城关镇西宁街·清代〕 为莫氏历代土司同胞兄弟的府第。建于清代中期，具体时间已不详。坐北朝南，砖木结构，原为三排二十一座平房，占地面积约 1000 平方米，今存头堂，面阔、进深三间，清水墙，穿斗式木构架，硬山顶，盖小青瓦。

C₁₋₅ 三清阁 〔城关镇中和街·明—清代〕 又名三界庙。明万历年间（1573—1620）忻城土司莫镇威建三清观，清道光二十年（1840）土司莫世曛将三清观改为三界庙，清光绪十一年（1885）土司莫绳武重修。坐南朝北，砖木结构，庭院式，由大门（戏台）、正殿及厢房组成，占地面积约 1000 平方米。主体建筑面阔三间，穿斗式木构架，硬山翘脊。盖小青瓦。正殿墙嵌光绪年间重修碑刻 3 方。

33 - C₂ 牌坊桥 〔思练镇思练社区排芳村·明—民国·县文物保护单位〕 俗称思练桥。明万历年间（1573—1620）为通往桥西牌坊（已毁）的道路桥，由忻城土司莫镇威始建。清乾隆十六年（1751）土司莫景隆重建，1925 年乡绅刘连辉筹款修缮。东西走向，双孔石拱桥，长约 36 米，宽 3.5 米。桥身、桥拱以石砌成，石铺桥面，两侧设条石护栏，东、西两端各铺设石踏跺 17 级。

34 - C₃ 梅岭桥 〔思练镇梅岭行政村梅岭村·明代〕 明万历年间（1573—1620 年）忻城土司莫镇威驱民所建的桥梁之一。东西走向，单孔石拱桥，长 10 余米，宽 1.5 米，拱跨 4 米，桥身、桥拱以料石砌筑，石板桥面。今仅存桥拱。建桥碑记已失。见《忻城莫氏族谱》。

35 - C₄ 下贝桥 〔大塘镇寨南行政村下贝屯北无名小河上·明代〕 明万历年间（1573—1620）忻城土司莫镇威驱民所建的桥梁之一。东西走向。单孔石拱桥，长约 11 米，宽 2.5 米，拱跨 4.5 米。桥身、桥拱皆以料石砌筑，桥面亦铺石板。见《忻城莫氏族谱》。

36 - C₅ 竹山桥 〔欧洞乡里苗行政村竹山屯东南田间小河上·明代〕 明万历年间（1573—1620）忻城土司莫镇威驱民所建的桥梁之一，是明清时期理苗通往沙姜、马泗和忻城的交通道路桥。东西走向。单孔石拱桥，长约 7 米，宽 2.8 米，拱跨 5.2 米。桥身、桥拱以料石干砌，部分崩塌，两端原有石踏跺已被填平。

37 - C₆ 天鹅桥 〔大塘镇寨南行政村东南约 200 米寨南河上·明代〕 明万历年间（1573—1620）忻城土司莫镇威驱民所建的桥梁之一。西北—东南走向，单孔石拱桥，长约 20 米，宽 5 米，拱跨 9 米，桥身、桥拱以料石砌筑，两侧设有 0.5 米宽的牵马道，两端各有石砌踏跺 10 余级。1987 年在北侧加宽 1.5 米路面，石踏跺被改建为引桥。

38 - C₇ 斗二隘 〔城关镇古麦行政村弄弓屯西约 2 公里·明代〕 明万历年间（1573—1620），忻城土司莫镇威为方便往来，组织民众降隘口，修石板道。石板道由坳脚至坳顶，呈西北东南走向，长约 1 公里，宽 1 米。莫氏土司第十三世祖莫元相作《斗二隘》诗一首。民国年间，在隘口筑石碉台，为圆形，径 6.7 米，残高 2.7 米，厚 1 米；在隘口往西约 900 米处建石寨墙连接南北山腰，残高 3.2 米，宽 1.1 米。

39 - C₈ 万应寺 〔古蓬镇凌头行政村周安屯东周安小学·清代〕 原名白马寺，建于清乾隆年间（1736—1795）。清道光至清光绪年间多次维修。坐北朝南，砖木结构。三进院落，占地面积约 300 平方米。存前殿，面阔三间，青砖墙，穿斗式木构架，硬山顶，盖小青瓦。前设檐廊，方形砖柱。门额嵌清道光七年（1827）"万应寺"横匾，门口置石鼓 1 对。东、西次间廊檐内墙壁上方分别绘"八仙过海""包公审案"

图。次间前壁墙面嵌清乾隆、清道光、清同治、清光绪修寺碑刻 10 方。

40 - C₉ 何氏宗祠 〔遂意乡联堡行政村巴上屯的古灵山东南山脚·清代〕 建于清乾隆年间（1736—1795），至清末何氏族人多次修缮扩建形成现有的规模。坐北朝南，砖木结构，两进院落，由前座、后堂、天井组成，占地面积约 900 平方米。前座、后堂面阔三间，硬山顶，盖小青瓦，两侧各有一间稍矮的硬山顶小房。前座有前檐廊，柱身泥塑瑞龙缠绕，门额端悬挂"何氏宗祠"匾，壁嵌光绪二十九年（1903）禁约碑记和修庙碑记等。

41 - C₁₀ 江波码头 〔新圩乡新圩行政村江坡屯西约 100 米红水河东岸·清代〕 清乾隆年间（1736—1795）修筑，是清代新圩、江坡和弄怀等地及红渡镇商贸的重要码头。码头呈东西向，西端为红水河，东端接江坡屯，为片石铺成的，全长 155 米，共由四段组成。一是从河床至河岸 40 米处为片石路面，宽 1.7 米；二是从 40 米处往上有 36 米长全为河沙路面；三是河沙路面后为一段长 17 米，宽 2.7 米，用片石铺成的踏跺。四是踏跺之后为用片石沿斜坡往上铺石板路面，长 52 米，宽 1.4 米，两侧砌 0.4 米宽的排水沟。

42 - C₁₁ 古利石板道 〔北更乡古利行政村古朴屯东·清代〕 建于清嘉庆三年（1798）。自北更乡古利村古朴屯东坳脚起，由西往东至遂意乡板梧行政村板上屯。全长约 3.5 公里，宽 0.8—1.2 米，道路以片石铺砌，道中设四道石墙为关隘：第一道距古朴屯东北约 1.2 公里，长约 30 米，高 2—3 米，厚 1.2—1.5 米，连接路两侧山体，中开隘门；第二道距古朴屯约 1.8 公里，长 35 米，高 2.6 米，厚 0.8 米，中开隘门，高 1.8 米；第三道距便敢屯约 250 米，长 40 余米，高 2.5 米，厚 0.8—1.2 米，隘门宽 1 米，高 1.8 米，第四道位于弄礼屯西的山隘口上，长约 70 米，宽 1.5 米，门高 2.6 米。有清嘉庆三年冬重修碑记 1 方，字已多不能辨认。

43 - C₁₂ 太平桥 〔大塘镇寨北行政村岩口屯西南·清代〕 忻城莫氏土司族人建于清嘉庆二十三年（1818）。东北—西南向，两台一墩梁式石板桥，长 16.2 米，宽 0.75 米，两端有引桥。桥台、一墩均用料石砌筑，桥墩迎水面呈分水尖状，台、墩上架设长条石板。有清嘉庆二十三年"太平桥"碑刻 1 方。

44 - C₁₃ 拉丹桥 〔安东乡安东行政村拉丹屯东南约 100 米拉丹河上·清代〕 清道光年间（1821—1850）民众捐资修建，具体时间不详。南北走向，单孔石拱桥，长 21 米，宽 3.4 米，拱跨 5.4 米，桥身、桥拱皆以石干砌，桥面铺石板，两侧置条石矮护栏两端置石踏跺，1972年被填平，桥的东侧加宽2.5米。

45 - C₁₄ 八步桥 〔大塘镇龙安行政村平安屯东北约400米的平安河上·清代〕 清道光八年（1828）由周臣远请人于旧桥之基上重建，是旧时平安村通往柳江的道路桥。西北—东南走向，单孔石拱桥，长14米，宽4米，拱跨5米。桥身、桥拱用料石干砌，桥两端各有5级石踏跺。桥边有清道光八年《重修八步桥碑》1方。

46 - C₁₅ 雅文石板道 〔北更乡加福行政村东南约1公里·清代〕 建于清道光十一年（1831）。自北更乡加福村起，至北更乡雅文村，长约5公里，宽1米，途经地塘、下涌、俭椏和加四等屯。道路以片石铺砌，在俭椏屯筑石墙为卡隘，隘墙以片石砌筑，长100余米，高3.5米，厚0.6—0.8米，中间设门，宽1.1米，高2.4米。墙西侧有清代修路碑刻3方，碑文已不能辨识。

47 - C₁₆ 永安桥 〔安东乡安东行政村北荡村西北约800米北荡河上·清代〕 清道光二十一年（1841），村民筹资修建，为当时安东通往思练必经的道路桥梁，南北走向，单孔石拱平桥，长约22米，宽3.5米，拱跨8米，桥身、桥拱均用料石砌成，桥面铺石板。两端与河岸齐平。有清道光二十一年建桥碑1方。

48 - C₁₇ 国辉村碉楼 〔安东乡国辉行政村国辉村·清代〕 建于清光绪年间（1875—1908），具体时间不详。为忻城莫氏土司族人莫宝琼为防御"匪患"而建。坐北朝南，砖石木结构。平面呈正方形，面阔、进深皆4米，高四层，硬山顶。底层西面开拱门，1—3层四面设枪眼，第4层四壁设瞭望窗。外部比较完整。内部楼板、楼桁已毁。

49 - C₁₈ 外六屯碉楼 〔安东乡新桥行政村外六屯·清代〕 建于清光绪年间（1875—1908），具体时间不详。是韦氏村民为防盗匪而建。坐北朝南，墙以片石砌筑，内外均用石灰砂浆抹面，厚0.65米，平面呈方形，面阔、进深皆5米，高四层12米，每层楼铺木板楼面，木楼梯，硬山顶，四壁均设枪眼及瞭望窗。底层西面设青砖拱门，宽0.65米，高0.75米。现存三层。

50 - C₁₉ 上良桥 〔欧洞乡里苗行政村上良屯西南约200米小河上·清代〕 建于清光绪年间（1875—1908），具体时间不详。是当时上良通往理苗的道路桥梁。东北—西南走向，两台一墩梁式石板桥，长11.3米，宽1米，两岸砌石台，河中立石墩，均用料石砌筑，墩、台间架长方形石板为桥面。石板长3.5米，厚0.23—0.27米，石条间凿成榫卯相连。

51 - C₂₀ 莫氏碉楼 〔思练镇练江行政村坡乐屯东17号·清代〕 清光绪年间（1875—1908），莫氏族人为防盗匪而建。坐北朝南，面阔4.3米，进深6米。共3层，高9米，第一层为片石墙，石灰砂浆抹面，南面设拱门；第二层为夯土墙，石灰砂浆抹面；第三层为青砖清水墙；厚0.6米。木楞木楼板，设有瞭望窗和枪眼，悬山顶。占地面积约30平方米。

52 - C₂₁ 都乐莫氏祠堂 〔城关镇都乐行政村都乐屯·清代〕 建于清光绪十五年（1889）。原为土司莫镇威次子莫志德修建，后毁，其后裔重修。位于村口东，砖木结构单座平房，占地面积约150平方米。坐北朝南，面阔三间，砖墙，穿斗式木构架，硬山顶，盖小青瓦。设2柱前檐廊，门外台基以片石护砌，前设5级石踏跺，内外山墙彩绘李白醉酒、八仙过海和杜甫吟诗等60幅壁画。

53 - C₂₂ 永吉桥 〔古蓬镇龙利行政村旧镇屯南滂江上·清代·县文物保护单位〕 建于清光绪十九年（1893），是清庆远府通往宾（宾阳）、邕（南宁）两州府古道的主要桥梁。东西走向，七孔石拱平桥，长74米，宽3.95米，拱跨6.3米，桥身、桥拱以料石干砌，桥面铺方形石板，两侧有望柱条石护栏，高0.6米。桥身两侧上方饰石雕鳌鱼4条，头向滂江上游、尾向下游。桥两端各有石踏跺10级（现已填平）。

54 - C₂₃ 局地莫氏宗祠 〔古蓬镇东河行政村局地屯西侧·清代〕 建于清光绪十九年（1893）。砖木结构，两进院落，前座、后堂夹天井，占地面积约240平方米。前座、后堂面阔三间，砖墙，屋内为拱形隔墙，地面铺青砖。硬山顶。前座设前檐廊，砖砌檐柱，门额挂"莫氏宗祠"牌匾，门两侧联"承先启后南丹世泽源流远，继往开来鲁族家声奕叶长"。横批"祖德流芳"。后堂为抬梁式木构架，主梁墨书"大清光绪二十七年岁次辛丑南吕月中浣榖旦"。

55 - C₂₄ 横山桥 〔古蓬镇龙利行政村大横山屯北约200米傍江上·清代〕 建于清光绪二十年（1894）。东西走向，六孔石拱平桥。长75米，其中东端桥引13米，西端桥引长16.5米，宽3米，拱跨8.5米，桥身、桥拱以料石干砌，桥南侧嵌石雕龙头3个，北侧嵌石雕龙尾3个。桥墩宽0.7—6.2米。桥两端与岸齐平。

56 - C₂₅ 北歪石板桥 〔北更乡百福行政村南红屯北约500米的水沟上·清代〕 建于清代，具体时间不详。东南—西北走向，两台一墩梁式石板桥，长4.6米，宽1米。桥墩由3块条石叠垒成，高2.6米。桥台用片石、条石干垒，墩、台上架长条石为桥面。

57 - C₂₆ 麦氏碉楼 〔大塘镇寨东行政村小东寨

屯·清代〕 建于清末，为麦氏为防盗匪而建。在麦贵诚住宅后面，坐南朝北，墙以片石砌筑，内外石灰砂浆抹面，厚0.4米。平面呈正方形，面阔、进深均3.4米，四层，高约12米，每层楼面铺木板，四壁均设瞭望窗和枪眼，硬山顶，盖小青瓦。底层开拱门，门宽0.75米，高1.9米。占地面积约12平方米。

58 – C₂₇ 九桥屯碉楼 〔安东乡新桥行政村九桥屯·清代〕 建于清末。坐北朝南，墙以片石砌筑，石灰砂浆抹面，平面呈正方形，面阔、进深皆4.4米，高四层。底层不开门，至二层南壁开拱门1个。顶为硬山顶，每层各面壁均设枪眼和瞭望窗。

59 – C₂₈ 板黄罗氏碉楼 〔安东乡国辉行政村板黄屯东·清代〕 建于清末，为罗氏为防盗匪而建。坐东北朝西南，墙用片石砌筑，用石灰砂浆抹面，厚0.7米，面阔、进深3.75米，高四层12米，底层设门，楼面铺木板，每层楼均设2—3个瞭望窗及枪眼，硬山顶。占地面积约15平方米。

60 – C₂₉ 堡流桥 〔遂意乡遂意行政村堡流屯西南约500米田峒间小河上·清代〕 俗名"歪风桥"，建于清代，具体时间不详。东西走向，三孔石拱平桥，长25米，宽1.7米，拱跨分别为3.4米、3.8米和4米。桥身、桥拱以料石干砌，墩基在河中自然石，墩厚不一，一为0.28米，一为2.5米。桥面铺石块，桥两端有斜坡引桥。原有修桥碑已失。

61 – C₃₀ 凌王桥 〔古蓬镇三浪行政村凌王屯东凌王河上·清代〕 建于清末，具体时间不详。由覃绍南组织修建，当时是凌王和三浪通往古蓬的道路桥梁。呈东西走向，四孔石桥拱，长43.4米，宽2.9米，东、西两头拱较小，东端拱跨3米，西端拱跨2.2米，中间两拱较大，拱跨为5.5米。桥身、桥拱用料石砌筑，用片石铺砌桥面。

62 – C₃₁ 黄金碉楼 〔城关镇黄宜行政村黄金村东北约1公里处龙拳山半坡岭上·清代〕 建于清末，具体时间不详。莫氏土司为防马泗等党军而建。平面呈不规则的八角形，黏土夹粗砂夯成，墙厚1.2米，往上渐往内收，共三层，每层楼置木楼板，每面墙均有枪眼和瞭望窗，占地面积约60平方米。抗日战争期间，军民曾用作抗击侵华日军。现残高7—8米，楼板全朽烂，西面三面几乎塌平。

63 – C₃₂ 南江桥 〔古蓬镇板梧行政村南江屯与北江屯南之间的小河上·清代〕 清末上林县陈十三等集资修建，是古蓬至上林桥贤主要道路桥。南北走向，单孔石拱桥，长12.9米，宽3米，拱跨5米。桥身、桥拱用料石砌成，桥面铺石板。

64 – D₁ 西山龙隐岩摩崖石刻 〔城关镇江平行政村大韦屯西约300米西山·北宋·县文物保护单位〕 龙隐岩在山东麓，高距地表约30米。岩口向东，洞内面积约1800平方米。南壁上有北宋绍圣年间（1094—1098）摩崖石刻3方，即《西山寺常住碑》《西山功德记》《游西山寺并序》。字体有篆书、真书。碑刻风化严重，字迹模糊。

D₁₋₁ 西山功德记 〔城关镇大韦屯西山龙隐岩内·北宋〕 摩崖石刻1方。北宋绍圣年间（1094—1098）刻。刻面高0.55米，宽0.45米。碑文竖行，计191字。郡时撰文并书丹，匠人区炜刻石。额题"西山功德记"，篆书，字径0.06米，落款"桂州西门匠区炜□邑郡时字"，正文阴刻，真书，字径0.03米。刻文载信善弟子捐款于西山镌石佛像一尊并许愿之事，列信善弟子名单。

D₁₋₂ 游西山诗并序 〔城关镇大韦屯西山龙隐岩内·北宋〕 摩崖石刻1方。北宋绍圣年间（1094—1098）刻。刻面高1.05米，宽0.75米。碑文竖行，阴刻。知宜州忻城县事林毅撰文、书丹。首题"游西山诗并序"，篆书。额题"知宜州忻城县事临贺林毅"，无落款。正文真书，阴刻。刻文序载林毅公暇求山水佳趣之事。七言诗，为游西山即景抒情诗。

65 – D₂ 白虎山摩崖石刻 〔古蓬镇凌头行政村周安屯西约250米白虎山·明、清·自治区文物保护单位〕 白虎山，东西走向，高200余米，平地起峰，状如虎，故得名，西有"卧仙岩"，东有"回春岩"。两岩现存摩崖石刻18方，其中"卧仙岩"（又称罗隐岩）13方，"回春岩"5方，多为明王朝镇压八寨农民起义纪实。明代万历八年（1580）的一次进剿最为残酷。进剿后，各路将军会师古蓬，并刻石以纪。碑刻规格不一，书体各异，部分字迹遭到损毁。

D₂₋₁ 张祐题诗 〔古蓬镇周安屯白虎山岩壁上·明代〕 摩崖石刻1方。明万历年间（1573—1620）刻，具体时间不详。刻诗二首，刻面高0.5米，宽0.64米。文竖10行，满行4—7字，计65字，楷书，阴刻。明协同镇守副总兵镇国将军张祐撰文并书丹。落款"粤城可兰书"。七言诗，诗文叙镇压八寨农民起义后勒石铭功德之事。其一有"八寨定知成俗美，九重无复动边愁"之句，其二有"蛮洞新开府，谁云不可居"之句。张祐（1483—1533），字天祐，号可兰，广东省南海人，明万历年间任广西副总兵，镇压古田、八角寨农民起义。

D₂₋₂ 张祐《筑南丹卫城记》 〔古蓬镇周安屯白虎山卧仙岩壁上·明代〕 摩崖石刻1方。明嘉靖七年（1528）刻。刻面高0.5米，宽0.64米。碑文竖12行，满行4—14字，计118字，字径0.03米，行书，阴刻。明广西协同镇守副总兵、镇国将军张祐撰文并书丹。首题"筑南丹卫城记"，落款"嘉靖戊子岁闰十月十八日题"。刻文记述张祐、南宁府同知陈志敬、宾州守备孙纲，奉兵部尚书新建伯王守仁之命，重新修筑南丹卫城之事。

D₂₋₃　李应祥题诗刻　〔古蓬镇周安屯白虎山岩壁上·明代〕　摩崖石刻 1 方。明嘉靖年间（1522—1566）刻。刻面高 0.48 米，宽 0.62 米。文竖 9 行，满行 7 字，计 63 字，楷书，阴刻。荆楚李应祥题诗，书丹、刻工不详。无额题，落款"荆楚李应祥次韵"。七言诗，云："仗钺西来岜浪游，指麾烽垒万山头。七年浑若心丹尽，一洗蛮江血赤流。圣代版图今镇静，边域鬼魅莫惊愁。太平已许将军置，新凿讴歌日益休。"李应祥（1547—1617），生于湖南临澧，明万历八年（1580）以思恩府参将加都指挥，配合王尚文镇压八寨农民起义，累官至松潘副总兵、四川总兵。

D₂₋₄　陈志敬题刻　〔古蓬镇周安屯白虎山回春岩壁上·明代〕　摩崖石刻 1 方。明嘉靖七年（1528）刻。刻面高 0.26 米，宽 0.48 米。文竖 25 行，满行 7—12 字，计 223 字，楷书，阴刻。广西南宁府同知陈志敬撰文并书丹。无额题，落款："奉政□南宁府同知东莞陈志敬书"。刻文记述：明兵部尚书新建伯王明阳、宾州守备孙纲发现此岩后，副总兵张祐与陈志敬同游此岩，并为之取名"回春"而赋诗："岩对青山绿水环，对岩花木亦堪看。岩偏路窄嚣尘远，随处人生可寄闲。"

D₂₋₅　孙纲重刻古诗题跋　〔古蓬镇周安屯白虎山卧仙岩石壁上·明代〕　摩崖石刻 1 方。明嘉靖七年（1528）刻。刻面高 0.29 米，宽 0.75 米。文竖行，计 176 字，楷书，阴刻。宾州守备孙纲撰文并书丹。无额题。诗文七言，作者无名氏，其内容主要是对八寨瑶民起义的攻击、诬蔑。宾州守备孙纲游山，见诗文已经模糊，重新刻之。

D₂₋₆　征蛮将军会师碑刻　〔古蓬镇周安屯白虎山卧仙岩石壁上·明代〕　摩崖石刻 1 方。明万历八年（1580）刻。刻面高 1.42 米，宽 0.88 米。文竖 12 行，满行 4—14 字，计 138 字，字径 0.05 米，楷书，阴刻。撰文、书丹、刻工不详。无额题，文首行"大明万历八年岁次庚辰端月旦奉"，落款"会师于此"。刻文记述：明兵部尚书新建伯王守仁部署镇守广西总兵王尚文、分守柳庆参将□中化，分守思恩参将李应祥等 14 人，镇压八寨农民起义，占领八寨后会师周安。

D₂₋₇　征平古蓬都寨题名　〔古蓬镇周安屯白虎山卧仙岩石壁上·明代〕　摩崖石刻 1 方。明万历八年（1580）刻。刻面高 0.72 米，宽 1.8 米。文竖 26 行，满行 4—15 字，计 306 字，字径 0.04 米，楷书，阴刻。撰文、书丹不详，落款"石匠李圣刻石"。无额题。正文载：明万历八年，明军镇压八寨农民起义，征平周安、古蓬、都者各寨，将广州右卫百户李道基、奉议卫指挥沈誉等数十名参与围剿的大小官吏、土巡检题名。

D₂₋₈　陈焕题诗　〔古蓬镇周安屯白虎山卧仙岩罗隐石壁·明代〕　摩崖石刻 1 方。明嘉靖七年（1528）刻。刻面高 0.44 米，宽 0.68 米。文竖 9 行，满行 7—13 字，计 69 字，行书，阴刻。分守道陈焕撰文并书丹。无额题，落款"嘉靖庚寅春分守道余姚陈焕书"。正文为七律诗一首，诗文由白虎山刻石古迹，而忆明尚书王守仁之事迹，感叹景观之美好。

66 - D₃　锦障岩摩崖题刻　〔古蓬镇东河行政村北兰屯南约 100 米八水山·清代〕　摩崖石刻 1 方。清道光八年（1828）刻。在高距地表 20 余米的锦障岩口南侧，刻面约高 1.7 米，宽 0.81 米。文竖 5 行，满行 3—9 字，计 33 字，阴刻，楷书。无额题，正文榜书"锦障岩"3 字，字径 0.5 米，阴刻，楷体；副题"郡守李彦章来游题此庠生莫经芳随游勒记"，落款"大清道光八年石匠覃思忠、仁□立"，字径 0.3 米，阴刻，楷体。李彦章，字则文、兰卿，号榕园，福建侯官（今闽侯）人，由内阁侍读出任思恩府知府、庆远府知府。

67 - D₄　板旺界碑　〔马泗乡联团行政村板旺屯东约 1 公里山隘中·清代〕　摩崖石刻 1 方。清道光十九年（1839）刻。刻于山隘的西北面一块巨石的西北面。刻面高 0.55 米，宽 0.31 米。横行首题"万古流明"4 字。落款"道光十九年十一月初三村合立"。正文竖行，内容为：立界限制忻城敢奔与理苗县板王村地界，敢奔至岩口闷水为界，板王至上岩口为界，兹于道光十九年十一月初三立碑为据。该碑为当时忻城县与理苗县间的界碑。

68 - D₅　赐封莫景隆文林郎碑　〔原立城关镇都乐行政村石牌屯，现存忻城土司博物馆·清代〕　碑刻 1 方。清乾隆二十六年（1761）立。碑高 2.3 米，宽 0.94 米，碑首半圆形，周边阳刻双龙戏珠及波浪纹。碑文竖 13 行，计 136 字，楷书，阴刻。额题"清忻城县知县文林郎碑"10 字，落款"敕命乾隆二十六年十一月二十日之宝"。碑文载赐封忻城土知县莫景隆为文林郎之事。莫景隆，字德昭，忻城莫氏第十五世土官。

69 - D₆　迁江县界碑　〔果遂乡果遂行政村北敢屯东南约 200 米隘口·清代〕　摩崖石刻 1 方。清乾隆三十年（1765）刻。刻于隘口上北面山脚的生根石上，刻面高 1.75 米，宽 1.02 米。文竖行，计 227 字。字径 0.05 米，楷书，阴刻。额题"迁江县界碑"5 字，字径 0.01 米。落款"乾隆三十年六月初八日立"。刻文记述：清乾隆二十九年，忻城县北敢等村民与迁江县村民因地界纠纷，忻城县捕厅会同迁江县捕厅勘念版图，确认忻城县北感等村与迁江县地界。

70 - D₇ 七卡修路碑〔北更乡加兰行政村七卡屯东约 1 公里隘口上·清代〕 清道光九年（1829）立。隘口在加福至俭先村公路与石板道交汇处，公路的下方 0.6 米。碑高 0.7 米，宽 0.5 米，厚 0.1 米。字迹已漫漶不清。横行题"重整修路碑记"6 字，落款"道光九年十一月初八日立"。碑文内容：凤凰路自古至今，路险跋涉艰难，经各村会议改旧整新，请工匠修整拓宽道路。

71 - D₈ 刁桑修路碑〔原立于北更乡加猛行政村刁桑屯半山腰石板道边的崖壁下，2007 年移至刁桑屯西南与下鹿屯间的隘口·清代〕 清道光十一年（1831）立。碑阳朝东北，高 1.17 米，宽 0.68 米，厚 0.15 米。横行额题"修路碑记"4 字。正文竖行，阴刻，楷书。碑文记载：该石路上通北更圩，下达荒圩刁桑。因路途崎岖险阻，民众合议会首出钱捐资，请工匠与工修路，将众人捐资情况刻于石上。

72 - D₉ 上凌修路碑〔北更乡塘太行政村上凌屯口东公路边·清代〕 清道光十一年（1831）立。碑阳朝西南，高 1.18 米，宽 0.7 米，厚 0.15 米。横行题额碑"修路碑记"。碑文记述：该石路因路途崎岖险阻，上凌村民众合议会首出钱捐资，请工匠与工修路，将众人捐资情况刻于石上。落款稀疏可见"道光十年十二月"。

73 - D₁₀ 果卜修路碑〔大塘镇新村行政村北遂屯北约 1 公里隘口脚下·清代〕 碑刻 1 方。清道光十三年（1833）立。在一巨石东侧，碑阳朝西南，高 0.98 米，宽 0.6 米。庑殿顶碑盖，碑断裂，文字模糊。额横行题"流芳百世"。碑文记载当地民众集资修路之事。落款"道光十三年"。

74 - D₁₁ 重修断章碑〔思练镇古银行政村新古银屯·清代〕 清光绪元年（1875）立。碑阳朝西，高 0.72 米，宽 0.52 米，厚 0.14 米。横行额题"重修断章碑"5 字，字径 0.03 米，楷书，阴刻。落款"光绪元年七月二十日老蒙立"。文竖 19 行，满行 32 字。碑文记述：忻城土县古万堡目与毛洞堡目因供应各项费引起纠纷，宜山县捕厅正堂重断，规定各自减免和承担的费用，以后不准随意加派，并立即移会忻城县捕厅知照办理。

75 - D₁₂ 三镇公项碑记〔遂意乡联堡行政村联堡村东约 50 米·清代〕 清光绪二十二年（1896）立。碑阳朝西，高 1.1 米，宽 0.68 米，厚 0.2 米。横行额题"三镇公项碑记"6 字，落款"光绪二十二年十二月十二日断案立"。文竖 18 行，满行 36 字，约 550 余字，楷书，阴刻。碑文记述周安、古蓬和思吉等三镇团绅联名禀称三镇士兵、头目不遵旧章，加收公项费，上林县正堂亲自查明断案，不准加收公项费，照旧章执行。

76 - E₁ 莫绳武墓〔城关镇高塘行政村新队大唐岭·1912 年〕 莫绳武（1851—1912），忻城土县最后一任土司，清光绪三十二年（1906）被革土司职。墓朝南，冢为圆丘形，高 1.5 米，径 4.2 米，占地面积约 20 平方米。墓碑介绍莫绳武生卒年月和袭职时间，落款"辛巳远孙重立"。

77 - E₂ 北建敢庙岩惨案遗址〔大塘镇金山行政村北建屯东北约 50 米北建敢庙岩·1944 年〕 1944 年 12 月 29 日，侵华日军围困北建屯村民于敢庙岩并放火焚烧此岩，洞内 44 个人死亡，2 万多斤粮食化为灰烬。北建敢庙岩因岩前庙而得名，高距地表约 10 米，岩口朝东北，岩洞高 2.8 米，宽 2.6 米，进深约 100 米，岩内较平，面积约 500 平方米。洞口原有垒石墙已毁，洞内烟熏痕迹尚可见。

78 - E₃ 江信抗日石墙遗址〔红渡镇渡江行政村江信屯西南侧山顶·1944 年〕 1944 年，侵华日军进犯忻城，渡江村民自卫队在山顶上修筑防御工事与日军周旋。该山的东及东南侧为崖壁，北与高山相连，西侧较为低矮，仅有一条路通往山上，自卫队在西侧筑石墙 1 条，山顶筑碉垒 1 个。石墙长 60 米，宽 80 米，墙高 30 米，大门设于离西北端 20 米处的一个狭长山凹处，宽 1.3 米，高 1.8 米。碉垒位于山顶南端，呈四方，长为 5.2 米，宽为 4 米，设枪眼。石墙的现存墙残高 0.6—2 米，炮垒残高 1—2 米。

79 - E₄ 下镇抗日防御工事遗址〔红渡镇红渡社区下镇屯西·1944 年〕 1944 年 11 月 29 日，侵华日军侵犯红渡，抗日自卫队组织民众修筑的防御工事，与西北鸡冠山上的日军对峙。工事为黏土沙石夯成，平面呈长方形，长约 87 米，宽约 40 米，御墙厚 0.45 米，残高 1—4 米不等，占地约 3000 平方米。

80 - E₅ 昆仑关战役抗日烈士陵园遗址〔大塘镇大塘社区大塘二中背后·1944 年〕 1939 年 12 月，昆仑关战役 158 站院设于大塘镇桥孔屯中，战场上的伤兵送回 158 站院前方医院医治，约有 1000 名伤兵牺牲后随即安葬于猪羊山山脚以北约 2 万平方米的范围内，墓前立碑。碑文内容为烈士姓名、所在部队番号及立碑时间。落款：一五八站院。现遗址大部分已被辟为耕地。

81 - E₆ 容沌烈士遗墨 〔遂意乡弄江行政村容沌屯东北侧一座大青山·1944 年〕 墨书 1 方。在平坦的石壁上,用朱红写有"平等"2 大字,为方头艺术体。为烈士蓝仕周 1944 年在容沌开办文化补习班时,为使学生永久立志,在该石壁上所题。40 年后蓝常明在其位置按原样将字刻于石壁上。

82 - E₇ 长流农民培训班旧址 〔马泗乡马泗行政村长流村中·1947 年〕 1947 年春,中共党员周甲坚、周廷扬等人,组织农民在覃德新家进行学习培训,培养骨干力量。1948 年 7 月在此宣布成立"凤凰区革命斗争委员会"。旧址原为民间组织"十弟会"首领覃德新家,前为平房,砖木结构,面阔一间 5.34 米,进深 9.6 米,悬山顶瓦房。房后为天井、厨房,占地面积约 98 平方米。

83 - E₈ 中共上(林)忻(城)工委旧址 〔大塘镇大塘社区木林村·1947 年〕 1947 年 8 月 2 日,中共桂柳区工委书记陈枫在此主持召开会议,并成立中共上(林)忻(城)工委,负责上林、忻城、都安、宜山、罗城、环江、天河等县党组织的工作。旧址为清代建筑,坐西朝东,砖木结构 2 层楼,面阔三间,进深三间,青砖墙,木楼板,硬山顶,盖小青瓦。占地面积约 120 平方米。

84 - E₉ 中共上林支部旧址 〔古蓬镇凌头行政村凌头屯·1947 年〕 1947 年 8 月 27 日中共上林县党支部在此成立。旧址建筑时间不详。坐西朝东,泥瓦结构二层楼房,夯筑泥墙,木楼板,面阔二间,前依小瓦房,正房与小房的北面各开一小门,占地面积约 70 平方米。

85 - E₁₀ 中共上林县支部活动旧址 〔古蓬镇凌头行政村板垒屯·1947 年〕 1947 年,中共上林县支部在此召开会议,研究成立红河纵队、举办春风学社及突击上林县县长梅仲威保安队、阻击黄杰兵团的前敌指挥所等事。旧址原为韦氏祠堂,建于明末清初,坐西南朝东北,三院落,祠堂为砖木结构,面阔三间,硬山顶。占地面积约 400 平方米。后两进已毁,仅剩前座,设有砖柱前檐廊,内设双拱隔墙。

86 - E₁₁ 刁桑隘战斗地址 〔北更乡加猛行政村刁桑屯南约 300 米·1948 年〕 1948 年 10 月,广西省保安第 5、7 团和 11 区保安队以及宾阳、武鸣、隆山(今马山)、都安、来宾、迁江(今来宾)、忻城、上林 8 县民团武装围剿上林北区革命根据地。11 月 30 日,粤桂边区人民解放军独立第 5 团在刁桑隘伏击广西省保安 5 团,歼敌一个加强连,击毙敌连长。隘口呈南北走向,两边为石壁,地势险要,为交通要冲。现隘口石壁尚留有弹痕。

87 - E₁₂ 蓝仕周遗墨 〔遂意乡弄江行政村弄容屯北约 1 公里东侧山脚·1949 年〕 墨书 1 方。在弄容屯北石山山脚石壁上,写于 1949 年 2 月 1 日,横行朱红墨书"人定胜天"4 大字,白线勾边,字径 0.35—0.4 米,楷书。落款为白色墨书"蓝仕周写"。蓝仕周(1916—1949),广西忻城县遂意乡弄江村弄容屯人,1942 年参加革命,1949 年 3 月 27 日在弄容屯被国民党政府杀害。

88 - E₁₃ 顾玉春烈士墓 〔果遂乡北丹行政村北约 200 米处半山腰·1980 年〕 顾玉春(?—1949),中国人民解放军天津支队 33 大队副连长,1949 年南下广西,10 月 11 日部队途经果遂乡凤凰村,被国民党政府保安团黄志生部袭击而壮烈牺牲,就地安葬于凤凰村头。1980 年北丹村民将其骸骨移葬于此。墓葬砖混结构,朝西,占地面积约 50 平方米。水泥墓碑,碑文介绍烈士姓名、职务及事迹。

89 - E₁₄ 大塘烈士陵园 〔大塘镇大塘社区西南独仔山东麓·1981 年〕 1950 年为纪念罗素仙等 15 位烈士而建,1981 年,2005 年重修,朝东,混凝土结构。纪念碑及纪念亭构成,占地面积约 1187 平方米。纪念碑面贴瓷砖,碑座长、宽 3.5 米,正面镶革命纪念碑文,背面镶刻革命烈士简介。南侧碑文为"英雄业绩千古",北侧碑文为"人民江山万代"。碑身长方立柱形,高 10 米,正面题"革命烈士永垂不朽"。碑前为 3 级平台,各平台前有 8—12 级台阶。第 2 级平台的左右两侧各建一座六角纪念亭。

90 - F₁ 千秋垂鉴碑 〔思练镇梅岭行政村加洪屯中·1917 年〕 1917 年立。碑阳朝南,高 1.05 米,宽 0.75 米,厚 0.1—15 米。横行额题"千秋垂鉴",正文记述:莫氏官族后裔莫元留无嗣,众族合议将其在加洪村的佃业出卖给加洪村的众佃子孙,各种费用的缴纳均由各佃户负责,与庄主无关,恐空口无凭,特勒碑立字。

91 - F₂ 石龙桥 〔古蓬镇内联行政村镇内屯东南约 100 米的滃江河上·1926 年〕 建于清光绪六年(1880),光绪十三年(1887)落成。后毁于洪水。1926 年在原址的下游约 50 米重建。南北走向,两台二十六墩梁式石板桥,长 113 米,宽 2 米。墩间距 3.5—3.6 米,高 2.2 米。墩的迎水面呈分水尖形。在桥墩间架铺 3 块并列长条石为桥面。

92 - F₃ 梅山祠堂 〔思练镇梅岭行政村梅岭村·1930 年〕 忻城县莫氏土司家族祠堂。建于清道光三年(1823)。1930 年重修。坐西朝东,砖木结构。二进院落,由前座、后堂、天井、厢房组成,占地面积约

300 平方米。前座、后堂面阔三间，穿斗与抬梁混合木构架，硬山顶，盖青瓦。前座门两侧有楹联，南侧山墙上嵌有土司莫元相《劝管族示》，北侧山墙上嵌《梅山公曾孙名列》碑刻。后座明、次间为夯土隔墙，墙壁嵌《莫氏族谱记》《追远碑文》各 1 方。

93－F₄ 黄氏碉楼 〔安东乡新桥行政村甫上屯东·民国〕 清末民初当地富豪黄金凤修建。坐北朝南，片石结构，石灰砂浆抹面，平面呈方形，面阔、进深一间 4 米，共四层高 12 米，硬山顶。底层门高 1.8 米，宽 0.73 米，每层楼均设枪眼及瞭望窗。占地面积约 20 平方米。

94－F₅ 社山敢怀摩崖石刻 〔红渡镇马蹄行政村西南约 500 米的社山敢怀洞洞口·民国〕 洞口朝东，洞口南侧石壁上刻竖行榜书"岩秀泉清"，字径 0.4 米，行草，阴刻。落款"县知事黄锴题"，字径 0.1 米。黄锴为民国期间上林县县长，任职期间至马蹄巡察时，看到该洞环境优美，即兴题字，刻于石。

95－G₁ 欧洞岩化石出土点 〔欧洞乡欧洞行政村北面欧洞岩·更新世纪〕 洞口呈椭圆状，在南侧山腰，朝南，高距地表 20 余米。洞内分成两层，高差约 2 米，下层堆积厚 1—1.5 米，在洞深约 20 米处的堆积层中，采集到剑齿象、牛、虎、鬣狗、猪、鹿等哺乳动物牙齿化石。

96－G₂ 凌漭岩化石出土点 〔古蓬镇西南凌漭岩·更新世〕 洞口高出地面约 20 米，洞内堆积厚约 0.5 米。采集有剑齿象、虎、野猪、犀牛、羊、鹿、竹鼠等哺乳动物牙齿及果壳化石，破坏严重。

97－G₃ 大塘铜钟出土点 〔大塘镇大塘社区大塘中学后山·西周〕 1976 年 5 月，中学后背土丘出土铜钟 1 件。钟为直圆甬，甬中空、干、钟身正背面饰乳钉纹。钲边、篆间以一行乳钉为界。舞部饰兽面纹，鼓部正面饰窃曲纹。高 0.345 米，舞长 0.166 米，宽 0.135 米，于长 0.2 米。（见《文物》1978 年 10 期）

象州县

1－A₁ 南沙湾遗址 〔象州镇城南社区南沙湾村北约 800 米·新石器时代·自治区文物保护单位〕 贝丘遗址。1981 年发现。在柳江东岸台地上，分布面积约 1.5 万平方米。1986 年试掘，文化层厚 1—1.5 米，内含螺壳、蚌壳、动物骨骼、石器、陶片等遗物。石器多通体磨光，器形有斧、有肩斧、锛、双刃器、穿孔器、钩状器、网坠、砺石等。陶器为夹砂绳纹陶，有红、红褐、黑灰色，主要有圜底釜、罐类。纹饰多系绳纹、水波纹。骨器有针、钩、匕等。年代距今

6500—5500 年。

2－A₂ 娘娘村遗址 〔石龙镇迷赖行政村娘娘村东南约 400 米·新石器时代·自治区文物保护单位〕 贝丘遗址。1981 年发现。在柳江西岸台地上，分布面积约 7341.04 平方米。1987 年试掘，文化层厚 0.5—1.2 米，含螺壳、蚌壳、动物骨骼、石器、夹砂绳纹红陶片等。在地表采集到石斧、石锛等器物。

3－A₃ 古车村遗址 〔大乐镇龙屯行政村古车村内·新石器时代〕 贝丘遗址。1988 年发现。分布面积约 8500 平方米，遗址上已建民房，在墙基、水沟、巷道等处均散布有螺壳。采集到石斧、骨针等遗物。严重破坏。

4－A₄ 瓦厂窑址 〔运江镇芽村行政村瓦厂村西约 150 米·汉—晋〕 窑址在柳江东岸，分布面积约 5000 平方米。在窑区发现有 4 口窑的残迹，为坡式龙窑，南北走向，其中 1 座长约 30 米，宽 3.8 米。地表散布大量的方格纹、米字纹、水波纹陶片和青黄釉瓷片，多圈足，支钉痕迹明显。

5－A₅ 下腊村窑址 〔运江镇思劳行政村下腊村村西约 1.5 公里·汉—晋〕 在柳江东岸，分布面积约 4000 平方米。地表发现火烧土及龙窑的痕迹，散布有灰色素面陶片，多罐类器，少量饰水波纹。还有青黄釉瓷片，多圈足，支钉痕迹明显。窑址遭严重破坏。

6－A₆ 军田村城址 〔罗秀镇军田行政村军田村·时代不详〕 城址城墙位于军田村四周外围，平面呈等边三角形状，城墙用河卵石与沙质泥土夯筑，长 1200 余米，残高 3—8 米，残宽 5—10 米，城墙北面有一条宽约 10—15 米的护城河，占地面积 6.463 万平方米。西南面城墙已塌且有部分已被铲除，其余城墙顶部多辟为道路。

7－B₁ 侣塘墓群 〔大乐镇侣塘行政村侣塘村北约 800 米三婆岭·汉代·县文物保护单位〕 墓群分布面积约 9.49 万平方米。封土多被夷平，残存封土呈圆丘形，高 1—2 米，底径 4—7 米。20 世纪 50 年代毁坏 2 座，均为石室墓，随葬器物有方格纹、水波纹陶罐，均被打碎丢弃。

8－B₂ 岭南墓群 〔大乐镇岭南行政村岭南村东、西、南面的丘陵上·汉代·自治区文物保护单位〕 墓群包括木棉岭、哨垒岭、旧圩岭及中平镇马道岭，分布面积约 109.8 万平方米。有墓葬 100 余座，残存封土呈圆丘形，高 1.2—1.6 米，底径 4—10 米。毁坏 19 座。1985 年清理 5 座，其中石室墓 2 座，土坑墓 3 座。出土陶罐、陶钵、陶纺轮及五铢钱、玛瑙珠、铁锯等器物。

B₂₋₁ 马道岭墓群 〔中平镇架村行政村新庆村北

约600米马道岭·汉代·县文物保护单位〕 墓群主要分布在岭南坡，占地面积约2.569万平方米。墓葬封土多已不存，残存封土呈圆丘状，高1—1.4米，底径4—7米。1987年发现1座墓葬被盗，为竖穴土坑墓，填土中杂有碎木炭，随葬品不明。

9 – B₃ **从簧墓群** 〔大乐镇侣塘行政村从簧村东北约1.5公里六灰岭·汉代·县文物保护单位〕 墓葬分布于六灰岭东面岭坡，面积约8.864万平方米。墓葬封土呈圆丘形，残高0.8—1.6米，底径4—7米。4座遭破坏，2座被盗。被盗的2座为券顶石室墓，采集到水波纹、方格纹陶器残件。

10 – B₄ **那谷岭墓群** 〔大乐镇龙屯行政村那隘村东北约500米的那谷岭·汉代〕 那谷岭位于象州县与金秀县交界处，以岭顶分水为界。1983年，桐木公社划归金秀县，大部分随之划归金秀县。与金秀县桐木镇王二村汉墓群同为一墓区，地属象州县大乐镇。那隘村的墓葬封土已不明显，可辨的有7座，封土呈圆丘形，底径5—10米，高1米左右，分布面积约2万平方米。

11 – B₅ **三逍墓群** 〔中平镇中平社区中和村北约100米三逍岭·汉代·县文物保护单位〕 墓群分布范围南北约300米，东西150米，占地面积约4.5万平方米。残存墓葬封土呈圆丘状，残高1—2米，底径6米。1979年开垦果园毁坏3座，均为券顶砖室墓，砖饰米字纹、方格纹。随葬品不明。

12 – B₆ **山寺岭墓群** 〔大乐镇那拉行政村新同那村东约700米山寺岭上·汉代〕 山寺岭为起伏不大土岭，墓葬主要分布于岭的南面，面积约6520平方米。墓葬封土多已不明显，残存封土呈圆丘状，高0.5—0.8米，底径3.7—5米。

13 – B₇ **六蒙岭墓群** 〔中平镇落沙行政村落沙村东南约800米六蒙岭·汉代〕 墓群分布面积8213平方米。残存封土呈圆丘形，一般高1—1.6米，最高的有5—6米，底径8—12米。

14 – B₈ **红岭墓群** 〔中平镇架村行政村河池村南约350米红泥岭·汉代·县文物保护单位〕 分布面积约850平方米。墓葬封土多已不存，残存封土呈圆丘形，高1—1.5米，底径4—9米。1座被盗，为竖穴土坑墓，随葬品不明。

15 – B₉ **贯村墓群** 〔中平镇架村行政村贯村东南约500米牛轭岭·汉代〕 墓群分布面积约900平方米。墓葬封土多不存，残存封土呈圆丘形，高约2米，底径12—12.5米。1987年清理1座，为券顶砖室墓，墓砖饰米字纹、人字纹和钱纹。出土陶罐、铁三脚架、铜器等器物。

16 – B₁₀ **六外墓群** 〔百丈乡民进行政村六外村东南约3000米七星岭、羊头岭·汉代·县文物保护单位〕 墓群分布面积约6万平方米。墓葬封土多不存，残存封土呈圆丘形，高0.8—1.4米，底径4—7米。采集到汉代陶罐、陶钵残件和绳纹瓦片。陶罐为灰陶，饰弦纹、水波纹。

17 – B₁₁ **鸡沙墓群** 〔象州镇鸡沙行政村鸡沙村北约400米土岭·东汉〕 墓群分布面积约9600平方米。民族封土多已毁，墓葬数目不详。1986年清理砖室墓2座，石室墓1座。出土铜器、陶器及水晶珠等60余件。陶器有鼎、簋、杯、瓶、罐、钵、壶、仓、灶、屋、井、熏炉等60余件及一些陶器残片。

18 – B₁₂ **石氏家族墓葬群** 〔寺村镇大井行政村大井村南约1500米的马鞍岭上·清代〕 有墓葬7座，包括皇清敕授修职郎石孚吉墓、皇清敕授修职郎貤封奉政大夫石汉章墓、石公二石太爹墓、石母刘太宜人墓、石母郑太淑人墓、石子庆韶墓等，占地面积约2400平方米。墓葬均朝西，冢呈圆丘形，周边用料石板围砌，正中一座大墓，墓碑字迹模糊，身份不明；石孚吉墓高1米，底径2.5米。墓碑两侧的墓志为清"岭南才子"郑小谷撰文。石汉章墓，高0.75米，底径2.75米。石汉章，曾任阳朔县训导。此外，墓群左侧立有《刘宜人墓志》1方。墓群两侧各有20余米的石墙。

19 – B₁₃ **孟宗文墓** 〔象州镇石里行政村二贤庄北约450米凤凰岭·明代·县文物保护单位〕 孟宗文（1541—1607），字岐山，原籍山东永安府武定州，广西象州人，袭祖象州所千户，官至明广东总兵。墓葬朝西，冢呈圆丘形，用片石圈砌，高1.6米，底径3.8米。内为券顶砖室墓，券顶砖缝倒扣青花瓷碗。墓前两侧立勋员座奉诰碑2方，上刻墓主生平，前序列石人、石马、石狮各2尊。现石人头部遭到损毁。墓区前面原有牌坊旌表及望柱基座尚存。墓旁有孟宗文母亲莫氏墓和妻子贾氏墓，3墓呈"品"字形排列。占地面积约3222.85平方米。

20 – B₁₄ **陈启龙墓** 〔象州镇古才行政村大下田村东约50米处·清代〕 墓葬朝西北，圆丘形三合土冢，石质圆形顶，径3.6米，高2.5米，墓圈墙为三合土墙。面积约431.92平方米。前有2级祭台，墓东北25米处有墓表1方，半圆形碑盖，长方形碑座，高2.15米，宽1米，厚0.12米。墓前左右20米外分别有敕命碑和诰命碑2方，半圆形碑盖和梅花形碑盖，赑屃座，左右各有石狮子1尊。

21 – B₁₅ **郑献甫墓** 〔寺村镇大井行政村水站村南约250米大部岭·清代〕 郑献甫（1801—1872），原名存，别号小谷，广西象州县寺村乡白石村人。官至清刑部江苏、云南司主事，世称"岭南才子"，著有《四书翼注论文》《鸦吟集》等多种。墓葬朝西，冢呈圆柱形，外用青砖圈砌，三合土封顶，高1.02米，底径3.8米。1986年墓葬被盗，1987年其后裔修复改立水泥墓碑，上刻"皇清中宪大夫五品卿衔刑部江苏云南司主事加三级郑府君小谷墓碑"。

22-B₁₆ **龙女岩洞葬** 〔大乐镇龙屯行政村龙女村西约1公里青岩山脚·清代〕 岩洞在青岩山南壁，洞口朝南，高1.7米，宽6.4米，进深150米。洞内存朽棺1具，长1.9米，高0.6米。未发现随葬品。

23-B₁₇ **马黎村岩洞葬** 〔寺村镇秀和行政村马黎村东面1.2公里松树岭·清代〕 岩洞在山南壁，岩洞高距地表约32米，洞口朝西南，洞高1.9米，宽2.4米。洞内宽约10米，高约20米，面积约300平方米。洞穴内左侧小洞深8米处，有一具人骨遗骸卧于地表，一个完整的人头颅夹于石缝中间，外表已被胶结层包裹，四周散布一些螺壳。

24-C₁ **象州城南门** 〔象州镇南街·明代〕 据县志载，象州城建于明洪武年间（1368—1398），城开四门及小南门。成化十四年（1478）加建四门门楼。万历十三年（1585）知州李维岳重升小南门。现仅残存10余米城墙和城南门。城墙以料石为基础，其上用砖砌檐墙，内填夯土。城门券拱形高3.8米，面阔2.7米，进深3.2米，下半部用料石块砌筑，上半部青砖券顶。

25-C₂ **孔庙** 〔象州镇东井路24号象州中心小学校内·清代〕 建于唐大历十二年（777）。明洪武二年（1369）迁建于今址。清道光年间（1821—1850）毁圮，咸丰十一年（1861）重修，同治五年（1866）修缮，现存中殿。面阔五间，进深二间，高4.5米，占地面积约170平方米。砖石木结构，穿斗式木构架，悬山顶，盖青瓦。有石柱4根，砖柱2根，柱础浮雕异兽图案。

26-C₃ **普和村桥** 〔象州镇石里行政村普和村西北约250米小溪上·清代〕 建于清乾隆三十一年（1766）。东北—西南走向，双孔石拱桥，长35米，宽4.25米，拱跨10米，桥身、桥拱用料石干砌，桥面用石块铺平，两侧条石护栏，高0.3米，宽0.35米。两端各有石踏跺9级，东北端桥头另设长约1米的梁式石板引桥。

27-C₄ **弯龙村桥** 〔罗秀镇礼教行政村弯龙村东南边的小河上·清代〕 建于清乾隆三十四年（1769）。时为罗秀通往象州的道路桥梁。东南—西北走向，单孔石拱桥，长37.8米，宽4.1米，拱跨13.7米。桥身用片石干砌，料石券桥拱。桥面原铺石块，两侧有条石护栏，长15.9米，宽0.38米，高0.3米。东南引桥长15.5米，西北引桥长8.6米。

28-C₅ **大乐甘皇庙** 〔大乐镇大乐社区·清代〕 清乾隆四十一年（1776）重修。坐东朝西，砖木结构，二进院落，前、后殿夹天井、雨廊，占地面积约224.9平方米。主体建筑面阔三间、进深一间，砖墙，抬梁式木构架，硬山顶，盖小青瓦。前殿明间设内凹檐廊，门两侧各立功德碑，室内金柱2根，北次间山墙内镶嵌清乾隆四十一年《重修陈□庙堂》碑1方，天井中雨廊连接前、后殿明间，后殿室内立4根方形金柱。山墙脊上分别塑有2只凤凰。

29-C₆ **七渡桥** 〔妙皇乡桥头行政村上古城村东南约400米山前河沟上·清代〕 清嘉庆八年（1803），村民捐资修建。东西走向，二台六墩梁式石板桥，两墩间称渡，共七渡，故名七渡桥。桥长14米，宽1.6米。墩均以石砌筑，每渡铺石板2块，每块长2.1米，宽0.8米，厚0.16米。现仅存三渡。原有建桥功德碑，已佚。

30-C₇ **三界村桥** 〔寺村镇士篑行政村三界村南约150米小河上·清代〕 清道光六年（1826）覃沛恩、谭大仁等倡修，乡民损资兴建。东西走向，单孔石拱平桥，长8.75米，宽3.2米。整桥以料石砌成，两侧条石护栏高0.4米，宽0.3米。两端与岸齐平。县志有载。1962年扩宽一倍，成为中平至寺村的公路桥。

31-C₈ **大浓桥** 〔寺村镇岩口行政村岩口村南面约800米无名小溪上·清代〕 建于清道光七年（1827）。乡民捐资，覃沛霖、农立风等工匠建造。东西走向，单孔石拱桥，长19米，宽3.4米，拱跨2.8米。桥身及桥拱以料石干砌，桥两侧置条石护栏，栏高、宽0.3米。桥两端有石阶踏跺，东为3级，西为6级。

32-C₉ **大腊村桥** 〔大乐镇新怀行政村大腊村西南约400米小溪上·清代〕 建于清道光年间（1821—1850），具体时间不详。南北走向，单孔石拱桥，长10米，宽2.9米，拱跨4米。桥身以片石及料石干砌，桥拱用料石砌成，桥面铺垫石块，桥两端设石踏跺，南端7级，北端3级。

33-C₁₀ **上杨柳村桥** 〔寺村镇大井行政村上杨柳村南约150米小沟上·清代〕 建于清道光末年（1850），是当时寺村、妙皇一带往来的主要道路桥梁。东北—西南走向，单孔石拱桥，长7米，宽4.5米，拱跨5.2米。以片石砌筑桥身、桥拱，桥面铺砌石板，两侧置条石护栏，高、宽均0.32米。桥南端为斜坡，北端设4级石踏跺。建桥碑字迹已模糊不清。

34 – C₁₁ **罗秀街桥** 〔罗秀镇罗秀社区旧街北门外小溪上·清代〕 建于清咸丰年间（1851—1861），具体时间不详。南北走向，单孔石拱桥，长 13 米，宽 3.7 米，拱跨 8 米。桥身、桥拱以料石砌，桥面铺砌大小不同的石板，两侧条石护栏高 0.37 米，宽 0.36 米。南端引桥连接街道，北端设石踏跺 10 级。

35 – C₁₂ **罗秀当铺** 〔罗秀镇罗秀社区南街·清代〕 据传建于清咸丰年间（1851—1861）。坐南朝北，砖木结构，二进院落，占地面积约 852.72 平方米。前座临街，青砖墙，硬山顶。后座当铺基础用料石砌筑，高 1.8 米，上部用青砖砌筑，面阔 15.4 米，进深 13.5 米，高七层。各层于正、背面设置数量不等的长方形小窗，屋内有 2 根方形砖柱。木楼板有楼梯可达楼顶。硬山顶。

36 – C₁₃ **麻塘桥** 〔寺村镇白崖行政村麻塘村西南约 150 米麻塘河上·清代〕 建于清咸丰四年（1854）。麻塘村刘履思、谭村莫定邦等倡修，乡民捐资兴建。清同治十年（1871）安南国贡象经过此桥。东北—西南走向，单孔石拱桥，长 18 米，宽 4 米，拱跨 5.30 米，桥身以片石砌筑，料石券拱，中部拱顶石浮雕八卦图案，桥面铺石板，两侧条石护栏高 0.22 米，宽 0.31 米，两端设坡状引桥，南长 6.4 米，北长 6.3 米。

37 – C₁₄ **龙头村桥** 〔寺村镇岩口行政村龙头村北约 600 米小溪上·清代〕 建于清咸丰五年（1855），为里人苏四倡导，民众捐资创建。东西走向，单孔石拱桥，长 12.50 米，宽 4.15 米，拱跨 12.0 米。桥身、桥拱以料石砌筑，桥身两侧各有 4 个泄水圆孔。

38 – C₁₅ **关岳庙** 〔象州镇城南社区南街 26 号·清代·县文物保护单位〕 建于清雍正九年（1731），称"关帝庙"。乾隆二十一年（1756）重修。道光末年（1850）毁于兵，同治九年（1870）重修。1912 年改称关岳庙。1982 年维修。坐东朝西，砖木结构，单座平房，面阔五间，进深三间，抬梁式木构架，硬山顶，盖小青瓦。脊饰双龙戏珠，封檐板彩绘图案。前置檐廊，前檐墙封木板，开隔扇门，两侧木格槛窗。室内金柱各 2 根。屋前设 5 级垂带踏跺，两端各立石狮 1 只。庙内镶嵌清乾隆年间（1736—1795）《重修关帝庙碑记》1 方，占地面积约 226.55 平方米。

39 – C₁₆ **桥站村桥** 〔寺村镇花池行政村桥站村东南约 300 米小溪上·清代〕 建于清代，具体时间不详。梁式石板桥 2 座：一座位于村东北约 300 米的小溪上，西南—东北走向，两台一墩，长 5.4 米，宽 1.05 米，孔跨 2.0 米。桥墩有 1 块卡口石，紧扣桥面板。桥面由 2 块长条石板并列铺设。桥墩上游面设有对称的

石槽，可嵌入木板，起到蓄水和排洪的作用。另一座在该桥上游约 60 米，两台一墩，南北走向，长 6.5 米，宽 1.14 米，孔跨分别为 3.05、2.92 米。桥面由 2 块长条石板并列铺设，桥台、墩上设置卡口石，紧扣桥面板。

40 – C₁₇ **郑小谷故居** 〔寺村镇大井行政村白石村·清代·县文物保护单位〕 建于清代，具体时间不详。坐东朝西，砖木结构，四进院落，由前门、故居、亭、郑氏宗祠、西庑等建筑组成，占地面积约 1174.5 平方米。主体建筑面阔三间，青砖墙，硬山顶盖小青瓦。故居设前檐廊，檐柱 2 根，室内设木板隔墙，棂条方格窗。前建有一座六角形亭，攒尖顶。

41 – C₁₈ **艮村桥** 〔百丈乡那沙行政村艮村北约 600 米小溪上·清代〕 建于清代，具体时间不详。东南—西北走向，单孔石拱桥，长 11 米，宽 3.35 米，拱跨 9.8 米。原桥以料石砌筑，残损严重，现仅存单层的拱顶石及部分桥身。

42 – C₁₉ **三珠桥** 〔马坪乡龙兴行政村龙兴村北约 500 米龙兴河上·清代〕 建于清代，具体时间不详。东西走向，单孔石拱桥，全长 28.5 米，桥面长 7.3 米，宽 4.9 米，拱跨 16.1 米。桥身、桥拱以料石砌成，面铺石板，两侧条石护栏长 1 米，高 0.45 米，宽 0.4 米。东端原有石踏跺已被填平，西端置石踏跺 16 级。

43 – C₂₀ **长安村桥** 〔百丈乡百丈行政村长安村北约 600 米小河沟上·清代〕 建于清代，具体时间不详。南北走向，单孔石拱平桥，长 11.6 米，宽 2.9 米，桥身、桥拱用料石砌筑，桥面用不规则石板铺垫，两端与岸齐平。

44 – C₂₁ **庆寿桥** 〔中平镇梧桐行政村大桥村北约 400 米小河上·清代〕 建于清代，具体时间不详。南北走向，单孔石拱桥，长 19.5 米，宽 4.1 米，桥身用片石砌成，两侧条石护栏高、宽均为 0.28 米。两端有踏跺，南为 13 级，北为 14 级。1962 年两端踏跺上填土改为斜坡状引桥。

45 – C₂₂ **三婆村桥** 〔百丈乡民进行政村三婆村西南约 200 米小溪上·清代〕 建于清代，具体时间不详。当时为大樟乡与百丈乡往返的主要道路桥梁。南北走向，单孔石拱桥，长 5.7 米，宽 2.3 米，拱跨 4.2 米。用片石砌桥身，料石券拱，两侧护栏石已毁，北端有石踏跺 9 级，南端与岸齐平。

46 – C₂₃ **龙诞拱桥** 〔运江镇京岭行政村新兴村南约 500 米的小溪上·清代〕 建于清代，具体时间不详。南北走向，由单孔石拱桥及梁式石板引桥组成，石拱桥桥面长 4 米，宽 3.4 米，拱跨 8.4 米。桥身及桥拱用料石干砌，两岸桥台用料石砌筑半圆形护墙。桥

面两端置条石护栏。桥南端铺青石引桥长4.1米，3级石踏跺。桥北端4级石踏跺，北连梁式石板引桥，二孔一墩，长5米，宽1.58米。墩用料石砌筑，每孔用3块长2.5米的条石板并列铺设桥面。

47－C₂₄ 新运闸门 〔运江镇新运行政村新运村·清代〕 建于清代，具体时间不详。闸门为村之门户。原有8座，现存太平门、太和门、西江门、镇东门4座，均为青砖砌筑。门一般高约3.3米，宽约1.8米。硬山顶，盖小青瓦。正脊、墙端有砖雕，门额及门框均彩绘、浮雕山水、花鸟画，或题诗、对联。太平门题"中流砥柱"，太和门题"山水有情千里路，满天星斗照文光"。

48－C₂₅ 妙皇祭祀亭 〔妙皇乡妙皇行政村妙皇村老街·清代〕 建于清代，具体时间不详。清光绪三年（1877）乡绅陈明贤倡建，乡民捐资重修。坐西朝东，面阔、进深均一间，高5.4米。四角立方形砖柱，内为4根木柱，抬梁式木构架，歇山顶，盖小青瓦。脊饰鳌鱼、葫芦，垂脊四角塑龙头饰，穿插枋檐板雕绘缠枝花草图案。四周砌垂带石踏跺3级。占地面积约59.29平方米。

49－C₂₆ 那隘桥 〔大乐镇龙屯行政村那隘村西北面约1公里的那隘河上·清代〕 建于清代，具体时间不详。清末里人李如椿倡修，乡民捐资重建。东北—西南走向，单孔石拱桥，全长26.9米，桥面长8.7米，宽4米，拱跨14.9米。桥身、桥拱皆以料石砌成，桥面铺石板，两侧条石护栏长8.8米，宽0.3米，高0.41米。每边原立小石狮12只，现已毁，东北端设踏跺20级，西南端设踏跺28级。

50－C₂₇ 龙屯村桥 〔大乐镇龙屯行政村龙屯村南面约100米小河上·清代〕 建于清代，具体时间不详。南北走向，两台两墩梁式石板桥，长11.3米，宽1.05米，高1.4米。桥台用片石围砌，桥墩为料石砌成，桥面为2块长条石板并列铺设。北面引桥为石板铺设，有石踏跺16级，长9.1米；南面连接土岭。

51－C₂₈ 大井村公议井 〔寺村镇大井行政村大井村南约250米·清代〕 水井平面呈"凸"形，由大井、食用井和月婆井组成，占地面积443.74平方米。大井略呈长方形，西面井沿呈弧形，出水口另有"月婆井"，边长5米，宽6米。大水井东面为食用井。各井沿、井壁均用料石护砌。月婆井的东北面与东面正中分别立清道光二十九（1849）、1942年立水井使用规则碑各1方，北面与南面各立有用水界碑1方。

52－C₂₉ 古磨甘王庙 〔中平镇古磨行政村古磨村·清代〕 建于清嘉庆二年（1797）。仅存正殿，坐北向南，砖木结构。面阔三间，青砖墙，抬梁式木构

架，硬山顶，盖小青瓦，人字山墙。庙内立石质金柱4根，圆形石础。殿前有一院子，面阔8.2米，进深7.2米。占地面积407.21平方米。

53－C₃₀ 龟岭桥 〔运江镇铜盆行政村中间坪村西面约3公里龟岭脚下小沟上·清代〕 建于清代，具体时间不详。当时是岩村等村屯通往中间坪的主要道路桥。东南—西北走向，单孔石拱桥，长12米，宽2.7米，拱跨4.8米。桥身用片石砌筑、桥拱为料石券拱，桥面铺石板，两侧置条石护栏，东南端与地面齐平，西北端设有石踏跺7级。

54－C₃₁ 柳村桥 〔中平镇大架行政村柳村村边小河上·清代〕 建于清代。东西走向，两台两墩梁式石板桥，长12.9米，宽0.45米。桥台用河卵石及片石围砌，河卵石镶嵌面，桥墩用料石垒砌，桥面由2块长条石板并列架设。西端桥头南边有5级踏跺下通河边平台。1999年加宽桥面至1.2米。

55－D₁ 东岗岭摩崖石刻 〔象州镇城东社区东岗岭半山腰崖壁上·北宋·县文物保护单位〕 有摩崖石刻4方。一为榜书"寂照庵"，楷书，阴刻。刻面高0.38米，宽0.16米。二为记刻，刻面高0.6米，宽0.65米，楷书，阴刻，内容为城郊有四座山寺，地理位置及环境以此处为最佳，落款"宋元丰辛酉（1081）仲春二十二"。三为诗刻，刻面高0.65米，宽0.7米，楷书，阴刻。诗文赞美东岗岭景色。四为题铭"太子中舍曲江张唐辅著作佐郎始兴许彦传元丰三年庚申八月六日同游"，刻面高0.45米、宽0.75米，阴刻，楷书。皆为北宋元丰年间（1078—1085）象州知府张唐辅所题。

56－D₂ 六祖岩摩崖石刻 〔象州镇鸡沙行政村黄皮沟村西面约500米西山·北宋·县文物保护单位〕 岩洞在半山腰，洞壁间有6方摩崖石刻。岩口上有竖行榜书"六祖岩"3字，篆书，刻面高0.8米，宽0.5米，落款"元丰甲子岁（1084）"。另外5方为诗刻、记刻，其中有《重塑六祖岩碑记》1方，落款有"绍熙甲寅（1194）仲春癸卯"1方，"陈番汉臣书"1方，其余年款都漫漶不清。刻文皆为楷书。

57－D₃ 象真岩摩崖石刻 〔象州镇鸡沙行政村沙岗坪村西猫山脚下象真岩·宋代〕 有摩崖石刻3方；榜书"象真岩"1方，刻面高0.35米，宽0.22米；诗刻1方，内容是赞誉岩之景观，刻面高0.45米，宽0.32米；另1方，刻面高0.4米，宽0.32米，阴刻，字漫漶不清。刻文皆楷书。

58－D₄ 文昌洞摩崖石刻 〔象州镇鸡沙行政村沙岗坪村西北约1500米的六道山西面半山腰·明代·县文物保护单位〕 文昌洞，又名六道岩，有洞2个。

大洞口高约 7 米，宽 14 米，洞内岩壁间有摩崖石刻 1 方，明嘉靖年间（1522—1566）刻，刻面高 1.37 米，宽 1.5 米，记刻，草书，阴刻。明马平鹤楼张狲题，嘉靖年象州孟宗文刻。小洞口有明嘉靖年碑刻 2 方：榜书"文昌洞" 1 方，楷书描边，高 1.2 米，宽 0.6 米，首题"乙未秋吉"，落款"剑辅吴必学题"。明柳州八贤之一张狲诗刻 1 方，刻面高 1.37 米，宽 1.5 米，字体楷书，阴刻，内容为赞美六道山的景色。

59 - D₅　独鳌山摩崖石刻〔中平镇良山行政村良山村北约 500 米独鳌山东面悬崖上·清代·县文物保护单位〕　有摩崖石刻 3 方。1 方高距地表约 15 米，刻面高 1.3 米，宽 7 米，横行榜书"东南保障"，字径约 1.2 米，落款"李天球题"。另 2 方在其右侧约 30 米处，高距地表 3 米：1 方为榜书"寿斯"，字径 0.4 米；1 方为榜书"一路福星"，字径 0.3 米；皆楷书，阴刻，无落款。另还有些石刻字迹已无法辨认。

60 - D₆　文相岩摩崖石刻〔大乐镇龙屯行政村龙女村东南文相岩·清代〕　文相岩高距地面 60 余米，有 2 个洞口，一洞向西北，外壁上留摩崖石刻 2 方：1 方为榜书"文相岩"，落款"咸丰甲寅年（1854）夏季重修十三世孙韦建元敬书"，刻面高 1.1 米，宽 2.5 米。1 方为记刻《重修文相岩碑记》，刻面高 0.77 米，宽 1 米。刻文行书，大意是：韦敬元的始祖韦文相在京任官，明末李自成陷京后，避难返乡，居于此。清代太平军进攻象州，其十三代孙韦敬元也隐藏于此。

61 - D₇　娘娘村摩崖石刻〔石龙镇迷赖行政村娘娘村东约 800 米柳江西岸边岩洞口石壁上·时代不详〕　摩崖石刻 1 方，刻于洞口左边石壁中部。撰文、书丹者不详。无额题，落款。文竖 2 行，满行 8 字，计 16 字。似为对联，文为"□□□长江飘玉带，□□□明月照乾坤"，楷书，阴刻。因被江水冲刷，部分文字已模糊不清。

62 - E₁　上古城营盘遗址〔妙皇乡桥头行政村上古城村东北、西、北山岭·1851 年〕　1851 年 5 月 15 日，太平军撤离东乡北上象州，18 日攻克上古城。上古城东、西、北 3 座营盘为清军乌兰泰部守营，呈"品"字形布局，相距各约 0.6 公里，每营四周环以深壕，壕沟尚可辨认。

E₁₋₁　上古城西营盘遗址〔妙皇乡桥头行政村上古城村西面约 100 米的土丘上·1851 年〕　1851 年 5—6 月间，清军乌兰泰部为防止太平军北上所筑之西营。营盘南北长约 38 米，东西宽约 26 米，占地面积约 1423.53 平方米。营盘四周原挖有壕沟，今已被回填，痕迹尚可辨认，深度、宽度已不明显。

E₁₋₂　大营盘岭营盘遗址〔妙皇乡桥头行政村上古城古村东北面约 300 米处的大营盘岭·1851 年〕　1851 年 5—6 月间，清军乌兰泰部为防止太平军北上所筑之北营。营盘平面略呈椭圆形，南北长约 88 米，东西宽约 59 米，中心隆起，三面低缓，占地面积约 5152.73 平方米。营盘四周均有残存壕沟，深 1—1.6 米，宽 2—4.8 米。

E₁₋₃　小营盘岭营盘遗址〔妙皇乡桥头行政村上古城村东北面约 200 米的小营盘岭·清代〕　1851 年 5—6 月间，清军乌兰泰部为防止太平军北上所筑之东营，营盘南北长约 36 米，东西宽约 27 米，占地面积约 1720.6 平方米。营盘周围残存壕沟深 0.3—1.4 米，宽 1.5—2.2 米。

63 - E₂　永隆村营盘〔妙皇乡塘头行政村永隆村北面·1851 年〕　1851 年 5 月 15 日，太平军撤离东乡北上象州。清军乌兰泰部为防止太平军北上在此筑营盘。营盘南北长约 133 米，东西宽约 74 米，营盘围墙残高 0.3 米，厚 1.4—2 米，壕沟已难辨认。

64 - E₃　马鞍山营盘遗址〔罗秀镇军田行政村军田村东北约 300 米马鞍山·1851 年〕　1851 年 5—6 月间，清军乌兰泰部为防止太平军北上所筑，曾为太平军攻占。营盘在山腰，依势筑片石墙一周，高约 2 米，厚约 1.5 米。营盘南北宽约 60 米，东西长约 90 米，占地面积约 5400 平方米。现营墙已被拆毁，存基址及北面一段残石墙，残长 16 米，残高 0.5—0.9 米，残宽 0.4—0.6 米。营盘偏西大石上有一石舂。

65 - E₄　平贯营盘遗址〔中平镇架村行政村平贯村东约 1.5 公里营盘岭·1851 年〕　1851 年 5 月 21 日，太平军占领中坪、百丈、新寨等地，设大营于中坪，平贯岭营盘是其中之一。营盘围墙绕山顶而筑，西面仅有一条小路通到山顶，其余三面无路通行。营盘南北宽约 100 米，东西长约 400 米，占地面积约 4 万平方米。营墙为夯土筑成，残长约 1000 米，高 0.8—2 米，宽 0.5 米，墙外绕以壕沟。壕沟宽 1.5—2.5 米，深 0.5—1 米。营盘内尚有石砌残墙基址及大小房间 37 间。

66 - E₅　三来岭营盘遗址〔中平镇古磨行政村三来村北面约 650 米三来岭·清代〕　营盘平面略呈椭圆形，北面较宽，南面较窄，周筑夯土营墙，今多已毁，残存营墙高 0.3—0.8 米，占地面积约 1.177 万平方米。营墙外有壕沟，残存深度为 0.5—2.5 米，宽 0.8—2.2 米。

67 - E₆　老虎尾岭营盘遗址〔中平镇古磨行政村三来村东北约 1 公里老虎岭·清代〕　营盘平面略呈椭圆形，周为夯筑土墙，现已不存，墙外壕沟大部分已被泥土回填，隐约可见。残存壕沟，宽 1.2—1.8 米，深 0.5—0.8 米。占地面积 4177.79 平方米。

68 - E₇ 甘阳岭营盘遗址 〔百丈乡百丈行政村庭都村东约 100 米甘阳岭·1851 年〕 1851 年 5 月 21 日,太平军占领百丈、新寨、中坪后,设大营于中坪。6 月 10 日、11 日于百丈阻击并大败尾追的清军经文岱、张敬修部。甘阳岭营盘为太平军在百丈所筑营盘。遗址平面呈长方形,东面为临大樟河岸的悬崖,西、南、北三面筑夯土营墙,营墙周长约 550 米,内高 0.8—1.4 米,外高 3—6 米,厚 0.4—4 米。占地面积约 1.99 万平方米。在岭半腰挖有壕沟,宽约 10 米,长 500 余米。

69 - E₈ 木棉岭营盘遗址 〔大乐镇岭南行政村岭南村西南约 500 米·1851 年〕 1851 年 5 月 18 日,太平军克上古城后继续北上,21 日前锋抵大乐。木棉岭营盘是太平军攻克的重要清军据点。营盘在山西南端。平面呈圆形,四周筑夯土营墙,外绕以壕沟。现存营墙残高 0.4—1.6 米,壕沟宽 1.8—2.5 米、深 0.6—1.4 米。占地面积约 1.01 万平方米。

70 - E₉ 介岭营盘遗址 〔大乐镇岭南行政村岭南村西南约 800 米介岭·1851 年〕 1851 年 5 月 18 日,太平军克上古城后继续北上,21 日前锋抵大乐。介岭营盘是太平军攻克的重要清军据点。营盘与木棉岭营盘仅一沟之隔,相距约 400 米。平面呈椭圆形,东西宽 60 余米,南北长 120 余米,占地面积 7732.19 平方米。营墙为黄土夯筑,上窄下宽,残高 0.4—1.8 米,周围壕沟残存深度为 1.2—1.8 米,宽 1—2 米不等。

71 - E₁₀ 刹泪岭营盘遗址 〔水晶乡水晶行政村西约 1 公里刹泪岭·1851 年〕 营盘东面低注,落差约 80 米,西边是水晶河,南北是起伏不大的土丘。营盘南北长约 200 米,东西宽约 90 米,面积约 1.8 万平方米,现存壕沟已不很明显。营盘内辟为耕地。

72 - E₁₁ 甘锋岭营盘遗址 〔百丈乡百丈行政村百丈街东约 80 米甘锋岭·1851 年〕 1851 年 5 月 21 日,太平军占领百丈、新寨、中坪,设大营于中坪。甘锋岭营盘为太平军在百丈修筑防御工事。6 月 10 日、11 日,太平军在这里大败尾追的清军经文岱、张敬修部。营盘呈方形,北面、东面临河悬崖,西面、南面石砌营墙,残长约 170 米,高 1.2—2.8 米,厚 0.8—1.2 米。墙外为壕沟,长约 200 米,宽约 10 米。占地面积约 8766 平方米。

73 - E₁₂ 屯凤岭营盘遗址 〔罗秀镇军田行政村新村村西约 200 米屯凤岭·1851 年〕 营盘的壕沟、营墙修筑在岭半腰,围绕屯凤岭一周,平面呈椭圆形,占地面积约 47629.36 平方米。壕沟残宽 2.6—3 米,残深 0.6 米—1 米,壕沟外营墙残宽 2 米—2.8 米,残高

0.2 米—0.5 米。

74 - E₁₃ 独鳌山战场遗址 〔中平镇良山行政村良山村北约 500 米独鳌山·1851 年〕 1851 年 6 月 8、9 日,太平军与清军乌兰泰部于独鳌山、梁山村一带激战。9 日晚,太平军 7 勇士攻袭独鳌山清军威宁镇炮营,夺取大炮轰击乌军大营,清军大乱,太平军乘势冲杀,斩清军参将马善宝以下官兵数百人。乌兰泰退回罗秀旧营。史称"独鳌山之战"。独鳌山为孤石山,东临中平河,高 200 余米,壁如斧劈刀削,地势险要。战场面积约 860 平方米。

75 - E₁₄ 盘古百人坟 〔妙皇乡盘古行政村盘古村东南约 300 米土岭·1859 年〕 1859 年 10 月,太平军石镇吉部回师广西经象州妙皇盘古村一带。该村覃、罗、廖、周等姓富户及地方团练与太平军相抗,死百余人。同治八年(1869)五月,收拾死者遗骨合葬。墓葬朝南,为圆丘形泥土冢,2 座,周边用不规整的石头堆砌。大坟高 1.1 米,底径 3 米,有石碑 1 方,记述合葬经过;小坟 1.1 米,底径 1.7 米,无墓碑。

E₁₄₋₁ 清同治八年墓碑 〔妙皇乡盘古村百人坟前·清代〕 清同治八年(1869)立。为清咸丰九年(1859)被太平军击毙的古楼村团练尸骨合葬墓之碑。碑高 0.9 米,宽 0.47 米,厚 0.08 米。碑文竖行,125 字。无额题,落款"同治八年五月十五日立碑安葬",碑文记载:清咸丰九年十月十二日,上帝会路经妙皇一带,古楼村覃、罗、廖、周等富户及团练据苟吼岩对抗,被太平军击毙,尸骨被乡人收葬。

76 - E₁₅ 太平军前线指挥部旧址 〔中平镇中平社区西面约 750 米的仁义河岸上·清代〕 旧址原为甘王庙,清光绪十三年(1887)重修。清咸丰年间(1851—1861),太平军以此庙作为前线指挥部。坐东向西,二进院落,由前殿、正殿、天井、南厢房组成,占地面积约 256 平方米。前殿、正殿面阔三间,进深二间,青砖墙,抬梁式木构架,硬山顶,盖小青瓦。正殿前柱有对联"安邦定国为人民赫赫战功千载颂,歼敌保疆伸正义巍巍勋绩万年长"。北外墙绘有太平天国会议图、七勇士大战独鳌山图、洪秀全肖像。天井内立序文、功德碑 4 方。

77 - E₁₆ 石鸿韶墓 〔寺村镇大井行政村大井村南约 500 米·民国〕 石鸿韶(1853—1923),字晋卿,广西象州县寺村乡大井村人,清云南迤西道(即腾越关道)道尹。奉清政府委派会勘中缅北段边界,因昏庸失职,被革职。墓葬朝北,冢呈圆丘形。以大石板围砌,三合土封顶,高 1.12 米,底径 3.75 米,墓碑高 1.56 米,宽 0.8 米,硬山顶碑盖,碑面中部刻"清授资政大夫显考石公晋卿府君之墓"等字。墓于 1986 年

被盗，同年族人修复。

78 – E₁₇ 大乐革命烈士纪念塔 〔大乐镇大乐社区西南约1公里爱鸡岭上·1950年〕 由纪念塔及烈士墓组成，占地面积约455.2平方米。纪念塔朝东，长方形塔座，塔座前镶嵌碑刻1方，碑文记述1950年大乐区剿匪战斗经过和9名解放军烈士芳名。塔身为长方立柱体，高8.2米，正面题"革命烈士永垂不朽"9字。塔前8米处，有一座烈士墓，冢呈圆柱形，高1.2米，径2.8米，墓前立碑刻2方，碑上记载参战而光荣牺牲的3位民兵芳名。

79 – E₁₈ 象州烈士陵园 〔象州镇温泉大道体育广场边沿·1983年〕 建于1983年，为纪念为中国人民的解放事业和建设事业献出宝贵生命的先烈而建。由烈士纪念塔、烈士纪念碑廊、凉亭2座组成，占地面积约1.014万平方米。纪念塔面朝西，立柱形，正面题"为国捐躯永垂不朽"，周为石铺地坪，前有数十级台阶。现为国防教育基地。

80 – F₁ 龙女村天主教堂 〔大乐镇龙屯行政村龙女村·1886年〕 建于清光绪十二年（1886），为法国籍神甫司立修。砖木结构，有房间23间，建筑总面积约3700平方米。圣母堂为哥德式建筑，面阔12米，进深27米，内有8根木圆柱。每根高6.5米。大门两侧各有一座六角形四层钟楼，左尖顶、右平顶，堂内顶有六角藻井5个。每层置耶稣像1尊。右楼悬挂铜钟1只。

81 – F₂ 高氏祖祠 〔中平镇谢官行政村上谢官村·清代〕 建于清末民初，具体时间不详。仿西式二层建筑，坐西朝东，泥砖结构，面阔9.2米，进深13.2米。占地面积约121.44平方米。泥砖墙，盖瓦，屋内设天井，阔4.2米，进深2.52米，天井四角立4根砖柱，屋内东南角架设木质梯，屋内东、南、北面设有木板骑楼。底屋中设拱形门，无窗。二层拱窗，尾顶砌女儿墙。

82 – F₃ 怀远拱桥 〔水晶乡水晶行政村福幸村南小河上·1916年〕 1916年，水晶街韦茂昌等倡导，附近村屯及过客捐资修建。南北走向，单孔石拱桥，长8米、宽2.7米，拱跨5.2米。桥身用规格不一的片石干砌，桥拱用料石券砌。桥南、北两端各置石阶5级。

83 – F₄ 大碑桥 〔运江镇运江社区运江镇人民政府南面约350米河面·1925年〕 建于1925年，为思劳、马路、大旺、小旺村出入的道路桥梁。东南—西北走向，单孔石拱桥，长14.8米，宽3.15米，拱跨7米。桥身用片石砌筑，料石券桥拱，桥面铺石板。桥东南端置石踏跺8级。

84 – F₅ 薛仁贵衣冠墓 〔象州镇沙兰行政村古柳村南1.5公里的四面山顶·1931年·县文物保护单位〕 据《象州志》载，薛仁贵（614—683）为绛州龙门（今山西河津）人，唐咸亨元年（670）贬象州，不久，会救还，留白袍和盔帽于象州，后州人于城北建白袍庙奉祀。1931年，因建学堂，庙拆，改于城南四面山巅建衣冠冢。墓葬朝东北，冢呈圆丘形，以片石围砌，高1.5米，直径3米，占地面积约180平方米。墓碑刻"唐大将军薛仁贵衣冠之墓"，已碎为数段。2006年重立墓碑、墓志和重修碑记。

85 – G₁ 军田石戈出土点 〔罗秀镇军田行政村军田村·新石器时代〕 1981年秋，军田村出土石戈1件，直援，直内，表面打磨光洁，长条形，前窄后宽，无穿，无阑，两面正中均起脊，截面呈菱形。除锋端已残和周边有些崩疤。残长0.145米，援宽0.044米。

86 – G₂ 罗汉铜鼓出土点 〔中平镇良山行政村罗汉村南约500米·西汉中期—南朝〕 1976年12月，村南的水田中出土冷水冲型铜鼓1面，鼓面向下，无伴出物。鼓面径0.88米，残高0.55米。鼓面太阳纹十二芒。面沿环列四蛙，蛙间饰有双乘骑、三乘骑、三头牛各一组。面、身主要饰变形羽人纹、星点纹、水波纹等。胸腰间附扁耳2对，环耳1对。

87 – G₃ 苏村铜鼓出土点 〔中平镇多福行政村苏村西约500米·西汉中期—南朝〕 1989年1月，于村西的水田中出土冷水冲型铜鼓1面，鼓面向下，无伴出物。鼓面径0.645米，残高0.41米。鼓面太阳纹十二芒。面沿环列四蛙，二蛙间饰乘骑和马。面、身主要饰变形羽人纹、水波纹、菱形纹等。胸腰间附扁耳2对。

88 – G₄ 大普化铜鼓出土点 〔中平镇中平社区大普化村北约100米·西汉中期—南朝〕 1991年11月20日，出土冷水冲型铜鼓1面，鼓面向下，无伴出物。鼓面径0.82米，高0.575米。鼓面太阳纹十二芒。面沿环列四蛙，二蛙间各饰一条大鱼。面、身主要饰变形羽人纹、云雷纹、圆心垂叶纹等。胸腰间附扁耳2对，环耳1对。

89 – G₅ 寺村铜鼓出土点 〔寺村镇寺村行政村寺村·西汉中期—南朝〕 1974年4月7日，在寺村小学内出土冷水冲型铜鼓1面，鼓面向下，无伴出物。鼓面径0.8米，高0.57米。鼓面太阳纹十二芒。面沿环列四蛙，二蛙间饰有单乘骑。面、身主要饰变形羽人纹、水波纹和鱼纹等。胸腰间附扁耳2对，环耳1对。面有残蚀孔二处。

90 – G₆ 崇山铜鼓出土点 〔寺村镇崇山行政村崇山村北约700米·西汉中期—南朝〕 1974年4月7

日，在路边土岭甘蔗地出土冷水冲型铜鼓 1 面，鼓面向下，无伴出物。鼓面径 0.765 米，高 0.53 米。鼓面太阳纹十二芒。面沿环列四蛙，二蛙间饰一乘骑。面、身主要饰变形羽人纹、水波纹、圆心垂叶纹等。胸腰间附扁耳 2 对，环耳 1 对。

91－G₇　下那曹铜权出土点〔罗秀镇军田行政村下那曹屯·元代〕　1975 年，出土铜权 1 件，权上有"延祐元年静江路造"铭文。高 0.093 米，底宽 0.038 米。

92－G₈　古学村钱币窖藏〔水晶乡新村行政村古学村北·宋代〕　1975、1976 两年均出土铜钱 85 公斤左右。两处出土地点相距 1.6 米。铜钱为唐、宋钱币。

金秀瑶族自治县

1－A₁　六冲岭营盘遗址〔三江乡三江行政村八里塘村西南约 300 米六冲岭·明代〕　据传为明代驻军镇压大藤峡瑶民起义所修建的工事。遗址在山坡上，面积约 2000 平方米。营盘平面呈椭圆形，夯土筑营墙，现存营墙 117.3 米，残高 1.4 米，宽 2.3 米。壕沟上宽 1.4 米，下宽 0.65 米，深 1.3 米。营墙内建筑不存，地表发现有明代青花瓷片。

2－A₂　鸡冲营盘〔罗香乡罗运行政村鸡冲屯北约 400 米的一个小山包上·明代〕　修筑于明代，具体时间不详。营盘由营房区、操练场、瞭望台、战壕组成，自东向西排列，占地面积约 2200 平方米。营房区平面略呈圆形，直径约 35.4 米。操练场平面呈长方形，长约 54 米，宽约 22 米。营盘南端有一个土筑瞭望台，长 3 米，宽 2 米，高 0.6 米。营盘南面下方约 250 米有一条长约 800 米的战壕，上宽 1.8 米，下宽 1.1 米，深 1 米。

3－A₃　耙沙界战壕遗址〔罗香乡罗运行政村石门冲屯北约 1 公里小山岭脊上·明代〕　修筑于明代，是大藤峡瑶民起义军为抵御朝廷官兵进攻所修筑的防御工事。山岭南北两面为陡坡，战壕修在岭脊上，呈东西走向，全长约 60 米，宽 3.5—4 米，深 0.6—1.5 米，占地面积约 225 平方米。

4－A₄　石门肚遗址〔罗香乡罗运行政村石门冲屯背西北约 1 公里的石门肚半山腰·明代〕　建于明正统七年（1442），为大藤峡瑶民起义军为抵御明军所修筑的防御工事及宿营地。石门地势险要，易守难攻。遗址由北至南呈一条线分散分布，共有 8 处。各处平面不规则，长 7—20 米，宽 5—11 米。部分遗址周边筑有片石墙，高 1.3—2.7 米，占地面积约 90 平方米。石墙部分石块坍塌，周围杂草丛生。

5－A₅　月王岭石墙〔头排镇头排社区月王岭顶峰前约 400 米·明代〕　又称越王岭。明成化元年（1465），韩雍率军 16 万出征广西镇压荔浦、象州、武宣一带的壮、瑶族义军。三江乡、头排镇等地义军，在月王岭构筑石墙，据险抵抗明军，因寡不敌众，全部阵亡。石墙用片石绕山峰干垒成，东、南面呈弧形，墙长约 252 米，高 1.3—1.7 米，宽 1.2—1.5 米，中间在山口处开有一门。占地面积约 374 平方米。

6－A₆　圣堂山石墙〔长垌乡平孟行政村圣堂山山腰·明代·自治区文物保护单位〕　建于明代。是明代大藤峡瑶民起义军所修筑的工事。墙体用料石干砌，中间用碎石填充。主要有石墙 2 处，其中一道南北走向，两侧为峭壁，平面呈曲尺形，墙长 99.4 米，高 3.6—4.4 米，宽 3.6—6.2 米，中部开门。其西南约 400 米处为另一道石墙，背靠大山，前面及两侧为陡崖，长约 100 米，最高处 7 米，最宽处 5.3 米。

7－B₁　八里塘墓群〔三江乡三江行政村八里塘村西约 200 米营盘岭·汉代〕　墓群分布面积约 400 平方米。墓葬现存封土呈圆丘形，高 1.2 米，底径 3.1 米。在墓区采集到米字纹、方格纹、水波纹陶片。

8－B₂　王二东汉墓群〔桐木镇仁里行政村王二屯南约 300 米官坡岭·东汉·自治区文物保护单位〕　墓葬分布面积约 6000 平方米，有墓葬 32 座。现存封土呈圆丘形，高 0.8—1.5 米，底径 4—14 米。采集到汉代水波纹、方格纹陶片。1992 年清理 2 座，2007 年清理 4 座，为竖穴土坑墓，平面呈"凸"字形，斜坡墓道，出土陶器、铜器、石器等遗物计 53 件。（见《广西文物》1992 年 2 期）

9－B₃　李氏家族墓地〔桐木镇仁里行政村仁里村西南约 1.5 公里龙头山·清代〕　在山腰有墓葬 4 座，分布面积约 3325 平方米。其中有青州同加二级李国英母亲墓。圆丘形冢，碑高 1.8 米，宽 0.9 米，记载有墓主生平。墓东面约 33 米、西面约 100 米各立石碑 1 方，分别刻李国英祖父李起仁、祖母陆氏、母亲获清同治皇帝追赠的诰命。

10－B₄　梁配美墓〔桐木镇桐木行政村新圩屯南浦埠岭·清代〕　梁配美（1649—1736），广西金秀县桐木镇马寨村人，官清武略佐骑尉。墓葬朝南，冢呈圆丘形，高 1.6 米，底径 4.3 米，四周用料石围砌。石质帽珠顶。墓碑有顶盖，上雕饰梅花和乳钉，碑面刻"皇清例赠显考梁公配美府君老大人之墓"，清嘉庆十二年（1807）立。墓前、后各立 1 石狗。

11－B₅　梁道喜墓〔桐木镇泰山行政村马寨屯三家村东约 100 米狮子山·清代〕　梁道喜（1719—1786），广西金秀桐木镇马寨村人，梁配美之子，乡绅。葬于清乾隆五十一年（1786）。墓葬朝西，冢呈圆丘形，料石围砌，底径 4 米，高 1.8 米，占地面积约45.34 平方米。墓碑阴刻"皇清例赠稀寿显考梁公讳道喜老大人之墓"，顶部为道喜祖、曾祖、始祖名讳。墓前两侧立有碑，述其生平，墓后立后土碑，祈求神灵保佑。

12 - B₆　梁胜运墓　〔桐木镇泰山行政村马寨村西南约 1.5 公里妙算岭·清代〕　梁胜运（1727—1787），广西金秀七建巴山村人。因其子孙有庠生 3 人，举人、监生各 1 人而显贵。墓葬朝西，圆丘形三合土冢，周以长方条料石围砌。冢高 1 米，底径 2.5 米。墓区占地面积约 17.34 平方米。墓前立碑 5 方，主碑居中，两侧各为墓志和无字碑。墓后立有后土碑 1 方，上阴刻楷书"寿"字，字径 0.3 米。

13 - B₇　韦文漠墓　〔桐木镇泰山行政村猫尾村西约 100 米猫尾山·清代〕　韦文漠（1725—1797），广西金秀桐木镇泰山村人，清武略佐骑尉。墓葬朝东，冢呈圆丘形，以青砖围砌，高 1.1 米，底径 2.6 米。占地面积约 19.6 平方米。墓前立主碑 1 方，文字多被人凿损，难以辨认。主碑前方左右 2 方侧碑，文叙述墓主生平。

14 - B₈　梁国安墓　〔桐木镇泰山行政村猫尾村西北约 600 米中月山·清代〕　梁国安（1746—1813），广西金秀桐木镇马寨村人，梁道喜三子，清武略佐骑尉。墓葬朝东，冢呈圆丘形，周以长条料石围砌，高 0.92 米，底径 3.7 米，占地面积约 28.26 平方米。墓前立碑 3 方，主碑阴刻"皇清例赠武略佐骑尉显考梁公字国安号云岩之墓"，余碑文记载墓主生平。

15 - B₉　韦国珍墓　〔桐木镇泰山行政村泰山村西约 2 公里·清代〕　韦国珍（1743—1835），广西金秀桐木镇泰山村人，清武略佐骑尉。墓葬朝南，圆丘形土冢，高 1 米，底径 3.2 米。占地面积约 14.5 平方米。墓前立碑 3 方。主碑高 0.8 米，宽 1.2 米，碑文记述墓主生平。

16 - B₁₀　梁仁山墓　〔桐木镇泰山行政村泰山村北约 2 公里茶山岭·清代〕　梁仁山（1731—1797），广西金秀桐木镇马寨村人，清乾隆年间（1736—1795）进士。墓葬朝北，圆丘形三合土冢，周用料石围砌，高 1 米，底径约 3 米，占地面积约 15.9 平方米。墓前立碑 3 方，主碑碑文记述墓主生平。墓早年被盗。

17 - B₁₁　梁宇贤墓　〔桐木镇泰山行政村马寨村背的牛岭·清代〕　梁宇贤（1753—1823），为梁道喜第五子，正九品登仕郎。葬于清道光三年（1823）。墓朝东南，冢呈圆丘形，料石围砌，底径 3.1 米，墓区占地面积约 19.63 平方米。碑中部竖行楷书"皇清恩授正

九品登仕郎显考梁公号古冈墓"，碑右侧竖刻墓主人生卒年月日及安葬地，碑左侧竖刻墓主人亲属合祀名字等。另立有现代新碑 1 方。

18 - C₁　显荣公祠　〔桐木镇七建行政村巴山村·清代〕　建于清雍正二年（1724）。坐东南朝西北，砖木结构，二进院落，由前座、后堂、天井和两厢组成，占地面积约 264.4 平方米。前座、后堂面阔三间，青砖墙，抬梁式木构架，硬山顶。盖小青瓦。前座设有小前廊，大门为石质框，门额挂"显荣公祠"匾。室内立有 6 根石金柱。檐柱、门等处有对联。门窗雕刻精美图案，墙端绘花鸟等壁画。

19 - C₂　韦公祠　〔桐木镇泰山行政村泰山村·清代·县文物保护单位〕　建于清乾隆四年（1739）。坐北朝南，三进院落，由前座、戏台、中厅、阁楼、正堂、天井、走廊、厢房等组成，占地面积约 354 平方米。主体建筑面阔五间，砖墙，硬山顶，盖小青瓦。前座的戏台、中厅的阁楼已毁，仅余立柱。天井两侧为走廊、厢房。室内檐、柱、门浮雕兽、鸟、缠枝等图案。

20 - C₃　巴山村炮楼　〔桐木镇七建行政村巴山村·清代·县文物保护单位〕　建于清乾隆六年（1741）。炮楼为砖木结构，三层楼，高 6.5 米，面阔、进深一间，占地面积约 15 平方米，二、三层均设枪眼及花窗式瞭望孔。

21 - C₄　春台梁公祠　〔桐木镇那安行政村龙屯村·清代〕　建于清同治三年（1864）。坐东朝西，砖木结构，三进院落，由前座、中厅、后堂及天井、厢房组成，占地面积约 500 平方米。主体建筑面阔三间，正面青砖墙，两侧为泥砖墙，穿斗式木构架，硬山顶，盖青瓦，砖砌灰浆压脊，两端塑博古。封檐板及挑手雕刻动、植物图案。前座置檐廊，立石础木檐柱 2 根，门额悬"春台梁公祠"匾。祠内有清嘉庆二十年（1815）立禁约碑 1 方，碑文主要内容：一是不准在此乱挖泥、石，二是犯者罚油五十斤，三是按规处置不得徇私。

22 - C₅　鹿鸣村炮楼　〔桐木镇鹿鸣行政村六地屯·清代·县文物保护单位〕　建于清同治八年（1869），光绪十三年（1887）重修。坐东朝西，砖木结构，面阔、进深一间，楼高 9.68 米。底层基础以料石砌成，高 1 米，其上砌清水砖墙，内分四层，木楼板，每层四面各有枪眼 1 个，二层开券拱门，三、四层开镂空花格窗，顶盖青瓦。占地面积约 26 平方米。

23 - C₆　三姑娘庙　〔头排镇二排行政村龙坪村东北端·清代〕　清光绪三年（1877）村民捐款修建戏台，次年再建庙形成四合院，由庙和戏台组成，占地

面积约176平方米。坐东南朝西北，面阔三间，泥墙，抬梁式木构架，硬山顶，盖小青瓦。庙内立4根木金柱，大理石础。正殿供奉三姐妹神像，墙边立官府告示碑1方、捐款功德碑6方。庙堂对面约20米为戏台，泥墙，4根木柱支撑，抬梁式木构架，盖小青瓦。台基高2.15米，木板台面，设木板屏风。戏台与庙堂之间为天井，天井两侧为厢房。

24－C₇　陆氏宗祠　〔桐木镇龙庆行政村龙庆村·清代〕　建于清光绪十年（1884）。坐北朝南，砖木结构，二进院落，前座及后堂组成，占地面积约213.18平方米。主体建筑面阔三间，砖墙，抬梁式木构架，硬山顶，盖小青瓦，泥质花窗。前座有前檐廊，立2根方石檐柱，门额嵌"陆氏宗祠"匾，两侧各有1座耳房，每座耳房有2个拱门。后堂封檐板刻有龙纹、花草动物图案，室内4根木金柱。

25－C₈　六巷村木桥　〔六巷乡六巷行政村北面4公里六巷河上·清代〕　当地花兰瑶族称"云桥飞渡"。建于明代，清光绪二年（1876）重修。木质吊桥，长27.6米，宽0.27米。在河两岸，各开一个以鹅卵石围筑的深洞，斜插一条巨大杉木构成人字形吊杆，用3根杂木连接成桥面，用野藤捆扎将桥面吊起，无钉，无墩。

26－C₉　罗氏宗祠　〔桐木镇大蚕行政村北端·清代〕　建于清代，具体时间不详。坐南朝北，砖木结构，三进院落，由前座、中厅、后堂、天井组成，占地面积约407平方米。主体建筑面阔三间，砖墙，穿斗与抬梁混合木构架，硬山顶，盖小青瓦。前座明间设内凹廊。各座间设有天井。室内抹灰，壁有彩绘人物、花鸟壁画。

27－D₁　义路村过渡碑　〔大樟乡大樟行政村义路村东北端的村口闸门旁·清代〕　清雍正二年（1724）立。碑阳朝北，碑高0.68米，宽0.53米，厚0.2米。横行额题，字迹不清，正文竖15行，满行25字左右，约300字，阴刻，楷书。碑文记述乡绅覃希士等32人捐助粮钱，修建渡口码头，方便村民渡河之事。

28－D₂　象州修仁交界碑　〔桐木镇龙庆行政村新圩街中心处·清代〕　清乾隆三年（1738）立。当时新圩市场繁荣，热闹非凡。象州、修仁两乡的群众为了避免争地盘，做生意互相殴打，便把新圩街分成两半，每县各管一半，在街中心立碑为界，稳定了局面。碑高0.7米，宽0.65米。碑面刻"象州修仁"，落款"乾隆三年立"。修仁今属荔浦县。

29－D₃　帽合山岩画　〔桐木镇泰山行政村猫尾屯北约2公里帽合山中部山腰·明代·自治区文物保护单位〕　用朱红色在岩壁上绘岩画1处。画面东西长

8.7米，高2.2米，分布面积19.14平方米。绘人物像20个，马、龙、鸟和类似文字符号图像10个。

30－E₁　龙坪上帝坪　〔罗香乡龙坪行政村龙坪村西约100米山丘·1846年〕　清道光二十六年（1846）洪秀全派人到罗香一带发展拜上帝会，发展教徒。龙坪村西边山丘是教徒进行"拜上帝"活动和操练的场所，故名上帝坪。上帝坪四周岗丘环抱，范围长约90米，宽约40米，占地面积3600平方米。仅有沿山涧一羊肠小道可通。现基本保持原貌。

31－E₂　花炉村遗址　〔大樟乡花炉行政村花炉村·1851年〕　1851年春夏，金田起义后太平军西进武宣、象州，往返途经并驻扎花炉村。花炉村56户除1户外，均自焚房舍，参加太平军。村旁原有营寨、操场等，后均毁。新中国成立后建设有新村。

32－E₃　罗盘岭营盘遗址　〔大樟乡大樟行政村义路村西北约1.5公里罗盘岭·1851年〕　1851年5月，金田起义后太平军西进武宣途经义路村时驻筑的营地。营盘平面呈椭圆形，占地面积约4653平方米。营墙用泥土夯筑，占地面积约246平方米，周边环绕壕沟，长294米，上宽3.3米，下宽1.6米，深2.2米。

33－E₄　瓦窑岭营盘遗址　〔大樟乡大樟行政村奔腾村南约600米瓦窑岭·1851年〕　1851年3月21日，洪秀全、杨秀清等率太平军由花炉至奔腾村、高秀村一带驻扎时所筑。奔腾村盘姓、梁姓瑶、壮族400多户村民多数在此"拜上帝"，加入太平军。营盘平面呈长方形，占地面积2389平方米。周边环绕壕沟，长约190米，上宽3.8米，下宽3.3米，深2.3米。

34－E₅　洛槽岭营盘遗址　〔大樟乡大樟行政村奔腾村东南约1.3公里洛槽岭·1851年〕　1851年3月21日，太平军由花炉至奔腾村、高秀村一带驻扎时所筑。营盘呈椭圆形，占地面积约4962平方米。周边环绕壕沟，壕沟长约581米，上宽2.8米，下宽1.5米，深2.1米。

35－E₆　牛岭营盘　〔大樟乡大樟行政村高秀村西南约300米牛岭·1851年〕　1851年3月21日，太平军由花炉至奔腾村、高秀村一带驻扎时所筑。营盘平面呈椭圆形，占地面积3297.21平方米。周边环绕壕沟，壕沟长约232.17米，上宽3米，下宽1.1米，深1.7米。部分壕沟已坍塌回填。

36－E₇　圆岭营盘　〔大樟乡大樟行政村高秀村西南约1公里·1851年〕　1851年3月21日，太平军由花炉至奔腾村、高秀村一带驻扎时所筑。营盘平面呈椭圆形，占地面积9454平方米。周边环绕壕沟，壕沟长1571米，上宽3米，下宽1.1米，深1.7米。

37－E₈　崖甫岭营盘遗址　〔大樟乡大樟行政村义

路村西南约 1.5 公里·1851 年〕 1851 年 5 月，清军为围剿西进武宣、象州的太平军时所筑。营盘平面呈椭圆形，占地面积约 42983 平方米。营墙用泥土夯筑（已毁），营盘四周环绕壕沟，壕沟长约 735 米，上宽 3.3 米，下宽 1.5 米，深 2.1 米。

38－E₉ 小马村营盘遗址 〔桐木镇龙庆行政村小马村西约 1 公里·1851 年〕 1851 年夏，清军向荣部为阻止西进武宣、象州的太平军北上而筑。营盘呈圆形，营墙壁用泥土夯筑，面积约 220 平方米。周边环绕壕沟，壕沟宽 3.1 米，深 3 米。现沟大部分被填平。

39－E₁₀ 马桥岭营盘遗址 〔桐木镇西南约 1 公里马桥岭·1851 年〕 1851 年夏，清军向荣部为阻止太平军从象州北上所筑。营盘呈长方形，占地面积约 350 平方米。四周绕以壕沟，壕沟宽 2.5 米，深 2.2 米。大部分壕沟已被填平。

40－E₁₁ 母猪岭营盘遗址 〔桐木镇西南约 1 公里母猪岭·1851 年〕 1851 年夏，清军向荣部为阻止西进武宣、象州的太平军北上而筑。营盘呈长方形，占地面积约 306 平方米。四周绕以壕沟，壕沟宽 2.9 米，深 2.9 米。

41－E₁₂ 金鸡坳石墙 〔忠良乡车田行政村金泗村西金鸡坳·1898 年〕 清光绪二十四年（1898）闰三月初一，法国传教士苏安宁等将贴有不信天主教的揭帖撕毁，并捣毁铺店，向群众开枪，义愤群众遂将苏安宁等 3 人打死。史称"永安教案"。事后，清政府屈从于法领事威胁，派兵镇压群众。永安州团绅候补参将黄政素被疑与此案有关，遂率团勇移驻金泗、石琢等村一带隐藏，并在金鸡坳用料石砌筑石墙一道。石墙长 125 米，高 2.1 米，厚 0.8 米。现残存约 40 米。

42－E₁₃ 三角瑶民起义旧址 〔三角乡三角行政村·1932 年〕 1932 年 10 月，张杰、石龙泽等领导三角、柘山、长乐、冷水、古范一带瑶民起义，反对国民党当局的统治。起义指挥部设在三角乡公所。旧址坐东南朝西北，泥砖木结构，两层楼房，面阔三间，泥砖筑墙，抬梁式木构架，悬山顶，盖小青瓦。两层皆设有前廊，二楼走廊为木楞木廊板，边置直棂木栏杆。占地面积约 159 平方米。

43－E₁₄ 金秀警备区署设治局旧址 〔金秀镇六拉行政村金秀村·1940—1949 年·县文物保护单位〕 1940 年春，广西设金秀警备区署，始寄居修仁县，同年移署金秀。1942 年改设金秀设治局。1947 年 8 月，恢复警备区署。1948 年夏，易名为警察局。旧址坐西朝东，砖木结构。为四层楼房，四壁设有枪眼。青砖墙，硬山顶，盖青瓦。占地面积约 45 平方米。现拆改为二层楼房。

44－E₁₅ 中共象州县特别支部旧址 〔桐木镇古院行政村小古院村·1947—1948 年〕 1947 年，中共象州县特别支部在此建立，开展地下革命活动。次年冬，成立桂中游击队象州武工队。旧址原为村民覃文茂住宅，坐南朝北，为泥筑墙，木构架平房，硬山顶，盖小青瓦。

45－E₁₆ 桂中游击队八团二营分队旧址 〔长垌乡桂田行政村龙华村·1949 年〕 1949 年，中共组织在龙华村发动瑶民起义，成立桂中游击队 8 团 2 营分队。该村 19 户瑶族的成年人都参加了游击队，为配合中国人民解放军进瑶山剿匪，建立人民政权做出贡献。龙华村是游击队的常驻地。村建于半山腰东坡，坐西朝东，房舍依山势而筑，上下错落，建筑均为夯土墙，悬山顶，竹木结构平房，占地面积约 1000 平方米。

46－E₁₇ 大前屯剿匪战斗遗址 〔头排镇同扶行政村大前屯东北端·1950 年〕 1950 年 7 月 19 日，解放军及民兵将土匪包围在大前屯碉楼，炸死敌匪营长温志清及 40 多个顽匪。21 日全歼土匪，毙敌 143 人，活捉 248 人，缴获各种枪支、弹药一批。碉楼建于清代，民国时期为当地大地主韦少明护院的炮楼。坐东北朝西南，共有 4 层，高 15 米，宽 5.5 米，底部为 1.7 米石墙，上面为泥墙，四壁设有枪眼、瞭望孔，顶部半层为砖墙，大多已毁，占地面积约 30.25 平方米。

47－E₁₈ 立冲屯烈士墓 〔罗香乡罗运行政村立冲屯东南约 500 米·1951 年〕 建于 1951 年。为中国人民解放军 174 师 520 团 2 营 6 连战士陈保镰、李九福烈士之墓。陈保镰，河南省第 1 区日南村人；李九福，河南泌阳县五团东河村人。在 1951 年初的大瑶山剿匪战斗中牺牲。当地民政部门在烈士牺牲的地方建墓立碑。2 墓并排，间隔 1 米，南为陈保镰烈士墓，北为李九福烈士墓，皆朝东，土堆冢，墓碑规格相同，高 0.92 米，宽 0.55 米，厚 0.07 米，碑面刻有烈士姓名、籍贯及生前所在部队番号。

48－E₁₉ 王同惠纪念亭 〔六巷乡六巷行政村六巷南村约 300 米·2002 年·县文物保护单位〕 王同惠（1912—1935），河北省肥乡县赵寨村人。1935 年 12 月 16 日，同丈夫费孝通到象州县东南乡（1952 年划属金秀县六巷乡）进行瑶族社会历史调查，为救夫不幸坠崖溺水身亡。1985 年 11 月六巷乡人民政府建此亭，2002 年重建。原亭为砖木结构，高 4.5 米，占地面积约 8 平方米。平面呈正方形，四柱，攒尖顶，盖琉璃瓦。亭内有六巷乡人民政府 1985 年立的王同惠女士纪念碑。碑高 1.6 米，宽 0.85 米，碑文记述王同惠遇难经过。

49－F₁ 江洲天主教堂 〔头排镇二排行政村江洲村西面·1892 年·县文物保护单位〕 清光绪十八年

（1892），法国天主教主教马维良、教士吴坤德、神父苏克忠到江洲修建天主教堂。教堂原附设学校、医院，有房24间，现仅存天主堂1座。坐东朝西，泥砖、木结构，二层楼房。面阔三间，抬梁式木构架，悬山顶，盖小青瓦。正立面呈"山"字形，面间明间前凸，较高，底层中部开门，门额上方扇形匾题"天主堂"。两次间稍矮，内立木柱6根，占地面积约247平方米。

50-F₂ **功德桥** 〔金秀镇功德路金秀河上·1982年·县文物保护单位〕 建于清末。1965年重修，名"解放桥"。1982年为纪念金秀瑶族自治县成立三十周年而加宽、加盖，改称"功德桥"。南北走向，长16.53米，宽7.8米，高11米。桥面和8根柱子改为钢筋水泥结构，桥亭为抬梁式木构架，三重檐，盖青瓦。上层为四坡顶，四角飞檐。顶饰宝葫芦，四脊饰龙吐珠，二层为二坡顶，三层为硬山顶。檐有封檐板，檐内的斗拱雕花鸟图案。桥两端砖砌"凸"字形山墙，墙头为歇山顶。桥内两侧置水泥栏杆。两端桥头各置石狮1对。

51-F₃ **大瑶山团结公约碑** 〔金秀镇功德路县人民政府办公大楼南约10米石牌亭·1982年·自治区文物保护单位〕 碑刻1方，在石牌亭旁。1951中央访问团到大瑶山进行访问，增进了团结。按瑶族风俗杀鸡喝血酒誓盟，订了6条公约，竖刻《大瑶山团结公约碑》。原碑立于1951年，1966年被砸坏，1982年按原样复制。碑高2.02米，宽1.05米，厚0.17米。双层底座，碑帽横行阳刻《大瑶山团结公约》，楷书。正面刻有大瑶山团结公约条规，背面增刻了1953年2月制定的《大瑶山团结公约补立规定》全文。

52-G₁ **平道铜鼓出土点** 〔长峒乡平道行政村东南约1公里·西汉中期—南朝〕 1956年，出土冷水冲型铜鼓1面。鼓面径0.62米，高0.42米。鼓面太阳纹十二芒。面沿环列四蛙，间另有乘骑塑像。面饰变形羽人纹、变形翔鹭纹和复线交叉纹。胸腰间附辫纹扁耳2对。

53-G₂ **东山钱币窖藏** 〔罗香乡东山村采育场·宋代〕 1978年10月，东山采育场出土铜钱1罐。铜钱重193公斤，除个别为唐代"开元通宝"外，其余都是宋钱，计有42种年号钱。

桂林市

象山区

1 - A₁ 甑皮岩遗址 〔象山区平山街道大风山社区甑皮岩路独山南麓·新石器时代·全国重点文物保护单位〕 洞穴遗址。1965 年发现。洞口朝西南,高 8 米,分为主洞、矮洞和水洞,面积约 400 平方米。1973 年、2002 年两次发掘面积约 80 平方米。文化层厚 0.2—2.5 米。发现了灰坑、烧坑和墓葬及人骨架 35 具。出土文化遗物有石器、骨器、蚌器、陶器(片)及 25 种动物骨骼等。文化层分为 5 期,第 Ⅰ 期石器打制较多,包括砍砸器、尖状器、切割器、穿孔器、锤、锛等。骨、角器为锥、铲等,蚌器主要是双孔刀。陶器为夹砂陶圜底釜,年代距今约在 12000—11000 年。第 Ⅱ 期石器器形同一期,骨器有锥、铲、针、镖等,蚌器有双孔刀,陶器数量增多,新出现了短直颈的圜底器,年代距今 11000—10000 年间。第 Ⅲ 期多打制砍砸器,磨制石器较少,骨器仅见锥,蚌器为单孔刀。陶器包括罐、釜、圈足盘、盆、钵等,年代距今 10000—9000 年间。第 Ⅳ 期文化遗物有陶器、石器、骨器、蚌器。陶器器类增多,出现高领罐、敛口罐和敛口釜。骨蚌器开始减少。年代距今在 9000—8000 年间。第 Ⅴ 期陶器的形制、陶色、纹饰均比以前大增,器类计有敞口罐、高领罐、敛口釜、直口或敛口盘口釜、盆、钵、支脚、圈足盘和豆,以红褐陶为主,也有灰、白、橙黄等颜色。纹饰主要有细绳纹、扁草纹,也有刻划纹、戳印纹、捺印纹。部分素面陶。已采用慢轮制陶工艺。磨制斧、锛已出现,而且通体磨光,较精致。年代距今约在 8000—7000 年间。甑皮岩遗址发现陆栖和水生动物 40 余种,动物群命名为"甑皮岩遗址动物群"。(见《甑皮岩遗址》,文物出版社 2003 年)

A₁₋₁ 甑皮岩 1 号墓 〔平山街道甑皮岩·新石器时代〕 1973 年发掘。无墓圹。有人骸骨一具,蹲葬,面朝南,头向前倾斜,枕骨朝上,颜面骨朝下,颈椎弯曲,上肢骨屈折前伸,肢骨和腓骨平行斜立于颈椎骨之前。掌骨和指骨以及仅存的一只脚的足骨紧贴于地,呈垂首、弯腰、屈肢的姿势。无随葬品。(见《考古》1976 年 3 期)

A₁₋₂ 甑皮岩 3 号墓 〔平山街道甑皮岩·新石器时代〕 1973 年发掘。无墓圹。存人骨一堆。其中有半边头骨、残上颌骨和完整的下颌骨等,为五六岁孩童的骸骨。属二次葬。无随葬品(见《考古》1976 年 3 期)

A₁₋₃ 甑皮岩 6 号墓 〔平山街道甑皮岩·新石器时代〕 1973 年发掘。无墓圹。有人骸骨一具,侧身屈肢葬,头骨破碎,颈、胸椎到骶骨相连,略作侧弯状。髋骨衔接左肢骨作横放,胫骨、腓骨成折屈,趾骨散存其下,肱骨垂斜,桡骨和尺骨上屈,指骨直托于下颌骨。无随葬品。(见《考古》1976 年 3 期)

2 - A₂ 象山遗址 〔象山区象山街道文新社区象山公园象山山顶·新石器时代〕 山坡(台地)遗址。1988 年发现。象山为石灰石孤山,高 50 余米,在漓江与阳江之汇合处。其山顶北面有一处高 2.5—3 米土坡,有褐色土层堆积,范围长 13 米,宽 2.5—6 米,面积约 55.6 平方米,内含夹砂粗陶片和砾石块。

3 - A₃ 四方岩遗址 〔象山区二塘乡四合行政村下月村后背山四方岩·新石器时代〕 洞穴遗址。1980 年发现。岩洞高距地表约 10 米,洞口朝南,洞高 4 米,宽 4.7 米,洞内进深 9 米,面积约 42.3 平方米。洞内东壁残存螺壳堆积,长 3 米、宽 0.7 米,内含螺壳、兽骨。

4 - A₄ 象鼻岩遗址 〔象山区二塘乡四合行政村上月山村东南象鼻岩·新石器时代〕 洞穴遗址。1980 年发现。岩洞高距地表约 10 米,洞口朝西南。洞口宽 8 米,高 4 米。洞内呈马蹄形,最高 10 米,进深 9.5 米,面积约 40 平方米。文化堆积破坏严重,堆积中含少量螺壳,洞口亦见少量螺壳。

5 - A₅ 琴头岩遗址 〔象山区二塘乡红光行政村常家村大月山北麓·新石器时代〕 洞穴遗址。1980 年发现。洞口高 3.26 米,宽 8.55 米,进深 13.67 米,面积约 116.87 平方米。文化堆积主要集中在洞口一带,在洞内发现兽骨、螺壳、蚌壳等及石器 1 件。

6 - A₆ 朝桂岩遗址 〔象山区平山街道大风山社区大风山北侧·新石器时代〕 洞穴遗址。1980 年发现。遗址在山北侧山腰,洞口高 13.26 米,宽 3.25 米,洞内进深 16.48 米,面积约 23 平方米,地层已遭到严重破坏。在洞内地表采集到打制石器、兽骨等。

7 - A₇ 牯牛山遗址 〔象山区东安街道东安社区

东安路牯牛山·新石器时代〕 洞穴遗址。1980 年发现。岩洞高距地面约 7 米，洞口朝东北。洞内宽敞，不平坦，采集到夹砂粗绳纹陶片及制作石器的石料。

8 - A₈ 南门月城水井遗址 〔象山区象山街道文明社区中山中路·宋代〕 共有 2 口水井，相距约 2 米，每井由 8 块弧形母子砖竖式错位砌成，砖为青砖，高 0.14 米，厚 0.03 米。井口平面呈圆形，内径 0.76 米，外径 0.82 米。井位于宋末桂林月城内，是当年驻守月城将士生活井。

9 - A₉ 骆家山寨 〔象山区二塘乡泮塘行政村骆家村西约 200 米的石峰上·明—清〕 系明清时期村民众为避匪患而建。山寨四面依山就险，在正门山、南机山与刀仔山之间凹地砌墙连接围绕成山间谷地。正门山和南机山之间设东寨门，门宽 1.25 米，高 2.16 米，厚 3 米，两侧石墙高 3—4 米，厚 1.6 米，长约 40 米。南寨门位于南机山与刀仔山之间。门宽 1 米，高 2.15 米，厚 3.12 米，两侧寨墙高 3—4 米，长约 78 米。占地约 160 平方米。

10 - B₁ 唐晖庭家族墓 〔象山区二塘乡四合行政村佛殿桥村·清代〕 唐晖庭，清二品官员。有墓葬 3 座，"品"字形排列，皆朝东，圆丘形土冢，均已被盗，墓室暴露，残存 2 具木棺和 3 方墓碑。东侧墓葬为唐晖庭墓，光绪三十四年（1908）建。北侧墓葬为唐晖庭妻墓，清光绪二十年（1894）建。南侧墓葬为唐晖庭母墓，清光绪三十年（1904）建。占地面积约 100 平方米。

11 - B₂ 刘氏墓 〔象山区南门街道翠竹社区黑山植物园黑山西麓·清代〕 建于清嘉庆十四年（1809）。为清代翰林院侍读、湖南学政李宗翰母刘氏之墓。墓葬朝西，八角形石基座浮雕云纹，冢呈圆丘形，高 1.43 米，底径 3.8 米，周用六层料石围砌，墓碑庑殿顶，碑面刻"皇清诰封夫人李母刘氏之墓"，冢后有一座四柱三间三楼石牌楼，顶端浮雕卷云纹。西北面有嘉庆十四年诰封碑，高 2.23 米，宽 0.97 米，厚 0.23 米。占地约 200 平方米。

12 - B₃ 孔平阶墓 〔象山区二塘乡四合行政村佛殿桥村·清代〕 孔平阶，山东人，曾参加清末抗法战争，后定居桂林，任提督，殁于光绪十年（1884），授建威将军巴图鲁。墓葬朝东，冢呈圆丘形，高 2.1 米，底径 4.6 米，周边用料石干砌，顶沿出檐。墓碑顶盖有宝葫芦石雕。冢两侧扶手宽 1.2—2.1 米。多次被盗掘，墓前原有石人、石马已无存。占地约 40 平方米。

13 - C₁ 虹桥 〔象山区象山街道虹桥社区南门桥东侧阳江南岸·明—清·自治区文物保护单位〕 又名横桥、胜水坝。明洪武九年（1376）桂林府城向南扩建的同时，在阳江向南转折的河道中横拦一道堤坝，"乘堞俯瞰，隐如长虹"，故名"虹桥"。明万历年间、清康熙二十四年（1685）重修，改名"胜水坝"。清道光二十三年（1843）再重修。坝导阳江入城壕，经象鼻山，汇入漓江。以坝为桥，东西走向。坝用巨料石平铺而成，呈北南斜坡。坝顶长 93 米，宽 21 米。桥既可行人，又具泄洪功能。是明代桂林重要的水利工程。

14 - C₂ 舍利塔 〔象山区象山街道虹桥社区民主路万寿巷文昌桥头·明代·自治区文物保护单位〕 建于唐显庆二年（657）。原为七级砖塔，明洪武十八年（1385）重建。坐北朝南，三级喇嘛式砖塔，高 13.22 米。石砌方形塔基，边长 7 米，底层四面券门贯通，门额两侧分刻八大金刚名号，南门额塑"舍利宝塔"额匾，其余三门额以汉文、梵文塑"南无阿弥陀佛"佛号。第二层为八角形须弥座，每面设圭形佛龛，内有趺坐佛 1 尊。第三层为宝瓶形，四面辟龛门，南面开 2 处存放舍利的嵌口，内置明、清时期盛舍利陶罐 10 余件。塔顶为相轮五重伞盖，置铁质葫芦形塔刹，铸明洪武十八年重建铭文 60 字，落款"洪武十八年十月初七日题"。塔四门八壁有墨书《金刚经》全文，塔腔内存明代舍利及明清骨灰罐数十件。塔前原有《金刚经》碑刻，传为唐褚遂良所书，可惜碑文已被铲掉，仅存无字碑身及碑首龙纹。

15 - C₃ 圣母池 〔象山区东安街道东安社区东安路·明代·市文物保护单位〕 又名八卦井。明孝穆皇后李氏为广西贺县桂岭乡瑶族土官李福斌女，明天顺六年（1462）进宫途中歇宿古茶庵，用此井水盥洗。明弘治帝登基后，为纪念生母，将八卦井扩建赐名圣母池，井旁立诰封碑。清乾隆五年（1740）、清光绪末年（1908）曾维修。池口平面近八角形，直径 2.3 米，以条石围砌而成，浮雕鹿、马、大象、鸳鸯等图案，间置方石柱，东南、西南和南面方柱有明嘉靖七年（1528）重修时刻题记："东圈街阁街募捐重修圣母池，戊子年立。"池深 7 米。池壁用料石叠砌成八角、四角和圆形三层。在八角和四角层井壁刻秉笏文臣像 3 尊和金刚像 1 尊，底嵌石刻四孔金钱泉眼。池台设望柱栏板。

16 - C₄ 普贤塔 〔象山区象山街道文新社区象鼻山顶·明代·市文物保护单位〕 俗名宝瓶塔、剑柄塔。建于明初，为喇嘛式实心砖塔，高 13.6 米，底径 5.8 米，占地面积 26.4 平方米。塔基为双层八角形须弥座，第二层北面嵌青石平雕普贤菩萨像，上端刻"南无普贤菩萨" 6 字，故称"普贤塔"。塔身用砖浆砌，呈宝瓶形，顶为圆形宝盖，相轮两圈承托宝珠。普贤像剥蚀风化严重。

17 - C₅ 崇善路清真寺 〔象山区象山街道五美社区崇善路 1 号·清代·市文物保护单位〕 建于清雍正末年（1735），清嘉庆十四年（1809）增建寺门，清道光至民国年间均有整修。坐西朝东，砖木结构，三进院落，由大门、讲经堂、中殿、沐浴净身房和铺房等组成，占地面积约 1218.25 平方米，大门顶饰三角形山花，门内为天井，两厢为讲经堂，中路通中殿，中殿、大殿面阔三间，中殿为穆斯林议事及典礼之地。大殿顶部为"弥纳雷式"八角形拱顶，木槛格窗，西壁镶嵌木版，刻 48 篇阿拉伯文《古兰经》，为阿訇讲经和穆斯林礼拜场所。大门南侧围墙内壁，立有清嘉庆三年《奉宪永禁龙舟告示碑》、清嘉庆十四年《清真寺增置师长养膳碑记》、清道光十年的《核里法供膳碑记》及《清真不二碑》碑刻 4 方。

18 - C₆ 沈李氏节孝坊 〔象山区南门街道龙船坪社区南溪山公园北·清代〕 建于清光绪二十二年（1896）。广西巡抚张联桂奉奏谕旨建，是为旌表盐课提举沈锬龄之母李氏守节教子而立。四柱三间三楼石牌坊，高 5.6 米，面阔 6.6 米。明间龙门枋上刻"皇恩旌表"，"已故署宣化县事永淳县知县加州衔海宁沈瑶箎室，玉田处士李裕昆之次女，盐课提举沈锬龄之生母苦志守节教子成立"。背面枋间垫板刻"孝竹贞松"等字，左右次间垫板刻"履洁""怀清"。柱方形，顶雕蹲狮，柱脚有夹杆石。

19 - C₇ 茶店村凉亭 〔象山区二塘乡阳家行政村茶店村内·清代〕 建于清代，具体时间不详。坐东朝西，木结构，长方亭，高 5 米，面阔 7.32 米，进深 5.85 米，占地面积约 43 平方米，檐柱 8 根，金柱 4 根，穿斗式木构架，歇山顶，盖小青瓦。凉亭四面敞开，凉亭东侧有戏台，西侧有庙宇。

20 - C₈ 令公祠 〔象山区二塘乡红光行政村常家村·清代〕 建于清代，具体时间不详。清嘉庆十一年（1806）、清光绪年间（1875—1908）均重修。坐西朝东，砖木结构，二进院落，由前座、戏台、后堂、天井组成，占地面积约 135.72 平方米。前座、后堂面阔三间，青砖墙，穿斗与抬梁混合木构架，硬山顶，脊饰鱼吻，盖小青瓦。弧形马头山墙。前座有前檐廊，立木檐柱 4 根，边柱饰雀替，中柱木雕麒麟撑拱，梁枋上饰卷草、花鸟、云纹柁墩。戏台高 1.9 米，中央上方为八角藻井。祠内有清代重修碑刻 3 方。后堂进深三间，内金柱 8 根。

21 - C₉ 蒋家村古井 〔象山区二塘乡平山行政村蒋家村·清代〕 建于清代，具体时间不详。井口平面呈圆形，井圈用整石凿成，高 0.67 米，内径 0.52 米，外径 0.7 米，井壁用弧形料石错缝围砌。井台用青石铺砌，呈方形，四面开有流水槽。

22 - D₁ 桂林石刻南溪山摩崖石刻 〔象山区南门街道龙船坪社区南溪公园内南溪山南、北麓·唐—民国·全国重点文物保护单位〕 有摩崖石刻 155 方：其中唐代 4 方，宋代 47 方，元代 3 方，明代 35 方，清代 52 方，民国 2 方，佚年 12 方。主要分布在山北白龙洞、元岩、玄岩、泗洲岩和山南刘仙岩、穿云岩一带石壁。形式有题名、题诗、题榜、题记、文告、歌诀、填词、铭文、绘画、跋刻、名人作品等。书体有真、行、草、隶、篆、反文。作者为政府官吏、地方文人、流寓客子、僧侣道士等。重要作品有唐宝历二年（826）李渤《南溪诗序》、唐李涉《玄岩铭并序》、北宋元祐四年（1089）关蔚宗等五人《游白龙洞题名》、南宋宣和四年（1122）吕渭《养气汤方》、绍兴十八年（1148）张平叔《张真人歌》、绍兴二十四年（1154）赵夔《桂林二十四岩洞歌》、淳祐元年（1241）黄应武《元岩词》、明天启元年（1621）李开芳刘仙岩题诗及榜书"蜕岩"、清康熙二十五年（1686）范承勋《大空铭》、张遴《奉敕南溪山刘仙岩形胜全图》等。

D₁₋₁ 李渤《南溪诗序》 〔南门街道南溪公园南溪山北面山麓玄岩口左侧石壁·唐代〕 摩崖石刻 1 方。与其兄李涉《玄岩铭》并序同镌一方刻面。唐宝历二年（826）刻。刻面高 2.35 米，宽 1.9 米。碑文竖 15 行，满行 35 字，计 420 字，隶书，阴刻。桂州刺史李渤撰文并书丹。首题"南溪诗序"。碑文记述南溪山的位置、环境以及李渤将其营缮为风景游览点的经过。李渤（772—831），字濬之，河南洛阳（今河南省洛阳市）人。宝历元年（825）任桂桂州刺史兼桂管都防御观察使。

D₁₋₂ 李涉《南溪玄岩铭并序》 〔南门街道南溪公园南溪山北面山麓玄岩口左侧石壁·唐代〕 摩崖石刻 1 方。与李渤《南溪诗序》同镌一方刻面。唐宝历二年（826）刻。碑文竖 11 行，满行 35 字，计 285 字，隶书，阴刻。李涉撰文，其弟桂州刺史李渤书丹。首题"南溪玄岩铭并序"，刻文记述：李涉喜好山水之游，凡到一个地方，必须将其整理美观。他被贬康州途经桂林，到南溪山赏景，勒铭于石壁，以作留念。李涉，自号青溪子，李渤胞兄。唐宪宗时任太子通事舍人，后被贬为峡州司仓参军，唐宝历元年（825）被流放到康州（今广东肇庆）。

D₁₋₃ 关蔚宗等五人游白龙洞题名 〔南门街道南溪公园南溪山西北山麓白龙洞内石壁·北宋〕 摩崖石刻 1 方。北宋元祐四年（1089）刻。刻面高 0.61 米，宽 0.8 米。刻文竖 11 行，满行 9 字，计 99 字，真书，阴刻。广西提点刑狱关杞（蔚宗）撰文并书丹。

碑文记述：北宋元祐四年二月八日，关蔚宗与宾僚苗子居、高时仲、李师正、吉邻几等乘暇游白龙洞，至晚忘归，题名刻石，以作留念。关蔚宗，名杞，钱塘（今浙江省杭州市）人。历官观察推官、溧水县令。北宋熙宁年间（1068—1077）任广西提举常平。

D₁₋₄ 吕渭跋刻养气汤方 〔南门街道南溪公园南溪山南麓刘仙岩内石壁·北宋〕 摩崖石刻 1 方。北宋宣和四年（1122）刻。刻面高 0.5 米，宽 0.68 米。文竖 16 行，满行 11 字，计 196 字，真书，阴刻。广西提举常平吕渭撰文并书丹。刻文记述：吕渭读《广南摄生论》，见载《养气汤方》，觉得服此汤可免岚瘴之患，因将此方三味药及用量、服法均刻入碑中。三味药分别为香附子（双行夹注：圆实者，去尽黑皮，微炒，秤四两）、甘草（双行夹注：炙，秤一两）、姜黄（双行夹注：汤洗，浸一宿，用水淘去灰，以尽为度，焙干，秤二两）。碑中还记载"同捣罗成细末，每服壹大钱，入盐点，空心服"。吕渭，福建晋江（今福建省泉州市）人，北宋宣和年间（1119—1125）任提举广南西路常平章事。

D₁₋₅ 张平叔《张真人歌》 〔南门街道南溪公园南溪山南麓刘仙岩内石壁·南宋〕 摩崖石刻 1 方。南宋绍兴十八年（1148）刻。刻面高 1.44 米，宽 1.08 米。碑文竖 20 行，满行 28 字，计 527 字，真书，阴刻。张伯端（平叔）撰文，黄拱辰书额，张仲宇书丹，黄伯善摹勒，龙渊刻字，首题"张真人歌"，隶书，横刻于顶端。另题"天台张平叔真人歌，赠桂林白龙洞刘道人"。为七言歌诀。刻文记述道家九九轮回之术及有关道教的处世论述。张平叔（984—1082），名伯端，号紫阳，后改名用诚，道教南宗初祖，号紫阳真人，天台（今浙江省天台县）人。北宋治平元年（1064）为广西经略安抚使陆诜幕僚，在桂认识南溪山道人刘景，作真人歌相赠。

D₁₋₆ 赵夔《桂林二十四岩洞歌》 〔南门街道南溪公园南溪山南麓穿云岩内石壁·南宋〕 摩崖石刻 1 方。南宋绍兴二十四年（1154）刻。刻面高 0.7 米，宽 1 米。碑文竖 29 行，满行 20 字，计 537 字，真书，阴刻。赵夔撰文，刘振书丹，郭显摹勒，首题"桂林二十四岩洞歌"，横刻于顶端。正文为叙事七言长歌，将桂林伏波岩、读书岩、叠彩岩、龙隐岩、刘公岩、穿云岩、仙迹岩、白雉岩、中隐岩、吕公岩、曾公岩、程公岩十二岩和栖霞洞、白龙洞、水月洞、玄风洞、华景洞、虚秀洞、朝阳洞、南华洞、夕阳洞、北牖洞、白雀洞、嘉莲洞十二洞共二十四个景点撰次成诗歌。赵夔，号漳川居士，人称漳川先生或赵贤良。南宋绍兴年间（1131—1162）金人南进，赵夔与中原人士南

迁至桂，此歌即离桂时所作。

D₁₋₇ 李诚之等三人白龙洞题记 〔南门街道南溪公园南溪山北面山麓白龙洞口左侧石壁·南宋〕 摩崖石刻 1 方。南宋嘉定四年（1211）刻。刻面高 0.83 米，宽 1.91 米。碑文竖 24 行，满行 10 字，计 207 字，真书，阴刻。广南西路经略安抚使李訦（诚之）撰文并书丹。刻文记述：广西提点刑狱杨方（子直）出按未历之郡县，李訦和转运判官管湛（定夫）带酒肴往白龙饯行。其间有父老迎拜而与杨方互为问答，情溢于面。李訦等觉得杨方与那些鄙夷远民、畏惧炎毒的官员相比，实在可敬，于是将题记刻于石壁。李訦（1144—1220），字诚之，自号山泽道人，福建晋江（今福建省泉州市）人，南宋嘉定三年（1210）任广南西路经略安抚使，知静江府。

D₁₋₈ 李开芳刘仙岩题诗 〔南门街道南溪公园南溪山南麓刘仙岩内石壁·明代〕 摩崖石刻 1 方。明天启元年（1621）刻。刻面高 1.65 米，宽 0.6 米。碑文竖 8 行，满行 16 字，计 105 字，篆书，阴刻。广西左布政使李开芳撰文并书丹。抚景兴怀七律附序言。序言记述两广总督陈邦瞻移镇梧州之事。李开芳（1544—1622），字伯东，号还素，人称鹏池先生，福建永春（今福建省永春县）人，明万历四十七年（1619）八月调任广西左布政使。

D₁₋₉ 张遴《奉敕南溪山刘仙岩形胜全图》 〔南门街道南溪公园南溪山南麓穿云岩口石壁·清代〕 摩崖石刻 1 方。清康熙二十五年（1686）刻。刻面高 1.29 米，宽 0.82 米，碑文上部为记文，序文竖 32 行，满行 24 字，计 628 字，真书，阴刻。临桂县知县张遴撰文并书丹，刘仙岩道士张本真勒石。首题"奉敕南溪山刘仙岩形胜全图"，横刻顶端。题"核复祐圣观田记"。碑文记述广西巡抚范承勋捐俸倡修寺观，并命临桂县知县张遴绘制刘仙岩祐圣观的田产、地产图刻于石壁。序之下方为图，图中将刘仙岩的山川形势，道路、园地、田产的所在及名称一概加以标明。张遴字抡元，三韩（今内蒙古喀喇沁旗）人，清康熙二十一年（1682）任临桂县知县，二十六年（1687）任西林知县。

D₁₋₁₀ 范承勋《大空亭铭》 〔南门街道南溪公园南溪山南麓刘仙岩口右侧石壁·清代〕 摩崖石刻 1 方。清康熙二十五年（1686）刻。刻面高 1.63 米，宽 1.34 米。文竖 12 行，满行 18 字，计 165 字，真书，阴刻。广西巡抚范承勋撰文并书丹。横行首题"大空亭铭"，篆书。刻文记述：刘仙岩口有隙地如掌，范承勋爱其地可以揽掇云霞，吐纳曦魄，因此筑亭其上，亭名用宋代刘景道人之号大空子来命名。范承勋

(1641—1714)，字苏公，号眉山，自称九松主人，抚顺（今辽宁省抚顺市）人，主持修有《云南通志》。

D₁₋₁₁ 谢启昆刘仙岩和元人诗 〔南门街道南溪公园南溪山南麓刘仙岩内石壁·清代〕 摩崖石刻 1 方。清嘉庆五年（1800）刻。刻面高 1.03 米，宽 0.72 米。文竖 11 行，满行 18 字，计 151 字，隶书，阴刻。广西巡抚谢启昆撰文并书丹。诗前序记述：清嘉庆五年九月九日，谢启昆陪同广西乡试监考官汪彦博、韩抡衡等共五人登刘仙岩赏景，见壁间所刻元代至元四年（1338）西夏观音奴鲁山诗，遂和其诗。为抚景感怀七言绝句四首，因同游者均为当代文坛之士，而佛道又属子不语之列，所以诗中有"紫菊且浮杯底物，金丹未换镜中丝"的戏语。谢启昆（1737—1802 年）。字良璧，号蕴山、苏潭，江西南康（今江西省赣州市）人，清嘉庆四年至七年（1799—1802）任广西巡抚，主持修纂《广西通志》。

23－D₂ 桂林石刻象鼻山摩崖石刻 〔象山区象山街道文新社区漓江与桃花江相汇处象鼻山·宋—民国·全国重点文物保护单位〕 有摩崖石刻 64 方，其中宋代 23 方，元代 1 方，明代 12 方，清代 14 方，民国 2 方，佚年 12 方。主要分布在云峰寺后、水月洞及附近石壁。有题诗、题名、题榜、题记、填词、铭文、跋刻等。书体有真书、行书、隶书、篆书 4 种。作者为官吏、文人、僧侣等。其中最早的是北宋元丰二年（1079）曾布、陈倩等六人题名。重要的有南宋乾道二年（1166）张孝祥朝阳亭记与朝阳亭诗、乾道九年（1173）范成大《复水月洞铭》、绍熙五年（1194）张釜等七人水月洞题名、庆元三年（1197）杜思恭跋刻陆游诗札、嘉定七年（1214）方信孺的《云崖轩》诗、绍定三年（1230）陈畴水月洞题名、绍定四年（1231）张茂良赵公德政碑、淳祐三年（1243）曾宏正游水月洞水调歌头词、清光绪九年（1883）倪文蔚《皇清中兴圣德颂并序》等。

D₂₋₁ 张孝祥朝阳亭记 〔象山街道象鼻山北端水月洞内北面石壁·南宋〕 摩崖石刻 1 方。南宋乾道二年（1166）刻。刻面高 2.53 米，宽 1.62 米。文竖 10 行，满行 20 字，计 188 字，行书，阴刻。广西经略安抚使张孝祥撰文并书丹。刻文记述：南宋乾道二年，张孝祥和广西提点刑狱张维游象鼻山名胜，往水月洞赏景，僧人了元在洞旁建亭子纪念。五月，两人再次重游，将亭取名为朝阳亭，张孝祥为岩更名为朝阳岩，洞亦更名为朝阳洞。张孝祥（1132—1170），字安国，号于湖居士，历阳乌江（今安徽省和县乌江镇）人，南宋乾道元年（1165）任广南西路经略安抚使，知静江府。

D₂₋₂ 张孝祥朝阳亭诗 〔象山街道象鼻山北端水月洞内北面石壁·南宋〕 摩崖石刻 1 方。南宋乾道二年（1166）刻。刻面高 2.8 米，宽 2.5 米。碑文竖 15 行，满行 21 字，计 277 字，行书，阴刻。广西经略安抚使张孝祥撰文并书丹。为寄情抒怀七律 3 首。前一首是隆兴二年（1164）张孝祥为营建的朝阳亭而赋。后二首则是张孝祥即将调任知潭州，张维在朝阳亭饯别时，张孝祥自和原韵。第一首和诗的末句为"凤阁鸾台有虚位，请君从此振朝缨"，对张维的前景充满希望。

D₂₋₃ 范成大《复水月洞铭并序》 〔象山街道象鼻山北端水月洞内南面石壁·南宋〕 摩崖石刻 1 方。南宋乾道九年（1173）刻。刻面高 1.49 米，宽 2.15 米。文竖 15 行，满行 12 字，计 172 字，真书，阴刻。广西经略安抚使范成大撰文并书丹。首题"复水月洞铭并序" 7 字，刻文记述：水月洞水流从圆石门中流过，望之皎然如满月之状，名副其实。近年张孝祥将其改为朝阳洞，与隐山朝阳洞重名。乾道九年九月初，范成大与提刑林光朝进行了考察，认为有必要恢复其旧称，为此特撰铭文刻于洞内。范成大（1126—1193），字至能，晚年号石湖居士，平江府吴县（今江苏省苏州市）人，南宋乾道七年（1171）任静江府知府兼广南西路经略安抚使，著有《桂海虞衡志》。

D₂₋₄ 张釜等七人水月洞题名 〔象山街道象鼻山北端水月洞内南面石壁·南宋〕 摩崖石刻 1 方。南宋绍熙五年（1194）刻。刻面高 2.04 米，宽 1.48 米。文竖 8 行，满行 14 字，计 111 字，隶书，阴刻。广西转运判官张釜撰文并书丹。刻文记述：张釜与同僚胡、王思泳、范藻、董居谊、汪楚材、滑懋游览桂林山水，题字："桂林山水之胜冠绝西南，易节此来，虽去乡益远，公余登览，心开目明，归思为之顿释。"张釜，字君量，号随斋，丹阳（江苏省镇江）人。南宋绍熙四年（1193）任广西转运判官。

D₂₋₅ 杜思恭跋刻陆游诗札 〔象山街道象鼻山北端水月洞南壁交洞口石壁·南宋〕 摩崖石刻 1 方。南宋庆元三年（1197）刻。共分 3 方刻面。第一方高 0.75 米，宽 0.8 米，草书，阴刻，分两层刻七言诗《自警》、七律诗《读李泌事有感》《宋趣》《白首》共 4 首，均为陆游手迹。第二方高 0.75 米，宽 0.92 米，草书，阴刻，分两层刻七绝诗《太古》、七律诗《舟中戏书》《春近》共 3 首，并有跋语，均为陆游手迹。第三方高 0.38 米，宽 2.06 米，分别刻陆游给杜思恭的信札，划书。杜思恭自撰跋语，行书，阴刻。杜思恭，名循，思恭为字，一字敬叔，上虞（今浙江省上虞市东南）人，南宋庆元元年（1195）知昭州（治今广西平乐县）。

D₂₋₆ 方信孺《云崖轩》诗 〔象山街道象鼻山西南麓云峰寺后石壁·南宋〕 摩崖石刻 1 方。南宋嘉定七年（1214）刻。刻面高 0.52 米，宽 1.38 米。刻文分两部分，第一部分为叙事七律诗并序，碑文竖 15 行，满行 7 字，计 114 字，行书，阴刻。广西提点刑狱方信孺撰文并书丹。第二部分为跋语，竖 10 行，满行 21 字，计 165 字，真书，阴刻。云崖轩僧人了真撰文并书丹。诗与跋记述南宋嘉定甲戌七月晦日，方信孺拜祀其父方公祠之后，到象鼻山下寺内休息，欲请该寺僧人了真为方公祠祭扫，于是出资修缮该寺，用欧阳修诗意为题"云崖轩"之榜书，并作诗留寺内。了真感其宠幸之恩，将诗刻于崖石。

D₂₋₇ 陈畴水月洞题名 〔象山街道象鼻山北端水月洞南面石壁·南宋〕 摩崖石刻 1 方。南宋绍定三年（1230）刻。刻面高 2.45 米，宽 1.64 米。文竖 15 行，满行 22 字，计 292 字，真书，阴刻。广西转运判官陈畴撰文，其子陈成之书丹。刻文记述：陈畴儿时侍宦至桂林，其父陈昭嗣等于淳熙十四年（1187）曾在水月洞题名。绍定二年（1229），陈畴出任广西转运判官，旧地重来，怀念其父，特于绍定三年（1230）五月朔领儿辈陈成之到水月洞，为先父题名碑拂尘。陈畴，福州府侯官（今福建省福州市）人，绍定二年（1229）由知永州调任广西转运判官。

D₂₋₈ 张茂良赵公德政碑 〔象山街道象鼻山北端水月洞内南面石壁·南宋〕 摩崖石刻 1 方。南宋绍定四年（1231）刻。刻面高 2.15 米，宽 1.35 米。文竖 21 行，满行 26 字，计 550 字，真书，阴刻。潭州善化县主簿张茂良撰文并书丹。额题"广西经略显谟赵公德政之颂"12 字，分 6 竖行。刻文记述：广西经略安抚使赵崇模于绍定四年调任知婺州。因其在任期间，政先仁恕，因此结恋不释，要求张茂良撰写德政碑，寓其去思。张茂良，临桂（广西桂林市）人。曾官湖南潭州善化县主簿。

D₂₋₉ 曾宏正游水月洞水调歌头词 〔象山街道象鼻山北端水月洞南面石壁·南宋〕 摩崖石刻 1 方。南宋淳祐三年（1243）刻。刻面高 1.73 米，宽 2.13 米。文竖 13 行，其中跋语 3 行，满行 14 字，词满行 10 字，共计 135 字，真书，阴刻。广西转运判官曾宏正撰文并书丹。为抚景兴怀所填的水调歌头。跋云：曾宏正于南宋淳祐癸九月望日同友人吴湜、杨寿德、陈华子、道士李可道及其子曾公迈、曾公适等到水月洞游赏，叹风景之奇，遂填词刻于石壁。曾宏正，临江新淦（今江西省新干县）人。南宋淳祐三年（1243）由湖南提点刑狱调任广西转运判官。

D₂₋₁₀ 倪文蔚《皇清中兴圣德颂并序》 〔象山街道象鼻山东北面山腹石壁·清代〕 摩崖石刻 1 方。清光绪九年（1883）刻。刻面高 2.57 米，宽 7.25 米。文竖 36 行，满行 12 字，计 401 字，隶书，阴刻。广西巡抚倪文蔚撰文，武昌府知府陈建侯书丹，贺广文勒石。首题"皇清中兴圣德颂并序"，刻文记述：同治皇帝平定洪秀全聚兵起义事件以后，光绪帝继位，秉承皇太后的懿训，使中外熙然，以升平为乐。倪文蔚特撰此文镌刻于石壁，以颂皇德。倪文蔚（1823—1890），字茂甫，号豹岑、豹臣、七凤山樵、望江（今安徽省望江县）人。清光绪七年（1881）任广西布政使，八年（1882）任广西巡抚。

24 - D₃ 桂林石刻雉山摩崖石刻 〔象山区南门街道雉山社区上海路东端宁远河南岸雉山·宋、明·全国重点文物保护单位〕 有摩崖石刻 31 方，其中宋代 26 方，明代 4 方，佚年 1 方。主要分布在雉山岩和乐盛岩一带石壁。形式有题诗、题名、题榜。书体有真、行、篆三种。作者为政府官吏、地方文人。重要作品有北宋治平元年（1064）黄照《雉亭诗》、北宋治平四年（1067）章岷《自龙隐岩泛舟至雉山》诗、元丰四年（1081）张颉等六人题名，元祐六年（1091）孙览等七人题名，崇宁（1106）五年张庄等三人为王祖道饯行题名、宣和六年（1124）尚用之《留题雉山》诗等。

D₃₋₁ 黄照《雉亭诗》 〔南门街道雉山南麓雉山岩口石壁·北宋〕 摩崖石刻 1 方。北宋治平元年（1064）刻。刻面高 0.96 米，宽 0.6 米。边缘有缠枝纹。文竖 7 行，满行 10 字，计 82 字，真书，阴刻。桂州通判黄照撰文并书丹，西峰僧宝珍篆额，雉山僧齐月上石。首题"雉亭诗"3 字，篆书，横刻于顶端。另题"雉亭"2 字于首行。诗的第二句末有 16 字双行夹注。作品为叙事七言绝句。诗意感叹太平兴国八年状元王世则族子齐月坚信佛教，削发为僧之事。黄照（1013—1066），字靖甫，湖南省益阳市人，后徙江陵，北宋嘉祐中以秘书丞通判桂州。

D₃₋₂ 章岷《自龙隐岩泛舟至雉山》诗 〔南门街道雉山南麓雉山岩口石壁·北宋〕 摩崖石刻 1 方。北宋治平四年（1067）刻。刻面高 0.64 米，宽 0.63 米。文竖 8 行，满行 8 字，计 49 字，真书，阴刻。广西提点刑狱章岷撰文并书丹。首题"自龙隐岩泛舟至雉山"，为叙事兴怀七言绝句。诗末"林叟野僧休笑我，平生所得是官闲"道出其公余爱恋风景名胜的情衷。章岷，字伯瞻，福建莆田人，治平中以太常少卿提点广西刑狱，熙宁初任广西转运使。

D₃₋₃ 张庄等三人为王祖道饯行题名 〔南门街道

雉山南麓雉山岩口石壁·北宋〕 摩崖石刻 1 方。北宋崇宁五年（1106）刻。刻面高 0.5 米，宽 0.67 米。文竖 6 行，满行 5 字，计 30 字，真书，阴刻。广西转运副使张庄撰文并书丹。刻文记述：北宋崇宁五年九月十八日，经略安抚使王祖道率师往筑徙州城，提举常平索述、转运判官陈遵、转运副使张庄于永宁寺为其饯行，因此到雉山题名留念。张庄，字正民，应天府（今河南商丘）人，北宋崇宁年间（1102—1106）任广西转运副使，继以集贤殿修撰知桂州，后改知融州（今广西融水），升黔南路经略安抚使，知靖州。

D3-4 尚用之《留题雉山》诗 〔南门街道雉山南麓雉山岩内石壁·北宋〕 摩崖石刻 1 方。北宋宣和六年（1124）刻。刻面高 0.36 米，宽 0.42 米。文竖 6 行，满行 7 字，计 37 字，真书，阴刻。广西提点刑狱尚用之撰文并书丹。首题"留题雉山" 4 字，七言绝句一首。诗文根据雉山有白雉闻经成道的传说而作，因此末句为"信知大道无难事，一念直经应化人"。尚用之，字仲明，江都（江苏省扬州市）人。北宋宣和六年（1124）任广西提点刑狱公事。后寓居桂林。

25-E1 太平军攻城指挥部遗址 〔象山区象山街道文新社区象鼻山西南麓云峰寺·1852 年·市文物保护单位〕 1852 年 4 月 16 日，太平军抵桂林，19 日抢占象鼻山、牯牛山等城外制高点及訾家洲、阳家背、花园里、将军桥、头塘、五里圩等地带，形成对桂林弧形包围圈。太平军攻城指挥部设在象鼻山西麓云峰寺。云峰寺始为唐代云灵庙，南宋嘉定七年（1214）方信孺出资在此修缮云崖轩，明代为祀范成大、方信孺的范方祠。清改为云峰寺。清光绪末年（1908）又改为"福利庵"。民国之后，沿称"云峰寺"。为三进院落，主体建筑面阔五间，砖木结构，青砖墙，硬山顶，盖小青瓦。面积约 1852.6 平方米。1979 年因白蚁蛀蚀而被拆除并重建。为二进院落，主体高二层，面阔五间，钢筋水泥仿木结构，硬山顶，盖绿色琉璃瓦。

26-E2 太平军围攻桂林遗迹 〔象山区南门街道龙船坪社区南溪山玄元洞·1852 年·市文物保护单位〕 1852 年 4 月 19 至 5 月 19 日，太平军围攻桂林驻军南溪山等地。围城期间毁了南溪山玄元洞的三清神像。玄元洞，又称老君洞。洞内三清神像刻于清初。神像被毁后头残，扑倒在地，残高 0.94—1.1 米，宽 0.75—0.95 米。

27-E3 李宗仁故居及官邸 〔故居位于临桂县两江镇信果行政村浪头村。官邸位于桂林市象山区象山街道文明社区文明路 16 号·清—民国·全国重点文物保护单位〕 李宗仁（1891—1969），字德邻，广西临桂县两江镇人，民国新桂系首要人物。抗日战争爆发

后任第 5 战区司令长官兼安徽省主席，指挥台儿庄战役。抗战胜利后，历任国民党政府副总统、代总统。1949 年出走美国，1965 年 7 月回国定居，1969 年在北京病逝。其故居是李宗仁出生地，官邸是 1948—1949 年间在桂林居住和办公场所。

E3-1 李宗仁故居 〔临桂县两江镇信果行政村浪头村马鞍山脚·清代〕 故居是李宗仁出生地，建于清末，具体时间不详，经过三次扩建。坐南朝北，为庭院式，前院和后院共 7 个院落，包括门楼、安乐第、三进客厅、将军第、学馆、阁楼、作坊、厨房、粮仓、后院及炮楼建筑，计有房屋 113 间，有 13 个天井，单体建筑均为砖木结构二层楼房，悬山顶，盖小青瓦。木梯、木楼板、木板壁，设木门，木格窗。周绕高围墙，四角设炮楼，占地面积约 5060 平方米。

E3-2 李宗仁官邸 〔象山区象山街道文明社区文明路 16 号·1948—1949 年〕 1948 年 4 月至 1949 年 11 月，李宗仁在桂林期间，居住和办公、会议、接待要员的场所。《李代总统同居正、阎锡山、李文范三委员谈话记录》即在此拟定。官邸建于 1948 年初，大门朝南，周绕围墙，内由主楼、南北附楼、南北平房及花园等组成，占地面积约 4321 平方米，主楼建于 1 米高的台基上，坐西朝东，为中西合璧砖木结构两层楼房，主楼一层有会议室、客厅、秘书室、警卫室和餐厅；二层为接待室、客房、卧室等，砖墙分隔，房间地面铺设木板，副楼和副官室在门楼两侧。

28-E4 秦霖纪念碑 〔象山区南门街道翠竹社区苗圃路黑山植物园·1942 年·市文物保护单位〕 秦霖（1900—1937），原名同观，字松涛，号沛然，广西桂林人。国民革命军陆军第 21 集团军 171 师 511 旅少将旅长。1937 年 10 月，在淞沪会战南翔战役中牺牲，追赠中将。1942 年 6 月，在此建衣冠冢立碑纪念。纪念碑为 4 级料石砌碑座，碑呈方柱形，攒尖顶，碑高 3.65 米，正面书刻"抗日阵亡少将追赠中将秦故旅长讳沛然纪念墓"，余面镌刻秦霖生平殉职经过及国民党市政府布告。

29-E5 象鼻山抗战遗址 〔象山区象山街道文新社区象山顶·1944 年〕 是抗日战争时期，桂林保卫战中国国民革命军第 170 师的炮兵阵地。1944 年 11 月，第 170 师曾在此击退侵华日军从漓江东岸向西岸的攻势。阵地位于山顶，可俯瞰东面的漓江和桂林城南。阵地有战壕 2 条，呈南北向并排，相隔 11 米，局部加筑混凝土，长约 34 米，宽 3 米，深 1.1—1.95 米，战壕中部一侧有混凝土储弹室。山顶部南端，有碉堡 1 座，圆柱形，直径 5 米，高 5.7 米，水泥加石块筑成，北面为进入通道，其他几面共有 4 个射击孔。共占地

约 625 平方米。

30 - G₁　沙河化石出土点〔象山区平山街道大风山社区沙河路下沙河村壶背山·更新世〕　壶背山山脚一洞穴，洞口高出地面 2—3 米。1984 年冬，在洞内棕红色堆积层中出土灵长类、豪猪、棕熊、鹿等哺乳动物牙齿化石。

31 - G₂　榕湖路"靖江府卖钞库之记"铜印出土点〔象山区南门街道榕湖南路中段南侧桂林市市政府小礼堂·南宋〕　1991 年 11 月 23 日，桂林市人民政府内西北角的小礼堂工地出土 1 个灰色无釉陶罐，内装 1 枚铜印。印略呈方形，直柄扳纽。边长 0.053 米，宽 0.051 米，高 0.05 米。印面篆刻"静江府卖钞库之记"8 字，背两侧分别阴刻"绍兴十年""文思院"两行行书。

32 - G₃　中山中路铜权出土点〔象山区象山街道文明社区中山中路·清代〕　1987 年 2 月，在中山中路与文明路交汇处修建百货大楼地下室时，出土铜权 1件。铜权为圆钟形，弧纽，喇叭形平底座，底面有 3乳钉支点。权身正面阴刻楷书"梧州惠裕隆造"6 字，背刻楷书"五十两"，高 0.115 米，底径 0.08 米，纽高 0.025 米。

叠彩区

1 - A₁　宝积岩遗址〔叠彩区叠彩街道宝积社区中山北路西侧宝积山南麓山腰·旧石器时代〕　洞穴遗址。1979 年发现并发掘。洞口高距地表约 7 米，朝西南，呈斜三角形，高 2—5 米、宽 6—22 米，深 44米，洞内分主洞和数个支洞，面积约 500 平方米。文化堆积在钙板下，厚 0.2—1 米。出土同一老年个体的白齿化石 2 枚，砍砸器、刮削器等打制石器 12 件，以及猕猴、长臂猿、中国熊、大熊猫、巨貘、犀牛、剑齿象等哺乳动物化石 6 目 12 科 16 种。（见《人类学报》1985 年创刊号）

2 - A₂　观音岩遗址〔叠彩区大河乡尧山行政村尧山村天圣山东南麓·新石器时代〕　洞穴遗址。1980 年发现。山高约 50 米，岩洞高出地面 9—10 米，分东和南两个相连的洞口，南洞口高 1.6—3 米，宽6.5—10 米，进深约 15 米，洞厅有三个小支洞。在西侧矮洞内发现成片灰褐色胶结层，内含螺壳、鹿牙、兽骨以及石片、磨制石器。

3 - A₃　窑里村窑址〔叠彩区大河乡星华行政村上窑村、下窑村一带·宋—明·市文物保护单位〕窑址南起清水塘北岸，北达磨浆岭，东至旧朝宗渠西岸，西到中山北路与北辰路交会处的大路两侧，分布

面积约 4 平方公里。分民办窑场和官办窑场两部分，有斜坡式龙窑和马蹄形窑及废品堆 6 处，其中最大一座龙窑窑尾长约 40 米，高 3 米，最宽处 12 米。产品采用垫饼、垫珠相隔叠烧。上窑区为民办窑场，烧制罐、碟、碗、盘、盏、烛台等陶瓷器。内壁满釉，多施玳瑁釉和青黄釉，装饰莲瓣、缠枝牡丹、荷花、菊花及各种书体的"福""寿"字。下窑区是官办窑场，是明代靖江王府烧制琉璃建筑构件的窑场，产品有板瓦、筒瓦、勾滴、吻饰、走兽和花砖等。

4 - B₁　观音阁墓群〔叠彩区叠彩街道观音阁社区观音阁九华山至桂花岭一带·南朝〕　墓葬分布面积约 1 平方公里。地面尚见墓葬 20 余座。封土高约 1米，底径约 5 米。1938 年修筑湘桂铁路破坏 1 座，出土陶坛、青瓷盘、碗、滑石杯、滑石壶，以及南朝宋泰始六年（470）欧阳景熙地券（滑石）。1983 年清理1 座"凸"字形砖室墓，分前、后两室，墓砖有的印有"小□""二伯"铭文。出土青瓷壶、罐、碗、碟及陶罐、滑石俑、滑石砚、滑石印、铁剪等。

5 - B₂　北郊宋墓群〔叠彩区叠彩街道九华社区九华山路一带·宋代〕　墓葬分布面积不详。1954 年暴露 5 座，都是长方形砖石合构单室墓。墓室长2.64—2.86 米，宽 0.91—1.1 米，高不足 1 米。墓壁砖砌，底铺砖，顶盖大石板。出土陶魂瓶、铜镜、唐宋铜钱和金银器等。其中 1 座墓于右边建一长方形小砖坑，口盖石板，内置小砖 4 块，分两侧放置。

B₂₋₁　北郊 7 号宋墓〔九华社区九华山路一带·北宋〕　1955 年暴露。长方形单室砖石合构单室墓。墓室长 2.85 米，宽 1.1 米，高 0.95 米。墓壁砖砌。底铺大砖，在西端及中间加铺小砖三排。顶用七块石板封盖。棺已朽，存铁钉 10 余枚、铁环 10 个。出土绿釉陶罐、小瓷盂、铜镜及北宋"元丰通宝"铜钱。（见《文物参考资料》1956 年 6 期）

B₂₋₂　北门 6 号宋墓〔九华社区九华山路一带·北宋〕　1955 年暴露。长方形单室双券顶单室砖墓，墓室长 2.35 米，宽 0.92 米，高 1 米。墓壁用砖平砌，后壁有一塔形小龛。墓室两侧填石灰。墓底四周铺砖中间露土。棺木已朽，残骨架为仰身直肢葬，附近有棺钉 10 余枚，四角有 4 个铁环。出土陶魂瓶、铜镜及北宋"元丰通宝"铜钱。（见《文物参考资料》1956年 6 期）

6 - B₃　秦僧猛墓〔叠彩区大河乡尧山行政村中村村·南朝〕　1962 年清理，砖室墓，朝东北。用绳纹红色砖砌成，砖长 0.36 米，宽 0.16 米。墓室平面呈"凸"字形，由甬道和主室组成。主室长 2.22 米，宽1.18 米。出土青瓷碟、滑石猪、俑、钱币、地券等。

地券上刻"齐永明五年太岁丁卯……湘州始安郡始安县都乡都唐里男民秦僧猛……"等字。（见《考古》1964 年 6 期）

7 - C₁ 木龙洞石塔 〔叠彩区叠彩街道叠彩社区还珠路叠彩山东麓木龙洞北古渡口临江岩石上·唐代·自治区文物保护单位〕 建于唐代，具体时间不详。北宋嘉祐八年（1063）谭舜臣"木龙洞游观题名"摩崖石刻中称之为"唐代佛塔"。为喇嘛式石塔，高 4.34 米。须弥座由 3 块鼓形石叠砌，底径 1.4 米，浅雕蝉翼和仰覆莲花纹。塔身宝瓶形，下部四面有拱形浅佛龛，东西龛内浮雕佛像，南北龛内浮雕跌坐莲瓣须弥座菩萨。上部为十二重相轮，上冠六角形伞盖，葫芦形刹。塔身南面刻"光绪十一年五月初二洪水至此"。

8 - C₂ 伏波山河堤驳岸 〔叠彩区叠彩街道叠彩社区伏波山公园伏波山西北面漓江西岸·元代·市文物保护单位〕 元至正十六年（1356），广西兼访使也尔吉尼因桂林旧城"阅岁滋久，颓圮殆尽，惧无以防卫"遂集资整修桂林城，同时修葺伏波山一带漓江北岸河堤驳堤。至正二十年（1360）十月竣工。现存驳堤南北长 15.2 米，宽 30 多米，高 2.36 米。以料石错缝干砌，由底而上逐层收缩，剖面呈阶梯状。北端石面有阳刻"至正十六年十月十八日创建"铭文，字径 0.35 米，真书。两端料石上各有 1 尊浮雕佛像。

9 - C₃ 三拱桥 〔叠彩区大河乡潘家行政村潘家村东南小溪上·明代〕 建于明代，具体时间不详。东西走向，三孔石拱桥，长 10.9 米，宽 2.72 米，拱跨 2.85 米，桥身、桥拱用料石干砌，桥面石多脱落，两端石踏跺已毁。

10 - C₄ 尧庙桥 〔叠彩区大河乡潘家行政村潘家村河沟上·明代〕 尧庙桥因尧山下的尧庙而得名。建于明代，具体时间不详。东西走向，单孔石拱平桥，长 10 米，宽 5.2 米，拱跨 3 米。桥身、桥拱用料石砌筑，桥面铺石板，两端平沟岸。桥拱有重修加宽的痕迹。

11 - C₅ 唐家村桥 〔叠彩区大河乡群力行政村唐家村小水沟上·明代〕 建于明正德八年（1513）。东西走向，单孔拱石桥，长 3.58 米，宽 1.26 米，拱跨 3 米。桥拱及桥身两侧用料石干砌，桥面中间铺嵌鹅卵石，两端平沟岸。桥身南侧的一块料石上刻"大明正德八年三月初六"。

12 - C₆ 上塘边村凉亭 〔叠彩区大河乡乌石行政村上塘边村·清代〕 建于明代，具体时间不详。清乾隆二年（1737）、清道光二十七年（1847）两次重修。坐西向东，砖木结构，四方亭，高 4.3 米。周边及四角用圆砖柱 10 根支撑，亭内立木金柱 6 根，穿斗与抬梁混合木构架，歇山顶，盖小青瓦。凉亭西侧有憩馆，砖木结构，单间，硬山顶。共占地约 100 平方米。

13 - C₇ 冷水庙 〔叠彩区大河乡群力行政村莲塘村·清代〕 建于清嘉庆十年（1805）。坐北朝南，砖木结构，二进院落，由前殿、后殿、天井组成，占地面积约 80 平方米。鹅卵石垒砌明台，前、后殿面阔三间，青砖、泥砖墙，墙面批灰，穿斗式木构架。硬山顶，盖灰瓦。前殿檐柱的石础上刻有"嘉庆十年乙丑八月十三日立"。天井用长条石铺砌、砌踏跺。

14 - C₈ 董家村祠堂 〔叠彩区大河乡新民行政村江头村·清代〕 建于清道光二年（1822）。坐东北朝西南，砖木结构，由主体院落与侧院组成，占地面积约 124 平方米。主体院落为二进，前座、后堂面阔、进深三间，前座内金柱 8 根，后堂内金柱 7 根，青砖墙，穿斗式木构架，硬山顶，脊饰葫芦，盖小青瓦。东南侧隔墙为侧院。

15 - C₉ 观音祠 〔叠彩区大河乡上阳家行政村上阳家村·清代〕 建于清咸丰十一年（1861）。坐东朝向西北，砖木结构，二进院落，前殿、后殿夹天井，占地面积约 150 平方米。前、后殿面阔三间，青砖墙，穿斗式木构架，硬山顶，盖小青瓦。前殿有前檐廊，木檐柱 2 根，明间双开木门，东北壁嵌清光绪十八年（1892）禁约碑 1 方。两端弧形马头山墙。后殿主梁上墨书"咸丰十一年岁次辛酉孟冬月榖旦建立"。两端三级马头山墙。天井东北面立清光绪十三年（1887）《公议禁约》碑、佚年《启建观音祠碑记》、1933 年乐捐学校碑各 1 方。

16 - C₁₀ 白石潭民居 〔叠彩区大河乡四联行政村白石潭村·清代〕 民居多为清代在漓江对岸大面圩做生意的商贾所建。整个村庄建于高约 1.25 米的防洪石基之上，巷口设拱门，现存"义礼""集贤"二门。村内现存较完整的民居共 18 栋，规模不一，多为一进一院，设天井。建筑砖木结构，多设两重大门，内部为穿斗与抬梁混合木构架，硬山顶，盖小青瓦。

17 - C₁₁ 白竹干村井 〔叠彩区大河乡白竹干行政村白竹干村·清代〕 建于清代，具体时间不详。井口平面呈圆形，井圈用整石凿成，高 0.62 米，内径 0.6 米，外径 1.02 米。井壁用料石圈砌，井台用石板铺砌，占地面积约 1 平方米。南侧 1 米处有一废弃的井圈，南面约 4 米处有 2 个洗衣石盆，北侧 2 米处有碑刻 2 方。

18 - D₁ 桂林石刻伏波山摩崖石刻 〔叠彩区叠彩街道叠彩社区伏波山公园伏波山石壁·唐—民国·全国重点文物保护单位〕 有摩崖石刻 122 方，其中唐代 2 方，宋代 63 方，元代 1 方，明代 23 方，清代 24 方，民国 2 方，佚年 7 方。另有摩崖造像 45 龛 239 尊。主要分布在还珠洞内、山北面岩壁和东面听涛阁附近岩壁。石刻形式有题诗、题名、题榜、题词、题记和绘画等。书体有真、行、草、隶四种。作者有官吏及文人。最早的石刻是唐大中六年（852）《宋伯康造像记》。重要的作品有唐咸通四年（863）赵格刘虚白别郑处士题名，北宋嘉祐七年（1062）李师中《蒙亭记》、熙宁二年（1069）章岘崔静伏波岩唱和诗、绍圣三年（1096）黄邦彦续刻《重修蒙亭记》、崇宁五年（1106）张庄《崇宁新建平、允、从州城寨记》，南宋淳熙元年（1174）范成大鹿鸣宴诗、淳熙年间（1174—1189）梁安世伏波岩西江月词、嘉定八年（1215）方信孺《跋刻米芾自画像》，明正德二年（1507）包裕等六人还珠洞联句诗、正德十一年（1516）宗玺还珠洞题诗等。

D₁₋₁ 赵格刘虚白别郑处士题名 〔叠彩街道伏波山还珠洞北面洞口顶端石壁·唐代〕 摩崖石刻 1 方。唐咸通四年（863）刻。刻面高 0.4 米，宽 0.67 米，碑文竖 9 行，满行 6 字，计 46 字，真书，阴刻。刻文："前桂管观察使、襄武县开国男、赐紫金鱼袋赵格，前摄支使、前进士刘虚白，咸通四年（863）闰六月七日，别郑处士留题东岩。"赵格，唐咸通三年（862）任桂州刺史、桂管观察史。刘虚白，竟陵（今湖北省潜江市）人，唐咸通元年（860）进士第，权摄桂管观察使。

D₁₋₂ 张庄《崇宁新建平、允、从州城寨记》 〔叠彩街道伏波山北面石壁·北宋〕 摩崖石刻 1 方。北宋崇宁五年（1106）刻。刻面高 3.78 米，宽 3.95 米。文竖 21 行，满行 21 字，计 320 字，真书，阴刻。撰文、书丹均为张庄。首题"崇宁新建平、允、从州城寨记"，落款"崇宁五年十一月三十日"。刻文叙述：北宋崇宁四年（1105），王江、古州少数民族献夜郎牂牁之地。诏裂其地为平、允、格州，命广西经略安抚使王祖道、张庄等率师在广西三江等地建立州城寨。记后附有颂文 48 字。张庄，字正民，应天府（今河南省商丘市）人。崇宁年间（1102—1106）任广西转运副使，后代王祖道知桂州。

D₁₋₃ 李师中《蒙亭记》 〔叠彩街道伏波山北面右壁·北宋〕 摩崖石刻 1 方。北宋嘉祐七年（1062）刻。刻面高 1.88 米，宽 123 米。文竖 13 行，满行 20 字，计 230 字，真书，阴刻。李师中撰文并书丹。首题"蒙亭记" 3 字，刻文记述吴及知桂州兼任广西经略安抚使后，在城北荒废的伏波山修建蒙亭等事。后附有赞词 74 字。李师中（1013—1078），字诚之，宋州

（今山东菏泽市）人，北宋嘉祐三年（1058）任广西提点刑狱。吴及（1014—1062），字几道，通州静海（今江苏省南通市）人，北宋嘉祐五年（1060）知桂州兼广西经略安抚使，卒于任。

D₁₋₄ 章岘、崔静伏波岩唱和诗 〔叠彩街道伏波山还珠洞内石壁·北宋〕 摩崖石刻 1 方。北宋熙宁二年（1069）刻。刻面高 0.8 米，宽 1.36 米。文竖 18 行，满行 10 字，计 146 字，诗为 2 首七律，均即景兴怀之作。其中章岘"溺鬼夜呼千嶂黑，蛰龙晨起一川浑"和崔静和韵"人家晓聚凫鸭乱，水怪夜翻星斗浑"之句，写伏波山石壁直插江中，有回澜伏波之势。崔静，北宋熙宁二年（1069）权同提点广西刑狱。

D₁₋₅ 黄邦彦《重修蒙亭记》 〔叠彩街道伏波山北面石壁·北宋〕 摩崖石刻 1 方。北宋绍圣三年（1096）刻。刻面高 2.66 米，宽 1.66 米。文竖 28 行，满行 44 字，计 1089 字，河中府户曹参军充经略司管勾机宜文字黄邦彦撰文，胡义修书丹。首题"重修蒙亭记"，刻文记述北宋绍圣元年（1094）桂州知府兼广西经略安抚使胡宗回修复蒙亭的经过。黄邦彦，北宋元祐三年（1088）进士，绍圣年间以河中府曹参军充广西经略安抚司管勾机宜文字。胡宗回，字醇夫，常州晋陵人，北宋绍圣元年（1094）知桂州兼广西经略安抚使。

D₁₋₆ 范成大鹿鸣燕诗 〔叠彩街道伏波山还珠洞内石壁·南宋〕 摩崖石刻 1 方。南宋淳熙元年（1174）刻。刻面高 1.22 米，宽 0.9 米，文竖 11 行，满行 16 字，计 165 字，行书，阴刻。范成大撰文，其门生乡贡进士周□□、刘□上石。七律一首。诗以唐代阳朔进士曹邺、桂林状元赵观文、宋代永福状元王世则等人作为典故，说明桂林地灵人杰，向朝廷建议，要重视这里的学子。抗日战争期间损坏部分碑面。

D₁₋₇ 梁安世伏波岩西江月词 〔叠彩街道伏波山还珠洞内试剑石旁石壁·南宋〕 摩崖石刻 1 方。南宋淳熙（1174—1189）中刻。刻面高 0.42 米，宽 1.34 米。文竖 16 行，满行 4 字，计 55 字，真书，阴刻。无首题，落款"右题伏波岩次张"。七言诗，诗文对伏波山怪石层岩、清江宿鸟的景致进行了描写。"次张"，即为梁安世之字，此石刻虽未题年款，但根据梁安世出任广西转运判官并晋升为转运使的时间，应在南宋淳熙七年（1180）前后。

D₁₋₈ 方信孺跋刻米芾自画像 〔叠彩街道伏波山还珠洞内石壁·南宋〕 摩崖石刻 1 方。南宋嘉定八年（1215）刻。刻面高 1.17 米，宽 0.36 米。文竖 4 行，每行 8 字，共 32 字，行书，阴刻。内容由四部分组成：上方为宋高宗像赞，其右方有圆形干卦印 1 方，

左方有方形印 3 方，其中上 2 方刻"绍""兴" 2 字，为连珠玺。下 1 方刻"御书" 2 字，赞之下即为阳纹线刻米芾立像。像高 0.38 米，画像右侧为米友仁像识，碑文竖 1 行，计 18 字，行书。画像下方为方信孺跋，碑文竖 17 行，满行 30 字，计 502 字，真书。刻文记述米芾身世及方信孺搜访米芾遗迹遗物及自作小传的经过。方信孺 (1177—1222)，字孚若，号好庵、若帽山人，福建兴化军 (今莆田) 人，南宋嘉定六年 (1213) 任广西提点刑狱和转运判官。

D₁₋₉ **包裕等六人还珠洞联句诗** 〔叠彩街道伏波山还珠洞内石壁·明代〕 摩崖石刻 1 方。明正德二年 (1507) 刻。刻面高 1.18 米，宽 0.55 米。文竖 8 行，满行 10 字，跋语满行 26 字，款 1 行，23 字，计 157 字，行书，阴刻。包裕等撰文，包裕书丹。刻文前为寓士于福、郡人包裕、按察司佥事傅金、靖江王宗室朱约岑、都指挥使许良、徐纲 6 人的联句诗，后为包裕的跋语。跋语叙述六人围绕还珠洞试剑石的谚语联句，成七律一首。包裕 (1437—1542)，字好问，桂林中卫 (今广西桂林) 人。初任江西抚州推官，仁恕公廉，时称"小包"，擢监察御史，历云南按察副使。

D₁₋₁₀ **宗玺还珠洞题诗** 〔叠彩街道伏波山还珠洞内石壁·明代〕 摩崖石刻 1 方。明正德十一年 (1516) 刻。刻面高 0.7 米，宽 1.35 米，文竖 10 行，满行 7 字，计 68 字，真书，阴刻。宗玺撰文并书丹。作品为七律一首。内容为即景兴怀之作。如"千峰外矗王维画，一岛中圈太极图"描绘十分贴切。宗玺，字朝用，号竹溪，建平 (今安徽省郎溪县) 人，明正德十一年至十三年 (1516—1518) 任广西按察使。

D₁₋₁₁ **伏波山摩崖造像** 〔叠彩街道伏波山还珠洞及千佛洞内石壁·唐—宋〕 还珠洞亦称千佛洞。有唐代摩崖造像 45 龛，239 尊。以佛教造像为主，袈裟轻薄，形态较为写实，最大者高 1.35 米，最小者仅数厘米，多为唐宣宗大中元年颁布《复废寺勒》之后的作品。明确纪年者为大中六年 (852) 宋伯康观音造像。摩崖造像朴实生动，如第 41 龛，有造像 7 尊，即一佛、二弟子、二菩萨、二供养人。主像毗卢舍那佛，高 0.6 米，高肉髻，丰脸方颐，外披袈裟，左手按膝，右手上抬，结跏趺坐于仰覆莲台上。身后有火焰背光，莲台两侧有护法狮子。左右为弟子迦叶、阿难，侧身合掌向佛。二供养人身着俗服，面佛侧跪。20 世纪 60 年代造像头部大多被砸毁，1972 年修复。

19－D₂ 桂林石刻虞山摩崖石刻 〔叠彩区叠彩街道虞山社区中山北路东侧虞山公园内虞山·唐—清·全国重点文物保护单位〕 有摩崖石刻 61 方，其中唐

代 2 方，宋代 6 方，元代 2 方，明代 29 方，清代 18 方，佚年 5 方；另有明代 1 方、清代 4 方石碑。主要分布在韶音洞和虞山东南面石壁。形式有题诗、题名、题榜、题记、古曲、绘画等。书体有真、行、草、隶、篆 5 种。作者为官吏、文人、僧人等。石刻内容大多数为歌颂虞帝功德，赞美风景之作。重要作品有唐建中元年 (780) 韩云卿《舜庙碑》、南宋淳熙三年 (1176) 朱熹《有宋静江府新作虞帝庙碑》、淳熙四年 (1177) 张栻《韶音洞记》、嘉定八年 (1215) 方信孺《古相思曲》、元至正二十三年 (1363) 刘杰撰《帝舜庙碑》、明嘉靖十三年 (1534) 姚世儒《重修虞山庙记》、清光绪十五年 (1889) 沈秉成撰《重修虞帝庙记》等。

D₂₋₁ **韩云卿《舜庙碑》** 〔叠彩街道虞山东南麓石壁·唐代〕 摩崖石刻 1 方。唐建中元年 (780) 刻。刻面高 4.01 米，宽 2 米。文竖 19 行，满行 40 字，计 578 字，隶书，阴刻。尚书祠部郎中上柱国韩云卿撰文，梁州都督府长史翰林待诏韩秀实书丹，篆首为京兆户曹参军李阳冰是桂林著名的石刻之一。首题"舜庙碑"，横行刻于顶端，又题"舜庙碑并序" 5 字，隶书，竖行刻于首行。刻文记述唐大历十一年 (776) 桂管观察使李昌夔到桂林舜庙拜祀，觉得狭隘朽陋，不足延降神灵，于是捐俸钱对舜庙增新缮故。明嘉靖四年 (1525) 丰城杨铨将《舜庙碑》中段凿去高 0.63 米宽 1.27 米，刻自己的作品。韩云卿，河阳 (今河南省焦作市) 人，官至礼部郎中。

D₂₋₂ **朱熹《有宋静江府新作虞帝庙碑》** 〔叠彩街道虞山南面山麓石壁·南宋〕 摩崖石刻 1 方。南宋淳熙三年 (1176) 刻。刻面高 3.8 米，宽 1.9 米。文竖 23 行，满行 35 字，计 719 字，隶书，阴刻。宣教郎主管台州崇道观朱熹撰文，承议郎通判江州军州事吕胜己书丹，方士繇篆额俗称"四夫子碑"。首题"有宋静江府新作虞帝庙碑"，竖 3 行。刻文叙述：南宋淳熙二年春二月，广西经略安抚使张栻上任，奉奠进谒虞帝庙，见其栋宇弗支，图像错陈，于是命拆而新之。朱熹 (1130—1200)，字元晦、仲晦，号晦庵，晚称晦翁，谥"文"，世称朱文公。徽州府婺源县 (今江西省婺源县) 人，南宋著名理学家。

D₂₋₃ **张栻《韶音洞记》** 〔叠彩街道虞山韶音洞内石壁·南宋〕 摩崖石刻 1 方。南宋淳熙四年 (1177) 刻。刻面高 0.66 米，宽 1.72 米。文竖 32 行，满行 14 字，计 395 字，真书，阴刻。为广西经略安抚使张栻撰文并书丹。刻文记载：继维修虞帝庙之后，张栻又在庙之左新建了南熏亭，还将庙后的韶音洞修缮一新，以便让拜谒虞帝庙者有游息之地，从而"裴回斯

地，遐想箫韶之音，咏歌南风之诗"，由此得到精神鼓舞。碑下部于抗日战争期间被炸毁。张栻（1133—1180），字敬夫、钦夫、乐斋，号南轩，人称南轩先生。汉州绵竹（今四川绵竹市）人。南宋淳熙二年至五年（1175—1178）任广西经略安抚使，知静江府。

D₂₋₄　詹仪之等三人虞山题名〔叠彩街道虞山韶音洞北面岩口·南宋〕　摩崖石刻 1 方。南宋淳熙十二年（1185）刻。刻面高 1.2 米，宽 0.8 米。文竖 8 行，满行 14 字，计 106 字，行书，阴刻。经略安抚使詹仪之撰文并书丹。刻文记述：南宋淳熙十二年九月二十九日，詹仪之、熊飞、林德隅三人大阅士兵，旗帜鲜明，各以技呈，实一时壮观。然后乘兴郊游韶音洞，登钓台。此题名碑面在抗日战争时期多处被枪弹打中，个别字被击毁。詹仪之（？—1189），字体仁，宋遂安郭村（今属淳安）人。南宋淳熙五年（1178）出任广西转运判官，淳熙十年至十五年（1183—1188）复任广西经略安抚使，知静江府。

D₂₋₅　方信孺《古相思曲》〔叠彩街道虞山韶音洞内石壁·南宋〕　摩崖石刻 1 方。南宋嘉定八年（1215）刻。刻面高 0.52 米，宽 3.45 米，文竖 27 行，满行 5 字，计 132 字，真书带行笔，阴刻。广西提点刑狱方信孺撰文并书丹。首题"古相思曲"4 字，方信孺到虞山游览，由舜帝南巡崩于苍梧之野，联想到宦游于他乡的自己，产生思乡之情。因此曲中写道"游子怀归期，余悲渺登临"，"相思长相思，相思无古今"。最后用"四海谁知音"的疑问结束了此曲。

D₂₋₆　刘杰《帝舜庙碑》〔叠彩街道虞山东面石壁·元代〕　摩崖石刻 1 方。元至正二十三年（1363）刻。刻面高 3.87 米，宽 1.72 米。文竖 19 行，满行 40 字，计 658 字，隶书，阴刻。撰文、书丹、篆额均为承德郎刘杰。横行首题"帝舜庙碑"4 字，篆书，又竖行题"帝舜庙碑"于首行，隶书。刻文记述：唐宋以来，桂林虞山舜帝庙因失修而荒废。至监宪湖广平章也儿吉尼上任，将被侵没的庙产田租重新收还，同时捐俸修复舜庙。此石刻于抗日战争期间被火烤，后半部分剥裂严重。刘杰，江西金溪人，元至正二十一年（1361）任广西道廉访司佥事。

D₂₋₇　姚世儒《重修虞山庙记》碑〔原存叠彩街道虞山西麓虞山公园内，现存桂林桂海碑林博物馆·明代〕　碑刻 1 方。明嘉靖十三年（1534）立。碑高 2.21 米，宽 0.97 米。碑为圆首形，碑首刻翔鹤图。文竖 23 行，满行 46 字，计 895 字，真书，阴刻。桂林府知府姚世儒撰文。桂林府通判陈坡书丹，桂林府通判伍重篆额，金文奇镌字，桂林府推官苏璞立石。额题"重修虞山庙记"6 字，篆书，竖 3 行，首行题"重修

虞山庙记"，真书。刻文记述：桂林府知府姚世儒认为"瑶壮之与居，魑魅之与处"，但彝伦修明，人文贲殖与中州同，这与舜帝德化有重大关系。因此将维修虞帝庙奏上司，请款修缮。毕工后，撰文刻石。姚世儒，绍兴（今浙江省绍兴市）人，明嘉靖十年（1531）任桂林府知府。

D₂₋₈　查礼游虞山诗〔叠彩街道虞山东南面石壁·清代〕　摩崖石刻 1 方。清乾隆十九年（1754）刻。刻面高 0.66 米，宽 0.95 米。文竖 12 行，诗满行 8 字，跋满行 9 字，计 98 字，行书，阴刻。太平府知府查礼撰文并书丹。七律一首附跋。跋云：清乾隆甲戌九月三日，晓雨初晴，秋风吹拂，正值黄花时节，虞山景致优美。查礼（1716—1783），字恂叔，号榕巢、俭堂、铁桥，顺天宛平（今北京市）人。清乾隆十五年（1750）任庆远府同知，十八年（1753）任太平府知府。

D₂₋₉　沈秉成《重修虞帝庙碑》〔叠彩街道虞山东南面石壁·清代〕　摩崖石刻 1 方。清光绪十五年（1889）刻。刻面高 2.12 米，宽 1.39 米。文竖 28 行，满行 33 字，计 778 字，篆书，阴刻。广西巡抚沈秉成撰文，向万书丹。顶端首题"重修虞帝庙碑"6 字，竖 3 行。首行题"重修虞帝庙碑记"。落款"大清光绪十五年岁次己丑春冲，广西补用知府善化向万谨篆"。刻文叙述：沈秉成修虞帝庙，费白金千两，历时五个月，并没有作较大改变，只是稍加维修，一如旧制。其修庙的目的，是希望人们尊崇虞帝，世世相传未艾。沈秉成（1823—1895），字仲复，浙江归安（今浙江省湖州市）人，清光绪十三年（1887）出任广西巡抚。

20－D₃　桂林石刻铁封山摩崖石刻〔叠彩区叠彩街道驿前社区中山北路铁封山西端·唐、宋、民国·全国重点文物保护单位〕　铁封山又名镇南峰，有摩崖石刻 6 方，其中唐代 1 方，宋代 2 方，民国 1 方，佚年 2 方。书体有真、隶、篆 3 种。形式有题榜、题记、绘画。作者均为官吏。重要作品有唐大历十二年（777）韩云卿《平蛮颂》、北宋庆历五年（1045）孔延之《瘗宜贼首级记》、北宋皇祐五年（1053）广西经略使余靖的《大宋平蛮碑》等。

D₃₋₁　韩云卿《平蛮颂》〔叠彩街道铁封山西端石壁·唐代〕　摩崖石刻 1 方。唐大历十二年（777）刻。刻面高 3.83 米，宽 1.88 米。碑首有浮雕两条龙。文竖 20 行，满行 30 字，计 449 字，隶书，阴刻。尚书礼部郎中上柱国韩云卿撰文，梁州都督府长史翰林待诏韩秀实书丹，京兆户曹参军李阳冰篆首。首题"平蛮颂"3 字，篆书，横刻于顶端二龙之中。首行题"平蛮颂并序"，隶书。刻文记述：唐大历十一年（776）

西原少数民族酋长潘长安率部族反唐，唐王朝命李昌夔领桂州都督，持节招讨，斩首三万余级，然后在其地建十八州羁縻。碑面剥蚀严重，一些字迹已无法辨认。

D₃₋₂ 孔延之《瘗宜贼首级记》〔叠彩街道铁封山西端石壁·北宋〕 摩崖石刻1方。北宋庆历五年（1045）刻。刻面高2.7米，宽1.32米，有缠枝纹作边饰。文竖18行，满行30字，计512字，真书，阴刻。钦州军事推官权节度推官孔延之撰文。分行额题"瘗宜贼首级记"，篆书。首题"宋桂州瘗宜贼首级记"9字，刻文记述：北宋庆历四年，环州少数民族首领区希范联合贵州白崖山蒙赶聚兵抗宋，宋朝廷命转运、按察使杜杞率军进讨。事平，斩首一千四百九十四级。首级分送属郡枭示，临桂得四分之一。孔延之等属官觉得县城上悬挂头颅太残忍，于是将其全部埋在北郊。孔延之（1014—1074），字长源，临江军新淦（今江西省新干县）人，孔子四十六世孙。北宋庆历二年（1042）进士，授钦州军事推官、权节度推官，庆历五年（1045）随杜杞平宜州之乱。

21-D₄ 桂林石刻叠彩山摩崖石刻〔叠彩区叠彩街道叠彩社区道中山北路叠彩公园叠彩山·唐—民国·全国重点文物保护单位〕 有摩崖石刻207方，其中唐代5方，宋代11方，元代6方，明代60方，清代95方，民国5方，佚年25方。另有清代石碑3方。主要分布在于越山、四望山、明月峰的风洞、仙鹤峰的瞻鹤洞和登山道旁石壁一带。形式有题诗、题名、题榜、题字、题记、偈语、绘画、官府文告等。书体有真、行、草、隶、篆五种。作者为官吏、文人、僧侣、道士等。重要作品有唐会昌四年（844）元晦《叠彩山记》和《四望山记》、南宋绍兴五年（1135）李弥大等5人游叠彩山的篆书题名、宋绍熙五年（1194）朱晞颜访叠彩岩诗、元天历三年（1330）马宗成庆真阁记、明天启四年（1624）何士晋平定贵州纪功碑等。

D₄₋₁ 元晦《叠彩山记》《四望山记》〔叠彩街道叠彩山明月峰风洞南面洞口左侧石壁·唐代〕 摩崖石刻2方。唐会昌四年（844）刻。一方刻面高0.38米，宽0.43米。文竖10行，满行10字，计93字，隶书，阴刻。桂管观察使元晦撰文并书丹。首题"叠彩山记"4字，刻文记述叠彩山的命名，营建叠彩山的起止年月及地点，叠彩山的景色、景物等。另一方为《四望山记》，在四望山东端石壁。唐会昌四年（844）刻。刻面高0.35米，宽0.43米，文竖7行，满行7字，计43字，隶书，阴刻。元晦撰文并书丹。刻文记述四望山的命名及建筑设施。元晦，生卒年不详，怀

州河内（今河南省洛阳市）人，唐会昌二年（842）任桂管观察史。

D₄₋₂ 朱晞颜访叠彩岩诗〔叠彩街道叠彩山明月峰风洞内石壁·南宋〕 摩崖石刻1方。南宋绍熙五年（1194）刻。刻面高0.62米，宽1.54米。文竖14行，满行7字，计87字，真书，阴刻。广西转运使兼经略安抚使朱晞颜撰文并书丹。五言律诗。诗前序载：南宋绍熙甲寅重午后二十日，朱晞颜携家访叠彩岩，清风时至，使其忘却夏日炎暑之畏，因而作此诗以纪。朱晞颜（1132—1200），字子渊，子团，休宁城北（今安徽省休宁县）人，南宋淳熙十六年（1189）出任广南西路转运判官，南宋绍熙四年（1193）任静江府知府兼广西经略安抚使。

D₄₋₃ 马宗成庆真阁记〔叠彩街道叠彩山仙鹤峰西北麓瞻鹤洞内石壁·元代〕 摩崖石刻1方。元天历三年（1330）刻。刻面高0.51米，宽0.49米。文竖17行，满行29字，计379字，真书，阴刻。湖湘道人马宗成撰文并书丹，胡云兴立石。横行额题"碧霞洞庆真阁之记碑"，刻文记述：庆历间，寓桂林临江胡云兴出资修葺碧霞洞，架阁道、装饰玄帝像、铸铜钟等。马宗成传略不详。

D₄₋₄ 欧阳旦游风洞记〔叠彩街道叠彩山明月峰风洞内石壁·明代〕 摩崖石刻1方。明正德六年（1511）刻。刻面高0.55米，宽0.9米。文竖23行，满行18字，计365字，真书，阴刻。广西左参政欧阳旦撰文和书丹。刻文记述：明正德六年，欧阳旦即将升调广东按察使，三月二十日，按察使周进隆、右参政黎民表、都指挥使苏英、指挥佥事于钦、靖江王府宗室约趵等携酒肴蔬果游风洞，于叠彩楼为其饯行。欧阳旦遂撰此文刻于石。欧阳旦（？—1515），字子相，江西安福（今江西省安福县）人。明正德四年（1509）出任广西布政司左参政，后升任广西左布政使。

D₄₋₅ 周赟无冤洞记〔叠彩街道叠彩山明月峰风洞内石壁·明代〕 摩崖石刻1方。明嘉靖二十六年（1547）刻。刻面高0.66米，宽1.44米。文竖43行，满行21字，计880字，真书，阴刻。周赟撰文并书丹。首题"无冤洞隋桂州道行军总管虞公申雪记"16字，碑文记述：周赟在检阅案牍之余，得知东晋将领高宝、隋代桂州行军总管虞庆则、唐代桂州押衙乐生3人被奸人枉杀之事，于是在风洞刻肖虞庆则之像及奸人跪伏像，高宝、乐生具木主侍其旁，以此释冤，并撰此文刻于石。周赟，常州府武进县（今江苏省常州市武进区）人，明嘉靖二十六年以恤刑至广西。

D₄₋₆ 何士晋平定贵州纪功碑〔叠彩街道叠彩山

明月峰风洞内石壁·明代〕 摩崖石刻 1 方。明天启四年（1624）刻。刻面高 2.42 米，宽 3.03 米。文竖 17 行，满行 12 字，计 182 字，真书，阴刻。广西巡抚何士晋撰文并书丹。刻文记述：明天启二年（1622），贵州水西土司知安邦彦挟持安位起事，自称罗甸王。朝廷命湖广、云南、广西与贵州合兵进剿，斩首四千余级。何士晋遂撰文将共事将领磨崖纪功。何士晋，字武莪，常州府宜兴县（今江苏省宜兴市）人。明天启二年（1622）出任广西巡抚，四年（1624）擢两广总督兼广东巡抚。

D₄₋₇ **袁枚游风洞诗** 〔叠彩街道叠彩山明月峰风洞内石壁·清代〕 摩崖石刻 1 方。未署年月款，但姓氏款后钤有"己未进士"章，应为清乾隆四年（1739）之后所作。刻面高 0.36 米，宽 0.54 米。文竖 13 行，满行 11 字，计 136 字，行书，阴刻。撰文、书丹均为袁枚。首题"游风洞，登高望仙鹤、明月诸峰"，为五言长句。刻文记述袁枚游风洞赏景的情趣，用语诙谐生动。袁枚（1716—1798），字子才，号简斋，别号随园老人，时称随园先生，浙江钱塘（今浙江省杭州市）人，历任清江宁、溧水、江浦、沐阳等县知县。

D₄₋₈ **李世杰《重新风洞遗刻记》** 〔叠彩街道叠彩首山明月峰风洞内石壁·清代〕 摩崖石刻 1 方。清乾隆四十四年（1779）刻。刻面高 0.9 米，宽 0.9 米。文竖 24 行，满行 30 字，计 597 字，真书，阴刻。广西巡抚李世杰撰文并书丹。首题"重新风洞遗刻记"，刻文记述：李世杰在平定金川后，公余游览山水名胜，见古人名笔字缺义残，十分感慨。乾隆四十四年调任广西巡抚，九月游风洞，见摩崖石刻大半被风霜剥蚀，于是命工重新之。李世杰（1716—1794），字汉三、号云岩，贵州黔西（今贵州省黔西县）人。清乾隆四十四年（1779）任广西巡抚，提督军务。

D₄₋₉ **胡虔等十人修《广西通志》题名** 〔叠彩街道叠彩山南面支峰四望山东端石壁·清代〕 摩崖石刻 1 方。清嘉庆五年（1800）刻。刻面高 1.48 米，宽 0.79 米。文竖 8 行，满行 12 字，计 94 字，篆书，阴刻。胡虔撰文，张元铬书丹。刻文记述：清嘉庆五年，广西巡抚谢启昆主持重修《广西通志》，桐城胡虔、张元铬、嘉兴王尚珏、任兆鲸、江朱锦、吴县范来沛、宣城张坤、临桂朱依赳、周维堂、关瑛十人共事纂辑，多次登临叠彩山，因此题名石壁以志一时之盛事。胡虔，字雏君，号枫原，安徽桐城（今安徽省桐城市）人。清嘉庆五年谢启昆主修《广西通志》，胡虔任总纂。

D₄₋₁₀ **李士莲等五人平乱纪实诗** 〔叠彩街道叠彩

山明月峰风洞北面洞口左侧石壁·清代〕 摩崖石刻 1 方。清同治三年（1864）刻。刻面高 0.84 米，宽 0.9 米。碑文竖 30 行，满行 31 字，计 744 字，真书，阴刻。作诗各有主，撰序及书丹为李士莲。碑序文记述：清咸丰年间，洪秀全聚兵起义，有黄三据守浔州。清朝廷为了消灭黄三，由广西巡抚率湖南、广西二省兵力围剿，历时三年方告结束。李士莲、郑献甫、文万选、阳晖壁、罗承澍五人题作诗刻二首，均为颂扬参与这次战役的刘坤一和道员王承泽的功勋之语。其中李士莲的作品为五言长句，郑献甫的为七律二首，文万选的为七律一首，阳辉壁的为七绝二首，罗承澍为七言短歌。李士莲，字鹤龄，广西灵川人。清咸丰三年（1853）举人。

D₄₋₁₁ **康有为题"素洞"并跋** 〔叠彩街道叠彩山于越山北面素洞口石壁·清代〕 摩崖石刻 1 方。清光绪二十一年（1895）刻。刻面高 0.43 米，宽 0.67 米。撰文、书丹均为康祖诒（有为）。榜书"素洞" 2 字，篆书，其左横行跋："光绪廿一年正月，南海康祖诒长素父与临桂周榕湖、龙赞侯、龙左臣搜岩得此，因自名之。"行书，竖 4 行，满行 9 字。康有为（1858—1927），原名祖诒，字广厦，号长素，别号长孺、明夷、西樵山人等，戊戌后称更牲，广东南海（今广东省南海市）人。清光绪十四年（1888）上书光绪皇帝请求变法，是维新变法的倡导者之一。曾应桂林龙泽厚之邀，到桂林叠彩山景风阁讲学。

D₄₋₁₂ **叠彩山摩崖造像** 〔叠彩街道叠彩山风洞及瞻鹤洞内石壁·唐—元〕 摩崖造像主要分布在明月峰的风洞和仙鹤峰的瞻鹤洞 2 处。风洞造像在唐初、中期就已开凿。但会昌五年（845）武宗在全国颁行《毁佛寺勒僧尼还俗制》后，造像均已遭砸毁。从遗留痕迹可看出，唐时此处造像为浅龛浮雕，立体感不强。到了北宋治平年间（1064—1067），使院都孔目官邓埒、尼志华、清化军指挥吉等在原唐造像残龛内重新镌造佛像。现风洞内共有摩崖造像 24 龛，98 尊。一般 1 龛 1 尊，多至 8 尊。除个别龛位为唐代造像之外，其余均为宋代作品。有明确纪年的最早为宋治平元年（1064）邓蜉造像和志华造像。风洞造像在 20 世纪 60 年代被砸毁，1972 年已修复。瞻鹤洞内有元代雕凿的玄武像和朱鹤像，此为道教产物。

22－D₅ **桂林石刻宝积山摩崖石刻** 〔叠彩区叠彩街道宝积社区翊武路中段东面宝积山·宋、明、清·全国重点文物保护单位〕 有石刻 35 方，其中宋代 14 方，明代 10 方，清代 8 方，佚年 3 方。主要分布在山北麓华景洞及山南麓登山道旁。除山南麓原安置明代 2 方、清代 3 方共 5 方有关诸葛武侯祠的石刻为石碑之外，其余均为摩崖石刻。书体有真书、行书、草书、篆书4种。形有题诗、题名、题榜、题记等。作者为官吏及隐士等。重要作品有北宋嘉祐三年（1058）宋咸、萧固、王罕等7人《游华景洞题名》，嘉祐年间（1058—1062）李师中咏云诗、南宋开庆己未（1259）李曾伯扩城抗元纪功碑等。

D₅₋₁ 宋咸、肖固、王罕等七人《游华景洞题名》 〔宝积山北麓华景洞口石壁·北宋〕 摩崖石刻1方。北宋嘉祐三年（1058）刻。刻面高1.61米，宽1.01米。文竖14行，满行17字，计243字，行书，阴刻。广西提点刑狱宋咸撰文并书丹，朱育摹写，区诚刻石。首题横行"游华景洞题名"6字，篆体，由西山寺文僧宝珍书写。刻文记述：北宋嘉祐三年七月，经略安抚使肖固和转运使王罕将华景洞营缮一新，八月十六日，肖固、王罕邀请提点刑狱宋咸等前来游览，于是宋咸"因本所以然而书其崖"。宋咸，字贯之，建阳（今福建省建阳市）人。北宋皇祐五年（1053）任广西转运判官，以军功转职方员外郎，嘉祐三年（1058）升广西提点刑狱。

D₅₋₂ 李师中咏云诗 〔叠彩街道宝积山北麓华景洞口石壁·北宋〕 摩崖石刻1方。北宋嘉祐年间（1058—1062）刻。刻面高0.79米，宽0.48米。文竖5行，满行10字，计33字，真书，阴刻。北宋嘉祐广西提点刑狱、转运使的李师中撰文并书丹。咏云七绝诗。额题"云"，诗为："归来不觉山川小，出去岂知天地宽。大抵无心自无累，亦如君子所居安。"落款"李师中题"。

D₅₋₃ 张自明华景洞题诗 〔叠彩街道宝积山北麓华景洞口石壁·南宋〕 摩崖石刻1方。南宋嘉定七年（1214）刻。刻面高0.57米，宽1.2米。文竖13行，满行6字，计74字，行书，阴刻。宜州教授兼摄州事张自明撰文并书丹。吊古兴怀七律一首，其中"拂破苍苔觅旧题，五言觅得晚唐诗"一句，即指会昌五年桂州刺史元晦的"岩光亭诗"。张自明，生卒年不详，字诚子，号丹霞，江西建昌军（今江西省抚州市南城县）人，南宋嘉定二年（1209）任宜州教授兼摄州事。

D₅₋₄ 元在庵主人《石堂歌》 〔叠彩街道宝积山北麓华景洞口石壁·南宋〕 摩崖石刻1方。南宋嘉定八年（1215）刻。刻面高1.48米，宽1.42米。文竖20行，满行26字，计467字，真书，阴刻。元在庵主人撰文并书丹。首题"石堂歌"3字，七言长歌，其中"不贪荣，不贪富，不恋妻孥及儿女。随缘自在度时光，看著古今都错误"等句，反映出愤世嫉俗的思想。落款"淳熙辛亥岁作，嘉定乙亥二月刻于桂林华景崖

石"。而淳熙只有"辛丑"，辛亥岁已为绍熙二年，其中恐有笔误。元在庵主人，姓蒋，名卓，南宋桂林人，能诗，时人称"诗翁"。南宋嘉定年间（1208—1224）住持桂林华景洞。

D₅₋₅ 李曾伯扩城抗元纪功碑 〔叠彩街道宝积山北麓华景洞口石壁·南宋〕 摩崖石刻1方。南宋开庆己未（1259）刻。刻面高2.57米，宽1.67米。文竖14行，满行41字，计529字，行书，阴刻。沿海制置大使李曾伯撰文并书丹。刻文记载：南宋末年，元兵南侵，宝祐六年（1258），沿海制置使李曾伯等将桂林北面城墙外移至形势险要的宝积山与叠彩山之间，并据此挫败了元兵的攻城。李曾伯（1198—1268），字长孺，号可斋，原籍河内覃怀（河南省沁阳市附近），南宋淳祐九年（1249）任静江府知府、广西经略安抚使兼广西转运使。宝祐六年（1258）以广南西路制置使再知静江府，拓凿城池，抵御元兵南进。

23－D₆ 桂林石刻清秀山摩崖石刻 〔叠彩区叠彩街道清秀社区清秀路南端清秀山清秀岩·宋·明·全国重点文物保护单位〕 有摩崖石刻18方，其中宋代17方，明代1方。分布在清秀岩内及岩口石壁。形式有题诗、题名、题榜、题记、执照等。书体有真书、行书。作者有官吏、僧人。其中最早的石刻是北宋元符三年（1100）杜唐臣、张通夫等七人题名。重要作品有北宋大观元年（1107）张庄清秀山观稼诗并跋、北宋靖康元年（1126）唐铎《新修清秀岩记》、南宋建炎年间（1127—1130）李邦彦榜书"清秀岩"。此外，还有吕愿忠、张孝祥、方信孺、张自明等的诗文、题名等。

D₆₋₁ 张庄清秀山观稼诗并跋 〔叠彩街道清秀山清秀岩东面岩口左侧石壁·北宋〕 摩崖石刻1方。北宋大观元年（1107）刻。刻面高2.04米，宽1.52米。文竖10行，满行14字，计126字，真书，阴刻。广西转运副使张庄撰文并书丹。刻文为七律一首，诗文叙述提点刑狱刘川、提举学事唐最和张庄陪同经略王祖道观稼于近郊的情景。

D₆₋₂ 唐铎《新修清秀岩记》 〔叠彩街道清秀山清秀岩东面岩口右侧石壁·北宋〕 摩崖石刻1方。北宋靖康元年（1126）刻。刻面高0.48米，宽0.61米。文竖10行，满行8字，计78字，真书，阴刻。临桂县令唐铎撰文并书丹。刻文记述：清秀岩离城较远，不被重视。经略使吕渭到此游赏之后，居民便争出力来修春楼阁岿然，游人改观。竣工后，唐铎撰文作记刻于崖壁。唐铎，吕愿忠门生，北宋宣和末年（1125）任临桂县令。

D₆₋₃ 吕愿忠清秀山诗并跋 〔叠彩街道清秀山清

秀岩西面岩口左侧石·南宋〕 摩崖石刻1方。南宋绍兴二十四年（1154）刻。刻面高1.2米，宽1.05米。文竖9行，满行14字，计125字，真书，阴刻。经略安抚使吕愿忠撰文及书丹。七律一首附跋。跋云：吕愿忠于南宋绍兴二十四年三月七日游中隐山，兴犹未了。于是后两日再邀僚属刘襄、朱良弼、陈廷杰一起到清秀山赏景，所见愈奇。遂作诗刻于岩壁。吕愿忠，生卒年不详，字叔恭，河南府洛阳（河南省洛阳市）人。南宋绍兴二十三年（1153）出任静江府知府兼广南西路经略安抚使。

D$_{6-4}$　**方信孺清秀山诗并跋**　〔叠彩街道清秀山清秀岩东面岩口右侧石壁·南宋〕 摩崖石刻1方。南宋嘉定七年（1214）刻。刻面高0.82米，宽0.7米。文竖8行，满行11字，计91字，行书，阴刻。广西提点刑狱方信孺撰文并书丹。七律一首。刻文记述：方信孺到清秀岩，"旋除野草开新径，遮莫寒藤刺客衣"，环境与南宋绍兴二十四年（1154）吕愿忠游赏时大不一样了，清秀岩已逐渐被荒废。

24-D$_7$　桂林石刻鹦鹉山摩崖石刻　〔叠彩区叠彩街道鹦鹉社区中山北路西侧鹦鹉山·宋、清、民国·全国重点文物保护单位〕 有摩崖石刻6方，宋代2方，清代1方，民国2方，佚年1方。主要分布在西南山腰，形式有题榜、题记、文告、地图。书体有真、行、篆三种。作者为官吏。重要作品有南宋咸淳八年（1272）章时发《静江府修筑城池记》和同一时期刻石的《静江府城池图》，清同治十三年（1874）陈培桂《广西练兵记》等。

D$_{7-1}$　**章时发《静江府修筑城池记》**　〔叠彩街道鹦鹉山西南麓石壁·南宋〕 摩崖石刻1方。南宋咸淳八年（1272）刻。刻面高2.75米，宽1.5米。文竖27行，满行50字，计1164字，真书，阴刻。广西提点刑狱兼提举广西常平章时发撰文及书丹。分4行额题"静江府修筑城池记"，篆书。刻文记述：南宋末年，元兵从六诏（云南）进攻广西，朝廷为了保住桂林的安全，先后命李曾伯为广南西路制置使，朱祀孙、赵汝霜、胡颖为广西经略安抚使，相继四次对静江府城进行加固、扩大。章时发，九华（今安徽省青阳县）人。南宋咸淳年间（1265—1274）任广西提点刑狱兼提举广西常平。

D$_{7-2}$　**静江府城池图**　〔叠彩街道鹦鹉山西南麓山腰石壁·南宋〕 摩崖石刻1方。静江府城池图是中国现存宋代2方石刻城图之一，南宋咸淳八年（1272）刻。刻面高3.38米，宽3.24米。其中图高2.91米，宽2.98米。图上方有一横线相隔刻有图记，刻面高0.32米。文竖113行，满行23字，计1586字，真书，

阴刻。城图以阴刻线条将桂林的山川、城池、兵营、衙署及主要街、桥梁等均标明，所用符号达39种。图记将广南西路制置使李曾伯和朱祀孙、赵汝霜、胡颖三位经略安抚使所修城的起止地段、高广尺寸、用工用料、所费经费、城高、池宽等一一开列，十分详细。

D$_{7-3}$　**陈培桂《广西练兵记》**　〔叠彩街道鹦鹉山南麓石壁·清代〕 摩崖石刻1方。清同治十三年（1874）刻。刻面高0.84米，宽3.3米。文竖46行，满行10字，计417字，行书，阴刻。梧州协副将署抚标中军参将陈培桂撰文并书丹。首题"广西练兵记"，碑文记述：广西巡抚刘长佑，仿明代戚继光"六练"之意，要求陈培桂、马荣升、胡陵等将领率部训练。陈培桂恐其良法美意久而中弛，于是撰文刻石，以告后之执事者。

25-E$_1$　岑毓英墓　〔叠彩区大河乡尧山行政村尧山西麓岑家岭·1889年·市文物保护单位〕 岑毓英（1829—1889），字彦卿，号匡国，广西西林县那劳村人，壮族，清末将领，中法战争主将之一。官至云贵总督，诰授光禄大夫，晋赠太子太傅，谥襄勤。墓葬朝西，圆丘形冢，料石围砌，高1.6米，底径3.5米。墓前序列华表、御祭碑、石牌坊、石祭亭及马、虎、羊、武将、文官诸石像生各1对。墓旁并列其夫人江氏墓。占地面积约1800平方米。

29-E$_2$　黄旭初旧居　〔叠彩区叠彩街道叠彩社区龙珠路木龙洞前·1936—1949·市文物保护单位〕 1936—1949间黄旭初在桂林任职期间所居住。院门朝西，主楼坐北朝南，砖木结构，中西合璧两层楼房，高11米，面阔25.4米，进深15.7米，占地面积约400平方米。楼上四间，楼下六间。每层有房六间。二楼设有阳台，歇山顶。北侧木龙洞东建有防空洞。楼前原有占地约1500平方米的小院。

30-E$_3$　黄旭初会客楼　〔叠彩区叠彩街道叠彩社区叠彩公园东侧门·1936—1949·市文物保护单位〕 1936—1949年黄旭初任职桂林期间的会客楼、警卫楼和储藏楼。中西合璧楼房，共3座建于距地面约1.7米的高台上，占地面积约830平方米。建筑下层均为料石，上层砖木结构。会客楼、警卫楼为两层，储藏楼为三层。现已改为宿舍。

31-E$_4$　八路军驻桂林办事处旧址　〔叠彩区叠彩街道叠彩社区中山北路14号·1938—1941年·全国重点文物保护单位〕 又称国民革命军第18集团军驻桂林办事处1938年11月中旬成立，该办事处同时又是中共中央南方局桂林办事处，设机要科、秘书科、交际科、交通运输科、总务科、财务科、警卫室、值班室、秘书室、救亡室、机要室、电台和转运站等机构，担

负宣传中国共产党的抗日主张、领导桂林抗日文化活动、输送抗日军需物资和人员，联络南方各省及香港、南洋的中共党组织、建立和发展广西抗日民族统一战线等工作。周恩来曾三次到办事处指导工作。1941 年 1 月"皖南事变"后被迫撤离。旧址原为黄旷达的住宅和其开办的"万祥糟坊"，坐东朝西，为两进院落，由前楼、庭院、厢房、后楼等组成，占地面积约 342 平方米。前楼为办事处驻地，面阔、进深三间，硬山顶，砖木结构二层楼房。后楼为房东酿酒之糟坊。1944 年毁于战火，1967 年修复，1987 年后院建有辅助陈列室。

E₄₋₁ 八路军驻桂林办事处物资转运站旧址 〔灵川县定江镇宝路行政村路西村·1938—1941 年〕1938 年 11 月中旬，国民革命军第 18 集团军驻桂林办事处成立，在路莫村设立物资转运站、电台室和保密室（救亡室）、招待所、仓库等，至 1941 年 1 月"皖南事变"后被迫撤离。旧址原为莫氏宗祠，坐北朝南，砖木结构。两进院落，包括前座、祠堂、天井，占地面积约 209 平方米。前座、祠堂皆面阔三间，硬山顶。前座设前檐廊，门额有"莫氏宗祠"匾。天井铺卵石及石板。祠堂房屋三间，设为救亡室。1975、1985、1988 年多次维修。

E₄₋₂ 八路军驻桂林办事处物资转运站电台室旧址 〔灵川县定江镇宝路行政村路西村·1938—1941 年〕在办事处物资转运站附近。砖木结构。三进院落，由大门、正屋、后屋、天井、厢房组成，占地面积约 165 平方米。主体建筑面阔三间，硬山顶，盖小青瓦。1975、1985、1988 年多次维修。

32 - E₅ 何信墓 〔叠彩区大河乡潘家行政村潘家村尧山西麓·1938 年·市文物保护单位〕何信（1913—1938），号德璋，广西桂林人，国民革命军中央空军第 8 队上尉副队长。1938 年 3 月 25 日在临枣抗日空战中牺牲。墓葬朝西，冢呈月牙形，用料石砌筑，高 1.5 米，长 9 米，宽 1.4 米。冢前左右有扶手，墓正面嵌有墓碑、烈士传略、广西省政府电文、李宗仁与白崇禧祭文以及空军四烈士公祭委员会祭文等碑刻 5 方。墓碑额刻李宗仁题"为国牺牲"，中部竖行刻"空军第八队何副队长信号德璋之墓"。占地面积约 300 平方米。

33 - E₆ 《救亡日报》印刷厂旧址 〔叠彩区大河乡大河行政村大河村白面山南麓·1939—1941 年·市文物保护单位〕1939 年 1 月 10 日，《救亡日报》社从广州迁至桂林复刊，印刷厂注册为"建国印刷厂"，设在市东郊大河乡四面山麓岩洞内。每天印报 3 千余份。除在广西发行外，还发往湘、赣、粤、川、滇、黔及港澳、南洋各地。1941 年 2 月 28 日被迫停刊。旧址为石灰岩溶洞，洞宽 13 米，高 4.8 米，进深 21 米。洞内地面铺木板，安装机器，洞外搭竹瓦篱舍（已毁）住人。

34 - E₇ 广西建设干部学校遗址 〔叠彩区大河乡天圣山东·1939 年〕1939 年 2 月 6 日，广西省政府在桂林东郊开办广西建设干部学校。大批中共党员和进步人员在校任教，校内有两个中共支部，1941 年 1 月"皖南事变"后撤离，1939 年 5 月叶剑英曾到校作题为《当前战局之特点》的演讲，校舍已毁，现存供学校用水的天圣泉，泉平面曲尺形，方石砌，面积约 15 平方米。泉北壁嵌有黄旭初题刻的"天圣泉"3 字。

35 - E₈ 蒋介石驻跸处旧址 〔叠彩区叠彩街道虞山社区中山北路东侧虞山公园内虞山·1939—1941 年〕1939 年冬，中国军队同侵华日军爆发桂南会战。国民政府军委会委员长蒋介石到桂视察，曾驻跸虞山庙；1941 年蒋介石偕夫人宋美龄再次来桂亦驻跸虞山庙及韶音洞。庙在虞山南麓，抗日战争期间被毁。韶音洞在虞山西麓，南北对穿，深数十米，宽六七米，为桂林八景之一的"舜洞薰风"之处。洞内中段东侧一人工凿成的方室为蒋介石宋美龄夫妇住室。

36 - E₉ 钟毅墓 〔叠彩区大河乡尧山西麓高马山脚北约 50 米·1941 年·市文物保护单位〕钟毅（1901—1940），字天任，广西扶绥县人，国民革命军陆军第 84 军 173 师中将师长。1940 年 5 月 9 日在枣宜会战中在唐河县殉身报国。1940 年 8 月遗体运回桂林公葬。墓葬朝西，冢呈圆丘形，用料石围砌，高 1.06 米，底径 5 米，占地面积约 20 平方米。墓碑高 2.29 米，碑额刻国民党党徽，碑面刻"陆军中将前 173 师师长钟公讳毅字天任府君之墓"。左右线刻云纹。墓前有踏步台阶。

37 - E₁₀ 李济深旧居 〔叠彩区叠彩街道驿前社区东镇路 11 号·1940—1944 年·市文物保护单位〕李济深（1885—1959），原名济琛，字任潮，广西苍梧县人，国民党元老。1948 年发起成立中国国民党革命委员会，任主席。中华人民共和国成立后，历任中央人民政府副主席、全国人民代表大会常务委员会副委员长、中国人民政治协商会议全国委员会副主席等职。1940 年 7 月至 1944 年，任国民政府军委桂林办公厅主任期间住此。旧居坐北朝南，砖木结构，四合院，由主楼、庭院、车库、警卫室等建筑组成，占地面积约 525 平方米。主楼为中西合璧二层楼房，主楼长 35 米，进深 15 米，底层七间，二楼八间，设有会客厅、书房和卧室等。砖墙，歇山顶，盖青瓦。

38 - E₁₁ 章亚若墓 〔叠彩区大河乡马鞍山西麓的金鸡岭·1942 年〕章亚若（1913—1942），女，江西南昌新建县人。任职赣南专员公署图书室，与蒋经国相恋，育有章孝严、章孝慈孪生兄弟。1942 年 8 月病逝于广西省立医院。墓葬朝西，冢呈圆丘形，原为土冢。1986 年其子章孝慈兄弟出资修缮改为石混凝土结构，高 1.5 米，底径 9.5 米，用料石错缝围砌。墓碑刻"显妣蒋母章太夫人讳亚若之墓"。

39 - E₁₂ 叶挺将军被囚处遗址 〔叠彩区叠彩街道叠彩社区叠彩山西北麓碧霞洞前·1943 年〕 1941 年 1 月"皖南事变"中，新四军军长叶挺将军负伤被俘。1943 年从桂林辗转湖北恩施等地又再押桂囚禁。遗址原为盐仓，砖木结构平房，悬山顶，盖小青瓦。西面山墙开双扇门。面积约 122.4 平方米。遗址东侧碧霞洞为空袭时临时囚禁处。叶挺（1896—1946），原名叶为询，字希夷，广东惠阳秋长人。北伐名将，八一南昌起义前敌总指挥，新四军军长。

40 - E₁₃ 桂林保卫战指挥部旧址 〔叠彩区叠彩街道鹦鹉社区鹦鹉山东南侧山腰处·1944 年〕 是桂林保卫战指挥所所在地。为 1944 年国民党第 4 战区部属组织抗日防守战役时修筑。依山势及原有洞穴扩建而成，内部呈弧形，最高处 3.3 米，最宽处 4.15 米，进深约 15 米，设有隔间设施。分东、西两个出口，在洞口处用料石、碎石垒砌成护墙和门。距西侧洞口约 2 米处，开一窗口。

41 - E₁₄ 仰止堂 〔叠彩区叠彩街道叠彩社区叠彩山公园叠彩山风洞前·1956 年·市文物保护单位〕 抗战初期，在南明文渊阁大学士兼吏、兵部尚书瞿式耜，兵部右侍郎张同敞在桂林抗清失败被俘关押的风洞前僧舍遗址上建堂，取"景仰先烈慕为观止"之意。后毁。1956 年重建。坐北朝南，砖木结构，单体建筑，抬梁式木构架，歇山顶。堂内北壁墙上嵌刻瞿式耜、张同敞二公画像及《浩气吟》唱和诗和 1963 年郭沫若题诗。占地面积约 78 平方米。西侧有清道光二十年（1840）广西巡抚梁章钜立的"常熟瞿忠宣、江陵张忠烈二公成仁处"碑。

42 - E₁₅ 三烈士纪念碑 〔叠彩区大河乡潘家行政村尧山西麓竹冲·1988 年〕 1942 年 7 月 9 日，因叛徒出卖，中共广西省工委副书记兼宣传部长苏蔓、中共广西省工委妇女部长兼桂林市委书记罗文坤、中共南方委员会驻广西特别交通员张海萍同时被捕。苏蔓、罗文坤、张海萍坚贞不屈，为保护党的机密于同月 12 日集体自缢牺牲。1988 年广西壮族自治区人民政府拨款立碑纪念。纪念碑由碑、平台、祭亭、台阶、桥等组成，占地面积约 1.1 万平方米。碑高 24 米，三层台基，碑座刻 3 烈士事迹。碑身方柱形，正面嵌白色大理石，题"苏蔓、罗文坤、张海萍革命烈士纪念碑"。

秀峰区

1 - A₁ 轿子岩遗址 〔秀峰区甲山街道唐家行政村唐家村轿子山南麓·新石器时代〕 洞穴遗址。1980 年发现。轿子岩在山的东南麓，岩洞高距地表 20 余米，洞口朝东南。洞内分主洞与支洞，文化堆积主要分布在主洞，厚约 1 米，面积约 30 平方米。发现屈肢蹲葬人骨架 1 具，出土打制石器及半成品 10 余件，此外还有双孔蚌刀、骨锥及猪、鹿、牛、猕猴、竹鼠、豪猪等哺乳动物骨骼，以及螺、蚌及鳖、龟、鱼等水生动物的骸骨。

2 - A₂ 释迦岩遗址 〔秀峰区甲山街道唐家行政村唐家村附近轿子山西南麓·新石器时代〕 洞穴遗址。1965 年发现。岩洞高距地面高约 5 米，洞口朝东南。因洞内石壁上刻有释迦牟尼佛像，故名。洞高 5 米，宽 20 米，洞内右侧石壁脚下有灰褐色螺壳胶结层，内含打制石器及半成品，有炭渣、烧土以及猕猴、鹿、麂、牛、猪等哺乳动物骨骼和牙齿等。

3 - A₃ 琴潭岩遗址 〔秀峰区甲山街道唐家行政村琴潭村琴潭岩南麓·新石器时代〕 洞穴遗址。1965 年发现。琴潭岩分内外两洞，内洞底部为地下河；外洞又可分为西侧的水洞和东侧洞穴。遗址在东侧洞穴，呈内窄外宽，内低外高的喇叭状，洞口高 4.7 米，洞内高 1.7 米，宽 11.4 米，进深 13.5 米，面积约 66 平方米。洞内堆积仅存岩壁附着一些胶结的螺蛳壳堆积，发现少量石器、陶片、兽骨。

4 - A₄ 鼻子岩遗址 〔秀峰区甲山街道唐家行政村路口村南面七头山北麓·新石器时代〕 洞穴遗址。1980 年发现。七头山为石灰岩孤山，岩洞高出地面约 4 米，洞口朝北。洞高 4.5 米，宽 6.3 米，进深 4.5 米。洞口周围发现较多的螺壳、蚌壳、鹿、麂、牛、猪的肢骨及全个鼠牙齿。

5 - A₅ 菩萨岩洞穴遗址 〔秀峰区甲山街道官桥行政村田心村南狮子山南侧·新石器时代〕 洞穴遗址。1980 年发现。山高约 50 米，岩洞高距地面约 20 米。有主洞和两支洞，主洞口朝西南，洞高 3.57 米，宽 2—5.94 米，进深 7.96 米，面积约 40 平方米。在洞内西侧采集打制石器 1 件；近洞口处东侧有面积约 2 平方米的螺蛳壳堆积，在堆积中发现打制石器、夹砂绳纹陶片等遗物。

6 - A₆ 西山西庆林寺遗址 〔秀峰区丽君街道丽狮社区丽狮路西山公园西山东南麓·唐—宋〕 西庆林寺建于唐代，号称南方五大禅林之一。唐武宗会昌年间（841—846）受到破坏，唐宣宗时复兴。北宋淳

211

化年间（990—994）重修，南宋以后废毁。从遗址残迹可知，寺系坐北朝南，依山势前低后高而建，面阔约80米，进深约200米。遗址堆积层在地表下0.6—1.55米，采集到唐代的青砖、板瓦、筒瓦及宋时期的青瓷器等。占地面积约1.6万平方米。

7-A₇ 千山观遗址 〔秀峰区丽君街道丽狮社区丽君路西山公园千山峰南山腰·唐—宋〕 据《广西通志》载，千山观建于唐贞观年间（627—649），宋代较盛，元代毁弃。地面建筑已毁，从残存遗迹观察，观依山势而建，坐北朝南，系砖木结构三进院落，面阔约90米，进深约100米，占地面积约9000平方米。山门入口处保存有南宋乾道年间（1165—1173）张孝祥的"千山观"摩崖榜书。在遗址中采集到较多唐代青砖、瓦当等物。

8-A₈ 乐群路水井遗址 〔秀峰区秀峰街道乐群社区乐群路·唐—宋〕 共发现4口水井，为唐宋时期桂林城内民用水井。其中1号井与2号井相距约3米，而3号井和4号井与2号井相距约百米。1号井内径0.63米，外径0.77米，残深约3米，井内出土较多陶瓷残片；2号井内径0.63米，外径0.9米；3号井内径0.79米，外径0.95米，残深1.9米；4号井内径0.6米，外径0.9米，残深0.68米。各井井壁均以青砖砌成。

9-A₉ 杉湖排水道遗址 〔秀峰区秀峰街道中心广场社区杉湖北路·宋代〕 1994年基建时发现。在地表下3.5米，暴露部分呈西北向东南走向，长约15米，水道内空间宽1米，高1.45米。其北端一段3米沟壁用方料石砌筑，顶部覆以三层长条形石板；中间2米长的一段两侧为青砖壁，顶部亦同样覆盖长条形石板。南段系青砖砌壁，双层青砖券拱顶。在北段与中段间设有一闸门，为防止春季湖水倒灌入城内特别设计。（见《桂林文博》1994年1期）

10-A₁₀ 城市排水道遗址 〔秀峰区秀峰街道东华社区靖江王府西侧城墙以西约32米·北宋〕 1994年在靖江王府西侧建设工地发现。排水道深距地表2.7—4米，水道高1.3米，宽1.2米，分上下两层。下层由19层砖砌成，砖铺底，两侧壁平砌8层砖，再以8层砖内收成梯形口，其上平砌3层砖。上层水道由9层砖砌成，底无砖，两壁平砌3层砖，4层砖起拱，2层砖盖顶。无石灰勾缝。是北宋居民区排水系统的一部分。（见《桂林文博》1995年1期）

11-A₁₁ 曲水流觞石刻遗址 〔秀峰区秀峰社区中心广场社区正阳步行街南入口处·南宋〕 1996年基建时发现。遗址东距南宋城墙10米，西距明代靖江王府城墙约50米，按南宋《静江府城池图》，应位于

衙城之内，乃古代九曲流觞游戏场所。存流觞石刻1件，由9块石块组成，东西宽3.1—3.2米，南北长3.7米，厚0.32米，石面平整，拼合严密，石表镂刻深0.16米，宽0.19—0.2米的流水沟槽，曲折伸展总长约19.3米，构成对称的曲线图案。其余尚有筒瓦、板瓦、小瓷碟、陶质动物头残件及基础条石等。

12-A₁₂ 宋代房宅遗址 〔秀峰区秀峰街道解东社区中山中路与靖江王府西城墙间·宋代〕 1995年5月，在中山中路与西华门间的"置业大厦"建设工地发现。房宅均东西向，砖石结构，墙基深0.5米，下层以河卵石垫底，其上以料石干砌，墙基以上再砌小青砖。残存宅墙长20余米，高1.5米，厚0.9米，附近曾发现5口宋代砖井。

13-C₁ 宋静江府城墙 〔秀峰区、叠彩区从榕湖北、翊武路至宝积山、鹦鹉山、铁封山地段·南宋·自治区文物保护单位〕 始建于南宋宝祐六年（1258），直至南宋咸淳八年（1272）完工，城以砖石构筑。现存城墙从榕湖北岸、翊武路至宝积山、鹦鹉山、铁封山一带，地跨秀峰区、叠彩区。宋代城墙外墙以青砖为主，元代瓮城以大石。城墙外设马面，内有藏兵洞。现残存13段城墙，包括古南门、宝积山、鹦鹉山及藏兵洞；东镇门及南城墙等，主要分布在桂林古城北、西两面。总长约1145.98米，最宽处19.7米，最窄处0.75米，高0.5—7.5米。

C₁₋₁ 古南门 〔秀峰区秀峰街道榕湖社区榕湖北路13号·南宋—明〕 为南宋末年静江府城的威德门。建于南宋景定元年至咸淳元年间（1260—1265）间。明嘉靖年间（1522—1566）在城南侧筑登道，以料石加砌券拱。明万历二十八年（1600），在城门南面"瓮石为台"，向南端延长。拱门南端东壁有明崇祯年间（1628—1644）陈于明诗刻1方。城墙以料石砌成，北檐墙为宋代城墙，南檐墙为明代建筑。墙高5.53米，长39.4米，厚19.4米，城门为券顶，高3.51米，宽2.85米，进深13.38米。城上有石砌平台，立望柱46根，围以石栏云板。元至正年间（1341—1368）在城门上建木构关羽祠，明正德年间（1506—1521）改建应奎楼，清嘉庆初年（1796）改名仰高亭，以后屡有兴废。现存门楼为1949年复建。1963年郭沫若题写"古南门"额匾。

C₁₋₂ 东镇门 〔叠彩区叠彩街道驿前社区东镇路东端·南宋·市文物保护单位〕 建于南宋，具体时间不详。据摩崖《静江府城图》镌刻，此门为南宋末年修建的静江府城23处城门之一。宋时名称不详，明代称东正门，清代改现名。1983年维修。城门朝东，石结构。券拱及城垣用料石包砌，内填土夯实。城墙

地面铺宋代宽薄条形砖。城墙高 6.4 米，厚 15.8 米。券拱门高 3.4 米，宽 2.3—2.95 米，进深 16.32 米。北连叠彩山、南接铁封山，现大部分保存。

14－C₂ 靖江王府及王陵 〔王府位于秀峰区秀峰街道广西师范大学内，王陵位于七星区朝阳乡、叠彩区大河乡尧山西南麓一带·明代·全国重点文物保护单物〕 为明代朱元璋侄孙、靖江王朱守谦及后代的府第及墓群。

C₂₋₁ 靖江王府 〔秀峰区秀峰街道东华社区广西师范大学内独秀峰下·明代〕 明洪武三年（1370）朱元璋封其侄孙朱守谦为靖江王，就藩桂林。五年（1372）在独秀峰下建王府，九年（1376）建成，二十六年（1393）建王城。清顺治七年（1650）清定南王孔有德破桂林改为定南王府，九年（1652）南明李定国部攻克桂林，孔有德兵败后在王府举火自焚，王府建筑化为灰烬。十四年（1657）在王府旧址修贡院。清康熙二年（1663）改为镇守将军驻节处，二十年（1681）复改贡院。城墙皆以巨型料石包砌，内填夯土、石片，浇灰浆，南北长 556.5 米，东西宽 333.5 米。占地面积约 19.79 万平方米。墙高 5.1 米，顶宽 5.06 米，辟四门，东为"体仁"，南为"端礼"，西为"遵义"，北为"广智"，城门券拱门额嵌"三元及第""状元及第""榜眼及第"石额匾。城内主要建筑有承运门、承运殿、配殿、寝宫、广智门、斋宫、进膳厨等"悉依王制"，此外围绕宫殿还有宝善堂、尊乐堂、日新堂、懋德堂、凌虚台、可心轩、玄武阁、御花园、宗庙、社坛等厅堂楼阁、亭台轩室、书屋桥榭、仓库廊房建筑 800 余间。端礼门外左为宗庙，右为社稷。现存月牙池和承运门、承运殿的台基及其云陛。城垣及东、西、南、北门。各种建筑基础尚存，现已被地面建筑覆盖。

C₂₋₂ 靖江王陵 〔七星区朝阳乡、叠彩区大河乡尧山西南麓一带·明代〕 （详见七星区 9－B₄ 靖江王陵条）

C₂₋₃ 三元及第坊匾刻 〔秀峰街道靖江王府端礼门（正阳门）北面门额上·清代〕 匾刻 1 方。两广总督阮元为陈继昌题写的及第匾。清嘉庆二十五年（1820）刻。匾高 1.29 米，宽 6.29 米，两旁有宽 0.2 米、厚 0.76 米的石块作碑侧。中间用 6 石并排成，第一石宽 0.81 米，文竖 3 行，题"太子少保兵部尚书都察院右都御史总督广东广西地方军务阮元为"，真书。第六石宽 0.84 米，文竖 3 行题刻"嘉庆十八年癸酉科解元，嘉庆廿五年庚辰科会元，殿试状元桂林陈继昌书"，真书。第二、三、四、五石各宽 1.06 米，题"三元及第"4 字，真书，每字各刻一石。

C₂₋₄ 状元及第坊匾刻 〔秀峰街道靖江王府体仁门（东华门）西面门额上·清代〕 匾刻 1 方。清光绪二十七年（1901）刻。由匾檐和匾身组成，通高 2.62 米。碑檐脊饰方形宝瓶、龙鸱吻。匾高 1.35 米，两边有石块。中间用 6 石并排成，第一石宽 0.72 米，文竖 6 行，题"道光二十一年辛丑恩科殿试第一甲第一名龙启瑞，光绪十五年己丑科殿试第一甲第一名张建勳，光绪十八年壬辰科殿试第一甲第一名刘福姚"，真书。第二、三、四、五石各宽 1.03 米，题"状元及第"，真书，每字刻一石。第六石宽 0.72 米，为空白。状元及第坊匾刻原在正阳门南面门额上，是为清道光二十一年（1841）状元龙启瑞而立。清光绪二十六年（1900）城楼失火，状元及第坊被焚毁，二十七年（1901）唐景崧、唐景崇与曹驯重建景福楼，将状元及第坊移建于东贡门（即东华门），并将光绪十五年（1889）状元张建勳、十八年（1892）状元刘福姚补书入其中。

C₃₋₅ 榜眼及第坊匾刻 〔秀峰街道靖江王府遵义门（西华门）东面门额上·清代〕 匾刻 1 方。清光绪二十七年（1901）刻。由碑檐和碑身组成，通高 2.11 米。碑檐有脊，匾高 1.35 米，两边有石块碑侧。中间用 6 石并排成，第一石宽 0.67 米，文竖 2 行，题"同治四年乙丑科殿试第一甲第二名于建章"，真书。第二、三、四、五石各宽 1.14 米，题"榜眼及第"，真书，每字刻一石。第六石，宽 0.67 米，为空白。

15－C₃ 庆泽井 〔秀峰区秀峰街道榕湖社区榕荫路中级法院内·明代〕 建于明弘治九年（1496）。井口平面呈八角形，井圈以整石凿成，高 0.6 米，外径 0.59 米，内径 0.39 米，外壁镌刻井名及建井铭文。井内壁以石砌，圆形，内径 0.39 米，深度不明。

16－C₄ 筌塘村河伯石塔 〔秀峰区甲山街道新立行政村筌塘村东桃花江畔·明代·市文物保护单位〕 建于明嘉靖十一年（1532）。坐南朝北。亭阁式实心风水石塔，高 2.3 米。塔基为二层方座。塔身第一层方柱形，底刻莲瓣，中部以凸形梁将塔身分为 2 节，上半节东面线刻河伯像，西面刻"嘉靖十一年"造塔记，其余两面刻镇邪符篆。第二层为重檐亭阁形。顶冠以葫芦形塔刹。

17－C₅ 田心村古井 〔秀峰区甲山街道官桥行政村田心村·明代〕 建于明代，具体时间不详。井口平面呈圆形，井圈为整石凿成，外径 0.6 米，内径 0.4 米，高 0.55 米，腹部最宽处 0.63 米；井圈有数十道凹槽。井壁用弧形料石围砌。井台石砌，西侧开有流水槽。占地面积约 10 平方米。

18－C₆ 狮子山河伯石塔 〔秀峰区甲山街道新立行政村庭江洞村桃花江东岸狮子山西麓·清代·市文

物保护单位〕 建于清道光元年（1821）。石幢式风水石塔，高五层3.35米。塔基三层方座，塔身第一层圆鼓形。第二层八边形立柱，一边刻镇邪符箓。第三层圆鼓形。第四层方柱形，东面刻"道光元年十二月初一立"造塔记，西面刻河伯像，其余两面刻镇邪符箓。顶层为四坡檐状伞盖，接相轮二圈托葫芦形塔刹。

19 - C₇ 白塘桥 〔秀峰区甲山街道桥头行政村白塘村南的小溪上·清代〕 建于清代，具体时间不详。南北走向，双孔石拱平桥，长10.2米，宽1.87米，拱跨3.1米。两岸砌八字形护岸堤，桥身用料石、片石干砌，桥拱用料石砌筑，桥面用条石铺砌，两端与岸齐平。原立碑刻已不存。

20 - C₈ 北冲桥 〔秀峰区甲山街道桥头行政村北冲村小溪上·清代〕 建于清代，具体时间不详。东西走向，双孔石拱桥，长6.6米，宽1.87米，拱跨2米。桥身、桥拱用料石干砌，桥面铺石板，东端置2级石踏跺。

21 - C₉ 莲花塘井 〔秀峰区甲山街道东莲行政村莲花塘村南头·清代〕 建于清代，具体时间不详。井口平面呈圆形，井圈为整石凿成，内径0.5米，外径0.75米；井圈口沿有数十道凹槽。井壁用弧形料石围砌。井台方形，用石板铺砌，长4.2米，宽3.8米，四周开有流水槽。井台东面有石制葫芦形洗衣槽和高约0.5米的土地公公、土地婆婆石像。井台北端中部有功德碑。

22 - D₁ 桂林石刻隐山摩崖石刻 〔秀峰区丽君街道丽狮社区丽君路西山公园内隐山·唐、宋、明、清·全国重点文物保护单位〕 有摩崖石刻85方，其中唐代8方，宋代31方，明代12方，清代27方，佚年7方。另有清代石碑6方。主要分布在朝阳洞、北牖洞、南华洞、夕阳洞、嘉莲洞、百雀洞一带石壁及山东麓华盖庵内。形式有题诗、题名、题榜、题记、铭文、绘画等。书体有真、行、草、隶、篆。作者为官吏及文人、流寓客子等。年代最早的是唐宝历元年（825）吴武陵书李渤等十九人北牖洞题名。重要作品有南宋淳熙五年（1178）张栻书"招隐"榜书并题记、南宋嘉定七年（1214）陈孔硕《卦德亭铭又叙》、明嘉靖三十六年（1557）周于德南华洞诗、清嘉庆二十四年（1819）阮元《隐山铭》等。

D₁₋₁ 吴武陵书李渤等十九人北牖洞题名 〔丽君街道隐山北麓北牖洞内石壁·唐代〕 摩崖石刻1方。唐宝历元年（825）刻。刻面分三部分：第一部分高1.22米，宽3.35米，文竖16行，满行15字，计191字，第二部分在左侧，高0.95米，宽0.5米，文竖5行，满行12字，计32字，第三部分在第二部分左侧，

高1.22米，宽0.5米，文竖3行，满行14字，计41字，真书，阴刻。都防御判官吴武陵撰文并书丹。刻文记述：唐宝历元年（825），李渤出任桂管观察使，访得此山，山有四洞，水石清拔。次日，李渤与幕僚及门生再次来赏景，吴武陵奉命操笔，倚岩叙题。第一部分题名8人，第二部分题续到者2人，第三部分题再续到者9人。吴武陵，江西信州（今江西省上饶市）人。唐元和二年（807）进士，唐宝历年间（825—827）李渤纳其为幕僚。

D₁₋₂ 詹仪之等八人北牖洞题名 〔丽君街道隐山北麓北牖洞口石壁·南宋〕 摩崖石刻1方。南宋淳熙十四年（1187）刻。刻面高1.29米，宽0.65米，文竖6行，满行15字，计89字，真书，阴刻。广西经略安抚使詹仪之撰文并书丹。刻文记述：南宋淳熙十四年二月二十六日，詹仪之约幕僚陈昭嗣、李晋、周瑰、滕真、唐庭坚、叶子义、陈邕共八人，到郊外踏青。题名中称："蚤饭榕溪阁，观青带、甘棠新桥，历览西湖六洞之胜。时雨初霁，风日融怡。流峙动植，触目会心。分韵赋诗，薄暮而返。"

D₁₋₃ 陈孔硕《卦德亭铭又叙》 〔丽君街道隐山东南麓石壁·南宋〕 摩崖石刻1方。南宋嘉定七年（1214）刻。刻面高0.78米，宽1.28米，文竖16行，满行7字，计110字，篆书，阴刻。广西转运判官陈孔硕撰文并书丹。首题"卦德亭铭又叙"6字。落款"嘉定甲戌九月刻"，真书。碑文记述：广西经略安抚使管湛于隐山东南麓建有八角亭，陈孔硕为其取名，并写铭文一篇刻于石壁。陈孔硕，字肤仲，一字崇清，福建侯官（今福建省福州市）人。南宋嘉定年间（1208—1225）任广西转运判官。

D₁₋₄ 周于德南华洞诗 〔丽君街道隐山西南麓南华洞口石壁·明代〕 摩崖石刻1方。明嘉靖三十六年（1557）刻。刻面高0.55米，宽0.72米，文竖8行，满行9字，计63字，草书，阴刻。镇守广西征蛮副将军前军都督周于德撰文并书丹。明嘉靖间（1522—1566），周于德奉命镇守广西，按志书寻求隐山六洞，重新修整，并各赋诗一首刻于洞中石壁。其中南华洞诗为五言古体。诗文大意为：南华洞中有清澈秋水一潭，潭中小鱼游动，观看"鱼水两相忘，兹乐其何如"的意境，给人带来无穷的遐想。周于德，字南墩，淮安（江苏省淮安市）人。明嘉靖年间（1522—1566）以军功历迁至镇守广西征蛮副将军前军都督，驻节桂林府。

D₁₋₅ 查淳隐山诗 〔丽君街道隐山北麓北牖洞口石壁·清代〕 摩崖石刻1方。清乾隆五十八年（1793）刻。刻面高0.37米，宽0.79米，文竖16行，

满行 10 字，计 139 字，行书，阴刻。桂林府知府查淳撰文并书丹。七律一首。诗前序载：清乾隆五十八年七月，查淳欲往江苏常镇通海道任道员，李秉礼召集友人到隐山东麓华盖庵内为查淳饯行。查淳回忆四十二年前随父查礼侍宦于广西，曾经游览隐山，于是抚今感昔，遂赋七律刻于石壁。查淳，字厚之，号梅舫，又号篆仙，宛平（今北京市）人。清乾隆五十一年（1786）知平乐府，五十三年（1788）调任桂林府知府。

D₁₋₆ 曾燠《游隐山六洞》诗 〔丽君街道隐山北麓北牖洞口石壁·清代〕 摩崖石刻 1 方。清嘉庆二十年（1815）刻。刻面高 0.35 米，宽 0.92 米。文竖 18 行，满行 9 字，计 162 字，行书，阴刻。贵州巡抚曾燠撰文并书丹。首题"游隐山六洞"6 字，七言古体诗。时曾燠由广东布政使调任贵州巡抚，途经桂林，到隐山游赏而赋诗刻于石壁。曾燠（1760—1831），字庶蕃，一字宾谷，晚号西溪渔隐，江西南城（今江西省南城县人），官至两淮盐政，清嘉庆二十年任贵州巡抚，途经桂林。

D₁₋₇ 阮元《隐山铭》 〔丽君街道隐山北麓高隐洞石口壁·清代〕 摩崖石刻 1 方。清嘉庆二十四年（1819）刻。刻面高 0.71 米，宽 0.43 米。文竖 11 行，满行 20 字，计 206 字，真书，阴刻。两广总督阮元撰文并书丹。首题"隐山铭"3 字。序言记载：嘉庆二十四年正月二十日为阮元五十六岁生日，照惯例避客于隐山，贯行六洞，竟日始返，于是作铭刻于石壁。阮元（1764—1849），字伯元，号芸台，江苏仪征（今江苏省仪征市）人，清嘉庆二十二年（1817）任两广总督。

23 - D₂ 桂林石刻西山摩崖造像 〔秀峰区丽君街道丽狮社区丽君路西山公园内西山·唐—清·全国重点文物保护单位〕 摩崖造像 98 龛，242 尊。另有造像记、灯龛记 7 方、浮雕石塔 1 龛、灯龛 29 个。造像多为 1 龛 1 尊，间有 1 龛 3 尊、5 尊、7 尊或 11 尊；摩崖石刻 15 方（其中 11 方模糊不清），造像凿于唐代，碑刻于宋代和清代。主要分布在立鱼峰、观音峰、龙头峰、西峰、千山观等处石壁。造像主要雕刻卢舍那、观音及其弟子，最大者高约 1.65 米，小者仅 0.05 米。造像面部丰满，耳垂至肩，宽胸细腰，袈裟轻盈，神态慈祥。唐会昌五年（845），武宗向全国颁行《毁佛寺勒僧尼还俗制》，西山造像头部及手臂大部分被毁。现存有纪年的造像观音峰的龙头峰唐上元三年（676）造像、调露元年（679）李实造像、景龙三年（709）造灯龛记。

D₂₋₁ 李实造像 〔丽君街道西山观音峰东南山腹

石壁·唐代〕 唐调露元年（679）刻。昭州（广西平乐县）司马李实舍钱镌造。龛内浮雕 1 佛、2 侍，均结跏趺坐莲台。龛内中间 1 尊为卢舍那佛，高 1.2 米，高肉髻，两耳垂肩，鼻梁略高，目长口合，面相丰满，阴线刻轻盈袈裟，祖露右肩，身后有莲瓣背光。龛右下角刻有造像记一方，刻面高 0.22 米，宽 0.27 米，文竖 6 行，满行 5 字，计 30 字，真书。记文为："大唐调露元年十二月八日，随太师太保申明公（李穆）孙昭州司马李实造像一铺。"卢舍那佛的头部于 1986 年被盗凿丢失，现已修复。两侧侍菩萨，双手拱合，跌坐莲花，侧身向佛。

24 - D₃ 桂林石刻独秀峰摩崖石刻 〔秀峰区秀峰街道东华社区广西师范大学内独秀峰·唐—民国·全国重点文物保护单位〕 有摩崖石刻 173 方，碑刻 1 方。其中唐代 2 方，宋代 7 方，元代 3 方，明代 34 方，清代 70 方，民国 6 方，佚年及佚名 14 方，字迹模糊或素面摩崖 38 方。主要分布在山麓四围（读书岩周围较集中）及登山道旁石壁，书体有真、隶、行、篆、草 5 种。形式有题诗、题名、题榜、题字、题记、书刻名人作品、绘画等。作者为官吏、王公贵胄、文人。最早的石刻为唐建中元年（780）郑叔齐《独秀山新开石室记》。其余较重要的石刻有南宋嘉泰元年（1201）王正功桂林大比宴享即席劝驾诗等，元元统二年（1334）李震孙《广西道平蛮记》，明代靖江王及其宗室、僚属之间的酬唱石刻以及清代黄国材榜书"南天一柱"、张祥河榜书"紫袍金带"等。

D₃₋₁ 郑叔齐《独秀山新开石室记》 〔秀峰街道独秀峰东南麓读书岩口石壁·唐代〕 摩崖石刻 1 方。唐建中元年（780）刻。刻面高 0.57 米，宽 0.9 米。文竖 26 行，满行 13 字，计 320 字，真书，阴刻。监察御史里行郑叔齐撰文并书丹。首题"独秀山新开石室记"8 字，刻文记述：独秀峰因南朝刘宋时期著名文人颜延年诗句"未若独秀者，峨峨郭邑开"而得名。唐大历十一年（776）李昌夔出任桂管防御观察使，三年政成。为表彰前哲，鼓励士子，于山下建宣尼庙，并设东西庑以居胄子。郑叔齐，官监察御使里行，唐建中元年仕宦桂林。

D₃₋₂ 吕愿忠读书岩题诗 〔秀峰街道独秀峰东南麓读书岩口·南宋〕 摩崖石刻 1 方。南宋绍兴二十四年（1154）刻。刻面高 1.17 米，宽 0.8 米。文竖 8 行，满行 14 字，计 104 字，隶书，阴刻。广西经略安抚使吕愿忠撰文并书丹。七律一首附跋。跋云：甲戌三月二十七日，吕愿忠和幕僚刘襄、朱良弼、蔡仁共四人到独秀峰访读书岩，有感颜延年身世而作此诗。

D₃₋₃ 王正功桂林大比宴享即席劝驾诗 〔秀峰街

道独秀峰东南麓读书岩口石壁·南宋〕 摩崖石刻 1 方。南宋嘉泰元年（1201）刻。刻面高 1.15 米，宽 0.64 米。广西提点刑狱兼经略安抚使王正功撰文并书丹，进士张次良上石。首题"使府经略提刑大中丞公□□□诗" 15 字，竖 7 行，篆书。落款"门生乡贡进士张次良上石"，真书。文竖 10 行，满行 20 字，计 160 字，行书，阴刻。七律二首，内容为赞扬桂林学子人才辈出，其中有"桂林山水甲天下，玉碧罗青意可参"之句。王正功（1133—1203），字承甫，原名慎思，鄞县（今浙江省宁波市）人。南宋庆元六年至嘉泰二年（1200—1202）任广西提点刑狱兼经略安抚使权知静江府事。

D₃₋₄ 李震孙《广西道平蛮记》 〔秀峰街道独秀峰东南麓读书岩口石壁·元代〕 摩崖石刻 1 方。元元统二年（1334）刻。刻面高 2.26 米，宽 1.73 米。首呈圆弧形，四周浅刻缠枝纹饰。文竖 37 行，满行 42 字，计 979 字，真书，阴刻。静江路儒学教授李震孙撰文，全州路儒学教授李时书丹，同知广西两江道宣慰使司事副都统元帅田忽都不花篆额，郡庠学正何天与、山长苏仙荫等、乡老文用等共 12 人立石。横行首题"广西道平蛮记" 6 字，篆书。首行题"广西道平蛮记"。碑文记述：元统二年，广西瑶民起兵，杀死同知元帅失吉列思，三月，中议大夫撒竹兀歹等募敢死士及率军将其击败。文后附有颂诗。李震孙，甫阳（今福建甫）人。元元统年间（1333—1335）任静江路儒学教授。

D₃₋₅ 朱经扶中秋夜玩月诗 〔秀峰街道独秀峰南麓石壁·明代〕 摩崖石刻 1 方。明正德十四年（1519）刻。刻面高 0.36 米，宽 0.36 米。文竖 9 行，满行 12 字，计 82 字，真书，阴刻。第九代靖江王朱经扶撰文并书丹。首题"大明正德十四年己卯中秋夜玩月偶成诗一首" 19 字，落款"九代靖江王题"。七律一首。内容为描写中秋月夜的景色。朱经扶（1493—1525），号独峰。明正德元年（1506）十二岁继王位掌国事，明正德十三年（1518）七月初三日袭封靖江王，为第九代靖江王。明嘉靖四年（1525）三月十三日薨，赐谥安肃。

D₃₋₆ 高层云登独秀峰诗 〔秀峰街道独秀峰西面登山道旁石壁·清代〕 摩崖石刻 1 方。清康熙二十三年（1684）刻。刻面高 1.33 米，宽 0.72 米，文竖 5 行，诗满行 9 字，文满行 13 字，计 58 字，真书，阴刻。大理寺评事高层云撰文并书丹。五言绝句附跋。跋云：清康熙甲子秋，广西布政使施泰岩与招同刑部员外郎王省斋、学使李质素与高层云，同登独秀峰，并作此诗。高层云（1634—1690），字二鲍，号谡苑、

谡园，晚号菰村，直隶华亭（上海市松江县）人，明末清初画家。清康熙二十三年（1684）任广西乡试副考官。

D₃₋₇ 吕璜独秀峰展重阳登高 〔秀峰街道独秀峰顶西面石壁·清代〕 摩崖石刻 1 方。清道光十三年（1833）刻。刻面高 0.49 米，宽 0.72 米。文竖 14 行，满行 10 字，计 116 字，真书，阴刻。秀峰书院山长吕璜撰文书丹。七律一首附跋，跋云：清道光癸巳十月九日，地方长老马秉良邀同吕璜等文人，到独秀峰作重阳登高，吕璜即兴作此诗以志游观。吕璜（1778—1838），字礼北，号月沧，广西永福县人。官至杭州府海防同知。清道光五年（1825）因罪罢官，晚归故里，徙居桂林。

D₃₋₈ 张联桂跋刻慈禧题"寿"字 〔秀峰街道独秀峰西南麓石壁·清代〕 摩崖石刻 1 方。清光绪二十一年（1895）刻。刻面高 2.03 米，宽 1.06 米，有浅刻单线框。刻慈禧题"寿"字，字径 1.54 米，行楷。寿字上方有正方玺，玺文"慈禧皇太后御笔之宝"，篆书，文竖 4 行。广西巡抚张联桂的跋及颂文刻于"寿"字下方，跋文竖 9 行，满行 28 字，计 121 字，真书。文载：光绪二十年十月十日，慈禧 60 岁生日，手书"寿"字赐予张联桂。张联桂将其刻于独秀峰。张联桂（1838—1897），字丹叔，扬州府江都县（今江苏省扬州市）人。曾任清广西灵川、贺县知县，全州知州、桂林府同知、庆远府同知，清光绪十八年（1892）升广西巡抚。

25－D₄ 桂林石刻骝马山摩崖造像 〔秀峰区丽君街道骝马社区骝马山北巷中段南侧骝马山北麓石壁·唐代·全国重点文物保护单位〕 摩崖造像 6 龛，23 尊。另有灯龛 2 个。凿于唐代早、中期。造像主要有佛、弟子、菩萨和供养人。其中 3 号龛造像 10 尊，居中主像为佛，高 1 米，着广袖褒衣，衣褶简洁；面部颐颊饱满，左手按膝，右手上举，结跏趺坐。台座两侧有护法狮子，作卧伏状。佛左右为摩诃迦叶、阿难陀 2 弟子，均作圆领袈裟，面向主尊，合掌而立。

26－D₅ 桂林石刻中隐山摩崖石刻 〔秀峰区丽君街道中隐社区中隐路西端中隐山西端·宋、清·全国重点文物保护单位〕 又称钟隐山、中隐岩。有摩崖石刻 16 方，碑刻 1 方，其中宋代 15 方，清代 1 方。分布在上洞佛子岩、中洞吕公岩和下洞张公洞。书体有真、隶二种，作者有官吏、文人、僧、道等。形式为题诗、题名、题榜、记事等。最早的是北宋元丰二年（1079）提举广西常平刘谊等 4 人的"佛子岩题名"，重要作品有南宋绍兴二十四年（1154）吕愿忠游中隐山题诗、绍兴二十九年（1159）张仲宇《桂林盛事》、

乾道三年（1167）张维《张公洞记》、乾道九年（1173）僧祖华《中隐佛子岩福缘寺修造记》等。

D₅₋₁ 刘谊等佛子岩题名 〔丽君街道中隐山佛子岩内石壁·北宋〕 摩崖石刻 1 方。北宋元丰二年（1079）刻。刻面呈刀形，高 1.36 米，宽 0.7 米。文竖 4 行，除第 1 行为 7 字外，其余均 5 字，共 22 字，真书，阴刻。撰文、书丹、刻工不详。无首题、落款。碑文为："元丰二年八月十八日，刘宜父、曾公冕、苗永孺、僧绍简游。"其中刘宜父是刘谊的字。刘谊，字宜父，一字宜翁，号三茅翁，长兴（今浙江长兴县）人，北宋元丰元年（1078）任管勾广西常平。

D₅₋₂ 吕愿忠游中隐山题诗 〔丽君街道中隐山吕公岩内石壁·南宋〕 摩崖石刻 1 方。南宋绍兴甲戌（1154）刻，计 2 方，刻面均高 0.51 米，宽 1.93 米。第一方文竖 21 行，满行 6 字，计 120 字，真书，阴刻。吕愿忠撰文并书丹。诗文七绝，为即景兴怀之作。第二方文竖 20 行，满行 6 字，计 126 字，真书，阴刻。吕愿忠撰文并书丹。诗文七律附跋，跋语云：吕愿忠等人游览中隐山无名洞，将此洞取名为吕公洞。吕愿忠"因书五十六字镌于壁"。诗末一句为"此处得名爱自我，要须题作吕公岩"。吕愿忠，生卒年不详，字叔恭，河南府洛阳（今河南省洛阳市）人，南宋绍兴二十三年（1153）九月，以右承议郎、直秘阁知静江府兼广西经略安抚使。

D₅₋₃ 张仲宇《桂林盛事》 〔丽君街道中隐山佛子岩内石壁·南宋〕 摩崖石刻 1 方。南宋绍兴二十九年（1159）刻。刻面高 1 米，宽 0.59 米。文竖 17 行，满行 35 字，计 498 字，真书，阴刻。张仲宇撰文，梁材书丹，龙光刻石。首题横行"桂林盛事"4 字，隶书。刻文追述：北宋崇宁至南宋绍兴间（1102—1162），政府官员及地方名绅为桂林修城壕、建学校、免赋税、宽民力；南宋绍兴三年（1133）宋高宗将桂州升为静江府，出现了兴盛的新局面。张仲宇，生卒年不详，字德仪，临桂（今桂林市）人，布衣，以文藻称于当时。

D₅₋₄ 僧祖华《中隐佛子岩福缘寺修造记》 〔丽君街道中隐山佛子岩内石壁·南宋〕 摩崖石刻 1 方。南宋乾道九年（1173）上元日刻。刻面高 0.71 米，宽 0.52 米。文竖 18 行，满行 33 字，计 511 字，真书，阴刻。僧祖华记，僧日澄撰文，僧惠通书丹，朱十八刻石。首题"中隐佛子岩福缘寺修造记"11 字。刻文记载：因岩内旧有灵踪石像，村民在此盖茅庐为庵。其后得到府通判汪应辰支持，拨给僧道名额。又有经略安抚使吕愿忠、张孝祥、张维等为福缘寺建三门斋厅、山亭，植寿松等。

D₅₋₅ 张维《张公洞记》 〔丽君街道中隐山张公洞内石壁·南宋〕 摩崖石刻 1 方。南宋乾道三年（1167）刻。刻面高 2 米，宽 1.12 米。文竖 9 行，满行 19 字，计 171 字，隶书，阴刻。张维撰文，曹总书丹。刻文叙述：南宋乾道元年（1165）广西提点刑狱张维与经略安抚使张孝祥游览中隐山无名洞，相语曰"俾来游者指为张公洞"。次年，张孝祥调离广西，再过一年，因思念张孝祥，于十二月廿日，张维书题"张公洞"3 字，并撰写《张公洞记》刻于岩中。张维（1113—1181），字振纲，一字仲钦，南剑州剑浦（福建省南平市延平区）人。南宋乾道元年（1165）任广南西路提点刑狱，乾道二年（1166）知静江府。

27-D₆ 桂林石刻府学文庙碑刻 〔秀峰区秀峰街道解放西路桂林中学校园内·元—清·全国重点文物保护单位〕 旧时桂林府学和文庙是设在一起的，共有碑刻 14 方，其中元代 2 方，明代 1 方，清代 11 方。书体有真书、篆书。作者有封建皇帝及官吏。最早的是元大德元年（1297）臧梦解《释奠牲币器服图》。重要的有元至顺二年（1331）元文宗圣旨碑、皇庆元年（1312）杜与可《静江路修学造乐记》、明弘治三年（1490）周孟中《桂林府儒学考祀先贤记》、清康熙十一年（1672）毛远《重建桂林府学记》、康熙二十二年王如辰《重修桂林府儒学碑》、乾隆帝的《平定朔漠告成太学碑》等。

D₆₋₁ 释奠牲币器服图碑 〔秀峰街道桂林中学大门内西侧教职员工宿舍院内·元代〕 碑刻 1 方。元延祐五年（1318）立。碑高 2.62 米，宽 0.97 米，由肃政廉访司事王□翼书丹，静江路总管梁国栋立石。圆首，两边浅刻缠枝纹花边。碑分三部分，第一部分为中横行"释奠牲币器服图"隶体碑额，图高 1.26 米。第二部分高 0.6 米，刻元大德元年（1297）岭南广西道肃政廉访副使臧梦解的图记和大德二年（1298）静江路儒学教授鲁师道的图记。碑文竖 40 行，满行 44 字，计 1086 字，真书，阴刻。第三部分高 0.37 米。刻延祐五年三月吉日肃政廉访司照磨旷□撰写的图记。文竖 37 行，满行 22 字，计 686 字，真书，阴刻。刻文叙述释奠牲币器服图的来历及刻石的经过。

D₆₋₂ 元文宗圣旨碑 〔秀峰街道桂林中学大门内西侧教职员工宿舍院内·元代〕 碑刻 1 方。元至顺二年（1331）立。碑高 2.14 米，宽 1.04 米。圆首，周边刻缠枝花边。碑首缠枝花边组成的方框内竖刻"圣旨"隶体碑额。其下即分四层刻元文宗图铁睦尔至顺二年九月颁发的八道圣旨，均为真书，阴刻。碑文竖 33 行，第一层满行 19 字，计 389 字，文为"启圣王制"和"特封大成至圣文宣王夫人制"。第二层满行

18 字，计 299 字，内容为加封颜回、曾参二人为兖国复圣公和郕国宗圣公的二道制文。第三层满行 15 字，计 314 字，内容为加封孔伋、孟轲二人为沂国述圣公和邹国亚圣公的二道制文。第四层满行 16 字，计 265 字，内容为追封程颢、程颐二人为豫国公和洛国公的二道制文。

D₆₋₃ 毛遂《重修桂林府学大成殿记》碑 〔秀峰街道桂林中学大门内西侧·清代〕 碑刻 1 方。清康熙十一年（1672）立。碑高 2.18 米，宽 0.975 米，碑边缘有缠枝花纹。圆首，刻芝云、水浪、双鲤。碑文竖 34 行，满行 50 字，计 1136 字，真书，阴刻。更部验封清吏司主事毛遂撰文并书丹。额题"重建桂林府学记"，碑文记载：广西巡抚马雄镇，倡议幕僚捐俸修复桂林府学及县学。竣工时，正遇毛遂为广西乡试副考官来桂典试，遂撰文以纪其事。毛遂，字天翼，号锦来、晓园，新昌（今江西省宜丰县）人。清康熙十一年（1672）出任广西乡试副考官。

D₆₋₄ 王如辰《重修桂林府儒学碑》 〔秀峰街道桂林中学大门西侧·清代〕 碑刻 1 方。清康熙二十二年（1683）立。碑高 1.82 米，宽 0.87 米，碑边缘刻缠枝花纹。碑文竖 21 行，满行 47 字，计 801 字，真书，阴刻。提督广西学政、按察司金事王如辰撰文并书丹。横行额题"重修桂林府儒学碑"，真书。首行题"重修桂府儒学碑记"。碑文记载清廷撤藩之役，孙延年叛乱，"以学宫为牧围"。叛乱平息后，广西巡抚郝浴"首议兴学以明伦，广教为拨乱反正之第一义"，于是幕府群僚同心协力修复府学的经过。王如辰，字台中，号北野，鳌山（属山东省青岛市）人。

D₆₋₅ 平定朔漠告成太学碑 〔秀峰街道桂林中学大门内西侧·清代〕 碑刻 1 方。清康熙四十三年（1704）立。碑高 3.17 米，宽 1.68 米，碑面右边汉文真书。碑文竖 15 行，满行 876 字，计 999 字，阴刻。清圣祖玄烨撰文。额题"平定朔漠告成太学碑" 9 字，碑文前部分为序文，其中有"厄鲁特噶尔丹阻险北陲"，清军"三出绝塞，朕皆亲御以行"之句，即指清康熙帝玄烨在康熙三十五年（1696）、三十六年（1697）、四十二年（1703）三次督师新疆亲征准噶尔部首领噶尔丹之事。序文后是颂诗。碑的左边是竖刻 18 行的满文。碑文顶端还有正方形御玺 3 方。

D₆₋₆ 汪份《重修桂林府学大成殿记》碑 〔秀峰街道桂林中学大门内西侧·清代〕 碑刻 1 方。清康熙五十三年（1714）立。碑高 2.17 米，宽 0.95 米。碑文竖 25 行，满行 68 字，计 924 字，真书，阴刻。翰林院编修汪份撰文并书丹，徽州监生查仪监造。额题"重修桂林府学大成殿记"，竖 5 行，每行 2 字，篆体。

碑文记述：广西巡抚陈元龙，建书院，办义学，首以劝学崇化为要务，广西学使龚铎于是捐资维修文庙的经过。汪份，字武曹，江苏长洲（今江苏省苏州市）人，清康熙五十三年（1714）为广西乡试副考官。

28－D₇ 桂林石刻轿子岩摩崖造像及石刻 〔秀峰区甲山街道唐家行政村轿子山轿子岩、释迦岩内·宋—明·全国重点文物保护单位〕 轿子岩口有明代石塔，高约 2.4 米，"工"字形石座，塔身一层，无顶，中空；塔正面有一门洞，其余三面有天窗；塔外形略似旧时轿子，故称轿子塔。岩口南侧有榜书"轿子岩" 3 字，书写年代不详。释迦岩内有石刻 3 件，造像 1 尊，造像结跏跌坐，左手按膝，右手施无畏印；左壁有北宋政和二年（1112）杨书思题名 1 方。

29－D₈ 桂林石刻琴潭岩石刻 〔秀峰区甲山街道唐家行政村琴潭村西北琴潭岩·宋代·全国重点文物保护单位〕 琴潭岩分内外两洞，内洞底部为地下河；外洞又可分为西侧的水洞和东侧的洞穴。宋代石刻 2 方就在水洞洞口处：1 方为方信孺榜书"琴潭"，苍劲古朴，堪称佳作。另 1 方为"方孚若、李子凝等五人琴潭岩题名"。

30－D₉ 芦笛摩崖佛塔 〔秀峰区甲山街道福利路社区芦笛公园内、光明山与磨盘山之间的凹地的孤岩上·唐代〕 在岩石的南壁，刻唐代摩崖佛塔像。佛龛大体呈梯形，高 1.22 米，底宽 0.76 米。龛底部饰莲花座，莲花座上浅浮雕 4 级石塔，塔顶饰圆形宝顶，一层有浅雕的小佛像。佛龛右侧原有碑文，但已经模糊不清。

31－D₁₀ 芦笛岩壁书 〔秀峰区甲山街道福利路社区芦笛路光明山芦笛岩内·南朝—民国·自治区文物保护单位〕 墨写壁书，现存 77 则，其中南朝 1 则，唐代 5 则，宋代 10 则，元代 1 则，明代 4 则，民国 4 则，年代无考 52 则。字体有真、行二种。形式有题诗、题名、题榜、记事等。作者为官吏、僧侣、文人等。其中最早的为南朝齐永明年间（483—493）的题名。重要的有明周禧等采山题名等。壁书剥蚀严重，许多字已无法辨认。唐元和元年（806）、元和十二年（817）、元和十五年（820）的题名皆出自僧人之手。此外，在石乳上有"一洞""二洞""三洞""洞腹"和"塔""笋""龙池"等题字和榜书。

D₁₀₋₁ 周禧等采山题名 〔甲山街道光明山芦笛岩内大厅石壁·明代〕 题名范围高 0.5 米，宽 0.58 米。书文竖 10 行，满行 8 字，计 49 字，真书。无撰文及书丹款，年月款只用干支序号。书文为："靖江王府敬差内官典宝周禧、郭宝、孟祥带领旗校人匠王茂祥、张文辉等数十人采山至此同游。丁丑岁仲夏月十有六日记。"此题名证实靖江王府、王陵建筑所用石材曾在这一带开采。

32 - D₁₁ 大岩壁书 〔秀峰区甲山街道福利路社区芦笛路光明山大岩内·宋—民国·自治区文物保护单位〕 墨写壁书，现存 93 则，其中宋代 1 则，明代 69 则，清代 7 则，民国 1 则，佚年 15 则。字体有真、行二种。形式多为记事，作者多为自社会下层劳动人民。年代最早的是宋元丰七年（1084）题字。其余以明代壁书为多，内容反映明代桂林社会动乱、天灾、人祸以及生活的困苦等。重要的有明嘉靖四十三年（1564）布政司库被劫题记、清顺治十年（1653）于家庄村民躲避战乱题记等。

D₁₁₋₁ 布政司库被劫题记 〔甲山街道光明山大岩内石壁·明代〕 明嘉靖四十三年（1564）题。题记范围高 0.6 米，宽 0.44 米。书文竖 4 行，满行 8—11 字不等。计 36 字，真书。无撰文及书丹款。书文为"嘉靖四十三年十二月二十四日迎春，混入蛮贼，劫掳布政司库花银七万，杀死布政黎□□"。黎字后所缺损 2 字为"民衷"，黎民衷当时任广西布政使司右参政。

D₁₁₋₂ 于家庄村民躲避战乱题记 〔甲山街道光明山大岩内石壁·清代〕 清顺治十年（1653）题。题字范围高 0.76 米，宽 0.5 米。书文竖 10 行，满行 3—22 字不等，真书，计 140 字，无撰文及书丹款。书文记述："因为壬辰年十一月廿八日，文本桂林城各官兵马走纷纷，空了省城个多月。各有四乡人民抢尽省城。又有线都爷带达兵入城。又到癸巳年二月初十日，达兵入村，各处四乡八洞搜捉老少妇女，牵了许多牛只，急要银子回赎。又征灵田四都，东乡人民杀死无数。百姓人民慌怕，逃躲姓命入岩，逐日不得安生。于家庄众人躲藏草命。有众人梁敬生、于思山等题。"

33 - D₁₂ 包裕重修广西省城碑记 〔碑原置于桂林东面城门上，现存桂林市桂海碑林博物馆新碑阁·明代〕 碑刻 1 方。明正德七年（1512）立。碑高 1.88 米，宽 0.93 米。圆首，碑首浅刻云芝纹，边缘浅刻缠枝纹。碑文竖 25 行，满行 41 字，计 866 字，真书，阴刻。云南按察副使包裕撰文，江西按察司金事万祥书丹，广东布政司右参议冯良辅篆额。额题"重修广西省城碑记"，篆书。首行题"重修广西省城碑记"。碑文记述明正德七年镇守广西内官监太监陈彬、巡按监察御史舒晟和镇守副总兵都指挥金事金堂等主持维修桂林城上楼宇、雉堞、桅帜、铺堞等事项的经过。

34 - D₁₃ 十六尊者像碑 〔原存秀峰区丽君街道丽狮社区西山公园内隐山东麓华盖庵，现存桂林市桂海碑林博物馆新碑阁内·清代·自治区文物保护单位〕

碑刻 16 方。清乾隆五十八年（1793）刻。碑高 1.11—1.13 米，宽 0.48—0.5 米。每方刻一尊者像，为阴阳线结合的浅刻图像。尊者均雄发，表情各异，身披袈裟，足踏芒屦，或屈膝，或盘腿而坐，神态自如。十六尊者像原为五代高僧贯休所绘，清代初原画藏于钱塘圣因寺。清乾隆二十二年（1757）二月乾隆帝南巡，曾为画作赞，并以章嘉国师所定位次重新题签。乾隆五十八年（1793），临川李宜民捐钱新盖华庵于桂林隐山东麓，并由圣因寺摹勒，王凤冈双勾，孟季堂刻石，将十六尊者像刻碑立于庵中供奉。并将清乾隆帝的御题及像赞一起刻入第十六方碑的上方左、右角。

35 - E₁ 蒋翊武先生就义处纪念碑 〔秀峰区秀峰街道榕湖社区翊武路南端东侧·1921 年·自治区文物保护单位〕 蒋翊武（1885—1913），原名保襄，亦作保湘，字伯夔，湖南澧县人。同盟会会员，辛亥革命的主要组织者和领导者。1913 年 7 月到广西军界活动反袁，途经全州时被捕。同年 10 月 9 日在桂林被杀害。1921 年 12 月初，孙中山到桂督师北伐时，在其就义处立碑纪念并亲题"开国元勋蒋翊武先生就义处"碑铭，真书。落款"孙文敬题"4 字行书款下钤有篆书印章"孙文"。碑座 3 级，略近方形，碑身为方柱形，高 3.55 米，四角攒尖顶，通高 4.54 米。正面镌刻孙中山题词，其余三面刻胡汉民撰写的蒋翊武事略碑记。

36 - E₂ 白崇禧旧居 〔秀峰区秀峰街道榕湖社区榕湖北路榕湖饭店·1937—1949 年·市文物保护单位〕 白崇禧（1893—1966），字健生，回族，广西临桂会仙乡山尾村人，国民党广西新桂系首领之一，国民党一级上将。曾任国民政府国防部长、华中军政长官等职，1966 年病逝于台北。抗日战争时期任桂林行营主任时常住此。1949 年 10 月，桂系退防广西之时曾启用为指挥部，并在此在此接待过国民党要员居正、阎锡山、李文范等。旧居原名"桂庐"，占地面积约 1390.72 平方米。故居保存完好，现存主楼，坐北朝南，砖木结构，中西合璧二层楼房，底层七间，会客室设壁龛；二层八间，砖分隔墙，木板地面。

37 - E₃ 中山中学旧址 〔秀峰区秀峰街道中心广场社区正阳路中山中学·1937—1949 年〕 1937 年春，李宗仁、白崇禧、黄旭初等人创办。始称中山纪念学校，后易名中山中学。因抗日战争爆发，1944 年夏一度疏散至蒙山，10 月再迁南丹六寨，抗日战争胜利迁回桂林，1946 年 3 月复课。旧址为中西合璧砖木结构建筑。现仍为中山中学校舍，原貌已有改变。

38 - E₄ 《救亡日报》社旧址 〔秀峰区秀峰街道解西社区太平路 4 号·1939—1941 年·市文物保护单位〕 《救亡日报》1938 年 8 月创刊于上海，社长郭沫若、总编夏衍。上海沦陷前夕迁广州。1939 年 1 月 3 日迁至桂林复刊。1941 年 2 月 28 日被迫停刊。旧址建于抗日战争初期，朝西，为四合院，占地面积约 337.42 平方米。前座坐东朝西，木结构二层楼房，面阔三间，为报社职工的工作间兼宿舍；后座坐北朝南，砖木结构西式二层楼房；皆面阔二间，为当年主编夏衍等的编辑部和住室；皆硬山顶，盖小青瓦。

39 – E₅ 德智中学凉亭 〔秀峰区丽君街道桃花江社区桂林师范专科学校·1939 年〕 1939 年，李宗仁夫人郭德洁女士为收容抗战遗孤和流离失所的儿童，在此修建德智中学并自任校长。抗战时期，学校毁于战火，现仅存凉亭 2 座。凉亭位于旧时道路的南、北两侧，形制相同，亭高 6.8 米，平面为六边形，石砌基座，占地面积约 148 平方米。

40 – E₆ 广西省立艺术馆旧址 〔秀峰区秀峰街道解西社区解放西路 15 号·1944—1949 年·自治区文物保护单位〕 1944 年 2 月 15 日至 5 月 18 日，桂、粤、湘、赣、滇、闽八个省 30 多个剧团队参加的西南第一届剧戏大展在广西省立艺术馆举行，并召开西南戏剧工作者大会。艺术馆被誉为全国大后方的"第一个伟大戏剧建筑场"。原馆为著名戏剧家欧阳予倩设计，张复初赞助，贷款而建。建成于 1944 年 2 月。同年桂林沦陷时被烧毁，1945 年按原设计重建。坐南朝北，砖木结构。中西合璧建筑，平面为"凸"字形，红墙青瓦，抬梁式木构架，歇山顶，大门西壁堆塑代表音乐、舞蹈、美术 3 个专业标志浮雕。占地面积约 1120 平方米。

41 – E₇ 李宗仁公馆 〔秀峰区丽君街道甲山社区桃花江路桃江宾馆内甲山南麓·1938 年〕 李宗仁（1891—1969）字德邻，广西桂林市人。广西新桂系领导人之一。曾任国民政府副总统、代总统。1965 年从美国回归祖国，1969 年 1 月 30 日在北京病逝。公馆建于 1938 年，为李宗仁夫人郭德洁建的住所，也是李宗仁居住、办公、接待、会客的重要场所。1948 年重修并名为"甲山李副总统公馆"。坐南朝北，砖木结构，二层楼房，平面呈"中"字形，面阔 25.8 米，进深 11.2 米。占地面积约 300 平方米。前厅面阔进深一间，后厅设楼梯上下，东侧为一单间，西侧有一条过廊，廊南面并列一排三间。公馆设有暗门与甲山防空通道连通。20 世纪 60 年代将原大门封闭并拆除部分墙体、新开了大门，并将部分地板、楼梯改为其他结构，原有风貌受到影响。

42 – E₈ 巴布什金墓 〔秀峰区丽君街道丽狮社区西山公园西山东南麓·1956 年·市文物保护单位〕 伊万·米哈依洛维奇·巴布什金（1905—1940），前苏联平慈省格洛维申区格洛维申诺村人。苏联红军步兵

中校。1939 年来华支援中国抗日战争，任国民革命军第五军军事顾问。1940 年 9 月 16 日病逝于桂林。原葬西郊甘山，1950 年迁葬现址。墓葬朝南，混凝土结构。冢方形柱状，水泥石米包砌。其上立碑，高 7.07 米，其前端塑白色花圈。墓碑正面堆塑镰刀斧头红五星及中文"苏联陆军步兵中校巴布希金之墓"等字，背刻中俄文生平简历。周为石砌地坪，围望柱弧形矮墙，占地面积 300 余平方米。

43 – F₁ 东巷民居 〔秀峰区秀峰街道东华社区东巷·清—民国〕 位于王城南面的东巷内，东巷长约 158.3 米巷内存清至民国的住宅多座，包括 2 号、7 号、16 号、20 号等民居。外砌青砖墙、硬山顶、封火山墙，内部为两层木结构，穿斗式木构架。堂前设天井，底铺石板，两侧置厢房。7 号宅为西式建筑，以青砖砌围墙，内设庭院，主体为两层砖木结构，平顶，楼北置外廊，有 2 根爱奥尼克式圆柱，廊上吊顶装饰成花瓣图案。20 号民居呈"回"字形布局，设走廊、木雕围栏，楼栏窗棂雕有简朴对称的花鸟图案。清咸丰、同治年间（1851—1874），云贵总督岑毓英曾在此修建总督府第，其子两广总督岑春煊，休假都居住在东巷；1910 年 10 月，同盟会广西支部的秘密机关就设在七品京官魏继昌在东巷的住宅。

44 – F₂ 基督教礼拜堂 〔秀峰区秀峰街道解西社区中山中路 50 号·1913 年〕 1912 年 5 月，美国传教士卢信恩在桂林乐群路李子园开办浸信教会，次年 5 月成立"桂林教会"，并建礼拜堂。1930 年卢信恩因以传教为名欺压群众，激起民愤被赶离桂林。礼拜堂为哥特式建筑，砖木结构，单体建筑，二层楼房，面阔三间，联拱门窗，清水墙，外着灰色。占地面积约 300 平方米。

45 – F₃ 黄琪翔旧居 〔秀峰区丽君街道桃花江社区桃花江路 5 号公馆·1938 年〕 黄琪翔（1898—1970），字御行，广东梅县人。国民革命军陆军上将，北伐、抗日名将，中国农工民主党创始人和领导人之一。1938 年，黄琪翔前往桂林赴任期间，委托建筑师林乐义建造此住宅。坐东朝西，二层西式建筑，面阔 19 米，进深 15.26 米，条石基础，墙体下部为料石墙，上部砖砌，大门正面有两联拱外廊，四面坡顶，上覆红板瓦。占地约 412.228 平方米。南部有防空袭地下室。

46 – F₄ 中山纪念塔、仰止亭 〔秀峰区秀峰街道东华社区广西师范大学独秀峰东麓·1981 年·市文物保护单位〕 1925 年 9 月，广西知名人士白崇禧、李任仁、刘裴、刘仲容、裴邦焘等为纪念广西统一和孙中山逝世周年而筹建。后毁于侵华日军战火。1981 年

10月重建。纪念塔有五级六边形塔座，塔体呈三棱柱锥形，底宽3米，通高8.7米，三面保留桂林书法家谢顺慈原书刻"中山不死""主义常新"及《总理遗嘱》全文，余两面由张猛、莫乃群补书刻。仰止亭原有国民党元老谭延闿仰止亭题联，由李任仁撰书塔记于碑座。重建亭为六角攒尖顶，琉璃瓦面，底座为五踏阶级。伍纯道重书刻原楹联，亭内西侧有廖承志题"中山常在"刻碑。

七星区

1-A₁ **丹桂岩遗址** 〔七星区七星街道七星公园月牙山西北面丹桂岩西南面山腰·新石器时代〕 洞穴遗址。1965年发现。岩洞高距地表约16米，洞高约6.75米，宽5.3米，进深6.2米，文化层厚约2米，内含螺蚌壳、碎兽骨、砾石以及水生动物骨骼如鳖、龟和鱼等。从堆积中采集到磨制石斧、骨针、石料和鹿、猪、羊等哺乳动物骨骼、牙齿等。

2-A₂ **穿山上岩遗址** 〔七星区穿山街道穿山社区穿山路穿山公园穿山南面山腰上岩·新石器时代〕 洞穴遗址。1961年发现。岩洞在月牙山南面山腰，西临小东江，岩洞高约3米，宽3—6米，进深约10米。在岩口处发现褐灰色文化层厚约10平方米，内含螺壳、蚌壳、碎兽骨、石器等。采集到打制砍砸器、石片、磨制石斧、夹砂陶片及华南豪猪、猫、牛、鹿等哺乳动物牙齿。（见《古脊椎动物与古人类》1962年第6卷4期）

3-A₃ **斋公岩遗址** 〔七星区桂林华侨农场马家坊村横山东侧斋公岩·新石器时代〕 洞穴遗址。1983年发现。斋公岩在山东壁的南北端各有一洞口，洞口皆朝东，相距10余米，洞内相连，高出漓江约5米。洞内可视面积约400平方米。洞内采集到打制石器及有打制痕迹石块。

4-A₄ **媳妇岩遗址** 〔七星区穿山街道穿山社区穿山公园内穿山西麓·新石器时代〕 洞穴遗址。20世纪70年代初发现。岩洞距地表约1米，洞口朝西，高2米，宽4米，洞内面积约20平方米。洞内发现了大量的螺壳胶结堆积，采集到磨制石斧1件及少量兽骨。

5-A₅ **枫树台城墙及壕沟遗址** 〔七星区七星街道七星公园·唐代·市文物保护单位〕 城墙位于骆驼山至普陀山之间，系唐代桂州城外围防御城墙，长68.5米，残高4—5米，宽12—16.85米，南侧为宽8—12米、深2.5米的壕沟。根据史料记载，唐代桂林城系土筑，但古城区土城均毁，只有这段城外土墙及壕沟幸存至今。

6-B₁ **横塘岭1号墓** 〔七星区朝阳乡丫吉行政村横塘岭·南朝〕 1984年清理。"凸"字形砖室墓。墓室长4.9米，宽1.35米，顶塌，残高0.3—1.35米。墓壁用绳纹红砖错缝叠砌。墓底铺人字形砖。甬道口两壁外侧各设一砖柱，为双砖纵横叠砌而成。出土青瓷器、滑石器、琥珀饰、玻璃珠等36件。青瓷器有鸡首壶、四系罐、鸡首盖罐、唾壶、盘、碗。滑石器有猪和香蕉形器。（见《考古》1988年5期）

7-B₂ **横塘岭2号墓** 〔七星区朝阳乡丫吉行政村横塘岭·南朝〕 1984年清理。"凸"字形券顶单室墓。破坏甚剧。出土遗物53件。有青瓷鸡首壶、盘、碗、四系罐；滑石猪、俑、冥钱；琥珀饰、玻璃珠、铁刀等。（见《考古》1988年5期）

8-B₃ **横塘岭3号墓** 〔七星区朝阳乡丫吉行政村横塘岭·南朝〕 1984年清理。"凸"字形砖室墓，破坏甚剧，仅存墓底，南壁和甬道。出土青瓷四系罐、碗和滑石女俑等6件。（见《考古》1988年5期）

9-B₄ **靖江王陵** 〔七星区朝阳乡、叠彩区大河乡尧山西南麓·明代·全国重点文物保护单位〕 明代朱氏靖江藩王及其宗室姻亲墓群。明洪武三年（1370），朱元璋封其侄孙朱守谦为靖江王，朱守谦于洪武九年（1376）正式到桂林就藩，由于不守王规，为朱元璋所废。明建文二年（1400），其长子朱赞仪袭王位，明永乐元年（1403）到桂林复藩，从此世代相袭，至清顺治七年（1650）十一月亡国，延续280余年传11世孙14王，其中11王死后葬于尧山墓地。墓地北起灵川县甘棠乡粑粑厂行政村社山村老虎岭，南至桂林城西西山西麓市工具厂后，面积约105平方公里。经统计现有历代靖江王、妃合葬墓（亦称王陵）及宗室、姻亲等陪葬墓320余座，是国内保存比较完好的明代藩王墓群。

B₄₋₁ **悼僖王陵** 〔七星区朝阳乡新建行政村卦子山村尧山茶科所东面茶地上·明代〕 第二代靖江王朱赞仪及其妃合葬墓。朱赞仪（1382—1408），靖江王朱守谦长子，明永乐元年（1403）就藩桂林，永乐六年（1408）病逝，谥悼僖。陵墓依山势而建，朝西，四周筑土城墙两重，外墙左右各长577米，宽364米；内墙左右各长100米，宽62米。陵园中轴线上，后有圆丘形封土，高15米，底径30.5米，封土下地宫情况不详。封土前建享殿、中门和陵门等建筑，享殿面阔五间，进深三间。中门前设神道，神道序列华表、獬豸、虎、勇士控马、秉笏翁仲等石作和石像生。墓葬于20世纪20年代被盗。

B₄₋₂ **庄简王陵** 〔七星区朝阳乡新建行政村毛家

村尧山大头岭西麓·明代〕 第三代靖江王朱佐敬及其妃沈氏合葬墓。朱佐敬（1404—1469），靖江悼僖王朱赞仪庶长子，明永乐九年（1411）袭封王位，明成化五年（1469）薨逝，谥庄简。陵建于永乐年间（1403—1424），背靠尧山大头岭。依山势向西偏南约40°。封土高10米，底径32米，周砌方石。两道陵墙。外墙左右各长85.8米，宽40米，厚2.8米。建有陵门、玉带桥、中门、享殿等建筑。陵门左右附有朝房。神道两旁依次序列蹲狮、华表、狻猊、獬豸、虎、麒麟、勇士控马、大象、秉笏翁仲、男侍者、女侍者。地宫为双砖券顶多室结构，男左女右。王、妃墓室各由前、后室组成，出土少量陶、石随葬品。墓葬于20世纪20年代被盗。1984年按旧制复建了陵门、中门、玉带桥、享殿和左右朝房。陵园占地面积约52800平方米，现辟为靖江王陵博物馆。

B₄₋₃ 怀顺王陵 〔七星区朝阳乡新建行政村挂子山村悼僖王陵南约300米·明代〕 第四代靖江王朱相承及其妃谷氏合葬墓。朱相承（？—1458），靖江庄简王朱佐敬嫡长子，未袭封即已故，追封怀顺王。陵墓依山势而建，方向西偏南30°。陵园筑土陵墙二重，外墙左、右各长147米，宽144米，内墙左、右各长59.3米，宽46米，厚2米。封土圆丘形，高12米，底径26米，封土下建地宫。地宫为双层砖多室券顶结构，男左女右，男女墓室各由前室、中门、中室、后室组成，后室有方石叠砌的棺床。妃谷氏墓室存墓志一合。墓前建享殿、中门、陵门等建筑。神道呈曲尺形，由外至内序列蹲狮、华表、獬豸、虎、勇士控马、左右神道碑。墓葬于20世纪20年代被盗。

B₄₋₄ 昭和王陵 〔七星区朝阳乡新建行政村挂子山村怀顺王陵东约300米·明代〕 第五代靖江王朱规裕及其妃林氏合葬墓。朱规裕（？—1489），靖江怀顺王朱相承嫡长子，明成化七年（1471）袭封王位，明弘治二年（1489）薨逝，谥昭和。陵建时间不详。封土呈圆丘形，高5米，底径23米。陵园四周两道土陵墙，外墙左右各长176米，宽88米，内墙左右各长79.5米，宽36.5米。中轴线上序建有陵门、中门、享殿等建筑。享殿面阔五间，进深三间。神道序列蹲狮、华表、狻猊、獬豸、虎、秉笏翁仲、左神道碑、袖手翁仲、石香案等石作。墓葬于20世纪20年代及1981年被盗。

B₄₋₅ 端懿王陵 〔七星区朝阳乡新建行政村挂子山村东约500米·明代〕 第六代靖江王朱约麒及其妃杨氏合葬墓。朱约麒（1475—1518），明靖江昭和王朱规裕嫡长子，明弘治三年（1490）袭封王位，自称"八代靖江王"，明正德十三年（1518）薨逝，谥端懿。陵建于明正德十三年（1518），朝南，封土高6米，底径22米，地宫情况不详。周筑两重土陵墙，外墙左右各长220米，宽231.5米，内墙左右各长132米，宽48米。陵园中轴线上序建陵门、中门、享殿等建筑。享殿面阔五间，进深三间。神道序列蹲狮、华表、狻猊、獬豸、虎、麒麟、勇士控马、象、秉笏翁仲、左右神道碑、袖手翁仲等石作。墓葬于20世纪20年代被盗。

B₄₋₆ 安肃王陵 〔七星区朝阳乡新建行政村挂子山村尧山茶科所北围墙内·明代〕 第七代靖江王朱经扶与其妃徐氏合葬墓。朱经扶（1493—1525），明靖江端懿王朱约麒嫡长子，明正德十三年（1518）袭封王位，自称"九代靖江王"，明嘉靖四年（1525）薨逝，谥安肃。陵建于明嘉靖五年（1526），依山势向西偏南10°。封土圆丘形，高8米，底径24米，地宫情况不详。陵园占地面积约1.5万平方米，四周筑土陵墙两重。外墙左右各长284米，宽80米，厚2米。内墙左右各长48.5米，宽40米，厚2米。依次建有陵门、中门和享殿等建筑，已毁。神道序列蹲狮、华表、狻猊、獬豸、虎、麒麟、勇士控马、象、秉笏翁仲、神道碑、袖手翁仲等石仪作。墓葬于20世纪20年代被盗。1972年清理。地宫用双层砖砌筑，券顶，双室结构，王左妃右，各室由甬道、前室、后室组成，后室开头龛1，左右壁龛各4。出土金、银、玉、陶、瓷器等随葬品数十件，以及墓志2合、御祭安肃王碑1方。

B₄₋₇ 恭惠王陵 〔七星区朝阳乡新建行政村冷水塘村怀顺王陵西南约300米·明代〕 第八代靖江王朱邦苎及其妃滕氏合葬墓。朱邦苎（？—1572），靖江王安肃朱经扶嫡长子，明嘉靖六年（1527）袭封王位，自称"十代靖江王"，明隆庆六年（1572）薨逝，谥恭惠。陵建于明嘉靖年间（1522—1566），朝南，封土高4米，底径14米。陵园占地面积约2万平方米，周筑两道土陵墙。外围墙左右各长96米，宽51米，厚2米。依次建有陵门、中门和享殿等，右侧附神厨、神库，均已毁。神道两旁序列蹲狮、华表、狻猊、獬豸、虎、麒麟、勇士控马、象、秉笏翁仲、男侍者、女侍者等石仪作。墓葬于20世纪20年代被盗。1983年出土墓志2合。

B₄₋₈ 康僖王陵 〔叠彩区大河乡尧山行政村莫家村桂林林业学校北约300米李家坟岭·明代〕 第九代靖江王朱任昌及其妃支氏合葬墓。朱任昌（1532—1582），靖江恭惠王朱邦苎庶长子，明万历三年（1575）袭封王位，十年（1582）薨逝，谥康僖。陵建于明万历十一年（1583），朝西，封土呈圆丘形，高8米，底径27米。陵园周筑土陵墙两重，外围墙左右各长105米，宽59.5米，厚1.5米，内围墙左右各长81

米，宽 46.3 米，厚 2.5 米。依次建有陵门、中门、享殿等，已毁神道序列蹲狮、勇士控马、华表、狻猊、獬豸、麒麟、虎、象、翁仲、无字神道碑等。墓葬于 20 世纪 20 年代被盗。1982 年清理，地宫以双砖砌筑，券顶，多室结构。王左妃右，中以砖墙分隔，各墓室由前室、甬道、后室组成，后室辟头龛 1、壁龛 8。王墓室出土墓志 1 合、镂孔黑釉陶器座 1 件，妃墓室仅存红漆残棺。

B₄₋₉ 温裕王陵 〔七星区朝阳乡新建行政村挂子山村尧山朝阳水管站东北约 10 米·明代〕 第十代靖江王朱履焘及其妃石氏合葬墓。朱履焘（1572—1590），靖江康僖王朱任昌庶长子，明万历十三年（1585）袭封王位，十八年（1590）薨逝，谥温裕。陵建于明万历二十年（1592），朝南，封土圆丘形，高 7.5 米，底径 28 米。四周筑土陵墙两重，外墙左右各长 100.5 米，宽 62 米，内墙左右各长 78 米，宽 48 米。建有陵门、中门、享殿等建筑，已毁。神道序列蹲狮、华表、勇士控马、狻猊、麒麟、虎、象、秉笏翁仲、袖手翁仲等石仪作。地宫双砖砌筑，多室券顶。王室左妃室右，各由前室和后室组成。后室各开头龛 1 个，壁龛 4 个，出土陶药罐、瓷梅瓶、铜锁等。墓葬于 20 世纪 20 年代及 1983 年被盗。

B₄₋₁₀ 宪定王陵 〔叠彩区大河乡潘家行政村中村后茅庵北·明代〕 第十一代靖江王朱任晟及其妃白氏合葬墓。朱任晟（1538—1608），靖江恭惠王朱邦苎次子，明万历二十年（1592）袭封王位，三十六年（1608）薨逝，谥宪定。陵建于明万历三十八年（1610），朝西南，封土高 9.5 米，底径 23 米，四周筑土陵墙两重。外围墙长 120 米，宽 47 米，厚 1.41 米，占地面积约 6660 平方米。陵园依山势递升，依次建有陵门、中门和享殿等建筑，皆已毁。神道序列蹲狮、华表、勇士控马、狻猊、獬豸、麒麟、虎、象、秉笏文臣、男侍者、女侍者等，另立 2 方神道碑。墓葬于 20 世纪 20 年代被盗。1972 年清理。地宫以双砖砌筑，券顶多室墓。王左妃右，中以砖墙分隔，各墓室均由前室、甬道、后室组成。后室辟有头龛 1，壁龛 10。地宫墓道口放护门石 500 余块，上刻"天""地"等 11 种字样。出土金、银、铜、铁、玉、陶、瓷器数十件，墓志 1 合。

B₄₋₁₁ 荣穆王陵 〔叠彩区大河乡上阳行政村阳家村窑头王坟岭·明代〕 第十二代靖江王朱履佑及其妃合葬墓。朱履佑，靖江宪定王朱任晟嫡长子，明万历四十年（1612）袭封王位，不久便薨逝，谥荣穆。陵建时间不详。依山势西偏北 20°，封土高 6 米，底径 26 米。四周筑有土陵墙两重，外围墙左右各长 220 米，

宽 27.5 米，厚 2.8 米。依次建有陵门、中门和享殿等建筑，已毁。神道序列蹲狮、华表、勇士控马、獬豸、麒麟、虎、象、秉笏翁仲、神道碑、男侍者、女侍者等。墓葬于 20 世纪 20 年代被盗。

B₄₋₁₂ 朱氏夫妇墓 〔七星区三里店羊牯岭南麓·明代〕 朱氏（1592—1617），第十二代靖江荣穆王朱履佑之女，封福清县君，下嫁选中仪宾刘养桂。墓葬朝西，冢呈圆丘形，高 3 米，底径 6 米。1981 年建榕城饭店时暴露，墓室砖砌，券顶，双室，男左妇右，各室长 2.94 米，宽 1.02 米，高 1.4 米。皆设左右壁龛各 2。出土瓷青花釉里红梅瓶、胭脂铜盒、县君墓志等。墓志记福清县君生平等。

B₄₋₁₃ 杨观墓 〔七星区朝阳乡合心行政村莫家坪村母塘岭·明代〕 杨观（1441—1500），字国宾，北京人，任明广西都司守备兴安等处行都指挥事、都指挥金事，敕授昭勇将军。明弘治十二年（1499）升广东都指挥金事。其长女为靖江王妃。墓葬朝东，冢呈圆丘形，高 3.2 米，底径 12.5 米。墓园占地面积约 1300 平方米，周有土墙一道，已塌毁，墓前墓门和享殿，原序列蹲狮、翁仲等石像生，皆已无存。墓曾被盗。1978 年清理。墓室砖砌，券顶，由前、后两室组成，出土陶罐、锡壶、墓志等。

B₄₋₁₄ 朱仁桥墓 〔七星区朝阳乡西南行政村乌山里村鱼塘岭·明代〕 朱仁桥（1564—1622），爵封奉国中尉。墓葬朝南，冢呈圆丘形，高 1 米，底径 7 米。前立石碑已残。1958 年被盗。墓室砖砌，分前、后两室，券顶，碑已残。

B₄₋₁₅ 朱约蹄墓 〔七星区朝阳乡新建行政村毛家村金鸡岭·明代〕 朱约蹄，生卒年不详，明爵封奉国中尉。墓葬朝南，冢呈圆丘形，高 2 米，底径 9 米。墓前原立有明弘治十五年（1502）御祭碑 1 方。1958 年墓葬被盗，御祭碑随佚。

B₄₋₁₆ 朱求页墓 〔七星区朝阳乡新建行政村毛家村纲初岭·明代〕 朱求页（1484—1541），字汝成，别号云峰，爵封奉国中尉。墓葬朝南，冢已被推平，底径 10 米。墓室砖砌，单室，券顶，出土青花瓷梅瓶 2 件，墓志 1 合。墓志记墓主生平、德行、子女等。

B₄₋₁₇ 朱规聇家族墓地 〔七星区朝阳乡新建行政村唐家村金田岭·明代〕 朱规聇，生卒年不详，靖江府辅国将军朱相缨嫡长子，爵封奉国将军。墓地占地面积约 3000 平方米。原有土围墙已毁。墓前依次建有陵门和享殿，神道序列蹲狮、华表、马、翁仲等。墓地原有墓 6 座，现存 3 座，其中南为朱规聇与夫人某氏合墓，北为朱规聇夫人鲁氏墓，其余墓主不明。朱规聇夫妇墓朝南，冢呈圆丘形，高 2 米，底径 16 米。

1984 年发掘，墓室砖砌，券顶，由中室及左右两室组成，出土银勺、金纽银身竿等物。鲁氏墓朝南，封土被推低近平，底径 11 米，为土坑墓，早年被盗，出土石墓志 1 合，志文记鲁氏生卒、贤德及子女等情况。

B₄₋₁₈ 朱赞储夫妇墓 〔七星区朝阳乡新建行政村尧山西南麓长岭·明代〕 朱赞储（1387—1431），第一代靖江王朱守谦八子，爵封辅国将军。墓葬朝南，冢呈圆丘形，高 4 米，底径 14 米。墓园占地面积约 2300 平方米，周筑土围墙一道，左右各长 54 米，宽 43 米。依次建陵门、中门、享殿等建筑。神道序列蹲狮、华表、獬豸、虎、勇士控马、左神道碑、秉笏翁仲等。墓室双砖砌筑，券顶。墓葬早年被盗，随葬品无存。

B₄₋₁₉ 朱履祥夫妇墓 〔七星区朝阳乡新建行政村尧山西南麓桂林林业科学研究所西围墙外约 120 米·明代〕 朱履祥（1556—1595），靖江宪定王朱任晟之子，明万历二年（1574）封奉国将军。墓葬朝东南。冢呈圆丘形，高 6 米，底径 22 米。墓园占地面积约 2000 平方米。周有土围墙一道，左右各长 58 米，宽 35 米。依次建有陵门和享殿。神道序列蹲狮、华表、左神道碑（无字）等。1979 年被盗。墓室双砖砌筑，券顶，男左女右。男女墓室均由前、后两室组成，后室皆设头龛 1，壁龛 4。出土青瓷梅瓶和墓志。

B₄₋₂₀ 刘氏墓 〔七星区朝阳乡新建行政村毛家村靖江庄简王陵前约 100 米·明代〕 刘氏（1514—1577），明万历四年（1576）敕封为靖江恭惠王朱邦苧次妃。子朱任昌袭封王爵，故得以厚葬。墓葬朝西南，冢呈圆丘形，高 5 米，底径 14 米。墓园占地面积约 4500 平方米。周筑土围墙二道。外围墙左右各长 96 米，宽 47 米，厚 2 米。内围墙左右各长 58 米，宽 29 米。中轴线上建有陵门、中门、东西配殿、享殿等建筑，均已毁。神道序列蹲狮、华表、象、狻猊、麒麟、秉笏翁仲、左右神道碑、拱手翁仲、女侍翁仲等。1962 年发掘，为单砖砌筑，券顶，分前后两室，后室设头龛 1，左右壁龛各 4，出土青花梅瓶、青花盖尊、铜锁和石墓志，志文记墓主生卒及入葬时间、地点等。

B₄₋₂₁ 莫氏墓 〔七星区朝阳乡新建行政村挂子山村东端懿王陵东约 100 米·明代〕 莫氏（1549—1604），祖籍不详，第九代靖江康僖王朱任昌妃。墓葬朝南，冢呈圆丘形，高 4 米，底径 15 米。四周筑土围墙一周，原建有陵门，神道序列蹲狮、华表、麒麟、獬豸、翁仲等，皆毁。墓于早年被盗。1982 年清理。墓室砖砌，券顶，分前后两室。长 6.45 米，宽 2.5 米，高 2.3 米。后室设头龛 1 个，壁龛左右两壁各 4 个。出土青花梅瓶 2 件，石墓志 1 合，志文记述墓主生卒年月及入葬时间地点。

B₄₋₂₂ 赵氏墓 〔七星区朝阳乡新建行政村卦纸山村尧山茶科所东东干渠西南侧约 100 米·明代〕 赵氏（1547—1593），明万历十八年（1590）敕封为靖江康僖王朱任昌次妃。因子朱履焘袭王位，故得以厚葬。占地面积约 2000 平方米。冢呈圆丘形，高 6 米，底径 9 米。有土围墙一周，左右各长 68 米，宽 31 米。建有陵门和享殿，已毁。神道序列蹲狮、华表、秉笏翁仲、袖手翁仲、右神道碑等。1980 年被盗，发现石墓志 1 合，志文记墓主生卒时间和生平等。

B₄₋₂₃ 郑氏墓 〔七星区朝阳乡新建行政村挂子山村靖江怀顺王陵西南约 300 米·明代〕 郑氏，生卒年不详，是靖江恭惠王朱邦苧次妃，宪定王朱任晟生母，因子袭王位得以厚葬，占地面积约 4800 平方米。冢呈圆丘形，高 4 米，底径 14 米。墓园呈长方形，四周筑土围墙一道，左右各长 96 米，宽 51 米，厚 2 米。建有陵门和享殿，已毁。神道序列蹲狮、华表、麒麟、象、秉笏翁仲、袖手翁仲等。20 世纪 20 年代被盗。

B₄₋₂₄ 朱赞伦墓 〔七星区朝阳乡新建行政村挂子山村尧山茶科所东北角围墙外高马脚西麓·明代〕 朱赞伦，第一代靖江王朱守谦第六子，明永乐三年（1405）爵封辅国将军。墓葬朝西。冢呈圆丘形，高 7 米，底径 15.3 米。墓园占地面积约 1900 平方米，有土筑围墙一道，左右各长 52.3 米，宽 36.3 米，厚 3.37 米。建有陵门、享殿等建筑。享殿面阔三间，进深二间，神道序列蹲狮、华表、獬豸、勇士控马、翁仲、左神道碑等。墓先后被盗 2 次。墓室以砖石混砌，券顶，分前后两室，长 8.7 米，宽 2.05 米，高 1.96 米。后室设头龛 1 个，壁龛左右两壁各 3 个。出土石墓志 1 合以及一些陶缸碎片。

B₄₋₂₅ 朱佐顺墓 〔七星区朝阳乡新建行政村挂子山村尧山茶科所北围墙内靖江安肃王墓西约 100 米·明代〕 朱佐顺（1384—1452），辅国将军朱赞伦季子，爵封奉国将军。墓葬朝西，冢呈圆丘形，高 1 米，底径 7 米，1982 年被盗后夷为荒地。墓室砖砌，单室，券顶，设头龛 1 个，壁龛左右壁各 3 个。砖规格不一，长 0.26—0.28 米，宽 0.1—0.14 米，呈青灰色或棕红色。

B₄₋₂₆ 朱佐弼夫妇墓 〔叠彩区大河乡尧山茶科所北围墙外东干渠东黄泥头岭·明代〕 朱佐弼（1415—1461），辅国将军朱赞伦五子，明永乐十六年（1418）爵封奉国将军。墓葬朝西。冢呈园丘形，高 1.5 米，底径 13.2 米。1958 年被盗。砖砌双墓室，券顶。砖长 0.21 米，宽 0.14 米。随葬品存墓志 1 合及陶缸残片。墓志记墓主生卒及婚姻、子孙情况等。

B₄₋₂₇ 朱怡庵夫妇墓 〔七星区尧山园艺场南水塘

边·明代〕 朱怡庵（？—1505），封爵奉国中尉。夫人黄氏。墓葬朝东南。冢呈圆丘形，高 1.2 米，底径 6 米。前有明正德十一年（1516）其子朱经讳等立的"五辅故奉国中尉怡庵朱公夫人黄氏墓"碑 1 方。1981 年被盗。男左女右。男墓室砖砌，砖长 0.28 米，宽 0.155 米。女墓室为土坑。两室残穴内仅存陶缸残片。

10 - B₅ 张同敞夫妇墓 〔七星区朝阳乡新建行政村唐家里村东面·南明·市文物保护单位〕 张同敞（？—1650），字别山，湖北江陵人，南明兵部右侍郎。南明永历四年（1650）11 月下旬与瞿式耜留守桂林城，因拒降被害于叠彩山仙鹤峰下。义士杨艺与浑融和尚将他与先殁夫人许氏合葬于此。清乾隆年间（1736—1795），贵人聚资为张同敞修墓园。墓葬朝南。冢呈圆丘形，高 1.5 米，底径 3 米，以长条石围砌，正中嵌石碑，墓前立墓志、祭碑，还建有祭亭和陵门，占地面积约 1500 平方米，墓志为方石，上刻"重修别山张公暨元配夫人合葬墓志"，康熙十九年（1680）简亲王下一等侍卫盛京觉罗准大撰文。墓四周砌片石围墙。

11 - B₆ 雷鸣春墓 〔七星区七星街道七星公园骆驼山南麓·清代·市文物保护单位〕 雷鸣春，字亮工，明末江南名士。性嗜酒，时人号之"酒人"。明亡后隐居骆驼山下，著有《大文参》和《桂林田解志》等，被清廷列为禁书。清康熙年间（1662—1722）病逝，安葬于此。墓葬朝西南，圆丘形土冢，高 2.5 米，底径 7 米。后人于山南悬壁上刻"雷酒人墓" 4 字。

12 - C₁ 花桥 〔七星区七星街道七星公园西门口小东江与灵剑溪汇流处·明—清·自治区文物保护单位〕 建于南宋嘉熙年间（1237—1240），原为五孔桥，元末明初毁于洪水。明景泰七年（1456）"架木为桥"，名花桥。明嘉靖十九年（1540）靖江王安肃王妃徐氏出内帑新修六孔旱桥，变为十一孔石桥，于水桥架木为廊，改名为嘉熙桥。清康熙二十年（1681）重修并增修石栏，加砌导流堤，改名"天柱桥"，清乾隆三十二年（1767），改建为四孔水桥七孔旱桥。1966 年维修。桥东西走向，长 134.66 米，东面水桥为四孔廊桥，长 60 米，宽 6.9 米，拱跨 12.58—14.49 米，桥廊高 5 米，原木柱已改用钢筋水泥柱，抬梁式构架，悬山顶，盖绿琉璃瓦。西端为旱桥七孔，长 65.2 米，宽 5.3 米，拱跨 5—6.45 米。1965 年旱桥增建一孔和条石栏杆。桥东面有天柱石，壁刻北宋崇宁五年（1106）及清光绪十八年（1892）水文资料 2 则。

13 - C₂ 寿佛塔 〔七星区穿山街道穿山行政村刘家里村的塔山顶·明代·市文物保护单位〕 建于明代，具体时间不详。七层楼阁式实心密檐砖塔，塔身呈锥形，高 13.3 米。平面呈六边形，底层每面宽 3 米。

塔身高和面阔逐层递减，每层用菱角青砖叠涩出檐，葫芦形塔刹。塔身第二层北壁嵌青石 1 方，上有线刻南无无量寿佛像 1 尊，塔因此得名。占地面积约 36 平方米。

14 - C₃ 应济桥 〔七星区朝阳乡新建行政村上边村小水沟上·明代〕 建于明永乐十年（1412）。西北—东南走向，两台梁式石板桥，长 3.8 米，宽 1.6 米，孔跨 3 米。沟岸用料石干砌成台，两台间架设整块长条石为桥面。东南桥头有明永乐十年《鼎建应济桥碑记》1 方。

15 - C₄ 会仙桥 〔七星区朝阳乡合心行政村冷家村小河上·清代〕 建于清代，具体时间不详。东西走向，三孔石拱桥，东侧拱已毁，仅存 2 拱，残长 17.5 米，宽 2.15 米，拱跨 1.5 米。桥身、桥拱用料石干砌，桥面铺料石，桥西端接宽 1—2 米的石板道。

16 - C₅ 冷氏宗祠 〔七星区朝阳乡合心行政村冷家村·清代·市文物保护单位〕 建于清乾隆二十六年（1761）。由本村进士、奉直大夫冷时松修建。坐北朝南，砖木结构。四进院落，由门楼、正祠、文昌祠、福寿祠等组成，占地面积约 658 平方米。主体建筑面阔三间，清水墙，穿斗与抬梁混合木构架，硬山顶，盖小青瓦。前设檐廊，立石檐柱，廊前有 3 级踏跺。各进逐座门额悬挂"皇恩旌表""文魁""亚元""进士""源远流长""锡类堂"等木匾。主祠左侧为文昌祠，右侧为福寿祠，第三座横梁上墨书"大清乾隆贰拾陆年岁次辛巳嘉平月榖旦建"。壁嵌冷时松碑刻 1 方。

17 - C₆ 阿弥陀佛井 〔七星区朝阳乡西南行政村南村·清代〕 建于清咸丰元年（1851）。井口平面呈圆形，井圈用整石凿成，内径 0.43 米，外径 0.7 米，高 0.6 米。井圈西壁刻有"阿弥陀佛""咸丰元年二月立"等字，井壁用料石圈砌。占地面积约 0.5 平方米。井西面约 2 米有石盆。

18 - C₇ 九娘庙 〔七星区穿山街道穿山行政村九娘庙村·清代〕 建于清咸丰六年（1856）。坐东北朝西南，砖木结构，由雨搭、天井、大殿组成，占地面积 192 平方米。大殿面阔、进深三间，前有檐廊，立木檐柱 4 根，明间开木门，门额上书"九娘庙"匾，清水墙，殿内石础木金柱，穿斗与抬梁混合木构架，硬山顶，盖小青瓦。

19 - C₈ 周家祠堂 〔七星区穿山街道和平行政村周家里村东北面·清代〕 建于清代，具体时间不详。坐西北朝东南，砖木结构，三进院落，由前座、中厅、后堂及巷道组成，占地面积约 413 平方米。各座面阔三间，青砖墙，硬山顶，堆塑瓦脊，盖小青瓦。前座进深一间，置前檐廊，木檐柱、金柱各 2 根，穿斗式木构架，西南面内墙嵌光绪十六年（1890）禁约碑 1 方。中厅进深四间，10 砖柱，抬梁式木构架，内墙上有壁画；后堂进深三间，14 柱，穿斗式木构架。座间隔巷道。

20 – D₁ 桂林石刻普陀山摩崖石刻 〔七星区七星街道七星公园内普陀山 · 隋—清 · 全国重点文物保护单位〕 有摩崖石刻 208 方，其中隋代 1 方，唐代 3 方，五代 1 方，宋代 36 方，元代 7 方，明代 46 方，清代 102 方，佚年及佚名 13 方。另有清代石碑 2 方。主要分布在普陀山西北麓石壁及七星岩、四仙岩、玄武洞、普陀岩、寿佛岩、朝云洞一带。书法有真、行、草、篆、隶。形式有题诗、题名、题榜、题记、曲、词、绘画等。作者有官吏、文人、流寓客子、僧侣道士等。重要作品有北宋天禧二年（1018）燕肃等三人七星岩题名、南宋淳熙元年（1174）范成大《碧虚铭》、嘉定六年（1213）莆田柯梦得《方公祠堂迎送神曲》、清康熙五十二年（1713）陈元龙《阜成书院记》、清雍正十一年（1733）徐嘉宾平定古州纪功碑等。

D₁₋₁ 燕肃等三人七星岩题名 〔七星街道七星公园内普陀山西面七星岩口石壁 · 北宋〕 摩崖石刻 1 方。北宋天禧二年（1018）刻。刻面高 0.78 米，宽 0.7 米。文竖 6 行，满行 5 字，计 28 字，篆书，阴刻。以双线将题名框在内，广西提点刑狱燕肃撰文并书丹，刻工朱瑞。无首题，落款为"肃书"2 字，刻文为："河间俞献可、上谷燕肃、赵郡李诰，圣宋天禧二年孟秋月中元同游。"悬针篆书。燕肃（961—1040），字穆之、牧之，青州府益都（今山东省青州市）人。北宋天禧年间（1017—1021）任广西提点刑狱。

D₁₋₂ 范成大《碧虚铭》 〔七星街道七星公园内普陀山西面七星岩口石壁 · 南宋〕 摩崖石刻 1 方。南宋淳熙元年（1174）刻。刻面高 2.64 米，宽 1.56 米。文竖 12 行，满行 14 字，计 155 字，真书，阴刻。广西经略安抚使范成大撰文并书丹。横行首题"碧虚铭"3 字，隶书，阴刻。刻文记述：唐代郑冠卿游览七星岩，遇日华、月华二仙，与其饮酒作乐，出门后记其赠诗二首，因诗末有"不缘过去行方便，那得今朝会碧虚"之句，范成大以"碧虚"之名建亭于岩口，并撰此铭文刻于石壁。

D₁₋₃ 梁安世重九游七星岩西江月词 〔七星街道七星公园内普陀山西面七星岩口石壁 · 南宋〕 摩崖石刻 1 方。南宋淳熙七年（1180）刻。刻面高 0.47 米，宽 0.87 米。文竖 12 行，其中词 9 行，满行 6 字，跋 3 行，满行 9 字，计 71 字，行书，阴刻。广西转运判官梁次张撰文并书丹。西江月词一首附跋。跋云：

南宋淳熙庚子重九日，梁安世邀韩廷玉、但能之、陈颖叔同游七星岩时有感作词。词的上阕描写七星岩冬暖夏凉的环境，下阙描写出洞后远眺暮色的景致。梁安世（1136—?），字次张，号远堂，括苍（今浙江省丽水市）人。南宋淳熙中任广西转运判官，后升广西转运使。

D₁₋₄ 詹仪之《题寻源桥》诗并记 〔七星街道七星公园内普陀山北面灵剑江畔悬崖上 · 南宋〕 摩崖石刻 1 方。南宋淳熙十四年（1187）刻。刻面高 1.07 米，宽 0.6 米，文竖 6 行，满行 14 字，计 85 字，广西经略安抚使詹仪之撰文并书丹，经略使司效用统辖韩建刻石。首题"经略待制詹公创建石桥，皇宋淳熙丁未重阳日记"。竖 2 行，首行题"题寻源桥"4 字，第 2 行刻"桐庐詹仪之"，皆真书。叙事七律一首。内容大意：尧山是桂林人经常出入的地方，因此在必经之路灵剑溪上建一座桥以方便众人。

D₁₋₅ 柯梦得《方公祠堂迎送神曲》 〔七星街道七星公园内普陀山西面七星岩内石壁 · 南宋〕 摩崖石刻 1 方。南宋嘉定六年（1213）刻。刻面高 1.28 米，宽 3.64 米。文竖 23 行，满行 9 字，计 201 字，隶书，阴刻。柯梦得撰文并书丹。南宋绍熙初，方信孺之父方嵩任广西转运判官，二十年后，方信孺出任广西转运判官兼提点刑狱。为追念其父，在桂林建方公祠堂祠祀其父。柯梦得作此迎神送神之曲。柯梦得，字东海，莆田（今福建省莆田市）人，诗人。南宋嘉定年间（1208—1224）任广西转运判官兼提点刑狱，方信孺的幕僚。

D₁₋₆ 陈元龙《阜成书院记》 〔七星街道七星公园内普陀山西北面石壁 · 清代〕 摩崖石刻 1 方。清康熙五十二年（1713）刻。刻面高 2.1 米，宽 2.88 米。文竖 30 行，满行 22 字，计 542 字，真书，阴刻。广西巡抚陈元龙撰文并书丹。首题"阜成书院记"5 字，落款"苑陵刘弘暹摹勒"，刻文记述：清康熙五十二年，逢康熙帝六十周岁，于是陈元龙及幕僚在桂林普陀山下建书院，以康阜有成之意，取名阜成书院。陈元龙（1652—1736），字广陵，号兰峪、乾斋、广野居士，浙江府海宁（今浙江省海宁市）人。清康熙五十年（1711）任广西巡抚。

D₁₋₇ 李绂七星山岭高诗 〔七星街道七星公园内普陀山北面灵剑江畔悬崖 · 清代〕 摩崖石刻 1 方。清雍正二年（1724）刻。刻面高 0.9 米，宽 0.52 米。文竖 9 行，满行 25 字，计 214 字，草书，阴刻。广西巡抚李绂撰文和书丹。七言古体诗附跋。跋云：清雍正二年重九，李绂于七星山登高，有感而作，诗中除描写景色之外，尚有"摩崖下见龙蛇字，大书深刻传来世。也拟题名纪行役，岘山片石知谁似"之句。李绂（1675—1750），字巨来，号穆堂，江西临川（今江西省临川市）人。清雍正二年（1724）出任广西巡抚。

D₁₋₈ 徐嘉宾平定古州纪功碑 〔普陀山北面灵剑江畔悬崖·清代〕 摩崖石刻 1 方。清雍正十一年（1733）刻。刻面高 1.86 米，宽 1.07 米。文竖 18 行，满行 40 字，计 471 字，真书，阴刻。撰文、书丹、勒石均为广西按察司副使徐嘉宾。刻文记述：清雍正末年，贵州省古州苗民起兵反清，朝廷命鄂尔泰为云、贵、广西三省总督，会集贵州、广西两省汉土官兵进行围剿，古州的□寨、月寨、车寨等数十村寨被官兵攻破，斩杀二千多人。徐嘉宾，直隶顺天（今北京市）人。清雍正十年（1732）任广西按察使，十一年分守梧州道。

21－D₂ 桂林石刻龙隐岩、龙隐洞摩崖石刻 〔七星区七星街道七星公园内月牙山西南麓龙隐岩和龙隐洞·唐—民国·全国重点文物保护单位〕 有摩崖石刻 205 方，其中唐代 1 方、宋代 122 方、元代 1 方、明代 50 方、清代 24 方、民国 1 方、佚年及佚名 6 方。另有及清代和民国石碑各 1 方。形式有题诗、题名、题榜、题记、曲、赋、颂、偈语、跋刻名人作品、敕书、官府文告、图像、神道碑等。书体有真、行、草、隶、篆 5 种。作者有官吏、文人、流寓客子、僧人等。最早的石刻是唐乾宁元年（894）张濬、刘崇龟的杜鹃花唱和诗。重要的作品有北宋皇祐五年（1053）狄青、孙沔、余靖《平蛮三将题名》，嘉祐六年（1061）李师中劝农事文、建中靖国元年（1101）谭掞《品评龙隐岩记》、南宋绍熙元年（1190）朱晞颜跋刻《龙图梅公瘴说》、庆元四年（1198）饶祖尧跋刻蔡京《元祐党籍碑》、明万历六年（1578）庄国祯《右江北三平寇记》等。

D₂₋₁ 张濬、刘崇龟杜鹃花唱和诗 〔七星街道七星公园内月牙山龙隐洞北面洞口石壁·唐代〕 摩崖石刻 1 方。唐乾宁元年（894）刻。刻面高 0.47 米，宽 0.77 米。文竖 20 行，序满行 14 字，诗满行 13 字，计 187 字，真书，阴刻。原诗撰文为绣州司户张濬，和诗撰文为岭南东道观察处置使刘崇龟，书丹为监察御史张岩。诗为七言绝句。张濬诗《用别桂帅仆射》以"洞里观花别有春"，"到头幽景属诗人"相慰。刘崇龟和诗《寄呈桂州仆射》以"莫恋花时好风景，磻溪不是钓鱼人"相勉。张濬，字禹川，河间（今河北省河间市）人，唐僖宗时官至中书门下平章事，后被贬为绣州（今广西桂平市）司户。刘崇龟，字子长，滑州（今河南延津）人，唐大顺年间（890—891）后出任广州刺史、清海军节度使、岭南东道观察处置使等职。

D₂₋₂ 狄青《平蛮三将题名》 〔七星街道七星公园内月牙山西南麓龙隐洞南面洞口石壁·北宋〕 摩崖石刻 1 方。北宋皇祐五年（1053）刻。刻面高 3.55 米，宽 2.35 米。文竖 26 行，满行 36 字，计 762 字，真书，阴刻。横行首题"平蛮三将题名" 6 字，篆书。广南经制贼盗事狄青撰文并书丹，桂林西峰僧宝珍篆额。区华、区诚镌字，刻文记述：北宋皇祐四年，侬智高起兵抗宋，狄青统二十万兵南征。次年二月事平，班师至桂林，于是将共事将官以上 37 人姓名刻石以示表彰。狄青（1008—1057），字汉臣，河东路汾州西河（今山西省汾阳县）人。北宋皇祐四年，狄青以广南经制贼盗事剿侬智高，事平官拜枢密使。

D₂₋₃ 李师中劝农事文 〔七星街道七星公园内月牙山西南麓龙隐岩口石壁·北宋〕 摩崖石刻 1 方。北宋嘉祐六年（1061）刻。刻面高 0.9 米，宽 0.61 米。文竖 9 行，满行 17 字，计 166 字，真书，阴刻。广西提点刑狱李师中撰文，龙隐寺僧惠修勒石。首题"劝农事提刑屯田员外郎李付" 12 字。刻文记述：李师中每审案件，见多因小事争斗，认为这是官员劝农亲民不本教化所致，因此要求令佐不得鄙视边民。李师中（1013—1078），字诚之，楚丘（今河南省滑县）人。嘉祐三年至七年（1058—1062）在桂任提点刑狱、摄帅事知桂州、转运使等职。

D₂₋₄ 李师中留别桂林诗 〔七星街道七星公园内月牙山西南麓龙隐洞南面洞口石壁·北宋〕 摩崖石刻 1 方。北宋嘉祐七年（1062）刻。刻面高 0.63 米，宽 0.57 米。文竖 13 行，满行 18 字，计 251 字，真书，阴刻。广西转运使李师中撰文并书丹。诗前有序："师中嘉祐三年九月受命来岭外，七年十一月得请知济州。感恩顾己，喜不自胜，留诗四章以志岁月。"四首诗为七绝，内容为叙事感怀之作。第一首诗末句"四年尽瘴今归去，不负斯民只负身"为李师中在桂任职的自我评价。

D₂₋₅ 谭掞《品评龙隐岩记》 〔七星街道七星公园内月牙山西南麓龙隐岩内石壁·北宋〕 摩崖石刻 1 方。北宋建中靖国元年（1101）刻。刻面高 0.88 米，宽 0.77 米。文竖行，右行文 6 行，满字 9 字，末行 10 字，计 65 字，真书，阴刻。广西转运谭掞撰文并书丹。首题"品评龙隐岩记"。刻文记述：龙隐岩高敞明亮，虚而有容，洞前临近溪流，与家乡的碧落洞相似，而感到其景致的韵味则有过之。谭掞，字文初，曲江（今广东省韶关市）人。累官至广东、广西转运使，广西提点刑狱，知南恩州等职。

D₂₋₆ 朱晞颜《龙图梅公瘴说》 〔七星街道七星公园内月牙山西南麓龙隐岩口左侧石壁·南宋〕 摩

崖石刻 1 方。南宋绍熙元年（1190）刻。刻面高 1.93 米，宽 1.2 米。文竖 17 行，满行 26 字，计 404 字，隶书，阴刻。广西转运使兼经略安抚使朱晞颜撰文，石俯书丹。首题"龙图梅公瘴说"6 字，分 3 行。刻文叙述：梅挚于北宋景祐初出任昭州，感觉官场上则有五种瘴气，即租赋、刑狱、饮食、货财、帷薄之瘴，当官的只要染上一种，就会民怨神。朱晞颜两次到广西任官，认为梅挚的瘴说十分有道理，于是将其刻石。梅挚（994—1059），字公仪，成都府新繁（今四川省新都县）人。景祐初知昭州，累官至河中府知府。

D₂₋₇ 朱晞颜跋刻石曼卿等饯叶道卿题名 〔七星街道七星公园内月牙山西南麓龙隐岩内石壁·南宋〕摩崖石刻 1 方。南宋庆元元年（1195）刻。刻面高 1.11 米，宽 1.5 米。文竖 9 行，满行 8 字，共计 78 字，真书，阴刻。落款"明道二年六月十七日曼卿书"，跋语文竖 8 行，满行 33 字，计 260 字，行书，阴刻。原文为北宋明道二年（1033）石延年书写于素缣上的题名。160 年后，素缣朽烂，只剩下广西静江府知府赵思所临摹的纸本。南宋绍熙二年（1191），朱晞颜继赵思出任广西，赵思将摹写纸本寄给朱晞颜，朱晞颜将题名并撰跋语刻于龙隐岩石壁。石延年（994—1041），字曼卿，又字安仁，别号葆老子，南京宋城（今河南商丘市）人。曾官大理寺丞、太子中允、同判登闻鼓院等职。

D₂₋₈ 朱晞颜跋刻洪迈高州石屏记 〔七星街道七星公园内月牙山西南麓龙隐岩内石壁·南宋〕摩崖石刻 1 方。南宋庆元元年（1195）刻。刻面高 0.54 米，宽 1.26 米。文竖 32 行，满行 20 字，计 593 字，真书，阴刻。原文为端明殿学士洪迈撰文，朱晞颜撰跋语后书丹，刻石为靖江府学教授刘褒。刻文记述：朱晞颜任广西转运副使时，将收集到的广东高州茂名黄尖岭有老干扶疏树木图案的石屏赠送给洪迈，洪迈特写石屏记一文，将其编入《夷坚志》中，并把记文寄给朱晞颜，于是朱晞颜亲写跋语，刻于龙隐岩石壁。洪迈（1123—1202），字景卢，号容斋、野处，南宋饶州鄱阳（今江西省上饶市鄱阳县）人。为南宋著名学者，累官至翰林学士、端阳殿学士、宰执，封魏郡开国公、光禄大夫。

D₂₋₉ 饶祖尧跋刻蔡京《元祐党籍碑》 〔七星街道七星公园内月牙山西南麓龙隐岩内石壁·南宋〕摩崖石刻 1 方。南宋庆元四年（1198）。刻面高 1.92 米，宽 1.47 米。文竖 6 行，满行 52 字，计 247 字，原文行书，撰文、书丹均为司空尚书左仆射兼门下侍郎蔡京，跋语撰文为静江府司理参军饶祖尧，刊碑为王俊。横行首题"元祐党籍"4 字，隶书。北宋徽宗时，

蔡京为宰臣，将司马光、文博等 309 人列为元祐党人，亲自撰写碑文公布于全国各县。由于遭到朝野非议，遂于次年下令毁碑。93 年后，元祐党人梁焘的曾孙梁律任静江府钤辖，与饶祖尧相友善，两人商议，将家藏《元祐党籍碑》拓片重刻于石。饶祖尧，字述古，吉州（今江西吉安）人。官静江府司理参军。

D₂₋₁₀ 桂林撤戍记 〔七星街道七星公园内月牙山西南山麓龙隐岩口左侧石壁·南宋〕摩崖石刻 1 方。南宋淳祐六年（1246）刻。刻面高 0.63 米，宽 1.24 米。文竖 23 行，满行 9 字，计 193 字，真书，阴刻。无撰文、书丹、刻石名氏。刻文记述：南宋淳祐五年（1245），元兵入侵大理，朝廷为加强广西抗元兵力，诏令京湖大制阃调兵戍守广西。被调诸军以十月二十六日抵达桂林。但当时边境肃清，警报不至，因此于次年春得旨撤戍，以三月十日归全师还总制。

D₂₋₁₁ 庄国祯《右江北三平寇记》 〔七星街道七星公园内月牙山西南麓龙隐岩内石壁·明代〕摩崖石刻 1 方。明万历六年（1578）刻。刻面高 1.66 米，宽 1.42 米。文竖 21 行，满行 30 字，计 587 字，真书，阴刻。右参政庄国祯撰文并书丹，桂林府知府吴肇东、同知梁直、通判樊芝、李佳徵、推官孙承南、临桂县知县王懋中镌石。首题"右江北三平寇记"7 字，刻文记述：右江北三少数民族聚兵抗官兵，万历六年，巡抚吴文华等集兵进剿，擒斩四千八百余人。庄国祯（1527—1604），字君祉，号阳山，福建晋江（今福建省晋江市）人。明万历年间（1573—1620）曾任广西按察司副使、广西参政、广西布政使等职。

D₂₋₁₂ 汪道昆《平蛮碑》 〔七星街道七星公园内月牙山西南麓龙隐岩内石壁·明代〕摩崖石刻 1 方。明万历八年（1580）刻。刻面高 3.3 米，宽 4 米。文竖 46 行，满行 35 字，计 1465 字，真书，阴刻。兵部左侍郎汪道昆撰文，周天球书丹。首题"平蛮碑"3 字。刻文记述：万历初年，忻城县八寨少数民族聚兵万余人，据地五百里以抗官兵。朝廷命两广总督刘尧诲、广西巡抚张任等率十万官军前往征讨。历时三个多月，杀死一万七千五百八十余人。汪道昆（1525—1593），又名汪守昆，字伯玉，号南溟、太函，明南直隶歙县（今安徽省歙县）人，明代文学家。明嘉靖二十六年（1547）进士，官至兵部左侍郎。

D₂₋₁₃ 杨芳平定皮林纪功碑 〔七星街道七星公园内月牙山西南麓龙隐岩内石壁·明代〕摩崖石刻 1 方。明万历三十年（1602）刻。刻面高 2.5 米，宽 1.08 米。文竖 7 行，满行 19 字，计 109 字，真书，阴刻。广西巡抚杨芳撰文并书丹。刻文记述：万历年间，贵州皮林一带苗族聚兵起事，朝廷命令杨芳于万历二

十八年率师与楚、黔军队一同会剿,历时五十余天,斩首二千余名,事平后,杨芳将广西带兵的将官6人撰文刻于龙隐岩石壁。碑末尚有"其百执事载在龙城别记",可见当年柳州另有纪功碑,但今未发现。杨芳(?—1609),字以德,号济寰,四川太平县(今万源市)人。明万历二十六年(1598)出任广西巡抚。因其父丧而未待报批离守,被劾落职。

22 - D₃ 桂林石刻省春岩摩崖石刻 〔七星区七星街道七星公园内普陀山北麓省春岩·宋、明、民国·全国重点文物保护单位〕 有摩崖石刻12方,其中宋代2方、明代8方、民国2方。形式有题诗、题名、题榜、题记等。书体有真、行、草、隶4种。作者为官吏。重要作品有明万历二年(1574)殷正茂平定怀远纪功碑及明万历十八年(1590)刘继文平定东兰纪功碑、万历三十四年(1606)杨芳平定思明府纪功碑等。

D₃₋₁ 刘焞等六人省春岩题名 〔七星街道七星公园内普陀山北麓省春岩内石壁·南宋〕 摩崖石刻1方。南宋淳熙七年(1180)刻。刻面高0.48米,宽3.8米。文竖23行,满行3字,计67字,行书,阴刻。广西经略安抚使兼知静江府事刘焞撰文并书丹。刻文记述淳熙庚子六月初伏,刘焞备酒邀请但中庸、韩壁等六人游览普陀山风景的经过。刘焞,字文潜,眉山(今四川省眉山县)人,南宋淳熙五年(1178)知静江府兼广西经略安抚使。

D₃₋₂ 殷正茂平定怀远纪功碑 〔七星街道七星公园内普陀山北麓省春岩内石壁·明代〕 摩崖石刻1方。明万历二年(1574)刻。刻面高4米,宽2.33米。文竖18行,满行29字,计441字,真书,阴刻。无撰文、书丹及刻石名氏。刻文记述:朝廷下诏平息怀远瑶民起事,调集广西左、右两江及湖、浙两省官兵十万名进行征战。第二年又移师对雒容、柳城、永宁、永福、阳朔、荔浦等地进行围剿,总共斩首上万人之多。事后,将殷正茂、郭应聘等40余名官员刻石表彰。殷正茂(1513—1592),字养实,号石汀,安徽歙县人。明隆庆三年(1569)出任广西巡抚,五年(1571)升任两广提督。

D₃₋₃ 刘继文平定东兰纪功碑 〔七星街道七星公园内普陀山北麓省春岩内石壁·明代〕 摩崖石刻1方。明万历十八年(1590)刻。刻面高3.5米,宽1.84米。文竖14行,满行30字,计369字,真书,阴刻。无撰文、书丹及刻石名氏。刻文记述:嘉靖末年至万历初,东兰土知州韦应龙年老专横,土目陈星、陈蒙等反对韦应龙,相互仇杀。广西巡抚刘继文调解无效,朝廷诏令刘继文调集汉土官兵二万余名进剿,

擒获了陈星等为首闹事的5人,平息了东兰事件。刘继文,字永谟,号别斋,安徽灵璧人。明万历十五年(1587)任广西巡抚,十六年(1588)升任两广总督。

D₃₋₄ 杨芳平定思明府纪功碑 〔七星街道七星公园内普陀山北麓省春岩内顶端石壁·明代〕 摩崖石刻1方。明万历三十四年(1606)刻。刻面高4.45米,宽3.35米。文竖17行,满行24字,计334字,真书,阴刻。撰文、书丹及镌石均为广西巡抚杨芳。刻文记述:万历年间,思明府土官黄应雷屡懦不振,土目陆佑等乘机夺权。两广总督戴耀及广西巡抚杨芳等奉命进讨,擒获首从八百二名,杀死一千一百四十九人。

23 - D₄ 桂林石刻曾公岩摩崖石刻 〔七星区七星街道七星公园内普陀山东南麓曾公岩·宋、明、清、民国·全国重点文物保护单位〕 有摩崖石刻27方,其中宋代22方、明代1方、清代3方、民国1方。形式有题诗、题名、题榜、题记、题铭等。书体有真、行、隶3种。重要作品有北宋元丰二年(1079)刘谊《曾公岩记》并陈倩等七人唱和诗、杨损等七人曾公岩题名等。

D₄₋₁ 刘谊《曾公岩记》并陈倩等人唱和诗 〔七星街道七星公园内普陀山东南麓曾公岩·北宋〕 摩崖石刻1方。北宋元丰二年(1079)刻。刻面高1.26米,宽2.1米,真书。文竖45行,满行26字,计932字,真书,阴刻。石刻内容分两部分:第一部分为《曾公岩记》,勾管广西常平刘谊撰文并书丹。首题"曾公岩记"4字,刻文记述广西经略安抚使曾布营修曾公岩,邦人以曾公名其岩的经过。第二部分为陈倩等七人唱和诗,撰文各有其主,书丹仍为刘谊,沅陵陈贵镌刻。七首诗以陈倩为首唱,其和者依次为曾布、苗时中、刘宗杰、彭次云、齐谌、刘宜。

D₄₋₂ 杨损等七人曾公岩题名 〔七星街道七星公园内普陀山东南麓曾公岩内石壁·北宋〕 摩崖石刻1方。北宋宣和七年(1125)刻。刻面高1米,宽1.37米。文竖14行,满行10字,计138字,真书,阴刻。无撰文、书丹名氏。刻文记述:杨损来自都城,叹桂林山水之奇未尝见。于是尚安国与其弟充国、定国、外甥杨俊彦、周辅和友人姚弥中相与游览风景,前后历时三天,于宣和七年(1125)六月初十日题名于曾公岩。杨损,字益老,华阳(今四川双流)人。

D₄₋₃ 刘彦适等五人曾公岩题名 〔七星街道七星公园内普陀山东南麓曾公岩内石壁·南宋〕 摩崖石刻1方。南宋绍兴四年(1134)刻。刻面高1.07米,宽0.88米。文竖6行,满行7字,计43字,真书瘦金体,带有行笔,阴刻。无撰文及书丹名氏。刻文为:

"经略安抚刘彦适、转运副使陈竞、提点刑狱董枀、转运判官赵子岩、富阳故侯孙觊，绍兴四年七月十二日同游。"题名中五人，唯有赵子岩史书无传。孙觊是因罪被流放到广西象州，遇赦放归时来游者。刘彦适，字立道，福建福清人。南宋绍兴三年（1133）知桂州，兼广南西路经略安抚使。

D₄₋₄ 张栻等十四人曾公岩题名 〔七星街道七星公园内普陀山东南麓曾公岩内石壁·南宋〕 摩崖石刻1方。南宋淳熙五年（1178）刻。刻面高1.3米，宽0.7米。文竖8行，满行16字，计128字，行书，阴刻。广西经略安抚使张栻撰文并书丹。刻文记述：张栻以淳熙五年闰六月朔旦任满北归故里衡阳，前三日约幕僚及友人等十四人一起游览风景。张栻（1133—1180），字敬夫、钦夫、乐斋，号南轩，汉州绵竹（今四川省绵竹市）人。南宋淳熙二年（1175）任静江府知府兼广南西路经略安抚使。

24 - D₅ 桂林石刻弹子岩摩崖石刻 〔七星区七星街道七星公园内普陀山北麓弹子岩·宋、明·全国重点文物保护单位〕 有摩崖石刻9方，其中宋代8方，明代1方。形式有题诗、题名、题记、跋刻名人作品。书体有真书、行书。重要作品有南宋庆元元年（1195）陈谠《游桂林诸岩洞作》诗，明万历十三年（1585）吴文华平定府江西岸纪功碑等。

D₅₋₁ 徐梦莘弹子岩题诗并记 〔七星街道七星公园内普陀山北麓弹子岩内石壁·南宋〕 摩崖石刻1方。南宋淳熙八年（1181）刻。刻面高2.35米，宽1.37米。文竖10行，满行30字，计289字，真书，阴刻。广西转运司主管文字徐梦莘撰文并书丹。刻文云：南宋淳熙八年仲秋中瀚，江西仕于广西者十二人会集于城东湘南楼讲同乡会，到弹子岩题名纪念。徐梦莘赋五言诗以识之。诗以忠孝节义，事业友情相勉。徐梦莘（1126—1207），字商老，江西清江（今江西省樟树市）人。南宋淳熙年间（1174—1189）任广西转运司主管文字，知宾州。

D₅₋₂ 陈邕跋刻张栻书《论语·尧曰章》 〔七星街道七星公园内普陀山嵂麓弹子岩内石壁·南宋〕 摩崖石刻1方。南宋淳熙十一年（1184）刻。刻面高3.07米，宽3.98米，"尧曰章"行书，文竖15行，满行13字，计165字；陈邕跋刻于碑末左侧，真书。文竖2行，满行40字，计79字，书丹为经略安抚使张栻。跋刻为静府学教授陈邕。跋云：广西经略安抚使张栻，将《论语·问政》书于治事厅，作为执政准则。继任者詹仪之命陈邕刻于岩石，使凡做官者都能目击心存，庶不废圣人之训。陈邕，字和父、叔文，湖南衡山（今湖南省衡阳市）人。南宋淳熙年间（1174—

1189）为静江府府学教授。

D₅₋₃ 陈谠《游桂林诸岩洞作》诗 〔七星街道七星公园内普陀山北麓弹子岩内石壁·南宋〕 摩崖石刻1方。南宋庆元元年（1195）刻。刻面高1.46米，宽0.92米。文竖7行，满行10字，计60字，行书，阴刻。广西浔州知州陈谠撰文并书丹。五言律诗。首题"游桂林诸岩洞作"，落款"莆人陈谠正仲""乙卯中冬廿六日"。诗文以"百灵剜洞巧，五石补天余。商野幽人梦，周南太史书"概括桂林山峰、岩洞的奇、美以及人文景观的内涵。陈谠（1134—1216），字正仲，二字仲甫，仙游文贤里留浦（今福建省仙游县度尾镇帽山村）人。南宋庆元元年（1195）知浔州，迁广西转运使。

D₅₋₄ 吴文华平定府江西岸纪功碑 〔七星街道七星公园内普陀山北麓弹子岩石左侧石壁·明代〕 摩崖石刻1方。明万历十三年（1585）刻。刻面高2.73米，宽2.42米。文竖18行，满行26字，计408字，真书，阴刻。无撰文、书丹及勒石名氏。刻文记述：明万历十二年，朝廷诏令两广总督吴文华等，调集流土官兵二万余名，攻剿府江西岸昭平、蒙山一带瑶民，大小桐江等四十余村寨数百人遭杀戮。次年正月十一日，移师剿杀象、洛二县小满、高天等村，再斩首一百八十人。吴文华（1521—1598），字子彬，号小江，晚更号容所。福建省连江县学前铺义井街人（今连江城关人）。明万历三年（1575年）晋升为右副都御史，巡抚广西。

25 - D₆ 桂林石刻元风洞摩崖石刻 〔七星区七星街道七星公园内普陀山西麓元风洞·宋、明·全国重点文物保护单位〕 有摩崖石刻11方，其中宋代10方，明代1方。形式有题诗、题名、题铭。书体有直、行2种。重要作品有北宋淳化元年（990）柳开《玄风洞铭并序》、北宋绍圣三年（1096）曹辅游风洞诗、北宋政和七年（1117）李彦弼、曹迈元风洞题名及李彦弼游元风洞及七星观诗。

D₆₋₁ 柳开《玄风洞铭并序》 〔七星街道七星公园内普陀山西麓元风口石壁·北宋〕 摩崖石刻1方。北宋淳化元年（990）刻。刻面高0.43米，宽0.82米。文竖17行，满行10字，计169字，真书，阴刻。桂州知州柳开撰文并书丹。首题"玄风洞铭并序"6字，刻文记述：玄风洞常出凉风，淳化元年，柳开知州事，往其地避秋暑，深感"穴空通风，凄肌森襟，没骨侵心"，因而作铭文刻于洞旁石壁。柳开（948年—1001年），原名肩愈，字绍先、绍元，后改名开，字仲涂，号东郊野夫、补亡先生，大名府（今河北大名）人。北宋端拱年间（988—989）任全州知州，淳化元年

（990）改任桂州知州。

D₆₋₂ 曹辅游风洞诗 〔七星街道七星公园内普陀山西麓元风口石壁·北宋〕 摩崖石刻 1 方。北宋绍圣三年（1096）刻。刻面高 0.4 米，宽 0.27 米。文竖 6 行，满行 9 字，计 53 字，行书，阴刻。广西提点刑狱曹辅撰文并书丹。刻文记载：北宋绍圣丙子正月廿日，曹辅与任满归里的石康令欧阳辟（灵川人）邂逅游玄风洞，作即景七言绝句诗纪之，诗中有"每怀绝境超然处，却与幽人偶尔来"之句。曹辅，字子方，号静常，泰州海陵（今江苏省泰州市）人，北宋绍圣年间（1094—1098）任提点广西刑狱。

D₆₋₃ 李彦弼曹迈元风洞题名 〔七星街道七星公园内普陀山西麓元风洞外右侧石壁·北宋〕 摩崖石刻 1 方。北宋政和七年（1117）刻。刻面高 1.66 米，宽 0.96 米。文竖 7 行，满行 11 字，计 84 字，行书，阴刻。桂州通判李彦弼撰文，其子李昂霄书丹。题名以骈体文撰成，语出工整。李彦弼父子均崇尚米芾的学识，所以题名书法深得米字要诣。李彦弼，字端臣，江西庐陵（今江西省吉安市）人，北宋元祐六年（1091）进士，建中靖国元年（1101）因元祐党争影响，被贬来桂州（今桂林）做教授推官，政和年间（1111—1117）以奉议郎权通判桂州军州兼管内劝农事。

D₆₋₄ 李彦弼游元风洞及七星观诗 〔七星街道七星公园内普陀山西麓元风洞外右侧石壁·北宋〕 摩崖石刻 1 方。北宋政和七年（1117）。刻面高 1.67 米，宽 0.97 米，文竖 17 行，满行 28 字，计 470 字，行书，阴刻。桂州通判李彦弼撰文，其子李昂霄书丹。首题"李端臣同曹圣延游风洞及七星观，遂成长句三十韵"。为感怀身世叙事诗。其中"文英子建声华烜，少陵尝咏波澜阔。遝流亹亹钟宜春，观君紫芝真秀拔"之句，知曹圣延（迈）即为曹植的后裔。而"谁嗟长庚有老裔，壮龄直欲排紫闼。初从附凤矫飞翔，晚乃射虎耽疏豁"之句，则是李彦弼自认为李白的子孙。

26－D₇ 桂林石刻留春岩摩崖石刻 〔七星区七星街道七星公园内普陀山北麓留春岩·南宋·全国重点文物保护单位〕 有摩崖石刻 3 方。形式有题名、对联、赋。书体有直、隶、篆 3 种。这 3 方石刻对研究文学、书法艺术、岩溶地貌和旅游发展史均有较高的价值。

D₇₋₁ 梁安世《乳床赋》 〔七星街道七星公园内普陀山北麓留春岩内石壁·南宋〕 摩崖石刻 1 方。南宋淳熙八年（1181）刻。分 2 方碑面，刻面各高 1.95 米，宽 1.2 米。分五层行文，每层竖 12 行，满行 4 字，2 方总计 120 行，471 字，真书，阴刻。广西转

运判官梁安世撰文并书丹。首题"乳床赋" 3 字，刻于第 1 方，真书。跋云：南宋淳熙辛丑长至日，梁安世与同僚徐梦莘等七人游览春岩，一起议论钟乳石的成因，梁安世遂作赋书而刻之，认为钟乳石的形成是"石有脉其何来，泉春夏而渗流。积久而凝，附赘垂疣"，"抑尝以岁而计之，十万年而盈寸，度寻丈之积累，岁合逾于千万"，是较科学的观点。石刻在 20 世纪 70 年代中期被毁，现桂海碑林博物馆根据旧拓片复刻，陈列在碑阁内。

D₇₋₂ 熊飞等留春岩题名 〔普陀山麓留春岩内石壁·南宋〕 摩崖石刻 1 方。南宋淳熙九年（1182）刻。刻面高 1.35 米，宽 0.95 米。文 11 行，满行 14 字，计 148 字，篆书，阴刻。无撰文及书丹名氏。刻文记述：淳熙九年暮秋初吉，熊飞以宪事行事至桂林，与乡人宦桂者王葵等二十四人游此题名。

D₇₋₃ 李滋为乡人林可宗书联 〔七星街道七星公园内普陀山北麓留春岩内石壁·南宋〕 摩崖石刻 1 方。南宋淳熙十二年（1185）刻。刻面高 1 米，宽 0.55 米。文竖 2 行，满行 5 字，计 10 字，篆书对联，上联为"安分身无辱"，下联为"知几心自闲"，款隶书，竖 2 行，每行 11 字，计 22 字，分别刻于对联左、右边下半段。右边款为"淳熙乙巳，晋安李滋长卿为"，左边款为"乡人林可宗元之书于复斋"。撰联、书丹均为李滋。李滋，字长卿，晋安（今福建福州）人。南宋淳熙年间（1174—1189）为官广西。

27－D₈ 桂林石刻月牙山摩崖石刻 〔七星区七星街道七星公园内月牙山·元—民国·全国重点文物保护单位〕 有摩崖石刻 32 方，其中元代 1 方、明代 6 方、清代 13 方、民国 5 方、佚年及佚名 7 方。另有 1 方清代石碑。形式有题诗、题名、题榜、题记等。书体有真、行、草、隶 4 种。作者有官吏、文人。最早的石刻是元至顺三年（1332）《隐真岩建阁施舍题名》。重要作品有明正德十年（1515）陈彬月牙山记并周进隆等七人诗等。石刻主要分布于月牙山登山道、月牙岩，因旧时有建筑，抗日战争期间建筑被烧毁，月牙岩内石刻亦大部分被烧毁。

D₈₋₁ 隐真岩建阁施舍题名 〔七星街道七星公园内月牙山南面山腰隐真岩顶部平台石壁·元代〕 摩崖石刻 1 方。元至顺三年（1332）刻。刻面高 0.9 米，宽 1.1 米。其中序竖 8 行，满行 27 字；题名书写杂乱，不计行数，共计 796 字，真书，阴刻。横行首题"隐真岩建阁施舍题名"，无撰文、书丹和刊字名氏。题名序文：隐真岩自唐代已辟为道教活动场所，元代遭丙子之劫，殿宇已无存。次年募化到梁总辖、李大使，重新鼎建殿宇。后来又募到众坊善信捐款，相继建帝

殿、玉皇阁等。于是将其施舍名单刻石流传。

D₈₋₂ 陈彬月牙山记并周进隆等七人诗 〔七星街道七星公园内月牙山西面山腹月牙岩内石壁·明代〕 摩崖石刻 1 方。明正德十年（1515）刻。刻面高 0.9 米，宽 2.1 米。文竖 37 行，满行 15 字，计 485 字，真书，阴刻。镇守广西等处地方内官监太监陈彬撰文及书丹。文前为记，后为诗。刻文记述：月牙山自古无蹬道，游栖霞洞后再游龙隐岩，以舟行灵剑溪为便。明正德乙亥，陈彬命工营建月牙山蹬道及兴建亭阁。诗为七首七言绝句，首唱为陈彬，和诗依次为都指挥佥事副总兵金铠、左布政使周进隆、按察使翁茂南、右布政使詹玺、左参政徐翔、右佥议黄清。诗皆写月牙山之景。石刻部分字迹被凿毁。陈彬，端溪（今广东省德庆地）人。明正德六年（1511）为镇守广西等处地方内官监太监。

D₈₋₃ 张宝登月牙山远眺诗 〔七星街道七星公园内月牙山西面山腹月牙岩口石壁·清代〕 摩崖石刻 1 方。清道光七年（1827）刻。刻面高 1.35 米，宽 0.41 米。文竖 5 行，满行 14—15 字，计 72 字，草书，阴刻。张宝撰文并书丹。题和款"登月牙山远眺一律，白下仙槎张宝初稿" 16 字刻于诗后末行。七言律诗一首，诗末"道人也解游人渴，为我新煎六峒茶"一句，道出了山美人亦美的感受。张宝（1763—1832），字仙槎，一字梅痴，江苏上元（今江苏省南京市）人。喜作画，擅长六法，工山水，所著有《泛槎图》六卷。

D₈₋₄ 黄体正《壶山看桃花饮雷酒人墓放歌》 〔七星街道七星公园内月牙山西面山腹月牙岩内石壁·清代〕 摩崖石刻 1 方。清道光二十一年（1841）刻。刻面高 0.46 米，宽 0.99 米。文竖 31 行，满行 18 字，计 524 字，真书，阴刻。首题"壶山看桃花饮雷酒人墓放歌" 12 字，七言古体。桂林府学训导黄体正撰文，桂林府学训导逢春书丹。有跋云：道光六年（1826）黄体正作此歌。离任十六年后，其同学林逢春继任训导，遂寄此作品使刻之月牙岩。此歌为春日到壶山看桃花，并凭吊明末隐士雷鸣春所作。黄体正（1766—1845），字直，号云湄，广西桂平金田古程村（今莫龙村）人。清道光六年（1826）任桂林府学训导。

D₈₋₅ 陈维湘游月牙山即景诗 〔月牙山西北面玉兔岩口石壁·清代〕 摩崖石刻 1 方。清光绪十二年（1886）刻。刻面高 0.61 米，宽 0.62 米。文竖 8 行，满行 8 字，计 64 字，隶书，阴刻。陈维湘撰文并书丹。五言律诗。按跋语，此诗为丙戌初夏与张哲文游山即景而作，诗中"新月楼三面，斜阳水一湾。煎茶汲石乳，长以驻华颜"之句，对月牙山的山光水色及幽雅环境进行了着意刻画。陈维湘，字楚卿，号菩阳山人，

广东番禺（今广东省广州市）人。与张哲文同好，二人遍游诸山，均有题刻。

D₈₋₆ 林德均著书题记 〔七星街道七星公园内月牙山西面山腹月牙岩口石壁·清代〕 摩崖石刻 1 方。清光绪二十三年（1897）刻。刻面高 0.45 米，宽 0.3 米。文竖刻 4 行，满行 10 字，计 40 字，真书，阴刻。林德均撰文并书丹。刻文记述："丁酉之夏，避暑月牙山，就倚虹楼辑《粤西溪蛮琐记》。假翰墨缘，领山水趣，亦足乐也。"林德均，高州府信宜（广东省茂名市信宜市）人。清光绪十八年至二十三年（1892—1897）在桂。雅好山水名胜，喜吟咏。其题刻有榜书、记事、诗文等。

D₈₋₇ 林德均《题围钓归来图》诗 〔月牙山西面山腹月牙岩口石壁·清代〕 摩崖石刻 1 方。清光绪二十三年（1897）刻。刻面高 0.69 米，宽 0.55 米。文竖行，计 75 字，真书，阴刻。首题"题围钓归来图" 6 字，刻文竖于诗前首行。诗中"狎鸥为侣，饵鱼呼童。钓竿在手，诗味满胸"等句，充满诗情画意。

28-D₉ 桂林石刻会仙岩摩崖石刻 〔七星区七星街道七星公园内的会仙岩·明代·全国重点文物保护单位〕 有摩崖石刻 9 方，为明正德六年（1511）部分靖江王宗室辅国将军、镇国中尉及王府差官的唱和诗、刻像和题榜。其中有张经书的榜书"云谷"，辅国将军笃庵诗及像，辅国将军诚庵诗及像，辅国将军定庵的五言诗及半身刻像，镇国中尉松坡的五言诗和全身立像等。均以线雕阴刻，石匠蒋时昌刻。

29-D₁₀ 桂林石刻穿山摩崖石刻 〔七星区穿山街道穿山社区穿山公园内穿山·宋、1938 年·全国重点文物保护单位〕 有摩崖石刻 6 方，其中宋代 5 方，民国 1 方。主要分布在穿山东端月岩内东西两侧石壁。形式有题诗、题名、题榜。书体有真书、行书、篆书、隶书 4 种。最早石刻是南宋嘉定十五年（1222）广西经略安抚使胡槻的"月岩"楷榜和"空明山"篆榜。题诗有胡槻的穿山题诗、南宋端平三年（1236），赵师恕等游月岩题名和离别穿山诗。1938 年"展山之师"是国立汉民中学在穿山山麓复校时的教职工题名。岩中旧有建筑，曾遭火灾，石壁被焚，所有石刻均遭不同程度损坏。

D₁₀₋₁ 胡槻月岩诗并跋 〔穿山街道穿山公园穿山月岩内西侧石壁·南宋〕 摩崖石刻 1 方。南宋嘉定十五年（1222）刻。刻面高 1.57 米，宽 2.7 米。文竖 11 行，满行 8 字，计 88 字，真书，阴刻。胡槻撰文并书丹。咏景七律一首附跋。跋语云：胡槻于嘉定十五年某月某日，约同僚张维翰、陈次贾、倪俊孺三人来游时作诗，咏月岩之景，如同月宫一样美丽幽雅。胡

槐，字伯圆、仲威，江西庐陵（今江西吉安市）人。南宋嘉定十二年至十五年（1219—1222）以右文殿修撰经略安抚使知静江府。

D₁₀₋₂ 赵师恕留别月岩诗 〔穿山街道穿山公园穿山月岩内西侧石壁·南宋〕 摩崖石刻 1 方。南宋端平三年（1236）刻。刻面高 0.83 米，宽 3.43 米。文竖 24 行，满行 6 字，计 148 字，行书，阴刻。广西经略安抚使赵师恕撰文并书丹。五言长句叙事诗，大意是赵师恕对广西的边境、人民、幕僚的美好印象及离任后期望大家经常通信报佳音。未署年月款，但旁边有与幕僚留别题名，时间为端平丙申（1236）七月上瀚日。赵师恕，字季仁，宋宗室，寓居长乐（今福建省长乐市）。南宋端平二年至三年（1235—1236）任广西经略安抚使知静江府事。

30 - D₁₁ 桂林石刻自弟山摩崖石刻 〔七星区朝阳乡合心行政村半塘尾村·元、清·全国重点文物保护单位〕 摩崖石刻 2 方，元代、清代各 1 方。石刻在山南端东麓约 1.8 米高的石壁上。1 方为元至元五年（1268）刻，高 1.25 米，刻面宽 1.4 米，文竖行，字径 0.02 米，楷书，阴刻，刻文记述靖江路总管邓官主持修建尼姑庵之事。1 方为清乾隆四十年（1775）刻，刻面高 0.86 米，宽 0.55 米，刻有满文 6 行。

31 - D₁₂ 李彦弼《湘南楼记》碑 〔七星区七星街道七星公园内普陀山西麓登山道旁·北宋·市文物保护单位〕 碑刻 1 方。刻于颜真卿书"逍遥楼"碑之碑阴。北宋崇宁元年（1102）立。碑高 2.32 米，宽 1.23 米。文竖 28 行，满行 46 字，计 1226 字，真书，阴刻。桂州通判李彦弼撰文，全州通判周冕书丹，知融州程邻篆额，张灌立石，龙湜、龙拊刻字，横行额题"湘南楼记"，篆书。刻文记述：广西经略安抚使程节修复桂州城东门城楼，取名为湘南楼，成为边庭壮观。李彦弼为其作记竖碑于楼中，记后附有赞程节的颂词，末句云："冀我公之横翔兮，拱凝庥于邃岩。风流千载于兹楼兮，桂人志德以无厌。"

32 - D₁₃ 颜真卿书"逍遥楼"碑 〔七星区七星公园内普陀山西麓登山道旁·1972 年·市文物保护单位〕 碑刻 1 方。原碑为唐大历五年（770）立。颜真卿撰文并书丹。原竖在桂林行春门城上逍遥楼中，抗日战争期间将此碑迁至普陀山下。1966 年碑字面被毁，1972 年市文化部门据旧拓本在原石上重刻。碑为圆首，高 2.32 米，宽 1.23 米，真书，碑文竖 2 行，15 字，落款"大历五年正月一日颜真卿书"，正文"逍遥楼"3 字。颜真卿（709—785），字清臣，京兆万年（今陕西省西安市）人。唐开元二十二年（734）进士，官至太子太师，封鲁郡公。

33 - E₁ 王鹏运墓 〔七星区七星街道漓东社区普陀路育才小学旁半塘尾岭·1904 年·市文物保护单位〕 王鹏运（1849—1904），字幼霞、佑遐，号半塘、鹜翁，广西临桂人。清末著名诗词家，有"清末四大词人之首"之誉。官至江西道监察御史、礼科给事中。著有《半塘定稿》《四印斋所刻词》等词书。墓葬朝北，冢呈圆丘形，底部用料石围砌，灰浆抹面，高 1.6 米，底径 3 米。墓碑高 1 米，宽 0.67 米，厚 0.1 米。面刻"皇清诰授通议大夫礼科给事中显考王公幼霞府君之墓"。墓的两侧筑有条石扶手。右侧为夫人曹氏墓，规制略相同。共占地面积约 440 平方米。

34 - E₂ 国立汉民中学旧址 〔七星区穿山街道穿山社区穿山路穿山北麓·1938—1949 年〕 1937 年 10 月，原胡汉民秘书任中敏为纪念国民党元老胡汉民，在南京栖霞山下创办私立汉民中学并任校长。1938 年 2 月迁至桂林。1943 年由私立改为国立。1944 年夏疏散至贵州榕江县，1945 年 11 月迁回桂林。汉民中学建有礼堂、图书馆、科学馆、青年馆、俱乐部、操场、溜冰场、高中教室区、初中教室区、宿舍区，教师宿舍有德园、逸园、象园，还有中山公园、仲元公园、精诚洞、铎圃、百年树人火炬塔、鸿恩堂等纪念建筑物。校舍、设备齐备，闻名中外。1949 年 11 月 22 日易名桂林市一中。

35 - E₃ 八百抗日壮士阵亡处 〔七星区七星街道七星公园内普陀山七星岩星子岩内·1944 年〕 1944 年 11 月 9 日，侵华日军攻陷桂林。退守七星岩的国民革命军陆军第 31 军 131 师 391 团官兵及原安置岩内的伤员共 823 人，进行顽强抗击，被日军用火焰喷射器和毒气烧杀毒死。桂林光复后入岩捡骸，发现死者多临战姿态，甚为壮烈。七星岩位于市东普陀山西面山腰，雄伟深邃，最宽约 43 米，最高约 27 米，进深约 1500 米。七星岩现辟为旅游景点。

36 - E₄ 老虎岩抗战掩体 〔七星区七星街道七星公园普陀山西南山腰的老虎岩入口处·1944 年〕 是一处抗战时期的战斗掩体。掩体位于深约 30 米的老虎岩左侧 1.85 米的高台上，为水泥料石结构，厚 2.3—2.5 米；射击孔方形，高 0.85 米，宽 1.55 米。掩体右侧为巨大的钟乳石，便于躲避。洞口处的钟乳石上刻有"中央军校先生毕业纪念"字样，为用刺刀随手所刻。

37 - E₅ 挂子山村血泪岩 〔七星区朝阳乡新建行政村挂子山村东南的一座小石山东南山麓·1944 年〕 1944 年农历九月十三日，侵华日军在此岩洞熏死 5 名避难的平民，包括 4 名儿童及 1 名妇女。岩洞高距地表约 10 米，洞口朝南，洞内最高 4.2 米，最宽 15 米，进深 17 米，为当时村民的避难之处。

38 - E₆ **阚维雍等三将军及八百抗日壮士墓** 〔七星区七星街道七星公园内普陀山博望坪·1946 年·自治区文物保护单位〕 1944 年 11 月，桂林沦陷。守城部队国民革命军陆军第 31 军第 131 师 391 团官兵 823 人，退守七星岩顽强抵抗，11 月 9 日被侵华日军用毒气杀害于七星岩内。131 师少将师长阚维雍自杀殉国，城防司令部中将参谋长陈济桓及第 31 军少将参谋长吕旃蒙突围中阵亡。1945 年 12 月，入七星岩收殓烈士遗骸，死难官兵均呈临战状态，甚为壮烈，人称"八百壮士"。1946 年 1 月 24 日国民政府收殓三将军及八百壮士遗骨公葬于此。两墓葬并列，朝西。三将军墓冢呈圆丘形，前立纪念亭和"殉职纪念塔"；八百抗日壮士墓冢呈长方形；均料石砌筑。有李宗仁、白崇禧、张任民、罗铁青致阚维雍的题刻 4 方。占地面积约 300 平方米。墓冢多次修整。纪念塔 1987 年重建。

E₆₋₁ **阚维雍将军殉难处** 〔叠彩区叠彩街道叠彩社区中山北路铁封山南侧山脚下铁封山人防工程六号洞内·1944 年〕 阚维雍（1900—1944），原名庆福，号伯涵，祖籍安徽合肥，生于广西柳州。抗日战争期间任国民革命军陆军第 31 军 131 师少将师长，1944 年任第 16 集团军桂林城防司令部参谋长，11 月 15 日在抗击侵华日军的桂林之役殉职，国民政府追晋为陆军中将。1984 年 11 月 3 日，广西壮族自治区人民政府追认阚维雍将军为革命烈士。洞口朝东北，洞口高 1.6 米，宽 0.7 米，洞内为宽大空间。占地约 225 平方米。

39 - E₇ **中共桂林市工委联络站旧址** 〔七星区七星街道七星公园内月牙山北麓·1946—1948·市文物保护单位〕 原为私人住宅。1946 年春，中共桂林市工委以"桂师校友会"的名义买下此房作为秘密联络地点。广西省工委书记钱兴、省工委特派员肖雷常到此传达指示和布置工作。1948 年新任书记陈光在此举办过党员学习班。系砖木结构民国建筑。南面紧邻月牙山，二层楼六间房，面阔 12 米，宽 7.5 米，青砖墙，硬山顶，盖小青瓦。

40 - E₈ **中共桂林市工委机关旧址** 〔七星区穿山街道江东村口·1947—1949 年·自治区文物保护单位〕 1947 年 7 月至 1949 年 11 月，中共桂林市工委设此。1948 年夏，中共省工委在此举办广西党干轮训班。1949 年春，在此召开桂、柳、邕、梧四市及广西大学、广西师院党领导干部会议。旧址原为王秀山住宅，占地面积约 210 平方米。砖木结构平房，面阔三间，进深二间，悬山顶。明间前为厅，后为香火堂。门前原置有竹篱，已拆除。

41 - E₉ **陈光烈士墓** 〔七星区七星街道七星公园内普陀山西麓·1951 年·自治区文物保护单位〕 陈光（1918—1949），原名益昌，曾用名陈子扬、陈子明、陈扬、陈泳平，广东梅州市梅县人。1949 年 1 月任中共桂林市工作委员会书记，10 月 5 日因叛徒出卖被捕，11 月 11 日被秘密杀害于桂林火车北站附近。1951 年 1 月 14 日迁葬于此。墓葬朝南，冢为圆丘形，高 1.45 米，底径 3.7 米。墓前立四棱柱形纪念塔。塔尖立红五星，塔座两层，下层为莲花形，第二层为正方柱形，四面分别刻烈士简历及缅怀的题词。塔身正面塑"陈光烈士纪念塔"，墓冢、纪念塔均磨米石表面。

42 - E₁₀ **裴邦焘墓** 〔七星区七星街道七星公园内普陀山北麓·1954 年·市文物保护单位〕 裴邦焘（1899—1927），字霁初，广西桂林人。国民党广西省党部青年部长，为广西国民党著名左派人士。1927 年"四一二"清党时被捕，同年 10 月 14 日与中共党员李征凤、苏鸿基等一同遇害于桂林丽泽门外。初葬桂林南郊瓦窑，1954 年迁葬现址。1984 年重修。墓葬朝东，冢为圆柱形，片石围砌，三合土封面，弧形顶，高 1.5 米，底径 3 米。墓碑高 1.04 米，宽 0.65 米，碑面刻"裴邦焘烈士之墓"。冢前两侧用片石围砌弧形扶手。

43 - E₁₁ **张曙墓** 〔七星区七星街道七星公园内普陀山北麓·1957 年·自治区文物保护单位〕 张曙（1908—1938），原名恩袭，安徽歙县人。著名音乐家，创作了《保卫国土》《丈夫去当兵》等抗日救亡歌曲 200 多首。1938 年 12 月 24 日，侵华日机轰炸桂林时与女儿张达真一同遇难。合葬于桂林瓦窑外凉水井，不久改葬西郊铜鼓山，1957 年迁葬现址。墓葬朝北，长方形混凝土墓冢，红水泥米石抹面，长 5 米，宽 2.78 米，高 1.35 米。墓上 2 级碑座，墓碑铭"音乐家张曙同志之墓"为郭沫若所题。墓周 2 米处建两层台基，墓外砌"凸"字形装饰围墙，占地面积约 106.4 平方米。

44 - E₁₂ **白鹏飞墓** 〔七星区七星街道七星公园内普陀山北麓·1986 年·市文物保护单位〕 白鹏飞（1889—1948），字经天，号擎天，广西桂林人，回族，著名学者和爱国民主人士。1948 年因病离世。初葬瓦窑外凉水井岭之阳，1958 年迁葬东郊樟木土岭，1980 年迁葬挂子山，1986 年再迁现址。墓葬朝北，冢呈圆丘形，高 1.2 米，底径 2.5 米，用片石围砌，灰浆抹面，两侧设弧形扶手。墓碑高 1.16 米，宽 0.7 米，面刻"前广西大学校长白公讳鹏飞府君之佳城"，冢后立书法家沈尹默撰墓志铭。

45 - E₁₃ **李征凤烈士墓** 〔七星区七星街道七星公园内普陀山北麓·1993 年·市文物保护单位〕 李征凤（1902—1927），广西临桂县两江西岭人，1926 年秋任中共桂林县支部书记。1927 年 4 月 12 日"四一二"

反革命政变时被国民党政府逮捕，同年10月14日牺牲。原葬城南沙河，1993年在此重建衣冠墓。墓葬朝东北，冢为圆丘形，周边用片石浆砌，高1米，底径3米。墓碑圆弧顶，碑面刻"李征凤烈士之墓"。墓周用片石浆砌墓圈墙，墓园占地面积约87平方米。

46-G₁ 穿山铜镜出土点 〔七星区穿山街道穿山社区·宋代〕 1964年，穿山小学建筑工地出土1面铜镜。圆形，扁簿，圆纽，纽外饰弦纹、圆圈纹，圆圈纹内有4条弦纹弧线。主题图案为四组浮雕缠枝花卉，缘饰一周宽条环带状。直径0.23米，厚0.005米。

雁山区

1-A₁ 庙岩遗址 〔雁山区雁山镇罗安行政村李家塘村东约0.5公里庙山·旧石器时代晚期—新石器时代早期·市文物保护单位〕 洞穴遗址。1965年发现。庙岩洞在庙山南麓，高出地表约13米，有南、东两个洞口，主洞洞道近南向，进深16.8米，洞底面积约130平方米。1988年发掘50平方米。文化层厚2.4—2.9米，出土石器356件，包括砍砸器、刮削器、推刮器、盘状器、铲形器、球形器、穿孔器、石锤、石核、石片、砺石、石砧等；骨器有锥形器、尖形器、铲形器、扁形器等；蚌器有蚌刀及穿孔器。陶器仅见5件陶片，素面无纹。此外发现烧坑1个，屈肢蹲葬人骨2具。距今年代2万—1.2万年。

2-A₂ 看鸡岩遗址 〔雁山区雁山镇东立行政村立家岗村西北偷狗山南麓·新石器时代〕 洞穴遗址。1980年发现。山高约50米，岩洞高距地表4米，洞口朝南，高1.6—2.8米，宽约7米，洞内进深约16米。面积约112平方米。洞内有螺蛳壳堆积，采集到一些兽骨和螺壳。（见《考古》1997年10期）

3-A₃ 斋公岩遗址 〔雁山区柘木镇苏家行政村白竹境西村斋公岩·新石器时代〕 洞穴遗址。1980年发现。斋公岩在山腰，洞口朝西南，高约10.37米，宽8.44米，洞内进深7.81米，面积约65.9平方米。洞内残存文化堆积10余平方米，厚度不详，采集有刻划纹陶片、绳纹陶片、蚌壳、螺壳、石片等。

4-A₄ 安子山遗址 〔雁山区雁山镇罗安行政村罗洪村东南约800米的安子山·新石器时代〕 洞穴遗址。1980年发现。遗址在山北侧山腰岩洞内，高距地表约20米，洞口朝北，洞内高5米，宽8米，进深6米，面积约25平方米。洞内散布螺壳堆积，含螺壳、蚌壳、夹炭陶片、少量人骨等。

5-A₅ 大稷岩洞穴遗址 〔雁山区雁山镇五塘行政村洞上村西北约800米大稷岩山·新石器时代〕

洞穴遗址。1980年发现。岩洞在大稷岩山西麓，高距地表约15米，洞口朝西，洞内高8米，宽20米，进深15米，面积约200平方米。洞分上、中、下三层，文化堆积处于洞下层，分布面积约150平方米，厚2—3.5米。洞口岩壁可见胶结螺壳堆积，含有蚌壳、石片、断块等。

6-A₆ 寺山洞穴遗址 〔雁山区雁山镇罗安行政村罗洪村·新石器时代〕 洞穴遗址。1980年发现。洞穴分为东、西2个洞口，西侧为主洞口，高距地表3—4米，洞内最宽25米，进深15—30米，面积约300平方米；东侧洞口另有支洞若干。洞内堆积大部分被毁坏，岩壁上、土中有较多螺壳堆积。

7-A₇ 桂州窑窑址 〔雁山区柘木镇窑头行政村窑头村、上窑村、下窑村·南朝—北宋·市文物保护单位〕 俗称窑头村窑址。北起窑头村东北、桂林造纸厂北侧围墙以东，南至下窑村，分布面积约5平方公里。发现窑口10余座，废品堆积最厚约3米。1988年清理3座窑室，皆为斜坡式龙窑。窑室由火膛、火道、分室、烟道、烟囱五部分构成。采集有南朝、隋、唐时期的杯、碗、高圈足杯等青瓷片，还有武士像、佛像和建筑陶构件、瓦当、板瓦等。装饰采用镂空、刻划和印花3种。宋代遗物有青瓷碗、钵、罐、熏炉和陶魂瓶、网坠，装饰弦纹、水波纹和附加堆纹。

8-A₈ 圣上岗窑址 〔雁山区大埠乡黄宿行政村圣上岗北坡·宋代〕 窑坡高10余米。坡面较平缓，从半坡向下至地面散落有大量宋代器物残片，类别有罐口沿、碗底、壶嘴、坛口沿等，分布面积600平方米，窑址破坏严重，未发现窑口及窑具。

9-A₉ 瓮里寨址 〔雁山区柘木镇何家行政村瓮里村东南约800米的山崴内·清代〕 建于清代，具体时间不详。寨以山为屏障，在山的西、南、东南、东北、北面山峰之间砌筑寨墙，面积3.6万平方米。寨墙共5段，均用料石和片石干砌。西寨墙长约65米，残高2.6—3米，厚2.5米；南寨墙长约96米，残高2.3—3.4米，厚2.6米，中间拱门宽2米，上书"福履门"3字；东南寨墙长约100米，高3.5—4米，厚2.3米；东北寨墙长约20米，高2.7—3米，厚1米；门洞宽1米，高2.1米。北寨墙长约15米，高3.7米，厚2.2米；门洞宽0.8—1.2米。寨墙多坍塌。

10-A₁₀ 烈崴寨址 〔雁山区大埠乡黎家行政村烈崴村北面·清代〕 建于清代，具体时间不详。寨址紧邻烈崴村，在一小石山的山顶，依山势而建，面积约150平方米。寨墙用片石干垒，寨墙高1—2米。未发现寨门。寨内建筑不存。

11-A₁₁ 虾崴村石墙遗址 〔雁山区大埠乡黎家

行政村虾崴村·清代〕　建于清代，具体时间不详。有2段石墙，皆位于石板古道上，一段位于村北约200米处山凹，另一段处位于村南从黎家进虾崴的山凹上，离虾崴村较远。石墙皆用片石干垒，长约20米，宽1—1.6米，各开石门1个，分别高2.8、2.1米，宽1.6、1.1米，厚1.6、1米。

12 - A₁₂　黎家村石墙遗址　〔雁山区大埠乡黎家行政村黎家村村外北面·清代〕　建于清代，具体时间不详。位于黎家至虾崴公路之西侧的山坡上，石墙残长约20米，厚0.7—1.7米，石墙用不规则碎石块垒筑，中开一门，门外侧部分顶部为拱形，内顶架设长条石，门两端墙用料石干砌，门宽1.3米，厚1.7米，高2.5米。

13 - B₁　竹园村墓群　〔雁山区雁山镇竹园行政村竹园村后岭东北·东汉·市文物保护单位〕　分布在相思江西岸长1公里，宽0.5公里的土岭上。尚见封土墓7座。封土呈圆丘形高约3米，底径13—15米。1962年清理2座砖室墓，墓葬朝南，墓室分为甬道、前、中、后室等4部分，平面呈"中"字形，墓壁和墓底均以砖铺砌，砖饰鱼纹和网纹。出土陶器有双耳罐、长颈壶、钵、博山炉，铁器有剑、剪、凿、环首刀、三脚支架，铜器有洗、镜、奁、纽扣、"货泉"钱和"长宜子孙"铜镜，还有石黛砚、银镯、水晶珠、琥珀珠等。

14 - B₂　红头岭墓群　〔雁山区柘木镇李家行政村李家村西约2公里处的红头岭·三国—南朝〕　墓群位于红头岭南麓，分布面积约5000平方米。墓葬朝南，多被盗挖，均为单室券拱砖室墓，青砖或红砖砌筑，部分施有绳纹。墓长3.5—4.2米，宽1.5—1.7米，残高0.86—1.2米。暴露的墓室可见青瓷碗、罐、壶、碟等器的青瓷残片。

15 - B₃　周璜墓　〔雁山区雁山镇良丰行政村良丰农场第五队·清代〕　周璜，字黻卿，清翰林，历任宣成、经古、孝廉书院山长，为清末桂林知名教育家、诗人，著有《聊自娱斋诗文集》。墓葬朝东南，冢呈圆丘形，用料石围砌，高1.5米，底径4米。冢前两侧有扶手。墓碑高1.25米，宽0.93米。冢后2米处有"后土龙神之□"碑。占地面积约20平方米。

16 - C₁　汕头石门　〔雁山区大埠乡汕坪行政村汕头村·清代〕　建于清顺治八年（1651）。坐东南朝西北，用料石干砌，前、后分为两层。西北面门为券顶，高2.1米，宽1.4米，厚0.8米，券顶内壁上有顺治八年碑刻1方，东南面门为平顶，高2.3米，宽1.5米，厚1.4米。

17 - C₂　文家村祠堂　〔雁山区雁山镇文家行政村文家村西面的池塘边·清代〕　建于清咸丰六年（1856）。坐东北朝西南，砖木结构，二进院落，由前座、后堂、天井组成，占地面积约78.5平方米。前座、后堂面阔三间，进深二间，青砖、泥砖混合外墙，内用木板壁分隔，前座为穿斗式木构架，后堂为穿斗与抬梁混合木构架，硬山顶，盖小青瓦，两端砌三级马头山墙。后堂梁柱书"咸丰六年"等字。

18 - C₃　飞龙庙　〔雁山区柘木镇龙门行政村龙门村南·清代〕　建于清同治元年（1862）。坐东北朝西南，砖木结构，二进院落，由前、后殿、天井组成，占地面积约242.9平方米。前、后殿面阔三间，青砖墙，穿斗式木构架，硬山顶，盖小青瓦。前殿有前檐廊，檐柱2根，门额上有"飞龙庙"匾，门前有石狮1对，殿内金柱8根；后殿进深三间，殿内木金柱14根。庙内有清同治至清光绪期间的捐资碑刻9方。

19 - C₄　刘氏祠堂　〔雁山区雁山镇三合行政村西龙村·清代〕　建于清同治十年（1871）。坐东南朝西北，砖木结构，二进院落，由前座、后堂、天井、走廊组成，占地面积约161.8平方米。前座、后堂面阔三间，墙体外砌青砖，内为泥砖，穿斗与抬梁混合木构架，硬山顶，盖小青瓦。前座有前檐廊，石础木檐柱4根，砖砌门框，内金柱8根，两侧置马头山墙；后堂进深三间，内金柱4排16根，为通厅，两侧为三级马头山墙。天井两侧各有厢房一间。

20 - C₅　李家村桥　〔雁山区柘木镇李家行政村李家村相思江支流上·清代〕　据调查，此桥建于清同治十一年（1872）以前，具体时间不详。南北走向，单孔石拱桥，长19.4米，宽4.9米，拱跨7.2米。桥身、桥拱用料石干砌，桥面原铺石板已被后加水泥覆盖，两侧新砌高约0.2米的护栏。桥南端连接石板古道。

21 - C₆　唐氏庄园　〔雁山区大埠行政村大岗埠村·清代·市文物保护单位〕　建于明代，清咸丰二年（1852）被毁，清同治十年（1871）广西团练总办唐仁之子唐岳继建，次年建成。坐东朝西，依山而建，占地面积约3万平方米，园内横列主体建筑三组，共有楼舍、堂房百余间，中心建有三进祠堂，北端立神庙。园前建文笔塔（已毁）。建筑砖木结构，抬梁式木构架，木楹石础，硬山顶，盖灰瓦。庄内以青石、卵石铺道。庄园周筑石围墙，南面辟"水龙门"，东面开"后山门"，皆石砌券顶，后山门立纪事碑1方。

22 - C₇　雁山公园　〔雁山区雁山镇东约500米雁山街道·清代·市文物保护单位〕　广西团练总办唐仁及其子唐岳建于清同治八年（1869），称"雁山别墅"。清光绪三十三年（1907），其后人将别墅卖给两广总督岑春煊，改名"西林花园"。1929 年岑春煊将园捐给广西省政府，更名"雁山公园"。公园依山傍水，平面略呈长方形，占地面积约 15 万平方米。大门设于北墙，门楼刻"雁山别墅"4 字，园内北有钟乳石，南有方竹山，清罗溪水贯穿南北，门楼、四角炮楼、绣花楼、涵通楼、戏台、澄研阁、碧云湖舫（后改建为水榭）、琳琅仙馆、稻香村、花神祠、红豆阁、绣花楼、梅厅、相思亭、西林纪念亭、石拱桥、九曲桥、钓鱼台等序列其中。涵通楼、戏台、澄研阁、红豆阁毁于抗日时期，其余建筑保存。方竹山穹洞内有 1929 年岑春煊刻像和购园纪事摩崖石刻。

23－C₈ 白氏宗祠 〔雁山区草坪回族乡潜经行政村潜经村·清代〕 建于清代，具体时间不详。坐东南朝西北，砖木结构，二进院落，由前座、后堂、天井组成，占地面积约 504 平方米。前座、后堂面阔三间，青砖墙，穿斗与抬梁混合木构架，硬山顶，盖小青瓦。前座有前檐廊，立木檐 2 根，明间双开木门，弧形马头山墙。后堂进深三间，木金柱，三级马头山墙。

24－C₉ 下黄拱桥 〔雁山区大埠乡黄宿行政村下黄村小水塘之上·清代〕 建于清代，具体时间不详。东西走向，单孔石拱桥，长 11 米，宽 7.8 米，拱跨 4 米。桥身、桥拱用料石干砌，桥面铺石板，部分已塌陷，两端置多级石踏跺。

25－C₁₀ 大桥 〔雁山区大埠乡草底行政村草底村西南小河上·清代〕 建于清代，具体时间不详。桥处于大墟至六塘的古道上。东西走向，三孔石拱桥，长 13.2 米，宽 3 米，拱跨 2.8 米。桥身、桥拱用料石干砌，桥面铺石板，桥北侧中部拱顶嵌有碑文，刻"……雁山禀主李藩赐顶戴花翎二品……"等字，楷书。桥两端各置石踏跺数级。

26－C₁₁ 下村石板桥 〔雁山区雁山镇良丰行政村下村一条小河上·清代〕 建于清代，具体时间不详。东西走向，两台一墩梁式石板桥，长 10.03 米，宽 1.34 米，孔跨 2.9 米。桥台、桥墩用料石干砌，台、墩上架一块大石板和数块长条石为桥面，长 5.49 米，厚 0.27 米。桥西端有 1 座砖石结构的拱门，名"东西门"，为清光绪十二年（1886）重修，旁立重修碑。

27－C₁₂ 思上桥 〔雁山区大埠乡草底行政村思上桥村大江上·清代〕 建于清代，具体时间不详。南北走向，单孔石拱桥，长 21.3 米，宽 3.12 米，拱跨 6.8 米。桥身、桥拱用料石干砌，桥面铺石板，两端有较长的石砌引桥。

28－C₁₃ 龙潭桥 〔雁山区柘木镇苏家行政村龙潭村龙潭河上·清代〕 建于清代，具体时间不详。东西走向，双孔石拱桥，长 13.08 米，宽 3 米，拱跨 1.9 米。桥身、桥拱用料石干砌，桥面石板已被新加水泥覆盖，东侧有新扩宽的桥面。

29－C₁₄ 洞上村井 〔雁山区雁山镇五塘行政村洞上村·清代〕 建于清代，具体时间不详。井口平面呈圆形，井圈用整石凿成，高 0.5 米，内径 0.58 米，外径 0.69 米。井壁用料石圈砌。井西面 4 米处有一井盆。占地面积约 0.49 平方米。

30－C₁₅ 北村井 〔雁山区大埠乡八恺行政村北村中心·清代〕 建于清代，具体时间不详。井口平面呈圆形，内径 0.45 米，外径 0.63—0.8 米，井圈外观为八角形，用整石凿制成，高 0.5 米，井内为土壁。近年在井上部圈砌石块。占地面积约 0.55 平方米。

31－C₁₆ 暗崴村井 〔雁山区大埠乡黎家行政村暗崴村田地北侧·清代〕 建于清代，具体时间不详。井口平面呈圆形，井圈用整石雕成，外径 0.81 米，内径 0.51 米，高 0.64 米。井壁用料石圈砌，井台为方形，边长 5 米，用大块石板铺砌，周围用长条石砌成围栏石凳，四个角落各放置圆形石盆 1 个，用整石雕凿，外径 0.83 米，内径 0.64 米。占地面积约 25 平方米。

32－C₁₇ 罗洪村井 〔雁山区雁山镇罗安行政村罗洪村·清代〕 建于清代，具体时间不详。井口平面呈圆形，无井圈，井壁用料石圈砌，外径 1.96 米，内径 1.37 米。井台面铺三合土，南面有石砌矮墙，约 4 米处置有一圆形石盆。

33－C₁₈ 莫家宗祠 〔雁山区雁山镇莫家行政村莫家村·清代〕 建于清代，具体时间不详。坐南朝北，砖木结构，四合院，由门厅、正堂、两侧配房和中间院落组成，占地面积约 250 平方米。门厅、正堂面阔三间，清水墙，硬山顶，盖小青瓦。门厅明间前有凹廊，双开木门。正堂为穿斗与抬梁混合木构架。

34－C₁₉ 下水东村码头 〔雁山区雁山镇果园行政村下水东村的良丰河北岸·清代〕 建于清代，具体时间不详。下水东码头曾是一处物资集散地。码头为青石砌成，修有青石踏跺通往岸上。河边码头平台东西长 10 米，南北宽 4.8 米，接码头踏跺自平台向河岸延伸呈人字形，向北、向西北各有 50 余级石踏跺通往河岸。

35－D₁ 冠岩摩崖石刻 〔雁山区草坪回族乡冠岩风景区内冠岩洞·明代·明、民国〕 有摩崖石刻 8 方，其中明代 7 方、民国年 1 方。分布在冠岩洞口和由东侧水路进洞 10 米至 15 米的石壁上，其中洞口高处有 1937 年李宗仁题刻的榜书"光岩"2 字，字径 0.4 米，楷书。洞内右壁 7 方明代石刻均刻于明嘉靖三十二年

（1553）左右，是诗人蔡文与左布政使王宗沐、广西都指挥使钟坤秀等游览冠岩时所作的唱和诗刻。

36 - D₂　牛岩摩崖石刻　〔雁山区大埠乡汕坪行政村汕头村灯崴山牛岩·明代〕　摩崖石刻 1 方。明弘治八年（1495）刻。刻于牛岩洞外岩壁上，高距地面 2.6 米。刻面向东，高 0.3 米，宽 0.25 米，上部线刻宝顶，下部线刻莲花座。文竖 6 行，满行 12—14 字，字径 0.015 米，楷书，阴刻，刻文记述临桂县西乡散头村黄氏六娘捐资修桥事宜。

37 - E₁　太平军大岗埠战斗遗址　〔雁山区大埠乡大岗埠行政村大岗埠村·1852 年·市文物保护单位〕1852 年 4 月 5 日太平军离开永州后，经三妹瑶区，出马岭，4 月 16 日到达桂林南郊大岗埠，消灭了唐仁的团练武装，把唐氏巢穴打得"室庐无存"。现存唐氏庄园，为同治十年（1871）于原址重建。（详见雁山区 21 - C₆）

38 - E₂　马君武墓　〔雁山区雁山镇桂阳公路西侧雁山南端山坡·1940 年·自治区文物保护单位〕马君武（1881—1940），原名道凝，又名同，后改名和，字厚山，号君武，广西桂林恭城县人，同盟会创始人之一。历任孙中山总统府秘书长、广西省省长、广西大学首任校长，1940 年 8 月 1 日病故于桂林。墓葬朝东，冢为圆柱形，砖石砌筑，外封水泥，高 2.2 米，径 3.6 米。墓前立方形塔状墓碑，高 7 米，宽 3.6 米，面刻"马君武先生之墓"。周有矮护墙，前置多级台阶，左侧立国民政府司法院院长居正撰书墓志铭，高 3 米，宽 2 米。占地面积约 100 平方米。

39 - E₃　药山惨案遗址　〔雁山区柘木镇卫家渡行政村药山西侧山腰黄泥岩·1944 年〕1944 年 10 月 28 日，侵华日军占领柘木镇，王家村民 142 人躲避于药山黄泥岩。30 日被日军用辣椒、毒气烧熏，137 人惨死。洞内白骨屡现，故又称为白骨洞。遗址为石灰岩洞，内宽敞。

40 - E₄　大稷岩惨案遗址　〔雁山区雁山镇五塘行政村洞上村西北大稷岩山西麓老虎洞·1944 年〕1944 年冬，侵华日军侵犯洞上村，发现村民躲避在大稷岩山老虎洞内，遂施放毒气、辣椒烧熏。村民 200 多人惨死于洞内，10 余家绝后。1962 年易名血泪岩。岩洞位于大稷岩山西麓，岩口呈三角形，深邃。

41 - E₅　罗盛教烈士陵园　〔雁山区奇峰镇·1959·市文物保护单位〕罗盛教（1931—1952），中国赴朝抗美志愿军战士，1952 年 1 月 2 日，在朝鲜为救滑冰落水的朝鲜少年崔莹而光荣牺牲。为了纪念罗盛教，于 1959 年兴建罗盛教烈士陵园，长 138 米，宽 93 米。

阳朔县

1 - A₁　塘后山遗址　〔白沙镇扶龙行政村扶龙村西南塘后山东北麓·旧石器时代—新石器时代〕洞穴遗址。1987 年发现，岩洞高距地表 3 米，洞口朝东北。洞内面积约 120 平方米。文化堆积含兽骨、兽牙、螺蚌壳和石器原料。在地表采集到夹细砂陶片、打制石器、砾石石片以及兽骨、兽牙、螺蚌壳等。打制石器仅砍砸器 1 种。

2 - A₂　熙平故城址　〔兴坪镇五指山·三国—隋〕三国孙吴时期修建，隋废。城背倚五指山，前有两条狭窄隘口，地势险要。城址平面呈正方形，面积约 1 万平方米。城垣土筑，已被夷平，仅存墙基，宽 7 米。地面散布大量陶器残片和灰砖、黄砖。陶片以罐类居多。砖长 0.37 米，宽 0.17 米，厚 0.04 米。

3 - A₃　归义故城遗址　〔白沙镇旧县行政村旧县村北约 1 公里·唐代·县文物保护单位〕唐武德四年（621）设置归义县，建城。唐贞观元年（627）归义县归入阳朔县，城废。城址在环山之中，平面呈正方形，边长约 200 米，面积约 4 万平方米。城墙土筑，残存 678 米，高 3—5 米，厚 6 米，东、西、南三面辟门。城内出土大量的唐代砖瓦和陶片。陶器可识器类有碗、罐、钵 3 种。板瓦、筒瓦饰绳纹。砖长 0.39 米，宽 0.2 米，厚 0.07 米，平面饰绳纹。

4 - A₄　乐州故城遗址　〔福利镇双桥行政村双桥村南漓江与马槽江汇合处·唐代·县文物保护单位〕唐武德四年（621）建乐州，八年（625）改为昭州迁入平乐，城废。城址平面呈长方形，城垣周长约 750 米，面积约 3.54 万平方米。城墙土筑，残高 1—3 米，剖面为梯形，厚 5—12.5 米，东、西、南三面辟门。城内西北侧 10 余米排列石马槽，传为当时饮马处。城外西边有护城壕。城址地表发现大量的唐代砖瓦和陶片。瓦有板瓦和筒瓦两种，表面饰绳纹。陶片中可识有碗、钵、罐等器类。

5 - A₅　曹邺读书岩遗址　〔阳朔镇城北路天鹅山南麓·唐代·县文物保护单位〕曹邺（816—875），字邺之，广西阳朔人，唐大中四年（850）进士，曾任洋州（今陕西洋县）刺史、祠部郎中、吏部郎中，唐咸通九年（868）辞归，寓居桂林。著有《曹邺部集》。岩高 4 米，宽 3.5 米，进深 7 米。曹邺未第前和辞官回乡后，常于此岩读书作诗，后人因称此岩为曹公读书岩。岩前原建有曹公书院，均早年毁坏。岩口现存朱漠 1939 年题"曹邺读书岩"及今人陈宝书所书的明解缙题咏读书岩的诗刻 3 方。1985 年在岩口建亭廊和围墙。

6 - B₁　七星堆墓群〔白沙镇观桥行政村正方村东约 1 公里七星堆·东汉—南朝·县文物保护单位〕分布面积约 3000 平方米，有墓葬 9 座，封土呈圆丘形残高 2—8 米，底径 9—24 米。1982 年清理 1 座单室券顶砖室墓，平面呈长方形。前为甬道，后为墓室，墓砖侧面印方孔圆钱纹。出土东汉青釉陶罐、琉璃饰珠等。

7 - B₂　龙盘岭墓群〔高田镇龙盘岭村西北约 500 米龙盘岭·东汉—南朝·县文物保护单位〕分布面积约 1 万平方米。封土呈圆丘形残高 1—1.5 米，底径 4—15 米。地面散布青釉陶罐残片。暴露 1 座东汉单室券顶砖室墓，平面呈长方形。墓砖侧面印三横三叉纹饰。出土双耳陶罐、四耳罐、釜、碗等共 7 件。

8 - B₃　月落湾墓群〔高田镇龙村行政村月落湾村西侧·东汉—南朝·县文物保护单位〕墓群分布在月落湾村周围的岭丘上，面积约 2 平方公里。现村南存墓葬 14 座，村西北牛头岭一带存墓葬 51 座。封土呈圆丘形，残高 0.6—1.5 米，底径 5—20 米。地面散布青釉陶罐残件。有 3 座墓葬暴露墓室，有卵石砌筑单室券拱和带甬道单砖室券顶两种形制。墓砖侧面印三横三斜线纹饰。出土陶罐、陶纺轮等 10 件随葬品。

9 - B₄　月亮山墓群〔高田镇龙潭行政村龙潭村月亮山西南·东汉—南朝·县文物保护单位〕墓群分布面积约 2 万平方米，共有墓葬 11 座，其中迁地 8 座，九牛岭 3 座。封土呈圆丘形，残高 0.6—1.5 米，底径 6—8 米。地面散布饰几何纹青色墓砖。

10 - B₅　长岭墓群〔高田镇乐响村行政村乐响村与岩寺村间的长岭·东汉—宋·县文物保护单位〕墓群分布面积约 1 平方公里，发现墓葬 106 座，封土呈圆丘形，一般残高 1—1.6 米，最高 4 米，底径 6—14 米。2 座暴露墓室：1 座为东汉墓，为带甬道券顶单砖室墓，平面呈长方形，砖侧面印方孔圆钱纹，未出土文物；另 1 座为宋代墓，单石室券顶墓，采集有陶魂坛残片。

11 - B₆　沙子溪墓群〔高田镇乐响行政村沙子溪村老虎头山西南麓·东汉—宋·县文物保护单位〕分布面积约 2 万平方米，共有墓葬 19 座，其中老虎头岭 13 座，螺丝地 6 座。封土呈圆丘形，残高 0.6—1.2 米，底径 6—15 米。有 4 座暴露墓室。皆为石室券顶墓，其中 1 座平面略呈刀形，甬道长 2.15 米，主室长、宽各 3 米，高 1 米，耳室长 2.7 米，宽 1.55 米，高 0.6 米，未发现随葬品。于地面采集到宋代陶罐残片。

12 - C₁　仙桂桥〔白沙镇旧县行政村旧县村西北约 500 米遇龙河支流上·南宋·自治区文物保护单位〕俗称旧县桥。北宋宣和五年（1123）建。南宋绍兴七年（1137）重修。工匠为广西临桂东乡大圩人。南北走向，单孔石拱桥，长 15 米，宽 4.2 米，拱跨 6.9 米。桥身以条石并列干砌，281 块券拱石券拱。桥面铺条石，桥两端各设踏跺 4 级。桥底拱壁刻南宋绍兴七年五年建桥记，碑文约 120 余字，记载始建、重建桥事宜。

13 - C₂　南薰门〔阳朔镇莲峰居社区水东门·元—清〕据县志记载，元至正七年（1347）筑阳朔城垣，开四门，明、清两代增高完善四面城墙，民国拆城墙以筑碉堡。现保存南薰门和一小段城墙，均用料石砌成，城墙残长 60 米，高 3—4 米，厚 4.5—6 米。城门券顶，门额上有"南薰"匾。门额上方凸出敌楼台，吊脚石柱石栏板。门楼四面无围，穿斗式木构架，二重檐歇山顶。

14 - C₃　腾蛟庵〔兴坪镇渔村行政村镰刀湾村福禄山东麓螺蛳山·明—清·县文物保护单位〕庵建于山临江面的螺蛳岩内。坐西朝东，由正殿（三宝殿）、魁星楼组成，占地面积约 480 平方米。正殿（三宝殿）建于明万历二十七年（1599），清嘉庆十八年（1813）、清同治年间（1862—1874）重修。坐西朝东，砖木结构，三进院落，大门料石门框，额匾"腾蛟庵"，两侧围墙用片石干砌。中、后殿面阔二间，抬梁式木构架，硬山顶，盖灰瓦，弧形山墙，朱楹格窗。魁星楼建于清道光二十四年（1844），高二层，木结构，面阔三间，庵内现存石臼、莲台和鼓凳。

15 - C₄　腾蛟桥〔兴坪镇渔村行政村镰刀湾村螺蛳山旁漓江西岸·明—清·县文物保护单位〕因其南约 500 米有腾蛟庵而名。据载，明万历三十七年（1609），知县童大成倡建此桥。清光绪四年（1878）重修。南北走向，单孔石拱桥，长 13.3 米，宽 3.78 米，拱跨 4.25 米。两岸桥台利用山体原生岩，桥身、桥拱用料石错缝干砌，桥面铺石块，南端设 5 级石踏跺接石板道。桥东侧立《腾蛟桥序》碑 1 方、捐资碑 2 方，西侧立捐资碑 2 方。

16 - C₅　遇龙桥〔白沙镇遇龙行政村遇龙村西南侧的遇龙河上·明代·自治区文物保护单位〕又名回龙桥，建于明永乐十年（1412）。清同治九年（1870）增设两侧石栏杆。东西走向，单孔石拱桥，长 59.4 米，宽 5.2 米，拱跨 18 米。桥身以料石干砌，用长 0.6—1.3、宽 0.5、厚 0.4—0.6 米的条石错缝起拱，桥面铺石板，两侧砌条石栏杆，高 1—1.4 米。东端设石踏跺 25 级，西端石踏跺 32 级。桥上立方柱体《抗战胜碑》，记载 1944 年军民与侵华日军在此激战六昼夜，毙敌逾百的史实。

17 – C$_6$ 官堂庙 〔阳朔镇骥马行政村骥马村·明代〕 建于明嘉靖十年（1531）。清乾隆四十六年（1781）重修。砖木结构。二进院落，由前、后殿及天井组成，占地面积约205平方米。前、后殿面阔三间，清水墙，立金柱6根，抬梁式木构架，硬山顶，盖小青瓦。马头山墙，前座明间有凹廊，后殿为通殿。殿内原有菩萨像已毁。

18 – C$_7$ 七孔桥 〔葡萄镇仁和行政村横山村横山河上·明—清·县文物保护单位〕 建于明代，具体时间不详。东南—西北走向，七孔石拱桥，长20米，宽1.8米。以料石砌筑。桥身分为两段，中以桥台相连，桥台一侧设有7级石踏跺至河面。桥东南段4孔，拱跨2米；西北段3孔，拱跨1.4米。桥两端连接石板小道。

19 – C$_8$ 水天一色码头 〔福利镇岭背街漓江叉河西岸边·明代·县文物保护单位〕 建于明代，具体时间不详。码头可分为水井、护堤、码头、城门、门楼几个部分。码头有20余级石踏跺直达水边，中部平台建城门一座，向东，城墙用料石沿河砌筑，现仅存23.5米，城门券拱形，上建歇山顶重檐门楼，底层拱窗上方横刻"水天一色"4字。占地面积约180平方米。南侧有四方形水井一眼，井台有"清泉"2字，为1948年刻。

20 – C$_9$ 兴坪戏台 〔兴坪镇兴坪街社区兴坪小学内·清代·县文物保护单位〕 建于清乾隆四年（1739），后有重修。原为关帝庙戏台。坐西朝东，砖木结构。平面呈"凸"字形，南、北马头山墙和东侧檐墙以青砖砌筑。戏台为木构架，面阔11.5米，进深11.4米。以8根木柱支撑，底层架空，高1.8米，台面铺木板，穿斗式木构架，天花设八角藻井。歇山顶，盖小青瓦。用木板隔扇分隔后台及两侧厢房。戏台前沿有"五代荣封"等戏曲浮雕5幅。抗战时期，桂东北抗日武装临阳联队前身——战时服务队在此成立。

21 – C$_{10}$ 骆御庙 〔兴坪镇水乐行村廖厄背村水乐小学旁·清代〕 始建年代不详，清嘉庆十六年（1811）重修。坐东南朝西北，砖木结构，三进院落，占地面积约221.4平方米。现存前殿和中殿，面阔三间，砖柱，清水墙，硬山顶，盖小青瓦。前殿明间前有凹廊，两次间前开拱门，人字山墙。后殿前檐敞开，内为通殿，马头山墙，天井两侧设有走廊。

22 – C$_{11}$ 凤凰桥 〔白沙镇扶龙行政村竹桥村西北遇龙河上·清代·县文物保护单位〕 又名竹桥，原系竹竿搭建的桥梁。清嘉庆二十四年（1819）村民刘理松等组织捐资修建石桥，清光绪四年（1878）因水

毁而重建。东西走向，单孔石拱桥，长34.8米，宽4.5米，拱跨13.8米。桥身、桥拱、桥面用料石砌筑，东端设16级、西端设19级石踏跺。

23 – C$_{12}$ 湖南会馆 〔白沙镇扶龙行政村塘后山东麓·清代〕 建于清道光二十年（1840）。坐西朝东，砖木结构，原为三进，占地面积约800平方米。现仅存后座，面阔、进深三间，青砖墙，穿斗与抬梁混合木构架，硬山顶，盖小青瓦。大门上镶有"禹王宫"石匾。

24 – C$_{13}$ 福利南门码头 〔福利镇岭背村漓江叉河西岸边·清代·县文物保护单位〕 建于明代，清咸丰十年（1860）重修。河岸边设石砌小平台，上接4级条石，再设石砌小平台，向上22级石踏跺，接石砌如意踏跺达码头门楼，长约20米，宽1.8—9.7米。码头踏跺侧石壁上有清咸丰十年《重修福利南门码头碑记》摩崖石刻1方。

25 – C$_{14}$ 门楼桥 〔金宝乡大利行政村门楼村小河上·清代·县文物保护单位〕 始建时间不详，清光绪十一年（1885）重修。南北走向，单孔石拱桥，长22.1米，宽4米，拱跨11.2米。两岸桥台呈半圆形，用料石围砌，桥身、桥拱用料石干砌，两侧护栏条石已散失。桥南端有16级、北端18级石踏跺，各有石板道相连。桥南立光绪十一年《重建门楼桥碑记》1方，记重修桥的经过。

26 – C$_{15}$ 莫氏宗祠 〔福利镇老梧行政村老梧村·清代〕 建于清光绪十七年（1891）。坐东朝西，砖木结构，二进院落，由前座、后堂、天井组成，占地面积130.24平方米。前座、后堂面阔三间，青砖墙，抬梁式木构架，硬山顶，盖小青瓦。前座明间大门额挂"莫氏宗祠"匾。祠前右侧10米有一以石砌圆形井，井旁碑刻记载：井建于清咸丰二年（1852），清光绪八年（1882）重修。

27 – C$_{16}$ 万福桥 〔葡萄镇周寨行政村周寨河上·清代·县文物保护单位〕 始建年代不详，清光绪二十年（1894）村民集资重修。东西走向，单孔石拱桥，长53米，宽4.3米，拱跨11.2米。桥身、桥拱以大小不一的料石干砌，桥两端置条石踏跺。桥西端北侧立清道光十二年（1832）《重修井碑》、光绪二十年《重修桥记》各1方。

28 – C$_{17}$ 螳螂桥 〔兴坪镇江村行政村螳螂村旁溪流上·清代·县文物保护单位〕 建于清代，具体时间不详。是当时两塘、回龙、螳螂等村通往外界的重要桥梁。东西走向，单拱石拱桥，长16.1米，宽4.7米，拱跨9.3米。桥身、桥拱用料石错缝干砌，桥面斜铺条石，两侧条石护栏已失，东西两端皆有石踏跺。

现西端踏跺已被填平。

29 – C₁₈　矮桥〔兴坪镇西山行政村十八门楼村东面溪流上·清代·县文物保护单位〕　建于清代，具体时间不详。东西走向，长24.7米，拱跨6米。原为双孔石拱木廊桥，桥身、桥拱用料石错缝干砌，桥东、西两端各置8级石踏跺。桥上桥廊已毁，仅存柱础。

30 – C₁₉　石鼓门桥〔兴坪镇西山行政村石鼓门村东面溪流上·清代·县文物保护单位〕　建于清代，具体时间不详。东南—西北走向，双孔石拱桥，长22.8米，宽4.7米，拱跨6.5米。桥身、桥拱用料石错缝砌成，桥面铺料石，两端分别置6级和3级石踏跺。桥两端及桥面稍有损毁。

31 – C₂₀　门楼风雨桥〔兴坪镇西山行政村十八门楼村东旱河上·清代〕　建于清代，具体时间不详。东西走向，两台一墩木廊桥，长24.7米，宽4.6米，拱跨6米。桥台、桥墩、桥身均用料石砌筑，桥面铺石板，中部原建桥亭已毁，存四角圆形柱洞。桥两端各设8级石踏跺。

32 – C₂₁　永安风雨桥〔金宝乡大桥行政村金宝河上·清代·县文物保护单位〕　传建于明代中期，清同治九年（1870）重修，20世纪50年代维修。东北—西南走向，两台两墩木廊桥。桥墩前呈分水尖状，用大石围砌，内填片石。悬臂托架简支梁结构，梁上铺木板，桥廊进深十三间，抬梁式木构架，悬山顶。桥面两侧置直棂栏杆及木板凳。桥两端有木结构桥亭，四角攒尖顶。

33 – C₂₂　江西会馆〔阳朔镇西街79号·清代·县文物保护单位〕　建于清代，具体时间不详。会馆由门楼、戏台、跑马楼、前厅及后楼等组成。占地面积约1000平方米。现仅存前厅，坐南朝北，砖木结构，面阔、进深皆三间，抬梁式木构架，硬山顶，盖小青瓦。正脊正中饰琉璃宝瓶，两端为鳌鱼吻，马头山墙，厅内雕梁画栋，棂格门窗，前廊檐柱饰浮雕凤纹雀替，卷棚顶。

34 – C₂₃　兴隆门〔福利镇锁石行政村锁石村北·清代〕　建于清代，具体时间不详。兴隆门为锁石村北门，为料石错缝干砌。门洞墙高3.16米，门洞券顶，高2.4米，宽1.72米，厚2.54米。两侧原有石墙，已毁。寨门内侧有1925年立的《恢复兴隆富教门楼功德碑记》。

35 – C₂₄　富教门〔福利镇锁石行政村锁石村南·清代〕　建于清代，具体时间不详。富教门为锁石村南门，用料石错缝干砌。门洞墙高3.16米，门洞券顶，高2.7米，宽1.72米，厚2.02米，门额嵌"富教坊"石匾，两侧原有石墙连接延至两边山腰，已拆毁，仅

剩残墙约11米。

36 – C₂₅　骥马民居〔阳朔镇骥马行政村骥马村·清代〕　建于清代，具体时间不详。现存民居11座，分布面积约5000平方米。多为带院单体建筑，砖木结构，多有院门，台基较高，用条石砌筑。建筑面阔三间、四间或五间，青砖墙，硬山顶，盖小青瓦。厅堂设屏风。

37 – C₂₆　朗梓古建筑群〔高田镇朗梓行政村朗梓村·清代〕　现存民居、公祠、祠堂、炮楼等10座清代建筑，分布面积约8000平方米。砖木结构、二进或三进，面阔三间，前有檐廊，石础木檐柱，双开木门，廊檐下彩绘壁画，清水墙，硬山顶，盖小青瓦，两端马头山墙。

38 – D₁　碧莲洞摩崖石刻〔阳朔镇阳朔公园钟灵山西南麓碧莲洞·北宋、民国·县文物保护单位〕　有摩崖石刻9方，其中北宋4方、民国4方、佚年1方。书体有真、行、篆、草、隶。形式分题记、题名、题榜。作者有县令、县知事、将军及文人。洞顶刻榜书"碧莲洞"3字，最早的石刻是北宋嘉祐八年（1063）阳朔县令邓邦彦等人的游岩题名。

D₁₋₁　邓邦彦等游岩题记〔阳朔镇阳朔公园碧莲洞内石壁上·北宋〕　北宋嘉祐八年（1063）刻。刻面高0.32米，宽0.36米。文竖行，计34字，真书，阴刻。阳朔县令邓邦彦撰文并书丹。无额题、落款。刻文记述北宋嘉祐癸卯上元后六日，邓邦彦偕同僚连州司狱谢延甫等游览碧莲洞之事。

D₁₋₂　柳文儒等游岩题名〔阳朔镇阳朔公园碧莲洞内石壁上·北宋〕　北宋治平四年（1067）刻。刻面高0.36米，宽0.38米。文竖2行，计20字，真书，阴刻。阳朔县尉柳文儒等撰文并书丹。无额题、落款。刻文"县尉柳文儒、江夏黄梦锡、治平戊申孟春上元日游"。

D₁₋₃　刘谊等游白鹤洞题名〔阳朔镇阳朔公园碧莲洞左侧石壁·北宋〕　北宋元丰二年（1079）刻。刻面高0.48米，宽1.3米。文竖行，计33字，字径0.09米，真书，阴刻。刘谊等撰文并书丹。无额题、落款。刻文"勾管本路常平吴兴刘谊同县令沂水魏九言宋元丰二年九月十九日同游白鹤洞"。

D₁₋₄　宋哲元题榜〔阳朔镇阳朔公园碧莲洞口、洞内·民国〕　1938年前后刻。刻石2方，其一为榜书"碧莲洞"3字，真书，横行阴刻于碧莲洞口，字径0.65米。其二为榜书"从善咸集"4字，真书，横行刻于碧莲洞内，刻面高0.68米，宽2.3米，字径0.52米。国民党将领宋哲元撰文并书丹，为1938年前后宋哲元在阳朔居住时所刻。宋哲元（1885—1940），字明

轩，山东省乐陵市城关镇赵洪都村人。冯玉祥手下五虎将之一，抗日战争期间担任国民革命军第29军军长、第1战区副司令兼第1集团军总司令，转战冀鲁晋豫等省。1940年4月病逝于四川绵阳，国民政府追授其为一级陆军上将。

39-D₂ 广福岩摩崖石刻 〔高田镇乐响行政村岩寺村后广福岩内·南宋、清·县文物保护单位〕 有摩崖石刻4方，其中宋代3方，清代1方。书体有真、行、草3种。形式有题刻、题诗和题记。作者为文人。最早的石刻为南宋淳熙八年（1181）《黄氏舍财筑祠记》，石刻粗陋，书法不佳，错字多，语句不通。

40-D₃ 画山摩崖石刻 〔兴坪镇画山行政村画山村九马山悬壁上·明、清〕 因崖壁上有隐约可辨的九匹骏马，故名九马山。有摩崖石刻3方，其中明代1方、清代2方。书法有真、隶2体。作者是广西御史、两广总督和阳朔知县。重要的有明嘉靖年间（1522—1566）御史陈善治榜书"画山"、清道光十三年（1833）两广总督阮元榜书"清漓石壁图"及题诗、阳朔知县富方书"画山马图"。

D₃₋₁ 陈善治榜书"画山" 〔兴坪镇画山村九马山悬壁上·明代〕 明嘉靖年间（1522—1566）刻。刻面高3米，宽3.5米。文竖3行，满行2—7字，计16字。真书，阴刻。明御史陈善治撰文并书丹。额题："嘉靖癸丑长治"，落款"明御史陈善治"，字径0.15米，正文榜书"画山"，字径1.3米。陈善治，（1517年—?），字时化，四川省重庆府巴县（今重庆市巴县）人，明嘉靖二十六年（1547）丁未科第三甲第三十一名进士，明嘉靖三十二年（1553）任广西巡抚。

D₃₋₂ 阮元榜书"清漓石壁图"及题诗 〔兴坪镇画山村九马山饮马泉入江处·清代〕 清道光十三年（1833）刻。刻面高3米，宽0.96米。文竖2行，计12字。楷书，阴刻。清两广总督阮元撰文并书丹。无额题，落款"道光十三年阮元题"。正文榜书"清漓石壁图"5字。题诗为七言："天成半壁丹青画，幡然高向青天挂。上古何人善画马？似与荆关斗名派。"阮元（1764—1849），字伯元，号芸台、雷塘庵主，晚号怡性老人，江苏仪征县人，清乾隆五十四年（1789）进士，清嘉庆二十二年（1817）出任两广总督。

41-D₄ 碧莲峰摩崖石刻 〔阳朔镇碧莲峰南山及峰顶·明—民国·自治区文物保护单位〕 有摩崖石刻25方，其中明代3方、清代9方、民国12方、佚年1方。书法有真、草、隶3体。形式分题刻、题榜、题诗、题记。作者有布政使、知县等官吏以及地方文人。最早的石刻是明嘉靖十八年（1539）广西布政使洪珠的榜书"碧莲峰"。著名的石刻为清道光十四年

（1834）阳朔知县王元仁巨幅草书题刻"带"字以及吴迈诗刻。

D₄₋₁ 洪珠榜书"碧莲峰" 〔阳朔镇碧莲峰·明代〕 明嘉靖十八年（1539）刻。刻面高0.9米，宽2.4米。文竖12行，计27字。楷书，阴刻。洪珠书丹，陈绶刻石。无额题，落款"嘉靖己亥秋广西布政使莆田西淙洪珠书推宫召州陈绶刻"。正文榜书"碧莲峰"3字，字径0.74米。洪珠字玉方，号西淙山人，福建兴化府莆田县（今福建省莆田市）人，明嘉靖十七年（1538）任广西右布政使。

D₄₋₂ 王元仁题"带"字 〔阳朔镇碧莲峰东麓岩壁上·清代〕 清道光十四年（1834）刻。刻面高6米，宽3米。文竖3行，计13字，草书，阴刻。广西阳朔县令王元仁书丹。右侧额题"大清道光甲午仲春山阴元仁书"。正文为一"带"字。一笔写成，"带"字被后人解读成多种内容，如"一带山河，少年努力""一带山河甲天下，少年努力举世才"等笔意，被视为奇书。

D₄₋₃ 莫之先南山记并诗 〔阳朔镇碧莲峰南山厄上·明代〕 明崇祯三年（1630）刻。刻面高0.63米，宽0.54米。文竖行，计126字，字径0.04米，真书，阴刻。举人莫之先撰文并书丹。无额题。落款"崇祯庚午中秋邑人莫之先题"。文有序，序记述莫之先捐资金，命工匠修理山道事，并赋七言诗以记；诗述南鉴山之险要，抒发修建栈道后之欢悦心情。莫之先，明末阳朔举人，曾任云南楚雄通判。

42-D₅ 白面山摩崖石刻 〔福利镇双桥行政村三合榨村白面山临漓江县崖上·明代·县文物保护单位〕 摩崖石刻2方，题记、题诗各1方。碑文竖行，行草，阴刻。主要石刻是明嘉靖三十三年（1554）刑部左侍郎王宗沐撰书的《阳朔记事》石刻。

D₅₋₁ 王宗沐《阳朔记事》 〔福利镇三合榨村白面山岩口西侧·明代〕 明嘉靖三十三年（1554）刻。刻面高2.3米，宽3.6米。文竖行，计502字。字径0.13米，楷书，阴刻。明刑部左侍郎王宗沐撰文并书丹。额题"阳朔记事"4字，落款"是岁十一月临海王宗沐新父题"。刻文记述：明弘治中，廖金鉴领导桂北壮民起义，多次攻克阳朔县城，杀县令张士毅、百户曹恩，掳巡司崔合明，屡败明军。嘉靖三十一年（1552）十月，朝廷命广西都司都指挥钟坤秀、广西兵备金事茅坤率兵征剿，斩首一百六十七级、擒俘三百八十七人。王宗沐（1523—1592），字新甫，号敬所，浙江临海城关人，明嘉靖二十三年（1544）进士，明嘉靖二十九年（1550）任广西按察金事。

D₅₋₂ 王宗沐题诗 〔白面山岩口西侧·明代〕

明嘉靖三十二年（1553）刻。刻面高 1.4 米，宽 0.8 米。文竖 3 行，满行 5—11 字，计 21 字。字径 0.28 米，楷书，阴刻。王宗沐撰文并书丹。无额题，落款"明嘉靖癸丑二月王宗沐书"，正文"振衣千仞冈，濯足万里流"。

43 - D₆ 来仙洞摩崖石刻 〔阳朔镇阳朔公园独秀峰西麓来仙洞·明代·县文物保护单位〕 有摩崖石刻 6 方书体有真、草 2 种。形式分题榜、题记、题名和题诗。作者有知县、右都督、靖藩及文人墨客。最早的石刻是明隆庆四年（1570）李杜撰文、门人朱经拿书《来仙洞记》。另有明隆庆五年（1571）俞大猷榜书"云台啸卧"和"最高台"等字并诗刻，明万历年间（1573—1620）岭南鹏江王为青题《访来仙洞答云台山人》等石刻。

D₆₋₁ 李杜《来仙洞记》 〔阳朔镇阳朔公园独秀峰来仙洞内·明代〕 明隆庆四年（1570）刻。刻面高 1.06 米，宽 0.93 米。文竖行，计 272 字，字径 0.04 米，真书，阴刻。闽云台山人李杜撰文，其门人朱经拿书丹。首题"来仙洞记" 4 字，落款"门人靖藩云岳朱经拿书"。刻文记述李杜至阳朔，游来仙洞，赞山之奇，述来仙洞名之由来。

D₆₋₂ 俞大猷书"云台啸卧" 〔阳朔镇阳朔公园独秀峰来仙洞右壁·明代〕 明隆庆五年（1571）刻。刻面高 0.5 米，宽 1.7 米。文竖 2 行，计 25 字，真书，阴刻。俞大猷撰文并书丹。无首题，落款为："明隆庆五年冬十月特进荣禄大夫右都督俞大猷书"。字径 0.06 米。正文榜书"云台啸卧"，字径 0.46 米。俞大猷（1503—1579），字志辅、逊尧，号虚江，福建泉州府晋江县河市镇濠格头村（今福建省泉州市洛江区河市镇河市村）人，明代抗倭名将。明嘉靖四十五年（1566）调任广西总兵官，授平蛮将军印，明隆庆五年（1571）出兵镇压广西古田韦银豹起义并捕获起义军首领黄朝猛、韦银豹。

44 - D₇ 来鹤洞摩崖石刻 〔阳朔镇南面白鹤山东南麓来鹤洞·明代·县文物保护单位〕 有摩崖石刻 8 方，皆明代作品。书体均为真书。形式多为题诗。作者有文武官及文人。内容为山水唱和诗，是明万历三十三年（1605）广西征蛮大将军王鸣鹤、征东游击程鹏起，阳朔县令王之臣等七人游来鹤洞，题刻《咏来鹤洞》唱和诗 8 首。其中有王鸣鹤咏来鹤洞诗序，刻面高 0.8 米，宽 1.7 米；序计 53 字，记述王鸣鹤等七人游来鹤洞并赋诗唱和之事。诗皆七言，每首诗竖 8 行，满行 7 字，计 56 字。诗文述王鸣鹤载酒偕友游来鹤洞，唱和山景洞奇，抒发情怀。王鸣鹤，字羽卿，山阳（今江苏淮安）人，明万历二十八年（1600）因

参加播州之役晋升为都督佥事，挂征蛮将军印，镇守广西。

45 - D₈ 苏穆岩摩崖石刻 〔福利镇双桥行政村上坪塘村寨山苏穆岩内壁上·清代·县文物保护单位〕 摩崖石刻 1 方。清道光十八年（1838）刻。刻面高 0.82 米，宽 0.47 米。文竖 7 行，计 87 字，楷书，阴刻。清阳朔县知县吴德征撰文并书丹。无首题。落款"古播吴德征"。正文为《游苏穆岩》七言诗，诗文述作者在开花的季节，因重修邑志游苏穆岩时的情景和心境。吴德征，贵州遵义人，道光十五年至十八年（1835—1838）任阳朔县知县。

46 - D₉ 阳朔县应诚庙威显侯记碑 〔福利镇福利村行政村福利村东郎山东麓应诚庙内·南宋〕 碑刻 1 方。南宋绍兴十一年（1141）立。碑高 1.4 米，宽 0.8 米。碑阳、碑阴皆刻有相同内容的文字。碑文竖行，计 452 字，楷书，阴刻。参知政事王甫等撰文书丹。额题"尚书省牒静江府阳朔县应诚庙威显侯"，落款"绍兴十一年正月日牒，参知政事王甫参知政事孙□尚书右仆射同□事□□"。碑文记载：南宋绍兴二年，阳朔应诚庙白马灵王显灵助民击退农民义军曹成部，尚书省牒奉静江府阳朔县应诚庙白马灵王加侯爵，特封威显侯。

47 - D₁₀ 奉上宪永远禁革碑 〔普益乡上观行政村上观村韦家祠堂内·清代〕 碑刻 2 方。清道光九年（1829）立。碑皆高 1.85 米，宽 0.8 米，厚 0.13 米。碑文竖行，楷书，阴刻。撰文、书丹不详。横行额题"奉上宪永远禁革碑"，落款"大清道光九年己丑春众村人等奉明谕将各宪批示勒牌"。碑文记述清道光五年七月二十三日，韦国煌、罗应桥以裁除积弊、免派累事，罗国旺等人以违例勒派、扰害士民向府门申诉之事，以及各级衙门（阜宪、府宪、县主、抚部、谦宪等）批复内容。

48 - E₁ 孙中山先生演讲地址 〔阳朔镇滨江路阳朔县人民政府东侧·1921 年·县文物保护单位〕 1921 年冬，孙中山先生到桂林督师北伐，途经阳朔下榻县高等基础学校，并向阳朔各界人士演讲，宣传三民主义，对开发阳朔资源提出精辟的见解。地址原为寿阳书院，清道光十七年（1837），知县吴德征捐资倡建，清光绪年间（1875—1908）改为县高等基础学校。坐北朝南，木结构平房，面阔五间，立柱 26 根，穿斗式木构架，硬山顶。设有前檐廊，6 页隔扇门，前、后檐设木板槛墙、槛窗。占地面积约 465.12 平方米。

49 - E₂ 中山纪念堂 〔阳朔镇莲峰巷 8 号·1931 年·县文物保护单位〕 1931 年，阳朔各界人士为纪念孙中山先生驻跸本县城十周年而建。原为两层砖木

结构楼房，1981 年改建为三层中西混合楼房。坐南朝北，钢筋水泥结构。平面呈方形，面阔三间，平顶。一楼正中塑孙中山像。明间为楼梯间，一、二层开玻璃长方窗，三层无窗，顶砌女儿墙。占地面积约 210 平方米。

E₂₋₁　孙中山演讲稿碑刻〔阳朔镇莲峰巷 8 号中山纪念堂内·1981 年·县文物保护单位〕　碑刻 1 方。1921 年孙中山督师北伐，途经阳朔，11 月 29 日在阳朔县高等基础学校东侧走廊作演讲，题为《实行三民主义及开发阳朔富源方法》，1931 年，该县建"中山纪念堂"。1981 年进行维修，并把其演讲稿刻石立于堂壁。

50－E₃　徐悲鸿旧居〔阳朔镇县前街 5 号·1936年·自治区文物保护单位〕　1936 年，著名画家徐悲鸿与夫人廖静文离南京到桂林、阳朔进行创作活动。始租居此屋，后李宗仁购赠。旧居 1984 年重修。坐东朝西，砖木结构，四合院，占地面积约 600 平方米。主体建筑为平房，面阔三间，进深二间，硬山顶，盖小青瓦。前置檐廊，明间双开木门，门两侧为木板槛墙、槛窗，两端山墙各开拱门一道。徐悲鸿（1895—1953），原名寿康，江苏宜兴县人，著名美术大师。中华人民共和国成立后，历任中央美术学院院长、中国美术家协会主席等职。

51－E₄　潘庄〔高田镇阳朔县良种繁殖场·1936年·县文物保护单位〕　1936—1937 年著名画家徐悲鸿居住阳朔期间常到此作画，著名的《漓江春雨》等均在此创作。潘庄为国民政府行政院经济部常务次长潘宜之的别墅，故名潘庄。平面呈曲尺形，抬梁式木构架，歇山顶中西合璧两层楼房。占地面积约 503 平方米。

52－E₅　莫休烈士墓〔阳朔镇阳朔公园西郎山·1938 年·县文物保护单位〕　莫休（1912—1938），广西阳朔县福利镇青鸟村姑婆寨人。抗日战争期间担任国民政府中央航空委员会空军第 3 大队第 8 中队分队长，少校飞行员。1938 年 3 月 25 日参加鲁南战役空战时牺牲。1986 年，广西壮族自治区人民政府追认其为革命烈士。墓葬朝东，原冢呈圆丘形，料石围砌，墓旁有中央航空委员会主任周至柔撰写的墓志铭。墓毁于 20 世纪 70 年代。1986 年修复，改为混凝土结构，冢呈圆柱形，圆弧顶，高 1.7 米，底径 2.6 米。同时复原墓前碑志、对联、纪事等石刻。占地面积约 55.38 平方米。

53－E₆　澎窿洞水消长碑〔白沙镇立龙行政村白沙堡村井边·1941 年〕　碑刻 1 方。1941 年立。碑高1.1 米，宽 0.75 米，碑文竖 22 行，满行 35 字，计 443字，楷书，阴刻。叶北洋撰文，严作芝书丹。首题竖

行"白沙堡澎窿洞水消长记"，落款"中华民国三十年七月初五日立"，碑文记载白沙堡容姓一族的历史及村前澎窿洞地下水近百年来每隔六十或三十年突然涨水漫村的史实。

54－F₁　东山亭〔福利镇福利村行政村福利村东郎山西麓·1926 年·县文物保护单位〕　建于 1926年。通衢式凉亭。占地面积约 84.8 平方米。坐南朝北。砖木结构，硬山顶，马头山墙，盖小青瓦。南、北山墙对开拱门，东、西檐墙辟联拱弧形窗。亭门额嵌"东山亭"石匾，两侧有石镌对联，亭内设条石坐凳。墙嵌平政院候补评事前度支部主事莫永成撰文、邑人苏焕然书丹的《东山亭记》石刻，以及捐资碑等。

56－F₂　富里桥〔白沙镇观桥行政村正方村牛筋胆河·1927 年·县文物保护单位〕　原名正方桥，传为明永乐年间（1403—1424）所建。1926 年毁于洪水，1927 年重修，更名富里桥。东西走向，单孔石拱桥，长 32.6 米，宽 5.08 米，拱跨 16.4 米。桥身、桥拱用料砌筑，两侧置条石护栏，东端设 31 级、西端设 36 级台阶。

永福县

1－A₁　百雅古道〔百寿镇双合行政村百寿至雅窑公路高岩头及苦马岭路段·唐—清〕　是唐代以来，官府为加强周边地区，特别是融安雅瑶等地区管理而修筑的一条官道。也是百寿到融安雅瑶的一条古道，至清代已成为百寿连接融安地区的重要道路，古道全长 82 公里。现存 10 多公里，在百寿镇双合村境内的高岩头、茶马岭古道较为完整，在车田立有修路石碑 1 方。

2－A₂　窑田岭窑址〔永福镇南雄行政村方家寨·宋代·自治区文物保护单位〕　分布在洛清江东、西两岸的土坡上，面积约 6 平方公里。已发现窑口 20余座，废品堆积厚 0.3—4 米。1979 年发掘 3 座，均为斜坡龙窑，长约 50 米，宽 2 米，由窑门、火膛、窑床、烟道构成。出土有匣钵、垫圈、垫饼、垫杯等窑具；碗、盘、碟、盏、瓶、壶、罐、高足杯、灯、檐口坛、擂钵、枕、炉、花腔腰鼓等瓷器和网坠、碾轮、印模等陶器。瓷器施青釉，模印花纹为主，刻花有缠枝、折枝牡丹、莲瓣等。

3－A₃　山北洲窑址〔永福镇凤城街西河东岸山北洲北面窑门岭·宋代·县文物保护单位〕　瓷片散布面积约 800 平方米。发现斜坡式龙窑 1 座，长约 40米，宽 6 米。废品堆积厚 0.1—0.5 米。采集到碗、盘、碟、壶等瓷器。瓷器灰色胎，施青釉和乳浊釉。模印

花纹。

4 - A₄ **清水窑址** 〔三皇乡清水行政村清水村至西瓮窑屯以南的寿城至浮石公路两旁·南宋、元、明〕 始烧于南宋末，元、明两代仍在烧制。窑址绵延分布约1.5公里，可见窑口10余座，坡式龙窑，主要产品有罐、盆、缸、执壶、擂钵、碾槽、瓮盖、坛、腰鼓等陶、瓷残片，胎多质地较粗，主要施青釉和褐釉，也有不施釉器。器表装饰仅见弦纹。窑具有筒形、盘形、钵形垫具。

5 - A₅ **对门岭窑址** 〔三皇乡清水行政村瓮窑屯西约200米·明代〕 窑址在岭东坡，面积约3.5万平方米，地表散布瓷器碎片、窑具残件。发现斜坡式龙窑6座，窑长40余米，宽6米。窑侧废品堆积厚0.5—3米。采集到罐、碗、盆、瓶、壶、擂钵等陶、瓷残片。灰胎，多数不施釉，少数施青釉或酱釉，无纹饰。

6 - A₆ **依云城遗址** 〔永福镇凤城街社区凤山顶·明代〕 据永福县志记载，依云城在凤山顶上，明代贼盗猖獗，管事的人率民众垒石为城而居，占地面积约4226.9平方米。现城已毁，东、南向尚存夯土城墙基100多米。

7 - A₇ **营盘山营盘遗址** 〔百寿镇三河行政村旧县屯西对面的营盘山·明代〕 据《永宁州志》记载，此营盘为明代四县县城的驻军所在地，分布面积约2500平方米。地势较高，可观察到北面来犯之敌。营盘建筑已毁，遗址范围发现用片石砌筑的战壕12米、哨位2个。

8 - A₈ **鸡冠山铜矿遗址** 〔永安乡永新行政村东约1.5公里鸡冠山一带·明—清〕 鸡冠山昔称太平山，清《永宁州志》记山中产矿石，商人开铜厂冶铜。据太平圩明永乐二年（1404）碑文记载，此处铜矿为当地瑶民开采。遗址多分布在鸡冠山山腰石壁上，面积约5平方公里。发现采矿巷道318处。巷道高1—3米，宽0.8—1.5米，深1—40米不等。巷道内无支架痕迹，巷道壁上遗留有火烧痕迹。大部分巷道被毁，现存较好的有20多处。遗址现为永福县重晶石矿开采区。

9 - A₉ **文明塔遗址** 〔永福镇南雄行政村塔脚屯西北约150米的土坡上·清代〕 始建于明代，据《永福县志》卷三列传记载，该塔是由官至陕西监察御史的张守约募建，"以镇三江之口"，名"文明塔"。清雍正末年（1735）重修，为七层砖塔。现塔已毁，仅存塔基、塔砖及通往塔的石板道。

10 - A₁₀ **穿岩石板道** 〔百寿镇江岩行政村穿岩屯以南约700米至茶树坪屯境内·清代·县文物保护单位〕 始建年代不详，现存部分修筑于清嘉庆十年（1805）。系百寿至三皇古道的一部分，从穿岩村后至穿岩以南约700米处，达茶树坪，总长约1公里，道路以青石板铺砌，宽1.2—2米，局部宽3—5米。

11 - A₁₁ **龙山坳隘遗址** 〔罗锦镇下村行政村屯东面300米龙山坳中部·清代〕 建于清咸丰十年（1860）。是当地团练用于防御的工事。现存石砌隘墙一段及隘门，隘门高2.3米，宽2米，门上方横架2块长条石构成门洞，隘门的1块青石上刻有"咸丰十年冬月日立"等字。隘门向西，南、北各连一段石隘墙，南段石隘墙有12米，北段石隘墙有20米，墙厚2.7米，高2.3—2.5米不等，占地约3500平方米。隘门前有一条石踏跺小道直通山脚，长200余米。

12 - B₁ **波村墓群** 〔苏桥镇黑石岭行政村波村屯南约1公里的十二部锣鼓坪·汉代·县文物保护单位〕 散布于永福至两江16公里处东侧的松树林中，占地面积约2.5万平方米，尚见部分封土堆，封土呈圆丘形，残高2—4米，底径7—12米，多为砖室墓，部分为竖穴土坑墓。1984年清理3座，为长方形竖穴土坑墓，墓底铺河卵石和木炭，出土方格纹和素面陶罐5件以及一批陶器碎片。

13 - B₂ **寿城南朝墓** 〔百寿镇中心医院南约20米·南朝〕 1981年清理，为单室砖室墓，平面呈"凸"字形，全长6.58米。墓室长4.8米，宽2.16米，甬道长1.78米，宽1.38米。出土瓷器有骑马俑、步辇俑、扛旗俑、侍从俑、高足盘、钵，陶器包括武士俑击鼓俑、禽舍、屋、仓、猪、鸭、羊、鸡等，共31件。（见《考古》1983年7期）

14 - B₃ **李珙墓** 〔堡里乡罗田行政村罗记屯西约200米田边土坡上·北宋〕 李珙（1085—1126），字温之，广西永福县毛垌里人，官至邕州团练使。北宋宣和末年（1125）率兵北上抗金，战死衡州，追封为"忠州防御使"。墓葬朝北，冢圆丘形，高1.5米，底径8米，原用青石板围砌，今散失。后人刻墓碑"宋忠州防御史温之李公墓"。墓前原有石人石马和祭庙，皆早年毁记。占地面积约218.9平方米。

15 - B₄ **李熙龄夫妇墓** 〔罗锦镇崇山行政村黄洞屯西北约3公里山坡·清代〕 李熙龄（1788—1808），字孔祺，号介眉，20岁亡，赠文林郎。妻秦氏守寡育子李洵成人，官云南永平知县。墓葬朝东，冢圆丘形，高2米，正面用长方形石板叠砌，墓碑刻"敕赠修职郎馳赠文林郎介眉李府君墓"和"旌表节孝敕赠孺人李母秦太君墓"。前有石祭台，墓左、右拱手立石柱，嵌竖石碑10方，碑文内容有墓志、诰命、皇恩旌表节孝录、节孝事实等。

16 - B₅ **李吉寿墓** 〔罗锦镇崇山行政村黄洞屯西

北约 1 公里福田岭南坡·清代〕 李吉寿 (1815—1896)，字次星，号万松老人，又称梅花馆主，清末广西名画家。清道光二十三年 (1843) 举人，历任龙昌、郫县、彭山、金堂、广元、东乡、新津、彭县等县县令，重庆府知府。墓葬朝南，冢呈圆丘形，高 2.7 米，底径 10 米。墓前碑高 1 米，上刻"皇清诰授议大夫次星李府君墓"等字。墓左、右拱手立石柱嵌竖石碑 8 方，今存 7 方，碑文内容为墓志、家谱、为官纪实、诰命等及李吉寿自撰的《宰蜀纪略》。

17 - B₆ 章龙川墓 〔永福镇坪岭行政村拉幽屯西南约 400 米山脚岭坡上·清代〕 章龙川 (生卒年不详)，清乾隆十八年 (1753) 任奉直大夫。墓葬已被盗挖，冢部分被损毁。冢有五层，外土层 0.7 米，内第二层至第五层厚 0.9 米。用碗 1000 余个叠合砌成拱形顶，浆砌石灰、草木灰、黄泥混合的三合土，俗称"碗墓"。

18 - B₇ 仙姑岩岩洞葬 〔百寿镇山南行政村山南村约 500 米庵子山仙姑岩·明代·县文物保护单位〕 仙姑岩又叫嘉会岩，为岩厦式洞穴，岩洞在庵子山东南壁，高距地表约 60 米，洞口朝东，高 25 米、宽 6 米、洞内进深 6 米，面积约 20 平方米。洞中部用乱石砌一墓，内有长方盒棺 1 具，各面用整块木板扣合，长 1.8 米、宽 0.5 米、高 0.6 米。棺内有一女性遗骨及少量的明代瓷器残片。已被盗掘、扰乱。《永宁州志》有载。

19 - C₁ 相思埭 (永福县境段) 〔罗锦镇、苏桥镇境·唐—清·县文物保护单位〕 又名桂林运河、南陡河。唐长寿元年 (692) 筑，历代都有维修。相思埭跨临桂、永福两县，沟通柳江与桂江，有航运灌溉之利。永福段是西渠，东起罗锦镇崇山村鱼船上屯东约 1 公里，西至黄洞到苏桥镇太平村彭庄与洛清江干流大溪河汇合，注入柳江，长约 15 公里，河面宽 15—30 米，水深 2—4 米。原建鲢鱼陡、木鱼陡等若干处陡门，现仅凤凰村一陡尚存痕迹。(详见临桂县 37 - C₁)

20 - C₂ 福禄井 〔永福镇渔洞行政村上高街屯村边东南角·元代〕 建于元致和元年 (1328)。因井平面形状像葫芦而得名。由三部分组成：泉水涌出之处为葫芦肚，圆形井，内径约 5 米，是饮水井；下游隔井壁为葫芦胸，呈椭圆形，径 3.35—5.45 米，为淘米、洗菜用水井，北面与出道口葫芦颈相通，长 7 米，宽 1.1 米，为洗衣等用水。各井沿皆用料石围砌，井台铺石，周边围绕排水沟。占地约 110.49 平方米。

21 - C₃ 永宁州城址 〔百寿镇寿城街社区半边街北端·明—清·自治区文物保护单位〕 据《永宁州志》载，城建于明成化十三年 (1477)，土筑城墙，十八年 (1482) 改用料石包砌。明隆庆五年 (1571) 开东、西、南、北四门，明万历三年 (1575) 城池向北扩宽，城墙加厚增高，增建敌楼 4 座，城垛 637 个，十四年 (1586) 筑护城河堤。清康熙十一年 (1672) 南、北敌楼被烧毁，城墙多处崩塌，后修复。城平面呈长方形，南、北两墙长 343 米，东西两墙长 836.5 米。料石砌内、外檐墙，中夯泥土，墙高 3—3.7 米，厚 3—3.3 米。门楼为砖木结构，东、西、北楼为平房，南门楼为重檐歇山顶。面阔三间，进深二间。

22 - C₄ 金山桥 〔永福镇坪岭行政村马路屯南约 1 公里金山脚中洲岛·明代〕 明永乐年间 (1403—1424) 邑人明善满建，具体时间不详。桥跨金山山脚小沟，东西走向，单孔石拱桥，长 4.4 米，宽 1.5 米，拱跨 3.8 米，桥身、桥拱用料石干砌，桥面铺石板，平坦无栏。两端无踏跺。

23 - C₅ 武庙井 〔三皇乡三皇行政村三皇街三皇乡敬老院内·清代〕 建于清中期。由一口圆井及四个洗用池组成，占地面积约 10 平方米。圆井径为 1 米，井圈用片石围砌，高出地表 0.6 米。井台用青石板铺砌。井的东面并列 4 个青石围砌的长方形洗用池，长、宽 1—1.5 米。

24 - C₆ 七星桥 〔百寿镇三河行政村龙泉屯西北约 50 米龙泉河上·清代〕 建于清乾隆年间 (1736—1795)，清道光十四年 (1834) 重修。由单孔石拱桥和梁式石板桥两部分构成，相距约 30 米。拱桥在东边，长 8 米，宽 3 米，拱跨 4.15 米。桥身、桥拱用料石砌筑，桥面铺石板，两端各设踏跺 5 级。石板桥在西侧，两台五墩，长 23 米，宽 1.8 米。墩以青石砌成，其上铺石板为桥面，现存石板 3 块，其余改铺水泥板。桥西约 50 米有清道光十四年立《重修七星桥碑记》1 方。

25 - C₇ 清真寺 〔苏桥镇苏桥街社区苏江路 1 号·清代〕 建于清乾隆年间 (1736—1795)。清道光十七年 (1837) 重修。坐北朝南，砖木结构。二进院落，中西合璧建筑。由前座、后座、天井组成，占地面积 1678.02 平方米。前座为大门，过厅及阿訇住房，后座是举行宗教仪式的殿堂，两座立面阔、进深二间，青砖墙，抬梁式木构架，硬山顶，盖小青瓦。前座墙顶两柱人字三角形山花。门额上方竖匾楷书"清真寺"3 字。天井立清道光十七年碑刻 1 方，载置田养寺等事宜。

26 - C₈ 接龙桥 〔百寿镇寿城街社区永宁州城北门外约 30 米芒洞河上·清代〕 始建年代不详，原为石墩木板桥。清乾隆二十八年 (1763) 改建为石拱桥。三十六年 (1771)、清道光十九年 (1839) 两次毁坏，后修复。为永宁州城北门河之桥，南北走向。单孔石拱桥，长15米，宽4米，拱跨9米。桥身、桥拱均以料石砌筑，桥面铺石板。

27 – C₉ 星拱桥 〔百寿镇寿城街社区西门上屯西南约500米白马江上·清代〕 清嘉庆二十四年（1819）耆民吴显□建。西南—东北走向。单孔石拱桥，长14.2米，宽3.15米，拱跨6米。以料石砌筑桥身、桥拱，桥面铺石板，两端各设石踏跺10级和12级。《永宁州志》有载。

28 – C₁₀ 莫氏宗祠 〔百寿镇白果行政村坳上屯永福至浮石公路南约3米的边上·清代〕 建于清咸丰十一年（1861），清同治三年（1864）竣工。坐南朝北，砖木结构，二进院落，由前座、后堂、天井组成，占地面积约150平方米。各座面阔三间，青砖墙，硬山顶，盖小青瓦。前座有前檐廊，木檐柱2根，门额上嵌"莫氏宗祠"匾，两端为弧形马头山墙，廊前置6级石踏跺。祠内有清同治五年（1866）《莫氏宗祠记》碑刻，记录了莫氏家族定居永福的历史。

29 – C₁₁ 进士府 〔三皇乡马安行政村拉寨屯中·清代〕 建于清同治十一至十二年（1872—1873）。坐东南朝西北，砖木结构，三进院落，由前座、中座、后座、天井组成，占地面积约1066平方米。各座面阔三间，青砖墙，硬山顶，盖小青瓦。前座明间有凹廊，门额挂"进士"木匾。后座为二层楼，天井正中有石踏跺到达二楼，二楼用青砖铺面，雕花格门窗。前堂大门、进门屏风、中堂大门上方依次悬挂"进士""赏戴兰翎""慈荫锦堂"匾额。

30 – C₁₂ 苏桥庙桥 〔苏桥镇苏桥街社区一组东北约500米土里湾小河沟·清代〕 建于清代，具体时间不详。东西走向，单拱石拱桥，长14米，宽3.1米，拱跨5.8米。桥身、桥拱用料石错缝干砌，桥面铺石板，东、西两端各置7级石踏跺。

31 – C₁₃ 下马桥 〔三皇乡马安行政村下马屯西约500米的下马河上·清代·县文物保护单位〕 建于清代，具体时间不详。南北走向，单孔石拱桥，长19米，宽4.3米，拱跨10.4米。桥身、桥拱用料石错缝干砌，桥面铺石板，两端分别置11级和14级石踏跺。

32 – C₁₄ 塘村拱桥 〔三皇乡文明行政村塘村屯西南约100米塘村江上·清代·县文物保护单位〕 建于清代，具体时间不详。西南—东北走向，单孔石拱桥，长35.1米，宽4.9米，拱跨12米。桥身用片石干砌，桥拱用料石砌成，桥面铺石板，两端各置石踏跺20级。

33 – C₁₅ 大花桥 〔永安乡太和行政村大花屯后山约50米河沟上·清代〕 建于清代，具体时间不详。

东北—西南走向，双孔石拱桥，长18米，宽3.2米。桥身、桥拱用料石错缝干砌，桥面石多散失。

34 – C₁₆ 大雁桥 〔罗锦镇高崇行政村高等屯西面约300米的罗锦河上·清代〕 建于清代，具体时间不详。东西走向，双孔石拱桥，长38米，宽4米。拱身、桥拱用料石错缝干砌，桥面铺石板，两边均有石砌引桥。

35 – C₁₇ 西门桥 〔百寿镇寿城街社区永宁州城西门西侧约15米的西门江上·清代〕 建于清代，具体时间不详。为当时西门上村通往百寿永宁州城的道路桥梁。东西走向，单孔石拱桥，长12米，宽3米。桥身、桥拱用料石错缝砌筑，拱顶两端各砌拱形泄水孔2个。桥面两侧有后加建的护栏墙。

36 – C₁₈ 朱家古井 〔罗锦镇镇上街社区二队西北角朱家·清代〕 建于清代，具体时间不详。井口平面呈圆形，井圈用整石凿成，高0.85米，径0.9米，井深2米，井壁用石围砌，井台已用水泥铺面。占地面积约25平方米。

37 – C₁₉ 仁里民居 〔堡里乡波塘行政村仁里屯·清代〕 建于清代，具体时间不详。由5座大院并排组成。每院之间有前后相通巷道，侧门相通。民居坐北向南，砖木结构，四进院落，大门、前座、中座、后座皆面阔三间，青砖墙，硬山顶，盖小青瓦。占地面积约4668平方米。

38 – C₂₀ 崇山民居 〔罗锦镇崇山行政村崇山头屯·清代〕 有清代民居26座，由李氏旧居、李氏宗族祠堂及其他民居组成，分布面积约663万平方米。李氏旧居为6座大院并排组成，大院之间有侧门巷道相通，庭院均为四进院落，砖木结构，各进皆面阔三间，青砖墙，硬山顶，盖小青瓦，地面铺设青石板。其他民居形式、结构均与李氏旧居相似，只是规模略小些。

39 – D₁ 百寿岩石刻 〔百寿镇东岸行政村东岸屯东面约50米百寿岩·宋—民国·自治区文物保护单位〕 百寿岩又名夫子岩。洞口朝北，高13米，宽19米，洞内进深23米。岩内外石壁上存摩崖石刻18方，其中宋代5方、元代3方、明代5方、民国2方、佚年3方。形式有题刻、榜书、题诗、题记。书法有真、楷、草、隶、篆等书体。重要的石刻有南宋绍定己丑年（1229）知县史渭题刻由百个真、楷、草、隶、篆等各体小寿字组成一大"寿"字，百寿岩因此而得名；元代书法家赵孟頫的榜书"宁寿"；明隆庆五年（1571）广西总兵俞大猷《古田纪事碑》及其诗刻。

D₁₋₁ 俞大猷诗刻 〔百寿镇东岸屯百寿岩崖壁上·明代〕 明隆庆五年（1571）刻。刻面高1.76米，宽1.05米。碑文竖19行，满行7字，计61字，楷书，阴刻。无首题，落款"闽晋江俞大猷书"。七言诗云："相逢尽问事何如，我亦九夷一度居。此日但能行笃敬，他时可使左诗书。柔作刚克功常罔，恩用威施化有余。开辟千年今再见，却疑天地果无初。"俞大猷（1504—1580），字志辅，逊尧，号虚江，福建泉州府晋江县河市镇濠格头村（今福建省泉州市洛江区河市镇河市村）人，明隆庆五年（1571）在广西任总兵时镇压古田农民起义，平定后赋诗刻于百寿岩壁。

40 - D₂ 太平岩摩崖石刻 〔罗锦镇上笑行政村星江屯后山太平岩岩口石壁上·明代〕 有摩崖石刻19方。其中有明正德十三年（1518）庠生刘霄撰刻《太平岩记》，刻面高0.68米，宽1.52米，楷书，阴刻。刻文记述太平岩的风景形胜。除此，还有明正德七年（1512）本县知县刘敔、明弘治甲子（1504）年举人章阔、明正德年间贡生张锦和吕环等十余人的唱和诗18首，诗文直行，皆楷书，阴刻，字径0.01—0.02米。灵川县石匠莫方润刻。部分字迹模糊。

41 - D₃ 钟鼓岩摩崖石刻 〔百寿镇三河行政村双排屯东南约1.5公里钟鼓岩崖壁上·明代〕 摩崖石刻1方。明万历三十三年（1605）刻。刻面高1.55米，宽0.86米。文竖6行，满行12—13字，计80字，字径0.08米，行书，阴刻。林裕阳撰文并书丹。无首题，落款"万历乙巳年菊月穀旦闽中林裕阳书"。文开头为序，记述林裕阳偕同陈参帅游钟鼓岩，因梦究此作诗，诗为五言诗，赞岩之美景，抒作者之逸兴。林裕阳，字永光，福建长乐人，明万历三十年（1602）任永宁州知州。

42 - D₄ 穿岩摩崖石刻、碑刻 〔百寿镇江岩行政村穿岩屯东南约300米穿岩·明、清〕 岩内存摩崖石刻3方，其中明代2方、清代1方。书法有篆、楷2体。内容分题刻、题诗、题记3类，作者为参将及邑里文人。主要石刻为明万历三十年（1602）永宁州参将陈大器的题诗和清乾隆年间（1736—1795）划分山地记事。除此，另有清嘉庆十年（1805）捐修大路碑刻2方。

43 - D₅ 凤山摩崖石刻、碑刻 〔永福镇凤城街社区凤城路凤山顶·明、清·县文物保护单位〕 有摩崖石刻3方，其中明代1方、清代2方。书法为楷体。式形有题字、榜书。有明代题刻"福"字，刻面高0.88米，宽0.78米。文楷书，阴刻。明万历四十四年（1616）易惠士榜书"碧梧翠竹"4字，刻面高0.85米，宽1.7米。榜书"玉池"2字，刻面高0.8米，宽0.36米。另有清代记刻《新建纳刮洲碑记》等断残赋诗记事碑刻4方。

D₅₋₁ 新建纳刮洲碑记 〔永福镇凤城路凤山顶·清代〕 碑刻1方。清嘉庆十一年（1806）刻。刻面高1.02米，宽0.63米。文竖行，400余字，字径0.03米，楷书，阴刻。撰文、书丹不详。额题"新建纳刮洲碑记"7字，落款"清嘉庆十一年立"。碑文记述凤山县李珙庙田产被人侵占事宜。

44 - D₆ 斋岩摩崖石刻、碑刻 〔三皇乡荣田行政村米珠屯西南约1公里斋岩·清代〕 斋岩口原建有三清殿，已毁。岩内有摩崖石刻3方，洞外存碑刻1方。摩崖石刻有《道口山新建三清殿碑记》1方，刻面高0.67米，宽1.28米，落款及内容已难辨识。碑文大意是创建三清殿事宜及捐款芳名。铭刻摩崖对联1副"朝朝朝朝朝拜朝朝拜三清殿，齐齐齐齐齐戒齐齐戒一佛岩"，无落款，文楷书。碑刻1方，清道光十六年（1836）立，碑高1.17米，宽0.74米，厚0.12米。碑文竖行，楷书，阴刻。碑文记载乡人捐地给三清殿作供奉之用一事。

45 - D₇ 月山岩摩崖石刻 〔罗锦镇镇上街社区月山中学东面约100米月山·清、民国〕 摩崖石刻4方，其中清代1方、民国2方、佚年1方。一为钦加提举衔署理永福县事补用州正堂即补督府于清光绪十三年（1887）发布的告示，刻面高0.7米，宽0.65米。碑文竖行，字径0.25米，阴刻，楷书，内容为月山地产归属问题。二为1920年赵翰的《月山记》，刻面高0.7米，宽0.66米，碑文竖行，字径0.03米，楷书，阴刻，内容记述月山之形胜。三为1922年赵翰的游月山诗，刻面高0.56米，宽0.49米，字径0.022米，阴刻，楷书，为即景抒怀诗。

46 - D₈ 国殇坛碑 〔百寿镇寿城街社区西门上屯·明代〕 碑刻1方。国殇坛是当时朝廷祭祀征战死难官兵的地方。明万历三十四年（1606），永宁州在委西坡修建国殇坛，现坛已毁，碑尚在。碑阳朝南，高1.29米，宽0.9米，厚0.22米。面刻"国殇坛"3字，字径0.3米，楷书，阴刻。右上款"广西桂林府永宁州建立"，左下款"万历三十四年二月吉旦"。

47 - D₉ 万年灯会碑记 〔三皇乡三皇行政村三皇街三皇乡敬老院菜地·清代〕 碑刻1方。清嘉庆十一年（1806）立。碑已倒伏，高1.26米，宽0.77米。横行额题"万年灯会碑记"，碑文竖行，楷书，阴刻，文字模糊，主要记载当时集资举办灯会的盛况。

48 - D₁₀ 创建考棚碑记 〔永福镇永福县人民政府院内·清代〕 碑刻1方。清道光二十年（1840）立。碑高1.31米，宽0.71米。碑文竖行，字径0.03米，楷书，阴刻。撰文、书丹不详。额题"创建考棚碑记"。碑文记录了永福县考棚兴建的过程、规模、地址、经费及经办人员等事宜。

49 - D₁₁ **龙山塘碑刻** 〔苏桥镇石门行政村龙山塘屯东南约50米的机耕路边·清代〕 碑刻2方。清同治年间（1862—1874）立。碑阳皆朝西，1方碑高0.66米，宽0.54米。碑文竖行，楷书，阴刻，字迹模糊。额题"公议禁约碑记"6字，碑文对不遵规守法行为提出禁约，对凡耕牛进入公共草场、乱砍树木、偷红薯、芋头、豆麦、园内瓜菜、园边竹笋、破坏田头水坝，牛、猪、鸭子下田等不良行为予以处罚。另1方碑高0.88米，宽0.76米。碑文竖行，楷书，阴刻。额题"龙山塘众修牛路碑"，文记载捐款修牛路人员芳名及捐资数额。

50 - D₁₂ **奉示禁碑** 〔永福镇四合行政村木村屯北石禁山·清代〕 碑刻1方。清同治六年（1867）立。碑高0.9米，宽0.66米，厚0.11米。碑文竖21行，满行30字，计630余字，楷书，阴刻，字径0.02米。额题"奉示禁碑"，落款"永福县正堂告示"。碑文为永福县正堂严禁偷窃山场物产，保护地方安全等规定。

51 - E₁ **林村血泪洞** 〔罗锦镇林村行政村林村屯东北约100米八甲山脚下岩·1944年·县文物保护单位〕 1944年底永福县沦陷，林村群众72人被侵华日军熏死于林村下岩，仅有2人侥幸逃生。岩内白骨遍地，后易名"血泪洞"，并漆书于岩口。下岩洞口高距地面约15米，洞口朝北，洞口高14米，宽1.2米，洞内进深60余米，面积约72平方米。

52 - E₂ **堡里烈士墓** 〔堡里乡堡里行政村车头寨屯西北约200米山坡上·1951年〕 为新中国成立初期中国人民解放军在堡里山区和顺、河东茶料剿匪时牺牲的烈士墓。墓葬朝东。冢呈圆柱状，混凝土围边，高2米，径约6米。墓碑上方塑五角星，碑面竖行刻"革命烈士墓"。冢前南、北两侧各置两柱一间小牌坊式廊，半圆顶，下嵌碑刻2方，碑面文字模糊。

53 - F₁ **飞龙桥** 〔堡里乡堡里行政村车头寨屯东北约60米上村河·1933年〕 建于清代，1933年民众集资重修。东西走向，两台五墩梁式砖木廊桥，长26米，宽3.5米。台、墩用片石、灰浆砌成，高2.5米，其上架设圆木为梁，梁上铺木板。每墩之上用砖砌拱形门架托廊架，硬山顶，盖小青瓦。桥两端置马头墙顶桥坊。桥两侧栏杆已毁。

54 - G₁ **天井岩化石出土点** 〔罗锦镇江月行政村枧洞屯南约100米狮子山·更新世〕 天井岩口朝天。高距地面约3米。1985年岩内发现大熊猫头骨化石1具及其臼齿化石。

55 - G₂ **南雄铜镜出土点** 〔永福镇南雄行政村西北约50米田峒·唐代〕 1988年9月，出土唐代铜镜1面，伴出滑石猪等文物。镜圆形，径0.134米，厚0.012米。半球形纽，以双凸线圆圈为间隔，缘间饰三角锯齿状。主体纹饰内区饰宝相花，外区饰连枝葡萄纹。（见《考古》1999年2期）

56 - G₃ **盘洞村铜印出土点** 〔百寿镇三河村旧县屯·唐代〕 1977年5月，出土铜印1枚，印呈正方形，边长0.055米，厚0.015米。鼻纽高0.027米。印面刻"纯化县印"。

57 - G₄ **永福钱币窖藏** 〔永福镇·南宋〕 1981年，出土铜钱20余公斤和锡锭5块。钱币计有40种。最早的为唐开元通宝，最晚的为南宋淳祐元宝。

临桂县

1 - A₁ **庙岩遗址** 〔临桂镇二塘行政村小太平村东约200米庙岩山·新石器时代〕 洞穴遗址。又名太平岩、穿岩。1988年发现。庙岩为一座石灰岩孤山，洞口南北贯通，洞高10—25米，宽15—30米，面积约2500平方米。1986年在遗址南端作探沟试掘。文化层厚0.53—0.94米。出土夹粗砂棕色陶片、骨铲、骨锥、打制石器、磨制石器，以及大量的兽骨、兽牙和螺蚌壳。

2 - A₂ **螺蛳岩遗址** 〔临桂镇二塘行政村黄家村南面约600米东螺丝岩·新石器时代〕 洞穴遗址。1988年发现。岩洞高出地面约10米，洞口朝西南，高8米，宽12米，洞厅进深约15米。在洞内北壁有较厚的钙化板及螺壳堆积，面积约100平方米，厚约2米，含螺壳、石器，洞口外约300平方米范围内有螺蚌壳堆积。采集到较多的砺石、石片、石核等。

3 - A₃ **大岩遗址** 〔临桂镇二塘行政村小太平村下岩门山北麓·新石器时代·自治区文物保护单位〕 洞穴遗址。1999年发现。由相邻的A、B两洞组成，A洞位于东侧，B洞位于西侧，A洞洞内及洞外遗存文化堆积，面积约300平方米。2000年试掘，揭露面积约72平方米，文化堆积分为6期，其中第Ⅱ期发现墓葬2座，第Ⅲ期出土素面陶容器，第Ⅴ期发现墓葬8座。此外，还发现用火遗迹10余处，出土陶、石、骨、蚌器等数百件和大量的水、陆生动物遗骸。

4 - A₄ **穿岩山遗址** 〔临桂镇兰塘行政村小山头村东南约500米穿岩山·新石器时代〕 洞穴遗址。1988年发现。穿岩山有2洞口，高距地表约15米，其中一洞口高8米，宽12米，洞内进深50余米。面积约600平方米。洞内两壁有坚硬胶结堆积物，内含螺蚌、烧骨、灰土及灰色绳纹陶片，陶片器形不明。

5 - A₅　**神山遗址**　〔临桂镇兰塘行政村崴陂村神山·新石器时代〕　洞穴遗址。1988 年发现。山有 2 洞，一洞较低近地面，有地下水流出。另一洞高距地面约 20 米，有石阶可登至洞口。洞口朝南，洞口建有庙。洞内螺壳堆积厚 6 米，面积约 40 平方米，含有石器碎块。

6 - A₆　**青龙岩遗址**　〔六塘镇羊田行政村塘背村东北约 2 公里马山南面青龙岩·新石器时代〕　洞穴遗址。青龙岩为石灰岩孤山，岩洞高距地面约 15 米，洞口朝南，宽 8 米，高 5 米，洞内进深 15 米（未至尽头）。洞内西壁有螺蛳壳堆积，厚 0.4 米。采集到砾石砍砸器、兽骨等。（见《考古》1997 年 10 期）

7 - A₇　**岩底山遗址**　〔六塘镇道莲行政村周公山村岩底山·新石器时代〕　洞穴遗址。1988 年发现。岩底山有前、后两个洞口，前洞口朝东北，高 3 米，宽 6 米，后洞口朝西南，高 3.5 米，宽 10 米洞狭而长，前洞至后洞地势逐渐升高，面积约 100 平方米。堆积集中在前洞 3.5～9 米处的两壁，东南壁可见螺、蚌壳堆积，厚约 0.7 米。

8 - A₈　**牛岭头遗址**　〔中庸乡合峰行政村东茶山村北约 350 米牛岭头·新石器时代〕　山坡（台地）遗址。1988 年发现。牛岭头高约 20 米，坡度平缓，地势自东北向西北平缓倾斜，北部和中部较低，遗址在义江东南面的 Ⅱ 级台地上，分布面积约 1500 平方米。地表可见零星石器。地面大部分被垦，遗址遭到破坏。

9 - A₉　**大岩头遗址**　〔会仙镇新立行政村烂桥堡村后大岩头山·新石器时代〕　洞穴遗址。1988 年发现。大岩头山为石灰岩孤山，岩洞高距地面约 40 米，洞口朝东北，宽 20 米，有不规则料石砌成的石墙，洞深 13 米，地层已遭到严重破坏，洞西南壁螺壳堆积较厚，村民曾在此洞挖出大量螺壳。

10 - A₁₀　**大窑岩遗址**　〔会仙镇同助行政村下堰背村东南船山山尾·新石器时代〕　洞穴遗址。1988 年发现。船山为狭长形的孤山，岩洞在山南面，高距地面约 10 米，洞高 6 米，宽 7 米，进深 17 米，面积约 80 平方米。洞外宽内窄，洞内堆积均遭破坏，仅北壁有少量螺壳堆积。在洞侧山脚亦有岩洞，洞口堆满螺、蚌壳。

11 - A₁₁　**暴口岩遗址**　〔会仙镇新民行政村冯家村后侧石山·新石器时代〕　洞穴遗址。20 世纪 70 年代发现。山为石灰岩孤山，高约 40 米，暴口岩高距地面约 5.5 米，洞口朝东北，高 3.5 米，宽 24 米，洞内进深 15 米，面积约 100 平方米。在洞内曾挖出大量螺、蚌壳和兽骨、牙齿等。现堆积已遭破坏，仅见石壁残留少许螺壳堆积层。

12 - A₁₂　**崩山遗址**　〔会仙镇陂头行政村邦山村西北崩山南面的岩洞内·新石器时代〕　洞穴遗址。1988 年发现。岩洞高距地面约 3 米，洞口朝东，洞高 7 米，宽 6.5 米，进深 8 米，面积约 50 平方米。洞底较平坦，堆积已遭破坏，仅在南壁发现含螺、蚌壳和兽骨等的少量堆积。

13 - A₁₃　**铜钱岩遗址**　〔四塘乡西村行政村李矮村东北约 100 米大山·新石器时代〕　洞穴遗址。1988 年发现。大山为石灰岩孤山，高约 50 米，岩洞高距地面约 6 米，洞口朝南，洞高 3 米，宽 10 米，可通地下河。洞口北壁堆积含大量螺壳，洞西壁堆积残长 2 米。洞内散见陶片、石器。因在此挖螺壳积肥及地下水、河水的上涨对洞内堆积冲刷，堆积层损坏严重。

14 - A₁₄　**义宁故城城墙**　〔五通镇五通大桥东侧南端·明—清〕　《义宁县志》记载："义宁为始安地，在禹贡之域，春秋时为百粤，秦置桂林郡，汉属荆州部，唐属岭南道，五代时马氏置义宁镇，后晋天福八年（943）置为县，元因之属静江路，明洪武六年（1373）改静江路为桂林县，仍隶之，清乾隆六年（1741）以县地辽阔析置龙胜厅，移桂林府补道通判驻辖。"地处原西门沿义江边南侧，东西宽约 30 米，南北长约 500 米，残存城墙约 110 米，社公坪码头东侧附近亦有约 50 米残墙，城墙残高约 1—3 米，厚约 2.6 米，内外檐墙用片石、鹅卵石砌筑，内充填鹅卵石、沙石等。辟有东、南、西、北四门。城外有护城河。

15 - A₁₅　**两江城址**　〔两江镇城联行政村城联村·明代〕　传为北宋狄青南征时修筑的屯兵营垒。明、清曾于西门城内设立巡检司。城址平面呈椭圆形，周长约 800 米，占地面积约 3.24 万平方米。城墙内、外檐用料石砌筑，高 2.8 米，厚 3.15 米，东城墙残存约 10 米，残高 1 米。城东、南、西、北面原各筑有一石拱门，今仅存南门，面阔 2.1 米，高 2.35 米。城内为 3 街 6 巷布局，并建有水塘 7 个。城内原有建筑除禹王祠、城隍庙及砖塔外，其余均毁。西门外有石狮子 1 对及砖塔 1 座，东门河边犀牛石现存"两江城河清海燕"7 字摩崖石刻。

16 - A₁₆　**桐山窑址**　〔五通镇桐山行政村桐山村东南约 1.5 公里的清水塘、茶冲口和和乌鸦坡·宋—明〕　清水塘、茶冲口和乌鸦坡等 3 个山坡分布面积约 10000 平方米。现尚可见 4 口龙窑，其中一口窑长 30 米。废品堆积较厚，堆积层中可见盆、碗、钵、罐等器残片。现仍为桐山陶器厂的制碗、烧碗场所。窑址破坏严重。

17 - A₁₇　**子香庙窑址**　〔四塘乡四塘行政村骆家

村西北约 2 公里将军岭·宋—清〕 窑址在土坡上，从掘坑的断面观察，除西北方向外，周围均有积土和废品残片，东南面堆积宽约 4.5 米，西南面及东北面堆积各宽 2 米左右，厚 1—3 米，废品堆积内有碗、钵等残片，大部分为圈足、弧壁、敞口，支撑点明显，紫砂胎居多，器物内外有托珠痕，内外施灰青釉和酱色釉。

18 – A₁₈ **王家崴造纸遗址** 〔四塘乡岩口行政村王家崴西南面寨墙内·清代〕 遗址范围宽 8.5 米，进深 19 米，占地面积约 200 平方米。由外向内依次有：沤纸炉，高 1.76 米，内径 1.3 米；冲兑 2 个；纸槽，呈倒梯形，宽 1.3 米，深 0.6 米，长 1.5 米；晒纸台 6 套，长 0.65 米，宽 0.8 米，厚 0.17 米；石盆 1 个，直径 0.84 米；井 1 口，井口平面呈圆形，内径 0.72 米。南面寨墙内嵌刻"嘉庆二十二年众修"碑 1 方。

19 – B₁ **五通墓群** 〔五通镇北街头岭、中庸乡牛岭头·汉—南朝·自治区文物保护单位〕 墓群包括北街头岭及中庸乡牛岭 2 处，分布面积约 3 万平方米。墓葬封土多已夷平，现存封土呈圆丘形，残高 0.6—1.6 米，底径 7—10 米。1985 年清理 1 座砖室墓，平面呈刀形，有棺室和甬道。墓砖青灰色，侧面印几何纹。出土夹砂和泥质的罐、缸等陶器 12 件，部分器物施低温青绿釉。

20 – B₂ **上房村墓群** 〔五通镇上祥行政村上房村东北约 100 米公路两侧·东汉—南朝·县文物保护单位〕 墓群分布面积约 3 万平方米。现可见墓葬 12 座，封土呈圆丘形，残高 1.4—1.8 米，底径 7—15 米。地面散布有青灰色墓砖，砖平面饰绳纹，侧面饰方格纹、交叉纹、叶脉纹。

21 – B₃ **车头村墓群** 〔两江镇车梁行政村车头村大岭至古岭一带·汉—宋·县文物保护单位〕 墓群分布于大岭至古岭一带，面积约 1.5 平方公里。共有墓葬 110 座，其中大岭 65 座，古岭 45 座。封土呈圆丘形，残高 0.3—1.7 米，底径 8—21 米。少数墓葬暴露，形制有土坑和砖室 2 种，平面呈长方形、"凸"字形和刀形。1985 年清理 1 座东汉长方形竖穴土坑墓，墓室长 4 米，宽 2.2 米，随葬物品置于墓室后端两侧，有陶罐、陶壶、陶瓶等 13 件器物。

22 – B₄ **田畬墓群** 〔两江镇河沙行政村田畬村东南约 200 米·汉—宋〕 墓群分布于两江—五通公路 14 公里处东侧约 100 米的土坡上，占地面积约 5000 平方米。封土多已夷平，发现封土堆 13 座，呈圆丘形。

23 – B₅ **北洞岭墓群** 〔两江镇古定行政村北洞岭东约 2.5 公里·汉—宋〕 山岭两边坡地皆为墓地，封土变小或夷为平地。发现墓葬 13 座，间杂于现代墓

葬之间，占地面积约 1000 平方米。北洞岭墓群距车头村墓群不远，其时代相同。

24 – B₆ **罗城圩墓群** 〔两江镇罗城行政村罗城村南约 400 米（罗城至渡头公路之西侧约 50 米·汉—宋〕 墓群分布地面积约 300 平方米。墓葬封土多不存，可辨封土数座。封土呈圆丘形，残高 0.6—1.2 米，底径 6—7 米。

25 – B₇ **四岗庙墓群** 〔两江镇古定行政村古定村北约 800 米土岭上·汉—宋〕 因曾在此岭建有四岗庙，故名。墓群分布面积约 8000 平方米。墓葬封土多已不存，可辨封土 8 座，呈圆丘形，都较小，封土亦不显。

26 – B₈ **东木山墓群** 〔中庸乡合山峰行政村东木山村南 500 米山坡·汉—宋〕 墓葬封土多不明显，可辨 4 座，封土均小，呈扁圆丘形，占地面积约 1000 平方米。调查时曾发现有绳纹陶片、几何纹砖及宋代瓷器残片。

27 – B₉ **糍粑岭墓群** 〔茶洞乡护山行政村护山村北约 1.5 公里两江至茶洞公路东侧·汉代〕 墓群分布面积约 1.2 万平方米，封土多不明显或遭夷平，残存封土呈圆丘形，高约 0.2—2 米，底径 10—20 米不等，曾出土锈蚀严重的铁器。

28 – B₁₀ **大塘墓群** 〔五通镇大塘行政村大塘村东北约 2 公里的长岭上·汉代〕 墓葬封土多已夷平，数目不详，墓群分布面积约 1.5 万平方米。可辨封土共 4 座，呈圆丘形，残高 2.5 米左右，底径约 10 米。地表散见几何纹墓砖。

29 – B₁₁ **东板村墓群** 〔五通镇仁和行政村东板村附近·东汉·县文物保护单位〕 墓群分布于东板村东南至仁和小学西北的矮小岭坡上，面积约 1.5 万平方米。部分墓葬封土已被夷平。残存墓葬封土亦遭到不同程度破坏。曾清理东汉砖室墓 1 座。

30 – B₁₂ **大岭头墓群** 〔会仙镇陇头行政村杏外村东约 1.5 公里的大岭头·东汉〕 1985 年在此发现东汉墓 2 座，1 座在大岭头东北，已被盗，为"中"字形砖室墓，顶毁，墓砖有楔形和长方形 2 种，青灰色纹饰有鱼纹及几何纹。另 1 座其东南约 350 米，封土已夷平。

31 – B₁₃ **大堆背墓群** 〔两江镇城联行政村城联村城联砖塔西南约 200 米·宋代〕 地处两江城西约 200 余米，为方圆约 500 米的平缓丘陵。墓葬封土有的已被夷平，可见封土者 7 座，呈圆丘形，残高 1—1.2 米，底径 10—11 米。其中 1965 年发掘 1 座砖室墓，出土青釉陶器、铁器等。

32 – B₁₄ **李社姑墓** 〔两江镇信果行政村忠宝村附

近岭底坪·明代〕 李社姑，明代万历年间（1573—1620）人，其父为仇家诬害入狱，母弱弟幼，她赴县衙门呼冤自殉，因此被旌表为孝女，《临桂县志》有载。葬于明万历年间（1573—1620），清光绪年间（1875—1908）重修墓并立墓碑。冢呈圆丘形，底径约5米，清代重刻墓碑高1.1米，宽0.6米，碑面刻"故孝女李社姑墓"及其生平。本村举人李鼎星撰墓碑文。

33 - B₁₅　朱若东墓 〔四塘乡太平行政村神山东村南面约800米·清代〕 朱若东，字晓园，系明桂林靖江王后裔。清乾隆十年（1745）进士，翰林院编修，官至河南通省粮储驿盐道道员。其长子朱依鲁为乾隆三十六年（1771）进士，次子朱依昊为乾隆四十九年（1784）进士，均入翰林院为庶吉士。被誉为临桂父子三翰林。朱若东墓与其夫人王氏墓并列，占地面积约50平方米。墓葬朝东，冢呈圆丘形，周围用料石围砌，底径8米，墓前有墓碑，碑高约1.2米，宽0.7米。

34 - B₁₆　陈宏谋墓 〔四塘乡腊村行政村东畔村南约500米公路西侧东畔岭·清代·县文物保护单位〕 陈宏谋（1696—1771），原名弘谋，字汝咨，号榕门，广西临桂县（今桂林市林桂区）横山村人，官至东阁大学士兼工部尚书，加太子太傅衔致仕。墓葬朝西北，占地面积约1000平方米。冢呈圆丘形，以料石围砌，高1.1米，底径3米。墓前原建有石牌坊，序列华表、翁兽、神道碑。墓碑刻"皇清诰授光禄大夫经筵讲官恩严太子太傅东阁大学士兼工部尚书谥文恭陈公之墓"。有乾隆帝御赐的旌表碑文和祭文碑等石仪作，于20世纪60年代被毁。

35 - B₁₇　龙雨川墓 〔两江镇信果村行政村头村苏家山·清代〕 龙雨川（1755—1838），字则之，讳献图，广西临桂两江镇村头村人，官清河县知县等职，清诰赠中议大夫。墓葬朝东，冢略呈长方形，宽5米，长7米，周用料石围砌，占地面积约50平方米。碑高1.25米，宽0.8米，周雕刻龙纹，生前自撰碑文。碑盖脱落在墓旁。墓北5米处有一对石马。

36 - B₁₈　岑泰阶墓 〔五通镇浔江行政村浔江村后老虎界半山腰·清代〕 岑泰阶（1852—1905），名春荣，系岑毓英之长子，诰授资政大夫。墓葬朝南，冢呈圆丘形，用料石围砌。神道从冢前至山脚，依次立望柱、石马、石虎、石羊、文翁仲、武翁仲各1对。诰封碑已断残，石作匍匐在地。墓被盗挖多次。

37 - C₁　相思埭（临桂县境段） 〔会仙镇、四塘乡、桂林市雁山竹园、社门岭、永福县罗锦镇、苏桥镇等地·唐—清·县文物保护单位〕 又名桂柳运河、南陡河。建于武周长寿元年（692）。用于漕运和灌溉。历代均有整修，清雍正七年（1729）、清乾隆十九年

（1754）进行两次大修。相思埭是由分水塘、滚水坝、东西二渠、闸、陡等组成完整的水道体系。起于临桂县会仙镇泮塘村狮子岩，汇于分水塘，塘南修筑水坝，水自分水闸陡流出，分入东、西渠。东渠自分水塘至桂林南郊良丰蒋家坝，渠道皆人工开凿，东流注相思江，入漓江；西渠凿疏原有沟溪，设陡7座，引流入鲤鱼陡，达永福县罗锦、苏桥，合流洛靖江，沟通柳江和桂江。全长约30公里，渠道设陡闸，雍正七年（1729）间陡增至20座，乾隆十年（1745）陡闸增至22座，石桥5座，河道有摩崖石刻1方。

C₁₋₁　新桥 〔会仙镇山尾行政村陡门村西约800米相思埭上·清代·县文物保护单位〕 建于清雍正九年（1731），为整修相思埭时修建。东北—西南走向，单孔石拱桥，长25.4米，宽3.6米，拱跨10.1米。桥身、桥拱为料石错缝砌筑，桥面有小塌陷，两端置石踏跺各18级，西端桥堍长11米，东端桥堍长13.6米，踏跺外接石板路。

C₁₋₂　官塘桥 〔会仙镇新民行政村坠尾村相思埭上·清代〕 又名黄毛桥、冠塘桥、虎仔桥。建于清雍正九年（1731）。南北走向，单孔石拱桥，长29.9米，宽3.8米，拱跨7.6米。桥身、桥拱为料石错缝砌筑，南端置石踏跺14级，北端置石踏跺15级，踏跺外接石板道。

C₁₋₃　高桥 〔会仙镇四益行政村下庄村相思埭上·清代〕 建于清乾隆年间（1736—1795）。南北走向，单孔石拱桥，长16米，宽3.7米，拱跨7.6米。桥身、桥拱为料石错缝砌筑。两端原有石踏跺，现已填土为缓坡。

38 - C₂　于公桥 〔中庸乡高田行政村白龙村与高基头村间小溪上·南宋·县文物保护单位〕 据《义宁县志》载，桥建于南宋绍兴三年（1133），历代维修情况不详。南北走向，双孔梁式石板桥，长7.5米，宽0.6—1.3米。以3块条石干叠溪中为墩，墩北以1块长4米的巨石，墩南用1块条石搭建桥面。是临桂最早有记载的桥梁。

39 - C₃　麻石桥 〔五通镇罗江行政村宛田村附近小河上·明代〕 建于明天顺六年（1462）。南北走向，双孔石拱桥，长18米，宽3.6米，拱跨5.3米。桥身、桥拱用料石错缝砌成，桥东西两端，原有石踏跺，现已改为土坡。

40 - C₄　济湘桥 〔六塘镇道莲行政村周公山村北约150米灌山河边·明代·县文物保护单位〕 原名灌桥。建于明成化五年（1469），嘉靖十九年（1540）重修。东西走向，两台三墩梁式石板桥，长18.7米，宽1.63米，孔不等跨，最大跨度3米。桥墩用料石砌

筑，逆水面作分水尖状。桥面用 6 块大石板榫卯连接铺成，长 13 米。桥西船山崖壁有明代题记《济湘桥记》和题诗等摩崖石刻 2 方。

C_{4-1}　**济湘桥记**　〔六塘镇周公山村济湘桥北船山·明代〕　明嘉靖十九年（1540）刻。刻面高 1.5 米，宽 0.8 米。文竖行，阴刻，楷书。桂林省官蒋宗桂与乡人刘凤朝、刘钰海、宗缘、刘文胜等撰文并镌刻。额题篆书"济湘桥记" 4 字，刻文记述桂林有司蒋世荣与其属吏许子（广西全州人）议并重修济湘桥事宜。

C_{4-2}　**蒋宗桂题诗**　〔六塘镇周公山村济湘桥北船山·明代〕　明嘉靖二十年（1541）刻。刻面高 0.4 米，宽 0.5 米。文竖行，阴刻，楷书。文云："嘉靖辛丑季春吉旦，诗曰：觅得南源结一桥，愿祈永远济农樵。四方宽大藏风月，八面高低显固牢。排闼好山重叠翠，绕溪秀水远拖潮。更名复立桥湘渡，千载名传不动摇。"落款"桂林省官蒋宗桂题"。

41－C_5　**褚村寨墙**　〔茶洞乡花岭行政村褚村东头及后山·明—清·县文物保护单位〕　建于明嘉靖三年（1524），次年完工，清道光六年（1826）重修。依山筑寨，平面形状不规整。寨墙用料石干砌，村前残墙长约 25 米，村后残墙长 200 余米，高 3.4 米，厚 2.2 米。墙东端辟一拱门，门高 2.2 米，宽 1.1 米。门洞右壁嵌明嘉靖十年（1531）记事碑 1 方，记载该村褚姓先祖迁徙沿革及筑寨事由。

42－C_6　**两江塔**　〔两江镇城联行政村两江古城西门外·明代·县文物保护单位〕　建于明代，具体时间不详。为楼阁式砖塔。坐南朝北，平面呈八角形，高七层 10.02 米。塔基不显，塔身自下而上各层面阔和高度递减，以棱角砖叠涩出檐。底层北面开拱门。二层以上各层错位开一个小窗，宝珠形塔刹。塔腔中空。塔身壁双层砖结构，夹层间有回旋砖阶可登塔顶。占地面积约 22 平方米。

43－C_7　**侯山背古道**　〔临桂镇塔山行政村楼里至桂林甲山村一带·清—民国〕　侯山亦作猴山，因塔山行政村各村位于猴山以西，习惯称为侯山背。古道始建年代不详，据石刻载，清乾隆年间至民国时期皆有修缮。古道由塔山诸村后山蜿蜒而过，直至桂林甲山，是桂（桂林）灵（灵川）义（义宁）龙（龙胜）交通之要道。现存 2.5 公里，由楼里村牛栏塘至桂林甲山，以大块料石铺路，最窄处约 0.6 米，最宽处约 1.5 米。

44－C_8　**六塘清真寺**　〔六塘镇六塘街社区西水街 17 号·清·自治区文物保护单位〕　建于清康熙年间（1662—1722）。清咸丰二年（1852）被毁，清同治

八年（1869）重修第二进，清光绪十年（1884）重建第三进。坐西朝东，砖木结构，三进院落，由前堂、讲经殿、礼拜堂及天井组成，占地面积约 2216.2 平方米。前堂面阔五间，进深一间，清水墙，穿斗与抬梁混合木构架，硬山顶，盖小青瓦。南侧有清同治、清光绪时期的碑刻，记录修寺及寺田的有关情况。讲经殿为厅堂，两侧为讲经堂。券棚式廊檐，木楹石础，中楹悬挂云南王阿訇游桂林时书写的对联。礼拜堂面阔五间，抬梁式木构架，硬山顶，盖小青瓦，弧形马头山墙，前檐为隔扇大门，门窗雕刻各种书体"寺"字 130 个。正面为券拱形"秘海拉布"龛，两侧分别为讲经台、净身房。

45－C_9　**横山大堰**　〔四塘乡横山行政村横山村南面约 200 米相思江上·清代〕　据清光绪三十一年重刊本《临桂县志》载，"雍正十一年陈宏谋增益旧址易土以石，乾隆二十六年倡众修焉……乾隆五十六年陈钟琛重修"。堰坝南北横跨相思江，宽约 9 米，用料石砌筑坝体，东、西护堤在坝体之上，用料石护砌，长约 8.5 米，护堤间堰坝上用石砌 2 墩，架设三孔梁式石板桥。

46－C_{10}　**五通镇清真寺**　〔五通镇五通街社区人民街 67 号·清代·县文物保护单位〕　建于清乾隆年间（1736—1795）。1915 年修缮。坐西朝东，砖木结构，三进院落，自东而西依次是门楼、讲经殿、礼拜堂，占地面积约 495 平方米。各座面阔三间，进深三间，青砖墙，抬梁式木构架，内顶设八角形藻井，硬山顶，盖小青瓦，马头山墙。讲经殿为通厅，前、后檐敞开，礼拜堂前为隔扇门。

47－C_{11}　**兴隆桥**　〔会仙镇同助行政村廖家山底村东会仙河上·清代·县文物保护单位〕　建于清初，清乾隆十五年（1750）、1930 年皆有修缮。东西走向，五孔石拱桥，长 37 米，宽 1.9—1.94 米。拱跨最大 3.3 米，最小 1.7 米。桥身、桥拱用料石砌筑，桥面铺青石板，两端原各有石踏跺。桥南端立二层门楼，砖木结构，悬山顶，盖小青瓦。下层开方形门洞。门楼外有清乾隆十五年、1930 年《重修兴隆桥碑记》等碑刻 3 方。

48－C_{12}　**朱氏牌坊**　〔四塘乡岩口行政村王家崴村东面约 1000 米的石山脚边·清代〕　清乾隆十八年（1753）修建。坐东朝西，两柱一间石牌坊，高 3.6 米，面阔 2.45 米，坊额间龙凤板阳刻"令德开先" 4 字，字旁有小字，已看不清楚，两旁刻荷花图案。牌坊一些构件已脱落。坊后有朱氏曾祖母李氏墓 1 座，墓碑刻"大清乾隆十八年岁在癸酉季春穀旦明故曾祖妣耆寿孺人朱母李氏太君之墓曾孙享衍率元孙若桧东

季桴耳孙依昆鲁炅燮重立"。

49 – C₁₃ 官陂堰 〔会仙镇同助行政村山底村南约1公里的会仙河上·清代〕 修建于清代，具体时间不详。重修于清乾隆五十四年（1789）。堰坝呈东西走向，由坝体及护堤组成，坝体用料石砌成，坝体长约45.5米，宽约10米，高约1.2米。东面立有《乾隆五十四年重修官陂堰》碑刻1方。该堰主要灌溉同助、陂头及山尾、新民等地农田约1100多亩。

50 – C₁₄ 下山尾廊桥 〔两江镇两江行政村下山尾村东南约300米小溪上·清代〕 建于清嘉庆年间（1796—1820）。1933年重修桥廊。东西走向，单孔石拱砖木廊桥，拱桥用料石干砌，长7米，宽3.5米，桥面铺石，两侧有条石护栏。桥廊建于石桥上，单间4砖柱，歇山顶，盖小青瓦。两侧原设有木栏杆。亭内木构件雕有蝠、凤等吉祥图案彩绘。原桥旁立有清嘉庆年间修桥碑，今已不存。

51 – C₁₅ 绕江拱桥 〔四塘乡四塘行政村绕江村北面约500米相思江支流上·清代〕 据《临桂县志》载，清嘉庆五年（1800）陈兰策重修。西南—东北走向，双孔石拱桥，长17米，宽4.2米，拱跨6米。桥身、桥拱皆用料石干砌。两端引桥各长约40米。桥南端往南13米排列有高0.45米的石柱12根，中有圆孔，柱中穿圆木为栏。

52 – C₁₆ 南边山双凤桥 〔南边山乡钱村行政村双凤桥村双凤河·清代·自治区文物保护单位〕 建于清嘉庆十五年（1810）。由乡绅陈汝歧、秦永辉、陈西山等捐资修建。东西走向，由水桥和东、西旱桥构成。水桥为单孔石拱桥，长34.8米，宽6.65米，拱跨17.1米。桥身以方料石错缝砌成，桥面用长石板平铺。两侧砌石栏板，东端设踏跺18级，西端17级。旱桥为梁式石板桥，亦以料石砌筑，东桥长20.15米，砌3墩，西旱桥长14.8米，砌2墩。

53 – C₁₇ 高山大庙 〔四塘乡太平行政村鱼陂畲村南面·清代〕 建于清道光十四年（1834），清光绪二十四年（1898）重修。坐西北朝东南，二进院落，由前殿、后殿、天井组成，占地面积约171平方米。前、后殿面阔三间，砖木结构，穿斗与抬梁混合木构架，硬山顶，盖小青瓦。前殿悬挂"神恩保佑"匾，弧形马头山墙。后殿悬挂"千秋吉祥""高山云彩"匾，马头山墙。庙门口东侧有清道光十四年众修庙碑、清光绪二十四年重修高山大庙碑各1方。

54 – C₁₈ 石门崴寨墙 〔会仙镇南面官陂山西半山腰石门崴中·清代·县文物保护单位〕 清咸丰年间（1851—1861），在官陂山诸峰修筑料石寨墙，寨墙依山而建。西北寨墙长5米，设有石门，门高2.05米，面阔2.2米，进深2.1米。西南寨墙长约50米，高3米，中开石门。寨门有清同治元年（1862）《修寨路碑》，高约1.2米，宽0.9米，碑载太平军曾攻此寨。寨内土坪有寺殿遗址。

55 – C₁₉ 钟英塔 〔临桂镇秧塘行政村殿头村西南·清代〕 建于清咸丰元年（1851）。为六边形七层实心石塔，坐西朝东，塔身高10.6米，层层收缩，每层出檐。塔基为二层方台，底座高1.6米，边长2.42—2.5米，占地面积约80平方米。塔身、基座均用料石砌成，塔身东面第四层篆书"钟英浮图"4字、阴刻。塔身中五层每层每面有龛。塔顶为立柱宝珠塔刹。

56 – C₂₀ 石氏节孝坊 〔茶洞乡定安行政村善良村南约200米·清代·县文物保护单位〕 建于清同治十一年（1872）。为旌表九品官梁彦竣妻石氏守节，广西巡抚部院及布政使司奉敕拨帑兴建。坐西朝东，为一字形四柱三间石牌坊，高8米，面阔6.4米。明间龙门枋上竖"恩荣"坊额，垫板刻"节孝坊"等字。左右次间龙凤板刻"松筠著节""冰雪为心"等赞语。石柱方形，中柱顶雕蹲狮，边柱顶雕宝瓶，柱脚有夹杆石。

57 – C₂₁ 塘边百岁坊 〔五通镇西南行政村塘边村·清代〕 清光绪年间（1875—1908），为表彰塘边村百岁老人谢菁楷而建。坐西朝东，四柱三间石牌坊，占地面积约45平方米。明间为拱门，面阔1.8米，门额龙凤板书"百岁坊"，两边柱高6米，柱头上各雕立1只狮子。次间用青砖封闭，面阔1.15米，中柱高5.5米。坊两侧连长7.5米的砖墙，墙体的西面各嵌有碑刻3方，记述建坊缘由及称颂百岁寿民之语。

58 – C₂₂ 甑底凉亭 〔会仙镇寺山行政村甑底村南约1公里·清代〕 建于清光绪六年（1880）。坐东南朝西北，四方凉亭，面阔、进深10.25米，高6.05米，占地面积约110.2平方米。亭内立柱4排，每排4根，中心4柱较高，长方石柱础，石础凿有凹洞，内嵌木板相连以供休息，抬梁式木构架，歇山顶，盖小青瓦。亭四面开敞，内用鹅卵石铺地，凉亭梁中书"鼎建光绪六年庚辰季冬月穀旦秦永辉"。

59 – C₂₃ 古佳拱桥 〔会仙镇大联行政村古佳庄会仙河上·清代〕 建于清光绪十八年（1892）。东西走向，单孔石拱桥，长31米，宽4.3米，拱跨9.8米。桥身、桥拱用料石错缝砌成，桥东、西两端设石踏跺。桥西西南角立有《光绪十八年五月重修古路碑》1方。

60 – C₂₄ 赵家砖塔 〔四塘乡岩口行政村赵家东侧200米田间·清代〕 始建时间不详，清光绪二十七年（1901）重修。砖塔建在田间的巨石上，六边形青砖塔，高三层，高约 5 米，底层边宽约 1 米。塔身逐层内收，每层砌有瓦檐，瓦檐角已毁，葫芦形塔刹。底层有小门。塔底巨石东侧刻有"光绪二十七年重修"。

61 - C₂₅　铜桥　〔会仙镇会仙行政村上大活头村西南面会仙河上·清代·县文物保护单位〕　建于清代，具体时间不详。东西走向，单孔石拱桥，长 23.8 米，宽 4.8 米，拱跨 10.9 米。桥身、桥拱用料石错缝砌筑，桥面铺料石，桥身两侧有条石护栏，两端各设 12 级石踏跺。原有迎桥碑刻已佚。

62 - C₂₆　西山拱桥　〔五通镇西山行政村东边约 500 米桃花江上·清代·县文物保护单位〕　建于清代，具体时间不详。东西走向，三孔石拱桥，长 54.8 米，宽 4.48 米，拱跨 7.8 米。桥身、桥拱用料石错缝砌筑。三合土桥面，桥两端原设有石踏跺，20 世纪 70 年代改建为三合土斜坡。

63 - C₂₇　马鞍桥　〔五通镇西山行政村马鞍村桃花江·清代·县文物保护单位〕　建于清代，具体时间不详。东北—西南走向，四孔石拱桥，长 26 米，宽 4.2 米，拱跨 5.4 米。桥身、拱用料石砌成，桥面铺青石板，两端接石板小道。

64 - C₂₈　刘家堰　〔会仙镇四益行政村刘家村东北约 500 米的会仙河上·清代〕　修建于清代，具体时间不详，由刘家村村民集资修建。由坝体及护堤组成，面积约 500 平方米，俱系大料石砌筑。坝体呈梯形，上宽 7 米，下宽 9 米，高 0.6 米，长 10 米。东、西端有护堤，东护堤宽 19.3 米，西护堤宽 19 米，堰西南端接灌溉渠。主要用途为灌溉农用，次为泄洪。

65 - C₂₉　铁匠堰　〔会仙镇睦洞行政村铁匠村南约 1 公里会仙河上·清代〕　修建于清代，具体时间不详。堰为南北走向，由坝体及护堤组成，用料石砌筑，坝体呈梯形，上宽 16 米，底宽 23.5 米，长 10.5 米。堰坝中见石墩分布，墩残高 0.5 米，墩两侧有渡槽。东边护堤长 33.5 米，西边护堤长 76 米，高约 1.5 米，灌溉面积 7000 多亩。

66 - C₃₀　大律街拱桥　〔临桂镇大律行政村大律街西南 200 米小河上·清代〕　建于清代，具体时间不详。东西走向，单孔石拱桥，桥总长 23 米，其中桥面长 3.4 米，宽 3.7 米，拱跨 5.5 米，西端与长 6 米的水泥桥相连。据访此桥原有清代碑刻 3 方，20 世纪 60—70 年代用于修路。

67 - C₃₁　山尾村井　〔会仙镇山尾行政村山尾村中·清代〕　建于清代，具体时间不详。井圈为八面形，高 0.72 米，井圈厚 0.15 米，每面宽 0.4 米，内径为 0.63 米，外径为 0.92 米，占地面积 1 平方米。井圈内侧有多道痕迹，井圈上刻有"□□年造□大井"字

样，井边 2 米外有石盆 2 个。

68 - C₃₂　褚氏宗祠　〔茶洞乡花岭行政村褚村·清代·县文物保护单位〕　建于清代，具体时间不详。坐北朝南，砖木结构，二进院落，由前座、后堂及天井组成，占地面积约 312.5 平方米。前座、后堂面阔三间，青砖墙，穿斗与抬梁混合木构架，硬山顶，盖小青瓦。前座有前檐廊，石础木檐柱，石门框，弧形马头山墙。后堂敞开，屋内有石雕香火台 1 座，雕狮子、麒麟、鹿等图案并刻"享于克诚"4 字。

69 - C₃₃　花岭戏台　〔茶洞乡花岭行政村花岭圩·清代〕　建于清代，具体时间不详。前为门楼，后为戏台，台下为木构通道。门楼存下半部分，两侧通道门已被砖封砌。戏台高 4 米，面阔三间 12 米，进深 25 米，青砖砌筑，尚保存有廊柱。戏台内有清道光二年（1822）告示碑、清道光十五年（1835）捐资碑、清光绪三十年（1904）财神庙公店记碑等碑刻 3 方。

70 - D₁　华岩崖石刻、碑刻　〔五通镇北塘行政村华岩坪华岩山上华岩洞·南宋、清、民国·县文物保护单位〕　华岩山为南宋以来道、佛及游览胜地，洞口原建有纯阳观。洞内外存摩崖石刻 9 方，其中南宋 3 方，清代 5 方，民国 1 方。书法有行、楷、草、真等。内容是 1 记 8 诗。作者为官吏和文人。最早的为南宋嘉定九年（1216）方信孺题诗。除此，还有碑刻 1 方。

D₁₋₁　方信孺题诗　〔五通镇华岩坪华岩洞内壁上·南宋〕　南宋嘉定九年（1216）刻。刻面高 0.88 米，宽 1.41 米。文竖 10 行，满行 7 字，计 85 字，字径 0.11 米，行书，阴刻。广西转运判官方信孺撰文并书丹。无首题，落款"嘉定九年十二月立春前一日，本路运判莆田方信孺书，滇□□□众上石"。即景七言诗，记述作者遥望远景，赞叹洞内外景致，并抒发了心中激情。方信孺，字孚若，福建莆田人，嘉定六年（1213）任广西转运判官兼提点刑狱。

D₁₋₂　王香谷携游华岩题壁　〔五通镇华岩坪华岩洞内壁上·清代〕　清光绪十一年（1885）刻。刻面高 0.9 米，宽 0.93 米。文竖 16 行，满行 16 字，计 216 字，字径 0.05 米，楷书，阴刻。王香谷撰文并书丹，梁炳坦勒石。额题"王香谷携游华岩题壁"，落款"玉融可庐梁炳垣"。刻文赞美华岩洞之风光，并由此抒发人生之感叹。王香谷，文人，生平不详。

D₁₋₃　三仙楼记碑　〔五通镇华岩坪华岩洞内立碑·清代〕　碑刻 1 方。清乾隆二十七年（1762）立。碑高 1.8 米，宽 0.9 米，厚 0.15 米。碑文竖 16 行，满行 42 字，计 593 字。知义宁县事兼署龙胜通判刘名运撰文，廪生粟恒丰书丹，庠生伍凤才义等立，石匠周仁滋镌。刻面第一部分题"继吕仙原诗一首"，草书，

诗文七言，怀古赞今，并刻吕仙跨鹤图。第二部分首题"吕仙楼记"，落款"乾隆二十七年当次壬午夏五月立，石匠周仁滋镌"。碑文记述在华岩洞之外建楼无阁，题"吕仙楼"之经过，阐述了有人以传千古者"无楼亦有楼也"，无人以传千古者"虽有楼亦无楼也"之缘由。

71 – D₂　斋公岩摩崖石刻〔临桂镇塔山行政村斋公岩东北面山腰·明、清·县文物保护单位〕　有摩崖石刻6方，其中明代2方，清代4方。书法为行楷。作者是乡间人士，多为题记。有明天顺间（1457—1464）《重修拆建观音殿碑》、明隆庆三年（1569）《重鼎新佛殿碑》、清康熙五十三年（1714）《重建静乐庵装塑佛像碑记》、清嘉庆十年（1805）《重建佛殿碑》、清同治十一年（1872）捐资碑、清光绪十八年（1892）《重修斋公岩碑记》，刻文内容多记述自明天顺到清光绪年间斋公岩佛殿修建、修缮、盛衰情况。

72 – D₃　镇龙山摩崖石刻〔四塘乡岩口行政村全洞村镇龙山半山腰·明、清〕　山腰原有建于清代的普保大庙，庙已废，遗址尚存。山崖上有摩崖石刻8方，刻自明崇祯十七年（1644）至1914年。字迹多不清晰。内容为游山题诗及捐资重修镇龙山大庙事宜。其中《游镇龙山》刻于明崇祯十七年（1644），举人赵嗣鼎撰文书丹。七律二首，五言一首，附序。碑文竖17行，满行2—21字。首行"游镇龙山"，落款"大明崇祯十七年甲申岁仲冬吉旦立"。

73 – D₄　一品峰摩崖石刻〔四塘乡横山行政村横山村一品峰·清代〕　摩崖石刻3方。清乾隆年间（1736—1795）刻。题诗3首，每诗刻面高0.35米，宽0.2米。文行书，均为七言诗。无额题。其一，诗文竖5行，满行7字，计34字，落款"里人陈钟琛刻"，诗文赞一品峰之独奇；其二，诗文竖5行，满行7字，计38字，落款"乾隆乙未里人陈兆熙题"，诗述清明时节登一品峰之景；其三，诗文竖5行，满行7字，计38字，落款"乾隆乙未里人陈钟琛题"，诗述桂花开时节，花香扑面之情景。文皆楷书，阴刻。陈钟琛，字紫岱，广西临桂县横山村人，清乾隆乙卯（1795）举人，官至直隶托宁县知县；陈兆熙，广西临桂县横山村人，清举人，军功正二品戴花翎。

74 – D₅　古东山摩崖石刻〔五通镇浔江行政村榜山北面约500米古东山山腰穿洞中·清代〕　洞口高距地面约50米，呈东西向穿洞古东山，洞狭长，东边洞口宽4米，洞内原建有两层庙宇，已毁。穿洞后部西南部有摩崖石刻7方，分别刻于清乾隆、清嘉庆、清道光年间。内容多为赋咏古东山名胜古迹的诗及记事。

75 – D₆　崩山潭摩岩石刻〔南边山乡钱村行政村崩山潭古道边岩壁·清代〕　有摩崖石刻2方。一方为清咸丰五年（1855）老钱村、双凤桥、浪石圩、崩山潭四地共立公约碑，刻面高0.55米、宽0.4米。字径0.04米。刻文记四村百姓为保护长滩、夺塘和偃水三处水源，禁止药鱼及相关处罚事宜。另一方为佚名的民间偏方碑，刻面高0.8米，宽1.4米。字径0.02米。刻文记治疗血崩、中气、中毒和不语猝死等疑难杂症的药方。文皆楷书，阴刻。

76 – D₇　横山碑刻〔四塘乡横山行政村横山村陈氏宗祠内·清代·县文物保护单位〕　有碑刻45方。除题刻外，还有陈宏谋父母妻子的墓志铭、墓碑和神道碑、陈宏谋墓志、"诰命"碑、陈兰森及夫人朱氏墓志铭、陈春宇墓志铭等。碑文内容主要记述陈宏谋四代世系。书法有真、草、行、篆4体。重要的石刻是清乾隆帝赐东阁大学士兼兵部尚书陈宏谋的诗刻。

D₇₋₁　乾隆皇帝御赐诗刻碑〔四塘乡横山村陈氏宗祠内·清代〕　清乾隆年间（1736—1795）立。碑高1.3米，宽0.63米，厚0.17米。碑文竖6行，满行13字，计76字，字径0.07—0.085米，行书。乾隆皇帝御笔，刻工穆大展。无额题，落款"御笔赐江苏巡抚陈宏谋"附"所定惟贤""乾隆御笔"两枚印记。御诗为五言，内容叙述为官为民实政、行善，谨防尚虚名之道。陈宏谋（1696—1771），字汝咨，号榕门，谥文恭，广西临桂横山村人。官至东阁大学士兼工部尚书，以太子太傅衔致仕。

D₇₋₂　陈兰森诰命碑〔四塘乡四塘园艺场·清〕　清嘉庆九年（1804）立。碑高2.52米，宽0.94米，厚0.21米。碑文竖5行，满行45字，计148字，楷书，阴刻。首题"诰命"，篆书，饰阴刻回文。额题"奉天承运"，落款"嘉庆九年四月二十一日"，皆楷书。碑文记述湖北荆宜施道陈兰森竭诚奉职，临难捐躯，加赠中议大夫，予以褒嘉之事。陈兰森（1734—1804），字长筠，号松山，广西临桂县横山村人，陈宏谋之孙，官至湖北荆宜施道道员兼监督荆州钞关。

77 – D₈　三村公约碑〔四塘乡岩口行政村田心村口·清代〕　清乾隆三十二年（1767）立。碑阳朝东北，碑高1.58米，宽0.8米，厚0.1米。碑文竖25行，阴刻，楷书。为田心村、既上村、王家咸三村公约碑刻，额题"三村公约碑"，落款"乾隆三十二年岁次丁亥仲夏月榖旦"。碑文模糊，内容为共立禁令13条。

78 – D₉　奉县遵照碑〔会仙镇睦洞行政村三义码头东侧·清代〕　并立碑刻2方。其一为清光绪十三年（1887）《奉县遵照碑》，碑阳朝东北，高0.9米，宽 0.6 米，厚 0.12 米。另一方为清道光十八年（1838）《重修大路碑》。

79 - D₁₀ 阳灿父母诰封碑、阳灿之妻诰封碑

〔临桂镇乐和行政村车田村东约 300 米处·清代〕 清同治十三年（1874）立。碑阳朝西，阳灿父母诰封碑靠北，阳灿妻诰封碑靠南。两碑形制大小相同，高1.75 米，宽 0.845 米，厚 0.18 米。碑额阳刻蝙蝠、祥云纹，左右两边各阳刻两条龙纹。正文阴刻楷书，字径 0.03 米，内容为诰封蓝翎州同衔阳灿之父为奉直大夫，其母其妻为宜人。

80 - D₁₁ 李朝选等诰封碑 〔会仙镇大联行政村大岩底村附近·清代〕 清光绪十九年（1893）立。为清总兵衔补用副将李胜才父李朝选、曾祖父李舒云、祖父李成香等的诰封碑。李舒云、李朝选诰封碑，碑阳朝东南，高 2.1 米，宽 0.93 米，厚 0.26 米，与其墓紧邻。李成香诰封碑，高 2.5 米，宽 0.92 米，厚 0.26米。碑额及边框饰龙纹，字径 0.04 米，字迹多模糊。李胜才（1843—1893），字冠英，广西临桂县会仙镇大岩底村人，官至总兵衔补用副将，署理台湾彰化营都司，诰授武显将军，晋授振威将军。

81 - E₁ 太平军六塘宿营地遗址 〔六塘镇羊明街18 号湖南会馆·1852 年〕 清咸丰二年（1852）4 月初，太平军永安突围后经过三妹瑶区，越天平坳，经马岭、高田、葡萄，4 月 16 日进抵六塘。17 日围攻桂林。六塘湖南会馆为太平军经过时的宿营地。会馆毁于战火，后重建。坐东朝西，砖木结构，三进院落，由前座、中座、后座、天井组成，占地面积约 1320 平方米。各座面阔三间，青砖墙，抬梁与穿斗混合木构架，硬山顶，盖小青瓦。三级或五级马头山墙。馆内有清光绪二十二年（1896）《禹皇祀乐善堂碑记》碑1 方。

E₁₋₁ 禹皇祀乐善堂碑记 〔原立于六塘镇湖南会馆，现存桂林市云峰寺·1896 年〕 清光绪二十二年（1896）立，碑高 1.5 米，宽 0.9 米。横行额题"禹皇祀乐善堂碑记"，落款"大清光绪二十二年□岁次丙申仲冬月毂旦日立"，楷体，阴刻。碑文前为序言，后为捐资芳名单。序言竖 5 行，满行 41 字，计 200 余字。记载清咸丰元年（1851），太平军北上途经六塘镇的捣毁神像情景。

82 - E₂ 石门岽寨址 〔会仙镇南面官陴山西半山腰石门岽中·清代·县文物保护单位〕 建于清咸丰年间（1851—1861），石门岽四面环山，面积约 400 平方米。诸峰依山修建料石寨墙。西北段长约 5 米（官陴山西北面），寨墙中有石门，门高 2.05 米，宽 2.2米，进深 2.1 米，石踏跺通西南寨门（长约 2 公里）；

西南寨墙长约 50 米，高 3 米，石门大小与西北门类似。南寨门有清同治元年（1862）《修寨路碑》1 方，高1.2 米，宽 0.9 米，碑文载太平军曾攻此寨，"寨内聚着七十余人，攻击五昼夜，困寨三十余日"。

83 - E₃ 梁昌诰墓 〔茶洞乡江洲行政村坪田村葫芦岭南·1926 年〕 梁昌诰（1880—1926），字右真，广西临桂县茶洞乡定安堡村人。曾任中华民国国会第一届国会议员。1924 年返桂，任桂南公路总办。共有 4墓并排相连，自东向西依次为梁昌诰墓、其父梁克卫墓、其母李氏墓、秦氏墓。占地面积约 50 平方米。墓葬均朝南，周用料石围砌，墓碑均为 1937 年 4 月立。碑高 1.2 米，宽 0.8 米，分别刻墓主生平。

84 - E₄ 李宗仁故居 〔临桂县两江镇信果行政村浪头村·清代·全国重点文物保护单位〕 （详见桂林市象山区 27 - E₃）

85 - E₅ 李任仁故居 〔会仙镇会仙行政村塘边村凤山脚下·1887—1949 年〕 李任仁（1887—1968），字重毅，广西临桂县会仙乡塘边村人。国民党桂系著名左派人士。中华人民共和国成立后历任中央人民政府华侨事务委员会副主任、广西省人民政府副主席、广西壮族自治区人民政府副主席等职。故居为清末建筑，坐西朝东，砖木结构。由两座两进院落相连组成，两院的前座、后座皆二层楼房，面阔三间，悬山顶。前座前、后檐为木板槛墙、木格花窗。后座设前廊，二楼木栏杆。两院之间有楼道可通。

86 - E₆ 白崇禧故居 〔会仙镇山尾行政村山尾村·1931 年·县文物保护单位〕 白崇禧（1893—1966）民国桂系首脑人物之一，曾任国民党政府国防部长等职。故居 1928 年兴建，1931 年完工。坐东朝西，砖木结构。四合院，平面呈"回"字形，占地面积约 500 平方米。故居四面高墙，前座、后座皆二层楼房，面阔三间，清水墙，穿斗与抬梁混合木构架，硬山顶，盖小青瓦。

87 - E₇ 秧塘机场及飞虎队指挥所旧址 〔临桂镇秧塘行政村大坪·1933—1945 年·县文物保护单位〕 指挥所旧址在临桂镇西南约 2 公里鸡公山十二重岩，面积约 150 平方米。洞内、外石壁上刻有陈香梅女士的题词等 4 方。岩洞前为秧塘机场。机场建于 1933 年。1939 年秋扩建，1943 年竣工。为中国空军第 10 总站和陈纳德率军率领的中华民国空军美籍志愿大队（俗称"飞虎队"）的作战基地。机场处群山之间，东自二塘大刀街，西至羊田村、刘村；南起油塘尾村，北至塘头村，占地面积约 4.5 平方公里。跑道东西向，跑道两侧有土堆筑的机库。现跑道及鸡公山十二重岩指挥所的岩洞基本完好，跑道两侧尚存 20 余处飞机库。

88 - E₈ **正山白骨洞** 〔临桂镇山水凤凰城内正山·1944年〕 正山又称官山。1944年10月，侵华日军用火烟熏烧躲在正山岩洞的岩塘村、大律村、小律村村民，致死72人。洞口向东北，洞高6米，有大块料石围砌，中留一门，高2米，宽1.4米，厚1.8米，有枪眼。进洞后往右有一洞口，用料石砌墙高1.4米，弯曲狭窄。

89 - E₉ **马埠江村白骨岩** 〔临桂镇塔山行政村马埠江村北燕子岩·1944年〕 1944年冬，马埠江、西镇头和熊家等村19户116人躲入燕子岩避难，被侵华日军用机枪扫射，放火施毒，致使91人死亡，岩内白骨成堆，故名"白骨岩"。燕子岩为石灰岩洞穴，洞口向北，宽约10米，进深约100米，洞内弯弯曲曲。洞口石壁有阳德华书"白骨洞"3字，下方刻简介。

90 - E₁₀ **忠宝白骨岩** 〔两江镇信果行政村忠宝村观音岩·1944年〕 1944年11月24日，驻禁头村的侵华日军侵犯忠宝村，发现村民隐藏在村后观音岩，即放火焚烧岩洞，村民17人被熏死，逃出洞外的9人亦被枪杀，其中1人被剖腹开胸活活折磨惨死。后岩内死者白骨成堆，故易名白骨岩。岩洞在半山腰，岩口宽4米，高6米，进深20米。

91 - E₁₁ **龙泽厚墓** 〔两江镇信果行政村村头村苏家山·1945年〕 龙泽厚（1860—1946），字积之，广西临桂县两江镇信果村头村人。曾任民国广西省教育厅课长、广西省高级顾问等职。著有《易经八卦》《河图洛书》及佛道经典释注多种。墓葬朝东，冢呈圆丘形，径3米，高1.3米，用片石围砌，占地面积约10平方米。墓旁有原配曹氏，继室廖氏、黄氏墓。

92 - E₁₂ **中共桂林城工委和中共广西省农委联络站旧址** 〔五通镇浔江行政村茅山村南约500米阳山刺芯岩·1947—1949·县文物保护单位〕 自1947年夏五通地区游击队成立，至1949年11月义宁县解放，该岩洞一直是原五通地区游击队秘密指挥部，同时也是中共桂林城工委和中共广西省农委联络站的情报联络点。刺芯岩在山腰，高距地面约100米，洞口朝东，洞口高5米，宽6米，进深10米，洞内面积约50平方米。有一条山脚至洞口的水泥道。

93 - E₁₃ **黄瑞琼烈士纪念碑** 〔临桂镇沙塘行政村大井村东约500米寺山山脚·1958年〕 黄瑞琼（?—1949），民国广西知名人士黄蓟之女。解放战争时期在南下服务团4大队2中队任职，1949年11月2日，随解放军由浙入闽遭敌机空袭牺牲。纪念碑于1958年修建。碑为四柱体，底宽1.3米，长约2米，高3.15米，占地面积约2平方米。碑西面竖行刻"黄瑞琼烈士纪念碑"，其他各面刻烈士生平及铭文，为

1958年9月14日大井头村人全体同祀。

94 - E₁₄ **刘俊民烈士墓** 〔会仙镇会仙行政村会仙村东约800米山木岗岭北端·1978年〕 刘俊民（1927—1949），广西临桂县会仙镇同助印山村人，桂北游击队民运员、中队长。1949年12月6日在与匪特作战中牺牲。墓葬朝东北，冢呈圆丘形，周用片石围砌，占地面积约10平方米。墓碑高1.5米，宽0.8米，厚0.5米，二级长方形底座，碑面中部竖行刻"刘俊民烈士墓"，右款小字"临桂县会仙公社同助大队印山村人"，左款小字"生于一九二七年二月，于一九四九年十二月六日光荣牺牲。一九七八年十二月立"。

95 - F₁ **古定三渡桥** 〔两江镇古定行政村南寨村西约500米古定河上·民国〕 始建年代不详，民国期间曾重修。南北走向，单拱石拱桥，长19.5米，宽3.2米，拱跨6米，桥面两侧有条石护栏，高约0.35米。原有碑刻已毁。

96 - G₁ **两江铜权出土点** 〔两江镇·元代〕 1977年出土。黄铜质地，器身呈扁三棱柱形，方形纽。高0.098米，宽0.046米，厚0.03米。刻阴文"至元十八年官十潭州路造"。至元十八年即1281年，潭州路在今湖南长沙。（见《广西出土文物》1978年）

97 - G₂ **富汴铜器窖藏** 〔南边山乡富汴村·元代〕 1975年富汴村出土铜器4件：有大、中、小铜锅共3件，铜熨斗1件。铜锅平底，口折沿，沿上一对半环形耳。高0.137米，口径0.375米，底径0.291米。铜熨斗圆形，直腹，平底，腹侧有长柄。器高0.056米，口径0.057米。

98 - G₃ **狮子山铜权出土点** 〔茶洞乡花岭行政村褚村狮子山·元代〕 1986年5月，褚村附近的狮子山半山腰出土铜权1件，墨绿色，倒梯形方纽，下为圆盘形肩、平底，权身为椭圆形。身正面铸阴文直行楷书"至元五年"，右侧铸阴文直书"人四"字，背铸阴文直书"□川路造"字。通高0.099米，底径0.051米。

灵川县

1 - A₁ **新岩遗址** 〔定江镇莲花行政村聚田村西约1000米新岩·新石器时代·县文物保护单位〕 洞穴遗址。1993年发现。新岩为石灰岩山，岩洞高距地表约5米，洞口朝东。洞内面积约520平方米，有螺蛳壳堆积。发现了砾石砍砸器、磨光石斧、石纺轮、石范、炭末、人牙齿、兽骨和夹砂红褐陶片。陶片饰网格纹，器形不明。（见《考古》1997年10期）

2 - A₂ **奇峰寨遗址** 〔灵川镇大面行政村三岔尾

村·北宋〕 据清光绪九年（1883）《重修回龙庵碑记》载，奇峰寨系北宋大将狄青平定侬智高时修筑的屯粮寨。地处漓江与甘棠江会流处，东、西、南三面环水，地势险要。面积约 1500 平方米。四周原围以夯土墙，现存残墙一段，长 49 米，厚 4.5 米，高 4 米。

3-A₃ 毛岭窑址 〔灵川镇甘棠行政村甘棠村毛岭·宋代〕 分布在毛岭上，面积约 1500 平方米。未发现窑口，废品堆积厚约 1 米。采集有碟、碗、杯等瓷器以及罐、钵等陶器残件，还有 1 件刻"嘉定十二年"陶拍。瓷器灰白胎，施青、黄、酱釉和绿釉，素面无纹。

4-A₄ 下窑村址 〔灵川镇甘棠行政村下窑村·明代·县文物保护单位〕 在下窑村后山坡，分布面积约 1000 平方米。有龙窑 1 座，窑室、火道等皆砖砌，长 42 米，宽 2 米。周围废品堆积厚 2.3 米。主要烧制陶器。采集有罐、坛、缸、花盆等器物残件。部分器物装饰弦纹和直线纹等。

5-A₅ 窑尾村窑址 〔灵川镇甘棠行政村窑尾村·清代〕 窑区在村西及村东，南面临甘棠江，分布面积约 400 平方米。尚见 1 座圆形窑。废品堆积厚约 0.4 米。采集有陶罐和瓷碟、瓷碗等残件。瓷器白胎或灰白胎，施黄釉和酱色釉，部分器物装饰弦纹。

6-A₆ 上窑村窑址 〔灵川镇甘棠行政村上窑村后山·清代·县文物保护单位〕 在上窑村后甘棠江南岸，面积约 6400 平方米。窑口多已夷平。地面见龙窑 1 座，已遭破坏，仅存火道、气孔、窑墙等。废品堆积厚 3 米。主要烧制陶器，发现有罐、坛、缸、盆、碗、盘、碟、盏等陶器残件。釉色有酱釉、青釉等，有的器表施低温绿釉。

7-A₇ 东街石灰窑址 〔三街镇东街集市约 1200 米山下·清代〕 建于清乾隆三十五年（1770）。为烧石灰窑，窑口呈圆丘形，用料石及片石垒筑，窑口、火道、窑室均为券拱形，窑口一块料石上竖 2 行阴刻"乾隆三十五年十月十七日立"。占地面积约 85 平方米。该窑使用至 20 世纪 50 年代。

8-A₈ 金山院遗址 〔潭下镇庄屋行政村南面金峰山·明代·县文物保护单位〕 金山院建于明末，具体年代不详。原有建筑 32 间，均已毁。现存柱础 2 个及院前 480 级青石踏跺，半山路旁有石碑 2 方，刻捐资芳名，大部分字迹已模糊不清。

9-A₉ 三街古驿道 〔三街镇龙门行政村、广化行政村、溶流行政村一带·宋代·县文物保护单位〕 古驿道修筑于宋代。是当时灵川北入兴安，南下桂林的必经之路。驿道南起凌风桥，经小溶江、甘奢铺、上花坪、牛口村，北至今桂黄公路大桥，长约 2857 米。

路面原用卵石铺就，现多处中断，其中牛田村北一段改用青砖补缺。一般宽 1.8 米左右，最宽处 4 米。古道旁有一古井。

10-B₁ 马山墓群 〔大圩镇上力角村北的马山东麓·战国—西汉〕 又称为七星坡。已清理墓葬 7 座，均为长方形竖穴土坑墓，大部分墓底设有腰坑，其中 4 座有二层台，葬具和人骨已朽无存。共出土随葬器物 57 件，其中陶器 35 件，铜器 7 件，铁器 13 件，玉器 2 件。据出土器物分析，推测 M6 为西汉墓，余为战国墓。（《广西考古文集》，文物出版社，2004 年）

11-B₂ 大龙坪墓群 〔三街镇龙门行政村留田村西大龙坪·汉—唐·县文物保护单位〕 墓群南至牛栏田，北至上花坪，西至湘桂铁路，东至驿道，分布面积约 3 平方公里。墓葬部分已被盗掘，大部分封土被夷平或已不明显。

12-B₃ 牛田墓群 〔三街镇行政村牛田村后果园内·晋—南朝〕 占地面积约 700 平方米。1988 年发现 2 座"凸"字形砖室墓，砖青灰色，饰绳纹和三角纹。出土陶釜、铁三角支架和青瓷器等，可惜均被打碎丢失。

13-B₄ 朱家墓群 〔灵川镇粑粑厂行政村朱家村腾家尾岭一带·明代〕 分布在朱家村周围的腾家尾岭、定家岭、门头岭、马脚岭和鲢鱼岭上。墓主均为靖江王宗室。墓冢封土呈圆丘形，高 3—5 米，占地面积 30—70 平方米不等。部分墓前原有神道，立有石翁仲、石兽、华表。早年有 4 座墓被盗。石像生和华表遭到损毁。

B₄₋₁ 昭勇将军墓 〔灵川镇朱家村门头岭·明代〕 墓主为靖江王宗室，具体信息不详。面积约 30 平方米。墓冢呈圆丘形，高 3 米。墓室砖砌。墓前立诰封碑 1 方，高 0.73 米，宽 0.67 米，上刻"明故诰封昭勇将军□□"。墓葬早年被盗，石碑倾倒于地。

14-B₅ 富足村岩洞葬 〔潮田乡富足行政村富足村后龙山·战国〕 岩洞位于龙山东南山腰，高距地表约 30 米，洞口朝东南。洞口圆形，径约 0.8 米，原有巨石封堵。洞内底呈向下的斜坡状，底为地下河，在距洞口 4—5 米处出土青铜器、玉石器等数。其中砺石、玉珠各 1 件，其余为青铜器，有剑、戈、矛、镞、钺、凿、刮刀等 12 件。棺木、人骨遗骸已不存。

15-B₆ 水头村岩洞葬 〔海洋乡水头行政水头村西北约 500 米牯牛山·战国〕 岩洞葬在牯牛山东北壁，高距地表约 20 米，洞口呈长方形，高约 6 米，宽 0.6—1.2 米，在洞内 2 米处有一洞室，北壁距洞底约 5 米处有一小壁洞，洞内发现青铜器、石器、陶器共 40 余件，多散失，征集回收剑、戈、矛、镞、钺、斧、刮刀、镦、叉形器、锥等青铜器 21 件。没发现棺木痕迹。

16－C₁　江头村和长岗岭村古建筑群　〔九屋镇江头行政村江头洲村、灵田乡上长岗岭行政村长岗岭村·明—民国·全国重点文物保护单位〕　江头村和长岗岭村古建筑群由民居、庙宇、祠堂、牌坊、桥梁、巷道等建筑构成。江头村建于明洪武年间（1368—1398），长岗岭村建于明成化年间（1465—1487），历经明朝晚期至清、民国时期，脉络清晰。

C₁₋₁　江头村古建筑群　〔九屋镇江头行政村江头洲村·明—民国〕　江头村建村于明洪武年间（1368—1398），至今具有 1100 多年的历史。经过历代不断新建、扩建或修缮，村内现存明至民国时期建筑 100 余座，包括庙宇、祠堂、香火堂、牌坊、桥梁、民居、巷道、水井等。以民居数量多，主要建筑有爱莲家祠、太史第、五代知县宅、进士宅院、奉政大夫第、同知府第、军功六品宅、闺女楼、通奉大夫第、解元第、按察使第、盐大使宅等。

C₁₋₂　周启运府第　〔九屋镇江头洲村中部·清代〕　建于清道光年间（1821—1850），是代理两江总督事务的周启运的府第，因周启运和他的父亲、儿子均任过知县职务，其祖父和曾祖父有追认过浙江常山县知县，故又称"五代知县"府。庭院式，占地面积约 598 平方米。南面东端开一门，西面开二门，庭院中部为鹅卵石天井，东、西两侧各有一耳房一间，北、南各有一排房屋相对，面阔五间，南房进深一间，北房进深二间，明间隔扇上方挂有"五代知县"匾。主体建筑木板壁，镂雕窗花隔扇门，穿斗与抬梁混合木构架，悬山顶，盖小青瓦。周启运（1792—1853），字景垣，广西灵川县九屋乡江头洲村人。官至护理巡抚并代办两江总督事、直隶按察使等职。

C₁₋₃　太史第　〔九屋镇江头洲村·清代〕　为清同治年间（1862—1874）江头村进士周冠的祖屋，因周冠中进士后当过翰林院编修，并主编过国史，故称为"太史第"。砖木结构，庭院式，由三进庭院及侧院组成，面积约 625 平方米。前院侧墙开大门，门额挂"太史第"竖匾。主院前座、中座皆为面阔三间的套间，后座由面阔三间的套间并排组成，明间均为厅堂，开隔扇门。侧院为前、后庭院，中为面阔三间套间。建筑皆青砖墙，硬山顶，盖小青瓦。

C₁₋₄　爱莲家祠　〔九屋镇江头洲村南部·清代〕建于清光绪八年（1882），十四年（1888）落成。当地周姓以先祖宋代大理学家周敦颐名篇《爱莲说》名祠堂，称"爱莲家祠"。坐西朝东，砖木结构，原为六进院落，现存三进，即门楼、兴宗门、文渊楼、天井、

厢房等，占地面积约 608 平方米。抬梁式木构架，硬山顶，盖灰瓦。隔扇、雀替、柱脚刻有莲花、梅、兰、竹、菊、八仙、八卦图等。祠内多楹联。门楼面阔五间，进深二间，门额竖"爱莲家祠"匾，门前置抱鼓石，5 级青石垂带踏跺。兴宗门设前、后檐廊，檐柱饰雀替，设 3 副双开门，后壁开花格窗。文渊楼面阔五间，进深四间。二层楼房，前檐廊设栏杆，椽条上雕狮虎，下刻莲花。二楼木楼板，门由椽条构成"嚼书品味，泼墨闻香"等字体图案。天井两侧为一层或两层楼，门窗以椽条为笔画，构成"慎言""敏事"等警句或吉祥语。

C₁₋₅　江头桥　〔九屋镇江头洲村东南约 40 米村东南小河上·清代〕　建于清光绪十五年（1889）。东西走向，单孔石拱桥，长 10 米，宽 4.9 米，拱跨 8.2 米。桥身以规格大小不一的料、桥拱用规整料石砌筑，桥面铺石板，两侧砌条石护栏，高 0.8 米，厚 0.7 米。桥两端设石板踏跺，东端 4 级。两端 3 级。

C₁₋₆　长岗岭村古建筑群　〔灵田乡上长岗岭行政村长岗岭村·明—民国〕　长岗岭村建村于明成化年间（1465—1487），因地处湘桂走廊，过往商贾云集，明清时期曾获得"小南京"的美誉。经过历代不断新建、扩建或修缮，现存明晚期、清代建筑 60 余座，多为三进、四进、六进建筑，主要有建于明万历中期的莫府老院、莫家新大院、陈家大院，建于清康熙年间（1662—1722）的"卫守府"，建于清嘉庆年间（1796—1820）的别驾第，建于清道光年间（1821—1850）的莫氏宗祠、五福堂。民居内有隔扇、神龛、供桌、匾、椅、床、衣柜、书桌、书柜、花轿、石磨、石缸、石花钵等。村内的天井和巷道均用青石板铺砌。村内还保留有明、清、民国墓葬 30 多座。

C₁₋₇　卫守府　〔灵田乡长岗岭村·清代〕　建于清康熙年间（1662—1722），由盐商陈焕修建，其妻莫氏为儿子陈大彪捐以武邑职授卫守副府、卫守府、授卫千总。坐北朝南，砖木结构，由主体院落及两侧厢房组成，占地面积约 1058 平方米。主体院落四进，各座面阔三间，青砖墙，抬梁式木构架，硬山顶，盖小青瓦。前座明间设凹廊，廊前置 9 级踏跺，二座前廊 4 柱，内金柱 8 根，三、四内金柱 10 根。座间天井两侧有走廊或厢房。主体西面厢房已不存，东面隔巷道有厢房一排十八间，进深一间。

C₁₋₈　别驾第　〔灵田乡长岗岭村·清代〕　建于清嘉庆年间（1796—1820）。砖木结构，庭院式，由主院及侧院、后厢房组成，占地面积约 1230 平方米。主院为三进二天井，各座面阔三间，青砖墙，硬山顶，盖小青瓦。前座进深一间，明间前有凹廊，廊前置 3

级石踏跺，中、后座进深二间，中座明间前后、后座明间前檐开隔扇木门。天井铺青石板，前天井两侧有厢房各一间，后天井两侧有小门通侧院。主院一侧小院设有花厅及三进楼房，另一侧隔墙有一排八间前后套间。后厢房一排七间，进深一间。

C₁₋₉　五福堂〔灵田乡长岗岭村·清代〕　建于清道光年间（1821—1850），清同治年间（1862—1874）重修。为长岗岭村陈、莫、刘、唐、钟姓共同修建的集会议事场所。坐西北朝东南，砖木结构，二进院落，由前座、后堂及天井组成，占地面积约510平方米。前座面阔三间，进深二间，二层楼阁，前檐墙砖砌，明间开圭门，次间开拱门，内为8金柱木构架，后堂面阔四间，进深三间，青砖墙，内金柱12根，抬梁式木构架，硬山顶，盖小青瓦。四周用青砖墙围护。

17-C₂　迪塘村古建筑群〔灵田乡四联行政村迪塘村·明—清·县文物保护单位〕　建于明洪武年间（1368—1398），历代均有修建。建筑分布在腰鼓山南麓，依山势而建，有建筑180座，包括民居、门楼、风水楼、过道楼、桥、照壁、甬道等，占地面积约4万平方米。民居多为三进或四进院落，由大门、前座、后座、天井、厢房等组成。主体建筑面阔三间，硬山顶，盖小青瓦。窗、门及神台都有花雕装饰，室内地面铺设菱形、网格形或回形地板砖。室外墙窗，镶有镂空的"福""寿""喜"字砖雕，建筑间甬道用青石板铺垫。

C₂₋₁　李膺品故居遗址〔灵田乡迪塘村·明代〕　李膺品（？—1653），字张锦，号狮山隐者，广西灵川县灵田乡迪塘村人，历任明兵部候补主事、兵部左侍郎、左金都御史等职。清兵入关后，李膺品赴南京拥立福王，后又与何腾蛟、瞿式耜拥立永历帝，任兵部左侍郎、左金都御使。桂林沦陷后，李膺品割据抗清，清顺治十年（1653），因寡不敌众，自刎身死。故居建于明代，已毁，现存残墙高2米余及两组拴马石。旁边祠堂的大堂中梁至今还挂有李膺品亲立的匾额，村西南尚存其出资修建的司马桥。

C₂₋₂　绣楼〔灵田乡迪塘村·清代〕　建于清代，具体时间不详。四合院，四面房屋为两层砖木结构回形楼房，底层和二楼都有楼梯和回廊相连，回廊外侧还设有吊脚楼，花窗和门檐雕刻花草和动物图案。中间是天井。天井内堆叠一座假山，绣楼的圆柱上，都挂有对联匾，门框两侧也漆有精美的诗句。绣楼曾为村中的私塾。

18-C₃　灵川故城城门〔三街镇三街行政村凤凰街、东街、南街·明代·县文物保护单位〕　据灵川县志载，灵川县城建于明景泰元年（1450）。二年后筑成土城，明成化元年（1465）用石砌外墙，十二年（1476）又以石筑内墙，明正德年间（1506—1521）重修。开五城门。现存拱北门（北门）、东胜门（东门）、镇南门（南门），3城门皆以料石砌成，门洞为券拱形。拱北门高3米，宽2.75米，进深2.6米；东胜门高3.2米，宽2.85米，进深2.9米；镇南门高3米，宽3.3米，进深7.6米。

19-C₄　五圈桥〔大圩镇朱家行政村熊家村东约500米·明代〕　又名仙人桥。建于明代，具体时间不详。五孔石拱桥，桥倒映江中，远眺成五圈，因而得名。东西走向，长42.32米，宽5.14米，拱跨8米，桥身、桥拱均以料石干砌，缝不施浆。桥面铺石板，两端设石踏跺，西端2级，东端10级，踏跺两侧砌垂带。

20-C₅　大圩古镇〔大圩镇·清、民国·自治区文物保护单位〕　旧称长安市，南宋末年静江府在此设有专门的税官。民居沿漓江呈一字形排列，左右纵深60—120米。主要建筑分布在老圩街、民主街、东方街、建设街，现存清至民国时期高祖庙、清真寺、祠堂、雨亭、民居、石板街、桥梁、沿江码头等。民居门窗、藻井雕工精美，砌有隔火墙；沿江老街基本保持原来的格局。1921年12月孙中山到桂林设北伐大本营，曾在塘坊码头作北伐演讲。

C₅₋₁　清真寺〔大圩镇·清代〕　建于清乾隆年间（1736—1795），具体时间不详。原为三进，占地面积约399.4平方米。现存大殿，坐东朝西，砖木结构，面阔五间，进深四间，青砖墙，内金柱18根，穿斗式木构架，卷棚天花，硬山顶，盖小青瓦。

C₅₋₂　湖南会馆〔大圩镇光明街大圩小学·清代〕　建于清代，具体时间不详。现存会馆的后座，坐北朝南，砖木结构，面阔、进深三间，青砖墙，室内8柱，穿斗与抬梁混合木构架，柁墩、雀替和封檐板等浮雕各种图案，硬山顶，盖小青瓦，两端饰三级山墙。

C₅₋₃　万寿桥〔大圩镇建设街与东方街之间的马溪河口·清代〕　建于明万历年间（1573—1620），原为三孔木板桥。清光绪五年（1879）改建为三孔石拱桥，二十五年（1899）重修。东西走向，单孔石拱桥，长28.61米，宽6.76米，拱跨16.5米，桥身、桥拱用料石干砌，桥墩以料石为护堤，桥面铺石板，两侧石砌护栏，两端四角立望柱，柱端雕卧狮，设抱鼓石。桥头设石踏跺，东端23级，西端22级。立光绪二十八年（1902）《重修万寿桥福岗岭凉亭碑记》4方。

C₅₋₄　廖氏民居〔大圩镇建设街31号·清代〕建于清末。坐东朝西，砖木结构，三进院落，无天井分隔，建筑高两层，面阔一间，进深三间，青砖墙，穿斗式木构架，硬山顶，盖小青瓦。室内有镂雕落地罩，诗、词、画雕刻于建筑构件中。

C_{5-5}　**石板街**　〔大圩镇·民国〕　建于民国时期。石板街在大圩镇的中轴线上，贯穿整个镇，街两边是当地的传统木构民居。街面用青石板铺砌，全长800多米，街道在民主街、解放街段保存较好，光明街断断续续保存了一些，其余青石板已遭破坏。青石板下设有完整的隐蔽性排水设施。

21 – C_6　**红庙**　〔灵川镇大面行政村秦家村·清代〕　始建年代不详，清康熙三年（1664）重修，三十五年（1696）局部重建，清同治三年（1864）重修，为祭祀水神的场所。坐西朝东，砖木结构，二进院落，由前殿、后殿、天井、厢房组成，占地面积约213平方米，前、后殿高低错落，建于长条石包砌的弧形高台上，台周围石栏杆。两殿均面阔五间，青砖墙，穿斗式木构架，硬山顶，盖灰瓦。前殿中间为殿堂，后殿立圆形砖柱4根，左右山墙开侧门通厢房。大厅檐墙嵌重修碑记3方。

22 – C_7　**延祥寺**　〔灵川镇禾家铺行政村禾家铺村东约1公里·清代〕　建于清康熙五十二年（1713）。坐西朝东，砖木结构，二进院落，由前殿、天井、后殿组成，占地面积约496平方米。各殿面阔三间，进深四间，青砖墙，抬梁式木构架，硬山顶，盖小青瓦。前殿无前、后墙，后殿专供奉如来佛祖，称"佛月殿"。大门开于西面围墙，内壁嵌"延祥寺"碑刻1方，记述莫家、社庭江、寺门底、石狮岭民众捐款修寺情况及捐款芳名。

23 – C_8　**楼公祠**　〔九屋镇江头行政村祠堂村·清代〕　建于清康熙五十七年（1718）。楼公名楼严，浙江人，清康熙五十四年（1715）任灵川县知县。坐西朝东，砖木结构，四进院落，每进皆有小院相连。现仅存第一进，面阔、进深均三间，青砖墙，抬梁式木构架，硬山顶，盖小青瓦。正面开拱门，前有檐廊，立木檐柱2根。地铺鹅卵石，置小院，占地面积约250平方米。

24 – C_9　**龙口庙**　〔灵川镇禾家铺行政村莫家村西南约200米·清代〕　始建年代不详。清康熙五十八年（1719）、清雍正十二年（1734）和清乾隆二十三年（1758）重修。为祭祀水神的场所。坐南朝北，砖木结构，前为天井，后为正殿，占地面积约124.24平方米。正殿面阔三间，进深一间，青砖墙，抬梁式木构架，硬山顶，盖小青瓦。四周围墙。围墙上嵌清代两次修庙碑4方，内容均为捐款者姓名及捐款数额。

25 – C_{10}　**太阳桥**　〔九屋镇塘社行政村大塘村南小

河上·清代〕　又称"人头桥"，始建年代不详，清雍正九年（1731）重建。南北走向，单孔石拱桥，长11.8米，宽3.64米，拱跨8米。桥身、桥拱以料石干砌，桥面两端渐低与路面平行，两端侧面设踏跺栏杆。桥头立清雍正九年《重建人头桥碑记》1方，记载捐款者姓名及数额。

26 – C_{11}　**文庙**　〔三街镇三街行政村东街·清代〕　建于清乾隆年间（1736—1795），具体时间不详。灵田长岗岭村陈焕猷捐建。坐北朝南，砖木结构，二进院落，前为大殿，后为看楼，占地面积约192平方米。大殿毁于1952年，仅存台基及5级雕龙图案青石踏跺。看楼面阔12米，进深8米，分上下两层，前墙为木板，其余三面为砖墙，楼板及木格窗已毁，青砖墙，穿斗式木构架，硬山顶，盖小青瓦，山墙堆塑花草。

27 – C_{12}　**木湾村古建筑群**　〔海洋乡大庙塘行政村桐木湾村·清—民国·自治区文物保护单位〕　建于清乾隆年间（1736—1795），此后逐步完善。现存民居6座以及门楼、巷道、石板路、古井、石坊等建筑，占地面积约1万平方米。民居为二至三进院落，砖木结构，各进间隔以天井，主体建筑面阔三间，青砖墙，木梁架，硬山顶，盖小青瓦。

28 – C_{13}　**社树桥**　〔潭下镇薛家行政村文家井村东约50米社树桥河·清代〕　始建年代不详。清乾隆二十年（1755）重修。桥头原有一大樟树，枝叶遮盖全桥，故名社树桥。东西走向，三孔石拱平桥，长16米，宽4米，拱跨5米。桥身为不规整的青石块砌成，料石桥拱，桥面覆盖沙石，两端与路齐平。近年于桥两端增筑护桥石坝。

29 – C_{14}　**东兴桥**　〔潭下镇老街行政村东岭村村前小河上·清代〕　建于清乾隆三十一年（1766）。东西走向，梁式石板桥，长27米，宽0.84米。青石砌墩，逆水面作分水尖状，墩间上铺长条青石，由墩顶长形带槽石榫卡住，十分牢固。现桥西段遭水毁，仅存两墩，残长6.2米。碑东端立碑1方，记载修桥捐款人姓名及捐款数额。

30 – C_{15}　**孟夫子庙**　〔三街镇三街行政村东街·清代〕　建于清乾隆四十年（1775）。坐北朝南，砖木结构，庭院式，前为天井，后为正殿，占地面积约120平方米。正殿面阔三间，进深二间，青砖墙，硬山顶，盖灰瓦。横梁墨书"大清乾隆四十年岁次乙未吉旦灵川县官绅士茂同鼎建"。现为镇民住房。

31 – C_{16}　**关帝庙**　〔大圩镇上桥行政村上桥村口·清代〕　建于清乾隆五十八年（1793）。原为三进院落，现存前殿、中殿两进，面积约348平方米。前殿、中殿面阔三间，清水墙，穿斗式木构架，硬山顶，盖小青瓦。前殿有前檐廊，石础木檐柱 2 根，明间双开木门，现存碑 9 方。中殿、厢房部分倒塌。

C_{16-1}　**关帝庙桥**　〔大圩镇上桥行政村上桥村南雷霹河上·清代〕　建于清代，具体时间不详。南北走向，双孔石拱桥，长 16.93 米，宽 3.8 米，拱跨 5.93 米。桥身、桥拱以料石砌筑，桥面铺石板，南端设条石踏跺 10 级，北端 9 级，踏跺两侧有条石垂带护栏。桥身两侧护栏已毁。

32 – C_{17}　**上桥**　〔大圩镇上桥行政村上桥村西马溪河上·清代〕　建于明弘治元年（1488）。清嘉庆年间（1796—1820）重修。东西走向，双孔石拱桥，总长 34.7 米，桥面长 15 米，宽 5.2 米，拱跨 9.2 米。桥身、轿拱用料石干砌。桥面用 30 块同规格长方形青石板横铺，用 17 块青石板嵌边。桥头设石踏跺，东端 13 级，西端 21 级，西端踏跺中部设一平台，分两北设踏跺上下。东端桥台长 9 米，西端桥台长 7.4 米。桥头立碑 1 方，现已掉落水中。

33 – C_{18}　**春熙门**　〔潭下镇枣木行政村山底村·清代〕　始建年代不详，清嘉庆元年（1796）重建，用于防盗。坐北朝南，条石砌建，不施灰浆。券拱门洞高 2.88 米，宽 2 米，进深 2.28 米。两侧门墙各宽 1 米。门额嵌"春熙门"石匾，门洞内壁嵌清嘉庆、清同治碑刻各 1 方。嘉庆碑高 0.19 米，宽 0.24 米。竖行，阳刻。楷书"嘉庆元年丙辰仲春重建春熙门"及捐款数额和芳名。占地面积约 10 平方米。

34 – C_{19}　**秦家祠堂**　〔潮田乡留村行政村留村·清代〕　建于清嘉庆七年（1802），清光绪三十二（1906）年重修。三进院落，砖木结构，现存二进，由牌坊、大门、戏台、包厢组成。牌坊为贞节石牌坊，坊上刻"乾隆癸亥孟春月毂旦立"，戏台为砖木结构。雕花精美，特别是台前栏上挂有七方雕板，雕刻人物故事，戏台两侧有包厢房，穿斗式木构架，硬山顶，盖小青瓦，祠堂内有碑刻 8 方，记修祠及捐资事宜。

35 – C_{20}　**龙头桥**　〔潭下镇大泉行政村黄田村东小河上·清代〕　始建年代不详，清道光七年（1827）重修。因桥拱雕刻龙头，故名龙头桥。南北走向，双孔石拱砖木廊桥，长 7.1 米，宽 3.34 米，拱跨 3.5 米。桥身、桥拱以料石砌筑，桥面铺砌大青石。桥上建砖木结构长廊，硬山顶，盖灰瓦，东面砌土墙，西面敞开，以 2 根方形砖柱支撑梁架，设条石护栏，两端弧形山墙，山墙开门拱门。东墙上嵌建桥碑 10 方，记载修桥经过及捐款者姓名和数额。

36 – C_{21}　**跨鸾桥**　〔大圩镇高桥行政村东岸村马河上·清代〕　建于清道光十九年（1839）。东西走向，双孔石拱桥，长 29.8 米，宽 4.95 米，拱跨 14.4 米。桥身、桥拱用料石干砌，桥面铺沙石土，两侧置条石栏杆。桥头设石踏跺，西端 4 级，东端 2 级。桥头立清道光十九年《鼎建跨鸾桥碑记》1 方。碑高 1.34 米，宽 1.04 米，厚 0.17 米。碑文赞本村之风水，记修桥经过及捐款芳名。

37 – C_{22}　**石大门**　〔潭下镇枣木行政村田里村南·清代〕　始建年代不详，清同治元年（1862）重修，用于防盗。坐北朝南，用料石砌筑，楔形料石券拱门，高 3.4 米，宽 1.76 米，进深 3.47 米。东侧门墙长 1 米，西侧门墙长 8 米，厚 0.4 米。门内壁嵌清同治元年重修捐款芳名碑 1 方。

38 – C_{23}　**宝路风雨亭**　〔定江镇宝路行政村路西村·清代〕　建于清同治元年（1862）。亭平面呈长方形，面阔 5.26 米，进深 7.6 米。四角各以圆形砖柱支撑梁架，悬山顶，盖小青瓦。亭四面敞开，无封墙，东、西侧砖柱旁各立清代捐款芳名碑刻 1 方。

39 – C_{24}　**莫氏宗祠**　〔灵川镇莫家行政村莫家村·清代〕　建于明崇祯六年（1633），清同治元年至三年（1862—1864）重修。砖木结构，二进院落，由前座、天井、正堂组成，占地面积约 123.24 平方米。前座、正堂面阔五间，进深三间，青砖墙，抬梁式木构架，硬山顶，盖小青瓦。正堂置神台，台高 2 米，面铺木板。硬山顶，盖小青瓦。天井两侧有围墙，开侧门。祠内存明崇祯六年《碑存万代之记》碑 1 方，主要记载莫氏始祖从明洪武年间起发展的情况。

40 – C_{25}　**回龙庵**　〔灵川镇大面行政村三岔尾村·清代〕　建于明代，历代均有扩建，清道光五年（1825）重修，清咸丰七年（1857）毁于火，清同治四年（1865）开始重修，至清光绪八年（1882）完工。坐东朝西，砖木结构。三进院落，由前、中、后三殿及二天井组成，占地面积约 503 平方米。各殿面阔、进深三间，青砖墙，抬梁式木构架，硬山顶，盖小青瓦。后殿内设有楼台，前殿北、西墙壁嵌碑刻共 6 方。

C_{25-1}　**回龙庵碑刻**　〔灵川镇三岔尾村回龙庵前殿·清代〕　刻于清代。回龙庵前殿北墙壁嵌碑刻 4 方，碑高 1.1 米，宽 0.65 米。碑文竖行，前 2 方 400 余字，后 2 方为捐款名字。额题"重修回龙庵碑记"，西墙壁嵌碑刻 2 方，碑高 1.1 米，宽 0.65 米。碑文竖行，400 余字。额题"大清道光五年重修回龙庵碑记"。各碑文均楷书，阴刻，字径 0.025 米。碑文主要记述回龙庵的历史及重修经过。

41 – C_{26}　**四方灵泉**　〔潭下镇老街行政村山口村·清代·自治区文物保护单位〕　建于北宋太平兴国年间（976—984）。清道光二十一年（1841），用石板、望柱围砌井护栏、石井圈、照墙，竖立石牌坊。占地

263

面积约 266.6 平方米。井口平面呈圆形，径 1.57 米，护栏板浮雕云龙图案，石牌坊在井东面，四柱三门，正面明间大额坊上阳刻"四方灵泉"4 字，楷书，落款"三元及第桂林莲使陈继昌敬书"，次间小额坊上分别刻有"黄暄""李如棠"。牌坊前方 3 米青砖照墙镶《山口四方灵泉记》和捐款碑各 1 方。

42 - C₂₇ 东兴庙 〔潭下镇老街行政村东岭村·清代〕 为水神庙。建于清道光二十八年（1848）。砖木结构，二进院落，分前、后两殿，占地面积约 120 平方米。前殿面阔三间，进深一间，前有檐廊，立木柱 2 根，门前置铜钱图案方石墩 1 对。后殿面阔三间，进深二间，青砖墙，抬梁式木构架，横梁墨书"天运道光二十八年十月二十四日子时"并雕鱼、牛图案。硬山顶，盖灰瓦，弧形山墙，上塑盘龙。

43 - C₂₈ 清风桥 〔定江镇宝路行政村道光村旁社潭河上·清代〕 建于清光绪年间（1875—1908）。东西走向，三孔石拱砖木廊桥，长 16 米，宽 4 米，拱跨 3.85 米。桥身、桥拱以料石砌筑，桥面铺石，两端与岸平。桥上建长廊，砖木结构，两侧为砖墙，内设立柱梁架，悬山顶，盖小青瓦。

44 - C₂₉ 圣母宫 〔大圩镇廖家行政村毛村·清代〕 建于清光绪二年（1876）。坐北朝南，砖木结构，三进院落，由前殿、中殿、厢房、天井、后殿组成，占地面积约 400 平方米。各殿面阔五间，进深前殿一间，中、后殿明次间三间，稍间一间，青砖墙，中、后殿明、次间内立金柱 8 根，稍间砖墙分隔，抬梁式木构架，硬山顶，盖小青瓦。前殿明、次间有前檐廊，两侧墙上方各有一方形龛，内绘麒麟、梅花鹿等图案；下方有人物浮雕 1 尊。天井两侧各有一间厢房，左厢房墙壁嵌清代碑刻 5 方，右厢房墙壁嵌清代碑刻 2 方。后殿北稍间已毁。

45 - C₃₀ 定江桥 〔定江镇西南 2 里定江壩上·清代〕 建于清光绪四年（1878）。东西走向，两台四墩梁式石板桥，长 30 米，宽 2 米。台、墩皆用料石砌成，墩迎水面成分水尖状。墩顶面设长方凹槽榫卡板。桥面每孔并排铺 6 米长石 2 块。

46 - C₃₁ 杨梅桥 〔潭下镇大泉行政村杨梅桥村杨梅河上·清代〕 又名"下宅桥"。始建时间不详，清光绪五年（1879）重建。东西走向，双孔石拱平桥，长 16 米，宽 3.9 米，拱跨 5.5 米。桥身、桥拱以料石砌筑，桥面铺碎石沙土，平坦无护栏。

47 - C₃₂ 百岁建坊 〔潭下镇老街行政村东岭村·清代〕 建于清光绪八年（1882）。光绪皇帝为旌表 102 岁寿星武略骑尉李炳然而恩准修建。四柱三间石牌坊，高 5.5 米，面阔 5.1 米。明间额坊上竖"皇恩旌表"匾，龙凤板正面刻"瑞人升平"4 字，背面刻"百岁建坊"4 字，楷书。落款"诰封武略骑尉李炳然寿界一百有二，眼观七代，四世同堂"。左右次间垫板两侧雕刻武官形象，中间透雕圆形"寿"字。柱方形，顶雕蹲狮，柱脚有夹杆石。

48 - C₃₃ 岑孝子坊 〔定江镇赤江行政村额头村后长蛇岭山腰·清代·县文物保护单位〕 建于清光绪二十八年（1902）。为旌表四川总督岑春煊之长子岑德固的孝行而立。四柱三间石牌坊。高 6 米，面阔 7 米。明间单额坊上立"旌表"匾，龙门枋和单额枋浮雕动物，枋间垫板前刻岑德固为母殉死经过。背刻"岑孝子坊"4 字。次间龙凤板有"奇行""天伦"铭文，小额枋浅浮雕梅花。中柱前后镌联语，柱脚有夹杆石。岑德固，广西西林县人，清云贵总督岑毓英之孙，四川总督岑春煊之长子，其生前为恩科举人，湖南试用知府。

49 - C₃₄ 大桥头桥 〔灵川镇双潭行政村大桥头村·清代〕 建于清代，具体时间不详。南北走向，单孔石拱桥，长 18.27 米，宽 3.6 米，拱跨 8.41 米。桥身用不规则碎石和河卵石砌成，料石砌桥拱，桥面用长方形石块横铺，桥两端设石踏跺，南端 22 级，北端 9 级。

50 - C₃₅ 龙子桥 〔公平乡田心行政村东约 500 米螺丝河上·清代〕 建于清代，具体时间不详。相传建桥时砍断横于河上的龙藤，故名龙子桥。东西走向，双孔石拱桥，长 15 米，宽 3 米，拱跨 7 米。用料石砌桥身、桥拱，桥面铺青石板。两端设石踏跺，东端 5 级，西端 4 级。

51 - C₃₆ 新桥 〔灵田乡会林行政村石寨村西约 400 米新桥河上·清代〕 建于清代，具体时间不详。1939 年版《灵川县志》有载。东西走向，单孔石拱桥，长 7.5 米，宽 3.96 米，拱跨 6.4 米。桥身砌石规整，料石桥拱，干砌未施浆。桥面以青石板横铺，边缘嵌长方形石块，桥头置石踏跺，东端 7 级，西端 11 级。

52 - C₃₇ 双凤桥 〔灵川镇双潭行政村老圩村西的小河上·清代〕 始建年代不详。清代重修。东西走向，双孔石拱平桥，长 13.4 米，宽 3.6 米，拱跨 5.5 米。桥身、桥拱以料石干砌，桥面石板上铺沙石，两侧设各石栏杆。桥旁立建桥碑 5 方，除其中 1 碑可识额题"重建双凤桥记"外，余字迹大多蚀平。

53 - C₃₈ 湘江第一桥 〔海洋乡水头行政村义屋村湘江源头·清代〕 桥为湘江出海洋河龙母山后的第一座桥，故名。东西走向，三孔石拱平桥，长 18 米，宽 3.9 米，拱跨 6 米。桥身以料石砌筑，料石桥拱，桥面平直。正中用 28 块同规格石板铺设，两侧则铺不规则石板。

54 - D₁ 读书岩摩崖石刻 〔海洋乡大庙塘行政村岩口村·南宋·县文物保护单位〕 摩崖石刻1方。南宋淳熙六年（1179）刻。刻面高1.2米，宽0.5米。文竖2行，计16字。马姓人士书丹。无首额，落款"马姓桂林秦景光台淳熙己亥"等字。正文榜书"读书岩"3字，隶书，阴刻。字径0.37米。读书岩为宋代秦景光读书处。《徐霞客游记》有载，现"读"字残缺。

55 - D₂ 月华洞摩崖石刻 〔三街镇五福行政村东崴村石家山·明代·县文物保护单位〕 月华洞因每到月圆时得月光普照而取名。洞内外存摩崖石刻6方，书法有行、楷2体。形式有题刻、题诗、题名、题榜4种。作者有教谕、典史等县吏及尼姑。最早的石刻是明嘉靖十六年（1537）灵川县教谕陈珽、典史官张绩观洞题名，竖行榜书"月华洞"以及题刻《鼎建如来月殿之纪念》等。

56 - D₃ 龙岩摩崖石刻 〔九屋镇九屋行政村岩背村龙岩山下·明代·县文物保护单位〕 摩崖石刻21方。榜书"龙岩"2字刻于前岩石壁，明万历三十三年（1605）刻，刻面高2米，宽5米。文横2行，字径约2米，行书，阴刻。旁有篆刻印章。明灵川知县王柱魁撰文并书丹。还有曲迂桥游龙岩泉诗并序，均为明万历三十三年（1605）王柱魁游龙岩有感所撰并书。七绝诗和游记1篇，序文竖行，约500字，记述了乘舟游龙岩的兴致以及热闹的情景。游龙岩泉诗为七绝，4句28字，描述夜游龙岩之景。其余石刻多已漫漶莫辨。南宋周去非《岭外代答》对龙岩有记载。

57 - D₄ 水月洞摩崖石刻 〔灵田乡正义行政村黄兰坪村旁水月洞·清代·县文物保护单位〕 洞内外存摩崖石刻5方。一为洞额横行榜书"水月洞"3字，行书，阳刻。刻面0.77米，宽0.37米。落款竖行"全建凤题"。二为清雍正七年（1729）全崇勋题记，记述其开垦黄兰坪的经过。其三为清乾隆丙午年（1786）黄肇纲的七律诗刻，其中一首有"岩悬残滴晴疑雨，日掩空山暑大寒"之句，将洞景表现得十分贴切。

58 - E₁ 秦鹏墓 〔潭下镇庄屋行政村庄屋村旁·1937年〕 秦鹏，广西灵川县潭下镇庄屋村人，任广西航空学校飞行教官，1937年在柳州作飞行表演时飞机失事身亡。圆丘形土冢，用砖围砌，底径3.2米，高0.9米。墓前两边有拱手，墓碑刻"故广西航空学校飞行教官秦鹏"。另有李宗仁、白崇禧题"寇贼未除剑在宝匣龙应化，人机痛殒云销鹅山鹤不来"及广西航空学校校长题"救国心雄倭岛挥戈期雪耻，失机志丧龙城忍泪赋招魂"等挽联刻石。

59 - E₂ 中共广西省工委干训班旧址 〔灵川镇同化行政村雍田屯北约2.5公里·1939年〕 1939年2月中旬，中共广西省工委在此举办第一期党员干部训练班，学习党的建设、青年运动、抗日民族统一战线等。旧址原为李文澜住宅，坐东朝西，砖木结构。四合院，由主屋、书房、过道组成，占地面积约120平方米。主屋、书房大门斜对，分向西、向南。主屋内墙泥砖，外墙砌青砖，硬山顶。书房为木结构，二层悬山顶瓦房，内用木板隔成6间。

60 - E₃ 桂北起义筹备会议旧址 〔灵川镇甘棠行政村吴家村·1947年·县文物保护单位〕 1947年6月下旬，桂北起义准备工作会议在吴家村召开。中共桂北特派员萧雷、中共桂林市工委负责人阳雄飞等5人参加会议，会议对桂北起义做了部署。旧址原为吴腾芳住宅，泥砖木结构，单座平房，面阔三间，悬山顶，盖小青瓦，占地面积约105平方米。明间为堂屋，隔出后间作厨房，左次间前檐墙为木板壁，其余为泥砖墙。

61 - E₄ 桂北起义指挥部旧址 〔灵川镇同化行政村田南村·1947年〕 1947年7月，中共桂北特派员萧雷等领导了包括灵川县南藩、甘棠、灵田、全州县石塘、两河、灌旧县巨望、新圩、陈家背及县城等三县九乡武装起义，起义后在潞江建立了桂北第一支游击队。史称"桂北起义"。起义指挥部设于此。旧址原为莫志高住宅，四合院，有前屋、后堂、天井、左右厢房，占地面积约180平方米。建筑均为砖木结构平房，前屋、后堂面阔三间，进深一间，青砖墙，硬山顶，盖小青瓦。

62 - F₁ 西龙风雨桥 〔灵田乡灵田行政村西龙村田中小溪·1912年〕 建于1912年。系灵田至大圩道上的桥梁之一。砖木结构，双拱砖廊桥，一为石拱，高1.6米，拱跨2.3米；一为砖拱，高1.2米，拱跨1.7米。桥廊高5.4米，面阔3.54米，进深6.3米，青砖砌筑，两端设对称拱门，马头山墙。两侧墙担墙开有拱门2个，亭内及前面原铺有石板，现已损毁。

63 - F₂ 明心寺 〔海洋乡海洋街社区海洋乡初中右侧约300米海阳山·1925年·自治区文物保护单位〕 建于唐代，南宋乾道九年（1173），孝宗诏赐名"灵泽"，也称"明心经寺"。明末，灵泽庙崩塌，清雍正三年（1725）和九年（1731）奉旨重建，清乾隆年间（1736—1795）毁于火，1925年灵川县知县陈文美在原址仿清代建筑重修灵泽庙，改名明心寺。坐南朝北，砖木结构，由门楼及两侧小天井、前殿、大天井、走廊、后殿等建筑组成，占地面积约387平方米。门楼面阔三间，进深一间，前后凹廊，门额有"明心寺"匾，两次间为小天井。后殿面阔、进深三间，青砖墙，抬梁式木构架，硬山顶，盖小青瓦，殿内塑释迦牟尼及十八罗汉像。

F₂₋₁　海洋山摩崖石刻　〔海洋乡海阳山北麓海阳岩·南宋、民国〕　海阳山又名龙母山，岩洞内外有摩崖石刻6方。其中宋代3方，民国3方，形式有题榜、题记。书法有楷、行2体。最早的石刻为南宋淳熙十四年（1187）静江府儒学教授陈邕的《海阳山灵泽庙之记》。其余有宋榜书"湘漓二水之源"，字径0.25米，楷书，竖2行；南宋马子严《祷雨记》，记载了马子严祈雨和寻找庙的敕额经过；民国时期陈文美"禁止开凿海阳山岩石"；1938年蒋柱南诗刻、1939年郑丙莹诗刻等。

F₂₋₂　海阳山灵泽庙之记　〔海洋乡海阳山北麓海阳岩·南宋〕　南宋淳熙十四年（1187）刻。刻面高2.2米，宽1.47米。碑文竖行，计270余字，字径0.15—0.2米。楷书，阴刻。靖江府儒学教授陈邕撰文并书丹，进士陈烨刻石。首题"海阳山灵泽庙之记"，竖4行，每行2字，字径0.2米，落款"淳熙十有四年春三月甲子迪功郎靖江府府学教授陈邕记并书进士陈烨刻石"。刻文记述湘漓水源海洋河之源流险绝，南宋孝宗应桂州安抚史范成大之请，册封海洋山神为灵泽侯，诏赐庙额"灵泽"之经过。

兴安县

1－A₁　磨盘山遗址　〔湘漓镇义和行政村会龙村旁漠川河东岸磨盘山·新石器时代·县文物保护单位〕洞穴遗址。1975年发现。山腰距地表约20—30米处有4个岩洞，洞内均有文化层，厚约0.4—0.5米，面积约60—80平方米不等。1965年炸山取石破坏2个洞穴的文化堆积，出土石刀、石斧、石锛、石镞、夹砂陶盆和犀牛、野猪等动物骨骼。

2－A₂　秦城遗址　〔溶江镇一甲行政村水街、通济村，莲塘行政村七里圩村、大营村一带·秦、汉·全国重点文物保护单位〕　南宋周去非《岭外代答》记载："三相水之南，灵渠之口，大融江小融江之间，有遗堞存焉，名曰秦城。"现所知属秦城遗址的城址有4处。（1）城墙埂子在焉家渡南岸至大园村东北3里处，为一土城残垣，长约500米，高1.2—2米，厚5.4米。（2）王城在七里圩村南端，有一长方土城，东西长约300米，南北宽约200米，城墙残高2.4米，宽6—10米。（3）通济村城址在通济村与太和铺村之间。（4）水街城址在水街北端，大溶江与灵渠汇合处北面，

残存数段城垣。1990年至1996年，对王城进行勘探和发掘，发掘面积331平方米，出土了板瓦、瓦当、水管、地砖，陶罐、壶、钵、盆、瓮、器盖、灯、网坠、纺轮，铜车马器残件、铜镞、铜弩机件、铜镟及残铁斧、刀、锄、凿、矛、镞等遗物。探明了王城的城墙、城面、护城壕、楼橹建筑及城内建筑基地。从出土遗物及城址建筑形式看，该城属军事性质古城。（见《考古》1998年11期）

3－A₃　小严关遗址　〔严关镇仙桥行政村盖屋坪与鸟腊坪山口·秦—汉〕　建于凤凰山和老虎坳之间，与距其地1公里的严关成犄角，居守险之要地。关墙土筑，外檐墙包砌石块，关门残高3—4米，进深4米，现存土墙一道，长约200米，残高1—1.5米，宽2—3米，关门石块于20世纪60年代拆除。

4－A₄　零陵故城址　〔界首镇城东行政村城子屯北约10米·汉代·县文物保护单位〕　据记载，零陵故城建于汉代。城址一面依山，三面环水。平面呈长方形，东西宽约220米，南北长约300米，占地面积约6.6万平方米，土筑城墙，东、南、西三面墙垣连续，北面残缺。城墙残高1.5—3米，厚3—10米，城西、城北有城门缺口，城西外尚见护城壕。城内地表散布绳纹筒瓦、板瓦和陶器残件。在城址附近的界首墓群曾采集有"零陵"铭文的墓砖。

5－A₅　临源故城遗址　〔兴安镇三台路兴安二中内·唐代·县文物保护单位〕　唐临源县城，筑于武德四年（621）。大历三年（768）临源县改称全义县，城北门因迷信封闭。元和四年（809），知县严遵力主重开，时柳宗元贬柳州途经全义，很欣赏严遵的勇气，写下《全义县复北门记》一文。城沿用至宋初废弃。城址平面呈长方形，南北长约180米，东西宽约260米，占地面积约4.7万平方米，城墙用黄土版筑，仅北墙有一段，残长70余米，高约2米，基础宽12米，城南有护城河。

6－A₆　狮子塘窑址　〔界首镇城东行政村狮子塘屯西·汉代〕　分布面积约10万平方米，废品堆积厚约1米，发现残窑口4座，均为马蹄窑，窑室直径约4米，残高2—3米，采集到罐、碗、壶、擂钵等陶器，还有筒瓦、板瓦、瓦当和残砖等建筑材料。

7－A₇　架枧田窑址　〔兴安镇三桂行政村架枧田村北·汉代·县文物保护单位〕　分布面积约3000平方米，废品堆积厚0.5—1.5米，发现马蹄窑口1座，窑室直径约4米，残高2米，烧制陶器。采集有壶、钵、罐、碗、釜等。器物表面装饰方格纹、绳纹等，与本地汉墓随葬的陶器相似。

8－A₈　窑上村窑址　〔严关镇杉树行政村窑上

村·宋·明·县文物保护单位〕分布面积约2000平方米，发现龙窑口1座，长约50米，废品堆积厚约1.2米，含盆、钵、罐、坛、碗、擂钵、垫壶等陶瓷器残件，器胎粗糙，多施低温酱色釉，采用支钉叠烧。

9-A₉ **严关窑址** 〔严关镇杉树行政村水南田村一带·宋代·自治区文物保护单位〕窑址因近古严关口而名。发现窑口20余座，废品堆积厚1—2米，分布面积约1平方公里。1983年发掘坡式龙窑1座，残长48米，宽1.6米，出土青瓷器及残件千余件，有碗、盏、盘、碟、杯、壶、罐、砚、香炉、灯等，还有"癸未年孟夏终旬置造花头周三四记匠"等印花模具。器物釉色以青釉、月白釉为主，其次为花釉和玳瑁釉、酱黑釉。以窑变釉为主要特点。装饰多印花，纹饰有双鱼海水、荷花戏婴、牡丹、莲花等。还有"庆元""大观""福山寿海"等款识。

10-A₁₀ **瓦渣岭窑址** 〔界首镇城东行政村茅坪岭屯西·宋代〕分布面积约1万平方米，废品堆积厚0.2—0.5米，未发现窑口。采集有碗、盏、碟、盆、盘、罐、瓶等青瓷器。胎质灰色。器表施釉，色泽有绿、黑、蓝、黄、褐等色，装饰鱼纹、菊花、荷花、缠枝花。多采用印花技法。

11-B₁ **石马坪墓群** 〔溶江镇莲塘行政村莲塘村石马坪、黄茅岭一带·秦—晋·自治区文物保护单位〕分布面积约4平方公里，共有墓葬1000余座。20世纪60年代遭到严重破坏，封土多被夷平。1983年和1984年发掘25座。秦墓为竖穴土坑墓，汉墓有土坑墓和砖室墓两类。出土陶器、青瓷器、铜器、铁器、金器及玛瑙器等数百件。（见《中国考古学年鉴》1985年）

B₁₋₁ **石马坪秦墓** 〔溶江镇莲塘村石马坪·秦代〕1983年清理单室土坑墓3座。形制简单，随葬品较少，一般只见陶鼎、陶盒、陶长颈罐等3种器物。（见《中国考古学年鉴》1984年）

B₁₋₂ **石马坪汉、晋墓** 〔溶江镇莲塘村石马坪·汉代〕1983年和1984年清理16座土坑墓、6座砖室墓。土坑墓中有2座为同坟异穴夫妇合葬墓，1座为同椁室双棺合葬墓，其余为单室墓，多数有墓道。砖室墓平面呈"凸"字形，一座墓的券顶砖印有"永平十六年"或"十六年"铭文。出土陶器、铜器、铁器、玉器等100余件。还有铜钱近千枚，分五铢钱和"大泉五十"2种。（见《中国考古学年鉴》1984年、1985年）

12-B₂ **界首墓群** 〔界首镇界首行政村黄家村西·汉—晋·自治区文物保护单位〕墓区东自黄家村，西至桂黄公路，北至小宅村，南到马路村，分布面积约2平方公里，墓葬封土多被夷平。1975年和1983年发掘砖室墓7座，土坑墓1座。出土铜器、铁器、陶器，器形包括釜、盆、碗、豆、瓮、罐、壶、灶等及琉璃珠、琉璃扣、五铢钱等。砖室墓有东晋"升平四年"墓，平面呈"凸"字形，分甬道和主室两部分。墓室单砖错缝叠砌，室底平铺人字形砖。墓砖侧面铭文为"永和十一年太岁乙卯文""升平四年七月三日文"。出土陶壶、陶碗、银手镯等。1995年发掘砖室墓3座，其中一座为双层双券，由墓道、墓门、甬道、前室、后室组成，出土陶器多件，金珠1枚、金钏1对。

13-B₃ **双藻田墓群** 〔界首镇兴田行政村兴田村、滩头村一带；全州县全州县绍水镇塘口行政村双藻田村东北约15米·汉—晋·自治区文物保护单位〕详见全州县15-B₂双藻田墓群条。

14-B₄ **毛屋拉墓群** 〔界首镇合家行政村毛屋拉屯与兴隆屯之间·汉代〕分布面积约21万平方米，封土呈圆丘形，残高1.5—5米，底径10—30米，地面散布几何纹砖。采集有罐、瓮、鼎、碗等陶器。陶罐饰方格纹。

15-B₅ **茅坪墓群** 〔湘漓镇双河行政村茅坪屯一带·东汉—东晋〕墓葬封土多被夷平，分布面积不详。1984年清理3座砖室墓。时代为东汉至东晋。出土陶器、青瓷器、铁器等20余件。（见《中国考古学年鉴》1985年）

16-B₆ **白塘墓群** 〔湘漓镇双河行政村白塘屯·东汉、晋、唐·县文物保护单位〕墓群位于白塘西界头一带，墓葬封土多被夷平，分布面积约7.5平方公里。1984年发掘7座。其中土坑墓2座，砖室墓5座。墓室长2—2.8米，宽1.2—1.6米，墓砖饰几何纹。出土陶器、青瓷器、铁器、银戒指、玻璃珠等器物共50多件。

17-B₇ **龙山湾墓群** 〔兴安镇龙禾行政村龙山湾屯·东汉、晋、唐·县文物保护单位〕墓葬封土多被夷平，分布面积不详。1984年清理土坑墓、砖室墓各2座，时代分属东汉、晋、唐代。出土陶器、青瓷器、铁器30余件。（见《中国考古学年鉴》1985年）

18-B₈ **大渔塘墓群** 〔湘漓镇渔江行政村大渔塘屯北约100米·东汉·县文物保护单位〕墓葬分布面积0.5平方公里。封土多被夷平，残存封土为圆丘形，残高约4米，底径约15米，有的墓葬暴露砖室。1987年发现一座东汉砖墓，墓砖饰几何纹。征集到瓮、罐等陶器。

19-B₉ **毛家庄墓群** 〔界首镇合家行政村南与刺水拉屯之间的丘陵地带·东汉〕分布面积约1万平方米，封土呈圆丘形，残高1—2米，底径10—15米，历年曾暴露一些砖室墓，为单室券顶结构。墓砖长0.34米，宽0.14米，厚0.05米，正反两面饰绳纹，一侧饰几何纹。出土陶罐等东汉器物。

20－B₁₀　石山尾墓群〔湘漓镇洲上行政村石山尾屯南约50米·东汉〕　分布面积约4万平方米，墓葬封土多被夷平，残存封土呈圆丘形，高1—2米，底径6—7米，1986年暴露1座砖室墓，平面呈十字形，长15米，宽2米，墓砖长0.34米，宽0.16米，厚0.05米，平面饰绳纹，侧面饰几何纹。出土罐、瓮、钵等陶器。

21－B₁₁　合家墓群〔界首镇合家行政村合家村西南·晋—南朝·县文物保护单位〕　墓群北至胡家拉，南至土笔头，东起新开田，西至湘江东岸，分布面积约100万平方米，封土多已不存，残存封土呈圆丘形，高1—2.5米，底径10—20米，地面散布较多的方格纹、网纹陶片和几何纹、绳纹砖。

22－B₁₂　野鸡冲墓群〔界首镇五一行政村邹家屯野鸡冲·晋—南朝〕　墓群分布面积约25万平方米，墓葬封土多被夷平，残存封土呈圆丘形，残高1—2米，底径约10米，1986年清理1座东晋砖室墓，墓室长2.6米，宽1米，出土青瓷碗、铁釜、铁三脚架等器物6件。还有"太和五年七月陈立""泰元四年己卯蔡""泰元四年七月二十三日蔡"等铭文砖。

23－B₁₃　茶园脚墓群〔湘漓镇双河行政村茶园脚屯南约400米·南朝〕　墓群分布面积约4万平方米，有封土墓4座。封土呈圆丘形，残高1—2米，底径10—15米。1988年发掘1座砖室墓，平面呈十字形，由甬道、主室及左右耳室组成。出土陶瓮、陶罐、陶碗、陶钵、铁釜、铁釜架等器物。

24－B₁₄　唐家墓〔兴安镇红卫行政村明竹屯·唐代〕　1987年清理。为"凸"字形券顶砖室墓。甬道长0.9米，宽0.88米，墓室长3.6米，宽1.52米，残高1.1—1.5米，墓壁双砖错缝平砌。墓底铺二层砖，下层顺列平铺，上层一横一纵排列。墓室后壁和左右两壁各设一小龛。部分砖模印阳纹莲花和"贞观十五年辛丑七月庚日""唐家墓"等铭文。随葬品10件，除1件铜笔洗外，余为砚、壶、碗等青瓷器。（见《广西文物》1991年1期）

25－B₁₅　唐介先世墓〔高尚镇江东行政村大宣洞屯东南的大宣山下·北宋〕　唐介（1010—1069），字子方，江陵（今属湖北）人，谥质肃，北宋仁宗、神宗两朝大臣、官至参知政事（副宰相）。冢呈圆丘形，高1.5米，底径2.5米，墓后石壁刻"宋唐质肃公先世坟"8字。20世纪60年代墓被毁。近年当地唐姓人家进行修复，冢四周用砾石围砌墓圈墙，重立墓碑。维

修时挖出一方墓志，后又埋入墓内。

26－B₁₆　蒋允济墓〔高尚镇龙田行政村路西村东约200米·南宋〕　蒋允济（1104—1167），字德施，广西桂林兴安县高尚镇江东村人。南宋绍兴二年（1132）进士，南宋乾道元年（1165）升任为邕管安抚使。张孝祥为其作墓志铭，著名学者朱熹为其题墓碑。墓原来规模较大，冢四周用大条石围砌。1976年冢被夷平，墓志铭被打断，墓碑和围石移作他用。1986年其后裔重新起坟，将墓志铭树立，现墓葬朝东，冢呈圆丘形，高2.2米，底径3米，墓前有祭台供桌。

27－B₁₇　蒋瓒墓〔界首镇城东行政村狮子塘屯西南约150米·南宋〕　蒋瓒（1129—1181），字庭美，号嵩岱大荣，祖籍山东青州，官至御史。墓葬朝南，冢呈圆丘形，用料石围砌，高1.7米，底径3米，墓前立碑，两侧为墓志铭。墓碑为庑殿顶，碑面正中刻"任授御史宋故蒋上讳瓒字庭美号嵩岱大荣封名老府君之坟"，清光绪二十五年（1899）重立。

28－B₁₈　秦崇墓〔高尚镇济衷行政村大坪屯南坡·明代〕　秦崇，生卒年不详，明永乐年间（1403—1424）入国子监。明宣德三年（1428）"仰蒙恩意，许在监有年老及抱疾者，得佚老归于乡"，秦崇即告老还乡。冢呈圆柱形，顶部近平，高0.7米，底径6米，以大青石围砌，中立石碑3方，碑额浮雕缠枝纹。正中1方保存完好，碑文为《琼江逸乐图序》，清乾隆、道光版《兴安县志》入载。

29－B₁₉　"三将军"墓〔兴安镇灵渠南岸·清代·县文物保护单位〕　三将军传说是秦代开凿灵渠殉职的张、刘、李三位石匠。据清乾隆五年（1740）版《兴安县志》载，原合葬于分水塘龙王山南，明代迁葬现址，敕封为镇国将军，清乾隆五十六年（1791）重修。墓葬原朝东，1942年将墓碑移立北面向灵渠。冢呈圆丘形，高2.6米，底径6米，四周用料石围砌，墓碑正中刻"明朝敕封张刘李镇国将军神墓碑"。占地面积约600平方米。

30－B₂₀　陈克昌夫妇墓〔漠川乡榜上行政村北约200米·清代·县文物保护单位〕　陈克昌（1807—1873），广西兴安县人，清嘉庆年间（1796—1820）捐官二品顶戴。墓建于光绪十五年（1889）。墓葬朝北，冢呈圆丘形，高约3米，周以长方形石板围砌，石板上浮雕龙凤、鸟兽、花草、人物。墓前立牌坊形式墓碑，碑盖脊雕双狮绣球，边柱透雕盘龙。神道长60米，宽15米，两旁序列诰封碑、翁仲、辟邪、羊、马、狮及墓表等。现墓占地面积2455平方米。

31－C₁　灵渠〔兴安镇、湘漓镇、严关镇及溶江镇区域·秦—清·全国重点文物保护单位〕　又名秦

凿渠、陡河，或称兴安运河。公元前221年，秦统一六国后，为解决进军岭南运输问题而凿渠，秦始皇二十四年至三十三年（前223—前214）渠成，秦兵员及粮食得以不断进入岭南，为统一大业做出了贡献。灵渠建成后，历代进行过三十六次重大维修。灵渠横贯湘桂走廊，沟通湘漓二水，联系长江与珠江两大水系，全长36.4公里，主要设施有铧嘴、大小天平、秦堤、泄水天平、南北二渠、陡门等。通过铧嘴的作用，把湘江水分入南北二渠，分别注入漓江和湘江。沿渠有石桥多座及一些唐宋以来的题词碑记。

C_{1-1}　**铧嘴**　〔兴安镇柘园行政村南陡口屯北面大、小平顶端·秦—清〕　建于秦代，唐宝历元年（825）唐桂管观察史李渤重修，清光绪十一年（1885）洪水冲毁铧嘴前端三十丈。铧嘴为灵渠大小平顶端的分水石坝，前锐后钝，形似铧嘴，现残长约9米，宽22.5米，高5米。湘江水经铧嘴分劈，十分之七顺大天平进入北渠，回流湘江；十分之三顺小天平进入南渠，注入漓江。铧嘴底部基础为松木桩，桩上以大条石筑外围堤，内填充砾石、泥土筑成坝台。

C_{1-2}　**大、小天平**　〔兴安镇柘园行政村南陡口屯北面湘江中·秦—清〕　灵渠铧嘴拦江滚水石坝。建于秦代，有史可查的维修有九次，最近一次为清光绪十三年（1887）。大小天平起着平衡南北二渠水量的作用，故称为"天平"。大小天平为人字形坝，尖端迎水流。北侧一段，长344米，宽20米，高22.4米，称大天平；南侧一段，长130米，宽17—23米，高2米，称小天平。大小天平夹角108°。天平底部以2米多长的松木打桩，桩木间垫一层松木为基础；其上中部填砾石、泥土。迎水面用长条石错缝平砌，呈阶梯状外堤；背水面以长条石竖砌，层层相扣，重叠成鱼鳞状。坝顶用巨条石铺平，相结处凿燕尾槽，熔生铁于内铸成燕尾金印，使坝成牢固整体。

C_{1-3}　**北渠**　〔湘漓镇花桥行政村打鱼村、花桥村、水泊屯·秦—清〕　灵渠北支渠。建于秦代，以后多次维修。是灵渠重要设施。全长4公里，渠道呈三个"S"形大弯，然后流回湘江，使渠道流程增加一倍，水流落差减少千分之一点一，使得"江流恰似九回肠"，流水迁缓，利于通航，沿途并设陡门4座，现存3座。

C_{1-4}　**南渠**　〔兴安镇柘园行政村南陡口屯北小天平坝尾湘江南岸·秦—清〕　灵渠南支渠。建于秦代，历代均有维修。为灵渠之重要设施。由人工渠道及天然河道组合而成，全长约30公里，至点灯山下，与始安水接通，进而在溶江水街汇入大溶江，流向漓江。上游12公里，为人工控制和开凿小溪而成，渠道宽

8—10米，水深1.2—1.5米；自此以下水量渐增，水面渐宽。历代沿渠建有陡门32座。

C_{1-5}　**泄水天平**　〔兴安镇兴安师范后门东约100米灵渠南渠的秦堤上·秦—清〕　灵渠滚水石坝。建于秦始皇二十四年至三十三年（前223—前214），历代多次维修。是灵渠的重要设施。为斜坡式溢流石堰，长42米，宽17.6米，高1.5—1.7米，以大石连扣，斜坡鱼鳞石，结构与大小天平相同。现于其上架了简易桥，以利行人来往。

C_{1-6}　**秦堤**　〔兴安镇柘园行政村南陡口屯至大湾陡段湘江与灵渠之间·秦—清〕　灵渠南渠外堤坝，建于秦始皇二十四年至三十三年（前223—前214），历史上多次维修，因建于秦代，故称秦堤。为灵渠重要设施，作用在于保证湘江水入漓。堤两侧以长条料石砌筑，中填土石。从灵渠南陡至大湾陡，全长3.15公里，宽2—20米，高1.5—7米，堤上有"飞来石"，石壁有宋—民国石刻11方，堤上有李济深"秦堤"碑刻1方。

C_{1-7}　**黄龙堤**　〔严关镇仙桥行政村六口岩屯前约500米灵河中·北宋〕　始建时间不详。北宋庆历五年（1045）重修。灵渠在赵家堰与灵河汇流后，即利用灵河作渠道，因此黄龙堤亦是灵渠工程的组成部分。为东西向斜坡式滚水石坝，外堤用长条石竖筑成鱼鳞状斜坡，内堤用长、宽各约1米的料石平铺。全长47米，宽6米，高1.5米，作用是改变流水落差，以利通航。堤北立清道光二十六年（1846）碑刻1方。

C_{1-8}　**回龙堤**　〔湘漓镇花桥行政村水泊屯西灵渠北渠下游·清代〕　清雍正八年（1730）总督云、贵、广三省诸军事鄂尔泰修建。因渠水至此回流湘江，故名。为石筑泄水堰。全堤以条石砌建，顶上条石间缝均凿燕尾槽，铁铸燕尾金印连接。全长47米，宽32米，高2米。

C_{1-9}　**陡门**　〔灵渠南、北渠道上·唐—清〕　陡门为桂管观察使李渤始建于唐宝历元年（825）。陡门数量史无载，唐代陡门"增至十八重"，宋代则载陡门36处，其中北渠4陡，现存2陡，南渠32陡，迄今无变化。最初陡门以杂木、树条所建，唐代中期"悉用坚木排竖"填以土石，明成化年间（1465—1487）改陡门为石筑。陡门形制，均凸出渠道两岸陡堤的2个对称的弧形石陡盘，其间留5—6米宽之水道，以利设闸。

C_{1-10}　**北陡**　〔兴安镇花桥行政村分水塘屯前灵渠大天平坝尾灵渠北渠·宋—清〕　灵渠北渠陡门。清乾隆十一年（1746）重修，1978年维修。为灵渠北渠进水口。渠两岸以青石砌陡堤，围砌半圆形陡盘，内

269

填夯泥土，面铺青石板，高 2 米，北陡盘半径 2.3 米，南陡盘径 4.3 米，陡门面阔 7.1 米，以片石漫铺陡底。南陡盘上有乾隆十一年立的铁质将军柱一根，柱上刻"北陡" 2 字。

C₁₋₁₁ 何家陡 〔湘漓镇花桥行政村·宋—清〕灵渠北渠陡门，形制与北陡相同。陡门面阔 5.6 米，南岸陡堤、陡盘已崩溃不全。北岸陡堤以石砌，长 12.5 米；陡盘外砌青石，内填土，半径 5.3 米，高 2.1 米。县交通部门于陡门上架设水泥平板梁桥，以通车辆。

C₁₋₁₂ 南陡 〔兴安镇柘园行政村南陡口屯北小天平坝尾·明—清〕灵渠南渠陡门。明成化年间（1465—1487）建，清代多次维修。为灵渠南渠之进水口。陡堤南长 18 米，北长 30 米，以青石砌建。陡盘以条石围砌，内填夯土，面铺青石板，半圆突出渠中，其半径南陡盘 3.87 米，北陡盘 6 米，高 2.12 米，陡门面阔 6.63 米。1954 年在渠中增建桥墩一座，其上架设水泥平板梁桥。

C₁₋₁₃ 大湾陡 〔兴安镇护城行政村大湾陡屯旁·宋—清〕灵渠南渠陡门。处于南渠的大湾口，两岸砌条石陡堤及陡盘。南陡堤长 8.65 米，北陡堤长 9.1 米。陡盘半圆形，其半径南陡盘 11.62 米，北陡盘 11 米。陡门面阔 5.8 米，高约 2 米，陡底砌铺片石。

C₁₋₁₄ 祖湾陡 〔兴安镇兴安火车站旁·宋—清〕灵渠南渠陡门。清乾隆十一年（1746）维修。两岸以条石砌陡堤、陡盘。南陡堤长 16.6 米，北陡堤长 14.3 米，陡盘半圆形，其半径南盘 4.3 米，北盘 2.98 米，陡门面阔 5.4 米，高 2.1 米。清乾隆十一年，于北岸立石质将军柱 1 根，高 1.2 米，四面八棱形，柱顶半球状，正面刻"祖湾陡" 3 字。现陡渠中立水泥柱 1 根，变陡门为 2 孔，装闸门。

C₁₋₁₅ 霞幔陡 〔兴安镇福在行政村霞云桥村旁·宋—清〕灵渠南渠陡门。又称虾蟆陡。原有大、小霞幔陡之分，小霞幔陡已不存，现存大霞幔陡，又称十七陡。渠两岸条石砌陡堤及陡盘。南陡堤长 17.6 米，北陡堤长 15.8 米；陡盘半圆形，伸入渠中，其半径南盘 3.8 米，北盘 3 米；陡门面阔 4.7 米，高 2.06 米。

C₁₋₁₆ 门垠陡 〔兴安镇福在行政村茄子村塘屯东南约 100 米·宋—清〕灵渠南渠陡门，位于南渠落差较大段，渠两岸用条石砌筑陡堤及陡盘。南陡堤长 12 米，北陡堤长 13.25 米，陡盘半圆形，伸入渠中，其半径南盘 5.8 米，北盘 7.13 米，陡门面阔 5.9 米，高 2.07 米，陡及渠底皆为原生石灰岩。北陡盘上立石质将军柱 1 根，四柱四棱形，柱顶半球形，刻"门垠陡" 3 字。

C₁₋₁₇ 沙泥陡 〔兴安镇福在行政茄子塘屯东南灵渠南渠·清代〕

C₁₋₁₇ 沙泥陡 〔灵渠南渠·宋—清〕灵渠南渠陡门。明、清时期多次重修，现存陡门为清代所修。处南渠"〰"形渠道中部。两岸以条石砌陡堤及陡盘。南陡堤堤长 14 米，北陡堤长 12 米。陡盘半圆形，伸入渠中，其半径南盘 2.8 米，北盘 2.4 米。陡门面阔 5.7 米，高 2.07 米。南陡盘上立石质将军柱 1 根，八棱形，柱顶部作半球形，刻"沙泥陡" 3 字。

C₁₋₁₈ 黄泥陡 〔兴安镇福在行政村茄子塘屯东灵渠南渠·宋—清〕灵渠南渠陡门。处于南渠曲折狭渠道段。两岸以条石砌筑陡堤、陡盘。陡堤长为南堤 30.9 米，北堤 19 米。陡盘呈半圆形，伸入渠中，其半径地盘 56 米，北盘 3.9 米。陡门面阔 5.8 米，陡及渠底为天然石灰岩。损坏较严重。

C₁₋₁₉ 晒谷陡 〔兴安镇三桂行政村架枧田屯东南约 200 米录渠南渠·宋—清〕灵渠南渠陡门。又称新陡。清代曾维修。两岸以条石砌筑陡堤及陡盘。南陡堤长 15.5 米，北陡堤长 18.8 米。陡盘呈半圆形，南陡盘半径 8.5 米，北陡盘半径 9.13 米。陡门面阔 5.5 米，高 2.06 米。

C₁₋₂₀ 林山陡 〔兴安镇三桂行政村灵山庙屯东北约 300 米灵渠南渠·宋—清〕灵渠南渠陡门。处南渠多弯曲折处。两岸以条石砌筑陡堤及陡盘。陡堤已崩溃，陡盘铺面石已不存。西陡盘半径 6 米，东陡盘半径 7 米。陡门面阔 5.3 米，高 2 米。西陡盘立石质八角形将军柱 1 根，上刻楷书"林山陡" 3 字。

C₁₋₂₁ 星桥陡 〔兴安镇三桂行政村灵山庙屯前约 300 米灵渠南渠·宋—清〕灵渠南渠陡门。又称灵山陡。渠两岸以条石砌筑陡堤及陡盘。南堤长 18.9 米，北堤长 22.5 米。陡盘呈半圆形突出渠中，南盘半径 3.4 米，北盘半径 5.4 米。陡门阔 5.75 米，高 2.05 米。

C₁₋₂₂ 筒车陡 〔兴安镇三桂行政村赵家堰屯旁灵渠南渠·宋—清〕灵渠南渠陡门。又名竹头陡、竹根陡。此处水势较缓，因渠道较宽，故于南、北两岸各以条石围筑斜堤一道伸入水中。北堤坝长 18 米，宽 4.47 米，南堤坝长 9 米。两堤坝在渠中相汇形成八字形陡口，是为陡门，陡门面阔 5.15 米。现堤坝铺面石板多已残缺。

C₁₋₂₃ 青石陡 〔严关镇仙桥行政村严关口屯狮子山灵渠南渠·宋—清〕灵渠南渠陡门。处灵渠黄龙堤附近西岸开凿的迂回支渠上。两岸以条石砌筑陡堤及陡盘。南堤长 11.45 米，北堤长 14 米。陡盘呈半圆形，伸入渠中，南盘半径 4.12 米，北盘半径 2 米。陡门面阔 4.6 米，高 1.4 米。

C₁₋₂₄ 牯牛陡 〔严关镇仙桥行政村马头山东山脚灵渠南渠·清代〕灵渠南渠陡门。建于清代，道光十三年（1833）、光绪十三年（1887）两次重修。两岸以条石砌筑挡水堤坝伸入渠中，再砌半圆陡盘形成陡门。南陡盘半径 6 米，北陡盘半径 5 米，陡门面阔 5.5 米，高 2.02 米。

C₁₋₂₅ **小陡**〔严关镇仙桥行政村严关口屯小马山灵渠南渠·宋—清〕 处黄龙堤附近开凿的南渠支渠上。两岸以条石砌筑陡堤及陡盘。南陡堤长 14 米，北陡堤长 12 米。陡盘圆形，冲入水中，南盘半径 2.6 米，北盘半径 2 米，陡门面阔 6 米，高 2.02 米。陡及渠底为原生石灰岩。南陡盘立石质将军柱 1 根，高 0.6 米，刻字已模糊不清。

秦堤飞来石摩崖石刻和碑刻〔兴安镇柘园行政村南陡口屯灵渠秦堤飞来石上·宋、明、清、民国〕 飞来石为秦堤上一块独石，高约 2.6 米，石围 23 米，四面陡直。石上侧面几乎刻满了题刻。计有摩崖石刻 11 方，其中宋代 1 方、明代 3 方、清代 3 方、民国 2 方、佚年 2 方。书体有楷书、真书、行书、隶书。作者为御史、巡抚、府司知、县令、知县等官吏和文人。内容有题刻、记刻、诗刻。清康熙二年至四年（1663—1665），恭城县知县曹林在飞来石西面题刻榜书"飞来石"3 字，竖 2 行，真书，阴刻。其余重要的有北宋庆历五年（1045）《大宋国桂州重修黄龙堤记》、明洪武二十九年（1396）严震直的《通筑兴安渠陡记》等。

大宋国桂州重修黄龙堤记〔兴安镇灵渠南陡口秦堤飞来石东面·北宋〕 摩崖石刻 1 方。北宋庆历五年（1045）刻。刻面高 0.56 米，宽 1.45 米，文竖 17 行，满行 10 字，约 170 字，字径 0.04 米，真书，阴刻。木匠作兴僧刻石。首题"大宋国桂州重修黄龙堤记"，落款"监修衙前秦晟□□郎阳朔县令□县事申□左班殿直注□□□州同□□□□孟□"。石刻有方形补石 2 块，上刻文，已缺失。刻文记载：庆历五年（1045）调征兴安、灵川、临桂三具民夫重修黄龙堤，修堤合用工一万八百五十余工，用钱七千五百六十余贯。

严震直《通筑兴安渠陡记》〔兴安镇灵渠南陡口秦堤飞来石东面·明代〕 摩崖石刻 1 方。明洪武二十九年（1396）刻。刻面高 2 米，宽 2.65 米，文竖 21 行，满行 4—18 字，共 253 字，字径 0.08 米，真书，阴刻。明御史严震直撰文，书吏高斌书丹，广西布政使司委官庆远同知皮南玉刻石。首题"通筑兴安渠陡记"，落款"御史严震直"。刻文记述："大明洪武二十九年二月初一日，欲余通筑兴安县渠陡，至于本年九月一日兴工，至十一月终。"严震直，浙江乌程人（今吴兴），官至明工部尚书，后坐事降御史，来

C₁₋₂₈

桂革广西盐运陋政，修兴安灵渠，竣工事作记。

C₁₋₂₉ **榜书"砥柱石"**〔兴安镇灵渠南陡口秦堤飞来石西面·明代〕 摩崖石刻 1 方。明万历十七年（1589）刻。刻面高 0.74 米，宽 0.38 米，文竖 3 行，小字径 0.05 米，大字径 0.18 米，真书，阴刻。首题"万历己丑孟夏"，落款"五羊梁梦雷题"。正文榜书"砥柱石"3 字。梁梦雷，广州人，明万历十七年至十九年（1589—1591）任兴安知县。

C₁₋₃₀ **榜书"夜月潭辉"**〔灵渠秦堤飞来石西面·南明〕 摩崖石刻 1 方。南明永历六年（1652）刻。刻面高 0.5 米，宽 1.3 米，文横 2 行，小字径 0.07 米，大字径 0.26 米，真书，阴刻。正文题榜"夜月潭辉"4 字，落款"永历壬辰冬武岗肖道隆题"，肖道隆，生平不详。"夜月潭辉"为兴安县八景之一。

C₁₋₃₁ **范承勋《重修兴安灵渠堤记》**〔兴安镇灵渠南陡口秦堤飞来石西面·清代〕 摩崖石刻 1 方。清康熙二十五年（1686）刻。刻面高 1.44 米，宽 0.95 米，字径 0.033 米，楷书，阴刻。范承勋撰文并书丹，兴安县令陈关调勒石。额题"重修兴安灵渠堤记"8 字，落款："巡抚广西等地方提督军务兼理盐法道、都察院右副都御史、今升总督云贵等处地方军务兼理粮饷、兵部右侍郎兼都察院右副都御史、沈阳范承勋撰，时康熙十五年夏月榖旦。"石刻下半部分文字已多湮灭。刻文主要记载范承勋任广西巡抚时维修灵渠之事，《兴安县志》有载。范承勋（1641—1714），字苏公，号眉山，自称九松主人，奉天省抚顺人，清康熙二十四年任广西巡抚，后升云贵总督、江南江西总督。

C₁₋₃₂ **查礼榜书"灵渠"**〔兴安镇灵渠南陡口秦堤飞来石西面·清代〕 摩崖石刻 1 方。清乾隆二十年（1755）刻。刻面高 1.74 米，宽 1.4 米，文竖 3 行，计 46 字。查礼撰文并书丹。首题"大清乾隆二十年春三月"，落款"诰授奉政大夫同知广西庆远府事监修湘漓江工前户部陕西清吏主事宛平查礼题"，字径 0.06 米，中间正文为榜书"灵渠"2 字，字径 0.55 米，楷书，阴刻。

C₁₋₃₃ **查淳"湘漓分派"碑**〔兴安镇柘园行政村南陡口屯北灵渠铧嘴·清代〕 碑刻 1 方。清乾隆五十六年（1791）立。碑为黑色大理石，高 2.78 米，宽 1.35 米，厚 0.28 米，桂林知府查淳撰文并书丹。右首题"乾隆辛亥仲秋日"，左下落款"知桂林府事宛平查淳书"。碑阳正中竖行刻"湘漓分派"，字径 0.5 米，楷书，阴刻。该碑"漓"字于清末被人砸坏，碑料断为 3 块，移至四贤祠保存。查淳，直隶宛平人，查礼子。

C₁₋₃₄ **李天钰"黄龙堤"碑**〔严关镇仙桥行政村六口岩屯前黄龙堤北约 10 米·清代〕 碑刻 1 方。

清道光二十六年（1846）立。碑赑屃座，碑高 2.5 米，宽 1.2 米，碑上原盖有亭，早年塌毁，碑尚存。兴安县知县李天钰撰文并书丹。碑面正中竖行刻 "黄龙堤" 3 字，字径 0.4 米，真书，阴刻。落款 "道光二十六年仲春月"，下款 "祥梁李天钰建"。祥梁在今山西省境内。李天钰，清道光二十五年（1845）任兴安县知县。

C_{1-35}　**四贤祠**　〔兴安镇灵渠大小天平附近南渠北岸·1982 年〕　原称灵济庙，元代廉访史也儿吉尼为纪念 "四贤"（秦监御史禄、汉伏波将军马援、唐桂管观察史李渤、唐桂州防御史鱼孟威）于元至正十五年（1355）修建。清康熙五十四年（1715）重建，后倾圮。清光绪十四年（1888）再重建，1982 年在原址重建。庭院式，由正殿、游廊、东西门楼、小榭等组成，占地面积约 2500 平方米，院内存历代碑刻 26 方。其中一碑平陷入树内，称 "古树吞碑"。

C_{1-36}　**灵济庙记碑**　〔兴安镇灵渠四贤祠内·元代〕　碑刻 1 方。元至正十五年（1355）立。碑高 1.95 米，宽 0.87 米，厚 0.16 米，碑额圭形，碑文竖 16 行，满行 48 字，计约 770 字，字径 0.035 米，楷书，阴刻。黄裳撰文并书丹。横行额题 "灵济庙记"，碑文记载：元至正十三年（1353），兴安山洪暴发，灵渠堤陡被毁，灵渠干涸，不利漕运灌溉，岭南西道肃政廉访副使也儿吉尼命静江路判官王惟让负责修灵渠事。碑刻原已失，1981 年复寻得碎碑 22 块，修复重立于祠内，但仍缺 4 块碎碑，佚损 80 余字。《兴安县志》有载。

C_{1-37}　**改建阳城记碑**　〔原立于明兴安衙门前院，现存灵渠四贤祠内·明代〕　碑刻 1 方。明万历三十五年（1607）立。碑高 1.9 米，宽 1.16 米，厚 0.6 米，碑额左侧缺失。碑文竖 16 行，满行 55 字，计约 880 字，后附捐款人姓名，字径 0.016 米，楷书，阴刻。张孙绳撰文并书丹。额题 "改建阳城记碑"，碑文记载：由唐武德四年（621）设临源县开始置县，明景泰年间（1450—1456）迁址，至万历三十五年知县毛可仪易土以砖改建为阳城。

C_{1-38}　**捐俸重修陡河碑**　〔原立于点灯山下三里陡下游约 300 米处，现存于灵渠四贤祠内·清代〕　碑刻 1 方。清康熙三十七年（1698）立。碑圭首，高 2.3 米，宽 1.8 米，厚 0.16 米，碑文竖 22 行，满行 8—34 字，计 700 余字。字径 0.03 米，楷书，阴刻。横行额题 "捐俸重修陡河碑"，篆书。碑文记载两广总督石琳发起全省官员捐俸修灵渠事，并刻列 17 名知府以上捐俸官员姓名。

C_{1-39}　**灵渠凿石开滩记碑**　〔原立南陡阁背后沙洲上·现存于灵渠四贤祠·清代〕　碑刻 1 方。清康熙五十四年（1715）立。碑圆首，高 2.47 米，宽 0.75 米，厚 0.16 米，碑文竖 17 行，字径 0.03 米，楷书，阴刻。广西巡抚陈元龙撰文并书丹。横行额题 "灵渠凿石开滩记"，落款 "康熙五十四年岁在乙未季冬月中浣穀旦立"。碑文记载：康熙五十二年（1713）广西巡抚陈元龙等以捐俸银一千二百两修复堤陡，复疏浚渠道，凿去北渠至漠川河口、南渠至灵川脚盆滩险峻礁石 19 处。陈元龙，字广陵，号乾斋，浙江海宁人，康熙二十四年（1685）进士，康熙五十年（1711）任兵部左侍郎兼都察院右副都御史，巡抚广西。

C_{1-40}　**重建灵渠石堤陡门记碑**　〔兴安镇灵渠四贤祠·清代〕　碑刻 1 方。清康熙五十四年（1715）立。碑高 2.02 米，宽 0.98 米，厚 0.11 米，碑文竖行，碑下部部分字迹已湮灭，字径 0.015 米，广西巡抚陈元龙撰文并书丹。横行额题 "重建灵渠石堤陡门记"，篆书，字径 0.1 米，碑文记载：康熙五十三年（1714）陈元龙奉旨率通省捐俸，与广西布政使司布政使黄国材、桂林府丞黄之孝、兴安知县任天宿维修灵渠，为时十三个月，康熙五十四年竣工，集工匠数千人，用银一万余两，修复被洪水冲坏的大小天平及陡门 22 座。《兴安县志》有载。

C_{1-41}　**修复陡门碑**　〔原立于南陡阁背后沙洲上，现存于灵渠四贤祠·清代〕　清乾隆二十年（1755）立。碑高 3 米，宽 1.6 米，厚 0.22 米，碑额线刻双龙戏珠，碑跌刻水波纹。碑文竖 21 行，字径 0.03 米，楷书，阴刻。两广总督杨应琚撰文并书丹。横行碑题 "修复陡门碑" 5 字，楷书，字径 0.13 米，碑文记载：杨应琚奉旨修灵渠，于乾隆甲戌（1754）十一月动工至乙亥年（1755）竣工，共费 "八千八百八十余金"，维修了大小天平 14 道、鱼鳞石 20 道，修堤坝 70 道。杨应琚（1696—1766），字佩之，号松门，辽海汉军正白旗人，清乾隆十九年至二十二年（1754—1757）任两广总督。

C_{1-42}　**重修兴安陡河碑**　〔原立于南陡阁附近的沙洲上，现存于灵渠四贤祠·清代〕　碑刻 1 方。清乾隆二十年（1755）立。碑高 2 米，宽 1.09 米，厚 0.2 米，碑文竖 33 行，满字 56 字，计约 1848 字，字径 0.025 米，楷书，阴刻。兴安知县梁奇通撰文并书丹，广西临桂涂荫麟、湖南衡阳颜万新刻石。横行额题 "重修兴安陡河碑" 7 字，篆书，字径 0.1—0.14 米，阴刻。碑文记载：自乾隆二十年一月十七日至冬十一月期间，多次维修灵渠北渠、天平、黄龙坝、海阳堤、月堤、南北二渠各陡门 "用帑金四千九百两有奇"。梁奇通，字希颜，号豁堂，广东德庆人，清乾隆十九年（1754）以文林郎知兴安县事。

C$_{1-43}$ **重修陡河碑** 〔原立于灵渠三里桥西面里晨陡旁，现存于灵渠四贤祠·清代〕 碑刻1方。清嘉庆二十五年（1820）立。碑高1.6米，宽0.8米，厚0.16米，已折为2段。碑文竖18行，满行44字，计约792字，字径0.25米，楷书，阴刻。广西巡抚赵慎畛撰文并书丹。无额题，落款"嘉庆二十有五年岁次庚辰二月抚粤使者武陵赵慎畛撰并书"。碑文记载：赵慎畛捐银两千两，由泗城知府周之域主修，嘉庆二十四年（1819）九月十五日动工，至十一月二十日完工，修复陡门32座，用工一万四千九百六十，石二百五十六丈，灰一万二千余，木六十四根，桩五百六十余件，总计银一千七百七十五两。赵慎畛（1762—1826），字遵路，号笛楼，又号蓼生，湖南武陵（今常德）石板滩人。清嘉庆二十三年（1818）由广东布政使升任广西巡抚。

C$_{1-44}$ **重修兴安陡河碑记** 〔碑原立于南陡阁附近，现存于灵渠四贤祠·清代〕 碑刻1方。清光绪十四年（1888）立。碑高2.06米，宽1.05米，厚0.16米，碑文竖31行，满行64字，计1900余字，字径0.025米，楷书，阴刻。兴安县知县陈凤楼撰文并书丹。无额题，碑文记载：清光绪十年（1884）灵渠遭洪水破坏，护理广西巡抚李秉衡分三阶段对灵渠进行维修。第一次光绪十二年（1886）五月竣工，维修铧嘴、大小天平及陡门22座，石堤5道；第二次光绪十三年（1887）冬竣工，修坝、陡各一，凿通四滩暗礁；第三次光绪十四年（1888）初完工，修复大小天平、陡门4座及土堤等。另修灵济、伏波两祠。陈凤楼，四川省成都府双流县人，清光绪九年（1883年）癸未科进士，十二年至十四年（1886—1888）任兴安知县。

C$_{1-45}$ **大溶江义学碑** 〔原立于兴安县府门前，现存于灵渠四贤祠·清代〕 碑刻1方。清同治四年（1865）立。碑高1.24米，宽0.71米，厚0.1米，碑文竖18行，满行37字，计660余字，字径0.03米，楷书，阴刻。兴安县知事鹿传霖撰文并书丹。横行额题"大溶江义学碑"6字，字径0.08米，落款"同治四年四月进士出身翰林院庶士知兴安县事范阳鹿传霖立"。碑文记载监生戴政务捐谷买田办义学的经过，因钱不足，由兴安知县鹿传霖捐俸完成此义举，并将所买田亩一一勒石以记。鹿传霖（1836—1910），字润万，又字滋轩，号迁叟，直隶（今河北）定兴人。清同治元年（1862）登壬戌科进士，选翰林院庶吉士，任广西兴安县知县。

C$_{1-45}$ **陈元龙碑刻** 〔兴安镇灵渠四贤祠内·清代〕 碑刻2方。一碑高2米，宽0.988米，厚0.11米，为《重建灵渠石堤陡门记》，主要记述："旧设三十六陡，存其迹者仅十四陡……"清康熙五十三年（1714）重修，历时13个月竣工。楷书，阴刻。另一通碑高2.2米，宽0.75米，厚0.16米，为《灵渠凿石开滩记》，主要记述："……自秦迄今，相继修葺者，汉之伏波、唐之李渤、宋之李师中。……但河之滩石，为舟楫患者。……既浚其陡，复疏其河。"后附捐资开滩名单。两碑均落款为"康熙五十四年（1715）冬月陈元龙"，楷书，阴刻。

C$_{1-46}$ **吕德慎劣政碑** 〔原立于县衙门前，现存于灵渠四贤祠·1916年〕 碑刻1方。1916年立。碑高1.46米，宽0.8米，厚0.115米，碑文竖行，真书，阴刻。碑阳正中书"浮加赋税冒功累民兴安县知事吕德慎之纪念碑"，字径0.08米，落款"中华民国五年冬阖邑公立"，字径0.04米。吕德慎，桂林市人，1914—1916年任兴安县知事，在任期间，增加赋税以饱私囊，被撤职，兴安士绅为吕德慎立了这块劣政碑，以戒来者。

C$_{1-47}$ **鄂昌"分水亭"碑** 〔兴安镇柘园行政村南斗屯东龙王庙门口·清代〕 碑刻1方。清乾隆十一年（1746）立。碑高2.26米，宽1.13米，两边卷草纹图案，额刻双龙戏珠，赑屃碑座。碑文竖3行，计14字。广西巡抚鄂昌撰文并书丹。碑正中竖行书"分水亭"3字，字径0.38米，首题"乾隆丙寅春日"，落款"西林鄂昌题"，行书，阴刻。碑下赑屃头部被损坏。鄂昌为云贵广西三省总督鄂尔泰之侄，鄂昌任广西巡抚时大修灵渠后，在源头龙王庙山建一座分水亭，亭已毁，立在亭内的碑尚存。鄂昌（1700—1755），西林觉罗氏，满洲镶蓝旗人。清乾隆九年（1744）任广西布政使，十一年（1746）升广西巡抚。

C$_{1-48}$ **万里桥** 〔兴安镇兴安电影院旁灵渠上·1964年〕 传由唐代京城长安至此水路万里，故名。唐宝历元年（825）由李勃主持修建。明洪武七年（1374）在桥上增建桥亭。清代重修。1964年落架维修。南北走向，单孔石拱桥，长14.11米，宽6.07米，拱跨6.1米，桥身、桥拱用料石砌筑，桥面铺石板，南端铺设石踏跺10级，北端12级。1985年改桥亭为钢筋混凝土结构，琉璃瓦，歇山顶。

C$_{1-49}$ **粟家桥** 〔兴安镇灵渠三将军墓附近南渠上·明代〕 建于明代，具体时间不详。东西走向，单孔石拱桥，总长15.77米，桥面长7.37米，宽2.65米，拱跨7.3米。以料石砌桥身、桥拱，桥面铺西石板，桥西端铺设石踏跺10级，东端15级。清乾隆五年（1740）版《兴安县志》有载。

C$_{1-50}$ **沧浪桥** 〔兴安镇兴安第一招待所前小广场边灵渠南渠上·清代〕 建于清康熙七年（1668）。原名天后桥，俗称娘娘桥，后改今名。南北走向。单孔石拱桥，长 8.5 米，宽 6.45 米，拱跨 5.67 米。以料石砌桥身、桥拱，桥面铺石板，南端设石踏跺 4 级，北端 6 级。桥上有亭，后毁。1985 年维修，桥面改为水磨石，桥亭重檐歇山顶，琉璃瓦，亭下置背靠栏杆。

C_{1-51}　**泮池桥**〔原为孔庙泮池桥，现迁建于兴安镇柘园行政村南陡屯前南陡附近鲤鱼洲灵渠南渠·1973 年〕　建于清雍正年间（1723—1735），具体时间不详。1973 年从孔庙迁泮池桥于灵渠南渠。南北走向。单孔石拱桥，长 7 米，宽 2.1 米，拱跨 3.02 米，桥面铺雕饰云纹石板，两侧各设望柱栏板，柱顶雕瑞狮、盘龙，板雕双凤朝阳、鲤鱼跳龙门等 16 幅图案。两端各铺设踏跺 3 级。桥头 4 根望柱外侧附石鼓。

C_{1-52}　**八角亭桥**〔兴安镇三桂行政村架枧田屯灵渠南渠·清代〕　又名侍郎桥。北宋刑部侍郎唐则建，后毁。清康熙三十六年（1697）重修。东西走向，单孔石拱桥，长 6 米，宽 4.15 米，拱跨 5.7 米。以料石砌桥身、桥拱，桥面铺石板，两侧置条石栏板。两端原铺踏跺。现拆改为泥土引桥。

C_{1-53}　**星桥**〔兴安镇三桂行政村灵山庙屯东南约 200 米灵渠与清水江汇合处·清代〕　建于清初，具体时间不详。南北走向，单孔石拱桥，长 17.3 米，宽 4.2 米，拱跨 5.8 米。桥身、桥拱用料石干砌，桥面铺石板，南端铺设踏跺 16 级，西端 12 级。桥拱下两侧各有 4 个方眼。桥头原有建桥碑，已掉落入水中。

C_{1-54}　**霞云桥**〔兴安镇福在行政村霞云桥村南约 30 米灵渠南渠上·清代〕　霞云村古为夏营关，故此桥又称夏营桥。桥建于清初，具体时间不详。东西走向，单孔石拱桥，长 13.5 米，宽 3.78 米，拱跨 4.45 米。桥身、桥拱用料石干砌，桥面铺正方形石板。两侧砌条石护栏。现桥两端 12 级石踏跺已改为泥土引桥。清乾隆五年（1740）版《兴安县志》入载。

32 - C_2　**玉溪一桥**〔兴安镇董田行政村乳洞岩前约 40 米玉溪水上·南宋〕　建于南宋庆元年间（1195—1200），具体时间不详。南北走向。单孔石拱桥，长 5.9 米，宽 4.6 米，拱跨 4.3 米，桥身用片石及料石干砌，料石砌桥拱，缝不施浆。桥面铺石板，两端各铺设 1 级石踏跺。

33 - C_3　**杜山桥**〔湘漓镇普头行政村普头村南约 700 米公路小溪上·元代〕　俗称牌坊边桥（牌坊现已不存）。建于元至正三年（1343）。南北走向，单孔石拱平桥，长 9.2 米，宽 3 米，拱跨 3.2 米，以料石砌桥身、桥拱，桥面铺石板，两端与路平齐。

34 - C_4　**严关**〔严关镇仙桥行政村严关口屯·明—清·自治区文物保护单位〕　据南宋周去非《岭外代答》载，关为秦始皇戍五岭时所筑。据清人顾祖禹《读史方舆纪要》记载，关为汉武帝伐南越时归义侯越严所建，故名。明崇祯十一年（1638）重修，以后曾有多次维修，最近一次为清咸丰元年（1851）。关口设于狮子岭与凤凰山之间，向北，关外墙为料石，内填夯土，长 43.2 米，厚 8.23 米，高 5.3 米，关门居中，券拱两重，间设闸门，门高 3.79 米，面阔 2.9 米，进深 8.23 米，门洞壁内嵌明崇祯戊寅题名碑刻 1 方。关额为清咸丰元年兴安知县商昌题"古严关"。关楼于 1943 年倒塌，关南山崖上有宋明以来摩崖石刻 10 余方。

C_{4-1}　**崇祯戊寅题名碑**〔严关镇严关口屯严关门洞内壁上·明代〕　明崇祯十一年（1638）立。碑作横长方形，高 0.4 米，宽 0.65 米，碑文竖 14 行，满行 2—5 字不等，计 49 字，字径 0.02 米，楷书，阴刻。碑文为："崇祯戊寅布政司详奉两院稽古建关，是年仲夏鸠集，己卯早春告成。监造灵川县知县程克武，监工灵川县典史陈正谊记石。"

35 - C_5　**榜上村古建筑群**〔漠川乡榜上行政村榜上村·明—清·自治区文物保护单位〕　建于明洪武九年（1376）。现存民居 30 余座，多为清代建筑，分布面积约 7000 平方米。建筑依山而建，呈阶梯状分布，以十字形石板道分隔为四区，建筑皆坐北朝南，三进院落，由前、中、后座及天井、厢房组成，有的庭院建有炮楼。主体建筑面阔三间，青砖墙，硬山顶，盖小青瓦。建筑间以巷道相通。此外村中还有贞节石牌坊及完善的排水系统。

36 - C_6　**三里桥**〔兴安镇福在行政村三里陡屯西点灯山下·明代〕　建于明成化二十三年（1487）。东西走向，单孔石拱桥，长 12.2 米，宽 6 米，拱跨 7 米，以料石砌桥身、桥拱，桥面铺石板，东端铺设石踏跺 6 级，西端 9 级。桥西原有清嘉庆二十五年（1820）广西巡抚赵慎畛《重修陡河碑》，已移至四贤祠内保存。

37 - C_7　**塘市永安桥**〔兴安镇塘市行政村塘市村内·明代〕　建于明嘉靖年间（1522—1566），具体时间不详。跨过集市的一条小溪，南北走向，单孔石拱平桥，长 6 米，宽 4.9 米，拱跨 5 米，以料石砌桥身、桥拱，桥面铺石板，两端与路面齐平。建桥碑记已佚。清乾隆五年（1740）版《兴安县志》有载。

38 - C_8　**玉溪第二桥**〔兴安镇董田行政村乳洞岩前约 60 米玉溪河上·明代〕　建于明代，具体时间不详。东北—西南走向，单孔石拱桥，长 9 米，宽 3.1 米，拱跨 5.2 米，以料石砌桥身、桥拱，桥面铺石板。略呈弧形，桥东北端铺设石踏跺 3 级，西南端 7 级。

39 - C_9　**蒋家塘井**〔兴安镇三台路·清代〕　建

于明景泰年间（1450—1456），清代重修。井口平面呈圆形，井圈以整块大石凿成，高 0.35 米，内径 0.7 米，外径 1.0 米，井深 3.5 米，井壁以青砖围砌。

40 - C₁₀ 留江桥 〔白石乡鳌头行政村阴家屯留江上·清代〕 又名留荣桥。建于清初，具体时间不详。东北—西南走向，单孔石拱桥，长 4.85 米，宽 2.74 米，拱跨 4.2 米。桥身、桥拱用料石干砌，桥面铺大石板，桥西南端与江岸齐平，东北端设石踏跺 2 级。桥头建桥碑已佚。清乾隆五年（1740）版《兴安县志》有载。

41 - C₁₁ 新定桥 〔界首镇大洞行政村周家贝屯小河上·清代〕 俗称磨花桥、周家北桥。建于清初，具体时间不详。1950 年进行维修加固。南北走向，单孔石拱桥，长 4.5 米，宽 2.7 米，拱跨 2.3 米。桥身、桥拱用料石干砌，桥面铺青石板，无护栏，两端无踏跺。清乾隆五年（1740）版《兴安县志》入载。

42 - C₁₂ 马渡桥 〔界首镇大洞行政村马渡桥屯西南约 200 米小河上·清代〕 俗称马头桥、马路桥。建于清初，具体时间不详。南北走向，单孔石拱桥，长 13 米，宽 3.9 米，拱跨 8.5 米。桥身、桥拱用料石干砌，桥面铺石板，两侧置条石护栏。桥南端置石踏跺 5 级，北端 4 级。清乾隆五年（1740）版《兴安县志》有载。

43 - C₁₃ 杨柳桥 〔溶江镇五甲行政村五甲村西小溪上·清代〕 俗称志拱桥。建于清初，具体时间不详。清乾隆五年（1740）版《兴安县志》已有载。东西走向，单孔石拱桥，长 13 米，宽 2.45 米，拱跨 6 米。桥身、桥拱用料石干砌，桥面以石板铺平。后桥面加宽至 7.3 米。清咸丰年间（1851—1861）在桥西立贞节牌坊 1 座（现已毁）。

44 - C₁₄ 北龙凤桥 〔界首镇大洞行政村周家背龙船杆子溪·清代〕 又名兴桥。建于清初，具体时间不详。是当时界首通往兴安卵石路上的桥梁。南北走向，单孔石拱桥，长 6.4 米，宽 2.9 米，拱跨 5 米，桥身、桥拱用料石干砌，桥面铺石板，桥两端各置 3 级石踏跺。清乾隆五年（1740）版《兴安县志》有载。

45 - C₁₅ 潮水井 〔高尚镇金山行政村待漏村·清代〕 建于清初，具体时间不详。村人利用间歇泉砌成并列 4 井，间歇泉上涌时似潮水，故名潮水井。上井为饮用井，其余 3 井为洗菜、洗衣井。4 井均用条石砌成方形，边长 2—3 米，宽 1.2—2 米，深 1.2 米。

46 - C₁₆ 廖家村寨门 〔溶江镇廖家行政村廖家村·清代〕 寨门建于清康熙十一年（1672）。在村四周以砖砌墙垣，东西长 130 余米，南北宽约 80 米，高 4 米，宽 3 米，寨内以大青石铺道。四面开门。现仅存

南、北两门。南门称"文昌门"，拱形，面阔 1.7 米，进深 2.98 米，高 2.48 米；北门称"进贤门"，面阔 1.18 米，进深 1.35 米，高 2.35 米。

47 - C₁₇ 飞霞寺 〔兴安镇董田行政村董田村乳洞岩前·清代〕 建于清康熙五十五年（1716），清雍正三年（1725）增建中大殿及两侧厢房。坐西朝东，砖木结构，二进院落，占地面积约 924 平方米，现存山门、大殿及厢房。山门用石砌筑，大殿面阔五间，进深三间，青砖墙，抬梁式木构架，硬山顶，盖灰瓦。两边厢房各五间。青石踏跺，寺内存建寺碑、雕花石鱼缸、石盆等遗物。

48 - C₁₈ 渡头江桥 〔湘漓镇花桥行政村阳家村湘江故道上·清代·县文物保护单位〕 建于清雍正五年（1727）。砌于鱼鳞石滚水坝上，两台二十二墩梁式石板桥，长 96 米，宽 1.6 米，高 1.5 米，孔跨 3.85—5.85 米，墩用条石砌筑，桥面用 46 块长条石板分两排铺架。现部分石板改为水泥板。

49 - C₁₉ 湖广会馆 〔兴安镇灵渠北路 59 号·清代〕 建于清雍正二年（1724），清同治八年（1869）重修。面临灵渠，砖木结构。二进院落，包括前厅戏楼、看楼、正厅、天井、后座、左右厢房等建筑，占地面积约 1754 平方米，现存正厅，面阔五间，进深三间，明间正中上方为穹隆式藻井，满布雕饰，青砖墙，硬山顶，盖小青瓦。20 世纪 60 年代期间，木雕饰均被拆毁。

50 - C₂₀ 南溪桥 〔湘漓镇普头行政村普头村·清代〕 清雍正十年（1732）贡生李景建。南北走向，单孔石拱桥，长 8.6 米，宽 2.44 米，拱跨 2.5 米，桥以石板铺面，两侧置 0.45 米高的条石护栏，桥北端设踏跺 7 级，南端设踏跺 6 级，部分已损缺。原立雍正十年李景《南溪北溪二桥碑记》已折断，碑文竖 22 行，楷书，阴刻。清道光版《兴安县志》已录全文。

51 - C₂₁ 待漏村民居 〔高尚镇金山行政村待漏屯·清代〕 建于清乾隆年间（1736—1795）。砖木结构。五进院落，由五座主体建筑、四天井和花厅、左右厢房组成，占地面积约 1225 平方米，主体建筑每座均面阔三间，进深二间，青砖墙，抬梁式木构架，出卷棚，盖小青瓦硬山顶，屋脊堆塑。内顶设天花板，地置屏风，门窗精雕人物、花鸟。厅挂匾额，现仅存"亚魁"匾。天井两侧置厢房，天井地面改用黑色大理石板铺设。

52 - C₂₂ 下水洞接龙桥 〔兴安镇灵渠社区下水洞·清代〕 建于北宋太平兴国八年（983），清乾隆元年（1736）重修。东西走向，单孔石拱桥。长 14.4 米，宽 6.45 米，拱跨 5.9 米。桥身、桥拱用料石干砌，

桥面铺石板，两侧砌条石护栏，东端铺设石踏跺 12 级，西端 8 级。1987 年在桥上增建八柱歇山顶，琉璃瓦桥亭。

53 - C_{23}　三桂桥　〔兴安镇三桂行政村三桂村东清水河上·清代·县文物保护单位〕　又名安乐桥。原为木桥，清乾隆十一年（1746）改为石拱桥。道光二十六年（1846）重修。东西走向，三孔石拱桥，长 26 米，宽 3.56 米，拱跨 3.4 米。桥身、桥拱用料石干砌，桥面铺石板，两侧砌条石护栏。两端踏跺已改为泥土引桥。桥头原立《创建三桂桥记》碑刻 1 方，已佚。

54 - C_{24}　水源头村古建筑群　〔白石乡鳌头行政村水源头村·清代·自治区文物保护单位〕　建于清乾隆三十五年至清嘉庆五年（1770—1800）。又称秦家大院，由 15 座房屋组成，以走廊相连，占地面积约 1.5 万平方米。坐东朝西，砖木结构，均为三进。大门面阔三间，前檐廊立木柱 2 根，廊前置 2 级石踏跺。其余各座面阔三间，前有檐廊，青砖墙，抬梁式木构架，硬山顶，盖小青瓦，马头山墙。间以天井，中座、后座间置隔扇门，门窗透雕吉祥花鸟走兽，梁枋雕刻装饰。建筑间铺设 5 条纵横石板道路。民居旁有石拱桥、砖塔、水井等。

55 - C_{25}　青龙桥　〔白石乡白竹行政村石柱村东约 100 米白石河上·清代〕　建于清乾隆三十七年（1772）。东西走向。单孔石拱平桥，长 8 米，宽 2.7 米，拱跨 4.6 米。桥身、桥拱用料石干砌，桥面铺石板，桥头原立《新建青龙桥碑记》1 方，文字已漫漶不清，已移作他用。

56 - C_{26}　严关口桥　〔严关镇仙桥行政村严关口屯前小溪上·清代〕　俗称梨子桥。始建年代不详，据桥头《梨子路碑》考证，修建年代不会晚于清嘉庆元年（1796）。南北走向，单孔石拱桥，长 6 米，宽 4.6 米，拱跨 3.4 米。桥身、桥拱用料石干砌，桥面铺青石板，两端修泥土引桥。

57 - C_{27}　银山桥　〔白石乡鳌头行政村斗冲银山下小溪上·清代〕　因其桥南面的银山而名。建于清嘉庆五年（1800）。东西走向，单孔石拱桥，长 3.5 米，宽 2.7 米，拱跨 3.5 米。桥身、桥拱用料石干砌，桥面铺青石板，两端各设石踏跺 1 级。桥头原立碑记 1 方，记载捐款人姓名及捐款数目，现已移至源头屯。

58 - C_{28}　界首接龙桥　〔界首镇西南约 300 米水塘上·清代〕　建于清乾隆元年（1736），原为石墩木板桥，因毁于火而改建为双孔石拱桥。乾隆五十九年（1794）再毁于洪水，清嘉庆六年（1801）重建，改为三孔石拱桥。南北走向，长 15 米，宽 4.5 米，拱跨 5 米。桥身、桥拱用料石干砌，桥面铺大石板，两侧砌

条石护栏，桥头设石踏跺，南端 10 级，北端 15 级。桥头原立《重建接龙桥碑记》碑刻 1 方，已佚。石护栏大部分毁失。

59 - C_{29}　石柱村拱桥　〔白石乡白竹行政村石柱村东约 200 米小河沟上·清代〕　建于清嘉庆七年（1802）。东西走向，单孔石拱桥，长 7.7 米，宽 4.2 米，拱跨 5.7 米。桥身、桥拱用料石干砌，桥面铺石板，两侧设长条石护栏，高 0.41 米，桥西端设石踏跺 4 级，东端设 3 级。原桥头立《新修路桥碑记》已移至村旁的水沟边。

60 - C_{30}　太平堡桥　〔高尚镇堡里行政村铺里屯西南西波江支流上·清代〕　建于清嘉庆七年（1802）。两台四墩梁式石板桥，长 21 米，宽 1.02 米，台、墩用料石筑成，墩迎水面为分水尖嘴，墩上横架长约 4.2 米，宽 1.02 米的大石板作桥面。桥原立清嘉庆七年建桥碑记已佚，捐款人名碑记尚存。《兴安县志》有载。

61 - C_{31}　文昌宫　〔高尚镇金山行政村待漏里屯·清代〕　建于清嘉庆十四年（1809）。清同治七年（1868）重修。坐北朝南，砖木结构，三进院落，由前座、中殿、后殿、东、西配殿及两庑等组成，占地面积约 1240 平方米。前座明间前檐为四柱三间三楼牌坊式。中殿面阔三间，进深二间，两排 4 柱。两侧东西配殿，均面阔三间。殿后为天井，两侧为两庑，侧门与配殿相通。后殿面阔三间，进深二间。建筑均为抬梁式木构架，硬山顶，盖小青瓦。山墙垂脊起翘，堆塑人物花鸟。前檐廊券棚顶。后殿墙存《文昌宫序》碑 1 方。

62 - C_{32}　白竹铺永安桥　〔溶江镇车田行政村白竹铺村西约 50 米的小溪上·清代〕　清康熙末年（1722），村民唐绍贲等用木架桥，桥面覆土。清乾隆二十八年（1763）知县余锡礼易木为石，于桥上建亭，定名"永安桥"，并撰写《永安桥记》碑立于桥头。清嘉庆十八年（1813）毁于洪水，十九年（1814）重修。三孔石拱桥，长 18.1 米，宽 5.28 米，拱跨 5.52 米。桥身、桥拱用料石干砌，桥面铺青石板，两侧置条石护栏。1967 年桥两孔被拆除，改为引桥。桥头亭及碑刻《永安桥记》《重修永安桥记》均毁。

63 - C_{33}　三元塔　〔高尚镇金山行政村待漏村·清代·县文物保护单位〕　建于清道光五年（1825）。因塔旁有三元庙，故名。蒋氏族人为纪念考取功名而建。八角形五层实心石塔，高 12 米，塔身收分明显，顶层呈圆柱体，各层砌石出檐，八脊雕鱼吻，宝瓶状塔刹。第一层八面开拱形假门，门额上嵌"云路高攀""聚璧腾奎"等匾刻。

64 - C_{34}　湖南会馆　〔兴安镇塘市行政村塘市村·

清代〕 建于清咸丰年间（1851—1861），具体时间不详。坐西朝东，砖木结构，三进院落，设有戏楼（大门）、前座、中座、后座、文昌宫等建筑，占地面积约1972平方米，现存前、后二座。前座面阔15米，进深13.3米，石框大门，额竖"湖南会馆"匾，室内正中有藻井。后座置卷棚前廊，梁有缠枝花、人物故事浮雕，室内八角形藻井。两座皆为砖墙，抬梁式木构架，小青瓦硬山顶，垂脊立有人物故事灰塑。

65－C₃₅ 文氏宗祠 〔湘漓镇普头行政村普头村·清代〕 建于清初。清乾隆二十八年（1763）重建前座。清同治四年（1865）重建祠堂门廊。坐东朝西，砖木结构，三进院落，由前座、中厅、后堂组成，占地面积约369平方米，前座高二层，面阔三间，进深10.5米，青砖墙，抬梁式木构架，歇山顶。中厅、后堂面阔三间，青砖墙，抬梁式木构架，硬山顶，盖小青瓦，马头山墙。前檐为卷棚顶。梁上浮雕鳌鱼、莲花，祠内存碑刻5方。普头村文氏，元代从江西安府迁来，始祖文宗沂，传文天祥四世孙。

66－C₃₆ 五甲接龙桥 〔溶江镇五甲行政村上屯与下屯之间的小溪上·清代〕 建于清光绪年间（1875—1908），具体时间不详。东西走向。单孔砖石拱平桥，长9米，宽3.36米，拱跨4米。桥基以条石砌筑，其上以青砖砌桥拱、桥身，石灰砂浆错缝平砌，桥面铺青砖，两侧砌条石护栏。

67－C₃₇ 蒋氏宗祠 〔湘漓镇双河行政村枧底村·清代〕 建于清光绪三年（1877）。为枧底村蒋方正修建。蒋方正，清道光年间（1821—1850）任江西九江道府尹，道光十二年（1832）总纂完成道光版《兴安县志》共十八卷。宗祠砖木结构由主、侧两院组成，占地面积约290平方米。主院三进，由前座、中厅、后堂、二天井组成，各座面阔三间，青砖墙，穿斗与抬梁混合木构架，梓墩浮雕龙、象、麒麟、花鸟等，硬山顶，三级马头山墙。天井，两侧为敞开式走廊。侧院中轴两边为五间房屋，砖木结构，三层马头山墙。

68－C₃₈ 化龙桥 〔漠川乡长洲行政村长洲村南约1公里漠川河上·清代·县文物保护单位〕 建于清光绪十三年（1887）。东西走向，单孔石拱平桥，长26.5米，宽5.36米，拱跨18.6米。桥身、桥拱用料石干砌，桥面铺石板，两侧砌条石护栏，两端与路面平齐，桥头立《修化龙桥碑记》碑刻1方。

69－C₃₉ 兼善亭 〔高尚镇堡里行政村铺里屯·清代〕 建于清光绪十四年（1888），供行人歇脚、避雨。亭高5.5米，面阔7.6米，进深10米，砖木结构，抬梁式木构架，硬山顶，盖小青瓦，脊饰博古。两端砖砌弧形山墙，墙中间开拱门。门额镶"兼善亭"

石匾。

70－C₄₀ 崔家大屋 〔崔家乡崔家行政村崔家村·清代〕 清光绪二十年（1894），由崔名星、名点、名馨兄弟所建。坐西朝东，砖木结构。由前院及并列三座三进建筑及左侧花厅等建筑组成。占地面积约2600平方米，前院面阔66米，进深8.6米，院后三座并列建筑形制相同，均面阔三间，分上、中、下三厅，进深为下厅7.3米，中厅12.5米，上厅11米，屏风、窗户透雕花饰。左侧花厅三座，均面阔三间，进深10米。建筑均青砖墙，抬梁式木构架，小青瓦硬山顶，垂脊堆塑。

71－C₄₁ 程氏贞节牌坊 〔漠川乡长洲行政村蒋家堰屯·清代〕 建于清光绪三十年（1904）。为陈氏家人给其母程氏树立的贞节牌坊。四柱三间三楼石牌坊，面阔6.3米，高5.3米，四柱方形，顶雕蹲狮，柱下为方形石础，柱脚有夹杆石，柱面均刻有楹联。明间大额枋上竖立"皇恩旌表"匾，大小额枋间龙凤板阴刻"节孝之门"。

72－C₄₂ 额头上宝塔 〔高尚镇尚义行政村尚义村额头上·清代〕 建于清代，具体时间不详。为四边形三层砖塔，高7米，边长2.1米，底层高2.9米，以上二层依次缩小，其中两面对开拱窗，每层顶出瓦檐，顶为四面坡。

73－D₁ 乳洞摩崖石刻 〔兴安镇董田行政村董田村蟠龙山乳洞岩内·唐、宋、清·县文物保护单位〕 乳洞有三岩，钟乳石奇绝，唐代已为游览胜地。现洞内外存摩崖石刻29方，其中唐代4方、宋代19方、清代3方、佚年3方。书体有行、楷、真书。形式有题名、题榜、题记、题诗、偈语等。作者主要有唐代元晦、元繇、卢贞、韦瓘、宋代范成大、张孝祥、李邦彦、李曾伯、谢逖、方信孺等官吏、文人。最早的为唐会昌四年（844）卢贞的题名、韦瓘题诗。重要的为南宋淳祐九年（1249）李曾伯的榜书。另有摩崖造像9方，皆毁。

D₁₋₁ 卢贞题名 〔兴安镇董田村蟠龙山乳洞岩下洞崖壁上·唐代〕 摩崖石刻1方。唐会昌四年（844）刻。文竖行，共19字。卢贞撰文并书丹。题名"前广州刺史卢贞会昌四年七月二十日北归过此"。《广东通志》载，"卢贞于会昌五年为广州刺史"，误，唐会昌四年时卢贞已离任广州北归。

D₁₋₂ 韦瓘题诗 〔兴安镇董田村蟠龙山乳洞下洞崖壁上·唐代〕 摩崖石刻1方。唐会昌四年（844）刻。五言诗，诗云："巧施造化力，宛与人世殊。深沉窥水府，莹静适仙都。……"落款"会昌四年韦瓘题"。碑文真书，阴刻。《桂林府郡志》载，韦瓘于大中二年（848）任桂管观察使。由崖刻可知，韦瓘于会昌四年（844）可能已任桂管观察使。韦瓘（789—？），字茂弘，京兆万年（今陕西西安）人，唐元和四年（809）己丑科进士，官至桂管观察使。

D₁₋₃ 李曾伯题榜 〔兴安镇董田村蟠龙山乳洞上、中、下三洞的洞口·南宋〕 摩崖石刻 1 方。南宋淳祐九年（1249）刻。李曾伯于南宋淳祐九年游乳洞，根据其太祖父李邦彦于南宋建炎三年（1129）游洞的记刻，补书"喷雷""驻云""飞霞"三洞之名，各刻面高 0.73 米，宽 1.6 米，字径 0.6 米，真书，阴刻，落款"公五世孙曾伯书"。

75 - D₂ 凤凰山摩崖石刻 〔严关镇仙桥行政村严关口屯严关东麓凤凰山·北宋、明、清、民国〕 摩崖石刻 11 方，其中宋代 3 方，明代 2 方，清代 1 方，民国 5 方。文皆楷书。形式有题榜、题记、题诗等。作者有知府、转运判管、知县等官吏及文人墨客。最早的石刻是北宋政和五年（1115）桂林知府程麟的榜书"严关"。重要的石刻有明《重修严关碑记》。

76 - D₃ 大鱼山摩崖石刻 〔高尚镇江东行政村大鱼山东麓·明代〕 宋代称龙山，明代称大鱼山。有摩崖石刻 1 方。国子监生唐宗儒撰刻于明天顺八年（1464），明弘治六年（1493）文昌祠主持有补刻。刻面高 0.77 米，宽 0.48 米，额题上雕 1 兽。文竖行，字径 0.04 米，额题"重建文昌祠记"6 字，刻文记述大鱼山建观立寺的历史和蒋本干等人筹资重建文昌阁的经过。

77 - D₄ 上马石摩崖石刻 〔严关镇仙桥行政村严关口屯上马石·清代〕 巨石高、宽约 3 米，其上有摩崖石刻 2 方。其一为榜书"古上马石"4 字，清道光二十六年（1846）刻。首题"道光丙午春"，落款"邑人文士铨题"。字径 0.17 米，真书，阴刻。其二为七言诗一首，刻面高 0.9 米，宽 0.7 米，字径 0.04 米，楷书："山山山山山山山，峭壁巉岩步履艰。欲向此中求吉壤，难难难难难难难。"落款"兴祁邑彭紫炎唐一沛记"。

78 - D₅ 雷神岩摩崖石刻 〔高尚镇金山行政村待漏村西南约 100 米的林岩山·清代〕 山有二洞，一为雷神岩。岩壁有清代摩崖石刻 2 方。其一为榜书"震惊百里"4 字。刻面高 0.63 米，宽 1.8 米，文横行，计 19 字，字径 0.56 米，楷书，阴刻。落款"道光己亥（1839）年清和月，南史蒋光圻敬立"，字径 0.07 米，楷书。其二为清嘉庆二十三年（1818）待漏村蒋姓立的"禁山碑"，刻面高、宽均 0.44 米，楷书。文竖 12 行，满行 12 字，计 136 字，字径 0.025 米，真书，阴刻。无首题，落款"嘉庆二十三年岁在戊寅三

月初十日漏里本房众等同立"。刻文记述，为保树木，资润龙脉，自嘉庆二十三年始，对前案山、雷岩山、矮山崽等禁山。

79 - D₆ 赵家堰摩崖石刻 〔兴安镇三桂行政村赵家堰屯崖壁上·清代〕 摩崖石刻 1 方。清同治八年（1869）刻。刻面高 0.9 米，宽 0.93 米，文竖 15 行，满行 22 字，约 330 字。撰文、书丹及刻工不详，刻文记载知县关于追究文尚弼兄弟叔侄恃强毁坏灵渠堰塘、放鸟捉鱼殃及农田灌溉的罪过，以及自此之后禁止此举、有违严究的批示，文字部分漫漶。

80 - D₇ 穿岩摩崖石刻 〔兴安镇冠山行政村挂子山后穿岩内·清、民国·县文物保护单位〕 洞内有摩崖石刻 8 方：其中清代 3 方，民国 3 方，佚年 2 方。书体有行书、楷书、真书和魏碑体。内容有题榜、题诗等。作者为邑里文人墨客。内容多为游记、唱和诗等。石刻有清光绪二十三年（1843）计临川、李子题的七律诗，以及光绪乙酉年（1885）陆树藩七绝四首，清光绪丙戌年（1886）唐毓琳七律一首。榜书"伏流"二字，刘宗枚五言长诗，灿缵七绝一首，何忧、季波于、王笠槐、文孔各七律诗一首，季炳炎等三人题五言、七言诗等。诗文皆游穿岩即景抒怀之作，赞美穿岩之景。

81 - D₈ 瑶族《团规碑记》 〔华江瑶族乡水埠行政村黑江村内·清代〕 碑刻 1 方。清嘉庆三年（1798）立。碑高 1 米，宽 0.6 米，厚 0.1 米，碑文竖行，计 380 字，附头人签名，字径 0.03 米，楷书，阴刻。首题"团规碑记"4 字，落款"嘉庆三年二十六日"。碑文记载华江瑶族四十八个团的头人会议制订的十条团规：不准与外民通婚，不准害人，不准外姓客民入家，不准团内偷寒送暖，不准团内妄生枝节，不准游手好闲，不准勾引外人，等等。

82 - D₉ 漠川三姓族谱碑 〔漠川乡保和行政村大坪屯内·清代〕 碑刻 1 方。清嘉庆四年（1799）立。碑高 1.5 米，宽 0.7 米，厚 0.1 米，碑文竖行，计 1396 字，楷书，阴刻。潘代松撰文并书丹。无首题，落款"嘉庆四年己未岁潘袁蓝三姓同立族谱碑记子孙永远宗支潘代松敬书"。碑文记载瑶乡漠川的潘、袁、蓝三姓的谱系和其原居地以及明洪武二年（1369）由湖广清州迁来定居的经过，还记载了他们参与镇压瑶民起义得明朝封赠土地的情况。此碑原秘埋地下，1986 年动员挖出抄录碑文后又复埋。

83 - D₁₀ 新建忠义祠碑 〔漠川乡榜上行政村榜上村漠川中学内·清代〕 清同治五年（1866）立。双碑相连，碑高 0.85 米，宽 0.7 米，碑文竖行，1 方 26 行，满行 34 字，约 840 余字；另 1 方 23 行，满行

30 字，700 余字，楷书，阴刻。碑文记载，新建忠义祠是为清咸丰四年（1854）与天地会、清咸丰七年（1857）与农民起义军、清咸丰十年（1860）与太平天国攻占兴安作战时死亡的 35 个乡勇团练入祀而建的，并附死者名单、死亡的时间地点。碑现存于漠川中学内。

84 - D₁₁　张裕斋祠碑刻〔严关镇灵坛行政村留田屯内·清、民国〕　碑刻 12 方，嵌于祠内墙壁。碑规格相同，高 1.37 米，宽 0.34 米，1918 年张裕斋之子张鼎星刻。另有张鼎星的四方梅花图和清光绪二十二年（1896）广西巡抚黄槐森的楹联，清光绪二十三年（1897）广东鹤山县知县李繁滋题七律 4 首等。张承勋（1806—1897），字裕斋，清道光年间（1821—1850）武举，三品衔候补守备，武翼都尉。

85 - E₁　牸牛石摩崖石刻〔严关镇仙桥行政村马头山西山脚灵渠牸牛陡旁巨石上·1917 年〕　摩崖石刻 4 方。1917 年刻。其一为廖达题七律诗并序，刻面高 0.6 米，宽 0.4 米，文竖 10 行，共 106 字，字径 0.03 米，楷书，阴刻。序文及诗皆记牸牛石之传说及其意境。其二为张鼎星题五言长诗，刻面高 0.64 米，宽 0.6 米，文竖行，32 句，计 160 字。字径 0.03 米，楷书，阴刻。诗文写牸牛石传说，议人生光阴之艰难。还有唐炳文等人刻的"护林禁山"碑。刻面高 0.47 米，宽 0.6 米，刻面无字迹。

86 - E₂　唐建业、周仁山合葬墓〔高尚镇济衷行政村·1930 年〕　唐建业（1901—1930）、周仁山（1911—1930），广西兴安县高尚济衷村人。土地革命时期，组织农民协会，发动二五减租斗争。1930 年 6 月 6 日被国民党政府逮捕杀害，葬于现址。1937 年农民捐资重新安葬。墓冢呈圆丘形，高 1.5 米，底径 2.5 米，四周用青石板砌筑，墓前立碑，碑文记 2 人生平事迹。

87 - E₃　湘江战役旧址（兴安县境段）〔兴安县、全州县、灌阳县三县湘江流域地区·1934 年·全国重点文物保护单位〕　1934 年 10 月 16 日、17 日，中国工农红军分别从江西瑞金、长汀出发开始长征，先后突破敌人的三道封锁线后，蒋介石布置了第四道湘江封锁线，纠集 30 万兵力，分五路军围追堵截，企图全歼红军于湘江东岸。11 月 25 日至 12 月 2 日，红军在兴安光华铺、全州脚山铺、灌阳新圩一带与敌军展开了激烈的战斗，分别从兴安界首、全州大坪、屏山、凤凰嘴、灌阳文市等几个渡口强渡湘江，突破了第四道湘江封锁。湘江战役旧址在兴安县有光华铺阻击战场旧址、界首渡口旧址、中央机关渡江指挥部旧址、中央机关驻扎地旧址、红军转战休整地旧址、光

华铺、烈水桥红军烈士墓、中国工农红军中央纵队同仁宿营地旧址等。

E₃₋₁　光华铺阻击战场旧址〔界首镇城东行政村光华铺·1934 年〕　1934 年 11 月 29 日夜，国民党桂系第 19 师 1 个团在渡口南面与中国工农红军红一方面军红三军团红 4 师第 10 团的主力遭遇，战斗十分激烈，红三军团红 4 师第 10 团团长沈述清、红 4 师参谋长兼任第 10 团代理团长杜崇美英勇牺牲，全团伤亡 400 余人。为确保中央纵队安全渡江，红军在西起石门飞龙殿，北至碗渣岭、大洞村丘陵，东到湘江边组织了光华铺防线，30 日下午，从新圩撤至界首的红三军团红 5 师 14、15 团接替 10 团防务，多次打退敌军，在中央纵队和后续部队过江后，随即撤出战斗。

E₃₋₂　界首渡口旧址〔界首镇湘江下游西岸·1934 年〕　1934 年 11 月 25 日，中央军委决定渡过湘江，突破敌人的第四道封锁线。红一军团前锋于 11 月 26 日占领了界首至屏山渡长约 30 公里的两岸，建起了几个渡口和徒涉点，兴安县的界首渡口是抢渡湘江的重要渡口之一，红军军委工兵营在此架设临时浮桥三座抢渡湘江，先行从界首渡口过江的朱德，在界首镇北头三官堂设立了指挥部。

E₃₋₃　中央机关渡江指挥部旧址——界首"三官堂"〔界首镇下街湘江边·1934 年〕　又称"红军堂"。1934 年 11 月底，中国工农红军第一方面军突破湘江封锁线时，红一军团指挥部和红三军团指挥部先后设于界首三官堂，朱德、彭德怀在此指挥红军阻击敌人和渡江。三官堂建于 1912 年，砖木结构，四合院，占地面积约 133.9 平方米。主体建筑面阔三间，青砖墙，抬梁式木构架，硬山顶，盖小青瓦。毛泽东、周恩来、张闻天、王稼祥渡江后，在湘江西岸的三官堂与朱德会合。

E₃₋₄　中央机关驻扎地旧址——界首"红军街"〔界首镇古街·1934 年〕　界首镇古街为 1934 年中国工农红军渡江时中央机关驻扎地。当地广大群众对红军渡江给予了大力协助，帮助红军架浮桥，给红军带路。红军在界首镇进行了大量的革命宣传，并打击地主、土豪和恶霸。新中国成立以后，人们把镇内古街称为"红军街"。街长约 800 米，宽 6 米，街两边为民居及店铺。

E₃₋₅　红军转战休整地旧址——千家寺〔华江瑶族乡千祥行政村华江街·1934 年〕　又称红军标语楼。1934 年 12 月初，中国工农红军第一方面军到达千家寺、油榨坪一带，准备翻越老山界。中共中央和红军的领导毛泽东、周恩来、朱德、彭德怀、张闻天、王稼祥、刘伯承、邓小平、杨尚昆等均在千家寺住过。

千家寺原为当地瑶族人议事的地方，现存一栋砖木结构二层楼房，面阔三间，占地面积约 131.4 平方米。二楼前廊壁墙留有当年红军书写的标语、漫画 19 条（幅），如"红军是工农自己的军队""当红军有田分""打倒屠杀工农的国民党"，等等。其中 1 幅由"国民匪党"四字构成的"狗"的漫画，画面简洁，幽默辛辣。

E₃₋₆ 中国工农红军中央纵队同仁宿营地旧址 〔华江瑶族乡同仁行政村同仁村·1934 年〕 1934 年 11 月底 12 月初，中国工农红军第一方面军红三、五、八、九等军团及中央纵队突破湘江防线，于 12 月 3、4 日先后到达华江千家寺、同仁一带，准备翻越老山界。中央军委机关队伍驻油榨坪及大埂屯秦德倚住宅。军委所驻油榨坪已改变原貌。大埂屯驻地旧址仍保持原貌，四合院，主体建筑面阔三间，泥墙木结构平房，占地面积约 100 平方米。

E₃₋₇ 烈水桥红军烈士墓 〔界首镇兴田行政村烈水桥村北约 200 米·1934 年〕 为中国工农红军第一方面军 1934 年 11 月底突破国民党军队湘江封锁线时，在烈水桥附近牺牲的烈士之墓。建于 1934 年，1981 年兴安县人民政府在此重修烈士纪念墓。墓葬由墓冢、墓圈墙组成，占地面积约 47.95 平方米，墓冢呈圆丘形，用石块水泥砌筑，墓碑刻"中国工农红军烈士之墓"。

E₃₋₈ 光华铺红军烈士墓 〔界首镇城东行政村兴田村的碗盏岭·1986 年〕 1934 年 11 月 30 日及 12 月 1 日，中国工农红军第一方面军红三军团红 4 师第 10 团，在光华铺阻击国民党桂系第 19 师的进攻。红三军团红 4 师第 10 团团长沈述清及红四师参谋长兼任第 10 团代理团长杜崇美等英勇牺牲。渡江战役结束后，牺牲的红军官兵集中葬于界首镇城东村。1986 年兴安县人民政府在该地建立烈士陵园，占地面积约 1340 平方米。墓冢呈圆丘形，底径 8.2 米，高 1.5 米，用料石围砌，顶微弧形，覆盖用水泥制作的党旗。墓碑 3 方，中碑刻"长征湘江战役光华铺阻击战红军烈士墓"。墓前两侧有张爱萍、杨成武、张震、张宗逊、王平、陈靖等老红军题词。

E₃₋₉ 文家洞红军标语 〔溶江镇新文行政村文家洞村·1934 年〕 1934 年 12 月 5 日，中国工农红军第一方面军翻越老山界，彭德怀率领的红三军团从华江到达金石新文村一带，军团指挥部设在文家洞祠堂。现祠堂东面墙壁上尚遗留有当年红军书写的"反对国民党出卖东三省和华北！""红军是民众抗日战争的主力军！" 2 条标语。落款"红全政 25"。标语用墨写，字径约 0.2 米。

88－E₄ 观音顶摩崖石刻 〔溶江镇新文行政村西北·1935 年〕 摩崖石刻 1 方。刻面高、宽皆 0.7 米。1934 年 12 月 6 日，中国工农红军红三军团长征到达竹木界瑶族地区，让出粮食和枪支等救济瑶民。1935 年正月，瑶民黄孟矮于红军经过的观音顶山崖上刻："朱毛过瑶山，官恨民心欢，甲戌孟冬月，瑶胞把家还。乙亥正月，黄孟矮，时过恩人朱德、毛泽东、周恩来、彭德怀。"真书，阴刻。

89－E₅ 蒋盛祐烈士墓 〔高尚镇江东行政村邹家屯秀峰山东面·1938 年·县文物保护单位〕 蒋盛祐（1913—1938），广西兴安县高尚镇高清村人。国民革命军空军少尉，广西空军第二教导大队第 32 队飞行员。1938 年 1 月 8 日上午在南宁上空与侵华日军飞机空战中牺牲。1986 年 5 月广西壮族自治区人民政府追认为烈士。墓建于片石围砌的平台上，有台阶可达。冢呈八棱形，方石砌筑。高 4.6 米，底径 4.8 米，墓碑刻"故空军少尉蒋烈士讳盛祐字健衡之坟墓"，周围护墙嵌蒋介石、李宗仁、白崇禧等要员的题刻。墓前立三棱锥形纪念塔，正面刻"蒋烈士墓道"。

90－E₆ 吴中柱墓 〔白石乡白竹行政村白竹塘屯·1939 年〕 吴中柱（1883—1939），原名吴中山，字擎天，广西兴安县白石乡白竹塘村人，历任护国军滇黔联军司令部中将参谋长、国民党中央常委、点检委员长、国民革命军第 6 军参谋长。1939 年 11 月，病故于桂林。墓冢呈圆丘形，料石围砌，底径 5.5 米，高 1.8 米，墓前原有国民党军政要员题刻。现仅存墓及墓前石狮、华表各 1 对。占地面积约 300 平方米，1988 年，兴安县人民政府拨款维修，并立"爱国人士吴中柱先生之墓"墓碑。

91－F₁ 培风塔 〔高尚镇乐群行政村寨背屯后的逍山脚下·1918 年〕 建于 1918 年。为唐允恭和唐凤仪修建的风水塔。六边形五层砖塔，高 10 米，塔基用料石砌筑，塔身为青砖砌成。层顶出檐，塔身错面开拱门窗，尖顶刹。

92－F₂ 关口坳凉亭 〔高尚镇江东行政村水浸坪村·1930 年〕 建于 1930 年，1984 年维修。长方亭，亭高 7 米，面阔 6.1 米，进深 10.5 米，三面砖墙，一面敞开。敞开面有 2 根大木柱支撑，二排架，面阔三间，硬山顶，盖小青瓦。山墙为弧形砖砌，弧顶两端起翘。墙中间开拱顶门，门额有"关口坳亭"匾。两头贯通。柱梁雕狮子、麒麟、寿桃、寿星等图案。现存记刻 2 方。

93－G₁ 大浪石器出土点 〔华江瑶族乡同仁行政村大浪屯南面·新石器时代·县文物保护单位〕 1977 年，发现磨制石器 3 件，其中石锛 2 件、石斧 1 件，皆用青灰色岩石磨制而成。

94 – G₂ 灵山庙石器出土点 〔兴安镇三桂行政村灵山庙屯·新石器时代·县文物保护单位〕 1978年，在庙附近先后发现磨光石斧3件。石斧完整，用砾石磨制而成。其中1件器身两侧有捆绑棍棒的凹槽。

95 – G₃ 秀锋山石器出土点 〔高尚镇高尚社区高清村东秀锋山·新石器时代〕 秀锋山西洞在山脚下，洞口高2米，内宽2米余，进深10米，1976年于洞内地表采集到1件磨制石斧。

96 – G₄ 灵渠街铜镜出土点 〔兴安镇灵渠街·隋代〕 1976年，灵渠街出土铜镜1面。镜为半球形纽，内缘饰雕四神兽，外缘饰十二生肖、四瓣花，有铭文一周："阿房照胆，仁寿悬宫，菱藏影内，月挂壶中，看形必写，望里如空，山魈敢出，水质暂工，聊书玉篆，永镂青铜。"镜边有锯齿状纹一周，直径0.214米，边厚0.007米。

97 – G₅ 济衷村钱币窖藏 〔高尚镇济衷行政村济衷村南·南宋〕 1988年，出土铜钱21.5公斤，2634枚。铜钱出土时，上盖一青石板，计有43种226品钱币，最早的是汉代五铢，最晚的是南宋的淳祐通宝。

98 – G₆ 猫儿山银碗窖藏 〔华江瑶族乡猫儿山半山腰·明代〕 1974年，修建猫儿山公路时发现。出土银碗4只，皆敞口，深腹，圈足，饰松针纹、水波纹、缠枝花纹等。足底錾"寿""福""正德元年十一月廿一日打""正德八年十二月二十二日侯聪田打银一两一钱与子孙受用匠人曾昌打"等铭文。

全州县

1 – A₁ 渡里园遗址 〔龙水镇桥渡行政村渡里园村西约100米庙山岭·新石器时代·自治区文物保护单位〕 山坡（台地）遗址。20世纪60年代发现。遗物散布于庙山岭黄土坡上，面积约6万平方米。文化层厚0.3—0.8米。采集有磨制的斧、锛、镞、杵等石器。

2 – A₂ 马路口遗址 〔凤凰乡莘西行政村马路口村西南约60米后龙山·新石器时代·县文物保护单位〕 山坡（台地）遗址。1966年发现。遗物散布于岭坡上，面积约2.5万平方米。文化层厚0.5—1米。从地表采集到斧、锛、凿、刀、穿孔器等石器及少量陶片，石器以磨制的居多。

3 – A₃ 黄毛岭遗址 〔安和乡安和行政村黄毛岭村南东约100米显子塘·新石器时代·县文物保护单位〕 山坡（台地）遗址。1966年发现。遗址位于湘江支流建江东岸山坡，四周为茂盛林木。面积约1.35万平方米。文化层厚0.4—0.9米。采集有打制的石锛、石锄和磨制的石斧、石凿、石刀、石杵、纺轮以及夹砂绳纹、网格纹陶片等。

4 – A₄ 卢家桥遗址 〔才湾镇田心行政村卢家桥村西北约300米茶子口山·新石器时代·县文物保护单位〕 山坡（台地）遗址。1954年发现。在村西约200米处的山坡上，分布面积约1.3万平方米。文化层含有陶片、烧土和炭屑等，群众曾于此发现磨制的石锄、石斧、石锛、石刀。

5 – A₅ 洮阳故城址 〔永岁乡梅潭行政村梅塘村东约100米土石山上·西汉—隋·自治区文物保护单位〕 建于西汉元鼎六年（前111），隋开皇九年（589）废弃。据《汉书·地理志补注》载，"故城在今全州北三十五里改州滩"，即此。城址东、南、西三面临湘江，平面呈为多角形，东西长约300米，南北宽约200米，面积约6万平方米。城中部有六边形台基遗迹。东、西两翼略低，类似廊城。东、西两面各开一门，城转角处有角楼痕迹。城墙土筑，残高2—3米，厚5—10米。地面散布大量绳纹筒瓦、板瓦以及篮纹、席纹、方格纹与米字纹组合的陶瓮、陶罐残片。

6 – A₆ 建安城址 〔凤凰乡和平行政村建安司村西北·汉代·县文物保护单位〕 汉代军事城堡。始建年代不详，至清康熙年间（1662—1722）迁至咸水乡而废弃。城址平面呈正方形，边长约120米，面积约1.44万平方米。墙垣土筑，残高2—4米，厚5—10米，南北墙各有一缺口，似为城门处。城外有护城壕，宽约4米。地表散布大量的细绳纹筒瓦片、云雷纹残瓦当、方格纹陶片。城外原建有烽火台，已毁。

7 – A₇ 湘源故城址 〔全州镇拓桥行政村柘桥村罗江北岸边·隋—五代·县文物保护单位〕 隋开皇九年（589）废洮阳、零陵、观阳三县置湘源，并建城。后周显德三年（956），州治迁至今全州镇，城废。城址南临罗江，平面呈长方形，南北长约160米，东西宽约100米，面积约1.6万平方米。城墙夯土版筑，今存残垣2段，分别长47.7米、33米，宽1.5—3米，高1—3米。城址地表散布细绳纹板瓦、筒瓦和青砖。

8 – A₈ 蒋安岭（江凹里）窑址 〔永岁乡永岁行政村江凹里村东约50米和乐家湾行政村乐家湾村村南200米之间的湘江两岸·宋—明·自治区文物保护单位〕 包括大湾渡、瓦窑头、水尾江、黄家、汉泽园等窑口，面积约12.52万平方米。地面存废品堆积40余处，厚约3米。采集的陶器有罐、钵、灯盏等，瓷器有碗、碟、盘、杯、盏瓶、罐、盆、壶、盂和印模。窑具有匣钵、垫饼、垫圈。瓷器施灰青、青黄和玳瑁釉等。装饰多为印花菊瓣、莲瓣，款有"大吉""太平""九"等11种。有的在碗底印"开元通宝""淳化元宝"等唐宋钱币文字。

9 - A₉ 初发村窑址 〔永岁乡滕家湾行政村初发村东北西约 80 米湘江南岸·宋—明〕 包括船舱里、山岭、青陡坡等山岭，分布面积约 4.5 万平方米。地面上窑室不明显。均为龙窑。废品堆积厚 1 米左右。采集的遗物以缸、坛、罐为主，还有碗、杯、钵、盆、壶等器物，胎体厚重，施酱色和青绿釉。基本素面。

10 - A₁₀ 万板桥窑址 〔蕉江瑶族乡万板桥行政村万板桥村西南约 50 米·宋代〕 分布面积约 3000 平方米。地面尚见 2 座龙窑遗迹，窑壁呈圆丘形，口径 2 米，高 1.17 米，废品堆积厚约 2 米。采集的瓷器有碗、碟、盆、杯、罐、盘、壶等，窑具有匣钵、转盘和支垫。瓷器大部分施酱色釉，少数施青、青绿、黄绿和白釉，釉不及底或施半釉。多素面器，少量装饰几何纹。

11 - A₁₁ 青木塘窑址 〔永岁乡港底行政村青木塘村东约 50 米牛牯岭·宋代〕 分布面积约 3.4 万平方米。窑址已平为耕地，窑口数目不详，发现了 5 处废品堆积。采集的瓷器有盆、盘、碗、盏、碟、杯、钵、坛、罐、灯盏等。器表施酱色釉、青釉、影青釉和青绿釉，有流釉和冰裂现象。模印及器表有鱼纹、莲花、缠枝和几何纹饰。窑具有垫圈、垫柱、支钉等。

12 - A₁₂ 上改洲窑址 〔永岁乡梅潭行政村上改洲村南约 100 米瓦渣坡·宋代〕 分布面积约 2500 平方米。地面尚见 1 座龙窑遗迹。废品堆积厚约 0.7 米。采集到碗、碟、杯、盘、盆、罐等陶瓷器，以碗、碟居多。施酱色釉和影青釉，以仿钧天蓝釉为主，釉有不及底或施半釉。大部分器物素面，少量饰有几何纹。

13 - A₁₃ 下改洲窑址 〔永岁乡梅潭行政村下改洲村西南约 500 米的鸭婆殿·宋代〕 分布面积约 1 万平方米。窑口数目不详。发现龙窑 2 座。废品丰富，堆积厚 2 米余。采集的瓷器有碗、盆、碟、盘、瓶、坛、罐、灯盏等。施酱色釉为主，少数施影青、黄绿、青绿釉。有的开冰裂纹。大多为素面器，小部分装饰几何纹饰。

14 - B₁ 大梅子坳墓群 〔咸水乡鲁塘行政村鲁塘村南约 1 公里大梅子坳岭一带·汉—晋·自治区文物保护单位〕 墓葬分布于赵家村旁百资公路两侧岭坡，分布面积约 6.8 万平方米。现存封土呈圆丘形，残高 0.4—2 米，底径 8—28 米。地面散布叶脉纹墓砖。历年来挖毁墓葬 10 座，均为砖室墓，平面呈"凸"字形，由主室和墓道组成。

15 - B₂ 双藻田墓群 〔全州县绍水镇塘口行政村双藻田村东北约 15 米；兴安县兴田行政村兴田村、滩头村一带·汉—晋·自治区文物保护单位〕 位于全州、兴安两县交界处，曾发现墓葬上百座，为土坑墓和砖室墓。封土绝大部分被夷平，残存封土呈圆丘形，残高 0.5—2 米，底径 7—15 米，分布面积约 4 平方公里。全州县内墓区分于咸水乡沙田乡十份山及野鸡村东与咸水林场之间。东起狮子岭，西至东古头村，南起果子岭，北至哑巴岭，包括双藻田村南的水桶岭、哑巴岭、军垦农场、火烧坪、青山岭、果子岭、月盆岭、狮子岭等山坡。兴安县内墓区分于兴田村一带，东至腾川，西至滩头，南始力头拉，北至乔麦冲一带，面积约 1.5 平方公里。1987 年和 1989 年发掘 2 座晋代砖室墓，出土陶罐和铜镜等，还有东晋"隆安三年"纪年砖。

16 - B₃ 十份山墓群 〔咸水乡龙田行政村沙田村东北约 15 米十份山·汉—晋·自治区文物保护单位〕 墓群分布于十份山、青山岭、靖川岭、红壳头山、张家山等地，分布面积约 1.34 万平方米。封土多被夷平，残存封土呈圆丘形，残高 0.3—2 米，底径 8—14 米，墓室用青砖砌筑，砖饰叶脉纹，地面散布灰胎陶器碎片。

17 - B₄ 沿河墓群 〔绍水镇沿河行政村老底宅村和青山田村的树林里·汉—南朝·自治区文物保护单位〕 墓群北临绍水至凤凰大坪的乡道，西面至往老底宅村的村道，分布面积约 3.42 万平方米。封土多被夷平，残存封土呈圆丘形，残高 0.4—2 米，底径 8—15 米，近年抢救发掘汉墓 6 座，其中竖穴土坑墓 4 座，"凸"字形砖室墓 2 座，出土陶瓮、陶罐、陶釜和铁釜架等。

18 - B₅ 凤凰嘴墓群 〔凤凰乡和平行政村凤凰嘴村和左家坪村一带·汉—南朝·自治区文物保护单位〕 墓群东起黄陡坡，西至杉树山，南起挂扒山北麓坡地，北至湘江南岸台地边缘，分布面积约 1.2 平方公里。1965 年和 1977 年清理一批砖室墓和土坑墓，砖室墓皆为券顶单室，出土陶罐、铜镜、铁釜架、银戒指、骨珠、玛瑙珠等近百件文物。

19 - B₆ 龙尾巴岭墓群 〔凤凰乡湾里行政村石子桥村西黄土岭·汉—南朝·自治区文物保护单位〕 墓群分布面积约 4.5 万平方米，封土多被夷平，现存封土呈圆丘形，残高 0.5—3 米，底径 7—12 米。地面散布大量碎砖及陶片。砖饰几何纹。陶片属瓮、罐居多，或饰小方格纹，或施酱色釉，泥质夹细砂灰、红色胎。近年被盗 2 座，砖室墓，呈"凸"字形，由主室和甬道组成。

20 - B₇ 松山墓群 〔永岁乡梅潭行政村上改洲村南约 200 米松山、阴山坪等山坡上·汉代〕 墓群分布面积约 7 万平方米。封土多被夷平，现存封土呈圆丘形，残高 0.3—2 米，底径 7—14 米。地面散布方格纹陶片。近年暴露墓葬 3 座，为"凸"字形砖室墓，砖平面饰绳纹，侧面饰叶脉纹。

21 - B₈ 南源山和尚墓群 〔石塘镇白竹田行政村白竹田村南约 1500 米·清代〕 墓群分布面积约 3 万平方米。有墓葬 23 座，皆为清代洪圣和尚墓。墓冢大多呈圆丘形，高 0.5—1 米，底径 2—5 米，墓前皆立有碑，碑文记墓主生平。第一代和尚德宗墓形制较特别，地面部分为石质塔形，七层八角，高 5 米。

22 - B₉ 赵司仓墓 〔凤凰乡大毕头行政村大毕头村西约 100 米麻子冲·唐代〕 1985 年清理，单室长方形砖室墓。墓室长 5.37 米，宽 1.63 米，高 1.76 米。墓室两壁对称砌 8 根砖柱以加固。墓砖上模印"太岁戊戌贞观十二年六月廿日永州赵司仓参军墓息云骑尉造留传后世子孙知"等阳文。出土青瓷盘口四系壶、碗、碟、砚等共 9 件。（见《中国考古学年鉴》1986 年）

23 - B₁₀ 昆山仑老和尚墓塔 〔枧塘乡金山行政村黄家村西约 1 公里金山山坡·清代〕 建于清乾隆三十五年（1770）。由墓室和塔组成。占地约 0.83 平方米。塔坐东朝西，五层舍利石塔，高 4.55 米。塔座为四边形，边长 0.91 米，塔身平面呈六边形，东向三面均雕刻瑞兽、暗八仙、如意云等纹饰，西向三面无纹，层间出石檐。塔后立碑刻 1 方，碑文记载"传临济正宗第三十七世嗣祖沙门续金山上昆下山仑老和尚之墓"及"三十世至三十七世"和尚名讳。

24 - B₁₁ 觉云和尚墓塔 〔凤凰乡萃西行政村黄龙井村西约 300 米五山·清代·县文物保护单位〕 唐瑞堂（1737—1798），广西全州凤凰乡人，五台寺住持，法号觉云。墓塔建于清嘉庆三年（1798）。墓呈八字形，内置一石棺，上建楼阁式石塔。塔坐西朝东，塔座为六面台形，塔身三层，每层用料石砌筑，浮雕骑士、狮子、龙、麒麟等人物及飞禽走兽，石雕出檐，宝瓶形塔刹。第二层正方镌刻有"临济正宗圆寂归西比丘瑞堂云公长老之塔"。塔后及两侧石板护墙嵌碑刻 5 方，记载觉云和尚功德。占地面积约 76 平方米。

25 - B₁₂ 归一和尚墓塔 〔枧塘乡金山行政村黄家村西约 1 公里金山山脚·清代〕 建于清代，具体时间不详。墓由墓室、塔和墓圈组成。占地约 5.25 平方米。塔坐西朝东，为 3 级石塔，高 2.5 米，塔身平面呈六边形，塔身由下往上逐层缩小，各层出檐，塔第二层阳刻"金山归一和尚塔"，字被莲花托起，周边饰以云纹。墓室遗有盗掘痕迹。

26 - B₁₃ 屏山渡岩洞葬 〔枧塘乡屏山渡湘村板凳潭北面湘江岸边·明代〕 岩洞在临江南壁峭壁上，高距湘江水面 20 余米。洞口朝南，高 0.7—0.95 米、宽 1.1 米、进深 1.7 米。洞内放置 1 具圆木棺，为纵剖整段圆木凿出棺槽扣合而成，棺长 1 米。内装人骨已散乱，为二次葬。棺上盖有一些明代板瓦。

27 - C₁ 湘山寺塔群与石刻 〔全州镇湘山寺公园湘山·唐—民国·自治区文物保护单位〕 湘山寺俗称净土院，建于唐代，被誉为楚南第一刹。历代陆续修建了妙明塔、放生池、舍利塔等。现寺已毁，存妙明塔、放生池、洗钵岩泉、觉传和尚塔、大圆鉴翁老和尚塔、湘山石刻等。

C₁₋₁ 妙明塔 〔全州镇湘山寺公园湘山大圆鉴翁老和尚楼南麓飞来石南面约 2 米·唐—清〕 为湘山寺附属建筑北塔。建于唐乾符元年（874）。原为五层，北宋元丰四年至元祐七年（1081—1092）改建为七层。南宋绍兴五年（1135）高宗帝赐名"妙明塔"，南宋嘉定十七年（1224）、明嘉靖年间（1522—1566）、明万历二十七年（1599）、清康熙四十三年（1704）都进行过维修，2008 年进行全面修缮。八角形楼阁式砖塔，高七层 27.7 米，底层边长 3.9 米，占地面积 42.99 平方米。须弥座塔基，下有地宫。塔身每层出檐，设木栏平座走廊一周，可供登塔，每面辟佛龛。八角攒尖顶，覆钵相轮铁刹，刹顶置金瓶，拽铁链八道，上悬铜铃。塔心壁与塔壁间设螺旋形台阶登顶。每层塔心室开一拱门。底层南北面各辟拱门，内壁嵌宋、明、清、民国碑刻 28 方。

C₁₋₂ 觉传和尚塔墓 〔全州镇湘山寺公园湘山东北麓·清代〕 觉传和尚（1744—1809），广西全州县永岁乡人，湘山寺僧人。其墓用料石砌成，呈圆丘形，前立碑。清道光六年（1826），僧徒昌极等人于墓碑前增建楼阁式石塔，坐东朝西，塔平面六边形，底边长 0.95 米，三层，高 4.6 米。塔基须弥座，塔身各层用方石板砌合，转角作双竹节柱，以雕石作塔檐，檐面雕瓦垄和滴水，僧帽形塔刹。第二层刻有纪念铭文。

C₁₋₃ 大圆鉴翁老和尚墓塔 〔全州镇湘山寺公园湘山西南麓·清代〕 三层石塔，坐北朝南，长方塔基，南北长 2.55 米，东西宽 2.75 米。六边形塔座，边饰如意纹和莲瓣纹。以六面体料石分段相叠成塔身，棱角呈竹节形各层出檐起翘角，盔顶塔刹，为后来修复。

C₁₋₄ 湘山石刻 〔全州镇湘山寺公园湘山·宋、明、清、民国〕 据县志载，原有摩崖石刻百余方，现存 81 方，其中宋代 5 方，明代 5 方，清代 10 方，民国 5 方，佚年 56 方。形式有题榜、题词、题诗、题记等，书法有篆、楷等体。重要的石刻有：南宋绍兴二十二年（1152）道齐刊的巨幅榜书"湘山"2 字，刻面高 2.15 米，宽 1.1 米，楷书；清康熙皇帝御书"寿世慈荫"匾，后人放大刻于崖壁，刻面高 2.2 米，宽 8.44 米，字径 1.1—1.7 米，楷书，阴刻；安南国朝贺使湛轩黄仲政词刻，刻面高 0.83 米，宽 0.6 米，字径 0.05 米，行书；清代著名画家石涛的兰花线刻画，也很有影响。

C₁₋₅　湘山寺放生池石雕群像　〔全州镇湘山寺公园湘山脚下 · 清代 · 县文物保护单位〕　名放生池。有石雕像 23 尊。清光绪五年（1879）完成，湖南邵阳九公向家村著名石匠向富春雕刻。放生池面积约 260.4 平方米，石雕像计有麒麟、龙、狮、龟、仙鹤、蛇、松鼠、蝙蝠、鱼、蚌等动物雕像 22 尊，侧卧僧人 1 尊，皆依池底天然凸石精刻而成，或潜或跃，或卧或嬉，形态生动。损毁的龙尾、龟头已修复。

C₁₋₆　洗钵岩泉　〔全州镇湘山寺公园湘山脚下 · 清代〕　清道光年间（1821—1850）修建。专为湘山寺（已毁）和尚洗钵用，故名。泉建三池，条石围砌成，深 0.8 米。池上方石板间嵌"洗钵岩泉"碑。池旁有石桌、石凳。泉水终年不涸。

28 - C₂　盘石脚石塔　〔全州镇西隅盘石脚 · 宋代 · 县文物保护单位〕　建于宋代，具体修建时间不详。三层实心石塔，高 4 米。塔形独特，方形塔基。塔身由 2 块圆形柱石和 1 块椭圆形柱石组合而成。每层塔身石间以圆盘石相隔并作为塔檐。葫芦形塔刹，刹尖损。塔身、塔檐雕刻龙凤花草，塔身刻祭湘山寺全真和尚铭文，大部分漫漶。塔旁有"无量寿佛"摩崖石刻。

29 - C₃　甄山庵　〔文桥镇江头行政村江头洲村北约 3 公里的甄山上 · 明—清 · 县文物保护单位〕　建于明洪武元年（1368）。为纪念宋代江头村始祖翰林院秘书、省校书郎伍元龙而建，清嘉庆至同治年间曾维修。坐东朝西，砖木结构。三进院落，由庵门、前殿、后殿组成，占地面积约 2369.4 平方米。庵门、前殿、后殿面阔三间。后殿为二层楼房，进深四间，青砖墙，抬梁式木构架，硬山顶，盖小青瓦。庵门设于庵左侧，门额有"甄山福地"匾。庵内外有清嘉庆至清光绪间碑刻 8 方。

30 - C₄　凌云风雨桥　〔文桥镇谏禄行政村谏禄下村景溪上 · 明—清 · 县文物保护单位〕　建于明万历八年（1580）。清康熙四十年（1701）于桥面建桥亭。清咸丰年间（1851—1861）被毁，清同治六年（1867）修复。南北走向，双孔石拱木廊桥，长 22 米，宽 6 米，拱跨 3.5 米。桥身以料石砌筑，桥面铺石板，两端各铺设石踏跺 10 级。桥廊高 4 米，抬梁式木构架，硬山顶，盖小青瓦。廊两侧置坐凳、栏杆。两端有重檐歇山顶

桥亭。桥旁立清同治六年建桥碑 1 方。

31 - C₅　文桥风雨桥　〔文桥镇文桥行政村东南约 300 米大源河上 · 明—清 · 县文物保护单位〕　又称东峰桥。明万历八年（1580），四川按察使文立缙捐款修建。清光绪十二年（1886）增建桥亭。1981 年维修。南北走向，四孔石拱木廊桥，长 33 米，宽 4 米，拱跨 7 米。桥面铺石板，桥廊两侧木檐支撑，抬梁式木构架，悬山顶，盖小青瓦。两侧设木栏杆，两端砖砌山墙，开侧门，两端各铺设石踏跺 8 级。

32 - C₆　大兴庙　〔才湾镇才湾行政村燕子窝村东约 300 米 · 明—清〕　建于明末，具体时间不详。清乾隆五十年（1785）重修。三合院，由山门、天井和正殿组成，占地面积 120 平方米。山门为砖砌，顶盖瓦檐，两端翘角，底部正中开门。正殿面阔三间，进深二间，青砖墙，穿斗式木构架，硬山顶，盖小青瓦，人字山墙，墙上有彩绘人物壁画，大部分失色脱落。

33 - C₇　达道门　〔全州镇建设街小南路 45 号 · 明代 · 县文物保护单位〕　宋代清湘县城原为土筑，元代改为砖砌墙，明洪武元年（1368）改为砖石合筑，辟五门，现仅存达道门，俗称小南门，门洞券拱形，上砖下石，高 3.8 米，宽 2.6 米，进深 6.8 米。门南侧尚有一段长 13.4 米的石城墙，城墙折角西向再折角北向，总长 52.12 米，厚 6.8 米。

34 - C₈　燕窝楼　〔永岁乡石岗行政村石岗村东南村口 · 明代 · 全国重点文物保护单位〕　为蒋氏宗祠。明弘治八年（1495），建成中殿。工部侍郎蒋淦于明正德六年（1511）再修。清康熙五十四年（1715）、清道光年间（1821—1850）维修。坐西北朝东南，砖木结构，由门楼、前座、天井、走廊、中厅、亭廊、后堂组成，占地约 418 平方米。门楼为四柱三间三楼木结构，高 12 米，因 324 个如意斗拱层层挑出，巧如燕窝，故名。门楼与前座相连，面阔三间，穿斗式木构架，庑殿顶，正脊中饰宝瓶，两端鳌鱼吻，垂脊翼角饰飞禽走兽，青琉璃瓦顶，楼门上方悬御赐"恩荣"匾，两侧为明万历年间礼部尚书兼内阁大学士叶尚高题写的楹联。门前置抱鼓石 1 对。中座为抬梁式木构架，后堂为穿斗与抬梁混合木构架，面阔进深皆三间。内有明清碑刻 10 方。

35 - C₉　蒋冕祠　〔全州镇建设街 · 清代〕　建于南明永历年间（1646—1683）。祭祀明代文渊阁大学士蒋冕。清代重修，1931 年维修。坐北朝南，砖木结构，二进院落，由前座、后堂及天井组成，占地面积约 364 平方米。每座面阔三间，进深三间，青砖墙，穿斗与抬梁混合木构架，硬山顶，盖青瓦。正脊两端及四角翘檐。梁雕精美莲花和飞鸟。蒋冕（1462—1532）字

敬之、敬所，号湘皋。谥文定。广西承宣布政使司桂林府全州县（今广西全州镇北门一带）人。明朝弘治、正德两朝及嘉靖前期重要政治人物，曾任内阁首辅。著作有《湘皋集》《琼台诗话》等。

36 - C₁₀　下关塔　〔枧塘乡塔头行政村枧头小学内·清代·县文物保护单位〕　系风水塔，建于明初。清雍正六年（1728）、清嘉庆八年（1803）重修。坐东朝西，楼阁式砖塔，平面呈六角形，占地面积约19.63平方米。高七层19米。塔身用红砖砌成，各层以青砖叠砌出檐，六面拱壶门，葫芦形塔刹。塔腔中空，层间用木板间隔，第二层有清代建塔《宅右下关古塔记》等碑刻2方。

37 - C₁₁　云谷祠　〔庙头镇歌陂行政村歌陂村·清代·县文物保护单位〕　建于清康熙年间（1662—1722），具体时间不详。为祭祀蒋云谷而建。坐西朝东，砖木结构，二进院落，由前座、后堂及左右厢房组成，占地面积约465.3平方米。现存后堂及厢房。后堂面阔五间，进深三间，设前檐廊，石础木檐柱，雀替浮雕花草。门额嵌"福寿绵长"匾，青砖墙，抬梁式木构架，硬山顶，盖青瓦。天井两侧为厢房，正面均为板壁，隔扇门，直棂窗。

38 - C₁₂　谢氏宗祠　〔才湾镇白石行政村大湾岭村·清代〕　建于清雍正年间（1723—1735），具体时间不详。坐北朝南，砖木结构。三进院落，由前座、中厅、后堂、天井及厢房组成，占地面积约450平方米。各座均面阔三间，进深二间，青砖墙，抬梁式木构架，马头山墙，硬山顶，盖青瓦。梁雕花草图案。祠内悬清代"中承第"匾和"福"字匾。

39 - C₁₃　文冕宗祠　〔大西江镇大西江行政村大西江村·清代〕　又名下三房祠。建于清雍正二年（1724）。坐南朝北，砖木结构。三进院落，由大门、中厅、后堂、前后天井及两侧走廊组成，占地面积约285.6平方米。各座皆面阔三间，大门为穿斗式木构架，中厅、后堂为抬梁式木构架，皆青砖墙，硬山顶，盖小青瓦，梁浮雕花草。大门两侧悬挂清秀才蒋少鹤书丹的木刻楹联。

40 - C₁₄　春武祠　〔才湾镇才湾行政村大堂屋村·清代〕　建于清乾隆年间（1736—1795），具体时间不详。坐北朝南，砖木结构，二进院落，由前座、后堂、天井、厢房组成，占地面积约260平方米。前座、后堂面阔三间，进深二间，内立两排木金柱，抬梁式木构架，硬山顶，盖小青瓦，马头山墙。

41 - C₁₅　谢济世客厅　〔龙水镇桥渡行政村桥渡村·清代〕　建于清乾隆年间（1736—1795）。为本村谢济世修建的迎宾场所。坐北朝南，砖木结构，三合

院，前、后两座，中为天井，占地面积约195平方米。前、后座面阔三间，进深二间，前置无柱檐廊，青砖墙，内金柱4根。抬梁式木构架，硬山顶，人字山墙。谢济世（1689—1755），字石霖，号梅庄，广西全州县龙水镇桥渡村人。历官浙江道监察御史、江南道御史、湖南粮道道员、湖南驿盐长（沙）宝（庆）道道员等职。著有《梅庄杂著》《大学注》《经义评》《西北域记》等。

42 - C₁₆　三姓祠　〔大西江镇香花行政村经家村全新公路旁·清代〕　该村纪、周、蒋三姓族人于清乾隆年间（1736—1795）共建，故称三姓祠。坐西北朝东南，砖木结构。二进院落，由前堂、后堂、天井、厢房组成，占地面积约291.93平方米。前座面阔三间，进深一间，后堂面阔、进深三间，青砖墙，抬梁式木构架，硬山顶，盖小青瓦。室内穿枋浮雕花草、龙头饰。前座施前檐廊，人字山墙，后堂前檐墙为方格、几何隔扇门。

43 - C₁₇　八家祠　〔龙水镇桥渡行政村桥渡村·清代〕　又称八甲祠，建于清乾隆八年（1743）。坐东北朝西南，砖木结构，三进院落，由前座、中厅、后堂、二天井及走廊组成，占地面积约345平方米。各座面阔三间，前座进深二间，中厅、后堂进深四间，青砖墙，抬梁式木构架，柁墩透雕花卉，硬山顶，盖小青瓦。后堂两山墙上嵌有碑刻。后天井两侧设有走廊。

44 - C₁₈　忠宅堂戏台　〔永岁乡暮霞行政村暮道村·清代〕　建于清乾隆十年（1745）。坐北朝南，砖木结构。戏台高6米，面阔7.5米，进深8米，台基高1.6米，东、南、西三面用石板围砌，厚木板台面。前台山墙及后檐为砖墙，台顶为抬梁式木构架，歇山顶，盖青瓦。脊正中饰葫芦。前、后台间隔木板壁，左右有"出相""入将"门。现存捐款芳名等碑刻9方。

45 - C₁₉　柴侯祠　〔全州镇桂黄中路65号·清代·自治区文物保护单位〕　建于武周万岁登封元年（696），为纪念柴崇趈而建。明代和清乾隆十二年（1747）均经重修。柴侯，名柴崇趈，河北邢台人，在全州任职时，有政绩。坐北朝南，砖木结构，原由数座建筑和戏台等组成。现仅存上座、天井及下座，占地面积约859平方米。上座面阔五间，进深三间，下座前出卷棚顶轩廊，面阔五间；青砖墙，穿斗式木构架，硬山顶，盖小青瓦。殿内青砖墁地。1945年后，祠堂曾是中共全州秘密党小组活动场所。

46 - C₂₀　棠荫桥　〔枧塘乡棠荫行政村棠荫村西约500米拐子江上·清代〕　建于清乾隆十六年（1751）。系子壁山先生以工部立政身份主持修建。又名遗爱桥。东西走向，三孔石拱桥，长44.3米，宽

5.6米，拱跨9米。以料石砌筑桥身、桥拱、桥面以规格不一的石板分6列铺砌，两侧置条石护栏，东端有石踏跺16级；西端石阶踏跺7级下为平台，平台两侧各有石踏跺7级。

47－C21 白竹塘祠 〔咸水乡白竹塘行政村白竹塘村·清代〕 又名益吾祠。始建年代不详，清乾隆十四年（1749）重修。坐东北朝西南，砖木结构。由前座、天井、两侧走廊及正堂组成四合院，占地面积约386.95平方米。前座、正堂面阔、进深三间，青砖墙，硬山顶，盖小青瓦。前座有前檐廊，立石础木檐柱2根，穿斗式木构架，明间双开木门。正堂前出檐廊，抬梁式木构架，后墙嵌碑刻6方。

48－C22 虹饮桥 〔龙水镇龙水行政村龙水村西南约100米万乡河上·清代·县文物保护单位〕 建于清乾隆三十年（1765）。清同治九年（1870）、清光绪三十一年（1905）、1936年、1980年均有维修。西北—东南走向，两台五墩木廊桥，长58米，宽4.2米。墩以青石砌筑，墩上架巨木梁，梁上铺木板，桥廊木结构，硬山顶，廊中部为四角重檐亭，盖小青瓦。亭内两侧置栏杆和坐凳。廊外设挑檐，桥两端砖砌马头山墙，开侧门，各铺设石踏跺5级。

49－C23 唐介祠 〔凤凰乡萃西行政村石冲村·清代〕 建于清乾隆四十年（1775）。唐介，字子云，广西兴安县人，北宋神宗时（1068—1085）为参知政事，谥质肃。坐西朝东，砖木结构，三进院落，由前院、前座、后堂和天井、走廊组成，占地面积约406.98平方米。前座、后堂面阔三间，前置卷棚顶檐廊，前座、走廊为穿斗式木构架，后堂为抬梁式木构架；青砖墙，硬山顶，盖小青瓦。马头山墙。

50－C24 介安祠 〔才湾镇秦家塘行政村老俞家村西约100米·清代·县文物保护单位〕 建于清乾隆四十一年（1776）。坐西南朝东北，砖木结构，三进院落，由前座、中厅、后堂和天井、走廊组成，占地面积约556.22平方米。各座皆面阔三间，前座进深二间，青砖墙，穿斗式木构架；中厅、后堂进深三间，抬梁式木构架。硬山顶，盖小青瓦。弧形或马头山墙。祠前建照壁，有围墙，庭院宽敞。

51－C25 憩息亭 〔庙头镇仁街行政村长坞村北约700米·清代〕 清乾隆五十年（1785）募建。南北向，石木结构，东西面阔4.5米，南北进深8.7米，高5米。占地面积约39.2平方米。四壁为青石墙，墙上砌数路青砖。内以木柱托梁，抬梁式木构架，悬山顶，盖小青瓦。南、北两面砌石拱门，拱顶以整块石凿成，额顶嵌阳刻"憩息亭"石匾。亭内有石碑2方，记载修亭善举及捐资芳名。

52－C26 南石祠 〔绍水镇松川行政村白塘村大藕塘西北面·清代·自治区文物保护单位〕 建于清乾隆五十九年（1794）。为纪念先祖明代吏部侍郎赵献素（号"南石先生"）而建。坐西北朝东南，砖木结构，三进院落，由前座、中厅、后堂、走廊及二天井组成，占地面积约446.6平方米。各座面阔三间，前座穿斗式木构架，中厅、后堂抬梁式木构架，柱顶镂空雀替，枋间饰狮、象形柁墩，硬山顶，盖小青瓦。马头山墙。祠内悬清光绪翰林院授编修、京畿道监察御史赵炳麟书"翰林院庶起士"竖匾。

53－C27 梁家塔 〔石塘镇枫木山行政村梁家村东北约300米·清代〕 建于清嘉庆年间（1796—1820）。因塔为梁家村人修建，故名。坐北朝南，楼阁式实心砖塔，七层，残高15米。塔基砖砌，圆形，周长12米，占地约11.46平方米。塔身每层高度向上逐层递减，各层以青砖叠砌出檐。无门窗，塔刹已毁。

54－C28 蒋氏家祠 〔咸水乡车田行政村黄沙田村·清代〕 建于清嘉庆年间（1796—1820），具体时间不详。坐东朝西，砖木结构，三进院落，由门楼、中厅、后堂、天井、看楼、走廊组成，占地面积约620平方米。各建筑面阔三间，青砖墙，硬山顶，盖小青瓦。门楼高二层，前置檐廊，上层为戏台，下层为通道；看楼下为走廊，上为看楼，皆穿斗式木构架。中厅、后堂进深三间，抬梁式木构架。梁上雕饰花草和动物图案。

55－C29 聚秀亭 〔石塘镇寿福行政村大白地村西约200米·清代〕 建于清嘉庆年间（1796—1820），具体时间不详。平面呈长方形，面阔一间6米，进深一间4米，高5米，周由6根石柱支持梁架，抬梁式木构架，悬山顶，盖小青瓦。亭四壁敞开，柱间设长条石凳。

56－C30 广福风雨桥 〔龙水镇光田行政村双车村南约500米广福风雨河沟上·清代·县文物保护单位〕 建于清嘉庆年间（1796—1820）。两台一墩梁式石板石木廊桥，东北—西南走向，长14.2米，宽14.1米。台、墩用料石砌筑，架石板为梁及桥面。桥廊用6根石柱支撑，抬梁式木构架，硬山顶，盖小青瓦。两端砌马头山墙，各开一拱门。桥面两侧柱间设青石头条凳。亭内有"石霜故里"碑刻1方。

C30-1 石霜故里碑 〔龙水镇双车村广福风雨桥亭内·清代〕 碑刻1方。清咸丰年间（1851—1861）立。碑高2.3米，宽1米。碑文竖2行，计8字，行书，阴刻，碑面刻"石霜故里"，字径0.5米，落款"蒋琦龄书"，其下刻2方印章。蒋琦龄，字申甫，号石月，广西全州龙水乡人，历任翰林院庶吉士、编修，九江、汉中、西安知府、四川盐茶道、翰林、顺天府尹等职。著有《空青水碧斋文集》《空青水碧斋诗集》《空青水碧斋尺牍》《楹联》《南行和苏》。据传清咸丰年间（1851—1861）从北京返乡省亲，船经洞庭湖时，迷失方向，幸得道士李石霜指点，才顺利归故里。为感恩李石霜，他在家乡村边石桥亭中立碑纪念。

57 - C₃₁　歌陂牌坊　〔庙头镇歌陂行政村歌陂村·清代·县文物保护单位〕　清嘉庆元年（1796）建。蒋氏后人为纪念明代蒋松屏、蒋鹤仙、蒋鹿缘三兄弟功名所建牌坊。坐西朝东，四柱三间三楼石牌坊。坊基为须弥座，明、次间门均用石板封闭，并分别浮雕松、鹤、鹿画以喻三兄弟。明间龙门枋浮雕云龙，额坊上方刻"天眷两如"4字。次间大额枋浮雕麒麟、花鸟。正楼、次楼砖砌庑殿顶，上盖檐瓦，次楼脊端瓦堆翘脊。

58 - C₃₂　梅溪公祠　〔绍水镇三友行政村梅塘村·清代〕　建于清嘉庆二年（1797）。又称梅池祠。由主体院落和附属建筑组成，占地面积约1198.72平方米。主体院落为三进院落，坐西朝东，砖木结构，由前座、中厅、后堂、天井、走廊组成。各座皆面阔三间，青砖墙，硬山顶，盖小青瓦，马头山墙。前座高两层，前置檐廊，穿斗式木构架，底层门额上方嵌"梅溪公祠"木匾，两次间前檐为木板壁，开花格窗。中厅、后堂前出檐廊，抬梁式木构架。后天井走廊两侧设月亮门。附属建筑位于祠堂北侧，有门与主体后座相通。

59 - C₃₃　镇湘塔　〔全州镇前进行政村岳湾塘村东北约200米龙山·清代·县文物保护单位〕　清嘉庆三年（1798）建。坐北朝南，八角形楼阁式砖塔，高七层，塔刹已毁，残高28米。塔基用料石砌成，径约10米。塔身各层以青砖叠涩出檐，角檐起翘，八面辟拱门。塔腔中空，底层南面辟拱门，可沿砖砌踏跺登顶，内壁嵌清代造塔记事、诗词、题名和游记等刻27方。占地面积约78.5平方米。

60 - C₃₄　南溪风雨桥　〔文桥镇文桥行政村宅地村南约500米大河源江上·清代〕　建于清嘉庆九年（1804），清光绪二十四年（1898）和1952年两次维修。两台两墩木廊桥，南北走向，长22米，宽4米。台、墩以料石砌筑，逆水面呈分水尖状。台、墩上架巨木为梁，上铺木板，桥廊进深十二间，抬梁式木构架，硬山顶，盖小青瓦。廊两侧四排圆木柱56根，置直棂式栏杆和坐凳。

61 - C₃₅　石冲桥　〔凤凰乡萃西行政村石冲村村口小溪上·清代〕　建于清嘉庆十四年（1809）。1964年村民维修。东西走向，单孔石拱木廊桥，长8米，宽3

米，拱跨4米。桥身用大块青石干砌，料石券拱，桥面铺石板。桥头各置石踏跺4级。桥廊以4根方形石柱托木梁，抬梁式木构架，悬山顶，盖小青瓦。

62 - C₃₆　白茆坞亭　〔枧塘乡福行政村新白茆坞村东约700米毛埠堰小河上·清代〕　建于清嘉庆十四年（1809）。南北走向，面阔4.2米，进深6.35米，占地面积约26.67平方米。亭四角用4根石柱支撑穿斗式木构架，悬山顶，盖小青瓦。柱间设条石坐凳。地面用青石板铺设。亭北面前檐柱内侧刻楹联1副。

63 - C₃₇　龙水敦睦祠　〔龙水镇龙水行政村龙水村·清代〕　始建年代不详，明万历年间（1573—1620）、清嘉庆十八年（1813）重修。坐东朝西，二进院落，由前座、后堂、天井组成占地面积约990平方米，前座、后堂面阔三间，前座进深一间，后堂进深四间，青砖墙，抬梁式木构架，硬山顶，盖小青瓦。墙壁木格槛窗。祠堂内有碑刻9方。议事厅位于祠堂北面，平粜仓所位于祠堂南面，均面阔、进深三间。

64 - C₃₈　船楼　〔龙水镇龙水行政村龙水村·清代·县文物保护单位〕　建于清道光年间（1821—1850），具体时间不详。1988年维修。又名绣花楼。因其左前方有鱼池，于楼眺望，似坐船观鱼，故名船楼。坐北朝南，砖木结构，高二层9米，面阔三间15.2米，进深8.5米，占地面积约129.2平方米。抬梁式木构架，硬山顶，盖小青瓦。楼身后壁立砖墙，其余三面为槛窗式木墙。上层设曲尺栏杆，下层有明廊。

65 - C₃₉　郑家风雨桥　〔文桥镇文桥行政村郑家村东北约200米大河源江上·清代·县文物保护单位〕　建于清光绪年间（1875—1908），具体时间不详。1963年维修。两台三墩木廊桥，东西走向，长28.3米，宽4米。两台三墩皆石砌，上架圆木为梁，木板桥面，桥廊为抬梁式木构架，悬山顶，盖小青瓦，两侧置棋式栏杆，内侧设坐凳。

66 - C₄₀　探鹏敦睦祠　〔凤凰乡湾里行政村探鹏岭村·清代〕　建于清道光二年（1822）。坐东朝西，砖木结构。二进院落，由前座、后堂、天井及两侧走廊组成，占地面积约331.8平方米。前座、后堂面阔、进深三间，青砖墙，硬山顶，盖小青瓦。马头山墙。前座前置卷棚檐廊，穿斗式木构架。后堂前出廊，廊侧山墙开侧门，抬梁式木构架。天井两侧走廊为二层楼房，面阔三间，穿斗式木构架，硬山顶。

67 - C₄₁　八房祠　〔大西江镇大西江行政村大西江村·清代〕　建于清道光七年（1827）。坐南朝北，砖木结构，二进院落，由前座、后堂、天井、走廊组成，占地面积约316.11平方米。前座、后堂面阔三间，青砖墙，硬山顶，盖小青瓦，马头山墙。前、后檐墙原为木板壁。前座进深一间，有前檐廊，穿斗式木构架。后座进深三间，出卷棚前廊，抬梁式木构架。走廊为穿斗式木构架，硬山顶。祠内存有碑刻 8 方。

68 – C₄₂ 四甲祠 〔绍水镇塘口行政村塘口村 · 清代 · 县文物保护单位〕 建于清道光十二年（1832）。坐东朝西，木结构。二进院落，由前座、戏台、天井、看楼和正堂组成，占地面积约 426.71 平方米。前座高二层，面阔三间，前置檐廊，后檐与戏台相连。戏台高 8 米，面阔 14 米，进深 9 米，抬梁式木构架，歇山顶，脊中饰宝葫芦，盖小青瓦。台面铺木板，前台与后厢以木板分隔，两端各设一门。天井两侧为木结构二层厢房，下层为敞开式走廊。正堂面阔、进深三间，前置檐廊，青砖墙，抬梁式木构架，硬山顶，盖小青瓦。

69 – C₄₃ 黄龙风雨桥 〔凤凰乡萃西行政村黄龙井村东北面约 250 米小河溪上 · 清代〕 建于清道光十四年（1834）。桥形似龙船，习惯称龙船亭。单孔石拱廊桥，南北走向，长 8 米，宽 4 米，拱跨 4 米，桥面铺青石板。桥廊高 5 米，4 根石柱支撑抬梁木构架，硬山顶，盖小青瓦。桥亭内两侧置长条石凳。两端砖石砌弧形山墙，设石踏跺 4 级。

70 – C₄₄ 志斌祠 〔文桥镇文桥行政村郑家村 · 清代〕 清道光十五年（1835），村人为祭祀始祖志斌而建。坐北朝南，砖木结构，四合院，由前座、后堂、天井、走廊组成，占地面积约 295.68 平方米。前座、后堂面阔三间，青砖墙，抬梁式木构架，悬山顶，盖小青瓦，梁枋浮雕人物、花草图案。天井两侧走廊为穿斗式木构架，走廊面阔一间，内壁嵌清道光十五年等石碑 4 方，记述修祠之经过。

71 – C₄₅ 宣义祠戏台 〔石塘镇朝南行政村朝南村内 · 清代〕 为明代宣义祠之戏台，祠已毁。戏台建于清道光十八年（1838）。坐北朝南，砖木结构。为祠门内座，台下通祠大门。前台高 6 米，面阔、进深 6 米。抬梁式木构架，歇山顶，盖小青瓦，翼角飞翘。前台 4 根木柱通顶，在高 1.6 米处架梁铺木板为台，后以屏风木板壁分隔后厢，中开门。台侧连厢房看台，房前置走廊，可通前台。

72 – C₄₆ 下屋牌坊 〔庙头镇仁街行政村下屋村北约 500 米村路上 · 清代 · 县文物保护单位〕 建于清道光十八年（1838）。坐北朝南，四柱三间三楼贞节石牌坊，高 4 米，面阔 8.1 米。明楼歇山顶，正脊中饰宝瓶。额坊竖刻"旌表"2 字，枋雕飞禽走兽、花草、人物，大、小额枋间垫板刻"寿节""冰心""玉质""松姿""柏性"等楷体大字。柱方形，边柱顶雕宝瓶，中柱顶雕麒麟、狮子，柱下有抱鼓石。

73 – C₄₇ 白茆坞牌坊 〔枧塘乡塘福行政村新白茆坞村东约 500 米 · 清代 · 自治区文物保护单位〕 建于清道光十八年（1838）。坐北朝南，四柱三间三楼孝子石牌坊。高 9.5 米，面阔 8.55 米，占地面积约 18.38 平方米。明、次楼庑殿顶。明楼正脊为镂空花板，立宝瓶，鳌鱼吻。楼顶下四组异形拱间夹嵌镂空梅花和寿字花板，明间龙门枋、小额枋浮雕双龙戏珠、双狮戏珠等图案，龙凤板浮雕瑞兽"旨旌表"石刻。龙门枋及其下小额枋间嵌阴刻"孝子"石刻。次楼大额枋饰忍冬纹饰，小额枋浮雕双狮戏珠等瑞兽。柱方形，下围麒麟、凤凰、八仙宝物浮雕抱鼓石。

74 – C₄₈ 栗河塔 〔文桥镇栗水行政村水口庙村旁栗河西岸 · 清代〕 建于清道光二十二年（1842）。楼阁式风水塔，砖木结构。平面呈八角形，底径 2.7 米，五层实心塔，高 5 米。塔基以石围砌，塔身外壁用砖砌成，内填泥土。各层高度向上逐层递减，不出檐，底层开拱形假门 1 个，以上各层无门、窗，二层嵌修塔碑文，三层刻有"文笔生辉"4 字。

75 – C₄₉ 唐氏宗祠 〔咸水乡鲁塘行政村鲁塘村 · 清代〕 建于清道光二十八年（1848）。坐北朝南，砖木结构，二进院落，由前座、后堂、天井及两侧走廊组成，占地面积约 366.66 平方米。前座面阔三间，进深二间，青砖墙，抬梁式木构架，硬山顶，盖瓦。有前檐廊，檐柱饰狮形雀替，金柱柱顶饰狮、虎、鹿等动物雕像。前后檐墙为木板壁，门额横悬"唐氏宗祠"木匾。

76 – C₅₀ 尚礼戏台 〔永岁乡双桥行政村尚礼村东北约 30 米 · 清代〕 清咸丰年间（1851—1861）修建，具体时间不详。坐东朝西，砖木结构，面阔 12 米，进深 10 米，高 8 米，前台为抬梁式木构架，重檐歇山顶，脊饰宝瓶鸱吻，盖瓦。檐板彩绘花图案。前台台基高 2 米，砖砌。正面两排 8 根木柱，台面铺木板。前、后台木板分隔，左右有上、下场门。

77 – C₅₁ 精忠祠 〔大西江镇锦塘行政村四板桥村东村口 · 清代 · 自治区文物保护单位〕 建于清咸丰八年（1858），为纪念南宋民族英雄岳飞而建。坐西朝东，砖木结构。二进院落，由前座、戏台、后堂、天井、厢房组成，占地面积约 1255.88 平方米。前座高二层，面阔三间，后檐与戏台相连，后堂面阔三间，进深四间，前置卷棚轩廊，青砖墙，穿斗式木构架，硬山顶。中置天井，天井两侧为厢房。建筑皆盖小青瓦。

C₅₁₋₁ 精忠祠戏台 〔大西江镇四板桥村精忠祠前座 · 清代〕 建于清同治元年（1862）。与精忠祠前座相连成"凸"字形，木结构，上为戏台，下为过道。戏台高 12 米，台基高 2.1 米，东面砌砖墙，开三拱门，其余三面敞开；戏台分前、后台和副台，面阔 8 米，进深 13.5 米，前台以 8 柱支撑穿斗式木构架，浮雕花卉藻井，歇山顶，正脊饰宝瓶、鳌鱼吻。盖小青瓦、琉璃筒瓦。封檐板彩绘花鸟图案。梁柱饰鸟兽浮雕。前台板壁上有"不亦乐乎"匾。前、后台间以屏风板相隔。两侧副台马头山墙，前设回廊，木栏杆。

78 – C₅₂ 旷家祠 〔才湾镇田心行政村旷家村·清代〕 建于清同治年间（1862—1874），具体时间不详。坐东朝西，砖木结构，三进院落，由前座、中厅、后堂、天井、两侧走廊、厢房组成，占地面积约 772.7 平方米。前座面阔三间，进深一间；中厅、后堂面阔五间，进深三间。青砖墙，抬梁式木构架，硬山顶，盖小青瓦，马头山墙。木板檐墙，中开门，前设垂带踏跺。梁枋浮雕人物、花鸟、动物。前天井走廊墙上嵌清代碑刻 2 方。

79 – C₅₃ 仙姑亭 〔枧塘乡棠荫行政村棠荫村北约 1 公里路旁·清代〕 建于清同治八年（1869）。平面呈长方形，面阔 2.3 米，进深 4.5 米，高 4.51 米。亭周以 4 根方形石柱支持，抬梁式木构架，悬山顶，盖小青瓦，四周敞开无壁，两侧石柱间设条石长凳。

80 – C₅₄ 仙姑殿 〔枧塘乡棠荫行政村棠荫村北约 1 公里松山脚下·清代〕 建于清同治八年（1869）。坐东朝西，砖木结构，二进院落，由前殿、天井及两侧走廊、正殿组成，占地面积约 337.82 平方米。前殿、正殿面阔三间，前置檐廊，青砖墙，硬山顶，盖小青瓦。前殿进深二间，穿斗式木构架，正殿进深三间，穿斗与抬梁混合木构架。天井走廊面阔三间，穿斗式木构架，硬山顶，南走廊立碑刻 1 方。

81 – C₅₅ 定慧寺 〔龙水镇亭子江行政村蛟龙田村西约 100 米·清代〕 建于清同治九年（1870）。坐北朝南，砖木结构，三合院，原由正殿及左右厢房组成，现存正殿及左厢房，占地面积约 682 平方米。正殿面阔五间，进深三间，青砖墙，抬梁式木构架，硬山顶，盖小青瓦。正厅中三间后墙开窗，前敞开无墙，两侧梢为四壁砌砖墙。左厢房面阔五间，进深二间。

82 – C₅₆ 翠华亭 〔白宝乡白宝行政村白宝村东南约 700 米松圹山·清代〕 建于清同治十年（1871）。坐西北朝东南，平面呈"工"字形，面阔 5.8 米，进深 8.55 米，高 5.5 米，占地面积约 49.59 平方米。四周砌料石墙，两面开窗，内石柱支撑抬梁式木构架，弧形马头山墙，硬山顶，盖小青瓦。山墙开拱门，门额镌刻"翠华亭"。亭内以石块铺地，安置石凳。墙上嵌亭捐资芳名碑。

83 – C₅₇ 八角亭 〔绍水镇三友行政村梅塘村梅溪上·清代〕 建于清光绪年间（1875—1908），具体时

间不详。因四角重檐顶，共 8 角，故名。又因亭处泉水出口处，又称水口亭、坐水亭。坐西北朝东南，平面呈长方形，面阔 6.72 米，进深 5.45 米，占地面积约 36.62 平方米。亭高二层约 7 米，4 砖柱，穿斗式木构架，重檐歇山顶，盖小青瓦。两侧砌砖墙，前后两面敞开，地面铺木板，下流渠水。

84 – C₅₈ 贞节亭 〔文桥镇新塘行政村石桥头村北约 500 米·清代〕 清光绪三十二年（1906），儒士伍国校、伍宪文为其母胡氏修建。南北向，砖木结构，面阔 6 米，进深 10 米，高 7 米，柱 16 根，抬梁式木构架，硬山顶，盖小青瓦，梁上雕饰麒麟、龙、虎和花草。两山墙作牌楼式，四柱三间一楼，明楼硬山顶，下辟门洞。额枋间嵌"光前裕后""旌表节寿""松贞柏操""百世流芳"石匾。

85 – C₅₉ 九龙亭 〔文桥镇谏禄行政村谏禄上村西约 500 米·清〕 建于清宣统元年（1909）。廊式亭，木结构，南北走向，面阔一间，进深九间，占地面积约 113.43 平方米。亭两侧各立柱 10 组，立柱间架设长木板凳，穿斗与抬梁混合木构架，悬山顶，盖小青瓦。地面铺砌料石。

86 – C₆₀ 唐堂祠 〔咸水乡鲁塘行政村鲁塘村内·清代〕 又名双溪宗祠。建于清代，具体时间不详。1924 年、1975 年维修。坐北朝南，砖木结构，二进院落，由前座、天井、两侧走廊和后堂组成，占地约 258.75 平方米。前座、后堂面阔三间，青砖墙，穿斗式木构架，硬山顶，盖小青瓦，前座进深二间，置前檐廊，两端马头山墙。后堂进深三间，前出檐廊。天井两侧走廊高二层，面阔二间，硬山顶。

87 – C₆₁ 八角楼 〔绍水镇塘口行政村乐家园村·清代〕 始建年代不详。为翰林院编修赵炳麟故居的楼阁。砖木结构，面阔 8 米，进深 6 米。三层，高 9 米。第一、二层一面为砖墙，其余三面空敞。第三层 4 柱支撑。四面敞开。第二、三层为四坡顶，穿斗式木构架，盖小青瓦，每层均以木板铺楼板，设木栏杆。底层有石狮 1 对。

88 – C₆₂ 上水亭 〔咸水乡铁源行政村上水村东约 400 米·清代〕 建于清，具体时间不详。砖木结构，长廊式亭，南北走向，面阔 6.4 米，进深 9 米，高 6 米，占地面积约 57.6 平方米。亭内立 4 根金柱，穿斗式木构架，硬山顶，盖小青瓦，人字山墙。四壁为砖墙，南、北两面各开拱门供出入。

89 – C₆₃ 黄家祠 〔文桥镇福锦行政村黄家村·清代〕 建于清代，具体时间不详。坐北朝南，砖木结构，单体建筑。面阔三间 11 米，进深 13 米，占地面积约 243 平方米。建筑前无檐廊，明间开长方门，两次间

各开拱门 1 个。青砖墙，硬山顶，盖小青瓦。台基由青石围砌，中间设石踏跺 3 级。

90 - C₆₄　美生祠〔文桥镇文桥行政村郑家村·清代〕　建于清代，具体时间不详。由大门、祠堂和附属建筑组成，占地面积约 287.24 平方米。大门坐东朝西，仿牌楼式，砖瓦结构，顶为六柱五楼，下开拱门。祠堂朝南，三合院，由正厅、天井及厢房组成。正厅前置檐廊，廊两端开门，面阔、进深三间，青砖墙，穿斗与抬梁混合木构架；悬山顶，盖小青瓦。厢房面阔一间，青砖墙，穿斗式木构架，硬山顶，盖小青瓦。

91 - C₆₅　思静祠〔龙水镇龙水行政村龙水村·清代〕　建于清代，具体时间不详。坐东朝西，砖木结构。四合院，由大门、后堂、天井及两侧走廊组成，占地面积约 234 平方米。大门设在北侧，面阔、进深一间，硬山顶，马头山墙。与走廊月洞门相连。后堂面阔三间，进深四间，前檐为木板槛墙、几何或直棂通窗，其余三面为青砖墙。抬梁式木构架，硬山顶，盖小青瓦。走廊面阔二间，穿斗式木构架。走廊墙体嵌碑刻 8 方。

92 - C₆₆　松川三姓祠〔绍水镇松川行政村松川村·清代〕　建于清代，具体时间不详。坐东南朝西北，砖木结构。三进院落，由前院、前座、中厅、后堂、天井、走廊组成，占地面积约 426.3 平方米。前院墙两端带翘檐，两侧墙开月亮门。各座面阔三间，前置檐廊，檐廊为卷棚顶，青砖墙，硬山顶，盖小青瓦。马头山墙。前座进深二间，穿斗式木构架。中厅、后堂进深三间，抬梁式木构架。祠内存碑刻 7 方。

93 - C₆₇　水圳底三姓祠〔才湾镇田心行政村水圳底村·清代〕　建于清代，具体时间不详。坐北朝南，砖木结构，二进院落，由前座、天井、走廊、后堂组成，占地面积约 200.7 平方米。前座、后堂清水墙，硬山顶，盖小青瓦。挑梁、柁墩浮雕花卉。前座面阔五间，进深一间，前置檐廊，廊立石础木檐柱 4 根，明间设隔扇门，室内穿斗式木构架。后堂面阔、进深三间，前出廊，穿斗与抬梁混合木构架。

94 - C₆₈　子昌公祠堂〔凤凰乡三塘行政村上畔塘村村东口·清代〕　建于清代，具体时间不详。坐西北朝东南，砖木结构，四合院，由前座、天井及两侧走廊、后堂组成，占地面积约 300.12 平方米。前座、后堂面阔三间，前置卷棚顶檐廊，廊立石础木檐柱 2 根，前座穿斗式木构架，后堂抬梁式木构架，硬山顶，盖小青瓦。两端为马头山墙。室内分隔墙、后檐木板墙已不存。天井两侧走廊为敞开式，面阔二间，进深一间。

95 - D₁　盘石脚摩崖石刻〔全州镇西隅盘石脚·

宋、民国·县文物保护单位〕　摩崖石刻 3 方：其中宋代 2 方，民国 1 方。宋刻具体时间不详：一为榜书"无量寿佛" 4 字。刻面高 4 米，宽 2.6 米，竖 2 行，字径 1.2—1.7 米，楷书，阳刻。是北宋徽宗皇帝给湘山寺全真和尚寂照大师 138 岁高寿的赐封。二为题刻"佛"字，刻面高 5.3 米，宽 2.2 米，草书，阳刻。民国石刻为赵炳麟题对联"独立兴悠悠世事逼人闲最乐，偶来观自在孤峰比我冷何如"，刻面高 1.5 米，宽 0.8 米，文竖行，字径 0.15 米，楷书。赵炳麟（1876—1927），原名浙杭，字竺垣，又字炳粤，号柏岩，别号养真子、清空居士，广西全州县绍水镇塘口村人，曾任清福建京畿道监察御史、广西桂全铁路督办，民国时任山西省实业厅厅长、河东盐运使等。

96 - D₂　龙隐岩摩崖石刻〔龙水镇桥渡行政村桥渡村东南约 400 米龙隐岩·明、清·县文物保护单位〕岩内外共有摩崖石刻 8 方，其中明代 1 方，清代 5 方，佚年 2 方。形式有题记、题诗、题榜等，书法有行、篆体。重要的石刻有：明嘉靖三年（1524）大学士蒋冕的 5 首诗刻；清雍正年间（1662—1722）浙江道监察御史谢济世的 2 首诗刻；清道光二十九年（1849）邑人谢肇松书的阳刻榜书"龙洞清溪"，书法较佳。

97 - D₃　读书岩摩崖石刻〔石塘镇乐中行政村俊比拉村村南约 100 米处第一山·明代〕　因明万历十四年（1586）探花舒弘志在此读书而名。岩口有摩崖石刻 2 方。一方刻于明万历二十三年（1595），刻面高 0.8 米，宽 0.35 米，竖行榜书"读书岩" 4 字，楷书，阳刻。右侧首题"明处士罗奇彦题"，左侧落款"乙未秋七月望"。另一方刻于明万历四十七年（1619）。文竖行，共 58 字，阳刻，楷书，字迹模糊，内容记述作者在读书岩读书的心境，落款为"岁己未七月既望明处士□□□题"。

98 - D₄　龙岩摩崖石刻〔庙头镇石洞行政村龙岩村西面后寨山龙岩洞·清代〕　摩崖石刻 3 方。1 方刻于洞口上方，刻面高 0.9 米，宽 0.52 米，竖行榜书"龙岩" 2 字，字径 0.4 米，阴刻，楷书。洞内南面岩壁 1 方，清同治四年（1865）刻。刻面高 1.2 米，宽 0.9 米，文竖 8 行，96 字，字径 0.09 米，行书，阴刻。南宋宦官赵常琳撰文，清代赵宗美勒石。无首题，刻文记述南宋绍定二年（1229）八月二十四日宦官赵常琳游龙岩之事。另一方刻于洞内东面岩壁上，字迹模糊。

99 - D₅　蒋云谷神道碑〔庙头镇歌陂行政村歌陂村东约 1 公里宜湘河畔·清代〕　碑刻 1 方。清康熙年间（1662—1722）立，具体年代不详。碑阳朝北，高 3.5 米，宽 1.2 米，下有长方形石碑跌。碑阳内凹，碑文竖行刻"大明诰赠大中大夫南京光禄寺卿蒋公云谷诰赠淑人林氏诰赠淑人文氏神道"等字，楷书，阴刻。

100 - D₆ 恩赐禁碑 〔枧塘乡金山行政村黄家村西约1公里金山寺遗址·清代〕 碑刻1方。清乾隆四十八年（1783）立。碑阳朝南，高1.8米，宽0.8米，厚0.18米。横行额题"恩赐禁碑"，字径0.1米，楷书，阳刻。正文竖28行，楷书，阴刻，碑文记载清乾隆四十六年（1781）县州府颁发关于严禁侵犯金山寺四周所属田地和山林等十条禁令。

101 - D₇ 蒋延章敕封碑 〔黄沙河镇竹塘行政村新竹塘村沟沟寨山黄麻村道东面4米·清代〕 碑刻1方。清嘉庆十年（1805）立。碑阳朝东，高2.3米，宽1.3米。碑三边镶以厚石，左右两边雕饰云龙，碑盖屋檐状，浮雕小鹿和花草。撰文、书丹、刻工不详。额题"恩荣"，字径0.07米，其下横行"奉天制命"，篆体，字径0.11米。正文竖10行，124字，楷书，阴刻。碑文记载皇帝封蒋延章为武略左骑尉的敕命。

102 - D₈ 禁役民夫碑 〔石塘镇沙田行政村双井拉村·清代〕 碑刻1方。清嘉庆十年（1805）立。碑阳朝南，碑高1.76米，宽1.4米，厚0.26米。碑文竖38行，约2000字，楷书，阴刻。首题"禁役民夫碑"，落款为乡人伍本源等三十七人立于嘉庆十年八月。碑文记载：清嘉庆元年（1796），地方各州县滥役民夫，百姓受苦，桂林府谕示严禁，并要求各州县把"谕示"刻石立碑，使众人皆知，遵守执行。

103 - D₉ 唐瑞清诰封碑 〔安和乡六合行政村古木洞村西约300米·清代〕 碑刻1方。清光绪二十年（1894）立。碑阳朝西，碑首半月形盖，下有龟座，通高3.1米，碑立龟座上，高2.9米、宽1.24米、厚0.39米。碑两侧边框和碑盖浮雕"龙腾祥云"图案。碑文竖10行，计150字，字径0.06米，楷体，阴刻。碑文表彰唐瑞清"躬收士行，代启儒风，抱璞自珍"，貤赠为"昭武都尉"。

104 - D₁₀ 孔圣积像碑 〔两河乡大田行政村桐木冲村东约100米璜溪书院遗址·时代不详·县文物保护单位〕 碑刻1方。碑阳朝东南，高2.58米，宽1.37米，阴刻孔子立像，像高1.65米，宽0.63米。为唐代著名画家吴道子所绘线刻摹本。额题横行"孔圣积像"，字径0.12米，篆体，阴刻。碑左下落款"唐吴道子笔"，字径0.07米，楷书，阴刻。碑右侧铭文漫漶不清。孔像碑所在地于南宋淳熙年间（1174—1189）曾设太极书院，元至正元年（1341）改名璜溪书院。

105 - E₁ 太平军蓑衣渡战斗地址 〔全州镇田伟行政村蓑衣渡村蓑衣渡口·1852年·县文物保护单位〕 1852年6月5日，太平天国南王冯云山率军从全州水陆并进北上。在城北蓑衣渡、水塘湾遭清军猛烈炮击，激战两昼夜，南王冯云山不幸阵亡。太平军被迫弃舟登东岸，翻越半边山，过扁担坳，入湖南攻永州。1985年5月，全州县人民政府在蓑衣渡口东岸立碑纪念。

E₁₋₁ 冯云山纪念碑刻 〔全州镇蓑衣渡村村口·1985年〕 碑刻1方。1985年全州县人民政府立。碑阳朝西，高2.3米，宽0.73米，厚0.2米。碑额中刻冯云山头像，下横行隶书"蓑衣渡"3字，阴刻。中部竖行刻"太平天国南王冯云山殉难处"12字，落款"全州县人民政府公元一九八五年五月二十日立"。1852年6月5日，太平军在湘江蓑衣渡遇清军阻击，太平天国南王冯云山中炮阵亡。

106 - E₂ 赵炳麟墓 〔全州镇西北湘山上·1927年·县文物保护单位〕 墓葬朝南，冢呈5级圆台式，用青石条砌筑，下为墓室，上立方柱形墓碑，边长0.41米，高2.1米。碑面刻"清翰林院编修四品京堂掌京畿道监察御史资政院协理赵公竺垣之墓"，为两广总督邮传部尚书岑春煊题。墓圈墙呈半圆外延八字形，中心嵌墓志碑，志文述赵炳麟生平。占地面积约105平方米。

107 - E₃ 中共红七军前委旧址 〔全州镇中心路8号·1931年·自治区文物保护单位〕 1931年1月32日，中国工农红军第七军前敌委员会在全州城关帝庙召开会议，制定了红七军到江西与中央红军进行汇合的路线；决定邓斌（小平）继续担任前委书记，为红七军继续北上胜利到达湘赣铺平了道路。旧址原为关岳庙，建于清嘉庆三年（1798），清同治八年（1869）重修，原有殿宇数座及戏台。现仅存正殿，坐北朝南，木结构，面阔三间，进深三间，穿斗式木构架，木板槛墙，几何槛窗，重檐歇山顶，盖小青瓦。

108 - E₄ 湘江战役旧址（全州县境段） 〔兴安县、全州县、灌阳县三县湘江流域地区·1934年·全国重点文物保护单位〕 1934年11月25日至12月2日，中国工农红军分别从兴安界首、全州大坪、屏山、凤凰嘴、灌阳文市等几个渡口强渡湘江，突破了国民党军队第四道湘江封锁。湘江战役旧址在全州县有凤凰乡大坪、枧塘乡屏山、石塘镇凤凰嘴等红军抢渡湘江渡口旧址，还有才湾镇脚山铺阻击战遗址、易荡平烈士墓、绍水镇红一军团指挥部旧址、安和乡文塘后龙山战斗遗址等。

E₄₋₁ 大坪村渡口旧址 〔凤凰乡大坪村湘江东、西岸·1934年〕 大坪村渡口原为湘江古渡，江东为大坪村；江西为绍水镇洛口村。1934年11月27日，中国工农红军先头部队一军团第2师及军直机关从该渡首先突破湘江。继而，红一军团控制了从屏山到界首30公里的所有湘江渡口，为党中央、中央军委及红军主力渡过湘江创造了有利条件。为红军长征突破湘江第一渡。

E₄₋₂ **屏山村渡口旧址** 〔枧塘乡屏山村·1934年〕 屏山渡口两岸是矗立的高山，江面狭窄，江水较深，仅一只小船摆渡，但下游300米处有一堰坝，可涉渡。1934年11月28日，中国工农红军红一军团1师与红五军团一道在湖南道县潇水河西岸阻击追敌后，强行军赶至全州脚山参加阻击战。30日凌晨，红1师赶至屏山渡并乘夜幕从此处渡过湘江，赶至脚山铺，与红2师共同阻击湘军。东岸渡口码头已无存，西岸渡口码头保存较好。

E₄₋₃ **脚山铺阻击战遗址** 〔才湾镇桂黄公路旁鲁板桥、觉（脚）山铺一带·1934年〕 脚山铺一带多土岭，是封锁湘江的咽喉要地。1934年11月28日，红一军团第2师设防于鲁板桥、觉（脚）山铺之间，阻击湘军西进，掩护红军主力渡江，湘江战役打响。29日，红一军团第2师的4、5团与湘军刘建绪部的16个团在此地的怀中抱子岭、先峰岭、皇帝岭、美女梳头、米花山展开激战。红一军团第2师前沿阵地先峰岭失守，5团政委易荡平等2000余名红军官兵光荣牺牲。1988年，聂元臻元帅为脚山铺阻击战题词"觉山阻击战牺牲的红军先烈永垂不朽"。

E₄₋₄ **红一军团指挥部旧址** 〔绍水镇塘口行政村水头村村口·1934年〕 旧址原为乐耕公祠，修建于清同治八年（1869）。由祠堂和横屋组成。祠堂坐北朝南，砖木结构，三进院落，占地面积约1751平方米。前座面阔三间，进深二间，前出卷棚廊，穿斗式木构架；中厅、后堂面阔、进深三间，前出檐廊，抬梁式木构架，三级马头山墙；横屋位于祠堂东侧，一进一院，坐东朝西，面阔七间51米，进深15米，硬山搁檩，清水墙，抬梁式木构架；皆清水墙硬山顶，盖小青瓦。1934年11月28日，聂荣臻等率领的中国工农红军红一军团第1、2师在脚山铺设置两道防线对湘军刘建绪部进行阻击，指挥部设在乐耕公祠。

E₄₋₅ **凤凰嘴渡口旧址** 〔石塘镇余粮铺凤凰嘴渡口·1934年〕 1934年12月1日上午，中国工农红军红八军团，为了掩护红九军团顺利渡过湘江，在石塘镇余粮铺附近的杨梅山伏击追击的桂军夏威部44师，在激战的同时，下午3时，红八军团开始在凤凰嘴渡口下游董家堰水坝抢渡湘江，因江面宽阔，后追前堵，红八军团损失十分惨重。据德国顾问李德的回忆，红八军团渡江前11000人，渡江后仅仅剩下1200人，是

中国工农红军突破湘江时最为惨烈的战斗。20世纪90年代，渡口已被扩建为混凝土结构码头。

E₄₋₆ **文塘后龙山战场旧址** 〔安和乡文塘村后龙山·1934年〕 1934年12月2日，担任全军后卫的中国工农红军红五军团红34师，掩护红军主力渡过湘江后，准备沿建江至凤凰嘴渡过湘江，不幸在湘江东岸的安和乡文塘村后龙山陷入桂军夏威部44师、43师重重包围，经过激烈战斗后，红34师师政委程翠林等3000将士牺牲，全师仅剩下1000余人，此时已无法组织力量抢渡湘江，只好奉命突围后转战湘南。现战场旧址部分被辟为农田及修建农舍。

E₄₋₇ **易荡平烈士墓** 〔才湾镇南一村行政脚山铺村东南约100米山脚·1934年·县文物保护单位〕 易荡平（1908—1934），原名汤世积，湖南浏阳县达浒乡金坑村鹤楼人。中国工农红军红一军团红二师五团政委。1934年11月，在湘江战役脚山铺阻击战中壮烈牺牲。墓冢为圆柱形，平顶，用石和水泥砌筑。不另立碑，直接在墓冢正面书"红军长征在党山阻击战中牺牲的五团政委易荡平同志墓"。占地面积约12平方米。1988年春，中共全州县委和县人民政府重修。2002年2月，全州县民政局将其墓迁至全州镇烈士陵园内，墓葬朝南，长方形冢，高0.53米，宽1.27米，长2.06米，花岗岩贴面。

109－E₅ **陆军步兵学校西南分校旧址** 〔咸水乡黄沙行政村塘头脚村东南村口·1939年·县文物保护单位〕 1939—1944年7月，国民党陆军步兵学校西南分校由南京迁至此。旧址原为乡绅蒋开银住宅，建于1927年。旧址由主体和附属建筑组成，占地面积约951.39平方米。主体建筑坐东朝西，砖石木结构，两层楼房，面阔36米，进深34米，穿斗式木构架，硬山顶。基础用料石，2米以上为青砖砌筑，底层有门无窗，二层开方形窗。墙壁开许多镶钢板的枪眼。

110－E₆ **蒋平木烈士纪念碑** 〔才湾镇才湾行政村板屋村村东约300米的松山里·1951年〕 蒋平木（1923—1951），广西全州县才湾镇板屋村人，中国人民志愿军侦察连战士，1951年3月12日在朝鲜牺牲。12月，村民在其家乡立碑纪念。碑阳朝北，三级四方座，碑身呈三棱柱形，高1.2米，攒尖顶。正面竖刻"中国人民志愿军烈士蒋平木纪念碑"，西面为时任区长蒋昌永书"卫国英雄永垂不朽"，东面刻有烈士生平。占地面积约3.24平方米。

111－E₇ **大塘富烈士纪念塔** 〔石塘镇祥大行政村大塘富上村北岭脚下·1957年·县文物保护单位〕1949年11月8日，大塘富上村遭国民党军46军188团围攻，桂北人民解放总队路东支队和第6大队丁阳、

邓鸾英等 17 位烈士英勇牺牲。1957 年，中共全州县委和县人民政府将烈士遗骨集中安葬并建纪念塔。纪念塔坐西朝东，砖石水泥结构，由座及塔身组成，高 8.8 米，塔座方形，正面铭刻战斗经过。塔身呈梯形立柱形，正面竖刻"大塘富烈士纪念塔"。占地面积约 28 平方米。

112 - F₁ 仙家岩石雕 〔龙水镇百福行政村下升塘村西约 1 公里殿子岭仙家岩·民国〕 石雕 12 尊。村人蒋玉明请本村石匠龙武成依洞内天然石雕成。仙家岩是殿子岭山脚的一岩洞，进深 15 米，宽 12 米，高 2 米。岩口龙戏珠石雕，洞内有石狮、石钟、石鼓、石桌、石床、石脚盆、石脸盆、石水池等石雕，间距、高矮、大小不等。

113 - F₂ 黄家风雨桥 〔文桥镇锦福行政村黄家村东北约 200 米团脚江上·1919 年〕 又名大名山瓦桥。建于清光绪二十八年（1902）。1919 年重修。两台一墩梁式石板木廊桥，东西走向，长 16 米，宽 6 米，溪中以石砌一墩，墩上铺青石板桥面。桥上建长廊，抬梁式木构架，歇山顶，廊中部建一亭，亭为重檐歇山顶，梁饰荷花、向日葵等花草浮雕。廊亭两侧设栏杆、坐凳。

114 - F₃ 铁源戏台 〔咸水乡铁源行政村·1938 年〕 建于清光绪十三年（1887），1938 年重修，1987 年维修。戏台通高 7.5 米，面阔 12 米，进深 8 米，以木屏风板壁分隔前、后台，由 8 根垫有石础的杉木柱从台底地上通顶，高 2 米，以架梁铺木板为戏台，台下无围砌；穿斗式木构架，歇山顶，盖小青瓦。台两侧有栏杆，台后为砖墙。戏台两边连厢房，房前置前廊，廊前围木栏杆，可通戏台。

资源县

1 - A₁ 龙山遗址 〔中峰乡中峰行政村花果桥村后龙山大岩洞·新石器时代〕 洞穴遗址。1982 年发现。岩洞高距地面约 10 米，洞口朝西。洞内文化堆积面积 10 平方米，厚约 3 米。因附近村民进洞挖岩泥破坏了堆积，采集有动物骨骼、牙齿和陶片。陶片为夹砂灰陶，饰绳纹，火候低，器形不明。

2 - A₂ 背地山遗址 〔中峰乡车田湾行政村桥头西南约 500 米背地山朝天岩·新石器时代〕 洞穴遗址。1982 年发现。共有 2 个洞口面积约 350 平方米。后洞口在山上。前洞口临河，洞口朝南，高距河面约 7 米。洞内遗存面积约 40 平方米，文化层厚约 3 米。采集有剑齿象、犀牛、熊、豪猪等动物牙齿以及贝壳和陶片。陶片是夹砂灰陶，饰绳纹，火候低，器形不明。

3 - A₃ 晓锦遗址 〔资源镇晓锦行政村下晓锦屯后龙山·新石器时代·自治区文物保护单位〕 山坡（台地）遗址。1997 年发现。分布在山坡上，面积约 1 万平方米。1998—2000 年间，先后四次发掘共 740 平方米。文化层为 3 期：第 I 期属新石器时代中期；第 II 期属新石器时代中期偏晚阶段；第 III 期为新石器时代晚期，下限有可能已进入商、周时期。出土的遗物有磨制的石斧、石锛、石镞、穿孔石刀和夹砂绳纹陶片、纺轮等。此外，还出土了炭化稻米，发现了柱洞、灰坑、墓葬等遗迹。

4 - A₄ 梅子寨遗址 〔资源镇修睦行政村梅子寨屯南面山坳·新石器时代〕 山坡（台地）遗址。1997 年发现。遗址在四周小山包围成山坳内，分布面积约 1 万平方米。在遗址范围内发现了石斧、石凿等磨制石器及夹炭。未经发掘，文化层深度不详，地表已被开垦为柑橘园。

5 - B₁ 大庄田墓群 〔中峰乡大庄田行政村·南朝·县文物保护单位〕 墓区北起锦头屯，南至龙溪院子，东以资江为界，西以排山脚为界，占地面积约 8 平方公里，约有墓葬 100 座左右，大部分墓的封土已被夷平。

6 - B₂ 粟万成墓 〔中峰乡枫木行政村西岭屯崩冲校椅形山·宋代〕 粟万成（？—992），祖籍湖北江陵。传原姓熊，祖先在五代时期获罪南逃此地隐居，易姓为粟。墓建于北宋淳化三年（992）。墓葬朝南，冢呈圆丘形，片石砌基础，高 1.95 米，底径 5.8 米，墓后有石砌挡水墙。碑为清代重立，单檐硬山碑盖，碑面两侧浮雕祥云图案，中刻"宋故始祖粟公讳万成承相之墓"，两侧刻墓主事迹。1987 年，粟氏后裔为防盗而用土石将墓及碑掩埋。

7 - B₃ 半山庵塔墓 〔资源镇同禾行政村上向溪屯半山庵·清代〕 建于清乾隆十九年（1754）。共有塔墓 2 座，为和尚死后葬地。墓塔朝东南，宝塔式石塔，底宽 7 米，长 7 米，塔围 3.5 米，五层塔，四层檐，塔身立体六柱形，宝葫芦顶。墓碑字迹模糊。占地面积约 89 平方米。

8 - B₄ 莫金梁夫妇墓 〔资源镇浦田行政村大必洞屯鞋形山·清代〕 莫金栋（1794—1880），号吉荣，清代例授太学生。葬于清光绪七年（1881）。墓葬朝东北，冢呈圆丘形，四周用条石围砌，高 2.1 米，底径约 4.3 米，墓前立碑 3 方，其一记载莫金栋及妻林氏生平。周有墓圈墙保护，占地面积 78 平方米。曾被盗。

9 - B₅ 唐大璋墓 〔瓜里乡文溪行政村十三坪屯十三坪小学上方约 500 米处的半山腰上·清代·县文

物保护单位〕 唐大璋（？—1884），字百佳，号聘廷，讳礼量。清道光年间（1821—1850）西延州（今广西资源县）举人，参与修辑《西延轶志》工作。例授儒林郎。墓葬朝南，墓区由下至上分三层，逐层缩小，墓基为半圆形，冢呈圆丘形，以条石围砌，高1.3米，底径4.7米。墓碑鳌鱼吻庑殿顶碑盖，碑面刻"皇清例授儒林郎显考唐讳大璋大人之墓"。碑前设置祭拜台，左右建石墙拱手。占地面积约200.98平方米。

10 - B₆ 平寨屯墓 〔两水苗族乡烟竹行政村平寨屯·清代〕 并列2座墓，占地面积约178平方米。墓葬朝南，冢呈圆丘形，以石条围砌，墓碑皆作四柱三间牌坊式，明间为庑殿碑盖，脊中立宝葫芦或动物，两端鳌鱼吻，两柱浮雕浮云花草，两次间为庑殿碑盖，其中一墓脊雕坐狮。

11 - C₁ 上马家井 〔资源镇马家行政村马家村獣训屋门前·明代〕 马姓人家于明万历年间（1573—1620）开凿，具体时间不详。井口平面呈长方形，长1.2米，宽1.07米。井深0.9米。井壁用长方条石砌成。水流下口并排建有洗衣池，间以小水沟相连。井台后来用水泥加固。

12 - C₂ 鸽林观井 〔资源镇马家行政村鸽林观·明代〕 相传此井水供鸽林观（已毁）的和尚饮用，故又名和尚井。建于明万历年间（1573—1620），具体时间不详。井口平面呈长方形，长2米，宽1.6米。井深0.8米。井壁用长方条石砌成。后人于井水出口下方用石砌一洗菜池。井台现用水泥加固。

13 - C₃ 马氏祠堂 〔资源镇马家行政村马家村·明代·县文物保护单位〕 明万历三十六年（1608）马德广修建。坐东朝西，砖木结构，二进院落，由前座、后堂、天井和厢房组成，占地面积约336.6平方米。前座面阔三间，进深二间，有前檐廊，木板壁，明间开两抹隔扇门，两端弧形山墙。后堂面阔七间，进深二间，前檐为木板壁，几何格花窗，抬梁式木构架，木板隔墙，重檐歇山顶，盖小青瓦。南山墙塑一龙，北山墙塑一蝙蝠，墙顶各立一石狮。祠堂西南有清末建的"贞寿亭"。

C₃₋₁ 贞寿亭 〔资源镇马家村马氏祠堂西南面·清代〕 为马氏祠堂附属建筑。清光绪十七年（1891）年为贞女马福英而建。坐东朝西，木结构。平面呈方形，12根圆木边柱支撑，东西贯通，南、北面围矮木栏杆，重檐歇山顶，盖小青瓦。

14 - C₄ 黄龙大井 〔车田苗族乡黄龙行政村黄龙屯·明代〕 建于明代，具体时间不详。井平面呈长方形，长8米，宽6.8米，占地面积约54.4平方米。

由饮水井、洗菜井、洗猪菜井、洗衣井等4座小井组成"品"字形排列。上方排列三井，从左至右，依次为饮水井，长1.3米，宽1.3米；洗菜井，长2.8米，宽1.5米；洗猪菜井，长2.1米，宽1.4米。洗衣井位于三井的下方，长5.8米，宽1.5米。井台、井壁、井台皆用石块铺砌。

15 - C₅ 白洞水口桥 〔车田苗族乡白洞村上白洞屯水口山小沟上·清代·县文物保护单位〕 建于清康熙五十九年（1720）。西北—东南走向，单孔石拱桥，长27.6米，宽3.9米，拱跨5.5米。桥身、桥拱用青石条砌成，桥面铺石块，桥旁有清康熙五十九年碑刻1方，部分字迹模糊不清，内容为修桥事宜。

16 - C₆ 向溪回龙桥 〔资源镇同禾行政村向溪屯半山庵·清代〕 建于清乾隆二十七年（1762）。桥南通中峰乡，北通向溪屯。南北走向，单孔石拱桥，长4米，宽2.9米。桥身、桥拱用大青条石砌成，桥面铺石板。桥头立清乾隆二十七年《回龙桥碑》碑刻1方，碑文已模糊。

17 - C₇ 米贵江桥 〔梅溪乡随滩行政村黄鸭渡屯米贵江口·清代〕 建于清乾隆二十八年（1763）。南北走向，单孔石拱桥，长12.1米，宽3.9米。拱跨9.2米。桥身用片石，桥拱用料石砌成，桥面铺石板，两侧砌条石栏板。桥两端铺设石踏跺，现存一端3级。桥头建桥碑文字模糊。

18 - C₈ 锦头古民居群 〔中峰乡大庄田行政村锦头屯·清—1948年·县文物保护单位〕 民居最早建于清乾隆三十六年（1771），最晚的建于1948年，现保存较好的有10余座，占地面积约3500平方米。均砖木结构，二至三进院落，进与进之间有天井及环天井走廊，天井两侧为厢房。建筑一般高两层，面阔三间，外为青砖或麻石、河卵石墙，内为木结构，多穿斗式木构架，悬山顶，盖小青瓦。有的墙体上有福、禄等字装饰，人字或马头山墙。门楣、门扇、窗棂及梁枋等饰有传统花草、吉祥图案。

19 - C₉ 西天江风雨桥 〔梅溪乡梅溪行政村晓地屯西南约1公里西天江畔·清代·县文物保护单位〕 清乾隆三十七年（1772）大陀村福竹人邹定贡督建。南北走向，单孔石拱木廊桥，长25.7米，宽4.06米，拱跨13.5米。桥身、桥拱以料石砌筑，桥面铺石板及沙土。桥廊为木结构，进深十五间，穿斗式木构架。硬山顶，盖小青瓦。廊中部设重檐歇山顶桥亭。廊内两侧设木栏杆、木凳，桥头立碑2方。碑文大多漫漶。

20 - C₁₀ 理水拱桥 〔车田苗族乡粗石行政村理水河上·清代〕 建于清嘉庆四年（1799）。东南—西北走向，单孔石拱桥，长8.6米，宽4.1米。桥身、桥拱用青石条砌成，桥面铺石板，桥一端有 2 级石踏跺。旁有碑刻 3 方，为修桥之功德碑。

21 - C₁₁ **高仙风雨桥** 〔瓜里乡白水行政村下白水屯白水滩白水河上·清代·县文物保护单位〕 始建年代不详。清道光年间（1821—1850）重修，清道光末年（1850）、清咸丰四年（1854）和 1951 年均有维修。南北走向，两台两墩梁式木廊桥，长 42.3 米，宽 4.1 米。台、墩皆以青石砌，墩、台上架圆木为梁，上铺杉木作桥身，面铺木板。桥廊进深二十五间，桥中间和两端各有一重檐歇山顶亭。桥两侧设木栏，内侧有坐凳。南端亭上挂一匾，上书"石镇隘雕卡瓜里隘丁所"等字。桥头立清代重修和补修桥碑 2 方。

22 - C₁₂ **八角寨寨门** 〔梅溪乡大坨行政村八角寨云台山·清代·县文物保护单位〕 建于清道光十五年（1835）。寨门东、西、南三面临临悬崖峭壁，地势险要，寨门是通往八角寨主峰云台山的唯一通道。寨墙呈曲尺形，用方料石干砌成，长 9.65 米，高 3.1 米，厚 2.3 米，占地面积约 59.685 平方米。寨门坐北向南，券拱门洞，宽 1.07 米，深 2.25 米，高 2.2 米。

23 - C₁₃ **赵氏祠堂** 〔两水苗族乡塘垌行政村西寨屯·清代〕 建于清咸丰年间（1851—1861），具体时间不详。坐西朝东，砖木结构，二进院落，由前座、天井、厢房、后堂组成，占地面积约 480 平方米。前座、后堂面阔三间，42 根雕花石础圆柱支撑梁架，抬梁式木构架，硬山顶，盖小青瓦，人字山墙，砖石院墙。前座有前檐廊，木板檐墙。天井两侧厢房已毁，中有宽约 1.2 米的石板路。后堂设有神龛。

24 - C₁₄ **会龙桥** 〔梅溪乡梅溪行政村把火石屯把火石河上·清代〕 建于清咸丰年间（1851—1861），具体时间不详。因桥筑于土龙（土山）与石龙（石山）相会之处，故名"会龙桥"。桥跨小沟，东西走向，单孔石拱桥，长 12.8 米，宽 4.5 米，拱跨 12 米。桥身、桥拱用料石干砌，桥面铺石板。

25 - C₁₅ **湖南会馆** 〔资源镇合浦街·清代〕 建于清咸丰三年（1853）。坐北朝南，砖木结构，三进院落，原由门楼、戏台、看楼、禹王殿、李公真神殿、地母殿以及四周骑楼组成，占地面积约 2000 平方米。门楼、戏台等已毁，仅存后座，面阔三间，进深二间。中厅为禹王殿，右次间为地母殿，左次间为李公真神殿。青砖墙，瓦盖歇山顶，横梁及遮檐板雕刻人物及虫鸟花草。

26 - C₁₆ **黄龙水口风雨桥** 〔车田苗族乡黄龙行政村水口山小河上·清代〕 建于清同治五年（1866）。东西走向，单孔石拱木廊桥，长 27.2 米，宽 3.3 米，拱跨 5 米。桥身用片石和料石，桥拱用料石砌成，桥面用青石板铺面。桥廊为木结构，进深九间，两侧为双排木柱，抬梁式木构架，重檐悬山顶，盖小青瓦，廊内侧柱间设木坐凳，外有木栅栏。

27 - C₁₇ **雷公田寺院** 〔两水苗族乡塘垌行政村塘垌村·清代·县文物保护单位〕 建于元末明初，后毁于大火，清光绪年间（1875—1908）重修。坐南朝北，砖木结构，二进院落，由前殿、后殿、天井、厢房组成，占地面积约 1564.65 平方米。前殿、后殿面阔五间，砖墙，庑殿顶，垂脊悬翘角，马头山墙。前殿设前檐廊，4 根石础圆木柱穿枋，天井两侧有厢房、过道。后殿左侧有一侧门通往寺院外。寺内有碑刻 4 方。1934 年 12 月，红军长征过资源时，毛泽东、周恩来、王稼祥等曾在此寺院驻扎过。现寺内设有红军过桂北陈列室。

28 - C₁₈ **高田风雨桥** 〔资源镇马家行政村高田村无名小河上·清代〕 建于清光绪三十二年（1906）。东西走向，梁式木廊桥。长 18.4 米，宽 3.5 米。台、墩由方石砌成，上置杉木梁架，桥面铺大木板。桥廊为木结构。亭置于桥廊中部，为重檐歇山顶。桥廊两边置边木构栏杆，内侧安坐凳。

29 - C₁₉ **德修桥** 〔瓜里乡香草坪行政村北约 9 公里横江上游·清代〕 建于清光绪三十三年（1907）。东西走向，单孔石拱桥。长 16.5 米，宽 2.7 米，拱跨 5.5 米，料石砌桥身、桥拱，桥面铺石板，两侧置高、宽各 0.4 米的条石护栏，两端各设石踏跺 8 级，并各立石碑 1 方，记载桥的修建时间、捐款、管理及地理情况等。

30 - C₂₀ **黄龙亭** 〔车田苗族乡黄龙行政村黄龙屯·清代〕 建于清代，具体时间不详。坐东向西，廊桥式凉亭，木结构。面阔 7.4 米，进深五间 16.3 米，三层横梁支撑，抬梁式木构架，三重檐歇山顶，盖小青瓦。亭前开门，左右后有栅栏，亭四面有坐凳。占地面积约 106.6 平方米。

31 - C₂₁ **水口风雨桥** 〔梅溪乡梅溪行政村喻家小地屯水口山小河沟上·清代〕 建于清代，具体时间不详。南北走向，单孔石拱木廊桥，长 16 米，宽 3.8 米，拱跨 6.4 米。料石及片石砌筑桥身及桥拱，桥廊木结构，进深九间，重檐歇山顶，盖小青瓦，廊内两侧设木栏杆和木坐凳，部分已损坏。桥廊中部设有重檐歇山顶桥亭。

32 - C₂₂ **合浦街码头** 〔资源镇合浦街资江东南岸边·清代·县文物保护单位〕 建于清，具体时间不详。由码头及护堤组成，占地面积约 180 平方米。码头呈西南—东北走向，护堤只存右边，用方料石砌成，残长 12 米，宽 2.6 米。堤旁为 6 级半圆形码头，以条石铺，径约 7.2 米，踏跺宽 0.4 米。码头右上方有两层平台，底层高 3 米，长 12.6 米，宽 9.9 米，台角有一石拴船柱，第二层高 2 米，长 12.6 米，宽 4.6 米。

33 – C₂₃　空大桥　〔梅溪乡梅溪行政村梅溪新街·清代·县文物保护单位〕　又名梅溪桥。建于清代，具体时间不详。西北—东南走向，单孔石拱桥，长 29.4 米，宽 5.6 米，拱跨 15.8 米。桥身、桥拱以料石砌筑，券拱，桥面铺石板，两侧砌长 13.4、宽 0.4、高 0.5 米的条石护栏，两端各铺设石踏跺 16 级。

34 – C₂₄　江口湾桥　〔梅溪乡随滩行政村随滩村东南·清代〕　建于清代，具体时间不详。南北走向。单孔石拱桥，长 7.3 米，宽 3.9 米，拱跨 3.3 米。桥身由长 1.06、宽 0.3 米的长方条石砌成，两侧护栏条石已不全，两端与地面平接。原有桥头石碑 3 方，早已毁失。

35 – C₂₅　董家坪桥　〔梅溪乡戈洞坪行政村董家坪屯东北约 500 米水口小河上·清代〕　建于清代，具体时间不详。为董家坪沟通外界的唯一通道。南北走向，单孔石拱桥，长 12.7 米，宽 3.6 米，拱跨 8 米。桥身由长条石砌成，料石券桥拱，桥面铺不规则形石块，两侧置条石矮护栏。桥两头各铺设石踏跺 5 级。桥头原立石碑 1 方，早年毁失。

36 – C₂₆　葛洞桥　〔瓜里乡文溪行政村葛洞屯一条干枯水沟上·清代〕　建于清代，具体时间不详。为瓜里乡通文溪村之要道。南北走向，单孔石拱桥，长 12 米，宽 4.15 米，拱跨 7.7 米。桥身、桥拱以料石干砌，桥面铺石板，两侧置条石栏，高 0.4 米，宽 0.35 米。桥两端各铺设石踏跺 2 级。原有桥碑已毁。

37 – C₂₇　洪水庙　〔梅溪乡坪水底行政村洪水冲屯·清代〕　由侯维泽主持修建于清末，具体时间不详。坐西朝东，木结构，单体建筑，占地面积约 56 平方米。面阔 8 米，进深 7 米，高 3.9 米，四周檐柱 14 根，庙内金柱 4 根，"工"字形柁墩，青砖墙，抬梁式木构架，歇山顶，盖小青瓦。木板壁，双开木门，庙内有供台 1 个。

38 – C₂₈　蓝氏宗祠　〔车田苗族乡白洞行政村上白洞屯·清代〕　建于清代，具体时间不详。坐北朝南，砖木结构，单体二层建筑，下层为大厅，上层为厢房，占地面积约 129.6 平方米。面阔、进深三间，有前檐廊，由 2 排各 4 根圆木柱支撑挑梁，前檐砌 1.15 米高的土砖槛墙，墙上为直棂木窗及木板壁，木门前有 10 级石踏跺，左右后三面为土砖墙。祠内为 4 排 4 柱，两边 4 柱，中间 3 柱，抬梁式木构架，硬山顶，盖小青瓦。内墙嵌有石碑 2 方。

39 – C₂₉　田头水古戏台　〔车田苗族乡田头水行政

村·清代〕　建于清代，具体时间不详。坐北朝南，木结构，抬梁式木构架，两重檐，硬山顶。占地面积约 152.1 平方米。看台长 11.4 米，宽 7.4 米，两侧有坐凳，外有高 0.9 米的栅栏。戏台面阔 5.2 米，进深 3.6 米，高 3.1 米，两侧由双排柱支撑，每排 2 柱，两边有高 1 米的木栏杆。后台面阔 1.5 米，进深 3.6 米，两侧由双排柱支撑，每排 3 柱。戏台与后台有隔板墙，侧边有小门通入。

40 – C₃₀　九公桥　〔资源镇大合行政村九公桥屯·清代·县文物保护单位〕　建于清代，具体时间不详。西北—东南走向，单孔石拱平桥，长 12.5 米，宽 4.4 米。桥身、拱由大青石条砌成，桥面铺石块，两端与岸齐平。

41 – D₁　官相冲摩崖石刻　〔梅溪乡大坨行政村官相冲屯·清代〕　摩崖石刻 2 方。1 方为清代广西全县和湖南新宁县关于八角寨归属的地界石刻标记；1 方刻有"邹""周""界" 3 字，呈倒"品"字形分布，字径 0.2 米，楷书，阴刻。

42 – E₁　唐碧田夫妇墓　〔两水苗族乡烟竹行政村圳头田·1914 年·县文物保护单位〕　建于 1914 年。墓葬朝西北，冢呈圆丘形，高 1.1 米，底径 8.2 米，占地面积约 67.5 平方米。冢周用大石板护砌，石块上刻文字或图案。图案有飞禽、走兽、花卉、人物等。墓前立牌楼式石碑，正面刻唐碧田及妻杨氏平生善德。曾被盗。

43 – E₂　凤水红军标语　〔两水苗族乡凤水行政村凤水村周游屋院墙·1934 年·县文物保护单位〕　1934 年 9 月和 12 月初，中国工农红军长征先遣队红八军团和红一方面军先后经过资源县境，在凤水村周游家后院墙上留下当时书写的"打倒卖国的国民党""反对强占民田修马路""取消一切高利贷" 3 条标语，均落款"红政工"。标语为墨书楷体，字径 0.3 米。因字褪色不清，20 世纪 70 年代末群众用石灰水填写变成白色字。

44 – E₃　黄龙军民公约　〔车田苗族乡黄龙行政村黄龙村·1934 年〕　1934 年 12 月上旬，中国工农红军红一方面军部分队伍取道车田黄龙继续北上。他们在黄龙宣传组织群众，得到群众的信任，双方订立公约，并分别墨书写在民房墙上。公约第一部分对红军而言，12 款，因字迹脱落，内容已经不完整；第二部分是对群众而言，9 款，可辨识的有"不买敌人货""不做敌人官"等。落款仅见"黄龙村公……"数字。因墙系用卵石垒砌后抹灰，灰沙脱落，公约的下半部亦遭损毁。

45 – E₄　唐妙埔墓　〔资源镇浦田行政村大必洞屯

东约 200 米·1936 年·县文物保护单位〕 唐妙墉 (1871—1936)，系清末州庠生唐敬卿次女，乐善好施，乡人敬仰。墓葬朝北，冢呈圆丘形，四周以青石板围砌，高 1.1 米，底径 3.3 米。占地面积约 100 平方米。石板上浮雕人物、禽兽等图案。墓碑为浮雕龙云 2 柱单檐硬山顶，双龙脊吻。碑面刻"民国故显妣莫母唐氏妙墉老孺人之墓"。碑两侧为石板连成的拱手，墓前建半圆形石铺拜台。墓后立四柱三间二楼牌坊式碑 3 方，浮雕辟邪图案及"寿"字，碑文述墓主生平等。墓曾被盗。

46 – E₅ 抗战阵亡将士暨死难同胞纪念碑 〔中峰乡育才中学后门·1939 年·县文物保护单位〕 1939 年，为纪念抗战阵亡将士及死难同胞，当时桂北抗日游击队司令员吴耀、副司令员蒋山及县长王潜倡议兴建。碑方柱形，青石制成，底为方座，高 1.4 米，宽 0.45 米，厚 0.45 米。四面均刻有文字，正面刻楷体"抗战阵亡将士暨死难同胞纪念碑"及立碑时间，其余三面分别为吴耀题行书"壮烈先声"、蒋山题隶书"为国捐躯"、王潜题隶书"精神不死"等题刻。

47 – E₆ 马光藩烈士墓 〔资源镇马家行政村马家村·1949 年〕 马光藩 (1922—1949)，广西资源县延东乡马家村人，1945 年 8 月参加桂北抗日游击队。1946 年 10 月在田东被捕，1949 年 8 月壮烈牺牲。墓由墓冢和墓圈墙组成，砖水泥砌筑，占地面积约 15 平方米。墓葬朝北，冢呈圆丘形，砖围砌，水泥封顶。底径约 1 米，高 1.5 米。1969、1989 年两次重修。

48 – E₇ 资源县烈士陵园 〔资源镇东面山腰上·1962 年〕 1962 年为纪念为国捐躯的烈士而建。陵园坐东朝西。长约 33.5 米，宽约 20.5 米，占地面积约 680 平方米。由纪念碑和烈士墓组成。纪念碑座为正方形，边长 6 米，正面嵌有碑刻 4 方，纪念碑为长方立柱体，高 10 米，前、后两面书"革命烈士纪念碑"，左、右两侧书"革命烈士永垂不朽"。烈士墓在塔后 1 米，冢呈长方形，长 6 米，宽 4 米，安葬在抗日战争、解放战争、抗美援朝、自卫还击战中牺牲的先烈 61 人。冢前嵌墓碑 6 方。

49 – F₁ 社水达文风雨桥 〔两水苗族乡社水行政村社水村内社水河上·1912 年·县文物保护单位〕 建于清代，后毁于火灾，1912 年重修。东西走向，两台一墩木廊桥，长 19.6 米，宽 4.2 米，桥墩迎水面呈分水尖，桥面铺杉木板。桥廊进深七间，抬梁式木构架，庑殿顶，盖小青瓦。桥廊两侧设置坐凳和栅栏，桥中部一侧设有屏风、神龛。

50 – F₂ 官洞风雨桥 〔资源镇官洞行政村东南约 500 米无名河沟上·1913 年〕 建于清乾隆年间 (1736—1795)，清嘉庆十八年（1813）毁于洪水。1913 年重建。东南—西北走向，两台梁式木廊桥，长 21 米，宽 3.6 米，孔跨 8.1 米。两岸桥台用片石砌成，桥台上架木桥廊，抬梁式木构架，重檐歇山顶，廊边竖木栏杆，内侧置木坐凳，桥面铺杉木板。桥侧有庙，庙墙上嵌《重修桥亭碑记》碑 1 方。

51 – F₃ 董家风雨桥 〔梅溪乡大坨行政村福竹屯无名小河上·1936 年·县文物保护单位〕 建于 1936 年。因当地多为姓董，故名。二台一墩梁式木廊桥。东西走向，长 34 米，宽 4.6 米。桥墩叠圆木架梁，桥面铺木板。桥廊木结构，进深二十三间，抬梁式木构架，硬山顶，廊内两侧设有栏杆和坐凳，中间亭为二重歇山顶，两端亭为三重檐歇山顶，均盖小青瓦，横梁之间垫雕花鸟、走兽、人物枨墩。

52 – F₄ 绾绞风雨桥 〔两水苗族乡风水行政村风水完小北约 500 米无名小河上·1936 年·县文物保护单位〕 1936 年建成石拱桥后停建，1946 年桥亭建成。南北走向，单孔石拱木廊桥，长 21 米，宽 4 米，拱跨 11 米。拱桥用料石砌筑，桥面铺石板。桥廊高 4 米，石木结构，进深七间，抬梁式木构架，硬山顶，盖小青瓦。桥两侧用条石砌成栏杆和石凳，两端有"凸"字形的鹅卵石封墙，高 5.8 米，宽 5.6 米，一端墙开拱门，桥侧有石踏跺登桥。

53 – F₅ 石溪风雨桥 〔资源镇行政村石溪村无名小河上·1941 年·县级文物保护单位〕 建于 1941 年，是资源县最长的风雨桥。二台二墩梁式木廊桥，东西走向，长 50 米，宽 3.8 米。台、墩均为石砌，以 45 根大杉木构成悬臂梁架，桥面铺木板，桥廊木结构，进深二十间，抬梁式木构架，悬山顶，盖小青瓦。桥内两侧置木栏杆和坐凳。

54 – F₆ 龙塘风雨桥 〔车田苗族乡行政村龙塘村龙塘河上·民国·县文物保护单位〕 建于民国。南北走向，两台一墩梁式木廊桥，长 46.8 米，宽 6.2 米。桥台、墩用条石砌成，墩上 4 层悬臂托梁支撑桥梁。桥廊木结构，高 4 米，进深二十三间，抬梁式木构架，歇山顶，盖小青瓦。廊侧有木坐凳、木栏杆，栏杆高 0.9 米。

55 – F₇ 凤凰桥 〔瓜里乡瓜里行政村瓜里河上·民国·县文物保护单位〕 建于民国。南北走向，两台两墩梁式木廊桥，长 44 米，宽 5.1 米。桥墩为石砌五面柱体，悬臂梁支撑桥梁，桥廊进深二十五间，抬梁式木构架，悬山顶，盖小青瓦。两侧设有坐凳和栏杆，栏外架飘檐。

56 – F₈ 郎山桥 〔车田苗族乡粗石行政村粗石村郎山山间小沟上·民国〕 建于民国。东北—西南走向，单孔石拱砖木廊桥，长 18 米，宽 5.9 米。桥身、桥拱为石砌，桥面铺石板，廊桥高 3.6 米，砖木结构，两侧各砌方形砖柱 6 根，分隔桥廊 5 间，柱间筑有高 0.5 米的栏台，台上有木栅栏。柱上用三角形木构架支撑，歇山顶，盖小青瓦。

灌阳县

1 - A₁ 钟山遗址 〔灌阳镇西约 2 公里的钟山·新石器时代〕 洞穴遗址。1976 年发现。遗址在钟山南面山脚洞穴中，面积约 200 平方米。1988 年采集石器 11 件，陶片 15 片。石器均磨制，有斧、锛、刀和石球 4 种。陶片夹砂、红胎，饰绳纹和方格纹，器形可辨的有杯、罐 2 类。

2 - A₂ 李拐山遗址 〔水车乡水车行政村水车村东侧·新石器时代〕 山坡（台地）遗址。1989 年发现。遗址在西面山坡上，面积约 1200 平方米。在地表采集到石器和陶片。石器磨制，有斧、锛和石杵。陶片夹砂，以红陶居多，装饰绳纹和方格纹，器形不明。

3 - A₃ 五马山遗址 〔水车乡水车行政村夏云村东五马山西北麓·新石器时代〕 山坡（台地）遗址。1976 年发现，遗址面积约 8000 平方米。1977 年试掘，开探方 9 个，文化层厚 1 米，发现灰坑和柱洞。出土陶器和石器。陶器多夹砂红陶，饰细绳纹，器类有釜、罐、碗、豆、纺轮、碾槽等。石器大多磨光，有斧、锛、凿、镞、环、杵和石球、砥石等。

4 - A₄ 山嘴子遗址 〔黄关镇东阳行政村徐官屯·新石器时代〕 山坡（台地）遗址。1989 年发现。遗址在山坡上，面积约 3600 平方米。未经试掘，文化层情况不详。调查采集到石器和陶片。石器均磨制，有斧、锛两种。陶片为夹砂陶，胎质粗，器类未能确定。

5 - A₅ 三角塘山遗址 〔新街乡江口行政村鲁草塘村西南约 75 米·新石器时代〕 山坡（台地）遗址。1965 年发现。在山坡上，面积约 5000 平方米。文化层情况不详，地表散布较多的残缺的磨制石器。采集到打制的石器 2 件，磨制石器 6 件，器类有锛、斧、凿等。

6 - A₆ 对门山遗址 〔新街乡永富行政村永富村约 300 米·新石器时代〕 山坡（台地）遗址。1965 年发现。遗址在灌江与马山江交汇处，面积约 1.5 万平方米。文化层情况不详。采集石器 33 件，均磨制，有斧、锛、环 3 种。

7 - A₇ 陈家槽山遗址 〔新街乡虎坊行政村张家湾屯·新石器时代〕 山坡（台地）遗址。1965 年发现。遗址在东侧山坡上，面积约 1.5 万平方米。未经试掘。地表文化遗物丰富，采集到石器 24 件，陶片 3 片。石器多磨制，有斧、锛、刀、环、砍砸器以及石杵、砾石。陶片器形不明。

8 - A₈ 古城岗城遗址 〔新街乡邓家行政村香溪村雀儿山·西汉·自治区文物保护单位〕 即观阳故城址。古城岗又名城池岭，据长沙马王堆三号墓地图，汉初在此已筑城。西汉晚期随观阳县撤销并入零陵县而逐渐废弃。城址平面略呈长方形。长约 200 米，宽 195 米，占地面积 39000 平方米。四面开城门，城内西侧转角处有方形土台。城墙土筑，残高 5—11 米，宽 8—15 米。出土石锛、石斧、铁矛、炼铜溶块以及大量的陶罐、陶瓶、板瓦、筒瓦、瓦当残件。城南有战国至唐代墓群。

9 - A₉ 太平街窑址 〔文市镇瑶上行政村太平街屯·明—清〕 在屯内地面及屯东、南两面坡地上都散布有陶器废品和窑具，村西南面有 4—5 米高土堆的剖面，发现有一段砖砌的龙窑遗迹及废品堆积。出土器物有碗、钵、罐、檐口坛、托手等，胎质地坚硬，多施青黑、褐黑釉。

10 - A₁₀ 瑶上村窑址 〔文市镇瑶上行政村瑶上村旁灌江西岸·明代〕 瑶上村，原名窑上村，该村陆、秦二姓先祖均以烧造陶瓷为业。村内及村东、南两面坡地散布着陶瓷废品堆积及窑具。窑口数目不详，村西南角发现龙窑 1 座。主要产品有碗、壶、罐、擂钵、灯台、盆、水注、坛等器，窑具有垫具等工具。产品质地坚硬，多施青黑、褐黑釉。其产品在清雍正十一年（1733）《广西通志》上有载。

11 - B₁ 东碑岭墓群 〔洞井瑶族乡石家寨行政村水流寨村南约 300 米·春秋〕 墓葬封土多不存，分布面积不详。已清理 3 座竖穴土坑墓，出土铜鼎、铜镞、铜矛、铜钺、陶豆、陶纺轮、夹砂陶三足鼎等。

12 - B₂ 古城岗墓群 〔新街乡龙炼行政村马家坪村西北的满天星山·战国—唐·自治区文物保护单位〕 墓群北距古城岗遗址约 300 米，分布于古城岗一侧及满天星山坡，面积约 7.5 万平方米。现存封土呈圆丘形，大小不一，高 1—1.5 米，底径 2—15 米。1974 年和 1979 年发掘战国墓 4 座，为竖穴土坑墓，出土陶鼎、陶罐、陶豆、陶纺轮和铁锄、铁锸、铁剑等。另外零星发现唐墓 1 座，砖室结构，出土铜斗、陶杯、陶碗、陶盒、陶壶。

13 - B₃ 龙珠山墓群 〔观音阁乡文强行政村矮山村西北·战国〕 分布面积约 3 万平方米。墓葬封土多已夷平，尚存封土呈圆丘形，残高 0.4—0.7 米，底径 2—7 米，1985 年和 1987 年，先后发现 2 件青铜钺。

墓区已被辟为耕地。

14 - B₄　丁塘口墓群　〔新街乡虎坊行政村张家湾村后·汉—南朝·自治区文物保护单位〕　墓葬集中在张家岭、十九分山一带,分布面积约 4.7 万平方米。墓葬封土多已夷平,尚存封土呈圆丘形,残高 0.8—2.8 米,底径 5—15 米。地表散布"太康七年五月十三日"铭文砖和罐、杯、器盖等陶器碎件,还见铁斧和铁锸。

15 - B₅　金盆形村墓群　〔黄关镇东阳行政村金盆形村后·汉—晋〕　封土多已不存,分布面积约 2700 平方米。有 4 座封土堆明显,封土呈圆丘形,残高 0.5—2 米,底径 9—12 米。曾出土 1 件方格印纹陶罐。

16 - B₆　白沙村墓群　〔黄关镇东阳行政村白沙村·汉代·自治区文物保护单位〕　分布在四方岭、祖山、仓山、白沙村后背山等山坡上,面积约 16 万平方米。墓葬封土多已夷平,尚存封土呈圆丘形,残高 1—2 米,底径 1—11 米。历年出土了陶罐、陶碾、陶碗、陶盆和石斧等物。

17 - B₇　茅坪山墓群　〔水车乡水车行政村水车村东约 1500 米茅坪山·汉代〕　分布面积约 4000 平方米。墓葬封土不显。墓群边沿暴露 2 座砖室墓,近年破坏 5 座砖室墓。清理 1 座,平面呈"中"字形。墓砖长 0.345 米,宽 0.17 米,厚 0.05 米,砖侧面装饰几何纹。出土陶匜、陶灯、陶猪等物。

18 - B₈　打豆坪墓群　〔新街乡葛洞行政村葛洞村西约 200 米打豆坪·汉代〕　墓葬封土已夷平,分布面积不详。历年暴露较多的有砖室墓,出土方格印纹陶罐、铁剑、铁刀、铁马具等物。

19 - B₉　果子园墓群　〔新街乡邓家行政村香溪村后小山丘·汉代·自治区文物保护单位〕　墓群西距古城墙约 250 米,范围东至果子园于家屋后,西至甘塘冲,南至邓家果场,北至唐家大路,共有 30 余座墓葬,分布面积约 2 万平方米。采集陶器有罐、杯等器物,器表饰绳纹、米字纹。另外还有铁斧等。

20 - B₁₀　上头坪墓群　〔新街乡车头行政村火烧源村背后上头坪·晋—南朝〕　墓葬分布面积约 2100 平方米,墓葬封土多已夷平,尚存封土呈圆丘形,残高 0.3—1.5 米,底径 4—10 米,地面散布叶脉纹墓砖和陶壶、陶罐碎片。

21 - B₁₁　矮山脚墓群　〔灌阳镇三联行政村矮山脚屯·晋—南朝〕　分布在矮山脚村、陈家山、双石嘴山一带,面积约 1.5 平方公里。现存封土残高 0.4—1.2 米,底径 5.5—8.8 米,地面散布大量的陶、瓷片和断砖。墓砖侧面饰几何纹,有的印"元嘉廿三年""永明十一年太岁癸西黄造"铭文。陶片属罐、杯、碗

等器形,瓷片属杯和碗类。历年有砖室墓暴露,出土完整的杯、罐、碗等陶器。

22 - B₁₂　彭家园墓群　〔水车乡水车行政村彭家园村东侧·晋代〕　分布面积约 2.7 万平方米,墓葬现存封土呈圆丘形,高约 1.2 米,底径 4.5—8 米。已有数座砖室墓暴露,地表散布叶脉纹砖和"元康元年七月十三日"铭文砖。采集有青瓷碗和方格印纹陶罐。

23 - B₁₃　大岭墓群　〔观音阁乡文明行政村文明村南大岭·晋代〕　分布面积约 1 平方公里。1 座封土暴露,高 1.4 米,底径 13 米。1976 年以来,常发现陶器、瓷器和铜器。陶器有杯、罐、碗、壶,铜器有镜和钱币,瓷器仅见杯 1 种。墓砖侧面饰叶脉纹。

24 - B₁₄　下禁山墓群　〔水车乡水车行政村水车村北面下禁山·南朝、唐、宋〕　墓葬分布零散,东至满竹山,西北至宾家桥后山。现存封土呈圆丘形,残高 0.4—0.7 米,底径 3—4 米。近年破坏数座。地面散布有大量的墓砖和器物残片,墓砖侧面饰龙纹和羽状纹。器物残片可辨的有宋代多角陶魂瓶。

25 - B₁₅　画眉井墓群　〔新街乡车头行政村画眉井·隋代〕　分布面积约 4800 平方米。现存封土呈圆丘形,残高 0.3—0.8 米,底径约 3 米。1984 年破坏 11 座砖室墓,均为长方形券顶单室墓。墓砖平面印绳纹,侧面多饰叶脉纹,个别砖有"隋大业七年六月黄元墓"铭文。采集有青瓷杯、青瓷盘口壶、青瓷三足砚和铜剑。

26 - B₁₆　馒头山墓群　〔灌阳镇大仁行政村大仁村东南·唐代〕　墓葬封土多已不存,分布面积不详。已暴露 3 座砖室墓,出土青瓷罐、青瓷杯等器物。

27 - B₁₇　陆亮廷墓　〔水车乡修睦行政大塘村西面蛇形山上·清代〕　陆亮廷,乡绅。墓葬朝东北,占地面积约 21.23 平方米,冢呈圆丘形,周边用青石圈砌,冢周砌望柱石板栏墓圈墙,冢前两侧青石扶手柱顶雕刻石狮。墓碑有山字脊檐盖,碑面分两段分别记载墓主陆亮廷的生殁时间及墓志铭。

28 - B₁₈　周方甫墓　〔洞井瑶族乡桂坪岩行政村桂坪岩村大木林山上·清代〕　周方甫,乡绅。墓葬朝东,冢呈圆丘形,周边用青石圈砌,冢周砌望柱石板栏墓圈墙,后圈墙立八柱七间七楼坊,明间边柱为浮雕卷云、盘龙圆柱,歇山顶,檐下雕刻龙首、宝珠,刻工精细。冢前两侧砌青石扶手。

29 - C₁　关帝庙　〔灌阳镇解放路灌阳镇第一小学东南侧·明—清·自治区文物保护单位〕　建于明万历四十八年(1620)。明崇祯十年(1637)重修,清康熙年间(1662—1722)局部修缮。坐北朝南。砖木结构,三进院落,设前、中、后三殿,两天井,占地面

积约375平方米。前殿面阔三间，进深二间，穿斗式木构架，硬山顶，盖小青瓦，马头山墙。中殿面阔三间，进深四间，二排8柱，穿斗式木构架，硬山顶，人字山墙。前殿、中殿穿枋上立有方形斗拱。后殿面阔三间，进深一间。庙内墙壁嵌有明清建修庙碑和置买田碑共11方。

30-C_2　会湘桥　〔文市镇会湘行政村会湘村北会湘小河上·明代〕　南宋淳熙元年（1174），邓楫捐资修建，名"万缘桥"。淳熙五年（1178），范逵、邓宁明等捐资重修，立二拱，改名"会湘桥"。明天顺初被水冲毁，署县事教谕黄坤、典史梁桢命人架板为桥，明天顺七年（1463）邑令龚俊捐俸银倡修重建，明成化元年（1465）竣工。南北走向，三孔石拱桥，长45米，宽4.4米。中孔跨5米，两边孔跨6.6米。桥身、桥拱皆以料石砌筑，桥面铺石板，两端作斜坡引桥。桥南铺砌石板小路一段。

31-C_3　登瀛桥　〔文市镇达溪行政村大坊屯西北约150米名小河上·明代〕　始建年代不详。明永乐十七年（1419）因邑人蒋谦荣登进士，故以"登瀛"名此桥。明弘治六年（1493），其孙蒋存量为纪念祖父捐资重建。东西走向，双孔石拱桥，长10.5米，宽3.3米，拱跨5米。桥身、桥拱皆以石砌筑，桥面铺青石板二层，西端设石踏跺5级，东端平接路面。东面约35米为登瀛亭。

C_{3-1}　登瀛亭　〔文市镇大坊屯登瀛桥东·明代〕　建于明弘治六年（1493），后经多次维修，1972年冬村人再维修。坐南朝北，石木结构，面阔、进深均6.1米。抬梁式木构架，歇山顶，盖小青瓦。4根方形石柱，刻2副楹联。西面砌墙，其余三面敞开，设条石坐凳。原建亭石碑已毁。占地面积约37.21平方米。

32-C_4　座水塔　〔水车乡伍家行政村伍家湾村东约150米·明代〕　亦称水母三光塔。建于明代中期。北面临山崖，坐北朝南，楼阁式石塔，平面呈八角形，七层，高3.45米。塔基为自然石。塔身用条石砌筑，宽度逐层递减，平顶，宝葫芦形刹。塔腔中空，无檐及门窗和蹬道。塔底设方形神龛。占地面积约12平方米。

33-C_5　田洞铺拱桥　〔文市镇北流行政村田洞铺屯小河沟上·明代〕　建于明代，具体时间不详。为湘桂古道进灌阳的第一道石拱桥。南北走向，单孔石拱桥，长5.9米，宽2.55米，拱跨2.5米。以料石干砌桥身、桥拱，桥面铺石板，两端各设石踏跺4级。桥头立建桥碑已佚。

34-C_6　月岭村古民居　〔文市镇月岭行政村月岭村·清代·县文物保护单位〕　月岭村古民居建于明末清初，占地面积约117180平方米。现存将军庙、文昌阁、太极井、催官塔、步月亭、双发井、百岁亭、炮台等清代建筑。

C_{6-1}　将军庙　〔文市镇月岭村南约50米·清代〕　建于明正德年间（1506—1521）。明崇祯十四年（1641）、清雍正五年（1727）、清乾隆三年（1738）、清道光十六年（1836）、清同治元年（1862）多次重修或维修。庙依山势建于石砌台基上。坐东南朝西北，砖木结构，单体建筑，面阔6米，进深7.3米，青砖墙，抬梁式木构架，硬山顶，盖小青瓦。庙供奉金甲将军像。墙壁上嵌有清雍正五年以后碑刻6方。占地面积约43.8平方米。

C_{6-2}　文昌阁　〔文市镇月岭村北面·清代〕　建于清康熙六十一年（1722），原为三层。清嘉庆七年（1802）重修，增建为四层。坐北朝南，砖木结构，青砖墙，穿斗式木构架，歇山顶，盖小青瓦。外观两层，内分三层。第一、二、三层四周以砖墙，上有遮檐，底层开拱门，门额上有"文昌阁"匾，第四层四面无护围。阁内存额题《修建文昌阁碑》1方。占地面积约42.15平方米。

C_{6-3}　月岭炮楼　〔文市镇月岭村西约500米沙坪岭上·清代〕　建于清雍正年间（1723—1735）。炮楼平面呈长方形，长19米，宽17米，高3—4米，占地面积约323平方米。围墙以料石、片石、灰浆混砌，厚0.7米，东西面各置一炮台，主炮台分上下二层，设置枪炮孔16个。西面偏北角有石拱门，炮台内有一洞口，直通岩内，设二层石门。二门之间设一陷阱，长约2米，宽约1米，深3—4米。炮楼顶部于1854年被太平军拆毁。

C_{6-4}　太极井　〔文市镇月岭村内·清代〕　原名"凤翔井"。具体修建时间不详。清乾隆十二年（1747）维修，清嘉庆二十一年（1816）庠生唐景世募化重修，1986年维修。自上而下用青石板改砌成螺旋形，改名"太极井"。井口平面呈圆形，直径1.1米，底径0.6米，井身用石料砌成，深3.2米。井台近长方形，内侧有踏跺12级盘旋而下。井台东南面砌石墙，墙上嵌清代修井和告示碑3方。

C_{6-5}　催官塔　〔文市镇月岭村前约600米的石山上·清代〕　建于清嘉庆十三年（1808）。清道光年间（1821—1850）重修，村人期望塔促多出做官人才，故名催官塔。坐东朝西，楼阁式实心石塔，高七层12.5米。平面八角形，底层边长6米，塔基为自然石。塔身以料石干砌，逐层递减，檐用雕石砌出，无门窗，第三、四、五、六层西面塔身面各刻一字，连读为"青云直上"，七层有浮雕1尊。刹为宝葫芦形。

C_{6-6} **步月亭** 〔文市镇月岭村北侧·清代〕 始建年代不详。原为砖木结构，清乾隆四十六年（1781）重建，改为石木结构，并增铺亭前石板路四十八丈。1982 年维修。坐西朝东，高约 5.5 米，面阔、进深皆5.25 米。抬梁式木构架，盖布瓦，歇山顶，八角形石柱。4 根石柱上镌刻建亭经过及捐资人名。亭后面立碑刻 6 方。占地面积约 27.56 平方米。

C_{6-7} **双发井** 〔文市镇月岭村文明堂院内·清代〕 建于清咸丰元年（1851）。砖木结构，由上、下二井合成，总长 5.5 米，宽 6.2 米，占地面积约 34.1平方米。上井饮用，下井洗涤，故名"双发井"，两井作方形，以料石砌筑，长 2.5 米，宽 2 米，深 1.25 米。边设石凳，井四周砖墙，东墙嵌建井记事碑 2 方，南墙壁嵌"源远流长"石碑 1 方。北墙嵌阳刻"双发井"石匾。

C_{6-8} **百岁亭** 〔文市镇月岭村西约 500 米·清代〕 建于清宣统二年（1910）。系知县唐志燮为其母诰封太宜人文氏 96 岁大寿所建。廊式亭，坐西朝东，砖石木结构。亭高 5 米，面阔 4.2 米，进深 4.13 米，占地面积约 17.34 平方米。用料石砌墙，砖砌马头山墙，西、东面开圭形门，硬山顶，盖小青瓦。亭内南、北两侧置长条石凳，墙上嵌有记载唐志燮一家任职情况碑 2 方。

35 - C_7 **回龙亭** 〔水车乡德里行政村景德村前·清代〕 建于清雍正二年（1724），乾隆四十六年（1781）重修。1986 年维修。南北走向。石木结构。面阔 5.3 米，进深 5 米，占地面积约 26.5 平方米。八角形石檐柱 4 根，抬梁式木构架，歇山顶，盖小青瓦。2 根石柱上镌刻建亭铭文。1934 年中国工农红军长征由湘入桂，红 5 军 24 师驻扎景德村，曾在此亭向群众进行宣传。

36 - C_8 **平田节孝坊** 〔新圩乡平田行政村平田村·清代〕 建于清乾隆三年（1738）。坐北朝南，四柱三间石牌坊，高 4.95 米，面阔 5.88 米。明间龙门枋、小额枋浮雕双凤向阳，双狮滚绣球，正面龙凤板阳刻"节孝坊"。两次间大、小额枋浮雕卷云、曲线图案，龙凤板记刻县署、乡绅呈报廪生范景仁妻唐氏青年守节之事。中柱、边柱前后置夹杆石。

37 - C_9 **马鞍山塔** 〔灌阳镇仁江行政村仁江村西山坪马鞍山上·清代〕 建于清乾隆十八年（1753）。坐东北朝西南，楼阁式实心石塔。平面正方形，五层，高 5.27 米。塔基为自然石。塔身为整石方柱，实心，高、宽均逐层递减，各层以雕石出檐，无门窗。歇山顶，宝相塔刹。第三层西南面刻有铭记 1 方，内容为劝人行善之道。

38 - C_{10} **赵太尉庙** 〔新圩乡龙桥行政村横冲屯·清代〕 建于清嘉庆年间（1796—1820）。坐北朝南，砖木结构，两进院落，分前、后殿，中置天井，占地面积约 141.96 平方米。前、后殿面阔三间，进深一间，抬梁式木构架，梁架饰龙凤雕花板，硬山顶，盖小青瓦。人字山墙，前座大门无檐廊，开拱门，天井两侧留侧门，后座侧墙嵌捐款芳名碑 1 方。

39 - C_{11} **宾家桥** 〔水车乡同德行政村宾家桥村西约 30 米皮江上·清代〕 原为木桥，秀才唐宏等 3 人于清嘉庆七年（1802）倡建。东西走向，双孔石拱桥，长 19.3 米，宽 4.5 米，拱跨 8 米。桥面铺石板，两侧设条石栏板，两端平接路面。1934 年中国工农红军长征过桂北，红五军一路驻宿宾家桥村时，曾于桥上设关把守。

40 - C_{12} **云溪亭** 〔文市镇吉田行政村大吉田屯的灌江对岸·清代〕 建于清嘉庆七年（1802）。坐西南朝东北，砖木结构，高 6 米，面阔 3.8 米，进深 4.7米，占地面积约 17.86 平方米。亭四angle立四方石檐柱共4 根，抬梁式木构架，歇山顶，盖小青瓦。四面通透不设墙，亭内地铺青石板，西南、东北两面设条石凳。

41 - C_{13} **回龙庙** 〔西山瑶族乡罗家坪行政村罗家坪村·清代〕 又称"东岳庙"，始建年代不详，清嘉庆八年（1803）、清光绪十六年（1890）两次重修。坐北朝南，庭院式，砖木结构，面阔 9.5 米，进深 7.5米，占地面积约 100 平方米。墙以石混三合土垒筑，抬梁式木构架，灰瓦硬山顶。庙门横额"回龙庙"，两侧对联"东岳威灵垂万古，广福显露历千秋"，后墙画麒麟，配对联。庙内存捐资芳名碑刻 2 方。

42 - C_{14} **王楼山亭** 〔灌阳镇仁江行政村仁江村·清代〕 建于明正德年间（1506—1521）。清嘉庆十二年（1807）、清咸丰十一年（1861）重修。砖石木结构。廊式亭。南北走向。面阔 5.1 米，进深 6.4 米，穿斗式木构架，硬山顶，两坡瓦顶。南北山墙下各开一拱门，通石板路。亭内东壁立咸丰重修捐次碑 7 方，西壁立嘉庆重修捐资碑 5 方。

43 - C_{15} **江口拱桥** 〔新街乡江口行政村江口村北安东源江上·清代〕 始建年代不详。清嘉庆十四年（1809）、清同治五年（1866）两次重修。南北走向，单孔石拱桥，长 15 米，宽 3.5 米，拱跨 10.5 米。桥面铺石板，两侧设石栏板，北端铺设石踏跺 7 级，南端 8级。桥面上有 2 幅"鱼跃龙门"石雕图案。现桥一侧部分坍塌，用河石和三合土补砌。

44 - C_{16} **西门桥** 〔灌阳镇西小河上·清代〕 建于清嘉庆十九年（1814）。东南—西北走向，双孔石拱桥，长 15.15 米，宽 4 米，拱跨 5 米。桥面铺石桥，两侧设条石栏板。两端与路面平接。第一拱顶中央券石刻"嘉庆甲戌年夏六月丁卯刘周氏敬承夫志新建石桥一座初成勒石"。桥栏板石条有失缺。原有建桥石碑已佚。

45 - C₁₇ 达人亭 〔文市镇达溪行政村达溪村南约150 米·清代〕 建于清嘉庆二十四年（1819）。东南—西北走向，砖木结构，廊式亭，面阔 6.25 米，进深 4.15 米，占地面积约 25.94 平方米。亭高 4.8 米，抬梁式木构架，硬山顶，盖小青瓦。东、西两侧为砖墙，墙内侧置长条青石凳，墙上嵌有建亭捐资芳名碑 8 方。南、北两面贯通，乡道南北穿亭而过。

46 - C₁₈ 白鳝井 〔水车乡大营行政村大营村西约40 米·清代〕 建于清道光（1821—1850）以前。井平面呈长方形，用长条料石砌成，长 1.4 米，宽 1.1米，深 1.2 米。井旁有石砌洗衣池。此井泉水平时清澈，若突涌浑水，天将下雨，相反，若浑水中突涌清水，天气即会转晴。1952 年筑墙将井圈围，墙高 3.5米，东西两面开月门，门墙上有"白泉成彩""鳝长水流"题记。1914 年版《灌阳县志》有载。

47 - C₁₉ 田心村水井 〔文市镇文市行政村田心村·清代〕 建于清道光元年（1821）。井口圆形，径0.87 米。井圈用 2 块石料凿刻合成，高 0.27 米。井壁以料石围砌，深约 10 米。井台圆形，径 1.55 米，台面铺石板，旁立捐资碑 1 方。

48 - C₂₀ 紫来亭 〔水车乡大营行政村大营村东约150 米田垌中·清代〕 建于元末明初，清道光六年（1826）重修。1932 年维修。坐东南朝西北，木石结构。面阔 5.5 米，进深 6.4 米，占地面积约 35.2 平方米。四边石檐柱共 4 根，抬梁式木构架，歇山顶，盖小青瓦。亭内两侧设条石栏杆。柱上刻对联、建亭年代、捐资名单和楹联。

49 - C₂₁ 门前山蒋氏宗祠 〔新圩乡新圩行政村门前山屯·清代〕 建于清道光十五年（1835）。坐西朝东，砖木结构，二进院落，分前座、后堂，中为天井，占地面积约 308 平方米。前座、后堂形制相同，面阔三间，前檐墙为木板壁，明间、次间开隔扇门，穿斗与抬梁混合木构架，硬山顶，盖小青瓦，马头山墙，前座门前设抱鼓石 1 对，鼓面刻"马鹿含花""双凤朝阳"。

50 - C₂₂ 石刻碑坊 〔文市镇月岭行政村月岭村前·清代·自治区文物保护单位〕 清代湖南蓝山知县唐景涛为旌表其母守节奉旨修建。道光十九年（1839）建成。为四柱三间三楼石牌坊，面阔 6.6 米，高 10.05 米。正楼庑殿顶，正脊为塔形饰，两端鸥吻，由 4 组异形拱支撑，单额枋下拱间嵌匾额"皇恩旌表"

和镂空花板。单额枋、龙门枋、小额枋浮雕莲瓣、八仙、双龙夺珠和双狮戏珠，坊间垫板正面刻"艰贞足式"，北面刻"孝义可风"。次楼亦庑殿顶，端雕鸥吻，龙凤板镂空窗花，方柱，前后须弥夹杆石。

51 - C₂₃ 义渡亭 〔文市镇联合行政村江西渡屯灌江西岸·清代〕 建于清同治九年（1870）。清光绪十年（1884）重修，后多次维修。砖石木结构，廊式亭。坐西朝东，面阔 7 米，进深 5.5 米，高 5 米，占地面积约 38.5 平方米。东临江面砌 1 米矮墙，其余三面砌满墙，亭南、北面开拱门，乡道穿亭而过。亭内抬梁式木构架，硬山顶，盖小青瓦。两侧设长条石凳。亭房西面附艄公住房 2 间。

52 - C₂₄ 陆氏宗祠 〔新圩乡共耕行政村罗塘屯·清代〕 建于清光绪元年（1875）。坐东朝西，砖木结构，两进院落，由前座、后堂及天井组成，占地面积约 269.89 平方米。前座、后堂面阔三间，通进深 19.7米。前座门前置抱鼓石 1 对。天井以青石铺面，4 级石踏跺上后堂。青砖墙，均为穿斗式木构架，硬山顶，盖小青瓦。弧形山墙堆塑花草图案。厅内梁上装饰龙凤吉祥物雕花板。

53 - C₂₅ 四方井 〔文市镇北流行政村北流屯·清代〕 建于清光绪元年（1875）。井口平面呈方形，边长 1.1 米，以长条石围砌，井深 0.8 米，南侧开水沟，约长 1 米，流水注入一长方形水池，水池用料石砌筑，长 2.5 米，宽 1.5 米，为洗涤之用。水池南端亦开沟以泄水。井东北角立清光绪元年修井捐资芳名碑 1 方。

54 - C₂₆ 马山蒋氏宗祠 〔观音阁乡大井塘行政村大井塘村·清代〕 建于清光绪二十三年（1897），1941 年重修中座。坐北朝南，砖木结构。三进院落，由前座、中厅、后堂、天井和两侧廊组成，占地面积约 413 平方米。前座面阔三间，进深一间，前施檐廊。青砖墙，穿斗与抬梁混合木梁架，硬山顶，盖小青瓦，马头山墙。中厅、后堂面阔三间，进深二间，人字山墙，余与前座同。

55 - C₂₇ 大营碉楼 〔水车乡大营行政村大营村口·清代〕 建于清光绪三十年（1904）。坐西朝东，砖木结构，高二层 6 米，面阔、进深一间，占地面积约 30 平方米。碉楼开拱门，门额书"大营"匾。两侧墙为马头山墙，大门两侧石刻对联"□挹西山，思承世□"。二层楼面铺木板。

56 - C₂₈ 橹山庙 〔水车乡水车行政村水车村东上禁山·清代〕 建于明万历十二年（1584），清代重修。坐东朝西，砖木结构，二进院落，分前殿、后两殿，占地面积约 151.5 平方米。前殿顶已毁，存两排构架。后殿面阔三间，檐柱 2 根，金柱 4 根，雕花板金檩架梁，抬梁式木构架，硬山顶，盖小青瓦。东侧墙砌神龛，前立建庙碑记。

57 - C₂₉　谢氏宗祠〔新街乡飞熊行政村飞熊村·清代〕　建于明万历年间（1573—1620），清代重修。坐东南朝西北，砖木结构，二进院落，由前座、正堂、天井、耳房组成，占地面积约 358 平方米。前座、正堂面阔三间，青砖墙，穿斗式木构架，硬山顶，盖小青瓦，弧形马头山墙。梁枋、门楣等刻花草虫鱼。祠后有戏台和院落。

58 - C₃₀　回龙桥〔水车乡水车行政村彭家园村前小河上·清代〕　始建年代不详。1914 年版《灌阳县志》有载。南北走向，单孔石拱桥，长 7.3 米，宽 2.9 米，拱跨 4.8 米。桥面铺石板，两端各铺设石踏跺 4 级。桥头立 2 记事碑，1975 年毁。

59 - C₃₁　杨家山塔〔新街乡上甫行政村杉木村杨家山村·清代〕　建于清代，具体时间不详。六边形三合土筑风水塔，占地面积约 2.9 平方米。塔高五层 6.7 米。塔基以石及三合土筑。塔身高、宽逐层向上内收，出檐，底层塔腔内空，二层以上塔腔实心，无门窗。石质葫芦塔刹。

60 - C₃₂　陈家坪风雨庙〔文市镇陈家坪行政村莲塘西北面堤岸上·清代〕　建于清代，具体时间不详。坐西北朝东南，石结构。庙由 5 块 1 米多高的青石板镶砌而成小屋，屋面由一整块青石雕凿成硬山顶。正面石板中间凿拱门。基脚青石堆镶在地面。

61 - D₁　柳子岩摩崖石刻〔灌阳镇仁狮行政村仁狮村小河南岸约 150 米柳子岩·明代〕　柳子岩口朝北，岩内顶面浮雕有二龙图案。岩内外存摩崖石刻 3 方。一为榜书"柳子岩"，字径 0.19 米，楷书，阴刻。无落款、年款。二为榜书"造设"，明嘉靖十六年（1537）福建武平知县杨□撰文并书丹。字径 0.34 米，隶书，阴刻。落款"知县杨□为道友蒋馨立"。三为知县杨□题七绝诗一首，刻面高 0.8 米，宽 0.85 米。诗文竖行，四句 28 字，行书，阴刻。诗云："柳子岩中向太空，空中空内有仙踪。莫嫌石子坚如在，心切心专那□□。"

62 - D₂　赤壁山摩崖石刻〔文市镇文市行政村文市村大桥东岸赤壁山·明代〕　山临江一面陡壁上存摩崖石刻 2 方，造像 1 尊。一为榜书"赤辟"，字径 0.07 米，楷书，阳刻。无首题、落款。一方为明代灌阳县令陈可毅等游览题名，刻于明崇祯七年（1634）。刻面约高 0.7 米，宽 0.4 米。文竖行，计 40 字，字径 0.065 米，楷书，阴刻。题名为"崇祯甲戌□春三日知灌阳县令陈可毅偕令宦文云鹏、春元、唐之相、文云腾于赤壁泛舟罗江至磐石"。石刻旁有 1 尊摩崖人形造

像，头部已缺失。

63 - D₃　读书岩摩崖石刻〔观音阁乡文明行政村文明村海螺山·清代〕　摩崖石刻 2 方，为清嘉庆二十年（1815）刻。一为蒋彩玉为世祖题刻"蒋进士读书岩"，刻面高 0.3 米，宽 1.4 米，碑文横 1 行，字径 0.19 米，楷书，阴刻。二为五言律诗一首，八句，共计 53 字。碑文竖行，楷书，阴刻。首题"题世祖读书岩"，落款"嘉庆乙亥十二代孙蒋彩玉谨识"，诗云："水映苔纹碧，玲珑小洞虚。孤山螺髻古，老木桂枝□。夜诵月吞吐，朝吟云卷舒。先型犹未泯，楷薛见遗书。"

64 - D₄　永安乡各隘防堵江华瑶匪事平碑〔文市镇北流行政村北流村东约 1 公里·清代〕　碑刻 1 方。清道光十二年（1832）立。碑阳朝北，高 2.22 米，宽 1.23 米，山形碑盖。碑文竖行，计 719 字，其中正文 384 字，其余为立碑者官职及姓名。同总局事唐逢年撰文，里人文昌时书丹。额题"永安乡各隘防堵江华瑶匪事平碑"，落款"道光十二年腊月廿日下乡九堡公立"。楷书，阴刻。碑文记载湖南江华瑶民赵金龙领导农民起义，地方官吏为防堵义军进入广西，在灌阳永安关陈兵，与九堡各练乡勇驻守之事。

65 - D₅　洪水古记碑〔观音阁乡自振行政村凤凰村东面约 100 米锁水庙山坡·清代〕　碑刻 1 方。清光绪八年（1882）立。碑为一块不规则的石板，地面部分高 0.51 米，宽 0.33 米。碑阳朝南，文竖 3 行，满行 3—9 字，计 30 字，楷书，阴刻。当地石匠刘嗣遂撰文并书丹。无额题，碑文云："大清光绪八年壬午岁四月初九日辰时洪水到此，午时消，刘嗣遂立古记碑。"

66 - E₁　唐景崧故居〔新街乡江口行政村江口村·清代〕　唐景崧（1842—1903），字维卿，广西灌阳县新街乡江口村人。清同治乙丑（1865）科进士，授翰林院庶吉士，历任吏部主事、福建台湾道道员、台湾布政使、台湾巡抚，晋赠光禄大夫（正一品）。后旅居桂林，任经古书院山长（院长）和广西体用学堂堂务（校长），著有《请缨日记》《诗畸》《谜拾》《看棋亭杂剧》等。故居建于康熙元年（1662），坐东南朝西北，砖木结构，三进院落，占地面积约 410 平方米。大门前有照壁及石踏跺近 20 级。主体建筑面阔三间，青砖墙，穿斗式木构架，硬山顶，盖小青瓦。木板壁或木分隔墙，屋内梁柱、枋、门楣等雕刻人物故事、花草虫鱼。

67 - E₂　鸟竹山寨址〔新圩乡和睦行政村上立湾村东侧鸟竹山·清代〕　清咸丰年间（1851—1861）村人为御匪盗而建。山寨环鸟竹山顶而建，平面呈椭圆形，以料石砌筑寨墙，长约 500 米，高 1 米，厚 0.8

米，在南、北两个方向各开寨门 1 个，高 1.8 米。门额以长条石横于门框之上。寨内已无建筑。

68 - E₃　升平天国王府遗址〔灌阳镇西江路灌阳中学内·1854 年·县文物保护单位〕　清咸丰四年（1854），广西天地会首领朱洪英、胡有禄在灌阳建国称王，国号升平天国，立"太平天德"年号。胡有禄称定南王，朱洪英称镇南王。王府原为孔庙大成殿，建于隋代，历代重修、扩建，1981 年维修。现仅存大成门和泮水桥。大成门砖木结构，面阔三间，硬山顶。泮水桥为单孔石拱桥，长 3.5 米，宽 2.75 米。两侧各有望柱 11 根，共有花雕栏板 18 块。

69 - E₄　石人山寨址〔新圩乡新卫行政村长渡村北面石人山·1857 年〕　清咸丰七年（1857）村人为避乱守村而建。于石人山西北山腰处以石砌筑二道寨墙。第一道寨墙长 80 余米，高 2.7 米，厚 1.1 米，寨门高 3.2 米，宽 1.4 米，厚 1.3 米。第二道寨墙长 150 米，高 3.6 米，厚 1.3 米，中间亦开寨门。两寨门侧立维修寨门栅栏捐资芳名碑各 1 方。寨墙内侧堆放防卫击敌礌石。现寨墙部分崩塌。

70 - E₅　桂北瑶民起义旧址〔西山瑶族乡盐塘行政村盐塘村·1933 年〕　1933 年，瑶民领袖俸福山领导桂北瑶民三次起义。五龙庙是起义聚集点和司令部。五龙庙原由观音殿、文昌殿、婆王殿、大通殿等建筑组成，占地面积约 350 平方米。主体建筑面阔三间，砖木结构。起义失败后庙被烧毁，现仅存部分石砌墙基。遗址后 2 块巨石上留有当年灌阳县长陈学澧和桂林区民团总指挥张淦题刻的"山源清澈"和"洁泽"等字。

71 - E₆　湘江战役旧址（灌阳县境段）〔兴安、全州、灌阳三县湘江流域地区·1934 年·全国重点文物保护单位〕　1934 年 10 月 16 日、17 日，中国工农红军分别从江西瑞金、长汀出发开始长征，突破国民党军队四道湘江封锁线。湘江战役旧址在灌阳县有宾家桥红军长征指挥部旧址、新圩阻击战战地救护所、岩口红军纪念亭、文市红军纪念亭、水车红军标语、文市红军标语、夏云红军标语、旧田心红军标语、新田心红军标语等。

E₆₋₁　文市红军纪念亭〔文市镇灌江东西岸·1982 年〕　1934 年 11 月下旬中国工农红军第一方面军第六军团前锋占领文市浮桥，留守灌江东岩磨头山的红 50 团某营与尾追而来的国民党桂系 19 师激战，团长刘式楷等红军指战员百余人牺牲。1982 年，灌阳县人民政府将浮桥两岸的义渡亭改名为"红军纪念亭"。东亭建于清道光八年（1828），西亭建于清道光十二年（1832），面阔、进深 6 米，4 柱，抬梁式木构架，歇山

顶，石木结构建筑。东亭高 5.5 米，南面有台阶 12 级。西亭高 6.8 米，踏跺 15 级。

E₆₋₂　岩口红军纪念亭〔文市镇桂岩行政村岩口村前·1986 年〕　1934 年 11 月下旬，中国工农红军第一方面军红六军团长征经过文市。军团部驻扎岩口村，村前萃福亭为哨所。亭建于 1927 年。平面呈方形，四柱，歇山顶，石木结构建筑。1986 年，灌阳县人民政府为纪念红军长征，改名"红军纪念亭"。

E₆₋₃　水车红军标语〔水车乡水车行政村水车村·1934 年〕　1934 年 11 月下旬，中国工农红军第一方面军第三、五、八、九军团长征经过水车村。现翟太钧住宅墙上存当年红军用石灰水写的"只有苏维埃才能救中国！红军政宣""农民组织赤色农会！工人组织赤色工会！红军政宣"等标语，行书，字径 0.6 米。另在翟献发家老宅墙上，存用石灰水写的"打倒卖国贼蒋介石！红军政宣"。

E₆₋₄　夏云红军标语〔水车乡水车行政村夏云村·1934 年〕　1934 年 11 月下旬，中国工农红军第一方面军第三、五、八、九军团长征经过夏云村。村民文兆凯家墙上尚存当年红军用石灰水写的"反对何键压迫士兵修马路修堡垒进攻红军！""湖南白军士兵暴动变起来，打倒卖国贼何键，实行北上抗□！"等标语。落款"红政宣"。字径约 0.53 米。

E₆₋₅　文市红军标语〔文市镇·1934 年〕　1934 年 11 月下旬，中国工农红军第一方面军及中央纵队长征经过文市，写下大量标语，现存 12 处共 62 条，内容为宣传红军是抗日的武装，反对国民党卖国，号召工人、农民、白军兄弟加入红军北上抗日和打土豪分田地等。标语用墨书写，落款"红军宣""红政宣""红三宣""红六宣"。标语曾被破坏，大部分残缺。

E₆₋₆　旧田心红军标语〔文市镇文市行政村田心村·1934 年〕　标语写于田心村廖营来家住宅墙上，为"中国有力抗日，只有国民党卖国贼才说中国无力抗日！红政宣"。

E₆₋₇　新田心红军标语〔文市镇文市行政村田心村·1934 年〕　标语写于田心村民宅墙上，墨书竖 4 行，文为"灾民暴动起来，实行打土豪！灾民只有暴动起来才是出路！红政宣"。

E₆₋₈　宾家桥红军长征指挥部旧址〔水车乡同德行政村宾家桥村·1934 年〕　1934 年 11 月下旬，中国工农红军第一方面军红三、五、八、九军团先后在水车、宾家桥分两路渡灌江。指挥部设在宾家桥九如堂。指挥部在此召开群众大会处决了 7 个恶霸地主。旧址原为一财主住宅，因屋主膝下九子同堂，故名"九如堂"。建于清光绪年间（1875—1908），坐北朝南，砖

木结构，两进院落，前、后两座，占地面积约289.9平方米。主体建筑面阔三间，硬山顶，马头山墙。前有凹形小檐廊，无檐柱。

E6-9　**新圩阻击战战地救护所**〔新圩乡和睦行政村下立湾屯·1934年〕　1934年中国工农红军过湘江时，在新圩阻击战前沿阵地设立的战地救护所。旧址原为蒋氏宗祠，建于清道光四年（1824），坐北朝南，砖木结构，二进院落，占地面积约230平方米。前、后堂面阔三间，抬梁式木构架，硬山顶，盖小青瓦。两端弧形马头山墙。

72-E7　**老枞树山塔**〔灌阳镇鹤龙行政村老松树山村·1947年〕　1947年7月下旬，中共全灌特支领导全县、灌阳两县七个乡（村）武装起义，攻占石塘乡公所，成立全灌人民自卫团。老枞树山村是起义队伍重要活动点。起义失败后该村戴一妹、蒋光祥、蒋绍廷、蒋来发等游击队联络员被杀害。群众为纪念先烈于同年捐资修建此塔。塔呈八边形，六层砖塔，葫芦形刹，高10米。底层西北面开拱形门，两侧砌十字形小窗。

73-G1　**矮山洞化石出土点**〔水车乡鹏睦行政村山燕头村东矮山·旧石器时代〕　矮山脚洞有3处出口，洞口高距地表高2—6米，洞内宽1.5—7米，进深10余米。1979年出土象、熊猫、剑齿虎、犀牛鹿、野猪、猕猴等哺乳动物牙齿化石和1件石球。

74-G2　**新街铜戈出土点**〔新街乡新街行政村·西周〕　新街出土铜戈1件。援作三角形，援中脊起棱，断面呈菱形，中脊靠内部有圆形穿孔，孔直径0.012米。内作长方形，大部残断。援两面饰对称的夔凤纹和斜角云雷纹。援长0.165米，最宽0.07米，内残长0.025米。

74-G3　**钟山铜钟出土点**〔灌阳镇仁江行政村仁江村东钟山·西周〕　1976年5月，于山腰一洞中出土云纹铜钟1口，伴出有绳纹陶片和石器。铜钟甬部已残，干上饰乳钉纹和窃曲纹，钲周边饰圈点云纹带，篆间饰勾连纹，枚短尖。残高0.36米，于长0.28米，舞长0.215米，宽0.135米。（见《文物》1978年10期）

75-G4　**新街铜权出土点**〔新街乡新街行政村新街村·元代〕　1981年，新街出土铜权1件，倒梯形方纽，下为圆盘形肩，平底，权身为上大下小的椭圆形。权身正面铸阴文"全州路造"铭文。高0.083米，底径0.041米。

荔浦县

1-A1　**荔浦人遗址**〔双江镇两江社区苏村山背

水岩东洞·旧石器时代·县文物保护单位〕　洞穴遗址。1961年发现。洞口约高9米，宽13.5米，进深约15米处，面积约122平方米。文化堆积厚约1米。内含大量的螺、蚌壳等。1961年在堆积中发现1枚属12—15岁小孩的下第二前臼齿化石，定为荔浦人。伴出土的有大熊猫、牛、野猪、华南豪猪等动物牙齿化石。

2-A2　**荔浦故城址**〔青山镇青山街社区渡口屯象山脚下·汉—元〕　汉元鼎六年（前111）建。三国至元代沿用。元至顺元年（1330）县址徙置，城废。汉代城墙土筑，明代改用料石砌墙，多已塌圮，占地面积约10.35万平方米。今仅存南、北两面墙基，南段长约50米，北段长约500米。墙基高1.1米，宽约1.5米，另有城墙残段3米，高3米。内城址常出土绳纹砖瓦碎片。城外有青山汉墓群。

A2-1　**青山墓群**〔青山镇青山街社区青山至修仁岔路口·汉—南朝〕　墓群范围东自青山路口，南至永兴、弓背，西至罗家厂，北至松林莫家一带，分布面积约1.2平方公里。墓葬封土多被夷平，现存封土呈圆丘形，大者高3—5米，底径5—6米，小者高1—2米，底径约4米。地面散布罐、盘、碗、壶等汉至南朝时期的陶器碎片。1991年清理遭破坏的墓葬1座，出土了汉代陶罐、陶碗及部分陶片。

3-A3　**建陵故城址**〔修仁镇横水行政村老县村·三国—明〕　三国吴甘露元年（265）设建陵县，唐长庆元年（821），改建陵县为修仁县。明景泰元年（1450）因发生地陷而城废。城址平面呈长方形，面积约15万平方米。城墙用土夯筑，东、西两面辟门。1957年兴修水利黄洞沟时，在地下发现西城门老闸门，出土石碑上书刻有"建陵县"3字。农民耕作常挖出印纹砖、板瓦和碗、盘、罐等遗物。

4-A4　**中峒土司城址**〔新坪镇广福行政村寨背村双峰山下·明代·县文物保护单位〕　明洪武年间（1368—1398），当地三峒壮、瑶农民起义断续数十年。明万历元年（1573）广西巡抚郭应聘领兵讨平，易巡检司为土司，分兵建城。城址沿山脚而建，前挖护城河，后靠双峰山，平面呈不规则的长方形，面积约1.2万平方米。城墙为料石基础，内填土夯实，外用砖包砌，周长约617米，高5.3米，置门楼1座。城于明末清初废弃，城墙、门楼皆毁，现仅存墙基和石阶。曾出土陶罐、青花碗和铜钱。

5-A5　**下峒土司城址**〔东昌镇栗木社区延宾村麒麟山前·明代·县文物保护单位〕　建于明万历六年（1578）。明末清初废弃。城址前临延宾江，后靠狮子山，平面呈半圆形，面积约4.5万平方米。城墙石砌基础，内、外檐墙以砖砌筑，内填土夯实，周长约454米，高5.6米，置城门4座。现墙基、石阶、石墩、石像、碑刻尚存。曾出土明代罐、壶、碗等陶瓷器和瓦片。

6-A₆ **荔城二十四码头遗址** 〔荔城镇城东街社区荔江河畔·清代〕 建于清道光元年（1821）。因有二十四级石踏跺而得名。码头自岸至江边长约35米，共有24级码头踏跺，踏跺为石砌筑，级长0.95—1.3米，宽1.2—3.6米。1912年，荔江河改道，荔城二十四码头废弃，码头四周已成为街道民居。

7-A₇ **飞龙岩关隘遗址** 〔龙怀乡德庆行政村莲塘村后山腰上·清代·县文物保护单位〕 清咸丰八年（1858），农民起义军首领张高发率部退守飞龙岩，在岩口前垒石墙，挖战壕，设关隘。岩口关墙宽5.5米，高3.3米，厚0.9米。关前战壕长约20米，宽1米，深2米。现石墙崩塌，遗存部分基石。

8-A₈ **荔平古道遗址** 〔荔城镇玉雷湾纸厂后面至平乐水西寨·明、清·县文物保护单位〕 秦始皇经略岭南后开凿。古道自荔浦县城起，经大乐山，下栗木圩，越同古山，渡双班桥，过鸡冠山，经朝水村，达平乐县水西寨，全程约30公里。三国以后成为历代官道。现存古道为明、清时期路面，大部分以河卵石铺面，宽1.5米。现路面崩陷严重。

9-B₁ **马岭墓群** 〔马岭镇永明、凤凰、新寨行政村一带·汉—南朝·自治区文物保护单位〕 墓群范围东至凤凰坪，南至马岭河，西至枫木山、朝阳村，北至不忧寨一带的土岭上，分布面积约3平方公里。1973年发掘墓葬10座。形制有土坑墓、砖室墓和石室墓3类。出土陶器、铜器、铁器和玛瑙串珠等一批随葬品。陶器有罐、壶、酒樽、簋、灯、纺轮、釜、鼎、奁、仓、井、猪圈等。1988年抢救清理2座，出土陶罐、陶壶、铜镜、铜盘等器物。

10-B₂ **花箦墓群** 〔花箦镇江华、凤联、大同、花箦等行政村境一带·汉—南朝·自治区文物保护单位〕 墓群范围东至甘棠，南至龙渡，西至更古，北至上岭脚的土岭上，分布面积约18万平方米。墓葬现存封土呈圆丘形，残高2—3米，底径5—6米。部分封土已被夷平，地面散布有汉、南朝时期陶器碎片。

11-B₃ **高段古墓群** 〔双江镇双安行政村高段村往龙坪方向1000米·汉—南朝〕 墓群范围东至双江苏村，南至下白口，西至黄腊厂，北至流渡一带，分布面积约20万平方米。有墓葬40座，现存封土呈圆丘形，残高2—3米，径5—6米。地表发现有汉代陶片。

12-B₄ **新坪墓群** 〔新坪镇安民行政村新坪至安民公路两侧·汉—南朝〕 墓群范围东至广福村大矮山，南至安民官岩，西至穿岩，北至下苏一带，分布面积约4平方公里。现存封土呈圆丘形，残高约2米，底径4—5米。1972年在新坪南山脚下发掘6座土坑墓和石室墓，有汉及南朝墓葬，出土四系壶、四系罐、三足缸、碗、杯等陶器，以及秦半两、汉五铢和剪轮钱。1981年墓群地内发现东晋窖藏铜钱7.5公斤。计有八铢半两、四铢半两、五铢、小五铢、大泉五十、货泉、剪轮五铢、直百五铢、直百钱、定平一百、大平百钱等20余种。

13-B₅ **凤岗墓群** 〔新坪镇凤岗行政村境内·汉—南朝〕 墓群范围东至冷水，西至凤岗，南至观音山，北至葫芦岭一带，分布面积约45万平方米。由于取土烧砖，墓葬遭破坏，或封土被夷平。现存封土呈圆丘形，残高2—3米，底径4—5米。个别墓葬已露石砌墓室。地面发现汉代陶器碎片。

14-B₆ **东昌镇墓群** 〔东昌镇境内·汉—南朝〕 墓群东至龙全村，南至古调，西至观岩坪，北至伍家山，分布面积约2平方公里。1969年清理汉墓1座，为砖室墓，墓室长5米，宽3米，高1米。出土陶罐、陶仓、陶马、陶屋和铜镜。尔后还发现石室墓和铜鐎斗。

15-B₇ **古城墓群** 〔荔城镇五里行政村古城村谢家厂屯和白杨堆屯·汉—南朝〕 墓群呈不规则三角形分布。东至新坪，南至荔浦师范，西至五里，北至变电站、五里排与古城公路两侧，分布面积约37.5万平方米。封土呈圆丘形，残高2—3米，底径10—20米。1976年清理汉墓2座，为土坑墓和十字砖室墓，出土陶罐、四耳陶罐、陶瓠壶、长颈陶壶、瓷鸡首壶、瓷执壶以及铜镜和五铢钱。1991年清理遭破坏的墓葬39座，其中8座石室墓，墓室用石块堆砌而成，平面呈刀形和"凸"字形，7座带墓道。出土铜镜、盆、指环、钱币、陶鼎、釜、壶、罐、杯、簋，以及滑石双耳盆和剪轮五铢钱等。（见《中国考古学年鉴》1992年）

16-C₁ **迎薰门** 〔荔城镇城东街社区城墙巷11号·明代·县文物保护单位〕 城建于明代，明景泰七年（1456）知县伍绘迁今城，明成化十四年（1478）总督御史朱命官督砌砖石，城上建门楼，为门二，南曰"迎薰"，北云"承恩"。明嘉靖二年（1523）、明万历九年（1581）均维修。清光绪三十三年（1907），知县王传珍重修南、北二城楼。1937年，承恩门被拆除；1945年，城门门楼被侵华日军烧毁。今存一段城墙及迎薰门。残存城墙长约120米，以砖包砌，高6米，厚3米，城垛尚存，城门以料石券拱，高4.8米，宽3.2米，进深7.7米，额刻"迎薰门"3字，门洞内壁嵌建城碑记。

17 - C$_2$ 川岩桥 〔新坪镇凤岗行政村川岩屯川岩小溪上·明代·县文物保护单位〕 又称蜡烛桥。建于明崇祯十二年（1639）。南北走向，双孔石拱桥，长 22.9 米，宽 3.1 米，拱跨 6—6.7 米。桥身、桥拱用料石干砌，桥面铺石板，南端设石踏跺 6 级，北端 12 级。桥头立建桥碑 1 方，碑文漫漶。

18 - C$_3$ 马班桥 〔东昌镇东阳行政村 323 国道旁山沟上·明代〕 建于明代，具体时间不详。东西走向，单孔石拱桥，长 14 米，宽 4.5 米，拱跨 10.9 米。桥身料石不规整，桥拱用规整料石干砌。桥面铺石板，两侧设条石栏板，东、西两端设石踏跺数级。《荔浦县志》有载。

19 - C$_4$ 状元桥 〔修仁镇建中街·清代〕 系原文庙泮池桥，今庙已毁。清康熙十一年（1672）建，十三年毁于兵燹。十九年修复。单孔石拱桥，长 8.5 米，宽 2 米，高 0.8 米，桥面铺石板，两侧砌条石栏板，两端各铺设石踏跺。20 世纪 60 年代拆除栏板。

20 - C$_5$ 仙人桥 〔荔城镇沙街社区鸳鸯街街头的杜莫河上·清代·县文物保护单位〕 建于清康熙二十八年（1689），初建时因桥上发现特大足迹而得名。清嘉庆元年（1796）重修。东西走向。三孔石拱桥，长 36.7 米，宽 5.05 米，拱跨 10.4 米。桥身、桥拱用料石干砌，桥面铺石板，两侧砌条石栏板，东、西端分别设石踏跺 6 级、9 级。

21 - C$_6$ 锁龙庵 〔杜莫镇寨村行政村寨村村北·清代〕 建于明万历年间（1573—1620），清康熙五十九年（1720）重修，清嘉庆二十四年（1819）重修石门路，清同治二年（1863）修缮。庵建于四墩五孔梁式石板台基上，坐北朝南，砖木结构，三座建筑并排相连，中为正殿，左、右为副殿，面积约 126.4 平方米。前有深池，后为水井，正殿面阔三间，前置檐廊，中开门，青砖墙，穿斗与抬梁混合木构架，硬山顶，两侧山墙开小门通副殿，副殿稍矮小，硬山顶，盖小青瓦。

22 - C$_7$ 观岩山关隘 〔东昌镇栗木社区观岩坪村观岩山·清代·县文物保护单位〕 清乾隆年间（1736—1795）观岩坪、龙合村、古调村三寨为防兵匪之乱而建。观岩山口地势险要，易守难攻。关隘设在岩口，修有炮楼、关墙、岩口闸门外砌石围墙。现存炮楼和关墙，以砖石构筑。炮楼及关墙上开枪眼数十孔。岩内有庙台，塑菩萨，已毁。

23 - C$_8$ 东岸桥 〔荔城镇沙街社区马蹄塘村北约 500 米处的杜莫河上·清代·县文物保护单位〕 建于清乾隆年间（1736—1795）。相传建桥时东端一拱屡建

不成，后得一寡妇出资献计而就，故又名寡妇桥。东西走向，三孔石拱桥，长 30 米，宽 4 米，拱跨 6 米。以料石砌桥身、桥拱，桥面铺石板，两端各铺石踏跺 10 级。桥头立碑毁于 20 世纪 60 年代。

24 - C$_9$ 鸳鸯井 〔荔城镇沙街社区鸳鸯街仙人桥东面约 50 米·清代〕 建于清乾隆年间（1736—1795）。1913 年版《荔浦县志》记载："鸳鸯井，在城东南二里，水清不竭，上有社皇，后多小石，磨其腹于醋盘则二石能走合为一处，故名。"井倚小山旁，4 井相连，分别为饮水、洗菜、洗衣、洗农具井。井用料石砌成，平面四方形，边长 1.5 米，井口一半盖石。井深 1.2 米。

25 - C$_{10}$ 安静桥 〔东昌镇安静行政村大德村潮水河上·清代〕 又名三益桥、大德桥。始建时间不详，清乾隆四年（1739）重修。南北走向，单孔石拱桥，长 19.5 米，宽 4.8 米，拱跨 11 米。用料石干砌桥身、桥拱，桥面铺石板，两侧设条石矮护栏，桥南、北端各铺设石踏跺 6 级。桥头原有重修"三益桥"碑 1 方，已佚。

26 - C$_{11}$ 西岸桥 〔荔城镇沙街社区洋洞村荔江叉河口，·清代·县文物保护单位〕 又名洋洞桥。建于清乾隆四十年（1775）。南北走向，三孔石拱桥，长 54.8 米，宽 5.2 米，拱跨 7 米。桥身、桥拱用料石干砌，桥面铺石板，两端各铺设石踏跺 13 级。建桥碑毁于 1967 年。

27 - C$_{12}$ 兴贤楼 〔青山镇青山街·清代〕 清乾隆六十年（1795）为祀白帝、魁星而建。砖木结构。楼二层，高 13 米，面阔 12 米，进深 7.4 米，上层硬山顶，盖小青瓦，马头山墙。下层中间设拱石闸门，门洞内壁嵌有题记碑和捐资芳名碑 5 方。楼内佛像已毁。闸门拆除，碑刻尚存。

28 - C$_{13}$ 禄阁第 〔修仁镇临江街·清代〕 建于清嘉庆年间（1776—1820），修仁县刘姓族人修建的祠堂和书室。坐西朝东，砖木结构，三进院落，前为庭院，中为书室，后为祠堂，占地面积约 320 平方米。单体建筑皆面阔三间，青砖墙，抬梁式木构架，硬山顶，盖小青瓦。室内墙壁绘花草图案。大门额书"禄阁第"，书室门额书"燃黎书室" 4 字。

29 - C$_{14}$ 乌龙桥 〔东昌镇栗木社区镇政府南约 100 米·清代·县文物保护单位〕 清嘉庆二十一年（1816）建。桥建成之日，恰遇洪水奔腾似蛟龙穿过桥，故名。西南—东北走向，三孔石拱桥，长 49 米，宽 5.1 米，中拱跨 11 米，边拱跨 10 米。桥身以料石干砌，桥面铺石板，两侧置条石矮护栏。东北端置石踏跺 19 级，西南端 10 级。桥头立嘉庆二十一年《新建

乌龙桥碑记》碑刻 1 方。

30 - C₁₅ 粤东会馆 〔修仁镇建陵街社区·清代〕
清同治七年（1868）建。坐南朝北，砖木结构，二进
院落，由前座、后座及中间庭院、两侧走廊组成，占
地面积约 545 平方米。前座内设戏台，廊道置碑刻。
后座面阔三间 18 米，进深 7.5 米，高 9 米，青砖墙，
抬梁式木构架，硬山顶，盖小青瓦，马头山墙。梁架
及墙壁上彩绘花草图案。

31 - C₁₆ 荔浦书院 〔荔城镇通塔巷·清代·县文
物保护单位〕 建于清康熙四十七年（1708），五十九
年（1720）迁城南文昌宫，清乾隆四十一年（1776），
荔浦知县吴烈、教谕何一鸣倡建明伦堂及学署。咸丰
年间（1851—1861）兵毁。清光绪三年（1877），教谕
谭体仁于旧址重建，明伦堂迁附文昌宫右，在训教署
增建高等小学教室、寝室。坐北朝南，砖木结构，书
院面阔 13 米，进深 85 米，占地面积约 1105 平方米。
学署面阔三间，青砖墙，抬梁式木构架，硬山顶，盖
小青瓦，占地面积约 435 平方米。院后有文昌宫和明伦
堂。现院内存清《新建明伦堂暨学宫碑记》1 方。

32 - C₁₇ 荔浦塔 〔荔城镇宝塔巷 27 号旁·清
代·自治区文物保护单位〕 据载，魁星楼建于南宋。
明正德十四年（1519），贡生张宪为祀文昌改建魁星
阁。清康熙四十八年（1709），知县许之豫重建。清乾
隆四十八年（1783），知县张习、教谕何一鸣倡修文昌
塔，高五层。清光绪五年（1879），知县周坤增建二
层，为七层文塔。1957 年后三次维修。坐东朝西，八
角形楼阁式砖塔，高 35.4 米，占地面积 88.7 平方
米。天然石基座，塔身八面均开壹门，门额书文。塔
檐下施彩绘壁画，上盖琉璃瓦。塔身以青砖叠砌，彩
塑狮子、麒麟，攒尖顶，宝葫芦形塔刹。塔腔中空，
设有木梯可登顶。

33 - C₁₈ 刘家祠堂 〔荔城镇南雄行政村料村村
头·清代〕 建于清光绪八年（1882）。坐西朝东，砖
木结构，仅存一座，面阔三间，进深一间，占地面积
约 130.38 平方米。明间前檐墙已不存，两次间砖砌槛
墙，透雕花格通窗，室内金柱 2 组共 4 根，抬梁式木构
架，主梁书"光绪八年冬月"，檐下彩绘壁画，硬山
顶，盖小青瓦。

34 - C₁₉ 二江桥 〔荔城镇东南 0.5 公里二江河
上·清代〕 建于清光绪十年（1884），初出九墩，上
铺木板，后增 4 墩，改为十三孔石拱桥。西北—东南
走向。桥身皆以石砌筑，料石券拱，桥面铺石板。后
来石墩加高 2 米。在 2 个拱肩上增开一孔，桥面改铺三
合土。

35 - C₂₀ 石阳宾馆 〔荔城镇宝塔巷 2 号旁·清

代·县文物保护单位〕 清光绪二十三年（1897）江
西籍人集资修建。为祭祀欧阳修、文天祥的场所。坐
北朝南，砖木结构，二进院落，由前座、后座、天井
和左右厢房组成，占地面积约 143 平方米。前座、后座
面阔三间，清水墙，抬梁式木构架，硬山顶，盖小青
瓦，马头山墙。前座有前檐廊，门额石匾刻"石阳宾
馆" 4 字。

36 - C₂₁ 福建会馆 〔荔城镇宝塔巷 18 号旁·清
代·县文物保护单位〕 建于清光绪二十七年
（1901）。坐北朝南，砖木结构，三进院落，由前座戏
台、中座、后座、天井、走廊、厢房组成，占地约
924.6 平方米。戏台面铺木板，面阔 8 米，进深 12 米。
抬梁式木构架，歇山顶，盖琉璃瓦。屋脊塑琉璃双龙
抢球。墙端彩绘人物及花鸟，底部镶碑刻。戏台两侧
有走廊看台。

37 - C₂₂ 黄寨桥 〔荔城镇黄寨社区黄寨村南约
200 米小河上·清代〕 建于清代，具体时间不详。是
当时马岭、黄寨通往荔浦县城的主要道路桥梁，沿用
至今。东西走向，单孔石拱桥，长 21.6 米，宽 4.3 米，
拱跨 12 米。桥身、桥拱用料石错缝砌成，两侧置条石
护栏，东、西两端各设 12 级和 11 级石踏跺，外接石板
道，宽 1.2—1.6 米。

38 - D₁ 鹅翎寺摩崖石刻 〔荔城镇沙街社区马蹄
塘屯背鹅翎山腰鹅翎岩·南宋—清·县文物保护单位〕
有摩崖石刻 19 方。形式有题刻、题诗、题记等。字体
有篆、隶、行、楷 4 种。有南宋主簿梁弼直《鹅翎祈
雨文》和明奉直大夫刘大业题记《鹅翎岩亭序》。宋县
令甘叔同五言诗《鹅岩》赞翎鹅岩游人登山，犹如
"人居翠霭中"。明士荣、士章《仙迹》五言诗，诗赞
鹅翎岩"岩空天地阔"，"禅心初悟处，不必羡封侯"。
还有清代黄赵蛟诗刻，诗叹鹅翎岩景斜吞荔水，远压春
山，触景生情："何年了却前途债，归卧清风石壁面。"

D₁₋₁ 鹅翎寺 〔荔城镇马蹄塘屯鹅翎山腰·清
代〕 建于南宋绍兴三十二年（1162）。清代重修。依
山而建，现有大雄宝殿、玉佛殿、观音殿、文殊殿、
财神殿、三宝殿等建筑。占地面积约 2200 平方米。为
荔浦县佛教重地，古八景之一。因改造面貌已有改变。

D₁₋₂ 祈雨谢降记刻 〔荔城镇马蹄塘屯鹅翎岩内
岩壁·清代〕 清光绪八年（1882）刻。刻面高约 0.7
米，宽约 0.6 米。文竖 6 行，满行 6 字，计 36 字。楷
书，阴刻。荔浦知县曹成熙等撰文并书丹。无首题，
无落款。刻文述："光绪八年八月廿六日，荔浦县嘉兴
曹成熙、典史肇庆李登瀛祈雨到此。越三日，重来
谢降。"

39 - D₂ 穿岩摩崖石刻 〔双江镇保安行政村保安

村寺门岭村穿岩内·元—清·县文物保护单位〕　穿岩为荔浦名胜之一，有摩崖石刻 18 方，形式有题词、题诗、题记等。书法有楷、隶、篆 3 体。重要的有：元至正十年（1350），居士秦觉善题记，文竖 8 行，满行 5 字，计 47 字。记云：“存城里□底村，居士秦觉善舍银十两砌石路，阴阳通便，为愿觉善，世世生生，长寿富贵，子孙昌盛。”落款“至正十年十一月”。除此，有明崇祯时期（1628—1644）荔浦知县钟行旦题五言诗刻，竖行 8 句，40 字，诗赞美穿岩之胜景，发“山灵如有待，为我避尘居”之感叹。此外还有清代邑令许之豫题穿岩五言诗和陈梦龙七言诗各一首，皆赞美穿岩之洞景，清康熙进士何天麟峒水悠奇题词一首。

D₂₋₁ **何天麟摩崖词刻**　〔双江镇寺门岭村穿岩崖壁上·清代〕　摩崖石刻 1 方。刻于清代。刻面高 0.8 米，宽 0.6 米，文竖行，计 103 字，草书，阴刻。清康熙进士何天麟撰文并书丹。无首题，落款“何天麟题”。词文甚佳，云：“游遍名山异景，几见峒水悠奇。何年斧凿石成溪，亘古川流不滞。泉洁犹能解暑，芝秀尚可充饥。这般滋味有谁知？落得渔樵快乐意。峒外山铺清影，渊中水荡绿波。花犹织锦鲤抛梭，喜的游人玩索。借问当年疏□，九天精巧何多？欲增佳句笔难摸，恨字不成一个。”

40 - D₃ **口舌岩摩崖石刻**　〔双江镇两江社区苏村山背·清代〕　岩口有摩崖石刻 6 方。清咸丰八年（1858），居士李著芳在岩口题榜书“积善堡”3 字，字径 0.4 米，阴刻，楷书。其余皆为游人赞颂口舌岩的诗，刻面高 0.5 米，宽 0.6 米，文竖行，阴刻，楷书。其中清咸丰四年（1854）居士秦叔悠七言诗云：“斯岩立堡妙如何，内有源泉混混过。舌卷妖气藏海窟，口含石柱障鲸波。南天洞里薰风满，北地城中吉士多。左右层峦常耸翠，从今永唱太平歌。”

41 - D₄ **荔修航道碑**　〔修仁镇荔江河畔修仁码头上·清代〕　碑刻 1 方。清光绪三十年（1904）立。修仁、荔浦两县为解决两县航道纠纷共同设立航道准则石碑。碑阳朝东，为方形立柱体，塔形碑盖，高 1.56 米，宽 0.32 米，碑柱四面刻有碑文，皆竖行，字径 0.025—0.035 米，阴刻，楷书。正面碑文云：修仁河流直达荔浦，因“旧多阻遏，遂至舟楫不通，商务冷淡”，因奉抚部院令勘查河道。落款上刻有印章。

42 - E₁ **黄政德墓**　〔马岭镇凤凰行政村三陇屯后龙口岭·1896 年·县文物保护单位〕　黄政德（1839—1884），广西荔浦县马岭镇大冲口人，清千总、副将。清光绪十年（1884），奉命出镇南关抗法，参加陆岸、船头之战。是年八月十八日，在越南船头与法军作战时不幸中弹身亡。清廷诰授振威将军，恤加赠

总兵衔、世袭骑都尉。光绪二十二年（1896）迁葬今址。墓葬朝西，冢呈圆丘形，以青砖围砌，高 1.5 米，底径约 3 米。墓碑刻“皇清诰授振威将军显考黄公讳政德号懋卧老大人之墓”。

43 - E₂ **何济生墓**　〔双江镇太和行政村大六相村屯后珍珠岭·1899 年·县文物保护单位〕　何济生（1842—1899），号汝舟，广西荔浦县双江乡江埠人。清湘军席宝田部参将。清光绪十年（1884），奉调出镇南关抗法，参加船头、镇南关大战，克文渊、谅山等地，保升副将。清光绪二十五年（1899）因伤病复发，病故。诰授武功将军，二品封典。墓为夫妇合葬，朝南，冢呈圆丘形，用砖围砌，高 1.42 米，径 3.1 米，墓碑边框阳刻“绩著南关数十年间经血战，恩承北阙百千载后慰英灵”挽联。

44 - E₃ **陈嘉墓**　〔马岭镇永明行政村五里亭飞凤岭荔桂公路旁约 50 米·1904 年·县文物保护单位〕陈嘉（1839—1885），字庆余，广西荔浦县马岭五更地人。17 岁投军，同治年间（1862—1874）积功升至参将。清光绪十年（1884），奉调出镇南关抗法，参加船头、陆岸、纸作社、镇南关之战，克复谅山、坚老、威坡、山寨、谷松等地，屡立战功，升总兵。清光绪十一年（1885）因旧伤复发，殁于龙州军营，清廷以功赏给头品顶戴，世袭骑都尉兼一云骑尉，谥“勇烈”。先葬于荔浦镇五凤岭，清光绪三十年（1904）迁葬于此。墓葬 1967 年遭破坏，1983 年修复。墓葬朝西北，冢呈圆丘形，用条石围砌，高 2 米，底径 3 米，占地面积约 300 平方米。墓前有华表 1 对及《陈嘉生平事迹碑》等碑刻 2 方。墓碑两旁刻挽联“门南郊属谁乎公能从战垒一挥率劲旅前驱破虏，是西粤伟人也我愿向丰碑百拜颂将军未见和戎”。

45 - E₄ **光复亭**　〔茶城乡过村行政村古卜村头·1945 年〕　1945 年春，侵华日军进犯茶番关口要道古卜村，古卜、茶城等村抗日自卫队奋起抵抗，毙伤日军十余人，抗日自卫队员潘志书壮烈牺牲。后村民于村头建光复亭，并立碑纪念。1966 年遭冰雹袭击，亭毁，碑断为 3 节。1986 年重建亭并修整纪念碑。亭砖石结构，呈六角形，攒尖顶，高 4.5 米。碑为三棱锥形，通高 1.5 米。刻有对联“光□日星壮士精神烈士血，复兴民族平时生产战时兵”，横批“精神不死”，并附参战队员名单。

46 - E₅ **义敢抗战阵亡烈士纪念碑**　〔大塘镇大塘社区义敢村东面·1948 年·县文物保护单位〕　1945 年 4 月 25 日，侵华日军进犯大塘、义敢村，义敢村抗日自卫队奋起抵抗，毙伤日军 30 余名，抗日自卫队黄福森、潘克信、潘现荣、刘兴记、潘培庆、黄玉标 6 人

壮烈牺牲。1948 年 5 月立碑纪念，占地面积约 60 平方米。碑座为六级台阶式，碑身石质，四方立柱体，球形顶盖，边长 0.33 米，通高 2.4 米，碑高 1.4 米，碑面刻有时任广西省主席黄旭初"壮节长昭"、省民政厅长张威遏"气壮河山"等题词及义敢村抗日自卫队员名单。碑文由时任县长张德乾撰写。

47 - E₆ 修仁烈士陵园 〔修仁镇体育场旁·1967 年·县文物保护单位〕 1967 年中共荔浦县县委、县人民政府为纪念 1950 年修仁剿匪战斗中牺牲的 77 位中国人民解放军第 49 师 435 团 1 营战士及当地民兵，在现址修建烈士陵园。陵园由烈士墓和纪念碑组成，占地面积约 1300 平方米。纪念碑坐西朝东，为方柱体，顶立英雄塑像，边长 2.9 米，高 13.7 米。碑正面塑"人民英雄永垂不朽"。前有 20 级台阶。烈士墓呈圆丘形，径 3.3 米，陵园四周有围墙、栏杆，陵园大门为四柱三间牌坊式，明间额塑"烈士陵园" 4 字。

48 - E₇ 荔浦烈士陵园 〔荔城镇中山公园对面矮子岭·1987 年·县文物保护单位〕 1964 年 11 月，中共荔浦县县委、县人民政府为纪念 1950 年葫芦甲板等地剿匪战斗中牺牲的 44 名中国人民解放军第 49 师 435 团第 1 营战士，在县城中山公园修建革命烈士纪念塔。1987 年 5 月将纪念塔迁建至今址并修建革命烈士陵园。陵园由烈士墓和纪念塔组成，占地面积约 932.7 平方米。烈士墓朝东，冢为圆丘形，径 13.6 米，碑面刻"革命烈士之墓"，周围立望柱石栏板。纪念塔朝东，四方柱形，顶塑五角星，高 25 米，正面题"革命烈士永垂不朽"，背面题"流芳千古，浩气长存"。两侧题"歼仇敌拯群伦功昭日月，抛头颅洒热血气壮山河"。

49 - F₁ 三圣宫 〔东昌镇栗木社区栗木街东头·1947 年〕 建于 1947 年。横跨于老街上，坐东朝西，中西结合二层楼阁，砖木结构，高 18 米，面阔三间，进深一间，青砖墙，硬山顶，盖小青瓦。底层设三拱门，前有闸门，拱门上有"礼义""廉耻"匾题，门内立有捐资维修"三圣宫"碑。二层明间为敞厅，前有凸出阳台，两次间前檐为木槛墙直棂通窗。占地面积约 84 平方米。

50 - G₁ 马蹄塘铜罍出土点 〔东昌镇栗木社区观岩坪村马蹄塘·西周〕 1978 年，马蹄塘出土铜罍 1 件。出土时上压一块石灰石，两肩处各搁置 1 石块。器形圆体，喇叭形口，斜肩，斜腹，下附双层高圈足，肩部有 1 对云雷纹兽耳，颈下饰圈点纹和弦纹，肩部以耳分界，每边饰 2 组对称的饕餮纹，饰 1 周重环纹，腹饰三角形夔纹，圈足仰环带纹、云雷纹。通高 0.54 米，口径 0.315 米，底径 0.282 米。（见《考古》1984 年 9 期）

51 - G₂ 拱秀铜器窖藏 〔青山镇拱秀行政村东约 120 米·明代〕 1989 年 9 月，出土铜锅 2 只，铜盆 1 个，铜钱 23 公斤。铜锅深腹圜底，内附双环耳。铜盆鼓形，双耳。铜钱以北宋熙宁、元丰、元祐等通宝为主。

平乐县

1 - A₁ 四冲遗址 〔大发瑶族乡四冲行政村四冲村北约 1.5 公里龙塘闸口府河西岸·新石器时代〕 山坡（台地）遗址。1982 年发现。遗址位于两条河流汇合处南岸的台地上，面积约 1.289 平方米。文化堆积呈黄褐色，未发掘。采集到 10 余件夹砂陶片，石器以磨制为主，有斧、锛、镞、环、砺石等。

2 - A₂ 纱帽山遗址 〔阳安乡阳安行政村鸦塘村纱帽山·新石器时代〕 洞穴遗址。2003 年发现。在山南面半山腰岩洞内，高距地表约 30 米，洞口高 2.2 米，宽 4 米，洞口前有半圆形平台，面积约 100 平方米。出土有磨制石器、骨器、陶片，陶器有夹砂陶，饰印纹和细绳纹，还有一些方格纹硬陶。

3 - A₃ 乐州故城址 〔平乐镇南洲行政村南洲村·唐代〕 平乐镇南洲行政村南洲村荔浦江口与桂江汇合处南岸·唐代〕 唐武德四年（621）分始安郡，设乐州，武德八年（625）乐州刺史江齐贤将州治、县治从阳朔徙今平乐县城。城址平面为长方形，黄沙土筑城墙，南北长 290 米，东西宽 84.7 米，面积约 2.4563 万平方米。城墙高 4 米，厚 7.4 米，南面有残城墙，北门、南门和东门遗迹明显。四周有宽 5 米、深 3—3.5 米的护城河及跑马道。城内建筑已毁，地表散布大量的唐代陶瓷片和残砖、瓦块。城址南面隔护城河约 100 米处另有小城址一处，南北宽 79 米，东西长 113 米，面积约 8927 平方米。墙高 3 米，厚 6 米，东、北、西三面有残墙。四周有护城河。城内未见陶瓷片，据推断，小城址年代应早于乐州城。据清光绪三年（1877）《平乐县志》记载，三国吴甘露元年（265）分富川置平乐县，属始安郡，旧县城在城西七里荔浦江口。据此，小城址可能与此有关。

4 - A₄ 广运堡故址 〔大发瑶族乡广运村行政村广运村东面约 1 公里南流江畔·明代〕 据清光绪三年（1877）重刊《平乐县志》载，广运堡即广运驿，为府江三城之一："弘治年间（1488—1505）冠作兵备道张吉创建，仅筑外城二米，正德三年戊辰兵备道郑狱因其旧而加砖耶，高一丈五尺，广轮一百丈。"城址平面呈长方形，城墙南北长约 126 米，东西宽约 62 米，周长约 376 米，面积约 7812 平方米。今存城墙约 130

米，厚5米。内、外檐墙砖砌，中间筑夯土。四城门位置可辨，城周环护城壕。

5-A₅ **浒营城故址** 〔源头镇古营行政村古营村·明代〕 据清光绪三年（1877）重刊《平乐县志》载，"浒营城在县治东一百四十里，万历兵备道徐作创造，高八尺，广轮一百四十丈"。为明屯田军队营地，计有五哨十八堡共855人，屯田8550亩。城址平面略呈椭圆形，面积约16512平方米。夯土城墙，外檐墙用河卵石或砖块包砌。现存西、南、北城墙200余米，残高0.5—1.8米，厚4—7米。地表散布河卵石、青砖和明清时期瓷片。

6-A₆ **平乐故城址** 〔平乐镇正西桂江北岸·清代〕 据清光绪三年（1877）重刊《平乐县志》载，城建于唐武德八年（625）。宋至清十三次维修与扩建。现城址为清光绪六年（1880）重修。当时"城高三丈，广四百八十七丈，跺口九百五十六个，每跺高六尺"。现仅存城墙残长约222米，高5—6米。用青砖砌成。城内已被现代建筑覆盖。

7-B₁ **张家墓群** 〔张家镇老埠行政村老埠村至钓鱼行政村和村银山岭·战国—晋·自治区文物保护单位〕 墓群分布面积约4平方公里，墓葬较集中的有荒头岭、大穴岭、莲花岭、大岭、银山岭等处。1974年在银山岭发掘165座墓。除1座东晋墓为石室墓外，其余都是规模较小的竖穴土坑墓。其中战国墓110座，墓坑填土经夯打，有的有二层台，少数墓底铺有白膏泥或炭末、卵石等；87座墓底有腰坑，随葬品比较简单，出土铜器、铁器、陶器、瓷器、滑石器等1535件，随葬品组合为铜器（或陶纺轮）、生产用具和生活用具。汉墓45座，均为竖穴土坑墓包括西汉、东汉前期墓葬，出土陶、铜、铁、滑石、玉、水晶珠等随葬品481件。（见《考古学报》1978年2、4期）

B₁₋₁ **8号战国墓** 〔张家镇银山岭·战国〕 为长方形竖穴土坑墓。墓室长3.2米，宽1.48—2.1米。墓底铺一层河卵石，两侧壁筑熟土二层台，中部设方形腰坑，内置陶罐1件。出土陶杯、钵、罐、铜钺、镦、刮刀、镞、剑、矛、铁斧、锄和砺石等共22件。

B₁₋₂ **24号战国墓** 〔张家镇银山岭·战国〕 为长方形竖穴土坑墓。墓室长2.4米，宽0.8—1.04米，高1.3米。墓底两侧为生土二层台，高0.18米。中部设方形腰坑，未埋器物。出土陶鼎、杯、铜矛、镦、铁刮刀、锛、锄和玉玦等共24件。

B₁₋₃ **28号战国墓** 〔张家镇银山岭·战国〕 为长方形竖穴土坑墓。墓室长3.1—3.55米，宽1—1.4米。四周留生土二层台，宽0.2米，高0.8米，台面上见残垫木，推测此墓环土为椁。墓底铺河卵石一层，

中部设长方形腰坑，内置陶盒1件。出土陶杯、盒、纺轮和铜勺柄等共5件。

B₁₋₄ **34号战国墓** 〔张家镇银山岭·战国〕 为"T"形竖穴土坑墓。墓室长3.4米，宽1.4—1.92米。墓底中部设长方形腰坑，内置大陶瓮1件。出土陶鼎、杯、瓮、纺轮，铜镦、削刀，铁锄、刮刀和玉玦等共12件。

B₁₋₅ **41号战国墓** 〔张家镇银山岭·战国〕 为长方形竖穴土坑墓。墓室长2.8—3.24米，宽1.24—1.7米。墓底平铺河卵石一层，四边留生土二层台，台高0.53米，宽0.23米。底中部设方形腰坑，内置陶盒1件。出土陶盒、杯，铜镞、剑、矛，铁锄、刮刀、凿和砺石等共12件。另填土中出铁锄1件，为筑墓工具。

B₁₋₆ **55号战国墓** 〔张家镇银山岭·战国〕 为长方形竖穴土坑墓。墓室长4.4—5.2米，宽1.4—2.2米，高1.8米。墓底四周留生土二层台，高1.2米，宽约0.4米，原有棺椁，已朽，遗有铜环8件，存人的上下颌骨及牙齿，头向南。出土铜剑、矛、镞、钺、刮刀、杖头饰、鼎、盒，铁锄、削和砺石等共42件。

B₁₋₇ **64号战国墓** 〔张家镇银山岭·战国〕 为长方形竖穴土坑墓。墓室长2.4—3.03米，宽0.99—1.6米。墓口以下留二级土台，第一级两侧边的台面上各有柱洞3个，左右对称。墓底四周围一圈白膏泥，中部设方形腰坑，内置陶三足盒1件。出土陶杯、三足盒、纺轮，铜刮刀、杖头饰、斧，铁锄和玉玦、砺石等共21件。

B₁₋₈ **71号战国墓** 〔张家镇银山岭·战国〕 为长方形竖穴土坑墓。墓室长4—4.4米，宽1.3—4.4米，高1.3—2米。墓底四周筑熟土二层台，台高0.14米，宽约0.36米，中部设方形腰坑，内置陶盒1件。原有棺椁，木椁从二层上垒起，皆已朽。出土陶三足瓿、杯、盒、鼎，铜盘、环、剑、镞和砺石等共14件。

B₁₋₉ **74号战国墓** 〔张家镇银山岭·战国〕 为长方形竖穴土坑墓。墓室长3.28—3.78米，宽1.2—1.82米。墓底四边留生土二层台，宽0.32米，高0.88米，两侧边的二层台有对称的方形柱洞3对，从台面直通墓底，两端的二层台还留有小台阶。二层台和坑壁、墓底有朽木痕迹。墓底中部设方形腰坑，埋陶盒1件。出土陶瓿、钵、杯、盒，铜盆、鼎、削、剑、刮刀、钺、斧、矛、镦、镞，铁矛、锛、锄和砺石等。

B₁₋₁₀ **102号战国墓** 〔张家镇银山岭·战国〕 为长方形竖穴土坑墓，带墓道。墓道与墓底齐平同宽。墓室长3.68—3.98米，宽1.32—2.02米。墓底除墓道下口一端外，其余三面留生土二层台，中部设横向土埂二道，墓底有方形腰坑，内置陶盒1件。出土陶

杯、罐、錾耳罐、盒，铜钺、刮刀、盖弓帽、剑、镞、鼎、削和砺石等共 14 件。

B$_{1-11}$ **107 号战国墓** 〔张家镇银山岭·战国〕为长方形竖穴土坑墓。规模小，埋葬简单。墓室长 1.84 米，宽 0.56 米，高 1.1 米。底设方形腰坑，内置陶杯 1 件，另 1 件陶杯置于墓底中部两侧。

B$_{1-12}$ **108 号战国墓** 〔张家镇银山岭·战国〕为长方形竖穴土坑墓。墓室长 4 米，宽 2 米。原有棺、椁，据沟槽朽木，椁室以方木垒砌，置棺处发现 12 件铜铆钉。墓室中部设方形腰坑，内放陶瓿 1 件。出土铜鼎、矛、杖头饰、剑、镞、斤、镦，铁刮刀、锄、凿、锛，陶杯、盒等共 32 件。

B$_{1-13}$ **114 号战国墓** 〔张家镇银山岭·战国〕为长方形竖穴土坑墓。墓室长 2.94 米，宽 0.9—1.18 米，高 1.6 米。两侧壁留生土二层台，高 1 米，宽 0.14 米，台面各有柱洞 3 个，互相对称。墓底设方形腰坑，内置陶罐 1 件，葬具已朽，存人脊椎骨一节。出土铜镦、镞、剑、矛、刮刀、斤，陶罐、钵，铁锄和砺石共 25 件。

B$_{1-14}$ **115 号战国墓** 〔张家镇银山岭·战国〕为长方形竖穴土坑墓。墓室长 3.2 米，宽 0.9—1.3 米。两侧壁筑熟土二层台，台宽、高皆 0.2 米，台面中部各有柱洞 3 个，互相对称。北侧二层台的两端放陶瓿 1 件。墓底铺河卵石，中部设圆形腰坑，同置陶盒 1 件。出土陶鼎、盒、杯、瓿、纺轮，铜勺柄，铁锄、刮刀等共 9 件。

B$_{1-15}$ **126 号战国墓** 〔张家镇银山岭·战国〕为长方形竖穴土坑墓，带墓道。墓道长 5.5 米，宽 1.8 米，高出墓底 0.25 米。墓室长 3.6 米，宽 1.58—1.8 米。墓底铺河卵石。二层台设于两侧，高 0.2 米，宽 0.12 米。墓坑四角有方形柱洞。出土陶杯、陶盒、铜鼎、铁锄等共 6 件。

B$_{1-16}$ **130 号战国墓** 〔张家镇银山岭·战国〕为长方形竖穴土坑墓。墓室长 3.02—3.1 米，宽 0.92 米。东壁设一龛，长 0.6 米，宽 0.8 米，内放陶杯 2 件。墓底铺一薄层木炭，中部设长方形腰坑，内置陶盒 1 件。出土陶罐、杯、盒、纺轮和铁刮刀等共 9 件。

B$_{1-17}$ **145 号战国墓** 〔张家镇银山岭·战国〕为长方形竖穴土坑墓。墓室长 3.24—3.85 米，宽 1.4—2 米。墓底铺一层河卵石，熟土二层台环于墓底四周，高 0.26 米，宽度不一。底中部设方形腰坑，内置陶三足盒 1 件。葬具为木棺，据朽痕，长 3.2 米，宽 1.4 米，高 1.12 米。出土铁锄、铁刮刀、陶杯、陶纺轮等共 6 件。

B$_{1-18}$ **27 号汉墓** 〔张家镇银山岭·西汉〕 为长方形竖穴土坑墓。墓室长 3 米，宽 1 米。墓底正中设方形腰坑，内埋陶杯 1 件。出土陶杯，铜矛、镦、剑、半两钱，铁剑、斧、锄等共 9 件。

B$_{1-19}$ **51 号汉墓** 〔张家镇银山岭·西汉〕 为近"T"形竖穴土坑墓。墓室长 4.38 米，宽 1.28 米。墓底近东端的中部设方形腰坑，内埋 1 件大陶瓮。出土陶瓮、杯、罐、四联罐，铜鼎、勺、洗、盘、镞、剑，铁刮刀、斧、锄和砺石等共 17 件。

B$_{1-20}$ **94 号汉墓** 〔张家镇银山岭·西汉〕 为"凸"字形竖穴土坑墓。墓室长 3.3 米，宽 1.55 米。两侧留生土二层台，底中部设长方形腰坑，埋陶釜 1 件。出土陶釜、壶、灯，铜盘和铁刀等共 10 件。

B$_{1-21}$ **116 号汉墓** 〔张家镇银山岭·东汉〕 为"凸"字形竖穴土坑墓，带墓道。墓室长 4.26 米，宽 2.7 米。后壁及左右两侧留生土二层台，高 0.65—0.7 米，宽 0.4—0.5 米。墓底铺一层河卵石。葬具已朽，存铁棺钉。斜坡墓道，前窄后宽。出土陶瓮、罐、釜、盆、壶、灶、甑、灯、纺轮和滑石鼎等共 28 件。

B$_{1-22}$ **117 号汉墓** 〔张家镇银山岭·东汉〕 为近刀形竖穴土坑墓，带墓道。墓室长 3.6 米，宽 1.6—2.1 米。墓底铺一层河卵石。斜坡墓道，内窄外宽，坡面铺一层青砖，近墓门的左侧有一圆形柱洞。葬具已朽，出土陶罐、壶、四系罐、五联罐、灯，铜鉴，铁刀、镰、锄、刮刀等共 17 件。

B$_{1-23}$ **128 号汉墓** 〔张家镇银山岭·东汉〕 为"凸"字形竖穴土坑墓，带墓道。墓室长 4.1 米，宽 2.35 米。坑壁四周经夯打，有椁板灰痕迹。墓底铺一层河卵石，棺床位置较厚。墓道平巷式，底与墓底平齐。出土陶釜、盆、罐、灶、杯、壶、瓮、纺轮，铜壶，铁刀、釜和滑石盘等共 22 件。

B$_{1-24}$ **148 号汉墓** 〔张家镇银山岭·东汉〕 为"凸"字形竖穴土坑墓，带斜坡墓道。墓室长 4.3 米，宽 2.6 米。墓底置棺处铺一层白膏泥。棺具已朽，遗存铁棺钉。出土陶瓮、鼎、罐和"货泉""大泉五十"钱等共 11 件。

B$_{1-25}$ **银山岭晋墓** 〔张家镇银山岭·东晋〕 为"凸"字形石室墓，带墓道。墓室长 3.2 米，宽 2.1 米，拱顶券，早年塌陷，高度不明。砌墓石料皆为经火烧烤的石灰石块，向内一面砌平。葬具已朽，存铁钉 2 枚，人骨一节。出土青瓷砚、杯、碗、盆和铜镜、五铢钱。

8-B$_2$ **阳安墓群** 〔阳安乡古端行政村古端村东面梅花岭·战国—晋·自治区文物保护单位〕 因墓葬封土排列形似梅花，故名梅花岭，墓葬多遭破坏，分布面积约 2500 平方米。1968 年出土陶碗、陶罐、壶、陶骑马俑和五铢钱。1985 年清理 1 座土坑墓和 1 座砖室墓，出土陶瓮、罐、五联罐、鼎、釜、杯等器物。

9 – B₃ 久宜墓群 〔阳安乡久宜行政村久宜村至加东行政村·战国—晋〕 墓群分布面积约 5 平方公里。墓区大部分被辟为田地，现存封土呈圆丘形，残高 3—5 米，底径 20 米左右。暴露的墓葬有土坑和砖室 2 类。征集到四耳陶罐、陶壶、陶鼎、陶碗、陶牛、铜盆、瓷碗等器物。瓷碗施褐色和黄色釉。

10 – B₄ 下墩坡墓群 〔阳安乡雷锋行政村雷锋村至下墩坡村北一带·汉—晋〕 墓群分布面积约 1 平方公里。墓区大部分被辟为旱地，封土多已被夷平，暴露的墓葬有土坑、砖室和石室 3 类。曾出土陶器、瓷器和铜器，可惜已毁失。

11 – B₅ 向阳墓群 〔青龙乡青龙行政村向阳村至朝江村县道沿线一带·东汉—晋〕 墓群分布面积约 6 万平方米，部分墓葬已辟为旱地，现存封土呈圆丘形，残高 1.5—3 米，底径 9 米左右。曾暴露 1 座砖室墓。群众农耕挖出大量陶器残件。采集到陶壶、陶罐及陶碗。

12 – B₆ 大林墓群 〔桥亭乡平石行政村大林村西南·东汉—晋·县文物保护单位〕 墓群分布在黄土岭上，面积约 2 平方公里。约有墓葬 50 余座，残存封土呈圆丘形，高 1.5—3 米，底径 9 米左右。暴露有砖室墓和石室墓 2 类，曾出土一批陶器，皆毁失，地表散布墓砖。

13 – B₇ 七星堆墓群 〔沙子镇维新行政村七星堆村东面·东汉—晋〕 墓群分布面积约 1000 平方米，墓葬排列成北斗星形状，故称"七星堆"，残存封土呈圆丘形，3—4 米，底径 10—15 米。已被破坏 3 座，分砖室和石室 2 种，随葬品遗失。

14 – B₈ 兴隆墓群 〔桥亭乡桥亭行政村兴隆村东边岭坡·汉—南朝·县文物保护单位〕 墓群分布面积约 1.5 平方公里。墓葬封土不明显，残存封土呈圆丘形，高 2—3 米，底径 10 米左右。被破坏 1 座土坑墓，现场遗留大量的陶器残片。群众曾挖出陶罐、陶屋。

15 – B₉ 马田墓群 〔青龙乡马田村至张家镇朝仙村·汉—南朝·县文物保护单位〕 墓群分布于婆山村碓丫山、新塘面、东青坪、四桂山之间的峡谷地带，面积约 3 平方公里，墓葬封土呈圆丘形，残高 2—2.5 米，底径 10 米左右。已暴露的有土坑墓和砖室墓 2 类，墓室长 4—6 米，宽 3—4 米，现场遗留较多的陶器残件，征集有陶罐、陶屋和铜器。

16 – B₁₀ 坝井墓群 〔二塘镇茶林行政村坝井村·晋—南朝〕 墓群分布在马鞍山东至二塘中学公路沿线一带，面积约 5000 平方米。残存封土呈圆丘形，高 2—3 米，底径 10 米左右。扩建公路时破坏 2 座，为砖室墓，出土陶罐、陶碗等。

17 – B₁₁ 七堆墓群 〔二塘镇马家行政村七堆村东面七堆岭·汉—晋·县文物保护单位〕 墓群分布面积约 500 平方米。墓葬封土多已毁，可见墓葬 7 座，封土呈圆丘形，残高 2 米，底径 12 米左右。未经发掘。墓地曾出土有一些陶器。

18 – B₁₂ 二塘墓群 〔二塘镇周塘行政村岩头岭、铜锣道及锰矿区一带·晋—唐·自治区文物保护单位〕 墓群分布面积约 4 万平方米。墓葬破坏严重，封土多被夷平。1957 年发现 2 座已遭破坏的石室墓，墓室分成前、后两室，带甬道，券顶，遗物有青釉瓷器残片和方格印纹陶片。1974 年曾出土 1 件唐代青釉贴花壶。

19 – B₁₃ 陶英墓 〔张家镇钓鱼行政村乐加村西边南宫山脚下·五代·县文物保护单位〕 陶英（?—931），字世民，山东青州府诸城县人，官至太尉征南将军。朱全忠篡唐为梁后，陶英隐居莲塘村，故于后唐长兴二年（931）。墓于清乾隆年间（1736—1795）重修。墓葬朝东，冢呈圆丘形，用料石围砌，高 2.5 米，底径 4 米。墓碑有单檐碑盖，檐下封土板浮雕龙形图案，碑文较模糊。冢周有料石墓圈墙，圈墙扶手石板浮雕文官持笏像。

20 – B₁₄ 李梁墓 〔阳安乡雷峰行政村雷峰村西北面狮子岭脚·五代·县文物保护单位〕 李梁，字应君，唐太宗李世民十三世孙，官至广西镇抚使，世袭镇守昭州。故于后唐长兴元年（930）。清乾隆二十一年（1756）和六十年（1795）两次重修。墓葬朝西，冢呈圆丘形，四周用料石围砌。墓后石砌护圈墙，墙正中嵌石碑，上刻墓主生平和重修经过。墓前左右设护手，并筑有半圆形拜台。护手尽端各立墓志铭碑，拜台两侧立石狮。占地面积约 250 平方米。

21 – B₁₅ 陶氏墓 〔阳安乡雷峰行政村雷峰村阳安乡通往张家镇公路旁·五代·县文物保护单位〕 陶氏（847—927），李梁之妻，敕封一品夫人，故于后唐天成二年（927），三年（928）葬于此。清嘉庆十六年（1811）重修。墓葬朝西，圆丘形土冢，占地面积约 40 平方米。墓碑为四柱三间三楼牌坊式，单担盖，正楼脊顶浮雕宝葫芦，两端鳌鱼吻。明间立清嘉庆十六年重立碑刻 1 方。两边墙石板浮雕人物、花鸟。墓前立石狮 1 对。

22 – B₁₆ 翟仁恩墓 〔阳安乡古端行政村梅花岭上·五代·县文物保护单位〕 翟仁恩（854—931），字荣元，山东青州府诸城县人，官居武烈侯。适逢唐末南方动乱，朝廷命其为南征元帅，直抵粤西昭州楠木洞，获全胜，敕封忠靖大夫，就地留守。墓建于后唐长兴二年（931），清乾隆年间（1736—1795）重修，1975 被毁，1982 年修复。墓葬朝西，冢呈 10 级圆锥体，用青石逐层围砌内收，顶置石球。冢后及两侧砌望柱、石栏、板圈墙。

23 - B₁₇　翟宽墓〔青龙乡青龙行政村灵田村狮子山东边约 20 米·北宋〕　翟宽（880—960），字文泰，号育圭。唐天祐年间（905—907），官授平西节度使兼领别驾之职，镇守昭州，开辟南木洞。故于北宋建隆元年（960）。墓葬朝南，冢为六边形 7 级锥体，由条石围砌，逐层内收，石球宝顶，占地面积约 129.25 平方米。冢周有石板砌墓圈墙，圈墙后嵌墓碑，原碑字迹模糊，2008 年按原文重立。墓葬前立望柱扶手。墓曾经多次被盗。

24 - B₁₈　李文彬墓〔平乐镇南洲行政村南洲村留澜岭·清代〕　李文彬（1867—1927），字彬林，曾任平乐县知事。墓葬朝南，冢呈圆丘形，冢前正中立碑，碑面刻"清授奉政大夫考李公讳文彬字彬林府君之墓"等字。墓碑右侧附墓志铭碑。碑两侧为弧形石护手，护手尽端立方形石柱，柱顶分别雕狮子和大象。

25 - C₁　感应泉〔平乐镇正北街北面仙宫岭南麓·宋—清·县文物保护单位〕　北宋崇宁年间（1102—1106），吏部侍郎邹浩谪昭州，疏泉水为井，取名"感应泉"。井台方形，石板铺砌，占地面积约 22 平方米。井口平面呈圆形，井圈以整石雕凿而成，内径 0.8 米。井深 3.3 米，井壁石砌。井台面积约 14 平方米，井上建直谏流芳亭，北面有石砌的扇形护围墙，上嵌"感应泉"碑。现流芳亭毁，存石柱础。

C₁₋₁　邹浩感应泉碑〔平乐镇仙宫岭感应泉东面护墙上·明代·县文物保护单位〕　碑刻 2 方。北宋邹浩被贬谪昭州（今平乐县）之时，在仙宫岭下发现"有泉涌出，清冷莹洁"，遂疏而为井，名曰"感应泉"。明代在泉旁立碑刻"感应泉"三字及《感应泉序》和诗。邹浩（1060—1111），字志完，常州晋陵（今江苏常州）人，官至兵部侍郎，是"元祐党人"之一，曾两谪岭表，复直龙图阁。卒谥忠，学者称道乡先生，著《道乡集》四十卷，《四库总目》传于世。

26 - C₂　龙头堤〔平乐镇北门外·明—民国〕建于明万历年间（1573—1620），堤长八十丈。清道光十一年（1831）加长。1940 年和 1972 年维修。堤起自上关码头，沿茶江下至马河江堤，长约 500 米，高 2.9 米，厚 1.8 米。用长方形石块叠砌，灰浆抹缝。现多处崩塌，残存约 256 米。

27 - C₃　状元桥〔平乐镇中山公园内涵清池上·明代·县文物保护单位〕　原为府文庙附属建筑。建于明宣德五年（1430）。南北走向，单孔石拱桥，长 6.2 米，宽 2.9 米，拱跨 3.9 米。桥身、桥拱用料石砌成，桥面铺石板，面刻云纹。两端各置石踏跺 4 级。桥下有半月池，桥面及池边立望柱、石雕栏板，占地面积约 128 平方米。

28 - C₄　源头镇新拱桥〔源头镇源头街街尾东面约 40 米油窄山山冲小溪上·清代〕　建于清初，具体时间不详。南北走向，单孔石拱桥，长 9.4 米，宽 3.5 米，拱跨 5 米。桥台、桥身均以料石干砌，五排料石错缝券拱，桥面铺石板，南端铺设石踏跺 5 级，北端 4 级，各外接平台桥塝。清光绪三年（1877）重刊的《平乐县志》有载。

29 - C₅　接龙桥〔平乐镇平乐制药厂后白象岭脚之北涧·清代〕　建于唐代。清康熙五十二年（1713）重修，清雍正三年（1725）知府胡醇仁再重修。南北走向，单孔石拱平桥，长 19 米，宽 4 米，拱跨 10.5 米，以料石砌桥台、桥身及桥拱，桥面铺石板，两端与路面齐平。清康熙五十五年（1716）版《平乐县志》有载。1975 年维修时增设铁管栏杆。

30 - C₆　桂岭桥〔平乐镇新安街 174 号屋后小河沟上·清代〕　建于唐代，清代改建为石桥。清康熙五十五年（1716）版《平乐县志》已有记载。东西走向，单孔石拱平桥，长 10 米，宽 3.25 米，拱跨 7 米。桥台、桥身及桥拱用石块砌筑，桥面铺石板，两侧砌条石护栏，高 0.35 米，西端与路面齐平。

31 - C₇　湖南会馆〔平乐镇大街·清代〕　建于清雍正四年（1726），清嘉庆十三年（1808）重修。二进院落，原由前座、后座、戏台、厨房等组成，占地面积约 903 平方米。现存后座、戏台。后座为砖木结构，面阔三间，进深二间，青砖墙，立柱 28 根，梁上残留彩色花卉浅浮雕，抬梁式木构架，硬山顶，盖小青瓦。馆内有石凳 20 余个，石碑 26 方。

32 - C₈　广福桥〔同安镇桃村行政村桃村北约 150 米桃村河上·清代〕　建于清乾隆三年（1738）。东南—西北走向，两台四墩梁式石板桥，长 37.3 米，宽 1.6 米，孔跨 7.1—8.5 米。桥台、墩用料石砌筑，墩逆水面作分水尖状。桥面用 9 块长石板铺架，故又称"九板桥"。桥两头建半圆形条石护坡，各铺设石踏跺 2 级。桥西北桥头广福亭边立建桥石碑 4 方，碑文已模糊不清，其中 2 方勉强可辨额题"广福桥记" 4 字。

C₈₋₁　广福亭〔同安镇桃村行政村桃村北广福桥东南面·清代〕　建于清光绪十九年（1893）。坐南朝北，砖木结构。面阔、进深一间，方形砖柱，抬梁式木构架，硬山顶，盖小青瓦，马头山墙。南、北山墙各开拱门，门额上书楷书"广福亭"，左右对联分别为

"广西大道行人便，福坡通衢过客实；柳树缘花欣送客，水光山色爱留人"。东面敞开无墙，南墙东边立有1943年重修广福亭碑序，西墙内壁上有清至民国碑刻7方，记载建亭年月及捐资人姓名、数额等。占地面积约38平方米。

33 – C₉　源头镇老拱桥〔源头镇源钟街东南面油榨山山冲·清代〕　建于明万历年间（1573—1620）。清乾隆四年（1739）重修。南北走向，单孔石拱桥，长6.5米，宽3.3米，拱跨5.4米。桥台、桥身以不规则石块干砌，料石券桥拱，均不施灰浆，桥面铺石桥。两侧无栏，南端铺设石踏跺5级，北端2级。

34 – C₁₀　西龙桥〔源头镇金华行政村南锦村西约500米小河沟上·清代〕　俗称南景桥。始建年代不详。清乾隆四年（1739）重修。东西走向，单孔石拱桥，长14米，宽2.93米，拱跨5米。桥身、桥拱以料石干砌，桥面铺石板，东端铺设石踏跺5级，西端7级。桥南侧拱石上刻"西龙桥"3字，楷书。桥面石部分被撬遗失。

35 – C₁₁　莫氏宗祠〔青龙乡平西行政村平西村·清代〕　建于清乾隆十年（1745）。坐南朝北，砖木结构，二进院落，分前座、后堂，中隔天井，占地面积约200平方米。前座、后堂面阔三间，进深二间，青砖墙，抬梁式木构架，硬山顶，盖小青瓦。前座有前檐廊，檐墙上有6幅山水画，门前置抱鼓石，廊前立石狮1对。后堂一侧有进士匾1方，匾文为"钦命广西省提督学院翰林院侍读学士加三级张为"，"嘉庆壬戌年贡生莫芳春立"，厅内天花板绘12幅花卉人物壁画。

36 – C₁₂　赵公庙〔桥亭乡平石行政村玄坛村·清代〕　建于清乾隆十年（1745），五十年（1785）重修，清嘉庆至光绪年间（1796—1908）皆有重修或修缮。坐北朝南，砖木结构，二进院落，由前殿、后殿、天井、走廊组成，占地面积约95.4平方米。前殿、后殿面阔三间，砖墙，抬梁式木构架，硬山顶，盖小青瓦，马头山墙。天井两侧有走廊。前座大门额墨书"赵公庙"匾。庙内有清乾隆、清嘉庆、清道光、清咸丰、清同治、清光绪等年间碑刻40余方。

37 – C₁₃　华山粤东会馆〔同安镇华山行政村华山村·清代·县文物保护单位〕　原名天后宫、天后庙。建于清乾隆十四年（1749）。清嘉庆十三年（1808）曾重修后门、雨亭、戏台，清光绪十一年（1885）重修雨亭。坐北朝南，砖木结构，三进院落，依次为戏台、雨亭、头门、中堂、天井、后座，占地面积约780平方米。雨亭面阔、进深三间，穿斗式木构架，歇山顶，盖小青瓦。中堂面阔、进深三间，前置檐廊，天井石板铺设，5级踏跺上后座；后座面阔三间，进深二间；皆青砖墙，穿斗式木构架，硬山顶，盖小青瓦，灰塑高脊博古，两端为弧形山墙。戏台早年塌圮。

38 – C₁₄　双龙桥〔沙子镇协中行政村馒头塘村卵石冲上·清代〕　始建于唐代，清乾隆十四年（1749）重建，故群众称之为乾隆桥。为平乐经密山渡至沙子达恭城大路上（唐驿站）的桥梁，东西走向，双孔石拱平桥，长24米，宽5米，拱跨6.3米。以料石砌桥身、桥拱，桥面铺石板，现桥面改铺泥沙，两端与路面齐平。

39 – C₁₅　魁星楼〔青龙乡平西行政村平西小学内·清代·县文物保护单位〕　建于清乾隆二十二年（1757）。清道光十六年（1836）、清同治四年（1865）重修，1962年维修。坐北朝南，砖木结构，面阔一间，进深二间，占地约68平方米。楼高二层13.3米，檐柱、金柱10根，穿斗式木构架，重檐歇山顶，盖小青瓦，脊饰博古，琉璃瓦剪边。底层前为戏台，后为化妆间，木板分隔墙，隔墙上方书"大观在上"匾，四周置明廊。二层为四柱厅，柱间设竹栏杆。

40 – C₁₆　白龙桥〔张家镇老埠行政村老埠村南约150米阳桥冲上·清代〕　始建年代不详，老埠村申明亭清乾隆四十四年（1779）路碑已将该桥入载。南北走向，单孔石拱平桥，长13.6米，宽2.7米，拱跨6.2米。料石块干砌桥身、桥拱，桥面铺石板，两侧置条石护栏，高0.3米。桥两端与路面平齐。

41 – C₁₇　榕津街粤东会馆〔张家镇榕津行政村榕津街·清代〕　始建年代不详，清乾隆六十年（1795）重修。砖木石结构，二进院落，由前座、中座、后座、天井、走廊组成，占地面积约514.6平方米。座间置天井，两侧有走廊。各座面阔三间，青砖墙，穿斗与抬梁混合木构架，硬山顶，盖小青瓦。前座有前檐廊，两侧矮石墙上立八角形石柱。

42 – C₁₈　申明亭〔张家镇老埠行政村老埠村老埠小学南约50米·清代〕　清嘉庆二年（1797）地方官府为对百姓彝训劝诫而建。坐北朝南，砖木结构。面阔6米，进深6.2米，抬梁式木构架，硬山顶，盖小青瓦。亭东、西两边砌砖墙，南、北两面敞开。墙上嵌碑10方。内容为劝诫百姓当好人做好事与官府的利民措施和禁令，以及捐款芳名、修路事宜等。占地面积约41平方米。

43 – C₁₉　清真寺〔平乐镇正西街95号·清代〕　清康熙年间（1662—1722）建在北门，清乾隆年间（1736—1795）迁至今址。清嘉庆四年（1799）重修，清道光八年（1828）、清光绪二十二年（1896）二次扩建。坐北朝南，砖木结构，三进院落，建筑分为前座、经堂、后堂，占地面积约362.24平方米。后堂已崩塌。

前座为大门，门外两侧山墙前凸，大门顶墙立望柱夹三角弧形西式墙，门额题"回教礼拜堂"（原为"清真寺"3字），面阔一间。经堂三进，设藏经阁、沐浴室、大殿等。寺内有古兰经文对联、历代重修碑刻8方，刻回族捐银及工、木、泥、石工姓名等。

44 – C₂₀　瞿氏宗祠〔青龙乡青龙行政村下盃村凤山脚·清代·县文物保护单位〕　建于清道光六年（1826）。坐北朝南，砖木结构，三进院落，由大门、天井、前座、后堂、厨房等组成，占地面积约201平方米。大门面阔、进深一间，前置小檐廊，硬山顶，灰塑翘脊，门额上嵌"瞿氏宗祠"横匾，廊前置10级石踏跺。前座、后堂皆面阔三间，前设檐廊，檐墙彩绘壁画，抬梁式木构架，硬山顶，盖小青瓦。

45 – C₂₁　惜字炉〔源头镇源头行政村卜岭村·清代·县文物保护单位〕　建于清道光十一年（1831）。坐北朝南，六面三层石塔形，高5.9米。底层南面开拱形炉口，炉口上方阳刻"惜字炉"额匾，左右刻楷书对联"六书传万古，一字值千金"。二层设拱形出烟口，烟口两侧浮雕持笏文官像，笏刻"天开文运""一品当朝"。三层南面正中刻有"魁星点斗"独占鳌头浮雕像。各层四角飞檐，饰狮头、龙头、凤凰。宝瓶形顶饰。炉旁立道光十一年"信出杏福"碑1方。

46 – C₂₂　密山渡凉亭〔平乐镇密山通行政村密山渡口·清代〕　建于清道光二十二年（1842）。亭砖木结构。高6.11米，面阔7米，进深4.5米。面积约31.7平方米，四面为砖墙。硬山顶，盖小青瓦。东、西墙为弧形山墙。南、北墙中间开拱门，予以贯通。亭内西墙上镶有碑刻5方，碑文多被破坏，仅清道光癸卯（1843）《密山义渡碑序》勉可辨识。

47 – C₂₃　旺塘戏台〔同安镇旺塘行政村旺塘村·清代〕　始建年代不详，清咸丰三年（1853）、清同治年间（1862—1874）重修。为北帝行宫（已毁）戏台，坐西北朝东南，砖木结构。由前、后台和左、右耳房组成，面阔29.5米，进深10.15米，占地面积约299.43平方米。前台石砌须称座，面阔9米，进深5.9米，台面两侧条石上雕刻麒麟、猴、鹿、凤凰、山鸡、喜鹊。二层四周木护栏，重檐歇山顶，抬梁式木构架，檐板浮雕花草，台左右砌圆形拱门，门额书"镜花""水月"，后台屏风板开2门，其间浮雕"福禄寿"三仙，后台内存清同治九年（1870）"恩流"匾1方，台后有清咸丰三年立碑1方。

48 – C₂₄　平乐粤东会馆〔平乐镇大街55号·清代·自治区文物保护单位〕　建于明万历年间（1573—1620），具体时间不详。清顺治十四年（1657）重修，清康熙三十六年（1697）规模始成。清嘉庆十

一年（1806）重建。清咸丰年间（1851—1861）毁于兵火，清同治元年（1862）修复。坐西朝东，砖木结构，二进院落，由前厅、香亭、天井、天后宫、配殿等组成，占地面积约812平方米。前厅面阔三间，前施檐廊，曲字额枋，檐柱饰雀替，青砖墙，穿斗式木构架，硬山顶，盖琉璃瓦。1927年孙中山途经平乐时，曾邀请广东籍的代表来此开茶话会。

49 – C₂₅　妙贝村关帝庙〔同安镇妙贝行政村·清代〕　始建时间不详，清同治十一年（1872）重修。坐北朝南，砖木结构。二进院落，分前、后殿天井及厢房侧殿，占地面积约123.93平方米。现存后殿二层，青砖墙，硬山顶，盖小青瓦，马头山墙。面阔三间，进深二间，中部为明间，两侧为暗间，各开拱门及小门。庙内神像已毁。

50 – C₂₆　小横汀塔〔平乐镇龙练行政村小横汀村天鹅岭·清代〕　建于清光绪二年（1876）。处河流急弯处，用来镇洪水。八角形楼阁式石塔。据清光绪二十九年（1903）版《平乐县志》记载，塔因"收府水"不吉利，仅修二层而中止。坐东朝西，平面呈八边形，边长3.7米。西面开拱门，门额上浮雕双狮戏绣球，阴刻"擎天一柱"4字。上层已被拆除，现存下层高3.9米。

51 – C₂₇　继善亭〔沙子镇十里坪·清代〕　建于清光绪十一年（1885）。南北走向，砖石木合构。长方亭，面阔5.78米，进深一间9.15米，条石基以下为石砌，上砌以砖墙，抬梁式木构架，硬山顶，盖瓦。南、北两面马头山墙，下开石拱门贯通，两门额均刻"继善亭"3字。

52 – C₂₈　湖广码头〔平乐镇镇政府对面桂江北岸·清代〕　建于清光绪二十七年（1901）。原为湖南商船停靠专用码头。码头用条石砌成，长18.55米，宽5.3米，有石踏跺43级。两侧为石砌堤岸，顶端入码头处建砖砌三层门楼，面阔5.3米，下层中开拱门，面阔2.5米，高3.6米，边墙上嵌清光绪二十七年碑1方，碑文："此码头原系湖广会馆值年宝善堂之业，董事公启。光绪二十七年立。"

53 – C₂₉　准提庵〔沙子镇沙子行政村小菜园村南约100米·清代〕　始建年代不详。清康熙五十五年（1716）版《平乐县志》有载。清光绪十六年（1890）重修。坐西朝东，砖木结构，三进院落，由前、中、后三殿及天井组成，占地面积约269.5平方米。各殿面阔三间，青砖墙，抬梁式木构架，弧形或人字山墙，硬山顶，盖小青瓦，琉璃滴水。天井两侧墙开圆形拱门，庵门额上书"准提禅林"4字。

54 – C₃₀　沙子街〔沙子镇沙子行政村沙子街·清

代〕街道原用沙子铺地面，故名。清光绪三十三年（1907）改铺青石板，至今光洁平整。街道长约1公里，宽3—4米。街两边为两层砖木结构建筑，部分民居进行了改建，原来古建筑甚多，现仅存石桥、上行宫、当铺等。

C₃₀₋₁ **沙子街桥** 〔沙子镇沙子街尾荣江上，·清代·县文物保护单位〕 始建于唐代。清光绪三十三年（1907）重修。东西走向。三孔石拱桥，长27米，宽4.2米。一主拱二子拱。主拱跨河面，拱跨9米，两子拱位于主拱侧，拱跨2.1米。桥面两侧围石栏板，立望柱，柱头立狮子、麒麟、玉兔、葫芦等造像。桥东端置石踏跺9级，西端置石踏跺11级。

C₃₀₋₂ **上行宫** 〔沙子镇沙子街·清代〕 原名武圣宫。建于清乾隆二十五年（1760），乾隆三十八年（1773）和四十二年（1777），清道光六年（1826）和二十六年（1846）多次维修或重修。系奉祀关羽的场所。二进院落，由前殿、天井、戏台组成。今存前殿，面阔三间，砖木结构，硬山顶，灰脊饰宝珠、博古、琉璃滴水。穿斗式木构架，殿内木柱10根，柱上雕狮子。前檐中开月窗，两端开拱门、花窗。后檐墙已不存，墙壁嵌修建行宫碑刻7方，已被灰浆遮盖。

C₃₀₋₃ **沙子"仁义响押"旧址** 〔沙子镇沙子街·清代〕 清光绪元年（1875）由余富盛、德合堂等八股合股于沙子街最繁华的地方开设"仁义饷押"，后改称"义安押"。1916年春，转卖给商人颜凤山并改称"治安押"。旧址平面为长方形，砖木结构，五层楼房，硬山顶，盖小青瓦。占地面积约60平方米。

55-C₃₁ **顺交亭** 〔同安镇桃村行政村江背岭村桃村桥头东约200米·清代〕 建于清宣统年间（1909—1911），具体时间不详。坐西朝东，砖木结构，面阔5.23米，进深9.17米，占地面积约49平方米。亭高5米，东、西面无墙，中间各立1根砖柱，抬梁式木构架，硬山顶，盖小青瓦，南、北面墙马头山墙，墙顶脊饰宝珠、鳌鱼吻。亭柱对联为"顺往行人留刻坐，交来过客得时安"。南墙镶"顺交亭"匾。

56-C₃₂ **添喜桥** 〔二塘镇乐塘行政村乐塘村南面村头小河上·清代〕 建于清宣统元年（1909）。单孔石拱桥，长13米，宽4.95米，拱跨9.9米。桥身、桥拱以石砌筑，桥面铺石板，两侧砌条石护栏，护栏石尽端立石麒麟、石蹲狮。桥两端各铺设石踏跺8级，有引桥3.5米。桥东6米的石龙山山脚立"添喜桥"碑1方。

57-C₃₃ **朝水拱桥** 〔源头镇源头小学北面约200米朝水溪上·清代〕 建于清代，具体时间不详。因旁近有朝水庙而得名。庙已毁。桥南北走向，单孔石

拱平桥，长10米，宽2.4米，拱跨4.2米。桥台伸入溪水中，用大小不一的片石块干砌桥身，料石券桥拱，桥面铺石板，桥头平接路面。

58-C₃₄ **太平观** 〔源头镇玄武行政村玄武村东藤牌山南面山坡上·清代〕 建于清代，具体时间不详。坐北朝南，砖木结构，前、后两殿，前低后高，占地面积约141.7平方米。前、后殿面阔三间，清水墙、抬梁式木构架，悬山顶，盖小青瓦。今前殿为现代重修，前有平台，殿前面两侧立现代石狮1对，台前有砖砌踏跺数十级。

59-D₁ **迎仙洞摩崖石刻** 〔平乐镇金山行政村金山村北面孤山的迎仙洞内·宋、明〕 又名珠岩。有摩崖石刻15方。其中宋代2方，明代6方，佚年7方。书法有篆、行、草、楷4体。作者身份不明。形式分榜书、题诗、题记3种。岩口石壁有"珠岩""迎仙洞"2方榜书。最早的石刻为北宋皇祐四年（1052）刻，重要的石刻有明代《五指诸岩碑》《平昭平山寇颂》《迎仙洞题记》《访名岩》等。

60-D₂ **出米岩摩崖石刻** 〔桥亭乡仁德行政村岩头村东面狮子山出米岩·明、清〕 岩内原有一庙，已毁。存摩崖石刻4方。一为岩额榜书"出米岩"3字，刻面高0.5米，宽1.2米，行书，阴刻。二为题记《重修出米岩》，落款"康熙二十一年（1682）勒石"。刻面高1.08米，宽0.63米。文竖10行，满行42字，计389字，楷书，阴刻。刻文记述重修出米岩的内容及经过。三为记刻《重修出米岩小引》，落款"皇明隆武二年（1646）正月十三日立"。刻面高0.75米，宽0.46米。文竖行，计146字。楷书，阴刻。莫本翰撰文并书丹。刻文记述出米岩为香火鼎盛之地，诚邀诸善捐资先补破败，再行修缮，复其旧规，再拾新气象，积善功德。

61-D₃ **鼓锣摩崖石刻** 〔大发瑶族乡鼓螺峡算盘州府江（今称桂江）上游约200米的北岸石壁上·明代·县文物保护单位〕 摩崖石刻1方。明万历十六年（1588）刻。明万历十三年（1585），千户刘栻、把总李芳在此开凿河道，十四年（1586）三月竣工。刘栻在鼓锣峡石壁上题刻铭功。石刻距水面约10米，刻面高2.6米，宽约3米。文竖4行，计16字。刘栻撰文并书丹。首行题"万历戊子三月吉日"，落款"千户刘栻"。正文2行，榜书"两粤通衢"4字，字径1.2—1.6米，楷书，双线阴刻。

62-D₄ **屏岩摩崖石刻和造像** 〔桥亭乡平石行政村玄坛村狮子山西面山脚屏岩内·清代〕 摩崖石刻3方，造像13尊。岩口有袁李润于清道光十四年（1834）榜书"屏岩"2字；岩顶端石刻2方为诗刻，

皆七绝,文竖8行,56字。其一首为:"岩开一洞岂徒然,悬壁空明别有天。钟乳结成屏画景,添些点缀更清妍。"落款分别为"道光甲午年(1834)春月望日袁松龄笔,楚南王秀藻刊","道光十七年(1837)三月二十三日袁松龄再笔",行书,阴刻。诗文内容称颂屏岩奇景,居住岩旁的老少同乐,有其乐融融之意。岩洞深约10米处的岩壁上有石刻造像13尊,凿刻时间不详,有樵夫、长须提篮人、牧童、大肚罗汉及牛、鹿、鸟等造像。人物造像冠服简单,头部均毁失。

63-D₅ 狮子山摩崖石刻 〔桥亭乡平石行政村玄坛村狮子山南麓水井边石壁上·清代〕 摩崖石刻1方,清道光二十一年(1841)刻。刻面高0.5米,宽0.48米。文竖行,首行刻"惜字炉记"4字,阴刻,楷书,刻文教人勿弃字纸及建惜字炉之事。

64-D₆ 计开勒石条规碑 〔沙子镇治平行政村治平村·清代〕 碑刻1方。清道光六年(1826)立。碑高1.08米,宽0.87米。碑文竖35行,满行30字,约808字,楷书,阴刻。首题"计开勒石条规"6字,落款"道光六年"。碑文为管理条规12款,内容是对各村人口、田地、耕牛、粮食、租谷、马、猪、鸭等的管理规定以及严禁盗窃、抢夺、窝赃、拐带人口、赌博、奸淫,违者严惩,并规定保长的管理责任。

65-D₇ 奉宪永禁赌博碑 〔原立沙子镇,现存平乐镇粤东会馆·清代〕 碑刻1方。清咸丰三年(1853)立。碑高1.18米,宽0.65米。碑文竖14行,满行26字,计312字,楷书,阴刻。横行额题"奉宪永禁赌博"6字,落款"咸丰三年六月初五月告示实勒宝安会馆永远晓训"。碑文记述沙子街有无业游匪开赌为盗,良家子弟被诱者不少,特出示永禁告示,严禁开坊聚赌,违之则置之重典,查封入官治罪。

66-D₈ 新安碑 〔平乐镇新安街·清代〕 碑刻1方。清光绪十九年(1893)立。碑高2.66米,宽2.1米。碑文竖行,可见14行。满行16字,计224字,字径0.1米,隶书,阴刻。另有一半被建筑遮掩,不能见全。无额题,落款不详。碑文记述清光绪十八年七月始至十九年四月,广西巡抚张联桂檄总兵马进祥率丁夫五百八十三人,开通平桥陆路,修路五百四十九里,造桥七十八座,设渡三处,建行馆七所,并记录用工人数和耗费银两等。

67-E₁ 廖梦樵故居 〔平乐镇正北街6号·清代〕 廖梦樵(1902—1927),字仲麟,广西平乐县平乐镇人。1927年5月,在梧州重建中共广西地委,任书记。"四一二"反革命政变后,中共广西地委决定9月在梧州发动"中秋起义",9月7日,廖梦樵因叛徒出卖被捕,同年10月19日在梧州云盖山牺牲。故居为两进四合院,占地面积约285平方米。前座为砖木结构二层楼房,面阔、进深一间,硬山顶,盖小青瓦。底层为砖墙,二楼前檐为木板墙,木楞木楼板。

68-E₂ 印山摩崖石刻 〔平乐镇令公庙渡口中印山·1936年〕 印山呈方形,如一颗落于水中的石印而名,平乐八景之一。摩崖石刻1方。1936年刻,刻面长2.75米,高约0.6米。刘廷年撰文并书丹。首题"民国二十五年丙寅夏月",落款"里人刘廷年",竖行,楷书。正文为横行榜书"中立不倚"4字,楷书,阴刻。

69-E₃ 二塘抗日阵亡将士纪念碑 〔二塘镇乐塘行政村新寨村·1937年〕 1937年,时任广西国民党桂系将领庆远专区民团中将指挥官尹承纲募捐修建。碑坐南朝北,四方立柱体,须弥座,高6.8米,砖砌,正面刻"抗日阵亡将士纪念碑"等字,尹承纲手书,字迹已模糊。该纪念碑原立于二塘镇西原老车站旁,2000年迁建于此,原貌已改变。

70-E₄ 沙子农会碑 〔沙子镇义和行政村金龟寨·1943年〕 碑刻1方。1943年立。1926年冬,平乐农运特派员黄迯熙在沙子成立沙子区农会——博爱农民协会,邻近各村也相继成立农会。碑高1.27米,宽0.87米,厚0.3米。碑文竖25行,行33字,共825字,阴刻,楷书。碑文叙述了建立农会、农仓之缘由,记载了1927年间沙子成立"农会以求农民自身之解放"的史实以及建立农会会址所需费用、会员名单。碑已倒伏于地。

71-E₅ 平恭钟人民解放大队队部旧址 〔张家镇香花行政村青草塘村·1949年〕 1944年中共平乐秘密组织在此设交通站;1949年秋,平(乐)、恭(城)、钟(山)人民解放大队在此宣告成立。旧址原为肖氏祠堂,建于清雍正十年(1732)。坐西朝东,砖木结构。原为三进院落,分前座、中厅、后堂、厢房、天井等,占地面积约522.1平方米。前座仅存前墙,中厅、后堂面阔三间,砖墙,抬梁式木构架,硬山顶,盖小青瓦。

72-F₁ 榕津戏台 〔张家镇榕津行政村榕津街北面街尾·1916年〕 始建时间具体不详。清乾隆六十年(1795)、清道光十三年(1833)、1916年三次重修。1986年维修。坐东朝西,砖木结构。戏台面阔8.1米,进深8.3米,高7.5米,占地面积约67.23平方米。前台台基高1.4米,前面和两侧用条石,石板围砌,台面铺以木板。台上立6根木柱支撑,穿斗式木构架,歇山顶,盖小青瓦。前、后台间为木板隔墙两端有"出相""入将"门。

73-F₂ 平乐商会旧址 〔平乐镇半边街49号·

1928 年〕 平乐镇在清宣统二年（1910）成立商会。会址初始设于粤东会馆，1928 年在五将庙遗址上修建会址。坐西朝东，砖木结构，二进院落，由前座、天井、后座组成，占地面积约 702 平方米。前、后座均为二层楼房，面阔三间，青砖墙，抬梁式木构架，歇山顶，盖小青瓦。后楼梯间墙内嵌有平乐商会建筑碑记等碑刻 4 方。

74 - F₃ 排加锁凉亭 〔平乐镇原福兴中学附近·1938 年〕 建于 1938 年。亭高 5 米，面阔 15 米，进深 7.15 米。亭内南、北面共立 4 根砖柱，东、西面山墙与横梁作抬梁式木构架，硬山顶，盖小青瓦，脊用瓦片堆成。砖砌马头山墙，墙顶脊饰动物图案。墙下开拱门，门高 3 米，面阔 2.12 米。亭北面有墙，开窗 3 个。

75 - F₄ 鸡罩山凉亭 〔二塘镇高桥行政村·民国〕 建于清同治八年（1869），民国重修。砖木结构。亭高 3.6 米，东西走向，长 10.5 米，宽 6.57 米。南、北两砖柱，东、西面砖墙，抬梁式木构架，硬山顶，脊用瓦片堆成。东、西砖墙中间开石砌拱门，高 2.1 米，面阔 1.75 米。门额镶扇形"月河""风凝"石匾。

76 - F₅ 沙子凉亭 〔沙子镇沙子行政村李家村·民国〕 建于清光绪年间（1875—1908），民国重修，1965 年维修。坐南朝北，砖木结构。亭高 7 米，面阔 9.65 米，进深 6.4 米，四面为砖墙，抬梁式木构架。南、北面墙中间开拱门，两边开窗，拱门高 2.1 米，面阔 2.12 米。

77 - G₁ 沙子镇钱币窖藏 〔沙子镇内·南朝〕 1996 年，出土窖藏铜钱约 200 公斤。铜钱在窖内排放整齐，大钱叠小钱。出土的钱以汉五铢钱为最多，约占 98% 以上，其次是三国蜀小太平百钱（金），约 250 枚。半两钱 5 枚。年代最早的钱是秦半两钱，最晚的是南朝梁两柱五铢。

78 - G₂ 桥亭钱币窖藏 〔桥亭乡桥亭行政村桥亭村东·宋代〕 1980 年 11 月，出土窖藏铜钱 800 公斤。窖坑长 1 米，宽 0.5 米，距地面深 0.6 米。铜钱出土时排列有序，叠串堆放。仅选回 6 公斤。计有 47 种。最早的为唐开元通宝，最晚的是越南后黎朝绍平元宝。

79 - G₃ 大岩印章出土点 〔源头镇金华行政村马鞍山村大岩·南明〕 1990 年，出土印章 1 枚。铜锡合金质，铸造。木戈形纽。印面呈长方形，长 0.094 米，宽 0.055 米，厚 0.008 米，高 0.08 米。印面为阳文九叠篆"庆振后标营副总兵关防"，印背右侧竖刻"庆振后标营副总兵关防"，左竖刻"永历五年八月口日颁"，均为阴文、楷书。（见《文物》1998 年 10 期）

龙胜各族自治县

1 - A₁ 吴金银起义遗址 〔平等乡隆江行政村隆江村麻龙冲·清代·县文物保护单位〕 又称"拜王滩"。清乾隆四年（1739），龙胜平等庖田、广南和马堤一带农民，在首领吴金银领导下，举行起义，反抗清廷。起义军在麻龙滩（今名拜王滩）瀑布水帘洞中立菩萨朝拜立王，并选瀑布下的隆江小溪边一块草地作为练兵场。水帘洞高 1.5 米，宽 3 米，进深 2 米。洞前有练兵场长 30 米，宽 8 米。现原貌保持。

2 - A₂ 广南城址 〔平等乡广南行政村南庖田村广南城寨·清代·县文物保护单位〕 建于清乾隆八年（1743），称"广南司石城""广南城"。据清《龙胜县志》载，曾为广西司巡检署、右宁备署、义宁协右营驻地。城址平面呈椭圆形，占地面积约 30 万平方米。城墙用料石、卵石与泥土混筑。四面开门。城内铺设石板街道，原有衙门、火药局、观音庙、武圣宫等 80 余座建筑。现仅存北门和东、西城墙一部分。北门高 4.5 米，面阔 2.5 米，进深 2.5 米。残墙长 100 多米，高 0.5—2 米，宽 1.5 米。城内存"去思"碑刻 1 方。

3 - C₁ 广南石墩桥 〔平等乡广南行政村广南村长冲河中·明—清·县文物保护单位〕 建于明末清初。石墩呈窄长形，两头略尖，高出河床 0.48—0.7 米，共 55 墩，排列呈弧形，连接河南、北两岸，长约 32.5 米。石墩间距多为 0.2—0.35 米。少量间距较大的为 1.2—2.43 米，两端石墩面凿有凹槽，凹槽间嵌扁平石板相连成桥面。桥两端接两岸踏跺。

4 - C₂ 蒙洞桥 〔平等乡蒙洞行政村蒙洞寨旁小溪上·清代〕 建于清乾隆二十五年（1760）。南北走向，梁式石板桥，长 16.7 米，宽 0.85 米，桥下以 2 根呈八字形条石柱横架青石条作托架梁，其上架设石板成桥。桥面由 4 块长短不一的青石板连接铺架而成，石板长 2—5.3 米。

5 - C₃ 黄岩桥 〔马堤乡马堤行政村民合组（民合寨）南小溪上·清代·县文物保护单位〕 建于清乾隆三十年（1765）。为当时龙胜通往湖南之道路桥梁。南北走向，单孔石拱平桥，长 19.6 米，宽 2.5 米，拱跨 10.6 米。桥身及桥拱用料石干砌，桥面铺石板，两端侧铺石踏跺。桥北立《黄岩桥碑记》1 方，碑文记述募化捐资修桥，一呼百应，使桥顺利修成之事。

6 - C₄ 新坡风雨桥 〔平等乡广南行政村广南村边长冲河河上·清代〕 建于清嘉庆四年（1799）。1928 年修缮拱架及桥廊。1999 年修缮后改名"新坡桥"。南北走向，二台一墩木廊桥，长 37.9 米，宽 3.85 米，高 8.3 米。台、墩用料石砌筑，其上拱架圆木，悬臂托架简支梁，桥面铺木板。桥廊木结构，进深十二间，桥亭 3 个：南亭三重檐，歇山顶；中亭和北亭为二重檐，歇山顶。桥旁有栏和坐凳。

7 - C₅ 宝赠上寨鼓楼 〔乐江乡宝赠行政村上寨·清代·县文物保护单位〕 建于清嘉庆十七年（1812）。坐东北朝西南，木结构，面阔、进深一间 6.65 米，占地面积约 44.22 平方米。楼高 8 米，穿斗式木构架，三重檐，第一、二层为歇山，顶层六角攒尖顶，盖小青瓦。穿枋刻有龙凤图案。底层明间为过街巷，二层四周设槛墙木栏板。

8 - C₆ 万代风雨桥 〔平等乡新元行政村八榜组八榜河上·清代·县文物保护单位〕 建于清嘉庆十八年（1813），清道光十一年（1831）重修。1962 年维修。东南—西北走向，两台一墩木廊桥，长 25 米，宽 3.5 米，高 2.8 米。桥台用片石，桥墩用料石砌筑。桥廊木结构，进深七间，抬梁式木构架，悬山顶，盖小青瓦。廊设 3 亭，中亭悬山顶，两端亭为二重檐悬山顶。桥侧立有清嘉庆十八年《永远碑记》和清道光十一年《万代桥碑》各 1 方。

9 - C₇ 粤东会馆 〔瓢里镇瓢里街社区·清代·县文物保护单位〕 建于清道光十三年（1833），坐西朝东，砖木结构，单体建筑，面阔三间，进深四间，青砖墙，穿斗与抬梁混合木构架，木构的梁头、柁墩、穿枋等均浮雕纹饰，硬山顶，盖小青瓦。三层马头山墙。原大门为青石方框门，门梁上有浮雕。大门两旁各有一青石条建拱门，门梁上均有浮雕。三门现已封闭。占地面积约 235.95 平方米。

10 - C₈ 三鱼共首石板廊桥 〔和平乡龙脊行政村古壮寨·清代·县文物保护单位〕 建于清道光二十年（1840），清同治年间（1862—1874），重修。南北走向，梁式石板木廊桥，长 7 米，宽 0.7 米，桥面正中石板长 7 米，宽 0.7 米，石板中部有清道光二十年（1840）阳刻三鱼共首图案，意喻龙脊侯、平安廖、金竹潘三大姓氏是同一祖先的三兄弟，象征团结同心。桥上木构长廊已毁。

11 - C₉ 普团鼓楼 〔乐江乡宝赠行政村普团寨·清代·县文物保护单位〕 建于清同治六年（1867）。坐南朝北，木结构，面阔、进深 7 米，占地面积约 49 平方米。楼高 10 米，穿斗式木构架，五重檐，第一至四层为歇山顶，第五层为六角攒尖顶，盖小青瓦。底层为过街巷道，二楼四周有矮护栏板槛墙，板上透雕花窗，楼内设坐凳。鼓楼前石坪旁立功德碑 3 方。

12 - C₁₀ 楚南会馆 〔龙胜镇古龙街 10 号·清代·县文物保护单位〕 建于清光绪八年（1882）。为当时在龙胜境内的湖南籍人士筹资所建。坐西朝东，砖木结构。原为四合院，设戏台、两厢及神庙，占地面积约 302.5 平方米。现仅存神庙，面阔五间，中间三间为正厅，南、北稍间为侧厅，穿斗式木构架，硬山顶，盖小青瓦。马头山墙，明间前设隔扇门，次间砖砌槛墙，格木槛窗。门前踏跺两侧置石狮 1 对。

13 - C₁₁ 地灵风雨桥 〔乐江乡地灵行政村地灵寨南小河上·清代·县文物保护单位〕 建于清光绪十二年（1886）。1930 年、1987 年两次维修。东西走向，两台一墩木廊桥，长 38.1 米，宽 3.2 米，高 10 米。石墩用料石砌筑，悬臂托架简支梁，桥面铺杉木板。桥廊木结构，两端及中部各设桥亭 1 座，三重檐，第一、二层硬山顶，顶层歇山顶，盖小青瓦，正脊堆塑龙、凤、麒麟等，檐板及穿枋上方雕刻图案。桥两侧装栏杆，内侧置木长凳。

14 - C₁₂ 甲业上寨鼓楼 〔平等乡庖田行政村甲业村上寨·清代〕 建于清光绪二十年（1894）。木结构，面阔、进深 6.3 米，占地面积约 39.69 平方米。楼高二层，穿斗式木构架，三重檐，第一、二层四角歇山顶，顶层八角攒尖顶，盖小青瓦。底层为过街巷道，二楼木楞楼板，周有坐凳和栏板，栏板接二楼西侧门廊，廊长 2.8 米，宽 1.5 米，两侧木槛墙上有直棂护栏。

15 - C₁₃ 甲业下寨鼓楼 〔平等乡庖田村甲业村下寨·清代〕 于清光绪二十年（1894）。木结构，面阔 7.5 米，进深 7.5 米，占地面积约 56.25 平方米。楼高二层，穿斗式木构架，三重檐，第一、二层四角歇山顶，顶层八角攒尖顶，盖小青瓦。底层为过街巷，二楼为厅堂，四周设有坐凳及直棂栏杆，正面右端有木梯上下，上盖飘檐瓦顶。

16 - C₁₄ 平等鼓楼群 〔平等乡平等行政村平等村平等河沿岸·清—民国·自治区文物保护单位〕 位于平等乡平等行政村平等河沿岸方圆 1.5 公里的范围内的平等村、寨官村、松树坳村、寨江村中，分布有建于清至民国年间侗族鼓楼 13 座：伍氏鼓楼、吴氏鼓楼、衙寨胡氏鼓楼、衙寨小鼓楼、罗氏鼓楼、杨氏鼓楼、石氏过街鼓楼、陈氏戏台鼓楼、寨官杨氏鼓楼、寨官吴氏鼓楼、松树坳雅方鼓楼、松树坳鼓楼、寨江鼓楼。

C₁₄₋₁ 伍氏鼓楼 〔平等乡平等村·清代〕 建于清雍正十一年（1733）。坐南朝北。木结构，楼高二层 7.4 米，面阔、进深一间，占地面积约 39.69 平方米。底层四壁板墙，内立 16 柱，第二层置木楼板，中间 4 柱用木板相连作坐凳，四壁设卧台、木栏板槛墙。穿斗式木构架，重檐歇山顶，盖小青瓦。

C_{14-2}　**吴氏鼓楼**　〔平等乡平等村·清代〕　建于清嘉庆九年（1804）。坐西朝东。木结构，楼高二层8.7米，面阔、进深8米，占地面积约64平方米。穿斗式木构架，顶柱悬空，三重檐，四角攒尖顶，盖小青瓦。底层北次间作过街巷道，二楼四周置木板栏杆，内侧安坐凳。楼内梁上有清嘉庆九年墨书题记。

C_{14-3}　**衙寨胡氏鼓楼**　〔平等乡平等村·清代〕　建于清嘉庆二十年（1815）。坐北朝南。木结构，楼高二层10米，面阔、进深6米，占地面积约36平方米。穿斗式木构架，五重檐，顶三层八角攒尖顶，盖小青瓦。4根正柱，12根边柱，穿枋刻龙凤，低层四壁封木板壁，第二层木楞楼板，周设有坐凳、栏板。

C_{14-4}　**罗氏鼓楼**　〔平等乡平等村·清代〕　建于清道光八年（1828）。坐东朝西。木结构，楼高二层11.2米，面阔、进深8.3米，占地面积约68.89平方米。穿斗式木构架，五重檐，四角攒尖顶，顶饰宝葫芦，盖小青瓦。底层四壁镶木板壁，开几何透雕花窗；二层四面设槛墙木栏板，栏板外浮雕双龙戏珠图案。

C_{14-5}　**衙寨小鼓楼**　〔平等乡平等村·清代〕　建于清光绪十年（1884）。坐西朝东。木结构，楼高二层4.4米，面阔3.9米，进深3.2米，占地面积约12.48平方米。穿斗式木构架，二重檐，悬山顶，盖小青瓦。一间底层架空，二层为木楼面，另一间上下贯通，是凉亭式过街鼓楼。

C_{14-6}　**杨氏鼓楼**　〔平等乡平等村·1926年〕　建于1926年。坐西朝东。木结构，楼高7.5米，面阔三间11.5米，进深5.6米，占地面积约64.4平方米。穿斗式木构架，二重檐，歇山顶，盖小青瓦。右次间封木板，其余二间设木板槛墙。

C_{14-7}　**石氏过街鼓楼**　〔平等乡平等村·1943年〕　1943年。坐北朝南。木结构，楼高二层12.9米，面阔、进深一间，占地面积约67.24平方米。穿斗式木构架，梁上有墨书，记建楼时间及匠人等，五重檐，八角攒尖顶，盖小青瓦。鼓楼横跨石板街，底层作为过街通道。第二层四周置坐凳、栏板，栏板外浮雕双凤朝阳图案。

C_{14-8}　**陈氏戏台鼓楼**　〔平等乡平等村·1946年〕　建于1946年。1986年维修。坐西朝东。木结构，由鼓楼和戏台组成，东面为戏台，西面为鼓楼。楼高二层9.9米，面阔8.6米，进深14米，占地面积约120.4平方米。穿斗式木构架，三重檐，四角攒尖顶，盖小青瓦。两层皆空敞无栏。戏台与鼓楼以木板壁分隔，开侧门相通，歇山顶。1986年将戏台的木柱易为钢筋水泥柱。

C_{14-9}　**寨官杨氏鼓楼**　〔平等乡寨官村·清代〕　建于清光绪元年（1875）。坐东朝西。木结构，楼高二层6.09米，面阔5.5米，进深3.5米，占地面积约19.25平方米。二层重檐，悬山顶，盖小青瓦。前面中部开门，门两侧镶木板壁或槛墙木栏板。

C_{14-10}　**寨官吴氏鼓楼**　〔平等乡寨官村·1926年〕　建于1926年。坐东朝西。木结构，楼高二层8.4米，面阔、进深一间，占地面积约33.06平方米。穿斗式木构架，四重檐，四角攒尖顶，盖小青瓦。底层架空，第二层中间4柱用厚木板相连作坐凳，周边设卧台、栏板。

C_{14-11}　**松树坳雅方鼓楼**　〔平等乡松树坳村·1935年〕　建于1935年。坐西南朝东北。木结构，楼高二层7.6米，面阔、进深一间，占地面积约27.5平方米。十二柱三重檐，六角攒尖顶，盖小青瓦。

C_{14-12}　**松树坳鼓楼**　〔平等乡松树坳村·1935年〕　建于1935年。坐东南朝西北，楼高二层9.85米，木结构，面阔、进深一间，占地面积约58.2平方米。穿斗式木构架，三重檐，歇山顶，盖小青瓦。底层周围木板槛墙，椽条格通窗，第二层周边设坐凳、栏板。

C_{14-13}　**寨江鼓楼**　〔平等乡寨江村·1947年〕　建于1947年。1956年修缮。坐东朝西，木结构。楼高二层8.5米，占地面积61.92平方米。三重檐，四角攒尖顶，顶饰宝葫芦，盖小青瓦，飞檐翘角。底层四面镶木板壁，第二层四周有坐凳、直楞式栏杆。

$17-C_{15}$　**枫木寨风雨桥**　〔乐江乡光明行政村枫木寨路口·清代〕　建于清代，具体时间不详。两台梁式木廊桥，长10米，宽2.5米。桥亭为4柱抬梁式木构架，悬山顶，盖小青瓦。桥台间架设枕木，面铺杉木板。其上建木构长廊，廊两侧装栏杆，内侧置木长凳。

$18-C_{16}$　**芙蓉村戏台**　〔马堤乡芙蓉行政村芙蓉村·清代〕　建于清末，具体年代不详。戏台木结构，平面呈长方形，面阔5米，进深4米，高二层7米，底层高2米，上层为戏台，台面铺木板，重檐歇山顶，盖小青瓦。

$19-C_{17}$　**龙泉亭**　〔和平乡龙脊行政村龙脊村·清代〕　建于清末。坐东朝西，木结构，面阔、进深一间，占地面积约11.47平方米。亭四角各立1柱，穿斗式木构架，悬山顶，盖小青瓦。亭正面檐书"龙泉亭"牌匾，匾两边浮雕龙形图案。地面铺石板。亭内有一股清泉涌出，用青石雕龙形引水口，下有一石凿水槽。

$20-C_{18}$　**埠口桥**　〔乐江乡地灵行政村地灵村旁的地灵河上·清代·县文物保护单位〕　建于清代，具体时间不详。东西走向，两台一墩梁式石板桥，长

15.8 米，宽 0.78 米，高 2.65 米。桥台、桥墩用料石砌筑。桥面并列 2 块长条石板，长 3.4 米，宽 1.48 米，厚 0.2 米。

21 - C₁₉ 武圣庙 〔瓢里镇思陇行政村思陇街·清代〕 建于清代，具体时间不详。坐东南朝西北，砖木结构，单体建筑，面阔、进深三间，青砖墙，抬梁和穿斗混合木构架，硬山顶，盖小青瓦。三级马头山墙。前檐挑梁穿吊柱，檐下庙正门屋檐下为砖槛墙雕花窗，占地面积约 94.16 平方米。

22 - C₂₀ 新寨前后寨门 〔伟江乡新寨行政村新寨村·清代〕 建于清末。该寨地处山腰，民居依山形而建，高低错落，以阶梯步道联系各民居入口。主要道路随地势迂回。村前、村后两个寨门都是木构架，悬山顶，盖小青瓦。前寨门比后大门稍高。

23 - D₁ 奉宪永禁勒碑 〔和平乡龙脊行政村古壮寨平段村·清代〕 碑刻 1 方。清咸丰十一年（1861）立。碑阳朝西南，高 1.5 米，宽 1.43 米，厚 0.16 米，有碑盖。碑文分 2 段，上段横行额题"思垂不朽"，首题"咸丰十一年辛酉"，落款"首事潘金玉、学运、学旺，刻手匠师刘庆才、孟厦众等修立"。下段文竖行，约 400 字，真书，阴刻。首刻"奉宪永禁勒碑"6 字，落款"乾隆五十七年十月十二日立"，碑文为桂林府下令地方衙门不得勒索壮民的十一条禁令：采购不得短价累民，缉拿要犯应自备盘费，不得滥派民夫，不得索酒饭、索要钱财，修理官塘不得向民间派收工价，等等，违反则从重处罚。

24 - D₂ 白面寨碑刻 〔泗水乡周家行政村白面寨·清代〕 碑刻 2 方。一为《奉府示禁碑》，清乾隆五十七年（1792）立。碑高 1.4 米，宽 0.6 米。碑额阴刻八卦图和日、月二字。碑文竖行，字径 0.31 米，楷书，阴刻。额题"奉府示禁"，碑文记述柳州府正堂示谕：地方官吏在采买货物、征收租税、修理塘房和公差时严禁巧立名目，敲诈勒索。二为清光绪元年（1875）立。碑文竖行，额题"示禁永远"，碑文记当地红瑶六禁：一禁开场赌博窝留盗贼，二禁忤逆不孝连悖父母，三禁索许油火勾生吃熟停留面生歹人，四禁地方具控者不与人理论，五禁熏烧山柴薪竹，六禁乞丐强讨强取。文楷书，阴刻。

25 - D₃ 孟公岩碑刻 〔江底乡泥塘行政村桐子弯村孟公岩内·清代·县文物保护单位〕 有碑刻 6 方。碑皆高 1.3 米，宽 0.8 米，厚 0.1 米。其中《文昌帝君醒世文》碑立于清嘉庆八年（1803），其余《观音大士救劫文碑》《关圣帝真经碑》《太上感应天律碑》《捐钱信士芳名碑》立于清光绪二十三年（1897）。碑文竖行，楷书，阴刻。碑文内容为当地道士用教义示喻人

们要尽忠孝节义，多行善，毋行恶，否则为人所害终以自害。

26 - D₄ 杨梅红瑶寨规碑 〔泗水乡潘内行政村杨梅寨·清、民国·县文物保护单位〕 碑刻 3 方，碑阳皆朝东。一为《万古流芳》碑，清光绪十七年（1891）立。碑高 1.36 米，宽 0.98 米。碑文竖行，楷书，阴刻。碑文是关于埋葬祖坟的规定。二为《永古留记》碑，清光绪十八年（1892）立。碑高 1.07 米，宽 0.68 米。碑文竖行，楷书，阴刻。内容是关于"禁忤逆不孝亵犯尊长"的规定。三为《永古遵依》碑，1917 年立。碑高 1.23 米，宽 0.87 米。碑文竖行，楷书，阴刻。碑文内容为关于穿衣、服式的规定："凡古服钊五彩从今改除，以清一为福，不许编制彩衣。"

27 - E₁ 梨子根瑶民起义地址 〔江底乡江底行政村梨子根寨·1933 年·县文物保护单位〕 1933 年 2 月 22 日，李顺发、侯忠良、邓广明、侯正山、黄振坤、廖文正、廖祥林等于梨子根寨领导瑶民起义，颁发《告民众书》，史称"桂北瑶胞起义"。起义总部设在梨子根寨。5 月底起义失败后，村被烧毁。今寨为重建新寨。

28 - E₂ 芙蓉红军标语 〔马堤乡芙蓉行政村芙蓉村西侧·1934 年〕 1934 年 12 月上旬，中国工农红军第一方面军长征途经芙蓉村，在村中戏台上墨书"红军是为着工农自己利益求解放而打仗""共产党是全世界无产阶级的政党"两条标语。标语行书，字径 0.1 米。戏台为两重檐，歇山顶，杆栏式木构架建筑，底空上铺木板为戏台，用木板墙分隔前台、后厢。

29 - E₃ 龙舌岩红军标语 〔泗水乡周家行政村白面寨·1934 年·县文物保护单位〕 1934 年 12 月上旬，中国工农红军第一方面军红三军团长征途经周家村白面寨，在龙舌岩会见了曾参加 1933 年桂北瑶民起义幸存的冯书林、杨进六等人，送给他们粮食和武器，鼓励他们坚持斗争。现岩壁上的"红军绝对保护瑶民""继续斗争，再寻光明"两条标语为当时书写。落款"红三军宣"。标语原为白字，后瑶族同胞按原书刻于岩壁上，字径 0.04—0.08 米。1988 年县人民政府于岩旁建纪念亭。

30 - E₄ 红军楼 〔平等乡龙坪行政村龙坪寨·1934 年·自治区文物保护单位〕 原名杨氏鼓楼。建于清嘉庆四年（1799）。1987 年维修。1934 年 12 月 10 日，中国工农红军中央纵队长征途中驻扎龙坪村。晚间敌特纵火烧村，红军奋力灭火，并发放银元救济灾民。瑶族同胞为纪念红军的英勇事迹，将杨氏鼓楼取名为"红军楼"。坐东朝西，木结构，面阔、进深 10 米，占地面积约 100 平方米。楼高 10 米，穿斗式木构

架、五重檐、四角攒尖顶、盖小青瓦。底层作过街通道，二层铺木板，周有栏杆。

31 – E₅ 审敌堂 〔平等乡龙坪行政村龙坪寨·1934年·县文物保护单位〕 原名飞山庙。建于清代。1934年12月10日晚，国民党特务纵火烧龙坪村，被红军当场擒获押送飞山庙审判，当众处决。中华人民共和国成立后改飞山庙为"审政堂"。坐东北朝西南，砖木结构，四合院，由正殿、厢房和戏台组成，占地面积约265.96平方米。正殿面阔三间，进深九间，穿斗与抬梁混合木构架，硬山顶，盖小青瓦。前后檐皆木板壁，开槛窗，山墙砖砌。

32 – E₆ 红军洞 〔平等乡太平行政村上社村天云山·1934年·县文物保护单位〕 原名小庵洞。1934年12月中旬，中国工农红军长征途经太平村。红一方面军第九军团某排32名指战员，被敌人包围在鸡心界森林里。瑶族沈再德、沈再富兄弟冒险将他们领进此洞隐藏，并连夜给红军带路突围，赶上了大部队。中华人民共和国成立后将此洞改称为"红军洞"。洞口高1.5米，宽2.7米，进深5.7米，洞内面积15.39平方米。

33 – E₇ 红一军团政治部旧址 〔平等乡平等行政村平等寨盘闷片·1934年·县文物保护单位〕 1934年12月，红军长征途经龙胜境内，在平等驻扎时，红一军团政治部设在该处。旧址原是侗族石庆高住房，建于1903年。坐西北朝东南，木结构平房，面阔三间，悬山顶，盖小青瓦。占地面积约181.6平方米。今部分墙体已改用砖砌。

34 – E₈ 红军军委机关旧址 〔平等乡龙坪行政村龙坪寨中·1934年·县文物保护单位〕 1934年12月，中国工农红军长征经过龙胜北区，并驻扎在龙坪寨上，毛泽东、周恩来、朱德和中央军委机关就设在这座侗族民房里。旧址是村民杨通武住宅，建于1912年。坐北朝南，木结构，木柱木板壁，面阔三间，进深一间，悬山顶，盖小青瓦。

35 – E₉ 平等红军烈士纪念塔 〔平等乡平等行政村寨江寨旁的小山坡上·1975年·县文物保护单位〕 1934年12月中旬，中国工农红军从平等向湖南通道进发途中，一支收容部队遭国民党桂系部队袭击，温胜玉、罗学农等7名战士牺牲。1975年重新安葬，建塔纪念。塔坐西北朝东南，砖、水泥构筑。塔座长2.5米，宽2米，高1.5米。正面嵌碑刻，介绍烈士事迹。塔身为立柱体，高7.2米，正、背面阴刻"红军烈士永垂不朽"。塔后为烈士墓，冢呈圆丘形，底径2米，高1.3米。占地面积约30平方米。

36 – E₁₀ 马堤红军烈士纪念塔 〔马堤乡牛头行政村牛头寨万人界山·1976年·县文物保护单位〕 1934年12月上旬，中国工农红军三、九军团长征途经马堤、河口时遭国民党桂系部队43师追击，16位红军战士壮烈牺牲。群众将烈士遗体分别埋葬在牛头寨附近。1976年，县革委会将烈士遗骨集中安葬并建纪念塔。塔平面呈长方形，占地面积约160平方米。塔身呈长方柱体，顶塑红五星，高7米。塔正面刻"红军烈士永垂不朽"8个字。塔基正面有烈士简介。

37 – E₁₁ 和平革命烈士纪念塔 〔和平乡和平行政村中学西面小山丘上·1976年·县文物保护单位〕 1949年5月，中共龙胜游击队在与敌人的战斗中，谢韧天（陈一白）、潘绍生（瑶族）、吴廷玉（侗族）等16位队员壮烈牺牲。1976年重新安葬并建纪念塔。塔坐西朝东，二级塔座，边长2.4米，宽1米，高7.8米。正面阴刻"革命烈士永垂不朽"。塔后为烈士墓，冢呈圆丘形，底径5.6米，高1.3米。用砖、水泥砌筑。

38 – F₁ 归仁洞佛堂 〔乐江乡独境行政村独境村堂帽山·1924年·县文物保护单位〕 龙胜最大的佛教场所，建于1924年。由平等乡庖田人石崇超、石志贤、石志忠与堂帽人韦明普、光明人石明富、小坝人杨友情等筹资修建。依山势修建相连的3座木楼，长约15米，占地面积约520平方米。建筑皆木结构干栏式，木板墙，穿斗式木构架，悬山顶，盖小青瓦。低层无封闭，第二层以上皆镶木板壁，设木栏杆。最高一座四层12米。归仁洞在楼中佛堂内，进深约20米。

39 – F₂ 福音堂 〔平等乡广南行政村广南村·1932年·县文物保护单位〕 建于1932年。为广南村人石声和临桂两江人谢东友等集资修建，是当时龙胜境内唯一的基督教堂。福音堂建成后，美国牧师包厚德、沈多玲（女）曾在此传教。福音堂坐北朝南，木结构，两层楼，平面呈方形，面阔、进深三间，木板壁，一楼为教堂，二楼为办公和住房。庑殿顶，盖小青瓦。占地面积约144平方米。

40 – F₃ 孟滩风雨桥 〔平等乡平等行政村平等村寨官组南约500米平等河上·1933年·县文物保护单位〕 建于清光绪三年（1877）。1928年重修桥身，1933年增建两头桥亭。南北走向，两台两墩木廊桥，长63.2米，宽3.8米。桥台、墩用料石干砌，杉木悬臂托架简支梁，桥面铺木板。桥廊两侧置坐凳、栏杆两面坡，盖小青瓦。廊设4亭，中间2亭为三重檐四角攒尖顶。两端亭三层飞檐，六角攒尖顶，盖小青瓦。1949年初，龙胜游击队在此桥上举行起义。

41 – F₄ 桂湘金结碑 〔龙胜镇拐江行政村金结村桂青公路321国道K700+600米东南侧·1941年·县

文物保护单位〕 1941 年立，为桂穗公路修筑纪念碑。碑阳朝西北，高 4.05 米，宽 1.01 米。碑顶三层平檐立石狮。碑阳竖行书"桂湘金结"，字径 0.25 米，魏碑体。落款"民国三十年三月罗英题"。碑阴刻有碑文，字径 0.035 米，隶书。碑文记录了修建桂穗公路的情况。

42 – F₅ 伟江顺风桥 〔伟江乡布弄行政村潘寨村潘寨江上·1947 年·自治区文物保护单位〕 原名顺风桥，建于清光绪年间（1875—1908），1947 年重修。南北走向，两台木廊桥，长 37.8 米，宽 3.4 米，孔跨 30 米。利桥台及支撑木架上逐层叠架圆木，形成悬臂托架简支梁，铺木板成桥面。桥廊木结构，进深十三间，悬山顶，廊侧出挑檐，盖小青瓦。廊两侧有木栏杆及坐凳。1934 年冬，中国工农红军红九军团在此阻击敌人，故此桥又称"红军桥"。

43 – F₆ 接龙风雨桥 〔平等乡蒙洞行政村蒙洞寨旁回龙江上·1962 年·县文物保护单位〕 建于清同治年间（1862—1874），1922 年维修，1962 年重建。西南—东北走向，二台三墩木廊桥，长 64.8 米，宽 3.4 米，高 13.5 米。墩为两根大石柱横架一条枕木的托梁架。桥廊木结构，有桥亭 5 个，正中为二重檐六角攒尖顶，中间 2 亭为单檐四角攒尖顶，两端亭为三重檐四角攒尖顶。廊两侧有木栏杆和坐凳。桥头有捐款芳名碑 4 方碑。

44 – G₁ 里骆钱币窖藏 〔泗水乡里茶行政村里骆村·南宋〕 1981 年 8 月，里骆村挖出一罐钱币，出土时陶罐已碎。钱币重 10 公斤，有开元通宝、景德元宝、祥符元宝、天禧通宝、天圣通宝、嘉祐通宝、绍元通宝、熙宁重宝、元丰通宝、元祐通宝、大观通宝、政和通宝、宣和通宝、建炎通宝、绍兴元宝、淳熙元宝、绍熙元宝、嘉定通宝、绍定通宝等计 19 种 30 余品唐、宋铜钱。

恭城瑶族自治县

1 – A₁ 恭城故址 〔恭城镇江贝行政村江贝村凤凰山脚·唐—明·县文物保护单位〕 据《广西通志》载，隋义宁二年（618）年置茶城县，唐武德四年（621）更名恭城县。城建于唐武德八年（625），明成化十三年（1477）迁新址而废弃。城址平面近长方形，东西长约 200 米，南北宽约 50 米，占地面积约 1 万平方米。城墙用黄土版筑。今残存南、北和西北面城墙，共 40 余米，残高 1—5 米，厚 5 米。城内、外地表散布有陶片、瓷片、青砖、瓦片等遗物。

2 – A₂ 古城村窑址 〔恭城镇古城行政村古城村南约 1 公里·汉—唐〕 窑址在矮土坡上，面积约 20 平方米。发现窑口 1 座，为马蹄形窑，径 1.3 米。废品堆积厚 0.4 米。采集有罐、碗、盘、缸等器残件，多为夹砂红、褐陶，装饰方格纹、弦纹和绳纹。

3 – A₃ 红岩窑址 〔莲花镇莲花行政村红岩村·唐—宋〕 位于红岩村东面的鱼塘旁，鱼塘的西面塘边及沿岸遗存有大量唐宋时期的瓷碗碎片及一些破碎的窑具，有的堆积厚约达 1 米余。遗物范围东西约 70 米，南北 8 米，分布面积约 560 平方米。

4 – A₄ 石角庵古道遗址 〔恭城镇东面约 1 公里里凤凰山脚·唐代〕 开凿于唐代。古道沿茶江河而筑，南起江贝村后凤凰山，北止于路口村前，全程 2 公里。路以方石砌基础，面铺青石板，宽 2.5 米。古道中段路旁有宋代石角庵遗址和摩崖石刻。

5 – A₅ 八百村（陈家洼）遗址 〔西岭乡八岩行政村老圩村东南面的岭丘一带·明代〕 在岭丘及周围的农田一带地表，发现有大量的明代青砖、瓦片、陶片、瓷片等遗物，分布面积约 5600 平方米，为明代村落遗址。

6 – A₆ 法云庵遗址 〔龙虎乡源头行政村源头村法云山·明代〕 建于明万历年间（1573—1620），民国时期倒塌。坐东南朝西北，依地势层层而建，占地面积约 1987.4 平方米，遗存为四进三天井布局，遗址范围散落有石础、石雕等大量的建筑构件。

7 – A₇ 登云庵遗址 〔平安乡大岭行政村云峰村后长山山腰岩洞内·清代〕 建于宋代。明正德十二年（1517）、清乾隆四十年（1775）都曾重修，后毁，存建筑残迹及摩崖石刻 3 方，摩崖石刻刻于洞口西侧的石壁上，分别为明正德十二年《重建登云庵记》及捐款碑、清乾隆四十年《重建登云庵记》，碑刻部分字迹已不清晰。

8 – A₈ 十八岭高楼庙遗址 〔三江乡十八岭行政村十八岭村西北面山腰上·清代〕 建于清代早期，具体时间不详。高楼庙原为三座单体建筑，坐西朝东，中间为正殿，两边为配殿，占地面积约 709 平方米。今建筑皆毁，遗址范围尚存大量的石础、石刻、石香炉及"高楼庙"青石圃等。

9 – A₉ 灵王庙遗址 〔平安乡黄埠行政村黄埠村村北约 200 米大庙山脚下·清代〕 建于清光绪五年（1879）。遗址占地面积约 216 平方米。大部分建筑均已倒塌，现存建筑有门楼、正殿及两厢房。主体建筑坐南朝北，砖木结构，面阔三间，青砖墙，硬山顶，马头山墙。残墙嵌有一些碑刻，记录了灵王庙的历史情况。

10 – B₁ 秧家墓群 〔嘉会乡秧家行政村秧家村

南·春秋〕 墓群分布面积约 1000 平方米，墓葬封土多不存，仅见 5 座。墓葬封土呈圆丘形，残高约 2 米，底径约 10 米。1971 年清理 1 座春秋晚期土坑墓，出土铜鼎、尊、罍、编钟、戈、钺、剑、镞、斧、凿、柱形器等铜器共 33 件。(见《考古》1973 年 1 期)

11 - B₂ **龙塘岭墓群** 〔平安乡路口行政村路口村龙塘岭·汉—南朝〕 墓区以和平公路为中轴线，往南到路口，西到虎溪村，东到陶庄杉木寨，北到平安中学，分布面积约 10 平方公里。墓葬封土堆都被推平。1978 年曾在龙塘岭出土汉代陶器和铁器。村民在平屋地时，曾挖到汉代的陶碗、春秋战国铜斧、玉器和汉五铢铜钱等器物。

12 - B₃ **九十九堆墓群** 〔恭城镇天堂行政村天堂坪村天堂坪敖钹岭·晋—南朝·县文物保护单位〕墓群分布面积约 3 平方公里。原来地面封土较多，故有"九十九堆"之称。今墓区范围已辟为果林，封土多被推平，现存封土呈圆丘形，残高 2—5 米，底径 3—14 米。1958 年、1978 年曾出土陶罐、陶碗、陶屋、陶俑、瓷盘口罐、唾壶等晋—南朝时期器物。1982 年暴露 1 座砖室墓。出土罐、碗等陶器。

13 - B₄ **莲花墓群** 〔莲花镇莲花、枧头等行政村辖地·晋—南朝·自治区文物保护单位〕 墓群范围涉及荆紫塘、长田、新圩、红岩等地，主要分布在蜈蚣岭、牛行岭等岭丘和山脚缓坡，分布面积约 6 平方公里。墓葬封土多毁，现存封土呈圆丘形，残高 1—5 米，底径 5—15 米。历年暴露一批土坑墓、砖室墓和石室墓，出土陶碗、陶屋、陶仓、陶俑、瓷鸡首壶、瓷盘口壶、瓷虎子、铜刀、铜弩机等器物。

14 - B₅ **巨塘墓群** 〔平安乡巨塘行政村巨塘村·晋—南朝·自治区文物保护单位〕 墓群北至新街村，南至巨塘行政村横山村、新街行政村凤凰屯长茶地、黄岭村大湾地等地带的岭丘的缓坡，分布面积约 8.25 平方公里，中心区在巨塘村一带。大部分为土坑墓，也有部分砖室墓。墓葬封土多已毁，现存封土呈圆丘形，残高 3—5 米，底径 7—15 米。曾出土铜矛、铜刀、铜弩机、陶罐、陶碗、瓷鸡首壶、瓷唾壶等。1974 年在长茶地发掘南朝墓 3 座，1993 年在大地湾清理南朝墓 3 座。出土了较多的青瓷器及滑石器。

B₃₋₁ **横山墓群** 〔平安乡巨塘行政村横山村西·晋—南朝〕 分布面积约 6 平方公里。墓葬封土多已不存，现存封土呈圆丘形，残高 2—5 米，底径 5—15 米。曾出土陶俑、陶碗、陶瓮、铜矛、铜镞、铜弩机等器物。

B₃₋₂ **长茶地 M3** 〔平安乡新街行政村凤凰屯长茶地·南朝（齐）〕 1974 年清理，为"凸"字形单室砖墓。墓室长 3.45 米，宽 1.47 米，顶塌，后壁存高 1.5 米。墓室与甬道之间附着两壁各设一砖柱。墓室后壁中部的龛内置一小碗。墓底铺人字形砖。出土青瓷、陶、滑石、银器等共 53 件，青瓷器有盘口壶、带盘三足炉、盘、碟、碗、三足砚、三足器等。(见《考古》1979 年 2 期)

B₃₋₂ **大湾地 M1** 〔平安乡新街行政村黄岭村大湾地·南朝〕 1993 年清理，砖室墓，形制不详，墓砖青灰色，多数单面印网纹。出土碗、碟、盘口壶、四系罐、三足砚、钵、釜等青瓷器共 38 件。(见《考古》1996 年 8 期)

B₃₋₃ **大湾地 M2** 〔平安乡新街行政村黄岭村大湾地·南朝〕 1993 年发掘，长方形券顶砖室墓，方向 345 度。墓室平面呈"凸"字形，分甬道和墓室两部分。墓室长 3.5 米，宽 1.5 米，高 1.5 米，甬道长 1.2 米，宽 0.95 米。甬道与墓室连接处的东、西两边各砌一个砖柱。出土瓷盘口壶、四系罐、六系罐、香熏、三足砚、钵、碟、碗、陶釜、纺轮，滑石猪和五铢钱等共 51 件。(见《考古》1996 年 8 期)

15 - B₆ **银子窝墓群** 〔栗木镇五福行政村五福村南约 1000 米谢家岭·晋—南朝〕 分布面积约 4 平方公里。墓葬封土多已不存，现存封土呈圆丘形，残高约 2 米，底径约 6 米。1978 年以来暴露土坑墓和砖室墓数座。出土罐、碗、盘、壶等陶器。

16 - B₇ **蜈蚣岭墓群** 〔莲花镇枧头行政村枧头村南·南朝·县文物保护单位〕 占地面积约 2 平方公里。墓葬封土多已不存，可见封土有 8 座。曾出土陶壶、陶俑、瓷虎子、瓷鸡首壶等一批南朝器物。

17 - B₈ **何家厂墓群** 〔平安乡北溪行政村何家厂村·南朝〕 墓区以何家厂村为中心，南到回头寨、东至北溪、西至李家村、龙肚一带的岭丘的缓坡上。分布面积约 60 万平方米。墓葬封土已被推平，已暴露的墓葬大多为土坑墓，出土南朝时期的陶、瓷器碎片。

18 - B₉ **张家村墓群** 〔嘉会乡嘉会行政村张家村东北面·南朝〕 位于张家村东北面的岭丘上，墓葬自东南向西北呈带状分布，封土多已推平。仅见 11 座，多为土坑墓，个别为砖室墓，大部分均已被盗，从采集的器物残片判断，应为南朝的墓葬。现墓区大部分已开垦为果园。

19 - B₁₀ **周渭母亲墓** 〔平安乡路口行政村路口村北面破红山半山处·北宋〕 建于北宋，具体时间不详。墓葬朝西，冢呈圆丘形，底径 4.5 米。墓碑高 0.9 米，宽 0.6 米，厚 0.12 米，碑额横行刻"宋敕封忠祐惠烈周王之祖墓"，楷书，阴刻，字径 0.04 米，碑的两侧挽联已风化，碑文难辨识。墓前有祭台。

20 – B₁₁　常茂墓　〔栗木镇大合行政村大合村南猫儿滚槽岭·明代〕　常茂（？—1391），明开国功臣常遇春之子，明洪武三年（1370）袭封郑国公，授特进荣禄大夫。洪武二十二年（1389）北征，以贻误军机罪削爵安置龙州，后至恭城落户，死后葬此。墓葬朝南，冢很小，仅高 0.3 米，底径 1.3 米，墓前无碑，用 2 块白色河卵石垒砌为记。

21 – B₁₂　零岳长老宝塔墓　〔龙虎乡源头乐行政村源头村东北面约 3 公里法云山·明代〕　建于明代，具体时间不详。墓葬朝西北，砖砌圆形宝塔，底径为 3 米，占地面积约 26 平方米。塔前立碑，高 0.85 米，宽 0.6 米，碑面中部双线竖行阴刻"开山始祖和尚法号零岳长老宝塔"，右边小字刻始建法云庵及经过情况。已被盗。

22 – B₁₃　陈尚光墓　〔恭城镇乐湾行政村南麻窝岭·清代〕　陈尚光（1777—1849），广西恭城县乐湾村人，清湖南桂东县知县陈玉祥的伯父，诰封奉直大夫。墓葬朝东，冢呈圆丘形，高 2 米，底径 9 米。四周用条石围砌，顶立宝瓶形石饰。墓碑单檐碑盖，脊中部饰蹲狮。碑前建 3 级祭台，祭台两侧为石砌拱手。墓后立"奉天诰命"碑，外建条石护围。曾三次被盗。

23 – B₁₄　谢文俊墓　〔嘉会乡太平行政村太平村北约 500 米横坡岭上·清代〕　谢文俊，号燕山，字品超，清嘉庆十二年（1807）任宾州学正，十七年（1812）任义宁县学教谕。墓建于清道光七年（1827）清咸丰元年（1851）重修。墓葬朝东，冢呈圆丘形，底径 3.7 米，高 1 米，周围用 5 块石板围砌，葫芦形宝顶。墓后、两侧以望柱、石板砌靠山、墓圈墙。墓碑刻"皇清敕修职郎题考燕山谢府君之墓"，落款"咸丰元年三月清明"。冢后护墙嵌"奉天诰命"等碑刻 3 方，墓前有三层半圆形石砌祭台。占地面积约 189 平方米。

B₁₄₋₁　谢公神道碑　〔嘉会乡太平村北约 500 米横坡岭上谢文俊墓附近·清代〕　碑刻 1 方。清道光七年（1827）立。碑阳朝南，高 3.5 米，宽 2 米。碑周围刻云龙纹，碑盖为重檐歇山顶，脊两端为龙吻，两层檐间石体上浮雕双狮戏珠。碑两侧夹竖六角形石柱。碑阳、碑阴两面刻文内容相同，文为"皇清敕授修职郎历任义宁县教谕宾州学士燕山谢公神道碑"。楷书，阴刻。

24 – B₁₅　谢家蒋氏墓　〔栗木镇苔塘行政村苔塘村西北鬼仔树脚山·清代〕　建于清代，具体时间不详。墓葬朝北，冢呈圆丘形，底径 4 米，四周用石块围砌，占地面积约 280 平方米。墓碑为四柱三间牌坊式，高 1.25 米，宽 0.88 米。主碑刻"预立显妣谢母蒋氏行三奶讳利发号弼臣二老慈君寿藏志"。左右两侧碑刻有浮雕，碑额上立有小石狮 1 对、小石兔 4 个。拜台有青石条围栏。

25 – C₁　恭城古建筑群　〔恭城镇拱辰街、太和街·明、清·全国重点文物保护单位〕　由文庙、武庙、周渭祠、湖南会馆等四座明清时期的建筑组成的建筑群。文庙是祭祀孔子的建筑，现存建筑有状元门、棂星门、泮池和状元桥、大成门、大成殿、崇圣祠，两侧还有礼门、义路、碑亭、乡贤祠、名宦祠、庑殿等。武庙是祭祀三国名将关羽的建筑，现存戏台、雨亭、前殿、正殿、后殿。周渭祠是祭祀宋代恭城人、御史周渭的建筑，现存门楼和正殿等建筑，湖南会馆是湖南商人修，有门楼、戏台、前厅、后厅和左右厢房等建筑。

C₁₋₁　文庙　〔恭城镇拱辰街西山南麓·清代〕　又称学宫、孔庙。建于明永乐八年（1410），原址在城东凤凰山麓。明成化十年（1474）迁至县西黄牛岗，明嘉靖三十九年（1560）又迁今址。文庙于明代曾修缮七次，后部毁于兵燹。清康熙九年（1670）修葺大成殿、两庑及崇圣祠。清道光二十三年（1843）依山东曲阜文庙之规制改建，道光二十一年（1841）、二十二年（1842）辟基重建，清咸丰四年（1854）局部遭兵毁，咸丰十一年（1861）补修，遂成今之规模。清光绪十四年（1888）、1922 年、1962 年、1983 年、1989 年、1991 年、1992 年多次修缮。文庙坐北朝南，依山势而建，筑六层台，庭院式，中轴线上依次为照壁、状元门、棂星门、泮池、状元桥、大成门、露台、大成殿、崇圣祠等建筑，两边分别为礼门、义路、碑亭、乡贸祠、名臣祠、庑殿等，占地面积约 3600 平方米。文庙正面为照壁，正面中称"状元门"，两侧耳门，东为"礼门"，西为"义路"。门前立"文武官员至此下马"禁碑 1 方。

C₁₋₂　棂星门　〔恭城镇文庙状元门后·清代〕　坐北朝南，以青石结构，一字形六柱五间，明间坊额上刻"棂星门"3 字，柱头安辟邪狮子，额坊上雕刻"二龙戏珠""双凤朝阳"等浮雕。

C₁₋₃　状元桥　〔恭城镇文庙泮池上·清代〕　在棂星门后面，南北走向。单孔石拱桥，以料石砌筑桥身、桥拱。桥面云纹浮雕青石，两侧望柱栏板，两端设石踏跺。桥下泮池呈半月形，又称"月池"，壁及底均以青石砌筑。桥东西两侧各有觑屃亭一座，以觑屃托石碑，东亭碑额镌刻《至圣先师孔子赞并序》，西亭碑刻《颜子赞》《曾子赞》《子思子赞》《孟子赞》，即四配赞，碑为清康熙皇帝御制，碑文为清康熙皇帝所撰，康熙二十五年（1686）由文华殿大学士张玉书所书。

C₁₋₄ 大成门 〔恭城镇文庙状元桥后·清代〕
文庙的重要建筑,清康熙九年(1670)建。大成门高4
米,面阔五间,进深二间,穿斗式木构架,硬山顶,
盖黄色琉璃瓦。正脊饰双龙戏珠、鳌鱼和各种人物,
垂脊灰塑博古、卷草。大门由22扇隔扇组成,窗棂为
几何方格及镂空雕花。东侧是名宦祠,西面为乡贤祠,
后为天井,两侧为庑殿。

C₁₋₅ 大成殿 〔恭城镇文庙大成门后·清代〕
文庙的重要建筑,清康熙九年(1670)建,清道光二
十年(1840)重修。大成殿高21米,面阔五间,进深
三间,砖木结构,由18根金柱、16根檐柱、2根角柱
组成,榫卯结合,23架桁,抬梁式木构架,重檐歇山
顶,正脊饰双龙戏珠、鳌鱼,垂脊、戗脊、角脊灰塑
人物、动物、花鸟、卷草,盖琉璃瓦。四周设回廊,
殿开14页隔扇门,挂"万世师表"等横匾,门窗均为
空心花雕,室内顶天花藻井。殿前天井之中筑有露台,
四周以青石为栏,正中置"云龙丹陛"浮雕,进10级
踏跺上大成殿。占地面积约370平方米。

C₁₋₆ 恭城武庙 〔恭城镇拱辰街西山南麓·明—
清〕 又名关帝庙、协天宫。建于明万历三十一年
(1603)。清康熙五十九年(1720)、清同治元年
(1862)二次重修。坐西北朝东南,砖石木结构,四进
院落,中轴线上依次为戏台、雨亭、前殿、正殿、后
殿、东西配殿等建筑,占地面积约2130平方米。戏台
由前台和后厢组成。前殿称"协天宫",面阔三间,进
深一间,青砖墙,穿斗式木构架,硬山顶。青石檐柱,
前檐廊轩棚月梁上饰卷云镂雕柁墩,后檐柱头装两组
雕花斗拱。殿前立1对辟邪石狮。正殿面阔五间,进
深三间,穿斗式木构架,硬山顶,脊饰灰雕"桃园结义"
"功名富贵"等戏剧故事,脊顶为二龙戏珠、鳌鱼、博
古。雀替、封檐雕刻精细,窗棂格花窗。前檐柱楹联
一副。后殿面阔五间,清水墙,硬山顶。两厢配殿供
奉恭城名人周渭、城隍和地藏王。

C₁₋₇ 武庙戏台 〔恭城镇恭城武庙内·明代〕
戏台亦称"万年台",明万历三十一年(1603)建,清
康熙五十九年(1720)、清咸丰四年(1854)毁于兵
火,清同治元年(1862)二次重修。1985年维修。戏
台平面呈"凸"字形,分前台和后厢,面阔12.48米,
进深9.9米。台基高1.3米,周砌青石,面铺青石方
料。台前有"加官晋爵""渭水访贤""三顾茅庐"戏
曲故事浮雕。台上以杉木作柱、穿斗式木构架,前台
为重檐歇山顶,盖琉璃瓦,内置斗八藻井。后厢为楼
阁,穿斗式木构架,硬山顶,盖黄琉璃瓦,四角飞檐,
檐间为雕花图案窗,正、垂、岔脊均灰塑龙凤呈祥、

明暗八仙、人物花鸟等。

C₁₋₈ 周渭祠 〔恭城镇太和街·明—清〕 又名
周王庙。系祭祀北宋监察御史周渭的祠庙。建于明成
化十四年(1478),清雍正元年(1723)重修。坐西北
朝东南,砖木结构,四合院,由台、门楼、正殿、后
殿、天井及东西厢房组成,占地面积约1600平方米。
现存门楼、正殿和厢房。门楼为砖木结构,九架前后
廊,斗拱五层,由座斗、交互斗、鸳鸯交互斗环环相
扣,逐层出跳,共有300组,故又称蜜蜂楼,面阔五
间,进深三间,穿斗式木构架,重檐歇山顶,盖绿色
琉璃瓦。楼内梁柱及门窗有木雕装饰。脊泥塑花鸟虫
鱼。正殿面阔三间,进深五间,三面砖墙,穿斗式木
构架,歇山顶,盖小青瓦,垂脊端饰卷草。周渭
(922—999),字得臣,昭州恭城东乡炉口村(今广西
恭城瑶族自治县平安乡路口)人。北宋太平兴国二年
至八年(977—983),任广南诸州转运副使,朝廷加授
为监察御史。

C₁₋₉ 湖南会馆 〔恭城镇太和街·清代〕 建于
清道光十五年(1835)。同治十一年(1872)重修。坐
西北朝东南,砖木结构,三进院落,由门楼、戏台、
前座、后堂、回廊、天井、左右厢房等组成,占地面
积约1847.48平方米。门楼戏台一体,高三层,面阔三
间,进深二间,穿斗式木构架,明间为重檐歇山顶,
两次间为硬山顶,盖小青瓦。正脊饰葫芦宝顶、鳌鱼,
戗脊饰卷草,檐前开3页隔扇门,正门檐廊为卷棚顶,
柱上装镂空花雀替,风檐板半镂雕戏曲人物、花鸟虫
鱼图案。右山墙嵌碑3方。

C₁₋₁₀ 湖南会馆戏台 〔恭城镇湖南会馆门楼之
后·清代〕 建于清道光十五年(1835)。清同治十一
年(1872)重修。与门楼连成一体,戏台朝北,台面
与门楼二楼持平。台基为青石围砌,高1.5米。戏台为
敞开式,穿斗式木构架,歇山顶,盖琉璃瓦,正脊饰
葫芦宝顶及石湾公仔。一角立柱贯通顶端,台顶置斗
八藻井,中心置金龙浮图,屏板、隔扇饰人物花草。
两厢正脊塑游龙及人物彩塑。台前为卵石镶砌的戏坪,
台底浅埋大缸36个,用以传声。

26-C₂ 周王庙 〔恭城镇恭城街社区燕子岩·
明—清·县文物保护单位〕 又名老庙,祭祀北宋监
察御史周渭。建于明初,具体时间不详,清乾隆五年
(1740)大修。坐北朝南,砖木结构,四进院落,设壁
照、戏台、前殿、正殿、后殿、天井和左、右厢房。
占地面积约1285.33平方米。现存前殿、正殿和右厢
房。正殿面阔三间,进深四间,青砖墙,抬梁式木构
架,硬山顶,盖小青瓦。正脊饰宝瓶、鳌鱼、龙吻,
垂脊饰小狮,檐口安滴水和雕花封檐板。前殿左侧外

围墙嵌有庙碑 6 方。

C_{2-1} **敕封灵济忠祐惠烈王传碑** 〔恭城镇燕子岩周王庙内·清代〕 碑刻 1 方。清乾隆五年（1740）立。碑高 1.23 米，宽 0.9 米。碑文竖行，字径 0.02 米，楷书，阴刻。元中大夫同知广西两江道宣御史司都元帅府事元光祖撰文并书丹，广西两江道宣御史都元帅章伯颜篆额，昭信校尉同知平乐府事王惟刻，燕岩刘子梁重刊。额题"敕封灵济忠祐惠烈王传"，篆书，阴刻。落款"大清乾隆五年岁在庚申季冬月□"碑文记述北宋监察御史周渭周渭之生平业绩，王惟之经历及获传刻于庙中之经过。

27 - C_3 **上大合村水井** 〔栗木镇大合行政村上大合村·明—清〕 建于明洪武年间（1368—1398），清康熙二十四年（1685）、清嘉庆五年（1800）重修。两井并列，一为饮水井，井口平面呈正方形，边长 1.8 米；一为用水井，井口为长方形，边长 2.1 米，宽 1.3 米；井深 2 米。井壁用条石砌筑，井台用条石板铺面，呈长方形，长 8.5 米，宽 5 米，占地面积 42.5 平方米。井侧立清嘉庆五年石碑 1 方，额题"服役碑记"。

28 - C_4 **异鱼井** 〔嘉会乡豸游行政村豸游村·明代〕 建于明洪武年间（1368—1398）。原名仙井，后因井中常有异鱼出游，可见而不可取，而改今名。井口平面呈圆形，井圈用整石凿成，外径 1 米，内径 0.86 米，高 0.51 米。井身石砌，井深不详。井台铺石板，平面方形，边长 5 米，井四周筑矮墙，开一门，额书"异鱼井" 3 字。井边立碑已佚。占地面积约 30 平方米。

29 - C_5 **栗木老街井** 〔栗木镇中山街 1 号·明—清〕 建于明永乐年间（1403—1424），清代曾多次维修，可知的有清道光二十四年（1844）、清光绪八年（1882）两次维修。井口平面呈圆形，径 1.76 米，深 1.6 米，井壁以青石砌筑，井台铺河卵石。井周立清代重修井及碑刻 3 方，多为捐款芳名碑。

30 - C_6 **文炳塔** 〔西岭乡西岭行政村河西岭街社区河边街东南约 500 米·明代·县文物保护单位〕 又称文笔塔，建于明万历年间（1573—1620）。坐东南朝西北，六角形楼阁式实心砖石塔，底层边长 1.87 米，七层，高约 20 米。塔基石砌。砖砌塔身，各层以菱角砖叠涩出檐；第二层西北面设一假门，门上额题、两侧楹联字迹皆漫漶不清。塔刹残缺。塔顶原盖小青瓦，现已改为黄色琉璃瓦。塔旁立碑已佚。

31 - C_7 **石头村戏台** 〔栗木镇石头行政村石头村·明—清〕 建于明万历二年（1574）。砖木结构，面阔 8 米，进深 7 米，高 8 米。前台台基高 0.5 米，周砌青石条，内铺鹅卵石。台上四角青石柱，台内四根

木金柱立于高石础上，穿斗式木构架，重檐歇山顶，四角飞檐，脊饰宝顶、鳌鱼和小狮子，天蓬藻井。檐间为木格花窗。檐下有封檐板。后壁为板壁，壁两侧各开一门，通往后厢，后厢其余三面砖砌。

32 - C_8 **九牛井** 〔龙虎乡龙虎行政村龙虎街东约 1 公里·明代·县文物保护单位〕 又称酒泉，开凿于明代，具体时间不详。1988 年维修。据清《恭城县志》记载，"九牛井酿酒香异他泉"。井口平面呈略近方形，长 1.4 米，宽 1.3 米，深 0.85 米。用条石围砌。维修时已改变了原貌。

33 - C_9 **嘉应庙** 〔西岭乡西岭行政村西岭村北面·清代·县文物保护单位〕 又称周王庙，建于明弘治年间（1488—1505），清代重建。坐西南朝东北，砖木结构，三进院落，由门楼、两天井、厢房、正殿、后殿等组成，占地面积约 185 平方米。门楼、正殿损坏严重。后殿面阔、进深三间，青砖墙，硬山顶，盖小青瓦。设前、后檐廊，方形砖柱。门楼前立有 1 对清代石狮。

34 - C_{10} **欧阳氏宗祠** 〔栗木镇大合行政村上大合村·清代〕 建于清康熙二十四年（1685），清乾隆五十九年（1794）、清嘉庆元年（1796）嘉庆九年（1804）、清道光六年（1826）均经重修。坐东朝西，砖木结构，三进院落，由前座、中厅、后堂、厢房、厨房等组成，占地面积约 278 平方米。前座、中厅、后堂面阔三间，进深二间，前座置前檐廊，石檐柱顶饰雀替；中厅、后堂内设藻井、天花；青砖墙，抬梁式木构架，硬山顶，盖小青瓦。天井两侧有过道，设月门。前座、中殿墙嵌清代捐款修祠芳名碑及有关施田施粮、义工、土地纠纷等碑刻 7 方。

35 - C_{11} **刘曲江公祠** 〔恭城镇恭城街社区燕子岩·清代〕 据祠内清乾隆十六年（1751）碑刻，知该祠修建应早于清雍正十二年（1734）。坐南朝北，砖木结构，二进落院，由大门、正堂、天井、左右厢房及前倚楼组成，占地面积约 411.06 平方米，前倚楼横列于正堂前面，故在正堂左侧开大门，门额横匾"刘曲江公祠"，正堂面阔三间，进深二间，青砖墙，抬梁式木构架，硬山顶，盖小青瓦。正堂金柱悬清同治十三年（1874）楹联 1，天井立清乾隆十六年碑刻 1 方。

C_{11-1} **乾隆十六年碑** 〔恭城镇刘曲江公祠天井·清代〕 清乾隆十六年（1751）立。碑高 1.01 米，宽 0.75 米，厚 0.1 米。碑文竖行，字径 0.025—0.03 米，楷书，阴刻。碑文载刘曲江公祠五次买受山场、田地的情况。最早一次为清雍正十二年（1734），最晚一次为清乾隆十五年（1750）。

36 - C_{12} **竹搭桥** 〔平安乡黄埠行政村竹搭桥村前

约 1 公里的塘河上·清代〕 建于明万历年间（1573—1620）。初为用竹子搭建的简易桥梁，故称竹搭桥。清代中期改建为石拱桥，沿称旧名。东西走向，单孔石拱桥，长 2.6 米，宽 2 米，拱跨 2.64 米。桥身、桥拱均料石砌筑，桥面铺石板，桥东、西两端各有石踏跺 3 级。踏跺外均有较长的石砌引桥。

37 - C$_{13}$　万寿寺〔恭城镇兴隆街 30 号·清代〕建于明万历年间（1573—1620），历代曾进行过十五次修缮。清乾隆、清嘉庆年间（1736—1820）两次重修。砖木结构，三进院落，包括前殿、大雄宝殿、后殿、厢房、厨房、宿所、走廊等，占地面积约 2800 平方米。现仅存大雄宝殿，建于最高一层平台上，由两侧踏跺而上。大雄宝殿面阔、进深三间，青砖墙，抬梁式木构架，硬山顶，盖小青瓦。各门均为拱门。天井两侧走廊墙上原嵌有石碑 6 方，早年已佚。

38 - C$_{14}$　龙虎村武庙〔龙虎乡龙虎行政村龙虎街·清代〕 又叫关帝庙，建于清乾隆年间（1736—1795），具体时间不详，历代均有修缮。坐南朝北，砖木结构，二进院落，由前殿、天井、后殿、戏台及东西厢房、厨房等组成，占地面积约 348 平方米。主体建筑砖墙，硬山顶，盖小青瓦。前殿面阔五间，明、次间有前檐廊，前檐为木板壁，开隔扇门，两端梢次间为硬山顶。后殿面阔三间，前开拱门，门两侧开拱窗，殿内 4 根石础木柱通顶，青砖墙，抬梁式木构架。戏台毁于 20 世纪 50 年代。

39 - C$_{15}$　张氏贞节坊〔恭城镇傅家街·清代〕建于清乾隆元年（1736）。系旌表桂林征仕郎张锦之的长女张义姑的贞节牌坊。坐西朝东，四柱三间三楼石牌坊，高 5.3 米，面阔 5.1 米，正楼悬山顶，明间龙门枋上立"奉旨旌表"额匾。小额枋刻双凤，垫板刻莫文。次间垫板亦刻莫文。六角形石柱，柱脚前后立夹杆石。

40 - C$_{16}$　周氏牌坊〔恭城镇傅家街·清代〕建于清乾隆三年（1738）。系旌表儒士傅肇序之妻周氏的守节牌坊。坐西朝东，四柱三间三楼石牌坊，高 5.5 米，面阔 5.5 米。正楼悬山顶，脊中饰宝葫芦，明间龙门枋上立"奉旨旌表"额，内文"敕赐已故儒士傅肇序之妻周氏守节苦志建坊"。小额枋浮雕双狮戏球，垫板刻赐坊铭。次间垫板刻儿孙祝词。六角形柱，柱脚前后夹杆石。

41 - C$_{17}$　上宅村神亭〔栗木镇上宅行政村上宅村·清代·县文物保护单位〕 建于清乾隆五年（1740）。坐北朝南，砖木结构，由亭和厢房两部分组成，亭面阔、进深 6.5 米。占地面积约 42.58 平方米。石础木檐柱，穿斗式木构架，重檐歇山顶，盖青瓦。

脊饰宝瓶，龙吻，垂脊塑小狮，两山有垂鱼。亭内顶天花藻井，地面铺河卵石。亭北面连厢房。厢房三面砖墙，硬山顶，盖小青瓦，墙嵌清代建亭碑等碑刻 5 方。

42 - C$_{18}$　上宅村戏台〔栗木镇上宅行政村上宅村·清代〕 建于清乾隆五年（1740）。砖木结构，戏台面阔 7 米，进深 6 米，高 6 米，台基高 0.8 米，四周石砌，内铺鹅卵石。台上为 4 根杉木柱，抬梁式木构架，重檐歇山顶，四角高檐飞翘，脊饰鳌鱼、狮子。前、后台隔板已毁。

43 - C$_{19}$　鹅山亭〔恭城镇东南面约 3 公里民政养老院前·清代〕 建于清乾隆十六年（1741），1933 年修缮。坐南朝北，砖石结构，平面呈长方形，面阔、进深各一间，抬梁式木构架，硬山顶，脊两端有龙吻，盖小青瓦。青石基础，上砌青砖墙。亭南、北及东面中开拱门，北门额匾刻"鹅山亭"3 字，两侧楹联为"鹅黄赠客最峰口，山羽迎人小树中"。南门、东门两侧刻有楹联，西面墙无门，开 3 个拱形小窗。占地面积约 60 平方米。

44 - C$_{20}$　锁水桥〔平安乡黄埠行政村黄埠村无名小溪上·清代〕 建于清乾隆二十一年（1756）。南北走向，单孔石拱桥，长 5.6 米，宽 2.3 米，拱跨 2.3 米。以料石筑桥身、桥拱，桥面铺石板，两端各铺设石踏跺 4 级。桥北端立清乾隆二十一年《新建锁水桥碑记》，碑文为乐捐人名单和捐银数额，楚南石匠肖重光刻。

45 - C$_{21}$　延祥祖庙〔恭城镇同乐行政村同乐村·清代〕 建于明洪武年间（1368—1398）。原系草庙，清乾隆四十四年（1779）重修。坐西朝东，砖木结构，二进院落，设前殿、后殿和南北厢房，占地面积约 205.8 平方米。南厢房 20 世纪 50 年代毁于火。前、后殿均面阔三间，青砖墙，抬梁式木构架，硬山顶，盖小青瓦。正脊中饰宝瓶，人字山墙，后檐墙绘云龙壁画，前殿前设檐廊，门额挂"延祥祖庙"横匾，墙上嵌清代碑刻 6 方，多为捐款芳名碑。

C$_{21-1}$　鼎建延祥庙碑〔恭城镇同乐村延祥祖庙南侧墙壁·清代〕 碑刻 1 方。清乾隆四十五年（1780）立。碑高 0.88 米，宽 0.6 米，碑文竖行，计 128 字，大字径 0.09 米，小字径 0.025 米，楷书，阴刻。额题"鼎建延祥庙"，落款"乾隆四十五年庚子岁夏月望云日立"。碑文记述该村先祖自庆远府河池州宜山到恭城镇守隘口，蒙朝廷赏庙、建庙之经过及乾隆乙亥年（1779）重修之事。

46 - C$_{22}$　蕉山圣亭〔观音乡狮塘行政村蕉山村东面·清代·县文物保护单位〕 建于清乾隆五十年

（1785），清嘉庆年间（1796—1820）维修，清光绪八年（1882）铺设石板地面，1989年修缮。坐南朝北，石木结构，面阔、进深6米，占地面积约50平方米。亭高5米，四角立八棱形石柱和4根木柱，抬梁式木构架，亭内顶设藻井，重檐歇山顶，盖小青瓦。青石地板上线刻行书"蕉山"。亭南面为砖石墙，其余三面为高0.35米的青石条围栏。北侧石柱刻楹联1副，亭内有清乾隆五十年乙巳季秋月立《圣亭碑记》等清代碑刻4方。

47 - C₂₃　盘岩桥　〔西岭乡挖沟行政村盘岩村苦竹河上·清代〕　建于清乾隆五十四年（1789）。又称大通桥、状元桥、大拱桥。东西走向。单孔石拱桥，长31米，宽5.28米，拱跨14.8米。桥面铺大石板，两侧置条石栏板，栏板四角立石狮。桥两端各砌石踏跺东端30级、西端24级。存石狮1个。桥面石板大部分风化破裂。

48 - C₂₄　狮塘村神亭　〔观音乡狮塘行政村狮塘村·清代·县文物保护单位〕　建于清乾隆五十九年（1794）。坐西北朝东南，石木结构，平面呈正方形，边长5.5米，占地面积约30.25平方米。亭高6米，立青石檐柱和木金柱各4根，抬梁式木构架，亭内顶天花藻井，重檐歇山顶，盖小青瓦。青石板铺地。东北面立清乾隆五十九年建亭碑刻1方。

49 - C₂₅　蕉山双神亭　〔观音乡狮塘行政村蕉山村北面·清代〕　清乾隆五十九年（1794）建木柱亭，清嘉庆六年（1801）加修石踏跺，二十二年（1817）再增建石柱亭。前、后两亭并列，故称"双神亭"，共占地面积约112.4平方米。两亭间以斗拱、枋柱相连，结构相同。后亭由石檐柱、木中柱各4根支撑，抬梁式木构架，歇山顶，盖小青瓦，室内有藻井和天花板，三合土地面。前亭为方形，由8根木柱支撑，亭内的四面有石条。亭内有清代碑刻3方。

50 - C₂₆　陈氏宗祠　〔恭城镇乐湾行政村乐湾村·清代〕　门楼建于清嘉庆年间（1796—1820），清道光十二年（1832）建天井、前座，清同治元年（1862）增建后堂。坐西朝东，砖木结构，三进院落，占地面积400多平方米。门楼面阔三间，进深一间，前设内凹小檐廊，檐脊饰博古，门框石柱饰雀替，额嵌"陈氏宗祠"匾。门口分别立清同治三年（1864）、清光绪辛卯年（1891）的旗杆石各1对，门口的对面有"福"字照壁。中厅、后堂面阔、进深三间，清水墙，抬梁式木构架，硬山顶，盖小青瓦。

51 - C₂₇　乐湾村水井　〔恭城镇乐湾行政村乐湾村乐湾大屋东南面约100米·清代〕　建于清嘉庆四年（1799），井口平面呈圆形，井圈以整块麻砂石凿成，

高0.47米，内径0.7米，外径0.97米，井深7米以上。井壁以砖、石砌筑。圆形井台，径7.5米，以石块铺面，占地面积约35.4平方米。井旁有用整石凿成的圆形石盆2个。

52 - C₂₈　太平谢氏宗祠　〔嘉会乡太平行政村太平村东北面村头·清代〕　建于清嘉庆七年（1802）。坐东朝西，砖木结构，三进院落，由门楼、天井、回廊、中座、正堂、左厢房、厨房等组成，占地面积约1035.86平方米。门楼面阔三间，进深一间，设前檐小廊。门前两侧各立石狮1对。中座及正堂面阔、进深二间，青砖墙，抬梁式木构架，硬山顶，盖小青瓦。天井两侧墙开圆形门通往回廊。中座过道立清同治七年（1868）、八年（1869）石碑各1方。

C₂₈₋₁　规条十六则碑　〔嘉会乡太平村谢氏宗祠中座过道·清代〕　碑刻1方。清同治七年（1868）立。碑高1.4米，宽0.75米，厚0.09米。碑文竖行，字径0.07米，楷书，阴刻。额题"规条十六则"，落款"大清同治七年岁次戊辰季春阖族立"。碑文记述：宗祠自建立以来迄今已五代，"典章后人，恪守春秋，匪懈享祀，不忘萱堂，祖孙叔伯兄弟相如也"，但至清咸丰三年（1853）以来，公庭毁坏，祭田荒芜，旧章亦不复存，因召集族人共立规条十六则，以戒子孙。

53 - C₂₉　双凤桥　〔西岭乡西岭行政村河边街东500米村路小沟口·清代〕　建于明万历年间（1573—1620），清嘉庆二十三年（1818）重修。南北走向，单孔石拱桥，长23米，宽1.9米，拱跨2.5米。桥身、桥拱以料石错缝砌筑，桥面铺石板，桥两端各铺设石踏跺16级。桥头石碑20世纪50年代已佚。

54 - C₃₀　斗底拱桥　〔西岭乡西岭行政村河边街翠峰山西岭小河上·清代〕　又叫䐉民桥。建于明万历年间（1573—1620）。清嘉庆二十三年（1818）重修。南北走向，单孔石拱桥，长19米，宽3.37米，拱跨9米。以料石错缝砌筑桥身、桥拱，桥面铺石板，两端各铺设石踏跺16级。桥头立清嘉庆二十三年《重修石桥碑记》捐款芳名碑1方，明万历年建桥碑已佚。

55 - C₃₁　王祖庙　〔栗木镇苔塘行政村厄脚屯头·清代〕　又称盘王庙。始建年代不详。清道光六年（1826）、清光绪十二年（1886）重修。坐东朝西，二进院落，由前殿、后殿、天井组成，占地面积约129.6平方米。前殿面阔三间，前廊檐柱上端饰雀替，墙壁上绘人物故事壁画。后殿面阔、进深皆三间，后檐墙绘云龙壁画，两山墙嵌清代重修碑2方。两殿皆青砖墙，抬梁式木构架，硬山顶，盖小青瓦。

56 - C₃₂　双节牌坊　〔西岭乡杨溪行政村杨溪村·清代〕　建于清道光八年（1828）。为旌表赠文林郎王

玳妻周氏和王庭妻费氏的贞节而建。四柱三间石牌坊。高5.6米,阔6米。明间龙门枋额刻"奉旨旌表"4字。垫板一面刻"一门双节",另一面刻"大清敕建"。次间垫板刻诰封铭文。中柱、边柱顶端雕瑞狮,柱脚有夹杆石。

57 – C₃₃ 白燕村戏台 〔嘉会乡白燕行政村白燕村·清代·县文物保护单位〕 系圣母庙附属建筑。建于清道光二十五年(1845)。1958年圣母殿毁而戏台存。戏台高9米,坐北朝南,砖石木结构,台基围墙为石砖混砌,高1.8米。台面呈"凸"字形,面阔一间13米,进深二间10米,台面铺木板,台上立6柱,穿斗式木构架。内顶为天花藻井,单檐歇山顶,盖小青瓦。台后接厢房。台下有清道光乙巳年(1845)《新建戏台碑记》1方。

C₃₃₋₁ 新建戏台碑记 〔嘉会乡白燕村戏台·清代〕 碑刻1方。清道光二十五年(1845)立。碑高0.69米,宽1.7米。碑文竖行,字径0.02—0.04米,楷书,阴刻。额题"新建戏台碑记",落款"大清道光乙巳年季秋立",碑文记述新建白燕村戏台之经过。

58 – C₃₄ 王氏宗祠 〔西岭乡杨溪行政村杨溪村·清代〕 建于清道光二十六年(1846)。坐北朝南,砖木结构,二进院落,由门楼、前座、厢房、后堂等组成,占地面积693.35平方米。门楼门前置垂带石踏跺6级,两侧墙角安放清咸丰五年(1855)赑屃座"诰封碑"各1方。前座设檐廊施木栏,面阔三间,青砖墙、檐柱、中柱共6根,有木雕雀替,抬梁式木构架,硬山顶,盖小青瓦。前檐墙上绘4幅花鸟画。天井两侧有回廊,一侧墙嵌清道光二十六年石碑1方。

C₃₄₋₁ 诰封碑 〔西岭乡王氏宗祠门楼大门两侧墙角·清代〕 清咸丰五年(1855)立,共2方。碑高1.74米,宽1米,厚0.18米。赑屃碑座,碑额刻云龙丹墀浮雕,高0.45米。两碑刻的是清咸丰五年清政府赐给四川龙安府彰明县知县王锡之家的"诰封碑"。字径0.07米。

59 – C₃₅ 乐湾村炮楼 〔恭城镇乐湾行政村二枝堂左侧10米·清〕 建于清咸丰元年(1851)。坐西朝东,砖石木合构。炮楼面阔、进深7.8米,楼高15米。墙厚0.3—0.5米,内分五层,各层铺木楼板,置蹬道通顶。顶层上盖青瓦,各层西、南两墙各开小窗2个、枪眼3个。底层西面开一门。

60 – C₃₆ 淮阳宗祠 〔栗木镇上宅行政村江家村东面·清代〕 建于清代,清咸丰四年(1854)重修。坐东北朝东南,砖木结构,二进院落,由前座、后堂、天井、厢房组成,占地面积约142平方米。前座、后堂面阔三间,砖墙,抬梁式木构架,硬山顶,盖小青瓦。

前座设檐廊,天井铺垫鹅卵石,两边有厢房,后堂梁枋上垫木雕兔子、麒麟等动物柁墩。

61 – C₃₇ 小河凉桥 〔三江乡三联行政村小河屯村茅塘边小溪上·清代〕 建于清咸丰五年(1855)。为三江通往黄坪、大地、湖南源口古道上的桥梁。南北走向,两台木廊桥,长10.4米,宽3.2米。北端桥台为原生土,南端桥台用条石砌成。两台间横架长木梁,上铺木板建桥廊。桥廊木结构,进深三间,抬梁式木构架,硬山顶,盖小青瓦。两侧置木栏杆、坐凳。一端有石踏跺6级,接石板小道。

62 – C₃₈ 莫氏宗祠 〔平安乡北溪行政村北溪村·清代〕 建于明洪武年间(1368—1398),清咸丰八年(1858)重修。坐南朝北,但外大门向南开,砖木结构,二进院落,由门楼、过道、正堂、天井、厢房、厨房等组成,占地面积约568平方米。门楼在天井东侧,面阔、进深一间,前施小檐廊,檐墙上有晚清恭城画家陈可贡所作壁画,中开一门,额匾"莫氏宗祠"。正堂面阔三间,进深二间,青砖墙,抬梁式木构架,硬山顶,盖小青瓦。

63 – C₃₉ 泉会文昌阁 〔栗木镇泉会行政村泉会村东面·清代〕 建于清咸丰八年(1858)。坐东北朝西南,砖木结构,三进院落,占地面积约876平方米。现只存门楼残围墙、砖砌台基及11级垂带石踏跺、后殿、左右厢房。后殿面阔三间,青砖墙,抬梁式木构架,硬山顶,盖小青瓦。残墙体镶有芳名碑刻3方。

64 – C₄₀ 高明洞寺 〔观音乡水滨行政村南面鸟凹半山腰上·清代〕 建于清同治二年(1863)。坐东南朝西北,石木结构,面阔一间,进深三间,硬山顶,盖小青瓦。前墙砌马头石墙,门额墨书"高明洞"。占地面积约84平方米。室内南侧有小天井,两侧石踏跺进山洞,洞内宽敞,供奉瑶族的始祖石像。洞内存历年石碑4方。

65 – C₄₁ 彭氏宗祠 〔恭城镇庄埠行政村庄埠村·清代〕 建于清同治五年(1866)。坐东南朝西北,砖木结构,三进院落,由前座、中厅、后堂、天井、厢房组成,占地面积507平方米。各座面阔三间,进深一间,青砖墙,抬梁式木构架,硬山顶,盖小青瓦。前座、中厅各立石檐柱2根、木金柱4根,前座梁饰木雕云纹、瓜果柁墩,墙顶有诗词壁画。后堂立檐柱4根,金柱6根,两侧墙各嵌清代石碑4方,其中1碑为《阖族鼎建宗祠碑记》,记述彭氏一支迁移、繁衍的历史。

66 – C₄₂ 六岭村桥 〔栗木镇六岭行政村西南小河上·清·县文物保护单位〕 建于清同治七年(1868)。西北—东南走向,单孔石拱桥,长10.4米,宽 4.2 米，拱跨 6.2 米。桥身、桥拱用料石砌筑，桥面铺石板，两侧置条石矮护栏。桥侧面上端券拱石上浮雕八仙、麒麟和玉兔等图案 13 幅。桥两端均铺设石踏跺。桥东南立雌、雄石狮和建桥碑 1 方。

67 – C₄₃　凤凰谢氏宗祠　〔西岭乡杨溪行政村凤凰村·清代〕　建于明万历年间（1573—1620），称祖堂。清同治十一年（1872）重修，改为宗祠。坐北朝南，砖木结构，二进院落，设前座、后堂、厢房、厨房，占地面积约 203 平方米。前座有前檐，柱顶雀替斗拱，木雕封檐板，门额上挂"谢氏宗祠"横匾，檐墙绘山水、人物、花鸟壁画。后堂面阔三间，抬梁式木构架，硬山顶，盖小青瓦。梁枋、雀替、檐板有木雕装饰，两山墙绘人物故事壁画，壁嵌有清光绪四年（1824）碑刻 2 方。

68 – C₄₄　牛尾寨小凉桥　〔三江乡安冲行政村牛尾寨村寨口小溪上·清代〕　凉桥是山区瑶族架设的过山沟的桥梁。清同治十三年（1874）重修。东西走向，两台木廊桥，长 9 米，宽 3.6 米。两端桥台用卵石砌成。桥廊为木结构，进深三间，抬梁式木构架，重檐硬山顶，盖小青瓦。桥廊两边设木护栏，长条凳。桥头有清同治十三年"来千古盛"重修桥捐资芳名碑刻 1 方。

69 – C₄₅　刘氏贞节坊　〔平安乡巨塘行政村南面·清代·县文物保护单位〕　建于清光绪四年（1878）。系旌表敕赠修职郎容世楷之妻刘氏的贞节坊。坐西南朝东北，四柱三间三楼石牌坊，高 7.35 米，面阔 5.5 米。正楼庑殿顶，明间单额坊上立龙凤板，两面刻"奉旨旌表"。明、次间垫板刻建坊铭文，龙门枋、大小额坊，一面浮雕八仙，一面雕人物故事。中柱、边柱顶雕辟邪蹲狮，柱脚有夹杆石。

70 – C₄₆　豸游周氏宗祠　〔嘉会乡豸游行政村豸游村·清代·自治区文物保护单位〕　始建年代不详，清光绪六年（1880）重修。坐西朝东，砖木结构，二进院落，由照壁、辕门、前座、天井、后堂、走廊、厢房等组成，占地面积约 545 平方米。照壁在前，左、右围墙设辕门。前座、后堂面阔三间，硬山顶，盖小青瓦。前座墙石基浮雕"福禄""寿喜"，前廊石檐柱镌刻楹联，檐墙上有山水、人物、花鸟壁画 15 幅，梁枋木雕蝙蝠柁墩。后堂进深三间，木柱 6 根，顶端木雕雀替，青砖墙，穿斗式木构架，堂中设藻井，檐口雕花封檐。北厢房及祠内墙嵌建祠碑 8 方。

C₄₆₋₁　周氏宗祠碑刻　〔嘉会乡豸游村周氏宗祠左厢房墙壁·清代〕　碑刻 4 方。一为《重建周氏时乐公宗祠序》，记载周氏族谱及修建宗祠经过。二为捐款芳名碑。三为建祠工匠名单：石工湖南邵阳解有禄，

木工湖南邵阳陈开梓，砌工湖南陵零张日旺、张日盛，雕工湖南衡阳刘华春，油漆工湖南祁阳陈开仁，绘工恭城陈祥，刻字工湖南宝庆段基训。

71 – C₄₇　同乐村刘氏宗祠　〔恭城镇同乐行政村同乐村·清代〕　建于清光绪八年（1882）。坐东朝西，砖木结构，三合院，由门楼、正堂、厢房等组成，占地面积约 415.6 平方米。门楼面阔三间，砖墙，抬梁式木构架，硬山顶，脊塑宝顶龙吻，琉璃滴水，雕花封檐板。前后设檐廊，明间与次间之间有小天井。门楼后天井两侧为厢房。正堂面阔三间，青砖墙，穿斗与抬梁混合木构架，硬山顶，盖小青瓦，脊饰龙吻，门窗镂空和浮雕装饰，两山墙嵌清代建祠碑 2 方。

C₄₇₋₁　刘氏宗祠碑刻　〔恭城镇同乐村刘氏宗祠门楼左侧墙壁·清代〕　碑刻 2 方。清光绪八年（1882）千总衔刘庭琨立。碑高 1.75 米，宽 0.75 米。碑文竖行，字径 0.04—0.07 米，楷书，阴刻。其一为鼎建宗祠碑，无额题，落款"光绪八年初三日呈"，碑文记述：自始祖刘殿以来，通族并无祠堂，昭穆不序，同宗共族，见面不知，刘庭琨因此出资建祠堂三间及两廊门楼等。另一方为捐款人芳名碑。

72 – C₄₈　朗山民居　〔莲花镇朗山行政村朗山村·清代·自治区文物保护单位〕　建于清光绪八年至十一年（1882—1885）间。共有民宅 7 组，坐北朝南，砖木结构，布局相同，皆为三进院落，设前厅、中厅、天井、厢房、伙房，前堂对面建门楼，各占地面积约 320 平方米。各座面阔三间，进深二间，青砖墙，抬梁式木构架，硬山顶，封檐、雀替木雕，檐墙及内、外墙壁绘山水花鸟壁画。村头、村中、村尾建闸门，门上有倚楼。村周边筑围墙。村道石板铺设。

73 – C₄₉　韦氏宗祠　〔栗木镇良溪行政村良田垌村前·清代〕　建于清光绪八年（1882）。坐南朝北，砖木结构，两进院落，由前座、后堂、天井、厢房组成。前座、后堂面阔三间，青砖墙，硬山顶，盖小青瓦。前座为门楼，设内凹前檐廊，双开扇门，门额横挂"韦氏宗祠"匾。后殿为抬梁式木构架，室内 6 金柱，明间正堂设有香案，案头上挂有"其昌奕□""苏州遗范"等匾额。

74 – C₅₀　狮塘神亭　〔观音乡狮塘行政村狮塘村·清代·县文物保护单位〕　建于清光绪九年（1883）。石木结构。平面呈正方形，面阔、进深 5 米，穿斗式木构架，重檐歇山顶，盖小青瓦。正脊饰泥塑宝瓶。亭内天花板饰八仙和龙凤吉祥图。

75 – C₅₁　马鞍刘氏宗祠　〔平安乡和平行政村马鞍村·清代〕　建于清光绪十年（1884）。坐东北朝西南，砖木结构，二进院落，由前座、天井、走廊、后

堂组成，占地面积约 264 平方米。主体建筑面阔三间，青砖墙，抬梁式木构架，硬山顶，盖小青瓦。雕花封檐板。前座有前檐廊，门前置石踏跺 6 级。明间为通道。天井铺鹅卵石，两侧有走廊。后堂进深三间，堂内立金柱 6 根。

76 - C₅₂ 南门贞节坊 〔恭城镇南门·清代〕建于清光绪十年（1884）。原为四柱三间石牌坊，现只存明间，高 5.05 米，宽 2.56 米，占地面积约 12.9 平方米，2 柱蹲双狮。碑文已于 1935 年被覆盖，不能辨认。

77 - C₅₃ 朗山惜字塔 〔莲花镇朗山行政村朗山村·清代〕清光绪十二年（1886）建。塔坐北朝南，为砖石结构，平面呈六角形，三层，高 4 米。南面底层，二层开拱门，三层开六边形小窗。六角攒尖顶，泥塑葫芦形刹。塔下层拱门用青石块砌成，额嵌扇形匾，刻"惜字炉" 3 个正楷大字。门下嵌碑，高 0.3 米，宽 0.4 米，落款"大清光绪十二年丙戌孟冬月毂旦立"。

78 - C₅₄ 周氏庐山祠 〔莲花镇朗山行政村朗山村·清代〕建于清光绪十三年（1887）。砖木结构，二进院落，由门楼、前座、天井、凉亭、正堂、左右厢房、厨房组成，占地面积约 1337 平方米。门楼设前檐廊，石檐柱，门额刻"周氏庐山祠"石匾。前座面阔三间，进深二间，室内石础木金柱，青砖墙，抬梁式木构架；正堂面阔、进深三间，堂内木柱通顶，天花藻井，青砖墙，抬梁式木构架，硬山顶。正堂前有廊檐，上有楼房。天井中建六角形小凉亭。小凉亭、正堂大门等已毁。正堂、厢房墙体崩塌。

79 - C₅₅ 仰极向公祠 〔平安乡和平行政村心田村·清代〕建于明万历年间（1573—1620），后毁。清光绪十四年（1888）在原址重建。中西合璧建筑，坐东朝西，砖木结构，三进院落，由门楼、二天井、前座、正堂、右厢房及厨房组成，占地面积约 316 平方米。门楼为西式，中开拱门，三角形山花。前座、正堂为中式建筑，砖墙，硬山顶，盖小青瓦。正堂面阔、进深三间，抬梁式木构架。堂内存"仰极向公祠"石匾。

80 - C₅₆ 乐湾大屋 〔恭城镇乐湾行政村乐湾村南面·清代〕建于清光绪十四年（1888）。坐西朝东，砖木结构，四进院落，有门楼、前座、花园、凉亭、中座、天井、正座、回廊、厢房等 48 间，占地面积约 2000 平方米，整座大屋有两道通往院外的门，回廊与大院相通，主体建筑面阔三间，砖墙，硬山顶，盖小青瓦，三合土地面，木雕封檐板，窗口都是隔扇花窗。

81 - C₅₇ 鹅公庙 〔观音乡水滨行政村牛眼塘村大

龙源山上·清代〕建于清光绪二十二年（1896）。坐西北朝东南，砖木结构，单体建筑，建筑面积 43 平方米，占地面积约 156 平方米。面阔、进深各一间，砖墙，硬山顶，盖小青瓦。内 4 柱支撑，北墙前有供台，供台下有石鹅 3 只，石座上刻有云纹。东侧立清光绪二十二年碑刻 1 方，碑文述建庙经过。

82 - C₅₈ 陈四庆宗祠 〔恭城镇乐湾行政村乐湾村焦冲口·清代〕建于清光绪二十三年（1897）。坐西北朝东南，砖木结构，三进院落，由门楼、前座、后堂、天井、走廊及南面过道、厢房组成。主体建筑面阔三间，清水墙，穿斗与抬梁混合木构架，硬山顶，盖小青瓦。门楼门额顶上有"鲤鱼跳龙门"等壁画。前座、后堂设前檐廊，后天井两侧有走廊。南面隔过道为一排八间厢房。

83 - C₅₉ 陈五福宗祠 〔恭城镇乐湾行政村乐湾村·清代〕建于清光绪二十八年（1902）。坐西朝东，砖木结构，三进院落，由门楼、前座、后堂、天井、走廊等组成，占地面积约 231 平方米。主体建筑面阔三间，青砖墙，穿斗式木构架，硬山顶，盖小青瓦。门楼为二层仿西式建筑，底层中开拱门，拱门廊内砌长方形门，门额嵌"陈五福宗祠"匾，门两侧墙上有"文坊贤""苦肉计"等彩绘壁画，上层排列拱窗。天井两侧有走廊。

84 - C₆₀ 石头村神亭 〔栗木镇石头行政村石头村·清代·县文物保护单位〕建于明万历二年（1574），清光绪三十一年（1905）重修。坐北朝南，石木合构，平面呈正方形，占地面积约 97 平方米。四角青石檐柱各 1 根，内立木金柱 4 根，柱顶端饰雀替，抬梁式木构架，亭顶设藻井，重檐歇山顶，盖小青瓦。半浮雕封檐板，地铺河卵石，亭北面连着厢房，内设神龛，供奉关公神像。

85 - C₆₁ 上宅拱桥 〔栗木镇上宅行政村上宅村东面约 1 公里河上·清代〕建于清光绪三十二年（1906）。南北走向，单孔石拱桥，长 4.4 米，宽 4.2 米。桥身、桥拱用料石干砌，青石板桥面，两侧无护栏，两端分别有石踏跺 3 级。

86 - C₆₂ 王家祠堂 〔龙虎乡源头行政村实乐村南面·清代〕建于清代，具体时间不详。坐西北朝东南，砖木结构，三进院落，由前座、中厅、后堂、天井、走廊等组成，占地面积约 350 平方米。各座均面阔三间，青砖墙，抬梁式木构架，硬山顶，盖小青瓦。前座为民国时期重修，中厅 6 金柱，后堂 4 金柱支撑，柱顶饰雀替，天井两侧为单檐走廊。

87 - C₆₃ 周家桥 〔栗木镇大合行政村上大合村东北面河上·清代〕又名锁水桥。建于清代，具体时间不详。东南—西北走向，两台两墩梁式石板桥，长 10 米，宽 0.7 米，孔距 2.4 米。桥台、墩均用料石砌成，桥墩高 2.2 米，迎水面呈分水尖状，台、墩上并列 2 块长条石作桥面，共 6 块长条石，每块条石长 3.5 米，厚 0.2 米。

88 - C_{64} 老洼桥〔观音乡观音行政村老洼村南面岩底江上·清代〕 建于清代，具体时间不详。东西走向，单孔石拱桥，长 8.4 米，宽 2.4 米，拱跨 4.8 米。两端桥台为弧形，料石砌成，桥身、桥拱用料石干砌，桥面铺石板，中心石板面雕刻铜钱图案，桥的边缘饰有书卷、石狮浮雕。两端各有石踏跺 5 级。

89 - C_{65} 娘娘庙〔栗木镇建安行政村下洞村西面·清代〕 建于清代，具体时间不详。坐西北朝东南，砖木结构，两进院落，由前殿、后殿、天井、两侧厢房组成，占地面积约 651 平方米。前、后殿面阔三间，砖墙，抬梁式木构架，硬山顶，盖小青瓦。前殿有前檐廊，垂脊翘角。院落两侧开小门进过道，隔过道为一排三间厢房。

90 - C_{66} 江家村民居〔栗木镇上宅行政村江家村·清代〕 建于清代，具体时间不详。共有民居 3 座，均坐北朝南，砖木结构，二进院落，占地面积约 369 平方米。其中 2 座由前座、天井、后座组成，两侧厨房从东、西两侧开门，设有跑马楼；另 1 座由前座、天井、后座、左右厢房组成。主体建筑面阔三间，青砖墙，硬山顶，盖小青瓦。木雕封檐板，隔扇门，大门额饰拱形门楣，窗户设有窗罩，室内地面铺三合土，天井铺砌大青石。

91 - C_{67} 栗木关帝庙〔栗木镇栗木行政村栗木街西南面·清代〕 建于清晚期。坐西朝东，砖木结构，两进院落，由前殿、天井、后殿及厢房、厨房组成，占地面积约 462 平方米。主体建筑面阔三间，砖墙，穿斗式木构架，硬山顶，盖小青瓦。前殿设前檐廊，立青石方柱 2 根，开八页隔扇木门。天井四周围青石条，中间铺垫鹅卵石。北面厢房已毁。

92 - C_{68} 坚贞亭〔栗木镇上枧行政村老村村前南面·清代〕 建于清代，具体时间不详。坐北朝南，砖木结构，长方形亭，占地面积约 75 平方米。四面为青砖墙，南、北两面砌翘脊山墙，墙中部对开拱门，门上端镶石匾，南门匾刻"坚贞亭"，上端刻有"皇恩旌表" 4 字。室外檐墙四周有人物、山水、花鸟壁画。

93 - C_{69} 九板桥〔栗木镇石头行政村小弯村东面小弯口河沟上·清代〕 建于清代，具体时间不详。南北走向，两台三墩梁式石板桥，长 5 米，宽 1.5 米。两岸桥台用石块干砌，桥墩为 3 对 6 条架梁青石柱，台、墩间用长条青石板铺面，每排并列 3 块，三排共 9

块青石板。

94 - C_{70} 朝川蒋氏宗祠（西祠）〔西岭乡杨溪行政村朝川村·清代〕 建于清末，具体时间不详。坐北朝南，砖木结构，二进院落，由门楼、天井、后堂组成，占地面积约 265.45 平方米。主体建筑砖墙，硬山顶，盖小青瓦。门楼位于院的西北角，西向，面阔、进深一间，门额嵌"蒋氏宗祠"横匾，檐墙饰"麒麟瑞兽"水墨壁画。后堂坐南向北，面阔三间，穿斗式木结构，镂雕风檐板及雀替。门楼前石板路。

95 - D_{1} 征剿伸家洞瑶族碑记〔三江乡黄坪行政村南约 1 公里广子山西面岩壁·清代〕 摩崖石刻 1 方。清康熙二年（1663）刻。刻面高 1.35 米，宽 1.67 米。碑文竖 12 行，满行 20 字，计 199 字，真书，阴刻。额题"征剿伸家洞瑶族碑记"，落款"康熙二年七月旦立"。刻文记载朝廷征剿恭城伸家洞瑶目黄天贵、黄公辅领导的反清斗争的有功人员名单。字迹大部分漫漶不清。

96 - D_{2} 凤凰山摩崖石刻〔恭城镇江贝行政村江村贝凤凰山北面石角庵·清代〕 有摩崖石刻 3 方：一为周渭事迹记刻。清嘉庆十六年（1811）刻。刻面高 0.6 米，宽 1.1 米。张正元撰文并书丹。楷书，阴刻。刻文记述恭城人宋监察御史周渭之生平。落款"大清嘉庆十六年张正元书并镌"，另 2 方为张正元补书周渭的二首诗，清嘉庆十六年（1811）刻，刻面各高 0.6 米，宽 0.9 米。楷书，阴刻。七绝二首，每首诗四行，二首计 76 字。其一《游兼山》，诗文赞叹游兼山之景。其二《登叠秀山》，诗文叙登叠秀山之景。落款"嘉庆十六年，张正元补书"。

97 - D_{3} 白羊凌云寺碑记〔嘉会乡白羊行政村白羊村·南宋〕 碑刻 1 方。南宋景定元年（1260）立。碑高 0.51 米，宽 0.38 米。碑文竖 6 行，满行 6—24 字，计 97 字，楷书，阴刻。竹江周岐撰文并书丹。额题"白羊凌云寺碑记"，落款"皇宋景定改元中和节立"。碑文赞凌云寺之奇，宛然西藏之寥廓，并记修葺之事。

98 - D_{4} 瑶目万历二年石碑古记〔西岭乡新合行政村新合村油榨厂内·明代〕 碑刻 1 方。明万历二年（1574）立。碑高 0.9 米，宽 0.5 米。碑文竖行，计 606 字，真书，阴刻。额题"瑶目万历二年石碑古记"，碑文记述明朝廷"以夷制夷"，在嘉靖、万历年间几次利用瑶民围剿瑶民起义的经过，以及准许瑶民把守五瑶隘口及地界，永远耕田之事。

99 - D_{5} 永明县界碑〔龙虎乡龙虎行政村龙虎街·清代〕 碑刻 1 方。清康熙五十八年（1719）立。碑高 0.7 米，宽 0.4 米，厚 0.2 米。碑文竖行，内容标明广西与湖南的界限。碑已倒伏于地。

100 - D$_6$　奉旨优免碑　〔嘉会乡白羊行政村白羊村·清代〕　碑刻 1 方。清雍正十二年（1724）立。为恭城县正堂告示碑。碑高 1 米、宽 0.54 米。碑文竖行，计 387 字，楷书，阴刻。额题"奉旨优免"4 字，落款"雍正十二年九月二十七日给照"。碑文载恭城县正堂因白羊保上下二甲居民贫穷，月送柴薪等至县力所不能，故免除保内柴薪等项。

101 - D$_7$　众立钱粮碑记　〔栗木镇泉会行政村泉会村·清代〕　碑刻 1 方。清乾隆十三年（1748）立。碑高 0.88 米，宽 0.53 米。碑有残损，碑文多已模糊不清，碑文竖 20 行，600 余字，楷书，阴刻。横行额题"众立钱粮碑记"，碑文内容为有关捐钱粮记载。

102 - D$_8$　瑶民分管界碑　〔观音乡水滨行政村莲花村前门寨山顶乐善亭内·清代〕　碑刻 1 方。清乾隆二十七年（1726）立。碑高 1.15 米，宽 0.2 米。碑文竖 10 行，满行 1—11 字，计 77 字，字径 0.025 米，楷书，阴刻。撰文、书丹、刻工不详。首题"湖南永州府永明县正堂"。碑文记述"以前门寨分水为界，岭东系大畔瑶（湖南）所管，岭西系平川瑶（广西）所管"，为湖南永州府永明县与广西恭城县之分界。

103 - D$_9$　上炉村众立禁牌　〔莲花镇坪岭行政村上炉村水井边·清代〕　碑刻 1 方。清乾隆四十四年（1779）立。碑高 1.02 米，宽 0.59 米。碑文竖行，计 379 字，楷书，阴刻。撰文、书丹、勒石不详。额题"上炉村众立禁牌"7 字，碑文记载：授权甲长立规查处不法之人，村民若有窝藏匪类，强贼盗劫、赌博、盗窃、盗砍、纵牛、乱放猪羊等，查出捉拿，连九家之罪。

104 - D$_{10}$　桐竹石碑　〔平安乡巨塘行政村桐竹村西南面长山北面山脚的岩石边·清代〕　碑刻 1 方。清乾隆五十三年（1788）立。碑阳朝北，碑高 1.07 米，宽 0.8 米，厚 0.178 米，字径 0.02 米。碑文记载清康熙十八年（1679）建村以及原来的村"同福"改为"桐竹"的原因及过程。

105 - D$_{11}$　势江源瑶民赋役审照碑记　〔莲花镇势江行政村势江村·清代〕　碑刻 1 方。清乾隆五十六年（1791）立。碑高 1.2 米，宽 0.82 米。碑文竖行，计 493 字，楷书，阴刻。额题"□照碑记"4 字，落款"大清乾隆五十六年岁次辛亥十二月十四日赏给照是刻碑竖立"。碑文记载：清乾隆五十六年，武生梁嵩等妄派夫役，势江八甲瑶民因具陈于县。经审实，令八甲瑶民仍照前例，其余一切杂项不得妄派。

106 - D$_{12}$　恭城县正堂恩赏照碑　〔西岭乡新合行政村新合村·清代〕　碑刻 1 方。清嘉庆四年（1799）立。为恭城县正堂告示碑。碑高 0.69 米，宽 0.85 米。碑文竖行，计 827 字，楷书，阴刻。额题"恭城县正堂恩赏照碑"，落款"嘉庆四年八月初五日"。碑文记述：清嘉庆二年（1797），八角岩村陈九□等冒充山主，强占下西乡高界瑶、大源瑶、小源瑶、片菜源瑶民祖耕山岭，经恭城县审定，将陈九□等驱回原籍，瑶民依旧制在四至界内耕营，一切杂项夫役即行豁免。

107 - D$_{13}$　服役碑记　〔栗木镇大合行政村大合村·清代〕　碑刻 1 方。清嘉庆五年（1800）立。为平乐府审案告示。碑高 1.1 米，宽 0.68 米。碑文竖行，计 711 字，字径 0.02 米，楷书，阴刻。额题"服役碑记"，落款"嘉庆五年□□□行遵照"。碑文记述平乐府平乐县府审恭城县民韦学仁等呈控王绍卿等紊乱夫役一案，县衙断令一切大小差务，均饬六保同留，以示公允。

108 - D$_{14}$　奉天诰命碑　〔恭城镇乐湾行政村与平乐县交界处横旦岭·清代〕　碑刻 1 方。为清诰赠奉直晋封朝议大夫陈炳文墓碑。同治四年（1865）立。碑高 1.83 米，宽 1.02 米。碑文竖行，字径 0.005 米，楷书，阴刻。桂东县知县陈玉祥撰文、书丹。额题"奉天诰命碑"5 字，落款"同治四年九月二十八日"。碑文颂赞湖南桂东知县陈玉祥之伯父、伯母陈炳文之品行。

109 - D$_{15}$　涧口水源山场碑　〔栗木镇大营行政村涧口村·清代〕　碑刻 2 方。1 方为封禁白马垒水源山场碑，清光绪六年（1880）立。碑高 1.18 米，宽 0.86 米。碑文竖 20 行，满行 21—31 字，计 500 余字，楷书，阴刻。无额题，落款"光绪六年庚辰岁四月十二日给照"，另 1 方为重判禁白马垒水源山场碑，清光绪十九年（1893）立。碑高 0.99 米，宽 0.54 米。碑文记载清光绪丙子年以来，白马垒卢姓与大营村刘姓、万姓对水源山场的两次官司及结案情况。

110 - D$_{16}$　潘氏令公记碑　〔栗木镇上枧行政村潘氏宗祠内·清代〕　碑刻 1 方。清光绪十五年（1889）立。碑高 0.65 米，宽 1.48 米。碑文竖行，计 703 字，字径 0.02 米，楷书，阴刻。额题"潘氏令公记"5 字，落款"龙飞光绪十五年乙丑岁孟冬□月立"。碑文记述上枧村潘氏一族源流历史及敬奉祖先之职责，合族商议捐资修潘氏公祠宇，置庙产，以作后世子孙祭祖资费。

111 - E$_1$　桂林地方审判碑　〔观音乡洋石行政村洋石村·1923 年〕　碑刻 1 方。1923 年立。碑高 1.95 米，宽 1 米，厚 0.15 米。碑文竖行，内容为"通沙坪、何家源、小洞三处的山场山林分界和纠纷证明"，落款"广西桂林地方审判厅民庭，审判长佘加谟，主任推事王运衡，推事钟宝图，书记官刘泽润"。

112 - E₂ 势江社学碑刻 〔莲花镇势江行政村势江村·1934年·县文物保护单位〕 有重修社学碑记7方，1934年立。由于镶入墙体，有灰沙覆盖，尺寸不详，文字大多不清，内容大意是恭城二区势江小学校序记。

113 - E₃ 恭城烈士陵园 〔恭城镇恭城街社区西山·1950年〕 1950年3月年恭城县县委、县人民政府为纪念1950年1月25日土匪围攻县城而牺牲的176位烈士，在县城西山兴建烈士陵园。陵园由革命烈士纪念塔、革命烈士墓等建筑组成，占地面积约100万平方米。烈士墓呈圆柱形，2座并列，男左女右，墓前纪念碑高1.8米，宽1.2米。纪念塔坐北朝南，四方立柱形，高22米，占地面积约529平方米，塔身镌刻有时任广西省长张云逸大将、时任广西省军区司令员李天佑上将题词。

114 - F₁ 东门码头 〔恭城镇太和街茶江西岸·1934年〕 建于明末清初。1934年重修。临江处尚存15—17级石砌台阶，略呈微弧形，长9.7—10.2米，宽15.2米。其上为石砌小平台，平台往西北为通往街道的码头台阶，存29—32级。码头东北面岩石上有1934年修桥纪念石刻。

115 - F₂ 蛟津塘俸氏祠堂 〔莲花镇风岩行政村蛟津塘村·1919年〕 清同治六年（1867）始建，至1919年建成。坐北朝南，砖木结构。二进院落，由前座、天井、后堂组成，占地面积约225平方米。前座、后堂面阔三间，青砖墙，穿斗式木构架，硬山顶。前座大门两侧各有一圆窗，窗罩装饰，墙额上有彩绘壁画，木雕封檐板，天井以青石围边，中间铺鹅卵石。后堂立6根木金柱，墙体镶有清同治六年（1867）捐银碑刻、1942年捐钱买田碑刻各1方。

116 - F₃ 上卡风雨桥 〔三江乡三寨行政村上卡村·1931年〕 建于清光绪年间（1875—1908），1931年重修，1978年维修。两台梁式木廊桥，建于两山间。

桥长7.7米，宽3.2米。用杉木为梁，上铺木板。桥廊木结构，面阔五间，进深一间，抬梁式木构架，悬山顶，脊饰福寿字、鳌鱼吻，梁架雕花鸟。大门施檐廊，木圆柱。桥廊两侧有木栏杆，长木板凳。

117 - G₁ 东寨羊角纽钟出土点 〔莲花镇东寨行政村东寨村·战国—西汉〕 1984年3月，出土羊角纽钟1件，高0.245米，口宽0.137米。平口，钲部上端穿长孔，无甬，顶端有羊角形纽。

118 - G₂ 豸游铜镜出土点 〔嘉会乡豸游行政村南约400米·唐代〕 1994年3月，出土铜镜1面，伴出陶罐、瓷碗各1件。镜呈圆形，直径0.115米，边缘厚0.11米。镜背瑞兽形纽，以凸弦纹分成区，内区饰瑞兽配葡萄及枝蔓，间饰鸾鸟；外区饰鸾鸟配葡萄及枝蔓。外缘饰锯齿纹。（见《考古》1996年8期）

119 - G₃ 夹口岩钱币窖藏 〔三江乡三江行政村三江村西夹口岩·南宋〕 1987年10月，夹口岩出土铜钱约5.9公斤。装于一个陶罐内，共有42个品种，最早的是西汉五铢，其次是唐开元通宝，其余都是两宋铜钱。宋钱中，最晚的为景定元宝。

120 - G₄ 西岭钱币窖藏 〔西岭乡西岭行政村西岭小学·宋代〕 1964年5月，西岭小学建篮球场时，挖出一窖藏宋钱，重20多公斤。

121 - G₅ 出水岩银锭窖藏 〔栗木镇苔塘行政村苔塘村出水岩·元代〕 1987年7月，出土银锭13公斤。出土时装在一个陶罐内。银锭船形，中间凹下部分饰卷云纹，有的打印"顺"字和"开"字。

122 - G₆ 西岭东钱币窖藏 〔西岭乡东·明代〕 1988年7月，出土铜钱42公斤。出土时铜钱装在一个陶缸内。计有26个品种，最早的是唐开元通宝，最晚的为明洪武通宝。

123 - G₇ 水滨金器窖藏 〔观音乡水滨行政村水滨村·清代〕 1972年2月，出土金杯5只，装在一个陶罐内。杯造型相同，皆圆腹，平底，环耳，腹饰卷藻纹，耳边刻一"崧"字。

梧州市

万秀区

1 - A₁ **元丰鉴铸钱遗址** 〔万秀区城北街道钱鉴社区桂江东岸钱鉴村（今桂江造船厂）·北宋·自治区文物保护单位〕 元丰鉴始设于北宋熙宁四年（1071），是北宋江南六大钱鉴之一，年铸钱18万缗。遗址在桂江东岸边，面积约2万平方米。1964年发掘，堆积层厚约0.6—2米，遗迹有铸币场、炼炉、贮水池、原料坑、水沟、柱洞等60余处，出土有北宋元祐通宝、崇宁重宝、圣宋元宝、崇宁通宝等铜钱285枚以及坩埚、陶风嘴和其他工具等遗物。现存遗址堆积约100平方米。

2 - A₂ **梧州故城** 〔万秀区城中街道北山社区东中路梧州市第一幼儿园内·明代〕 梧州，汉至南朝为广信县、苍梧郡治，隋至清为苍梧县治、苍梧郡治。唐置梧州，宋至清延之，州、路、府治均设梧州。城址始建于西汉高后五年（前183），为苍梧郡治，筑土城，周长424米，西汉元鼎六年（前111）向南扩建，三国（吴）黄武元年（222）再次扩筑，至唐始称梧州，城址拓展为周长880米。汉至唐代均为夯土城墙。宋开宝元年（968）改建砖墙，明洪武十二年（1379）重建，清代局部重修。城墙为砖砌，高7.26米，周长2828米，面积7.84万平方米。开东门、西门、大、小南门和北门等五城门。城址北临山，东、西、南三面环护城河。1924年城市扩建，古城墙大都被拆毁。现仅存东中路马王街尾一段，残长10米，残高4米。

3 - A₃ **桂江浮桥铁柱** 〔万秀区城中街道东正社区中山公园·明代·市文物保护单位〕 桂江浮桥位于梧州桂江口，明成化七年（1471）两广提督韩雍修建。明代方砒《浮桥记略》记载："以铁铸为柱四，系锁二。以木造舟五十六，系舟于锁，系锁于柱。"清同治年间（1862—1874）浮桥废，铁柱存于两岸。1973年移至现址。铁柱为圆柱形，长6.3米，径0.25米。

4 - B₁ **梧州墓群** 〔万秀区云盖山、蝶山区莲花山、螺山、塘源、旺步等地·汉—南朝·自治区文物保护单位〕 墓群分布面积约7.5平方公里。墓葬封土已毁。1957—1983年清理墓葬108座，时代属汉—晋时期。汉墓多为长方形竖穴土坑墓，大的墓坑长5—

6米，宽3—4米，单室或多室墓，也有一些木椁墓。西汉墓较大，多带斜坡墓道，随葬陶器、铜器、铁器、玉石器等；东汉墓较小，墓道有斜坡和阶级两式，随葬品增加了直身陶罐和井、灶、仓等模型器。晋墓为砖室墓，形制小，墓室长3米，宽2米。随葬品主要有四耳罐、鸡首壶、碗、钵、盂等青瓷器。有的墓砖上有"永嘉六年□中富上寿考"等铭文。

B₁₋₁ **云盖山墓群** 〔万秀区云盖山·汉代〕 分布面积不详。1957年至1975年在云盖山清理西汉、东汉墓各10座，均为长方形竖穴土坑墓。出土陶、铜、滑石等器物133件。陶器有鼎、钫、壶、盒、瓮、罐、五联罐、熏炉、簋、盂、樽、瓿、钵、釜、屋、井、囷、灶、猪圈、猪、鸭、鹅等。铜器有壶、奁、盒、盂、剑、镜等。滑石器有耳杯、鼎、壶、罐等，还有一些钱币。

B₁₋₂ **莲花山墓群** 〔蝶山区莲花山·汉代〕 分布面积不详。1958年至1977年清理西汉墓5座，东汉墓33座，均为长方形竖穴土坑墓。出土随葬品172件。西汉墓出有罐、瓿、瓮、提桶、簋、鼎、灶、盒等陶器和铜镜及滑石鼎。东汉墓随葬品以陶器为主，次为铜器和玉石器。陶器有鼎、豆、壶、簋、樽、直身罐、熏炉、长颈瓶、洗、盘、碗、釜、瓿、瓶、提桶、耳杯、镶壶等。

B₁₋₃ **螺山墓群** 〔蝶山区螺山·汉代〕 墓群分布面积不详。1957年至1964年清理西汉墓6座，东汉墓4座，均为小型竖穴土坑墓。出土随葬品27件。西汉墓出有鼎、豆、盒、瓮、罐、瓿、提桶等陶器和滑石鼎、滑石盂。东汉墓出有壶、鼎、豆、瓮、罐、直身罐、井等陶器和铜镶壶、铜弩机等。

B₁₋₄ **塘源—旺步墓群** 〔蝶山区龙湖镇塘源村、旺步村一带·汉—晋〕 分布面积不详。1950年至1983年间，共清理汉墓35座，晋墓4座。汉墓均为长方形竖穴土坑墓，出土陶器、瓷器、铜器、铁器、金银器、玉器、滑石器等452件。晋墓为"凸"字形砖室墓，出土陶器、瓷器共35件。其中1件铜碗底的背面刻有"章和三年正月十日钱千二百"等字；1件铜尺，长0.237米。

B₁₋₅ **鹤头山墓群** 〔蝶山区上冲口鹤头山·东汉〕 墓葬分布在鹤头山一带，20世纪70—80年代，在山顶发掘 9 座墓葬（编号 M1—M9），均为长方形竖穴土坑墓，方向正北。墓室长 4—5 米，宽 2—3 米，兼有斜坡形墓道，四壁经夯打，墓底有细沙和木炭，墓内棺椁、人骨遗骸皆朽不存。出土随葬品 351 件，其中铜器 55 件，陶器 83 件，东汉五铢钱 32 枚，料珠 172 粒，还有铁剑 2 把、滑石黛砚 4 件、石璧 3 件。

B₁₋₆ 富民路墓群 〔蝶山区富民街道富民二路富民坊·西汉—晋〕 墓群范围西至梧州广播器材厂，北至梧州市炭素厂，东至梧州富民船厂，南至梧州市光学仪器厂。1956—1990 年，发掘西汉—晋代墓葬 56 座，包括竖穴土坑墓、木椁墓及砖室墓等，以两汉墓为多。共出土随葬品近 1000 件（枚、粒），富民粮仓出土的晋墓砖侧有"永嘉六年壬申宜子保孙"或"永嘉中天下灾但江南尚康平"等铭文。1990 年清理汉墓 1 座，为长方形竖穴土坑墓。墓坑长 5.1 米，宽 3 米，高 2 米。墓内棺木、尸骨、漆器已朽。出土陶鼎、陶壶、陶钫、陶罐、铜镜、五铢钱、滑石鼎等器物共 13 件。（见《中国考古学年鉴》1971 年）

B₁₋₇ 狮子山墓群 〔蝶山区蝶山二路·东汉〕 墓群分布于梧州市中药厂一带的山岗上，占地面积约 1 万平方米，墓葬多发现于狮子山，1964—1980 年间，先后清理了 12 座墓葬。皆为东汉墓，向东南，均长方形竖穴土坑墓，墓室长约 2—5 米，宽 1.2—3.2 米，墓底和墓四壁经过夯打，墓底铺垫细沙和木炭。陪葬器物以陶器为主，也有少量铜器。

B₁₋₈ 鹤头山 M1 号墓 〔蝶山区鹤头山·东汉〕 东汉墓 1 座。1973 年发掘，为"凸"字形土坑墓，带斜坡墓道。墓室四壁经拍打，长 3.2 米，宽 2.4 米，高 3.4 米。墓底铺细沙和木炭，出土铜博山炉、鼎、小碗、樽、镌壶、洗、小口壶、碗、镜、镜刷柄、陶魁等共 13 件。（见《文物资料丛刊》4）

B₁₋₉ 鹤头山 M2 号墓 〔蝶山区鹤头山·东汉〕 东汉墓 1 座。1973 年发掘，为竖穴土坑墓，带斜坡墓道。墓室平面呈"凸"字形，长 4.8 米，宽 2.9 米，高 5.05 米。东、南、西三面有生土二层台，高 1.15 米，宽 0.37 米，墓底有一层灰黑色的席迹。出土陶、铜、铁、料等器物 200 余件（颗）。陶器有屋、仓、井、灶、直身罐、四耳瓿、小口壶、鼎、镌壶、壶、簋、瓮、熏炉、洗、黛砚、罐。铜器有灯、樽、釜、盘、碟、碗、镜、五铢钱。铁器有匕首和环首刀。（见《文物资料丛刊》4）

B₁₋₁₀ 市区晋墓 〔市区·晋代〕 晋墓 1 座。1972 年发掘，为"凸"字形砖室墓。用单层砖砌成，泥浆黏合，外涂一层厚约 0.5 厘米的白膏泥。墓室分前、后两室，后室高于前室 8 厘米，呈横长方形，攒

尖顶，前室为纵长方形。总长 3.91 米，宽 0.6—0.67 米，高 1.37—1.45 米。出土青瓷双耳罐、四耳罐、钵、碗、铜镜、勺、金银发钗、手镯、戒指、顶针、铁刀、剪。（见《考古》1983 年 1 期）

B₁₋₁₁ 富民坊南朝墓 〔蝶山区富民街道富民二路富民坊·南朝〕 1980 年发掘，为"中"字形砖室墓。墓室分前、中、后三部分。全长 7.3 米，宽 1.25—3.1 米，券顶，前室存高 1.2 米。葬具和人骨已朽，存数枚棺钉和鎏金铜钉泡饰件。出土青瓷四耳罐、碗、双耳罐、铜提梁壶、熏炉、镜、尺、盘、五铢钱、剪轮五铢钱、货泉钱等。（见《考古》1983 年 9 期）

B₁₋₁₂ 和平南朝墓 〔万秀区城中街道和平路·南朝〕 南朝墓 1 座，1980 年发掘，为长方形券顶砖室墓。用厚薄两种砖横叠垒砌而成。墓底铺砖成斜席纹。出土青瓷鸡首壶、碗、灯、碟、钵等共 16 件。

5 - B₂ 北山墓群 〔万秀区城中街道东正社区中山公园西南及东南面·晋代〕 墓群分布于文化路至北山脚长话台一带，分布面积约 2 万平方米。封土已毁。1972 年、1978 年清理竖穴土坑墓和砖室墓各 1 座。均朝东，土坑墓为长方形，早期被扰乱过，砖室墓为"凸"字形拱顶墓室，分前、后室，前室长 2.9 米，宽 3 米，高 1.37 米；后室长 3 米、宽 6 米、高 1.45 米。2 座墓出土随葬品共 41 件。以青瓷器为主，有鸡首壶、唾壶、四耳罐、钵、盂等器，有的在青釉上点缀褐色斑彩，还有铜、铁、金银等器。

6 - C₁ 龙母庙 〔万秀区城北街道桂北社区桂林路 74、75 号·清代·市文物保护单位〕 始建于北宋，为纪念先秦时期南方仓吾部族首领"龙母"而建。明万历年间（1573—1620）重修。清康熙十一年（1672），水师守备高尚礼重建。清雍正六年（1728）、清同治五年（1866）重修，1987 年修复。龙母庙依山而建，坐东朝西，砖木结构，包括牌坊、主殿、后殿、行宫、龟池、五龙壁等建筑，占地面积约 4000 平方米。现存主殿保存清代构架，面阔五间，进深 8 米，正中三间为龙母殿，两侧配殿左为太子殿，右为傅将军殿。青砖墙，穿斗式木构架，硬山顶，正脊、垂脊均饰有灰雕，琉璃瓦屋面，人字山墙，前石檐柱镌刻楹联，为清同治五年（1866）重修时所刻。后殿为仿清二层建筑，行宫高三层，牌坊四柱三间三楼。龟池中置明代巨石龟，龟背驮明正德五年（1510）制《总府题名记》碑，为明弘治年间（1488—1505）状元伦文叙题额，兵部尚书湛若水作跋。

C₁₋₁ 总府提名记碑 〔原立市东中路梧州市第一幼儿园内现存城北街道龙母庙内·明代·市文物保护单位〕 碑刻 1 方。明正德五年（1510）梧州总兵府

刻制。碑座为石龟，长3.1米，宽2.1米，碑高2米，宽1.2米。碑文竖行，楷书，阴刻。明状元伦文叙撰文并书丹，兵部尚书湛若水跋。额题"总府题名记"。碑文记述兵部尚书湛若水勉励总督、总镇、总兵三总府同寅协恭办事之经过以及各时期在总兵府任职官将的功过。

7-C₂ 廖氏祠堂 〔万秀区旺甫镇山心行政村山心村·清代〕 建于清代，具体时间不详。砖木结构，两进院落，平面呈"T"形，占地面积约750平方米。前座、后堂均面阔三间，进深三间，青砖墙，穿斗与抬梁混合木构架，悬山顶，盖小青瓦。脊饰博古，墙壁有彩绘壁画，雕梁画栋。

8-D₁ 北山碑廊 〔万秀区城中街道东正社区中山公园北山顶中山纪念堂旁·宋、清〕 北山是梧州市背后一座大土山。山顶于1926年开始建中山纪念堂，后来将北山辟为北山公园，并在中山纪念堂旁修建碑廊，收集碑刻5方。重要的有北宋陈抟"寿"字碑和清代刻明代韩雍会仙像碑。

D₁₋₁ 陈抟"寿"字碑 〔原置冰井寺内，现存城中街道中山公园北山顶碑廊内·北宋〕 碑刻1方。北宋初立，具体年代不详。碑高1.8米，宽0.85米，厚0.13米。正文"寿"，字径1.25米，楷书，阴刻。落款"陈抟书"。陈抟（871—989），五代至宋初道士，亳州真源（今河南鹿邑县）人，字图南，自称扶摇子，后唐长兴年间（930—933）隐居华山，宋太宗赐号希夷先生。

D₁₋₂ 重建冰井禅寺记碑 〔原置冰井寺，现存城中街道中山公园北山碑廊·明代〕 碑刻1方。明正德九年（1514）立。碑高2.44米，宽1.16米，厚0.27米。碑文竖行。字径0.03米，行书，阴刻。额题"重建冰井禅寺记"，篆书，阴刻。落款"大明正德九年岁在甲戌复朗端阳后一日戊辰上吉日立石"。冰井寺早在1000多年前已有盛名，唐代容管经略史元结曾为冰井作铭，以后历代均在冰井附近建寺亭赋诗铭石。该碑文记述了明正德年间重建冰井寺的经过。

D₁₋₃ 合建双贤祠碑 〔城中街道中山公园北山顶碑廊·清代〕 碑刻1方。清康熙六十一年（1722）立。碑高1.98米，宽1.05米，厚0.15米。碑文竖21行，满行53字，计1042字，楷书，阴刻。李之撰文、书丹。额题"合建双贤祠"5字，篆书。落款"康熙六十一年"。碑文记叙了梧州在两广（广西、广东）的重要地位及重建双贤祠的必要性及经过。

D₁₋₄ 明韩雍毅公会仙像碑 〔城中街道中山公园北山顶碑廊内·清代〕 碑刻1方。清同治四年（1865）立。碑高1.67米，宽0.87米。额题"明韩雍毅公会仙像"，行书。落款"同治四年嘉平月桂林于心敬绘"并附钤白文"于心元印"、朱文"清田"印各1方。清代画家于心绘像。画面是韩雍会见手拿拂尘背着长剑的吕洞宾。何元凤刻石，钤朱文"桂林居士"印。韩雍，江苏吴县人，明代左副都御史、提督两广军务，曾指挥镇压大藤峡起义。

D₁₋₅ 大雄寺南汉铜钟歌碑 〔城中街道北山顶碑廊·清代〕 碑刻1方。清同治六年（1867）立。碑高0.72米，宽1.45米，厚0.1米。文竖17行，满行9字，计140字，行书，阴刻。周志勋撰文、烂柯道人书丹。无额题，落款"大雄寺南汉铜钟歌周志勋作同治丁卯烂柯道人手录"。钤白文"懿林印信"方印。碑文以七言诗形式描述了铸钟媚君王之史实，并歌颂了南汉时期的太平盛世之景。

9-E₁ 周恩来梧州革命活动旧址 〔万秀区城东街道北山社区大同路35号·1925年·市文物保护单位〕 1925年秋，中共两广区委常委兼军事部长周恩来到梧州指导广西革命运动和建党工作，下榻梧州大同酒店。三楼前左侧房间为其住房，周恩来经常在此召开梧州党、团骨干会议，接待来访。大同酒店建于1920年。坐北朝南，砖混结构，四层楼房，平面呈长方形，由正门、前厅、边房、天井、后座组成，占地面积约308平方米。正门额题写"大同酒店"。抗日时期中部及四楼被炸毁。现存一、二、三层。

10-E₂ 省立梧州二中旧址 〔万秀区城中街道大中路101号梧州市第三中学·1925年〕 梧州是第一次国内革命战争时期广西学生运动的中心。1925年秋，中共两广区委先后派遣周济、谭寿林等到省立梧州二中任教，发展党团组织，成立学生会领导学生运动，开展支援省港大罢工，反对军阀等革命斗争，培养了一批革命骨干。旧址占地面积约2万平方米。现为梧州市第三中学。原校舍已改建为新楼房。

11-E₃ 中共梧州地委旧址、中共广西特委旧址 〔万秀区城中街道·1925—1928年·自治区文物保护单位〕 中共梧州地委旧址位于北山社区建设路兴仁巷4号；中共广西特委旧址位于民主社区民主路维新里东三巷4号。1926年1月，中共梧州地委成立。1927年5月，中共广东省委在梧州建立了中共广西地委。1928年1月，改为中共广西特委，廖梦樵、邓拔奇先后任书记，同年6月，在贵县召开特委扩大会议后，特委机关迁回梧州维新里东三巷4号，9月，中共广西特委改为中共广西临时省委，也在此办公。

E₃₋₁ 中共梧州地委旧址 〔城中街道北山社区建设路兴仁巷4号·1925—1926年〕 1926年1月，中国共产党广西的第一个组织中共梧州地委在这里建立。

12月19日，谭寿林等5人被梧州警备司令部军警逮捕，地委机关被封闭。旧址建于民国初，坐西朝东，砖木结构，三层楼房，面阔9米，进深6米，清水墙，硬山顶，盖小青瓦。占地面积约120平方米。旧址底层二间，一间为厅，一间为广西宣传养成所讲师毛简青住房；二层三间，为地委书记谭寿林、团委书记马英住房及办公处。三层前为露台，后间为会议室。1978年在旧址东侧建有纪念馆。

E₃₋₂　**中共广西特委、临时省委旧址**　〔城中街道民主社区民主路维新里东三巷4号·1928年〕　1928年6月，中共广西特委贵县扩大会议后，特委机关即迁回梧州，设在维新里东三巷4号三楼，9月，中共广西特委改为广西临时省委。广西临时省委负责人朱锡昂和临时省委委员宋自洁以假夫妻身份在此工作。旧址建于1925年，坐东朝西，砖混结构，四层楼房，面阔三间，进深二间，每层面积48平方米。青砖墙，砖墙搁檩，硬山顶。盖小青瓦。底层明间后端置楼梯通二、三、四楼。楼院墙有琉璃槛窗，正门立两华表。

12-E₄　**中山纪念堂**　〔万秀区城中街道东正社区中山公园北山顶·1930年·全国重点文物保护单位〕　1921年10月至次年4月，孙中山先生三次到达梧州指导工作，深受梧州各界的爱戴。孙中山逝世后，由国民党梧州善后处处长李济深倡议，梧州人民集资兴建纪念堂。1926年1月奠基，1928年动工兴建，1930年10月建成，是全国最早建成的中山纪念堂。由纪念堂、广场、台阶三部分组成，占地面积约1630平方米。纪念堂坐北朝南，为中西结合二层建筑，平面呈"中"字形，正门额有时任广东省长陈济棠题"中山纪念堂"5字。前厅中部顶上为三层方形座圆形楼塔，两翼对称为二层楼房。后厅为大会堂。主席台上方有孙中山塑像，书孙中山的遗嘱，纪念堂前为广场、莲花池，并有通往山脚石阶340余级。

13-E₅　**韦拔群烈士头颅埋藏处**　〔万秀区城中街道东正社区北山中山公园内·1933年·市文物保护单位〕　1932年10月，右江农民运动领袖、中国工农红军第七军第3纵队司令、第21师师长（右江独立师）韦拔群在东兰被叛徒韦昂杀害，其首级被国民党广西省政府送往东兰、百色、南宁、柳州、梧州等地示众，后秘密掩埋于梧州市北山。1961年12月13日，根据梧州市园林处老职工周十五提供的线索，在此挖出烈士的头颅。经多方核实和法医鉴定证实无误。1984年夏，广西壮族自治区民政厅和梧州市人民政府在烈士头颅埋藏处处立了标志牌。在附近建立梧州市革命烈士纪念馆，陈列韦拔群烈士的事迹。

14-E₆　**叶琪墓**　〔万秀区城北街道白云社区白云

路2号梧州市卫生学校内·1935年·市文物保护单位〕　叶琪（1896—1935），广西容县容城镇人，国民党新桂系将领，国民革命军第4集团军总参谋长。1935年7月8日在南宁民生路坠马而逝，葬梧州南蛇岭。由石牌坊、华表、叶公亭和墓冢组成。占地面积约1000平方米。墓葬朝南，冢呈圆丘形，钢筋水泥结构，周边用料石围砌。墓碑刻"故□□叶公讳琪之墓"。牌坊高10米、宽8米，四柱三间，明间额匾"儒将风献"4字为蒋介石所书。叶公亭内立碑1方，记述建叶公亭的经过。华表在墓前左右，墓后碑刻镌挽联、题词和国民政府令等。1985年梧州市人民政府拨款维修。

15-E₇　**李济深公馆**　〔万秀区城中街道东正社区东中路11号·1943—1944年·市文物保护单位〕　1943—1944年间，李济深在此同共产党人和各界人士商讨抗日救国大事。中共中央南方局派李嘉人、陈残云到此协助李工作，推动两广敌后抗日运动发展。公馆建于1925年，砖木结构，二层楼房，面阔三间9米，进深11米，后面有天井。

16-E₈　**中共梧州市城工委旧址**　〔万秀区城中街道北山社区北山路8号·1949年〕　1949年8月，中共广西省城市工作委员会梧州市特派员罗杰林到梧州，在此组建中共梧州市城工委，领导梧州地下党开展工作，迎接解放。旧址建于民国初，为砖木结构，二层楼房，面阔4米，进深7米，占地面积28平方米。

17-E₉　**梧州碉堡群**　〔万秀区、蝶山区·民国〕　碉堡分布于万秀区白云山公园的白云山、云龙公园、云龙小区、西江河道系龙洲岛、谭公庙后山以及蝶山区龙湖镇西江南岸火山、锦屏山一带，其中万秀区26座、蝶山区28座。包括碉堡、观察所、指挥所、隐蔽所、炮台等。碉堡群修建于20世纪20年代，用岩石、水泥、钢筋筑成，呈方形、长方形、前弧后长方形、半圆形、不规则形等，平顶，设长方或长条形枪眼，大小不一，除狮子炮台面积较大外，其余面积10—40平方米不等

E₉₋₁　**云龙指挥所**　〔万秀区城东街道云龙社区左侧的山坡上·民国〕　建于20世纪20年代。坐北朝南，面向西江，与南岸的锦屏山相对，平面呈方形，边长6米，占地面积36平方米。用水泥、灰沙、碎石、钢筋等材料混合筑成，门从南面进入，宽1.5米。现只存西、北、南3面残壁，厚0.45米，残高1.6米。指挥所曾在粤桂战争和抗日战争中使用过。

E₉₋₂　**狮子炮台**　〔万秀区城东街道石鼓社区白云山公园白云山·民国〕　建于20世纪20年代。炮台地处梧州市东大门，环山而建，坐北朝南，外围策石墙，北面开大门，整体平面为前弧后长方形，占地面

积 2133 平方米，由北向南往上分 5 层：一层为方形储物室；二层横长方形料石平台（营房），左右均有 2 米宽通道通达三层；三层长方形，用料石墙分隔 2 层，右面留有 2 米宽通道；四层为圆形炮台，径 21.6 米，围墙置枪眼 17 个；五层为料石水泥钢筋方形碉堡。

E₉₋₃ 老虎头 1 号碉堡 〔万秀区城中街道白云山公园的老虎山上·民国〕 建于 20 世纪 20 年代。坐西南朝东北，用料石、水泥、钢筋筑成，平面呈半圆形，平顶，整体长 3.5 米，宽 2.6 米，高 2.5 米，面积约 9.1 平方米，墙厚 0.3—0.5 米。西面墙偏北置 1 门进入碉堡，单枪眼，长 2.5 米、高 0.3 米。该碉堡与老虎山上其余的 3 个碉堡，主要防守从东边上山的来敌。

E₉₋₄ 半山亭 2 号碉堡 〔万秀区城中街道白云山公园内半山亭附近·民国〕 建于 20 世纪 20 年代。因在山上建有 2 座相同的碉堡而被当地人称为"双碉堡"。用料石、水泥、钢筋筑成。坐南朝北，前弧后长方形，长 4 米，宽 2.8 米，高 2.5 米，墙厚 0.3—0.5 米，平顶，长条形枪眼，南面靠东置一门。占地面积约 10 平方米。

E₉₋₅ 火山 2 号观察所 〔蝶山区龙湖镇西江南岸火山的一处山岭山顶东部·民国〕 建于 20 世纪 20 年代。砖混水泥建筑，坐西朝东，平面呈长方形，长 5 米，宽 2.6 米，高 2.5 米，面积约 13 平方米。前部无顶呈方形，北壁后部开入口，入口左下方镶有铁环，可能为攀登时系绳用。入口连接战壕，顶上铺有用于伪装的杂草。内部右侧设有挡壁墙，其后部可能用于放置弹药。

E₉₋₆ 锦屏山 19 号隐蔽部 〔蝶山区龙湖镇西江南岸火山的一处山岭东南坡·民国〕 建于 20 世纪 20 年代。为砖混水泥结构，坐西北朝东南，平面呈长方形，长 13.1 米，宽 2.3 米，高 3 米，面积约 30.13 平方米。西北部紧靠山体，两侧对称开有长方形门，西北璧靠上部开有内大口小的方形枪眼。

18－F₁ 梧州近代建筑群 〔万秀区、蝶山区·清末—民国·自治区文物保护单位〕 清光绪二十三年（1897）梧州辟为通商口岸，成为桂、湘商品出口集散地，逐渐出现了一些西式建筑，现存建筑有 7 处 13 座，包括万秀区的梧州海关旧址、美孚石油公司旧址、思达医院旧址、梧州邮局旧址、新西酒店、天主教堂等、蝶山区的英国领事署旧址。

F₁₋₁ 梧州海关旧址 〔万秀区城东街道贺院社区西江三路 5 号原梧州地委大院内·1918 年〕 清光绪二十三年（1897），梧州被辟为通商口岸，设立梧州海关。至 1918 年陆续建成税务司公馆、办公楼、洋行、俱乐部、花园、球场、进修会和高级验货员宿舍等设施，占地面积约 2 万平方米。现存监察长、帮办、高级验货员宿舍及办公楼、俱务部、进修会等楼房 7 座，为砖混结构西式建筑，坐西朝东，平面呈长方形或曲尺形，高 3—5 层，有的分设主、副楼。其中海关大楼高四层约 15 米，平顶。

F₁₋₂ 思达医院旧址 〔万秀区城东街道中山社区高地路三巷 1 号工人医院内·1920 年〕 清光绪二十八年（1902），美国基督教浸信会教士麦惠来（Thomas Mccloy）医生为纪念其已故亲属思达牧师，在梧州购地建造了"浸信会思达纪念医院"。1914 年，思达医院经过广西省都督府、梧州地方官厅的批准，中国外交部、内务部核查备案，租得现址地段扩建思达医院。1917 年奠基，1919 年 1 月 17 日医院从旧址迁入新址，1924 年工程全部竣工。据《中国医院大全》记载，为广西最早创办的西医院。前有门楼，后为主体大楼，宿舍 3 幢（已拆），占地面积约 1341 平方米。坐北朝南，砖混结构。主体大楼为中西合璧五层楼房，平面呈"王"字形，东、西、中三座，中间连成一体，玻璃通窗，中座正面顶饰三角形山花。门楼及大楼中座顶部正中筑有十字标志。原门额用中文书写"思达公医院"院名。1951 年更名为梧州市工人医院。

F₁₋₃ 美孚石油公司旧址 〔万秀区城东街道云龙社区西江四路 5 号（原为石鼓路 68 号）·1935 年〕自梧州开辟通商口岸，美孚石油公司即在梧州开展业务，1935 年建成公司大楼后，由公司下属单位使用。旧址坐北朝南，砖混结构，西式风格，楼高 3 层，占地面积约 990 平方米。大楼正门东向南，底层、二、三楼为办公场所，内部以中廊分隔，两边对列各三间，每层均有琉璃围栏，地面平铺方格瓷花砖。

F₁₋₄ 梧州邮局旧址 〔万秀区城东街道中山社区大东上路 55 号·1932 年〕 原为清光绪二十三年（1897）设梧州府邮局分局（西江梧州邮政局），地址设在梧州海关的关筏上。1932 年重新设址，11 月建成邮局大楼。坐南朝北、砖混结构，西式四层楼房，占地面积 300 平方米。面阔、进深皆三间，正门内两边分设楼梯，底层及二、三楼为办公场所，拱门，地面铺方格花瓷砖，在大楼背面顶层仍可见"邮局" 2 字。为广西的第一个邮局。

F₁₋₅ 天主教堂 〔万秀区城中街道民主社区民主路维新里 25 号·1946 年〕 清光绪二十四年（1898）由法籍传教士司立负责修建。抗日战争中毁，1946 年重建，1988 年维修。天主堂坐西朝东，砖混结构，中西合璧四层楼房，由主楼、边房及钟亭组成，占地面积 500 平方米。主楼面阔三间，正门额刻"天主教堂" 4 字，底层为礼拜堂、忏悔室，二层办公，三层为食堂，四层是天台，天台正中为圆顶钟楼。有拜占庭式建筑风格。

F₁₋₆　新西酒店　〔万秀区城南街道西江一路14号·民国〕　原名西宁酒店。建于20世纪30年代。坐东北朝西南，钢筋混凝土结构，中西合璧七层楼房，占地面积约230平方米。立面为三段式设计，底层骑楼走廊，二层以上为西式风格，玻璃方窗或拱窗，顶层沿饰女儿墙及山花。是当时梧州市最具标志性建筑之一。

F₁₋₇　英国领事署旧址　〔蝶山区角嘴街道珠山社区鸳江路1号河滨公园的河西白鹤岗顶·1897年〕　清光绪二十三年（1897）中英签订不平等的《中英缅滇续约》，梧州被辟为通商岸口，英国占梧州白鹤岗建领事署。旧址坐西朝东，砖木结构，由中西合璧一层建筑及后院组成，占地面积1500平方米。建筑面阔三间，进深五间，四周设联拱外廊，正面明间屋顶饰三角形山花，歇山顶，盖琉璃瓦。旧址门前右侧立有《还我河山碑》1方。

F₁₋₈　还我河山碑　〔蝶山区英国领事署旧址前右侧·1932年〕　碑刻1方。1928年，民国梧州市政府将英国强占建领事馆的白鹤岗赎回，1930年建梧州市河滨公园，1931年落成，1932年在公园立《还我河山碑》。碑阳朝北，碑高2.9米，宽0.93米。时任梧州市长黄同仇撰文，碑额篆刻"还我河山"4字。碑文竖15行，满行34字，357字，字径0.05米，楷书，阴刻。首行题"梧州市河滨公园记"，落款"平乐黄同仇记中华民国二十一年六月"。碑文记述梧州人民驱逐英国驻梧领事馆人员和赎回白鹤岗及领事馆建设公园的史实。

19－F₂　西竺园　〔万秀区城北街道百花江社区岗岭路陈投岭·1934年·县文物保护单位〕　建于1934年。原拟名"西竺寺""西竺堂"，后由广州六榕寺觉澄法师将"堂"改为"园"，为当时梧州最大的佛教场所。坐北朝南，砖木结构。由门楼、大雄宝殿、观音殿、藏经楼、左右厢房等组成，占地面积1万余平方米。各单体建筑皆青砖墙，抬梁与穿斗混合木构架，歇山顶，盖琉璃瓦。其中观音殿，面阔三间9米，进深9米。20世纪90年代在寺园前左面加建"般若门"及门墙1间，慈老院2间，凉亭1座。

20－F₃　基督教堂　〔万秀区城中街道民主社区大中路5号·1946年〕　清光绪二十三年（1897），美国基督教宣道会信徒李富枝夫妇从澳门到梧州，在塘基街（今大中路）购地兴建宣道会教堂，并开办建道女校，二十九年（1903）教堂建成。1944年教堂被侵华日军飞机炸毁。1946年在建道女校旧址上重建教堂。

1958年，梧州市基督教成立联合大会，以大中路原宣道会教堂为联合教会的礼拜堂。教堂占地面积约587平方米，砖木结构，二层楼房。

21－G₁　感报寺铜钟　〔原为感报寺铜钟，现置万秀区城中街道东正社区中山公园北山顶西南侧钟亭内·南汉·自治区文物保护单位〕　钟亭为1931年建。亭内悬挂南汉乾和十六年（958）吴怀恩所铸铜钟1个，铜钟高1.2米，口径0.567米。

蝶山区

1－A₁　凤凰山遗址　〔蝶山区夏郢镇凤凰行政村凤凰村东北面凤凰山上·商周〕　凤凰山高约50米，遗址分布于山的南坡，面积约2000平方米，地表散布有商周时期的陶片。

2－A₂　富民坊窑址　〔蝶山区富民街道富民二路伏尸山一带·战国—西汉·市文物保护单位〕　窑址范围包括竹席山南坡及伏尸山，分布面积约1万平方米，窑口依山就势，互相叠压，相当密集，地表散布大量印纹陶片，废品堆积厚1—2米。1964、1977年两次抢救发掘，清理伏尸山窑口27余座。窑炉为土洞式，长3米左右，由窑门、火膛、窑床和烟道组成。窑门前端是装烧的出入口。烟道在窑床后部。主要烧制陶器，产品有鼎、盘口釜、圜底罐等方格纹硬陶器以及陶纺轮、陶塑鸡等。（见《中国古代窑址调查发掘报告集》，文物出版社，1984年）

3－B₁　莫侯墓　〔蝶山区夏郢镇凤凰行政村凤凰小学南部·东晋〕　建于东晋永和六年（350）。砖室墓，长20米，宽10米。墓葬形制不明。在地表及周围民居旁散落有砌墓的青砖，部分墓砖上有铭文。从墓砖的铭文可知，此墓为龙编侯之墓。

4－B₂　明桂王墓地　〔蝶山区龙湖镇高旺行政村高旺村中部的凤凰山东坡·南明·市文物保护单位〕　墓葬建于南明永历元年（1646）。据《岭表纪年》和《苍梧县志》记载，明末桂王朱常瀛和安仁王朱由㰑死后葬于此，称"兴陵"，是南明王族墓地。地处西江南岸，分布面积约1万平方米。墓葬封土已不存，多次被盗，随葬品多散失。1984年发现砖室墓5座，清理2座，为砖室墓，墓室长3.5米，宽2米。出土金质、银质圆形方孔无廓冥钱和"万历通宝"及"天启通宝"铜钱、镂刻通花玉带、玉饰件、松绿石、琥珀、玛瑙等随葬品300多件。

5－C₁　白鹤观　〔蝶山区角嘴街道珠山社区鸳江路1号河滨公园桂江西岸珠山东麓·清代·自治区文物保护单位〕　建于唐开元十三年（725）左右，唐咸通末（870—874），梧州刺史郑畋增修观宇，建临江书阁。清康熙年间（1662—1722）重修。坐西朝东，包括牌坊、院落、主殿、两侧殿等建筑，占地面积约3000平方米。现存石牌坊、正殿，正殿为清代建筑，砖木结构，面阔、进深三间，殿前设檐廊，卷棚顶，前檐石柱2根，其上刻楹联"莲座涌圆光一轮朗澈鸳江月，桂宫凝瑞霭五色平分鹤岭云"。殿内砖砌金柱4根，抬梁式木构架，硬山顶，盖琉璃瓦，墙绘彩色壁画。石碑坊为近代建筑，二柱三间，稍间吊柱不到底。明间硬山顶，檐下浮雕额枋，柱下设抱鼓石。坊前置石阶。

6 - C₂ **金劳社** 〔蝶山区夏郢镇德安行政村德安村·清代〕 建于明万历年间（1573—1620），具体时间不详。清乾隆、嘉庆年间（1736—1820）修复。坐西朝东，砖木结构，二进院落，由前门、前院、主殿组成，占地面积约193.6平方米。前开拱门，门额上嵌"金劳社"匾，门后为单坡顶，主殿面阔三间，青砖墙，抬梁式木构架，硬山顶，盖小青瓦，人字山墙。内壁嵌有明万历、清乾隆、嘉庆年间修建的碑刻3方。

7 - C₃ **允升塔** 〔蝶山区龙湖镇西江南岸锦屏山上·清代·市文物保护单位〕 清道光三年（1823）郁林州刺史恒梧和梧州绅士倡建，次年建成。1982年维修。坐南朝北，六边形楼阁式砖塔，边长3.9米，七层，高36米。石砌塔基，塔身各层叠涩出檐。底层及三至七层正面各开一拱门，二层相间开长方、圆形窗各3个，其余各层开上下相错的五个方、圆形窗。塔内各层设楼板，木梯1982年维修改为铁梯。门额有清两广总督阮元楷书"秀发梧江""观文成化""光射牛斗"等楷书石匾。

8 - C₄ **伽蓝庙** 〔蝶山区夏郢镇保安行政村保安村东部·清代〕 建于清代，具体时间不详。坐西朝东，砖木结构，两进院落，由前殿、后殿、天井、走廊组成，占地面积约85.28平方米。主体建筑面阔、进深一间，青砖墙，砖墙承檩，硬山顶，盖小青瓦，琉璃滴水，墙檐下有彩绘壁画。前殿前有檐廊，廊两边墙柱头立浮雕人像。中开拱门，门额上墨书"伽蓝庙"匾。廊前置6级垂带踏跺。天井两侧有敞开式走廊。

9 - E₁ **广西大学旧址** 〔蝶山区富民街道大学社区大学路蝶山顶·1928—1936年〕 1927年留德工学博士马君武应民国广西省政府邀请返桂创办广西大学并出任校长，学校全名为"广西省立广西大学"。1928年10月开学，1936年学校迁往桂林。大学设理、工、农三院及数学、物理、化学、生物、农学、林学、土木工程、机械工程、采矿冶金9个系和预科班（后改附中）。拥有办公楼、教学楼、科学馆、图书馆、教工宿舍、学生宿舍等10余栋建筑及牌坊2座，另有实习工厂和农场。旧址内保存有三层楼房两座，形制相同，坐北朝南，西式砖混结构，面阔49米，进深14米。青砖墙，原盖琉璃瓦，20世纪80年代改为水泥顶。总占地面积3232平方米。

10 - E₂ **王同惠墓** 〔蝶山区角嘴街道珠山社区鸳江路1号河滨公园珠山顶·1935年·市文物保护单位〕 王同惠（1912—1935），河北肥乡县人，费孝通夫人。1935年夏，费孝通夫妇应广西省政府邀请来广西瑶乡调查民族情况。同年12月16日在金秀大瑶山费孝通误入捕兽陷阱，王同惠下山寻人救夫途中坠崖溺水而亡。事后费孝通将其遗体运至梧州，安葬于珠山顶。墓葬朝西，冢呈圆丘形，砖和水泥构筑。墓碑高1.15米，宽0.98米。碑文由费孝通亲撰，记王同惠遇难经过。外围水泥柱、铁链护栏。占地面积17平方米。今在墓前、后加建了台阶。

11 - E₃ **夏郢烈士纪念碑** 〔蝶山区夏郢镇夏郢社区小山坡上·1950年〕 建于1950年，为纪念在解放战争和剿匪反霸斗争中光荣牺牲的烈士而建。坐北朝南，碑座呈六边形，面嵌刻烈士简介及记述事件的碑文。碑身为六棱柱体，高约9米，正面塑"革命烈士永垂不朽"8个大字，台基为方形，周边砌望柱栏板，前置10级台阶。占地面积约36平方米。

12 - E₄ **珠山烈士纪念碑** 〔蝶山区角嘴街道珠山社区鸳江路1号河滨公园珠山顶西部·1958年·市文物保护单位〕 1958年为纪念在梧州革命事业中牺牲的烈士而建。坐西朝东，平面呈方形，由台基、碑组成，占地面积约4000平方米。碑高15米，座为六边形，边长2米。碑身为八角柱体，顶部出檐，檐装饰五角星，正面镌刻"革命烈士永垂不朽"，背面镌刻"革命烈士纪念碑"。方形台基，边长10米，四面设栏杆，四面均设水泥台阶10级。

13 - F₁ **夏郢天主教堂** 〔蝶山区夏郢镇夏郢社区街道南段23号·1936年·市文物保护单位〕 1936年英国传教士建。砖木结构，西式二层楼房，占地面积约150平方米。面阔三间13米，进深三间10米。

14 - G₁ **塘源铜鼎出土点** 〔蝶山区龙湖镇塘源行政村西江南岸·战国〕 1965年，于村边西江南岸出土铜鼎1件。鼎高0.655米，口径0.535米，腹径0.635米。子母口微敛，深腹，圜底，附耳，腹部有凸棱一道，高蹄足，足起凸棱，饰兽面纹。

长洲区

1 - A₁ **木铎冲遗址** 〔长洲区长洲镇龙华行政村

龙华村西北约500米后背山木铎冲·旧石器时代〕 阶地遗址。1987年发现。木铎冲山高约50米，位于浔江北岸的Ⅱ级阶地，遗址面积约4万平方米。在地面散布有大量以砾石打制石器，采集到砍砸器、刮削器等40余件。

2－A_2　**爬冲头遗址**　〔长洲区长洲镇龙华行政村龙华村静冲·旧石器时代〕　阶地遗址。1987年发现。位于浔江Ⅱ级阶地，分布面积8000多平方米。采集到砍砸器、刮削器、石片等打制石器。

3－A_3　**铜鼓岭遗址**　〔长洲区长洲镇长洲岛尾端·旧石器时代〕　阶地遗址。1963年发现。岭高约50米，遗址地处浔江的Ⅱ级台地，分布于岭东面坡地上，面积约1万平方米。地面散布有大批用砾石打制的砍砸器、刮削器，石器以单面向打击为主，保留较多的砾石面。

4－B_1　**低山墓群**　〔长洲区大塘街道西堤路白石村低山·汉、唐、宋〕　墓群分布面积2万多平方米。1958年至1981年间，配合基建清理墓葬29座，其中西汉墓7座，东汉墓20座，唐、宋墓各1座。汉墓除1座单层木椁墓外，其余均为长方形竖穴土坑墓，墓坑长2.9—5.96米，宽1.6—3.9米。出土陶器、滑石器、玉器、铜器和金器等200余件。唐、宋墓皆为长方形券顶砖室墓，随葬品以青瓷器为主，有少量的铜器和陶器。

5－B_2　**达坡汉墓群**　〔长洲区倒水镇倒水社区达坡·东汉·市文物保护单位〕　墓葬数目不详。1980年修公路发现，为单室券顶砖室墓。墓室长1.76米，宽1.24米，高1.47米。出土陶屋、陶灶、陶仓、陶俑、铜矛、铜盆等文物。

6－B_3　**倒水南朝墓**　〔长洲区倒水镇倒水社区梧太公路边·南朝〕　1980年发现，为“凸”字形砖室墓。墓室长4.3米，宽1.7米，高1.8米。底部铺砖。甬道长1.78米，宽1.24米，高1.47米。砖一般长0.34米，宽0.15米，厚0.04米，侧面饰几何纹。出土青瓷双耳罐、钵、碗、虎子、骑马俑，陶犁田模型、果榼、作坊、牛圈、谷仓、家禽舍、牛车、武士俑、侍俑，以及铜弩机、铜刀、铁矛、铁钩等，共37件。（见《文物》1981年12期）

7－B_4　**百丘坟**　〔长洲区倒水镇马水行政村马水村西部花果山顶·清代·市文物保护单位〕　建于清咸丰年间（1851—1861年），清光绪九年（1883）迁葬立碑。墓葬朝南，圆丘形土冢，三合土封面，底径约2.6米，占地面积约7.02平方米。墓碑高1米，宽0.7米，厚0.3米，外用青砖包砌。碑文记述：清咸丰七年（1857）苍梧县多贤乡人罗华观率天地会众响应太平天国起义，马水及邻寨有二百八十多村民死难，因尸体难分而葬于一穴。

8－C_1　**青山庙**　〔长洲区长洲镇泗洲行政村泗洲村西南·明代〕　建于明嘉靖三十四年（1555）。坐北朝南，砖木结构，三进院落，主要由门楼、中殿、主殿、天井、走廊组成，占地约736.32平方米。各座面阔三间，穿斗式木构架，硬山顶，屋顶有简化脊兽、吻兽装饰，盖小青瓦。门楼前立一对石狮，明间开长方门，西次间开拱门，前后均为檐廊，中殿进深三间，为通殿，前、后檐各立石檐柱4根，无檐墙，殿内立木金柱8根。正殿进深二间，前檐无墙，殿内木金柱8根。天井地面砖砌，后天井中部走廊连接中、后殿明间，两侧有带屋面的蓄水池。庙内保存有石碑2方，主要记载青山庙的建造及重修概况。

9－C_2　**陈家祠**　〔长洲区长洲镇泗洲行政村泗洲村·清代〕　建于清代中期，具体时间不详。砖木结构，三进院落，由前座、中厅、后堂及厢房、天井等组成。占地面积约1000平方米。现仅存后座，面阔三间11.3米，进深三间9.9米，6木柱抬梁式木构架，悬山顶，盖小青瓦。

10－D_1　**“永垂不朽”石匾**　〔长洲区长洲镇泗洲行政村泗洲村小学·明代〕　匾刻1方。明崇祯二年（1629）刻。石匾长1.28米，高0.63米，厚0.1米。“永垂不朽”4字横行。字径0.3米，楷书，阴刻。镶于墙壁上。

苍梧县

1－A_1　**山儿遗址**　〔岭脚镇福传行政村山儿村北山儿山·旧石器时代〕　阶地遗址。1987年发现。山儿山呈馒头状，高约30米，位于西江北岸第Ⅱ级台地。有打制砍砸器、石胚、石片等散落在垄间地表，分布面积约5000平方米。遗址已辟为耕地。

2－A_2　**长山遗址**　〔岭脚镇人和社区山根村·新石器时代〕　山坡（台地）遗址。1987年发现。面积约2万平方米。地面散布有砍砸器、尖状器、刮削器等打制石器及一些磨制石器。打制石器多为单面打击制成，保留较多的原砾石面。

3－A_3　**孟陵故城址**　〔岭脚镇福传行政村福传村·汉—唐·县文物保护单位〕　汉置猛陵县，唐更名孟陵县，宋并归苍梧县。城址平面呈长方形，东西宽1.5公里，南北长2公里，面积约3平方公里。地面散布有零星的残砖、碎瓦片等遗物。城址已被开垦为农田，破坏严重。

4－A_4　**歌罗城址**　〔新地镇殿村行政村殿村城

山·隋代·县文物保护单位〕 据载为隋开皇年间 (581—600) 岭南俚帅李贤所筑。城址平面呈圆形，径约500米。依山势而筑，夯土城墙，外绕以护城壕。现城墙残高0.3—0.7米，护城壕宽3—5米。城内有一长14米、宽7米的长方形水池，从后山顶有一深沟直通。现城址范围内已开垦作荔枝园。1984年于城外发现唐墓1座，出土陶器10余件。

5-A₅ 大坡窑址 〔大坡镇大坡行政村大坡圩西北鸡篓岭南面山麓·汉代〕 地面散布有大量粗、细方格纹、弦纹、水波纹陶片，面积约3万平方米。在大坡、城村和榕村之间的岭岗上暴露可见的窑有10余座。1964年试掘一座，为马蹄形窑，由窑门、火膛、窑床和烟囱组成。残长5.2米，宽2.5米，高3.13米。窑门为椭圆洞口，火膛在窑门和窑床之间，有方洞烟道3个。窑室内有方格纹罐残片、瓦残片。

6-B₁ 陈大纶夫妻墓 〔新地镇富禄行政村古寨村南蛇山·明代〕 有墓葬2座，形制略同。一墓为"皇明诰赠奉政大夫陈大纶号心宇二公墓"，另一墓在其左下约20米处，为"皇明诰封太宜人陈母李太夫人墓"。墓葬朝南，冢呈圆丘形，墓地平面呈"凹"字形，周围砌青砖高0.5米，两端朝前呈梯级斜伸如扶手。墙面嵌有碑刻5方，中为墓碑，碑盖浮雕祥云拱日，碑面刻墓主生卒年，两侧柱刻对联。两墓占地约300平方米。

7-B₂ 木鱼山清墓 〔龙圩镇大恩村木鱼山上·清代〕 建于清乾隆四十六年（1781）。墓葬朝南，土冢已崩塌，冢前砌砖围护，碑为半圆顶，阴线镌刻双凤、双龙、太阳等纹饰，碑文斑驳难辨，依稀可见文载墓主生前曾为兴安县令。

8-B₃ 李子模墓 〔大坡镇坡头行政村料神村东南面约2000米的山上·清代〕 建于山坡修整出的平台上。墓葬朝西，土堆冢，原有青砖围砌，现砖已脱落，冢前两端前伸扶手。占地面积约100平方米。按李氏族谱所载为李济深曾太祖李子模墓葬。

9-C₁ 石桥圩桥 〔石桥镇石桥社区旧街口石桥冲河上·明代·县文物保护单位〕 建于明代，具体时间不详。东西走向，单孔石拱桥，长27米，宽3.8米，拱跨10.8米。桥身、桥拱用料石砌筑。桥面铺垫石板，两侧置条石矮护栏，两端各6级石踏跺接引桥。清同治版《苍梧县志》有载。

10-C₂ 蓬杣桥 〔石桥镇塘蓬行政村蓬木山脚沙塘圳上·明代·县文物保护单位〕 建于明代，具体时间不详。为当时贺县至梧州古道上的道路桥梁。跨山沟小河，南北走向，单孔石拱桥，长14米，宽2.8米，拱跨9米。桥身、桥拱用料石砌筑。桥面用石板

铺平，两侧置长条石矮护栏，两端各有7级石踏跺接引桥。

11-C₃ 大锅岭桥 〔石桥镇塘蓬行政村大锅岭下的小河沟上·明代〕 建于明代，具体时间不详。位于贺县至梧州古道上。南北走向，单孔石拱桥，长5.4米，宽2米，拱跨3米。桥身、桥拱皆用料石砌筑，桥面石板铺平，两侧护栏缺失。

12-C₄ 塘蓬桥 〔石桥镇塘蓬行政村塘蓬村西更圳上·明代·县文物保护单位〕 建于明代，具体时间不详。位于贺县至梧州古道上。南北走向，单孔石拱桥，长10.4米，宽2.8米，拱跨6.4米，桥身、桥拱皆用石料砌筑，桥面用长条石板铺平，两侧置条石矮桥栏，一侧桥栏已塌。桥两端各有4级踏跺接引桥。

13-C₅ 铁塘村桥 〔沙头镇铁塘行政村金桥村大圳河上·明代·县文物保护单位〕 建于明代，具体时间不详。俗称金桥，为贺县至梧州古道上的道路桥梁。跨小河沟，南北走向，单孔石拱桥，长6.5米，宽1.8米，拱跨2.6米。桥身、桥拱皆用料石砌筑，桥面铺石板，两侧有条石矮护栏，两端石踏跺接引桥。清同治版《苍梧县志》有载。

14-C₆ 粤东会馆 〔龙圩镇忠义街·清代·自治区文物保护单位〕 建于清康熙五十三年（1714），清乾隆五十三年（1788）重修。砖木石结构，三进院落，由前座、中座、后座、更楼、致富宫及厢房组成。现存前、中、后三座，占地面积约1373平方米。三座均面阔一间，进深前座一间，青砖墙，木、石柱，抬梁式石木构架，悬山顶，盖小青瓦，梁、枋浮雕花鸟。中座与后座西边走廊壁上嵌《重建粤东会馆碑记》1方，记重修粤东会馆的经过及捐款芳名。

C₆₋₁ 重建粤东会馆碑记 〔龙圩镇忠义街粤东会馆·清代〕 碑刻1方，清乾隆五十三年（1788）立，嵌于粤东会馆中座与后座西边走廊墙上。碑高1.66米，宽0.83米。候诰授奉直大夫、翰林院编修、戊申科广西乡试副主考温汝适撰并书丹。额题"重建粤东会馆碑记"8字，落款"五十三年岁次戊申仲冬吉旦"。碑文竖行，记述当时龙圩镇物产、行业、商号及两广经济交流情况。

14-C₇ 炳蔚塔 〔龙圩镇铁顶角山·清代·县文物保护单位〕 建于清道光四年（1824），由苍梧西江南岸五乡（即今林水、新地、大坡、广平、龙圩五乡镇）群众捐资修建。1949年塔顶两层被雷击毁，1990年修复。楼阁式砖塔，平面呈六边形，边长3.9米，塔高七层34米。塔身各层叠涩出檐，塔腔中空，每层设木楞楼板、楼梯，每层北面开拱门。底层门额嵌清道光年间梧州府知事袁渭钟题刻的"文峦耸秀"

石匾，二层门额嵌清代临桂状元陈继昌篆题"炳蔚塔"石匾。

15 – C₈　三界庙〔京南镇高稳行政村高稳村·清代·县文物保护单位〕　建于清道光二十年（1840），清光绪三十二年（1906）重修。砖木结构，两进院落，由前殿、后殿、天井、厢房等组成，占地面积约1092平方米。前殿面阔五间，明间开大门，前有檐廊，石柱镌刻楹联，天井两侧有厢房及走廊。后殿设伏案。皆青砖墙，硬山顶，盖琉璃瓦。庙内存清同治五年（1866）铸铁钟1口。

16 – C₉　富禄宫〔木双镇木双行政村木双村·清代·县文物保护单位〕　始建年代不详，清咸丰四年（1854）重建。坐东朝西，砖木结构，庭院式，占地面积约300平方米。主体建筑面阔三间，进深二间，悬山顶，盖小青瓦，脊饰动植物浮雕及二龙戏珠彩瓷。墙内壁绘有壁画，中嵌咸丰四年重建富禄宫碑刻1方。

17 – C₁₀　太平总庙〔广平镇河口行政村河口村小学内·清代〕　建于明代，原祀唐代卫国公李靖，清同治九年（1870）重建。坐西朝东，砖木结构。原为三进院落，由前殿、中殿、后殿及厢房、天井组成。现存前殿、中殿，占地面积约180平方米。各殿面阔三间，青砖墙，抬梁式木构架，硬山顶，盖小青瓦。前殿进深一间，六棱石檐柱镌刻楹联。中殿进深三间，内为通厅。庙内壁镶嵌清同治九年《重建太平总庙碑记》1方。

18 – C₁₁　盘古祖庙〔京南镇长发行政村长发村·清代〕　始建年代不详，清光绪十九年（1893）重修。砖木结构，单体建筑，占地面积约150平方米。面阔三间，进深一间，青砖墙，抬梁式木构架，硬山顶，盖小青瓦。破坏严重。

19 – C₁₂　武婆总庙〔岭脚镇流山行政村名山村大鳖膀山嘴·清代〕　建于清代，具体时间不详。建于砖砌高台基上，坐北朝南，砖木结构，二进院落，由前殿、后殿、天井、厢房组成，占地面积约160平方米。前、后殿面阔三间，进深一间，青砖墙搁檩，硬山顶，正脊、垂脊灰塑动物、花卉等，盖小青瓦，人字山墙。檐墙上有彩绘壁画。前殿置前檐廊，立石檐柱2根，明间门额上嵌"武婆总庙"匾。廊前置4级砖踏跺。天井两侧厢房已毁。

20 – C₁₃　念村砖塔〔龙圩镇念村行政村念村·清代〕　建于清代，具体时间不详。风水砖塔，平面呈六角形，边长1.6米，高二层10米。塔腔中空，底层开门，有轻微损毁。

21 – C₁₄　韦氏宗祠〔六堡镇大中行政村大屋村·清代〕　建于清代，具体时间不详。坐北朝南，砖木结构，三合院，由大门、天井、厢房、后堂组成，占地面积约220平方米。大门面阔、进深一间，青砖墙，硬山顶，盖小青瓦，门额上墨书"韦氏宗祠"匾。天井两侧各有厢房二间，砖墙搁檩，硬山顶，山墙灰塑博古。后堂面阔三间，明间无前墙，两次间以砖墙分隔，砖墙搁檩，硬山顶，盖小青瓦。檐下有彩绘壁画。

22 – C₁₅　陈氏宗祠〔六堡镇首溪行政村底屋村·清代〕　建于清代，具体时间不详。坐南朝北，砖木结构，二进院落，由前座、后堂、天井、走廊组成，占地面积约250平方米。前座、后堂面阔三间，砖墙承檩，硬山顶，正脊、垂脊灰塑山水、动物、花卉、博古，盖小青瓦，琉璃勾头、滴水。前座前施檐廊，立石础木檐柱2根，明间门额上嵌"陈氏宗祠"匾，檐下彩绘壁画，廊前置3级石踏跺。后堂明间为通厅。

23 – C₁₆　聂氏宗祠〔大坡镇松柏行政村松柏村·清代〕　建于清代，具体时间不详。坐西朝东，砖木结构，二进院落，由前座、后堂、天井组成，占地面积约250平方米。前座、后堂面阔三间，砖墙承檩，硬山顶，正脊端灰塑博古，盖小青瓦。前座进深一间，明间前有凹廊，门额上墨书"聂氏宗祠"匾。门前置4级垂带踏跺。后檐开敞。后堂进深三间，砖砌金柱，内为通厅。后檐墙开有2个拱门。

24 – C₁₇　钟懿蓉故居〔广平镇河口行政村上林村·清代〕　建于清代，具体时间不详。坐西朝东，砖木结构，三进院落，由前座、中厅、后座、天井、厢房组成，占地面积约831平方米。各座面阔五间，进深二间，清水墙，开直棂窗，硬山顶，脊灰塑动物、山水、花卉、博古、卷书等，盖小青瓦。人字山墙。墙上彩绘壁画。前、后天井两侧均有厢房一间。钟懿蓉，号镜人，同治甲戌（1874）科进士，历官广东肇庆典阳罗分巡道，署理惠阳嘉兵备道，刑部主政兼监试官，后诰授通议大夫。

25 – C₁₈　武信第〔新地镇古卯行政村古卯村·清代〕　建于清代，具体时间不详。砖木结构，二进院落，占地面积约200平方米。大门在东墙北端，朝南，面阔一间，青砖墙，硬山顶，卷草翘脊浮雕花卉，垂脊灰塑博古，盖小青瓦。门楼额悬挂"武信第"匾，入内为天井，与门楼相对的厢房门额悬挂"明经第"匾。主屋在天井南面，坐南向北，面阔三间，进深二间，内为砖砌分隔墙，砖墙承檩，悬山顶，盖小青瓦。

26 – C₁₉　倪氏民居〔木双镇黎壁行政村桐木村·清代〕　建于清代，具体时间不详。坐西朝东，砖木结构，庭院式，占地面积约750平方米。主体为三进院落，设有前院，大门开于南面，前、中、后座面阔三间，青砖墙承檩，悬山顶，盖小青瓦。正脊、垂脊灰塑博古、人物、动物、花卉等。青砖墁地。檐墙上彩绘壁画。后天井两侧为厢房。南侧院仅存南墙边厢房五间，北侧院设有天井及厢房，硬山顶，盖小青瓦。人字山墙。

27 - D₁ 龙岩摩崖石刻 〔石桥镇石桥行政村龙岩山龙岩洞、三星岩·清—民国·县文物保护单位〕龙岩洞、三星岩相邻，洞内外有摩崖石刻 12 方。主要为题榜。其中有清代里人莫子昶题榜书"三星岩"以及民国新桂系李宗仁、白崇禧、黄旭初等人分别题刻的"奇雄壁立""破壁而飞""介然独立"等榜书。此外，在龙岩内还有抗日战争时期广西学生军用石灰浆书写的"打倒日本帝国主义"标语。

28 - D₂ 高寨摩崖石刻 〔六堡镇塘坪行政村高寨隘口·清代〕摩崖石刻 1 方。清光绪十一年（1885）刻。刻面高 0.64 米，高 0.48 米。文竖行，字径 0.4 米，楷书，阴刻。邑人黎士光撰文并书丹。石刻诗一首，诗文记述当年水灾的情况。

29 - D₃ 京南摩崖石刻、碑刻 〔京南镇京南街石角头江岸上·清代·县文物保护单位〕摩崖石刻 1 方。清光绪十四年（1888）刻。刻面高 4 米，宽 2.6 米。文竖 3 行，字径 0.6 米，楷书，阴刻。邑人罗栋材撰文、书丹、镌刻。题"汉士威彦先生故里" 8 字，其中"威""生" 2 字下部残缺。士燮（137—226），字威彦，祖籍山东汶阳，汉交州广信（今广西苍梧县京南乡）人。东汉灵帝时任尚书郎，东汉中平四年（187）任交趾太守。东汉建安末年（220）归附东吴，在吴国和蜀汉的冲突中支持吴国并诱导益州的豪族雍闿叛蜀附吴，吴主孙权封其为卫将军、龙编侯。著有《士燮集》《春秋经注》《公羊注》《谷梁注》。

30 - D₄ 重建木双宫碑记 〔木双镇行政村双贤村·清代〕刻记 4 方，其中碑刻 1 方，匾刻 1 方，石刻楹联 1 副。木双宫建于明代，历代重修，清道光七年（1827）重建。现存前座及其内壁上的《重建木双宫碑记》碑、《木双宫》石匾和镌刻有楹联的石檐柱。其中《重建木双宫碑记》碑高 1.5 米，宽 0.56 米。碑文竖行，字径 0.02 米，楷书，阴刻。邑人李崧毓撰文并书丹。碑文记述建木双宫的缘由和重建经过。

31 - D₅ 宝城寺碑记 〔大坡镇大城行政村大城村宝城寺·清代〕碑刻 1 方。清乾隆十五年（1750）立。碑阳朝北，高 1.44 米，宽 0.7 米。碑文竖行，字径 0.05 米，楷书，阴刻。额题"重建宝城寺碑记" 7 字，碑文记述宝城寺兴衰之沿革及重修经过。

32 - D₆ 同文义学匾刻 〔石桥镇中心小学内·清代·县文物保护单位〕碑刻 1 方。同文义学为清道光年间（1821—1850）邑人廖智光、潘怀珠倡建，后

毁，现存石匾。匾高 0.6 米，宽 1.4 米。横行"同文义学" 4 字，字径 0.25 米，楷书，阳刻。梧州三家咀许懿林撰文并书丹。现匾刻"义"字部分笔画已残缺。石桥镇中心小学修建了青砖基座对匾刻进行保护。

33 - D₇ 尚书义学匾刻 〔京南镇京南社区京南小学·清代·县文物保护单位〕匾刻 1 方。清光绪二十年（1894）刻。匾高 0.6 米，长 1.2 米。邑人罗栋材撰文并书丹。横行"尚书义学" 4 字，字径 0.6 米，楷书，阳刻。匾中"学"字曾被毁，现已修补。碑镶嵌于京南小学校门额上。京南是东汉末年交趾太守士燮的故里。清光绪二十年邑人罗栋材倡办乡学，名"尚书义学"，以资纪念。

34 - D₈ 朱子家训碑 〔狮寨镇大昌行政村大昌村·清代〕碑刻 1 方。清光绪三十四年（1908）立。碑高 0.65 米，宽 0.55 米。碑文竖行，字径 0.02 米，楷书，阳刻。严寿山立，保存完好。朱子，即朱柏庐（1617—1688），名用纯，字致一，号柏庐，江苏昆山人，治学用程、朱为本，作《治家格言》，世称《朱子家训》。

35 - D₉ 大人庙匾刻 〔京南镇京南社区政府右侧·清代〕匾刻 1 方。大人庙为纪念东汉名士士燮的庙宇，庙毁，存石匾。匾高 0.47 米，宽 1.43 米。横行"大人庙" 3 字，字径 0.4 米，楷书，阳刻。

36 - D₁₀ 纪念黄巢义军碑 〔沙头镇大寨行政村大寨村西北面山坡上·清代〕碑刻 8 方，其中主碑 1 方，纪念题词碑 7 方。碑阳朝东。主碑高 2 米，碑文竖行阴刻"纪念黄巢义军护民洞主老大公爷衔位"。村民以水泥修筑护碑，前置石拜台、石香炉、石焚纸炉。

37 - E₁ 李济深故居 〔大坡镇坡头行政村料神村·1925 年·全国重点文物保护单位〕李济深（1885—1959），字任潮，广西苍梧县大坡镇料神村人，国民革命军陆军二级上将，中国国民党革命委员会主要创始人、领导人之一。中华人民共和国成立后，任中央人民政府副主席、全国人大常委副委员长、全国政协副主席，1959 年 10 月 9 日在北京病逝。故居建于 1925 年，为中西合璧四合院，共有大小厅房 53 间，占地面积 3040 平方米。庭院天井按"八卦"图像铺建，回廊曲折，设石湾茶色琉璃栏杆。有三道楼梯分别于东、南、北通二楼，二楼楼房耸峙，回廊镶嵌铁栏杆，东楼有李济深卧室，卧室前为客厅。西楼为议事厅，三楼设电报室，左右两边阳台、瓦面设墩子式走廊通向四角炮楼，形成完整的防御体系。1929 年，李济深被蒋介石囚禁，获释后回乡住在这里。1936 年，李济深在此召开组织"民族革命同盟"会议。

38 - E₂ 桃、调、诰农会旧址 〔广平镇调村行政

村调村·1926—1927年·县文物保护单位〕　1926年10月，中共梧州特委派戴锡录、李家怡到广平的桄榔村、调村、诰村，发动农民组织农民协会。桄、调、诰农民协会农民自卫军在此成立，开展"二五减租"。旧址原为农会会长乐绍武住宅，为两进院落，前、后两座，中为天井，占地面积约402.5平方米。会址在后座，砖木结构，面阔五间，悬山顶，盖小青瓦。

39 - E$_3$　**"抗日救国"标语**〔龙圩镇古凤行政村宕室村望江咀山上·1940年〕　1940年，李济深为激励民众抗日救国信心，组织兵士及民众在南山坡上用石灰、卵石铺成"抗日救国!"4个大字。每字长17米，宽11.5米，字距约10米。

40 - E$_4$　**中共石桥支部旧址**〔石桥镇石桥社区石桥中心小学·1943—1944年·县文物保护单位〕1942年桂林"七九"事件和1943年南宁"一一五"事件后，中共广西组织转移到农村发展革命力量。1943年8月，中共石桥支部在此成立，并作为中共广西省工委机关的预备基地。1944年初暴露，人员陆续撤回钟山县。旧址原为石桥圩国民基础小学校，建于1912年。旧址前楼面阔60米，进深4米，泥坯墙，木构架，二层楼房。楼后是四合院式校园。

41 - E$_5$　**李济深山庄**〔龙圩镇念村行政村寨塘冲·1944—1945年·县文物保护单位〕　1944年，李济深接受周恩来的建议，回广西开展抗日斗争。山庄一度成为李济深与民主人士聚会商讨时政和抗日军情的场所。山庄原是李家看守山场的住所，为两层楼房，面阔三间，进深一间，泥坯墙，木构架，悬山顶，盖小青瓦。房右侧为一间伙房，前面为水塘。占地面积约200平方米。

42 - E$_6$　**广平烈士墓**〔广平镇广平社区大蚬山·1955年〕　1950年5月3日，广平区税务干部钮兆霖、陈赞辉在执行公务时遭土匪袭击，壮烈牺牲。1950年8月22日，土匪袭击广平区政府，区委书记庞国忠，干部陈楚壁、杜琼霄、吕泰庆、李陆翘，解放军战士戚文德、邵佩荣在战斗中英勇牺牲。20世纪七八十年代，广平籍解放军战士李永、周家杰、冀亚金在部队因公牺牲。为纪念革命先烈，1955年起，苍梧县人民政府、梧州市税务局等先后在大蚬山修建了革命烈士墓。烈士墓共3座，均坐南朝北，水泥构筑，二层半圆护圈墙，内层墙中部置墓碑，前有半圆形祭台。墓碑呈山形，上镶红色五角星，中部为烈士芳名，两侧刻有"生为人民，死重泰山"挽联。

43 - E$_7$　**大坡烈士纪念碑**〔大坡镇旁鸡簸岭山·1957年〕　1950年3月13日，潜伏在铜镀大山上的土匪袭击胜洲乡政府，抢夺胜洲粮仓，胜洲乡政府工作

队队员吴茄牧、刘成、毛文炳英勇牺牲。1957年，苍梧县人民政府修建了烈士纪念碑。纪念碑坐西朝东，水泥石结构，二级四方碑座，高1.2米，底边长2.4米，正面嵌"烈士碑"，刻烈士姓名、性别、籍贯及事迹。碑身为四方立柱体，攒尖顶塑五角星，高约3米，正面塑"革命烈士永垂不朽"。占地面积约120平方米。

44 - F$_1$　**李品芗住宅**〔新地镇殿行政村水口村·1925年〕　李品芗是民国广西桂林绥靖公署主任李品仙的胞弟。住宅建于1925年。坐西朝东，砖木结构，庭院式，分前、后院，主要建筑有门楼、厢房、主楼、走廊等。前院大部分建筑和后院部分厢房已损毁或被改建为新楼房。主体建筑在后院，是一座西式二层楼房，面阔11.5米，进深8.5米，上、下层前面为五联拱外廊，上层廊沿设宝瓶式栏杆。屋顶砌十字花窗女儿墙，饰弧形山花。建筑内部面阔三间，进深二间，明间为厅，两侧各有房二间。

45 - F$_2$　**廪村秦氏民居**〔龙圩镇社学行政村廪村·1925年〕　建于1925年。坐西朝东，砖木结构，庭院式，大门朝南，面阔一间，门后为庭院，主体建筑在院内西面，为西式二层楼房，面阔三间17.5米，进深二间12米，占地面积约210平方米。底层、二层前立面为三联拱外廊，廊柱和卷拱饰凸线，楼顶有女儿墙，饰三角形山花。四面坡屋顶，盖小青瓦。

46 - F$_3$　**蒙氏宗祠**〔岭脚镇高垌行政村廊坡村·1926年〕　建于1926年。坐北朝南，原为三进院落，后座和厢房已毁，只存两进一天井，占地面积约270平方米。建筑为青砖墙承檩，硬山顶，盖小青瓦，人字山墙。前座带三联拱外廊，廊顶饰半圆、三角形山花，半圆山花面浮雕青松、人物、动物，三角形或弧形山花顶塑八卦，面浮雕圆球、双旗、动物，灰塑"追远堂"3字。廊内主体面阔三间，明间门额上书"蒙氏宗祠"匾，屋内为通厅。前座、中厅间置拜亭。中厅为通厅。

47 - G$_1$　**古泻冲铜鼓出土点**〔广平镇替金行政村替金村古泻冲·西汉—唐〕　1987年2月16日，于古泻冲出土北流型铜鼓1面，鼓面朝下。鼓面径0.88米，高0.41米。鼓面太阳纹十芒。面沿环列四蛙，其中三蛙逆时针，一蛙顺时针。面、身皆饰云雷纹，胴部三线弦纹晕圈，鼓壁严重破损。胸腰间附环耳2对。

48 - G$_2$　**富华屯铜鼓出土点**〔大坡镇马王行政村富华屯·西汉—唐〕　1973年，于村边山坡出土北流型铜鼓1面，鼓面朝下。鼓面径0.71米，高0.41米。鼓面太阳纹八芒。面沿环列四小牛，已失，其余纹饰不清晰。身饰云纹、雷纹填线纹。足部一立物已失。

胸腰间附环耳 2 对。足部已残。

藤县

1 - A₁ 龙船岭遗址 〔太平镇西约 1.5 公里濛江与勒竹河汇合口西北岸边的龙船岭·新石器时代〕山坡（台地）遗址。1963 年发现。分布在龙船岭顶部，面积约 6 万平方米。采集的遗物有打制石器有砍砸器、刮削器等 6 件，磨制石器有肩石斧 2 件、石器半成品 2 件、夹砂绳纹陶片 4 片，陶片器形不明。

2 - A₂ 吊颈岭遗址 〔太平镇西约 1.5 公里的濛江与勒竹河汇合口西北岸吊颈岭·新石器时代〕山坡（台地）遗址。1963 年发现。东边紧临龙船岭，分布面积约 5 万平方米。采集的遗物有打制石器 8 件、磨制石器 5 件、石器半成品 2 件和陶纺轮 1 件。打制石器有砍砸器、刮削器，磨制石器为石斧、有肩石斧。

3 - A₃ 蜘蛛岭遗址 〔太平镇安福行政村古德冲西北约 400 米蜘蛛岭·新石器时代〕山坡（台地）遗址。1963 年发现。遗址西北临蒙江，面积约 5 万平方米。未经发掘，采集打制石器及磨制石器数件。

4 - A₄ 大岭顶遗址 〔藤州镇白沙行政村旺村峒西北约 200 米石公冲·新石器时代〕山坡（台地）遗址。1963 年发现。遗址在岭东南部，面积约 10 万平方米。未经发掘，采集打制石器 3 件，石片 1 件，磨制石斧、石锛共 7 件。

5 - A₅ 歪塘岭遗址 〔濛江镇安和行政村马星村西约 100 米歪塘岭·新石器时代〕山坡（台地）遗址。1963 年发现。遗址在岭顶南部，面积约 1 万平方米。未经发掘，采集到打制石斧等石器多件。

6 - A₆ 佛子岭遗址 〔濛江镇安和行政村红岭儿村佛子岭·新石器时代〕山坡（台地）遗址。1963 年发现。遗址面积约 1 万平方米。1963 年冬在岭顶及南坡采集到打制石器及磨制石锛等数件。未经试掘。

7 - A₇ 镡津故城 〔藤州镇胜西行政村胜西村·唐—明〕唐天宝年间（742—756）置镡津县，五代至元延之。属藤州，为州治，明洪武二年（1369）废。城址平面呈长方形，南北长 650 米，东西宽 460 米，面积约 29.9 万平方米。以土夯筑城墙，外有护城壕。墙基厚 6.5 米，现东南、东北角残存有墙基，西面残存一段护城壕。

8 - A₈ 义昌城址 〔金鸡镇新民行政村洲地村东约 50 米·唐代〕据《藤县志》载，原为晋置安沂，唐至德二年（757）改置义昌，宋开宝三年（970）废。城址平面呈长方形，东西长 800 米，南北宽约 500 米，面积约 40 万平方米。夯土城墙，依山势而筑，西北高，

东南低。现城西北角尚保留部分残墙，残墙最高 7 米，厚 9 米，夯层厚 0.45 米。城内辟为耕地。

9 - A₉ 五屯城址 〔和平镇屯江行政村五屯村·明代〕位于平南、藤县交界要道猪母冲关口，为五屯千户所治，建于明成化二年（1466），明嘉靖八年（1529）增建城址，由世袭覃氏土目驻防。城址平面呈长方形，南北长 405 米，东西宽 175 米。四周夯土城墙，绕以护城河，城墙厚 8 米。开东门二，西、南、北门各一，原皆有门楼。城外北面设有四个凸入护城河中的炮台。现地面建筑已毁，残存墙基、台基等，轮廓可辨。

10 - A₁₀ 古龙窑址 〔古龙镇忠隆行政村中坡村西北约 300 米马鹿头东坡·东汉—唐·自治区文物保护单位〕1964 年试掘 2 座，均为马蹄形窑，由窑门、火膛、窑床、烟道等部分组成，烟道两道位于窑床后两角。其中一号窑，窑门残缺，通长 2.44 米，窑床长 1.08 米，前宽 0.93 米，后宽 1.34 米，前低后高。烟道径 0.35 米。烧造敞口青釉碗和方格纹、水波纹陶罐等器物，以圆锥形泥块支烧。

11 - A₁₁ 胜西窑址 〔藤州镇胜西行政村·唐—宋〕1963 年发现窑口 4 座，均为马蹄形，窑门、窑室均存，窑内有烟道 3 条。窑室阔 2.5—2.7 米。未发现遗物。1976 年，因在窑址修建化工厂，窑址被毁。

12 - A₁₂ 岭尾窑址 〔濛江镇新安行政村岭尾村东南约 100 米瓦背地·唐代〕因地属长洲水利枢纽水淹库区，1963 年发现。窑口 2 座，残损严重，窑室残高 1.3 米，厚 0.3 米。未发现遗物。

13 - A₁₃ 雅瑶窑址 〔藤州镇胜西行政村雅瑶村内·五代—宋·县文物保护单位〕在西江南岸，东西长 1.5 公里。发现废品堆积 9 处，其中 4 处暴露出馒头形窑室。地面遍布碗、盘、壶、罐、盂等青瓷器和陶器的残片。瓷器施青灰黑褐釉，釉不及底。胎粗厚，呈灰色或紫色，无纹饰。叠烧，器里有 3—4 颗支烧痕。雅窑村有"九窑十社"传说，是具有相当规模的民间陶瓷窑址。

14 - A₁₄ 洲地窑址 〔金鸡镇新民行政村洲地村东北面约 100 米的北流河西岸·宋—元〕窑址东距北流河约 10 米，分布面积约 100 平方米。发现龙窑 1口，东北—西南走向，窑室遭破坏已不存，窑道残长 10 余米，废品堆含残断的匣钵、垫饼等窑具和青白瓷碎片。器形以碗、盏等为主。

15 - A₁₅ 中和窑址 〔藤州镇中和行政村中和村北流河东岸沿岸的小山丘上·宋代·自治区文物保护单位〕发现窑口 20 余座，以废匣钵为主的废品堆有 10 余处，最厚的堆积达 3.4 米。范围南北长约 2 公里，

东西宽约 0.5 公里。1964 年、1975 年试掘 2 座坡式龙窑，由火道、窑门、火膛、窑床、烟道组成，残长 50 余米，宽 3 米。产品以碗、盘、盏、碟为主，还有壶、罐、瓶、盒、钵、盂、杯、盅、炉、灯、熏炉、腰鼓、印花模具、鸟食罐、水注等。瓷胎细腻洁白，坚硬轻薄，以影青釉为主，另有少量米黄、褐色釉。早期均用一钵一器仰烧法，晚期兼用叠烧法。纹饰以印花为主，其中席纹地、珍珠纹地缠枝花卉、海水摩羯纹为别处所少见。

16 - A₁₆ 灵济寺遗址 〔塘步镇大元行政村石后屯浔江河畔·宋—清·县文物保护单位〕 建于宋代。据该寺《重修碑记》载，此寺明代中期仍存在，清光绪八年（1882）重修。面积约 600 平方米。原建筑早年已毁，1998 年，遗址出土了 18 尊圆雕红砂岩石佛像，除 1 尊完整外，余皆残损。石佛像高一般 0.8—0.9 米，最高达 1.13 米。

17 - A₁₇ 明城墙遗址 〔藤州镇武装部、科协、电影院一带·明代·县文物保护单位〕 据县志记述，南朝梁敬帝绍泰元年（555）置石州，辖四郡，隋开皇三年（583）废石州永平郡置藤州，明洪武十年（1377）、十一年（1378）降州为县。藤城为县治所在地，开始筑城墙，四周土夯城基，明天顺四年（1460）土寇毁之，五年（1461）以砖石重砌，高 7 米，周长 1080 米，城门四座，城楼高 13 米，有敌楼 4 座，鼓楼 13 座，串楼 360 间，至明成化二年（1466）又从永安门至迎恩门凿护城河。民国以后城墙逐步拆毁，护城河填为街道。现只剩两段城墙，由片石堆砌而成。科协一带的城墙，残高 1.5 米，长 10 米；武装部一带的城墙，残高约 2.5 米，长约 100 米。

18 - A₁₈ 袁崇焕故居遗址 〔天平镇新马行政村北侧·明代·县文物保护单位〕 袁崇焕（1584—1630）。字元素，号自如，广西藤县人。明天启七年（1627）升任兵部尚书兼右副都御史，督师蓟辽督登莱、天津军务。明崇祯三年（1630）八月袁崇焕被冤杀于北京城。《明史》有载。故居原为明嘉靖元年（1522）袁崇焕祖父袁西堂修建，袁崇焕在这里出生，并度过少年时代。遗址占地面积约 1000 平方米。现存部分基址和柱础、石马槽等遗物。袁崇焕当年种植的榕树尚有几株留存。

19 - B₁ 津北墓群 〔藤州镇白沙行政村旺村峒附近的低山丘陵·战国—南朝〕 范围东西长约 3 公里，南北宽约 1.5 公里，面积 4.5 平方公里。墓葬封土已不可辨。地面散布有米字纹、方格纹、弦纹陶片和青瓷片等遗物。砖厂取土时零星发现陶罐、陶屋、铁剑等物。1987 年砖厂取土推出 1 座土坑墓，出土陶鼎、

壶、罐、盆，滑石钫、璧、耳杯、砚、案、杯、器盖等共 29 件，为西汉晚期墓葬。

20 - B₂ 鸡谷山墓群 〔藤州镇西南鸡谷山四周山脚一带·战国—宋〕 分布于县党校、广播电视局、藤县中学、供电所一带，面积约 4.25 平方公里。墓葬封土均毁。1962 年至今，先后发现墓葬 16 座，其中竖穴土坑墓 5 座，其余为券顶砖室墓。土坑墓多为西汉墓，砖室墓多晋墓，还有一些战国、隋、宋墓。砖室墓有单室和双室。出土鸡首壶、唾壶、碗、钵、四耳罐等青瓷器和滑石器。1986 年清理 1 座土坑墓，出土陶器、滑石器、铜器和石印章等随葬品一批。

B₂₋₁ 鸡谷山汉墓 〔藤州镇鸡谷山东麓·西汉〕 1986 年在鸡谷山东坡发掘长方形竖穴土坑木椁墓 1 座，方向 45°。墓室长 3.9 米，宽 2.1 米，残高 0.65 米。出土陶罐、壶、盒、钵、瓮、盂、灯，滑石鼎、钫、杯、璧、俑、猪、鸡，铜剑、带钩、盂、壶、樽，以及石印章、玉剑饰等，共 48 件。石印上刻篆体阴文"猛陵之印"。（见《广西文物》1993 年 1 期）

B₂₋₂ 鸡谷山晋墓 〔藤州镇鸡谷山东麓藤县公安局·晋代〕 1963 年发掘晋墓 1 座，为长方形券顶砖石墓，东向，由甬道、前室、后室组成，长 6.16 米，高 1.8 米。前、后室间用砖砌券拱门，地铺长方砖，棺具及尸骨已朽，随葬品位置散乱，所存遗物有铜镜、铁剑、滑石猪、瓷片等。

B₂₋₃ 藤中晋墓 〔藤州镇鸡谷山东麓藤县中学内·晋代〕 1960 年发掘晋墓 1 座，为"凸"字形砖室墓，用单层红砖砌成，由甬道、中室和后室三部分组成。甬道长 0.28 米，宽 0.75 米；中室长 0.78 米，宽 1.15 米；后室长 3.57 米，宽 0.8 米。棺具仅存板灰及棺钉，墓主置于后室。出土青瓷唾壶、鸡首壶、四耳罐、碗、碟及滑石猪等共 19 件。（见《文物》1962 年 1 期）

21 - B₃ 吊颈岭墓群 〔太平镇西 1.5 公里蒙江与勒竹河汇合处西北吊颈岭·战国—南朝〕 范围东西长约 1 公里，南北宽约 0.8 公里，面积约 0.8 平方公里。墓葬封土已毁。地面散布有米字纹、方格纹、弦纹陶片。1963 年在岭中部发现 1 座被破坏的土坑墓，出土方格纹陶罐、五联陶罐、滑石璧等 7 件随葬品。

22 - B₄ 兰村墓群 〔埌南镇双底行政村兰村屋背山·汉—晋〕 屋背山地处丘陵地带，山坡平缓。墓葬分布面积约 1 万平方米，在墓区范围发现两处墓葬遗迹，相隔约 200 米，一处位于山坡耕地，已被破坏，墓砖零星散落；另一处位于山坡民居群中，裸露出长 0.68、宽 0.35 米的墓室砖壁，墓砖饰叶脉纹。

23 - B₅ 胜西墓群 〔藤州镇胜西行政村村边山头·汉—南朝〕 分布面积约 6 平方公里。少数墓葬

可辨封土。1963 年以来，陆续发现墓葬 20 余座，其中土坑墓 4 座，均为汉墓，其余为晋至南朝砖室墓。清理了 6 座。土坑墓出土匏壶、罐、壶、灯、屋等陶器和滑石鼎、璧等。砖室墓为券顶，大墓有甬道，长 6—8 米，宽 1.4—1.6 米，高 2—2.5 米，出土鸡首壶、盘、碗、砚、灯、四耳罐等瓷器；小墓为单室，长 4 米，宽 0.8 米，高 1.2 米，无随葬品。

24－B₆ 平山车汉墓 〔新庆镇同敏行政村平山车村大坪山北侧近山顶处·汉代〕 汉墓 1 座，墓葬在大平山北侧，较陡，距山脚约 50 米，占地面积约 5 平方米。为竖穴土坑墓，墓底距地表 2 米余，墓坑宽约 1 米，墓长不详，出土陶灯灯座、水波纹陶罐残片、素面陶瓷残片、方格纹陶片以及石容器残件。

25－B₇ 跑马坪 1 号墓 〔藤州镇胜西行政村雅瑶村跑马坪·南朝〕 1981 年发掘，为长方形双层券顶砖室墓，方向 183°，墓室分为前后两室，前室长 2.9 米，宽 1.6 米，高 2.3 米，后室长（包括门拱通道）4.85 米，宽 1.6 米，高 2.1 米。葬具与尸骨已朽，在后室发现 8 枚铁棺钉。出土鸡首壶、唾壶、四耳盖罐、四耳罐、灯、砚台、碗、盘等青瓷器 16 件。墓砖红色，正面拍印斜方格网纹。（见《考古》1991 年 6 期）

26－B₈ 跑马坪 2 号墓 〔藤城镇胜西行政村雅瑶村跑马坪·南朝〕 1981 年清理，为长方形券顶砖室墓，方向 185°，墓室分前、后两室，前室长 2.9 米，宽 1.5 米，高 2.2 米，后室长 4.53 米，宽 1.5 米，高 2 米。葬具与尸骨无存。出土鸡首壶、四耳罐、盘等青瓷器 9 件。（见《考古》1991 年 6 期）

27－B₉ 冯式墓 〔藤州镇胜西行政村龙胜村东约 40 米·北宋〕 冯式为北宋大臣冯京（1021—1094）之父，宋镡津县（今广西藤县）人，经商，侨居江夏，清同治版《藤县志》有载。墓葬始葬时间不详，1947 年、1982 年重修。墓葬朝北，由墓及右侧的"三元亭"组成，占地面积约 1000 平方米。封土为砖、石、混凝土结构，墓碑及碑亭均为 1947 年所立，碑文记冯京事略及修墓始末。

28－B₁₀ 覃福墓 〔和平镇屯江行政村五屯村·明代〕 覃福（1351—1386），明代土官，明洪武四年（1371）封世袭千户，驻守五屯。明洪武十九年（1386），他配合韩观率军进攻大藤峡罗渌山瑶民起义军时，被击毙，粉碎为肉泥。后家人收尸不见，将仅剩下的指甲收葬。墓葬由墓冢、墓圈墙、祭台组成，占地面积约 50 平方米。明嘉靖十八年（1539）、清道光七年（1827）重修，1983 年修缮。青砖土冢（后改为混凝土冢），高 1.2 米，底径 2 米。半圆形祭台，径 7 米。墓碑为清道光七年立。

29－B₁₁ 李蕊实墓 〔塘步镇南安行政村河口村大山嘴山顶岭·清代〕 李蕊实（1680—1731），广西藤县河口村乡绅，家境殷实。山顶岭又称山井岭。墓建于清雍正九年（1731），清嘉庆二十三年（1818）重修。墓冢用青砖围砌，呈圆柱形，弧形顶，高 2.3 米，底径 2.6 米。占地面积约 20 平方米。墓前嵌石碑，阴刻楷书"皇清待诰恭俭温良显考讳蕊实李太公墓"，碑文述李蕊实生平及重修墓之事。

30－B₁₂ 唐艮其墓 〔藤州镇胜西行政村胜西村·清代〕 唐艮其（1644—1665），字振期，清福建漳州府人，举人。清康熙四年（1665）葬于广东罗定州西宁县中寨坪。清嘉庆十五年（1810）迁葬今址。墓冢呈圆丘形，以砖围砌，高 0.4 米，底径约 4 米。前有圆形祭台。墓碑述墓主生平。

31－C₁ 座垌水井 〔和平镇座垌行政村座垌村·明代〕 建于明代，具体时间不详。分内井和外井两部分。内井平面呈方形，边长 2 米，用不规则的长条砂石块砌成，井深 2.5 米，为保障安全，在井底设有木架栏。外井用大石板砌成半圆形井池，边沿铺设条石井台。占地面积约 150 平方米。

32－C₂ 黄氏宗祠 〔太平镇健安行政村·清代〕 由黄必英及族人建于清乾隆五年（1740），清嘉庆二十四年（1819）、清光绪二十五年（1899）重修。坐北朝南，砖木结构，三进院落，由前座、中厅、后堂、天井、厢房组成，占地面积约 700 平方米，前座、中厅、后堂面阔三间，进深二间，硬山顶，盖小青瓦。前座设前檐廊，前石檐柱上镌刻有楹联，天井两侧有门通厢房，后堂墙嵌碑刻 3 方，内容为重修祠堂事和捐款人芳名。

C₂₋₁ 黄氏宗祠碑刻 〔太平镇中楼村黄氏宗祠后堂右内墙壁上·清代〕 碑刻 1 方。清嘉庆二十四年（1819）立。碑高 1.1 米，宽 0.66 米。黄思诚撰文、书丹，刻者不详。碑文竖 30 行，计 929 字。字径 0.018 米，小楷，阴刻。无额题，落款为"嘉庆二十四年岁次己卯孟冬榖旦十二世孙邑庠思诚谨识"，碑文记述始建、重修黄氏祠堂之事。

33－C₃ 水定桥 〔同心镇同心行政村同心村西约 50 米水定河·清代〕 清乾隆三十六年（1771）邑人卢广场、黄炉中出资兴建。清嘉庆十九年（1814）重修。东西走向，包括水定河上 3 座单孔梁式石板桥，长 5—6.5 米，宽 0.85—1.08 米，拱跨 3.1—4.3 米。两岸用石块砌筑桥台，桥台上横架三块花岗岩长石板铺成桥面。

34－C₄ 文昌阁 〔和平镇都坡行政村都坡村东南约 1 公里紫微山·清代·县文物保护单位〕 又称

351

"文塔"，清嘉庆二年（1797）都坡村邓姓族人鼎建。清同治版《藤县志》有载。六角形楼阁式砖塔，边长 3 米。塔高三层 16 米，塔腔中空，木楼面已毁。正面底层开一券顶门，二层开长方形窗。三层各面开圆形窗。正面各层门额自下而上依次镌刻或泥塑"宏开文运""文昌阁""魁星楼"额匾。内壁彩绘山水、花鸟壁画及题咏。密檐，攒尖顶，葫芦塔刹。

35 - C₅　庆济桥〔和平镇石桥行政村石桥村南街头石桥河上·清代〕　建于清同治十二年（1873）。南北走向，单孔石拱桥，长 13.2 米，宽 2.6 米，拱跨 6.5 米。桥身、桥拱用红砂岩石块砌筑，石板铺桥面，两侧无护栏。桥拱上正中嵌刻阳文"庆济桥"3 字，落款"大清同治十二年造"。桥两端原有石踏跺，今已填平。

36 - C₆　天禄堂〔象棋镇龙凤行政村杏院村·清代〕　建于清晚期，具体时间不详，为刘姓香火屋。坐北朝南，砖木结构，两进院落，由前座、后堂、天井、小亭、厢房组成，占地面积约 225 平方米。前座、后堂面阔三间，进深二间，青砖墙，硬山顶，盖青瓦。檐板雕刻，地铺青砖，两座间建四柱小亭一座，后堂嵌山水花鸟浮雕木栏檐，明间木雕神龛。墙上绘山水壁画、诗词。

37 - C₇　朱氏祠堂〔濛江镇双德行政村双底村·清代·县文物保护单位〕　建于清代，具体时间不详。坐北朝南，砖木结构。由主祠及侧院组成，前地坪建有外围墙，开侧门。占地面积约 770 平方米。主祠二进，包括前座、后堂、中亭、天井、厢房等。前座面阔三间，进深一间，前设檐廊，5 级石踏跺，浮雕封檐板，廊墙内墙彩绘山水花鸟壁画，抬梁式木构架，硬山顶，脊饰鱼吻、卷草，盖小青瓦。后堂面阔、进深三间，石柱 2 根，圆木金柱 4 根，硬山顶，盖小青瓦。中亭为 4 石柱方亭，面阔、进深 6 米，两侧各有小天井一个。西侧开小横门通侧院，侧院三进，有门楼、厢房、小厅及天井。

38 - C₈　杨垌桥〔东荣镇杨垌行政村杨垌村冲河上·清代〕　建于清晚期，具体时间不详。乡绅梁昌渠出资兴建。东西走向，两孔石拱桥，长 8 米，宽 2.4 米，拱跨 2 米。桥身、桥拱用砂岩料石砌筑，桥面中间铺河卵石，两边铺长条石板。桥两端原有石踏跺，现已填平。

39 - C₉　利济桥〔和平镇座垌行政村座垌村东约 500 米巴头峡黄官河上·清代〕　建于清代晚期。东西走向，单孔石拱桥，长 10 米，宽 2.2 米，拱跨 6 米，桥台、桥身、桥拱均用砂岩石块砌筑，桥面铺石板。桥拱正中镌刻"利济桥"3 字。桥两端原有石踏跺，今已填平。

40 - C₁₀　通济桥〔象棋镇道家行政村道家村小河上·清代〕　建于清代，具体时间不详，为村民集资修建。单孔石拱桥，长 6.5 米，宽 3.5 米，拱跨 4 米，用石块砌筑桥台、桥身及桥拱，桥面铺石板。

41 - C₁₁　授三公祠〔古龙镇古龙行政村古龙村公路旁·清代·自治区文物保护单位〕　建于清末，具体时间不详。坐东朝西，三进院落，由前座、中厅、后堂、四走廊、六天井组成，占地面积约 1200 平方米。各座面阔五间，前设卷棚顶檐廊，青砖墙，穿斗与抬梁混合木构架，硬山顶，盖小青瓦，垂脊灰塑博古、花鸟，封檐板雕花鸟动物，檐墙饰山水花鸟人物彩绘壁画。青砖地面。前座明、次间进深二间，前有凹廊，门额上方镶"授三公祠"石匾，内为通殿，内金柱 4 根，后无檐墙；中厅进深三间，后檐置屏风板，开侧门；后堂进深四间。各座间由两走廊分隔三天井。

42 - C₁₂　太平义学〔太平镇上元社区上元街·清代·县文物保护单位〕　建于清代，具体时间不详。坐东朝西，砖木结构，庭院式，由主体三进院落及南侧院组成，占地面积约 825 平方米。主体三座面阔三间，青砖墙，穿斗与抬梁混合木构架，浮雕花鸟木柁墩，硬山顶，平脊，盖小青瓦，墙体壁画脱落。前座前廊为卷棚檐，大门上方镶"义学"石匾，中座、后座皆为通厅。

43 - C₁₃　富双明达楼〔天平镇富双行政村富双村·清代〕　建于清代，具体时间不详。坐西朝东，砖木结构，四层楼房，平面呈"凹"字形，面阔、进深一间，砖墙承檩，硬山顶，盖小青瓦。底层大门为石门框，各层用木楼板分隔，青砖铺面，有木梯上下，墙体开有射击孔、瞭望窗。北侧山墙镶嵌阳刻"明达楼"石匾。占地面积约 100 平方米。

44 - D₁　水月阁寺塘碑刻〔原立藤州镇南水月阁（已毁），现存藤县博物馆·清代〕　碑刻 1 方。清同治三年（1864）刻。碑高 0.73 米，宽 0.33 米，厚 0.055 米。碑面边缘阴刻菊花蔓叶图案。贡生苏羽朱撰文，额题横行阴刻楷书"水月阁寺塘□□□□"，"六男□贡生苏羽朱"。碑文竖 12 行，计 279 字，阴刻，小楷。内容记苏氏修筑巩固水月阁寺下山塘之经过。

45 - D₂　藤州试院匾刻〔原在藤州镇藤县中学校内，现存藤县博物馆·清代〕　碑刻 1 方。藤州试院为科举考试场所，现存藤州试院匾 1 方，清同治十二年（1873）刻。匾长 2.06 米，高 0.7 米，厚 0.15 米。刻文横、竖各 1 行，计 11 字，匾首行题"同治十二年重建"，正文"藤州试院"4 字，楷书，阴刻。石匾左侧"院"字之后残缺，轻微剥蚀。

46 - E₁ **李秀成故居遗址** 〔大黎镇大黎行政村古制村金鸡脚岭·清代·县文物保护单位〕 李秀成（1823—1864），原名以文，又名守成、寿成，广西藤县大黎乡新旺人，太平天国后期重要将领，封忠王。清同治三年（1864）7月天京突围被俘，8月7日被杀于南京。故居建于清乾隆四年（1739），坐西北朝东南，面阔三间，泥墙，木构架，茅草盖顶平房，占地面积约80平方米。1858年8月毁。现存屋北面部分墙基。1986年乡政府在此立水泥碑，刻"太平天国忠王李秀成故居遗址"。

47 - E₂ **陆顺德故居** 〔大黎镇大黎行政村古制村·清代·县文物保护单位〕 陆顺德（1818—1865），原名海平，广西藤县大黎乡古制人，太平天国后期杰出将领，太平军水师创始人之一，封来王。清同治四年（1865）9月20日在广东长乐（今五华）被叛徒林正扬捕送清营杀害。故居建于清嘉庆年间（1796—1820），坐南朝北，三进院落，主体建筑面阔三间，进深一间，硬山顶，泥坯夯土墙，木构架平房，占地面积约260平方米。被清军烧毁，后由陆武昌祖父修缮居住。现第三进堂屋桁条、梁留火烧痕。1986年乡政府在门额悬挂"太平天国来王陆顺德旧居"匾额。

48 - E₃ **李世贤故居** 〔大黎镇大黎行政村东项村东项坪·清代·县文物保护单位〕 李世贤（1834—1865），广西藤县大黎乡新旺人，李秀成堂弟，太平天国后期杰出将领，封侍王。1865年8月23日于广东镇平（今广东蕉岭）被汪海洋杀害。与堂兄李秀成同住一座祖屋。（详见藤县46 - E₁）

49 - E₄ **陈玉成故居** 〔大黎镇东安行政村西岸村·清代年·县文物保护单位〕 陈玉成（1837—1862），原名丕成，广西藤县大黎乡西岸村人，太平天国后期杰出将领，封英王。清同治元年（1862）庐州失守，退守寿州，被苗沛霖出卖，6月4日在河南延津被害。故居坐西朝向东，面阔三间，泥砖木结构，悬山顶，茅草盖顶平房，占地面积约90平方米。

50 - E₅ **上帝坪遗址** 〔大黎镇大黎行政村古制村新街·1850年·县文物保护单位〕 1850年初，大黎山区拜上帝会首领胡以晃在大黎一带发展教徒，新街屋背高出的平台是当年胡以晃主持教徒拜上帝活动的地方，后人称上帝坪。遗址高出地面0.7米，面积约100平方米。1986年乡政府在此立"太平天国会众拜上帝会遗址"纪念碑1方。

51 - E₆ **宁康革命烈士纪念碑** 〔大黎镇宁康行政村垌峰村的簸箕坪山丘顶部·1981年·县文物保护单位〕 建于1981年，为纪念中华人民共和国成立初期在宁康剿匪中牺牲的4位烈士而建。坐北朝南，高约3米。两级四方碑座，长、宽2米，碑身为立柱体，正面阴文金色字"革命烈士纪念碑"，其余三面刻有碑文，部分文字已模糊。占地面积约50平方米。

52 - E₇ **平福烈士纪念碑** 〔平福乡平福行政村平福村平福烈士陵园·1983年·县文物保护单位〕 建于1983年，为纪念中华人民共和国成立初期在平福乡剿匪中牺牲的解放军战士而建。由陵园大门、亭子、纪念碑组成，占地面积约2500平方米。纪念碑坐北朝南，高5米，方形碑座，碑身为立柱体，顶塑五角星，正面书金色阳文"革命烈士永垂不朽"。

53 - F₁ **那兰围屋** 〔大黎镇平安行政村那兰村·清代〕 建于清末。围屋分南、北两座，以巷道分隔，占地面积约3000平方米。北边为四进院落，由上厅、中厅、下厅、后楼（后厅）、天井以及左右厢房等组成。南边为三进院落，由上厅、中厅、下厅、天井及右边厢房组成，建筑多面阔三间，泥砖墙承檩，悬山顶，盖小青瓦。围内各层开有瞭望窗。

54 - F₂ **浮金亭** 〔藤州镇胜西行政村胜西村东山·1962年·县文物保护单位〕 北宋元符三年（1100）前建，元泰定五年（1328）移今址重建，明万历六年（1578）重修，1962年重建。北宋元符三年（1100），苏轼遇赦再过藤州游东山，曾作《浮金亭戏作》诗。六角形亭，六砖柱，攒尖顶，高5米，封檐为"回"字形花窗，正面有踏跺10余级，面积约25平方米。

55 - F₃ **四王亭** 〔藤州镇西南鸡谷山·1981年·县文物保护单位〕 1941年，藤县各界人士为纪念太平天国后期杰出将领英王陈玉成、忠王李秀成、侍王李世贤、来王陆顺德"四王"，于藤城大坪岭建四王台。1967年四王台被毁。1981年在今址重建，易台为亭，钢筋水泥结构。亭平面呈四方形，面阔、进深8.06米，高11米。四排共16根水泥柱，两重檐，攒尖顶，琉璃瓦面。前、后各设二级踏跺。1984年于亭东南10米立《四王事略碑》。

F₃₋₁ **四王事略碑** 〔四王亭东南约10米·1984年〕 《四王事略碑》在四王亭旁，共有碑刻5方。碑高均1.1米，宽0.8米，刻四王事略碑文及序。碑序云："为缅怀先烈，赞育后进，以发扬蹈厉，驱彼凶顽，保我中华而建者也……然四王乃英、忠、侍、来王也。"并简介此四王生平功绩。藤县参加太平军受封四王为英王陈玉成、忠王李秀成、侍王李世贤、来王陆顺德。

56 - F₄ **访苏亭** 〔藤州镇行政村胜西村东山·1982年·县文物保护单位〕 又称东坡亭。北宋绍圣元年（1094）苏东坡被贬岭南，抵海南儋州，往返均经过镡津（今藤县）。清道光二十年（1840）冬知县温鹏翀建。1917年何亮辅重建于今址，1982年再建。亭为钢筋混凝土结构，平面呈正方形，面阔、进深5米，面积约25平方米。四石柱，歇山顶，高5米。封檐为"回"字形花窗。

F4-1 东坡笠履图石刻 〔访苏亭内·清代〕 有碑刻3方。亭中镶东坡笠履图石刻，并有清两广总督梁章钜对联"万里赴琼儋，夜起江心弄明月；一亭抚笠履，我从画里拜先生"。

57-F5 菊魁亭 〔藤城镇西南鸡谷山·1982年·县文物保护单位〕 1930年为纪念梧州地区菊展时藤县光华小学"粉卷胭脂"菊夺魁而建，名"菊魁亭"。1982年于今址重建。钢筋混凝土结构，四方亭，面阔、进深6米，面积约36平方米。四柱，四角飞檐，攒尖顶，高5.5米。

58-G1 古龙镇石器出土点 〔古龙镇古龙行政村·新石器时代〕 1963年冬，在古龙镇人民政府大门围墙外及粮所路边各发现磨制石斧1件。

59-G2 蔗冲顶石器出土点 〔和平镇新安行政村梦楞村西面蔗冲顶·新石器时代〕 蔗冲顶为土岭，坡度较平缓，前有小溪流。1963年冬，在其东坡地表采集到磨制石锛1件。

60-G3 平坡头石器出土点 〔藤州镇白沙行政村下龙巷村平坡头·新石器时代〕 1963年冬，在西江北岸平坡头采集打击石器2件。同时在坡上还发现了汉代米字纹、方格纹陶片及宋代瓷碗残片。

61-G4 后背山石器出土点 〔藤州镇白沙行政村上龙巷村荣地峒后背山·新石器时代〕 1963年冬，在后背山地表采集到打制石器1件。

62-G5 冷水冲铜鼓出土点 〔濛江镇新城行政村冷水冲·西汉中期—南朝〕 1974年6月8日，冷水冲山坡出土冷水冲型铜鼓1面，鼓面倒置，鼓内放置复系四耳陶罐1件。鼓面径0.837米，高0.602米。鼓面太阳纹十二芒。面沿环列四蛙，蛙间有2骑。饰变形羽人纹、变形翔鹭纹、水波纹、同心圆纹与栉纹纹带、羽纹、船纹等。胸腰间附扁耳2对，环耳1对。

63-G6 濛江铜鼓出土点 〔濛江镇西山坡·西汉中期—南朝〕 1964年，于山坡出土冷水冲型铜1面，鼓面仰置。鼓面径0.69米，高0.48米。鼓面太阳纹十二芒。面沿环列四蛙，相对二蛙间各有一动物装饰。饰变形羽人纹、水波纹、同心圆纹、变形翔鹭纹、变形船纹、栉纹等。足部微残。

64-G7 四方铜鼓出土点 〔平福乡平福行政村四方村·西汉中期—南朝〕 1974年，出土冷水冲型铜鼓1面，鼓面倒置。鼓面径0.825米，高0.6米。鼓面太阳纹十二芒。面沿环列四蛙，蛙间有二龟。面、身主要饰变形羽人纹、变形翔鹭纹、两重变形船纹。胸腰间附扁耳2对，半环耳1对。足部内壁两侧有小纽4对。

65-G8 底村铜鼓出土点 〔古龙镇长沙行政村底村附近山坡·西汉中期—南朝〕 1979年3月底，山坡出土冷水冲型铜鼓1面，鼓面倒置。鼓面径0.705米，高0.48米。鼓面太阳纹十芒。面沿环列四立蛙。面、身饰变形羽人纹、水波纹、同心圆纹、栉纹、羽纹、变形翔鹭纹、细方格纹、变形船纹等。

66-G9 下寨村铜鼓出土点 〔太平镇永平行政村下寨村六隐山梯地·西汉中期—南朝〕 1988年4月24日，山坡出土冷水冲铜鼓1面，鼓面倒置。鼓面径0.8米，高0.6米。鼓面太阳纹十二芒。面沿环列四蛙，饰变形羽人纹、水波纹、圆涡纹、栉纹、复线交叉纹、羽纹、翔鹭纹、船纹、方格纹等。

67-G10 志成铜鼓出土点 〔和平镇志成行政村附近山坡·西汉中期—南朝〕 1951年，山坡出土冷水冲型铜鼓1面，鼓面倒置。鼓面径0.635米，残高0.45米。鼓面太阳纹十二芒。面沿环列四蛙，相对二蛙间立一乘骑，另一处立一马及一动物。饰变形羽人纹、水波纹、同心圆纹、栉纹、眼纹、复线交叉纹、变形船纹、变形翔鹭纹等。足微残。

68-G11 甘村铜鼓出土点 〔象棋镇甘村行政村副头岭村·西汉中期—南朝〕 1974年6月，出土冷水冲型铜鼓1面，鼓面倒置。鼓面径0.645米。鼓面太阳纹十二芒。面沿环列四蛙，间饰乘骑。饰变形羽人纹、变形翔鹭纹、复线交叉纹、眼纹、羽纹、变形船纹等。鼓胸以下残缺。

69-G12 古竹铜鼓出土点 〔濛江镇古学行政村古竹村·西汉中期—南朝〕 20世纪50年代初，出土冷水冲型铜鼓1面。鼓面径0.877米，高0.662米。鼓面太阳纹十二芒。面沿环列四蛙，蛙间立乘骑塑像3处、水鸟塑像1处。饰两晕图案化变形鸟纹、一晕变形翔鹭纹。胸腰间附辫纹扁耳2对。

70-G13 和平铜鼓出土点 〔和平镇·西汉中期—南朝〕 20世纪50年代初，出土冷水冲型铜鼓1面。鼓面径0.805米，高0.55米。鼓面太阳纹十二芒。面沿环列四蛙，蛙间装饰鸟和人骑牛塑像。芒间翎眼纹，面主要纹饰为变形羽人纹、变形翔鹭纹。胸为变形船纹。胸腰间附扁耳2对，半环耳1对。

71-G14 古龙镇铜鼓出土点 〔古龙镇东·西汉中期—南朝〕 1964年，出土冷水冲型铜鼓1面。面径0.847米，高0.61米。鼓面太阳纹十二芒，芒间饰坠形纹。面沿环列四蛙，蛙间各饰一动物塑像（已失）。面饰变形羽人纹、变形翔鹭纹、骑士纹。胸饰变形船纹。胸腰间附扁耳 2 对。

72 - G₁₅ 罗算铜鼓出土点〔岭景镇罗算行政村罗算村·西汉—唐〕 1982 年 9 月 14 日，出土北流型铜鼓 1 面。鼓面径 0.82 米，高 0.465 米。鼓面太阳纹十二芒。面沿环列六蛙。面、身饰云纹和雷纹填线纹。胸腰间附扁耳 2 对，耳上下两端各有一小孔。

73 - G₁₆ 杨村铜鼓出土点〔琅南镇杨村行政村南面山地边·西汉—唐〕 1974 年 9 月，村南山坡出土北流型铜鼓 1 面，鼓面倒置。鼓面径 0.875 米，高 0.465 米。鼓面太阳纹六芒。面沿环列四蛙。饰雷纹填线纹。胸腰间附环耳 2 对。

74 - G₁₇ 陈村铜鼓出土点〔新庆镇庆旺行政村陈村东北·西汉—唐〕 1979 年 11 月 8 日，村东北山冲出土北流型铜鼓 1 面，鼓面倒置。鼓面径 0.89 米，高 0.40 米。鼓面太阳纹十芒。面沿环列六立蛙。面、身饰云纹、席纹、鸟纹、水波纹。微残。胸腰间附扁耳 2 对。

75 - G₁₈ 新兴铜鼓出土点〔天平镇新兴行政村四卢塘岗·西汉—唐〕 1973 年 9 月 1 日，于山坡出土北流型铜鼓 1 面，鼓面倒置。鼓面径 0.62 米。鼓面太阳纹八芒。面沿环列六立蛙。面饰云纹、雷纹填线纹。身饰水波纹、云纹。腰以下残。胸腰间附扁耳 2 对。

76 - G₁₉ 都厚铜鼓出土点〔天平镇三益行政村都厚村西北约 1.5 公里福本岭岗·西汉—唐〕 1981 年 7 月 1 日，于山坡出土北流型铜鼓 1 面，鼓面倒置。鼓面径 0.835 米，高 0.515 米。鼓面太阳纹八芒。面沿环立六蛙。饰云雷纹、水波纹、羽人纹等。胸、腰间附扁耳 2 对。

77 - G₂₀ 东胜铜镜出土点〔藤州镇东胜行政村西北约 1 公里黄冲河水坝·唐代〕 1973 年 7 月，黄冲河水坝西端山边道旁出土铜镜 1 面。方形，边长 0.113 米，边厚 0.015 米。桥形纽，镜背面饰浮雕海兽、葡萄、鸳鸯、凤凰图像纹。

78 - G₂₁ 大东街银器窖藏〔藤州镇大东街·元代〕 1979 年 9 月 21 日，因基建挖出银器 1 窖，盛于一陶罐内，计有银锭 19 件、手镯 1 对。银锭为束腰"亞"字形，槽状面，面大足小，两头翘起，长 0.057—0.062 米，腰宽 0.02—0.022 米。手镯作环节状，为元代之物。

79 - G₂₂ 平竹村钱币窖藏〔和平镇平竹行政村平竹村东约 1 公里·明代〕 1986 年 4 月，在村东田埂挖出铜钱 1 罐，装于灰色陶罐内。有唐、宋、金、元、明五代钱币，37 种 88 枚，最早为唐开元通宝，最晚的为明永乐通宝。

岑溪市

1 - A₁ 古陇坡遗址〔安平镇安平社区西南约 300 米古陇坡·新石器时代〕 山坡（台地）遗址。1987 年发现。遗址面积约 800 平方米，文化层厚 0.2 米。1963 年试掘，出土斧、锛、凿等石器及其半成品、砺石 100 余件。还采集一些绳纹夹砂陶片，器形不明。石器多打制成形后稍加磨制刃部或器身，制作较原始。

2 - A₂ 鱼头岭遗址〔安平镇古院行政村古院村西面鱼头岭北面半山坡·新石器时代〕 山坡（台地）遗址。1987 年发现。鱼头岭呈南北走向，山势较陡，遗址岭，遗址面积约 600 平方米。1987 年、2008 采集到石铲 3 件。

3 - A₃ 富礼山遗址〔糯洞镇行政村新塘村东北约 400 米富礼山·新石器时代·市文物保护单位〕 山坡（台地）遗址。1963 年发现。遗址面积约 600 平方米。采集斧、锛、凿、铲等石器及其半成品、砺石 100 余件。还采集方格纹夹砂粗陶片等遗物，器形多为罐类。石器多稍加磨制刃部，未经发掘。

4 - A₄ 昙炉山遗址〔糯峒镇平塘行政村昙炉村西北约 50 米昙炉山·新石器时代〕 山坡（台地）遗址。1964 年发现。山呈南北走向，地势较平缓，遗址面积约 400 平方米。采集有磨制石斧、石刀、穿孔石器及陶纺轮等遗物。未经发掘，文化层厚度不明。

5 - A₅ 长塘遗址〔糯峒镇新塘行政村长塘村东南·新石器时代〕 山坡（台地）遗址。1964 年发现。遗址在土坡上，面积约 600 平方米。采集有磨制石斧、石锛 10 余件及方格纹陶片等遗物。陶片残碎，器形不明。遗址已辟为公路。

6 - A₆ 同心坡遗址〔糯峒镇新塘行政村同心村东北约 100 米同心坡·新石器时代〕 山坡（台地）遗址。1964 年发现。面积约 600 平方米。采集有磨制石斧、石锛及夹砂陶片等遗物。陶片残碎，器形不明。

7 - A₇ 胜塘遗址〔糯峒镇新塘行政村西北约 400 米胜塘背山·新石器时代〕 山坡（台地）遗址。1964 年发现。遗址在坡顶及东面山坡，面积约 400 平方米。采集石斧、石锛及其半成品 16 件，绳纹夹砂粗陶片等遗物。石器如双肩石斧等通体磨光。陶片火候低，质地疏松，器形不明。遗址已辟为公路。

8 - A₈ 界牌山遗址〔糯峒镇新塘行政村山糯峒一中东北面界牌山半山坡上·新石器时代〕 山坡（台地）遗址。1964 年发现。山呈南北走向，遗址分布面积约 5 万平方米，采集到磨制石器。

9 – A₉　古龙山遗址　〔糯峒镇龙樟行政村龙樟小学西北古龙山·新石器时代〕　山坡（台地）遗址。1964 年发现。遗址在土坡上，面积约 600 平方米。采集到肩石斧 2 件，打制石器 1 件。遗址已开垦为耕地。

10 – A₁₀　古立坡遗址　〔糯峒镇地麻行政村古笠屯西北约 100 米古立坡·新石器时代〕　山坡（台地）遗址。1963 年发现。山坡呈南北走向，遗址在坡上，分布面积约 500 平方米。采集到石斧 2 件。遗址现已开垦为耕地。

11 – A₁₁　丰根遗址　〔南渡镇盘古行政村丰根村南约 50 米山坡·新石器时代〕　山坡（台地）遗址。1963 年发现。遗址分面积约 1 万平方米，文化层厚度不明。采集到斧、锛、凿等石器及方格纹夹砂粗陶片等遗物，陶片属罐类。石器有的加工精细，如双肩石斧等通身磨光。

12 – A₁₂　南蛇山遗址　〔南渡镇盘古行政村西北约 200 米南蛇冲口山岗·新石器时代〕　山坡（台地）遗址。1964 年发现。遗址在岭顶，面积约 500 平方米。采集石斧 2 件；还有方格纹夹砂陶片等遗物，器形不明。遗址已垦为耕地。

13 – A₁₃　龙咀垌遗址　〔南渡镇西澜行政村龙咀垌山坡·新石器时代〕　山坡（台地）遗址。1964 年发现。遗址在山坡东北面，分布面积约 400 平方米。1964 年、1987 年采集到石斧、石铲、石锛、穿孔石器等遗物，多通体磨光。

14 – A₁₄　白狗顶石寨遗址　〔南渡镇古太行政村斌塘村白狗顶山上·明—清〕　建于明末清初，具体时间不详。寨沿山围建，平面不规则，占地面积约 45000 平方米。四周陡峭险要，寨墙用片石垒砌，墙内侧有一条 2—3 米巡逻通道。

15 – A₁₅　岑溪故城址　〔岑城镇上奇社区上奇村西北约 100 米·明代·市文物保护单位〕　据清乾隆四年版《岑溪县志》记载，城为明洪武三年（1370）知县刘镇所建，明成化十年（1474）迁今址，后遂废。城址平面呈长方形，南北长 200 米，东西宽 175 米，面积 3.5 万平方米。城四周夯筑土城垣，开东、西、南、北四门，门均已毁。现存南、北、西三面城墙，东面城墙存长 60 米。城墙残高 1—3 米，城基最宽 8 米。

16 – A₁₆　土柱顶石寨遗址　〔南渡镇吉太社区土柱顶东面山岗上·清代〕　建于清代，具体时间不详。平面不规则，最宽处 8 米，最窄处 3 米，南北向，寨周用片石垒砌围墙，总长约 350 米，厚 0.9 米，高约 2 米，占地面积约 1925 平方米。寨正门分外、内二重，

外门已毁，内门高 3.2 米，面阔 1.9 米。寨南端和北端各建有一个贮水池。

17 – A₁₇　南渡窑址　〔南渡镇义新行政村义新村前约 200 米的黄华河东岸·宋代·市文物保护单位〕　面积约 4500 平方米。发现窑口 15 座，均为单室穹隆顶马蹄窑，窑室径 2.25 米，高 1.7 米。后壁平直，有三道凹形烟道。窑床平坦。烧造碗、碟等日用器，多青绿釉，胎白粗疏。叠烧，器里有 6 粒支烧痕。窑址范围均垦为耕地。废品堆已被夷平。

18 – A₁₈　庙岭窑址　〔岑城镇思孟行政村新村庙岭山坡上·宋代〕　窑址在山坡西侧，在地表及堆积剖面发现许多瓷片、匣钵、垫饼等窑具残片，散布面积约 5000 平方米。未发现窑口，产品有圈足碗等。

19 – A₁₉　鸡儿社窑址　〔归义镇谢树行政村鸡儿社村南面山坡上·宋代〕　面积不详，已发现龙窑 2 座，均顺山势从下而上修建。窑体用红砖砌成。地表散落大量窑具、简单模具、废品和陶瓷器物碎片。

20 – A₂₀　同心坡冶炼遗址　〔糯峒镇新塘行政村同心坡东北面的山坡上·唐代〕　遗址面积不详，在山坡上东北面发现炼炉 3 座，并在周边散落一大片废铁渣，还发现铁矿石和管状器物，采集到唐代壁足黄釉陶碗底部 1 件。

21 – A₂₁　思英冶炼遗址　〔岑城镇思英社区西南约 500 米·宋代〕　面积约 2 万平方米。地面散布大量铁渣。1964 年在涧塘岭试掘，堆积层厚 0.4 米。内含主要为铁渣，还有残炉壁、风管、木炭、烧土及铧犁陶范等遗物。破坏严重。

22 – A₂₂　石门冶炼遗址　〔诚谏镇河三行政村石门村西南面水田旁·宋代〕　遗址范围包括火烧垌、大坡冲等，面积约 10 万平方米。地面散布大量铁渣，其中以火烧垌铁渣堆积最集中，厚达 2 米，面积 1.2 万平方米。在大坡冲附近有许多采矿穴，未经发掘。

23 – B₁　花果山墓群　〔糯峒镇糯峒社区糯峒镇政府驻地北约 100 米花果山·战国—汉·自治区文物保护单位〕　墓葬密集，排列有序，分布面积约 3.9 万平方米。墓葬封土已不存，地面散布有铜斧、剑、矛残件和米字纹、方格纹、弦纹、水波纹夹砂陶片等遗物。1986 年清理土坑墓 1 座，出土青铜剑 2 件、矛 1 件及米字纹陶罐 1 件。1991 年清理竖穴土坑墓 8 座，出土剑、矛、钺、斧、镦、镞、刮刀等青铜器，铁斧、米字纹陶罐、陶钵、陶杯与石玦等 40 余件。（见《中国考古学年鉴》1992 年）

24 – B₂　丰根墓群　〔南渡镇盘古行政村丰根村南面山坡上·战国—汉〕　墓群地处开阔地带，有小河从前面流过。墓群封土不存，多已辟为耕地。地垄和

地表发现大量战国至汉代的方格纹、弦纹、米字纹等多种纹饰的陶片，散布面积不详。

B₂₋₁ 丰根战国墓 〔南渡镇盘古行政村丰根村南面山坡上·战国〕 1990 年暴露并清理，墓葬形制不详。随葬品出于距地表约 1.2 米深处，有铜剑、人首柱形器、盘等 3 种共 4 件青铜器。（见《中国考古学年鉴》1991 年）

25-B₃ 思英墓群 〔岑城镇思英社区上英村·汉—晋〕 墓群分布面积约 4000 平方米，地面封土不存，墓葬数目不详。早年破坏 3 座砖室墓，已清理其中 1 座，墓室长 5 米，宽 1.2 米，高 2.5 米，墓已被盗，出土陶碗、陶纺轮、青瓷碗等残破随葬品。墓砖侧面大多饰叶脉纹。

26-B₄ 甘冲墓群 〔岑城镇甘冲社区岑溪三中南面的半坡上·汉—晋〕 墓群分布面积约 6000 平方米。地面无封土，墓葬数目不详。近年来，在挖地或建房时发现砖室墓 3 座，均早年被盗。墓砖长 0.27—0.3 米，宽 0.14—0.16 米，厚 0.04—0.06 米，侧面多饰叶脉纹。其中 1 座墓室长 4.4 米，宽 2.1 米，高 1.7 米，券顶，随葬品无存。

27-B₅ 茨菇岭墓群 〔糯垌镇新塘行政村新塘村茨菇岭·汉—晋〕 墓群分布面积约 1.5 万平方米。封土多已夷平，发现早年被毁砖室墓数座，墓砖多为红色，长 0.29 米，宽 0.16—0.17 米，厚 0.055—0.065 米。侧面饰叶脉纹、网纹。

28-B₆ 凤背岭墓群 〔糯垌镇大竹行政村大竹村南凤背岭·汉代〕 墓群分布面积约 4000 平方米。封土多已夷平，山坡土方崩塌破坏土坑墓 1 座，出土方格纹陶罐、陶鼎和陶钵等。另有 4 座墓暴露砖室。1964 年 7 月清理 1 座，券顶砖室墓，墓室长 4.35 米，宽 2.6 米，高 2 米，早年被盗。随葬品遗存陶罐、陶纺轮、青瓷碗以及残铜、铁器、铜五铢钱和玛瑙、琥珀串珠等，属东汉墓葬。

29-B₇ 古淡墓群 〔糯垌镇古淡行政村古淡村氅顶东坡、北坡·东汉·县文物保护单位〕 墓群分布面积约 32 万平方米，封土多已夷平，北坡的部分墓葬已遭破坏。在氅顶东坡发现 3 座砖室墓和 1 座石室墓，出土东汉时期的铁刀、铁剑残片以及一些陶器。

30-B₈ 大榔战国墓 〔岑城镇探花行政村大榔村·战国〕 土坑墓，地面无封土。1984 年村民建房时在距地面 1.5 米深处发现土坑墓 1 座。出土铜斧、铜钺、铜剑、米字纹陶罐等 5 件器物。此墓附近过去亦曾挖出铜剑、铜鼎、铜斧及陶罐等器物。

31-B₉ 大崩岭唐墓 〔安平镇中庆行政村中庆村大崩岭·唐代〕 1982 年被盗，封土呈圆丘形，底径

5 米，高 2 米，为券顶双室砖墓。墓室长 7 米，宽 1.4 米，高 1.8 米，墓壁设有小龛，两室平行，相距 4 米，开券拱通道相连。墓砖青灰色，长 0.31 米，宽 0.14 米，厚 0.05 米。据目击者说当时挖出铁剑 2 把及唐开元通宝钱等物。

32-B₁₀ 高贤公合葬墓 〔岑城镇木榔行政村赤水村格木岗山顶·清代〕 墓葬建于清乾隆四十九年（1784）。两墓并列，朝北，冢呈圆丘形，占地面积约 229.9 平方米。冢前各建一用青砖围砌的拜台，两侧各立 1 根花岗岩石八棱望柱，顶立石狮。冢周砌椭圆形墓圈墙，墓后约 60 米处立石碑 1 方，据碑文记载，高贤公为清乾隆年间四川补用知县。

33-B₁₁ 高氏墓 〔梨木镇梨木社区梨木村西约 1 公里白坟岗·清代〕 高氏，清道光年间（1821—1850）平乐府富川县训导徐端学之母，淑范宜家，清道光六年（1825）赠封八品孺人。墓葬朝东南，占地面积约 40 平方米，由墓冢、拜台、墓圈墙、望柱、华表和敕命碑组成。墓圈墙用砖石砌筑，冢呈圆丘形，前有和拜台。石华表为八棱柱形，高 3.5 米，敕命碑高 1 米，宽 0.55 米，砖砌碑座。

34-B₁₂ 韦氏墓 〔筋竹镇云龙行政村云龙村黑石冲山岗上·清代〕 墓葬建于清光绪二十年（1894），光绪二十九年（1903）、1929 年进行过二次重修。墓葬朝北，冢呈圆丘形，用花岗岩石块围砌，地面以石块平铺，镶嵌 2 方碑训，记事碑 1 方，立石狮 4 尊，现存 3 尊。占地面积约 104 平方米。

35-C₁ 南渡镇邓公庙 〔南渡镇南渡社区南渡中心小学内·清代·自治区文物保护单位〕 建于明万历二十五年（1597），清雍正十二年（1734）重修。1994 年局部修缮。庙坐西朝东，砖木结构，二进院落，由前殿、后殿与中廊组成。占地面积约 284 平方米，前、后殿均面阔三间，进深前殿二间，后殿三间，8 柱穿斗式木构架，硬山顶，盖小青瓦。后殿 4 根格木内柱精雕蟠龙。檐板雕人物花卉、飞鸟走兽。中廊券顶，两侧置弧形镂空雕板。据《岑溪县志》载，邓公为明正统年间（1436—1449）羽士邓清，字子真，明万历二十五年（1597）知县曾莘首先为其立祠，乡人因之。

36-C₂ 根子桥 〔马路镇荔王行政村南约 1 公里根子口根子河上·清代〕 清道光年间（1821—1850），由邑人千总余自郎（岑溪马路乡中林村人）出资兴建。东西走向，三孔石拱桥，长 13 米，宽 2.27 米，拱跨 3.7 米。桥身、桥拱均用条石砌筑。桥面铺石板，桥墩迎水面作分水尖状。

37-C₃ 杨氏宗祠 〔马路镇马路社区罗活村·清代〕 建于清道光五年（1825）。坐东南朝西北，砖木

结构，三进院落，由前座、中厅、后堂、二天井组成，占地面积约 2531.7 平方米。各座面阔三间，青砖墙，穿斗式木构架，硬山顶，灰塑屋脊，盖青瓦。室内多青砖墁地，部分夯土地板，屋前置青砖踏跺。中厅、后堂立石柱，墙上有彩绘壁画。

38 - C₄ 樟木街邓公庙 〔岑城镇樟木社区第五小学内·清代〕 建于清道光七年（1827）。为纪念明正统年间（1436—1449）羽士邓清而建。坐东北朝西南，砖木结构。现存正殿和前亭，占地面积约 131 平方米。正殿面阔、进深三间，8 柱穿斗式木构架，硬山顶，盖小青瓦，正脊为 1 米多高的琉璃人物、瑞兽、双龙戏珠及博古图案，顶盖琉璃瓦。封檐板浮雕花卉图案。前设檐廊，开三门，侧厅开拱门。殿前亭为 4 根石柱庑殿顶廊亭，地铺青砖。

C₄₋₁ 乐善义仓碑 〔岑城镇邓公庙内·清代〕清光绪二十一年（1895）立。1 碑 3 方，每方高 1.1 米，宽 0.64 米。文竖行，每方 24 行，满行 50 字，约 1000 字。字径 0.02 米，楷书，阴刻。额题"乐善义仓碑"，碑文记载清代岑溪乐善义仓的章程和管理制度，对义仓籴谷粜谷、借谷方式、管理人员等都作了规定。

39 - C₅ 关帝庙 〔南渡镇南渡社区南渡中心小学东侧·清代·市文物保护单位〕 建于清道光九年（1829），清光绪十一年（1885）重修。坐北朝南，砖木结构，二进院落，由前殿、后殿、左右厢房和中廊组成，占地面积约 400 平方米。前、后殿面阔均三间，进深二间，抬梁式木构架，硬山顶，盖小青瓦。前殿置檐廊，立方形石柱 2 根，门额嵌阳刻"关帝庙"石匾，左右楹联"先武穆而王功深汉水，后文宣而圣道配尼山"。殿内圆形砖 4 柱托梁。后殿脊饰万字曲水灰雕，地铺青砖。庙前立石狮 1 对。

40 - C₆ 三圣庙 〔归义镇谢村行政村谢村小学东北侧约 500 米田垌中间·清代〕 建于清咸丰元年（1851）。坐西南朝东北，砖木结构，三进院落，由前殿、中殿、后殿、天井、走廊组成，占地面积约 297.8 平方米。各殿面阔三间，前殿砖墙承檩，中殿砖柱穿斗与抬梁混合木构架，后殿为抬梁与砖墙承檩混合结构，皆硬山顶，盖青瓦，灰塑博古、蝙蝠屋脊。前设檐廊，石檐柱，条石踏跺，三合土地板。檐墙有彩绘壁画。

41 - C₇ 大樟根桥 〔马路镇县容社区大樟根黄华河大桥南侧约 50 米·清代〕 清同治年间（1862—1874）庠生莫如贤捐资兴建。跨谷头河流至黄华河入口处，南北走向。单孔石拱桥，长 8.8 米，宽 2.4 米，拱跨 3.6 米。两岸桥台用不规则石块叠砌，桥身石砌，青砖砌桥拱，桥面铺泥沙，两侧无护栏。

42 - C₈ 家修李公祠 〔筋竹镇望间行政村南面约 400 米·清代〕 建于清同治七年（1868）。坐南朝北，砖木结构。两进院落，由前座、后堂及天井、厢房组成。占地面积约 350 平方米。前座面阔三间，进深二间，后堂面阔进深一间，抬梁式木构架，硬山顶。正脊灰塑。前座有檐廊，方形抹角石檐柱 2 根，封檐浮雕人物、鸟兽、花卉，脊饰琉璃滴水，室内砖柱 4 根。后堂木雕神龛。天井两侧设厢房，后右厢房存族规碑记 2 方。祠内墙壁有彩绘 7 幅。

43 - C₉ 五世衍祥牌坊 〔水汶镇南禄行政村南禄村莲塘坳·清代·自治区文物保护单位〕 清同治七年（1868）由广西省抚院为旌表南禄村八品修职郎百岁老人刘运昌五代同堂而建。坐北朝南，四柱三间三楼砖砌牌坊，面阔 10 米，高 10.5 米，庑殿顶，脊饰琉璃瑞兽，坊面贴云龙及人物、鸟兽、花草瓷浮雕，柱脚饰夹杆石。坊上镌刻梧州知府刘廷英题"五世衍祥"、岑溪县正堂李荣锡题"熙相人瑞"、五品学官黄立纲题"庆锡期颐"等石匾，坊背镌刻建坊碑记。

44 - C₁₀ 陈三吉祠 〔筋竹镇筋竹社区东面·清代〕 建于清光绪年间（1875—1908），具体时间不详。坐北朝南，砖木结构。原为三进院落。占地面积约 970 平方米。现存前座、后楼、左右厢房和右廊。前座面阔 12 米，进深 8 米。前廊檐柱刻对联 1 副。后楼及左右厢房面阔 28.5 米，进深 7 米，二层楼，均为硬山顶，盖小青瓦。横梁浮雕花鸟瑞兽图案。前厅正墙檐下彩绘壁画。

45 - C₁₁ 世馨堂 〔糯垌镇大地行政村大地村·清代〕 始建时间不详，清光绪八年（1882）重修。坐东朝西，砖木结构，二进院落，由门楼、后堂、天井组成，占地面积约 660.4 平方米。门楼、后堂面阔三间，青砖、泥砖墙承檩，假清水墙，硬山顶，脊灰塑翘角卷草、博古、花草、动物、山水，盖青瓦。方青砖墁地，条石踏跺。门楼前筑弧形马头墙。后座前檐卷棚顶，木檐柱，雕花檐板，檐墙有彩绘壁画。

46 - C₁₂ 三界庙 〔归义镇金鸡行政村丁兰村东侧水田边·清代〕 始建时间不详，清光绪十四年（1888）重修。坐北朝南，砖木结构，二进院落，由前殿、后殿、天井、走廊组成，占地面积约 332.5 平方米。前、后殿面阔三间，青砖墙承檩，硬山顶，脊灰塑花草动物、博古、双龙宝珠，盖小青瓦，木刻雕花封檐板，三合土地面，条石门框、门槛。

47 - C₁₃ 超贤李公祠 〔诚谏镇天堂行政村龙顶村·清代〕 始建时间不详，清光绪二十三年（1897）重修。砖木结构，庭院式，占地面积约 316 平方米。前院东南面开院门，东北面为二进一天井院落，砖木结构，坐东北朝西南，前座、后堂面阔三间，穿斗与抬梁混合木构架，硬山顶，盖小青瓦。墙檐有彩绘壁画。前座脊灰塑卷书、卷草、瓜果、螭吻，有前檐廊，立石檐柱 2 根，西北端连有耳房一间。后堂前檐廊为卷棚顶，石檐柱，内为通厅。

48 - C₁₄　四圣庙　〔三堡镇蒙冲行政村蒙冲村东侧·清代〕　建于清光绪二十五年（1899）。坐北朝南，砖木结构，由主体院落及西侧院组成，占地面积约 228 平方米。主体院落二进，前殿、后殿面阔三间，青砖墙，穿斗与抬梁混合木构架，硬山顶，灰塑翘角卷草、博古脊，盖小青瓦。墙檐有彩绘壁画。三合土地面。前殿置前檐廊，立石础木檐柱 2 根，廊前置 3 级石踏跺。后殿进深三间，内为通殿。天井两侧有敞开式走廊。西侧院内设有厢房。

49 - C₁₅　合水街石板桥　〔波塘镇合水行政村合水街尾小河上·清代〕　建于清光绪二十五年（1899）。南北走向，两台一墩梁式石板桥。台、墩皆用料石干砌，墩迎水面呈分水尖状，台、墩上并列铺设 3 块长条石板为桥面。桥南端接上坡石踏跺 10 级。

50 - C₁₆　韦氏牌坊　〔筋竹镇云龙行政村黑石冲山顶上·清代〕　建于清光绪二十九年（1903）。坐南朝北，四柱三间三楼石牌坊，高约 5 米，面阔 4.5 米。正楼庑殿顶，正面额坊间垫板中嵌"天诰命"竖匾，背面嵌"龙章宠锡"竖匾；两侧浮雕云龙瑞兽，坊下开拱门，次楼大、小额坊间垫板浮雕瑞兽图案。牌坊顶上砖砌部分残破严重，灰塑狮龙及人物画像亦遭破坏。

51 - C₁₇　陈氏宗祠　〔诚谏镇陀村行政村陀村东北约 50 米山坡·清代·市文物保护单位〕　建于清光绪二十九年（1903）。砖木结构，庭院式，由前院、厢房及前座、后堂、天井组成，占地面积约 386 平方米。前院东北、西南两端对开院门，北面为二进院落，坐西北朝东南，前座、后堂面阔三间，进深一间，青砖墙，抬梁式木构架，柁墩浮雕人物花鸟，硬山顶，彩绘灰塑人物、动物、山水正脊，盖小青瓦，琉璃瓦当、滴水。封檐板镂雕人物、花卉、鸟兽、吉语等，墙上彩绘壁画 20 余幅。

52 - C₁₈　覃氏宗祠　〔三堡镇沙村行政村沙村·清代〕　始建时间不详，清光绪三十四年（1908）重修。坐北朝南，砖木结构，两进院落，由前座、后堂、天井、走廊组成，占地面积约 440 平方米。前座、后堂面阔五间，进深前座二间，后堂一间，硬山顶，盖小青瓦，高脊灰塑人物、动物、树木、花草、博古，柁墩浮雕花鸟瑞兽，琉璃滴水。墙上彩绘壁画 30 余幅。前座明、次间有前凹廊，内金柱 4 根，穿斗式木构架；

后堂内用砖墙分隔承檩。

53 - C₁₉　黄冲桥　〔南渡镇南渡社区东南 150 米·清代〕　清光绪末年（1908）南乡举人黎著捐资建造。南北走向，单孔石拱桥，长 16 米，宽 1.5 米，拱跨 2 米。两岸桥台用不规则石块砌筑，桥身石砌，青砖砌拱，桥面铺泥沙。石、砖均用灰浆勾缝。

54 - C₂₀　钟氏宗祠　〔三堡镇振大行政村山坳村·清代〕　建于清宣统元年（1909）。坐西北朝东南，砖木结构。两进院落，由前座、后堂、厢房、天井、走廊组成，占地面积约 282 平方米，前座、后殿面阔三间，进深前座 7.2 米，后殿 7.8 米，抬梁式木构架，硬山顶，盖小青瓦。前座有檐廊，方础石檐柱，封檐浮雕花鸟，脊饰博古，地铺青砖。天井两侧走廊连接前座、后殿。墙上彩绘壁画 11 幅。祠石檐柱 8 根镌刻楹联。

55 - C₂₁　太尉庙　〔南渡镇盘古行政村盘古村盘古小学内（原盘古中学）·清代〕　建于清末。坐北朝南，砖木结构，二进院落，由前殿、后殿、天井、走廊组成，占地面积约 240 平方米。前、后殿面阔三间，青砖墙，硬山顶，盖小青瓦。前殿有前檐廊，立方形檐柱 2 根，内为通殿。后殿内为通殿，立金柱 4 根，抬梁式木构架，灰塑博古、书卷、螭吻、花草脊，青砖墁地。天井两侧有敞开式走殿。

56 - C₂₂　兰亭李公祠　〔诚谏镇孔任行政村木式村·清代〕　建于清末，具体时间不详。砖木结构，二进院落，占地面积约 240 平方米。前院东南面开院门，东北面为二进院落，坐东北朝西南，砖木结构，前座、后堂面阔五间，砖墙承檩，硬山顶，灰塑翘角卷草博古脊，夯土地面，木刻雕花构件，墙檐有彩绘壁画。前座明间有前凹廊，门前置石踏跺，后座前檐廊立石檐柱 2 根，明间为敞厅。

57 - C₂₃　林氏宗祠（七房）　〔糯垌镇昙海行政村昙海小学北面约 10 米·清代〕　建于清末，具体时间不详。坐东朝西，二进院落，由门楼、后堂、耳房、厢房、学堂、天井等组成，占地面积约 1155 平方米。主体建筑面阔三间，青砖墙，门楼为抬梁与穿斗混合木构架，后堂砖墙承檩，均为硬山顶，盖小青瓦，木刻雕花檐板。耳房、厢房、学堂为悬山顶，学堂二层正面外墙仿西式 9 连券拱外廊。门楼、厢房、后座有翘角、卷草、卷书、博古、花草、动物灰塑脊顶，檐墙彩绘壁画。

58 - C₂₄　霍氏宗祠　〔波塘镇合水行政村麦地村·清代〕　建于清末，具体时间不详。坐西北朝东南，砖木结构，庭院式，由前院、前座、天井、厢房、后堂组成，占地面积约 672 平方米。前院门朝西南，西北面为二进一天井，前座、后堂面阔五间，青砖与泥砖混合墙，硬山顶，灰塑卷草、博古翘脊，盖小青瓦。弧形马头山墙，墙檐彩绘壁画。后堂明、次间为敞厅，内砌青砖方金柱6根。穿斗与抬梁混合木构架。

59 - C₂₅ 德义堂 〔马路镇义垌行政村石坡村石坡小学西约400米·清代〕 建于清末，具体时间不详。坐东朝西，砖木结构，由主体院落及南侧侧屋组成，占地面积约620平方米。主体院落二进，前座、后堂夹天井，前座、后堂面阔五间，进深二间，青砖墙承檩，悬山顶，灰塑屋脊，盖小青瓦。墙檐壁画已模糊不清。屋前置条石、青砖踏跺，青砖、三合土铺地。南侧侧屋面阔十间，进深一间。

60 - C₂₆ 莫氏泽金堂 〔三堡镇荔良行政村中良村·清代〕 建于清末，具体时间不详。坐西朝东，砖木结构，庭院式，占地面积约840平方米。有前院，院门朝南，院内西面序列前座、中厅、后堂，均面阔五间，青砖、泥砖墙承檩，硬山顶，灰塑屋脊，盖小青瓦。青砖墁地，墙檐有彩绘壁画。前座进深一间，明间有凹廊，门后为通道。隔天井、厢房为中厅、后堂，进深二间，砖砌分隔墙。中厅、后堂间隔狭长巷道。

61 - C₂₇ 黄塘庄 〔糯垌镇黄塘行政村黄塘村·清代〕 建于清代，具体时间不详。坐西朝东，砖木结构，五进院落，由门楼、前院、前座、天井、二座、三座、后座组成，占地面积约696.3平方米。门楼面阔三间，石踏跺，门后为前院，西面序排四座建筑，前座后为天井，二座、三座、后座间隔小巷。前座置前檐廊，立圆石檐柱，二座前檐廊立瓜棱墩方石檐柱，三座、后座无前廊。各座面阔三间，青砖或泥砖墙承檩，悬山顶，盖小青瓦，灰塑脊，雕花封檐板，方青砖及三合土地面。墙檐有彩绘壁画。

62 - C₂₈ 李立夫屋 〔大业镇古味行政村古味村·清代〕 建于清末，具体时间不详。坐南朝北，砖木结构，一进一院，占地面积约479.2平方米。院内主体建筑面阔五间，进深二间，砖墙承檩，硬山顶，灰塑翘角卷草、花鸟、博古屋脊，盖小青瓦。青砖墁地。明、次间前置檐廊，方条石檐柱，推笼式大门，廊前条石踏跺。廊两端各开拱门入稍间。院东面有厢房一排六间，硬山顶。

63 - C₂₉ 曾家祖屋 〔岑城镇思孟行政村新村小学东北·清代〕 建于清末，具体时间不详。坐东朝西，砖木结构，五进院落，由前、后共五座建筑、一院三天井、二耳房及二厢房组成，占地面积约1150平方米。主体建筑面阔三间，砖墙承檩，硬山顶，正、垂脊无灰塑。墙基及底部由青砖砌成，青砖之上浆砌泥砖，

墙面批灰。夯土地面，檐墙饰花草、飞鸟、彩绘壁画，部分木刻雕花构件，推笼式大门，大门两旁各建一弧形马头墙。

64 - C₃₀ 梁家围屋 〔水汶镇石村行政村更山村·清代〕 建于清末，具体时间不详。坐东朝西，砖木结构，由中间主院、南北侧院和四角碉楼组成，占地面积约3443.22平方米。主院四进，有前院、前座、中座、后座、天井等，前院北面开门，东面为前、中、后座。前、中座面阔七间，进深前座一至三间，中座一间，后座面阔九间，进深二间，座间巷道分隔。南、北侧院形制相似，中为两纵列厢房六间，进深二间，东、西院墙内横列厢房一排四间，进深一间。围屋房间密集，有通道相连。四角各建碉楼1座，四壁有枪眼。建筑用青砖、泥砖混合砖墙承檩，悬山顶，盖青瓦，灰塑脊顶，檐墙彩绘壁画。

65 - C₃₁ 杨兆昌民居 〔马路镇善村行政村东南面·清代〕 建于清末，具体时间不详。坐东北朝西南，砖木结构。二进院落，由前座、后座、天井组成，占地面积约783.5平方米。前座面阔三间，硬山顶，后座面阔七间，悬山顶，青砖、泥砖混合墙体承檩，灰塑屋脊，盖青瓦。条石踏跺，推笼大门，方青砖墁地。檐墙有鳌鱼莲花、罗马数字时钟等彩绘壁画。天井有砖砌水井1口。

66 - C₃₂ 得中堂 〔筋竹镇云龙行政村云龙村东面约200米·清—民国〕 建于清末民初。坐东朝西，砖木结构，由主院及副楼、瞭望楼组成，建于用大石叠砌成台明上，占地面积约949.6平方米。主院为一进一院，由大门、前院、正堂、耳房、副楼、瞭望楼组成，院门朝北，为推笼门，条石垂带踏跺。门内为前院，青砖墁地，院内东为正堂，面阔九间，进深一至二间；南为耳房二排四间，建筑用青砖、泥砖、混合砖墙承檩，悬山顶，灰塑屋脊，雕花檐板，地铺方砖。正堂檐墙有彩绘壁画。副楼为单面坡双层结构，三合土铺地。

67 - D₁ 驿宰徐君龙夫妇寿藏碑 〔三堡镇三堡社区三堡镇税务所内·明代〕 碑刻1方。明万历七年(1579)立。碑高1.28米，上宽0.63米，下宽0.73米。四周阴刻卷草纹。碑文竖30行，满行20字，计470字。字径0.02米，楷书，阴刻。前南京礼部尚书历两京国子祭酒翰林侍讲学士尹台撰文并书丹。额题"驿宰徐君龙夫妇寿藏碑"，落款"万历七年岁次己卯孟春吉日"。碑面上部已部分剥蚀，但字尚可辨。碑文赞颂徐龙田夫妇玄堂藏所在的山场之形胜。徐龙田，名纯，字一之，驿宰。

68 - D₂ 奉府恒宪勒石永禁碑 〔原在水汶镇水汶

旧街北门墙上，现藏岑溪市文物管理所·清代〕 碑刻 1 方。清嘉庆四年（1799）立。碑高 1.4 米，宽 0.75 米，厚 0.08 米。碑文竖 8 行，满行 30 字，约 240 字，字径 0.025 米，楷书，阴刻。为梧州府、平乐府正堂告示。额题横行"奉府恒宪勒石永禁碑" 9 字，落款"嘉庆四年九月十八日"。碑文记述岑溪黄华高头三板船户赵绍等 60 余户控告藤县、戎圩、平河司弓役滥封扣，诈索钱文，官府准予勒示严禁船埠头差水练人等借滥封诈索银钱。

69 - D₃ 兰亭家祠遗训碑 〔马路镇昙容社区昙容村西 200 米罗斗坡唐家大屋内·清代·市文物保护单位〕 碑刻 10 方，嵌于唐氏家祠厅与廊墙上。清道光十年（1830）立。碑规格不一，竖者最高 1.26、宽 0.81 米，横者高 0.63、宽 1.07 米。碑文均竖行，共计 5300 字，楷书，阴刻。唐阐伦撰文并书丹。落款"大清道光十年岁次庚寅嘉平望日"。内容包括兰亭家祠十六则、兰亭家祠遗训十八则、兰亭家祠条例五则、继述堂续序及清道光岑溪知县方锡浩赠序等，体现传统的家法和伦理道德观念，其中有"勤之夜，禁奢侈，崇节俭，警骄傲，尚忠信，敦孝弟，绝四戒，奖贤能"等。

70 - D₄ 奉臬宪郭严示勒石碑 〔原在水汶镇水汶旧街北门墙上，现藏岑溪市文物管理所·清代〕 碑刻 1 方。清道光二十一年（1841）立。碑高 0.97 米，宽 0.65 米，厚 0.03 米。碑文竖 20 行，满行 36 字，计 664 字，字径 0.025 米，楷书，阴刻。广西按察使兼管驿务郭某告示。额题"奉臬宪郭严示勒石碑"，落款"道光二十一年辛丑季秋吉日合乡绅民"。碑文记述：道光年间，岑溪衙役弄权舞弊为惯常，鱼肉乡民，民众痛恨，绅耆联名报官立碑示禁，要求衙役奉公守法，安分办事。

71 - D₅ 奉官示竖永禁榨切米粉碑 〔原立于水汶镇水汶圩，现藏岑溪市文物管理所·清代〕 碑刻 1 方。清光绪三十四年（1908）立。碑高 1.27 米，宽 0.65 米，厚 0.35 米。碑文竖 20 行，满行 43 字，计 720 字，字径 0.025 米，楷书，阴刻。撰文、书丹、刻工不详。额题"奉官示竖永禁榨切米粉碑"，落款"光绪三十四年二月十七日实贴水汶圩晓谕告示"。碑文记述：因岑邑地瘠民贫，粮少，而粉榨、切粉两项耗粮太多，因此粉榨一项应禁革除；而切粉只准以湿粉在圩市摆卖充饥，不准晒干贩运。违者重惩。

72 - E₁ 高六口百丘坟 〔南渡镇杨冲行政村高六口村东北面·1860 年〕 清咸丰十年（1860），太平天国陈金刚部攻占南渡，设衙门，令各地地主武装投降并交粮饷。杨冲谢村堡武装团练特险违令，被太平军攻破，歼灭武装团练 200 余人。后将死者百余人合葬一坟，俗称百丘坟。墓葬朝西南，冢呈圆丘形，用青砖围砌，周有半环形墓圈，清光绪三年（1877）重修并立碑，占地面积约 59.5 平方米。碑文记述了上述史实。

73 - E₂ 陈树勋故居 〔大业镇会村行政村那社村·清代〕 陈树勋（1874—1961），清末进士，翰林院编修，历任广西咨议局议长、民政司司长、内务司司长、参议会副议长等职。抗日战争期间倡办"唤群诗社"，呼唤民众奋起抗日。中华人民共和国成立后任广西政协委员。故居坐北朝南，砖木结构。两进院落，由前座、后座及天井、厢房等组成。占地面积约 315 平方米。前、后座面阔三间 18.3 米，进深前座 6.3 米，后座 11 米，悬山顶，盖小青瓦。

74 - E₃ 筋竹农会旧址 〔筋竹镇筋竹社区·1926—1927 年〕 1926—1927 年间，中国国民党中央农民部特派员、中国共产党党员林培斌、李植华等人在岑溪领导农民运动，成立农民协会，开展二五减租和废除苛捐杂税斗争。筋竹农会是主要的活动地点。旧址原为社庙，为两进院落，由前殿、后殿、天井、厢房组成。现仅存前殿一间，面阔 6 米，进深 4.3 米，砖木结构，青砖墙，悬山顶，盖小青瓦。

75 - E₄ 陈济桓故居 〔筋竹镇筋竹社区筋竹镇人民政府大院内·1935 年·自治区文物保护单位〕 陈济桓（1893—1944），号昆山，广西岑溪县筋竹人，抗日战争期间任桂林城防司令部中将参谋长、副司令。1944 年 10 月，在保卫桂林战斗中，以身殉国，追晋国民革命军陆军上将。1984 年广西壮族自治区人民政府追认为革命烈士。故居又称"将军楼"，建于 1935 年。坐西朝东，砖木结构，西式三层楼房，平面呈长方形，面阔五间 12.3 米，进深 9.7 米，高 15 米。各层明间为厅，前设走廊阳台，二楼以上用木板铺地。设木梯上下。

76 - E₅ 甘乃光旧居 〔岑城镇岑城社区松香厂厂区内·民国〕 甘乃光（1897—1956），字自明，广西岑溪人。曾任国民政府中央执行委员会委员、行政院秘书长、驻澳大利亚大使，1956 年病逝于澳大利亚。旧居建于民国晚期，坐北朝南，二进院落，由前院、仿西式二层楼房、连廊等组成，占地面积约 1727.46 平方米。主体建筑面阔三间，青砖墙，瓦顶四檐滴水，木板条饰天花，窗外框起方线凸饰边框，条砖墁地，中间为过道。

77 - E₆ 七块田剿匪旧址 〔南渡镇吉太社区七块田村·1950 年〕 1950 年 4 月 30 日午夜，中国人民解放军第 45 军 135 师 405 团 2 营两个连，围剿盘踞在七块田（地名）老巢的高振伍匪帮，击毙土匪 38 人，并俘虏一批匪徒，解放军牺牲了 7 名战士。旧址中涉及民居 11 座，多为盖小青瓦、泥砖承檩砖木结构建筑。另有石头青砖碉楼 2 座、泥砖碉楼 2 座，外有石砌围墙，残留有多处射击孔，占地面积约 1.5 万平方米。在作战中石碉楼已毁。

78 – E₇ 七雄烈士纪念碑 〔南渡镇吉太社区北面船地顶上·1980 年·市文物保护单位〕 1960 年中共岑溪县县委、县人民政府为纪念 1950 年在七块田剿匪战斗中牺牲的 7 位解放军战士而建，1962 年迁建于三江坡（地名），1980 年移建至今址。纪念碑建于三级平台上，占地面积约 750 平方米。坐东南朝西北，碑身为方形立柱体，用青砖砌筑，面饰石米，顶部四级出檐，塑五角星。正面塑"七雄烈士纪念碑"7 字。

79 – E₈ 李植华烈士纪念碑 〔归义镇金鸡行政村金鸡村·1985 年·市文物保护单位〕 李植华（？—1930），广西岑溪市归义镇金鸡村人，广西大革命时期农民运动领导者之一。1930 年率赤卫队和红军围剿境内反动武装时牺牲。纪念碑建于 1985 年。坐东北朝西南，"工"字形碑座，正面嵌碑刻，介绍烈士事迹，碑身为砖砌四方立柱体，面饰石米，歇山顶盖。碑身正面嵌粉红大理，镌刻"李植华烈士纪念碑"，碑后建"李植华烈士之墓"。墓地周围建有围栏，铺三合土地面。占地面积 544 平方米，

80 – E₉ 太白队烈士纪念碑 〔梨木镇梨木社区北面山坡上·1998 年〕 1949 年 3 月梨木地区成立"太白队"，属中国人民解放军粤中纵队第 4 支队 11 团领导，发动群众开展反"三征"（反对国民党政府征兵、征粮、征税）活动。为纪念太白队牺牲的烈士，1998 年 8 月 1 日修建纪念碑。坐西北朝东南，碑座贴黄色瓷片，碑身为青砖浆砌四方立柱体，面批石灰，地面铺水泥砂浆，四周设水泥预制件护栏，外围用砂砖浆砌围墙。占地面积 517 平方米。

81 – F₁ 甘遂和屋 〔归义镇归义社区北·1911年〕 建于清宣统三年（1911）。坐南朝北，砖木结构。两进院落，由前座、后座、天井、走廊组成，占地面积约 262 平方米。前、后座均面阔三间，进深前座 9.8 米，后座 12 米，青砖墙，硬山顶，盖小青瓦。前、后座镂空木雕屏风，后厅中立木雕神台，铺方地砖。

82 – F₂ 中林村邓公庙 〔马路镇中林行政村中林村·1918 年〕 始建时间不详，1918 年重建。坐西朝东，砖木结构，由山门、前殿、中殿、后殿和配殿组成，占地面积约 250 平方米。前殿面阔、进深皆一间，左、右为配殿。中殿面阔二间，进深一间，右为配殿并与前左配殿相连。后殿面阔三间，进深 5.2 米，均为青砖墙，硬山顶，盖小青瓦。山门为牌坊式拱门，四角攒尖顶，前殿与山门间置石狮 1 对。

83 – F₃ 丛桂楼 〔南渡镇古太行政村东面约 50 米·1922 年〕 为民国岑溪县县长黄桂丹建于 1922 年。坐南朝北，由主楼、副楼、内院组成，占地面积约 2499.7 平方米。中西式混合建筑，青砖墙，砖墙承檩，硬山顶，盖小青瓦，夯土地面。主楼三层半，修筑四角碉楼，前、后檐口设排水涧，四角排水管排水，有拱门、拱窗。副楼二层，设有联拱外廊。

84 – F₄ 尚智雷庙 〔水汶镇尚智行政村尚智村北侧·1926 年〕 1926 年村民集资兴建。坐北朝南，砖木结构，二进院落，由前殿、后殿、中廊、左右厢房、左右配厅组成。占地面积约 556.5 平方米。前、后殿及左、右殿配厅均为中西混合式两层楼，悬山顶，盖小青瓦。前、后厅面阔三间 10.6 米，进深前厅 7.2 米，后厅 6 米。配厅面阔 21 米，进深 8 米。

85 – F₅ 乌峡六角楼 〔岑城镇乌峡行政村乌峡村东北面·1926 年〕 1926 年梁季平建的庄园别墅。平面呈曲尺形，由六角楼、环形花坛、金鱼池、谷仓等组成，占地面积约 1.2 万平方米。现存六角楼，砖木结构。中西混合二层楼房，平面不规则，面阔 12 米，进深 10.2 米。每层为一厅、五房、一厨布局，天花板批灰，水磨石地板。

86 – F₆ 绿云天主教堂 〔糯峒镇绿云行政村绿云村·1937 年〕 1937 年美籍天主教神父田义仁兴建。坐东南朝西北，钢筋水泥与砖木石混合结构，中西合璧建筑，平面呈十字形，前部为礼堂，后部是有 16 间居室、贮藏室的二层楼房，庑殿顶，盖小青瓦。占地面积约 750 平方米。

87 – F₇ 八角楼 〔筋竹镇罗敏行政村南面约 800 米·民国〕 建于民国，具体时间不详。坐东朝西，一院一楼，占地面积约 367.46 平方米。楼为仿西式八角形三层楼房，砖木结构，面阔五间，顶砌女儿墙，灰塑线条装饰外墙及柱拱。方砖墁地，青砖砌踏跺。

88 – G₁ 罗同石斧出土点 〔安平镇罗同行政村罗同村北侧约 200 米的半山坡上·新石器时代〕 1987 年 5 月，罗同小学操场出土石斧 1 件，并在其邻近 1.5 米深处发现一长 1.9、宽 1.8、厚 0.2 米方形烧土圈。石斧用黑色页岩打制成形后略加磨制，单肩，弧刃，长 0.0115 米，宽 0.045 米。

89 – G₂ 丰根铜器出土点 〔南渡镇盘古行政村丰根屯·战国〕 1989 年 10 月，在村后山出土铜器数件，距地表 1.2 米深。其中人首柱形器 2 件，铜剑 1 件。人首柱形器形制、大小略同。上呈人首形，头部扁圆，长颈，有简单的眼、鼻、嘴；下为空心方柱体。高 0.12 米，柱宽 0.037 米，厚 0.03 米。剑残断，身长

而宽扁，圆实茎有上凸箍，中有脊，身无纹饰，残长0.62 米。

90 - G₃ 富宁铜斧出土点 〔安平镇富宁行政村富宁村旁·战国〕 1987 年 6 月，村旁出土铜斧 1 件。斧为弧刃，长方銎，銎上部有一周凸棱，刃两角外侈，两侧有合范痕，长 0.096 米，刃宽 0.061 米。

91 - G₄ 西岭铁斧、陶器出土点 〔岑城镇思孟行政村西约 200 米西岭·汉代〕 1988 年 3 月，在西岭嘴儿山北坡出土铁斧 1 件和方格纹陶片数片。铁斧为直銎口，长 0.108 米，刃宽 0.08 米。另在山南坡出土陶豆、陶钵各 1 件。

92 - G₅ 定村铜鼓出土点 〔马路镇永固行政村定村·西汉中期—南朝〕 1973 年，定村出土冷水冲型铜鼓 1 面。鼓面径 0.645 米，高 0.414 米。鼓面太阳纹十二芒。面沿环列四立蛙。饰栉纹和波浪纹纹带、变形羽人纹、复线三角纹。

93 - G₆ 清塘冲铜鼓出土点 〔南渡镇义新行政村东北清塘冲·西汉—唐〕 1974 年春，清塘冲出土北流型铜鼓 1 面。鼓面径 0.765 米，高 0.46 米。鼓面太阳纹八芒。面沿环列四蛙，面遍饰云纹，身饰云纹、雷纹相间。鼓面缺一蛙。胸腰间附环耳 2 对。

94 - G₇ 古藏屯铜鼓出土点 〔诚谏镇陀村行政村古藏屯东北约 5 公里·西汉—唐〕 1988 年 8 月，古藏屯东北约 5 公里处水沟边出土北流型铜鼓 1 面，鼓面向下。鼓面径 0.735 米，高 0.44 米，鼓面太阳纹八芒。面沿环列两两相对四立蛙。胸腰间附缠丝纹环耳 2 对。面饰菱形纹和雷纹填线纹相间。身饰菱形纹。

95 - G₈ 岑城镇铜鼓出土点 〔岑城镇共青路·西汉—唐〕 1953 年，共青路出土北流型土铜鼓 1 面。鼓面径 0.9 米，高 0.53 米。鼓面太阳纹十二芒。面沿环列六立蛙。主要纹饰有"五铢"钱纹、水波纹和云纹，胸腰间附扁耳 2 对。

96 - G₉ 六环钱币窖藏 〔马路镇福塘行政村六环村石山脚·南宋〕 1987 年 3 月，石山脚出土铜钱 1 罐，用灰色陶罐盛装，共 33 个品种，其中唐代钱币 2 种，北宋 24 种，南宋 7 种。最早为唐开元通宝，最晚的为南宋嘉定通宝。

蒙山县

1 - A₁ 夏宜关隘遗址 〔夏宜瑶族乡夏宜行政村夏宜村东约 2 公里夏宜峡东面山隘·明代·县文物保护单位〕 关隘建于明成化年间（1465—1487），是当时重要的陆路通道关卡。地处峡谷中，峡谷长约 5 公里，宽约 40 米。关隘由古道、哨房组成。古道位于峡谷的西侧山腰，依山势修筑，用河卵石和青石板铺砌路面，长 5 公里，宽 0.6—2 米不等。哨房靠近峡口，坐西朝东，用料石、灰浆砌筑，平面呈"⌐"形，一进两间，设有瞭望孔及射击孔，现仅存石墙。面积约 35 平方米。

2 - A₂ 永安州城址 〔蒙山镇民主社区民主街·明代〕 建于明成化十三年（1477），清代屡有维修，清道光二十四年重修（1844）。据清光绪版《永安州志》记载，城墙周八百七十六步（248.5 丈），高 1.6 丈，厚 0.6 丈。城墙包砌青砖，设东、西、南、北四门，城墙上设炮台 4 座，有雉堞 449 个，有一水渠穿城内。现仅存两段残墙，长 142 米，厚 2.95 米，高 4.7 米。砖墙上戳印"道光" 2 字。

3 - A₃ 新圩古道遗址 〔新圩镇新圩老街·清代〕 建于清光绪二十一年（1895），全长 540 米，南北贯穿新圩村，南接新圩石拱桥，北通荔浦、桂林。由青石板和河卵石铺砌而成，路面最窄 2.2 米，最宽 5.47 米。其中街道部分长 160 米。青石板路由抗法功臣苏元瑞（蒙山县新圩人）出资修建。

4 - B₁ 新圩墓群 〔新圩镇双垌行政村双垌村南约 800 米哥谷岭、谢村行政村谢村东南约 500 米马赖岭·汉—晋·自治区文物保护单位〕 墓葬分布于哥谷岭与谢村马赖岭一带，分布范围南北约 3 公里，东西约 2 公里，面积约 64 万平方米。

B₁₋₁ 哥谷岭墓群 〔新圩镇双垌村南约 800 米哥谷岭·汉—晋〕 墓葬分布于哥谷岭 3 个岭坡上，岭高 30—50 米，面积约 24 万平方米。20 世纪 70 年代初，尚存有墓葬 20 余座。现封土多被夷平或毁掉，残存封土呈圆丘形，高 1 米，底径 10—15 米。地面散布方格纹陶片、青瓷片和敞口、深腹、高圈足陶碗等遗物。因开田造地及建砖厂，有些墓葬已被毁掉。

B₁₋₂ 马赖岭墓群 〔新圩镇谢村东南约 500 米的马赖岭·汉—晋〕 墓葬分布在高约 60 米呈西北—东南走向的山上，以及新圩村刘贤村西南面个别山头，分布面积约 40 万平方米，墓葬封土不明显。1964 年发现墓葬 11 座；1988 年普查发现马赖岭地表土上有褐色夹砂陶片与褐色内外弦纹陶片。墓葬封土已不明显。

5 - B₂ 门楼岭墓群 〔文圩镇文圩行政村文圩村西北约 200 米门楼岭·汉—晋·县文物保护单位〕 门楼岭呈南北走向，长约 300 米，墓葬分布在东南面岭坡上，面积约 4.5 万平方米。墓葬封土多已不存，现存封土呈扁圆丘形，高 0.8—2.5 米，底径 15—30 米。当地群众耕种时常发现石头堆和陶罐等物。当属石室墓。

6 - B₃ 回龙寨墓群 〔蒙山镇回龙行政村龙寨村东北约 550 米的山丘上·汉—晋〕 墓葬分布在两

个呈南北走向的低矮山丘及坡地上，分布面积约 4 万平方米。20 世纪 60 年代初尚存有墓葬 120 余座，残存封土呈圆丘形，高 0.5—2.5 米，底径 10—25 米。1964 年清理土坑、砖室、石室墓各 1 座，出土双耳陶罐、方格纹陶罐、青瓷罐、青瓷壶和铜镜等，年代为东汉晚期。1988 年文物普查时封土多已不存，在地表发现灰白色方格纹陶片、褐色弦纹陶片等。

7 – B₄　白坟岭墓群〔西河镇大塘行政村蒙村村东南的白坟岭·汉—晋·县文物保护单位〕　发现墓葬约 31 座，分布面积约 12.5 万平方米。残存封土呈圆丘形，高 1—2.5 米，底径 2—25 米。地面散布水波纹、弦纹等汉代陶器残片以及褐釉、黄釉陶片。

8 – B₅　牛黄岭墓群〔蒙山镇回龙行政村下石柱村西南约 300 米的牛黄岭·汉—晋〕　岭高 60 米，由南北走向的三个山包组成，在地表发现有弦纹、印纹陶片，分布面积约 4500 平方米。墓葬封土多被夷平，可辨封土有者 2 座，曾于 1964 年试掘汉末晋初土坑墓 1 座。

9 – B₆　松山坪墓群〔蒙山镇甘棠行政村以孟村东北松山坪·汉—明·县文物保护单位〕　分布面积约 1.6 万平方米。残存封土高 1—2 米，底径 5—20 米。被毁的有石室墓和石板墓。石板墓出土明"天启通宝"铜钱 10 余枚。地面散布有方格纹陶片、白瓷片等遗物。

10 – B₇　屯望口墓群〔西河镇桐油坪行政村屯望口村西南面面约 100 米岭坪牛腿岭上·汉—明·县文物保护单位〕　牛腿岭呈南北走向，在岭坡发现有零星墓葬，分布面积约 2 万平方米。封土堆多被毁，遗存的封土堆呈圆丘形，最大的直径约 10 米，有土坑墓、石室墓。封土堆表土发现有褐色、褐红色弦纹陶片和灰白色素陶片。

11 – B₈　红岭坪墓群〔文圩镇龙定行政村红岭坪村北面约 300 米红岭坪上·汉代·县文物保护单位〕岭呈东西走向，顶较平坦，墓葬封土多被毁，分布面积约 1 万平方米。20 世纪 60 年代发现墓葬 12 座，现仅存 4 座。封土高 0.5—1 米，底径 4—7 米。1987 年清理东汉土坑墓 1 座，出土壶、罐、纺轮、盅等陶器及铜壶、铜镜、铁鼎、铁剑、玻璃串珠、琥珀等随葬品。

12 – B₉　青子岭明墓〔蒙山镇回龙行政村回龙寨村东南约 80 米青子岭·明代·县文物保护单位〕　合葬墓 1 座，朝西南，冢呈圆丘形，高 1 米，底径 7.5 米。立碑 2 方，碑文阴刻，楷书，右碑刻"皇明诰赠五品□□讳进字□□太公之墓"，左碑刻"皇明诰赠正五品官人黄母李老太君之墓"。墓前设祭台和拜台，两侧建护手。祭台东西长 1.8 米，南北宽 3.2 米，用灰沙

土建成。拜台低于祭台 0.2 米，用河卵石砌起，长 3.7 米，宽 7.5 米。

13 – C₁　城北街拱桥〔蒙山镇民主社区城北街北面约 20 米湄江支流上·清代·县文物保护单位〕　又名接龙桥。建于清康熙十五年（1676），清乾隆年间（1736—1795）重修。东西走向，由单孔石拱桥与双孔石拱桥各一座构成。其中双孔石拱桥长 11 米，宽 3.2 米。桥身用料石干砌，桥拱用石 132 块，缝不施浆。桥面铺石、沙、泥，两侧置条石护栏，高 0.18 米。两端略成坡状。

14 – C₂　新圩桥〔新圩镇新圩行政村塘背村东面约 350 米大峡口·清代·县文物保护单位〕　又名攀龙桥。建于清乾隆三十六年（1771）。桥跨湄江上游新圩支流，东西走向，连接北通桂林、南下永安州（今蒙山县）的古道。单孔石拱桥，长 13 米，宽 4.66 米，拱跨 11.5 米。桥身及桥拱用料石砌筑，桥面铺石板，两端均有长约 20 米石砌坡状引桥，面铺卵石踏跺。

15 – C₃　高场太阳桥〔蒙山镇文平行政村高场村东侧约 100 米的小河上·清代〕　建于清乾隆四十二年（1777），为贡生陈大显与陈光政等人捐款修建。东西走向，单孔石拱桥，长 13.5 米，宽 6.1 米，拱跨 6.7 米。桥身及桥拱用料石砌筑，桥面铺石板，两侧置条石护栏。1965 年沿用为公路桥，填平石踏跺，桥面已铺沥青。

16 – C₄　粤东会馆〔蒙山镇德胜街与民主街交汇处的西北侧 10 米·清代〕　建于清光绪元年（1875），由当时在永安州经商的广东同乡会筹建。坐东朝西，砖木结构，单体建筑，面阔三间，进深二间，青砖墙，内金柱 4 根，穿斗式木构架，硬山顶，盖小青瓦。屋内檐墙、山墙上有彩绘花鸟壁画。占地面积约 107 平方米。

17 – C₅　韦氏住宅〔文圩镇道义行政村道义村·清代·县文物保护单位〕　建于清光绪二十七年（1901），为蒙山拳师韦钟平所建。坐西朝东，砖木结构，二进院落，由前座、后座、天井、走廊、侧屋组成，占地面积约 1000 平方米。前、后座面阔、进深三间，青砖墙，抬梁与穿斗混合木构架，硬山顶，盖小青瓦。墙壁有山水、花鸟、虫鱼、草木彩色壁画 56 幅。前座明间有凹廊，檐下浮塑花鸟、动物图案，门前设 6 级踏跺。后座前檐柱饰雀替。两边隔过道有侧屋各三间，进深一间，硬山顶，盖小青瓦，人字山墙。

18 – C₆　陈家祠〔蒙山镇德胜街东面街口南侧·清代〕　建于清代，具体时间不详。坐南朝北，砖木结构，二进院落，由前座、后堂、天井组成，占地面积约 260 平方米。前座、后堂面阔三间，青砖抹灰墙，

穿斗式木构架，硬山顶，盖小青瓦，木雕封檐板，人字山墙。

19-C₇ 关氏祠〔文圩镇秀才行政村三石村内·清代〕 建于清代，具体时间不详。坐西北朝东南，砖院木结构，庭院式，由前院、前座、天井、后堂组成，占地面积约 542 平方米。前院有照壁，浮雕假拱门，前座、后堂面阔三间，进深前座一间，后堂二间，屋前置垂带踏跺，生、熟砖混合墙，抬梁式木构架，硬山顶，盖小青瓦，人字山墙。前座明间有小凹廊，后檐无墙，后堂为敞开通厅。

20-E₁ 苏元春生母墓〔蒙山镇洲南行政村洲南村东面鳌山文笔塔东南面约 50 米的山坡上·清代·县文物保护单位〕 黄氏（1814—1849），清末广西提督、边防督办苏元春的生母。墓建于清道光二十九年（1849）。墓葬朝西南，冢略呈长方形，用灰沙及河卵石围砌，长 3.5 米，宽 2 米，高 0.7 米。墓碑两侧边阴刻草叶花纹，碑前有二级小平台，侧立碑 2 方。碑文载墓主生平，颂其美德操行。占地面积约 140 平方米。

21-E₂ 太平天国永安活动旧址〔蒙山镇民主街 32 号及县城周边乡镇·1851—1852 年·全国重点文物保护单位〕 永安是太平天国初期政权奠基之地。太平天国在永安活动 7 个多月，其旧址包括：蒙山县东王府（武庙）、西城墙、瞀井、蒙山镇洲南行政村莫家村冯云山指挥所旧址，以及县城周边乡镇的东西炮台、十里长墙、太平军圣库遗址和太平军水窦、栾岭、上阳、龙眼塘等营盘，清军围攻永安的佛子岭、独松岭、西马、朝占等营盘，以及双方发生激烈交战的古苏冲（玉龙关）战场、三冲歼敌战场、天平坳战场等，共 26 处遗存。

E₂₋₁ 武庙〔蒙山镇民主街 32 号·1851—1852年〕 清咸丰元年（1851）9 月 25 日，太平军攻克永安州城，东王杨秀清驻扎武庙，故武庙亦称为"东王府"。武庙建于清顺治元年（1644），清康熙、清乾隆年间、清光绪十二年至十七年（1886—1891）均经重修。坐西北朝东南，砖木结构，由门楼、东西厢房、天井和大殿组成，占地面积 434 平方米。门楼面阔三间，进深一间。大殿面阔、进深皆三间，砌假清水墙，穿斗和抬梁混合木构架，硬山顶，脊饰双龙戏珠、博古、葫芦、宝扇、鳌鱼、龙吻灰塑，盖琉璃瓦、琉璃滴水，弧形马头山墙。

E₂₋₂ 西城墙〔蒙山镇民主街 32 号·1851 年〕 位于东王府（武庙）西侧，为永安州城墙的西城垣的一部分。建于明成化十三年（1477），清顺治十八年（1661）、清康熙五年（1666）、清道光二十四年（1844）均经修缮和重建。太平军以州城为基地，四周城墙为内围屏障，派兵驻守，在粉碎清军进剿、保卫太平天国的战斗中起着重要的作用。现存城墙残长 142 米，高 4.75 米，厚 2.95 米。城墙前、后檐墙以青砖、料石包砌，内填夯土。现已维修 40 米，恢复部分城垛。

E₂₋₃ 天王发布诏令处〔蒙山镇民主街 32 号·1851—1852 年〕 清咸丰元年（1851）10 月 1 日至二年（1852）4 月 4 日，天王洪秀全在武庙南侧广场玉兰树下先后发布永安封王诏等六道诏令、诏书，为太平天国政权建设奠定了基础。广场平面呈长方形，面积约 3222 平方米。玉兰古树位于广场北端，树高 20 余米，树龄 400 余年，枝叶繁盛。

E₂₋₄ 瞀井〔蒙山镇民主街 32 号·1851 年〕 清咸丰元年（1851）9 月 25 日，太平军攻克永安州城后，将代理知州吴江、平乐府协副将阿尔精阿斩首弃于井内，并捣毁武庙各种礼器，将祭器丢入井里。瞀井位于武庙门前南侧 10 米，为一口无水的旱井，故称做瞀井。井口平面略呈长方形，长 2.9 米，宽 2.8 米，井深 2.7 米，井壁用青砖砌筑。1974 年 4 月清理时发现有刀砍、枪击痕的头颅两具及清官帽顶、玉带扣、铁镣、手铐、铁弹丸和祭器等物 300 余件。

E₂₋₅ 冯云山指挥所旧址〔蒙山镇洲南行政村莫家村·1851—1852 年〕 太平军攻克永安州城后，即在州城周围构筑防御工事分兵镇守。南王冯云山负责城南防线，指挥所设在莫家村。旧址原为清道光年间（1821—1850）举人、武进士莫若璟的住宅。建于清道光元年（1821），坐北朝南，砖木结构，二院一进，由门楼、天井、厢房和正屋组成，占地面积约 965 平方米。前院门楼中开大门，两边与砖石混砌围墙相连。后院正屋面阔五间，生、熟砖混砌，泥砖墙搁檩，悬山顶，盖小青瓦，人字山墙，设前檐廊，三级垂带踏跺。两山垂脊装饰灰塑草龙，檐墙壁上有花草壁画。

E₂₋₆ 十里长墙〔蒙山镇文平行政村莲塘巷西侧·1851—1852 年〕 在县城东侧约 500 米，为清咸丰元年（1851）太平军攻克永安州后修筑的两道环形防御城墙。东以城北湄江河边至莫家村，西以北湄江岸边至城南河边，途经团冠岭炮台，将东、西炮台等工事连成一体，全长约十里，设有闸门、关口、枪眼，墙外挖壕沟，布陷阱，利于防守，对于保卫州城，策应各处战斗，都具有重要作用。长墙现存蒙山镇中学西北面一段，用石、泥土等夯筑成，长约 120 米，高 2.5 米，厚 3 米。

E₂₋₇ 东炮台〔蒙山镇文平行政村文平村东约 300 米瞭望岭上·1851—1852 年〕 清咸丰元年至二年（1851—1852）太平军在城周围瞭望岭、团冠岭、大教岭、红庙等制高点构筑的东、西、南、北四座炮台之一,由罗大纲部驻守。炮台平面呈椭圆形,周筑泥、石围墙。围墙高2.5米,厚2米,设有射击孔,墙内设炮台、隐蔽壕、营房,墙外有壕沟、陷阱,占地面积约1200平方米。炮台已毁,1980年蒙山县人民政府于原址北面修筑炮台1座。

E₂₋₈ **西炮台** 〔蒙山镇城西行政村城西村北面团冠岭·1851—1852年〕 为清咸丰元年至二年(1851—1852)太平军在城周围瞭望岭、团冠岭、大教岭、红庙等制高点构筑的东、西、南、北四座炮台之一,由西王萧朝贵部驻守。西炮台位于城西前沿,平面呈椭圆形,四周为石、泥土夯筑城墙,开射击口。墙内置炮台、隐蔽壕、营房等建筑,墙外设壕沟、陷阱。炮台及地面建筑已毁,在炮台附近出土了铁炮残件。1978年蒙山县人民政府在原址修复。

E₂₋₉ **太平军中营岭营盘** 〔西河镇水秀行政村水秀村北约250米中营岭·1851—1852年〕 为太平军外围防线的主要阵地之一。营岭高约20米,南北长约70米,东西宽约50米。清咸丰元年(1851)太平军攻克永安后,秦日纲率部2000余人,以中营岭为中心,分别在水秀村及其两翼沿湄江的罗瓮村、西浮岭、古海岭、黄统岭、仙台岭、古坳岭等山头设营盘七处,组成长1.5公里的弧形南线前沿防御阵地。中营岭处在七大营盘的中部,成为南线江北七大营盘的枢纽。岭顶和山腰筑围墙,开四门,内建房屋、圣库,储备弹药、米粮等军需,外围驻军。现营盘基础尚存,主要遗迹有西浮岭地洞、太平圣库遗址。

E₂₋₁₀ **太平圣库遗址** 〔西河镇水秀行政村水秀村北约250米中营岭东山坡·1851—1852年〕 太平军在中营岭营盘设置圣库,储备武器弹药、米粮等军用物资。圣库平面呈长方形,四周筑夯土墙两道,内建夯土墙库房,外层建驻军住房,占地面积约600平方米。地面建筑被清军所毁,现存墙基建筑轮廓较清楚,出土弹丸、刀、矛和烧焦的黑米等遗物。

E₂₋₁₁ **太平军西浮岭地洞** 〔西河镇乐拥行政村乐拥村西北西浮岭东面坡脚·1851—1852年〕 西浮岭呈东西走向,为太平军水秀七大营中最东侧的一个营盘,地处水陆要冲,与清军仅一水之隔。为坚守阵地,抗击清军炮火,太平军在岭上深挖地洞藏兵,洞口呈圆拱形,口宽1.8米,洞内高2.5米,宽1米,深4米,利用壕沟联络、运输,与清军对峙半年之久。1962年、1975年两次对地洞进行过清理,发现了弹丸、油灯、桐油块、钱币等。

E₂₋₁₂ **太平军栾岭营盘遗址** 〔文圩镇秀才行政村邹屋村东北约150米栾岭·1851—1852年〕 栾岭营盘是太平军西南防线的前沿阵地,由萧朝贵部驻守。

北与韦昌辉部相连,东南与冯云山指挥所相接,南与清军佛子岭据点对峙。清咸丰元年(1851)9—12月多次出击歼灭佛子岭据点的清军,粉碎清军三次大规模进犯及清军多次南北夹击的攻势。营盘位于谷地道口土岭上,四周有壕沟、夯土围墙,占地面积约1万平方米。地面建筑已毁。

E₂₋₁₃ **太平军上阳营盘遗址** 〔蒙山镇高堆行政村上阳村北大葬岭南·1851—1852年〕 太平军北面前沿阵地据点,由北王韦昌辉部驻守。营盘在大葬岭南面顺山坡至湄江河滩构筑,四周挖有战壕,内设炮台、营房,分布面积约1万平方米。山腰炮台残高约1米,直径2.5米,古河滩田地中可见少量残存的营房基础,其余建筑已毁。在遗址内出土有刀、战戟、铅弹丸等武器。

E₂₋₁₄ **太平军龙眼塘营盘遗址** 〔蒙山镇北楼行政村冯屋村北约150米龙眼岭·1851—1852年〕 太平军北面防御前沿据点,隔湄江与上阳营盘遥相呼应,扼守北面防线通道,由北王韦昌辉部驻守。清咸丰元年(1851)太平军在这里粉碎了清军11月2、4、11日和12月10日的四次大规模进攻。营盘呈长方形,外设壕沟,内筑泥、石夯土长墙、炮台。占地面积约1000平方米。现存营盘壕沟周长170米,宽1.1米。墙基残高0.7米。炮台略呈圆形,径1.6米。营盘出土有钩镰、关刀、三叉等遗物。

E₂₋₁₅ **太平军仙台岭营盘遗址** 〔西河镇水秀行政村水秀村北450米的仙台岭·1851—1852年〕 太平军北面防御前沿据点,处在各营盘的北端。仙台岭高约60米,为较高的山岭,营盘居高临下,军事设施已不存,仅存遗址,分布面积约1万平方米。

E₂₋₁₆ **太平军古海岭营盘遗址** 〔西河镇水秀行政村水秀村东北500米古海岭上·1851—1852年〕 太平军北面防御前沿据点。山岭呈东西走向,山高约50米,山坡略陡,岭上军事设施已不存,仅存遗址,分布面积约6000平方米。

E₂₋₁₇ **清军佛子岭营盘遗址** 〔文圩镇大明行政村西南约50米佛子岭·1851—1852年〕 是清军乌兰泰部在太平军南防线前沿地带建立的清军据点。清咸丰元年(1851)10月14日乌兰泰以此为据点发动了对太平军首次大规模进攻,以后又数次进攻,均遭惨败。太平军亦曾主动出击直捣佛子岭乌兰泰大营,歼敌数百。营盘建于北帝岭及与之相连的来横岭,平面呈椭圆形,围绕夯土围墙、壕沟,面积2.4万平方米。现轮廓可辨,北帝岭西部尚存围墙及壕沟200余米,来横岭残存壕沟68米。

E₂₋₁₈ **清军独松岭营盘遗址** 〔西河镇水秀行政村

独松村西约 100 米独松岭、独手庙、能六岭·1851—1852 年〕 太平军进驻永安州城后，清军都统乌兰泰、清将张敬修部在城南湄江、广朗河南岸沿江构筑独松岭、独手庙、蒙排洞、能六岭等营盘，对太平军形成南北夹击，围攻河水窦一带太平军半年之久。其中以独松岭营盘最大，是乌兰泰部主营。营盘平面呈长方形，四周均挖有壕沟，筑夯土围墙，内置炮台、兵营。面积约 3300 平方米。现存围墙残高 0.5—1.5 米，营盘内可见房基 4 座，为面阔三间的建筑。

E_{2-19} **清军西马营盘遗址** 〔蒙山镇北楼行政村西马村东南约 100 米潭坪岭·1851—1852 年〕 清军在北面围攻太平军的主要据点，与湄江南岸太平军前沿上阳、龙眼塘两营盘隔江对峙。营盘由清军总兵刘长清部驻守。营盘依山势而筑，分上、下营。上营平面呈圆形，下营平面为椭圆形，四周有夯土围墙和壕沟，内设炮台、营房。上、下营相距 150 米，有壕沟通道相连。占地面积 1.3 万平方米。营盘地面建筑已毁，但围墙、壕沟基本完整。

E_{2-20} **清军朝占岭营盘遗址** 〔蒙山镇城西行政村六妙村西约 3.5 公里朝占岭·1851—1852 年〕 清咸丰元年（1851），清军李能臣部在朝占岭筑营，围剿太平军。营盘由三个山头三个大小不一的营盘组成，面积 2.29 万平方米。西营最大，平面呈半椭圆形，东西宽 150 米，南北长 200 米，壕沟顺坡构筑，中营和东营皆环山顶构筑，平面略呈圆形，营内平坦。营盘居高临下，可通观州城太平军营地，给太平军造成极大的威胁。现壕沟深浅可辨，原有的地面构筑物已不存。

E_{2-21} **玉龙关太平军永安突围遗址** 〔西河镇大塘行政村古苏村西南古苏冲口·1852 年〕 清咸丰元年（1851），太平军进驻永安州城后，清军总兵寿春率部 2000 余人驻守玉龙关，构筑炮垒、高墙、深沟、木栅 20 余处，组成三道防线，号称"铁打天下第一闸"。咸丰二年（1852）4 月 5 日，太平军先锋主将罗大纲率部夜袭玉龙关，全歼守关清军，为太平军顺利撤离永安打开了突破口。玉龙关位于永安州东部古苏冲口，是通往昭平的通道，关后为 4 里长的古苏冲峡谷，1960 年已建成水库。现仅存关口一道河卵石垒砌的墙基，残长 25 米，厚 3 米，残高 0.3—1.1 米。

E_{2-22} **太平军三冲歼敌战场地址** 〔西河镇大塘行政村古苏村东北龙了岭东侧山脚下·1852 年〕 清咸丰二年（1852）4 月 5 日，太平军撤离永安，次日，清军尾追至古苏冲，太平军后卫秦日纲部且战且退。7 日，清军于平冲至干冲、崩冲一线峡谷陷入太平军包围，8 日晨，太平军发起猛攻，歼灭清军乌兰泰、向荣部 5000 余人，清军四镇总兵长瑞、长寿、邵鹤龄、董

光甲阵亡，乌兰泰坠洞受伤逃脱。太平军得以从容转移。三冲即太扼岭（又称龙寨岭）的平冲、干冲、崩冲峡谷，长约 4 公里，两边悬崖峭壁，相对高度达 200 米以上，谷底宽 5—10 米，沟谷纵横。

E_{2-23} **三妹岭摩崖石刻** 〔长坪瑶族乡南垌行政村三妹岭顶东侧·1852 年〕 清咸丰二年（1852）4 月 8 日，太平军在三冲歼灭清军后从容经三妹岭瑶区北上。三妹岭系蒙山南垌、三妹瑶区间险要的山峰，海拔 1063 米，岭顶东面山径旁一巨石上有一形似"天"字的摩崖石刻。传为太平军所刻，字径 0.26 米，楷书，阴刻。字笔画深浅不一。

E_{2-24} **太平军天平坳战斗遗址** 〔长坪瑶族乡长坪行政村黄牛坪村西北约 1.5 公里天平坳·1852 年〕 清咸丰二年（1852）4 月 8 日，太平军顺利通过三妹瑶区。9 日，直扑州北出荔浦的通道口黄牛岭天平坳，击溃清军李孟群部，夺取天平坳，挥戈北去。天平坳为东南—西北走向，除坳口部分略平坦外，其余均为陡坡，仅一条山间小道通过。坳上清军构筑的 3 个石垒炮台尚存，相距约 40 米，面积约 100 平方米。

$22-E_3$ **吴江母子墓** 〔蒙山镇甘棠行政村以孟村东北沙帽岭西面山坡·清代·县文物保护单位〕 吴江（？—1851），号云卿，江苏无锡人，永安州代理知州。清咸丰元年（1851）9 月 25 日太平军攻陷永安州城，吴江顽抗，被太平军杀死，头颅被弃于眢井内。后人将其尸身与其母刘氏合葬于孟村东北沙帽岭山腰。墓冢为泥堆土冢，径 3 米，高 1.15 米，周筑青砖护圈墙，占地面积约 25 平方米。墓前有清光绪十年（1884）重修所立的墓碑，碑文记述了太平军攻克永安州城的史实。1974 年清理，出土翡翠佩饰品 5 件。

$23-E_4$ **苏公成仁处碑** 〔原立蒙山镇民主街金带桥头，现存蒙山县文物管理所·1886 年〕 苏保德（？—1851），字仁轩，广西永安（今广西蒙山县）人，永安州团练团总。清咸丰元年（1851）9 月 25 日太平军攻破永安州城南门入城，苏保德率团练百余人在金带桥被太平军全歼，苏亦当场毙命。清光绪十二年（1886），其子广西提督、边防督办苏元春在金带桥边立"苏宫保邑增生仁轩苏公成仁处"碑。碑高 1.3 米，宽 0.77 米，花岗岩，碑文竖行，楷书，阴刻。

$24-E_5$ **永安教案遗址** 〔蒙山镇北楼行政村程村刁屋东面约 100 米的湄江程村段西岸河堤南侧·1897 年〕 遗址面积 10 平方米。一条小河由北向南流，宽不到 0.7 米，两边为圳基高仅 0.2 米的水涵洞。清光绪二十四年（1898），法国传教士苏安宁在永安州无恶不作引起民愤，被当地团绅乡民围追至此并杀死在水涵洞外。这就是震惊中外的"永安教案"。水涵洞现已被

毁，仅存遗址。

25 - E₆ 韦杰三故居 〔新圩镇新圩行政村新圩村·清代〕 韦杰三（1903—1926），广西蒙山新圩人，1925年考入清华大学，1926年3月18日在北平参加反帝爱国游行，被北洋军阀镇压，中弹身亡。故居建于清末，坐东朝西，平面呈长方形，三进院落，占地面积约750平方米。现存后座，泥砖墙，抬梁式木构架，悬山顶，盖小青瓦，泥砖墙。

26 - E₇ 陈漫远故居 〔西河镇北楼行政村文聚村四龙铺龙头桥南侧·清代·县文物保护单位〕 陈漫远（1911—1986），原名陈万源，广西蒙山西河镇北楼人。历任中国人民解放军华北野战军第一兵团参谋长、第十八兵团副司令员、中共广西省委书记、广西省代主席、解放军后勤学院院长、中共中央顾问委员会委员等职。故居建于清末，坐东朝西，平面呈长方形，由门楼、正厅、谯楼、天井组成。现存正厅和谯楼。正厅面阔三间9米，进深6.5米，泥砖墙，悬山顶，盖小青瓦。谯楼为四层楼房，高12米，面阔、进深皆5米，灰、沙、石夯土墙，木楼板，每层设有炮眼或小方形窗、圆形窗，硬山顶，盖小青瓦。

27 - E₈ 中共湄江特别小组黄村交通站旧址 〔黄村镇黄村行政村南约100米老街·1947—1949年〕 1947年，中共广西省工委领导的地下武装湄江特别小组成立，在黄村老街设秘密交通站，直至解放。旧址原为黄瑞麟住宅，坐北朝南，为三进院落，占地面积约1250平方米。现仅存南面一座正厅，面阔四间，进深一间，泥砖木构架，悬山顶，盖青瓦。

28 - E₉ 中共大化交通站、中共湄江特别小组会议旧址 〔黄村镇大化行政村大化村黄村中学南面约50米（原黄村粮所）·1947—1949年·县文物保护单位〕 1947年，屋主孙典臣之子孙先声从香港弃学回来加入中共湄江特别小组。党组织在其宅炮楼建立秘密交通站，接送往来人员，传递文件及物资，1948—1949年间，在此秘密召开湄江党组织第一、二次会议。炮楼建于1923年，坐西朝东，砖木结构，共三层，高7.5米，面阔5.1米，进深6.3米，青砖墙搁桁，硬山顶，盖小青瓦。占地面积约32平方米。

29 - E₁₀ 黄村起义旧址 〔黄村镇黄村行政村南约100米老街·1949年·县文物保护单位〕 1949年10月29日，中共湄江特别小组在黄村发动武装起义，攻占国民政府黄村乡公所，俘获乡长、乡警数人，缴获枪支弹药一批。旧址原为民国时期黄村乡公所，坐北朝南，面阔三间11.7米，进深6米，夯土墙，木构架，悬山顶，盖小青瓦。后面有厨房、天井，占地面积约130平方米。

30 - E₁₁ 中共湄江特别小组油印所旧址 〔西河镇城西行政村六妙村西南龙恩儒旧居·1949年·县文物保护单位〕 1949年8月，中共湄江特别小组在六妙村设立地下油印室，印制地下党文件、资料和革命传单。旧址原为中共党员龙恩儒的住宅，建于1931年。坐西南朝东北，泥砖木结构平房，面阔三间8.5米，进深一间2.7米，高3米，泥夯、泥坯砖混合墙，悬山顶，人字梁架，盖小青瓦。占地面积约34平方米。

31 - F₁ 文圩风雨桥 〔文圩镇南约200米哥谷河上·清代·县文物保护单位〕 建于清乾隆二十七年（1762）。清光绪六年（1880）重修。南北走向，两台七墩梁式廊桥，长90米，宽4米，孔跨8.9米。台、墩皆用青石砌筑，架设圆木10根为梁，上铺杉木板桥面。桥廊高3米，内、外柱均为方形砖柱，支撑构架，硬山顶，盖小青瓦。桥内两侧置木栏杆和坐凳。两端各置8级青石踏跺。1989年维修桥面时，把南端易木为钢筋混凝土桥面。

32 - F₂ 古排风雨桥 〔西河镇古排行政村北面约200米湄江上游·清代·县文物保护单位〕 建于清光绪十二年（1886）。由知州陈亮采、苏元春率全州民、绅合建。十七年（1891），柳庆镇总兵、记名提督冯盛治移桥于今址重修，次年竣工。1945年，桥西部分被侵华日军烧毁，1983年冬村民修复。东西走向，两台十墩梁式廊桥，长104米，宽2.85米，孔跨9.3米。桥墩为六边形，用料石砌筑。台、墩间架设圆木为梁，上铺杉木板为桥面，其上有砖柱长廊，东端单排柱，西端双排柱，悬山顶，盖小青瓦。西端置8级青石踏跺。

33 - F₃ 新联民居 〔蒙山镇新联行政村新联村西侧·1917年·县文物保护单位〕 原为村民莫氏的住宅，建于1917年。坐西南朝东北，钢筋混凝土、砖木混合结构，平面呈四方形，中西合璧建筑。由主楼、附楼和厨房组成，占地面积约368平方米，主楼面阔三间12米，进深二间13米，前、后有五联拱外廊，平顶中部加盖二重檐，底层四坡，顶层悬山顶，盖小青瓦。附楼在主楼东南端，高三层，面阔四间16米，进深一间4米，内设楼梯通二、三层，平顶。主、附楼青砖墙，木板楼，顶沿皆有直棂栏杆女儿墙。

34 - G₁ 木茅塘石器出土地点 〔新圩镇壮村行政村木茅塘组六尧河西面约70米山脚·新石器时代·县文物保护单位〕 1963年、1970年分别在山脚附近发现磨制石斧、石锛各1件。

35 - G₂ 营盘岭高堆村铜鼓出土点 〔蒙山镇高堆行政村得梗组西约120米营盘岭南麓·西汉中期—南朝〕 1990年9月，村南出土冷水冲型铜鼓1面。鼓面径 0.7 米，高 0.47 米。鼓面太阳纹十芒。面沿环列四蛙，蛙间二乘骑。饰同心圆纹、羽纹、勾连雷纹、变形羽人纹、变形翔鹭纹、眼纹、水波纹、变形船纹等。胸腰间附扁耳 2 对，半环耳 1 对。

36 – G₃ 旧县钱币窖藏 〔蒙山镇旧县巷·唐—明〕 1986 年 11 月，旧县巷出土钱币约 7 公斤，计 1988 枚。有唐—明代铜钱 42 种。最早的为唐开元通宝，最晚的是明永乐通宝钱。这批钱币中有元武宗时期至大通宝 1 枚。

37 – G₄ 母伦村钱币窖藏 〔西河镇大塘行政村母伦村东约 400 米·明代〕 1986 年 3 月，村东田埂边挖出铜钱 1 罐，陶罐黑色，四周充填 0.2 米厚的木炭，罐内钱币是串钱，每串长约 0.08 米，串绳已朽，共重 10.8 公斤，计 2582 枚，有汉至明代铜钱 59 种，其中以宋、辽铜钱最多，最早的为西汉文帝四铢半两钱，最晚的为明洪武通宝。

贺州市

八步区

1 - A₁ 寺平山遗址 〔八步区仁义镇万善行政村平江寨北·新石器时代〕 洞穴遗址。1986 年发现。岩洞高距地面 3 米，洞口朝东，高 5 米，宽 14 米，洞内进深 11 米，面积约 154 平方米。洞内有含螺壳、贝壳及残碎动物骨骼的堆积，采集有打制的石核、石片等。

2 - A₂ 鸡心山遗址 〔八步区八步街道灵凤行政村灵凤村鸡心山东麓·新石器时代〕 洞穴遗址。1986 年发现。洞口高距地面约 5 米，洞内面积约 200 平方米，堆积厚约 0.4 米，含有较多的螺壳和残碎动物骨骼。螺壳尾部经人工敲击，未经发掘。

3 - A₃ 点灯山遗址 〔八步区八步街道厦良行政村厦良村点灯山东侧·新石器时代〕 洞穴遗址。1986 年发现。洞口距地面 2 米。洞内面积约 200 平方米，堆积厚约 1 米，内含有丰富的螺壳、动物骨骼等，螺壳尾部均被人工敲击。未经发掘。

4 - A₄ 樟木拱遗址 〔八步区八步街道厦良行政村樟木拱西北约 100 米台地上·新石器时代〕 山坡（台地）遗址。1986 年发现。遗址在贺江西南岸 II 级台地，由一块长方形和三角形的台地组成，平面呈梯形，分布面积约 1300 平方米。遗址地表散布有较多的碎石块、石片，采集到磨制石锛 1 件。未发掘，文化堆积情况不详。遗址现已辟为菜地。

5 - A₅ 灵峰山遗址 〔八步区八步街道灵峰社区人民公园灵峰山·新石器时代·市文物保护单位〕 山坡（台地）遗址。1986 年发现。文化遗物散布于山坡上，面积约 300 平方米。采集有打制的砍砸器、石片以及磨制的有段石锛等石器；出土的陶片有夹砂红陶，器形不明，纹饰有篮纹、绳纹等。

6 - A₆ 大岭头遗址 〔八步区桂岭镇善华行政村太平寨南大岭头·新石器时代〕 山坡（台地）遗址。1986 年发现。大岭头系一土岭，东、西两面原有小溪，现已干涸。遗址面积约 1000 平方米。采集有磨制的石凿、砺石等石器 4 件和夹砂红陶片 10 余块，陶片多属罐类器。现已垦为耕地。

7 - A₇ 雷劈山石城遗址 〔八步区铺门镇中华行政村中华村石城西雷劈山·新石器时代·市文物保护单位〕 含洞穴、山坡两部分。1986 年发现。分布于雷劈山南的一洞穴及洞前坡地，山坡处遗址约 2650 平方米，采集有砾石打制的石核、石片，磨制的有段石锛等石器，以及饰有方格纹、网纹的灰色陶片等文化遗物。洞穴贯穿石山南北，洞口高 4 米，宽 3 米，进深 50 米。南洞口灰黑色堆积长 5 米，宽 3 米，厚 1 米，内含遗物与山坡上相同。

8 - A₈ 河东遗址 〔八步区铺门镇河东行政村河东村鹧鸪头岭·新石器时代〕 山坡（台地）遗址。1986 年发现。面积约 6670 平方米。采集有石锛、石镞、石铲、刮削器等磨制石器 15 件及泥质粗绳纹灰陶片等遗物。现均垦为耕地。

9 - A₉ 牛岩山遗址 〔八步区沙田镇马东行政村马东村牛寨岩西·新石器时代〕 山坡（台地）遗址。1986 年发现。文化遗物散布于山坡上，面积 1600 平方米。靠山顶处的堆积厚 0.5—1 米，内含红烧土颗粒及夹砂红陶片。采集有打制的刮削器及磨制的石锛、斧、凿、刀等石器。陶片有泥质与夹砂 2 种，颜色有红、灰，纹饰有篮纹、方格纹等，器形无法辨认。

10 - A₁₀ 李家村遗址 〔八步区莲塘镇古柏行政村李家村东北面耕地·新石器时代〕 山坡（台地）遗址。1986 年发现。遗址在临河贺江南岸 II 级台地，比较平坦，地表散布很多碎石片、石器断块，分布面积约 2000 平方米。遗址断面文化层厚约 0.97 米。采集有打制砍砸器、磨制石锛及石器毛坯和石片，另还有方格纹夹砂软陶碎片。

11 - A₁₁ 三圳遗址 〔八步区桂岭镇桂岭行政村桂岭村·春秋—汉〕 分布面积约 2.5 万平方米。地表散布许多饰粗、细方格纹和编织纹、回纹、弦纹、锯齿纹、灰色印纹的硬陶及夹砂红陶鼎、鬲等器的器足，遗物丰富。现为耕地。

12 - A₁₂ 白沙口遗址 〔八步区桂岭镇瑞山行政村瑞山村·春秋—汉〕 遗址面临马头水河，高于河面 10 多米，东南面有开阔平地，遗址面积约 2000 平方米。地表散布有饰细方格纹、雷纹、弦纹的灰色和红色印纹硬陶片，及夹砂红陶鼎足等遗物。均垦为耕地。

13 - A₁₃ 武营岭遗址 〔八步区桂岭镇进民行政村武营村东北·春秋—汉〕 遗址在山坡上，南临马头河，东北为大土岭，地势平坦。分布面积约 7500 平方米。地表散布许多饰粗、细方格纹和米字纹、弦纹、篦纹、席纹、锯齿纹的灰色印纹硬陶和泥质红陶片。

14 - A₁₄ **大浮岭坪遗址** 〔八步区桂岭镇英民行政文秀村南·春秋—汉〕 遗物散布在山坡上，面积约 2400 平方米。采集有方格纹、绳纹、米字纹的灰色印纹硬陶片和夹砂红陶鼎足、花岗岩磨盘等。

15 - A₁₅ **犀牛岭遗址** 〔八步区公会镇田富行政村西牛村北·春秋—汉〕 遗址在山坡上，面积约 3000 平方米。地表散布许多饰锯齿纹、菱纹、米字纹、方格纹、弦纹的灰色印纹硬陶片。现垦为耕地。

16 - A₁₆ **临贺故城** 〔八步区贺街镇瑞云山东北侧河西社区临江西岸·西汉—清·全国重点文物保护单位〕 历称临贺县、临贺郡、贺州、贺县。西汉武帝元鼎六年（前 111）首设临贺县，城址在今贺街镇大鸭村内。西汉后期，县城迁至贺街镇东南的临江、贺江交汇处的三角洲地带洲尾，东汉初期，又将城址迁至今河西城址。五代（南汉）时期对城址进行改建，宋代以青砖包砌城墙，元、明、清沿袭旧制，清中叶以后发展至河东城区。分布面积约 30 平方公里。宋以前各代城址的城垣皆以夯土版筑，在城周围挖掘护城河。宋代开始城墙以砖包砌，建城垛、敌楼。至清中叶以后发展的河东城区则无城墙及护城河。城内尚遗留有明清以来的宗祠、会馆、文庙、石板街、码头、民居、古井等建筑，城外有汉至清代的香花、高基、寿峰、蛇头岭、蝴蝶岭、大坪岭等墓群。

A₁₆₋₁ **大鸭村城址** 〔八步区贺街镇大鸭行政村大鸭村·西汉〕 西汉临贺故城城址，俗名"旧县肚"。西汉元鼎六年（前 111）设临贺县，属苍梧郡。此后在大鸭村修筑城址。城址呈长方形，四周有版筑夯土城墙，夯土层厚 0.1—0.7 米，夯迹不明显，南垣中部设城门，东西垣外各有一条宽约 10 米，深约 2 米的护城壕（河）。在城内发现了较多的汉代方格纹、三角纹陶片。

A₁₆₋₂ **洲尾城址** 〔八步区贺街镇东南约 2 公里临江与贺江交汇处的三角洲地·西汉〕 西汉晚期临贺故城城址。西汉后期，临贺县治迁往洲尾。调查时发现，此处地势较为平坦，四周残存版筑夯土城墙，夯层厚 0.15—0.2 厘米。平面大致呈方形，纵横约 1000 米，城内汉代陶片很多。因地处临江与贺江两河交汇的三角地带，屡被水淹，城址大都已被河沙淹没。

A₁₆₋₃ **河西城址** 〔八步区贺街镇瑞云山东北侧河西街临江西岸·东汉—清〕 东汉至清代临贺故城城址。因洲尾城址屡被水淹，安全受到威胁，至东汉临贺县治再次迁移至今址，以后一直至 1951 年，县治方

搬至今贺州市八步镇。该处包括东汉—清临贺县各时期城址。

1. 东汉时期临贺故城城址。范围包括今临贺故城及周围地域，城址平面略呈长方形，城墙为夯土版筑，残高 3—6 米，厚 23—25 米，东垣长 840 米，西垣长 569 米，南垣长 879 米，北垣西段已毁，存东段 280 余米。南宋德祐二年（1276），以东汉时东垣及南、北城垣之东段为基础，于夯土城墙外包砌青砖。现存的东汉夯土城墙又称附城，城内多见东汉陶片，城外有东汉护城河。

2. 五代临贺故城城址。城址仍沿用东汉时期夯土城墙，至南汉乾和八年（963），南汉指挥使吴目旬因守城之便，将西、北面城墙内缩 90 余米，重新夯筑土城墙约 630 米，与东、南面城墙相接，并在城垣外重开护城河，城西北外东汉时所属城区遂废。

3. 宋代临贺故城址。又称主城，始于南宋德祐二年（1276）。郡守陈士宰重修临贺城，以东汉、五代夯土城垣为四周城墙，以青砖包砌，城上加砌城垛 1074 个，辟四门，建敌楼（已毁），周开护城河。城址呈不规则的四边形，东城长 840 米，南城长 784 米，西城长 630 米，北城长 280 米，城墙残高 2—4 米，厚 21 米。城外有五代、宋代开凿的两重护城河，城东临江。元、明、清皆沿用宋代故城旧址，多有修缮。

A₁₆₋₄ **河东城区** 〔八步区贺街镇河西社区临江东岸·清代〕 清中叶以后，随着经济发展，城址向河东发展，成为临贺故城的附属城区。现存石板街 3 条，清代居民小巷以及八圣庙、粤东会馆、魁星楼等清代建筑。

17 - A₁₇ **王寨城址** 〔八步区信都镇平龙行政村霸佬村东南约 300 米·汉代〕 平面呈长方形，南临贺江，东、西、北三面筑夯土城垣。面积约 5000 平方米。现残存城垣宽、高约 2 米，北垣残长 84 米，东西垣各长 57.4 米。城垣外有二层台、护城壕。城内地面散布许多泥质素面陶片和灰黄色方格纹陶片。

18 - A₁₈ **封阳县故城址** 〔八步区铺门镇河东行政村河东村北约 600 米高寨·西汉〕 城址西临贺江，平面呈长方形，由城墙和两层土台组成，南北长约 200 米，东西宽约 180 米，面积约 3.6 万平方米。筑有东、南、北三面城墙，略作弧形，均为版筑土墙，三面城墙残长 50—150 米，宽 10 米，残高 4 米。城内西侧无城墙，有两层高土台，第一层高约 3 米，东西宽约 30 米，南北长 50 米；第二层高约 5 米，东西宽约 50 米，南北长约 70 米。高台南面是缓坡，延伸至南城墙。台顶地面平坦。地面散布方格纹、绳纹灰色陶片和残筒瓦片、卷云纹瓦当等遗物。

A₁₈₋₁ **附城** 〔铺门镇高寨封阳县故城址南约 200米·西汉〕 有由东、北三道土筑城墙组成的小城，南北长约 70 米，东西宽约 50 米，地面散布有方格纹陶片等汉代遗物。从筑城的方法、城的规模及采集到的遗物分析，该城应是汉代的一处军事城堡，可能为封阳县城之附城。

19 - A₁₉ **桂岭城址** 〔八步区桂岭镇英民行政村庆平村·三国—宋〕 城址平面呈方形，边长约 80米。四周有夯土城垣、护城壕，面积约 6400 平方米。城址四角呈弧形，原应有角楼建筑。现存西垣较完整，长约 80 米，宽 8 米，残高 1.5 米。其余被夷平。护城壕宽 10 米，深 2—7 米。地表散布有三国及唐宋时期的陶片。三国吴黄武五年（226）在这一带曾设建兴县。

20 - A₂₀ **东坪城址** 〔八步区公会镇东绿行政村东绿村东·南朝—明〕 城址平面呈长方形，四周有夯土城墙，面积约 6 万平方米。现存南面墙较完整，长约 200 米，宽 4 米，残高 0.5—1 米。城内有宽 4 米的卵石路横贯东西，中部堆积厚 0.6 米，含炭屑、青瓷片、瓦片和细方格纹陶片等遗物。

21 - A₂₁ **封阳石城** 〔八步区铺门镇中华行政村中华村西约 200 米·明代·自治区文物保护单位〕建于明隆庆五年（1571），明天启二年（1622）、清康熙五十年（1711）重修北门，清乾隆三十年（1765）重修南北城墙、城门，加高城楼、城基；清末，信都厅在石城北门外设治，1912 年，信都县曾设治于城内。城内面积约 4 万平方米，东、西两面以石山为屏障，南、北山间豁口修筑城墙，北城墙长约 73 米，高约 6米。南城墙长约 28.7 米，高约 6 米。城内现存有多处建筑青石基址。北门为弧形，设在墙正中，宽 3 米，门楼上城楼已毁，上有一块石匾额刻"北岳阁"。南北门附近有《新鼎南北镇城记》《改复北门记》碑刻 2 方。

22 - A₂₂ **香花营盘遗址** 〔八步区贺街镇香花行政村香花村·宋代〕 平面呈长方形，面积约 3234 平方米。四周筑夯土营墙。现营墙尚存，长约 77 米，宽约 42 米，厚 10 米，高 2 米。东墙北段开口，通河边码头。

23 - A₂₃ **兴全窑址** 〔八步区铺门镇兴全行政村兴全村·宋代〕 面积约 1 万平方米。分西北路墩、东北路墩 2 处。其中西北路墩烧陶器，东北路墩烧瓷器，属青瓷。采集的陶瓷器有碗、盘、碟等。

24 - A₂₄ **贺州监铸钱遗址** 〔八步区莲塘镇上寺行政村上左寨村牛排岭西麓铁屎坪·北宋·自治区文物保护单位〕 北宋崇宁二年（1103）后，贺州置监铸钱，废于南宋初。遗址面积约 2.5 万平方米。地表上散布有大量铁渣。1985 年在遗址南端试掘时发现大量"政和通宝"夹锡钱，并在钱堆东北侧发现炼炉 3 座，圆柱形，炉径约 2 米。废铁渣堆积厚 0.5—1.5 米。地面采集有"崇宁通宝""大观通宝"等夹锡钱及崇宁重宝等铁钱。

25 - A₂₅ **桂开古道遗址** 〔八步区桂岭镇七里山至开山乡南和村·明—清〕 萌诸岭谷地曾是楚越重要通道和军事要地，北通湖南江华，东连广东建山。古道沿谷地修筑，路面用石灰岩、花岗岩石板和河卵石铺成，宽 1.5 米。现存桂岭镇北七里山至开山乡南和村一段，长约 8 公里。

26 - B₁ **牛岩墓群** 〔八步区沙田镇马东行政村牛岩村·春秋—汉〕 墓群分布面积约 1 万平方米。墓葬封土多不存，残存者呈圆丘形，高 0.3—1 米，底径3—8 米。地面散布方格纹夹砂陶片、三足器足以及侧面饰叶脉纹的泥红色残墓砖等遗物。

27 - B₂ **燕子岩墓群** 〔八步区桂岭镇进民行政村进民村燕子岩岭·春秋—汉〕 墓群分布面积约 5000平方米。墓葬封土多不存，可辨墓葬 3 座，封土呈圆丘形，底径 7 米左右。1964 年发现 1 座春秋土坑墓，出土肩腹饰夔纹、云雷纹，底部饰方格纹的圜底釜、罐、瓿等陶器各 1 件。1981 年清理 1 座东汉刀形砖室墓，出土方格纹陶罐等随葬品多件。

28 - B₃ **沙田墓群** 〔八步区沙田镇田厂行政村瓦窑头村至狮中村公路两侧·春秋—东汉〕 墓群分布在长 13 公里，宽 1—2 公里的丘陵地带。墓葬残存封土呈圆丘形，高 0.6—2 米，底径 7—16 米。1964 年、1976 年清理战国墓 1 座，东汉墓 3 座。战国墓为长方形竖穴土坑墓，出土铜斧、锥刺纹和弦纹水波纹组合纹陶罐等随葬品 3 件。东汉墓有土坑墓和砖室墓 2 种，出土陶罐及屋、灶、仓、井等陶质明器。1996 年，西周墓出土瓿、鼎、甬钟、短剑、矛、钺、锛、镞等青铜器。

29 - B₄ **桂岭墓群** 〔八步区桂岭镇英民行政村英民村南·春秋—汉·自治区文物保护单位〕 墓群分布于桂岭河南侧，从英民村生疮岭到草马岭至并头寨一带，面积约 1 平方公里。多数封土已夷平，残存封土呈圆丘形，高 0.5—1.2 米，底径 8—15 米。1963年，春秋墓出土夔纹印纹陶釜、陶罐。1981 年清理 1座"亞"字形砖室墓，砖青灰色，长 0.38 米，宽 0.15米，厚 0.06 米，侧面饰叶脉纹，出土铁鼎、陶罐等随葬品。

30 - B₅ **奇头岭墓群** 〔八步区黄田镇清面行政村清面村奇头岭·战国—汉〕 墓群分布面积约 1 万平方米。20 世纪 60 年代发现有封土的墓葬 11 座。残存封土呈圆丘形，高 1.2 米，底径 20 米。地面采集有饰方格纹、米字纹的陶片，以及陶壶等遗物。

31 - B₆ 清水塘墓群 〔八步区黄田镇清面行政村清水塘村·战国—汉〕 墓群分布面积约 1 万平方米。残存封土呈圆丘形，高 0.5—3 米，底径 11—15 米。地面散布有米字纹、方格纹灰色硬陶片等遗物。

32 - B₇ 将军岭墓群 〔八步区桂岭镇桂岭街社区南·战国—东汉〕 分布面积约 3 万平方米。墓葬封土已被夷平。地面散布许多米字纹陶片、夹砂红陶鼎足等遗物。1964 年清理 1 座，为长方形砖室墓，出土青黄釉四耳罐、碗等随葬品。

33 - B₈ 鹧鸪头墓群 〔八步区莲塘镇古柏行政村鹧鸪头村·战国—宋〕 墓群分布面积约 1.8 万平方米。残存封土呈圆丘形，高约 1.4 米，底径 12 米。1963 年清理 1 座砖室墓。1979 年发现 1 座宋代砖墓，墓室长 2.4 米，宽 1.2 米，随葬品均为酱釉陶魂瓶。1980 年南蛇岭东麓挖出斧、镞等青铜兵器一批。

34 - B₉ 东绿墓群 〔八步区公会镇东绿行政村东绿村岭坪坡·汉—晋〕 墓群分布面积约 25 万平方米。残存封土呈圆丘形，高约 0.8 米，底径 5—13 米。地面散布有方格纹陶片等遗物。1977 年发现 1 座晋代砖室墓，征集有鸡首壶、唾壶、双耳罐等青瓷器。

35 - B₁₀ 寿丰墓群 〔八步区贺街镇寿峰行政村寿峰村芒栋岭至石壁湾·汉—晋〕 墓群分布面积约 30 万平方米。多数墓封土已被夷平，残存封土呈圆丘形，高 1—2 米，底径 6—12 米。1982 年—1984 年先后发掘墓葬 13 座，有竖穴土坑墓、券顶砖室墓和穹隆顶石室墓。出土铜镜、铜钱、铜铃、铁锯、铁削、铁叉以及青瓷罐、碗、钵等随葬品 100 多件。（见《文物与考古》1984 年 4 期，《中国考古学年鉴》1985 年）

36 - B₁₁ 巫家寨墓群 〔八步区桂岭镇进民行政村巫家寨岭坡·汉—南朝·市文物保护单位〕 墓群自巫家寨后山岭起，沿山向西北至鸡屎冲后折向东北至将军岩，分布面积约 2 万平方米。封土呈圆丘形，高 0.8—2 米，底径 9—16 米。地面散布有叶脉纹、米字纹的残碎墓砖等遗物。1982 年于鸡屎冲清理 1 座券顶砖室墓，出土陶罐、银手镯等随葬品。

37 - B₁₂ 蛇头岭墓群 〔八步区贺街镇·汉—南朝〕 墓群分布面积约 4 万平方米。残存封土呈圆丘形，高 0.5—2 米，底径 7—16 米。地面散布有方格纹灰色陶片和叶脉纹灰青色残墓砖等遗物。

38 - B₁₃ 大平岭墓群 〔八步区贺街镇白沙行政村白沙村大平岭·汉—南朝〕 墓群分布面积约 10 万平方米。大部分墓封土已被夷平，残存封土呈圆丘形，高约 2 米，底径 10—30 米不等。1984 年建房毁坏 1 座

砖室墓。地面散布叶脉纹残墓砖等遗物。

39 - B₁₄ 香花墓群 〔八步区贺街镇香花行政村香花村白沙弯岭·汉—南朝〕 墓群分布面积约 1 平方公里。残存封土呈圆丘形，高 1.5 米，底径 8—9.5 米。1977—1979 年发掘 13 座东汉墓，多为带阶梯式墓道的土坑墓，有少量砖室墓。出土陶罐、鼎、壶、钵、铜镜、带钩、钱币、铁犁、鼎、剑、环首刀等器物 300 多件。

40 - B₁₅ 安宁墓群 〔八步区大宁镇安宁行政村安宁村庙背岭·汉—南朝〕 墓群分布面积约 2.5 万平方米。墓葬封土多已夷平，残存封土呈圆丘形，高 1.2—2 米，底径 8—11 米。1982 年清理 1 座东汉墓，为券顶刀形砖室墓，全长 5.45 米，墓室宽 1.65 米。砖红色，长 0.32 米，宽 0.15 米，厚 0.06 米，饰叶脉纹。出土陶罐、陶匜、陶钵、铁釜、铁三脚架和滑石耳杯等遗物。

41 - B₁₆ 文秀墓群 〔八步区桂岭镇英民行政村文秀屯南·汉—南朝〕 墓群分布面积约 6 万平方米。集中在测髻界岭和寨运岭两地。墓葬封土多已被夷平。测髻界岭现存有封土的墓葬 1 座，被毁砖室墓 3 座。出土双耳陶罐等随葬品。地面散布饰叶脉纹红墓砖。寨运岭的墓葬尚能辨封土痕迹的墓葬 11 座。被毁砖室墓 1 座，出土方格纹陶罐等遗物。

42 - B₁₇ 河南墓群 〔八步区铺门镇河南行政村河南村南·汉—南朝〕 墓群分布面积约 8 万平方米，残存封土呈圆丘形，高 0.5—2 米，底径 9—22.4 米。地面无相关遗物发现。

43 - B₁₈ 锅督岭墓群 〔八步区鹅塘镇厦岛行政村厦岛村·汉—宋〕 墓群分布面积约 1 万平方米。墓葬封土多夷平，现封土可见的仅存 2 座，呈圆丘形，高 0.5—1 米，底径 5—8 米，有 2 座墓室暴露。已被破坏 3 座，其中西汉土坑墓和东汉砖室墓各 1 座，出土方格纹陶罐等随葬品；宋代砖室墓 1 座，出土酱釉陶魂瓶 1 对，影青瓷碗 2 件。

44 - B₁₉ 西门墓群 〔八步区贺街镇旧县城西门外·汉—宋〕 墓群分布面积约 2 万平方米。墓葬封土多已夷平，地面散布有许多东汉残墓砖等遗物。宋墓有土坑墓和砖室墓两种。1981 年清理 1 座宋墓，为长方形土坑墓，长 3.2 米，宽 2.1 米，出土酱釉魂瓶 1 对，北宋政和通宝铜钱一串百余枚。

45 - B₂₀ 新村墓群 〔八步区黄田镇新村行政村新村街西·汉代·自治区文物保护单位〕 墓群分布面积约 1 平方公里。残存封土呈圆丘形，高 0.6—1.5 米，底径 8—15 米。1964 年、1982 年清理 4 座竖穴土坑墓和砖室墓，出土方格纹灰陶罐、双耳素面陶罐、铁矛

等随葬品。地面散布有方格纹和带釉的陶片，以及叶脉纹残墓砖等遗物。

46 – B₂₁　美仪墓群〔八步区莲塘镇美仪行政村马尾寨西北·汉代〕　墓群分布范围东西长 1.4 公里，南北宽 0.5 公里，面积约 0.7 平方公里。残存封土呈圆丘形，高 0.6—1.5 米，底径 6—10 米。1977 年和 1988 年清理 2 座土坑墓，其中 1 座为带斜坡墓道的刀形墓，出土铜鼎、铜镜、五铢铜钱、铁犁、铁刀、铁剑、铁矛、青瓷罐、青瓷钵以及屋、灶、井、仓、罐等陶器等，共数十件。

47 – B₂₂　运水塘墓群〔八步区莲塘镇莲塘行政村莲塘村运水塘岭·汉代〕　墓群分布面积约 3 万平方米。20 世纪 60 年代发现有封土的墓葬 20 多座。封土呈圆丘形，高 0.6—1.5 米，底径 8—15 米。1977 年清理 1 座长方形竖穴土坑墓，南向，长 6.5 米，宽 2.8 米，高 4.7 米。早年被盗，遗存陶楼、陶罐、琉璃饰件、滑石耳杯和铁犁、铁剑等随葬品。

48 – B₂₃　龙头洞墓群〔八步区桂岭镇英民行政村英民村龙头洞红头儿岭·汉代〕　墓群分布面积约 1 万平方米。封土多被夷平，残存封土呈圆丘形，高 2.7—3.7 米，底径 10—13 米。地面散布有残墓砖，宽 0.15 米，厚 0.06 米，侧面饰叶脉纹。

49 – B₂₄　八步墓群〔八步区八步街道西郊·汉代〕　墓群分布面积约 4 万平方米。墓葬封土已夷平。地面散布许多饰有叶脉纹、"五"字纹的残墓砖和方格纹陶片等遗物。1980 年出土长方形盝顶铜函 1 件。

50 – B₂₅　螺石墓群〔八步区大宁镇螺石行政村螺石村北·汉代〕　墓群分布面积约 2500 平方米。封土已被夷平。暴露砖室 3 座，墓砖红色，长 0.32 米，宽 0.15 米，厚 0.06 米，有的侧面饰叶脉纹。

51 – B₂₆　湖广岭墓群〔八步区大宁镇大宁行政村大宁街西·汉代〕　墓群分布面积约 1200 平方米。多数墓封土已被夷平，现残存可辨的有 2 座，封土呈圆丘形，高 0.2—0.4 米，底径 7—8.5 米。地面散布许多残墓砖，宽 0.16 米，厚 0.06 米，侧面饰几何纹。

52 – B₂₇　铺门墓群〔八步区铺门镇贺江两岸较高的台地上·汉代·自治区文物保护单位〕　分布范围包括河西、河东两岸的河东村、金钟村、龙桂村、中华村等一带，面积约 3.1 平方公里。河西区龙桂墓群南至铺门小学，北至野勒寨，南北长 1.6 公里，东到贺江边，西至铺门公路旁，东西宽 1 公里，分布面积约 20 万平方米。残存封土呈圆丘形，高 0.5—1.5 米，底径 7—10 米。1980 年 1 座土坑墓出土斧、钺、矛、镞等青铜器 10 余件。河东区分布面积约 1.5 平方公里，残存封土高 2—7.35 米，底径 10—59 米。1976—1980 年清理 11 座土坑墓，多有斜坡墓道和木椁，其中金钟一号墓为大型夫妇合葬土坑木椁墓，墓室长 13 米，前室宽 6.8 米，后室宽 8 米，出土鼎、盒、壶、钫、镜等铜器及玉璧、玉环、"左夫人印"、金器和陶器等随葬品。（见《考古》1986 年 3 期、《文物资料丛刊》4）

B₂₇₋₁　高寨 3 号墓〔铺门镇河东行政村河东村高寨·西汉〕　1976 年发掘，为"凸"字形竖穴土坑墓，带斜坡墓道。墓坑前窄后宽，长 4.7 米，宽 3.2—3.5 米，高 2.5 米。墓底两侧有平行的垫木沟。棺置于椁室中部偏西，已朽，内出玉龙、玛瑙珠、琉璃珠及铜镜，两端及两侧各置滑石璧 1 块。出土陶瓮、壶、盂、纺轮、罐、钫、釜、盒和滑石盘、耳杯、璧、奁、釜、鼎、镇等 67 件。

B₂₇₋₂　高寨 5 号墓〔铺门镇河东行政村河东村高寨·西汉〕　1976 年发掘，为"凸"字形竖穴土坑墓，带阶梯式墓道。墓室长 13.9 米，宽 6 米，高 7 米。墓底铺一层河卵石。椁室残高 1.6、长 12 米，分前后两室，后室又纵分为二。早年被盗。出土陶瓮、罐、五联罐、熏炉、鼎、盆、壶、扁壶、钫、盒、提筒、灯、纺轮、"王行印"封泥以及玉璧、玉佩、铜剑、铁削刀等 56 件。

B₂₇₋₃　高寨 7 号墓〔铺门镇河东行政村高寨·西汉〕　1976 年发掘，为刀形竖穴土坑墓，带斜坡墓道。墓室长 4.6 米，宽 2.76 米，高 2.73 米。墓坑北壁上残存椁板一段，纵向。棺置于中部，已朽，内存残骨一段和琉璃珠 30 多粒。出土陶瓮、钫、壶、三足罐、盒、罐、盆、三足盒、扁壶、四联罐、熏炉、鼎、釜、甑、铜壶、蒜头壶、鼎、提筒、镜、剑首，以及铁匕首等，共 58 件。

B₂₇₋₄　高寨 8 号墓〔铺门镇河东行政村河东村高寨·西汉〕　1976 年发掘，为长方形竖穴土坑墓。墓室长 4.33 米，宽 2.86 米，高 2.3 米。墓底两侧壁处各有一条垫木沟。出土陶罐、瓮、瓿、壶、盒、四格盒、三足盒、铜鼎、盆、镜以及玉饰件等，共 24 件。

B₂₇₋₅　高寨 9 号墓〔铺门镇河东行政村河东村高寨·西汉〕　1976 年发掘，为"凸"字形竖穴土坑墓，带斜坡墓道。墓室长 4.7 米，宽 2.9 米，高 1.6 米。墓底尚存椁板一段，纵铺。随葬品置于西侧及后端。出土陶罐、双耳罐、瓿、三足盒、瓮、钫、壶、鼎、四联罐以及铜钫、罍、碗、鼎、勺和镜等 38 件。

53 – B₂₈　八都墓群〔八步区西湾街道八都村西面·汉代·市文物保护单位〕　墓群分布于长 800 米、宽 300 米的岭坡上。残存封土呈圆丘形，高 0.4—1.2 米，底径 8—13 米。1988 年有 1 座砖室墓被毁，形式不明。墓砖青灰色，长 0.375 米，宽 0.16 米，厚 0.055

米。采集到汉代方格纹陶罐残片等遗物。

54 - B$_{29}$ 古堆山墓群 〔八步区铺门镇三源行政村龙溪村口的古堆山上·东汉〕 墓葬分布面积约 1000 平方米。墓葬数目不详。残存封土为圆丘形,直径 20 余米,已暴露的墓葬为券顶砖室墓,平面呈"中"字形,由墓道、前室、主室和后室组成,随葬品多被盗,仅见散落有陶屋残片。

55 - B$_{30}$ 枚桂墓群 〔八步区桂岭镇枚桂行政村枚桂村大坳岭·东汉〕 分布面积约 9000 平方米。墓葬封土多已夷平。残存封土呈圆丘形,高约 1 米,底径 6—9 米。3 座暴露砖室。墓砖泥红色,长 0.32 米,宽 0.15 米,厚 0.06 米,一侧饰叶脉纹。

56 - B$_{31}$ 善华墓群 〔八步区桂岭镇善华行政村善华村·东汉〕 墓群分布在南北长约 1000 米,东西宽约 60 米的土岭上。墓葬封土多已被夷平,残存封土呈圆丘形,高 0.5—1 米,底径 10 米左右。1963 年整理 4 座砖室墓,其中 2 号墓长 4.23 米,宽 1.1 米,出土青釉陶罐、碗等。

57 - B$_{32}$ 马东墓群 〔八步区沙田镇马东行政村马东村·东汉〕 墓群分布面积约 3 万平方米。墓葬封土已被夷平。1987 年被毁砖室墓 3 座,采集到方格纹陶罐 3 件。地面散布有方格纹陶片及侧面饰叶脉纹残墓砖。

58 - B$_{33}$ 南蛇岭墓群 〔八步区鹅塘镇厦岛行政村厦岛村南蛇岭·唐—宋〕 墓群分布面积约 5 万平方米。墓葬封土已夷平。1977 年以来先后发现墓葬 3 座,挖出低温釉陶罐、黄铜盘等唐宋遗物。

59 - B$_{34}$ 杨梅岭墓群 〔八步区鹅塘镇厦岛行政村厦岛村杨梅岭·宋代〕 墓群分布面积约 0.2 平方公里。绝大多数墓已无封土,残存封土呈圆丘形,高 1.2—1.5 米,底径 8—11 米。1982 年鸭仔寨清理 1 座宋墓,为长方形竖穴土坑墓,墓室长 2.1 米,宽 0.9 米,残深 0.52 米,出土酱釉魂瓶 1 对。

60 - B$_{35}$ 白家寨墓群 〔八步区黄田镇安山行政村白家寨·宋代〕 墓群分布面积约 2000 平方米。墓葬封土已被夷平。1983 年八步氮肥厂修路毁 5 座土坑墓,其中 1 座残存后室,宽 1.5 米,高 1.2 米。采集到残破酱釉陶魂瓶 2 件。

61 - B$_{36}$ 龙回头墓群 〔八步区贺街镇大鸭行政村大鸭村龙回头岭·宋代〕 墓群分布面积约 0.3 平方公里,多数墓葬的封土已被夷平,残封土呈扁圆丘形,高约 1.2 米,底径 10 米。1982 年清理 1 座宋墓,早年遭破坏,形制不明,出土有盘口附加堆纹魂瓶 1 对。

62 - B$_{37}$ 莲塘墓群 〔八步区莲塘镇莲塘行政村莲塘村东北·宋代〕 墓群分布面积约 1 万平方米。残存封土为圆丘形,高 0.5—1.2 米,底径 4—6 米。1980 年清理 1 座宋墓,为土坑墓,墓室长 2.4 米,宽 0.9 米,残高 0.2 米,随葬品有魂瓶等陶器。

63 - B$_{38}$ 信滩墓群 〔八步区黄洞瑶族乡黄洞林场信滩林站·宋代〕 墓群分布面积约 2500 平方米。残存封土为圆丘形,高 1 米,底径 5 米。1986 年清理 1 座宋墓,为长方形竖穴土坑墓,墓室长 2.8 米,宽 0.75 米,出土魂瓶、多角罐、素面罐陶器 3 件、北宋政和通宝铜钱 1 枚及铁棺钉等。

64 - B$_{39}$ 圆墩岭汉墓 〔八步区贺街镇香花行政村香花村西约 500 米·汉代〕 墓葬 1 座。封土高大,呈圆丘形,高 12 米,径约 40—50 米。经钻探,证实此墓封土是取其北面的"乌坭塘"和东面的小池塘土堆成。地面未发现相关遗物。此墓距其东南的香花汉至南朝墓群不足 1000 米。

65 - B$_{40}$ 青秀墓葬 〔八步区仁义镇三联行政村青秀中学·晋—南朝〕 1984 年发现墓葬 1 座,封土呈圆丘形,直径 16.8 米,高 1.5 米。

66 - B$_{41}$ 孝穆皇太后先茔 〔八步区桂岭镇善华行政村新田尾寨北约 80 米·明代·自治区文物保护单位〕 孝穆皇太后(1451—1475),《明史》载姓纪,广西贺州桂岭镇白石村人,为明孝宗朱祐樘生母。明弘治元年至三年(1488—1490),明孝宗三次派人到桂岭修建太后先茔 2 处,相距约 3 公里。新尾茔地墓 1 座,朝北,冢圆丘形,底径 30 米,用条石围砌筑成,神道长 60.76 米,宽 18 米,两侧序列石羊、石兽、翁仲等石仪作及神道碑。新花茔地墓 5 座,梅花形布局,冢底径 5.6—11.6 米不等,均用条石或河卵石砌成。墓南神道长 70 米,石仪作已毁,仅存神道碑。

67 - B$_{42}$ 黎兆夫妇墓 〔八步区仁义镇共和行政村共和村大洞冲屋后山·明代〕 黎兆,生卒年不详,广西贺县仁义镇共和黎屋寨人,明嘉靖年间(1522—1566)岁贡,官德庆州同知,广州府理事。与夫人许氏合葬。墓葬朝北,冢呈圆丘形,高 3 米,底径 12 米。墓碑高 2 米,宽 0.9 米,记载墓主生平政绩。墓前设拜台,两侧立石狮。占地面积约 150 平方米。

68 - B$_{43}$ 龙中岩洞葬 〔八步区沙田镇龙中行政村龙中村红殊岩山·战国〕 岩洞在红殊岩山西南壁,高距地面高约 30 米,洞口朝西南。洞内分前、后两洞,洞宽 1.8—3.4 米,高 0.85—3.8 米,进深 18 米。洞口用大石块封堵,泥土填隙。随葬品主要置于后洞,葬具及人骨无存。随葬器物 33 件,其中青铜器 18 件,有铜鼓、鼎、牺尊、罍、盂、龙头饰件、兽头饰件、箕形器、钺、斧、勾形器、环形器、叉形器等,陶瓷器有陶罍、原始青瓷插钵等 3 件,贝币 12 枚。(见《考

古》1993 年 3 期）

69 - C₁ 舍利塔 〔原置八步区铺门镇六合行政村六合村和尚岩，现存贺州市博物馆·元代〕 原名智岩慧公寿塔，元至正四年（1344）僧人慧聪等立。塔用石灰岩雕凿，通高 1.94 米，底座、塔身六角形，葫芦形塔刹。塔身三层重檐，上层三面分别镌"佛""法""僧"3 字，中层六面分别刻菩萨 6 尊，底层正面刻"会仙开山慧公寿塔"。左、右两面分别镌《南无大般若经》《南无大方广佛华严经》《南无大宝积经》《南无大般涅槃经》，余刻塔主籍贯、生平和立塔时间。底座、舍利盒刻饰莲瓣纹。

70 - C₂ 桂花井 〔八步区贺街镇河西南门街·明代·市文物保护单位〕 建于明天启年间（1621—1627），清乾隆年间（1736—1795）重修。井口平面呈圆形，用整块巨石凿成，高 0.54 米、内径 0.65 米，井唇留数十道凹槽。井壁以弧形石块、青砖砌成，深约 10 米。井台周有排水沟。南侧砖墙嵌有清乾隆年间重修桂花井碑刻 3 方，井旁老桂花树 1 株，故名桂花井，有"桂水喷香"之誉，系贺州市"八景"之一。

71 - C₃ 观音楼 〔八步区贺街镇河西社区属下关街·清代〕 建于清初，清光绪年间（1875—1908）重修。坐西朝东，砖木结构，两进院落，分前、后两殿，中隔天井，占地面积约 237.6 平方米。两殿均二层，面阔三间，青砖墙，抬梁式木构架，柱承斗拱，硬山顶，盖琉璃瓦，脊塑飞禽走兽。

72 - C₄ 山口拱桥 〔八步区里松镇文汉行政村山口村山口凉亭北侧约 100 米的里松河上·清代〕 始建年代不详，清康熙五十年（1711）重建。南北走向，三孔石拱桥，长 75 米，宽 3.1 米，拱跨 12.12 米。桥身、桥拱用料石砌筑，桥面铺青石板。因洪水冲毁，仅剩主拱，其余二拱于 1994 年重修。

73 - C₅ 临江书院 〔八步区贺街镇河西社区河西街北门·清代〕 清雍正十三年（1735）知县马世焕创建。民国初，改为贺县高级小学，后又改为贺县第一中学。坐南朝北，砖木结构，三进院落，由前、中、后三座组成，占地面积约 2560 平方米。前座为二层楼房，面阔五间，其余为平房，教室 12 间。现前楼已拆毁，改建成钢筋水泥结构四层楼房，其余尚完好。

74 - C₆ 于谦纪念堂 〔八步区桂岭镇善华行政村老田尾屯·清代〕 建于清乾隆年间（1736—1795）。为纪念明代民族英雄于谦而建。坐西朝东，砖木结构，两进院落，由前座、后堂、天井组成，占地面积约 280 平方米。前、后堂面阔三间，双弧形风火墙，堂内为砖墙，硬山顶，盖小青瓦。前座设檐廊，檐柱承斗拱，木构件浮雕花鸟图案，脊饰鳌鱼、博古，大门门额墨书正楷"于谦纪念堂"，额上方饰人物故事壁画，后堂正堂绘于谦像 1 幅。右厢房壁嵌建堂碑记 1 方。

75 - C₇ 陈侯行祠 〔八步区贺街镇河西社区观音楼南侧·清代〕 建于清代中期，具体年代不详。坐西朝东，砖木结构。单体建筑，面阔三间，进深 15 米，占地面积约 165 平方米。青砖墙，抬梁式木构架，悬山顶，盖琉璃瓦。原有檐廊，圆形砖柱承斗拱。民国时期加封砖墙，设拱门。门额保留楷书"陈侯行祠"。

76 - C₈ 钟氏宗祠 〔八步区莲塘镇美仪行政村马尾寨·清代〕 始建年代不详，清乾隆三年（1738）重修。现存二进院落，占地面积约 276 平方米。坐西朝东，砖木结构。后堂为 1995 年新建，前座面阔三间，清水墙，抬梁式木构架，硬山顶，盖小青瓦，设有檐廊，卷棚顶，立方形石檐柱 2 根，廊墙上端彩绘题诗山水、人物故事壁画。明间门额上嵌"钟氏宗祠"横匾。两次间开直棂窗。

77 - C₉ 文笔塔 〔八步区贺街镇河西社区河西街·清代·市文物保护单位〕 原名魁星楼。清乾隆五年（1740）建。楼阁式砖塔。平面呈八角形，塔基以土夯成，高 2 米，塔身高五层，高 27 米，底层边长 4.78 米。青砖砌塔身，各层叠涩出檐，攒尖顶，绿色琉璃瓦面，葫芦刹顶。从二层起，每层开小方窗 4 个。塔腔中空，各层楼板间隔，置木梯。顶层置木雕魁星。门北向，额堆塑"魁星楼"3 字。外壁通体饰红色。《贺县志》有载。

78 - C₁₀ 桃源宗祠 〔八步区铺门镇三元行政村桃源寨·清代〕 俗称"官厅"，建于清乾隆十五年（1750）。坐西朝东，砖木结构，三进院落，占地面积约 376 平方米。各座面阔三间，青砖墙，穿斗与抬梁混合木构架，硬山顶，盖小青瓦。人字形青砖铺地。前座设前檐廊，立方形石檐柱 2 根，门额上墨书"桃源宗祠"横匾。中座前檐通透，内立金柱 6 根，后堂出前檐廊，立方形石檐柱 2 根，内隔砖墙，两次间开拱门。祠内立有宗祠创祠碑。

79 - C₁₁ 八圣庙 〔八步区贺街镇长利社区长毛圩·清代·市文物保护单位〕 建于清乾隆四十五年（1780），清光绪十四年（1888）重修。砖木结构，两进院落，占地面积约 258 平方米。前、后殿面阔三间，进深二间，殿内圆砖柱承撑梁架、斗拱，硬山顶，脊堆塑花鸟、夔龙，盖小青瓦。斗拱等木构件多浮雕装饰，檐下壁彩绘壁画。前殿墙壁嵌乾隆四十五年建庙碑记 2 方。

80 - C₁₂ 竹园陈氏宗祠 〔八步区桂岭镇竹园行政村竹园寨·清代〕 建于清嘉庆十三年（1808），清光绪二十五年（1899）重修，1919 年小修。坐西北朝东南，砖木结构，两进院落，由前座、后堂、天井、厢房组成，占地面积约 560 平方米。前座、后堂面阔三间，进深前座一间，后堂三间，清水墙，内部砖墙分隔，抬梁式木构架，硬山顶，脊灰塑博古，座中置天井、厢房，天井铺青砖。封檐板和梁架均浮雕人物、花草、珍禽异兽图案，前座置前檐廊，檐柱为底石上木，顶承斗拱。门额镌楷书"陈氏宗祠"石匾。额匾上方及两侧饰人物故事壁画。祠内现存"武魁"和"翰林院编修"匾及碑刻多方。

81 - C₁₃ 开宁寺 〔八步区开山镇南和行政村桂开二级路的西侧路边·清代·自治区文物保护单位〕建于明万历年间（1573—1620）。为贺县县令欧阳晖修建。清道光、咸丰、同治、光绪年间（1821—1908）四次重修。坐东朝西，砖木结构，三进院落，由前殿、中殿、后殿、天井、厢房组成，占地面积 171.23 平方米。前、中两殿均面阔三间，青砖墙，穿斗与抬梁式混合木构架，硬山顶，盖小青瓦。前殿大门外立 2 根狮座浮雕盘龙檐柱，柱间饰卷云纹、珠点纹，上承斗拱。檐下彩绘《香山九老图》壁画。后殿已毁。大门前方有清咸丰四年（1854）建的方座六角形三层重檐石塔。塔身浮雕人物、双狮戏球图案。

82 - C₁₄ 龙井 〔八步区沙田镇龙井行政村龙井村·清代〕建于明代，清道光年间（1821—1850）重修。分内外井，全用条石砌成，深 1.5 米。内井平面呈长方形，面积约 2.8 平方米，供饮水；外井平面呈正方形，边长 5 米，面积约 25 平方米。井水清澈，冬暖夏凉，有"水变黄浊，必有大雨"之说。

83 - C₁₅ 粤东会馆 〔八步区贺街镇河东社区河东街·清代·市文物保护单位〕始建年代不详，清道光二年（1822）重建。坐东朝西，砖木结构，三进院落，占地面积约 620 平方米。前、中、后三座均面阔三间，进深 47.22 米，青砖墙，抬梁式木石构架。方形石柱，上承斗拱。硬山顶，盖青瓦，琉璃龙纹滴水。木构件、檐板等饰花草、鸟兽浮雕。檐下彩绘壁画。厢房花窗镂雕和浮雕精美图案。中殿前置石狮 1 对。

84 - C₁₆ 五桂桥 〔八步区沙田镇马峰行政村马峰村马峰河上·清代〕清道光六年（1826）知县王长卿及当地乡绅张玉茂、张嵩等人倡建。东西走向，三孔石拱桥，总长 44.5 米，面长 32.5 米，宽 5.5 米，桥身、桥拱以料石砌成，桥面用大石板铺砌。两侧设条石栏板。桥两端各设踏步 23 级。桥西岸置 3 座四方塔形建桥碑记，载建桥时间经过及捐款芳名。

85 - C₁₇ 黄田戏台 〔八步区黄田镇黄田社区建设路 42 号·清代·自治区文物保护单位〕建于清咸丰十一年（1861），1917 年维修。坐南朝北，砖木结构，

平面呈"凸"字形。凸出部分为戏台，后为化妆室。戏台面阔 12.2 米，进深 11.2 米，高 2 米，通高 10 米余。由 8 根圆木柱承受斗拱、梁架和屋顶，单檐歇山顶，飞檐翘角，脊塑鳌鱼、博古、朝凤。

86 - C₁₈ 梵安寺 〔八步区铺门镇中华行政村中华村右侧·清代·市文物保护单位〕建于北宋宣和年间（1119—1125），清代重修。坐北朝南，三进院落，占地面积约 450 平方米。前、中两殿已毁。后殿为清光绪年间（1875—1908）重建，面阔三间，清水墙，抬梁式木构架，硬山顶，清水脊，盖小青瓦，青砖地面。存明嘉靖三十九年（1560）抱鼓石 1 对。

87 - C₁₉ 刘宗标故居 〔八步区贺街镇双瑞行政村昌蒲寨·清代〕刘宗标，清光绪二年（1876）丙子科进士，官至浙江台州知府（未实任）。故居坐北朝南，砖木结构，四合院，占地面积约 450 平方米。前座、后座面阔三间，清水墙搁檩，硬山顶，盖小青瓦。前为门楼，不设房间，后座为二层楼房，上下层设前走廊，二楼廊沿为木板栏杆。天井地铺人字砖，两侧各有厢房一排，面阔三间，进深一间。

88 - C₂₀ 石福黎氏宗祠 〔八步区信都镇福桥行政村石福村·清代〕始建时间不详，清光绪八年（1882）重修。坐南朝北，砖木结构。二进院落，占地面积约 236 平方米。前座、后堂面阔三间，清水墙，抬梁式木构架，硬山顶，灰塑平脊，盖小青瓦，弧形马头山墙，青砖铺地。前座明间设凹廊，立方形石檐柱 2 根，石门框、门槛。门额上墨书"黎氏宗祠"。后堂前置 3 级踏跺，前檐敞开，室内立金柱两组共 4 根。天井地墁青砖，两侧为新建敞开式走廊。

89 - C₂₁ 刘氏宗祠 〔八步区贺街镇河西社区旧县城内·清代〕建于清代，具体时间不详。清光绪二十一年（1895）重修。坐北朝南，砖木结构，二进院落，由前座、后堂、天井组成，占地面积约 216 平方米。前座、后堂面阔三间，进深二间，青砖墙，抬梁式木构架，硬山顶，盖青瓦。脊两端饰朝凤、鸱吻。前置檐廊，木柱承斗拱。

90 - C₂₂ 岭坪塔 〔八步区仁义镇万兴行政村岭坪寨东面田垌·清代〕建于清代，具体时间不详。坐东朝西，石结构。为方形二层实心石塔，方形塔座，高 3.5 米，宽 0.4—0.8 米不等。第一层和第二层塔身均为长方柱体，两层之间以扁方体石块相隔。第一层塔身四面浅浮雕八宝纹饰，第二层塔身侧面浮雕坐莲佛像，盔顶，葫芦形刹。占地面积约 2 平方米。

91 - C₂₃ 黄田镇文武庙 〔八步区黄田镇黄田社区·清代〕建于清代晚期。1990 年维修。坐北朝南，砖木结构，两进院落，占地面积约 207 平方米。前、后

殿面阔三间 11.5 米，进深前殿 6.3 米、后殿 8.9 米，青砖墙，抬梁式石木构架，硬山顶，盖绿琉璃瓦，方形石柱，梁枋等木构件浮雕各种人物、花鸟图案。

92 - C₂₄ 南岳寺 〔八步区贺街镇河东社区东郊·清代〕 始建年代不详，清代重修。为纪念岳飞在此平曹成事迹而建。坐西朝东，砖木结构，四合院，占地面积约 310 平方米。前殿、后殿面阔五间，进深三间，青砖墙，悬山顶，盖小青瓦。后面由高 3.2、厚 0.48 米的三面墙围成后院。北侧一间房在清末改建为四层楼房。第四层已毁，其余完整。

93 - C₂₅ 金斗桥 〔八步区铺门镇笛口行政村金斗寨北面小溪上·清代〕 建于清代，具体时间不详，是当时铺门通往广东的桥梁之一。南北走向，单孔石拱桥，长 6 米，宽 2 米，拱跨 4 米。桥台、桥身用长方料石砌筑，楔形料石券拱，桥面铺青石块，两侧护栏已失，桥两端原有踏跺已毁，现铺成斜坡状。

94 - C₂₆ 玉马陈氏宗祠 〔八步区贺街镇河西社区旧县城内玉马街·清代〕 建于清末，具体时间不详。坐西朝东，砖木结构，两进院落，由前座、后堂、天井、厢房组成，占地面积约 252 平方米。前座、后堂面阔三间，进深二间，青砖墙，抬梁式木构架，硬山顶，盖青瓦，脊浮塑八仙人物造像，封檐板浮雕窃曲纹、玫瑰花。前座前面为鱼塘。

95 - C₂₇ 黎氏宗祠 〔八步区仁义镇共和行政村共和村·清代〕 建于清代，具体时间不详。为纪念明代德庆州知府黎兆而建。坐北朝南，砖木结构，两进院落，分前座、后堂，占地面积约 309 平方米。前座、后堂面阔三间，进深二间，青砖墙，抬梁式木构架，硬山顶，檐柱斗拱浮雕鸟兽图案，封檐板浮雕水波、花草纹饰，脊塑朝凤、博古。

96 - C₂₈ 三王庙 〔八步区莲塘镇炭冲行政村炭冲村·清代〕 建于清代，具体时间不详。坐西南朝东北，砖木结构，两进院落，由前殿、后殿、天井组成，占地面积约 128.67 平方米。前、后殿砖砌台基，面阔三间，青砖墙，抬梁式木构架，硬山顶，盖小青瓦，灰塑正脊浮雕卷云纹、喜上眉梢和八仙过海。檐下墙上端彩绘壁画，人字封火墙。前座门额上墨书"三王庙"匾，室内砖砌隔墙。后座前檐通透，立金柱 2 组 4 根。

97 - D₁ 南门岩摩崖石刻 〔八步区铺门镇中华村石城南门外岩洞·元代〕 摩崖石刻 1 方。元至元二十六年（1289）刻。刻面高 0.80 米，宽 1 米。碑文竖行，200 余字。楷书，无首题，落款不清楚。刻文多已风化难辨识，内容大意是记述受钦命治乱有功于封阳有功之事。

98 - D₂ 观音岩摩崖石刻 〔八步区八步街道贺州市第二高中观音山北面山脚观音岩·明—民国·县文物保护单位〕 有摩崖石刻 18 方。形式有题榜、题诗、题记等，书法以楷书居多。其中有明万历九年（1581）贺县正堂何天衢题记，审理蒋汝俊榜书"观音岩"、《新建观音岩记》《香田碑记》，清乾隆二十年（1755）、清同治元年（1862）的《重修观音岩记》各 1 方和清康熙四十年（1701）平乐府通判詹景凤题刻，县令黄利通、平乐袁景新、邑人高俊秀等题咏，以及 1925 年知县梁培英题刻等。

99 - D₃ 飞瀑摩崖石刻 〔八步区贺街镇西南行政村瑞云山磨刀冲·明代〕 摩崖石刻 1 方。瑞云山宋时建沸水寺、清音阁，西侧有瀑布，故有"沸水清音"之誉，为旧时贺邑八景之一。瀑布上方石壁有石刻 1 方，刻于明万历年间（1573—1620）。刻面高 0.6 米，宽 0.5 米。文竖 3 行，计 10 字。无首题，正文榜书"飞瀑" 2 字，字径 0.3 米，阴刻，楷书。落款"欧阳晖题，门人王廷梧书"。欧阳晖，生卒年不详，清远县洁河乡渭江堡（今石角镇）吉田村人，明末举人，官至刑部浙江司主事，东林党人。王廷梧为其门生。

100 - D₄ 蛇舌石摩崖石刻 〔八步区仁义镇共和行政村共和村三峰山东北麓蛇舌石·明代〕 蛇舌石为形似蛇舌状巨石，故名。有摩崖石刻 5 方。其中有明成化十一年（1475）《委经路记》，刻面高 0.45 米，宽 0.38 米。灵川李□撰文并书丹，刻文记述黄子庄等捐资修路之事。还有明嘉靖十一年（1532）德庆知州黎兆题诗、南明隆武乙酉（1645）李先芳等 2 人的唱和诗等。刻文均竖行，楷书，阴刻。另有一题刻字已漫漶不清。

D₄₋₁ 黎兆、李先芳唱和诗刻 〔仁义镇共和村蛇舌石·明代〕 摩崖石刻 2 方。一方为黎兆题诗 2 首，明嘉靖十一年（1532）刻。刻面高 0.45 米，宽 0.38 米。刻文竖行，七绝诗，每首 4 句，28 字，楷书，阴刻。黎兆撰文并书丹。落款"大明嘉靖壬辰二月中聂峰主人"。诗赞委径道路宽坦、行走方便以及心中抱负。一方为李先芳和诗二首，南明隆武元年（1645）刻。刻面高 0.46 米，宽 0.4 米。刻文竖行，七绝诗，每首 4 句，28 字。李先芳撰文并书丹，罗少仙刻石。首题"和聂峰先生二首"，落款"瑞云后学李先芳因贺乱后和隆武乙酉冬罗少仙勒"。诗文内容和黎兆诗意。

101 - D₅ 浮山摩崖石刻 〔八步区贺街镇大鸭行政村大鸭村临江与贺江汇合口浮山·清—民国·县文物保护单位〕 浮山，又名玉印山，四周环水，如浮起之山而得名。有"玉印晓风"之誉，属县八景之一。自宋以来，名人游客留刻甚多，有摩崖石刻、石碑 10 方。楷、隶、行、草皆具。其中有清道光年间（1821—1850）王燮和榜书"中流砥柱"，清末进士、民国贺县县长李孝先榜书"钓台"及《云根》诗，以及抗日战争时期李济深榜书"浮山"等。

D₅₋₁ 李济深"浮山"题榜 〔八步区浮山环碧亭亭额·1945 年〕 1945 年刻。1945 年 6 月，李济深（时任国民政府军事委员会桂林办公厅主任）游览八步浮山时，在环碧亭上榜书"浮山"2 字，隶书，阴刻。并赋诗一首："临江贺水去悠悠，却有浮山胜迹留。历尽洪涛千万劫，依然砥柱障中流。"刻木匾挂于陈王祠内。

102 - D₆ 白鹤岩摩崖石刻 〔八步区开山镇开山行政村开山村开山中学西侧狮子山白鹤岩·清代、民国〕 洞口朝东，有摩崖石刻 2 方。1 方在洞口上方，刻于清代。刻面高 1.4 米，宽约 7 米。横行榜书"白鹤岩"3 字，字径约 1.3 米，楷书，阳刻。首题"清恩进士苏煜文书"，下款"石工张贵"。另一方刻面高 1 米，宽 2.5 米。1919 年莫兴于洞内石壁横行榜书"天然普陀"4 字，字径 0.38 米，隶书，阳刻。落款"清时贡生莫兴居敬刊"，右款"中华民国八年……"

103 - D₇ 大庙山摩崖石刻 〔八步区黄田镇东水行政村东水村大庙山·清代〕 有摩崖石刻 2 方。刻在山顶岩洞石壁。一方为清道光二十八年（1848）富川县知县倪涛的榜书"洞天福地"4 字，首题"知富川县倪涛敬书"，落款为"道光廿八年小春吉旦"。另一方为蒋友兰的榜书"壶中壶"3 字，首题"竹飞蒋友兰敬书"，落款"道光二十八年菊月吉旦"。两题刻相连，刻面长 3.04 米，高 0.98 米，字径 0.45—0.49 米；均横行，楷书，阳刻。

104 - D₈ 秀峰岩摩崖石刻 〔八步区黄田镇黄田寨行政村黄田寨村秀峰岩·清代〕 洞口左壁有摩崖石刻 1 方。清光绪三十年（1904）刻。刻面高 3.4 米，宽 0.6 米。文竖 3 行，计 25 字。邑人莫美章撰文，朱锡韩书丹。首题"光绪三十年重阳节"，落款"邑先生莫美章题，孝廉朱锡韩书"。正文榜书"第一奇峰"4 字，字径 1 米，楷书，阴刻。

105 - D₉ 仙姑庙摩崖石刻 〔八步区鹅塘镇盘谷行政村盘谷村仙姑庙右侧·清代〕 摩崖石刻 1 方。仙姑庙右壁题刻"福"字，系清光绪三十四年（1908）刻。刻面高 0.95 米，长 2 米。首题"仙姑娘娘案前"，落款列五品顶戴补用分府先生张之溶等 30 余人名单。文字径 0.94 米，行书，阴刻。

106 - D₁₀ 白苟山摩崖石刻 〔八步区沙田镇马东行政村马东村白苟山背·年代不详〕 摩崖石刻 1 方。刻面高 0.86 米，宽 0.27 米。文竖 1 行，无首题、落

款。榜书"山高水长"4 字，字径 0.17 米，行书，阴刻。

107 - D₁₁ 贺州碑廊 〔八步区八步街道贺州市博物馆后院·元—民国〕 碑刻 23 方，其中元代 3 方，明代 1 方，清代 9 方，民国 10 方。书法四体皆全。最大的碑是孔子像碑，高 2.3 米，宽 1.14 米。还有明嘉靖辛丑年（1541）《重修城皇庙碑记》、清乾隆三十二年（1767）《大庙添丁会碑》、清乾隆四十四年（1779）榜书"第一洞天"、清同治五年（1866）《查办钱粮碑》、清乾隆己巳年（1749）《重修北府祠碑》、清光绪八年（1882）《义仓碑》等。大多是庙祠寺阁修建的碑刻。除碑外还有石狮、华表、香炉等数十件。

D₁₁₋₁ 厦良诰封碑 〔原在八步区八步街道厦良行政村厦良村马头山北坡，现存贺州市博物馆碑廊·清代〕 清光绪年间（1875—1908）立。碑高 2.36 米，宽 0.97 米。碑首及两边浮雕五龙。碑文竖行，字径 0.03 米，楷书，阴刻。碑文记述黄科提及妻荣受光绪皇帝封"振武将军""一品夫人"事。

D₁₁₋₂ 孔子造像碑 〔原置八步区贺街镇河西社区旧县城文庙大成殿，现存贺州市博物馆碑廊·清代〕 碑刻 1 方。清乾隆年间（1736—1795）立。碑高 2.13 米，宽 1.14 米。碑中阴刻孔子像，立状，头戴纶巾，长广袖。左上方篆刻"至圣遗像"4 字。

D₁₁₋₃ 临贺古井碑 〔原在八步区贺街河西社区三元街东端八角井旁，现存贺州市博物馆·年代不详〕 碑刻 2 方。一为"临贺第一泉"5 字，一为"玉乳清冷"4 字，真书，阴刻。字体略扁，轻微损坏。

108 - D₁₂ 关圩桥记碑 〔八步区铺门镇中华行政村中华村石城北门外关圩桥东面贺江边·明代〕 碑刻 1 方，置关圩桥东侧，明嘉靖三十二年（1553）立。碑为正方柱体，上盖葫芦形顶。碑高 1.8 米，四面刻字，北面刻首题"关圩桥记"4 字，下为正文，首刻"桥路碑"，其下刻贺县典史仇帮器等 23 人捐资建桥名单。西面首题"稽古放勋"，下刻捐资人芳名；南面首题"冲霄文笔"。

109 - D₁₃ 夫役规例碑 〔八步区铺门镇南华行政村唐屋村石楼庵·清代〕 碑刻 1 方，清乾隆二十五年（1760）立。碑高、宽 0.67 米。碑文竖行，部分字迹已磨损不见，仅存 349 字。字径 0.021 米，楷书，阴刻。额题"夫役规例碑"5 字，落款"乾隆二十五年十一月二十一日立"。碑文为广西布政会同驿盐道规定夫役章程，碑文内容为奉调、奉委、赴府、赴省、到任、回籍以及使用夫役及费用的规定。

110 - E₁ 太平军大圆寨战斗遗址 〔八步区信都镇北联行政村大圆寨·1858 年〕 清咸丰八年

（1858）四月初十，太平天国陈金刚部据信都官潭（今信都街）设"开封府"，令地方武装三日内投降并报效军需。大圆寨等村地主武装不从，据寨险抵抗。五月初二，太平军攻克大圆寨，歼灭团练千余人。大圆寨依山傍水，四周有围墙，面积约 1.6 万平方米。寨围墙已毁，寨内及寨南与此事有关的"义祀祠"尚存残垣，"义冢"存清同治十二年（1873）立的"义冢碑"。

E_{1-1} **义冢碑** 〔信都镇北联行政村大圆寨·1873年〕 碑刻 1 方。清同治十二年（1873）立。清咸丰八年（1858）五月初二，太平军攻克大圆寨后，当地群众将战死者尸骨合葬一处，称义冢。为土堆墓，冢毁碑存。碑高 0.9 米，宽 0.6 米。碑文竖行，计 263 字，楷书，阴刻。碑阳中部竖刻"皇清殉难义□合葬墓"，两侧为碑文，记载清咸丰八年团练抗拒太平军被歼以及修筑义冢之事，落款"同治十二年八月二十日"。

111 - E_2 **太平军攻贺城遗迹** 〔八步区贺街镇河西社区河西街·1858年〕 清咸丰八年（1858）七月二十日，太平天国陈金刚部万余人围攻贺城，历时二月不克。后由下关街潜挖隧道至东城墙下，用火药炸崩南段城墙约 300 米，城遂破。现这段城墙遗迹可辨，地面低凹。

112 - E_3 **太平军担石寨战斗遗址** 〔八步区黄田镇担石行政村担石寨·1859年〕 清咸丰九年（1859）二月下旬，太平天国陈金刚部占据黄田圩，并向周围村寨征收军饷。担石寨地主武装据险不从，并杀死太平军 10 余人。三月初四，太平军攻克担石寨，歼地主团练百余人。担石寨四周有石砌围墙，周长约 1000 米，高 3 米。现围墙已成残垣断壁。寨南尚有与此事有关的义冢、墓碑和"义冢祀田碑"。

113 - E_4 **太平军凤仪寨宿营地旧址** 〔八步区里松镇里松行政村凤仪寨·1859年〕 清咸丰九年（1859）四月，太平天国陈金刚部到里松，扎营凤仪寨。凤仪寨四面环山，翻越斧头山即湖南江华县境。1964 年在该寨征集到当年太平军遗留的长枪 2 支、土炮 1 门。

114 - E_5 **中国工农红军第七军桂岭整编旧址** 〔八步区桂岭镇桂岭社区西门街桂岭圩·1931年·市文物保护单位〕 1931 年 1 月，中国工农红军第七军翻越老苗山，经贺县古道，14 日晚到达桂岭，在此进行整编，张公庙、忠孝祠是部队整编期间主要驻地。红军走后遗下"中国工农红军第七军第 19 师 55 团第 3 营第 6 连钤记"木印章 1 枚。忠孝祠已毁。现存张公庙，建于清光绪二年（1876），为纪念唐宰相张九龄官德而建。坐东朝西，砖木结构。三进院落，由前座、中殿、后殿

及二天井、四厢房组成，占地面积约 840 平方米。主体建筑二层楼，面阔五间，青砖墙，穿斗式木构架，硬山顶，盖小青瓦。封檐板浮雕花草，内壁有彩色壁画。

115 - E_6 **临江中学革命活动旧址** 〔八步区沙田镇芳林行政村·1944—1945年〕 1944—1945 年间，中共广西省委书记钱兴等 25 位共产党员在临江中学以教书掩护革命活动，为桂东游击队输送大批干部。1945 年春，中国民主同盟东南总支筹委会也在此成立，负责两广、两湖、云贵、福建和海外的工作。临江中学创建于 1940 年，教室和办公室集中在西部、南部，东北部为操场。占地面积约 60 万平方米。

116 - E_7 **何香凝寓居旧址** 〔八步区八步街道新宁街、信都镇信都街信都粮所·1944—1945年〕 何香凝（1878—1972），广东南海人，中国国民党左派廖仲恺的夫人，著名社会活动家。1944 年 11 月，到八步后寓居新宁街五洲酒店。1945 年春，寓居信都廖仲恺远房兄弟廖士汉家，直至抗战胜利。旧址五洲酒店为砖木结构楼房，面积约 945 平方米。回形合院式，硬山顶，现门楼改建成钢筋水泥楼房，其余保持原貌。信都旧址为砖木结构二层楼房，面阔七间，进深三间，青砖墙，歇山顶，盖小青瓦。

117 - E_8 **李济深寓居旧址** 〔八步区八步街道西约社区·1945年〕 1945 年 6 月，李济深从桂林到八步开展抗日救亡活动，寓居平乐行政专署，直至抗战胜利。旧址原为军阀沈鸿英私寓，坐北朝南，砖木结构。三进院落，由前、中、后三座，两天井及厢房组成，占地面积约 900 平方米。现前、中座已改建成钢筋水泥结构大楼，仅存后座，面阔五间，青砖墙，硬山顶，二层楼房。

118 - E_9 **大风山抗日标语** 〔八步区仁义镇共和行政村大风山南壁·1945年〕 抗日战争时期，信都县成立信都战工队，深入农村进行抗日宣传。大风山"歼彼倭寇，还我河山"标语即当时所写。标语写于大风岩南侧山腰石壁上，书写面长约 20 米，高 1.6 米，横行，字径 0.5 米，楷书，石灰水书写。上款书"信都战工队制"。

119 - E_{10} **中共八步特支遗址** 〔八步区鹅塘镇厦岛行政村厦岛小学·1946—1947年〕 1946 年元月，中共八步特支于厦岛小学成立，负责贺县、平桂矿和钟山县一带地下党工作。厦岛小学由庙宇改建而成，占地面积约 8000 平方米，为 1943 年黄时珍倡修。坐南朝北，砖木结构，庭院式，主楼面阔七间，内院两侧为二层教室，南端为礼堂。原教学楼已改建，礼堂已拆毁。校内现建有中共八步特支纪念馆。

120 - E_{11} **八步摩崖石刻** 〔八步区八步街道灵峰

山、凤凰山、留趣山、尖峰山等山的崖壁上·民国〕摩崖石刻 11 方。重要的有著名画家徐悲鸿在尖峰山题刻榜书"瑞应来仪",平乐专署秘书陈宝在留趣山题榜书"留趣山",伍祖胥、王赞斌等人在灵峰山、凤凰山题刻榜书"灵峰岩""忘机洞""马蜂岩""丽泽""华盖""空明""潜光""乐此"、题刻"佛"字及"忘机洞碑刻"等。字体有楷、行、隶、草。字径大小不一,大者 1 米,小者 0.3 米。

121－F₁ 乾亨寺铜钟 〔原系八步区桂岭镇梅桂行政村乾亨寺内挂钟,现存八步街道体育路东端留趣山顶·南汉·自治区文物保护单位〕 乾亨寺废后,1930 年,铜钟迁移至贺街镇三乘寺,因拂晓之时敲钟声可响彻贺城,名为"三乘晓钟",是贺县八景之一。1963 年迁至八步灵峰公园附近的留趣山六角攒尖顶亭内。该钟于南汉大宝四年(961)铸造,高 1.33 米,口径 0.83 米。龙形拱纽,钟面镌刻文字 1275 个,记载铜钟的铸造年代、尺寸、监造官、铸造匠、镌字匠和使用僧的名字等内容。

122－F₂ 谢氏宗祠 〔八步区贺街镇河西社区·1926 年〕 建于 1926 年。坐西朝东,砖木结构,中西合璧建筑。三进院落,由前座、中厅、后座、两天井组成,占地面积约 370 平方米。各座均为二层楼房,面阔三间,青砖墙,硬山顶,中厅、后座脊饰博古,封檐板浮雕花鸟图案。前座 4 根砖柱贯顶,底层封闭无窗,中开门,二层明间外墙嵌"谢氏宗祠"石匾,两次间开方窗、长方窗,门、窗顶饰拱形楣。楼顶砌弧形女儿墙。

123－F₃ 一景桥 〔八步区贺街镇西约街一景河上·1935 年〕 建于 1935 年,原称永宁桥。东西走向,双孔石拱桥,长 20 米,宽 5.5 米。桥身、桥拱用料石干砌,桥面铺青石板,两侧桥栏镶嵌石板。1953 年加铺混凝土路面。桥面镶有"抗美援朝,保家卫国"8 个大字。

124－F₄ 贺县参议会旧址 〔八步区贺街镇河西社区·民国〕 建于民国,具体时间不详。为贺县参议会办公楼。坐北朝南,砖木结构。平面呈长方形,占地面积约 390 平方米。二层楼房,面阔五间,内部房间隔走廊对开,南北各五间,外墙开长方玻璃窗。走廊两端有侧门。歇山顶,盖青瓦。底层南、北正中各开一门,门前设 5 级台阶。底层地铺方阶砖,二楼铺木地板。

125－G₁ 硝岩洞化石出土点 〔八步区黄田镇新村行政村新村养民冲硝岩洞·更新世〕 岩洞高距地面约 10 米,洞口朝北,高 3 米,宽 4 米,洞内进深 5 米。含化石堆积层厚 2 米,为棕红色沙质土,局部含

少量小砾石。1984 年 8 月试掘,出有豪猪、无颈鬃豪猪、水鹿、印度象、貘等哺乳动物骨骼和牙化石。(见《人类学报》1986 年 5 期)

126－G₂ 狮子岩化石出土点 〔八步区八步街道厦良行政村点灯寨南约 200 米狮子岩·更新世〕 岩洞高距地面约 30 米。洞高 3 米,宽 4 米。1963 年距洞口不远发现棕黄色沙质土堆积层中含有野牛、野猪、熊猫、貘等动物的牙齿化石。

127－G₃ 发宝窿化石出土点 〔八步区黄田镇东水行政村东水村东发宝窿洞·更新世〕 岩洞高距地面 30 余米,洞口圆形,径约 3 米。1987 年在洞内棕红色沙质土堆积中出有水牛右下颌骨、象牙、水鹿角、陆龟腹甲等化石。

128－G₄ 水岩坝化石出土点 〔八步区黄田镇里宁行政村里宁村北水岩坝·更新世〕 水岩坝 3 号窿洞高出地面 2 米,洞口朝东北。洞高 3 米,宽 2 米。1988 年在距洞口 20 米的黄色沙质土堆积中发现有剑齿象骨骼、臼齿和大熊猫下颌骨、牙齿化石。

129－G₅ 观音山化石出土点 〔八步区黄田镇路花行政村路花村观音山化德窿洞·更新世〕 岩洞高距地面 1 米余,洞口高 3 米,宽 5 米。洞内有棕色沙质土堆积,厚 2 米,含少量砾石。1965 年在距洞口 5 米处发现剑齿象、貘等动物牙齿及其残碎骨骼化石。

130－G₆ 石福石铲出土点 〔八步区信都镇福桥行政村石福屯贺江北岸·新石器时代〕 1980 年,石福屯贺江段北岸出土大石铲 2 件,其中 1 件已残。另 1 件石铲为方形柄,双肩平直,束腰,圆弧刃。长 0.203 米,宽 0.13 米,厚 0.014 米。

131－G₇ 屋背山石戈出土点 〔八步区里松镇文汉行政村文汉村屋背山·新石器时代〕 1963 年 2 月,屋背山出土石戈 1 件。短援长内,援呈三角形,内前宽后窄,援上脊棱在援内相接处向两边开岔,阑呈溜肩状,无穿。长 0.105 米,宽 0.035 米。

132－G₈ 英民镈钟出土点 〔八步区桂岭镇英民行政村英民村西·西周〕 1980 年冬,在村西距地表约 0.4 米深出土镈钟 1 件。梯形鼻纽。两侧扉棱各有 3 格,扉棱饰线纹,前后上下各有一排乳钉,上排 2 枚,下排 5 枚,以弦纹分界。通高 0.385 米,舞长 0.12 米,广 0.078 米,于长 0.183 米,铣宽 0.118 米。(见《考古与文物》1982 年 4 期)

133－G₉ 义河口甬钟出土点 〔八步区里松镇青凤行政村青凤村义河口·战国〕 1972 年,村民在义河口开矿挖出甬钟 1 件。甬为椭圆柱形,甬的旋部向一面隆起如鼻状,并横向穿孔。钲的两侧各饰乳钉 9 枚,分列 3 行,每行 3 枚。枚的行间饰有篆,每侧两

方,篆间饰三角形云纹。高 0.327 米,于长 0.175 米,于广 0.098 米。

134 – G₁₀ 兴全钱币窖藏 〔八步区铺门镇兴全行政村兴全村水路碑记处·宋代〕 1962 年,出土铜钱 1 罐,盛装在 1 陶罐内,重 32.5 公斤。计有唐宋时期钱币 74 种。

135 – G₁₁ 羊尾岭钱币窖藏 〔八步区沙田镇道东行政村道东村羊尾岭东麓·宋代〕 1988 年元月,出土铜钱 1 罐。铜钱重 18 公斤。计有唐宋时期钱币 70 种。

昭平县

1 – A₁ 浮机坪遗址 〔马江镇砂冲行政村·新石器时代〕 山坡(台地)遗址。1963 年发现。遗址在桂江东岸的台地上,分布面积约 2.4 万平方米。在地表采集打制砍砸器、刮削器和磨制石斧等遗物 7 件。

2 – A₂ 大塘岭遗址 〔马江镇盘古行政村古座寨西北·新石器时代〕 山坡(台地)遗址。1963 年发现。分布面积约 1500 平方米。在地表采集有石网坠、夹砂粗陶片等遗物,因陶片过于残碎,器类无法辨认。

3 – A₃ 后背岭遗址 〔马江镇水运社区汽车站后背岭·新石器时代〕 山坡(台地)遗址。1963 年发现。地处桂江与富群江汇合处的东面,分布面积约 4000 平方米。未经发掘,文化层及内涵不明。在地表采集有打制石器、石网坠、夹砂粗陶片等遗物 6 件。

4 – A₄ 风门坳遗址 〔北陀镇立教行政村立教村北约 300 米风门坳西岭·新石器时代〕 山坡(台地)遗址。1963 年发现。遗址在坡地上,呈扇形分布,面积约 2000 平方米。在地表采集磨制石锛、石凿、石镞、穿孔石器及打制石器等 10 余件,夹砂粗陶鼎足 1 件。

5 – A₅ 秧地遗址 〔北陀镇立教行政村秧地村西约 100 米背面岭·新石器时代〕 山坡(台地)遗址。1963 年发现。文化遗物散布于岭北面坡地,分布面积约 800 平方米。未发掘,文化层及内涵不明。在地表采集到石网坠等石器及方格纹、波浪纹夹砂红陶片,陶片可辨器形有罐类器。

6 – A₆ 庙坡坪遗址 〔北陀镇立教行政村高田村西北约 100 米·新石器时代〕 山坡(台地)遗址。1963 年发现。文化遗物散布于坡地上,分布面积约 1000 平方米。再地表采集有砍砸器等打制石器及夹砂粗陶片等遗物,陶片可辨器形有鼎。

7 – A₇ 红泥岭遗址 〔北陀镇立教行政村立教村南约 500 米红泥岭·新石器时代〕 山坡(台地)遗址。1963 年发现。文化遗物散布于山坡及岭脚处,分布面积约 2000 平方米。未经发掘,文化层及内涵不明。在地面采集到打制石器、夹砂粗陶片及器足等遗物。陶片残损严重,器有三足器类。

8 – A₈ 土城遗址 〔北陀镇立教行政村何屋寨·新石器时代〕 山坡(台地)遗址。1984 年发现。分布面积约 3000 平方米。村民建房时在距地面 0.2—0.4 米深处发现多处红烧土及灰烬痕迹,并挖出磨制石刀、石凿、穿孔石斧等遗物。在附近耕地里亦发现了红烧土颗粒。

9 – A₉ 羊头岭遗址 〔北陀镇乐群行政村三涧寨·新石器时代〕 山坡(台地)遗址。1963 年发现。地处羊头岭东南岭脚坡地上,遗址呈铲箕形分布,面积约 2500 平方米。未经发掘,文化层及内涵不明。在地表采集到打制石器及夹砂粗陶片等遗物。

10 – A₁₀ 龙窝遗址 〔北陀镇敬业行政村龙窝寨南约 200 米北岭·新石器时代〕 山坡(台地)遗址。1963 年发现。遗址在岭坡上,呈扇形分布,面积约 3000 平方米。未经发掘,文化层及内涵不明。在地表采集到磨制石斧、夹砂粗陶片等遗物。

11 – A₁₁ 庙角头遗址 〔北陀镇立教行政村立教村北约 200 米庙角头岭·新石器时代〕 山坡(台地)遗址。1976 年发现,遗址在岭西面坡地,分布面积约 3000 平方米。村民挖泥打砖时在距地面 1 米深处发现大石铲、双肩穿孔石斧各 1 件。

12 – A₁₂ 李家寨遗址 〔富罗镇百宜行政村李家寨·新石器时代〕 山坡(台地)遗址。1963 年发现。遗址面积约 2500 平方米。在地表采集到打制砍砸器、夹砂粗绳纹红陶片等遗物。

13 – A₁₃ 大果坪遗址 〔富罗镇富罗行政村大果坪村东北富群江边·新石器时代〕 山坡(台地)遗址。1963 年发现。遗址在富群江与小山溪汇合的三角地带的台地上,平面呈三角形,分布面积约 3000 平方米。未经发掘,文化层及内涵不明。在地表采集有磨光石斧等石器 3 件。

14 – A₁₄ 康平遗址 〔富罗镇金龙行政村金龙村东南约 1.5 公里康平岭·新石器时代〕 山坡(台地)遗址。1963 年发现。文化遗址在坡地上,分布面积约 2500 平方米。未经发掘,文化层及内涵不明。在地表采集到磨制石刀、有磨制痕迹的石料等遗物。

15 – A₁₅ 狮子山遗址 〔黄姚镇枧盘行政村枧盘小学北约 500 米狮子山·新石器时代、战国〕 山坡(台地)遗址。1963 年发现。遗址在山东面坡地及西北台地上,分布面积约 500 平方米。未经发掘,文化层及内涵不明。采集到打制石器、磨制石斧、夹砂粗陶片等遗物,陶器器形有鼎类。另发现战国时期的回纹、

水波纹、方格纹硬陶片 30 余件

16 - A₁₆ **荡山故址** 〔樟木林乡樟林行政村义塘寨东约 2 公里·隋—宋〕 据《昭平县志》记载，荡山县置于南朝（梁），隋废，唐复置，宋废。城址平面呈梯形，东西长约 220 米，南北宽约 137 米，占地面积约 3.014 万平方米。周筑城墙，内、外檐墙以石砌成，内填夯土。今尚存有城楼残址、护城河残址、古街道、残城墙等遗址。现存北墙残长 77 米，残高 0.9—1.7 米，厚 6.6 米。夯土城外有护城壕，宽 15 米，深 4 米。城内尚存 10 余座明、清时期的民居及祠堂，其余建筑已毁。

17 - A₁₇ **北陀城址** 〔北陀镇北陀街·明—清·县文物保护单位〕 据《昭平县志》记载，城建于明万历二十八年（1600）。时北陀黄朝田壮、瑶农民起义被镇压，明朝廷设北陀抚夷同知，并筑城。清代在此设北陀营。城址平面近方形，边长约 303 米，高约 6 米，厚 1.1—4 米，开南、北、西三城门，城门上有门楼。城墙基础以石砌筑，檐墙砌砖，内为夯土墙。城门均毁。四面城墙砖都已被拆除，残存夯土墙约 564 米。

18 - A₁₈ **上岸城址** 〔昭平镇上岸行政村城背村·明代〕 据《昭平县志》记载，城址原为明昭平堡守备衙署所在地。明正德三年（1508）副使郑岳修筑。城址坐北朝南，平面呈梯形，占地面积约 1.152 万平方米。原四周筑外砖内夯土城墙，开四城门，东西城墙长约 310 米，南城墙长约 32 米，北城墙长约 90 米，墙残高 2—3 米，厚 7.5—8 米。现存东、西城墙各一段残长分别为 26 米、30 米。城内已辟为耕地。

19 - A₁₉ **斑寨岭遗址** 〔走马乡庙丫行政村龙湾寨斑寨岭·明代〕 明隆庆六年（1572）邓公间领导的农民起义根据地。遗址东临思勤江，西接龙湾寨，南北为悬崖峭壁，地势险要，易守难攻。东西走向，占地面积约 600 平方米。东、西面垒石为墙，开东、西出入口。石墙内筑有平台、石垒工事等。现存石墙长约 200 米，厚 1.2 米，高 2—3.5 米，西入口石墙残长 9 米，厚 0.3 米，高 2.2 米。

20 - A₂₀ **五指山遗址** 〔黄姚镇界塘行政村界塘村东北约 2 公里五指山·明代〕 为明万历三年（1575）黎福庄、黎天龙父子领导的壮、瑶农民起义根据地。以五指山脚的山塘巢、蜡烛山出气岩为中心，包括山塘、白马、山马、清塘、金鸡、牛崆和天龙诸处。出气岩洞口极隐蔽，洞内幽深，能容万人，易守难攻。各处山隘筑有石墙等防御工事。现尚存山塘的石墙和石门及山马、清塘的石墙。山塘石墙长 22 米，厚 3 米，高 3 米；山马、清塘石墙长 52—60 米，高 3.2—3.6 米，厚 2.3—2.4 米。局部破坏。

21 - A₂₁ **烟墩冲炮台遗址** 〔昭平镇附城行政村烟墩冲口桂江边小山上·宋代〕 据《宋史》记载，北宋仁宗年间（1022—1063），杨文广随狄青入桂，南征侬智高，在桂江烟墩冲口建炮台，以控制桂江水路。炮台面向桂江塘调峡口，平面呈椭圆形，外筑围墙、战壕，占地面积约 180 平方米。现存残墙东西长 15 米，南北长 12 米，高 1.7 米，厚 1 米，部分墙体用青砖砌建。地表散落砖头、碎石。

22 - A₂₂ **接官坪古道遗址** 〔黄姚镇界塘行政村北约 2 公里·明—清〕 黄姚镇至钟山县及同古、清塘乡等地要道，为便利军务、迎送官员而铺筑，故名。相传修成于汉代，东汉马援征交趾经此道下马江。自界塘的峰门过山隘至同古道，长约 6 公里。泥路基，碎片石或卵石铺路面，宽 1.1 米。

23 - A₂₃ **马鞍山古道遗址** 〔黄姚镇凤立行政村·明—清〕 修建于明万历年间（1573—1620），清康熙五十八年（1719）知县杨兆年倡修接米岭道路，清道光二十三年（1843）重修。为昭平至八步必经之路，古道连接西平、米岭大风坳，全长约 10 公里。马鞍山西面"百步梯"有石踏跺 200 余级，长约 30 米，系青石块砌筑。其余路段石板已不存，现为泥路，宽 0.8—1.2 米。

24 - A₂₄ **松岭古道遗址** 〔走马乡走马行政村白藤村西约 5 公里西松岭上·明代〕 明代燕塘玉坡村廖玉波等筹建，当时为昭平经走马村上古营至钟山青塘之要道。其中用青石块砌筑的一段长 7.5 公里，宽 1.1 米，最窄 0.5 米，松岭一段设石踏跺 500 余级，称"百步梯"。

25 - B₁ **百宜墓群** 〔富罗镇百宜行政村百宜村百宜小学·汉—南朝〕 墓群在富郡江东岸的小土山上，分布面积约 1500 平方米。封土已毁，莫能辨认。1958 年修公路时曾发现陶罐数只，铁刀 1 把。1963 年调查采集铜斧、陶钵、陶杯各 1 件。

26 - B₂ **裕路墓群** 〔走马乡裕路行政村裕路村西约 400 米万雀山一带·汉、晋、唐〕 墓群分布在万雀山、大坑坑边，临小河，面积约 10 万平方米。坡地多已辟为耕地，墓葬封土不明显，暴露的多为石室墓，出土器物有直身陶罐、四耳陶罐、陶瓶和鸡首壶、盆、盅、壶、碗等青瓷器，年代分属汉、晋、唐时期。

B₂₋₁ **南朝墓** 〔万雀山·南朝〕 1988 年 3 月，裕路村村民陆庆宝、陆庆辉在岭上挖地基时发现。墓已毁，形制、葬式不明。出土鸡首壶、盆、壶、杯、四耳罐等瓷器 10 余件。

27 - B₃ **狮子山墓群** 〔黄姚镇巩桥行政村枧盘小学北狮子山·汉—宋〕 墓群分布在狮子山脚周围，

面积约 1500 平方米。墓葬封土不明显，残存封土呈圆丘形，高约 1 米，底径 1.6—5 米。未经发掘，地表无相关遗物发现。

28 – B₄ 北陀墓群 〔北陀镇乐群行政村、风清行政村、立教行政村一带·汉代·自治区文物保护单位〕分布面积约 2 万平方米，墓葬数目不详，已发掘 24 座。分土坑、砖室、石室墓 3 种。出土陶器、铜器、铁器、银器、玻璃器、滑石器等 120 多件。（见《考古学报》1989 年 2 期）

B₄₋₁ 乐群墓群 〔北陀镇乐群行政村东约 1 公里·东汉〕 墓群分布在乐群村的付屋岭、松树岭、罗平头及文机岭一带，分布面积约 1.2 万平方米。残存封土呈圆丘形，高 1—5 米，底径 6—8 米。1976—1978 年，发掘 13 座。其中土坑墓 7 座，石室墓 5 座，砖室墓 1 座。多数墓原有棺椁（已朽不存），个别有棺无椁（已朽不存）。出土随葬品有罐、豆、灯、纺轮等陶器以及铜镜、铜五铢钱、铜碗、铁刀和玛瑙珠等。

B₄₋₂ 风清墓群 〔北陀镇风清行政村北枫树岭、大坪岭一带·东汉〕 墓群分布面积约 8500 平方米。残存封土呈圆丘形，高 1 米，底径 5—6 米。1976—1978 年发掘 11 座，多属长方形竖穴土坑墓，无墓道，有棺无椁。少数墓底铺木炭、细沙或河卵石。有的早年被盗。出土随葬品有罐、博山炉、奁、屋、井、灶、纺轮等陶器以及铜镜、铜吊灯、铜五铢钱、玛瑙珠、玻璃珠和滑石器等。

B₄₋₃ 立教墓群 〔北陀镇立教行政村高田寨西北背岭村的坳头岭、村南红泥岭、村西北连塘岭一带·东汉〕 墓群分布面积约 8000 平方米。墓葬封土多不明显，残存封土呈圆丘形，高 0.6—1.2 米，底径 6—10 米。未经发掘，地面无相关遗物发现。此墓群地与风清、乐群两墓群为邻，应属同时期的墓葬。

29 – B₅ 下白岭墓群 〔黄姚镇笔头行政村塘头寨西约 500 米下白岭·汉代〕 墓群分布面积约 5000 平方米。1963 年调查时尚有封土 10 余座，现已开垦为耕地，封土夷平，地表无相关遗物发现。此墓群与岩头坪墓群为邻，属同时期的墓葬。

30 – B₆ 岩头坪墓群 〔黄姚镇岩头行政村东约 300 米·东汉〕 墓群分布面积约 1000 平方米。残存封土呈圆丘形，高 0.8—1.5 米，底径 10—30 米。1963 年、1976 年发掘 5 座，其中 1 座为石室墓，余为砖室墓。出土鼎、釜、罐、灯、杯、纺轮等陶器以及铁刀、铜五铢钱、银戒指等随葬品。时代属东汉中晚期。

31 – B₇ 大同墓群 〔凤凰乡大同行政村西约 200 米窑子墩、过路碑、牛母岗一带·东汉·县文物保护单位〕 分布面积约 1.37 万平方米。残存封土高 1—2.2 米，底径 20—30 米。发掘 1 座，为石室墓，出土陶钵、陶碗、陶纺轮、铁刀、铜印、铜五铢钱及玛瑙珠等 10 件。

32 – B₈ 李道清墓 〔黄姚镇界塘行政村水岩寨西约 100 米·明代〕 李道清，字寿生，原籍广东阳山县。明万历初授千户长。万历三年（1575）领兵征剿府江五指山、白帽一带瑶、壮农民起义，万历六年（1578）设堡于山口寨驻防，后定居于此。墓葬朝南，圆丘形土冢，高 1.1 米，底径 36 米。清乾隆三十二年（1767）重立墓碑，主碑高 1.02 米，宽 0.56 米，碑面刻"皇明待诰千总李公讳道清之墓"。占地面积约 1300 平方米。

33 – B₉ 黎宗远墓 〔黄姚镇篁竹行政村大田嘴·明代〕 黎宗远（1524—1604），又名黎黄敬，字崇厚，号胜庄。广东阳山县青草乡人。明万历三年（1575）随李道清征剿五指山、白帽一带瑶、壮农民起义，万历六年（1578）领兵扎营樊家二屯，后定居于此。墓葬朝西，圆丘形土冢，高 1.2 米，底径 2.5 米。冢左右及后各有一小土堆墓，可能为陪葬墓。三墓呈"品"字布局，墓碑均不存。占地面积约 120 平方米。

34 – B₁₀ 黄仲拙墓 〔仙回瑶族乡大中行政村双鱼村背·明代〕 黄仲拙（？—1590），字印州，向武州（今天等县）知州黄峭之子。明万历三年（1575）与庶兄仲金随总兵李锡征剿五指山、白帽一带瑶、壮农民起义，授韦洞（今钟山英家桔芬）土司。明万历十三年（1585）随军镇压府江瑶、壮农民起义，次年授古眉寨（今仙回）世袭土司。墓葬朝西，圆丘形土冢，高 1 米，底径 9.3 米。冢前立碑 3 方，为民国初所重刻。1985 年其后人重修，改为砖砌墓面。占地面积约 50 平方米。

35 – B₁₁ 陈芳墓 〔北陀镇风清行政村民福村东面黄屋北·明代·县文物保护单位〕 陈芳，又名龙崖，广东人，明参将。明万历二十六年（1598）督师征剿府江壮、瑶农民起义，封六韬将军，驻守北陀营。墓区呈葫芦形，砖砌二级墓圈墙，占地面积约 750 平方米。墓葬朝南，墓冢为圆丘形，以砖围砌，冢前有 1947 年重立墓碑 3 方。中碑阴刻"皇明敕封大将军迁昭始祖陈芳太公墓志"。

36 – B₁₂ 黎士珍墓 〔樟木林乡樟林行政村义塘寨进士爷岭·明代〕 《昭平县志》卷四"武进士"类记载其姓名为黎士珍，住址为平区牛耳塘，《明史》有传。某年"贼"乱牛耳塘，黎士珍挺身拒敌，身负重伤，感染身亡，葬于后山屈头冲。1960 年其后裔重修立碑。为圆丘形土冢，墓碑顶上压有长条石，碑面刻"开达黎公墓"。占地面积约 16 平方米。

37 - B₁₃　谭氏墓　〔黄姚镇巩桥行政村大弯寨军营墩·明代〕　谭氏，为大弯陈氏始祖陈君惠之妻，明天启四年（1624）定居大弯，辞世后葬于军营墩，清光绪十年（1884）重立碑。墓葬朝西，圆丘形土冢，墓碑为八柱七间八楼碑坊式，每间嵌碑 1 方，有主碑、副碑共 7 方，主碑碑文"明显始祖谭氏陈老太婆墓位福地土名军营墩"。副碑为序及祀者姓名。墓前用石砖砌成弧形拜台。占地面积约 170 平方米。

38 - B₁₄　邱振峰墓　〔富罗镇三合行政村登峒冲灯盏地·清代〕　邱振峰，广西昭平富罗镇三合村登峒冲人。清康熙二十七年（1688）拔贡，任广东翁原县知县。墓葬朝西北，圆丘形土冢，高 1 米，底径 2 米，占地面积约 18 平方米。1987 年重修，墓面改为砖砌，并加砖砌护围。墓前碑刻"皇清四世祖考讳振峰邱老太公位之墓"。

39 - B₁₅　黎中和墓　〔黄姚镇篁竹行政村篁竹村·清代〕　黎中和（1679—1748），字赞之，号恕庵，广西昭平黄姚镇篁竹村人，明千户黎宗远五世孙。清乾隆三年（1738）恩授广西太平府儒学兼管崇善县学正。墓葬建于清乾隆十三年（1748），朝北，由墓圈墙、墓冢、墓碑和拜台组成。占地面积约 240 平方米。冢呈圆柱形，平顶，高 1 米，底径 5.3 米。均用石板镶砌，石板上浮雕动物、流云等。冢前由叙事碑、装饰碑围成弧形拜台。

40 - B₁₆　邱瓒祖父子墓　〔富罗镇石齿行政村陈村寨南约 1 公里·清代〕　邱瓒祖（1680—1748），字恒献，清乾隆永宁州（今永福县）学正。子邱瑾，庠生。父子合葬，占地面积约 20 平方米，由墓冢、墓圈墙、祭台组成。圆丘形土冢，高 1 米，底径 2 米，墓碑为 1917 年重立。

41 - B₁₇　林作楫夫妇合葬墓　〔黄姚镇黄姚街行政村沙棠底·清代〕　林作楫（1721—1778），字济客，一字济川，号沙棠，广西昭平县黄姚镇连理街沙棠底人。清乾隆三十八年（1773）任江西省赣州府安远县知县。原葬黄姚十里坪，后迁葬沙棠底其父林之语墓右侧。墓朝西南，圆丘形土冢，高 1.2 米，底径 2 米，占地面积约 200 平方米。墓前有清道光三年（1823）立墓碑，四柱三间三楼牌坊式，碑中部竖刻"皇清时授江西赣州府安远县正堂王父号巨川林公母孟氏老孺人墓"。

42 - B₁₈　梁朝鼎墓　〔黄姚镇黄姚街行政村中兴街东面松树山旁·清代〕　梁朝鼎，广西昭平县黄姚镇人。清广西迁江县（今来宾市）训导梁都之父，清光绪五年（1879）赐封修职佐郎。墓葬朝西北，冢为长方体，用石块堆砌，长 4 米，宽 3 米，高 0.95 米，墓前立有敕命碑 1 方，高 2.64 米，宽 1.03 米，碑面刻清光绪帝圣旨全文（仅存汉文部分）。占地面积约 35 平方米，

43 - B₁₉　黎肇元墓　〔昭平镇河西东路九岭·清代·县文物保护单位〕　黎肇元（1860—1912），字寿苍，广西昭平县昭平镇人，以军功递补至知县，历署元谋、腾越、江川、广甫、景东、永北、思茅诸厅州。1912 年卒于任上。墓葬朝东，冢呈圆丘形，红砖围砌，墓碑二柱一间牌坊式，双重檐碑顶。碑面中部竖行阴刻"皇清晋封奉直大夫□□□黎府肇元公之墓"，两柱刻挽联"青山埋忠骨，红日照英魂"，墓后立旨封碑。冢前半圆形拜坪。占地面积约 55.3 平方米。

44 - C₁　黄姚戏台　〔黄姚镇黄姚街行政村·明—清·自治区文物保护单位〕　建于明嘉靖三年（1524）。清乾隆、清光绪年间多次重修，1981 年维修。坐东朝西，砖木石结构，平面呈"凸"字形，占地面积约 95 平方米，高 8 米。前台为戏台，面阔 8.6 米，进深 4.2 米，台基用青石板围砌，高 1.6 米。台面铺木板，两侧设低矮护栏。封檐为雕花板，天面彩绘花草，歇山顶，盖小青瓦，正脊饰宝瓶、卷云、花草，戗脊泥塑小狮。前、后台以木板壁分隔。后台面阔 12.8 米，进深 4.6 米，三面砖墙，硬山顶，盖小青瓦。两侧横廊为看台，廊边立木栏杆。

45 - C₂　宝珠观　〔黄姚镇黄姚街行政村安乐街宝珠巷·明—清·自治区文物保护单位〕　建于明嘉靖三年（1524）。清乾隆九年（1744）扩建，清嘉庆、道光、光绪年间和民国时期皆有修缮。由照壁、前殿、后殿、回廊、天井、厢房和东、西屋等组成。前、后殿面阔、进深三间，设前檐廊，石檐柱，青砖墙，穿斗与抬梁混合木构架，硬山顶。前殿大厅立石狮，脊饰宝葫芦、卷云、花草。马头山墙。后殿有轩蓬，明、次间安隔扇门。天井铺砌青石板，两侧回廊单面坡。西屋分前、后两排，面阔五间，进深一间，二层，硬山搁桁，清水脊。建筑皆盖小青瓦。宝珠观曾是中共广西工委旧址，1945 年夏，中共广西省工委从钟山县燕塘迁黄姚，办公地点即设于此，直至 1947 年 7 月撤离。1986 年辟为纪念馆，并立钱兴烈士塑像。

46 - C₃　带龙桥　〔黄姚镇黄姚街行政村新兴街西东约 30 米姚江上·明—清〕　建于明末，为明末副榜邓太和修建。清乾隆二十三年（1758）乡绅古知先重修，并增建桥楼。楼已毁，存桥。桥东西走向，由两座单孔石拱桥连接而成，两桥间以天然石为桥台相连。桥身、桥拱用料石干砌，桥总长 22.7 米，宽 2.97 米，主桥拱跨 5.4 米，副桥拱跨 3.2 米。桥两端皆砌石踏跺。桥南侧建有亭。

47 - C₄　吴氏宗祠〔黄姚镇黄姚街行政村金德街大桂巷·明代·县文物保护单位〕　建于明末，清代多次重修。坐东朝西，砖木结构。四合院，由前座、后堂、天井、厢房组成，占地面积约 220 平方米。前座、后堂均面阔三间，清水墙，硬山顶，盖小青瓦，琉璃滴水。镂雕封檐板，弧形马头山墙。室内墙端有山水、人物壁画 10 余幅。前座出檐廊，大门额书"吴氏宗祠"匾。抗日战争时期，曾为广西艺术馆馆址。

48 - C₅　亦孔之固门楼〔黄姚镇黄姚街行政村安乐街宝珠巷·清代〕　建于清初，具体时间不详，光绪年间（1875—1908）重修。为黄姚镇寨门，坐西朝东，砖木石结构。门楼面阔、进深 1 间，高二层 6 米。底层为门及通道，底层为石砌，二楼以上用砖砌筑，墙壁设瞭望孔，木楼板，悬山顶，盖小青瓦。门楼二楼正面嵌清光绪年间临贡廷书"亦孔之固"匾及对联。门楼前有 9 级石砌踏跺及巷道。

49 - C₆　胜庄祠〔黄姚镇篁竹行政村篁竹寨南端·清代〕　建于清初，具体时间不详。为祭祀篁竹黎姓明代祖先黎宗远而建。坐北朝南，砖木结构。二进院落，由前座、后堂、天井、走廊组成，占地面积约 400 平方米。前座、后堂皆用条石护砌台基，面阔三间、进深二间，青砖墙，抬梁式木构架，硬山顶，盖小青瓦。垂脊翘角，弧形山墙。前座出前檐廊，大门额题"胜庄祠"匾。祠前有池塘。

50 - C₇　文笔塔〔仙回瑶族乡鹿鸣行政村仙回中学·清代·县文物保护单位〕　清康熙年间（1662—1722），邑人杨鹏万倡建，民国元年（1912）重修。坐南朝北，楼阁式砖塔，平面呈六角形，三层，高 12 米，每层叠涩出檐，檐顶卷筒瓦，攒尖顶。塔身用青砖砌筑，塔腔中空，底层面阔 2.76 米，北面开拱门，每层为木楞楼板，二、三层周壁设有圆形、方形、倒三角形窗口。占地面积约 30 平方米。

51 - C₈　枕漱桥〔黄姚镇黄姚街行政村天然街兴宁河上·清代〕　又称平石桥。建于清康熙年间（1662—1722）。康熙四年（1665）县令陈定国于桥头崖壁题刻"枕漱"2 字，桥因此而得名。东西走向，两台单孔梁式石板桥，长 4.1 米，宽 0.9 米。在两岸河边用料石砌桥台，台间并排架设 2 块长条石板为桥面。

C₈₋₁　"枕漱"摩崖石刻〔黄姚镇枕漱桥头石壁上·清代〕　摩崖石刻 1 方。清康熙四年（1665）刻。刻面高、宽约 0.7 米。文竖 3 行，计 27 字，楷书，阴刻。时任昭平县令陈定国撰文并书丹。榜书"枕漱"2 字，字径 0.25 米，落款"康熙四年孟夏三月□之日县令陈定国因谚曰德西乃仙人沐浴处敬题"，竖 2 行，阴刻，楷书。有的字已不能辨认。

52 - C₉　三拱桥〔黄姚镇巩桥行政村巩桥圩东约100 米姚江上·清代〕　又名巡司石桥。建于明代末期，清康熙五十一年（1712）被洪水冲毁，乡人李锦标等倡议重建。东西走向，原为三孔石拱平桥，并建有桥头门和排楼，两端各有 9 级石踏跺。1965 年拆除桥头门、排楼等建筑，增建 2 个旱拱，改建为五孔公路桥。现桥长 37.4 米，宽 4.1 米，原三拱拱跨 6.3 米，两端旱拱较小，均用石方料砌筑，桥面铺水泥。

53 - C₁₀　佐龙祠〔黄姚镇黄姚街行政村安乐街宝珠巷·清代〕　建于清乾隆年间（1736—1795），清光绪年间（1875—1908）和近年多次维修。由佐龙祠和佐龙亭组成，祠亭相连为整体，占地面积约 35.5 平方米。佐龙亭平面呈方形，四面敞开，四角各立砖柱，双檐歇山顶，盖小青瓦。西连佐龙祠，石台基，高约 1 米，前檐敞开，其余三面砖墙，单檐单面坡瓦顶。

54 - C₁₁　文明阁〔黄姚镇黄姚街行政村东南天马山·清代·自治区文物保护单位〕　建于明万历年间（1573—1620），清乾隆（1736—1795）以后多次重修，民国初、1962 年、1986 年维修。依山势而筑，由步云亭、不夏亭、首第门、土地祠、豁然亭、福绿台、惜字炉、天然图画、财神殿、大堂正殿、桂花亭、魁星楼等建筑组成。占地面积约 8000 平方米。大堂正殿西向，面阔三间，进深二间。高 4 米。前为通道、回廊、左右厢房，内壁有壁画。有清代、民国摩崖石刻 10 余方。抗日战争后期为广西省立医院驻地。

55 - C₁₂　双龙桥〔黄姚镇黄姚街行政村安乐街旁小溪上·清代〕　又名佐龙桥。清乾隆二年（1737）乡绅古知先倡建。原桥面较窄，后按原规模在一侧增建一桥。两桥合一，故称"双龙桥"。桥在珠江与姚江汇合处，南北走向。单孔石拱平桥，长 8 米，宽 5 米，拱跨 5 米。桥身、桥拱用料石砌筑，桥面两侧设望柱各 8 根，连以桥栏，桥南端有桥亭及佐龙祠，亭祠相邻。

56 - C₁₃　兴宁庙〔黄姚镇黄姚街行政村龙畔街·清代·县文物保护单位〕　建于明万历年间（1573—1620），具体时间不详。清乾隆十六年（1751）增建护龙桥，三十年（1765）重修并增建亭。清道光、光绪年间多次重修。坐南朝北，砖木石结构。由护龙桥、外亭和内殿组成，占地面积约 45 平方米。亭桥相连。内殿面阔 5.1 米，进深 8.8 米，歇山顶，正脊饰宝瓶、八仙过海等琉璃构件及滴水。封檐板雕花鸟图案。邑人林作揖题书额匾"兴宁庙"。左右有清道光、光绪年间立修庙碑记，记述重修兴宁庙经过及捐款人芳名。

57 - C₁₄　护龙桥〔黄姚镇黄姚街行政村龙畔街兴宁河上·清代〕　又名兴宁桥。清乾隆十六年（1751）

乡绅人古知权倡建。南北走向，单孔石拱桥，长 11.7 米，宽 3.1 米，拱跨 6.1 米。桥身、桥拱用方石料干砌，桥面铺设条石板，两侧置条石护栏，高 0.3 米。

58 – C$_{15}$ **真武凉亭** 〔黄姚镇黄姚街行政村中兴街·清代〕 建于明万历年间（1573—1620），清乾隆三十年（1765）重修。为见龙祠的主要部分。亭高 6 米，面阔 5.1 米，进深 8.8 米，占地面积约 44.9 平方米。四角以 4 根方形砖柱支撑，穿斗式木构架，歇山顶，正脊饰琉璃构件，盖琉璃瓦、琉璃瓦当，檐下为镂空花鸟封檐。亭柱有匾、联。亭中 3 面有高 0.47 米的石凳。一面置一神台，尚存碑记多方。

59 – C$_{16}$ **福德桥** 〔黄姚镇黄姚街行政村金德街姚江上·清代〕 建于清乾隆四十五年（1780），清道光十四年（1834）重修，1982 年增扩桥面以通车。南北走向，单孔石拱，长 10.4 米，宽 3.4 米，后重修扩宽至 5.4 米，拱跨 5.6 米。桥身、桥拱用料石干砌，桥面铺设石块，较平。两侧置条石护栏。

60 – C$_{17}$ **白泥桥** 〔凤凰乡白坭行政村东南约 200 米无名小溪上·清代〕 建于清乾隆五十八年（1793）。两台一墩梁式石板桥，长 8.5 米，宽 0.82 米，孔跨 5.4 米。台、墩均用料石砌筑。台、墩间桥面为 2 块并列的长条石板铺成。

61 – C$_{18}$ **刘氏宗祠** 〔木格乡进源行政村西南·清代〕 原名镇西堂。建于清嘉庆年间（1796—1820），清光绪末年（1908）重修。砖木结构，坐东朝西，四进院落，由前座、二堂、三堂、后堂及厢房、花厅、天井组成，占地面积约 1404 平方米。各座面阔五间 11 米，进深前座 11 米，二堂、三堂 10 米，后堂 9 米。前座为中西合璧建筑，前檐有 5 联拱外廊，檐廊顶置望柱女儿墙，墙上饰弧形或三角形山花，墙后为硬山顶。盖小青瓦。

62 – C$_{19}$ **三星桥与三星楼** 〔黄姚镇黄姚街行政村金德街·清代〕 三星桥原为木桥。清嘉庆十一年（1806）乡人古业星等倡建石桥。跨街前姚江，南北走向，单孔石拱平桥，长 11.4 米，宽 2.1 米，拱跨 3.85 米。用石料砌筑。桥头右下角有《鼎建三星桥碑记》1 方。桥角北端有清初建，清光绪年间（1875—1908）重修的三星楼，坐南朝北，为单间两层门楼，高 7 米，面阔 3.5 米，进深 6 米，石台基高 1.5 米，青砖墙，硬山顶，木楞楼板。二楼有瞭望室，前后各开窗 2 个。底层为大门过道，门额题"三星楼"匾，立《鼎建三星楼碑记》1 方。

63 – C$_{20}$ **石跳桥** 〔黄姚镇黄姚街行政村黄姚街戏台旁小珠江面·清代〕 建于清嘉庆十六年（1811）。东西走向，在宽约 18 米河面置 34 级石墩，石墩高

0.2—0.5 米，两墩间距 0.15—0.2 米，每墩分二级，高层为主行道，底层可侧让行人，并防水流冲击。两端石阶上岸。

64 – C$_{21}$ **三王大庙** 〔樟木林乡新华行政村冲口队南面·清代〕 建于清初，清道光五年（1825）、清咸丰元年（1851）、清同治九年（1870）多次重修。祀粤东潮州京、明、强三山之神。坐东朝西，砖木结构，二进院落，由前殿、后殿、天井、走廊、偏房组成，占地面积约 200 平方米。前、后殿面阔、进深三间，青砖墙，硬山顶，盖小青瓦，正、垂脊琉璃构件。前殿设前檐廊，人字山墙。后殿弧形马头山墙，天井走廊外侧墙开拱门。

65 – C$_{22}$ **茶子冲桥** 〔凤凰乡白坭行政村沙子冲口河沟上·清代〕 清光绪六年（1880），乡绅黎秉省父子倡建。是当时黄姚至公会必经之路。东南—西北走向，单孔石拱桥，长 20 米，宽 4.3 米，拱跨 8.5 米。桥身、桥拱均用料石干砌。拱桥顶端有碑刻"廷绵福德如流水，寿并冈陵卜此桥"，桥面铺石块。

66 – C$_{23}$ **陆氏家祠** 〔仙回瑶族乡鹿鸣行政村·清代〕 建于清代，具体时间不详。砖木结构，二进院落，由前座、后堂及天井组成，占地面积约 390 平方米。前座、后堂面阔、进深三间，硬山顶，盖小青瓦。正脊饰灰雕博古，戗脊饰卷云、花草。内壁有山水壁画。前殿有檐廊，立方形抹角砖柱 2 根。门额题"陆氏家祠"匾，两侧楹联"上国观光、中州衍系"。门前有多级踏跺。天井铺砌青砖，两侧为围墙。

67 – D$_1$ **龙门峡石刻** 〔昭平镇北约 5 公里桂江西岸金满冲口·北宋·县文物保护单位〕 摩崖石刻 1 方。北宋治平三年（1066）沈绅题刻。刻面不平整，约 2 平方米，文阴刻，首题、落款相同，横行刻"沈绅治平三年冬丙子书"，隶书，阴刻。中间竖 2 行榜书"龙门峡玉向泉"6 字，字径 0.5 米，篆体，阴刻。

68 – D$_2$ **铜盆峡摩崖石刻** 〔昭平镇北约 6 公里松林峡中段大铜盆桂江西岸·明代·县文物保护单位〕 摩崖石刻 1 方。明万历十六年（1588）广西按察使司府江道副使韩绍题刻。刻面约 10 平方米。阴刻"百蛮遵道"4 字，文竖 2 行，字径 1.2 米，颜体。首题"府江道副使韩绍题"，落款"万历戊子年春三月吉日"。《昭平县志》有载。

69 – D$_3$ **聚仙岩摩崖石刻** 〔黄姚镇黄姚街行政村南面山根寨隔江山聚仙岩·清代〕 摩崖石刻 2 方。清顺治十八年（1661）刻。昭平县令陈定国撰文并书丹。一方为横行榜书"石帘垂碧"4 字，字径 0.2 米，楷书，阴刻，落款"陈定国题并书"，文竖行，草书。另一方在其左侧 0.5 米，阴刻《游聚仙岩》七律诗一

首，楷书，8 句 56 字，借景抒怀，表达其辞案牍，怀乐土，"愿听击壤太平圩"之心情。

70 – D₄　马峡摩崖石刻〔昭平镇南约 3 公里马峡桂江东岸石壁上·清代·县文物保护单位〕摩崖石刻 1 方。清康熙五十五年（1716）刻。刻面约高 3 米，宽 2 米。文竖 4 行，计 27 字，楷书，阴刻。黄国材撰文并书丹。首题"康熙岁次丙申孟夏吉日"，落款"海州黄国材书"。中部正文榜书"做好人行好事"，分 2 竖行，字径 1 米。黄国材（？—1731），江苏省海州（今江苏连云港东海县）人，清康熙四十八年（1709）任广西布政使司布政使。

71 – D₅　蓬冲口摩崖石刻〔文竹镇桂花行政村蓬冲口桂江东岸·清代〕摩崖石刻 1 方。清康熙五十五年（1716）刻，刻面约高 3 米，宽 1.5 米。文竖 5 行，满行 5—7 字，计 34 字，字径 0.4 米，楷书，阴刻。无首题，落款为"康熙五十五年四月望日士民商贾志"，字稍小。刻文记述"广西布政使司黄大老爷讳国材捐修水路险径"。

72 – D₆　忠孝石刻〔文竹镇桂花行政村临江村桂江西岸岩石上·清代〕摩崖石刻 1 方。清康熙五十五年（1716）刻。清广西布政使司黄国材撰文并书丹。横行榜书"忠孝"，右边直行首题"康熙丙申岁孟夏"，左边落款"海州黄国材书"。皆阴刻，楷书。

73 – D₇　工人岭摩崖石刻〔走马乡裕路行政村不斗寨村工人岭·清代〕摩崖石刻 1 方。清咸丰三年（1853）刻。刻面高 1 米，宽 2.3 米。文竖 10 行，计 44 字，楷书，阴刻。刻文记述："广西省□□耗兵十万，此咸丰三年，□大兵来，三天贼占永安州，上□双龙□岭顶，打战□天在此处□□□字。"落款及部分字迹已损毁。工人岭为通平乐的险隘。清咸丰三年，太平军从永安州突围，在此与清军激战，石刻为战后清军所刻。

74 – D₈　读书岩摩崖石刻〔樟木乡樟林行政村樟木村东约 500 米穿岩山读书岩·清代·县文物保护单位〕摩崖石刻 6 方。清初廪生林廷干讲学于此，设"三圳书屋"，故名。岩内林廷干等人的摩崖石刻尚存，多为诗刻。清光绪十一年（1885）梅州叶鹤珊的横行榜书"小嬛嬛"，刻面约高 0.6 米，宽 1.5 米，字径 0.37 米，楷书，阴刻。其左侧有林廷干题、林之梧书刻诗刻 1 方，有的字已模糊难认。

D₈₋₁　林廷干题诗〔樟木乡樟木村读书岩左壁·清代〕摩崖石刻 1 方。清光绪十一年（1885）刻。刻面高 0.7 米，宽 0.8 米。文竖 6 行，可数 28 字，楷书，阴刻。林廷干撰文并书丹，清贵州遵义府绥阳县令林之梅、广西思恩府迁江县教谕林之梧镌刻。七绝

诗一首："十年吾道未鲁南，暂向传经在此岩。如可劈山开手段，直扶天柱拼肩担。"林之梅、林之梧皆为林廷干之子。

75 – D₉　森冲禁约碑〔走马乡走马行政村森冲村西面社顶路边·清代〕碑刻 1 方。清乾隆十五年（1750）立木碑，清道光三年（1823）木碑毁，道光五年（1825）立石碑。碑高 0.83 米，宽 0.53 米，厚 0.08 米。碑文竖行，楷书，阴刻。碑文内容：森冲大姓何、严二姓，各有堂管粮田、林场，为严禁盗伐林木，处罚盗砍，立十条禁约。

76 – E₁　《广西日报》昭平版旧址〔黄姚镇黄姚街行政村平秀街 4 号·1944—1945 年〕1944 年 9 月，陈劭先、千家驹、徐寅初、欧阳予倩、张锡昌、莫乃群、胡仲持、周匡人等爱国民主人士从桂林疏散至昭平，创办《广西日报》昭平版。1944 年 11 月创刊至1945 年 9 月 30 日停刊，共出版 295 期。旧址原在昭平镇平安街，1945 年 1 月迁至今址。坐东朝西，砖木结构，两进院落，主体建筑为二层楼房，面阔三间，进深三间，硬山顶，盖小青瓦。占地面积约 150 平方米。现存前座。

77 – E₂　广西艺术馆旧址〔黄姚镇黄姚街行政村南塘街·1944 年〕1944 年 9 月，欧阳予倩等创办和领导的广西艺术馆从桂林迁驻黄姚，继续开展抗日宣传活动。欧阳予倩父女在此同台演出《放下你的鞭子》等剧目。旧址是吴氏宗祠，建于明末，清代多次重修。为四合院，主体建筑为砖木结构，硬山顶，盖小青瓦，占地面积约 220 平方米。

78 – E₃　良风抗日标语〔五将镇良风行政村良风街·1944 年〕1944 年，广西学生军到良风村开展抗日宣传。现民房（罗武年屋）墙上尚存"大家团结一致，保卫自己家乡""严拿敌奸"等抗日标语。标语用石灰水书写，楷书，横行，字径 0.5 米。除"团结"二字受损外，其余完好。

79 – E₄　昭平抗日烈士墓〔昭平镇附城行政村附城村伏船岭·1945 年〕1945 年 2 月，侵华日军千余人进犯昭平，昭平县抗日自卫队和广西绥靖李盛礼连官兵奋起抵抗，7 名战士牺牲，战后安葬于凌霄塔旁。墓葬朝南，冢呈圆丘形，底径 2 米，高 1 米，红砖围砌。占地面积约 80 平方米。1987 年重修并立墓碑。

80 – E₅　樟木中共秘密印刷厂旧址〔樟木林乡新华行政村桥头村·1949 年〕印刷厂由贺（县）昭（平）钟（山）边人民解放军第 7 大队建立，负责人是政工队队长何国元。印刷厂设备十分简陋，用蜡纸刻字，用简单的油刷刮油印刷，印刷的刊物有《土地法大纲》《约法八章》《新华社消息》《工农兵山歌》

《谁养活谁》《革命歌曲》等。旧址原为叶家能的住房，面阔、进深一间，泥砖墙，悬山顶，盖小青瓦，占地面积约 50 平方米。房屋现已倒塌，仅存房基及一些残墙。

81 - E₆ 贺昭钟边第七大队部旧址 〔樟木林乡樟林行政村樟木村 755 号・1949 年〕 1949 年 5 月 8 日，贺（县）昭（平）钟（山）边人民解放军第 7 大队在鹅京墩屯成立。部队设在叶植兴家。旧址坐东朝西，砖木结构。二进院落，主体建筑面阔五间，青砖、泥砖墙，悬山顶，盖小青瓦。占地面积约 135 平方米。

82 - E₇ 贺昭钟边第七大队石咀村旧址 〔樟木林乡新华行政村石咀村・1949 年〕 石咀寨是贺（县）昭（平）钟（山）边人民解放军第 7 大队根据地之一，在此曾与敌人发生过激烈的战斗。队部所在地为叶万程的祖屋，坐东朝西，泥砖结构，二进院落，占地面积约 300 平方米。前、后座均为二层瓦房，面阔七间，夯土墙，硬山顶，盖小青瓦。前座大门石条有明显的弹痕迹。

83 - E₈ 中共马江秘密联络站旧址 〔马江镇马江社区马和平街 66 号・1949 年〕 1949 年初，中共党员邱宗寿和他的妻子回马江，以教师的身份为掩护开展地下工作，利用自己的房屋设立秘密联络站，传递情报，接送过往的党员。房屋建于民国初期，坐北朝南，砖木结构，三层骑楼，门面装饰为仿西式，底层有前廊，仿西式拱门廊沿。占地面积约 42.8 平方米。

84 - F₁ 凌霄塔 〔昭平镇附城行政村附城村・1934 年〕 清乾隆年间（1736—1795）建于马峡口桂江东岸，为七级浮屠。1934 年拆除西迁今址，由广东罗定县建筑师梁三记设计，重建楼阁式砖塔。坐南朝北，砖木结构。平面六角形，高五层 14 米，占地面积约 80 平方米。塔身叠涩出檐，底层开拱门，各层每面有瞭望口，攒尖顶。塔腔中空，各层设木梯、木楞楼板，顶层有"凌霄"匾。

85 - G₁ 裕路瓷碗出土点 〔走马乡裕路行政村裕路村・南朝〕 1988 年元月，村民取土时发现青瓷碗 1 件。碗口径 0.0114 米，高 0.035 米。胎灰白，施黄釉。器直口，沿饰弦纹 2 周，器表饰 8 瓣连瓣纹。

86 - G₂ 河井铜镜出土点 〔五将镇河井行政村河井村・唐代〕 1985 年，出土铜镜 1 面，距地表约 2 米。镜圆形，直径 0.125 米，边厚 0.014 米。背面铸有 5 只蹲伏怪兽，中间一只略大，弯弓状，可作镜的带孔，在怪兽四周有 4 只侧立及 4 只向外飞翔的小鸟，外圈施以云雷纹图案。

87 - G₃ 乐群钱币窖藏 〔北陀镇乐群行政村乐群村・北宋〕 1963 年 3 月，村民耕地挖出铜钱 1 罐。

铜钱重约 50 公斤，有北宋时期钱币 20 余种。

富川瑶族自治县

1 - A₁ 狮子岩遗址 〔富阳镇新坝行政村大坝村东约 500 米・旧石器时代・县文物保护单位〕 洞穴遗址。1963 年发现。在山南面山脚，岩洞平地面，洞口朝南，高 6 米，宽 8 米，洞内进深 21 米。文化层厚 1.1 米，呈黄褐色，较疏松，含大量螺壳、动物碎骨化石及少量打制石器。采集有打制砍砸器 4 件。

2 - A₂ 尖山遗址 〔富阳镇新坝行政村大坝村东南约 400 米尖山大口岩・旧石器时代・县文物保护单位〕 洞穴遗址。1963 年发现。在山北面山脚。岩洞高距地面 5 米，洞口朝北，高 3.8 米，宽 3.7 米，洞内进深 30.8 米。文化厚 0.82 米，呈黄褐色，胶结较硬，含大量螺壳、动物碎骨化石及石器。采集有打制的砍砸器、尖状器等 8 件。

3 - A₃ 横山遗址 〔古城镇横山社区横山街西南面横山南侧・旧石器时代・县文物保护单位〕 洞穴遗址。1963 年发现。岩洞在横山南面山脚，高距地面 5 米，洞口朝南，高 4 米，宽 6 米，洞内进深 20.3 米。洞内堆积层厚 1.54 米，呈黄灰色，胶结坚硬，含大量螺壳、动物碎骨化石、炭屑等。采集有少量打制的砍砸器、尖状器等。

4 - A₄ 荆竹山遗址 〔古城镇杨村行政村杨村北约 500 米荆竹山・旧石器时代・县文物保护单位〕 洞穴遗址。1979 年发现。岩洞在山南麓山脚，高距地面约 5 米，洞口朝南，高 5.9 米，宽 7.3 米，洞内进深 10.5 米。堆积呈灰黄色，胶结坚硬，含大量螺壳、动物碎骨化石，采集有打制石斧等石器。东侧另有一较深的岩洞，未发现遗物。

5 - A₅ 深井遗址 〔莲山镇吉山行政村深井村东北约 100 米的白面山上・旧石器时代・县文物保护单位〕 洞穴遗址。1963 年发现。在山南脚，洞高距地面 5 米，洞口朝南，高 8.5 米，宽 16.6 米，进深 12.1 米。堆积呈黄色，胶结坚硬，厚 2.02 米，内含大量螺壳、动物碎骨、灰烬及少量打制石器等遗物。采集打制的砍砸器、尖状器数件。

6 - A₆ 狗公山遗址 〔新华乡先锋行政村旱塘村南面东约 500 米狗公山大口岩・旧石器时代・县文物保护单位〕 洞穴遗址。1963 年发现。岩洞在山南脚，高距地面 5 米，洞口朝南，高 8.5 米，宽 16.6 米，洞内进深 12.1 米。堆积呈黄色，胶结坚硬，厚 2.02 米，内含大量螺壳、动物碎骨、灰烬及少量打制石器等遗物。采集打制的砍砸器、尖状器数件。

7 - A₇ **鲤鱼山遗址** 〔富阳镇社三行政村鲤鱼村东南约 200 米鲤鱼山岔口岩·新石器时代·县文物保护单位〕 含洞穴、山坡两部分。1963 年发现。岩洞高距地面 30 余米，洞口朝东南，宽 1.8—3 米，高 3 米，洞内进深 5—32 米，洞内残存文化堆积厚 0.51—1.1 米，内含螺壳、兽骨、石器、陶片等遗物，采集有砍砸器、刮削器、尖状器等打制石器和斧、凿等磨制石器；夹砂绳纹粗陶片、陶纺轮、人类下颌骨等遗物；山坡处面积约 3000 平方米，采集有穿孔石铲、穿孔石斧、石镞、石环、夹砂绳纹陶片等遗物。

8 - A₈ **寡母山遗址** 〔富阳镇社三行政村龙母寨南约 400 米寡母山·新石器时代〕 山坡（台地）遗址。1964 年发现。文化遗物分布于富江河东岸寡母山西南面近山脚坡地上，面积约 8000 平方米。采集到石斧、锛、凿、犁、纺轮等磨制石器，还有打制石器半成品和夹砂陶片等遗物，共 40 余件。

9 - A₉ **新头源遗址** 〔城北镇泗源行政村新头源村·新石器时代〕 山坡（台地）遗址。1986 年发现。遗址分布面积约 100 平方米。1986 年，曾于距地面深约 0.8 米处挖出磨制石斧 4 件。现已为村庄。

10 - A₁₀ **毛家遗址** 〔柳家乡龙岩行政村毛家村横岭·新石器时代〕 原为龟石水库水漫区，现在周围已成了低洼地。遗址分布范围 3000 平方米，表面散布大量石块，采集有砍砸器、磨制石锛、石饼、砺石等，在遗址山包南部和西部还发现有汉代墓砖、米字纹和重菱纹硬陶片、夹砂陶片、瓷片等。

11 - A₁₁ **千户所遗址** 〔富阳镇茶家行政村矮石村·明代〕 据《明史》记载，为明洪武二十二年（1389）韩观请设。遗址面积约 40 万平方米。遗址范围内有大量明代生活用器物残片，村北面有锁水庙遗址，存留明代石柱础。

12 - A₁₂ **麦岭营遗址** 〔麦岭镇麦岭社区麦岭中学院内·清代·县文物保护单位〕 据乾隆版《富川县志》记载，麦岭营建于清雍正八年（1730），内设都司衙署、千总衙署、把总衙署和外委把总衙署等机构。原为四进三院落，坐西朝东，占地面积约 1200 平方米。其中都司署衙有头门、仪门、大堂、厢房、二堂、寝室、内房、厨房、书房、茶房、箭亭、军器库等设施，千总衙署有头门、大堂、二堂、内房、兵房等设施，把总衙署有头门、大堂、内堂、书房、盘结亭、兵房、望楼等设施，外委把总衙署有头门、官厅、盘结亭、兵房等设施。兵房原系茅竹房盖，清雍正五年（1727）知县徐大材建砖房。现遗址大部分为民居及麦岭中学校园，仅存有少量房基及青石地板，残存墙基范围面阔约 150 米，进深约 300 米，破坏严重。

13 - B₁ **黄桑塘墓群** 〔城北镇石狮行政村黄桑塘村与红珠湾村之间·汉—南朝·县文物保护单位〕 墓群北起红珠湾村南约 20 米，沿花街古道南下至黄桑塘村头，东起大岭坡，西至富江河边，分布面积约 2.4 万平方米。墓葬封土多被夷平，部分砖室墓已破坏。残存封土呈圆丘形，高 0.4—2 米，底径 6—14 米。

14 - B₂ **沙子墓群** 〔城北镇沙子街南土坡·汉—南朝〕 墓群分布面积约 7.5 平方公里。墓葬封土多已夷平，残存封土呈圆丘形，高 0.8—1.4 米，底径 8—14 米。1987 年在墓区北矮岭挖出南朝宋"元嘉七年"纪年墓砖 1 方，青灰色，长 0.22 米，宽 0.1 米，厚 0.1 米，为南朝刘宋时期墓砖。

15 - B₃ **莲花塘墓群** 〔富阳镇社三行政村龙母寨村莲花岭南坡·汉—南朝·县文物保护单位〕 墓群分布面积约 217 万平方米。有的墓葬封土已夷平，残存封土呈圆丘形，最大的高 3 米，底径 17 米，最小的高 0.8 米，底径 8 米。一些砖室墓被毁，砖长 0.33 米，宽 0.16 米，厚 0.06 米，侧面饰叶脉纹。采集有方格纹陶罐、陶瓮等器物。

16 - B₄ **三板桥墓群** 〔富阳镇社三行政村三板桥村北竹叶龙潭岭·汉—南朝·县文物保护单位〕 墓群分布于富江河西岸，面积约 1.8 万平方米。墓葬封土多不存，残存封土呈圆丘形，高 0.2—1.4 米，底径 8—12 米。地面散布有汉代网纹陶片等遗物。

17 - B₅ **中屯岭墓群** 〔柳家乡洞井行政村小中屯村东面约 500 米中屯岭·汉—南朝·县文物保护单位〕 墓群分布于富江河西岸，面积约 2500 平方米。墓葬封土多已夷平，残存封土呈圆丘形，一般高 0.5 米，底径约 6 米。1987 年发现大量青色墓砖，砖长 0.29 米，宽 0.13 米，厚 0.05 米，侧面饰几何纹饰。

18 - B₆ **七星堆墓群** 〔富阳镇茶家行政村二龙潭村南长杆岭上·汉—宋·县文物保护单位〕 墓群分布于岭北麓，面积约 1.8 万平方米。墓葬封土多已夷平，残存封土呈圆丘形，最大的墓高约 1.5 米，底径 18 米，小的墓高 0.3 米，底径 10 米。地面采集有方格纹、水波纹陶片及酱釉陶魂瓶等汉、宋遗物。

19 - B₇ **子贝岭墓群** 〔朝东镇秀水行政村秀水村至民主村之间子贝岭·汉—宋·县文物保护单位〕 墓群沿湘桂古道自东往西排列，往西延伸进湖南省江永县境内，分布面积约 2 平方公里。墓葬封土多已夷平，残存封土呈圆丘形，高 0.2—1.2 米，底径 8—12 米。1986 年修公路发现 1 座砖室墓，墓室长 4.3 米，宽 2.1 米，高 1.7 米，券顶。早年被盗，无遗物。墓砖长 0.35 米，宽 0.16 米，厚 0.05 米，侧面饰叶脉纹。

20 - B₈ **蚌贝墓群** 〔朝东镇蚌贝行政村蚌贝村南

约 200 米土岭·汉—宋·县文物保护单位〕 墓群在蚌贝完全小学西侧，分布面积约 1.5 万平方米。墓葬封土多已不存，残存封土呈圆丘形，高 0.5—2 米，底径 7—12 米。

21-B₉ 金荣岗墓群 〔石家乡黄竹行政村黄竹村北约 150 米岭·汉—宋·县文物保护单位〕 墓群散布于金荣岗岭，农民种树和开荒时，曾出土了大量的汉代墓砖，分布面积约 2 万平方米。部分墓葬封土已被夷平，残存封土呈圆丘形，高 0.6—1.5 米，底径 8.6—15 米。1987 年 1 座砖室墓被毁，形式不明，未见随葬品。墓砖长 0.4 米，宽 0.13 米，厚 0.06 米。1988 年春，村民在距地表 1 米深处挖出北宋酱釉陶魂瓶 2 件。

22-B₁₀ 朝阳墓群 〔城北镇城北行政村朝阳村南面横岭·汉—宋·自治区文物保护单位〕 墓群分布于富江河东岸，向南北延伸，面积约 0.5 平方公里。残存封土呈圆丘形，高 0.8—2 米，底径 10—16 米。1964 年试掘 2 座，为小型长方形土坑墓，一座出土小口陶罐 1 件，另一座出方格纹陶罐、素面陶罐、铜带钩、铜钱等数件随葬品。地面散布汉代方格纹陶片和宋代瓷片。

23-B₁₁ 大岭墓群 〔古城镇大岭行政村大岭村大岭小学沿公路东侧·汉—宋·县文物保护单位〕 墓群南至立尾村，东至横岭坡上。分布面积约 0.12 平方公里。墓葬封土多已夷平，残存封土呈圆丘形，最大的墓高 2.4 米，底径 12 米，最小的墓高 0.2 米，底径 6 米。暴露了一些砖室墓，砖装饰几何纹饰。采集有青瓷鸡首壶、酱釉陶魂瓶等器物。

24-B₁₂ 毛家墓群 〔富阳镇茶家行政村毛家村东北面的猫耳山脚·东汉—南朝〕 墓群分布面积约 1.2 万平方米。墓葬封土多已不存，可见封土的有 6 座，残存封土呈圆丘形，高 1 米，底径 6—8 米。

25-B₁₃ 蒙家墓群 〔古城镇杨家行政村蒙家村龟石水库边的小坡上·东汉—南宋〕 墓群分布于蒙家、老古城至西江脚、夹头一带，分布面积约 2 平方公里。1964 年龟石水库蓄水，水位上升，墓群被淹没。现库水干涸时尚可见封土 10 多座，出土墓砖为东汉至南宋的遗物。曾发现被水毁坏墓室内的汉砖和陶器。

26-B₁₄ 汪若冰家族墓地 〔富阳镇木榔行政村木榔村西面约 1 公里大围塘鹅塘山南麓·明代〕 汪若冰（1556—1641），广西富川县富阳镇人，明万历己卯（1579）科举人，官至云南按察使司副使，死后与其妻毛氏合葬。墓建于明崇祯十四年（1641）。墓葬朝南，冢呈圆丘形，高 3 米，底径 8 米，周以片石干砌。墓碑为 1919 年重刻，碑面中部竖行刻"十世祖考中宪太夫

特授云南按察使司副使汪公讳东园老太爹妣奉屡封太恭人汪母毛氏老太奶之墓"，碑文记述墓主生平。两旁伴葬其家庭成员墓 4 座，占地面积约 240 平方米。

27-B₁₅ 毛衷墓 〔朝东镇秀水行政村秀水村西北大鹏岭北面坡顶·唐代〕 毛衷，原籍浙江衢州江山县，唐开元年间（713—741）任贺州刺史，卒于官。子遵嘱定居富川之秀峰，为秀峰毛氏始祖。墓葬朝北，冢呈圆丘形，高 0.9 米，底径 2.5 米，墓前有明成化元年（1465）重立墓碑，高 0.6 米，宽 0.5 米。碑面中部竖行刻"秀峰毛族始祖衷公之墓"等字。

28-B₁₆ 何氏冕公墓 〔朝东镇黄宝行政村胡家村牧童山脚·唐代〕 据何氏族谱记载，"冕公为何氏鼻祖英公之三子"。何冕（737—809），字敬之，祖籍山东青州临淄，以其父为唐镇南将军有功，调守贺郡，唐元和二年（807）因解职遂徙家于富川铁炉湾，卒于唐元和四年（809）。明崇祯十年（1637）重修墓。墓葬朝西，冢为圆丘形，高 1.5 米，用青条石及石板围砌，已坍塌，墓碑 4 方，为墓主后人重刻，其一可见"明崇祯十年丁丑岁季冬三十日"。占地面积约 127.37 平方米。

29-B₁₇ 周弘颁夫妇墓 〔朝东镇油沐行政村黄竹山西北坡下的胡神栎·北宋〕 据富川周氏族谱载，周弘颁原籍山东青州，为广西富川周氏始祖。北宋雍熙二年（985）进士，授中顺大夫，官会稽太守，北宋咸平六年（1003）与妻赵氏合葬黄竹山。墓葬朝西，冢呈圆丘形，尖顶，高 1.7 米，底径 8 米。占地面积约 25.12 平方米。墓前原有北宋宣和六年（1124）墓碑。现存明后期重刻残碑，残高 1.4 米，宽 0.8 米。碑额刻"重建大夫之墓"，碑面中部竖行刻"始祖周公弘颁淑配赵氏夫人墓"等字。

30-B₁₈ 唐富八墓 〔莲山镇鲁洞行政村塘源村南塘源岗·南宋〕 唐富八（1231—1277），字义保，广西富川朝东抵源人，南宋末富川瑶族首领，今富川新华乡唐姓瑶民始祖。史载因率富川瑶民参加抗元斗争，南宋景炎二年（1277）被敕封为威灵大将军，是年战死在永州城外狗岭，族人在塘源岗为其立衣冠冢。墓葬朝东，冢呈圆丘形，高 2.8 米，底径 12 米。1946 年重刻石碑 3 方，呈八字形排列。每方碑高 1 米，宽 0.78 米，中间碑阴刻楷书"历朝远故始祖唐公讳富八字义保公墓"和序文。两边为唐姓后裔名碑。墓前有祭台，占地面积约 200 平方米。

31-B₁₉ 何廷枢墓 〔城北镇马山行政村开建村后山脚下·明代〕 何廷枢（1591—1640），字运之，号环应，广西富川朝东镇豪山村人。明万历四十四年（1616）丙辰科进士。历官柏乡县知县、忠宪大夫、太

仆寺卿、陕西道监察御史等职。墓建于何时不详。由墓圈、墓冢、祭台组成，占地面积约360平方米。墓圈呈半圆形，由36块浮雕石块围砌而成。冢呈圆丘形，高1.8米，底径7米。墓前立墓碑2方，为明崇祯十三年（1640）八月立。旁有其妻毛氏墓。

32 - C₁ 马殷庙 〔朝东镇福溪行政村福溪村·明、清·全国重点文物保护单位〕 是祭祀五代十国时期楚国国王马殷的建筑，由两庙一桥组成，占地面积约1801平方米。其中一座庙供奉马殷任都督时的武官相，称马楚都督庙。另一座庙供奉马殷称王时的文官相，称马楚大王庙。一桥即连接两庙间的钟灵风雨桥。

C₁-₁ 马楚都督庙 〔朝东镇福溪村前福溪两支流环绕形成的船形台地上·明代〕 又称灵溪庙、马王庙，俗名"百柱庙"。庙中供奉马殷任都督时的武官像。建于明永乐十一年（1413），明弘治十三年（1500）重建。清康熙十五年（1676）、清嘉庆十一年（1806）维修，清同治六年（1867）扩建南、北两侧部分，建戏坪。坐东朝西，木结构，大殿由前、后主殿、连廊及抱厦等5座建筑组成"凹"字形。大殿面阔、进深七间，明、次间为主殿，主殿、连廊间有2个小天井。共有落地与不落地柱120根，外檐吊柱，穿斗与抬梁混合木构架，悬山顶，盖小青瓦。脊灰塑卷云饰、海棠花。梁、梁枋头、柁墩、雀替等雕刻莲瓣、卷云。抱厦为歇山顶。戏台为敞开式，砖木结构，面阔一间，进深二间，穿斗式木构架，歇山顶，盖小青瓦。

C₁-₂ 马楚大王庙 〔朝东镇福溪村北头水井旁·清代〕 宋代已立有一座小庙，明洪武二十五年（1392）废小庙，在村北立马楚大王庙。清康熙十五年（1676年）、清嘉庆丙寅年（1806）维修，清道光二十八年（1848）由原址整体搬迁至今址，清同治六年（1867）修缮。现仅存庙殿和戏台，占地面积约608平方米。庙殿由主殿和附殿构成，主殿高5.3米，坐西北朝东南，面阔八间，进深三间，有18根格木落地柱，穿斗式木构架，正面为廊檐，两侧及后面为砖墙，硬山顶。附殿邻主殿东侧，隔砖墙，面阔九间，穿斗式木构架，硬山顶，正、垂脊均盖小青瓦，雀替为镂雕。

C₁-₃ 马楚大王庙戏台 〔朝东镇福溪村北马楚大王庙东南约20米·明—清〕 建于明洪武二十五年（1392）。明清时期均有修缮。砖木结构。戏台四面砖砌为台，高1.3米，长方形，面积约60平方米。台面檐口高5米，面阔一间，进深二间，前台敞开，穿斗式木构架，歇山顶，盖小青瓦。后台屋顶内部有造音井，台前至台中有脊柱、金柱、檐柱共3组。后檐及两侧山面为砖墙，正脊中部有灰塑葫芦。

C₁-₄ 钟灵风雨桥 〔朝东镇福溪村周濂溪祠堂右侧的福溪河上·清代〕 建于清光绪三十二年（1906）。砖石木结构，东北—西南走向，两台两墩木廊桥，长10.2米，宽4.26米，拱跨3.2—3.8米。桥墩及桥台均料石砌筑，架圆木梁，梁上铺木板，桥廊为穿斗式木构架，重檐硬山顶，桥廊檐下设栏杆，内侧有木凳。桥亭进深三间，穿斗与抬梁混合木构架，重檐歇山顶，盖小青瓦。桥两端砖砌四柱三间二楼牌坊式门坊，中开拱门，门额泥塑"钟灵"2字。

33 - C₂ 富阳故城 〔富阳镇富江西岸瞭高岭东侧·明—清·自治区文物保护单位〕 俗称明城。据县志载，明洪武二十九年（1396）从钟山镇徙迁于此建城池，明、清共有8次修缮。城址平面呈椭圆形，始为土垣，后改为砖墙。清乾隆八年（1743）城门均"易砖以石"，现城内、外城墙用青石砌筑，高6米，宽2.7米。城墙上以砖砌城垛。开东、西、南、北四城门，门洞高3.6米，面阔3.9米，进深14.5—15米。现存东、南门楼及城垛。门楼面阔三间，进深五间，抬梁式木构架，重檐硬山顶。城内有"井"字街五条，铺钱纹、环纹图案卵石路面。城内尚存神楼、宗祠、古井、民居、戏台等建筑。城外有护城壕，宽9米，深3.37米。

34 - C₃ 青龙风雨桥 〔朝东镇油沐行政村油草村西南约30米黄沙河上·明—清·县文物保护单位〕 俗称福济桥、阴阳桥。建于明万历十五年（1587）。清嘉庆元年（1796）增砌桥梁，清道光二十年（1840）增修亭一层。东北—西南走向，单孔石拱木廊桥，长34.4米，宽4.7米，拱跨7.8米。桥台及桥身为石砌，桥廊进深八间，抬梁式木构架，硬山顶。中亭高二层，歇山顶，东北端山墙连桥阁。阁4柱，抬梁式木构架，三重檐歇山顶，四周砖砌围墙，开3门。桥亭上存道光二十年《整修青龙亭题记》碑刻2方。

35 - C₄ 黄侯泉风雨桥 〔麦岭镇村黄行政村黄侯泉村东西南约200米田垌溪流上·明—清·县文物保护单位〕 俗称黄牛泉凉桥。建于明天启六年（1626），清嘉庆十六年（1811）重修。东西走向。双孔石拱木廊桥，长9米，宽3.18米。桥身以料石砌筑，桥面铺设青石板，两端石踏跺各5级。桥廊为抬梁式木构架，亭为重檐歇山顶，两侧置长木凳、栏杆。两端砖砌马头山墙，桥底有建桥碑记1方。

36 - C₅ 凤溪古建筑群 〔城北镇凤岭行政村凤溪村·明—清·自治区文物保护单位〕 主要包括凤溪戏台、朝阳风雨桥、福寿桥等建筑。据清史记载，白术大战中，广西总督率兵2万多人驻凤溪。凤溪一带瑶民与明军斗争长达2个月，打败明军。到清乾隆年间才在西岭一带瑶民村落划分山场地界。

C_{5-1} **朝阳风雨桥** 〔凤溪村东小凤溪河上·明—清〕 建于明万历三十五（1607），清乾隆三十七年（1772）重修。南北走向，两台单孔木廊桥，长 15.4 米，宽 4 米。在两岸石桥台间，架三层圆木叠式梁，梁上铺木板。桥廊高 5 米，进深五间，抬梁式木构架，檐周饰吊柱 8 根，亭重檐歇山顶，盖小青瓦。桥两侧边廊置长木凳、栏杆，两端砖砌马头式山墙，镌刻《重造朝阳风雨桥碑记》《新建桥亭记》2 方。

C_{5-2} **福寿桥** 〔城北镇凤溪村西小凤溪河上·明—清〕 建于明万历三十五年（1607），清乾隆三十六年（1771）、清道光八年（1828）重修。南北走向，两台单孔木廊桥，长 10.35 米，宽 3.5 米，孔跨 8.55 米。在两岸石桥台间架设三层圆木梁叠式梁，梁上横铺木板桥面。桥廊高 4.05 米，进深三间，抬梁式木构架，重檐歇山顶，盖小青瓦，桥两边廊置长木凳、栏杆。桥廊两端山墙镌刻修桥碑记 2 方。

C_{5-3} **凤溪戏台** 〔城北镇凤溪村中心·明—清〕 建于明万历三十五（1607），清乾隆甲戌（1754）重修前台。前台面阔 6.88 米，进深 7.89 米，通高 7.1 米，台基高 1.36 米，中空，周边砌砖，以木板铺设台面。台上用 10 根柱支撑，穿斗式木构架，歇山顶，四角飞翘。周有吊柱 8 根，前、后台以木板分隔，开有"出将""入相"门。后台三面为砖砌墙，开后窗。立重建戏台碑刻 1 方。

37－C_6 **回澜风雨桥** 〔朝东镇油沐行政村沐笼村东约 1 公里黄沙河上·明代·自治区文物保护单位〕建于明万历年间（1573—1620）。明崇祯十四年（1641）重修，清道光二十五年（1845）修廊、亭等。南北走向，三孔石拱木廊桥，长 37.54 米，宽 4.6 米，拱跨 6.22 米。桥身为三孔石拱桥，桥面铺青石板，北端有石踏跺 17 级，南端 7 级。桥廊进深十间，抬梁式木构架，二重檐悬山顶，廊两侧置木栏杆及长木凳，廊南端接四方桥亭，亭高二层 10 米，底层砖墙，开 3 门，门额分别有"往来通衢"的横匾。二层敞开，抬梁式木构架，重檐歇山顶。建筑皆盖小青瓦。亭内、外有明、清时期建桥捐款碑刻 12 方。

C_{6-1} **重建回澜石桥序碑** 〔朝东镇沐笼村回澜桥亭内东南面墙壁上·明代〕 明崇祯十四年（1641）立。碑高 1.01 米，宽 1.82 米。文竖行，计约 1100 字，字径 0.02 米，楷书，阴刻。明御史加升太仆寺少卿何廷枢撰文，何文新书丹，灵川匠人李清宇刊石。额题"重建回澜石桥序"，碑文述修桥虽因两次洪灾而失败，而修桥者坚信"至诚至德可通帝极，天下事固无难"，最终修桥成功之过程。

C_{6-2} **创修回澜桥亭路记碑** 〔朝东镇沐笼村回澜桥亭内西北面墙壁上·清代〕 清道光二十五年（1845）立。碑高 1.71 米，宽 0.77—0.83 米。文竖行，楷书，阴刻。本邑禀生蒋英华撰文，蒋文邦、蒋美然书丹。由 3 方碑组成，额题阳刻"创修回澜桥亭路记功垂奕祀"，第一方碑为序文，赞修建回澜桥亭路义举，其余 2 碑皆为捐资者芳名。

38－C_7 **神亭戏台** 〔城北镇凤岭行政村凤溪村·明代·县文物保护单位〕 建于明代，清乾隆十九年（1754）重修，1989 年维修。砖木结构。台基四周砖墙，高 1.36 米，台面铺木板。戏台通高 7.1 米，面阔、进深三间，抬梁与穿斗混合木构架，歇山顶，盖青瓦。中间板壁分隔前、后台，后台三面砖墙，开后窗。立重建戏台碑记 1 方。

39－C_8 **杨氏宗祠** 〔福利镇罗丰行政村留家村南约 50 米·清代·县文物保护单位〕 建于宋代，后毁。清康熙四十七年（1708）重建，原名恭诚寺，清同治年间（1862—1874）改建为杨氏宗祠。坐南朝北，砖木结构，二进院落，由前座、后堂、厢房组成，占地面积 507.2 平方米。前座、后堂面阔三间，进深前座二间，后堂三间，石墙基，青砖墙，柱多为石柱，抬梁式木构架，硬山顶，盖小青瓦。前座与左右厢房间为夹道。中门额镌刻"杨氏宗祠"，两侧门分刻"左昭""右穆"。

40－C_9 **孔庙** 〔富阳镇富川旧城内北门楼右侧·清代·县文物保护单位〕 又称学宫。建于明洪武二十九年（1396），正德元年（1506）迁城内北隅。清康熙五十二年至五十五年（1713—1716）重建。占地面积 8917.7 平方米。现存大成殿及东西庑殿、泮月池等，为道光十四年（1834）建筑。大成殿位于第三级平台，台基为方形，四周方石砌筑。面阔、进深五间，抬梁式木构架，四周砖墙，重檐歇山顶，盖小青瓦。东西庑殿建于第二级平台，面阔五间，进深三间，抬梁式木构架，三面砖墙。硬山顶，盖青瓦。泮月池已被土填平。

41－C_{10} **高桥风雨桥** 〔麦岭镇高桥行政村高桥村东南约 30 米麦岭河支流上·清代·县文物保护单位〕建于清雍正十年（1732）。南北走向，两台一孔梁式廊桥，长 16.6 米，宽 4 米，孔跨 9.6 米。桥台用料石护砌，桥身架五层圆木叠式梁，梁上铺木板桥面。桥廊进深七间，抬梁式木构架，三重檐悬山顶，盖小青瓦。两侧廊置长木凳、栏杆。两端砖砌山墙，开拱门。

42－C_{11} **石漕回龙风雨桥** 〔城北镇泗源行政村石漕村西南约 30 米西岭山脚富江河支流上·清代〕 建于清乾隆六年（1741），1928 年重修。南北走向，两台一墩梁式木廊桥，长19.2米，宽4.5米，墩跨6.9米。桥墩石砌筑，迎水面作分水尖状。桥身为台、墩间架圆木梁，梁上铺木板。桥廊进深五间，抬梁与穿斗混合木构架。亭为三重檐歇山顶，盖小青瓦，两边廊置木长凳、栏杆。两端砖砌马头山墙，东、西端各开一门。

43–C₁₂ 迎水阁 〔城北镇栗木岗行政村栗木岗村富江河前·清代〕 建于清乾隆十年（1745）。坐东朝西，砖木结构，原建筑占地面积约1022.2平方米。现存前后两殿、天井、两侧厢房及部分牌坊残件，有碑刻7方。前、后殿面阔三间，青砖墙，抬梁式木构架，硬山顶，盖小青瓦。后殿主梁枋上有浮雕麒麟、蝙蝠柁墩各1对。两殿间的天井平台上原有三层砖塔已损毁，牌坊只剩部分残件，天井两侧厢房于20世纪80年代改建为教室。

44–C₁₃ 东水村古建筑群 〔朝东镇东水村行政村东水村·清代·自治区文物保护单位〕 东水村建于清代。古建筑群由东水戏台、双溪风雨桥、文昌阁、宗祠等建筑组成，占地面积约1569.92平方米，具有当地瑶族特色。

C₁₃₋₁ 东水戏台 〔朝东镇东水村·清代〕 建于清乾隆二十七年（1762），清光绪十一年（1885）重建。坐东南朝西北，平面呈"凸"字形，面积约57.8平方米。前台为四周砖墙空心平台，高1.48米，前台面阔三间，进深二间，面铺木板，抬梁式木构架，重檐歇山顶。后厢为长廊形，硬山顶，面阔五间，进深三间，三面砖墙，两端山墙，盖小青瓦。前台、后厢间用木板壁、花窗分隔。

C₁₃₋₂ 双溪风雨桥 〔朝东镇东水村西约30米双溪河上·清代〕 建于清光绪十一年（1885）。1987年维修。南北走向，两台两墩梁式木廊桥，长18.9米，宽4.4米，拱跨6米。桥墩及桥台均方石砌筑，在台、墩间架圆木叠式梁，梁上铺木板桥面。桥廊、亭为木结构，廊进深七间，抬梁式木构架，重檐歇山顶，盖小青瓦，两边廊置长凳、栏杆、两端砖砌马头山墙，开拱门，门额楷书"双溪桥"3字。

45–C₁₄ 东辕风雨桥 〔朝东镇蚌贝行政村白面寨村东南约30米马仔山脚水塘边·清代·县文物保护单位〕 建于清乾隆三十四年（1769）。东西走向，两台梁式木廊桥，建在高1.8米的石砌台基上，桥长14.7米，宽5.5米。桥廊木结构，进深五间，抬梁式木构架，重檐歇山顶，盖小青瓦，两檐间为木板壁。桥两端砖砌马头山墙，开拱门。门额上楷书"东辕桥"3字。

46–C₁₅ 鸬鹚塘风雨桥 〔麦岭镇麦岭行政村鸬鹚塘村西南约30米麦岭河支流上·清代·县文物保护单位〕 原名澜通桥，建于清乾隆三十五年（1770），清咸丰十一年（1861）重修。1987年维修。东西走向，两台三墩梁式石板木廊桥，长15.36米，宽4.1米，孔跨3.2米。桥墩及桥台用料石砌筑。墩、台间架设长条石板为桥身，桥廊木结构，进深五间，抬梁式木构架，三重檐歇山顶，两边廊置长凳、栏杆，两端砖砌重檐歇山顶门坊，高4米，宽4.1米，中开拱门。

47–C₁₆ 关帝庙 〔朝东镇秀水行政村小水村·清代·县文物保护单位〕 建于清乾隆三十五年（1770），清光绪二十四年（1898）重修。原为二进院落，占地面积约226.6平方米，现存主殿及前殿基址。主殿坐西南朝东北，砖木结构。面阔、进深三间，青砖墙，殿内立金柱两组4根，抬梁式木构架，硬山顶，盖小青瓦。前殿基础前东南侧立有碑刻3方。

48–C₁₇ 卓沄风雨桥 〔朝东镇营上行政村铜口村西北约500米石鼓河上·清代〕 建于清乾隆三十八年（1773）。东西走向，两台两墩梁式木桥，长29.6米，宽4.1米，石砌桥墩，迎水面作分水尖状。在墩、台间架设圆木梁，梁上铺木板。桥廊为木结构，1983年毁于大火。桥东端有建桥碑记3方。

49–C₁₈ 龙归回龙风雨桥 〔朝东镇龙归行政村龙归村西约80米处的龙归河上·清代·县文物保护单位〕 建于清乾隆四十年（1775），1940年修缮。东北—西南走向，二台一墩梁式木廊桥，长14.21米，宽4.9米，拱跨4.3米。石砌桥墩及桥台，在墩、台间架圆木梁，梁上铺木板。桥廊进深五间，穿斗与抬梁混合木构架，重檐歇山顶，盖小青瓦。廊内两边置长木凳、栏杆。两端砖砌马头山墙，中开拱门，门额楷书"回龙桥"。

50–C₁₉ 龙塘庙 〔朝东镇东水行政村龙塘村西约20米处·清代〕 建于清嘉庆年间（1796—1820）。坐西北朝东南，砖木结构，二进院落，由前殿、后殿、天井、厢房组成，占地面积约252.38平方米。前、后殿面阔、进深三间，青砖墙，内为石础16柱，抬梁式木构架，硬山顶，盖小青瓦。天井两旁设有厢房，抬梁式木构架，悬山顶，盖小青瓦。

51–C₂₀ 石名井凉亭 〔城北镇石狮行政村栎口村以北约300米马山至葛坡古道上·清代〕 建于清嘉庆八年（1803）。因亭边有一眼石名井而得名。亭南北走向，石木结构，单体建筑。面阔5.2米，进深5.3米，占地面积约27.56平方米。亭入口两面砖砌弧形马头墙，东面靠山一侧砖柱木梁搭建在原生石头上，西面亭柱用青石块垒筑。东面以原生石为墙，其余三面通透无墙。硬山顶，盖小青瓦。桁木、檐板多处断裂。

凉亭内西侧有 4 方修路桥碑。

52 - C_{21}　兴隆风雨桥　〔朝东镇岔山行政村岔山村西南约 30 米岔山河上·清代〕　建于清嘉庆十八年（1813）。东西走向，两台梁式木廊桥，长 22.09 米，宽 6.6 米，孔跨 6 米。在两岸石砌桥台间架设圆木梁，梁上铺木板桥面。桥廊木结构，进深八间，抬梁式木构架，重檐歇山顶，盖小青瓦。两边廊置木长凳、栏杆。廊连两端砖砌马头山墙，中间开拱门，门额上楷书"兴隆桥" 3 字。

53 - C_{22}　阳寿风雨桥　〔城北镇俩源行政村石垒村旁山冲小溪上·清代〕　又名石垒风雨桥。建于清嘉庆二十二年（1817）。南北走向，两台梁式木廊桥，长 10 米，宽 3.6 米，孔跨 3.8 米。在两岸石桥台间架设圆木为梁，梁上铺木板桥面。桥廊进深三间，抬梁式木构架。亭重檐歇山顶，两边廊置木凳、栏杆，两端砖砌硬山顶马头山墙，开长方形门。门内立建桥碑记 2 方。

54 - C_{23}　永济福风雨桥　〔城北镇巍峰行政村大村南约 500 米的巍峰河支流上·清代·县文物保护单位〕建于清道光七年（1827）。1987 年维修。东西走向，两台一墩梁式石板木廊桥，长 13.9 米，宽 6.45 米，孔跨 2.3 米。用料石砌桥台、桥墩，台、墩上架设长条石板为桥面。桥廊为木结构，进深三间，抬梁式木构架，重檐歇山顶，盖青瓦，两边廊置木凳、栏杆，两端砖砌马头山墙，中间开拱门，门额泥塑"永济福桥" 4 字。

55 - C_{24}　环涧风雨桥　〔朝东镇长塘行政村长塘村东南环涧河上·清代〕　建于清道光二十年（1840）。1913 年、1987 年修缮。东北—西南走向，两台两墩梁式木廊桥，长 9.6 米，宽 3.6 米。桥墩及桥台均用料石砌筑，在墩、台上架圆木为梁，梁上铺木板桥面。桥廊为木结构，进深三间，抬梁式木构架，重檐歇山顶，盖青瓦，廊内两边置长木凳、栏杆。两端砖砌马头山墙，中间开拱门。

56 - C_{25}　福溪锦桥　〔朝东镇油沐行政村福溪村西南约 2 公里黄沙河上·清代〕　又名柳家桥。建于清道光二十三年（1843），清末及 1986 年维修。东西走向，单孔石拱木廊桥，长 16.5 米，宽 4.43 米，拱跨 6.8 米。桥身单孔，料石干砌，石铺桥面，桥廊木结构，进深三间，抬梁式木构架，重檐歇山顶，盖青瓦。桥两侧廊置长凳、栏杆，两端砖砌围墙和门坊，开拱门和南北侧通道门。西端靠墙内壁存立建桥碑 3 方。

57 - C_{26}　下井风雨桥　〔城北镇巍峰行政村巍峰村西南下井溪上·清代·县文物保护单位〕　建于清道光二十七年（1847）。东西走向，两台一墩梁式石板木廊桥，长 16.3 米，宽 5.2 米，孔跨 1.7 米。桥台及桥墩均料石砌筑。在墩、台上架圆木为梁，梁上铺木板桥面。桥拱为木结构，高 5 米，进深五间，抬梁式木构架，重檐悬山顶，两边廊置木凳、栏杆，两端为砖砌山墙，西墙开券顶中门，东端开侧道门。

58 - C_{27}　磻溪桥　〔富阳镇巩塘行政村巩塘村巩桥街南约 20 米磻溪河上·清代〕　建于清道光三十年（1850）。南北走向，三孔石拱平桥，长 17.5 米，宽 5.5 米，拱跨 4.8 米。桥身、桥拱用料石砌筑。桥面铺石，两侧设望柱栏杆。正中桥拱顶侧面镶刻"大清道光庚戌年正月……建造磻溪桥……"建桥碑记 1 方。

59 - C_{28}　慈云寺和瑞光塔　〔富阳镇南门外富江西岸瑞光园内·清代·自治区文物保护单位〕　慈云寺原名镇江慈云寺，因供奉观音又称观音阁。建于清康熙十六年（1677），清乾隆十一年（1746）重修，清咸丰五年（1855）毁于战火，清同治十一年（1872）知县魏笃重建。民国期间，改建为中山纪念堂，将大门改建为门楼。由门楼、前殿、后殿、天井及左、右厢房组成，占地面积约 598 平方米。门楼为四柱三间三楼平顶牌坊，开拱门，正门额隶书"中山纪念堂" 5 字。门外石砌半月台。前、后殿面阔、进深三间，三面砖墙，抬梁式木构架，硬山顶，盖小青瓦，后殿有圆月门，直通瑞光塔。

C_{28-1}　瑞光塔　〔富阳镇瑞光园内·清代〕　建于明嘉靖三十四年（1555）前，清咸丰五年（1855）毁于战火，清同治十一年（1872）重建。坐北朝南，占地面积约 32.5 平方米。塔平面呈六角形，边长 3.56 米，为七层楼阁式空心砖塔，高 28 米，塔身叠涩出檐，砖砌仿斗拱额枋。底层开一门。二至六层相错各开一窗，其余各面置壸门。七层六面开窗。攒尖顶，铜制葫芦形塔刹。塔腔中空，砖砌旋梯，塔左侧有明云南按察使司副使汪若冰仿唐吴道子线刻观音像石刻 1 方。

60 - C_{29}　龙湾风雨桥　〔石家乡龙湾行政村刘家村南约 50 米石家河上·清代〕　建于清光绪五年（1879）。东西走向，两台两墩梁式木廊桥，长 25.3 米，宽 4.1 米，孔跨 4.36 米。桥墩及桥台用料石砌筑。台、墩间架圆木梁，梁上铺木板桥面，桥拱为砖木结构，高 3.73 米，进深六间，抬梁式木构架，硬山顶，盖小青瓦。中部原为三层阁楼，现改为一层。廊两边设木长凳、栏杆，两端以砖砌过廊，廊端砌马头山墙，中间开拱门。

61 - C_{30}　塘夏文昌阁　〔朝东镇塘源行政村塘夏村·清代·县文物保护单位〕　建于清光绪九年（1883）。坐西北朝东南，砖木结构，平面呈方形，四周围墙，占地面积约 140 平方米。阁高二层，面阔、进深皆三间，四面砖墙，抬梁式木构架，歇山顶，盖青瓦，二楼正面墙开八边形木雕八卦花窗。墙外置木架廊、栏杆（已毁）。底层正面大门门额书"永振儒门"4字，左右开木雕花窗。

62–C₃₁　长塘回龙风雨桥〔朝东镇长塘行政村塘湾村前白溪河上·清代〕　建于清光绪十四年（1888）。1994年修缮，南北走向，两台梁式木廊桥，长7.5米，宽4.9米。原为横架木梁，上铺木板，今改用水泥铺桥面，桥廊为抬梁式木构架，二重檐歇山顶，盖小青瓦，两侧原置木栏杆、坐凳，现只存坐凳。桥的南端砌马头山墙，北端与回龙庙连接。

63–C₃₂　莫氏宗祠〔石家乡石家社区世家村·清代〕　建于清光绪十八年（1892）。坐北朝南，砖木结构，二进院落，由前座、后堂、天井、厢房组成，占地面积约205平方米。前座、后堂面阔五间，青砖墙，抬梁式木构架，柁墩刻蝙蝠，硬山顶，盖小青瓦。前座明次间前有2柱凹廊，脊端饰二级马头山墙，稍间较矮，垂脊出飞檐，人字山墙。后厅两端为人字山墙。

64–C₃₃　盘氏宗祠〔新华乡新华行政村榜下村北约50米·清代〕　建于清光绪二十三年（1897）。坐西北朝东南，砖木结构，二进院落，由前座、后堂和天井组成，占地面积约116.5平方米。前座、后堂面阔三间，进深二间，青砖墙，硬山顶，盖小青瓦。前座有2柱前檐廊，门额嵌"盘氏宗祠"石匾。抬梁式木构架，二级马头山墙，后堂飞檐翘角，砖墙分隔。东墙立有始建凭据碑1方。

65–C₃₄　茶源戏台〔古城镇茶源行政村茶源村东约100米·清代〕　建于清光绪三十四年（1908）。坐北朝南，砖木结构，平面呈"凸"字形，占地面积约140.12平方米。前台基用青石护砌，高约1.3米，台面阔9米，进深11.3米，8柱抬梁，台前4柱为石、木柱结合，后4柱改为砖柱，歇山顶，正脊塑葫芦，垂脊翘角；后台面阔11.4米，单檐硬山顶，皆盖小青瓦。台面已改用水泥铺设。后台梁架已更换。

66–C₃₅　礼义亭〔新华乡井湾行政村石拆井村长塘水库尾与湖南江华岭背塘隔界的湘桂古道上·清代·县文物保护单位〕　建于清宣统三年（1911），亭南北走向，木石结构。面阔一间，进深三间，东西两面墙用条石干砌不封顶，两端叠石为柱，中立石檐柱2根，抬梁式木构架。墙壁镶《重修礼义亭碑序》，记叙修亭者的用意。南面拱门石坊上刻"礼义亭"3字。占地面积约59.92平方米。凉亭东北角10米处立有界碑1方，东向湖南称"湖广界"，西向广西称"广西界"。

67–C₃₆　东山文昌楼〔朝东镇朝东行政村东山村·清代〕　始建年代不详，清乾隆六年（1741）、清光绪三十二年（1906）重修。砖木结构，面积约30平方米，平面呈"凸"字形，面阔、进深三间，4柱抬梁式木构架，重檐歇山顶。高三层9.3米，第一、二层四周砖墙，后墙开窗。第三层四面木格花窗，四角飞檐。底层正面为6扇雕花木门。左右墙外壁绘画。

68–C₃₇　集贤风雨桥〔朝东镇油沐行政村沐笼村东黄沙河上·清代·县文物保护单位〕　始建年代不详，清光绪十一年（1885）重修，1987年维修。东西走向，两台一墩梁式木廊桥，长15米，宽4.1米，孔跨6米。桥墩及两岸桥台用料石砌筑，在墩、台间架设圆木为梁，梁上铺木板桥面。桥廊为木结构，进深五间，抬梁式木构架，重檐歇山顶，盖青瓦，两边廊置木凳、栏杆，两端砖砌马头山墙，西端开中门，东端开北侧门。门额楷书"集贤桥"3字。

69–C₃₈　毓秀风雨桥〔朝东镇油沐行政村沐笼村东北黄沙河上·清代〕　始建年代不详，清光绪十一年（1885）重修，1987年维修。东西走向，两台一墩梁式木廊桥，长17.4米，宽4.4米，孔跨7米。桥墩及两岸桥台用料石砌筑，在台、墩间架圆木为梁，梁上铺木板桥面。桥廊、亭为木结构，进深五间，抬梁式木构架。亭重檐歇山顶，盖青瓦，两边廊下设木长凳、栏杆，两端砖砌马头山墙，开中门，门额楷书"毓秀桥"3字。

70–C₃₉　杜尾岗风雨桥〔朝东镇油沐行政村沐笼村杜尾岗东北约200米黄沙河上·清代·县文物保护单位〕　始建年代不详，清光绪十一年（1885）重修。南北走向。单孔石拱木廊桥，长6米，宽2.9米，拱跨4.9米。桥身、桥拱用料石砌筑，桥廊木结构，高4.3米，进深三间，抬梁式木构架，重檐歇山顶，盖小青瓦，两边廊置长凳、直棂栏杆，两端砖砌马头山墙，开长方中门。

71–C₄₀　秀水东江桥〔朝东镇秀水行政村秀水村东南约200米黄沙河与石鼓河交汇处·清代〕　俗称冬瓜桥。始建年代不详，清光绪二十八年（1902）重修。南北走向，双孔石拱桥，长18米，宽4.67米，拱跨6.4米。桥身、桥拱用料石砌，桥面两侧置望柱条石栏杆。北端桥头立建桥碑记6方，记捐款者芳名。

72–C₄₁　蒋氏宗祠〔朝东镇蚌贝行政村蚌贝村·清代〕　建于清代，具体时间不详。整组建筑坐东朝西，由上围蒋氏宗祠、上围蒋氏门楼、照壁墙与下围蒋氏宗祠、下围蒋氏门楼、照壁墙组成一个整体。依次分布在蚌贝村主石板街道两旁，总建筑面积约727平方米，宗祠均由前座、后堂、天井、厢房等组成，前座、后堂皆面阔三间，青砖墙，抬梁式木构架，硬山顶，盖小青瓦。门楼面阔、进深三间。

73 - C₄₂ 黄氏宗祠 〔城北镇石狮行政村黄家村东约 30 米·清代〕 建于清代，具体时间不详。坐北朝南，砖木结构，二进院落，由前座、后堂、天井、走廊、厢房等组成，占地面积约 314.76 平方米。前座、后堂面阔、进深三间，青砖墙，抬梁式木构架，硬山顶，盖小青瓦。前座有前廊，门额书"黄氏宗祠"匾，檐下墨书"文魁""进士"等及壁画。

74 - C₄₃ 神仙桥 〔福利镇福利行政村八百岭村西约 300 米神仙湖边的百川河上·清代〕 建于清代，具体时间不详。由 2 座相距 5 米的单孔石拱桥组成，东西走向，东桥长 9.1 米、宽 2.35 米；西桥长 5.5 米、宽 2.28 米。两桥的桥身、桥拱皆用料石砌成，桥面铺石，两侧置条石护栏，两端有石砌踏跺。

75 - D₁ 潜德岩摩崖石刻 〔莲山镇莲山社区莲山中心学校东南侧约 100 米豹山南麓潜德岩·北宋·县文物保护单位〕 摩崖石刻 4 方。其中题刻 2 方，其一为北宋元丰四年（1081）刻，刻于岩内顶，刻面高约 0.8 米，宽约 1.5 米。文竖 2 行 18 字。宋御史林通撰并书丹。无首题，榜书"潜德岩"3 字，字径 0.4 米，真书，阳刻。落款"大宋元丰四年辛酉八月林通达夫题"。其二为北宋熙宁七年（1074）刻，榜书"涵音洞""考磐石"。诗刻 2 方。一首为五言诗，另一首为七律，皆写归隐后的生活及情志。志载：林通，字达夫，广西富川（今广西钟山县）人，宋仁宗时官至御史，后弃官隐居豹山。

76 - D₂ 灵溪岩摩崖石刻 〔福利镇务溪行政村鸭母塘北面的本面山西南山脚的灵溪岩内·北宋·县文物保护单位〕 岩口两侧有摩崖石刻 2 方。一方为榜书，北宋崇宁四年（1105）刻，刻面高 0.5 米，宽 0.6 米，文竖 3 行，计 39 字。林中柱等撰文并书丹。首题"上乘兴坊，绿设水陛第二会立。林中柱、男孙蕃"，落款"宋号崇宁四年乙酉岁十月十三日忌日谨记"。正文榜书"灵溪岩"3 字，楷书，竖行。另一方为题记，北宋大观四年（1110）刻。刻面高 0.6 米，宽 0.5 米，文竖行，共 91 字，林中柱撰文并书丹。碑无首题，落款"大宋大观庚寅重九日题"，刻文记述当时的宗教斋会活动等。

77 - D₃ 大罗峰摩崖石刻 〔新华乡新华行政村板下村罗峰南麓狮子背西南面山脚石壁·南宋·县文物保护单位〕 摩崖石刻 5 方：一为南宋绍兴二年（1132）刘翕、潘棠唱和诗刻。二为南宋绍兴元年（1131）《董二十一娘墓志》，周围阴刻曲枝纹花边，文竖 10 行，满行 23 字，部分字迹已被凿毁。墓志内容为寻找墓穴的经过以及选择墓穴的理由。另 3 方，仅隐

若可见"大宋绍兴"4 字，余文已莫可辨识。

D₃₋₁ 刘翕、潘棠唱和诗 〔大罗峰南麓岩壁上·南宋〕 南宋绍兴二年（1132）刻。刻面高 1.22 米，宽 6.8 米。刘翕的《灵杰郡示寓》序文唱诗由序、诗及婿潘棠和诗组成，共 203 字。刘翕、潘棠撰文并书丹。首题"灵杰郡示寓"，刘翕唱诗，七律，落款"大宋绍兴壬子仲春望，刘翕志"。潘棠和诗无落款。刘翕为乡绅，潘棠为其女婿，避难到此，恰遇岳飞部在富川境内败曹成兵之战事，因而序怀其事。《富川县志》载："南宋绍兴二年，岳飞师发富川，追曹成寇。……飞仅用卒八千，于桂岭破曹成十万众。"

78 - D₄ 真君岩摩崖石刻 〔朝东镇秀水行政村秀水村北约 1 公里秀水河东岸小象山东北面山脚·南宋—清〕 真君岩由于南宋嘉泰元年（1201）建真君阁而得名。阁毁，摩崖石刻 6 方尚存。其中有南宋嘉泰元年（1201）《新建真君阁题名记》碑、南岳僧人栖真子于南宋淳祐年间（1241—1252）题刻的《法轮驻记》、明万历二十八年（1600）《重建真君阁地脚碑》、明天启四年（1624）《刻重修平安寺》等碑。

D₄₋₁ 法轮驻记 〔朝东镇秀水村真君岩内·南宋〕 南宋淳祐年间（1241—1252）刻。刻面高 0.48 米，宽 0.8 米。文竖行，楷书，阴刻。南岳衡山僧人栖真子撰文并书。文记述栖真子自南岳来，在真君崖修炼的情况。

79 - D₅ 穿石岩摩崖石刻 〔麦岭镇月塘行政村月塘村东约 300 米郎山西麓·南宋·县文物保护单位〕 又名书字岩，为南宋御史周英纠隐居处。有摩崖石刻 3 方，南宋嘉定八年（1215）刻。其中有题榜 2 方，"拙林道人"，草书；"炼丹所"，楷书。题诗 1 方，刻面高 0.8 米，宽 0.42 米，七言倒读诗，碑文竖行，56 字，无首题，落款"乙亥拙林道人"，诗文抒发了作者"枕石听潺泉"的情怀，草书，阴刻。岩内原来还有一些石刻，因水流冲刷，已无可辨认。周英纠，广西富川人，南宋御史，绍熙年间（1190—1194）因直谏免官，归隐穿石岩，号拙林道人。

80 - D₆ 知米摩崖石刻 〔新华乡井湾行政村井头湾村东北竹仔坳知米岩·南明·县文物保护单位〕 摩崖石刻 2 方，高距地面约 50 米。其一为横行榜书"知米"2 字，落款"永历七年九月江夏朱盛浓题"。字径 1.05 米，楷书，阴刻。为南明总督侍郎朱盛浓在富川新华避居时题刻。诗刻 4 方，刻面高 1 米，宽 0.4 米，文竖行，行书，阴刻。其二为南明永历七年（1653）朱盛浓题七绝《题知米岩》诗，诗文描述了知米岩山势胜形，也表达了作者愁闷的心情。

81 - D₇ 川岩摩崖石刻 〔城北镇石狮行政村石狮

村南约 500 米川岩北进口岩壁上·清代·县文物保护单位〕 摩崖石刻 2 方。其一为横行榜书"山水之腴" 4 字，清同治五年（1866）蒋汉卿题刻，字径 0.5 米，楷书，阴刻。其二为竖行榜书"独揽狂澜" 4 字，行书，阴刻，字径 1.2 米。清同治十年（1871）刻。上款为序："大清同治辛未率师来富，路过此岩，见俯吞一江，有龙跳虎卧之势。因题以志所历，南海潘璘并书。"其三为《修川岩桥碑记》，碑文记述山主黄瑞林捐助修川岩桥、石阶之功德。

82 - D₈ 传芳堂族规碑 〔朝东镇秀水行政村秀水村北八房小学内·明—清〕 碑刻 8 方。其中《传芳堂族规》碑于清乾隆三十四年（1769）立，记录了族人在赋税、职业、治安等应遵守的九条规定。其余碑刻为修建祠堂、路、桥等公益事的碑记。传芳堂即毛衷祠。

83 - D₉ 奉宪封山碑 〔富阳镇大围行政村大围村宗祠内·清代〕 碑刻 1 方。清嘉庆三年（1798）立。碑高 1.33 米，宽 0.66 米，厚 0.12 米。已断为 2 块。碑文竖行，字径 0.07 米，阴刻，楷书。为富川正堂告示碑，碑文为保护瑶区林木、山场、水源，不准在瑶山焚山砍木、刀耕火种，不许卖田占地、附葬祖坟等项禁约。

84 - D₁₀ 王氏家族碑 〔福利镇花坪行政村横塘村·清代〕 碑刻 8 方。富川王氏家族自明代武德将军王瑶率兵自山西太原到富川定居后，由武转文，有"富邑书乡第"之誉。自清康熙至咸丰年间（1662—1861），文人武士众多。王氏家族碑置于王氏宗祠，为这些人纪功。碑为方形石柱，正面刻"功名" 2 字。柱高 2.57 米，宽 0.45 米，厚 0.25 米。

85 - D₁₁ 东观寺碑刻 〔新华乡新华行政村新华村·清代〕 东观寺是富川瑶族地区名寺之一。建于明初，寺已毁。原有碑刻 26 方，现仅存刻于清嘉庆三年（1798）的 1 方，碑高 0.42 米、长 0.6 米、厚 0.33 米。碑文竖行，计 183 字，字径 0.02 米，楷书，阴刻。碑文记载了新华瑶族修建东观寺的沿革及捐资修缮的史实。

86 - D₁₂ 山塘石帽 〔葛坡镇山塘行政村石眼山村村东入口处·清代·县文物保护单位〕 俗称"石矮山石帽子"，又名"五龙帽"。帽是石雕，形如斗笠，帽顶、帽盖、帽边叶雕刻清晰，顶如半球，实心，浮雕"五龙戏珠"图，帽叶由 36 个"凸"字连成环花带，底部平面不空心，直径 1.07 米，帽顶高 0.037 米。占地面积 0.9 平方米。

87 - E₁ 麦岭抗日遗址 〔麦岭镇麦岭社区·1944 年〕 1944 年 9 月 16 日，富川县抗日自卫队向占据麦岭黄土岭的日军碉堡进攻，激战数小时不克，自卫队陀国龙等 6 人牺牲。碉堡已毁，现存由石灰、沙、碎石混合夯筑的墙基，长 5 米，宽 4 米，厚 0.8 米，残高 0.2—0.5 米。

88 - E₂ 古城起义烈士墓 〔富阳镇瑞光园内南紧临富川县运动场·1984 年〕 为纪念古城起义死难的 8 位烈士而建。建于 1956 年，原址在营盘岭，1958 年移至横山街枇杷山脚，1983 年初迁墓于今址，1984 年建成。由墓冢、纪念碑组成，占地面积约 900 平方米。墓冢为混凝土六角立柱体，高 2.85 米，每边宽 2.85 米，六菱镶有色玻璃条。墓碑凹嵌于东面壁，拱顶，碑首浮雕龙头、龙珠，碑面刻烈士姓名。墓周设栏杆。冢北面约 30 米建纪念碑 1 座，呈六角立柱体，顶塑五角星，周围花岗石雕烈士头像，共分四组，围碑而坐。

89 - F₁ 川岩回龙桥 〔城北镇石狮行政村黄家村南约 100 米富江上·1912 年〕 始建年代不详。清光绪二年（1876）、三十四年（1908）、1912 年重修。东西走向，单孔石拱木廊桥，桥廊、亭已毁，存石拱桥，长 16 米，宽 4 米，拱跨 5 米。桥面两侧置条石桥栏。桥头有 6 级石踏跺，两端河岸以方条石砌筑 30 米长的护堤。立有 1912 年广州国民政府陆军部长黄兴写的《重修回龙亭》碑刻 1 方。

90 - F₂ 莲盘炮楼 〔新华乡盘坝行政村莲盘村·1919 年〕 建于 1919 年。共有炮楼 5 座，占地面积约 360 平方米。砖木结构，进深 4.1—4.5 米，高 8—11.8 米，自西至东依次为二、三、四层楼房，各层四面墙均开枪眼和瞭望孔。西面 2 座炮楼之间为门房，石门框上镌刻《建造炮楼碑序》。现北边西端及中间 2 座炮楼已拆毁，余 3 座尚好。

91 - F₃ 东湾炮楼 〔新华乡东湾行政村东湾村东西端·1921 年〕 建于 1921 年。炮楼 2 座，面阔 3.7—3.8 米，进深 2.9—3.4 米，砖木结构。东炮楼高四层 12.3 米，四周砌围墙，盖瓦，西炮楼高四层 11.68 米，各层均开枪眼、瞭望孔。在西炮楼石门框镌刻 1921 年任光春撰文并书丹的《楼序》1 方。

92 - F₄ 张氏宗祠 〔新华乡路坪行政村张家村·1931 年〕 建于 1931 年。坐东朝西，砖木结构，单体建筑，占地面积 184.32 平方米。面阔三间，进深六间，青砖墙，穿斗与抬梁混合木构架，硬山顶，盖小青瓦。前有檐廊，门额嵌"张氏宗祠"石匾，廊立狮础盘龙大石柱 2 根托挑梁、额枋，廊左墙立建祠碑刻 1 方。

93 - F₅ 露溪瑶族阳楼 〔新华乡路溪行政村路溪村上头湾·1939 年〕 建于 1939 年。瑶族建筑。砖木结构，面阔三间 11.8 米，进深 8.26 米，高三层 9.6

米，庑殿顶。底层内部用砖墙间隔，并在隔墙上各立 1 根方木柱直通三楼承托层顶。二层又在间隔砖墙上各加立 2 根柱直上三楼，隔墙以木板代砖。三层为穿斗式木构架，木板隔墙，砖墙外设吊楼一周。置栏杆，开 6 门相通。

94 - F₆ 陈氏宗祠 〔福利镇水头屯行政村高圳村·民国〕 建于民国初期。坐西朝东，砖木结构，二进院落，由前座、正堂、天井及两侧厢房组成，占地面积约 233.5 平方米。前座、正堂面阔五间，青砖墙，抬梁与穿斗混合木构架，硬山顶，盖小青瓦。前座明、次间有前檐廊，高石础木檐柱 2 根，正堂抬梁、瓜柱、枒墩雕刻蝙蝠等图案。

钟山县

1 - A₁ 龙潭角岩洞遗址 〔清塘镇河东行政村赤马村东面约 50 米龙潭角山·旧石器时代〕 洞穴遗址。1988 年发现。洞口朝东北，深数十米，面积约 100 平方米，洞内发现人类牙齿化石 17 枚，伴生大熊猫、猫、熊、鹿、犀牛、牛、猴、羊、狈、猪獾、豪猪、剑齿象等动物牙齿化石。

2 - A₂ 挑水岭遗址 〔羊头镇木家行政村水口洲村东南约 500 米挑水岭·新石器时代〕 山坡（台地）遗址。1963 年发现。遗址西北、东南面临富江，在岭东坡地上，地表散布有少量石器，分布面积约 1.6 万平方米。采集到打制砍砸器、石片等 10 余件，磨制石器 1 件。

3 - A₃ 一洞天遗址 〔清塘镇英家行政村英家街东牛王爷山南麓·新石器时代·县文物保护单位〕 洞穴遗址。1964 年发现。岩洞高距地表约 7 米，洞口朝南，高 2 米，宽 10 米，洞内进深 50 余米，分内、外洞。文化堆积主要在靠外洞洞口，堆积胶结坚硬，厚 0.2—1 米，含螺蚌壳、兽骨、烧土、石器、陶片等遗物。采集到磨制鹿角矛、骨珠、打制石片、绳纹夹砂陶片和鹿牙、兽骨等。

4 - A₄ 猪岩遗址 〔花山瑶族乡平西行政村滩头村西约 1 公里猪岩·新石器时代〕 洞穴遗址。1964 年发现。岩洞高距地表约 4 米，洞口朝南，高 10 米，宽 30 米，洞内进深 8 米，面积约 240 平方米。文化堆积破坏严重，仅存约 8 平方米，厚 0.2—1 米，呈灰褐色，内含螺壳、兽骨、兽齿、石器、陶片等遗物。采集有打制的砍砸器，夹砂席纹、方格纹陶片，鹿、猪、虎、熊等动物的牙齿以及人的前臼齿和头骨残片等。

5 - A₅ 庙岩遗址 〔钟山镇朝滩行政村罗家洞村西南约 500 米马印山庙岩·新石器时代〕 洞穴遗址。1988 年发现。庙岩在山南面，高距地表约 5 米。洞口朝南，高 5 米，宽 4 米，洞内进深约 30 米，面积约 120 平方米。洞呈喇叭形，外宽内窄。靠洞口断层堆积厚 0.9 米，内含螺蚌壳、兽骨及石器遗物。采集有打制的砍砸器、刮削器、石片。

6 - A₆ 姑婆岩遗址 〔钟山镇龙马行政村大马山村北约 700 米姑婆岩·新石器时代〕 洞穴遗址。1988 年发现。姑婆岩在南山脚，洞口朝南，高 5 米，宽约 30 米，洞内进深约 30 米，面积约 900 平方米。洞南端存文化堆积，长约 10 米，宽约 8 米，厚 0.8 米，呈灰褐色，内含螺蚌壳、兽骨、石器及人骨等。采集有打制的砍砸器、刮削器、石核、石片、石杵等。

7 - A₇ 鸡仔岩遗址 〔公安镇公安行政村江塘村南约 1 公里鸡仔山·新石器时代〕 洞穴遗址。1988 年发现。在鸡仔山下鸡仔岩中，高距地表 3 米，洞口朝北，高 2.5 米，宽 8.3 米，前厅进深 5 米。分为二支洞，左边支洞进深 15 米。文化堆积主要在左洞，呈灰褐色，厚 0.3—1.3 米，内含螺壳、残碎兽骨、鹿角和炭屑等。

8 - A₈ 黄泥岭遗址 〔燕塘镇黄宝行政村黄宝村东约 100 米黄泥岭·新石器时代〕 山坡（台地）遗址。1964 年发现。遗址在山坡顶上，顶部较为平坦，分布面积约 1 万平方米。在地表采集残石斧 3 件以及一些夹砂绳纹陶片，陶片器形不明。遗址已垦为耕地。

9 - A₉ 塔山遗址 〔钟山镇城东约 1.5 公里塔山·春秋—汉〕 1963 年发现。遗址在山西南麓山坡上。包括山脚、山腰及靠山顶三部分，占地面积约 3000 平方米。在地表发现石斧、陶纺轮、陶鼎足、绳纹夹砂陶片及菱纹、米字纹、方格纹灰色印纹硬陶片等遗物，陶片器形有罐、瓿类及鼎类。

10 - A₁₀ 秤砣山遗址 〔钟山镇升平行政村北约 1 公里秤砣山·春秋—汉〕 遗址在山坡上。分布面积约 600 平方米。从地表发现许多夹砂粗方格纹灰陶片，器形多不辨，可识者有釜、三足器等。

11 - A₁₁ 龙平故城址 〔公安镇牛庙行政村西岭尾村西·东晋—南朝〕 据民国版《钟山县志》载，东晋时置龙平县，即此地。城址平面呈方形，边长约 160 米，面积约 2.56 万平方米。四周以夯土筑城墙。现残存北城墙 70 米，西城墙 5 米，以及东城墙南端一小段，墙厚 6.3 米，残高 1.6—3.4 米。夯土层厚 0.15—0.2 米，夯土杂有河卵石、碎石及汉代方格纹、戳印纹硬陶片等。城北为墓葬区。明嘉靖年间（1522—1566）里民钟秉釜曾在城址掘得龙平县印。城址曾出土铜矛、铜镞、铜剑等兵器及陶罐等器物。

12 - A₁₂ 韦垌城址 〔清塘镇新竹行政村大营村

东约 100 米·明代〕 据《昭平县志》记载，建于明万历八年（1580），由土巡检王仲拙捐银修筑。万历后期，桔芬等地瑶、壮农民起义，城毁。东兰土司韦镜奉调戍守重建，故名韦垌。城址平面呈方形，边长 26.8 米，面积约 718 平方米。现存北墙东、西两段及南墙东段，残长 4.6—10 米，厚 4.3—4.6 米，高 0.9 米。墙基石砌，再夯以土，南垣中部原辟一城门，门旁立碑 1 方，仅右下角可认"提督韦镜"4 字。

13 - A₁₃ 富水镇故址 〔钟山镇城厢街行政村·明—清〕 原为汉至明富川县治所在地，明洪武二十九年（1396），县治迁往霭石山下（今富川瑶族自治县治地），此地改为富水镇。据《富川县志》记载，"明正德丁卯（1507）筑土为垣以卫民，辟二门以通出入"。正德己卯四月（1519）建城，明崇祯十一年（1638）增修，清康熙二年（1663）重修，后遭兵燹，清光绪十七年（1891）通判赵光第率众修复。城址平面呈"凸"字形，面积 5.6 万平方米。现残存城墙为砖石构筑，外砌砖内填土、石，东段长约 360 米，北段长约 250 米，西南段各长约 200 米。城墙多已残缺，残高 0.55—1.4 米。城南门额镌刻"古富水镇"匾，存清嘉庆二十年（1815）重刻清康熙二年（1663）《重修钟山镇城碑记》1 方。城内有十字石板街。

A₁₃₋₁ 重修钟山镇城碑记 〔钟山镇城厢街行政村十字街口（钟山镇故城南门）·清代〕 碑刻 1 方。原刻于清康熙二年（1663），清嘉庆二十年（1815）重刻。碑高 1.2 米，宽 0.75 米。碑文竖 50 行，计 759 字，字径 0.025 米，楷书，阴刻。额题"重修钟山镇城碑记"，落款"康熙二年来戍在昭阳单阏则且月日缠鹑火之次吉期立。营官李思宪书，楚南石匠王玉寰刊。嘉庆二十年岁在乙亥阳月中浣毂旦立"。碑文记述钟山镇城的发展沿革以及康熙二年重修钟山镇的情况。

14 - A₁₄ 汤公窑址 〔红花镇汤公行政村大庄村西约 1 公里狐狸仔岭上·宋代·县文物保护单位〕 遗址分布面积约 400 平方米。现存较完整的废窑口 1 座，为坡式龙窑，依山势而筑。窑高 13.7 米，宽 7 米，废品堆积厚约 1 米。采集有施青釉的碗、碟、盘等，以碗、盘为主。

15 - A₁₅ 万有冶炼遗址 〔望高镇望高行政村万有村东南·宋代〕 冶炼锡铁矿遗址，分布面积约 1500 平方米。堆积层厚约 0.5 米。地面遍布烧结铁、木炭灰和炉渣等，未见炼炉。遗址距贺县铁屎岭铸钱遗址 10 余里，宋时同属贺州，是重要冶炼地点之一。

16 - A₁₆ 铁屎岭冶炼遗址 〔望高镇新联行政村铁屎岭村西·宋代〕 冶炼锡铁矿遗址，分布面积约 3.2 万平方米。地面遍布炉渣、结铁堆积，并夹有炭屑，未见炼炉。遗址距贺县铁屎岭铸钱遗址不远，同属贺州，是宋代重要冶炼遗址。

17 - B₁ 麦岭至挂榜山墓群 〔红花镇龙燕行政村黄姜村、挂榜山村与红花行政村麦岭村之间的山脚坡地上·汉—晋〕 墓群位于思勤江东南岸边挂榜山以西约 2—300 米，北至麦岭的山岭下坡地上，占地面积约 14 万平方米。墓区范围已辟为旱地，尚可见封土堆有 20 多个。

18 - B₂ 西岭墓群 〔红花镇俄柳行政村西柳村至鳌岭村之间西岭山·汉—晋〕 墓群位于思勤江西岸，西岭山山腰以下坡地上，分布面积约 60 万平方米。墓葬封土多已不明显，在墓区范围的生产活动发现的墓葬多为砖室墓，曾出土汉代陶罐。1986 年发现西晋砖室墓 1 座。

B₂₋₁ 西岭晋墓 〔红花镇西岭·西晋〕 1986 年发现，砖室墓 1 座。墓室被毁，墓底残存铺地砖。砖一面饰网格纹，一侧印有"永嘉六""富且贵""日己卯化"等铭文。随葬品只见陶瓷器，除 1 件瓷碟、1 件瓷碗完整外，其余都被打碎，可辨认的器形有罐、瓶、碗、杯。

19 - B₃ 王岭墓群 〔燕塘镇合群行政村王岭村至白沙井村·汉—南朝·自治区文物保护单位〕 墓群分布范围东西长约 1.5 公里，南北宽约 0.5 公里，以王岭最密集。残存封土呈圆丘形，高 0.8—1.5 米，底径 8—17 米。墓葬形制有土坑墓、砖室墓和石室墓。墓群与相邻牛庙、里太 2 处汉晋墓群情况基本相同，年代相当。

20 - B₄ 兴卢—吉塘墓群 〔公安镇公安行政村兴卢寨至荷塘行政村吉塘寨·汉—南朝·县文物保护单位〕 墓群分布面积约 6 平方公里。残存封土呈圆丘形，高 0.5—1.5 米，底径 5—15 米。未经发掘，地面未发现相关遗物。

21 - B₅ 清塘墓群 〔清塘镇英家行政村至大同行政村松木根屯·汉—南朝·自治区文物保护单位〕 墓群分布面积约 3 平方公里。1964 年、1979 年先后清理墓葬 5 座，形制有竖穴土坑墓、砖室墓和石室墓。砖室和石室墓平面呈"凸"字形，穹隆顶。出土陶鼎、陶簋、陶豆、陶奁、陶罐、陶屋、陶井、陶灶、陶俑、陶纺轮、铁凿、铁三足架、铜鐎壶、铜碗、铜五铢钱、铜带钩及银杯、青瓷碗、猪牙、鹿牙等。

22 - B₆ 古楼—莲花墓群 〔红花镇古楼行政村至两安瑶族乡三联行政村莲花村一带·汉—南朝·县文物保护单位〕 墓群分布于思勤江东岸，南起黄羌村，经麦岭、铜盆、田垌寨、古楼、洞心、桥头寨、杉木寨、鸣鸾寨、桑地源，北至赤岭的山坡坡地上，面积约 7 平方公里。残存封土呈圆丘形，高 0.7—2 米，底径 10—20 米。地面散布汉代方格纹硬陶片。

23 - B_7　**红花墓群**　〔红花镇红花社区后山岭·汉—南朝·县文物保护单位〕　墓群分布面积约 2 平方公里。残存封土呈圆丘形，高 1—2.5 米，底径 10—22 米。1970 年和 1980 年发现 2 座砖室墓，形制不明。一座墓采集有东汉"阳嘉元年"纪年墓砖；另一座墓采集有西晋"永嘉六年"纪年墓砖，并出土鸡首壶、碗等青瓷器。

24 - B_8　**双岭樟墓群**　〔石龙镇石龙行政村大地村东北面双岭樟·汉—南朝〕　墓群分布面积约 1.5 万平方米。残存封土呈圆丘形，高 0.6—1.8 米，底径 8.5—18 米。地面散布墓砖和方格纹陶罐残片等遗物。已发现有砖室墓，但已毁，仅残存灰色、淡红色陶罐残片，饰方格戳印纹。墓砖为青灰色，有长方形和楔形两种，面饰斜方格网纹等。

25 - B_9　**莲花坪墓群**　〔凤翔镇舞龙行政村唐月村南莲花坪·汉—南朝〕　墓群自唐月村南水田始，南至虎头山，东接宽头村，西至回龙—珊瑚公路止。分布面积约 4 万平方米。封土大都被夷平。残存封土略呈圆丘形，高 0.6—1.2 米，底径 6—14 米。墓地曾出土花纹砖和陶罐等遗物。

26 - B_{10}　**鸟塘墓群**　〔回龙镇龙福行政村鸟塘村北·汉—南朝〕　墓群分布在回龙—公安公路两侧，占地面积约 32 万平方米。封土已不明显，残存封土呈圆丘形，高 0.6—1.6 米，底径 10—15 米。据村民反映，20 世纪 70 年代初曾铲平 3 座墓葬，挖出大量石片，应是石室墓。

27 - B_{11}　**涩田墓群**　〔望高镇清池行政村涩田村东·汉—南朝〕　墓群分布在村东丘陵土岭的西面岭坡，南至佛子岭，范围南北长约 1000 米，东西宽约 300 米，面积约 30 万平方米。残存封土呈圆丘形，高 0.8—1.3 米，底径 8—16 米。1987 年，村民挖地建窑时发现一座"凸"字形券顶砖室墓，墓室长 4.35 米，宽 1.6 米，高 1.75 米。墓砖青灰色，长 0.39 米，宽 0.16 米，厚 0.055 米，侧面饰几何纹。随葬陶器 7 件。

28 - B_{12}　**鹭鹚岭墓群**　〔钟山镇民富行政村大洞脑村东鹭鹚岭·汉—南朝〕　墓群分布范围东西长约 500 米，南北宽约 200 米，面积约 10 万平方米。残存封土呈圆丘形，高 0.8—1.7 米，底径 8—20 米。地面散布汉代方格纹灰陶片及侧面饰几何纹青灰色残墓砖。有的墓葬露出砖室。

29 - B_{13}　**独柳墓群**　〔钟山镇程石行政村独柳村北·汉—南朝〕　墓群在独柳村北一土岭坡上，分布面积约 1.5 万平方米。墓葬封土已被夷平，取土烧砖毁

坏砖室墓数座，其中一座为"凸"字形券顶墓，墓室长 4.38 米，宽 1.55 米，高 1.67 米。墓砖青灰色，长 0.39 米，宽 0.16 米，厚 0.55 米，侧面饰几何纹，随葬有陶罐等。

30 - B_{14}　**周屋厂墓群**　〔钟山镇榕马行政村周屋厂（屯）北·汉—唐〕　墓群分布范围南北长约 500 米，东西宽约 400 米，面积约 20 万平方米。残存封土呈圆丘形，高 0.4—1 米，底径 8—15 米。一座砖室墓被破坏，砖为青灰色，出土素面淡红胎陶釜、陶钵、铁刀、五铢铜钱、玛瑙串珠等。此外，墓区还出土有隋唐时期的侈口细长颈青瓷瓶等器物。

31 - B_{15}　**里太墓群**　〔公安镇里太行政村里太村南·汉—宋·自治区文物保护单位〕　墓群分布面积约 1.5 平方公里。残存封土呈圆丘形，高 2—4 米，底径 8—36 米。1976 年、1977 年、1986 年先后清理土坑墓、石室墓 19 座，多为带斜坡墓道的土坑木椁墓。出土陶、铜、铁、水晶、玛瑙等随葬品。陶器有鼎、罐、壶、簋、酒樽、纺轮、屋、仓、灶，铜器有碗、灯、俑、镜、五铢钱，铁器有剑、戟、刀、削等。1978 年墓区还出土过北宋"熙宁三年"款青瓷粮罂瓶 1 件。

32 - B_{15}　**大布岭墓群**　〔燕塘镇九龙行政村九龙茶场·汉代·县文物保护单位〕　墓群分布在长 3 公里、宽 1 公里丘陵地带，面积约 3 平方公里。部分封土已被推平。残存封土呈圆丘形，高 0.3—2 米，底径 6—20 米。茶场挖地曾发现 1 座石室墓，墓室以天然石块垒砌。未经清理。

33 - B_{16}　**燕塘墓群**　〔燕塘镇燕塘行政村燕塘村西南·汉代·县文物保护单位〕　墓群东自佛子岭，西至木围、新围，北起分燕塘村，南至梓木山仔岭，分布面积约 0.5 平方公里。残存封土呈圆丘形，高 0.5—2.7 米，底径 8—22 米，未经发掘。

34 - B_{17}　**石花岭墓群**　〔钟山镇龙马行政村马山村东南石花岭·汉代〕　在岭坡上，分布面积约 6000 平方米。1963 年调查时，尚存封土的墓葬有 10 余座。封土呈圆丘形，残高 0.7—1.2 米，底径 5—12 米。形制有砖室墓和石室墓两种，墓室为穹隆顶，墓砖饰几何纹。

35 - B_{18}　**龙井庙岭墓群**　〔钟山镇龙井行政村龙井村龙井庙岭·汉代〕　墓群分布在龙井庙岭坡及岭脚上，面积约 1200 平方米。地面原见较多封土，由于造田造地多被夷平。现仅可见 3 座。封土呈圆丘形，残高 1—1.5 米，底径 10—18 米。一座砖室墓被毁，为券顶，平面呈"凸"字形。墓砖灰红色，饰方格纹和叶脉纹。地面有陶鼎足等遗物。

36 - B_{19}　**四合墓群**　〔同古镇四合行政村四合村

东·汉代〕 墓群分布范围东西长约 1.5 公里,南北宽约 1 公里,面积约 1.5 平方公里,封土多于 20 世纪 70 年代被夷平,残存封土呈圆丘形,高 0.5—1 米,底径 5—10 米,已发现墓葬形制有石室墓。群众生产曾挖出东汉时期的陶坛、陶罐等遗物。

37 - B₂₀ 均平墓群 〔同古镇同古行政村松柏村均平小学旁边土岭·汉代〕 墓群分布范围南北长约 2 公里,东西宽约 0.5 公里,面积约 1 平方公里。残存封土呈圆丘形,高 0.6—1.2 米,底径 6—11 米。早年曾毁砖室墓数座,墓砖青灰色,长 0.3 米,宽 0.165 米,厚 0.06 米。地面散布有方格纹陶片。可辨器形有直身罐类。

38 - B₂₁ 老鼠山墓群 〔公安镇大田行政村南约 2 公里老鼠山·汉代〕 墓群分布于老鼠山山坡上,面积约 6 万平方米。1964 年调查时,发现有封土可辨的墓葬 20 余座。残存封土呈圆丘形,高 2—2.5 米,底径 10—15 米。地面未有相关遗物发现。

39 - B₂₂ 马江塘墓群 〔清塘镇印山行政村清塘新村西马江塘·汉代〕 马江塘又称马蹄塘,墓群分布在马江塘东岸的坡地上,面积约 7500 平方米。封土多不明显,残存封土呈圆丘形,高 0.5—2 米,底径 3—20 米。1953 年、1964 年各发现坍塌座石室墓 1 座,形制不明,葬具、遗骸、随葬品不存。

40 - B₂₃ 东岭墓群 〔回龙镇泉岭行政村上泉村泉岭·东汉—南朝〕 墓群位于泉岭中部,分布范围南北长约 500 米,东西宽约 400 米,占地面积约 20 万平方米。残存封土呈圆丘形,高 0.5—1.5 米,底径 7—16 米。当地村民生产曾挖出饰有花纹的墓砖。

41 - B₂₄ 张屋—牛庙墓群 〔燕塘镇张屋行政村至公安镇牛庙行政村西北·东汉、隋、唐·自治区文物保护单位〕 墓群位于燕塘路口至牛庙路两边的山岭坡地上,分布面积约 7.5 平方公里。残存封土呈圆丘形,高 0.5—2.5 米,底径 8—21 米,形制有石室和砖室墓。1976 年于牛庙村南发掘 14 座,均为东汉长方形竖穴土坑墓。随葬品有鼎、盒、壶、罐、簋、奁、博山炉、井、灶、仓、屋、茅厕等陶器,以及"长宜子孙""位至三公"等铜镜。墓区内还出土隋唐青瓷钵、碗、炉等器物。

B₂₄₋₁ 张屋汉墓 〔燕塘镇张屋行政村·东汉〕 1990 年和 1994 年发掘 27 座,有长方形竖穴土坑墓及石室墓。土坑墓多为单室,少数较大的墓,分前、后室。大部分墓葬带墓道,形制有长方形斜坡和梯形竖井两种。有的墓底部设腰坑,内埋陶瓮。石室墓,墓室长方形,穹隆顶,有墓门和墓道。出土陶、铜、玉石器等随葬品 150 余件。(见《中国考古学年鉴》1991

年、1995 年)

B₂₄₋₂ 94:1 号墓 〔燕塘镇张屋行政村至公安镇牛庙行政村西北·东汉〕 长方形竖穴土坑墓。圆丘形封土,高 1.6 米,底径 11 米,方向 305°。墓室长 4 米,宽 2.1 米,高 1.3 米。葬具尸骨已朽。出土陶四联罐、壶、罐、盂等共 17 件。

B₂₄₋₃ 94:22 号墓 〔燕塘镇张屋行政村至公安镇牛庙行政村西北·东汉〕 竖穴土坑墓,平面呈刀形,方向 130°。墓室呈长方形,长 4.2 米,宽、高皆 2 米。墓道开于右侧,宽 1 米,坡度 25°。墓室前部与墓道交接处挖一排水沟。棺具置于右侧中部,下铺一层木炭。棺木及尸骨已朽。出土陶壶、陶罐、陶五联罐、铜剑和滑石灯等共 7 件。

B₂₄₋₄ 94:23 号墓 〔燕塘镇张屋行政村至公安镇牛庙行政村西北·东汉〕 长方形竖穴土坑墓,带斜坡墓道,方向 145°。封土呈圆丘形,高 2.6 米,底径 13 米。墓道宽 1 米,坡度 25°。墓室长 4.7 米,宽 2 米,高 2.4 米,前端开一排水沟。葬具尸骨已朽。出土陶罐、灯、壶和铜碗等共 19 件。

B₂₄₋₅ 94:35 号墓 〔燕塘镇张屋行政村至公安镇牛庙行政村西北·东汉〕 长方形竖穴土坑墓,带阶梯式墓道。平面呈"凸"字形,方向 140°。墓室长 4.5 米,宽 1.48 米,高 1.2 米。墓底中部偏后,设一圆形腰坑,内置 1 件陶瓮,瓮口与墓底齐平。墓道宽 0.9 米,阶梯宽 0.2 米,高 0.12 米。出土瓮、罐等陶器共 5 件。

42 - B₂₅ 牛塘岭墓群 〔回龙镇力争行政村东牛塘岭·东汉〕 墓群分布在村东牛塘岭坡地上,面积约 1.5 平方公里。部分墓葬封土已流失,残存封土呈圆丘形,高 0.5—1.2 米,底径 8—15 米。1985 年 1 座东汉晚期石室墓被毁,形制不明,出土有陶器和铜镜等随葬品。在地表采集到"直百五铢"钱 1 枚。

43 - B₂₆ 西门岭晋墓 〔钟山镇北面西门岭南侧·晋代〕 1985 年清理,为带斜坡墓道的券顶砖室墓。墓室平面呈"凸"形。甬道高出墓室 0.2 米,长 0.85 米,宽、高皆 0.9 米。墓室长 3.8 米,宽 1.68 米,高 1.7 米。墓砖有长方形和楔形两种,数块楔形砖印有"八田大吉"字样。随葬品集中于墓室前右隅。出土青瓷罐、钵,陶罐、鼎等共 11 件。(见《考古》1994 年 10 期)

44 - B₂₇ 廖致政、廖敏珍、廖逢莱墓 〔燕塘镇玉坡行政村龙行山·宋代〕 为玉坡村廖氏始祖廖致政、二世祖廖敏珍、三世祖廖逢莱合葬墓。墓葬朝北,冢为圆丘形,用青砖围砌。墓碑顶为双重檐,碑前置 3 级拜台,拜台前有石牌坊,一字形四柱三间,已有些歪斜。墓地占地面积约 90 平方米。廖致政,北宋元祐进士，后贬于原龙坪县任官，定居于玉蕴坡岗的玉坡。

45-B₂₈　杨金照墓〔燕塘镇黄宝行政村大木根村西北约 500 米小岭头·明代〕　杨金熙（1488—1573），明庆远府西融县耕兵头目，明嘉靖年间（1522—1566）奉调率耕兵征剿山口洞、老卢瑶及白帽等地瑶民起义，并领受山口洞、白帽等地山场耕地戍守。墓葬朝南，由拜台、前后封土及后围墙组成，占地面积约 84 平方米，两封土均泥土冢，底径 4 米，高2.4 米。皆立有碑，前碑为 1941 年重立，后碑为清嘉庆二十五年（1820）立，墓碑记述墓主生平业绩。

46-B₂₉　周真墓〔钟山镇东乐街东禄贵山·明代〕　周真，广西钟山县人。明嘉靖元年（1522）征剿西乡冯道任有功，敕封义士。墓葬朝东北，冢由前、后封土组成，用长方形料石围砌，后封土底径为 2.5米，前封土为 4.5 米，同高 1.3 米，相距 2 米。墓前皆立有碑，前碑刻"明义士周公讳真墓"，后碑记述墓主生平事迹。均系清乾隆三十五年（1770）立。占地面积约 71 平方米。

47-B₃₀　毛氏墓〔燕塘镇黄宝行政村山口仔村西北·明代〕　毛氏（1535—1608），广西富川县秀峰人。墓葬朝东南，占地面积约 80 平方米。由拜台和墓冢组成。冢为圆丘形，用青砖砌围，高 3 米，底径 3米。墓前立二重檐歇山顶墓碑，为明万历三十七（1609）年立。碑文记述毛氏生平。

48-B₃₁　韦镜墓〔清塘镇林岩行政村香花坳龙头岭·明代〕　韦镜（1590—1657），东兰土司，明授都督。明天启年间（1621—1627）奉调率土司兵从东兰至当地剿抚桔芬瑶民起义，并领受桔芬四哨官田以戍守。墓葬朝东南，由拜台、前后封土及墓圈墙组成，占地面积约 81 平方米。墓圈墙及封土围砌以砖。前封土高 1.63 米，后封土高 1.8 米，底径均 2.9 米，相距 1米，封土前均立碑。前碑中刻"明授都督讳镜公韦府君墓"，碑题旁文字记述墓主"奉旨平服瑶蛮钦赐世缘土名七分官田"之生平业绩，清光绪二十五年（1899）重立。后碑题刻"御位"等字，明崇祯三年（1630）立。

49-B₃₂　廖枣村墓〔燕塘镇玉坡行政村玉西村西燕子山燕子窝山岭中·清代〕　廖世德（1678—1754），字荣先，号枣村，广西钟山县燕塘乡玉坡村人。清康熙辛卯（1711）科举人，清雍正八年（1730）任河南光山县令，敕授文林郎。墓葬朝西，由拜台、墓冢和墓圈墙组成，均用料石砌筑，占地面积约 198 平方米。冢呈八角形，顶仿阁楼，三重檐，攒尖顶。正面镌刻"清文林郎廖枣村墓"，两旁有望柱与石砌墓圈墙扶手相连，二级扇形拜台，两侧墓圈墙镌刻清乾隆

二十年（1755）《枣村公记》。墓前原立四柱三间石牌坊，现仅存一石柱。墓室用青花瓷碗堆砌成。

50-C₁　星寨井〔两安瑶族乡星寨行政村星寨村·明代〕　建于明洪武年间（1368—1398），清乾隆三十七年（1772）重修。为三联井，平面呈"目"字形，长 7.2 米，宽 4 米，面积约 28.8 平方米，深 0.5米。井池以石板隔成三井，前、后井为方形，中井为长方形，井壁均以条石砌筑，引水道长 65 米，人工凿石而成。井台低于地面 0.8 米，南、西两端砌石踏跺上下，其余两面护墙上嵌清乾隆三十七年立重修水井碑记 2 方，清光绪二年（1876）立禁忌碑记 1 方。

51-C₂　兴卢井〔公安镇公安行政村兴卢村南·明代〕　建于明万历（1573—1620）之前，具体时间不详。清乾隆、清嘉庆、清道光、清光绪年间数次重修。方口圆竖井，径 1 米，深 3.5 米。方形井口，边长0.95 米，井口条石高 0.26 米。井壁以弧形条石围砌，井台及井口均用条石和石块铺砌。周围存部分残石墙，占地面积约 15.21 平方米。井台旁立清道光五年（1825）"重修水井"和清光绪十九年（1893）《重修水井碑记》2 方。

52-C₃　大竹坪桥〔两安瑶族乡竹梅行政村大竹坪村北约 400 米冲溪上·明代·县文物保护单位〕原名木冲桥。为富川至平乐古道上的重要桥架之一。建于明万历三十六年（1608）。南北走向，单孔石拱桥，长 26 米，宽 3.1 米，拱跨 9.7 米。南端桥台为依山自然石，北端以条石砌台，桥用片石干砌，桥拱为条石砌筑，桥面铺砌一层不规则石块，两侧有条石护栏，两端设引桥，北引桥长 11 米，南引桥长 3 米。

53-C₄　长龙庙〔红花镇古楼行政村古楼村南·清代〕　建于清雍正年间（1723—1735），清道光三年（1823）、清同治五年（1866）、清光绪二十八年（1902）三次重修。坐东北朝西南，砖木结构，两进院落，由前殿、后殿、天井、回廊组成，占地面积约218.5 平方米。前、后殿面阔、进深三间，青砖墙，穿斗式木构架，硬山顶。梁架浮雕历史人物图案，脊饰鳌龟、八宝、葫芦，前殿置卷棚式檐廊，木檐柱八角形石础，外檐壁有清光绪二十九年（1903）绘山水人物彩画 11 幅，两侧墙壁嵌修建庙碑记各 1 方，清道光年间（1821—1850）铸造铁钟 1 口。

54-C₅　山仔头拱桥〔钟山镇龙团行政村山仔头村北小河上·清代〕　建于清中期，具体时间不详。东北—西北走向，单孔石拱桥，长 13 米，宽 3.15 米，拱跨 5.2 米，桥身、桥拱用料石干砌，桥面铺石扳，两侧设条石护栏，两端各置石踏跺 8 级。

55-C₆　武庙〔燕塘镇玉坡行政村玉坡村·清

代〕建于清乾隆四年（1739），清道光二十九年（1849）重修。坐西北朝东南，砖木结构。三进院落，由前、中、后三殿及戏台组成，中隔天井，占地面积约437.5平方米。现存前殿、后殿，均面阔三间12.5米，进深前殿6.65米，后殿14.95米，青砖墙，抬梁式木构架，硬山顶，盖青瓦，人字山墙。前殿设卷棚式前廊，门外次间檐廊置石狮1对。后殿两侧各设石踏跺5级，石质梅花檐柱，檐下梁枋间浮雕人物故事。前右墙壁嵌乾隆四年镌刻的庙田碑记1方。

56 - C₇ **石龙桥** 〔石龙镇石龙社区石龙街西北面的石龙河上·清代·自治区文物保护单位〕 建于清乾隆十一年（1746），清咸丰七年（1857）毁，后重建。南北走向，双孔石拱桥。北高南低，桥长40米，宽5.2米，主拱跨14米，副拱跨7米。桥面分二级，以石踏跺相连，中间各15级，两端分别为11、15级。桥面两侧设望柱、拦板。桥头立双狮。望柱、拦板浮雕诗和人物故事、花草树木、飞禽走兽等图案74幅。北端左侧原有塔式修桥碑已毁。

57 - C₈ **恩荣牌坊** 〔燕塘镇玉坡行政村玉西村·清代·自治区文物保护单位〕 清乾隆十七年（1752）为纪念明诰授奉直大夫临安别驾廖肃而建。四柱三间五楼石碑坊，面阔6.22米，高6.9米，明间正楼庑殿顶，檐下4斗拱间透雕花窗，脊正中为宝葫芦顶，正楼、次楼、边楼脊两端皆饰鸱吻，横枋下正中额竖刻楷书"恩荣"2字。坊及枋间石板浮雕双龙戏珠、双狮戏球等或镌刻文字。次楼、边楼檐下皆透雕花窗。背面额枋浮雕八仙庆寿等图案，额枋间石板阴刻"世泽绵长""光前裕后""遵乃祖训""诒厥孙谋"等。

58 - C₉ **福龙庵** 〔两安瑶族乡沙坪行政村东南约100米·清代〕 建于清乾隆二十年（1755），清乾隆、清光绪年间重修，民国年间修缮。坐南朝北，砖木结构，二进院落，由前殿、后殿及两侧厢房组成，占地面积约393平方米。前、后殿均面阔、进深三间，青砖墙，前殿2根砖柱，抬梁式木构架，硬山顶，盖小青瓦。后殿金柱4根，2根圆形雕龙石檐柱承梁架，三面砖墙，脊梁墨书"□皇清光绪三十三年……复造"。东侧厢房间墙上有清乾隆、清道光、清同治及民国年间修建碑12方。碑文多漫漶不清。

59 - C₁₀ **粤东会馆** 〔清塘镇英家行政村英家街西·清代·自治区文物保护单位〕 清乾隆四十二年（1777）由粤籍商人集资兴建。清道光五年（1825）重修，1988年维修。坐北朝南，砖木石结构，二进院落，由前座、后座、两侧厢房和戏台组成，占地面积约2122平方米。现存前、后座，均面阔三间，进深前座

三间、后座四间，青砖墙，抬梁式木构架，硬山顶，盖小青瓦。正脊灰塑人物、花卉、石、木梁枋浮雕人物、花卉、瑞兽形象。前座置檐廊、石檐柱，门额阳刻楷书"粤东会馆"4字。后座金柱8根，石门槛及后座檐柱镌刻有楹联。馆内有清乾隆四十二年、清道光五年镌刻修建碑记3方。此地为1947年中共领导英家武装起义地址之一。

60 - C₁₁ **兴隆庵** 〔红花镇红花行政村公挂村南约50米·清代〕 始建年代不详，清嘉庆十四年（1809）重修，1985年维修。坐东南朝西北，砖木结构，二进院落，由前殿、后殿、天井、走廊组成，占地面积约134平方米。前、后殿面阔三间，青砖墙，抬梁式木构架，硬山顶，盖小青瓦。前殿进深一间，设前檐廊，圆木檐柱2根，八角石础，门额上嵌墨书"兴隆庵"匾。后殿置清代香炉3座，铁钟1口。

61 - C₁₂ **爽然亭** 〔羊头镇木家行政村腊木脚村钟山至羊头镇公路6公里处腊木脚村段·清代·县文物保护单位〕 建于清道光年间（1821—1850），清咸丰二年（1852）、1986年维修。东西走向，砖木石结构，占地面积约73.9平方米，面阔一间，进深三间，穿斗式木构架，硬山顶，盖小青瓦。东、西两端以石、砖砌马头山墙，中开拱门，西门额嵌"爽然"匾，东门额嵌"快哉"匾，南、北两面敞开，各立2根石檐柱，柱间设石条作凳，亭内青石地面。亭东、西两墙内壁镶嵌清咸丰二年《快乐说》碑刻4方。

C₁₂₋₁ **快乐说碑** 〔羊头镇腊木脚村爽然亭南北拱门之左右侧墙壁上·清代〕 清咸丰二年（1852）立。碑共4方，每方碑高0.68米，宽1.42米，厚0.05米。碑文竖174行，计3526字。字径0.03米，楷书，阴刻。广西巡抚邹鸣鹤撰文，候选直隶州分州周树栗培元氏勒石。无首额，落款"候选直隶州分州周树栗培元氏刻，咸丰二年岁次于子孟秋月榖旦"。碑文记述"为劝谕百姓讲求生计，勉为善良事"，"用俗语编为九条，名为《快乐说》"，历数荒土开垦、客民安静、兴修水利、遵守法律、检举盗匪、禁窝耕牛、禁戒鸦片、读书明理等之好处，获此等好处，岂不快乐。

62 - C₁₃ **玉坡大庙** 〔燕塘镇玉坡行政村玉东村·清代·县文物保护单位〕 建于清道光年间（1821—1850），名协天宫。砖木结构，二进院落，由门楼、天井、主殿组成，占地面积约450.6平方米。门楼、主殿面阔三间，青砖墙，硬山顶，盖小青瓦。门楼设前廊。庙前立石狮1对。

63 - C₁₄ **麦氏宗祠** 〔钟山镇民富行政村菜地冲村东·清代〕 建于清道光年间（1821—1850），具体时间不详。坐北朝南，砖木结构，二进院落，由前座、

后堂、天井、走廊组成，占地面积约 345.8 平方米。前座、后堂面阔三间，进深一间，青砖墙，硬山顶，盖小青瓦。前座设前檐廊，立石础木檐柱 2 根，廊前置垂带石踏跺 7 级。

64 - C₁₅ **平政桥** 〔钟山镇城东社区南门江上·清代·县文物保护单位〕 俗称南门桥。始建年代不详，清道光三十年（1850）重修。南北走向，单孔石拱桥，长 20 余米，宽 4.1 米，拱跨 12.8 米。桥两端各有三层石踏跺，每层 3 级。桥两侧置条石护栏。桥面中部东侧石栏外侧横行镌刻"平政桥"，左、右分别竖行刻"大清道光三十年""正月吉日重修"。

65 - C₁₆ **大桥街桥** 〔公安镇大桥行政村大桥街东北约 100 米的无名小河上·清代〕 建于清咸丰年间（1851—1861）。东南—西北走向，单孔石拱桥，长 12.5 米，宽 3.55 米，拱跨 6.8 米。桥身以料石干砌，青砖砌桥拱，桥面铺砌一层条石，两侧设望柱石栏板，置石鼓。柱顶圆雕石狮，栏板分别阴刻"大桥头""福禄寿"等字及浮雕双兽图案。两端各设踏跺 9 级。

66 - C₁₇ **石龙戏台** 〔石龙镇石龙社区石龙街·清代·自治区文物保护单位〕 建于清同治三年（1864）。坐北朝南，砖木结构，平面呈"凸"字形，占地面积约 108.3 平方米。前台基用青石板围砌，台面铺木板。抬梁式木构架，重檐歇山顶，两檐间饰花格雕板，盖小青瓦，内顶为八角藻井。前台、后厢间以板壁分隔，设出入门。

67 - C₁₈ **廖氏宗祠** 〔燕塘镇玉坡行政村玉东村·清代〕 建于清光绪年间（1875—1908），具体时间不详。坐南朝北，砖木结构，前座、后堂相连，其间无廊无井。建筑主体面阔、进深三间，青砖墙，穿斗式木构架，硬山顶，盖小青瓦。前座无前墙，6 金柱通殿。后堂内用砖墙分隔。

68 - C₁₉ **大田戏台** 〔公安镇大田行政村大田村南约 30 米·清代·自治区文物保护单位〕 始建年代不详，清光绪四年（1878）重修，1982 年维修。坐西朝东，平面呈"凸"字形，前台基面阔 6.37 米，进深 5.5 米，高 1.8 米，以雕花围砌，正面饰八仙贺寿等 11 幅浮雕。台面立 8 柱抬梁式木构架，重檐歇山顶，盖青瓦。内顶八角藻井，脊饰宝葫芦、鳌鱼吻，通高 12 米。后台隔以雕花木板壁，浮雕山川楼阁、彩凤仙鹤等图案，面阔 10.12 米，进深 3.6 米，两侧开出入门。两厢设木栏杆，直棂木格窗。前台基南侧围石刻清光绪四年重修戏台碑记 6 方。

69 - C₂₀ **卢氏宗祠** 〔羊头镇洞石行政村洞心村·清代〕 建于清光绪六年（1880）。坐东朝西，砖木结构，单体建筑，面阔三间，进深一间，内为通厅，青

砖墙，抬梁式木构架，硬山顶，盖小青瓦，门前置檐廊，石础方形檐柱，廊前置 5 级石踏跺。

70 - C₂₁ **莲花戏台** 〔两安瑶族乡三联行政村莲花村南·清代·自治区文物保护单位〕 建于清光绪九年（1883），原为龙皇庵附属建筑。1982 年维修。坐北朝南，砖木结构。平面呈"凸"字形，面积 96.2 平方米。前台通高 13 米，基高 1.4 米，雕花方围砌，石板浮雕龙凤花卉及人物图案，台面铺木板，面阔 7.85 米，进深 5.45 米，抬梁式木构架，重檐歇山顶，盖青瓦，正脊饰宝珠、鳌鱼，四角飞檐，内顶八角藻井，天花彩绘八宝图案。前台、后厢间以板壁分隔，后厢面阔 12 米，进深 4.45 米。出入门额书"龙飞""凤舞"木匾。两厢设木栏杆，雕花隔扇，两侧马头山墙。

71 - C₂₂ **傍山开元宫** 〔燕塘镇聚义行政村深井村面前傍山·清代〕 建于清代，具体时间不详。清光绪十六年（1890）重修。坐北朝南，砖木结构，二进院落，由前殿、后殿、天井、走廊组成，占地面积约 198 平方米。前殿、后殿面阔三间，青砖墙，硬山顶，盖小青瓦。墙开直棂窗。前殿明间前有凹廊，门额书"开元宫"匾，匾上半圆装饰内书"福"字。门前置 3 级石踏跺。后殿前檐敞开，内有清光绪"泽被弄樟"等木牌匾 3 方。

72 - C₂₃ **回龙桥** 〔回龙镇回龙社区回龙街南端珊瑚河上·清代〕 建于清代，具体时间不详。东北—西南走向，单孔石拱桥，长 35 米，宽 5 米，拱跨 15.8 米，桥身、桥拱用料石干砌，桥面铺石板，两侧设望柱石板护栏，石板内侧铭刻建桥功德碑及浮雕腾龙、仙鹤、飞凤、花卉、萱草等图案，桥两端各置石踏跺 5 级。

73 - C₂₄ **龙道村古建筑群** 〔回龙镇龙福行政村龙道村·清代·自治区文物保护单位〕 现存清代建筑 100 余座，其中民居 56 座，单间平房 35 间，门楼 7 座、炮楼 6 座，还有书院、祖庙等。民居多为庭院式，建筑带有干栏遗风，青砖墙，硬山顶，盖小青瓦。墙绘题诗壁画，灰塑，屋中雕花窗，隔屏多雕山水、鸟及人物，门框雕刻对联、八卦、龙凤、花卉。村周砌石墙，各道口有闸门，巷道设有门楼和多重防护门，巷道复杂，炮楼林立，户户相连相通。

74 - C₂₅ **北门桥** 〔钟山镇北门江上·清代〕 建于清代，具体时间不详。桥位于老县城北面的北门江上，故名北门桥，为当时县城北进出的主要通道桥。南北走向，单孔石拱桥，长 18.6 米，宽 3.05 米，拱跨 9.8 米。桥身、桥拱用料石干砌，桥面铺石板。

75 - D₁ **碧云岩摩崖石刻** 〔钟山镇民富行政村白马村东大岩山碧云岩·北宋、清、民国·自治区文物

保护单位〕 碧云洞在大岩山半山腰，洞口朝西北，岩洞内石壁上有摩崖石刻 11 方，其中宋代 2 方，清代 1 方，民国 7 方。多为游岩即兴赋诗和记事。最大的石刻高 0.48 米，宽 0.84 米。书法有楷、真体，形式有题榜、题诗、题记等。主要有北宋靖康元年（1126）蒋燮题诗，南宋乾道五年（1169）赵善政的记刻，以及 1920 年县知事唐南杰题榜书"碧云岩"。

D₁₋₁ 蒋燮碧云岩题诗 〔钟山镇白马村大岩山碧云洞壁上·北宋〕 北宋靖康元年（1126）刻。刻面高 0.55 米，宽 0.56 米。文竖 11 行，满行 12 字，计 160 字，字径 0.02 米。楷书。宋人蒋燮撰首并书丹，刻工不详。无首题，落款"宋蒋燮"，正文为游碧云洞题诗，七言诗，赞碧云洞之景而感叹世事之变化。

D₂₋₂ 赵善政题记 〔钟山镇白马村大岩山碧云洞壁上·南宋〕 南宋乾道五年（1169）刻。刻面高 0.8 米，宽 0.63 米。文竖 19 行，满行 12 字，计 110 字，真书，阴刻。临贺郡丞赵善政撰文并书丹，刻工不详。无首题、落款。刻文记述南宋乾道己丑二月十三日，赵善政与好友张重起、李元章等人游碧云岩，并作《过碧云岩纪行》。文云："……过碧云岩，伯振（即张重起）命酒小酌，作曲论情，是日也，风柔日暖，木秀花明，颇得一时之胜，镌石纪行……"赵善政，汴京人，南宋乾道年间（1165—1173）为临贺郡丞。

76－D₂ 合掌石摩崖石刻 〔钟山镇民富行政村白马村东约 100 米白马山东麓·北宋·自治区文物保护单位〕 白马山东麓，有两石相合如掌，俗称合掌石，上有摩崖石刻 1 方。北宋元符三年（1100）刻。刻面高 0.76 米，宽 0.67 米。文竖 34 行，满行 37 字，计 1200 字，字径 0.014 米，楷书，阴刻。原文为唐许国公苏颋撰文，北宋皇祐四年（1052）刘珣再刻，元符三年富川王瑞礼重刻。首题"隋朝富川烈女蒋氏冢西观寺碑"，无落款。刻文记述蒋氏（？—607）为南朝岭南酋帅钟士雄之母，因劝子归隋，封安乐县君。

77－D₃ 小钟山摩崖石刻 〔钟山镇钟山公园内小钟山·元—民国·县文物保护单位〕 有摩崖石刻 5 方，其中元代 2 方，明代 1 方，民国 2 方。形式有题榜、题记、题诗等。书体有楷、草。重要的石刻有元至顺三年（1332）题刻的《农元帅平瑶复县治》、榜书"复治岩"。明嘉靖十六年（1537）冬富阳知县徐参谨榜书"状元峰"。1921 年钟山县县长卢世标撰文，民国总统府顾问张延甫书的《钟楼记》和抗日战争时期兴业县梁存适题刻的抗日救国五言诗刻等。

78－D₄ 三台山摩崖石刻 〔钟山镇龙团行政村山仔头村西三台山双峰间·明、清〕 石壁上有摩崖石刻 3 方。其中有明代河南西平县知县杨靖横行榜书

"风门云洞" 4 字，楷书，字径 0.017 米，落款"明官河南西平县知县杨靖题"。另外 2 方为清康熙四年（1665）广东西江县知县杨冲斗题《桂秋登感五古》诗。清宣统二年（1910），平乐府学岁贡铨选州判养阴春题《三台山》七律诗等。诗文均为游三台山即景抒怀之作。刻文竖行，字径 0.045 米，楷书，阴刻。

79－D₅ 百蛮遵道摩崖石刻 〔清塘镇英家行政村英家街尾王爷山下·明代·县文物保护单位〕 明万历二十三年（1595）刻。刻面高 0.9 米，宽 0.5 米。文竖 3 行，满行 4—13 字，计 29 字，字径 0.023 米，楷书，阴刻。撰文、书丹、刻工皆不详。首题"□□四屯秧家寺营土司□□□……"，落款"万历岁次乙未孟春月吉日勒石"。正文刻"百蛮遵道" 4 字。

80－D₆ 白霞故址摩崖石刻 〔公安镇荷塘行政村白霞街北鸡笼山南山腰·清代〕 摩崖石刻 1 方。清乾隆二十五年（1760）刻。刻面高 0.51 米，宽 0.52 米。碑文竖 3 行，满行 4 字，计 12 字，隶书，阴刻。正中刻"白霞故址"，首行题"乾隆庚辰"，落款"贾三礼刊"。白霞故址原为明置巡检司的所在地，清道光十三年（1833）迁至昭平县樟木。

81－D₇ 龙岩山摩崖石刻 〔燕塘镇张屋行政村东南龙岩山·清代·县文物保护单位〕 摩崖石刻 1 方。清光绪十八年（1892）刻，刻面高 2.2 米，宽 1.62 米，文竖 12 行，满行 18 字，计 216 字，字径 0.01 米，楷书，阴刻，撰文、书丹、刻工不详。无额题，首行题"光绪十八年头品顶戴广西巡抚江都张……"，刻文记述清光绪十八年七月至次年四月广西巡抚张联桂、总兵马进祥率民工开通平乐至苍梧龙母庙陆路之事迹等。

82－D₈ 珠山摩崖石刻 〔燕塘镇玉坡行政村玉西村东面约 100 米珠山·清代〕 摩崖石刻 1 方。刻于清末。石刻位于珠山南石壁上，高距地表约 15 米，刻面高约 2 米余，宽约 2 米，横行榜书"山辉" 2 字，无落款，字径 1—2 米，阴刻，楷书。

83－D₉ 丹霞观碑刻 〔公安镇塘贝行政村塘贝村·明—清〕 丹霞观，传为汉张道陵修炼之所，后人在其地立祠祀之。有碑刻 2 方。现内存明洪武二十五年（1392）《钟益平蛮封地碑记》、清刻"丹霞观"石匾及石龟趺等。

D₉₋₁ 钟益平蛮封地碑记 〔公安镇塘贝村丹霞观内·明代〕 碑刻 1 方。明洪武二十五年（1392）刻。碑高 0.86 米，宽 0.68 米。碑文竖 23 行，计约 600 字，字径 0.02 米，楷书，阴刻。无额题，落款"洪武二十五年八月廿四日立"。碑文记述：洪武二十三年（1390）七月，富川县十六都花山洞等处"苗贼"欧

奎、秦鹿暨瑶首雅乐等"率党创乱",四处抄掳。山东济南府历城县钟益奉调花峒镇压,至洪武二十五年(1392)六月平息,授富川县额外守御所正千户,子孙世袭。钟益,山东省济南府历城县朱家巷十四都人。

84－D₁₀ 龙门庙碑 〔回龙镇龙福行政村龙道村·清代〕 碑刻1方。清乾隆三年(1738)立。碑高1.34米,宽0.52米。碑文竖行,行书,阴刻。碑文记述:陶氏始祖陶吉父子于明宣德十年(1435)参加剿藤峡侯大苟领导的瑶民起义,后陶吉死于军中,加升殿前都统。其子德坚、长孙坎立祠祀,并记陶氏世系与祠修建经过。

85－D₁₁ 永禁大由、龙骨等山碑 〔清塘镇南妙行政村南村龙骨山·清代〕 碑刻1方。清道光八年(1828)立。碑高0.95米,宽0.37米。碑文竖行,计274字,字径0.02米,楷书,阴刻。撰文、书丹、刻工不详。额题"永禁大由、龙骨等山碑",落款"道光八年十一月二十六日南村大由二堡人等同立"。碑文记载:清嘉庆、道光年间,大由、龙骨等山林木屡遭盗伐,南村大由二堡村民决议刊碑勒石,永远封禁大由山等处山林,"不得乱砍、盗伐、越规",否则一经捕获,重罚不贷。

86－D₁₂ 百世流芳碑 〔燕塘镇燕塘行政村月小村·清代〕 碑刻1方。清道光十年(1830)立。碑高0.91米,宽0.6米。碑文竖刻20行,满行33字,计460字,字径0.02米,楷书,阴刻。额题"百世流芳"4字,落款"清道光十年正月初六日合族公议同立"。碑文记述儒家村莫姓一族世代祭祀条规4项。

87－D₁₃ 东门楼碑 〔两安瑶族乡沙坪行政村沙坪村东门楼墙壁·清代〕 碑刻1方。清同治二年(1863)立。由2块碑组成。碑高0.36米,总宽0.72米。碑文竖52行,满行21字,计661字,字径0.02米,楷书,阴刻。撰文、书丹、刻工不详。横行额题"万代"2字,落款"同治二年癸亥岁五月日立"。碑文记载:明洪武元年该村从全州灌阳千家峒迁至此落户,后又迁回老屋地、栏洞岭头、高寨岑等地。明嘉靖四十年(1561)夏回到沙坪,立寨围造门楼,并立碑记录捐款芳名。

88－D₁₄ 大虞府宗祠记事碑 〔石龙镇大虞行政村大虞村大虞宗祠前廊墙体上·清代·县文物保护单位〕 碑刻2方,高1.32米、总宽1.54米。碑面四周饰花边。碑文竖行,字径0.025米,阴刻,楷书。钟杰、钟濂撰文并书丹。无额题,首行"大虞府宗祠记事",落款已模糊。碑文记载宗祠纪事及太平天国将领陈金刚部从广东世广西据贺县向钟山挺进围攻大虞村的经过。

89－D₁₅ 给赏执照碑 〔公安镇大龙行政村大龙小学内·清代〕 嵌于学校二楼楼梯口左面墙体内。碑为竖长形,碑文竖21行,满行28字不等,约500字,楷书,阴刻。无额题,落款缺失。首行题"特授昭平县正堂加三级□次,照为给赏执照",正文文字稍小,内容记叙昭平正堂审理谢梁越占陶朝泰、陶成文之税地一案的情况。

90－E₁ 太平军平山岩战斗遗址 〔羊头镇龙山行政村平山岩村·1859年〕 清咸丰九年(1859)三月,太平军陈金刚部从贺县进据羊头一带。平山岩村及邻近地主武装团练千余人聚躲平山岩与太平军相抗,被太平军围攻熏死。平山岩位于平山西面半山腰,西向,洞口距地面20米,岩内宽敞,可容数千人。清光绪三十年(1904)村民将遗骸迁葬平山北面山坡,称白骨坟,坟前立《平山岩内白骨之坟》碑记,记述这次战斗经过等史实。

91－E₂ 九龙祖庙碑 〔燕塘镇合群行政村鸡心峒西约500米·1861年〕 始建年代不详,清咸丰十一年(1861)重建。后庙毁,存石庙门和石狮及修庙碑记。碑文为钟有谟撰,记述修建庙经过及钟有谟于咸丰四年(1854)任团总于英家溪心村等地征剿太平军的史实。碑高1.46米,碑文竖行,楷书,阴刻。

92－E₃ 中共广西省工委秘密接待站旧址 〔燕塘镇合群行政村白沙井村南马头山·1942—1945年〕 1942年10月上旬,中共广西省工委由灵川转移到钟山县白沙井后,以马头山一岩洞作为省工委秘密接待站,接待过往人员,直至1945年8月。岩洞为石灰岩溶洞,高距地面约15米,洞口朝北,高2.3米,宽15米,洞内进深25米。1985年,钟山县人民政府在岩口修建六角攒尖顶钢筋水泥结构纪念亭1座,亭内立白大理石《马头山岩碑记》1方。

93－E₄ 中共广西省工委旧址 〔燕塘镇合群行政村白沙井村南面·1942年〕 1942年10月上旬,中共广西省工委由灵川转移到钟山县白沙井。省工委书记钱兴化名蔡亚绿偕爱人邹冰(工委秘书)带小孩以难民身份在此搭茅棚居住,继续领导全省开展抗日救亡和敌后武装斗争。今茅棚已无存。1985年,钟山县人民政府在旧址东南10余米处修建八角形重檐攒尖顶纪念亭1座。

94－E₅ 中共广西省工委隐蔽处旧址 〔燕塘镇张屋行政村童子岛村西北牛峒·1943—1944年〕 1943年10月,中共广西省工委书记钱兴偕爱人邹冰,以及吴赞之、周赞同等转移到牛峒,坚持革命斗争。半年后复迁至白沙井。牛峒四面群山环抱,方圆约120.5万平方米。原钱兴等住房已毁,当年的石灰窑尚存。

1985 年，中共钟山县委、县人民政府于牛峒修建牌楼立碑纪念。

95 - E₆ 黄竹山惨案旧址〔钟山镇潮滩行政村黄竹山村北长山仔岩·1944 年〕 1944 年 10 月，侵华日军入侵钟山镇，黄竹山村民躲进长山仔岩避难，被日军发现，进洞奸淫妇女后，又用毒气毒死洞内群众 28 人。长山仔岩为一小孤山岩洞，南北对穿，洞口与地面平，南洞口高 1.6 米，宽 1 米，洞内进深 40 余米，宽敞并有洞口通山顶。北洞口高 2 米，宽 1.5 米，有一宽约 10 米水潭。

96 - E₇ 英家起义地址〔清塘镇英家行政村英家街·1947 年·自治区文物保护单位〕 1947 年 6 月 5 日，中共桂东组织在英家（今清塘镇）白岩塘发动起义，攻占英家乡公所（三界庙）和粮仓（粤东会馆），17 日袭击公安乡公所。史称“英家起义”。旧址现存粤东会馆门楼、天井厢房及仓库 3 间，占地面积约 957 平方米。门楼、厢房建于清乾隆四十二年（1777），清咸丰年间（1851—1861）重修，其余为民国时期建筑。门楼面阔三间，进深一间，有前檐廊、石檐柱、额枋托石狮，门额嵌“粤东会馆”石匾，硬山顶，盖小青瓦，高脊浮雕花卉，灰塑博古。1985 年，中共钟山县委、县人民政府于英家大桥东端修建六角攒尖顶纪念亭 1 座。亭内立纪念碑，记述起义过程和牺牲烈士芳名。

E₇₋₁ 三界庙〔清塘镇英家行政村英家街英家小学·清代〕 三界庙建于清乾隆三十九年（1774）。坐北朝南，砖木结构，原为两进院落，由门楼、后殿、天井、厢房组成，现存门楼。门楼面阔三间，前有檐廊，檐柱 2 根，门额上嵌“三界庙”石匾，廊前设石狮、石鼓各 1 对。楼内为通厅，立金柱 4 根，后檐敞开。硬山顶，盖小青瓦。1947 年 6 月 5 日晚，英家起义部队袭击三界庙内英家乡公所，俘获乡长。

E₇₋₂ 英家戏台〔清塘镇英家行政村英家街尾原三界庙（现为英家小学）前·清代〕 建于清乾隆三十九年（1774）。坐北朝南，砖木结构，戏台高 8.1 米，前台台基高 1.22 米，面阔 9.16 米，进深 5.6 米，周以青石板镶嵌。台前立 4 柱，穿斗式木构架，后台深 3.3 米。原为重檐翘角，后经多次维修、改建，成为现今的歇山顶，盖小青瓦。这里是 1947 年中国共产党领导英家起义的活动地点。

97 - F₁ 栖凤桥〔凤翔镇凤翔社区观翔街东·1928 年·县文物保护单位〕 建于 1928 年。东西走向，单孔石拱桥，长 20 米，宽 4.2 米，拱跨 10.15 米。桥身、桥拱用料石干砌。桥面为三级平台，中间平台最高，平台间以踏跺连接。桥两侧立望柱、石栏板、柱顶饰花球、台形雕，柱面镌刻“明月照桥梁”等楹联，栏板内侧饰雕双凤朝阳、鹤、鹿、松等 9 幅浮雕。桥下南侧设闸栏。西桥头碑廊已毁，碑散失。

98 - F₂ 庆隆戏台〔钟山镇太平行政村太平街·1928 年·县文物保护单位〕 建于清乾隆年间（1736—1795）。现存建筑为 1928 年重建。原为武帝庙戏台，平面呈“凸”字形，由前台及后台组成，占地面积约 94.1 平方米。前台用青砖砌台基，面阔 7.75 米，台基一侧设有踏跺上下，台面前檐两角各立木檐柱 1 根，台内 6 柱支撑梁架，八角藻井，歇山顶，前、后台隔木板壁，两端有门相通。后台为硬山顶，弧形封火墙。

99 - F₃ 护塘塔〔钟山镇护平行政村护塘村前西面·1930 年·县文物保护单位〕 建于 1930 年，村民集资修建造。为楼阁式实心砖塔。平面呈八角形，边长 10.64 米，占地面积约 63.7 平方米。塔高七层 20 米。底层较高，二层以上递减且内收，攒尖顶，葫芦形塔刹。底层无门，二层以上每层对称相错设壁龛 4 个。塔内壁书“风调雨顺”等吉祥语或绘以彩画。

100 - F₄ 张氏宗祠〔清塘镇榕水行政村榕水村·1931 年〕 建于 1931 年。坐北朝南，砖木结构，中西结合四合院，占地面积约 554 平方米。前座、后堂皆二层楼房，面阔五间，进深一间，青砖墙，硬山顶，盖小青瓦。前座正面 6 根柱贯顶，柱顶饰宝葫芦，明、次间顶砌弧形山花女儿墙，两稍间顶砌十字花窗式女儿墙。上、下层皆开长方窗，三角形窗楣。下层明间门额上嵌阳塑“张氏宗祠”石匾。中为天井，天井四周设二层西式联拱回廊建接前座、后堂。

101 - G₁ 大爽石器出土点〔清塘镇新竹行政村湖广寨村大爽电站·新石器时代〕 1974 年，大爽电站清基时挖出石戈、穿孔石钺各 1 件。石戈为长条形，直援直内，无阑，有穿，内后缘抹角，正中均有脊突，援前段残去，残长 0.014 米，宽 0.045 米，厚 0.07 米。

102 - G₂ 里太铜镜出土点〔公安镇里太行政村里太村·西汉〕 1987 年 12 月，出土铜镜 1 面。镜圆形，扁薄，半球形纽，柿蒂纽座。镜背、纽座外加方框，框内饰 12 个小乳钉，其间配置十二辰铭文。其外为一圈铭文带，共 63 字。缘饰三角锯齿纹和云纹。直径 0.227 米，厚 0.05 米。（见《考古》1992 年 9 期）

玉林市

玉州区

1 - A₁ 竹山遗址 〔玉州区福绵镇宝岭行政村竹山村·新石器时代〕 山坡（台地）遗址。地处车陂江南岸的山坡地，分布面积约 2000 平方米。20 世纪 70—80 年代，陆续出土了石斧、石凿、石铲等及一些陶片。此外村民在耕种时常挖出大小不等的陶片。

2 - A₂ 茂林城址 〔玉州区茂林镇茂林行政村古城村西侧·南朝〕 相传南北朝时期南流郡郡治曾设于此。城址平面呈正方形，占地面积约 1.07 万平方米。现仅存城南、西、北三面夯土城墙，每面城墙上窄下宽呈坡状，墙约长 320 米，宽 3.5 米。城内发现有南朝时期的瓦片，其他痕迹已不存。

3 - A₃ 石鼻岭冶铁遗址 〔玉州区仁东镇良村行政村良村村东北面石鼻岭·宋代〕 石鼻岭，高 170 米，遗址主要分布在石鼻岭西南面山坡，分布面积约 360 平方米。遗址范围有厚约 0.6 米的炼渣堆积，堆放有数十包铁渣，地表散布残破陶制风管数十个，长约 0.2 米，外口径 0.09 米，内口径 0.04 米，另有一些唐宋时期的残瓷片。遗址属于自治区级文物保护单位绿鸦冶铁遗址的组成部分。

4 - A₄ 石根岭冶铁遗址 〔玉州区仁东镇良村行政村良村村西北面石根岭·宋代〕 石根岭高约 170 米，遗址分布在石根岭的南面高约 120 米山腰，面积约 3780 平方米。地表可见散落的炼渣。炼渣堆积层厚约 0.6 米，现已被盗挖。遗址属于自治区级文物保护单位绿鸦冶铁遗址的组成部分。

5 - A₅ 辛仓埠遗址 〔玉州区新桥镇田横行政村犁嘴坡·明、清〕 辛仓埠是明、清郁林州海盐货的存储及中转场所，始建时间不详，废弃于明末清初。现存夯土墙两道，长约 100 米，墙高在 2.3—4.7 米之间，厚在 0.4—0.8 米之间，墙上枪眼呈三角形排列。占地面积约 89000 平方米。

6 - A₆ 鹅颈岭旧村围墙 〔玉州区茂林镇金谷行政村古楼村东面·清代〕 建于清乾隆年间（1736—1795）。围墙呈南北走向，夯土筑成。长约 40 米，高 1.8 米，厚 0.43 米。墙中部每隔 1.5 米设一个枪眼，用青砖砌成，呈外窄内宽的喇叭状，部分围墙在 20 世纪 60、70 年代被陆续拆除。

7 - A₇ 金井蓝池遗址 〔玉州区成均镇井龙行政村金井村包肚塘·清代〕 为当地用于加工生产蓝靛染料的池子，始于清末，沿用至民国时期，金井村因此有"蓝圩"之称。现存 21 个蓝池，分布在村北面稻田中，面积 950 多平方米。蓝池平面呈圆形，用三合土筑成，分大池与小池。口径 1.3—2.05 米，深 1—1.4 米。

8 - A₈ 大岭田蓝池遗址 〔玉州区成均镇丹竹行政村大岭田垌·清—民国〕 当地用于加工生产蓝靛染料的池子，始于清末，沿用至民国时期。现存 4 个蓝池，占地面积约 28.8 平方米。蓝池皆用三合土筑成，平面呈圆形，内径 1.2—1.8 米，池圈高出地面，高 0.65 米—1 米，壁厚 0.25—0.3 米。

9 - A₉ 木赖垌蓝池遗址 〔玉州区樟木镇罗田行政村木赖垌·清—民国〕 当地用于加工生产蓝靛染料的池子，始于清末，沿用至民国时期。现存蓝池 4 个，其中方形池 2 个，长 2.3 米，宽 1.5 米，深度不明；圆形池 2 个，内径分别为 1.6、1.5 米，深约 0.8 米。池间距为 1.2 米，池皆为三合土加石块筑成。占地面积约 14 平方米。

10 - A₁₀ 竹山蓝池遗址 〔玉州区樟木镇竹山行政村办公楼附近·清—民国〕 当地用于加工生产蓝靛染料的池子，始于清末，沿用至民国时期。蓝池为三排，共 24 个池，分布面积约 220 平方米。损毁严重，现存较为完整的池 3 个，残池 3 个，排水沟一条。大池内径 1.75 米，小池内径 1 米，深度不详。

11 - B₁ 屈冲塘南朝墓 〔玉州区沙田镇南流行政村井冲口村屈冲塘岭南面山坡·南朝·市文物保护单位〕 1987 年发现，为单室券顶长方形砖墓，墓室高 2 米，宽 0.8 米，两侧墓壁设弧顶方底神龛。红色墓砖。砖长 0.26 米，宽 0.13 米，厚 0.06 米，有的印有文字，因断碎过甚无法识读。出土有青瓷杯、鸡首壶及唾壶残片。

12 - B₂ 陆屋唐墓 〔玉州区名山街道石棠行政村陆屋村荔枝园·唐代〕 为砖室墓，东西向，墓室长 2.1 米，宽 0.9 米，深 0.9 米，底层有白膏泥层，几何纹墓砖，墓室上盖石板 2 块。占地面积约 1.89 平方米。出土半枚五铢钱。

13 - B₃ **钟道六墓** 〔玉州区城北街道钟周行政村钟周村牛栖山南麓·元代·市文物保护单位〕 钟道六（1237—1314），字宜万，广东东莞人。南宋咸淳至德祐年间（1265—1276）曾任全州路提刑使。墓建于元延祐元年（1314），明洪武十九年（1386）其孙重修，立墓表；清乾隆四十六年（1781）重修，清道光三十年（1850）再修，增设华表、神道及石像生。1986年后裔增建案台、石鼓、牌坊、碑廊和上山石阶。墓葬朝东北，冢呈圆丘形，高1米，底径1.5米，两旁为其子钟德明墓和义子钟德扬墓。3墓呈"品"字形排列，占地面积约920平方米。神道两侧立有华表、石人、石马、石狮等。墓后两侧各立一墓表。两侧设有碑墙，有碑刻35方（新刻26方）。其中《宋全州路提刑使钟公宜万墓表》碑，为明洪武二十九年（1396）立，碑文载钟宜万于宋末在全州、桂林、苍梧、广州、玉林等地反元事迹。

14 - B₄ **陶成墓** 〔玉州区仁东镇石地行政村三山村九牛岭·明代·市文物保护单位〕 陶成（1390—1450），字孔思，广西郁林州人，官至明浙江按察司副使职。明景泰元年（1450）五月，于浙江武义战殁，赠亚中大夫、军政司左参政，谥忠烈。《明史》有传。墓为清代重修，占地面积约417.92平方米。墓葬朝东南，墓区平面呈葫芦形。周有墓圈墙，冢呈圆丘形，前有圆形拜台。原有石像生已全佚，仅存墓侧神道碑，明成化十一年（1475）立。1987年，其后裔进行修缮，铺水泥石米。

B₄₋₁ **明故浙江按察司副使赠军政司左参政陶公神道碑铭** 〔九牛岭·明代〕 明成化十一年（1475）立。碑阳朝东南，高2.3米，宽1.38米。弧顶，两侧及边雕刻云涛、波涛和缠枝纹。碑文竖36行，计1600字。字径0.03米，楷书，阴刻。翰林院侍讲学士奉直大夫兼修国史经筵官丘浚撰文，中奉大夫云南等处承宣布政司左布政表凯书丹，亚中大夫两淮都转运盐使司运使欧贤篆额。额题篆书"明故浙江按察司副使赠军政司左参政陶公神道碑铭"，碑文载陶公生平事迹。

15 - B₅ **黄刚夫妇合葬墓** 〔玉州区玉城街道垌口社区新瑞街38号北面·明代〕 黄刚，字健翁，号左泉，官至明河南汝宁府同知，封奉政大夫，因开罪于广西都指挥使，至下死狱。明景泰年间（1450—1456）获赦免，归隐玉林。与妻刘氏合葬。墓葬朝东，墓区平面呈葫芦形，圆丘形土冢，高0.8米，底径3米。墓前周围存碑10余方，多系明清时期立。

16 - B₆ **陶养愚夫妇合葬墓** 〔玉州区仁东镇周村行政村下坡村庞屋山·明代〕 建于明万历十九年（1591）。墓葬朝北，墓区平面呈"8"字形，周边砖砌矮护墙，墙端为两面坡石顶，占地面积约54平方米。冢高1.4米，用料石围砌，分三层，底部为八角形，中部呈圆柱形，料石顶端盖瓦，冢顶土堆圆弧形。墓碑高1.8米，宽0.74米，重檐歇山顶，落款为明万历辛卯岁次。

17 - B₇ **周勋夫妇合葬墓** 〔玉州区城西街道永上行政村李杂屯石柱山卷螺岭·明代〕 周勋，号北城，官至明浔梧参将。死后与夫人唐氏合葬于卷螺岭。清光绪三十四年（1908）修缮。墓平面呈葫芦形，占地面积约260平方米。墓葬朝东，圆丘形三合土冢。墓碑为两柱庑殿顶，碑面竖行阴刻"定国将军北城周公、唐氏夫人合葬之墓"，右上款"万历岁次丙午季秋吉日"。墓北侧有碑数方，其中一方额题为"参将公传"，内容系叙述周勋之业绩。《玉林州志》有载。

18 - B₈ **庞靖江墓** 〔玉州区南江街道新联行政村龙神湾·清代〕 庞靖江，据庞氏族谱记载，南宋宝祐年间（1253—1258）以明经博士特授玉林州学正。墓建于南宋，清代重修。平面呈葫芦形，占地面积约120平方米。墓葬朝东北，冢呈圆丘形，周围二级圆形护坡，墓碑刻有阐述死者生平、功德的文字，部分文字模糊。前为混凝土铺圆形地坪。

19 - C₁ **玉皇堂** 〔玉州区玉城街道玉皇里11号对面·明—清·市文物保护单位〕 为道教供奉四御场所。建于明万历三年（1575）。清乾隆二十九年（1764）、五十五年（1790）均重修玉皇堂并三帝阁；清嘉庆十二年（1807）重修玉皇堂三帝阁并大厅头门；清光绪九年（1883）重修。坐西北朝东南，砖木结构。三进院落，由照壁、前座、中座、后堂、两厢组成，占地面积约1000平方米。后堂已毁。前座、中座青砖墙，硬山顶，盖小青瓦，灰塑鳌鱼、宝珠。前座有前檐廊，青石圆柱，大门额挂"玉皇堂"匾。中座为明代建筑，面阔三间，石檐柱2根，木金柱4根，穿斗与抬梁结合木构架，封檐板雕花鸟，内檐下壁有彩绘宝相花、夔龙、花卉等壁画12幅，堂内存清代碑刻11方，内容多为历次重修事宜。

20 - C₂ **苏氏祖居** 〔玉州区玉城街道州佩社区州佩一联110号·清代〕 建于清早期，具体时间不详。坐东南朝西北，砖木结构，三进院落，占地面积约367平方米。每座面阔三间，青砖墙，墙面抹灰，硬山顶，盖小青瓦。前座明间设内凹小檐廊，中座立金柱6根，穿斗与抬梁混合木构架。

21 - C₃ **大成殿** 〔玉州区玉城街道解放路西段南流江畔古定小学校园·清代·市文物保护单位〕 建于北宋至道二年（996），初名至圣庙。元至正三年

（1343）知州张按滩不花迁建于此。明洪武、正德、天启年间及清康熙年间共重修 18 次，至康熙五十二年（1713）基本定型。清嘉庆十八年（1813）重修。现仅存大成殿，坐北朝南，砖木结构。平面呈长方形，面阔五间，进深三间，高约 13 米，占地面积约 300 平方米。殿内共立檐柱、山柱、金柱 24 根，穿斗和抬梁混合木构架，鼓形石柱础，重檐歇山顶，盖黄琉璃瓦、筒瓦，脊饰石湾陶塑及花卉灰雕。

22 - C₄ 西街大夫第 〔玉州区玉城街道大西路 135 号·清代〕 建于清中期，具体时间不详。砖木结构，庭院式，占地面积约 938.9 平方米。主体建筑为三进院落，坐东朝西，前、中、后座面阔三间，清水墙，悬山顶，脊灰塑花鸟吻兽，盖小青瓦。前座明间设内凹小檐廊，中座有前檐廊，前、中座明间木板槛墙框架仍存，其余为砖墙。前、后天井两侧为走廊。主体院落两边隔巷道设一排厢房。建筑前方为前院，周砌围墙，大门朝东北向，面阔一间。

23 - C₅ 朱砂垌客家围龙屋 〔玉州区南江街道塘村社区朱砂垌·清代·市文物保护单位〕 建于清乾隆至嘉庆年间（1735—1820）。客家民居，背靠山坡，依势而建。建筑坐东朝西，为典型的"九井十八厅"布局，占地面积约 1.5 万平方米。围墙平面呈马蹄形，周长 400 余米，围墙正面为透空式矮墙，墙体遍布枪眼。围墙内以祠堂为中心，左右两侧对称纵向各有 5 组建筑，互相贯通，两两构成庭院式组合，其中以大小不等的天井构成若干个四合院。围墙内侧修建家畜圈舍。墙外正面为半月形池塘，两边设卡式村门。围墙两侧设有壕沟。绕围墙分布原有 9 座炮楼，现存 4 座。

24 - C₆ 黄氏宗祠 〔玉州区南江街道分界行政村桥头屯·清代〕 建于清乾隆年间（1736—1795）。清光绪十三年（1887）重修。占地面积约 270 平方米。砖木结构。三进院落。前座、中厅、后堂均面阔三间，抬梁式木构架，硬山顶，青瓦覆盖，祠内现存碑刻 3 方。

C₆₋₁ 置卖祭产田种数、额租粮米契碑 〔南江街道桥头屯黄氏宗祠内·清代〕 碑刻 1 方。清代立。碑高 0.74 米，宽 0.42 米。碑文竖 20 行，满行 48 字，计 795 字。字径 0.15 米，楷书，阴刻。无额题、落款。碑文记载黄氏宗祠置卖祭产田的种数、地界、额租粮米数目、完纳粮租人之姓名以及祭产管理之规定。

25 - C₇ 苏其炤老宅 〔玉州区城西街道江岸社区江岸村 72 号·清代〕 建于清乾隆年间（1736—1795）。坐西北朝东南，砖木结构，二进院落，前、后座夹天井，占地面积约 251 平方米。前座面阔三间，砖墙，悬山顶，盖小青瓦。明间设内凹小檐廊，大门两侧各立石鼓 1 面。后座为 2000 年重建。苏其炤，字临九，号燮堂，清雍正癸丑（1733）科进士，官至陕西省邠州知州。

26 - C₈ 居安庄 〔玉州区南江街道分界行政村桥头屯·清代〕 建于清乾隆年间（1736—1795）。客家围屋，砖木结构，由黄氏宗祠及由两侧横屋组成，占地面积约 9000 平方米。黄氏宗祠为三进院落，前座、中厅、后堂面阔三间，青砖墙，硬山顶，盖小青瓦，正脊、垂脊皆灰塑翘脊，封檐板透雕图案，室内彩绘壁画尚存 5 幅。宗祠两侧各有横屋 2 列，悬山顶。周边围墙残存约 110 米。

27 - C₉ 南江村天后宫 〔玉州区南江街道南江行政村南江村·清代〕 建于明万历年间（1573—1620），清乾隆十八年（1753）重修。坐南朝北，砖木结构。原为三建院落，建筑分前、中、后三殿，现存前、后殿，均面阔三间，进深一间，抬梁式木构架，硬山顶，盖小青瓦，琉璃剪边。前殿墙面有花卉壁画，后殿檐墙左右有山水墨版画 28 幅。

28 - C₁₀ 谭苏庙 〔玉州区大塘镇苏烟行政村苏烟村·清代〕 清雍正初年（1723）建于苏烟村东下坡地，系奉祀谭、苏太尉二官之神庙。清乾隆二十九年（1764）迁建今址，清道光六年（1826）重修。1988 年维修。二进院落，由前殿、后殿、天井、两侧厢房组成，占地面积约 200 平方米。现存后殿，占地面积约 100 平方米。坐西朝东，砖木结构。面阔三间，25 檩，青砖柱 6 条，石柱 2 条，抬梁式木构架，硬山顶，盖小青瓦。庙内梁间悬挂仿制的乾隆三十九年（1774）举人张杏亭赠"谭苏太尉鉴领恩覆载"匾。

29 - C₁₁ 紫泉书院 〔玉州区玉城街道解放路忠功里·清代〕 建于清乾隆十六年（1751），清嘉庆元年（1796）迁今址，五年（1800）扩建，清道光九年（1829）重修。砖木结构，主要建筑有前门、讲堂、后堂、藏书楼东西学舍和文鉴亭。现存讲堂、学舍、藏书楼，占地面积约 1400 平方米。讲堂面阔三间，青砖墙，抬梁式木构架，悬山顶，盖青瓦，藏书楼面阔三间，硬山顶，间墙开拱门 3 个。

30 - C₁₂ 万济桥 〔玉州区成均镇万福行政村万福村西南车陂江上·清代·市文物保护单位〕 郁林州人唐秉琰等倡建于清乾隆十八年（1753），四十年（1775）重修，清道光二十五年（1845）重修桥栏。东西走向，五孔石拱桥，长 73 米，宽 6.15 米，拱跨 11 米。桥身、桥拱用料石干砌，桥面铺石板，两侧各设置望柱 11 根分隔石栏板，每块栏板浅雕四出钱图案 5 个。在桥南、北侧中段护栏扳上分别有清道光乙巳年

（1845）刻"万济桥""车陂江"，皆楷书。

31 – C₁₃　绿杨天后宫〔玉州区名山街道绿杨行政村绿杨小学·清代〕　建于明万历年间（1573—1620），清嘉庆年间（1796—1820）重修。坐北朝南。砖木结构，现存二进及两廊，占地面积约1200平方米，主体建筑面阔三间，进深二间，青砖墙，抬梁式木构架，硬山顶，盖小青瓦。前殿门前两侧置石鼓，明间敞开无檐墙，宫内墙上嵌有碑刻22方。

32 – C₁₄　杨氏宗祠〔玉州区玉城街道玉州路91号·清代〕　建于清乾隆四十六年（1781），清嘉庆三年（1798）重建。原为三进院落，现仅存后堂，坐西北朝东南，砖木结构，面阔三间，进深一间，青砖墙，抬梁式木构架，硬山顶，青色琉璃瓦剪边，脊饰人物、花卉灰塑，封檐板雕花鸟纹，墙端彩绘壁画20幅。左、右侧墙嵌有建祠石刻3方，已被覆盖。占地面积约79.5平方米。

33 – C₁₅　地藏堂〔玉州区玉城街道新民社区新民中路一侧·清代·市文物保护单位〕　始建年代不详，明万历四十七年（1619）重建，清乾隆年间（1736—1795）修补前座，清嘉庆六年（1801）重建。坐北朝南，砖木结构。四进院落，由前殿、中殿、后殿、天井、两厢、后院组成，占地面积约1121平方米，中、后殿为穿斗与抬梁混合木构架。面阔三间，进深前座7.7米、中殿进深9.5米、后殿进深11米。砖砌内金柱4根，青砖墙，硬山顶，盖小青瓦。前施檐廊。大门匾题"地藏堂"。堂内墙壁上部有人物、花卉、鸟兽诗题等彩画10余幅。廊墙上有《嘉庆辛酉年重建地藏题名记》等碑刻23方。

34 – C₁₆　新民寒山庙〔玉州区玉城街道新民社区办公楼左侧·清代〕　又称西关寒山庙。建于清乾隆二十四年（1759），清嘉庆二十年（1815）、清同治十三年（1874）、1945年三次重修。坐西南朝东北，砖木结构，两进院落，占地面积约262.8平方米。天井东面开大门，入门天井两侧各有一殿，两殿皆面阔三间，墙壁基础1.5米以黄沙夯筑，上砌青砖，抬梁式木构架，硬山顶，脊饰灰雕，盖小青瓦。庙内墙嵌清至1945年碑刻9方。除题记、捐资碑外，还有州署对西关的农田水利纠纷处理告示。

35 – C₁₇　三帝堂〔玉州区福绵镇福绵行政村·清代〕　建于明末，清康熙三十年（1691）、清乾隆二年（1737）、清嘉庆五年（1800）先后维修或重修。20世纪50年代、90年代又先后改造前座，原有戏台和右厢房被拆除。现存建筑坐东朝西，砖木结构，三进院落，有前座、中厅、后堂及南厢房，占地面积约908平方米。砖木结构，每座面阔三间，硬山顶，中座为穿斗与抬梁混合木构架。脊饰、封檐板及壁画多有损毁。前座墙上嵌有碑刻5方。

C₁₇₋₁　重修三帝堂碑记〔福绵镇福绵村三帝堂前座墙壁上·清代〕　碑刻1方。清乾隆二年（1737）立。碑高1.4米，宽0.3米。碑文竖12行，满行60字，计732字，字径0.02米，楷书，阴刻。额题"重修三帝堂碑记"，落款"大清乾隆二年岁次丁巳季冬吉旦立"。碑文记载三帝堂的历史沿革、重建经过以及与此有关的人与事。

C₁₇₋₂　三帝堂常住戏金记碑〔福绵镇福绵村三帝堂前座墙壁上·清代〕　碑刻1方。清乾隆五十年（1785）立。碑高1.02米，宽0.52米。碑文竖14行，满行32字，计359字，楷书，阴刻。唐乾学撰文。额题"三帝堂常住戏金记"，落款"乾隆五十年岁次庚戌季秋吉旦立"。碑文记载福绵上村三帝堂戏台建成后的事。唐乾学，玉林福绵人，清嘉庆六年（1801）赐举人。

C₁₇₋₃　创建戏台题名记碑〔福绵镇福绵村三帝堂前座墙壁上·清代〕　碑刻1方。清乾隆五十二年（1787）立。碑高1.3米，宽0.74米。碑文竖行，计299字，楷书，阴刻。唐乾学撰文。额题"创建戏台题名记"，落款"大清乾隆五十二年岁次丁未仲春吉旦立"。碑文记载修建福绵上村三帝堂戏台之事。

36 – C₁₈　曾定西祠〔玉州区南江街道南江社区曾屋寨58号·清代〕　建于清嘉庆年间（1796—1820），清光绪十八年（1892）重修。坐西朝东，二进院落，由大门、后堂、左右廊、天井组成，占地面积约460平方米。大门、后座面阔五间，青砖墙，悬山顶，脊灰塑花鸟图案，木雕封檐板、雀替、柁墩，内墙保留部分彩绘壁画。大门门额镶嵌石匾"曾定西祠"，落款"光绪十八年岁次壬辰孟冬月朔后五日立"。

37 – C₁₉　荔枝根梁氏宗祠〔玉州区仁厚镇荔枝行政村荔枝根村·清代〕　建于清嘉庆十年（1805）。清咸丰、清光绪年间及20世纪80年代先后重修或维修。坐西北朝东南，砖木结构，三进院落，占地面积约576平方米。前座、中厅、后堂面阔三间，青砖墙，硬山顶，盖小青瓦。前座有前檐廊，立石檐柱2根，门前设5级垂带砖踏跺。前天井两侧置走廊。后座为穿斗与抬梁混合木构架。祠内存碑刻15方，彩绘壁画16幅。

38 – C₂₀　云龙桥〔玉州区玉城街道大南路与竹美路交界南流江上·清代·市文物保护单位〕　又名南桥、旧南桥。建于宋代，初名安定，元延祐二年（1315）迁建于此，为木桥，名安远。明永乐八年（1410），州太守陈铭改建石基木梁桥，并于桥上建亭。

明成化、明嘉靖年间均重修，更名瑞龙。明万历三年（1575）陈文峰用石改建，始称云龙桥。清康熙四十七年（1708）陈午亭集议重修。清乾隆二十年（1755）桥陷，陈彝川修复，清嘉庆二十四年（1819）再重建。桥南北走向。三孔石拱桥，长38.7米，宽6.5米，拱跨10.6米，桥身用料石砌成，桥面两侧各设望柱32根，柱顶石狮，柱间嵌石栏板，栏板有明代刻题记4处。其中有明万历时工部主事陈一谦及嘉靖时郁林知州邝元乐诗刻。桥南约22.3米处立一碑墙，尚存碑刻5方，其一为清钦赐恩科举人陈科绥撰写的《重建云龙桥记》。

39－C₂₁ 茂林桥 〔玉州区茂林镇茂林行政村茂林村东面南流江上·清代·市文物保护单位〕 建于元至正年间（1341—1368），名通济桥。明弘治年间（1488—1505）重修后名太平桥。清康熙四十年（1701）再重修，改名茂林桥。清嘉庆十八年（1813）毁于洪水，清道光元年（1821）谭淳祥、陈科绥筹款重修。桥东西走向，三孔石拱砖桥，长32.7米，宽5.4米，拱一大二小，大拱跨12米，小拱跨2.5米。1983年于桥北侧加宽一倍，以水泥、沥青铺设桥面，置水泥构件护栏。

40－C₂₂ 苏氏淮泗祠 〔玉州区城西街道江岸社区江岸村106号·清代〕 原为四进院落，前三进建于清嘉庆四年（1799），后堂建于清道光三年（1823），占地面积约354平方米。前座于1979年拆除，现存三座。坐北朝南，砖木结构，各座均面阔三间，中厅、花萼堂进深三间，后堂进深一间，青砖墙，硬山顶，盖灰瓦。室内15檩，祠堂内有清代碑刻4方，记录建祠、捐款、题名、家规、世系等。

41－C₂₃ 丽江桥 〔玉州区新桥镇新桥行政村新桥村北面丽江上·清代〕 建于清道光三年（1823）。西北—东南走向，三孔石拱桥，长52.5米，宽13.3米，孔跨约15米。桥身、桥拱以料石砌筑，两侧置条石护栏。1987年将桥面西侧各加宽2米，护栏攻为水泥构件，桥面铺水泥沥青，外观已有改变。

42－C₂₄ 五显庙 〔玉州区玉城街道民主中路北段·清代·市文物保护单位〕 建于清道光六年（1826）。坐北朝南，砖木结构，三进院落，由前殿、中殿、后殿、两庑、天井组成，占地面积约369.6平方米。各殿均面阔三间，进深二间，抬梁式木构架，悬山顶，盖青瓦，砖砌灰雕花脊。

43－C₂₅ 名山寒山庙 〔玉州区名山街道名山社区名山小学·清代〕 建于清康熙三十八年（1699），道光六年（1826）重建。砖木结构，现存一进三间及一戏台，面积约77平方米，墙上有碑刻12方，戏台长条

石砌筑，占地面积约117.5平方米。

44－C₂₆ 紫华庵 〔玉州区茂林镇茂林行政村茂林村·清代·市文物保护单位〕 旧址原在金谷行政村（今甘屋）。始建年代不详，清乾隆三十一年（1766）迁建今址，清道光八年（1828）重建。坐北朝南，砖木结构，原为三进院落，今存两进两庑一天井，占地面积约328.8平方米。前殿、中殿面阔三间，青砖墙，抬梁式木构架，硬山顶，盖小青瓦。室内铺青砖，庵内两庑墙壁嵌有数方碑刻。后殿基础尚存。

45－C₂₇ 关帝庙 〔玉州区玉城街道西路玉州区法院内·清代·市文物保护单位〕 建于明代，清康熙十二年（1673）、清雍正四年（1726）、清道光十五年（1835）三次重修。坐东北朝西南，砖木结构。二进院落，现存大殿。面阔14米，进深10.72米，高7米，青砖墙，硬山顶，盖板瓦，脊饰灰雕。朱砂墙壁，青砖地面，殿内原有郑板桥《石竹图》四屏碑刻，已不知所踪。

46－C₂₈ 谷山三教堂 〔玉州区城北街道谷山行政村谷山村293号左侧·清代〕 为供奉佛、道、儒三教的场所。建于明万历十四年（1586）。清康熙年间（1662—1722）、清道光二十年（1840）重修。坐西北朝东南，砖木结构，二进院落，由前座、后堂、天井、两厢组成，占地面积约552平方米。前座、后堂面阔三间，进深二间，皆设前檐廊，砖砌方形檐柱2根，室内金柱4根，穿斗与抬梁混合木构架，硬山顶，盖小青瓦。前座主梁上墨书"道光二十年岁次庚子季秋月合众重修"。后堂穿插枋皆雕有纹饰。教堂内存有《舍业碑记》碑刻1方。

47－C₂₉ 钟章元老宅 〔玉州区玉城街道州佩社区125号·清代〕 建于清道光二十四年（1844）。坐北朝南，砖木结构，呈不规则院落，占地面积约367平方米。主体为三进两天井院落，青砖柱及墙脚，泥砖墙体，悬山顶，翘脊，盖灰瓦，封檐板透雕图案，每座面阔三间，三合土地面，内墙壁有彩绘壁画。前座明间设内凹小檐廊，中座有前檐廊，石础方形砖柱2根。前天井两侧厢房不规则，后天井两侧设走廊。主体西面为巷道，有厢房一排。钟章元，字霁庭，清道光癸未（1823）科进士，官至绥德州知州，诰封奉政大夫。

48－C₃₀ 彭氏宗祠 〔玉州区樟木镇庆龙行政村·清代〕 建于清道光二十六年（1846）。坐西朝东，庭院式，砖木结构。由前院、主体建筑、炮楼、两侧横屋组成，占地面积1700多平方米。主体建筑为二进，前座、后堂皆面阔三间，泥砖墙，悬山顶，盖小青瓦。明间设内凹小檐廊，双开门，挂木牌匾，落款为"大

清道光二十六年"。天井两侧走廊为单坡瓦顶，后座明间敞开。主体院落左、右隔巷各有横屋1排。原四角炮楼于1960年拆除。

49 – C₃₁ 金玉堂 〔玉州区南江街道分界行政村金玉堂屯·清代〕 建于清咸丰年间（1851—1861）。客家围屋，砖木结构，包括黄梅园祠及两侧各四列房屋，占地面积约8832平方米。黄梅园祠二进两廊一天井，每进面阔三间，青砖柱，泥砖墙，悬山顶，盖灰瓦。前座门额上挂木牌匾"文魁光绪元年乙亥恩科乡试中式第二十三名举人黄莹才立"。两侧房屋大部分倒塌。屋前为半月形水塘。

50 – C₃₂ 普庵堂 〔玉州区玉城街道大南路中段朱紫里86号·清代·市文物保护单位〕 建于明嘉靖二十三年（1544），为祀南宋普庵禅师所建。清咸丰年间（1851—1861）重修。坐北朝南，砖木结构。现存三进一厢房，占地面积约526平方米。前座、中座及后堂面阔三间，进深二间，抬梁式木构架，青砖墙，硬山顶，脊饰灰雕，盖小青瓦。封檐板雕刻多种纹饰，檐下有10多幅彩绘壁画，堂内墙壁嵌有碑刻多方。

51 – C₃₃ 陈裕庆祠 〔玉州区仁东镇鹏垌行政村鹏垌村15号·清代〕 清咸丰年间（1851—1861）乡绅陈惠黄修建，其后有修缮。砖木结构，三进院落，占地面积约232平方米。平面呈曲尺形，前座坐东朝西，中座、后堂坐北朝南。各座皆面阔三间，清水墙，悬山顶，盖小青瓦。前座设前檐廊、弯拱篷。明间有彩绘壁画8幅。脊饰及前墙灰塑已被拆除。

52 – C₃₄ 经古书院 〔玉州区玉城街道大南路·清代〕 清玉林知州叶葆元建于清同治七年（1868）。坐北朝南，砖木结构，五进院落，分前、中、后三部分。现存大门及中厅，面积约234平方米。牌楼式大门，面阔13米，进深7米，中厅面阔13米，进深11米，青砖墙，抬梁式木构架，硬山顶，盖小青瓦。左右两侧有清代碑刻5方。

53 – C₃₅ 解放路梁氏宗祠 〔玉州区玉城街道解放路·清代〕 建于清同治八年（1869）。砖木结构，三进院落，由前座、中厅、后堂及厢房组成。前座、中厅、后堂主面阔五间，硬山顶，盖小青瓦。现存后进、右厢房及祠内石雕和石碑数方。

54 – C₃₆ 高山村古建筑群 〔玉州区城北街道高山行政村高山村·清代·自治区文物保护单位〕 建于明天顺年间（1457—1464），至清光绪年间（1875—1908）形成现在的规模。现存建筑均为清代所建，保存较好的有牟思成祠、牟绍德祠等12座宗祠，李拔谋、牟廷典等名人故居及古民居60多座，总建筑面积约44631平方米。外围有绕村围墙及闸门、水塘，村内

巷道相通。房屋皆为砖木结构，硬山顶，盖小青瓦。

C₃₆₋₁ 牟思成祠 〔城北街道高山村·清代〕 建于清雍正十二年（1734）。初始为两进。清乾隆八年（1743）建客厅，十一年（1746）重建，三十二年（1767）、四十八年（1783）、清嘉庆元年（1796）、十五年（1810）皆有扩建修缮。清道光十六年（1836）重修。坐西朝东，砖木结构，四进院落，由照壁、大门、议事厅、香火厅、观音厅、两廊、四天井组成，占地面积约1188平方米。主体建筑面阔三间，青砖墙，抬梁式木构架，瓜柱雕柳、梅、牡丹等，硬山顶，盖灰瓦，脊堆塑松、梅、兰、夔龙等，封檐板浅雕团花、动物。檐下有山林、牡丹等壁画48幅、装饰壁画30幅。祠墙上存碑刻4方。牟春华，字思成，号万林，明琼州府儋州知州，诰授奉直大夫。

C₃₆₋₂ 牟氏名宦乡贤思成宗祠规条碑 〔城北街道高山村牟思成祠第三、四间左廊墙壁·清代〕 清嘉庆三年（1798）立。碑高0.8米，宽0.48米，碑文竖27行，满行54字，计1170字，字径0.015米，楷书，阴刻。撰文牟氏子孙，书丹、刻石不详。额题"牟氏名宦乡贤思成宗祠规条"，碑文内容为众议制定思成宗祠规二十二项，包括祭时间、程序、礼仪、管理、祠产等有关方面的内容。

C₃₆₋₃ 重修思成祠祀碑 〔城北街道高山村牟思成祠第三、四进左廊墙壁·清代〕 清道光十六年（1836）重立。碑高0.8米，宽0.5米。碑文竖13行，满行30字，计302字，字径0.02—0.05米，楷书。撰文、书丹、刻工皆不详。额题"重修思成祠祀"，碑文记载牟思成祠尝田、大小塘池及散见于各处的田产、地产的详细情况。

C₃₆₋₄ 重修思成祠记碑 〔城北街道高山村牟思成祠廊墙上·清代〕 碑刻1方。清道光十七年（1837）立。碑高0.8米，宽0.5米。碑竖25行，满行47字，计935字，字径0.015米，楷书，阴刻。牟氏八代孙牟仑基撰文并书丹。额题"重修思成祠记"，落款"大清道光十七年岁次丁酉春正月十五日吉时立石"。碑文记述思成祠创建、续建、续修之历史。

C₃₆₋₅ 牟绍德祠 〔城北街道高山村·清代〕 清乾隆三年（1738），建成头座（敦诚堂）、二座（绍德堂），乾隆五十九年（1794）建三座（大厅）、四座（大门）。清嘉庆十五年（1810）扩建照墙、神厨、尝仓、客室。清道光四年（1824）复修大厅、围墙。清道光二年（1822）曾被"沙塘贼首钟玉保焚掠"，道光七年（1827）、清光绪八年（1882）再修头座、二座、大厅、大门照壁等。坐西朝东，四进院落，由照壁、大门、大厅、敦诚堂、绍德堂、三天井、六走廊（今

存二走廊）等组成，占地面积约 910 平方米。每座面阔三间，青砖墙，抬梁式木构架，硬山顶，盖灰瓦。正脊及封檐板堆砌或雕刻松、梅、菊等图案。祠内绘凤凰、云龙、松鹤、柳树等壁画 76 幅，诗文 4 首。

C_{36-6} **韬光祖给发大小馆束修记碑** 〔城北街道高山村牟绍德祠·清代〕 碑刻 1 方。清道光十六年（1836）立。碑高 1.22 米，宽 0.9 米。碑文竖 39 行，满行 42 字，计 1377 字，字径 0.18 米，楷书，阴刻。额题"韬光祖给发大小馆束修记"，落款"大清道光十六年岁次丙申秋月吉日立"。碑文记述牟氏合族议妥，将七代祖韬光公贮祭租支给束修金并完娶身聘等规条公示：蒙馆束修自六岁支，年人给钱陆佰文；大馆束修年人给钱壹仟文；未能听书读文、混行冒领者、无志读书挂名者俱不给。

C_{36-7} **松城墟遗业碑** 〔城北街道高山村牟绍德祠·清代〕 碑刻 1 方。清咸丰十一年（1861）立。碑高 0.93 米，宽 0.76 米。碑文竖 44 行，满行 43 字，计 1769 字，字径 0.18 米，楷书，阴刻。无额题，落款"辛酉合祠议妥立石"。碑文记述：松城墟为绍德祖万川公遗业。清咸丰九年（1859），文姓族人侵古路，十年毁墟立章之铺，伤立章之妻并月胎，串通李、陈、梁姓帮讼，欺凌牟姓。经邹牧批复，清各族地界，仍立石记之，并附松城墟遗业之地产及地租之规定。

C_{36-8} **承绪楼** 〔城北街道高山村聚星门内侧·清代〕 清同治年间（1862—1874）牟绪亭建。楼面阔、进深三间，现存二层，"承绪楼"3 字尚存。楼两侧围绕房子，形成一个大庭院，统称承绪楼，共有大小厅 9 个，房屋 48 间，天井 10 个，占地面积约 3250 平方米。前为小院，东面一排四间房，西面为四进庭院，坐西朝东，砖木结构，外青砖内泥砖墙，悬山顶，盖小青瓦。前座面阔五间，二座、三座面阔三间，有前廊。二座门额上挂"朝议第"匾，走廊和明间绘三羊开泰等壁画 22 幅和书法 5 幅。三座明间设木板槛墙方格窗。后座面阔三间，脊塑花卉、瑞兽，厅墙上有壁画。天井之间开圆形门相通。南、北两侧各有房屋 10 余间。

C_{36-9} **李拔谋故居** 〔城北街道高山村·清代〕 建于清嘉庆年间（1796—1820），具体时间不详。现存砖木结构三进院落，坐西南朝东北，占地面积约 1490 平方米。各座均面阔三间，青砖墙，抬梁式木构架，硬山顶，盖灰瓦。前座原设隔扇槛墙已不存。中座 5 檩前步廊，石础砖檐柱，封檐板雕夔龙纹、如意云纹等。连接枋镶雀替，阑额透雕如意云纹。后座封檐板、明间檐桁、花厅桁系皆残损。左厢房中一间门砖上刻"光绪十八年十二月八日落大雪"。李拔谋（1788—1870），字作轩，道光六年（1826）进士，官至清江西

南安府崇义知县，诰授奉政大夫，赠中议大夫。

C_{36-10} **李拔诜故居** 〔城北街道高山村·清代〕 建于清道光年间（1821—1850），具体时间不详。砖木结构，三进院落，由大门、前座、后座、两厢、天井组成，占地面积约 1280 平方米。前座、后座面阔三间，抬梁与穿斗混合木构架，硬山顶，盖灰瓦。山墙外侧为青砖，其余为泥砖墙。前座有前廊，石础青砖柱。座前置 3 级石踏跺，前有照壁，明间设木板槛墙。正脊彩塑梅兰、麒麟、金鸡、八宝、吻兽等，后封檐板雕牡丹、石榴、鹤、瓶、凤凰、蝙蝠、白兔等，挑首两面雕刻喜上眉梢等图案。后座无檐廊，封檐板雕暗八仙、蝙蝠、蟠桃、鹿、松、兰草、麒麟等，挑首两面雕刻梅花、喜鹊、石榴、凤凰、松树等。李拔诜（生卒年不详），李拔谋同胞兄弟。清道光二年（1822）中举。

C_{36-11} **牟惇叙祠** 〔城北街道高山村·清代〕 建于清道光二十六年（1846），至清咸丰八年（1858）竣工。坐西北朝东南，砖木结构，三进院落，由前座、中厅、后堂、二天井及两廊组成，占地面积约 406.88 平方米。每座面阔三间，青砖柱泥砖墙，硬山顶，盖灰瓦。正、垂脊皆堆塑菊、梅、牡丹、喜鹊、博古等，封檐板浅雕瑞兽、寿桃、荷、菊、梅、牡丹等。前座、中座内侧设置 6 页隔扇屏风。后座、中座檐下壁画原有数十幅。前座大门额刻"牟惇叙祠"匾。牟懋圻（1830—1898），字芝农，任清阜平、蠡县、饶阳县、完县等知县，钦加同知衔，诰授奉政大夫。

C_{36-12} **郎官祠** 〔城北街道高山村北端·清代〕 牟辉孔任广东长宁县知县时，仿长宁县衙图样修建。因大门有"十代五郎官"联而被称为郎官祠。建于清乾隆年间（1736—1795），清同治年间（1862—1874）重修。坐北朝南，砖木结构，三进院落，占地面积约 1041 平方米。各座面阔三间，外青砖内泥砖墙，硬山顶，盖灰瓦。龙首形挑手，封檐板雕如意云纹。中座明间内侧设 4 页隔扇屏风，以木柱 4 根直接承托檩条，每侧连接枋上立瓜柱 2 根，瓜柱上立斗拱各 2 朵。

C_{36-13} **牟致齐祠** 〔城北街道高山村·清代〕 建于清同治十三年（1874）。坐东朝西，砖木结构，两进院落，占地面积约 416 平方米。各座面阔三间，硬山顶，翘脊堆塑松、牡丹、荷花、鹤、石榴、麒麟、喜鹊、金鱼、吻兽等。封檐板雕喜鹊、麒麟、石榴、牡丹、梅花、菊花等及"满门吉庆""寿"等字。前座明间木槛墙、窗，透雕竹梅、喜鹊、仙桃等图案，并有文字"雨余庭草芝兰秀，风过屏梅俎豆香"。牟备钧（1711—1819），字统衡，号致齐，以子溥昌、孙树纲贵赠朝议大夫、晋赠中议大夫。

C₃₆₋₁₄ **华彰祠** 〔城北街道高山村·清代〕 建于清光绪年间（1875—1908），牟华彰修建。清光绪二十二年（1896）改造为祠堂，占地面积约572平方米。二进院落，包括前座、后堂及附属厨房、外大门等。前座、后堂面阔三间，立石础砖檐柱，外青砖内泥砖墙，硬山顶，灰瓦。脊堆塑松、梅、牡丹等，封檐板雕喜鹊、梅花、牡丹、石榴、仙鹤、蝴蝶等。前座门额镌"华彰祠"。檐下有彩绘壁画6幅。明间设6页隔扇屏风。后堂悬挂"华彰堂"匾。明间及檐下存壁画14幅。

C₃₆₋₁₅ **牟著存祠** 〔城北街道高山村·清代〕 为牟名扬修建。建于清康熙年间（1662—1722），清乾隆五十九年（1794）改造为宗祠。三进院落，砖木结构。由大门、中座、后堂、两天井、两廊组成，占地面积约532平方米，大门侧墙、右侧外墙倒塌，中座、后堂面阔三间，山墙外青砖内泥砖，其余为青砖柱泥砖墙，硬山顶，盖灰瓦。正脊堆塑兰花、金鱼等吉祥图案，寿字瓦当。中座龙首桃木，檐下彩绘壁画3幅。后堂设前檐廊，石础青砖檐柱，明间绘宝相花纹。两廊顶堆塑麒麟、梅、兰、松、鹤等。墙上镶清道光年间（1821—1850）碑刻1方。牟名扬（1626—1698），字充可，号钝斋，清桂林府灵川县训导。

C₃₆₋₁₆ **聚星楼** 〔城北街道高山村·清代〕 建于清嘉庆年间（1796—1820），清道光八年（1828）落成，牟绪亭修建，占地面积约220平方米。坐东朝西，面阔三间，进深一间，原高5层，内部以楼板分层，墙体为青砖包泥砖，厚0.85米，楼门处厚0.95米，墙上设有枪眼，屋顶呈帽檐状。抗日战争时改建为三层，硬山顶。

C₃₆₋₁₇ **丹凤门** 〔城北街道高山村南面·清—民国〕 又称南门。建于清咸丰四年（1854），1916年重修。坐东北朝西南，砖木结构。面阔二间，进深一间，青砖柱，泥砖墙，悬山顶，盖小青瓦。占地面积约42平方米。右间开活动木栅栏门，已缺失。门额书"丹凤门"。左间为门房。外墙有瞭望孔和射击孔。

C₃₆₋₁₈ **书房园** 〔城北街道高山村南部·清代〕 建于清代，具体时间不详。坐西朝东，砖木结构，三进院落，后座大部分坍塌，存前、中座及部分厢房，占地面积约320平方米。前、中座面阔三间，泥砖墙，悬山顶，盖灰瓦。厢房部分坍塌。走廊瓦面大部分缺失。

C₃₆₋₁₉ **李垂宪祠** 〔城北街道高山村·清代〕 建于清代，具体时间不详。坐西朝东，四进院落，占地面积约760平方米。主体建筑面阔三间，青砖墙，硬山顶，翘脊，盖小青瓦。封檐板雕图案，檐柱饰雀替。

内墙壁画为宝相花，前座明间设内凹檐廊，后堂设神主牌位。北侧原有花园已毁。

55-C₃₇ **李皇庙** 〔玉州区玉城街道一环北路玉柴汽车城斜对面·清代〕 建于清初期，原属于通真堂的一部分，清光绪年间（1875—1908）重修。现存两进院落，占地面积约280平方米。砖木结构，前殿、后殿面阔三间，硬山顶，盖小青瓦。前殿设前檐廊，檐柱2根。保留有清光绪二十一年（1895）残碑4方。

56-C₃₈ **苏宗经、苏玉霖老宅** 〔玉州区城西街道江岸社区江岸村234—238号·清代〕 建于清光绪年间（1875—1908），具体时间不详。坐东朝西，砖木结构，庭院式，包括三进主体、两厢及书房厅等，占地面积约1400平方米。书房厅1991年拆除。主体各座面阔三间，青砖墙，悬山顶，盖小青瓦。前、后天井两侧均有走廊，走廊开侧门通两边厢房天井，两边厢房各分隔为3个独立小院，规格、朝向不完全一致，面阔一间至三间不等。室内有彩绘壁画10多幅。苏宗经，字是程，号文庵，清道光元年（1821）举人，官清国子监监丞，诰授奉政大夫。苏玉霖，光绪癸未（1883）科进士，官户部员外郎。

57-C₃₉ **粤东会馆** 〔玉州区玉城街道大北路大北小学校内·清代·市文物保护单位〕 建于清初，原址在州城内西北角。清乾隆五十九年（1794）迁建今址。清道光年间（1821—1850）扩充会馆。清光绪五年（1879），郁林知州李学徇筹银倡议扩建，光绪六年（1880）竣工。坐东南朝西北，砖木结构。原为三进院落。现存前座、中座及左厢、天井，占地面积800多平方米。前、中座均面阔三间，青砖，抬梁式木构架，硬山顶，盖灰沙卷筒瓦，马头山墙。中座前廊轩亭式，石檐柱、檐板，梁枋间浮雕龙、八仙及人物故事。墙端绘壁画。馆内存清乾隆六十年（1795）《迁建郁阳粤东会馆序》等碑刻3方。

58-C₄₀ **德山祠** 〔玉州区城西街道新定行政村新定村141、142、145、150号·清代〕 建于清光绪九年（1883）。坐北朝南，砖木结构，庭院式，由三进主体及西侧横屋组成，占地面积约360平方米。主体前座、中厅、后堂面阔三间，青砖墙，穿斗与抬梁混合木构架，硬山顶，盖小青瓦，翘脊灰塑龙花鸟，封檐板雕花卉额枋雀替、屏风等木结构犹存。前座明间设内凹小檐廊，门额镶嵌"德山祠"石匾，款"光绪癸未年季春月二十日建"。前天井两侧厢房已毁，后天井两侧为走廊。主体院落西侧，隔巷道为横屋一排，有房九间，进深一间。

59-C₄₁ **贞节牌坊** 〔玉州区玉城街道州珮社区州珮四联46号·清代〕 建于清光绪十六年（1890），

系为表彰钟氏夫人而建。坊面东西向，砖木结构四柱三间牌坊，高约 6 米，面阔 5.87 米。牌坊明间为正门，次间为侧门。牌坊东、西两面都嵌有碑刻，共 12 方。占地面积约 3.6 平方米。牌坊门已被改建为住宅，成为房间的内墙，仅在屋顶露出约 1 米。整体面貌难以观察。

60－C₄₂　陈绍实祠　〔玉州区玉城街道新民社区小新村 135 号·清代〕　建于清光绪二十一年（1895）。坐北朝南，砖木结构，庭院式，占地面积约 1760 平方米。主体为三进两天井院落，前座、中厅、后堂皆面阔三间，硬山顶，正、垂脊皆翘脊，盖小青瓦，封檐板雕花，檐下有彩绘壁画 11 幅。前座明间设内凹小檐廊，门额嵌"陈绍实祠"石匾。中厅为九架梁，后堂为七架梁，中厅、后堂间天井两侧以走廊相连。院东西两侧隔巷道为一排横屋，面阔五间，进深一间。

61－C₄₃　郑燕昌祠　〔玉州区玉城街道垌口里 102 号·清代〕　建于清代，具体时间不详。坐东南朝西北，砖木结构，三进院落，由前座、中厅、后堂、两廊及炮楼、仓库等组成，占地面积约 712 平方米。各座面阔三间，青砖柱，泥砖墙，穿斗与抬梁混合木构架，硬山顶，盖灰瓦，正脊堆塑喜上眉头、麒麟呈祥等吉祥纹饰，明间檐下绘宝相花。前座设 6 页隔扇屏风，门楣挂"郑燕昌祠"木匾。中厅 4 檩前步廊，砖檐柱 2 条，四棱瓶座柱础。后堂龙首挑手，明间四周檐下绘双鹿、蝙蝠、蟠桃、麒麟等。天井两侧为两廊，正脊用砌砖变形夔龙。

62－C₄₄　寒山大庙　〔玉州区城北街道寒山行政村寒山村·清代〕　建于清代。坐西朝东，砖木结构，两进院落，占地面积约 771.56 平方米。前殿、后殿面阔、进深三间，青砖墙，穿斗与抬梁混合木构架。硬山顶，翘脊，盖小青瓦。檐柱、金柱为木柱，青石柱础，青砖地板。前座敞开，殿内金柱 10 根。两侧为巷道，巷道前开有一门，隔巷道为厢房一排，硬山顶，弧形山墙。后座两侧各有厢房一间。

63－C₄₅　谢氏宗祠　〔玉州区玉城街道新民社区·清代〕　建于清代，具体时间不详。砖木结构，三进院落，由前座、中厅、后堂、天井、厢房等组成，占地面积约 412.36 平方米。主体建筑面阔三间，进深一间，抬梁式木构架，硬山顶，琉璃瓦。檐板雕花卉鸟兽。墙端内饰壁画，前座门框、门柱均为红砂岩石。祠堂左侧镶光绪二十八年（1902）碑刻 3 方。

64－C₄₆　苏献可老宅　〔玉州区城西街道江岸社区江岸村 223—225 号·清代〕　建于清代，具体时间不详。坐西朝东，砖木结构，三进院落，占地面积约 348.92 平方米。前、中、后三座均面阔三间，青砖墙，正、垂脊为灰塑翘脊，悬山顶，盖小青瓦。内壁有彩绘壁画 20 多幅，绘花、鸟、虫、鱼等。苏献可，字都庭，号孟侯，清乾隆五十四年（1789）举人。

65－C₄₇　闲存庄　〔玉州区城西街道江岸社区江岸村·清代〕　建于清代，具体时间不详。坐西北朝东南，砖木结构，四合院，占地面积约 834.3 平方米。前为门楼，后为主屋，中隔天井，左右两侧为厢房。门楼面阔三间，明间设小前廊，砖砌门框，门额堆塑"闲存庄"3 字，前置 3 级石踏跺，前面有照壁。主屋面阔五间，厢房面阔三间，均清水墙，悬山顶，盖小青瓦。檐下绘黑白宝相花及吉祥文字，存彩绘壁画 9 幅。

66－C₄₈　文四德居　〔玉州区玉城街道大新社区 187 号·清代〕　建于清晚期。坐东南朝西北，砖木结构，三进院落，由大门、中座、后座、二天井、二廊组成，占地面积约 1061.5 平方米。各座面阔三间，砖墙，硬山顶，盖小青瓦。前座明间设内凹浅檐廊，大门设推笼，门额挂"文四德居"木匾。大门、中座间有一月亮门。中、后座廊脊立人字山墙。前天井无走廊，后天井两侧设走廊。

67－C₄₉　吴弘建老宅　〔玉州区玉城街道攀龙里 198 号·清代〕　建于清代，具体时间不详。坐西朝东，砖木结构，三进院落，占地面积约 368 平方米。大门、中座、后座面阔三间，清水墙，硬山顶，翘脊塑吉祥图案，盖小青瓦，前座门前两侧立石鼓，置垂带石踏跺。中座两次间开侧门通院外。前天井两侧为 4 柱单坡走廊。后天井较小，两侧走廊连接中、后座。室内有彩绘壁画，保存有 7 块牌匾。吴弘建，清雍正十三年（1735）举人。

68－C₅₀　白灰桥　〔玉州区樟木镇上泉行政村良塘村长子江上·清代〕　建于清末，具体时间不详。南北走向，单孔石拱桥，长 5.3 米，宽 15.4 米，拱跨 4.8 米。桥身用料石砌筑，桥拱用 40 块料石干砌，桥面铺青石板，两侧置长条石矮护栏，两端与岸齐平。

69－C₅₁　宝岭大井　〔玉州区福绵镇宝岭行政村存宝岭村南闸门门内侧·清代〕　建于清代，具体时间不详。井口平面呈长方形，长 1.1 米，宽 0.8 米。每边圈用一块长方条青石围砌，井壁青砖砌成，井台近井圈部分用青砖铺地面，外围铺不规则石板，四周筑有 2 米多高的夯土墙。东面有进出口，占地面积约 33 平方米。

70－C₅₂　北帝庙　〔玉州区茂林镇泉塘行政秀水村·清代〕　建于清嘉庆三年（1798），嘉庆至清道光年间 3 次重修。坐西南朝东北，砖木结构，二进院落，分前殿、正殿，间隔天井，占地面积约 141 平方米。前殿、后殿高4米，面阔三间，青砖墙，硬山顶，灰塑翘脊，盖小青瓦，琉璃滴水。前殿施前檐廊，立方形檐柱2根。檐下彩绘人物故事壁画，推笼门，门左右墙上镶嵌《创建北帝阁题名碑》等建修捐资芳名碑6方。

71－C₅₃ 大路石拱桥 〔玉州区仁东镇大路行政村仁东圩北部的仁东江上·清代〕 建于清代，具体时间不详。南北走向，三孔石拱桥，长21.3米，宽4.1米，拱跨7.7米，两端引桥长3.8米。桥身用料石砌筑，桥拱由5层大小不等的青石砌成。桥面铺石，凹凸不平，两侧置条石护栏，高0.32米，宽0.37米。

72－C₅₄ 赵家炮楼 〔玉州区南江街道镇忠行政村大坡屯·清代〕 建于清末。原为三层，抗日战争时期拆除一层，现存两层，高5.2米。坐东北朝西南，占地面积约42平方米。平面呈长方形，面阔二间，进深一间，青砖柱，青砖墙，硬山顶，盖小青瓦。前、后墙开窗，均设有瞭望孔。二层木楞木楼板。

73－C₅₅ 德贤堂 〔玉州区城北街道寒山行政村民居314号左边·清代〕 建于清代，具体时间不详。坐西北朝东南，砖木结构，二进院落，占地面积约184.7平方米。前座、后堂面阔三间，泥砖墙，悬山顶，翘脊灰塑吉祥图案，盖小青瓦，均设前檐廊，立石础青砖柱2根，前座檐下有彩绘"成镇义享"人物壁画。设推笼门，内室有屏风门，开"寿"字纹花窗。后堂明间敞开，前设3级垂带踏跺。天井两侧为走廊，各开侧门通院外。

74－C₅₆ 古氏宗祠 〔玉州区城西街道五联行政村古屋村·清代〕 建于清代，具体时间不详。坐北朝南，砖木结构。二进院落，占地面积约180平方米。前座、后堂面阔三间，青砖、泥砖混合墙体，悬山顶，翘脊灰塑吉祥图案及吻兽，盖小青瓦，檐下木雕封檐板。前座明间设内凹小檐廊，双开门，门额有"桂馥兰馨"木匾，室内屏风框架尚存。天井两侧设走廊，北端开拱门通后堂。

75－C₅₇ 陈氏宗祠 〔玉州区福绵镇新江行政村雷古垌村·清代〕 建于清代，具体时间不详。坐东北朝西南，砖木结构，二进院落，占地面积约157平方米。前座、后堂均面阔三间，清水墙，悬山顶，盖小青瓦，灰塑正、垂脊，封檐板浮雕花鸟图案，室内壁有彩绘壁画。前座施前檐廊，立石础砖檐柱2根。后堂前檐敞开。天井两侧走廊灰塑博古脊，单坡瓦顶。

76－C₅₈ 雷祖庙 〔玉州区名山街道太阳行政村·清代〕 建于清代，具体时间不详。坐北朝南，砖木结构，二进院落，占地面积约368平方米。前殿、后殿均面阔三间，砖墙，硬山顶，盖小青瓦。前殿前檐廊立方形砖檐柱2根，双开门，后檐立砖柱2根。后殿脊

塑双龙，殿内立圆木金柱8根，穿斗与抬梁混合木构架，前殿、后殿两侧各列横屋1座，悬山顶。

77－C₅₉ 黎氏宗祠 〔玉州区新桥镇下山行政村下山村·清代〕 建于清代，具体时间不详。坐东朝西，砖木结构。四进院落，占地面积约664.7平方米。主体建筑面阔三间，青砖墙，硬山顶，小青瓦盖，正、垂脊皆灰塑翘脊，封檐板透雕花草图案，室内檐下彩绘壁画20多幅。前座前檐廊立砖砌方形檐柱2根，门额挂"黎氏宗祠"木匾。两侧各置侧门，单坡瓦顶。二进亦有前檐廊，门上方挂木牌匾"武魁乾隆五十三年戊申乡试中式第五名"。

78－C₆₀ 楼屋城堡 〔玉州区福绵镇新江行政村雷古垌村·清代〕 建于清代，具体时间不详，村民为躲避战乱而建，俗称楼屋炮楼，是三合土、石头混合结构的长方形城堡。围墙东西长109.56米，南北宽55.30米，高约6米，厚0.2—1.13米。占地面积约6058.67平方米。东、西面设有门，围墙上砌城垛，设有枪眼及瞭望孔，每个射击孔间隔4米。围墙南、北面中部及四角设有掩体。墙内建筑已看不出原貌。

79－C₆₁ 石龙桥 〔玉州区成均镇宁冲行政村宁冲村东南面的定川江上·清代〕 建于清代，具体时间不详。西南—东北走向，三孔石拱桥，长66.8米，宽4.5米，拱跨9米。桥身、桥拱用料石砌筑，桥面铺石渣，仅两端露出几块青石板，两侧无护栏。

80－C₆₂ 文静山祠 〔玉州区城北街道谷山行政村324号·清代〕 建于清代，具体时间不详。坐北朝南，砖木结构，三进院落，占地面积约468平方米。前座、中厅、后堂面阔、进深三间，青砖墙，前座为抬梁式木构架，中厅为穿斗与抬梁混合木构架，硬山顶，盖小青瓦。前座、中厅设前檐廊，廊铺砖，立石础方形石檐柱2根连额枋，明间双开门。中厅内檐柱和金柱为木柱，内檐柱和外檐柱间梁架间有斗拱，后檐有木板槛墙。后堂亦设有前檐廊。天井地墁青砖，两侧厢房已坍塌。

81－C₆₃ 冯永常祠 〔玉州区城北街道西岸行政村西岸村·清代〕 建于清代，具体时间不详。坐西北朝东南，砖木结构，二进院落，占地面积约200平方米。前座、后堂面阔三间，泥砖墙，青砖柱，悬山顶，盖灰瓦。前座为穿斗式木构架，梁上枋墩6个，其中4个为变形蕉叶形，前座屏风仅存框架，框架上部装饰回形纹饰。

82－C₆₄ 陈氏宗祠 〔玉州区樟木镇上泉行政村良塘村·清代〕 建于清代，具体时间不详。坐东北朝西南，砖木结构，二进院落及左右横屋各一排。占地面积约760平方米。二进主体建筑，面阔三间，青砖

柱、泥砖墙，悬山顶，盖灰瓦，三合土地面。屋内屏风、神龛等木构件雕工精细。前座明间设内凹小檐廊，天井两侧设单坡走廊。院两侧为天井、巷道，隔巷道为一排横屋，面阔五间。

83 - C$_{65}$ **春蒲祠**〔玉州区樟木镇瑞桐行政村瑞桐村·清代〕　建于清代，具体时间不详。坐东北朝西南，砖木结构，二进院落，占地面积约 160 平方米。前座、后堂面阔三间，青砖墙，悬山顶，盖灰瓦，封檐板透雕图案，屋内青砖柱，三合土地面。内墙有彩绘壁画。前座有无柱浅前廊，双开门。明、次间墙开拱门。天井两侧走廊为单坡顶。

84 - D$_1$ **水月岩摩崖石刻**〔玉州区南江街道云良行政村白鸠胸山水月岩内·明、清·市文物保护单位〕　水月岩是一石灰岩溶洞，明、清时系游览之地。有摩崖石刻 20 方。形式有题榜、题诗、题记等。字体多楷书。内容多是览胜抒怀的诗句。洞口岩壁上有明代郁林州南门口人陈懋榜书"水月岩"3 字，字径 0.7 米，楷书，阴刻。年代最早的石刻为明嘉靖三十二年（1553）郁林州知州邝远乐题《水月岩虚》诗，诗云："月上水生岩，岩虚得月透天关。水流到海源头活，月照人心不照颜。"点明了岩名之由来。

85 - D$_2$ **德香堂试馆规例碑**〔玉州区福绵镇福西行政村唐德香祠后座墙壁·清代〕　清道光十二年（1832）立。碑高 0.72 米，宽 0.56 米，碑文竖行，楷书，计 708 字，字径 0.016 米。撰文、书丹刻工皆不详。无额题，落款为"大清道光十二年岁次壬辰仲冬月吉旦立"。碑文记载唐氏德香堂族买受试馆一座，"恐日久有不肖者，以为祠内所置生变，故议规例数条，勒石以垂不朽"。规例记载了试馆的位置、价格、用途及使用、议租之规定。

86 - D$_3$ **蔻垌堡碑刻**〔原置于玉州街道幼儿园，现存玉林市博物馆·清代〕　碑刻 1 方。清同治十年（1871）立。碑高 1 米，宽 0.7 米。碑文竖行，楷书，阴刻。碑文记述同治二年（1863）玉林州蒲塘乡的北山苍塘、博山堂、碧梅塘"三贼寨"，被郁林州判署州事王建材剿平，并没收梁老庆等人财产充公。

87 - D$_4$ **禁碑**〔玉州区城北街道钟周行政村钟宜万住宅遗址·清代〕　碑刻 1 方。碑高 0.9 米，宽 0.48 米，碑首刻"禁碑"2 字，字径 0.08 米。碑文竖行，楷书，阴刻，内容记述钟宜万隐居此处后，开垦躬耕，这一带严禁游人乱砍树木，纵火焚烧。

88 - E$_1$ **中共玉林中心县委旧址**〔玉州区玉城街道玉州路南段新地 121 号陈邃泉祠·1939 年·市文物保护单位〕　1939 年 2 月，中共玉林、博白、陆川、北流、兴业等县负责人在陈邃泉祠召开会议，成立中共玉林中心县委，同年 9 月撤离。旧址原为陈邃泉祠，建于清代，坐西朝东，砖木结构，二进院落，由前座、后堂及天井、两廊组成，占地面积约 292.9 平方米。前座、后堂面阔三间，清水墙，穿斗与抬梁混合木构架。硬山顶，盖小青瓦。

89 - E$_2$ **黄辛波、李庆惠烈士墓**〔玉州区南江街道岭塘行政村朱砂垌屯东北向岭·1983 年〕　黄辛波（1920—1949），广西玉林南江乡人，中共玉林县特别支部书记，1949 年 4 月在玉林牺牲；其妻李庆惠，广西玉林博白县人，中共党员，1949 年 7 月在陆川县被捕牺牲。1983 年迁此合葬。墓葬朝东南，由墓冢、二级平台、墓碑组成，周边砌片石围墙，占地面积约 169.2 平方米。墓冢在二层平台上，混凝土结构，呈圆丘形。碑立于一层平台，碑座圆柱体，碑身呈立柱形。

90 - E$_3$ **朱锡昂烈士墓**〔玉州区玉城街道公园路西段人民公园内·1987 年·市文物保护单位〕　朱锡昂（1887—1929），字识惺，广西博白县上洞村人。1928 年任中共广西特委书记、中共广西临时省委负责人，1929 年 6 月在玉林被捕牺牲。1958 年移葬玉林市人民公园。1978 年、1987 年烈士墓先后重修。由墓冢、朱锡昂塑像、道路和大门、四周围墙等组成，占地面积约 1100 平方米。墓葬朝南，冢底部用石块围护，前立方柱形墓碑，碑面塑"朱锡昂烈士之墓"。周围立望柱栏板。入口前面立朱锡昂汉白玉半身塑像，底座正面镶刻聂荣臻元帅题词"朱锡昂烈士永垂不朽"，后面镶刻烈士生平简介。

91 - F$_1$ **蝴蝶楼图书馆**〔玉州区玉城街道玉州区政府大院·1933 年·市文物保护单位〕　建于 1933 年，1987 年修缮。中西式混合建筑，砖木结构，外观似蝴蝶形，高三层，平顶。底层正中有凹半球形拱顶，增加采光面积。占地面积约 532 平方米。

92 - F$_2$ **德香堂规条列后碑**〔玉州区福绵镇福西行政村唐德香祠后座墙壁·1934 年〕　规条制定于清乾隆五十四年（1789），原刻于木，1934 年 11 月仿刻于石。碑高 1.13 米，宽 0.5 米，碑文竖 55 行，满行 28 行，计 1184 字，字径 0.015 米，楷书，阴刻。唐氏十四代孙唐撰文，唐大绩书丹。额题"德香堂规条列后"7 字，落款"中华民国二十三年十一月吉旦刻"。碑文记载德香堂规条十条，内容为关于孝敬、家法、勤工、俭勤、乡党、田地买卖、列祖坟山、祭享宗祠、祠产管理等的规条。

93 - F$_3$ **昌耀堂**〔玉州区城北街道彭村行政村 23 号·民国〕　坐东北朝西南，砖木结构，二进院落，占地面积约 432 平方米。前座、后堂为二层楼房，面阔三间，进深两间，泥砖墙，长方形窗，悬山顶，盖小青瓦。前座明间设内凹小檐廊，门额嵌"昌耀堂"匾。天井两侧设走廊，走廊两端各开侧门通院外。

94 - F₄　大壤炮楼　〔玉州区名山街道大壤村62号·民国〕　建于民国。坐北朝南，平面呈长方形，面阔、进深一间，占地面积约32.5平方米。高二层6.5米，底层为夯土墙，其上砌青砖外墙，硬山顶，盖小青瓦。木楼板间隔。底层南面设双开门。

95 - G₁　大岭肚铜鼓出土点　〔玉州区新桥镇长屏行政村大岭肚屯东南约100米山坡·西汉—唐〕　1981年1月，山坡上出土北流型铜鼓1面，鼓面倒置，无伴随物。鼓面径0.66米，高0.4米。鼓面太阳纹八芒。面沿环列六只蛙。鼓面饰云纹、连钱纹、鸟纹、身饰云纹、雷纹、连钱纹、瓣纹、席纹等。胸腰间附扁耳2对。

96 - G₂　新民铜鼓出土点　〔玉州区玉城街道新民社区东南约150米·西汉—唐〕　1975年3月，新民社区出土北流型铜鼓1面，鼓面朝下，伴出铜锅1件。鼓面径0.605米，高0.31米。鼓面太阳纹八芒。面沿环列六只蛙。鼓面饰雷纹。身饰雷纹、填线纹与水波纹逐层相间。胸腰间附扁耳2对。足大部分残缺。

97 - G₃　井冲坑岭铜鼓出土点　〔玉州区成均镇古城行政村西约1公里井冲坑岭·西汉—唐〕　1992年10月，井坑岭出土北流型铜鼓1面。鼓面径0..87米，高0.51米。鼓面太阳纹十芒，饰雷纹。面沿环列四蛙。胸腰间附竖索纹扁耳2对，中开长方形孔。

98 - G₄　牛塘岭铜鼓出土点　〔玉州区大塘镇阳山行政村南约700米牛塘岭·西汉—唐〕　1992年4月，牛塘岭出土北流型铜鼓1面。鼓面径0.587米，残高0.345米。鼓面太阳纹八芒，面沿环列六只三足小蛙。面饰云纹、半圆填线纹、云雷纹、四瓣花纹、钱纹。胸腰间附扁耳2对。身饰云纹、雷纹、雷纹填线纹、四瓣花纹、钱纹等。

99 - G₅　火烧岭铜鼓出土点　〔玉州区沙田镇六龙行政村连塘平南约1公里火烧岭·西汉—唐〕　1993年2月，火烧岭上出土北流型铜鼓1面，鼓面朝下，无伴出物。鼓面径1.337米，高0.73米。鼓面太阳纹十一芒，面沿环列四组累蹲蛙。面饰雷纹填线纹、圆孔钱纹、"四出"钱纹、同心圆纹，身饰钱纹、云雷纹。两组蛙背负田螺。胸腰间附宽扁耳2对，在近鼓足处饰一立体动物头朝下。

兴业县

1 - A₁　党州故城址　〔卖酒镇党州行政村·唐—宋〕　建于唐代，为唐宋党州治所。平面呈长方形，西北至东南长约800米，西南至东北长约600米，面积约48万平方米。城墙以土夯筑，宽约9米，残高3—5米。城内中心地面呈梯级状，多已垦为畲地。

2 - A₂　兴业故城址　〔葵阳镇旧县行政村西南约500米·唐—宋〕　城址已夷为坡地，东西长约500米，南北宽约400米，面积约20万平方米。在城内地面发现大量的唐宋时期的陶、瓷片和瓦片。据清《兴业县志》记载，此地最早系唐兴德县之治所，唐贞元年间（785—805）废兴德县而设兴业县。兴业县治所在此一直沿用至宋代。宋代以后该城址废弃，迁到今石南镇。

3 - A₃　兴业县城址　〔石南镇环江行政村环江村·明—清〕　原址在旧县村，建于唐代，系唐之兴德县，唐贞元年间（785—805）废兴德县而设兴业县，宋以后迁至今址。相传宋时原竖木栏为城，明洪武三年（1370）筑土城，明正德二年（1507）易土改砖筑。城址平面呈圆形，占地面积1.2万平方米。现仅存砖墙高约1—2米。原城内有孔庙、书院等清代建筑，今已毁。

4 - A₄　平山新村窑址　〔城隍镇平定行政村平山新村·宋代·县文物保护单位〕　东临龟岭，南临大平岭，分布面积约2400平方米。废品堆积最厚达7米。含大量青白瓷片及一些窑具、垫具、匣钵等。主要烧造青瓷器，采用匣钵烧造。产品主要有碗、炉、花瓶等。胎质坚硬，施青灰或青黄釉。

5 - A₅　绿鸦冶铸遗址　〔龙安镇、山心镇、大平山镇、洛阳镇一带·唐—明·自治区文物保护单位〕　始于唐，盛于宋，衰于明。1988年以来，先后在龙安镇六西背岭、下山岭脊、中村岐阳岭、杨前村山底岭、绿鸦山、蕨菜冲、加岭、秧塘村铁屎冲、铁始肚、牟村铁始粥、大蕨岭、老婆冲、横岭、黄古岭、新塘村狮子岭、旺冲村冠塘、墨子山、龙安村岐阳岭、冲塘、六霍村铁石山、马鹏村浪塘凹、连塘坡、大虫冲、浪塘凹、泰村铁屎岭、腾冲村高岭脚、绿谬冲、良坡村谭塘、水尾岭、龙冲塘、牛栏冲、长居村大窝岭、三角山村大地坪、螺网村郎塘坡、黎塘冲、三观塘，山心镇龙江村石柜岭头，大平山镇陈村陈秘塘，洛阳镇金山村行庙岭、禄玖村南塘蒌塘岭等40个地点发现了冶铁遗址。分布面积约120平方公里。在遗址范围发现大量炼渣堆积、炼炉、风管、泥范、陶瓷片等。炼炉为圆柱状，纵剖面为梯形，高约1.48—1.8米，上口内径宽0.44米，底部内径宽0.67米，外壁为粗砂黏土烧结，内壁铺敷细沙耐火材料层。宋《舆地纪胜》及《大明一统志》均有记载。

A₅₋₁　中村岐阳岭冶铁遗址　〔龙安镇六西行政村

中村村岐阳岭南坡·宋代〕 遗址平面呈长方形，面积约 2160 平方米，地表遗存大量的炼渣堆积，有些堆积成坡，范围宽达 40 多米，堆积层最厚处有 3.5 米，发现炼炉 3 座及大量风管残件。炼炉为圆柱体，高约 1.8 米，内径约 0.4—0.8 米。因耕作、葬坟、盗挖等原因，炼炉损毁，炼渣堆积减少。

A_{5-2} 六西冶铁遗址 〔龙安镇六西行政村六西村社背岭东面山腰·唐—明〕 遗址呈南北走向分布，面积约 2550 平方米。在地表发现大量铁渣、鼓风管残片、陶范等遗物，堆积厚 0.1—1 米不等。存残炼炉 1 个，炉身已经被掩埋，外径 1.3 米，壁厚 0.2 米，露出地面部分高 1.35 米。

A_{5-3} 山底岭冶铁遗址 〔龙安镇杨前行政村杨前村山底岭·唐—明〕 遗址呈块状分布，面积约 2379 平方米，地表散见炼渣、风管残片。发现炼炉 1 座，为圆柱体，外径 1 米，壁厚 0.2 米。在堆积断层面发现青白瓷片。盗挖炼渣破坏了文化层及文化遗物。

A_{5-4} 绿鸦山冶铁遗址 〔龙安镇杨前行政村六鸦村岭崎墩绿鸦山·唐—明〕 遗址呈带状分布于绿鸦山东面，面积约 252 平方米。堆积厚 0.5—1.7 米，发现有鼓风管残件及炼炉残基 1 处，炼炉残基为圆形，外径 1.4 米，壁厚 0.2 米。当地村民在绿鸦山建胜果寺时曾发现炼炉数座，已毁。

A_{5-5} 加岭冶铁遗址 〔龙安镇杨前行政村杨前村加岭·唐—明〕 遗址呈南北走向分布，长 88.5 米，宽 11.4—30 米不等，堆积从数十厘米至 2 米不等，多见风管，未发现炼炉。

A_{5-6} 蕨菜冲冶铁遗址 〔龙安镇杨前行政村绿鸦村之蕨菜冲北面·唐—明〕 遗址呈西南—东北走向分布，面积约 140 平方米。炼渣明显的堆积 12.6 平方米，可见堆积厚 0.45 米，在地表散见风管残片。盗挖使得炼渣积损失严重。

A_{5-7} 铁屎冲冶铁遗址 〔龙安镇秧塘行政村秧塘村铁屎冲·唐—明〕 遗址分布在山坡上，面积约 170 平方米。堆积厚约 1—1.2 米，炼渣细小，发现有风管残片，外径 0.1 米，内径 0.05 米。破坏严重。

A_{5-8} 铁始肚冶铁遗址 〔龙安镇秧塘行政村秧塘村·唐—明〕 遗址分布在山坡上，堆积不详。盗挖严重，地表面有大量炼渣、风管残件，未发现炼炉。

A_{5-9} 铁始弼冶铁遗址 〔龙安镇牟村行政村牟村铁始弼·唐—明〕 遗址东、南、西、北四面均见散落铁渣、风管残片等，分布面积 4000 多平方米，文化层不详，未发现炼炉。

A_{5-10} 大蕨岭冶铁遗址 〔龙安镇牟村行政村牟村大蕨岭·唐—明〕 遗址位于大蕨岭山脚边北侧和山腰处南侧。在山腰处有被盗挖坑，长 20 米，宽 15 米，断层高 1 米左右，留有残风管 3—5 堆，含残风管数十个，炼渣面积约 1420.29 平方米，未发现炼炉。

A_{5-11} 老婆冲冶铁遗址 〔龙安镇牟村行政村牟村老婆冲·唐—明〕 遗址分布面积约 4.9 万平方米。炼渣见于地表以下 0.8 米处，厚约 0.7 米，未发现炼炉。在老婆冲的中部发现盗挖坑，呈长方形，长 17 米，宽 6 米。

A_{5-12} 横岭脚冶铁遗址 〔龙安镇牟村行政村牟村横岭山脚下·唐—明〕 遗址在坡岭，靠近雅桥江东岸边，分布面积约 7700 平方米。在山岭两侧近雅桥江边有一盗挖坑，上层泥土厚 0.3—0.6 米，下为铁渣层，厚 0.5 米以上。

A_{5-13} 黄古岭冶铁遗址 〔龙安镇牟村行政村牟村黄古岭·唐—明〕 遗址主要分布在黄古岭的北侧，面积约 1466 平方米。在地表土 0.5—0.6 米以下发现铁渣层，厚 0.2—1 米不等。部分堆积被盗挖，铁渣层清晰可见。

A_{5-14} 龙安岐阳岭冶铁遗址 〔龙安镇龙安行政村龙安村岐阳岭·唐—明〕 遗址在岐阳岭上，发现 2 处炼渣堆积，其中米粉窑堆积面积约 3942.77 平方米，从暴露断面看分层不明显，表层散落铁渣，未发现炼炉。龙井背堆积面积约 250 平方米，地表可见铁渣，发现有 2 个盗挖坑堆满炼渣，厚度不详。

A_{5-15} 冲塘冶铁遗址 〔龙安镇龙安行政村龙胆村冲塘·唐—明〕 遗址分布于 2 处。一处位于冲塘水库西北面的茶山，呈东西分布，面积约 600 平方米，地表可见铁渣，堆积层情况不详。另一处位于冲塘水库东南面的社头山鼻岭，分布面积约 3834 平方米，地表可见铁渣，堆积层不详。在山脚下发现炼炉 1 座，为圆柱体，口径 1.2 米，高出地面 1.5 米，可见风管口，保存较完整。

A_{5-16} 铁石山冶铁遗址 〔龙安镇六霍行政村六霍村北面铁石山·唐—明〕 遗址在铁石山山脚南侧，分布面积约 230 平方米，地表可见散落炼渣，山坡取土处可见一地层剖面，高约 2 米，表层 0.4 米为泥层，下为炼渣层，厚约 0.7 米。

A_{5-17} 六石塘冶铁遗址 〔龙安镇六霍行政村六石塘·唐—明〕 遗址在六石塘东面的小山坡上，分布面积约 500 平方米。从山脚小路暴露的地层剖面可知，炼渣层在地表层以下 0.4 米左右处，厚 0.4—1.2 米，尚未发现炼炉。

A_{5-18} 浪塘凹冶铁遗址 〔龙安镇马鹏行政村浪塘村·唐—明〕 遗址在浪塘旧宅前坡西侧，分布面积约 300 平方米，从路边山坡暴露的断面看，地表土层厚

0.4 米，其下铁渣层厚 0.6 米左右，尚未发现风管、炼炉。

A5-19　铁屎岭冶铁遗址　〔龙安镇泰村行政村泰村·唐—明〕　遗址在泰村北面的一个小山坡上，分布面积约 1800 平方米。从坡地边缘暴露的断面看，地表土层厚约 0.4 米，其下炼渣堆积厚 0.7—1 米。

A5-20　高岭脚冶铁遗址　〔龙安镇腾冲行政村腾冲村·唐—明〕　遗址在高岭脚山坡中段，分布面积约 1104 平方米。在山脚断层及山脚下的田埂上都发现有大片铁渣堆积。

A5-21　大窝岭冶铁遗址　〔龙安镇长居行政村大窝岭·唐—明〕　遗址在大窝岭南坡，分布面积约 754 平方米，发现盗挖坑 2 个，盗坑剖面底层为铁渣堆积，厚度不详。

A5-22　石柜岭头冶铁遗址　〔山心镇龙江行政村龙江村石柜岭·唐—明〕　遗址沿石柜岭南面山脚呈带状分布，面积约 362 平方米。在地表上可见风管及残片和铁渣堆积。

A5-23　陈秘塘冶铁遗址　〔大平山镇陈村行政村陈村陈秘塘黎屋岭岭脚·唐—明〕　遗址分布面积约 592 平方米，文化堆积厚度不详，地表散布有炼渣，未发现风管及炼炉。据调查，该村修建道路、铺设地坪时曾发现炼炉，填埋了不少炼渣。

A5-24　庙岭冶铁遗址　〔洛阳镇金山行政村庞村庙岭·唐—明〕　遗址分为 2 处。一处在庙岭的东北面里冲瓦垌，发现炼渣散布于田埂上，呈带状分布，已暴露 3 个断层，地表层泥土厚约 0.6 米，以下含铁渣厚约 0.7 米，范围 600 米长。另一处在庙岭的东南面铁屎田，离第 1 处约 80 米，呈东南—西北方向分布，面积约 35000 平方米，从山脚梯田到山坡中间都有，土里含铁渣。整个山的东南、东北面都有铁渣，山坡上有风管遗存。在村里小巷也有铁渣分布。

A5-25　蒌塘岭冶铁遗址　〔洛阳镇六九行政村禄玖村蒌塘岭·唐—明〕　整个蒌塘岭散落铁渣，分布面积约 1.33 万平方米。地面表土层以下即可见铁渣层，厚度不详。

6-B1　陈氏家族墓地　〔龙安镇杨前行政村六雅村·五代—元·县文物保护单位〕　为当地陈氏第三代至第四代家族墓地。有墓葬 3 座，呈"品"字形排列。圆丘形土冢，三合土封面，高 0.8 米，底径 3.1 米，墓前立石碑。清代与民国曾有重修。占地面积约 300 平方米。

B1-1　陈应夫妇合葬墓　〔龙安镇杨前行政村杨前村龙旗岭·元—清〕　陈应，生卒年不详。字伯顺，号竹邨，白州（今广西博白县）人。南宋德祐元年

（1275）授藤州知州，未赴任而元兵至，陈应易名隐居绿鸦山。墓葬朝西，墓区平面呈葫芦形，冢呈圆丘形，墓前立碑 3 方，前 2 后 1，呈"品"字形。前左碑书"五代元迪功郎兑介陈公妣赵氏孺人合葬之墓"，右碑书"四代祖宋奉直大夫藤州知州竹邨陈公妣谭氏、季氏、梁氏之墓"。

7-B2　陶氏墓地　〔龙安镇六西行政村下山村冒固岭·元—明〕　陶氏始祖名致元，南宋末曾任刑部员外郎，元初隐居郁林州平贵乡。墓地共有 3 座元墓和 1 座明墓。占地面积约 600 平方米。其中陶致元墓规模最大，墓区平面呈葫芦形，圆丘形土冢，高 1.3米，底径约 4.5 米。各墓的墓碑系明清时所立。

8-B3　莫相家族墓地　〔石南镇富阳行政村富阳村北马岭西马脚坡·明代〕　莫相，石南镇坡头村人，明万历钦差整防兵备四川屯田道按察司金事。其家族墓分布于马脚坡上。尚存 3 座，墓葬朝南，呈"品"字形排列，上为莫相夫妻合葬墓，左为其母墓，右为其父墓，占地面积约 585 平方米。其中莫相夫妇合葬墓为圆丘形冢，青砖覆面，高 1.6 米，底径 1.6 米，顶有蘑菇状石。碑面刻"万历乙酉岁季冬吉旦钦差整防兵备四川屯田道按察司金事奉政大夫葵山莫公诰赠宜人祖妣宁氏之墓"。墓前神道列石马、石羊各 1 对。

9-B4　何以尚夫妇墓　〔大平山镇阳村行政村南阳岭·明代·县文物保护单位〕　何以尚，字仁甫，号静吾，广西石南东山村人，明嘉靖举人，官至户部主事南京太仆寺卿。著有《忠孝经》和《随蒙诗训》。《明史》有传。与妻袁氏合葬。墓曾被盗，其后裔修复。冢呈圆丘形，高 1 米，底径 4 米，前立墓碑。占地面积约 180 平方米。

10-C1　新江水渠　〔石南镇七团行政村香山村、塘格村，黎村行政村良村·明代〕　明嘉靖三十八年至四十二年间（1559—1563），兴业县知县吴乙主持开凿。水渠引通济、通津江水绕镇半周，上起石南镇圩东之良冲，面南向西，抵香山村，绕圩场半圈，长约 3.5 公里，渠面宽约 7 米，现渠水源干涸，渠床几乎变为沟渠。

11-C2　东山乡约亭　〔石南镇东山行政村东山村·明代·县文物保护单位〕　又名东山庙。建于明万历四十二年（1614）。历代屡有修缮。亭坐北朝南，平面呈"凸"字形，占地面积约 100 平方米。石砌台基，踏跺 3 级，亭面阔五间，高 4.5 米，四周檐廊，檐柱 18 根，金柱 8 根，花瓶形础及鼓形础，穿斗式木构架，歇山顶，盖瓦，瓦有阴刻明万历年款。相传亭内曾悬挂明何世锦、何以尚父子主持的"乡规民约十条"，为历代村民议事集会之所。

12－C₃ **龙泉枫木井** 〔龙安镇龙安行政村龙胆村东·明代·县文物保护单位〕 建于明代，具体时间不详。民国年间重修。以空心枫树干为井壁，井口呈椭圆形，径 1.5—1.2 米，深约 3 米。井台平面呈八边形，面铺花岗岩石条，占地面积约 20 平方米。井周围墙上嵌镶碑刻 10 方，多为民国时期赞颂诗文。

13－C₄ **大冲庙屋** 〔葵阳镇葵联行政村榜山村·清代〕 始建时间不详，清雍正十年（1732）重修。坐东南朝西北，砖木结构平房。平面呈"凸"字形，面阔 8.9 米，进深 6.4 米，面积约 57 平方米。青砖墙，抬梁式木构架，悬山顶，盖小青瓦。周有 8 根檐柱，花瓶形柱础，地面铺设青砖，庙屋内主梁上书"雍正拾年岁次壬子孟春月壬午日合宅众信重修"。

14－C₅ **龙潭山庄** 〔城隍镇龙潭行政村龙潭村内·清代〕 建于清乾隆年间（1736—1795）。坐西朝东，砖木结构，三进院落，由前院、前座、中座、后座及天井组成。占地面积约 1134 平方米。主体建筑面阔三间，悬山顶，清水脊，照壁上有马头山墙，前院大门朝北，有对联，横额为"云蒸"，右联"云霞散绮"，左联"山川效奇"。第二进大门横额有"覃静深祠"匾。

15－C₆ **石嶷塔** 〔石南镇石南社区西郊石嶷山·清代·县文物保护单位〕 相传建于南宋，具体时间不详。清顺治十七年（1660）知县熊惟供拆毁。清乾隆十一年（1746）庞纯正筹款重建。坐北朝南，八边形密檐式砖塔，高七层 22 米。塔腔中空，设踏跺上下，塔身叠涩出檐，每面均设门或假门，底层开门。顶为葫芦形塔刹。占地面积约 38 平方米。

16－C₇ **继志堂** 〔蒲塘镇石山行政村蟾蜍岭村·清代〕 建于清乾隆二十年（1755）。坐南朝北，砖木结构。三进院落，由前座、中厅、后堂、二天井、四走廊组成，占地面积约 808.5 平方米。各座面阔五间，清水墙，抬梁式木构架，硬山顶，清水脊，盖小青瓦。明间木推笼门，地面铺青砖。前座明、次间设卷棚前檐廊，挑梁垫浮雕花草栱墩。后檐木板壁，两端开小门。中厅前廊立圆形檐柱 2 根，置 10 级垂带砖踏跺，明间后檐为木板墙，两端开小门。天井墁铺青砖，两侧有走廊。

17－C₈ **兵马第** 〔葵阳镇葵联行政村榜山村·清代〕 建于清代初期，清乾隆四十一年（1776）加建西侧厢房。坐西北朝东南，砖木结构，庭院式，占地面积约 705 平方米。大门已被封堵，前院有桥跨水池达主座。主座平面呈"凸"字形，前为重檐歇山顶，俗称八角亭，面阔、进深一间，后面面阔五间，抬梁式木构架，硬山顶，清水脊，盖小青瓦。明间有 4 根圆

金柱，花瓶式石础。前院两侧为厢房，面阔四间，进深一间，部分高二层。1945 年曾作为桂东南起义指挥部。

18－C₉ **庞村古建筑群** 〔石南镇庞村行政村庞村·清代·自治区文物保护单位〕 庞村建村于清乾隆四十一年（1776），清嘉庆、道光年间大规模扩建，至晚清基本达到现有规模。共有建筑 28 座，总占地面积约 2.5 万平方米。包括将军第、梁氏祖祠、民居等，建筑二进或三进，青砖或泥砖墙，后座多用二层檐，壁画、石雕、木雕、泥塑等内容丰富。

C₉₋₁ **将军第** 〔石南镇庞村 146 号·清代〕 清嘉庆二十五年（1820）梁标昌修建。因子梁毓馨以军功晋升武功将军，故称将军第。坐北朝南，砖木结构，平面呈曲尺形，主体为三进院落，由前座、中座、后座与二天井组成，占地面积约 1344 平方米。各座面阔三间，青砖或泥砖墙，抬梁式木构架，瓜柱透雕图案，梁下装饰浮雕，悬山顶，清水脊，盖小青瓦，墙壁上端有彩色壁画。前座后廊和中座前廊为卷棚顶。主体东面有厢房一排，西面有侧院，有厢房、天井、横屋。

C₉₋₂ **梁氏祖祠** 〔石南镇庞村内·清代〕 建于清嘉庆十九年（1814）。坐北朝南，砖木结构，三进院落，由前座、中厅、后堂、二天井、二廊组成，占地面积约 435.8 平方米。前座、中厅、后堂面阔三间，硬山顶，脊灰塑花鸟、瑞兽，瓦盖两层，下层漆白色。前座门额书"梁氏祖祠"匾，中厅前廊檐柱 2 根，厅内 4 石础木柱，穿斗与抬梁混合木构架。后堂置 3 个透雕神龛，室内墙上端及屋檐下绘饰瑞兽、花草、山水、人物等题材壁画。

C₉₋₃ **152 号民居** 〔石南镇庞村 152 号·清代〕 建于清代，具体时间不详。坐北朝南，砖木结构，四合院，由前座、后座、两侧厢房及中间天井组成，占地面积约 418.8 平方米。前、后座面阔五间，进深一间，外青砖内泥砖墙，灰沙脊，前座硬山顶，后座歇山顶，二层檐，盖小青瓦，封檐雕刻垂帐纹，山墙塑博古，室内地面铺青砖。天井两侧院墙上端各有 3 幅浮雕。室内墙体上端彩绘瑞兽、花草、山水、人物壁画。

C₉₋₄ **157 号民居** 〔石南镇庞村 157 号·清代〕 建于清代，具体时间不详。坐北朝南，砖木结构，三进院落，由前座、中座、后座、二天井、厢房组成，占地面积约 468 平方米。各座面阔五间，外青砖内泥砖墙，硬山顶，清水脊，盖小青瓦，地面铺青砖。前座明间门上有砖雕格子窗，中座两层檐，下层檐在座前间部分，上层檐为后间瓦檐，两层檐间装饰椇条格板及花窗。

C₉₋₅ **163 号民居** 〔石南镇庞村 163 号·清代〕

建于清代，具体时间不详。坐北朝南，砖木结构，二进院落。由前座、后座、天井组成，占地面积约 255.3 平方米。前、后座面阔三间，外青砖内泥砖墙，硬山顶，清水脊，盖小青瓦，地面铺青砖，前座曾被火烧毁大门及东端，后座檐下有封檐板，过道梁架上有木雕，室内墙体上端彩绘瑞兽、花草、山水、人物壁画。明间设置有木制屏风。

19 – C₁₀ 石南书院 〔石南镇环江行政村环江村·清代〕 兴业知县王巡泰于清乾隆四十三年（1778）主持修建，清道光十九年（1839）重建。砖木结构，原为三进院落。现存中座、后座及两廊、两厢，占地面积约 1350 平方米。中座、后座面阔三间，青砖墙，以 6 条石础砖柱支顶，穿斗与抬梁混合木构架，硬山顶，盖青瓦，脊饰灰雕。

20 – C₁₁ 平山村庙屋 〔大平山镇平山行政村平山村·清代〕 始建时间不详，清乾隆四十八年（1783）重修。坐西北朝东南，砖木结构平房，高 4.2 米，占地面积约 63 平方米。青砖台基，地面用青砖铺设，四周青砖墙高 0.9 米，墙上面再铺青条石，青条石上立圆形格木檐柱 12 根，庙内立圆形格木金柱两组共 4 根，鼓形石础，抬梁式木构架，悬山顶，清水脊，盖板瓦。正面明间置 3 级踏跺，后檐砖墙。其余各面为敞开式。

21 – C₁₂ 兴华祠 〔洛阳镇龙垌行政村龙垌村·清代〕 始建时间不详，清乾隆五十五年（1790）重修。坐东朝西，砖木结构，二进院落，由前座、后堂、天井组成，占地面积约 210 平方米。前座、后堂面阔三间，泥砖墙，硬山顶，盖小青瓦。前座设卷棚顶前檐廊，柁墩浮雕人物故事、八仙过海、十八罗汉、仙姬送子等图案。门额上书"兴华祠"3 字，廊前置石踏跺 11 级。后座进深三间，圆形木檐柱 2 根，方形砖金柱两组共 4 根，抬梁与穿斗混合木构架。天井两侧为走廊，单坡瓦顶。

22 – C₁₃ 里五桥 〔石南镇环江行政村坡头村北里五江上·清代〕 建于清嘉庆十二年（1807）。单孔石拱桥，长 22 米，宽 7 米，拱跨 1.4 米，桥身、桥拱均用料石干砌，桥面铺卵石、块石。原有《建里五桥题名记碑》1 方立于桥旁，今已佚。清乾隆版《兴业县志》有载。

23 – C₁₄ 甘氏宗祠 〔北市镇钦善行政村善民屯·清代〕 建于清嘉庆十二年（1807）。依山势而建，坐北朝南，砖木结构，四进院落，由大门、前殿、中殿、后殿、天井、回廊组成，占地面积约 500 平方米。各座面阔三间，抬梁式木构架，硬山顶，盖小青瓦。人字山墙，施檐廊。镂空花格木槛墙、窗。

24 – C₁₅ 吴氏宗祠 〔葵阳镇旧县行政村旧县村·清代〕 建于清道光七年（1827）。坐西北朝东南，砖木结构，三进院落，由前座、中厅、后堂、左右厢房、天井组成，占地面积约 1171.5 平方米。前座、中厅、后堂面阔三间，清水墙，抬梁式木构架，梁上垫各式柁墩，硬山顶，盖小青瓦。前座设前檐廊，廊立方形石檐柱 2 根，门额上嵌"吴氏宗祠"匾，脊饰双龙戏珠。中厅进深二间，圆木檐柱 2 根、金柱两组各 4 根，花瓶式石础。后堂进深一间，明间敞开式。

25 – C₁₆ 宾兴馆 〔石南镇城西路 153 号·清代〕 建于清道光末年（1850），是当地乡绅钟章元倡议修建。砖木结构，三进院落，由前座、中座、后座、天井组成，占地面积约 2600 平方米，主体建筑面阔五间，二层楼房，硬山顶，盖小青瓦。现前座与后座有所增改。

26 – C₁₇ 吴凤集祠 〔城隍镇枫木行政村·清代〕 建于清同治年间（1862—1874），具体时间不详。坐西朝东，砖木结构，两进院落，由前座、后堂、天井组成，占地面积约 535.6 平方米。前座、后堂均面阔五间，硬山顶，盖小青瓦。祠内墙面彩绘"九子登科""招财进宝"等壁画。前座有前檐廊，中开大门，门前有 3 级踏跺。

27 – C₁₈ 阳村庙屋 〔大平山镇阳村行政村·清代〕 始建时间不详，清光绪二年（1876）重修。坐西北朝东南，砖木结构平房，高 3.4 米，占地面积约 61.5 平方米。红砖台基，上铺阶条石，四面砌矮墙，四周圆格木檐柱 8 根，格木金柱三组共 6 根，抬梁式木构架，正脊为清水脊，垂脊为灰沙筑脊，屋面盖板瓦。正面置 3 级踏跺。

28 – C₁₉ 孔庙 〔石南镇石南社区登云路 1 号石南镇一中内·清代·县文物保护单位〕 始建于北宋庆历中（约 1045），原址在城西北学背村（今附归坡头村），元至正三年（1343）知县秦仁济重建。明成化十八年（1482）迁建城内县署之东，明嘉靖十八年（1539）重修。清乾隆二十四年（1759）知县史理迁建今址，乾隆五十三年（1788）殿堂、斋庑、池桥、门墙及界址基本定型。清光绪八年（1882）重修。占地面积约 1144 平方米。坐西北朝东南，砖木结构，现存大成殿、两庑、大成门、礼门、义路、照壁。大成门面五楹，面阔 23.2 米，进深 5.6 米，悬山顶，筒板瓦。大成殿面阔五间 15.9 米，进深 14.1 米，抬梁式木构架，重檐歇山顶，盖琉璃卷筒瓦，正脊灰雕二龙戏珠，殿前墙左右均嵌清康熙二十五年（1686）《至圣先师孔子赞》碑 1 方。正面台阶嵌祥龙卧云的大平板陛石。

29 – C₂₀ 墨庄祠 〔小平山镇谭村行政村下谭村 15 号·清代〕 建于清光绪八年（1882）。坐西北朝东南，砖木结构，现存前院及二进院落，占地面积约336平方米。前门朝东北，面阔、进深一间。门后为前院，东南面为一排四间房，西北面为二进小院，前座、后堂面阔三间，片石地基，墙底层砌青砖高0.8米，其上砌泥砖，硬山顶，脊灰塑花卉、瑞兽等，照壁马头山墙，盖小青瓦，地面铺青砖，封檐板及祠内梁架、柁墩雕饰人物、山水、瑞兽等。前座、后堂皆有前檐廊，廊立方形石檐柱，廊前置5级踏跺。

30－C₂₁ **大夫第**〔葵阳镇旧县行政村内·清代〕建于清光绪五年（1879）。坐北朝南，砖木结构，四进院落，占地面积约832平方米。各座面阔三间，清水墙，悬山顶，清水脊，盖小青瓦，推笼木门，青砖铺地。前座门额悬挂"大夫第"木匾，后檐为木槛墙。第二座明间设置木槛墙，门上悬挂"五代同堂"木匾，室内墙体上端彩绘人物、花草、鸟兽壁画。第三座门上悬挂"天道辅德"木匾，右上款"兴业县寿绅吴业承"，落款"广西省政府主席黄题赠民国廿四年正月吉日立"。主体建筑两侧隔巷道为横廊厢房各一排。

31－C₂₂ **梁氏宗祠**〔城隍镇大西行政村下村·清代〕建于清代，具体时间不详。坐北朝南，砖木结构，两进院落，由前座、后堂、天井及厢房组成，占地面积约520平方米。前座、后堂面阔三间，青砖墙，穿斗式木构架，硬山顶，灰沙脊，脊塑花草、瑞兽等，盖小青瓦。封檐板雕花鸟、瑞兽。前座设前檐廊，廊立石础圆木柱2根，廊前置5级砖踏跺。后檐为木板墙，开2个单扇门。后座前檐敞开，木檐柱端饰雀替，内立4根木金柱。天井两侧各有厢房三间。

32－C₂₃ **海树祠**〔城隍镇城隍行政村城隍村8号·清代〕建于清代，具体时间不详。坐西朝东，砖木结构，三进院落，由前座、中厅、后堂、天井、走廊组成，占地面积约500平方米。各座均面阔五间，青砖墙，硬山顶，清水脊，盖小青瓦。室内墙上绘彩饰花鸟、瑞兽、山水等壁画。前座明间后面置踏跺，中厅明间为过厅，后堂有前檐廊，明间为隔扇木板墙，开方格花窗。院墙灰塑高脊，两端博古，墙壁上方正中有白底"万福来朝"4字。

33－C₂₄ **忠孝祠**〔石南镇东山行政村东山村内·清代〕建于清代，具体时间不详。坐北朝南，砖木结构，三进院落，占地面积约357平方米。前座、中厅、后堂面阔三间，清水墙，硬山顶，脊灰塑翘花鸟、瑞兽等，室内墙体上端彩绘山水、人物、瑞兽等壁画。地面铺青砖。前座明间设内凹檐廊，双开推笼门，门额上嵌"忠孝祠"匾，门外两侧置石鼓。

34－E₁ **党州农友协会旧址**〔卖酒镇党州行政村党州村·1927年〕1927年，当地村民在周五斋领导下，成立农民协会，提出"打倒土豪劣绅，推行减租减息"口号。农民协会地点设于此。坐北朝南，泥砖木结构，二进院落，由前座、后座、天井、厢房组成，占地面积约276平方米。前座、后座高二层，面阔五间，青砖柱，泥砖墙，悬山顶，清水脊，盖小青瓦。地面铺青砖，木楼板，墙开长方窗。

35－E₂ **中共兴业县特支旧址**〔石南镇环江行政村坡头村·1941—1943年·县文物保护单位〕1941年7月，中共广西省工委组建中共兴业县特别支部。唐氏宗祠是特别支部所在地（1943年迁合浦县土东圩），也是玉林地区各县中共秘密联络点。宗祠建于明万历末年（1620），清嘉庆八年（1803）重修。坐北朝南，砖木结构，三进院落，占地面积约480平方米。前座、中厅、后堂面阔三间，泥砖墙，穿斗与抬梁混合木构架，灰沙筑脊，盖小青瓦。2005年由唐氏后裔集资修缮，改泥砖墙为清水墙。1985年玉林市政府于旧址大门外立碑纪念。

36－E₃ **中共桂东南抗日游击区办事处、抗日武装起义司令部旧址**〔城隍镇龙潭行政村寨寮村·1944年·县文物保护单位〕1944年10月，根据中共广西省工委的决定，在贵县（今贵港市）木格镇设立中共桂东南抗日游击区办事处，后迁至兴业县龙潭村今址。同年12月，在此召开中共兴业县委扩大会议，成立兴业县人民抗日自卫军。1945年桂东南抗日武装起义司令部亦设在这里。旧址原为烈士覃震声住宅，建于1921年。坐西朝东，砖木结构，四层仿西式楼房，高15米。面阔三间，进深一间，四层墙均开圆窗及扇形窗，第二层外墙窗上刻有"娱楼"2字，第四层的西、东面开七联拱窗，南、北面开方窗，硬山顶，盖小青瓦。檐周砌三角形、圆形、弧形山花，直棂、花窗式女儿墙。占地面积约80平方米。

37－E₄ **中共桂东南抗日游击区办事处文印室旧址**〔城隍镇枫木行政村铜锣村·1944年·县文物保护单位〕1944年10月至1945年3月，中共桂东南游击区办事处在此设立文印室，先后印制《论目前广西新形势》《抗日救国十大纲领》《游击区施政纲领》等文件、传单。旧址原为清代镇兴庙，坐北朝南，砖木结构，由前座、后座及两侧阁楼围成四合院，占地面积约243平方米。前座为民国仿西式两层楼房，正面底层有三联拱外廊，上、下层共开18个拱窗。后座为清代建筑，面阔五间，外青砖内泥砖墙，硬山顶，清水脊，盖小青瓦。天井两廊为两层阁楼。

38－E₅ **兴业县抗日民主政府旧址**〔城隍镇城隍社区城隍小学·1945年·县文物保护单位〕1945年3月2日，兴业县抗日武装起义，在此成立兴业县抗日民主政府。旧址原为城隍北帝阁，建于清乾隆十八年（1753），清嘉庆十一年（1806）、清道光十五年（1835）重修。现存前座，坐北朝南，砖木结构，面阔三间，前置檐廊，石檐柱饰透雕雀替，门前有石鼓1对，廊前置多级垂带石踏跺。后檐仅存半截石墙及檐柱，硬山顶，盖小青瓦。封檐板刻花卉鸟兽。两次间内镶碑刻21方，内容为叙事、题名、建庙等。占地面积146平方米。

39 - E₆　城隍革命烈士陵园　〔城隍镇城隍行政村鹿峰山风景区正对面·1986年·县文物保护单位〕　1945年3月，覃注礼、覃震声等发动兴业县抗日武装起义，成立兴业县抗日民主政府，覃注礼任抗日武装起义司令部副司令兼县长，覃震声任抗日武装起义司令部顾问。起义失败后，覃注礼、覃震声被捕牺牲，原葬于城隍圩西北。1986年玉林市人民政府建烈士陵园，迁葬于此。陵园由覃注礼、覃震声烈士墓、纪念碑和纪念墙组成，占地面积约2050平方米。

E₆₋₁　覃注礼墓　〔城隍镇城隍革命烈士陵园·1986年〕　覃注礼（1911—1945），广西兴业城隍镇莫村人。1944年任中共兴业县委员会书记，1945年3月发动和领导桂东南抗日武装起义，任武装起义司令部副司令兼兴业县抗日民主政府县长。起义失败被捕遇害。1986年迁葬于烈士陵园纪念碑左侧，冢呈圆丘形，底径4.2米，墓前立"革命先烈覃注礼同志之墓"碑。

E₆₋₂　覃震声墓　〔城隍镇城隍革命烈士陵园·1986年〕　覃震声（1888—1945），原名覃家荣，广西兴业城隍镇龙潭村人。曾任民国广西天峨县县长、兴业县参议会副议长。1939年接受中国共产党的主张，从事抗日救国工作。1945年参与发动桂东南起义，任兴业县抗日武装起义司令部顾问。起义失败被害。1986年迁葬于烈士陵园纪念碑右侧，冢呈圆丘形，底径4.2米，墓前立"革命先烈覃震声同志之墓"碑。

40 - G₁　解放铜鼓出土点　〔卖酒镇党州行政村·西汉—唐〕　1972年，出土北流型铜鼓1面。鼓面径0.758米，高0.42米。鼓面太阳纹八芒。面沿环列四蛙，两两相对。面饰雷纹。身饰雷纹与雷纹填线纹。胸腰间附缠丝纹环耳2对，耳有两道脊线，耳根有三趾纹。

41 - G₂　浪平铜鼓出土点　〔小平山镇小平山行政村东约2.5公里·西汉—唐〕　1991年3月，浪平村出土北流型铜鼓1面。鼓面径1.245米，高0.66米，足径1.2米。鼓面太阳纹十二芒。面沿环列六蛙，间立鸟1只。面饰雷纹、连钱纹、小鸟纹、水波纹。身饰席纹与细方格纹逐层相间。胸腰有辫纹大环耳2对，小环耳1对。

42 - G₃　岭头铜鼓出土点　〔小平山镇金华行政村岭头村西北约800米·西汉—唐〕　1977年8月，岭头村村民修渠时出土北流型铜鼓1面，鼓面朝下，无共存物。鼓面径0.715米，高0.424米。鼓面太阳纹八芒。面沿环列六蛙。面饰云纹、鸟纹。身饰云纹和雷纹填线纹。胸腰间附扁耳2对，中开一长条孔。

43 - G₄　三龙铜鼓出土点　〔石南镇东龙行政村三龙村东南约100米·西汉—唐〕　1984年5月，三龙村出土北流型铜鼓1面，鼓面朝下，无伴随物。鼓面径0.98米，高0.525米。鼓面太阳纹八芒。面沿环列单蛙、累蹲蛙相间。面饰云雷纹、席纹等。身饰辫纹。胸腰间附辫纹扁耳2对。

44 - G₅　江山岭铜鼓出土点　〔大平山镇埠头行政村东约300米江山岭·东汉—唐〕　1986年，江山岭出土灵山型铜鼓1面，鼓面朝下，无共存物。鼓面径0.715米，高0.39米。鼓面太阳纹十芒。面沿环列六蛙，其中三蛙背负小鸟。饰方格几何纹。胸腰间附扁耳2对。现藏埠头村周木成家。

45 - G₆　金鸡坪铜印出土点　〔洛阳镇新忠行政村金鸡坪·南明〕　1979年5月，金鸡坪（俗称金鸡营）出土铜印1枚。印为正方形，边长0.104米，厚0.015米。背铸虎形立状印柄，印面篆刻"平东将军之印"，背分别刻"平东将军之印""永历六年礼部造"及"永字四千三百第九号"等字，楷书。（见《文物》1981年7期）

北流市

1 - A₁　增劲塘城址　〔北流镇印塘行政村增劲塘村·汉代〕　据史书记载，自汉代起已置县，废于隋。城址平面呈长方形，东西长约150米，南北宽约130米，面积约1.95万平方米。城墙以黄土夯筑，南面现存残墙35米，残高7米，底宽12米，其余城墙三面已毁，城外四周挖有护城壕。城内建筑已毁，在地表采集有汉砖、四耳陶罐、陶盆残片。陶器为硬陶，多饰弦纹、水波纹。《汉书·地理志》《晋书·地理志》《宋书·州郡志》都有记载。

2 - A₂　铜石岭冶铜遗址　〔民安镇兴上行政村上良村大、小铜石岭、会岭台的沿河山坡一带·汉—唐·自治区文物保护单位〕　遗址分布于圭江东岸沿江的大铜石岭、小铜石岭、会岭台其间山坡上，范围约4平方公里。文化层厚0.1—0.4米，有冶铜工场和采矿工场。1977—1978年，试掘250平方米，发现炼铜炉14座、灰坑9个、排水沟2条，出土铜矿石、木炭、炉渣、陶风管、铜锭、铜鼓残片。采集的陶片，

多饰弦纹、水波纹、方格纹，亦有黄釉瓷片，器形有鼎、罐、钵等。（见《考古》1985年第5期）

3-A₃ 勾漏故城址 〔北流镇印塘行政村朝阳村・晋代〕 《北流县志》记载："勾漏废县在今治东北十里勾漏山前，晋置。旧传葛洪求为令即此。"城址位于圭江西岸，平面呈长方形，东西长约130米，南北宽约100米，面积约1.3万平方米。城墙用土夯筑，东、南、北三面城墙已毁，西面存残城墙26米，宽8米，高3米。城内建筑不存，已被辟作耕地，可采集到晋代夹砂陶釜、盆等残片。城址位置与《北流县志》记载相符。

4-A₄ 铜州故城址 〔北流镇印塘行政村新城村・唐代〕 据《北流县志》记载，铜州城建于唐武德四年（621）。城址位于圭江西岸，平面呈长方形，东西长约220米，南北宽约165米，面积约3.63万平方米。城墙用黄土夯筑，残高3.7米，底宽4.8米，城外有护城河。城内地表散布有陶、瓷器的残片及莲花纹瓦当、筒瓦、大瓦、砖等唐代遗物。城内已开垦为农田，建筑皆已毁。《北流县志》有记载。

5-A₅ 城肚寨址 〔西埌镇西埌行政村城肚村・清代〕 建于清同治年间（1862—1874），为防贼匪而建。寨墙用灰沙、石块混合砌筑，长、宽均为30米，高10米，厚1.4米。占地面积约900平方米。寨墙四角设有炮楼，寨墙上四周均有人行道和炮眼，寨门上有防火道，内为灰沙地面，有小巷、二进房屋及水井等。寨墙东、南、北三面内墙均用砖加固。

6-A₆ 岭峒窑址 〔平政镇岭峒行政村岭峒村・宋代・自治区文物保护单位〕 分布在村周围岭脚，瓷片散布密集，面积约9平方公里。窑口均为坡式龙窑。瓷器产品有碗、盏、盘、杯、碟、壶、罐、瓶、魂瓶等。施影青釉，采用刻、印、堆贴、透雕等装饰手法。纹饰以印花为主，多为荷花、团菊、缠枝花卉和海水游鱼等图案。出土有北宋"宣和三年"、南宋"乾道三年""淳熙二年"和"绍兴十二壬戌岁梁二郎号记"等年款印花模具10余件。

7-A₇ 天门关遗址 〔北流镇甘村行政村甘村天门山・明代・市文物保护单位〕 天门关原名鬼门关，是中原到钦、廉、雷、琼和交趾的一条重要通道。明宣德四年（1429）改名为天门关，在天门山刻竖行榜书"天门关"3字。天门山由东往西延伸，原构成关门的"双峰"已因采石削平大半，古籍所载"高崖峡谷，形势险要，双峰对峙，状如关门"的情景已不复见。

A₇₋₁ 天门关摩崖石刻 〔北流镇甘村天门山东北面半山腰石壁上・明代〕 摩崖石刻1方。明宣德四年（1429）刻，刻面高1.6米，宽0.5米。文竖2行，9字。无首题，落款"宣德四年五月"，正文榜书"天门关"，字径0.3—0.42米，楷书，阳刻。

8-B₁ 田螺岭宋墓 〔陵城街道北流市人民医院旁田螺岭・北宋〕 1979年北流县医院建房时发现。长方形竖穴土坑墓，长2.7米，宽1米，深1米。出土头骨1块，丹书石砖1块，青白瓷魂瓶2件，北宋"太平通宝"铜钱3枚。

9-B₂ 邹屋宋墓 〔北流镇勾漏行政村勾漏村背山坡・北宋〕 1986年发现。长方形单室砖墓，墓室长2.7米，宽0.9米。以大石板盖顶，河沙铺底。出土砖质丹书地券1方，唐"开元"、北宋"元丰""政和"铜钱共5枚，青黄釉罐2件。地券近方形，字迹部分不清，隐约可见"绍熙三年庚午"等字。

10-B₃ 裴圣奶墓 〔新圩镇梧村行政村梧村牛毛岭・清代〕 裴圣奶，原名裴九娘，宋末元初广西北流六井村（今西埌镇平地山村）人，相传为保护百姓，兴兵讨贼失利而亡，乡人感恩建墓纪念。原墓不详，现墓是清道光十一年（1831）重修。墓葬朝南，冢为圆柱形，宝顶冢沿出檐，高2.6米，墓碑刻"慈慧护境得道仙娘裴圣奶古迹之神墓"。墓左侧还立有捐资芳名碑6方。

11-B₄ 李绍昉墓 〔清湾镇陈冲行政村园株岭组杆冲岭东南山腰・清代〕 李绍昉（1787—1845），字东阳，号晓园，又名勾漏山人，广西北流清湾镇侯山村人，官至浙江宁、绍、台兵备道，有"才压三江"之誉。墓葬朝东南，墓区平面呈葫芦形，冢呈覆斗状，用灰沙砌成，高0.75米，周边筑灰沙墓圈墙，墓碑已毁。占地面积约47.18平方米。

12-C₁ 登龙桥 〔北流镇龙桥路25号・明代・市文物保护单位〕 又名化龙桥。建于宋代，原为三孔石拱桥，南宋庆元元年（1195）在桥上以石构亭，明天启二年（1622）改三拱为一拱。东西走向。单孔石拱桥，长36.3米，宽13.5米，拱跨10米，桥身为料石构筑，单层券拱，青石桥面。桥面南侧为通道，北侧有清代庙堂、亭阁、坊门等砖木结构建筑。庙堂坐北向南，横列于桥面，面阔五间，进深一间，中间为主殿，两旁配殿，硬山顶，盖小青瓦，脊饰鳌鱼、博古等灰雕，殿内墙上绘彩画16幅。亭建于桥中部。桥两端分别建有坊门，现存东端1座，砖砌，上嵌"登龙桥"匾。

13-C₂ 文庙 〔陵城街道陵宁路6号・清代・市文物保护单位〕 建于清康熙元年（1662），1924年维修。文庙由棂星门、泮池、大成门、名臣祠、乡贤祠、东西庑、碑亭、大成殿、崇圣祠等构成，占地面积约

1732.5 平方米。现存棂星门、状元桥、大成殿。建筑坐北朝南,棂星门石构,一字形六柱,柱顶雕小狮,面阔23.1米,高5米。状元桥为单孔石拱桥,长6米,宽2.3米。大成殿为木结构,面阔23米,进深7.5米,抬梁式木构架,重檐歇山顶,脊饰二龙戏珠。大门为16页隔扇门。殿内悬挂清康熙、清雍正等8位皇帝御书匾额。《北流县志》有载。

14 - C₃ 陈氏宗祠 〔北流镇中灵行政村中灵村·清代〕 建于清康熙四十年(1701)。坐北朝南,由主体及两侧厢房组成,占地面积约801.85平方米。主体建筑为二进院落,前座、后堂面阔三间,泥砖墙,穿斗与抬梁混合木构架,硬山顶,盖小青瓦。封檐板浮雕蝴蝶、花果图案。前座设前檐廊,立竹节形圆木檐柱2根,门额上有"陈氏宗祠"匾,屋内外墙檐下墙端彩绘人物、山水、花草壁画。后堂两次间前檐开透花窗墙,室内立4根金柱,梁上垫短柱枨墩。天井外墙隔巷道为厢房一排五间。

15 - C₄ 李郎官祠 〔大里镇六厚行政村六厚村·清代〕 建于清康熙五十四年(1715),现存为清末建筑。坐西朝东,砖木结构,三进院落,由大门、中厅、后堂、二天井、四走廊组成,占地面积约598.56平方米。各座面阔三间,青砖墙,硬山顶,盖小青瓦,正脊、垂脊皆灰塑翘脊。室内青砖地面。祠内外墙端彩绘花鸟壁画。前座设前檐廊,门额上嵌"李郎官祠"匾,廊前有5级石踏跺。中厅、后堂内立金柱四排8根,穿斗与抬梁混合木构架。

16 - C₅ 碧虚亭 〔北流镇勾漏行政村勾漏村勾漏山勾漏洞洞口·清代·市文物保护单位〕 旧名涤尘亭。清雍正年间(1723—1735)知县陶乐为纪念道学家葛洪而建。清道光十五年(1835)知县邓云祥重修,更名"碧虚亭"。坐东朝西,砖石木结构,面阔14米,进深7.1米。南、北、西面有外廊,共立方形石檐柱9根,穿斗式木构架,歇山顶,盖琉璃瓦。内壁青砖墙,正面两端各开门拱1个,两门之间及后墙各设长方形木花窗2个。亭前悬挂"碧虚亭"匾。占地面积约99.54平方米。

17 - C₆ 夏松竹堂 〔北流镇松花行政村松花村·清代〕 建于清雍正年间(1723—1736),具体时间不详。坐西朝东,砖木结构,四进院落,由前座、二座、三座、后堂、三天井、二走廊组成,占地面积约719.52平方米。各座均面阔三间,青砖墙,青砖地面,悬山顶,盖小青瓦,灰塑翘脊,封檐板浮雕人物。前座北次间开大门。第二、三座外墙彩绘花鸟、动物、人物、蝙蝠、山水等壁画。后天井两侧各有厢房一间。

18 - C₇ 玉虚宫 〔新圩镇新圩社区新圩镇文化站内东·清代〕 建于明崇祯七年(1634)。清雍正五年(1727)重修。坐北朝南,砖木结构,二进院落,由前殿、后殿、天井、走廊构成,占地面积约194平方米。前殿面阔三间,进深一间,置前檐廊,立石檐柱2根,石门框有门联1副,弧形山墙。后殿面阔三间,进深二间。前殿、后殿座皆为抬梁式木构架,硬山顶,灰沙卷筒瓦,琉璃瓦当剪边。走廊有泥浮雕花草虫鱼2幅、怪兽4幅。

19 - C₈ 得月亭 〔陵城街道江滨公园内·清代〕 建于清乾隆二十年(1755),清同治十一年(1872)重修。亭砖木结构,平面呈四方形,边长4.5米,立4根内圆柱、8根外方柱,周以砖砌矮护栏,抬梁式木构架,四角盔顶,上置仰莲座葫芦刹。亭内覆斗天花。有行书匾额"得月亭"及"同治十一年重修"款小匾。

20 - C₉ 罗大夫祠 〔清水口镇香塘行政村香塘村·清代〕 建于清乾隆二十六年(1761),后曾多次重修。坐西朝东,砖木结构,二进院落,由前座、后堂、天井、走廊组成,占地面积约386.24平方米。前座、后堂面阔三间,青砖墙,硬山顶,盖小青瓦,红阶砖地面。前座进深三间,立金柱8根,穿斗和抬梁混合木构架,前檐无墙,金柱连接花岗岩直棂栅栏。后堂有前廊,室内砌砖墙分隔。前、后座明间有歇山顶走廊相连。

21 - C₁₀ 刺史第 〔北流镇中灵行政村中灵村亨地屋·清代〕 清乾隆四十年(1775)举人罗德球修建。坐北朝南,砖木结构,五进院落,由前后五座、三天井、六厢房组成,占地面积约965.8平方米。各座面阔三间,青砖墙,穿斗与抬梁混合木构架,硬山顶,灰塑翘脊,盖小青瓦。屋内墙端彩绘福禄寿、人物、花草等壁画。前座明间设内凹小廊,开推笼门,门前置石鼓1对,门额嵌"刺史第"匾。第二座设前檐廊,木檐柱端饰雀替。第三座前为二排4柱廊,第四、五座形制相同,明间前檐敞开。各天井两侧厢房已塌毁。

22 - C₁₁ 刘大夫祠 〔塘岸镇贡塘行政村翰塘村·清代〕 始建时间不详,清乾隆五十六年(1791)重修。坐南朝北,砖木结构,三进院落,由大门、中厅、后堂、二天井、四走廊组成,占地面积约462.8平方米。各座均面阔三间,青砖墙,硬山顶,盖小青瓦。大门设前檐廊,石础圆檐柱2根,推笼门,门额上嵌"刘大夫祠"匾。中厅砖柱、砖墙,前、后檐通透。后堂有前檐廊,前置4级踏跺。前、后天井为三合土地面。

23 - C₁₂ 刘广文祠 〔塘岸镇塘肚行政村塘肚村·清代〕 始建时间不详,清嘉庆七年(1802)重修。坐东南朝西北,砖木结构,三进院落,由前门、中厅、后堂、天井、走廊组成，占地面积约 482.6 平方米。主体建筑面阔三间，青砖墙，穿斗式木构架，硬山顶，盖小青瓦。地面铺方砖，檐墙端彩绘壁画。前门设前檐廊，中厅前、后檐敞开，室内立金柱 6 根，后堂前廊立圆木檐柱 2 根，内以砖墙分隔。前、后天井两侧都有走廊。

24 – C₁₃ 罗平庄祠 〔大里镇罗祥行政村罗祥村·清代〕 建于清嘉庆十六年（1811），清光绪二十七年（1901）重修。坐东南朝西北，砖木结构，三进院落，由大门、中厅、后堂、二天井组成，占地面积约 333.97 平方米。各座均面阔三间，青砖墙，硬山顶，盖小青瓦。祠内、外墙端绘饰卷草纹。大门设前檐廊，廊铺青砖，立宝瓶石础石檐柱 2 根，门额上嵌"罗平庄祠"匾，封檐板雕卷云图案。中厅、后堂内皆立金柱 6 根，穿斗与抬梁混合木构架。

25 – C₁₄ 司马第 〔新圩镇新圩行政村新圩村·清代〕 建于清嘉庆二十四年（1819）。由本村赵赐爵任例授分州时修建。坐北朝南，砖木结构，由三进主院和左、右厢房组成，占地面积约 3800 平方米。三进主院各座面阔五间，青砖墙，抬梁式木构架，硬山顶，盖小青瓦。内墙檐下绘人物花卉题诗壁画。方砖地面。前座明间、次间有前檐廊，雕花撑拱及挑首支撑，挑手间垫卷云纹柁墩，立檐柱 2 根，中开门。天井两侧有走廊。主院两侧隔巷道为厢房。

26 – C₁₅ 葛仙祠 〔北流镇勾漏行政村勾漏村勾漏山勾漏洞洞口·清代〕 据传东晋葛洪曾在勾漏洞"炼丹修道"，后人在此建葛仙祠以纪念。葛仙祠建于清代，清道光十五年（1835）修缮。坐东朝西，砖木结构，面阔五间，进深三间，占地面积约 272.6 平方米。四周回廊，立圆形檐柱 16 根，内为青砖墙，立木金柱 6 根，抬梁式木构架，歇山顶，青瓦覆盖，地面铺青砖。明、次间前、后檐墙为隔扇门各 10 扇，檐口挂"葛仙祠"匾额。祠内正梁上赤色墨书"易振兴暨阖邑官绅商民共议创"。

27 – C₁₆ 乌石屋 〔白马镇白马行政村乌石村·清代〕 建于明崇祯八年（1635），清咸丰年间（1851—1861）重修。坐西北朝东南，砖木结构，三进院落，由大门、中座、后座、二天井、四走廊组成，占地面积约 499.32 平方米。各座面阔三间，青砖墙，青砖地面，硬山顶，穿斗和抬梁混合木构架，盖小青瓦，内墙以砖墙分隔。前座设前檐廊，廊立方形砖檐柱 2 根，前置 3 级踏跺。天井两侧为走廊。

28 – C₁₇ 景苏楼 〔北流镇沿江路 3 号·清代·市文物保护单位〕 清咸丰元年（1851）北流知县高廷梅为纪念苏东坡而修建，因其壁镌刻苏东坡舣桴图而得名。砖木结构，分楼、亭、园等建筑，周绕回廊。占地面积约 374.56 平方米。院门圆形门，朝西南，门额塑"景苏楼"扇形匾。楼坐西北朝东南，分前后两楼，各高二层，青砖墙，硬山顶，琉璃瓦。前楼有清光绪丁未彭治河书"坡仙舣筏"楷书匾，走廊墙壁镶刻苏东坡先生乘筏图、苏东坡先生舣筏处、画梅题诗碑刻 3 方。

C₁₇₋₁ 景苏楼碑刻 〔北流镇景苏楼·清代〕 碑刻 3 方。清咸丰元年（1851）立。在楼走廊墙壁嵌《苏东坡舣桴图》等 3 方碑刻。一方为"苏东坡先生舣筏处"，碑高 1.62 米，宽 0.62 米，碑文竖行，计 89 字。邑人陈廷珍、李世琨、茹典章立。碑文记述北宋绍圣年间，苏东坡被贬琼州，后获赦经北流舣桴北归之事。文章书。一方为《苏东坡先生乘筏图》并附陈适珍、李世琨、曾毓芳、茹典章、冯涟、梁书纲等人题诗文。第三方为高廷梅画梅题诗碑，碑高 1.52 米，宽 0.72 米，七言律诗赞景赋梅咏志。文草书，阴刻。

29 – C₁₈ 卢锡侯公祠 〔隆盛镇陈智行政村旺坡村·清代〕 卢锡侯，明北流县隆盛人，官至布政使。祠建于清同治二年（1863）。坐北朝南，砖木结构，两进院落，由前座、后堂、天井、走廊组成，占地面积约 237.9 平方米。前座、后堂面阔三间，清水墙，抬梁式木构架，硬山顶，墙檐下彩绘人物题诗壁画，方砖地面。前座施檐廊方柱，墙绘"八仙过海"等 17 幅人物故事壁画，门额楷书"卢锡侯公祠"。屏风门悬"解元"匾额，后堂悬"奉天敕命"等功名匾 3 块，后墙绘双龙戏珠壁画。走廊饰镂空墙，墙面浮雕花草虫鱼等图案，灰塑博古脊。

30 – C₁₉ 关帝庙 〔陵城街道陵宁路 30 号陵城小学校内·清代·市文物保护单位〕 又称护国寺。始建时间不详，清康熙四十三年（1704）重修，清咸丰七年（1857）毁，清同治四年（1865）重建。坐西北朝东南，砖木结构，单体平房，面阔三间，进深 10.2 米，占地面积约 183.6 平方米。青砖墙，前檐敞开，庙内木金柱三排共 6 根，穿斗式木构架，地面铺砌青砖，硬山顶，盖小青瓦。

31 – C₂₀ 粤东会馆 〔城南街道永安路 9 号·清代·市文物保护单位〕 建于清初，由粤籍商人修建。清咸丰七年（1857）残毁，清同治七年（1868）重修。坐西朝东，砖木结构，三进院落，由前座、中座、神楼、云巷及两侧廊庑构成，占地面积约 1400 平方米。现存前座和两廊庑。前座置前檐廊，石柱饰雀替，面阔、进深三间，抬梁式木构架，硬山顶，盖琉璃瓦，墙上浮雕，有山川草木、奇珍异兽、人物等塑像。设履和门、谦吉门两门，天井、通道铺阶砖和长条石。

32 - C₂₁ 梁东平祠〔北流镇鸭垱行政村东风组·清代〕梁东平，南宋进士，官至朝廷谏议大夫。祠建于明万历年间（1573—1620），清同治四年（1865）重修。坐东南朝西北，砖木结构，由主院及两侧厢房组成，占地面积约775.7平方米。主院二进，各座面阔三间，清水墙，抬梁式木构架，硬山顶。盖小青瓦。祠内墙端彩绘花草、鸟兽等题诗壁画。前座进深一间，前设檐廊，石础圆檐柱，前置3级踏跺。后堂明间檐柱2根，内金柱4根支，两次间前檐为砖砌十字花窗墙。天井两侧为单坡走廊，主体院落两侧隔巷道各有厢房一排，面阔六间，进深一间。

33 - C₂₂ 云山寺〔民乐镇萝村行政村东门组·清代〕始建年代不详，清雍正十一年（1733）、清乾隆四十五年（1780）、清同治六年（1867）均重修。坐南朝北，砖木结构，三进院落，由门楼、中殿、后殿、天井、戏台、走廊组成，占地面积约5334平方米。门楼、中殿、后殿面阔三间，青砖墙，硬山顶，盖小青瓦。门楼进深一间，施檐廊，立方形檐柱，门额书"云山寺"，寺内墙端有彩绘壁画。厢房墙上嵌"雍正十一年重修"和"乾隆庚子年重修"等碑刻6方。寺前有方形戏台，歇山顶，盖小青瓦。

34 - C₂₃ 游天府〔民乐镇民乐圩社区民乐圩中心·清代〕又称镇龙祠。始建年代不详，清乾隆六年（1741）重建，光绪年间（1875—1908），知县曾思沂再建。坐北朝南，砖木结构，二进院落，由前座、后座、天井、走廊组成，占地面积约216.8平方米。前、后座面阔三间，进深一间，穿斗与抬梁混合木构架，硬山顶，灰沙卷筒瓦，灰塑夔龙纹脊。青砖地面，屋内外有灰雕彩画。前座施檐廊，石础方柱，明间推笼门，前设3级垂带踏跺。

35 - C₂₄ 广福寺〔山围镇铁炉行政村西村组·清代〕始建时间不详。清光绪十八年（1892）重修。坐西北朝东南，砖木结构，二进院落，由前殿、后殿、天井、走廊组成，占地面积约237.3平方米。前殿、后殿面阔三间，清水墙，穿斗式木构架，硬山顶，盖小青瓦。祠内外墙端彩绘人物壁画。前殿进深一间，有前檐廊，方形石檐柱2根，门额上嵌"广福寺"匾，门前置石鼓1对。后殿进深三间，屋内立金柱二排共4根。

36 - C₂₅ 扶阳书院〔白马镇黄金行政村白马镇政府内·清代·市文物保护单位〕清光绪九年（1883）邑绅谢景生等倡建。坐北朝南，砖木结构，三进院落，原有主屋3座，及天井、走廊、藏书楼，占地面积约876.9平方米。各座均面阔五间，进深一间，抬梁式木构架，硬山顶，盖小青瓦，琉璃瓦当、滴水。前座有前檐廊，中开屏风门，绘龙凤朝阳彩画。门额有"扶阳书院"匾，门墙上端绘"状元及第"等30余幅壁画。中、后座内墙上端绘花草图案。

37 - C₂₆ 大江埠桥〔新圩镇南胜行政村南胜村南流江支流大江步河上·清代〕建于清光绪二十一年（1895）。东南—西北走向，两台五孔梁式石板桥，长29.1米，宽1.8米，桥墩4个，用料石砌成前尖后平的船形，前端阳刻有虾公、鲤鱼、螃蟹、蝙蝠等雕饰。桥面以5条红条石块铺设而成，每孔1块。

38 - C₂₇ 陈饧门祠〔民乐镇萝村行政村城西队·清代〕建于清末。坐北朝南，砖木结构，二进院落，由前座、后堂、天井等组成，占地面积约274.8平方米。前座、后堂均面阔三间，进深一间，清水墙，抬梁式木构架，硬山顶，盖青瓦，琉璃剪边。砖砌灰雕屋脊。前座设前檐廊、方柱，门额上刻"陈饧门祠"4字，檐饰花草浮雕，前墙端绘李白醉酒等10幅壁画。

39 - C₂₈ 陈香村祠〔民乐镇镇萝村行政村城东队·清代〕建于清代，具体时间不详。现存为清末建筑。坐北朝南，砖木结构，二进院落，由前座、后堂、天井、走廊构成，占地面积约265平方米。前座、后堂面阔三间，进深二间，清水墙，抬梁式木构架，硬山顶，盖小青瓦。封檐板饰花草、虫鱼、鸟木浮雕。祠内墙有"三官图"等彩绘壁画18幅。前座额刻"陈香村祠"4字。祠前有戏台。

40 - C₂₉ 三教堂〔大里镇沙垌行政村沙垌村·清代〕为供奉佛、道、儒三教的场所。建于明万历十四年（1586）。清康熙年间（1662—1722）、清道光二十年（1840）重修。坐西北朝东南，砖木结构，二进院落，由前座、后堂、天井、两厢组成，占地面积约552平方米。前座、后堂面阔三间，进深二间，皆设前檐廊，砖砌方形檐柱2根，室内金柱4根，穿斗与抬梁混合木构架，硬山顶，盖小青瓦。前座主梁上墨书"道光二十年岁次庚子季秋月合众重修"。后堂穿插枋皆雕有纹饰。教堂内存有《舍业碑记》碑刻1方。

41 - D₁ 勾漏洞摩崖石刻〔北流镇勾漏行政村勾漏山勾漏洞·宋—现代·自治区文物保护单位〕勾漏洞是宝圭、玉阙、白沙、桃源四洞的总称，道家称为二十二洞天。现存宋代以来摩崖石刻、碑刻200方，分布在各洞洞口，书法四体皆全。"四洞"对面山峰有榜书"勾漏洞"3字，落款"大明永乐戊戌解元朝阳郑义书"。有北宋王越石题勾漏洞诗，北宋熙宁五年（1072）许彦重游勾漏洞题名，南宋嘉定庚辰（1220）胡槻勾漏洞题诗并序，宋代刘谊、许彦游勾漏洞题名，明初才子解缙题诗、清刻唐朝开国功臣李靖献西岳书、民国黄旭初诗刻、现代补刻南宋李纲题勾漏诗刻及郭沫若诗等 120 余人题刻。

D₁₋₁ 刘谊游勾漏洞题名 〔北流镇勾漏山勾漏洞岩壁上·北宋〕 摩崖石刻 1 方。北宋元丰三年 (1080) 刻。刻面高 0.4 米，宽 0.3 米。刘谊撰文并书丹。元丰三年，刘谊游勾漏洞，题"管勾本路常平前江山丞吴兴刘谊宜父"。

D₁₋₂ 许彦重游勾漏洞题名 〔北流镇勾漏山勾漏洞岩壁上·北宋〕 摩崖石刻 1 方。北宋熙宁五年 (1072) 刻。刻面高 0.33 米，宽 0.33 米。字径 0.04 米，行书，阴刻。许彦撰文并书丹。北宋熙宁五年，许彦重游勾漏洞，题名刻石于洞口崖壁上，文为："熙宁五年衔命察访广西，七年复自东路，移左计局。十月廿六日，偕崇安居，游勾漏洞。太子中舍人许彦先书。"

D₁₋₃ 胡槻勾漏洞题诗并序 〔北流镇勾漏山勾漏洞岩壁上·南宋〕 摩崖石刻 1 方。南宋嘉定十三年 (1220) 刻。刻面高 0.5 米，宽 0.7 米。文竖行，字径 0.03 米，行书，阴刻。胡槻撰文并书丹。序文记述：南宋嘉定庚辰 (1220) 季秋望后一日，胡槻约清漳陈方、乡人肖拱同游勾漏洞，题"清啸移日，薄晚泛舟，弄溪以归，留诗以识"。作五言律诗："窈窕随云去，跻攀到日斜。千年冷炉灶，三洞锁烟霞。翁已游元圃，人犹采白沙。何能骑白鹿，不复袖青蛇。"

D₁₋₄ 黄旭初诗刻 〔北流镇勾漏山勾漏洞口岩壁上·民国〕 摩崖石刻 1 方。刻于民国，刻面高 1 米，宽 0.7 米。真书。首题"题勾漏洞七绝二首" 8 字。其一："一官勾漏为求仙，惯住城东小洞天。福地至今留胜迹，药炉丹井尚依然。"其二："偶来北邑访仙迹，指点名山廿二重。觅得丹砂仙吏去，夕阳芳草一声钟。"落款"广西省政府主席黄旭初撰题"。

42－D₂ 三光洞摩崖石刻 〔塘岸镇金城行政村石湾村东面的马头岩石山东北壁·清代〕 摩崖石刻 1 方。刻于洞口正上方。清雍正十一年 (1733) 刻。刻面高 1.8 米，宽 0.9 米。文横 2 行，计 26 字。戴锡氏题并书丹。首题"龙飞雍正十一年岁次癸丑日穀旦"，落款"唯堂主人戴锡氏题"，其后有印迹 2 字，已模糊不清，中部横行榜书"三光洞" 3 字，字径 0.4 米，真书，阳刻。

43－E₁ 俞作柏故居 〔平政镇岭垌行政村石梯口村·民国〕 俞作柏 (1889—1959)，字健侯，号柏坚、起公，广西北流县岭垌乡石梯口村 (今平政镇岭垌村) 人，俞作豫兄长，李明瑞表兄。国民革命军陆军中将。1929 年任广西省政府主席。中华人民共和国成立后曾任全国政协委员。故居建于清代，20 世纪 30 年代扩建，为四进院落，坐北朝南，砖木结构，占地面积约 1113.5 平方米。平面呈"凸"字形，前座面阔九间，中座面阔五间，后座面阔三间，青砖基础泥砖墙，悬山顶，盖小青瓦。青砖地面。前天井两侧各有一排三间厢房。

44－E₂ 俞作豫故居 〔平政镇岭垌行政村石梯口村·民国〕 俞作豫 (1901—1930)，字备予，广西北流县岭垌乡石梯口村 (今平政镇岭垌村) 人，俞作柏胞弟。1930 年 2 月 1 日参加和领导龙州起义，任中国工农红军第八军军长和左右江革命委员会委员，1930 年 9 月 6 日在广州黄花岗英勇就义。故居坐东北朝西南，砖木结构，三进院落，占地面积约 564.7 平方米。前座、中座、后座面阔三间，进深一间，青砖墙，硬山顶，盖小青瓦。青地砖面。前座有前檐廊，圆形砖柱 2 根，门前 2 级台阶，后檐墙开三联拱门。

45－E₃ 北流县农民运动讲习所旧址 〔北流镇城东一路 90 号·1927 年·自治区文物保护单位〕 1927 年 3 月，北流县农民运动讲习所在此成立，同时建立北流县第一个中共组织。旧址原为铜阳书院，建于清康熙四十年 (1701)，清同治十三年 (1874) 重建。坐北朝南，庭院式，由大门、藏书楼、讲堂、牌楼、东西廊及房舍 36 间等组成，占地面积约 1148 平方米。现存讲堂、东西廊和藏书楼等建筑，均为砖木结构，青砖墙，硬山顶，盖小青瓦，青砖地面。藏书楼高二层，底屋为讲堂，面阔三间，进深二间。1984 年拆除大门。修建有三层陈列室，面积约 800 平方米。

46－E₄ 李明瑞故居 〔清湾镇平旦行政村平旦村·1928 年·市文物保护单位〕 李明瑞 (1896—1931)，原名瑾瑞，号裕生，广西北流清湾镇侯山村人。1930 年百色、龙州起义组织者、领导者之一，中国工农红军第七、八军总指挥，1931 年在江西于都朱田村牺牲。故居建于 1928 年，坐北朝南，砖木结构，仅存大门及二、三进部分建筑。大门面阔、进深一间，前为小檐廊，门前有 7 级石踏跺。门后为大院。二、三进形制规模相同，皆面阔十一间，明间为通道，青砖墙，悬山顶，盖小青瓦。两座之间为狭长巷道。

47－E₅ 中共广西省委办事处旧址 〔北流镇环城行政村环城村 (大埠头黎家庄) ·1928—1930 年·自治区文物保护单位〕 1928 年 6 月至 1930 年间，中共广西省委在县城南郊大埠 (今环城村) 黎衍庄园设办事处。省委书记朱锡昂和俞作豫经常在这里召开会议，后于 1930 年撤离。旧址原是黎衍庄园，又称"松石庐"，建于 1925 年。坐西朝东，砖木结构，三进院落，由门楼、中座、后座、走廊、天井、炮楼等组成，占地面积约 2561.04 平方米。建筑高二层，面阔门楼五间、中座七间、后座十三间，硬山顶，盖青瓦。青砖地面。各座均置前檐廊，门楼两侧各建炮楼 1 座。前中座和炮楼为青砖墙，后座外墙青砖内墙泥砖。

48 - E₆ 九代坡劳农会旧址 〔北流镇九代行政村张屋屯·1928—1929 年〕 1928 年 6 月，在朱锡昂等人的领导下，九代坡一带贫苦农民成立劳农会，1929 年建立北流县农民协会，出版《劳农周报》宣传革命道理。旧址原是张罕因住宅。现仅存二层小楼 1 座，泥砖木结构，小楼面阔、进深皆一间，泥砖墙，木楼板，悬山顶，盖小青瓦。面积约 30 平方米。

49 - E₇ 中共白米支部旧址 〔清湾镇白米行政村坡头村·1928 年〕 1928 年，中共北流县委在白米村建立北流县南部第一个党支部——白米党支部，并成立劳农会。旧址原为黄家祠堂，坐北朝南，砖木结构，两进院落，由前座、后座、天井、走廊及两侧廊房组成，共有房屋 11 间，占地面积约 800 平方米。前座、后座面阔三间，青砖墙，硬山顶，盖小青瓦，脊饰博古（已毁）。

50 - E₈ 俞家舍 〔陵城街道大兴街 167 号·1928 年·自治区文物保护单位〕 1928 年春，俞家豫回到北流后在俞家舍建立中共陵城秘密联络站，在临永兴街的屋后部开办华丰杂货店作掩护开展活动。1928 年秋，朱锡昂、李明瑞等人多次在这里商谈工作。旧址原为俞作柏公馆，又称俞家舍，东临高和街，西临永兴街。建于 1924 年。坐西朝东，砖木石结构。四进院落，由前座、二座、三座、后座、天井、厢房组成，占地面积约 767.2 平方米。主体建筑皆为中西混合式两层楼房，面阔三间，前有联拱外廊，其间有天井相隔。

51 - E₉ 无锡国学专科学校旧址 〔山围镇山围行政村上容村 23、24、25 号·1939—1946 年〕 1938 年冬，无锡沦陷，无锡国学专科学校代理校长冯振将该校迁至广西桂林。1939 年秋，再迁至其老家北流山围村，1941 年秋回迁桂林，1945 年春桂林沦陷后再迁回北流，直至 1946 年迁回无锡。旧址现存建筑以冯伯铸住宅较完整，原为三进院落，砖木结构，占地面积约 137.48 平方米。现仅存后座，青砖墙，面阔三间，悬山顶，盖小青瓦。明间内凹，中开拱门，屋内为青砖地面。二楼铺木地板，墙上开长方形窗和拱窗。

52 - E₁₀ 会岭岩抗日标语 〔民安镇丰村行政村新兴组会岭岩·1939 年〕 1939 年春，广西各地组织抗日战时工作团，开展抗日救亡工作。北流抗日战工团在民安乡一带开展抗日救亡宣传活动。会岭岩"打倒日本鬼，抗战必胜，建国必成"抗日标语为丰村青年教师曹悠昌所书。标语书写面长 26 米，字径 1.5 米，系用石灰水书写，行书。

53 - F₁ 尚书府 〔民乐镇民乐行政村回坡组·1920 年〕 建于清代，1920 年重建。坐西北朝东南，砖木结构，由主体院落和二排横屋构成，占地面积约 631.68 平方米。主体院落二进，前座、后座面阔三间，青砖墙，硬山顶，盖小青瓦。内、外墙端彩绘人物、八仙图等壁画。前座设前檐廊，廊立石檐柱 2 根，门额上嵌"尚书府"匾，室内灰沙地面。后座进深三间，砖墙分隔，青砖地面。前座、后座明间连走廊，抬梁式木构架，歇山顶。主体院落两侧隔巷道各有横屋一排，硬山顶，盖小青瓦。

54 - F₂ 平天楼 〔西垠镇西垠行政村城肚村·1925 年〕 建于 1925 年。为时任民国广西农民银行行长黄纬为其胞弟黄逸生修建。坐北朝南，砖木结构，庭院式，周有围墙，由主楼、厢房、厨房、花园、池塘组成，占地面积约 4100 平方米。主楼为西式二层楼房，面阔三间，两侧设花窗，中开拱门，门前设多级踏跺，红色花阶砖铺地面。二层面阔一间，拱形顶，前墙顶女儿墙立望柱，弧形墙饰。

55 - F₃ 勤政楼 〔白马镇黄金行政村白马镇政府大院内·1930 年〕 里人李应樟建于 1930 年。坐北朝南，砖木结构，西式二层楼房，面阔十一间 51.3 米，进深 18.45 米，青砖墙，庑殿式顶，盖小青瓦。上下二层四周为联拱外廊，正面券拱塑"勤政楼"。占地面积约 736.65 平方米。

56 - F₄ 八角楼 〔山围镇山围行政村山围村中心小学内·民国〕 建于民国年间。坐北朝南，砖木结构，为八角二层西式建筑，面积约 296 平方米。建筑中部正面呈骑楼形式，以 6 柱支撑。底层明间为大门及过道，其上有阳台。两端连接八角形附楼，硬山顶，盖小青瓦。上、下两层皆开长方形高窗，屋内地面铺方地砖，墙端饰墙角线。楼前有 5 级踏跺。

57 - G₁ 牌榜岭石器出土点 〔新圩镇古红村牌榜岭·新石器时代〕 牌榜岭出土石铲 1 件。通体磨光，小平斜肩，腰微束，弧刃。通高 0.4 米。

58 - G₂ 北流甬钟出土点 〔北流市内·春秋〕 甬钟体小，椭圆直甬，不通至钟腔，甬上设干，干上有方旋，铣侧凸枚 6 组，每组 3 枚，枚小无景。舞部饰兽面纹，甬钟体纹饰无存。残高 0.295 米，残长 0.097 米，铣间宽 0.15 米。

59 - G₃ 河浪铜器出土点 〔扶新镇隆安行政村河浪屯·战国〕 河浪屯出土青铜器 2 件，器形相似，器上端铸作人首形，正面铸有眼、鼻、嘴等，背面铸鼻、嘴状物。肩下为方柱形，下有穿孔。高 0.28 米，厚 0.025 米。共存物有铜斧及米字纹陶罐残片。

60 - G₄ 下浪湾山铜鼓出土点 〔大伦镇大伦行政

村大伦村下浪湾山腰·西汉—唐〕 1964 年，在下浪湾山距地表深 1.5 米处出土北流型铜鼓 1 面，鼓面向下，无伴随物。鼓面径 0.91 米，高 0.527 米。鼓面太阳纹八芒，面沿环列四立蛙。面、身皆以三弦分晕，饰云雷纹。胸腰间附缠丝环耳 2 对。稍残。

61 - G$_5$ **黄叶塘铜鼓出土点** 〔大伦镇玉塘行政村黄叶塘屯西约 100 米·西汉—唐〕 1971 年，坡上出土北流型铜鼓 1 面，无共存物。鼓面径 0.7 米，残高 0.352 米。鼓面太阳纹八芒。面沿环列四立蛙（已失）。胸腰间附缠丝环耳 2 对，每耳有脊二道。身部残。

62 - G$_6$ **黄京圩山铜鼓出土点** 〔白马镇茶新行政村菠萝根屯黄京圩山·西汉—唐〕 1972 年，黄京圩山出土北流型铜鼓 1 面，无共存物。鼓面径 0.75 米，残高 0.71 米。鼓面太阳纹八芒。面沿环列四立蛙。面饰云纹。身饰雷纹填线纹。足已残。胸腰间附缠丝环耳 2 对。

63 - G$_7$ **园山铜鼓出土点** 〔白马镇黄金行政村龙塘屯园山·西汉—唐〕 1975 年，园山出土北流型铜鼓 1 面，无共存物。鼓面径 0.74 米，高 0.428 米。鼓面太阳纹八芒。面沿环列四立蛙。面饰云雷纹。身饰雷纹填线纹。胸腰间附缠丝纹环耳 2 对，耳根有三趾纹。足部分残缺，蛙已失 2 只。

64 - G$_8$ **玉塘铜鼓出土点** 〔白马镇玉塘行政村玉塘村·西汉—唐〕 玉塘村坡地出土北流型铜鼓 1 面，无共存物。鼓面径 0.725 米，残高 0.37 米。鼓面太阳纹八芒。面沿环列四立蛙。饰云雷纹。胸腰间附环耳 2 对。足已残。

65 - G$_9$ **担水岭铜鼓出土点** 〔白马镇黄金行政村垌尾屯担水岭·西汉—唐〕 1982 年 11 月 7 日，担水岭出土北流型铜鼓 1 面，无共存物。鼓面径 1.04 米，高 0.58 米。鼓面太阳纹八芒。面沿环列四立蛙。面饰雷纹，身饰雷纹填线纹。胸腰间附环耳 2 对。足部分残。

66 - G$_{10}$ **嘴岭铜鼓出土点** 〔白马镇金头行政村高坡屯南 150 米嘴岭·西汉—唐〕 1980 年，嘴岭山腰出土北流型铜鼓 1 面，出土时鼓面向下，无伴随物。鼓面径 0.575 米，高 0.305 米。鼓面太阳纹六芒。面沿环列四立蛙。面饰云雷纹。身饰雷纹、雷纹填线纹。胸腰间附缠丝环耳 2 对。缺一耳，足已残。

67 - G$_{11}$ **石径岭铜鼓出土点** 〔白马镇白马行政村石龙塘屯石径岭·西汉—唐〕 1984 年，石径岭出土北流型铜鼓 1 面，无共存物。鼓面径 0.68 米，高 0.38 米。鼓面太阳纹六芒，六晕。面沿环列四立蛙。面饰云雷纹。身饰方格连线纹。胸腰间附环耳 2 对。身部残损。

68 - G$_{12}$ **大屋铜鼓出土点** 〔六靖镇水冲村行政大屋屯南 60 米岭脚·西汉—唐〕 1974 年，岭脚出土北流型铜鼓 1 面，无共存物。鼓面径 0.92 米，高 0.543 米。鼓面太阳纹八芒。面沿环列四立蛙。面饰云纹。身饰云纹、雷纹。胸腰间附缠丝环耳 2 对，耳有脊线一道。

69 - G$_{13}$ **担水岭铜鼓出土点** 〔六靖镇镇南行政村长担屯东北约 2 公里担水岭·西汉—唐〕 1977 年，担水岭上出土北流型铜鼓 1 面，无共存物。鼓面径 0.912 米，高 0.536 米。鼓面太阳纹八芒，面沿环列六立蛙。身饰半圆纹、云纹、半云纹、席纹和雷纹填线纹。胸腰间附扁耳 2 对。足大部分残。

70 - G$_{14}$ **山牛垯铜鼓出土点** 〔清湾镇龙南行政村东风屯山牛垯·西汉—唐〕 1975 年，山牛垯出土北流型铜鼓 1 面，无共存物。鼓面径 0.77 米，高 0.476 米。鼓面太阳纹八芒。面沿环列四蛙（皆失）。面、身皆饰雷纹。胸腰间附半圆茎耳 2 对，身、足已残。

71 - G$_{15}$ **大人岭铜鼓出土点** 〔清湾镇中龙行政村中龙村东北约 50 米大人岭·西汉—唐〕 1977 年，大人岭出土北流型铜鼓 1 面，无伴随物。鼓面径 0.783 米，高 0.443 米。鼓面太阳纹八芒。面沿环列四蛙，两两相对。面饰雷纹。身饰雷纹、填线纹。胸腰间附缠丝纹环耳 2 对，耳根有三趾纹。

72 - G$_{16}$ **党屋边铜鼓出土点** 〔大坡外镇南盛行政村南六屯西约 80 米党屋边·西汉—唐〕 1978 年，党屋边出土北流型铜鼓 1 面，无共存物。鼓面径 0.689 米，残高 0.36 米。鼓面太阳纹八芒。面沿环列四立蛙。面饰云雷纹。身饰云纹、雷纹相间。胸腰间附环耳 2 对。

73 - G$_{17}$ **白马山铜鼓出土点** 〔大坡外镇大坡内行政村大坡内村西北约 1 公里白马山·西汉—唐〕 1972 年，白马山车坡出土北流型铜鼓 1 面，无伴随物。面径 0.7 米，残高 0.236 米。鼓面太阳纹八芒。面沿环列四立蛙。面饰云纹。胸腰间附环耳 2 对。胸以下残缺。

74 - G$_{18}$ **木鸡岭铜鼓出土点** 〔大坡外镇大坡外行政村大坡外村木鸡岭·西汉—唐〕 1995 年 5 月 17 日，木鸡岭半山坳出土北流型铜鼓 1 面。出土时鼓面向下，无伴随物。鼓面径 1.04 米，高 0.565 米。鼓面太阳纹十二芒。面沿环列四蛙。鼓面、身云纹、雷纹相间。胸腰间附大绳纹环耳 2 对和小绳纹耳 1 对，在一侧大绳纹环耳近足处有 1 只小虎塑像，头朝下，长尾下垂。

75 - G$_{19}$ **新圩铜鼓出土点** 〔新圩镇附近·西

汉—唐〕 出土北流型铜鼓 1 面。鼓面径 0.73 米。鼓面太阳纹八芒。面沿环列四蛙。面饰云纹。仅存鼓面。

76 - G₂₀ 寨顶铜鼓出土点 〔平政镇六沙行政村寨顶屯西南约 100 米·西汉—唐〕 1983 年，寨顶屯出土北流型铜鼓 1 面，无伴随物。鼓面径 0.88 米，高 0.515 米。鼓面太阳纹八芒。面沿环列四蛙。面、身饰云雷纹。胸腰间附环耳 2 对。

77 - G₂₁ 凌云冲铜鼓出土点 〔平政镇平政行政村平政村凌云冲·西汉—唐〕 1998 年 8 月，凌云冲挖出北流型铜鼓 1 面。鼓面径 0.69 米，高 0.375 米。鼓面太阳纹八芒。面沿环列四蛙。面饰雷纹，身饰云纹和雷纹相间。胸腰间附环耳 2 对。

78 - G₂₂ 旺祖铜鼓出土点 〔石窝镇煌炉行政村旺祖屯西北 1.5 公里·西汉—唐〕 1984 年，旺祖屯出土北流型铜鼓 1 面，无伴随物。鼓面径 1.12 米，高 0.595 米。鼓面太阳纹八芒。面沿环列六立蛙。面、身饰云纹、雷纹逐层相间。胸腰间附缠丝环耳 2 对。

79 - G₂₃ 西岸屯铜鼓出土点 〔隆盛镇中和行政村西岸屯·西汉—唐〕 1985 年，西岸屯出土北流型铜鼓 1 面，鼓面向下，无伴随物。鼓面径 0.925 米，高 0.51 米。鼓面太阳纹八芒。面沿环列四立蛙。面、身饰云纹、雷纹相间。胸腰间环耳二对。

80 - G₂₄ 南禄铜鼓出土点 〔隆盛镇南禄行政村南禄六村·西汉—唐〕 1989 年 5 月，南禄六村出土铜北流型鼓 1 面。鼓面径 0.58 米。鼓面太阳纹六芒。面沿顺时针环列四蛙。面饰雷纹，身饰雷纹填线纹。胸腰间附缠丝纹环耳 2 对。高残。

81 - G₂₅ 中和村铜鼓出土点 〔隆盛镇中和行政村中和村·西汉—唐〕 1989 年 6 月 20 日，中和村果出土北流型铜鼓 1 面，鼓面径 0.705 米，高 0.385 米。鼓面太阳纹八芒。面沿环列四蛙。面饰云纹，身雷纹。胸腰间附环耳 2 对。

82 - G₂₆ 屋背山铜鼓出土点 〔新丰镇大罗峒行政村大罗峒村屋背山·西汉—唐〕 1985 年 5 月 18 日，屋背山出土北流型铜鼓 1 面，无伴随物。鼓面径 0.705 米，残高 0.325 米。鼓面太阳纹八芒。面沿环列四立蛙。面饰云纹，身饰雷纹。胸腰间附环耳 2 对。鼓身大部分残缺。

83 - G₂₇ 横山岭铜鼓出土点 〔新丰镇水峒行政村水峒村南约 1.5 公里横山岭·西汉—唐〕 1995 年 4 月 11 日，横山岭半山腰出土北流型铜鼓 1 面，鼓面朝下，无伴随物。鼓面径 0.98 米，高 0.5 米。鼓面太阳纹八芒，三弦分晕饰雷纹。面沿环列六蛙。鼓身云纹、雷纹相间。胸腰间附绳纹环耳 2 对。

84 - G₂₈ 大坟岭铜鼓出土点 〔六麻镇六楼行政

村六楼村西北约 80 米大坟岭·西汉—唐〕 1995 年 10 月，大坟地岭距地表约 1.5 米出土北流型铜鼓 1 面，鼓面向下，无伴随物。鼓面径 0.923 米，高 0.553 米。鼓面太阳纹八芒，面饰雷纹，身饰云纹、雷纹相间。面沿环列四蛙。胸腰间附绳纹环耳 2 对。

85 - G₂₉ 上劈岭铜鼓出土点 〔六麻镇六楼行政村六楼村西约 100 米上劈岭·西汉—唐〕 1996 年 7 月 15 日，上劈岭出土北流型铜鼓 1 面面向下倒置，无伴出物。鼓面径 0.675 米，高 0.39 米。鼓面太阳纹八芒，晕间饰雷纹，身均饰云纹、雷纹相间。面沿环列四蛙。胸腰间附环耳 2 对。

86 - G₃₀ 南蛇岭铜鼓出土点 〔六麻镇大旺行政村大旺村南蛇岭·西汉—唐〕 1997 年 3 月 2 日，南蛇岭半山腰距地表深 1.3 米出土北流型铜鼓 1 面，鼓面倒置，无伴出物。鼓面径 0.77 米，高 0.463 米，鼓面太阳纹八芒，饰云纹、雷纹相间。面沿环列四蛙。身均饰云纹、雷纹相间。胸腰间附环耳 2 对。

87 - G₃₁ 银山铜鼓出土点 〔沙峒镇雷冲行政村雷冲村银山·西汉—唐〕 1964 年，银山出土北流型铜鼓 1 面。鼓面径 0.703 米。鼓面太阳纹八芒。面沿逆时针环列四蛙。面饰雷纹、连钱纹、水波纹。身饰雷纹、水波纹逐层相间。胸腰间附环耳 2 对，饰乳钉两行。高残。

88 - G₃₂ 荔枝场铜鼓出土点 〔北流镇荔枝场果园·西汉—唐〕 1976 年，果园出土北流型铜鼓 1 面。鼓面径 0.996 米，高 0.55 米。鼓面太阳纹十芒。面沿逆时针环六蛙。饰云雷纹、雷纹填线纹、连钱纹、万字纹混合图案、变形羽人纹。胸腰间附环耳两对。

89 - G₃₃ 肖屋园铜鼓出土点 〔北流镇松花行政村松花村肖屋园·东汉—唐〕 1971 年，肖屋园出土灵山型铜鼓 1 面。鼓面径 0.654 米，高 0.385 米。鼓面太阳纹八芒。面沿顺时针环列五蛙。饰云纹、雷纹、席纹、连钱纹、半云填线纹、四瓣花纹。胸腰间附扁耳 2 对。

90 - G₃₄ 堡山铜鼓出土点 〔民乐镇万平行政村鸡头屯堡山·东汉—唐〕 1975 年，堡山出土灵山型铜鼓 1 面，无伴随物。鼓面径 0.914 米，高 0.574 米。鼓面太阳纹十一芒。面沿环列四立蛙。面饰瓣花、坠形纹、云纹、雷纹、变形羽人纹、四瓣花纹。身饰云纹、雷纹相间。胸腰间附扁耳 2 对。足部分残缺。

容县

1 - A₁ 文容顶遗址 〔石头镇石头行政村石头村文容顶·新石器时代〕 山坡（台地）遗址。1981 年发现。位于泗罗江东岸的山岗上，山岗由东向西延伸呈马鞍形，西南面临泗罗江。遗址分布面积约10万平方米。出土有肩石斧、石凿、砺石及饰绳纹或篮纹的陶釜、鼎、罐等的残片。

2－A₂ 容州故城 〔容州镇东光行政村下埌村·唐代·县文物保护单位〕 唐元和年间（806—820）容州刺使韦丹修筑。分内、外城，用土夯筑城墙。外城呈长方形，跨越绣江南北，面积约8平方公里。内城平面略呈正方形，面积48.75万平方米。内、外城部分城墙、护城壕沟尚存。城墙基宽7—8米，残高3—5米。城内出土不少莲花纹瓦当和长沙窑、邢窑、越窑瓷器的残片。

3－A₃ 久荣堡址 〔灵山镇灵山行政村灵山圩东南·清代〕 建于清顺治年间（1644—1661）。乡绅封台佰率乡人为避兵匪而建。清咸丰年间（1851—1861）洪敏然等重修，清光绪版《容县志》有载。堡建于灵山圩背一长弧形山岭上。平面略呈长方形，占地面积约5000平方米。堡墙以卵石砌筑，四周残存堡墙长约170米，残高1—2米，厚0.45—1米，设东、南、西、北4门，现存南门，砖砌券顶，门洞面阔1.3米，高2.4米，堡内建筑物已残毁。1988年，堡内出土铁炮3门。《容州志》第五卷有记载。

4－A₄ 三台堡址 〔六王镇六王行政村六王村婆口冲山顶·清代〕 清咸丰年间（1851—1861），群众为防御匪盗之患而修筑。堡建于险峻的马鞍山形脊上，堡内有用石头砌筑的二层或三层石屋，现残存石屋68间，屋顶已废毁，残墙高0.15—0.6米，厚0.3—0.5米。

5－A₅ 受益堡址 〔灵山镇六泉行政村六石岗上·清代〕 清咸丰年间（1851—1861），乡绅李隶枝为避盗而倡建，光绪版《容县志》有载。堡筑于六石岗上，用黏土、碎石夯筑墙，残存围墙约100米，厚0.7米，高0.8—2.2米，占地面积约100平方米。寨门及寨内建筑已毁。

6－A₆ 松坡堡址 〔灵山镇华琅行政村松坡山·清代〕 建于清咸丰年间（1851—1861），残存面积约200平方米，分布面积3000平方米。分前哨堡和作战堡，前哨堡南、北及西面残墙长约250米，残高0.3—3米，宽0.6米。作战堡略高于前哨堡，残墙约长75米。堡墙都是黄黏土混碎石所夯成，堡内存2个储水池。

7－A₇ 瓦罩窑址 〔县底镇金村行政村金村垒岭周屋瓦罩·唐—五代〕 窑址分布面积约1000平方米，发现残窑壁2处，分别在牛益冲田垌和小路上，从残窑壁看，窑室较大。从1984年乡鞭炮厂在白屋坪

基建时出土的碗、盏等器物分析，该窑址属唐—五代时期。

8－A₈ 荔枝根窑址 〔容州镇厢南行政村新村南·唐—宋〕 窑址位于绣江河支流西岸，分布面积约2.25万平方米。残存马蹄窑窑口20多座。文化堆积分上、下两层，上层厚约0.3米，为宋代层，内含匣钵、垫圈等。下层厚0.7米，是唐代层，内含布纹板瓦、莲花纹瓦当残片。

9－A₉ 瓦窑田窑址 〔石寨镇合柳行政村合柳村·唐—宋〕 窑址分布于丘陵山坡上，面积约2500平方米。发现残窑口1座，宽约4米，高0.5米，用砖砌成。该窑主要烧造板瓦，瓦呈青灰色。与唐容州故城出土的板瓦相同。窑址早年已被开垦为水田。

10－A₁₀ 大山坡窑址 〔十里乡甘旺行政村甘旺村北的山坡上·唐代〕 窑址位于榄塘河东岸。分布面积约1.6万平方米。窑区早年已开垦成农田，残存马蹄窑窑壁2处。废品堆积厚约1米。釉色黄青，施釉不到底，器面无纹，器制作粗糙，用支钉叠烧法烧制。采集有青瓷碗、钵等器残片。器多敛口、平底、圈足或假圈足。

11－A₁₁ 社化坡窑址 〔十里乡琼新行政村琼新村·唐代〕 窑址位于大沙河东岸约60米处社化坡上，分布面积约5000平方米。废品堆积厚0.4—0.6米。发现马蹄窑口多座，采用支钉叠烧法。采集有青瓷碗等。施青黄釉，较粗糙，器面无纹。窑址因近代修路破坏严重。

12－A₁₂ 独坡窑址 〔十里乡琼新行政村琼新村独坡·唐代〕 窑址位于大沙河东岸15米处，分布面积约600平方米，废品堆积厚0.3—0.7米。支钉叠烧法烧制。采集有青瓷碗、青瓷钵等。胎较粗糙。器施青黄釉，釉色青中泛黄，内壁全釉，外壁挂半釉，器表素面无纹。窑址已被垦为耕地。

13－A₁₃ 大南窑址 〔十里乡大南行政村大南村·唐代〕 窑址位于绣江北岸，分布面积约6万平方米。窑口依山坡地势而建，排列紧密，残存马蹄窑口100多座。窑由火膛、窑床、烟道构成，一般高约1.5米，宽2.5—3米，深3—4米，采集到陶棺和陶瓷器残片，器形有壶、碗、罐等。瓷器多是施青黄釉。窑址已被村庄建筑所破坏。

14－A₁₄ 琼新窑址 〔十里乡琼新行政村佛子大哥岭一带·唐代〕 窑址分为佛子大哥岭、白屋、簟西坡、高坡、深塘坡等5个窑区，分布面积约2平方公里。废品堆积厚0.5—1米。发现残马蹄窑口多座。采集有青瓷碗、钵、罐等，支钉叠烧法，胎较粗糙，釉色青中泛黄，器多素面。部分罐有锥刺、水波及弦

纹装饰。现除佛子大哥窑区保存较好外，其余 4 个窑区或被建筑或被辟为水田。

15 – A₁₅ 合柳窑址 〔石寨镇合柳行政村合柳村边·唐代〕 位于丘陵坡地上。分布面积约 75 万平方米，废品堆积厚约 0.3—1.5 米。可见残存马蹄窑 11 座。采集有青瓷及黑釉罐、钵及砖瓦等。青瓷器的胎釉粗糙，釉色青灰或灰黄。

16 – A₁₆ 社背岭窑址 〔石寨镇合柳行政村社背岭队的长秋田·唐代〕 窑址分布在山坡上，面积约 2500 平方米。发现马蹄窑口 7 座，可见田坎上的部分残存窑壁，废品堆积厚 0.1—1 米。采集有青瓷罐、钵、网坠等。施青黄釉，釉多已剥落。窑址所在地早年已辟为耕地。

17 – A₁₇ 千秋窑址 〔容州镇千秋行政村千秋河岸·唐代〕 窑址位于千秋河南岸约 15 米处，分布面积约 6000 平方米。残存马蹄窑口 4 座。采集有青瓷罐、钵等，施青黄釉。窑址已被垦为农田。

18 – A₁₈ 白泥塘窑址 〔容州镇大明行政村白坭塘队·唐代〕 窑址位于丘陵坡地上，分布面积约 4900 平方米。窑口数目不详，废品堆积厚约 0.3—1 米。采集有青瓷碗、钵、罐等，采用支钉叠烧法烧制，胎质坚硬，釉色灰黄或灰青，素面居多，部分器物饰水波纹。

19 – A₁₉ 河头窑址 〔容州镇河南行政村河南村绣江与冲冲河交汇处堤岸上·唐代〕 窑址分布面积约 1 万平方米。残存马蹄窑口 8 座。采集有青瓷钵和酱黑釉罐等，胎、釉粗糙，有缸胎或青灰色胎，釉多剥落。因河水冲刷，废品堆积多已冲毁。

20 – A₂₀ 金村窑址 〔县底镇金村行政村大坪地村龙岭·唐代〕 窑址位于丘陵坡地，依山而建，分布面积约 16 万平方米。残存马蹄窑口 4 座，用支钉叠烧法。采集有瓷碗、盏等，胎质粗厚，施青黄釉，胎釉结合不好，釉多已剥落，素面无纹。

21 – A₂₁ 大洋塘窑址 〔石寨镇大华行政村林屋村东屋背岭·唐代〕 窑址位于陵坡地上，分布面积约 25 万平方米。可分黄屋塘、林屋屯两个窑区。发现马蹄窑口数座，厚 0.5—1.3 米的废品堆积多处。采集有青瓷罐和陶擂钵、纺轮等，瓷胎粗糙。施青黄釉，素面无纹，少数有黑色陶衣。还发现较多的窑具支垫。窑址被水渠及房屋破坏。

22 – A₂₂ 缸瓦岭窑址 〔石寨镇大荣行政村大荣村缸瓦岭·唐代〕 窑址位于丘陵坡地上，分布面积约 2500 平方米。文化层堆积厚约 1.5 米。采集有陶罐、擂钵等，陶胎粗糙，器表无纹饰，施灰黑或泥黄色陶衣。

23 – A₂₃ 下埌窑址 〔容州镇东光行政村下埌东队瓦窑社东边·五代〕 窑址位于杨湾河与绣江交汇之处，窑口情况不详，分布面积约 1 万平方米。文化堆积厚约 2—3 米。用支钉叠烧法，采集有碗、碟、盏、高足杯、花瓶、香炉等青瓷器。胎质粗，釉较厚，有灰黄、酱青、月白色等。多素面，部分杯、盏刻划有菊瓣纹。

24 – A₂₄ 牛坪坡窑址 〔十里乡甘旺行政村螺坡山脚村牛坪坡上·五代〕 窑址位于牛坪坡上，分布面积约 1200 平方米。未发现窑口，废品堆积集中在坡地田坎上，坡地零散分布有器物残片。采集有碗、碟、小罐等。碗一般为浅腹、敞口，足以玉璧足最多，释黄釉或浅黄釉，外壁施釉不到底，器表素面无纹。

25 – A₂₅ 城关窑址 〔容城镇绣江两岸·宋代·自治区文物保护单位〕 窑址分布于绣江两岸，东西长约 6—7 公里。1979 年试掘。可分变电所、东光下埌、河南上埌、红光缸瓦窑、松脂厂等 5 个窑区，每窑区有窑口数座至数十座不等。有马蹄窑和龙窑两类窑，采用仰烧法。主要烧造青白瓷，兼烧绿、褐、黑及窑变釉瓷。产品有碗、盏、杯、碟、洗、壶、瓶、炉、枕、熏炉、罐灯、渣斗、盒、魂坛、腰鼓、印花模具等。装饰以刻划、印花为主，次为雕花、堆贴、镂空等。

A₂₅₋₁ 变电所窑区 〔容州镇城西路的县变电站所旁·宋代〕 窑区东西最宽处 44 米，南北最宽 33 米，分布面积约 1042 平方米，为坡式龙窑。烧造产品有碗、杯、盏、洗、碟等，胎质坚硬，釉色有青黄釉、绿釉、黑酱釉、翠绿釉、青白釉等，其中绿色釉是宋代别处窑所未见，纹饰采取刻花、划花、印花、堆贴、镂空以及刻划结合。废品堆积较多。

A₂₅₋₂ 东光下埌窑区 〔容州镇东光行政村下埌村杨湾河与绣江交汇处的堤岸上·宋代〕 窑区高出河面约 20 米，分布面积约 1764 平方米。以烧造青瓷、青白瓷为主。青瓷胎质厚重，青白瓷胎质坚硬、轻薄，釉青白较细腻。青瓷以碗、盏为主，器底有圈足、假圈足 2 种，窑区范围废品堆积较多。

A₂₅₋₃ 河南上埌窑区 〔容州镇河南行政村上埌村·宋代〕 与松脂厂窑区、变电所窑区隔河相望，窑区分布面积约 1110 平方米，存废品堆积 2 处，一处东西最宽 31 米，南北最宽处 30 米；另一处东西最宽 37 米，南北最宽处 27 米。堆积厚约 3—4 米，含青白釉和米黄釉瓷残片，器形与松脂厂窑区、变电所窑区相同。

A₂₅₋₄ 红光缸瓦窑窑区 〔容州镇红光行政村红光村·宋代〕 窑址所在的两个小山坡紧靠绣江的东南

岸，废品堆积多而密集，废窑口和废品堆积有 10 多处，分布面积 5455 平方米。主要烧造青白瓷和酱褐釉瓷器，产品有碗、盏、盘、碟、杯、灯、腰鼓等，青白瓷胎质坚白细润，酱釉瓷胎质坚薄透亮。

A$_{25-5}$　**松脂厂窑区**　〔容州镇城西路变电所窑区南面约 100 米处·宋代〕　窑区东南约 200 米是绣江，与变电所窑区间隔玉容公路，废品堆积分布面积约 460 平方米。窑口为坡式龙窑，产品有碗、杯盏、洗、碟等，釉色有青黄釉、绿釉、黑酱釉、翠绿釉、青白釉等，产品品种、纹饰都与变电所窑区相似。

26 - A$_{26}$　**大化窑址**　〔十里乡江口行政村大化垌·宋代〕　位于绣江西岸，分布面积约 2.25 万平方米。废品堆积厚约 0.3—0.5 米。烧青白瓷，采用仰烧法。采集有青白瓷碗、碟、炉、魂坛等。胎洁白细腻，施影青釉。器物素面较多，装饰有刻花和堆贴等。主要纹饰有莲瓣、竹节、葵瓣等。

27 - A$_{27}$　**大神湾窑址**　〔石头镇石头行政村石头村·宋代〕　窑址位于泗罗江西岸，分布面积约 2500 平方米。废品堆积厚约 0.5 米，采集有碗、盅、罐等。胎质洁白，施影青釉，少数施酱釉。多素面，有少数缠枝刻花装饰。窑址因扩建公路而破坏。

28 - A$_{28}$　**碗窑坳窑址**　〔县底镇古燕行政村塘冲村西南覃良冲碗窑坳·明—清〕　窑址位于泗罗江南岸，分布面积约 3600 平方米。废品堆积厚约 0.8 米。残存龙窑口 1 座。采集有青瓷和青花瓷碗、盘、碟、盅、钵等。用圈足叠烧法。青瓷胎质灰白，釉厚；青花瓷坚白轻薄，饰卷草、山水、蝴蝶纹和"福""上"字等装饰。

29 - A$_{29}$　**直冲窑址**　〔浪水镇白饭行政村白饭村西南约 4 公里的直冲·明—清〕　窑址位于山沟旁，可分枫木社、黄屋 2 个窑区，分布面积约 9 平方公里。废品堆积厚约 2—3 米。发现斜坡式龙窑，用垫圈叠烧法。采集有青花碗、盘、碟等。胎质粗糙、厚重。釉色发蓝，主要纹饰多是缠枝花卉、叶纹、团菊，亦有鱼纹、寿字纹、水藻纹等。

30 - A$_{30}$　**大陂垌窑址**　〔杨村镇六福行政村六福村·明—清〕　窑址位于龙河东岸，分布面积约 2500 平方米。残存龙窑口 1 座。用沙圈叠烧法。采集有青花瓷碗、盘等。釉色灰白。纹饰有花卉、网纹、云纹等，以绘画为主，亦有印花。部分碗底有"福"字。

31 - A$_{31}$　**六居冲窑址**　〔杨村镇杨村行政村六居冲碗窑畔·明—清〕　窑址位于溪流旁边的坡地，分布面积约 2000 平方米。以烧造青花、青瓷碗产品为主，采集有青瓷和青花瓷，器类有碗、盘、汤匙、秤砣等。用垫圈叠烧法，胎质坚厚，青灰色釉，饰以花卉、水

草等。部分碗底有"天"字。窑址南面约 70 米路旁发现有露出地面的白色瓷土。

32 - A$_{32}$　**缸瓦窑窑址**　〔容州镇红光行政村缸瓦窑村大岭顶·清代〕　窑址位于绣江北岸，分布面积约 5 万平方米。创烧于清乾隆中期，至今仍继续烧造。发现龙窑口 5 座，顺斜坡修筑，窑壁由泥砖砌成，废品堆积较多，厚约 1 米。采集有缸、盘、钵、坛、罐、盆、碗、腰鼓、笔筒、辗船等。

33 - A$_{33}$　**茶山坡窑址**　〔十里乡琼新行政村琼新村·清代〕　窑址位于大沙河东岸坡地，分布面积约 400 平方米。在距地表 1.2 米深处，发现有排列整齐的瓦坯。瓦坯为黄泥制成。但由于破坏严重，未见窑口。

34 - A$_{34}$　**水冲口窑址**　〔杨村镇鱼产行政村鱼产村·清代〕　分布于冲沟坡地，面积约 1 万平方米。废品堆积约 0.3—2 米。采集有水缸、陶罐、陶壶等。灰胎或缸胎，施酱釉。以拍印或刻花装饰，其纹饰有雷纹、云纹、席纹、水波纹、万字纹、太阳纹等。

35 - A$_{35}$　**车田山窑址**　〔杨村镇鱼产行政村鱼产村车田山·清代〕　位于水冲河南岸开阔坡地，分布面积约 2500 平方米。未发现窑口。废品层堆积厚约 1—2 米。采集有沙煲、火笼钵等。缸胎，轻薄坚硬。施酱黑釉，器物内施满釉，外施半釉。

36 - A$_{36}$　**古燕窑址**　〔县底镇古燕行政村茶山队覃良冲坳·清代〕　位于碗窑坳的山坡上，分布面积约 2 万平方米。窑口为龙窑，已毁。废品堆积最厚约 0.8 米。主要烧造青瓷和青花瓷，产品有碗、盘、盅、钵等，青瓷胎釉厚重，青花瓷坚白轻薄。

37 - A$_{37}$　**西山冶铜遗址**　〔容西乡西山行政村西山圩附近·汉—唐·自治区文物保护单位〕　分布于圭江畔的山岭上，范围约 3 平方公里，包括花名塘岭、涩塘岭、牛窝岭、牛窝岭背档、狗圈岭、枫木岭、田寮岭、凤岭、大爷岭 9 个山头和地点，地表散布大量铜渣。1977 年、1978 年两次试掘，文化层厚 0.1—1 米。出土了铜矿石、铜渣、陶风管以及方格纹、水波纹、弦纹陶片等遗物。遗址与北流铜石岭冶铜遗址隔河相对，且出土遗物相类，可能为同一遗址的两部分。

38 - A$_{38}$　**泉塘冶铁遗址**　〔灵山镇灵山行政村灵山村·清代〕　始创年代不详，相传废于清代末期。分布范围约 25 万平方米。地表散见铁渣、陶风管、矿石等。曾是地方有名铁器冶炼、铸造地之一。但已破坏严重。

39 - A$_{39}$　**河南村石板道**　〔容州镇河南行政村河南村大坟脚·清代〕　清光绪十九年（1893）监生苏启全、李承诏倡修。是清末通往容县南各地的交通要道。现残存 2 段：1 段在大坟脚下，称下石灰街，断续

长约 600 米，宽 1.6 米，另一段在大坎脚龙眼队和朱屋队之间，称上石灰街，道路呈"U"形，约 200 米，宽 1.6 米，两段路面中间均用红色条石铺成，条石长 0.9—1.3 米，宽 0.4 米，厚 0.12 米，路两边用三合土筑成。残损比较严重。

40 - A₄₀　南山遗迹　〔石寨镇石寨行政村都峤山风景区内·汉—民国·县文物保护单位〕　都峤山又称南山、萧韶山，方圆约 37 平方公里，共有 8 峰，分南北两洞。都峤山自古为容州著名宗教圣地和讲学场所，是三教合一圣地（道教、佛教、儒家），道书将其列为中国第二十洞天。山上有岩洞众多，自唐代始，人们利用山上天然岩洞，构筑九寺十三观，且历代有所修建。现岩内建筑保存较好的有灵景、太极、圣人、莲花、宝盖、娑婆等岩洞，其余多已废毁。

A₄₀ - 1　灵景寺遗址　〔石寨镇都峤山风景区南洞灵景岩内·清—民国〕　灵景寺以天然平阔的岩顶为屋顶，坐东朝西，高约 16 米，面阔 42 米，进深 16 米，占地面积约 672 平方米。《容县志》记载："灵景寺建于唐代。寺中供奉迦叶、阿难罗汉等神像，南汉时加塑五十二圣、十六尊者和五百罗汉，为海内名寺。"现仅存残墙断壁。

A₄₀ - 2　圣人岩遗址　〔石寨镇都峤山风景区南洞灵景岩北约 300 米·宋代〕　圣人岩又名宝元岩，高约 10 米，面阔约 60 米，进深 10 米，占地面积约 300 平方米。据南宋《舆地纪胜》记载，宋时宝元岩内建有栖真观，名宝元洞天。观内曾塑太上普化诸神像和孔子像及颜渊、子思、曾参、孟轲四人配祀像，壁绘孔子七十弟子像及一车两马图。现仅存残墙断壁。

A₄₀ - 3　碑记岩摩崖石刻　〔石寨镇都峤山风景区北洞中峰·清代〕　碑记岩洞口朝南，高 4 米，长约 40 米，进深 5 米，面积约 200 平方米。岩内正中横行榜书"碑记岩" 3 字，为清道光年间（1821—1850）所写，两旁竖联"遗碑成古迹，垂记重今传"依稀可认。左侧有另 1 方榜书，已残，存"有□处"两旁竖联已模糊不清。

A₄₀ - 4　宝盖岩　〔石寨镇都峤山风景区内南洞云盖峰·民国〕　宝盖岩是南洞云盖峰最高的一个岩洞，因岩内曾奉祀玉宸道君又称玉皇阁。洞口朝南，中间敞开，两边低长，高约 4 米，宽 12 米，进深约 10 米，占地面积约 120 平方米。据岩内碑刻记载，该岩是明万历十八年（1570）桂平斋士甘澄海发现。清道光年间（1821—1850）曾重修此岩。现存民国时期砖木结构房屋 5 间，开拱门、圆窗，岩内有游人墨书题咏，风化严重。

A₄₀ - 5　莲花岩　〔石寨镇都峤山风景区延寿岩上方·民国〕　莲花岩洞口朝东北，洞口高约 7 米，宽约 30 米，进深约 15 米，面积约 450 平方米，岩屋横列 4 间，室内宽敞雅洁，是 1929 年由岑溪出家人莫葵甫捐资发起修建。

A₄₀ - 6　娑婆岩　〔石寨镇都峤山风景区北洞中峰半壁·清代〕　娑婆岩又名中宫岩，岩口朝西南，高约 8 米，宽 70 多米，进深 10 多米，面积约 700 平方米。现存清康熙年间（1662—1722）重修的房屋 4 间，室内游人墨书题咏颇多。

41 - B₁　李谏墓　〔容州镇同古行政村同古村担水岭·唐代〕　李谏，藤州人（今广西藤县），曾任唐代党、严、循州刺史。故于唐大和三年（829），唐开成五年（840）与其妻郭氏合葬于此。墓葬早年被盗，1979 年清理，墓系双砖室结构。李谏墓室长 3.28 米，宽 1.6 米，高 1.3 米。出土李谏及其妻郭氏墓志各 1 方，以及铜钱、铁棺钉等。

42 - B₂　葫芦岭唐墓　〔容州镇厢西行政村厢西村·唐代〕　1988 年发现，为券顶砖室墓。出土长沙窑青黄釉瓜棱壶、灯盏、褐彩花卉纹碗各 1 件，以及黄釉残罐 12 件。

43 - B₃　大旺塘宋墓　〔容州镇大明行政村大明村·宋代〕　1988 年发现，为单室砖墓，墓室长 2.5 米，宽 1.5 米，高 0.8 米，底以青砖铺垫，墓口用条石封盖，出土青白瓷魂坛 1 对。

44 - B₄　封文明墓　〔石寨镇合柳行政村村顶村象鼻山西南面山脚·宋代〕　封文明，号舜敷，原籍河南开封府祥符县。宋末官至容州通判。1982 年按原样迁葬于象鼻山清代封氏家族墓地。墓葬朝西南，平面呈葫芦形，由墓冢、祭台、墓圈墙组成，占地面积约 300 平方米。冢呈圆丘形，灰沙结构，碑文追记墓主籍贯、职位等，冢前铺半圆形祭台，周边筑墓圈墙。

45 - B₅　鸡爪山宋墓　〔松山镇下河行政村下河村·南宋〕　1981 年发现，为单室砖墓。出土南宋绍兴二十三年（1153）砖质朱书地券 1 方，青白瓷魂坛 1 对。地券呈方形，边长 0.315 米，青灰色，券文 310 字。据券文，墓主为今容县松山乡易氏五娘。

46 - B₆　王念九墓　〔十里乡十里行政村圩背屯白梅岭·元代〕　王念九，广西容县石寨人。《容县志》记载："王念九，至元间明经士也。奉诏例就近铨注，至正四年授本州同知，廉介自持。"原墓系灰沙结构，占地面积约 300 平方米。有碑 1 方，高约 1 米。现地面建筑、冢已毁。

47 - B₇　梁谷盛墓　〔杨村镇踏田行政村中村队洪坡山脚·明代〕　梁谷盛，湖广长沙府人。明洪武十五年（1382）以军功诰授武德骑尉容州守御。该墓系梁谷盛及其夫人龚氏合葬墓,清同治六年(1867)、清光绪三十二年(1906)和1981年3次修缮。墓葬朝西南,由祭台、墓冢、墓圈墙组成,占地面积约500平方米。冢为青砖灰沙结构,呈长方形,高0.8米,长3.1米,宽1.5米。墓前、后各有碑1方记载其家族之业绩。

48－B₈ 秦炜墓 〔石寨镇古兆行政村里荣队石马山山脚·明代〕 秦炜(? —1607),字浚明,号诚斋,明万历举人,曾任明番禺知县、黄州知府等职。其墓在北流河旁,墓区平面呈"8"形,墓葬朝东,圆丘形砖冢,高约1米,占地面积约224平方米。墓前有石碑1方,碑文记载秦炜的生平。两旁原立石马、石狗、石龟各1对,今石狗、石龟已毁。

49－B₉ 杨际熙墓 〔自良镇司六行政村大人山脚下·明代〕 杨际熙(1537—1623),字惺中,号克明,明诰封正三品加授正议大夫。墓建于明代,原为土冢,1993年改为水泥铺面。墓葬朝北,墓葬平面呈葫芦形,冢呈圆丘形,高0.6米,底径1.6米,周边筑水泥护坡,占地面积约48平方米。墓前有碑刻1方,1993年重立。碑面中部竖行"明敕封户部监察御使正三品加授正议大夫讳际熙杨公之墓",右方小字介绍墓主生平。墓前祭台及后半月塘砌成二级台阶状。

50－B₁₀ 黄显墓 〔容州镇厢西行政村厢西村白坟塘·明代〕 1978年清理。为长方形单室砖墓,墓室长2.8米,宽1.32米,高0.8米。墓壁两旁各设一小龛,内各置1件三彩小陶罐,罐内盛有梅、谷。墓门内壁置砖质地券1方,上朱书"灵宝执事九牛大将军黄显墓"等字。据券文,墓主黄显生于明嘉靖十七年(1538),故于明万历三十九年(1611)。

51－B₁₁ 何畴墓 〔杨梅镇成美行政村荣丰村三十六垌头·清代〕 何畴,号叙圆,广西容县人。清乾隆四年(1739)进士,入翰林院为庶吉士,授检讨、日讲起居注官、翰林院侍读。墓葬朝南,圆丘形土冢,高0.5米,底径1米,占地面积约120平方米。

52－B₁₂ 挂榜山百姓坟 〔松山镇慈堂行政村黄塘队的挂榜山东面山脊·清代〕 据《容县志》记载,清咸丰年间(1851—1861),甘木土盗匪作乱,乡民于挂榜筑寨防御,盗匪攻三月破寨,殉难乡民500余人。清光绪十一年(1885),里绅郑馥兰捡骨掘大冢埋葬,县知事徐廷旭撰联刊石,以慰冤魂。墓葬朝东南,占地面积约144平方米,原冢为青砖围砌,后砖毁仅存土堆,呈圆丘形。墓碑有屋檐式顶盖。碑面中部竖行阴刻"□□恩表忠节挂榜寨殉难□□□墓",落款"光绪十八年元月十二日吉时立"。

53－C₁ 经略台真武阁 〔容州镇东外街57号真武阁公园内绣江之滨·明代·全国重点文物保护单位〕 经略台建于唐乾元二年(759),唐代诗人元结任容管经略使时所建,因而得名。明洪武十年(1377)在经略台上修建玄武宫。明万历元年(1537)重修三层楼阁,奉祀真武大帝,始称"真武阁"。明、清6次维修。清以后,在其周增建前亭、游廊、碑亭等建筑。经略台为夯筑土台,后来四周以砖包砌,面铺砖石。台高4米,东西宽15米,南北深50米。真武阁坐北朝南,木结构,高三层13.2米,面阔13.8米,进深11.2米。底层为敞厅,立檐柱12根,顶置如意斗拱,金柱4根,二、三层周有木板壁围护,开槛窗,二层设4根内金柱,柱脚悬空不着地,其方法是分上下两层18根枋穿过檐柱,组成两组"杠杆结构"的斗拱,以檐柱为支点,利用斗拱出檐并托起悬空内柱。整阁为穿斗式木构架,重檐歇山顶,盖琉璃瓦,正脊、斜脊、戗脊饰鸟兽、万字曲水和花草配饰。阁旁立明清碑刻3方。

C₁₋₁ 前亭 〔容州镇真武阁公园内经略台真武阁正前方20米·清代〕 建于清同治十二年(1873)。方亭,面阔一间3.1米,进深二间2.6米,高6.9米,下层外檐,上层屋面均以斗拱支撑。前后檐柱4根,为方形抹角石柱,出挑中柱2根,穿斗式木构架,重檐歇山顶,脊饰万字曲水、花草。

C₁₋₂ 游廊 〔容州镇真武阁公园内经略台真武阁东侧·清代〕 建于清代,具体时间不详。1995年维修。木构廊式建筑,面阔三间17.1米,进深一间6米,高7.4米,廊柱二排8根,穿斗式木构架,歇山顶,盖绿色琉璃瓦,脊饰宝珠、博古,廊两侧置木栏杆、座凳。

C₁₋₃ 嘉靖武当宫碑 〔容州镇真武阁公园内经略台真武阁西侧·明代〕 碑刻1方。明嘉靖三十一年(1552)立。碑高1.33米,宽0.66米,厚0.17米。碑文竖15行,计673字,楷书,阴刻。梁佩撰文并书丹。额题"嘉靖武当宫碑"6字,篆书。落款"嘉靖三十一年岁次壬子夏六月朔吉日,司容邑训博、端州崧台小岩梁佩撰"。碑文记述:自唐季置经略台,改建武当宫至明嘉靖庚戌,颓敝芜秽,乡人李文祥、程贤、潘泓、梁世全、余珊等,力募葺修完固,并议武当立庙之制云:"然则湛壤之川山,其脊脉之延透丽峙列,有可以标列者,容邑武当宫之创始。"梁佩,广东高要人,嘉靖三十一年任容县训博。

C₁₋₄ 重建古经略台碑文真武阁记 〔容州镇真武阁公园内经略台真武阁西侧·清代〕 碑刻1方。清康熙四十二年(1703)立。碑高1.5米,宽0.8米,厚0.16米。额刻双龙戏珠图案。碑文竖12行,计562字,楷书,阴刻。容县知县徐发撰文并书丹。额题

"重建古经略台碑文真武阁记" 12 字，落款 "赐进士出身文林郎、钦取广西梧州府容县知县、纪录六次徐发顿首拜撰"。碑文记述经略台真武阁几废几兴的历史。至清康熙辛巳冬，徐发上任，捐资倡修，诸士大夫和之，不期年而告竣工。固铭其概，以俟来者。徐发，江南长州人（今江苏省苏州市）。清康熙四十年（1701）任容县知县。

C₁₋₅ **重修容县城东真武阁碑** 〔容州镇真武阁公园内经略台真武阁西侧·清代〕 碑刻 1 方。碑高 1.5 米，宽 0.8 米，碑首及正文为楷书，碑文记述创建经略台真武阁的原意，并记述了唐代诗人元结的为人和政绩。

54 - C₂ **龙母庙** 〔灵山镇六图村行政村六图村庙坪山东南·明代〕 建于明永乐年间（1403—1424），清道光、清同治时重修。坐西北朝东南，砖木结构，二进院落，由前殿、后殿、天井、厢房等组成，占地面积约 180 平方米。前殿、后殿面阔三间，进深二间，抬梁式木构架，硬山顶，盖小青瓦。庙内龙母塑像及神龛均毁，存清代残碑 2 方，记载建庙的缘由及经过。

55 - C₃ **五里桥** 〔容州镇厢西行政村厢西村泗水河上·明代〕 明永乐十一年（1413）县丞邓志建，清光绪版《容县志》有载。为当时通往北流、玉林的道路桥梁。南北走向，单孔石拱桥，长 10 米，宽 3 米，拱跨 6.5 米，桥身用不规则的条石砌筑，桥拱以料石砌，桥面铺石块。1927 年，在桥的东侧用青砖加宽 2 米。

56 - C₄ **杨叶井** 〔容州镇杨叶行政村杨叶村·明代·县文物保护单位〕 建于明代，具体时间不详。井口平面呈圆形，口径 1.2 米，口沿用 4 块花岗岩砌而成，高出地面 0.25 米。井壁为花岗岩块和青砖相间叠砌，井底呈镀底形，深 3.75 米。井台用花岗岩条石铺面，占地面积约 22 平方米。清光绪版《容县志》有记载。

56 - C₅ **藤冲桥** 〔自良镇自良街行政村旁的藤冲河上·明—清〕 建于明代，具体时间不详。是自良镇通往河步、云松和浪水乡等地的道路桥梁。南北走向，单孔石拱桥，长 15 米，宽 1.9 米，拱跨 4.5 米。桥台、桥拱、桥身均以料石干砌，石板铺桥面。1976 年在桥的东面扩宽 5.1 米成为公路桥，桥面加垒片石。

57 - C₆ **长久桥** 〔石寨镇合柳行政村樟木根队枫木河中段·明—清〕 明、清时期容州贯通南北的重要道路，始建具体时间不详。南北走向，单孔砖石拱桥，长 7 米，宽 2.3 米。桥身及桥拱用青砖砌筑，桥面为三合土铺垫，桥面两侧有条石护栏。桥南设石踏跺 2 级，北端设长方形平台，亦有石踏跺 2 级。

58 - C₇ **回龙寺** 〔松山镇松山行政村松山旧圩·清代〕 建于明代，清康熙四十七年（1708）重修。坐东北朝西南，寺原为三进砖木结构建筑，现存二进，平面呈长方形，占地面积约 900 平方米。主体建筑面阔三间，进深一间，设前檐廊、回廊、硬山顶，盖小青瓦。

59 - C₈ **大位坡李公祠** 〔容州镇同古行政村大位坡村·清代〕 建于清代中期，具体时间不详。坐西北朝东南，砖木结构，三进院落，由前座、中厅、后堂、天井、走廊、厢房组成，占地面积约 2218 平方米。前座及中厅、后堂皆面阔三间，进深一间，青砖墙，硬山顶，高脊灰雕人物、山水及博古，盖小青瓦，室内墙端彩绘壁画。前座设前檐廊，石础圆木檐柱。天井两侧为走廊，单坡瓦顶，外檐墙券砌月门通巷道，左右厢房各面阔八间。

60 - C₉ **大人山李公祠** 〔杨梅镇杨梅行政村杨梅村大人山脚下·清代·县文物保护单位〕 建于清代中期，具体时间不详。坐西北朝东南，砖木结构，由主体三进院落及两侧厢房组成，占地面积约 5539 平方米。主体三座皆面阔三间，进深一间，青砖墙，抬梁式木构架，硬山顶，脊饰灰雕雀鸟龙凤，盖灰瓦，封檐雕板刻花鸟。中厅、后堂檐廊立方形檐柱，大厅木柱、雀替、斗拱、梁架、挑手彩绘花草，室内檐墙端彩绘 "山□阻僧" 等人物故事壁画。前、后天井有月门通左右侧厢房，厢房各设花厅、住室 10 余间。院两侧设有马道。

61 - C₁₀ **七秋桥** 〔杨梅镇和丰行政村和丰村·清代〕 清乾隆四年（1739），翰林院侍读、记名御史衔何畴倡建，是当时交通要道桥梁。东西走向，单孔砖石拱桥，长 6.66 米，宽 2.25 米，拱跨 3.87 米。桥身及桥拱用青砖砌筑，桥面铺石板。

62 - C₁₁ **睿中苏公祠** 〔杨梅镇和丰行政村和丰村·清代〕 建于清嘉庆十二年（1807），为祀武略骑尉苏震之而建。坐北朝南，砖木结构，三进院落，占地面积 1614 平方米。前座、中厅、后堂均施檐廊，面阔三间，抬梁式木构架，硬山顶，盖小青瓦，琉璃瓦当、滴水，封檐板雕刻花纹，梁、枋垫雕刻花草、人物柁墩，墙端绘花鸟图案。中厅明间悬挂有清同治年间 "魁文"、清光绪年间的 "拔魁" "亚魁" 等 3 方牌匾。

63 - C₁₂ **平洛黄氏宗祠** 〔黎村镇平洛行政村平洛村·清代〕 建于清道光二十三年（1843），清同治六年（1867）重修。为清道光苏州知府黄金的祖父中宪大夫黄锦所建。坐西北朝东南，砖木结构，二进院落，由前座、后堂、天井、走廊、厢房组成，占地面积约

896平方米。前座、后堂面阔三间，抬梁式木构架，悬山顶，盖小青瓦。室内铺青砖。天井两侧走廊为单面坡，各开侧门通两厢，两厢均面阔五间。

64 - C₁₃ 封公祠〔杨梅镇四端行政村四端村·清代〕 始建年代不详，清同治年间（1862—1874）重修。坐西北朝东南，砖木结构，三进院落，由前座、中厅、后堂、天井、厢房等组成，占地面积约532平方米。各座面阔三间，砖墙，穿斗与抬梁混合木构架，硬山顶，盖小青瓦，中厅开大门，两次间青砖到窗，以上用泥砖，室内地面铺青砖，壁端绘花鸟壁画。前座有前廊，中厅梁枋上立瓜柱。后堂以墙分隔，两端弧形山墙。

65 - C₁₄ 文桃井〔容州镇国中路口处·清代〕建于清同治八年（1869）。井口平面呈方形，边长1.3米，井深2.2米。以砖和条石砌井壁，井台用青砖铺砌，原竖有碑刻1方，占地面积约50平方米，清光绪版《容县志》有记载。

66 - C₁₅ 刘公祠〔十里乡黎读行政村黎读村·清代〕 建于清同治十一年（1872）。坐西朝东，砖木结构，三进院落，占地面积约336平方米。现存前座、中厅，均面阔三间，青砖墙，硬山顶，盖灰沙卷筒瓦，弧形山墙，室内以方砖铺地。前座前设檐廊，廊立宝瓶础方形檐柱2根，饰卷云雀替，廊前置3级踏跺，明间双开门，门额上嵌"□云刘公祠"匾，正脊饰浮雕人物、花鸟、万字曲水。后堂前青砖铺天井，天井两边墙顶和屋脊饰万字曲水。

67 - C₁₆ 黄玉忠宅〔黎村镇平各行政村平潭村·清代〕 建于清光绪年间（1875—1908），具体时间不详。坐西朝东，砖木结构，四进院落，南北回廊，占地面积约6989平方米，前座面阔二十一间，进深一间，中五间前置檐廊，明间开大门，悬山顶。两角炮楼高二层，与左右回廊、后座檐墙互相联通，墙顶设1.5米宽的跑道，砌垛口、枪眼、瞭望台。第二、三、后座均面阔十一间，进深一间，明间为正厅，第二座左右厢房前为密封式檐墙，各座间设天井。后座后面设一排灶房，四周围墙用河卵石砌筑。现部分房屋已拆除或损毁。黄玉忠，广西梧州府容县人，清光绪九年（1883）进士，山东即用知县。

68 - C₁₇ 陵瑞庄〔县底镇古燕行政村古借村·清代·县文物保护单位〕 又名"文武楼"。建于清光绪三年（1877）。砖木结构，三进院落，由大门、主屋、朝厅、两边横廊组成。主体建筑高两层，面阔三间，青砖墙，硬山项，盖小青瓦。大门门额上有"陵瑞庄"3字，梁架上雕刻鹿、松树、喜鹊、凤凰、牡丹等花鸟图案，封檐板正中雕"集福迎祥"4字，两边雕刻荷花、石榴、花蝶等吉祥图案，曲折的回廊连通每座建筑。

69 - C₁₈ 君杰崔公祠〔六王镇古泉行政村中七队·清代·县文物保护单位〕 建于清光绪二十六年（1900）。坐东朝西，砖木结构，三进院落，占地面积约551平方米。前座、中厅、后堂皆面阔五间，青砖墙，硬山顶，盖小青瓦。马头墙山墙，塑花鸟及人物故事图案，脊饰万字曲水、花卉及人物故事。室内青砖铺地，大门门额上挂"君杰崔公祠"匾。前天井两侧有廊庑，后天井有拜亭。

70 - C₁₉ 黄道南旧居〔六王镇莲塘行政村莲塘村·清代〕 建于清末，具体时间不详。坐东南朝西北，砖木结构，四进院落，共有房108间，占地面积约3400平方米。各座高二层，面阔九间，进深一间，设前、后檐廊，悬山顶。前座、二座间天井侧设廊庑，硬山顶。前座明间开隔扇门，裙板雕荷花、松树、梅花、牡丹、菊花，格心棂条镂空篆体"文章华园"图案，其余隔扇、门窗均用方形格子或万字曲水纹装饰。前设左右炮楼与四周檐墙跑道相通，檐墙有枪眼和瞭望台。南、北廊庑面阔七间，进深一间，抬梁式木构架，硬山顶。黄道南，乡绅。

71 - C₂₀ 大井巷井〔容州镇北门街大井巷北端·清代〕 始建年代不详，清光绪版《容县志》有记载。井口平面呈方形，边长0.95米，深约5米，条石和青砖砌筑井壁及井底。井台以条石铺砌，面积约22.5平方米。

72 - C₂₁ 铁板桥〔十里乡泗登行政村织箄李村北面约100米小河沟上·清代〕 建于清代，具体时间不详。为容城通往琼新的古道桥梁。南北走向，单孔石拱桥，长8米，宽2.1米，拱跨3.8米。桥台、桥身以长条石砌筑，料石券拱，桥面铺灰沙，中有一凹槽。桥两端各有6级石踏跺。

73 - C₂₂ 黎村温泉浴室〔黎村镇温泉行政村温泉村·清代〕 据旧县志记载，此温泉自清代起，已为当地人洗浴之处。现尚存清末男、女浴室2座，砖石木结构，回廊式建筑，歇山顶。男浴室面阔11.5米，进深15米，内砌长形八角浴池。女浴室面阔4.05米，进深3.5米，内砌长方形浴池。

74 - C₂₃ 北门井〔容州镇北面容城第一小学后·清代〕 始建年代不详，清代维修。井口平面呈方形，边长1.5米，井深约4米，井壁以青砖砌筑，井台用条石铺砌，面积约32.4平方米。井口已毁，损坏较严重。

75 - C₂₄ 量天杨公祠〔六王镇莲塘行政村龙华村·清代〕 又称清白堂。建于清代，具体时间不详。坐西北朝东南，砖木结构。三进院落，由前座、中厅、后堂及二天井组成，占地面积约524平方米。各座均面阔三间，青砖墙搁檩，硬山顶，盖灰瓦。室内青砖铺地，正门额上塑"量天杨公祠"匾。封檐板、梁架分别雕刻龙、松鹤、花卉等图案，室内檐下彩绘人物壁画。

76-C₂₅ 加厚堂 〔杨梅镇四端行政村四端村·清代〕 建于清代，具体时间不详。加厚堂坐落在高5米的台基上，坐西北朝东南，砖木结构，四进院落，由门楼、前座、中座、后堂及左右横屋组成，占地面积约3000平方米。各座面阔三间，皆青砖墙，硬山顶，盖小青瓦。室内绘饰壁画及书法数幅，门楼脊饰万字曲水及花卉，明间前设檐廊，正门外墙两边塑夔龙。主体建筑与横屋间有过道相隔。

77-C₂₆ 容厢木井 〔容州镇木井行政村担水冲口·清代〕 建于清代，具体时间不详。原用樟木凿空而成，木质井壁，20世纪70年代初，村民用青砖围砌井口。井口平面略呈四方形，长0.8米，宽0.7米，木质井壁已不存。井台占地面积约10平方米。

78-D₁ 人民公园碑廊 〔容州镇东外街57号真武阁公园内碑廊·清代、民国〕 1980年开始把全县的散碑收集于此，建成碑廊，有碑刻16方，其中清代14方，民国2方。多是寺庙堂馆碑刻，也有禁革碑、村规民约碑。主要有清乾隆四十四年（1779）《本府温大老爷永禁碑》、乾隆五十八年（1793）《奉两广大人告示永远禁革碑》、乾隆五十九年（1794）《奉宪禁革碑》、清同治五年（1866）《筑城碑》、清道光十三年（1833）《奉宪禁革衙役陋规碑》、1920年《许克襄罪状碑》等，文多楷体，皆阴刻。

D₁₋₁ 御制四子赞碑 〔原立于容县文庙，现存容州镇真武阁公园碑廊·清代〕 清康熙二十八年（1689）立，碑高1.77米，宽1.02米，厚0.12米，碑四周阴刻云龙纹。户部尚书文华殿大学士张玉书撰文书丹，碑文竖行，阴刻，楷书，碑文内容是对孔子四个弟子颜子、曾子、子路、子贡的赞颂。

D₁₋₂ 御制至圣先师孔子赞碑 〔原立于容县文庙，现存容州镇真武阁公园碑廊·清代〕 清康熙二十五年（1686）立。碑高1.58米，宽1米，厚0.14米。户部尚书文华殿大学士张玉书撰文，书丹。碑文竖行，阴刻，楷书，碑文内容赞孔子的为人、学问、功德，称之为至圣先师。

D₁₋₃ 修杨湾桥碑序 〔原立容城镇红光村杨湾桥，现存容州镇真武阁公园碑廊·清代〕 碑刻1方。清乾隆三十一年（1766）立。碑高1.21米，宽0.7米，厚0.11米，碑文竖行，600多字，字径0.03米，楷书，阴刻。浦源清撰文并书丹。额题"修杨湾桥碑序"

6字，落款"浦源清书刊"。碑文记述杨湾桥的历史及改建的经过，并附捐款芳名。

D₁₋₄ 本府温大老爷永禁碑 〔容州镇真武阁公园碑廊·清代〕 碑刻1方。清乾隆四十四年（1779）立。碑高1.23米，宽0.75米，厚0.11米。碑文竖行，共83字。楷书，阴刻。额题"本府温大老爷永禁碑"9字，碑文记载梧州府温大老爷根据当地的陋弊而制定的17条禁革条款，如"禁革衙署文吏拨用民夫"等。碑石已断为两截。

D₁₋₅ 奉两广大人告示永远禁革碑 〔容州镇真武阁公园碑廊·清代〕 碑刻1方。清乾隆五十八年（1793）立。碑高1.27米，宽0.68米，厚0.1米，文竖13行，满行14—37字，计474字。字径0.015米，楷书，阴刻。撰文、书丹不详。为告示碑，额题"奉两广大人告示永远禁革碑"，落款"清乾隆五十八年十二月十二日右仰通知"。碑文记述总督广西、广东两省地方军务兼理粮饷长麟禁革"行捕工匠借用派买当差之陋习"等规定。

D₁₋₆ 奉宪禁革碑 〔容州镇真武阁公园碑廊·清代〕 碑刻1方。清乾隆五十九年（1794）立。碑文竖28行，满行33字，计924字，字径0.025米，楷书，阴刻。撰文、书丹不详。梧州府告示，额题"奉宪禁革"4字，落款"乾隆五十九年十一月十一日示交给陈常等领回赴容县署前勒石"。碑文记载梧州府关于禁革衙役陋习，禁革县署官吏任意摊派钱粮、勒索百姓的条款共十款。

D₁₋₇ 示禁乞丐强讨碑 〔容州镇真武阁公园碑廊·清代〕 碑刻1方。清道光十三年（1833）立。碑高1.25米，宽0.65米，碑文竖18行，满行5—39字，计581字，字径0.019米，楷书，阴刻。清容县正堂告示。额题"示禁乞丐强讨碑"7字，落款"道光十三年三月二十八日示"。碑文记述容县正堂赵县主尹严禁乞丐强行讨要的规定。

D₁₋₈ 奉宪禁革衙役陋规碑 〔容州镇真武阁公园碑廊·清代〕 碑刻1方。清道光十三年（1833）立。碑高1.25米，宽0.65米，厚0.11米。碑文竖行，计755字，楷书，阴刻。兵部侍郎兼都察院右副都御使巡抚广西等处告示。横行额题"奉宪禁革衙役陋规碑"，落款"清道光十三年七月二十日示发仰梧州府容县勒石晓谕"。碑文记载兵部侍郎兼都察院右副都御史巡抚广西时，勒石晓谕，禁革衙役恐吓索诈、拷打至毙人命、违禁私带等。

D₁₋₉ 灵景寺田丘碑 〔容州镇真武阁公园碑廊·清代〕 碑刻1方。清道光二十八年（1848）立。碑高1.02米，宽0.48米。无额题，文竖8行，共211

字，字径 0.025 米，楷书，阴刻。撰文、书丹不详，无额题，落款"道光二十八年三月镌石"。碑文记载都峤山灵景寺拥有的田丘数、面积、位置、界址及收入的用处等，并于碑的左面刻出田丘图示。

D₁₋₁₀ **石龙庙碑** 〔原立石龙庙，现存容州镇真武阁公园碑廊·清代〕 碑刻 1 方。清同治年间（1862—1874）立于自良石龙庙。碑高 1.06 米，宽 0.54 米。碑文竖行，300 多字，楷书，阴刻。谢自珍撰文并书丹。无额题，落款"谢自珍拜书"。碑文记述石龙庙的历史及修葺情况。碑石有残损，部分字迹已模糊。

D₁₋₁₁ **筑城碑** 〔容州镇真武阁公园碑廊·清代〕 碑刻 1 方。清同治五年（1866）立。碑高 1.37 米，宽 0.75 米，厚 0.1 米。碑已裂成 6 块，文字已不全。钦加知州衔代理荣容县补用布政司经历潘英章书丹，正文竖行，阴刻，楷书。碑文记述了容县县城在太平天国烽火中的状况，还记述县治的布局、概貌等。

D₁₋₁₂ **同治五年修县署碑** 〔容州镇真武阁公园碑廊·清代〕 碑刻 1 方。清同治五年（1866）立于县城。碑高 1.37 米，宽 0.75 米。碑文竖 34 行，满行 16—26 字，计 800 余字，楷书，阴刻。梧州府给事中刘楚中撰文，钦加知州衔代理荣容县补用布政司经历潘英章书丹。额题"同治五年修县署碑" 8 字，落款"同治五年丙寅七月朔日"。碑文记述自清康熙五十八年以来，因战乱等原因，县署屡遭破坏及同治年间修筑容县县城及县署的情况。该碑已断裂为几块，部分字迹已难辨。

D₁₋₁₃ **"镇远"门匾** 〔原镶嵌于容县县城北门门额上，现存容州镇真武阁公园碑廊·清代〕 匾刻 1 方。清光绪二十四年（1898）刻。匾高 0.63 米，宽 1.08 米，正面横行刻"镇远" 2 字，字径 0.39 米，楷书，阴刻。竖行上款"光绪二十四年季秋月穀旦"，下款"知容县□□□□"。文字模糊，不能辨识。

D₁₋₁₄ **惜字会碑序** 〔容州镇真武阁公园碑廊·清代〕 清光绪十五年（1889）立。碑高 0.95 米，宽 0.63 米。无额题，碑文竖行，阴刻，楷书，首行题"惜字会碑序" 5 字。碑文记述了惜字会建立的经过及其重要性。

D₁₋₁₅ **许克襄罪状碑** 〔容州镇真武阁公园碑廊·1920 年〕 碑刻 1 方。1920 年立。碑高 0.95 米，宽 0.59 米，厚 0.08 米。碑文竖行，计 153 字，楷书，阴刻。以容县全体中学生名义撰文，历数民贼许克襄的罪状。指出许克襄来容镇压学生运动"拳打脚踢"，激起"学生和各界公愤"，"为国人所不容，故将其罪状勒石与世共存"。

77－E₁ **范亚音农民起义活动遗址** 〔容州镇西上街 48 号·清·县文物保护单位〕 范亚音（？—1863），又名茂芬、范大，广西容县十里镇甘旺村人，当地天地会首领。1854 年 9 月 1 日，范亚音与卢二十率天地会众袭破容城，10 日进驻容城。后被大成国平靖王李文茂封为荣国公，清同治二年（1863）被清军杀害。遗址原为天后宫，建于清晚期。坐北朝南，砖木结构。现残存单体建筑一座，面阔一间，进深二间，西式拱门，青砖墙，抬梁式木构架，枋上垫蝙蝠形柁墩，硬山顶，盖小青瓦，残存的柱、梁架、瓦角严重腐朽。占地面积约 70 平方米。

E₁₋₁ **范亚音农民起义使用过的大铁炮** 〔容州镇东外街 57 号真武阁公园内·清·县文物保护单位〕 1854 年 10 月，范亚音率部进驻容城，坚守容县十年，在北门架炮防守。此炮为当时使用过的铁炮。铁炮为圆筒形，上小下大，长 2.44 米，重约 1 吨。

78－E₂ **南山"同仁甲"堡遗址** 〔石寨镇石寨行政村都峤山风景区内·1855 年〕 1854 年 10 月，容县天地会首领范亚音率众攻陷县城。石寨上烟村陆劭展、陈经等为首，纠集石寨、杨梅、黎村、六王等地团练三千余人，聚集于南山，1855 年 5 月 16 日组成"同仁甲"堡，据险与起义军对抗。8 月 15 日，范亚音等率领起义军攻占南山"同仁甲"，毙伤团练 500 余人，俘获千余。

79－E₃ **陆宠廷故居** 〔石寨镇上烟行政村龙胆木坪队·1864 年〕 陆宠廷原名陆邵荣，广西容县石寨镇龙胆村人。1903 年在梧州创办"国民学校"，开广西私立学校之先河。后参加同盟会。1911 年受命回广西策划起义。同年 9 月，拟率领民军攻打北流县城，事败被清军捕杀。后追认为辛亥革命烈士。故居建于清道光年间（1821—1850）。坐东朝西，砖木结构，三进院落，占地面积约 1733 平方米。前座、中厅、后座面阔五间，青砖墙，悬山顶，盖小青瓦。天井两侧有走廊，现仅存前座、中厅部分及天井右走廊。

80－E₄ **何仲泽故居** 〔容城镇河南行政村河南村·1882 年〕 何仲泽（1882—1930），字德辉，中共容县临时委员会首任书记。四·一二事件后在容县、平南一带坚持斗争。后被迫出洋。1928 年秋回到容县继续革命斗争，1930 年病故。故居建于清末，四合院，主体建筑为悬山顶，砖木结构平房，建筑面积约 407 平方米。

81－E₅ **伍廷飏故居** 〔黎村镇温泉行政村高仰村·清代·县文物保护单位〕 故居建于清末。坐东南朝西北，砖木结构，三进院落，占地面积约 691.6 平方米。前座面阔七间，中、后座面阔五间，砖墙，灰沙批荡，悬山顶，盖小青瓦。座间有狭长的天井相间。（伍廷飏简介详见柳州市柳北区 16 – F₂。）

82 – E₆　徐松石故居〔浪水镇白饭行政泗把村·清代·县文物保护单位〕　徐松石（1900—1999），广西容县浪水乡泗把村人，著名民族学家、历史学家，著有《粤江流域人民史》等著作。故居建于清光绪二十六年（1900）。坐西北朝东南，砖木结构，由主体三进、两侧横廊厢房及后附红楼组成，占地面积约 2204平方米。主体三座面阔七间，大小不一，青砖墙，悬山顶，清水脊，盖小青瓦。后座明间开后门通往红楼，红楼高三层，悬山顶。

83 – E₇　容县近代建筑群〔容州镇、黎村镇、杨村镇、杨梅镇、松山镇·清—民国·全国重点文物保护单位〕　民国时期，容县出了以黄绍竑、黄旭初等为代表的一批著名人物，这些人的别墅、故居及与其时代相同的教学楼、图书馆等建筑，分布在容州、松山、杨梅等乡镇，建筑吸收了西方建筑的艺术特点。现保存较好的有黄旭初别墅、黄旭初故居、黄绍竑别墅、黄绍竑故居、罗奇别墅、韦云淞别墅、马晓军别墅、夏威和夏国璋别墅、苏祖馨别墅、容县中学旧教学楼、容县图书馆旧址，计 11 座。

E₇₋₁　黄绍竑别墅〔容州镇南大街 33 号·1927年〕　黄绍竑（1895—1966），又名绍雄，字季宽，广西容县黎村镇珊萃村人，新桂系三大首领之一。国民革命军上将，历任广西、浙江、湖北省主席和国民政府内政部部长、交通部部长、监察院副院长等职。中华人民共和国成立后，曾任政务院政务会员、政协全国委员会委员、全国人大常委会委员。别墅称"万松山房"，建于 1927 年。坐西朝东，砖木水泥混合结构，两进院落，分前门和主楼两部分，占地面积约 288 平方米。前门东面临街，面阔三间，进深一间，上下层均有檐廊。主楼为砖混三层楼房，面阔三间，进深一间，庑殿顶。正面各层均有檐廊，门窗有灰塑窗眉，檐柱栏杆有简练的花纹雕饰。

E₇₋₂　黄绍竑故居〔黎村镇珊萃行政村中村小队·1895 年〕　建于清代中期。坐北朝南，砖木结构。由主体院落及两边廊房组成，占地面积约 2610 平方米。主体院落前后四座，均面阔五间，青砖墙，悬山顶，灰沙屋脊，盖小青瓦。前座、二座、三座明次间设内凹檐廊，后座有前檐廊。东、西两边各为两重横廊房，前后排列，前、后廊房都分隔成三个独立小院，面阔三四间，进深一间。西边重廊前面设有炮楼，后座东边有瞭望台。故居前面有晒坪和呈半月形的水塘。

E₇₋₃　黄旭初别墅〔容州镇城南街 44 号·1933年〕　建于 1933 年。坐西朝东，砖木结构，曲尺形庭院，面积约 260 平方米。院门东向临街，主体建筑在院子中间，分南北两楼，南楼面阔三间，进深二间，南侧墙呈半边六角形。二楼东面有小阳台，黑色铁艺栏杆。西面屋后部施曲尺形檐廊，紧接的北楼为长筒形的四间房子，东面上下层均有檐廊，整体布局不规则。（黄旭初简介见南宁市青秀区 25 – E₆ 黄旭初旧居条）

E₇₋₄　黄旭初故居〔杨村镇东华行政村东华村鸡山下·1892 年〕　建于清光绪十八年（1892）。坐南朝北，砖木结构，四合院，由两座正房及两边厢房组成，占地面积约 1086 平方米。前、后座面阔五间，进深一间，青砖墙，悬山顶，清水脊，盖小青瓦。前座明间设内凹檐廊，双开木门，门前置 7 级踏跺，门后作通道，次间和稍间为住房。后座明间为敞开式厅堂，青砖铺地。次间和稍间为住室。两座之间有天井，天井左右两边有厢房。

E₇₋₅　罗奇别墅〔容州镇育才路 195 号·1937年〕　罗奇（1904—1975），字振西，号抡馨，广西容县十里镇大鹏村人，国民革命军陆军二级上将。别墅原称乔园，建于 1937 年。坐西朝东，砖木结构，为庭院式，由主楼、平房、庭院组成，占地面积约 585 平方米。主楼为中西混合二层楼房，面阔三间，进深二间。青砖墙，四阿顶，盖长方形窗，窗顶饰灰塑拱形楣。底层明间前凸成半边六角形前廊，二楼明间内凹，前为半边六角形阳台，地板为铺木板。饰板条石灰砂浆天花或板条网状天花。西北面有一排平房，四周有围墙。

E₇₋₆　苏祖馨别墅〔杨梅镇绿荫社区杨梅镇政府内·1931 年〕　苏祖馨（1896—1963），字馥甫，广西容县杨梅镇杨梅村人，国民革命军陆军上将。别墅建于 1931 年。坐北朝南，砖木结构，二层西式楼房，硬山顶。建筑面积约 310 平方米。平面呈"凹"字形，面阔 21 米，进深 17 米，用走廊将别墅分为前后两部分，前面突出部分进深二间，后面部分面阔五开间，进深一间，屋后及一、二楼的后面设有走廊，二楼三联拱走廊，宝蓝色琉璃饰件栏杆。屋后为一块面积为 250 平方米的花园。

E₇₋₇　韦云淞别墅〔松山镇松山行政村松山镇政府内·1930 年〕　韦云淞（1889—1950），原名来松，字世栋，号云淞，广西容县松山镇儒地村人，桂系主要将领之一，国民革命军陆军上将。别墅建于 1930 年。砖木结构，为两进院落，占地面积约 6044 平方米。前楼、后楼为高两层楼房，面阔五间，进深一间，庑殿顶。前后均施檐廊，前檐廊有两根圆柱通屋顶。中为门楼、两边为一层平房，两端是高三层的炮楼，顶层砖砌女儿墙。后楼两稍间前檐墙体砌成半边六角形状。

二楼明间前有一弧形阳台。底层明间大门的气窗玻璃上有"中和堂"3字。

E₇₋₈ 夏威、夏国璋别墅 〔松山镇大中行政村沙田村塘立小学内·1930年〕 为沙田夏氏三兄弟夏理孚、夏威、夏国璋所建，俗称"三凤堂"。夏威（1893—1975）原名钧善，字煦苍，广西容县松山镇沙田村人，新桂系核心人物之一，国民革命军陆军上将。夏国璋（1896—1937），字超然，夏威胞弟，国民革命军陆军少将，1937年11月19日在江苏吴兴城郊八里店桥对日作战中殉国，国民政府追赠其为陆军中将。1987年4月17日，广西壮族自治区人民政府民政厅追认夏国璋为革命烈士。别墅建于1930年。坐西朝东，砖木结构，中西混合三层楼房，建筑面积248平方米。面阔三间，进深二间。歇山顶，清水脊，盖小青瓦。明间略内凹，次间前面的墙体砌成半边六角形。各层明间作为通道和楼梯间，底层两次间的墙上有枪眼，楼房二、三楼开有长方形窗，窗额灰塑弧形窗眉。前为望柱大门，门前置如意踏跺。

E₇₋₉ 马晓军别墅 〔松山镇慈堂行政村慈堂村·1919年〕 马晓军（1881—1959），字翰东，广西容县松山镇慈堂村人，国民革命军陆军中将。别墅又称"慈堂大屋"，建于1919年，1921年、1928年两次扩建。坐北朝南，砖木结构，四进院落，由大门、晒场、前座、中座、后座、横廊厢房、炮楼、天井、磨房等组成，面积3250平方米。大门面阔十一间，进深一间，明间开拱门，顶上饰三角形山花，两端建成炮楼形式。前座为两层西式建筑，面阔十一间，进深一间。两端建有高三层的炮楼，墙体设枪眼，楼顶青砖望柱、女儿墙。中、后座均为中式二层的楼房，面阔五间，进深二间，前后有走廊，二楼走廊栏杆为绿色的琉璃构件。两侧横廊共有房屋18间。整座建筑共有大、小天井15个，用曲折的回廊将整组建筑联为整体。

E₇₋₁₀ 容县图书馆旧址 〔容州镇容县中学·1925年〕 建于1925年。是广西建立较早、规模较大的县立图书馆之一。20世纪40年代后期并入容县中学图书馆。旧址坐东朝西，砖木结构，中西混合二层楼房，建筑面积366平方米。面阔五间26.8米，进深一间14.4米，庑殿顶，盖小青瓦。青砖墙。一、二层正面均有檐廊，弧形拱门檐墙。四壁均设置有长方形窗，施灰塑拱形窗楣。底层明间现改铺瓷砖，20世纪80年代改二楼木楼板为钢筋混凝土楼面。其前面两边各有花坛一个。

容县中学旧教学楼 〔容州镇容县中学内·1917年〕 建于1916年。坐北朝南，砖木结构，为带哥特式建筑特点的二层楼房，建筑面积约767平方米。

平面呈"山"字形，面阔十一间，进深一间。底层明间为通道，前砌抱厦一间，其余的均作教室。上、下两层前、后均施檐廊，弧形拱门檐墙。开长方形窗，弧形窗楣。屋顶砌绿色琉璃构件女儿墙。20世纪80年代改青瓦屋面为水泥预制板，第三层已拆除。教学楼的花圃置假山一座。

84-E₈ 刘崛故居 〔县底镇康塘行政村队龙康塘屯·1936年〕 刘崛（1878—1964），又名美延，字尊权，广西容县县底镇康塘村人。同盟会广西分会会长、国民党广西省党部指导委员。中华人民共和国成立后任广西第一届政协委员。1964年于容县病故。故居建于清末，1936年重建。原为二进院落，前座、天井系后来重建。后座为两层楼房，坐南朝北，砖木结构，面阔五间，青砖墙至窗底，以上为泥砖墙，悬山顶，盖小青瓦。占地面积约152平方米。

85-E₉ 龙胆河口抗日标语 〔石寨镇上烟行政村上烟村·1939年〕 1939年春夏，广西学生军容县政工队和容县动委会战时工作团在容县开展抗日救亡宣传。龙胆河口渡亭墙上的"军民合作，驱逐日寇！"抗日标语，即当时所写。标语横行，字径0.5米，楷体墨书。左下角落款朱书"容县动委会政工队制"，正楷小字。

86-E₁₀ 慈堂水力发电站 〔松山镇慈堂行政村慈堂村·1946年〕 1946年，国民政府军事委员会高级参谋马晓军捐资，并由其侄儿马钧洪设计兴建。装机容量5千瓦。系容县也是广西的第一个水力发电站。电站包括厂房和引水渠。厂房为悬山顶平房，砖木结构，面积约153平方米。现作纸厂。引水渠长1公里。

87-E₁₁ 中共容县特支活动旧址 〔容州镇金珠街107号·1947—1949年·县文物保护单位〕 1947年2月，中共容县特别支部在容城镇广珍饭馆成立。直至1949年6月，这里一直是该特支活动的主要联络点。旧址为支部书记杨益炤私人住宅，建于1945年，原为四进院落，坐北朝南，砖木结构，两层楼房，面阔二间，硬山顶，盖小青瓦。1989年春，一进二层改为四房门楼，并拆除第四进，第二、三进建筑也因年久失修陆续崩塌而改建，只存一座保持原貌，面积约70平方米。

88-E₁₂ 革命烈士纪念碑 〔容州镇杨叶行政村佛子冲村百足山山脚·1986年〕 建于1986年，2009年维修扩建。纪念碑为砖混结构，坐北朝南，占地面积约780平方米。碑通高8.4米，碑座呈长方形，长3.5米，宽2.3米。碑身为四方立柱体，尖顶，碑身顶部作矛尖状，面贴白、红色花岗岩石板。碑身正面竖行刻"革命烈士永垂不朽"8字，行书。碑后刻纪念碑简介，周围石铺地台，地台前有9级台阶。

89 - E₁₃　陈孟武烈士纪念碑　〔县底镇冠堂行政村冠堂中心小学旁的祠堂背山坡上·1987年〕　陈孟武（1912—1928），广西容县县底镇冠堂人，在"劳五暴动"中牺牲。碑建于1987年。坐东北朝西南，砖水泥结构，由碑座及碑身组成，占地面积约50平方米。3级台阶式碑座，长2.2米，宽1.3米。立柱体碑身，高2.3米，底正面竖行刻"浩气长存"，其下阴刻楷书"在第二次国内革命战争中牺牲的烈士陈孟武同志之墓，容县人民政府一九八七年立"。碑身后面刻陈孟武生平事迹。

90 - F₁　杨华高等小学旧址　〔杨梅镇杨梅行政村杨梅圩村·1914年〕　始建于1914年，次年落成。原为清末举人苏砚农创办的青年学社，后由团局总陈养才等倡议，迁建于今址，更名杨华高等小学，为容县第一座小学。建筑坐北朝南，中西结合二层楼房，砖木结构，面阔九间，进深一间。硬山顶，盖小青瓦。顶沿围砌女儿墙。上、下层周设联拱外回廊，间置栏杆。台基高2米，设台阶上下。占地面积约399.67平方米。

91 - F₂　珊萃中学旧址　〔黎村镇珊萃行政村珊萃村·1927年〕　容县第一间私立中学。1927年，由珊萃村黄氏家族创办。占地面积约129.66万平方米。现存教学楼一幢，坐北朝南，砖木结构，仿西式二层楼房，平面呈面阔十一间，进深一间，平顶，上、下两层前、后檐均设联拱外廊，直棂式栏杆。正面中间三间设前凸抱厦，屋顶沿设直棂式栏杆。

92 - F₃　彭氏大屋　〔灵山镇六良行政村上垌队·1933年·县文物保护单位〕　建于1933年，历时四年建成。坐南朝北，砖木结构。庭院式，由大门、主屋及两边厢房组成，共有房子100间，占地面积约2281平方米。大门、厢房均青砖墙，硬山顶，盖小青瓦。主屋共3座，前、中座为仿西式建筑，高二层，面阔五间，进深二间，底层双开推笼门，二层前檐有五联拱外廊。明间窗下栏墙嵌"燕北"匾，两边廊柱塑"燕行有序""燕垒安居"。顶层饰弧形山花、女儿墙，后座为中式二层楼房，硬山顶，建筑间有天井、巷道间隔。

93 - G₁　打铁岗石斧出土点　〔石头镇泗福行政村泗福村西约100米打铁岗·新石器时代〕　1972年、1973年，在打铁岗出土双肩石斧2件。器呈长条形，两面磨光。打铁岗原为高约50米的山坡，现已被开辟为人造平地。

94 - G₂　大神岭石器出土点　〔石头镇石头行政村石头村西约200米大神岭·新石器时代〕　大神岭高50多米，1973年在岭东面坡地采集大石铲和双肩石斧各1件。大石铲为短袖，小平肩，束腰。长0.32米，肩宽0.185米，厚0.015米，已断成三片。

95 - G₃　龙井垯羊角纽钟出土点　〔六王镇六王村行政龙井垯村·战国〕　山腰出土羊角纽钟4件。大小略差，钟体上小下大，底边平直，横截面呈橄榄形。顶部有竖长方形透穿孔，顶端歧出两片羊角形纽。面部饰S形云纹，下部饰弦纹。通高0.204—0.228米，口径0.09—0.104米，壁厚0.02—0.04米。（见《考古》1984年9期）

96 - G₄　大岭岗铜鼓出土点　〔六王乡镇六王行政村王村大岭岗·西汉中期—南朝〕　1909年，大岭岗出土冷水冲型铜鼓1面。鼓面径0.785米，高0.517米。鼓面中心太阳纹十四芒。面沿列行四立蛙，两两相对（已失）。饰同心圆纹、复线交叉纹、羽纹、变形翔鹭纹、变形羽人纹等。胸腰间附辫纹扁耳2对。

97 - G₅　三夺山铜鼓出土点　〔黎村镇六振行政村六振村南约50米三夺山·西汉—唐〕　1990年7月，三夺山出土北流型铜鼓1面，鼓面倒置。鼓面径1.03米，高0.57米。鼓面太阳纹八芒。面沿环列四蛙。面饰云雷纹、钱纹。身饰斜方格填点纹。胸腰间附大环耳2对，小环耳1对。

98 - G₆　牛地顶铜鼓出土点　〔容州镇宁中行政村宁冲村牛地顶·西汉—唐〕　1971年10月，牛地顶出土北流型铜鼓1面。鼓面径0.78米，高0.47米。鼓面饰太阳纹。面沿环列四蛙。饰云纹、雷纹填线纹。胸腰间附环耳2对。足残。

99 - G₇　大庙岗铜鼓出土点　〔杨梅镇红石行政村红石村大庙岗·西汉—唐〕　1982年9月，大庙岗出土北流型铜鼓1面。鼓面径1.005米，高0.56米。鼓面太阳纹八芒。面沿环列六立蛙。面饰雷纹。身饰云纹、雷纹逐层相间。胸腰间附环耳2对。

100 - G₈　华琅村铜鼓出土点　〔灵山镇华琅行政村华琅村西南约300米坡地·东汉—唐〕　1975年，华琅村西南坡地出土灵山型铜鼓1面。鼓面径0.778米，残高0.345米。鼓面太阳纹十一芒。面沿环列四蛙。芒间饰复线角形纹，其余有变形羽人纹、席纹等。胸腰间附扁耳2对，中开一长孔。

100 - G₉　田寮山钱币窖藏　〔松山镇慈堂行政村慈堂村田寮山·汉代〕　1978年，田寮山高坡出土铜钱1罐，共900多枚。计有秦半两、汉四铢半两钱各1枚，大泉五十、货泉、直百五铢各数枚，余皆五铢钱。陶罐直口、圆唇、直腹、四横耳、平底。高0.165米，口径0.13米。

101 - G₁₀　木平岗铜碗出土点　〔县底镇荣塘行政

村荣塘村木平岗·唐代〕 1975 年木平岗坡地出土铜碗 18 件。碗大小不一，形制相同。平唇、敞口、弧腹、圈足。口径约 0.13—0.17 米，高 0.033—0.053 米。

102 - G₁₁ 容州镇文物出土点 〔容州镇内·唐代〕 1978 年县糖业烟酒公司建楼时，发现一口唐代水井。井口平面呈圆形，直径 4 米，深 6.6 米。底部呈锅底形。井内堆积厚达 3.6 米。出土一批唐代文物。计有陶、瓷、铜、铁、漆、玻璃等器物。其中陶器有六耳罐、四耳钵、纺轮等。瓷器有淡黄色蓝点彩罐，黄釉瓷碗等 16 件。铜器全是铜镜，有大寿镜、凤鹭镜、双鸾镜等 5 件。铁器有锄，漆器有盘，玻璃有蓝料杯等。

103 - G₁₂ 孔明岭铜镜出土点 〔容州镇孔明岭·唐代〕 1977 年，孔明岭出土铜镜 1 面。器扁薄，呈圆形，饰葵瓣形绕花卉。面径 0.109 米，厚 0.04 米。

104 - G₁₃ 唐开元寺景子铜钟 〔容州镇东外街 57 号真武阁公园内钟亭·唐代·自治区文物保护单位〕 唐贞元十二年（796）铸于古容州开元寺。明代以前寺毁而钟存。钟高 1.83 米，口径 1.09 米，壁厚 0.058 米，身围 3.25 米。钟身呈圆形，顶部隆起，龙形悬纽，下口平圆，腰部五道阳纹将钟分为上下两部分，又有四组各五道阳线将钟身分隔为四面、八个开光，钟面四个纵横交错弦纹交叉点中有一个直径 0.20 米的重瓣莲花纹撞击点。

博白县

1 - A₁ 石顶山城堡遗址 〔沙河镇竹旺行政村乌干根屯花石嶂岭顶·清代〕 建于清咸丰三年（1853），为沙河富商朱旭创建。城堡筑于石顶山之巅，三面临峭壁，仅一石阶小路可通。平面呈长方形，以三合土构筑堡墙，墙高 5.5—7 米，厚 0.6—1 米，墙面设有炮眼，四角设炮楼，炮楼砖砌。占地面积约 112 平方米。现仅残墙及部分墙基。

2 - A₂ 官岭城遗址 〔大坝镇官岭行政村·清代〕 清光绪二十年（1894），村民为防御匪贼而建。平面呈方形，以灰沙构筑墙体，四角设炮楼，城墙端四周有跑马道。城墙高 5 米，厚 0.6 米。占地面积约 2250 平方米。现仅存残城门 1 处。

3 - A₃ 大嶂顶城堡遗址 〔径口镇三育行政村沙背社屯大嶂顶岭·清代〕 清光绪二十四年（1898），村民为防御匪贼而建。平面呈不规则五边形，北面呈三角形。以三合土构筑墙体，墙高 3.2 米，厚 0.7 米，墙面开有枪眼，五角均设有凸出的炮楼。西面墙及东北角炮楼开有门进出。占地面积约 1210 平方米。现仅

存城墙。

4 - A₄ 山猪坟城堡遗址 〔径口镇三育行政村旺垌屯·清代〕 清光绪二十四年（1898），村民为防御盗贼而建。平面呈方形，以三合土构筑墙体，城四角设有炮楼，墙高 6 米，厚 0.6 米。占地面积约 550 平方米。现仅存城墙。

5 - A₅ 好到尾墙堡遗址 〔旺茂镇石垌行政村好到尾屯·清代〕 建于清代，具体时间不详。村民为防御盗匪而修建。平面呈长方形，南北长 23.7 米，东西宽 16.5 米，占地面积约 391.05 平方米。堡墙用三合土砌筑，高 5 米，厚 0.5 米，城墙上有枪眼，四角有外凸哨楼，城墙内为二层三合土灰沙回廊式结构建筑，现已破损严重。西面中部设有寨门。

6 - A₆ 宴石寺遗址 〔顿谷镇石坪行政村宴石山南面·南汉·县文物保护单位〕 五代南汉乾和十五年（957），都督刘崇远建寺洞中。门楼是砖木结构悬山顶建筑。殿内塑释迦佛诸罗汉像，洞壁历代题刻甚多。1966 年间建筑被毁，仅存石刻。现群众捐资修复。

7 - B₁ 庞孝泰墓 〔顿谷镇大塘行政村圆岭脚屯云飞嶂岭上·唐代·县文物保护单位〕 庞孝泰（601—662），字德安，广西博白人，唐初边塞将军。唐龙朔二年（662），任辽东道行军总管，率军与高句丽渊盖苏文交战于蛇水，战死沙场，后归葬于云飞嶂岭。清同治十三年（1874），博白知县庞振甲重修并撰碑文。墓葬朝西，平面呈葫芦状，冢呈圆丘形，三合土封面，宝顶。前有墓碑、祭台。周围筑三合土墓圈墙，占地面积约 300 平方米。

8 - B₂ 赵天维墓 〔凤山镇斗垌行政村斗垌村子庵堂岭·明代〕 赵天维，字鉴通，生卒年不详，原籍江西，官至明都督。明万历年间（1573—1620）奉旨赴粤西镇压农民起义后定居博白同罗堡（今博白凤山镇），死后葬于子庵堂岭。原墓不详。现墓为清同治八年（1869）重修。墓葬朝西，圆丘形冢，三合土筑成，前置祭台、拜台，周边围墓圈墙。

9 - C₁ 岐山坡井 〔博白镇新仲行政村岐山坡屯·明代〕 建于明弘治三年（1490）。井口平面呈圆形，径 0.53 米，井圈高 0.1 米，厚 0.32 米，井深 6.5 米，井壁用青砖砌筑。井台呈方形，边长约 3 米，以青砖铺砌。占地面积约 9 平方米。

10 - C₂ 南门井 〔博白镇西城路南门塘·明代〕 建于明万历五年（1577）。井口平面呈长方形，长 1.9 米，宽 1.2 米，井深 1.6 米。井壁用青砖砌筑。井台亦以小青砖砌铺，呈方形，边长 4.3 米。占地面积约 18.49 平方米。

11 - C₃ 英桥井 〔英桥镇英桥社区英桥圩东侧·

明代〕 建于明代,具体时间不详。井口平面半方半圆,东南面用两条长1.2米的条石砌成方形井口,西北面用青砖砌1米高的弧形井墙,将井口掩盖一半,井口半径1.8米,井深1米。井台以砖砌铺,北面立有木牌井规。

12 – C₄ 长田井 〔宁潭镇长春行政村长田屯西约100米·明代〕 建于明末,具体时间不详。井口平面呈圆形,口径1.1米,深2米,灰沙筑井唇,井壁用青砖砌筑。井台略呈圆形,青砖铺砌,后用灰沙铺面,占地面积约12.6平方米。

13 – C₅ 南门塘井 〔博白镇西城路南门塘西北侧·清代〕 建于清顺治三年(1646)。井口平面呈椭圆形,群众称之为猪腰井。井口最长处1.6米,最宽处0.7米,井深4.3米。井壁用青砖筑。井台略呈正方形,长、宽约4米,占地面积约16平方米。

14 – C₆ 猪腰井 〔博白镇兴隆西路110号房屋北面2米处·清代〕 建于清顺治三年(1646),井口平面呈椭圆形,长1.3米,宽0.6米,井壁用青砖围砌,井深4.3米。井台用水泥铺地,占地面积31.35平方米。后人用水泥砖在井口边缘堆砌井圈,高0.8米,用水泥预制板盖井口。

15 – C₇ 黄屋井 〔博白镇东圩街旁·清代〕 建于清顺治四年(1647)。井口平面呈方形,边长0.65米,井唇宽0.4米,高0.12米,井深3.5米。井壁、井台皆以青砖砌成。

16 – C₈ 天帅府 〔顿谷镇顿谷行政村银山脚屯·清代〕 建于清康熙元年(1662),清道光七年(1827)、清光绪二年(1876)重修。坐东北朝西南,砖木结构,二进院落,由前座、后座、天井、走廊等组成,占地面积约150.93平方米。前座、后座面阔三间,进深一间,清水墙,抬梁式木构架,硬山顶,盖小青瓦。前座设小檐廊,大门额书"天帅府"。门左墙嵌《重修天帅庙碑》碑刻3方,明间墙壁嵌《重修天帅府》及捐资芳名碑刻各1方。

17 – C₉ 南街井 〔博白镇南街·清代〕 建于清康熙九年(1670)。历年有维修。井口平面呈长方形,长1.4米,宽1米,井深约4米。井唇宽0.55米,以砖砌井壁,井台砌以石块。

18 – C₁₀ 关帝庙井 〔博白镇文化路027号内·清代〕 建于清乾隆年间(1736—1795),具体时间不详。关帝庙已毁,井存。井口平面呈圆形,口径0.62米,井深约5米。井圈用石凿成,高0.24米,唇宽0.12米,井壁用青砖围砌,井台亦以砖铺砌,方形,边长2.5米,占地面积约6.25平方米。

19 – C₁₁ 文明公祠 〔英桥镇联山行政村龙湾屯·清代〕 又名阮姓宗祠。建于清乾隆年间(1736—1795),具体时间不详。清同治、清宣统年间重修。坐南朝北,二进院落,由前座、后堂、天井、走廊等组成,占地面积约143平方米。前座、后堂均面阔三间11米,进深前座5米,后堂8米,高均8米,悬山顶,盖小青瓦。室内、外墙端饰彩绘花鸟、人物、山水壁画。座间隔天井,两侧走廊,前座置檐廊,立石檐柱2根,门额楷书"文明公祠"匾。

20 – C₁₂ 菱角镇街井 〔菱角菱角行政村镇菱角街·清代〕 建于清乾隆年间(1736—1795),具体时间不详。经多次维修。井口平面呈方形,东西长2.35米,南北宽1.25米,井深5米。井壁用青砖砌成,井台呈长方形,长4.2米、宽3米,灰沙铺面。占地面积约12.6平方米。

21 – C₁₃ 三帝庙 〔菱角镇菱角行政村菱角街北面·清代·县文物保护单位〕 建于清乾隆十八年(1753),多次重修。坐南朝北,砖木结构,二进院落,由前殿、后殿、天井、走廊组成,占地面积约214.6平方米。前殿、后殿面阔、进深三间,抬梁式木构架,硬山顶,盖小青瓦。室内墙端彩绘花卉、人物故事壁画。前殿设前檐廊,立2根方形砖檐柱,柁墩托梁,门额上嵌"三帝庙"匾。走廊墙壁上嵌有《三帝庙概记》等碑刻8方。抗战时期,曾为博白民主抗日自卫军沙菱支队活动场所。

22 – C₁₄ 三界庙 〔沙河镇沙河社区沙河街北面南流江边旧码头·清代·县文物保护单位〕 建于清乾隆四十二年(1777),清道光四年(1824)、清同治九年(1870)重修。坐西朝东,砖木结构,二进院落,由前殿、后殿、厢房、天井、走廊构成,占地面积约204.4平方米。前殿、后殿均面阔三间,抬梁式木构架,梁、枋上柁墩雕福禄寿图案,硬山顶,盖小青瓦。前殿檐廊砖砌方形檐柱2根,门额楷书"三界庙"匾,两侧有楹联,室内外墙上绘人物故事等图案,后殿脊饰双龙戏珠、鱼吻。

23 – C₁₅ 茂莲祠 〔东平镇枫木行政村屋场田屯·清代〕 建于清乾隆四十九年(1784)。坐北朝南,砖木结构,四进院落,由门楼、前座、中厅、后堂、连廊及天井组成,占地面积约597平方米。主体建筑面阔三间,硬山顶,正、垂脊两端上翘,盖小青瓦。门楼砌有弧形山墙,墙头各立龙头、小石狮,大门额有"将军第"木匾,门前设有3级踏跺。中厅为抬梁式木构架,梁饰龙凤、麒麟等木雕,前檐饰花鸟木雕封檐板。门楼与各座之间有天井,以连廊相通。

24 – C₁₆ 付义学堂 〔英桥镇付义行政村山背峒屯·清代〕 建于清嘉庆年间(1796—1820),由该村族长冯荣初倡建。此后有多次维修。坐西朝东，砖木结构，四合院，由门楼、后座、天井、走廊、厢房组成，占地面积约 933.43 平方米。门楼、后座均为二层楼房，面阔七间，进深一间，砖墙搁檩，悬山顶，清水脊，盖小青瓦。门楼底层明、次间有前廊，拱门廊沿，廊内明间中开门。后檐及后座前檐皆设走廊，天井两侧各有厢房四间。

C_{16-1}　**付义井**　〔英桥镇山背垌屯付义学堂内·清代〕　建于清嘉庆年间（1796—1820），具体时间不详。井口平面呈圆形，井圈略隆起 0.14 米，径 1.35 米，井深 3 米，井壁以青砖砌筑，井底铺粗沙、细石各一层。井台呈长方形，长 4 米，宽 5 米，灰沙铺面。井沿开一溢水小缺口。井台外砌围墙，高 1 米。占地面积约 20 平方米。

25 – C_{17}　**北帝庙**　〔沙河镇沙河社区旧新街闸口南侧·清代〕　建于清嘉庆三年（1798），嘉庆至清道光年间 3 次重修。坐西南朝东北，砖木结构，二进院落，分前殿、正殿，间隔天井，占地面积约 141 平方米。前殿、后殿高 4 米，面阔三间，青砖墙，硬山顶，灰塑翘脊，盖小青瓦，琉璃滴水。前殿施前檐廊，立方形檐柱 2 根。檐下彩绘人物故事壁画，推笼门，门左右墙上镶嵌《创建北帝阁题名碑》等建修捐资芳名碑 6 方。

26 – C_{18}　**环玉书院**　〔博白镇博白县中学内·清代·县文物保护单位〕　建于唐贞观五年（631），历代多有维修或重建。清嘉庆八年（1803）博白知县颜樾合众绅重建。坐南朝北，砖木结构，二进院落，分上、下两院，面阔九间 20 米，进深 46.5 米，高 8.5 米，青砖墙，穿斗式木构架，悬山顶，盖小青瓦，周设围墙，前门为拱门。占地面积约 930 平方米。

27 – C_{19}　**城背坡井**　〔博白镇城郊行政村城背坡屯北街口至新村小路南侧约 200 米·清代〕　建于清道光二年（1822）。井口平面呈长方形，东西长 4.3 米，南北宽 2.4 米，井深 2.5 米。井壁青砖砌筑。井口围彻石块，南面置 6 级踏跺。井台用青砖铺地，周围用灰沙筑成围墙，高 1.2 米。占地面积约 9.88 平方米。

28 – C_{20}　**新兴福祠**　〔沙河镇沙河社区沙河街北侧南流江南岸·清代〕　建于清道光三年（1823）。坐东南朝西北，砖木结构，二进院落，前座、后堂夹天井，占地面积约 186 平方米。前座、后堂面阔三间，进深一间，砖墙搁檩，硬山顶，盖小青瓦。正脊塑双龙戏珠。前座设檐廊，檐柱端塑狮子，中开大门，门额楷书"新兴福祠"匾，壁有花鸟、走禽、人物壁画。

29 – C_{21}　**华光庙井**　〔博白镇城北街口巷 042 号房南面 2 米·清代〕　建于清道光三年（1823），原为华光庙专用井，庙毁井存。井口平面呈圆形，口径 0.61

米，井唇 0.3 米，井深 4.7 米，以青砖砌井壁及井台，后来以灰沙铺面，井台略呈方形，设 2 级踏跺。占地面积约 3.6 平方米。

30 – C_{22}　**沙河村王氏宗祠**　〔沙河镇沙河行政村沙河车站南面约 100 米·清代〕　建于清道光四年（1824）。砖木结构，三进院落，由门楼、中座、后堂、天井、走廊、厢房等组成，占地面积约 1200 平方米。门楼坐西朝东，中座、后堂坐北朝南，门楼、中座、后堂面均阔三间，青砖墙，硬山顶，盖小青瓦。墙端彩绘人物故事壁画。天井两侧有单坡灰券拱走廊。

31 – C_{23}　**翠竹寺**　〔菱角镇山蕉行政村山蕉村庵堂岭上·清代〕　建于清道光七年（1827）。坐东南朝西北，砖木结构，二进院落，由前殿、后殿、两廊、天井组成，占地面积约 219 平方米。前殿、后殿面阔三间，青砖墙搁檩，硬山顶，盖小青瓦。祠内墙端彩绘八仙过海等壁画。前殿脊饰双凤，有前檐廊，立 2 根圆檐柱，大门上嵌"翠竹寺"匾。后殿正脊灰塑双龙戏珠，祠内砖墙分隔，天井两侧走廊镶嵌《重建翠竹寺》碑刻。

32 – C_{24}　**菱角文昌阁**　〔菱角镇菱角行政村菱角村北约 250 米文昌岭上·清代·县文物保护单位〕　建于清道光二十五年（1845）。坐东南朝西北，砖木结构，二进院落，由门楼、后殿、走廊、天井组成，占地面积约 208.25 平方米。门楼、后殿面阔三间，青砖墙，盖小青瓦。檐廊、室内墙端彩绘人物故事壁画。门楼为二层阁楼，称"魁星楼"，双重檐。底层设前檐廊，立圆形檐柱 2 根，门额上嵌"文昌阁"匾。后殿正、垂脊饰双龙。葫芦堆塑，前檐敞开。门楼、后殿明间之间设走廊相通。走廊两侧为小天井，天井有重建文昌阁碑记 1 方。此处又是博白民主抗日自卫军沙菱支队旧址。

33 – C_{25}　**新村王氏宗祠**　〔东平镇西湖行政村新村屯·清代〕　建于清咸丰二年（1852）。坐西朝东，砖木结构，并列两座二进院落。主院居北，有前座、后堂、厢房、走廊、天井等；附院在南，由东、西两座及其间天井、走廊组成。总占地面积约 650.52 平方米，另有后花园，面积约 620 平方米。主院前座、后堂面阔三间，青砖墙，硬山顶，盖小青瓦，脊饰鳌鱼、博古等灰雕，前座设廊檐，方形石檐柱刻楹联。座前踏跺 5 级，大门额楷书"王氏宗祠"匾。祠外墙有龙凤呈祥、八仙祝寿等壁画，内墙端彩绘人物、花鸟、山水壁画。

34 – C_{26}　**屋角头朱氏大宗祠**　〔东平镇富新政村村屋角头屯·清代〕　建于清咸丰三年（1853）。坐南朝北，砖木结构，平面呈曲尺形，由门楼、中院及后院组成，占地面积约 818.8 平方米。前座与中院并列，东为门楼，面阔二间，进深三间，各间有门相通，门额上嵌"朱氏大宗祠"匾，门前置3级踏跺。中院在前座西侧。中院南面为后院，二进院落，前座、后堂面阔三间，青砖墙搁檩，灰塑翘脊，硬山顶，盖小青瓦。前座设前檐廊，廊前置7级踏跺。天井两侧为单坡走廊，墙端绘人物故事图，灰雕梅花、狮子、万寿图案马头山墙。

35 - C₂₇ 双凤桥 〔双凤镇双凤行政村双凤街圩头合江口·清代·县文物保护单位〕 建于清同治元年（1862）。南北走向，三孔石拱桥，长32米，宽4.96米，桥身、台、桥拱均用花岗石砌筑，桥面两侧设望柱各15根，条石护栏。中段两侧镌刻楹联，东侧镌联"往来欣利济，迩尔庆升平"，横额"双凤桥"，落款"里人李敏丰题"。西侧楹联"气运由天转，根基本地成"，横额"合口江"，落款"同治元年九月二十四日丑时众乡绅创建"。桥南刻有"人庆安栏"。

36 - C₂₈ 马门村伏波祠 〔顿谷镇马门行政村新圩屯马门滩南流江畔·清代·县文物保护单位〕 建于清同治二年（1863）。坐西北朝东南，砖木结构，二进院落，由前殿、后殿及天井组成，占地面积约177.31平方米。各殿面阔三间，硬山顶，灰塑翘脊，盖小青瓦。室内墙壁彩绘人物、山水、花鸟壁画。前殿门额楷书"伏波祠"匾，门楹联"功高东汉，威震南交"。后殿脊饰二龙戏珠，殿内塑马援像。天井两侧设双坡拱门走廊。

37 - C₂₉ 龙潭伏波庙 〔龙潭镇龙潭社区龙潭街北约100米·清代·县文物保护单位〕 建于清同治十三年（1874）。坐西南朝东北，砖木结构，二进院落，由前殿、后殿、走廊、天井组成，占地面积约154.16平方米。前殿、后殿面阔三间，青砖墙搁檩，硬山顶，盖小青瓦。前殿有前廊，廊沿砌3拱门，廊顶女儿墙嵌"威镇南天"匾，明间门上嵌"伏波庙"匾。前殿、后殿明间以走廊相连，两侧为小天井。该庙在抗日战争时期曾为中共秘密组织联络站。

38 - C₃₀ 大坝桥 〔大坝镇官岭行政村与大坝圩之间·清代〕 建于清光绪年间（1875—1908），具体时间不详。官岭村乡绅周国楷及地方民众捐款修建。梁式石板桥，二台二墩三孔，平面呈"之"字形，长45米，宽2米，台、墩间架设石板，无护栏。后人用水泥加固。

39 - C₃₁ 紫林书院 〔那林镇金阵行政村金阵村·清代〕 建于清光绪十一年（1885）。原书院分前、后两座，占地面积约250平方米。现存前座，坐北朝南，砖木结构，硬山顶，二层楼房，盖小青瓦。面阔12米，进深6米，中间为过道，两侧为教室，两侧各设附房

一间，面阔5米，进深6米，青砖墙，悬山顶。上、下层各开一排方形窗口。

40 - C₃₂ 博白刘氏宗祠 〔博白镇博白杂技团内·清代·县文物保护单位〕 清光绪十二年（1886），闽粤南澳镇总兵刘永福命刘芳庭回博白购地兴建，十六年（1890）落成。坐东北朝西南，砖木结构，原系三进院落，现存中座、后堂，占地面积约925平方米。每座面阔九间，进深一间，青砖墙搁檩，硬山顶，盖小青瓦。脊有人物陶瓷雕塑。中座为二层阁楼，明、次间设前檐廊，廊以砖墙分隔。中座、后堂间隔以巷道。20世纪40年代初曾为中共博白县第一届特支所在地。

41 - C₃₃ 字祖庙 〔博白镇博白中学校园内·清代·县文物保护单位〕 又名仓祖阁，清光绪十五年（1889），知县顾思仁、教谕林嘉澍、训导刘京暨博白乡民，为纪念古代文字创始人仓颉而兴建。坐东北向西南，砖木结构，三层楼阁，高21米，面阔、进深11.54米，占地面积约133.17平方米。一、二层周置回形走廊，深2.3米，以檐柱支撑，一层外墙中开拱门，门前设5级踏跺。二层回廊设几何图案透雕护栏，内墙中开圆形窗，两侧有拱门。第三层较小，砖墙围砌，设圆形窗。黄色琉璃瓦，盝顶，顶端置陶瓷葫芦，四条圆脊棱上塑雄狮龙首。

42 - C₃₄ 木马屯伏波庙 〔双旺镇周旺行政村木马屯·清代〕 建于清光绪二十五年（1899）。坐东朝西，砖木结构，二进院落，占地面积约110.5平方米。前殿、后殿面阔三间，硬山顶，灰塑翘脊，盖小青瓦，人字山墙，室内墙端彩绘花鸟、山水、人物壁画。后殿进深三间，明间为敞厅。前殿进深一间，施前檐廊，立方形石檐柱2根，明间开拱门，门额楷书"伏波庙"。前、后殿间为天井，明间以走廊相连。1942年，中共博白地下党在此设立秘密"铁马交通站"。

43 - C₃₅ 松旺文昌阁 〔松旺镇松旺中学内·清代〕 明嘉靖年间（1522—1566），为纪念晋代良将张亚子而建，清光绪三十年（1904）重修。坐东南朝西北，砖木结构，二层亭阁式，用条石包砌台基，面阔三间，进深一间，设前檐廊，廊立圆形砖柱2根，廊沿砌直棂栏杆，明间开拱门，廊前置7级如意踏跺，青砖墙，抬梁式木构架，底层单檐四阿顶，顶层硬山顶，盖小青瓦，前后墙各开一圆窗，前墙窗上墨书"文昌阁"横匾。占地面积约132平方米。

44 - C₃₆ 那担岭刘氏宗祠 〔东平镇富新行政村那担岭屯·清代〕 建于清光绪末年（1908），刘永福族人所建。砖木结构，三进院落，由大门、前院、中厅、后堂、天井、走廊组成，占地面积约465.8平方米。大门朝南，面阔三间，进深一间，明间门额上书"刘氏

宗祠"，硬山顶。中厅、后堂坐东朝西，面阔三间，硬山顶，正、垂脊皆灰塑翘脊，盖小青瓦。前座设檐廊，门额悬挂"建威将军"木匾，门前有踏跺5级。后天井两侧有单坡走廊。

45 - C₃₇　君爱堂　〔永安镇城治行政村南面塘屯·清代〕　建于清代，具体时间不详。坐南朝北，砖木结构，三进院落，由前座、中厅、后堂、厢房及天井组成，占地面积约322平方米。各座均为青砖墙，悬山顶，盖小青瓦。前座有前檐廊，大门额有"君爱堂"匾，其上嵌"奉旨赏戴花翎，四品衔都司庞捷登立"立匾。封檐板雕刻动物、花卉等图案，檐壁上"满朝朱紫贵""深山隔水问樵夫"等人物故事壁画。门前设7级踏跺。

46 - C₃₈　东岳庙　〔宁潭镇长春行政村周村屯·清代〕　建于唐武德四年（621），历代有重修，现存建筑为清代重修。坐南朝北，砖木结构，二进院落，由前殿、后殿、天井、走廊组成，占地面积约185.9平方米。前殿、后殿面阔三间，青砖墙，硬山顶，正、垂脊灰塑翘脊，盖小青瓦。前殿设前、后檐廊，前廊立圆檐柱2根，明间门额上墨书"东岳庙"。后殿用砖墙分隔。天井两侧为双面坡走廊。

47 - C₃₉　石湾庵　〔东平镇火甲行政村大淝塘屯·清代〕　建于清代，具体时间不详。1998年修缮。坐北朝南，砖木结构，二进院落，由前殿、后殿、天井、走廊组成，占地面积约219.24平方米。前殿、后殿面阔三间，青砖墙搁檩，硬山顶，盖小青瓦。内、外墙端彩绘人物故事壁画。前殿有前檐廊，立方形砖檐柱2根，明间拱门门额上墨书"石湾庵"匾。门两边墙面各嵌8方石碑，镌刻"序言"及捐资芳名。后殿前檐敞开，明间为敞厅。天井两侧为敞开式走廊。

48 - C₄₀　盘古庙　〔顿谷镇盘古行政村盘古村·清代〕　建于清代，具体时间不详。坐南朝北，砖木结构，由主体院落及四合院组成，占地面积约931平方米。主体院落为二进院落，前殿、后殿面阔三间，青砖墙，抬梁式木构架，硬山顶，清水脊，盖小青瓦。前殿设前檐廊，廊有2根方形砖檐柱，开木门、直棂窗。后殿内隔砖墙。天井两侧有双面坡封闭式走廊。东、西两侧四合院形制相同，中为天井，四周为厢房共十四间，皆进深一间，青砖墙，硬山顶。

49 - D₁　宴石山摩崖造像　〔顿谷镇石坪行政村宴石山西壁·唐代·自治区文物保护单位〕　宴石山在南流江东岸，距江边约10米，摩崖造像高距地表约15米。有佛像4尊，动物2尊。皆浮雕，三龛相连，高3米，宽5.3米。中龛为释迦牟尼结跏趺坐于仰莲座上，左右两龛均各有一菩萨坐像及两女侍立像。佛像下两龛内雕狮首。佛像、菩萨头簪略残，手掌残缺。

50 - E₁　王力故居　〔博白镇新仲行政村岐山坡屯·清代·县文物保护单位〕　王力（1900—1986），原名王祥瑛，字了一，广西博白县博白镇新仲村人。北京大学教授，著名语言学家、教育家，是我国制订《汉语拼音方案》主持者之一。1986年5月在京病故。故居建于清嘉庆元年（1796）。坐北朝南，砖木结构，三进院落，由前座、中座、后座、天井、厢房、花池组成，占地面积约918平方米。主体建筑为泥砖墙，面阔三间，木构架，悬山顶平房，原有27间房，现存15间。中座东厢房为王力出生地，西厢房为书房。

51 - E₂　朱锡昂烈士故居遗址　〔沙河镇山桥行政村上垌屯·清代·自治区文物保护单位〕　朱锡昂（1887—1929），字识惺，化名王亚三，广西博白县沙河镇山桥村上垌屯人。1928年6月任中共广西省特委书记，9月任临时省委负责人。由于叛徒出卖，1929年6月3日在玉林新桥榕木根村突围时不幸被捕，8日在玉林城北校场英勇就义。故居建于清咸丰十一年（1861），1997年重修。坐东北朝南，砖木结构，两进院落，前座、后座面阔五间，青砖墙，平顶。占地面积约347平方米。

52 - E₃　黄文金纪念堂　〔文地镇山文村珊珠垠屯·清代〕　黄文金（1832—1864），广西博白县文地镇汉平村人，为博白上帝会会众首领，太平军定南主将，太平天国堵王。纪念堂为清末其族人集资兴建。坐北朝南，砖木结构，两进院落，由前座、后堂、侧屋等组成，占地面积约500平方米。前座、后堂面阔二间，悬山顶。大门额书"黄文金纪念堂"，墙上镌刻黄文金生平事迹及有关诗词楹联石刻。

53 - E₄　陈氏太夫人墓　〔松旺镇横水行政村茂山村岭排山南侧·1924年〕　为清末被慈禧皇太后褒为"杰出国妇"的陈氏之墓。墓葬为1924年重修。朝东，平面呈葫芦形状，周边用水泥、沙石筑成墓圈墙，占地面积约625平方米。冢为圆台形，水泥、沙石结构，墓前有1924年立石碑1方。西面约10米处有清宣统元年（1909）题、1923年大总统题"壶则昭宣""式足义母"等碑刻各1方，1924中浣敬立碑刻2方。

54 - E₅　博白抗日自卫军兵工厂旧址　〔新田镇鹿调行政村罗肚塘屯鹿调村小学·1944—1949年〕　1944年秋，中共博白县工委在罗肚塘屯村设立地下兵工厂，制造手榴弹、地雷、步枪及修理枪械，直至1949年夏。旧址原为村民阙之丰住宅，坐西南朝东北，砖木结构平房，面阔一间，进深二间，青砖墙，悬山顶，盖小青瓦。单开木门，开方窗。占地面积约153.92平方米。

55 - E_6 **博白县民主抗日委员会旧址** 〔双旺镇周旺行政村山水屯·1944—1945年·县文物保护单位〕1944年12月17日，博白县民主抗日委员会在此成立。1945年2月26日晚，民主抗日自卫军在此举行武装起义誓师大会。旧址原为法国人办的"山水锡矿城"，建于1916年。坐北朝南，砖木结构，二层楼房，平面呈"工"字形，面阔24米，进深23米，青砖墙，硬山顶，盖小青瓦。上下两层四角皆设有枪眼，顶设走道相通。占地面积约552平方米。

56 - E_7 **博白县立图书馆旧址** 〔博白镇博白县人民政府大院内·1949年·县文物保护单位〕 1949年12月1日凌晨，中国人民解放军第43军第382团和第379团在此活捉国民党华中军政长官公署副长官兼第3兵团司令张淦，博白宣告解放。该楼因此又名"解放楼"。建于1924年。原为博白县立图书馆，坐北朝南，为二层砖木结构楼房，平面呈长方形，占地面积约257.4平方米。面阔五间，进深二间，青砖墙，硬山顶，盖小青瓦，前后檐砌女儿墙。室内走廊分隔前、后间，明间为门楼通道，前、后门前均有六边形抱厦。

57 - E_8 **博白烈士纪念碑** 〔博白镇人民公园登高岭·1953年〕 建于1953年。中共博白县委员会、博白县人民政府为纪念在人民解放事业中献身的烈士而建。坐东南朝西北，砖石结构，青砖外贴白玉石。正方形多层台阶式碑座，高7米，底层长、宽7.8米，上层长、宽2.8米，碑身为长方立柱形，庑殿顶，高6米。正面竖刻"革命烈士纪念碑"7字，两侧面竖刻"革命烈士永垂不朽"8字，均行书，金箔贴字。周为台基，面阔24.1米，进深22米，有围栏，占地面积约330.2平方米。前有上山台阶144级。

58 - E_9 **双巴岭烈士纪念碑** 〔龙潭镇龙潭社区龙潭公园内双巴岭·1962年〕 建于1962年。龙潭镇人民政府为纪念抗日战争和解放战争献身的烈士而建。坐东朝西，砖石、水泥结构。碑座方形，边长5.1米。碑身为长方柱形，庑殿顶，高约10米。南、北两面竖刻"革命烈士纪念碑"7字，东、西两面竖刻"革命烈士永垂不朽"8字，均楷书，金箔贴字。周围台基为方形，边长21米，占地面积约441平方米。

59 - E_10 **庞朝梅烈士墓** 〔博白镇人民公园登高岭上·1966年·县文物保护单位〕 建于1966年。中共博白县委、博白县人民政府为纪念"模范少先队员、英雄少年"庞朝梅烈士而修建。墓葬朝西，土堆墓冢，占地面积约99平方米。墓碑为水泥制作，碑面刻"革命烈士优秀少先队员庞朝梅之墓一九六六年五月十日立"。

60 - F_1 **大平坡水楼** 〔博白镇大良行政大良村·1912年·县文物保护单位〕 建于1912年，1915年竣工，是晚清举人李慎西所建。坐北朝南，砖木结构，西式阁楼，占地面积约440平方米。建于长方形水池之中，高四层。底层四周砌护堤，二、三层面阔五间，第四层面阔三间，各层四周走廊相通，拱门柱葫芦形白瓷栏杆。墙端有女儿墙一周，顶设小阳台，二楼南、北门设吊桥。

61 - F_2 **贞烈祠** 〔博白镇珠江行政村绿珠江边·1945年·县文物保护单位〕 又名圣女祠、绿珠祠。为纪念晋代名女梁绿珠而建。建于明永乐年间（1403—1424）。清康熙四十八年（1709）知县程镳重建，改为贞烈祠。1945年再修。坐西朝东，砖木结构，二进两廊。现存后座，面阔三间，青砖墙，硬山顶，盖小青瓦。脊饰二龙戏珠灰雕，墙端绘白鹤仕女、人物花草壁画，殿内彩塑绿珠像。

62 - G_1 **学平铜鼓出土点** 〔水鸣镇学平村·西汉—唐〕 学平村出土北流型铜鼓1面。鼓面径0.97米。鼓面太阳纹八芒。面沿环列四蛙（已失）。

63 - G_2 **门口岭铜鼓出土点** 〔新田镇新塘行政村下坎平屯沙垌队屋背岭·西汉—唐〕 1976年，屋背岭出土北流型铜鼓1面。鼓面径0.89米，高0.5米。鼓面太阳纹八芒。面沿环列六蛙。鼓面芒间饰云纹，太阳纹外遍饰雷纹。身饰云纹、雷纹逐层相间。胸腰间附缠丝环耳2对。

64 - G_3 **四方田铜鼓出土点** 〔那林镇金阵行政村四方田村东南约150米·西汉—唐〕 四方田村东面出土北流型铜鼓1面。鼓面径0.6米。鼓面太阳纹八芒。面沿环列四蛙。饰雷纹、"四出"钱纹等。足已残缺。

65 - G_4 **鸡麻岭铜鼓出土点** 〔松旺镇鸡麻岭·西汉—唐〕 1992年3月1日，鸡麻岭出土北流型铜鼓1面，鼓面倒置，伴出小陶罐和似锤形穿孔骨器各1件。鼓面径0.7米，高0.38米。鼓面太阳纹八芒。面沿环列四蛙。面饰席纹、云雷纹、如意纹等。

66 - G_5 **塘排山铜鼓出土点** 〔江宁镇江宁行政村绿屋屯塘排山·西汉—唐〕 1973年12月，塘排山出土北流型铜鼓1面。鼓面径0.79米，高0.41米。鼓面太阳纹八芒。面沿环列四蛙已失。面饰雷纹、填线纹、"四出"钱纹。身饰云纹和雷纹逐层相间。胸腰间附环耳2对。

67 - G_6 **贞平铜鼓出土点** 〔永安镇贞平行政村贞平村·西汉—唐〕 贞平村出土北流型铜鼓1面。鼓面径0.87米。鼓面太阳纹八芒。面沿环列蛙（已失）。饰虫纹、兽纹等。鼓身已残缺。

68 - G_7 **江南岭铜鼓出土点** 〔博白镇新仲行政村

江南岭·东汉一唐〕 1982年1月，江南岭出土北流型铜鼓1面。鼓面径0.89米，高0.5米。鼓面太阳纹八芒。面沿环列六蛙。面饰云雷纹，身饰云雷纹填线纹。足已残。胸腰间附环耳2对。

69-G₈ 冲头塘铜鼓出土点 〔江宁镇木旺行政村冲头塘屯·西汉一唐〕 1982年12月，冲头塘屯出土北流型铜鼓1面。鼓面径0.79米。鼓面太阳纹八芒。面沿环列四蛙。面饰雷纹填线纹。身饰双行圆点纹和雷纹逐层相间。胸腰间附环耳2对。足已残。

70G₉ 博白铜鼓出土点 〔博白镇内·西汉一唐〕1991年8月30日，博白镇出土北流型铜鼓1面。鼓面径0.78米，高0.46米。鼓面太阳纹八芒。面沿环列四蛙，其中三蛙逆时针排列，另一蛙为顺时针方向。面三弦分晕，饰席纹、雷纹、云雷纹等。胸腰间附扁耳2对。

71-G₁₀ 马面垌铜鼓出土点 〔沙河镇山桥行政村马面垌屯东屋背岭·西汉一唐〕 1991年10月19日，屋背岭出土北流型铜鼓1面。鼓面径0.8米，高0.41米。鼓面太阳纹十芒。面沿环列六立蛙。面三弦分晕，饰垂叶纹、钱纹等。胸腰间附扁耳2对。足略残。

72-G₁₁ 铜鼓垌铜鼓出土点 〔新田镇马田村铜鼓垌屯门口岭·西汉一唐〕 1973年12月，门口岭出土灵山型铜鼓1面。鼓面径0.69米，高0.34米。鼓面太阳纹十芒。面沿环列六蛙，单蛙和累蹲蛙相间。饰"四出"钱纹、虫纹、云雷纹等。胸腰间附扁耳2对。足稍残。

73-G₁₂ 亚山镇铜鼓出土点 〔亚山镇西约3公里农场·东汉一唐〕 1986年3月，农场出土灵山型铜鼓1面，鼓面朝下，伴出陶罐、瓷碗各1件。鼓面径0.77米，高0.47米。鼓面太阳纹十芒。面沿环列累蹲蛙，单蛙各三只，背1小田螺。饰"四出"钱纹、蝉纹、鸟纹、席纹、兽形纹、虫纹等。胸腰间附扁耳2对。近鼓足处并列小鸟1对。

74-G₁₃ 老雅岭铜鼓出土点 〔永安镇永安行政村杉木麓屯老雅岭·东汉一唐〕 1988年4月，老雅岭出灵山型土铜鼓1面。鼓面径0.84米，高0.45米。鼓面太阳纹十二芒。面沿环列六蛙，其中五蛙各背1田螺，另一蛙背负2田螺。饰席纹、雷纹、"四出"钱纹等。胸腰间附扁耳2对。

75-G₁₄ 莫屋铜鼓出土点 〔宁潭镇扬旗行政村莫屋屯·东汉一唐〕 1982年11月，莫屋屯出土灵山型铜鼓1面。鼓面径0.85米，高0.49米。鼓面太阳纹八芒。面沿环列四单蛙、二累蹲蛙。饰四瓣花纹、虫纹、鸟形纹、怪兽纹、"四出"钱纹等。胸腰间附扁耳

2对。鼓胸内壁立蛙1对。

陆川县

1-A₁ 龙化故城址 〔乌石镇龙化行政村荔枝村南·唐代〕 据旧县志记载，唐武德五年（622）于此置龙化县并筑城。今城址已遭严重破坏，仅残存西、北两面残墙，长约40米，厚约3米，泥土夯筑。在城内地面及土层中采集到不少唐代青黄釉器残片。可辨器形有罐、碗等。

2-A₂ 井冲窑址 〔古城镇良村行政村井冲村东北面岭坡上·清代〕 窑址分布面积约2000平方米。废品堆积最厚达1米，主要为青花瓷器残片，有碗、杯、碟等，采用砂圈叠烧法。胎白色或蓝白色，施影青釉，饰芦苇、水波、兰草等花纹，部分碗心有"美""金""上"等文字。没有发现窑口。

3-A₃ 石关岭窑址 〔古城镇良村行政村东约2公里·清代〕 窑址分布面积约200平方米。现尚见2座残窑口，均为龙窑。烧制青花瓷器，采用砂圈叠烧法。器形以碗为主。胎白色或蓝色，施影青釉或黄釉，饰芦苇、水波、折枝花等纹饰。部分碗外壁有"东坡""赤壁"等文字。

4-A₄ 旺龙窑址 〔古城镇陆落行政村旺龙田村·清代〕 窑址分布面积约500平方米。烧制青瓷和酱色瓷器，采用砂圈叠烧法。器形有碗、杯等。饰芦苇、兰草等花纹。施影青釉者胎质较坚，施酱色釉者则较疏松。

5-A₅ 老虎塘窑址 〔古城镇良村行政村老虎塘村·清代〕 窑址分布面积约200平方米。烧制青花瓷器，采用砂圈叠烧法。器形有碗、碟两类。胎白色或蓝白色，施影青釉，有些釉色泛灰黄。饰芦苇、兰草、折枝花等花纹，部分碗心有文字装饰。

6-A₆ 碗窑坑窑址 〔沙坡镇秦镜行政村碗窑坑村北约500米·清代〕 窑址分布面积约1200平方米。废品堆积最厚达1米。烧制青花瓷器，采用砂圈叠烧法。主要器形有碗、杯、灯、盏碟、盅等。胎白色或蓝白色，施影青或白釉。花纹有菊花、折枝花卉等。

7-A₇ 三瑞窑址 〔沙坡镇秦镜行政村三瑞村东北约500米·清代〕 窑址分布面积约600平方米。废品堆积最厚约0.8米。烧造青花瓷器，采用砂圈叠烧法。主要器形有碗、杯、碟、灯、盏等。饰牡丹花、菊花等。灰白胎，施影青釉，多数泛灰色。

8-A₈ 塘口窑址 〔沙坡镇横山行政村塘口村东北·清代〕 窑址分布面积约500平方米。烧制青花瓷器，采用砂圈叠烧法。主要器形有碗、杯、洗等。

胎灰白色，施影青釉，泛灰或白。装饰花纹有牡丹与菊花等。

9 - A₉ 文杨窑址 〔沙坡镇横山行政村文杨村西约 500 米·清代〕 窑址分布面积约 2100 平方米。烧制青花瓷器，采用砂圈叠烧法。主要器形有碗、杯、壶、灯盏等。胎灰白色。施影青釉，略泛灰。以菊花、折枝花卉等装饰，部分碗心装饰"虎""福"等文字。

10 - A₁₀ 西冲窑址 〔乌石镇王沙行政村西冲村东约 200 米·清代〕 窑址分布面积约 600 平方米。采用砂圈叠烧法。主要烧造青花瓷器，器形有碗、碟等。胎呈灰白色，施影青釉。花纹装饰多是单种纹样，如兰草、团菊等。窑室已崩塌。

11 - A₁₁ 旺京头窑址 〔良田镇甘片行政村旺京头村内·清代〕 窑址分布面积约 1000 平方米。废品堆积最厚约 1.2 米。烧制青花瓷器，采用砂圈叠烧法。主要器形有碗、碟、杯等。以菊花、折枝花卉为饰。施影青釉，胎质蓝白色。

12 - A₁₂ 官海窑址 〔良田镇文官行政村官海水库南面山坡·清代〕 窑址分布面积约 1500 平方米。废品堆积最厚约 0.7 米。现尚见残窑口 3 座，为斜坡式龙窑。采用砂圈叠烧法。主烧青瓷，也烧酱色瓷，主要器形有碗、碟杯、钵、砚等。以菊花或折枝花装饰，部分碗装饰"寿""美"等文字。

13 - A₁₃ 白坭窑址 〔乌石镇王沙行政村二垌村·清代〕 窑址分布在山岭斜坡，面积约 3.14 万平方米。窑口数目不详，烧制青花瓷器，采用砂圈叠烧法。主要器形有碗、碟、盘、盅等。胎蓝白色，施影青釉，多数稍泛灰或黄色。以兰草、菊花、祥云等为纹饰。

14 - A₁₄ 上陈沙窑址 〔乌石镇王沙行政村上陈沙村西·清代〕 窑址分布面积约 1700 平方米。烧造青花瓷器，采用砂圈叠烧法。主要器形有碗、杯、灯盏座、门臼、笔筒等。胎白色。施影青釉，泛灰色。纹饰较单纯，素面甚多。

15 - A₁₅ 坡脚窑址 〔乌石镇坡脚水库西面·清代〕 窑址分布面积约 1.5 万平方米。尚未发现窑口，废品堆积最厚约 1.5 米。烧制青花瓷器，采用砂圈叠烧法。主要器形有碗、杯、碟、匙、壶、缸、笔筒等。纹饰有菊花、变形动物等。施青釉，玻璃质感强。

16 - A₁₆ 禾廖窑址 〔乌石镇王沙行政村禾廖石村边·清代〕 窑址分布面积约 400 平方米。废品堆积最厚约 1.1 米。烧制青花瓷器，采用砂圈叠烧法。主要器形有碗、盘、壶、杯等。蓝白胎，施影青釉。以兰草、祥云、缠枝花卉为纹饰。部分碗壁装饰"双喜"，碗心有"义隆"等文字。

17 - A₁₇ 石洒窑址 〔乌石镇王沙行政村石洒村石洒碗厂旁·清代〕 窑址分布面积约 4000 平方米。烧制青花瓷器，采用砂圈叠烧法。主要器形有碗、盘、壶等。蓝白胎，施影青釉。以兰草、竹、菊花、祥云等为纹饰。部分碗外壁饰有"双喜"等文字。

18 - A₁₈ 学宫遗址 〔温泉镇陆川县第一小学西面·明代〕 建于明嘉靖四十二年（1563），是当地"建学育才"之所。原建筑有棂星门、大成殿、崇圣殿、忠孝祠、乡贤祠、名宦祠及东西庑等。均已毁，仅存西门及南围墙、石柱、柱础等。

19 - A₁₉ 宾兴馆遗址 〔温泉镇陆川县政府第三宿舍区·清代〕 建于清咸丰年间（1851—1861）。是知县覃远进为资助求学之士而筹款所建之馆舍。原为三进院落，由前、中、后三座及天井、厢房等组成，各座均面阔三间。现主要建筑已毁。只存 1 块青石门匾和 1 座八角小凉亭。

20 - A₂₀ 上冲采矿炼铁遗址 〔乌石镇塘域行政村上冲村东北约 700 米·清代〕 遗址分布面积约 4200 平方米。地表层散布着大量的铁矿石、铁块、炉渣、炭块、风管等遗物。采矿形式有露天开采和井下开采，矿井可分平港式和斜井式 2 种。遗址中间地段已被垦为农田。

21 - B₁ 黎氏墓 〔温泉镇四良行政村林木村凤地坡·明代〕 有墓葬 2 座，形制相同，皆朝西北，平面呈葫芦形，周边用灰沙筑墓圈墙，占地面积约 231.5 平方米。冢皆呈圆丘形，灰沙夯筑，宝顶。东面为黎聪墓，冢高约 1.1 米，西面为黎可耕墓，冢高约 0.95 米。黎聪，字德夫，号两峰，历任明武宁县主簿、崇仁县县丞；黎可耕，字行寰，为黎聪孙，曾任明万历贵州安顺州知、奉直大夫等。

22 - B₂ 庞石洲墓 〔沙坡镇横山行政村塘口村南约 300 米的山腰·清代·县文物保护单位〕 庞石洲（1696—1751），又名庞峙，广西陆川温泉镇泗里村人。官至广东按察使、布政使，从二品。著有《颐亭》《景轩》《颐景轩》等 3 部诗集。墓葬朝东，圆丘形三合土冢，高 1 米，底径 4.5 米。墓前有祭台和拜台，祭台前置 3 级踏跺，左右各立一石雕小童像。拜台两边各立一石柱，刻"德业重南天，功名留海南"联。墓碑高 2.2 米，宽 1 米，碑文记述墓主功绩。神道两旁原序列石兽 3 对。占地面积约 350 平方米。

23 - B₃ 庞景轩墓 〔平乐镇平乐行政村松木根村白坟岭顶上·清代〕 庞景轩，名颖，字右鲁，号景轩，清湖北嘉鱼县知县，授文林郎，以子贵诰赠按察使副使，雷琼兵备道，中宪大夫。墓葬朝西北，平面呈葫芦形，周边用灰沙碎石夯筑墓圈墙。占地面积约

2016.3 平方米。冢呈圆丘形，底径 2.8 米。墓碑文字已模糊。墓左、右两边各立界碑 2 方，东南面立有界碑 1 方。

24 – C₁ 老屋园水井 〔古城镇陆因行政村门前岭村老屋园旁·明代〕 建于明代，具体时间不详。井口平面呈长方形，长 1.3 米，宽 1.2 米，井深 2 米。用砖、石围砌井壁。长方形井台，以青砖铺砌，长 2 米，宽 1.2 米，面积约 2.4 平方米。

25 – C₂ 谢家祠 〔沙湖乡长沙行政村旺丰函村·清代〕 建于清康熙二十一年（1682），清嘉庆二十四年（1819）重修。坐南朝北，砖木结构，二进院落，由前座、后堂、天井等组成，占地面积约 245 平方米。前座、后堂建于石围台基上，均面阔三间，进深二间，青砖墙，抬梁式木构架，硬山顶，盖青瓦、脊饰人、兽灰雕，封檐板浮雕花草，墙端及山墙绘彩色壁画，前座置前檐廊，砖砌圆檐柱 2 根，须弥座础，天井两侧有走廊。

26 – C₃ 清涟祠 〔马坡镇清秀行政村清秀小学南面·清代〕 建于清乾隆年间（1736—1795）。坐东朝西，砖木结构，三进院落，由前座、中厅、后堂、天井、厢房等组成，占地面积约 366.15 平方米。前座、中厅、后堂均面阔三间，进深二间，青砖墙，抬梁式木构架，硬山顶，盖小青瓦，脊塑龙，前座、中厅前、后及后堂前面均置檐廊，砖砌圆檐柱，方形柱础，部分墙端绘人物、花草彩壁画。

27 – C₄ 厚庵吕公祠 〔温泉镇洞心行政村洞心村洞心小学南面·清代〕 原名五座祠堂，建于清乾隆年间（1736—1795）。坐东朝西，砖木结构，五进院落，占地面积约 1347 平方米。各座均面阔三间，前三座以砖墙分隔，后两座为抬梁式木构架，均为硬山顶，盖小青瓦。施前檐廊，立方形砖柱 2 根，部分墙端绘人物故事彩绘壁画。天井两边有封闭或敞开式走廊。

28 – C₅ 程氏宗祠 〔清湖镇塘榄行政村上高村·清代〕 建于清乾隆三年（1738），清光绪十七年（1891）重修。坐南朝北，砖木结构，三进院落，由前座、中厅、后堂及天井、走廊组成，占地面积约 234.9 平方米。主体建筑面阔三间，青砖墙，抬梁式木构架，硬山顶，灰沙清水脊，盖青瓦。前座置前檐廊，砖砌方形檐柱 2 根。门额上嵌"程氏宗祠"匾，檐廊山墙彩绘"八仙过海"等壁画。封檐板彩绘花卉。

29 – C₆ 龚氏宗祠 〔马坡镇雄鹰行政村鹧鸪山村南·清代〕 建于清乾隆十六年（1751）。坐北朝南，砖木结构，三进院落，由前座、中厅、后堂及天井、走廊组成，占地面积约 479.6 平方米。建于青砖围砌的台基上，主体建筑面阔三间，清水墙，抬梁式木构架，

硬山顶，盖小青瓦。封檐板刻福禄寿等图案，部分隔墙墙端有彩绘人物故事、花鸟壁画。前设踏跺 2—7 级。前座前施檐廊，立须弥座础檐柱 2 根。中厅前檐敞开，檐柱 2 根，金柱 6 根。前、后天井两侧为走廊。祠内存清乾隆十六年碑刻 2 方，载建祠事及捐资芳名。

30 – C₇ 李清一公祠 〔清湖镇塘榄行政村大塘岗村·清代〕 又名必声公祠。建于清嘉庆年间（1796—1820），1912 年局部改建。坐北朝南，砖木结构，二进院落，由前座、后堂、天井、厢房组成，占地面积 508.18 平方米。前座、后堂均置前檐廊，面阔三间，进深二间，青砖墙，抬梁式木构架，硬山顶，盖小青瓦。1912 年将前座檐廊改为西式。顶面立 8 根望柱，饰弧形山花，砌拱窗式女儿墙。前座、后堂院墙开小门与厢房前巷道连通，厢房面阔五间。

31 – C₈ 庞氏宗祠 〔温泉镇泗里行政村泗里村泗龙小学南侧·清代〕 建于清嘉庆五年（1800）。原称庞石洲祠。坐东朝西，砖木结构，三进院落，由前座、中厅、后堂及 6 天井组成，占地面积约 371.39 平方米。各座面阔五间，青砖墙，抬梁式木构架，硬山顶，盖小青瓦，琉璃勾头。前座明、次间有前檐廊，立方形石檐柱 2 根，木门前置石鼓 1 对。中厅进深二间，内为通厅，立木金柱 2 组 6 根，后柱间置屏风。后堂以砖墙分隔。天井由二条通道分为 3 部分。

32 – C₉ 林氏宗祠 〔大桥镇瓜头行政村大屋队·清代〕 分八世祠与九世祠两座，两座并列，形制基本相同。八世祠建于清道光七年（1827），清光绪十六年（1890）重建。九世祠建于清道光二十三年（1843）。均坐西朝东，砖木结构，二进院落，由前座、后堂、天井及走廊组成，占地面积约 247.66 平方米。主体建筑面阔三间，青砖墙，抬梁式木构架，硬山顶，盖小青瓦，灰塑翘脊。施前檐廊，立方形石檐柱 2 根。檐前置垂带踏跺 4 级。

33 – C₁₀ 大坑寨 〔珊罗镇田龙行政村大坑村·清代·县文物保护单位〕 始建于清咸丰元年（1851），历时十三年建成。是当地群众为防盗贼集资兴建。寨墙依险峻山势，在平地、隘口、山顶用石头垒砌，连接而成，平面呈椭圆形，周长 1.5 公里，面积约 33.335 万平方米。寨墙厚达 3.8 米，高约 6 米。寨门在东面隘口，高 5 米，面阔 3 米。寨内原建有哨楼 10 间，已毁。

34 – C₁₁ 狮子江桥 〔平乐镇六凤行政村东北约 200 米的狮子江上·清代〕 原名普济桥。建于清同治年间（1862—1874），清光绪十二年（1886）重修。为当时陆川至平乐的必经之路。南北走向，三孔石拱桥。长 44.2 米，宽 3.95 米，拱跨 8 米。桥身、桥拱、

桥台用方形花岗岩料石砌成，缝施灰浆。桥面铺石，桥墩上游端呈分水尖状，南面桥头上侧设防山洪水渠。

35 - C₁₂ 灵惠宫 〔横山镇旺坡行政村旺坡村西北约 2 公里的山腰上·清代〕 建于清光绪二年（1876）。坐西北朝东南，砖木结构，分前、后宫、露天供台等，占地面积约 194 平方米。前宫面阔三间，进深一间，青砖墙，抬梁式木构架，悬山顶，盖小青瓦。后宫是单间，面阔 3.9 米，进深 2.2 米，盝顶。前墙开圆窗，墨书"灵惠宫"3 字，前面为露天供台，东、西面各设小拱门，宫内墙上有石碑 4 方，碑文内容记始建年代及捐款的名单。1985 年，建筑被部分改建。

36 - C₁₃ 菁莪馆 〔温泉镇新洲北路 140 号·清代·自治区文物保护单位〕 又名"陈家祠堂"。清光绪九年（1883）动工兴建，至十一年（1885）建成。坐北朝南，二进院落，砖木、钢筋水泥结构，西式二层楼房，平面呈"日"字形，由前、后两座、内庭院组成，占地面积约 414 平方米。前座、后座面阔五间，硬山顶，盖小青瓦。一、二层设有联拱外廊，廊柱之间栏板饰花卉图案。两座之间设天桥相通。前座顶部置"菁莪馆"牌匾。

37 - C₁₄ 横山天后宫 〔横山镇稔坡行政村横山街中心幼儿园南约 30 米·清代〕 清钦差中越勘界司员李庆云倡建。坐西南朝东北，砖木结构，二进院落，由前殿、后殿、天井、走廊组成，占地面积约 189.2 平方米。前殿、后殿面阔三间，青砖墙，硬山顶，清水脊，盖小青瓦。前殿设前檐廊，廊立方形砖檐柱 2 根，明间双开木门，门额上嵌"天后宫"匾。前檐墙面彩绘壁画。后殿前檐敞开，殿内砖墙分隔。天井两侧为单坡走廊。

38 - C₁₅ 温明远公祠 〔清湖镇官冲行政村下低坡村·清代〕 建于清宣统元年（1909）。坐西北朝东南，砖木结构。二进院落，由前座、后堂、走廊、天井组成，占地面积约 182.52 平方米。主体建筑面阔三间，青砖墙，抬梁式木构架，悬山顶，盖小青瓦，部分墙绘花鸟、人物故事彩画。前座有檐廊，立方形砖砌檐柱 2 根，须弥座础。门额墨书"温明远公祠"。门前置 3 级踏跺。后堂砖砌隔墙，天井两侧有走廊。

39 - C₁₆ 黄天柱公祠 〔沙坡镇秦镜行政村黄泥田村·清代〕 建于清宣统三年（1911）。坐南朝北，砖木结构。二进院落，分祠堂和厢房两部分，占地面积约 430 平方米。祠堂二进，每座筑台基，面阔三间，前置檐廊，方形砖砌檐柱，青砖墙，抬梁式木构架，硬山顶，盖小青瓦。部分墙绘人物故事彩画。前座门额墨书"黄天柱公祠"。天井两侧厢房面阔 21.5 米，进

深 4 米。单坡悬山顶，有横门与祠堂相通。

40 - C₁₇ 刘氏宗祠 〔乌石镇陆选行政村老屋村·清代〕 建于清代，具体时间不详。为当地刘姓族人纪念先祖"农甫公"而建。坐南朝北，砖木结构，二进院落，依次为前座、天井、走廊、后堂等，占地面积约 285.73 平方米。各座面阔三间，进深二间，青砖墙，抬梁式木构架，木雕花卉柁墩，悬山顶，盖小青瓦，山墙及檐墙端绘人物故事彩画。前座施前、后檐廊，后堂设前檐廊，天井左右为半封闭式走廊。墙壁嵌石碑 2 方，已莫能辨识。

41 - C₁₈ 李让美公祠 〔滩面乡坡头行政村坡尾村东南约 50 米山坡上·清代〕 建于清代，具体时间不详。坐东北朝西南，砖木结构，二进院落，占地面积约 490 平方米。前座、后堂面阔三间，青砖墙，抬梁式木构架，硬山顶，盖小青瓦。封檐板彩绘花鸟。前座施前檐廊，穿插枋垫花鸟、兽形木柁墩，方形石檐柱，门额嵌"李让美公祠"匾。次间后墙开蝴蝶、菊花、蝙蝠、钱纹花窗。后堂砖墙分隔。天井两侧有封闭式走廊。两侧隔巷道为横廊厢房，面阔五间，进深一间，悬山顶。

42 - C₁₉ 高门楼 〔温泉镇洞心行政村洞心村·清代〕 建于清代，具体时间不详。原为三进庭院的门楼，坐东朝西，砖木结构，门楼高二层，底层长方形，面阔三间，进深一间，前施檐廊，方形檐柱，硬山顶，盖小青瓦。上层平面呈六角形，八角形盝顶，盖卷筒瓦。正、背面墙上开有拱窗及小圆窗。

43 - C₂₀ 锡善温公祠 〔乌石镇旺岭行政村特兰村·清代〕 建于清代，具体时间不详。坐北朝南，砖木结构，二进院落，由前座、后堂、天井组成，占地面积约 238.17 平方米。前座、后堂面阔三间，青砖墙，抬梁式木构架，硬山顶，灰塑曲水高脊，盖小青瓦。前座施前、后檐廊，砖砌方形檐柱 2 根，正门额上嵌"锡善温公祠"匾。廊前设垂带踏跺 4 级。后廊挑枋垫雕花柁墩，枋下透雕卷草撑拱。后堂前置垂带踏跺 3 级，砖砌分隔墙。天井两侧砌马头山墙。

44 - C₂₁ 慷正温公祠 〔乌石镇旺岭行政村特兰村·清代〕 建于清代，具体时间不详。坐北朝南，砖木结构，二进院落，占地面积约 216 平方米，各座面阔三间，青砖墙，抬梁式木构架，硬山顶，灰塑翘脊，盖小青瓦。部分墙绘人物故事、花鸟、麒麟壁画。前座施前檐廊，须弥座方形檐柱 2 根。正门额上嵌"慷正温公祠"匾。后堂砖砌分隔墙。前、后有天井，两侧有敞开式走廊。

45 - C₂₂ 吴氏宗祠 〔温泉镇中兴行政村仓亭村·清代〕 建于清代，具体时间不详。坐西北朝东南，

砖木结构，由主体三进院落及西侧附院组成，占地面积约959.6平方米。主体院落的前座、中厅、后堂均面阔三间，青砖墙，抬梁式木构架，硬山顶，灰塑翘脊，盖小青瓦。墙开透雕圆钱纹、几何图案花窗。前座、中厅置前檐廊，须弥座方形石檐柱2根。前、后天井两侧有走廊。西侧为附院，后堂为"报恩祠"，面阔四间，进深一间。西面有厢房一排。

46-C₂₃ **叮冬寨** 〔马坡镇靖西行政村付屋队（村）西面约100米的小山坡上·清代〕 建于清代，具体年代不详，当地村民为防盗贼而建。平面略呈长方形，面积约2680.8平方米。寨墙用石灰、沙、碎石等混合夯筑，高3.25米，厚0.4—0.8米。南、北面各设一寨门，南面为双重门，二道门外6.8米处砌平面呈"凸"字形的围墙，突出部东面开头门，朝东向。北门为后门，门内约22.5米处设有3层瞭望楼。四周寨墙共设80余个瞭望孔及枪眼。寨内的建筑多已崩塌。

47-C₂₄ **鸭炉寨** 〔沙湖镇长沙行政村长冲坡村东南约300米的山顶上·清代〕 建于清代，具体年代不详，当地村民躲避匪盗之所。坐东南朝西北，平面呈梯形，占地面积约910平方米。寨墙用石灰、沙石、黄泥混合夯筑，筑内外墙，周长139米，大部分寨墙崩塌，残墙高约4米，厚0.55米。西北面开寨门，面阔1.1米，高1.9米，寨门两侧各有土房一间，寨墙转角有外凸的哨楼。寨墙四周均设瞭望孔及枪眼。

48-C₂₅ **朱岭寨** 〔马坡镇大兴行政村上寻新村东面约300米的山岭上·清代〕 建于清代，具体年代不详，当地村民为躲避匪盗而建。平面呈长方形，占地面积636.36平方米。寨墙用石灰、沙石、黄泥依山势夯筑，周长101.17米，高约2.5米。其中东、西面墙各长34.8米，南面墙长16.57米，北面墙长15米。南、北面各开一寨门，寨门前1米处建有挡墙。寨内有建筑均已倒塌。

49-C₂₆ **更坡寨** 〔沙坡镇北安行政村更坡村东约100米土山上·清代〕 建于清代，具体年代不详，当地村民为躲避盗匪而建。平面呈"凹"形，面积852.8平方米。寨墙依山势用石灰、沙石、黄泥混合夯筑，东、西墙各长26米，南、北墙各长32.8米，周长117.6米，残高2.5—3米，厚0.4米。寨墙四面各设有寨门2个。墙开设瞭望孔和枪眼。寨内原有土房16间，多已崩塌。

50-C₂₇ **白叶塘寨** 〔沙坡镇沙坡行政村白叶塘村西北约200米土山岭上·清代〕 建于清代，具体年代不详，当地村民为躲避匪盗而建。平面略呈长方形，面积约363.31平方米。寨墙依山势用黄泥、沙、石灰夯筑，周长56.63米，寨门向西南。现存寨墙残高3.5

米，厚约0.4米。四周寨墙均匀设有33个瞭望孔和枪眼。寨内建筑已崩塌。

51-C₂₈ **高山寨** 〔马坡镇大良行政村岭坳村东南约1公里的山岭上·清代〕 建于清代，具体年代不详，当地村民为躲避匪盗而建。平面呈长方形，占地面积约1300平方米。寨墙依山势用灰、石、沙混合夯筑。寨墙周长213.3米，高10米，厚0.5米，多已残缺。寨门设在南墙西端，两道门，头门朝南，面阔1.7米，高3米。门前10米处有一条长6米，宽1.2米的壕沟；门后有护墙，东面护墙开二道门。

52-C₂₉ **曹屋寨** 〔乌石镇蒙村行政新屋村东北约300米·清代〕 建于清代，具体年代不详，当地村民为躲避匪盗而建。平面呈长方形，面积2272平方米。寨墙以石灰、沙石混合夯筑成，东、西面墙各长71米，南、北面墙各长32米，周长206米，墙高22.6米。西、北两墙各置寨门一个。现寨门已崩塌，1990年拆毁。

53-C₃₀ **那囊寨** 〔乌石镇那囊行政村东北面那囊嶂上·清代〕 建于清代，具体年代不详，当地村民为躲避匪盗而建。平面呈长方形，占地面积约878.63平方米。寨墙依山用石灰、沙石、黄泥混合夯筑，周长120米，高3米余，厚0.6米。四角设哨楼。东北、南面各开寨门一个。寨门两侧寨墙筑成二层墙。寨墙内侧筑有墙道支撑墙，其上原架设木板道已不存。寨墙开瞭望孔及枪眼。现部分墙埂已崩塌。在山腰处另设关口两道。

54-C₃₁ **大屋寨** 〔温泉镇四良行政村大屋村后山岭·清代〕 建于清代，具体年代不详，当地村民为躲避匪盗而建。平面呈不规则形，占地面积约1.18万平方米。寨墙依山势用石灰、沙石、黄泥等混合夯筑，残高1.6—4米，厚0.6米。南面、西北面各有寨门一个。寨墙内侧，每隔3.7米左右夯筑宽1.1米的墙道支撑墙一道，其上原架设木板道已不存。东北墙角、西北墙、东南墙均砌有外凸的哨楼，寨门、部分寨墙及寨内建筑已经崩塌。

55-C₃₂ **大岭寨** 〔沙坡镇和平行政村萝卜塘队（村）东南约100米山岭上·清代〕 建于清代，具体年代不详。当地居民为避匪盗而建，平面略呈长方形，南北长约42米，东西宽约28.5米，占地面积约1197平方米。墙寨墙依山势构筑，用黄泥、沙、石灰混夯成长0.5—0.8米，宽0.4米，厚0.5米的砖块，然后垒砌而成，墙高1.8—3.6米，厚0.5米。四面寨墙中部均设有外凸的方形哨楼，北、南两面寨楼各开一门。四周墙开设瞭望孔及枪眼90余个。

56-C₃₃ **瓜头岭顶寨** 〔大桥镇瓜头行政村田白塘

村西北约 100 米的阿句嶂·清代〕 建于清代，具体年代不详，当地居民为避匪贼而修建。平面不规整，占地面积约 418.56 平方米。寨墙依山形，用石灰、沙石、黄泥等夯筑，高约 6 米，厚 0.4 米。东南、西南面沿墙修建房屋，东北、西北面为防御城墙。东南、西北各开寨门一个。大部分寨墙及寨内房屋已崩塌。

57 – C₃₄ 黄家寨 〔沙坡镇和平行政村黄屋队西面一土山上·清代〕 建于清代，具体年代不详，当地居民为避匪贼而修建。平面呈长方形，残存面积约 171.5 平方米。寨墙用石灰、沙石、黄泥混合夯筑，大部分已崩塌，残墙高约 2 米，厚 0.6 米。寨门向西，墙内可见抹灰。寨内房屋已全毁。

58 – C₃₅ 界垌寨 〔马坡镇界垌行政村东南面约 1 公里的山岭上·清代〕 建于清代，具体年代不详，当地居民为避匪贼而修建。平面呈长方形，长 33 米，宽 20 米，占地面积约 660 平方米。寨墙用石灰、沙石、黄泥等夯筑，高 4.5 米，厚 0.4 米。墙内均匀修建有墙道支撑墙，其上原架设木板道已不存。南、北各开寨门一道。寨内房屋及大部分寨墙崩塌。

59 – C₃₆ 狮子江寨 〔平乐镇六凤行政村六凤村西面约 200 米的山岭上·清代〕 建于清代，具体年代不详，当地居民为避匪贼而修建。平面呈"凸"字形，占地面积约 780 平方米。寨墙内砌片石，外用石灰、沙石、黄泥夯筑，大部分已崩塌，仅剩东面小段寨墙，残长高 3.6 米，厚 0.8 米。寨门设在东面寨墙近北端，两边有对联。寨墙内侧夯筑墙道支撑墙一道，其上原架设木板道已不存。寨内房屋已毁。

60 – C₃₇ 良甫水井 〔马坡镇大良行政村良甫村东·清代〕 具体时间不详。相传当地陈氏家族六世祖所挖。井口平面呈圆形，直径 0.7 米，深 4.2 米，井内壁砖石围砌。长方形井台，长 4.5 米，宽 3.5 米，用灰、沙混合铺成。占地面积约 15.75 平方米。

61 – C₃₈ 老屋水井 〔乌石镇陆选行政村老屋队（村）·清代〕 建于清代，具体时间不详。井口平面呈圆形，直径 1.6 米，井深 1.15 米，井壁用砖石围砌，井台用砖铺砌成扇形，东北面围有半弧形护墙。占地面积约 12 平方米。

62 – C₃₉ 邱氏兴公祠 〔良田镇新村行政村新村·清代〕 建于清代，具体时间不详，坐西朝东，砖木结构，二进院落，占地面积约 201 平方米。前座、后堂面阔三间，青砖墙，硬山顶，脊灰雕花卉图案。墙端彩绘人物、花草、仙鹤卷壁画。前座有前檐廊，廊立方形石檐柱 2 根，明间石坎木门，门额上嵌"邱氏兴公祠"匾。后堂前置 3 级踏跺，明间开敞，内为砖墙搁檩，两边有门与次间相通。南面附加厢房 1 列。天井两侧有封闭式走廊。

63 – C₄₀ 王传公祠 〔古城镇楼脚行政村桥头村·清代〕 建于清代，具体时间不详。坐东朝西，砖木结构，庭院式，由二进院落及两侧厢房组成，占地面积约 483.475 平方米。主体院落的前座、后堂面阔三间，青砖墙，硬山顶，脊灰雕万字曲水，盖小青瓦。墙端彩绘人物、花草等壁画。前座有前檐廊，立方形石檐柱 2 根。后座内隔砖墙，两进之间天井院墙为马头墙，顶部砌万字曲水，饰灰雕花卉图案。两侧各有横屋厢房一座。

64 – C₄₁ 王霖公祠 〔古城镇古城行政村冲口村·清代〕 建于清代，具体时间不详。坐东南朝西北，砖木结构，四合院，占地面积约 500.75 平方米。前座、后堂面阔五间，青砖墙，盖小青瓦。墙端有人物故事彩绘壁画。前座悬山顶，明、次间设前、后檐廊，廊立方形檐柱 2 根，后廊枋上饰木雕柱墩，前檐明间门额上嵌"王霖公祠"匾。后堂砖砌分隔墙，硬山顶，正脊、垂脊塑万字曲水，有前檐廊，廊端有门通往两稍间，天井两侧为厢房，面阔三明，进深一间。

65 – C₄₂ 新城大夫第 〔平乐镇长旺行政村新城村·清代〕 建于清代，具体时间不详。庭院式，由大门、前院、三进院落及两侧厢房组成，占地面积约 3151.2 平方米。大门设在西北角，前院南面为三进院落，坐南朝北，砖木结构，面阔前座九间、中座十一间、后座十五间，皆进深一间，青砖墙或泥砖墙，悬山顶，盖小青瓦。前座明、次间设有内凹廊，廊立檐柱 2 根，稍间各有一天井。中座明间为通道，稍间设天井。后座明间为通厅，墙端绘黑地白花壁画。院落东、西两面院墙内各有厢房二排，面阔十一间，进深一间，砌有弧形马头山墙。

66 – D₁ 天庆岩摩崖石刻 〔珊罗乡大山行政村大山村西南 50 米天庆岩·清代〕 摩崖石刻 1 方。清咸丰二年（1852）刻。刻于岩洞口上。刻面高约 0.5 米，宽约 1 米。黄淳岩撰文并书丹。正文横行榜书"天庆岩" 3 字，楷书，阴刻。右上方竖行首题"大清咸丰二年冬"，左下方竖行落款"龙山黄淳岩敬之"。岩洞有一神庙，泥土夯筑。现已崩塌。

67 – D₂ 陆川县新建三峰书院记碑 〔原存县三峰书院，现移至县文物管理所藏·清代〕 碑刻 1 方。清乾隆二十一年（1756）立。碑高 1.33 米，宽 0.86 米，厚 0.11 米。碑文竖 24 行，满行 48 字，计 1085 字，楷书，阴刻。广西提督许道基撰文并书丹，陆川县知县石崇先勒石。额题"陆川县新建三峰书院" 9 字，字径 0.02—0.055 米，篆书，阴刻。碑文记述清乾隆年间创办三峰书院之经过。

68 - D₃ **谢鲁奉天诰命碑** 〔乌石镇谢鲁行政村谢鲁村·清代〕 碑刻 1 方。清乾隆四十五年（1780）立。石碑嵌于石砌碑墙中，上有檐式顶。碑高 0.6 米，宽 1.65 米，碑文竖行，楷书，阴刻。碑文内容记载四川潼川府谢洪县清提督盐大使吕敬敏的父亲吕愍谦诏封为修职郎，母亲杨氏诏封为八品孺人等事宜。

69 - D₄ **寨子奉天诰命碑** 〔乌石镇谢鲁行政村寨子屯后山腰·清代〕 碑刻 2 方。碑嵌于东、西两边砖石砌成的碑墙上，上有盖顶。碑高 1.27 米，宽 0.6 米，碑文小楷，阴刻。东面碑为清乾隆五十五年（1791）立，碑边框饰戏珠龙纹，碑文记载甘肃借补直隶州安州州判吕际昭的祖父吕衍端诏封为文林郎，祖母陈氏诏封为孺人等事宜。西面碑为清嘉庆八年（1803）立，碑边框饰四对戏珠龙纹，碑文记载追封吕衍端为奉直大夫，其妻陈氏追封为宜人等事宜。碑文皆竖行，楷书，阴刻。

70 - D₅ **良田奉天诰命碑** 〔良田镇官海水库南约 100 米·清代〕 碑刻 1 方。清同治五年（1866）立。碑高 0.52 米，宽 0.36 米，嵌于砖砌碑座上。碑文竖行，楷书，阴刻。碑文内容记述布政司陈志鹏的祖父陈劬诏封为儒林郎，祖母周氏诏封为宜人等事宜。

71 - E₁ **吕清夷故居** 〔温泉镇洞心行政村老屋村·清代〕 吕清夷（1884—1947），原名应夑，又名一夑，广西陆川县温泉镇洞心村人。清光绪三十年甲辰（1904）科秀才，民国广西省财政厅厅长，省参议员，著有《广西大事》《吕清夷诗联集》等。故居建于清光绪三年（1877），砖木结构，三进院落，由大门、前座、中厅、后座、天井、两侧横廊厢房组成，占地面积约 2183.4 平方米。大门朝南，面阔四间；前座、中厅、后座坐东向西，前、中座均面阔五间；后座已残损；均青砖墙，硬山顶，盖小青瓦。

72 - E₂ **林虎故居** 〔良田镇石垌行政村石垌村·1912 年〕 林虎（1887—1960），原名纬邦，又名荫清，字隐青，广西陆川县良田镇石垌村人。历任广东护法军政府陆军部次长、国民政府立法院立法委员。中华人民共和国成立后，1956 年曾任广西省政协副主席、第三届全国政协常委。故居于 1912 年重建，坐南朝北，砖木结构，三进院落，占地面积约 1397.31 平方米。建筑依山而建，中西混合二层楼房，面阔七间，硬山顶，灰沙脊，盖小青瓦。前座设后廊，中座有前、后廊，后座置前廊，廊沿砌联弧拱门，上层拱门间砌花窗式栏杆。天井两侧为二层厢房，面阔二至三间，进深一间。

73 - E₃ **谢鲁山庄** 〔乌石镇谢鲁行政村寨子屯燕子山南麓·1920 年·自治区文物保护单位〕 原名树

人书屋、谢鲁花园。为吕芋农的私人庄园。吕芋农（1871—1950），字春瑄，广西陆川县乌石镇谢鲁村人。曾任民国广西陆军中区步兵第一司令，陆军少将。山庄始建于 1920 年，营造 20 年而成，占地面积约 26.64 万平方米。依山势而筑，庄门西向，分前、后山两大部分。前山有门楼、"树人堂""湖隐轩""山环水抱处"及凉亭、游门、池塘、假山和长廊曲径等 42 个景点建筑，取"九九（久久）天地久"之意；后山为果园。

74 - E₄ **中山纪念亭** 〔温泉镇城北路中山公园·1936 年·县文物保护单位〕 1936 年陆川县各界为纪念孙中山先生而集资兴建。建筑包括中山纪念亭、附亭、艺文学舫（船厅）、超然亭、双十门等，分布于中山公园内外，占地面积约 4414 平方米。纪念亭坐东朝西，筑于条石平台上，平面呈长方形，四坡顶，灰沙卷筒瓦，南、北、西三面敞开，后砌砖墙，墙两边各开一小门。正面两角砖砌方柱，其间分立 2 根圆柱，柱顶饰斗拱。前檐额书"中山纪念亭"。占地面积约 54 平方米。

E₄₋₁ **附亭** 〔温泉镇中山公园中山纪念亭（主亭）南面·1936 年〕 为中山纪念亭附属建筑，建于 1936 年。砖木结构。平面呈方形，四角各有圆柱支撑，柱间砌直棂式栏杆，四面敞开，四角攒尖顶。

E₄₋₂ **艺文学舫** 〔温泉镇中山公园中山纪念亭（主亭）南面·1936 年〕 为中山纪念亭附属建筑，建于 1936 年。砖木结构，台基形似画舫，上有前、后两座建筑，前座为二层楼房，坐北朝南，三间牌楼式，前、后置檐廊，廊立圆檐柱 2 根，南面中部开拱门，门上方墨书"艺文学舫"，悬山顶，灰沙脊，盖小青瓦。后座为平房，坐东朝西，面阔四间，前施檐廊，硬山顶。

E₄₋₃ **超然亭** 〔温泉镇中山公园内艺文学舫西侧·1936 年〕 为中山纪念亭附属建筑，建于 1936 年。亭建于艺文学舫西侧湖中，台基为砖砌，上建内、外两重的八角形亭子，外层柱间砌通透式护栏。双重檐，八角攒尖顶，盖琉璃瓦。两层檐间为封闭墙，南面墙上书"超然亭"3 字。

E₄₋₄ **双十门** 〔温泉镇中山公园艺文学舫东南面·1936 年〕 为中山纪念亭附属建筑，建于 1936 年。是用青砖砌成牌坊式的建筑，四柱三间，明间为西式拱门，两次间为长方形门。两边柱体砌成两个十字形、顶部饰三角形山花。

75 - E₅ **中共粤南区联络总站旧址** 〔清湖镇塘寨行政村龙潭屯北约 300 米岩洞·1942 年·县文物保护单位〕 1942 年中共陆川县委于此设粤南区联络总站，

并在此召开会议研究陆川起义事宜。旧址为天然岩洞，面积约40平方米。洞内尚存当年用过的石砌火灶。

76 - E₆　陆川县人民抗日自卫军司令部旧址〔古城镇清耳行政村下茶根屯·1944—1945年〕　1944年11月，陆川县人民抗日自卫军司令部在此成立。司令部辖三个支队，总人数1000多人。并在这里举办三期起义骨干训练班培训干部。1945年1月撤退。旧址原为林春华住宅，坐北向南，砖木结构，二进院落，占地面积151.15平方米。前座、后座面阔三间，进深一间，青砖、泥砖混合墙，硬山顶，盖小青瓦。天井西厢房已倒塌。

77 - E₇　桂东南起义旧址〔古城镇八角行政八角屯东南约50米·1945年·县文物保护单位〕　1945年2月26日，中共陆川县委书记温翊俊等发动陆川起义。起义后队伍在这里休整，组织救亡会、后援会、学生军战时工作团、战教团，开展抗日救亡运动，以此为据点，出击清湖、盘龙等地敌人。旧址原为李先馨祠堂，建于明万历年间，历代均有重修。为四进院落，砖木结构。主体建筑面阔三间，硬山顶，盖小青瓦。占地面积约560平方米。门楼上层呈八角形，俗称八角楼。

78 - E₈　茂园〔温泉镇陆川县人民医院内·民国·县文物保护单位〕　茂园为吕焕炎修建。吕焕炎（1890—1930），字光奎，广西陆川县温泉镇万丈村人。曾任民国钦廉警备司令、广西省政府主席。茂园现存二进院落，占地面积588平方米。前座面阔五间，进深一间，硬山顶，明、次间设前檐廊。后座为重檐歇山顶，二层楼房，面阔三间，盖琉璃瓦。四周有回廊，明间为大厅，两侧各有房四间。

79 - E₉　宁培瑛故居〔沙坡镇白马行政村书房坡村屋背岭山腰上·民国〕　宁培瑛（1902—1928），又名宁楚珍，化名林平生，凌秋珍，广西陆川县沙坡镇白马村人，中共广东省委广西梧州地委委员。1928年1月领导平南新隆"劳五暴动"，在战斗中受伤被捕，英勇就义。故居坐南朝北，砖木结构，原为四合院，现存正屋、耳房、厢房及部分前座，占地面积336.3平方米。正屋朝北，面阔三间，屋前有石踏跺3级。正屋东、西端各有一间耳房，东面厢房1列，面阔三间，进深一间，朝西。前座存房二间，建筑皆泥砖墙，悬山顶，盖小青瓦。

80 - E₁₀　沙坡烈士墓〔沙坡镇沙坡行政村沙坡屯北约100米牛头山·1953年·县文物保护单位〕　1950年春，土匪武装袭击榕江乡（今沙坡乡）人民政府，陈曾才、宁汉唱等8人壮烈牺牲。1953年10月，陆川县人民政府修建合葬墓安葬8位烈士，1972年重

修。墓葬朝西南，冢呈圆丘形，灰沙混合土构筑，底径2.6米，高1.23米。墓前立纪念碑，面贴大理石，高7米、宽2.1、厚1.2米，刻"革命烈士之墓"6字。碑座刻有8位烈士的生平。占地面积约406.8平方米。

81 - E₁₁　革命烈士纪念碑〔温泉镇人民公园内葫芦瓜岭·1964年·县文物保护单位〕　为纪念在陆川县牺牲的革命先烈，陆川县人民政府于1964年10月建成此纪念碑。坐北朝南，钢筋、水泥结构。碑座呈方形，边长15.1米，高1.8米，碑身为方柱体，四面镶大理石，镌刻"革命烈士纪念碑""革命烈士永垂不朽"。纪念碑四面设护栏，前设台阶112级。占地面积约760平方米。

82 - G₁　塘城铜罍出土点〔乌石镇塘域行政村塘城屯·西周〕　塘城屯出土铜罍1件。铜罍呈"亞"字形，圆体，侈口，宽斜肩，斜腹，高圈足，肩部相背兽耳1对。器高0.48米，口径0.29米，足径0.25米。耳饰云雷纹。颈饰圈点纹和弦纹，肩饰饕餮纹，腹饰夔纹。足部饰环带纹和云雷纹。（见《考古》1984年9期）

83 - G₂　石垌村铜鼓出土点〔良田镇石垌行政村石垌屯南约500米·西汉—唐〕　1973年，石垌屯南出土北流型铜鼓1面。出土时鼓面朝下，无共存物。鼓面径0.68米，高0.46米。面沿环列四立蛙。饰云雷纹。胸腰间附圆茎环耳2对。稍残缺。

84 - G₃　西十铜鼓出土点〔良田镇西十村·西汉—唐〕　1972年，西十村出土北流型铜鼓1面。鼓面径1.03米，高0.6米。鼓面太阳纹八芒。面沿环列四蛙，两两相对，蛙间另有2处塑像已失。胸腰间附环耳2对。面饰雷纹、云纹和水波纹。身饰雷纹、云纹、水波纹、半云纹、"四出"钱纹。面背部有调音刮痕。

85 - G₄　吕屋铜鼓出土点〔米场镇桥鲁行政村吕屋屯西100米·西汉—唐〕　1983年，在吕屋屯西山坡出土北流型铜鼓1面。出土时鼓面向下，无共存物。鼓面径0.71米，高0.41米。鼓面太阳纹八芒。面、身饰云雷纹。面沿环列四立蛙。胸腰间附圆茎环耳2对。稍残。

86 - G₅　牛角冲铜鼓出土点〔米场镇乐宁村大头冲屯牛角冲·西汉—唐〕　1983年4月，牛角冲出土北流型铜鼓1面。鼓面径0.69米。鼓面太阳纹八芒。面沿环列四蛙（已失）。面饰云纹。身饰雷纹。背有扇形刮痕。

87 - G₆　越利塘铜鼓出土点〔温泉镇万丈行政村万丈村越利塘西约60米·西汉—唐〕　1970年，在越利塘出土北流型铜鼓1面。鼓面径0.69米，高0.39米。鼓面太阳纹八芒。面沿环列四立蛙。身饰云纹和雷纹相

间。胸腰间附环耳 2 对。1972 年，出土铜鼓 1 面。面径 0.7 米。鼓面太阳纹八芒。面沿环列四蛙。面饰云纹。身饰雷纹填线纹。胸腰间附缠丝环耳 2 对。足残。

88 - G₇　雅松铜鼓出土点　〔大桥镇雅松行政村雅松村西南约 400 米·西汉—唐〕　1977 年，雅松村出土北流型铜鼓 1 面，鼓面向下，无共存物。鼓面径 0.72 米，高 0.48 米。鼓面太阳纹十一芒。身饰钱纹、云雷纹。稍残。

89 - G₈　蕃豆岭铜鼓出土点　〔乌石镇坡脚村蕃豆岭东约 80 米兴丰果场·西汉—唐〕　1998 年 12 月 24 日，兴丰果场出土北流型铜鼓 1 面，鼓面朝下，无共存物。鼓面径 0.65 米，高 0.37 米。鼓面太阳纹八芒，晕间饰雷纹。面沿环列四蛙，身饰云雷纹和菱形纹相间。胸腰间附环耳 2 对。

90 - G₉　坡尾铜鼓出土点　〔乌石镇坡脚行政村坡尾屯·西汉—唐〕　1994 年 1 月 29 日，坡尾屯山坡出土北流型铜鼓 1 面。面径 0.76 米，高 0.42 米。鼓面太阳纹八芒。面沿环列四蛙。面、身饰回形雷纹。胸腰间附环耳 2 对。身、足稍残。

91 - G₁₀　山鸡塘铜鼓出土地点　〔乌石镇双垌行政村大沙田山山鸡塘·西汉—唐〕　1980 年 7 月 2 日，山鸡塘出土北流型铜鼓 1 面。鼓面径 0.54 米，残高 0.26 米。鼓面太阳纹 6 芒。面沿环列 4 蛙。面为 6 晕圈，以云雷纹为主。

92 - G₁₁　何莫铜鼓出土地点　〔古城镇陆落行政村何莫屯·西汉—唐〕　1976 年 12 月，何莫屯出土北流型铜鼓 1 面。鼓面径 1.06 米，高 0.54 米。鼓面太阳纹 8 芒，鼓面 3—6 晕间的相对部位有"文"字铭文 2 个。面沿逆时针环列 6 蛙，其中对称 2 处为累蹲蛙。胸腰间有缠丝环耳 2 对，耳根有歧爪纹。

93 - G₁₂　谷仰铜鼓出土点　〔米场镇米场行政村谷仰屯东北约 500 米·西汉—唐〕　1974 年，谷仰屯出土灵山型铜鼓 1 面，鼓面向下，无共存物。鼓面径

0.91 米，高 0.51 米。鼓面太阳纹八芒。面沿环列三单蛙与三累蹲蛙相间。饰四瓣花纹、钱纹、云纹、雷纹、半圆填线纹、席纹、波浪纹等。胸腰间附扁耳 2 对。

94 - G₁₃　李屋铜鼓出土地点　〔米场镇新街行政村新街村李屋·东汉—唐〕　1976 年，新街村出土灵山型铜鼓 1 面。鼓面径 1.21 米，高残。鼓面太阳纹 12 芒。面沿逆时针环列六蛙。面饰圆孔钱纹、雷纹、席纹、虫形纹、四瓣花纹、半云填线纹。胸腰间附扁耳 2 对。

94 - G₁₄　蒋村铜鼓出土点　〔沙湖乡新街行政村蒋村屯东约 200 米·东汉—唐〕　1976 年，蒋村屯东面岭坡出土灵山型铜鼓 1 面，鼓面向下，无共存物。鼓面径 1.21 米，高 0.6 米。鼓面太阳纹十二芒。面沿环列六立蛙。胸腰间附扁耳 2 对。面饰席纹、云雷纹、钱纹等。身饰钱纹、云雷纹、四瓣花纹等。稍残。

95 - G₁₅　牛角冲铜鼓出土地点　〔沙坡镇北安行政村风塘屯牛角冲·东汉—唐〕　1991 年 10 月 28 日，牛角冲出土灵山型铜鼓 1 面，鼓面倒置，无伴随物。鼓面径 1.01 米，高 0.54 米。鼓面太阳纹八芒。面沿环列六只三足蛙，单蛙与累蹲蛙相间。面、身饰羽纹、"四出"钱纹、席纹、四瓣花纹等。胸腰间附扁耳 2 对，鼓足还有小环耳 1 对。

96 - G₁₆　十四岭铜鼓出土地点　〔平乐镇安塘村十四岭·东汉—唐〕　20 世纪 50 年代初十四岭出土灵山型铜鼓 1 面。鼓面径 0.95 米，高 0.52 米。鼓面太阳纹 10 芒。面沿顺时针环列 6 组累蹲蛙。面晕间饰"四出"钱纹、云纹、雷纹、席纹、虫形纹。胸腰间有辫纹扁耳 2 对。足部另一对小环耳。足残缺。

97 - G₁₇　雷公坑钱币窖藏　〔古城镇北豆行政村雷公坑屯·南宋〕　1965 年 12 月出土铜钱 1 罐。计有铜钱 5050 多枚，分为 53 种，75 品，除唐"开元通宝""乾元重宝""唐国通宝""周元通宝"外，其余 50 多品均是宋钱，最晚的是南宋的"咸淳元宝"。

贵港市

港北区

1-A₁ 大冲口遗址 〔港北区武乐乡胜岭行政村田僚屯西南约700米郁江西岸台地上·新石器时代〕山坡（台地）遗址。1989年发现。遗址东临郁江，分布于河岸Ⅰ级台地上，面积约1800平方米。文化层厚约2.6米，分为二层。采集到打制的砍砸器、刮削器、石核、石片，磨制的斧、锛、砺石等石器，以及夹砂粗绳纹红陶片，可辨有罐类器。

2-A₂ 贵城遗址 〔原港北区政府旧址（今港北区御江名城）一带·汉—民国〕遗址南起郁江北岸，北至建设路，东至永明小学，西达小江小学，南北长约500米，东西宽约1500米，面积约75万平方米。已揭露面积约1000平方米，文化层厚1.5—6米。发现了汉代至民国时期的文化遗物和遗迹，遗物以筒瓦、板瓦、铺地砖、瓷器、陶器最为丰富，遗迹包括砖铺地面、排水设施、磉墩、壕沟等。

A₂₋₁ 贵城大南门 〔港北区御江名城前·清代·市文物保护单位〕建于唐元和年间（806—820），原为土城，元至正十二年（1352），以石筑城，明万历年间（1573—1620）加砖增高，清康熙二十五年（1686）、五十九年（1720）、清光绪七年（1881）三次重修。民国时期拆除部分城墙，原有城门5座，今仅存南门，为清末修建，墙砖上刻有"光绪七年重修"，城门朝南，砖石砌券拱门，高3.4米，宽2.7米，门楼上已改建现代建筑。城墙残长28.7米，高6米，厚8.65米。城墙底部为条石垒砌，上部用青砖砌筑内外檐墙，青砖铺面。

3-B₁ 贵县墓群 〔港北区贵城街道·汉—晋·自治区文物保护单位〕贵港在汉时期是郁林郡郡治布山县所在地，直至隋大业二年（606）都是郡一级地方政权的政治中心，留下大批的墓葬。今又称"贵城墓群"。墓群西从原贵县糖厂、西江农场场部，沿风流岭、大公塘，经旧飞机场向东到罗泊湾、南斗村和铁路桥，南起郁江右岸南江村，北至七里桥一带的丘陵坡地上，东西约7.5公里，南北约4公里，面积约18.75平方公里。墓葬分布密集，数以千计，多已无封土。自1954年迄今已发掘了汉墓500余座，墓葬形制

有竖穴土坑墓、木椁墓、砖室墓，出土陶器、铜器、金器、铁器、玉器、漆器、滑石器、竹木器、琥珀、玛瑙等质地器物约1万多件。其中以1976年和1979年发掘的罗泊湾一、二号墓规模最大，随葬品最丰富。

B₁₋₁ 罗泊湾1号汉墓 〔贵城街道罗泊湾·西汉〕长方形竖穴土坑木椁墓。封土高约7米，底径约60米；斜坡墓道，斜长41.5米，方向156度；椁室平面呈"凸"字形，南北长12.5米，宽约5.1—7.2米。椁室系木结构，由盖板、壁板、隔板、底板、枕木组成，分前、中、后三室12个椁箱，内置3具棺木。墓道东侧有车马坑，椁板底下有内置3具棺、4具圆棺的7个殉葬坑和器物坑。出土的随葬器物1000多件，包括陶、铜、铁、金、银、锡、玉石、玛瑙、琉璃、竹木、漆、麻、丝等。墓主生前为桂林郡郡守级官吏。（见《广西贵县罗泊湾汉墓》，文物出版社，1988年）

B₁₋₂ 罗泊湾2号汉墓 〔贵城街道罗泊湾·西汉〕竖穴土坑木椁墓。封土残高约6米，径42米。斜坡墓道，斜长11.3米，宽2.2米。墓室平面呈"凸"字形，南北长12.72米，东西宽4.9—6.06米。椁室系木结构，由顶盖、封门、壁板、底板相互扣合而成。此墓早年被盗，葬具已朽，残存随葬品123件，有陶、铜、玉、铁、木、金、漆、竹等质地的器物。从出土的"夫人"玉印看，墓主可能为桂林郡郡守级官吏的配偶。（见《广西贵县罗泊湾汉墓》，文物出版社，1988年）

B₁₋₃ 东湖1号墓 〔贵城街道铁路新村·东汉〕1956年发掘，"凸"字形竖穴土坑墓，斜坡墓道。墓室长4.38米，宽2.25米，高1.17米。墓壁经拍打，涂一层白膏泥，墓底铺一层木炭。葬具与人骨已朽。出土陶瓮、罐、壶、釜、灶及铁钩、琥珀珠。

B₁₋₄ 东湖4号墓 〔贵城街道铁路新村·西汉〕1956年发掘，"凸"字形竖穴土坑墓，斜坡墓道。墓室长5.65米，宽3.65米，高1.4米。墓底铺一层木炭。葬具与人骨已朽。出土陶罐、壶、瓮、釜、铜刀、碗、博山炉、奁、镜、鐎壶、扣，以及琥珀珠、水晶珠等器物。（见《考古通讯》1957年2期）

B₁₋₅ 风流岭31号墓 〔贵城街道风流岭·西汉〕1980年发掘，"凸"字形竖穴土坑木椁墓，斜坡墓道。墓室长8.3米，宽5.05米，高2.85米。南、北、西三

壁有熟土二层台。在墓道北壁设车马坑一个，长 5.1 米，宽 3.3 米，高 1.5 米。早年被盗，椁室四周空隙以一层木炭一层黄土填实。椁室长 5.53 米，宽 2.25—2.55 米，内分前后两室，后室置髹朱漆木棺 2 副，为夫妇合葬墓。随葬品遗存铜、铁、漆、木、陶等质地器物 49 件，其中铜马、铜俑、铜削刀完整。（见《考古》1984 年 1 期）

B₁₋₆ **新牛岭汉墓** 〔贵城街道新牛岭·西汉〕1956 年发掘，长方形竖穴土坑墓。墓室长 3.7 米，宽 2.2 米，高 1.95 米。墓底两侧有垫木沟。葬具与人骨已朽。出土陶瓮、罐、罍、钵、壶、豆、钫，铜奁、镜、"五铢"冥钱以及滑石鼎、石管等。（见《文物参考资料》1957 年 2 期）

B₁₋₇ **北郊 2 号墓** 〔贵城街道大坡岭·东汉〕1978 年发掘，"中"字形砖室墓，由甬道、前室、后室组成。墓顶、前室呈穹隆形，后室和甬道单砖券顶。墓底平铺单砖。砖长 38 厘米，宽 18 厘米，厚 5 厘米，侧面压印五铢钱纹和几何图等纹。出土陶长颈瓶、陶灯、陶盘残件。（见《考古》1985 年 3 期）

B₁₋₈ **北郊 10 号墓** 〔贵城街道大坡岭·东汉〕1978 年发掘，"中"字形砖室墓，由墓道、前室、后室、左右耳室组成。墓壁花纹砖压印方格纹、五铢线纹、几何纹，或压印一对凤鸟。墓顶、前室可能为穹隆顶，其他为单砖券顶。墓底平铺单砖。封门有内外两套。早年被盗严重，仅存一些东汉五铢铜钱和陶器碎片。（见《考古》1985 年 3 期）

B₁₋₉ **北门汉墓** 〔贵城街道北门市场一带·东汉〕1955 年发掘，"凸"字形竖穴土坑木椁墓，斜坡墓道。墓室长 5 米，宽 3.5 米，深 2 米。墓底两长侧各有一条枕木沟。棺椁及人骨已朽。出土陶瓮、罐、壶、盆、五联罐，铜鐎斗、博山炉、镜、带钩、釜及水晶珠、料珠、石印。陶器多带豆绿、黄绿、黄褐釉。（见《考古通讯》1956 年 4 期）

B₁₋₁₀ **大圩 1 号墓** 〔贵城街道·西汉〕1978 年发掘，长方形竖穴土坑墓。墓室长 3.9 米，宽 2.2 米，高 0.9 米。墓底有两条纵向枕木沟，椁、棺已朽，存铁钉。出土陶罐、壶、灯，铜镜、环、钱币及黛石等共 13 件。

B₁₋₁₁ **汶井岭汉墓** 〔贵城街道汶井岭·东汉〕1955 年发掘，"凸"字形竖穴土坑墓，斜坡墓道。墓室长 5.95 米，宽 3.45 米，高 1.65 米。前室比后室低 0.4 米，并于左侧砌一砖台，台长 1 米，宽 0.65 米。出土陶鼎、壶、鐎壶、长颈壶、瓮、罐、奁、博山炉、井、勺、甑、釜、灶、簋、豆、洗、屋、猪圈等，铜带钩、鐎壶、盘、杯、洗、镜及铁刀、环等。（见《考古通讯》1958 年 2 期）

B₁₋₁₂ **孔屋汉墓** 〔贵城街道贵港火车站以北孔屋岭·东汉〕1994 年发掘，砖室墓，圆丘形封土，向称孔屋岭，高 3.1 米，底径 30 米。由墓道、甬道、前室、耳室、双后室组成，前室为穹隆顶，余均券顶。墓室全长 15.75 米，最宽 8.85 米。方向 270 度。有 3 块砖上刻有"史周□□□""侍者□□□"等文字。出土陶屋、井、灶、灯、车轮、牛、猪、鸭、壶、魁、熏炉、樽、钵、簋、壶、罐，铜弩机、剑、环首刀、锁、盘、灯，铁剑、环首刀等，共 100 多件。（见《中国考古学年鉴》1995 年）

B₁₋₁₃ **贵港高中汉墓** 〔贵城街道贵港高级中学一带·东汉〕1995 年清理，为砖室墓，墓朝南，平面呈"串"字形，由墓道、墓门、甬道、前室、中甬道、中室、双后室构成。紧靠中室左壁用砖分隔出 1 长方形小室，形制独特。后室至墓门长 13.6 米，甬道宽 2 米，前室略呈正方形，边长 3.05 米，中室南北长 3.1 米，东西宽 3.3 米，左后室长 3.9 米，宽 1 米，右后室长 3.8 米，宽 0.85 米。因早年被盗，墓顶塌陷，高度不明，随葬品无存。（见《中国考古学年鉴》1996 年）

B₁₋₁₄ **刘吉岭汉墓** 〔贵城街道刘吉岭·汉代〕1955 年发现，"凸"字形竖穴土坑墓，斜坡墓道，墓室长 5.35 米，宽 3.25 米，残高 1.5 米。见棺或椁朽痕。出土铜壶、盘、镜、刀、印、带钩、行灯、盒、钱，铁刀、夹及滑石盂等。（见《考古通讯》1956 年 3 期）

B₁₋₁₅ **红岭顶汉墓** 〔贵城街道贵港高级中学一带·汉代〕1955 年发掘，"凸"字形竖穴土坑墓，斜坡墓道。墓室长 6.9 米，宽 5 米，高 2.9 米。墓底铺一层河卵石，两侧有垫木沟，棺、椁已朽。出土陶长颈壶、瓮，铜壶、鼓、釜、博山炉、盒、镜、带钩、灯、奁、钱，铁刀、剑、戟、三脚架及剑饰等。

B₁₋₁₆ **选矿厂汉墓** 〔贵城街道石羊塘社区·汉代〕1989 年清理 6 座竖穴土坑墓、3 座砖室墓。都是单室的中小型墓葬。土坑墓中有的有木椁室，斜坡墓道。木椁墓和砖室墓皆早年被盗。出土陶器、瓷器、铜器、铁器、玉器、漆器木器、牛角质器、砺石等共 80 余件。陶瓷器有瓮、罐、壶、碗，漆器以耳杯为主，木器大多可能是纺织机件。（见《中国考古学年鉴》1990 年）

B₁₋₁₇ **三堆汉墓** 〔贵城街道贵港高级中学西面·汉代〕1995 年清理，为长方形竖穴土坑木椁墓。墓坑长 16.8 米，宽 7.6 米。正南有墓道，椁室平面呈"凸"字形，分前后两室，后室用木板分隔成头厢、中厢、左右边厢。木椁四周用灰白膏泥封护，外为夯实的木炭、石子与泥的混合土。左、右边厢发现人发和脊骨。早年被盗。遗存漆乐器、耳杯、木俑、梳、车残件、铜镜、磨具、陶罐、鼎足，以及稻、粟、花椒、梅等植物种实。（见《中国考古学年鉴》1996年）

B₁-18 深钉岭古墓 〔贵城街道贵港火车站北面深钉岭·汉—南朝〕 1991年发掘25座土坑墓、23座砖室墓。土坑墓皆为长方形单室，或有二层台，或墓底后部稍高，或墓底部分铺砖。大多带斜坡墓道。其中一座有沿墓门、墓道延伸的排水沟，顶以大石板扣连封盖，底部铺砖。砖室墓有券顶单室、券顶或穹隆顶前后室、券顶或穹隆顶两室并排、城堡式多室等。城堡式多室墓，内设有前、中、后三室，每一室都设有门和阶梯。砖室墓皆早年被盗。出土铜盘、簋、碗、钵、镜、镶壶、熏炉、灯、环首刀、印章、剑、矛、弩机，陶瓮、罐、壶、屋、井、灶，还有五铢钱、金银戒指、玉石饰件等，共1000余件。（见《中国考古学年鉴》1992年）

B₁-19 北郊南朝墓 〔贵城街道贵港火车站一带·南朝〕 1956年发掘，"凸"字形竖穴土坑夫妇合葬墓，墓道开于东端。墓室长2.7米，宽2.3米。墓底铺砖。出土陶鼎、壶、瓮、罐、碗、井、灶、釜、甑、囷、猪圈、虎子等，还有铜镜、铁剑、铁刀、银镯和银戒指。

4-C₁ 勒头桥 〔港北区大圩镇乐堂行政村大乐堂村西约60米的东海河上·明代〕 建于明崇祯元年（1628）。东西走向，单孔石拱桥，长24.6米，宽3.6米，拱跨2.9米。桥身用料石及片石干砌，桥拱用料石砌筑，桥面铺石扳，两端有引桥。

5-C₂ 登龙桥 〔港北区贵城街道办震塘社区北约400米东湖东岸·清代〕 建于清雍正年间（1723—1735），具体时间不详。清光绪四年（1878）重修。桥在蒙塘与东湖之间，南北走向，单孔石拱桥，长90米，宽3.5米，桥身及桥拱用料石砌筑。桥面铺长条石，桥面中部设方形桥亭一间，砖木结构，面阔、进深一间4.5米。硬山顶，脊饰博古，盖小青瓦。原有门联"水从白玉环中过，人在青龙背上行"及一些壁画，今已不存。桥西侧已用砖石混砌加宽2米左右。据县志记载，清同治年间，大成国隆国公黄鼎凤部曾在登龙桥多次大败清军。

6-C₃ 李氏祖祠 〔港北区贵城街道办震塘社区下街郁江左岸·清代〕 建于清乾隆年间（1736—1795），清末重修。坐北朝南，砖木结构。三进院落，由大门、中厅、后堂、天井及左右厢房组成，占地面积约861平方米。主体建筑面阔三间，抬梁式木构架，硬山顶，翘脊，小青瓦。后堂内左右两侧各立有清乾隆、民国及现代碑刻4方。

7-C₄ 广益桥 〔港北区庆丰镇新圩行政村长排屯庆丰三中北约300米处长谷江上·清代〕 建于清嘉庆年间（1796—1820），具体时间不详。20世纪80年代维修。南北走向，单孔石拱桥，长25米，宽4.3米，拱跨3.1米。桥身、桥拱均用料石浆砌，桥身两侧阴刻"广益桥"3字，桥面已被水泥砂浆覆盖。

8-C₅ 节孝牌坊 〔港北区贵城街道永明街石灰巷北侧·清代·市文物保护单位〕 清道光十年（1830）巡抚苏成额奉旨而建。坐南朝北，一字四柱三间三楼，花岗岩石牌坊，高11.5米，面阔8米。明楼为双狮戏葫芦石雕顶，单额坊与龙门坊，为龙凤凸雕"圣旨"2字，两旁雕人像，由次楼边柱、龙凤板分别阴刻"诰命""文魁"。柱顶立蹲狮。坊上题记多条，坊额浮雕流云纹饰。柱方形，底座石墩，南北夹杆石。

9-C₆ 曾氏三省祠 〔港北区庆丰镇新圩行政村长排屯·清代〕 建于清咸丰年间（1851—1861）。客家传统建筑。坐东北朝西南，砖木结构，庭院式，由正屋、横屋、门楼和倒座屋组成围屋，占地约1215平方米。正屋前铺设晒场，晒场前为月牙塘，正屋面阔五间，悬山顶，清水脊，盖小青瓦。左、右横屋为硬山顶，小青瓦，两坡面，门楼分左、右2座，高二层。倒座屋2座，均为单层。

10-C₇ 郑氏祖祠 〔港北区中里乡平陆行政村平塘屯57—72号·清代〕 建于清同治年间（1862—1874），具体时间不详。坐西朝东，砖木结构。二进院落，由前座、后堂及天井、厢房、角楼等组成，占地面积约3518平方米。周砖砌围墙，原四角炮楼已拆毁。前座、后堂均面阔十一间，青砖搁檩，悬山顶。明间设檐廊，廊墙上端彩绘"华山景致"等壁画25幅。前座门两边有侧门入巷道。门前地坪墁铺地砖。

11-C₈ 福寿桥 〔港北区港城镇六八行政村六八村沙江河上·清代〕 建于清代，具体时间不详。东北—西南走向，单孔石拱平桥，长21.5米，宽4.2米，拱跨5.55米，用片石、料石干砌桥身，料石桥拱，桥面以青石条错缝平砌，两侧置条石护栏，高0.35米，长5.15米，宽0.25米，两端与河岸齐平。

12-C₉ 承漏桥 〔港北区大圩镇何村行政村何村狮子岭西北侧约250米的碑头河上·清代〕 建于清代，具体时间不详。东西走向，单孔石拱平桥，桥身用片石、桥拱用料石浆砌，桥面铺砂石，两端与河岸齐平。桥面铺砂石，两端与河岸齐平。

13-D₁ 龙岩摩崖石刻 〔港北区大圩镇大圩行政村南约1公里龙岩·明、清·县文物保护单位〕 龙岩又名龙安岩。有摩崖石刻7方，其中明代2方，清代5方。书体有楷书、隶书二种。形式有题榜、题诗等，内容多系赞颂风景之作。以明代知县林朝钥于万历十八年（1590）的榜书"古怀第一山"和清康熙贡生曾光国的榜书"东方巨观"较著名，字径 0.3 米，楷书，阴刻。

14 – D₂ 东湖公园碑刻 〔港北区贵城街道东湖公园西南面·清—民国〕 公园有与太平天国翼王石达开有关的碑刻 12 方。多为清代和民国的。有题记、对刻、匾刻。

D₂₋₁ 鼎建渡船碑记 〔原立奇石乡伏廖江边，现存达开公园·清代〕 碑刻 1 方 3 块。每块高 0.68 米，宽 0.98 米，清道光二十年（1840）立。第 1 块碑为序，碑文竖 15 行，满行 25 字，约 375 字，楷书，阴刻。额题"鼎建"，落款"道光二十年岁庚子三月十五日穀旦立"。碑文记载村民捐款造船的情况。第 2、3 块碑文字已模糊。其中有"石昌隆、石达开各捐钱一千文"的记载。

15 – D₃ 粮串定章碑记 〔现存贵港市博物馆·清代〕 碑刻 1 方。清光绪七年（1881）立。碑高 1.5 米，宽 0.65 米，厚 0.2 米。碑文竖 15 行，满行 28 字，计 382 字，楷书，阴刻。碑为广西巡抚部院及浔州府贵县正堂告谕碑。额题"粮串定章碑记"。碑文告示："县生员林徽等呈粮串钱应有章，晓谕阖邑绅民人等知悉，征收粮串只准每串收银三分，不准随意加收，如有违反舞弊，从严惩办。"

16 – E₁ 赐谷村天王井 〔港北区庆丰镇新圩行政村西谷村赐谷小学内·1844 年〕 清道光二十四年（1844），洪秀全和冯云山从广东来到赐谷村，住在洪秀全表兄王盛钧家。为解决当地饮水问题，洪秀全率领村民修建一口水井。后人称"天王井"。井口平面呈椭圆形，径约 2 米，井深 2 米。石砌井壁和井台。1986 年，贵县（今贵港市）人民政府于井旁立"天王洪秀全革命活动遗址"纪念碑。

17 – E₂ 大汶坝 〔港北区庆丰镇罗碑行政村西约 1 公里·1844 年〕 清道光二十四年（1844）天大旱，洪秀全为解决卢、李两姓群众争水纠纷，提议在汶水修筑堤坝储水，下游受益的卢姓赔偿因筑堤受淹遭损失的李姓。经洪秀全调解，双方同意修筑堤坝，避免了一场械斗。堤坝用石、三合土砌筑，堤北端设有宽 2 米的排水沟。1952 年、1987 年两次维修。

18 – E₃ 翼王府遗址 〔港北区贵城街道和平路大东码头东北侧·1861 年〕 太平天国翼王石达开回师广西，清咸丰十一年（1861）回到贵县，连营百余里，在县城粤东会馆设翼王府。不久，大成国陈开战死，石达开势孤，收集陈部余众数万人后撤离贵县北上。会馆为三进院落，砖石木结构，面阔 12.7 米，前座进

深 6 米，中、后座进深 12.2 米。前、中座之间有天井、左右厢房。占地面积约 250 平方米。20 世纪 60 年代被拆毁，遗址上修建了县影剧院。

19 – E₄ 大成国登龙桥战斗遗址 〔港北区贵城街道震塘社区北约 400 米东湖东岸·1861—1863 年〕 1861 年 8 月，大成国秀京陷落后清军直扑贵县。大成国隆国公黄鼎凤率王星福等镇守贵县登龙桥。12 月与统领湘军布政使蒋益澧的清军鏖战于登龙桥。1863 年 3 月，黄鼎凤率富、康州平部在登龙桥再次同清军对峙，杀死清军参将以上武官 10 余人后退出。登龙桥建于清雍正年间（1723—1735），光绪四年（1878）重修。为单孔石拱平桥，桥长 90 米，宽 3.5 米，青石砌筑桥身及桥拱，桥面中部设方形桥亭一间。（详见 5 – C₂）。

20 – E₅ 建章王山寨遗址 〔港北区根竹乡平天山林场内的小平天山上·清代〕 清同治二年（1863）七月，大成国隆国公黄鼎凤退守平天山，修筑山寨，称建章王，翌年 5 月黄鼎凤被杀，山寨被清军占领捣毁。平天山，又名北山，东面为大平天山，西面为小平天山，"两山峭绝，仅一路可通"。山寨建于悬崖峭壁下，今残存土石垒筑的寨墙 4 道，长约 200—1500 米，高约 1.5 米，厚约 2 米，围墙间距 60—80 米，围墙间残存不规则房屋墙基多处。占地约 70 万平方米。

21 – E₆ 中共广西特委扩大会议旧址 〔港北区贵城街道古榕路 46 号·1928 年·自治区文物保护单位〕 1928 年 6 月，中共广西特委在此召开扩大会议，特委委员和梧州、桂林、南宁、玉林等地党的负责人 10 余人出席了会议。中共中央委员、中共广东省委代表恽代英到会指导。会议改选了特委领导机构，做出举行夏收暴动的决定。旧址原为中共党员张国才住宅，是中共广西党组织的秘密联络站。坐东北朝西南，砖木结构，三进院落，占地面积约 150 平方米。各座皆两层楼房，面阔一间，进深 4.7—11 米，木楼板，悬山顶，盖小青瓦。前座作铺面，前、后檐为木板壁。中座琉璃花窗，楼上设走马廊通后座二楼。1978 年，在旧址南侧建三层楼辅助陈列室一栋。

22 – E₇ 中共广西特委机关遗址 〔港北区港城镇六八行政村第八村·1929—1931 年〕 1929 年至 1931 年 8 月，第八村是中共广西特委机关及贵县县委机关所在地。1931 年 4 月 5 日，中共广西特委在此召开扩大会议，贵县、玉林、陆川、横县、兴业等地代表 26 人参加了会议。会议传达中共中央六届四中全会决议，批判了李立三"左"倾路线和右倾机会主义，并对广西地下党斗争作了部署。遗址原为天柱楼（炮楼），平面呈方形，面阔、进深皆 3.5 米，高三层 10 米。夯土

墙，木构架。占地面积约 122.5 平方米。已毁，残存底层。

23 - E₈ 翼王亭 〔港北区贵城街道东湖公园·1934 年·市文物保护单位〕 1934 年为纪念太平天国翼王石达开而建。1979 年、1986 年修缮。亭八角形，砖木结构，重檐歇山顶，琉璃瓦面。亭高 9 米，面阔 12 米，东面额匾"翼王亭"3 字为黄旭初题，亭内额匾"还我河山"为李宗仁题，东面两柱楹联"田畴历史卢龙寨，锦里馨香丞相祠"为于右任题。西面两柱楹联"忍令上国衣冠沦于夷狄，相率中原豪杰还我河山"为白崇禧所书。亭内题字均毁于 20 世纪 60 年代。亭南 30 米有翼王石达开纪念碑，碑呈方柱形，高 8 米，砖砌筑，东面"先烈石达开纪念碑"铭文为李宗仁题刻，背刻"太平人杰"，南、北两面刻《石达开传》。占地面积约 96 平方米。

24 - E₉ 大圩白塔 〔港北区大圩镇大圩行政村北约 1 公里六岭坡·1939 年〕 为 1939 年国民革命军陆军第 31 军 170 师 1020 团团长伍廷钧驻军大圩时倡建。塔坐东北朝西南，三层楼阁式砖塔，高 11 米。塔基方形，边长 7.1 米。塔身六边形，宝盖圆顶，底层西南开拱门，门额饰灰雕梅花，门外楹联"纪当年事迹，念不朽功勋"。二、三层各面开拱窗。底层塔腔内壁题"七七抗战建国阵亡将士纪念碑"。

25 - E₁₀ 中秋起义战斗遗址 〔港北区中里乡塘河行政村河鄱村·1947 年〕 1947 年 9 月 29 日，廖联源、韦志龙等领导达开乡（今奇石乡）车田村起义，成立中国人民解放军达开纵队（后编为桂中支队），史称"中秋起义"。起义部队以河鄱村为据点坚持斗争近两个月。河鄱村是个壮族聚居的山村，北靠大山，峻岭重叠，东西两侧为深沟峡谷，只有南面一条羊肠小道可通。村四周有 2 米多高的夯土围墙。现村内尚存部分旧屋，墙上弹痕累累。

26 - E₁₁ 中秋起义烈士纪念碑园 〔港北区奇石乡奇石行政村南约 1 公里可架岭上·1987 年〕 1987 年为纪念 1947 年"中秋起义"而建。1947 年 9 月 29 日，廖联源、韦志龙等领导达开乡（今奇石乡）车田村起义，成立中国人民解放军达开纵队（后来编为桂中支队）。碑园坐东朝西，园林式，由大门、围墙、纪念碑组成，占地面积约 7059.6 平方米。纪念碑高 7.8 米，碑基座长 2.7 米、宽 1.9 米，前、后浮雕人物群像。

27 - F₁ 修女楼 〔港北区贵城街道人民东路原县东小学东 3 米·1921 年〕 建于 1921 年。坐北朝南，砖木结构，二进院落，占地面积 347 平方米。前、后座为西式二层楼房，面阔三间，盖小青瓦，楼前檐墙凸砌 4 柱，顶饰三角形山花。上下两层均设联拱外廊，部分檐墙和檐柱浮雕花卉及几何纹装饰图案。楼前、后添建了教堂和厨房。

28 - F₂ 辅龙宝塔 〔港北区大圩镇永隆行政村土寨屯社根寨半山腰·1946 年〕 建于清道光年间（1821—1850），1946 年迁建现址。坐东朝西，六边形宰堵波式二层砖塔，葫芦形刹，高 9 米。底层正面开拱门，门侧有对联"辅翼方隅绕绿水青山此处天开胜境，龙蟠吉地拥红云紫雾于中□显英灵"。二层各面开圆窗。正面窗额横书"辅龙宝塔"4 字，仿宋体。塔腔中空，有砖砌祭台。

29 - G₁ 万新铜鼓出土点 〔港北区庆丰镇万新行政村西南约 300 米·西汉中期—南朝〕 1978 年 7 月，出土冷水冲型铜鼓 1 面，出土时无伴随物。鼓面径 0.775 米，高 0.527 米。鼓面太阳纹十三芒，面沿环列四蛙间乘骑立体装饰。鼓面、身饰波浪纹、羽纹、复线交叉纹、变形羽人纹、变形船纹等。胸腰间附辫纹扁耳 2 对，半环耳 1 对。

港南区

1 - A₁ 石莲冲口遗址 〔港南区东津镇石莲行政村石岭屯北约 300 米郁江南岸·新石器时代〕 山坡（台地）遗址。1989 年发现。位于郁江南岸，在河岸 I 级台地上，面积约 1500 平方米。文化层厚 0.5—0.6 米。采集到的石器有尖状器、刮削器、石核、石片、石斧、砺石等，以及夹砂绳纹红陶片等，含釜、罐类器残片。

2 - A₂ 木桥坑口遗址 〔港南区瓦塘乡瓦塘行政村瓦塘圩北约 500 米郁江东岸·新石器时代〕 山坡（台地）遗址。1989 年发现。位于郁江东岸 I 级台地上，面积约 2000 平方米。文化层厚 2.8 米，可分为三层。采集的石器有斧、锛、刮削器、石片等，以及夹砂绳纹红陶片等，陶片器形不明。

3 - A₃ 上江口遗址 〔港南区瓦塘乡瓦塘行政村上江口屯西北约 200 米郁江右岸·新石器时代〕 山坡（台地）遗址。1989 年发现。位于郁江岸边，于河岸边 I 级台地上，面积约 4200 平方米。文化层厚 2.2 米，分为三层。采集的石器有砍砸器、刮削器、斧、锤、砺石以及石核、石片等，还有蚌刀、夹砂绳纹红陶片、兽骨和少量螺蛳壳等。

4 - A₄ 古兰遗址 〔港南区瓦塘乡福新行政村古兰屯西约 200 米郁江东岸·新石器时代〕 山坡（台地）遗址。1989 年发现。位于郁江岸边，于河岸边 I 级台地上，面积约 4200 平方米。文化层厚 2.2 米，分为三层。采集的石器有砍砸器、刮削器、锤、石核、石片、斧、砺石等，还有蚌刀、夹砂绳纹红陶片、兽骨和少量螺蛳壳等。

5 - A₅ **蕉林冲遗址** 〔港南区瓦塘乡福新行政村滩平屯西约 1 公里郁江南岸·新石器时代〕 山坡（台地）遗址。1989 年发现。位于郁江南岸Ⅰ级台地上，面积约 7000 平方米。文化层厚约 1.8 米。采集石器有尖状器、刮削器、石核、石片、斧、锛、矛等，以及夹砂红陶片，陶片器形不明。

6 - A₆ **长训岭遗址** 〔港南区瓦塘乡香江行政村上赖新屯西南约 300 米郁江东岸·新石器时代〕 山坡（台地）遗址。1989 年发现。位于郁江岸边Ⅰ级台地上，面积约 3500 平方米。文化层厚约 1.4 米，分为三层。断面上暴露有灰坑。采集有石锛、砺石以及夹砂绳纹红、灰陶片等。

7 - A₇ **藤冲口遗址** 〔港南区瓦塘乡上江行政村下垌屯旱田坪郁江东岸·新石器时代〕 山坡（台地）遗址。1989 年发现。位于郁江东岸Ⅰ级台地上，面积约 1500 平方米。文化层厚 0.8—1.5 米。采集有石锛、石片以及夹砂绳纹红、灰色陶片等。

8 - A₈ **京屋遗址** 〔港南区瓦塘乡思怀行政村京屋屯北约 100 米·新石器时代〕 山坡（台地）遗址。1989 年发现。位于郁江岸边，在河岸Ⅰ级台地上。面积约 1 万平方米。文化层厚约 1.5 米。采集有砍砸器、刮削器、斧、锛、砺石、石核等石器和夹砂绳纹红、黑陶片等。

9 - A₉ **武思村窑址** 〔港南区木梓镇武思行政村武思大桥西北约 50 米瓦窑岭·宋代〕 面积约 4000 平方米。发现窑口 2 座，废品堆积厚约 3 米。以烧制为主，用匣钵装烧法。采集到完整的青瓷器有魂瓶、碗、碟以及杯、炉、壶等残片。胎白中泛黄，施青黄釉，有细冰裂纹。

10 - A₁₀ **窑村窑址** 〔港南区桥圩镇长塘行政村窑村屯内·清代〕 面积约 375 平方米。坡式龙窑。长 20 米，宽 6 米，高 3 米。废品堆积厚约 3.5 米。以烧制陶器为主，产品有罐、坛、盆、钵、壶等。陶胎坚致，釉色淡青灰色。

11 - A₁₁ **南江码头遗址** 〔港南区江南街道南江村郁江岸边·明—民国·自治区文物保护单位〕 遗址包括南江渡口码头、亚魁牌坊、古驰道、驰道牌坊、南江旧街等。古驰道又称"秦汉驰道"，现从南江渡口至南山寺，陆续可见青石石板道，残长 140 米，宽 2.6 米。渡口码头、南江旧街亚魁牌坊、驰道牌坊等为明—民国期间陆续修建，其中南江旧街始建于明代，部分地段已毁。路面以青石块夹青砖铺砌，残长约 80 米，宽 10 米。

A₁₁₋₁ **南江渡口码头** 〔江南街道南江村郁江岸边·清代〕 据民国《贵县志》记载，"南江渡口石级，道光壬寅夏邑绅罗上锦建"，"始于辛丑之冬月，告竣于壬寅之夏月，其级九十余皆红石为之，图安步也。其旁加以卧石防水坍也，底旁筑以灰沙厚坚固也，费白金一千有余，惟予一人力也"。清道光二十一年（1841），邑绅罗上锦为解决郁江码头上岸困难出资修建，二十二年（1842）竣工。渡口码头石踏跺 100 余级，长约 120 米，宽 5 米，松木桩灰沙底，红砂料石铺设，两边设青石灰沙护坡。

A₁₁₋₂ **亚魁牌坊** 〔江南街道南江村南江小学西北约 150 米·明代〕 明万历十七年（1589），嘉靖甲子科举人黄守规修建。坐南朝北，花岗岩石结构，一字形四柱三间三楼牌坊，面阔 6.5 米，高 5 米，明楼二坡面，硬山顶，石刻筒瓦。明间面阔 3.5 米，高 3.8 米，坊额两面均刻楷书"亚魁" 3 字，字径 0.3 米，落款"嘉靖甲子科第九名举人黄守规立，万历己丑年仲春吉旦"，楷书，阴刻。次间面阔 1.5 米，高 3 米。方形立柱，柱脚夹于石。《贵县志》有载。

A₁₁₋₃ **驰道牌坊** 〔江南街道南江村郁江岸边·1928 年〕 建于 1928 年。据 1934 年《贵县志》记载，"原址初拟在县南八里南山寺，自南江石步辟驰道径达山麓，石步前已建坊，题曰中山公园驰道"。牌坊坐南朝北，砖石结构，一字形四柱三间中西式结合牌坊，面阔 11 米，高 8.5 米。罗马柱拱门，枋顶饰半圆及弧形山花。

12 - B₁ **南江汉墓** 〔港南区江南街道南江村西头·汉代〕 封土呈圆丘形，底径约 20 米，高 6 米。经钻探发现料珠、漆器屑等。

13 - C₁ **福民寺** 〔港南区木格镇平悦行政村平悦小学内·明—清〕 始建年代不详，明正德十一年（1516）、清乾隆二十七年（1762）两次重修。坐西朝东，砖木结构。二进院落，由前殿、后殿、天井、走廊组成。现存后殿，面阔、进深三间，檐柱 2 根，金柱 4 根，穿斗与抬梁混合木构架，硬山顶，脊饰灰雕，盖小青瓦，琉璃滴水。梁上书"大明威号正德十一年岁次丙子季冬良辰重修""□大清庚号乾隆二十七年太岁壬午仲秋吉旦重修"等字。占地面积约 140 平方米。

14 - C₂ **水井屯古井** 〔港南区东津镇郑村行政村水井屯北约 40 米·明代〕 建于明万历年间（1573—1620），具体时间不详。井口方形，边长 1.57 米，井深 4.8 米。井壁以条石砌成，井台平面呈正方形，边长 5 米，面积约 25 平方米，用条石铺砌。井东北角立碑 1 方，高约 0.5 米，宽 0.4 米，碑文字迹已模糊。据清光绪《贵县志》载，"郑村古井石郭南四里，……井旁有万历、崇祯年碑，故称古井"，疑指此井。

15 – C₃ 三界庙 〔港南区木格镇木格行政村下街·清代〕 建于清乾隆年间（1736—1795），具体时间不详。坐北朝南，砖木结构，二进院落，由前殿、后殿、天井、厢房等组成，占地面积约 248 平方米。前、后殿面阔三间，进深二间，抬梁式木构架，硬山顶，盖卷筒青瓦，檐口琉璃剪边。前设檐廊，门额有"万世咸灵"匾。屋脊及屋内墙壁的壁画残缺。

16 – C₄ 李氏弥庙 〔港南区新塘乡乌柏行政村乌柏屯·清代〕 建于清乾隆十七年（1752），清光绪三十二年（1906）重修。坐西朝东，砖木结构。二进院落，由前殿、后殿、天井、走廊组成，占地面积约 264 平方米。前殿、后殿面阔三间，进深一间，硬山顶，盖小青瓦，正脊彩塑葫芦。前殿有前檐廊，立廊檐柱 2 根，门额题"李氏弥庙"匾。庙为纪念清康熙九年（1670）内阁中书李彬而建，清光绪版《贵县志》载国朝进士康熙九年李彬恩赐内阁中书。

17 – C₅ 漪澜塔 〔港南区江南街道南江社区罗泊湾村郁江右岸·清代·市文物保护单位〕 又名安澜塔。清嘉庆二十三年（1818），知县林大宏倡建。坐南朝北，楼阁式砖塔，平面呈八边形，边长 4.58 米，高九层 30 米，塔基用条石砌筑，塔腔中空，每层木楼板，周开四扁壶门及圆窗、梅花窗共 35 个。底层正门额刻隶书"漪澜塔" 3 字，门旁刻楹联"撮土为山培地脉，引人成事补天功"，字皆隶书。清光绪版《贵县志》有载。

18 – C₆ 邱氏祖祠 〔港南区木格镇东坡行政村平坡屯·清代〕 建于清道光年间（1821—1850），清光绪年间（1875—1908）重修。坐西南朝东北，砖木结构，二进院落，由前座、后堂、天井、厢房组成，占地面积约 300 平方米。前座、后堂均面阔五间，硬山顶，灰塑人物花鸟，高脊饰博古，弧形马头山墙。前座中高两侧低，明、次间设前檐廊，门额上挂"邱氏祖祠"木匾。祠内青砖铺地，周有围墙，四面设有方形炮楼，仅存北炮楼，方形，高二层 6.5 米，开有枪眼。

19 – C₇ 石兰公祠 〔港南区东津镇石莲行政村石岭屯·清代〕 建于清道光十七年（1837）。坐西朝东，砖木结构，三进院落，由前座、中厅、后堂、天井、厢房组成，占地面积约 420 平方米。各座面阔三间，硬山顶，盖小青瓦。前座置前檐廊，门额上阴刻"石兰公祠"石匾，前设垂带踏跺，中厅内为通殿，后堂前明间设祭台。

20 – C₈ 司马第 〔港南区木格镇平悦行政村陈索屯 230 号·清代〕 建于清道光二十七年（1847）。坐西朝东，砖木结构，二进院落，前、后两座，中夹天井，左右厢房，占地面积约 281 平方米。前、后座面阔三间，清水墙，硬山顶，盖小青瓦，弧形马头山墙，正面檐墙有花卉人物壁画 5 幅。前门额嵌阳刻行书"司马第"石匾。天井厢房窗饰双"喜"雕刻。

21 – C₉ 城肚屯城堡 〔港南区桥圩镇东井塘行政村城肚屯·清代〕 清咸丰二年（1852）里人杨鼎材等建。依山势建城堡，面积约 7200 平方米，用砖石砌围墙，残高 2.5—5 米，厚 0.8 米。城堡内主屋、宗祠已遭破坏，四周设 5 个碉楼，现仅存 1 座，砖木结构，面阔 4.5 米，进深 4 米，高二层 8 米。木楞楼板，硬山顶，正脊饰马头、博古灰雕，弧形山墙，底层正面开厅，二层设窗，窗顶上绘八仙和太白醉酒图，前后内檐墙有浮雕。

22 – C₁₀ 万固桥 〔港南区木格镇班凤行政村刁屋屯西约 350 米清源河上·清代〕 建于清同治十二年（1873），是木格镇沟通瓦塘、县城的主要道路桥梁。东西走向，单孔石拱桥，长 20 米，宽 3.4 米，桥身及桥拱用料石砌筑，桥面为条石错缝平铺。桥拱前侧题"清源河"匾，后侧题"万固桥"匾，落款均为"同治十二年癸酉岁季春月榖旦立"，左右刻诗联："一轮明月清波照，百尺长虹绿江浮"，落款"香溪李春藩题"；"不霁亦惊虹□水，临江何用子骞裘"，落款"即用儒学教谕恩贡生李锡晋题"。

23 – D₁ 南山寺摩崖石刻 〔港南区南山公园狮头山南山寺内·宋—清·自治区文物保护单位〕 摩崖石刻 30 方，其中宋代 6 方，元代 1 方，明代 4 方，民国 3 方。书法四体皆全。寺庙建于北宋端拱二年（989），自宋始，诗客、游人在山洞下壁面留下大量摩崖石刻，有题榜、题诗、题记等，内容多是颂扬南山景色之作，其中南宋贵州知州陈谠的南山颂、元代的御书碑刻等尤为珍贵。

D₁₋₁ 陈谠摩崖题榜、诗刻 〔南山公园南山寺岩壁上·南宋〕 摩崖石刻 2 方，均为陈谠撰文并书丹。题榜 1 方，南宋庆元三年（1197）刻，刻于东门内壁。文竖 2 行，计 9 字。正文榜书"南山" 2 字，字径 1.4 米，真书，阴刻。落款"怀泽宋臣陈谠书"，真书，字径 0.08 米。诗刻 1 方，在洞中观音堂西壁，刻面高 3 米，宽 2.6 米。文竖行，计 89 字，字径 0.1 米，真书，阴刻。无首题，落款"朝请郎权发遣贵州军州兼管内劝农事紫臣陈谠撰并书"。四言长诗，赞南山之雄伟，颂天子与天齐久，有"天子万年""南山不朽"等句。陈谠（1134—1216），字正仲，福建泉州府文贤里留浦（今福建省仙游县度尾镇帽山村）人，累官右司郎中、殿中侍御史。南宋庆元三年（1197）任贵州知州兼管内勤农事。

D₁₋₂ 黄守规题刻 〔南山公园南山寺洞门口·明代〕 明代刻。刻面高 1.05 米，宽 0.5 米。文竖 3 行，满行 7 字，计 24 字。邑人黄守规等撰文书丹。无首题，落款"邑人黄守规爱吾氏敬题"。联"洞门云镇三冬暖，石室风生九夏凉"。字径 0.11 米，楷书，阴刻。

24－E₁ 三板桥教案遗址 〔港南区八塘镇三板桥行政村三板桥屯·1883 年〕 清光绪元年（1875），法国传教士富于道在三板桥修建天主教堂，九年（1883）法国传教士伯业及教徒破坏清政府征兵抗法，新兵江三开率新兵拆除教堂，烧毁教堂契约，将传教士伯业扭送县衙。教堂已毁无存。

25－E₂ 木梓抗日阵亡将士纪念碑 〔港南区木梓镇木梓街东约 500 米簸箕岭·1939 年〕 1939 年"七·七"事变两周年之际，为纪念抗日阵亡将士，贵县政府拨款兴建。纪念碑坐北朝南，青砖砌成，高 4.5 米。碑座呈六角形，北面刻有"中华民国二十八年七月七日奠基□□□敬书"。碑身为方形立柱体，宝盖顶。正面镌刻"抗日阵亡将士纪念碑"，其他三面分别镌刻"忠烈精神永远不灭""尽忠报国气长留""浩气长存"等字，均为当时贵县县长罗福康所题。

26－E₃ 黄彰墓 〔港南区贵港市南山公园文笔山下·1945 年·市文物保护单位〕 黄彰（1901—1945），又名文波，广西贵县西山乡人。先后任宾阳县委书记、广西省工委副书记兼组织部部长等职。1945 年春，领导桂东南起义，失败被捕。3 月 9 日在木梓英勇就义。墓葬朝南，冢呈圆形，石、水泥围砌。墓碑刻"黄彰烈士之墓"。正前方 2 米处立花岗岩雕黄彰烈士全身像，高约 3 米。

27－F₁ 君子垌客家围屋群 〔港南区木格镇云垌行政村君子垌·清代〕 建于清咸丰年间（1851—1861）。由"云龙围""同记城""畅记城"等 19 座围屋组成，每座围屋占地面积约 2300—5000 平方米。平面呈长方形，四角四角楼或前设两角楼或后设三角楼。主体建筑砖木结构，二进或三进，面阔、进深不一，硬山顶，盖小青瓦，屋脊和墙顶饰马头装饰，山墙或外檐墙顶装饰有壁画，题材多体现儒家文化特色。主屋正前方，围墙外围均有半月塘，三合土围墙，左右各设一门。屋墙多有枪眼。屋与屋之间、屋与围墙之间均有甬道。

28－F₂ 七星堂 〔港南区木梓镇行政村武思村·1922 年〕 原为当地富豪陈锡光住宅，建于 1922 年。坐西朝东，砖木结构。平面为"回"字形，中为天井，四周为二层西式楼房，面阔五间，上、下两层均有回形外廊，拱形廊墙，廊沿围宝瓶琉璃栏杆。内顶女儿墙呈弧形，上下层檐墙间有人物花鸟、兽等浮雕图案。外围女儿墙高 1 米，开多处枪眼。共有房 32 间，占地面积约 810 平方米。

29－F₃ 舍利宝塔 〔港南区南山公园狮头山、驴山交界北山脚·1936 年〕 建于 1936 年，邑人盛光庭倡建，由木格乡石匠曾福有凿石修建。坐西朝东，楼阁式石塔，高 4 层 6 米。第 1 层为方形须弥座，第 2 层至第 4 层为六边形。第 2 层正面有浮雕跏趺坐佛像 1 尊，塔檐均系莲瓣形。塔顶竖刻"舍利宝塔"4 字，隶书，阴刻。塔左侧立 1936 年《南山舍利塔记》石碑 1 方，记修建舍利宝塔之缘由及捐资人及捐资数额。系贵县书法家梁岵庐手书。

30－G₁ 陈索铜鼓出土点 〔港南区木格镇陈索行政村陈索村·西汉中期—南朝〕 1965 年，陈索村水利工地出土冷水冲型铜鼓 1 面。鼓面径 0.63 米。鼓面太阳纹十二芒。面沿环列四蛙已失一，胸腰间附辫纹扁耳 2 对。晕间饰变形羽人纹、变形翔鹭纹间鱼纹及由栉纹和带切线圆圈纹组成的纹带。足部残。

31－G₂ 尿岗堆岭铜鼓出土点 〔港南区桥圩镇蒙垌行政村尿岗堆岭·东汉—唐〕 1962 年，尿岗堆岭出土北流型铜鼓 1 面。鼓面径 0.77 米，高 0.44 米，足径 0.76 米。鼓面太阳纹八芒，面沿环列四蛙，胸腰间附环耳 2 对。鼓面饰云纹，余为雷纹，鼓身饰云纹、雷纹填线纹相间。

覃塘区

1－A₁ 万丈冲口遗址 〔覃塘区大岭乡新井行政村大角新村东南约 300 米郁江西岸·新石器时代〕 山坡（台地）遗址。1989 年发现。位于郁江西岸 I 级台地上，面积约 4500 平方米，文化层厚约 1.5 米。采集有刮削器、尖状器、石核、锛等石器以及夹砂绳纹红陶片等，陶片含釜、罐类器。

2－C₁ 镇安庙 〔覃塘区大岭乡大岭行政村大岭村·清代〕 建于清嘉庆年间（1796—1820），清光绪十七年（1891）重修。坐东南朝西北，砖木结构，二进院落，由前殿、后殿、天井、厢房组成，占地面积约 179 平方米。前殿、后殿均面阔三间，进深一间，硬山顶，盖小青瓦，琉璃滴水，脊饰瑞兽彩塑，壁端彩绘山水壁画。前殿明间设小檐廊，门额塑"镇安庙"匾，立石狮 1 对，两次间稍低，各开一侧门。

3－D₁ 封侯岩摩崖石刻 〔覃塘区樟木乡川山行政村华堂屯马骝山半山腰·明代〕 封侯岩又名马骝洞，洞内有摩崖石刻 2 方。一方为明万历四十年

（1612）五山守备署长孟邹勋榜书"封侯岩"3字，字径0.35米，楷书，阴刻。另一方为题七言诗一首，行书，阴刻。

4 – D₂　天堂寺碑刻　〔覃塘区石卡镇石卡社区·清代〕　天堂寺庙已毁。现存碑刻14方。碑嵌于寺址的民房墙上，碑文内容多系记述寺庙历代修建的历史及捐资者芳名。年代最早的碑刻立于清雍正四年（1726）。

5 – E₁　中共广西省第三次代表大会旧址　〔覃塘区三里镇三里社区罗村屯·1936年〕　1936年11月7日，中共郁江地区代表大会在罗村召开，到会有陆川、北流、兴业、南宁、横县、贵县和右江地区的代表20多人，根据中共南方临委李守纯的建议，大会改称"中共广西省代表大会"，把原计划重建中共郁江特委改为成立中共广西省工作委员会，陈岸任书记兼组织部长，实现了全省地下党组织的统一领导。旧址原为面阔三间，进深一间，悬山顶，砖木结构平房。现存大门和正间一间，面积约24平方米。

6 – E₂　明明书店旧址　〔覃塘区东龙镇石龙社区正街二巷·1939—1944年〕　1939年至1944年，中共广西省工委委员黄彰在此创办明明书店，作为地下党交通站，开展革命活动，发行《论持久战》《新民主主义论》等进步书刊。旧址原为中共党员梅竹公的铺店，建于1927年。坐西朝东，砖木结构，二进院落，面积约119平方米。前座、后座为两层楼房，皆面阔一间，木楞木楼板，悬山顶。前座为书店铺面。

7 – E₃　陈培仁烈士墓　〔覃塘区覃塘镇大廊行政村瓦古岭西侧·1982年〕　为纪念中共贵县首任县委书记陈培仁等14位革命烈士，建于1982年。墓葬朝南，冢呈圆丘形，砖石砌体，占地面积约300平方米。大理石墓碑镌刻隶书"陈培仁烈士墓"，设供台、墓堂、扶手及墓圈墙，墓左前立叙述墓主生平碑廊墙，立"浩气长存"碑刻1方，介绍当时牺牲的14名革命烈士事迹。

8 – F₁　明德堂　〔覃塘区黄练镇居仕行政村居仕小学·1936年〕　原为当地潘氏宗祠，建于1936年，1946年维修。坐西朝东，砖木结构，二进院落，前、后两座皆二层西式楼房。均面阔五间，前、后外廊，廊檐墙作五联拱，廊沿砌栏杆。平顶，宝瓶琉璃栏杆式女儿墙。后座中厅壁挂"明德堂"木匾。占地面积约1592平方米。

9 – G₁　牛坳山铜鼓出土点　〔覃塘区蒙公乡新岭行政村西约1公里牛坳山·西汉中期—南朝〕　1975年，牛坳山出土冷水冲型铜鼓1面。鼓面径0.725米，高0.453米。鼓面太阳纹十二芒。面沿环列四蛙。饰栉

纹夹双行同心圆纹纹带、复线交叉纹、变形羽人纹、变形翔鹭纹和定胜纹、圆心垂叶纹。

10 – G₂　长岭铜鼓出土点　〔覃塘区东龙镇柳蓬村东北约1.3公里长岭·西汉中期—南朝〕　1982年4月，于长岭出土冷水冲型铜鼓1面，鼓面向下，无伴出物。鼓面径0.8米，高0.55米。鼓面太阳纹十二芒。面沿环列四蛙，蛙间饰2个立体兽形。纹饰主要有变形羽人纹、变形翔鹭纹、雷纹。足部略残。

11 – G₃　马槽山铜鼓出土点　〔覃塘区东龙镇闭村行政村东北1公里马槽山·西汉中期—南朝〕　1984年秋，马槽山出土冷水冲型铜鼓1面，鼓面朝下，无伴随物。鼓面径0.74米，高0.5米。鼓面太阳纹十二芒。面沿环列四蛙。饰变形羽人纹、鱼形纹、兽形纹、鸟形纹。鼓下部已残缺，仅余鼓面。

12 – G₄　圆窿山铜鼓出土点　〔覃塘区大岭乡古平行政村南约300米圆窿山·西汉—唐〕　1974年，圆窿山出土北流型铜鼓1面。鼓面径0.698米，高0.426米，足径0.697米。鼓面太阳纹八芒。面沿环列六蛙。鼓面饰云纹和云纹填线纹。鼓身饰云纹、雷纹、水波纹等。胸腰间附扁耳2对。

13 – G₅　石卡铜鼓出土点　〔覃塘区石卡镇凤凰林场·西汉—唐〕　1995年12月，凤凰林场出土北流型铜鼓1面。鼓面径1.185米，高0.66米。鼓面太阳纹十芒。面沿环列八蛙，单蛙和累蹲蛙相间。身饰兽面纹"四出"钱纹、变形羽人纹带、蝉纹、席纹、虫纹、四瓣花纹、连线纹等。胸腰间附绳纹扁耳2对。一侧耳下方有2只立体小鸟。

桂平市

1 – A₁　下湾遗址　〔下湾镇团结行政村与贝团行政村之间的石碑岭、大窝岭、树罗岭、高岭、贝团高岭、大良岭6座土岭上·旧石器时代〕　阶地遗址。6座土岭高出周围地表约15—20米，基本连成一片，范围约10平方公里。1980年在山岭的顶部采集到一批打击石器，其中石碑岭采集砍砸器2件、石核1件、石片9件，大窝岭采集砍砸器2件、石核1件、石片9件，树罗岭采集石核1件、石片6件；高岭采集刮削器1件、石核1件、石片2件，贝团高岭采集石片15件，大良岭采集石片1件。均为砾石石器，特点基本一致。（见《考古》1987年11期）

2 – A₂　松木湾遗址　〔下湾镇浪滩行政村松木湾屯西约200米秀江东岸·新石器时代〕　山坡（台地）遗址。1989年发现。遗址在郁江东岸台地上，残存面积约100平方米。文化层厚约1米。采集的遗物有砍砸

器、石片以及残碎的夹砂粗绳纹红陶片等。

3 - A₃ **岭营嘴遗址** 〔下湾镇浪滩行政村大坪村北约 600 米大江河口·新石器时代·市文物保护单位〕山坡（台地）遗址。1989 年发现。位于郁江南岸第 I 级阶地上，面积约 4500 平方米。文化层厚约 1.2—1.5 米。采集有砍砸器、石斧、石锛、石片及夹砂粗绳纹红、黑陶片等。（见《考古》1997 年 10 期）

4 - A₄ **大塘城遗址** 〔寻旺乡先锋行政村大塘城村西南浔江东岸·新石器时代·自治区文物保护单位〕山坡（台地）遗址。1980 年发现。遗址位于黔江、浔江、郁江交汇处台地上，南自大塘城村西南知达坑起，北至白竹冲，面积约 1.5 万平方米。文化层厚约 0.5—1.1 米。采集打制石器有砍砸器、尖状器、盘状器、刮削器以及石核、石片，磨制石器有斧、锛、凿等，还有夹砂粗绳纹红、黄褐、灰黑陶片等，多为圜底器残片。（见《考古》1987 年 11 期）

5 - A₅ **上塔遗址** 〔寻旺乡东塔行政村上塔村西南浔江南岸台地上·新石器时代·自治区文物保护单位〕山坡（台地）遗址。1980 年发现。面积约 1 万平方米，文化层厚约 0.8—1 米。采集打制石器有砍砸器、盘状器、刮削器、锤、石片等，磨制石器有斧、锛、砺石等。陶器均系夹砂陶残片，饰粗绳纹为主，有少量细绳纹、篮纹、划纹，多为红褐色，次为红色、灰褐色、灰色，胎壁较厚，多为圜底器。（见《考古》1987 年 11 期）

6 - A₆ **涩元遗址** 〔寻旺乡西南行政村滩头屯南约 90 米·新石器时代〕山坡（台地）遗址。1983 年发现。在郁江东岸台地上，面积约 2000 平方米，文化层厚约 0.7—0.9 米。地表和河岸断壁处散布有较多的石器。采集有砍砸器、尖状器、刮削器及穿孔石器等。

7 - A₇ **大岭岗遗址** 〔寻旺乡西南行政村罗村西约 50 米·新石器时代〕山坡（台地）遗址。1989 年发现。位于郁江东岸台地上，面积约 4000 平方米。文化层厚约 0.5 米。采集到砍砸器、盘状器、石片等遗物。遗址临江处有崩塌。

8 - A₈ **庙前冲遗址** 〔木圭镇木圭行政村横江村西北约 300 米庙前冲·新石器时代·市文物保护单位〕山坡（台地）遗址。1983 年发现。面积约 4000 平方米，遗址北临浔江，高于河面约 10 米。文化层厚约 1 米。采集石器有斧、砍砸器、石片、砺石等和夹砂绳纹红陶片及黑陶片等。（见《考古》1987 年 11 期）

9 - A₉ **下庙遗址** 〔南木镇三鼎行政村下庙屯南约 400 米浔江西岸·新石器时代〕山坡（台地）遗址。1980 年发现。遗址东面临浔江，面积约 2400 平方米。在临江断崖处可见石器、陶片等遗物。采集有砍砸

器、石片及少量夹砂绳纹陶片，陶片器形不明。

10 - A₁₀ **江倪口遗址** 〔南木镇群合行政村江倪口与浔江交汇处·新石器时代·市文物保护单位〕山坡（台地）遗址。1989 年发现。遗址在浔江西岸台地上，面积约 3000 平方米，从暴露的断面观察，文化层厚约 1—1.5 米，内含夹砂陶片、石器、石片等。采集的石器有砍砸器、刮削器、锛、网坠，还采集了石片和夹砂绳纹釜、罐残陶片等。由于水位升高，遗址大部分已被江水淹没。

11 - A₁₁ **黄茅岭遗址** 〔南木镇沿江行政村黄茅岭村东约 20 米浔江西岸·新石器时代〕山坡（台地）遗址。1983 年发现。在浔江西岸的台地上，面积约 4000 平方米。文化层厚约 1 米。采集的石器有砍砸器、刮削器、石核、石片以及石锛等。

12 - A₁₂ **那塘冲遗址** 〔南木镇山塘白沙村东北处·新石器时代〕山坡（台地）遗址。1984 年发现。面积约 1200 平方米，文化层厚约 0.7 米。采集的石器有砍砸器、石核、石片等及一些石器半成品。

13 - A₁₃ **龙门滩遗址** 〔江口镇龙山行政村龙山村东约 200 米龙门滩·新石器时代·市文物保护单位〕山坡（台地）遗址。1980 年发现。遗址西部面临浔江，分布面积约 1 万平方米。遗址西部临浔江，在河边断崖处可见石器与陶片。采集有砍砸器、刮削器、石核、石片和残碎的夹砂绳纹红陶片，陶片不能辨认器形。

14 - A₁₄ **龙倪坑遗址** 〔江口镇三布行政村官塘屯陈屋北约 500 米龙倪坑·新石器时代〕山坡（台地）遗址。1983 年发现。遗址在浔江西岸台地上，面积约 2000 平方米。文化层厚 0.4—0.7 米。采集的石器有砍砸器、刮削器、石核、石片等。

15 - A₁₅ **公崇坑遗址** 〔江口镇三布行政村官塘屯蔡屋北约 500 米浔江西岸·新石器时代〕山坡（台地）遗址。1989 年发现。遗址东临浔江，面积约 3000 平方米。文化层厚约 0.5—1 米。采集有石核、残碎的夹砂绳纹陶片等。

16 - A₁₆ **高噜岭遗址** 〔江口镇盘石行政村盘石村东南·新石器时代〕山坡（台地）遗址。1984 年发现。遗址在浔江岸边台地上，面积约 1000 平方米。文化层厚约 0.5—0.9 米。采集有砍砸器、刮削器、石片和夹砂绳纹陶片等，陶器器形已莫能辨。

17 - A₁₇ **长冲根遗址** 〔石咀镇必岭行政村长冲根屯西北约 100 米浔江南岸·新石器时代〕山坡（台地）遗址。1983 年发现，位于浔江台地上，遗址面积约 2000 平方米。试掘 0.2 平方米。文化层厚约 0.3 米。采集的打制石器有砍砸器、锤、石核、石片，磨制石器有锛、砺石。还有夹砂粗陶残片，陶胎较厚，

主要为红、灰陶，饰绳纹，有少量篮纹，器形难辨。（见《考古》1987 年 11 期）

18 - A₁₈ 石咀遗址 〔石咀镇石咀街北长冲坑口·新石器时代〕 山坡（台地）遗址。1984 年发现。位于长冲坑与浔江交汇处东南侧的浔江东岸第 Ⅰ 阶地，面积约 4000 平方米。文化层厚约 0.5—1.2 米。遗址临江的断崖堆积里，发现有夹粗砂陶片，多属罐、釜类器，颜色有红、灰两种，饰绳纹、篮纹、划纹等。采集的石器有打制砍砸器、磨制石锛等。（见《考古》1997 年 10 期）。

19 - A₁₉ 姑隆冲遗址 〔石咀镇罗洪行政村姑隆冲屯东面约 300 米姑隆冲与浔江汇合处·新石器时代〕 山坡（台地）遗址。1983 年发现。遗址在浔江南岸，面积约 1000 平方米。文化层厚约 0.9 米，含砍砸器、刮削器、石核、石片、夹砂绳纹陶片等。

20 - A₂₀ 上江坪遗址 〔西山镇永培行政村蓬琅屯上江坪台地上·新石器时代〕 山坡（台地）遗址。1989 年发现。遗址东临郁江，面积约 5000 平方米。文化层厚 0.8—1.2 米。采集到砍砸器、刮削器、石核、石片等。遗址临郁江处崩塌较严重。

21 - A₂₁ 担水步遗址 〔西山镇永培行政村杉木岭村东约 300 米担水步台地上·新石器时代〕 山坡（台地）遗址。1989 年发现。在郁江西岸 Ⅰ 级阶地上，面积约 6000 平方米。从河岸断崖剖面可知，文化层厚约 0.6—1 米。采集到砍砸器、砺石、石器残件、石核、石片、砺石和残碎的夹砂绳纹陶片等。

22 - A₂₂ 城都岭遗址 〔西山镇碧滩行政村碧滩圩东面城都岭·新石器时代〕 山坡（台地）遗址。1983 年发现，遗址在黔江南岸，面积约 3000 平方米。文化层厚约 0.7 米。采集的石器有砍砸器、刮削器、锛、双肩斧、砺石等。

23 - A₂₃ 上江遗址 〔蒙圩镇曹良行政村上江屯石永江河口·新石器时代〕 山坡（台地）遗址。1989 年发现。遗址在石永江河口南岸，面积约 1500 平方米。文化层厚约 0.8—1.5 米。采集到砍砸器、石核、石片、砺石、残碎的夹砂绳纹灰陶片、兽骨、螺蛳壳等。

24 - A₂₄ 官江遗址 〔社步镇宁江行政村官江屯西约 250 米郁江南岸台地上·新石器时代〕 山坡（台地）遗址。1983 年发现。遗址地处官江与郁江交汇口，面积约 5000 平方米。文化层厚约 0.7—1.2 米，呈黄褐色。采集到刮削器、砺石、夹粗砂绳纹红陶片、兽骨、螺蛳壳等。陶器可辨罐类。

25 - A₂₅ 榄冲坪遗址 〔大湾镇安担行政村榄冲坪屯东约 150 米郁江西岸台地上·新石器时代·市文

物保护单位〕 山坡（台地）遗址。1989 年发现。面积约 1.1 万平方米。文化层厚约 1 米。采集有打制的砍砸器、刮削器、石核、石片，磨制石器有石斧、石锛等，还有夹砂粗绳纹红陶片、夹砂篮纹陶片等，有的可能属釜、罐类器的残片。

26 - A₂₆ 古训冲遗址 〔大湾镇安担行政村镇安屯东南约 300 米古训冲口·新石器时代〕 山坡（台地）遗址。1989 年发现。遗址在郁江南岸，面积约 900 平方米。文化层厚约 1.4 米。采集到夹砂绳纹陶罐碎片、石片等文化遗物。

27 - A₂₇ 牛骨坑遗址 〔大湾镇大湾行政村大湾圩东北面牛骨坑·新石器时代·市文物保护单位〕 贝丘遗址。位于郁江台地上，面积约 1000 平方米。文化层厚 0.8—1 米。含螺壳、蚌壳、炭屑、烧骨、动物骨骼、石器、夹砂绳纹陶罐残片等。石器有石斧、锛、凿、砍砸器、砺石等。（见《考古》1987 年 11 期）

28 - A₂₈ 画眉遗址 〔大湾镇耀团行政试村画眉屯北约 300 米画眉坑·新石器时代〕 山坡（台地）遗址。1989 年发现。遗址在郁江南岸，画眉坑口与郁江交汇口的东岸，面积约 300 平方米。文化层厚约 0.4—0..7 米。采集到砍砸器、石核、石片、夹粗砂红陶片及少量的螺蛳壳等。

29 - A₂₉ 牛尾岩遗址 〔白沙镇思建行政村下建村北约 1 公里罗丛山上·新石器时代·市文物保护单位〕 洞穴遗址。罗丛山为石灰岩孤山，牛尾岩洞口朝东，高于地面约 6 米，洞口高 8 米，宽 4 米，洞内面积约 25 平方米。岩洞中有含螺蛳壳等软体动物介壳的文化堆积。文化层厚约 1 米，为含螺蛳壳等软体动物介壳的堆积。采集有磨制双肩石斧及夹砂绳纹陶片。陶片以红陶为主，灰黑陶次之，多饰绳纹，少量篮纹、划纹，少量器口沿有慢轮痕迹，可辨器形有折沿釜。还有炭屑及动物骨骼等。（见《考古》1987 年 11 期）

30 - A₃₀ 常林县故址 〔罗播乡万寿行政村旧县屯大温岭·唐代〕 常林县城建于唐代。《桂平县志》记载："唐常林县，在县西南中都里，按夏志云，中都里有旧州名，旧州旁又有旧县名，旧州即常林郡，旧县即常林县也。"在旧州和旧县之间的大温岭上，发现有唐代的砖、瓦、筒瓦、瓦当残片和一些陶瓷片，还有卧足、饼形足的碗，以及宋代的印花瓷片。但未发现城墙，城址范围，除了村庄外全部开垦成水田和旱作物地，占地面积约 1 万平方米。

31 - A₃₁ 营盘岭营盘遗址 〔蒙圩镇新德行政村寨村屯背营盘岭上·宋代·市文物保护单位〕 遗址平面呈长方形，面积约 2 万平方米。东、西面为绝壁，南、北面以土垒墙。残墙底宽 8 米，顶宽 3 米，最高约

6 米。南墙中设一门。地面散布较多宋代瓷片。

32 - A₃₂ 碧滩村城址 〔西山镇碧滩行政村碧滩村黔江北岸台地上·明代〕 又称金銮殿。系明成化三年（1467）韩雍为镇压大藤峡瑶民起义所建，成化二十三年（1487）移治于今金田镇武靖村内。城址平面呈长方形，面积约 1.6 万平方米。夯土城墙，残高约 1.5 米。城内台基、水井等遗迹依稀可辨。瑶民起义军曾于此扎营。

33 - A₃₃ 弩滩巡检司城址 〔南木镇弩滩行政村弩滩村西南约 300 米黔江东北岸·明代〕 又名韩都城。明成化十八年（1482），明广西副使翁万达为镇压大藤峡农民起义而建。坐东北朝西南，平面呈长方形，面积约 1.8 万平方米。城内、外檐墙以砖、石垒筑，中间填夯土。城内原建筑及城墙已毁，存城墙墙基约 70 米，宽 2 米。

34 - A₃₄ 武靖州城址 〔金田镇武靖行政村武靖村内·明代·市文物保护单位〕 明成化二十二年（1486），土知州岑驿修建。明嘉靖七年（1528）改为武靖千户所，明万历四十八年（1620）废为武靖镇。城址平面呈长方形，面积约 3.4 万平方米。分内、外城，设炮台。内城墙内、外檐墙用青砖垒筑，中间填土夯实。外城墙周边开凿护城河，宽 6 米。现护城河、炮台、杀人坑、水井、练武场等遗迹尚存。

35 - A₃₅ 州城村城址 〔西山镇大起行政村州城屯内·明代〕 位于郁江西岸。城址平面呈长方形，南北长 250 米，东西宽 80 米。面积约 2 万平方米。城墙内、外以石块和青砖砌筑，内填泥土夯实。墙基宽约 5 米，残高 0.5—1 米。现仅残存西、北两面部分泥墙。

36 - A₃₆ 岩仉寨遗址 〔蒙圩镇新德行政村黄茅岭村东北约 1.5 公里·明代〕 系明代大藤峡农民起义军所筑。平面略呈长方形，以石块垒筑寨墙。分官、兵两营。兵营面积约 24 万平方米，官营面积约 4.5 万平方米。四周营墙痕迹犹存，残高 5—30 米，顶宽 1.5 米。

37 - A₃₇ 山峡总兵堆遗址 〔南木镇合山行政村山峡村旁·明代·市文物保护单位〕 是明代官军镇压大藤峡农民起义的军事哨所。占地面积 729 平方米。以泥土筑成四方覆斗形台体，上底边长 17 米，下底边长 27 米，堆高 4.2 米。四面斜坡的中间均设有踏踩通道。

38 - A₃₈ 九层楼遗址 〔西山镇上垌行政村油万屯九层楼山上·明代·市文物保护单位〕 明代大藤峡农民起义军与前来围剿的朝廷军队在此进行过激烈战斗。九层楼山高约 800 米，三面均系悬崖陡壁。遗址

处于山顶的缓坡，面积约 1 万平方米。现西北面尚遗留有三处石垒工事基址，一处呈长方形，另一处为正方形。另有人工凿成的长槽形山泉井及当年起义军用来向敌人投掷的大量石块。（见《文物》1976 年第 4 期）

39 - A₃₉ 营盘顶遗址 〔南木镇弩滩行政村弩滩村西北约 3 公里营盘顶山上·明代〕 明代大藤峡农民起义军的军事指挥所，占地面积约 4 万平方米。现仅存东面、东北面的弧形夯土墙基。墙基东北残长 400 米，南北残宽约 100 米，残高、宽各 0.7 米。东面有门，面阔 4 米。

40 - A₄₀ 天堂顶营盘遗址 〔南木镇联江行政村联江村绿水冲南约 1.4 公里天堂顶山·明代〕 为明代大藤峡农民起义军的营盘。平面略呈长方形，面积约 2 万平方米。四周筑有营墙，内、外以片石及石块垒筑，中间填土构成。墙残高 0.7—0.8 米。

41 - A₄₁ 罗秀冶铁遗址 〔罗秀镇罗秀圩北面及东北面的丘陵地带·汉—宋·市文物保护单位〕 遗物分布于进路岭、孔村背岭、六角岭、大化岭、铁屎尾岭、喉咙岭、木村等岭上，面积约 3 平方公里。采集的遗物有铁渣、风管及汉、唐时期的陶瓷片。木村和铁屎尾岭尚存有炼炉。

42 - A₄₂ 旧州小村窑址 〔罗播乡万寿行政村旧甫屯大温岭·唐—宋〕 窑区地表散布有很多陶片，分布面积约 5000 平方米。发现窑炉 1 座，窑室呈馒头状，直径 3 米，高约 3 米，壁厚 0.25 米。主要烧制陶器，采集的遗物有陶罐、碗残片，窑具有支钉、垫圈等，少量陶器施青黄釉、酱釉。

43 - A₄₃ 桂平窑址 〔西山镇西山行政村西山村一带·宋代·自治区文物保护单位〕 有窑口 12 座，窑区地表散布有瓷片和窑具残片，分布面积约 2 平方公里。1973 年和 1980 年清理了窑口 3 座。为斜坡式龙窑。废品堆积层厚约 5.3 米。出土器物全为影青瓷，有碗、盅、洗、碟、杯、罐、壶、盒、钵、香炉、瓶、渣斗、坛等。窑具有匣钵、垫圈、垫饼等。（见《考古学报》1983 年第 4 期）

44 - A₄₄ 伟杨窑址 〔罗秀镇伟扬行政村伟杨村东北 300 米一带·宋代·市文物保护单位〕 窑区包括下庙、马鹿塘、赤泥岭等一带土岭，分布面积约 1 万平方米。斜坡式龙窑。出土器物全为影青瓷，有碗、盘、罐、碟、盏、壶、花瓶等。窑具有漏斗形、筒形匣钵、垫圈等。

45 - A₄₅ 窑岭村窑址 〔蒙圩镇顺东行政村窑岭屯·宋代·市文物保护单位〕 窑址分布在村前的郁江南岸以及村东面的南蛇岭上，面积约 25 万平方米。窑口大部分向东，斜坡式龙窑。河岸崩塌处发现大量

瓷片堆积，采集瓷器有罐、坛、壶、盅、碗、瓮及垫圈等。釉色青黄。

46 - A₄₆　瓮窑村窑址　〔蒙圩镇新合行政村瓮窑屯金银岭上·宋代〕　发现窑口 1 座，为龙窑，窑门向东，窑室大部分塌毁，形制不明。废品堆积散布面积约 400 平方米。采集有陶纺轮及陶瓮、罐等器残片。泥质灰胎硬陶，饰瓦纹，带黑色陶衣。其中一瓮类残片刻有"忧栖郡" 3 字。

47 - A₄₇　社步窑址　〔社步镇宁江行政村和清石行政村之间的土岭上·宋代·市文物保护单位〕　窑堆散布于宁江村至清石村之间沿江一带的土岭坡上，包括瓦窑湾、瓦窑岭、亚公山、禾塘岭、官江村、螺燕岭及青石村的荷叶冲、缺瓦汕等山岭。窑口均南北向，系斜坡式龙窑，长约 32—35 米，宽约 3—6 米。产品有罐、缶、平底盒、钵等陶器及碗、盘、罐等瓷器。瓷器施青黄釉和酱釉。

48 - A₄₈　功名冲窑址　〔木圭镇祝兴行政村竹车村东北约 600 米浔江岸边的功名冲口·宋代〕　窑区面积约 3000 平方米。在冲口附近发现窑口 1 座，残破、仅存窑室后壁，形制不详。地表散布有陶片及垫圈，采集的遗物有六系小陶罐、陶片等。分红、灰色两种胎，挂黑色陶衣。

49 - A₄₉　大塘口窑址　〔木圭镇祝兴行政村大塘口村浔江河岸·宋代〕　窑区面积约 50 平方米。主烧陶器。遗物有缸、缸盖等器及垫圈等窑具。器多红色或灰色硬陶，多饰瓦纹，挂黑色陶衣。

50 - A₅₀　禾塘冲窑址　〔寻旺乡先锋行政村下渡村东北约 100 米·宋代〕　窑区面积约 6000 平方米。残存 5 座窑口和 3 个废品堆。产品种类有缸、罐、钵、擂钵、水管等陶器及瓷器。1987 年已全部被毁。

51 - A₅₁　练屋冲窑址　〔社坡镇金福行政村练屋冲·清代〕　斜坡式龙窑，长 40 米，宽 2.4 米。主要产品有缸、盆、水桶、罐等陶器。胎厚，施酱釉。有同心圆花纹或附加堆纹等。窑址大部分被毁。

52 - A₅₂　鸭母潭窑址　〔社坡镇金福行政村金福村鸭母潭桐油坪·清代〕　位于桐油坪坡地上，为斜坡式龙窑，占地面积约 200 平方米。采集的遗物有水缸、水管、盆、钵等残片。器内外施釉，釉色棕黑。

53 - A₅₃　水冲岭窑址　〔下湾镇团结行政村水冲屯东南约 600 米生鸡冲冲口郁江南岸边·清代〕　窑区面积约 500 平方米。现存窑口 5 座，均有不同程度损坏，圆形窑室，径 3—5 米，残高 0.7—1.7 米。采集的有窑渣、棕釉陶片和青花瓷片等。由于江水长年冲刷，造成窑址崩塌。

54 - A₅₄　四穿楼遗址　〔西山镇城东街中部·清代〕　明正德年间（1505—1521）参将房润建。清康熙五十一年（1712）重建，郡守毛文铨易名永镇楼，清乾隆十七年（1752）胡南藩重建，楼祀甘王。因楼跨四街口，故名四穿楼。原楼高三层，现只残存西北面墙基，残高 3.5 米，长 5.65 米，宽 5.65 米。基础用料石砌筑，高 2.2 米，上砌青砖。1920 年版《桂平县志》有载。

55 - A₅₅　蓝池遗址　〔紫荆镇三江圩南 1.5 公里百假坑与蓝江冲交叉处·清代·市文物保护单位〕　为瑶族制蓝靛染衣池。面积约 80 平方米。现存蓝池 6 座，一字形排列，池间距 0.8 米。池口圆形，径 3.25 米，深 1.5 米。池壁抹灰沙，壁厚约 0.03 米。

56 - A₅₆　罗丛山戏台遗址　〔白沙镇思建行政村下建村北约 1 公里罗丛山对面·清代〕　是用黄土夯筑而成的戏台高约 1 米。平面略呈长方形，东北长约 7.7 米，东南长约 7 米，面积约 53.9 平方米。三面均为平坦的草地，戏台周围可容观众数万人。此戏台一直使用到 1930 年。

57 - B₁　马家墓群　〔寻旺乡大为行政村石门岭等地·明代〕　分布于石门岭、耙母岭、甘家山、樟木山、秧耙山 5 处。以石门岭墓最为庞大。依岭而筑，周砌围墙，占地面积约 375.5 平方米。据说原墓两侧有文、武殿建筑，中有长通道直达墓冢。今存墓葬 4 座，横列，圆丘形冢，径 2.3 米。其他各处墓葬仍可见墓冢。据《桂平县志》记载，马家系明代大家门第。

58 - B₂　大塘城汉墓　〔寻旺乡先锋行政村大塘城村西·西汉〕　1997 年清理，长方形竖穴土坑墓，无墓道，方向正北。墓室长 4.94 米，存宽 1.4 米。葬具和人骨已朽，只发现少许红色漆皮痕迹。墓底铺一层厚约 0.1 米的木炭。随葬品有陶瓮、陶罐、陶纺轮、铁剑、石黛砚等共 10 余件。

59 - B₃　龟岭汉墓　〔木圭镇大朗行政村大朗村西南约 200 米龟岭·汉代〕　1975 年破坏 1 座土坑墓，形制不详，墓室存长 6.3 米，征集到铜剑 1 件，陶壶、陶罐残件一批。

60 - B₄　小南门晋墓　〔西山镇小南门外·西晋〕　1973 年发现。为单室券顶砖室墓，方向南偏东 40 度。墓室平面呈长方形。墓砖长 0.285 米，宽 0.13 米，厚 0.028—0.039 米，砖面压印叶脉纹，侧面饰几何纹。出土青瓷砚、青瓷鸡首壶、青瓷罐、陶罐和滑石猪等共 8 件。

61 - B₅　甘公墓　〔寻旺乡大为行政村塘角屯·明代〕　甘公，原名不详，传系广东海康县人。墓于明嘉靖十八年（1539）重修。墓葬朝北，土堆冢，呈四方覆斗状，周以不规则石块围砌，高 1.55 米，冢底长

3.2 米，宽 3 米。一墓碑刻"大明成化海康承事即甘公之墓"，落款"嘉靖十八岁次丙孙广源卜吉修立"。占地面积约 37.2 平方米。

62－B₆ 屈氏太后墓 〔白沙镇新龙行政村节度屯南约 1 公里的台地上·南明·市文物保护单位〕 屈氏是南明永历帝朱由榔次兄桂恭王朱由㮥之母，清顺治六年（1649）永历帝乘舟流亡到桂平，屈氏病故舟中，葬于此。墓葬朝东北，圆丘形土冢，高 1.7 米，径约 3.5 米。墓碑刻"巴东文孝王屈氏太后之墓"，已散失。占地面积约 60 平方米。

63－B₇ 李鸿基夫妇墓 〔木根镇木根行政村西岸屯·明代〕 李鸿基（1523—1584），本地李姓二世祖，与夫人袁氏合葬。清光绪二年（1876）重修。墓葬平面呈半圆形，由内外墓圈墙、墓冢、祭台组成，占地面积约 232 平方米。三合土冢，高 0.75 米。墓碑镶在内圈墙正中，顶有石凿的屋檐状碑盖。

64－B₈ 冯三界夫妇墓 〔中沙镇六行行政村六石村当琉山·清代〕 冯三界，原名冯克利，广西贵县人，明末清初两广道教界著名人物。妻汤氏。夫妇同地异穴异坟而葬。清嘉庆二十年（1815）重修。墓葬皆朝东北，冢以石灰砂浆和青砖砌筑，左为冯三界墓，右为汤氏墓，墓前各竖碑 1 方，两墓各有坟圈和祭台，共 1 个拜堂。占地约 107 平方米。

65－B₉ 覃上进墓 〔木乐镇新莲行政村苍茂屯东南约 100 米寨岭·清代〕 覃上进（1723—1826），清捐职卫千总，诰封奉直大夫。墓葬建于清道光六年（1826）。墓葬朝西北，由墓冢、祭台、拜台、墓圈墙等组成，占地面积约 276 平方米。冢呈圆丘形，高 1.9 米，底径约 3 米，冢以青砖围砌，顶置八角双龙戏珠石饰。墓前立碑 2 方，碑文追述墓主生前事迹及功德。拜台两边立石狮 1 对，边缘置望柱栏杆。

66－B₁₀ 覃上进家族墓 〔木乐镇新莲行政村苍茂屯琵琶岭·清代·市文物保护单位〕 为清捐职卫千总覃上进母亲六品安人罗氏、原配夫人韦大君、长子覃宏元等 3 座墓葬，占地面积约 1672 平方米。3 墓呈扇形布局，圆丘形冢，以青砖包砌，前立墓碑，设有祭台和拜堂，祭台两侧立石马 1 对。三墓外围有砖砌半圆形护墙。

67－C₁ 凤凰井 〔厚禄乡双井行政村双井村南约 100 米·元代〕 具体开凿时间不详。元代建村时已有泉水井。井口平面呈长方形，长 5.9 米，宽 2.5 米，深 1.5 米，占地面积约 12.5 平方米。井壁底用长方形料石砌筑。泉水从石缝中喷出，清澈明净。

68－C₂ 九层楼水井 〔西山镇上垌村西北 3 公里九层楼山顶西北坡·明代〕 明代大藤峡起义军用水

井。井经人工开凿，弯月形，东西长 4.2 米，南北宽 0.18—0.62 米，深 0.25—0.3 米。水从山上岩缝中流出，顺坡流入井内，可供五六百人饮用。

69－C₃ 接龙桥 〔西山镇城南街郁江北岸边郁江支流上·明代〕 又名迎恩桥、仁寿桥，俗称人头桥。建于明洪武二年（1369）。清康熙年间（1662—1722）及清嘉庆二十五年（1820）重修。西南—东北走向，单孔石拱桥，长 72.6 米，宽 4.5 米，拱跨 6.5 米，桥身、桥拱以料石砌筑，桥面以石铺平。1971 年修建城区防洪堤占用桥西北一侧，东南侧设望柱 49 根，间筑条石护栏，护栏两端置抱鼓石。

70－C₄ 木甑井 〔麻垌镇东岸行政村东岸屯·明代〕 建于明嘉靖年间（1522—1566），具体时间不详。井口平面呈圆形，圆形井圈高出于台，径约 1.1 米，井深 2 米，砖砌井壁，以条石铺成方形井台，南北长 6.3 米，东西宽 5.3 米，东西井台墙基刻有"木相井" 3 字。

71－C₅ 寿圣寺 〔麻垌镇天行政村洞天村白石山·明代·自治区文物保护单位〕 又名寿圣院、三宝殿。建于北宋嘉祐三年（1058），历时十年完成，明正德年间（1506—1521）扩建。明嘉靖三十九年（1560）、万历年间（1573—1620）、清康熙二十一年（1682）、五十四年（1715）、清乾隆三十四年（1769）、清道光二十八年（1848）均重修。坐东朝西，砖木结构，四进院落，中轴线上依次为前、中、大、后殿，每殿两侧均设副殿，间隔天井，占地面积约 1826.5 平方米，前、中两殿面阔三间，进深两间，副殿为客厅、僧舍。大殿面阔三间，进深四间，穿斗式木构架，驼峰和乳栿雕花卉人物，硬山顶，盖小青瓦。寺前正门额刻"寿圣寺"匾，为北宋熙宁元年（1068）宋神宗赵顼敕赐。

72－C₆ 万华寺 〔中沙镇沙坡行政村榕村屯·明代·市文物保护单位〕 始建年代不详，明万历年间（1573—1620）重修。坐西南朝东北，砖木结构。二进院落，由前殿、后殿及天井组成，占地面积约 139.49 平方米。前殿面阔三间，进深二间。前设檐廊，石础木檐柱 2 根，前置 9 级踏跺。门额真书"万华寺"。后殿面阔、进深三间，金柱 8 根，前檐敞开。两殿皆穿斗式木构架，硬山顶，灰塑翘脊浮雕花草、兽吻。各殿檐柱上有斗拱，天井两侧为走廊。

73－C₇ 东塔 〔寻旺乡东塔行政村东塔村东塔小学旁浔江东南岸·明代·自治区文物保护单位〕 建于明万历年间（1573—1620），桂平县知县刘万安倡建。初建二层，明崇祯年间（1628—1644）御史李仲熊、浔州知府葛元飞增建至九层。占地面积约 178 平方米。楼阁式砖塔，高约 50 米。平面呈八边形，边宽 4 米。塔身外观九层，内分十四层，木楼板，各层叠涩菱角牙出檐，东北和西北面对开圭角门一个，其余各面均砌圭角形实壸门。莲瓣托葫芦形塔刹。塔腔中空，一层、四层内壁每层有龛 6 个。一至五层为穿壁绕平台，五层以上为沿壁踏级盘旋登上塔顶。

74－C₈ 仙宫石牌坊 〔麻垌镇白石山·明代·市文物保护单位〕 建于明万历年间（1573—1620）。一字形四柱三间门楼式石牌坊，高约 7 米，宽 5.6 米，上饰八仙人物及奇禽怪兽等浮雕，正楼二重檐龙凤板正中有"仙宫"和"郡守芦陵伍典题书"刻铭。小额枋与龙门枋间镂空图案。

75－C₉ 洞心寺 〔罗秀镇新桐行政村新垌村·明代〕 建于明万历二十四年（1596）。清乾隆四年（1739）、清道光六年（1826）重修。坐北朝南，砖木结构。二进院落，分前、后两殿，占地面积约 224.48 平方米。前殿、后殿面阔三间，抬梁式木构架，硬山顶，盖小青瓦，内墙上端有彩绘壁画。前殿置前檐廊，门额上书"洞心寺"。两殿间天井两侧设走廊，西走廊墙上镶有清乾隆和清道光年间重修洞心寺石碑。

C₉₋₁ 洞心寺碑记 〔罗秀镇新垌村洞心寺内·清代〕 碑刻 1 方。镶于洞口寺西走廊内壁上。清乾隆四年（1739）立。碑高 0.78 米，宽 0.57 米。碑文竖行，字径 0.023 米，楷书，阴刻。撰文、书丹不详。首题"尝闻"，落款"乾隆四年岁次己未三月二十六日吉旦立"，楷书。碑文记载姚世豪为洞心寺捐谷资田，村人为其立赞颂碑，并附记开土名田。

76－C₁₀ 福寿桥 〔石龙镇石龙圩石龙河上·明代〕 又名明威桥。明天启年间（1621—1627），平安村陈明威捐款修建。清道光十九年（1839）重修。东西走向，两台一墩梁式石板桥，长 15 米，宽 4.1 米，孔跨 3 米，以方块大理石砌墩、台，用石板铺砌桥面，中部桥面石上分 3 竖行刻"福寿""登基""天登" 6 字，楷书。桥墩作三角分水尖状。栏杆为 1965 年增建。

77－C₁₁ 安担甘泉井 〔大湾镇安担行政村安担下村屯·明代〕 建于明崇祯年间（1628—1644），清乾隆年间（1736—1795）、清道光二十五年（1845）重修，1985 年修缮。井口平面呈圆形，径 2.4 米，井深 2.2 米，井台呈圆形，径约 8 米，井壁、井台皆用砖砌。井台周边有卵石三合土围墙，高 1.85 米，厚约 0.9 米。在井附近立有捐款碑刻 4 方。

78－C₁₂ 水合井 〔寻旺乡绥陵行政村汶冲屯狼狗冲上端·清代〕 建于明末清初。井口平面为长方形，南北长 11 米，东西宽 7 米，井深 4 米，占地面积约 77

平方米。井壁西南面用砖砌，东北面用石块砌筑。井北面有条石踏跺上下。井西北面竖碑刻 2 方，分别为《重修水合狼狗路》和《重修水合井路碑记》。文字漫漶不清。东面亦有碑刻，上面仅可见"水合井" 3 字。

79－C₁₃ 洗石庵 〔西山镇西山风景名胜区西山东面山坡·清代·市文物保护单位〕 又名下寺。建于清顺治三年（1646），清康熙、雍正、乾隆年间（1662—1795）均有修葺。坐西北朝东南，依山而建，依次为山门、三帝殿、大雄宝殿，占地面积约 1571 平方米。山门面阔三间，进深二间，门额书"洗石庵"匾。三帝殿高二层，面阔三间，抬梁式木构架，重檐顶，底层两边围墙有线刻诸神菩萨像 88 幅，二楼为经堂。殿后天井水池中置石龟 2 只，正面照墙饰龙吐水图案。大雄宝殿面阔、进深三间，抬梁式木构架，硬山顶，两边副殿为歇山顶，脊饰灰雕花，盖黄琉璃瓦。墙内外绘有彩色花草壁画。

80－C₁₄ 会仙寺 〔麻垌镇洞天行政村洞天村白石山会仙岩上·清代〕 又名会仙观。建于清康熙四十七年（1708），清乾隆二十九年（1764）和 1925 年 2 次重修。坐东北朝西南，砖石结构。以岩厦作屋顶，无梁架，面阔七间，进深二间，占地面积约 612.9 平方米。明间正门额书匾"会仙寺"，内设大仙宫，两次间左为药王殿、右为观音殿。寺前有残碑 1 方。

81－C₁₅ 大陂桥 〔厚禄乡双井行政村双井村西约 500 米小河上·清代〕 始建年代不详，清雍正十一年（1733）重修。东西走向。两台六墩梁式石板桥，长 57 米，宽 0.7—2 米，中间为半圆拱，拱跨 2.4 米，余皆方孔，不等跨。墩用料石干砌，桥面并列铺设 2 块长方石板。

82－C₁₆ 登盏桥 〔金田镇田江行政村独岭村东面登盏江上·清代〕 建于清乾隆年间（1736—1795），清道光年间（1821—1850）重修。南北走向，单孔石拱平桥，长 50 米，宽 2.8 米，拱跨 7.2 米。两岸以石砌成平台，台上砌单层石桥拱，桥面以石块铺平。20 世纪 40 年代，在北端加设一小拱排洪水。1953 年在桥面西侧砌宽 0.7 米、高 1.5 米水渠。

83－C₁₇ 乳泉井 〔西山镇西山风景区内西山山腰·清代·市文物保护单位〕 始建年代不详，天然泉水，井口平面呈圆形，用花岗岩砌筑二层井圈，内径 102 米，外径 1.67 米，井深约 1.4 米，占地面积约 2.2 平方米。井侧西面 9 米立清乾隆二十三年（1758）郡守豫章胡南藩书丹的"乳泉"碑 1 方。北壁上有清同治元年（1862）广西补用道张荣祖书丹的《乳泉铭》及联语等。

84－C₁₈ 彝训寺 〔罗播乡罗北行政村李训北岸

屯·清代〕　建于清乾隆四十八年（1783）。坐北朝南，砖木结构。三进院落，由前殿、中殿、后殿、天井、走廊组成，占地面积约676平方米。三殿均面阔、进深三间，青砖墙，抬梁式木构架，硬山顶，盖小青瓦。前殿置前檐廊，门额书"彝训寺"，檐下墙端彩绘花草、人物壁画。后殿砖砌檐柱、金柱各2根，梁架上"回"字形柁墩，封檐板饰花草、动物浮雕。天井两侧走廊脊塑龙、狮及房屋模型。

85－C₁₉　**功德桥**　〔马皮乡马皮行政村马皮圩西约500米金岭屯荡溪河上·清代〕　建于清乾隆四十九年（1784），清嘉庆、清光绪年间曾有重修或修缮。东西走向，单孔石拱桥，长10米，宽1.7米，桥身、桥拱用料石砌成。桥西通石咀，桥东通马皮、平南。

86－C₂₀　**广济桥**　〔木根镇木根行政村木根圩西南三陇河上·清代〕　清乾隆五十九年（1794），西岸村屯李奕治倡建。清同治八年（1869）、清宣统二年（1910）两次重修。东北—西南走向，三孔石拱桥，长28米，宽5.1米，拱跨7.9米，桥身、桥拱用料石砌筑，桥面以石铺平，两端铺设石踏跺10余级。

87－C₂₁　**南山杨公祠**　〔社坡乡新华行政村肚屯·清代〕　建于清嘉庆年间（1796—1820），为当地杨家为纪念两代祖先而建。"南"即杨超华，字焕南，封明威将军；"山"名杨绽山，号友山，贡生。祠坐东北朝西南，砖木结构。四进院落，由前门与二、三、四座以及天井、走廊组成，占地面积约576.77平方米。各座面阔三间，进深二间，抬梁式木构架，硬山顶，盖小青瓦，墙上绘龙凤花鸟壁画。前座正门额书"南山杨公祠"。座间天井两侧走廊为硬山顶，回纹图案山墙。

88－C₂₂　**云卿杨公祠**　〔社坡镇新华行政村村肚屯·清代·市文物保护单位〕　建于清嘉庆年间（1796—1820），具体时间不详。杨云卿（1617—1653），讳国柱，明末人，袭武节将军世袭千户。祠坐西北朝东南，砖木结构。三进院落，由门楼、前座、后堂、天井、走廊等组成，占地面积约192.5平方米。门楼、走廊已毁。前座、后堂面阔三间，进深二间，硬山顶，盖灰瓦。正脊及山墙饰回形灰雕，内外墙端彩绘龙凤、花鸟、鱼等壁画。前檐廊门额书"云卿杨公祠"。

89－C₂₃　**碧山公祠**　〔木乐镇木乐行政村九座屋屯·清代·市文物保护单位〕　建于清嘉庆元年（1796），为祭祀清修职郎覃敷谦所建。覃敷谦，又名碧山。祠坐东北朝西南，砖木结构。二进院落，由前座、正堂、天井、走廊组成，占地面积约460平方米。前座、正堂面阔五间，青砖墙，抬梁式木构架，硬山顶，灰雕翘脊夔纹，盖小青瓦。前座明、次间设檐廊，

门额书"碧山公祠"匾，廊前设9级踏跺，屋内以格木柱分间。正堂立金柱两组4根。

90－C₂₄　**杨翰华公祠**　〔社坡镇新华行政村村肚屯·清代〕　建于清嘉庆十九年（1814）。杨翰华，讳荣迹，杨云卿第四孙，清全州儒生正堂。祠坐东北朝西南，砖木结构。二进院落，由前座、后堂、天井、走廊组成，占地面积约245平方米。前座、后堂面阔三间，进深二间，清水墙，抬梁式木构架，硬山顶，盖小青瓦，正脊灰雕鸱吻夔纹，墙端绘龙凤花草壁画。前座置凹廊，门额书"杨翰华公祠"。天井两边建走廊。

91－C₂₅　**洋安桥**　〔马皮乡马皮行政村探花木村后荡溪河上·清代〕　旧称杨安桥。建于清嘉庆二十三年（1818），马皮乡乡绅杨廷机等修建。清道光二十一年（1841）、清光绪二十六年（1900）两次重修。东西走向，两台两墩梁式石板桥，长14.7米，宽1.4米，拱跨3.9米，每跨用3块石板并排铺桥面，墩以石砌筑，呈船形。

92－C₂₆　**民乐桥**　〔厚禄乡双井行政村双井村北约5公里小河上·清代〕　始建年代不详。清道光年间（1821—1850）重建，清光绪八年（1882）重修。南北走向，单孔梁式石板桥，长2.8米，宽0.7米，两桥台用方形石块叠砌，桥面用2条花岗岩条石铺设而成，高1.6米，桥两端各设石台阶3级。

93－C₂₇　**桂花井**　〔西山镇桂平市第一中学·清代〕　建于清光绪三十一年（1905）前。井口平面呈圆形，井圈以整块石灰石凿成，径0.62米，高出井台约0.33米，厚约12厘米。井圈外壁阴刻"桂花香泉"，落款"桂平陈昆同题"。井深7米，井壁用青砖围砌，六边形井台，外砌条石，内铺青砖，占地面积约9.6平方米。清道光版《桂平县志》有记载。

94－C₂₈　**徐氏宗祠**　〔木圭镇竹社行政村洞心屯·清代〕　建于清道光元年（1821）。坐西朝东，砖木结构。原为三进院落，现存中座、后堂，占地面积约226.5平方米。中座、后堂均面阔三间，青砖墙，抬梁式木构架，硬山顶，脊塑夔纹，盖小青瓦，檐下墙端灰塑龙凤图案。天井开小圆门，中置走廊连接中座、后堂。祠内有清代记述徐氏祖先事迹及后代分支情况的碑刻8方。

95－C₂₉　**观音岩寺**　〔西山镇西山风景名胜区西山东半山腰·清代·市文物保护单位〕清道光四年（1824）龙华寺僧人盟初法师倡建，道光二十四年（1844）谭鸿秋、刘君、蔡照等倡修。依岩洞而建，坐西南朝东北，砖石结构。分拜堂和观音殿2座，占地面积115平方米。拜堂面阔5.35米，进深4.5米。

观音殿面阔 5.85 米，进深 7 米，殿南设有房一间，硬山顶。寺内存清代《西山观音寺等题名碑记》《重建思陵山观音岩寺题名碑》碑刻 2 方。庙门侧原有松、竹、梅、兰石刻通 4 帧，现移存洗石庵内。

C₂₉₋₁　重建思陵山观音岩寺题名碑记〔西山镇西山观音岩寺内·清代〕　碑刻 1 方。清道光二十四年（1844）立。碑高 0.91 米，宽 0.47 米。碑文竖行，计 480 余字并附捐款芳名。字径 0.01—0.02 米，真书，阴刻。邑人黄德俊撰文并书丹。额题"重建思陵山观音岩寺题名碑记"，首行"重建思陵山观音岩寺序"，落款"邑人黄德俊熏沐敬选，时年七十有四"。碑文记述：观音岩寺自道光年间创建以来，历经浔城乙卯之变，由盛极而至衰败。甲午夏，谭鸿秋、刘蔾照等邀集同人，分簿劝捐，重建观音岩寺。

96 - C₃₀　石平桥〔江口镇西南约 2 公里紫水上·清代〕　又名方石桥，俗称镇龙桥。建于清道光六年（1826）。东西走向，单孔石拱桥，长 30 米，宽 2.7 米，拱跨 3.3 米，以方正料石干砌桥身，单层料石券拱。桥孔上方两侧面嵌有大理石方匾，北侧匾刻"石平桥"，南侧匾刻"紫水黄江第一桥"。原桥面两侧有石柱铁链护栏。现仅存 2 根木柱。

97 - C₃₁　冼氏牌坊〔金田镇新圩行政村 6 队蔡村屯·清代·市文物保护单位〕　建于清道光七年（1827）。四柱三间三楼石牌坊，楼高 9.14 米，面阔 9 米。柱、枋交接处饰蝙蝠雀替，明楼正面额枋与龙门枋额板刻"贞寿之门"，单额枋下额板刻"圣旨"，首题"道光七年岁次"，落款"丁亥季秋建"，其下龙凤板刻清嘉庆四年（1799）圣旨碑文。两侧立武士、文官、侍从石像，柱顶饰葫芦、鳌鱼和石狮等，次楼下额枋上龙凤板分别刻冼氏子孙名字碑及功名碑。

98 - C₃₂　民安桥〔大湾镇安担行政村南约 2 公里民安河上·清代〕　俗称民头桥。建于清道光二十一年（1841），由何义溥倡建。东南—西北走向，单孔石拱平桥，原桥长 22.3 米，宽 3.2 米，拱跨 7.5 米。桥身以长方料石干砌，石板铺设桥面，两侧无护栏。1984 年，公路建设部门在南侧用石条和钢筋水泥加宽，现桥长 25.6 米，宽 6.3 米。

99 - C₃₃　宾山寺〔南木镇和社行政村和社村东约 700 米·清代·市文物保护单位〕　始建年代不详。清乾隆、清嘉庆年间增建魁星阁，清道光二十二年（1842）恢其殿学，梵宫道院，合二教以同尊。坐北朝南，砖木结构。三进院落，依次为前殿、帝君殿、文昌阁，共有大小房屋 19 间，占地面积约 844.6 平方米。各殿均面阔五间，青砖墙，抬梁式木构架，硬山顶，盖小青瓦。殿内墙绘壁画。天井两侧有廊庑，间隔六

天井。文昌阁为二层楼房。寺内有清代、民国碑刻 36 方。（见 D₈）

100 - C₃₄　万年桥〔罗秀镇新垌行政村新垌村西约 1.5 公里的大水河上·清代〕　建于清道光二十五年（1845），副贡生姚胜时募捐修建。1913 年修缮。东南—西北走向，三孔石拱桥，长 50 米，宽 4.8 米，中孔拱跨 8.6 米，边孔拱跨各 8 米。桥身以料石垒砌，单层料石券桥拱，桥面铺平。桥墩呈船形，三拱顶分别刻"万年桥""河清"和"风恬"等字。

101 - C₃₅　蒋兆琨故居〔厚禄乡镇良行政村村镇良村·清代〕　蒋兆琨为清道光年间（1821—1850）兵部差官，选用守备。清咸丰年间（1851—1861）还乡建此宅。坐西北朝东南，砖木与夯土结构，庭院式，由四座并列院落组成，占地面积约 3540 平方米。西南侧座为前、后套间，其余三座为二进院落，前、后座皆面阔三间，进深一间，抬梁式木构架，悬山顶，盖小青瓦，内、外墙和明间内墙端彩绘山水、花鸟人物壁画，院落间隔巷道。

C₃₅₋₁　蒋在贤住宅〔厚禄乡镇良行政村镇良村内蒋兆琨故居东约 30 米·清代〕　具体修建时间不详。蒋在贤为蒋兆琨生父。住宅为砖木结构，三合院，占地面积约 226 平方米。院门朝东北，门后为天井，东南面为院墙，西南面为并列套间。西北面为主座，坐西北朝东南，面阔五间，进深一间，青砖墙，抬梁式木构架，悬山顶，盖小青瓦。墙彩绘山水壁画。天井与故居外 6 米走道皆用大方石铺砌。

102 - C₃₆　侯德宣住宅〔蒙圩镇新德行政村古城村·清代〕　侯德宣是清同治年间（1862—1874）当地大户。住宅建于清同治六年（1867）。坐西北朝东南，砖木结构，庭院式，平面呈"工"字形，由中轴主屋及两边侧院、厢房组成，占地面积约 514 平方米。主屋面阔三间，进深一间，前为前院。两边侧院前为狭长天井，后为横廊厢房。建筑多抬梁式木构架，梁架间有柁墩，硬山顶，盖小青瓦。过厅开八角形门，次间开拱门。墙上有山水、人物壁画。

103 - C₃₇　侯作炳、侯作材宅〔蒙圩镇新德行政村古城村·清代〕　建于清同治年间（1862—1874）。是两座形制相同的住宅，并列，坐西北朝东南，砖木结构，皆为二进院落，各占地面积约 309.4 平方米。各座面阔五间，硬山顶，盖小青瓦。前座墙头彩绘山水、花鸟、人物画。后座明间有以雕菊、竹、梅、兰为主，缠枝卷草纹为次的屏风。侯作炳、侯作材为两兄弟，当地乡绅。

104 - C₃₈　盘古庙〔麻垌镇麻垌行政村麻垌圩旧地台街·清代·市文物保护单位〕　建于清乾隆三十

六年（1771），清同治二年（1863）重建。坐北朝南，砖木结构，二进院落，分前、后两殿，占地面积约232.46平方米。前殿面阔三间，抬梁式木构架，硬山顶，正脊灰塑博古，立双凤，盖小青瓦，封檐板浮雕花草鸟兽。后殿面阔三间，抬梁式木构架，硬山顶，盖小青瓦，正脊饰桃、鳌鱼，山墙饰如意浮雕。两殿间设天井、回廊。

105 - C₃₉ 宾兴馆 〔麻垌镇洞天行政村洞天村白石山·清代〕 建于清同治六年（1867）。是一座学馆，依山而建，坐东向西，砖木结构。三进院落，分前、中、后三座及二天井、走廊，占地面积约888平方米。前座为二层楼，面阔五间，进深二间，明间开正门。中座、后座面阔五间，进深三间，左右稍间为教室。各座皆抬梁式砖木构架，硬山顶，盖小青瓦。两边走廊内存捐款芳名碑刻8方记。

106 - C₄₀ 竹林堂 〔社坡镇清高行政村王母小屯·清代·市文物保护单位〕 又称士璋潘公祠，建于清同治十二年（1873）。坐西北朝东南，砖木结构，四进院落，由大门及前、中、后三座组成，占地面积约390.36平方米。大门为西式拱门，门额上书"士璋潘公祠"，前座门额书"竹林堂"匾。前、中、后座面阔五间，青砖和泥砖砌墙，抬梁式木构架，硬山顶，盖小青瓦。墙上残存部分壁画。

107 - C₄₁ 大洋桥 〔大洋镇大洋街社区大洋街西北约1公里大洋河上·清代·市文物保护单位〕 又名乐洋桥。建于清同治十二年（1873），清光绪二年（1876）竣工。1940年为防侵华日军入侵，将第一拱炸断，1951年修复。南北走向，五孔石拱平桥，长73米，宽6米，五拱等跨。桥墩迎水面呈尖形，桥身以料石砌成，桥面两侧置条石栏板，望柱和栏板上有多处题刻，西南桥头建有一座风雨亭

C₄₁₋₁ 风雨亭 〔大洋镇大洋街大洋桥西南桥头·清代〕 建于清同治十二年（1873），清光绪二年（1876）竣工。砖木结构，面阔一间6.12米，进深一间7.1米，占地面积约50.8平方米。清水墙，抬梁式木构架，硬山顶，盖小青瓦。东南、西北各开一门，村道穿亭而过，东南门额"风雨亭"匾为清岁生黄秉璠题。亭内两山墙下各置小石墩5个，四壁上镶嵌募捐芳名碑。门外左右有矮墙嵌石碑1方，碑文模糊。

108 - C₄₂ 弩滩甘王庙 〔南木镇弩滩行政村弩滩村西黔江东北岸·清代·市文物保护单位〕 建于明成化年间（1465—1487），清康熙年间（1662—1722）移今址。清同治十二年（1873）重建，1919年、1948年再修。分上里庙和下里庙，两庙均分前、中、后三殿，今存后殿。上里庙后殿是砖木结构，面阔11.74

米，进深8.9米，立6柱，浮雕云龙，抬梁式木构架，硬山顶，透雕琉璃脊，饰人物雕像、宝葫芦、鳌鱼、卷云、弧形山墙、琉璃瓦当、滴水。下里庙后殿亦为砖木结构，面阔11.3米，进深9.3米，硬山顶，清水脊，盖小青瓦。庙内存清同治九年（1870）"甘王正殿"碑刻1方。

109 - C₄₃ 五仙桥 〔马皮乡大龙行政村独受屯东约100米清楞河上·清代·市文物保护单位〕 清光绪年间（1875—1908）移建于此。东西走向，两台两墩梁式石板桥，桥长80米，宽2.6米，拱跨3.9米。桥墩石砌，迎水面呈尖状，桥面用条石铺设。

110 - C₄₄ 杨氏祖祠 〔木圭镇泓源行政村黎软屯·清代〕 建于清光绪年间（1875—1908），具体时间不详。坐西朝东，砖木结构。二进院落，分为前座、后堂，中间天井，占地面积约468.4平方米。前座、后堂均面阔三间，进深二间，抬梁式木构架，硬山顶，盖小青瓦，脊饰博古，山墙内外及檐壁内饰有花草虫鱼等壁画，天井两侧置回廊。

111 - C₄₅ 陆运昌宅 〔石龙镇永兴行政村东河屯旺水村·清代〕 陆运昌，晚清进士。故居建于清光绪七年（1881）。砖木结构，一进院落，由主座、前院组成，占地面积约220平方米，主座面阔三间，硬山顶，中厅内墙端均有装饰图案。

112 - C₄₆ 陈顺昌住宅 〔南木镇上湾行政村上湾村内上湾小学东10米·清代〕 建于清光绪十七年（1891）。坐东北朝西南，砖木结构，三进院落，左右后面有廊房，占地面积约3300平方米。现存前座及右耳房，后座及左廊房。坐东北向西南，砖木结构，前、后座，面阔三间，设前檐廊，廊立石檐柱2根，青石块砌墙基至1.7米，其上青砖到顶，抬梁式木构架，硬山顶，盖板瓦，黄釉瓦当、滴水。内外檐墙上端彩绘壁画。

113 - C₄₇ 麻垌当铺 〔麻垌镇镇政府大院内·清代·县文物保护单位〕 建于清光绪十七年（1891），麻垌大上林下芦屯人建。坐东南朝西北，砖木结构楼阁，占地面积约236.8平方米。建筑平面呈长方形，内分四层，木楼板，四条方砖柱由底层直通屋顶，马头山墙，盖小青瓦。西北和东南墙各开6排长形气窗，每排10个。周围有一水沟围绕，只有西北面墙开一小门，设有吊桥。

114 - C₄₈ 旺里桥 〔麻垌镇麻垌行政村麻垌村东南面侧旺里河上·清代〕 始建年代不详，清光绪二十年（1894）邑绅云南补用知县梁英明倡捐重建。东西走向，单孔石拱桥，长20米，宽3.15米，拱跨6.2米，桥身、桥拱用料石砌筑，桥面铺石板，桥拱顶嵌

镶"旺里桥"石匾 1 方。

115 - C₄₉ 迎阳桥 〔石龙镇石龙圩东安街鼎锅河上·清代〕 始建年代不详，清光绪二十三年（1897）重修。东西走向，单孔石拱桥。长 12 米，宽 3.6 米，拱跨 4 米，以料石砌桥身、桥拱，桥面用条石铺垫。桥两端各有长约 7 米的青石引桥，各设 3 级石踏跺。民国版《桂平县志》有载。

116 - C₅₀ 福隆桥 〔马皮乡均福行政村松柏屯东北面约 150 米荡溪河上·清代〕 建于清同治十年（1871），后毁于洪水，清光绪二十六年（1900）重建。东西走向，两台两墩梁式石板桥，长 11.7 米，宽 1.35 米，三孔不等跨，中孔跨度 3.8 米，墩、台皆用条石砌筑，长石条铺设桥面，桥墩迎水面呈尖形，高 3.3 米，原有建桥碑已佚。

117 - C₅₁ 尚德堂 〔中沙镇南乡行政村南乡村·清代·市文物保护单位〕 别名寺堂庄，又名南乡大屋。建于清宣统元年（1909）。坐东北朝西南，砖木结构。院落式，布局不规则，有大小房屋数十间，曲径回廊，四角有炮楼，占地面积约 7200 平方米。主体建筑分前、中、后厅，均面阔、进深三间，间隔天井，青砖墙，抬梁式木构架，硬山顶，盖小青瓦，地铺阶砖。后厅后有楼房一座。建筑脊饰灰雕，封檐板刻花鸟、山水、人物浮雕，墙绘彩色壁画。少数建筑内设天花藻井。

118 - C₅₂ 会真观 〔麻垌镇洞天行政村洞天村白石山三清岩·清代〕 又名三清观。始建于明代，现建筑为清代所建。以岩厦为屋顶，在洞外筑台，台上砌墙墙遮洞口。坐东朝西，平面呈半圆形，面阔三间，进深二间，中开一门，门额横嵌"会真观"石匾，观内原供奉元始天尊、太上老君、灵宝道君等。占地面积约 453 平方米。

119 - C₅₃ 杨超元故居 〔白沙镇景乐行政村景乐村南约 200 米·清代〕 杨超元，清同治年间（1862—1874）翰林，官至澄江府知府。故居建于清代，具体时间不详。坐东北朝西南，砖木结构，四合院，前设照壁，两侧厢房，天井东北面为主屋，占地面积约 323 平方米。主屋面阔五间，进深一间，明间为厅，抬梁式木构架，悬山顶，盖灰瓦。

120 - C₅₄ 莫公祠 〔社坡镇理竹行政村彩村屯祠堂岭脚·清代〕 始建年代不详，清光绪元年（1875）大修，清光绪二十九年（1903）小修。坐北朝南，砖木结构，由二进院落及两横廊、厢房组成，占地面积约 404 平方米。前座、后堂面阔三间，青砖墙，抬梁式木构架，硬山顶，灰塑高脊，盖小青瓦。前座进深一间，有前檐廊，门额上书"莫公祠"匾，廊前置 6 级

垂带砖踏跺。后堂进深两间，明间为敞厅，前置 3 级踏跺。天井两侧有敞开式走廊。东、西两侧隔巷道为横廊厢房，祠内存碑刻《重修莫氏宗祠碑记》《香油碑》各 1 方。

121 - C₅₅ 三界祖庙 〔中沙镇六行行政村陈村·清代〕 始建年代不详，清宣统三年（1911）重修。坐北朝南，砖木结构。分前、后殿及左、右偏殿，占地面积约 406 平方米。建筑原为重檐硬山顶，1950 年改建为悬山顶，并两殿为一大殿，面阔三间，进深六间，墙上端绘书、琴、棋和访贤图等人物故事壁画。封檐板饰花草鸟虫浮雕。檐柱刻楹联。

122 - C₅₆ 杨成章住宅 〔白沙镇景乐行政村景乐村·清代〕 建于清末，具体时间不详。坐北朝南，砖木结构，四进院落，由大门、中座、三座、后座、天井、厢房、回廊等组成，占地面积约 600 平方米。现存大门、中座、三座，每座均面阔三间，进深一间，清水墙，抬梁式木构架，硬山顶，灰塑正脊，垂脊两端上翘，盖小青瓦，弧形山墙。直棂窗，半圆形窗楣，屋外墙、大门及明间的内、外墙上端均彩绘有人物、山水、花鸟壁画。座间天井两侧有走廊。

123 - C₅₇ 陈以绩故居 〔垌心乡谷山行政村谷山村·清代〕 始建年代不详。陈以绩，别名老降公，清康熙年间（1662—1722）曾任布政司官员。坐北朝南，砖木结构，主体为三进院落，两侧各有五座横廊厢房，占地面积约 3500 平方米。现存上、中、下三座，两侧横廊皆毁，每座面阔五间，进深一间，清水墙，抬梁式木构架，悬山顶，脊饰福、寿字及鳌鱼吻，梁架雕花画鸟，大门有檐廊，前置垂带踏跺。

124 - C₅₈ 迪光祠 〔油麻镇谢余行政村谢村中部·清代〕 始建年代不详。坐北朝南，砖木结构，两进院落，由前座、后堂、天井和天井两侧走廊组成，占地面积约 124.8 平方米。前、后座均面阔三间，进深二间，青砖墙，四方砖柱，抬梁式木构架，硬山顶，盖小青瓦。山墙内外及檐壁饰花草鱼等壁画。

125 - C₅₉ 镇良村井 〔厚禄乡镇良行政村镇良村·清代〕 建于清代，具体时间不详。井口平面呈圆形，井圈用整块石凿成，径约 0.75 米，厚 0.17 米，井深约 7 米，井壁用砖砌成。井台呈方形，面铺砖。占地面积约 8 平方米。

126 - C₆₀ 厚禄村井 〔厚禄乡厚禄行政村厚禄村 14 队·清代〕 建于清代，具体时间不详。井口平面呈圆形，以整块岩石凿成井圈，内径 0.8 米，厚约 0.2 米，高于井台 0.35 米。井内呈六边形，深约 2.2 米，井壁以料石围砌。井台以石块铺成。占地面积约 40 平方米。

127－C₆₁　林崇糕住宅　〔金田镇新燕行政村坡头村·清代〕　林崇糕，进士林育崖的次孙。故居建于清代，具体时间不详。坐西北朝东南，砖木结构，三进院落，分前、中、后三座，占地面积约405.9平方米。每座均面阔三间，进深二间，青砖墙、硬山顶，盖小青瓦。前座明间有2根木质金柱，金柱间挂"郎官第"匾。后座明间设木雕花鸟、山水神龛。

128－C₆₂　惜字炉　〔油麻镇有理行政村有理村·清代·市文物保护单位〕　建于清代，具体时间不详。为焚化字纸的专用炉。坐东朝西，砖构六角塔式建筑，占地面积约6.6平方米。炉边宽1.32米，高约4.5米。炉堂中空，攒尖顶，莲花座葫芦刹尖。炉身外砌青砖，内砌泥砖，外壁五面砌有实壶门，饰花草图案。西面开圆形炉口，炉口额上刻楷书"惜字炉"3字

129－D₁　白石山摩崖石刻　〔麻垌镇镇洞天行政村洞天村白石山上·北宋—民国〕　白石山海拔650米。北宋开始在山上修筑寺观，明代以后逐渐成为游览胜地。现存宋、明、清和民国时期的摩崖石刻4方，包括北宋熙宁四年（1071）僧人德进题记、明代末年本县举人杨大节榜书"白石洞天"、明代榜书"白石名山"及民国邑人黄福长、李海思、李文瑞、黄书球等4人题刻，另有清代碑刻2方。均系赞美白石山胜景或修建庙宇的记录、捐款芳名等。文多楷书，阴刻。

D₁₋₁　僧人德进题记　〔麻垌镇洞天村白石山岩壁·北宋〕　摩崖石刻1方。北宋熙宁四年（1071）刻。刻面高1.1米，宽2.45米。文竖行，计77字。字径0.05米，真书，阴刻。宋寿圣院开山僧人德进撰文、书丹。无首题，落款"熙宁四年辛亥六月八日开山亥僧德进陈"。正文文字已有缺失，内容主要记述北宋嘉祐三年（1058）修建寿圣院及熙宁九年（1076）奉圣祝寿之事。

130－D₂　天堂顶山摩崖石刻　〔南木镇联江村渌水冲与黔江两水汇合口天堂顶山下黔江北岸岩壁·明代·市文物保护单位〕　摩崖石刻3方。其一为明武宗皇帝御书"敕赐永通峡"5字。其二为梁庸庵七律诗一首，文字多已莫能辨识，诗意为此地与四海缺乏交流，瑶、壮都生活在青山深处。其三为浔阳马良题七律诗一首，刻面高0.61米，宽0.51米。文竖行71字，诗文8句56字。首题"通断藤峡得景因以赋此"，落款"浔阳马良书"。诗文写断藤峡峡山翠合，渌水云生之景。

D₂₋₁　御题榜书"敕赐永通峡"　〔南木镇联江村天堂顶山下黔江北岸崖壁·明代〕　摩崖石刻1方。明正德十一年（1516）刻。刻面高4.2米，宽1.98米。文竖3行，计48字。首题"大明正德丙子岁孟冬吉旦

分守广西浔梧左参将牛桓奉"，落款"钦差总督两广太子太保都察院都御史陈钧勒石"。正文为明武宗皇帝御题榜书"敕赐永通峡"5字，字径0.8米，真书，阴刻。明成化元年十二月，都察院左佥都御史韩雍统领大军，围剿大藤峡瑶民，攻破大藤峡，断其大藤，改称"断藤峡"。明正德十一年陈钧对瑶民以怀柔政策，明武宗特赐御书更名"永通峡"。

131－D₃　西山石刻　〔西山镇西山风景名胜区东面山坡上·清代—民国·市文物保护单位〕　有摩崖石刻及碑刻28方。分布在忠勇亭、观音岩、幽谷亭、洗石庵等景区内。大部分为清乾隆至光绪（1736—1908）时期的作品，民国时期仅5方，还有少量无名无年款者及今人题刻。书法有篆、隶、楷、行、草等书体。形式有题榜书、题诗、题记和对联等。内容系赞美西山的美景和修建寺庙、亭阁的沿革。

D₃₋₁　"碧云天"题榜　〔西山镇西山山腰·清代〕　摩崖石刻1方。清道光年间（1821—1850）刻。刻面高1.02米，宽2.65米。文竖3行，共15字。李少莲撰文并书丹。首题"道光王寅秋日"，落款"景山李少莲书"，中间题榜书"碧云天"3字，字径0.67米，楷书，阴刻。李少莲，湖北景山人，曾在浔州（桂平）做过官，后落籍桂平，居西山脚下。

D₃₋₂　乳泉铭　〔西山镇西山上·清代〕　摩崖石刻1方。清同治六年（1867）刻。刻面高1.47米，宽1.92米。文竖行，计134字，字径0.07米，篆书，阴刻。张荣组撰文并书丹。首题"乳泉铭"3字，落款"慧新新田张祖荣"。文借咏赞乳泉"大智不凿，流水不腐"之理，而"吾寻吾之本源兮，吾养吾之心经"，抒发对世事之见和养心处事之道。

D₃₋₃　"乳泉"题榜　〔西山镇西山飞阁底石壁·清代〕　清乾隆二十三年（1758）刻。刻面高2.37米，宽2.54米。文横3行，计16字。郡守豫章胡南潘撰文并书丹。首题"乾隆戊寅六月"，落款"郡守豫章胡南潘书"，中行题榜书"乳泉"，字径0.045米，真书，阴刻。

132－D₄　吏隐洞摩崖石刻　〔西山镇西山风景名胜区吏隐洞·清代·市文物保护单位〕　摩崖石刻2方。吏隐洞相传为唐御史李明远隐居之处。洞口上方刻榜书"吏隐洞"，隶书，阴刻。为清道光年间（1821—1850）浔州知府张影题书，洞内壁还有湖南新田张荣祖于清同治年间（1862—1874）为怀念李明远而作的七律诗。

D₄₋₁　张荣祖吏隐洞题诗　〔西山镇西山吏隐洞·清代〕　摩崖石刻1方。清同治年间（1862—1874）刻。刻面1.3米，宽2米。无首题，落款"游吏隐洞怀

李传御，壬戌秋初，岭头贼崇初平，新田张荣祖"，张荣祖撰文并书丹。七言律诗，诗文竖行，8句，每句7字，计56字，行书，字径0.08米。作者即景抒怀，以诗颂怀李明远补明心志。

133 - D₅ 流澜摩崖石刻 〔蒙圩镇流澜行政村流澜村南约20米郁江北岸边岩壁上·清代·市文物保护单位〕 摩崖石刻3方。刻于清光绪年间（1875—1908），系本地梁姓文人所刻。一方为榜书"云台"2字。一方为清光绪十七年（1891）贡生梁佐清观浔江七律诗，诗赞郁江之景。一方为清光绪十七年（1891）梁永馨、梁万年题榜书"流澜赫赫"4字，字径0.15—0.4米，楷书，阴刻。

134 - D₆ 罗丛岩摩崖石刻 〔白沙镇思建行政村下建村北约1公里罗丛山罗丛岩·清代·市文物保护单位〕 摩崖石刻6方。分布于罗丛岩内洞壁上，刻面最大者高1米，宽2.5米；最小者高0.64米，宽0.56米。主要系赞美罗丛岩风景之作。形式有榜书、题名、题词、题记、题诗等。字体以楷书为主，也有行书、仿宋体等。石刻有清道光九年（1829）榜书"罗丛岩""天南福地""舣舟来游"，清都山水郎曾光国七律诗刻，题记《置钟簴碑记》、清嘉庆四年（1799）题《鼎建十士碑记》等。

135 - D₇ 韩雍纪功碑 〔原立大藤峡渌水冲，现存桂平市博物馆·明代〕 碑刻1方。明成化元年（1465）立。碑高0.8米，宽0.45米。碑文竖12行，满行6字，计74字，楷书，阴刻。撰文、书丹不详。无额题及落款。碑文字迹已有缺损，内容记述明成化元年十二月，钦差赞理军务兼理巡抚广东广西都察院左金都御史韩雍统领大军，围剿大藤峡瑶民，攻破大藤峡，断大藤，取名"断藤峡"之纪实。

136 - D₈ 宾山寺碑刻 〔南木镇和社行政村和社村东约700米宾山·清代、民国·市文物保护单位〕 共有碑刻36方，其中清代35方，民国1方。石碑镶嵌于庙内带君殿、文昌阁、天井两边廊屋及周边围墙上。碑刻规格不同，高0.23—0.95米，宽0.6—0.74米，楷书，阴刻。碑文内容为记录各朝代扩建、重修及寺庙田产等情况。

D₈₋₁ 寺田碑记 〔南木镇和社村宾山寺内·清代〕 碑刻1方。清雍正十二年（1734）立。碑高0.95米，宽0.6米。碑文竖行，计158字，楷书，阴刻。额题"寺田碑记"，落款"雍正十二年甲寅孟秋榖旦镌"。碑文记载仙沙寺田产的具体位置及丘数、租谷数量以避免"不勤料理，至今被人侵蚀荒废"。

D₈₋₂ 重修宾山寺碑记 〔南木镇和社村宾山寺内·清代〕 碑刻1方。清道光二十二年（1842）立。碑高1.26米，宽0.63米。碑文竖行，计649字。额题"重修宾山寺碑记"7字，落款"道光二十二年岁次壬寅仲冬约冬至日，带江园居士黄体正薰沐稽首拜言，里人林起凤薰沐书丹"。碑文记述宾山寺的山川形胜以及其始建、沿革、修缮情况。宾山寺渐形倾颓，林起凤倡议更新，恢复其殿宇、梵宫道院，合二教以同尊。

137 - D₉ 重建四贤四公祠记碑 〔桂平镇中山公园内·清代〕 碑刻1方。清乾隆三年（1738）立。碑高1.57米，宽0.95米，厚0.14米。碑文竖22行，计900余字，字径0.02米，行书，阴刻。清浔州知府王劲撰并书。额题"重建四贤四公祠记"8字。碑文叙述四贤四公祠创建的历史沿革及重建之经过。

138 - D₁₀ 奉天敕命碑 〔金田镇禾益行政村莫村许屋内·清代〕 碑刻1方。清嘉庆二十四年（1819）立。碑高1.51米，宽0.83米，厚0.125米。碑文竖行，碑额篆刻，两边浅刻龙云纹，下端刻海水纹，中刻"奉天敕命"4字。落款"嘉庆二十四年正月初一日之宝"。碑文竖行，楷书，碑文记述赞颂广西思恩府教谕许士龙之父许先发事迹，并赠修职郎之事。

139 - D₁₁ 建造佛子路碑 〔原立于金田镇镶启村东约200米，现存金田营盘碑廊·清代〕 碑刻1方。清道光二十四年（1844）立。碑高1.2米，宽0.8米。横行额题"建造佛子路碑"6字，落款"道光二十四年仲冬吉旦立"。碑文竖17行，计389字，楷书，阴刻。撰文、书丹不详。碑文记述修建佛子路之缘由及当地村民修路捐钱之事，附捐款者芳名，其中刻有黄帷光、傅学贤、余廷章、萧玉胜、蒋万兴等名字，均与太平天国运动有关。

140 - D₁₂ 查复浔阳桂邑两书院田租碑记 〔西山镇中山公园内·清代〕 碑刻1方。清同治六年（1867）立。碑文竖行，计800字。黄炳筠撰，张燧书丹。额题"查复浔阳桂邑两书院田租碑记"。碑文记述大成国失败后，浔阳、桂邑两院查复田租之事。

141 - D₁₃ 重建登丰社记碑 〔原立于西山镇城西街登丰社·现存桂平市博物馆·清代〕 碑刻1方。清光绪二年（1876）立。碑高1.9米，宽0.4米。碑文竖12行，满行24字，计254字，楷书，阴刻。撰文、书丹不详。题额横刻"重建登丰社记"，落款"神恩勿替哉是为引"。碑文记载清咸丰年间，大成国农民起义攻占桂平城后，重建登丰社之事。

142 - D₁₄ 奉臬台示碑 〔石咀镇平安行政村平安中心校内门墙上·清代〕 碑刻1方。清光绪十二年（1886）立。碑高1.06米，宽0.68米。碑文竖12行，满行32字，计327字，并附捐赠资芳名，楷书，阴刻。额题"奉臬台示碑"5字，落款"清光绪十二年九月六日实贴吉二图晓谕"。碑系清广西提刑按察使的告示，内容为晓谕地方官员凡遇命案，均应亲自查验，所需衣食自备，不准任意勒索，如有违反可指名控告等。

143 – D₁₅ 北河义渡碑 〔西山镇中山公园内·清代〕 碑刻 1 方。清光绪二十二年（1896）立。碑高 1.12 米，宽 0.48 米，厚 0.12 米。碑文竖 11 行，满行 37 字，计 268 字，字径 0.025 米，楷书，阴刻。额题"北河义渡碑"5 字，落款"光绪二十二年五月日告示"。此碑系浔州府正堂与桂平县正堂的告示，规定北河义渡船夫每月到桂平衙门去领取工食费用，由浔州府每月捐发钱十千文，桂平县每月捐发钱八千文，每月每条渡船发给九千文，不得克扣等。

144 – D₁₆ 浔郡中学堂石匾 〔西山镇桂平县第一中学内·清代〕 匾刻 1 方。为晚清书法家陈璚所题的校名碑，镶于校内新建的牌坊内。清光绪三十一年（1905）刻。匾高 0.97 米，宽 2.6 米，厚 0.15 米。上下款竖行，上款"光绪乙巳清和月"，下款"郁平陈璚书"。正文横行刻"浔郡中学堂"5 字，字径 0.26 米，楷书，阴刻。匾稍残缺。

145 – D₁₇ 砖福岭三帝殿碑记 〔寻旺乡乡政府球场内·清代〕 碑刻 1 方。原在寻旺乡大为村砖福岭三帝殿内，庙已毁，碑尚在。碑立于清代。碑高 1.4 米，宽 0.69 米，厚 0.12 米。碑文竖行，计 395 字，并附捐资芳名。庠生陈昌言撰文并书丹。额题"砖福岭三帝殿碑记"8 字，落款"邑人庠生陈昌言敬撰"。碑文记述三帝殿创建的历史沿革与历次修缮之史实。

146 – E₁ 杨秀清故居址 〔紫荆镇木山行政村东王冲·清代〕 杨秀清（1820—1856），广西桂平紫荆乡木山村人，金田起义主要组织者之一，太平天国东王。定都南京后，总理朝政、外交。清咸丰六年（1856）"天京事变"中，被韦昌辉杀害。故居始建时间不详，为单间平房，坐北朝南，砖木结构。泥砖墙，木构架，悬山顶，盖小青瓦，占地面积约 21 平方米。建筑早毁，现存遗址、门脚石及杨秀清当年用过的蓝靛池。

147 – E₂ 冯云山寓居址 〔金田镇茶林行政村古林社屯曾屋内·1844—1845 年·市文物保护单位〕 冯云山（1822—1852），又名飞龙，广东花县人，金田起义重要组织、领导者，太平天国领袖之一，太平天国南王。清道光二十四年（1844）秋至二十五年（1845）春，冯云山在广西浔州（今贵港市）古林社村以打工为掩护，宣传拜上帝教时住于此。旧居址原为曾槐英的 6 间"牛棚"中的一间，坐南朝北，砖木结构。面阔六间，进深一间，泥砖墙，单面坡，悬山顶，

简易平房，占地面积约 9 平方米。后改建为两面坡悬山顶房屋。

148 – E₃ 大冲曾家私塾遗址 〔紫荆镇蒙冲行政村大冲屯·1846—1847〕 清道光二十六年（1846）至次年（1847）九月，冯云山在此以教书为名，宣传拜上帝教，秘密进行活动，发展卢六、杨秀清、萧朝贵等人入拜上帝会。私塾早毁。现存遗址为直径约 10 米、高出地面约 1 米的圆形土墩。1983 年时发现残碑 1 方。遗址右侧约 500 米，为当年被冯云山等捣毁的盘王庙遗址。

149 – E₄ 石达开打造武器遗址 〔白沙镇白沙行政村北约 500 米白水塘岭·1850 年〕 清道光三十年（1850）八、九月间，石达开率贵县天地会众赴金田团营途中，驻扎白沙整训队伍，在白水塘岭开炉铸炮，打造武器武装会众。白水塘岭系一坡地，面积约 1.2 万平方米。在此范围内发现有铁渣、炭粒等遗物。

150 – E₅ 太平天国金田起义地址 〔金田镇金田行政村金田村西犀牛岭·1851 年·全国重点文物保护单位〕 1851 年 1 月 11 日，洪秀全等在金田犀牛岭营盘率众二万余人誓师起义，建号太平天国。会众以红布包头，蓄发易服，名为太平军。地址原为明代农民起义首领侯大苟创建的营盘所在地，占地面积约 2507 平方米。营盘平面呈长方形，周绕夯土墙，残高 3.6 米，底宽 7.5～14 米，顶宽 1.8 米，墙中段开一营门。营盘中间有一圆形平台，台旁竖立拜旗石。南墙外有壕堑和演武场，西北有太平军收藏武器的犀牛潭。1975 年成立金田起义地址保管所，1980 年建金田起义文物陈列室。

E₅₋₁ 韦昌辉故居址 〔金田镇金田行政村金田村西北·1821 年〕 韦昌辉（1823—1856），原名韦正、志政，广西桂平金田村人，太平天国北王。清咸丰六年（1856）"天京事变"中杀杨秀清及其部众家属 2 万余人，同年十一月被天王处死。故居建于清道光元年（1821），是太平天国领导人谋划和指挥金田起义的总机关，并在此设炉打制武器。故居坐西南朝东北，砖木结构，多进院落，占地面积约 900 平方米。主体建筑面阔三间，夯土墙、硬山顶，盖小青瓦。太平军北上后被清军焚毁，遗留有部分墙基、木炭池、打铁炉遗址等。1986 年按旧址墙基修复部分建筑。

E₅₋₂ 太平天国金田起义前军指挥所旧址（金田镇金田村三界庙） 〔金田镇新圩社区中心街口·1851 年〕 1851 年 7 月初，太平军从武宣回师紫荆山区，前军杨秀清、萧朝贵、韦昌辉、胡以晃等分驻新圩、安众、莫村一带。三界庙是前军指挥所。庙建于清顺治十八年（1661），原为思明亭，清乾隆五年（1740）

改建为三界庙，清嘉庆九年（1804）、清道光二十四年（1844）、清同治四年（1865）和1974年均有修缮。三界庙坐北朝南，砖木结构。两进院落，占地面积约253.6平方米，主体建筑面阔三间，青砖墙，穿斗与抬梁混合木构架，硬山顶，盖小青瓦，脊饰灰塑人物、夔纹高脊、宝珠、鳌鱼吻。西、北两面，有附属平房5间。庙内存清代碑刻26方。

E₅₋₃ 风门坳战场遗址 〔金田镇西北约6公里金田电站西侧·1851年〕 1851年8月11日猪仔峡失守后，太平军退守风门坳。8月28日，清军向荣、巴清德部分三路直扑风门坳。太平军据险与清军激战，因硝弹缺乏失利，退守古林社、茶调村一线。风门坳旧名北定关，双峰对峙，是进出紫荆山区，出武宣的唯一通道。遗址面积约1万平方米，现存进山古道一段，以及太平军垒石工事一处，工事残长约20米，残高约1.5米。

E₅₋₄ 莫村太平军总部遗址 〔金田镇莫龙行政村莫村屯西南莫村·1851年〕 1851年1月11日，金田起义指挥部设在莫村傅家寨。7月初，太平军从武宣回师紫荆山区后，前军指挥部、总部亦先后移驻于此。遗址原为乡绅傅济平住宅，四进院落，四周筑坚固围墙，由四座主屋、炮楼、左右配房、走廊等建筑组成，占地面积约4280平方米。太平军撤离后，建筑被清军焚毁，炮楼的土台及大部分三合土夯筑的房基尚存。

151-E₆ 石头脚太平军行营指挥部旧址 〔江口镇岭南行政村石头脚村·1851年·市文物保护单位〕1851年1月13日，太平军由金田东进占领大湟江口，洪秀全等驻营石头脚村陈氏大屋，行营指挥部设在陈氏宗祠。洪秀全自称太平王，并在此指挥太平军取得牛排岭、屈甲洲之战的胜利。陈氏宗祠建于清道光年间（1821—1850）。坐东南朝西北，砖木结构，院落式，周绕护院河，四面各为一组三进、面阔五间的建筑，共有房屋200余间，还有碉楼等附属设施，均硬山顶，盖小青瓦。占地面积约9万平方米。原建筑多已拆除改建，唯陈氏宗祠尚完整。

152-E₇ 屈甲洲战场遗址 〔金田镇东南武靖江与紫水汇合口·1851年〕 1851年2月18日，太平军在屈甲洲大败清军刘继祖部。据《桂平县志》记载，清兵"士卒死者数百人，洲坑为满"。屈甲洲地处武靖江与紫水汇合处的大沙洲上，面积约1平方公里。在沙洲内时常有铁矛头等武器出土。

153-E₈ 茶地太平军总部旧址 〔紫荆镇大坪行政村茶地村·1851年·市文物保护单位〕 1851年7月初，太平军从武宣回师紫荆山区，总部设于茶地村赵氏宗祠。洪秀全在此分封太平军五军主将，8月15日发布了著名的"移营诏令"。旧址建于清乾隆、嘉庆年间（1736—1820），坐北朝南，砖木结构。面阔五间，泥砖墙，悬山顶，小青瓦平房。占地面积约121平方米。现存三间。

154-E₉ 格子堡遗址 〔罗秀镇乐雅行政村乐雅村西面格子寨·1854—1861年〕 清咸丰四年（1854），当地大地主姚大鸢为抵抗而筑。咸丰五年至八年（1855—1858）间，姚新昌曾先后多次率众围攻该堡，均不克。格子堡筑于险要的山岭上，四周为夯土围墙，墙高约2米，厚约0.6米，周长约250米。北城墙有闸门。闸门两侧及另三面城墙中段筑有土炮台。现城墙已毁，存墙基。

155-E₁₀ 门头堡遗址 〔罗秀镇乐雅行政村乐雅村西约5公里门头寨·1854—1858年〕 清咸丰四年（1854），大地主姚大鸢筑此堡与姚新昌领导的天地会相对抗。清咸丰五年至八年（1855—1858）间，姚新昌曾多次率领天地会众进攻该堡，均未克。门头堡筑于门头岭上，占地面积约1100平方米，周绕夯土围墙，四角筑炮楼。现残存寨墙长6米，高1.6米，厚0.6米。

156-E₁₁ 象鼻堡遗址 〔罗秀镇新垌行政村新垌村北约2公里象鼻寨·1854—1856年〕 大地主姚大鸢等地主武装团练为与姚新昌起义军相抗而筑。大成国北路元帅姚新昌率义军于清咸丰六年（1856）攻破该堡。象鼻堡筑于象鼻山上，占地面积约2400平方米，周围土墙，东面开一寨门，四角筑炮楼。现残存南墙一段，长3米，厚0.6米，高0.3米。

157-E₁₂ 铁屎寨遗址 〔罗秀镇新垌行政村新垌村村公所西南面约500米的土岭上·1855年·市文物保护单位〕 清咸丰五年（1855），大成国北路元帅姚新昌所筑。姚新昌（1828—1866），广西桂平罗秀人。清咸丰四年（1854）在中和白石垌和新垌洞心寺倡拜上帝会，聚饥民万余人起义，参加陈开、李文茂起义军，1855年，大成国建立后封北路大元帅。铁屎寨平面呈椭圆形，南北最长约46米，东西最宽约30.7米，占地面积约1412平方米。周围寨墙用红砂土及少量碎石夯筑而成，高2米，厚0.5米，墙间满布枪眼，北墙东侧有一寨门，面阔1.5米。现寨墙大多已毁坏，寨内建筑已不存。

158-E₁₃ 高山寨遗址 〔江口镇北约10公里挂碧泉上·1851—1861年〕 清咸丰年间（1851—1861），乡人为避乱而建。高山寨筑于倭高山（五垌岭）顶，呈椭圆形，占地面积约1.6平方公里。原依山筑有高2米，厚0.5米，长约2公里石砌基基夯土墙。现尚存部分墙基及寨门石台阶等遗迹。

159 - E₁₄　大成国王府遗址　〔西山镇中心小学校内·1855—1861 年·市文物保护单位〕　1855 年 9 月 27 日，天地会首领陈开、李文茂等率军攻陷浔州，改浔州为秀州，定桂平为国都，名秀京，建立大成国政权，年号"洪德"。陈开称镇南王，旋改平浔王，驻秀京。大成国王府设在浔州府署。浔州府署建于明洪武八年（1375），历代重修，为三进院落，主体建筑面阔五间，左右有廊庑，前有广场，后为花园，占地面积 2.54 万平方米。原建筑已毁，尚存王府门前石狮、青石云阶、前座台基、石础、古井等遗物。

160 - E₁₅　万安寨遗址　〔马皮乡加石行政村大排脚村后·1855 年〕　清咸丰五年（1855），乡绅李端、潘琼贵组织邻近 18 个村寨构筑武装团练据点，与大成国起义军相对抗。大成国首领陈开曾率军围攻。山寨位于万安山顶，四周依山势筑三合土围墙，西南开寨门，仅一羊肠山径可通。寨内中部和四角筑有炮台。寨内建筑已毁。现存围墙，东墙长约 380 米，西墙长约 240 米，北墙长约 180 米，南墙长约 360 米，残高 0.4 米，厚 0.5 米，寨内曾出土铁弹丸等遗物。

161 - E₁₆　大邓寨遗址　〔马皮乡大龙行政村大邓屯·1855 年〕　清咸丰五年（1855），村民谭楼海等为躲避战乱而建。大邓寨平面呈长方形，周筑夯土围墙，西北开一寨门。占地面积约 2000 平方米。现残存寨墙，长约 20 米，高 0.7 米，厚 0.6 米，还有炮楼和寨门等遗迹。

162 - E₁₇　煲坑寨遗址　〔木乐镇四合行政村沙坭岭村南约 1 公里·1855 年〕　清咸丰五年（1855），村民为躲避战乱而建。煲坑寨地势险要，平面呈长方形，四周寨墙以土夯筑，东南开一寨门，占地面积约 1500 平方米。现残存墙基长 5—17 米不等，残高 0.5—1 米，厚 0.6 米。寨内房屋、寨门等遗迹尚存。

163 - E₁₈　白石团堡旧址　〔麻垌镇白石行政村白石屯白石山·1855—1861 年〕　清咸丰五年（1855）夏秋，上秀里莲塘村（今属麻垌）举人黄献锦组织武装团练构筑城堡，对抗大成国军，附近地主豪绅聚集白石山，据为巢穴。桂平知县张葆光、浔州知府张鹏万亦先后于 1855 年冬和 1858 年将衙署移驻白石山。团堡筑于山上，依山势而筑，周绕三合土城墙。城墙周长 600 余米，高 5 米，厚 1.5 米。开三城门，门上建城楼，以巨石块垒砌而成。

164 - E₁₉　界石寨遗址　〔油麻镇勒竹行政村勒竹屯北约 1 公里·1855—1861 年〕　又称牛屎寨，清咸丰五年（1855），桂平城厢周源为抵御大成国军，组织地方武装团练所筑。界石寨建于界石山两座相连的石山上，占地面积约 2380 平方米。寨址东、西两面为峭壁。现南、北两面尚存上山的石阶、巷道、闸门遗迹。寨内亦存有人工开凿的石级、堆积的条石、石块等遗迹、遗物。

165 - E₂₀　高头山营盘遗址　〔社坡镇加惠行政村加惠村东约 2.5 公里涩田高头山·1855—1861 年〕　清咸丰五年（1855），涩田湾、蔗冲等六村地方武装团练为抵御大成国军而筑。营盘平面呈长方形，占地面积约 3500 平方米。周绕夯土墙，四角筑有炮台。现夯土围墙、城门及城内房屋的基础尚存。围墙残高 0.3—1.3 米，厚 0.5 米，房屋基础每间面阔 47 米，进深 4.5 米，墙厚 0.35 米。

166 - E₂₁　修仁峒营盘　〔社坡镇复安行政村修仁峒内·1855 年〕　清咸丰五年（1855），地方武装团练为抵御大成国军而筑。当年为大成国军所破。营盘平面呈长方形，面积约 8537 平方米。周筑三合土夯墙，南面为社坡河，东、西、北三面是人工护城河。四角及西墙中部筑炮楼。城内有三合土铺的十字路，城南有"公局"大宅，为团练指挥所。现营盘墙基础尚存，西北角及西、北面残存部分夯筑的土墙，北墙残长 35 米，西墙残长 25 米，高 1.8 米，厚 0.4 米。

167 - E₂₂　嘉山寨遗址　〔马皮乡马皮圩东面嘉石行政村嘉石村旁·1855 年〕　清咸丰五年（1855），地方武装团练为抵御大成国军而筑。嘉山寨平面呈长方形，占地面积约 1.12 万平方米。周绕两层夯土墙，四角筑炮台。现四周城墙残存 7 米，高 0.8—1 米，厚 0.6 米。墙基尚存。

168 - E₂₃　沙江山寨址　〔木乐镇四合行政村四合村西约 500 米·1855—1860 年〕　清咸丰五年（1855），地方武装团练为抵御大成国军所建。咸丰十年（1860）2 月 7 日为大成国陈开率军攻破。沙江山寨建于山顶上，东西长 51 米，南北宽 36 米，占地面积约 1836 平方米。四周挖有壕沟，沟宽 3 米，深约 0.8 米。

E₂₃₋₁　沙江寨练勇合葬墓　〔木乐镇四合行政村四合村西约 1 公里·1860 年〕　清咸丰十年（1860）2 月 7 日，大成国首领陈开率军攻破地方武装团练据点沙江寨，打死 100 多名练勇，此后合葬于此墓。墓建于咸丰十年（1860），三合土加青砖构筑，占地面积约 60 平方米。墓前有咸丰十年八月刻立的"蒙难艰贞"碑 1 方。

169 - E₂₄　旺发练勇合葬墓　〔罗秀镇乐雅行政村石塘角屯背后的旺发寨·1855—1858 年·市文物保护单位〕　清咸丰五年（1855）十月、八年（1858）三月，大成国北路大元帅姚新昌部两次攻打旺发寨（又名风柜寨）地方武装团练据点，被打死的 200 多名练勇合葬于此。墓建于咸丰十一年（1861），1926 年重修。墓葬朝西，冢呈圆丘形，底径 1.9 米，三合土加青砖构筑，周边有砖砌墓圈墙，占地面积约 50 平方米。冢后墓圈墙嵌碑刻 1 方。冢前有 1926 年重修时立的墓碑 2 方，碑文记述事实经过。

170 - E₂₅　天堂练勇坟　〔大湾镇天堂上行政村梁屋屯十二山头山顶上·1856—1859 年·市文物保护单位〕　又名天堂百家坟。为清咸丰六年至九年（1856—1859）间，大成国军 3 次攻打天堂村武装团练据点时，被打死百余名练勇的合葬墓。清光绪三年（1877）重修。墓由墓冢、祭堂组成，占地面积约 270 平方米。墓葬朝东南，墓冢用石灰、三合土夯筑。墓前用青砖护砌，镶砌《大清御寇义勇碑》，记述事件经过及死者名单。

171 - E₂₆　新村练勇合葬墓　〔大洋镇新和行政村尾湾屯丹竹岭上·1860 年〕　清咸丰十年（1860）九月，大成国义军攻打上都里新村地方武装团练据点，打死练勇数百名，后合葬于此墓。墓葬由祭堂、墓冢、后土组成，占地面积约 100 平方米。墓葬朝西，冢呈圆丘形，三合土封dom，墓碑为清同治四年（1865）立，面刻"新村三湾御寇殉难义民合葬冢墓"，碑文记述了史实经过。

172 - E₂₇　谏知列姓同葬之墓　〔麻垌镇谏知行政村谏知村东南大山岗岭·1862 年〕　又称谏知铁丘坟，又名"皇清处士列姓府君老大孺人同葬之墓"。清同治元年（1862）五月，大成国军姚新昌部攻打谏知村地方武装团练据点，死难者 200 余名，后合葬于此。清光绪二十九年（1903）重修。墓葬由墓圈墙、墓冢、供台、祭堂组成，青砖石灰构筑。占地面积约 77.04 平方米。墓圈墙嵌石碑 2 方，碑文记述事件之经过及死者姓名。

173 - E₂₈　金山寨遗址　〔木圭镇四德行政村四德村旁·清代〕　建于清光绪年间（1875—1908），是四德村民曾三益等反抗清政府的根据地。金山海拔 105 米，三面陡峭，仅西北角有一条小路供出入。金山寨在山的顶部，平面呈长方形，东西长 30 米，南北长 15 米，面积 450 平方米，四周用泥土夯筑围墙，现残墙厚 0.33 米，高 0.67 米，墙内四角原筑有炮楼、哨楼等，均已毁。

174 - E₂₉　三点会起义地址　〔寻旺乡学中行政村石桥村·清代〕　传为清末学中村三点会首领黄氏亚花二率众起义后所建的营盘之一。民国初，学中村民联防组织曾沿用。营盘平面略呈长方形，占地面积约 2800 平方米。四周有壕沟环绕，沟宽 2.2 米。现壕沟多已被填平。

175 - E₃₀　学中营盘岭遗址　〔寻旺乡学中行政村学中村学中小学东约 150 米·清代〕　遗址在低矮的土岭上，据传是清末太平天国后期所建，曾为学中屯三点会首领黄氏亚花二组织的拜"三点会"活动地点。遗址平面呈长方形，南北长 100 米，东西宽 45 米，占地面积约 4500 平方米，四周夯土围墙。残存三合土夯筑部分墙基。

176 - E₃₁　曹启光故居　〔下湾镇甘井行政村井塘屯·清代〕　曹启光（1875—1915），字贡田，广西桂平上秀里井塘村人。1911 年参加同盟会组织的浔州起义，任总指挥。起义失败后，被捕遭杀害。故居建于清代后期，为两进院落，占地面积约 1370 平方米。现存后座及左侧横屋、厢房，面积约 526 平方米。后座面阔五间，进深二间，夯土墙，抬梁式木构架，悬山顶，盖小青瓦。

177 - E₃₂　西山乳泉亭　〔西山镇西山风景名胜区内西山·1917 年〕　1917 年，两广巡阅使陆荣廷倡建。因亭建于乳泉旁，故名。亭平面呈长方形，东西进深 9.1 米，南北面阔 8.3 米，高 6 米，5 条石柱支撑。亭额"乳泉亭"匾为陆荣廷所书，楹联"自苍梧迤逦而来造极登峰仡看南流一束北流一束，离翠海钓游之所乘风破浪试问在山何出山何如"，为云南督军唐继尧所题。

178 - E₃₃　莫荣新旧居　〔江口镇盘石行政村盘石屯·1920 年〕　莫荣新（1853—1930），字日初，广西浔州府桂平县江口镇盘石村人。清末任梧州镇守使，1915 年参加广西独立的陆荣廷五人通电，任护国讨袁桂军司令，1917 年出任广东督军。旧居建于 1920 年，原占地面积约 8000 平方米。现存两座砖木结构楼房，间隔天井。占地面积约 201.18 平方米。建筑坐西向东，面阔三间、进深一间，硬山顶、盖小青瓦。二楼明前、后有青瓷瓶式栏杆。

E₃₄₋₁　莫荣新墓　〔江口镇理塘行政村理塘村·1930 年〕　墓葬平面呈"凸"字形，由墓圈墙、墓冢、祭台、碑亭、神道及石人、石马、石狗、石狮等石仪作组成，圆丘形混凝土冢。占地面积约 700 平方米。

179 - E₃₄　郭凤岗西山题刻　〔西山镇西山风景名胜区内西山·1924 年〕　郭凤岗（1892—1936），字梧亭，广西省浔州府桂平县宣一里（今江口镇）和合村人，新桂系将领，国民革命军陆军中将。随中国代表团出席日本阅兵典礼，拒绝日本"安步当车"侮辱性安排，迫使日本以礼相待。1924 年随李宗仁夫妇登西山，乃在中山飞阁下崖壁榜书"五岳归客"4 大字。

180 - E₃₅　武、平、桂农民赤卫军指挥部旧址〔金田镇安众行政村盘龙屯·1927 年·市文物保护单位〕　1927 年 5 月上旬末，中共广西特委在此建立武宣、平南、桂平三县农民协会军事委员会，领导三县农民赤卫军二千余人举行武装起义。指挥部设在盘龙屯昌文忠新屋。旧址建于清末，坐西北朝东南，砖木结构，三进院落，由前座、中座、后座、天井、左右横廊、厢房等组成，占地面积约 1834 平方米。主体建筑面阔三间，青砖墙，抬梁式木构架，硬山顶，砖木结构平房。在建筑椽木间先后发现一面犁头旗和农民协会的大印。

181 – E₃₆　中共广西特委机关遗址　〔西山镇白兰行政村下烂泥屯·1927—1928 年〕　1927 年冬至 1928 年 6 月初，中共广西特委机关从梧州迁驻于此。在此重建了梧州市委和桂平、平南、武宣、贵县、容县等县党组织，发展党员 825 人。旧址原为曾良卿住宅，两进院落，占地面积约 782 平方米。主体建筑面阔三间，硬山顶，砖木结构楼房。现建筑已毁，残存部分墙基。

182 – E₃₇　中共广西特委机关人员住址　〔西山镇白兰行政村上烂泥村·1927—1928 年〕　1927 年冬至 1928 年初，中共广西特委机关从梧州迁驻下烂泥村后工作人员住于此。住址原为唐德光、唐三德住宅，建于清道光年间（1821—1850）。为四合院，由前座、主屋、天井及左、右厢房组成。占地面积约 302 平方米。前座、主屋为砖木结构平房，面阔三间，清水墙，悬山顶，盖小青瓦。

183 – E₃₈　中共广西特委编印室旧址　〔西山镇白兰行政村白额村·1927—1928 年〕　1927 年冬至 1928 年 6 月初，中共广西特委机关设编印室于此。曾编印《土地革命》专号和《我们的口号》等学习、宣传材料。旧址原为李氏宗祠，清代建筑，坐西北朝东南，砖木结构。三进院落，主体建筑面阔三间，青砖墙，悬山顶，脊塑博古，盖小青瓦，木雕花檐板。祠内墙上绘有山水花鸟画。占地面积约 250 平方米。

184 – E₃₉　黄埔陆军军官学校燕塘分校旧址　〔西山镇人民西路西山乳泉酒厂·1939 年·市文物保护单位〕　抗日战争初期，广州黄埔陆军军官学校燕塘分校迁于此。1939 年 9 月侵华日机空袭桂平，分校建筑右半部被炸毁。旧址原称桂山钟楼，建于 20 世纪 30 年代初。平面呈长方形，为面阔三间、钢筋混凝土结构西式楼房，中间为五层圆顶，两侧为三层。占地面积 101 平方米。现存中间五层钟楼及左侧建筑。

185 – E₄₀　胡村烈士纪念碑　〔江口镇胡村行政村胡村南面约 1 公里·1954 年〕　1954 年，为纪念 1950 年在江口胡村一带剿匪战斗中牺牲的解放军烈士而建。纪念碑坐西北朝东南，水泥砖结构，高约 6 米，其中四方碑座高 1.1 米，宽 1.55 米。碑身四方立柱体，边宽 1.3 米，四角攒尖顶，碑身正面竖行刻“革命烈士

永垂不朽”。纪念碑周有圆形围墙，墙高 1.2 米。占地面积约 52.33 平方米。

186 – E₄₁　蔡璧珩烈士墓　〔西山镇西山风景名胜区公路旁的山坡上·1962 年·市文物保护单位〕　蔡璧珩（1910—1927），女，广西桂平市城厢人。1926 年年冬加入中国共产党，1927 年 10 月在平南被捕，同年 11 月 29 日在桂平英勇就义。原葬于县城西郊杨江桥旁。1962 年迁葬于此。冢为圆柱形，用青砖砌成，高 1.65 米，径 2.6 米。大理石墓碑，正面刻“大革命时期女烈士蔡璧珩之墓”，背刻其生平事迹。占地面积约 25 平方米。

187 – E₄₂　罗秀烈士纪念碑　〔罗秀镇罗秀行政村罗秀村西面的猪嘴山坡上·1962 年〕　1962 年，为纪念 1949 年在解放罗秀的战斗中牺牲的解放军第四野战军吉高珊等 4 名烈士而建。碑为砖沙水泥结构，面朝西，三级碑座，高 0.42 米。碑身为四方立柱体，边宽 1.2 米，高 3.98 米。碑身东、南、西三面各竖行书写“革命烈士碑”5 个大字，北面记载烈士事迹。占地面积约 11 平方米。

188 – F₁　城东街天主堂　〔西山镇城东街 116 号·1902 年〕　建于清光绪二十八年（1902）。由法国天主教出资建成。砖木结构，四进院落，由神父楼、会客厅、圣堂、姑娘堂等建筑及其间天井、走廊、花园等组成，占地面积约 1300 平方米。神父楼高二层，悬山顶，正脊饰鹰翅、十字架、天主教徽等，大门为花岗岩拱门，额刻“正道无式”，上方嵌“天主堂”匾。二楼饰拱顶门、窗。其余皆为平房，其中会客厅为抬梁式木构架，脊饰半圆齿轮状灰雕。其余进均面阔三间，硬山顶。

189 – F₂　镇峒桥　〔油麻镇有理行政村有理村西北约 1 公里的油麻河上·1918 年〕　又名镇匪桥。建于 1918 年。为乡绅郑辑庭倡建。东南—西北走向，两台四墩梁式石板桥，长 42 米，宽 2.58 米，孔跨 3.8 米。桥墩平面呈圭角形，桥面用长条石铺设，无护栏。

190 – F₃　下渡林凉亭　〔寻旺乡河南行政村下渡村西郁江岸边·1927 年〕　建于 1927 年。砖木结构，穿斗式木构架，六角攒尖顶。顶饰陶葫芦，檐饰鸱吻图案。占地面积约 48 平方米。

191 – F₄　吴巽亭公祠　〔金田镇禾益行政村乐益村内·1928 年·市文物保护单位〕　建于 1928 年。坐西朝东，砖木结构，庭院式，中西合璧二层建筑。前有大门，后为正堂，中有花圃，两侧为厢房，占地面积 2810 平方米。大门额书“永远堂”3 字，二层左右为对称的八角形凉亭，花瓶式瓷栏杆，盔顶。正堂面阔五间，进深三间，抬梁式木构架，歇山顶，盖小

青瓦。正面墙上正中书"吴巽亭公祠",前设拱门 3 个。次间有楼梯通顶上阳台。厢房面阔七间,进深二间,单面庑殿顶,脊饰宝葫芦,屋内分两层,设小走廊通正座。

192 – F₅　西山幽谷亭〔西山镇西山风景名胜区西山上·1930年〕　为纪念唐代御史李明远于1930年修建。1982年重修。占地面积约20平方米,原亭为木结构,抬梁式木构架,四角攒尖顶。重修时改为钢筋混凝土结构,回纹莲花宝顶,盖绿色琉璃瓦。檐梁间饰以仿木斗拱,柱头有雀替。

193 – F₆　罗秀当楼〔罗秀镇镇政府大院内·1930年·市文物保护单位〕　当楼建于1930年,由罗秀二里各村集资,学垌村士绅卢公侠设计兴建。坐西朝东,砖木结构。平面略呈长方形,面阔、进深一间,高四层,青砖墙,楼内正中有四方形砖柱直通屋顶。南面和北面的山墙各开窗7个,顶部砌马头墙,东墙和西墙各开长方形气窗5排,每排6个。占地面积约106.5平方米。

194 – F₇　崇吉堂〔木圭镇新木行政村沙垌屯内·1935年〕　建于1935年。坐北朝南,砖木结构。二进院落,由前座、后堂、天井及两侧走廊组成,占地面积约160平方米。前座、后堂面阔三间,清水墙,抬梁式木构架,硬山顶,灰雕花脊,盖小青瓦。墙端上彩绘麒麟、狮子等壁画。前座有前檐廊,立砖砌方形檐柱2根,大门门额嵌"崇吉堂"匾,廊前置7级砖砌踏跺。

195 – F₈　西山半山亭〔西山镇西山风景名胜区西山·1937年〕　始建时间不详。1937年时任桂平县长谢祖莘重修,1978年桂平县人民政府维修。因亭地处西山半山上而得名。亭原为砖木结构,后改为砖混结构,平面六边形,檐柱6根,竹节形,皆高出瓦面,柱头周围饰三圈乳钉和砖角叠砌而成的棱角,六角攒尖顶。亭亦为攒尖顶,仰莲座五棱葫芦宝刹,琉璃瓦当、滴水。占地面积约12平方米。

196 – F₉　城中街基督教堂〔西山镇城中街166号·1946年〕　建于清光绪二十八年(1902),由美国宣道会倡建。1944年冬被侵华日军烧毁,1946年重建。坐东北朝西南,砖木结构。三进院落,分前、中、后三座,占地面积约526平方米。前座为布道厅,中座两旁有居室,后座为礼拜堂。礼拜堂由两座并列平房组成,面阔16.7米,进深17.9米。开拱形门、窗,西式尖顶墙(尖顶已毁)。大门额书"基督教礼拜堂"。其上装饰十字架(已毁)。

197 – F₁₀　镇江桥〔下湾镇东南面约7公里的镇江河上·民国〕　始建于清光绪十三年(1887)。抗日战争被侵华日机炸毁,不久重修。西北—东南走向,单孔石拱桥,长30米,宽3.85米,拱跨4米。拱内顶镶"镇江桥"碑1方。桥身、桥拱用料石砌筑,桥面铺石,两侧砖砌矮护栏。

198 – F₁₁　罗播花厅〔罗播乡政府内·民国〕　罗播大户李小岑修建,具体时间不详。坐北朝南,砖木结构。中西结合单座建筑,平面呈长方形,占地面积约99.9平方米。面阔、进深三间,高两层,抬梁式木构架,硬山顶,脊饰回字纹,琉璃檐棚,彩色玻璃窗。上、下层皆有前廊,底层设拱形门,上层多拱形门状栏杆及檐墙,花阶砖铺地。

199 – F₁₂　米步桥〔社步镇宁江行政村宁江村米步河上·1950年〕　又名万福桥。建于清道光五年(1825)。1950年重修。东北—西南走向,单孔石拱桥,长65.8米,宽5.2米,拱跨12米,桥身以条石砌筑,桥面两侧有矮护栏,桥两端有引桥。桥上东南侧拱顶上有"万福桥"石刻,原桥东设有碑亭,已毁。

200 – F₁₃　唐御史李公祠〔西山镇西山风景名胜区西山上·1981年·市文物保护单位〕　原名广祐庙,又叫郡主庙。唐代末年,为纪念唐末浔州刺史李明远而建。明正统、明成化年间重修。清乾隆九年(1744)僧心镜募缘重修,十二年(1747)重建韦驮殿。1981年,改为钢筋混凝土仿木结构。坐西朝东,平面呈长方形,三进院落,依次为前、中、后三座,占地面积约648平方米。前座面阔三间,进深一间,清水墙,两层楼,底层有前廊,门额挂"唐御史李公祠"木匾。二楼为藏经阁,阁周有回廊,饰琉璃宝瓶栏杆,庑殿顶,黄色琉璃。中座、后堂面阔、进深均三间,硬山顶,回纹脊饰。

201 – F₁₄　龙华寺〔西山镇西山风景名胜区西山东半山腰·1986年·市文物保护单位〕　又称上寺。建于清康熙年间(1662—1722),清咸丰五年(1855)毁,清同治十二年(1873)重建。1986年改为混凝土仿木结构。坐西北朝东南,由天王殿、文昌阁、大雄宝殿组成,占地面积约780平方米。天王殿面阔三间,有前廊,石檐柱刻楹联,明间门额上嵌"龙华寺"石匾,硬山顶,盖琉璃瓦。文昌阁分两层,抬梁式木结构,硬山顶,回纹脊饰。大雄宝殿面阔五间,正殿为重檐歇山顶,正脊饰双龙戏珠和鸱吻,副殿为歇山顶。

F₁₄₋₁　西山文昌阁〔西山东半山腰·1917年〕　文昌阁是西山龙华寺组成部分。龙华寺建于清康熙年间(1662—1722)。现存建筑多为清同治十二年(1873)重建。其中座文昌阁为1917年两广巡阅使陆荣廷捐资重建。文昌阁分两层,上层为抬梁式木构架,硬山顶,回纹脊饰。

202 - G₁ 立鸠浮岭石器出土点 〔西山镇永培行政村蓬埌屯南约 800 米立鸠浮岭·新石器时代〕 1989 年,在郁江边立鸠浮岭水田边和崩塌处采集到数件砍砸器。

203 - G₂ 白行坑石器出土点 〔西山镇永培行政村全村屯东约 50 米郁江西岸白行坑口·新石器时代〕 白行坑口周围地势平坦。1989 年在白行坑口北约 50 米的畲地上采集到砍砸器、刮削器等打制石器数件。

204 - G₃ 三角咀石器出土点 〔西山镇东门村北约 1 公里·新石器时代〕 三角咀地处浔、郁、黔三江交汇处,地势较平缓。1988 年在约 250 平方米低平的岭顶上采集到砍砸器、石核、石片等打制石器 6 件。

205 - G₄ 那禾冲石器出土点 〔南木镇大黎行政村下白沙村东北那禾冲·新石器时代〕 1983 年,在那禾冲洪堤坝两边地表和断崖上采集到砍砸器、石片、砺石等 9 件石器。

206 - G₅ 下白沙石器出土点 〔南木镇大黎行政村下白沙屯东南约 100 米浔江西南岸·新石器时代〕 1983 年,在下白沙屯浔江岸边耕地上和断崖处采集到砍砸器、砺石、石片等 3 件石器。

207 - G₆ 三棵竹石器出土点 〔南木镇大黎行政村下白沙屯朝东北约 1.5 公里浔江西北岸·新石器时代〕 1983 年,在下白沙屯东北防洪堤坝及浔江岸边崩塌处,采集到砍砸器、石核、石片及有肩石斧、石锛、磨制石器半成品等 11 件石器。

208 - G₇ 大沙地石器出土点 〔南木镇大黎行政村下白沙屯东北约 1 公里大沙地·新石器时代〕 1983 年,在下白沙东北 I 级阶地大沙地的田埂上和河岸的崩塌处,采集到刮削器、砺石、石片等 7 件石器。

209 - G₈ 命令冲石器出土点 〔南木镇大黎行政村上白沙屯曾屋岭西南命令冲·新石器时代〕 1983 年,在命令冲防洪堤坝上采集到砍砸器、刮削器、砺石、石片等 13 件石器。

210 - G₉ 藕塘岭石器出土点 〔南木镇大黎行政村大黎村东北约 1 公里的藕塘岭·新石器时代〕 藕塘岭为低矮土岭,东约 1.5 公里为浔江。1984 年 11 月,在藕塘岭的地表上采集到打制砍砸器 1 件。

211 - G₁₀ 祝兴石器出土点 〔木圭镇祝兴行政村祝兴村东 300 米浔江西岸·新石器时代〕 1983 年,在祝兴村西北浔江西岸土岭上采集到砍砸器、石片等打制石器 3 件。

212 - G₁₁ 泥堆岭石器出土点 〔木圭镇祝兴行政村江边屯西北约 800 米泥堆岭·新石器时代〕 1983 年,在江边屯西北浔江南岸泥堆岭等土岭上采集到砍砸器、刮削器、石片等打制石器 8 件。

213 - G₁₂ 龟岭石器出土点 〔木圭镇大朗行政村大朗村西南约 200 米龟岭·新石器时代〕 1983 年,在大朗村西南的浔江东岸龟岭,采集到砍砸器、刮削器、石片、砺石等 9 件石器。

213 - G₁₃ 铁屎岭石器出土点 〔罗秀镇罗秀行政村沙井屯东铁屎岭·新石器时代〕 1988 年,在沙井屯东铁屎岭西南坡采集到石斧 1 件。石斧为长条形,双肩弧刃,通体磨光,残留有打击疤痕。

214 - G₁₄ 江边畲屯石器出土点 〔寻旺乡先锋行政村先锋村江边畲屯西北·新石器时代〕 1983 年,在江边畲屯西北郁江岸边 I 级阶地崩塌处采集到砍砸器、石片等 13 件打制石器。

215 - G₁₅ 三花冲石器出土点 〔寻旺乡东塔行政村油榨屯西南约 250 米三花冲·新石器时代〕 1983 年,于油榨屯西南的三花冲与浔江汇合口 I 级阶地上,采集到砍砸器、石核、石锛等 5 件石器。

216 - G₁₆ 下渡石器出土点 〔寻旺乡先锋行政村下渡屯东北约 500 米·新石器时代〕 1983 年,于屯东北的浔江河岸 I 级阶地崩塌处,采集到砍砸器、石片等石器及夹砂陶片。

217 - G₁₇ 大扑岭屯石器出土点 〔石咀镇河口行政村大扑岭屯西北浔江河岸·新石器时代〕 1987 年,在屯西北的浔江河东岸 I 级阶地及河滩上,采集到打制砍砸器 6 件。

218 - G₁₈ 灯笼岭石器出土点 〔石咀镇罗洪行政村大湾口屯西北约 500 米灯笼岭·新石器时代〕 1983 年,于灯笼岭坡地表上,采集到穿孔石器和砺石。穿孔石器为扁圆形,中间对穿一孔,边沿留有明显的使用痕迹。

219 - G₁₉ 东大岭石器出土点 〔南木镇上湾行政村烟窑屯东约 300 米东大岭·新石器时代〕 1983 年,在屯东的浔江北岸东大岭坡地表和河岸崩塌处采集到打制砍砸器 3 件。

220 - G₂₀ 望步石器出土点 〔江口镇望步行政村望步屯西南约 300 米·新石器时代〕 1983 年,于屯西南的浔江北岸 I 级阶地防洪堤上采集到砍砸器、尖状器、刮削器、石核、石片等 39 件打制石器。

221 - G₂₁ 江边石器出土点 〔大湾镇必祝行政村江边屯南约 2 公里·新石器时代〕 1980 年,在郁江河湾北岸断面上采集到刮削器、打击石片等 5 件石器。

222 - G₂₂ 铜鼓滩甬钟出土点 〔西山镇东约 2 公里浔江铜鼓滩·西周〕 1993 年 4 月 10 日,在铜鼓滩附近水中捞出铜甬钟 1 件。直圆甬式,衡不封,中空与体腔相通,下部有旋、干。正面钲部铸 18 枚,枚长有景。鼓饰由勾连雷纹组成的类兽面纹。正面钲间饰蕉叶兽面纹，篆间饰斜角勾边雷纹；钲、鼓边皆饰波折纹夹勾连雷纹纹带和波折纹纹带。通高 0.475 米，甬高 0.13 米，舞宽 0.164—0.22 米，枚（景）高 0.034 米，铣间宽 0.251 米。（见《中国考古学年鉴》1994 年）

223 – G₂₃ **麻垌镇铜鼓出土点** 〔麻垌镇东北约 200 米·西汉中期—南朝〕 1952 年，于麻垌小学内出土冷水冲型铜鼓 1 面。鼓面径 1.378 米，高 0.725 米。鼓面太阳纹十二芒。面沿环列六蛙。面遍饰雷纹。胸腰间附大环耳 2 对，小环耳 1 对。

224 – G₂₄ **牛巴岭铜鼓出土点** 〔麻垌镇南桥行政村南桥村北牛巴岭·西汉中期—南朝〕 1977 年 5 月，牛巴岭山腰出土冷水冲型铜鼓 1 面，鼓面倒置，无伴出物。鼓面径 0.76 米，高 0.49 米。鼓面太阳纹十二芒。面沿环列四蛙（皆失）。鼓面、身饰羽纹、栉纹夹同心圆纹、变形羽人纹、变形翔鹭纹。足残。

225 – G₂₅ **母鸡头岭铜鼓出土点** 〔木根镇秀南行政村秀南村东约 60 米母鸡头岭·西汉中期—南朝〕 1991 年 10 月 20 日，母鸡头岭西北坡出土冷水冲型铜鼓 1 面，鼓面倒置，腹内倒置一四系陶罐（破碎）。鼓面径 0.86 米，残高 0.507 米。鼓面太阳纹十二芒。面沿环列四立蛙和一穿山甲。主要饰变形羽人纹，次为变形翔鹭纹、水波纹、栉纹、切线同心圆纹、复线交叉纹、雷纹等。胸、腰间附扁耳 2 对。

226 – G₂₆ **张凌彭村铜鼓出土点** 〔金田镇新燕行政村张凌彭村南约 50 米·西汉中期—南朝〕 1993 年 1 月，出土冷水冲型铜鼓 1 面鼓面倒置，无伴随物。鼓面径 0.74 米，高 0.495 米，足径 0.723 米。鼓面太阳纹十二芒。面沿环列四蛙，两蛙间有"孩童戏鸭""人牛播耕"立体装饰。纹饰以变形羽人纹为主，次为羽纹交叉填线纹、变形翔鹭纹和同心圆眼状纹。胸饰变形划船纹。腰饰变形羽人纹、细方格纹。胸、腰间扁耳 2 对。

227 – G₂₇ **四方墩铜鼓出土点** 〔金田镇田江行政村田江村西北约 1.2 公里的四方墩·西汉中期—南朝〕 1984 年 2 月，四方墩坡地出土冷水冲型铜鼓 1 面，无伴出物。鼓面径 0.62 米。鼓面太阳纹十二芒。面沿环列四蛙。主要饰变形羽人纹和翔鹭纹与定胜纹相间纹带。胸、腰间附扁耳 2 对。

228 – G₂₈ **上江头铜鼓出土点** 〔金田镇彩村行政村三家屯北约 70 米·西汉中期—南朝〕 1986 年 8 月 12 日，于三家屯江头下垌出土冷水冲型铜鼓 1 面。鼓面径 0.605 米，残高 0.25 米。鼓面太阳纹十二芒。面沿环列四蛙。主要纹饰有兽形纹、变形翔鹭纹和相背船纹。胸、腰间附扁耳 2 对。足残。

229 – G₂₉ **理村铜鼓出土点** 〔金田镇理村行政村理村北约 50 米·西汉中期—南朝〕 1982 年，坡地出土冷水冲型铜鼓 1 面，鼓面向下，鼓内置四铜锅。鼓面径 0.37 米，身残。鼓面太阳纹十二芒。面沿环列四蛙。主要纹饰为变形羽人纹、翔鹭纹间定胜纹。鹭纹铸有腿和爪。

230 – G₃₀ **浔欧铜鼓出土点** 〔大洋镇浔欧行政村浔欧村内·东汉—唐〕 1966 年，浔欧村出土灵山型铜鼓 1 面，鼓面倒置，无伴出物。鼓面径 1.21 米，高 0.66 米。鼓面太阳纹十二芒。面沿环列六蛙。累蹲蛙和单蛙相间。饰"四出"钱纹、变形羽人纹、鸟纹、席纹、虫形纹、雷纹、雷纹填线纹、蝉纹等。

231 – G₃₁ **大洋铜鼓出土点** 〔大洋镇内·西汉中期—南朝〕 1978 年，出土冷水冲型铜鼓 1 面。鼓面径 0.527 米。鼓面太阳纹十芒，芒间饰复线角形纹。面沿环列四蛙（均失）。鼓面、身饰变形勾连雷纹、勾连同心圆纹、栉纹、变形翔鹭纹、变形羽人纹等。胸腰间附扁耳 2 对。

232 – G₃₂ **理塘铜鼓出土点** 〔江口镇理塘行政村理塘村西约 200 米·西汉中期—南朝〕 1983 年，于半山腰出土冷水冲型铜鼓 1 面，鼓面倒置，无伴出物。鼓面径 0.667 米，高 0.489 米。鼓面太阳纹十二芒。面沿环列四立蛙。饰变形羽人纹、翔鹭纹夹定胜纹。胸、腰间附扁耳 2 对。

233 – G₃₃ **坪冲铜鼓出土点** 〔西山镇碧滩行政村坪冲村南黔江北岸·西汉中期—南朝〕 1979 年，黔江北岸半山腰出土冷水冲型铜鼓 1 面，鼓面倒置，无伴出物。鼓面径 0.717 米，高 0.492 米。鼓面太阳纹。面沿环列四蛙。饰翔鹭纹、变形羽人纹。胸、腰间附扁耳 2 对。

234 – G₃₄ **鹤岭铜鼓出土点** 〔西山镇福山行政村东屯西南约 1 公里鹤岭·西汉中期—南朝〕 1980 年 6 月，于鹤岭出土冷水冲型铜鼓 1 面，鼓面倒置，无伴出物。鼓面径 0.81 米，高 0.585 米。鼓面太阳纹十二芒。面沿环列四蛙，蛙间另有一个喂马立体装饰。饰变形羽人纹、变形翔鹭纹。胸、腰间附扁耳 2 对。足残。

235 – G₃₅ **樟村铜鼓出土点** 〔西山镇渡头行政村樟村西·西汉中期—南朝〕 1972 年，樟村西面浔江岸台地上出土冷水冲型铜鼓 1 面，鼓面向下，无伴出物。鼓面径 0.853 米，高 0.615 米。鼓面太阳纹十二芒。面沿环列四蛙，相对二蛙间各有龟立体装饰。纹饰有变形羽人纹和变形翔鹭纹等。胸、腰间附扁耳 2 对。

236 - G₃₆　**新德铜鼓出土点**　〔蒙圩镇新德行政村新德村东·西汉中期—南朝〕　1974 年，新德村东一座山的山腰出土冷水冲型铜鼓 1 面，鼓面倒置，无伴出物。鼓面径 0.748 米，高 0.535 米。鼓面太阳纹十二芒。面沿环列四蛙，蛙间饰二乘骑，其一乘骑带马驹。面饰变形羽人纹和变形翔鹭纹。胸部饰变形船纹。胸、腰间附扁耳 2 对，环耳 1 对。

237 - G₃₇　**鸡公山铜鼓出土点**　〔蒙圩镇新德行政村新德村西约 20 米鸡公山·西汉中期—南朝〕　1974 年，鸡公山出土冷水冲型铜鼓 1 面，鼓面倒置，无伴出物。鼓面径 0.73 米。鼓面太阳纹十二芒，面沿环列四蛙，相对二蛙间各有一乘骑塑像。主要纹饰有变形羽人纹和变形翔鹭纹。胸、腰间附扁耳 2 对，半环耳 1 对。

238 - G₃₈　**沙岗铜鼓出土点**　〔蒙圩镇新阳行政村新阳村沙岗朱屋·西汉中期—唐〕　1975 年 10 月 16 日，沙岗朱屋背出土北流型、冷水冲型铜鼓各 1 面，两鼓同穴并列。北流型鼓面径 0.62 米，高 0.345 米。鼓面太阳纹八芒，面沿环列四蛙。胸、腰间附环耳 2 对。面、身皆饰雷纹。冷水冲型鼓鼓面径 0.67 米，高 0.405 米。鼓面太阳纹十芒。面沿环列四蛙。面、身饰同心圆纹、羽纹、栉纹、变形羽人纹和翔鹭纹、复线交叉纹等。胸、腰间附扁耳 2 对。

239 - G₃₉　**黑石岭铜鼓出土点**　〔石龙镇新隆行政村寺村屯东约 120 米黑石岭·西汉中期—南朝〕　1985 年 6 月 2 日，黑石岭出土冷水冲型铜鼓 1 面。鼓面径 0.724 米，高 0.494 米，足径 0.687 米。鼓面太阳纹十二芒。面沿环列四蛙。胸、腰间附扁耳 2 对。

240 - G₄₀　**寻旺铜鼓出土点**　〔寻旺乡内·西汉中期—南朝〕　1966 年，寻旺乡附近出土冷水冲型铜鼓 1 面。鼓面径 0.59 米，高 0.395 米，足径 0.556 米。鼓面太阳纹十二芒。面沿环列四蛙。芒间饰翎眼纹。其余饰栉纹夹双行同心圆纹纹带、复线交叉纹、变形羽人纹、变形翔鹭纹等。胸、腰间附扁耳 2 对。

241 - G₄₁　**西南铜鼓出土点**　〔寻旺乡西南行政村西南村东约 1.8 公里·西汉中期—南朝〕　村东的浔江岸边台地出土冷水冲型铜鼓 1 面鼓面倒置，无伴出物。鼓面径 0.736 米，高 0.405 米。鼓面太阳纹十二芒。面沿环列四蛙，两蛙间有双鱼和双乘骑塑像。面饰变形翔鹭纹、变形羽人纹。胸部饰变形划船纹。胸、腰间附扁耳 2 对，环耳 1 对。

242 - G₄₂　**石古岭铜鼓出土点**　〔石咀镇河口行政村石古岭村西南约 150 米·西汉中期—南朝〕　1972 年，于村河边水田出土冷水冲型铜鼓 1 面，鼓面倒置，无伴出物。鼓面径 0.75 米，高 0.48 米。鼓面太阳纹十二芒。面沿环列四蛙，相对二蛙间有人骑牛拉撬模型和三枝兰花立体装饰。芒间饰翎眼纹。主要纹饰有变形羽人纹和变形翔鹭纹。胸、腰间附辫纹扁耳 2 对。

243 - G₄₃　**朱冲山铜鼓出土点**　〔油麻镇六平行政村六平村南约 80 米朱冲山·西汉中期—南朝〕　1978 年，于朱冲山出土冷水冲型铜鼓 1 面。鼓面径 0.7 米，高 0.442 米。鼓面太阳纹十二芒。面沿环列四蛙，相对二蛙间有一马和一物（已失），立体装饰。鼓面及鼓身饰波浪纹、复线交叉纹、变形羽人纹、变形翔鹭纹、同心圆纹、羽纹、眼纹等。足残。

244 - G₄₄　**佛子山铜鼓出土点**　〔中沙镇太平行政村太平村西约 50 米佛子山·西汉—唐〕　1979 年，佛子山出土北流型铜鼓 1 面，鼓面倒置，无伴出物。鼓面径 1.03 米，高 0.57 米。鼓面饰太阳纹八芒。面沿环列四蛙。胸腰间附扁耳 2 对。足已残。

245 - G₄₅　**过山路屯铜鼓出土点**　〔南木镇联江行政村过山路屯南约 100 米·西汉—唐〕　1994 年 7 月 21 日，在屯南的黔江南岸边出土北流型铜鼓 1 面，鼓面倒置，无伴随物。鼓面径 0.853 米，高 0.462 米，足径 0.814 米。鼓面太阳纹九芒。面沿环列四蛙。纹饰有云纹、菱形雷纹、雷纹填线纹。胸、腰间附扁耳 2 对。

246 - G₄₆　**西山铜鼓出土点**　〔西山镇·唐—宋〕　1960 年，出土遵义型铜鼓 1 面。鼓面径 0.61 米，高 0.35 米。鼓面太阳纹十二芒。面沿环列蛙趾四组。纹饰主要有变形鸟纹、斜阳图案纹。腰上部阴刻"第榜子子孙孙永宝"双勾体铭文。胸、腰间附扁耳 2 对。

247 - G₄₇　**城南银碗出土点**　〔西山镇城南郊·宋代〕　1968 年，西山镇南郊出土银碗 2 件，两碗形状、大小相似，一碗高 0.046 米，口径 0.084 米，足径 0.031 米，刻"观南丙辰"款；另一碗高 0.046 米，口径 0.083 米，足径 0.031 米，刻"张二郎匠"铭文。

248 - G₄₈　**武靖浮桥铁柱**　〔原立金田镇武靖行政村武靖村内，现藏桂平市中山公园内·明代〕　铁柱用生铁铸成，实心圆柱形，径 0.25 米，高 2.7 米。柱身有铸痕，柱头下有一椭圆形柱洞。柱洞之上铸有铭文 151 字，记录建武靖州城时间。

249 - G₄₉　**渡坝口铜印出土点**　〔蒙圩镇新法行政村铜锣塘屯头渡坝口·明代〕　1972 至 1974 年，于头渡坝口山坡出土铜印 3 件。3 印均为正方形，边长 0.07 米，直纽，通高 0.068 米。印面九叠篆阳文"浔洲卫中千户所百户印"，背阴刻楷书三行：右"浔洲卫中千户所百户印"，左近中"礼部造"，左"洪武二十九四月□日"。（见《学术论坛》1979 年 3、4 期）

250 - G₅₀　**桂平铜印出土点**　〔西山镇桂平港务所·南明〕　1985 年港务所基建时出土铜印 1 枚。长方形，弋形纽，通高 0.093 米，长 0.09 米，宽 0.054 米，厚 0.01 米。印面九叠篆阳文"庆国领兵副总关防"八字。背分别阴刻楷书"庆国领兵副总关防""永历二年七月□日""永字一千四十二号"等字。（见《学术论坛》1985 年 4 期）

251 - G₅₁ 狮子岭铁炮出土点 〔西山镇西山行政村西山村狮子岭·清代〕 1984 年狮子岭出土铁炮 1 门。铁炮为圆柱形，长 0.7 米，口内径 0.05 米。重圈凸炮口，身铸 5 道凸箍，螺形尾，后膛外壁有一点火孔，孔上加铸导火槽。尾铢及炮环残。

252 - G₅₂ 留滩铁炮出土点 〔西山镇新岗行政村大坑口屯东南约 800 米马留滩·清代〕 1986 年留滩出土铁炮 1 门，伴出一木炮架。铁炮为圆柱形，长 1.51 米，口内径 0.085 米，重圈凸口，身铸 2 道凸箍，单面点火孔，球形尾珠，半环炮纽。

253 - G₅₃ 桂平铁炮出土点 〔西山镇东约 1.5 公里·清代〕 1991 年，在镇东的浔江河中捞出铁炮 1 门，铁炮为圆柱形。长 1.06 米，口内径 0.065 米，口外径 0.095 米。炮身中段铸有圆棒式耳轴 1 对。轴上的炮身上铸有"JWLL"英文字母。

254 - G₅₄ 太平街铁炮出土点 〔西山镇太平街旧港务所码头·清代〕 清道光二十一年（1841）铸，铁炮呈圆柱形，长 2.9 米，口径 0.4 米。平口，身铸 10 道凸箍，中部铸轴柄，后膛上下各有两个点火孔，前膛外壁铸铭文。后部呈螺形，球状尾珠。

255 - G₅₅ 鲫鱼滩铁炮出土点 〔江口镇龙山行政村门头屯东南约 400 米鲫鱼滩·清代〕 1969 年，疏通河道时出土铁炮 1 门。铁炮为圆柱形，长 0.495 米，口内径 0.095 米，后膛有一点火孔，尾端呈螺状，凸箍 3 道，前膛外壁铸英文"LXYBD"。尾部稍残。

256 - G₅₆ 大水屯铁炮出土点 〔石龙镇新龙行政村大水屯内·清代〕 铁炮用生铁铸成，圆柱形，残长 0.93 米，口外径 0.16 厘米，平口，身铸 4 道凸箍，有点火孔一个，螺形炮尾。尾部稍残。

257 - G₅₇ 下渡铁炮出土点 〔寻旺乡先锋行政村下渡屯西约 800 米·清代〕 1986 年，下渡屯段郁江河中捞出铁炮 1 门。铁炮呈圆柱形，长 1.4 米，口内径 0.09 米，重圈凸口，身铸 4 道凸箍，圆形尾珠。后膛上下均有点火孔，孔上加铸长方形孔板。

258 - G₅₈ 石咀圩铁炮出土点 〔石咀镇石咀圩·清代〕 清咸丰五年（1855）铸。铁炮呈圆柱形，长 0.77 米，口内径 0.045 米。身铸 4 道凸箍，螺形尾。单面点火孔，孔上铸长方形火药槽，后膛外壁铸楷体阳铭。

259 - G₅₉ 南津铁炮出土点 〔寻旺乡南津行政村南津村西北约 2 公里·清代〕 1986 年，在南津村段郁江河中捞出铁炮 1 门。铁炮呈圆柱形，长 1.18 米，口内径 0.073 米。重圈凸口，炮身铸 4 道凸箍，尾部铸桃形圆珠和带状炮环。单面点火孔。

260 - G₆₀ 桂平铁钟出土点 〔西山镇南·清代〕 1991 年 12 月 7 日，在镇南的郁江河中捞出铁钟 1 口。清乾隆五十九年（1794）铸。钟圆形喇叭状。通高 0.6 米，口径 0.517 米。顶铸兽头纽，弧身。腹的上下各有两道凸弦纹。腹壁一侧铸四爪绕钟壁飞行。腹的一侧铸有楷书铭文和铸造时间。钟口沿饰变形莲花缠枝纹。

平南县

1 - A₁ 古围遗址 〔同和镇练山行政村练山村南约 200 米黄花坪西南面山脚·新石器时代〕 山坡（台地）遗址。1988 年发现。位于大同江东岸第 Ⅱ 级台地上，分布面积约 500 平方米。在地表采集有打制的砍砸器、刮削器、石核、石片等石器。

2 - A₂ 兼香遗址 〔同和镇平塘行政村兼香村·新石器时代〕 山坡（台地）遗址。1988 年发现。位于大同江北岸台地上，分布面积约 300 平方米。在地表采集有打制的砍砸器、刮削器、石核、石片等石器。

3 - A₃ 飞鼠岩遗址 〔官成镇旺石行政村石山屯大旺石山东南面·新石器时代·县文物保护单位〕 洞穴遗址。1973 年发现。岩洞高于地表 10 米，洞高 5 米，宽 4.3 米。洞内文化层厚 0.3—1.5 米，面积约 20 平方米，为黄色土与螺蛳壳胶结。采集到砍砸器、石料、石片及一些动物介壳、骨骼等。

4 - A₄ 六公岩遗址 〔官成镇旺石行政村石山屯小旺石山东面·新石器时代·县文物保护单位〕 洞穴遗址。1973 年发现。位于大旺山东面的一个石灰岩洞穴中。岩洞高于地面约 4 米。洞内文化层厚约 0.3—1.5 米，面积约 20 平方米，系黄色土与螺壳胶结物，含有砍砸器、刮削器、石料、石片及一些动物介壳、骨骼等。

5 - A₅ 九重门遗址 〔官成镇双马行政村岩脚村畅岩山东南面山脚·新石器时代·县文物保护单位〕 洞穴遗址。1973 年发现。位于畅岩山南的一洞穴中。洞口高 2 米，宽 1.8 米，洞内进深 12 米。洞内有厚 0.3—1.5 米的螺蛳壳胶结堆积，含有打制的砍砸器、刮削器、尖状器等石器及一些介壳及猪、牛、鹿牙齿。

6 - A₆ 石脚山遗址 〔大新镇新和行政村石脚山灯盏岩·新石器时代·县文物保护单位〕 洞穴遗址。1973 年发现。位于石脚山的 5 个岩洞中，其中遗物最丰富的为山顶洞及灯盏岩，文化层厚约1.8米。1976年两次抢救清理。出土的陶器有釜、豆、杯、瓮、鼎、纺轮、壶、陶范等。石器有锛、斧、凿、镞、球、器范等。陶器以灰陶、棕黄陶为主，饰粗篮纹和绳纹。因当地农民采石，遗址遭到严重破坏。

7 - A₇　三河遗址　〔丹竹镇三河行政村三河小学前一带浔江北岸·新石器时代〕　山坡（台地）遗址。1980年发现。位于浔江北岸台地上，分布面积约900平方米。文化层厚约0.5—2米，含磨制石斧、打制的砍砸器、刮削器、石片等及夹砂陶片等。

8 - A₈　饭甑岭遗址　〔思旺镇镇南行政村地下屯饭甑岭·新石器时代〕　山坡（台地）遗址。1950年发现。位于思旺江东岸的丘陵坡地上，遗物分布面积约500平方米。在地表采集有砍砸器、刮削器、石环、石锤等。

9 - A₉　光头岭遗址　〔思旺镇花玲行政村走马坪屯光头岭·新石器时代〕　山坡（台地）遗址。1980年调查发现。位于思旺江东岸的丘陵坡地上。遗物分布面积约6万平方米。采集有打制的砍砸器、刮削器、尖状器、石核、石锤等及石杵等石器。

10 - A₁₀　相思洲遗址　〔思界乡官塘行政村相思洲屯西南面约100米洲头·新石器时代〕　山坡（台地）遗址。1973年发现。位于浔江河中的一冲积沙洲上，四面环水。遗物分布面积约1万平方米，文化层厚0.4—1.5米。采集有砍砸器、尖状器、刮削器、石锤、石核、石杵和石料等。

11 - A₁₁　登塘冶铁遗址　〔六陈镇登塘行政村、大妙行政村、合水行政村、邦机行政村一带屋背山·西汉·自治区文物保护单位〕　遗址范围较广，跨登塘、大妙、合水、邦机等行政村，主要分布在登塘行政村的坡咀屋背山、六穴岭、铁屎尾、顶龙岗、茶岭、简水表顶、祖龙岗，大妙行政村的铁屎塘岭、六浊社背岗、岭咀屯屋背岭，合水行政村的猪肚岭、碑头岭、横岗岭，邦机行政村的白鸡屯茶山脚岭北坡、社塘屯高学岭等地，覆盖面积约100平方公里。在遗址地表采集到一些水波纹陶片、方格纹陶片、人字纹陶片以及陶纺轮、砺石等器物，登塘村的大头冲遗址还发现有古矿洞。

A₁₁₋₁　坡咀屋背山冶铁遗址　〔六陈镇登塘行政村坡咀屯屋背山·西汉〕　位于坡咀村屋背的高山顶上，遗物分布面积约3000平方米。冶铁炉依坡建造，炉呈圆柱形，口径0.5米，炉壁厚0.1米，残高0.8米。采集到较多的铁渣、铁矿石、陶风管、陶片、砺石等。陶片多饰汉代流行的水波纹、人字纹、方格纹等。

A₁₁₋₂　六穴岭冶铁遗址　〔六陈镇登塘行政村登塘

村南约500米·西汉〕　位于登塘村南侧的山岭上，遗物散布面积约5000平方米。冶铁炉依坡建造，炉呈圆柱形，高0.8米，口径0.5米，炉壁厚0.15米。废品堆积厚0.2—1米。采集有铁渣、残风管以及饰方格纹、水波纹、篦纹的汉代陶片。

A₁₁₋₃　铁屎尾冶铁遗址　〔六陈镇登塘行政村铁屎尾屯·西汉〕　位于铁屎尾村边的山顶上，遗物分布面积约8000平方米。有些地方废品堆积厚约0.3—0.8米。地面可见5座冶铁炉残迹。采集有铁渣、残风管和饰方格纹、水波纹、鹿纹的汉代陶片。

A₁₁₋₄　顶龙岗冶铁遗址　〔六陈镇登塘行政村坡咀屯东约1公里顶龙岗·西汉〕　位于龙岗山坡上，遗物散布面积约5000平方米。地表可见3座冶铁炉，有些地方废品堆积厚0.3—0.8米。采集有铁渣、残陶风管及饰方格纹、水波纹的汉代陶片。

A₁₁₋₅　祖龙岗冶铁遗址　〔六陈镇登塘行政村坡咀屯东南约2公里祖龙岗·西汉〕　位于祖龙岗山坡上，遗物散布面积约2000平方米。有些地方废品堆积厚约0.2—1米。地表可见冶铁炉3座。采集有铁渣、陶风管及饰方格纹、篦纹的汉代陶片。

A₁₁₋₆　茶岭冶铁遗址　〔六陈镇登塘行政村坡咀屯东北约500米·西汉〕　位于茶岭山坡上，遗物分布面积约500平方米。有些地方废品堆积厚0.2—0.8米。地表可见3座冶铁炉。采集有铁渣、陶风管及饰水波纹、方格纹的汉代陶片。

A₁₁₋₇　大妙村冶铁遗址　〔六陈镇大妙行政村切诗塘屯东南铁屎塘岭·西汉〕　位于铁屎塘岭坡上，遗物散布面积约500平方米。有些地方废品堆积厚0.3—1米。采集到残风管、铁渣以及饰方格纹、水波纹的汉代陶片。

12 - A₁₂　大同故城址　〔同和镇同朝行政村利列屯竹山岭·唐—北宋·县文物保护单位〕　据《平南县志》记载，大同县为唐贞观七年（633）置，北宋开宝五年（972）省。城址位于大同江与花莲江汇合的三角地带，城墙沿河岸以土夯筑，呈不规则形。有北、西、南三面城墙，周长约2000米，占地面积约264平方公里。城墙已残缺，仅南、北面尚可见痕迹，长约560米，残高约2米，厚0.8米，西墙外有人工护城河，长约500米；南、北两面有天然水道形成的护城河。城内地面散布有较多的唐代板瓦残片及唐三彩釉陶片。

13 - A₁₃　阳川县城址　〔思界乡相塘行政村小相资屯（旧村）南约500米白竹表·唐—北宋·县文物保护单位〕　《平南县志》记载："阳川县汉布山县地，唐贞观七年（633）置西平，后改阳建属龚州，天宝元年（742）改阳川县，北宋开宝五年（972）省。"城址距相思江南岸边约 50 米，占地面积约 5000 平方米。在地表散布有水波纹陶片、唐代板瓦、釉陶实心足碗、彩釉碗、罐碎片以及宋代黑陶衣陶片。遗址范围已建有民居，地貌有所改变。

14 - A₁₄ **武郎县故址** 〔马练瑶族乡新河行政村河段屯·唐—北宋·县文物保护单位〕 《平南县志》记载："武郎县在县治北，前临驼礼江（即今大同江），唐永隆二年（681）置，北宋嘉祐二年（1057）省。"在大同江南岸河段屯小学周围的田坎断层上，发现有大量的唐代陶片和彩釉陶片，村民在耕作时也发现过完整的彩釉实心足碗，分布面积约 1 万平方米。城址的南面发现有护城河遗迹。遗址大部分已开辟为耕地。

15 - A₁₅ **武林县故址** 〔武林镇新贤行政村贤化屯新贤小学周边·唐—北宋·县文物保护单位〕 《平南县志》记载："武城县，乃武林县改为武陵县。武林县南朝宋元嘉二年（425）改武城县为武林县，北宋开宝五年（972）省武林县，武林县地归平南县辖。"城址地处白沙江与西江交汇处以西，大致呈南北走向，长约 500 米，占地面积约 5 万平方米。城址已遭到严重破坏，在遗址采集到汉以后各时代陶瓷片，城址北面街头残留有部分牌坊石雕以及"武林街"石匾 1 方。

16 - A₁₆ **郭县古城址** 〔上渡镇河口行政村院郭屯浔江岸边·唐代·县文物保护单位〕 城址东西长 1000 米，南北宽 100 米，面积约 10 万平方米，城址范围内到处是瓦砾，发现了莲花瓦当、布纹大瓦和实心足彩釉碗等及五铢钱等。城址已辟为耕地，破坏严重。

17 - A₁₇ **秦川巡检司遗址** 〔官成镇官南行政村古城屯·清代〕 面积约 2.5 万平方米。北面临乌江，东、南、西三面以土夯筑城墙。现东面城墙已毁，南、西面城墙残高 2 米，宽 3.5 米，残长约 150 米。

18 - A₁₈ **笔架山窑址** 〔武林镇竹南行政村笔架山横岭尾北面坡·唐代〕 窑址位于丘陵坡地上，分布面积约 400 平方米，尚未发现窑口，废品堆积厚 0.5~3 米，内含四系罐的口沿、系、足及残片。主要烧制灰白瓷器，器形单纯，仅见四系罐一类。

19 - A₁₉ **罗官埠窑址** 〔上渡镇下渡行政村浔江南岸罗官埠·宋代〕 窑址位于浔江南岸，分布面积约 500 平方米，未见窑口，废品堆积厚 0.5—2 米。主要烧造黑衣陶器，器形有盘、钵、壶、瓶、瓮等。因河岸崩塌，窑址破坏严重。

20 - A₂₀ **畅岩山习文遗址** 〔官成镇双马行政村岩脚屯东南面约 50 米畅岩山南面山腰的文昌岩·北宋·县文物保护单位〕 北宋皇祐二年（1050），理学家程颐、程颢曾在畅岩山文昌岩受业于周敦颐。文昌岩为曲尺形石灰石岩洞，洞内比较宽敞，洞口外有一平台，原有地面建筑已毁。南洞口的洞顶上，阳刻榜书"天南理窟" 4 字，为清嘉庆九年（1804）袁济衮题。洞东壁及洞顶有宋—清石刻多方。

21 - A₂₁ **大桂山栈道遗迹** 〔安怀镇大桂山·明代〕 明嘉靖七年（1528），明兵部尚书兼左都御史王守仁率军围剿当地瑶民起义。起义军退居大桂山峡谷中，以木架设栈道，利用险要地势对抗官军。栈道长约 2 公里。采集有栈道木 1 根，长约 2 米多。

22 - A₂₂ **袁崇焕故居遗址** 〔丹竹镇白马行政村白马圩东面西堂码头顶·明代·县文物保护单位〕 为明末兵部尚书袁崇焕（1584—1630）的旧居。旧居址原系砖木结构三进院落，坐西北朝东南，面阔 15 米，进深 46 米，面积约 690 平方米。历代均有维修改建。旧居已倒塌，残墙上可辨明、清、近代不同时期的青砖。

23 - A₂₃ **梁嵩读书遗址** 〔大鹏镇大鹏社区沙桐屯西南面 1.5 公里阆石山东边山腰岩洞·南汉·县文物保护单位〕 洞口朝东，洞内形状不规则，洞高 3 米，宽 2.5 米，进深约 40 米，直通山顶，面积约 90 平方米，洞内有天然石台石凳。为梁嵩少时读书之地。

24 - A₂₄ **梁嵩故居遗址** 〔大鹏镇高龙行政村龙街屯状元坡北面·南汉·县文物保护单位〕 《平南县志》记载："梁嵩，字仲邱，鹏化里龙街人，五代时刘龑据有岭南建国称汉……白龙改元岁乙酉（925），嵩举进士第一，官历翰林学士，因母老乞归，作《倚门望子赋》以献，龑怜而许之，锡赉不受，惟请蠲本郡丁赋，从之。卒，谥孝义。乡人感其德立祠以祀。"遗址在一个小平台上，面积约 200 平方米。遗址前约 30 米原有梁嵩建的状元坊，已毁；约 100 米处，有梁嵩建的"士阁"，已毁。后山顶有梁嵩建的跑马坪（包括看台），长 130 米，宽 38 米。

25 - A₂₅ **白马状元庙遗址** 〔丹竹镇白马行政村东面白马小学西侧·明—清·县文物保护单位〕 原庙坐东北朝西南，为砖木结构院落，占地面积约 512 平方米。20 世纪 50 年代本庙被拆毁，现只存庙门框、门联、门槛、碑刻等。庙门框为石质，门额上嵌"状元庙"石匾，字周围雕双龙戏珠。两侧石框上阴刻对联"阆石千秋尚记春风归故里，大江万顷有灵夜月涌寒潮"。1987 年，平南县人民政府在状元庙旧址东面约 20 米修建了梁嵩纪念馆。

26 - B₁ **全村墓群** 〔丹竹镇赤马行政村全村屯东岭尾岭·战国〕 墓群分布在长约 500 米、宽约 100 米的山脊上，封土已夷平，数目已不详。1976 年试掘墓 4 座，皆为小型土坑墓，出土米字纹陶罐、铜剑、铜钺、铜匕首等 10 多件文物。

27 - B₂　周村墓群　〔东华乡东平行政村东平朗村与周村之间·汉代·县文物保护单位〕　墓群分布在长约 500 米、宽约 100 米的山脊上，封土已夷平，数目已不详。1976 年试掘墓 4 座，皆为小型土坑墓，出土米字纹陶罐、铜剑、铜钺、铜匕首等 10 多件文物。

28 - B₃　古楼墓群　〔同和镇良田行政村古楼屯·汉代·县文物保护单位〕　墓群分布于古楼屯一带平缓坡地上，从上古大同江边起，由中古向南面伸展，面积约 1 平方公里。墓葬封土多被夷平，共发现 7 座墓葬，其中 3 座保存部分封土，封土高 0.5—1.5 米，底径 3—7 米。

29 - B₄　苏村墓群　〔官成镇苏茆行政村苏村东南面约 100 米朗伞岭一带·汉代·县文物保护单位〕墓群分布于乌江西岸，在朗伞岭、花王屯鸡地岭、畲角都有发现，分布面积约 1 万平方米。可见封土的墓葬有 7 座，封土呈圆丘形，高 1—2 米，底径 5—30 米。1981 年群众取土打砖发现汉代竖穴土坑墓 1 座，出土了一些陶器。

30 - B₅　桅杆岭墓群　〔平南镇罗合社区岩塘村至县磷肥厂一带·汉代〕　墓群分布于岩塘村一带的山冈上，占地面积约 2 平方公里。封土大都被夷平。现可辨认封土的有 2 座，呈圆丘形，高 1—3 米，底径约 50 米。1974 年整理 1 座，为东汉小型土坑墓，出土陶罐、陶匏壶、陶灶、陶鸭等。1978 年，又发现 1 座砖室墓。

31 - B₆　社岭背墓群　〔上渡镇下渡社区浔江南岸平南大桥东约 100 米社岭背·汉代〕　墓群分布于浔江南岸冲积平原上的社背岭上，地面散布汉代方格纹陶片，分布面积约 1 万平方米。墓葬封土多被夷平，尚可见 4 座，呈圆丘形，残高 0.8—2 米，径约 20—40 米。1984 年清理 1 座，为刀形竖穴土坑墓，出土四系灰陶罐、陶壶等 14 件器物。

32 - B₇　院山火葬墓群　〔同和镇平塘行政村院山屯东北·宋代〕　墓群布于村东北坪塘至平塘电站公路旁平缓坡地上，面积约 1 万平方米，封土呈圆丘形，小而低平，数量较多，已破坏不少。出土四系酱釉陶罐、瓦纹酱釉带柄有流小酒壶及黄釉小陶罐等。

33 - B₈　上巷火葬场及墓地　〔安怀镇蓝田行政村上巷屯西面烧人坪·明代·县文物保护单位〕　火葬场占地面积约 500 平方米。已发现 2 个火葬坑，每坑长约 3 米，宽 2 米，深 1 米余，用木柴堆于坑内焚烧火化尸骨。在周围 2 公里内为火葬墓群，均为圆丘形土冢，冢小而低平，内埋一盛骨陶罐。

34 - B₉　营盘战国墓　〔马练瑶族乡三联行政村营盘屯西山坡·战国〕　1980 年发现，为竖穴土坑墓，形制不详，出土铜耳杯和小陶罐各 1 件。

35 - B₁₀　富藏战国墓　〔镇隆镇富藏行政村富藏村岭儿山·战国〕　1976 年发现，为 1 座小型竖穴土坑墓，形制不详，出土米字纹陶罐 2 件，铜匕首 1 件。

36 - B₁₁　六壬村唐墓　〔平南镇六壬行政村六壬村·唐代〕　1974 年发现，为 1 座土坑墓，墓坑长 2.5 米，宽 1.5 米。出土陶罐、铁剪刀和铜镜各 1 件。铜镜饰浮雕鸟兽纹，边缘有"日放星模质象形图"楷书铭文。

37 - B₁₂　木盆屯宋墓　〔平南镇盆塘行政村木盆屯·宋代〕　1974 年发现，为 1 座土坑墓，形制不详，出土陶魂坛 2 件，陶盆 1 件。陶盆内装有宋代铜钱。

38 - B₁₃　糍粑岭宋墓　〔官成镇岭西村行政村油菜窝屯大同山糍粑岭·宋代〕　1983 年发现，为土坑墓，形制不详。在长 10 米、宽 6.6 米范围、深 1 米的地域外，发现陶魂坛 2 件，四系陶罐 1 件，点彩紫釉圈足瓷碗 1 件。瓷碗置于陶罐内，瓷碗内置铜钱 5 枚，为唐开元钱和宋熙宁钱。

39 - B₁₄　平田元墓　〔平南镇平田行政村阶砖厂·元代〕　1984 年发现，为 1 座土坑墓，形制不详，出土陶魂坛 2 件，陶盆 1 件。陶盆内盛钱币，可辨认的 80 余枚，只有 2 枚为元代钱币，其余属于元以前货币。

40 - B₁₅　张廷纶墓　〔平南镇附城社区雅塘街南面雅塘山·明代·县文物保护单位〕　张廷纶（1423—1502），明天顺庚辰（1460）科进士，官至南京户部主事，死后诰赠翰林学士、资政大夫、户部尚书。原为砖墓，清道光八年（1828）重修，改为砌石。1981 年再次重修，护围及祭台砌砖，以水泥抹面，并按原有墓碑重新刻立。冢呈圆丘形，底径 4 米，前立墓碑，后置诰文碑。祭台两旁各有石狮 1 尊。冢周为砖砌墓圈，墓门左右两侧护墙嵌张廷纶事迹碑及修墓碑，占地面积约 170 平方米。

41 - B₁₆　张楷墓　〔平南镇罗新行政村罗新村长枝山·明代·县文物保护单位〕　张楷，广西平南人，明弘治辛酉（1501）举人，历官都察院司务、琼州府通判、西凉州府同知。曾首倡编纂《平南县志》。墓葬朝西，冢呈圆丘形，以红沙泥垒成，用砖围砌，顶有球状石饰，祭台两旁各立石狮 1 尊，已残。墓碑为 1982 年重新刻立。

42 - B₁₇　袁子鹏墓　〔丹竹镇白马行政村白沙屯·明代·县文物保护单位〕　袁子鹏，明兵部尚书袁崇焕之父。原墓为三合土构筑，建于明代。清光绪年间（1875—1908）藤县和平乡里罗村袁姓人修缮，墓葬朝西北，冢呈圆丘形，高 1 米，底径 3.3 米。1975 年重修，改为青砖水泥。墓碑为光绪年间重立。占地面积约 1400 平方米。

43 - B₁₈　刘洪裕墓〔同和镇陈龙行政村六羌屯西面约 700 米鹭鸶登滩岭东南面山腰·明代〕　刘洪裕，山西龙门县人，因镇压广西瑶民起义有功，封为明总镇奉国将军，后落籍平南。墓葬朝东南，冢呈圆丘形，用青砖围砌，高 0.6 米，底径 1.6 米。墓碑已残，碑面中竖行阴刻"大明总镇奉国将军刘洪裕墓"。

44 - B₁₉　韦正锋夫妇墓〔上渡镇上石行政村石马屯·明代〕　韦正锋，明嘉靖太守。其墓冢呈圆丘形，以三合土构筑，高 1.3 米，底径约 3.5 米。墓前有拜台，两侧有石羊、石马等石仪作，已残。墓后立 1 碑，亦残。

45 - B₂₀　韦邦相墓〔上渡镇上石行政村石马屯西南约 50 米岭坡上·明代〕　为明嘉靖修正庶尹相墓，清乾隆版《平南县志》因名此山为"邦相山"。墓葬朝东南，三合土冢，墓碑碑文尚可见，周有墓圈墙、前有半月形拜台，神道两旁残存有石马、石羊各 1 对，占地面积约 1000 平方米。

46 - B₂₁　黄子禄夫妇合葬墓〔平南镇甘莲行政村牛栏塘屯南约 20 米·明代〕　墓始建于明代，清光绪二十年（1894）重修。墓葬朝东北，冢呈圆丘形，以砖围砌，高 1.4 米，底径约 1.8 米。墓碑高 0.93 米，宽 0.65 米，碑文为"皇明显考岁贡生讳子禄老大人显妣莫氏老孺人合墓"，"光绪甲午年九月初七日申时重修"。墓碑两侧有石刻挽联，前有拜台，拜台两侧有捐款芳名碑刻 5 方及后土有碑刻 1 方，碑文追述墓主先祖及渊源。

47 - B₂₂　蒙道光墓〔大鹏镇大山行政村教化屯教化岭·清代·县文物保护单位〕　蒙道光，为太平天国赞王蒙得恩的五世祖。墓在教化岭东南面半坡上，占地面积约 50 平方米。墓葬朝东南，冢呈圆丘形，高 0.9 米，底径 2 米，青砖围砌，周围有直径 3.5 米的墓圈墙。墓前立碑 1 方，碑文解决了太平天国幼赞王蒙时雍家书的真伪和蒙得恩参加太平天国时的年龄等问题。

48 - B₂₃　韦氏墓〔大鹏镇花王行政村更垌屯西南 500 米半坡上·清代·县文物保护单位〕　建于清乾隆十七年（1752），清嘉庆元年（1796）重修。是太平天国赞王蒙得恩五世祖母墓。墓葬朝东南，圆丘形土冢，高 1.5 米，底径约 2 米，占地面积 60 平方米。冢后立墓碑 1 方，高 0.67 米，宽 0.48 米，碑文阴刻，记载墓主的生卒年月及后裔等。

49 - B₂₄　袁醴庭墓〔六陈镇邦机行政村四芽屯鹿鸣岗西北坡·清代·县文物保护单位〕　袁醴庭，号珏，清嘉庆壬戌（1802）科进士，广西著名文人，著有《五亩山房文集》《今是轩诗草》等。1938 年重修时将其祖母、父亲迁来合葬。墓葬朝西北，冢呈圆丘形，青砖围砌，高 1 米，底径约 1.5 米。周边有砖砌墓圈墙，占地面积约 180 平方米。有墓碑 2 方，刻有墓主人生平。

50 - B₂₅　蒙兴仁墓〔丹竹镇赤马行政村龙石面屯西江北岸白架山·清代〕　蒙兴仁，广西平南县人，清太学生。因其教子有方，清嘉庆二十年（1815）被清政府赠为宣德郎。墓葬朝南，圆丘形土冢，高 1 米，底径 15 米。立有满、汉文"奉天敕命"封诰碑 1 方，高 1.7 米，宽 0.9 米，边框刻龙凤纹。

51 - B₂₆　覃氏墓〔官成镇新平行政村高帝屯北蜈蚣岭·清代·县文物保护单位〕　覃氏，为太平天国豫王胡以晃的三世祖母。该墓俗称独牙蜈蚣，系砖墓，墓葬朝南，冢呈圆丘形，高 1.2 米，底径约 2 米，占地面积约 138 平方米。此墓于清咸丰元年（1851）被清兵挖毁，咸丰十一年（1861）胡氏族人重修，并立碑记其事。碑文刻有胡以晃的名字。

52 - B₂₇　苏元春曾祖母墓〔丹竹镇东山行政村乐山屯大人山·清代〕　苏元春（1844—1908），字子熙，广西永安（蒙山）人，团练出身，官至广西提督、边防督办。其祖父兄弟二人移居广西，祖父居永安，曾祖母随叔祖父居平南丹竹，死葬大人山。墓葬朝南，冢呈圆形。砖砌墓室，封土以灰沙封筑，高 0.8 米，直径约 1.5 米。占地面积 2400 平方米。原有碑刻、华表等。现尚存残碑 10 多方。

53 - B₂₈　刘再光墓〔大坡镇良党行政村下党屯狗头岭南坡·清代〕　刘再光，字可襄，号士愧，因教子有方而被诏褒为文林郎。墓葬朝南，圆丘形冢，高 0.23 米，底径 1.5 米，以砖围砌。墓碑有青砖碑座，上立有 2 方封诰碑。冢周砌圆形墓圈墙，直径 3.14 米，占地面积约 40 平方米。

54 - C₁　曲犁坝〔大洲镇三荣行政村上寺河上·明代·县文物保护单位〕　明天顺年间（1457—1464），大安镇人黎迪倡议于新客河上筑坝截流，引水灌田。因其坝似铧犁而命名。坝呈南北走向，长约 80 米，宽 3 米，高 4 米，以花岗岩条石及三合土浆砌成。拦江角度约 45 度，历数百年间的洪水冲刷而不毁，至今仍然使用。清光绪版《平南县志》有载。

55 - C₂　路塘大井〔大安镇同德行政村大井屯东南面村边路塘屯·明代〕　建于明代，具体时间不详。井口平面呈圆形，用 8 块青石围砌，口径 1.38 米，深 2.8 米，井壁青砖围砌，井底铺沙，井台作圆形，以花岗岩条石与青砖相间铺垫，井台两边砌宽 0.5 米的水沟，周以弧形条石围护。占地面积约 25 平方米。清光绪版《平南县志》有记载。

56 – C₃　思旺社亭〔思旺镇思旺社区南街东面街口·清代〕　建于清乾隆年间（1736—1795），具体时间不详。坐朝向北，木石结构，方形亭，边长 3.5 米，高 4.5 米，占地面积约 16 平方米。四角立方形石柱，铆接石额枋及木梁架，抬梁式木构架，歇山顶，灰沙筒瓦，琉璃滴水，脊饰双龙戏珠，封檐彩绘花草。亭内地铺石块。原有碑刻 1 方，已佚。

57 – C₄　上宋村民居〔思旺镇双上行政村上宋屯东北面村边·清代·县文物保护单位〕　又名古老屋。乡绅范大儒建于清乾隆二十年（1755）。坐北朝南，砖木结构，三组四进四廊院落，共有房 120 余间，占地面积约 5670 平方米。主体建筑均面阔三间，进深一间，清水墙，抬梁式木构架，硬山顶，盖小青瓦，脊塑花鸟，封檐板雕花。屋内外墙绘山水花鸟壁画。门楼及东西一座厅堂被拆除。

58 – C₅　都坡塔〔安怀镇高荔行政村都坡屯南约 450 米·清代·县文物保护单位〕　原名五帝殿，又名文笔塔。建于清嘉庆年间（1796—1820），具体时间不详。坐东南朝西北，为六角形砖塔，高二层 8.9 米，占地面积约 20 平方米。塔基用五级方料石砌筑，高 1.17 米。底层正面开券拱门，二层内立木中心柱。前后开圆窗，木楼板，六角攒尖顶，盖灰沙卷筒瓦，葫芦形塔刹。内有碑刻 3 方。

59 – C₆　黄氏宗祠〔思旺镇花石行政村营盘屯·清代〕　建于清道光元年（1821）。坐西朝南，砖木结构。四进院落，由大门、前厅、中厅、后堂、左右厢房、横厅等 36 间及多个天井组成，占地面积约 674 平方米。大门及后堂面阔九间，进深一间。前天井左右设横厅，前厅、中厅均面阔三间，进深一间。左、右、后三天井两侧厢房均面阔三间，进深一间。四角设炮楼。主体建筑为抬梁式木构架，硬山顶，盖小青瓦，屋内壁彩绘山水壁画共 30 幅。

60 – C₇　司马第〔寺面镇罗泉行政村良山屯柴豺狗岭南面半坡上·清代·县文物保护单位〕　建于清道光八年（1828）。坐北朝南，砖木结构。由前门、四进院落及两侧厢房组成，占地面积约 2200 平方米。门前有石砌地台，置石踏跺。前座、二座面阔五间。二座明、次间为敞厅，立金柱 4 根，抬梁式木构架，雕花封檐板，格子花窗，敞厅两侧檐墙端彩绘人物故事壁画。三座面阔九间，四座面阔十间，均为硬山顶，盖小青瓦。四面围墙，围墙内有回廊。前座、二座两侧有厢房，设有花厅、廊房。

61 – C₈　沙冲村民居〔大洲镇沙冲行政村沙冲村·清代〕　建于清道光二十年（1840）。当地乡绅覃可强、覃可升、覃可达三兄弟合建。砖木结构，原为三组三进院落，占地面积约 6000 平方米，现存二组二进院落。坐南向北，每进均面阔三间，进深一间，多土砖墙，抬梁式木构架，悬山顶，盖小青瓦，脊饰灰雕。人字或弧形山墙。主屋内外墙绘山水壁画。

62 – C₉　思旺粤东会馆〔思旺镇思旺社区北街靠近街尾往南 20 米·清代〕　建于清光绪年间（1875—1908）。坐东北朝西南，砖木结构。四进院落，占地面积约 480 平方米。各座面阔三间，青砖墙，抬梁式木构架，硬山顶，盖小青瓦，雕花封檐板。建筑间隔三天井，前天井为采光天井，后有空地及围墙。原貌有所改变。

63 – C₁₀　登塘民居〔六陈镇登塘行政村登塘村·清代·县文物保护单位〕　清光绪元年（1875）甘达兴修建。坐西南朝东北，砖木结构，由主院及侧院组成，占地面积约 1312 平方米。主院三进二天井，每座均面阔三间，进深一间，抬梁式木构架，硬山顶，盖小青瓦。屋内外墙壁有彩绘壁画。侧院在主院东南面，有厢房、花厅、碉楼等。花厅有雕花屏风，开格子窗。

64 – C₁₁　大安古建筑群〔大安镇镇大街白沙江与新客河交汇处·清代·自治区文物保护单位〕　包括大王庙（列圣宫）、粤东会馆、惠福夫人庙和大安桥等建筑，建筑坐东南朝西北，连为一体，但又各自独立。

C₁₁₋₁　大安桥〔大安镇镇大街东面白沙江上·清代〕　据清光绪版《平南县志》记载，清道光六年（1826）已有此桥，清咸丰元年（1851）、清同治七年（1868）士商捐资重修。东南—西北走向，两台四柱二墩七孔梁式石板桥，长 35 米，宽 3 米，桥中部为 2 个料石砌桥墩，墩顶似斗拱状，桥两端各设两组 2 柱"门"字形墩架支撑桥身，孔跨约 5 米。花岗岩条石桥面，桥两侧有石望柱 36 条，柱间置石栏板，中间石栏外侧刻"大安桥"匾。

C₁₁₋₂　粤东会馆〔大安镇镇大街·清代〕　建于清乾隆五十八年（1793），清道光二年（1822）迁建于此。坐东南朝西北，砖木结构。二进院落，由前座、后座、天井、走廊组成，占地面积约 400 平方米。每座面阔三间，穿斗与抬梁混合木构架，硬山顶，盖小青瓦。脊饰二龙戏珠等石湾立体陶塑，雕花封檐板。后座前檐敞开，前立石檐柱 2 根，额枋立石狮托蝙蝠。殿内立木金柱两组 4 根。明间横枋上置"大雄宝殿"木匾。

C₁₁₋₃　大王庙〔大安镇镇大街·清代〕　又名列圣宫。建于清康熙元年（1662），清咸丰元年（1851）毁，清光绪元年（1875）重建。坐东南朝西北，砖木结构。三进院落，分为前、中、后三殿，殿间夹天井，两侧为走廊，占地面积约 500 平方米。各座均面阔三间，进深前殿 4.6 米，中殿 8.6 米，后殿 10 米，青砖墙，抬梁式木构架，硬山顶，盖小青瓦，雕花封檐板，脊为二龙戏珠等陶塑。前殿大门有前檐廊，立方形须弥座石檐柱，额枋、雀替皆浮雕，枋上有立体狮浮雕。庙内有清嘉庆《列圣宫碑》等碑刻 6 方。清乾隆版《平南县志》有载。

65 - C₁₂ 小陈龙井 〔平南镇罗新行政村大村屯小陈屯·清代〕 建于清代，具体时间不详。井口平面呈方形，边长 1.35 米，井深 1.7 米，以砖砌井壁。井台为长方形，长 5.5 米，宽 6.5 米，以长条青石板铺成，面积约 39 平方米。清光绪版《平南县志》有记载。

66 - C₁₃ 伏波庙 〔上渡镇东北约 300 米浔江南岸·清代〕 始建年代不详。现存庙为清代建筑。原建筑为砖木结构二进院落，有前、后两殿，中为天井，占地面积 150 平方米。现存后殿，面阔三间 10 米，进深 7 米，抬梁式木构架，硬山顶，盖砂浆筒瓦。

67 - C₁₄ 郭家祠堂 〔马练瑶族乡九槐行政村八屯·清代〕 建于清代，具体时间不详。坐北朝南，砖木结构。三进院落，由前座、中厅、后堂、两天井、厢房组成，占地面积约 388 平方米。各座面阔三间，青砖墙，抬梁式木构架，悬山顶，琉璃雕花高脊，盖小青瓦。檐墙有花鸟瑞兽、人物诗词壁画，封檐板雕花。前座明间高于两次间，前有凹廊，门额上灰塑"郭家祠" 3 字。中厅明间门额上挂"慕义可风"木匾，后堂明间置祠"为善家乐"字的木雕神龛。天井两侧有厢房。

68 - D₁ 畅岩山摩崖石刻 〔官成镇双马行政村岩脚屯东南面畅岩山南面畅岩·南宋、清〕 洞口右面的石壁上及洞内近洞口上方有摩崖石刻 8 方。其中南宋 1 方，清代 7 方。书法有篆体、楷书、行书，形式有题名、榜书、游记等，多为游畅岩山即兴之作。石刻包括南宋乾道五年（1169）平南知县陈寿高题名，清嘉庆八年（1803）黄世发题记《畅岩谒》，清乾隆二十九年（1764）袁济衮、梁光书、黄邦立《创建周程三夫子庙碑记》，清嘉庆九年（1804 年）袁济衮榜书"天南理窟"，清嘉庆十一年（1806）罗琼题刻、黄体正题刻，清嘉庆年间（1796—1820）袁济衮游畅岩碑刻及佚名榜书"高阳" 2 字。

D₁₋₁ 陈寿高题名 〔官成镇岩脚屯畅岩山畅岩·南宋〕 摩崖石刻 1 方。南宋乾道五年（1169）刻。刻面高约 1 米，宽 0.55 米。文竖 3 行，满行 9 字，计 27 字，字径 0.09 米，篆体，阴刻。南宋平南知县陈寿高撰文书丹。无额题，碑文云："邑宰泉山陈寿高暇日

同宗人克忠来游，七男待行。" 落款"乾道己丑冬上瀚"。陈寿高，南宋乾道五年为平南知县。

D₁₋₂ 袁济衮榜书 〔官成镇岩脚屯畅岩山畅岩·清代〕 摩崖石刻 1 方。清嘉庆九年（1804）刻。刻面长 1.2 米，高 0.4 米。袁济衮撰文书丹。正文连落款 12 字，正文横 1 行，榜书"天南理窟" 4 字，首题与落款各竖 1 行，首题"嘉庆九年"，落款"袁济衮书"。楷书，阳刻。

D₁₋₃ 袁济衮游畅岩碑刻 〔官成镇岩脚屯畅岩山畅岩·清代〕 摩崖石刻 1 方。清嘉庆年间（1796—1820）刻，刻面高 0.56 米，宽 1.28 米，文竖 28 行，满行 12 字，计 305 字，字径 0.025 米，楷书，阴刻。袁济衮撰文书丹。无额题，落款"后学袁济衮"。刻文记述袁济衮游畅岩及畅岩之景。

69 - D₂ 燕子石摩崖石刻 〔平南镇甘莲行政村浔江北岸燕子石南壁·明、1947 年·县文物保护单位〕 摩崖石刻 2 方。燕子石石壁上刻有明代榜书"燕子巢云"，字径 0.66 米，楷书，阴刻。《平南县志》有记载。另一方为 1947 年 10 月，平南县参议长冯昇才题刻榜书"鸢飞鱼跃"，方景云刻，楷书，阴刻。大字下刻跋，字径 0.6 米。刻面高 0.43 米，宽 1.1 米，共 159 字，字径 0.07 米。跋语载"鸢飞鱼跃"乃拓刻自昭平黄姚。

70 - D₃ 浔州府义仓记碑 〔原立平南县人民政府一侧，现存平南县博物馆·清代〕 碑刻 1 方。清雍正四年（1726）立。碑高 1.53 米，宽 0.82 米，厚 0.18 米，碑文竖行，计 500 多字，楷书，阴刻。广西巡抚李绂撰，浔州府知府陈尧贤立。首题"浔州府义仓记" 6 字，落款"雍正四年岁次丙午孟冬穀旦知广西浔州府事加二级陈尧贤立"。碑文记述各府增设义仓的意义及作用。

71 - D₄ 重修北府庙碑记 〔原嵌于平南镇城东街上街北府庙墙上，现存平南县博物馆·清代〕 碑刻 1 方。清嘉庆八年（1803）立。碑高 1 米，宽 0.5 米。碑文横 10 行，竖 8 行，满行 38 字，计 576 字，字径 0.02 米，楷书，阴刻。谢兰生撰文，陈美玉书丹并刻。额题"重修北府庙碑记"，首题"重修北府古庙碑记"，落款"嘉庆八年岁次癸亥仲秋吉旦"，碑文记述北府庙的历史沿革及重修庙之经过。谢兰生，广东南海人，清嘉庆二年（1796）进士。

72 - D₅ 玉虚宫码头碑记 〔原立平南镇第二幼儿园院内，现存平南县博物馆·清代〕 碑刻 1 方 6 块。清光绪十二年（1886）立。玉虚宫码头原是平南商旅出入要道，现已废。原碑刻嵌于一房屋墙上。碑分为 6 块，均高 1 米，宽 0.55 米。碑文楷书，阴刻。碑文记

载码头的修建沿革及捐款者名单。

73 - D₆　黄氏宗祠碑记〔同和镇利道行政村大利屯·清代〕　碑刻 1 方 2 块，每块高 1 米，宽 0.3 米。清光绪年间（1875—1908）黄榜书撰立。碑嵌于黄氏祠堂内。碑文竖行，楷书，阴刻。碑文记述了修建宗祠的意义及事宜，文中并涉及族中子弟参加太平天国、大成国之事。

74 - E₁　林绍璋故居〔平南镇平田行政村新屋儿屯·清代·县文物保护单位〕　林绍璋（？—1864），广西平南县平田村人，太平天国后期重要将领，封为章王。1864 年 7 月 19 日天京陷落，21 日林绍璋在湖熟镇桥头被清军追杀。故居为单座平房，石砌屋基，面阔五间，三合土筑墙，硬山顶，盖小青瓦。占地面积约 162.6 平方米。

75 - E₂　蒙得恩故居〔大鹏镇大山行政村马铃屯·清代·县文物保护单位〕　蒙得恩（1806—1861），原名蒙上升，广西平南县大鹏乡花王水马铃村人，鹏化花洲拜上帝会首领，太平天国杰出将领。太平天国天京变乱后与洪仁发、洪仁达理朝政，封赞王。清咸丰十一年（1861）病故。故居坐西朝东，四合院，前座、后座面阔三间，泥土夯墙，悬山顶，盖小青瓦。天井两侧有厢房，面阔一间。占地面积约 400 平方米。现部分改成楼房。

76 - E₃　胡以晃故居〔官成镇新平行政村罗文屯·1813 年·县文物保护单位〕　胡以晃（约 1816—1856），字杏云，广西平南县官城镇罗文村人。太平天国金田起义八杰之一，因征战积劳病故于江西临江（今清江），后追封为豫王。故居建于清嘉庆十八年（1813）。故居依山而建，坐西北朝东南，两进院落，共有房屋 15 间，占地面积约 525 平方米。现存一座，青砖夹泥砖结构，二层楼阁，面阔五间，进行一或二间，悬山顶，盖小青瓦。前设檐廊，圆形砖檐柱，两次间廊前置石踏跺，檐墙上端有彩色壁画。

77 - E₄　胡以晃旧居址〔马练瑶族乡北胜行政村山人屯·1850 年·县文物保护单位〕　1850 年 2 月，洪秀全、冯云山、萧朝贵等从桂平转移到山人村胡以晃家，多次秘密集会于此。旧居原是胡以晃父亲收租禾寮，后胡以晃迁居于此。为三进院落，占地面积约 350 平方米。主体建筑面阔五间，泥墙平房。屋已毁，仅存墙基，面阔 18 米，进深 10.8 米。

78 - E₅　山人村营盘遗址〔马练瑶族乡北胜行政村中胜屯·1849—1850 年·县文物保护单位〕　胡以晃于金田起义前夕率拜上帝会众修建。清道光三十年（1850）七月，洪秀全在这里发布集中兵力的团营令。营盘四周环筑营墙，面积约 400 平方米。现营墙存三分之二，残高 1.5 米，宽 1.5 米。营盘内出土了铁叉及铁炮弹等遗物。北面高山有大营，南面高山有双田营，与营盘相呼应。

79 - E₆　山人村洪秀全居住遗址〔马练瑶族乡北胜行政村中胜屯·1850 年·县文物保护单位〕　原建筑坐西南朝东北，泥墙平房，面阔五间，左边有廊屋作马房碓屋，厅屋前有土晒场，晒场外有泥筑盖瓦围墙，有小门楼向东南开，占地面积 200 平方米。清道光三十年（1850），洪秀全居住于此有 4 个月，指挥金田起义。建筑已塌毁，20 世纪 60 年代村民在遗址上建了房屋。

80 - E₇　羊牯山打制武器地址〔国安瑶族乡花洲行政村北约 500 米羊牯山·1850 年·县文物保护单位〕　又称上神坪。金田起义前夕，胡以晃组织十多名善于铁工的拜上帝会众在羊牯山顶上，开炉打制武器。地址原有民房 10 余间，挖有山塘、引水沟等。占地面积约 3000 平方米。房屋、设施早毁。遗址的废炉渣、木炭之类堆积厚约 0.3—1 米，出土有半成品武器、铁片等遗物。

81 - E₈　紫微团营遗址〔大鹏镇大山行政村紫微屯·1850 年〕　清道光三十年（1850）九月中旬，鹏化一带拜上帝会众集于紫微团营，在这里向会众申明不准抽烟、钱粮食物交圣库等团营纪律。团营遗址原为村民张五住宅（除张五抽大烟不参加外，全家参加团营），占地面积约 1000 平方米。张五死后房毁。现垦为田。

82 - E₉　花洲团营总部遗址〔国安瑶族乡花洲行政村花洲屯西面·1850 年·县文物保护单位〕　清道光三十年（1850）九月十三日，鹏化大黎山区拜上帝会众集于花洲总部团营，分上帝坪、仰天螺、公太岭、花洲顶四营驻扎。在此打退了地方团练和清军的围攻，至年底随总部撤离花洲开赴金田。遗址总面积约 4 万平方米。营地尚存纵横交错的壕沟和掩体等遗迹，出土有弹丸、半成品武器等遗物。

83 - E₁₀　六桂战场遗址〔思旺镇六桂行政村下炉屯西南面约 300 米下炉垌·1850 年〕　清道光三十年（1850）十月初一，洪秀全、冯云山为打退惠政里团练、秦川巡检司张镛联合对拜上帝会花洲团营总部的包围，派胡以晃率会众袭击花洲至思旺间的六桂隘卡清军。遗址包括下炉屯、福船、六桂一带，以下炉屯为中心，分布面积约 30 万平方米，六桂庙是战斗最激烈之地，现尚存残墙断垣。1968 年庙址出土了带铁架铁炮 1 尊、火药短枪 1 支。

84 - E₁₁　思旺"迎主之战"遗址〔思旺镇思旺社区北街永隆桥西面桥头往西 10 米思旺江边·1850

年·县文物保护单位〕 1850 年 12 月 27 日，洪秀全、冯云山派胡以晃等率会众袭击驻思旺清巡检司衙署及清军，大败清军，斩秦川巡检张镛等人。战后鹏化花洲会众随总部撤离花洲开赴金田。此战史称"迎主之战"。思旺圩面积约 2 平方公里，四周为平原，思旺河南北贯穿其中。原清巡检司衙署已毁，仅存基址。

85-E₁₂ 河头拜旗遗址 〔大鹏镇景华行政村河头屯后牛神岭·1851 年〕 1851 年 9 月，太平军东进大鹏，贫苦群众纷纷参加太平军，牛神岭是参加太平军者举行拜旗仪式地点之一。遗址在山岭的岭顶上，为约 1000 平方米的小平台，太平军曾经在此构筑有工事。现存 5 个口小内宽，高 1 米，径 1—2 米的土洞，可能与拜旗仪式有关。

86-E₁₃ 天王码头诏令遗址 〔同和镇同和北街大旺圩（西）码头·1851 年·县文物保护单位〕 1851 年 9 月 11 日，洪秀全等北上花洲，过枫木界出山人、北降，沿大同江东下。9 月 14 日洪秀全率部乘船到达大旺圩码头，在舟中向萧、冯部发出袭击南路尾追清军诏令。15 日，萧、冯部从思旺南下设伏于官村外，大败清军向荣部。码头顺东向西而下，约长 50 米，宽 3 米，用不规则的石条砌成踏踩，从河面直上街道。江边泊船地带长约 20 米，宽 15 米。现码头建有纪念碑。

87-E₁₄ 官村大捷遗址 〔官成镇官成社区官村岭·1851 年·县文物保护单位〕 1851 年 9 月 15 日，太平军萧朝贵、冯云山部设伏官村外，大败围追的广西提督向荣部清军，击杀千总杨成贵，史称"官村大捷"。遗址以官村岭为中心，南面是开阔的耕地，北面是官成水库，西面是旺石岭，西南面是回龙村，方圆约 7 公里。现回龙、旺石七棵松等地尚存双方阵亡士兵的墓葬，地下也常出土当时使用的武器。

88-E₁₅ 大成国商埠遗址 〔上渡镇雅埠行政村新埠屯西面约 100 米新埠码头东南面约 50 米平田湾东岸·1855 年〕 1855 年 9 月下旬，陈开、李文茂、梁培友克浔州建立大成国后，在护卫京城东侧的平南军田湾东岸新埠头开辟商埠进行贸易，以增加税收。直至 1861 年大成国秀京陷落，商埠才随之衰落。据载当时江面停泊船只数百，岸上遍盖茅屋，商埠范围长约 400 米，宽约 200 米，面积约 8 万平方米。现江边码头及耕地地下有废砖瓦、陶瓷碎片堆积层，深约 1 米，有的地方尚残存房基。

89-E₁₆ 李寅冠墓 〔丹竹镇长歧塘行政村龙石面屯的山岭上·1865 年〕 李寅冠，广西平南县丹竹镇梅岭村人，因其子李廷祥配合清军于思旺马鹿岭围剿太平军和清压大成国起义军有功，受清朝赠奉直大夫。墓葬建于清同治四年（1865），朝南，冢为圆柱形，底径 1.5 米，高 1 米，用砖围砌，占地面积约 40 平方米。墓前立"奉天浩命"碑 1 方。碑高 1.8 米，宽 0.8 米。

90-E₁₇ 覃亚帅墓 〔大坡镇大坡社区椎木山·1866 年〕 覃亚帅（1830—1866），原名覃乃保，号翼堂，广西平南县大坡乡理村人。清咸丰四年（1854）参加天地会，后附大成国。清同治元年（1862）十二月，被推为苍、藤、容、岑、平、桂六县义军盟主。同治二年（1863）十月，率部受清军招安，封超武都尉。同治五年（1866）六月镇压南宁府莺儿寨义军受伤身亡。墓冢呈圆丘形，三合土构筑，占地面积约 60 平方米。1975 年墓毁，墓碑存。

91-E₁₈ 重建观音堂碑记 〔原立平南镇大街，现存平南县二轻局大院内·清代〕 碑刻 1 方。清光绪年间（1875—1908）立。碑高 1.1 米，宽 0.93 米。碑文竖行，楷书，阴刻。碑文记载：清咸丰五年（1855）陈开、李文茂于浔州建立大成国后，分兵东下取平南，改平南县为武城县。此后，大成国军与清军在这里进行的拉锯战长达十年之久。观音堂毁于战火，清光绪年间于原址重建并刻碑以志。现观音堂已毁，碑存。

92-E₁₉ 大安商会旧址 〔大安镇镇大街中段·1909 年〕 大安镇为平南东部重要集镇，商品经济发达。清宣统元年（1909）成立商会，后虽数次改组，会址均设此。旧址建于 1909 年，为砖木结构平房，面阔一间，硬山顶，盖小青瓦。占地面积约 94 平方米。

93-E₂₀ 劳五区苏维埃政府遗址 〔寺面镇新隆行政村新隆村·1927 年·县文物保护单位〕 1927 年 9 月，劳五区苏维埃政府在此成立。劳五区苏维埃政府是广西最早的革命政权之一。旧址原为参赞庙，占地面积约 150 平方米。庙已毁，现存"参赞庙"石匾 1 方，山墙 1 面。1987 年，自治区人民政府拨款于旧址东面山上建烈士纪念碑。

94-E₂₁ 陈孟武烈士就义处 〔寺面镇新隆行政村新隆村北面约 100 米水井冲·1928 年〕 陈孟武（1912—1928），广西容县冠塘村人。1927 年 12 月参加劳五区武装暴动，任劳五区苏维埃政府宣传员。次年 1 月 18 日，陈孟武参加平南新隆反"围剿"保卫战，受伤被捕，被杀害于新隆村旁水井，年仅 16 岁。后群众称此井为陈武井。井呈方形，砖砌井壁，井深 2 米，宽 1 米。

95-E₂₂ 平南县殉国烈士纪念碑 〔平南镇东面浔江北岸罗冲桥畔·1935 年·自治区文物保护单位〕 为纪念参加 1911 年同盟会发动的"三·二九"广州黄花岗起义牺牲的韦统淮、韦统玲、韦树模、韦荣初、林盛初 5 位平南籍烈士而建。建于 1935 年。钢筋混凝土结构。纪念碑坐东北朝西南，方座，边长 2.2 米，碑座南面刻"浩气长存",东南面刻烈士芳名,西北面刻纪念碑序言,东北面刻"平南县殉国烈士纪念碑"。座上为方锥形碑身,高13米。占地面积约4.4平方米。

96－E₂₃ 大峡口救国阵亡烈士义冢 〔安怀镇德寨行政村特果岭南面大峡口·1945年〕 1944年10月21日,中国军队与侵华日军激战于大峡口。1945年3月,安怀镇韦遇佳等13人集资,将阵亡烈士骸骨合葬于大峡口山麓。墓葬朝东南,冢为圆形土堆,底径10米,高1.5米,占地面积约30平方米。正面筑灰沙合土墙,墙嵌墓碑,碑高1.25米,宽0.78米,中刻"救国阵亡烈士义冢",两旁刻"捐躯大义重千古,为国牺牲者万年"挽联。

97－E₂₄ 大乙岭抗日阵亡官兵墓 〔上渡镇下渡社区大乙岭南面山坡上·1946年〕 为1944年在牛路岭等地与侵华日军作战牺牲的第64师463团官兵合葬墓。1946年8月,下渡乡李渭清等6人捐资修筑。墓葬朝南,冢为混凝土构筑,呈扇形,底径8.7米,高约1.2米。正面砌砖嵌墓碑1方,高1米,宽0.6米。碑上方混凝土上横行刻"抗敌英雄之墓",碑文镌刻官兵墓碑记。占地面积约50平方米。

98－E₂₅ 平南县烈士纪念碑 〔平南镇附城社区埠岭顶·1977年·县文物保护单位〕 1977年,为纪念平南县从中国共产党成立以来,直至平南解放为国捐躯的烈士而建。坐北朝南,水泥钢筋结构。三级台基呈长方形,底层东西长约38米,南北宽约30米,占地面积约1650平方米。台基周有望柱嵌石板护栏,碑座平面为方形,碑身为方形立体,高10米,顶部出檐,四角攒尖顶。正面碑文竖刻"革命烈士永垂不朽",背面竖刻"平南县革命烈士纪念碑"。台基前有踏跺30余级。

99－F₁ 永隆桥 〔思旺镇思旺社区北街东面思旺江上·1933年·县文物保护单位〕 建于1931年,1932年4月5日竣工。思旺石马村陈萝岩、谢慧莲夫妻发动思旺各界人士捐款修建,工程师为广东台山黄若星。桥南北走向,十四墩钢筋水泥桥,长129.6米,宽2.68米,墩跨10.8米,两侧桥栏高0.92米。原桥有碑刻,现已毁。

100－F₂ 丹竹修女院 〔丹竹镇丹竹社区丹竹高中内·1935年〕 建于1935年。由美国玛利诺教会出资兴建。1954年改为圣心修院。坐西北朝东南,砖木结构。四角共有四座方形的三层楼房,庑殿顶,除东南面外,其余三面连以二层楼房,硬山顶。平面呈"凹"形,一、二层内檐皆走廊相通,门、窗为西式,琉璃镶嵌窗户,楼层间用木板分层。占地面积约1561平方米。

101－F₃ 梁嵩纪念馆 〔大鹏镇高龙行政村龙街村状元坡北面山坡·1986年·县文物保护单位〕 梁嵩,生卒年不详,字子高、仲邱,广西平南县鹏化里龙街(今大鹏镇高垌龙街村)人,五代南汉白龙元年(925)状元,恩授翰林院学士。后辞官归家侍母在回途中溺死于平南白马河中。历代立庙于此以祭之。1986年平南县人民政府在原址建梁嵩纪念馆,坐南朝北,水泥钢筋结构,二进院落,前、后座面阔三间,抬梁式木构架,悬山顶,盖黄琉璃瓦。占地面积约198平方米,内存原庙门联及历代碑刻等。

102－F₄ 总制三边坊 〔丹竹镇白马行政村白马圩东面白马双英纪念馆内·1986年·县文物保护单位〕 明代兵部尚书袁崇焕建于崇祯三年(1630),毁于清乾隆至道光之间(1736—1820)。1986年,依明代牌坊重修。钢筋水泥结构,四柱三间三楼,高13米,宽15.4米,庑殿顶,盖琉璃瓦。明间龙凤板镶嵌"总制三边"大理石匾,为原广西壮族自治区人民政府副主席吴克清题。4柱脚有鼓形夹杆石。占地面积约65平方米。袁崇焕(1584—1630),字元素,号自如,广西平南县白马圩人,历任兵部尚书等职。崇祯三年八月被冤杀于北京城。《明史》有载。

103－G₁ 大安石铲出土点 〔大安镇罗旺村大安上寺河·新石器时代〕 1994年8月,村民在大安上寺河捞沙时挖出大石铲1件,长0.46米,宽0.29米,厚0.015米,有小柄,双肩平肩,束腰,由肩部至刃部逐渐变薄,通体磨光,制作规整。石料硬度为4—5度左右。

104－G₂ 屯丽洲铜锅出土点 〔同和镇平塘行政村黄婆屯屯丽洲·战国〕 1986年,出土铜锅1件。出土时无伴随物。锅似钢盔,呈椭圆形,侈口、平底、双耳,锅内有二道弦纹。高0.13米,口径0.195米,厚0.005米。

105－G₃ 罗墨岭铜剑出土点 〔东华乡西约5公里罗墨岭·战国〕 1983年,于安怀镇与东华乡交界的罗墨岭老虎头出土铜剑1件。剑呈柳叶状,脊凸起,延至茎端,两刃面阴刻货币图案,图案以脊为中心,一分为二。长0.166米,刃宽0.023米,茎长0.035米,宽0.02米。

106－G₄ 营盘村文物出土点 〔马练瑶族乡三联行政村营盘屯·战国〕 1980年3月,村前距地表约1米深处,出土铜耳杯和陶釜各1件。杯呈船形、素纹、一对鸭形足。杯长0.137米,中宽0.067米;釜0.065米,一只足折断。

107－G₅ 登明村铜鼓出土点 〔平山镇登明行政村登明小学·西汉中期—南朝〕 1954年,登明小学出土冷水冲型铜鼓 1 面。鼓面径 1.22 米，高 0.673 米。鼓面太阳纹十二芒。面沿环列六立蛙和一动物塑像（均失）。饰云纹、雷纹、水波纹等。胸腰间附大环耳 2 对，小环耳 1 对。

108 - G_6　**关垌铜鼓出土点**　〔大新镇关垌行政村石新屯旱冲坑西面山坡·西汉中期—南朝〕　1972 年，于石新屯旱冲坑坡地出土冷水冲型铜鼓 1 面，鼓面朝下，无伴随物。关垌铜鼓出土点面径 0.76 米，高 0.545 米。鼓面太阳纹十二芒。面沿环列四蛙，背负小龟，二蛙间各有一大龟塑像。面饰变形羽人纹、变形翔鹭纹。胸饰相背变形划船纹。胸腰间附辫纹扁耳 2 对，半环耳 1 对。

109 - G_7　**白竹铜鼓出土点**　〔丹竹镇丹竹社区白竹水库·西汉中期—南朝〕　1956 年白竹水库出土冷水冲型铜鼓 1 面。鼓面太阳纹十二芒。面沿逆时针环列 4 累蹲蛙。饰波浪纹、栉纹与素晕夹双行同心圆纹纹带，复线交叉纹、羽纹、变形羽人纹、变形翔鹭纹、变形船纹等。

110 - G_8　**岭脚屯铜鼓出土点**　〔平南镇西村行政村岭脚屯·西汉中期—南朝〕　1973 年 7 月，岭脚屯出土冷水冲型铜鼓 1 面，无伴随物。鼓面径 0.64 米，高 0.44 米。鼓面太阳纹十二芒。面沿环列四蛙皆失。饰波浪纹、栉纹、同心圆纹、复线交叉纹、变形羽人纹、变形翔鹭纹等。

111 - G_9　**牛栏塘铜鼓出土点**　〔平南镇东笋社区牛栏塘·西汉中期—南朝〕　1991 年 6 月，于牛栏塘出土冷水冲型铜鼓 1 面，鼓面倒置，无伴随物。鼓面径 0.62 米，残高 0.27 米。鼓面太阳纹十二芒。面沿环列四蛙。饰重圈纹、复线交叉纹、变形羽人纹、翔鹭间定胜纹、栉纹等。胸腰间附扁耳 2 对。

112 - G_{10}　**竹根坪铜鼓出土点**　〔上渡镇大成行政村大成屯旺石竹根坪·西汉中期—南朝〕　1975 年 4 月 17 日，旺石竹根坪出土冷水冲型铜鼓 1 面，鼓面倒置，无伴随物。鼓面径 0.75 米，高 0.55 米。鼓面太阳纹十二芒。面沿环列四蛙，蛙间立二组乘骑塑像。主要纹饰有变形羽人纹和变形翔鹭纹、方格纹等。胸腰间附辫纹扁耳 2 对，小环耳 1 对。

113 - G_{11}　**下渡铜鼓出土点**　〔上渡镇下渡社区下渡水闸坡地·西汉中期—南朝〕　1958 年，于下渡水闸坡地出土冷水冲型铜鼓 1 面。鼓面径 0.76 米，高 0.528 米。鼓面太阳纹十二芒。面沿环列四蛙，两蛙间小累蹲蛙及动物塑像。饰波浪纹、复线交叉纹、羽纹、变形羽人纹、变形翔鹭纹等。

114 - G_{12}　**木花塘屯铜鼓出土点**　〔六陈镇邦机行政村木花塘屯南约 500 米·西汉中期—南朝〕　1976

年 4 月，于木花塘屯南坡地出土冷水冲型铜鼓 1 面。鼓面径 0.597 米，高 0.324 米。鼓面太阳纹八芒。面沿环列六蛙。面饰云纹和波浪纹。身饰云纹、雷纹填线纹。胸腰间附扁耳 2 对，耳有 2 孔。

115 - G_{13}　**白坟坪铜鼓出土点**　〔同和镇陈龙行政村古蓬坪屯溷勒冲白坟坪西坡·西汉中期—南朝〕　1979 年 3 月，古蓬坪屯溷勒冲白坟坪西坡出土冷水冲型铜鼓 1 面，鼓面向下，无伴随物。鼓面径 0.693 米，高 0.48 米。鼓面太阳纹十二芒。面沿环列四蛙，相对二蛙间立鸟一组（五只）和立牛一组（三头）装饰。饰波浪纹、席纹、复线交叉纹、变形羽人纹、栉纹夹同心圆纹、变形翔鹭纹和变形船纹等。胸腰间附扁耳 2 对。

116 - G_{14}　**六麦岭铜鼓出土点**　〔同和镇利道行政村上巷屯对河六麦岭半山腰·西汉中期—南朝〕　1977 年 1 月，村坡地出土冷水冲型铜鼓 1 面。鼓面径 0.8 米。鼓面太阳纹十二芒。面沿环列四蛙，蛙间饰一累龟，大小相负。饰有同心圆纹、栉纹、复线交叉纹、羽纹、变形羽人纹、变形翔鹭纹等。胸腰间附辫纹扁耳 2 对。已残破不堪。

117 - G_{15}　**六振冲铜鼓出土点**　〔同和镇武全行政村六振冲半山村道旁·西汉中期—南朝〕　2003 年 10 月 26 日，在村道中出土冷水冲型铜鼓 1 面。鼓面径 0.69 米，高 0.52 米。鼓面太阳纹十二芒，面沿逆时针环列四蛙，其间两处田螺塑像。面饰变形翔鹭纹、变形羽人纹。身饰变形羽人纹、同心圆纹、栉纹、细方格纹等。胸腰间附辫纹扁耳 2 对。

118 - G_{16}　**白竹铜鼓出土点**　〔东华乡东平社区白竹屯·西汉中期—南朝〕　1956 年冬，白竹屯山坡出土冷水冲型铜鼓 1 面，鼓面倒置，无伴随物。鼓面径 0.696 米，高 0.464 米。鼓面太阳纹十二芒。面沿环列四累蹲蛙。面饰变形羽人纹、变形翔鹭纹。身饰变形船纹。胸腰间附辫纹扁耳 2 对，半环耳 1 对。

119 - G_{17}　**兴华铜鼓出土点**　〔东华乡兴华行政村兴华村前·西汉中期—南朝〕　1972 年，出土冷水冲型铜鼓 1 面。鼓面径 0.882 米，残高 0.045 米。鼓面太阳纹十二芒。面沿环列四蛙，蛙间各立一乘骑及一小马像。饰有变形羽人纹、变形翔鹭纹、变形划船纹、波浪纹等。胸腰间附辫纹扁耳 2 对，半环耳 1 对。

120 - G_{18}　**白面崖铜鼓出土点**　〔镇隆镇平界行政村新地屯南竹刀冲南侧白面崖·西汉中期—南朝〕　1988 年 9 月，于白面崖山顶出土冷水冲型铜鼓 1 面，鼓面倒置，无共存物。鼓面径 0.695 米，高 0.48 米。鼓面太阳纹十二芒，面沿环列四立蛙。饰栉纹夹双行同心圆纹、变形翔鹭纹等。胸腰间附扁耳 2 对，小环耳 2 个。

121 - G₁₉ **大竹山铜鼓出土点** 〔镇隆镇富藏行政村第一碑屯大竹山西坡·西汉中期—南朝〕 1978 年 4 月，于大竹山西坡挖出冷水冲型铜鼓 1 面。鼓面径 0.524 米。鼓面太阳纹十二芒。面沿环列四蛙。饰栉纹、翔鹭纹、兽形纹、勾连圆圈纹等。胸腰间附辫纹扁耳 2 对。足已残。

122 - G₂₀ **铜鼓岭铜鼓出土点** 〔大新镇安福行政村铜鼓屯铜鼓岭东南坡·西汉中期—南朝〕 1958 年，铜鼓屯南铜鼓岭挖出冷水冲型铜鼓 1 面，无共存物。鼓面径 0.708 米，高 0.47 米。鼓面太阳纹十二芒，面沿环列四蛙。饰变形羽人纹、变形翔鹭纹间以定胜纹、圆心垂叶纹等。

123 - G₂₁ **下陶铜鼓出土点** 〔思旺镇三江行政村下陶屯·西汉中期—南朝〕 1962 年，下陶屯出土冷水冲型铜鼓 1 面。鼓面径 0.57 米，高 0.379 米。鼓面太阳纹十二芒。面沿环列四蛙，间立一动物塑像。饰波浪纹、栉纹、复线交叉纹、变形羽人纹、变形鹭纹等。胸腰间附扁耳 2 对，半环耳 1 对。

124 - G₂₂ **上宋铜鼓出土点** 〔思旺镇双上行政村上宋屯·西汉中期—南朝〕 1985 年 8 月，上宋屯出土冷水冲型铜鼓 1 面。面径 0.69 米。鼓面饰太阳纹十二芒。面沿环列四蛙及二组乘骑。饰变形羽人纹、变形翔鹭纹、波浪纹等。胸腰间附扁耳 2 对，半环耳 1 对。足已残。

125 - G₂₃ **花石铜鼓出土点** 〔思旺镇花石行政村花石村北约 200 米·西汉中期—南朝〕 1971 年，于花石村北坡地出土冷水冲型铜鼓 1 面，鼓面向下，无共存物。鼓面径 0.81 米，高 0.575 米。鼓面太阳纹十二芒。面沿环列四蛙，间饰二组乘骑塑像。饰有变形羽人纹、翔鹭纹、船纹等。胸腰间附扁耳 2 对，鼓腔内有小耳 3 对。

126 - G₂₄ **东胜铜鼓出土点** 〔官成镇八宝行政村东胜屯灯盏窝南坡·西汉中期—南朝〕 1979 年 2 月，在灯盏窝南坡出土冷水冲型铜鼓 1 面，鼓面向下，无伴随物。鼓面径 0.87 米，高 0.61 米。鼓面太阳纹十二芒。面沿环列四蛙。饰波浪纹、栉纹、复线交叉纹、变形羽人纹、变形翔鹭纹和定胜纹、勾连同心圆纹、羽纹夹眼纹等。胸腰间附扁耳 2 对，小环耳 1 对。

127 - G₂₅ **大彭铜鼓出土点** 〔官成镇官南行政村大彭屯·西汉中期—南朝〕 1977 年，大彭屯出土一块冷水冲型铜鼓残片，纹饰有羽纹、栉纹夹双行同心圆纹、相背变形船纹、变形羽人图案纹，耳饰缠枝纹。

128 - G₂₆ **鲶鱼岭铜鼓出土点** 〔官成镇八宝行政村深塘屯西北中央冲鲶鱼岭·西汉中期—南朝〕 1981 年 11 月，中央冲鲶鱼岭挖出冷水冲型铜鼓 1 面，鼓面倒置，无共存物。鼓面径 0.635 米，高 0.435 米。鼓面太阳纹十二芒。面沿环列四立蛙，蛙间饰有一牛和一干栏式建筑模型。主纹饰变形羽人纹、变形翔鹭纹、船纹等。间附辫纹扁耳 2 对。

129 - G₂₇ **莲塘村铜鼓出土点** 〔大坡镇莲塘行政村·西汉中期—南朝〕 1990 年 12 月，在莲塘村和大新乡大和村交界处出土冷水冲型铜鼓 1 面，鼓面倒置，无伴随物。鼓面径 0.715 米，高 0.5 米。鼓面太阳纹十二芒。面沿环列四蛙，蛙间饰二组双马单骑士。面饰席纹、变形羽人纹、复线交叉纹和变形翔鹭纹、船纹等。胸腰间附辫纹扁耳 2 对，腔内小耳 2 对。

130 - G₂₈ **大岭铜鼓出土点** 〔安怀镇高荔行政村莲塘屯大岭·西汉中期—南朝〕 1991 年 7 月，于大岭顶上出土冷水冲型铜鼓 1 面。鼓面径 0.68 米，高 0.463 米，足径 0.66 米。鼓面太阳纹十二芒。面沿环列四蛙，蛙间饰二组立鸟。面饰变形羽人纹、复线交叉纹和变形翔鹭纹。胸饰变形划船纹。腰饰变形羽人纹、网纹。胸腰间附扁耳 2 对，环耳 1 对。

131 - G₂₉ **龙胆塘铜鼓出土点** 〔寺面镇新隆行政村下步廊屯龙胆塘·西汉—唐〕 1987 年 3 月，下步廊屯龙胆塘山坡出土北流型铜鼓 1 面，鼓面朝下，无伴随物。鼓面径 0.835 米，高 0.475 米。鼓面太阳纹八芒。面沿环列四蛙。面遍饰万寿纹、变形填线纹和水波纹。稍残。胸腰间附扁耳 2 对，耳下端各有一长方形孔。

132 - G₃₀ **田贵钱币窖藏** 〔国安瑶族乡田贵水库·唐代〕 1977 年，田贵水库出土铜钱 1 罐。铜钱重 2 公斤，计 150 多枚，绝大多数为唐开元通宝钱，乾元通宝钱仅数枚。

百色市

右江区

1 - A₁ 百谷和高岭坡遗址 〔右江区龙景街道、田东县林逢镇·旧石器时代·全国重点文物保护单位〕阶地遗址。右江流域百色盆地发现了较多的旧石器时代文化遗址,经同位素年代测定,百色旧石器及遗址最早距今约80万—73.3万年,其延续涵盖了旧石器时代早、中、晚期。百谷和高岭坡遗址为百色旧石器时代文化遗址的代表。

A₁₋₁ 百谷遗址 〔右江区龙景街道大和行政村百谷屯东北约400米百谷山·旧石器时代〕阶地遗址。1982年发现。百谷山属右江第Ⅳ级阶地,面积约2.3万平方米,地表发现了较多的砾石打制石器,1993、1996、2001年三次发掘,其中1993年发掘70多平方米,文化堆积为网纹红土,厚约2米。出土遗物70多件,除玻璃陨石外,主要为石器,包括砍砸器、尖状器、手斧、刮削器、石核、石片等。加工方法以单面打击为主。阶地的东北发现数量较多而大的螺壳堆积。

A₁₋₂ 高岭坡遗址 〔田东县林逢镇檀河行政村坡算屯南约50米高岭坡·旧石器时代〕阶地遗址。1973年发现。高岭坡属右江南岸第Ⅳ级阶地,遗址上部为厚约7米的网纹红土层。1988、1989、1993、1996年四次发掘,其中1988年试掘约30平方米,1993年春再次发掘,地层堆积分四层,文化层厚0.3—0.9米。出土石制品69件。其中有砍砸器、尖状器、石片、石核等。先后在地层里发现打制石器与玻璃陨石共存。

2 - A₂ 百寨遗址 〔右江区汪甸瑶族乡长平行政村百寨屯北侧·旧石器时代〕阶地遗址。1982年发现。石器分布于两座并列的长条形矮山坡上,散布面积约9.6万平方米。1988年10月在地表及冲沟发现打制石器6件,其中砍砸器4件,尖状器1件,刮削器1件。原料为扁平砾石,使用锤击法和碰砧法两种加工方法,单面加工。(见《广西文物》1992年1期)

3 - A₃ 下国遗址 〔右江区四塘镇新明行政村下国屯东南约500米下国坡·旧石器时代〕阶地遗址。1982年发现。遗址范围东西长约1000米,南北宽约700米,面积约70万平方米。在网纹红土层中,出土了一些打制砾石石器,器形主要有单面打击的砍砸器

和石片。

4 - A₄ 小梅遗址 〔右江区四塘镇桂明行政村小梅屯西约500米小梅坡·旧石器时代·市文物保护单位〕阶地遗址。1982年发现。小梅坡属右江第Ⅳ级阶地,分布面积约60万平方米。1982年以来,小梅坡红土层地表和冲沟中,经常出土砾石打制石器,器形以砍砸器最多,也有少量的尖状器和手斧等,多为单面加工。

5 - A₅ 六级遗址 〔右江区四塘镇新明行政村六级屯北约150米六级坡·旧石器时代〕阶地遗址。1982年发现。六级坡属右江第Ⅳ级阶地。在遗址裸露网纹红土层的土坡上和冲沟中采集到石核、石片等一些砾石砍砸器及一些玻璃陨石,石器分布范围约60万平方米。

6 - A₆ 那练遗址 〔右江区四塘镇桂明行政村那练屯西南约200米那练坡一带·旧石器时代〕阶地遗址。1982年发现。石器分布在那练屯的那练坡、竹上坡、小南坡、大南坡4个山坡上,属右江第Ⅳ级阶地,面积约50万平方米。与下国屯下国坡石器遗址地点连成一片,在地表采集有砾石打制的砍砸器、手镐、石核和石片等。

7 - A₇ 大梅遗址 〔右江区四塘镇桂明行政村大梅屯东北大梅坡·旧石器时代·市文物保护单位〕阶地遗址。1982年发现。地处右江南岸第Ⅱ级—第Ⅳ级阶地,分布面积约0.5平方公里。1982年、1983年在大梅屯西部和西北部阶地裸露的红土层土岭上和冲沟里采集到砾石打制石器,主要有砍砸器、手镐、刮削器、石锤、石核、石片等。西北约50米为南半山遗址。

8 - A₈ 南半山遗址 〔右江区四塘镇新明村大梅屯西北面约1公里处的南半山·旧石器时代〕阶地遗址。2003年调查发现。遗址在较平缓的山坡上,属右江河沿岸第Ⅳ级阶地,分布面积约30万平方米。2005年抢救性考古发掘2500平方米,出土了砍砸器、手斧、手镐、刮削器等石器及玻璃陨石。

9 - A₉ 那照遗址 〔右江区四塘镇保安行政村那照屯东南面约350米那照坡·旧石器时代〕阶地遗址。1982年发现。那照坡属右江第Ⅳ级阶地,在裸露的红土层表面散布有以砾石为原料打制而成的砍砸器、

尖状器、石片、石核等。均为单面加工。

10 - A₁₀ 那力遗址 〔右江区四塘镇新明行政村那力屯北部约1公里·旧石器时代〕 阶地遗址。1982年发现。1982年6月以来，在红土裸露山坡上采集到砾石打制的砍砸器、刮削器和尖状器等石器，单面打击的砍砸器较多。

11 - A₁₁ 六拉坡遗址 〔右江区四塘镇永靖行政村六拉屯六拉坡·旧石器时代〕 阶地遗址。2002年发现，六拉坡属右江第Ⅳ级阶地。发掘面积500平方米。地层堆积自上而下分为四层：第一、二层已受到扰乱破坏，发现石器6件，出自第一层，或第二层的顶部，在第一层的顶部还出土了一件玻璃陨石。另外，还采集了石器18件，包括砍砸器、手镐、刮削器、石核、石片、断块等。

12 - A₁₂ 江凤遗址 〔右江区龙景街道江凤行政村那宁屯北面的那塘山·旧石器时代·市文物保护单位〕 阶地遗址。1982年发现。那塘山属右江第Ⅳ级阶地，面积约90万平方米。1982年、1983年在裸露的红土层表面和冲沟中散布有较多的打制石器。器形有砍砸器、尖状器、石核、石片等。

13 - A₁₃ 上宋遗址 〔右江区龙景街道百法行政村上宋屯西北约800米六羊山·旧石器时代〕 阶地遗址。1973年发现。位于右江南岸第Ⅲ级阶地上，分布面积约13万平方米。在裸露的红土层地表和冲沟中，发现石器11件，其中石核4件、刮削器1件、砍砸器3件、尖状砍砸器3件。（见《古脊椎动物与古人类》1975年13卷4期）

14 - A₁₄ 杨屋遗址 〔右江区龙景街道大旺行政村杨屋屯东约250米杨屋山·旧石器时代·市文物保护单位〕 阶地遗址。1982年发现。属右江河谷第Ⅳ级阶地，在地表和冲沟中散布有较多的打制石器，分布面积约21万平方米。采集的石器有砍砸器、尖状器、手斧等，均以砾石为原料单面打击而成。

15 - A₁₅ 南坡山遗址 〔右江区龙景街道大同行政村何屋屯东南约800米的南坡山·旧石器时代·市文物保护单位〕 阶地遗址。1982年发现。属右江第Ⅳ级阶地。在岭上红土层表面和冲沟中采集到砍砸器、刮削器、尖状器、石片等石制品。2005年发掘2500平方米。遗址地层自上而下分为6层，第2、3、4层含石器；第4层还含玻璃陨石，共出土砍砸器、刮削器、手斧、手镐、石锤、石核、石片等215件及较多的砾石及玻璃陨石。

16 - A₁₆ 紫幕遗址 〔右江区龙景街道大旺行政村紫幕屯南面约10米的后山上·旧石器时代·市文物保护单位〕 阶地遗址。1982年发现。属右江第Ⅳ级

阶地，由25处相连不断的坡地组成，面积约180万平方米。在地表和冲沟中发现有丰富的砾石打制石器。1998年发掘100平方米，地层堆积出土了近100件石器及玻璃陨石。石器包括手斧、手镐、砍砸器、刮削器。为网纹红土层，厚0.3—0.8米，结构紧密；有少量石制品和砾石。

17 - A₁₇ 沙洲遗址 〔右江区龙景街道大湾行政村沙洲屯西面约20米的沙洲坡和沙洲后坡上·旧石器时代〕 阶地遗址。1982年发现。属右江第Ⅳ级阶地，石器分布范围约2平方公里。在沙洲坡、沙洲后坡裸露的红土层表面散布有打制石器，采集到用砾石打制的砍砸器、刮削器、尖状器、石核、石片等石器。

18 - A₁₈ 大法遗址 〔右江区龙景街道福禄行政村大法屯西面约100米大法坡·旧石器时代〕 阶地遗址。1982年发现。遗址面积约1万平方米。在红土层表面和冲沟中散布有较多的打制石器。器形有砍砸器、尖状器等。1982年、1983年，在大法屯西南伸延至平甫村东面，裸露的红土层中采集了大量的打制的砾石石器。器形有砍砸器、尖状器、石片等，其中以砍砸器居多。

19 - A₁₉ 那午遗址 〔右江区龙景街道大湾行政村那午屯南面约100米那午山·旧石器时代〕 阶地遗址。1982年发现。那午山由两个相对独立但又相连的山坡组成，属右江第Ⅳ级阶地。分布面积约24万平方米。在裸露的网纹红土表面和冲沟中散布有打制的砾石砍砸器、尖状器等石器。

20 - A₂₀ 南山遗址 〔右江区龙景街道大湾行政村那午屯西南面约1000米处的南山和西瓜岭·旧石器时代〕 阶地遗址。1982年发现。南山和西瓜岭为相对独立但又密切相连的山坡，面积约48万平方米，属于右江第Ⅳ级阶地。在网纹红土层表面和冲沟中散布有以砾石打制而成的砍砸器和尖状器、石片等石制品。

21 - A₂₁ 六怀山遗址 〔右江区龙景街道大湾行政村大湾村西南面约1500米六怀山·旧石器时代〕 阶地遗址。2002年发现。六怀山属右江右岸的第Ⅺ级阶地。地层堆积自上向下分三层。第一层为耕土层。第二层为砖红壤土，厚0.8米左右，包含打制石器，第三层为网纹红土层，石器主要分布于该层上部约0.3米的范围内，往下遗物十分稀少。石器有手镐、砍砸器、石核、石片、断块、砾石等。

22 - A₂₂ 那模遗址 〔右江区龙景街道江凤行政村那模屯西北面约400米那模山·旧石器时代〕 阶地遗址。1995年发现。遗址由3个相对独立但又相连的山坡组成，面积约40万平方米，属右江第Ⅳ级阶

地。地面裸露网纹红土层，在地表采集有砍砸器、刮削器、手镐、手斧、石核、石片、断块等石器。

23－A₂₃　平甫坡遗址　〔右江区龙景街道福禄行政村平甫屯东面平甫坡·旧石器时代〕　阶地遗址。1982年发现。平甫坡为东南—西北走向的山坡，地势较平缓，面积约35万平方米，属于右江第Ⅳ级阶地。地表裸露网纹红土层，在地表采集有砍砸器、刮削器、石片等石器。

24－A₂₄　狮子岭遗址　〔右江区龙景街道那毕行政村西南面约3300米处的狮子岭·旧石器时代〕　阶地遗址。1982年发现。狮子岭为略呈南北走向的坡地，面积约6万平方米，属于右江第Ⅳ级阶地。自1982年以来，在地表和冲沟中出土较多的打击石器。石器以砾石为原料，多为单面加工。器形有砍砸器、刮削器等。

25－A₂₅　木民山遗址　〔右江区龙景街道大湾行政村那印屯西面约300米木民山南面坡上·旧石器时代〕　阶地遗址。1982年发现。木民山地势西高东低，坡度较大，属右江第Ⅳ级阶地。面积约18万平方米，地表裸露网纹红土层，采集到砍砸器、手镐、石核、石片、断块等石器，且器形较大。

26－A₂₆　那达坡遗址　〔右江区龙景街道百法行政村那达屯西北约100米的那达坡·旧石器时代〕　阶地遗址。1982年发现。那达坡为稍低缓的山坡，属右江南岸第Ⅳ级阶地，面积约5万平方米。地表裸露网纹红土层，在地面采集有砍砸器、刮削器、石片等石器。

27－A₂₇　大旺遗址　〔右江区龙景街道大旺行政村大旺村广西大华机械厂所在的山坡上·旧石器时代〕　阶地遗址。1982年发现。遗址由9个连续不断的坡地组成，南高北低，属右江第Ⅳ级阶地，分布面积约60万平方米。地表裸露网纹红土层，在地表和冲沟中发现有丰富的石制品，包括砍砸器、刮削器等。

28－A₂₈　百林桥遗址　〔右江区百城街道东合行政村东增屯东南面约200米百林桥后山·旧石器时代〕　阶地遗址。1982年发现。遗址由6个相连的山坡组成，属右江第Ⅳ级阶地，分布面积约252万平方米。多次采集到以砾石为原料打制而成的砍砸器等石器，单面加工。

29－A₂₉　东增遗址　〔右江区百城街道东合行政村东增屯东约400米的东增山·旧石器时代〕　阶地遗址。1982年发现。分布面积约1.5万平方米，调查地层堆积分为两层，上部为红土层，约厚6米，下部为砾石层。在距地面2米深的红土层中出土以砾石为原料打制而成的砍砸器数件。另采集玻璃陨石及砍砸器、手镐、石核、石片、断块等石器。

30－A₃₀　六三嫁嘛遗址　〔右江区百城街道东合行政村东增屯东南约1公里六三嫁嘛山·旧石器时代〕　阶地遗址。1981年发现。属右江第Ⅳ级阶地。在"六三嫁嘛"（三只脚的狗）的土岭的地面散布有以砾石为原料打制而成的砍砸器和手斧等，散布面积约60万平方米。1981年以来，采集到砍砸器、石核、石片、断块及玻璃陨石。

31－A₃₁　横浪遗址　〔右江区百城街道办事处东笋社区东北面约2公里的横浪坡·旧石器时代〕　阶地遗址。1982年发现。横浪坡是一个地势较陡峭的土坡，面积约6万平方米，属右江第Ⅳ级阶地。在地表上采集到砍砸器、石核、石片、断块等石器。

32－A₃₂　甘龙洞遗址　〔右江区龙川镇龙川村班祥屯东约800米的甘龙洞·旧石器时代〕　阶地遗址。1982年发现。甘龙洞为岩厦式洞穴，高距地表约30米，东西长约60米，南北宽约10米，面积约300平方米，文化层厚约0.4米。采集到砍砸器、刮削器、石核、石片等打制石器。

33－A₃₃　松林岛遗址　〔右江区永乐乡百乐行政村百乐村澄碧湖水库内的松林岛上·旧石器时代〕　阶地遗址。2002年发现。松林岛为略呈龟背状的孤岛，属右江支流——澄碧河第Ⅳ级阶地。遗址分布面积约21万平方米。地表裸露网纹红土层，在遗址地表采集到手斧、手镐、砍砸器、刮削器等石器。

34－A₃₄　横山岛遗址　〔右江区永乐乡百乐行政村百乐村澄碧湖水库内的横山岛上·旧石器时代·市文物保护单位〕　阶地遗址。2002年发现。横山岛属右江支流——澄碧河的第Ⅳ级阶地，遗址分布面积约30万平方米。地表裸露网纹红土层，在遗址地表发现有手镐、砍砸器、刮削器等石器及玻璃陨石。

35－A₃₅　林科所遗址　〔右江区永乐乡百乐行政村百乐村澄碧湖水库南岸百色市林业科学研究所所在山坡上·旧石器时代〕　阶地遗址。1982年发现。遗址由3个紧密相连的半岛组成，地势较平缓，属右江支流——澄碧河第Ⅳ级阶地，分布面积约56万平方米，地表裸露网纹红土层，采集到砍砸器、刮削器、石片等石器。

36－A₃₆　喇叭口遗址　〔右江区永乐乡百乐行政村百乐村澄碧湖水库内的喇叭口·旧石器时代〕　阶地遗址。2004年发现。遗址由三个向西凸出水面的半岛组成，因形似喇叭口而得名，面积约12万平方米，属右江河支流——澄碧河第Ⅳ级阶地。地表裸露网纹红土层，采集到砍砸器、刮削器、手镐、手斧、石核、石片、断块等石器。

37 - A₃₇　**鸬鹚岛遗址**　〔右江区永乐乡百乐行政村百乐村澄碧湖水库内的鸬鹚岛上·旧石器时代〕阶地遗址。2005 年发现。鸬鹚岛是南北狭长的半岛，形状像伏在水中的鸬鹚鸟，故名。遗址面积约 20 万平方米。地表裸露网纹红土层，在地面采集有砍砸器、刮削器、手镐、手斧、石核、石片、断等石器。

38 - A₃₈　**六合遗址**　〔右江区龙景街道大湾行政村六合屯西南面约 600 米六合山东坡和北坡·旧石器时代—新石器时代〕　阶地遗址。2003 年发现。面积约 2 平方公里。2005 年在山的东坡发掘 1000 平方米。地层堆积从上往下分为四层。第一层为表土层。第二层为灰褐色黏土层，出土近现代陶瓷片及少量砾石和打制石器。第三层为红色亚黏土层，出土少量砾石和石制品，包括新石器时代磨光石锛和打制石器。第四层为网纹红土层，出土有少量砾石和打制石器。遗址出土石器共 72 件，其中包括新石器时代石锛和砺石，旧石器时代的手镐、砍砸器、刮削器、石片、石核、石锤及断块等，此外还有一件玻璃陨石。

39 - A₃₉　**百达遗址**　〔右江区阳圩镇六丰行政村百达屯西面约 50 米的那册山·旧石器时代—新石器时代〕　阶地遗址。1988 年发现。山坡高出右江河面 20 余米，地表露出橘黄色土，面积 2.5 万平方米左右。2004 年 4 月至 2005 年 3 月发掘约 1 万平方米。堆积分上下两层，下层为旧石器时代堆积，出土砍砸器、尖状器、刮削器、石核等打制石器。上层为新石器时代堆积，发现了居住遗址、石器制作遗迹、用火痕迹、墓葬等，出土遗物 50000 余件，包括打制石器、磨制石器、陶器、骨器及大量的动植物遗存。（见《广西文物》1992 年 1 期）

40 - A₄₀　**百维遗址**　〔右江区泮水乡百维行政村百维屯西南约 200 米坡射山·新石器时代·市文物保护单位〕　洞穴遗址。位于山腰的岩厦底部，岩厦东南向，高 8 米，宽约 60 米，深 10 米，面积约 600 平方米。文化堆积厚约 1 米，呈灰褐色，内含灰烬、炭屑、红烧土、动物碎骨等。采集有砍砸器、尖状器、磨制石斧、砺石、石片和夹砂绳纹黑色、红褐色陶片。（见《考古》1986 年 7 期）

41 - A₄₁　**椅子山遗址**　〔右江区龙景街道江凤行政村坎屯西面约 500 米处的椅子山·新石器时代〕山坡（台地）遗址。1982 年发现。椅子山为较陡峭的山坡，地势北高南低。遗址范围南北长约 600 米，东西宽约 500 米，面积约 30 万平方米。在地表上采集到石刀毛坯、石锤等新石器时代遗物。

42 - A₄₂　**革新桥遗址**　〔右江区百城街道东笋行政村百林屯东南约 300 米·新石器时代·市文物保护单位〕　山坡（台地）遗址。2002 年发现。面积约 5000 平方米。2002 年 10 月至 2003 年 3 月发掘，发掘面积 1600 平方米。出土文化遗物约 3 万件，包括砍砸器、尖状器、敲砸器、刮削器、穿孔器、斧、锛、凿、璜等石器。发现大型石器制造场，面积约 500 平方米，散布着砾石、石锤、石砧、砺石等及石斧、石锛等产品的毛坯、半成品。另有墓葬 2 座，葬式为仰身屈肢葬。

43 - A₄₃　**林屋窑址**　〔右江区龙景街道莲塘行政村林屋屯至逻索行政村匠架屯之间 100 米右江北岸·宋—元·市文物保护单位〕　窑区地表可见散落陶瓷残片，分布面积约 45 万平方米。发现废品堆积多处，窑口 3 座。窑口长 15—20 米，宽 12—20 米，高 2.5—3 米。采集有碗、杯、碟、瓶等瓷器，施青黄、乳白釉，施釉不到底。陶器有四耳罐、哨子、灯座和盘、纺轮等，施酱黑釉。窑具有匣钵、支座等。器物多为素面，个别器物上印有"布贵"文字。

44 - A₄₄　**阳圩营盘遗址**　〔右江区阳圩镇北面约 500 米的板栗山上·宋代〕　营盘在近山顶处，绕山而建，平面略呈圆形，面积约 6400 平方米。有壕沟、夯土围墙和角楼。壕沟底宽 4.5 米，上宽 8.5 米，高 4.5 米。围墙高 4.5 米，宽 2 米。营盘四角有土垒的圆形角楼，高、径均 10 米。沟与墙间有 9.5 米宽的平地。

45 - A₄₅　**马公钓台遗址**　〔右江区龙景街道百法行政村那达屯北面约 100 米处右江东岸的石崖上·清代〕　据传开凿于清咸丰年间（1851—1861），是在石崖壁上开凿出的小洞穴，高距右江河面约 5 米。洞口朝南，洞内高 2 米，宽 2.1 米，进深 2.2 米；洞口上刻有楷书横额"马公钓台，得其所哉"。洞旁两侧刻有一副对联，仅可辨认"伯牙琴"3 字。洞内两侧各凿有两张石凳。洞壁上刻楷书对联"事因早悟常垂钓，心泉忘机偶对棋"。洞口左侧下约 4 米处凿有一个石凳。

46 - B₁　**阳圩墓群**　〔右江区阳圩镇阳圩西北约 500 米北笔山上·汉代·市文物保护单位〕　墓群分布在东、西两个并列的山头上。墓葬封土多已夷平，残存封土呈圆丘形，高 4—7 米，底径 15—30 米。采集有汉代水波纹陶片。

47 - B₂　**陆纯刚父母合葬墓**　〔右江区四塘镇大和行政村百谷屯东面约 400 米的那能坡脚·清代·市文物保护单位〕　墓葬朝南，冢呈圆丘形，周边用料石围砌，高 1.5 米，底径 2 米。墓碑高 1.3 米，宽 0.3 米，两柱单檐顶，脊饰双龙戏珠。边柱刻挽联 1 副，碑面已缺失，另存 1 方无字碑。墓前有拜台，神道两侧序列华表、石狮各 1 对。占地面积约 60 平方米。群众口传为清右江提督、振威将军陆纯刚父母合葬墓。

1988 年被盗。

48 – B₃ 陆纯刚墓 〔右江区龙景街道福禄行政村福禄村西南约 1.5 公里岩美坡·清代·市文物保护单位〕 陆纯刚（1827—1881），字罩三，广西百色那毕乡（今龙景街道）福禄村人，清右江提督，官授振威将军。墓葬朝东北，圆丘形土冢，高约 1.5 米。墓碑高 1.1 米，宽 0.65 米，碑面竖刻阴刻"皇清寿化振威将军讳纯刚字罩三号和庭陆公之佳城"，神道两侧原序列石貔貅、石狮、石人、石鱼狮、石猪、石仪作。1955 年被盗，随葬品不存，石人、石猪散失。

49 – B₄ 黄阿艳墓 〔右江区龙景街道福禄行政村平甫屯北约 500 米·清代〕 黄阿艳，生卒年不详，系清右江提督、振威将军陆纯刚原配，清光绪五年（1879）被诰封为一品夫人。圆丘形土冢，高 1.6 米，底径 2 米。墓前立碑 1 方，碑盖略呈半月形，雕有祥云伴月图案，通高 1.35 米，宽 1 米，清咸丰十年（1860）立。

50 – C₁ 清真寺 〔右江区百城街道中华街 35 号·清代·市文物保护单位〕 建于清康熙二十四年（1685），由马姓回族倡议捐款购地而建。清光绪三十二年（1906）重修。坐北朝南，砖木结构。二进院落，由门楼、天井、四角亭、礼拜大殿、两侧厢房及后庭院组成，占地面积约 1750 平方米，门楼面阔三间，为穹隆顶大厅，开拱门。大殿面阔三间，前置檐廊，石础圆柱，隔扇门，穿斗式木构架，硬山顶，盖小青瓦。寺壁嵌有清道光十九年（1839）、光绪三十二年（1906）修建清真寺碑等碑刻 2 方。

51 – C₂ 三只井 〔右江区百城街道太平街隆平巷尾·清代·市文物保护单位〕 建于清雍正八年（1730）。共 3 口井，自清至解放初期均为邻近居民用水井。现存 2 口井，原井口平面呈长方形，边长分别为 1.4—1.8 米、1.3—1.5 米，井壁以石围砌筑，井深约 3.8 米。1983 年将井口改为圆形，直径 1 米，井口、井台均用水泥铺砌，面积约 35 平方米。

52 – C₃ 灵洲会馆 〔右江区百城街道解放街 6 号·清代·自治区文物保护单位〕 建于清乾隆五十六年（1791），清光绪二年（1876）重修。系广东新会商人为过往客商落脚而捐款兴建。坐西朝东，砖木结构。三进院落，由前、中、后座与二天井组成，占地面积约 860 平方米。各座均面阔三间，清水墙，穿斗式木构架，硬山顶，脊饰双龙戏珠、博古等陶塑，屋面青瓦琉璃贴边。前置檐廊，须弥座檐柱、檐板、柱、梁有浮雕彩画。大门上嵌"灵洲会馆"匾。

53 – C₄ 那傍桥 〔右江区汪甸瑶族乡塘兴行政村那傍屯内小沟上·清代·市文物保护单位〕 建于清光绪三年（1877）。东西走向，单孔石拱桥，长 8 米，宽 2.4 米，拱跨 4.5 米。以不规则片石砌桥身，料石券拱，拱顶刻"添丁发财" 4 字，桥面铺砌石块，两侧设石栏板，桥东西两头铺砌石踏跺。

54 – D₁ 竹仙洞石刻、壁书 〔右江区龙川镇龙川行政村班祥屯东约 800 米甘龙山竹仙洞岩壁上·清代·市文物保护单位〕 洞内外有摩崖浮雕 1 方、摩崖石刻 1 方、壁书多方。摩崖石刻在最北端，为清咸丰二年（1852）本地秀才岑挺秀集资重修竹仙洞记。往南约 20 米有壁书多处，主要有朱砂书写的"归燕""憩凉岩"和朱砂底白字的"琴台"、白底墨书"石钟"等，楷书，字径 0.15—0.3 米。再往南约 100 米又有一处壁书和岩画，壁书为横行榜书"鱼跃鹰飞"，楷书，字径 0.5—0.7 米，首题"道光丙午年"，落款"岑□□作"。其下为一幅岩画，画面高 2.4 米，宽 5.7 米，右边绘龙戏珠图案，下边暗八仙图如笛子、扇子、葫芦等，系先凿刻图案后填白、黄、红三色而成。其南边约 4 米处，为朱砂书写的红色"海"字，楷体，字径 1.3 米。壁书下方有浮雕石刻 1 方，刻面宽 5.7 米，高 2.4 米，雕有巨龙戏珠、竹子、葫芦等。

D₁₋₁ 岑挺秀等题"竹仙洞" 〔右江区龙川镇甘龙山仙竹洞岩壁上·清代〕 摩崖石刻 1 方。清咸丰二年（1852）刻。刻面高 1.07 米，宽 0.97 米。刻文竖 24 行，满行 3—21 字，计 398 字，字径 0.03 米，楷书，阴刻。岑挺秀等撰文并书丹，杨文忠等刻石。首题横书"竹仙洞" 3 字，文首行"龙川石刻者架村岑挺秀男武生广年、文产鸣凤"，落款"咸丰二年岁次壬子孟夏月"。刻文记述清道光二十六年秋九月，岑鸣凤、兰圃游览发现竹仙洞并修理该洞之经过，附捐资芳名。岑挺秀，为广西泗城州（今凌云县）土司之文人。

55 – E₁ 百色起义筹备处旧址 〔右江区百城街道百色市军分区大院·1929 年〕 1929 年 10 月，邓斌（小平）、张云逸率领广西警备第四大队和教导大队到百色后，在此整编。张云逸以右江督办的公开身份在这里办公，邓斌（小平）、张云逸等在此筹划部署百色起义。抗日战争时期是国共两党地方代表谈判地点。旧址原为清、民国时期驻军办公楼，砖木结构，中西混合二层楼房，硬山顶，盖小青瓦，占地面积约 250 平方米。

56 – E₂ 百色县总工会旧址 〔右江区百城街道中华街·1929 年〕 1929 年 9 月，中共广西特委派黄启滔（黄一平）等到百色开展工人运动，成立五金、店员、船民、搬运、烟丝等 8 个工会。10 月，成立百色县总工会。会址设在江西会馆。会馆建于清光绪年间（1875—1908），庭院式，由大门、主座、左右檐廊组成，占地面积约990平方米。主体砖木石结构，面阔三间，硬山顶，盖小青瓦。大门设前檐廊，石柱、石枋，脊饰博古，人字山墙。门前置石狮1对。破坏严重，面貌已改变。

57 - E₃ 中国工农红军第七军军部旧址 〔右江区百城街道解放街39号·1929年·全国重点文物保护单位〕 1929年12月11日，邓斌（小平）、张云逸等发动百色起义，在百色镇召开工农兵群众大会，宣告中国工农红军第七军成立，并颁布了《中国工农红军第七军目前实施政纲》。史称"百色起义"。第七军（红七军）军部和前委设在百色粤东会馆，邓小平、张云逸等同志在这里住宿办公。旧址建于清康熙五十六年（1717）。坐西朝东，砖木结构，三进院落，由门楼、中座、后座、南北厢房、廊庑组成，间以天井、过道分隔，占地面积约2331平方米。门楼面阔三间，进深二间，穿斗与抬梁混合木构架，硬山顶，脊饰宝珠、龙、鳌鱼、麒麟、博古等，前设檐廊，前后檐石制额枋，置托檐石狮。中座面阔三间，进深四间，两次间设几何方隔扇，后檐开拱门通廊庑。廊庑卷棚屋面，悬山顶，后檐墙开门通南、北两侧巷道。后座设前廊、起轩，明间敞开，两次间设几何方格隔扇。南、北厢房各四间，高二层。各厢房间设小天井。会馆内有碑刻10余方，多为自建馆以来历次修缮捐资芳名碑。1978年8月，邓小平为旧址题名"中国工农红军第七军军部旧址"。1990年11月，江泽民为旧址题词"百色起义的英雄业绩光照千秋"。

E₃₋₁ 红七军政治部旧址 〔右江区百城街道中山一路55号八一希望小学校内·1929年〕 1929年12月百色起义时，中国工农红军第七军（红七军）政治部及百色县苏维埃政府设在此，起义前后许多文件、布告和《右江日报》均在这里印发。1949年百色解放后，百色县政府亦曾设在这里。旧址又名清风楼，原为清代百色厅、府衙署，国民党百色县政府治所。建于清宣统三年（1911）。为中西合璧三层楼房，坐北朝南，砖木结构，青砖墙，墙面批灰，二重檐，歇山顶，盖小青瓦。底层、二层周围回廊拱门、窗，三层开花格通窗。占地面积120平方米。

58 - E₄ 广西第一劳动中学旧址 〔右江区百城街道中山一路百色中学大门内约10米·1929年·市文物保护单位〕 百色起义后，苏维埃政府将百色镇原"广西省立第五中学"改为"广西第一劳动中学"。邓斌（小平）、张云逸曾多次到学校演讲宣传革命道理。旧址原为百色中学堂，后改为广西省立第五中学校。建于清光绪三十一年（1905）。坐北朝南，砖木结构。存中座及左右厢房各一间，占地面积约754平方米。中

座面阔五间，进深三间，穿斗式木构架，硬山顶，盖小青瓦。前、后檐墙及内墙皆为木板壁。室内嵌建校碑记1方。两侧厢房面阔三间，进深三间。

59 - E₅ 红七军长蛇岭战斗遗址 〔右江区百色街道百色市第二人民医院东北约300米长蛇岭·1930年·市文物保护单位〕 1930年6月初，中国工农红军第七军（红七军）从东兰、凤山回师百色，与桂军警卫第四团（岑建英团）及民团在长蛇岭展开激战，张云逸、李明瑞指挥红七军突破敌长蛇岭防御工事，歼敌300余人，收复百色城。长蛇岭现存敌暗堡1座和部分战壕。暗堡为三合土夯筑，残高2.6米，长4.2米，宽2.3米；战壕绕主峰山腰挖建，残长约25米，宽2米，深0.8—2.2米。

60 - E₆ 那毕渡碑刻 〔右江区龙景街道那毕大桥南面约200米处旧那毕渡码头·1932年〕 碑刻1方。碑高1.1米，宽1.45米。大理石碑，镶嵌于高出右江河面2米的石壁上。邑人梁星坡撰文并书丹。首题"兹将建筑那毕渡码头芳名及事略勒石"，落款"中华民国二十壹年夏五月立"。碑文竖行，计341字，字径0.025米，楷书，阴刻。碑文记载建筑那毕码头始末及捐款者姓名、银两和支出情况。

61 - E₇ 剐鹅岭防御工事 〔右江区百城街道百色汽车客运站西北面约1000米剐鹅岭·1936年〕 1936年6月1日，陈济棠与李宗仁、白崇禧以国民政府西南政务委员会和国民党西南执行部名义，发动了反蒋的"两广事变"，亦称"六一事变"。蒋介石调数十万大军直逼广西。李、白在广西各地积极备战。百色为滇、黔、桂边陲要塞，国民党百色县政府实行"拆城建堡"，在城外自姜园、凤凰岭至剐鹅岭构筑战壕和碉堡10余座。剐鹅岭防御工事由两道战壕和顶部的碉堡组成，第一道战壕环绕半山腰而建，周长约为600米，宽5—6米，深1—2.5米；第二道战壕接近山的顶部，周长约150米，宽1—3米，深1米左右；钢筋水泥暗堡1座，顶部已崩塌，东、西两侧各有一个枪眼和瞭望口。

62 - E₈ 百色机场旧址 〔右江区龙景街道城东路与火车站进站大道交汇处左边约100米·1938年〕 1938年，李宗仁、白宗禧根据军事上的需要，在百色市东南修建军用飞机场，1938年2—5月建成，东西长约1600米，南北宽约250米，占地面积约40万平方米。抗日战争期间，中华民国空军美籍志愿大队（俗称"飞虎队"）曾利用此机场起降作战。现机场、跑道已不存，仅存当年修机场用的大石磙2个。

63 - E₉ 美军后勤补给站遗址 〔右江区百城街道爱新街爱新小学校内·1944年〕 1944—1945年间，美、英等盟国为支援中国远征军和其他盟军在缅甸抗

击日本侵略军，援助中国修筑了中缅边界公路——史迪威公路，并在百色设有美军后勤物资补给站，将作战人员、物资经百色、云南运往缅甸前线。旧址原为百色县立国民中学，原建筑已拆除改建。现仅存当时美军所挖的一口水井。

64 - E₁₀ 百色起义纪念碑 〔右江区百城街道澄碧路东面约20米的后龙山·1984年·市文物保护单位〕1984年为纪念百色起义英勇献身的革命先烈而建。纪念碑由台基、碑座、碑组成。碑坐北朝南，高23.9米。钢筋水泥结构。碑座平面呈长方形，边长为13.7米和17.7米，高2.75米，碑身为长方立柱体，正面镌刻着邓小平题词"百色起义的革命先烈永垂不朽"，背面是百色起义的纪事碑文，两侧分别是反映百色起义过程的两幅浮雕。碑身呈三棱锥形，碑前为绿色地板砖铺砌的广场，面积1000多平方米。广场两侧立有反映百色起义事迹的两组群雕。广场前入口台阶共有314级。

65 - G₁ 那驼石器出土点 〔右江区龙景街道那驼屯东南1.3公里·新石器时代〕1982年5月，在那驼屯东南，长约1.5公里、宽100米的山脊及右江第Ⅲ级阶地上采集了不少砾石石器，同时在一小冲沟中采集到1件磨石锛。

66 - G₂ 椅子山石斧出土点 〔右江区龙景街道江凤行政村坎屯西面约500米椅子山·新石器时代〕1982年，在椅子山出土1件有肩石斧。石斧通体磨光，器身扁薄，小柄宽身、溜肩、弧刃、平顶。身长0.07米，宽0.065米，厚0.01米。（见《考古》1986年7期）

67 - G₄ 七塘铜剑出土点 〔右江区龙景街道七塘行政村百色糖厂下游新码头·战国〕1997年10月，百色糖厂下游新码头沙场，在右江河床挖出一件弓形格青铜短剑。弓形格近一字形，茎扁平，末端残，刃身薄，两面纹饰相同，剑茎有锥刺及刻划纹。残长0.304米，格宽0.051米。

68 - G₅ 平乐铜鼓出土点 〔右江区龙川镇平乐行政村平乐村·战国—东汉〕1977年，在平乐村出土石寨山型铜鼓1面。鼓面径0.41米，高0.285米。鼓面中太阳纹十芒，另有二晕饰锯齿纹，其他晕圈已模糊。胸腰间有扁耳1对。胸、腰间饰锯齿纹带，腰部主纹为牛纹。

69 - G₆ 晚江瓷砖出土点 〔右江区永乐乡北乐行政村晚江屯·明代〕1991年，晚江屯出土瓷砖1块半。整砖呈方形，长、宽为0.2米，厚0.032米。正面上釉，饰有梅花形图案，左边有"成化两十年"字样，背面为素面。另半块的背面亦有"成化两十年"字样。

田阳县

1 - A₁ 那赖遗址 〔田州镇兴城行政村那赖屯西约200米的山坡上·旧石器时代·自治区文物保护单位〕阶地遗址。1982年发现。遗址在右江南岸第Ⅳ级阶地，山脊和冲沟内裸露大量打制石器，分布面积约5平方公里。在地表采集到手斧、手镐、砍砸器等。2005年为配合南宁—百色高速公路建设进行局部抢救性发掘，发掘面积2000平方米，出土大量的砍砸器、手斧、手镐、刮削器和玻璃陨石。网纹红土层厚1—4米，砾石层距地表10—25米。

2 - A₂ 百果遗址 〔头塘镇百里行政村百果屯北·旧石器时代〕阶地遗址。1982年发现。遗址分布于右江北岸第Ⅲ级阶地的坡岭上和冲沟里，范围东西长100米，宽50米，面积约5000平方米。1982年5月，在裸露的红色土层采集到较多的砾石砍砸器、石片等，加工方法单一，器体较大。

3 - A₃ 襄黎遗址 〔头塘镇四联行政村襄黎屯东约100米的土坡上·旧石器时代〕阶地遗址。1982年发现。分布于右江北岸第Ⅲ级阶地的土岭上，面积约1万平方米，地表裸露网纹红土层，1982年采集到较多打制的砍砸器、刮削器、石片等砾石石器。

4 - A₄ 那岖遗址 〔头塘镇新山行政村那岖屯东南约500米的土岭上·旧石器时代〕阶地遗址。1982年发现。遗址由多座土岭组成，面积约6000平方米。在地表采集到以砾石为原料打制的砍砸器、手镐、石核、石片等石器。

5 - A₅ 坡防才遗址 〔头塘镇百里行政村百果屯北约600米的坡防才岭上·旧石器时代〕阶地遗址。1982年发现。遗址面积约3000平方米，地表裸露网纹红土层、砾石层，在地表采集到以砾石为原料打制的砍砸器、石核、石片等石器。

6 - A₆ 百峰遗址 〔那坡镇百峰行政村汾州屯中百峰山·旧石器时代〕阶地遗址。1982年发现。遗址在右江南岸第Ⅲ级阶地，在地表的山坡上和冲沟中，散布有零星的打击石器，分布面积约2000平方米。采集有砍砸器、刮削器、石核等砾石石器。

7 - A₇ 濑奎遗址 〔那坡镇那音行政村濑奎屯东约200米土坡上·旧石器时代〕阶地遗址。1982年发现。分布于右江南岸第Ⅲ级阶地山坡上，面积约2平方公里。南起田州至公婆公路，北至右江边，东自四冬屯，西至濑奎屯均发现有砾石打制的砍砸器、石片等石器。

8 - A₈ 治塘遗址 〔那满镇治塘行政村治塘村·

旧石器时代〕阶地遗址。1979 年发现。从右江南岸坡庙岭起，沿山坡往西延伸至治塘小学南面长约 3 公里的第Ⅲ级阶地山坡上和冲沟里，分布面积约 6 平方公里，在地表采集到砾石石器 30 余件。其岩性有砂岩、石英岩、硅质岩等，器形有砍砸器、尖状器、刮削器等。器身保留有较多的砾石面，单面加工。

9 - A₉ **坡峎那遗址** 〔那满镇三同行政村三同街西南约 600 米山坡上·旧石器时代〕阶地遗址。1982 年发现。山呈东南—西北走向，属右江西岸第Ⅲ级阶地。遗址面积约 1 万平方米，在地表集到以砾石为原料打制的手斧、砍砸器、刮削器、尖状器、石核、石片等石器。

10 - A₁₀ **那哈坡遗址** 〔那满镇治塘行政村塘例屯西南约 500 米那哈坡上·旧石器时代〕阶地遗址。1982 年发现。那哈坡属右江南岸第Ⅲ级阶地。遗址面积约 6000 平方米，地表裸露网纹红土层，在地表和冲沟中发现砍砸器、刮削器、石核、石片等石器。

11 - A₁₁ **坡平遗址** 〔那满镇治塘行政村塘例屯西南约 1 公里的山坡上·旧石器时代〕阶地遗址。1982 年发现。山坡呈东西走向，属右江南岸第Ⅲ级阶地。遗址面积约 5000 平方米，地表裸露网纹红土，在地表和冲沟中发现有砍砸器、尖状器、刮削器及石片等石器，石器多有使用痕迹。

12 - A₁₂ **长蛇岭遗址** 〔百育镇九合行政村六海屯东南约 300 米长蛇岭·旧石器时代〕阶地遗址。1979 年发现并试掘。长蛇岭由南、北两个山岭组成，属右江第Ⅲ级阶地。遗址面积约 2 万平方米。地层自上而下可分 5 层。文化层厚 0.7 米。在第二层黄色黏土层和红色网纹土层之间出土 4 件石器。在冲沟和地表上采集石器 102 件。器形有砍砸器、尖状器、刮削器等。（见《考古》1983 年 10 期）

13 - A₁₃ **那生遗址** 〔百育镇四那行政村那生屯西南约 500 米的土岭上·旧石器时代〕阶地遗址。1982 年发现。土岭属右江第Ⅲ级阶地。遗址面积约 5000 平方米，地表裸露网纹红土层，在地表采集到砍砸器、石核、石片及少量手斧、尖状器等石器。

14 - A₁₄ **平合坡遗址** 〔头塘镇头塘行政村平合屯北约 200 米的平合坡上·旧石器时代—新石器时代〕阶地遗址。1982 年发现。平合坡呈圆丘形，坡顶较平坦，属右江北岸第Ⅱ级阶地。遗址面积约 5000 平方米。1982 年和 1993 年，在山坡北部和东南部的地表上，采集到大量的打制石器、石片和砾石 2 件。砾石均为红砂岩，两面都有磨痕。

15 - A₁₅ **敢来洞遗址** 〔坡洪镇坡丹行政村坡丹街东南约 500 米狮子山敢来洞·新石器时代〕洞穴遗址。1982 年发现。狮子山为孤山坡，洪河自南向北流经山脚。山洞高出地面约 10 米。洞口朝东南，高约 2 米、宽 3 米，进深 2 米，面积约 6 平方米。洞内文化堆积已遭破坏。采集到打击石片 14 件，磨制石器 1 件，夹砂绳纹灰褐色陶片 3 件。（见《考古》1986 年 7 期）

16 - A₁₆ **坡落遗址** 〔那坡镇那音行政村坡落屯东南约 800 米右江岸边·新石器时代〕山坡（台地）遗址。1982 年发现。遗址在右江南岸阶地上，面积约 300 平方米。堆积分三层，文化层厚 0.3—0.8 米，含炭屑、动物骨骼碎片、石器、陶片等。采集有浅黄、灰黑色夹砂绳纹陶片和砺石、石锤、双肩石斧等石器以及骨针、骨鱼钩、鹿角等。（见《考古》1986 年 7 期）

17 - A₁₇ **东贯遗址** 〔玉凤镇领平行政村东贯屯东约 50 米的耕地中·新石器时代〕山坡（台地）遗址。2002 年发现。遗址在东贯河旁第Ⅱ级台地上，沿河岸分布，面积约 2 万平方米。灰褐色沙土表土层，结构松散，厚 0.1—0.3 米；第二层为红黄色黏土层，结构稍紧密，厚 1—2 米。在地表上发现磨制石斧、石杵、石槽等器物。

18 - A₁₈ **那音窑址** 〔那坡镇那音行政村那音水库东南岸·宋代〕分布面积约 1000 平方米。因水库修建后窑址被淹没，窑室、窑具不明。采集的瓷器有碗、茶盏、罐、擂钵、壶以及网坠。青灰胎，施青釉为主，酱、青灰、青黄釉色次之。纹饰主要有印花、刻划、绘花三种，常见的纹饰有菊花瓣、鱼纹等。

19 - A₁₉ **那赔窑址** 〔头塘镇二塘行政村那赔屯西约 300 米右江东岸·宋代·县文物保护单位〕地表上散布有大量的陶瓷器残片，分布面积约 1200 平方米。发现窑口 1 座，高 2 米，直径约 7 米，废品堆积厚 1—3 米。采集有碗、茶盏、瓶、罐、器盖、烟斗、擂钵等陶瓷残件。胎质较粗，釉色有青釉和酱釉两种，以青釉为主。

20 - A₂₀ **渌塘坡窑址** 〔头塘镇新山行政村渌机屯东 300 米渌塘坡·宋代〕地表散布有大量的陶器残片，分布面积约 1000 平方米。有窑口 3 座，互呈三角形。窑直径 6—10 米，发现有火烧土及废品堆积，堆积厚 1—2 米，含罐、碗、擂钵、盏、器盖等陶器残片。胎质粗糙，青灰和酱色胎，釉薄且易剥脱，釉色有酱釉、青釉两种，釉色以青釉为主。有的碗心有反写"福"字。

21 - A₂₁ **六杂铸铁遗址** 〔头塘镇新山行政村练上屯北约 300 米六杂山脚·明—清〕遗址在瑭桑江北岸，分布面积约 50 平方米。炼炉残径 6 米，高 3 米。废品堆积厚约 1 米，内含炭屑、铁渣、木炭、风管、铁锅残片等。采集有夹砂风管和明、清青花瓷碗片。

22 - A₂₂ 土司官塘遗址 〔田州镇隆平行政村马巷屯北约 300 米·明代·县文物保护单位〕 建于明嘉靖三十五年（1556），为田州府指挥同知土官岑猛之妻瓦氏夫人抗倭归来后所建。平面呈长方形，东北—西南走向，原长 1000 余米，现长约 230 米，宽约 50 米，面积约 1.15 万平方米。每年端午节州在此塘举行龙舟赛。

23 - A₂₃ 坡庙岭营盘遗址 〔那满镇治塘行政村东弓屯东南坡庙岭·清代〕 有传说为清初吴三桂修筑，也有传说为清光绪年间（1875—1908）苏元春修筑。具体情况已不详。营盘北临右江，高于地面约 80 米。沿山筑有青砖围墙，四面开有营门，面积约 2000 平方米。20 世纪 60 年代墙被拆，地表有清代残砖碎瓦遗存。采集到宋—清代的残瓷片。

24 - A₂₄ 莲花山寺遗址 〔那满镇新立行政村弄仑屯北约 50 米莲花山·清代·县文物保护单位〕 又名慈云阁。建于清同治元年（1862），光绪十三年（1887）重建，十六年（1890）竣工。坐东朝西，砖木结构，五进院落，由北极佛、观音宫、佛母宫、寿星宫、八仙宫等组成，占地面积约 500 平方米。寺内立碑 22 方，记载各界人士捐款者芳名。现围墙完好，碑尚存，其余已毁。

25 - B₁ 粘果山骨灰罐葬群 〔那坡镇那音行政村濑奎屯西 300 米粘果山·宋代〕 分布在粘果山东、北两面，面积约 7000 平方米。有群葬、单葬二种。地面无封土。葬坑皆为浅穴，深约 0.3 米，直径约 0.15 米，内葬一陶罐，罐中有火炭和骨灰。无随葬品。陶罐外表施酱釉，形体大小不一，腹径 0.05—0.13 米。

26 - B₂ 瓦氏夫人墓 〔田州镇隆平行政村那豆屯东北约 300 米岑氏墓地·明代·自治区文物保护单位〕 瓦氏夫人（1497—1556），壮族，广西靖西县人，为田州明世袭田州指挥同知土官岑猛之妻。明嘉靖三十四年（1555）率俍兵赴江浙抗倭有功，受诏封为二品夫人，嘉靖三十五年（1556）病故于田州。墓建于明嘉靖三十五年（1556），清嘉庆十年（1805）重修。墓葬朝东南，冢为六边形，高 3 米，底径 4 米，前立有碑，神道两侧序列华表、石狗、石狮。1958 年墓冢被铲平，墓碑、华表和石像生移作他用。

27 - B₃ 岑洁墓 〔那坡镇那音行政村六累屯北约 500 米的滟坡山半山腰上·清代〕 岑洁，田州知州岑应祺二弟岑应祎之子，清乾隆七年（1742）任阳万州首任州判，为阳万州岑氏土司一世祖。墓建于清嘉庆十三年（1808），东南—西北并列墓葬 3 座，岑洁墓居中，左、右为其妻、妾墓。墓葬皆朝东北，圆丘形

土冢。岑洁墓高 1 米，底径 2.5 米，冢碑阴刻楷书"皇清敕赠宣德郎乡谥庄俭藻之岑府君墓"；妻、妾墓高 0.8 米，底径 2.2 米，未见墓碑。占地面积约 60 平方米。

28 - C₁ 奉议州驿道 〔那坡镇敢亮行政村敢亮村·清代〕 清康熙三十六年（1697）始建，历经七任州官，于清乾隆二十年（1755）竣工，驿道东起今田州镇兴城村旧城屯，沿右江北岸西上，经那坡镇六合村、那坡圩，南转敢亮上山口，过永常村、坡洪局盛村、坡洪圩、新屯、新美村，最后进入德保县那里乡，途经定渌，接德保百粤驿道，全长 150 余里，宽 1.5—2 米，大部分用石铺砌。现存那坡镇山口一段，长约 500 米，原立的《修路始末记》碑刻已失。

C₁₋₁ 奉议州驿道琴华段 〔坡洪镇琴华乡双达村、央律村·清代〕 始建于清康熙三十六年（1697）。由驻守在莲花的副总兵温绍贤首筑，奉议州州牧邵铨继修，后经雍正十三年（1735）奉议州州牧燕章诚等历 59 年修成，系奉议州城至镇安府的交通要道。北起田州镇兴城村旧城屯，经那满镇露美村、新拉村上莲花、琴华乡双达村、央律村和五村乡乔马等村屯，进入德保境，南达德保县城，全程百余里，宽 1—1.2 米，面铺石板。现石板上留下一个个骡马蹄印，除双达至央律五村一段已破坏外，其余基本完好。

29 - C₂ 龙凤桥 〔洞靖乡活旺行政村巴旺屯东北约 300 米活旺河上·清代〕 建于清道光十年（1830）。是当时活旺河两岸的巴旺、那旁、巴牙等屯往来的道路桥梁。东西走向，三孔石拱桥，长 25 米，宽 3.25 米。桥身、券拱用料石砌成，桥面铺石板，两端与岸齐平。桥上游一侧正中刻有"龙凤桥"3 字。

30 - C₃ 伏龙桥 〔洞靖乡活旺行政村百谷屯北约 100 米活旺河上·清代〕 建于清道光三十年（1850）。东南—西北走向，三孔石拱桥，长 35 米，宽 3.8 米。桥身用料石及片石砌筑，料石券拱，桥面铺石板，两侧置低矮护栏，两端与岸齐平。桥头立碑刻 2 方，碑文记伏龙桥修建情况。

31 - C₄ 粤东会馆 〔田州镇隆平行政村牌楼屯西约 200 米·清代·自治区文物保护单位〕 建于清同治年间（1862—1874），系广东商人集资兴建。坐东北朝西南，砖木结构，二进院落，由前、后座及天井、走廊组成，占地面积约 500 平方米。前、后座均面阔三间，前座进深二间，后座进深三间，两座间连走廊，地面铺阶砖，青砖墙，穿斗式木构架，硬山顶，盖小青瓦。人字山墙，雕梁画栋，内墙有壁画。前座有檐廊，柱饰雀替，额枋上饰小石狮。

32 - C₅ 两湖会馆 〔田州镇隆平行政村牌楼屯西

约300米·清代·县文物保护单位〕 建于清同治年间（1862—1874）。坐北朝南，砖木结构。二进院落，占地面积约100平方米，现仅存后座，面阔三间，进深三间，青砖墙，穿斗式木构架，硬山顶，盖琉璃瓦，檐石柱刻楷书楹联"松竹幽径会心处不必在远，图书古香得趣时孰过于斯"。

33 – C₆ **崇正书院** 〔田州镇兴城行政村旧城屯·清代·县文物保护单位〕 原为隆平村埌慕洲玉皇阁，清光绪十四年（1888）改为崇正书院，十五年（1889）移建今址，三十三年（1907）改为奉议县高等小学堂，1914年在前座两边增建二层楼房和平房各一座。坐西南朝东北，砖木结构，由前座及两侧房、中座、后座、天井组成，占地面积约3500平方米。中、后座已塌毁。前座面阔三间，前置檐廊，明间大门上挂"崇正书院"横额。青砖墙，穿斗与抬梁混合木构架，硬山顶，盖小青瓦。东南侧二层楼房为仿西式，墙开拱窗，顶砌栏杆式女儿墙。西北侧平房为硬山顶，墙开方窗。书院内原有奉议州知州李霈春于清光绪十六年（1890）立《创建崇正书院碑记》，已佚。《镇安府志》十五卷录记碑文。

34 – D₁ **下塘山摩崖石刻** 〔坡洪镇局盛行政村坡醒屯东面约300米下塘山崖壁·清代〕 摩崖石刻1方。清雍正四年（1726）刻。石刻高距地面约11米，刻面高1米，宽4米。奉议州掌印州判邵铨撰文并书丹。正文横行榜书"佛谷团"3字，字径1米，隶书，阴刻。右端竖行刻"固邑邵铨题并书"。左边落款模糊。邵铨，清雍正四年时任奉议州掌印州判。

35 – D₂ **蝙蝠洞摩崖石刻** 〔那坡镇合力行政村下面屯西南约50米的山上蝙蝠洞内·清代·县文物保护单位〕 摩崖石刻1方。清乾隆十六年（1751）刻。石刻在入洞5米处南壁上，刻面高2.6米，宽1.7米。文竖9行，满行7字，计74字。字径0.18米，草书，阴刻。奉议州掌印州判燕章诚撰文并书丹。无额题，落款为作者官衔并署名。刻文为七言诗，诗文赞美蝙蝠洞的胜景。文字大部分漫漶不清。燕章诚，江西万安人，清拔贡，清乾隆十六年任奉议州掌印州判。

36 – D₃ **剿抚田州碑** 〔原立田州镇小学广场，现存田阳县博物馆·明代〕 碑刻1方。明嘉靖七年（1528）立。碑高1.2米，宽0.7米，厚0.05米。两面刻文。碑阳额题"剿抚田州碑"5字，碑文竖行，计92字；碑阴无额题，碑文竖行，计358字。楷书，阴刻。恩阳府同知关誉撰文，田州府通判廖富书丹，镇安府同知周祯篆刻，通议大夫田州知府兼本安守御岑铺立石。碑文记述明嘉靖七年，新建伯兼左都御史王守仁统兵数万人，剿抚田州府（今田阳）将领卢苏、王受等及其降兵7万多人之事。

37 – D₄ **雷圩告示碑** 〔五村乡雷圩行政村雷圩旧屯·清代·县文物保护单位〕 碑刻1方。碑高1.3米，宽0.81米，厚0.2米。两面刻文，碑文竖行，楷书，阴刻。一面为清乾隆十四年（1749）刻，奉议州州牧燕章诚撰文书丹。碑文422字，字径0.02米，碑文记述清乾隆年间，雷圩一带土司自立苛捐杂税，时逢广西提督院命官巡察发现，严惩土司，重申州府不得自颁条文，而并立碑告示百姓。另一面为清乾隆三十三年（1768）刻。碑文970字，镇安府正堂赵翼红撰文书丹，无首题，落款"镇安府正堂赵"。告示规定府以下各级官员出差巡视不得随意雇用民夫，不得随便传唤官票。

38 – D₅ **东贡防盗碑刻** 〔原立那满镇治塘行政村东贡屯·现藏于县博物馆·清代〕 碑刻1方。清道光九年（1829）立。碑高0.9米，宽0.6米。字径0.02米，楷书，阴刻。碑额刻"当立齐捕，神禁恶盗"，碑有序文，记述东贡一带盗贼猖獗，主要为村民防盗的内容，后附"一、夜间劫屋，要同出捉拿；二、岭上失牛，要同出查访"等四条防约。

39 – D₆ **咸丰元年路碑** 〔巴别乡安宁行政村安康屯东与德保县巴头乡谷余屯交界处的公路边·清代·县文物保护单位〕 碑刻1方。清咸丰元年（1851）立。碑阳朝南，高1.6米，宽0.72米，厚0.11米，额弧形。横行额题"咸丰元年路碑"，碑文竖20行，计146字，楷书，阴刻。碑文记载安康一带村民集资修路之事。

40 – D₇ **执岜志山照碑** 〔坡洪镇百合行政村盆地屯南约600米的榨舌山顶·清代·县文物保护单位〕 碑刻1方。清同治十一年（1872）立。碑阳朝西，高1.42米，宽0.8米。横行额题"执岜志山照"，落款"同治十一年六月初八日遵照"。碑文竖21行，满行2-38字，400余字，字径0.03米，楷书，阴刻。碑文记载奉议州（田州）改土归流初期，顽恶黎寿康、梁继昌等乘机作乱，欺压村民。首目周文善禀报流官，请兵遂除，朝廷念功，奖以银两、粮食，并批准他以管理课税为业。准照古制，由周聚宽、周德盛等继承其祖父周文善管理当地租税征收、由那用村佃户代服劳役等事。

41 – D₈ **奎光塔匾刻** 〔那坡镇百峰行政村汾州屯东北约700米奎光塔上·清代〕 原有碑刻10余方，现存3方匾刻，分别镶在三层塔门门额上，均横幅，楷书。一层为"武帝宫"匾，宽1米，高0.72米，右端刻年款"光绪庚辰六年长至日"，左端刻落款"贵阳洪杰敬书"。二层为"文昌阁"匾，宽1.55米，高

0.63 米。三层为"奎光楼"匾，高 0.67 米，宽 0.7 米。匾刻完整，字清晰。

42 - E₁ 奉议县农民运动讲习所旧址 〔田州镇维新街 30 号·1927 年〕 1927 年 3 月，右江农民运动主要领导人之一黄治峰，从东兰农民运动讲习所结业回到奉议，在田州创办奉议县农民运动讲习所并任所长。学员为来自奉议、恩阳县的进步青年。旧址建于 1920 年，坐南朝北，砖木结构。三进单开间，二层楼房，硬山顶，占地面积约 70 平方米。

43 - E₂ 花茶革命活动遗址 〔百育镇新民行政村花茶屯东 500 米·1927—1929 年·县文物保护单位〕 1927 年 2—8 月间，中共恩奉特支书记余少杰和黄治峰等人在此多次召开会议，制定行动纲领，成立奉议县农民协会和农民自卫军；整编各县农民自卫军为右江农民自卫军；发动"仑圩暴动"（又称二都暴动）。1929 年 12 月，邓斌（小平）、张云逸曾在这里召开群众大会，号召群众起来革命。遗址原为一座四合院式庙宇，占地面积约 600 平方米。现庙已毁。

44 - E₃ 春晓岩战斗遗址 〔百育镇六联行政村那贯屯北约 600 米的敢壮山·1927—1930 年·县文物保护单位〕 大革命期间，右江农民自卫军第一路军总指挥黄治峰等人多次在春晓岩召开秘密会议，策划和领导"二都暴动"。1930 年 3 月 18 日，右江地区的黄曹山、黄有恭等豪绅勾结桂军杨俊昌团围攻花茶、篆虞根据地、奉议县苏维埃政府，农卫军 24 人转移到春晓岩继续抵抗，全部壮烈牺牲。春晓岩又称红军洞，在山腰，洞内曾发现有农卫军用过的驳壳枪、残锅等。

45 - E₄ 奉议县苏维埃政府遗址 〔田州镇维新街 26 号·1929 年〕 1929 年 12 月 15 日，奉议县苏维埃政府在田州镇成立。发布了《成立宣言》和《告民众书》。12 月下旬奉议县总工会、共青团、妇女联合会也相继成立。旧址原为岑三爷庙（祀元代田州、来安二路修武郎岑世元），始建于元代，历代重修。坐东向西，砖木结构。两进院落，前、后两座、耳房共占地面积约 1000 平方米。前、后座面阔四间，青砖墙，硬山顶，盖小青瓦。内壁有八仙浮雕像。1952 年改建为田州镇粮库。存大圆柱、石础等物。

46 - E₅ 恩阳县苏维埃政府旧址 〔那坡镇上新街 44 号·1929 年·县文物保护单位〕 1929 年 12 月 11 日百色起义的同时，恩阳县苏维埃政府在那坡镇宣告成立，政府机关设在黄恒栈老板寓所。张云逸多次到那坡均在此下榻。旧址建于 1914 年。坐东朝西，砖木结构。三进院落，占地面积约 500 平方米。前座为西式三层平顶楼房，四周回廊，五联拱外廊，宝瓶栏杆，墙上有花草壁画。中、后座为平房，硬山顶，盖小青瓦

47 - E₆ 田州区苏维埃政府旧址 〔田州镇维新街 38 号·1930 年·县文物保护单位〕 1930 年初，奉议县田州区苏维埃政府在此成立。旧址原为商人农淑田的铺店，坐西朝东，砖木结构。两进院落，由前、后座和天井组成，占地面积约 200 平方米。前、后座为二层楼房，面阔三间，底层砖墙，开侧门，二层前后檐木板壁开槛窗，木楞木楼板，硬山顶，盖小青瓦。1960 年前座改建门面。

48 - E₇ 狮子山战斗遗址 〔田州镇三雷行政村河口屯东南约 200 米狮子山·1930 年〕 1930 年 4 月 17 日凌晨，据守狮子山红军、农民自卫军狙击敌军从南北水陆两路增援田州之敌，击毙护船队长钟月楼等。解放战争时期，色阳武工队曾在这里狙击向云南溃退的国民党军。狮子山为右江边孤石山，清代辟为奉议州八景之一。原山上建有亭、台、楼、阁、塔、庙等建筑，现已毁。

49 - E₈ 田阳县政府旧址 〔那坡镇同合街 108 号·1935—1954 年·县文物保护单位〕 1935 年撤销奉议、恩阳两县，并将两县的大部分地区合并建立田阳县，县治那坡镇；1949 年 11 月，田阳县人民政府在此成立，直至 1954 年迁至田州镇。旧址原为三进院落，由前、中、后座及两侧厢房组成。现存门楼及后座四间平房。门楼为中西混合结构，面阔三间，前有檐廊，拱形外廊墙，砌女儿墙，三角形和弧形山花。

50 - E₉ 驮岜烈士公墓 〔百育镇百育行政村驮岜屯西北约 200 米的山坡上·1952 年·县文物保护单位〕 由烈士公墓及罗有穆烈士墓组成。公墓安葬 1930 年 12 月在同国民党桂系、民团的战斗中牺牲的黄建庭等 35 名农卫军、116 名群众。罗有穆烈士系奉议县苏维埃政府委员兼秘书长，1936 年 12 月 25 日被叛徒出卖遭杀害。两座墓相邻，皆朝南，占地面积约 300 平方米。公墓为 1952 年重修，圆丘形土冢，底径约 8 米，高 4 米，墓碑为砖、水泥结构，碑座刻烈士及遇难群众姓名，碑身刻"革命烈士公墓"。罗有穆烈士墓为 1982 年从右江林场迁葬今址，冢圆丘形，混凝土结构，宝顶覆盖。前砌八字形扶手，碑刻罗有穆烈士简历。

51 - F₁ 黄桓栈烟厂旧址 〔那坡镇下新街 60 号·1927 年·县文物保护单位〕 旧址建于 1927 年。田阳民族资本大实业家黄奕勖创办，初办发电厂，1930 年改建成烟厂，产品销往云南、贵州及越南、老挝等东南亚国家或地区。坐东朝西，砖木结构。中西合璧四合院，前座为二层骑楼，面阔五间，拱形外檐墙。楼下办公，楼上住人。其侧、后面均为厂房。占地面积约 1946 平方米。

52 - F₂ **黄恒栈四平楼** 〔那坡镇同合街 1 号·1928 年·县文物保护单位〕 建于 1928 年。为田阳民族资本大实业家黄奕勋之寓所。坐西朝东，砖木结构。中西合璧三层骑楼，面阔三间，临街骑楼深 2.5 米，楼内中厅两旁为圆形，顶浮雕花草、花鸟图案。前楼阳台围铁栏杆。原为平顶，20 世纪 40 年代改为两面坡顶，顶层女儿墙中部饰弧形山花。占地面积约 233.28 平方米。

53 - G₁ **猛雷洞化石出土点** 〔巴别乡德爱行政村多爱屯西南约 300 米丁郎山·〕 1988 年发现。洞在山腰，高距山脚约 10 米，洞口朝北，高 2 米，宽 1 米，分前、后二洞。前洞宽阔，后洞窄小。前洞长 14 米，宽 11.5 米，洞内为灰黄色堆积，较厚，已扰乱，采集有剑齿象、犀牛、大熊猫、豪猪、獾、鹿、牛等动物化石。

54 - G₂ **弄蕉洞化石出土点** 〔那坡镇那音行政村那音水库南岸弄蕉山弄蕉洞·更新世〕 洞在弄蕉山中部，洞口朝北，高 1.9 米，宽 3.4 米。分前、后、侧三洞。前洞长 15.2 米，宽 3.4 米，洞内已无堆积，只在与侧洞交汇的岩壁上，附着少许胶结层，内含有剑齿象、鹿、豪猪等动物的牙齿化石。

55 - G₃ **平朴石斧出土点** 〔那坡镇平朴行政村平朴村东南约 200 米·新石器时代〕 1982 年 5 月，平朴村东南出土双肩石斧 1 件。石斧呈梯形，扁薄，双溜肩，弧刃。通体磨光，身长 0.06 米，上身宽 0.07 米，下身宽 0.092 米，厚 0.006 米。（见《考古》1986 年 7 期）

56 - G₄ **六筛山石器出土点** 〔那坡镇百峰行政村渡口屯西南的右江南岸六筛山·新石器时代〕 1982 年 5 月，在百峰渡口村小溪与右江汇合口南岸六筛山的Ⅰ级阶地上，出土磨光石斧 1 件。石斧两头残缺。

57 - G₅ **头塘石器出土点** 〔头塘镇头塘行政村头塘屯·新石器时代〕 1982 年 5 月，在头塘屯至平四屯右江段的Ⅱ级阶地上采集有砍砸器、石片、石锛、石斧各 1 件。石斧、石锛均通体磨光，石锛呈梯形，弧刃，长 0.061 米，宽 0.046 米，厚 0.011 米。石斧打磨精致，刃部残断。（见《考古》1986 年第 7 期）

58 - G₆ **那徐石器出土点** 〔头塘镇百沙行政村那徐屯约 200 米·新石器时代〕 1982 年 5 月，在那徐屯右江段北岸Ⅱ级阶地的山脊上出土磨光石器 1 件，砂岩制成，较厚重，缺刃部，残长 0.013 米，宽 0.097 米，厚 0.03 米。

59 - G₇ **班地石斧出土点** 〔五村乡敢示行政村大兰屯南班地·新石器时代〕 1990 年 2 月，在屯南面班地出土有肩石斧 1 件。通体磨光，呈长条形，双肩溜斜，两腰向下略向外扩，弧刃，身长 0.103 米，上身宽 0.055 米，下身宽 0.06 米，厚 0.02 米。刃部有使用痕迹。

60 - G₈ **农豆石铲出土点** 〔坡洪镇新洞行政村农豆屯东北约 150 米·新石器时代〕 1990 年底，在距地表 1.5 米处出土双肩石铲 4 件，出土时石铲整齐地竖于红色土层中。石铲用页岩和灰岩制成，通体磨光，其中两件为短袖形，通长 0.39—0.495 米，宽 0.18—0.215 米，厚 0.017—0.008 米。另两件为直边形，平口无刃，通长 0.31—0.32 米，肩宽 0.16—0.21 米，厚约 0.015 米。

61 - G₉ **牌楼石器出土点** 〔田州镇隆平行政村牌楼屯西·春秋〕 1992 年 8 月，牌楼屯粤东会馆前河床沙中出土石戈、石斧、石印各 1 件。石戈为长援、长方内，斜首式阑，正中有穿孔。援双刃，上下援成直线，在末端内收成三角形锋尖，援中有脊。通长 0.225 米，宽 0.065 米，厚 0.005 米。石斧磨制，双斜肩，长 0.165 米，宽 0.065 米，厚 0.005 米，柄已断。石印为正方形，无柄，印面篆刻"悦之" 2 字，边长 0.058 米，高 0.038 米。

62 - G₁₀ **东邦下屯青铜剑出土点** 〔百育镇七联行政村东邦下屯·战国〕 1983 年 3 月，东邦下屯出土一字格青铜短剑 1 件。剑长 0.28 米，宽 0.073 米，格宽 0.11 米，厚 0.02 米。空首椭圆，茎末端有格盖，盖面呈椭圆，饰菱形几何纹。茎上下两端饰云纹，中间饰斜线纹。剑格两头微翘。格面亦饰云纹。剑身扁，较薄，刃锋利，两面无纹饰。

63 - G₁₁ **牌楼铜剑出土点** 〔田州镇隆平行政村牌楼屯南约 600 米·战国〕 1989 年，在牌楼屯南右江段河道捞出青铜剑 2 件、玉戈 1 件。其中 1 件青铜剑长 24.2 厘米。剑首并列回纹双环。剑茎扁，实心，上部饰弧形阴纹，剑身上端饰 V 形图案。另 1 件为空首一字格青铜短剑，长 0.263 米，宽 0.07 米，厚 0.02 米。茎椭圆空心，无首。茎身束腰，无纹饰。玉戈长 0.216 米，宽 0.08 米。扁体，内、援均残。

64 - G₁₂ **右江铜器出土点** 〔百育镇七联行政村至内江村间右江河道·战国〕 2002 年 11 月 25 日，七联村至内江河道中挖出青铜剑和铜钺各 1 件。剑长 0.28 米，格宽 0.07 米，厚 0.023 米。圆身，扁圆茎，一字格，茎上饰云纹和斜线纹，盖面饰菱形纹，格面饰云纹。铜钺通长 0.088 米，宽 0.074 米。颈首为空心，颈部饰三角纹，身呈梨状，刃口有使用痕迹。

65 - G₁₃ **达米山铜鼓出土点** 〔洞靖乡靖安行政村那鸡屯达米山·西汉中期—南朝〕 1985 年 10 月 10 日，达米山出土冷水冲型铜鼓 1 面，深距地表 20—75

厘米，鼓侧放，无伴随物。鼓面径 0.63 米，高 0.4 米，足径 0.54 米。鼓面太阳纹十二芒，芒间饰翎眼纹，鼓面饰栉纹、圆圈纹、羽人纹、变形翔鹭纹等。面沿环列四蛙。胸腰间附扁耳 2 对。

66 – G₁₄　盘上山文物窖藏　〔那坡镇弄山行政村那弄屯北约 1.5 公里盘上山·元代〕　在近山顶有一岩洞，高距山脚约 90 米，洞口向东北，高 1.3 米、宽 0.5 米，洞内高 2.5 米、宽 2.3 米，进深 6 米。1991 年在洞内出土陶瓷、锡、铁等类文物 66 件。其中瓷碗、碟为青花瓷和白瓷，青花瓷器绘狮子、奔马、鱼及花草等图案，碗外壁多有一盛开的花瓣，有的施釉。锡壶有尖顶形葫芦盖壶和大颈壶。

67 – G₁₅　兴华街石鼓出土点　〔田州镇兴华街头·明代〕　1987 年，镇实验小学出土石鼓 2 面。出土时鼓呈侧立状。鼓呈圆形。面径 0.7—0.8 米，高 0.19—0.21 米。鼓壁饰乳钉，面有浮雕缠枝纹、佛手纹等。石鼓系明正德至嘉靖年间田州府土司衙门建筑上的装饰物。

68 – G₁₆　"田州土知府印"出土点　〔田州镇凤马行政村度立屯北约 200 米·清代〕　1994 年 7 月，出土 1 枚铜印。印为正方形，边长 0.079 米，椭圆形高纽，印面九叠篆，阳文"田州土知府印"6 字。背阴刻楷书三行：上刻"礼曹造"，右刻"田州土知府印"，左刻"周元年七月□日"和"天字一千九百号"。（见《中国文物报》1996 年 3 月 31 日）

田东县

1 – A₁　布兵盆地洞穴遗址群　〔祥周镇布兵盆地·旧石器时代〕　布兵盆地地处百色盆地东南部，为小型断陷盆地，喀斯特地貌发育，洞穴极为丰富。1999 年迄今，已在茅革洞、吹风洞、么会洞、感仙洞、雾云上洞、宝来洞、雾云洞、陆那洞、小山洞、中山洞、鲤鱼洞、村空洞等 10 余处洞穴发现了旧石器时代遗存。在吹风洞试掘 5.5 平方米，出土哺乳动物化石 915 件 24 种，巨猿牙齿化石 92 件，时代为早更新世早期，距今 200 万年。2004 年对么会洞两次发掘 30 平方米，出土哺乳动物化石 625 件 22 种，石制品 8 件。其他洞穴内均出土过动物化石及石制品。

A₁₋₁　鲤鱼洞遗址　〔祥周镇保利行政村那驮屯北面约 500 米鲤鱼山·旧石器时代—新石器时代〕　洞穴遗址。1982 年发现。鲤鱼山南北走向，洞位于山南端西侧，高距山脚约 7 米。洞口朝西，高约 3.1 米，宽 2.7 米，洞内宽 5 米，进深 8 米。洞内原堆积已破坏，采集到 4 件以砾石打制成的砍砸器及一些石料。石器

为单面加工。

A₁₋₂　么会洞遗址　〔祥周镇布兵行政村和塘屯西面约 500 米的么会山上旧石器时代〕　洞穴遗址。2002 年发现。洞口朝东，洞高 5—10 米，洞宽 2—6 米，进深约 50 米，面积约 200 平方米。洞内堆积层含有人类化石和丰富的哺乳动物化石。经过 3 次科学发掘，出土人类牙齿化石 3 枚，打制石器 10 件，以各类动物化石近千件，其中大型哺乳动物化石 25 种，属于华南典型的大熊猫、剑齿象等动物群。

2 – A₂　高岭坡遗址　〔林逢镇檀河行政村坡算屯南约 50 米高岭坡·旧石器时代·全国重点文物保护单位〕　阶地遗址。（详见右江区 A₁₋₂）。

3 – A₃　下铺遗址　〔林逢镇林驮行政村下铺屯北约 500 米土岭·旧石器时代·县文物保护单位〕　阶地遗址。1982 年发现。遗址由三个小土岭组成，呈东西走向，面积约 4 万平方米，属右江第Ⅲ级阶地。地表网纹红土层裸露，散布有打击石器。在地表冲沟中采集到砍砸器、手斧、石片等石器。

4 – A₄　坡洪遗址　〔林逢镇檀河行政村坡绿洪屯西南面约 500 米坡洪山·旧石器时代〕　阶地遗址。1987 年发现。坡洪山呈馒头状，地势较为平缓，北坡有裸露发育的冲沟，属右江南岸第Ⅳ级阶地。遗址分布面积约 3 万平方米。在地表可见打制的砍砸器、石核等石器。

5 – A₅　岜怀岭遗址　〔林逢镇保群行政村新屯西面约 150 米岜怀岭·旧石器时代〕　阶地遗址。1979 年发现。岜怀岭呈南北走向，高 30 余米，属右江南岸第Ⅳ级阶地。遗址在岭坡上，面积约 15 万平方米，地表裸露网纹红土层，在地表及冲沟中采集到砾石砍砸器、尖状器和石片等打制石器。

6 – A₆　那平遗址　〔林逢镇公靖行政村那初屯·旧石器时代〕　阶地遗址。1982 年发现。位于右江的南岸Ⅳ级阶地的缓坡上，地表零星散布有石器。2005 年发掘 1000 平方米。自上而下可分三层。第一层含近现代的碎陶片及少量的打制石器。第二层为黄色黏土层，堆积大部分缺失，有打制石器出土。第三层为棕色铁锰结核土层，出土打制石器。遗址破坏严重，出土遗物较少，主要为砍砸器、刮削器、石片等。

7 – A₇　南山遗址　〔林逢镇檀河行政村南面山坡·旧石器时代〕　阶地遗址。位于檀河村南，呈东西走向的右江第Ⅲ级阶地山坡上，分布面积约 3 万平方米。石器以岭顶裸露红色土层上和南北两坡的沟槽中发现最多。采集有单面加工的砍砸器、尖状器、石片和双面加工的手斧共 20 余件，以砍砸器为主。均为砾石石器。

8 - A₈　**那念遗址**　〔林逢镇保群行政村那念屯西面 10 余米土岭上·旧石器时代〕　阶地遗址。1979 年发现。土岭为南北走向，属右江南岸第 Ⅱ 级阶地，面积约 6000 平方米。土岭顶部较为平坦，在顶部中段裸露的网纹红色土地表及冲沟采集到打制的砍砸器和石片等石器。

9 - A₉　**那瓦遗址**　〔林逢镇保群行政村那瓦屯西面 10 余米土坡上·旧石器时代〕　阶地遗址。1982 年发现。土坡地表有冲沟及裸露的网纹红色土，属右江南岸第 Ⅲ 级阶地。遗址面积约 3500 平方米。在遗址地表采集有石锤、石斧和石片等石器，均以砾石为原料打制而成。

10 - A₁₀　**荒岭坡遗址**　〔林逢镇林逢街林逢小学西南面约 150 米荒岭坡·旧石器时代〕　阶地遗址。1982 年发现。荒岭坡属右江第 Ⅲ 级阶地，石器散布面积约 8000 平方米。在山岭的东、西、南三面山坡裸露红色土层的地表和冲沟采集有砍砸器、尖状器、手斧和石片等打击石器。

11 - A₁₁　**定模洞遗址**　〔祥周镇模范行政村模范屯北约 1.2 公里定模山·旧石器时代·县文物保护单位〕　洞穴遗址。1982 年发现。定模洞口接近地面，向东，洞高 3.5 米，宽 1—3 米，进深约 35 米，面积约 88 平方米。洞分南、北两支。1980 年试掘 4 平方米，文化堆积厚 0.5 米，南支洞出土 1 枚人牙上颌齿化石；北支洞出土大熊猫、剑齿象、纳玛象、猩猩、巨貘、中国犀、中国熊、猕猴、水鹿、野猪、麂、水牛、羊等动物牙齿化石。现存部分堆积。（见《人类学学报》1985 年 2 期）

12 - A₁₂　**定模遗址**　〔祥周镇模范行政村模范屯北面 1.2 公里定模山北面约 100 米·旧石器时代·县文物保护单位〕　阶地遗址。1982 年发现。遗址较为平坦，面积约 1872 平方米。文化层保存较好，在地表散布有打制石器，采集有砍砸器、石核、石片等。

13 - A₁₃　**定练洞遗址**　〔祥周镇模范行政村模范屯北约 1.5 公里定练山·旧石器时代·县文物保护单位〕　洞穴遗址。1982 年发现。定练洞口朝东，高出地面约 30 米。洞宽约 2—14 米，进深约 30 米，洞内堆积已破坏，在扰乱层中采集有打制的砍砸器、尖状器、石片、石核等，以砍砸器为多。

14 - A₁₄　**长蛇岭遗址**　〔祥周镇新州行政村新州村西面约 1 公里长蛇岭·旧石器时代〕　阶地遗址。1978 年发现。长蛇岭由南、北两个山脊组成"U"形，属右江江北岸第 Ⅲ 级阶地。遗址面积约 15 万平方米。1979 年试掘。地层堆积分 5 层，文化层厚 1.5—3 米，出土了 4 件石器。另采集有砍砸器、尖状器、刮削器、

石片等 102 件。（见《考古》1983 年 10 期）

15 - A₁₅　**祥群遗址**　〔祥周镇百渡行政村祥群旧屯西南约 200 米土岭·旧石器时代·县文物保护单位〕　阶地遗址。1987 年发现。土岭属右江南岸第 Ⅲ 级阶地。石器分布面积约 3 万平方米。在裸露的网纹红土层表面及冲沟中，采集到打制的砍砸器、尖状器、刮削器等。均为单面打击，保留大部分砾石面。

16 - A₁₆　**琼谢岭遗址**　〔祥周镇百渡行政村把达屯西约 200 米琼谢岭·旧石器时代〕　阶地遗址。1982 年发现。琼谢岭属右江第 Ⅲ 级阶地，石器散布面积约 40 万平方米。1982 年采集有砍砸器 1 件及一些石片。均以砾石为原料，单面打击加工。

17 - A₁₇　**六林岭遗址**　〔祥周镇百渡行政村祥群旧屯南约 400 米六林岭·旧石器时代〕　阶地遗址。1979 年发现。六林岭在右江南岸第 Ⅲ、Ⅳ 级阶地，面积 3.7 万平方米。地表有冲沟，裸露网纹红土，散布有不少打击石器，采集有砍砸器、手斧、石核等 20 余件。

18 - A₁₈　**岩布岭遗址**　〔祥周镇甘莲行政村塘逢屯东北约 600 米的岩布岭·旧石器时代〕　阶地遗址。1982 年发现。岩布岭南北走向，属右江第 Ⅲ 级阶地，面积约 3 万平方米。顶部较平坦，保留有部分灰黄色黏土层，厚 0.2—0.5 米。1982 年以来，裸露网纹红色土层的岭顶和东、南山坡地和冲沟采集到砾石打击石器 26 件，以砍砸器为主，次为尖状器和石片。

19 - A₁₉　**弄勒遗址**　〔祥周镇新州行政村弄勒屯西面约 300 米的弄勒岭上·旧石器时代〕　阶地遗址。1982 年发现。弄勒岭西高东低，属右江第 Ⅲ、Ⅳ 级阶地，面积约 6 万平方米。遗址地表裸露网纹土。石器多散布在遗址东南面岭上，在地表上采集到打制砍砸器、刮削器等石器 7 件。

20 - A₂₀　**百渡遗址**　〔祥周镇百渡行政村百渡屯南约 300 米的绿林坡·旧石器时代〕　阶地遗址。2002 年发现。绿林坡在右江 Ⅲ 级阶地上，遗址分布面积约 5 万平方米。2002、2005 年两次发掘，发掘面积 2700 平方米。地层堆积自上而下分为五层，第一层为现代冲积层，土质纯净，无包含物。第二层为表土层，土质疏松，出土有砍砸器、手镐、刮削器、石核、石片及石制品断块。第三层为次生堆积层，最厚 0.9 米，出土砍砸器、手镐、石核、石片等石器。第四层为网纹红土层，最厚处为 1.1 米，未发现文化遗物。第五层为砾石层。

21 - A₂₁　**坛乐遗址**　〔思林镇坛乐行政村定象屯南约 400 米·旧石器时代〕　阶地遗址。1979 年发现。土岭属右江第 Ⅲ 级阶地，石器散布面积约 2000 平方米。

在岭顶裸露的网纹红土层表面采集到砍砸器、刮削器和石片等石器，均打制，单面加工。

22 – A₂₂ 那玩遗址 〔思林镇坛乐行政村那玩屯北约 300 米三春坡·旧石器时代·县文物保护单位〕阶地遗址。1979 年发现。三春坡属右江南岸第Ⅲ级阶地，面积约 1500 平方米。雨水冲刷形成众多沟槽的断壁上，地层自上而下可分三层：灰黄色黏土层、网纹红土层和砾石层。在裸露网纹红土的山坡上采集有打制的砾石砍砸器、尖状器。

23 – A₂₃ 百发遗址 〔思林镇百笔行政村百发屯西约 200 米土岭·旧石器时代〕阶地遗址。1982 年发现。土岭呈东西走向，顶部有 3 个岭头，属右江南岸的第Ⅲ级阶地。遗址面积约 20 万平方米，石器散布相当丰富，器形主要有砍砸器，次为尖状器、刮削器、手斧等。1982 年 5 月，曾采集到双面磨成沟槽的砾石 1 件，打制石器 23 件。

24 – A₂₄ 思林遗址 〔思林镇思林街上林宝屯北约 20 米土岭·旧石器时代〕阶地遗址。1982 年发现。土岭大致呈南北走向，属右江东岸的第Ⅳ级阶地。遗址面积约 16 万平方米。1982 年，在岭北端裸露的网纹红土层发现有打制的砍砸器、尖状器等石器 9 件，均以砾石为原料，单面打击而成，粗糙简单。

25 – A₂₅ 坡那立遗址 〔思林镇东北坡那立山东约 500 米·旧石器时代〕阶地遗址。1982 年发现。位于右江东岸的第Ⅲ级阶地上，在裸露的红色土层的坡顶及坡侧的沟槽中发现了大量石器，尤以遗址南部为多。地层自上而下为黄色黏土层、红土层和砾石层，石器多出于黏土层和红土层。采集石器 28 件，多为砍砸器，次为石片、刮削器。单面打击，以砾石为原料。

26 – A₂₆ 马鞍山遗址 〔平马镇东约 3.3 公里的马鞍山·旧石器时代〕阶地遗址。1982 年发现。位于南华糖业有限公司十字路口北面约 100 米，该山为东西走向，遗址面积约 8000 平方米，文化堆积厚约 0.2—0.3 米。1982 年，在山的东面山坡地采集有打制的砾石砍砸器、刮削器等 3 件，均为单向加工而成。

27 – A₂₇ 东海岭遗址 〔平马镇合恒行政村东海屯南面 5 米东海岭·旧石器时代〕阶地遗址。1982 年发现。东海岭呈东西走向，属右江北岸第Ⅱ级阶地，遗址面积约 2 万平方米。1982 年以来多次在裸露红土层地表和沟槽中采集到砍砸器、尖状器、刮削器、石片和砾石等数十件。

28 – A₂₈ 平马遗址 〔平马镇合乐行政村达拉屯南面约 200 米的山坡上·旧石器时代〕阶地遗址。1982 年发现。遗址在东西走向的岭坡上，属右江第Ⅱ、Ⅲ级台地。遗址面积约 7500 平方米，地表裸露网纹红土层形成许多冲沟，在地表上采集到砍砸器、尖状器、刮削器、石片、石核等。

29 – A₂₉ 达拉遗址 〔平马镇合乐行政村达拉屯北面约 1500 米山坡·旧石器时代〕阶地遗址。1982 年发现。山坡为土岭，南北走向，坡势较平缓，属右江第Ⅲ级阶地。遗址面积约 6 万平方米，地表裸露网纹红土层，在坡脚散布有打制的刮削器和石片。

30 – A₃₀ 东达遗址 〔平马镇东达行政村那余屯西南面约 150 米山脚·旧石器时代—新石器时代〕阶地遗址。1982 年发现。遗址东低西高，面积约 8 万平方米，属右江第Ⅲ级阶地。在裸露的网纹红土层地表采集到打制砍砸器 3 件、磨制石斧 1 件。

31 – A₃₁ 白马岭遗址 〔平马镇四平行政村渡口南约 1.5 公里白马岭·新石器时代〕阶地遗址。1982 年发现。白马岭呈东西走向，东临右江，黄土裸露，石器多见于北坡。1982 年 5 月，在雨水冲刷的黄土沟槽中采集有磨制和打击石器共 12 件，其中打制的石器 10 件，器形有砍砸器、尖状器、刮削器等；磨制器有砾石、有肩石斧。石器有使用痕迹。

32 – A₃₂ 那合遗址 〔林逢镇祷午行政村那合屯西面约 15 米·新石器时代〕阶地遗址。1996 年发现。遗址东高西低，分布呈南北走向，面积约 1.6 万平方米。采集到双肩石铲 2 件。

33 – A₃₃ 横山寨址 〔祥周镇百银行政村上寨屯西约 800 米·宋代·县文物保护单位〕又称百银城址，北宋景祐四年（1037）置，南宋在此设有博易场，绍兴三年（1133）置马市，是宋代邕州横山寨、永平寨和钦州三大博易场之一。南宋人周去非在《岭外代答》中有记载。寨址平面呈长方形，面积约 15 万平方米，现存东、西、北寨墙，寨周有护寨河，河宽 16 米，深 3 米。寨墙为夯筑，长 100—240 米，底宽约 12 米，顶宽 3.5 米，高 4 米。采集有宋代陶瓷片，明、清的砖、瓦碎片等。寨内原有建筑已毁。

34 – A₃₄ 围城山城址 〔林逢镇德利行政村那廖屯东约 1 公里·清代〕城址居高岭处，相传是清初吴三桂率兵到此所筑之城。平面呈“凹”字形，面积约 450 万平方米，城墙依山而建，长约 2000 米，以土夯筑，基厚约 2 米，残高 0.2—2 米。城内原有建筑已毁。

35 – A₃₅ 远街土司寨遗址 〔思林镇坛乐行政村远街屯·清代·县文物保护单位〕建于清嘉庆年间（1796—1820）。平面呈长方形，面积约 1 万平方米。东、西、南三面有护城河环绕，长约 3000 米，宽 30 米；东面开寨门，宽 3 米，过远街通码头。街长 200 米，宽 3 米，砖石铺筑。码头用条石砌筑，长 34 米，宽 2.4 米，北侧立 1 碑，记载重修码头事宜。寨内原有房屋设施基本已毁。

36 - A₃₆ 那恒窑址 〔平马镇合恒行政村那恒屯南面约 800 米右江南岸·宋代·县文物保护单位〕 窑址分布面积不详。未见窑口，废品堆积范围长、宽约 30 米，厚 0.2—1.5 米，内含陶瓷片、窑具和烧土、灰烬等。采集有罐、碗、盘、碟、壶、杯、灯盏、网坠、匣钵、支钉等器物残片。瓷器胎质地坚硬，施青釉，器物外下部多露胎。碗、盘饰简单纹饰。

37 - A₃₇ 平圩窑址 〔那拔镇福星行政村凡屯西面约 150 米的平圩土坡山脚下·宋代〕 窑址分布面积及窑室的结构、形状不详。从棋盘滩公路的一侧形成的地层剖面，可见到窑址废品堆积层，含有碗、钵、盘、罐等陶瓷器碎片。胎质坚细，呈青灰色，施青釉，外壁施釉不到底。

38 - A₃₈ 观音庙遗址 〔平马镇内·清代〕 庙建于清乾隆初年 (1736)，已毁。现仅存部分石条、石柱、柱础、门槛等建筑材料。石柱高 2.9 米，宽 0.33 米。柱上刻有楹联 1 副 "佛力卫生灵普天共戴，慈心参造化率土咸尊"，行书。

39 - B₁ 大索墓群 〔祥周镇联合行政村达朔屯北约 1 公里大索岭·战国〕 大索岭北连仓圩梁好岭，南连甘莲锅盖岭，面积约 1500 平方米。墓葬封土已毁不存。1984 年暴露 2 座，为竖穴土坑墓。两穴相距约 10 米，均东西方向。保存较好的一座长 4 米，宽 2 米，存高 1.6 米。出土剑、叉形器、矛、斧等铜器及玉镯、陶罐等 9 件。(见《中国考古学年鉴》1985 年)

40 - B₂ 锅盖岭战国墓 〔祥周镇甘莲行政村江洞屯北约 500 米锅盖岭·战国·县文物保护单位〕 锅盖岭为馒头形小土岭，坡度平缓，面积约 2500 平方米，墓葬封平已夷平。1977 年清理墓葬 2 座，皆为竖穴土坑墓。一号墓尚存部分封土，为竖穴土坑墓，葬具已不存，残存人肢骨，出土铜器 9 件。二号墓南北向，竖穴土坑墓，墓坑长 2 米，宽 0.6 米，深 1.6 米，葬具已朽，人骨架完整，为仰身直肢葬，出土铜器 5 件，玉器 5 件。铜器有鼓、剑、矛、戈、镦、斧、叉形器等。(见《考古》1979 年 6 期)

41 - B₃ 梁好墓群 〔祥周镇仓圩行政村南约 1 公里梁好岭·战国〕 墓葬封土已毁不存，分布面积不详。1936 年曾在 1 座战国墓出土铜剑、铜车、铜鼓、铜容器把手、玛瑙筷、贝壳等遗物。

42 - B₄ 联合战国墓 〔祥周镇联合行政村新南五屯联合小学大门前 2 米·战国〕 1993 年村民在挖电线杆时发现土坑墓 1 座，封土已毁，填土为灰色黏土，夹少量大颗粒砾石。棺木不存，出土铜鼓、铜罍、铜

钵、玉管、玉钏、玉玦、玛瑙和一些残碎尸骨。(见《中国考古学年鉴》1994 年)

43 - B₅ 岑氏土司墓 〔祥周镇保利行政村瀑布屯西面 300 米狮子山·明代·县文物保护单位〕 建于明代，具体时间不详。墓葬在北面中部山腰，朝北，冢呈八角棱柱体，宝顶，高约 1.5 米，底径约 6.2 米。冢周以石块围砌，石板浮雕麒麟、人物、莲瓣等图案。20 世纪 60 年代曾被盗，碑及墓前神道、华表、石像生等已毁。占地面积约 30.18 平方米。

44 - B₆ 陆氏将军夫妇墓 〔祥周镇保利行政村瀑布屯西面约 200 米的朝天蜡烛山北面山腰·明代·县文物保护单位〕 墓葬原规模较大，20 世纪 60 年代被毁，墓冢、墓碑皆不存，墓结构不详。遗留有南北向的神道，宽 1—1.5 米，两旁序列石人、石马、石狮等，均已残损。

45 - B₇ 黄嵩衣冠墓 〔思林镇东龙行政村达隆屯南面约 2.5 公里凤凰山·清代·县文物保护单位〕 始建年代不详，清乾隆十二年 (1747) 被毁，乾隆四十二年 (1777) 重修。黄嵩，山东省青州府益都县白马堡人。北宋皇祐五年 (1053)，敕封为宁远将军，授予上林土县 (治所在今田东县思林镇) 土司职。其后代为念祖恩而立衣冠墓。墓葬朝西，圆丘形冢，以青砖围砌，三合土封面。墓碑刻 "故宋敕封宁远将军功授文林郎世上林县知县始祖黄公讳嵩府君之墓"，碑两边立石柱。周以砖砌墓圈墙。

46 - B₈ 黄永祯墓 〔思林镇坛乐行政村新远街屯东面约 50 米远坡山·清代·县文物保护单位〕 黄永祯 (1869—1907)，字干臣，广西上林人。清光绪二十一年 (1895) 承袭世职，二十六年 (1900) 息匪乱有功，加五品官衔。墓葬朝南，冢呈圆丘形，高约 1.5 米，底径 2 米，下半部用青砖砌护。墓碑为 1947 年重立，高 1.2 米，宽 0.6 米，上刻 "清授奉直大夫显祖考讳永祯黄公之墓" 等字。

47 - B₉ 白山岩洞葬 〔印茶镇百城行政村白山屯东面约 300 米白山·明—清·县文物保护单位〕 白山高 100 余米。岩洞葬在山南端东面峭壁的一个岩洞内，高距地表约 10 米，洞口朝东，高 5 米，宽 2 米，洞内置 1 具圆棺，顺洞南壁放置。棺长 1.75 米，宽 0.45 米，两端有木柄，身与盖为子母口套合，棺内剜成人形，有人骨遗骸 1 具，已朽，无陪葬品。棺长 1.75 米，宽 0.45 米。(见《文物》1993 年 1 期)

48 - C₁ 龙燕寨 〔思林镇双燕行政村龙燕屯北面约 100 米处的石坡上·清代·县文物保护单位〕 建于清康熙三年 (1664)，为防匪盗而建。以石砌围墙，并于寨之西向南部坳口筑墙两道，间距约 20 米。寨墙

以料石干砌，长22米，高4米，厚1.5米。寨门朝东北，拱门，高1.9米，面阔1.5米，寨门前、后有140级石踏跺，全长83米，宽3.8米。

49－C₂　平马关帝庙〔平马镇中山路古庙巷56号东面·清代·县文物保护单位〕　原叫联义馆。建于清道光九年（1829）。四合院，砖木结构，占地面积约127.69平方米。现存正殿，坐北朝南，面阔三间，前置檐廊，廊立须弥础方形石檐柱2根，其一刻"道光九年仲秋"，另一柱刻义馆众弟子姓名。青砖墙，抬梁式木构架，硬山顶，盖小青瓦，透雕封檐板。前檐为12页隔扇门，棂条方格格心。

50－C₃　那驮桥〔思林镇那定行政村那定屯东北约40米小溪上·清代〕　建于清光绪三十四年（1908），由潘永恩等捐资修建。东西走向，单孔石拱桥，长6米，宽2.2米，拱跨4米。桥身、桥拱以料石干砌，桥面两侧设条石护栏，两端有石踏跺，西端南边立光绪三十四年建桥碑刻1方。碑高0.75米，宽0.44米，厚0.15米，碑文阴刻，楷书，记载建桥情况及捐资芳名。

51－C₄　那益井〔平马镇靖逸行政村那益屯西面·清代·县文物保护单位〕　建于清代，具体修凿时间不详。井有大、小两口，相距约100米，均呈正方形，大井边长3米，小井边长2米，皆深1.5米，井壁为条石砌筑，井口与井台平，井台以石块铺砌，井周有砖砌围墙。每口井占地面积约10平方米。

52－D₁　向阳关摩崖石刻〔江城镇供bož 行政村、果柳行政村交界处向阳关·明、清·县文物保护单位〕　摩崖石刻1方。刻在该山顶北面悬崖上，高距地表约300米。榜书"向阳关"，字径0.7—0.8米，楷书。无落款。

53－D₂　八仙山摩崖造像〔江城镇江城行政村江城村八仙山·宋代·自治区文物保护单位〕　八仙山因岩壁上有八仙浮雕造像而名。造像刻于宋代，具体时间不详。造像高距地表7—8米，刻面高0.9米，宽3米。浮雕造像10尊，高约0.8米。八仙造像中间为何仙姑，左一为手持宝壶的铁拐李，左二为身佩宝剑的吕洞宾，左三为长须的张果老，左四为双髻的蓝彩和，右一为曹国舅，右三为吹笛的韩湘子，右四为手持芭蕉扇的汉钟离。除八仙外，另有大人和小孩浮雕像各1尊。

54－D₃　奉宪勒石永禁碑〔原立于思林镇坛乐行政村远街屯南约20米，现藏百色右江革命博物馆·清代〕　碑刻1方。清康熙五十六年（1717）立。碑高1.27米，宽0.68米，厚0.18米。碑文竖11行，满行8—34字，约600字，楷书，阴刻。横行额题"奉宪勒

石永禁"，碑文是两广总督杨琳为安定土司地区颁布的八条禁令：办理土司袭职，不许刁难勒取财物；文武官到任，不许勒取土司贺仪及年节生辰馈赠，不许短少价值向土司采买产物，不许令土司供应轿马水火及出门扛行李等夫役；弁兵不许派取土民备送马草马料柴火米饭；兵公差不许沿村勒取酒饭轿马；地方官审理土民事件要秉公办事不许徇情受贿；地方文武不许索取土司小子婢女致令捉掳并禁汉人贩卖土司人口。

55－D₄　黄才广振威将军墓碑〔原立于平马镇小龙行政村小龙村东约1公里，现藏田东县博物馆·清代〕　碑刻1方。清光绪二十三年（1897）立。碑高1.3米，宽0.82米，厚0.14米。碑面竖行阴刻"皇清诰授振威将军□寿显考号际唐黄公府君之墓"，楷书。左右两侧是广东水师提督何长清撰、广东补用知县雷震瀛书丹。碑文内容记黄才广生平和业绩。黄才广（1829—1896），广西隆安县人，任黄冈协副将、崖州协副将、罗定龙门副将等职。

56－D₅　奉皇刻石禁止夫马供应碑〔原立义圩镇义圩行政村街上，现藏县博物馆·清代〕　碑刻由2方石碑组成。清光绪三十一年（1905）立。碑各高1.03米，宽0.59米，厚0.11米。碑文竖35行，满行8—33字，约970字，字径0.02—0.025米，楷书，阴刻，横行额题"奉皇刻石禁止夫马供应"。碑文指出各州县民间词讼收费名目繁多，州县应将斗讼费定以酌中数目，严禁所属佐贰擅受。规定讼费每案为三千二百文，由理曲之人付给，书役得六成，差役得四成，提案差役持票传人每百里给钱三百文，由原被告各付一半，往日的夫马供应及其他一切规费一概禁革。

57－D₆　定模山岩画〔祥周镇模范行政村模范村北面约1.2公里定模山·时代不详〕　定模山为石灰岩孤山，山长300多米，高40余米。在山东面定模洞口岩壁的岩厦上，有岩画一处，画面高约0.5米，长2米，绘有走兽图像2个，圆点图像61个，其他符号1个，均以赭红色颜料绘成。

58－E₁　恩隆县农民运动讲习所旧址〔平马镇人民路古榕街146号·1926年·自治区文物保护单位〕　1926年10月，中共党员韦玉山、陆炳堂、余少杰等在平马镇创办恩隆县农民运动讲习所。1930年7—10月，邓小平在平马镇举办了红七军教导队整训班、右江党政干部训练班，期间，邓小平在旧址的楼上办公和住宿。旧址原为宋世昌大院"天佑昌商号"，建于清末。1977年、1988年维修。建筑坐北朝南，砖木结构，二层楼房，面阔一间，砖墙，硬山顶，盖小青瓦。旧址内壁保存有当年红军书写的"打倒军阀！打倒土豪劣绅！打倒贪官污吏！""工农要翻身求解放""实行土地

革命!""红七军万岁!""中国共产党万岁!"等许多标语。占地面积约 199 平方米。

59 - E₂ 广西田南道农民运动办事处旧址 〔平马镇乐德路德新巷 37 号东面·1927 年·自治区文物保护单位〕 1927 年 2 月 1 日,在中共广西地方组织推动下,广西田南道农民运动办事处在此成立。中共党员陆机彰(陆炳堂)、韦拔群分别任主任、副主任。1927 年"四·一二事件"中,陆机彰被捕杀害,办事处转入山区。旧址建于清末,1977 年、1988 年、2005 年三次维修。旧址坐北朝南,砖木结构,二层楼阁,有后院,占地面积约 80.64 平方米。楼阁面阔二间,抬梁式木构架,硬山顶,盖小青瓦。前设檐廊,木板前檐墙,门前有 3 级砖砌踏跺。

60 - E₃ 平马二牙码头 〔平马镇乐港路南面转折处右江北岸·1929 年·县文物保护单位〕 1929 年 10 月 20 日,邓斌(小平)、张云逸率广西警备第四大队和教导队的水路军械船队到达平马二牙码头,卸下部分枪支、弹药和大炮等重武器,并疏散到山区,为起义作准备。28 日,邓斌(小平)同志领导"恩隆暴动",在二牙码头附近歼敌一个营,打响百色起义第一枪。码头用长条石铺砌,30 余级台阶,宽 3 米。从岸到江边呈曲折形,长约 50 米,转弯处设一平台。

61 - E₄ 右江工农民主政府旧址 〔平马镇南华路 1 号·1929 年·全国重点文物保护单位〕 1929 年 12 月 11 日,右江各县第一届工农兵代表大会在恩隆县城平马镇经正书院召开,通过成立右江苏维埃政府的决议及选举产生了工农民主政府第一届执行委员;12 日,在经正书院后侧广场召开庆祝中国工农红军第七军(红七军)和右江苏维埃政府成立万人大会,政府机关设于此。旧址原为经正书院,建于清光绪三年(1877)。辛亥革命后改为经正学堂。1963 年修缮。坐北朝南,砖木结构。三进院落,由大门、中座、后厢、天井、厢房组成,占地面积 7336.25 平方米。1952 年大门被改建为平马小学校门。主体建筑面阔三间,清水墙,穿斗式木构架,悬山顶,盖小青瓦。大门、中座有前檐廊,廊立石础木檐柱 2 根。中座前檐为 9 扇隔扇门,内为通厅。现辟为右江革命纪念馆。旧址陈列面积 6843 平方米,辅助陈列面积 140 平方米,1977 年 2 月 26 日,该馆被列为广西壮族自治区重点文物保护单位。1977 年 8 月,领导百色起义的红七军政委邓小平为该馆亲笔题写"右江工农民主政府旧址"的馆名。1996 年被定为全国重点文物保护单位。

62 - E₅ 右江总工会旧址 〔平马镇南华路 114 号平马小学内·1929 年·县文物保护单位〕 1929 年 12 月,右江苏维埃政府建立,推动了右江工农运动的发展,各行各业工会相继成立,并在此基础上成立右江总工会,总工会设在平马镇孔庙。旧址建于清咸丰年间(1851—1861),1977 年维修。坐北朝南,砖木结构。原为三进院落,主体建筑为抬梁式木构架,硬山顶,盖小青瓦。现存两厢房及后座,占地面积约 148 平方米。后座面阔三间,前设檐廊,前檐为 15 扇隔扇门。

63 - E₆ 思林县苏维埃政府旧址 〔思林镇民生巷·1929 年·县文物保护单位〕 1929 年 12 月,思林县苏维埃政府在思林镇关岳庙成立,阮殿煊当选为主席。旧址原为关岳庙,建于清道光十四年(1834),1984 年维修。1926 年至 1929 年 11 月,该庙曾先后成为思林县农民协会、思林县革命委员会办公的地方。现存前座,坐北朝南,砖木石结构,面阔三间,山墙搁檩,硬山顶,盖小青瓦,人字山墙。前檐壁已不存,前设檐廊,石柱石额枋。占地面积约 60 平方米。

64 - E₇ 那恒乡苏维埃政府旧址 〔平马镇合恒行政村合恒小学西侧·1929 年·县文物保护单位〕 1929 年 12 月右江苏维埃政府成立后,那恒乡苏维埃政府相继成立,政府机关设于此。旧址原为教堂,建于清末,1986 年修缮。坐南朝北,砖木结构,中西混合式建筑。两进院落,由前门、后座组成,占地面积约 50 平方米。前门、后座均面阔一间,硬山顶,盖小青瓦。前门 4 柱到顶,柱顶葫芦形饰,中开拱门,三角形山花。

65 - E₈ 红七军被服厂旧址 〔平马镇中和路 107、108 号·1929—1930 年·县文物保护单位〕 1929 年 12 月—1930 年间,中国工农红军第七军(红七军)创办了红军被服厂,1930 年后随红七军转移。厂址设在平马中山街黄木生(平马工人赤卫队负责人)住宅。旧址建于清末,1988 年维修。坐东朝西,砖木结构,两层楼房,砖砌山墙,前、后檐墙为木板壁,开侧门,二楼木楞木楼板,悬山顶,盖小青瓦。占地面积约 130 平方米。

66 - E₉ 右江下游革命委员会旧址 〔思林镇东隆行政村果芬屯东南约 1 公里弄塘山岩洞·1932 年·县文物保护单位〕 1932 年春夏,中共右江特委加强开展右江下游地区游击战争。4 月,黄松坚、腾国栋、黄书祥等人在思林县古芬屯后山洞召开会议,成立右江下游革命委员会,统一领导恩隆、奉议、思林、果德、那马、向都、天保、镇结等县游击战争。旧址岩洞高距地表约 5 米,洞口朝北,洞高 4 米,宽 2 米,进深 22.3 米,可容 100 余人。

67 - E₁₀ 百谷红军烈士纪念碑 〔平马镇百谷行政村百谷村北面 200 米·1960 年〕 建于 1960 年,1990

年修缮。由纪念碑及烈士墓组成，占地面积约 300 平方米。纪念碑在前，坐西朝东，高 15 米，碑座长方体，碑高 4.1 米，宽 4.05 米，正面刻五角星花环及"百谷红军烈士纪念碑"。碑后面刻有百谷村在共产党的领导下，开展的革命战争的经过和烈士韦日山、韦纪等 18 名英烈的姓名和职务。烈士墓为长方形混凝土冢，外铺石砖，长 3 米，宽 2 米，高 1.5 米。

68 – E₁₁ 田东县烈士陵园 〔平马镇田东县文化和体育局西约 20 米·1971 年〕 建于 1971 年。由大门、雕塑、烈士墓组成，占地面积约 6500 平方米。大门朝南，四柱三间七楼牌坊式，明间单额枋及龙门枋间嵌"田东烈士陵园"匾。前面是大理石铺砌的台阶。园内立大理石雕塑 1 尊，有烈士墓 3 座。中间一座为刘道友烈士墓，墓碑上刻有其简历；左边为中国人民解放军步兵第四五三团从 1950 年 3 月到 1951 年 2 月为解放广西而牺牲的烈士之墓；右边为田东县在历次革命斗争中牺牲的烈士之墓，墓碑上刻有烈士的名字。

69 – G₁ 绿怀山石器出土点 〔江城镇那蒙行政村那江屯北面绿怀山·新石器时代〕 1990 年 4 月，在绿怀山脚的红褐色土层中出土石凿 1 件。红色砂岩，通体磨光，背面平直，平顶直刃，刃部向背面凹，有使用痕迹，长 0.095 米，刃宽 0.04 米，厚 0.015 米。

70 – G₂ 林蓬铜剑出土点 〔林蓬镇右江河段·战国〕 2004 年右江河段出土一字格铜剑 1 件。长 0.27 米，宽 0.042 米，厚 0.05 米。茎两端粗，中段细，首、茎、格上有几何花纹。剑首平面呈抹角菱形，正中饰菱形纹，内饰"S"形云纹。近格处有一对穿小圆孔，以剑首为中心，左右两边纹饰对称，饰"S"形云纹条带。

71 – G₃ 南伍铜鼓出土点 〔祥周镇联合行政村新南伍屯联合小学大门前南哈坡·春秋—战国〕 1993 年 3 月 17—18 日，出土万家坝型铜鼓 2 面。伴出铜罍、铜钵、铜扳钉、玉管、玉玦、玉钏等。铜鼓面较小，鼓胸外凸，束腰，足部短而外撇，鼓面径 0.5 米，高分别为 0.32 米和 0.37 米，足径 0.66 米，鼓面太阳纹分别为十五芒、二十二芒。A 鼓腰部有几条纵线划分的格子，其他地方为素面。B 鼓腰部有纵向的曲折纹分格，足部有半菱形格子纹和勾连回纹。胸腰间有扁耳 2 对。

72 – G₄ 大岭坡铜鼓出土点 〔林蓬镇和同行政村小沙屯西北约 1500 米大岭坡·春秋—战国〕 大岭坡呈馒头形，面积约 300 平方米。1994 年 6 月，该岭出土万家坝型铜鼓 1 面，伴出兽面铜甬钟。鼓面径 0.34 米，高 0.29 米，足径 0.50 米。鼓面太阳纹十一芒，胸部光素，腰部以竖向几何纹带分格，格内无纹饰，下有雷纹纹带。

73 – G₅ 塘槐铜鼓出土点 〔祥周镇康元行政村塘槐屯东面约 800 米·西汉中期—南朝〕 1983 年冬，塘槐屯出土冷水冲型铜鼓 1 面，鼓面朝下，无伴随物。鼓面径 0.638 米，宽 0.448 米，足径 0.648 米。鼓面太阳纹十二芒，面沿环列四蛙。面、身饰变形羽人纹、定胜纹、同心圆纹、栉纹、蕉叶纹等。胸腰间有扁耳 2 对。

74 – G₆ 岩域山银勺出土点 〔祥周镇模范行政村岩域山·唐代〕 1965 年，岩域山出土银勺 1 件。勺体圆形翻底，扁长条形柄，后端下勾。柄背刻"上元三年"等铭文。通长 0.303 米，勺口宽 0.077 米。

那坡县

1 – A₁ 感驮岩遗址 〔城厢镇公园路县人民公园内后龙山脚感驮岩内外·新石器时代·全国重点文物保护单位〕 洞穴遗址。1963 年发现。面积约 1.8 万平方米。洞口朝西，洞高 20 米，宽 78 米，进深 54 米，岩内面积约 4200 平方米。1963 年—2000 年 4 次发掘。文化层分四层，厚约 1.1—2.55 米。出土磨制石器有双肩斧、锛、矛、戈、镞、锯、杵、梳、镯、环、玦、石片、石拍等。陶器以夹砂灰陶和黑陶为主，器形有釜、罐、壶、盆、杯、钵、簋形器、纺轮等，器表饰绳纹为主，还有篮纹、网格纹、弦纹、水波纹、曲折纹、锯齿状附加堆纹等。骨器有锛、铲、镞、矛、多刃器、锥、璋、簪、玦、饰片。文化遗存分为 2 期：第 I 期为距今 4718 ± 50 年，为新石器时代晚期；第 II 期距今 3800 ± 2800 年，为青铜文化早期。（见《考古》2003 年第 10 期）

2 – A₂ 岩怀山营盘遗址 〔城厢镇南街汽车站后背山约 3 公里岩怀山·北宋·县文物保护单位〕 建于北宋皇祐年间（1049—1054），为曾寨主所建。营盘原有练兵场、跑马道、箭台、将台、瞭望台及营房等，占地面积约 6900 平方米。至狄青南征招安，始迁下感驮岩建镇安峒。现仅存跑马道和石踏跺等，在遗址采集有铜剑、斧等。

3 – A₃ 白云山营盘遗址 〔百都乡百都行政村百都屯西南约 3 公里白云山·清代·县文物保护单位〕 建于清光绪三十年（1904）。系地方武装与云南边界地方官招集兵勇练兵之地，面积约 600 平方米。山四周筑有石围墙，围墙开营门。内建营房和练兵场。采集有"光绪通宝"铜钱和一些武器残片。营房已毁。残存围墙长 5.4 米，厚 1 米，高 1.6 米。

4 – A₄ 镇安府官署遗址 〔城厢镇龙泉街北约 500 米后龙山脚·北宋—清·县文物保护单位〕 官署设

在感驮岩内，面积约 4200 平方米。建于北宋皇祐年间（1049—1054），初为峒，元时升为路，明洪武二年（1369），官署迁到废冻州（今德保县），原治改称小镇安厅至清。为岑志英土官治所。历代官署建筑已毁无存，仅留清嘉庆年间（1796—1820）扩建的正殿大门屋宇、部分基础，历代摩崖石刻 47 方已多被铲除，仅存 2 方。

5 - A₅ **岑氏宗庙遗址** 〔德隆乡平达行政村那并屯东北约 1.5 公里·清代·县文物保护单位〕 建于清嘉庆年间（1796—1820）。原庙坐东朝西，砖木结构，平面呈长方形，面积约 60 平方米。门前置石踏跺 5 级，在 2 级踏跺两端立有嘉庆二十五年（1820）碑刻 3 方，碑文记载岑氏始祖怀远将军的籍贯、功绩和修建庙宇情况。庙毁于 1958 年，现存墙基和石碑。

6 - B₁ **岑池凤墓** 〔城厢镇那赖行政村那江屯西南约 3 公里·清代·县文物保护单位〕 岑池凤（1689—1739），系岑氏土司分管镇安的第十代土司，治理边务颇有建树，好诗画，在感驮岩有其榜书"镇阳八景"石刻。墓葬向东，圆丘形冢，以砖围砌。墓前立有清乾隆十八年（1753）碑，记载墓主生平。

7 - B₂ **岑光绪墓** 〔百合乡那乐行政村炭院屯中央·清代〕 岑光绪是岑氏世袭土司之第十三代，镇安知府。墓葬朝西，冢呈圆丘形，周边用砖围砌，墓碑已毁，现碑为 2007 年岑氏后裔重立，碑面刻"皇清诰授奉直大夫镇安州事岑光绪之墓"。墓地占地面积约 50 平方米。

8 - C₁ **汤洞岩石墙** 〔城厢镇那桑行政村那桑村北面约 2 公里汤洞岩·明代·县文物保护单位〕 建于明代，具体时间不详。系民众为躲避盗匪而建。岩洞向北，内宽 67 米，高 25 米，进深 86 米，在洞口砌石墙长 37 米，高 13.7 米，厚 1.2—2.5 米，分上下二层。下层中部开方形闸门，上层设瞭望台、巡逻道、垛口等。洞外另筑三道围墙和闸门。

9 - C₂ **龙泉** 〔城厢镇龙泉街东龙山脚·清代·县文物保护单位〕 为龙泉河源头。明永乐九年（1411）在龙泉洞建龙王庙，清乾隆年间（1736—1795）于洞口砌石拱门，筑圆形水池，池径 13 米，高 2.7 米。水流两旁砌石堤，长 37.5 米，宽 0.8 米，高 1—1.5 米，每隔 10 米左右设踏跺 3—5 级。

10 - C₃ **石马大王庙** 〔龙合乡龙合行政村龙合街西面的龙合村部旁·清代·县文物保护单位〕 建于清乾隆五十五年（1790），清光绪二十年（1894）重修，是纪念汉马援将军的庙宇。坐西朝东，砖木结构，二进院落，占地面积约 150 平方米。前、后殿面阔三间，砖墙，硬山顶，盖小青瓦。前殿有檐廊，立石础

木檐柱 2 根，门额上书"石马大王庙"，廊前置 2 级石踏跺。

11 - C₄ **掌秀山碉堡** 〔百都乡弄化行政村弄化屯北面约 3 公里掌秀山坳·清代〕 建于清光绪十二年（1886），系地方官绅为保边抗敌而修建。碉堡平面呈圆形，用片石砌墙，平顶，周墙开瞭望窗及枪眼，可监视弄化隘口一带边境。占地面积约 50 平方米。

12 - C₅ **丹桂塔** 〔城厢镇公园路县人民公园内后龙山脚感驮岩北侧·清代·自治区文物保护单位〕 建于清光绪二十三年（1897），1978 年和 1987 年两次维修。塔建于龙泉、劳水、孟河三水汇流处的江中独石上。坐北朝南，六角形阁楼式砖塔，底层周长 17.6 米。高三层 12.7 米。三重檐，攒尖顶，宝葫芦塔刹。底层南面开拱门，门额竖写楷书"桂宫"，二、三层分别开券拱和圆形窗，有墨书匾额和诗联。塔腔中空，内设木楼板及木梯。

13 - C₆ **接龙桥** 〔坡荷乡中山行政村坡茶屯南约 100 米小溪上·清代〕 建于清代，具体时间不详。是当时那坡通往靖西、德保、百色等地的道路桥梁。南北走向，三孔石拱桥，长 20 米，宽 2.45 米。桥面铺石板，两端各置石踏跺 7 级。南约 50 米有碑刻 2 方，碑文记载修桥的捐资情况。

14 - C₇ **那池桥** 〔坡荷乡那池行政村那池屯南约 500 米旧河道上·清代〕 建于清代，具体时间不详。南北走向，单孔石拱桥，长 7.7 米，宽 4.6 米，拱跨 4.8 米。桥身、桥拱用料石干砌，片石填缝，桥面铺石板，两侧设有条石矮栏，两端各置石踏跺 6 级。

15 - D₁ **感驮岩摩崖石刻** 〔城厢镇北后龙山感驮岩·清代、1919 年·县文物保护单位〕 感驮岩原是岑氏（岑天保及其次子志英）土司治所。岩洞高约 20 米，宽 78 米，进深 54 米。洞壁原有摩崖石刻 47 方。现存清嘉庆四年（1799）镇安府通判汪应缓《新修感驮岩寺庙记》，刻面高 1.6 米，宽 0.8 米。碑文楷书，阴刻。碑文记述新修感驮岩的经过。另有 1919 年邑人黄道中榜书"吸尽天云"1 方，刻面高 0.35 米，宽 7.5 米。

16 - D₂ **重修岑氏祠堂记碑** 〔原存放在那坡县城厢镇政府内，现存那坡县博物馆·清代〕 碑刻 1 方。碑文竖行，楷书，阴刻。额题"重修岑氏祠堂记"，碑文记述明土官岑天保"次子志英分管小镇安（今那坡县），是为小镇安岑氏土官之始祖也"。详记历任袭职名衔，共世袭十四代，至 1766 年改土归流。碑文还记述知州刘别驾念土官灵位无依，于清乾隆三十六年（1771）营建祠堂，并于乾隆五十六年（1791）"鸠工重修，以慰十四世之神灵"。

17 – D₃ 禁革夫役碑 〔德隆乡德隆行政村内古屯·清代·县文物保护单位〕 碑刻 1 方。清光绪二十二年（1896）立。碑高 1.2 米，宽 0.6 米。碑阳额题"禁革夫役碑"，碑阴落款"大宪总兵勒石"。文楷书，阴刻。碑文详细记录官差夫役之陋规以及禁革夫役的情况与规定。

18 – D₄ 建立门牌石碑 〔百合乡百合行政村音洞屯二级公路西侧·清代〕 碑刻 1 方。清光绪十六年（1890）立。碑正面朝南，高 1.2 米，宽 0.6 米，厚 0.2 米。横行额题"建立门牌石碑"。正文竖 19 行，满行 31 字，楷书，阴刻。首行云"署理归顺直隶州镇边县□前先补用州正堂严"，文记载了当时建立门牌情况。落款"光绪十六年十月告示古峒内外□□同立"。

19 – E₁ 连城要塞遗址和友谊关（那坡县境段） 〔平孟镇、百南乡、百省乡中越两国边境线中方一侧·1885—1898·全国重点文物保护单位〕 连城要塞是清末广西提督、边防督办苏元春于清光绪十一年至二十四年间（1885—1898）督建的边防军事设施。那坡县境段分布在平孟镇、百南乡、百省乡沿边一带，包括炮台、瞭望台、隘口、碉堡、对汛署遗址等。

E₁₋₁ 弄平炮台 〔平孟镇弄平行政村弄平屯东南约 1 公里弄平山·1885 年〕 清光绪十一年（1885），广西提督、边防督办苏元春督建。1987 年维修。炮台建在海拔 500 米的弄平山山顶上，平面呈长方形，长 54 米，宽 15.6 米，料石围墙，高 1.5 米。内建有练兵场、巡逻道、炮台。炮台高 5 米，墙厚 3 米，二层，上层设垛口、瞭望台、交通壕，置大炮 12 门；下层有宿舍、厨房、仓库、议事厅，开一拱门、二月门，额嵌"金城""壁垒""绵障"石匾。上下层间有梯级相通。占地面积约 1500 平方米。

E₁₋₂ 天答山炮台 〔平孟镇念井行政村弄兰屯西约 1 公里天答山·1885 年〕 清光绪十一年（1885），广西提督、边防督办苏元春督建。炮台建在天答山山顶，平面呈四方形，占地面积约 240 平方米。墙用料石干砌，主体外呈圆形，直径 9.2 米，高 2.6 米，内呈六边形，径 6 米，墙厚 1.5 米，西北面、东南面各开 1 门，东北面、西南面各开内宽外窄的瓮口。

E₁₋₃ 龙山瞭望台 〔平孟镇平孟街东南约 1 公里龙山·1885 年〕 清光绪十一年（1885），广西提督、边防督办苏元春督建。瞭望台平面呈长方形，用料石砌成，长 6 米，宽 5 米，高 3.2 米。周围护墙高 1.3 米，北面开门，南面开瞭望窗。山脚有营房、凉亭。

E₁₋₄ 弄檬山炮台 〔百南乡弄明村岩隆屯北面约 1 公里弄檬山·1885 年〕 清光绪十一年（1885），广西提督、边防督办苏元春督建。由镇南正左营分哨防守、控剥念、弄檬一带。炮台朝西北，平面呈方形，长、宽各为 10 米，墙用片石干砌，厚 1.5 米，墙中部设有瓮口，墙外设巡逻道、练兵场。占地面积约 400 平方米。

E₁₋₅ 弄济山炮台 〔百省乡那孟行政村百岩屯西约 2 公里弄济山·1885 年〕 清光绪十一年（1885），广西提督、边防督办苏元春督建，由镇南正左分哨防守，控保乐州边界岩阜法屯和剥勘隘村一带。炮台在海拔 1122 米的弄济山山顶，平面呈四方形，方石料砌筑，占地面积约 200 平方米，置大炮 1 门。

E₁₋₆ 马平山炮台 〔百省乡面良行政村面良屯西南约 3 公里马平山·1885 年〕 清光绪十一年（1885），广西提督、边防督办苏元春督建。由镇南正左营分哨防守，控制谷松及那化等村一带。山东、南、北三面临崖，炮台建在马平山山顶，平面呈四方形，用片石、灰浆砌筑，边长 8.1 米，高 2.5 米，厚 1.5 米，四面墙中部均开瓮口。占地面积约 132.3 平方米。

E₁₋₇ 百念隘 〔百南乡规良行政村那平屯西南约 2 公里·1885 年〕 原中国通往越南的隘口之一，清光绪十一年（1885），广西提督、边防督办苏元春进行督建。用片石垒砌隘口，长 30 米，高 0.7—1.3 米，厚 1.5 米。

E₁₋₈ 枯枝隘 〔平孟镇念井行政村弄托屯东面约 1000 米处的临水台地·1885 年〕 清光绪十一年（1885），广西提督、边防督办苏元春督建边防炮台时修建的配套防守设施。枯枝隘是念井、峒隆一带通往越南的主要隘口，西靠规基山，南通 626 号国界碑。原有木结构隘房两座，现已塌毁不存。

E₁₋₉ 剥堪隘 〔百省乡那孟行歧村百岩屯西约 1.5 公里·1885 年〕 清光绪十一年（1885），广西提督、边防督办苏元春督建边时设立的隘口之一。隘口所在处海拔 970 米，仅存遗址，现为中越两国边民自发形成的边境贸易点。

E₁₋₁₀ 那布碉堡 〔百省乡那布村那布屯南约 800 米·1886 年〕 中法战争后，地方官绅为保边御敌，于清光绪十二年（1886）筹资兴建。碉堡平面呈圆形，用片石料砌筑，已严重破坏。占地面积约 60 平方米。

E₁₋₁₁ 平孟对汛署遗址 〔平孟镇平孟街西约 800 米烈士公墓山上·1896 年〕 中法战争后，根据清光绪二十二年（1896）中法签订的《边界会巡章程》规定双方边境设立对汛署，平孟对汛署是中越广西段边境 9 个对汛署之一。平孟对汛署原有办公室、宿舍、厨房、餐厅、马厩 5 栋砖木结构平房，占地面积约 2400 平方米。现全毁，仅存基址。

E₁₋₁₂ 百南对汛署遗址 〔百南乡百南街·1896

年〕 中法战争后，根据清光绪二十二年（1896）中法签订的《边界会巡章程》规定双方边境设立对汛署，百南对汛署是中越广西段边境 9 个对汛署之一。百南对汛署原有房屋 3 栋，占地面积约 2000 平方米。现已拆除改建粮食站仓库。

20 - E₂ 鼎建强种桥碑志 〔原立百南乡规亮行政村规亮屯北约 20 米，现立于感驮岩中·1914 年·县文物保护单位〕 碑刻 1 方。1914 年立。碑高 1.4 米，宽 0.6 米，字径 0.03 米，楷书，阴刻。横行额题"鼎建强种桥碑志"，碑文记载查禁鸦片所得之罚款，用于建桥便民的情况。桥已毁，碑完好。

21 - E₃ 重修观音岩碑记 〔百都乡百都街南约 50 米·1928 年·县文物保护单位〕 因岩内立有观音菩萨神位，故名观音岩。摩崖石刻 1 方。1928 年刻。刻面高 0.6 米，宽 1 米。刻文竖行，首行题"重修观音岩碑记" 7 字，阴刻，楷书，记述民国期间匪乱，乡民为避乱栖身藏物，集资修岩。

22 - E₄ 桂越边区联络站旧址 〔平孟镇平孟街·1941—1942 年〕 1941 年，中共广东北江特委利用国民党当局上层关系，以桂越边政队公开身份作掩护，委派梁静山等人在平孟设立办事处（联络站），开展边区革命活动。1942 年，为开辟边境革命根据地，中共广西省工委又派人到办事处工作，并与越南印度支那共产党取得联系，互相支援，开展边境革命斗争。越南共产党领导人范文同、武元甲、黄文欢等都先后到过办事处并在此召开会议。旧址为两进院落，砖木结构，占地面积约 378 平方米。主体建筑为二层楼房，现外貌已改变。

23 - E₅ 日机轰炸遗址 〔城厢镇那桑行政村那桑街·1944 年〕 1944 年夏，侵华日军飞机轰炸广西边境圩镇那桑街，炸死边民 1 人，伤 2 人，500 余米长的街道房屋被炸毁。弹坑至今犹存。

24 - E₆ 三元洞抗日标语 〔城厢镇公园路县人民公园内三元洞·1944 年〕 在三元洞洞口石壁上横行刻"驱逐倭寇" 4 个大字。落款为"禾建宣"。标语上方后人补记"1944 年抗日标语遗迹"。刻面高 2.6 米，宽 0.5 米。字径 0.5 米，魏书，阴刻。

25 - E₇ 胡志明活动遗址 〔平孟镇平孟村弄依屯南约 1.2 公里·1944 年〕 1944 年秋，日本、法国当局勾结越南政府，围剿越南印支共产党和越北革命根据地——北坡。越南共产党领导人胡志明等被迫转移到中国境内，在弄衣屯岩羊坳搭棚居住，继续领导越南革命斗争。原茅棚早毁，存当年用的碗筷及用石头垒成的火灶。

26 - E₈ 平孟起义战斗遗址 〔平孟镇平孟行政村天池屯西面约 1 公里天池坳口·1947 年·县文物保护单位〕 1947 年 9 月 7 日，中共靖（西）镇（边）工委领导盘河、弄衣、弄念、弄平等村农民武装，在天池坳口伏击国民党平孟乡乡长唐彦的武装。次日，攻占平孟乡公所，解放平孟，随后成立左江人民解放军靖镇独立大队。史称"平孟起义"。天池坳为天池屯峡谷一个险要坳口，现仍保持原貌。

27 - E₉ 桂滇边纵队司令部旧址 〔平孟镇北斗行政村北斗村·1947 年·县文物保护单位〕 1947 年 11 月，中国人民解放军桂滇边纵队奉命从越南撤回国内靖镇地区的平孟乡（今平孟镇），司令部设在台峒村公所（今北斗村）。旧址坐南朝北，砖木结构平房，面阔三间，进深一间，硬山顶，盖小青瓦。占地面积约 150 平方米。现已改建成两层楼房。

28 - E₁₀ 桂滇边纵队兵工厂旧址 〔平孟镇念井行政村弄桑屯东北约 1 公里弄桑岩·1947 年·县文物保护单位〕 1947 年 11 月，中国人民解放军桂滇边纵队奉命从越南回国参加解放战争，在弄桑岩创办兵工厂，修理武器，制造弹药，解决军需的供应困难。弄桑岩洞口朝西，距地面 2 米，洞高 19 米，宽 32 米，进深 47 米。现洞内尚存火炉、石工具台等遗物。

29 - E₁₁ 栋英战场遗址 〔百合乡栋英行政村栋英屯东约 1 公里·1948 年〕 1948 年靖镇区游击队和中国人民解放军桂滇边纵队密切配合，袭击了驻守在三守岭的国民党保安第 3 团，迫使敌人撤退，巩固扩大了游击区。遗址现存战壕一处，长约 30 米，宽约 1 米，深约 1 米。

30 - E₁₂ 邓心洋烈士墓 〔平孟镇平孟街西约 300 米烈士公园墓山陵园·1949 年·县文物保护单位〕 邓心洋（1917—1949），原名林宗峦，广西博白县东平镇合江村人。1938 年投身革命，曾任中共右江上游区工委副书记等职，因积劳成疾，1949 年 12 月 31 日病故。墓葬朝西，由墓冢和纪念碑组成，占地面积约 1782 平方米。墓冢砖石水泥混合结构，碑面刻"烈士公墓"。纪念碑呈方柱形，高 4 米，碑座正面嵌"邓心洋烈士生平"碑记 1 方。

31 - E₁₃ 邱柳松墓 〔城厢镇北 500 米人民公园·1950 年·县文物保护单位〕 邱柳松（1931—1950），广西陆川县人。1943 年参加革命，同年加入中国共产党。曾任中共靖镇区工委委员、第二区区委书记、镇边县委书记。1950 年病故。墓葬朝西，由墓冢和碑组成，占地面积约 40 平方米。冢为砖砌水泥面。墓碑呈方锥体，高 3 米。正面镌刻"邱柳松同志之墓"，背刻其生平。

32 - E₁₄ 烈士纪念碑 〔城厢镇西北约 2 公里·

1980 年·县文物保护单位〕 1980 年为纪念对越自卫还击战中牺牲的烈士而建。由纪念碑和烈士墓组成。碑呈方柱形，高 12 米，正面镶镌"革命烈士永垂不朽" 8 个大字。碑座四面分别镶镌"自卫还击""保卫边疆""为国捐躯""浩气常存"共 16 个大字。碑后山坡为烈士墓。

33 - F₁ 卧虹桥 〔城厢镇龙泉街北约 1 公里感驮岩北侧·1917 年·县文物保护单位〕 又名接龙桥。建于清乾隆年间（1736—1795），清道光年间（1821—1850）加宽。原桥为木石结构，1917 年改成三孔石拱桥，东西走向，长 37 米，宽 5 米，拱跨 10 米。桥身、桥拱用料石砌筑，石板桥面。1986 年桥面改铺水泥，两侧设石栏板。

34 - G₁ 巴南洞化石出土点 〔城厢镇弄文屯北约 200 米巴南洞·更新世〕 巴南洞洞口朝西，洞高 10 米，宽 35 米，进深 20 米。1966 年在巴南洞内灰色沙质土堆积出土有中国犀、剑齿象等动物牙齿化石。

35 - G₂ 下屯铜鼓出土点 〔下华乡上华行政村那岩下屯·东汉—唐〕 20 世纪 70 年代，那岩下屯出土灵山型铜鼓 1 面，鼓面已残。鼓面径 0.72 米。鼓面太阳纹十二芒。面沿环列六只三足蛙（已残缺）。面饰四瓣花纹、"四出"钱纹、鸟形纹、席纹、蝉纹、连钱纹、虫形纹等。

36 - G₃ 纳岩铜鼓出土点 〔百都乡各门行政村果杠屯南约 1500 米的纳岩坡上·南宋—清〕 1985 年，在纳岩坡上出土麻江型铜鼓 1 面。出土时鼓面朝下，无伴出物。鼓面径 0.485 米，高 0.33 米。鼓面太阳纹十二芒。腰间附扁耳 2 对。面饰同心圆纹、乳钉纹。身饰雷纹、云纹等。完好。

平果县

1 - A₁ 驮秀遗址 〔马头镇驮湾行政村驮秀屯东约 200 米土坡·旧石器时代〕 阶地遗址。1982 年发现。土坡属右江北岸第 I 级阶地，面积约 1000 平方米。在地表采集到一些打制石器和石片。器形有砍砸器、刮削器等，皆以砾石为原料，单向打击。

2 - A₂ 马头遗址 〔马头镇西南约 200 米·新石器时代〕 贝丘遗址。面积约 500 平方米。文化层厚 0.5 米。内含大量螺壳，少量蚌壳、兽骨、炭屑、烧骨等。（见《考古》1986 年第 7 期）

3 - A₃ 旧城城址 〔旧城镇兴宁街·明代·县文物保护单位〕 明永乐十八年（1420），岑瑛袭思恩州后，以石垒筑各山间坳口，而成州城。明正统四年（1439）升思恩州为思恩府，七年（1442）岑瑛迁治于乔利（今马山县乔利圩）。明嘉靖七年（1528）称旧城土巡检司。城址平面呈长方形，面积约 200 万平方米。设内外城墙。外城墙利用四周山峰间坳口修筑，四段城墙共长约 600 米，高 4 米，厚 4 米。绕城开凿护城河，长约 280 米，宽 35—40 米，深 2.8—3 米。内城墙长约 1000 米，东、西面开城门。内外檐墙砌片石，内填夯土。现城内石壁上有奉训大夫知州岑瑛题榜书"兴宁""悦服"摩崖石刻，楷书，阴刻。

4 - A₄ 江州城址 〔马头镇雷感行政村江州屯内·明代〕 建于明弘治年间（1488—1505），系思恩州土官岑溶瓦修筑。平面呈长方形，面积约 1 万平方米。设内外城墙，外墙已毁。内城墙总长 480 米，高 3 米，厚 0.6 米，料石结构。北面开有城门，东南角有池塘，面积约 1200 平方米。今残存东西三面城墙各一段，长 10—15 米，高 0.4—1 米。

5 - A₅ 那海城址 〔海城乡那海街·清代〕 据平果韦氏族谱记载，始建于清乾隆末，系世袭土司十一世韦汉统于清乾隆三年（1738）从下旺迁至那海立衙后，第十二世土司韦仕秀督建。城沿河边修建，平面为长方形，周长 750 米，墙高 4 米，厚 2 米，料石结构。东、西、北三面分别开有古丽门、古津门、绍兴门。门楼高 6 米，厚 5 米，城墙外面有护城河。每一城门有石桥与外界相通。现仅存墙基。

6 - A₆ 山心城址 〔果化镇山营行政村山心屯南面约 100 米山心街·清代〕 建于清道光初年（1821）。为了防匪扰乱，村民自筹银两兴建。城墙沿着右江岸或峡谷地而建，北接大山脚，南至右江险处，长约 400 米，高 4 米，厚 0.7 米，用料石砌筑。东面开有闸门。城墙已残。

7 - A₇ 那马屯寨址 〔太平镇那供行政村那马屯·清代〕 建于清光绪初年（1875）。村民为了防盗抢劫，自筹银两而建。寨址平面呈多边形，寨墙用料石砌筑，长 400 米，高 4 米，厚 0.6 米；南北各开一门，门高 2 米，宽 1—1.4 米。现存墙基。

8 - A₈ 驮玉屯村落遗址 〔马头镇驮湾行政村驮玉屯东面约 10 米处·元—民国〕 遗址处右江北岸，地势平坦，东西长约 75 米，南北宽约 65 米，面积约 4875 平方米。为驮玉屯古村落，始建时间不详，至民国期间搬至现村址，原村址已辟为耕地，地表尚残留大量元代至民国的碎瓷片、陶片、瓦片及零星砖块。

9 - A₉ 驮秀窑址 〔马头镇驮湾行政村驮秀屯西约 100 米·南宋〕 窑址面积约 9000 平方米，破坏严重。在窑址范围散布许多陶器碎片，可辨器类有盆、罐、碗、网坠等。另有一堆灰白色碎砖堆积。1988 年 11 月采集到南宋"绍兴通宝"铜钱 1 枚。

10 - B₁　**岑氏土司墓**　〔旧城镇兴宁行政村·明代·自治区文物保护单位〕　又称岑侯墓，系袭思恩州土知州、加都指挥使岑瑛的先祖墓。墓葬朝西，冢呈圆锥形，底径 9.2 米，高 2.4 米，墓周有石砌墓圈护墙，中轴线上原建有祭堂等建筑，现已毁。神道序列石人、龟、蛇、麒麟、虎、马、羊、狗和华表。曾出土墓碑碎片，其上刻有"岑侯"等字。占地面积约 1 万平方米。

11 - B₂　**赵氏土司墓**　〔果化镇槐前行政村龙旧屯龙时坡东头·清代〕　据碑文记载为果化州知州赵介亭、赵星恒之墓，建于清光绪三年（1877）。墓葬 2 座，均朝东，冢呈圆丘形，高 1.1 米，底径约 2 米。墓前立有墓碑，分别刻"果化州知州赵公介亭之墓"，"果化州知州赵公星恒之墓"及其生平简介。周有护墓围墙，前墙高 1 米，后墙高 1.8 米，用未经加工的石头垒砌而成。

12 - B₃　**岑逊山岩洞葬**　〔太平镇太平行政村龙纳屯北侧岑逊山·隋—明·县文物保护单位〕　岑逊山高 100 余米。岩洞在山西北面近顶处的悬崖上，高距地表约 90 米，洞口朝西北。洞分上、中、下三层，彼此相通，各有洞口。洞高 1.1—2 米、宽 0.6—1.35 米、进深 5.4—7.4 米，洞内原放置七八十具棺木，分两行排列。棺内骸骨散乱。1986 年采集有铜钱、铜铃、铜镯、铜剑、玛瑙和海贝等。

13 - B₄　**红岩山岩洞葬**　〔凤梧乡香美行政村下里沙屯东南侧红岩山·明—清·县文物保护单位〕　红岩山高约 150 米，岩洞在山东南面山腰峭壁上，高距地表约 50 米，洞口朝东南，高 7.6 米，宽 4.6 米，洞内进深 12 米，面积约 55 方米。洞内有 6 处洞龛置圆棺 17 具，长 0.88—1.38 米，宽约 0.4 米。棺头大足小，每棺置尸骨 1 具，无陪葬品。洞内棺木多次被扰乱，尸骨散落。（见《文物》1993 年 4 期）

15 - B₅　**偏山庙岩岩洞葬**　〔坡造镇伏琴行政村昌一屯东北约 1 公里偏山（佛岩山）庙岩·明—清·县文物保护单位〕　偏山高 180 余米，岩洞在山北面峭壁上，高距地表约 150 米，洞口朝北。高 2 米，宽 4.2—7 米，进深 5 米，洞内原置棺 50 具，1982 年、1986 年普查时存 44 具，均为圆棺，子母口，棺两端有对称的牛角形或燕尾形木柄。棺长 1.4 米—1.8 米。每棺内置尸骨 1 具，属二次捡骨葬。棺前摆 7 只明代青花瓷杯。采集有铁剑、玛瑙珠、玻璃珠、海贝等遗物。（见《广西文物》1985 年 2 期）

16 - B₆　**压旺岩洞葬**　〔黎明乡黎明行政村黎明村东约 700 米念山压旺洞·明—清〕　岩洞在念山西面峭壁上，高距地表约 150 米，洞口朝西，高约 3.5 米，宽 2.1 米，洞内进深约 50 米，面积约 105 平方米。洞内原置牛角柄圆棺 9 具，1956 年打开 3 具。棺中有颅骨 1 个，身骨数块，无随葬品。属二次葬。1986 年调查时，洞内仅存一些残朽棺木及散乱的人骨遗骸。

17 - B₇　**岜央山岩洞葬**　〔太平镇古案行政村供屯西南约 250 米岜央山·明—清〕　岜央山高约 70 米。岩洞在山的西北壁半山腰上，高距地表约 30 米。洞口朝西北，洞中部为圆形洞厅，棺分置于洞厅四壁的 4 个自然洞龛中，其中南壁洞龛置棺 15 具，分三排东西向放置；北壁洞龛 6 具，分两排南北向放置；东壁洞龛仅见有朽棺、朽骨；西壁洞龛棺已被破坏。棺一般长 0.8—1 米、宽 0.4 米左右，头大足小，两端各有木柄，棺内置尸骨 1 具，有的头盖一块花白布。（见《广西文物》1987 年 1 期）

18 - B₈　**更会山岩洞葬**　〔太平镇仰良行政村岜乐下屯东面约 1 公里更会山·明—清〕　更会山高约 100 米。岩洞在山的东麓岩壁上，岩洞高距地表约 40 米，洞口朝东。洞内南壁有一洞龛，内置圆棺 1 具，长 1.3 米，头大足小，子母口套合，头、尾各有木柄。棺内有骨骼残肢，无随葬品。

19 - B₉　**王山岩洞葬**　〔凤梧乡香美行政村王山屯王山·明—清〕　岩洞在王山西南壁，高距地表约 40 米，洞口朝西南，宽 8 米，高 6 米，洞内进深 25 米。洞北壁大、小两个壁洞塞满带柄圆棺。大壁洞置放 8 具，分三层，下层 4 具，中层 3 具，上层 1 具；小壁洞放 7 具，下层 3 具，中、上层各 2 具，在岩口处还有 5 具。棺内有尸骨，无随葬品。（见《广西文物》1985 年 2 期）

20 - B₁₀　**亭豆山岩洞葬**　〔坡造镇敬村行政村亭豆屯亭豆山·明—清〕　岩洞在亭豆山西南峭壁上，高距地表约 80 米，洞口朝南，洞口高 20 米，宽 6 米，进深 9 米。内分上、中、下三洞。上洞原置棺 100 余具，20 世纪 50 年代调查时，洞内存圆棺 30 余具，棺头大足小，两端有牛角形或燕尾形木柄，棺内尸骨为二次葬。1958 年、20 世纪 60 年代棺木大部被烧毁。多次入洞采集有宋代陶瓷片、明代铜钱、玛瑙珠、琉璃珠、铜手镯、铜耳环、环首铁刀、小铁环、木梳等，洞东、西壁上各有一处清雍正十二年（1734）题记。（见《文物》1993 年 1 期）

21 - C₁　**平果旧码头**　〔马头镇西街街尾右江北岸边·清代〕　清初由来往的商人捐银修建而成，清康熙四十二年（1703）归德州头目许帝州及广东潮州府饶平县信士朱士秀等修复扩建。码头共有 4 级平台 117 级码头踏跺，长 53 米，宽 3.2 米，岸边有 6 个泊位，四条滑道。

527

22 - C₂　东壁塔　〔旧城镇菊良行政村内洪屯东面约700米的般达山·清代·县文物保护单位〕　建于清道光二十七年（1847）。是内洪屯村民集资兴建的风水塔。塔用料石砌成，平面呈六边形，底层边长1.7米，高9米，六角攒尖顶。底层中空，西面开长方门，门上方近塔中部嵌椭圆石块，上竖刻"东壁塔"4字。塔内置有神龛，神龛两旁刻对联"者番创建当题雁，是个神灵正占鳌"，横批"笔补天功"。

23 - C₃　良州石板桥　〔海城乡拥良行政村上良屯北边约200米的良州河上·清代〕　建于清咸丰二年（1852）。东西走向，两台四墩梁式石板桥，长16米，宽2米，墩间距约2.1米。桥墩以石砌成，桥面由2块宽约1米的石板并排铺成。桥东面约8米处有石碑1方，高1.1米，宽0.58米，厚0.2米，碑文记载良州桥修建历史及捐款人芳名。

24 - C₄　那供石拱桥　〔太平镇那供行政村那供屯东约40米那供河上·清代〕　建于清光绪十年（1884）。南北走向，单孔石拱桥，长32米，宽2.5米，拱跨4.5米。桥身、桥拱以料石砌筑，桥面用石板铺平，两侧置条石护栏，两端设踏跺。北桥头立有建桥碑1方。

25 - C₅　蒋氏祠堂　〔新安镇那劳行政村那劳屯·清代〕　建于清光绪二十五年（1899）。坐南朝北，砖木结构，三进院落，占地面积约456平方米。现存中座、后堂，均面阔三间，进深三间，青砖墙，抬梁式木构架，硬山顶，盖小青瓦。后座明间内凹，卷棚廊顶，开隔扇门。

26 - D₁　八峰山摩崖石刻　〔旧城镇兴宁街后八峰山·明—清·县文物保护单位〕　摩崖石刻7方。分布在八峰山东侧的第一、二座山峰上。在第二座山峰东面约16米的绝壁上，有明成化十年（1474）思恩土官知府岑瑛榜书"兴宁"，刻面高6.8米，宽5.8米，字径3.06—2.26米，阴刻，楷书。其右下方6米，有1912年春许修恭诗刻一首，刻面高0.36米，宽0.53米，阴刻，楷书。另5方石刻分别刻于两个岩洞中，其中凉炎洞4方，洞口右侧石壁上有清广东都指挥韦玉清榜书"爱敬"2字，阴刻，楷书，刻面高1.4米，宽0.82米。洞中天面石壁上有清监察御史丁宁的榜书"瞻云"2字，阴刻，隶书，刻面高1.8米，宽1.26米。洞中两侧石壁上有无款榜书"慕然"2字，阴刻，篆书；还有无款的榜书"忠孝"2字，宋体，阴刻。云深古洞顶上有明思恩土司知府岑瑛的榜书"云深"2字，阴刻，镀金宋体，字径宽0.6—1米。

27 - D₂　阳明洞摩崖石刻　〔马头镇港口右江南岸观音山阳明洞·明—清·县文物保护单位〕　洞口高1.8米，宽0.8米，洞内有前后二厅。有摩崖石刻14方。洞口摩崖有明嘉靖七年（1528）王守仁横行榜书"阳明洞天"，字径0.77米，楷书，阴刻。崖壁上有记刻"嘉靖拜书"，明嘉靖七年（1528）刻。刻面高3米，宽4米。刻文竖行，楷书，阴刻。碑文记述王守仁征剿田州土司卢苏等的史实。除此，还有清代官吏、文人题诗、题榜等12方。

28 - D₃　青秀山摩崖石刻　〔果化镇槐前行政村槐前屯东北约800米青秀山·明代〕　摩崖石刻1方。明景泰七年（1456）刻。刻于高出地面约40米的东面崖壁上。刻面高约3米，宽约1米。刻文竖2行，计11字。无首题，正文榜书"青秀"2字，字径0.8米，颜体，阴刻。落款"景泰七年赵氏题书"。

29 - D₄　靖远山摩崖石刻　〔坡造镇都阳行政村三板屯北面约500米的靖远山北麓山腰·明代〕　摩崖石刻2方。明成化十一年（1475）刻。一方刻面长1.65米，宽0.65米。刻文竖3行，计23字。中为榜书"靖远山"3字，字径0.38—0.55米，正楷，刻面右侧竖行刻"明成化岁次乙未季秋吉日"，左侧竖行落款"骠骑将军舞阴后裔书"。另该刻北侧约150米处，距地面约30米处的天然崖壁上有榜书"顺山"2字，楷书，阴刻。

30 - D₅　江洲摩崖石刻　〔马头镇雷感行政村江洲屯前山脚下山泉旁的石壁上·明代〕　摩崖石刻1方。明弘治末年（1505）刻。刻面高2.16米，宽1.28米。正文为明代思恩知府岑浚竖行榜书"灵湫"2字，字径0.96米，楷书，阴刻。

31 - D₆　崇贞观碑记　〔旧城镇文化活动中心的西北角·明代〕　碑刻1方。明成化五年（1469）立。碑高2.2米，宽0.85米，厚0.15米。登仕佐郎田州知府儒学教授香山卢撰之，中顺大夫知府兼来守阳岑某篆额，承直部田州军民府通判陵水季丹。额题"崇贞观碑记"5字，篆体。碑文竖行，阴刻，正楷，记载了修建崇贞观及立碑的原因和经过。

32 - D₇　梅泉胜景匾刻　〔旧城镇菊良行政村布美小学·清代〕　匾刻1方。清咸丰十年（1860）刻。匾长2.2米，高0.9米，刻"梅泉胜景"4字，字径0.6米，楷书，阴刻，无落款。原为文昌阁的门额，后阁毁，镶在布美小学墙上。

33 - E₁　山心"万人坟"碑刻　〔果化镇山营行政村山心街·清代〕　原有碑刻2方，仅存万人坟碑刻，清光绪二十五年（1899）立。碑高1米，宽0.65米。碑文竖行，楷体，阴刻。碑文记述"万人坟"的由来：清咸丰十年（1860）太平军石镇吉部攻百色城失利，南撤经此受团练阻击，双方激战，团练死300余人，后集尸合葬于山心圩，俗称"万人坟"，并建庙以祀。坟、庙早毁。

34 - E₂ 果德县政府旧址 〔马头镇·1915—1949年〕 1915年，果化、归德两土州及白山、下旺两土司的一部分合并设置果德县，治马头镇。1951年行政区域调整，又将平治、果德两县合并，取两县名各一字，称平果县。旧址坐北朝南，原为两进院落由前座、后厅、天井及两侧厢房组成，占地面积约1000平方米。现存后厅，坐北向南，砖木结构。面阔三间，抬梁式木构架，硬山顶，盖小青瓦。人字山墙，正面开拱门2个。

35 - E₃ 古案自卫军碉楼 〔太平镇古案行政村供屯东北约40米小石山·1928年〕 1927年"四·一二"以后，中共广西特委（后改为临时省委）在右江地区组织农民自卫军对敌开展武装斗争。右江农民自卫军副总指挥黄书祥在古案村组织农民修建碉楼作为自卫军活动据点。碉楼建于1928年，位于小石山顶。平面呈方形，面阔、进深皆4米，高4米，用方料石砌筑，北面开门，另三面墙上设有枪眼。

36 - E₄ 龙旧自卫军兵工厂遗址 〔果化镇槐前行政村龙旧屯北面约1公里的龙蚕山和龙出山间的山谷中·1929年·县文物保护单位〕 1929年12月，为解决枪支弹药的困难，右江农民自卫军在龙旧屯山弄中建立兵工厂，修理枪支，翻新弹药。工厂仅有木风箱、铁砧、老虎钳、钻膛机等简陋设备。厂址原为砖墙瓦面平房，占地面积约60平方米。现仅存墙基和当时制造火药用的2个石臼、水井等遗物、遗迹。

37 - E₅ 布甘自卫军兵工厂遗址 〔太平镇那供行政村那供屯西南约200米的布甘山山坳·1929年〕 1929年10月，右江农民自卫军为解决枪支弹药的困难在那供山山弄中建立兵工厂，拥有刨床、钻膛机、木风箱等简陋设备。厂址原为石墙茅草房，面阔五间，占地面积约1200平方米。现仅存山峡口一段石围墙和厂房一段石墙基。石围墙长25米，高3米，厚0.6米，开有多个枪眼。

38 - E₆ 敢墨岩国际歌壁书 〔榜圩镇福吉行政村福吉村西面约1公里敢墨岩·1929年·县文物保护单位〕 1929年黄显金、梁乃武等领导的农民赤卫军在福吉村一带活动，驻扎在福吉村附近的敢墨岩（又称那北岩）。洞内北壁上遗存当年用墨书写《国际歌》歌词和"打倒蒋介石！""世界革命成功万岁！""共产党万岁！"等标语10余条。敢墨岩为石灰岩洞，位于半山腰，距地面约200米，洞口朝南，洞宽3米，高2米，进深12米。

39 - E₇ 果化区苏维埃政府旧址 〔果化镇果化街关岳庙·1929年·县文物保护单位〕 1929年—1930年间，果化区苏维埃政府和右江农民自卫队在果化镇关岳庙成立。旧址建于清乾隆末年（1795），同治九年（1870）重修。坐南朝北，砖木结构。两进院落，由前后殿、左右厢房、天井组成，占地面积约750平方米。现存后殿，面阔五间，进深三间，硬山顶，脊饰博古，盖小青瓦。人字山墙，设前檐廊。

40 - E₈ 黎明红军洞 〔黎明乡黎明行政村巴旺屯东北面约1公里敢墨岩·1930年·县文物保护单位〕 1930年冬，右江农民自卫军副总指挥黄书祥率领100多名自卫队员与黄显金领导的自卫军，驻扎敢末岩，被敌人围困36天，最后突围出去。群众将敢墨岩改称为"红军洞"。该岩为石灰岩洞，南北对穿，南洞口高2米、宽3米，北洞口高5米、宽7米，进深约300米。岩洞内存有石墩、石床，南洞口用石筑的防御工事长20米，高2米，厚0.6米。

41 - E₉ 夏威白龙岩题刻 〔马头镇马头山西面白龙岩·1930年·县文物保护单位〕 摩崖石刻1方。抗日战争时期，国民党第16集团军司令部驻马头镇白龙岩。集团军司令夏威于洞口东面崖壁上题刻榜书"白龙岩"3字，字径0.4米，楷书，阴刻。白龙岩洞口高4米，宽3米。洞内是宽敞的大洞厅，宽6米，进深12米。

42 - E₁₀ 长沙屯惨案遗址 〔果化镇山营行政村长沙屯·1931年〕 1931年2月4日晚，中国工农红军第七军21师独立团主要领导被国民党军3个连包围在长沙屯，独立团的领导在那豆屯自卫队队长黄月亮的护送下撤离。国民党军在该屯烧杀抢掠，制造了"长沙屯惨案"，红军及村民15人被杀害，4人下落不明，20多间民房被烧，屯里的群众全部失散。1951年，长沙屯改名为"红七屯"。

43 - G₁ 上马头石器出土点 〔马头镇县食品站背后右江西岸的岭坡上·旧石器时代〕 1982年，在岭坡地表采集到1件打制的砾石砍砸器。

44 - G₂ 新华石器出土点 〔新安镇新华行政村新华村北约300米·旧石器时代〕 1982年5月，在新华村北面的右江段南岸，高出河水面约35米的土岭上，采集有打制的砾石砍砸器1件，石片多件，均为单面打击，片疤浅短，个体较小，长0.1米，宽0.08米。

45 - G₃ 马头石器出土点 〔马头镇南约300米·旧石器时代〕 1982年5月，于马头镇南面的右江段西岸，高出水面约40米的第Ⅲ级阶地上采集砍砸器、石片多件，均用砾石打制而成，刃部因受流水搬运而较圆钝，长0.18米，宽0.1米。

46 - G₄　驮感石器出土点　〔马头镇雷感行政村驮感屯南约 300 米右江北岸的岭坡·旧石器时代〕　1982 年，在驮感屯南面的右江北岸的第 II 级阶地孤岭上，采集到砍砸器 4 件，加工简单，只在砾石的一面打出刃部，其余保留砾石面。长 0.15 米，宽约 0.08—0.1 米。

47 - G₅　那沙石铲出土点　〔新安镇咸曹行政村那沙屯北面约 500 米古梨地·新石器时代〕　1974 年，在那沙屯北面古梨地的古河道旁出土石铲 1 件，细砂岩制成。柄短小，双平肩，束腰，舌状刃，通体磨光，长 0.25 米，宽 0.2 米。

48 - G₆　那厘石铲出土点　〔马头镇雷感行政村那厘屯北约 150 米·新石器时代〕　1985 年，在那厘屯北面一个岩洞边出土大石铲 1 件。细砂岩制成，双肩，柄短小，束腰，舌状刃，通体磨光，长 0.22 米，宽 0.12 米。

49 - G₇　那海钱币窖藏出土点　〔海城乡那海行政村那海屯·北宋〕　1998 年，在那海村出土铜钱 1 罐。铜钱重约 10.5 公斤，计有 3700 多枚，均为唐至北宋间的铜钱。

靖西县

1 - A₁　宾山遗址　〔新靖镇靖西中学校园内东侧约 50 米宾山下洞·旧石器时代·县文物保护单位〕洞穴遗址。1970 年发现。面积约 85 平方米。洞口朝西南，高距地面约 20 米。洞口高 1.5 米，宽 3—4 米，进深 22 米。洞内堆积胶结坚硬，呈黄色。文化堆积厚 0.6 米。1985 年、1986 年 2 次试掘，揭露面积 10 平方米，出土夹砂绳纹陶片、石器残片、砺石等及 20 枚人牙化石，石化程度较浅。此外还发现了大熊猫、象、虎、猴、猪、牛、鹿、豪猪等 13 种动物化石。

2 - A₂　农林坡遗址　〔新靖镇那耀行政村那耀村北面约 500 米农林坡·新石器时代〕　山坡（台地）遗址。1985 年发现。遗址面积约 1500 平方米。1985 年 9 月试掘，揭露面积 16 平方米。堆积分三层，文化层厚 0.3—0.5 米，出土石斧、有肩石斧、石锛、石铲等 26 件，以及饰绳纹夹砂红、黑色陶片。

3 - A₃　天险寨遗址　〔武平乡栋本行政村把底屯东北面约 500 米孤山上·明代〕　建于明弘治十六年（1503）。系归顺州土官岑璋为割地封疆而修筑的一处防御工事，也是与外界相联系的通道之一，包括山上炮台及山腰岩洞，地势险峻，修有水池，四时不竭，上安置有炮台。现存瞭望哨、暗道等。面积约 3000 平方米。州志有记载。

4 - A₄　归顺州城址　〔新靖镇东门北约 150 米·清代〕　清乾隆二年（1737）由归顺土官所建。城址平面近似长方形，面积约 22.6 万平方米。城墙为条石砌筑，高 6 米，厚 4 米，周长 2019.6 米。开有东门（迎思门）、西门（西成门）、南门（缓远门）、小东门等四城门。各城门上建有望楼。现存残墙长 4 米，高 3 米，还有"缓远门""西成门"二门的额匾刻。

5 - B₁　岑氏土司墓地　〔新靖镇旧州街西依赞山·明—清·自治区文物保护单位〕　占地面积约 500 平方米。墓葬 4 座，其中明墓 3 座，清墓 1 座，均朝北。冢有圆丘形或八边形 2 种，用灰沙、红糖、桐油、糯米等混合土抹面，或用料石包砌，一般高 2.5 米，底径 3 米。碑座和碑盖有雕饰。其中清奉训大夫岑永干墓冢高 2.65 米，底径 1.68 米，外包砌石板呈亭阁式，上浮雕吉祥动物图案。墓前设祭台。两旁序列华表、石鼓、石麒麟等。

6 - B₂　周氏家族墓地　〔新靖镇金龙行政村排金屯西面约 40 米排提坡·明代·县文物保护单位〕　占地面积约 2 万平方米。系周氏家族墓。有墓葬 10 余座，其中包括明嘉靖年间（1522—1566）归顺州首领周继江墓、万历年间（1573—1620）归顺州头目周逢江侧室罗氏墓及 2 座夫妻合葬墓等。墓葬多朝南，冢呈圆柱形，平顶或尖顶，用石灰、沙、红糖、桐油混合土夯成，高 1.4—1.9 米，底径 1.8—3 米。皆立有墓碑。有的墓前设有石砌的祭台，两旁立华表和石麒麟等，石作已毁。

7 - B₃　周公墓　〔新靖镇环河行政村德爱屯城东路北段东侧约 5 米·明代〕　传为明代归顺州头目周公墓。墓葬朝东南，冢为圆柱形，圆尖顶，用石灰、沙、黄糖、桐油等混合土夯成，高 2.5 米，底径 4.1 米。墓碑高 1.33 米，宽 1.17 米，两侧有竹节等浮雕，碑文漫漶，仅辨识"周""直"2 字。墓前设祭台和台阶 3 级，墓后及左右两侧有马蹄形土护墙。占地面积约 230 平方米。已被盗。

8 - B₄　黄达墓　〔同德乡罗果行政村叫彭屯东面约 1.5 公里·清代〕　黄达，传为明末清初广西靖西县同德乡人。自幼习武，入伍任头目，勇冠三军，扶持归顺州有功。墓葬朝南，长方形土冢，长 2.2 米，高 1 米。清康熙年间（1662—1722）立墓碑，高 1.23 米，宽 0.7 米，额题"勇冠三军"，两旁镌挽联，碑文记载黄达之功绩。明地理学家徐霞客《粤西游记》记载有黄达事迹。

9 - B₅　覃绍周夫妇墓　〔新靖镇玉琢行政村足保屯南面约 50 米·清代〕　覃绍周（生卒年不详），相传曾在外地任官职，后被撤职回乡。墓葬朝北，冢呈六边形，高 1.5 米，底径 1.9 米，用墓碑和 5 块石板围砌，石板浮雕龙、凤、虎、龟、鹿等图案。冢顶饰石珠，占地面积约 5 平方米。墓碑为清乾隆二十九年（1764）立。

10 – B₆　张天宗墓　〔新靖镇旧州街东南约 300 米·清代·县文物保护单位〕　张天宗（？—1314），江西广信府（今上饶市）广丰县人，南宋景炎元年（1276）随文天祥抗元，兵败南下居那签（今旧州），开阡陌，设乡学，被推举为峒主。清同治三年（1864），百姓在鹤山下修筑 3 座纪念性的张天宗墓冢，并刻碑记。光绪十年（1884），又增建 5 座墓冢和墓园。皆衣冠墓，朝东，冢呈圆柱形，高 1.2—2 米，底径 1.5—2 米。占地面积约 232 平方米。

11 – B₇　明阳山洞葬　〔湖润镇新群行政村下的屯东面约 300 米明阳山·明代〕　明阳山高 150 余米。岩洞在山东南面峭壁上，高距地表约 120 米。洞口朝东南，宽约 2 米，进深 8 米。洞内置圆棺 30 余具。棺长 1.1—2.05 米，高、宽 0.4 米左右，平口或子母口套合，棺两端有角形或燕尾形木柄。棺内有 1 具人骨遗骸，没有发现随葬品，已被严重扰乱。

12 – C₁　宾山寺　〔新靖镇靖西中学东侧约 50 米宾山·清代·县文物保护单位〕　清康熙六年（1667）蜀僧“西来意”在宾山洞建普寿佛刹。道光十七年（1837）在宾山顶增建凌虚塔和亭阁。占地面积约 200 平方米。普寿佛刹及亭阁均毁，存凌虚塔，为六角形砖塔，三层，高 14.6 米，外径 3.83 米，三重檐攒尖顶，宝葫芦刹。塔基为料石砌筑，塔身一层西面开门，二、三层东、北、南三面开一圆形窗。每层出檐，塔内设梯至三层。寺内原刻张神仙像模糊，清知州王方田题联已毁。

13 – C₂　文通街水井　〔新靖镇文通街尾东南面·清代〕　建于清初，具体时间不详。井平面呈圆形，井圈以整块石凿成，径 0.48 米，井深 5.5 米，井壁上部砌片石，下部土结构，井台以料石铺砌。占地面积约 5.3 平方米。

14 – C₃　镇水亭　〔新靖镇吉坡行政村排隆屯东面约 30 米·清代〕　建于清初，具体时间不详。村民为镇洪水，积聚财富而建，故名镇水亭。砖木结构，四角柱亭，面阔 3.5 米，进深 3.4 米，高 4 米。前柱木质，后柱砖砌。两侧砖石栏杆。歇山顶，盖灰瓦。

15 – C₄　旧州文昌阁　〔新州镇旧州行政村旧州街东街边鹅泉河石板桥东侧河心岛上·清代·县文物保护单位〕　清乾隆年间（1736—1795）建，具体时间不详。1984 年落架维修。坐东南朝西北，砖木结构，四边形楼阁，面阔、进深皆 5.5 米，占地面积约 30 平

方米。阁高三层 14.8 米。砖砌阁身，三重檐四角攒尖顶，宝葫芦刹。底层西北面开拱门，二、三层四壁分别开椭圆形、圆形窗。阁内壁饰花木鸟兽彩色壁画。清嘉庆年间知州宋庆和书“蔚起南州”匾额已毁。

16 – C₅　社王水井　〔新靖镇新生街中府巷东南端·清代〕　建于清乾隆年间（1736—1795），具体时间不详。因井东面榕树下有社王土地神位，故名。井平面呈圆形，井圈为整石凿成，径 0.48 米，井深 5 米，上小下大。井壁上部砖砌，下部为泥土，井台用石头铺砌，占地面积约 30 平方米，井水四季不竭。

17 – C₆　灵泉桥　〔新靖镇城西路西河农贸大桥北侧约 15 米·清代〕　建于清道光七年（1827），因桥东头有“灵泉”而得名。东西走向，双孔石拱桥，长 10 米，宽 3 米，拱跨 3.5 米。桥身、桥拱皆以石砌，桥面铺石板。桥拱两侧各有“灵泉桥”石刻 1 方，字径 0.2 米，阴刻，楷书。

18 – C₇　云毕桥　〔新甲乡万吉行政村个麻屯东约 60 米滂凌河上·清代〕　建于清道光七年（1827）。由地方绅商和群众捐款兴建。东西走向，双孔石拱桥，长 15 米，宽 2.8 米，拱跨 2.1 米。桥身、桥拱皆以石砌，桥面铺石板，两侧设条石护栏，两头石踏跺已不存，桥西面立建桥碑刻 1 方。

19 – C₈　把球桥　〔新靖镇建丰巷东约 200 米龙潭河上·清代〕　建于清道光二十年（1840）。东西走向，七孔石拱桥，长 46.9 米，宽 2.6 米，拱跨 3.4—5 米。桥身、桥拱以料石砌筑，桥面铺石板，两侧设长条石护栏，两端有石踏跺。

20 – C₉　那马文昌阁　〔地州乡罗隆行政村那马屯东南约 1 公里·清代〕　建于清道光二十年（1840）。1984 年修缮。坐西朝东，砖木结构，单体建筑，占地面积约 10.2 平方米。阁平面呈四边形，面阔、进深均一间 3.2 米，高三层 10.5 米，三重檐，四角攒尖顶，宝葫芦刹。底层西面开一拱门，二、三层四壁开圆形和扇形窗，阁内各层均木楞楼板、木楼梯，阁外墙壁有建阁碑记 1 方。

21 – C₁₀　鹅泉长桥　〔新靖镇鹅泉行政村东南约 10 米鹅泉河上·清代〕　建于清末。东北—西南走向，十五孔石拱桥，长 70 米，宽 1.95 米，拱跨 3.9 米。桥身、桥拱以料石砌筑，桥面铺石板，两端设石踏跺。

22 – C₁₁　金泉　〔新靖镇城北金山东面约 20 米·清代〕　始建时间不详，清代曾多次修整。因位于金山旁，故名金泉。泉口呈三角形，泉周护壁呈梯形，长 23.5 米，宽 3.5—4.5 米。石板铺砌，分饮水、洗菜、洗衣等水段。

23 – C₁₂　大王庙　〔新靖镇金龙行政村下古屯北侧

猴山西麓·清代·县文物保护单位〕 庙原为明永乐八年（1410）土司岑永福修建的衙署，至清代，村民改衙署为大王庙，供奉岑氏神位。坐北朝南，砖木结构，二进院落，由前殿、后殿、天井、厢房组成，占地面积397.7平方米。前、后殿面阔三间，抬梁式木构架，硬山顶，盖小青瓦。前殿为大门，前置檐廊，立石鼓2面，存残石麒麟1尊。廊前置石踏跺15级，后殿设祭坛、石香炉1座，庙后东侧有一石洞，洞壁有清人题记16方。

24 – C₁₃ 猫泉 〔新靖镇中山社区菜园下屯东南约50米·清代〕 清代曾修泉口。泉周护壁呈四方形，边长0.8米，水深1.6米，占地面积4.3平方米。1978年用石围砌泉边。传昔时泉边草木丛生，常有野猫出没，故而得名。

25 – C₁₄ 大计隆拱桥 〔新靖镇五隆行政村大计隆屯东面约500米龙潭河上·清代〕 建于清代，具体时间不详。东西走向，五孔石拱桥，长20.3米，宽2.2米，拱跨3米。桥身、桥拱以料石干砌，桥面铺石板，两侧设条石护栏，两端有石踏跺。东桥头原有凉亭和建桥碑刻，已毁。

26 – C₁₅ 武庙水井 〔新靖镇·清代〕 建于清代，具体时间不详。井口平面呈圆形，井圈以厚0.5米的整石凿成，内径0.38米。井深4.8米，井壁以砖围彻。井台用料石铺砌，周围有石砌围墙。占地面积约12平方米。

27 – D₁ 神仙洞摩崖石刻 〔新靖镇东利行政村布胧屯南面约300米山腰·南宋·县文物保护单位〕 传说张神仙（张瑯旺）修道于洞中，故名神仙洞。有摩崖石刻5方，刻于洞内高0.6—1米的西南洞壁上，南宋乾道四年（1168）刻。黄充书，张刚撰文并书丹，张元武刻。形式有题记、题诗等。包括《贡峒清神景记》1方，刻面高1米，宽0.7米。文竖行，共251字，记载石刻事由、撰写、丹书者和石刻日期。"纯阳真人作"1方，题诗3方。刻面最高1.1米、宽0.9米。字径0.04—0.11米，楷书，阴刻。诗和题记内容均为称颂仙人之德。

28 – D₂ 鹅泉摩崖石刻 〔新靖镇鹅泉行政村念安屯西北面约250米石山上·明—清·县文物保护单位〕 鹅泉又名灵泉。泉西面崖壁有摩崖石刻1方。刻于明代，具体时间不详。刻面高0.7米，宽1.3米。作者不详。榜书"灵泉晚照"4字，字径0.34米，楷书，阴刻。另外，清嘉庆后，在鹅泉杨媪庙前立有《鹅泉亭碑》《重建鹅泉》《重建凉亭》碑刻3方，碑高1.5—1.34米，宽约0.7米。碑文竖行，楷书，阴刻。碑文内容主要记述修建鹅泉亭事由和捐款人芳名。

29 – D₃ 紫壁山摩崖石刻 〔新靖镇旧州圩西南面的紫壁山·明代·县文物保护单位〕 在高出地面约15米的岩壁上，有摩崖石刻2方，其中榜书、题诗各1方。明归顺州土司岑远继撰文并书丹，明成化六年（1470）刻。榜书刻面高0.4米，宽1.5米，题"紫壁樵歌"4字，字径0.25米，楷书，阴刻。题诗为七律一首，刻面高0.7米，宽0.9米，诗文赞紫壁山之自然美景。

30 – D₄ 云峰山摩崖石刻 〔新靖镇旧州行政村岜诺屯东面约50米云峰山·明代·县文物保护单位〕 有摩崖石刻2方，其中榜书、题诗各1方。明成化六年（1470）刻。归顺州土司岑宗绍撰文并书丹。一为榜书"北径云峰"4字，字径0.35米，刻面高1.1米，宽1.4米。二为七律诗刻一首，刻面高0.4米，宽0.3米。均为楷书，阴刻。

31 – D₅ 作弄山摩崖石刻 〔地州乡坡豆行政村三况屯西南面约30米作弄山·明代·县文物保护单位〕 摩崖石刻2方，其中榜书、题诗各1方。明成化七年（1471）刻。明归顺州土司岑远继撰文并书丹。其一为榜书"幽隐"2字，刻面高0.56米，宽0.9米，字径0.35—0.48米。其二为七律诗一首，刻面高0.9米，宽0.8米。诗文8句56字，写岑远继弃官回乡的隐居生活。两方石刻均为楷书，阴刻。

32 – D₆ 天泉山摩崖石刻 〔地州乡甘荷行政村新甲屯西北面约30米天泉山·明代·县文物保护单位〕 摩崖石刻1方。刻于明代，具体时间不详。石刻高距地面约50米，刻面高1米，宽1.7米。楷书，阴刻，横行榜书"天泉"2字，作者不详，据州志记载，传为明代名人手迹。

33 – D₇ 照阳关摩崖石刻、壁书 〔安德镇西北1.5公里照阳山上洞·清代·县文物保护单位〕 有摩崖石刻2方。照阳山自古设关，今残存石墙。在上洞的西壁有清道光年间（1821—1850）行书和篆书分别题刻的榜书"照阳关"各1方，行书字径0.33米；篆书字径0.3米。此外，在洞内壁上还有3方墨书题诗，楷书，字迹已模糊不清。

34 – D₈ 太极洞摩崖石刻、壁书 〔新靖镇吉坡行政村大吉坡屯西面约250米太极山·清代·县文物保护单位〕 太极洞洞口朝西，有摩崖石刻12方，壁书15方。清乾隆年间（1736—1795）为县人彭绍英别墅。清光绪十一年（1885）设私塾学堂；抗战时期，为电报局所在地。原建有药王庙、四象亭，现已毁，仅在洞口上方和侧壁留下"太极洞""救世济人"等石刻及墨写壁书15方。为当地名人、游客所题，字径0.3—0.35米，多为行书。

35 – D$_9$　**望江亭碑刻**　〔新靖镇东北约 1 公里龙潭河望江亭·明—清·县文物保护单位〕　1973 年在大龙潭坝下修建"望江亭"，并把原有"嵌漱亭"（已毁）的碑刻也立于此。"鹅"字碑 1 方，清嘉庆二十年（1815）立。碑额有光绪年间（1875—1908）题序，序文云："鹅字为辽代海门淡人书。嘉庆二十年归顺知州宋庆和拓刻。""鹅"字为一笔书成，字径 0.022—1.35 米，草书，阴刻。两旁有拓刻明代王阳明草书联"壮思风飞冲情云上，和光春霭爽气秋高"。

36 – D$_{10}$　**鹅泉碑刻**　〔新靖镇鹅泉行政村念安屯西北面约 50 米鹅泉岛龙王庙前·清代〕　碑刻 3 方。平排立，碑阳向东，其中《鹅泉亭碑》于清嘉庆六年（1801）立，高 1.38 米，宽 0.7 米。《重建鹅泉碑》于光绪五年（1879）立，高 1.34 米，宽 0.69 米。《重建凉亭碑》于光绪十六年（1890）立，高 1.5 米，宽 0.72 米。碑文记载明嘉靖皇帝赐名"灵泉晚照"而得名之灵泉。

37 – D$_{11}$　**东山摩崖造像及岩画**　〔新靖镇旧州街东约 800 米东山·明—清·县文物保护单位〕　在山之南壁，有摩崖佛像 1 尊，岩画 1 幅。摩崖佛像上身着唐装，下身着壮族百褶裙，双手合于腹部，坐在莲花台上，高 0.16，宽 0.12 米。其上墨书"谢氏殿"3 字。岩画为线刻人骑马及马图像各 1 个。另有明清时期的摩崖石刻、墨书 30 余方，其中明成化六年（1470）归顺州土官岑宗绍榜书"东山古迹"，字径 0.14—0.3 米，阴刻，楷书，刻面高 0.9 米，宽 1.4 米。

38 – D$_{12}$　**岩匠山岩画**　〔同德乡七联行政村农那屯东约 3 公里岩匠山·清代〕　在高三四米的洞壁上绘有人物图像 3 个，其中 1 人头上插有两条类似羽毛之物，双手下垂，双眼远望。另一图像只有头至颈部，其余模糊不清。图像高 0.35—0.5 米。用红色颜料绘制。

39 – D$_{13}$　**岩怀山岩画**　〔同德乡罗果行政村弄英屯东约 200 米岩怀山·明—清〕　画面宽 11 米，高 3—4 米，绘有龙、麒麟、马、走兽、鸟和谷穗等图像。动物图像的头均向西，图像以红色配白色、红色加黑色和黑色颜料绘制而成。在西侧石头上刻female生殖器图像 17 个，太阳纹 21 个。另外还有清嘉庆二十四年（1819）石刻 1 方，记载当年农历十一月下雪情况。

40 – D$_{14}$　**岜农山岩画**　〔化峒镇化峒街西面约 100 米岜农山·明—清〕　画面宽 10 米，高 5 米。在距地面 20 米的崖壁上绘有人佩剑骑马、马、凤、花鸟、武器等 21 个图像，均用红色颜料绘制。

41 – D$_{15}$　**弄梨屯岩画**　〔新甲乡复兴行政村弄梨屯东·明—清〕　在通往武平、大道乡的山间古道西

南端有块呈八字形的大石头，其上分别刻有人物骑马图像 1 个和云纹 6 个。图像高宽 20 厘米，云纹直径 0.04—0.05 米。已模糊。

42 – D$_{16}$　**独峰山岩画**　〔新靖镇旧州行政村西约 1 公里独峰山·明—清〕　独峰山为孤山，高 100 余米，山之北壁上发现岩画，有颜料绘制和线刻两种。颜料为红色，仅绘骑马图像 1 个，马高 0.33 米。线刻图像有卧牛、马、飞鸟、人物、飞天、花灯图像，其中人物图像身穿百褶裙，似为壮族female图像。

43 – D$_{17}$　**独秀山岩画**　〔新靖镇旧州行政村岜诺屯独秀山·明—清〕　有岩画 1 处，岩画绘于山之西壁，高距地面 30 余米的岩厦中，绘有人物、牛、牵马、鸟图像。人像高约 0.4 米，马图像高 0.35 米。鸟图像 3 个，皆高冠长尾巴。

44 – D$_{18}$　**太极山岩画**　〔新靖镇西面约 1.5 公里太极山·明—清〕　太极山高 80 余米，山南麓有太极洞，洞内壁上用黑色颜料绘山羊图像 2 个，羊高约 0.2 米，长 0.25 米。

45 – D$_{19}$　**渠那山岩画**　〔武平乡凌爱行政村爱桐屯东北渠那山·明—清〕　在渠那山石壁上，绘人像 1 个，头作圆圈形，双腿呈分开半蹲式，未见双手。岩画用红色颜料绘制。

46 – D$_{20}$　**垢龙岩岩画**　〔同德乡果老行政村果志村东北约 10 公里垢龙山·明—清〕　在垢龙山岩厦的岩壁上，绘有鸟、兽及图像。用黑色颜料绘制。因山洪原因，图像多已没入地面底下，具体情况不明。

47 – D$_{21}$　**岜等山岩画**　〔新靖镇吉坡行政村地州屯约 50 米的岜等山·清代〕　岜等山四周陡峭，山底北面有一小岩洞，洞高 2 米，宽 3 米，进深 2 米，在洞壁距地面 1.8 米高处，有以黑色颜料绘画的人物骑马图像，图像高 0.19 米，宽 0.27 米。

48 – D$_{22}$　**岜赞山岩画**　〔武平乡凌爱行政村岜三屯北约 250 米岜赞山·清代〕　画面朝东，共有 2 组 2 个图像，呈红色。1 组为人物图像，头部呈圆形，颈部不明显，胸宽于腰，手臂、双腿叉开半蹲姿势，身高 0.9—0.7 米。另 1 组为椭圆图像，高 2.2 米，宽 1.1 米。内有 1917 年县府墨书文告，内容为关于判决水利纠纷之事，600 多字，将椭圆图像右下侧覆盖。

49 – D$_{23}$　**岜姜山岩画**　〔新靖镇旧州行政村西约 1 公里岜姜山·清—民国〕　岩画高出地面约 2 米，画面高 2 米，宽 10 米，绘有人物、凤鸟图像 4 个。画用红色颜料勾勒。图像高 1.2—2 米，宽 0.08—0.23 米。另有石刻 3 方，墨书 4 方，已模糊不清。

50 – E$_1$　**三台山营盘遗址**　〔龙临镇龙临街西北约 1.2 公里三台山·1864—1868 年·县文物保护单位〕

清同治三年至七年（1864—1868），天地会首领吴亚终据此山为营盘，前后达五年之久。三台山东、西、南三面为悬崖，仅北面有一小径可通。山上有营盘遗址和耕地。营盘四周石砌围墙，存残墙基高1~5米，厚1米，残长约400米。东北峰东南侧存瞭望哨，石砌六边形，高4米。主峰上尚存正方形平台，面积约20平方米，周砌石墙，墙高1.5米，厚1米，称"天花营"。

51-E₂ 黑旗军创建地址 〔安德镇长东街25号东面10米·1865年〕 清同治四年（1865）三月，刘永福带领200余部众投靠天地会首领吴亚终，并在北帝庙创建黑旗军，以三角七星黑旗为军旗，在庙里烧香盟誓祭旗，称为黑旗军。北帝庙建于清乾隆三十四年（1769），庭院式，坐北朝南，1958年毁。现仅存门槛石、石墩、石凳、石香炉及《鼎建北帝庙碑记》残件等遗物。

52-E₃ 连城要塞遗址和友谊关（靖西县境段）〔龙邦镇、安宁乡、湖润镇、岳圩镇、吞盘乡、岳圩镇、壬庄乡中越两国边境线中方一侧·1885—1898·全国重点文物保护单位〕 连城要塞是清末广西提督、边防督办苏元春于清光绪十一年至二十四年间（1885—1898）督建的边防军事设施。靖西县境段分布在龙邦镇、安宁乡、湖润镇、岳圩镇、吞盘乡、壬庄乡沿边一带，现存有炮台、碉台、关隘等。

E₃₋₁ 十二道门炮台 〔龙邦镇龙邦街南约800米土山顶·1892年〕 清光绪十八年（1892），广西提督、边防督办苏元春部将蔡任祥督建。位于海拔853米土山顶，平面呈梅花形，用料石砌成，长31.5米，宽22.5米，高11.4米。内外共有12个拱门，故名。北面正门，门额上嵌"边民永赖"4字。内设通道、粮仓、水池、弹库、观察所、隐蔽部等，有5处踏跺通往台顶，台顶设炮位5处。

E₃₋₂ 金龟口炮台 〔龙邦镇龙邦街护龙村南约200米金龟山顶·1889年〕 清光绪十五年（1889）冬，广西提督、边防督办苏元春督建。炮台位于海拔903米金龟山顶，三面悬崖峭壁，北面仅有一山径可通。炮台平面呈半圆形，料石构筑，长13米，宽7米，高2.59米。南面设2个炮口，西面设观察哨，东北面开拱门，门额刻"金龟口炮台"匾。炮台东、西、南三面砌围墙。

E₃₋₃ 品明炮台 〔龙邦镇品明行政村品明屯西南约700米·1890—1898年〕 清光绪十六年至二十四年间（1890—1898），广西提督、边防提督办苏元春督建，属边防二道防线。炮台用料石干砌筑，外围墙呈正方形，边长6.6米，残高1.4米，内炮台平面呈圆形，高3米，径4米。西北面开门，其余三面各设1炮口。占地面积约43平方米。

E₃₋₄ 那廪炮台 〔安宁乡那廪行政村下屯·1890—1898年〕 清光绪十六年至二十四年间（1890—1898），广西提督、苏元春督建的边防工事。炮台平面呈圆形，内径4米，南向开一炮口，占地面积约40平方米。现完整。

E₃₋₅ 堂怀炮台 〔湖润镇华利行政村堂怀屯西面约1公里的炮台山·1885—1898年〕 清光绪十一年至二十四年间（1885—1898），广西提督、边防督办苏元春督建。炮台平面呈圆形，外墙用大石块干砌，残高1.4米。炮台用料石、灰浆砌筑，直径10米。南门面阔2米。

E₃₋₆ 龙水井炮台 〔湖润镇华利村堂怀屯北面约500米的炮台山·1885—1898年〕 当地称桐隘炮台、驮野炮台。清光绪十一年至二十四年间（1885—1898），广西提督、边防督办苏元春督建。炮台平面呈正方形，用料石干砌，入口大门面朝北，其余三面壁开有炮口。已坍塌。

E₃₋₇ 布替炮台 〔湖润镇华利行政村布替屯南约800米·1885—1898年〕 清光绪十一年至二十四年间（1885—1898），广西提督、边防督办苏元春督建。朝北，炮台平面呈圆形，方料石构筑，高约2米，内径4米。占地面积约40平方米。南向炮口1个。

E₃₋₈ 岗楼炮台 〔湖润镇华利行政村布替屯西南约1.5公里·1890—1898年〕 清光绪十六年至二十四年间（1890—1898），广西提督、边防督办苏元春督建。与东北面的布替、堂怀炮台构成组合炮台群。炮台朝东北，平面呈圆形，方石结构，内径约4米，高3米，设炮口1个，顶面露天。占地面积约40平方米。

E₃₋₉ 葛麻炮台 〔吞盘乡孟麻行政村布流屯东侧石山顶·1890年〕 又称靖边十中炮台。清光绪十六年（1890），广西提督、边防督办苏元春督建。炮台平面呈圆形，用料石干砌，内径5米。东北面开拱门，额嵌"葛麻炮台"石匾。其余三面各设1炮口，东南炮口置英制火炮1门。炮台外砌石围墙。占地面积约50平方米。

E₃₋₁₀ 老皇山炮台 〔岳圩镇利兴行政村逐骨屯西南约900米老皇山·1890—1898年〕 清光绪十六年至二十四年间（1890—1898），广西提督、边防督办苏元春督建。炮台朝北，方料石构筑，平面呈圆形，内径约4米。占地面积约40平方米。炮台顶部已塌，仅剩下半部分。

E₃₋₁₁ 岳圩炮台 〔岳圩镇隘屯南面的炮台山上·1890—1898年〕 建于清光绪十六年至二十四年间

（1890—1898），广西提督、边防督办苏元春督建。炮台朝北，平面呈圆形，内径 9.2 米，片石构筑，高约 5 米，开有两个炮口，分别指向西南面和东北面。占地面积约 68 平方米。

E₃₋₁₂ **弄英炮台** 〔岳圩镇利兴行政村弄英屯南面陇英隘旁炮台山顶·1885—1898 年〕 清光绪十一年至二十四年间（1885—1898），广西提督、边防督办苏元春督建。炮台平面外为圆形内为六边形，直径 10 米，占地面积约 78 平方米。炮台用片石干垒，入口大门朝北，台内开有 2 门炮分别指向西南面和南面；东北面和西北面墙上设有壁龛。

E₃₋₁₃ **隘屯关隘** 〔岳圩镇利兴行政村隘屯西南面约 700 米·1885—1898 年〕 清光绪十一年至二十四年间（1885—1898），广西提督、边防督办苏元春督建。关隘设置在两山之间，隘口两边用片石沿山坡垒筑石墙，北边墙长 14.8 米，高约 2 米，宽 1 米；南边为双层石墙，外墙长 16.4 米，高约 3 米，宽 1 米；内墙高 1.5 米，留石门。

E₃₋₁₄ **炮台山碉台** 〔岳圩镇利兴行政村隘屯南面的炮台山上·1885—1898 年〕 清光绪十一年至二十四年间（1885—1898），广西提督、边防督办苏元春督建。碉台平面呈圆形，径 9.2 米，占地面积约 68 平方米。围墙用片石干垒，高 2.2 米，入口大门朝西北，门外有石踏跺供上下，台内开有 2 个炮口，分别指向西南面和东北面。

E₃₋₁₅ **亭坡炮台** 〔壬庄乡邦亮行政村宁坡屯南约 1 公里·1885—1898 年〕 清光绪十一年至二十四年间（1885—1898），广西提督、边防督办苏元春督建。炮台平面呈圆形，方料石构筑。清末民初，陆荣廷曾登过炮台，故又称"陆荣廷炮台"。

53 - E₄ **黄文元墓碑** 〔武平乡武平圩·1894 年〕 黄文元（1833—1894），字焕之，广西桂平人。清同治七年（1868），随清军到归顺（今靖西）郎家圩进剿吴亚终率领的天地会，屡有战功。次年升为营官。死葬武平。墓毁，存碑。墓碑刻"皇清诰授武义都慰署云南寻沾营守府逾耆寿显老讳文元字焕之黄老府君之墓"及墓主生平。

54 - E₅ **红八军攻城遗址** 〔新靖镇汽车站北 300 米主山·1930 年·县文物保护单位〕 1930 年 3 月 7 日，为打通到右江革命根据地的通道，何家荣、袁振武等率中国工农红军第八军第 1 纵队，从龙州奔袭叛军郑超营盘踞的靖西县城。叛军据城固守，红八军连攻 7 日不克，被迫撤退。城外的主山、梁靠屯、五里桥等，是红军攻城的据点。主山又名独秀山，为石灰岩孤山，四周为开阔平地，是控制县城及其四周的制高点。

55 - E₆ **农民协会干训班旧址** 〔吞盘乡弄乃行政村念涌屯东 1 公里弄姜山·1943 年〕 1943 年 5 月，中共桂西南区特派员覃桂荣和柳北区副特派员杨烈在靖西、镇边开辟新区工作，在弄姜山弄姜岩举办第二期农民协会干部培训班。学员来自靖西、镇边两县农民协会。弄姜岩为石灰岩洞穴，高距地面约 15 米，洞内高 10 米，宽 15 米，进深 25 米，可容 50 余人。

56 - E₇ **日军侵华暴行遗址** 〔龙邦镇乡龙街·1945 年〕 1945 年 7 月 17 日，侵华日军从越南侵犯我国边境龙邦街，焚烧民房 100 余间，杀害民众 6 人。现残存当年被烧毁的陶国显家的残墙 1 堵，残长 13.5 米，高 2.5—4 米，厚 0.46 米。

57 - E₈ **弄浪岩战斗遗址** 〔南坡乡达腊行政村弄栋屯西面约 1.5 公里弄浪岩·1948 年〕 1948 年农历二月十三日，国民党军第 174 旅 26 团进犯靖（西）镇（边）游击根据地弄栋屯。游击队和群众 50 余人转移到附近的弄浪岩，坚持战斗 8 昼夜，毙敌 36 名，敌军被迫撤退。弄浪岩为石灰岩洞穴，位于半山腰，距地面约 150 米。洞内分上下两层，宽敞。现洞口石砌围墙尚存。

58 - E₉ **龙湖县民主政府旧址** 〔湖润镇湖润街中心幼儿园·1949 年〕 1949 年 9 月，龙湖民主政府在湖润镇湖润街宣布成立。旧址坐东朝西，砖木结构，三进院落，占地面积约 837 平方米。主体建筑面阔三间，青砖墙，抬梁式木构架，硬山顶，盖小青瓦。

59 - E₁₀ **《红星报》编辑部旧址** 〔魁圩乡德周行政村德周村·1949 年〕 1949 年 9 月初，中共右江上游区工委《上游报》编辑部从越南板隘村迁回广西靖西魁圩乡德周村，不久改称《红星报》。编辑部设在何生来家楼上。陈明（吕剑）任编辑。在此还举办过"青年干部培训班"。旧址坐北朝南，为面阔二间，木结构干栏式建筑，长 10 米，宽 6 米，高 8 米。

60 - E₁₁ **简字营义勇墓** 〔新靖镇龙潭水库北约 100 米龙潭坟场·1960 年·县文物保护单位〕 清光绪八年（1882），清军简字营（江西籍）奉调边防，驻扎越南保乐、宣光等处。清光绪十二年（1886）将战死和病故在疆场的 43 名将士骸骨合葬于州城外教场。1960 年因修水库迁建于此。墓葬朝南，冢呈圆柱形，用料石围砌，高 2.3 米，底径 1.84 米。碑高 1.43 米，宽 1.1 米，刻有 43 个将士名字、籍贯及亡故地点。1982 年重修。占地面积约 20 平方米。

61 - F₁ **壮族谷仓** 〔地州乡欣村行政村浓屯·民国〕 壮族建筑。长方形干栏式建筑，长 3.1 米，宽 2.5 米，高两层 5.4 米。下层空旷，高 2 米，上层高 3.4 米，上面铺板。存放稻谷。用 4 根杉木圆柱支撑。

黏土稻草糊封。北面开1门。4柱上装槽形挡鼠板。

62 - F₂ 潘甘霖大宅 〔靖西县新靖镇民权街23号·民国·县文物保护单位〕 潘甘霖，旧桂系陆荣廷部旅长兼虎门要塞司令。大宅坐南朝北，砖木结构，三进中西结合建筑，由前座、中堂、后座组成，占地面积约752.99平方米。主体建筑为两层楼阁，青砖墙，抬梁式木构架，硬山顶，盖小青瓦。屋檐雕刻花鸟图案，室内墙有彩绘壁画。大梁、挑手精雕细刻。几何棂条窗。天井铺砌石板，建有花坛。

63 - F₃ 宾山"三亭" 〔新靖镇靖西中学·民国·县文物保护单位〕 民国初，广西都督陆荣廷巡边到靖西，游宾山名胜后倡建宾山四角亭、半山亭、后洞亭，与原有清道光十七年（1837）建于山顶的凌虚塔、山腰的前洞阁组成一组相互掩映的建筑群体，亭为四角或六角形，木或砖木结构。

64 - G₁ 岜蒙水库石铲出土点 〔渠洋镇岜蒙水库坝首北·新石器时代〕 1972、1982年岜蒙水库坝首北端出土石铲2件和石锛1件。石铲有小柄，肩窄于刃，自肩至刃逐渐扩大，圆弧刃。高0.214米，宽0.09—0.16米，厚0.012米。

65 - G₂ 果乐石斧出土点 〔同德乡果乐行政村果乐村·新石器时代〕 1982年6月，果老村附近出土有肩石斧1件。通体磨光。双肩，弧刃，器身扁薄。（见《考古》1986年7期）

66 - G₃ 壬庄街铜剑出土点 〔壬庄乡壬庄行政村壬庄街·战国〕 1979年壬庄街卫生所挖出铜剑1件，已残，现存两节，中间有缺，剑身起脊，脊旁有宽浅血槽，扁茎，折肩，茎上有圆孔，有"凸"字形活动宽格，无首。（见《考古》1984年9期）

67 - G₄ 双贵山铜矛出土点 〔新靖镇西约1.5公里双贵山下野马河畔·战国〕 1982年，双贵山下野马河河湾处冲积层出土青铜矛1件。矛身两面中线起脊，空心圆骹，矛锋残断，残长0.17米，脊宽0.05米。

68 - G₅ 铁碴山铜钺出土点 〔新靖镇小龙行政村铁碴山·战国〕 1983年，铁碴山台地上出土青铜钺1件，銎首呈椭圆形，微束腰，弧刃，銎首及器身分别残损。长0.09米，宽0.06米，厚0.011米。

69 - G₆ 新靖铜鼓出土点 〔新靖镇南·东汉—唐〕 1992年，新靖镇南出土铜鼓1面。鼓面径0.965米，高0.633米。鼓面中心饰太阳纹。面沿环立四蛙。胸腰间立2耳。面饰似古文字形。后去向不明。（见民国三十七年编《靖西县志》）

70 - G₇ 庭豪山铜鼓出土点 〔湖润镇华利行政村西庭豪山·唐—清〕 1982年元月，庭豪山出土西盟型铜鼓1面，无伴随物。鼓面径0.452米，残高0.07米。鼓面太阳纹七芒，饰栉纹、雷纹填线纹、同心圆纹和变形翔鹭纹。鼓面残存四分之三。

71 - G₈ 弄江钱币窖藏 〔新靖镇武隆行政村弄江屯·宋代〕 1991年3月，弄江屯农民耕地挖出铜钱1窖。铜钱重约5公斤，除唐"开元通宝"以外，有16种宋代钱。

德保县

1 - A₁ 岩鹅洞遗址 〔东凌乡东凌行政村东平屯南约1公里岩鹅洞·新石器时代〕 洞穴遗址。1982年发现。洞口高于地面10米，洞内高约8米，宽20米。堆积层厚约1米余，面积约70平方米。采集有夹砂绳纹陶片、磨光石器及动物骨骼、炭屑等。（见《考古》1986年7期）

2 - A₂ 白山遗址 〔城关镇百登行政村腾胶屯西南约600米白山·新石器时代〕 洞穴遗址。1982年发现。白山为石灰岩孤山，有东、南二洞。东洞有黄褐色黏土堆积，曾出土石器。东面山脚有0.3—0.5米厚的螺壳堆积，残存面积约20平方米。采集有夹砂绳纹红、褐色陶片和动物碎骨。（见《考古》1986年7期）

3 - A₃ 荣山遗址 〔隆桑镇隆桑行政村荣屯北约100米荣山·新石器时代〕 洞穴遗址。1982年发现。岩洞高出地面约10米，洞口朝东南，高1米余，洞内宽6米，面积100平方米。文化厚约0.5—1米，采集有磨制石斧、动物骨骼、牙齿、蚌壳等。现洞内堆积所存无几。

4 - A₄ 岜考岩遗址 〔马隘镇安阳行政村岜考屯北约300米岜考山北麓·新石器时代〕 洞穴遗址。1982年发现。位于岜考山北麓一岩厦处，面积约30平方米，文化层厚1米余，棕黄色沙质土堆积，内含大量螺壳、动物骨骼、陶片、炭屑、烧骨等。采集有磨光石斧、石片、夹砂绳纹陶片及熊、鹿牙齿、龟甲等骸骨。（见《考古》1986年第7期）

5 - A₅ 廊岩遗址 〔城关镇马鞍行政村百登屯西北约500米巴生山·新石器时代〕 洞穴遗址。1982年发现。廊岩高出地面约4米，洞口朝北，高2.5米，宽25米，洞内文化堆积厚0.5—1米，为含螺壳堆积，采集有磨光斧、石锛等石器、陶碎片及动物牙齿、骨骼。

6 - A₆ 顶香山遗址 〔城关镇坡堂行政村大龙屯东南约800米顶香山·新石器时代〕 洞穴遗址。1982年发现。岩洞高出地面约25米，洞口朝东，洞高

2—3 米，宽 5 米，进深 10 米。在洞口距地表 0.5 米深处，发现径约 1 米胶结坚硬的火灰面，周围立 4 块石头，伴有动物骨骼。在洞口附近采集到 1 件磨制的残石斧。

7－A₇　马安营盘遗址　〔城关镇百登行政村谷隆屯西面生山山坳·明代〕　据传为镇安岑氏土司所建，面积约 2800 平方米。营盘东、西两为高山，南面是悬崖，仅北面有一条小道可出入。营盘外有环营"土官路"，营盘内原设有指挥营地、通道、夯土墙、壕沟等，现仅存有石踏跺、墙基、夯土墙、壕沟等遗迹。采集有青花瓷、陶片、铁器、石磨盘等遗物。

8－A₈　镇安府旧址　〔城关镇莲城大街、东安大街·明代〕　建于明洪武二年（1369），原为土城墙。清乾隆二年（1737）知府陈舜明改建为石城，城墙高 6 米，长约 95 米，开有东、西、南三门。城内建筑多已不存，仅存三堂、秀阳书院、八仙宫、孔庙等。面积约 4724 平方米。城外有两河环抱合流于南，为天然护城河。

A₈₋₁　镇安府三堂　〔城关镇莲城大街 26 号·清代·县文物保护单位〕　建于明洪武年间（1368—1398），清代重修。坐北朝南，土木结构，面阔五间，中间为 5 叶隔扇门，墙体用白泥夯成，穿斗式构架，硬山顶，盖小青瓦。占地面积约 200 平方米。

A₈₋₂　秀阳书院　〔城关镇莲城大街 26 号·清代〕　为清镇安府设立的学府。清乾隆八年（1743）署知府陈谟购地倡建，十年（1745）知府张光宗建。清咸丰年间（1851—1861）毁于大火，清光绪十六年（1890）署知府羊复礼重建。单体建筑，坐西朝东，砖木结构，面阔三间，前置檐廊，立木檐柱 2 根，明间 4 页隔扇门，门额挂"秀阳书院"木匾。两次间前檐为砖槛墙、木槛窗，其余三面为青砖墙。抬梁式木构架，硬山顶，盖小青瓦。占地面积约 141.59 平方米。

A₈₋₃　镇安府孔庙　〔城关镇东安大街 108 号云山小学内·清代·县文物保护单位〕　又称"文庙"，建于明嘉靖七年（1528），九年（1530）维修，二十九年（1550）移建城外东街。雍正元年（1723）迁至城内东隅，雍正九年（1731）、乾隆五十二年（1787）重修。嘉庆七年（1802）迁建于城东郊，同治四年（1865）毁于火灾，同治七年（1868），镇安府知府兴福、天保县知县叶茂松等重建。现存大成殿，坐北朝南，土木结构，面阔、进深三间，夯土墙，抬梁与穿斗混合木构架，硬山顶，盖小青瓦，脊饰卷草，灰塑"福禄寿"图案，前檐木板壁、棂条隔扇门。庙内孔子及 72 弟子塑像已毁。占地面积约 139.5 平方米。

9－B₁　岑天保墓　〔马隘镇贤李行政村个利屯北约 500 米天保山·明代·县文物保护单位〕　岑天保（1328—1394），镇安土府第十世任土官。相传在明洪武二十七年（1394）岑天保率兵征剿"寇乱"，失足跌死于响泉山，因此改称天保山。原墓于清光绪十五年（1889）重修。朝南，冢呈圆柱形，四周以料石围砌。清代当地黎庶将岑神化，在墓地建岑公祠（天保庙）祀之。20 世纪 60 年代，庙、石仪作、石像生、墓冢皆已毁。1986 年，群众用水泥砖重砌长方体墓冢，新盖三间砖瓦房，作为供奉场所。

10－B₂　岑禄鐥夫人许氏墓　〔龙光乡洞内行政村果陋屯西北约 800 米雾岭·明代〕　建于明嘉靖十二年（1533），墓葬朝东，冢呈圆丘形，高 0.5 米，底径 1.5 米。墓前立碑 1 方，记载墓主系明代镇安府土官岑禄鐥夫人许氏。

11－B₃　扶苏农游墓　〔足荣镇足荣行政村扶苏屯北面约 300 米·明代〕　墓葬朝东北，冢呈八角形，高 1.2 米，直径 1.4 米，用石板围砌，石板面浮雕花卉。墓碑高 1.2 米，宽 0.8 米，碑文模糊不清。墓占地面积约 60 平方米。据农氏族谱记载，墓主为农游，是本县农氏家族始祖。

12－B₄　武宁兰洞土官墓　〔荣华乡上茂行政村红山屯南面约 3 公里·明代〕　建于明嘉靖十五年（1536）。墓葬朝北，冢呈圆丘形，用石板及料石围砌，高 0.8 米，底径 3.8 米，冢及石碑已下陷。碑文记墓主生平，但字迹已模糊，据传为墓主明代土官岑鹏。占地面积约 20 平方米。

13－B₅　大邦土官墓　〔龙光乡大邦行政村大邦屯东北面约 50 米的山脚下·明代〕　建于清康熙五十九年（1720）。墓葬朝西南，冢呈圆丘形，用石块围砌，土封顶，高 2.2 米，底径 5.2 米。墓碑为二柱一间楼吊脚楼形式，碑面可辨"镇安府官□□德荣□史大……土世袭岑大人之墓"，其余碑文字迹不清，墓主不详。

14－C₁　官沟　〔城关镇百登行政村谷隆屯西约 600 米巴生山一带·明—清〕　明代镇安府土官捐修，具体时间不详。清嘉庆二十四年（1819）知府汤藩捐资扩建，清道光二十八年（1848）镇安府集资重修。清道光二十八年（1848 年）镇安府集资重修，并立碑规定修理章程。初始，谷隆屯分引鉴河水，至百登屯，灌溉 450 亩，长约 2.5 公里。汤藩扩建时从百登屯接引官沟水，经扶朝屯至堂列屯，全长约 6 公里，宽 1.4 米，深 1 米，官沟西引鉴水，沿沟开山凿崖，筑坝为堤，灌溉约 1500 亩。

15－C₂　要泉桥　〔城关镇上甲街西约 30 米·明代〕　建于明初，具体时间不详。当时是镇安府至归顺、小镇安厅等地的道路桥梁。东西走向，双孔石拱桥，桥长 7 米，宽 2.7 米，拱跨 3.5 米。以料石砌桥身及桥拱，桥面铺石板，两侧设条石护栏，西端有引桥及石踏跺。

16－C₃ 百粤驿道 〔城关镇狮子街东北约 500 米阿弥山坳一带·明代〕 修建于明代，具体时间不详。驿道南北走向，由镇安府经丰庶塘、忙村塘、把来塘、甘沙塘、吉都塘、镜村塘直通奉议州，为当时南北的交通要道，全长约 1.75 公里，宽 2.2—3.6 米，路面铺砌石块，较完整的有"百粤坡""红泥坡"两个路段，阿弥山东山脚有清"百粤坡"石刻；西山脚下有丰庶塘遗址；坳上有清代烟墩 1 座，旁边一块石上刻"阿弥陀佛" 4 字。

17－C₄ 积福桥 〔城关镇坡堂行政村铁匠屯西面约 150 米·明代〕 建于明代，具体时间不详。东西走向，三孔石拱桥，长 22 米，宽 1.9 米，拱跨 4.5 米。桥身用片石，桥拱用料石干砌，桥面铺石板，两侧设条石砌护栏，两端有石踏跺。西头建桥碑刻已失。

18－C₅ 还珠桥 〔城关镇西读行政村大沐屯东北约 300 米鉴河上·明代〕 建于明代，具体时间不详。初桥面为竹，继而铺木板，清道光十八年（1838）改为石板。东西走向，31 墩梁式石板桥，长 80 米，宽 1.1 米。原有碑，亭早毁。

19－C₆ 桥北屯桥 〔隆桑镇桥头行政村桥北屯·明代〕 建于明代，具体时间不详。系天保至奉议必经之路。东西走向，单孔石拱桥，长 15 米，宽 3.1 米，拱跨 8 米。桥面两侧设条石护栏，拱顶严重松裂，桥南墩下陷。

20－C₇ 隆桑神庙 〔隆桑镇隆桑行政村隆桑街隆桑初中内·明代〕 建于明代，具体时间不详，清代重修。坐北朝南，石木结构。为单座平房，面阔三间，条石砌墙，抬梁式木构架，硬山顶，盖小青瓦。占地面积约 72 平方米。庙内塑四大稷神像，立有重修庙神的"粤天遗熙""万福修同"碑刻，高 1.2 米，宽 0.7 米，厚 0.13 米。稷神像已毁。

21－C₈ 文昌阁 〔巴头乡巴头街巴头中心小学·清代·县文物保护单位〕 建于清乾隆年间（1736—1795），清道光三年（1823）重修。1979 年、1986 年修缮。坐东朝西，砖木结构。面阔、进深皆一间，阁高三层 12 米，青砖墙，三重檐，四角攒尖顶，宝葫芦塔刹，内各层设木楞楼板，有木梯可登至阁顶。底层设长方形门，额书"财神宫"，第二层方形窗，窗楣书"文昌阁"，第三层月窗，窗楣书"魁星楼"。占地面积约 30 平方米。

22－C₉ 观音庙 〔都安乡都安行政村都安街都安小学后山·清代〕 建于清嘉庆九年（1804）。坐东朝西、砖木结构，单体平房，占地面积约 120 平方米。面阔、进深三间，前置无柱檐廊，廊沿有通透矮栏杆，明间前檐为 3 页隔扇门，廊前设 5 级垂带石踏跺，青砖墙，穿斗式木构架，硬山顶，盖小青瓦。

23－C₁₀ 洞内龙神庙 〔龙光乡洞内行政村洞内屯后兰山脚古泉出口处·清代〕 建于清道光二十六（1846）。坐东朝西，砖木结构，庙与廊桥一体，后面为单体平房，面阔、进深一间，穿斗式木构架，硬山顶，双重檐，盖小青瓦。前连单孔石拱廊桥，桥面东侧与庙为一体，桥两端为拱门，东侧门柱与庙墙共为 1 柱，设石踏跺。前边为一方水池，水池中部建有石凉亭，仅遗存 6 条圆柱形石柱。占地面积约 280 平方米。

24－C₁₁ 及鱼炮楼 〔城关镇坡堂行政村及鱼屯东南面约 300 米·清代〕 建于清咸丰年间（1851—1861），具体时间不详。为抵御外敌和传递军事情报建于孤山顶。高距地面约 40 米，用片石垒成，平面呈圆形，墙高约 3 米，厚 0.6 米，占地面积约 360 平方米。西南面开门，高 1.66 米，宽 0.9 米，东南面设瞭望哨，四周墙上设枪眼。现天面已毁，西墙部分倒塌。

25－C₁₂ 双镇桥 〔都安乡都安行政村都安街西端·清代〕 建于清咸丰年间（1851—1861），具体时间不详。东西走向，三孔石拱桥，长 34 米，宽 4.7 米，拱跨 6.2 米。桥身、桥拱用料石干砌，桥面石铺，两侧设条石护栏。县志有载。

26－C₁₃ 沈公庙 〔巴头乡多美行政村美腾村小学东面·清代·县文物保护单位〕 建于清咸丰年间（1851—1861），具体时间不详。坐北朝南，砖木结构。二进院落，由前座、后殿、天井、厢房组成，占地面积约 90 平方米，前座、后殿面阔三间，进深二间。抬梁式木构架，硬山顶，盖小青瓦，庙门两侧檐墙嵌建庙碑刻 2 方。

27－C₁₄ 文昌塔 〔马隘镇大年行政村大年屯南面约 800 米·清代·县文物保护单位〕 建于清光绪年间（1875—1908）。坐北朝南，六边形三层砖塔，边宽 3.5 米。高 10 米，各层皆出单檐，六角形盔顶，葫芦形塔刹。底层开拱门，二、三层开有月窗。

28－C₁₅ 军国大庙 〔隆桑镇桥头行政村桥北屯北·清代〕 建于明代，具体时间不详。清光绪十三年（1887）重建。坐西朝东，石木结构。单座平房，面阔三间，条石砌墙，抬梁式木构架，硬山顶，盖小青瓦。占地面积约 89.6 平方米。庙内神像已毁。

29－C₁₆ 艾屯孔庙 〔那甲乡艾屯行政村艾屯南面·清代〕 建于清光绪十三年（1887）。坐北朝南，砖木结构，单体建筑，面阔三间，进深三间，前置檐廊，立石础木檐柱 2 根。前檐墙用泥砖砌筑，廊前置 2

级石踏跺。穿斗式木构架，悬山顶，盖小青瓦。大门左侧立碑刻1方，碑文记述建庙目的、捐款人名单及日期等。

30－C_{17} **桥北孔庙** 〔隆桑镇桥头行政村桥北屯北约500米·清代〕 始建年代不详。清光绪十九年（1893）重修。坐西南朝东北，石木结构，单体二层楼房，面阔、进深三间，前出檐廊，立木檐柱2根，前檐木板壁已不存，其余三面为料石墙，殿内立金柱4组18根，穿斗式木构架，硬山顶，盖小青瓦。庙内塑孔子像。占地面积约20平方米。

31－D_1 **独秀峰摩崖石刻** 〔城关镇云山独秀峰·明代、清代、民国·县文物保护单位〕 有摩崖石刻33方：其中明代1方，清代30方，民国2方。刻面约高0.5—2.2米，宽0.4—0.9米。书体多楷书和行书。有清乾隆年间罗球题《游古佛洞偶题诗》，汪少化的榜书“登独秀峰”，清光绪年间镇安府郡守颜嗣微榜书“望看”，清末天保县知县梁骏猷榜书“虫二”，民国陈宝仑《登云山》《登后龙山》诗词和1935年李品仙榜书“擎天一柱”。

D_{1-1} **李品仙独秀峰题刻** 〔独秀峰·1935年〕1李品仙榜书“擎天一柱” 〔城关镇云山独秀峰·1935年〕 李品仙（1890—1987），字鹤灵，广西苍梧县人。陆军二级上将，曾任国民政府安徽省政府主席、徐州绥署主任、华中军政长官公署副长官等职。1935年李品仙巡边到德保游云山，见独秀峰平地拔起直指蓝天，有“独秀擎天”之势，故于山之东壁题刻榜书“擎天一柱”4字。刻面高1.5米，宽0.4米。楷书。

32－D_2 **咘澜山摩崖石刻** 〔敬德镇古甘行政村马宜屯南约150米咘澜山·清代〕 摩崖石刻1方。刻于清代。在马宜屯布澜山的崖壁上。刻面高0.35米，宽0.45米。刻有“奉宪清天保、阳万分界，布澜山岩禄分界”，阴刻，楷书。为当时天保（今德保）与阳万（今田阳）二县知县所题的分界碑。

33－D_3 **马猫岩摩崖石刻** 〔城关镇上甲街北约600米马猫岩洞口崖壁·清代〕 摩崖石刻1方。清咸丰五年（1855）刻。刻面高1米，宽0.8米。文竖行，楷书，阴刻。刻文记述清咸丰五年修筑马猫岩口城墙缘由及捐款人名单。

34－D_4 **青龙岗壁书** 〔敬德镇扶平行政村扶平村东北约500米青龙岗·清代〕 壁书1方。清同治十二年（1873）书丹。壁书在高度距地表60余米的山崖上，无首题，书写面高5米，宽0.8米。落款“清同治十二年二月十九日”。正文墨书“青龙岗”3字，正楷。

35－D_5 **红坭坡修路碑** 〔那甲乡北面约3公里米红坭坡·清代〕 碑刻1方。清乾隆二十三年（1758）立。碑额弧形，碑高1.7米，宽0.9米，厚0.2米。碑文竖行，阴刻，楷书，字迹模糊，碑文记载当地村民重修百粤古道那甲乡东北面至镇安府要道山路事宜。

36－E_1 **日照岩遗址** 〔马隘镇安阴行政村大偶屯西北面约600米·1851—1861年·县文物保护单位〕 清咸丰年间（1851—1861），苏日照领导农民起义，因寡不敌众，退至大偶屯旁山坳一岩洞修筑工事坚守，后因内部分裂，苏日照被杀害于洞内，日照岩由此得名。岩洞高出地表约40米，洞口朝东南，洞高约15米，宽40米，内有小洞相通，深处有泉水，洞口筑石围墙，高约3米，长约15米，设枪眼，洞内工事用料石砌成，部分已损坏。

37－E_2 **天向农民自卫队指挥部旧址** 〔龙光乡巴酬行政村陇香屯北面·1930年〕 1930年4月，黄庆金、黄少坚等在陇香屯成立天（等）向（都）农民自卫队。年底，因国民党军队的围剿被迫撤离。期间，中国工农红军第七军政委邓斌（小平）到达陇香屯，曾在此下榻。旧址原为黄荣学家，为面阔三间，夯土墙，木构架，悬山顶瓦房。

38－E_3 **阳山红军岩** 〔燕峒乡保堂行政村果荣屯西面约500米阳山·1930年〕 1930年，中国工农红军第八军（红八军）部分战士被国民党军队围困在岩洞内，红军击毙敌军一个连长，遭敌军报复，果荣屯7个青年被杀害。后人称此洞为红军岩。阳山东、西面各有一个洞口，西面洞口近地面，东面洞口高距地面约20米，该洞宽约40米，进深约60米，面积约240平方米。

39－E_4 **陵岭中山纪念堂** 〔足荣镇足荣行政村陵岭屯·1936年〕 德保陵岭人士黄尧阶从军期间接受孙中山三民主义思想，解甲归田后兴建。初建于田垌中土坡上，1936年迁今址重建。纪念堂为两进院落，前、后两座均面阔三间，穿斗式木构架，硬山顶，砖木结构建筑，占地面积约260平方米。现为陵岭屯小学。

40－E_5 **右江下游农民自卫队指挥部遗址** 〔龙光乡巴酬行政村陇香屯北面·1930年〕 1930年4月，黄庆金等领导的天向农民自卫队在陇香屯成立，指挥部、政治部等分别设在黄荣学、农钦春、黄精才等家里。指挥部旧址为普通民房，土木结构，高二层，前檐为木板壁，门前砌石阶上下，其余三面为夯土墙体，顶盖小青瓦。

41－E_6 **陆映南烈士墓** 〔隆桑镇隆桑行政村隆桑街西面约300米处·1930年〕 陆映南（1887—1930），1929年12月，参加百色起义。中国工农红军救国奋斗团团长，在赴右江苏维埃政府汇报工作返回途经恩隆县（今田东县）大同区大榄村时，遭国民党军围捕，1930年9月17日在恩隆县布兵圩近郊英勇就义。墓葬朝北，冢为圆丘形，高1米，底径1米，用石块、石灰浆砌成。占地面积约2平方米。

42 - F₁ 芳山龙神庙 〔城关镇象山街南面芳山·1919年〕 清乾隆十九年（1754），镇安知府傅坚建于芳山顶。清光绪十七年（1891）知府羊复礼重修。1919年迁建于山腰。木结构，单座平房，面阔、进深三间，无墙，16根木柱，盆状石柱础。穿斗式木梁架，歇山顶，盖小青瓦，庙外2米处有砖、石栏墙。前出檐廊，立檐柱2根。梁柱有所损坏。立有《龙神庙碑记》1方，碑残高1米，宽0.6米，碑文记载修建龙神庙之事。

43 - F₂ 天保南桥 〔城关镇云山广场南约5米鉴水河上·1950年〕 建于明代，清雍正年间（1723—1735）扩建，1950年被法国飞机炸坏，同年重建。四孔石拱桥，料石构筑，桥长50米，宽4米，拱跨10米。桥面两侧置料石栏板。

44 - F₃ 窑庄文昌阁 〔都安乡都安行政村窑庄屯西南约500米·1985年·县文物保护单位〕 建于清乾隆年间（1736—1795），1958年被毁，1985年重建。坐东朝西，砖木结构。平面呈四边形，面阔、进深均一间，高二层10米。重檐四角攒尖顶，宝葫芦刹。每层开门和窗。

45 - G₁ 玉燕石斧出土点 〔燕峒乡燕峒行政村玉燕屯东南约200米·新石器时代〕 1982年6月，出土有肩石斧7件。斧通体磨光，双肩、弧刃，器身扁薄，分平肩和斜肩两种。（见《考古》1986年7期）

46 - G₂ 外吉石斧出土点 〔龙光乡妙怀行政村外吉屯·新石器时代〕 1982年6月，出土磨光石斧1件。长条形，器身扁薄，两侧留有打击痕迹，长0.072米，宽0.044米，厚0.011米。（见《考古》1986年7期）

47 - G₃ 多隘弄石斧出土点 〔燕峒乡多隘弄·新石器时代〕 1982年6月，出土有肩石斧1件。通体磨光，双肩，平顶弧刃，器身扁薄，双肩微凹，柄身相近，长0.08米，刃宽0.05米，厚0.016米。（见《考古》1986年7期）

48 - G₄ 那甲铜斧出土点 〔那甲乡人民政府所在地·战国〕 1982年6月，那甲乡政府建房时出土铜斧1件。銎呈椭圆形，圆弧刃呈扇形，外部有两条凸棱。长0.082米，刃宽0.06米。（见《考古》1984年9期）

田林县

1 - A₁ 百花寨遗址 〔乐里镇百花寨行政村百花寨屯所在岭坡·旧石器时代〕 阶地遗址。1982年发现。石器散布在地势较平缓的土坡上，面积约1500平方米。属乐里河岸第Ⅱ、Ⅲ级阶地。地层堆积分为两层。第一层为表土层，为灰褐色黏土，厚约0.1—0.2米。第二层为黄褐色黏土，厚约0.5—1米，出土有石制品。在遗址地表上采集到砍砸器、尖状器等石器，均用砾石单面打制。

2 - A₂ 龙王庙遗址 〔八桂瑶族乡弄瓦行政村弄瓦大桥驮娘江段下游约1.5公里·旧石器时代〕 阶地遗址。1982年发现。位于驮娘江右岸的一个低缓的山坡上，分布面积约3500平方米。调查发现打制的砍砸器和刮削器，器身保留较多砾石面。

3 - A₃ 新宁遗址 〔乐里镇新宁行政村北面岭坡·旧石器时代〕 阶地遗址。1987年发现。遗址面积约15万平方米。未发掘，在地表采集到砍砸器、刮削器、石片等打制石器，均用砾石单面打制。

4 - A₄ 风老遗址 〔乐里镇风洞行政村风老屯东南约300米的风老坡·旧石器时代〕 阶地遗址。1987年发现。遗址分布于乐里河岸第Ⅲ级阶地，面积约3万平方米。在地层的断面还可看到出露的石器，在地表发现有砍砸器、石核等打制石器。

5 - A₅ 平些遗址 〔定安镇渭密行政村平些屯北面约300米的驮娘江南岸的土坡上·旧石器时代〕 阶地遗址。1987年发现。土坡呈东西走向，属驮娘江岸第Ⅱ级阶地，地势较平缓，遗址分布面积约2700平方米。文化堆积厚约1米，在地表采集到砍砸器、石片等。

6 - A₆ 坛昔遗址 〔利周瑶族乡百达行政村那昔屯东南约100米·旧石器时代〕 阶地遗址。1982年发现。遗址在利周河岸第Ⅲ级阶地上，面积约1万平方米。1982年、1987年，采集有砍砸器、尖状器、有肩石斧石、石砧、石片等石器。（见《考古》1986年7期）

7 - A₇ 岩雄坡遗址 〔八渡瑶族乡福达行政村八江屯东南约3公里处的岩雄坡·旧石器时代〕 阶地遗址。1987年发现。遗址东、南、北三面均为高坡，西南坡脚下为驮娘江，在地表采集到打制的砍砸器、刮削器、石片等，分布面积约7500平方米。

8 - A₈ 八六坡遗址 〔八桂瑶族乡弄瓦行政村弄瓦屯西约500米驮娘江右岸八六坡·旧石器时代—新石器时代·县文物保护单位〕 阶地遗址。1982年发现。遗址由两个相连的高低不同的土岭组成，面积约1.2万平方米。属驮娘江岸第Ⅱ级阶地。1988年10月试掘16平方米。文化层厚0.3—0.35米。出土有打制的砍砸器、尖状器、刮削器、石核、磨制的有肩石斧、石钺、穿孔石器，以及少量的夹细砂陶片等。

9 - A₉ **渭寒营盘遗址** 〔八渡瑶族乡那拉行政村渭寒屯东约700米·宋代〕 遗址在山坡上，面积约90万平方米。包括4个山头。各山峰均建有指挥所、瞭望台、土垒炮台和数道战壕等，战壕沿山而筑，长20—50米，宽约5—7米。另在各山峰之间凹处建有营房、通道等。原建筑已毁，仅存战壕和房基。

10 - A₁₀ **舍岜山营盘遗址** 〔潞城瑶族乡丰厚行政村平吉屯西南约800米舍岜山·北宋〕 据《田西县志》记载，营盘系北宋侬智高所建。遗址面积约85万平方米，由南、北两个山峰组成。南山主峰东、西两面各修有三条长80米、宽6米跑马道。两山之间砌有长15米、宽6米、高0.8米石墙。北山设有炮台、瞭望台等。山腰筑数道环山战壕与跑马道。山上原有《狄青将军生平碑》，已失。

11 - A₁₁ **皮架山营盘遗址** 〔定安镇定安行政村下甲新寨屯西面约150米皮架山·北宋〕 传说是北宋侬智高所建。遗址面积约80万平方米，包括几个山头，在北面第三山峰的东、东北面筑有多层土垒战壕和兵营驻扎点，山间凹地有宿营区、跑马道、防御工事等。现遗留有小部分石垒残墙。当地村民挖出石磨、石臼、碗、铁刀等。

12 - A₁₂ **观音山营盘遗址** 〔百乐乡百乐行政村百乐街东约1.3公里·北宋〕 据《田西县志》载系北宋侬智高所建。营盘在山上，面积约6万平方米。平面呈圆形，外围用石头筑墙，高1.2—1.5米。现山北面残存长约60米，宽0.8米，高1.3米的防御工事。

13 - A₁₃ **能仁山营盘遗址** 〔八桂瑶族乡八桂街东北约300米能仁山·北宋〕 据《田西县志》记载，营盘系北宋侬智高所建。面积约95万平方米。由两个山峰组成。在两座山腰自下而上各筑数道土垒护墙，长30—60米，宽3—5米，高1.5米，山顶建有石砌烽火楼、瞭望哨等。采集有宋代残碗等遗物。现残存墙基、壕沟。

14 - A₁₄ **岩消山营盘遗址** 〔潞城瑶族乡平板行政村平板屯西南约6公里岩消山·北宋〕 相传此营盘是当地豪强陈某所建，领兵数百驻扎山上，后被侬智高消灭。山上建有壕沟、砖砌围墙、石土垒成的碉堡、营房等，面积约12万平方米。现残存砖头、石条、石墩、墙基等。

15 - A₁₅ **岑王老山营盘遗址** 〔浪平乡浪平行政

村东南约20公里岑王老山·明代〕 据《田西县志》载系明代当地岑氏土司所建。面积约10万平方米。具体形制不明，山顶北面遗存有房屋基础，旁有石踏跺、水池等。

16 - A₁₆ **螺蛳山土司衙门旧址** 〔旧州镇大兴街背后山·宋—明〕 位于螺蛳山顶部，面积约1.55万平方米。宋代以前，旧州一带无人居住，宋以后，始有人于该山上修屋垦荒，生存繁衍。山的顶端设有土司衙门，后逐步迁到现旧州街。现山上建筑已毁。

17 - B₁ **潘雷墓** 〔百乐乡板干行政村板干屯东南约3公里水口山南端的山坡·北宋·县文物保护单位〕 据《田西县志》记载，潘雷系北宋皇祐年间（1049—1054）随狄青征剿侬智高叛乱的岑怀远将军部下总兵。墓葬朝南，圆丘形土冢，高1.2米，底径6.8米。原有石块砌护，现已崩塌。墓碑已佚。占地面积约20平方米。

18 - B₂ **娅达古墓** 〔那比乡六邦行政村平同屯娅达山山腰·明代〕 墓主不详。墓葬朝西南，冢呈圆丘形，高0.9米，底径3米，四周用料石围砌，冢顶有手捧茶杯的官夫人雕像碑1方，已裂成3块，墓碑已不存。冢周边用石条砌成护墙，高约1.2米。冢前置2级拜台。占地面积约180平方米。

19 - B₃ **覃福佑墓** 〔八桂瑶族乡平六行政村六功屯西南约700米的山坡上·清代〕 覃福佑（1627—1670），字恃进，清广西上林亭长官司要员。墓葬朝东北，圆丘形土冢，高1米，底径1.8米。清光绪十八年（1892）其玄孙邑庠生覃正湘立墓碑，高1米，宽0.8米。碑面正中阴刻"皇清例赠上林亭长官司太祖字恃进覃公老大人之墓"。

20 - B₄ **岑公保墓** 〔高龙乡弄南行政村老寨屯北约800米囊坡里山梁上·清代·县文物保护单位〕 岑公保（1700—1764），字泽济，西林县那劳土司。墓葬朝南，墓冢呈圆柱形，用砖石砌，高1.5米，底径3.5米。立有清乾隆三十年（1765）碑3方。碑高1.5米，宽2.5米。主碑上刻"皇清待赠显考岑翁保字泽济府君之墓"，边框柱刻挽联，两侧副碑浮雕男女侍者像。墓前设石砌祭台和3级石踏跺，占地面积约54平方米。

21 - B₅ **常氏墓** 〔旧州镇旧州卫生院北面约100米的山坡上·清代〕 常氏，系清代武显将军覃守正之母，诰封一品夫人。墓葬朝西，长方形土冢，长2米，宽1.5米，高1.3米，占地面积约6平方米。清光绪十年（1884）立"皇清诰封一品夫人慈母覃门常氏婆老太君之坟墓"碑。1987年被盗。

22 - B₆ **覃守正夫妇墓** 〔旧州镇东北旧州卫生院

北面约 100 米的山坡上·清代·县文物保护单位〕为清代武显将军覃守正及夫人周氏合葬墓。覃守正,广西田林旧州人,曾在云南领兵,死于戎马征战中,诰封"武显将军"。其夫人周氏,诰封"一品夫人"。其后裔于清光绪十七年(1891)将覃守正夫妇合葬。墓葬朝南,圆丘形土冢,以石条围砌,高 1.2 米,底径 1.5 米。墓碑为四柱三间三楼牌坊式碑,正楼顶为"山"字形,次楼脊中立宝葫芦,柱刻挽联,边柱护石刻鸳鸯、游鱼。主碑面刻"皇清诰封武显将军覃公宁正老大人、故祖考姚母周氏老太君之墓"。

23-B₇ 彭公墓 〔定安镇西北面约 1.5 公里山坡上·清代·县文物保护单位〕 彭良弼,据传曾在云南任知州,过世后回葬定安镇。清"西林教案"当事人知县张鸣凤被罢官后回定安走访时,值彭家为彭良弼立碑,特邀张鸣凤作序。墓建于清同治十年(1871)。墓葬朝东南,圆丘形冢,周边用石头围砌,高 1.3 米,底径 1.4 米,占地面积约 20 平方米。墓碑刻"皇清例授修职佐郎显考彭公讳良弼府君老大人之墓",隶书。

24-C₁ 合龙桥 〔定安镇渭密行政村平些屯西南约 1 公里渭密小河上·清代〕 建于清嘉庆二十三年(1818)。南北走向,单孔石拱桥,长 13.2 米,宽 2.5 米,拱跨 5.2 米。桥身用料石砌筑,石灰、砂浆勾缝,桥面铺石板。桥南端立嘉庆二十五年(1820)《重建合龙桥碑》1 方。

C₁₋₁ 重建合龙桥碑 〔定安镇平些屯合龙桥南端·清代〕 清嘉庆二十五年(1820)立。碑高 1.28 米,宽 0.7 米,厚 0.13 米。碑文竖 18 行,满行 27 字,计约 500 字,楷书,阴刻。乡绅林中鸾撰文并书丹,刻工谭万发。额题"重建合龙桥碑"6 字,落款"嘉庆二十五年孟春穀旦立"。碑文记述本邑渭丙、渭苗二沟,每值春夏滂沱水涨,行人不便,所建木桥不能久长,邑人刘居甫、刘任宏邀吴日升、吴抚华、刘兰香等人创首题篇督造迎龙、合龙二石桥。

25-C₂ 岑氏宗祠 〔定安镇定安行政村红星街·清代·县文物保护单位〕 清光绪年间(1875—1908)两广总督岑春煊建,以供奉祖宗牌位。坐西朝东,砖木结构。三进院落,由照壁、辕门、前座、中厅、后堂、厢房、岑氏专祠、八角亭等建筑组成,占地面积约 2493.56 平方米。各座面阔三间,抬梁式木构架,硬山顶。封檐板、梁、柱雕刻图画、诗联。前座有檐廊,立木檐柱 2 根,门前置石狮 1 对,立龙凤壁画照壁,四周筑土围墙,高 6 米,厚 1 米。祠北有药皇庙和城隍庙,南有岑氏专祠和昭忠祠。现仅存宗祠前座、专祠前座与八角亭,亭为四柱八角攒尖顶。

C₂₋₁ 奉宪严禁积弊告示碑 〔原立安定镇红星街岑氏宗祠内,现存百色市民族博物馆·清代〕 碑刻 1 方。清嘉庆十八年(1813)立。碑高 1.25 米,宽 0.68 米,厚 0.11 米。碑文竖行,共 780 余字,字径 0.013 米,楷书,阴刻。为西林县正堂布告。额题"奉宪严禁积弊告示",落款"嘉庆十八年二月日监立头门"。碑文记载改土归流时,土族潘、许、岑、覃四姓充当里民,乱收百姓钱财,省府根据杨明伦等人呈请革除里民积弊。

26-D₁ 禁革陋弊告示碑 〔原立那比乡六邦行政村六邦屯内,现存百色市民族博物馆·清代〕 碑刻 1 方。清嘉庆二年(1797)立。碑高 1.24 米,宽 0.68 米,厚 0.17 米。碑文竖行,约 1600 字,字径 0.012 米,楷书,阴刻。为两广总督告示。额题"禁革陋弊告示",落款"嘉庆二年十月□日告示",碑文记述两广总督吉庆查知泗城府西隆等州县有刁吏傍官勒索、保正挟制乡愚等陋规,因而列举陋规 38 款,规定泗城府各土州县官要安分守法,不准敲诈勒索民钱粮、布匹、木料等,如有违反,定即严拿,立毙杖卜。

27-D₂ 永安主佃告示碑 〔原立定安镇内,现存百色市民族博物馆·清代〕 碑刻 1 方。清光绪三十二年(1906)立。碑高 1.24 米,宽 0.59 米,厚 0.14 米。碑文竖行,计 1085 字。字径 0.007—0.015 米,楷书,阴刻。为西林县正堂布告。额题"永安主佃告示",落款"光绪三十二年四月十一日竖岑氏家祠、西林县署郡比五份晓谕"。碑文内容是解决岑姓与佃户黄承思等主佃之间的田产纠纷的判决。田主岑姓自称人力单薄,不能管理,情愿归入祠堂,亦准所请。部分字迹已模糊不清。

28-E₁ "西林教案"遗址 〔定安镇东新街·1856 年·自治区文物保护单位〕 清咸丰三年(1853),法国天主教神父马赖潜入西林定安镇(现田林县定安镇),收集情报,奸淫妇女,激起民愤。咸丰六年(1856)新任知县张鸣凤依法将马赖处决。史称"西林教案"。法国以此为借口,联合英国发动对中国的第二次鸦片战争。遗址为教堂,建于咸丰元年(1851),为中西合璧建筑,坐南朝北,泥瓦结构,包括经堂和四座厢房,占地面积约 2040 平方米。现存砖木结构厢房 1 座(马赖住房在内),面阔三间,抬梁式木构架,硬山顶,盖小青瓦。

29-E₂ 旧州剿匪标语 〔旧州镇旧州行政村旧州村·1950 年·县文物保护单位〕 1950 年,中国人民解放军某部到旧州剿匪,看到墙壁上原驻旧州国民党军队涂写的反共标语,遂将标语中的"共"字凿掉,改为"土"字,使标语的内容赋予新意,变成"为反对土匪强夺民命民财而战！"

30 - F₁ **常井天主教堂** 〔定安镇常井行政村常井屯·1877 年·县文物保护单位〕 清同治年间（1862—1874），就有法国传教士在常井村传教。光绪三年（1877）法国传教士殷士毅在常井村兴建教堂。教堂坐北朝南，土木结构，为两栋二层中西结合楼房，前有外廊，面阔四间，夯土墙，悬山顶，盖小青瓦。二楼前外廊设木栏杆。占地面积约 130.83 平方米。

F₁₋₁ **常井神父墓** 〔定安镇常井屯东约 50 米·清代〕 系常井屯天主教堂神父杨秉德、高德超、宋万兴、邓玉含、汉神父、焉尔定之墓。葬于清宣统元年（1909）之前。1989 年重修。墓葬朝西，片石、水泥结构，长方形冢，长 2.7 米，宽 1.35 米，高 1.8 米。墓碑高 1.3 米，宽 0.7 米，厚 0.15 米，顶浮雕十字架。碑文记述墓主的生卒年月及来华传教时间。占地面积约 7 平方米。

31 - F₂ **金堂天主教堂** 〔平塘乡渭各行政村金堂屯·1881 年·县文物保护单位〕 清光绪七年（1881）法国神父在渭各村建教堂，发展教徒 40 余人，直至 1947 年才终止。教堂坐西南朝东北，砖木结构，由金堂、经堂、学堂等三栋法式楼房组成，占地面积约 314.28 平方米。现存金堂和学堂。金堂高二层，面阔三间；学堂高二层，面阔四间。均歇山顶，盖小青瓦。

32 - F₃ **旧州天主教堂** 〔旧州镇旧州行政村大光街·1900 年〕 建于清光绪二十六年（1900），二十七年（1901）正式开堂。是法国传教士、教徒来往贵州、常井（定安）传教受途中停留之处。经常居住的教徒有 10 余人。教堂砖木结构，包括正堂和厢房等建筑，占地面积约 500 平方米。正堂为二层楼房，面阔三间，悬山顶，穿斗式木构架，砖墙木楼板，楼上设钟房一间，厢房一排，为教徒住宿之所。

33 - G₁ **乐里石器出土点** 〔乐里镇东北约 1.5 公里·旧石器时代〕 1988 年 10 月，在乐里镇东北乐里河段 V 级阶地的棕黄色土中，采集到砾石砍砸器 2 件。单面加工，制作粗糙，保留的砾石面多。

34 - G₂ **万鸡山石器出土点** 〔乐里镇新宁街万鸡山·新石器时代〕 1981 年，在乐里河畔万鸡山Ⅱ级阶地挖出一些打击石器。1982 年，在距地表 4 米的黄色土中采集到打制的砾石砍砸器 3 件、磨制双肩石斧 1 件。

35 - G₃ **弄瓦石器出土点** 〔八桂瑶族乡弄瓦行政村弄瓦村东约 600 米·新石器时代〕 1987 年 4 月，在村东驮娘江段南岸的Ⅰ级阶地，发现打击石器 2 件，半石化的牛牙 7 枚及螺壳、动物骨骼等。另距此东约 1 公里处采集到磨制石斧 1 件。

36 - G₄ **那囊石锛出土点** 〔八渡瑶族乡那囊行政村南约 150 米·新石器时代〕 1980 年，出土有肩石锛 3 件，均通体磨光，长柄，双肩溜斜，窄肩，短身，有弧刃和直刃两种，刃口都有使用痕迹。大的长 0.054—0.078 米，刃宽 0.04—0.05 米，厚 0.008—0.015 米。

37 - G₅ **迷钱坡青铜钺出土点** 〔平塘乡六池行政村达东屯南约 2000 米迷钱坡·战国—西汉〕 1987 年，村民在迷钱坡开荒时发现青铜钺 1 件。出土于距地表 20 厘米深处，无伴随物。銎首为椭圆形，已残。弧刃，器身上纹饰已模糊不清。长 0.1 米，宽 0.045 米，弧刃长 0.084 米。

乐业县

1 - A₁ **牛坪洞遗址** 〔同乐镇上岗行政村下岗屯东南面约 500 米半山腰上·新石器时代〕 洞穴遗址。2008 年发现。岩洞高距地表约 50 米，有两个洞口，主洞为东西走向，宽约 80 米，高约 20 米。侧洞口位于洞底，南北走向，宽约 20 米，高约 10 米。面积约 1 万平方米。在地表上采集到石锤、石砧、砍砸器等遗物。

2 - A₂ **白裤王营盘** 〔新化镇饭里行政村者沙屯东北面约 3 公里的白裤王山顶·明—清〕 营盘内、外分为四层，各层之间有壕沟或土墙相隔。山顶外围层有通道、土墙等遗迹；内层的顶部较平整，周边可见用岩块堆砌的地基遗迹；中部三、四层的顶部地表可见少量明、清时期的陶瓷残片。占地面积约 2.16 万平方米。

3 - A₃ **平足寨墙遗址** 〔同乐镇武称行政村平足屯东南约 50 米·清代·县文物保护单位〕 建于清道光二十年（1840），系平足屯何仁义所筑。寨城筑于平足屯前，料石结构，东南—西北走向，长约 175 米，高 3 米，厚 0.8—1.4 米。东南端设有拱门，门上设哨楼，两端设碉堡，墙上有若干枪眼。现碉堡、哨楼已毁。寨墙仍完好。

4 - A₄ **窑罐厂窑址** 〔同乐镇武称行政村窑罐厂屯后龙山山脚·宋代〕 遗址地表散布有较多陶器残片，器形有碗、坛等，分布面积约 10665.5 平方米。发现废品堆积厚约 0.2—0.3 米，未见窑室和作坊。为烧制生活器具的民间窑址。

5 - A₅ **文昌阁遗址** 〔甘田镇夏福行政村平流屯文昌山·宋代·县文物保护单位〕 又名"天怀寺"。建于宋代，清道光十七年（1837）修缮。原为攒尖顶三层楼阁，坐北朝南，砖木结构，面阔三间 12 米，进深 10 米，占地面积约 200 平方米。共有三道朝门，由南绕东沿石梯而上。内设菩萨多尊。1953 年被拆毁。现仅存 3 块碑、楼阁地基和一些陶瓷、砖头碎片。1934 年《乐业县志》有载。

6 – A₆ 天龙山塔洞遗址 〔逻沙乡仁龙行政村仁龙村南面约 1 公里天龙山塔洞·清代·县文物保护单位〕 庙宇建于清道光元年（1821）。建在塔洞内。洞口朝东北，高 3 米，宽 3 米，进深 12 米。洞口建石门，门额上刻有"华藏世界""极乐莲邦"。洞口前石平台上建有石牌坊，四柱三间三楼，石柱前后夹杆石。洞旁立有 1 碑。现存牌坊、石凳等。

7 – A₇ 天龙山大庙遗址 〔逻沙乡仁龙行政村仁龙村南面约 1 公里天龙山·清代·县文物保护单位〕 建于清道光九年（1829）。坐南朝北，三进院落，中轴线上自南而北依次为山门、前殿、后殿，中隔天井，两侧为厢房，占地面积约 946 平方米。庙前立有《万古明碑》等 3 方石碑，碑文记述建庙、维修年代及原因。遗址现存石雕像、房基、台阶和碑及和尚墓 1 座等。

8 – B₁ 那赫墓群 〔同乐镇三乐社区那赫屯北面约 500 米的山上·清代·县文物保护单位〕 墓群分布面积约 1000 平方米。系清康熙至同治年间（1662—1874）瑶族黄氏墓地。有墓葬 12 座，皆朝南。冢有圆形和方形两种，均用料石围砌，高 1—1.5 米，底径或边长 2—3 米。墓前立有碑，高 1.5 米、宽 0.66 米，碑上刻有姓氏、生辰、对联和花草。墓前置石砌祭台。

9 – B₂ 寨尾墓群 〔雅长乡尾沟行政村寨尾屯·清代·县文物保护单位〕 墓群分布面积约 1500 平方米。系雅长黄氏墓地。黄氏宗支源于江西南昌，清代迁到雅长。有土堆墓 100 余座，皆朝西。其中 4 座墓用石头围砌，冢呈圆柱形，高约 1.3 米，底径 3.5 米。其余墓冢高 1.2—1.7 米。墓前立有碑。

10 – B₃ 李家坡墓群 〔逻沙乡山洲行政村李家坡屯·清—民国·县文物保护单位〕 占地面积约 100 平方米。有墓葬 3 座，均朝西，冢呈圆丘形，皆用石板围砌，分单葬和夫妻合葬两种，其中陈尚夫妻合葬墓系清五品蓝翎陈茂申的父母墓，冢高 2.5 米，底径 3.9 米。墓前立碑 3 方以及石狮 1 对。

11 – B₄ 天龙山墓群 〔逻沙乡仁龙行政村仁龙村西南天龙山·清代·县文物保护单位〕 墓群分布面积约 1000 平方米，为清道光年间（1821—1850）湖南宝庆大东路狮子山正宗正派弟子、天龙山大庙和尚智斌等人墓。有墓葬 10 余座。皆朝东。分石砌圆形、方形塔式墓和圆丘形土冢三种。圆形塔式墓高 2.1—2.3 米，高五层，上小下大，底径 2.4 米；方形塔式墓高

2.1 米，边长 1.8 米。墓前均立有碑，记载圆寂和尚的生辰、僧名等。

12 – B₅ 陈氏墓地 〔逻沙乡仁龙行政村小湾屯·清代·县文物保护单位〕 墓群分布面积约 340 平方米。陈氏宗支乃四川酉阳州人，清乾隆年间（1736—1795）陈盛文兄弟泗城一带，与当地壮族联姻，迁到拉谷。现有墓葬 3 座，皆朝西。冢呈圆丘形，周用石板围砌，高 1.5 米，底径 3.5—4.8 米。分单葬和夫妻合葬两种。墓前立有清道光年间（1821—1850）刻碑和四方形华表 1 对。

13 – B₆ 黄正勋夫妇墓 〔甘田镇达道行政村朗英屯西北约 60 米·清代·县文物保护单位〕 墓为黄正勋孙黄金抱为表祖德而请匠人修建。墓葬朝北，冢呈圆丘形，高 2.6 米，底径 3.5 米。周边用料石围砌，占地面积约 129.6 平方米，墓碑为四柱三间三楼牌楼式，正楼、次楼皆二重檐，山字脊，明次间各嵌碑 1 方，碑文记载墓主及其妻李氏姓名、卒年等。

14 – B₇ 杨文远墓 〔同乐镇三乐社区各沙屯东面约 100 米处的石壁卜·清代·县文物保护单位〕 杨文远，号望之，广西乐业县拉逢人，清正九品文林郎。墓葬朝北，冢呈圆丘形，用料石围砌，高 1.5 米，底径 3 米。占地面积约 42 平方米。墓碑四柱三间三楼牌楼式，明楼脊顶雕佛像 1 尊，周边雕饰太阳、花草、龙等。碑文记载杨的祖源及其生平等。

15 – C₁ 蒙氏民居 〔新化镇谐里行政村谐里街·清代·县文物保护单位〕 建于清乾隆年间（1736—1795），具体时间不详。系谐里商人蒙维凡修建。坐南朝北，砖木结构，面阔五间，青砖墙，穿斗式木构架，硬山顶，盖青瓦，人字山墙。花格槛窗中开隔扇门，前檐廊木柱 4 根，明间卷棚挑枋雕有蝙蝠 4 只。

16 – C₂ 瑞麟桥 〔甘田镇四合行政村那仲屯东 50 余米·清代·县文物保护单位〕 建于清嘉庆八年（1803），系甘田黄志信兄弟捐资修建。东西走向，单孔石拱桥，长 15 米，宽 3.5 米，拱跨 6.6 米。桥身、桥拱以料石干砌，桥面用料石铺砌。两端设石踏跺。

17 – C₃ 夏福石碑坊 〔甘田镇夏福行政村平流屯西北约 1 公里平相山·清代〕 建于清道光元年（1821）。系泗城府官为表彰平流人士陆凤宝擒虎除害之功德而建。坐西朝东，一字形四柱三间三楼石牌坊，高 4 米，面阔 5.15 米，坊额浮雕人物、花草、鱼、八卦等图案，垫板上刻"永锡尔类""万古日新""铭建流芳"匾，柱刻对联，柱脚设抱鼓石。占地面积约 20 平方米。

18 – C₄ 杨氏民居 〔同乐镇上岗行政村拉逢屯·清代·县文物保护单位〕 建于清道光十年（1830）。

系清代例授承务郎杨文进世居。坐东朝西，砖木结构，二进院落，由前座、后座、天井及两侧厢房组成，占地面积约 280 平方米。前座面阔三间，抬梁式木构架，重檐硬山顶，上层檐下为花格窗。底层前设檐廊，花格槛窗，隔扇门。后座面阔三间，穿斗式木构架、悬山顶，盖小青瓦。门前置石鼓 1 对。

19 - C₅ **山林桥** 〔同乐镇上岗行政村塘定屯东约 50 米小河上·清代·县文物保护单位〕 建于清道光十年（1830）。东西走向，单孔石拱桥，长 9 米，宽 4.2 米，拱跨 5 米。以料石砌桥身及桥拱，桥面两侧置条石护栏，两端设有石踏跺各 5 级，桥身完好。东、西桥头石狮和建桥碑被毁。

20 - C₆ **岜阳桥** 〔甘田镇四合行政村岜阳屯西北约 300 米岜阳河上·清代·县文物保护单位〕 建于清道光十八年（1838）。东西走向，单孔石拱桥，长 10.6 米，宽 2.45 米，拱跨 6.6 米。桥身、桥拱以料石干砌，桥面铺石板。原有建桥碑记载建桥之缘由及募化邹元龙等 189 人 "相助贷金" 建桥之事迹。碑今已佚。

21 - C₇ **福寿桥** 〔同乐镇平寨行政村平寨屯西北约 300 米·清代·县文物保护单位〕 建于清道光二十年（1840）。系平寨黄成荣和周氏请贵州石匠潘伍建修建。南北走向，三孔石桥，由两端引桥与中间石拱桥组成。石拱桥单孔，长 12 米，宽 2.4 米，拱跨 3.5 米。两端引桥为梁式石板桥，皆单孔，以两岸及拱桥两端桥台为墩，架设长条石板而成，长 1.2 米，桥西侧拱顶刻 "福寿桥"，桥北 15 米处立一建桥碑记，记载建桥事迹。

22 - C₈ **接龙桥** 〔幼平乡乡政府大院内·清代·县文物保护单位〕 建于清道光二十三年（1843），系幼平那瑶莫文进兄弟修建。因河改道，今为旱桥。东西走向，五孔石拱桥，长 41 米，宽 6.2 米，拱跨 3.3—4.6 米。桥身、桥拱以料石干砌，桥面铺青石板，两侧有长条石护栏，高 0.5 米，石两侧雕缠枝花卉图案，两端各置石踏跺 15 级以及石狮、石鼓 1 对。桥中拱刻 "莫文进、如猛、德强、德勇重修，匠士姚正干、田宗文、罗文仲、刘应运、罗光明、李伄发、张学才、张成文、李顺发。道光二十三年十二月吉日立"。现石鼓被毁。

23 - C₉ **那腊龙泉井** 〔甘田镇四合行政村那腊屯东面 5 米·清代·县文物保护单位〕 建于清道光二十八年（1848）。料石构筑，井口平面呈长方形，长 3 米，宽 2 米，井深约 6 米。在东侧设条石踏跺 2 级，东侧有庠生王之潘题 "龙泉" 碑，南、西崖壁有诗和题字。民国县志称之为 "龙泉玉液"，乐业八景之一。

24 - C₁₀ **百干庙** 〔新化镇百干行政村百干屯东约 20 米·清代·县文物保护单位〕 建于清道光末年（1850），清同治三年（1864）修缮。系村民捐款修建。坐北向南，砖木结构，二层楼房，面阔 3.8 米，进深 3.7 米，占地面积约 14.06 平方米。硬山顶，盖小青瓦。底层南面开月门，二层木板楼，南面开圆形和八角形门。庙可见清同治三年维修等文字。

25 - D₁ **文昌山摩崖石刻** 〔甘田镇夏福行政村平流屯文昌山北壁·清代·县文物保护单位〕 摩崖石刻 1 方。清道光十四年（1834）刻。刻面高 1.3 米，宽 0.9 米。刻文竖 8 行，满行 7 字，计 52 字。字径 0.03 米，行书，阴刻。撰文、书丹、刻工不详。横行首题 "域江古定" 4 字，落款 "官差张勇、地保王昭、头人往布豪、乡老岑布标、黄成伦，道光十四年"。刻文记述清道光十四年，夏福村陆、王二姓因牛场地界纠纷，经官差张勇、地保王昭、头人往布豪、乡老岑布标、黄成伦调解劝和，共守牛场，将已定条款立契为凭，刻于石壁。

26 - D₂ **"福" 字摩崖石刻** 〔幼平乡马三行政村那肥屯东南约 500 米那肥山麓·清代·县文物保护单位〕 摩崖石刻 1 方。清咸丰元年（1851）刻。石刻高距地面约 20 米，刻面高 1.8 米，宽 1.6 米。首题 "福" 字，草书，阴刻。落款 "农有应于咸丰一年冬月吉日良时琢立"。农有应（？—1862），广西乐业县人，自号儒林郎。生前择定那肥山麓地作墓址，并在崖壁上先书刻 "福" 字。

27 - D₃ **浪全屯碑刻** 〔原立雅长乡新场行政村浪全屯，现藏乐业县博物馆·清〕 碑刻 2 方。一为《永世界碑》。碑高 1 米，宽 0.65 米，厚 0.12 米。碑文竖行，楷书，阴刻。二为《告示碑》。碑高 1 米，宽 0.65 米，厚 0.12 米。碑文竖行，楷书，阴刻。泗城府颁布的告示，碑文记述清咸丰元年（1851），雅长乡平康村村长王元翠敲诈百姓，村民向泗城府告发，查实后免职治罪。为警告后人，特立此碑。

28 - E₁ **南北盘江渡口** 〔雅长乡三寨行政村·1930 年·县文物保护单位〕 1930 年 3 月，左江根据地丢失。中国工农红军第八军第 1 纵队与军部失去联系，孤军转战中越、滇桂边境。当年 10 月，知中国工农红军第七军在乐业后，即于 10 月 19 日夜在南、北盘江交汇口抢渡过江进乐业雅长，23 日与红七军会师。南北盘江渡口位于南、北盘江交汇处，地处黔桂边境上，四面土山环绕，江面宽约 100 米。

29 - E₂ **红七军、红八军岗里接头地点** 〔同乐镇上岗行政村上岗村·1930 年·县文物保护单位〕 1930 年 10 月 23 日，中国工农红军第八军（红八军）

第 1 纵队与中国工农红军第七军（红七军）在凌云县岗里屯（今乐业县上岗村）石拱桥上接上了关系。岗里石桥为清道光年间（1821—1850）幼平乡那瑶人士莫文进修建。东西走向，单孔石拱桥，长 8 米，宽 3.1 米，高 2.9 米，拱跨 5.5 米，桥身、桥拱用料石砌筑，桥面铺石板。

30 - E₃ 红七军、红八军会师军部旧址 〔同乐镇三乐街 292 号 · 1930 年 · 自治区文物保护单位〕1930 年 10 月，中国工农红军第七军（红七军）北上路经乐业，为等待中国工农红军第八军（红八军），在乐业县城驻扎了 7 昼夜，23 日和中国工农红军第八军（红八军）在乐业会师，军部即设于此。旧址原为覃家老宅。建于清乾隆十八年（1753），坐东朝西，砖木结构。为三进院落，主体建筑面阔三间，抬梁式木构架，硬山顶，盖小青瓦。占地面积约 442 平方米。现仅存中座，面阔 12 米，进深 11.6 米，占地面积约 139.2 平方米。1985 年修缮后作为文物陈列室。

31 - E₄ 红七军宣传大会场址 〔同乐镇同乐路同乐县机械厂内 · 1930 年 · 县文物保护单位〕1930 年 10 月下旬，中国工农红军第七军（红七军）从凌云上乐业后休整 7 天。在乐业街西板霞山下廖家门前召开群众大会，宣传中国共产党的政策和打土豪、反贪官等主张，号召人民参加革命。场址原为耕地，现会址上建有县农械厂，仅存长 10 米、宽 4 米的大会演讲台和通道。

32 - E₅ 红七军、红八军会师文艺晚会场址 〔同乐镇乐业县武装部院内 · 1930 年 · 县文物保护单位〕1930 年 10 月下旬，中国工农红军第七军（红七军）、中国工农红军第八军（红八军）在乐业城会师，在乐业圩东面龙角山麓草坪举行会师文艺晚会。场址原为草坪，面积约 7000 平方米。现为乐业县武装部，留有长 60 米、宽 50 米的花圃。

33 - E₆ 马庄红七、红八军军部住宿旧址 〔逻沙乡个马行政村 · 1930 年 · 县文物保护单位〕1930 年 10 月 23 日，中国工农红军第七军（红七军）、中国工农红军第八军（红八军）在乐业会师后，次日即向天峨方向挺进，当晚抵达个马村。军部政治处、军首长和手枪警卫排驻宿黄平晏家。旧址建于清光绪年间（1875—1908），坐南朝北，砖木结构。原为面阔三间，悬山顶，重檐，两层楼房。占地面积约 62 平方米。1958 年改为平房。

34 - G₁ 偏岩铜鼓出土点 〔逻沙乡塘英村偏岩 · 唐—宋〕1985 年 6 月，偏岩出土遵义型铜鼓 1 面。出土时鼓面向上，无伴随物。鼓面径 0.39 米，高 0.19 米，厚 0.02 米。鼓面太阳纹十二芒。腰间有扁耳 2 对。

素面，足部残缺。

凌云县

1 - A₁ 东蛮王城址 〔泗城镇后龙行政村弄树屯 · 宋—元 · 县文物保护单位〕建于宋代。系宋代古堪洞（今凌云县城）四大蛮王之一东蛮王马乃的王城。城建在山顶，三面悬崖峭壁，西面稍缓，面积约 1.5 万平方米。西面山坳设两道石墙，长 175 米，高 1.6 米，厚 1.16 米。城内殿堂、营房等建筑已毁，尚存房基、石墙和水井等。

2 - A₂ 西蛮王城址 〔泗城镇西秀行政村西秀屯玉屏山主峰东面 100 米 · 宋—元〕建于宋代。为宋末四大蛮王之一西蛮王所建，元代中叶始平之。面积约 2 万平方米。城建在玉屏山上，依山筑有内、外二道城墙，总长达 1 公里，高 3.14 米，宽 1—3 米，墙内外以石砌，中填泥土夯筑。二道城墙间设有壕沟。营房分布在玉屏山主峰东西相连的六个平台上，有壕沟、隧道。现存城墙、壕沟。

3 - A₃ 迎晖寺遗址 〔泗城镇前进社区迎晖街凌云中学 · 北宋—明〕始建年代不详。北宋太平兴国二年（977）重建。占地面积约 2 万平方米，原有头门、中殿、后殿、厢房等，现均已毁。仅存部分柱石及明天顺二年（1458）铁钟 1 个，为连体双龙头纽，钟身铸楷书阳文"广西泗城州信官岑永昌天顺二年立寺命匠铸钟号"。

4 - A₄ 云台寺遗址 〔泗城镇洪村行政村下洪屯西约 100 米云台山上 · 明代 · 县文物保护单位〕建于明天顺年间（1457—1464），为泗城府土官岑永昌修建的尼姑庵。建于云台山顶，原有观音堂，清同治十三年（1874）添建禅堂，1931 年盗匪杀尼毁寺，1934 年修复，1949 年再毁，存石筑台基及 500 余级踏跺和摩崖石刻 10 方，原寺内置有观音像、神像、寺东侧的 17 级宝塔亦毁。旧《凌云县志》有载。1995 年在遗址上重建观音堂。坐北向南，混凝土结构，面阔三间，红砖墙，歇山顶，盖琉璃瓦。周有回廊，圆形廊檐柱。

5 - B₁ 翠屏山元墓 〔泗城镇翠屏山 · 元代〕1988 年发现。竖穴土坑墓。地表无封土和墓碑。墓室长 2.3 米，宽 0.7 米，深 0.8 米。穴中有人肢骨数根，出土 1 面铜镜、2 件铁剑。铜镜圆形，圆纽，面径 16.5 米，厚 0.6 厘米，背铸饰四花及"五子登科""湖州薛益晋"铭文。

6 - B₂ 岑怒木罕墓 〔泗城镇新秀社区西秀屯西南约 300 米的石钟山南麓 · 元代〕元至正四年

（1344），岑怒木罕奉命领兵镇压泗城州古勘峒蛮王，掌印泗城州，子孙世袭，成为泗城土司岑氏始祖。墓葬朝东，呈圆锥形土冢，用石块围砌，冢立碑。20世纪60年代墓冢、墓碑被毁。1989年泗城岑氏后人修复，墓冢改砖砌水泥结构，重立新碑1方，按原碑文刻"元授泗城路军民总管东道宣慰司宣慰使武德将军泗城府君岑讳怒木罕公墓"等字。面积约50平方米。

7 – B₃ 岑云汉夫妇墓 〔泗城镇旦村行政村那甲屯啸天龙山啸天龙洞内·明代〕 岑云汉（1579—1623），字天章，别字天尹，号中黄。明万历四十年（1612）至明天启二年（1622）任泗城州第十三任土知州，官至广西都司金书兼理泗城州印加衔授黔副总兵。墓葬为岑云汉与其妻许氏合葬墓，建于明天启三年（1623）。1974年发掘，竖穴土坑墓，夫妇同穴。墓坑长2.35米，宽2.28米，高3.02米。墓口用石板封盖，坑内填土夯实。男椁室长2.43米，宽1.16米，高0.87米；女椁室长2.32米，宽1.12米，高0.87米。椁内各置木棺1具，男棺长2米，宽0.6米，高0.58米，女棺长1.96米，宽0.58米，高0.57米。随葬品有金项链、银片、铜锁、铁剪刀、玛瑙扣、玉石器等。墓碑刻"大明中宪大夫加授奉国将军泗城州牧显考中黄公岑府君显妣正室许太夫人之墓"。墓前原序列石像生，存石华表、石狮、石翁仲。

8 – B₄ 岑继禄墓 〔泗城镇旦村行政村百合屯·清代·县文物保护单位〕 岑继禄，字镇源，清顺治二年（1645）袭任泗城第十六任土知州，顺治十五年（1658）升任土知府职。清康熙二十年（1681）随军入滇破吴世藩，功授中宪大夫、赏穿黄马褂、钦加三级总兵衔。墓葬朝东南，圆丘形冢，砖石围砌，高3.4米，底径3.2米。墓碑已佚。墓旁立有功德碑，高2米，宽1米，碑文漫漶。碑两侧序列华表、石人、石马、石狮等。占用地面积约9000平方米。1960年石仪作被毁。1988年岑氏后人维修。

9 – B₅ 岑齐岱墓 〔泗城镇新秀社区西秀屯·清代〕 岑齐岱（1653—1723），岑继禄长子，清康熙三十三年（1694年）袭父职任泗城州第十七代土司，袭知府职，诰封中宪大夫。墓建于清雍正元年（1723），清乾隆二十三年（1758）立碑。墓葬朝东，冢呈圆丘形，以砖包砌，高1.5米，底径2.5米。墓前立1碑和1对华表。碑圆首，高1.1米，宽0.64米，厚0.1米。碑面刻"皇清诰封中宪大夫世袭广西泗城军民土府加三级显考定惠岑公府君墓"。占地面积约600平方米。

10 – B₆ 陇麻悬棺葬 〔沙里瑶族乡弄丁行政村陇麻屯·清代〕 悬棺位于石山东麓峭壁面的棺架上，高距地表高约50米，棺架为两条并排插入石缝的铁桩，铁桩长约0.6米，桩距约0.5米，距地表高约50米，原桩上架棺1具，已掉落散失。（见《广西文物》1985年2期）

11 – C₁ 接龙桥 〔泗城镇东风社区正北街东风街澄碧河上·清代·县文物保护单位〕 建于清康熙十年（1671），泗城土官岑继禄修建。初为木桥。清乾隆十九年（1754）、二十九年（1764）重修。清嘉庆年间（1796—1820）改木桥为石板桥。清同治十年（1871）知府朱腾伟增建桥侧石柱木栏杆。清光绪三十四年（1908）、1944年维修桥墩。东西走向，两台五墩梁式石板桥，长36米，宽2.3米，孔跨4米。用长石板铺桥面，石板长4.2米，宽0.6米，厚0.3米，桥面两侧有石柱木栏杆。1981年桥面铺水泥，改栏杆为水泥结构。原乾隆建桥碑移存于水源洞碑廊。

12 – C₂ 镜澄桥 〔泗城镇胜利社区大茶壶东岸40米澄碧河上·清代·县文物保护单位〕 原名官桥、中桥。建于清康熙二十年（1681），土官岑继禄建。清嘉庆七年（1802）知府周云域、知县詹坚重修。清道光二十三年（1843）改建为五孔石拱桥，更名"镜澄桥"。东西走向，长40米，宽6米，拱跨6米。桥身、桥拱以料石砌筑，桥面铺条石，两侧设条石护栏，两端置石踏跺，西13级，东14级，西端置石狮1对，已毁。桥身嵌龙石雕，北首南尾。1976年加宽桥面，改护栏为通透式。

13 – C₃ 小河拱桥 〔泗城镇解放社区正南小区南端天池山北约20米龙渊河上·清代·县文物保护单位〕 建于清初。南北走向，单孔石拱桥，长14.8米，宽3.5米，拱跨4.8米。桥身、桥拱以料石干砌，桥面铺垫石块，两侧置条石护栏，两端各铺砌石踏跺5级。东侧20米处原有三清庙、宝塔各1座，皆已毁。

14 – C₄ 龙渊桥 〔泗城镇旦村行政村百花屯莲花山脚东北龙渊潭·清代·县文物保护单位〕 建于清嘉庆年间（1796—1820），道光元年（1821）重修。处龙渊潭前，因潭而名。东西走向，单孔石拱桥，长9.7米，宽2.7米，拱跨4.5米。桥身及桥拱皆以料石叠砌，桥面铺石板。两侧护栏石已缺失。东西两端各铺石踏跺6级。

15 – C₅ 挹翠门城墙 〔泗城镇解放社区广场北约200米·清代〕 据《凌云县志》记载，清光绪二年（1876），知府梁炳汉、知县罗长华修建城池。开南、北四城门，南为挹翠门和镇午门，北为春熙门和翔泰门。现仅存挹翠门城墙一段，长150米，高4—6米，厚4米，料石包砌内外檐墙，中填夯土、石。墙上地坪以砖铺平。

16 – C₆ 泗城文庙 〔泗城镇解放社区太平街·清

代·县文物保护单位〕 清康熙二十年（1681）土官岑继禄建。初为岑氏家族私塾学堂，称黉宫、府学宫。清乾隆五年（1740）增建，十五年（1755）改为文庙，清嘉庆六年（1801）、清道光七年（1827）、三十年（1850）重修，清同治十二年（1873）迁建城西三元街，清光绪十六年（1890）又迁回原址重建。现存大成殿，坐东朝西，砖木结构，面阔三间，进深三间，8根金柱，抬梁式木构架，悬山顶，盖小青瓦。内壁有彩绘壁画，占地面积约170平方米。

17－D₁ 五指山摩崖石刻 〔泗城镇新秀社区五指山东面岩壁·明、清·县文物保护单位〕 摩崖石刻4方。一为王寄"买田开地"记刻。二为"岑氏宗谱"。三为"诸缙绅对土官岑云汉赞语"，刻于明成化六年至明万历年间（1470—1620），行书。四为郡守陈善均榜书"替龙岩"，字径0.03—0.046米，楷书，阴刻，刻于清光绪十年（1884）。刻面高0.4—1.3米，宽0.52—2.15米。

18－D₂ 钓鱼台摩崖石刻 〔下甲乡下甲街下甲中学大门前澄碧河东岸钓鱼台·明代·县文物保护单位〕 摩崖石刻12方。刻于明万历二十八年至天启元年（1600—1621）。其中有泗城府土官岑绍勋3方，包括题诗1方，题榜2方；其长子岑云汉9方，为题榜、题刻、题记。主要有榜书"钓月耕云""月印寒潭""水色山光""枕流漱石""尚性"，诗刻《和父诗》《渔家诗》《引退诗》，题记《题江引》《游东湖记》等。书体有草、行、楷3种。各刻面高0.3—1.3米，宽0.52—2.15米，字径0.03—0.3米。

D₂－₁ 岑绍勋题诗、榜书 〔钓鱼台崖壁上·明代〕 摩崖石刻3方。诗刻1方，刻于明万历二十八年（1600）。刻面高0.5米，宽0.7米。文竖行，计71字，行草，阴刻。七律诗一首，诗云"晓梦不惊晨吏报，家寒正喜鳜鱼肥"。落款"万历庚子日钓叟四十七岁伯尧甫识"。榜书2方。其一为榜书"钓月耕云"，落款"万历壬寅（1602）年仲夏，伯尧甫书"。楷书，阴刻。刻面高0.45米，宽0.9米。其二为榜书"枕流漱石"4字，落款"万历乙巳（1605）仲春之吉瞻碧题"。刻面高0.47米，宽1.5米，楷书，阴刻。岑绍勋，广西泗城州（今凌云县）人，字伯尧，号瞻碧，明嘉靖三十年（1551）袭父职任泗城岑氏十二任土州官，朝列大夫加四品服色，泗城州知州。

D₂－₂ 岑云汉题诗、题榜、题记 〔钓鱼台崖壁上·明代〕 摩崖石刻9方。诗刻3方，其中一首七律："十载离家今复归，溪云山月冷荆扉。苔连曲径无人到，草偃长堤有鸟飞。院里松荫空寂寂，江头柳色尚依依。秋风独自持竿至，重扫先人旧钓矶。"落款

"明天启元年（1621）岑天章"，草书，阴刻。刻面高0.45米，宽0.7米。题榜2方"水色山光""月印寒潭"，落款"岑天章题"，均为楷书，阴刻。刻面高0.45米，宽0.9米。题记4方。

19－D₃ 翠屏山摩崖石刻 〔泗城镇新秀社区翠屏山·明代·县文物保护单位〕 摩崖石刻3方。一为明天启元年（1621）岑云汉题刻，描述泗中形胜，刻面高约5米，宽2米，行书，阴刻。一方为布政司监军分守左江道林琦梦记述的《岑天章事略》，是对岑云汉的评述。刻面高0.7米，宽1.1米，楷书，阴刻。另一刻面高0.65米，宽1.2米，为道人黄嵩代书《岑天章自传》，阴刻，楷书。两方石刻均刻于明崇祯十一年（1638）。《凌云县志》有载。

D₃－₁ 岑云汉题联 〔泗城镇翠屏山·明代〕 摩崖石刻1方。明天启元年（1621）刻。刻面高1米，宽2米。文竖6行，计43字，楷书，阴刻。岑云汉撰文并书丹。首题"明天启元年"5字，落款"辛酉孟秋岑云汉题并书"。正文云："四山高耸，一水中流，是为泗中形胜；百粤推尊，两江上郡，长承大上恩波。"

D₃－₂ 岑天章事略 〔泗城镇翠屏山·明代〕 摩崖石刻1方。明天启元年（1621）刻。刻面高0.6米，宽1米。文竖行，字径0.04米，楷书，阴刻。林梦琦撰文并书丹。首题"岑天章事略"5字，落款"钦差广西等处提刑按察司副使兼布政右参议监军分守左江道林梦琦识"，刻文记述岑天章之生平事迹，称其"敏而好学，四岁读书，七岁能飞马，弓刀熟娴……九岁属文，十二进思恩府学"，"习尚书，读诗、礼、易、春秋，史子百家、星相律例、地理天文，无不穷究"。

20－D₄ 水源洞摩崖石刻 〔泗城镇旦村行政村百花屯东北面约150米水源洞·清代、民国·自治区文物保护单位〕 洞壁有摩崖石刻45方，含题榜、题诗、题记等，内容大多是赞美水源洞景色。书体有隶、楷、魏、行、草五种。其中有清乾隆四十三年（1778）左江观察使王懿德榜书"第一洞天"及跋，清道光年间（1821—1850）知府阮其新的《仙境在人间》诗，民国中央陆军分校中将主任冯璜榜书"听涛幽处"等，都是官吏之作。

21－D₅ 独秀峰摩崖石刻 〔泗城镇胜利社区独秀峰·清代·县文物保护单位〕 摩崖石刻3方。刻于山脚的西壁，均为题榜。其一为竖行榜书"静观"2字，首题"雍正辛亥仲春吉旦"，落款"韩祖良题并书"，楷书，阴刻。清雍正九年（1731）刻，知府祖良范撰文并书丹。另2方为横行榜书"菜香"2字、竖行榜书"播琴"2字，字径0.24—0.6米，楷书，阴刻。

清道光十一年（1831）刻，刻面高 0.6—3 米，宽 1.2—1.3 米，系知府阮其新题并书丹。

22 - D₆　寿桃山摩崖石刻〔泗城镇解放社区寿桃山西面山脚·清代·县文物保护单位〕　摩崖石刻 2 方。其一为清道光十九年（1839）刻。刻面高 0.65 米，宽 1.7 米。文横 2 行，计 13 字。阴刻。首题榜书"冯子琴台"5 字，隶书。落款"淮南冯曼子题"，楷书。其二为清知县冯震东题七律诗，清道光十八年（1838）刻。刻面高 0.75 米，宽 0.98 米。文竖行，计 67 字，草书，阴刻。首题"署斋偶成"4 字，落款"道光庚子夏五少渠冯震东"，诗文写山城远离尘器，禾苗壮、瘴疠消、讼庭不到、夜半读书等生活。冯震东，字曼子，安徽滁州人。道光十七年（1837）任凌云知县。

23 - D₇　禁革陋规碑〔朝里乡平塘行政村那塘屯南面约 300 米社神庙门前·清代〕　碑刻 1 方。清嘉庆五年（1800）立。碑阳朝南，高 1.08 米，宽 0.5 米，厚 0.05 米。碑文竖行，约 400 字，字径 0.02 米，楷书，阴刻。碑文是泗城知府的文告，内容是清嘉庆初期，凌云县朝里乡平塘村那塘屯黄四等村民控告管理班世瑛向村民乱摊派杂役，索取钱粮食物案。经泗城知府派员调查核实后予以严惩。

24 - E₁　凌云县苏维埃政府遗址〔泗城镇县政府大院·1929—1930 年·县文物保护单位〕　1929 年 10 月百色起义前夕，张云逸以右江督办名义派遣广西警备第四大队营长胡斌任凌云县县长，发动群众组织农协会，成立农民自卫队。百色起义后，凌云县苏维埃政府在此建立。1930 年中国工农红军第七军主力北上途经凌云时，指挥部亦设在这里。旧址原为凌云县衙署正堂。坐东朝西，砖木结构，悬山顶，盖小青瓦。面积约 210 平方米。现已毁。

25 - E₂　李秀三烈士墓〔沙里乡人民政府东北面约 3.3 公里的山坡上·1936 年〕　墓葬建于 1936 年，系烈士李秀三和夫人梁氏的合葬墓。李秀三（1888—1936），又名李英华，广西凌云县沙里乡那坝村人。1932 年 12 月任凌云县苏维埃政府副主席、赤卫队连长。1936 年 2 月 14 日晚，在突围战斗时中弹牺牲。墓葬朝东，圆丘形土冢，1983 年在冢周贴白色瓷砖，高 1.8 米，底径 3.8—4.5 米。墓碑 2 方，分别刻"仙逝故显考讳英华李老府君烈士之墓""仙逝故显妣谥梁氏李老元君英灵之位"。占地面积约 50 平方米。墓前约 50 米处建有一座纪念塔，高约 11 米。

26 - E₃　伶兴烈士墓〔伶站乡伶兴村乡人民政府南面约 200 米·1950 年〕　有烈士墓 3 座，分别安葬凌云县大队连长王仁旺和凌云县中学校长兰克规、教

师李惠 3 位烈士。1950 年 3 月 29 日，王仁旺率一班战士执行任务时，遭土匪伏击，王仁旺及同行兰克规、李惠三人光荣牺牲。3 墓并列，冢呈长方弧背形，面批灰，长 1.75—1.85 米，宽 1.5 米。墓碑分别刻烈士的姓名、简介及牺牲经过。占地面积 30 平方米。

27 - E₄　凌云中山纪念堂〔泗城镇胜利社区正东小区后龙山脚下·1938 年·自治区文物保护单位〕　1938 年，时任县长梁荣怀倡建。1982 年维修。坐东朝西，砖木结构，由大门、陈列室、花园、亭阁组成，占地面积 3789.69 平方米。大门为西式建筑，面阔三间，仿罗马柱拱门 3 个，中门额泥塑"中山纪念堂"，顶部饰三角形山花。陈列室面阔三间，抬梁式木构架，歇山顶，盖小青瓦。两侧有花圃，后为荷花池，池中建六角亭一座。

28 - E₅　布林烈士墓〔逻楼镇布林行政村鱼塘屯东北面约 500 米孟王坡烈士坳·1956 年、1983 年〕　有烈士墓 2 座，一是潘朝崇（即潘朝雄）、黄大角、黄明强、欧阳存 4 名逻楼镇布林屯民兵烈士合葬墓。建于 1956 年。4 名烈士 1951 年 3 月 11 日在剿匪战斗中牺牲。二是江安帮烈士墓，建于 1983 年。江安帮，曾用名江肥，逻楼镇山逻弯洞人，1929 年任凌云县那么区逻楼乡赤卫队副队长，1930 年 3 月牺牲。2 座并列，朝北，均系圆丘形土冢，面封水泥，约高 0.9 米，底径 1.6 米，墓碑护墙呈半球形，碑文记 5 位烈士的出生日期、战斗经历和牺牲时间。占地面积约 50 平方米。

29 - E₆　革命烈士纪念碑〔泗城镇胜利社区独秀峰山脚下·1978 年·县文物保护单位〕　为纪念在凌云革命事业中牺牲的烈士而建。坐东向西，钢筋水泥结构。碑高 13.5 米。二级四方形碑座，正面和侧面是大理石人物浮雕。碑身为方形立柱体，庑殿顶，正背两面镌刻"人民英雄永垂不朽"，两侧镌刻"为人民而死，虽死犹荣"。四周水泥栏杆。占地面积 375 平方米。

30 - G₁　雷公屯石器出土点〔下甲乡平怀行政村雷公屯·新石器时代〕　1981 年，出土有肩石锛、石铲各 1 件。石锛通体磨光，双平肩，直边形，高 0.087 米，厚 0.012 米，刃宽 0.065 米。

31 - G₂　那银石器出土点〔下甲乡彩架行政村那银屯·新石器时代〕　1982 年当地群众在彩架村西面约 1300 米处进行生产劳动时，发现双肩石斧、石锛各 1 件，均系磨光石器。

隆林各族自治县

1 - A₁　那来洞遗址〔天生桥镇祥播行政村祥播

屯西面约 3 公里红岩山那来洞·旧石器时代·县文物保护单位〕 洞穴遗址。1984 年发现。洞口朝西，洞高 7 米，宽 8 米，进深 130 米。洞分前、中、后三洞室，面积 1000 多平方米。1986 年试掘 10 平方米。后洞室堆积分五层，厚 0.5 米，在黄色黏土层中出土人牙化石 2 枚。伴出的动物化石有中国熊、巴氏大熊猫、中国犀、豪猪、虎、羊、水牛、剑齿象等六目 14 种。（见《史前研究》1987 年 4 期）

2 - A₂ 龙洞遗址 〔者保乡巴内行政村龙么广屯南面约 2 公里·旧石器时代·县文物保护单位〕 洞穴遗址。1985 年发现。岩洞高距地表约 70 米，洞口朝西，呈椭圆形，洞高 2.9 米，宽 2.6 米，进深约 150 米，面积约 450 平方米。堆积为黄褐色黏土，厚 1.6 米。1986 年出土人牙化石 2 枚，伴出大熊猫、剑齿象、犀牛、中国熊、猕猴、豪猪、牛、羊等动物化石。

3 - A₃ 岩洞坡遗址 〔德峨乡德峨行政村德峨中心小学正西面约 100 米山洞·新石器时代·县文物保护单位〕 洞穴遗址。又叫老幺槽洞遗址。1979 年发现。岩洞高距地表约 15 米，洞口朝西南，洞约高 15 米，宽 40 米，进深 50 米，面积约 2000 平方米。仅存有少部分灰褐色沙质土胶结堆积，厚约 0.6 米。内含炭屑、烧土、碎骨等。1984 年、1988 年调查清理，出土有人类牙齿、头盖骨、肢骨、石器、夹砂绳纹陶片等，以及巴氏大熊猫、剑齿象等动物牙齿化石。（见《考古》1986 年 7 期）

4 - A₄ 江洞岩遗址 〔克长乡海长行政村海长村西面约 150 米江洞岩·新石器时代·县文物保护单位〕 洞穴遗址。1984 年发现。岩洞高出地面约 30 米。洞口朝西，洞约高 15 米，宽 17 米，进深约 100 米。分前、中、后三洞室，1986 年发掘 30 平方米，文化层厚约 1.4 米，内含炭屑、灰烬等，采集有砾石、夹砂绳纹褐色和红色陶片，动物牙齿、碎骨、烧骨等。陶片器形不可辨识。

5 - A₅ 下岜山遗址 〔克长乡和平行政村和平村西约 2 公里·新石器时代·县文物保护单位〕 洞穴遗址。1982 年发现。岩洞在山顶，高距地面约 150 米。洞口朝东，洞约高 30 米，宽 5 米，进深 25 米。现存灰褐色堆积范围 12 平方米，文化层厚 1.5 米，内含炭屑、灰烬、烧骨、磨光石器、夹砂陶片等。陶器器类有直口、敞口器及釜类器。（见《考古》1986 年 7 期）

6 - A₆ 古城城址 〔新州镇含山行政村新古城屯南约 300 米山坡上·清代·县文物保护单位〕 据《隆林县志》记载，建于清顺治十五年（1658），是明军抗清余部所建。城址平面呈不规则状，面积约 5 万平方米。城东、西面为石山所围，南、北面依山筑石围墙，各开 1 城门。北墙长 42 米，南墙长 32 米；残高 3.8—4.08 米。南门外有沿岩壁修筑的栈道，长 120 米，宽 1 米，是通往城内外的咽喉要道。城门高约 3.8—4 米，面阔 2.4 米。

7 - A₇ 塘石寨遗址 〔德峨乡八科行政村塘石上坝屯北面约 100 米·清代·县文物保护单位〕 建于清康熙十三年（1674）。平面呈长方形，南北长约 600 米，东西宽约 200 米，占地面积约 1.2 万平方米。沿山四周砌石围墙，长约 300 米，高 3 米，厚 0.8 米。入寨小道设有 3 道石闸门，有石踏跺。现存寨门、部分寨墙、屋基和石踏跺。

8 - A₈ 阿稿彝王寨遗址 〔德峨乡保上行政村阿稿上屯北约 3 公里的山顶·清代·县文物保护单位〕 建于清乾隆十四年（1749）。系彝王龙云涛修建。在石山上，有石铺小道沿山而上。寨址四周依山筑石寨墙，周长约 800 米，面积约 2 万平方米。墙高 2—3 米，厚 0.7 米。东、南、西段城墙各开一闸门。寨内依山建有 4 层平台，平台之间有路相通，平台上建有房屋、仓库、水井等，均设一座石闸门。现存房基、石条、水井和部分寨墙等。

9 - A₉ 周邦城址 〔猪场乡烂木杆行政村弄三屯南约 3 公里·清代·县文物保护单位〕 城址地跨隆林、西林两县，西林部分较开阔。隆林部分位于山脚下，平面呈长方形，面积 1.65 万平方米。东、西两面为高山，南、北两面砌围墙。现残存部分城墙、屋基、桥基及碎砖、烂瓦等。东侧洞中有清乾隆年间（1736—1795）的墨书题记。出土有清代铜钱。

10 - A₁₀ 乌梅苗王寨址 〔克长乡后寨行政村乌梅屯东面约 3 公里的山顶·清代·县文物保护单位〕 建于清同治三年（1864），系苗王杨瑞修建。寨址在山顶，平面呈长方形，面积约 3.5 万平方米。四周依山筑石围墙，周长 700 余米，高 3—5 米，厚 1 米左右。四面开有寨门。二主峰上设哨楼。寨内原有殿堂、住房、水井、石铺道路等，有石铺小道绕山而上，其间设隘口。现残存部分石墙、屋基、水井等。

11 - A₁₁ 卡贵庙堂遗址 〔蛇场乡蛇场行政村卡贵屯东面约 50 米·清代·县文物保护单位〕 建于清嘉庆十六年（1811）。原庙堂坐北朝南，砖木结构，二进院落，由前座、后殿组成，面积约 1200 平方米。泥砖墙，硬山顶，原设观音、神仙、武圣、十二生肖造像，有铁钟及石碑等。现残存屋基、石踏跺和石板道。

12 - A₁₂ 弄达监狱遗址 〔蛇场乡马场行政村弄达屯·清代·县文物保护单位〕 建于清道光十七年（1837）。系土司文氏私设的监狱，称"西隆第二监狱"，毁于清光绪六年（1880）。原建筑坐东朝西，石木结构，四合院，面积约 990 平方米。石墙，木构梁架，硬山顶，盖小青瓦。设有木棚闸门、公堂、住房、牢房等。现残存有石围墙和屋基、石踏跺、石地板等。

13 - B₁ 阿稿火葬墓群 〔德峨乡保上行政村阿稿上屯东面约 300 米的小山上·明—清·县文物保护单位〕 为彝族火葬墓群。面积约 2.8 万平方米，有上万座墓葬，分布密集而无规则。墓坑呈正方形或长方形，长 0.3—0.4 米，宽 0.2—0.4 米，深约 0.2 米。坑内四壁放石板，中间置骨灰，上倒盖一陶瓷碗，填土或压一石板，无陪葬品。采集有明、清瓷碗。墓地间有火化遗体的火葬坑，坑长 17.4 米，宽 8 米，深 1 米。

14 - B₂ 覃修纲家族墓群 〔岩茶乡岩茶行政村七社屯南面约 200 米·清代〕 有墓葬 8 座，为清朝云、贵、川三省营务处总戎覃修刚的祖父母、父母及叔伯等长辈墓。墓葬皆朝北，圆丘形土冢，用料石围砌。墓碑高 1.3 米，宽 0.8 米，碑盖、边框（边柱）浮雕卷云、宝珠、龙等图案，刻有挽联。

15 - B₃ 新寨和尚墓 〔猪场乡猪场行政村新寨屯北约 500 米山坡上·清代·县文物保护单位〕 建于清嘉庆十五年（1811）。为北血、竟粥二僧合葬墓。墓葬朝西，地面部分呈四方形，以料石干砌。下大上小，三层塔式，高 4 米，边长 3.8 米。墓碑为清道光十一年（1831）立。碑高 1.1 米，宽 0.6 米。1970 年被盗。

16 - B₄ 杨亚道墓 〔德峨乡保上行政村阿稿上屯东面约 3 公里山腰·清代·县文物保护单位〕 杨亚道，彝族，生前贫民，后代兴旺发达，其孙杨起荣便于墓前树碑纪念。墓葬朝南，圆丘形土冢，四周以料石围砌，高 1.2 米，底径 3.79 米，占地面积约 10 平方米。墓碑于清宣统三年（1911）立，二柱一楼牌楼式，高 2.4 米，宽 2.2 米，碑盖及两侧护石浮雕文武官员及花、鸟、龙、虎等图案。碑文记载墓主及其祖先于明洪武年间从云南大理羽西迁至阿稿落户的情况。

17 - C₁ 铜鼓桥 〔新州镇冷水河上·清代·县文物保护单位〕 建于清雍正十三年（1735）。东西走向，单孔石拱桥，长 30 米，宽 4.2 米，拱跨 23.3 米。以石块砌筑桥身、桥拱，桥两端建桥碑散失。1971 年在桥北侧扩宽 4.8 米。两旁设人行道和护栏。

18 - C₂ 蛇场双胞井 〔蛇场乡蛇场行政村蛇场屯北面约 1000 米山腰·清代·县文物保护单位〕 建于清雍正十五年（1738）。井口平面呈长方形，长 2.5 米，宽 2.8 米，深 2 米，分隔为大、小两个井池，小井为水源过滤池，大井为蓄水池，井壁皆料石干砌。井上方用料石修筑有盖棚，入口朝南。

19 - C₃ 太平桥 〔新州镇民族社区头塘屯南面约 100 米的新州河上·清代〕 建于清乾隆八年（1743）。是当时隆林东通往百色、西通往贵州、云南的道路桥梁之一。东西走向，两台二墩三孔梁式石木桥，长 19 米，宽 6 米，孔跨 5 米，桥台及桥墩均用料石砌筑，桥墩为梯形，高 6 米，桥面架木梁，上铺木板。现桥面已缺失。

20 - C₄ 那地水井 〔德峨乡那地行政村那地屯·清代·县文物保护单位〕 建于清乾隆十年（1745）。井在岩洞内，岩口朝北，高 4 米，宽 7 米，进深 1.5 米，面积约 28 平方米，井壁用料石干砌，洞口井沿有护边石，井上有大石板遮盖，井内建有石踏跺供上下。

21 - C₅ 四方亭 〔隆或乡或道达行政村道达小学校北面约 50 米·清代〕 建于清嘉庆十六年（1811）。坐北朝南，石结构，四方亭，面阔、进深 2 米，高 2.8 米，占地面积约 4 平方米。四角立石础石圆柱，石雕四面坡顶盖，宝相轮顶。亭内设有石供台。周边有望柱透雕石栏杆。

22 - C₆ 那管石板桥 〔新州镇那管行政村那管屯北面钓 100 米的小河沟上·清代〕 建于清道光十一年（1831）。是当时隆林通往贵州的一条捷道上的桥梁，东西走向，两台一孔梁式石板桥，孔跨 4.5 米，台间架设长 7.5 米，宽 0.8 米的石板为桥面。

23 - C₇ 水头岩渠道 〔德峨乡田坝行政村田坝屯南约 1 公里·清代·县文物保护单位〕 建于清道光二十七年（1847）。由总渠道、渡槽、储水池、分水闸及分渠道组成，全长 700 余米，宽 0.6 米，深 0.5 米，渡槽用石头凿成槽连接而成，用石膏粉填缝。灌溉面积 1500 多亩。在渠道南面石壁有清道光二十七年"供水十三念"摩崖石刻 1 方，刻面高 0.35 米，宽 0.4 米，文竖 7 行 60 字，内容为供水条文。部分渡槽、分水闸已坏，但仍使用。

24 - C₈ 阿稿桥 〔德峨乡保上行政村阿稿下屯西面 2 公里的山沟·清代〕 建于清同治十三年（1874）。为当时隆林县通西林县、云南省的道路桥梁之一。南北走向，单孔石拱桥，长 3.6 米，宽 2.6 米，拱跨 2.2 米。桥身、桥拱用料石砌筑，桥面铺石板，两端石踏跺已毁。

25 - C₉ 覃修纲旧居 〔岩茶乡岩茶行政村岩茶屯南面约 100 米·清代〕 覃修纲（1839—1905），字省三，广西隆林县岩茶乡岩茶屯人，壮族，历任清开化镇总兵，云、贵、川三省营务处总戎等职。旧居建于清光绪六年（1880），为覃修纲所建。坐北朝南，砖木结构，单体平房，面阔三间，青砖墙，抬梁式木构架，歇山顶，盖小青瓦。

26 - C₁₀ 鱼洞金鱼井 〔者保乡同福行政村鱼洞屯鱼洞小学东南面约 100 米·清代·县文物保护单位〕

相传井内有 2 条珍稀的金鱼，故名金鱼井。井建于清光绪十年（1884），系利用古泉修整而成。井平面呈椭圆形，井壁为石砌，井沿堤坝长 38 米，高 1.5 米，深 3 米，厚 1 米，井深 1.5 米。周围石筑井台，旁有观鱼台。清代诗人王文辅为此曾作《金井神鱼》七律诗一首。

27 - D₁ 小河摩崖石刻 〔猪场乡平安行政村小河电站西约 2 公里小河边的石壁上·清代〕 摩崖石刻 1 方。清道光十三年（1833）刻。石刻面朝北，高距地面 1 米，刻面高 0.8 米，宽 0.5 米。文竖 13 行，计 300 余字，楷书，阴刻。刻文为地契文书，叙述了原保上村阿稿屯彝族李氏将田地分给儿女李阿泽兄妹三人，为避免争议，在崖壁上勒石为据。

28 - D₂ 塘石摩崖石刻 〔德峨乡八科村塘石上坝屯西面 500 米路旁的天然石壁上·清代·县文物保护单位〕 摩崖石刻 1 方。清咸丰九年（1859）刻。石刻面朝南，高距地面 1.3 米。刻面高 0.68 米，宽 0.54 米。文竖 10 行，计 124 字，楷书，阴刻。刻文痛斥赌博害人害己，告诫人们应当拒绝和远离赌博行为。

29 - D₃ 禁革科派碑记 〔介廷乡那达行政村那达屯中心堡上·清代·县文物保护单位〕 碑刻 1 方。清雍正五年（1727）立。碑高 1.37 米，宽 0.64 米，厚 0.14 米。碑文竖 28 行，计 1671 字，楷书，阴刻。系西林县正堂韩为祥禁革陋规而立。额题"禁革科派碑记"，落款"清雍正五年四月初二日立"，碑文记载韩为祥上任以后，颁布的革除苛捐杂役及各项科派的规定告示。现碑倒伏于地，断裂成 2 块。

30 - D₄ "执照"碑 〔德峨乡田坝行政村木科屯西约 50 米村道旁·清代·县文物保护单位〕 碑刻 1 方。清同治八年（1869）立。碑阳朝西，高 2.84 米，宽 0.96 米，有碑跌、碑盖。碑文竖 10 行，计 180 字，字径 0.045 米，楷书，阴刻。横行额题"执照"，落款"同治八年二月二十八日泗城府行"。碑文系泗城府正堂委派西隆州苗民杨正明等 4 人管理蔗棚等村行政事务，与龙姓土司不相干之告示。

31 - D₅ 塘石碑刻 〔德峨乡八科行政村塘石下坝屯东约 1 公里·清代·县文物保护单位〕 碑刻 1 方。清光绪二十九年（1903）立。碑阳朝东，高 1.84 米，宽 0.91 米，厚 0.15 米。碑文竖行，约 890 余字，楷书，阴刻。系两广总督岑春煊为泗城府西隆州颁布的文告。碑包括两个部分：第一部分"奉宪禁革"，碑文述泗城府属凌云、西林、西隆三州县改土归流，因地属边陲，经济落后，民不聊生，因此明确规定各种夫役、赋税，革除各种苛捐杂税；第二部分"设兴团保"，碑文述匪患猖獗，号召组织团保地方武装，以防

"匪患"，治乱安民。

32 - D₆ 西隆州流官告示碑 〔新州镇隆林各族自治县政府大院内·清代〕 碑刻 1 方。清光绪三十年（1904）立。碑高 1.6 米，宽 0.9 米，厚 0.1 米。碑文竖行，约 2250 字，楷书，阴刻。广西泗城府正堂的告示，碑文记述凌云、西林、西隆三州改土归流后，执行各种夫役、苛派及赋税的情况，并制定了章程，禁止和革除各种不合理部分。

33 - D₇ 河马碑刻 〔克长乡河马行政村河马村村委会正东面 20 米·清代·县文物保护单位〕 碑刻 2 方并列，碑阳朝东，两面刻字。正面为奉示碑，背面是永远禁革夫马杂派各项告示碑。碑高 1.14 米，宽 0.5 米，两面碑文共竖 28 行，计 1000 余字，楷书，阴刻。另一碑是永免泗城府三属夫马杂派碑记，背面是晓谕石碑，高 1.2 米，宽 0.8 米，两面碑文共竖 28 行，计 1300 字，楷书，阴刻。碑文内容是清政府实行改土归流制度改革文告，规定村民缴纳完银、粮、谷后，严禁当地官吏、土司又向村民乱摊派粮款和派夫、差等。部分文字已不可辨认。

34 - E₁ 太平军战士墓 〔介廷乡那达行政村那达屯·清代·县文物保护单位〕 清咸丰十年（1860），太平军翼王石达开所属曾广依部北上泗城，转战桂黔边境，在那达同地主武装冲突，30 余人战死。建墓葬 30 座，多已夷为平地，存者为圆丘形土冢堆，冢周砌石已崩塌，无碑。占地面积约 4000 平方米。

35 - E₂ 金钟山摩崖石刻 〔克长乡海长行政村海长村东约 300 米金钟山岩洞内·1930 年·县文物保护单位〕 摩崖石刻 1 方。1930 年刻。刻于洞内东面石壁上，刻面高 1.9 米，宽 0.56 米。刻文竖 30 行，计 300 余字，字径 0.04 米，阴刻。系西林知县事侯绍勋、西隆知事汪先庚于 1930 年到克长安抚苗民时，偕同管理所所长陈维蓄同游金钟山感怀赋诗，抒发了对当时治理边疆动乱，安抚庶民工作艰难的复杂的心理。

36 - E₃ 德峨烈士墓 〔德峨乡德峨行政村小德峨屯北约 1000 米·1951 年·县文物保护单位〕 为 1950 年在德峨土匪暴乱中牺牲的陈巨栋乡长等 18 名革命烈士墓。墓葬朝西，土堆冢，平面呈长方形，长 4 米，宽 3 米，高 0.8 米。1951 年立墓碑。

37 - E₄ 纳贡解放军标语 〔桠权镇纳贡行政村纳贡屯东面约 50 米·1951 年〕 标语书写于 1951 年。用红色颜料写于民宅外墙上，书写范围长 7.5 米，宽 0.6 米，标语为横行"消灭国民党一切残余匪帮"，落款"中国人民解放军"，楷书。

38 - E₅ 革命烈士陵园 〔新州镇北·1979 年·县

文物保护单位〕 1951 年为纪念在隆林的解放事业中牺牲的 110 余名先烈士而建。初于新州镇东面山坡建烈士墓。1979 年迁至今址，建革命陵园，1991 年扩建，占地面积约 7500 平方米。陵园坐北朝南，依山势建三层平台，平台有护墙、栏杆，陵园内有记事碑 2 方、烈士碑 16 方。纪念碑位于顶层平台中心，砖混结构，由基座和碑身组成，朝南。基座为四方形，碑身为圆柱形，高 11 米，顶部立红五角星，正面镌刻"革命烈士纪念碑" 6 字。

39 - E₆ 克长烈士纪念碑 〔克长乡海长行政村新建屯东面约 1000 米·1971 年·县文物保护单位〕1953 年为纪念 1950 年解放克长牺牲的中国人民解放军第 38 军 151 师 451 团 28 名烈士而建。1971 年迁葬今址。由烈士墓及纪念碑组成，占地面积约 144 平方米。烈士墓朝北，冢呈方形，边长 3.2 米，高 2.3 米，料石砌筑，南面嵌碑刻 1 方，铭刻烈士姓名。纪念碑立于墓之上，呈方锥体，高 9.2 米，顶立五角星，四面均塑"革命烈士纪念碑" 7 字。

40 - E₇ 岩茶烈士纪念碑 〔岩茶乡政府内东面约 50 米·1953 年〕 建于 1953 年。坐北朝南，砖石结构，碑座呈四方形，高 2 米，边长 2.3 米，嵌有碑刻 4 方，铭刻 4 位烈士的姓名。碑身为立柱体，高 8 米，四面均浮塑"革命烈士纪念碑"。前面为小广场，东西长 15 米，南北宽 30 米，面积约 450 平方米。

41 - F₁ 九龙壮族民居 〔天生桥镇九龙村九龙屯·1911 年〕 大部分建于 1911 年。共有楼房 140 座，面积约 18000 平方米。坐东朝西，木结构，干栏式吊脚楼。前半部是架空楼房，后半部是依山搭建平房。木柱、木板壁、木楼板，悬山顶，盖小青瓦。

42 - F₂ 陆克武旧居 〔桠权镇纳贡行政村纳贡屯东面约 50 米·1936·县文物保护单位〕 陆克武系土霸陆尔福侄子。1936 年在广西通往贵州的交通要道——南盘江渡口上建了一座面阔五间、高三层的西式建筑，平面呈长方形。坐北朝南，砖木结构，穿斗式木构架，硬山顶，券顶门窗，设门廊。占地面积约 200 平方米。

43 - F₃ 陆美芝旧居 〔新州镇城西坝禄开发区隆林各族自治县民族博物馆内·1936 年·县文物保护单位〕 又称福禄堂。为 1936 年土霸陆尔福之弟陆美芝所建，次年竣工。旧居坐南朝北，砖木结构，西式二层楼房，面阔五间 20.8 米，进深 8.8 米，占地面积约 183 平方米。外墙砖砌清水墙，内墙抹灰，抬梁式木构架，硬山顶，盖小青瓦。顶沿砌女儿墙，正门三联拱，顶饰"凸"字形山花，檐下饰山水。旧居原位于桠权镇纳贡行政村纳贡屯，因处于平班水库淹没区内，

2007 年采取异地保护形式迁建今址。

45 - G₁ 郎甲化石出土点 〔天生桥镇安然行政村郎甲屯东南 1 公里·更新世·县文物保护单位〕 石灰岩洞，高出地面约 60 米。洞口朝东北，呈三角形，洞内高 1.5—3 米，宽 1—2.5 米，进深约 100 米。洞内堆积为灰黄色沙质黏土，厚 0.5 米。1983 年试掘，出土猩猩、黑长臂猿、猕猴、大熊猫巴氏亚种、东方剑齿象、德永氏古菱齿象、剑齿象、中国犀、中国貘等六目 23 种哺乳动物化石。

46 - G₂ 丁桑石斧出土点 〔平班镇岩晚行政村丁桑屯·新石器时代〕 20 世纪 60 年代，丁桑屯出土有肩石斧 1 件，双肩溜斜，柄部较宽。身两侧与刃缘相连，使之呈圆饼状，圆弧刃。打磨光洁，但周边留有较多的打制痕迹。长 0.073 米，最宽 0.07 米，厚 0.011 米。

47 - G₃ 龙岗岭铜锛出土点 〔德峨乡水井行政村龙岗屯龙岗岭·战国—汉〕 铜锛出土时无伴随物。单面弧刃，铸造粗糙，刃部有缺口，銎首部残。残高 0.097 米，最宽 0.075 米，厚 0.008 米。

48 - G₄ 共和铜鼓出土点 〔平班镇共和行政村八组·战国—东汉〕 于村旁小河崩塌处出土石寨山型铜鼓 1 面，鼓足倾斜向上，无伴随物。鼓面径 0.444 米，高 0.3 米。鼓面太阳纹八芒，主晕饰翔鹭纹及锯齿纹夹切线圆圈纹纹带各一道。胸饰锯齿纹、切线圆圈纹。腰以宽条锯齿纹竖分六格，每格内伫立一公牛。足外侈。胸腰间附绳纹扁耳 2 对。

49 - G₅ 马洞山铜鼓出土点 〔猪场乡那伟行政村为尝屯东约 1 公里马洞山·南宋—清〕 1971 年 6 月，马洞山腰出土麻江型铜鼓 1 面，鼓面向下，无伴随物。鼓面中心饰太阳纹。腰立附扁耳 2 对。现只余足部一片。

西林县

1 - A₁ 马鞍山遗址 〔普合苗族乡普合行政村那隆屯南约 150 米马鞍山·旧石器时代〕 阶地遗址。1988 年发现。山坡高出江面约 60 米，呈南北走向，遗址主要分布在东面较缓地带，面积约 16 万平方米。在遗址地表采集到砍砸器、刮削器、石片、石核等打制石器。

2 - A₂ 顶蚌遗址 〔那劳乡顶蚌行政村顶蚌屯南面约 10 米山坡上·旧石器时代〕 阶地遗址。1988 年发现。遗址在驮娘江东北岸Ⅱ级台地上，距驮娘江约 20 米。遗址呈东西走向，分布面积约 3 万平方米。在地表和冲沟发现砍砸器、石片、刮削器、石核等打制

石器。

3 - A₃ **平用遗址** 〔八达镇那卡行政村那卡屯东约 500 米的山坡上·旧石器时代〕 阶地遗址。1988 年发现。遗址在驮娘江东岸的Ⅲ级阶地，分布面积约 3 万平方米，在地表采集到打制的砍砸器等石器。

4 - A₄ **新丰遗址** 〔普合苗族乡新丰行政村新丰屯所在的山坡上·旧石器时代〕 阶地遗址。1988 年发现。遗址在驮娘江的Ⅱ级阶地，分布面积约 15 万平方米。在地表采集到砍砸器、手镐、刮削器、石锤、石核等打制石器。

5 - A₅ **那汪遗址** 〔八达镇土黄行政村那汪屯北面约 50 米处山坡·旧石器时代〕 阶地遗址。1988 年发现。遗址分布于山坡南面的平缓地带，面积约 4 万平方米。在地表和冲沟中发现打制的砍砸器、刮削器、石片等石器。

6 - A₆ **洪坡遗址** 〔普合苗族乡普合行政村普驮屯东约 500 米的山坡上·旧石器时代〕 阶地遗址。1988 年发现。遗址分布于 3 个连绵山坡的缓平地带，面积约 8 万平方米。在遗址地表采集到打制的砍砸器、刮削器、石片等。

7 - A₇ **后龙山遗址** 〔那劳乡洞坚村洞坚屯西约 400 米处的后龙山上·旧石器时代—新石器时代〕 阶地遗址。1988 年发现。遗址在驮娘江的Ⅲ级阶地，分布面积约 5 万平方米。在地表采集到打制砍砸器以及石斧、砺石等磨制石器及斧、锛石坯、陶片、动物牙齿等。

8 - A₈ **那来遗址** 〔那劳乡那劳行政村那来屯东 200 米处的山坡·旧石器时代—新石器时代〕 阶地遗址。1988 年发现。遗址在驮娘江北岸，距驮娘江约 15 米。遗址地势较平缓，分布面积约 10 万平方米。在地表和冲沟发现打制的砍砸器、石片、刮削器、石核等打制石器，也采集到磨制石锛等新石器时代遗物。

9 - A₉ **平马坡遗址** 〔那劳乡顶蚌行政村顶蚌道班所在的山坡上·旧石器时代—新石器时代〕 阶地遗址。1988 年发现。遗址属驮娘江北岸的Ⅱ级阶地，分布面积约 7.5 万平方米。在地表散布有砍砸器、石核、石片等打制石器及石锛等磨制石器。

10 - A₁₀ **普驮遗址** 〔普合苗族乡普合行政村普驮屯东坡地·新石器时代〕 山坡（台地）遗址。1988 年发现。遗址在驮娘江边Ⅱ级台地，分布面积约 1 万平方米。文化层约 0.3 米，在地表和冲沟发现刮削器、石锛等打制石器和磨制石器。

11 - A₁₁ **洞坚营盘遗址** 〔那劳乡洞坚行政村洞坚屯东北隔驮娘江约 150 米狼建坡·北宋·县文物保护单位〕 北宋皇祐年间（1049—1054）依智高率军

所建。建在 3 个三角鼎立的山头上，面积约 10 万平方米。在每个山头设瞭望哨，挖战壕 3 条，长 1 公里，宽 4 米，深 1.5 米，间隔 10—15 米。现存战壕和一处土堆墓群，无墓碑，封土堆 0.3—0.5 米，面积约 1500 平方米。采集有剑等兵器。

12 - A₁₂ **八达州城故址** 〔八达镇北街·清代·县文物保护单位〕 据《西隆州志》记载，清雍正七年（1729）建土城，为隆林营游击驻地，清嘉庆二年（1797）将土城墙改为三合土城墙，八年（1803）再次改建，并把八达东街、北街、中街围护。城址平面呈鲤鱼形，故又称"鲤城"。城址周长约 1830 米，开有四个城门。现存残城墙长 18 米，高 1.8—3.3 米，厚 0.8 米。城内原有衙署、营房等建筑全毁。

13 - A₁₃ **周邦遗址** 〔八达镇周邦行政村周邦村北约 2 公里·清代·县文物保护单位〕 遗址隶属隆林、西林两县，西林部分较开阔。遗址面积约 4.8 万平方米。平面呈长方形，东西两边为高山，南、北两面有石砌围墙，长约 80 米，厚 0.8 米，高 2—3 米。建筑依山而建，现残存城墙、桥、房、庙堂等地基及碎砖、烂瓦。残墙高 2—3 米，宽 0.8 米。

14 - A₁₄ **达下港口遗址** 〔那佐苗族乡达下行政村达下屯东约 360 米西洋江北岸·清代·县文物保护单位〕 位于右江上游支流西洋江达下屯段北岸。建于清初，清嘉庆四年（1799）重修，至清光绪三十年（1904）已废弃。从达下屯可通那柳、板蚌、博隘、百色等地。现存码头、通道和碑刻等。码头长约 110 米，宽 1.2 米，以石垒成。码头踏跺为条石砌成，长 150 米，宽约 1.4 米。现存 87 级。存清嘉庆四年《重修龙王庙碑记》1 方。据说该港口在清乾隆年间（1736—1795）每年约 60—70 艘船只来往和停泊。现遗址已被洞巴水电站淹没。

15 - B₁ **三棵树墓群** 〔普合苗族乡岩腊行政村三棵树屯北约 100 米·清代·县文物保护单位〕 共有 99 座墓葬，分布面积约 4500 平方米。墓葬朝南，冢呈长方形，均用石围砌，一般高 1.2 米，长 1.5 米，宽 1.4 米，无墓碑。墓葬排列不规则，墓间距约 8 米。

16 - B₂ **岑苍松家族墓地** 〔那劳乡那劳行政村那劳屯东约 2 公里卡腊山·清代〕 墓葬 3 座。系清末云贵总督加兵部尚书岑毓英父亲岑苍松、叔父岑苍培、弟弟岑毓琦墓。岑苍松为西林土司、世袭团总，岑苍培为诰赠武功将军，岑毓琦为清授荣禄大夫花翎二品分省补用二品官盐运使。三座墓均朝西，圆丘形土冢，高约 1.5—1.7 米，四周用青砖围砌，前立有碑。岑苍松墓冢中，冢高 1.7 米，前置拜台，立华表、石狮等，碑文"皇清诰赠荣禄大夫显考岑公讳苍松府君之墓"，款"同治九年岁次庚午十二月吉日重修",其东北 5 米立有清光绪二年（1876）诰赠岑苍松为光禄大夫诰命书"龙章宠赐"碑。岑苍培墓居右,岑毓琦墓居左。

B₂₋₁　龙章宠赐碑〔岑苍松墓东北约 5 米·清代〕　碑刻 1 方。刻于清末。碑高 1 米,宽 0.68 米。碑四周边框浮雕双龙戏珠,碑面中部竖行楷书"龙章宠赐"4 字,旁刻清光绪皇帝诰赠岑苍松为"荣禄大夫"诰命书。

17 - B₃　普驮铜棺墓葬〔普合苗族乡普合行政村普驮屯·西汉·县文物保护单位〕　1969 年暴露,为竖穴土坑墓,距地表深 1.5 米。长方形铜棺,长 2 米,宽 0.66 米,高 0.68 米。四周镶嵌人面、兽面云彩等鎏金、鎏银铜件附饰,棺内置有木炭和大量的玉饰随葬品。铜棺后来被毁。（见《壮族辞典》）

18 - B₄　普驮铜鼓墓葬〔普合苗族乡普合行政村普驮屯·西汉·县文物保护单位〕　1972 年暴露。距地表深 0.6 米,墓坑椭圆形,直径 1.5—1.7 米,高 1米,上盖数块石板,4 面铜鼓互相套合作葬具,最里层置放骸骨,为二次葬。出土器物包括葬具和随葬品 400余件。主要是铜器、玉石、玛瑙器,还有铁器和一小股金丝。（见《文物》1978 年 9 期）

19 - B₅　泥洞村清墓〔古障镇泥洞行政村泥洞村东北约 1 公里山坡上·清代·县文物保护单位〕　建于清代,具体时间不详。墓葬朝南,长方形土冢,周用片石围砌,高 1.5 米,长 2 米,宽 1.8 米,占地面积约 3.6 平方米。已被盗,墓碑已破碎,墓主情况不明。

20 - B₆　林德珍墓〔马蚌乡马蚌行政村马蚌街南约 1 公里·清代〕　林德珍（1769—1834）,福建汀洲人,清皇待赠五品军功。墓葬朝北,冢呈长方形,周以片石围砌,长 5 米,宽 4 米,高 3 米,占地面积约20 平方米。1914 年立有二柱三门二楼青石牌楼式碑。碑高 3 米,宽 4 米。碑文记载墓主原籍和迁移情况等。

21 - B₇　岑秀陵夫妇墓〔那劳乡那劳行政村那来屯东面那雅坡·清代〕　岑秀陵与其妻黎氏合葬墓。岑秀陵,清末云贵总督加兵部尚书岑毓英的叔祖,清廷诰赠其为荣禄大夫,其妻黎氏为一品夫人。墓为清同治九年（1870）岑毓英主持重修。墓葬朝东,圆丘形土冢,以砖围砌,高 1.45 米,占地面积约 30 平方米。墓碑高 2.5 米,宽 0.94 米,边框浮雕龙凤。碑面刻"诰赠荣禄大夫稀寿叔祖考岑公讳秀陵府君姚母黎太夫人之墓",碑上方刻有清同治四年（1865）皇帝的诰命书。墓前立石狮、华表等已全部损毁。

22 - B₈　岑秀岐夫妇墓〔那劳乡那劳行政村那来屯东面那雅坡·清代〕　岑秀岐与陆氏、覃氏夫人合葬墓。岑秀岐,清云贵总督加兵部尚书岑毓英叔祖父,

岑秀陵兄长,清廷诰赠其为荣禄大夫。墓为清同治十年（1871）岑毓英主持重修。墓葬朝南。圆丘形土冢,冢前墓碑两侧用青砖砌成三角形,碑高 2.15 米,宽 1米,边框浮雕盘龙,碑面阴刻"皇清诰赠荣禄大夫稀寿显祖考岑公讳秀岐府君墓"等字。墓地面积约 30 平方米。

23 - B₉　谢氏墓〔那劳乡那劳行政村老街屯东南约 700 米·清代〕　谢氏（?—1862）,广西西林普合人,清末云贵总督加兵部尚书岑毓英的继母,清廷诰赠一品夫人。清同治十年（1871）岑毓英主持重修。墓葬朝西,圆丘形三合土冢,四周用青砖围砌,占地面积约 30 平方米。墓碑高 2.1 米,宽 0.9 米,四周浮雕龙凤呈祥图案,额刻墓主生前功名及诰赠名位等。中部刻"皇清诰赠一品夫人懿德显妣岑母谢老太夫人之墓",墓前立有华表、石狮等。

24 - B₁₀　老街屯墓葬〔那劳乡那劳行政村老街屯丙囊干山·清代〕　墓葬 2 座,皆朝东,圆丘形土冢,周边以青砖护砌,其中 1 座系花翎按察使衔、分省补用道诰授资政大夫岑毓祥之妻彭氏与次子岑增禄合葬墓,另 1 座为儒林郎韦朝纲与其妻陆氏合葬墓。均立有碑。占地面积约 60 平方米。

B₁₀₋₁　韦朝纲夫妇墓〔那劳乡老街屯丙囊干山·清代〕　韦朝纲及其妻陆氏,系云南归候补班遇缺先补用盐大使加五级韦国隆之祖父、祖母。合葬墓,朝东,长方形土冢,高 1.2 米,周以青砖护砌,面积约60 平方米。墓碑为清光绪十四年（1888）立,高 0.66米,宽 0.36 米。有碑盖,周边浮雕卷云花草,碑上方刻颂赞墓主之碑文,下方横匾"合璧连珠"。墓北侧 5米外有封功碑 1 方,为其孙韦国隆于清光绪二十七年（1901）立。

25 - B₁₁　何农兴墓〔西坪乡木顶行政村木顶屯北约 500 米坡桑岭·清代〕　何农兴,广西西林木顶人,中法战争期间,随岑毓英到中越边境抗法,清廷赏予"尽先补用先总尽先拔补都司加游击、戴花翎钦加协镇都督府义勇巴图鲁"官职。墓葬朝西,圆丘形土冢,用料石围砌,高约 1.6 米。占地面积约 30 平方米,墓前立二柱三楼牌楼式石碑,高 2.53 米,宽 1.5 米,重檐歇山,顶脊鱼吻葫芦宝顶,各间浮雕龙、凤、鹿、鸽、人物等图案。碑文记述何农兴官职等。

26 - B₁₂　岑品蔚父子墓〔西平乡俄沙行政村俄沙屯东北约 500 米·清代〕　岑品蔚,广西西林俄沙人,清同治年间（1862—1874）随岑毓英征滇西,皇清例封为武义都尉,生有七子,与其合葬的系武略骑尉岑熙华。墓葬朝南,圆丘形土冢,长 5.9 米,宽 4.6 米,墓周用青砖砌护。占地面积约 30 平方米。墓碑高 1.43

米，宽 0.77 米，碑四周有浮雕。

27－C₁　岑氏家族建筑群〔那劳乡那劳行政村那劳屯·明—清·自治区文物保护单位〕　原为明弘治年间（1488—1505）上林（今西林）长官司土司岑密的府邸，后经其后裔清云贵总督加兵部尚书岑毓英、兵部尚书署理两广总督岑春煊父子修缮、扩建而成为家族建筑群。建筑包括围墙、炮楼（部分已毁）、土司府、岑怀远将军庙、岑氏宗祠、旧府、宫保府、佛母房（已毁）、增寿亭、荣禄第、南阳书院、思子楼、南北闸门、孝子孝女牌坊等，占地面积约 4 万平方米。

C₁₋₁　土司府〔那劳乡那劳屯岑氏家族建筑群西北角山头·明代〕　建于明弘治年间（1488—1505）。依山而筑，碎石围墙，残高 0.5—2 米，东西长约 100 米，南北长约 60 米，占地面积约 6000 平方米。建筑坐东向西，砖木结构，庭院式，由府门、正殿、左右侧屋、左右厢房组成。府门、正殿均面阔三间，进深一间，硬山搁檩，木门、花格窗。檐前置垂带青砖踏跺 5 级。后檐设隔扇。次间以木楼板分上下层。侧屋面阔二间，进深二间，硬山顶。前设檐廊。厢房南北对称，硬山顶，面阔三间，进深一间。明间设两榀木构架，4 抹隔扇 6 扇，次间设槛墙槛窗。建筑脊饰砖砌灰塑，顶盖小青瓦。

C₁₋₂　岑怀远将军庙〔那劳乡那劳屯岑氏家族建筑群土司府北闸门附近·明—清〕　岑怀远，名世兴，为明上林长官司土司岑密之先祖，元至元元年（1264）加封大将军衔。庙建于明弘治年间（1488—1505）。清光绪元年（1875）扩建成四合院。坐东朝西，砖木结构，由神堂、厢房、闸门、庭院等组成，占地面积 1000 平方米。神堂面阔三间，进深一间，硬山顶，盖小青瓦，前设檐廊，两旁分立木柱 6 根，左右悬挂钟、鼓各 1 具。

C₁₋₃　宫保府〔那劳乡那劳屯岑氏家族建筑群土司府南墙北侧·清代〕　建于清光绪二年（1876），五年（1879）落成。因岑毓英曾封"太子太保"，故又称"宫保府"。坐西朝东，砖木结构，四进院落，由照壁、门楼、前堂、中堂、后堂、厢房、廊房、天井组成，占地面积约 1891 平方米。主体建筑面阔三间，除门楼、厢房内有梁架外，余皆硬山搁檩，盖小青瓦。门楼高二层，穿斗与抬梁混合木构架，前檐带轩廊，门额上挂"宫保府"木匾，门框刻对联，沿廊两侧伸出八字墙，前立石狮、石童各 1 对。中堂高二层，木楼板，青砖分隔墙，明间设前檐廊，两次间设廊房。正、垂脊均为灰塑博古。

C₁₋₄　旧府〔那劳乡那劳屯岑氏家族建筑群宫保府之西北侧·清代〕　清同治七年（1868）时任云南巡抚岑毓英委托族内堂兄修建，为宫保府修建前岑氏家人所居。单体建筑，坐西朝东，砖木结构，面阔五间，进深一间，抬梁式木构架，硬山顶，盖小青瓦。青砖铺地，廊檐墙壁上有花卉壁画。

C₁₋₅　南阳书院〔那劳乡那劳屯岑氏家族建筑群土司府东北角·清代〕　清岑毓英四弟、二品顶戴盐运使岑毓祥建于清光绪二年（1876），至十八年（1893）、三十年（1904）扩建为二进庭院。坐西朝东，砖木结构，三进院落，由大门、前厅、天井、后厅组成，占地面积约 252 平方米。前厅为光绪二年原建房，面阔三间，进深一间，前后檐廊，正门挂岑毓英题"南阳书院"匾，抬梁式木构架，硬山顶，盖小青瓦。后座为扩建房，面阔三间，进深二间，穿斗式木构架，硬山顶，盖小青瓦。

C₁₋₆　增寿亭〔那劳乡那劳屯岑氏家族建筑群宫保府东北侧约 30 米·清代〕　建于清光绪十年（1884），时任云贵总督岑毓英为家人增寿而建，名"增寿亭"。坐西朝东，砖木结构，八角形三层楼阁式，高 9.76 米，边长 2.2 米，占地面积约 80 平方米，三重檐，八角攒尖顶，盖板筒瓦，葫芦宝刹。底层立 8 柱，砖墙围护，柱头架设横梁，外伸出挑设檐，东面开拱门，墙内壁绘天上诸神像。第二、三层为木结构，木板围护，设可开闭木窗。

C₁₋₇　荣禄第〔那劳乡那劳屯岑氏家族建筑群南阳书院北侧·清代〕　建于清光绪三十年（1904），因岑毓英父岑苍松被诰封"荣禄大夫"而名。坐西朝东，砖木结构，三进院落，由前厅、正厅、后厅、后院、厢房等组成，占地面积约 704.55 平方米。前厅面阔三间，进深一间，穿斗与抬梁混合木构架，硬山顶。正门额悬挂"荣禄第"木匾，前、后各有石狮 1 尊。正厅面阔四间，中为厅堂，两侧为卧室。后院主体建筑面阔五间，进深二间，高两层，下层用青砖围砌，上层为木结构，穿斗式木构架，天井两侧为厢房。

C₁₋₈　思子楼〔那劳乡那劳屯岑氏家族建筑群荣禄第西北面约 30 米·清代〕　建于清光绪三十四年（1908），清授荣禄大夫花翎二品分省补用二品官盐运使岑毓琦为怀念夭折的长子岑景桓而建。坐西朝东，砖木结构，面阔三间，进深一间，抬梁式木构架，硬山顶，盖板筒瓦。高三层，计 8.32 米，各层向上逐渐内收，木楼板，二层正中悬挂"思子楼"横匾。檐桁、内外墙上有玩婴、山水、传说故事等壁画。

C₁₋₉　孝子孝女坊〔那劳乡那劳行政村老街村·清代〕　清光绪三十四年（1906）岑毓英弟岑毓祥、岑毓琪为纪念岑氏孝子孝女自筹兴建。坐西朝东，四柱三间五楼石牌坊，三层飞檐，高 11.55 米，面阔 8.4

米，四柱前后抱鼓、石狮各 1 个，明、次间设拱门，正楼额坊下为龙凤浮雕立匾，直书阴刻隶书"奉旨旌表"，二层龙凤板匾阳刻"孝子孝女坊""乾坤正气"，背刻"孝子孝女坊""精华荟萃"，次楼龙凤板均篆刻对联。牌坊顶端有青石浮雕观音坐莲像。

28－C₂　周约水井　〔古障镇周约行政村周约屯・清代・县文物保护单位〕　建于清初，具体时间不详。井口平面呈长方形，用片石围砌，长 1.7 米，宽 1.5 米，井身呈上小下大成梯形，深 1.4 米。井口外沿围墙开门。

29－D₁　周邦洞摩崖石刻　〔八达镇周邦行政村周邦屯北面周邦洞・清代・县文物保护单位〕　摩崖石刻 2 方。一为清乾隆四十五年（1780）刻。刻面高、宽各约 0.6 米，正文为黄学荣题五言绝句："少年初登地，皇都得意回。禹门三尺浪，平地一声雷。"另一方刻面高 0.7 米，宽 0.6 米，为安隆居士石卓然题诗，无首题落款，诗文反映作者对景观的感慨和期待成名的心情。两刻均为楷书，阴刻。

30－D₂　普陀岩摩崖石刻　〔那佐苗族乡龙潭行政村龙潭屯西北约 1 公里・清代・县文物保护单位〕　摩崖石刻 4 方。清嘉庆二十三年（1818）刻。其一在岩口，刻面高约 0.7 米，宽约 1.9 米，李仕文撰文并书丹，为榜书"普陀岩"，字径 0.5 米，楷书，阴刻。其余石刻连在一起，有边框，包括更换岩名的记刻 1 方，记述岩洞由洪石岩更名为普陀岩之缘由经过；"同结善缘"修岩记刻 1 方，记捐资者芳名；对联 1 方，已模糊不清。

31－D₃　央纳摩崖石刻　〔那佐苗族乡央纳行政村央纳屯东北约 600 米山坡・年代不详・县文物保护单位〕　摩崖石刻 1 方。在央纳屯山坡一块高 2.2 米，宽 0.68 米的石壁上刻有数字符号，无法辨认。据说清代在这山坡上有一庙堂，庙早毁，石刻文完好。

32－D₄　八达告示碑　〔八达镇新兴路 22 号西林县文化局院内・清代〕　碑刻 2 方。一方为《禁革夫马杂派名项告示碑》，清光绪十七年（1891）立。碑高 1.12 米，宽 0.77 米，厚 0.16 米。碑文竖行，楷书，阴刻。碑文指出旧章之弊病，必须禁革，规定凡有夫马杂派各项均照凌云章程执行。一方为《永远禁革夫马碑记》，清光绪二十九年（1903）立。碑高 1.1 米，宽 0.61 米，厚 0.13 米。碑文竖 15 行，计 100 余字。字径 0.024—0.04 米，楷书，阴刻。额题"永远禁革夫马碑记"，落款"光绪二十九年十二月十二日示沙亭立"，碑文告示废除从前派夫役名目，确定今后夫役雇请费用和人数期限，违者严惩。

33－E₁　猫街碑刻　〔古障镇猫街行政村猫街村西面中心小学校内土丘上・民国・县文物保护单位〕　碑刻 4 方。刻于民国期间。每块碑高 1.5 米，宽 0.6 米。刻面朝面，石面以季节为题，用花卉图案配刻诗句，每石一画，诗一句五字：诗文"春为一岁首"，配刻兰花；"夏赏绿荷池"，配刻荷花；"秋饮黄花酒"，配刻菊花；"冬咏梅松诗"，配刻梅花。文楷书，阳刻。图文并茂，诗画吻合。

34－E₂　封功碑　〔西平乡平别行政村平别屯东北约 100 米处・1919 年・县文物保护单位〕　1919 年立。碑阳朝东北，高 1.6 米，宽 0.7 米，碑的上方刻有龙凤和清同治皇帝大印，下方有图案花纹，边缘为凸回纹，碑额饰双龙抢珠和"皇帝制曰"印样浮雕装饰。碑文记述清同治、光绪年间（1862—1908）在云南省任瑞利镇右营都司等官职的黄金林的生平。

35－E₃　林隆江边游击队南盘江营地遗址　〔马蚌乡那扛行政村田湾屯山包・1948 年・县文物保护单位〕　1948 年 9 月，西林江边游击队在马桑村南盘江中小岛改编为"滇黔桂边纵队林隆江边游击队"，以小岛为据点，在南盘江两岸开展游击战争。小岛面积约 2 万平方米。游击队在岛四周设碉堡、战壕、炮台等防御工事。指挥部设在游击队负责人巫品栋家，原为面阔两间，穿斗式木构架，泥墙茅草房。现遗址已被天生桥水电站淹没。

36－E₄　武定剿匪战斗遗址　〔马蚌乡武定行政村东南约 500 米・1950 年・县文物保护单位〕　1950 年中国人民解放军四野 15 师兰州支队在武定围剿残匪，20 余名战士牺牲。遗址原为西林匪霸林介雄 1946 年为防范游击队而建的防御设施，包括碉堡、掩体、战壕等防御工事。现存战壕长 150 米，宽 1.2 米，深 1.5 米。战壕每隔 10 米有一掩体。

37－E₅　龙潭烈士陵园　〔那佐苗族乡龙潭行政村龙潭屯东北约 80 米・1951 年・县文物保护单位〕　1951 年 9 月，中国人民解放军 656 兵团为纪念 1950 年在龙潭、平山等地剿匪战斗中牺牲的 9 位烈士而建。1988 年维修。陵园平面呈长方形，占地面积约 682 平方米。正中立纪念碑，碑后有二排烈士墓。碑呈方锥形，六边形碑座，高 6 米，方料石砌筑。

38－E₆　西林县烈士墓　〔八达镇北面后府坡・1966 年・县文物保护单位〕　1966 年建。原位于城南，后迁建于现址。墓葬朝东，冢呈圆丘形，内安葬解放西林和在剿匪中牺牲的 63 位烈士。2000 年 11 月重修，建纪念碑。纪念碑高 12.4 米，碑座宽 4 米，两侧浮雕解放军及西林各族人民战斗场面、欢庆场景。后面为碑记，刻建革命烈士纪念碑的原因和烈士芳名。从山脚至山顶有 438 级台阶，长 222 米，宽 10 米。

39 - E₇ 古障烈士陵园 〔古障镇古障街东北约200 米·1969 年·县文物保护单位〕 1969 年为纪念1950 年在马蚌、武定剿匪战斗中牺牲的 20 多位烈士而建。陵园正中为纪念碑，碑后为烈士公墓，占地面积300 平方米。纪念碑坐西朝东，高 9 米，碑座呈四方形，边长 3.4 米，碑身为方形立柱体，东、西面书"革命烈士永垂不朽" 8 字，南、北面书"革命烈士纪念碑" 7 字。烈士公墓为圆丘形，水泥、石灰冢。四周围铁栏杆。

40 - E₈ 八达革命烈士墓 〔八达镇西南面约 500 米·1988 年·县文物保护单位〕 1966 年 8 月，为纪念在解放西林和剿匪中牺牲的烈士而建。1988 年迁至今址。墓葬朝东，冢呈圆丘形，方石料砌筑。墓碑高8.5 米，宽 4 米。正面镌刻"革命烈士墓" 5 字。墓前有 259 级台阶。占地面积 257 平方米。

41 - F₁ 浪吉布依族民居 〔马蚌乡浪吉行政村浪吉屯·1949 年前〕 现在仍在使用，干栏式建筑，俗称吊脚楼。民居为木结构，平面作长方形或者"凹"字形。以数十根木柱、梁、枋榫接为构架，穿斗式木构架，悬山顶，盖小青瓦。高二层，木楞木楼板，上层前后屋檐两排柱不落地，四壁为木板，内墙亦以木板相隔，四周设回廊，边立木栏杆。底层敞开无围护。

42 - G₁ 坡桑石器出土点 〔普合苗族乡普驮行政村普驮屯东北面坡桑坡·新石器时代〕 1972 年，在高出驮娘江水面约 50 米的坡桑坡南面出土石斧、石铲各 1 件。均通体磨光。石铲刃部长，肩部平直且宽。通长 0.0175 米，肩宽 0.0147 米，厚 0.025 米。

43 - G₂ 洞坚铜鼓出土点 〔那劳乡洞坚行政村洞坚屯内·南宋—清〕 1983 年，出土麻江型铜鼓 1 面，鼓面朝下，伴出铜盆、铜圈各 1 件。鼓面径 0.48 米，高 0.27 米，足径 0.47 米。鼓面太阳纹十二芒。纹饰以游旗纹为主。腰立有扁耳 2 对。

钦州市

钦北区

1 - A₁ **马敬坡遗址** 〔钦北区大寺镇那葛行政村麓黎屯东南约 2 公里·新石器时代〕 山坡（台地）遗址。1958 年发现。遗址前临大罗江，背靠小榨油岭，面积约 1.3 万平方米。采集有石锛、双肩石锛、砺石和素面夹砂陶片等，陶片可辨器形有碗、钵类。

2 - A₂ **岭嘴遗址** 〔钦北区长滩镇古勉行政村古勉村岭嘴·新石器时代〕 山坡（台地）遗址。20 世纪 60 年代发现。遗址分布于山包上，面积约 1500 平方米。20 世纪 60 年代、80 年代，当地村民在耕作和建房过程中曾挖出过有肩石铲 2 件。

3 - A₃ **古城角城址** 〔钦北区平吉镇牛江行政村古城角村·唐代·市文物保护单位〕 城址平面呈长方形，东西长约 160 米，南北宽约 120 米，面积约 1.92 万平方米。城址周筑夯土城墙，残存东、西面部分城墙，残长 160 米，宽 5—8 米，残高 1.5—2 米。城外护城河残宽 8 米。在城内散布有青瓦和残砖块。

4 - A₄ **下红泥沟城址** 〔钦北区平吉镇牛江行政村下红泥沟村·唐代〕 俗称城仔，在钦江西岸的台地上。城址大部分已毁，南城墙基残长约 56 米，高 0.7 米，宽 2.8 米；东城墙基残长约 83 米，西城墙基长约 45 米，宽约 60 米。在城基内及城内地表散布有残砖、残片及莲瓣纹瓦当等遗物。

5 - A₅ **榨油作坊遗址** 〔钦北区那蒙镇竹山行政村竹山村南约 500 米·清代〕 又名油行城，建于清嘉庆九年（1804），毁于清光绪十九年（1893）。遗址平面呈长方形，长 81.5 米，宽 54 米，占地面积约 4401 平方米，四周筑三合土围墙，四角各有一炮楼。现仅存东、北两面部分围墙，残长 18.7 米，高 5 米，厚 0.5 米。

6 - B₁ **冯敏昌夫妇合葬墓** 〔钦北区大寺镇大寺行政村大寺村会饭包岭（即猪胆岭）·清代·市文物保护单位〕 冯敏昌（1747—1806），字伯求，号鱼山，广西钦州长墩司（今大寺镇）马岗村人，官至刑部河南司主事，诰授奉政大夫。壮族古代杰出文人，著有《小罗浮草堂诗集》《岭南感旧录》《河阳金石录》等。其夫人潘氏。墓葬朝南，冢呈圆丘形，砖石

三合土结构，高 3 米，底径 6.4 米，占地面积约 268.5 平方米，墓碑记载其生平事迹。墓后竖墓表，上刻"清诰授奉政大夫刑部主事鱼山冯君墓表"，清内阁学士、著名书法家翁方纲撰并书。

B₁₋₁ **冯敏昌题字碑** 〔原存钦北区大寺镇屯强行政村屯强村，现藏钦州市博物馆·清代〕 碑刻 1 方。此碑原系冯敏昌亲笔墨书，清道光辛丑（1841）后人根据他的墨迹刻成。碑高 0.6 米，宽 1.5 米。两面刻字，碑阳额题"国朝刑部大夫冯公鱼山太史遗迹"，落款"道光辛丑孟夏毂旦众绅士商庶同立"，中间正文刻"乡贤风□" 4 字。碑阴线刻"字江义渡坛""州乡绅士商庶公建"，均为横行楷书、阴刻。

7 - C₁ **谏议井** 〔钦北区青塘镇高峰行政村高峰村·明代〕 又名莲花井。传说唐谏议大夫宁悌原丢了一把扇子于井中，后井底处出有一朵莲花，故又称"莲花井"。相传该井建于唐代，明代重修。井口平面呈正方形，边长 1 米，井深 1.58 米。井壁为花岗岩石块砌成。井台用青砖铺砌，周砌砖墙。

8 - C₂ **竹山民居** 〔钦北区那蒙镇竹山行政村竹山村·清代〕 建于清乾隆至清光绪年间（1735—1908）。民居总面积约 2.42 万平方米。原有 15 组，现存 11 组，包括司马第、中军第、大夫第、水榭、炮楼等建筑，占地面积 4050 平方米。建筑均为砖木结构，每组为三进院落，主体建筑面阔三间，青砖墙，穿斗与抬梁混合木构架，硬山顶，盖青瓦，琉璃滴水，山墙有壁画，封檐板、雀替多为龙、凤、人物卷草等浮雕。四周砌围墙，四角设炮楼。

9 - C₃ **新月堂** 〔钦北区长滩镇屯巷行政村新月塘村·清代〕 建于清同治十二年（1873）。庭院式，四周筑片石基础青砖围墙，墙内并列三座布局、规模相同的三进院落，占地面积约 6264 平方米。均坐东北朝西南，砖木结构。各院主体建筑均面阔七间，进深一间，青砖墙搁檩，硬山顶，盖小青瓦。前座明间有凹廊，双开木门，门前置 4 级踏跺。中座前有檐廊，廊立方形檐柱 2 根，明间为过厅。后堂明间为敞厅。前天井两侧各有厢房三间。后堂前为三天井，以厢房一间相隔。围墙四角、后院墙中部建有炮楼。

10 - C₄ **黄氏住宅** 〔钦北区长滩镇屯巷行政村新月塘村·清代〕 建于清同治十二年（1873）。为村民

黄仁培兄弟三人所建。占地面积约 6264 平方米。建筑共 4 组，均为砖木结构。每一组为三进院落，四周围墙，主体建筑面阔三间，进深一间，青砖墙，穿斗与抬梁混合木构架，硬山顶，走廊，封檐板有卷草花卉浮雕，山墙有壁画。围墙原有炮楼 6 个，皆已毁。

11 - C₅ 铜鱼书院〔钦北区小董镇小董中学·清代·市文物保护单位〕 建于清光绪十九年（1893），由冯子材部襄理文牍方凤元捐资兴建。书院坐北朝南，砖木结构，四进院落，由大门、二座、孔圣楼、后座、天井、厢房等组成，占地面积约 1200 平方米。大门前为照壁，上书"天开文运"4 字。大门面阔五间，进深三间，门额上有楷书"铜鱼书院"匾。二座面阔三间，进深 间，左次间为"听差室"，右次间为"庶务室"。孔圣楼高二层，楼上设孔子牌位，楼下为宿舍。后座面阔五间，进深二间。各座均为青砖墙，穿斗和抬梁混合木构架，硬山顶，盖小青瓦。左右两侧对称二层厢房，左为"藏器楼"，右为"一卷楼"。

12 - C₆ 草花岭祠堂〔钦北区青塘镇红村行政村草花岭南山脚·清代〕 建于清光绪二十八年（1902），又称草花岭武馆。坐北朝南，砖木结构，二进院落，由前座、后堂、天井、厢房及东、西侧院组成，占地面积约 814 平方米。前座、后堂面阔三间，进深二间，青砖墙，抬梁与穿斗混合木构架，硬山顶，盖小青瓦，屋内有壁画、浮雕。前座设前、后檐廊，门额上有"精武"匾，后檐设隔扇木板壁，后堂有前檐廊，廊立方形檐柱 2 根，门额有"拔元"匾。东、西侧院布局相同，隔巷道沿院墙各有厢房六间，进深一间。

13 - E₁ 冯绍珠旧居〔钦北区大寺镇大寺社区旧圩四街·1885—1912 年〕 冯绍珠（1831—1912），广西钦州大寺镇屯包村人，清末后军管带，曾任钦州参将、协镇府等职。在镇南关关前隘等地抗法战斗中立有战功，受越南政府嘉奖。旧居建于清光绪十一年（1885）。原建筑多已毁，现存花厅一座，坐北朝南，砖木结构。面阔五间，进深一间有前廊，青砖墙，抬梁式木构架，单面坡硬山顶，盖小青瓦。前廊墙、室内山墙、檐墙上绘山水、花鸟彩画。占地面积约 500 平方米。

14 - E₂ 黄明堂墓〔钦北区大寺镇广琅行政村料厘村西北龙狗岭·1939 年·自治区文物保护单位〕 黄明堂（1870—1939），原名文福，字德新，广西钦州大寺镇人，中国同盟会员，历任琼崖宣抚使、广东南路粤军司令、讨贼军南路总司令、中央直辖军第二军（后改为建国粤军第四军）上将军长等职。墓葬朝东南，平面呈半圆形，三层花瓣弧形墓圈墙，墓区周边

有围墙，占地面积约 340 平方米。冢为砖室结构，冢前为长方形拜台、台阶及明堂。牌坊式墓碑，碑额刻国民党党徽，镌"功在党国"，两侧镌刻对联"遗爱岂独桑梓，勋名不让刘冯"。明堂两侧围墙各开一拱门。1981 年修复。

15 - E₃ 万人坑〔钦北区贵台镇那美行政村那岭村·1939 年〕 1939 年 2 月 21 日，侵华日军将贵台大托山至那岭村一带村庄包围，屠杀 128 名村民于那岭村。事后将尸体集中埋葬在那岭山脚，称万人坑。万人坑距杀害地点 50 米，原有坟堆，现已被夷平。

16 - E₄ 六虾村抗战旧址〔钦北区板城镇六虾行政村六虾村·1940 年〕 1940 年 5 月 5 日，六虾村村民与驻扎小董的侵华日军发生激烈战斗，伤毙敌数十名。旧址原为韦氏祠堂，建于 1930 年。坐东北朝西南，砖木结构。两进院落，占地面积约 863 平方米。前座、后堂面阔三间，青砖墙，硬山顶，盖小青瓦。前座有前后檐廊、石檐柱、金柱。后堂设前檐廊，天井两侧为走廊。祠堂内现存一块国民政府颁发给六虾村的"忠勇可风"牌匾。韦氏祠堂也是钦县第一个农村党支部成立地址。

E₄₋₁ 六虾祠堂"忠勇可风"匾〔板城镇六虾村韦氏祠堂·1940 年〕 1940 年 5 月 5 日，以韦调元为首的板城镇六虾村村民武装袭击驻扎小董的侵华日军，伤毙敌数十名，缴获步枪八支，子弹数千发，立下战功。7 月，国民政府第 4 战区司令长官张发奎赠"忠勇可风"匾 1 方，悬挂于该村韦氏祠堂。匾为木质，长 12 米，宽 2.8 米，阳刻，楷书。

17 - E₅ 大直革命烈士纪念碑〔钦北区大直镇西北约 400 米山坡上·1962 年〕 1962 年为纪念 1950 年剿匪战斗中牺牲的解放军战士而建。占地面积约 244 平方米。碑高 8 米，碑文记解放军某部战士苏奎元、黄宗兴、姚宽、杨芬等烈士 1950 年 3 月 27 日在蕾楼岭剿匪战斗中英勇牺牲的事迹。

18 - E₆ 长滩革命烈士纪念碑〔钦北区长滩镇长滩行政村牛竹脚南南侧·1956 年〕 1956 年为纪念 1950 年在那裊村征粮被土匪杀害的杨仁宇等 42 名烈士而立。由碑及烈士墓组成，占地面积约 274 平方米。碑坐北向南，砖石结构，四方立柱体，高 7 米，前后书"革命烈士永垂不朽"及烈士芳名。墓为圆丘形，墓周有砖砌围墙。

19 - E₇ 小董烈士纪念碑〔钦北区小董镇大虫岭·1984 年〕 1952 年为纪念小董起义牺牲的烈士而立。原建于小董镇南侧公路旁，1984 年重建于此，占地面积约 544.6 平方米。碑高 15 米，坐西朝东，砖石结构，碑座方形顶出檐，碑身呈方柱体，攒尖顶，四

面分别直书"革命烈士永垂不朽""继往开来""顶天立地""浩气长存",并刻烈士芳名。碑前存台阶近百级通岭脚。

20 - F₁ 思亲桥 〔钦北区小董镇多隆行政村多隆村雄鸡江上·1935年〕 建于1935年。时任广东江防舰队副司令张之英等捐资修建,为沟通小董至板城、那香的交通干线。五孔四墩梁式桥,长42米,宽2.7米,拱跨8米,两侧设有栏杆,原桥墩为四方石柱,1975年改建为钢筋凝泥土"井"字形架。1949年在桥两侧加宽1米人行通道。

21 - F₂ 张瑞贵旧居 〔钦北区贵台镇大路行政村大路村·1938年〕 张瑞贵(1891—1977),字玉麟,法名园亚,广西钦州贵台镇那统村人,国民革命军第63军中将军长,广东第八区行政督察专员兼保安司令。旧居建于1938年,原为庭院,坐东北朝西南,砖混结构,四周以砖墙维合,四角设碉楼,占地面积3138.86平方米。现只剩下门楼、4个炮楼以及中座、后座的墙基。门楼为二层楼房,高8米,砖木结构,面阔三间,进深一间,前有走廊,重檐悬山顶,盖小青瓦。

22 - G₁ 紫琅山铜鼓出土点 〔钦北区贵台镇那略行政村南约300米紫琅山·东汉—唐〕 1976年,紫琅山出土灵山型铜鼓1面,鼓面倒置,无伴随物。鼓面径0.88米,高0.575米。鼓面太阳能纹十芒。面沿环列六只三足蛙。面、身饰云雷纹、席纹、鸟翔纹等。胸腰间附扁耳2对。鼓脚稍残。

23 - G₂ 紫尖山铜鼓出土点 〔钦北区贵台镇那略行政村高黎村东约100米紫尖山·东汉—唐〕 1964年,紫尖山出土灵山型铜鼓1面,鼓面向下。鼓面径0.79米,残高0.48米。鼓面太阳纹十芒。面沿环列三累蹲蛙与三单蛙相间。面、身饰鸟纹、席纹、连线纹、蝉纹、四瓣花纹、"四出"钱纹、虫纹等。胸腰间附扁耳2对。足部部分残缺。

24 - G₃ 双镇岭铜鼓出土点 〔钦北区那蒙镇四维行政村紫眼屯南约50米双镇岭·东汉—唐〕 1988年6月,双镇岭出土灵山型铜鼓1面,鼓面朝下,无伴随物。面径0.81米,高0.525米。面、身饰菱形纹、瓣花纹、水波纹、云纹、虫纹、变形羽人纹、复线半圆填线纹等。胸腰间附羽纹扁耳2对。

25 - G₄ 廷朗山铜鼓出土点 〔钦北区那蒙镇那蒙社区廷朗山·东汉—唐〕 1975年,廷朗山出土灵山型铜鼓1面。鼓面径0.89米,高0.563米。鼓面太阳纹十芒。面沿环列六只三足蛙。晕间饰变形羽人纹、云纹、席纹、同心圆圈纹。胸腰间附扁耳2对。

26 - G₅ 长滩铜鼓出土点 〔钦北区长滩镇北约7公里·东汉—唐〕 1996年8月20日,长滩镇出土灵山型铜鼓1面。鼓面径1.2米,高0.7米。鼓面太阳纹十芒。面沿环列六组累蹲蛙。纹饰主要饰钱纹。胸腰间附扁耳2对。足稍残。

27 - G₆ 牛岭坡铜鼓出土点 〔钦北区长滩镇上汶行政村那沙村牛岭坡·东汉—唐〕 1996年4月16日,牛岭坡出土灵山型铜鼓1面。鼓面径1.21米,高0.78米。鼓面太阳纹十芒。面沿环列六组累蹲蛙。饰"四出"钱纹。胸腰间附扁耳2对。鼓身破成17片。

28 - G₇ 新塘麓山铜鼓出土点 〔钦北区板城镇板城社区北约1公里新塘麓山·东汉—唐〕 1993年,新塘麓山出土灵山型铜鼓1面。鼓面径0.8米,高0.54米。鼓面太阳纹十二芒。面沿环列三累蹲蛙与三单蛙相间。晕间饰蝉纹、凤纹、蝶纹、席纹、"四出"钱纹等。胸腰间附带状叶脉纹扁耳2对。一侧耳的下方近足处立有一鸟。

29 - G₈ 三门滩独木舟出土点 〔钦北区大寺镇东南约4公里三门滩·清代〕 1989年11月,修公路桥时,在第三桥墩处河床沙层中出土2只平行、大小相当、上下相错叠独木舟。舟身稍倾斜,搁于河底石头上。用整木凿挖而成,呈梭形,两端平齐,长11米,中部宽0.9米,壁厚0.06米,深0.35米。舟木为壳斗科,槠木。

钦南区

1 - A₁ 独料遗址 〔钦南区那丽镇那丽行政村独料村西侧禾塘岭·新石器时代·市文物保护单位〕 山坡(台地)遗址。1964年发现。面积约1万平方米,1978年发掘324平方米,文化层厚0.4—1.1米。发现灰坑、灰沟、柱洞、烧土坑等遗迹。出土石器、陶片及炭化果核。石器以磨制为主,包括有肩石斧、锛、凿、铲、锄、镰、犁、刀、镞、矛、杵、磨盘、锤、弹丸等;陶器以夹砂粗红陶为主,器类多敛口、直口的釜、罐类,纹饰以绳纹为主,次为篮纹、曲折纹、网纹、指甲纹以及少量拍印纹、划纹等。遗址¹⁴C测定年代分为距今3795±80年(树轮校正值距今4370±135年)和距今4145±120年(树轮校正值距今4585±180年),属新石器时代晚期遗址。(见《考古》1982年1期)

2 - A₂ 芭蕉墩遗址 〔钦南区犀牛脚镇丹寮行政村虾港村北约2公里·新石器时代·市文物保护单位〕 山坡(台地)遗址。20世纪50年代发现。遗址处丹寮江与下埠江交汇处的孤岛上,面积约8000平方米。文化层为胶结坚硬的蚌、螺壳堆积,厚约0.5—1米,采集有打制的尖状器、砍砸器、刮削器和少数磨光石斧、石球等石器。

3 - A₃ **上羊角遗址** 〔钦南区东场镇上寮行政村红沙村东南约 2 公里上羊角岭·新石器时代·市文物保护单位〕 山坡（台地）遗址。1958 年发现。遗址在上羊角岭下，东面和南面临大风江，分布面积约 3000 平方米。文化层厚约 1 米，采集有磨制的双肩石斧、砺石及打击石片等。

4 - A₄ **潭池岭窑址** 〔钦南区东场镇东场行政村东场村潭池岭·隋—宋·市文物保护单位〕 窑址在岭西山腰，临大风江，分布面积约 2000 平方米，地表散布有较多的陶瓷片、残砖等，废品堆积厚 0.5—0.9 米。尚见窑口多座，未经发掘，结构不详。采集有冰裂纹瓷罐、瓷碗以及盘、盆、碟、杯、壶等器物残片，多为浅灰白色，亦有褐蓝色。纹饰有波浪纹、几何纹、卷叶纹、莲瓣纹等。

5 - A₅ **母鸡坑窑址** 〔钦南区东场镇东场行政村雅子冲村北面母鸡坑岭·唐代〕 母鸡坑岭为大风江东岸的一个小缓坡，窑址范围东西长 5 米，南北宽 6 米，面积约 30 平方米。未见窑口，在地表散布有大量唐代青瓷碗碎片废品堆积，主要产品为青瓷碗。窑址现已辟为甘蔗地。

6 - A₆ **钦江县故城址** 〔钦南区久隆镇沙田行政村上东坝村西北约 800 米·隋—唐·自治区文物保护单位〕 据《钦县志》记载，钦江县，隋开皇十八年（598）改宋寿县置，唐元和年间（806—820）后迁今灵山县旧州，北宋开宝五年（972）废。城址平面呈长方形，南北长约 200 米，东西宽约 180 米，面积 3.6 万平方米。东、南、西、北开有四城门。现残存的南、北二门不对称，宽 6 米，顶已塌。城墙为红土夯筑。残长 170 米，基厚 16—20 米，顶厚 2—4 米，残高 3—6 米。墙外有宽约 10 米、深 3 米余的护城河。城内地表散布有筒瓦、莲花瓣瓦当、板瓦、席纹灰色陶片、绳纹、菱形纹红砖及黄色薄釉瓷碗、罐、碟等残片。

7 - A₇ **配山村城址** 〔钦南区黄屋屯镇大冲行政村配山村·明代〕 城址平面呈长方形，东西长约 127 米，南北宽约 143 米，占地面积 18161 平方米。城墙用黄土夯筑，残高 1 米，南城墙残存 154 米，西城墙残存 127 米，北城墙残存 143 米，东城墙残墙 89 米。南城门尚可辨，城门两侧用青砖砌筑。城址北临黄屋屯江，东、南、西三面有护城河。

8 - A₈ **马骝滩聚落遗址** 〔钦南区久隆镇沙田行政村下东坝村东南面钦江右岸的马骝滩上·唐代〕 遗址面积约 800 平方米。文化层分三层：第一层为耕土层，厚约 0.1 米；第二层为青灰色淤沙层，厚约 1 米；第三层为灰褐色沙土层，厚约 0.6 米，含有大量陶瓷碎片，器形有陶罐、壁底青瓷碗等，为唐代遗物。受江水冲刷，遗址崩塌较严重。

9 - A₉ **高沙聚落遗址** 〔钦南区久隆镇沙田行政村高沙村西面约 500 米的钦江西岸台地上·唐代〕 遗址面积约 1000 平方米。从钦江边的断面看，遗址堆积自上而下可分三层：第一层为黑褐色耕土层，厚约 0.1 米；第二层为青灰色沙土层，厚 1—1.5 米，较纯净；第三层为灰褐色土，厚约 0.2—0.5 米，内含有大量唐代布纹瓦片、陶片及青瓷片等，器形有钵、碗等。

10 - A₁₀ **乌雷炮台遗址** 〔钦南区犀牛脚镇乌雷行政村东南约 2 公里香炉岛上·清代·市文物保护单位〕 据县志记载，炮台建于清康熙五十六年（1717），系清两广总督杨琳奏请设置的沿海炮台之一，由广东提督王文雄受命勘察并修建。炮台建在孤岛上，依岛势而建，四面临海。炮台平面呈长方形，长约 60 米，宽约 40 米，砖石垒砌，砂浆抹缝，残高 1—3 米。周用砖砌围墙，高约 3 米。原有门楼、官署、兵房、火药局皆已毁，炮位依稀可见。

11 - B₁ **久隆墓群** 〔钦南区久隆镇新圩行政村至钦北区平吉镇古隆行政村一带·隋—唐·自治区文物保护单位〕 隋、唐时期岭南豪强宁氏家族墓地。已发现墓葬 45 座，封土多被夷平。主要分布在大雾岭东麓，南北绵延达 10 公里。1977 年、1981 年清理 7 座，皆砖室墓，其中 5 座为单室，2 座为双室并列的夫妇合葬墓。形制分"凸"字形、"中"字形和"干"字形 3 种，墓室壁砖为三平一竖砌法，券顶，多设有壁龛或灯龛，底部铺人字形地砖，大多开有排水沟。出土宁道务墓碑和青瓷器、陶器、铜器和金银器等 130 件。（见《考古》1984 年 3 期）

12 - B₂ **铜鼓岭墓葬** 〔钦南区水东街道五里桥社区旧岭坡村铜鼓岭·唐代〕 1979 年探查 1 座，墓葬南向，长约 6 米。局部墓砖暴露，未清理。有盗洞痕迹，长 2 米，宽 0.8 米。1979 年在距该墓 30 米处发掘 1 座砖室墓，早年被盗，出土有残破陶罐、陶片等随葬品。

13 - B₃ **黄秋槐、黄环墓** 〔钦南区钦州镇南珠街道东北约 3 公里猫岭·明代·市文物保护单位〕 黄秋槐（生卒年不详），广西钦州中屯乡（今沙埠）人。明万历二年（1574）贡生，初任广西梧州府教谕，后擢升教授。告老回乡后，以祖传租谷田产兴建义学。死后州人尊为乡贤。黄秋槐墓与其祖父黄环墓并列同茔。墓经清乾隆、清道光和民国年间 3 次重修。墓葬朝南，冢呈双弧联体圆丘形，用灰砖面砌，通长 6.2 米，宽 4 米，高 1.2 米。正面以石灰砂浆抹面，双碑并立，各记载墓主生平。墓旁原立有 1 方诰封碑，已失。

占地面积约 50 平方米。

14－B₄ 黄太夫人墓 〔钦南区黄屋屯镇料连行政村江那屯·清代〕 黄太夫人（1791—1821）系清广西、贵州提督冯子材之母，皇清诰封一品夫人。清光绪三十二年（1906）重修。墓葬朝东，冢呈圆丘形，用石沙筑成，高 1.2 米，底径 2 米。占地面积约 68 平方米，墓碑高 1.16 米，宽 1 米，碑面四周浮雕 9 龙，正中刻"皇清诰封一品夫人显妣谥慈慎冯母黄太夫人墓"，墓前两侧立有华表和石狮，墓后设石砌护墙。

15－C₁ 天后宫 〔钦南区文峰街道中山社区中山路 69—1 号·明代〕 始建于明永乐四年（1406），明天顺六年（1462）重建，因年久崩残，至明嘉靖十七年（1538），知州林希元倡导集资重建。清代多次修缮。原为三进院落，现存前座、中殿。占地面积约 288 平方米。坐西朝东，前座、中殿面阔三间，进深前座一间，中殿三间，清水墙，穿斗与抬梁混合木构架，硬山顶，盖小青瓦。前座门侧置石鼓，中殿明间前置 5 级踏跺。

16－C₂ 玉井 〔钦南区龙门港镇北行政村北村东塘海滩上·明代·市文物保护单位〕 原名"玉井寒泉"，又名"玉井流香"，传说每当海水涨，覆盖井口，仍可拨开上面的咸水，取出甘泉，故此得名，是钦州八景之一。井口平面呈正方形，青砖砌成，边长 1.5 米，深 4 米，井口、井壁均用条石砌成，现井台为水泥砂浆覆盖。占地面积约 20 平方米。1958 年扩建，现完好。

17－C₃ 广州会馆 〔钦南区文峰街道胜利街 29 号·清代·市文物保护单位〕 建于清乾隆四十八年（1783）。清道光十四年（1834）及清光绪十八年（1892）两次重修。坐西朝东，砖石木混合结构。二进院落，由前座、后座、厢房和天井组成，占地面积约 1180 平方米。前、后座建在有望柱石栏的花岗石台基上。前有檐廊，设垂带石踏跺，面阔三间，清水墙，穿斗与抬梁混合木构架，硬山顶，脊饰走兽及人物图像，瓷制花窗，墙上有壁画。前座门额有清乾隆四年（1739）会试状元庄有恭书"广州会馆"匾。门框及柱刻有人物花草。左右侧设东西向通道。

18－C₄ 黄氏宗祠 〔钦南区那丽镇那雾岭下的那丽街东北角·清代〕 是钦、廉、灵、防黄氏的联宗祠。建于清嘉庆二十五年（1820）。坐东朝西，砖木结构，由主院及侧院组成，占地面积 1006.3 平方米。主院为二进二廊一天井，前座、后堂面阔三间，砖墙搁檩，硬山顶，盖小青瓦。侧院由北厢房和北厅、天井等组成，建筑砖墙搁檩，硬山顶，盖小青瓦。

19－D₁ 钦江县正议大夫之碑 〔原立钦南区久隆镇，现存广东省博物馆·隋代〕 碑刻 1 方。隋大业五年（609）立。县志记载：碑高三尺二寸（1.06 米），宽二尺一寸（0.69 米）。碑文竖 30 行，满行 39 字，计 1100 余字。撰文书丹不详。额题"宁越郡钦江县正议大夫之碑"，落款"大业五年四月"。碑文称颂钦江县正议大夫宁赞之祖遬、父猛力、兄长真之功德和业绩，以及宁赞一族南定交趾之川，北靖苍梧之野，拜上仪同三司、正议大夫的事迹。

20－D₂ 东坡书院碑刻 〔原置钦南区宁峰街道中山社区中山路江滨旅社，现藏钦州市博物馆·宋、清〕 碑刻 3 方。一为苏东坡题字"游戏"2 字。碑高 0.4 米，宽 1.1 米，碑文横行，字径 0.23 米。一为《苏文忠公笠履图》碑，清道光二十六年（1846）立，为钦州知州龚耿光根据苏东坡诗意请人摹刻的肖像。像旁有诗词多首。碑高 1.1 米，宽 0.73 米。另一为《东坡书院告示碑》。刻于清光绪二十四年（1898），碑高 1.7 米，宽 0.7 米。碑文记述筹资建三婆庙事宜。三碑文楷书，阴刻。

21－D₃ 重建钦州城内义仓落成记碑 〔钦南区文峰街道中山社区中山公园内·清代〕 碑刻 1 方。清光绪十年（1884）立。碑高 1.2 米，宽 0.6 米，厚 0.07 米。碑文竖行，计 800 字，楷书，阴刻。钦州牧余鉴海撰文，拔贡王国才书丹。额题"重建钦州城内义仓落成记"，落款"大清光绪十年岁在甲申春壬正月，权知州事同知衔补用知县平乐余鉴海撰文，候选直隶州州判癸酉科拔贡生王国才书丹"。碑文记述义仓之举，为备荒而设，州牧余鉴海发现义仓举办艰难，于是会商局绅等，买民房二进四间，改建为义仓，名"丰备仓"。

22－E₁ 冯子材故居 〔钦南区水东街道沙尾街 133 号、144 号·清代·市文物保护单位〕 冯子材（1818—1903），字南干，号萃亭，广西钦州沙尾街人，清末将领。中法战争时会同王孝祺、王德榜、苏元春等部，在镇南关、谅山等地大败法军。授太子少保，任广西、贵州提督等职。故居建于清雍正年间（1723—1735），坐东朝西，砖木结构。两进院落，由前座、后座、天井组成。占地面积约 600 平方米。前、后座面阔五间，进深一间，青砖墙搁檩，悬山顶，盖小青瓦。前座明间前、后墙皆设双开木门。前、后座之间隔巷道，巷道两端有门通院外。

23－E₂ 冯子材旧居 〔钦南区南珠街道白水塘社区白水塘·1875 年·全国重点文物保护单位〕 是冯子材退居时住所和督办广东省高雷廉琼 4 府 25 州县团练总部。冯子材因镇南关大捷有功，被清廷授太子少保，加尚书衔，世袭三等轻车都尉职加一云骑尉，故旧居得名"宫保府"。旧居建于清光绪元年（1875）。坐北朝南，砖木结构，三进院落，前有门楼、明堂，后面并列三排三进院落，以巷道相隔，开门相通，每院有门厅、前厅、后厅、天井及左右厢房、书房、马厩等，建筑面积约 2020 平方米。主体建筑面阔三间，清水墙，穿斗与抬梁混合木构架，硬山顶，盖小青瓦。正面明间设 6 页隔扇门，次间置花格槛窗。地面墁铺青砖或三合土夯筑。此外，旧居还包括三山一水田，原有六角亭、三婆庙、珍赏楼、虎鞭塔、水井、花园、果园、鱼塘等附属建筑。总占地面积约 7 万平方米。

E₂₋₁　冯子材墓　〔钦南区沙埠镇坭桥行政村坭桥村东北的小山丘上·1903 年·自治区文物保护单位〕　清光绪二十九年（1903），冯子材卒于军旅，归葬钦州，朝廷谥勇毅。墓葬朝东，由墓冢、神道、拜台、碑亭、六角亭、封诰牌坊、神道、华表、石仪作等组成，占地面积约 2560 平方米。现存墓冢和碑亭。墓葬向东，冢呈龟背形，长 2 米，青砖三合土结构。歇山顶盖墓碑，两边有 1 对盘龙石柱。冢前有 3 级拜台和神道，两侧分列文臣、武士、狮、虎、马等石像生各 1 对，横列狮头华表 4 对，华表上刻有对联。墓前 300 米处有四柱三间三楼敕建封诰牌坊和 1981 年重建的六角攒尖顶碑亭各 1 座。碑亭内立"大清诰授荣禄大夫建威将军太子少保尚书衔贵州提督世袭轻车都尉加一云骑尉冯勇毅公神道"碑 1 方，记载冯子材生平。

24 - E₃　刘永福旧居　〔钦南区文峰街道板桂街 10 号·1891 年·全国重点文物保护单位〕　刘永福（1837—1917），原名义，字渊亭，清末将领。原为清末滇桂越边境黑旗军首领，在越南屡次大败法军。曾受越南阮朝政府封为三宣副提督、一等义良男爵。中法战争后任广东南澳镇总兵、碣石镇总兵等职，1916 年病卒于钦州。旧居又名三宣堂，建于清光绪十七年（1891）。砖木结构，为三排三进院落，有门楼（头门、二门、炮楼）、照壁、主座（前座、前花厅、中堂、后花厅、主厅、天井）、廊房、谷仓、书房等，大小厅房 119 间，建筑面积 5622.5 平方米，还有暗道、花园、果园、鱼塘等附属建筑。主体建筑三进，坐北朝南，砖木结构，穿斗与抬梁混合木构架，硬山顶，盖小青瓦。左、右、背后三侧有厢房围绕，四周有高围墙，围墙四角有碉楼。总占地面积约 2.27 万平方米。

E₃₋₁　刘永福墓　〔钦南区沙埠镇油路行政村沙寮村老虎头岭南面·1917 年·自治区文物保护单位〕　1917 年，刘永福在钦州病故，葬于老虎头岭。墓葬朝南，依山而筑，墓区平面呈半圆形，三层墓圈墙围护，占地面积约 150 平方米。冢呈二层圆丘形，青砖三合土围砌。墓碑高 2 米，碑面阴刻"清诰授振威将军

晋授建威将军特授闽粤南澳镇总兵依博德恩巴图鲁显考讳永福号渊亭谥忠直果毅刘太公墓"。碑前有祭台，两侧有砖砌弧状八字形扶手。

25 - E₄　鹰岭炮台遗址　〔钦南区大番坡镇水井坑行政村旧营盘村南约 1 公里鹰岭·清代·市文物保护单位〕　建于中法战争时期（1883—1885），具体年代不详。炮台建在岭的南部，东、南、西三面临海，为防卫要地。原置大铁炮 2 门，已毁。炮台台基呈梯形，用石块围筑，内填三合土。台基长 12 米，宽 6 米，残高 0.8 米，占地面积约 80 平方米。炮台东面有井一口。1990 年 2 月出土铁炮 1 门。

26 - E₅　烟囱山烽火台遗址　〔钦南区大番坡镇水井坑行政村旧营盘村烟囱山·清代·市文物保护单位〕　建于清光绪九年（1883），在鹰岭炮台北面烟囱山顶，东、南、西三面临海，烽火台呈圆台形，外以砖、石砌，内填泥土夯实，残高 2 米，底径 6 米，顶面径 4 米，占地面积约 30 平方米。破坏严重。

27 - E₆　青龙山烽火台遗址　〔钦南区大番坡镇青龙行政村东北约 1 公里青龙山·清代·市文物保护单位〕　建于中法战争时期（1883—1885），具体时间不详。位于岭顶，高距地表约 500 米。烽火台遭严重破坏，仅存圆形夯土台，用黄土夯筑，台高约 3 米，底径 6.5 米，顶面径约 5 米，占地面积约 30 平方米。1950 年用水泥盖顶。

28 - E₇　金鼓村烽火台遗址　〔钦南区犀牛脚镇金鼓行政村金鼓村西南面约 1000 米·清代〕　建于清末，具体时间不详。烽火台残存圆台形墩，用石头、泥土垒砌，残高约 4 米，占地面积约 70 平方米。

29 - E₈　刘静亭墓　〔钦南区久隆镇青草行政村平湖屯东南约 200 米的坡地上·1896 年·市文物保护单位〕　刘静亭（？—1853），名以定，广西上思人，黑旗军将领刘永福的胞叔，清廷赐赠振威将军。清咸丰三年（1853）病故于上思，清光绪二十二年（1896）迁葬钦州。墓葬朝南，圆丘形三合土冢，底径 2.8 米，高约 1 米，墓后两侧有条石砌弧形矮墓圈墙，占地面积约 65 平方米。墓碑高 1.28 米，顶有盖，两侧附护石，碑面阴刻"皇清赐赠振威将军叔考号静亭刘府君墓"，碑文载墓主生平。

30 - E₉　"三那"抗捐指挥部旧址　〔钦南区那彭镇那彭社区那彭圩·1906 年〕　那丽、那彭、那思三乡俗称"三那"，在清代盛产蔗糖，素不征税。清光绪三十二年（1906），钦廉道尹王秉恩设局加征糖捐，引发蔗农不满，公推刘思裕为领袖，在那彭圩边鸡儿坪饮血立盟抗捐。后发展成为以那彭为中心的武装抗捐和反清斗争，时称"三那乱"。抗捐指挥部设在那彭圩

四和堂。坐东朝西，砖木结构，四合院，中为天井，四面院墙为砖砌二层楼房，面阔六间，进深一间。上下层前有走廊。四角设有炮楼。占地面积约 1100 平方米。现炮楼、房屋已毁。

31 - E₁₀ 刘思裕墓 〔钦南区那彭镇那彭行政村浸□村北狮子头山·1907 年〕 刘思裕（1868—1907），本名善全，广西钦州那彭乡凤凰岗村人，清末钦州那丽、那彭、那思三乡抗糖捐斗争首领。清光绪三十三年（1907）在同清军战斗中阵亡。墓葬朝东南，长方形土冢，长 3 米，宽 1.5 米，高 0.7 米，占地面积约 40 平方米。

32 - E₁₁ 冯相荣墓碑 〔原存钦南区水东街道东南社区龙贡塘，现存冯子材旧居·1919 年〕 冯相荣（1865—1919），字仁卿，冯子材第三子，民国广东省钦廉绥靖督办。墓已毁，存"政布钦廉""勋追勇毅"等 4 方碑刻。刻有对联的 3 根大理石柱等已运至墓地，因日军入侵而未能构筑。

33 - E₁₂ 黄志恒旧居 〔钦南区黄屋屯镇黄屋社区东江岸边的老街·1927 年〕 黄志恒（1887—1938），字植生，广西钦州黄屋屯人。曾任琼崖镇守使、钦廉镇守使。故居建于 1927 年，坐西北朝东南，钢筋水泥结构，三层平顶楼房，占地面积约 450 平方米。面阔三间，进深一间，砖墙，地面铺青、红、黑、白等色的瓷砖。

34 - E₁₃ 侵华日军海军司令部遗址 〔钦南区康熙岭镇长坡行政村金鸡塘村·1939 年〕 1939 年冬，侵华日军从龙门登陆，占领钦州。后在茅岭江边金鸡塘村设海军司令部和陆军警务队驻地，在村边的炮台岭、红山岭等地建军火仓库，从文松山村冯屋码头修筑轻便铁路通往南宁。司令部旧址现仅存两间悬山顶泥砖木结构平房，占地面积 32 平方米。其他建筑已毁。

35 - E₁₄ 中共钦县县委机关旧址 〔钦南区文峰街道城内街二巷 97 号·1943—1944 年〕 1943 年 8 月至 1944 年 3 月，中共钦县组织先后在钦州镇钟厚德堂设秘密联络站和县委机关。旧址为四合院，砖木结构，由正门、主座、左西厢房共 1 厅 9 房及后园组成，占地面积 319 平方米。主座面阔三间，建筑均悬山顶，盖小青瓦。正门前为无柱小檐廊，两端连厢房山墙。

36 - E₁₅ 焦生炳墓 〔钦南区文峰街道文昌社区文笔山（尖山）康熙岭·1952 年·市文物保护单位〕 焦生炳（1915—1952），陕西省延长县人，中共钦州地委副书记兼钦廉专区土地改革委员会副主任、农民协会主席。1952 年 4 月 7 日带病赴防城县工作返程途中因公殉职。墓葬朝南，平面呈葫芦形，周用水泥砌墓圈墙，冢为马鞍形，用砖石砌筑，高 1.5 米，宽 3 米，

水泥墓碑，弧形翘角碑盖，塑五角星，碑面刻"中国共产党钦州地委副书记焦生炳同志之墓"。冢后水泥碑，高 2.1 米，宽 1.65 米，碑上刻"焦生炳同志生平"。占地面积约 112 平方米。

37 - E₁₆ 钦州烈士纪念碑 〔钦南区文峰街道中山社区中山公园人民广场东侧的西门岭·1957 年·市文物保护单位〕 1953 年为纪念 1945 年 2 月 17 日小董武装起义和 1949 年 12 月为解放钦州牺牲的 79 位烈士而建。1957 年重建，1984 年修缮。占地面积约 500 平方米。碑坐北朝南，高 12.55 米，砖石结构，碑座呈四边形，边长 4 米。周边是四方形台基，台基四周砌围栏，碑身呈四方锥体，南、北两面镌刻"革命烈士纪念碑"，东、西两面镌刻"革命烈士永垂不朽"等字。

38 - F₁ 申葆藩故居 〔钦南区龙门港镇东村行政村东村兴隆岭·1919 年〕 申葆藩（1877—1929），字介臣，广西钦州市龙门港镇人，民国粤军八属联军副司令兼第二军军长。故居建于 1919 年，俗称"将军楼"。坐东朝西，仿西式四层平顶楼房，面阔 20 米，进深 16.3 米，占地面积约 2000 平方米。青砖墙，楼面、天面、梁架为钢筋混凝土结构。周有回廊和半月形的阳台、栏杆，第一至三层廊内屋面阔三间，进深二间，明间为过厅，次间为套间。底层正面中部有抱厦，抱厦两边对上呈八字形楼梯上二楼。二楼间楼梯设在正面，楼顶偏后有大厅一间，四角设瞭望楼。

39 - F₂ 郭文辉旧居 〔钦南区龙门港镇东村行政村龙门港镇人民政府内·1922 年〕 1922 年由时任陈济棠部粤军海军舰长郭文辉修建。旧居坐北朝南，钢筋水泥结构，由主座及东侧厢房、前西侧门房等组成，共有大小房屋 18 间，占地面积约 204 平方米。现仅存主座，为仿西式平顶二层楼房。面阔二间 12 米，进深三间 16.6 米，高 13 米，前有走廊，门内为厅，厅后走廊两边各有房二间。大厅地面铺红、黑方形的 8 瓣花瓷砖；房间地面则铺红色方形防潮砖。

40 - F₃ 耀垣图书馆 〔钦南区水东街道小江社区新兴路钦州第二中学内·1931 年〕 1928 年广东省立第十二中学教师同仁与地方人士为追念校长章正枢（字耀垣），缅怀其师德，募资在蚬壳埠（今钦州第二中学内）兴建耀垣图书馆，1931 年馆舍落成。砖木结构，西式平房，平面呈四方形，四周有回廊，券顶式门、窗。正门廊口立仿罗马柱顶饰斗拱，前有 10 级踏跺。占地面积约 252 平方米。1987 年加筑一层。章正枢（1879—1928），字耀垣，广西钦州桐油坪村人，曾任民国钦县县长、广东省立第十二中学校长，系钦州新学的开拓者，国民政府教育部金质六等嘉禾勋章获得者。

41 - F₄ 天涯亭 〔钦南区文峰街道中山社区中山公园龙墩上·1935年·市文物保护单位〕 北宋治平年间（1064—1067）知州陶弼始建。因钦州南临大海，离京师万里而命名"天涯亭"。据史料记载，该亭先后经过三次迁建和多次修缮。现存天涯亭为1935年重建。坐南朝北，六边形亭，边长约2米，亭高5米余，石柱木梁，6根石檐柱传为宋代遗物，穿斗式构架，六角攒尖顶，盖琉璃瓦。南北两面贯通，柱间设栏杆式坐凳。亭正面额枋挂"天涯亭"横匾，为1986年题。

42 - F₅ 文峰塔 〔钦南区文峰街道文昌社区文笔山（尖山）·1940年·市文物保护单位〕 因塔建在文笔山而得名。"文峰卓笔"是钦州八景之一。塔始建于宋代，1940年重建。平面呈圆形，空心砖塔，高6.4米，塔腔内径2米，底层四面各开一小拱门，高1.8米，宽0.6米。攒尖顶。占地面积约28.3平方米。

43 - G₁ 鹿耳环铜鼓出土点 〔钦南区犀牛脚镇鹿耳环行政村南·西汉—唐〕 1988年，海边沙滩上出土北流型铜鼓1面，鼓面朝下，无伴出物。鼓面径0.9米，残高0.16米。鼓面太阳纹七芒。面沿环列六只四足蛙，面、身饰小云雷纹。胸腰间附缠丝纹环耳2对，足残缺。

灵山县

1 - A₁ 灵山人遗址 〔灵城镇梓崇行政村梓崇村马鞍山·旧石器时代·自治区文物保护单位〕 洞穴遗址。1960年发现。遗址包括东胜岩、葡地岩，面积约250平方米。岩洞高距地面约3.5米。东胜岩洞口朝东南，高3米，宽10米，进深约25米。1960年发掘，堆积分三层，厚约2.5米。人类化石见于第二层，为颞骨的鼓室部1块、上门齿及上臼齿各1枚。葡地岩位于东胜岩西边，出土的人骨化石较破碎，可辨识的有3块小顶骨和额骨碎块等。共存的哺乳类化石有中国犀牛、野猪、鹿、牛等。（见《古脊椎动物与古人类》第6卷第2期，1962年）

2 - A₂ 洪窟洞遗址 〔灵城镇三海行政村三海村北约200米石背山南山脚·旧石器时代〕 洞穴遗址。1962年发现。岩洞高距地面约3米，洞口朝西北。洞内高10米，宽19米，进深约20米，面积约380平方米。1960年4月发掘。洞内堆积为褐红色沙质土，出土人顶骨、髋骨、膑骨及1枚上臼齿、2枚门齿化石，伴出貘等哺乳动物化石。（见《古脊椎动物与古人类》第6卷第2期，1962年）

3 - A₃ 石井山遗址 〔灵城镇三海行政村平塘村北约50米石井山·旧石器时代〕 洞穴遗址。1962年发现。遗址包括清明岩和七丘田岩，二者相距10余米，岩洞内现存部分堆积，胶结坚硬，含大量哺乳动物化石，有剑齿象、犀牛、猪、鹿、羊、牛等及烧骨、灰烬、炭粒。

4 - A₄ 滑岩洞遗址 〔石塘镇石塘社区石塘圩钟秀山北面半山腰·新石器时代〕 洞穴遗址。1960年发现。岩洞在山的北面，高距地表约18米，洞内高2.5米，宽1.52米，进深约10米，面积约20平方米。1960年4月发掘。文化层厚2—3米，出土人骨架用具，排列凌乱，包括人的顶骨、额骨、颌骨、髋骨、尺骨等及人牙70枚。伴出有穿孔石珠及弦纹、绳纹红陶片。（见《古脊椎动物与古人类》第6卷第2期，1962年）

5 - A₅ 三海岩遗址 〔灵城镇六峰社区灵山中学内三海山·新石器时代〕 洞穴遗址。1986年发现。三海岩山为石灰岩独峰，岩洞在南山脚，洞口朝南，洞内高3.2米，宽23米，进深30米，面积约700平方米。洞内发现有新石器时代文化层，面积约2.5平方米，厚约1.5米，内含螺壳、蚌壳、烧骨和炭粒等。采集有磨制石斧、石锛和骨镞等器物。陶片有夹砂和泥质陶2类，其中夹砂陶为黑色，素面或施绳纹，泥质陶为灰黑色，施方格纹等。（见《考古》1993年12期）

6 - A₆ 田螺岩遗址 〔灵城镇六峰社区灵山中学内三海山·新石器时代〕 洞穴遗址。1986年发现。三海岩山为石灰岩独峰，岩洞在南山脚，位于三海岩洞口东侧约8米。洞口朝南，在洞内钙化板下发现有大量螺壳堆积，另外，20世纪80年代，遗址附近及山顶曾多次发现磨制石斧等石器。

7 - A₇ 六峰山遗址 〔灵城镇六峰社区峰山风景区六峰山·新石器时代〕 洞穴及山坡（台地）遗址。1986年发现。六峰山为石灰岩孤山，遗物散布在该山燕子岩及周围的坡地，面积约5.8万平方米。其中燕子岩高出地表2米，洞口朝东北，高15—20米，宽13米，洞内进深约60米。在洞内拐弯处残存长、宽6米，厚约2米的含有大量黑色炭化物的堆积。采集有石锛、骨凿、骨铲、骨镞及粗砂陶片等。

8 - A₈ 马鞍山遗址 〔灵城镇梓崇行政村梓崇村马鞍山·新石器时代〕 山坡（台地）遗址。1989年发现。马鞍山为石灰岩孤山，四周为起伏之丘陵，遗址在山南脚，面积约3000平方米。文化层分三层，厚约1—2米，内含细绳纹粗砂软、硬陶片以及兽骨、炭粒等。采集有石锛、砾石14件，陶片有夹砂陶和泥质陶2类，夹砂陶为灰黑色，饰细绳纹；泥质陶为灰白色，饰网纹、方格纹。（见《考古》1997年12期）

9 - A₉　**龙武山遗址**　〔灵城镇石龙行政村石龙村龙武山田庙岩·新石器时代〕　洞穴遗址。龙武山为石灰岩孤山，其西北山脚有一岩洞，高出地表约 5 米，洞口朝西北，洞高 6 米，宽 15 米，进深约 28 米，面积约 300 平方米。洞底较平，在洞内西南壁下残留有约 0.3 米厚的文化层，胶结坚硬，内含螺壳和炭粒、烧骨等。在洞口附近采集石锛、石凿、砺石等石器 9 件及一些泥质或夹砂绳纹红陶片等。（见《考古》1993 年 12 期）

10 - A₁₀　**穿镜岩山遗址**　〔灵城镇六峰社区六峰山风景区穿镜岩山·新石器时代〕　洞穴遗址。20 世纪 70 年代发现。遗址分布在山的穿镜岩洞、橦柱洞、主峰翠壁峰及西侧一小山坳，面积约 2000 平方米。在上述地点先后采集到石斧、石锛、石凿、石镞、石片、有孔石珠、骨锛、骨凿、骨针及粗砂陶碎片等遗物。

11 - A₁₁　**元屋岭遗址**　〔新圩镇元屋岭行政村元屋岭村南约 300 米细石山·新石器时代〕　山坡（台地）遗址。1986 年发现。面积 9000 平方米。文化层厚 0.4—1 米，含陶片、兽牙、兽骨、石器等。出土有磨制的双肩石斧、石锛、石镞等石器及陶纺轮和陶片等。陶片分夹砂与泥质 2 类，其中夹砂陶多饰绳纹，胎质有红、灰等颜色。泥质陶有红黄、灰白、灰黑等，饰大小方格纹、斜方格纹、篦纹、网纹和划纹等。

12 - A₁₂　**钦州故城址**　〔旧州镇旧州圩南约 50 米·唐—北宋·自治区文物保护单位〕　据《钦州志》《灵山志》及有关史籍记载，南朝梁武帝于今钦州久隆置安州，隋开皇十八年（598）改安州为钦州，唐贞观十年（636）将州府迁至此地。北宋天圣元年（1023）废弃，将州署迁往安远（今钦州市北）。城池呈"曰"字形，面积约 3.64 万平方米。今存黄土夯筑城墙，东西长约 270 米，南北宽约 135 米，墙基厚 14 米，残高 3 米。西墙外有长数十米、宽 9 米的护城河残迹，东北处有一长 12 米、宽 11 米、残高 1.5 米的检阅台，采集有砖、筒瓦、板瓦、双耳陶罐等和金属器。

13 - A₁₃　**红华荣营盘遗址**　〔丰塘镇沙塘行政村沙塘村北 500 米红华荣山·唐—明〕　又名红崖都、红华都。包括相连的两山头，占地面积约 3000 平方米。地面建筑已毁，仅存少量残墙基。文化层厚 1 米余，含唐、明等朝代的陶瓷碎片。地表散布有较多的布纹瓦片、青砖。砖分大、小 2 种：大砖长 0.55 米，宽 0.3 米，厚 0.12 米；小砖长 0.32 米，宽 0.15 米，厚 0.1 米。遗址附近有窑址，散布有汉—明的陶瓷残片。

14 - A₁₄　**谷埠窑址**　〔文利镇谷埠行政村谷埠村西北约 500 米倒背麓沟·清代〕　面积约 100 平方米。坡式龙窑。顺山坡而建直到山顶，窑长 22 米，宽 4 米。

其南侧有直径 5 米、厚约 0.5 米的废品堆积。采集到青花瓷碗、盘等器。

15 - A₁₅　**山猪麓书院遗址**　〔平南镇大山塘行政村文墨村北约 1 公里山猪崖岭·清代〕　建于清咸丰元年（1851）。位于猪崖岭上一山洞内，洞口朝南，面积约 55.1 平方米。洞口砌"∏"形砖墙封堵，东面墙开拱门，南面墙有圆形大窗一个，径 7.5 米；小圆窗 2 个，径 1.73 米。洞内有摩崖石刻 1 方，内容是"云岩古洞，别有天地，山清水秀"，另有墨书 7 方，已风化剥落难认。

16 - B₁　**石塘垌墓群**　〔石塘镇石塘行政村石塘垌大墩岭、二墩岭·汉代〕　石塘垌一带地面原有 7 座封土堆，俗称七星墩，分布面积 1656 平方米。今已夷平 5 座，曾出土铜剑、铜带钩、铜矛、陶罐等遗物。现存 2 座封土呈圆丘形，高 5 米，底径约 25 米。顶部已辟为耕地。

17 - B₂　**九都岭墓群**　〔新圩镇塘排行政村塘排屯九都岭·东汉—唐〕　分布在三个低矮的土岭上，面积约 7.92 万平方米，已发现砖室墓 15 座，地面无封土。墓砖呈淡红或灰白色，饰叶脉纹、圈点纹和弦纹等，个别印有"熹平五年"（176）或"熹平元年"（172）等东汉纪元铭文。

B₂₋₁　**九都岭汉墓**　〔新圩镇塘排屯九都岭·东汉〕　1989 年在九都岭东坡上暴露长方形券顶砖室墓 1 座。墓室长 6 米，宽 2 米，高 1 米余。出土铁剑、铜铃、铜带钩、铜戒指、玛瑙、料珠及汉五铢钱等。

B₂₋₂　**九都岭唐墓**　〔新圩镇塘排屯九都岭·唐代〕　1990 年在九都岭上暴露带墓道长方形砖室墓 1 座。墓室由前后两室组成，内长 6.3 米，宽 2.4 米。葬具和尸骨已朽，仅存 4 枚女孩乳齿。出土陶罐、盆、铁剑、矛、削、环首刀、铜铃、带钩、镯、冥钱、提链，以及隋五铢钱、唐开元通宝等。随葬品中，铜鼓形器、小铜铃、铜带钩均属罕见。（见《中国考古学年鉴》1991 年）

18 - B₃　**睦象村墓群**　〔佛子镇睦象行政村睦象村盘古庙岭·东汉〕　墓群分布面积 5000 平方米。墓葬数目不详，已暴露的皆为券顶砖室墓，墓室长 2 米，宽 0.8 米，高 1 米。砖淡红色，较薄小，饰重圆圈纹、双线菱形纹、对顶三角纹等。

19 - B₄　**白石塘战国墓**　〔平南镇乡砵木行政村白石塘村·战国〕　1974 年白石塘村暴露 1 座竖穴土坑墓，距地表深 1.3 米，已遭破坏。1987 年在墓葬东断面出土铜剑 1 件。

20 - B₅　**乌鸦须战国墓**　〔平南镇大宾行政村官塘屯乌鸦须·战国〕　1974 年地质队在乌鸦须开探矿沟，

于距地表 2 米深处，发现竖穴土坑墓 1 座，出土铜鼓碎片数块、铜剑 1 件。铜剑为四菱形首，饰细方格纹，椭圆形格，长 0.35 米，宽 0.06 米。

21 - B₆ 宁屋村汉墓 〔檀圩镇四联行政村宁屋村西面田垌中·汉代〕 墓葬 1 座，占地面积约 136.72 平方米。残存封土呈圆丘形，高 3 米，底径 15 米。封土中夹有陶、瓷碎片。

22 - B₇ 长岭村汉墓 〔檀圩镇塘坡行政村长岭村通往陆屋镇的公路北约 200 米海突田·汉代〕 墓葬 1 座，封土呈圆丘形，顶部被削平为耕地，成为长 20 米、宽 6 米、高 1.2 米的土墩，群众称为"海突田"，占地面积约 150 平方米。土堆由上而下 0.5 米处发现有瓦片，底部的泥土中发现有小炭粒。

23 - B₈ 甘屋村汉墓 〔佛子镇大坡行政村甘屋屯·汉代〕 券顶砖室墓 1 座，平面呈十字形，主室墓壁用双层砖砌筑，长 4.95 米，宽 2.2 米，高 2 米，耳室长 2.7 米，宽 1 米，高 1.63 米。砖面饰双线纹、菱形纹、叶脉纹、圈点纹，部分印有篆体阴文"空四"。墓葬早年被盗，清理获 1 枚开元通宝小平钱、2 粒铜衣扣及铁片、陶瓷片等。

24 - B₉ 平历汉墓 〔石塘镇平历行政村平历屯·汉代〕 砖室墓 1 座，早年被盗，1973 年清理。墓室长 2 米，宽 0.8 米，高 1 米，地砖下铺一层白膏泥，部分砖面上印有手掌印、脚印，还有猪蹄印痕。随葬品无存。

25 - B₁₀ 古文汉墓 〔新圩镇古文行政村古文屯·东汉〕 1977 年古文屯发现 1 座砖室墓，墓室长 2 米，宽 1 米，高 1 米余。砖为紫红色，长 0.28 米，宽 0.14 米，厚 0.05 米。饰圈点、重圆圈、重菱形、对顶三角纹，部分印有"熹平五年"（176）纪年铭文。曾出土铜剑 1 件。

26 - B₁₁ 社根岭东汉墓 〔檀圩镇沙井行政村沙井村社根岭·东汉〕 砖室墓 1 座。墓室长 2 米，宽 1 米，高 1 米余。砖淡红色，饰各种花纹，部分砖印有铭文。

27 - B₁₂ 稔坡汉墓 〔新圩镇稔坡行政村稔坡屯·东汉〕 1977 年稔坡屯修路发现砖室墓 1 座，墓室长 2.5 米，宽 1.2 米，高 1 米，砖灰白色，饰圆圈纹、半圆圈纹。出土玛瑙、料珠等。

28 - B₁₃ 前进汉墓 〔灵城镇前进行政村前进村大园岭·东汉〕 大园岭上曾发现一些零星墓砖，分布面积 284.8 平方米。1987 年 3 月发掘 1 座砖室墓，墓葬朝西北，平面呈"T"形，分主室和耳室。主室长 7 米，宽 2.1 米，高 2.4 米。耳室长 2.54 米，宽 1.15 米，高 1.4 米。墓壁双层砖，砖淡红色，饰圈点菱形

纹、交叉纹、叶脉纹、"S"形纹、鱼形纹等。出土陶盒、铁刀、金戒指各 1 件。

29 - B₁₄ 王家朗汉墓 〔佛子镇新塘行政村王家朗屯·东汉〕 1982 年王家朗屯暴露砖室墓 2 座。墓室平面呈长方形，长 2 米，宽 2 米，高 1 米多。破坏严重，仅存残砖，砖淡红色，饰圆圈纹、菱形纹。

30 - B₁₅ 新塘汉墓 〔佛子镇新塘行政村新圩村沙梨园小鱼塘边·东汉〕 1980 年暴露砖室墓 1 座，墓室长 2 米，宽 1 米，高 1 米余。墓砖淡红色，饰叶脉纹、网形纹等。

31 - B₁₆ 千岁坟 〔灵城镇白水行政村千岁坟村·清代〕 朱统鉴（？—1654），南明永历帝朱由榔之叔父，封为镇国将军。清顺治十一年（1654）六月巡行灵山时，被刺杀于灵城大云寺，殇葬于此。"千岁坟"由主墓和祭殿构成。冢为圆丘形，底径 3 米，高 1.6 米，墓碑竖行阴刻"明朝镇国将军朱千岁神□"。祭殿紧靠墓冢，砖木结构，面阔五间，进深一间，青砖墙，明、次间出前廊，硬山顶，盖小青瓦，两稍间开方格花窗。殿前有半月形明堂，围以砖砌勾栏。

32 - C₁ 大芦村古建筑群 〔佛子镇大芦行政村大芦村·明—清·自治区文物保护单位〕 现存四美堂（镬耳楼）、三达堂、双庆堂、东明堂、蟠龙堂、陈卓园、杉木园、富春园、劳克中公祠、东园别墅 10 座明、清时期的建筑，占地面积约 3.5 万平方米。建筑为三至四进院落，以村中石板相连。各建筑的大门及厅堂存明、清时期的牌匾 17 方及楹联 350 副，涉及养性、持家、劝学、创业、报国等内容。

C₁₋₁ 四美堂 〔佛子镇大芦村·明—清〕 为大芦村劳氏祖屋，俗称镬耳楼。始建于明嘉靖二十五年（1546），至清康熙五十八年（1719）形成现有规模。清同治二年（1863）重修。砖木结构，三进院落，由前座、正厅、后堂、天井、厢房等组成，占地面积约 4460 平方米。主体建筑面阔三间，青砖墙，硬山顶，盖小青瓦。两端马头山墙。前座大门两侧楹联"武阳世泽，江左家风"。

C₁₋₂ 三达堂 〔佛子镇大芦村·清代〕 建于清代，具体时间不详。取达德、达材、达智之义，名三达堂。砖木结构，四进院落，由大门、二座、三座、后堂、天井、厢房等组成，主体建筑面阔三间，青砖墙，硬山顶，盖小青瓦。

C₁₋₃ 东园别墅 〔佛子镇大芦村·清代〕 建于清乾隆十二年（1747）。砖木结构，庭院式，由前门、老四座、新四座、桂香堂等组成，占地面积约 4460 平方米。主体建筑面阔三间，青砖墙，硬山顶，盖小青瓦。庭院内存清嘉庆年间冯敏昌赠予屋主劳自荣的楹

联"积善之家必有余庆，资富能训惟以永年"。

33 – C₂ **北帝庙** 〔灵城镇六峰山社区六峰山南山腰·明代·县文物保护单位〕 建于明代，具体时间不详。明正德年间（1506—1521）、明天启五年（1625）重修，1988年维修，增建前门、水池、照壁。坐东南朝西北，砖木结构。二进院落，分前殿、后殿、天井等，占地面积380.73平方米，前、后殿面阔三间，进深一间，青砖墙，抬梁式木构架，悬山顶，盖小青瓦。天井两侧有走廊。后殿靠山崖，殿中刻摩崖北帝石像1尊，高2米，两侧间各刻金刚石像2尊。

34 – C₃ **六峰宝山坊** 〔灵城镇六峰社区六峰山南风景区六峰山南半山腰·清代·县文物保护单位〕 建于清乾隆年间（1736—1795），具体时间不详。坐北朝南，砖石结构，为一字形四柱三间三楼砖石坊，高5.5米，面阔9.2米。各柱间砌砖封墙，中留拱门，明间宽2米，高2米余。坊正面额枋上龙凤板塑草书"六峰宝山"4字，为清廉州知府康基田所题。次间额坊间龙凤板为砖砌十字花窗。四柱脚部有葫芦形夹杆石。

35 – C₄ **文笔塔** 〔新圩镇文笔山顶·清代〕 建于清乾隆年间（1736—1795），具体时间不详。八边形实心塔，底周长34米，向上逐层内收，层高约0.33米，共25层，高8米。现存19层，残高6米。塔壁以条石围砌，塔腔填实土。据民国版《灵山县志》记载，"由县人劳基、张所述等人倡建，意在振兴灵山文风，多出文人"。

36 – C₅ **广府会馆** 〔陆屋镇陆屋社区一街45号·清代〕 建于清乾隆九年（1744），清嘉庆九年（1804）、清道光二十二年（1842）、清光绪二十年（1894）重修，1934年修缮。坐西朝东，砖木结构，三进院落，由前、中、后座及二天井、走廊组成，占地面积约370平方米。主体建筑面阔三间，进深一间，青砖墙，抬梁式木构架，硬山顶，盖小青瓦，琉璃滴水。檐墙上端彩绘壁画。

37 – C₆ **环秀桥** 〔灵城镇六峰山南山脚鸣珂江上·清代·县文物保护单位〕 建于清雍正十三年（1735）。初为石墩木桥，清乾隆十三年（1748）改建为石桥，后三崩三修。南北走向，七孔石拱桥，长90米，宽5.95米，拱跨8.75米，桥身、桥拱用料石砌成，桥面铺片石，原桥北有一"乐善好施坊"，已毁。20世纪70年代桥面扩宽到10.8米，为灵山县八景之一。

38 – C₇ **接龙桥** 〔灵城镇北街东侧郁麓江上·清代·县文物保护单位〕 清康熙三十一年（1692）由观音堂僧人募建，清乾隆二十七年（1762）竣工。原为石墩梁式木板桥。乾隆三十五年（1770），知县黄元

基改建为五孔石拱桥，寓意接龙脉入灵城，故名。东西走向，长57.6米，宽3.8米，拱跨5.2—9.2米。桥身、桥拱用石砌筑，桥面用条石铺砌，两侧有砖砌十字花窗式桥栏。桥面原有一座襟江楼，已毁。

39 – C₈ **宋太仙人桥** 〔太平镇大塘行政村宋太圩西南侧约500米秀江上·清代〕 原名合江口桥，建于清嘉庆四年（1799），由乡人仇惠忠、仇汝韬倡建。南北走向，两台二墩梁式石板桥，长11.5米，宽1.7米，高4.5米。桥墩为2条石柱上下各架横石梁构成，均用榫衔接，长条石三组15块，架于墩梁上作桥面，厚0.2米。

40 – C₉ **文昌宫** 〔灵城镇中山社区人民路东灵城镇第二小学内·清代〕 建于清嘉庆二十五年（1820）。砖木结构，三进院落，占地面积约520平方米。前、后殿均已改建，现存中殿，面阔三间，进深二间，青砖墙，抬梁式木构架，硬山顶，盖小青瓦。大门额有砖刻"文昌宫"3字。中殿正梁有墨书"大清嘉庆二十五年岁次庚辰腊月榖旦赐进士出身内阁中书和知灵山县事张考诗倡，训道林良谟、城守梁德彰、教谕侯倬云、典史张汝霖、杜新、巡检西乡李自然、林圩陈芝生暨阖邑绅士商民等鼎建"。

41 – C₁₀ **阳山盘古庙** 〔平山镇山秀行政村山秀村北侧约100米·清代〕 建于清道光年间（1821—1850）。坐北朝南，砖木结构。二进院落，由前殿、后殿、天井、配殿组成，占地面积约460平方米。前、后殿面阔三间，青砖墙，抬梁式木构架，硬山顶，盖小青瓦，前殿明间有凹廊，门额上嵌"阳山盘古庙"石匾，门两侧楹联"龙衮端垂统传十纪，鸿蒙首辟功贯三才"。天井两侧配殿各面阔五间，进深一间。

42 – C₁₁ **千岁爷庙** 〔灵城镇糖行街19号灵城镇幼儿园内·清代〕 建于清同治年间（1862—1874），为纪念被刺杀于灵城大云寺的南明永历帝叔父朱统鉴，由知县王振荣倡修。清光绪三十年（1904）重修。坐东向西，砖木结构，二进院落，由前殿、后殿、天井组成。前、后殿均面阔三间，青砖墙，抬梁式木构架，硬山顶，盖小青瓦。庙内壁有彩绘壁画，立光绪三十年（1904）《重建千岁庙碑记》等碑刻4方。今存后殿及前殿大门。

43 – C₁₂ **盘龙井** 〔灵城镇六峰社区六峰山南山腰冲霄峰底石岩洞内·清代·县文物保护单位〕 又名仙人井。建于清代，具体时间不详。岩洞口石砌拱门，门额上篆书"盘龙井"3字。井建在岩洞内12.5米处，占地面积约3平方米。井口平面为圆形，口小腹大，口径0.55米，底径1.4米，深1.35米。方形砖铺井台，周边开有排水沟。井洞前东侧有一条登往山顶的

石砌踏跺。

44 - C₁₃　福寿井〔灵城镇小南门街 36 号门牌右侧 5 米处·清代〕　建于清代，具体时间不详。井口平面呈圆形，用整石凿成，口径 0.46 米，井深 6 米，井壁用砖围砌。方形井台，边长 8 米，占地面积约 64 平方米。20 世纪 70 年代初，井口用水泥板密封作压泵井。

45 - D₁　三海岩摩崖石刻〔灵城镇六峰社区灵山中学内三海山三海岩、田螺岩·南宋—民国·自治区文物保护单位〕　三海岩有三个岩洞：东曰月岩，中曰龟岩，西曰钱岩。是游览胜地，县八景之一。此岩是北宋治平二年（1065），安抚都监知邕州陶弼发现定名的。历代有文人、墨客吟诗、撰文刻于岩壁上，今存摩崖石刻 140 方，主要集中于三海岩内。石刻多因损毁已难辨识。形式包括题诗、题词、题记、题名、题字、题榜等，字体有楷、行、草、隶、篆。重要的有明代刻陶弼诗序、南宋岳霖《过灵山述怀》等记刻、诗刻。

D₁₋₁　岳霖题诗刻〔灵城镇三海岩崖壁上·南宋〕　摩崖石刻 1 方。原诗已被后人江宗周刮掉以镌己作。但诗序尚存。南宋淳熙三年（1176）刻。诗序刻面高 0.42 米，宽 0.24 米，文竖行，真书，阴刻。序文记述岳飞的第三子岳霖，在岭南任官十余年，南宋淳熙三年（1176）知钦州，翌年被召还临安，路经灵山时而作述怀诗。为七律一首 56 字，诗已毁，志书有录，诗意为流落岭南十年之久，"览镜那堪白发新"，"归去恩深知感激"，表达了作者北归时的心情。岳霖（1130—1192），字及时，号商卿，宋相州汤阴（今河南安阳汤阴）人，岳飞第三子。

D₁₋₂　陶弼题三海岩诗序〔灵城镇三海岩洞口东壁上·明代〕　摩崖石刻 1 方。明嘉靖二十二年（1543）刻。刻面高 1.1 米，宽 2.45 米，碑文竖行，计 226 字，字径 0.08 米，行书，阴刻。北宋广西钤辖兼安抚都监知邕州陶弼撰文，明按察佥事前进士吏科给事中翁溥书丹，知县陶桓刻石。无首题，落款"嘉靖癸卯岁立夏日"。序文记述：宋治平二年（1065）夏五月，陶弼得朝告还湖湘，道经兹山，发现三海岩之经过。陶弼（1015—1078），字商翁，湖南永州祁阳人，北宋诗人，历知宾、容、钦、邕、鼎、辰、顺诸州，颇多善政。著有《邕州小集》一卷传于世。

46 - D₂　穿镜岩摩崖石刻〔灵城镇六峰社区灵山中学西侧穿镜岩·明、民国·县文物保护单位〕　有摩崖石刻 6 方，明代 5 方，民国 1 方。其中有明朝工部尚书胡松《游通天岩》五言律诗一首，刻面高 0.67 米，宽 0.95 米，真书，阴刻，诗云："洞古由天造，

梦长竟日阴。清风自来往，远客惬登临。城廓千年迹，乾坤万里心。夕岚啼鸟散，回首听龙吟。"题榜 4 方：明庠生李榆横行榜书"小嵖峒"，楷书；明进士曾埏横行榜书"穿镜岩"，楷书；佚名直行榜书"翠壁峰"，隶书；佚名竖行榜书"通天玄洞"，字径 0.4—0.6 米，隶书。皆阴刻。另有 1939 年蔡廷锴驻军灵山时题直行榜书"振旅岩疆"，阴刻，楷书。

D₂₋₁　蔡廷锴穿境岩题刻〔灵城镇穿境岩·1939 年·县文物保护单位〕　摩崖石刻 1 方。刻面高 2.12 米，宽 0.77 米。文竖 3 行，共 19 字，楷书，阴刻。国民革命军第 26 集团军总司令蔡廷锴撰文并书丹。首题"民国二十九年抗敌驻军于此"，落款"蔡廷锴书"附印钤 1 方。中部题榜书"振旅岩疆"4 字。1939 年 11 月，抗日爱国将领蔡廷锴率第 26 集团军总司令部进驻灵山，司令部设在穿境岩内。

47 - D₃　六峰山摩崖石刻和造像〔灵城镇六峰社区六峰山风景区六峰山南、西面半山腰·明—民国·县文物保护单位〕　六峰山有龙头、凤翔、保障、鹤立、龟背、冲霄六峰，计有石刻 50 余力，分布在诸峰上。其中摩崖石刻 30 多方，其余为碑碣。包括题榜、题诗、题记等。书体有楷书、行书、草书、隶书、篆体。主要有明张岳、翁溥诗刻，明嘉靖年间灵山教谕吴升摹刻唐吴道子的观音像，清乾隆年间廉州知府康基田《西灵名山记》等。

D₃₋₁　张岳、翁溥诗刻〔六峰山腰崖壁上·明代〕　明嘉靖二十一年（1542）七月，张岳与翁溥游览六峰山，各赋诗一首，合幅刻于六峰山腰崖壁上。刻面高 0.74 米，宽 1.14 米，文竖行，草书，字径 0.08 米。张岳诗云："秋日登高兴，天涯野望开。群山连瘴海，一水隔蓬莱。磴曲迷深树，岩空响薄雷。羁心应不尽，何处更孤台。"落款"知府惠安张岳"。翁溥诗云："空山形迹少，风蹬入云深。策杖临丹壑，开樽向碧岑。午阴轻绝巘，秋色远平林。取醉凭知己，聊将万里心。"落款"诸暨翁溥嘉靖壬寅秋七月题识，孙丞、吕焕刻石"。张岳（1492—1553），字维乔，号净峰，福建惠安县东岭张坑村人，曾任广西提学佥事、廉州知府，累官右副都御史，总督两广军务兼巡抚等。翁溥，字德宏，浙江绍兴府诸暨县店口人，明代诗人，明嘉靖八年（1529）进士，官至南京刑部尚书。

D₃₋₂　康基田题记、题诗、题榜〔灵城镇六峰山岩壁和牌坊上·清代〕　摩崖石刻 1 方。清乾隆四十一年（1776）刻。文竖行，约 600 字，楷、行两体，阴刻。首题"西灵名山记"。碑文记述是年康基田游灵山，描述石六峰、三海岩的奇景："余癸巳（1773）年来守珠官，按部至邑，出郭三百步，危峰耸翠……最

上芙蓉峰……循麓而西为三海岩……"并赋诗二章以记之。诗为五言长诗，共 20 句，计 100 字。诗赋石六峰之险奇，落款"乾隆丙申四月上瀚廉州太守康基田记并书"。另在山前牌坊题榜"天峰宝山"。康基田（1732—1813），字仲耕，号茂园，山西太原府兴县人，清乾隆三十八年（1773）任廉州知府，累官江南河道总督。

D₃₋₃　吴升观音像并序碑刻　〔灵城镇六峰山凤翔峰北面峰底观音岩·明代〕　碑刻 1 方。明嘉靖三十二年（1553）刻。灵山教谕吴升仿唐"画圣"吴道子观音像刻石立碑于山中。观音立身像，高 1.8 米，宽 0.78 米，大面垂耳，交手于前，脚踏瑞云。在像右侧有序刻："昔人评吴道子画人物，如以灯取影，不差毫末。但历世已远，真迹渐灭，每以不及见之为歉也。幸叨训泰和县而获睹琅琊石壁遗墨，喜其笔力奇古，体态天成，诚非凡之作，可至者欲镌石，未遑即举。暨备教于兹有年，且得六山之胜，遂募工重镌，以广其所传云。时嘉靖癸丑（1553）年孟秋望月，归化吴升立……"序刻高与像同，宽 0.78 米。吴升，福建归化人，贡生，明嘉靖年间（1522—1566）曾任灵山教谕。

D₃₋₄　六峰山摩崖造像　〔灵城镇六峰山冲霄峰西南面半山腰·清代〕　摩崖造像 1 尊。为佛像，嵌刻石壁上，佛像高 0.58 米，宽 0.46 米。正面坐像，头上有佛光圈，身穿佛衣，遍饰云纹。前有一拜台。

48 - D₄　龙武山摩崖石刻　〔灵城镇石龙行政村石龙村龙武山龙武庙岩洞·明、清〕　摩崖石刻 4 方。刻于通天岩和龙武庙岩崖壁上。其中通天岩有明正德年间（1506—1521）李瑾题七绝诗一首，字径 0.05 米。明嘉靖七年（1528）进士胡松《游天堂洞》五律诗一首。均楷书，阴刻。龙武庙岩南壁有明嘉靖七年（1528）胡松《游龙潭洞》七律诗一首，北壁有清康熙六十一年（1722）的《重修南堂庙碑记》1 方。刻面高 0.7 米，宽 1.1 米。刻文记述龙武山南堂庙的历史以及重修情况。

D₄₋₁　胡松游龙潭洞诗　〔灵城镇龙武山龙母庙岩洞龙武岩南壁·明代〕　摩崖石刻 1 方。明嘉靖七年（1528）刻。七律诗一首，文竖 10 行，满行 8 字，计 56 字。进士胡松撰文并书丹。首题"游龙潭洞" 4 字，诗云："何年鬼斧山根拆，醉后登临眼欲花。龙子洞中奋金甲，石芝岩畔抽玉芽。风林画静飘红雨，鸟路春深入紫霞。长啸一声山月小，茫茫天地真无涯。"落款"嘉靖七年春仲望日新安胡松识"。

49 - D₅　钟秀山摩崖石刻　〔石塘镇石塘社区石塘圩南钟秀山·明、清〕　原有摩崖石刻 10 余方，今存

2 方。其一为明万历七年（1579）横行榜书"平定" 2 字，字径 0.3 米，楷书，阳刻。竖行首题"万历七年奉"，落款难辨。刻面高 0.4 米，宽 0.7 米。其二为南明永历己丑年（1649）刻五言律诗一首，刻面高 0.7 米，宽 1 米。落款"永历己丑人日邑人□□道题"。诗文字径 0.06 米，楷书，阴刻。诗文写对人生的看法"放下人间世，悠然别一天"，"个中当自了，何必觅神仙"。表明作者悠闲的生活态度。

50 - D₆　重修灵山城记碑　〔原立灵城镇人民路东侧，现存灵山县博物馆·明代〕　碑刻 1 方。明嘉靖十三年（1534）立。碑高 1.56 米，宽 1.02 米，厚 0.12 米。碑文竖 25 行，约 1000 字。字径 0.025 米，楷书，阴刻。中顺大夫廉州知府张岳撰文，奉直大夫陆时雍书丹。首题"重修灵山城"，落款"嘉靖丙申冬十二月之吉，灵山知县赵仲衍、县丞沈鸾、哨守廉州卫指挥金事范铠、灵山所千户严刚"。碑文记述明天顺至成化年间（1457—1487），蛮寇残横，攻破县郭，明嘉靖甲午（1534）春修城事宜。

51 - D₇　重修灵山学宫记碑　〔灵城镇和平路 37 号，今移至六峰山翠竹园东侧围墙下·清代〕　碑刻 1 方。清嘉庆十年（1805）立。碑高 2 米，宽 1.1 米。碑文竖 23 行，满行 40 字，计 800 余字。字径 0.03 米，楷书，阴刻。翰林编修冯敏昌撰文，举人梁惠祖书丹。首题"重修灵山学宫记"，落款"嘉庆十年岁次乙丑孟冬穀旦阖邑绅士同立"。碑文记述：清乾隆辛卯年（1771），灵山人士重修灵山学宫，嘉庆乙丑年（1805）又作小修，邑人仇汝昌请冯敏昌为之作记。

52 - E₁　中山纪念堂　〔灵城镇西门街 23 号·1928 年·县文物保护单位〕　原为大云寺。1928 年，为纪念孙中山先生，灵山县长黄国梁倡议将大云寺改建为中山纪念堂。大云寺，建于明正统十三年（1448），明万历年间（1573—1620）及清康熙年间（1662—1722）重修。坐北朝南，砖木结构，平面为"工"字形，面阔 21—54 米，立有砖柱 2 排共 10 根，木柱 4 根，硬山顶，盖青瓦。占地面积约 1726.82 平方米。

53 - E₂　四峡坳抗日烈士墓园　〔太平镇镇南行政村镇南村四峡坳公路旁·1940 年·自治区文物保护单位〕　1940 年 1 月 15 日，国民革命军第 46 军 175 师 524 团在四峡坳阻击增援昆仑关之侵华日军，至 19 日，激战五昼夜，229 名官兵牺牲，事后合葬于此。烈士墓园由墓冢、烈士芳名碑、武扬亭组成，占地面积 1107.4 平方米。墓葬朝西北，冢为圆丘形，高 1.48 米，以石围砌、封面。墓碑刻"陆军第四十六军第一七五师镇南抗日战役阵亡将士公墓"，右侧为二层基座

三棱形烈士芳名碑；左侧为武扬亭，砖砌方柱，六角攒尖顶。

54 - E₃ 灵山武装抗日起义遗址 〔灵城镇东门街55号·1945年·县文物保护单位〕 1945年2月8日，黄式高、何林等人在灵山县简易师范学校忠孝祠领导抗日武装起义，成立南路人民抗日解放军灵山支队。遗址原为清代忠孝祠，砖木结构，三进院落，由前、中、后三座和左右厢房组成，占地面积约900平方米。主体为中西合璧二层楼房。面阔三间，底层前有走廊，开拱门5个。二楼有走廊，设栏杆。硬山顶，原建筑全毁。1982年按原样重建。

55 - E₄ 陆屋革命烈士纪念碑 〔陆屋镇陆屋社区陆屋圩北约150米·1950年·县文物保护单位〕 为纪念1950年中国人民解放军127师381团在陆屋旧州一带剿匪战斗中牺牲的51位烈士而建。碑坐西朝东，砖石结构，高11米，碑座方形，四面各嵌碑刻1方：东面为《烈士芳名录》，北面为纪念碑文，西面是钦、灵两地剿匪战果录，南面为时任钦州县长朱守刚等撰写的纪念烈士碑文。碑身为四方立柱体，东、西两面镌刻"革命烈士纪念碑"，南、北两面镌刻"革命烈士永垂不朽"等字。

56 - E₅ 文利烈士纪念碑 〔文利镇文利社区旁花瓢岭顶·1966年〕 1966年，文利公社为纪念在解放战争中牺牲的洪荣等38名烈士而建。碑坐北朝南，高6.5米。碑座方形，正面刻烈士芳名。碑身为长方立柱形，碑面刻"革命烈士永垂不朽"，行书。碑前立两柱一间牌坊，面阔7.2米，高5米，额坊两面刻"浩气长存"，楷书。碑西侧有一座六柱棱形亭，为砖木瓦结构，面积约55平方米。

57 - E₆ 灵山烈士纪念碑 〔灵城镇六锋社区六峰山南面山脚下·1986年〕 1986年为纪念在抗日战争、解放战争及中华人民共和国成立初期剿匪战斗中牺牲的700多名烈士而建。碑坐北朝南，方形碑座，正面横行刻"灵山革命烈士纪念碑"，落款为"中共灵山县委员会、灵山县人大常委会、灵山县人民政府、灵山县政治协商委员会，一九八六年二月八日立"。碑身为四方立柱体，高12米，碑身前、左、右竖行阴刻"革命烈士永垂不朽"。碑周地用花岗岩铺设，大理石栏杆。碑前下方平台石壁嵌有碑志1方，记载灵山县人民的革命斗争史实。占地面积709.72平方米。

58 - G₁ 炮山化石出土点 〔石塘镇石塘行政村石塘村东南约300米炮山·更新世〕 岩洞位于炮山北，高距地表约5米，洞内进深约15米。1986年出土有剑齿象、貘、熊、鹿、牛等动物牙齿和骨骼化石。现洞已毁。

59 - G₂ 龙武山化石出土点 〔灵城镇石龙行政村石龙村南龙武山·更新世〕 乞丐岩位于龙武山南麓，高距地面2米，洞口朝南，洞内高2—4米，宽4—9米，进深15米。1960年发掘4平方米，出土豪猪、印度象、最后斑鬣狗等动物牙齿化石。另在龙武山西南有一龙狗洞，高距地面10米，洞口朝西南，高4米，宽10米，洞内进深80米，洞内堆积胶结坚硬，厚4米，出土剑齿象、鹿、羚羊等动物牙齿化石。今两洞皆已毁。

60 - G₃ 石背山化石出土点 〔灵城镇三海行政村三海村北约200米石背山·更新世〕 在石背山有拉深洞、龙池岩、六洞岩、牛儿洞等岩洞，岩洞高出地表0.5—10米，洞口均朝南，洞内高3—10米，宽7—50米，进深15—70米。在洞内胶结堆积中出土东方剑齿象、亚洲象、巴氏大熊猫、中国犀、野猪、鹿类、牛类等动物牙齿化石。今洞均已毁。

61 - G₄ 石井山化石出土点 〔灵城镇三海行政村平塘屯北约50米石井山·更新世〕 石井山岩洞高出地表约5米，有南、北两个洞口。洞内高3—5米，宽30—60米，进深55米。洞内堆积胶结坚硬，分9层，出土巨貘、剑齿象、豪猪等牙齿化石及烧骨、炭粒等。今洞已毁。

62 - G₅ 米岩化石出土点 〔灵城镇六峰社区六峰山风景区穿镜岩山·第四纪〕 米岩位于穿镜岩山东面山麓，高出地表10米，洞口朝东，洞口高3—5米，宽4—10米，进深20米。洞底较平，洞内堆积坚硬，厚4米。出土剑齿象、亚洲象等动物牙齿化石。

63 - G₆ 平山石器出土点 〔平山镇平山社区西北·新石器时代〕 平山社区附近先后出土石斧3件，石铲2件。石斧为双肩，有平肩和斜肩两种，平顶弧刃。石铲有直腰形和短袖形两种。长0.0175—0.43米，宽0.09—0.23米，厚0.026—0.02米。

65 - G₇ 新塘村石器出土点 〔佛子镇新塘行政村新塘村·新石器时代〕 新塘村附近山坡出土磨制石器9件。其中有肩石斧1件，有肩石锛4件，石铲2件。石斧为双斜肩，两面微隆，平顶弧刃，横截面呈菱形。有肩石锛为双斜肩，横截面呈菱形，器身经琢制，仅刃部磨光，单面弧刃。大石铲有直腰形和束腰形两种，通体磨光。长0.264—0.22米，宽0.15—0.14米。

66 - G₈ 平南石器出土点 〔平南镇·新石器时代〕 平南镇出土双肩石斧和石铲各1件。石斧器身较长，双肩溜斜，横截面呈椭圆形，弧刃，器身经琢制，刃部磨光，长0.14米，宽0.065米，厚0.023米。石铲为直腰，两面平直，通体磨光。长0.16米，宽

0.09 米，厚 0.022 米。

67－G₉ 石塘镇石斧出土点 〔石塘镇南·新石器时代〕 石塘镇南出有肩石斧 2 件。有溜斜肩和平肩两种，两面平直，横截面呈长方形，平顶弧刃。其中斜肩石斧长 0.13 米，宽 0.08 米，厚 0.018 米。

68－G₁₀ 三海铜剑出土点 〔灵城镇三海行政村·战国—汉〕 1974 年，出土青铜短剑 1 件。剑首呈伞形，茎呈菱形。双面刻划方格纹和锯齿纹。剑身细长，脊突出，从部略凹下成血槽。锋部残留剑鞘包裹的痕迹。长 0.354 米。（见《考古》1993 年 9 期）

69－G₁₁ 鹤塘铜剑出土点 〔灵城镇白水行政村鹤塘村·战国—汉〕 1974 年，鹤塘村在距地表 2 米处，出土青铜短剑 1 件。剑无首无格，圆茎，茎中部穿一小圆孔，剑身中间起脊，从部微凹下成血槽，锷部锋利，尖锋已残。残长 0.384 米。（见《考古》1993 年 9 期）

70－G₁₂ 罗涩屯铜剑出土点 〔石塘镇石塘行政村罗涩屯·战国—汉〕 1980 年 4 月，在罗涩屯石滩出土青铜短剑 1 件。剑首为两个并列圆环（已残缺一边）和七根辐条。剑茎前圆后扁，圆形部分双面饰两道雷纹，扁形部分双面饰两道卷云纹。有格，剑身基部无脊，饰一人首挂于木栅图案。锷锋利。从部无血槽，剑身自中部起逐渐收缩成锋，中起脊。长 0.39 米。（见《考古》1993 年 9 期）

71－G₁₃ 白坟岭铜鼓出土点 〔石塘镇石塘行政村石塘村白坟岭·西汉—唐〕 20 世纪 60 年代，白坟岭出土北流型铜鼓 1 面。鼓面径 0.62 米，高 0.35 米。鼓面太阳纹八芒。面沿环列六只四足蛙。芒、晕间遍饰云纹。身饰水波纹、云纹。胸腰间附扁耳 2 对。（见《中国古代铜鼓》附录二）

72－G₁₄ 榕树岭铜鼓出土点 〔丰塘镇潭龙行政村潭龙村榕树岭·西汉—唐〕 1984 年 3 月，榕树岭北面半山腰出土北流型铜鼓 1 面，距地面 0.2 米，鼓面倒置，无伴随物。鼓面径 0.72 米，高 0.4 米。鼓面太阳纹八芒。面沿环列四蛙。面饰云雷纹。身饰同心圆纹和"四出"钱纹。胸腰间附环耳 2 对。

73－G₁₅ 华龙铜鼓出土点 〔丰塘镇高华行政村华龙屯村背岭·西汉—唐〕 1988 年 3 月，村背岭出土北流型铜鼓 1 面。鼓面径 0.77 米，高 0.45 米。鼓面太阳纹八芒。面沿环列四足四蛙，面饰云纹。身饰云雷纹、席纹、钱纹、同心圆纹加填线纹等。胸腰间附扁耳 2 对，耳开长条孔。

74－G₁₆ 红塘尾铜鼓出土点 〔伯劳镇宦楼行政村六槛屯红塘尾·西汉—唐〕 1982 年 2 月，红塘尾出土北流型铜鼓 1 面。鼓面径 0.6 米，高 0.34 米。鼓面太阳纹八芒。面沿环列四足四蛙。通身饰云纹、雷纹夹出钱纹等。胸腰间附环耳 2 对。

75－G₁₇ 高塘岭铜鼓出土点 〔太平镇那谐行政村那谐村高塘岭·西汉—唐〕 1983 年，高塘岭半山腰出土北流型铜鼓 1 面。鼓面径 0.93 米，高 0.54 米。鼓面太阳纹八芒。面沿环列四足四蛙。通身饰云纹。胸腰间附缠丝环耳 2 对。

76－G₁₈ 大坑口铜鼓出土点 〔旧州镇青松行政村富致岭屯大坑口·西汉—唐〕 1987 年 8 月，大坑口出土北流型铜鼓 1 面。鼓面径 0.746 米，高 0.425 米。鼓面太阳纹八芒。面沿环列四蛙。面饰雷纹、云纹。身饰雷纹和半云纹填线纹。胸腰间附环耳 2 对。

77－G₁₉ 杉木麓铜鼓出土点 〔平南镇岭平行政村六潭屯杉木麓·西汉—唐〕 1990 年 3 月，杉木麓北山脚在距地表 0.6 米处出土北流型铜鼓 1 面，横放，鼓面朝北偏东，无伴随物。鼓面径 0.597 米，高 0.34 米。鼓面太阳纹八芒。面沿环列四蛙，遍饰雷纹。耳饰水波纹与雷纹逐层相间。胸腰间附羽状纹扁耳 2 对。足大部分残。

78－G₂₀ 帽岭铜鼓出土点 〔灵城镇新垌行政村新垌村西南约 3 公里帽岭·东汉—唐〕 1964 年，帽岭出土灵山型铜鼓 1 面。鼓面径 0.79 米，高 0.455 米。鼓面太阳纹十芒，面沿环列三单蛙与三累蹲蛙相间。面、身饰连钱纹、蝉纹、鸟纹、"四出"钱纹、变形羽人纹、虫纹、四瓣花纹等。胸腰间附绳纹扁耳 2 对，每耳有 1 孔。

79－G₂₁ 白木铜鼓出土点 〔灵城镇白木行政村白木屯西 500 米屋背山·东汉—唐〕 1986 年 2 月，屋背山西坡出土灵山型铜鼓 1 面。鼓面径 1.04 厘米，高 0.634 米。鼓面太阳纹十芒。面沿环列六蛙，其中三累蹲蛙与三单蛙相间。面、身饰蝉纹、鸟纹、虫纹、"四出"钱纹、雷纹、云纹、四瓣花纹等。胸腰间附辫纹扁耳 2 对，一侧耳下足部立 2 羊。

80－G₂₂ 匕头岭铜鼓出土点 〔灵城镇石龙行政村石龙屯匕头岭·东汉—唐〕 1980 年，匕头岭出土灵山型铜鼓 1 面。鼓面径 0.8 米，高 0.48 米。鼓面太阳纹十二芒。面沿环列三足累蹲蛙六只。面、身饰蝉纹、四瓣花纹、连钱纹、"四出"钱纹、鸟纹、虫纹等。胸腰间附羽纹扁耳 2 对，一耳下足部立 1 鸟。

81－G₂₃ 渌水铜鼓出土点 〔新圩镇渌水行政村渌水屯·东汉—唐〕 1962 年 2 月，渌水屯出土灵山型铜鼓 1 面，伴出唐"开元通宝" 1 枚。鼓面径 0.81 米，高 0.49 米。鼓面太阳纹十芒，面沿环列六只三足蛙，其中四累蹲蛙与二单蛙相间。面、身饰"四出"钱纹、席纹、四瓣花纹、鸟纹等。内壁有八晕，饰以鸟纹、四瓣花纹、"四出"钱纹。胸腰间附扁耳 2 对。

82 - G₂₄ 掘冲岭铜鼓出土点 〔新圩镇塘排行政村塘排屯掘冲岭·东汉—唐〕 20 世纪 70 年代，掘冲岭西坡出土灵山型铜鼓 1 面。鼓面中心饰太阳纹。面沿环列六蛙。鼓已失。

83 - G₂₅ 涩垌铜鼓出土点 〔武利镇桥山行政村涩垌屯竹叉·东汉—唐〕 1974 年，涩垌屯竹叉出土灵山型铜鼓 1 面。鼓面径 0.81 米，高 0.46 米。鼓面太阳纹八芒。面沿环列六蛙，蛙上饰蕉叶纹。面、身饰连钱纹、"四出"钱纹、云纹、雷纹、四瓣花纹等。胸腰间附叶脉纹扁耳 2 对。

84 - G₂₆ 金岗岭铜鼓出土点 〔武利镇珠里行政村珠里村南约 1.5 公里金岗岭·东汉—唐〕 1988 年 4 月，金岗岭出土灵山型铜鼓 1 面。鼓面径 0.698 米，高 0.422 米。鼓面太阳纹十芒。面沿环列三足蛙六只，累蹲蛙与单蛙相间。面、身饰蝉纹、四瓣花纹、"四出"钱纹、鸟纹、席纹、连钱纹等。胸腰间附羽纹扁耳 2 对，鼓足立有 1 小鸟。

85 - G₂₇ 石基铜鼓出土点 〔平南镇石基行政村石基屯·东汉—唐〕 1984 年 4 月，石基屯在距地表 0.65 米出土灵山型铜鼓 1 面，鼓面朝下。鼓面径 0.89 米，高 0.52 米。鼓面太阳纹八芒。面沿环列六只累蹲蛙。饰四瓣花纹、虫纹、变形羽人纹、"四出"钱纹、蝉纹等。胸腰间附扁耳 2 对，各立 1 鸟，与鸟相对内壁上立 1 小牛。

86 - G₂₈ 鹿跳山铜鼓出土点 〔旧州镇长基行政村尚坪屯西约 80 米鹿跳山·东汉—唐〕 1987 年 6 月，鹿跳山南麓出土灵山型铜鼓 1 面。鼓面径 0.825 米，高 0.532 米。鼓面太阳纹八芒。面沿环列三足蛙六只。面、身饰钱纹、虫纹、蝉纹、如意云纹、变形羽人纹、半圆填线纹等。胸腰间附扁耳 2 对。

87 - G₂₉ 宁屋山铜鼓出土点 〔旧州镇青松行政村宁屋山南约 50 米泥鳅湖坳·东汉—唐〕 1984 年 3 月，宁屋山屯泥鳅湖坳出土灵山型铜鼓 1 面。鼓面径 0.8 米，高 0.5 米。鼓面中心太阳十芒。面沿环列六只三足蛙。面、身饰钱纹等。胸腰间附扁耳 2 对。

88 - G₃₀ 双凤铜鼓出土点 〔旧州镇双凤行政村双凤村北约 150 米·东汉—唐〕 1973 年，双凤村出土灵山型铜鼓 1 面。鼓面径 1.033 米，高 0.62 米。鼓面太阳纹十二芒。面沿环列六蛙。饰云雷纹、同心圆纹、骑兽纹、兽形云纹、"五"字钱纹、虫形纹等。胸腰间附羽纹扁耳 2 对。每耳上下各有 1 孔。

89 - G₃₁ 分界坳铜鼓出土点 〔石塘镇红星行政村乐彩屯分界坳·东汉—唐〕 1982 年，于分界坳出土灵山型铜鼓 1 面。鼓面径 0.878 米，高 0.52 米。鼓面太阳纹十二芒。面沿环列只四足蛙。饰"四出"钱纹、蝉纹、虫纹、连钱纹、鸟纹、席纹、变形羽人纹等。胸腰间附羽纹扁耳 2 对，一侧耳下足部立鸟 1 只，胸内壁立 1 水牛。

90 - G₃₂ 睦象南铜鼓出土点 〔佛子镇睦象行政村睦象村高连塘·东汉—唐〕 1977 年，高连塘南坡出土灵山型铜鼓 1 面。鼓面径 0.68 米，高 0.38 米。鼓面太阳纹八芒。面沿环列六只三足蛙。面、身饰"四出"钱纹、云雷纹、四瓣花纹、同心半圆纹、席纹等。胸腰间附扁耳 2 对。足部立 1 鸟，鼓胸内壁立 1 水牛。

91 - G₃₃ 猫岭铜鼓出土点 〔丰塘镇大丰行政村大丰屯西约 100 米猫岭·东汉—唐〕 1986 年 6 月，猫岭顶部出土灵山型铜鼓 1 面。鼓面径 1 米，高 0.595 米。鼓面太阳纹十芒。面沿环列六只三足蛙。三累蹲蛙与三单蛙相间。饰蝉纹、"四出"钱纹、鸟纹、席纹、虫纹等。胸腰间附扁耳 2 对，一侧耳下足部立鸟 1 对。

92 - G₃₄ 六颜铜鼓出土点 〔丰塘镇六颜行政村六颜村东北·东汉—唐〕 1987 年，六颜村东北出土灵山型铜鼓 1 面。鼓面径 0.815 米，高 0.5 米。鼓面太阳纹十芒。面沿环列三足累蹲蛙六只。面、身饰连钱纹、"四出"钱纹、鸟形纹、席纹、虫纹、变形羽人纹等。胸腰间附羽纹扁耳 2 对。鼓胸内壁立 1 累蹲蛙。

93 - G₃₅ 长麓岭铜鼓出土点 〔丰塘镇丰塘社区行政村三岔村长麓岭北·东汉—唐〕 2000 年长麓岭北出土灵山型铜鼓 1 面。鼓面径 0.632 米，高 0.427 米。鼓面太阳纹 12 芒。面沿环列四蛙。面饰栉纹夹双排同心圆组合纹带、复线交叉纹、变体羽人纹，八翔鹭间四定胜纹。

94 - G₃₆ 六局塘岭铜鼓出土点 〔檀圩镇东岸行政村天顶山屯六局塘岭·东汉—唐〕 1990 年 3 月，六局塘岭西南坡出土灵山型铜鼓 1 面，鼓面向下。鼓面径 0.803 米，高 0.485 米。鼓面太阳纹十二芒。面沿环列三足蛙六只，累蹲蛙与单蛙相间。饰蝉纹、四瓣花纹、"四出"钱纹、连钱纹、鸟纹、席纹、虫纹等。胸腰间附羽纹扁耳 2 对，足上有 1 立鸟。

95 - G₃₇ 驲面村铜鼓出土点 〔文利镇驲面行政村驲面旧村后背山·东汉—唐〕 1981 年 1 月，后背山出土灵山型铜鼓 1 面。鼓面径 0.92 米，高 0.5 米。鼓面中心饰太阳纹。今鼓已失，下落不明。

96 - G₃₈ 狮子冲铜鼓出土点 〔烟墩镇莲塘行政村狮子屯北约 230 米狮子冲·东汉—唐〕 20 世纪 70 年代狮子屯羊咩西坡在距地表约 3 米处出土灵山型铜鼓 1 面，鼓面斜向上。鼓面中心饰太阳纹，面沿环列六蛙。鼓已失。

97 - G$_{39}$ **马麓塘铜鼓出土点** 〔新圩镇渌一行政村渌一村马麓塘山西南·东汉—唐〕 2000 年 5 月上旬，在马麓塘山西南出土灵山型铜鼓 1 面，鼓面朝下，无伴出物。鼓面径 0.787 米，高 0.46 米。鼓面太阳纹八芒，面沿顺时针环列四蛙，饰雷纹。胸腰间附环耳 2 对。

浦北县

1 - A$_1$ **官垌樟木岭遗址** 〔官垌镇官垌行政村官垌村西约 300 米樟木岭·新石器时代〕 山坡（台地）遗址。1989 年发现。樟木岭为圆丘形山坡，遗址分布于山坡上，面积约 700 平方米。采集到一些陶片及打制的双肩石器。

2 - A$_2$ **樟木头岭遗址** 〔官垌镇东叶景行政村刘屋村西约 100 米樟木头岭·新石器时代〕 山坡（台地）遗址。1979 年发现。樟木头岭为圆丘形土山，高约 50 米，顶部较平坦，遗物散布于山顶上，分布面积约 1400 平方米。采集有双肩石铲、石斧、石锛等磨制石器。另外，在山四周发现人工修筑的痕迹，地表也发现了一些水波纹、方格纹硬陶片，可能到汉—南朝时此地又被辟为聚落址。

3 - A$_3$ **架涧口遗址** 〔官垌镇文明行政村架涧口村西约 30 米土岭上·新石器时代〕 山坡（台地）遗址。1975 年发现。遗址分布在土岭上，分布面积约 1300 平方米。未经发掘，文化层及内涵不明。在地表采集有双肩石斧、穿孔器和石球等磨制石器，石球呈椭圆形，直径 0.038—0.042 米。遗址现已辟为耕地。

4 - A$_4$ **瑶府塘岭遗址** 〔官垌镇甜竹行政村瑶府塘村西南约 20 米瑶府塘岭·新石器时代〕 山坡（台地）遗址。1958 年发现。又称地豆岗岭，瑶府塘岭为东西走向的长形土岭，高约 30 米，顶部平坦。遗址在山坡东北面，地表散布有碎陶片，分布面积约 1400 平方米。采集有双肩石斧、石锛、石铲等磨制石器。

5 - A$_5$ **四川坡遗址** 〔福旺镇龙眼行政村东南约 500 米四川坡·新石器时代〕 山坡（台地）遗址。1983 年发现。遗址在山坡顶端及坡面上，分布面积约 1400 平方米。采集有磨制的石凿、双肩石斧、陶纺轮和弦纹陶片等。

6 - A$_6$ **五黄岭遗址** 〔白石水镇中林行政村中林村东北侧五黄岭天堂坡·新石器时代〕 山坡（台地）遗址。20 世纪 60 年代发现。五黄岭为长形土岭，顶部较平坦，遗址在山坡上，地表散布有灰色陶片，分布面积约 1000 平方米，未经发掘，文化层及内涵不明。出土了双肩石铲、石斧和有肩石锛等磨制石器。

7 - A$_7$ **古立山岗遗址** 〔福旺镇古立行政村古立圩东北约 1000 米仓屋岭古立山岗·新石器时代、汉代·县文物保护单位〕 山坡（台地）遗址。1953 年发现。遗址在山坡之上，分布面积约 1800 平方米。新石器时代文化层厚 0.4—0.7 米，内含烧土和炭层，采集有磨制石斧、石锛、石凿等器。地表上散布有水波纹、方格纹、米字纹等汉代陶片。

8 - A$_8$ **白洲垌遗址** 〔三合镇太安行政村白洲垌村后土岭·汉代〕 1985 年发现。遗址范围东西长 40 米，南北宽 25 米，面积约 1000 平方米，遗址地面平坦，地表散布有浅黄和灰色细水波纹、弦纹和同心圈纹陶片，多为硬陶，器形有瓮、罐类器。在遗址范围还发现汉墓 1 座，已遭破坏。

9 - A$_9$ **龙地村遗址** 〔官垌镇龙地行政村龙地村后土岭上·汉—南朝〕 1988 年发现。土岭呈长形，岭顶较平坦，遗址在岭顶上，四周有人工修筑痕迹。面积约 2000 平方米。遗址文化层分 3 层，厚约 1 米。地表散布有大量的戳印纹、水波纹、弦纹硬陶片。采集有陶纺轮、侈口陶罐残片等。

10 - A$_{10}$ **熊胆岭遗址** 〔官垌镇官垌行政村高峰口村熊胆岭·汉—南朝〕 1987 年发现。熊胆岭为长形土岭，高约 70 米，顶部平坦。遗址位于岭顶部，面积约 1200 平方米。岭四周陡峭，均系人工修成。东侧与其他山梁连接处有深宽 2 米壕沟。在地表采集有较多的戳印纹、水波纹、弦纹灰色硬陶片和泥质红陶片，一些残陶鼎足及少数青黄釉冰裂纹瓷片、铁器残片等。

11 - A$_{11}$ **牛地岭遗址** 〔官垌镇芳田行政村根竹垌村北约 80 米牛地岭·汉—南朝〕 1987 年发现。遗址分布在牛地岭、根竹垌岭等七个相连的小土岭上，面积约数千平方米。地表散布残陶片较多，采集到黄色泥质陶片和饰几何印纹、斜小方格纹棕红色硬陶片等。

12 - A$_{12}$ **文笔岭遗址** 〔寨圩镇寨圩行政村沙梨村北约 50 米文笔岭一带·汉—南朝〕 1987 年发现。遗址分布在文笔岭相邻三个山头上，面积约 2500 平方米。在地表散布有弦纹、水波纹、四出五铢钱纹硬陶片，与越州故城出土的陶片相似。陶片上饰的四出五铢钱纹（残），径约 0.016 米，穿与外廓之间的四边分隔间均有一星点。

13 - A$_{13}$ **良村遗址** 〔寨圩镇良村行政村良村西约 300 米山坡·汉—南朝〕 1987 年发现。遗址分布在山坡顶上，面积约 700 平方米。在地表采集到拍印或刻划的线纹、网纹、波浪纹灰色硬陶片和黄色泥质陶片等。

14 - A$_{14}$ **独岭遗址** 〔福旺镇镇脚行政村大山口

村东北约80米独岭·汉—南朝〕 1987年发现。独岭高约50米，遗址在岭顶上，岭顶较平坦，四周人工修筑。面积约700平方米。在地表散布有灰色素面罐、钵的残片等。岭东侧往下约20米处，曾发现不少饰有叶脉纹的红色墓砖。

15 - A₁₅　**火把岭遗址**　〔小江镇樟家行政村白坟村北约1公里火把岭·汉—南朝〕 1987年发现。火把岭为圆丘形土岭，岭高约30米，岭顶平坦，遗址位于岭顶上，四周为人工修整的陡壁。面积约800平方米。地表散布大量陶片，采集到粗弦纹、水波纹灰色夹砂陶和棕黄色泥质陶片等。

16 - A₁₆　**三角岭遗址**　〔小江镇樟家行政村白坟面村东约300米三角岭·汉—南朝〕 1987年发现。三角岭高约35米，遗址位于顶上，岭顶平坦，西南面临江，其余三面为人工修整的陡壁。面积约1000平方米。地表散布有陶器残片，采集有黄色弦纹、水波纹、三角形戳印纹和素面粗夹砂陶片及黄色泥质陶片，亦有素面粗夹砂陶片。

17 - A₁₇　**浦北中学遗址**　〔小江镇浦北中学西面土岭上·汉—南朝〕 1988年发现。土岭呈长形，岭顶平坦，遗址位于岭顶上，四周岭坡人工修筑明显，面积约1300平方米。地表散布有较多残陶片、铁渣、贝壳、木炭等。陶片饰水波纹、弦纹等或施青、黑釉。

18 - A₁₈　**均田遗址**　〔小江镇街口行政村均田村东北约100米土岭上·汉—南朝〕 1987年发现。遗址分布在几个山头上，周边有人工修筑痕迹，面积约3000平方米。文化遗物散布于坡顶，采集到铁锸、兵器、陶器残片和刻有文字符号的螺壳1件。

19 - A₁₉　**马岭遗址**　〔小江镇沙场行政村马岭村马岭上·汉—南朝〕 1987年发现。马岭为长形土岭，山顶较平坦，遗址在岭顶，面积约750平方米。在地表上散布有较多的灰色陶残片，纹饰有方格纹、印纹、水波纹等。

20 - A₂₀　**桥头山遗址**　〔小江镇林村行政村曾屋村桥头山·汉—南朝〕 1987年发现。桥头山为长形土山，高约25米，山顶平坦。遗址位于山顶，其南侧有深约2米的人工壕沟。面积约1200平方米。地表散布有大量残陶片，采集有棕红色泥质陶片，饰刻划纹、方格纹、弦纹的棕灰和灰黑色硬陶片。

21 - A₂₁　**桥头岭遗址**　〔小江镇沙场行政村桥头岭村西约10米桥头岭·汉—南朝〕 1987年发现。为圆丘形土岭，高约25米，顶部较平坦。遗址位于岭顶上，中部有人工挖坑一个，四周有人工修筑的陡壁，东南、南、西向有壕沟，面积约830平方米。采集有红色泥质陶片和灰色硬陶片，纹饰有刻划的横、直弦纹

和水波纹等。

22 - A₂₂　**大头岭遗址**　〔小江镇樟家行政村张家坡村东南约30米大头岭·汉—南朝〕 1987年发现。大头岭高约40米，遗址位于岭顶上，岭顶圆且平坦，四周人工修筑明显。面积约700平方米。地表散布残陶片，采集到戳印纹、水波纹等棕黄色陶片和施青黄色釉的冰裂纹罐、碗瓷片等。

23 - A₂₃　**油甘根村遗址**　〔龙门镇居木行政村油甘根村后土岭上·汉—南朝〕 1987年发现。遗址分布于岭顶及南侧山坡，岭四周人工修筑，地表散布有残陶片，面积约900平方米。采集到土黄泥质陶片和刻划弦纹、水波纹灰黑色硬陶片等。

24 - A₂₄　**庙屋岭遗址**　〔龙门镇平黄行政村正岭骨村西北约50米庙屋岭·汉—南朝〕 1987年发现。庙屋岭处平黄江西侧，高约30米，范围包括东、西两个山头，分布面积约1100平方米。山顶平坦，周壁经人工修整。地表散布铁渣、饰水波纹、圆圈纹、弦纹的珠红、酱灰硬陶片及酱黄釉瓷片。可辨器形有侈口罐。西山头还散布有较多的红色墓砖，砖侧饰叶脉纹圆圈纹、几何纹等。

25 - A₂₅　**马山岭遗址**　〔龙门镇平黄行政村正岭骨村西北约100米马山岭·汉—南朝〕 1987年发现。马山岭为圆丘形土岭，遗址位于岭顶上，开阔平坦，四面为人工修整的陡壁。面积约1214平方米。地表散布有大量残碎陶片，采集到灰黑色刻划弦纹、水波纹硬陶片，器类多侈口罐。还发现了花纹汉墓砖等。

26 - A₂₆　**大岩遗址**　〔乐民镇蒙竹行政村蒙竹村西北约150米猴子山·汉—南朝〕 1987年发现。遗址在猴子山上，包括大岩和穿鼻岩二洞。洞口高距地表约5米，洞高约20米，宽15—20米，洞内宽敞。洞内堆积有灰烬、矿渣、方格纹棕色泥质陶片等。采集有双耳灰色敞口罐和黄釉侈口罐陶片等。

27 - A₂₇　**镬盖岭遗址**　〔福旺镇龙眼行政村西北约800米镬盖岭·汉—南朝〕 1987年发现。遗址位于镬盖岭岭顶上，面积约500平方米。岭高约50米，岭顶平坦，发现拍打和烧结痕迹。采集有素面灰色硬陶片、假圈足残瓷片、砺石、铁渣等。

28 - A₂₈　**面前岭遗址**　〔福旺镇华新行政村新塘村北面前岭·汉—南朝〕 1987年发现。面前岭为长形土岭，遗址位于土岭顶部，四周人工修筑较明显，地表散布有残陶片。面积约500平方米。采集有黄色面粗泥陶片、弦纹夹水波纹、米字纹灰色硬陶片，其中罐类器耳均刻有凹槽。

29 - A₂₉　**坎冠岭遗址**　〔官垌镇官垌行政村牛窝背村坎冠岭·汉—唐〕 1987年发现。坎冠岭为长形

土岭，高约 50 米，岭顶平坦。遗址位于岭顶上，周边系人工修整的陡壁。分布面积约 1600 平方米。地表散布有较多弦纹、水波纹陶片和冰裂纹黄色釉瓷片。器形有侈口、敞口罐和施釉的平底盘、平足碗。周边散落很多红色墓砖。

30 - A₃₀ 朗冲口遗址 〔小江镇沙场行政村朗冲口村西北约 30 米后背山·汉—唐〕 遗址分布于高约 30 米的山岭顶部，文化层厚约 1 米，面积约 200 平方米。遗址范围发现了夯土层和火烧痕迹，地表散布有汉至唐代的方格纹、水波纹、弦纹陶片，出土有残口唐代陶罐 1 件和碎瓷片少许。

31 - A₃₁ 木马岗遗址 〔官垌镇旺冲行政村扶地麓村西南约 500 米木马岗岭·汉代〕 1988 年发现。木马岗岭为长形土岭，高约 50 米，岭顶平坦。遗址位于岭顶上，四周有人工修筑痕迹。分布面积约 3000 平方米。地表散布有方格纹、水波纹、弦纹陶片，可辨罐类器。采集有石矛、陶器耳各 1 件。

32 - A₃₂ 旧屋岭遗址 〔官垌镇平石行政村西北约 300 米旧屋岭·汉代〕 1987 年发现。旧屋岭高约 70 米，岭顶平坦。遗址位于岭顶上，周围陡峭，均系人工修成。面积约 1400 平方米。在地表散布有素面和饰单弦纹的陶片。1974 年在遗址东南约 1 公里外出土铜鼓 1 面。

33 - A₃₃ 狗山岭遗址 〔官垌镇平石行政村大岭脚村西南约 300 米狗山岭·汉代〕 1987 年发现。狗山岭为圆丘形土山，高约 30 米，遗址位于岭顶上，顶部平坦，四周陡峭，人工修筑痕迹明显，分布面积约 500 平方米。地表散布着许多素面或弦纹、水波纹粗陶片。

34 - A₃₄ 大岭脚白坟岭遗址 〔官垌镇平石行政村大岭脚村东约 300 米白坟岭东坡·汉代〕 1987 年发现。白坟岭高约 60 米，遗址即在岭顶上，地势平坦，四周为人工修整的陡壁，面积约 1400 平方米。在地表散布许多素面或粗弦纹、水波纹陶片。1974 年在遗址西北岭上出土羊角纽铜钟 4 件。

35 - A₃₅ 大王岭遗址 〔小江镇街口行政村玉兰垌村西约 50 米大王岭·汉代〕 1987 年发现。遗址在大王岭上，面积约 200 平方米。在地表采集有铁锸、铁器残片、石斧及方格纹、米字纹、弦纹、小虫纹等陶片，器形不能辨识。

36 - A₃₆ 马路岭遗址 〔小江镇街口行政村马路岭村西北面马路岭·汉代〕 1987 年发现。马路岭为一龟背形土岭，遗址在岭顶上，四周陡峭，有人工修筑痕迹，地表散布有残陶片，面积约 700 平方米。采集有米字纹、水波纹黄红色陶片、米字纹汉代墓砖等。

37 - A₃₇ 大塘村北遗址 〔白石水镇大塘行政村大塘村北约 30 米·汉代〕 1983 年发现。遗址在山坡上，面积约 1400 平方米。在遗址地表采集有红色斜方格纹泥质陶和细弦纹、水波纹硬陶片。

38 - A₃₈ 大塘村南遗址 〔白石水镇大塘行政村大塘村东南约 500 米岭尾底·汉代〕 1987 年发现。遗址分布于附近山坡上，面积约 1500 平方米。在相邻几个山头上散布有少量的红色泥质陶和大量的灰色硬陶片。饰水波纹、方格纹、叶纹、弦纹、圆圈纹等。器形为瓮、罐类。

39 - A₃₉ 庙坳岭遗址 〔福旺镇北兰行政村庙坳村西约 30 米庙坳岭·汉代〕 1987 年发现。庙坳岭为长形土岭，高约 40 米，岭顶平坦。遗址位于岭顶，四周系人工修整的陡壁。面积约 1000 平方米。在地表采集到夹砂灰陶、方格纹、水波纹、米字纹泥质红陶片以及矿渣、冶铁烧结。

40 - A₄₀ 鹤山岭遗址 〔福旺镇凤山行政村凤山小学南约 50 米鹤山岭·汉代〕 1987 年发现。鹤山岭为土山岭，高约 40 米，岭顶平坦。遗址在岭顶上，面积约 1200 平方米。在地表散布有水波纹灰色硬陶片和红色花纹砖。20 世纪 60 年代末，曾在山顶东南部发现一座东汉砖室墓。

41 - A₄₁ 考岭遗址 〔福旺镇大湾行政村龙苏麓村西南约 100 米考岭·汉代〕 1987 年发现。考岭为圆丘形土岭，高约 30 米，遗址位于岭顶上，面积约 700 平方米。岭顶平坦，东、西、北三面为人工修整的陡壁，高 3 米余。南面与岭脊相连处有深 1 米、宽约 2 米壕沟。遗址地表散布有较多浅红色泥质陶片，陶片多饰水波纹，亦有同心圈纹和弦纹。

42 - A₄₂ 龙苏麓遗址 〔福旺镇大湾行政村龙苏麓村西北约 30 米山岭·汉代〕 1987 年发现。山岭为圆丘形土岭，高约 60 米，顶部平坦，遗址位于岭腰上，面积约 1200 平方米。遗址四周为人工修整的陡壁，在地表散布有铁渣和灰色刻划水波纹硬陶片，可辨罐类器。1971 年在岭坡上发现汉代砖室墓 1 座。

43 - A₄₃ 疗垌尾遗址 〔龙门镇平黄行政村疗垌尾村后山岭上·汉代〕 1987 年发现。土岭高约 30 米，包括 2 个山头，山顶平坦，周围为人工修整的陡壁，面积约 900 平方米。遗址地表散布有陶器残片，采集有戳印纹、几何纹、刻划弦纹、水波纹等灰黄色夹砂陶片和泥质陶片。

44A₄₄ 横塘岭遗址 〔龙门镇平黄行政村瓦窑坡村西北横塘岭·汉代〕 1987 年发现。横塘岭遗址包含 3 个圆丘形土岭，遗址分布在平坦的岭顶，四周为人工修整的陡壁，面积约 1000 平方米。在遗址地表散布有较多的矿渣、炉灰渣及陶片，采集到管道、范模、磨光石器、夹砂陶及饰几何印纹、刻划弦纹、水波纹的灰黑色陶片。

45 – A₄₅ 哨山岭遗址 〔北通镇北山行政村北山村北通街东南约 500 米哨山岭一带·汉代〕 1987 年发现。遗址分布在哨山岭的三个山头上，面积约 3000 平方米。文化层厚约 0.5 米，距地表深 0.4—0.9 米发现炭层和陶片。采集有弦纹、水波纹、小方格几何印纹陶片、平足陶碗及铁渣、木炭、砺石等。

46 – A₄₆ 瓦窑背岭遗址 〔小江镇新南行政村新南村西南瓦窑背岭·南朝—唐〕 1987 年发现。遗址在瓦窑背岭顶上，分布面积约 2000 平方米。遗址地表散布陶、瓷残片，采集有水波纹青灰色硬陶片、铁锸和青瓷片。

47 – A₄₇ 李屋排岭遗址 〔龙门镇王坡行政村李屋排村东李屋排岭·南朝〕 1987 年发现。李屋排岭为圆丘形土岭，顶呈龟背形，遗址在山坡上，四周有人工修筑痕迹，面积约 1000 平方米。在地表采集有小方格纹、虫纹、水波纹和素面棕黄色硬陶片，灰白、青灰色素面泥质软陶片及铁器残片等。

48 – A₄₈ 拓木村遗址 〔寨圩镇拓木行政村拓木村东北约 60 米山岭·南朝〕 1987 年发现。山岭为圆丘形土岭，顶部平坦。遗址在岭顶部，四周有人工修筑痕迹，面积约 800 平方米。在地表散布有残陶片，采集到刻划细弦纹、水波纹等灰色硬陶片等，器形不明。

49 – A₄₉ 格杂牌岭遗址 〔寨圩镇拓木行政村柘木村北约 200 米格杂牌岭·南朝〕 1987 年发现。格杂牌岭为龟背形土岭，高约 70 米，遗址在岭顶，四周有人工修筑痕迹，面积约 800 平方米。在地表散布有硬陶残片，采集有弦纹、水波纹的灰色硬陶片。

50 – A₅₀ 腰顶岭遗址 〔寨圩镇康乐行政村康乐村南约 200 米腰顶岭·南朝〕 1987 年发现。腰顶岭为一圆丘形土岭，高约 30 米。遗址位于岭顶上，四周有人工修筑痕迹，面积约 400 平方米。在地表散布有残陶片，采集到较多的灰黑色弦纹硬陶片。

51 – A₅₁ 良村杉木岭遗址 〔寨圩镇大江口行政村良村西南约 150 米杉木岭·南朝〕 1987 年发现。杉木岭为圆丘形土岭，高约 40 米，顶部平坦。遗址位于岭顶上，四周有人工修筑痕迹，面积约 800 平方米。在地表散布有残陶片、铁渣等，采集到铁渣及饰刻划水波纹、弦纹的硬陶片和外施黄釉、弦纹的粗陶片等。

52 – A₅₂ 竹较岭遗址 〔寨圩镇竹较行政村竹较村南约 100 米竹较岭·南朝〕 1987 年发现。遗址分布在竹较岭的几个山头上，面积约 5000 平方米。在地表采集有较多的薄胎素面硬陶片，陶片与越州故城出

土的陶片相似。

53 – A₅₃ 平阳村遗址 〔寨圩镇寨圩行政村平阳村南土岭上·南朝〕 1987 年发现。土岭呈圆丘形，高约 100 米，顶部较平坦，遗址在岭顶，面积约 1000 平方米。在地表散布有拍印叶脉几何纹、刻划细纹、水波纹灰色硬陶片。

54 – A₅₄ 瓦窑顶岭遗址 〔寨圩镇竹较行政村竹较村后背瓦窑顶岭上·南朝〕 1987 年发现。瓦窑顶岭为圆丘形土岭，顶部较平坦。遗址在岭顶，四周有明显人工修筑痕迹，面积约 1322 平方米。在地表上采集到弦纹、方格纹等灰色硬陶片。遗址范围现已辟为耕地。

55 – A₅₅ 旱塘村遗址 〔龙门镇王坡行政村旱塘村东南约 30 米土岭上·南朝〕 1987 年发现。土岭呈龟背形，高约 30 米，顶部较平坦，东南面有约 200 平方米的人工挖掘的凹地。遗址在山岭之顶上，面积约 1000 平方米。地表散布有残陶片，采集有刻划的弦纹、戳印纹、水波纹青灰色硬陶片等。

56 – A₅₆ 路口坪遗址 〔龙门镇平黄行政村路口坪村西面山岭·南朝〕 1987 年发现。山岭呈圆丘形，高约 30 米，山顶平坦。遗址位于山岭顶部，环顶周壁陡峭，均系人工修筑，分布面积约 600 平方米，地表散布有残陶片，采集到弦纹、水波纹灰黄色硬陶片和少量的黄色素面泥质软陶片。

57 – A₅₇ 坡儿坪岭遗址 〔龙门镇平黄行政村细榕村西坡儿坪岭·南朝〕 1987 年发现。坡儿坪岭为圆丘形岭，高约 30 米，顶部平坦。遗址在顶，四周壁陡峭，均系人工修成，面积约 500 平方米。在地表散布有残陶片，采集到水波纹、弦纹棕黄、灰黑色硬陶片和浅蓝色冰裂纹瓷片等。

58 – A₅₈ 平黄村岭遗址 〔龙门镇平黄行政村平黄村西北约 100 米平黄村岭·南朝〕 1987 年发现。平黄村岭高 30 余米，遗址在岭上，四周系人工修整的陡壁，面积约 500 平方米。地表散布残陶片，采集到灰黄色泥质软陶和灰黑色硬陶片，纹饰主要有细弦纹和水波纹等。

59 – A₅₉ 粪箕窝岭遗址 〔龙门镇王坡行政村粪箕窝村东约 100 米粪箕窝岭·南朝〕 1987 年发现。遗址位于岭顶上，面积约 400 平方米。地表散布残陶片，采集有粗弦纹、菱形纹等陶片。

60 – A₆₀ 锅盖岭遗址 〔龙门镇莲塘行政村新田排村西南约 50 米锅盖岭·南朝〕 1987 年发现。锅盖岭为南北走向椭圆形土岭，高约 40 米，遗址位于岭顶上，四周系人工修整的陡壁。面积约 900 平方米。地表散布有粗弦纹、细弦纹、三角波浪纹的灰白色、灰黑

色硬陶片。

61 - A61　深田岭遗址　〔龙门镇居木行政村油甘根村深田岭·南朝〕　1987年发现。深田岭为圆丘形土岭，高约30米，岭顶呈龟背形。遗址位于岭顶上，四周系人工修整的陡壁，面积约2000平方米，地表散布有残陶片，采集有水波纹、方格纹、弦纹灰色硬陶片以及青铜器残片。

62 - A62　大料岭遗址　〔小江镇木麻根行政村大料村后大料岭·南朝〕　1987年发现。大料岭为圆丘形土岭，遗址在岭顶部及岭坡上，顶部平坦，四周有明显的人工修筑痕迹，面积约900平方米。地表散布残陶片，采集到弦纹、方格纹、水波纹灰色陶片和残铁鼎1件。鼎足饰兽面，足高0.03米，宽0.025米，器壁厚0.004米。

63 - A63　牛眼圈岭遗址　〔小江镇公家行政村乌垌村牛眼圈岭·南朝〕　1987年发现。牛眼圈岭为圆丘形土岭，高约30米，岭顶平坦。遗址在岭坡上，四周有人工修筑的环形壕沟，面积约1400平方米。在地表散布有较多的水波纹、弦纹硬陶片和铁器残片。

64 - A64　赖陆岭遗址　〔小江镇林村行政村林村小学西南约200米赖陆岭·南朝〕　1987年发现。赖陆岭高约30米，岭顶平坦。遗址在岭顶上，面积约750平方米。地表散布残陶片，采集到灰色素面陶片，陶片多有烟熏痕迹。

65 - A65　社屋岭遗址　〔小江镇苏村行政村东平村后社屋岭·南朝〕　1980年发现。社屋岭为圆丘形土岭。遗址位于岭坡上，面积约100平方米。地表散布残陶片，采集到较多的青灰色水波纹硬陶片和少量阴刻弦纹泥质陶片。

66 - A66　长田岸遗址　〔小江镇林村行政村大麓口村长田岸岭、荔枝岭·南朝〕　1987年发现。遗址分布在荔枝岭和长田岸岭两座连体山坡的顶上，人工修筑痕迹明显，分布面积约800平方米。地表散布硬陶残片，采集到灰黑、灰黄色素面和弦纹、水波纹硬陶片，器形有陶钵。

67 - A67　横江田白坟岭遗址　〔福旺镇镇脚行政村横江田村东约400米白坟岭·南朝〕　1987年发现。白坟岭为长形土山，呈龟背形，高约50米，遗址在岭顶上，四周陡峭，有人工修筑痕迹，面积约400平方米。地表散布有陶瓷残片及铁渣，陶片为饰刻划水波纹、弦纹灰黑的棕黄色硬陶片和外施黄釉、弦纹的粗陶片等。

68 - A68　土九坡遗址　〔福旺镇凤山行政村土九坡村后土岭·南朝〕　1987年发现。土岭呈长形，东西走向，顶部平坦。遗址位于岭顶上，面积约900平方米。地表散布有灰色和土黄色的硬陶片，饰刻划弦纹和水波纹、米字纹、方格纹等。

69 - A69　利竹麓岭遗址　〔福旺镇六寨行政村利竹麓村利竹麓岭·南朝〕　1987年发现。利竹麓岭为圆丘形土岭，岭顶较平坦。遗址在岭顶，四周有人工修筑痕迹，面积约800平方米。在地表散布有淡红色方格纹、菱形纹、弦纹泥质陶和灰色硬陶片。

70 - A70　马鞍石岭遗址　〔福旺镇镇脚行政村马鞍石屯东约30米马鞍石岭·南朝〕　1987年发现。马鞍石岭西临福旺江，高约100米，面积约900平方米。地表散布残陶片，采集到灰黄色弦纹硬陶片、沟条状的残陶耳等。

71 - A71　大沙岭遗址　〔福旺镇凤山行政村新村西北约100米大沙岭·南朝〕　1987年发现。大沙岭为弧背长形土岭，高约30米。遗址位于岭顶上，面积约1300平方米，地表散布陶、瓷残片。采集有水波纹、弦纹、方格纹硬陶片和黄釉冰裂瓷片。岭西侧原有一座砖室墓，已毁。

72 - A72　松木岭遗址　〔福旺镇坡心行政村坡心湖村东面松木岭·南朝〕　1987年发现。松木岭为一长形土山岭，岭顶平坦。遗址在岭顶部，东西长，南北宽，四周有明显的人工修筑痕迹，面积约600平方米。地表散布残陶片，采集到弦纹、戳印纹等灰色硬陶片和石质刮削器。

73 - A73　黄安白坟岭遗址　〔乐民镇黄马行政村黄安村北约300米白坟岭·南朝〕　1987年发现。白坟岭为圆丘形土岭，高约100米，顶部平坦，有人工拍打痕迹，遗址位于白坟岭顶上，四周岭坡人工修筑明显。面积约800平方米。地面及断面暴露较多的弦纹、水坡纹陶片及素面陶片。

74 - A74　东岭遗址　〔乐民镇黄马行政村旺民村西约500米东岭·南朝〕　1987年发现。岭高约25米，遗址位于岭顶上，顶部平坦，有人工拍打、烧结痕迹，与其他山脉连接处有壕沟。面积约1500平方米。地表散布陶、瓷残片，采集到弦纹、素面硬陶片，内施黄釉的冰裂纹平足残瓷碗1件以及铁釜、铲残件。

75 - A75　社头杉木岭遗址　〔乐民镇社头行政村社头村杉木岭·南朝〕　1987年发现。杉木岭为圆丘形土岭，高约30米，顶部平坦。遗址位于岭顶上，四周为人工修筑的陡壁，北面与其他山脊相连处有深约1米的人工壕沟。面积约1500平方米。地表散布陶、瓷残片，采集到厚胎水波纹、戳印纹、弦纹陶片和平足器类瓷片。

76 - A76　哽喉岭遗址　〔乐民镇黄马行政村旺民村东南哽喉岭·南朝〕　1987年发现。哽喉岭为圆丘形土山，高约200米。遗址在岭顶上，较平坦，四壁陡峭，与其他山岗连接处有深约2米、宽2米的人工壕沟。面积约450平方米。在地表采集有水波纹陶片，与越州故城遗址出土的同类陶片相似。

77 - A₇₇　荔枝山遗址　〔三合镇赵坪行政村荔枝山村水榕头岭顶·南朝〕　1987年发现。荔枝山东距三合江约400米，为一长形土岭，高20余米。遗址在岭顶部，面积约750平方米。地表散布较多的铁渣、刻划弦纹硬陶片及瓷片。

78 - A₇₈　新永窑址　〔福旺镇龙眼行政村龙眼根村河边桥禾塘地·汉代〕　陶窑址。1988年发现。在龙眼江边桥头路口发现窑口1座，占地面积约109平方米。窑呈馒头形，窑口向南，窑门高1.05米，宽1米，窑高2.7米，腹径约5.4米。主要烧制砖。采集有汉代花纹砖。

79 - A₇₉　柴地尾窑址　〔福旺镇龙眼行政村龙眼根村东约60米小河边柴地尾岭·汉代〕　据说龙眼村沿江而上至南山、六寮一带共有12座窑口。在柴地尾的1座，为属砖瓦窑。呈圆丘形，券拱窑门高1.65米，中宽0.95米，底宽0.45米。窑内发现灰迹，采集有青红色砖、瓦片。瓦片厚0.02—0.025米。占地面积约60平方米。

80 - A₈₀　土东窑址　〔寨圩镇土东行政村赏功村后山岭·宋代〕　南自土狗坡至土东村一带沿武思江两岸分布有多座瓷窑，占地面积约200平方米。窑口呈馒头形，窑壁砌砖。存废品堆积多处，采集有魂、灯、碗、钵等青瓷器。瓷碗多施酱色釉，施釉不过足，瓷质白洁。

81 - A₈₁　坡尾窑址　〔三合镇太安行政村西约300米的土坡上·清代〕　窑址在土坡上，窑呈馒头状，以砖砌窑，窑门宽0.8米，高1.5米，内径3米，深2米。主要烧制砖、瓦。采集有瓦片和碎砖。

82 - A₈₂　丹竹山古城遗址　〔福旺镇六寮行政村丹竹山村轿顶岭·南朝〕　城建在丹竹山村周围山峦上，夯土城墙，周长约5公里，残高1.5米，基础厚约4米。每隔百步设有马面，长6.5米，内宽7.2米，城内建筑已毁，地表散布有弦纹或素面硬陶片和铁剑残件。陶片呈灰黄色。

83 - A₈₃　越州故城址　〔石埇镇坡子坪行政村仰天湖村北面·南朝·自治区文物保护单位〕　又称"青牛城"。据《南齐书》记载，南朝刘宋泰始七年（471）建，废于唐。城南濒临南流江，东、西、北三面依山而筑。城址平面呈方形。分内外城，面积约24.67万平方米。夯土城墙，周长2080米，开四门，其中北门和东门穿山而成。外城墙基厚4—6米，最厚

16米，残高3—14米。墙上每百步筑一个突出墙外的马面。东南面为一内城码头，穿过护城壕与南流江相连，城址内十字街道与东西南北门对称。内城南北长130米，东西宽160米，城墙基宽3—6米，残高1—2米。全城四周有护城壕。采集有鱼骨纹、树纹、弦纹、水波纹、圆圈纹灰色硬陶片、平足碗和兽面、莲花纹瓦当等。1963年、1978年试掘，出土残铁剑、红色地砖等。

84 - A₈₄　廉州故城址　〔泉水镇旧州行政村西容屋村施渡坡·唐—北宋·县文物保护单位〕　唐贞观八年（634）改越州置廉州并迁州治到此。北宋开宝五年（972）迁治所至今合浦县石康境内后废。城址东北距越州故城约三十五里。城址平面呈长方形，分内、外城，占地面积约12万平方米。现存内城一部分夯土城墙，残高约3米，基宽约4米。外城只存零星墙段及部分残基。采集有唐乾宁年间（894—898）的铜钟、碗碟、莲花纹瓦当等。

85 - A₈₅　新华矿井遗址　〔六垠镇新华行政村浦北县铅锌矿厂内·清代〕　属铅锌矿。清末法国人曾在此开采，残存矿井为斜井，共长30米，宽2米。发现多条开采坑道，有的已塌毁。采集有簸箕、铁锄、烂绳、木棒等开矿工具。现为地方国营新华铅锌矿厂。

86 - A₈₆　福江书院遗址　〔福旺镇福旺行政村福旺中学内·清代〕　原为"陈五公寺"和"宾兴馆"。建于清同治三年（1864）。清光绪三十年（1904）改为福江小学学堂，1943年改办合浦县二中。坐东北朝西南，占地约5000平方米。20世纪80年代尚存"文昌阁"和部分房屋，今只剩一些石柱等建筑构件散落四周。院内原有创建书院碑刻8方，记载了福江书院创建时间和沿革，现收藏于浦北县博物馆。

87 - B₁　坡心墓群　〔福旺镇坡心行政村坡心小学校内一带·汉—南朝〕　墓葬封土多已不存，地表散布有东汉至南朝时期的墓砖，分布范围约1000平方米。1972年坡心小学建校舍时发现砖室墓1座，距地表深约2米，墓室长4米，宽3米，墓室葬具、遗骸均不存。采集有饰叶脉纹、钱纹、斜方格纹的青、红色墓砖。

88 - B₂　盘古岭墓群　〔福旺镇坡心行政村坡心小学西南约100米盘古岭·汉—南朝〕　盘古岭四周散布有零星红色墓砖，饰方格纹、四出钱纹、缠枝纹、太阳纹、米字纹等纹饰，分布面积约1093平方米。20世纪60年代暴露1座砖室墓，形制不明。砖为红色，四周饰有箭头纹、旋涡纹、钱纹等。现岭中部存封土堆3座，残高0.5米，底径4—6米。

89 - B₃　平罗田岭墓群　〔福旺镇龙眼行政村坡积

村平罗田岭上·汉—南朝〕 墓葬封土多被夷平，地表发现了大量纹饰墓砖，其中有米字纹、叶脉纹、钱纹、方格纹等红砖，分布面积约1400平方米。

90 - B₄ 社屋岭墓群 〔福旺镇坡心行政村坡心东南约300米社屋岭·汉代〕 墓群分布于社屋岭一带，曾发现很多红色墓砖，墓砖饰有方格纹、米字纹等，分布面积约1102平方米。1987年调查时，发现墓葬2座，其中1座封土高0.5米，底径5米。另1座封土已夷平，墓室被挖穿，砖侧印有圆圈填网格纹、"大"字纹等。

91 - B₅ 福旺墓群 〔福旺镇福旺小学大门口右侧·汉代〕 墓葬封土多已被破坏，数目不详。在地表上发现多处纹饰墓砖，分布面积约800平方米。曾暴露1座券顶砖室墓，墓室长6.4米，暴露部分高1.3米，宽度不明，双砖错缝两横一竖砌筑。砖为红色，侧面饰太阳纹，砖长0.31米，宽0.15米，厚0.07米。

92 - B₆ 鹤山岭墓群 〔福旺镇凤山行政村凤山小学南约50米的鹤山岭·汉—南朝〕 墓群分布于鹤山岭岭顶东南部，墓葬封土已不明显，面积868.5平方米。20世纪60年代末，发现券顶砖室墓1座，在地表采集有网格纹和不规则几何纹等红色墓砖，砖长0.305米，宽0.15米，厚0.07米。

93 - B₇ 马塘麓墓群 〔福旺镇中山行政村兰底村田头屋后山岭·东汉—南朝〕 墓葬封土已不存，岭上暴露有红色、白色花纹砖多处，分布面积约1000平方米。岭南侧曾发现一座券顶砖室墓。墓砖多为高岭土烧成，火候不高，规格有长0.3米，宽0.15米，厚0.06米和长0.33米，宽0.17米，厚0.07米两种，两端凹下呈月牙形，印米字、几何等多种纹饰。

94 - B₈ 马鞍山墓群 〔龙门镇平江行政村平江村对面马鞍山·汉—南朝〕 墓群分布于马鞍山南面山坡上，墓葬封土多被夷平，尚有零星封土堆，面积1050平方米。有多处墓葬遭盗掘。地表残留墓砖，有方砖和楔形砖两种，墓砖饰同心纹和几何纹等。

95 - B₉ 高坡山墓群 〔小江镇公家行政村公家村高坡山·东汉—南朝〕 墓群在高坡山山腰上，分布面积约500平方米。墓葬封土已不存，地表散布有叶脉纹、四出钱纹墓砖。20世纪80年代，曾挖出券顶砖室墓1座，墓葬朝南，部分券顶砖被挖，采集有饰几何纹、馆纹、旋涡纹、同心圆纹楔形砖，长0.23米，宽0.04—0.05米。

96 - B₁₀ 沙田垌墓群 〔石埇镇坡子坪行政村沙田垌村后·南朝〕 墓葬封土不明显，分布面积约2500平方米。1985年清理1座，为券顶砖室墓，朝南，顶已塌陷，平面略呈"T"形。墓室长3.98米，宽0.8米，残高1.16米，墓底铺砖，墓壁单砖错缝砌筑。墓砖红色，素面，长0.35米，宽0.178米，厚0.035米。出土青铜壶、青釉平足瓷碗、六耳瓷罐、陶灯、金戒指和铁棺钉等。

97 - B₁₁ 望圩岭墓群 〔石埇镇石埇行政村塘背岭村西约500米望圩岭·南朝〕 墓葬封土已夷平，分布面积不详。发现砖室墓2座。无封土。已被破坏，墓室塌陷，未清理。墓砖为红色，长0.32米，宽0.17米，厚0.04米，多为素面，个别印网纹。采集有陶瓷碎片。

98 - B₁₂ 沙滩坡墓群 〔石埇镇坡子坪行政村沙滩坡村北·南朝〕 墓葬分布在低矮的山坡上，面积约3000平方米。墓葬封土不明显，已发现墓数座。1984年曾挖出1座砖室墓，葬具、遗骸、随葬品皆不存。地表散布有红色素面墓砖。

99 - B₁₃ 犀牛岭墓群 〔石埇镇坡子坪行政村坡子坪村犀牛岭·南朝〕 在犀牛岭发现砖室墓4座，分布在岭的东、西、南三面，均已出露，其中1墓被挖断，长约4米，宽0.5米。墓砖红色，素面。

100 - B₁₄ 坡子坪墓群 〔石埇镇坡子坪行政村东方农场26分场·南朝〕 发现砖室墓5座，分布在农场的北面和西南面低矮岭上。采集有红色墓砖和陶瓷器碎片。砖长0.32米，宽0.17米，厚0.04米。多为素面，有的印网纹。

101 - B₁₅ 三块田墓群 〔石埇镇坡子坪行政村三块田村北面·南朝〕 墓群分布于村后面低矮山坡上，面积约1380平方米。墓葬封土不明显。20世纪70年代中期暴露砖室墓1座，墓道长1.8米，券顶塌陷，墓室长3米，宽1米，高1.5米。砖为红色素面，有方砖和楔形砖两种。曾出土1件陶杯。

102 - B₁₆ 白坟岭墓群 〔石埇镇坡子坪行政村东方农场26分场白坟岭·南朝〕 墓群分布在白坟岭周围低矮的山坡上，面积2780平方米。墓葬封土不明显，2009年5月抢救挖掘1座，为砖室墓，出土瓷罐、壶、灯、碟、碗、盆及滑石猪等一批遗物。

103 - B₁₇ 新圩墓群 〔泉水镇新圩行政村新圩村·唐—宋〕 墓群分布在南北长约500米的丘陵土坡上，计有10座砖室墓，其中1座被盗，墓室长2.3米，宽0.9米，无墓道。墓砖红色，素面，长0.3米，宽0.18米，厚0.06米。采集有侈口四耳陶罐、四耳瓷罐等。

104 - B₁₈ 龙苏麓汉墓 〔福旺镇大湾行政村龙苏麓村西约50米·汉代〕 发现墓葬2座，为券顶砖室墓。1971年被挖去部分顶砖。砖青灰色，一端平直，一端倾斜。长0.33—0.35米，宽0.165米，厚0.06

米。平面饰席纹，侧面饰米字纹、叶脉纹、钱纹等纹饰。

105－B₁₉　独岭汉墓　〔福旺镇龙眼行政村北约1公里独岭·汉代〕　墓葬在独岭东南面岭嘴，为1座券顶砖室墓，顶部已塌陷，可见墓壁，地表散布有少量红色墓砖，饰有菱形、叶脉纹等。葬具、遗骸、随葬品均已不存。

106－B₂₀　岭土汉墓　〔福旺镇龙眼行政村西北约300米·汉代〕　暴露1座砖室墓。采集有红色墓砖，个别饰有文字，侧面多饰干栏式建筑纹和几何纹。

107－B₂₁　龙坪头汉墓　〔福旺镇龙眼行政村龙坪头村·汉代〕　发现砖室墓1座，已遭破坏，墓砖红色，侧面印有交叉纹、箭头纹或铭文，铭文尚未识读。

108－B₂₂　禾堂地汉墓　〔福旺镇龙眼行政村龙眼村北约20米禾塘岭·汉代〕　砖室墓1座。已遭破坏。墓砖红色，饰米字纹、方格纹、钱纹等。墓地已辟为晒谷场。其周围的巴山岭、巫簏头、长岭等岭顶及岭岗已发现有南朝砖室墓，但均遭破坏。

109－B₂₃　长岭尾汉墓　〔福旺镇龙眼行政村西约500米长岭尾岭·汉代〕　券顶砖室墓1座。1982年券顶遭破坏。墓砖红色，饰几何纹等。葬具、遗骸、随葬品均已不存。

110－B₂₄　秧地坡汉墓　〔福旺镇古立行政村秧地坡村西约30米社尾岭南侧·东汉〕　发现1座券顶砖室墓。顶部已遭破坏，墓葬形制不详，葬具、遗骸、随葬品不存。墓砖红色，饰米字纹、叶脉纹等。占地面积约50平方米。

111－B₂₅　釉定汉墓　〔福旺镇镇脚行政村兰寓村·东汉〕　砖室墓1座。毁于20世纪60年代，墓砖为暗红色，面饰方形印记，有的侧面饰有叶脉纹。

112－B₂₆　粪箕窝汉墓　〔龙门镇王坡行政村粪箕窝村南·汉代〕　20世纪60年代发现券顶砖室墓1座。券顶遭破坏。采集有菱形纹、圆圈纹楔形砖，宽0.14米，厚0.05米。占地面积约90平方米。

113－B₂₇　松木岭汉墓　〔龙门镇茅家行政村捞垌村西北约200米松木岭·东汉〕　20世纪60年代末，在岭东面山脚坡地发现墓葬1座，为砖室墓，随葬品已佚。墓砖为红色，饰米字纹、几何纹和螺旋纹，长0.29米，宽0.14米，厚0.06米。

114－B₂₈　白州垌汉墓　〔三合镇太安行政村白州垌村后·汉代〕　1985年暴露1座砖室墓。墓东朝南，墓室长约4米，宽1.7米，高度不明。墓砖为红色，饰米字纹、叶脉纹。出土铜钱、铁匕首、陶罐、玉含、铜镜、玛瑙串珠等随葬品6件。陶罐饰乳钉纹和叶脉纹。

115－B₂₉　塘儿簏汉墓　〔小江镇街口行政村君田村东北约200米塘儿簏西侧·东汉〕　券顶砖室墓1座，墓西向。砖室顶部已破，葬具、遗骸、随葬品散失。墓砖饰米字纹、菱形纹等，长0.31米，宽0.19米，厚0.05米。

116－B₃₀　龙湾岭汉墓　〔小江镇街口行政村龙吉簏村后龙湾岭·东汉〕　1986年暴露砖室1座。墓室已遭破坏，随葬品散失。墓砖小而薄，灰红色，正面多打有印记，饰有方格纹和米字纹，侧面饰网纹、叶脉纹、几何纹等。

117－B₃₁　大料岭汉墓　〔小江镇林村行政村林村村大料岭·东汉〕　砖室墓1座。随葬品散失。墓砖散露于地表，饰米字纹、叶脉纹，其中一块印有铭文，因残缺，无法辨认。砖长0.38米，宽0.135米，厚0.035米。

118－B₃₂　对面岭汉墓　〔小江镇林村行政村林村对面岭·东汉〕　砖室墓1座。20世纪60年代末修路时被破坏，随葬品散失。墓砖小而薄，厚0.04米，印有米字纹等。

119　B₃₃　李净本墓　〔平睦镇五峰行政村庵背村后五峰山·明代〕　李净本，生卒年不详，明孝子。1935年版《合浦县志》记载："李净本合浦平睦乡人，万历壬寅父母双亡，葬五峰山，只身庐墓……"乡人感其孝，故又称其墓为"孝子坟"。墓葬建于明万历年间（1573—1620）。朝东南，封土呈圆丘形，三合土冢，墓碑不存。占地面积约16平方米。

120－B₃₄　明威将军耿太公墓　〔石埇镇坡子坪行政村大壤村北约200米犀牛岭·明代〕　墓主生平不详。墓葬建于明天启四年（1624）。朝东，圆丘形土冢，墓碑高1.2米，宽0.6米，厚0.055米，横行额刻"大明"2字，中间竖行阴刻"明威将军恭襄龙津耿太公墓"，右上款"天启四年岁次寅申"，左下款"孟夏月初五吉日立"。墓前1.5米处埋有连体香炉1座。占地面积约171平方米。

121－C₁　李公祠　〔福旺镇凤山行政村凤山小学·清代〕　建于清乾隆年间（1736—1795）。坐北朝南，砖木结构，三进院落，由前座、中厅、后殿、二天井、走廊组成，占地面积约330平方米。现存前座及左廊。前座面阔三间，进深一间，青砖墙，檐下有十字形斗拱，抬梁式木构架，悬山顶，盖小青瓦，墙端绘有花鸟、草木壁画。

122－C₂　大江陂　〔福旺镇福旺行政村简头村东约200米·清代〕　又称大陂山水渠。清乾隆年间（1736—1795）由廉州知府康基田修建。引自6公里外的六流水，渠为泥土夯筑，长65米，宽0.3米，深0.4米，坝高7米，基宽8米，顶宽2米。整个工程北为涧，南为渠，渠尾分水三支，有 100 米的暗沟。灌溉面积约 100 亩。现在仍使用。1942 年《合浦县志》有载。

123 - C₃　水车坡虹吸渠道〔三合镇桥头行政村水车坡村·清代〕　俗称"透地龙"。清乾隆年间（1736—1795），建于水车坡村江边两岸，邑人蔡义文利用虹吸管原理筑成。初用三根直径 0.15—0.2 米的竹子并排连接，埋入河床 1 米深处，穿过 40 米宽河床，将水从西岸的道口墩，吸引到东岸的榕木根灌溉农田，全长 120 多米。民国时期改用外径 0.5 米、内径 0.2 米的单根松木管，现用水泥管。

124 - C₄　青菜桥〔寨圩镇朝阳社区寨圩镇中学大门西侧无名小河上·清代〕　清嘉庆年间（1796—1820），廉州知府康基田拨款修建。东西走向，单孔砖石拱桥，长 9 米，宽 4 米，拱跨 4 米。桥台、桥身以石砌成，青砖砌券拱，桥面铺石板，两侧有弧形石板护栏。

125 - C₅　沙江风雨桥〔小江镇沙江行政村北约 500 米·清代〕　始建年代不详，清嘉庆十一年（1806）宗兴堂重建。单孔砖拱廊桥，长 5.1 米，宽 2.3 米，拱跨 2.6 米，以砖砌桥身及桥拱，桥面铺地砖，桥两端各有 3 级石踏跺。桥亭，悬山顶，盖小青瓦，高 3.2 米。梁上墨书"大清嘉庆十一年丙寅岁庚子月乙丑日丙子时缘信等重建桥椁一座，坚如金石，固岩□桑古利也"。建桥碑刻已佚。

126 - C₆　龙湾寺〔六硍镇大能行政村大能小学西面·清代〕　建于明万历年间（1573—1620），清道光年间（1821—1850）扩建，清光绪年间（1875—1908）重修。坐北朝南，砖木结构，二进院落，由前殿、后殿、天井、厢房组成。前、后殿面阔三间，进深一间，清水墙，抬梁与穿斗混合木构架，硬山顶，盖琉璃瓦。前殿有前檐廊，立方形石柱根，明间双开木门，门额上嵌"龙湾寺"匾。

127 - C₇　文昌阁〔小江镇长田行政村长田村长田小学内·清代·县文物保护单位〕　建于清道光二十七年（1847），原为刘姓祠堂的组成部分。坐东北朝西南，砖木结构，为三层楼阁，平面呈长方形，占地面积约 63 平方米。面阔三间，进深一间，清水墙，抬梁式木构架，硬山顶，盖小青瓦。

128 - C₈　秦氏宗祠〔安石镇安石行政村秦屋村·清代〕　建于清咸丰二年（1852）。坐北朝南，砖木结构。二进院落，由前座、后堂及天井、走廊组成，占地面积约 273 平方米。前座、后堂均面阔三间，前设檐廊，立石檐柱 2 根，清水墙，抬梁式木构架，硬山顶，盖小青瓦，明间开门，石砌门框。两侧廊墙开侧门。

129 - C₉　陈五公庙〔小江镇街口行政村街口村·清代〕　陈五公，其名无考，传为广西横州人，民间谓其为保境安民之神，故祀之。建于清咸丰七年（1857），清光绪七年（1881）重修。坐西南朝东北，砖木结构，四合院，由前门、正殿、天井和两侧厢房组成，占地面积约 130 平方米。主体建筑面阔三间，进深一间，青砖墙，抬梁式木构架，硬山顶，盖小青瓦。前门额上墨书"陈五公庙"，左厢房立《新建陈五公庙题铭碑记》等碑刻 3 方。墙壁均绘有彩画。

130 - C₁₀　亚计桥〔小江镇平马行政村茅坡街北约 250 米中团江故道上·清代·县文物保护单位〕　建于清同治二年（1863）。南北走向，两台一墩梁式石板桥，长 10 米，宽 1.2 米。台、墩以石砌成，墩作菱形，台、墩间并列平铺石板 5 块为桥面。

131 - C₁₁　廷怀家塾〔小江镇六新行政村洗马湖村·清代〕　建于清光绪十六年（1890）。坐东南朝西北，砖木结构，三进院落，由前、中、后三座及天井、两侧厢房组成，占地面积约 390 平方米。主体建筑面阔三间，青砖墙，穿斗与抬梁混合木构架，悬山顶，盖小青瓦，雕梁画栋，雕雀屏风。前座门匾"廷怀家塾"。各座之间设天井，天井以砖铺平。

132 - C₁₂　伯玉公祠〔小江镇平马行政村李屋村·清代·自治区文物保护单位〕　建于清光绪二十二年（1896）。坐北朝南，砖木结构，三进庭院，由前座、中厅、后堂、厢房、亭阁、炮楼、水井、花园等组成，占地面积约 3080 平方米。前座、后堂面阔十一间，中厅面阔七间，进深一间，青砖墙，多悬山顶，盖小青瓦。座间以走廊连通。前座明、次间有前、后檐廊，中厅、后堂明间有连廊，中厅前置 2 柱抱厦，前座、后堂间两侧院墙各建厢房一排六间。后花园、碉楼已毁。

133 - C₁₃　大朗书院〔小江镇平马行政村平马中心校内·清代·自治区文物保护单位〕　建于清光绪二十五年（1899）。原为宋姓祠堂。坐南朝北，砖木结构。由主体院落及花园组成，占地面积约 5160 平方米。主体院落三进二厢，各座青石护砌台基，前、后座面阔五间，中座面阔三间，清水墙，抬梁与穿斗混合木构架，悬山顶，盖小青瓦，封檐板雕花。檐柱均刻有以"大朗"开头的对联，共 7 副，前、后座两侧附建厢房各 1 座。前座门额嵌"大朗书院"石匾，两侧嵌楹联。后座室内立金柱 4 根。天井地铺青砖，两侧厢房东八间、西七间。西侧、后侧为花园。

134 - C₁₄　进诚书院〔小江镇浦北县粮食局内·清代〕　建于清光绪三十一年（1905）。坐北朝南，砖木结构，中西合璧建筑，由前、中、后三进和两侧教室、宿舍组成，占地面积约3000平方米。联拱门廊，穿斗与抬梁混合木构架，建筑内共立30根石柱，刻对联。门楼与主座间为庭院，两侧为教室。仅存前座和部分宿舍，前座面阔三间，西式联拱门廊，大门额横挂"进诚书院"匾。

135 – C$_{15}$ 上八团学堂 〔张黄镇新南社区人民路·清代·县文物保护单位〕 建于清光绪三十二年（1906），为清末百色道台宋安枢筹建。坐北朝南，砖木结构，三进院落，由左、右、后三面厢房围建三座主体建筑，共有大小房近40间，天井4个及多条走廊，占地面积约1200平方米，三座主体建筑面阔六间，进深一至三间，后厢面阔八间，两厢面阔七间，均进深一间。建筑青砖墙，多悬山顶，盖青瓦。

136 – C$_{16}$ 观音坛 〔大成镇联成行政村旱坡村·清代〕 建于清宣统年间（1909—1911）。平面呈长方形，砖瓦结构，高约2.5米，底座长2米，宽1米，座中开1龛，硬山顶，龙形脊。台中间有1券拱佛龛，内置铜香炉1个，两侧有阴刻对联"观感有灵布福泽，音容妙法祐斯民"。

137 – C$_{17}$ 伏波庙 〔石埇镇文昌行政村百岁滩村南流江畔·清代·县文物保护单位〕 始建时间不详，清乾隆、清嘉庆、清道光年间多次重修，现存建筑建于清宣统二年（1910）。坐西北朝东南，砖木结构，二进院落，由前殿、后殿、天井及两廊组成，占地面积约350平方米。前、后殿面阔三间，青砖墙，硬山顶，灰塑花草、博古宝葫芦，两侧鳌鱼，盖小青瓦。前殿设檐廊，葫芦座石檐柱。明间双开木门，门额上方书"伏波庙"匾，两侧书楹联。

138 – C$_{18}$ 外翰第 〔小江镇长田行政村长田村·清代·县文物保护单位〕 建于清代，具体时间不详。坐北朝南，砖木结构，平面呈曲尺形，五进院落，东、西两侧各有两排楼房，共有房100间。占地面积约4000平方米。第一进，面阔十四间，进深一间；第二、三进面阔十一间，进深二间；第四、五进面阔七间，进深二间，均青砖墙，穿斗与抬梁混合木构架，硬山顶，盖小青瓦，人字或弧形山墙，座间设天井。室内雕龙凤、鸟虫、花草。门额挂"外翰第"匾额。

139 – C$_{19}$ 油麻坡虹吸水渠 〔福旺镇中山行政村油麻坡村·清代〕 建于清代，具体时间不详。俗称"透地龙"。根据反虹吸管原理，用直径为0.4米的松木挖空成0.2米的内径，连接呈"U"形虹吸水管，一端接犀牛湾之水，将水引出灌溉。管渠长40米，落差约20米，灌溉面积100余亩。

140 – C$_{20}$ 凤凰井 〔福旺镇大田行政村塘底坡村农田旁·清代〕 建于清代，具体时间不详。井口平面呈圆形，井壁用松木板围筑，井深约2.5米。井台为八角形，用花岗岩石铺面，周边有花岗岩石围栏，占地面积约60平方米。井水溢出时，流向西南的两个排水道及两个分水井。

141 – C$_{21}$ 榄核桥 〔福旺镇凤枫木行政村水车田村边古道小河上·清代〕 建于清代，具体时间不详。系当时通往小江、福旺、寨圩等地的道路桥梁。因桥墩形似榄核，故名榄核桥。东西走向，两台一墩梁式石板桥，长18.8米，宽1.2米，桥台用料石砌成，桥墩为用黑色花岗岩垒砌，长4.3米，桥面并列5块石板铺砌。

142 – D$_1$ 土东村碑刻 〔寨圩镇土东行政村土东小学内·清代〕 碑刻1方4块。每块碑高0.9米，宽0.42—0.49米。清嘉庆七年（1802）、八年（1803）立。为《奉两广大人牌民禁革碑》，碑文竖行，楷书，阴刻。碑文记载明、清时期"狼兵"的活动，以及告两广大人乡民受县官盘剥情况与禁革事项等。

143 – E$_1$ 龙文书院 〔龙门镇龙门社区龙门中心小学内·清代〕 建于清光绪二十九年（1903）。坐北朝南，砖木结构，二进院落，由大门、校舍组成，占地面积约2000平方米。入门为大厅，厅后两侧为校舍，青砖墙，穿斗与抬梁混合木构架，硬山顶，盖小青瓦。今仅存两侧教室各1座，共12间。

144 – E$_2$ 张世聪故居 〔大成镇联成行政村勾刀水村·1909年〕 张世聪（1909—1945），字学明，广西浦北县大成镇人。中共南路人民抗日解放军第3支队长兼政委、南路抗日解放军副司令员。1945年5月6日，在大成镇大窝山战斗中牺牲。故居坐西南朝东北，泥砖木结构，四进院落，占地面积1000平方米。属张世聪的有平房4间，泥砖墙，硬山顶，盖小青瓦，占地面积约80平方米。1985年浦北县人民政府在故居正门悬挂"革命烈士张世聪同志故居"匾。

145 – E$_3$ 阮氏宗祠 〔安石镇安石行政村荔枝根村·1926年〕 建于1926年。坐西朝东，砖木结构，二进院落，由前座、后堂及天井、厢房组成，占地面积约192平方米。前座、后堂皆面阔三间，进深一间，清水墙，抬梁式木构架，硬山顶，盖青瓦。内外墙头彩绘故事人物和花鸟图画。前座置前廊，门上嵌"阮氏宗祠"匾。

146 – E$_4$ 廉亭遗址 〔小江镇樟家行政村角子窝村·1935年〕 1935年，合浦小江商会会长潘孝彪等人，为纪念当年反对恶霸黄阳在马江太平圩河道设立关卡收税一事而建。1945年，国民党政府以"通共""济匪"罪名将潘孝彪及其长子杀害。亭呈六角形，砖木结构，已毁，仅存基础及部分楹联石刻和碑刻，其中有潘孝彪题刻的楹联及记述潘孝彪事迹的碑刻。

147 - E₅　中共合浦简易师范支部旧址 〔寨圩镇寨圩中学内·1938 年〕　1938 年 10 月—1949 年，中共合浦简易师范学校支部在此建立，并组织寨圩青年抗日先锋队。旧址原为"归德书院"，建于清道光三十年（1850）。1937 年改为合浦简易师范学校。建有教室、宿舍数间，占地面积约 2000 平方米。今校舍多已被拆除或改建，仅存"归德书院"碑刻 1 方及民国仿西式二层楼房 1 座。

148 - E₆　中共甘子根支部旧址 〔大成镇甘子根行政村甘子根村南珠麓窝·1938 年〕　1938 年 9 月，合浦地区第一个农村党支部——中共甘子根支部在甘子根小学成立。原建筑已毁。2008 年浦北县人民政府立碑纪念并按原貌重建。旧址坐北朝南，砖木结构。为中西合璧二层楼房，面阔三间，进深一间，清水墙，悬山顶，盖小青瓦。底层前为五联外廊，二楼走廊设栅栏式栏杆。

149 - E₇　白石水中心校革命活动旧址 〔白石水镇白石水街·1938 年〕　1938 年，中共党员张世聪任白石水中心校校长，利用学校阵地开展革命活动。1940 年 4 月，中共白石水区委发动学校师生和群众数千人在此召开抗议汪精卫政府运米资助日本侵略军群众大会。旧址为四合院式建筑。占地面积 400 多平方米。原校舍现多已被拆除或改建，仅存土砖瓦房 2 层。1985 年 1 月，中共浦北县委、浦北县人民政府于校门外立碑纪念。

150 - E₈　东馆小学革命活动旧址 〔大成镇联成行政村勾刀水村·1938—1939 年·县文物保护单位〕　1938—1939 年中共合浦县委重要据点，在此办过多期党、军干部学习班。旧址坐西朝东，砖木结构，二进院落，占地面积约 1300 平方米。前座为平房，后座为两层阁楼，面阔三间，泥筑墙，抬梁式木构架，悬山顶，盖小青瓦。1985 年 1 月，中共浦北县委、浦北县人民政府县政府立碑纪念。

151 - E₉　小江合浦廉中旧址 〔小江镇浦北中学·1938—1940 年〕　1938 年，侵华日军入侵北海，合浦廉州中学被迫迁徙到小江。中共合浦县工委书记、廉州中学教师张进煊在此建立武装抗日游击根据地，进行抗日武装斗争。旧址为一座中西合璧二层楼房，面阔五间，拱形门窗，女儿墙顶呈弧线形。占地面积约 250 平方米。1985 年 1 月，中共浦北县委、浦北县人民政府在旧址前立碑纪念。

152 - E₁₀　中共合浦县工委遗址 〔大成镇金街行政村金街小学·1939—1945 年〕　1939 年 5 月中共合浦中心县委机关被破坏，8 月在金街小学成立中共合浦县工委。1945 年 2 月，张世聪率领南路人民抗日解放军第三支队在此与合浦大队会师，成立"前线作战指挥部"，开展武装抗日斗争。遗址今为金街小学校址，原有建筑已全毁。1985 年 1 月，中共浦北县委、浦北县人民政府于遗址前立碑纪念。

153 - E₁₁　合浦县抗日青年代表大会旧址 〔张黄镇新南社区解放路·1939 年〕　1939 年 9 月，合浦县抗日救亡团在张黄召开全县抗日青年代表大会，宣传共产党团结抗战的政治主张。旧址原为合浦农业学校，占地面积约 2000 平方米，为 1932 年香翰屏先生倡建。现门楼及部分校舍已改建。1985 年 1 月，中共浦北县委、浦北县人民政府在旧址门前立碑纪念。

154 - E₁₂　潘屋印刷厂旧址 〔小江镇北河行政村潘屋村·1940 年〕　1940 年初，北海开明人士陈锡汉将其印刷厂迁址小江潘屋，为中共地下党印刷秘密文件和宣传资料。旧址坐西朝东，三进院落，占地面积约 650 平方米。前、中、后座面阔三间，泥砖墙，硬山顶，盖小青瓦。1985 年 1 月，中共浦北县委、浦北县人民政府于旧址大门立碑纪念。

155 - E₁₃　"小江米案"遗址 〔小江镇解放路 120 号·1940 年〕　1940 年 4 月，中共小江党组织发动两千多名师生和群众，在小江镇米行召开大会并游行示威，抗议汪精卫政权官商勾结抢购大米资助侵华日军，要求严办奸商。史称"小江米案"。遗址原建筑已被全拆毁改建。1985 年 1 月，中共浦北县委、浦北县人民政府在遗址上立纪念碑 1 方，长 1 米，宽 0.8 米，碑额浮雕五角星，首行竖刻"小江米行革命遗址"，碑文简介小江米案经过。

156 - E₁₄　官垌革命烈士纪念碑 〔官垌镇官垌行政村旱田麓村黄兼塘岭·1964 年·县文物保护单位〕建于 1964 年，为纪念 1950 年春在镇压土匪暴动中牺牲的 24 名烈士而建。1972 年和 1986 年两次重修。由亭、纪念碑组成。亭为六边形，攒尖顶，高 5.65 米，占地面积约 24 平方米。纪念碑距亭约 30 米，坐南朝北，方形碑座，边长 1.75 米，二层四方立柱体碑身，高 6.2 米，底层正面嵌烈士姓名、事迹碑刻，二层正面竖行阴刻"革命烈士纪念碑"。

157 - E₁₅　张黄烈士陵园 〔张黄镇新南社区张黄中学东约 200 米桥头三岔路·1985 年·县文物保护单位〕　为纪念张世聪、张广南、张世柏、梁标烈、洪荣烈、廖上智、黄家祚、朱澜清等革命烈士而建。建于 1951 年，1956 年扩建。1985 年重建。陵园由烈士墓、祭台、纪念碑、碑前广场、碑林等组成，建筑物为砖混结构，占地面积约 2000 平方米。纪念碑坐西北向东南，为方座立柱形，高 20 米，灰白色大理石板贴面，正面直行阴刻楷书"革命烈士永垂不朽"。烈士墓冢呈圆丘形，大理石碑刻烈士的生平。园内还有拱桥、池塘等附属建筑。

158 - F₁ 香翰屏旧居 〔石埇镇坡子坪行政村老城村南·1937—1949 年·县文物保护单位〕 香翰屏（1890—1978），号墨林，广西浦北县石埇乡人，国民革命军陆军中将加上将衔，历任第 4 路军副总司令、第 9 集团军副总司令等职。抗战期间，率部参加了淞沪会战和徐州会战。故居建于 1937 年秋，历 10 年而成。由"嘉李园"与"增城子"组成。"嘉李园"在增城子后侧小山坡上，园宽 500 米，长 800 米。园内建有楼、台、亭、阁。"增城子"坐北朝南，三进院落，中西合璧建筑，由晒场、大门、头进、天井、二进、天井、厢房、后厅组成，共有大小房间 116 间，占地面积约 1 万平方米。主体建筑为硬山顶，琉璃瓦，青砖墙，瓷砖地板。厢房为歇山顶。

159 - G₁ 车丰洞化石出土点 〔寨圩镇丰门行政村丰门村北约 500 米车丰洞·更新世〕 车丰洞高距地表约 30 米，洞口朝东南，高 3 米，宽 2.5 米，进深 8 米。洞内堆积胶结坚硬，曾出土动物牙齿和动物骨骼化石，现堆积尚存。

160 - G₂ 六蓬山化石出土点 〔乐民镇蒙竹行政村六蓬村南约 200 米六蓬山·更新世〕 岩洞高距地表约 4 米，洞口朝南，高 2.5—3 米，宽 8 米，进深 10 米。出土东方剑齿象、亚洲象、野猪等动物牙齿化石。

161 - G₃ 六蓬山石铲出土点 〔乐民镇蒙竹行政村六蓬村南约 200 米六蓬山·新石器时代〕 1989 年 8 月，六蓬山山腰出土大石铲 1 件。短柄、袖形肩，圆弧刃。长 0.339 米，肩宽 0.159 米，腰宽 0.118 米，厚 0.01 米。

162 - G₄ 天堂坡石铲出土点 〔白石水镇中林行政村中屯村东北约 4 公里天堂坡·新石器时代〕 天堂坡出土石铲 1 件。短柄，袖肩形，圆弧刃。长 0.4 米，肩宽 0.14 米，厚 0.012 米。

163 - G₅ 天锋岭羊角纽钟出土点 〔官垌镇平石行政村大岭脚村天锋岭·战国〕 1974 年 8 月，在天峰岭半山腰挖出羊角纽钟 4 件，出土时羊角向上，两两并列放置，相距约 0.2 米，纽钟周围有 0.1 米厚的炭层。纽钟为青铜铸制，大小相当。外表青绿色，脚边饰曲尺纹。（见《文物》1984 年 5 期）

164 - G₆ 利竹麓羊角纽钟出土点 〔福旺镇六寮行政村利竹麓村后·战国〕 1986 年，竹麓村出土羊角纽钟 3 件。其中 2 件已散失，另 1 件高 0.192 米，底宽 0.122 米。

165 - G₇ 红坎岭铜器窖藏 〔白石水镇那回行政村那回村东约 300 米红坎岭窑坡地·汉代〕 1983 年春，在红坎岭出土青铜器 13 件。出土坑呈椭圆形，长约 0.8 米，宽 0.5 米，深 0.85 米。上盖厚约 0.3 米的灰黑色沙壤土。出土时，铜器按大小依次叠放。器形有樽、碗、釜、豆、壶、灯、盆、盘、壶等。（见《文物》1987 年 1 期）

166 - G₈ 水井麓岭铜鼓出土点 〔乐民镇西角行政村士子村水井麓·西汉中期—南朝〕 1995 年 2 月 18 日，在水井麓麓尾东面的半山腰上出土冷水冲型铜鼓 1 面。鼓面径 0.888 米，高 0.61 米。鼓面太阳纹十芒，芒间饰翎眼纹。面沿逆时针环列四蛙。面、身饰有栉纹、双排切线同心圆纹、复线交叉纹、变形羽人纹、变形翔鹭纹等。胸腰间附绳纹扁耳 2 对。

167 - G₉ 岭头坡铜鼓出土点 〔官垌镇平石行政村岭头村东约 100 米三叉江岭头坡·西汉—唐〕 1974 年 9 月，在岭头坡半山腰出土北流型铜鼓 1 面。鼓面径 0.565 米，残高 0.125 米，胸以下残。鼓面太阳纹八芒。面沿环列四蛙，饰雷纹、云纹。胸腰间附环耳 2 对。

168 - G₁₀ 公租田铜鼓出土点 〔北通镇中屯行政村公租田村西约 600 米·西汉—唐〕 1974 年秋，出土北流型铜鼓 1 面。鼓面径 0.714 米，自胸以下残缺，残高 0.195 米。鼓面太阳纹六芒。面沿环列四蛙，芒、晕间及胸均饰云纹。胸腰间附环耳 2 对。

169 - G₁₁ 进马湖铜鼓出土点 〔北通镇佛新行政村进马湖村东南约 200 米·西汉—唐〕 1973 年 2 月，村东南土坡出土北流型铜鼓 1 面，上盖一大石，无其他伴随物。鼓面径 0.889 米，高 0.52 米。鼓面太阳纹八芒。面沿环列四蛙。面、身饰云纹。胸腰间附扁耳 2 对，足略残。

170 - G₁₂ 北河铜鼓出土点 〔小江镇北河行政村北河村后·西汉—唐〕 1975 年秋，北河村后山顶出土北流型铜鼓 1 面。鼓面径 0.966 米，高 0.535 米，足残。鼓面太阳纹八芒。面沿环列三足蛙六只，面、身饰云雷纹。胸腰间附环耳 2 对。

171 - G₁₃ 长山蓬铜鼓出土点 〔龙门镇中南行政村长山蓬村南无名小河边上·西汉—唐〕 1969 年 7 月，小河边出土北流型铜鼓 1 面。鼓面径 0.85 米，高 0.5 米。鼓面太阳纹十二芒。面沿环列四足蛙八只。面、身主要纹饰为云雷纹。胸腰间附扁耳 2 对。鼓已失。

172 - G₁₄ 十八麓铜鼓出土点 〔小江镇文山行政

村大田头村十八麓·东汉—唐〕 1972 年 8 月，十八麓出土灵山型铜鼓 1 面。鼓面径 1.15 米，高 0.68 米。鼓面太阳纹十二芒。面沿环列三足蛙六只，单蛙与累蹲蛙相间。晕间遍饰虫纹、变形羽人纹，身饰席纹、四瓣花纹、钱纹、鸟形图案。胸腰间附扁耳 2 对。

173 – G₁₅ 茅车塘岭铜鼓出土点 〔小江镇平马行政村文头麓村茅车塘岭·东汉—唐〕 2000 年 8 月，在茅车塘岭东南面半山坳出土灵山型铜鼓 1 面。鼓面径 0.67 米，高 0.45 米。鼓面太阳纹八芒，芒间饰菱形雷纹。面沿顺时针环列六蛙。面饰半圆填线纹、云纹、四瓣花纹。身饰方孔钱纹、四瓣花纹、半圆填线纹、席纹、菱纹、雷纹。胸腰间附绳纹扁耳 2 对。

174 – G₁₆ 泗洲山铜鼓出土点 〔福旺镇泗洲山·东汉—唐〕 清道光年间（1821—1850），泗洲山出土灵山型铜鼓 1 面。鼓面径 0.7 米，高 0.39 米。面中心饰太阳纹。面沿环列四累蹲蛙和二单蛙。面、身饰钱纹、席纹、四瓣花纹、蝉纹。鼓已失。

175 – G₁₇ 面先岭铜鼓出土点 〔福旺镇华新行政村华木垌村东侧面先岭·东汉—唐〕 1990 年 3 月，在面先岭东面半山腰上出土灵山型铜鼓 1 面。鼓面径 0.685 米，高 0.42 米。鼓面太阳纹八芒。面沿环列四蛙。饰四瓣花纹、云雷纹、席纹、虫纹、蝉纹、云纹填线纹、雷纹填线纹等。胸腰间附扁耳 2 对。

176 – G₁₈ 石南江铜鼓出土点 〔寨圩镇乌石行政村石南江村·东汉—唐〕 1965 年 6 月，在石南江村出土灵山型铜鼓 1 面。鼓面径 1.06 米，高 0.553 米。鼓面太阳纹十芒。面沿环列三足蛙六只，单蛙与累蹲蛙相间，芒间饰蝉纹，面饰"四出"钱纹、鸟纹、变形羽人纹、席纹等。身饰钱纹、虫纹、菱形纹、兽纹等。

177 – G₁₉ 屋背岭铜鼓出土点 〔寨圩镇土东行政村六虹村屋背岭·东汉—唐〕 2002 年 10 月，尾背岭出土灵山型铜鼓 1 面。鼓面径 0.785 米，高 0.49 米。鼓面太阳纹八芒。面沿逆时针环列六蛙，面饰同心圆纹、变形羽人纹、云纹、席纹；身除无变形羽人纹外，其余纹饰与鼓面大致相同。胸腰间附绳纹扁耳 2 对。

178 – G₂₀ 松木岭岗铜鼓出土点 〔龙门镇茅家行政村捞垌村松木岭岗·东汉—唐〕 1975 年春，在松木岭出土灵山型铜鼓 1 面。鼓面径 0.88 米，残高 0.52 米。鼓面太阳纹八芒。面沿环列三足蛙六只，累蹲蛙与单蛙相间。面饰"四出"钱纹、虫形纹、骑士纹、蝉纹。身饰菱形纹、虫纹、"四出"钱纹、同心圆纹等。胸腰间附扁耳 2 对。

179 – G₂₁ 搭竹寮岭铜鼓出土点 〔龙门镇莲塘行政村高村岭村北约 200 米搭竹寮岭·东汉—唐〕 1972 年秋，搭竹寮岭出土灵山型铜鼓 1 面。鼓面径 0.827 米，高 0.462 米。鼓面太阳纹十芒。面沿环列单蛙与累蹲蛙相间。面饰雷纹、钱纹、圆孔钱纹等。身饰云雷纹、钱纹、四瓣花纹。足残。胸腰间附扁耳 2 对。

180 – G₂₂ 石屋冲岭铜鼓出土点 〔大成镇六平行政村富贵塘村石屋冲岭·东汉—唐〕 1980 年秋，在石屋冲岭出土灵山型土铜鼓 1 面。鼓面径 0.696 米，残高 0.41 米。鼓面太阳纹八芒。面沿环列三足蛙六只。芒、晕间饰席纹、钱纹、云雷纹。胸饰花瓣纹、方孔钱纹、云纹、虫纹等。胸腰间附扁耳 2 对。

181 – G₂₃ 旱塘岭铜鼓出土点 〔安石镇安石行政村罗壳冲村旱塘岭·东汉—唐〕 1980 年秋，在旱塘岭北面山腰出土灵山型铜鼓 1 面。鼓面径 0.876 米，高 0.534 米。鼓面太阳纹八芒。面沿环列三足累蹲蛙六只。芒、晕间遍饰羽纹、"四出"钱纹、兽形纹、席纹等。身饰云纹、席纹、八瓣花纹、"四出"钱纹。胸腰间附扁耳 2 对。

182 – G₂₄ 沙梨山铜鼓出土点 〔三合镇马头行政村沙梨山村·东汉—唐〕 1987 年 9 月，沙梨山村出土灵山型铜鼓 1 面。鼓面径 0.785 米，高 0.362 米。鼓面太阳纹六芒。面沿环列六蛙。芒、晕间饰钱纹等。因锈蚀严重，身部纹饰不清。胸腰间附扁耳 2 对。

183 – G₂₅ 单竹坑铜鼓出土点 〔张黄镇十字行政村十字村白坟岭单竹坑·东汉—唐〕 1997 年 4 月 21 日，单竹坑出土灵山型铜鼓 1 面，出土时鼓面朝下。鼓面径 0.915 米，高 0.582 米。鼓面太阳纹十芒，面沿环列六蛙。身饰"四出"钱纹、虫纹、同心圆纹、席纹、变形羽纹、蝉纹。胸腰间附绳纹扁耳 2 对。

河池市

金城江区

1 - A₁ 拉敢岩遗址 〔金城江区河池镇大杨行政村拉敢屯东约100米拉敢岩·新石器时代〕 洞穴遗址。1986年发现。拉敢岩洞口朝南，洞内高6米，宽8米，进深6米，面积约48平方米，洞内较平坦，后半部稍起呈梯形。1986年11月在洞口东侧边缘采集到磨制石斧1件。

2 - A₂ 怀德故城址 〔金城江区河池街镇河池街社区外韦屯·北宋—明〕 北宋大观元年（1107），设怀德县，明洪武四年（1371）建治于怀德县故城，明天顺六年（1462）县治迁往屏风山（今河池卫生院址），明成化十三年（1477）河池县治所从屏风山迁回怀德故城。城址位于土坡上，沿袭称为旧县，平面略呈船形，以自然形成的土坡平整为城垣，东垣长100米，西垣长150米，南垣长250米，北垣长250米，占地面积约37500平方米。现尚存南城残垣50米，北城垣50米，高3.5—4米，顶宽3米，以兰江河为护城河绕城半周，城垣轮廓清晰可见。

3 - A₃ 河池州故城址 〔金城江区河池镇河池街社区东北约50米屏风山下·明代·市文物保护单位〕 明弘治十七年（1504）河池府设在凤仪山脚，明嘉靖四年（1525）迁凤仪山南建州城，清顺治十七年（1660）、清康熙二十四年（1685）、清雍正四年（1726）多次重修。城址东至河池卫生院，西至河池街社区旧城屯，南至长庆街，北至屏风山脚。平面呈梯形，用土夯筑内、外城墙，内城北长290米，南长227米，东长230米，西长210米，残高2.6—3米，顶宽4米，底宽6米，占地面积约66700平方米。设东、西、南三城门，现仅存缺口。城内残存10余米鹅卵石路。外城墙四周有护城壕。

4 - A₄ 平头寨遗址 〔金城江区白土乡白土社区西约500米的平头山·清代〕 清乾隆四年（1739）白土乡蓝明返领导农民起义抗清，在平头山修建营盘。乾隆五年（1740），在右江道按察使司副使李锡秦率兵围剿下，起义失败。平头寨北、西、南三面环山。在稍平的东、西面分别干砌石墙约300米和60米，面积约1.8万平方米。原来的水池、石臼遗迹尚在。

A₄₋₁ 平头山岩洞石墙遗址 〔金城江区白土乡峒口屯西约500米的平头山南面山腰岩洞口·清代〕 岩洞高5米，宽8米，洞口用片石干砌石墙封堵，为清乾隆五年（1740）白土乡蓝明返领导的农民起义军所建的平头山营盘防御工事之一。墙长7.5米，高5米，厚1.5米。石墙中部设石门，高1.8米，宽0.7米。洞内用片石砌有内、外两层平台。

5 - A₅ 里瓦窑址 〔金城江区东江镇永兴行政村里瓦窑屯东南、西南、西北面·清代〕 里瓦窑始烧于清咸丰二年（1852）。在里瓦窑屯的东南、西南、西北面100—200米范围各发现窑口1座。馒头形窑，长3—15米，宽3—5米，高3—7米，用火砖砌筑。其中1口窑内长2.5米，宽2.5米，高2—2.5米，窑内地面开一排8小孔，与小孔平行开一长条凹沟，长2.5米，宽0.3米，深0.3米，为火苗口。窑南面开1孔高0.6米，宽0.5米。窑旁有陶瓷片堆积层，常见的器形有小罐、花盆、碗等，多施青轴。

6 - A₆ 西龙寺遗址 〔金城江区九圩镇九圩社区西龙山·宋代〕 西龙寺建在西龙山山腰岩洞内，洞口朝南，洞内高6米，宽8米，进深7米。据寺碑记载，寺建于宋代，历代均有修缮或重修。寺原为砖木结构，面阔三间，青砖墙，穿斗式木构架，硬山顶，盖小青瓦。1966年被捣毁，仅存残壁断墙，长15米，高3米的台基石护墙，寺前石踏跺10级，以及通往山脚的石板台阶小道约300米。1980年在遗址内改建观音寺，原台基、平台石墙、石板路保存完好。

7 - A₇ 可君岩庙遗址 〔金城江区六圩镇岜烈行政村岜烈屯北约500米可君岩·清代〕 可君岩庙建在可君岩内，洞内高15米，宽30米，进深40米，高敞明亮。该庙建于宋代，清末重建庙堂七间。庙分前、后两殿。建筑面积约60平方米。墙为泥土夯筑，面阔三间，硬山顶，盖小青瓦。其时香火鼎盛。1966年被捣毁，仅存残墙断壁。

8 - A₈ 河池文庙遗址 〔金城江区河池镇河池街社区河池镇中心小学校内东北角·清代·市文物保护单位〕 明弘治十七年（1504）知州何昊、学正张翰始建殿庑，明嘉靖四年（1525），改建大成殿，明万历九年（1581），知州梁绍震重修，明末圮毁。清康熙二十三年（1684）复修，三十三年（1694）建崇圣祠，清同治六年（1867）、八年（1869），焚毁少许。清光绪二年（1876）复修，二十八年（1902）毁坏，三十四年（1908）复修，清宣统二年（1910），1915年均再修。现仅存崇圣祠，面积约160平方米，坐北朝南，砖木结构，面阔五间，进深8米，青砖墙，穿斗式木构架，歇山顶，盖小青瓦。4柱前檐廊，明间开6页隔扇门，两侧设有长方木格槛窗。

9 – A₉　岜裁山石墙遗址　〔金城江区九圩镇江潭行政村塘街屯·明代〕　据传为明末瑶族所筑防御性设施。环山石墙，石墙用片石垒筑，长约360米，高1.5—5米，基厚4米，顶部厚2米，占地面积约1440平方米，传说城墙内有地下通道通往山脚下取水，目前尚未发现。

10 – A₁₀　古马山石墙遗址　〔金城江区长老乡板庆行政村古马山屯北约100米的古马山顶·清代〕修建于清代。古马山地势险要，易守难攻，石墙筑于山上，传为当地瑶族为避乱而建。石墙用大小不同的石块，砌于连绵起伏的山上，分东、西两段，东段长50米，西段长30米，石墙高2—3米，墙基厚2米，顶面厚1.5米。占地面积约240平方米。

11 – A₁₁　望江岩石墙遗址　〔金城江区东江镇东江社区瓦窑屯西200米山腰·清代〕　建于清咸丰年间（1851—1861），东江村民为避乱而筑。石墙筑于山腰的岩洞口，用大小石块把岩口封闭，石墙长约51米，高5.3米，墙基厚4.1米，石墙内侧砌1米宽的平台，顶厚3米，每隔2米设瞭望孔和枪眼，石墙中间开一拱门，高3.2米，宽2.1米，厚4.1米。石门木栅年久失修已腐烂。

12 – A₁₂　加基山石墙遗址　〔金城江区东江镇永康行政村加基屯北·清代〕　清咸丰年间（1851—1861），当地村民为避乱而筑。岩洞口朝南，高约20米，宽8米，进深5米。岩洞口石墙用大小石块无浆垒筑，高6米余，宽8米，厚1.3米。石墙上部距地表约5米处设方形石门，门高1.35米，宽1米，厚1.35米。门前无阶梯，难以攀登，易守难攻。

13 – A₁₃　拉维山石墙遗址　〔金城江区六圩镇坡唱社区板坡屯西南约200米拉维山·清代〕　建于清咸丰年间（1851—1861）。遗址位于拉维山一岩洞口，高距地面约20米，斜坡为45°。洞口高10米，宽3米，进深20米，洞内面积约60平方米，洞口用片石干砌成半封闭石墙，高5米，宽3米，厚2米，设有枪眼。城墙中间砌一梯形门，门高、宽皆2米，门上开一枪眼和瞭望孔。

14 – B₁　覃炮墓　〔金城江区九圩镇那余行政村河口屯北约50米三端坡·明代·市文物保护单位〕　建

于明嘉靖三十三年（1554）。墓葬朝东，冢呈圆丘形，周用石条围砌，高1.6米，底径2.4米。碑文楷书"皇明授禄先翁覃公大墓位"，边框镌"东鲁大邦先祖籍、粤西边地后人居"。碑前祭台两侧浮雕人像矮方石柱麒麟、如意、云头等石雕。墓下设有地宫，条石砌拱，有地宫碑1方，高0.8米，宽0.6米，碑面竖行刻"覃公大墓授禄先翁位"，"嘉靖三十三年八月二十九日立"。覃炮（1493—1554），又名覃宝、覃晋，明三旺六里堡目。

15 – B₂　唐氏夫妇合葬墓　〔金城江区九圩镇三旺社区拉运屯西南约100米·清代〕　建于清道光十三年（1833）。为夫妻合葬墓。墓葬朝北，冢为圆丘形，占地面积约9平方米。四柱三间三楼牌坊式墓碑，盖碑刻花鸟、禽兽，柱刻楹联。底层为夫妻各墓碑1方，碑高1米，宽0.8米，左、右边碑均高1.2米，宽0.8米，碑文竖行，碑文记叙唐氏繁衍情况。

16 – B₃　拉达山岩洞葬　〔河池市金城江区五圩镇龙马行政村下份屯东南约500米拉达山·清代〕　岩洞在拉达山西侧峭壁上，高距下份水库水面约500米。洞口高约1.5米，宽3米，洞内置1具棺木，长约1.6米，直径约0.5米。棺两端以木销插合，棺内有1副人骨架，无陪葬品。

17 – B₄　敢央岩洞葬　〔金城江区九圩镇拉平行政村龙甲屯东北约500米敢央山敢央岩·清代〕　敢央岩为岩厦，在敢央山南面东端，高距地表约7米，岩口朝东，高3米，宽7米，岩内高0.6—1米，进深3.5米。洞内置长方棺1具，一头插入壁上一小洞口。棺长2.3米，宽0.5米，高0.5米。当地群众称为"飞来棺"。现当地村民在岩口用石块垒起护墙，用泥土将棺覆盖。

18 – B₅　岜腊岩洞葬　〔金城江区拔贡镇大莫行政村岜腊屯东北约400米岜腊岩·清代〕　岩洞又名"通天洞"，在山西壁山脚处，洞口朝西，高55米，宽60米，洞内进深100余米。入洞约30米，离距地面高约48—50米的岩坎平台上放棺木16具，下方一小岩洞内置棺2具，个别为箱式方棺，其余为圆棺，长约1.6米，宽约0.44—0.54米，两头小，中间大。各棺内见人骨遗骸，有铁矛、瓷碗、木俑等遗物。

19 – B₆　拉维山岩洞葬　〔金城江区六圩镇坡唱社区板坡屯西南约100米拉维山·清代〕　岩洞在拉维山东面山腰陡壁上，高距地表约70米，洞口朝东，洞内高2.9米，宽2米，面积约6平方米，存有圆棺3具，以纵剖整段圆木凿出棺槽扣合而成，两端无木柄，棺长约1.5米，径约0.5米，棺内置尸骨1具，无随葬品。

20 - B₇ **马鞍山岩洞葬** 〔金城江区东江镇百旺行政村百旺屯西南面的马鞍山·清代〕 岩洞在马鞍山西北面峭壁上,高距地表约80米,洞口朝西北,呈扁圆形。洞内约高2米、宽10米、进深3米,面积约30平方米。1964年村民在此洞发现圆棺12具,棺内有人骨遗骸,未见随葬品,当时将其中4具推下了山。1979年,洞内尚存圆棺5具。1988年文物普查时棺已全无。

21 - C₁ **岜哉山寨** 〔金城江区九圩镇江潭行政村塘街屯西面约400米岜哉山·明代〕 建于明代,具体时间不详。传为当地瑶族为防止"蛮人"驱赶而置。寨依山而建,在山腰各峰间用石片干砌寨墙,周长约360米,高1.5米—5米,底厚3米—4米,顶厚1.5米。占地面积约1600平方米。寨内主峰设瞭望平台,现存水井,住房基础等遗迹。

22 - C₂ **黄官桥** 〔金城江区河池镇河池社街区西约200米冲水沟上·清代〕 清康熙年间(1662—1722),河池知县黄志璋倡导民众捐资修建,故称"黄官桥"。桥跨河池至北香的冲水沟上,是当时通往南丹、八厂的必经之路。东西走向,单孔石拱平桥,长10米,宽2.5米,拱跨5米。桥身、桥拱用料石干砌筑,桥面铺石板。1930年中国工农红军第七军(红七军)三次经过河池都走过这座桥。

23 - C₃ **坡维井** 〔金城江区六甲镇坡维行政村坡维屯西约200米·清代〕 原为岩洞溶洞水,清乾隆年间(1736—1795),由坡维屯群众集资修整为饮用井。1935年,由莫氏起头再次修整。洞口略呈椭圆形,洞口西、北面砌砖围墙,斜向下进深约15米,向下石踏跺呈"之"字形,共35级。有1935年碑刻1方,碑文记载修井时间及捐款人名字。井占地面积约60平方米。

24 - C₄ **贡维古屋** 〔金城江区拔贡镇贡维行政村拔贡屯东侧·清代〕 建于清乾隆五十年(1785)。坐北朝南,砖木石结构,一层单体建筑,面阔五间,进深三间,砖墙,穿斗式木构架,硬山顶,盖青瓦,人字形山墙,壁上开一方窗。墙基用方料石砌筑,高1.6米,厚0.5米,上砌青砖墙,不设窗,前檐墙开三个拱门,高1.9米,宽0.8米。占地面积约240平方米。

25 - C₅ **肯研桥** 〔金城江区六圩镇肯研行政村肯研屯西南约400米肯研河上·清代〕 建于清嘉庆年间(1796—1820)。南北走向,单孔石拱桥,长17米,宽2.7米,拱跨11米。桥身以片石干砌,料石券单层桥拱,桥面铺石板,两侧条石护栏已被拆除。南、北两端各有踏跺17级。

26 - C₆ **保平一号桥** 〔金城江区保平乡保平社区东北约200米保平河上·清代〕 建于清嘉庆年间(1796—1820)。南北走向,单孔石拱桥,长8米,宽2.35米,拱跨3.2米。桥身、桥拱用料石干砌,桥面铺石板,两侧护栏石已缺失,南端置石踏跺7级,北端置石踏跺5级。两端通石板路。

27 - C₇ **保平三号桥** 〔金城江区保平社区东北80米保平河上·清代〕 建于清嘉庆年间(1796—1820)。南北走向,单孔石拱桥,长12米,宽2.35米,拱跨3.1米。桥身、桥拱用料石干砌,缝不施浆,桥面铺石板,两侧护栏条石已缺失,南、北两端均有石踏跺,南8级,北7级。

28 - C₈ **九桥屯桥** 〔金城江区九圩镇大村行政村九桥屯东北约600米九桥河上·清代〕 建于清嘉庆年间(1796—1820)。南北走向,单孔石拱桥,长22米,宽3.5米,拱跨4米,桥身用片石垒筑,料石券桥拱,桥面铺石板,两侧置条石矮护栏,桥南端有石踏跺8级,北端有石踏跺5级。南桥头原立有建桥碑刻,已佚。

29 - C₉ **九圩桥** 〔金城江区九圩镇九圩社区南约100米九圩河上·清代〕 建于清嘉庆年间(1796—1820),九圩村乡绅筹资修建。南北走向,双孔石拱桥,长34米,宽3.55米,孔跨5.3米。桥身以料石砌筑,双层料石券桥拱,桥面铺石板。原有建桥碑刻1方,已毁。

30 - C₁₀ **肯塘桥** 〔金城江区九圩镇肯塘行政村肯塘村东南约90米无名小河与下拢河交汇处·清代〕 俗称波桥。建于清嘉庆四年(1799)。为肯塘、下拢、九相屯群众集资修建,是当时通往大村、九圩的必经之桥。东西走向,单孔石拱桥,长13米,宽2.8米,拱跨6米。桥身用料石块干砌筑,单层桥拱,桥面铺石板,西端置石踏跺10级,东端置石踏跺7级。

31 - C₁₁ **六姓桥** 〔金城江区东江镇齐美行政村齐美屯东南约500米美沙河上·清代〕 建于清道光年间(1821—1850)。由六个姓氏群众集资兴建,故称"六姓桥"。南北走向,单孔石拱桥,长30米,宽4米,拱跨12米。桥身以片石干砌,桥拱用料石砌成,桥面铺石板,南北两端均有石踏跺,南13级,北8级。

32 - C₁₂ **下江桥** 〔金城江区六甲镇旦洞行政村下江屯西约50米旦洞河上·清代〕 建于清道光年间(1821—1850),为旦洞村民捐款集资修建。桥在下江屯与拉西关屯之间,是当时六甲至金城江的必经道路桥。南北走向,单孔石拱桥,长20米,宽4米,拱跨15米。桥两端为原生岩石,桥拱用料石砌成,桥面铺石板,桥面两侧用4块条石作护杆。

33 - C₁₃ **九坝拱桥** 〔金城江区九圩镇拉平行政村九坝屯南约10米九坝小溪上·清代〕 建于清道光年

间（1821—1850）。东西走向，单孔石拱桥，长 3 米，宽 2.73 米，拱跨 2 米。桥身、桥拱用小方块料石砌筑，桥面铺石板，两侧置条石护栏，两端原各有 5 级石踏跺，已被土铺平。桥头建桥功德碑已佚。

34 - C₁₄　江潭拱桥　〔金城江区九圩镇江潭行政村江潭屯西北面约 200 米江潭溪上·清代〕　建于清道光年间（1821—1850）。是江潭村周边村屯通往九圩方向的必经之路。东西走向，单孔石拱桥，长 6.5 米，宽 3 米。桥身、桥拱用料石干砌，两侧置条石护栏，原有建桥碑已佚。20 世纪 70 年代初，在桥面北侧用钢筋混凝土加宽 3 米，作为行车道。

35 - C₁₅　响水湾桥　〔金城江区九圩镇牙洞行政村廷南屯西南约 300 米牙洞河上·清代〕　建于清道光元年（1821）。由牙洞的大村、林村、外元、拉八等屯群众集资修建。南北走向，单孔石拱桥，长 13.15 米，宽 3.15 米，拱跨 7.5 米，桥身以片石干砌，桥拱用料石砌成。桥两side护栏石缺失，两端原有石踏跺被泥沙填没。1958 年在桥面砌水渠一道。面上用石板铺平。

36 - C₁₆　丘姓溪拱桥　〔金城江区东江镇龙友行政村崇蒙屯西约 300 米丘姓溪上·清代〕　清道光元年（1821）。崇蒙屯覃日光等 59 人集资修建，是当时龙友、齐美、长浪村民交通要道。南北走向，单孔石拱桥，长 30 米，宽 4 米，拱跨 12 米。桥身、桥拱均用料石干砌，桥拱内顶壁有红漆书写"道光"2 字。桥面铺石板，两侧有条石护栏。桥两端分别置石踏跺 8 级、13 级，引桥 12 米。

37 - C₁₇　下吉桥　〔金城江区河池镇红沙行政村下吉屯东 200 米红沙河上·清代〕　建于清道光五年（1825），红沙村民集资修建，为当时群众赶红沙集市要道。东西走向，单孔石拱桥，长 12 米，宽 3.6 米，拱跨 8.3 米。桥身以片石干砌，桥拱用料石砌成。桥面一侧尚存料石护栏 4 块，高 0.3 米。东端有石踏跺 7 级，西端有石踏跺 13 级。1930 年中国工农红军第七军（红七军）3 次经过河池都走过此桥。

38 - C₁₈　下杆隘　〔金城江区六圩镇板坝行政村拉干屯北引张坳·清代〕　清咸丰年间（1851—1861），板坝、宝洞、下杆等村民为避乱而修筑。石墙筑建于引张坳两山之间，用片石依山干垒筑成，石墙长 15 米，高 2.5 米，厚 1.1 米，石墙中段开隘门，高 1.9 米，宽 1 米，上下门槛凿有门槽，各长 1 米，宽 0.08 米。

39 - C₁₉　都腊隘　〔金城江区六圩镇凌肖行政村都腊屯东约 200 米两石峰的山坳上·清代〕　建于清咸丰年间（1851—1861），具体时间不详。当地群众为防匪盗而筑。隘墙依山势用大小不等的石块干垒而成，

南北走向，长 50 米，高 3.25 米，顶厚 2.2 米，中段设拱形石门，高 2.85 米，宽 1.5 米，门槛凿门栏孔 8 个，隘墙顶部为二级平台，南、北端各开瞭望孔 4 个，门前为小道。

40 - C₂₀　香洞隘　〔金城江区拔贡镇朝平行政村北朝屯东南约 250 米的香洞山坳上·清代〕　隘口东面后山即是方圆约 1 万平方米的小凹地，称为"香洞"。清咸丰年间（1851—1861），当地村民为避乱在香洞隘口修筑片石墙，隘墙长 30 米，高 4.2 米，底部厚 2 米，顶部厚 1.7 米，石城墙中段开一石门，高 1.8 米，宽 1.2 米，门额为 2 块长 1.5 米，厚 0.2 米长条石，门槛开有门栅孔眼，门两边石墙依次开 3 个瞭望孔，可监视对面上山的小道。

41 - C₂₁　中乐桥　〔金城江区九圩镇板岜行政村中乐屯西北约 300 米板岜河上·清代〕　建于清同治年间（1862—1874）。南北走向，单孔石拱桥，长 7.3 米，宽 2.2 米，拱跨 5.3 米。桥身用片石干砌，桥拱用料石砌成，桥面铺石板，两侧条石护栏已缺失，桥两端原各有石踏跺 5 级，连接砖砌筑的引道。

42 - C₂₂　九坝码头桥　〔金城江区九圩镇拉平行政村九坝屯南约 150 米的九坝小溪上·清代〕　九坝屯村民集资建于清同治年间（1862—1874）。东西走向，单孔石拱桥，长 6 米，宽 2.3 米，拱跨 4 米。桥身以片石干砌，不施灰浆，桥拱用料石圈砌，桥面铺砌石板，两侧原砌有条石作为护栏，现仅存 1 块。

43 - C₂₃　里孟古道　〔金城江区九圩镇八万行政村里孟屯东南约 50 米·清代〕　建于清同治年间（1862—1874），里孟、板瑞屯村民集资修建里孟屯至板瑞屯里孟坳的小道。小道用片石铺砌，长约 1000 米，宽 1.2 米，近板瑞处处有高 0.2 米的石踏跺 550 级，靠近里孟屯一段的 30 米已毁坏。

C₂₃₋₁　里孟古道碑刻　〔金城江区九圩镇里孟屯东南约 1 公里的山坳上·清代〕　碑刻 1 方。清道光二十年（1840）立。碑高 0.9 米，宽 0.53 米，厚 0.14 米，碑文竖行，阴刻，记载清道光二十年，里孟屯覃士泰邀众捐款修筑里孟坳石板路及捐款名单。此石板路为拉拱、板项、板瑞、大板福、梅洞等村屯群众赶九圩街的必经之路，长约 1000 米，宽 1.2 米，有石踏跺 550 余级。

44 - C₂₄　下岳桥　〔金城江区九圩镇牙洞行政村下岳屯东北约 300 米下岳河上·清代〕　建于清光绪年间（1875—1908）。南北走向，单孔石拱桥，长 8 米，宽 3.1 米。拱跨 6 米。桥身以片石干砌，桥拱用料石砌筑，桥面铺石板，两侧各置 4 块条石护栏，高 0.31 米。桥两端原有石踏跺已用片石垫平。桥头原有建桥集资

芳名功德碑 1 方, 已佚。

45 – C₂₅ 拉銮桥 〔金城江区九圩镇牙洞行政村岜义屯西南约 250 米牙洞河上·清代〕 建于清光绪年间 (1875—1908)。由大村、林村、岜义三屯民众集资修建。东西走向,单孔石拱桥,长 18 米,宽 3.4 米。拱跨 8 米,桥身、桥拱用料石干砌,两侧条石护栏仅存 1 块,高 0.3 米,东端有石踏跺 5 级,西端有踏跺 3 级。

46 – C₂₆ 拉运桥 〔金城江区九圩镇三旺社区拉运屯北约 50 米三旺河上·清代·市文物保护单位〕 建于清光绪年间 (1875—1908)。南北走向,双孔石拱平桥,长 42.6 米,宽 3.3 米,拱跨 6 米。桥墩建在河中心的孤岛上,两孔间墩砌泄水小孔。桥身、桥拱用料石砌筑,桥面铺石板,两侧有长条石护栏,高 0.33 米。桥两端原有石踏跺已被石沙填平。

47 – C₂₇ 南排桥 〔金城江区九圩镇三旺社区南排屯东约 100 米三旺河上·清代·市文物保护单位〕 建于清光绪年间 (1875—1908)。南北走向,三孔石拱曲桥,南拱略向上游弯曲,使桥平面略呈曲尺形。桥长 17.7 米,北端宽 3.5 米,南端宽 3.3 米;北孔拱跨 6 米,中孔拱跨 4 米,南孔拱跨 3.4 米。桥身、桥拱用料石干砌,桥面两侧置条石护栏,高 0.4 米,宽 0.3 米。桥北端有踏跺 10 级,南端 3 级。

48 – C₂₈ 干沟拱桥 〔金城江区九圩镇三旺社区拉运屯西南约 100 米的小溪上·清代〕 清光绪年间 (1875—1908),拉运屯民众集资修建。东西走向,单孔石拱桥,长 6.6 米,宽 2.3 米,拱跨 4.2 米。桥身用大小不一的片石块干砌,桥拱用料石圈砌,桥面铺条石,两侧置条石矮护栏,两端石踏跺已用石块填平。

49 – C₂₉ 下果吉碉楼 〔金城江区白土乡德新行政村下果吉屯·清代〕 清光绪年间 (1875—1908),韦姓为了抵御白土的"兰(氏)匪"侵袭,在自家门前修建碉楼。碉楼坐西朝东,土木结构,面阔、进深 5 米,高三层 12 米。夯土筑墙,悬山顶,盖小青瓦。墙内外抹灰,每层楼设有瞭望孔、枪眼。占地面积约 25 平方米。

50 – C₃₀ 独山古道隘 〔金城江区侧岭乡侧岭社区行政村独山屯北约 400 米·清代〕 建于清光绪十年 (1884)。由当地团总廖谢光集资兴筑。古道由独山屯至洞情屯,长约 3 公里,宽 1.1 米,用片石铺砌。道呈斜坡状,每隔 1 米左右设一踏跺,在古道中段用料石横筑一关隘,隘墙长 8 米,高 3 米,厚 1.6 米,隘门长方形,高 1.8 米,宽 0.9 米,门上隘墙设枪眼及瞭望孔。

51 – C₃₁ 足直桥 〔金城江区六圩镇足直行政村足直村东约 100 米小溪上·清代〕 建于清光绪十年 (1884),由坡甘屯韦公倡导,村民集资修建。东西走向,单孔石拱平桥,长 10 米,宽 2.5 米,拱跨 5 米。桥身以片石干砌,利用沟两侧原生岩石起拱,用料石砌成,桥面两侧条石护栏已被拆除,桥两端与溪岸齐平。

52 – C₃₂ 九圩渡边拱桥 〔金城江区九圩镇江潭行政村渡边屯东北约 200 米小溪沟上·清代〕 建于清光绪二十四年 (1898)。南北走向,单孔石拱桥,桥长 3 米,宽 2 米,拱跨 2 米。桥身、桥拱用料石干砌,桥面铺石板,两侧原有条石护栏已被拆除,两端石踏跺也已被铺平。南桥头立有清代功德碑 1 方,碑高 0.72 米,宽 0.4 米,厚 0.15 米,碑文记载捐款建桥人员芳名。

53 – C₃₃ 金帮桥 〔金城江区九圩镇牙洞行政村岜义屯东南约 800 米牙洞河上·清代〕 建于清光绪末年 (1908)。因拉八屯村民韦金帮出资建造而名金帮桥。南北走向,单孔石拱桥,长 20 米,宽 3.4 米,拱跨 10 米。桥身、桥拱以料石干砌,每块料石长 0.6 米、宽 0.4 米、厚 0.3 米。桥面两侧有条石护栏,高 0.3 米。桥两端微呈斜坡状。

54 – C₃₄ 凳椅隘 〔金城江区白土乡德新行政村凳椅屯西约 150 米凳椅坳口·清代〕 建于清光绪末年 (1908)。为防匪患,韦应南组织村民于登椅山坳口筑隘。隘墙用片石干垒,不施灰浆,长 25 米,高 2 米,厚 1.5 米。隘墙中间开隘门,隘门高 1.8 米,宽 1 米。一条石板路经过隘口下山到凳椅屯。

55 – C₃₅ 南桥 〔金城江区金城江街道老街社区西南约 500 米六圩小河上·清代〕 建于清代,具体时间不详。由老街、水洞村民集资修建。南北走向,单孔石拱平桥,长 11 米,宽 3.4 米,拱跨 7 米。桥身、桥拱皆以料石干砌,桥面铺石板,两端与河岸齐平。

56 – C₃₆ 塘甫隘 〔金城江区侧岭乡塘甫行政村塘甫屯东约 100 米塘甫山腰·清代〕 建于清代,具体时间不详。在塘甫山腰岩洞口修筑。隘墙以片石垒砌而成,两端与两侧岩壁相连,长 9 米,高 4.5 米,基部厚 1.8 米,顶部厚 0.9 米。中段开长方形石门,门高 1.6 米,宽 0.7 米,门框上下置长条石,对称凿凹槽,以放置门栏用。门内两侧均设瞭望平台,砌石踏跺通隘墙顶。隘墙设有瞭望孔,顶侧辟有小道通往洞内。

57 – D₁ 罗汉岩石窟造像 〔金城江区河池镇大杨行政村拉敢屯东北约 200 米罗汉岩·宋代·县文物保护单位〕 罗汉岩在山腰,高距地表约 100 米,岩口朝南,岩内宽 12 米,高 6 米,进深约 25 米,在近洞口东侧岩壁上有罗汉造像 19 尊,高距洞底地面约 1.7 米,造像分列三排，大小不等，上排 7 尊，其两侧罗汉各 1 立 2 坐，中排 8 尊，下排 4 尊，皆跌坐罗汉。大者高 0.8 米，胸宽 0.5 米；小者高 0.2 米，胸宽 0.1 米。洞内西壁亦有 7 尊立式罗汉造像，多数损坏。

58 - D₂ 亮岩摩崖石刻 〔金城江区河池镇水任行政村拉岜屯东北约 300 米收水岩·清代〕 洞口高 40 米，宽 55 米，洞内进深 80 米，洞内宽敞平坦。有摩崖石刻 2 方，高距地表约 1.5 米。清康熙三十五年（1696）刻。清河池知州黄志璋于洞口岩壁上题"佛"字，字径 1.1 米，阳刻，楷书，落款"康熙壬申湿陵黄志璋书"。刻面高约 1.2 米，宽约 1 米，刻面右壁有民国时期河池名士卢贻庭等文人墨各题诗 8 首，书写面积约 6 平方米。

59 - D₃ 收水岩摩崖石刻 〔金城江区河池镇水任行政村拉岜屯东北约 250 米·清代〕 清康熙三十五年（1696）刻。在收水岩洞口石壁上，高距地表约 3 米。清河池知州黄志璋撰文并书丹。刻面高约 4 米，宽约 1.2 米，竖行榜书"一洞天"3 字，字径约 1 米，阴刻、楷书。

60 - D₄ 文庙碑刻 〔金城江区河池镇中心小学东侧文庙前·清代·市文物保护单位〕 清康熙三十四年（1695）立。庙门右侧 1 方为先师孔子赞，碑高 3 米，宽 1.25 米，厚 0.26 米，碑文竖 12 行，满行 50 字，共 600 余字；左侧 1 方为颜子、曾子、子思子、孟子赞，碑高 3 米，宽 1.25 米，厚 0.25 厘米，碑文竖 12 行，满行 36 字，共 212 字。均楷书，阴刻。碑文叙述称赞孔子、颜子、曾子、子思子、孟子的功德。落款"户部尚书文华殿大学士臣张玉书广西庆远府河池州知州臣黄志璋勒石"，字径 0.08 米。

61 - D₅ 白土教化碑 〔金城江区白土乡白土社区坡六屯北约 150 米的营盘岭顶上·清代·市文物保护单位〕 碑刻 1 方。碑阳朝西，高 1.39 米，宽 0.66 米，厚 0.22 米。顶呈弧形，碑首刻细线阴纹龙纹，方形碑座。额题"圣谕"，碑上段为正文，竖 8 行，下段为序及落款，竖 11 行，满行 7—20 字，落款为"广西副使臣李锡秦河池知州臣孙超等十人立"。碑文记述：清乾隆四年（1739），河池州白土乡二记屯蓝明返率民抗击永顺土官、官府，五年（1840）清廷派右江道按察使司副使李锡秦等带领汉土官兵 3000 人剿平，为教化民众特将此事刻石竖碑。

62 - D₆ 卢氏碑刻 〔金城江区河池镇大卢行政村长好屯东北约 1 公里高峰公路旁高峰坡·清代〕 碑刻 2 方。清光绪元年（1875）立。碑阳朝南，高 1.53 米，宽 0.87 米，厚 0.14 米。两碑碑文竖 11 行，满行 3—28 字，一碑 266 字，两碑共 532 字。碑文记载长好屯人卢建塾，学识渊博、奉公守法、为政清廉，受朝廷奖赏之事。卢建塾（1818—1896），广西河池大卢村人，清同治年间（1862—1874）任武宣县训导，后调任桂林府教授。

63 - D₇ 坡花旗杆石 〔金城江区九圩镇拉平行政村坡花屯东约 10 米·清代〕 坡花屯人陆如阜考中及第，授予州同之职，可选用分州职，但陆如阜长期居家不任职，于清同治元年（1862）在村头立旗杆石 1 对，石高 1.33 米，宽 0.36 米，厚 0.17 米。旗杆石略呈圭形，两侧上端各有 2 个半圆凹槽，石两面对穿一圆孔。右石正面镌楷书"桥梓并秀"，左石镌楷书"竹林同升"，背面分别刻"壬戌州御陆如阜选用分州"。

64 - D₈ 大禄村规民约碑 〔金城江区河池镇拉显行政村大禄屯中水井旁·清代〕 碑刻 1 方。清光绪九年（1883）立。碑阳朝西南，高 1.2 米，宽 0.8 米，厚 0.9 米，碑文竖行，字径 0.03 米，阴刻，楷书，碑文记述群众呈报河池州府批准，规定在村中不准开场聚赌、盗窃、打架斗殴、乱放牛马、乱砍森林，违者重罚，严重者送交官府处理等公约。

65 - E₁ 营盘岭营盘遗址 〔金城江区保平乡保平社区那麦屯东南约 50 米营盘岭·清代〕 清咸丰十年（1860）二月，太平天国翼王石达开部路经此地，在坡上筑营扎寨，至五月二十六日离去。营盘岭高约 250 米，平面呈椭圆形，距坡顶约 50 米四周筑有土石混合墙，长约 400 米，高 1.3—0.8 米，厚 0.6—0.8 米，墙内面积约 800 平方米，坡顶东面两侧各挖有 1 个约 20 平方米的凹地坑，台阶各 21 级，凹地底凿有消水洞。

66 - E₂ 红军标语楼 〔金城江区河池镇河池街 28 号·1930 年·全国重点文物保护单位〕 1930 年 3、5、10 月中国工农红军第七军（红七军）三次经过河池时军部宿营于此，邓斌（小平）、张云逸、军李明瑞等领导亦住于此。旧址楼上、楼下的墙壁上留下当年红七军、红八军总指挥部、总指挥部士兵委员会、第二纵队士兵委员会书写标语 55 条，漫画 6 幅，如"红军是无产阶级的革命先锋队！""扩大红军组织，发动群众斗争，实行土地革命""实行游击战争！共产党万岁！扩大红军区域！"等，书写面积约 90 平方米，以第二进的楼上最为集中，其中包括邓斌（小平）、张云逸等同志书写的标语。旧址为县城凤仪小学校长吴自若住宅，建于 1926 年。坐北朝南，砖木结构，三进院落，占地面积约 1200 平方米。前座为二层楼房，面阔二间，进深一间，二层走廊有木栏杆，二楼过道兼会议室，东间是警卫室，西间为军医处。中座面阔三间，进深二间，底层为吴自若及其家属居住。二楼明间门是后座的晒台。东次间前间是参谋处住室，后间是邓斌（小平）、张云逸同志的住室。西次间前间为秘书处，后间为副官处。后座为单层，面阔二间，进深一间，东次间二层，屋面为晒台。底层西间东边为磨房，西边为厨房。东间为粮仓。东间的二楼为房主的书房。门两侧有堆塑阳文对联。前、中座之间的过道为二层。

67 - E₃　**大山塘摩崖石刻**　〔金城江区河池镇大杨行政村怀竹屯西北约 1 公里大山塘岩壁上·1934 年〕1934 年，广西丹池公路竣工，时任国民政府广西省主席黄旭初视察丹池公路沿线后，在大山塘石壁题词"建设精神视此"。文竖行，字径约 1.2 米，阴刻，楷书。刻面距地表约 30 米，刻面高约 5 米，宽 1.5 米。

68 - E₄　**滇桂黔边纵队第十支队队部旧址**　〔金城江区保平乡下落行政村板楼屯西约 300 米莫山·1946—1949 年〕　1946—1949 年，中国人民解放军滇桂黔纵队第 10 支队队部设于此，开展革命斗争，并多次击退国民政府河池县保安大队的进攻。支队政委李明同志 1949 年 8 月在此病逝。后人称"革命岩"。旧址为石灰岩洞穴，岩口高 45 米，宽 50 米，进深 40 米。洞口砌石墙，设门有枪眼。洞内有游击队当年熬硝用过的窑一座。

69 - E₅　**滇桂黔边纵队第十支队交通站旧址**　〔金城江区九圩镇八万行政村里孟屯·1946—1949 年〕1946—1949 年间，中国人民解放军滇桂黔纵队第 10 支队在此设地下交通站，支队领导区镇、李明、卢继馨、林海等常在此开会、住宿。旧址为第 10 支队 33 大队第 3 分队长覃汉庭住宅，建于民国年间，坐西朝东，三层楼房，高 9 米，面阔、进深一间均 4 米，夯土墙，木构架，悬山顶，盖小青瓦。各层为木楞木楼板，每层楼四壁均设有窗口、枪眼。

70 - F₁　**拉岜桥**　〔金城江区九圩镇拉平行政村拉岜屯北约 50 米小溪上·1924 年〕　又称九桥。建于清同治年间（1862—1874）。1924 年重建。南北走向，单孔石拱桥。长 10 米，宽 3.1 米，拱跨 5.7 米。桥身、桥拱用料石干砌，桥面铺石板，两侧各以 4 块条石为护栏，高 0.28 米，两端各有石阶 5 级。

71 - F₂　**龙作桥**　〔金城江区九圩镇拉平行政村龙作屯东约 100 米拉平河上·1922 年〕　建于清光绪年间（1875—1908）。1922 年重建。南北走向，单孔石拱桥，长 10 米，宽 3.3 米，拱跨 7.3 米，桥身以片石干砌，料石券桥拱，桥面铺石板，两侧条石护栏高 0.37 米。桥南端置石阶 7 级，北端置石阶 10 级。

都安瑶族自治县

1 - A₁　**干淹岩遗址**　〔加贵乡加图行政村干现屯

西北约 1 公里干淹岩·旧石器时代〕　洞穴遗址。1972 年发现。干淹岩高距地表高约 6 米，洞口朝西南，洞口高 6 米，宽 9 米；洞内呈弯曲的管道状，高 1.2—4.5 米，宽 0.5—2.5 米，进深约 68.5 米，面积约 140 平方米。洞内堆积沿洞两侧壁呈带状分布，分上下两层。上层为含砾砂质黏土，胶结坚硬，含化石少；下层为亚黏土，厚 0.6—1 米，含较多化石。下层出土人牙 2 枚，1 枚为右上侧门齿，另 1 枚为左下第一（或第二）臼齿，属一女性青年个体。伴出 11 种动物牙齿化石。（见《古脊椎动物与古人类》1973 年 11 卷 2 期）

2 - A₂　**九楞山遗址**　〔东庙乡东庙行政村九楞屯南约 500 米九楞山·旧石器时代〕　洞穴遗址。1977 年发现。位于山的东面近山脚处，洞高距地表约 9.5 米，洞口朝东。高 2.1 米，宽 1.9 米，洞内高 0.5—2.6 米，宽 0.9—12 米，进深约 55 米。洞内有前、后两个大洞室，堆积呈黄色。后洞室出土 4 枚人牙化石，其中 3 枚恒齿分别为左上第一或第二和第二臼齿，右下第一或第二臼齿，属不同个体；1 枚乳齿为右下第二臼齿，属 7—8 岁个体。伴出 9 目 39 种动物化石，包括脊椎动物和无脊椎动物两种。（见《古脊椎动物与古人类》1981 年 19 卷 1 期）

3 - A₃　**牛洞遗址**　〔东庙乡东庙行政村百结屯巴独山西北面山脚·旧石器时代〕　洞穴遗址。1986 年发现。岩洞高距地表约 8 米，有相通的两个洞口，似牛鼻孔，故名牛洞。洞口朝西北，洞内高 4—5 米，宽 3.1—10.2 米，面积约 180 平方米。堆积层厚约 1.5 米。未经发掘。采集到打制砍砸器 2 件、穿孔蚌器 1 件以及豪猪、大熊猫、剑齿象、巨貘、犀、鹿、水牛、羊、野猪等 10 个种属哺乳动物化石 40 多件。（见《古人类学报》1991 年 10 卷 3 期）

4 - A₄　**六马坡遗址**　〔百旺乡百旺行政村丹马屯六马坡东面六洞水沟与刁江交汇处的六洞口·旧石器时代〕　阶地遗址。1986 年发现。在六马坡东面六同水沟泥中采集到 4 件石器，其中 3 件为砍砸器，1 件为石片，以砾石作原料，用打击法加工而成。未经发掘，遗址面积与内涵不详。

5 - A₅　**板梯洞遗址**　〔地苏乡大定行政村板的屯屯岜山板梯洞·新石器时代〕　洞穴遗址。1986 年发现。板梯洞在近山脚处，洞贯穿屯岜山，南、北洞口高距地表约 100 米。洞内高约 16—20 米，宽约 40 米，进深约 50 米。洞内堆积遭严重破坏，存留约 30 平方米。在地表采集到夹砂陶片和螺壳、动物遗骸等。

6 - A₆　**岜穿洞遗址**　〔地苏乡上江行政村板蒙屯西北约 450 米岜穿山·新石器时代〕　洞穴遗址。1986 年发现。遗址在岜穿山南麓岜穿洞，高距地表约

15 米。洞口朝南，洞内高 4—15 米，宽 9.5—11 米，进深约 18 米，面积约 180 平方米。洞内堆积层已被严重破坏，但还有部分保存在钟乳石板下。堆积含陶片和动物骨骼，陶片为夹砂绳纹粗陶。

7 - A₇ **雷山遗址** 〔拉仁乡拉仁行政村王岐屯西北面雷山·新石器时代〕 洞穴遗址。1986 年发现。雷山又叫将军山。山东南面岩厦高 5 米，宽 2.2 米，进深 90 米，堆积物已被人为扰乱。山西面洞穴内高 4 米，宽 4 米，进深约 20 米，面积约 80 平方米，洞内钟乳石板覆盖，洞中部有螺壳堆积，厚 0.5—1.63 米，胶结坚硬。采集到石斧、石锛、穿孔石刀、刮削器、蚌器、骨器、穿孔蚌壳、绳纹夹砂灰陶片、人类肢骨遗骸以及动物牙齿和兽骨等。

8 - A₈ **田坡遗址** 〔地苏乡兴利行政村兴利村东南约 500 米·新石器时代〕 山坡（台地）遗址。1986 年发现。位于红水河北岸Ⅰ级台地，遗物分布面积约 2.7 万平方米。采集有砍砸器、磨制的石斧、石锛等。

9 - A₉ **加庙洞遗址** 〔永安乡永安行政村加庙屯东面加庙山·新石器时代〕 洞穴遗址。1988 年发现。在山腰，高距地表的 15 米，有多个洞口，洞道曲折，其一朝西，洞口高 6 米，宽 3 米，洞内高 2.5—6 米，宽 1.6—12.6 米，进深约 50 米，洞内尚存部分堆积，厚度不详，采集到穿孔石锤 1 件及一些动物骨骼。

10 - A₁₀ **岜拉洞遗址** 〔地苏乡上江行政村六吉屯西面约 200 米巴落山·新石器时代〕 洞穴遗址。1988 年发现。岩洞在山腰，高距地表的 15 米，有多个洞口，洞道曲折，其一洞口朝西，高 6 米，宽 3 米，洞内高 2.5—6 米，宽 1.6—12.6 米，进深约 50 米，洞内尚存部分堆积，厚度不详，采集到穿孔石锤 1 件及一些动物骨骼。

11 - A₁₁ **北大岭遗址** 〔百旺乡八甫行政村那浩屯东南约 1 公里北大岭上·新石器时代—清〕 山坡（台地）遗址。1986 年发现。地处红水河北岸，红水河和刁江交汇处土岭台地上，地表散布较多的石器，分布面积约 4.5 万平方米。1986 年采集到磨制的石斧、锛和打制的石片、刮削器等。2004 年 6 月至 2005 年 5 月发掘 1 万平方米，依地形分为 6 个区，遗迹、遗物主要集中于 3、4、5、6 区。发现新石器时代中期、晚期、战国、汉代、宋至清共五个时期的文化遗迹和遗物。遗物有石器、陶器、铜器、玉器等，以石器数量为最多。遗迹包括石器制作场、墓葬、灰坑、柱洞等，其中新石器时代石器制作场揭露面积 1600 平方米，出土石制品 5 万余件。

12 - A₁₂ **洪津古渡** 〔澄江乡红渡行政村作古屯红水河两岸·清代〕 为昔日都安通到隆山、南宁要津。渡口北岸道路长 150 米，宽 14 米；渡口南岸道路长 150 米，宽 8 米，用不规则石块砌成，占地面积达 4000 平方米。清嘉庆二年（1797）白山土官王吉纪在渡口南岸崖壁上刻"洪津古渡" 4 字。

13 - A₁₃ **翠屏山炮楼遗址** 〔安阳镇镇北社区镇安街翠屏山上·清代·县文物保护单位〕 建于清同治年间（1862—1874）。为安定土司潘凤岗防守县城的工事。炮楼用料石砌成。平面呈正方形，边长 7 米，二层，高 6 米，顶设炮台，上、下层墙体四面开枪眼和瞭望窗。一层北面辟石拱门。20 世纪 70 年代被毁。现存墙垣和拱门。东、西面墙基长 8 米，厚 0.6 米，南、北面墙基长 6.8 米，厚 0.8 米，北面 13 米处有石拱门。

14 - A₁₄ **林甲坳石板路** 〔百旺乡板定行政村百赖屯东面林甲坳·清代〕 清光绪十年（1884）修筑，是当时百旺、金钗至宜州的客商、马帮必经交通要道。石板路从百赖屯开始向东北方向延伸，经过弄模屯、林甲屯，至宜州市福龙乡建立村，沿途经过全是石山，长约 4000 米，路面用石板铺砌，宽 0.8—1.2 米。距百赖屯约 500 米处的路旁南边有一块路碑，记叙路建经过。

15 - B₁ **九如墓群** 〔九渡乡九如行政村渡口屯、加若屯之间·东汉·自治区文物保护单位〕 称为"石门府"旧地，发现汉墓 5 座，分布面积 1.36 万平方米，墓葬封土已被夷平，每墓占地面积约 150—200 平方米。早年村民建房时破坏 2 座，形制结构不明，征集有铜壶、铜尊、陶屋、陶罐等共 10 余件。

16 - B₂ **潘如禄墓** 〔地苏乡新苏行政村单江屯栋名岭上·清代〕 潘如禄（1656—1720），安定第七代土司，清康熙九年（1670）承袭其父潘应璧职。十三年（1674），吴三桂叛乱，潘联络九司，围剿吴叛军，被清廷任命为龙虎将军左道总镇都阃府授剿总兵官，调赴随征。墓修建于清康熙庚子年（1720），清乾隆十七年（1752）重修。墓葬朝东南，冢呈圆丘形，高 2.5 米，底径 6 米，用料石围砌，部分已崩落、缺失。墓碑单檐，边框刻花卉图案，碑文字模糊。墓前并序列华表、石人、石马、石狮，多已损坏或缺失。占地面积约 500 平方米。

17 - B₃ **萧代通墓** 〔拉仁乡二潭行政村里湖屯百坟地·清代〕 建于清道光二十九年（1849）。墓葬朝东南，圆丘形土冢，周边用料石围砌，冢顶中心凹陷，部分石块已崩脱。墓碑为二柱一间一楼牌坊式，高 1.85 米，宽 0.9 米，碑盖二重檐，二层檐间垫板浮雕人物，两边柱内侧刻有凤凰、花卉、梅花鹿等图案，正面阳刻"有怀无处申且修墓志，常抱终天恨未尽孝恩"。柱间碑高 1.05 米，宽 0.53 米，首题阳刻楷书"富贵荣华"。碑面中部竖行刻"恩深显考萧公讳代通字兆清老大人故墓"。

18 - B₄ 潘凤岗墓 〔澄江乡六柱行政村六柱屯西约 200 米六柱岭南端·清代·县文物保护单位〕 潘凤岗（1828—1887），名潘梧，安定第十六代土巡检，清咸丰十年（1860）潘凤岗因在匹夫关俘获太平天国翼王石达开部将协天燕石镇吉，清廷晋赏五品花翎并加同知衔，清同治三年（1864）因镇压安定司蒙李旺起义获"勉勇巴图鲁"称号。墓建于清光绪十四年（1888），原为墓园，占地面积约 4000 平方米，墓位于墓园内。20 世纪 60 年代被毁，1983 年修复。墓葬朝西南，冢呈圆柱形，宝顶，高 2.5 米，底径 6 米，料石围砌，三合土封面。前立碑，后立墓表，叙述潘生平。墓前有扇形石拜台，神道两侧现存华表 1 座，石马 1 对。

19 - B₅ 潘凤岗夫人墓 〔澄江乡六柱行政村六柱屯西约 200 米六柱岭北端·清代〕 潘凤岗夫人莫氏（1828—1889），出谋划策，料理丁粮，协助潘凤岗镇压瑶民起义。清光绪十五年（1889）葬于六柱岭潘凤岗墓园。20 世纪 60 年代被毁，1983 年修复。墓葬朝南。冢为圆柱形，宝顶，高 2.18 米，底径 6.7 米，墓周围用小火砖围砌，墓碑有庑殿顶碑盖，墓后护墙嵌墓志碑 1 方，竖 18 行，有 576 字，记其生平。占地面积约 101 平方米。

20 - B₆ 王守隆墓 〔大兴乡太阳行政村百仰屯岜温岭顶上·清代〕 建于清宣统三年（1911）。王守隆（？—1911），广西都安大兴乡太阳村人。王守隆常随安定司土官潘凤岗四方剿匪。在镇南关剿匪中有功，获朝廷奖赏五品顶戴。墓葬朝东，圆丘形冢，用料石围砌，高 1.5 米，底径 4.8 米。墓碑高 1.3 米，宽 0.62 米，碑面刻"清故五品顶戴讳孟公号守隆老大人墓"。冢前为拜台，前面左、右各立石碑 1 方，刻捐款修墓的人名。

21 - C₁ 光合桥 〔下坳乡光隆行政村光隆村北小河上·清代〕 建于清光绪年间（1875—1908），具体时间不详。东西走向，两孔石拱桥，长 11 米，宽 3.4 米，拱跨 4.5 米。桥身以片石干砌，料石砌桥拱，桥面铺石板，两侧置条石护栏，两端各设石踏跺 5 级，石鼓 1 对。栏板刻建桥经过和捐资者芳名，1 石鼓失落水中。

22 - C₂ 永济桥 〔安阳镇迎晖社区大桥街澄江河上·清代·县文物保护单位〕 清光绪八年（1882）安定土官潘凤岗兴建。东西走向，十孔石拱平桥，长 101 米，宽 5.5 米，拱跨 6.8 米。桥身用料石砌筑，桥拱侧面浮雕龙 2 条，桥身中间北侧镌刻正楷"永济桥"3 字。桥面铺石板，两侧设石柱木栏杆，两端与路面齐平。桥头有清光绪十一年（1885）建凤来亭 1 座，立建桥碑 1 方，今已毁。1978 年在桥面修建县图书馆，改建水泥混凝土护栏，水磨石桥面，增建桥西端 18 级水泥台阶。

23 - C₃ 司马桥 〔地苏乡新苏行政村中州屯西面地苏河上·清代〕 建于清光绪二十四年（1898），为安定土司潘启基与马和芬等集资修建，故名司马桥。东西走向，三孔石拱桥，长 45 米，宽 5.2 米，拱跨 9.57 米。桥身、桥拱用料石干砌，桥面铺石板。桥身镌刻"司马桥"3 字，楷书。北侧浮雕 2 龙头，南侧对应浮雕 2 龙尾。20 世纪 80 年代扩建桥面两侧，增修钢筋混凝土人行道，水泥砖砌栏杆。

24 - D₁ 匹夫关摩崖石刻 〔菁盛乡东城行政村江那屯红水河北岸·明、清·县文物保护单位〕 原称娘娘关，后因关口刻了"匹夫关"3 字，故改名。有摩崖石刻 8 方，文楷书。作者为地方文人墨客。形式分题榜、题记等。明代 2 方：一为岑链榜书"岠岈"。二为记刻"中顺大夫后裔岑命匠圈砌关隘"，落款"明成化丙申（1476）"。清代 6 方，重要的石刻有竖行榜书"匹夫关"，字径 0.32 米；清光绪年间刻的《安定司世侯潘公凤岗纪功碑》、清咸丰十年（1860）潘凤岗俘虏太平天国石镇吉勒石、潘凤岗修路石刻等。

D₁₋₁ 榜书"岠岈" 〔菁盛乡江那屯匹夫关石壁·明代〕 明成化十四年（1478）刻。刻面高 2 米，宽 1.6 米，正文竖行榜书"岠岈"2 字，字径 0.9 米，楷书，阴刻。首题"明成化戊戌季冬吉旦"，落款"中顺大夫舞阴后裔岑链题"。

D₁₋₂ 安定司世侯潘公凤岗纪功碑 〔菁盛乡江那屯匹夫关石壁·清代〕 摩崖石刻 1 方。清光绪二年（1876）刻。刻面高 1.1 米，宽 0.86 米。文竖 25 行，满行 39 字，计 732 字，字径 0.035 米，楷书，阴刻。举人邹名峰撰文并书丹。首题"安定司世侯潘公凤岗纪功碑"，落款"光绪二年岁次丙子孟冬月吉旦立"。刻文记述清咸丰十年（1860）潘凤岗于娘娘隘（匹夫关）设伏，俘获太平天国翼王石达开部将协天燕石镇吉经过，潘凤岗因此获"晋赏五品花翎并加同知衔"。

D₁₋₃ 石镇吉被俘处石刻 〔菁盛乡江那屯匹夫关石壁·清代〕 清咸丰十年（1860），太平天国翼王石达开部将协天燕石镇吉兵败百色后，沿红水河而下，在匹夫关遭遇安定土司官潘凤岗伏兵，不幸受伤被俘，潘凤岗勒石以表其功。刻面高 0.6 米，宽 0.5 米，文竖 5 行，满行 6 字，计 26 字。无首题、落款，正文为"咸丰十年世袭安定司潘梧生擒发逆石镇吉之处勒石以志其事"，字径 0.08 米，正楷，阴刻。潘梧，即潘凤岗。

25-D₂ 灭瑶关摩崖石刻 〔菁盛乡菁盛行政村江那屯红水河北岸公路东边灭瑶关·清代·县级文物保护单位〕 摩崖石刻 1 方。清康熙九年（1670）刻。刻面高 1 米，宽 3 米。文横 3 行，正文榜书"灭瑶关"3 字，字径 0.76 米，楷书，阴刻。清康熙元年（1662），夷江（今刁江）、大成（今菁盛）一带瑶、壮民不甘白山、安定土司横征暴敛，揭竿起义。清康熙九年（1670）安定土司巡检潘如禄、白山土司联合官兵围剿，起义军 2000 余人战死。土官为表"功绩"，在关口崖壁书刻"灭瑶关"。

26-D₃ 大平峒知志石刻 〔大兴乡江仰行政村大平屯弄麻山东南面山脚·清代〕 摩崖石刻 1 方。清同治六年（1867）刻。石刻朝南，高距离地表 2 米。刻面高 0.6 米，宽 0.58 米。文竖 15 行，满行 5—19字，计 209 个字，字径 0.03 米，阴刻，正楷，无首题，落款"同治六年丁卯岁四月十二日刻于大平峒知志"。碑文内容：安阳地界六段六甲二十四峒，每年轮纳钱粮公项、轮当夫役。清咸丰年间（1851—1861）张孝举兵造反，毁坏交纳钱粮和轮当当夫役的记账簿，为了不至于混乱，特刻此碑，明确二十四个峒先后顺序，轮流交纳钱粮和轮当夫役。

27-D₄ 永济桥碑序 〔原位于安阳镇永济桥，现存都安瑶族自治县文物管理所·清代〕 碑刻 1 方。清光绪十一年（1885）立。碑高 205 米，宽 1.4 米，厚 0.09 米。碑文竖行，计 317 字，楷书。邑人潘炳坤撰文并书丹。额题"永济桥碑序"，落款"光绪十一年岁次乙酉仲夏吉日立"，序文称颂安定土司官潘凤岗善行好义，并记述了清光绪八年（1882）潘凤岗捐资银两万余创建永济桥之事。

28-D₅ 白骨冢碑序 〔现存都安瑶族自治县文物管理所·清代〕 碑刻 1 方。清光绪二十九年（1903）立。碑高 1.44 米，宽 0.82 米，厚 0.1 米。碑文竖 19行，满行 40 字，计 657 字。字径 0.03 米，楷书，阴刻。邑人潘炳坤撰文，其子潘启均书丹。无额题。落款"光绪二十九年岁次癸卯十二月吉日立"。碑文记载：清咸丰丁巳，安定司遇卢、袭、张、王之祸，庚申又遭战乱，毙命 200 余人。清光绪二十九年以韦五嫂为首之洪党四起，遭官兵镇压，斩数百人，尸骨暴露，惨不可言。后潘炳文等人殓之集葬，修造白骨冢。

29-E₁ 弄花炮楼 〔保安乡隆仲行政村弄花上屯和弄花下屯之间的坳口上·1921 年〕 建于 1921 年。坐南朝北，面阔、进深一间 4.2 米，占地面积 17.64 平方米。炮楼高五层 13.5 米，料石基础，黄沙夯土墙，

厚 0.5 米。每层楼面铺木地板，置木梯，四壁设有瞭望窗，四楼的东南角和西北角有突出的楼角，设有枪眼。楼顶已于 2002 年改成钢筋混凝土平顶，有水泥护栏。1949 年都安游击队第 7 支队第 5 中队在此驻扎。

30-E₂ 绿岑山摩崖石刻 〔安阳镇镇北社区绿岑路绿岑山连峰坳口口北面崖壁上·1923 年·县文物保护单位〕 摩崖石刻 1 方。1923 年刻。刻面高约 13米，宽约 5 米。文竖刻 1 行。土官潘凤岗后裔潘逸仙撰文并书丹，榜书"绿岑仙谷"4 字，字径 3.4—4.98米，篆体，阴刻。潘逸仙，系清末土司官潘凤岗后裔。

31-E₃ 红七军第 21 师弄才兵工厂遗址 〔隆福乡隆福行政村弄才屯飞蛾山半山腰·1931 年〕 1931年 8 月，中国工农红军第七军（红七军）第 21 师在弄才屯开办东兰县西山的兵工厂分厂，以飞蛾山洞穴为总厂，附近山头建立 18 个小分厂。11 月，兵工厂被迫迁至更堡山。抗日战争开始后，弄才兵工厂恢复生产，直至解放战争结束。遗址是个自然洞穴，呈东西走向，贯穿飞蛾山，长 200 余米，洞内宽 0.6—3.5 米，高0.6—8 米。东洞口宽 3 米，高 2.5 米，高距离地表约70 米；洞口右边石壁上刻有"兵工厂"3 字。西洞口宽 1.6 米，高 3.1 米，高距离地表 50 米。

32-E₄ 红水河下游革命委员会联络站旧址 〔安阳镇镇北社区和兴街 62 号·1933—1935 年〕 1933 年冬，中共右江思果中心县委书记陆浩仁在都安大成（今菁盛乡）建立红水河下游革命委员会，并在拉仁、百旺、金钗、大成、安阳镇建立秘密联络站。安阳镇联络站设在覃绍辉家。1935 年，陆浩仁被叛徒谋害，联络站停止工作。旧址坐西朝东，砖木结构，二进院落，占地面积约 75 平方米。前屋为临街二层骑楼，面阔一间，进深三间，硬山顶，盖小红瓦。前檐为木板隔扇墙。二楼为木楼板，砖槛墙，开木窗。后屋面阔一间，进深二间。

33-E₅ 光隆革命岩 〔下坳乡光隆行政村保上屯西北约 300 米光隆山·1945—1949 年·县文物保护单位〕 1945 年 4 月，光隆抗日自卫队以此作为活动的据点。1947 年，中共都安县委东区地下组织在光隆岩南洞设联络站。1949 年春，中共河池地委领导的游击队，在这里粉碎国民政府广西省保安团和河池县民团的围剿，毙敌 58 人，俘敌 24 人，伤敌一批。光隆岩洞口与地面齐平，有"亮岩"和"白岩"2 个洞。"亮岩"长 130 米，宽 6—15 米，高 6—15 米，洞道西南边有一条小溪流。"白岩"在"亮岩"上方 20 米处，岩洞面积约 1500 平方米。

34-E₆ 福寿岩摩崖石刻 〔安阳镇镇北社区和兴街翠屏山北侧福寿岩·民国·县文物保护单位〕 福

寿岩内、外有摩崖石刻 20 余方，其中洞内石壁上有诗刻 13 方。洞口外有榜书 2 方、诗刻 5 方，沿途至山脚的石壁上有石刻数方。书法有楷、隶、行、草等四体。形式分为题榜、题诗和题记 3 种，内容多为赞福寿岩之景及宣传抗日之事。岩口竖行榜书"福寿岩"2 字，刻面高 2.2 米，宽 1 米，字径 0.6 米，狂草，阴刻，落款"民卅年县长梁方津题"。另一方榜书"福寿"2 字，刻面高 2 米，宽 1.2 米，字径 0.85 米，隶书，阴刻，落款"李画新题"。李画新，时任广西省防空指挥官。

35 – E₇ 韦瑞琼烈士墓 〔龙湾乡加范行政村上香屯西南 100 余米坳口·1978 年〕 韦瑞琼（1913—1949），广西都安龙湾上香屯人，1949 年 6 月 30 日在解放龙湾乡的战斗中光荣牺牲。墓建于 1949 年。1978 年重修。墓为韦瑞琼烈士及其父母遗骨合葬墓。墓葬朝南。冢呈长方形，用料石围砌，长 1.8 米，宽 1.63 米，高 0.82 米。墓碑额塑红五星，碑面上方横行阴刻"为国争光"，边柱楹联"舍己为民，游□救国"，碑面中间竖行刻"韦瑞琼烈士之墓"。墓后有一道弧形护墓石墙，石墙两头各立有一方形水泥华表，顶呈葫芦状。占地面积约 30 平方米。

36 – E₈ 拉仁烈士陵园 〔拉仁乡拉仁行政村拉仁街宜钟山北面山脚·1979 年〕 建于 1979 年。由烈士墓、纪念塔、瞻仰平台组成。坐西南朝东北。墓呈圆柱形，用料石砌成，高 1 米，底径 2.9 米，圆锥形顶，墓碑无文字。前为纪念塔，高 6.4 米，塔座长方形，长 1.22 米，宽 1.15 米，高 0.69 米；塔身为长方立柱体，高 4.9 米，边长 1.1 米。正面书"革命烈士永垂不朽"。塔前排列石碑 3 方，居中 1 方为 1979 年 8 月 1 日立，上刻有马启元、梁占恒等 7 名烈士生平事迹。

37 – E₉ 韦可立烈士墓 〔东庙乡东庙行政村上堆屯东北面丹塘山南面山脚下·1982 年〕 韦可立（1923—1951），广西都安东庙乡人，1949 年 4 月参加中国人民解放军独立团，1951 年在解放田西县城作战中光荣牺牲。1982 年其家人建此墓作纪念。墓葬朝东南，混凝土冢，呈四方柱形，攒尖顶，高 3 米。墓基长 1.38 米，宽 1.18 米，高 0.55 米。冢正面嵌墓碑，碑面刻"韦可立烈士之墓"及事迹。占地面积约 10 平方米。

38 – E₁₀ 都安烈士陵园 〔安阳镇镇南社区百才街翠屏山镇仙岩·1983 年·县文物保护单位〕 1951 年为纪念在革命战争中牺牲的先烈而建。原在县体育场内，1983 年迁今址。陵园占地面积约 3157 平方米。陵园由 4 座烈士墓、烈士纪念碑、烈士芳名碑以及凉亭、花坛等组成。均用料石砌筑。纪念碑呈方柱形，攒尖顶，高 13.3 米。烈士芳名碑载有抗日战争、解放战争和新中国成立后为革命事业光荣牺牲的都安籍烈士 263 人。纪念碑前台阶共 76 级。

39 – G₁ 旦现岩化石出土点 〔地苏乡兴利村行政村板苏屯东南面约 200 米旦现山·更新世〕 旦现岩在山东面山腰，高距地表约 60 米。洞口朝东，高约 1.77 米，宽 1.1 米。洞内平面呈刀形，外窄内宽，宽 1.1—8 米，高 1.77—6 米，进深约 50 米，面积 200 余平方米。堆积厚 1.5 米，大部分已被破坏，出土剑齿象、犀、豪猪、鹿、熊等哺乳动物化石 9 种。

40 – G₂ 六遂石器出土点 〔百旺乡百旺行政村六遂屯刁江西岸江桐台地·旧石器时代〕 出土点东距刁江 80 米，北面 300 米处是刁江急弯处台地上，今已辟为耕地。1986 年在台地的人行小道上采集到打制砍砸器 1 件，石器呈长方形，打击痕迹明显。

41 – G₃ 得朗岭石器出土点 〔澄江乡红渡行政村板苗屯北约 500 米得朗岭·新石器时代〕 得朗岭地势龟背形，西距澄江河约 200 米，东、南、西三面有耕地。1986 年，在岭顶上采集双肩石锛 1 件。器身呈长方形，刃部磨制，器身打制。

42 – G₄ 兰堂石器出土点 〔澄江乡兰堂行政村大来内屯西南约 100 米土岭上·新石器时代〕 土岭呈龟背形，现为耕地。1986 年，在地表采集到石斧 1 件，石斧略呈三角形，有打击、磨制的痕迹，刃部残缺。

43 – G₅ 章利岭石器出土点 〔安阳镇阳安行政村地丁上屯面约 250 米章利岭南头岭东北面岭脚下·新石器时代〕 1986 年在乔甫河旁台地的断壁上采集到石锛 1 件。器身呈梯形，双面弧刃，刃部磨光，长 0.08 米，上部宽 0.039 米，刃部宽 0.043 米。石器散布点已被开垦为耕地。

44 – G₆ 仁联钱币窖藏出土点 〔拉仁乡仁联行政村仁联村·北宋〕 1985 年，仁联村出土铜钱 1 罐。铜钱重 60 多公斤，共 12000 余枚，除少量唐代开元通宝外，均为北宋钱币，有 30 多种，最晚的是宣和通宝。

天峨县

1 – A₁ 塘英遗址 〔六排镇塘英社区独山堡公园独山堡山顶·新石器时代〕 山坡（台地）遗址。遗址在红水河南岸台地上，面积约 1.2 万平方米。地面散布有打制砍砸器、磨制石斧等遗物。未经发掘。现存尚好。

2 – A₂ 更查坡营盘遗址 〔岜暮乡板么行政村丘乐屯北约 50 米小山上·清代〕 建于清末，用于防匪劫。营盘依山势而建，易守难攻，平面呈圆形，占地面积约 558 平方米。营墙用片石垒筑，部分已倒塌，残高 2 米，宽 1 米。在一天然石缝处设有闸门一道，高约 3 米，宽 0.5 米。墙存枪眼 6 处。现遗址内已种植农作物。

3 - A₃ **龙王庙遗址** 〔六排镇仁顶行政村林高屯西南约 200 米的矮山脚下·明—清〕 建于明末清初，毁于 20 世纪 60 年代。原建筑坐东朝西，石木结构，片石筑台基。建筑木构架及屋顶皆不存，残存两侧山墙及后墙，墙体均为片石干垒。墙宽 1.1 米，高 3.2 米，长 4.6 米，前有石砌踏跺。占地面积 49.8 平方米。

4 - A₄ **纳州古道** 〔六排镇纳州行政村拉弄屯南坡·清代〕 建于清乾隆年间（1736—1795）。根据修路碑记载，该古道"上达泗洲府，下达那地州"，天峨段路呈南北走向，南起六排老街码头，经过小河屯上坡至"凤草"坳，过连迁下坡至纳州村，全长 7 公里，大多数为泥土路面，宽 3 米。只有纳州至连迁坡的 1.5 公里为青石路路面，宽 1.5 米。在距纳州约 500 米处立有清乾隆年间修路碑 1 方。

5 - A₅ **屯上官道** 〔更新乡更新行政村屯上屯山脚路口至老虎崖梁坳口·清代〕 建于清代。是当时凤山至凌云府的必经之路。官道南北走向，南起屯上屯北至老虎崖，路面用片石及料石铺砌，现存石板路长 3000 余米，宽 1.2 米左右，遇山则筑石踏跺。

6 - B₁ **拉顶宁氏墓地** 〔六排镇纳州行政村拉顶屯后山东侧约 50 米缓坡·清代〕 为拉顶屯宁氏族群墓地，有墓葬 8 座，分布面积约 697.97 平方米。墓葬皆朝北，为圆丘形土冢，有的用料石围砌，高 1.5—1.8 米不等，底径 1.6 米—1.8 米。墓前均有碑，其中有葬于清乾隆三十九年（1774）的宁氏总哨墓、葬于清嘉庆十三年（1808）的宁氏总理墓各 1 座。

7 - B₂ **陇盘房氏家族墓地** 〔岜暮乡甲岩行政村陇盘屯南面 200 米山坡·清代〕 墓葬 11 座，分别葬于清咸丰四年至清同治十三年（1854—1874）间，占地面积约 3675 平方米。墓葬朝东，方形或圆丘形土冢，有的用石围砌，方形冢一般长 2 米，宽 1.8 米；圆丘形冢底径 1.8 米左右。

8 - B₃ **凹坨合葬墓** 〔岜暮乡甲岩行政村陇盘屯南面凹坨处的耕地内·清代〕 建于清咸丰二年（1852），墓葬朝北，男墓居中，墓高 2.5 米，女墓在男墓两侧，低于男墓，墓高 2 米，用石板及片石围砌，墓碑顶盖塔形。墓碑下均有墓道，为棺木入墓室用，俗称梭棺葬。占地面积 34 平方米。

9 - B₄ **厂上合葬墓** 〔八腊瑶族乡麻洞行政村厂上屯东北约 300 米山脚下·清代〕 建于清光绪十八

年（1892）。由三座大墓组成，朝西南，占地面积约 60 平方米。冢周用石板围砌，石板有浮雕 32 幅，墓联 5 对。墓前立十柱九间十楼牌坊式墓碑，浮雕小狮 2 对，鱼吻 8 个。前 3 米立刻有对联的表柱 1 对，柱高 1.6 米。三合墓均有拱形石砌墓道。

10 - B₅ **欧文光墓** 〔六排镇纳州行政村纳州村东南纳州至六排的古官道边的土坎上·清代〕 建于清乾隆五十年（1785）。墓葬朝北，冢呈圆丘形，高 1.6 米，底径 1.6 米，用料石围砌，占地面积约 7 平方米。碑盖为庑殿顶，脊中饰动物，两端鱼吻。据墓旁 40 多米的清乾隆年间（1736—1795）修路碑记载，墓主欧文光是古官道修筑和立路碑的主要倡导、组织者。

11 - B₆ **黄世佑墓** 〔三堡乡甲板行政村甲板屯北约 2 公里黄门坟山山腰·清代〕 建于清乾隆五十七年（1792）。墓葬朝北，长方形石冢，长 1.5 米，宽 1.2 米，高 1.8 米，每面用 1 块石板围筑，石板浮雕武官、和尚、猴、鸟等图案。冢由整石凿成，为庑殿顶，墓碑为二柱一楼式，两柱前附夹杆石鼓，碑面顶刻"世佐巡疆"的横匾。占地面积 80.49 平方米。墓主黄世佑，江西南昌人，武官出身，官至那地州汉堂王。

12 - B₇ **傅文广墓** 〔八腊瑶族乡甘洞行政村龙马屯北侧 10 米处·清代〕 建于清道光十年（1830）。墓葬朝南。冢为方形，长 2.6 米，宽 1.8 米，高 1.6 米，周用条石围砌，占地面积约 10 平方米。墓前立二柱三间一楼牌楼式墓碑，尖山碑顶。墓主傅文广，系龙马屯人，生平不详。

13 - B₈ **彭云贵夫妻合葬墓** 〔六排镇令当行政村令当屯雅尼湾公路坎下耕地内·清代〕 建于清道光二十三年（1843）。墓葬朝北，冢呈长方体形，长 5 米，宽 4 米，高 1.8 米。周用料石围砌，顶沿出檐。前立四柱三间三楼牌坊式墓碑，明、次楼皆出檐，明楼"山"字形脊，中立宝葫芦，两端鱼吻，两次楼皆鱼吻脊。主次 3 碑并列。占地面积约 67.87 米。墓主为彭云贵夫妻。

14 - B₉ **侯氏夫妇合葬墓** 〔岜暮乡说洞行政村说洞屯南坡约 400 米生机湾一石山的半山腰·清代〕 建于清道光二十三年（1843）。墓葬朝北，圆丘形土冢，用料石围砌，高 2 米，底径 1.8 米。三柱二间五楼牌坊式墓碑，三重檐，鱼吻脊，碑面刻有人物、花草浮雕 16 幅，其中主碑上方刻八仙图案。占地面积约 32 平方米。据碑文记载，侯氏家族祖籍陕西。

15 - B₁₀ **李氏墓** 〔八腊瑶族乡洞里行政村田坎上屯东南面约 300 米上牛坪堡·清代〕 建于清道光三十年（1850）。墓葬朝西，冢为圆丘形，高 1.6 米，底径 1.8 米，占地面积 55.9 平方米。冢周用石板围砌，宝顶，墓碑刻有"花表风高"横匾，故又称为"花坟"，匾上方刻有龙凤浮雕，拜台条石砌成，墓前左、右侧有墓志铭，左右延伸呈八字形石墙，墙头处立有华表。

16 – B₁₁　陇坟周家墓葬　〔六排镇塘英社区陇坟屯东约 100 米山坳后·清代〕　建于清咸丰七年（1857）。墓葬朝南，圆丘形土冢，周围用料石围砌，高 1.8 米，底径 1.6 米，占地面积约 13.6 平方米。墓碑为四柱三间三楼牌坊式，碑面文字模糊。

17 – B₁₂　九家瑶田门墓　〔八腊瑶族乡麻洞行政村九家瑶屯东约 1 公里小龙山东面山梁上·清代〕　建于清同治五年（1866）。墓葬朝西，圆丘形土冢，周边用料石砌筑，高 1.6 米，底径 1.8 米。墓碑为四柱三间三楼牌楼式，正楼二重檐，檐间垫板浮雕人物故事，碑面刻"皇清待诰故显妣田母□老太君之墓"，中柱刻挽联。次楼脊饰寿字，两端鱼吻，边柱亦刻有挽联。柱间碑面浮雕门神。四周有条石砌成半圆形的墓圈护墙，墙高 1.2 米，两侧立有石狮和华表柱各 1 根。占地面积约 20 平方米。

18 – B₁₃　全氏墓葬　〔岜暮乡甲岩行政村木登屯北面的山脚下·清代〕　建于清光绪十七年（1891）。墓葬朝北，圆丘形土冢，用石块围垒，高 1.8 米，底径 1.5 米，占地面积约 36 平方米。墓碑为庑殿顶，宝葫芦鱼吻脊。分前后两层碑，前碑开拱门，可供人看后碑铭文。据碑文记载，木登全氏祖籍湖南。

19 – B₁₄　杨氏合葬墓　〔八腊瑶族乡老鹏行政村大洞子屯·清代〕　建于清光绪三十一年（1905）。墓葬朝南，圆丘形冢，周用料石围砌，高 2.5 米，底径 2.5 米，占地面积约 28 平方米。为杨氏母子合葬墓，中间为母，两侧为儿子和儿媳。墓前立六柱五门七楼牌坊式碑，楼脊端皆饰鱼吻，明间、两次间分为墓主及其儿、媳的墓碑，两稍间碑面浮雕花草、人物图案。

20 – C₁　观音庙　〔六排镇令当行政村雅尼屯石壁下·清代〕　建于明末清初。坐南朝北，石木结构，单体建筑，面阔三间，前檐为木板壁，其余三面干砌片石墙，穿斗式木构架，歇山顶，盖小青瓦。占地面积约 65 平方米。庙前约 40 米的石墙上立有观音庙碑刻 1 方，文字已模糊。

21 – C₂　关刀桥　〔三堡乡顶茂行政村关刀屯西南约 100 米小河沟上·清代〕　建于清嘉庆四年（1799），是当时关刀屯通往纳岜等村寨的道路桥梁。东西走向，单拱石拱桥，长 5 米，宽 1 米，拱跨 3 米。桥身、桥拱用料石干砌，桥面铺石板，两侧置条石护栏。距桥东约 5 米处立有清嘉庆四年"永顺"桥碑 1 方，刻"万古千秋"及捐资人员名字，另有 1 方碑刻

字迹已模糊不清。

22 – C₃　平金桥　〔岜暮乡岜暮街南面小沟·清代〕　建于清道光十八年（1838），由拉麻屯文氏倡导群众集资修建。南北走向，单孔石拱桥，长 11.6 米，宽 3.8 米，拱跨 7.6 米。桥身、桥拱均用料石干砌，两侧条石护栏高 0.4 米，宽 0.3 米。桥两端各有 6 级石踏跺及 5 米引桥。桥面的西侧面有碑刻 1 方。

23 – C₄　福寿桥　〔坡结乡鱼翁行政村小都隆屯东侧约 200 米小河沟上·清代〕　建于清道光十九年（1839），是当时拉岩、坡结等地通往界里、南丹的交通桥梁。东西走向，单孔石拱桥，长 5.4 米，宽 4.2 米，拱跨 2.2 米。桥身、桥拱用料石干砌，桥面两侧置条石护栏，西端踏跺部分已坍毁，存 4 级。距离桥西约 5 米有清道光十九年修桥碑刻 1 方，碑文叙述桥名、建桥原因及修桥的人员芳名。

24 – C₅　字藏石塔　〔岜暮乡板么行政村杨家坳屯西面约 100 米山坳·清代·县文物保护单位〕　俗称化字炉。建于清道光二十二年（1842）。坐北朝南，高 3.5 米，占地面积约 3 平方米。塔用方料石砌筑而成。塔基方形，边长 1.6 米，高 0.7 米，塔身为四方形三层楼阁式，每层出檐，第一、二层塔腔中空，背面开一圆孔，周边浮雕人物、福、禄等图案，正面镌刻"敬惜字纸"4 字横匾。匾下刻有铭文，记建塔经过及捐款芳名。葫芦形刹，残缺。

25 – C₆　蚂拐庙　〔岜暮乡板么行政村桥头屯西山脚下·清代·县文物保护单位〕　建于清代，具体时间不详。坐西朝东，砖木结构，三合院，由前门、中殿、天井、两侧厢房组成，占地面积 206.925 平方米。中殿面阔三间，砖墙，悬山顶，盖小青瓦。供奉蚂拐神石像 3 尊，像作端坐姿势，下有底座。庙门口南侧有蚂拐庙碑刻 1 方，碑文记载蚂拐将军和蚂拐婆的传说。面阔 16 米，进深 12.5 米。两侧为厢房，中堂前是一天井，内有一个 2 平方米的天井。

26 – D₁　"凤草"摩崖石刻　〔六排镇令当行政村火把洞屯狮子山顶东侧凤草坳石壁上·清代·县文物保护单位〕　摩崖石刻 1 方。清光绪十年（1884）刻。刻面高 2.1 米，宽 1.4 米。天峨知县杨庄政撰文并书丹。碑文竖 3 行，计 11 字，正文榜书"凤草"2 字，字径 0.7 米。上款题"光绪十年岁以甲申季文"，落款"庄政书"，楷书，阴刻。据志载，杨庄政任职期间，查知富翁叶寿山素来鱼肉乡里，杨庄政申报朝廷将其治罪，财产散还乡里，杨有感刻之。

27 – D₂　百酉渡口碑刻　〔原立坡结乡百酉渡口，现移至纳构行政村交必屯南坡下的公路旁·清代·县文物保护单位〕　碑刻 3 方。清乾隆五十二年（1787）

立。碑分别为《渡口碑记》《卷赀碑》《留传万古》3方，碑高1.1—1.4米，宽0.6—0.8米，碑文竖行，楷书，阴刻。碑文记述：百西渡为古代天峨与贵州通道要冲，行舟艰难。贵州李美儒等人捐资造船，购置渡口田产，以维持船工生计，解决行人商旅楫渡之忧，并刻碑以志。

28 – D₃ 众修码头碑 〔六排镇塘英社区黄家堡红水河岸边·清代〕 碑刻1方。清道光二十年（1840）立。碑高0.62米，宽0.4米，厚0.15米，有长方形碑座。横行额题"众修码头"4字于4个阴刻圆圈内，字径0.1米。碑文竖15行，满行15—21字，部分字迹已模糊不清，字径0.03米，阴刻，楷书。碑文记载修建码头经过和集资情况。碑现已倒伏于地。

29 – D₄ 正堂告示碑 〔向阳镇燕来行政村捧里屯正寨·清代·县文物保护单位〕 碑刻1方。清道光二十五年（1845）立。碑阳朝北，碑高1米，宽0.5米，厚0.08米。碑首弧形，方形碑座，碑额横刻2行"正堂告示"，碑文竖行，首行"时调凌云县正堂加五级纪录十次郑为书示晓谕案"，碑文记述李姓族人强占岑姓族人的土地，凌云府派官查案，判土地归岑姓族人所有，并确定山界林权和税契稽查办理的办法等。

30 – E₁ 拉号岩战斗遗址 〔岜暮乡都楼行政村拉号屯南侧约1公里拉号岩·1932年·县文物保护单位〕 1932年9月18日，国民党桂系廖磊部和东兰等五县民团万余人围剿那地、岜暮乡苏区。20日至27日，中国工农红军黔桂边区独立营营长蓝志仁等80余名指战员退守甘孟峒至拉号一带。蓝志仁、黄桂德等18人坚守甘孟峒山头，弹尽后抱敌跳崖壮烈牺牲。退守拉号岩的指战员，弹尽粮绝，40余人壮烈牺牲。甘孟峒是石山顶上高峰间的一个小山谷，四周悬崖陡坡，仅东南和西北面各有一条小径可通。拉号岩为高峰半山腰一岩洞。洞口朝东，洞高50米，宽80米，进深50米，面积约400平方米。洞前砌有防御石墙两道，石墙长约55米，高8—10米，靠南边近石壁处有一高1.8米，宽1米的闸门。

31 – E₂ 拉牙岩洞战斗遗址 〔岜暮乡龙安行政村拉牙屯北侧山崖拉牙岩·1932年〕 1932年9月17日，岜暮红军游击队在此与民团激战三天三夜后撤往甘孟峒，部分红军游击队员及群众被民团用火攻烧死在洞内。岩洞在山腰悬崖上，高距地表100余米，洞口朝南，洞内面积约356平方米。洞口土墙工事已部分倒塌，在洞内发现子弹壳及铜钱等遗存物品以及部分遗骨。

32 – E₃ 中共黔桂边委员会会议旧址 〔向阳镇林列行政村林右屯新村北约50米·1932年〕 1932年，中国工农红军第七军（红七军）61团1营连长牙永平被派回家乡林右建立临时革命据点，右江革命委员会主席黄举平在此召开了中共黔桂边委员会和黔桂边人民革命委员会会议。旧址北靠林列大山，北朝库区，东邻大土坡，西邻林右矮山，已被夷平。遗址上有天峨县民政局立的纪念碑1方。

33 – E₄ 都楼烈士纪念塔 〔岜暮乡都楼行政村纳凡屯西北约300米纳凡坳上·1957年·县文物保护单位〕 为纪念1925—1932年保卫那地岜暮苏区和右江根据地战斗中牺牲的123位先烈而建。1954年兴建，1957年落成。由纪念塔和亭组成，占地面积约124平方米。塔为砖石水泥混合结构，高7米，方形座，边长5米，座上刻烈士芳名，塔身为三棱锥形，三面分别刻"革命烈士永垂不朽""革命烈士英名不灭""革命浩气长存"。塔的西北侧有碑刻韦拔群烈士的《灌溉革命花王》诗全文，塔南侧有八角形纪念亭，高6米，攒尖顶。

34 – E₅ 杨家堡烈士公墓 〔六排镇城东社区东北约1000米小河杨家堡·1958年·县文物保护单位〕 为纪念1950—1951年解放天峨而牺牲的9位先烈而建。1957年兴建，1958年2月落成。1993年修建革命烈士纪念塔1座。由烈士墓、纪念塔、台阶、围墙组成。占地面积约7500平方米。烈士墓南向，冢呈半圆球形，宝顶，底径4米，高2.3米，砖石砌筑。墓后为纪念塔，二级方形基座，上层嵌黑色大理石的碑刻，其上为方柱形纪念碑，碑面刻"革命烈士纪念塔""革命烈士永垂不朽"。墓四周有回廊，回廊外有围墙，墓前方为80级水泥台阶。

35 – E₆ 更新人民英雄纪念塔 〔更新乡更新行政村更新卫生院南侧约200米的独山堡上·1985年·县文物保护单位〕 为纪念1921—1951年更新地区在革命斗争中牺牲的先烈而建。纪念塔建于1985年，坐南朝北，石水泥混合结构，高5.1米。塔座为四方形，边长1米，正面镶嵌石碑，刻有更新乡革命史简介，塔为立柱体，正面塑"人民英雄纪念塔"。占地面积约700平方米。

36 – E₇ 烈士班四妹、韦国英母子墓 〔岜暮乡都楼村纳凡屯纪念塔西北约20米·1986年〕 班四妹（1870—1967），女，壮族，广西天峨县岜暮乡岑西屯人。1925年参加红军，在红军赤卫队中被称为"双刀老太婆"。其子韦国英（1900－1969），原名韦明宽，字彩文，中国工农红军第七军（红七军）21师63团团长。两墓相距1米，墓葬朝东北，圆柱形混凝土冢，圆宝顶，高1.8米，底径1.6米。班四妹墓碑上刻"双刀赴焰火，革命女英雄"。韦国英墓碑上刻"共产党员，红军团长"，西北侧有烈士生平简介碑刻2方。占地面积7.38平方米。1986年重修。

37-F₁ 壮族传统民居 〔三堡乡三堡行政村拉汪屯·清—民国〕 建于清末民国初。现存房屋32座，占地面积约3066平方米。建筑皆木结构，二层楼、木柱、木板墙、木楼板，穿斗与抬梁混合木构架，悬山顶，盖小青瓦。窗花为直棂、格窗或雕刻花草、凤凰、骏马、梅花鹿等吉祥物。底层设有房间、中堂、火塘、厨房等，楼上为木板楼房，供储存粮食、杂物以及安排客床用。

38-F₂ 谢海清住宅 〔三堡乡甲板行政村甲板屯南侧半山坡上·1912年〕 谢海清，旧桂系陆荣廷部的一位营长，驻兵甲板一带。住宅建于1912年，坐南朝北，砖木结构，三合院，由大门、庭院、正屋、西侧厢房组成，占地面积约257.96平方米。大门、西厢房已毁。主屋为两层楼房，面阔、进深三间，清水墙，硬山顶，盖小青瓦。四周墙设有枪眼。

南丹县

1-A₁ 大厂采矿遗址 〔大厂镇北约1.5公里长坡山上·宋—明〕 据《粤西丛载》《续通考》记载，宋至明期间，长坡山均有矿民开采矿石。长坡山面积约5000平方米，古矿井多是狭窄矮小的隧道，平窑无支架，深约30—40米。现古矿井多已崩塌。由于现代大规模开采，许多古矿井被切割或填充，已难以辨认。

2-A₂ 莲花山营盘遗址 〔城关镇西北1.5公里莲花山·明—清·县文物保护单位〕 据南丹莫氏族谱记载，营盘为明初莫似忠修建。四周群山环抱，石砌营墙依山势修筑，东南面有石踏踩蜿蜒而上。面积约150万平方米。现存营墙长约1.5公里，残高4—5米，厚3米，两端连接峭壁，东、西、南面设有券拱营门，仅存南门，门洞高2.5米，宽2米，进深3米。寨内遗存碾槽、马槽、水井、演兵场及建筑条石基础等。

3-A₃ 丹炉山营盘遗址 〔吾隘镇昌里行政村丹炉屯北丹炉山·明代·县文物保护单位〕 明洪武年间（1368—1398）那地土州罗氏土官罗黄貌修建。明万历年间（1573—1620）土官罗谦端重修。营盘依山势而筑，面积约0.8平方公里。西、北两面为悬崖，东、南面砌筑三重石营墙，自下而上依次残长30米、20米、28米，宽2.5—3.5米，高约5米。墙间距数十米，各开营门1座。东、西、北面山顶设有烽火台。营盘内设有衙门、官邸、兵营、房舍、水牢、观星台、点将台、水井等，基础尚存。存明代碑刻5方，其中月亮碑和道基碑是摩崖石刻，均为明万历三十年

（1602）道人罗叹所题，说明其炼丹缘由及心境。最晚的碑刻为第一道寨门东侧入门碑，为明万历四十一年（1613）立。

4-A₄ 拉潭营盘遗址 〔吾隘镇那地行政村拉潭屯西南拉潭山·明代·县文物保护单位〕 又称感安寨。建于明弘治五年（1492），为那地土州土司罗武杰所建。营盘建于山顶，面积约5000平方米。四周营墙依山势围筑，开东、南、西、北四营门。营盘内有司衙大堂、官邸、住宅、兵营、水牢、瞭望台等建筑遗迹。营墙用料石和泥土构筑，残墙长1100米，高4—8米，顶宽1.2米。南墙外200米有3个烽火台，高4—7米，顶部平台。营盘内尚存有明弘治五年那地知州奉训大夫世袭知州罗武杰撰立的《拉潭大堂碑记》及《感安寨碑记》等石刻。

5-A₅ 垄阳山营盘遗址 〔罗富乡罗富社区罗富乡政府南面约4公里的垄阳山·明代·县文物保护单位〕 营盘始建年代不详。明弘治十年（1497）已有重修记录。明万历四十五年（1617），南丹土州官奉训大夫世袭知南丹州事莫之厚再修建。遗址四周群山环抱，占地面积约7000平方米。南、北、西三面为陡壁，东面筑三重门，均已毁，门旁有残碎的《永定碑》1方，内容载明万历四十五年"奉训大夫世袭知南丹州莫之厚"修建营盘之事。旁边的石壁上有明弘治丁巳年（1497）重修碑记1方。营盘内有10多座房屋条石基础遗迹，以及残碎瓦砾、石碓臼、马槽等遗物。营盘西面悬崖边上存一座石砌拱门，门内宽0.9米，高2.5米，厚1米。

6-A₆ 更汪山营盘遗址 〔吾隘镇那地行政村那地村新街西约2.5公里更汪山·明代·县文物保护单位〕 始建年代不详。为明代那地土州罗氏土司所建。遗址平面呈"凹"字形，面积约3平方公里。四周以石砌营墙，现存约700米，一般高4米，厚3米。营墙辟西、南、北面三门，西、南二门之间设有水井，山顶有烽火台。现仅存西门，部分亦崩塌。

7-A₇ 杉木坡营盘遗址 〔吾隘镇那地行政村那地村西南约400米杉木坡·明代〕 修建年代不详。为明代那地土州罗氏土司为巩固其势力范围，将原住的瑶族赶走后修建。营盘面积约2平方公里，周围以三合土夯筑营墙，残存营墙高0.8米，厚0.8米。营盘内建筑已毁，多辟为林木地，但有的房基仍可见。

8-A₈ 拉相营盘遗址 〔月里镇月里社区拉相屯北面约100米山顶上·清代〕 为清代驻兵营地，位于山顶上，面积约3000平方米，北面是悬崖峭壁。营盘内仅见有残缺石砌炮楼及营房的泥土残墙，大部分营地已辟为耕地。

9 – A₉ **九立营盘遗址** 〔中堡苗族乡九立行政村九立村北面的山顶上·清代〕 为清代驻兵营地。遗址呈狭长形，东西长约 30 米，南北宽约 10 米，占地面积约 500 平方米。营盘周砌营墙，用片石干垒，营门朝北，高约 2 米。营内建筑已不存。

10 – A₁₀ **牙岗寺观遗址** 〔中堡苗族乡大水井行政村牙岗屯东香老岩山·清代〕 建于清代，具体时间不详。朝东南，寺观已毁，仅存残石墙及基础，高约 0.2—0.3 米。占地面积约 60 平方米。往东约 10 米有石刻 1 方，记载捐资建庙之事，文字已难辨认。

11 – A₁₁ **吾隘古道** 〔吾隘镇东面约 3 公里拉平坡·宋代〕 建于宋代。古道由吾隘通往扬州，称"古代西南大通道"，全长约 40 公里，宽约 1 米，用大小不一的石块铺砌路面。邓斌（邓小平）、张云逸曾率中国工农红军第七军经过此古道。

12 – A₁₂ **牙岗古道** 〔中堡苗族乡大水井行政村牙岗屯至甲麦屯·清代〕 建于清代，具体时间不详。1919 年牙岗屯曹俊成（字子良，时任国民党某部营长）整修，用碎石块铺成蜿蜒曲折的石板路面。至今仍是牙岗村民过甲麦到中堡的主要通道。全长约 4000 米，宽约 1 米。部分路段遭到损坏。

13 – B₁ **莫氏土司墓地** 〔城关镇拉易行政村拉易屯·明代〕 传为明代莫姓土司墓地。有墓葬 7 座，呈一字形排列，占地面积约 200 平方米。墓冢均用方形石块砌护，前有石狮等石像生。1967 年掘 1 座。墓坑长 2.6 米，宽 0.9 米，高 1.7 米，中置石板棺 1 具，用瓷碗叠砌成椁，棺与瓷椁间充填木炭。出土金凤冠、金手镯、金饼、金筷、金耳环等随葬品。其余 6 座已毁坏。

14 – B₂ **者境坡墓群** 〔芒场镇拉者行政村塘河屯西面村头的者镜坡顶上·明代〕 墓群分布面积约 500 平方米，共有 3 座轿子坟、6 座螺丝坟，其余为以料石围砌的土堆冢。墓葬皆朝北，一些墓冢已坍塌。墓碑各异，重檐或葫芦形或"凸"字形碑盖。

15 – B₃ **鞍山墓群** 〔罗富乡罗屯行政村罗屯西面 1.5 公里的鞍山·清代·县级文物保护单位〕 墓群有墓葬 100 多座，分布面积约 500 平方米。墓葬皆向东，除了土堆墓以外，还有螺丝坟、石砌的圆顶墓、凉亭式的方顶墓等，墓碑多不存，只有莫现张墓有墓碑，有碑盖。

16 – B₄ **拉黑墓群** 〔城关镇拉易行政村拉黑屯西北面约 800 米的土坡上·清代〕 墓群有墓葬 16 座，分布面积约 340 平方米。除一座牛坟外，其余为大小不一的土堆冢。牛坟为莫大元墓，有镇墓石和镇墓碑，东北面有记事碑 1 方，字已风化，辨认不清。

17 – B₅ **瑶里墓群** 〔里湖瑶族乡瑶里行政村瑶里村北面·清代·县文物保护单位〕 墓群分布面积约 5360 平方米，约有上千座墓，皆葬于清代。墓葬多朝西，按死者的辈分或家属关系排列成横行。冢呈圆丘形，石板或片石围砌，有或无墓碑，每墓前都立有木刻的天柱，长 2 米多，分三段，三分之一柱脚埋入地下，中段三分之一为圆柱体，顶端三分之一处则用刀砍削成叠碗状，7—13 级不等，都是单数，是死者灵魂登天用的梯级。在梯级与柱中圆部交接处，镶嵌一双带额骨的水牛角，意为死者能把那水牛一同带到天上去。

18 – B₆ **怀里墓群** 〔里湖瑶族乡怀里行政村怀里村西面·清代〕 为清代瑶族墓葬。有墓葬 100 余座，分布面积约 2000 平方米。墓葬向南，长方形土堆冢，大小不一，前端高后端低，周边用不规整的石片围砌，墓前无碑，大都立有牛角柱，是白裤瑶族墓葬形式。

19 – B₇ **母鲁坡郁氏墓地** 〔芒场镇拉者村塘全屯西面约 400 米的母鲁坡上·清代〕 为郁氏家族墓地。有墓葬 5 座，墓葬朝东，圆丘形土冢，冢周用片石垒筑，有墓碑的 3 座，其中 1 座为汉州同郁秉祯及其夫人墓。郁秉祯（1857—1897），曾任清代南丹州汉州同。

20 – B₈ **幕劳山墓群** 〔芒场镇拉者行政村幕定屯幕劳山北面约 500 米山脚·清代〕 有墓葬 25 座，分布面积约 3000 平方米。墓葬朝西，圆丘形土冢，用料石围砌，大小不一，墓碑多有"山"字形碑盖。其中郁适玛墓修建于清嘉庆年间（1796—1820）。墓碑有山字脊顶盖，中立宝葫芦，两端鱼吻。碑边框刻挽联"人文蔚起因龙旺，富贵悠长本穴□"，边框前端出兽首扶手。碑面刻"皇清待赠故显考郁公讳适玛大爹老大人之墓"。

21 – B₉ **黄苏权墓** 〔芒场镇拉者行政村黑泥屯东北面约 100 米的土坡上·清代〕 黄苏权，广西南丹黑泥屯人。据黄氏族谱记载，黄苏权曾任南明王朝总兵。墓葬朝西南，冢似梯形台状，上小下大，四面坡刻有瓦垄，用石块及料石砌筑，墓碑无碑文，据黄氏族谱记载，为避免清雍正年间（1723—1735）的文字狱，墓碑原有文字已销毁。

22 – B₁₀ **韦启贤墓** 〔六寨镇巴定社区陋里屯北面·清代·县文物保护单位〕 建于清嘉庆元年（1796）。墓葬朝南。冢呈长方形，长 1.6 米，宽 1.27 米，高 0.85 米。周用石板镶砌，石板面浮雕人物、生产、娱乐图案，上为覆斗式盝顶，因冢形似花轿，故俗称为轿墓。墓碑为四柱三间三楼牌楼式，高 2.8 米，宽 3.2 米，进深 1.4 米，明楼顶上山字脊，次楼脊雕回首麒麟。下有三个门，边柱设圆雕麒麟夹杆石式墓扶手，明间嵌碑刻，碑高 1.8 米。文记墓主韦启贤生平。碑前原有石制祭台、香炉，石凳，今已不存。占地面积约 15 平方米。

23 - B₁₁ **史玉顺墓** 〔城关镇拉所社区干江屯南面村头·清代〕 史玉顺（1727—1812），广西南丹城关干江屯人，生平不详。墓建于清嘉庆十七年（1812）。墓葬朝西北，冢呈长方体，长 4.3 米，宽 4 米，占地面积约 20 平方米。两柱一门一楼门楼式墓碑，高 2.6 米，宽 0.76 米。碑盖为庑殿顶，两柱侧立圆雕夹杆石式扶手。墓碑记载史玉顺生卒年月。

24 - B₁₂ **田仁举墓** 〔月里镇巴峨行政村河头屯东面 300 米小山坡·清代〕 建于清道光七年（1827）。墓葬朝南，冢呈圆丘形，周边用料石块围砌，墓高 1.2 米，底径 3.4 米，占地面积约 20 平方米。碑高 2.5 米，宽 0.7 米，碑盖山字脊，碑侧伸出兽形扶手，碑文记载田仁举生卒年。

25 - B₁₃ **罗于飞墓** 〔吾隘镇昌里行政村后洲屯西北约 600 米独树坡·清代〕 罗于飞（1794—1831），那地土州第十八代世袭土司。墓建于清道光十一年（1831）。墓葬朝西，冢呈圆丘形，底径 3.2 米，高 2 米，用浮雕瑞兽、珍禽、花卉图案的石板围砌，墓前有四柱三间三楼牌坊式墓碑，明楼宝葫芦脊，两端鱼吻，高 3.5 米，宽 3 米，三间各立 1 碑，记载墓主生平。前有条石铺砌的半圆形祭台。占地面积约 60 平方米。

26 - B₁₄ **黎前当夫妇墓** 〔里湖瑶族乡怀里行政村怀里村东南面约 200 米的山脚下·清代·县文物保护单位〕 黎前当（1790—1854），清乾隆末年至咸丰年间瑶族头人。墓葬朝北，为黎前当及其妻合葬墓，墓冢用不规整的片石砌成，前高 1 米，后端略低，墓前并列两碑，共檐碑盖，每碑高 0.9 米，宽 0.7 米，西侧 1 方碑面刻"皇清新故寿化显考头人黎前当墓"。其旁为黎前当堂弟黎补财夫妇合葬墓。前方 1 米处立一石天柱，天柱直径 20 厘米，上半截已断失，残存高度 1.1 米，上端还保留有 3 级梯轮。

27 - B₁₅ **罗腾皋墓** 〔吾隘镇那地行政村那地村西南面约 2.5 公里小更汪山·清代〕 罗腾皋（1817—1867），那地土州第十九代世袭土司，死于清同治六年（1867）。墓葬朝东北，冢为用石块及青砖垒围的土堆墓，底径约 8 米，占地面积约 30 平方米。墓正面呈圆弧形，中间嵌墓碑，碑盖出檐，高 1.12 米，宽 0.45 米，碑文记载罗腾皋生平。

28 - B₁₆ **张莫氏墓** 〔六寨镇六寨社区北面的牛行街·清代·县文物保护单位〕 建于清光绪三十四年（1908）。墓葬朝西，冢用料石围砌。墓碑为四柱三间

三楼牌楼式，明间元宝形碑盖，正中浮雕清朝官员像，两边各浮雕龙缠绕，碑面刻"皇清赐封宜人祖妣张莫氏老太宜人之佳城"。右边碑文记述张莫氏助幼继子佐理州事的事迹，左边碑文记张氏后人重修其墓之事。

29 - B₁₇ **卢正明墓** 〔城关镇南丹高中西南·清代〕 卢正明，生平不详。墓为二次葬，平面呈长方形，占地面积约 3 平方米，冢呈棺形，用雕花石板构件砌成，分上下两部分，中以整块石板间隔，下半部呈长方体形，上半部用两整块长石板相对构成略呈弧形的顶部，前端树立亭式的墓碑，俗称石板墓。长 1.66 米，宽 0.84 米，高 1.9 米，颇具地方特色。

30 - B₁₈ **韦建宜墓** 〔城关镇南丹体育馆东约 100 米罗佐小区·清代〕 韦建宜生平不详。冢呈长方形，占地面积约 3 平方米，长 2 米，宽 0.95 米，通高 1.5 米。结构分上下两部分，下部用数块大石板构合成一棺形，再在盖板上嵌上用整块巨石凿成的墓脊，墓脊前端高仰，面平，后端逐渐缩小，圆弧似牛背，因此当地称牛墓。封土下部四周石板浮雕各种动物瑞兽、植物花卉图案。前端平面作墓碑，镌刻墓主姓名生卒年月。墓已被盗。

31 - B₁₉ **塘么牛坟** 〔六寨镇雅陇行政村塘么屯中·清代〕 建于清代，具体时间不详。因墓用大石板砌成，形如牛身，当地人称之为"石板牛坟"。墓葬朝东，长方形冢，顶置长 1.3 米，宽 0.5 米，高 0.6 米的巨石，其余各面用条石、片石围砌墓体，墓碑已缺失。占地面积约 6 平方米。

32 - B₂₀ **莫预伦墓** 〔月里镇牙林行政横绞里屯纳焕山·清代〕 莫预伦（1787—1876），广西南丹县月里横绞里屯人，生平不详。墓葬朝北，属二次葬。石棺已露出地面，用一巨石雕凿成，长 1.52 米，宽 0.6 米，高 0.51 米。前端平直高仰，兼作墓碑，镌刻墓主姓名及生卒年月；后端矮小。墓冢四周用长条方石砌围，当地称石棺墓。墓前约 300 米的一岩石上雕有一石鼓，打击石鼓的不同部位可发出鼓、锣、钗、木鱼等不同的音响。

33 - B₂₁ **东木山岩洞葬** 〔里湖瑶族乡化果行政村莉才屯东南约 1.5 公里东木山·宋—清〕 东木山高 30 余米。岩洞在山西北面的山坡上，高度距地表约 20 米。洞口朝西南，高约 7 米，宽约 5 米，洞内宽 13 米，进深约 30 米。内叠架木棺 8 具，多朽烂。棺板下积土中出有唐开元通宝、北宋元祐通宝、大观通宝、政和通宝、南宋建炎通宝、清道光通宝钱各 1 枚，北宋元丰通宝 2 枚，清光绪元宝 1 枚及小铜环 3 只。（见《文物》1986 年 11 期、《广西师范学院学报》1983 年 3 期）。

34－B₂₂ **翁路山岩洞葬** 〔里湖瑶族乡纪后行政村
纪后屯西面约 1 公里翁路山·明—清〕 岩洞在翁路
山西面崖壁上，高距地表约 30 米，洞口朝西，高 3 米，
宽 4 米，洞内宽 30 米，进深 33 米，此洞原有百余具棺
木，1984 年调查发现大多数棺材已被火烧毁，洞内到
处是灰烬，剩下的几副棺具都已散塌朽坏。在地面及
棺内发现铜镯、残断的扁担、木枕和一些随葬衣物残
片。（见《文物》1986 年 11 期）

35－B₂₃ **老寨山岩洞葬** 〔里湖瑶族乡仁广行政村
当脚屯老寨西约 500 米利谷山·明—清·县文物保护
单位〕 岩洞在山东面山脚，洞口朝东南，洞高 2—10
米，宽 19 米，进深 47 米。洞内前低后高，洞的西北面
有一小支洞，高 1 米、宽 2—4 米、深 10 米，放置棺架
棺 43 具，枕棺 4 具，长 2.04 米，宽 0.52 米，高 0.58
米左右，都已散坏，棺木和尸骨散落于洞内。未发现
随葬品。（见《文物》1986 年 11 期）

36－B₂₄ **耿早山岩洞葬** 〔里湖瑶族乡瑶里行政村
磨岭屯北约 1 公里耿早山·明—清〕 岩洞在耿早山
东壁，高距地表约 80 米，洞口朝东北，高 3 米，宽 8
米，洞内高 15 米，宽 12—15 米，进深 25 米，洞顶有
两处天窗，后壁置棺木 2 具，仅残存一些棺板，骸骨
朽烂。无随葬品。（见《文物》1986 年 11 期）

37－B₂₅ **化图山岩洞葬** 〔里湖瑶族乡怀里行政村
化图屯东南约 300 米化图山·明—清·县文物保护单
位〕 化图山高约 300 米。岩洞在山的西面山坡上，
高距地表约 30 米。洞口朝西，高 3.5 米，宽 8 米，洞
内进深约 44 米，分前、后厅。前厅较底，高 2—3 米，
宽 8 米，进深 4 米，存放架棺 20 具。后厅宽 30 米，进
深 40 米，散放棺木 10 具。棺均为 6 块木板合成的盒
棺，棺内多有 2 具以上骸骨，最多的一棺置 7 具。多数
棺内无随葬品，少数棺内有丝织衣物的残片以及木枕、
牛角筒等随葬品。（见《文物》1986 年 11 期）

38－B₂₆ **水塘山岩洞葬** 〔里湖瑶族乡瑶里行政村
瑶里村南面约 300 米水塘山·明—清〕 水塘山高约
260 米。岩洞在山北壁，高距地表约 200 米，洞口呈长
方形，朝北，宽 5 米，高 1—7 米，洞内高 2—9 米，宽
4—6 米，进深 24 米，面积约 120 平方米。洞内置棺架
22 具，枕棺 2 具，棺长 2.07 米、宽 0.47 米左右，多已
散架，骸骨狼藉，仅南壁石台上 1 具较完整，人骨遗
骸亦已散落棺外，随葬品有云纹缎等织物残片。（见
《文物》1986 年 11 期）

39－B₂₇ **白台山岩洞葬** 〔里湖瑶族乡怀里行政村
化桥屯西北约 1 公里白台山·明—清〕 白台山东面、
西北面峭壁上共有石灰岩洞 3 个，命名为 A、B、C 洞。
洞高距地面约 40—100 米，1984 年文物普查在 3 个洞

内皆发现有岩洞葬。（见《文物》1986 年 11 期）

B₂₇₋₁ **A 洞岩洞葬** 〔白台山东面峭壁山腰·明—
清〕 岩洞高距地表约 40 米，洞口朝东，洞约高 5
米，宽 5.6 米，进深 9.1 米，洞内有架棺 4 具，均置于
"井"字形架上，架柱顶端呈牛角形和人头形。2 具早
年遭盗扰，已空无物，1 具棺已被人用火烧残。仅 1 具
棺较完整，棺内两端各有 1 个人颅骨以及梅竹横条纹
福寿绫巾碎片。棺外摆放酒壶、碗、坛等。

B₂₇₋₂ **B 洞岩洞葬** 〔白台山之西北面峭壁上·明
—清〕 岩洞高距地表约 100 米，洞口朝西北，洞约
高 2 米，宽 10 米，进深 48 米，洞内分左、右侧洞，棺
木集中在右侧洞的斜坡上，共置棺木 20 具，其中包括
高架棺 15 具，架棺架立柱多呈有牛角形、也有矛头、
人头形装饰。枕棺 5 具，置于两根横置的枕木上，棺
由 6 块整板构合成，两端有凸出的鸟尾形木柄。棺内
有人骨遗骸及绢、缎、绫罗、绮等织物残片，枕棺底
残存木枕。其中 2 具棺外壁以红彩绘山、云、人物及
动物图像。

B₂₇₋₃ **C 洞岩洞葬** 〔白台山西北面峭壁 B 洞西侧
约 50 米·明—清〕 岩洞高距地表约 70 米。洞口朝
西北，洞约高 1.9 米，宽 3.6 米，进深 2.7 米，内置架
棺 7 具，长 1，88 米、宽 0，47 米、高 0.48 米，均朽
烂，仅残存饰有牛角形的棺架和棺侧板。

40－B₂₈ **埂渣九岩洞葬** 〔里湖瑶族乡怀里行政村
化桥屯西·明—清〕 岩洞在山的北坡，高距地面约
70 米，为石灰岩裂隙形成的朝天洞，口宽 10 米，内宽
11.5 米，向下深 2.5 米，存放盒形棺 17 具，棺长
1.94—2 米，宽 0.5 米左右，高 0.5—0.6 米。有鸟尾
饰，均置于"井"字形棺架上。棺架柱顶雕有牛角形、
矛尖形或人头形装饰。棺木大多朽塌，少数棺内存残
骨。属一次葬。随葬品仅发现 1 件小铁环。（见《文
物》1986 年 11 期）

41－B₂₉ **埂渣山岩洞葬** 〔里湖瑶族乡怀里行政村
怀里屯东面约 1000 米的公路下坎 1 米处·明—清〕
埂渣山高约 120 米。岩洞在山西壁，岩洞高距地表约
20 米，洞口朝西，略呈圆形，高 3 米，宽 5 米，洞内
向东倾斜，原来放置有 10 余具棺木，现已腐烂散落。

42－B₃₀ **洼火岩洞葬** 〔里湖瑶族乡纪后行政村牛
洞屯东面约 1 公里洼火山·明—清〕 岩洞在山顶上，
距洞前平地约 2 米，洞口朝东，宽 16 米，高 5 米。洞
内宽约 20 米，进深 37 米，面积约 740 平方米，地面平
坦，原有棺木 10 余具，皆毁，仅见少许残棺木及骸骨
碎片。（见《文物》1986 年 11 期）

43－B₃₁ **当桥山岩洞葬** 〔里湖瑶族乡仁广行政村
当桥屯老寨西北约 300 米当桥山·明—清〕 岩洞在

当桥山南面峭壁上，高距地表约 40 米。洞口朝西南，宽 5 米，高 3 米，洞内高 3—5 米，宽 5—8 米，进深 12 米，面积约 100 平方米。洞内散布烂棺板和人骸骨，残存 8 具棺木，存放在 2 个棺架上，其中 1 棺内有腐烂的丝绸残裙，棺边置有陶酒壶、粗瓷碗、碟及竹编鸡笼等。（见《文物》1986 年 11 期、《广西师范学院学报》1986 年 3 期）

44 - B₃₂ 八独山岩洞葬 〔里湖瑶族乡纪后行政村纪后屯北约 1 公里八独山·明—清·县文物保护单位〕岩洞在八独山西南面峭壁上，高距地表约 80 米。洞口朝西南，宽 8.2 米，高 8 米，洞内高 5 米，进深 19.4 米，被钟乳石隔为前后两部分。前部分置架棺 2 具，后部分置架棺 11 具，多已朽坏，只有 2 具较完好，内存人骨遗骸，其中 1 棺内有颅骨 3 个。未发现随葬品。（见《文物》1986 年 11 期）

45 - B₃₃ 磨秧山岩洞葬 〔里湖瑶族乡怀里行政村怀里屯西面的磨秧山·明—清〕磨秧山当地瑶族称"白闹山"。山东面峭壁有上下两洞口，皆朝东。高距地面约 500 米。上洞高距地面约 120 米，洞内高 6 米，宽 15 米，进深 10 米，面积约 150 平方米。洞内残存棺架木 11 根及少许零碎人骨。下洞在上洞西面 100 米左右，高距地表约 100 米。洞口高 5 米，宽 7 米，内宽 5.5 米，进深 8.2 米，面积约 45 平方米。洞内置棺 1 具，已朽烂。（见《文物》1986 年 11 期）

46 - B₃₄ 里舵山岩洞葬 〔里湖瑶族乡怀里行政村化图屯东·明—清〕里舵山当地瑶语称"毕亚"。里舵山高 70 余米。山峭壁上有 4 个洞穴：A、B 洞于山南壁，洞口皆朝南。A 洞口高距地表约 40 米。洞约高 4.2 米、宽 2.6 米，进深 5.3 米，内置架棺 1 具。棺长 2 米，宽 0.49 米，高 0.59 米，棺内无尸骸及随葬品。B 洞口在 A 洞西侧，高距地表约 20 米。宽 1.7 米，高 3.7 米，洞内进深 5.6 米。洞内置枕棺 1 具，搁于两根圆木上，已塌散。棺外有罐、碗各 1 件。C、D 洞于山西壁，高距地表约 60 米。两洞并排，高 1.5 米，宽 2 米，洞内进深 3 米，各存棺 1 具，均已塌散。未见人骨遗骸及随葬遗物。（见《文物》1986 年 11 期）

47 - B₃₅ 东买山岩洞葬 〔里湖瑶族乡董甲行政村甲要屯东北约 500 米东买山·明—清〕岩洞在东买山的东南壁上，高距地表约 100 米，洞口朝东南，高约 5 米，宽约 16 米，洞内进深 1.8 米，面积约 28.8 平方米。洞内靠后壁置棺 1 具。已朽烂。（见《文物》1986 年 11 期）

48 - B₃₆ 瑶里老寨山岩洞葬 〔里湖瑶族乡瑶里行政村瑶里村北面约 500 米老寨山·明代〕老寨山当地瑶语称为"毕要山"。岩洞在老寨山东北面峭壁上，高距地表约 30 米。洞口朝东北，呈半圆形，高 2—7 米，宽 2—5 米，洞内进深 47 米。洞道前低后高，前部顺壁置棺 4 具，其中 3 具已朽烂，残存碎棺板，地面有碎骨。未发现随葬品。（见《文物》1986 年 11 期）

49 - B₃₇ 毕嘎岩洞葬 〔里湖瑶族乡怀里行政村怀里屯西南约 1.5 公里毕嘎山·明代〕岩洞在山的西北麓近山脚处，高距地表 10 余米。洞口朝西北，高约 51.5 米，宽 2 米。洞内高 5 米，宽 2—6 米，进深约 26 米，面积约 80 平方米。洞内原置棺木多已散架，只有 3 具较完整，未发现随葬品。（见《文物》1986 年 11 期）

50 - B₃₈ 枫木坳岩洞葬 〔里湖瑶族乡怀里行政村化桥屯西约 1000 米枫木坳·明代〕在枫木坳东南面峭壁上有 2 个石灰岩洞。洞口皆朝东南。A 洞高距地表约 500 米，洞高约 3 米，宽 15 米，进深约 10 米；B 洞在 A 洞南约 10 米，洞口呈椭圆形，宽 3 米，高 5 米，进深 8 米。2 洞内各存放架棺 3 具，均已朽，仅见人骨碎块，未发现随葬品。（见《文物》1986 年 11 期）

51 - B₃₉ 东等山岩洞葬 〔里湖瑶族乡瑶里行政村上东等屯西约 1 公里东等山·明代〕东等山当地瑶语称"围凹山"。岩洞在东等山西北面峭壁上，高距地表约 300 米，洞口朝西北，高 3.5 米，宽 8 米，洞内呈曲尺形，进深 10 米。原置架棺 3 具，均朽，棺木及人骨散落，旁有残瓷碗 1 件。（见《文物》1986 年 11 期）

52 - B₄₀ 翁皮山岩洞葬 〔里湖瑶族乡化果行政村化果屯东约 1.5 公里翁皮山·明代〕翁皮山高 140 余米。棺木分别放在 A、B2 个石灰岩洞内。A 洞高距地表约 40 米，洞口朝南，宽 8—12 米，高 5 米，进深 10 米。洞内存摆放在 2 个"井"字形的棺架上的架棺 7 具，未发现随葬品。B 洞在翁皮山北壁，高距山脚约 50 米，洞口朝东北，高 5 米，宽 11 米，洞内宽 11 米，高 3—5 米，进深 17 米。洞内地面有残棺板及零散骸骨。（见《文物》1986 年 11 期）

53 - B₄₁ 毕亚山岩洞葬 〔里湖瑶族乡怀里行政村蛮降屯东面约 1 公里的毕亚山·明代〕岩洞在毕亚山北面壁上，洞口朝北，高约 7 米，宽约 10 米，洞内进深约 8 米，面积约 80 平方米。洞内有棺木 1 具，构架完好。

54 - B₄₂ 盖山岩洞葬 〔里湖瑶族乡怀里行政村怀里村东南约 2.5 公里盖山·明代〕盖山当地瑶语称"格博"。山高 210 米。岩洞在山东壁，高距地表约 200 米。洞口朝东北，高约 10 米，宽 5 米，洞内进深 13.5 米，洞内存放架棺 1 具，棺长 1.8 米，宽 0.5 米，棺内存骸骨 1 具及棕色衣物碎片，被扰乱，棺外散落有牛肋骨、肩胛骨和人下肢骨，棺内存棕色衣物碎片。（见

《文物》1986 年 11 期）

55 - B₄₃ 高峰山岩洞葬 〔里湖瑶族乡怀里行政村化桥屯西面高峰山·明代〕 高峰山高 80 余米。岩洞在山北面峭壁上，高距地表约 70 米，洞口朝北，洞高约 3 米，宽约 7.9 米，进深 15 米，洞内东侧存架棺 1 具，置于"井"字形高棺架上，外表涂抹石灰。棺内有人骨遗骸 1 具，头南足北，面东，骸骨间有纺织品残片。死者为年约 45 岁男性。（见《文物》1986 年 11 期）

56 - B₄₄ 嘎早山岩洞葬 〔里湖瑶族乡纪后行政村纪后屯西约 1.2 公里嘎早山·明代〕 岩洞在嘎早山西壁上，洞口朝西，高距山冲约 50 米，洞口高 2 米，宽 5 米。洞内宽 50 米，向西倾斜，面积约 200 平方米。洞内原有棺木 100 余副，因遭火烧，棺木尽毁，遗存许多人骨遗骸散落洞中地面。

57 - B₄₅ 白岩山岩洞葬 〔里湖瑶族乡怀里行政村化桥屯西南面约 800 米的白岩山上·明代〕 岩洞在白岩山南壁，距山顶 50 米。洞口朝南，洞内面积约 30 平方米。存棺木 20 具，有枕棺和架棺两种。棺内有木枕、死者的衣物残片等。其中有 2 具为绘画棺，用红、黑两种颜色绘成，棺内多有 2 个死者的骸骨，也有 4 个的，随葬物多为缎料。

58 - B₄₆ 八同山岩洞葬 〔里湖瑶族乡化果行政村莉才屯南西约 600 米八同山·清代〕 岩洞在八同山南面壁上，为岩厦形岩洞，高距地表约 70 米。洞口朝西南，宽 7 米，高 6 米，进深 10 米。洞内原置棺木 7 具，多已腐烂散落。靠东壁有盒式架棺材 2 具，长 1.8 米，宽 0.5 米，均朽塌。未发现人骨遗骸及随葬品。（见《文物》1986 年 11 期）

59 - B₄₇ 怀里山岩洞葬 〔里湖瑶族乡怀里行政村怀里屯东约 300 米怀里山·清代〕 怀里山高约 650 米，岩洞在山西北面峭壁上，高距地表高约 600 米。洞口朝西北，宽 2.3 米，高 2.4 米，洞内进深 6.4 米，洞内置棺木 2 具，摆放在 2 根圆木上。棺长 2.35 米，宽 0.6 米，高 0.57 米，棺内各置人骨遗骸 1 具。未发现随葬品。（见《文物》1986 年 11 期）

60 - B₄₈ 笔刮山岩洞葬 〔里湖瑶族乡董甲行政村甲要屯南面约 300 米笔刮山·清代〕 岩洞在山北坡，墓葬分布在 A、B、C 等 3 个石灰岩洞内。A 洞高距地表约 15 米，洞口朝北，宽 6.2 米，高 2.2 米，洞内进深 9.5 米，洞前部置棺木 3 具，均朽烂。B 洞在 A 洞之西北，距地表约 40 米。洞口朝西南，高 6 米，洞内进深 14 米，置棺木 1 具。C 洞在 B 洞附近，距地表约 40 米，岩厦形，宽 15 米，高 8 米，深 3 米，原有棺木 3 具，已被取走。（见《文物》1986 年 11 期）

61 - B₄₉ 沙东岩洞葬 〔里湖瑶族乡怀里行政村化桥屯沙东山·清代〕 岩洞在沙东山东面壁上，高距地表约 40 米，洞口宽 3.4 米，高约 2 米，洞内进深 12 米，洞内地面平坦，前后有枕棺 2 具，放置于 2 根方木上，棺已朽残。旁有泡菜陶罐和酒壶，据说是后人带进。（见《文物》1986 年 11 期）

62 - B₅₀ 楼梯山岩洞葬 〔里湖瑶族乡瑶里行政村瑶里村东约 600 米楼梯山·清代〕 岩洞在楼梯山西北壁，高距地表高约 50 米。洞口朝西北，宽 1 米，高 0.7 米，入洞往下经 2.4 米陡壁才进洞底，洞内宽 3.5 米，高 2—2.5 米，进深 6 米，置棺 1 具，盖已失，棺长 2.07 米，宽 0.41 米，高 0.48 米。棺内有 3 个人骨遗骸，已散乱，无随葬品。（见《文物》1986 年 11 期）

63 - B₅₁ 洞羊山岩洞葬 〔里湖瑶族乡瑶里行政村白岩屯东南约 0.5 公里洞羊山·清代〕 岩厦形岩洞，高距地表约 40 米。洞口朝西，高 5 米，宽 8 米，进深 3 米，内置棺 1 具，为无架栓棺，长 1.9 米，宽 0.47 米，高 0.53 米，棺身加十字形栓。棺内有不完整人骨遗骸 1 具，无随葬品。（见《文物》1986 年 11 期）

64 - C₁ 龙田井 〔芒场镇芒场社区芒场街东北约 100 米处·明—民国·县文物保护单位〕 建于明代，具体时间不详。井口平面呈半圆形，径 2.2 米，深 1.24 米，井壁以长条形及弧形石围砌。三合土井台，占地面积约 30 平方米。1949 年修缮，并将井口加高成半圆围墙。原有建井碑刻已佚，现存 1949 年《重修龙田古井碑》1 方。

65 - C₂ 磨山寨门 〔芒场镇芒场社区磨山屯东北面村头·明代〕 建于明代，具体时间不详。坐北朝南，墙用料石干砌，中开券拱门，宽 3.5 米，高 3.38 米，厚 4.41 米，一条小道经寨门通往寨中。

66 - C₃ 太平桥 〔里湖瑶族乡里湖社区下纪后屯北面约 50 米·明代〕 建于明代，具体时间不详。南北走向，单孔石拱桥，长 12 米，宽 3 米，拱跨 8 米。桥身用片石干砌，桥拱用料石砌筑，桥面铺石板，两侧置条石矮护栏。两端有斜坡状引桥。桥南面约 10 米处有桥碑捐资碑刻 3 方。

67 - C₄ 兰耀桥 〔月里镇牙林行政村桥头屯西约 1.5 公里·清代〕 建于清初，具体时间不详。清乾隆、清光绪年间多次重修。桥跨牙林村通往胜村乡道小河沟，东西走向。单孔石拱桥，长 15 米，宽 4 米，拱跨 5 米。桥身、桥拱用料石砌筑，拱顶以石板铺平桥面，两侧置条石护栏，两端踏跺接引桥。桥头有修建桥记碑刻 1 方。

68 - C₅ 百子桥 〔六寨镇蛮卷行政村马平屯西面河面·清代〕 建于清乾隆五十四年（1789）。东西走向，单孔石拱桥，长 40 米，宽 4 米，拱跨 8 米。桥身、桥拱用料石干砌，桥面铺石板。两侧有条石矮护栏。桥东侧立有清乾隆五十四年《百子桥记》1 方，碑高 1 米，宽 0.6 米，碑文多已模糊。

69 – C₆ 磨朵井 〔芒场镇拉者行政村磨朵屯中部·清代〕 建于清代，具体时间不详。在山坡脚洼地处，有料石踏跺从地面延伸至井边，长约 10 米，宽 1 米，只能容一人下井打水。占地面积约 50 平方米。

70 – C₇ 蛮降井 〔里湖瑶族乡怀里行政村蛮降屯·清代〕 建于清代，具体时间不详。在山坡脚洼地处，有料石踏跺从地面延伸至井边，长约 10 米，宽 1 米，只能容一人下井打水。占地面积约 50 平方米。

71 – C₈ 八雅井 〔里湖瑶族乡八雅行政村八雅村北端·清代·县文物保护单位〕 建于清代，具体时间不详。为四级井，用方正料石筑砌，占地面积约 80 平方米。一级井为饮水井，凿在山崖下，方形，边长 2 米，深 1 米，东侧溢水口出水流入二级方形井，边长 2 米，为洗菜井；其下端 1 米为第三级洗衣井，方形，边长 3 米；再向下 2 米为四级井，方形，边长 3 米，是畜饮及洗衣井。现第二、三、四级已回填，只保留了一级井。

72 – C₉ 五道河桥 〔罗富乡南面约 3 公里处的五道河上·清代·县文物保护单位〕 建于清代，具体时间不详。是罗富到吾隘之间的主要干道桥梁。南北走向，单孔石拱桥，长 20 米，宽 8 米，拱跨 14 米。桥身、桥拱皆用长形料石干砌，桥面铺石板，两侧置条石矮护栏。

73 – C₁₀ 吾隘码头 〔吾隘镇西面红水河北岸·清代〕 建于清代，具体时间不详。为商埠码头。在红水河北岸，紧邻清水河，两河交汇的南侧上游。从河边至岸上呈"＜"形，从北至南约 20 米处，向西转折 25 米，全长 45 米。石砌踏跺，部分已损坏。旁有片石挡土墙，高 2—5 米。

74 – C₁₁ 明寨桥 〔芒场镇拉者行政村明寨屯北约 400 米处小河沟·清代〕 建于清代，具体时间不详。南北走向，单孔石拱桥，长 4.5 米，宽 2.5 米。桥身、桥拱用料石砌成，桥上护栏已毁，桥的一端侧边有石垒踏跺达桥面，两端各有一株古柏树。

75 – C₁₂ 央哨永昌桥 〔罗富乡央哨行政村务村屯西面约 1 公里的坡脚山冲小河沟上·清代〕 建于清代，具体时间不详。南北走向，单孔石拱桥，长 11.6 米，宽 2.4 米，拱跨 3.75 米。桥身、桥拱用料石干砌，桥面铺石板，仅存西侧条石护栏，高 0.45 米，宽 0.25 米，长 1.6 米。桥南端靠坡，北端设有 11 级石踏跺，有"日月同春"碑刻 1 方。

76 – C₁₃ 扬州古道 〔大厂镇扬州行政村扬州村南面大石山的峡谷中·清代〕 石板道从那地经黄花岭到扬州后自西至东横穿扬州街，再通往大厂，全长约 800 米，宽 1 米，路面用不规则的石板铺砌，上坡处皆置踏跺。1930 年邓小平、张云逸曾率中国工农红军第七军经过。

77 – D₁ 五星读书岩摩崖石刻 〔车河镇坡前行政村读房屯东北约 1.5 公里老母山·清代·县文物保护单位〕 五星岩有 3 个洞口，洞内有摩崖石刻 5 方，画 8 幅。东南面后洞口的一块大石头上，竖行榜书"五星读书岩"，字径 0.06 米，楷书，阴刻。清光绪己亥年（1899）中秋，莫葛如撰文、书丹并勒石。前洞南壁有石刻 4 方，其中 1 方题记述塘马村莫家仁中进士，因战乱不能外出，就长期在岩中刻苦读书。另 3 方为南丹、河池的贡生、秀才赏景抒怀的唱和诗。洞北壁浮雕金龙现爪、双燕归巢、二老围棋、双猿戏果、铜壶漏响、玉笛声清、孤灯挂壁、硕体连林等 8 幅图画，亦称八景。

78 – D₂ 拉旦山摩崖石刻 〔城关镇车马社区车马屯东拉旦山·清代·县文物保护单位〕 石刻在山的西北面峭壁岩洞洞口的峭壁上，洞口朝南。传清朝末年，当地绅士韦占魁撰诗作画，凿之于崖壁。有数十首诗词及若干画像。

79 – D₃ 司使号令碑 〔六寨镇雅陇行政村拉号屯西南面村头·明代〕 碑刻 1 方。南丹使司于南明永历七年（1653）立。碑阳朝西，高 1.62 米，宽 0.72 米，厚 0.16 米，碑盖有檐。横行阴刻额题"司使号令"4 字，碑文竖刻 10 行，满行 16 字左右，阴刻楷体。碑文记述南丹使司于南明永历七年（1653）指派罗散等人负责招募兵勇的令牌。

80 – D₄ 准执照碑 〔罗富乡板劳行政村板劳村西南约 1.5 公里山坡·清代·县文物保护单位〕 碑刻 1 方。清乾隆二十七年（1762）立。碑高 2.17 米，宽 1.23 米，厚 0.25 米。庑殿式碑盖，横行额题"准执照碑"4 字，碑文竖刻 14 行，满行 30 字，字径 0.03 米，楷书，阴刻。碑文记述：清乾隆年间（1736—1795）板劳一带梁、黄、班、韦、罗等姓村民随军出征天河左州白土等处，围剿红苗有功，赏免各种税务、杂役。

81 – D₅ 永古场碑 〔六寨镇蛮卷行政村马平屯西面 50 米·清代·县文物保护单位〕 碑刻 1 方。清咸丰三年（1853）立。碑阳朝北，高 1.32 米，宽 0.45 米，厚 0.23 米，长方碑跌。横行额题"永古场碑"4 字。落款"咸丰三年九月十五榖旦立"。碑文竖 12 行，计 145 字。碑文记述：市场交易须公平，不可大秤小斗，不可肥己害人。倘有不法之徒入场乱闹，众人拿劝，解去南丹，当官理论。

82 - D6　创建祖祠记碑　〔吾隘镇那地行政村那地村小学西北约 100 米·清代·县文物保护单位〕　碑刻 1 方。清咸丰九年（1859）那地土州罗氏第十九代世袭土司罗腾皋立。罗腾皋撰文、书丹。碑高 1.7 米，宽 1 米，碑文竖行，计 600 余字，字径 0.03 米，楷书，阴刻。碑额横书"创建祖祠记"5 字，落款"世袭那地知州十九孙腾皋谨记石"。碑文记述南丹罗氏土司世系、迁徙、定居那地的经过及清咸丰六年始建祖祠及经过等。抗日战争期间祠已毁，碑存。现部分字已模糊不清。

83 - D7　善缘碑　〔里湖瑶族乡八雅行政村八雅村南面的山坳上·清代·县文物保护单位〕　清咸丰九年（1859）立。碑为方柱体，又称"四方碑"。碑高 1.74 米，顶部四面出檐，长方碑趺，西面无字，北、东、南三面碑额分别刻"善""缘""碑"字，字径 0.15 米。碑北面"善"字的下方刻对联"八卦任他纵横有险，雅人在我修治皆平"。碑东面"缘"字的下方，竖行阴刻序文，212 字，楷书，字径 0.03 米，碑文记述众善同心，修建八雅村道路的事迹。南面"碑"字的下方，记捐款六万六千二百文。落款"咸丰九年季秋"。

84 - D8　者远功名碑　〔六寨镇者远行政村拉益屯·清代〕　刻于清代。碑刻 2 方，大小相若，为长方形立柱体，高 1.16 米，边宽 0.33 米，顶部有亭式顶盖。呈东北—西南向排列，碑距 0.48 米。西碑西面和东碑南面无字，其余六面皆有字，碑文竖行，碑文记述南丹州官表彰者远哨人员功绩，并界定他们的职责。

85 - D9　罗佐韦氏土司旌表　〔城关镇南丹体育馆东约 100 米罗佐小区东北·清代〕　清代韦氏家族为考取进士者所立。6 对方柱，各柱的上部开长方形孔眼，正面刻中进士者的官职和姓名。每对大小不一，最大者高 1.6 米，宽 0.44 米。现有 3 对已倒地，3 对尚好。

86 - D10　上甲河拉甘洞壁书　〔月里镇月里社区上甲河屯西面约 200 米的山头上·清代〕　拉甘洞在山西面半山上，洞口朝西，高约 1 米，洞口上方南壁上有墨书文字，竖 14 行，满行 12 字左右，楷书，记载黔军围剿苗族人反抗的事。部分文字墨迹脱落。

87 - E1　那地工农民主政府旧址　〔吾隘镇那地行政村那地村·1927—1929 年〕　1927 年至 1929 年在此成立农民协会及工农民主政府，1930 年 5 月，那地工农民主政府改称那地县苏维埃政府。邓斌（邓小平）、张云逸、李明瑞、韦拔群等都到过那地。旧址坐西北朝东南，砖木结构，面阔三间，明间前设凹廊，青砖

墙，硬山顶，盖小青瓦。占地面积约 540 平方米。

88 - E2　扬州革命洞　〔大厂镇扬州行政村唐房屯南约 400 米公峨山西侧水岩洞·1930—1932 年·县文物保护单位〕　1930 年春节，蓝志仁等 18 名扬州青年在洞内盟誓，决心为穷人翻身解放而战斗。1930—1932 年国民党军队对南丹扬州一带根据地发动了大规模围攻。自卫军在蓝艳庭等人的领导下击退敌人七次围攻，坚持斗争三年，后退守水岩洞。1932 年 9 月下旬被敌攻破，蓝艳庭等人壮烈牺牲。中华人民共和国建立后，水岩洞易名扬州革命洞。洞口朝北，洞高 13 米，宽 15 米，进深约 2000 米，洞口外当年封堵洞口的石墙尚存墙基。

89 - E3　邓小平留宿地　〔吾隘镇那地行政村那地村北面·1930 年〕　1930 年邓斌（邓小平）经过那地时曾在此住宿。原为那地土司住宅，坐东北朝西南，砖木结构平房，片石围砌台基，建筑面阔、进深三间，青砖墙，硬山顶，盖小青瓦。占地面积约 180 平方米。门前约 20 米处有"泰山石敢当"石碑 1 方。

90 - E4　黔桂公路界碑　〔六寨镇北约 3 公里·1932 年〕　1932 年桂林至贵阳的大西南公路竣工，在黔桂两省交界处公路旁立《会勘沟通黔桂交界与路交界碑记》《西南动脉》等碑刻 3 方。碑均为长方形，高 1.5 米，宽 1.2 米。此外，在交界处公路两侧石山刻有"康庄利民""惠及黔南"等摩崖石刻。1987 年贵州省黔南自治州、独山县人民政府和广西河池公路总段、南丹县人民政府联合修复碑亭，在界碑两侧路旁和山上各建友谊亭 1 座，亭为六角形攒尖顶。

91 - E5　丹池公路落成纪念塔碑　〔六寨镇南·1933 年〕　1932 年黔桂公路竣工。1933 年 12 月在南丹河池段的起止城镇六寨和河池各建纪念塔 1 座。六寨的纪念塔为方锥形砖塔，高 10 余米，正面镌刻"丹池公路落成纪念塔"等字。塔座四周嵌刻时任丹池公路局长莫树杰撰写的碑记及蒋介石、于右任、李宗仁、白崇禧等国民党要员的题词。塔于 1968 年 12 月被毁。现存殉职工友芳名碑刻 2 方，高 1.4 米，宽 0.9 米，记殉职者姓名、籍贯。

92 - E6　莫逊业墓　〔月里镇月里社区麻月寨北约 300 米的雅玛坡西面·1936 年〕　莫逊业（1886—1931），广西南丹县月里人。南丹县第一任弹压，国民革命军团长。1931 年 11 月病故于南丹。墓葬建于 1936 年，1947 年重修。墓葬朝西，冢呈圆丘形，以料石铺面，顶留圆孔。底径 4 米，高 2.5 米。墓周为石板围护的墓台，前有圆顶长方形墓碑，碑面刻"莫先生逊业墓"为李宗仁所题，碑文为王守约撰。两侧有李任仁、蒋继伊、肖劲华、杨庆祥等人题词。占地面积约 150 平

方米。

93 – E₇ 南丹烈士纪念碑 〔城关镇东面的小山坡上·1984 年〕 为了纪念在解放战争中牺牲的烈士而建,建于中华人民共和国成立初期,1984 年迁建现址。坐东朝西,高约 20 米,碑座为正方形,边长 4 米。碑身为长方立柱体,正面题刻"革命英雄永垂不朽"8 字,周边为石砌平台,台周置护栏,台前有 9 级台阶。

94 – E₈ 那地革命烈士纪念塔 〔吾隘镇那地行政村那地村北面约 100 米的土坡顶上·1984·县文物保护单位〕 1984 年,为缅怀那地为解放事业捐躯的烈士,在当年烈士张挂红牺牲处修建烈士纪念塔。占地面积约 440 平方米。坐西朝东。方台塔座,边长 3 米,塔座正面嵌碑刻,碑文记述了第二次国内革命战争时期以来的那地革命斗争史以及那地人民为革命所做的贡献。塔身为立柱体,高 9 米。正面题"革命烈士纪念塔"7 字。

95 – E₉ 扬州革命烈士纪念塔 〔大厂镇扬州行政村扬州村东北约 300 米干田堡土坡上·1985 年·县文物保护单位〕 为纪念扬州为革命牺牲的烈士,1985 年修建。坐西北朝东南,塔座为方形,边长 3 米,正面嵌碑刻,碑文记述第二次国内革命战争以来,扬州人民可歌可泣的英勇事迹及烈士名单。塔身为立柱体,高 8 米,正面题刻"革命烈士纪念塔"。占地面积约 60 平方米。

96 – F₁ 凉风坳石板道 〔月里镇西边约 1500 米的凉风坳·1913 年〕 建于清代,是当时巴峨到南丹的必经之路,1913 年重修。现存凉风坳下至半坡与月里到中堡一段,长约 120 米,宽 1.5 米,用石块铺设,呈东北—西南走向。凉风坳立有 1913 年修路碑记 1 方。

97 – F₂ 达围桥 〔月里镇牙林行政村黄港屯北面 1.2 公里达围河上·清代·县文物保护单位〕 建于清道光六年(1826),1913 年重修。在接近达围河流入纳立河河口处。西南—东北走向,三孔石拱桥,长 32 米,宽 6 米,拱跨 9 米。桥身、桥拱用料石干砌,桥面铺石板。桥拱基座迎水端作分水类状。桥两端原立石狮各 1 对,桥东约 10 米处有建桥碑刻 3 方。

98 – F₃ 中山公园 〔六寨镇南端小石山上·1935 年·县文物保护单位〕 建于 1935 年,作为丹池公路的附属设施而修建。由凉亭、元阳洞、抗日将士阵亡纪念碑等组成,占地面积约 2000 平方米。山顶上凉亭花窗已损坏,元阳洞内有莫树杰将军的题词。公园已废弃。

F₃₋₁ 元阳洞摩崖石刻 〔中山公园洞南隔山麓·1936 年〕 元阳洞有摩崖石刻 3 方。洞内外有莫树杰 1936 年题刻的摩崖石刻 2 方,其中记刻 1 方,记其

1934 年辞军职归,倡建中山公园,越五载于 1936 年又抗日军于斯,有感而记刻。洞外 1 方为榜书"元阴洞",洞内榜书"虚怀"2 字及跋。"虚怀"字径 0.4 米,楷书,阴刻。

99 – F₄ 子华公园 〔六寨镇龙马行政村龙马庄龙马山南面山顶·1944 年·县文物保护单位〕 又称龙马村,为原国民革命军第 84 军中将军长、广西壮族自治区政协副主席莫树杰故里。1944 年莫树杰将其故居扩建为公园。公园依山而建,建有门楼、亭台、楼阁、炮楼、水池、假山等,种植奇花异木。占地面积约 6.67 万平方米。门楼为亭式阁楼,高 8 米,面阔 4 米,深 8 米,歇山顶,正脊中塑宝葫芦,两端塑龙,垂脊作凤尾状翘头,楼层四周通开槛窗。大门"子华公园"门额为于右任题写。园内有李宗仁、白崇禧等 20 余位国民党要员的题名留字。

100 – F₅ 龙头屯古民居 〔月里镇立外行政村龙头屯·民国〕 建于 20 世纪 40 年代。坐北朝南,砖木结构,三进院落,由前院门、中座、后座、天井、厢房组成,占地面积约 1280 平方米。主体建筑面阔三间,青砖墙,穿斗式木构架,硬山顶,盖小青瓦。前院门仿西式,向东斜开,顶饰三角形山花。墙上残留有打土豪分田地的标语。

101 – G₁ 泥盆纪标准剖面标志碑 〔罗富乡塘丁行政村罗富街口·1982 年·县文物保护单位〕 富泥盆纪海地层位于塘丁村境内,为浅海盆地相沉积,厚约 1680 米,出露较全,化石丰富。1982 年确定为泥盆纪标准剖面,并于塘丁村罗付街口建泥盆纪标准剖面标志碑,由基座、碑组成。砖水泥结构。基座两层,上立四方柱体标志碑,有顶盖。标志碑周铺水泥坪,围有水泥栏杆。

102 – G₂ 虎形山银器窖藏 〔城关镇小场社区附城村拉要屯虎形山·宋代〕 1993 年 3 月,虎形山出土银器 10 件。其中有錾花龙凤花瓣银匜、錾花龙凤纹高足折沿莲瓣银盘、摩羯纹银碗、錾花鎏银摩羯等。银碗高 0.58 米,口径 0.142 米,足径 0.075 米。银摩羯长 0.34 米,高 0.148 米,头宽 0.042 米。

宜州市

1 – A₁ 独山岩遗址 〔龙头乡龙盘行政村龙盘村新圩独山岩·新石器时代〕 洞穴遗址。1986 年发现。独山岩洞口高 1.8 米,宽 1.5 米。地表覆盖钟乳石盖板。钟乳石下为黑色堆积,采集到石化程度不高的人类脊椎骨、肢骨、牙齿及一些残碎陶片。

2 – A₂ 赖康岩遗址 〔北牙瑶族乡北牙社区东约 2

公里赖康岩·新石器时代〕 洞穴遗址。1986年发现。赖康岩是一孤山,四周有平缓坡地。岩洞高距地表约5米,洞口朝南,洞高4米,宽5米,进深8米,面积约40平方米。洞内尚残存部分文化堆积。采集到一些残碎夹砂陶片,其中有釜形器底部,器表外有很厚的烟熏层。

3-A₃ **凤凰山遗址** 〔庆远镇六桥行政村平村屯东北约400米凤凰山山腰岩洞内·新石器时代〕 洞穴遗址。1988年发现。岩洞高距地表约100米,洞口朝南,上大下小,高约6米,宽3.2米,洞室呈外小内大的葫芦形,内宽10米,进深7米,面积约70平方米。文化层已被严重破坏。在洞内发现人骨、陶纺轮、少量的陶片,以及石斧、石锛、穿孔石器、玉玦等遗物。

4-A₄ **古城峒城址** 〔庆远镇马安行政村木棉屯后山·南宋·市文物保护单位〕 又名铁城。为南宋宝祐年间(1253—1258)修筑的军事营寨。城址四周高山耸立,仅有一条小道可进出,分内、外城。内城平面呈梯形,面积约2平方公里;外城平面呈马蹄形,面积约1平方公里。城墙均以土夯筑,原城内有兵营区、民区、点兵台等建筑,现已毁无存。城内仅残存一些碑刻和城北面一段残墙。残墙长127米,高3.5—4米,上宽3米左右,底宽4—18米。城址东、西两面山崖上,共有南宋宝祐三年(1255)、四年(1256)摩崖石刻5方。一为题记《宜州铁城颂》,刻面高3.5米,宽2.3米。二为题记《宜州铁城记》。三为题记《七曲帝君内传》,刻面高1.6米,宽0.9米。四为榜书"铁城"。五为榜书"飞泉"。字体有楷书、隶书,均阴刻。

A₄₋₁ **宜州铁城记** 〔庆远镇木棉屯古城峒摩崖上·南宋〕 南宋宝祐四年(1256)刻。刻面高3.3米,宽2.2米。文竖20行,计720字,楷书,阴刻。杨延篆撰文并书丹。横行题"宜州铁城记"5字,落款"奉议即特差充广南西路经略安抚司参议官杨延篆盖"。刻文记述铁城之险要地形,因山势而筑城之史实。

A₄₋₂ **榜书"铁城"** 〔庆远镇马草塘屯西约1公里月亮山摩崖上·宋代〕 石刻在山南壁,刻面高3.6米,宽2.8米。文竖2行,计7字。宋代宜州指挥官云拱撰文并书丹。正文榜书"铁城"2字,字径1.6米,阴刻,篆体。小字落款"守臣云拱书",阴刻,楷书。

5-A₅ **宜山故城址** 〔庆远镇内·明—清〕 西汉元鼎六年(前111)初设定周县,唐贞观四年(630)置龙水县,先后属粤州、龙水郡、宜州,为州治。五代十国龙水县初属楚,后属南汉,隶属宜州,

为州治。北宋宣和元年(1119)更名宜山县,先后隶宜州、庆远府,为州治、府治,并为庆远军节度使驻地。元至元十六年(1279)属庆远路总管府,为府治。元大德元年(1297),改为属庆远南溪峒等处军民安抚司,为司治。明洪武初,属为庆远府,为府治。清延之。初筑土城,唐天宝元年(742)易以砖石。明洪武二十九年(1396)将旧城扩建,新旧城墙周长约5公里,设六门。清末以后逐渐拆毁。现存宋代小南门基石和明代四排楼的基脚等。

A₅₋₁ **小南门遗址** 〔庆远镇城中东路小南门52号·宋代〕 建于宋代,历代修缮,民国期间拆毁。地处宜州至洛西公路交界处,城门现仅存城通道两石基础。基础用料石砌成,长12米,高1.1米,间距3.35米。

A₅₋₂ **东门楼** 〔庆远镇城中东路·清代·市文物保护单位〕 建于清乾隆二十五年(1760),原为宜山县东城门,城墙用大块料石砌筑,长11.5米,高4.4米,拱门高3.9米,宽3.9米。门楼高二层,为木结构重檐楼阁,庑殿顶。面阔、进深均一间。20世纪60年代门楼被毁,2004年按原貌重修门楼。

6-A₆ **河池千户所遗址** 〔德胜镇德胜社区老街西北约500米·明代·市文物保护单位〕 明永乐六年(1408),河池千户所由河池移驻德胜,筑城以守,清代废。遗址平面呈长方形,东西长473米,南北宽346米,面积约2.5万平方米。城墙残高2—5米,厚约2米。城墙基脚由片石砌成,高1米,内、外檐墙用砖砌,内填夯土。城四面辟门,今仅存东门城,券拱门,下部2.1米由料石砌成,上部用青砖砌成,拱门高3.3米,宽4.2米,进深13米。门楼已毁。城内地面尚保留部分铺砖道路。

7-A₇ **永顺土司衙署遗址** 〔刘三姐乡中和行政村东风屯·明代〕 建于明弘治五年(1492),属永顺副长官司。衙门原为庭院建筑,早年已经拆毁。居民在遗址上修建住房。今仅存衙门二堂天井,周边用长条料石围砌,中间铺石板。

8-A₈ **窑头堡窑址** 〔庆远镇文昌社区东约1公里·宋代〕 分布面积约500平方米。窑筑于一条溪水之北岸坡地,为龙窑。地表有废品堆积,采集有瓷碗、壶、瓮等。瓷器多施青黄釉,碗内有垫烧的支钉痕。现已被辟为菜地。

9-A₉ **德胜窑址** 〔德胜镇德胜社区德胜中学南约60米德胜老街居民耕作区·明—清〕 共有窑口3座,圆形立式窑,直径约5米,残高约2.5米。采集的遗物有瓷碗残片,碗心有支钉痕。窑场均已辟为耕地。

10-A₁₀ **瓦窑屯窑址** 〔怀远镇北斗行政村瓦窑

屯北面约 150 米中州河边·清代〕 窑址在屯东面河边的小坡上，坡式龙窑，占地面积约 31.82 平方米。在地表上采集到擂钵、瓮、钵、盆等残件。紫红色胎，坚硬，不施釉。窑址已被辟为耕地。

11 - B₁ 德胜墓群 〔德胜镇德胜社区德胜中学后门约 80 米旱地和水田中·汉代·市文物保护单位〕墓群东起德胜老街西门尾，西至老街，南至黔桂铁路北侧，北至德胜中学后门，分布面积约 3.63 万平方米。墓葬封土多已不存，残存封土呈圆丘形，大小不一，底径 3 米至数十米不等，残高约 2—3 米。

12 - B₂ 彭氏家族墓地 〔刘三姐乡中和行政村下劳屯西约 200 米·明—清〕 墓群共有 7 座明、清墓葬，包括明骠骑将军都督指挥官彭英之墓、明故主姓彭府韦老太安人之墓、永顺副长官彭照宇墓、永顺副长官司彭师鹏之墓等。墓葬皆朝北，冢均呈圆丘形，用料石围砌，高 1.2 米左右，直径 1.5—4.1 米。彭师鹏墓碑丢失。占地面积 94.185 平方米。

13 - B₃ 廖仕宽家族墓地 〔安马乡古育行政村古育屯东南约 1 公里果掩坡·清代〕 墓地以廖金泰墓为中心，周围共有 11 座清代墓，占地面积约 1 万平方米。墓葬多朝东，冢呈圆丘形，用料石围砌，高 1.4—1.6 米，底径 3—4 米。墓前有碑。

B₃₋₁ 廖仕宽墓 〔安马乡古育行政村古育屯东南约 1 公里果掩坡·清代·市文物保护单位〕 廖仕宽（1776—1831），古育村廖氏的始祖。墓建于清道光十一年（1831）。墓葬朝南，冢呈圆丘形，周以料石围砌，高 1.5 米，底径 4 米，占地面积 15.5 平方米。墓碑顶盖及两侧柱浮雕仙鹿、仙人、瑞兽等图案，碑前开 2 扇可开启的石门板，高 0.92 米，宽 0.28 米，厚 0.1 米，门板的两面刻有墓主生前所作壮文诗歌 15 首，石门后墓碑为其自己撰写的墓志铭。

14 - B₄ 永定土司家族墓地 〔福龙瑶族乡同意行政村同意屯东面约 100 米·清代〕 清嘉庆至道光年间（1796—1850）修建。由 4 座墓葬组成，有正长官司墓 2 座，家族墓 2 座，占地面积约 32 平方米。墓葬朝东，冢呈圆丘形，其中 3 座墓冢由料石围砌成，1 个墓冢由片石砌成，墓底径 2.5—4 米，高 1—1.4 米。墓碑顶有盖，墓前左、右有石砌弧形扶手。

15 - B₅ 邓文茂墓 〔怀远镇甘村行政村思秧屯东约 1 公里耕地内·明代·市文物保护单位〕 邓文茂（？—1496），广西全州县霭岭村人，明弘治五年（1492）任永顺长官司第一代土官。葬于明弘治九年（1496）。清光绪三十二年（1906）重修。墓葬朝南，冢呈圆丘形，用料石围砌，高 1.4 米，底径 3.7 米。冢前嵌墓碑，碑面刻"明故题授世袭永顺正长官司开基

祖邓官讳文茂十五公"，墓前立八棱形石柱华表，宝葫芦形顶，高 1.8 米，华表八面镌刻墓志铭，记墓主生平事迹。占地面积约 17.32 平方米。

16 - B₆ 彭石田墓 〔刘三姐乡中和行政村吴冲屯东约 100 米飞龙岭脚·明代〕 建于明嘉靖三十七年（1558）。墓葬朝南，冢呈圆丘形，用青砖围砌。墓高 1.05 米，底径 2.86 米，占地面积约 9 平方米。墓碑为两侧石柱上横石顶盖形成边框，中为碑刻，碑文记录彭石田生卒年月。

17 - B₇ 德胜明墓 〔德胜镇德胜社区德胜酒厂后面·明代〕 为夫妇同地异坟葬。墓建于明崇祯十一年（1638），两座墓形状、高度大体相同，冢为圆丘形，高约 1.4 米，底径约 4 米。冢四周以料石围砌护卫，石板浮雕人物、动物和花卉等。墓前各立石碑 1 方，高约 0.7 米，宽约 0.5 米，风化严重，字迹大部分损坏，仅知男墓主黄姓。

18 - B₈ 黄一我夫妇墓 〔德胜镇德胜社区西南砖厂东侧土坡上·明代·市文物保护单位〕 黄一我（？—1640），明末外翰林。墓葬 2 座，为黄一我及其夫人李氏墓。建于明崇祯十三年（1640）。两墓并列，形制、结构均同，占地面积约 60 平方米。墓葬朝北，冢呈圆柱形，四周以浮雕人物、禽兽、花卉等浮雕图案的石板围砌。高 1.95 米，底径 3.32 米。墓前嵌有碑。其中 1 墓早年曾被盗。

19 - B₉ 琚嘉骥墓 〔庆远镇宜畔行政村永丰甫屯西南约 100 米·清代〕 琚嘉骥（1774—1823），广西宜山县人，以武官历任陕、甘、川、楚、黔诸省，曾任贵州镇远镇总兵。卒于官署，归葬故里。墓建于清道光三年（1823）。墓葬已毁，只遗墓碑 1 方。碑呈长方形，高 1.3 米，宽 0.65 米，上刻琚嘉骥墓志铭，叙述其出身、官历、政绩等。

20 - B₁₀ 覃有兰墓 〔屏南乡屏南社区板龙屯菠萝岭顶峰·清代〕 覃有兰（？—1847），系宜州当地富豪。墓建于清道光二十七年（1847）。墓葬朝西，冢呈圆丘形，用料石围砌，高 1.2 米，底径 3.5 米。碑高 1.7 米，宽 0.8 米，单面坡翘脊碑盖，前有石砌护坡拜台，6 级垂带石踏跺。墓后及两侧砌弧形护墙，护墙上刻花鸟图案，中部嵌石碑，四柱三门三楼牌楼式，碑文为清代著名书法家郑献甫撰文并书丹。占地面积约 625 平方米。

21 - B₁₁ 谢壮溟墓 〔庆远镇叶茂火车站西约 1 公里桥头村后岭·清代〕 谢壮溟（1832—1898），广西宜山庆远叶茂村廖村屯人，清授昭武都尉任思恩汛官。墓建于清光绪二十四年（1898）。墓葬朝北，冢呈圆丘形，用片石垒砌，高 1.1 米，底径 2.6 米，占地面积约

4 平方米。墓碑高 0.95 米，宽 0.5 米，碑面刻 "清例授昭武都尉赏戴蓝翎前署理思恩汛官补任雒容城守尽先分府赏换花翎随折保举守府免补千守尽先补用都□府谢太公"，两侧小字记墓主生卒年月。

22 - B₁₂ 坪上岩洞葬 〔庆远镇六桥行政村坪上屯旁近山上·商周〕 山高约 110 米，岩洞在山南面峭壁上，高距地表高约 100 米，洞口朝南，宽 4 米，高 6 米，洞内进深 6 米。墓葬已被破坏，没有发现葬具和墓圹。采集到石钺、锛、凿、穿孔器、锤、残石器、陶纺轮、玉玦等器物，还有绳纹夹砂陶片和人牙 2 枚。

23 - B₁₃ 鹞鹰山岩洞葬 〔祥贝乡古龙行政村下地良屯约 1 公里鹞鹰山上·西周、汉代〕 鹞鹰山面临下枧河，岩洞在距河面 60 米的悬崖上，为南北向裂隙式岩厦，长 23 米，进深 3.5—7.5 米，面积约 115 平方米。口大内小，洞内较为平坦，文化层被破坏，散布有少量陶片及被火烧过的人骨，出土有陶器、石器、玉器、滑石器、贝币等遗物近 90 件。

24 - B₁₄ 相公岩岩洞葬 〔同德乡大安行政村冷水屯相公岩·北宋〕 洞口高约 3 米，进深 100 余米，洞内有 1 碑，记载死者系北宋宣和年间（1119—1125）相公吴部录，死后葬于此洞之事。棺具已被焚，当地众人捐资捡骨于陶坛内（俗称金坛）。

25 - B₁₅ 八滩山岩洞葬 〔怀远镇东面八滩山·明—清〕 岩洞在八滩山南崖壁上，高距地表高约 30 米，洞口朝南，下临龙江河，上有石岩遮雨，属于裂隙式岩厦。洞内置方棺 5 具，内各置人骨遗骸 1 具。采集到 2 具残棺和 1 只残锦袋。锦袋面为彩色织锦，里为白土布。

26 - B₁₆ 六峒岩洞葬 〔德胜镇地罗行政村清水塘屯西约 2 公里六峒山山腰土甘岩·清代〕 岩洞在六峒山东壁上，洞口朝东，洞高 30 余米，宽 25 米。墓葬位于洞内 40 米处。系河池州六甲坡围村韦氏莫奶墓，故于清乾隆十年（1745）、乾隆三十六（1771）年迁葬于此。冢呈圆丘形，直径约 2.5 米，三合土抹面，外覆以青瓷碗，碗口向下，呈螺旋状排列至墓顶，有墓碑 1 方。早年被盗，墓上瓷碗大部分破碎。

27 - B₁₇ 牛岩岩洞葬 〔德胜镇榄树行政村罗村屯东北约 2 公里牛岩山·清代·市文物保护单位〕 清咸丰八年（1858），太平军石达开部攻克地方团练防守的牛岩洞，杀百余人葬于此。清同治五年（1866）清廷在此立碑 3 方以记其事，洞口有一道石砌围墙。

28 - C₁ 永定土司衙署 〔石别镇三寨行政村三寨屯·明代〕 建于明弘治五年（1492）。坐西朝东，泥砖木结构，庭院式，由衙门、驻兵房、炮楼等组成，占地面积约 1300 平方米。西南背靠独山，东、南、北三面为民居，有建筑物五处，分别为衙门三进，驻兵房一间，炮楼一处。炮楼已垮塌，其他建筑尚存，主体建筑面阔三间，泥砖墙，悬山顶，盖小青瓦。

29 - C₂ 洛西三界庙 〔洛西镇洛西社区洛西街南面·清代〕 建于清乾隆四十八年（1783）。坐东朝西，砖木结构，单体建筑，面阔三间，进深二间，抬梁式木构架，硬山顶，盖小青瓦。两侧山墙、后檐为砖砌。前檐设廊，砖柱，庙内立金柱，嵌木板壁分隔房间。占地面积约 160 平方米。庙墙原有彩绘壁画已毁。庙内存建庙碑 2 方，碑高 0.75 米、宽 0.55 米。阴刻，楷书，碑文记载建庙事及时间。

30 - C₃ 洛东龙庙 〔洛东乡洛东社区老街·清代〕 建于清乾隆五十一年（1786），清嘉庆三年（1798）修缮。坐南朝北，砖木结构，单体建筑，面阔四间，青砖墙，抬梁式木构架，硬山顶，盖小青瓦，占地面积约 120 平方米。庙山墙上镶清嘉庆三年碑刻 1 方，碑高 0.95 米，宽 0.46 米。碑文记述洛东龙庙修缮经过及放债收息作祭祀费用等内容。

31 - C₄ 三和桥 〔三岔镇羊角行政村雷山屯北约 1 公里干河上·清代·市文物保护单位〕 建于清嘉庆九年（1804）。是当时柳州至宜州的古驿道桥梁。南北走向，单孔石拱桥，长 20.5 米，宽 4.1 米，拱跨 10.8 米，用料石干砌桥身及桥拱，桥面铺石板，两侧护栏石缺失，两端各置石踏跺 10 级。桥北面存方柱形三和桥碑记 1 方，碑文记载修三和桥的原因及经过。

32 - C₅ 龙江桥 〔三岔镇古卜行政村泗柳屯西约 500 小河上·清代〕 建于清嘉庆十年（1805）。南北走向，两台四墩梁式石板桥，长 20.7 米，宽 3 米，孔跨 2.3—4.4 米。两岸桥台、桥墩皆用料石垒砌，桥墩为六边棱形体，高 4.5 米、长 3 米，墩厚 0.7 米，台、墩上架设长条石为桥面。立正方柱形建桥碑 1 方，碑文记建桥经过及捐资人芳名。

33 - C₆ 羊角桥 〔三岔镇羊角行政村羊角小学西面的无名小河上·清代〕 建于清嘉庆十一年（1806）。为当时羊角至模范屯的道路桥梁。南北走向，单孔石拱桥，长 19 米，宽 3.5 米，拱跨 10.3 米，桥身、桥拱皆以料石干砌，桥面铺石板，两侧护栏石缺失，两端砌多级石踏跺。

34 - C₇ 比柒桥 〔洛东乡坡榄行政村比柒屯东约 200 米小河上·清代〕 建于清道光五年（1825）。东西走向，单孔石拱平桥，长 10 米，宽 2.5 米，拱跨 5 米，桥身用片石干砌，桥拱用料石干砌，桥面铺片石。两侧护栏石缺失，两端与河岸齐平。桥头立清道光五年建桥碑 1 方。

35 - C₈ 乌律桥 〔龙头乡高寿行政村乌律屯南约

1 公里小河上·清代〕　建于清咸丰元年（1851）。为乌律屯韦文井捐资建造，是当时通往外界的唯一道路桥梁。南北走向，单孔石拱桥，长 11.2 米，宽 3.3 米，拱跨 6.8 米。桥身用片石、料石混砌，桥拱用料石干砌，桥拱上砌二层料石，桥面铺石板，微呈弧形，两侧护栏石缺失。

36 - C₉　清潭平桥　〔石别镇清潭行政村清潭街西端北面约 15 米小溪上·清代〕　建于清同治年间（1862—1874），具体时间不详。南北走向，双孔石拱桥，长 15 米，宽 2.6 米，拱跨 3 米，桥身用料石错缝干砌，料石砌桥拱，桥面铺石块，两端砌成缓坡状，每端各设踏跺 6 级。原桥两侧护栏石及桥碑已缺失。

37 - C₁₀　白鹤寺桥　〔石别镇清潭行政村山冲屯西北约 1 公里小河上·清代〕　建于清光绪年间（1875—1908）。南北走向，单孔石拱桥，长 8 米，宽 2.3 米，拱跨 4 米。桥身用片石浆砌，桥拱用料石干砌，桥面铺石板，呈微弧形与河岸相接。

38 - C₁₁　大观寺　〔怀远镇怀远社区怀远小学·清代〕　建于清代，具体时间不详。1931 年改为宜山县立第四小学校舍。原由前殿、后殿、大殿组成，占地面积约 400 平方米。前殿已毁，大殿仅剩石踏跺 20 级及墙基。后殿坐西朝东，砖木结构，台基用料石围砌，面阔三间，砖墙，硬山顶。前有檐廊，石础方柱形砖檐柱。廊前有垂带石踏跺 12 级。

39 - C₁₂　怀远三界庙　〔怀远镇怀远社区中和街 45 号怀远社区院内·清代〕　建于清代，具体时间不详。坐北朝南，砖木结构，单体建筑，占地面积约 83.2 平方米。面阔、进深三间，砖墙，穿斗与抬梁混合木构架，硬山顶，盖小青瓦。前设檐廊，石础圆木柱。石砌台基，设 2 级石踏跺。门、窗等大都缺失。地面改铺水泥砂浆。

40 - C₁₃　拉莫石拱桥　〔屏南乡板纳行政村莲塘屯西约 1 公里小河上·清代〕　建于清代，具体时间不详。南北走向，单孔石拱桥，长 22.7 米，宽 3.2 米，拱跨 12 米。桥身用片石垒砌，桥拱用料石砌成，桥面呈弧形，部分料石脱落，两侧护栏石缺失，两端置多级石踏跺。桥旁原有建桥碑已散失。

41 - C₁₄　三岔码头　〔三岔镇三岔社区三岔街北面龙江河南岸·清代〕　建于清代，具体时间不详。三岔是明清时期周边地区贸易的集散地，因而码头比较壮观。呈南北向，江边码头料石平台长 60 米，宽 5 米。码头踏跺从江边直达岸上，长 20 米，宽 3 米，每级踏跺高 0.2 米，用料石砌成。现部分踏跺掉入水中，码头平台已被电站水淹没。

42 - C₁₅　德胜 77 号井　〔德胜镇德胜社区共和街

77 号·清代〕　建于清代，具体时间不详。井口平面呈圆形，井圈用整块石头凿成，径 0.55 米，高 0.45 米，厚 0.1 米，井壁用青砖圈砌。方形石砌井台。

43 - C₁₆　清潭民居　〔石别镇清潭行政村清潭街 29 号·清代〕　建于清代，具体时间不详。坐东朝西，砖木结构，单体建筑，面阔三间 12.2 米，进深 12.2 米，占地面积约 154 平方米。青砖墙，墙基用条石护围，硬山顶。叠瓦脊塑立体钱纹，盖小青瓦。正门门槛石浮雕鹿及花草图案。门前置 3 级垂带踏跺。

44 - D₁　会仙山石刻　〔庆远镇白龙公园会仙山·宋—民国·自治区文物保护单位〕　会仙山又称北山，为宜州名胜之一。有摩崖石刻 60 多方，碑刻 10 多方，摩崖造像 3 处 20 余尊。以明代居多，分布多在会仙山白龙洞内外壁。文多为楷书，形式有题诗、题记、榜书等。石刻作者包括宋代徐嘉宾、岳和声、张自明、史少南，明代张烜、彭举、胡智、孔孺、刘良彦、蔡文、郭子卢，清代杨彪、昭沈、石达开等人。重要石刻有北宋元符戊寅（1098）五百罗汉名号碑和山谷自画像碑、徐嘉宾述职碑等，明代张烜诗《北山吟》，清代太平天国翼王石达开等唱和诗等。

　　D₁₋₁　五百罗汉名号碑　〔庆远镇会仙山白龙洞内岩壁上·北宋〕　摩崖石刻 1 方。北宋元符戊寅年（1098）刻。刻面高 2 米，宽 1.1 米。中间刻有佛教故事图 1 幅。额题"供养释迦如来住世十八尊者五百大阿罗汉圣号碑"，落款"时圣宋元符初戊寅岁中日设齐庆杨记"。楷书，阴刻。刻文共刻罗汉名号 518 名。

　　D₁₋₂　张烜《北山吟》　〔庆远镇会仙山白龙洞内岩壁上·明代〕　摩崖石刻 1 方。明嘉靖三十六年（1557）刻。刻面高 2.2 米，宽 0.75 米。碑文竖行，七绝一首，4 句 28 字，楷书，阴刻。张烜撰文并书丹。首题"北山吟"，落款"那人吉山张烜"。诗曰："倚空壁立不知秋，碧水岚烟翠欲流。飞舄直登巅上望，白云玄鹤两悠悠。"张烜，广西宜山人，明嘉靖八年（1529）进士，官南京操江御史，巡抚河南。

　　D₁₋₃　太平天国翼王石达开等唱和诗刻　〔庆远镇会仙山白龙洞右侧岩壁上·1860 年·自治区文物保护单位〕　清咸丰九年 10 月至十年 5 月石达开驻军庆远（今宜山）。十年（1860）春，石达开及其随员吕蔡亲、肖寿璜、周竹岐、李遇隆、孔之昭、李岚谷、陈宝森、吕玉衡、朱衣点等登游白龙洞，看洞内壁上前人刘云青诗，诸大员乃步原韵赋诗并同原诗 12 首一起刻石。石达开（1830—1863），壮族，广西贵县（今贵港市）人，太平天国翼王。咸丰七年（1857），石达开率兵 20 万回师广西，在庆远设翼王府。十年（1860）春季，石达开移师庆远（今广西宜州）。摩崖石刻 1 方，咸丰十年（1860）刻。诗刻开头为石达开序文："太平天国庚申拾年，师驻庆远，时于季春，予以政暇，偕诸大员巡视芳郊，山川竞秀，草木争妍，登兹古洞，诗列琳琅，韵著风雅。旋见粉墙刘云青句，寓意高超，出词英俊，颇有斥佛息邪之概，予甚嘉之。爰命将其诗句勒石，以为世迷信仙佛者警。予与诸员亦就原韵立赋数章，俱刊诸石，以志游览云。"序文后为石达开唱五言诗："挺身登峻岭，举目照遥空。毁佛崇天帝，移民复古风。临军称将勇，玩洞羡诗雄。剑气冲星斗，文光射日虹。"

D₁₋₄ 张遂谋唱和诗刻 〔庆远镇会仙山白龙洞右侧岩壁上·1860 年〕 摩崖石刻。清咸丰十年（1860）刻。张遂谋撰诗。张道谋，广西平南人。1858 年随翼王四师回广西，进驻庆远，任中军主将。1860 年季春随翼王石达开登游白龙洞，和石达开五言诗一首。诗文竖行，计 40 字，楷书，阴刻，诗云："岩洞高千丈，登临万象空。尊王崇正道，斥佛挽颓风。举目河山壮，横腰佩剑雄。旌旗红耀日，将士气如虹。"

D₁₋₅ 孔之昭唱和诗刻 〔庆远镇会仙山白龙洞右侧岩壁上·1860 年〕 摩崖石刻。清咸丰十年（1860）刻。孔之昭撰诗。孔之昭，太平天国翼王石达开手下战将之一。1860 年下半年，翼王所部撤出庆远后，其行迹不详。1860 年春，孔之昭随翼王石达开登游白龙洞，和石达开五言诗一首。诗文竖行，共 40 字，楷书，阴刻。诗云："侍驾游佳胜，梯云蹑半空。岭头欣就日，洞口喜迎风。斥佛刘诗壮，从龙国士雄。乘时施化雨，石姓仰霓虹。"

D₁₋₆ 李遇隆唱和诗刻 〔庆远镇会仙山白龙洞右侧岩壁上·1860 年〕 摩崖石刻。清咸丰十年（1860）刻。李遇隆撰诗。李遇隆，官至太平天国翼王兵部大中丞，最后下落不明。1860 年季春随翼王石达开登游白龙洞，和石达开五言诗一首。诗文竖行，共 40 字，楷书，阴刻。诗云："佛老原荒诞，无仙洞亦空。草忻沾化雨，琴快谱薰风。人杰山增色，才高笔逞雄。碑铭留万古，钩画映晴虹。"

D₁₋₇ 石蔡亲唱和诗刻 〔庆远镇会仙山白龙洞右侧岩壁上·1860 年〕 摩崖石刻。清咸丰十年（1860）刻。石蔡亲撰诗。石蔡亲，官至太平天国翼王地台右宰辅，石达开撤离庆远后，其行踪未详。1860 年季春，石蔡亲随翼王登游白龙洞，和石达开五言诗一首。诗文竖行，共 40 字，楷书，阴刻。诗云："从龙欣遂愿，附凤又翔空。整旅同时雨，还乡咏大风。虚无斥佛老，运会属英雄。贵制诗精妙，挥毫气如虹。"

D₁₋₈ 陈宝森唱和诗刻 〔庆远镇会仙山白龙洞右侧岩壁上·1860 年〕 摩崖石刻。清咸丰十年（1860）刻。陈宝森撰诗。陈宝森，官至太平天国翼王殿礼部尚书。石达开撤离庆远后，其行踪未详。1860 年季春，陈宝森随翼王登游白龙洞，和石达开五言诗一首，诗文竖行，共 40 字，楷书，阴刻。诗云："古洞龙飞去，凭崖一望空。名山多妙境，隐士有高风。地本因人胜，王真命世雄。从知游览处，掷剑化飞虹"。

D₁₋₉ 肖寿璜唱和诗刻 〔庆远镇会仙山白龙洞右侧岩壁上·1860 年〕 摩崖石刻。清咸丰十年（1860）刻。肖寿璜撰诗。肖寿璜，湖南湘乡人，官至户部大中丞。清同治元年（1862）10 月初，奉翼王之命率军出西康边境而亡。1860 年季春，肖寿璜随翼王登游白龙洞，和石达开五言诗一首。诗文竖行，共 40 字，楷书，阴刻。诗云："胜地因人著，悬崖接太空。偶留名士句，竟感大王风。长啸千山应，高吟万古雄。遥瞻挥翰处，天际亘青虹。"

D₁₋₁₀ 周竹岐唱和诗刻 〔庆远镇会仙山白龙洞右侧岩壁上·1860 年〕 摩崖石刻。清咸丰十年（1860）刻。周竹岐撰诗。周竹岐，官至太平天国翼王礼部大中丞。石达开回师广西后，任大成国隆国公黄鼎凤的军师，兵败，被清军擒杀。1860 年季春，随同翼王石达开登游白龙洞，和石达开五言诗一首。诗文竖行，共 40 字，楷书，阴刻。诗云："春深花映谷，羽满鸰翔空。电扫龙吟雨，云飞虎啸风。看山双眼大，报国一心雄。惨此民情恶，烽烟蔽碧虹。"

D₁₋₁₁ 吕玉衡唱和诗刻 〔庆远镇会仙山白龙洞右侧岩壁上·1860 年〕 摩崖石刻。清咸丰十年（1860）刻。吕玉衡撰诗。吕玉衡，官至太平天国翼殿工部大中丞。撤离庆远后，其行踪不详。1860 年季春，吕玉衡随同翼王登游白龙洞，和石达开五言诗一首。诗文竖行，共 40 字，楷书，阴刻。诗云："灵境何年凿？幽深万象空。余闻发豪兴，欲往临清风。龙卧今应醒，人奇句亦雄。大呼拔长剑，天外断飞虹。"

D₁₋₁₂ 朱衣点唱和诗 〔庆远镇会仙山白龙洞右侧岩壁上·1860 年〕 摩崖石刻。清咸丰十年（1860）刻。朱衣点撰诗。朱衣点，湖北人，明桂林靖江王后裔。1859 年随翼王回师广西，封精忠大桂国。太平天国癸开十三年（1863）2 月，在江苏常熟战斗中被俘遇害。1860 年季春，朱衣点随同翼王石达开登游白龙洞，和石达开五言诗一首。诗文竖行，共 40 字，楷书，阴刻。诗云："登临古峭壁，梵刹盘虚空。佛灭余花鸟，诗敲振谷风。从龙心已遂，逐鹿志尤雄。指点东关外，长桥卧玉虹。"

D₁₋₁₃ 李岚谷唱和诗 〔庆远镇会仙山白龙洞右侧岩壁上·1860 年〕 摩崖石刻。清咸丰十年（1860）刻。李岚谷撰诗。李岚谷，江西人，原为湖北蕲州监军，后参加太平天国翼王部，官至太平天国翼殿户部尚书。撤离庆远后，其行踪不详。1860 年季春，随同翼王石达开登游白龙洞，和石达开五言诗一首。诗文竖行，共 40 字，楷书，阴刻。诗云："诗与境俱古，眼同天并空。振衣心向日，提剑腋生风。德布王恩荡，威扬士气雄。漫言归路险，绝壑架长虹。"

D₁₋₁₄ 李岚谷白龙洞怀古诗 〔庆远镇会仙山白龙洞右侧岩壁上·清代〕 摩崖石刻 1 方。清咸丰九年（1859）刻。刻面高、宽约 1 米。碑文竖行，计 220 余字，楷书，阴刻。太平天国翼王殿户部尚书李岚谷撰文并书丹。己未（1859）季秋，李岚谷游览白龙洞，有感于洞中景物和传说而作七言长诗，诗文写游白龙洞怀古之情，古迹依在，陆叟已去，古龙飞走，感叹唐代以来，"古今多少大英雄，显赫威风今在否？"不如随遇且随缘，过逍遥自在的日子，发出"者番景况乐如何？我道此乐真不朽"的感慨。

D₁₋₁₅ 会仙山摩崖造像 〔庆远镇会仙山会仙山岩壁上·北宋〕 有浮雕佛像 3 处，共 20 余尊。造像或骑象或盘坐，造像造型古朴，线条流畅。其中普贤菩萨造像落款"宋绍圣戊寅（1098）六月初八，信徒龙管同妻罗九娘往会仙山佛阁烧香，心发慈悲，命工匠刻普贤菩萨真像"。

D₁₋₁₆ 徐嘉宾述职碑 〔庆远镇会仙山顶·清代〕清雍正十三年（1735）刻。刻面高 0.91 米，高 1.58 米。碑文竖行，约 360 余字。楷书，阴刻。庆远知府徐嘉宾撰文书丹。额题"述职碑"，落款"雍正十三年三月立"。碑文记述雍正五年（1727）徐嘉宾调职庆远府，安抚土司，积习痛除，并于"蛮贼"出没之所，增置兵力，改土归流。

45－D₂ 南山寺石刻 〔庆远镇沙岭社区寺门屯南山寺·宋—清·市文物保护单位〕 南山是宜山名山之一，山上原有寺庙，已毁。其山崖上有摩崖石刻 10 余方。形式有题名、题记、题诗，内容多系记游、咏怀之作。书体有行、草、楷等。主要有：宋代黄忱《平蛮碑》，刻面高 2.1 米，宽 1.2 米，阴刻，楷书。宋代沙世坚《招抚茆难莫文察碑》，刻面高 1.2 米，宽 2.05 米，阴刻，楷书，刻文记述了当地少数民族起义之事。宋代余靖《南山寺题诗》字径 0.25 米，行书，阴刻。清道光癸卯年题"寿"字刻高 4 米，宽 2.5 米，楷书，阴刻。

D₂₋₁ 黄忱游南山题记 〔庆远镇寺门屯南山寺双门洞岩壁上·北宋〕 摩崖石刻 1 方。北宋崇宁元年（1102）刻。刻面高 2.1 米，宽 1.1 米。文竖行，计 103 字，楷书，阴刻。黄忱撰文书丹。无题首，落款"时崇宁元年十一月望日西上阁门使黄忱君锡题"。刻

文记述：黄忱率军击溃抚水义军后，回军宜山，与同僚太守文思、副使党明远、朝奉郎周君仪、通判承议郎钟少由、左藏副使陈天佑等同游南山时题名。

D₂₋₂ 沙世坚招抚茆难莫文察碑 〔庆远镇寺门屯南山寺双门洞崖壁上·南宋〕 摩崖石刻 1 方。南宋绍熙四年（1193）立。刻面高 1.2 米，宽 2.5 米。文竖行。楷书，阴刻。郭衍书丹。无首题，落款"下士郭衍书"，刻文记述：南宋绍熙三年（1192），广西路副总管兼守文尉沙世坚率军剿抚茆难莫文察，讨捕收服思恩、河池瑶酋蒙峒、袁康等，并修筑城台，创建鼓楼民社。

D₂₋₃ 御碑 〔原在石别镇永定行政村三寨屯，现存庆远镇寺门屯南山寺内·清代〕 碑刻 1 方。清嘉庆十五年（1810）立。碑阳朝西，高 1.43 米，宽 0.8 米。清嘉庆皇帝御笔。文竖 7 行，满行 3—17 字，计 196 字。无额题，为清嘉庆皇帝赐宜山县永定土司境内 142 岁寿民兰祥年七言诗一首。诗云"四朝雨露一身罩，烟霞养性□□□"，落款"嘉庆十五年庚午嘉平月御笔"。

46－D₃ 九龙山摩崖石刻 〔庆远镇宜畔行政村宜畔村九龙山·宋—清·市文物保护单位〕 山上九龙岩壁上有石刻 10 方。内容多为记游、题字。书体有篆书、隶书、楷书。其中有宋代宜州知州张自明竖行榜书"九龙洞"，刻面高 2 米，宽 1.1 米，字径 0.6 米，隶书，阴刻。有宋元年间榜书"万云谷"。还有明万历年间（1573—1620）庆远知府岳和声横行榜书"丹霞遗兑"，刻面高 0.5 米，宽 1.83 厘米，字径 0.2 米，楷书，阴刻。

47－D₄ 大风山摩崖石刻 〔德胜镇大风山西壁上·北宋、明·市文物保护单位〕 摩崖石刻 3 方。其中 2 方为北宋政和七年（1117）张居题黄公岩诗和洗剑亭题诗，内容涉及北宋崇宁二年（1103）黄忱镇压当地少数民族反抗的事情。1 方横行榜书"山谷"2 字，首款竖刻"岁□达□□"，落款"守灵子题"，字径 0.8—0.45 米，阴刻，篆体。年代不详。刻面高 0.95 米，宽 1.55 米。

D₄₋₁ 张居题黄公岩诗 〔德胜镇大风山岩壁上·北宋〕 北宋政和七年（1117）刻。刻面高 0.45 米，宽 0.53 米。诗文竖 4 行 8 句，满行 16 字，计 56 字，字径 0.02 米，楷书，阴刻。无题首，落款"门人张居"。七律，诗文赞北宋崇宁二年（1103），宋将黄忱率兵征剿安代蛮酋蒙光之事并感怀。张居，通判军州事王恬之门人。

D₄₋₂ 黄谷山岩寨碑记 〔德胜镇大风光山岩壁上·明代〕 摩崖石刻 1 方。明正统五年（1440）刻。

刻面高 0.66 米，宽 0.52 米。文竖行，计 478 字，楷书，阴刻。寨主袁宗政撰文，前交趾顺化府顺州不兰主簿秦光浩书丹，匠人罗义祥刻石。首题"黄谷山岩寨碑记"7 字，落款"匠罗义祥"。刻文记述黄谷山寨主杨彦升、袁宗政及寨民出资砌寨墙以防寇贼，又记袁孙购买宅地，砌墙围地事宜。

48 - D$_5$ **三门岩摩崖石刻** 〔刘三姐乡良村行政村大村屯后山三门岩·明代·市文物保护单位〕 明崇祯元年（1628）刻。在洞口有三角形巨石 1 块，高 2 米多，底宽 3 米余，形如磬，击之，铿然作响，石南面横行榜书"磬石"2 字，字径 0.25 米，楷书，阴刻。落款竖行阴刻"崇祯元年仲春二月十二日书"。

49 - D$_6$ **大八仙山摩崖石刻** 〔北山镇怀道行政村大八仙屯南大八仙山·明代·市文物保护单位〕 有摩崖石刻 10 方。为明广西按察副使胡智率兵镇压庆远农民反抗后，为纪功而刻于大八仙山壁上。形式有榜书、题诗。字体最大的为胡智竖行榜书"靖远峰"，字径 0.5 米，楷书，阴刻，刻面高 2.5 米，宽 1 米。重要的有明正统十年（1445）题刻，记载河池驿镇总兵官柳溥镇压宜山三合乡韦万秀起义之事。胡智题靖远峰序及诗楷书，阴刻。此外还有横行榜书"云深"2 字，上款"昭勇将军指挥史彭书"，落款"明成化岁次丙戌孟春月日骠骑将军广西都指挥史岑立"。其余为随征将领的题记及诗，部分已有缺损。

D$_{6-1}$ **胡智题靖远峰序及诗** 〔北山镇大八仙屯大八仙山摩崖上·明代〕 摩崖石刻 1 方。明正统十年（1445）刻。文竖行，计 114 字。胡智撰文并书丹。无首题，序文记述：正统乙丑冬，胡智与总戎安远侯柳溥等登览大八仙山，受命名"靖远峰"，偶成七绝一首，诗云："节旄遥驻八仙山，十万貔貅奏凯还。中有高峰陪一上，却疑人在九霄间。"落款"广西按察副使胡智"。胡智，明宣德年间（1426—1435）广西按察副使。

50 - D$_7$ **后龙山摩崖石刻** 〔石别镇屯蒙行政村屯蒙屯后龙山·明代·市文物保护单位〕 摩崖石刻 2 方。明永乐年间（1403—1424），宜州爆发了两次少数民族起义，征蛮将领顾兴祖、钦差总兵官镇远侯岑瑛率兵击平之。岑瑛于后龙山山上书刻"镇夷山"3 字，文竖行，字径 0.65 米，楷书，阴刻，刻面高 2.5 米，宽 1.1 米。刻于永乐二十一年（1423），旁另刻 1 方小碑，记载此事。

51 - D$_8$ **奇田山摩崖石刻** 〔洛西镇枫木行政村马弄屯南约 1 公里奇回山摩崖上·明代〕 摩崖石刻 1 方。明嘉靖三十六年（1557）刻。石刻高距地约 20 米。河南巡抚张炬撰文、书丹。刻面朝北，高约 1 米，

宽 0.86 米。额题"奇田山记"4 字，正文竖 23 行，满行 6—32 字，字径 0.02 米，阴刻，楷书。

52 - D$_9$ **猴山摩崖石刻** 〔北牙瑶族乡北牙社区北牙街猴山·清代〕 摩崖石刻 1 方。清光绪十四年（1888）刻。刻面朝南，高 0.5 米，宽 0.75 米。文竖 23 行，满行 4—13 字，字径 0.02 米，阴刻，楷书。无首题，落款"光绪戊子年季冬月吉立"。碑文记叙白小山灵秀独钟及在山上修建观音圣母堂之事。该堂香火极盛，惜被毁，后群众集资重建。

53 - D$_{10}$ **北山摩崖石刻** 〔德胜镇北郊北山·清代〕 山上昔有庙宇，现存摩崖石刻 4 方。重要的有清乾隆五十七年（1792）《重修北山凌云碑记》，刻面高 1.22 米，宽 0.69 米；《鼎建文昌阁记》，刻面高 1.04 米，宽 0.63 米；清乾隆三十六年（1771）《重建云深寺记》，刻面高 0.94 米，宽 0.54 米；清光绪十二年（1886）《重修寺宇佛像碑》，刻面高 1.15 米，宽 0.68 米。刻文皆竖行，楷书，阴刻，内容多为修建寺庙、佛像之事。

54 - D$_{11}$ **屏风山摩崖石刻** 〔德胜镇屏风山·清代〕 山上共有摩崖石刻 2 方，碑刻 6 方，均记修建该山寺庙之事。其中碑刻《重修大殿碑》《募化重修屏峰山祖师殿庙》分别刻于碑的阳、阴两面，清康熙六十年（1721）立。碑高 1.08 米，宽 0.65 米。字径 0.02 米，楷书，阴刻。刻文分别记述重修大殿、祖师殿庙之事。摩崖石刻有《屏风山记》，清乾隆三十一年（1766）刻。刻面高 1.1 米，宽 0.77 米，文竖行，楷书，阴刻。《玄真寺记》，刻于清同治二年（1863）。刻面高 0.76 米，宽 0.52 米，文竖行，楷书，阴刻。刻文记述清咸丰九年（1859）发匪（太平军）毁寺情况。《屏风山修寺募捐芳名》，刻面高 1.02 米，宽 0.63 米，楷书，阴刻。《重建大殿观音记》，刻于清光绪十年（1884），刻面高 1.08 米，宽 0.77 米。楷书，阴刻。

55 - D$_{12}$ **泛槎重来摩崖石刻** 〔刘三姐乡小龙行政村六妹屯北约 2 公里下枧河岸东面石壁上·清代〕 清光绪七年（1881）刻。刻面朝西，距离水面约 4 米，高 0.7 米，宽 2.2 米。时任天河县县令陈敬涛撰文并书丹。横题榜书"泛槎重来"，字径 0.5 米，阴刻，楷书。

56 - D$_{13}$ **通告欤碑** 〔庆远镇沙岭社区牛厄潭屯·清代〕 碑刻 1 方。清道光二十三年（1843）立。碑阳朝东，高 1.03 米，宽 0.51 米，厚 0.14 米。横行首题"通告欤碑"，字径 0.06 米，阴刻，楷书。碑文竖 11 行，满行 21 字，字径 0.03 米，阴刻，楷书。碑文内容为村规民约，为对棺筋私过、六畜瘟皇入村游卖、私伐村边竹木罚银以及寡妇改嫁出门出银等规定。

字迹模糊。1935 年在碑背面重刻内容。

57 – D₁₄　古庙保护碑 〔庆远镇城北约 1 公里宜山庙·清代〕　碑刻 1 方。清咸丰六年（1856）立。碑高 1 米，宽 0.8 米。碑文竖行，计 308 字，楷书，阴刻。此碑为宜山县正堂告示，无首题，落款"咸丰六年九月十六日告示宜贴宜山古庙晓谕"。碑文晓谕：严禁在宜山之旁附近开凿取石烧灰，以便宜山人民可以常瞻其秀，并批准增修古庙，禁止窑户取石，将烧灰之窑全行封禁。

58 – D₁₅　牛岩碑 〔德胜镇榄树行政村罗村屯东北约 2 公里牛岩山山洞内·清代·市文物保护单位〕清同治五年（1866）立。碑阳朝南，高 0.55 米，宽 0.41 米，厚 0.11 米。碑文竖 14 行，满行 25 字，字径 0.015 米，楷书，阴刻。碑文记述：清同治年间驻扎在德胜的太平天国石达开部与地方民团交战，将民团围在牛岩山寨，杀死民团五六百人。后人将死者安葬于一大墓，此碑为墓序文。

59 – D₁₆　奉天诰命碑 〔庆远镇叶茂行政村廖村屯南面约 200 米·清代〕　碑刻 1 方。清同治十年（1871）立。碑阳朝东，高 2.76 米，宽 1.5 米，已断裂成 3 块。碑面两侧浮雕云龙图案，文字多已不能辨识，可识者有"皇帝制曰""同治"等字，字径 0.06 米，阴刻，楷书。

60 – D₁₇　祠堂条规碑 〔洛东乡坡榄行政村坡榄村·清代〕　碑刻 1 方。清光绪六年（1880）立。碑高 0.7 米，宽 0.5 米。碑文竖行，248 字，楷书，阴刻。撰文、书丹不详。无额题，落款"光绪六年三月穀旦敬立"。碑文记载祠堂条规 4 条，内容有：分尊卑，守廉耻；礼宜同心，不得挟嫌勾圣食熟、劫舍盗窃；添丁出嫁纳入祠堂钱；春秋二祭须亲到，否则出香钱。碑文还记有违反规定之处罚事宜。

61 – D₁₈　立大坝碑流后碑 〔屏南乡板纳行政村新围板屯 26 号·清代〕　清光绪十年（1884）立。碑阳朝南，高 1 米，宽 0.6 米，首题文字"立大坝碑流后"，字径 0.06 米，阴刻，楷书。落款"光绪十年五月廿六日告示实贴板围村同棋村晓谕"，正文竖 17 行，满行 9—28 字，计约 427 字，字径 0.02 米，阴刻，楷书。碑文记述韦建琳、韦光晶等控兰振宗、韦振仙等塞坝害众一案案由、验勘及处理结果，由官府发告示，刊刻于碑上。

62 – D₁₉　登垒告示碑 〔屏南乡果立行政村登垒屯公路旁·清代〕　碑刻 1 方。清光绪十五年（1889）立。碑阳朝东，碑高 1 米，宽 0.7 米。横行额题"告示"，落款"光绪十五年十二月初六日奉下"。正文竖 14 行，满行 14—21 字，约 280 余字，字径 0.02 米，阴

刻，楷书。碑文记述：本地荒僻，常有商客往来被匪劫害，村民受累，特立碑以晓，孤商往来至此，小心防范，结伴同行，夜不行走，止宿圩市。

63 – D₂₀　万古流传碑 〔屏南乡新兴行政村塘洞屯·清代〕　碑刻 1 方。清光绪十六年（1890）立。碑阳朝西，高 0.9 米，宽 0.56 米，厚 0.15 米。理苗分县立。额题横行"万古流传碑"，字径 0.06 米，楷。正文竖 18 行，满行 4—23 字，约 300 字，落款"光绪十六年二月十四日立"，字径 0.02 米，皆阴刻，楷书。碑文记录塘峒村民覃林芳控覃扶□、罗声应等互争水沟、培植风水等情一案及处理情况。部分字迹模糊，右下角有裂痕。

64 – D₂₁　告示碑 〔庆远镇白龙社区龙江街南面河边·清代〕　碑刻 1 方。清宣统元年（1909）立。碑阳朝北，高 0.9 米，宽 0.5 米，厚 0.1 米。无额题，正文竖 10 行，满行 10—24 字，约 300 字，字径 0.03 米，阴刻，楷书。首行"为合境禀请严禁事遵奉"。碑文内容为县正堂刁批示，所有城北对河街以及本境村不准开炉厂铸犁头等，禁止在后龙北山前后伐木、采石，禁止铲除坟墓附近草皮烧灰等。

65 – D₂₂　蒙府提讯勘明断结碑 〔洛东乡坡榄行政村拉坡屯·清代〕　碑刻 1 方。清宣统三年（1911）立。镶嵌于一农户家的外墙上。碑阳朝西，高 0.96 米，宽 0.61 米。横行额题"蒙府提讯勘明断结碑"，字径 0.04 米，阴刻，楷书，落款"纪元四千六百零九年辛亥十一月二八日"。正文竖 17 行，满行 19—32 字，约 380 余字，字径 0.02 米，阴刻，楷书。碑文记录当时群众因用水问题产生纠纷及勘明的前因后果。

66 – D₂₃　重修南乡圩碑 〔屏南乡屏南社区屏南街老街 12 号墙壁上·清代〕　碑刻 1 方。清宣统三年（1911）立。碑镶嵌于墙上，碑阳朝东，高 1 米，宽 0.63 米。碑文竖 25 行，满行 3—33 字，字径 0.015 米，阴刻，楷书。横行首题"重修南乡圩碑"，字径 0.07 米。碑文记叙南乡圩几次因匪乱搬迁情况及南乡市场的规模。

67 – D₂₄　小北门码头佛语碑刻 〔庆远镇小北门码头·清代〕　清代刻立，具体时间不详。正方立柱形，高约 0.9 米，边长 0.25 米，顶为直径 0.15 米之圆球。柱之四面分别刻"南无阿弥陀佛""唵嘛呢叭咪吽""金刚般若波罗蜜""水月轮中观世音"等佛教语。

68 – D₂₅　古坡岩画 〔怀远镇坪上行政村古坡屯后山脚崖壁·明代〕　岩壁朝南，画面面积 80 多平方米。颜料红色，画马大约 200 匹，多作奔驰状，大者 0.3 米，小者约 0.07 米，还有少量人物和人骑马图像。

岩壁上落款为明万历五年（1577）。

69 - E₁ 宜山翼王府遗址 〔庆远镇宜州市市政府大院·1859—1860 年〕 1859 年 8 月，太平天国翼王石达开回师广西。10 月 15 日，占领庆远府，在此驻军休整前后七个半月。将宜山县改名龙兴县。翼王府设在庆远府衙内。1860 年 5 月 29 日撤离南下。遗址原为庆远府衙署，建筑已无存。1985 年，县人民政府将残存的建筑石料在遗址修建一平台并立碑纪念。

70 - E₂ 张鱼书白龙洞诗刻 〔庆远镇北白龙洞·1905 年〕 张鱼书，江西瑞金人，同盟会员。1903 年从日本回国，辗转于广西柳州庆远一带，秘密筹划革命工作。1905 年游白龙洞发现"翼王唱和诗刻"，为此和诗一首及序刻于洞壁上。序为："清乙巳，偕黎君非才游白龙洞，忽见壁上翼王石达开诗，随和之，按此诗历数十年，邦人士莫敢道之。"诗刻："怒气满天冲，头颅掷半空。同胞溅血雨，民贼长蛮风。革命灵应显，吞胡志愈雄。壁留千古恨，余怨隐长虹。"

71 - E₃ 赖人存布告碑 〔石别镇三寨行政村关上屯蓝家正门两侧墙体上·1914 年〕 碑刻 2 方。1914 年立。其一为署宜山县知事赖人存布告，其二为广西都督陆荣廷的批文训令。两碑阳朝西，高 0.8 米，宽 0.6 米，字径 0.025 米，阴刻，楷书。赖人存布告碑首题"署宜山县知事赖人存"，碑文竖 17 行，满行 26 字，计 400 余字，文载：原永定最后一任土司韦秉钱强占邻村寡妇蓝韦氏两座房屋及一块土地，蓝韦氏前往省府告状，经县、省两级审察，宜州知事赖人存布告将被土司侵占的房屋及土地归还蓝韦氏，尔后又得广西都督陆荣廷的批文训令。

72 - E₄ 永定土司卖地契碑 〔福龙瑶族乡翁同行政村瑶洞屯西约 300 米龙山西面石壁上·1917 年·市文物保护单位〕 摩崖石刻 1 方。1917 年刻。高距地表 10 余米，刻面高 1.37 米，宽 1.12 米，碑文竖行，700 余字，楷书，阴刻。韦少峰撰文，赵德隆书丹。无首题，落款"民国六年丁巳七月十二日吉日众契敬书赵德隆"。碑文叙述永定土司后裔韦人杰因家境破落，特将土地卖给吴大香等人，并将地契全文刻于村旁之石崖上。

73 - E₅ 孙中山先生纪念塔 〔庆远镇城中西路中山公园内·1931 年·市文物保护单位〕 1931 年，国民党平乐专区民团中将指挥官尹承钢倡建，同时修建中山纪念馆，占地面积约 265.5 平方米。现存纪念塔，朝南，由塔座、塔身组成。"工"字形塔座，四面镶刻"总理年表"各 1 方。塔身呈方柱锥顶形，高 8.3 米，面刻"孙中山先生纪念塔" 8 字。周围为石砌平台，边立望柱，连铁链护栏。占地面积约 10 平方米。

74 - E₆ 红七军怀远宿营地旧址 〔怀远镇怀远社区上和街 85 号·1934 年·市文物保护单位〕 1934 年，中国工农红军第七军（红七军）到达怀远镇，宿营于恭和堂粤东会馆，后向思恩（今环江）进发入贵州。现恭和堂大厅板壁上尚存红军标语 3 条。其中 1 条为"贫苦的工农们起来吧！起来打倒国民党的走狗、豪绅、地主、资产阶级！"墨书，高 1.2 米，宽 0.8 米。另 2 条已难辨，可辨识的字有"……军阀又想……当炮灰了……"等。旧址砖木结构，平房，面阔 52.5 米，进深 5.2 米，木板壁。

75 - E₇ 黄莺墓 〔庆远镇城中西路宜州市粮食局内·1938 年〕 黄莺（1912—1938），广西宜州市龙头人，柳州航校毕业，国民党空军第 3 大队第 8 中队中尉飞行员。1938 年 7 月 18 日，在南昌同日机空战中为掩护苏联志愿队飞机而牺牲，遗骨归葬宜山公园（今宜州市粮食局）。墓冢圆丘形，原有蒋介石等国民政府政要题刻和国民革命第 16 集团军总司令夏威的颂词等碑刻。现碑刻多已毁，仅存部分残块。

76 - E₈ 众姓牧场摩崖石刻 〔怀远镇坪上行政村白孟屯东约 1 公里的山洞内·1938 年〕 1938 年刻。刻面高 0.85 米，宽 0.65 米。横行首题"众姓牧场碑记"，字径 0.07 米，阴刻，楷书。碑文竖 25 行，满行 4—38 字，字径 0.02 米，阴刻，楷书。落款"民国廿七年十月廿七日立碑"。内容为群众地产交易的凭证。

77 - E₉ 二隘烈士墓 〔北牙瑶族乡黄龙行政村二隘坡西边·1950 年〕 为纪念中国人民解放军第 39 军 115 师 345 团在 1950 年 5 月 24 日于二隘剿匪战斗中牺牲的 60 多名烈士而建。墓葬 2 座，朝东，冢呈圆丘形，水泥结构，瓷砖贴面。墓前立碑。1992 年重立纪念碑 1 方。墓周水泥铺地，前方两侧立方柱形华表 1 对，分别刻"生的伟大""死的光荣"，再前设有 6 级水泥台阶。占地面积 83.1 平方米。

78 - E₁₀ 北牙烈士墓 〔北牙瑶族乡北牙社区北牙街西端山脚·1977 年〕 为纪念中国人民解放军第 39 军 115 师 345 团在宜山北牙剿匪战斗中光荣牺牲的烈士，于 1977 年修建。有墓葬 2 座，朝西，冢呈圆丘形，水泥结构，瓷砖贴面。大墓高 1.9 米，底径 4.6 米，小墓高 1.2 米，底径 1.5 米。冢前嵌碑，顶有檐，檐下横匾"光荣万岁"，碑面竖刻"人民功臣永垂不朽"，前有石踏跺数十级。占地面积 18.414 平方米。

79 - E₁₁ 北山烈士纪念碑 〔北山镇北山社区北山街东约 1 公里大岩山山洞内·1988 年〕 为纪念桂西北人民解放军第 5 团在 1949 年在北山战斗中牺牲的烈士，立于 1988 年。碑阳朝南，碑高 1.7 米，宽 0.9 米。首题横匾"光照后人"，两侧刻挽联，左刻"烈士功名垂万古"，右刻"英雄业绩壮千秋"。碑面中竖刻"桂西北人民解放军第五团北山战斗革命烈士纪念碑"。两边小字竖17行，满行7—46字，楷书，内容介绍烈士事迹及烈士芳名。

80 - E₁₂　怀远烈士塔　〔怀远镇怀远行政村大河屯东约500米蚂蟥岭上·1996年〕　1966年，为纪念新中国成立初期在剿匪战斗中牺牲的烈士，修建于怀远镇西侧约500米江西岭，1996年搬迁到现址。纪念塔朝南，由塔座及塔身组成，高约10米。二级正方形塔座，底边长4.25米，四面嵌碑刻20多位烈士的姓名、生平。塔身为立柱体，庑殿顶，正面刻"革命烈士永垂不朽"。四周有围墙，占地面积约726平方米。

81 - F₁　山谷祠故址　〔庆远镇白龙公园会仙山·南宋·市文物保护单位〕　南宋嘉定八年（1215），当地绅士集资兴建。砖木结构，坐北朝南，前为"山谷祠"，后作"龙溪书堂"，占地约四十亩。以后历代重修。1978年被毁掉。1986年，宜山县（今宜州市）人民政府在会仙山下重建"山谷祠"，祠内保留山谷先生自画像碑1方、清代碑记2方。祠后重修黄山谷衣冠墓1座。

F₁₋₁　山谷祠碑刻　〔庆远镇会仙山山谷祠内·南宋、清代〕　山谷祠1978年被拆毁，1986年重建于此，改变了原貌。尚存山谷自画像碑等原石刻3方。山谷，即山谷道人，是北宋著名文学家、书法家黄庭坚（1045—1105）的别号。为"元祐党人"之一。北宋崇宁三年（1104）羁管宜州（今宜州市）时，食宿于南楼，翌年溘然长逝。南宋淳熙四年（1177）州太守韩璧建山谷祠以祀，并把《山谷自画像》及赞诗"似僧有发，似俗无尘，作梦中梦，见身外身"刻石立碑于祠内。清代《添修黄文节公祠堂记》《庆郡伯查公去思碑》等石刻，亦移置重建的山谷祠内。

82 - F₂　八角亭　〔庆远镇城中西路中山公园内·1926年·市文物保护单位〕　建于1926年。坐南朝北，二层楼房，高11.35米，面阔、进深皆9.2米。一层为砖结构，四周有回廊，二层为木结构，单檐歇山顶，盖小青瓦，脊饰有双龙戏珠、鳌鱼等。占地面积约93.05平方米。

83 - G₁　鸡罩山铜鼓出土点　〔庆远镇畔塘行政村梁山冲屯北约800米鸡罩山脚·西汉中期—南朝〕　1977年2月，鸡罩山山脚坡地出土冷水冲型铜鼓1面。鼓面径0.665米，高0.445米。鼓面太阳纹十二芒，面沿环列四蛙。饰变形翔鹭纹、同心圆纹、栉纹、复线交叉纹、变形羽人纹等。胸腰饰扁耳两对。

环江毛南族自治县

1 - A₁　红山架洞矿冶遗址　〔驯乐苗族乡红山至下金煤矿红山变电站东侧公路两侧山坡上·清代〕　为清乾隆间（1736—1795）官方冶炼银矿的遗址，据《宜北县志》记载，道安乡北山村有银矿，清乾隆年间进行开采，凿山采矿，运至架洞熔铸，已著成效，嗣因山崩坏人，乃行停止。遗址分布面积约0.5平方公里，在遗址范围可见大量的冶炼坩埚，以及炉砖、炉灶、炉渣、瓷片等。

2 - A₂　羊角山营房遗址　〔洛阳镇永权行政村大可麻屯羊角山隘口·清代〕　据《宜北县志》记载，清咸丰年间（1851—1861），廪生蒙恩诏，在道安乡鹿洞村玉华里对面建筑营房1座，驻兵防守，以维持地方治安。坐西北朝东南，石木结构平房，面阔、进深一间5米，占地面积约25平方米。墙体用石块垒砌，残高3米，四周设置枪眼。东南面设有大门，屋面已倒塌。

3 - A₃　米岭隘墙遗址　〔思恩镇清潭行政村清潭村米岭隘口·清代〕　清咸丰年间（1851—1861）总团武举韦鹰扬鸠工修建石隘墙于米岭隘上，筑城楼并派团练驻防，以资守望，故名望楼。现存望楼和部分隘墙遗址，隘墙长约500米，宽0.7米，石块垒砌而成，隘门朝南，残高2.5米，面阔2.5米，进深7米。隘门上方建有望城楼，南、北两侧设出入口。隘墙北侧设巡道宽2米。

4 - B₁　凤腾山墓群　〔下南乡堂八行政村堂八村西北约2.3公里凤腾山东南坡·清代·自治区文物保护单位〕　墓群分布于山坡上，从山脚排向山顶，共1000多座，占地面积约2.4万平方米。其中有毛南族谭氏始祖谭三孝墓。墓葬均朝东，单座或连体，冢以料石围砌成圆形或方形，前立形态各异的牌坊式石碑，碑面有碑文或无碑文，雕刻动物、人物、神、佛、兽、鳌鱼、宝葫芦、灯笼、石鼓、花、鸟等图像。

5 - B₂　覃朗富墓　〔思恩镇叠岭行政村叠石屯坡皇山半山腰上·清代〕　覃朗富（1599—1672），曾任南明王朝总兵，随管思荔、河池等地。墓为清嘉庆五年（1800）重修。墓葬朝南，冢呈圆柱形，条石围边，共七层，顶层条石稍突出作檐，高0.95米，底径2.7米。墓碑高0.63米，宽0.41米，碑面刻"永历皇帝封委总兵武功大夫覃太公讳□□公□墓"，旁边小字记载覃朗富生平。

6 - B₃　恩元安老和尚墓　〔大安乡才平行政村才平小学围墙外南侧·清代〕　建于清乾隆三十六年

（1771）。墓葬朝西，圆丘形土冢，高 0.6 米，占地面积 2 平方米，墓前立碑，高 0.6 米，宽 0.32 米，碑文记恩元安老和尚为湖南除姓人氏，云游广西思恩县，住居东安寺，圆寂归西。东安寺已毁，仅存遗址。

7 - B₄ 莫子通墓 〔大安乡才平行政村那怀屯冷纠坡荒地上·清代〕 莫子通（1819—?），清道光丙午（1846）科乡试举人，清同治六年（1867）办团练有功赐以千总候用。墓建于清光绪十四年（1888）。墓葬朝西，冢呈圆丘形，高 1 米，底径 3 米，周边用长方料石围砌，上封土。墓碑高 0.75 米，宽 0.55 米。碑文记载莫子通的身世及功名。

8 - B₅ 妈鸟墓 〔下南乡坡川行政村干孟屯东面畲地·清代〕 妈鸟是干孟屯有钱的寡妇，此墓系其生前请 3 个工匠经 5 年修建。墓葬朝东南，冢呈圆丘形，冢四周以料石板砌护，高 1.6 米，底径 3 米，占地面积约 10 平方米。墓碑作牌坊式，二重檐，高 3.5 米，宽 1.9 米。石板上雕刻龙、凤、麒麟、鹿、马、牛、蝙蝠、猴、鱼、蝴蝶、蜜蜂、树木、花草等图案，两边有浮雕石鼓座麒麟柱。

9 - B₆ 螺蛳墓 〔思恩镇安良行政村立新屯西约 600 米坡一山上·清代〕 坡一山上有墓葬 2 座，相距约 10 米，形制相近。墓葬皆朝东，冢高七层，层层内收，形似螺蛳壳，故称螺蛳坟。墓高 1.6 米，径 2.4 米，前置墓碑。一座建于清雍正年间（1723—1735），石结构，墓主为李显伦；另一座建于清乾隆年间（1736—1795），瓦制结构，为李显伦妻子墓。

10 - C₁ 葫芦塔 〔川山镇都川行政村都川小学内·清代·县文物保护单位〕 建于清雍正三年（1725），清乾隆四十二年（1777）再修。坐西北朝东南，楼阁式舍利石塔，高六层 6.95 米。四方形花岗岩塔基，边长 2.75 米，高 1.65 米，正面开门，中空。基部正面刻"大清广西省庆远府思恩镇柳乡川山里柏子庵塔，雍正三年岁次乙巳仲春月吉日穀旦"。其上为六棱柱体塔身，塔腔实心，逐层收分，出单檐。葫芦形塔刹。原塔旁有庙宇及石碑 30 余方，庙已毁，碑刻仅存 9 方，内容为活佛根源、建庙和塔经过及捐款芳名。

11 - C₂ 三界庙 〔川山镇五圩行政村那尧屯西南·清代〕 建于清嘉庆二年（1797）。坐东南朝西北，泥砖石木结构，面阔三间、进深二间，占地面积约 27.1 平方米。八角形石柱，木构架，悬山顶，盖小青瓦。四角立八角石檐柱，题刻楹联。明间圆形石檐柱雕龙、鱼、虾图案，题记落款及首事石匠名。原庙的泥砖墙已毁，仅余屋顶及构架，庙内有原置庙前的清嘉庆二年"神农三界庙""环江让钱渡"等石碑 2 方。

12 - C₃ 福村桥 〔下南乡中南行政村南昌屯前溪水上·清代〕 建于清乾隆四十五年（1780）。西南—东北走向，单孔石拱桥，长 6.8 米，宽 2 米，拱跨 4.7 米。桥身、桥拱用料石干砌，桥面铺石板，两侧条石护栏缺失，西南、东北端各有 6 级石踏跺。村前大榕树下立有建桥碑 1 方。

13 - C₄ 莫家屯桥 〔川山镇下干行政村莫家屯东面约 1.8 公里下碾河上·清代〕 建于清乾隆五十八年（1793）。东西走向，双孔石拱桥，长 29 米，宽 3.2 米，拱跨 7 米。桥身、桥拱用料石干砌，拱墩立于河中天然石上，桥面铺石板，两侧条石护栏部分已散失，两端与路面齐平。桥西端立有建桥碑、修桥碑各 1 方。

14 - C₅ 大麻凉亭 〔大才乡大麻行政村大麻屯东南村头·清代〕 建于清乾隆六十年（1795）。经多次维修。坐东南朝西北，木结构四方亭，四周开敞，面阔、进深三间，占地面积约 50 平方米。亭前、后各立石础木檐柱 4 根，穿斗式木构架，歇山顶，盖小青瓦。用青石条砌台基，前置 7 级垂带石踏跺。

15 - C₆ 下吝古泉 〔川山镇由动社区下吝屯前约 50 米·清代〕 建于清乾隆六十年（1795）。泉池不规则，有上、下两池，池周用青石砌筑，上池为饮用水池，下池为洗涤水池，饮水池侧立捐款建池人员名单碑 4 方，清乾隆六十年（1795）立。泉池占地面积约 50 平方米。

16 - C₇ 关洞拱桥 〔大安乡才平行政村内吉屯甘山下山溪上·清代〕 建于清嘉庆二年（1797）。东北—西南走向，单孔石拱桥，长 5 米，宽 2.7 米，拱跨 4 米，桥身用料石、片石干砌，桥拱用料石砌成，桥面两侧设条石矮护栏，东北端有 5 级石踏跺，西南端有 3 级石踏跺，分别连接石踏道。桥侧立有建桥碑 1 方。桥两侧各保存一段石块铺筑的古石板路。

17 - C₈ 山脚宫庙 〔川山镇同伴行政村山脚屯前公路边·清代〕 建于清嘉庆九年（1804）。坐西南朝东北，砖木结构，单体建筑，面阔一间 3 米，进深一间，占地面积约 23 平方米。庙墙为料石干砌，前、后墙高 1.85 米，山墙高 2.85 米，厚 0.3 米，山墙搁檩，顶部已坍塌。山墙内侧一块料石上，题刻记载清嘉庆九年村民创建宫庙和布施银两的情况。

18 - C₉ 大乐拱桥 〔水源镇里腊行政村大乐屯北侧小河上·清代〕 建于清嘉庆十五年（1810）。南北走向，单孔石拱桥，长 11 米，宽 3.1 米，拱跨 6.9 米。桥身、桥拱用料石干砌，两侧置条石矮护栏，桥面铺石板。桥两端有石踏跺，南端 9 级，北端 8 级。原桥建桥碑已散失。

19 - C₁₀ 六合桥 〔下南乡仪凤行政村三阳屯东北

面仪凤河入口处·清代〕 建于清嘉庆十八年（1813）。东北—西南走向，单孔石拱桥，长 8 米，宽 2.3 米，拱跨 6.8 米。桥身、桥拱用料石干砌，桥面铺石板，桥两端各置 7 级石踏跺。桥东北端有建桥碑 1 方，为建桥石匠覃兰茂立，碑文记建桥的缘由及捐钱人芳名。

20 - C_{11} **地社拱桥** 〔大安乡大安社区地社屯东面小溪上·清代〕 建于嘉庆二十一年（1816）。南北走向，单孔石拱桥，长 4.6 米，宽 2.1 米，拱跨 4 米。桥身、桥拱用料石干砌，桥面铺石板，南、北两端设 3 级石踏跺。建桥碑 1 方立于桥头公路旁。

21 - C_{12} **上白丹井** 〔川山镇白丹村上白丹屯·清代〕 建于清道光十二年（1832）。分上、下两口井，上井平面呈圆形，井圈用整石凿成，外径 1.37 米，壁厚 0.12 米，为饮用水井，井水从井边开口处流入下井，供洗涤之用。井旁竖有碑刻 1 方，额题"永世泉流"，边框对联"源流千古出，增石万代藏"，底题"亘古垒水"，碑文记载石匠邓宇秀，村民乐捐银两修井的情况。

22 - C_{13} **魁星楼** 〔川山镇社村行政村社村屯河对岸坡顶上·清代·县文物保护单位〕 始建时间不详，清道光二十年（1840）重修。六边形楼阁式砖塔，高七层 18.9 米，底层为方形，面阔、进深皆一间，面积约 16 平方米。底层南面开拱门，题"大观在上"，二层以上平面呈六边形，塔腔中空，层间出檐，砖券封顶。塔内各层木楼板，有楼梯可登顶，第五层正面有横额"魁星楼"3 字。六角攒尖顶。塔边有残碑数方。

23 - C_{14} **班白桥** 〔大安乡才平行政村上白屯水上·清代〕 建于清道光十九年（1839）。南北走向，单孔石拱桥，长 8.5 米，宽 2.5 米，拱跨 6.2 米，桥身、桥拱为料石干砌，桥面石较薄，两侧条石护栏缺失，南端置石踏跺 3 级，北端置石踏跺 7 级。

24 - C_{15} **合龙桥** 〔川山镇由动社区瑞良屯前瑞良河上·清代〕 建于清道光二十年（1840）。东北—西南走向，单孔石拱桥。长 12 米，宽 3.9 米，拱跨 8.8 米。桥身、桥拱用料石干砌，桥面铺石板，两侧置条石矮护栏，桥两端各有石踏跺 9 级。原建桥碑已散失。

25 - C_{16} **孔彰桥** 〔洛阳镇古昌行政村大博屯东北面约 1 公里小溪上·清代〕 建于清咸丰六年（1856）。东北—西南走向，单孔石拱桥，长 6.6 米，宽 2.1 米，拱跨 3.3 米，桥身、桥拱为料石干砌，桥面铺石板，两侧条石护栏缺失，东北端有 5 级石踏跺，西南端置 3 级石踏跺。

26 - C_{17} **合福桥** 〔驯乐苗族乡康宁行政村平地屯南侧小溪上·清代〕 建于清同治三年（1864）。南北

走向，单孔石拱桥，长 15.9 米，宽 2.8 米，拱跨 4.7 米。桥身、桥拱用料石干砌，桥面铺砌石块，两侧置条石护栏，南端有 6 级石踏跺，北端有 4 级石踏跺。

27 - C_{18} **同仁桥** 〔思恩镇西南行政村肯圩屯东北面约 500 米小河沟上·清代〕 建于清光绪元年（1875）。东南—西北走向，单孔石拱桥，长 9.7 米，宽 2.8 米，拱跨 5.8 米，桥身、桥拱用料石干砌，桥面石多已塌垮，桥两端各有踏跺数级，原桥头立有建桥碑 1 方，已佚。

28 - C_{19} **方家祠堂** 〔水源镇三才行政村盘江屯·清代〕 建于清光绪五年（1879），十一年（1885）修缮。坐南朝北，砖木结构。二进院落，由前座、天井、后堂组成，占地面积约 250 平方米。前座及后堂均面阔三间，进深二间，青砖墙，抬梁式木构架，硬山顶，盖小青瓦。后堂饰马头山墙。庙前设照壁，高 3.5 米、宽 5 米。庙内有《家庙记》《庙规文则》等碑刻 2 方。

29 - C_{20} **北宋村石牌坊** 〔明伦镇北宋行政村北宋屯东北约 500 米公路旁·清代·自治区文物保护单位〕 建于清光绪二十年（1894）。石牌坊 2 座，四柱三间三楼，前后间距 9 米，牌坊面阔 6.2 米，高约 12 米，坊顶重檐斗拱，坊上雕双龙戏宝葫芦、麒麟、鳌鱼、狮虎、鸾凤、八仙等浮雕图案。两坊额分别刻"一门贞烈""一门九烈"，楷书，字径 0.35 米。正面石柱刻清代官员、卢氏亲友的题联、诗作。柱前后有葫芦形夹杆石。牌坊西南面立石碑 4 方，碑面用汉、满文刻写卢氏一门之事迹及光绪皇帝的诰命。

30 - C_{21} **永平桥** 〔驯乐苗族乡康宁村尧乐拱桥下游约 100 米处小溪上·清代〕 建于清光绪二十五年（1899）。东北—西南走向，两台二墩梁式石板桥，长 11 米，宽 0.8 米。桥台用料石干砌，桥墩为 2 根木柱上横架条石，墩上面架设长条石板为桥面。桥头立有建桥碑 1 方。

31 - C_{22} **当日东拱桥** 〔水源镇温平行政村当日屯东南面小河上·清代〕 建于清光绪二十八年（1902）。南北走向，单孔石拱桥，长 8.6 米，宽 2.6 米，拱跨 7.2 米。桥身用片石，桥拱以料石干砌，桥面铺石板，两侧条石护栏缺失，南、北两端各有 3 级石踏跺。

32 - C_{23} **那担桥** 〔思恩镇耐禾行政村内喊屯与陈双行政村中田屯之间的小溪上·清代〕 建于清代，具体时间不详。东西走向，单孔石拱桥，长 4.5 米，宽 1.35 米，拱跨 2.25 米，桥身、桥拱用料石干砌，桥面顶部仅存桥拱石，后用水泥砂浆铺平。桥两端有多级石踏跺。

33 - C_{24} **内郡溪桥** 〔水源镇含香行政村岜尖屯东

北面内郡溪上·清代〕 建于清代，具体时间不详。西南—东北走向，双孔石拱桥，长 11.6 米，宽 2 米，西南拱跨 3 米，东北拱跨 2.7 米，两孔之间的桥墩较粗，建在溪面原生石上。桥身用片石，桥拱用料石干砌，桥面铺石板，两侧条石护栏缺失，东北端有 3 级石踏跺，西南端与溪岸齐平。

34 – C₂₅ 永安桥 〔水源镇含香行政村宽桥屯中宽桥溪上·清代〕 建于清代，具体时间不详。东西走向，单孔石拱桥，长 7 米，宽 2.1 米，拱跨 3.5 米，桥身、桥拱为料石干砌，桥面石不太平整，两端各置石踏跺 3 级，桥东端有较长的石砌引桥。

35 – C₂₆ 上韶桥 〔下南乡下南社区上韶屯前东北面约 300 米的小溪上·清代〕 建于清代，具体时间不详。东南—西北走向，单孔石拱桥，较小，长 5 米，宽 1.35 米，拱跨 1.9 米，桥身、桥拱为料石干砌，桥面铺一层石板，东南端置石踏跺 3 级，西北端置石踏跺 4 级。

36 – C₂₇ 东兴街桥 〔东兴镇东兴社区镇人民政府前中洲河堤岸上·清代〕 建于清代，具体时间不详。东西走向，单孔石拱桥，长 8.8 米，宽 2.4 米，拱跨 5.2 米。桥身、桥拱为料石干砌，桥面已被土掩埋，东端接新砌上坡台阶。

37 – C₂₈ 德林桥 〔明伦镇雅京行政村德林屯前小溪上·清代〕 建于清代，具体时间不详。南北走向，长 7.2 米，宽 1.6 米，拱跨 2.7 米。桥身砌缝较宽，桥面铺石板，两侧设有条石护栏，南端置石踏跺 9 级，北端置石踏跺 7 级。

38 – C₂₉ 龙角桥 〔川山镇同伴行政村纳后屯东面溪水上·清代〕 建于清代，具体时间不详。东西走向，单孔石拱桥，长 10.3 米，宽 2.9 米，拱跨 6.5 米。桥身、桥拱为料石干砌，桥面铺石板，两侧条石护栏缺失，东端置石踏跺 6 级，西端置石踏跺 8 级。原桥头立有建桥碑 1 方，已散失。

39 – C₃₀ 塘想桥 〔明伦镇翠山行政村塘思屯西面山涧河面上·清代〕 建于清代，具体时间不详。东西走向，单孔石拱桥，长 12.8 米，宽 3 米，拱跨 7 米。桥面铺砌石板，桥身用片石，桥拱用料石干砌，桥铺石板，两侧设条石护栏，两端设有石踏跺。

40 – C₃₁ 板榜桥 〔驯乐苗族乡平治社区板榜屯西北面大环江河东岸上·清代〕 建于清代，具体时间不详。呈东北—西南走向，长 6.5 米，宽 1.93 米，拱跨 2.9 米。桥身、桥拱为料石干砌，桥面铺石板，两侧条石护栏高 0.2 米，东北端置石踏跺 5 级，西南石踏跺端被河岸浮土掩埋，仅余 2 级。

41 – C₃₂ 白马庙 〔东兴镇茶山行政村久朋屯东北

面山溪边·清代〕 建于清代，具体时间不详。坐北朝南，木结构，单体建筑，台基用片石干砌，前置石踏跺。面阔二间 7.5 米，进深一间 4.6 米，木檐柱，穿斗与抬梁混合构架，悬山顶，盖小青瓦。四壁木板已缺失。庙内为通殿。

42 – D₁ 敢交岩摩崖石刻 〔东兴镇平安行政村敢交屯河边敢交岩石壁上·明代〕 摩崖石刻 1 方。明万历四十二年（1614）刻。岩面朝西，刻面高 1.1 米，宽 0.6 米。文竖 17 行，共计 136 字，字径 0.03 米，楷书，阴刻。刻文记述人心有积善天应护，行恶终须不久长，奉劝世上人行好等。

43 – D₂ 巴马山摩崖石刻 〔思恩镇清潭行政村上清潭屯与文化行政村下兰屯交界处的巴马山半山腰上·清代〕 摩崖石刻 1 方。清同治七年（1868）刻，刻面高 0.9 米，宽 1.3 米。文竖 33 行，计 957 字，阴刻，楷书。刻文记述清同治年间（1862—1874），首事试用县丞罗孙织，率二村之壮士，以平处补而为险，缺处修而作峻，修寨门以防不测。时邑盗窃蜂起，罗率团练还击。奈我寡不敌众，各携老扶幼逃难深山，得以生存。

44 – D₃ 宜北县界摩崖石刻 〔东兴镇笃雅行政村久海屯北面中州河东岸边旧道旁石壁上·清代〕 摩崖石刻 1 方。清光绪三十二年（1906）刻。刻面宽 1 米，高 1.95 米。文竖行，楷书，阴刻。石刻为成立宜北县时撰刻，记述首任知县雷文锐关于设立宜北县及宜北、思恩两县地界的有关事宜。字迹难以辨认。

45 – D₄ 久怀摩崖石刻 〔东兴镇东兴社区久怀屯·不详〕 刻于久怀屯南高高山峭壁上，刻面高 2 米，宽 0.7 米。文竖 1 行 6 字，字径 0.3 米，楷书，阴刻。刻文为"汉马伏波寓此"6 字，无落款。

46 – D₅ 思恩中州碑记 〔东兴镇东兴社区久怀屯南·明代〕 碑刻 1 方。明万历四十年（1612）立。碑阳朝南，高 2.45 米，宽 1.2 米，厚 0.13 米。该碑两面均刻文。碑阳额题"思恩中州碑记"，双线篆书。文竖 25 行，计 1391 字，字径 0.035 米，楷书，阴刻。碑文记述明万历年间思恩县中州的民俗、农业、矿业、文化的状况，表彰思恩县知县肖鸣盛之廉政业绩，介绍思恩的山川形胜；追述东汉大将马援、三国蜀丞相孔明南征中州轶事等。碑阴额题"世代粮规"，碑文竖行，楷书，阴刻。碑文系明代思恩县衙向农民摊派征粮的细则。

47 – D₆ 谭家世谱碑 〔下南乡波川行政村波川小学校园内·清代·县文物保护单位〕 碑刻 1 方。清乾隆三十九年（1774）立。碑高 1.6 米，宽 1 米。谭氏眷属卢柄蔚、裔孙谭德成撰文，李明才书丹，第十七代谭灿元立碑。碑阳额题"谭家世谱碑",落款"乾隆戊申年孟冬毂旦慈孙灿元立碑万福攸归"。碑文竖29行,字径0.025米,阴刻,楷书。碑文记述毛南族谭氏世系的根源及繁衍情况。碑阴面刻有"家谱实录",字迹模糊不清。

48-D₇ 恩荣碑 〔思恩镇中山行政村下理落屯北面约200米的小道旁·清代〕 碑刻1方。清乾隆五十五年(1790)立。碑高1.35米,宽0.78米,厚0.1米。碑侧沿刻龙形图案。首题"恩荣"2字,楷书。额题"奉天制命",篆书。落款"皇帝乾隆五十五年正月初一之宝"。碑文竖13行,计204字,阴刻,楷书。碑文表彰乾隆年间广西平乐府修仁县教谕李效松之父李鼎泰、母谭氏夫妇治家教子之事迹,分别赐封为"修职郎""七品孺人"。

49-D₈ 思恩县界正碑 〔川山镇乐依行政村峒赖屯南面古城墙外公路旁·清代〕 碑刻1方。清同治八年(1869)立。碑阳朝东北,高0.9米,宽0.6米,厚0.16米。两侧有自然石护边,顶有石板遮挡。额题"思恩县界正",碑文竖行,阴刻,楷书。碑文记录清同治七年,思恩与南丹土州汉、土子民因科粮上纳纠纷,次年州府派员亲临汉土交界地,勘验分明,断土民何凤口购为祖田,钱粮自行上纳土州,当堂具结。当地乡老延请石匠勒石为汉土界限。

50-D₉ 奉天制命碑 〔思恩镇西南行政村肯圩屯·清代〕 碑刻1方。清光绪元年(1875)立。碑高1.86米,宽1.24米,厚0.2米。碑两面均刻文,碑阳额阴刻双龙戏珠,两侧刻龙护边。碑文竖行,计244字,楷书,阴刻。碑文襃扬广西平乐、上思二县教谕罗银汉之胞兄罗文汉、嫂韦氏情殷训弟,统传诗礼的事迹。碑阴额浮雕双龙戏珠,两侧刻龙护边。碑文竖11行,计206字,楷书,阴刻。碑文表彰罗银汉之父罗学山、母韦氏克勤持家、相夫教子的事迹。

51-D₁₀ 奉天诰命碑 〔大才乡大才社区才肯屯西面土坡边上·清代〕 碑刻1方。清光绪二年(1876)立。碑阳朝南,高1.9米,宽1.4米,厚0.15米。碑额题"奉天诰命",字径0.12米,篆书,阴刻。碑文竖12行,满行25字,计约300字,碑文记述清嘉庆年间苍梧县、灌阳县教谕莫若荣之父母获封为"修职郎"和"七品孺人"之事。碑文部分字迹模糊。

52-D₁₁ 大麦规约碑 〔思恩镇福龙行政村大麦屯村口·清代〕 碑刻1方。清光绪二十三年(1897)立。碑高0.76米,宽0.6米,厚0.08米。碑顶部分缺失,文已不全。碑文竖11行,字径0.03米,楷书,阴刻。碑文内容为村民众议自订赏罚条文若干,共同遵守,互相监督,相互约束。

53-D₁₂ 音峒隆款碑 〔长美乡关安行政村音峒屯西约200米田头旧道旁·清代〕 碑刻1方。清光绪二十六年(1900)立。碑为四方立柱体,四坡碑盖,碑阳朝西,高1.4米,宽0.37米,厚0.35米,楷书,阴刻。碑正面文竖7行,满行24字。碑文记述音峒村众议隆款的缘由,左侧碑面为刻隆款具体条款内容,涉及罚款项目钱数、对应奖赏数额,背面为参议隆款人员名单。

54-D₁₃ 板用规约碑 〔思恩镇文化行政村板用屯前·清代〕 碑刻1方。清光绪三十三年(1907)立。立柱体碑,碑阳朝西,高1.12米,宽0.28米,厚0.19米,碑盖为四脊圆盝顶。本屯覃重辉撰文书丹,覃圣膏镌。碑体四面刻字,碑文竖34行,满行14—28字,阴刻,楷书。碑东面和南面碑文主要记载板用屯的历史沿革,西面和北面碑文为板用屯众议的规约条款。

55-D₁₄ 指路碑 〔驯乐苗族乡康宁行政村平地屯边小路·清代〕 碑刻1方。清光绪三十四年(1908)立。碑高0.72米,宽0.5米,厚0.2米。碑文竖行,计47字。额题"指路碑"3字,碑文内容系指引行人走路的方向。

56-D₁₅ 讯断告示碑 〔下南乡仪凤行政村外卯屯·清代〕 清宣统元年(1909)立。碑阳朝北,高1.55米,宽0.92米,厚0.18米。无额题,碑文竖行,阴刻,楷体。碑文模糊,记载清道光二十三年(1843),思恩县正堂集案察讯,仪凤甲外卯屯武生谭书翰等状告大屯监生谭展耀等争占山场、地界址争控不休等情一案,告示仪凤甲晓谕。

57-D₁₆ 山高水长墨书 〔长美乡长美社区喇坊屯南面东岸边岩石上·清代〕 清中叶有仕宦者游至此,在岩石上抹灰为面,其上用赫红色书题"山高水长"4字,字径0.8米,楷书。其旁亦有墨客题词作诗,已模糊不清,只隐约看出"那得狂澜沧海挽,中流砥柱著奇才"的诗句,署楚北胡楚魁题,清光绪丙午(1905)等字。

58-E₁ 覃振宗墓 〔大才乡大才社区大才中心校东面校门外·1939年〕 覃振宗(1905—1938),广西环江县大才乡三才村人。任国民革命军第21集团军48军176师1056团第3营营长,1938年在安徽黄梅龙虎山抗击侵华日军战斗中重伤不治而殁,归葬故里。墓建于1939年。1970年重修。墓葬朝东,圆丘形水泥冢,高1.3米,底径约3米,墓碑高约1米。碑面中部竖行刻"抗日殉国烈士第二十一集团军四十八军一七六师一〇五六团第三营营长覃振宗陵墓",落款"中华民国二十八年思恩县各界公祭大会监立"。

59 – E₂ **望峰山烈士墓** 〔思恩镇环江高级中学东侧望峰山顶·1956 年〕 建于 1956 年，为纪念解放环江县而牺牲的先烈而建。由烈士墓、烈士亭、碑、卢涛烈士雕像等组成，占地面积约 53360 平方米。烈士墓在烈士亭内，圆丘形水泥冢，墓碑高 2 米，宽 1.59 米，碑额阳刻"烈士纪念碑"5 字，两边阳刻"生的伟大，死的光荣"。亭为砖、水泥结构，高、宽 7.5 米。六边形，攒尖顶，盖琉璃瓦，亭外有 1987 年环江毛南族自治县人民政府所立的烈士芳名碑 2 方，简介烈士姓名及事迹。墓前有石砌台阶。

罗城仫佬族自治县

1 – A₁ **东岸遗址** 〔小长安镇罗东行政村下东岸屯西面约 200 米榕树潭河湾台地·新石器时代〕 山坡（台地）遗址。1988 年发现。分布面积约 2000 平方米，在遗址地表发现了石斧、石片及石器的刃部、柄部残片。石斧一般较瘦长扁薄，刃部弧形微凸，经过修整琢制而成，部分石器面尚保留原石面。遗址已辟为竹林和耕地。

2 – A₂ **天河县故城址** 〔四把镇里胜行政村旧城屯·唐代〕 据史籍记载，城址系唐代天河县县治所在地，唐贞观四年（630）修筑。遗址平面呈长方形，南北长约 270 米，东西宽约 190 米，占地面积约 5130 平方米。现存夯土城墙，残宽 1.8—4.1 米，高 1—1.2 米。在城墙南面小山有明代嘉靖年间（1522—1566）闽人余馨所题的摩崖石刻。

3 – A₃ **谷洞野王城址** 〔怀群镇怀群社区镇政府东南约 1.5 公里·宋代〕 始建年代不详，据传毁于明万历年间（1573—1620）。城址平面呈方形，占地面积约 12000 平方米，城墙以土夯筑，残高 1.5—3 米，厚 5—8 米，设有东、西、北三门，门洞面阔 2.5 米，城四周有护城河。城内有低地、较平，传说为跑马场。土城西边小山上有一石城遗址，形状不规则，已毁，城墙残高 1.5 米。

4 – A₄ **龙凤土城址** 〔龙岸镇龙凤行政村土城屯·清代·县文物保护单位〕 建于清道光年间（1821—1850）。平面略呈长方形，占地面积约 8.7 万平方米。城临武阳江，存南面城墙，黄土夯筑，残高 3—4 米，上宽 2 米，底宽约 5 米。西面原设有南、北二门，北门已毁。南门为砖石结构，下层片石叠砌，上层单砖浆砌，券拱顶，分内外两重。外拱门宽 1.65 米，高 2.5 米；内拱门宽 1.96 米，高 3.4 米。城内出土过清代砖瓦、瓷器。

5 – A₅ **天河旧县城墙** 〔天河镇天河社区天河街凤凰山脚下·明代〕 建于明万历年间（1573—1620）。目前尚残存城墙数段，最长一段长 24.5 米，宽 3.2 米，高 2 米。墙体内外檐墙用料石（长 0.6 米，宽 0.4 米，高 0.3 米）施浆砌成，墙内杂土夯填。

6 – A₆ **罗城冶炼遗址** 〔四把镇、东门镇、黄金镇、龙岸镇、小长安镇一带·清代·县文物保护单位〕 为清乾隆年间（1736—1795）官府炼锌镍铸泉币的冶炼遗址。已发现冶炼遗址点 22 处，分布于四把镇的九龙村、各地屯、五雷岭、圈衣岭、白石下屯，东门镇的呼略屯、镇桥头山坡、烟洞、覃底屯、冷洞，黄金镇的地栋屯，龙岸镇的杨家村、碑曰屯、玉苗屯，小长安镇变电站、大用屯、东岭屯、塘头屯一带，范围约 20 平方公里。遗址范围零星散布有冶炼坩埚残件。

7 – B₁ **银氏墓** 〔东门镇中石行政村北社屯西北约 400 米缺山脚·明代〕 建于明代，清光绪十二年（1886）重立新碑。系银氏明故始祖墓，系银氏第一代明故祖文质、文勋二公并始祖姚之墓。墓葬朝西南，冢呈圆丘形，周以石条圈砌，底径 1.2 米，高 1.7 米，占地面积约 4 平方米。碑面中竖行刻"明故始祖银讳文质、勋二公并始祖姚之墓"。

8 – B₂ **黎文裕墓** 〔龙岸镇珠江行政村下珠屯西约 1 公里山东岭·明代〕 墓葬朝南，冢呈圆锥形，冢周用料石板二圈围砌，高 1.8 米，底径 2.5 米。冢前有残碑 1 方，碑面竖行双线阴刻"显考明威将军黎文裕老爷之墓"，楷书。其余小字模糊不清。占地面积约 12 平方米。

9 – B₃ **欧偕顶墓** 〔小长安镇双蒙行政村黎山屯西约 1 公里新全岭半坡上·清代〕 建于清初，清咸丰三年（1853）重修。墓葬朝北，冢为圆丘形土堆，高 1.6 米，底径 2.2 米，占地面积约 4 平方米。墓前中部弧顶凹面竖行刻"大清康熙癸卯科中第八名，原任四川峨眉知县，后任广东惠来知县欧偕顶老大人之墓，咸丰癸丑年秋穀旦立"，碑侧刻挽联"生广西任广东闻望犹照日月，入第一中第八功名永著乾坤"。占地面积约 4 平方米。

10 – C₁ **平洛乐登桥** 〔东门镇平洛行政村水埠屯西南约 500 米河面上·明代·自治区文物保护单位〕 建于明洪武十八年（1385）。东北—西南走向，三孔石拱桥，长 31 米，宽 4.1 米，拱跨 7 米。以料石干砌桥身、桥拱，桥墩底部中部处两端凿出龙头鲤尾状石雕，桥面遗留的石护栏痕迹，两端原各有 1 座石狮，桥面以石板铺垫，嵌两块像草鞋印的方石，两端踏跺已被改造成斜坡。

11 – C₂ **瑶灰拱桥** 〔黄金镇黄金社区黄金街东北约 60 米小河上·明代〕 建于明代，具体时间不详。

东西走向，单孔石拱桥，长 21 米，宽 2.4 米，拱跨 6.4 米，桥身、桥拱用料石干砌，桥面铺石板，两侧条石护栏缺失，两端各置石踏跺 14 级。

12 – C_3　**中石大有桥**　〔东门镇中石行政村桥头、底正两屯交界处河面上·明代〕　建于明代，具体时间不详。南北走向，双孔石拱桥，长 27 米，宽 3.4 米，拱跨 5.6 米，桥身、桥拱用料石干砌，桥面铺石板，两侧条石护栏缺失，两端铺设石踏跺，原桥头立建桥碑记 1 方，已毁。

13 – C_4　**黎山拱桥**　〔小长安镇双蒙行政村山头屯东约 500 米小河上·明代〕　建于明代，具体时间不详。东西走向，单孔石拱桥，长 18.4 米，宽 2.7 米，拱跨 4.4 米。桥身、桥拱用料石干砌，桥面铺石板，两侧条石护栏缺失，两端原置石踏跺被今人用水泥覆盖。

14 – C_5　**大梧村桥**　〔四把镇大新行政村大梧村西约 200 米小河上·明代〕　建于明代，具体时间不详。东西走向，两台三墩梁式石板桥，长 14 米，宽 1.2 米。桥台依河岸垒砌，墩由三块条石架成"Π"形架。台、墩上架设长 3.3 米、宽 0.6 米左右的长条石板为桥面。桥东端一孔已毁。第二孔只存一块石板。

15 – C_6　**三匹江拱桥**　〔黄金镇北盛行政村东约 50 米·明—清〕　建于明末清初。单孔石拱桥，长 7 米，宽 2.85 米，拱跨 5 米。用料石干砌桥身、桥拱，桥面铺石板，两端铺设踏跺，是北盛村通往黄金街的必经通道。

16 – C_7　**田心拱桥**　〔四把镇石门行政村田心屯东约 500 米小河上·清代〕　建于清初。东北—西南走向，双孔石拱桥，长 23.5 米，宽 3 米，拱跨 6.8 米。桥身、桥拱均用料石干砌，桥面铺石板，两侧条石护栏缺失，两端各有 6 级石踏跺

17 – C_8　**邱氏祠堂**　〔龙岸镇物华行政村下地栋屯·清代·县文物保护单位〕　建于清代早期，具体时间不详。坐西朝东，砖木结构，三进院落，分前座、中厅、后堂，中隔天井，面积约 120 平方米。前座呈扇形，面阔 11 米，高 9 米，为外二层、内三层楼房，侧面开拱门 2 个，额分别嵌篆体"瓜绵""辣椒"扇形石匾，第二层开 5 个砖砌拱窗，三楼开木方窗 4 个。中厅、后堂为三层楼房，面阔三间，进深一间，三面砖墙，前镶木板壁，硬山顶，盖小青瓦。中厅门额书"邱氏宗德"横匾，墙绘山水彩色壁画。

18 – C_9　**黎山门楼**　〔小长安镇双蒙行政村黎山屯·清代〕　建于清代，传为清康熙年间（1662—1722）任四川峨眉及广东惠来知县欧偕顶所建。坐西朝东，面阔、进深一间，高 5 米，分上、下两层，下层用料石干砌，正面无窗，中开石拱门，高 2.4 米，面阔

1.55 米。上层为青砖墙，墙正面留有圆形透气窗，背面中开大方窗，硬山顶，盖小青瓦。门楼前有石踏跺 10 余级。占地面积约 16.5 平方米。

19 – C_{10}　**回龙桥**　〔东门镇桥头街东约 1.5 公里小河上·清代〕　建于清乾隆年间（1736—1795），具体时间不详。单孔石拱桥，长 5.2 米，宽 3.1 米，桥身、桥拱以料石干砌，桥面铺石板，两侧条石护栏缺失，两端砌有石踏跺，现仍使用。

20 – C_{11}　**良泗拱桥**　〔龙岸镇天宝行政村良泗屯中小河上·清代〕　建于清乾隆年间（1736—1795），由村民捐款兴建。东北—西南走向，单孔石拱平桥，长 7.6 米，宽 3.6 米，拱跨 4.5 米。桥身、桥拱均用料石干砌，桥面铺石板，两侧条石护栏缺失，两端与河岸齐平，桥头原有碑记载，已丢失。

21 – C_{12}　**峡山门楼**　〔龙岸镇三灵行政村峡山屯·清代〕　建于清乾隆十七年（1752）。坐东朝西，砖石结构，高约 4 米，面阔 2.8 米，进深 2.6 米，占地面积约 7.3 平方米。门楼底部料石墙高 3 米，上部砖墙已塌，悬山顶。条石门框，门顶石条阴刻"福禄寿" 3 字，两旁石刻对联"门向青山增福寿，户朝绿水进人财"。门楼石墙存有始建碑记。两侧围墙为料石干砌，现存长 15 米，高 1.5 米，厚约 0.4 米。

22 – C_{13}　**平正街门楼**　〔龙岸镇物华行政村双降屯屯口·清代·县文物保护单位〕　建于清代中期。2008 年维修。坐西朝东，砖木结构。二层门楼，高 6.4 米，面阔、进深一间，青砖墙，悬山顶，盖小青瓦。中开门，门额上嵌"平正街" 3 字横石匾，楷书，阴刻。占地面积约 17.34 平方米。

23 – C_{14}　**双降古民居**　〔龙岸镇物华行政村双降屯·清代·县文物保护单位〕　建于清中期。现存清代民居约 12 户，均坐北朝南，砖木结构，小庭院，主体建筑面阔三间，基础用石条铺垫，青砖墙，悬山顶，盖小青瓦。门前有石板道，用方或长方石板墁铺，宽 3 米。总占地面积约 9560 平方米。

C_{15-1}　**双降石板道**　〔龙岸镇双降屯·清代〕　建于明代，重修于清乾隆十二年（1747）。南北走向，南起双降屯村前挑水沟，北至融水县永乐石潭屯，全长约 6 公里，宽 1.5—2 米，路面铺石板。现双降屯后鹅颈坳脚至融水境交界约 2 公里路段保存较好，其余路段大都已损毁。路旁有凉亭遗址。鹅颈坳存清乾隆十二年（1747）《达修分水隘口碑》1 方。

24 – C_{15}　**吴氏宗祠**　〔小长安镇双蒙行政村山头屯·清代〕　建于清嘉庆二十四年（1819），清同治十一年（1872）重修。坐南朝北，砖木结构，三进院落，由前座、中厅、后堂、天井、厢房等组成，占地面积

约200平方米。主体各座均面阔三间，进深三间，砖墙、硬山顶、盖小青瓦，格窗式封檐。前座门额上有"吴氏宗祠"匾。天井四边用条石铺砌，两侧厢房各四间，祠堂内立有始建、重修宗祠碑记各1方，记述建祠之经过及捐款人芳名。

25－C₁₆　何家拱门　〔小长安镇双蒙行政村上何家屯·清代〕　何家屯共有拱门4座。其中3座拱门、墙体皆料石干砌；1座为料石券拱，砖砌墙体；门楼皆已不存。4座拱门形制、大小基本相同，面阔5.3米，进深2.4米，门洞面阔约1.5米，拱高约2.3米。有2座石拱门的左右墙上镶嵌石碑，分别阴刻"某造大门碑记""道光壬午年建"及捐资人芳名，文字大都模糊不清。

26－C₁₇　班瓦门楼　〔东门镇龙山行政村班瓦屯·清代〕　建于清道光十四年（1834）。砖木结构，面阔一间3.4米，高二层5.5米，硬山顶，上覆以青瓦。长方形拱门，宽1.63米，高2.7米。拱门下以长方形石料砌筑，砖砌券拱，开十字形花格窗。门边有记载建造门楼花费的钱物等石碑1方。

27－C₁₈　风强门楼　〔龙岸镇天宝行政村风强屯·清代〕　风强屯于明代开村时已建石门楼，清同治元年（1862）重修。砖石木结构，基础及底部用长方形条石构筑，上部砖砌，悬山顶。盖青瓦。门楼高4米，门高2.3米。门楼上方开2个方形小窗，门头嵌刻有"石门""本村重修同治元年"的石匾。门楼前面铺有30多级石踏跺。

28－C₁₉　白帝庙　〔东门镇永乐街106号·清代〕　建于清光绪九年（1883）。坐北朝南，后为土岭（多多岭）前为街道。现存二层楼房一座，面阔二间，砖墙、抬梁与穿斗混合构架，硬山顶，青砖墙，盖小青瓦。抗日时期罗城民众曾经用作抗日指挥部。

29－C₂₀　开元寺　〔东门镇平洛行政村水埠屯北约100米·清代·县文物保护单位〕　建于元至元元年（1264），明代多次修缮，清光绪二十四年（1898）重修。坐东北朝西南，砖木结构，三进院落，由前殿、中殿、戏台、大雄宝殿、厢房和天井组成，占地面积约1390平方米。各殿均为二层楼，面阔、进深三间，清水墙，穿斗与抬梁混合木构架，硬山顶，盖小青瓦。前殿前檐双开门，门额嵌"开元寺"横匾，殿后为戏台。中殿正脊随梁枋上墨书"大清光绪二十四年岁次戊戌季秋月榖旦……暨九甲绅民人等重修栋宇"。大雄宝殿设前檐廊，中开3拱门，两次间砖槛墙木格窗。

C₂₀-₁　平洛和尚岩棺葬　〔东门镇平洛行政村平洛小学东面约600米的石山山腰·元代〕　有石窟共9处，据传石窟是"开元寺"为去世和尚存尸而人工开

凿的。石窟大致呈一排，间隔约0.3米，大小形制相似，窟口方形，朝西，平均高1米，宽0.9米，进深2米。石窟内无遗物。

30－C₂₁　桥头风雨亭　〔东门镇桥头社区桥头村南2公里公路旁·清代〕　建于清宣统三年（1911）。是过往行人躲避风雨之所。1961、1984年间曾进行维修。坐北朝南，砖木结构，面阔6米，进深7米、高5.4米。前、后以砖封砌马头墙，呈"凸"字形，中砌拱门，门高2.7米，宽2米，拱门上嵌"风雨亭"横匾。亭内两侧设有石条，亭内梁上写有建亭的年代及捐赠钱物者芳名。占地面积约42平方米。

31－C₂₂　陈家老宅　〔黄金镇北盛行政村飞鹅屯·清代〕　建于清末，具体时间不详。坐北朝南，砖木结构，两进院落，由前座、正厅、天井组成，占地面积153.72平方米。前座、正厅面阔三间，进深一间，抬梁式木构架，悬山顶，盖小青瓦。前座门额挂楷书"绩德堂"竖匾。正厅前设檐廊，廊立石础木檐柱2根，明间前檐为木板壁，中开门，两次间砖砌槛墙，上为木格通窗。

32－C₂₃　下珠桥　〔龙岸镇珠江行政村下珠屯南约50米的小河上·清代〕　建于清代，具体时间不详。东南—西北走向，三台五墩梁式石板桥，长23.7米，宽0.7米。桥两端及东端水中各有桥台，均用片石垒筑，水中桥台北侧有石踏跺数级达水面。西端五墩迎水面呈"V"形分水尖状。台、墩上架设长条石为桥面。

33－C₂₄　地梁桥　〔小长安镇双合行政村地梁屯西约150米河面·清代〕　建于清代，具体时间不详。为当时官道上之桥。南北走向，两台四墩梁式石板桥，长14.6米，宽1米。两岸桥台用片石砌筑，桥墩石砌或"∏"形架两种形式。台、墩上并排铺架长短不等的两块石板成桥面。

34－C₂₅　平正石板道　〔龙岸镇物华行政村双降屯·清代·县文物保护单位〕　建于清代，具体时间不详。是当地莫姓所筑。石板道从莫家门口至该屯饮水的水口止，长约250米，以石板铺成，宽约3.5米，铺地石板上刻有飞禽走兽图案，栩栩如生。

35－D₁　官崖摩崖石刻　〔四把镇里胜行政村旧县屯南约600米官崖岩洞·明代·县文物保护单位〕　摩崖石刻2方，明嘉靖二十四年（1545）刻。一方刻面高1.2米，宽1.5米。文竖9行，计69字，阴刻，草书。闽人余馨撰文并书丹。为七律一首，诗云："谁将鬼斧无量力，凿坡洪荒半壁天。山鸟四时调好韵，石龙千载吐寒涎。云根不老菩提树，岩畔初开太乙莲。为爱边方景奇绝，刊诗留与白灵传。"落款"嘉靖乙巳冬□闽人□川余馨书"。另一方刻面高0.6

米，宽 0.7 米，为榜书"石梯" 2 字，字径 0.3 米，隶书，阴刻。

36 – D₂ 于公旧治摩崖石刻 〔小长安镇双合行政村地梁屯汇源寺西约 30 米·清代·县文物保护单位〕 摩崖石刻 1 方。清乾隆戊寅年（1758）刻。刻于小石山东侧面，距地表约 3.3 米。刻面高 1.8 米，宽 0.9 米。竖行榜书"于公旧治"，字径 0.4 米，勾边楷书，左边落款竖 2 行"大清乾隆戊寅菊月摄县事桂林龙胜理苗通判三韩金岳志"，字径 0.13 米，楷书，阴刻。

37 – D₃ 榜山摩崖石刻 〔天河镇天河社区小江河屯榜山半山石壁·清代·县文物保护单位〕 摩崖石刻 1 方。清道光五年（1825）刻。刻面朝南，高 0.7 米，宽 6.5 米。横行首题"榜山题名" 4 字，阴刻；文竖行，楷、隶书，阴刻。内容系明清时期天河县考取进士、举人的人名和时间。

38 – D₄ 偕乐洞摩崖石刻 〔天河镇北华行政村下冲芒屯西约 200 米处偕乐洞·清代·县文物保护单位〕 摩崖石刻 2 方。一方刻于洞口顶南侧岩壁，清道光五年（1825）刻。刻面高约 0.6 米，宽约 1.5 米。时任天河知县林光棣撰文并书丹，横行榜书"偕乐洞" 3 字，字径 0.2 米，阴刻，行书，落款"蜀北林光棣敬刊"，此洞因此得名。另一方在洞口北侧岩壁，为榜书"□□一洞"，已被石灰覆盖。

39 – D₅ 含乐岩摩崖石刻 〔天河镇天河中学后含乐岩·清〕 摩崖石刻 1 方。清光绪三十二年（1906）刻。刻于含乐洞口上端，距洞口底约 8 米，刻面高 1.2 米，宽 2.5 米，清光绪丙午年（1906）宾阳人杨□珍入洞游玩后所题刻榜书"含乐岩" 3 字，字径 0.9 米，阴刻，楷书。落款小字已风化，很难辨认。

40 – D₆ 甘华义渡石刻 〔乔善乡古金行政村古金渡口往北约 1 公里公路旁悬岩上·清代〕 摩崖石刻 1 方。清道光二十六年（1846）刻。石刻朝西，高距地表约 6 米。刻面高 1.5 米，长 6.5 米。首题竖行小字"道光丙午记□"，正文横行"飞瀑悬岩甘华义渡乡间表帅"，字径 0.5 米。"飞瀑悬岩"与"甘华义渡"间竖 2 行小字"刘悌堂题丙午冬"，字径 0.08—0.1 米。皆阴刻，草书。下面是阴刻诗文，字体模糊，内容多为教育后代行善积德之语。

41 – D₇ 众立禁碑 〔小长安镇双蒙行政村何家屯祠堂旁·清代〕 碑刻 1 方。清康熙五十八年（1719）立。为覃、何等 5 屯共立，碑高 1.1 米，宽 0.55 米，厚 0.07 米。横行额题"众立禁碑"，正文竖 14 行，满行 40 字，300 余字，内容为众立"严禁不许盗人财物，不得欺善畏恶，如有犯者鸣众公罚，照物追偿，一则赔十，重者呈官究治"等维护当地治安条款。落款

"康熙五十八年岁□"，碑已倒伏于地，碑文部分字迹已被磨平。

42 – D₈ 重修凤凰口碑 〔黄金镇寺门行政村凤凰屯东约 3 公里洛施岭·清代〕 清咸丰四年（1854）立。位于洛施岭顶与融水县交界的山道旁，系为纪念重修通往融水县永乐乡道路的落成而立。碑刻 2 方，碑阳朝东，高 1.36 米，宽 1.06—1.15 米，厚 0.14 米，两碑并列，额横题"重修凤凰口"，碑文竖行，阴刻，楷书，字径 0.023 米。碑文记录重修山道的原因、意义及善举人名钱粮数量。

43 – D₉ 上回龙满汉碑 〔龙岸镇龙凤行政村上回龙屯·清代〕 清光绪元年（1875）立。石碑高 1.99 米，宽 0.95 米，厚 0.13 米。碑文为汉、满文 2 种文字，竖行，阴刻。汉文楷书，共 229 字，字径 0.05 米。碑文内容系朝廷表赠广西苍梧县训导梁奂轮之父，雅尚素风克勤于庭训；母淑范宜家，相夫教导，以孝忠盛荣；父赠为修职佐，母封为八品孺人。碑现伏倒于屯头水沟边。

44 – E₁ 李德山故居 〔龙岸镇龙岸社区康泰街 132 号·清代·县文物保护单位〕 建于清末。坐西北朝东南，砖木结构，庭院式，占地面积约 200 平方米。主体建筑为二层楼房，青砖墙，面阔二间，进深一间，砖墙，悬山顶，盖小青瓦。李德山（1868—1911），号泽三，名亭昭，广西罗城龙岸街人，同盟会员。1911 年 4 月 27 日参加广州黄花岗起义后被捕牺牲，为黄花岗七十二烈士之一。

45 – E₂ 红七军佛子坳战斗遗址 〔四把镇思平行政村佛子屯前开阔地及后山一带·1930 年·县文物保护单位〕 1930 年 11 月 18 日，中国工农红军第七军（红七军）在东进罗城途中与国民党桂系覃连芳教导师在四把镇佛子屯一带遭遇，战斗从上午九点开始，非常激烈，因敌我双方兵力及武器差距悬殊，红七军于当天下午五时率队撤出战斗，摆脱了敌人追击，向北进发。遗址前面为农田，后边是佛子坳，现在战场的山坡上残存一些当年作战的工事。

46 – E₃ 天河防空哨所旧址 〔天河镇天河社区北门山顶·1940 年〕 1940 年，侵华日军出动飞机轰炸天河县城（今罗城县天河镇），时任县长任敏倡为监视敌机活动倡建此哨所。中华人民共和国成立后为防土匪，解放军曾驻守此处。旧址平面呈长方形，面阔 7 米，进深 5.5 米，占地面积 38.5 平方米。现存四周石墙，用料石灰浆砌筑，残高 1.6—3 米，厚 0.9 米，有残门、枪眼。

47 – E₄ 板阳军事设施遗址 〔纳翁乡板阳行政村板阳村干阳河对岸半山上·民国〕 系当地百姓为防

兵匪而设。工事依山而建，沿山崖边修筑石墙，呈壕沟状，长40米，高4米，厚1米，墙上设有枪眼，墙内宽1—5米不等。壕沟内设六道门，门之间设通道，依山势，长短不一，总长约80米。第三道至第六道门的门墙边设有枪眼。第六道门后是守卫人员，食宿场所。

48-E₅ 韦氏宗族碑 〔宝坛乡宝坛社区板吉屯后山脚·民国〕 碑刻1方。民国年间立。碑呈方柱形，元宝状檐顶，碑阳朝东南，高2.11米，宽0.4米。碑文竖行，1000余字，阴刻，楷书，部分碑文因风化难辨。碑文内容为韦姓族谱及族规、族法。

49-E₆ 韦一平故居 〔四把镇里乐行政村短洞屯·1953年·县文物保护单位〕 韦一平（1906—1945），原名家惠，又名瑞珍，壮族，广西天河县（今属罗城）下里乡短洞屯人。曾任新四军苏中军区第一教导旅政委、中共浙西地委书记。1945年10月牺牲，1954年中央人民政府追认其为烈士。故居在1949年前已毁，1953年按原样重建。坐西朝东，泥砖木结构，庭院式，前为门楼、小院，后为正房，占地面积约100平方米。门楼面阔一间，泥砖墙，悬山顶。正房面阔三间，片石基础、红砖、泥砖混合墙，开双开门，前有3级踏跺。屋内已辟为纪念展厅。

50-G₁ 石门铜印出土点 〔四把镇石门行政村冲迈屯·明代〕 20世纪70年代初，冲迈屯前水塘捞出铜印章1枚。印呈正方形，通高0.09米，边宽0.07米，厚0.012米，柄为椭圆形，印面九叠篆，阳刻"庆远卫军民指挥使司中千户所百户印"，背右刻"庆远卫军民指挥使司中千户百户印"，左刻"礼部造，洪武三十五年十二月□日，□字三十二号"。庆远卫设于明洪武二十八年（1395），卫署在今宜州庆远，辖前、后、左、中、右五个千户所。

凤山县

1-A₁ 巴风寨遗址 〔乔音乡久加行政村久加村东南巴风山·北宋〕 北宋皇祐五年（1053）正月十八日，侬智高率军在昆仑关被狄青击败后退至凤山久加村，在巴风山安营扎寨继续抵抗宋兵。寨依巴风山形面筑。该山北面为绝崖，南面为陡坡。在南面筑两道石墙，一道筑于山顶，一道筑于山腰，相距200—400米。每道石墙长约3500米，高3—4米，厚2—4米。

2-A₂ 巴岗寨遗址 〔长洲乡百乐、郎里行政村交界处的巴岗山上·北宋〕 北宋侬智高部将杨僚、陆酉在巴岗山夯土围墙，安营扎寨。山顶平缓宽广，南、北、西三面为陡壁，有2条通往百乐、郎里的小径。寨设有两道关卡，相距约500米。第一道关卡下方是悬崖，入口仅容一人通过，卡内侧旁筑有岗哨台。第二道关卡设高约2米宽约1米的寨墙和长约4公里宽约3米的跑马道，可达点将台。点将台旁有房屋遗址，跑马道下边约50米有生活用水取水处。

3-A₃ 谋爱茶马古道 〔平乐瑶族乡谋爱行政村谋爱村至大洞行政村新屯级路旁·清代〕 建于清嘉庆年间（1796—1820），是当时凤山到百色的主要道路。由谋爱村至大同屯，长约1500米，宽1.5米，路面用石板块砌。道旁原有修路募捐碑已被破坏。

4-B₁ 盘弄屯古墓 〔金牙瑶族乡上牙行政盘弄屯西约200米处的半山腰公路坎下·清代〕 建于清嘉庆十二年（1807）。墓葬朝北，冢呈圆丘形，高1.3米，底径3.8米，周边用料石围砌，冢前3碑并立，高1.3—1.5米，宽0.6—0.78米，厚0.1米。碑文剥落无法识，墓面上浮雕图案。

5-B₂ 韦介仑墓 〔乔音乡久加行政村久加村西约1000米的望坟山半山腰上·清代〕 韦介仑（1806—1848），系清道光年间（1821—1850）凤山县土司。墓建于清道光二十八年（1848）。墓葬朝西，冢呈圆丘形，四周用料石围砌，高1米，底径3米，占地约20平方米。墓碑高1.75米，宽0.98米，碑趺高0.3米。碑文记述韦介仑的生平功绩。神道序列华表和石人、石狮、石马、石猪等石仪作各1对。20世纪60年代墓及周围附属建筑被毁，现墓四周还散落有华表、石方条、石马和2座石像生（其中1座头部已缺失）。

6-B₃ 曾氏墓 〔金牙瑶族乡内里行政村袁家峒屯石山山腰·清代〕 建于清光绪十八年（1892）。墓葬朝北，冢呈圆丘形，周用石板块围砌，高2.4米，占地面积约15平方米。墓室以石块砌壁，高约2米，顶铺盖石板，前设通道。墓碑为四柱三间三楼式牌楼式，浮雕人物、动物等图案。碑面刻有墓主身份、经历、立碑时间等内容。

7-B₄ 彭氏夫妇合葬墓 〔乔音乡板吉行政村那贯屯东南约150米长江坳边山脚下·清代〕 建于清光绪三十三年（1907）。为彭氏夫妇合葬墓。墓葬朝北，圆丘形土冢，青石围砌，占地面积约10平方米。墓碑四柱三间三楼牌坊式，碑两侧石鼓夹杆石呈外八字状，主楼鱼吻脊，两次楼立体龙头。碑文记墓主生平简介。

8-C₁ 桥赖桥 〔凤城镇双泉桥东侧约150米处的河道上·清代〕 建于清咸丰三年（1853），由州官征发民工民资修建。南北走向，单孔石拱桥，长4米，宽2米，拱跨4米。桥身已不存，料石干砌桥拱。

9 – C₂ **隆梅桥** 〔砦牙乡隆梅行政村隆梅小学旁·清代〕 建于清代,具体时间不详。有单孔石拱桥2座,是当时南丹、天峨来往的重要通道。一桥在距隆梅村小学门口约120米处的小沟上,南北走向,长8米,宽2.3米,拱跨2.2米。另一桥位于隆梅村小学西侧约30米处小沟上,东西走向,长7.5米,宽2.4米,拱跨3米。两桥的桥身用片石干砌,桥拱则用料石砌筑,两端与沟岸齐平。

10 – D₁ **放生碑** 〔江洲瑶族乡凤平行政村凤平村仙人桥下北端路旁·清代〕 清宣统元年(1909)立。碑阳朝南。高1.2米,底宽1.3米,上宽0.8米。碑文竖15行,阴刻,楷书。碑阳文记载张、龙、杨、刘、高、唐、易、尚、龚等众姓共用银二十七圆买断桥下深塘及章法约定等内容。侧面碑文横行额题"百色分司王示",正文记述:据黄光云、陆学知、陆学英等禀明,放生入渊,所有栏栅之内,禁止民人取。落款"宣统元年冬月十六日请示"。背阴两侧文述:众姓掌管,禁止永远为记,若有谬行来拿,送官重罪不赦。

11 – E₁ **乾年屯农会旧址** 〔袍里乡央峒行政村乾年屯·1926年〕 1926年8月,凤山县农民协会筹备处主任廖源芳在袍里乡央峒村乾年屯成立了农民协会,领导农民开展打倒土豪劣绅、贪官污吏的革命斗争。农会办公驻地为本地的彭氏民宅,坐北朝南,木结构,庭院式,占地约200平方米。现已被拆除,仅存屋前石踏跺数级以及当年驻地办公用来存放文件的木匣子2个。

12 – E₂ **当艮山寨址** 〔长洲乡板均行政村板均村东南约5公里当艮山顶·1930年〕 1930年冬,中国工农红军第七军(红七军)主力北上后,国民党桂系廖磊部趁机进攻此寨。红军留守部队与敌激战三昼夜后安全转移。当艮山寨南、西、北三面为陡壁,只有东面坡势稍缓,东西长130米,南北宽50米。四周筑有寨墙。寨墙高1.5—2米,底宽2—3米。泥石混筑。现东寨墙已毁,其余三面尚存残墙,高1.5—2米。寨墙边尚存许多当年红军当作"武器"使用的石块。

13 – E₃ **右江农民自卫军第一路军秘密指挥所旧址** 〔袍里乡坡心行政村林那屯国家地质公园三门海景区第一洞内·1930年·县文物保护单位〕 土地革命时期,东兰、凤山、凌云三县农民运动骨干经常在此秘密碰头,进行革命活动。秘密指挥所设于第一洞内侧一小洞内(旁立有碑志),面积约20平方米,原存床、办公桌等物品都已腐烂。

14 – E₄ **红七军第21师林那兵工厂遗址** 〔袍里乡坡心行政村林那屯国家地质公园三门海景区马王洞内·1930年·自治区文物保护单位〕 马王洞又称燕子洞。1930年,中国工农红军第七军(红七军)第21师在马王洞内设立兵工厂。洞内建有4间仓库,2排锻造炉,设有4个风箱、1个打造台、20多个炼硝池,洞前有2个炭窑。兵工厂以炼制火药为主,也制造长矛、大刀、粉枪、短火(手枪)、土地雷等。马王洞洞口朝东,入口洞厅呈漏斗形天坑状,坑底部有地下河穿流而过,兵工厂所在位置高约30米,宽108米,深约200米,面积约2.16万平方米,保存有红军标语、仓库遗址、锻造炉、风箱、硝炉、哨卡等遗迹。

15 – E₅ **穴久寨反围剿遗址** 〔长洲乡百乐行政村八龙屯穴久寨·1931年〕 1931年3月,国民党桂系廖磊部、贵州王海平部对东兰、凤山革命根据地进行围剿。农民自卫军和群众退守穴久寨,与敌血战36天,部分人员突围,70余名军民跳崖壮烈牺牲。穴久寨位于八龙屯石山顶上,东、南、北三面悬崖峭壁,河水环流于下,形成绝壁深潭。只有西面山脊有山径可上。周围筑有夯土围墙。原设有4个寨门,4道防线,每道防线间挖有壕沟。现存寨门3个,寨墙残高0.3—1米。

16 – E₆ **三门洞反围剿地址** 〔平乐瑶族乡平旺行政村那祝屯西南莲花山三门洞·1931年·县文物保护单位〕 1931年3月,国民党桂系廖磊部纠合贵州王海平部向金牙、平乐根据地进攻。兵力不足一个排的红军及3000多名群众被敌包围于莲花山三门洞。后因弹尽粮绝被敌人攻入,共700多人被杀害。三门洞位于莲花山腰,东西贯穿,洞高25米,宽30米,进深200米。洞口有三道石墙,洞内尚存当时凿的柱洞及春臼。1961年,凤山县人民政府于洞口右上方刻碑纪念。

17 – E₇ **红军岩** 〔凤城镇恒里行政村恒里村东北恒里山红军岩·1931年·自治区文物保护单位〕 原名恒里岩。1931年3月,国民党桂系廖磊部纠合贵州王海平部对东兰、凤山革命根据地进行围剿。苏维埃政府及留守红军、赤卫军及群众1200余人移驻恒里岩,坚持斗争11个月,374人牺牲。后人称此岩为"红军岩"。红军岩位于恒里山山腰,洞口朝东北,洞外悬崖峭壁,仅左侧有狭长小道相通。洞口高约15米,宽10米,洞内进深140米,面积约828平方米。靠近洞口有一大厅,可容数千人。现洞口尚存石砌残围墙。1981年凤山县人民政府在岩内刻《恒里岩革命斗争简史》摩崖1方。

18 – E₈ **凌云苏维埃政府遗址** 〔平乐瑶族乡平旺行政村平祥屯·1930—1932年〕 1930年1月17日,右江苏维埃政府在兴旺乡平祥屯河滩召开千人大会,成立凌云县苏维埃政府,办公地点设在平乐武庙(平旺村亭汪屯后山)内。1932年右江苏区丧失,凌云县苏维埃政府亦遭受破坏。遗址原为平乐武庙,占地面积约300平方米,于1932年被敌烧毁,仅存铁质洪钟1个。

19 - E₉ 罗振文烈士墓〔砦牙乡隆梅行政村隆梅小学操场·1944年〕 罗振文(1918—1944),原名罗潭龙,壮族,广西凤山县砦牙乡隆梅村人。1938年投笔从戎,任国民革命军31军188师564团3营7连连长,1944年11月上旬在柳城县凤山镇与侵华日军战斗中壮烈牺牲。墓葬朝北,冢呈圆丘形,三合土围筑,占地面积约10平方米。碑高1.5米,宽1米,碑文"抗日殉职连长罗振文烈士墓",1989年重新修缮,墓冢用料石围砌,宝顶,墓周新建护栏。

20 - E₁₀ 久隆烈士公墓〔乔音乡久隆行政村久隆村路旁·1957年〕 1957年修建。公墓朝东北,冢呈圆柱形,四周用石砖围砌,墓碑高1.5米,宽0.8米,墓面刻久隆乡苏维埃政府主席莫可攀等13位烈士英名。占地面积约60平方米。

21 - E₁₁ 革命烈士陵园〔凤城镇凤阳关·1967年·县文物保护单位〕 为纪念在人民解放事业中牺牲的先烈而建。1955年建于城北穿龙岩,1967年因改河道迁移今址。由烈士墓、纪念碑、亭和台阶组成。占地面积约1500平方米。墓呈圆形,高3米,径3.7米。纪念碑碑身为立体方柱形,通高12米。碑前为92级台阶。周围树木成荫。

22 - E₁₂ 穿龙岩烈士纪念碑〔袍里乡坡心行政村坡心村西北社更山穿龙岩·1961年〕 1931年右江革命处于低潮,社更、龙汉、那孟、那昆、么漏等几个村庄赤卫队和群众300多人撤守于社更山穿龙岩。同年9月,被土匪黄龙纠合国民党桂系军队攻破,赤卫队和群众100多人牺牲。穿龙岩位于社更山腰,贯穿该山,平坦宽敞,约高40米,宽80米,进深150米。洞口围墙高约2米,厚1.5米,围墙中段部分已崩毁。1961年凤山县人民政府在岩旁建立烈士纪念碑和"社更革命斗争史"碑刻以资纪念。

23 - E₁₃ 恒里革命烈士墓〔凤城镇恒里行政村恒里村西·1964年·县文物保护单位〕 1964年凤山县人民政府为纪念1931年在恒里岩战斗中牺牲的374名红军和群众以及1932年牺牲的黄文通等烈士而建。1977年维修。占地面积约120平方米。墓葬朝北,石、水泥混合构筑,冢呈圆丘形,宝顶,底径2米,高2.5米,墓碑刻"恒里革命烈士公墓"。墓前两侧立碑2方,分别刻恒里岩战斗事迹、烈士芳名及黄文通生平事迹。

24 - E₁₄ 平乐烈士公墓〔平乐瑶族乡力那行政村巴关屯外小山上·1961年〕 1961年凤山县人民政府为纪念1926—1949年牺牲的中共凌云县特支书记、凌凤边委主席黄伯尧等117位先烈在巴关屯修建烈士公墓。由烈士墓、纪念碑、纪念亭组成,均用砖砌筑,占地面积约260平方米。墓呈圆丘形,高2.5米,底径2米。纪念碑呈三棱锥形,高8米。正面题"平乐革命烈士碑",侧面刻凌凤边委悼词以及黄伯尧等烈士名单。纪念亭为六边形,高6米。公墓前面有48级踏跺。

25 - E₁₅ 中亭烈士公墓〔中亭乡中亭行政村中亭村西南约80米小土丘上·1961年·县文物保护单位〕 1961年凤山县人民政府为纪念1926—1949年间牺牲的93位先烈在中亭村修建烈士公墓。由烈士公墓、纪念碑、纪念亭组成,占地面积约330平方米。公墓朝西,石水泥构筑,冢为圆丘形,底径2米,高2.5米。纪念碑呈三棱锥形,高5米,碑座刻93位烈士芳名。碑旁有四柱六边形纪念亭。公墓东西两侧另有20座烈士墓。

26 - E₁₆ 板均烈士纪念碑〔长洲乡板均行政村板均村公路边·1989年〕 凤山县人民政府为纪念板均村32位先烈而建,1989年落成。碑坐北朝南,碑座方形,嵌刻乡苏维埃政府主席陈宝善等32位烈士的芳名。碑身呈四方立柱体,高8米,面贴瓷砖,顶塑红五星,北面题"革命烈士纪念碑"。碑西面建有六边形纪念亭,亭西侧立有"板均革命斗争简史"碑刻。东、北两侧有大理石望柱栏杆。占地面积约271平方米。

27 - F₁ 顶隆屯民居〔金牙瑶哆乡下牙行政村顶隆屯·民国〕 该屯共有民居14座,建筑面积约2000平方米。民居皆依山而建,属干栏式建筑,木结构,多朝南,建于用片石砌彻的台基上,高二层,面阔三至五间。底层架空,用来圈养牲口或存放东西。二层木柱、木板壁、木楼板,有的带有栏杆、走廊,穿斗式木构架,悬山顶,盖小青瓦。

东兰县

1 - A₁ 坡文岭遗址〔大同乡信河行政村坡圩屯南约200米坡文岭·新石器时代〕 山坡(台地)遗址,1982年发现。遗址分布面积5000平方米。地表散布很多磨制石器及其半成品等遗物。采集的石器有石斧、石锛、砺石等,多为打制成形后对刃部稍加磨制,通体磨光器很少。

2 - A₂ 望达坡遗址〔长乐镇永模行政村拉力屯东约20米望达坡·新石器时代〕 山坡(台地)遗址。1982年发现。遗址地处红水河与当地溪流交汇处,为临湖泊台地,东、西、南三面环水,面积约1.44万平方米。文化层厚度不详,地表散布有斧、锛、铲等石器。石器加工较粗糙，多打制成形后对刃部稍加磨制，通体磨光很少，未发现陶片。

3 - A₃ 菠萝岭遗址 〔东兰镇江洞行政村那色屯南面约 200 米处菠萝岭·新石器时代〕 山坡（台地）遗址。1982 年发现。遗址位于红水河南岸台地，分布面积约 5000 平方米。文化层厚度不详，地表散布有石器，采集到磨制石斧、石器残块、砺石等遗物。种植有板栗树，遗址遭到破坏。

4 - A₄ 莫广坡遗址 〔长乐镇长乐行政村长乐镇政府东面约 1 公里的莫广坡·新石器时代〕 山坡（台地）遗址。1982 年发现。遗址地处红水河南岸台地，分布面积约 5000 平方米。文化层厚度不详，地表散布有石器，采集到磨制石斧、石器残块、砺石等遗物。遗址现已遭到破坏。

5 - A₅ 板拉坡遗址 〔长江乡兰阳行政村板拉屯兰阳河与红水河交汇处南面板拉坡·新石器时代〕 山坡（台地）遗址。1982 年发现。遗址地处红水河西岸台地，分布范围南北长约 100 米，东西宽约 50 米，面积约 5000 平方米。文化层厚度不详，地表面散布有石器及残块，采集到砺石数件。

6 - A₆ 安篓坡遗址 〔东兰镇同拉行政村安篓屯九曲江河与红水河交汇处安篓坡·新石器时代〕 山坡（台地）遗址。1982 年发现。遗址地处红水河西岸南面台地，顶部平缓，形成梯级形状土坡，分布范围南北长约 50 米，东西宽约 50 米，面积约 2500 平方米。文化层厚度不详，地表散布有石器及残块，采集到磨制石斧、砺石等遗物。

7 - A₇ 安抚司署遗址 〔长乐镇永模行政村州拉屯·北宋〕 建于北宋崇宁年间（1102—1106），为兰州土州治所。遗址东面环山，西面为红水河，东北面约 50 米处湖泊，面积约 1600 平方米。衙署原建筑早已毁损，现部分墙基址及后山洞内的石牛、石拱桥、瞭望台尚存。

8 - A₈ 旧州城址 〔武篆镇上圩行政村旧州屯·明代·县文物保护单位〕 建于明永乐年间（1403—1424）。为东兰土州治所，占地面积约 6000 平方米。城址四周筑夯土城墙，现残存西、南部分城墙，残长 100 余米，残高 0.5—2 米。外绕护城河，残长 440 米，高 7—10 米。城内外现存鱼塘、水井和明洪武年间（1368—1398）开凿的可通七关桥的旧州隧道。

9 - A₉ 银海洲练武场遗址 〔武篆镇东里行政村东里屯东面约 1 公里银海洲·明代·县文物保护单位〕 明代东兰土司韦虎臣修建，面积约 1.5 万平方米。营盘依山势而筑，东临峡谷，西、南、北三面环山。在东面西峨山和红头山间峡谷口用料石修筑两重石营墙，

开 2 个石拱门，现存营墙残长 60 米，宽、高 4 米。营盘内设有石砌隧道"七关洞"，长约 16.2 米，高约 1.27 米，里端与天然洞穴相连。

10 - A₁₀ 拉州营盘 〔武篆镇上圩行政村拉州屯西面约 50 米的山上·明代·县文物保护单位〕 明代东兰土司韦虎臣所建。面积约 1.5 万平方米。依山势而筑，东临峡谷，西、南、北三面环山。在东面西峨山和红头山间峡谷口用料石修筑两重石营墙，开 2 个石拱门，现存营墙残长 60 米，宽、高 4 米。营盘内设有石砌隧道"七关洞"，长 16.2 米，高约 1.27 米，里端与天然洞穴相连。

11 - A₁₁ 更蛇山营盘遗址 〔武篆镇上圩行政村旧州屯东面约 100 处更蛇山·明代〕 建于明代，为东兰州驻兵营盘。营盘环绕更蛇山的东、北面两山头，用石块修砌营墙，并与旧州城址东、北两面相连，形成旧州城防卫屏障，占地面积约 1.5 万平方米。营墙长约 300 米，厚 2 米，高 3—4 米，登上营盘可全览旧州城府。现部分石墙受到破坏。

12 - A₁₂ 砌嘴山营盘遗址 〔切学乡切学行政村拉花屯西面砌嘴山上·明代〕 遗址东、西、北面均为悬崖峭壁，地势险要，为明代东兰州的驻兵营地。营盘四周石块砌寨墙环绕山头，略呈东西稍长，南北略窄的椭圆形，占地面积约 200 平方米。营墙长 26 米，宽 0.8 米，高 3 米。营盘门朝南面，宽 1.4 米。

13 - A₁₃ 马鞍山营盘遗址 〔东兰镇城东社区马鞍山·清代〕 为清顺治年间（1644—1661）绿营兵营地。遗址在马鞍山南峰独秀峰上，地势险要。营盘平面略呈葫芦形，占地面积约 200 平方米。营盘四周石砌营墙，营墙残长约 26 米，高 2 米，厚 0.9 米，营盘门朝西面。有一条石条砌成的台阶直通到山顶营盘。

14 - B₁ 韦虎臣墓 〔三石镇纳腊行政村纳腊屯腊纳小学岩石山·明代·县文物保护单位〕 韦虎臣（1495—1516），明代东兰土州第十一任土官。明正德八年（1513），随王守仁出战江浙，大败倭寇，战绩卓著。班师时为奸臣严嵩所害，时年 22 岁。后经朝廷查明冤屈，谥封武夷侯。墓葬由墓冢、神道和门坊组成，占地面积约 3000 平方米。墓葬朝东，冢呈圆丘形，四周用雕花料石围砌。墓前置旌表碑铭 2 方。神道长 30 米，前端建门坊，坊前置武士 1 对，神道两侧序列石人、石牛、石马、石狮、石麒麟等石像生。墓冢、碑刻及部分石像生于 20 世纪 60 年代被毁。

15 - B₂ 韦虎臣妻蓝氏墓 〔隘洞镇板老行政村拉州屯西面约 100 米龙盘山·明代〕 明代东兰土州土司韦虎臣之妻蓝氏，生卒年不详。墓葬朝南，冢呈圆丘形，冢底部用条石围砌成方形，长 2.6 米，宽 2.5

米、高 0.65 米。条石上刻垂莲花纹及浮雕竹节图案，其上用拱形条石围砌成圆丘形冢，径 2 米、高 0.66 米。占地面积约 10 平方米。曾被盗，1957 年修复并立碑，碑文述死者生平。

16 - B₃ 韦起云墓 〔隘洞镇板老行政村拉州屯西面约 100 米龙盘山·明代〕 韦起云（1514—1557），字葵轩，明东兰土司韦虎臣长子，东兰土州第十二任土官。明嘉靖三十三年（1554），以总兵副将职随田州瓦氏夫人率俍兵赴浙江抗击倭寇。明嘉靖三十六年（1557）病故于东兰州署。墓葬朝南，冢呈圆丘形，冢底部用长条石围砌成长方形，长 2.7 米、宽 2.2 米、高 0.64 米，石面刻垂莲花纹、竹节及浮雕八卦图案，其上用拱形石条垒砌成圆丘形冢，径 2.1 米、高 0.96 米。占地面积约 10 平方米。墓碑为 1936 年墓主后裔重立，刻 "大明朝雄兴侯署理木土知州始祖起云老大人之佳城"，碑文 249 字，叙述墓主生平。

17 - B₄ 韦绍明墓 〔东兰镇那亨行政村板梅屯南约 1 公里龙景山·明代〕 韦绍明是东兰土司韦虎臣曾孙。葬于明万历年间（1573—1620）。墓葬朝西，底为长方形基座，长 2.64 米、宽 1.68 米、高 0.48 米，周边雕垂瓣莲纹和连弧纹。冢嵌于基座凹槽内，用整石雕凿成圆弧顶长方棺状，高 1 米、长 2.64 米、宽 1.68 米，前端较高大，正面呈半圆形，内嵌墓碑，镌刻墓主姓名、籍贯及生卒年月。占地面积约 10 平方米。1980 年被盗，券顶前部被毁。后填石修复。

18 - B₅ 黄延显墓 〔泗孟乡生满行政村生满屯北面约 100 米马鞍山·清代〕 黄延显（1737—1809），广西东兰县泗孟乡人，生平不详。墓葬朝东，冢呈长方形，长 3.2 米、宽 2 米、高 1.5 米，底部用条石围砌，冢周用石板围砌，面刻虎、狮、花鸟、鱼、树、藤、荷花及垂莲花纹和云纹图案，墓顶盖圆纽石。冢前立四柱三间三楼牌坊式墓碑，高 1.14 米、宽 0.54 米。正楼歇山顶，翘脊，碑文模糊。占地面积约 10 平方米。

19 - B₆ 韦氏墓 〔东兰镇城西社区绿兰林场北面约 1 公里杨卒山·清代〕 韦氏（1766—1833），广西凤山县巴腾乡人，生平不详。墓葬位于杨卒山顶，平面略呈葫芦形，周边砌望柱条石矮墓圈墙。墓葬在后部，朝南，冢较小，高 0.2 米左右，用三合土筑成，周边修成曲折式条带状，立有一间一楼牌坊式墓碑，高 1.52 米、宽 0.52 米，歇山顶碑盖，刻有莲花、鹅、鱼等花纹。两侧柱刻挽联，碑文记墓主的姓名、籍贯及生卒年月，墓前为石砌平台，前铺 6 级石踏跺。前两侧立有华表 1 对。占地面积约 90 平方米。

20 - B₇ 彭正龙墓 〔金谷乡隆通行政村弄怀屯西南面约 60 米坳口·清代〕 墓葬朝东，长方形冢，周用条石围砌，长 3.78 米、宽 2.3 米、高 1.53 米。墓碑为四柱三间三楼牌坊式，高 2.55 米、宽 1.14 米。正楼宽 0.76 米，重檐，顶脊为三角形，二层及次楼脊饰鱼吻。明间碑额及下部刻文、武、农、渔等人物，中柱刻 "山环地脉千秋盛，水绕龙神百世兴"。两次楼歇山顶，次间碑面刻关公图案。占地面积约 20 平方米。

21 - B₈ 无名氏墓 〔东兰镇城东社区的弄有山山腰上·清代〕 建于清道光年间（1821—1850）。墓葬朝北，冢呈宝塔形，高 1.7 米，底径 3.47 米。周用条石围砌，向上逐层内收，共七层，宝顶，墓碑为四柱三间三楼牌坊式，碑面墓主姓氏已被凿去，另刻上 "罗" 姓。冢周用条石砌 "凸" 字形台基，前置 8 级石踏跺。占地面积约 100 平方米。

22 - B₉ 敢朋山岩洞葬 〔长乐镇华亨行政村提下屯西面约 400 多米的敢朋山·清代〕 岩洞在敢朋山山腰峭壁上，高距山脚约 70 米，洞口朝东，洞高 1.2 米，宽 1.5 米，进深 2 米。洞底部有凿成的平台，其上原置有棺木 1 具，棺内有人骨遗骸，无其他随葬品。现仅存 1 块棺木，长 1.76 米、宽 0.24 米、厚 0.04 米。

23 - B₁₀ 西峨山岩洞葬 〔武篆镇上圩行政村拉丘屯北面约 50 米西峨山·明代〕 岩洞在西峨山东面峭壁上，高距山脚约 50 米，洞口朝东，洞内高 3 米，宽 2.1 米，进深 4 米，洞底壁上有一洞龛，龛内置棺 1 具，已被毁坏，洞龛下有残破棺木、人体肢骨及下颌骨，未见其他随葬品。

24 - B₁₁ 苏仙山岩洞葬 〔长乐镇坡豪行政村苏仙屯北红水河南岸苏仙山·明代·县文物保护单位〕岩洞分 2 处。一处由上、中、下三洞组成，洞口分别距河面约 50、58、70 米，皆朝西，洞宽 3.8—8.8 米，高 9—15 米，进深 18 米，三洞相通。洞内原放存圆棺 100 具，有整木圆棺及整木方棺两类，两端有板形头、尾角饰，棺木 1—2 米。大棺内人骨遗骸为仰身直肢，棺底垫砂纸、白布，胸部盖红布。小棺内骨架散乱。1986 年文物普查时，洞内存棺 40 余具，至 1990 年已没有完整的棺木，残棺碎骨随地可见。另一处位于前处北约 30 米，洞口朝西，高距水面约 50 米，洞内棺木于 1973 年被毁。（见《文物》1993 年 1 期）

25 - B₁₂ 牛塘岩洞葬 〔巴畴乡六隆行政村莫江屯红水河南岸·明代〕 岩洞在山西北面悬崖峭壁上，高距地表约 50 米。洞口朝西北，呈椭圆形，高约 4 米，宽 2 米。四周为悬崖绝壁。1980 年一村民曾爬进洞内，发现有棺木和人骨遗骸，不见随葬物品，具体情况不详。

26 - C₁ **益寿桥** 〔东兰镇城东社区马鞍山南面脚下九曲江上·明代·县文物保护单位〕 建于明嘉靖年间（1522—1566）。明万历六年（1578）重修。1940年被侵华日军飞机炸损，1954年修复，2009年维修。南北走向，三孔石拱桥，长43.7米，宽4—4.5米。南两拱跨12米，北拱跨7米。桥身、桥拱用料石干砌，桥墩迎水面作分水尖状。桥面两侧置条石护栏，用不规则石板铺桥面。两端置石踏跺。

27 - C₂ **州拉桥** 〔长乐镇坡豪行政村州拉屯南面约200米背后山山腰的小山上·明代〕 始建年代不详，传为明东兰土司韦虎臣先祖韦景泰所建。为环山小路之引桥，南北走向，单孔石拱平桥，长4.5米，宽1.83米。两岸桥台利用原山石作基础，用料石砌桥拱、桥身，桥面铺石板。

28 - C₃ **下屯桥** 〔泗孟乡坡里行政村下屯东南约100米小沟上·清代〕 建于清道光二十六年（1846）。为下屯至上屯的道路桥梁。南北走向，单孔石拱桥，长3.6米，宽1.95米，桥身及桥面均用不规则片石砌筑，用料石砌拱，桥面已残缺。南桥头立建桥碑1方，记载修建桥的经过。

29 - C₄ **巴造桥** 〔三石镇巴造行政村巴造屯北巴造河上·清代〕 建于清宣统二年（1910）。由当地善士韦元臣捐款，田隆石匠韦永禄修筑。南北走向，两台一墩梁式石板桥，长7米，宽1.1米。桥墩用数块凿成的巨形石块堆砌而成，迎水面作分水尖状，两岸用条石砌筑桥台、护堤。墩、台上横架长条石成桥面。北桥头立有清代建桥碑记1方，碑文记述韦元臣捐款建桥之事。

30 - C₅ **竹庄桥** 〔武篆镇中和行政村竹庄屯西面约5米竹庄河上·清代〕 建于清宣统二年（1910）。东西走向，两孔石拱桥，长23米，宽3.6米，拱跨6.65米。桥身、桥拱用料石干砌，桥面用不规整的石块铺砌，两侧有条石护栏，两端置石踏跺。

31 - C₆ **板么桥** 〔大同乡板坡行政村板么屯东南约150米板坡河上·清代〕 建于清代，具体时间不详。东西走向，单孔石拱桥，长28.7米，宽2.2米，拱跨6.4米。桥身用片石砌筑，桥拱用料石砌成，桥面铺不规则石板，两侧置条石护栏。原有建桥碑1方，已移位，且文字已无法识读。

32 - D₁ **甘怀洞摩崖石刻** 〔长乐镇坡豪行政村州拉屯后山岩洞内·明代〕 摩崖石刻1方。明正德十一年（1516）刻。岩洞洞口朝西，石刻在洞口处一长圆形巨石上，刻面高1.1米，宽3米，其上浮雕案台及跪卧牛像。洞口南壁刻"正德十一年四川重庆府合州东山里石匠礁"，楷书，阴刻。

33 - D₂ **独山摩崖石刻** 〔武篆镇纳论行政村谷远屯南约200米独山山腰的洞壁上·明代〕 摩崖石刻1方。明天启五年（1625）刻。山洞高距地表约10米，石刻在洞内石壁上，刻面高0.9米，宽0.7米，周边刻莲花纹带。文竖行，约600字，阴刻，楷书，首题"永远田碑"4字，刻文记东兰州大掌政宰老率民众开山垦田之事。

34 - D₃ **白崖山壁书水位标记** 〔三石镇四合行政村板文村红水河对岸石山·清—民国〕 崖壁上用红色或石灰书写红水河水位标记，有"乾隆大水上""乾隆三十六年水上七月""癸卯大水上""道光十一年五月二十五日""道光十三年六月十九日水上""道光二十年""光绪十七年六月初六水至此止""光绪十九年""光绪二十三年""民国廿十年六月一日""民国二十年六月二十四日"等。除此，还有一些革命标语，有"共产党""打倒军阀"等。尚清晰可见。

35 - D₄ **结盟碑** 〔金谷乡牙能行政村拉达屯北面拉达屯小学球场边·清代〕 碑刻1方。清咸丰元年（1851）立。碑高1.4米，宽0.96米，厚0.66米。碑首呈半圆形，上方两角线刻双鱼纹圆圈图案，两边线刻忍冬纹带。额题"千古流芳"4字，正文竖14行，楷书，阴刻。部分文字缺失，或模糊不清，内容记载那世、那顶、累列、美牛等村屯头人班廷福召集民众杀牛饮血，结盟禁贼约定的条款。

36 - D₅ **万古流芳碑** 〔三石镇泗爷行政村泗乙屯东面坳口处的大路旁·清代〕 碑刻1方。清咸丰六年（1856）立，碑高1.07米，宽0.79米，厚0.18米。碑文竖行，阴刻楷书。碑身已断裂，字迹大都已模糊。额题"万古流芳"，碑文记述当地村民集资辅路及倡议合力捉贼之事。

37 - D₆ **巴盘坳岩画** 〔长江乡兰阳行政村兰阳屯巴盘坳口路旁石壁上·年代不详〕 岩画1处。画面约6.5平方米，岩像为阴线刻，画面上部为一腾空跳跃的人像，头部已毁坏，身着衣裙，右腿内收，左脚前挺，右手作横握剑，左手不明，高1.37米，宽1.45米。下部为人跨奔马图，人伏卧马上，人头从马颈前伸出，马前身下部已剥落，有的地方模糊不清。

38 - E₁ **九九同盟活动遗址** 〔武篆镇东里行政村东里屯东约1公里银海洲·1922年·县文物保护单位〕 1922年10月28日（农历九月九），韦拔群利用重阳节之机，召集东兰、凤山、百色等地革命志士180多人，在银海洲举行同盟大会（简称"九九同盟"），决定组织农协会和发展农民自卫军，提出"实行社会革命，建立新国家"的口号。银海洲为当地较高的一座山，顶部呈梯形平地，宽阔平坦，四周群山连绵。面积约15000平方米。

39－E₂ 黄榜巍烈士墓 〔武篆镇色故行政村廷什屯西面约 30 米·1924 年〕 黄榜巍（1895—1923），广西东兰县武篆镇色故村人，武篆区农民自卫军领导者之一。1923 年担任武篆区农民自卫军第一路军总指挥，率领武篆、三石两区农民自卫军突击队强渡九曲河，在向东兰县衙门挺进时不幸中弹牺牲。墓建于1924 年，朝北，圆丘形土冢，墓碑高 1 米，宽 0.58米，碑首横刻"烈过黄花"，边框竖刻挽联"金鲤上滩不难一跃，神龙应运永发千秋"，碑面中部竖行刻"联团总指挥官先叔先兄讳榜巍黄老大人之墓"，两边文字介绍墓主生平。

40－E₃ 韦拔群革命活动旧址 〔武篆镇东里行政村板墨屯西约 20 米龙山脚下·1925—1928 年·县文物保护单位〕 1925 年 5 月，韦拔群从广州回到东兰后，为创办县农讲所，经常在此印制革命文件和学习资料。1928 年，国民党军队进犯东兰，韦拔群隐蔽在此办公。旧址小龙潭岩洞位于龙山山脚，洞口呈弧形，朝东，洞高约 3 米，宽 5 米，进深约 50 米，面积约 250 平方米。洞口前面有一条小河。

41－E₄ 广西农民运动讲习所旧址 〔武篆镇巴学行政村干孟屯拉甲山·1925 年·全国重点文物保护单位〕 原名北帝岩。1925 年 11 月，韦拔群、陈伯民在武篆北帝岩创办广西东兰县第一届农民运动讲习所，培养东兰、凤山、百色、凌云、奉议（田阳）、恩隆（田东）、思林（田东）、果德（平果）、向都（天等）、那马（马山）、南丹、天峨、河池、都安、宜山等县农民运动骨干 276 名。1930 年，红七军军长张云逸将北帝岩改名"列宁岩"，并拨军饷修缮墙垣、洞门。旧址为石灰岩溶洞，高距地表约 50 米，洞口朝北，洞宽 64米，高 43 米，进深 130 余米，面积约 8000 平方米。岩内地势平坦，洞内深处有 300 余米的暗洞通后山，岩内设有教室、图书室、俱乐部、宿舍、厨房等。1977 年修复时改名为"广西农民运动讲习所"，并将叶剑英元帅题名镌刻于洞口。

42－E₅ 东兰县第二、三届农民运动讲习所旧址 〔武篆镇上圩行政村那肥屯武篆小学·1926—1929 年·县文物保护单位〕 1926 年 7 月至 1927 年 8 月间，韦拔群、陈洪涛等在此开办第二、三届农民运动讲习所，培训来自凤山、河池、天峨、南丹、都安、百色、凌云、乐业、东兰等地农民运动骨干 300 余人。旧址原为育才小学，建于 1920 年。坐北朝南。四合院落，由大厅、正屋、两边侧屋及屋前地坪组成，占地面积约2760 平方米。建筑均用长条石作基础，砖墙、砖木结构平房，前、后座面阔七间，悬山顶，盖小青瓦。

43－E₆ 中共东兰县第一次代表大会遗址 〔武篆镇纳论行政村那论屯马坡·1929 年·县文物保护单位〕1929 年 10 月 16 日，中共东兰县第一次代表大会在那论屯召开，出席会议的代表有严敏、韦拔群、钟鼎、黄举平等 18 人。大会选举产生中共东兰县委组成人员，严敏任书记，黄举平任副书记，韦拔群、黄明强、韦菁等任委员；讨论通过发展工农武装，开展武装斗争，建立苏维埃政权，实行土地革命等议案。旧址于1931 年被国民党军队烧毁，现为一片坡地，面积约 700平方米。

44－E₇ 东兰县苏维埃政府旧址 〔东兰镇城东社区虎头街二巷 9 号·1929—1930 年·县文物保护单位〕1929 年 10 月，中共东兰县委和革命委员会在此召开全县工农兵代表大会，成立东兰县苏维埃政府。1931 年红七军主力北上后，东兰县苏维埃政府迁往武篆。旧址原为东兰县衙门。建于清光绪三十一年（1905）。坐北朝南，砖木结构，两层楼房，面阔五间 20 米，进深13.5 米，占地面积约 273 平方米。红砖墙、歇山顶，盖小青瓦。楼房上、下层前、后皆有走廊，设直棂式栏杆。楼前有多层、多级台阶。

45－E₈ 东兰劳动小学旧址 〔东兰镇城东社区虎头街 62 号·1929—1930 年·自治区文物保护单位〕1929 年 10 月，东兰县苏维埃政府将东兰高等小学堂更名为东兰劳动小学。1930 年，中国工农红军第七军（红七军）第 3 纵队队部亦设在这里。旧址在虎头山南山脚，建于清光绪三十一年（1905）。坐东朝西，砖木结构，四合院落，占地面积约 1884 平方米。前座为二层楼房，面阔三间，进深一间，明间前有凹廊，左、右次间下开拱窗，上开方窗。天井左、右两侧厢房座面阔十间，进深一间。后座为礼堂，面阔七间，进深三间，建筑皆硬山顶，盖小青瓦。

46－E₉ 中共红七军前委、东兰县苏维埃政府旧址 〔武篆镇中和行政村魁星街 18 号·1930 年·自治区文物保护单位〕 1922 年夏，韦拔群组织农民自卫军攻打东兰县城时，作战指挥部设于此。1926 年夏，东兰县革命委员会及 1930 年春夏中共红七军前委、东兰县苏维埃政府均设在这里。邓斌（小平）、张云逸、韦拔群、雷经天等领导人在此办公。旧址原名魁星楼，建于清光绪三十三年（1907），1958 年至 1998 年多次维修。坐南朝北，砖石木结构，塔式阁楼，方形基座，六边形，底边长 7 米。楼高 17.5 米，外观三层，内置四层、木楼板、设木梯以上下。三重檐，攒尖顶。占地面积约 225 平方米。

47－E₁₀ 龙蛇岩反围剿遗址 〔武篆镇巴学行政村

板统屯南约 1 公里拉甲山·1931 年·县文物保护单位〕1931 年 3 月，国民党军队对右江根据地进行围剿。50 多名红军战士、自卫队员与巴学、中和两村群众 2000 余人退守拉甲山龙蛇岩，与敌激战七昼夜，红军和群众 100 余人牺牲。龙蛇岩位于拉甲山半山腰，在列宁岩上方 100 余米，分上、中、下三洞，上洞口朝东南，中、下洞口朝东，洞口高距地表 70—200 米，洞内高约 20 米，宽约 40 米，进深约 200 米，面积约 8000 平方米。三洞互相连通，地势平坦，可容数千人。

48 - E₁₁ 红七军勉俄兵工厂旧址 〔武篆镇那烈行政村板勉屯西面·1929 年·县文物保护单位〕 1929 年 10 月间，广西警备第四大队把南宁兵工厂的部分工人和设备带到东兰，在武篆区那烈乡板勉屯头潭边开办兵工厂。全厂有厂房 6 间，分修械、造枪、制弹等 3 个组。1930 年春，邓斌（邓小平）、张云逸先后亲临兵工厂指导工作。1931 年 2 月，兵工厂奉命搬到巴马县西山乡弄索和都安县板升（今属大化县）的可棉洞继续生产。1931 年勉俄兵工厂被国民党军队烧毁，现仅存部分屋基。面积约 2000 平方米。

49 - E₁₂ 韦拔群故居遗址及旧墓 〔武篆镇东里行政村东里屯特牙山·1926 年、1932 年·自治区文物保护单位〕 包括韦拔群故居遗址和韦拔群衣冠墓两部分。旧居曾是韦拔群等召开各种会议、研究制定斗争策略、开展右江革命斗争的指挥场所。韦拔群衣冠墓是东兰人民冒死纪念韦拔群烈士的遗迹。

E₁₂₋₁ 韦拔群故居遗址 〔武篆镇东里屯特牙山山腰·1926 年〕 故居原址在东里村尾住屯，1926 年 2 月被国民党军队烧毁，同年 7 月韦拔群为方便革命活动在东里屯特牙山半山腰重建两栋泥砖瓦房，经常在这里召开会议，研究制定斗争策略。1930 年，邓斌（小平）、韦拔群在这里领导东里共耕社。1931 年再次被敌烧毁。中华人民共和国成立后，当地群众自发在旧址按原样重建，1988 年东兰县人民政府拨款维修。现建筑坐西朝东，砖木结构。为两进院落，前、后两座平房，均面阔五间 18 米，进深 10.6 米，悬山顶，盖小青瓦。前座内置韦拔群半身塑像 1 尊，屋顶设有瞭望台。占地面积约 465 平方米。

E₁₂₋₂ 韦拔群烈士旧墓 〔武篆镇东里屯特牙山特牙庙·1932 年〕 1932 年 10 月 19 日，韦拔群在巴马县西山香刷洞被叛徒杀害后，首级被传南宁、玉林、梧州等地示众（后被埋在梧州北山），遗体被焚毁。群众冒险将其遗骸运回东兰，埋葬于特牙山，并在其上盖一间小庙掩盖敌人耳目。1951 年将遗骸迁往东兰县城重葬，原埋藏处留衣冠墓。小庙称特牙庙，平面呈方形，单间，坐西朝东，砖木结构，面阔一间 3.4 米，

进深一间 3.3 米，悬山顶，衣冠墓在庙内正中，圆丘形土冢，外用石块砌筑，底径 2.9 米。

50 - E₁₃ 陈洪涛故居遗址 〔武篆镇上圩行政村旧州屯·1926—1931 年·县文物保护单位〕 陈洪涛（1905—1932），原名陈素华，壮族，广西东兰县武篆镇上圩村人。1930 年 9 月担任中共右江特委书记和右江苏维埃政府主席、中国工农红军第七军第 21 师、独立第 3 师政治委员。1932 年 12 月 9 日，因叛徒出卖，在恩隆县燕峒区波伏村被捕，22 日，在百色城慷慨就义。1926 年 10 月，陈洪涛回到东兰开展建党工作，这里成了中共组织秘密联络点。1930 年春，邓斌（小平）、韦拔群在旧州屯开办党员训练班，常在这里开会研究工作。遗址原为砖木结构平房，坐北朝南，面阔三间，占地面积约 120 平方米。1931 年陈洪涛故居被烧毁，1988 年东兰县人民政府拨款复原。

51 - E₁₄ 红二十一师党委右江特委扩大会议旧址 〔泗孟乡屯长行政村丘八屯丘八小学校·1931 年〕 1931 年 8 月，中共右江特委和红 21 师党委在东兰县泗孟乡丘拔屯召开扩大会议，营以上干部及东兰、凤山、恩隆、都安、凌云等县地方党的负责同志参加了会议。会上，两广省委代表陈道生传达了中共中央的三点指示精神，会议决定：将中国工农红军第七军（红七军）第 21 师的番号改为中国工农红军独立第 3 师；将右江苏维埃政府改为右江革命委员会。旧址的房子已不存，地已辟为小学操场，面积约 600 平方米。

52 - E₁₅ 拉立洞战斗遗址 〔三石镇弄英村行政弄英屯南面山腰拉立洞·1931 年〕 1931 年 4 月初，弄英的农民自卫队和群众被敌围困于拉立洞，自卫队长黄有初指挥军民打退敌人 3 次进攻，敌军改用火攻，洞内赤卫队和群众近百人遇难。拉立洞是个天然石灰岩洞，洞口较矮小，洞内面积约 300 平方米。

53 - E₁₆ 红七军弄朝兵工厂旧址 〔兰木乡弄台行政村弄朝屯西面弄朝峒山腰上·1930 年〕 1930 年初，中国工农红军第七军（红七军）在这里创办兵工厂，有工人 30 多人，每天可修枪十多支，炼成火药 5—6 斤，翻制子弹数百发。1931 年底，兵工厂暴露，被迫转移。旧址在山腰的一个天然石灰岩洞内，面积约 1.2 万平方米。有三个洞口，朝向分别为南、北、东三面，洞内较为平坦、宽敞。洞口用片石垒砌成石墙，洞内设置的三道军事防御关卡，火药炼硝池等遗迹仍存。

54 - E₁₇ 右江特委扩大会议旧址 〔三石镇泗爷行政村马品屯·1931 年〕 1931 年 8 月，中国工农红军独立第 3 师 61 团第 2、3 营及师直属部队到东兰泗爷村整训，师部设在马品屯陆浩仁家。师长韦拔群，政委陈洪涛，副师长黄明春，政治部主任陆浩仁，中央代

表陈道生和右江革委会主席、中共东兰县委书记黄举平在此召开右江特委扩大会议，传达中共中央指示精神，研究部队建设，解决部队给养等问题。遗址先后三度被烧毁，仅遗存房屋地基，占地面积约 300 平方米。1985 年重建。

55 - E₁₈　党员干部训练班旧址　〔三石镇巴王行政村弄切屯东面山腰大嘴洞·1936 年〕　1937 年 2 月，中共东兰中心县委书记黄举平到巴王村弄切屯开办党员干部训练班，培养党员骨干。大嘴洞为天然石灰岩洞，高距山脚约 60 米，洞口朝西，高 20 米，宽 15 米，面积约 300 平方米。洞内较为平坦、干燥、明亮。

56 - E₁₉　安篓战斗遗址　〔东兰镇同拉行政村安篓屯东面渡口·1949 年〕　占地面积约 3000 平方米。1949 年 11 月 29 日，中国人民解放军第 4 野战军准备在安篓横渡红水河，国民党军第 17 兵团 103 军残部用密集的火力封锁渡口两岸，企图阻止我大军过河，中国人民解放军第 4 野战军第 451 团 3 连 8 班强渡红水河，突破敌人的封锁线，下午 8 点，人民解放军占领东兰县城。

57 - E₂₀　韦拔群烈士纪念碑　〔东兰镇城西社区西面更闹坡烈士陵园·1957 年·自治区文物保护单位〕韦拔群（1894—1932），曾用名韦秉吉、韦秉乾、韦萃，壮族，广西武篆（今东兰县）东里村人，百色起义领导者之一，中国工农红军第七军和广西右江革命根据地领导者之一，中国工农红军第七军第 21 师、独立第 3 师师长，右江苏维埃政府委员、中共右江特委委员、中华苏维埃共和国临时政府执行委员。1932 年 10 月 19 日在巴马西山香茶洞被叛徒韦昂杀害。遗骸葬在东里屯特牙山特牙庙内，1951 年迁葬东兰县城，1957 年迁到烈士陵园内安葬。墓葬距山脚约 500 米，朝南，圆丘形冢，用料石围砌，弧形宝顶，底径 4 米，高 2.5 米。莲台碑座，两边宝柱，顶塑五角星，碑面阴刻"韦拔群烈士之墓"，两边宝柱分别刻"生的伟大""死的光荣"，墓周为石围砌水泥面墓台，台周立望柱铁链护栏，前为数级石砌踏跺。占地面积约 150 平方米。墓后约 50 米处的平台上建有八角亭和纪念碑。

58 - G₁　莫广坡石器出土点　〔长乐镇长乐行政村长乐村南莫广坡·新石器时代〕　1984 年，长乐村村民在莫广坡挖泥烧砖时，发现 1 件穿孔石钺。钺近似于椭圆形，器形窄而扁薄，圆弧刃，柄顶略斜直，距顶中部 2.8 厘米处对穿一孔。钺长 0.185 米，宽 0.12 米。

59 - G₂　拉君铜钺出土点　〔长乐镇长乐行政村拉君屯·春秋—战国〕　1986 年 11 月，拉军屯冲沟出土扇形青铜钺 1 件，长 0.071 米，刃宽 0.081 米，銎宽

0.017 米，厚 0.011 米。

60 - G₃　桥龙山铜器出土点　〔长江乡板隆行政村那谷屯桥龙山·春秋〕　1987 年 9 月，桥龙山出土铜甬钟、铜釜各 1 件。出土时甬钟置于铜釜内。钟体上窄下宽，口作内弧形。钲区上部有两道平行的网纹横贯，钟两侧各饰短凸乳钉 9 枚，上部饰叶脉纹和网纹带。隧部素面。通高 0.28 米，舞宽 0.87 米，铣间宽 0.16 米。铜釜敞口，束腰，扁腹，平底，颈肩有 4 耳。高 0.195 米，口径 0.285 米，腹径 0.255 米，底径 0.135 米。

巴马瑶族自治县

1 - A₁　弄莫洞巨猿化石遗址　〔所略乡所圩行政村那合屯东南约 1 公里弄莫山溶洞·中更新世·县文物保护单位〕　岩厦式岩溶洞，洞口朝西南，宽 7 米，高 3 米，深 3 米。1973 年，广西水文工程地质队在弄莫山一溶洞中采集到哺乳动物化石。同年年底，中国科学院古脊椎动物与古人类研究所广西野外队与广西水文工程地质队、广西壮族自治区博物馆等单位，对该洞进行发掘，采集到巨猿右侧下第三臼齿化石 1 枚。属于雄性个体。同时发现更多哺乳动物化石，计有猩猩、长臂猿、猕猴、华南箭猪、扫尾豪猪、熊、大熊猫巴氏亚种、爪哇豺、猫类、中国犀、貘、剑齿象、野猪、牛类、羊类、鹿类等。

2 - A₂　坡六山遗址　〔巴马镇巴廖村行政村廷岁屯东约 200 米坡六山·新石器时代·县文物保护单位〕山坡（台地）遗址。1981 年发现，地处于巴廖河与设长河交汇处的Ⅱ级台地上，分布面积约 1.38 万平方米。文化层厚 0.6—0.8 米，内含较多的砾石。从地表采集到磨制的石斧、石锛、石杵、石球、石锤和砺石等。遗址现已辟为耕地。

3 - A₃　定金坡遗址　〔巴马镇巴发行政村盘桥屯东北约 200 米定金坡·新石器时代〕　山坡（台地）遗址。1981 年发现。遗址在定金坡南麓巴发河Ⅱ级台地上，面积约 2.25 万平方米。未经发掘，文化堆积不明。采集的石器有锤、磨棒和砺石。遗址表层扰乱严重。

4 - A₄　陆相坡遗址　〔巴马镇巴马行政村六能屯东北面约 100 米陆相坡·新石器时代〕　山坡（台地）遗址。1986 年发现。地处于盘当河与良廷河交汇处，石器散布面积约 1897.61 平方米。在地表采集到磨制砺石若干件。未经发掘，文化层不明。

5 - A₅　那汉坡遗址　〔巴马镇赐福行政村那算屯东北那汉坡·新石器时代〕　山坡（台地）遗址。

1981 年发现。那汉坡为介莫河旁丘陵的半圆形台地，高距河面约 30 米，坡顶较平坦，面积约 150 米，在地表发现有砺石、石锛、石器残件。

6－A₆ 坡连岭遗址 〔燕洞乡燕洞行政村班来屯西北约 1 公里坡连岭·新石器时代〕 山坡（台地）遗址。1990 年发现。遗址在燕洞河与赖满河交汇处的Ⅱ级台地上，坡连岭形似馒头，面积约 1200 平方米，在坡顶耕地表层中及附近约 200 米通往赖满村的公路边，发现了砺石。未经试掘，文化层情况不明。

7－A₇ 那常坡遗址 〔甲篆乡甲篆行政村那同屯西面约 300 米那常坡·新石器时代〕 山坡（台地）遗址。1990 年发现。遗址在那常河与盘阳河交汇处那常坡Ⅱ级台地上，在遗址耕土层中采集到砺石 2 件，未发现其他遗物和文化层。

8－A₈ 坡扑岭遗址 〔巴马镇盘阳行政村盘当屯西北面 200 米坡扑岭·新石器时代〕 山坡（台地）遗址。1986 年发现。在法福河东北面的Ⅱ级台地坡扑岭的坡脚地表发现磨制石器 1 件，未经发掘，文化内涵及地层情况不详。

9－A₉ 恩城州故城址 〔那桃乡立德行政村周旧屯东南约 1 公里那桃河与燕洞河交汇处·唐—明〕 据《二十四史广西资料辑录》称："唐置羁縻恩城州，宋、元、明初因之。唐属邕州都督府，宋属右江道。元属田州路，明直隶广西布政司。弘治五年（1493）州废。故治在旧恩隆县北（即今巴马瑶族自治县立德行政村周旧屯东南约 1000 米）。"城址由三座土丘组成，现已辟为耕地，耕地表层散落有陶、瓷、瓦残片。

10－A₁₀ 云盘山营盘遗址 〔燕洞乡同合行政村下弄安屯东南面云盘山·明代〕 明代隆州知州岑氏修建。营盘构筑在云盘山主峰顶上。北侧利用陡峭的山脊作屏障，上筑土墙。南面在山隘间筑墙设关，围成营盘，中建营房。营盘平面略呈"吕"字形，营门石砌，营房土筑，皆毁。占地面积约 25 万平方米。1942 年出土"隆州之印"铜印 1 枚。1988 年以来出土铜炮 4 尊、铜统 2 件、铁剪刀 1 件及陶、瓷、瓦残片。现存有营墙、环山壕沟、屯兵道等遗迹。

11－A₁₁ 巴马山营寨遗址 〔巴马镇东面约 3 公里的巴马山上·明—清·县文物保护单位〕 明嘉靖年间（1522—1566）当地土官修建。清末太平天国翼王石达开余部途经巴马时曾攻打该寨。后来田州岑氏土司增筑寨墙。营盘建于巴马山南麓，平面呈不规则形状，占地面积约 8 万平方米。寨墙依地形修筑，用料石干砌，多已崩毁，遗有 6 段，总长约 150 米。残高1.2—3 米，厚 1.15 米。南、北两面辟拱门。寨内有石砌平台 2 处及小道。营盘北面有小道迂回通山顶，小

道入口设有石墙石门关卡。寨外南面尚见壕沟痕迹。

12－A₁₂ 坡设山营盘遗址 〔巴马镇盘阳行政村廷旧屯北约 1 公里坡设山·清代·县文物保护单位〕 清道光至咸丰年间（1821—1861），当地土司为防范及镇压天地会而修筑。营盘建在四面峭壁的山顶，平面近椭圆形，用片石绕山砌墙，墙高约 2—4 米，厚 1米。占地面积约 3000 平方米。东北面辟一门，高 2 米，面阔 1.2 米。东墙下有一岩洞可通城外。营盘内中部大岩石上凿有一石臼，原用于春米及火药。

13－A₁₃ 加设山营盘遗址 〔巴马镇法福行政村傍模屯北约 300 米加设山·清代〕 清道光至咸丰年间（1821—1861），当地土司为防范及镇压天地会而修筑。占地面积约 2 万平方米。营盘建在山顶上，南、北、西三面利用自然峭壁作屏障，东面依山势砌石墙，墙长约 100 米，残高 2—3.4 米，厚 0.8 米。坡顶营墙两端筑成角楼式，围墙及角楼上开有多处枪眼。门洞辟于中部，高 1.7 米，面阔 0.9 米。

14－A₁₄ 加固营盘遗址 〔巴马镇赐福行政村江良屯西南面约 100 米加固山·清代〕 清道光至咸丰年间（1821—1861），当地土司为防范及镇压天地会而修筑。山东面、南面及西面为悬崖，营墙用片石干砌，在山顶、东面山半山腰和山脚下一岩洞中。山顶营墙原长约 120 米，现存 20 多米，墙高 3.5—5 米，厚0.8—1.2 米。坡顶营墙内有屋基，地面残存有瓦片面积约 60 平方米。

15－B₁ 黎氏家族墓群 〔巴马镇赐福行政村盘朝屯东南侧约 100 米盘朝山上·清代〕 有墓葬 6 座，分别修建于清道光十九年（1839）、道光二十九年（1849）、清咸丰十一年（1861）、清同治三年（1864）。墓群分布面积约 150 平方米。墓葬朝东南，冢呈圆丘形，周边以石板、料石围砌。其中黎志清及其夫人李氏墓建于清同治三年，墓碑镌刻"皇宠赐正九品登仕郎莲池公黎老府君之墓"。冢前两侧有八字形石扶手，前面有 2 级石踏跺。

16－B₂ 李朝德墓 〔甲篆乡甲篆行政村那沙屯南侧约 30 米江坡上·清代〕 建于清朝咸丰十年（1860）。墓葬朝南，冢为圆丘形，高 1.2 米，直径 1米。碑高约 0.7 米，宽 0.41 米，厚 0.08 米。正文竖 16行，计有 627 字，楷书，阴刻。碑文记述李朝德生平，其中有"伙党"事件等内容。

17－C₁ 那弯屯民居 〔甲篆乡仁乡行政村那弯屯3—4 号·清代〕 建于清代，具体时间不详。为本屯罗桂皮兄弟祖屋。坐西北朝东南，木结构干栏建筑，面阔三间，进深三间，其柱、檩、椽、梁等均用优质金丝李木料，穿斗式木构架，硬山顶，盖小青瓦，占

地面积 165.88 平方米。屋前门置 8 级踏跺。

18－D₁　甘烟屯分界摩崖石刻　〔那桃乡平林行政村甘烟屯西北约 1.5 公里拉朗坳上·清代〕　摩崖石刻 1 方。清乾隆四十二年（1777）刻。为田州土官所刻。刻面高 0.4 米，宽 0.3 米。文竖 3 行，计 20 字。无首题，落款"乾隆四十二年九月日立"，正文"田州与东兰州在此分界"。字径 0.05 米，阴刻，楷书。

19－D₂　田州与东兰分州界碑　〔甲篆乡百马行政村甘水屯南面盘阳河东岸的甘水桥头至坡独屯公路南面路边·清代〕　碑刻 2 方，碑阳朝南，并列，清乾隆四十二年（1777）立。一方为"田州与东兰分州"碑，高 0.45 米，宽 0.28 米，厚 0.05 米，碑文："田州与东兰分州在此，自界南至东兰坡（独），自界西至田州百（马），乾隆四十二年八月。"另一方为"东兰分州与田州"界碑，高 0.52 米，宽 0.35 米，厚 0.05 米，碑文："东兰分州与田州在此交界止，出北至甲篆分界，出西至坡独分界，乾隆四十二年九月日立。"

20－D₃　永世流芳碑　〔巴马镇盘阳行政村延旧屯东面·清代〕　碑刻 1 方。清光绪二十一年（1895）立。碑阳朝北，高 1.38 米，宽 0.84 米，厚 0.135 米。本屯黄永安书丹，刻工坡心人。额题"永世流芳"4 字，落款"光绪二十一年乙未腊月二十一日吉时立碑"。碑文竖 13 行，满行 32 字，共 334 字，字径 0.09 米，楷书，阴刻。碑文记述修建文昌阁的经过和捐资芳名，以及期盼此阁"能征瑞气于千秋，培村脉于万代，使本地人才济济，科甲绵绵"的愿望。

21－E₁　凤山县农民协会旧址　〔巴马镇盘阳行政村坡利屯·1927—1929 年·县文物保护单位〕　坡利屯原属凤山县，现属巴马县巴马镇。1927 年至 1929 年间，韦拔群、黄松坚、黄荣等曾在此组织、领导东、凤两县的土地革命运动，成立凤山县农民协会，办公地点设在坡利屯黄显金（烈士）家。旧址坐西北朝东南，砖木结构，单体平房，面阔三间，青砖墙，穿斗式木构架，硬山顶，盖小青瓦。明间前为凹廊，前檐开三扇木门，门前置 10 级石台阶。明间前半部为正厅，后半部设厨房。次间内墙上保存当时的题词、图画。如"红军万岁""武装是我们农民的武装""黄荣题"等墨迹。

22－E₂　三合区苏维埃政府旧址　〔那桃乡那桃行政村廷炉屯·1929—1930 年·县文物保护单位〕　1929 年至 1930 年间，韦拔群、陈洪涛、黄松坚等在此建立三合区（吉圩区、灵龙区、世木区合称）苏维埃政权，是领导和开展革命运动的指挥部。旧址为村民黄金美户住宅。建于清光绪年间（1875—1908）。坐南朝北，砖木结构平房，面阔三间，青砖墙，穿斗式木

构架，硬山顶，盖小青瓦，房屋四壁砖墙开有枪眼。占地面积约 126 平方米。

23－E₃　公鸡山战斗遗址　〔巴马镇西南约 1 公里公鸡山·1930 年〕　1930 年 2 月 27 日，张云逸、李明瑞率领中国工农红军第七军（红七军）从平马向东巴凤转移，在停细屯附近遭到国民党桂系蒙志仁部截击。张云逸军长亲自指挥攻守制高点公鸡山，并在山顶设立战地指挥部，粉碎了敌人的包围，胜利向东巴凤转移。公鸡山呈东北—西南走向，主峰海拔 415 米，上部为石山，下部为土坡，方圆 3 平方公里。今在山之东麓建有革命烈士纪念碑。

24－E₄　吉圩区苏维埃政府标语　〔那桃乡那桃行政村廷炉屯·1930 年·县文物保护单位〕　1930 年初，吉圩区苏维埃政府在廷炉屯成立，书写了不少标语。现一间民房的山墙上尚留有当年苏维埃政府制标语 7 条。标语用石灰浆书写，书写面积约 10 平方米，文竖 8 行，内容有"拥护共产党""取消一切苛捐杂税""实行抗捐抗粮"等，字径 0.2 米，楷书，落款"吉圩区苏维埃政府制"。标语曾被敌刮坏，20 世纪 80 年代初重新修复。

25－E₅　盘阳会议遗址　〔巴马镇盘阳行政村坡脑屯村后田垌·1930 年〕　1927 年 2 月，三隆区农民自卫军在此起义，建立凤山县农民协会和农动办事处；1930 年 3 月上旬，张云逸在此召开中共红七军前委会议，决定中国工农红军第七军（红七军）第 1、2 纵队，军直属队到桂黔边境打游击，扩大红军影响；第 3 纵队留根据地坚持斗争，接应前来汇合的红八军第 1 纵队余部。会址原为民宅，现已拆除，遗址所在地已辟为农田。

26－E₆　燕洞会议遗址　〔燕洞乡燕洞行政村燕洞街·1930 年〕　1930 年 11 月 6—9 日，中共红七军前委河池会议决定执行中共中央攻打柳州、桂林、广州等地指令后，邓斌（邓小平）、邓拔奇等在燕洞召开中国工农红军第七军营以上部分干部和右江党组织负责人会议，就中国工农红军第七军主力离开根据地后坚持根据地斗争等问题作了部署，史称"燕洞会议"。会址原为村民周日新住宅，坐北朝南，砖木结构平房，面阔三间，青砖墙，抬梁式木构架，硬山顶，盖小青瓦。1970 年已拆除改建新房。

27－E₇　狮子岩战斗遗址　〔甲篆乡平安行政村巴盘屯·1931 年〕　1931 年 3 月中旬至 4 月底，国民党桂系廖磊部及当地民团对巴盘进行围剿，巴盘军民 300 余人退守狮子岩，坚守 28 天，毙敌 100 余人。4 月 29 日，狮子岩失守，42 名自卫军及群众牺牲。巴盘屯为山区村寨，群山环抱，北通西山山区，地势险要。狮

子岩位于半山腰，洞口朝南，洞高约 30 米，宽约 80 米，进深 500 余米，岩内有数支洞通往山后，洞口有石砌围墙。1955 年群众于岩内挖出一面铜鼓及残缺的刀、枪、书稿等遗物。现岩口立有巴马瑶族自治县人民政府竖立的纪念碑。

28 - E₈ 红七军第 21 师弄索兵工厂遗址〔西山乡弄京行政村下弄索洞·1931 年·县文物保护单位〕兵工厂原址在东兰武篆镇勉俄乡板勉村，1931 年 3 月，兵工厂迁至此地继续生产，设修械、造枪、制子弹、造地雷、打刀具 5 个组。11 月，国民党桂系围攻西山革命根据地，兵工厂被迫分组转移，坚持生产。1932 年 8 月，兵工厂房屋被敌焚毁，设备遭到破坏。

29 - E₉ 加么坳战斗遗址〔西山乡弄京行政村弄索屯东南面约 250 米加么坳·1931 年·县文物保护单位〕加么坳为通往弄索洞坳口，是弄索与外界联系的唯一通道，面积约 100 平方米。1931 年 3 月，中国工农红军第七军（红七军）第 21 师师部迁到弄索后，在此击退敌军 12 次进攻，保卫了师部。此坳成为第 21 师师部一道铜墙铁壁。2003 年 7 月，巴马瑶族自治县人民政府在此坳上修建了纪念亭，立纪念碑，并在石壁上雕刻纪念浮雕。

30 - E₁₀ 弄扑坳战斗遗址〔西山乡弄京行政村拉塘屯西弄扑坳·1932 年·县文物保护单位〕弄扑坳位于西山至弄索的公路边上，面积约 50 平方米。1932 年 8 月，国民党桂系调动近万兵力第三次大规模围剿下山革命根据地，根据地遭受严重损失。中国工农红军第七军（红七军）第 21 师组织战斗小分队，利用弄扑坳险要地形，坚持战斗，多次在此创造了以少胜多、伏击歼敌的战例。2003 年 7 月，巴马瑶族自治县人民政府在此坳上修建了纪念亭。

31 - E₁₁ 红军独立第 3 师师部、中共右江特委、右江革命委员会旧址〔西山乡弄京行政村弄岩屯·1931—1932·自治区文物保护单位〕1931 年 8 月，中共中央特派员陈道生在弄岩召开中国工农红军第七军第 21 师党委和右江特委会议，将中国工农红军第七军（红七军）第 21 师改编为中国工农红军独立第 3 师。独立师部、右江特委及右江革命委员会设在弄岩，韦拔群、陈洪涛等在此住宿、办公。师党委、右江特委还在弄岩创办《红旗报》。1932 年撤离。弄岩师部、特委及革命委员会旧址为茅草平房，面阔三间 10 米，进深 8 米，明间为厅，两侧为厢房，四周及房间用竹编篱笆分隔，悬山顶。其余还有韦拔群等领导人住的茅棚及师部会场、饭堂等，已毁。

32 - E₁₂ 红七军第 21 师师部旧址〔西山乡弄京行政村弄索屯弄场·1931 年·自治区文物保护单位〕

1931 年 3 月，中国工农红军第七军（红七军）第 21 师师部、中共右江特委、右江苏维埃政府从田东平马迁于此。同年 8 月，第 21 师改编为独立第 3 师。1931 年底至 1932 年初在附近的朝马洞、可六召开重要会议。旧址原为村民牙文明住宅，坐东南朝西北，面阔三间，穿斗式木构架，木条、棕榈叶墙平房，盖小青瓦。1971 年修复，改为石砌墙，外饰木条和桐叶。内部复原陈列。

33 - E₁₃ 韦拔群烈士牺牲地〔西山乡弄烈行政村弄烈村东北约 3 公里香刷弄场香刷洞·1932 年·自治区文物保护单位〕1932 年 10 月 19 日晚，中国工农红军独立第 3 师师长韦拔群被叛徒韦昂杀害于香刷洞。香刷洞又名尝茶洞，为石灰岩溶洞。位于半山腰，高距山脚公路约 400 米。洞口朝南，高 5 米，宽 6 米，洞内进深 10 米，面积 60 平方米。现洞口有韦拔群烈士半身汉白玉大理石雕像。洞前铺设水泥地板平台，从山脚修筑 400 米长的石阶到洞口。

34 - E₁₄ 谷岩战斗遗址〔那社乡那乙行政村谷屯东南面约 100 米谷岩洞·1932 年〕1928 年，凤山县二都区苏维埃政府在谷屯成立。1932 年 4 月 9 日，国民党桂系廖磊部对谷屯苏维埃政府进行围剿。农民自卫队和群众百余人退守谷岩。6 月 2 日，农民自卫队掩护群众突围，47 人牺牲。谷岩洞位于石山腰，高距地面约 100 米。洞口朝西北，高 20 米，进深 100 余米。现改名为革命烈士洞。在岩内曾发现残破的土枪、土炮、大刀、长矛等遗物。

35 - E₁₅ 镇冈炮楼〔巴马镇北罗旁山上·1935 年〕1935 年，万岗县建制时为防御需要而建。炮楼坐西朝东，为二层楼，高 4.2 米，面阔 8 米，进深 8.5 米，占地面积约 68 平方米。片石浆砌墙体，木楼板。围墙建于东北面，墙头与楼体相接，总长 20.7 米，高 2 米，厚 0.4 米，东面围墙开有一门，墙体开有多处枪眼。南面和西面外墙分别镶有"镇冈""炮楼"匾。

36 - E₁₆ 罗旁山摩崖石刻〔巴马镇城北社区罗旁山上·1935—1936 年〕摩崖石刻 2 方。一方为 1935 年刻。刻面高 0.8 米，宽 1.13 米。文竖行，计 53 字，字径 0.09 米，楷书，阴刻。陆福昌撰文并书丹。首题"建设万冈县治委员会委员姓名"，落款"民国二十四年八月一日"。刻文内容为黄家声、黄冕毓等十一位委员名单。另一方为 1936 年刻。刻面高 0.5 米，宽 0.7 米。魏体，阴刻。万冈县第一任县长韦冠撰文并书丹。榜书"小字山"3 字，落款"民国二十五年八月韦冠题"。

37 - E₁₇ 中共右江上游中心县委遗址〔西山乡弄京行政村弄水屯·1936 年·县文物保护单位〕1936

年7月，中共右江下游党组织遭到破坏，大部分党委委员及骨干转到西山。7月27日，原下游党员和中共东兰中心县委成员，在此召开中共右江上游党代表大会，成立中共右江上游中心县委，领导东兰、凤山、万冈、天峨、南丹、河池、都安、平治、凌云、乐业和贵州贞丰、罗甸、荔坡等县的党组织开展工作。遗址原为一幢民房，已损毁。

38－E₁₈　笑狮岩壁书　〔巴马镇北侧约300米母鸡山北麓笑狮岩·1943—1944年〕　抗日战争期间，一些爱国知识分子在此挥毫题《抗战诗》《还我河山》《万冈形势》等律诗10余首于岩壁上，表达作者对侵华日军践踏国土的愤慨，号召人民团结抗战，歌颂世界人民反法西斯的胜利和对山城景色的赞美。题诗均为楷体墨书，有的字已模糊，有的因采石被毁。

39－E₁₉　东万凤起义委员会遗址　〔西山乡合乐行政村弄甲屯·1946—1947年〕　1946年5月至1947年8月，中共右江地委、中共万冈中心县委、东万凤起义委员会（后改称东万凤革命委员会、桂西人民解放军司令部）先后在此成立，领导桂黔边区15个县武装斗争。1947年9月5日，东万支队各部分别在万冈县城及福邦、所略、百羌三个乡举行起义，并成立了万冈县临时民主政府。遗址原为村民骆明白住宅，面阔三间，泥筑墙，穿斗式木构架，悬山顶，顶盖茅草。占地面积约80平方米。

40－E₂₀　万冈起义遗址　〔巴马镇文化街·1947年〕　1947年9月5日，中共右江地委领导万冈起义，同时攻打福邦、凤桥两乡和县城。7日，成立万冈县临时民主政府，黄克任县长。起义进攻的目标万冈县府驻所，又是起义后及中华人民共和国成立后县民主政府、县人民政府驻所。遗址原为砖木结构，二层楼房，面阔三间，硬山顶，盖小青瓦。20世纪70年代被拆除改建。

41－E₂₁　桂西人民解放军第一指挥所旧址　〔西山乡林览行政村林览屯北约800米卡龙洞·1948年·县文物保护单位〕　1948年1—2月，中共右江地委在卡龙洞召开会议，成立桂西人民解放军第一指挥所，在此办公，领导万冈、东兰、凤山、天峨、乐业、凌云、田东、田阳、百色和西山等县的武装斗争。同时，成立西山县临时民主政府。卡龙洞为石灰岩洞穴，距山脚公路约200米，洞口朝西南，高约10米，宽约25米，洞内进深70余米，洞内底部较平坦。

42－E₂₂　西山县民主政府旧址　〔西山乡福厚行政村江坡屯·1948年·县文物保护单位〕　1948年4月，西山县临时民主政府从林览村卡龙洞迁到江坡屯。5月改称西山县民主政府，黄举平任县长。1948年4—7月

间，在西山县民主政府和桂西人民解放军第一指挥所的领导下，挫败了国民党桂系蒋晃部及七县民团多次围剿。旧址为江坡屯一座民宅，木结构平房，面阔三间，进深二间，穿斗式木构架，茅草房顶。四周木板墙已毁。

43－E₂₃　百林烈士纪念碑　〔百林乡阳春行政村阳春街西侧村头·1950年〕　1950年万冈县（今巴马瑶族自治县）人民政府为纪念在国内革命战争中牺牲的百林乡28名烈士而建。20世纪50年代由烈士亲属始建，20世纪80年代由本乡10多名教师筹资进行修缮、立碑。纪念碑基础用料石砌筑，碑座为四方体，正面刻"百林乡革命烈士英名录"，碑身正立面呈圭形，面刻"革命烈士永垂不朽"。

44－E₂₄　巴盘二十四烈士墓　〔甲篆乡平安行政村巴盘屯西面约10米·1953年〕　1953年万冈县（今巴马瑶族自治县）人民政府为纪念1931年4月在狮子岩战斗中牺牲的24名烈士而建。墓葬朝南，圆丘形土冢，用混凝土砖围砌，墓前立碑，顶盖浮雕双凤朝阳、宝葫芦。碑面中部竖行刻"二十四烈士之墓"，右边刻烈士事迹，左边刻烈士芳名。

45－F₁　棕榈树叶围房　〔西山乡弄京行政村弄索屯·民国·县文物保护单位〕　棕榈树叶围房，是近代西山乡居住大山瑶族人住房。为木构架，悬山顶平房，盖小青瓦房或茅草。其特点是室外用棕榈树叶包围。

46－G₁　云盘山铜炮出土点　〔燕洞乡同合行政村同合村云盘山·明代〕　1989年3月，云盘山出土铜炮2门。两炮出土点相距约3米，深距地表约0.7米。炮的长短、大小不一。炮身长0.47—0.57米，径0.32—0.47米。炮身无文字、图案，炮口外径0.075—0.12米，内径0.045—0.08米。尾部开有火眼。

大化瑶族自治县

1－A₁　仙洞遗址　〔大化镇亮山行政村东娥屯南面约200米亮山·新石器时代〕　洞穴遗址。1974年发现。仙洞位于亮山山脚，高距地表约6米，洞口朝南。洞内面积约80平方米。1974年发掘，文化层厚1.08米，自上而下分4层。其中第4层含螺壳、人牙和石器，出土石锛、石纺轮和人牙化石数枚，以及灵长类、长鼻类、啮齿类、食肉类、偶蹄类、奇蹄类、龟鳖类等19种动物的骨骼和牙齿。（见《古脊椎动物与古人类》1976年14卷3期）

2－A₂　古龙遗址　〔岩滩镇古龙行政村古龙屯北约300米红水河西岸大地坡·新石器时代〕　山坡

（台地）遗址。1988年发现。遗址地处红水河与灵岐河交汇处的Ⅱ级阶地上，分布面积约1800平方米。文化层厚1.3米，含有石器残件、碎陶片。采集有斧、锛、铲、磨棒、石核、石片等石器以及陶器足、绳纹夹砂红陶片等遗物。

3 – A₃ 弄石坡遗址 〔岩滩镇常吉行政村琴常屯·新石器时代〕 山坡（台地）遗址。1981年发现。在红水河西北岸Ⅱ级台地，东距岩滩水电站大坝约1.5公里。遗址分布范围约2万平方米。采集到斧、锛、铲、磨棒、砺石等石器。1990年12月—1991年揭露1000平方米，文化层最厚2米，发现有长方形竖穴土坑墓，人骨遗骸无存，多无随葬品。出土有石器、砺石及绳纹、划纹夹砂陶片。陶片胎质红色，器形为罐类。

4 – A₄ 坡兰岭遗址 〔乙圩乡果好行政村果好屯南面约250米坡兰岭·新石器时代〕 山坡（台地）遗址。1981年发现。遗址面积约3万平方米。未经试掘。文化堆积情况不明。在地表采集到铲、锛、砺石等石器。

5 – A₅ 六洪遗址 〔羌圩乡那良行政村六洪屯·新石器时代〕 山坡（台地）遗址。1990年发现。遗址分布面积约1000平方米。在地表采集到打制石器1件；磨制石器5件，有斧、锛两种器形。1992年，遗址已被岩滩水电站水库淹没。

6 – A₆ 百爱遗址 〔北景乡六华行政村百爱屯·新石器时代〕 山坡（台地）遗址。1981年发现。遗址分布面积约2万平方米，未经试掘，文化堆积情况不明。在地表采集有斧、锛、铲、穿孔器和砺石等石器和夹砂陶片。陶片表面饰绳纹和菱形回纹，器类不明。

7 – A₇ 音圩遗址 〔北景乡那色行政村音圩屯·新石器时代〕 山坡（台地）遗址。1986年发现。遗址分布面积约3万平方米，地表散布有河卵石及锛、磨棒、砺石等石器。1990年开十字形探沟2条试掘。1991年6月在遗址西，北部揭露65平方米。遗址文化层最厚2米，发现有较多的灰坑。出土夹砂灰陶、红陶和泥质红陶、灰陶等陶片。纹饰以绳纹、方格纹为主，少量素面。磨制石器有石斧、石锛、石铲、石陶拍等。

8 – A₈ 庙华光遗址 〔北景乡那色行政村那色屯西约300米·新石器时代〕 山坡（台地）遗址。1986年发现。遗址分布面积约1万平方米。未经试掘，文化堆积情况不明。在地表采集有斧、铲、磨棒和砺石等石器。

9 – A₉ 莫洋窑址 〔百马乡百马行政村莫洋屯北

约500米·清代〕 建于清末，为砖瓦窑。有窑口1座，依土坡地势修筑，窑身用料石砌筑，窑高4.76米，窑门朝西，拱形，高1.52米，宽2.5米，窑口散落有大量的砖、瓦残件。占地面积约150平方米。

10 – A₁₀ 弄广石板道 〔雅龙乡镇西行政村弄广屯至弄包屯的半山腰上·清代〕 石板道东北由弄广屯通往西南面的弄包屯，是当时都安通往都阳古道的一段，呈东北—西南走向，长约4公里，宽0.8—1.1米。路面用不规则的石块铺砌，山道则砌石踏跺。

11 – A₁₁ 岜根山石墙 〔北景乡平方行政村联矿屯岜根山·清代〕 清末当地村民为防匪患而修建。石墙在山顶上，山顶的东北至西北面为悬崖，石墙位于山顶的西北至东南面，呈"L"形，用料石及片石干垒而成，墙高3米，长27米，厚0.48—0.7米。东南面墙开门，门额横架长条石，门高1.6米，宽1.1米，门的左侧有2个射击孔。

12 – A₁₂ 弄外石墙 〔大化镇双排行政村弄外屯后山半山腰·清代〕 清末当地村民为躲避匪患而修建。石墙在半山腰上，用片石干垒而成，呈东西走向，高2.9米，长34米，厚0.9米。墙的中部开石门，门高2.2米，宽1米。

13 – A₁₃ 弄美石墙 〔古文乡良美行政村弄美屯西南约400米山腰·清代〕 清末当地村民为躲避匪患而修建。石墙呈西北—东南走向，长60米，高3—4米，宽1.1米，厚1.5米，石墙中部开门，门框用大青石垒砌，顶部已坍塌。

14 – B₁ 弄立墓群 〔板升乡弄立行政村弄立村弄立小学西南约200米·清—民国〕 有石板墓10余座，分布于约600平方米的范围内。较好的有7座。墓冢形仿房屋，呈长方体，四周均用大块石板围砌，顶部仿悬山或庑殿顶，用石板或水泥板制作，前高后低，大小相近，一般前高1.5米，宽1.52米；后高0.74米，宽1.42米，墓长3.3米。墓首嵌墓碑，碑面刻墓主的姓名。

15 – B₂ 百达1号岩洞葬 〔岩滩镇下皇行政村百达村红水河两岸山峰·新石器时代〕 百达岩洞葬共有4处，其中1、2号洞位于红水河左岸，3、4号洞位于红水河右岸，洞口高距地表约30—50米。洞内发现有人骨遗骸、石器、骨器、陶器残片及棺木。石器主要见于2号洞，器形有斧、锛、凿等。陶器多见于1号洞，可辨器形为圜底的陶釜，多饰细绳纹，有的饰绳纹地多线曲线纹，年代较早。棺木为整木圆棺，棺头、尾有牛角燕尾饰，年代较晚。百达岩洞葬分属于不同的历史时期，其中1号洞岩洞葬属于新石器时代晚期。

16 – B₃ 弄岭岩洞葬 〔板升乡弄勇行政村弄岭屯

红水河北岸峭壁·明—清〕 岩洞在峭壁临江南壁，高距河面约 50 米。有洞口 3 个，皆朝南，3 个洞内各置圆棺 5 具、3 具、1 具。棺以整段圆木纵剖凿棺槽后扣合而成，棺头有牛角形或燕尾形木柄，棺尾有燕尾形木柄。

17 - B₄ 板达山岩洞葬 〔板升乡弄勇行政村板达屯板达山·明—清〕 板达山峭壁上有岩洞 2 个，洞内均有棺木，已遭严重破坏，原貌不详。1992 年从洞中取棺木 4 具，皆为圆棺，以整段圆木纵剖凿棺槽后扣合而成，平口或子母口，棺头有牛角形木柄，棺尾饰牛角形或燕尾形木柄。

18 - B₅ 甘汉山岩洞葬 〔北景乡那色行政村巴龙屯甘汉山·明—清〕 岩洞在甘汉山东面峭壁上，高距地表约 65 米。洞口朝东，洞内有圆棺 10 余具，以整段圆木纵剖凿棺槽后扣合而成，平口，棺头有牛角形木柄，棺尾饰燕尾形木柄。

19 - B₆ 琴常岩洞葬 〔北景乡那色行政村巴龙屯甘汉山·明—清〕 岩洞在山东面峭壁上，高距地表约 50 米。洞口朝东，洞内有圆棺 10 余具，整段圆木纵剖凿棺槽后扣合而成，头、尾两端有燕尾形木柄。

20 - C₁ 龙口桥 〔大化镇龙口行政村龙口屯北约 100 米龙口河上·明代〕 建于明正统年间（1436—1449）。西南—东北走向，单孔石拱桥，长 6.5 米，宽 1.8 米，拱跨 3.8 米。桥身、桥拱用料石干砌，桥面铺石块，破损严重，两侧无护栏，两端连接石板道，东南端石板道长 30 米；西北端石板道长 60 米，宽皆 1.2 米。

21 - C₂ 清波桥 〔贡川乡清波行政村清波小学对面约 50 米的清波河上·明代〕 建于明正统十一年（1446），为思恩知府岑瑛督建。西南—东北走向，双孔石拱桥，长 21 米，宽 3.6 米，拱跨 7.6 米。桥台、桥身、桥拱皆用料石干砌，孔间桥墩迎水面浮雕龙头。桥面铺石板。两侧条石护栏已残缺，桥的一端西北侧有石踏跺接沿河石板道。

22 - C₃ 双龙桥 〔都阳镇满江行政村满江村口龙江河上·清代〕 建于清光绪二十二年（1896）。为当时都阳通往雅龙乡至都安的道路桥梁。西北—东南走向，单孔石拱平桥，长 23 米，宽 4 米，拱跨 11 米。桥身、桥拱用 260 余块料石砌成。桥面铺石板，两端与河岸齐平，桥头立有石碑 3 方，记录建桥的历史和捐资者的名单。1992 年把该桥加宽至 7 米，重铺桥面，新建桥护栏板。

23 - C₄ 龙江祠堂 〔都阳镇满江行政村龙江屯·清代〕 建于清宣统元年（1909）。坐西北朝东南，砖木结构，单体平房，面阔三间，进深二间，砖墙，硬山顶，盖小青瓦。前设内凹小檐廊，明间檐下有彩绘吉祥图案。占地面积 100 平方米。

24 - C₅ 江卯桥 〔共和乡皂江行政村江卯屯南约 150 米的无名小河上·清代〕 建于清代，具体时间不详。南北走向，单孔石拱桥，长 5.8 米，宽 0.8 米，拱跨度 2.5 米。桥身用片石干砌，料石券桥拱，桥面铺石块。两侧无护栏，桥两头各置 5 级石踏跺。

25 - D₁ 光岩洞摩崖石刻 〔贡川乡龙眼行政村龙眼村光岩洞内·清代〕 摩崖石刻 11 方。清嘉庆元年（1796）刻。刻于一块呈梯形状的石头上，石高 1.4 米，宽 2—3.6 米。石中部竖行榜书"瘅地灵岩" 4 字，字径 0.21 米，楷书，阴刻。右上方首题"嘉庆元年中春月"，左下方落款"馥口亭黄桂题"。左、右两侧分别刻有 10 方规格不一的七言诗，诗文颂赞光岩洞优美景色。文均为楷书，阴刻。

26 - D₂ 龙江温泉摩崖石刻 〔都阳镇满江行政村龙江屯北约 200 米的温泉石壁上·清代〕 摩崖石刻 1 方。清光绪三十年（1904）刻。刻面高约 1.3 米，宽约 0.9 米。清末土官黄尚文撰文并书丹。文竖 2 行，计 11 字。正文榜书"温泉" 2 字，字径 0.5—0.6 米，落款"光绪三十年黄尚文作"，字径 0.15 米。文皆楷书，阴刻。

27 - E₁ 都安县苏维埃政府旧址 〔都阳镇都阳行政村都阳镇人民政府大院内·1930 年·县文物保护单位〕 1930 年初，韦拔群、覃道平等率都安县自卫队和思隆县七里区自卫队在此歼灭都阳团局黄永然部，召开县人民代表大会，成立都安县苏维埃政府，亦在此办公。旧址原为都阳土司衙门，建于明嘉靖七年（1528），清道光年间（1821—1850）重修。20 世纪 30 年代曾为都阳团局。旧址坐西北朝东南，砖木结构，三进院落，占地面积 350 平方米。现存前座和后座，均高二层，面阔、进深三间，砖墙，抬梁式木构架，硬山顶，翘脊，盖小青瓦。设前檐廊，圆形砖檐柱，檐廊上为二楼木板槛墙。廊前设多级石踏跺。前座底层门旁有石鼓、石狮各 1 对，门、柱雕刻花草，墙开格窗。

28 - E₂ 红七军第 21 师办公旧址 〔乙圩乡乙圩行政村那敢屯·1930 年·县文物保护单位〕 1930 年 12 月 21 日，中国工农红军第七军（红七军）第 21 师在乙圩村成立，师部办公室设在那敢屯覃仕荣家。1931 年 3 月，右江特委将第 21 师师部迁到巴马西山乡弄京村弄索山坳里。旧址原为一大一小两栋红砖瓦房，现存小房。坐东朝西，砖木结构，面阔、进深一间，砖墙，穿斗式木构架，硬山顶，盖小红瓦。占地面积约 22 平方米。1994 年，居住人在房子的正面用水泥砖和红砖砌墙把房子加宽 10 平方米。

29 - E₃ 红七军第 21 师那敢兵工厂遗址 〔乙圩乡乙圩行政村那敢屯后山六翁洞·1927—1932 年·县文物保护单位〕 1927 年，思隆县农民协会副会长、右江农军第二路军中队长蒙文升在六翁洞创办兵工厂。1930 年 12 月，成为中国工农红军第七军（红七军）第 21 师兵器修理厂。1932 年冬，右江革命根据地陷入敌手，兵工厂遭到破坏。六翁洞洞口朝南，呈半圆形，长 4 米，高 2.5 米，洞底平坦，面积约 260 平方米。洞中现还残留当年的木炭和一些铁屑。

30 - E₄ 中共那马特支联络站、那马县临时政府旧址 〔贡川乡贡川行政村贡川街·1939—1949 年〕 1939 年，中共那马县特支在贡川街以开客栈为掩护，设立秘密联络站。1949 年 8 月，中国人民解放军滇桂黔边纵队桂西第二支队政治部驻此；11 月在此成立那马县临时政府，12 月临时政府迁移到那马县（今马山县）永州乡。旧址原为村民向朝瑞住宅，1939 年设立客栈。坐东朝西，砖木结构，二进院落，前、后两座，中隔天井，占地面积约 200 平方米。前、后座皆高两层，面阔二间，进深三间，抬梁式木构架，硬山顶，盖小红瓦。

31 - E₅ 中国人民解放军滇黔桂边纵队桂西区指挥部旧址 〔古河乡古河行政村中心小学校内·1947 年·县文物保护单位〕 1947—1949 年间，中共右江地方委员会、中共右江地委党校、《右江报》社、中国人民解放军滇黔桂边纵队桂西区指挥部设此。大革命时期，这里曾是古河苏维埃政府所在地。旧址原为古河小学（私塾）校舍，建于 1929 年，1982 年维修。

砖木结构，两进院落，共有大小房屋 23 间。现存主座及北厢房，呈"L"形布局，占地面积约 500 平方米。主座坐西向东，为中西合璧二层楼房，面阔七间，室内中间为过厅，东、西两侧为各面阔三间的教室，硬山顶，盖小红瓦。上、下层前、后为联拱西式外廊，二楼拱间设宝瓶栏杆。

32 - E₆ 右江地委干校旧址 〔江南乡江洲行政村江洲村江南中心小学校内·1947 年·县文物保护单位〕 1947—1949 年间，中共右江地委在这里开办右江干训班。先后共办六期，培训了学员 850 多人，为开展武装斗争和建立地方政权准备了干部。1949 年 3 月改为右江地委革命干部学校。旧址坐北朝南，砖木结构平房，面阔二间，进深一间，每间各开一木门，砖墙，前檐开直棂窗，硬山顶，盖小青瓦。占地面积约 60 平方米。

33 - F₁ 华善民居 〔六也乡华善行政村华善村华善小学西北约 150 米·民国〕 坐西南朝东北，砖木结构，两层骑楼，面阔五间，进深三间，砖墙，穿斗式木构架，硬山顶，盖小红瓦。底层前檐为仿西式联拱外廊，二层楼面铺设木板，窗口用砖砌成"喜"字窗花，窗花两边开拱形小窗。占地面积约 600 平方米。

34 - F₂ 弄味瑶族民居 〔七百弄乡弄呈行政村弄味屯·民国〕 有民居 7 座，干栏式二层建筑，占地面积约 1000 平方米。民居朝向不一，底层房基础及四围或用料石和片石垒砌，或用圆木设围护，用来关养牲畜。上层住人，墙体用木板嵌围或竹片编制，新建屋则改用水泥砖围砌，楼层铺木板，房间用木板壁间隔，歇山顶或悬山顶，盖小青瓦。

北海市

海城区

1 - A₁ 缸瓦窑遗址 〔海城区高德街道军屯行政村缸瓦窑村西南面 · 明代 · 市文物保护单位〕 分布范围约 10316 平方米，现在可见窑口 6 座，马蹄形窑，窑口朝南。从堆积的残片来看，主要烧制瓷、罐、碗等产品。

2 - A₂ 茶亭遗址 〔海城区东街街道茶亭路 29 号 · 清代〕 亭建于清初，除供游人憩息外，还是清代官员送往迎来的十里长亭。亭平面为长形，砖石结构，重檐歇山顶。亭以一副长联闻名，联云："老的少的丑的俏的，或往或来，休嫌茶淡茶浓，且饮一杯，息息心头名利火；士耶工耶贾耶，莫忙莫速，不论亭长亭短，暂停片刻，谈谈世上古今风。"亭已毁，仅存地基。

3 - B₁ 涠洲林兴墓 〔海城区涠洲镇公山行政村苏牛角坑东北约 300 米 · 清代〕 建于清同治四年（1865）。墓葬朝南，圆丘形土冢，底径 9 米，占地面积约 81 平方米。四周用三合土夯筑墓墙一圈。墓碑高 0.9 米，宽 0.47 米，厚 0.1 米，碑面正中竖行刻"清琼州府琼山县林讳兴公墓"，右侧刻"同治四年仲冬吉旦、世居郡城东河大林一图桃园村"。碑前有长方形祭台。

4 - C₁ 普渡震宫 〔海城区东街街道茶亭路 8 号 · 清—民国 · 市文物保护单位〕 又名普善堂，奉祀玉皇、孔子、释迦、老子等。建于清光绪二十四年（1898），由东边桐村人道士吴锦泉、梁起振等 8 人向商绅、侨胞募资兴建。清光绪二十七年（1901）扩建金母殿，1918 年扩建地母殿，1986 年维修。坐南朝北，砖木结构。三进院落，中轴线上有中天殿、金母殿、地母殿，占地面积约 6438 平方米。现存金母殿、地母殿，均面阔三间，砖券拱托檩，悬山顶，盖小青瓦。1987 年在已毁的中天殿旧址修建普度震宫门楼、龟池。

5 - C₂ 北海三婆庙 〔海城区海角街道海角大道 92 号 · 清代〕 建于清末，具体时间不详。由文武庙和天后宫组成，形制相同，总占地面积约 515 平方米。坐北朝南，砖木结构，二进院落，由前座、天井、连廊、后殿组成。前座面阔进深三间，后殿面阔三间，

进深二间，砖墙承重，硬山顶。盖小青瓦，明间设木装饰，两次间设方窗，后檐砖墙封护到顶。前座、后殿中部连廊面阔一间，进深一间。

6 - C₃ 陈氏祠堂 〔海城区高德街道赤西行政村赤西村 198、199 号 · 清代〕 建于清代，具体时间不详。坐西北朝东南，砖木结构，二进院落，由前座、天井、后堂组成，占地面积约 335.13 平方米。主体建筑面阔三间，进深一间，硬山顶，脊饰花草浮雕、博古。前座设前檐廊，檐柱 4 根，明间为过道，后檐开 8 扇隔扇门。后堂明间亦开 8 扇隔扇门，内砌分隔砖墙。

7 - C₄ 马栏井 〔海城区高德街道马栏行政村马栏大村 95 号东南 2 米处 · 清代〕 建于清末，具体时间不详，井口为圆形，径 1 米，深 6.2 米，井口外用四块长 0.9 米，宽 0.6 米的长方形石条护砌，井壁用青砖砌。井台为圆形、直径 4.7 米，片石铺砌，占地面积约 34 平方米。井台外围栏局部破损。

8 - C₅ 珠海路双水井 〔海城区中街街道珠海路与民族路交界处东侧 · 清代 · 市文物保护单位〕 建于清末，具体时间不详。有井 2 口，南北相距 2.58 米，占地面积约 136 平方米。南井平面呈六角形，最宽处为 1.65 米，北井平面呈八角形，最宽处约 3 米。井口用花岗条石围砌，井身为砖砌。井台三合土修筑。

9 - C₆ 观音堂双水井 〔海城区中街街道中山东路与和平路交界处东侧 · 清代 · 市文物保护单位〕 建于清末，具体时间不详。因井旁曾有一观音堂而得名。有井两口，形制相似，为六角形井口，边长约 1.7 米，井口用石砌，井壁砖砌，占地面积约 30 平方米。在井边碑墙嵌石刻 3 方，中间 1 方刻"龙泉井之神位"。

10 - C₇ 高德布路 〔海城区高德街道高德二街与三街之间的里头栏街口 · 清代〕 建于清代，具体时间不详，是当时北海进出港口的主要通道。东北—西南走向，路两侧用三合土夯筑，青砖分隔三合土与路面。路面铺砌油麻条石，现存路面长约 29.5 米，宽 2.6 米，呈台阶式曲尺形走向。

11 - C₈ 高德民宅 〔海城区高德街道高德三街 34 号 · 清代〕 建于清末，具体时间不详。为苏文良老屋。坐东南朝西北，砖木结构，三进院落，占地面积约 525.05 平方米。主体建筑面阔三间，有前檐廊、石

柱为方柱。清水墙，硬山顶，灰裹垄瓦面。室内三合土地面。前、后有两个天井，青砖铺砌，后天井两侧各有厢房一间。

12 – D₁　三婆庙封禁碑〔海城区涠洲镇东沥社区红旗街三婆庙内·清代〕　清嘉庆二十五年（1820）立。立于庙内天后宫前左侧，碑阳朝东南，高1.29米，宽0.7米，厚0.12米。碑文竖行，楷书，阴刻。内容是："两广〔总〕督部堂百〔龄〕，示照得涠洲、斜阳两岛，孤悬大海，最易藏奸，本庙堂奏明永远封禁，不准来此居住，倘敢故违定罪。嘉庆廿五年七月。"

13 – D₂　街渡口告示碑〔海城区中街街道珠海中路街渡巷口92号西墙侧·清代·市文物保护单位〕清光绪二十一年（1895）立，为整顿渡口秩序的告示碑。碑阳朝南，高0.6米，宽0.45米，碑文竖行，300余字，楷书，阴刻。内容是陈业珍等联名告发渡夫邓振武揽载霸撑滋事，合浦县府判依律惩处，并刻石为记，立于街渡口。

14 – D₃　英国医院匾刻〔原位于海城区中街街道和平路83号北海市人民医院，现存丁普度震宫·清代〕　英国医院又称普仁医院，由英国"安立间教会"（又称中华圣公会）柯特医生夫妇创办于清光绪十五年（1889）。1988年修建医院门诊大楼地下防空地道时出土匾刻1方。匾高0.75米，宽1.94米，厚0.14米。匾文横刻，题"英国医院"4字。落款字径0.36—0.4米，楷书，阴刻。

15 – D₄　高州会馆匾刻〔原位于海城区海角街道珠海西路194号高州会馆，现存普度震宫·清代〕匾刻1方。高州会馆建于清同治七年（1868），为高州人士的集会联谊之所。会馆早毁，1991年在其旧址挖出"高州会馆"横匾刻1方，花岗岩质，高0.695米，宽2.17米，厚0.14米。吴川陈兰彬书丹。匾文横行，字径0.37—0.5米，楷书，阳刻。

16 – D₅　广州会馆石刻〔原位于海城区中街街道民建一街广州会馆，现存于普度震宫·清代〕　广州会馆建于清同治年间（1862—1874），具体时间不详。会馆早毁，仅石刻4方：匾刻"广州会馆""太和医局"及对联"太平鼎萧媲良相，和煦蓬庐辟洞天"。用花岗岩刻成。横匾高0.88—0.77米，宽3.33—3.15米，字径0.5—0.6米；对联高3.1米，宽0.51米，字径0.25米。字体有颜体和魏体，分别嵌于会馆大门及西厢门上。

17 – D₆　圣路加堂奠基石〔原位于海城区中街街道和平路83号北海市人民医院内，现存于普度震宫·清代〕　圣路加堂建于清光绪三十一年（1905）。教堂早毁，存奠基石一方。奠基石高0.32米，宽0.62米。

碑文用中、英两种文字刻成。中文为"陂箴奶于主耶稣降世一千九百零五年十二月望三日立此基石"，字径0.03米，楷书，阴刻。堂已毁，仅存基石。

18 – E₁　连城要塞遗址和友谊关（北海市段）〔海城区地角街道地角岭·1885—1898·全国重点文物保护单位〕　连城要塞是清末广西提督、边防督办苏元春于清光绪十一年至二十四年间（1885—1898）督建的边防军事设施。北海市段是连城要塞南段海防炮台，修建在临河的地角岭上。

E₁₋₁　地角炮台〔海城区地角街道地角岭·清代〕　中法战争期间（1883—1885），清廷为加强海防，清光绪十一年（1885）在地角岭主峰匙羹岭及其东北、西南两峦之巅建炮台3座，成三足鼎立之势，俯控北海航道，地势险要。炮台用砖、石、三合土构筑。西南峦的炮台最大，平面呈半圆形，直径38米，设三炮口，炮台中心与主炮口和两侧炮口有通道相连。另2座炮台平面呈圆形，直径9.6米。

18 – E₂　北海电报局旧址〔海城区中街街道民建一街105号·1884年〕　旧址建于清光绪十年（1884）。北海第一家有线电报电路在此开通，用莫尔斯人工电报机转接通报，1928年后，陆续开办无线电报和磁石人工电话等业务，后废置。旧址坐北朝南，砖木结构。为单座一层建筑，硬山顶，盖小青瓦。占地面积约108平方米。

19 – E₃　丸一药房旧址〔海城区中街街道珠海中路104号·1936年·市文物保护单位〕　1936年9月3日，驻北海的国民革命军新编19路军第60师便衣队将在北海开设"丸一药店"从事间谍工作的日籍老板中野顺三刺杀于药店内。事后日本军舰两次进逼北海进行武力威胁，与19路军60师发生对峙。后由中日双方多次谈判，事件得以平息，此为著名的"北海九三事件"。旧址坐北朝南，砖木结构，临街面为骑楼式，二楼并列三扇长方窗，拱形窗楣，硬山顶，盖红色瓦，弧形女儿墙。

20 – E₄　北海烈士陵园〔海城区中街街道北京路长青公园内·1983年·市文物保护单位〕　陵园内安葬为解放北海而牺牲的42位烈士。1958年建于百果园，1983年迁至长青公园石子岭，1989年改建，1991年重修烈士纪念碑。陵园由烈士墓及烈士纪念碑组成。碑用大理石雕刻而成，形似铁锚，在碑的顶部有圆洞，洞里挂有一铁钟。碑上嵌有时任国家主席江泽民所题的"革命烈士永垂不朽"8个大字。碑前有一座手脚带有铁锁的志士雕像，左肩有一小孩像，雕像高约5米。

21 – E₅　抗战胜利纪念亭〔海城区中街街道北部

湾中路中山公园大门西侧·1999 年·市文物保护单位〕1946 年由北海民众募资建成，以纪念抗日战争胜利。原有一亭一碑，碑已毁，亭于 1999 年重修。亭为水泥结构八角形凉亭，高约 10 米，占地面积约 47 平方米。亭内有围栏、长凳和走廊，八角攒尖顶。亭基座四周镶有四方石碑，每块碑长 1.8 米，高 0.4 米，碑上刻《北海抗战史略》。

22－F₁ 北海市近代建筑群 〔海城区北部湾中路、北京路、解放路、海关路、中山东路、公园路、涠洲镇等地·1869—1925 年·全国重点文物保护单位〕清光绪二年（1876），中英两国签订了不平等的《烟台条约》，把北海辟为对外通商口岸。自清光绪三年（1877）起，先后有英国、德国、奥匈帝国、法国、意大利、葡萄牙、美国、比利时 8 个国家在北海设立领事馆和商务机构，修建了领事馆、教堂、医院、海关、洋行、修女院、育婴堂、学校等 20 余座建筑。现存英国领事馆旧址、法国领事馆旧址、德国领事馆旧址、双孖楼、北海关旧址、德保森宝洋行旧址、信义教会、天主教堂、会吏长楼、主教府楼、女修院、普仁医院、贞德女子学校、天主教医院旧址、大清北海邮政分局旧址等 17 座建筑。

F₁₋₁ 英国领事馆旧址 〔海城区中街街道北京路北海市第一中学·1885 年〕 清光绪三年（1877）英国开始在北海设立领事馆，最早是租用民房办公，清光绪十一年（1885）建成新的领事馆。1922 年因领事馆被裁撤，而将馆舍卖给法国天主教北海教区作圣德修道院。1936 年，修道院在办公楼东侧扩建礼拜堂。原领事馆建有办公楼、接待室、宿舍、小礼堂、厨房等建筑，现仅存办公大楼和双孖楼（员工宿舍）。办公大楼为西式两层楼房，坐北朝南，砖混结构。面阔47.2 米，进深 12 米，建筑面积约 1133 平方米。平顶，底层有青砖砌成的地垄，高 0.9 米，各层有前、后外廊，上、下层廊柱和拱券都有雕饰线，室内有壁台、壁炉。英文阴刻的奠基石至今尚存。1999 年 10 月因扩建北京路，经国家文物局批准，将旧址整体往东北方向平移 55.8 米。

F₁₋₂ 双孖楼旧址 〔海城区中街街道北京路北海市第一中学·1886、1887 年〕 为东、西两座造型相同的建筑，故名。双孖楼分别建于清光绪十二年（1886）、光绪十三年（1887），原作为英国领事馆的员工宿舍，1922 年开始由英国教会控制的北海中华圣公会使用。两座楼相距 32 米，建于 1 米高的石砌地台上，坐南朝北，砖混结构。单层仿西式建筑，周有宽 3.1 米的联拱外廊，拱顶有雕饰线，百叶窗，四面坡瓦顶。室内过道贯通前、后门，房内有壁炉及壁台，铺木地板。每座建筑面阔 29.2 米，进深 13.5 米，占地面积约394 平方米。

F₁₋₃ 法国领事馆旧址 〔海城区中街街道北部湾中路迎宾馆内·1890 年〕 清光绪十三年（1887）法国在北海设立领事馆，清光绪十六年（1890）领事馆办公楼建成。领事馆除负责法国在北海的侨务、经商、涉外等日常事务外，还兼管东兴领事业务以及代理葡萄牙的领事等事务。1950 年法国领事馆撤出。旧址坐北朝南，砖混结构。平面呈"凹"字形，单层西式建筑，面阔 34.7 米，进深 20.7 米，占地面积约 718.29 平方米。前为弧形厦廊，正面及左右外廊，联拱形成大小拱门，蓝色宝瓶栏杆。内部房间分前后两排。原为四面坡屋顶，底层地垄高 1.85 米。1973 年改建为两层平顶建筑。

F₁₋₄ 德国领事馆旧址 〔海城区中街街道北部湾中路 6 号南珠宾馆内·1905 年〕 清光绪十二年（1886），德国开始在北海设立领事机构，最早领事事务委托英国领事馆代理。清光绪二十八年（1902），德国派领事进驻北海，暂借税务司公馆办公。清光绪三十一年（1905）领事馆建成。领事馆除负责日常工作外，还代理海南海口的领事事务。清光绪三十四年（1908），因德国领事馆机构裁撤，馆署转卖给他人。抗日战争前，由广东省白石盐场公署使用。旧址现存办公楼，坐北朝南，砖木结构，为二层西式建筑。面阔 23.1 米，进深 18.5 米，占地面积 427.35 平方米。正面前有方形厦廊，厦廊两边有弧形台阶，上下层均设有联拱外廊，宝瓶栏杆。内部呈"田"字形布局，中为过道，两边对开房各二间，四面坡顶，底为高 2米的地垄，东侧设梯上一层。

F₁₋₅ 北海海关旧址 〔海城区中街街道海关路 6号北海海关大院内·1883 年〕 清光绪二年（1876）《中英烟台条约》签订，北海辟为通商口岸。清光绪三年（1877）设北海海关收取关税。由于从开办至民国三十年（1941）历任正副税务司、海关帮办、监察长、港务总巡等要职均由英、法、德、挪威等国人包揽，俗称洋关。现存海关办公大楼，清光绪九年（1883）建。坐北朝南，砖木结构，西式三层楼房，面阔、进深 18 米，占地面积约 324 平方米。各层四周为"回"字形联拱外廊，廊柱和券拱都有雕饰线。内部房间呈"田"字形布局，东、西面各为两房套间，室内有壁炉、壁台。楼顶中间为四面坡屋顶，周branch女儿墙。

F₁₋₆ 德森宝洋行旧址 〔海城区中街街道解放路19 号北海市文化局大院内·1891 年〕 德森宝洋行建于清光绪十七年（1891），为德国商人森宝（犹太人）在北海创办的商务机构，专营煤油贸易及代理招工出洋等业务。民国期间曾作为两广盐务稽查处办公署。现存办公大楼由主楼及附屋组成，以走廊连为一体。主楼为西式二层楼房，面阔18.3米，进深13.1米，占地面积239.7平方米。两层四周设联拱外廊，宝瓶式栏杆。室内呈"田"字形布局，四面坡顶。地垄高2米。附屋为一层建筑，面阔20.4米，进深15.8米，占地面积约322平方米。地垄高0.5米，室内两房并列。

F₁₋₇ 德国信义会教会楼旧址 〔海城区中街街道中山东路213号·1902年〕 信义会原称长老会，总部设在德国。清光绪二十五年（1899）德国传教士巴顾德到北海传教。清光绪二十八年（1902）巴顾德在崩沙口（今中山东路）购地并主持修建教会楼，作为德国传教士居住和办公场所。1922年因长老会改称信义会，故更名为"粤南信义会"。教会南面原附设小学一间，北面原有一间基督教堂，现均已毁。旧址坐南朝北，砖木结构，为西式一层建筑，面阔30米，进深16.9米，占地面积约507平方米。前、后设联拱外廊，内部中间南北通道贯通前、后门，通道东、西两侧各4房呈"田"字形布局。四面坡顶，地垄高1米。

F₁₋₈ 会吏长楼旧址 〔海城区中街街道和平路83号北海市人民医院内·1905年〕 建于清光绪三十一年（1905），为英国安立间教会（又称中华圣公会）神职人员会吏长居住和办公的场所。抗战期间，中华圣公会的港粤教区在北海设立"钦廉区会"，设会吏长，负责管理北海、合浦、灵山、钦州等地教堂的事务。旧址坐北朝南，砖木结构，为二层西式建筑，面阔19.86米，进深10.48米，占地面积约208.13平方米。上、下层的南、北、西三面有联拱外廊，券拱有雕饰线。上层设花窗式栏杆，平顶。内部并列房三间。

F₁₋₉ 涠州天主教堂 〔海城区涠洲镇盛塘行政村盛塘村·1869年〕 清同治六年（1867），法国天主教传教士错士率教徒登上涠洲岛，在岛上购地开始传教，使涠洲岛成为法国传教士的一个传教基地，属法国远东传教会广州天主教区管辖。清光绪十年（1884）8月，主教策动涠洲岛、西场等地教徒涌进北海强行居住。1923年秋迁北海，改称"北海教区"。涠州天主堂建于清同治八年（1869），是雷廉地区最早的天主教堂，由礼拜堂、钟楼、神父楼、女修院、育婴堂和宿舍等建筑组成，为二层哥特式建筑，坐西朝东，面阔58.92米，进深16.2米，高15米，占地面积955平方米。正面平面呈梯形，中为过道通礼拜堂。钟楼高三层21米，三面廊，平顶，底层开三拱门，正面雕有"天主堂"3字。

F₁₋₁₀ 北海天主教区女修院旧址 〔海城区中街街道和平路85号北海市机关幼儿园内·1926〕 女修院

1921年法籍神父麦奉养开办，是法国天主教培养修女的场所。原址位于涠洲岛盛塘村天主堂旁。1925年北海天主教会为女修院另建新院舍，翌年迁今址（今北海市机关幼儿园）。1964年停办。旧址现存中西合璧建筑2栋，皆砖木结构，硬山顶。一栋为两层楼房，坐北朝南。面阔31.45米，进深8.7米，占地面积约273.6平方米。底层前后、二层南面有联拱外廊。另一栋为小礼拜堂，面阔12.3米，进深6米，面积约73.8平方米。

F₁₋₁₁ 北海天主教区主教府楼旧址 〔海城区中街街道公园路1号·1935年〕 1920年北海天主教区成立，辖高、雷、廉、琼等十二县市天主教会，为当时广东七大教区之一。其附属机构有圣德修院、女修院、育婴堂、广慈医院等。主教府从广州迁来北海初始在红楼圣德修院办公，1935年迁今址。旧址现存主教府楼，坐北朝南，砖木结构。西式两层楼房，面阔九间42米，进深二间17.85米，占地面积约749.7平方米。地垄高0.6米，各层四周有联拱外廊，直棂式栏杆。四面坡顶。1983年加盖为三层楼房。

F₁₋₁₂ 城仔圣母堂 〔海城区涠洲镇城仔行政村·1883年〕 建于清光绪九年（1883），是法国李神父修建。由钟楼、教堂、神父楼、修女院等组成，为哥特式小教堂，钟楼坐北朝南，平面呈方形，面阔、进深4.5米，高三层14米。底层钟楼正面柱通顶，底层开拱门，门上方雕"圣母堂"3字。二层开十字架圆形窗，三层为拱形窗，后为教堂。神父楼高二层，面阔20.19米，进深12米，占地面积约242平方米。北、南、西三面有外廊，拱形门式檐柱，木楼板，四面坡顶。西边有一座高二层的修女院，已拆除一层，有前后廊。

F₁₋₁₃ 北海天主教堂旧址 〔海城区中街街道解放里下村2号·1917年〕 又称路德圣母堂。清光绪六年（1880），法国传教士明神父从广州到北海传教，在北海东泰街（今珠海东路）建教堂。1918年迁建今址并扩建礼拜堂、钟楼、神父楼等建筑。旧址现存礼拜堂和神父楼，坐西朝东，砖木结构，为二层哥特式教堂，占地面积约329平方米。

F₁₋₁₄ 普仁医院旧址 〔海城区中街街道和平路83号北海市人民医院·1886年〕 为清光绪十二年（1886）英国安立间教会柯特医生夫妇创办的西式医院，又称英国医院。现存八角楼和医生楼，均建于清光绪十二年（1886）。建筑皆砖木结构。八角楼为办公室及医生宿舍，八边形三层楼房，边长2.75米，高13.2米，地垄高2米，顶层为天台。医生楼坐北朝南，为西式二层楼房，面阔26米，进深12.9米，占地面积约 335.4 平方米。上、下层周设联拱外廊,内部房间以南北向走道分隔,东面一间,西面并列二间。平顶,地垄高 0.8 米。

F₁₋₁₅ **贞德女子学校旧址** 〔海城区中街街道和平路 83 号北海市人民医院内·1950 年〕 建于清光绪三十一年(1905),为英国基督教会圣公会开办的英国女子义学校舍,是北海最早的小学,专授女童班。1924 年更名为贞德女子学校。旧址坐东朝西,砖木结构。为西式二层楼房,面阔 16.3 米,进深 8.65 米,占地面积约 141 平方米。前面及西侧有联拱外廊,二层设砖墙栏杆。拱形或长方形窗,室内并列房两间,两面坡顶。

F₁₋₁₆ **北海天主教医院旧址** 〔海城区中街街道和平路 83 号北海市人民医院宿舍·1900 年〕 北海天主教会附属医院,前身是直属法国驻北海领事馆管辖的法国医院,1933 年停办。1947 年北海天主教会向法国领事馆租用原法国医院院址及设备开办医院并更名为广慈医院。1954 年并入北海市人民医院。旧址建于清光绪二十六年(1900),平面呈长方形,西式两层建筑,占地面积约 415 平方米。

F₁₋₁₇ **大清北海邮政分局旧址** 〔海城区中街街道中山东路 204 号·1897 年〕 清光绪三年(1877)英国在北海设海关收关税,清光绪九年(1883)建海关办公大楼,附设"海关寄信局"。清光绪二十八年(1902)"海关寄信局"被转为国家开办的"北海邮政分局"。1903 年至 1910 年作为北海邮界总局办公场所,民国期间先后作为北海一等邮政分局和北海二等邮政分局办公场所。20 世纪 30 年代重建。旧址坐北朝南,砖木结构。单层仿西式建筑,面阔三间,进深四间,高 4.35 米,占地面积约 126 平方米。有台阶、地垄,室内设内走廊,房间对称布局,门、窗多为拱式,四面坡顶,盖红板瓦,墙体用石灰砂浆勾垄。

F₁₋₁₈ **合浦图书馆旧址** 〔海城区中街街道解放路 17 号北海中学校园内·1926 年〕 1926 年夏,由陈铭枢捐资兴建。陈铭枢(1889—1965),字真如,广西合浦曲樟乡璋嘉村人。曾任国民政府行政院代院长、国民革命军总政治部主任,京沪卫戍总司令官,兼代理淞沪警备司令。新中国成立后任中央人民政府委员、人大常委、政协常委等职,1965 年病逝北京。旧址坐东朝西,砖木结构,为西式二层楼房,面阔七间 18.9 米,进深五间 15.4 米,楼层高 4.3 米。占地面积约 291 平方米。一、二层四周有联拱外廊,宝瓶式栏杆,内部不设分隔。四面坡顶,盖红板瓦,檐口四周设椭圆镂空栏杆式女儿墙。在正立面和背立面的明间设门厦,两侧有石台阶上下,两侧回廊设木楼梯上二楼。正门顶壁有陈铭枢题"合浦县图书馆"6 字。1938 年

曾是中共秘密组织的重要活动场所。

23-F₂ **珠海路近代建筑群** 〔海城区中街街道珠海路·1926—1928〕 建于 1926—1928 年,街道东西长约 1300 米,宽约 90 米,房屋分布于珠海路两侧,两层或三层骑楼建筑,砖木结构,青砖墙体,硬山顶,裹垄红色板瓦屋面。临街底层前走廊相连,拱门式或方柱形檐柱,各层开拱形或长方形窗,弧形窗楣。临街面保存较好,房屋内部结构有的已改变。总占地面积约 11.7 万平方米。

24-F₃ **中山路近代建筑群** 〔海城区中街街道中山路·1926—1928〕 建于 1926—1928 年间,街道东西长约 1.5 公里。房屋分布于中山路路两侧,砖木或混凝土结构,多为一进两层,部分为三层骑楼建筑,房屋大多已被改建,未改建房屋存 139 幢,临街面底层前走廊相连,拱门式或方柱形檐柱,上层开西式拱形窗,顶部多砌三角形山花或女儿墙。占地面积约 15 万平方米。

25-F₄ **北海瑞园** 〔海城区东街街道和平路北海市政府大院内·1930—1939·市文物保护单位〕 建于 20 世纪 30 年代中期,是北海豪绅刘瑞图的私家公馆,由北海著名建筑商衡兴隆设计建造。为西式两层楼房,坐北朝南,砖木结构。面阔 38 米,进深 18 米,占地面积约 684 平方米。平面呈"回"字形四合院,周为内回廊二层楼,中为天井,长 10 米,宽 6 米。正面上下层有前廊,西式拱形檐柱,直棂式栏杆。平顶,顶沿砌通透直棂式女儿墙。

银海区

1-A₁ **高么墩遗址** 〔银海区银滩镇白虎头行政村白虎头村北约 500 米·新石器时代〕 贝丘遗址。面积约 2500 平方米。为海生的斧足类和腹足类软体动物的硬壳堆积,内含动物骨骼、陶片、磨制石器等。采集有夹砂粗绳纹、划纹、方格纹陶片。

2-A₂ **下窑村窑址** 〔银海区福成镇宁海行政村下窑村·宋代·自治区文物保护单位〕 瓷窑址。地处福成江入海口附近的小山坡上,有 12 口窑,分布面积约 3 万平方米。窑口均为龙窑,间距约 20—30 米。地面散布大量瓷片。废品堆积厚 0.5 米,内含有罐、碗、盆、钵、压槌、匣钵、垫圈残件及呈青黄、青灰、青绿色釉瓷片等。

3-A₃ **上窑村窑址** 〔银海区福成镇福成社区上窑村东南约 200 米·明代·市文物保护单位〕 窑址分布面积约 500 平方米。1980 年发掘窑口 1 座,斜坡式龙窑,长 50 米,宽 1.6—1.8 米,窑包高 15 米,窑

壁用青砖砌成，残高 0.35—0.45 米，室内底铺河沙。出土有罐、执壶、盆、擂钵、碗、筷筒、烟斗嘴、压槌、垫托等陶瓷器。器多为素面，有海鸟、缠枝、蜜蜂、云雷等纹饰及"福""寿""长命"等字。(见《考古》1986 年 12 期)

4 - A₄ 红坎岭窑址〔银海区福成镇卖兆行政村社檀山村东北约 2 公里·明代·市文物保护单位〕窑址位于小山坡上，分布范围南北长 15 米，东西宽 13 米，面积约 195 平方米。已发现的窑口呈馒头形，高 7 米，窑顶已坍塌，窑门被堵塞，窑膛壁青砖砌筑。地表散布有瓮、擂钵、盆等器物陶片，质地坚硬。

5 - B₁ 孙东墓群〔银海区平阳镇孙东行政村三合口农场坡心分场·汉—南朝·市文物保护单位〕为合浦汉墓群的延伸，分布面积约 4 平方公里。发现墓葬 6 座，最大的高 4 米，底径约 50 米，钻探发现均为砖室墓。1998 年为配合修建南宁至北海高速公路，清理 2 座墓，出土有东汉的铜器、陶瓷器和钱币等随葬品。

B₁₋₁ 9 号汉墓〔平阳镇孙东行政村坡心分场·东汉〕为单层顶砖室墓，由墓道、前室和后室组成，方向 347 度。墓道斜坡式，坡度 17 度，长 3.52 米，宽 1.04 米。墓室长 3.8 米，宽 1.04 米，高 1.19 米。其中前室长 0.96 米，高 1.19 米；后室长 2.76 米，高 1.1 米。后室底部比前室高约 0.04 米。出土陶罐、提筒、壶、钵、樽、灯、盂、簋、灶、井、屋、仓以及铜镜、五铢钱等，共 25 件。

6 - B₂ 高德唐墓〔银海区平阳镇·唐代〕为土坑墓，1972 年清理。出土一面鸾凤瑞兽铜镜、3 件青瓷罐。铜镜为八瓣菱花形，圆纽，背面浮雕鸾凤鸟瑞兽图等。

7 - C₁ 武帝庙〔银海区银滩镇南沥社区南沥村公路旁·清代·市文物保护单位〕始建于清康熙年间 (1662—1722)，清道光二十五年 (1845) 移于南沥村之东，清同治八年 (1869) 迁今址。坐北朝南，砖木结构，二进院落，包括协天宫、琼花宫、清惠宫、连廊、天井及厢房等建筑，占地面积约 336 平方米。主体建筑面阔三间，清水墙，抬梁式木构架，硬山顶，盖小青瓦，脊塑龙珠、博古。前座有前檐廊，石檐柱，门额上嵌"武帝庙"匾。庙内塑像已毁。

8 - C₂ 两圣宫〔银海区福成镇福成社区中心小学东北侧·清代·市文物保护单位〕始建年代不详。清同治十三年 (1874) 重建，清咸丰七年 (1857)、清光绪三十二年 (1906) 均修缮。原为"四帝宫"，后改为两帝宫，主要奉祀真武、华光。坐西朝东，砖木结构，二进院落，由前殿、后殿、天井、两庑组成，占

地面积约 448 平方米。前、后殿面阔三间，进深一间，青砖墙，抬梁式木构架，悬山顶，盖小青瓦。前殿置前檐廊，檐墙彩绘"八仙醉酒""松鹤延年"等壁画。后殿明间为"大雄殿"，北次间为"四帝殿"，南次间为"龙王殿"。存清代碑刻 1 方，记重修之经过。

9 - C₃ 下卖兆杨氏祠堂〔银海区福成镇卖兆行政村下兆卖村·清代〕建于清代，具体时间不详。原为木结构建筑，三进两厢二天井，现存后堂，坐北朝南。面阔、进深三间，木板壁已拆毁，墙体改用青砖砌筑，硬山顶，盖小青瓦。天井两旁厢房已毁。

10 - C₄ 田头井〔银海区福成镇东村行政村田头村·清代〕建于清代，具体时间不详。井口平面呈方形，边长 0.8 米，井深 3.4 米。井口由 4 块条石围砌，井壁用青砖围砌，井台为六边形。占地面积约 5 平方米。

11 - C₅ 赤东井〔银海区平阳镇赤东行政村赤东村南面·清代〕建于清代，具体时间不详。井口平面呈长方形，长 1.8 米，宽 1.6 米，井深 10 余米，井口用石条围砌，井口中部南北向横架一长条石，井壁用砂石筑成。井周铺三合土，占地面积约 6 平方米。

12 - C₆ 下村井〔银海区银滩镇下村行政村下村·清代〕建于清代，具体时间不详。井口平面为正方形，边长 0.75 米，井深 4.3 米，井口用石条围砌，井壁砌红砖，井台呈不规则形，原铺三合土，20 世纪 80 年代铺设了水泥，占地面积约 13 平方米。

13 - E₁ 冠头岭炮台〔银海区银滩镇下村行政村冠头岭西麓半山腰·清代·市文物保护单位〕建于清康熙五十六年 (1717)。原有炮台高 1 丈，周围 8 丈，附属设施有门楼，火药库 1 间，兵房 5 间，有千斤炮 1 门，七百斤炮 1 门，五百斤炮 3 门。建筑均用料石垒砌。现仅存炮台台基，平面呈圆形，顶部呈凹形，底径 13 米，高 3.5 米，占地面积约 36 平方米。

14 - E₂ 冠头岭灯塔〔银海区银滩镇下村行政村冠头岭顶峰·1933 年·市文物保护单位〕建于 1933 年。坐东朝西，砖木结构，二层楼阁式灯塔，面阔、进深一间 6 米，留存当年的布告石碑 1 方，瑞典产老式航灯 1 件。占地面积约 530 平方米。原使用单位加建了一层。

15 - E₃ 冠头岭碉堡群〔银海区银滩镇下村行政村冠头岭·民国〕冠头岭地处北海市区所在的小半岛末端，全长约 4.6 公里，是北海一道天然屏障，历代驻防军队，都在冠头岭一带设墩台、瞭望哨、炮台、碉堡。冠头岭现存的 9 座碉堡建于抗日战争期间，砖石钢筋混凝土构筑，从南沥东海岸起，沿着冠头岭海岸至地角岭沿岸的山岩下。共有战壕 26 条，宽约 0.8

米，深 1 米余，连绵数里与碉堡相连。

16 - E₄　村儿碉楼　〔银海区福成镇卖兆行政村卖兆村·1930—1939〕　建于 20 世纪 30 年代，为当地村民为防范土匪而修建。共有 2 座碉楼，分别位于村的东、西两端。碉楼高三层 12 米，平面呈长方形，面阔、进深一间，墙用九牙砂、黄泥、板糖、糯米、石灰夯筑而成，厚 0.85 米，门口墙壁用青砖砌成，外墙抹灰沙，四面墙上均设有瞭望窗和枪眼。

17 - G₁　崇表岭屯铜鼓出土点　〔银海区银滩镇禾沟行政村崇表岭屯东约 1 公里沙滩·东汉—唐〕　1993 年元月，在近海沙滩上出土北流型铜鼓 1 面，鼓面朝下，无伴随物。鼓面径 0.83 米，高 0.485 米。鼓面太阳纹八芒。面沿环列四蛙。面饰羽状纹、云纹、四出钱纹。身遍饰雷纹填线纹。胸腰间附缠丝纹环耳 2 对。

18 - G₂　南汹钱币出土点　〔银海区银滩镇南汹社区南汹路市水产加工厂西北·汉代〕　1965 年 8 月 5 日，北海市水产加工厂修理厂房时挖出铜钱 1 罐，约 2000 枚，均为汉代五铢钱。

铁山港区

1 - A₁　牛屎环塘遗址　〔铁山港区营盘镇白龙社区红沙田村东约 100 米·新石器时代·市文物保护单位〕　沙丘遗址。1957 年发现。在高出水面约 50 米的沙丘上，分布面积约 260 平方米。地表散布大量陶片，以夹砂粗陶片较多，也有不少几何印纹软陶和少量硬陶，器形有釜、罐类器，另出土有陶网坠。

2 - A₂　白龙城址　〔铁山港区营盘镇白龙社区白龙圩·明—清·自治区文物保护单位〕　又名珍珠城。明洪武七年（1374）为监督采珠而建，清康熙十二年（1673）重修。城址平面呈长方形，南北长 320.5 米，东西宽 233 米，占地面积 7.46 万平方米。条石墙基宽 6 米，檐墙外砌 4 层青砖，墙心用黄土和珍珠贝壳隔层夯实，高 6 米。东、南、西三面开有券拱城门。城内原有采珠太监公馆、珠场司巡检署、盐场大使衙厅、宁海寺等建筑，均已毁。现仅存南门一段残墙、太监坟和明代碑刻 4 方，碑刻置于新建的珍珠亭内。

3 - A₃　谭村窑址　〔铁山港区兴港镇富屋行政村谭村·唐—宋〕　窑址毗邻铁山港港湾，窑口情况不详。陶片分布范围约 10 万平方米，主要烧制陶器，计有碗、瓮、钵、盆等器物。窑址现已辟为耕地。

4 - A₄　晚姑娘村窑址　〔铁山港区南康镇里头塘行政村晚姑娘村东南侧约 300 米的山坡上·唐代〕　窑口数目不详。分布面积约 300 平方米，地表面多残留

唐代瓷片及废品堆积，多碗、罐碎片。

5 - A₅　田头屋窑址　〔铁山港区兴港镇杨屋行政村田头屋村·宋代〕　有龙窑 1 座，长约 40 米，宽约 15 米，占地面积约 600 平方米。地表瓷片堆积较厚，含有大量罐、盒、碗等器物残片。

6 - A₆　东窑窑址　〔铁山港区营盘镇火禄行政村东窑村·明代·市文物保护单位〕　窑址在宽约 200 米的古河道中，分布面积约 1200 平方米，地表到处散布有残釉陶片，出土素面褐釉灰陶罐、钵、瓮等器物，器物质坚釉细。遗址破坏严重。

7 - A₇　西窑窑址　〔铁山港区营盘镇火禄行政村西窑村·明代·市文物保护单位〕　窑址南面为虾塘，东面有一条小路通往西窑村。窑址面积约 1800 平方米，在地表散布大量的灰色筒瓦片，地层剖面亦发现很厚的残瓦堆积。遗址破坏严重，尚未发现窑口。

8 - A₈　赤江窑址　〔铁山港区兴港镇石头埠社区赤江村·清代〕　分布面积约 4500 平方米。原有 3 口龙窑，现只有北面龙窑保存有窑包，属红瓦窑，窑道长约 70 米，宽约 10 米。南面窑口已毁，地表散落瓷片较多，器形有瓷碗、瓷枕等，应为瓷窑。另一口痕迹已无存。

9 - A₉　杨梅寺遗址　〔铁山港区营盘镇白龙社区坪底村屋背岭·明—清·市文物保护单位〕　建于明初，具体时间不详。传为在修建白龙珍珠城后，当地群众为祭祀海神而建。现寺已毁，遗址已掩盖于灌木丛中，寺前石阶、寺内香炉、烛台等仍存。

10 - A₁₀　石头埠煤矿遗址　〔铁山港区兴港镇石头埠社区石头埠街西面·清末〕　建于清末，民国期间继续采煤。原有煤井、洗煤池、堆煤场、办公室、煤坑等，占地面积约 5000 平方米。现存洗煤池、堆煤场、煤坑及办公室残基。其中洗煤池保存较完整，为圆形，直径 7 米，深 12 米，砖砌池边。

11 - C₁　三清宫　〔铁山港区营盘镇能村行政村能村村·清代〕　原名白龙三清庙。始建年代不详。清乾隆年间（1736—1795）重修，嘉庆三年（1798）、光绪三十四年（1908）修缮。因奉祀真武、北帝、天师，故称三清宫。坐南朝北，砖木结构。二进院落，有前后两殿及天井、两庑，占地面积约 409 平方米。现存前殿，面阔五间，设 4 柱前檐廊，抬梁式大梁架，木雕封檐板，硬山顶，盖小青瓦。檐墙有八仙、山水花卉壁画，左后角立有《镇阳灵鼓碑》1 方，记录三清宫购入白龙圩出土的铜鼓之事。宫右前方有土筑戏台一座。

12 - C₂　南康三婆庙　〔铁山港区南康镇南康社区镇前进路·清代·市文物保护单位〕　建于清咸丰至

同治年间（1851—1874）。供奉天后娘娘（又称天妃、三婆婆、慧灵夫人、妈祖）。庙坐北朝南，砖木结构。三进院落，由前、中、后三殿及两庑、天井组成，占地面积约470平方米。各殿均面阔三间，青砖墙，抬梁式木构架，硬山顶，脊饰双鱼宝珠，盖小青瓦、琉璃滴水。前、中殿中间有通道相接，中、后殿间天井两侧有廊庑相连。

13－C₃ 三帝庙 〔铁山港区南康镇南康社区友爱路·清代〕 清乾隆三十三年（1768）在原关圣帝庙的基础上扩建。乾隆五十九年（1794）、清同治十一年（1872）两次重建。因奉祀真武上帝、关圣帝、华光大帝，故名。坐西北朝东南，砖木结构，二进院落，由前殿、后殿、天井及两廊组成，占地面积约683平方米。前、后殿面阔三间，进深一间，青砖墙，抬梁式木构架，硬山顶，盖小青瓦，脊饰、翘角及塑像已毁。

14－C₄ 南康薯苗行井 〔铁山港区南康镇南康社区团结北路25号东面2米·清代〕 建于清末。井口平面为正方形，边长1.25米，以长方条石围砌，砖砌井壁。井周为八边形井台，用三合土夯筑。占地面积约19平方米。

15－F₁ 南康基督教堂 〔铁山港区南康镇南康社区内·清代〕 清光绪三十三年（1903）德国传教士巴顾德建，为中式建筑。砖木结构，抬梁式木构梁架，斗拱出挑，硬山顶，盖小青瓦。原有教堂、客厅、宿舍、厨房、课室、储藏室等。占地面积约2.16万平方米。

16－F₂ 邓世增宅 〔铁山港区营盘镇彬塘行政村玉塘村·民国·市文物保护单位〕 邓世增（1889—1954），号益能，广西合浦县营盘玉塘村人。历任广州警备司令、钦廉地区中将游击司令等职。中华人民共和国建立后任民革中央团结委员会委员。住宅建于20世纪30年代。庭院式，由"监公楼"、回廊、厢房、厨房、哨楼组成，占地面积约3525平方米。"监公楼"以邓世增之名（邓监秋）命名，坐西朝东，为四层方形碉楼，墙用沙子、石灰、黄泥等夯筑，厚0.8米，墙上有枪眼，楼内三房一厅，楼层面为钢筋水泥结构。西南面为回廊，北面建有厨房，围墙的西北角及西南角各建有一个哨楼，围墙南面的内侧建有厢房六间。

17－F₃ 半港围屋 〔铁山港区兴港镇谢家行政村半港村·民国〕 建于民国，具体时间不详。原围墙已毁，现存碉楼1座，房屋2座，占地面积约200平方米。碉楼面阔10米，进深3米，高13米，墙厚约0.65米，楼体已倒塌。两座房屋均为一层，面阔三间，各占地面积约85平方米。明间门前为方形小天井，北侧房屋在天井旁加盖了厨房。

18－F₄ 姚屋仔碉楼 〔铁山港区兴港镇粟山行政村姚屋仔村·民国〕 建于民国，具体时间不详。碉楼占地面积约37.92平方米。平面呈长方形，面阔7.9米，进深4.8米，共四层，高11米，墙体用三合土夯筑，厚0.8米。底层门高1.5米、宽0.7米。第二和第三层各有一个瞭望窗，每层墙面设有两个枪眼，第四层外墙上设有马面。

19－G₁ 红九匡铜鼓出土点 〔铁山港区营盘镇白龙社区坪底村红九匡·东汉—唐〕 1994年5月27日，红九匡海边沙滩出土北流型铜鼓1面，鼓面朝下，无伴随物。鼓面径0.75米，高0.39米，足径0.71米。鼓面太阳纹八芒。面沿顺时针环列4蛙。面遍饰雷纹。身遍饰雷纹填线纹。胸腰间缠丝纹环耳2对。

20－G₂ 坪底村铜鼓出土点 〔铁山港区营盘镇白龙社区坪底村后背岭·东汉—唐〕 1967年，后背岭出土北流型铜鼓1面。鼓面径0.86米，高0.485米。鼓面太阳纹八芒。面沿列四只四足蛙，一蛙已失。面饰雷纹填线纹、晕间叠印"四出"钱纹。身饰云纹与雷纹填线，胸腰间附缠丝纹环耳2对。

21－G₃ 竹子塘铜鼓出土点 〔铁山港区南康镇雷田行政村竹子塘村·东汉—唐〕 1980年9月24日，竹仔塘出土灵山型铜鼓1面。鼓面径0.99米，高0.61米。鼓面太阳纹八芒。面沿环列六只三足蛙。晕间饰兽纹、席子纹、复线半圆填线纹、四瓣花纹、连线纹。胸腰间附辫纹扁耳2对。

22－G₄ 彬彬屯铜器窖藏 〔铁山港区营盘镇能村行政村彬彬屯·东汉〕 1981年10月，村民建房时出土一朽木器，内盛大小套放的铜鉴和盘共3件。铜鉴2件，均敞口、折沿、平底、鼓腹。口沿饰龙凤纹，腹饰三道凸弦纹和对称兽面纹耳，器底双鱼图案。口径0.44—0.365米，底径0.268—0.25米，高0.182—0.16米。铜盘敞口、折沿、平底、直腹。纹饰与鉴相似，口径0.338米，底径0.295米，高0.05米。

合浦县

1－A₁ 小高岭遗址 〔沙岗镇双文行政村小高岭村边西北约200米·新石器时代〕 山坡（台地）遗址。1987年发现。遗址分布面积6000平方米。调查时，在深约0.7米的灰褐色堆积层中出土了砺石、磨制石斧、刮削器等10余件石器。

2－A₂ 大坡岭遗址 〔沙田镇对达行政村对达村大坡岭·新石器时代·县文物保护单位〕 山坡（台地）遗址。1959年发现，面积不详。曾出土磨制石器、夹砂陶片、陶网坠等器物。已遭到严重破坏。

3 - A₃ **清水江遗址** 〔廉州镇清水江水库西岸、南岸山坡·新石器时代·县文物保护单位〕 山坡（台地）遗址。1959年发现，面积不详。调查时发现磨制石锛、石铲及砺石等器物。

4 - A₄ **上洋江遗址** 〔星岛湖乡上洋行政村南北二级公路上洋桥西侧上洋江上游约800米拐弯河段·新石器时代〕 沙丘遗址。面积约200平方米。从水下沙泥中出土有百余件磨制的石斧、石铲等石器。上洋江沙丘遗址原本分布于上洋江旧河道西岸，1970年合浦县人工改直上洋江这一带的河道，河道往西移了大约100米，上洋江遗址被淹没。

5 - A₅ **大浪古城遗址** 〔石湾镇大浪行政村古城头村·汉—明·自治区文物保护单位〕 始建于汉代，明嘉靖二十九年（1550）前已废。城址呈长方形，面积约4.5万平方米。城墙为泥土夯筑，基宽14.5米。现存东西城墙231米，南北城墙195米，残高约2米。城中部有建筑遗址，西门外古河道边发现了与城门相连的码头遗迹，包括土平台、台阶踏跺等，西面依托周江，其余三面有护城河环绕，宽13.7米。在城址内及周围沿江地带，采集到方格纹、米字纹、水波纹、席纹等纹和刻划几何纹纹饰的陶片。

6 - A₆ **石康故城址** 〔石康镇顺塔行政村覃屋村·南汉·县文物保护单位〕 城址五代时为常乐州府治所在地，北宋开宝五年（972）撤销常乐州，分设石康县、合浦县。城址呈长方形，东西长393米，南北宽203米，面积约8.9万平方米。城周以土夯筑城墙，转角处用砖砌，墙基宽11米，墙残高1.2—3.2米。城外有护城河。出土有城砖、青瓷片、瓦当等。

7 - A₇ **永安城址** 〔山口镇永安行政村永安村·明代·县文物保护单位〕 据民国版《合浦县志》记载，永安城濒临北部湾之畔，处高、雷、琼海道咽喉，为明廉州卫辖下永安千户守御所。明洪武二十七年（1394）由石康县安仁里迁建今址，千户牛铭筑城。明成化五年（1469）海北道金事林锦扩建，明嘉靖十九年（1540）重修，约在清中期始废，城内建筑亦渐废，仅存大士阁。城址平面呈方形，面积14.1456万平方米，城墙仅存西面部分，内外用砖包砌，中间填土夯筑，残高3米，底宽5.2米。南部有养马池遗址。

8 - A₈ **社边坡石城** 〔闸口镇佛子行政村社边坡村·清代·县文物保护单位〕 建于清光绪年间（1875—1908），为赖氏宗族修筑的传统客家围屋，占地面积约5000平方米。城址平面呈八边形，料石筑围墙，高7米，周长425米，开有西、南、北三城门。修筑碉楼8座，高8米。石城内有影壁、门楼、祠堂、住房、水井等。

9 - A₉ **红泥城址** 〔廉州镇乾江社区井头坡村北·清代·县文物保护单位〕 因城墙为红土夯筑，故称红泥城。清光绪十一年（1885）修筑以御外侵。城址平面呈长方形，东西长76米，南北宽70米，面积约5320平方米。东北、西南各设一城门，城外四周有护城河，宽约10米。城墙多已倒塌，残高0.5—1.75米。《合浦县志》有载。

10 - A₁₀ **白泥城址** 〔廉州镇乾江社区盐坡尾村东·清代·县文物保护单位〕 因用当地白泥夯筑城墙，故称白泥城。清光绪十一年（1885）修筑以御外侵。城址平面呈长方形，南北长48米，东西宽42米，面积约2016平方米。城外四周有护城河，宽约8米。城墙多已毁，墙基厚约8米。《合浦县志》有载。

11 - A₁₁ **草鞋村遗址** 〔廉州镇廉南社区草鞋村西南面西门江东岸的土岭上·汉代·县文物保护单位〕 有窑口22座，呈环状分布在土岭周围，面积约1.33万平方米。马蹄形窑，由窑门、窑床、烟道构成。窑壁为灰红色烧结层。窑室内径约3米，窑门径约1.5米。出土大量绳纹、布纹板瓦、筒瓦碎片。考古发现包括水井5口、建筑遗址5处、作坊等遗迹多处，为集制陶作坊和窑场于一体的汉代遗址。

12 - A₁₂ **英罗窑址** 〔山口镇英罗行政村下低坡村东南约1公里英罗水库两岸·唐代·县文物保护单位〕 在英罗岭南坡，在东西约1公里，南北约25米的沿海坡地上散布有大量的壶、盘、盆、碗、碟、罐等陶瓷片。堆积厚约1米余，以瓷器为主。瓷器施青黄色釉，有小冰裂纹。陶器施黑色釉，多为素面。发现一窑室的尾部，可知窑作圆形，内径3.1米，残高0.6米。

13 - A₁₃ **缸瓦窑址** 〔石康镇豹狸行政村缸瓦窑村北约600米武利江东岸·明代·县文物保护单位〕 发现窑口2座，分布面积约320平方米。其中龙窑1座，长15米。馒头形窑口1座，高7米，直径约5米。地表散布有大量陶片，器表面或施淡黄、粉绿釉。采集有擂钵、瓮、罐、钵、缸等器物残片。

14 - A₁₄ **上新窑址** 〔沙田镇上新行政村大窑村内·明代·县文物保护单位〕 也称大窑窑址，在方圆约100米的范围内，分布有窑口7座，为烧瓦窑。其中2座较大，长约6米，宽4米，其余的长宽约在2—3米间。现揭露的1座瓦窑，窑室呈圆形，直径约2米，窑内成排叠放着已烧成的瓦片，与永安城明代瓦相似。

15 - A₁₅ **铁山烽火台** 〔公馆镇铁山行政村高竹头村西南坡地·清代·县文物保护单位〕 建于清康熙五十六年（1717），系两广总督杨琳督建。为防守府治廉州城边防报警设施。烽火台为夯土圆台，顶部已毁，残高约3米，顶径7米，底径14米，占地面积约52平方米。

16-A₁₆ 东炮台遗址 〔西场镇官井行政村新铺村·清代·县文物保护单位〕 建于清康熙五十六年（1717），系两广总督杨琳奏准修建。南临大风江海湾，与西寮西炮台隔海相望，扼守大风江口。炮台呈长方形，台基用黄土夯筑，长12米，宽4米，残高约3米。台的北面有方形土筑基础，残高3.5米。原配3门大铁炮，现已散失。总占地面积约250平方米。

17-A₁₇ 八字山炮台遗址 〔廉州镇马安行政村八字山村·清代·县文物保护单位〕 建于清康熙五十七年（1718），系总督杨琳奏准修建。炮台南濒临北部湾，与海相望，地势险要。炮台平面呈长方圭形，南端呈弧形，面阔9米，进深19米，占地面积约171平方米。炮台四周围墙用料石干砌，中间填夯土。高约3.5米，厚约0.7米。原设大铁炮1门，小铁炮6门，现已散失。

18-A₁₈ 孝子祠遗址 〔山口镇中堂行政村西屯村东南约500米·明代〕 明嘉靖十七年（1538）廉州知府张岳创建。原祠坐南朝北，三楹，前为讲堂，后供祀明孝子郑英。面阔9.6米，进深16.5米，占地面积约158.4平方米。门额上有"烈孝流芳"门匾和门联。厅中悬挂张岳题的"烈性以世当母难，孝行不愧受皇封"对联和冯敏昌题的"无添所有"匾。祠已毁。仅存墙基和"烈孝流芳"等匾刻2方和冯敏昌手迹"题诗传妙句"木板1块。

19-B₁ 合浦汉墓群 〔廉州镇东北、南、北面·汉代·全国重点文物保护单位〕 分布于廉州镇四方岭及城南、东北、北三面的廉南、平田、廉东、冲口等社区及清江、廉北、堂排、禁山、杨家山、中站等行政村辖区内。东起凸鬼岭东面山脚，西至下禁山西南山脚，南起鱼头岭南面山脚，北至中湾村北，墓区范围南北长12.5公里，东西宽5.5公里，面积约68.75平方公里，共有汉墓5000余座。20世纪70年代以来抢救、发掘341座，有土坑墓、木椁墓和砖室墓，出土陶、铜、铁、金、银、玉、石、骨、琉璃、琥珀、漆等质地的器物数千件，还有荔枝、杨梅、稻谷等植物种实以及贝壳、动物骸骨等。

B₁₋₁ 廉南墓群 〔廉州镇廉南社区凸鬼岭、望牛岭、丰门岭一带·汉代〕 墓群分布在长2.1公里，宽1.3公里的土岗上，面积约2.73平方公里。墓葬封土多已夷平，可见者封土呈扁圆丘形。1971、1972年、1984年共清理250余座，为土坑墓和砖室墓。1971年在望牛岭发掘了1座西汉晚期墓，为长方形竖穴土坑木椁墓，由墓道、甬道、主室、耳室等构成。墓道斜坡式，长15米，宽3米，甬道纵长3米，横宽4米，高8.3米，两侧接连南、北两耳室。主室长7.8米，宽5.1米，高8.8米。出土有铜、漆、陶、铁、黄金、玉石等质地的器物245件。（见《考古》1972年第5期）

B₁₋₂ 平田墓群 〔廉州镇平田社区·汉代〕 墓群分布在罗屋、平洋塘、麦屋等村一带的土岭上，面积约2.3平方公里。墓葬封土多已夷平，可见者封土呈圆丘形。墓葬形制有土坑墓和砖室墓二种。1984、1986年清理西汉土坑墓和东汉砖室墓各1座。砖室墓由墓道、前室和双后室组成。出土陶、铜、漆、铁、金银、玉石等质地的器物，还有蚌壳。铜器中1件提梁壶内装有酒。

B₁₋₃ 廉东墓群 〔廉州镇廉东社区·汉代〕 墓群分布在石头岭、杨屋、岭脚、钟屋岭、白坟波、龙门江等村一带土岭上，分布面积约3.4平方公里。墓葬封土多已夷平，可见者封土呈圆丘形，高约1.5米，底径约15米。70年代起先后发掘30余座，绝大部分为东汉砖室墓，也有少数土坑墓，多在早年已被盗。遗物以陶制冥器为主，次为少量铜器。

B₁₋₄ 廉北墓群 〔廉州镇廉北行政村五里亭村·汉代〕 墓群分布在长1.8、宽1.4公里的土丘上，部分墓葬封土已夷平，可见者封土呈圆丘形。1975年在廉北发掘1座西汉晚期长方形竖穴土坑木椁夫妇合葬墓，出土陶、铜、铁、金、石、漆、玉、骨、琉璃等质地的器物230件。（见《文物资料丛刊》1981年4期）。

B₁₋₅ 冲口墓群 〔廉州镇冲口社区·汉代〕 墓群分布在迎水庙、白坟面、竹高、头塘等村一带土岭上，面积约3平方公里。部分墓葬封土已夷平，可见者封土呈圆丘形。已破坏20余座砖室墓。1975年发掘2座西汉晚期长方形竖穴土坑木椁墓，均早年被盗，出土铜、陶、琉璃、琥珀等质地的器物。（见《文物资料丛刊》1981年4期）。

B₁₋₆ 杨家山墓群 〔廉州镇杨家山行政村·汉代〕 墓群分布在村头江、杨家山、鹤塘等村一带土岭上，面积约3平方公里。封土呈圆丘形，高约1.5米，底径约15米。1988年发掘34座。有土坑墓和砖室墓二种。以砖室墓为多，但均早年被盗。出土文物主要是陶制冥器，也有少量的铜、铁、玉石、漆器等。

B₁₋₇ 禁山墓群 〔廉州镇禁山行政村·汉代〕 墓群分布在山边、上禁山、下禁山、关冲等村一带，封土呈圆丘形，高约1.5米，底径约15米。多为砖室墓。1957年发掘1座，为东汉砖室墓，出土铜盘、釜和陶制冥器等。

B₁₋₈ **中站墓群** 〔廉州镇中站行政村·汉代〕墓群分布在中站、东头、西头等村一带的丘陵上，封土呈圆丘形，高约1.5米，底径约15米。形制有土坑墓和砖室墓2种。

B₁₋₉ **文昌塔汉墓群** 〔廉州镇定海南路81号对面四方岭·汉代〕 1984年和1987年清理汉墓208座。多数为竖穴土坑墓，少数为砖室墓，都有斜坡墓道。出土陶器、铜器、铁器、滑石器等5000余件，时代属西汉中期到东汉时期。（见《中国考古学年鉴》1985年、1988年）

B₁₋₁₀ **盘子岭墓群** 〔廉州镇中站行政村盘子岭·汉代〕 面积不详。1995年发掘砖木合构墓3座、券顶砖室墓35座。形制有长方形、"中"字形、"凸"字形、十字形和"土"字形等。35座有斜坡墓道。"中"字形墓中，有7座墓设有1—2个壁龛。墓砖多饰几何纹，少数印有"陈""寿"等字。墓室长2.2—9米，宽0.7—3米，高1.5—2米。出土陶瓮、罐、壶、壶、鼎、案、盒、盂、碗、提筒、钵、杯、瓿、簋、奁、樽、灯、屋、井、仓、灶与铜镜、钱币、铁环首、银镯、石黛砚等共90余件。（见《中国考古学年鉴》1996年）

B₁₋₁₁ **九只岭墓群** 〔廉州镇中站行政村·汉代〕墓群紧靠南宁—北海二级公路西侧，部分墓葬封土已夷平。发掘墓葬6座，除M1为石室墓、M5为砖木合构墓外，余为砖室墓。M1为夫妻合葬墓，墓室上大下小，底长2.6米，宽1.4米，两侧各立6根石柱，上承覆5块石板。柱间的空隙用黄土、灰沙、蚬壳板夹夯筑，墓室内有两具人骨架，东侧男性，西侧女性。6座墓出土陶器、铜器、铁器、滑石器等，以及金戒指、银戒指、银手镯、骨刀、玉璧、石砚、钱币，还有水晶、琉璃、玛瑙、琥珀等串饰，共计211件（组），绝大部出自保存完好的M5和M6。

B₁₋₁₂ **堂排墓群** 〔廉州镇堂排行政村·汉代〕墓群分布在堂排、三宫庙村一带土岭上，面积约1.5平方公里。封土呈圆丘形。1975年在堂排发掘了4座西汉晚期长方形竖穴土坑墓。出土陶、铜、漆、石等质地的器物40余件，琉璃珠400余颗，另出有稻谷、荔枝、杨梅等植物果实一批。（见《文物资料丛刊》1981年4期）

B₁₋₁₃ **凸鬼岭201号汉墓** 〔廉州镇廉南社区凸鬼岭·西汉〕 为同坟土坑异穴夫妇合葬墓。墓葬朝东。封土高2.2米，底径12米。两穴并列，男南女北，中隔原生土梁。男墓有斜坡墓道，宽1.55—1.7米。主室长4.8米，宽2.9米，高2.1米。耳室开于主室前端左

侧。出土陶器、铜器、铁器等27件。女墓室无墓道，长4.1米，宽2.3米，高2.1米。出土陶罐、铜镜、铁剪刀等器物共5件。（见《考古》1986年9期）

B₁₋₁₄ **凸鬼岭202号汉墓** 〔廉州镇廉南社区城南约2公里凸鬼岭·西汉〕 为同坟土坑异穴夫妇合葬墓。墓葬朝北。封土高1.7米，底径17米。两穴并列，男东女西，以木板间隔。墓室平面皆呈"凸"字形。男室长5.6米，宽3.65米，高2米。墓道宽1.7米。出土陶罐、壶、奁、灶、瓮、甑、鼎以及铜镜、铁釜等27件。女室长4.2米，宽2.35米，高1.95米。墓道长5.2米，宽2.16米。出土陶罐、壶和铜鼎、奁、钫、灯、镜、钱币等20件。（见《考古》1986年9期）

B₁₋₁₅ **堂排2号汉墓** 〔廉州镇堂排行政村·西汉〕 为同坟土坑异穴夫妇合葬墓。封土高3.6米，底径37米。两穴平行，男东女西。女室平面呈"凸"字形，长4.8米，宽2.7米，高3.9米，斜坡墓道，宽1.8米。出土陶器、铜器、铁器、金器等器物87件。男室由墓道、耳室、主室组成。主室长5.4米，宽3.2米，高3.2米，出土铜、铁、漆、陶等器物143件，"五铢"冥钱400余枚。耳室开于墓道左侧，长3.25米，宽1.9米，高1.5米，未置随葬品。斜坡墓道，宽1.5米，坡度25度。

B₁₋₁₆ **堂排3号汉墓** 〔廉州镇堂排行政村至冲口行政村之间新村东面·西汉〕 封土高7米，底径50米。墓向280°。墓室平面呈"凸"字形，长7.4米，宽4.8米，深4.5米。墓道宽1.8米，阶梯式，每级宽0.2米，高0.2—0.36米。填五花土，每隔0.2米左右填木炭一层，层层夯实。木椁外表已朽，四周及底部有厚约0.07米的青膏泥一层。墓早年被盗，出土陶罐、陶纺轮、铜铺首、铜车軎、金珠、金花饰、琉璃碗、琉璃珠、玛瑙珠、残漆器等及五铢钱数百枚。（见《文物资料丛刊》4）

B₁₋₁₇ **钟屋汉墓** 〔廉州镇廉东社区钟屋村·东汉〕 1957年发掘，为"凸"字形券顶砖室墓，带斜坡墓道，墓室长4.27米，宽0.94米，高1.66米。早年被盗。出土陶屋、陶盂、五铢钱和半两钱。（见《考古通讯》1958年6期）

B₁₋₁₈ **杨家山汉墓** 〔廉州镇杨家山行政村·东汉〕 1957年发掘，为长方形券顶砖室墓，墓室长4.32米，宽0.9米，高1.22米，葬具尸骨已朽。出土陶罐、陶壶、银戒指、铁匕首等器物共6件。（见《考古通讯》1958年6期）

B₁₋₁₉ **风门岭汉墓** 〔廉州镇廉南社区风门岭·汉代〕 1985年发掘汉墓8座。其中土坑墓3座，1座为同坟异穴夫妇合葬墓，其余2座是带斜坡墓道单室墓。

时代属西汉晚期。出土铜提梁壶、鐎壶、盆、碗、杯、釜、灶、熏炉、奁、盒、环首刀、臼、杵、罍、矛、戟、镜、五铢钱，陶罐、壶、鼎、井、屋、灶、灯、铁剑、三脚釜架，滑石鼎、罐、灶、钫、井等器物。砖室墓5座，有长方形、"T"形、十字形三种。早年被盗，遗存陶屋、灶、直身罐和铜弩机、铺首等器物。（见《中国考古学年鉴》1986年）

B₁₋₂₀ 廉州炮竹厂汉墓 〔廉州镇廉南社区风门岭·西汉〕 1985年发掘，为长方形穴土坑木椁墓，带斜坡墓道。封土呈圆丘形，底径56米，高4.6米。墓坑长8.06米，宽5.76米，高4米。墓道口下开一个随葬坑，长1.5米，宽2.26米，高1.4米。该墓出土铜器、铁器、陶器、漆器、金器等随葬品100多件。（见《中国考古学年鉴》1986年）

B₁₋₂₁ 风门岭10号汉墓 〔廉州镇廉南社区风门岭·东汉〕 1986年发掘。砖室墓，平面呈"凸"字形，由前室和两个并列后室组成。斜坡式墓道，前室底部呈梯形，穹窿顶，长2.06米，宽3.5—3.7米，高3.2米。后室为双层砖券顶，长3.1米，东后室宽1.3米，高1.7米，西后室宽1.32米，高1.65米。出土陶罐、提桶、坛、灶、井、仓、屋，铜提梁壶、壶、鼎、盘、樽、壶、熏炉、灯、碗、镜，"大泉五十"钱、"货泉"钱，铁环首刀以及一批装饰品。（见《考古》1995年3期）

B₁₋₂₂ 望牛岭汉墓 〔廉州镇廉南社区望牛岭·东汉〕 1985年发掘4座土坑墓、1座土坑木椁墓、1座砖室墓。土坑墓中，1座为单室长方形墓，其余3座为同坟异穴夫妇合葬墓，带斜坡墓道。出土铜提梁壶、罍、井、三足案、釜、盒、杯、熏炉、鐎壶、灯、臼、杵、药量器、镜、五铢钱及铁剑、三脚釜架等器物。1971年发掘的M1，为西汉晚期大型土坑墓。（见《中国考古学年鉴》1986年）

B₁₋₂₃ 母猪岭汉墓 〔廉州镇平田社区母猪岭·东汉〕 1991年发掘6座，皆斜坡墓道砖室墓。其中5座平面呈长方形，1座为十字形，长3.7—5.1米，宽约1.3米。墓底前高后低，铺地砖有横行、纵列和人字形。十字形墓后壁设一小龛。墓砖少数饰几何形纹及"周"字铭文。出土陶瓷罐、盘、壶、鐎壶、鼎、提筒、钵、釜、酒樽、屋、仓、井、灶，铜鐎壶、镜、盘、酒樽、灯、熏炉、钱币以及金戒指、银戒指、银镯、石黛砚等共80余件。（见《中国考古学年鉴》1992年）

20 - B₂ 沈福墓 〔山口镇新圩行政村大人湾村·明代·县文物保护单位〕 沈福，字应隆，明永乐九年（1411）进士，官至江西、山西、交趾监察御史。沈福卒于正统年间（1436—1449），先葬于龙田村，后迁葬大人湾村。墓葬平面呈葫芦形，占地面积约400平方米，朝东南，圆丘形石灰三合土冢，高0.6米。墓碑已毁。

21 - C₁ 东山寺 〔廉州镇东山路39号·明—清·县文物保护单位〕 建于宋代，名昭光寺，后改名灵觉寺、东山寺。明永乐十年（1412）重修，十七年（1419）扩建殿宇。明万历以后数次重修，至清康熙二十六年（1687）重修。寺坐北朝南，砖木结构，四进院落，依次为山门、金刚殿、大雄宝殿、观音殿，附属禅房、经堂、两庑等建筑。占地面积7000多平方米。现存山门、金刚殿、观音殿。山门面阔10.5米，进深10.7米，设前廊，置檐柱2根，抬梁式木构架，硬山顶；金刚殿面阔20.7米，进深12米，抬梁式木构架，歇山顶，均盖小青瓦。

C₁₋₁ 观音殿 〔廉州镇东山寺第四进·清代〕 清康熙二十六年（1687）重修。四合院。建筑面阔五间，进深二间，设卷棚前廊，立檐柱2根，抬梁式木构架，硬山顶，盖小青瓦，脊饰博古、鳌鱼、花卉等灰雕。殿前有护法天尊韦驮塑像。殿中置须弥座式龛台，趺坐观音像，右侧为禅房，左侧为殿阁经堂，殿后置方丈室，内悬鲍俊手书"即事多欣"匾。天井两侧设东西两庑，内置历代圆寂住持僧人的灵位和数十尊大佛像，多已毁。

22 - C₂ 大士阁 〔山口镇永安行政村永安村·明代·全国重点文物保护单位〕 俗称四排楼，因供奉观音大士而称大士阁。建于明成化五年（1469），清道光六年（1826）修缮。1959年维修时将灰沙地面换方砖，1999年落架维修。坐北朝南，木结构，由前、后两座楼阁相连而成，占地面积167.5平方米。前阁为九檩无廊木构架，后阁为十檩无廊木构架，面阔三间10米，进深六间16.75米，均上下两层，前阁高6.38米，后阁高7.43米。两阁下层敞开；上层嵌木板壁，设镂花边内镶四瓣环形通花或变异回纹形木窗，木楼板。两阁均以四柱厅为中心，36根承重柱支撑在宝莲花石础上，各柱间用梁、枋相连，屋檐有三级跳梁，梁柱间以木垫支承，榫卯连接，前阁为穿斗式木构架，后阁为穿斗与抬梁混合木构架，重檐歇山顶，筒瓦和板瓦覆仰相扣，琉璃勾头、滴水，脊饰龙凤、花草、鸟兽、鳌鱼、卷等灰雕。封檐板给飞鸟走兽、奇花异草。

23 - C₃ 天妃庙 〔廉州镇文蔚路廉州中学·明代·县文物保护单位〕 明永乐二十年（1422）为奉祀福建莆田林氏女默娘天后娘娘而建，清康熙五十七年（1718）、五十九年（1720）、光绪十五年（1889）重修。坐西向东。原有门楼、前殿、天井，两侧廊庑、后殿，占地面积约986平方米。门楼面阔三间，进深一间，中开拱门，额镶"海天胜景"石匾；两侧耳门额分别刻"澄月""啸风"，均为康熙年间廉州知府徐成栋书。前殿面阔三间，进深二间，前置檐廊，正面有直棂窗，博古隔板，抬梁式木构架，硬山顶。存清代碑刻3方，匾额2方。

C₃₋₁ 海天胜境景石匾 〔廉州镇天妃庙门楼匾额·清代〕 清康熙六十年（1721）刻。匾石质，高0.38米，宽1.44米，横行"海天胜境"4字，字径0.18米，行书，阴刻。徐成栋撰文并书丹。徐成栋，襄平人，正黄旗监生，康熙五十九年（1720）任廉州知府。

C₃₋₂ "鹅"字碑 〔廉州镇天妃庙门楼明间内（今移海角亭前）·清代〕 清乾隆二十六年（1761）立。碑高1.05米，宽0.6米，陶冶撰文并书丹。碑中单一"鹅"字草书，一笔连成，笔法流畅，字径0.5米。

C₃₋₃ 观海楼落成碑 〔廉州镇天妃庙门楼西稍间西侧墙·清代〕 清乾隆四十一年（1776）立。碑高0.55米，宽1米。碑文竖12行，楷书，阴刻。廉州知府康基田撰文并书丹。碑题"观海楼落成"4字，七言律诗，述观海楼雄姿及观海盛景事。

24-C₄ 东屯水井 〔山口镇英罗行政村田头村西面的田头沟的农田中·明代·县文物保护单位〕 建于明代，具体时间不详。传在明永乐年间（1403—1424），曾被封为"御井"。井有2口，相距约150米，分别称为梁村东井、西井（即英罗井）。井口平面均为圆形，井壁用青砖围砌，井圈用整块青石凿成，高出地面0.5米，口内径0.75米，外径0.9—1米，圈沿有一条深约0.1米的凹槽。

25-C₅ 杨家陂 〔石康镇大龙行政村杨家陂村·明代·县文物保护单位〕 又名四陵陂、鼓塘陂。明成化年间（1465—1487）石康知县罗绅资筑。陂基础以料石砌筑，陂身为三合土夯筑，呈梯形上小下大。长26米，底宽18米，高2米，灌田百余亩，轻微破坏。

26-C₆ 文昌塔 〔廉州镇定海南路81号对面四方岭·明代·自治区文物保护单位〕 主要用于祈祷文运昌盛，故名文昌塔。建于明万历四十一年（1613），1981年维修。八角形七层楼阁式砖塔，高35米。塔基用长条石构筑，直径10米，塔身青砖砌筑，壁厚2.8米，每层叠涩出檐，底层东、西面辟门，余各面壁均砌龛，每层东、西面开窗洞，其余各面设假门、壁龛，旋转式阶梯可到各层，葫芦形刹顶。

27-C₇ 石康塔 〔石康镇大湾行政村罗屋村·明代·县文物保护单位〕 又名顺塔，建于明天启五年（1625）。八角形七层楼阁式砖塔，残高24米。塔基以石板铺砌，直径约6.2米，塔身清水墙，壁厚2.4米，每层叠涩出檐，有风门2个，壁龛6个，塔腔中空，内设阶梯登塔。

28-C₈ 禁山烽火台 〔廉州镇禁山行政村关冲村东南安宁墩·明代·县文物保护单位〕 又叫安宁墩烽火台。是明代廉州官府在合浦沿海设置的21个海防烽火台之一。台建在高坡上，南面濒临大海，圆台状土墩，底径约10米，顶径5米，高5米。占地面积约78.5平方米。

29-C₉ 灵隐寺 〔曲樟乡山心行政村山心村西南·清代〕 明崇祯十一年（1638），僧人海滨及乡绅陈志时、张权湛等募捐修建。清顺治十六年（1659）陈孝经、张国廉等募捐重修，增建前堂两廊。清同治十一年（1872）重修。寺坐西朝东，砖木结构，两进院落，由大门、文武殿组成，占地面积约307平方米。建筑皆面阔三间，硬山顶，盖小青瓦。大门有楹联"灵通大千世界，隐开不二法门"。文武殿大梁刻"大清同治十一年岁次壬申八月十三日申时体罗张黄四姓开口缘首后裔重修"。1957年被毁。

30-C₁₀ 广州会馆 〔廉州镇西华路175号·清代·县文物保护单位〕 建于清康熙三十年（1691），咸丰年间（1851—1861）重修。会馆坐北朝南，砖木结构，原占地面积1000多平方米。现存门楼，面阔4.2米，进深6米，高5.8米，前后出廊，穿斗与抬梁混合木构架，硬山顶，脊泥塑，前后檐端镶绿色琉璃勾头、滴水。后封檐板浮雕花鸟瑞兽，门宽1.8米，高3.4米。门额嵌"广州会馆"石匾，两侧对联被灰沙抹盖。残存清咸丰年间《重建廉郡广州会馆碑记》1方。

31-C₁₁ 海角亭 〔廉州镇文蔚路廉州中学·清代·自治区文物保护单位〕 建于北宋景德年间（1004—1007），为纪念东汉合浦郡太守孟尝而建。经明成化、嘉靖多次迁建，至明隆庆年间（1567—1572）迁建于今址。清雍正十二年（1734）重建，1981年维修。亭坐西朝东，砖木结构，方亭，面阔、进深9.13米，高二层9米。抬梁式木构架，重檐歇山顶，盖小青瓦，琉璃滴水。正脊鳌鱼吻，正脊、戗脊饰卷草，底层戗脊四角饰双狮，前后敞开，两侧砌砖墙，墙开大圆窗，四周设回廊。前廊石檐柱刻清道光年间廉州教授陈言灌题楹联"海角虽偏，山辉川媚；亭名可久，汉孟宋苏"。亭内外壁上嵌元、明、清碑刻8方。

C₁₁₋₁ 范梈海角亭记碑 〔廉州镇海角亭东山墙内壁·元代〕 元延祐四年（1317）立。碑高1.87米，宽0.94米。无碑座，额首半圆形，碑文竖行，计439字，字径0.045米，隶书，阴刻。范梈撰文并书丹，海北海南道肃政廉访司事燕山大都题额。额题横书"海角亭记"，碑文记述海角亭的情况、修复之意义及作者对世事之感叹。范梈（1272—1330），字亨父，一字德机，人称文白先生，江西清江（今樟树）人，历官元翰林院编修、海南海北道廉访司照磨、福建闽海道知事等职，为"元诗四大家"之一。

C_{11-2}　**伯颜海角亭记碑**　〔廉州镇海角亭东山墙之外墙·元代〕　元至治二年（1322）立。碑高1.88米，宽0.93米。碑文竖行，字径0.013米，楷书，阴刻。元廉州路总管伯颜撰文并书丹。额题"海角亭记"，隶书，阴刻。碑文书体较随意，字迹模糊，大意为记述海角亭之兴废、景观及修建此亭的意义，铭记修亭有关官绅人士。

C_{11-3}　**重建海角亭碑**　〔廉州镇海角亭前廊石侧·明代〕　明成化十一年（1475）立。碑高1.7米，宽0.95米。无碑座，碑身周饰卷草纹，额饰云纹。碑文竖行，字径0.03米，楷书，阴刻。谢一夔撰文并书丹。额题"重建海角亭"5字，篆书，阴刻。碑文局部受到人为及自然破坏，字迹不清，主要记载明成化壬辰（1472）冬，按察司佥事林彦章议建海角亭事。

C_{11-4}　**复建海角亭碑记**　〔廉州镇海角亭前廊右侧·清代〕　清雍正十二年（1734）立。碑高2.1米，宽0.95米。碑文竖行，字径0.027米，楷书，阴刻。陶正中撰文，黄濬书丹并题额。横行额题"复建海角亭碑记"，篆书，阴刻。碑文记载海角亭之兴衰、景观，苏东坡曾到此一游及复修亭始末，复修后之盛典场面。陶正中，字田见，江苏无锡人，雍正癸卯（1723）进士，官中议大夫分守广东粮驿道管通省民宅钱粮料价水利布政司。

C_{11-5}　**登海角亭诗碑**　〔廉州镇海角亭东山墙内墙·清代〕　清雍正十二年（1734）立。碑无座，高0.485米，宽0.83米。碑文竖行，字径0.018米，楷书，阴刻。廉州知府张珏美撰文并书丹，七言律诗为《登海角亭》《五月四日南郊劝农归谒海角亭小憩》《还珠书院落成》《海角亭落成》等5首。

C_{11-6}　**重建海角亭碑记**　〔立于海角亭前廊右侧·清代〕　清雍正十三年（1735）立。碑无座，碑首作半圆形，高1.86米，宽0.89米。碑文竖行，字径0.025米，楷书，阴刻。廉州知府张珏美撰文，叶世茂书丹并题额。额题横书"重建海角亭碑记"，篆书，阴刻。碑文记述廉州地理环境、海角亭风光，议重修海角亭、增设学会十数楹、整理亭畔环境等事。

32 – C_{12}　**公馆武圣宫**　〔公馆镇公馆街社区新民街1号·清代·县文物保护单位〕　建于明代，具体时间不详。清乾隆年间（1736—1795）重建，道光二十二年（1842）重修并立碑。1988年维修。武圣宫坐东北朝西南，砖木结构。二进院落，由门楼、大殿、天井和两侧廊庑组成，占地面积约300平方米，门楼、大殿

面阔、进深三间，抬梁式木构架，硬山顶，盖小青瓦。前座置前檐廊，宫前有清《道光廿三年九月碑记》碑刻1方。

33 – C_{13}　**海门书院**　〔廉州镇文蔚路廉州中学·清代·县文物保护单位〕　原名海天书院，后改名还珠书院、海门书院。建于明嘉靖年间（1522—1566），清乾隆十八年（1753）重建，清乾隆四十年至清道光八年（1775—1828）多次扩建。书院坐北朝南。砖木结构，原有头门、牌坊、奎文阁、讲堂、文昌阁、轩榭、观海楼、学舍、亭等，占地面积约4000平方米。现仅存讲堂、奎文阁及清代碑刻数方。讲堂面阔三间，前、后有廊庑，隔扇门，博古花格板窗棂，抬梁式木构架，硬山顶，盖小青瓦，琉璃勾头、滴水。

C_{13-1}　**奎文阁**　〔廉州镇文蔚路廉州中学·清代〕　始建于清康熙六十一年（1722），清乾隆十八年（1753）迁建今址。清道光元年（1821）重修，改称魁星楼。1981年维修。阁坐北朝南，砖木结构，为方形三层亭阁式楼阁，高15米，面阔、进深一间4.75米，占地面积约68平方米。条石台基，底层四周立方形砖柱回廊，三重檐，琉璃瓦，四角攒尖顶，宝葫芦刹。楼下南、北有拱门，室内有海门书院章程碑刻、"海门书院"石额匾1方，二楼方窗，三楼圆窗。东、西、北三面均嵌陶质花窗。

34 – C_{14}　**忠孝祠**　〔石康镇二街112号·清代·县文物保护单位〕　为纪念明代石康县令罗绅父子以身殉国而建。建于明成化二十二年（1486），原址在石康城内，清乾隆十九年（1754）知府周硕勋、知县廖佑龄将祠迁建于今址。清嘉庆九年（1804）、清道光二十四年（1844）重修。祠坐西朝东，砖木结构。二进院落，由山门、天井、后殿、走廊组成，占地面积约216平方米，山门、后殿均面阔三间，进深二间，抬梁式木构架，硬山顶。前门置檐廊，门额上嵌"忠孝祠"匾。门前有三合土戏台，台面阔8.4米，进深12.4米，歇山顶。

35 – C_{15}　**廉泉井**　〔廉州镇廉州体育场内·清代·县文物保护单位〕　原名甘泉井。始凿年代不详。清乾隆三十一年（1766）廉州知府陈滩为纪念东汉合浦郡孟尝太守施政廉明，将井改为廉泉井，并立石碑于旁。碑高1.93米，宽1.05米，阴刻楷书"廉泉"2字。井口平面呈圆形，井圈内径0.7米，高0.06米，井深约6.05米，井台方形，井壁、井台及井栏均为砖砌，井栏方形，十字花栏杆。占地面积约26平方米。

36 – C_{16}　**东坡亭**　〔廉州镇合浦师范学校内·清代·自治区文物保护单位〕　相传是北宋元符三年（1100）苏东坡自昌化至廉州时的居住地，故名。清乾

隆三十八年（1773）知府康基田在遗址上重建东坡亭，四十一年（1776）重建清乐轩、西长春亭，不久圯。清道光二十五年（1845）修复，清咸丰元年（1851）增建，1918年、1944年、1984年均有修缮。亭坐北朝南，砖木结构。亭平面呈"凸"字形，面阔16.1米，进深16.4米，高5米。亭周有回廊，抬梁式木构架，歇山顶，脊彩塑二龙戏珠，双鳌对峙。门额悬"东坡亭"匾，亭内有清至民国时期碑刻10余方，东侧有东坡井。

C₁₆₋₁ **东坡井** 〔廉州镇东坡亭东侧·清代·县文物保护单位〕 相传是北宋元符三年（1100）苏东坡自昌化至廉州居住时的饮用井，另说是苏东坡到廉州所凿。清乾隆四十一年（1776）重修，1984年维修。井口平面为圆形，口径0.7米，井深约2.5米，井壁及井台用青砖砌筑。井台周围有青砖砌十字花格井栏，井旁立"东坡井"3字碑。占地面积约68.4平方米。

C₁₆₋₂ **东坡井碑** 〔廉州镇东坡井旁·明—清〕 清乾隆年间（1736—1795）廉州知府康基田修东坡亭时发现，无年款，立碑时间不详。碑高1.44米，宽0.7米，方形碑座，高0.2米。碑文竖行，题"东坡井"3字，字径0.315米，阴刻。碑嵌于照壁式墙上，上盖檐顶，左右立柱。

C₁₆₋₃ **苏文忠刻像碑** 〔廉州镇东坡亭后墙内壁·清代〕 清乾隆三十年（1765）关槐蓁立，清光绪十九年（1893）李骏斌重刻。碑高1.38米，宽0.69米，碑面线刻苏东坡肖像，身着斜领长袍，双手叠放腹前，长须飘然，仪态庄重。画面左上角有刻题赞文一篇（76字）。落款"乾隆乙酉六月朔日摹关槐蓁光绪癸巳孟秋重刻于廉州味经书院闽县李骏斌谨识"。

C₁₆₋₄ **长春亭饯张明府高任崖州即席赋诗碑** 〔廉州镇东坡亭后墙内墙·清代〕 清乾隆年间（1736—1795）立。碑高0.4米，宽0.45米。康基田撰文并书丹。额题"长春亭饯张明府高任崖州即席赋诗"15字，碑文竖行，字径0.02—0.035米，行草，阴刻。七言律诗一首："主宾互换此开筵，把酒临风胜事传。九曲河桥通碧汉，千家渔火出重澜。长春亭畔明如昼，清乐堂前醉如仙。北辙南辕今昔异，风流儒雅似当年。"康基田（1732—1813），字仲耕，号茂园，山西兴县人。清乾隆三十八年（1773）由雷州府同知擢升廉州知府。

C₁₆₋₅ **清乐轩长春亭记碑** 〔廉州镇东坡亭后墙内壁·清代〕 清道光二十五年（1845）立，碑高1.7米，宽0.74米，无碑座，碑文竖16行，满行34字，计540余字，字径0.035米，楷书，阴刻。戴熙撰碑并书丹。额题"清乐轩长春亭记"，落款"道光二十五年十二月督学使者戴熙撰并书"，左下小字"武口沈铨少筠氏刻石"。碑文记载：道光十九年（1839）戴熙因典

学来廉州，提议修复，太守音德贺捐俸银三十余万两，地方官绅极力赞助，动工兴建，三月告成，二十五年其再来廉州，太守请其撰文，刻石以记。戴熙（1801—1860），字醇士，号鹿床、榆庵、松屏、莼溪、井东居士等，浙江钱塘（今杭州）人，官至清兵部右侍郎，在廉州时任督学使者。

C₁₆₋₆ **增修苏文忠遗迹记碑** 〔廉州镇东坡亭西山墙外侧·清代〕 清咸丰三年（1853）立。碑高0.55米，宽0.945米，无碑座，碑文竖行，字径0.016米，小楷，阴刻。廉州府学副堂李梦庚撰文并书丹。额题"增修苏文忠遗迹记"。碑文记述：苏公移廉时所居之清乐轩长春亭，自宋以来湮没久矣，清经历代重修，今爱请观察沈公、郡之士人，增建数楹，遍植花木云云。

C₁₆₋₇ **东坡亭一首碑** 〔廉州镇东坡亭后墙内侧·清代〕 清宣统元年（1909）立。碑高0.35米，宽0.88米，碑文竖行，字径0.025—0.028米，草书，阴刻。李经野撰文并书丹。额题"东坡亭一首"，七言律诗一首，诗文缅怀苏轼谪海南儋州至廉州的主要经历："当年万里僦无屋，此地千秋建为亭。鱼跃池深春渺渺，鸿飞天远路冥冥。孤臣遗像三生石，两月羁栖一客星。邓氏园林借不朽，东风几度草青青。"李经野（1855—1943），字莘夫，号曹南钝士，山东曹县苏集镇人，清光绪九年（1883）进士，清光绪三十三年（1907）任廉州知府。

37－C₁₇ **文昌阁** 〔廉州镇青云路2号·清代〕 始建年代不详。据史载，文昌阁曾多次重修，现存建筑建于清乾隆中期。坐北朝南，砖木结构，面阔、进深三间，四周有回廊，内金柱4根，穿斗与抬梁混合木构架，重檐歇山顶，盖小青瓦。屋脊、封檐板、梁枋等雕刻有花卉，两端山墙开槛窗，廊外檐柱间砌矮护栏。占地面积284.96平方米。

38－C₁₈ **银锭井** 〔石康镇马栏圩·清代·县文物保护单位〕 清乾隆四十一年（1776）廉州知府康基田发现，何人所修不详。实为涌泉，初以圆木中空引水，后于泉周叠石围砌。平面略呈方形，深0.5米，井台以方形石板铺垫。现已毁，面积约存25平方米。《合浦县志》有记载。

39－C₁₉ **保子庵** 〔廉州镇文明路93号·清代·县文物保护单位〕 原名慈云庵。始建于南宋末，清乾隆四十八年（1783）重修，改称保子庵。1989年局部重修。坐西朝东，砖木结构，四合院，分前、后两殿，天井、中廊、左右两厢，占地面积约535平方米。前、后殿均面阔三间，进深一间，青砖墙，抬梁式木构架，硬山顶。前殿门额书"保子庵"3字。天井中间

建走廊连前后两殿，庵内两壁有清康熙四十三年（1704）《慈云庵香灯铺记》及清乾隆四十八年重修碑记等碑刻 4 方。

40 - C₂₀ 石城陂 〔常乐镇石城行政村高沙垌村·清代·县文物保护单位〕 始建年代不详。初为土堤坝，灌田数百亩。清乾隆四十九年（1784）改筑为砖石堤坝。1986 年用水泥石块修补加固。坝呈东西走向，分大陂和卸陂，坝体皆呈平顶直背斜坡状，大陂长 80 米，底宽 21 米，高 3 米；西侧卸陂长 113 米，底宽 16 米，高 3.2 米。

41 - C₂₁ 廉州武圣宫 〔廉州镇奎文路 24 号·清代·自治区文物保护单位〕 又称关帝庙、武庙。始建年代不详。清嘉庆六年（1801）、宣统元年（1909）重修。庙坐北朝南，砖木结构。三进院落，由大门、中殿、后殿、二天井、东西四庑组成，占地面积约 586 平方米。主体建筑面阔三间，青砖墙，抬梁式木构架，硬山顶，盖小青瓦。前座置前檐廊，石檐柱 2 根，门额上嵌"武圣宫"石匾。中殿内立 4 根石圆金柱。前两庑已毁。

42 - C₂₂ 乾江方井 〔廉州镇乾江社区井头坡村西侧约 50 米·清代·县文物保护单位〕 始凿年代不详，清道光版《廉州府志》有载。井口平面为方形，用条石铺砌，边长 2 米。井壁用条石围砌，深约 0.9 米，井台以长短不一的条石铺成，面积约 16 平方米。井旁碑刻为清乾隆年间两广总督陈宏谋题字"方井"，已佚。

43 - C₂₃ 万善寺 〔石康镇二街 114 号·清代·县文物保护单位〕 始建年代不详。清道光年间（1821—1850）重修。坐北朝南，砖木结构，原为三进院落，依次为前殿、甬道、正殿、天井、后殿和两侧庑殿，占地面积约 1151 平方米。现仅存前殿及两侧庑殿。前殿面阔三间，前置檐廊，门额上书"万善寺"匾，抬梁式木构架，硬山顶，盖小青瓦，脊塑双龙抢珠，鳌鱼吻。

44 - C₂₄ 四帝庙 〔乌家镇乌家圩社区中街 5 号·清代·县文物保护单位〕 供奉北帝、关帝、华光、文昌，故称"四帝庙"。清道光四年（1824）迁建于此。同治十三年（1874）重修。庙坐南朝北，砖木结构。四合院，由门楼、大殿、天井、东西两庑组成，占地面积约 554 平方米。主体建筑为抬梁式木构架，硬山顶，盖小青瓦。门楼面阔三间，进深二间，前置檐廊，石檐柱，明间门额嵌清同治四年（1865）题"四帝庙"石匾。大殿面阔、进深三间，前置檐廊。门楼、大殿间有走廊相连，对开月洞门，内有清代道光八年（1828）、同治十二年（1873）碑刻 3 方。

45 - C₂₅ 西场广州会馆 〔西场镇西场圩社区中山路 46 号·清代·县文物保护单位〕 建于清咸丰九年（1859）。会馆坐北朝南，砖木结构，四合院，前、后座面阔三间，青砖墙，明间内凹，双开木门，门额上塑"广州会馆"4 字，硬山顶，盖小青瓦。

46 - C₂₆ 北堂 〔山口镇永安行政村永安村·清代·县文物保护单位〕 原名东岳庙。因位于永安城北门之外，故又名北堂。相传建于明末清初。清同治年间（1862—1874）重建。坐东朝西，砖木结构，三进院落，由山门、走廊、天井和中堂、后堂、两侧厢房组成，占地面积约 476 平方米。中堂、后堂面阔三间，抬梁式木构架，硬山顶，盖小青瓦。山门前置檐廊，中堂前檐敞开，侧厅开圆窗。后堂前开 3 门，金柱支撑横梁。前天井有走廊，后天井置厢房。

47 - C₂₇ 陈氏宗祠 〔曲樟乡璋嘉行政村岐山背村·清代·县文物保护单位〕 建于清同治五年（1866）。宗祠坐西朝东，砖木结构。四进院落，由大门、前座、中厅、后堂及天井、走廊、厢房组成，占地面积约 538 平方米。大门及各座均面阔三间，清水墙，抬梁式木构架，盖小青瓦。脊饰灰雕，山墙彩绘壁画。大门额书"陈氏宗祠"匾，两侧有清同治五年"家声传颍水，庙貌壮廉湖"对联。

48 - C₂₈ 林氏家庙 〔山口镇山口街社区新建街 14 号·清代·县文物保护单位〕 又称太兴祠。清同治八年（1869）建。坐北朝南，砖木结构。由并列 4 座小院共 10 座建筑组成，称"十座九通廊"，占地面积约 2000 平方米。主体林氏家庙，四进三天井；东、西两侧院分别为"双桂书院""三芝书院"，均三进二天井。布局、结构大致相同，前座置前檐廊，石檐柱，其余为敞开式 4—6 柱厅，均面阔三间。最西侧为别院，三进二天井，面阔五间，进深一间。建筑为青砖墙，穿斗式木构架，硬山顶，盖小青瓦。座间天井两侧为走廊。

49 - C₂₉ 让水井 〔廉州镇大北街中段·清代·县文物保护单位〕 井口平面呈圆形，外径 1 米，原为石凿，现改为水泥混凝土结构。口沿突出于井台面，井身方形，井壁用青砖砌筑，井台占地面积 0.79 平方米。井旁立有"让水"题名碑刻，落款为清光绪六年（1880），太平坊居民重建时立。

50 - C₃₀ 文昌庙 〔闸口镇闸口水库边·清代〕 始建年代不详。清光绪七年（1881）重修。庙坐东朝西，砖木结构，二进院落，由大门、后殿组成，占地面积约 532 平方米。后殿面阔五间，进深一间，青砖墙，抬梁式木构架，硬山顶，盖小青瓦。大门、后殿间由走廊相连，庙内檐墙上有彩绘。

51－C_{31}　**孔庙**　〔廉州镇青云路 19 号·清代·县文物保护单位〕　亦称廉州府学宫。始建年代不详，原址在县城东门内。明嘉靖十七年（1538）知府张岳迁建于现址，明、清两代均有重修，现存建筑为清光绪十一年（1885）知府李燧重建。庙坐北朝南，砖木结构。今存大成门、大成殿及崇圣祠。大成门面阔三间，进深 9.3 米，重檐歇山顶。大成殿面阔 20 米，进深 16 米。前檐柱为方形石柱，四周有边廊，殿前设嵌祥云卧龙图案的陛石。殿内穿斗与抬梁混合木构梁架，重檐歇山顶，脊饰二龙戏珠，殿内嵌线刻孔子像碑 1 方。崇圣祠面阔 14.6 米，进深 13 米，硬山顶，二檐柱为浮雕蟠龙石柱。

52－C_{32}　**文治书院**　〔公馆镇公馆中学内·清代〕建于清光绪十三年（1887），由儒绅李翘南创办。1927年扩办为合浦县立第五中学。坐北朝南，砖木结构。三进院落，占地面积约 1352 平方米，主体建筑面阔七间，进深二间，硬山顶，盖小青瓦。一、二进已毁，现存第三进和四间厢房。

53－C_{33}　**山口关帝庙**　〔山口镇山口街社区一街19 号旁·清代·县文物保护单位〕　始建年代不详。清光绪十四年（1888）重修。庙坐东朝西，砖木结构，两进院落，由前殿、天井、走廊、后殿组成，占地面积约 171.5 平方米。建筑墙基以灰沙三合土修筑，上砌青砖。前置前檐廊，2 根石檐柱饰雀替，后殿立 8 柱。前、后殿均面阔三间，进深二间，抬梁式木构架，硬山顶，琉璃瓦当、滴水。脊有塑雕，檐柱、墙壁等有绘画，两殿有廊相连，庙内有光绪十四年唐关英送的"观光大烈"匾。庙前原有戏台一座，已拆毁。

54－C_{34}　**永安城隍庙**　〔山口镇永安行政村永安村·清代·县文物保护单位〕　建于清光绪十五年（1889）。庙坐北朝南，砖木结构，四合院，由山门、天井、后殿组成，占地面积约 123.75 平方米。山门面阔三间，进深一间，前置檐廊，门额上书"城隍庙"匾，门旁对联"是非不出聪明鉴，赏罚全由正直心"。天井两侧设走廊。后殿面阔、进深三间，敞开式 8 柱厅，穿斗与抬梁混合木构架，硬山顶，盖小青瓦，脊饰万字纹，两面浮雕花草。

55－C_{35}　**双月池井**　〔廉州镇城基西路 54 号·清代·县文物保护单位〕　始凿年代不详，清光绪十九年（1893）重修。因月圆时井里水中现双月影，故名。井口平面呈圆形，井圈内径 0.76 米，高 0.5 米，井深 4.5 米，青砖砌方形井壁，边长 1 米。井台方形，青砖铺砌，井旁碑高 0.8 米，宽 0.5 米，阴刻楷书"光绪十九年岁次癸巳孟冬吉旦，双月井官商民重修"。1970年改井口为水泥井口。

56－C_{36}　**山口文武庙**　〔山口镇新圩行政村新圩街·清代〕　始建于清光绪三十二年（1906），民国年间修葺，系祀孔子与关羽的庙宇。庙坐西北朝东南，砖木结构，二进院落，由山门、天井、大殿等组成，占地面积约 237 平方米。山门、大殿皆面阔三间，进深二间，抬梁式木构架，硬山顶，盖小青瓦。脊饰万字纹、翘角。山门额书"文武帝庙"，门联为"文澜翻海口，武略镇烟墩"。

57－C_{37}　**扁舟亭**　〔廉州镇合浦师范学校内·清代·县文物保护单位〕　建于清乾隆三十八年（1773），清宣统元年（1909）重修。宣统三年（1911）因附近火药局爆炸而亭毁，1912 年修复。砖木结构长方形亭，坐西北朝东南，占地面积约 138 平方米。前砌顶栏，亭四周有宽 1.4 米的石柱券拱式回廊，砖砌栏杆，墙抹白灰，两面坡瓦顶，原有清宣统元年（1909）廉州知府李经野诗《扁舟亭》诗二首碑刻 1 方，现置东坡亭边。

58－C_{38}　**惠爱桥**　〔廉州镇惠爱路西门江上·清代·自治区文物保护单位〕　始建于明正德年间（1506—1521），称金肃门桥、西门桥。明崇祯八年（1635）、清乾隆二年（1737）两次重修，清光绪十三年（1887）毁于火，清宣统元年至二年（1909—1910）由蒋邑雍设计、施工重建，改称现名。1989 年落架修缮。桥跨西门江，东西走向，两台梁式木桥，长 36 米，宽 2.75 米，桥身用坤甸木建造，三铰拱人字架结构，拱脚支承在两岸桥台上。桥顶设盛油孔 6 个，顶上盖玻璃瓦。桥墩呈船形，水下基础为松木桩，四周条石筑，中填夯土。桥墩旁设砖券拱泄水孔，孔跨 4.4 米，以砖石铺面。

59－C_{39}　**南堂**　〔山口镇永安行政村永安村·清代·县文物保护单位〕　建于清代，具体时间不详。因位于永安城池南门外，故俗称南堂，是供奉北帝及东、南、西、北岳的道教寺观。坐东南朝西北，砖木结构，三进院落，由山门、走廊、天井和中堂、后堂组成，占地面积约 300 平方米。各座面阔三间，青砖墙，抬梁式木构架，硬山顶，盖小青瓦。山门前置檐廊，廊立石檐柱 2 根；中堂为 4 柱通殿，后堂进深三间，金柱 2 组 8 根。

60－D_1　**廉州府署石狮**　〔廉州镇中山路社区中山路中段廉州体育场大门外两侧·清代·县文物保护单位〕　石狮是清代廉州府署建筑的附属物，署毁狮存。为花岗岩立狮 1 对，东侧为雄狮，西侧为雌狮，下方基座各长 1.43 米，各宽 0.75 米，通高 3.12 米。

61－E_1　**华身靛厂作坊遗址**　〔石康镇顺塔行政村大冲桥村·清代·县文物保护单位〕　清光绪年间

（1875—1908），石康富绅黄耀璧与"和生当"司事李世昌合资在大中桥村覃屋创办华身靛厂，生产蓝靛和进行印染。作坊已毁。现存靛缸 65 口，三合土夯筑，缸口平地面，口小腹大，平底，有三种规格：大号靛缸成 2 排并列，每排 10 口；中号靛缸间列于大缸之中，共 9 口；小号靛缸分布于中缸四周，共 36 口；口径 0.45—1.8 米，深 0.5—1.3 米。占地面积约 350 平方米。

62 - E₂ 千人坟 〔山口镇英罗行政村下低坡村·1920 年·县文物保护单位〕 1920 年 10 月，下低坡村遭北界、海棠、新圩等地盗贼的围攻，村民 2000 余人遭杀害。事后将遗骸合葬。墓葬朝南，原为圆丘形土冢，1927 年改用灰沙构筑，高约 0.8 米，冢径 2.4 米。墓碑高 1.6 米，碑文记载事件的经过。占地面积约 50 平方米。

63 - E₃ 大路山村惨案遗址 〔闸口镇茅山行政村大路山村·1921 年·县文物保护单位〕 1921 年春，大路山村民因不能按期交出土匪勒索的钱银被烧杀，死亡 186 人，伤 20 余人，全村房舍被烧毁，仅存一栋四层楼房。现此楼房墙基尚存，残高 3.8 米，占地面积约 39 平方米。村西还有遇害者合葬墓。

64 - E₄ 罗侃廷墓 〔廉州镇还珠社区还珠南路风门岭东南坡·1921 年·县文物保护单位〕 罗侃廷（1887—1916），原名人炎，字绰双，广西合浦总江口人，同盟会会员。1911 年策划、领导廉州起义，任义军司令。1916 年春在汕头策划进攻马存发镇守使署，事泄被捕遭杀害，葬汕头。1921 年迁葬廉州风门岭西坡。墓葬朝东南，平面呈葫芦形，墓冢原为土冢，1985 年改用灰沙、水泥修筑，长方形状，长 7.8 米，宽 5.8 米。占地面积约 135 平方米。

65 - E₅ 廉州黄花岗七十二烈士纪念碑 〔廉州镇中山公园·1928 年〕 1928 年为纪念广州起义黄花岗七十二烈士，由时任广东省主席陈铭枢倡建。纪念碑坐东南朝西北，台基、碑座、碑身用花岗岩砌筑。方形座，嵌碑刻 4 方，刻七十二烈士的芳名。碑身塔形尖顶，高 3.53 米，正、背面篆刻"黄花岗七十二烈士纪念碑"，出自"民国四大书法家"之一胡汉民之手。占地面积约 9.7 平方米。

66 - E₆ 陈铭枢故居 〔曲樟乡璋嘉行政村岐山背村东·1929 年·县文物保护单位〕 陈铭枢（1889—1965），字真如，合浦公馆六湖洞（今曲樟乡）璋嘉村人，国民革命军陆军上将，历任国民政府行政院副院长、中国国民党中央常务委员、国民革命军第 11 军军长、广东省政府主席、京沪卫戍总司令兼代理淞沪警备司令兼武汉卫戍司令。中国国民党革命委员会创始人之一，中华人民共和国成立后任中央人民政府委员、

全国人民代表大会常务委员、中国人民政治协商会议常务委员等职。1965 年在北京病逝。故居坐西北朝东南，砖木结构。原为两进院落，主体建筑面阔七间，平房，占地面积 415 平方米。陈铭枢增建了二层西式楼房。原建筑已毁，仅存墙基，残高 0.2—5 米。

67 - E₇ 真如院 〔公馆镇公馆街社区公馆中学内·1930 年·县文物保护单位〕 1927 年公馆文治书院更名为合浦县立第五中学，时任广东省主席陈铭枢为其题名"合浦县立第五中学"并捐资在书院旁建楼房作图书馆。1930 年秋，图书馆落成。以陈铭枢字命名此楼为"真如院"。坐东南朝西北，砖木结构，中西混合二层楼房，面阔五间，硬山顶。门额上书"真如院"匾。建筑面积约 681 平方米。

68 - E₈ 中共合浦县特别支部旧址 〔廉州镇阜民南路 52 号·1938 年·县文物保护单位〕 1938 年 4 月初，中共合浦县特别支部在廉州镇成立，张进煊任书记，赵世光任组织委员，何世权为宣传委员。旧址原为"有生"号铺店，坐东朝西，砖木结构，两进院落，占地面积约 146.64 平方米。前、后座均为中西混合二层楼房，硬山顶，盖小青瓦，前座为骑楼。

69 - E₉ 抗日阵亡将士纪念碑 〔原立于合浦县廉州镇青云路孔庙前方，现移建廉州镇青云路中山公园·1938 年〕 为纪念抗日救国阵亡的合浦籍将士而建。纪念碑坐北朝南，由碑座、碑身组成。座为四方形，碑身呈方锥形。现仅存碑座，正面刻"抗日阵亡将士纪念碑奠基"，落款"中华民国二十七年七月七日邱桂兴"。另三面碑文已毁。占地面积约 5.8 平方米。

70 - E₁₀ 中共合浦县工委扩大会议旧址 〔廉州镇石桥街 14 号·1939 年·县文物保护单位〕 1939 年 2 月，中共合浦县工委在廉州镇岑月英家召开县工委扩大会议。会上由中共广东省代表李士洋传达了中共广东省委第四次扩大会议和中央六届六中全会报告的精神。会上组建了中共合浦中心县委，选举李士洋任书记。旧址为平房，面阔三间，砖墙，硬山顶，盖小青瓦。现已被改建。

71 - E₁₁ 中共合浦中心县委机关旧址 〔廉州镇还珠社区儒家巷 38 号·1939 年·县文物保护单位〕 1939 年 2 月，根据中共广东省委指示，中共合浦县工委改为中共合浦中心县委，县委机关设于此，领导合浦、钦县、灵山、防城四县的革命斗争。同年 5 月遭破坏。旧址原为李士洋舅舅蔡士庚家，坐北朝南，砖木结构，四合院，占地面积约 294 平方米。主体建筑面阔三间，砖墙，硬山顶，二层楼房。天井两侧并列厢房各三间。

72 - E₁₂ 白沙中共合浦中心县委机关旧址 〔白沙

镇宏德行政村宏德寺村旁·1940年·县文物保护单位〕20世纪30年代是中共合浦组织秘密活动据点，1939年为中共南路特委和钦廉四属（合浦、钦县、灵山、防城四县）党组织的联络站。1940年5月，中共广东省南路特委重建中共合浦中心县委，县委机关设于此，直至1945年底。旧址原为宏德小学。现仅存一小楼，坐北向南，砖木结构，二层楼房，平面呈方形，泥筑墙、木构架，硬山顶，盖小青瓦，面积约38平方米。

73 – E₁₃ **中共钦廉四属联络站旧址** 〔廉州镇阜民北路11号·1944年·县文物保护单位〕 1944年4月，中共钦廉四属（合浦、钦县、灵山、防城四县）在此设立联络站，以永信烟庄为掩护，领导四属地区的革命斗争。同年9月22日凌晨遭破坏，部分工作人员被捕，此即"永信烟庄事件"。旧址原为包氏住宅，坐东朝西，面阔6.2米，进深41.7米，砖木结构，二层楼房，前面地下为铺面，内为居室。

74 – E₁₄ **莲池寺战斗旧址** 〔白沙镇龙江行政村龙颈村白云山东麓莲池寺·1947年·县文物保护单位〕 1947年7月20日晨，国民党保安队袭击中国人民解放军粤桂边区纵队第4支队新6团营地莲池寺。双方展开激战，新6团顽强坚守至天黑后突围，转移到白石水镇（今浦北县辖）休整。莲池寺建于清同治年间（1862—1874），1940年重建，自1939年即是中共合浦组织重要的秘密活动据点。旧址坐西北朝东南，庭院式。前为西式八联拱外廊，内由三座形制相同的院落并列组成，皆二进两廊一天井，主体建筑砖木结构，面阔三间，天井两侧设走廊。占地面积约835.4平方米。1982年在寺内立碑纪念。

75 – F₁ **圣巴拿巴堂** 〔廉州镇青云南路4号·1912年·县文物保护单位〕 1912年动工，1913年落成，由基督教中华圣公会筹建。坐东朝西，哥特式单层建筑。门上书有"圣巴拿巴堂"横额。门、窗均为尖券顶。占地面积约448平方米。

76 – F₂ **永安文庙** 〔山口镇永安行政村永安村永安小学·1912年〕 始建于明代，原址在明永安古城中，清嘉庆十八年（1813）于原址重建，1912年迁建今址。坐北朝南，砖木结构，三进院落，由山门、中殿、后殿及天井组成，占地面积约560平方米。主体建筑面阔三间，进深二间。前后敞开，以三合土夯筑墙基，上砌砖墙。抬梁式木构架，硬山顶，脊塑回形纹。山门和部分廊庑已毁。清嘉庆十八年《重修文庙碑记》存永安城内。

77 – F₃ **天后宫** 〔廉州镇十字街82号·1920年·县文物保护单位〕 始建年代不详。清同治三年（1864）、1920年重修，供奉"妈祖"。宫坐北朝南，砖木结构，三进院落，由门楼、连廊（两侧天井）、前殿、连廊（两侧天井）、后殿等组成，占地面积约532.14平方米。门楼面阔三间，进深一间，前设檐廊，檐墙上端彩绘人物、花鸟壁画。前、后殿均面阔、进深三间，抬梁式木梁架，硬山顶，盖小青瓦。宫内壁有清代碑6方。

78 – F₄ **粤南信义会建德园** 〔廉州镇定海北路76号还珠宾馆内·1923年·县文物保护单位〕 由德国粤南信义会建于1923年。建筑坐北朝南，砖木结构，二层外廊式四面坡西式建筑。平面呈长方形，面阔三间，设一层地垄，东、南、西三面有券柱式走廊，设拱形门窗。一楼为厅堂，地面铺花砖，厅堂悬挂吊灯、设壁炉。楼顶装有德国的"卐"字形标志。占地面积约279平方米。

79 – F₅ **大更楼** 〔党江镇更楼行政村大更楼村旁·1924年·县文物保护单位〕 建于1924年，系当地富绅王乃斌住宅。城堡式，楼坐北朝南，平面近方形，占地面积约2174平方米。四面有高7米厚1米的砖围墙，外环护城壕。墙内中心原有一座西式三层主楼，已毁。四角各建三层碉楼1座，利用围墙顶部可互通行。围墙内四周各有平房一排，做粮库和住宅。檐墙、山墙、门头彩绘或泥塑山水、花鸟。南墙东端设铁制大门，设吊桥出入。现城壕、吊桥及碉楼已毁。

80 – F₆ **槐园** 〔廉州镇育新路8号廉州镇第二小学校内·1927年·县文物保护单位〕 俗称花楼，1927年当地富绅王传冕修建。园林式建筑，坐北朝南，呈长方形，四周围墙环绕。园内自南而北有小桥、门楼、花圃、主楼、花园、平房，东面和西北面有平房3排以及鱼塘、草坪等，占地面积约6196平方米。门楼为二层西式建筑。主楼为中西结合的四层别墅，钢筋混凝土结构，顶层盖琉璃瓦，单檐攒尖顶。室内地板、楼梯均铺镶花瓷砖，楼梯扶手饰以彩色石米，拱形门窗，券柱回廊。

81 – F₇ **林翼中住宅** 〔白沙镇白沙行政村油行岭村·1931—1948年〕 林翼中（1887—1984），字家相，广西合浦白沙镇人。历任国民政府广东省民政厅厅长、广东省参议会议长等职，1949年移居香港。住宅筹建于20世纪30年代，又名"相庐"，为客家围屋，围墙高7米，厚0.6米，设有碉楼、门楼、平房、影壁、水井、走廊、主楼、副楼、宗祠、粮库、更房等，占地面积7000余平方米。主楼1942年建成，副楼1948年竣工。皆坐北朝南，为中西式结合楼房，混凝土砖石结构，平顶，砌女儿墙。钢架玻璃窗，楼面铺花阶砖，内设十字形和"回"字形走廊。主楼高三层，正面顶层墙上楷书"山高仰景"匾。副楼高两层。

防城港市

港口区

1 - A₁ **皇城遗址** 〔港口区公车镇沙港行政村新丰屯西北约 50 米皇城坳·清代〕 又称"王城"。据《防城县志》记载，清顺治十八年（1661）郑成功旧将杨彦迪、杨三等起兵反清，自称杨王，率部在钦州、防城一带活动达 20 年，在皇城坳修城驻扎。城址平面呈椭圆形，周长 400 米，占地面积约 1.3 万平方米。墙为砖石结构，高 3 米，厚 0.6 米，设东、西二城门，城外东北、西北、西南山丘建有岗楼。城内建有宫殿和营房等。原建筑均已毁。

2 - B₁ **许永盛墓** 〔港口区鱼洲坪街道鱼洲社区西英屯大山岭西南坡地·清代〕 建于清乾隆六十年（1795）。墓葬朝南，圆丘形土冢，高 0.8 米，底径 2.1 米，占地面积约 16 平方米。墓碑高 0.6 米，宽 0.31 米，碑面中部竖行阳刻楷书"皇清诰封一品振威将军讳永盛许太君之墓"，右侧刻"乾隆六十年季秋日吉旦"。

3 - B₂ **潘氏夫妇墓** 〔港口区企沙镇赤沙行政村香车屯东北面约 500 米·清代〕 建于清道光二十六年（1846）。墓葬朝北，圆丘形土冢，三合土夯筑，底径 0.6 米，高 0.3 米。墓碑高 0.87 米，宽 0.45 米，连弧形碑盖阴刻太极图。两侧用竖条石、青砖镶包。碑面中部竖 2 行刻"大清赐登仕郎显祖考谥温良潘二公墓""大清例赠孺人显祖妣谥敬顺吴太君墓"。冢周为两层半圆状三合土墓圈墙。

4 - C₁ **皇帝沟** 〔港口区公车镇沙港行政村新丰屯东面·清代〕 建于清康熙十六年（1677）。郑成功旧将杨彦迪奉南明延平郡王郑经之命，率军攻占龙门岛，为运输军粮兵马，沟通龙门海和白龙海，开凿运河，后人称为"皇帝沟"。原计划东从钦州龙门海岸生牛岭起，西南至公车镇沙港村畚箕窝止，全长约 12 公里。实际开凿 4.2 公里，宽 8 米，深 4 米。现填土变良田，仅存 1 米余宽的小沟。1983 年在河沟附近磨刀水村边出土 4 件四系陶罐，上印有"王宫念甲"字样。

5 - C₂ **石龟头炮台** 〔港口区企沙镇炮台行政村炮台村南面·清代·市文物保护单位〕 建于清康熙五十六年（1717）。为抗击外敌侵袭，清两广总督杨琳奏请设沿海炮台，广东提督王文雄受命勘察并修筑此炮台。炮台用料石砌筑，平面呈圆形，直径约 3.5 米，残高约 2 米。炮台由三部分组成，即前为炮台，中为跑马坪，后为营房。破坏严重。

6 - C₃ **牛路烽火台** 〔港口区企沙镇牛路行政村苏屋屯烟墩岭·清代〕 俗称烟墩。建于清代，具体时间不详。是观察、传递情报的哨所。台系以土夯垒而成的圆台形，上窄下宽。台高约 3 米，台面有一个长 6 米宽约 5 米的凹坑。占地面积约 100 平方米。

7 - E₁ **陈维周宅** 〔港口区公车镇涴港行政村沙潭屯北面村边·清代〕 陈维周（1888—1954），又名陈济湘，陈济棠胞兄，国民革命军陆军中将。1936 年陈济棠被免职后，辞职寓居香港经商。旧居建于清末，具体时间不详。坐北朝南，砖木结构，二进院落，由前座、后座、天井、走廊、厢房组成。前、后座为二层楼阁，面阔三间，硬山顶，盖小青瓦。前座后檐、后座前檐设檐廊，天井两侧设封闭式走廊。东面有一座六间附属厢房。

8 - E₂ **企沙碉楼** 〔港口区企沙镇革命路 15 号北面约 4 米·清代〕 也称岗楼、炮楼，建于清末。坐西北朝东南，砖木结构。高三层，平面略呈正方形，面阔、进深一间，硬山顶，盖青瓦。内层为木楞铺木楼板，外墙多用青砖砌筑，墙面凸出拱形密封窗，窗面开一个圆状瞭望孔。底层北面开门。

9 - E₃ **大屋屯碉楼** 〔港口区企沙镇虾箩行政村大屋屯·清代〕 也称岗楼、炮楼。建于清末，具体时间不详。坐北朝南，三合土夯筑墙。平面呈方形，面阔、进深一间，高三层，平顶。内层为木楞铺木楼板。三楼四周墙开拱形密封窗。楼顶四周为花窗式护栏。

10 - E₄ **大路坳碉楼** 〔港口区光坡镇中间坪行政村大陆坳西南面约 300 米·清代〕 碉楼也称岗楼、炮楼，为守护庭院的附属建筑。建于清末，具体时间不详。坐东朝西，砖木结构，平面略呈正方形，面阔、进深一间，高三层，硬山顶。内二、三层为木楞铺木楼板。二层南墙开枪眼，二、三层东、西面墙开瞭望窗。

11 - E₅ **杨瑞山墓** 〔港口区光坡镇栏冲行政村栏冲村东北面约 2 公里爷爷岭·1937 年·市文物保护单位〕 杨瑞山（？—1899），号锦屏，广西防城人。冯子材部将，中法战争中三次出关征战，战后清廷授其"振威将军"，官至广东水师提督。清光绪二十五年（1899）于广州任上病故。原葬防城扫把岭，1937年迁葬今址。墓葬朝东北，圆丘形土冢，底径约2.9米，高约1.3米，占地面积约30平方米。墓碑高1.2米，正面中部竖行阴刻"清钦命头品顶戴赏戴花翎振威将军简放提督杨公瑞山之墓"，落款"中华民国二十六年岁次丁丑孟夏月初四酉时重修"。

12 – E₆　**裴振臣宅**　〔港口区公车镇公车行政村基围屯·1939年〕　裴振臣是民国时期曾跟随国民党元老陈济棠的知名人士。旧居建于1939年，坐北朝南，砖木结构，二进院落，由前门、主座天井、厢房组成，占地面积约800平方米。主体座面阔26.8米，抬梁式木构架，硬山顶，盖小青瓦。原东、西两侧有附属房屋，已被拆毁。西北角筑有二层岗楼，每层均设瞭望孔。

13 – E₇　**三光企武装起义集结地遗址**　〔港口区光坡镇光坡行政村光坡屯学校岭·1947年〕　1947年2月，为执行中共中央发出的《迎接中国革命的新高潮》的指示，中共钦（钦县）防（防城）地下党决定在企沙半岛举行三波、光坡、企沙海区的武装起义。5月14日早上，刘镇夏在光坡小学前的开阔地，集结了防城县三波、光坡和企沙三个乡镇（史称为"三光企"）的革命队伍和人民群众200多人参加武装起义。光坡小学，校舍为土墙构筑，现已废为一片坡地。

14 – E₈　**黄殿兰烈士墓**　〔港口区光坡镇光坡行政村鹧鸪竹屯南面坡·1949年〕　1949年修建。墓葬朝南，冢系水泥构筑，呈长方形，长约2.9，宽约1.32米，高约1.35米。墓碑高0.92米，宽0.46米。碑面中部竖刻"黄殿兰烈士之墓"，右款文为："一九四七年参加革命，一九四九年于钦州县那觅牺牲，享年十九岁。"

15 – E₉　**陈承军烈士墓**　〔港口区光坡镇潭油行政村潭油村北约500米处方田大坡岭·1982年〕　陈承军（1919—1948），广西防城港市光坡镇人，1948年在解放那勤战斗中牺牲。该墓为烈士衣冠冢，墓葬朝西南。圆锥形土冢，碑高1.7米，宽1.2米，周以水泥围护。碑面竖行刻"革命烈士陈承军之墓"，左款"生于己未年五月初三亥时，1947年参加革命，1948年在那勤战役牺牲"，右款"公元1982年10月25日立"。

16 – G₁　**牛路山铜印出土点**　〔港口区白沙沥街道牛路山·南明〕　1980年7月出土铜印章1枚。长方形铜印，长0.087米，宽0.055米，厚0.01米，通高0.082米。印面刻阳文九叠篆"抚夷监军道关防"，背面右刻"抚夷监军道关防"，左刻"永历五年五月日"

和"礼部造"，上横刻"永字二千七百四十五号"。均为阴文楷书。

17 – G₂　**白沙铜印出土点**　〔港口区公车镇白沙行政村白沙村·南明〕　白沙村民在平整菜地时挖出南明铜印2枚。1枚为长方形印，边长0.09米，宽0.06米，厚0.01米，柄高0.08米。印面阳文"御前内标中营署正总兵关防"，背面正中上方阴刻楷书"永字二千六百四十七号"，右边阴刻楷书"永历五年□□礼部造"，左边阴刻楷书"御前内标中营署正总兵关防"。另一枚为正方形印，边长0.45米，厚0.01米，柄高0.05米，柄有穿孔。正面文"贵州道监察御史之印"，背面正上方阴刻楷书"永字□五百□□号"，右边楷书"永历五年六月"，左边楷书"贵州道监察御史之印"。

防城区

1 – A₁　**杯较山遗址**　〔防城区茅岭乡茅岭行政村茅岭圩西南约4公里江心岛·新石器时代·自治区文物保护单位〕　贝丘遗址。1959年发现。遗址四周环水，面积约1.5万平方米。1959年试掘10平方米。文化堆积厚1—2.6米，内含大量蚌壳。出土有打制的蚝蛎啄、砍砸器、网坠等，还有磨光石斧、石锛、有肩石斧、砺石和夹砂绳纹陶片。陶片胎质有红色、灰色或灰黑色等，器形多为圜底器。（见《考古》1961年12期）

2 – A₂　**亚婆山遗址**　〔防城区江山乡新基行政村新基村石角渡口亚菩山·新石器时代〕　贝丘遗址。1958年发现。遗址位于石角河与王竹河出口处东岸，面积约3500平方米。1959年试掘4平方米。文化层厚约1米，内含大量贝壳。出土有打制的蚝蛎啄、砍砸器、网坠、石球等，磨制石器有斧、有肩斧、锛、凿、磨盘、杵等，骨蚌器有骨锥、骨镞、蚌铲及穿孔的饰品等，陶器有夹砂绳纹黄色陶片、陶网坠等。（见《考古》1961年12期）

3 – A₃　**马拦嘴遗址**　〔防城区江山乡新基行政村马拦基村南约200米马拦嘴山坡·新石器时代〕　贝丘遗址。1959年发现。马拦嘴山在茅岭江出口处，西面临海。遗址在西山坡，分布面积约640平方米。文化层厚约1.2米，内含大量贝壳。采集有打制的蚝蛎啄、砍砸器，磨制的双肩石斧及灰色夹砂绳纹陶片，陶片器形多为圜底罐类器。（见《考古》1961年12期）

4 – A₄　**螃蟹岭遗址**　〔防城区茅岭乡大陶行政村大陶村西南约3公里蛇崇江口·新石器时代〕　贝丘遗址。1986年发现。位于蛇崇江与茅岭江汇合处，四周环水。遗址分布于岭的南面坡，面积约2000平方米。

文化堆积厚0.4—2米，内含贝壳及陶片、石器等。采集有石斧、石锤、夹砂绳纹灰陶片，陶片器形不明。

5－A₅　**营盘村遗址**　〔防城区茅岭乡美丽行政村营盘村东北约20米·新石器时代〕　贝丘遗址。1958年发现。遗址面积约100平方米。遗址地表遍布螺蚌壳，文化堆积厚0.2—0.8米。采集有石斧、砾石、石凿等石器。

6－A₆　**蚝潭角遗址**　〔防城区江山乡江山行政村圳边屯后背岭·新石器时代〕　贝丘遗址。1988年发现。遗址面积约550平方米，文化层厚约1.5—2米，为含螺、蚌壳堆积。出土石器有磨制石斧、石锤、打制的蚝蛎啄等。

7－A₇　**大墩岛遗址**　〔防城区江山乡新基行政村新基村东南约2公里大墩岛·新石器时代〕　贝丘遗址。1988年发现。遗址四周环海，面积约2万平方米，文化堆积厚0.5—1米，内含大量螺蚌壳。出土有磨制双肩石斧、石锛、石锤等。

8－A₈　**蕃桃坪遗址**　〔防城区防城镇大王江行政村冲涩屯南约1公里·新石器时代〕　贝丘遗址。1958年发现。遗址在禾镰岭上，面积约2500平方米。文化堆积厚2—3米，内含大量螺蚌壳。采集有磨制双肩石斧、石锛、石凿、石球、石磨棒和泥质灰黑色素面陶片，陶片器形不明。

9－A₉　**箭猪笼遗址**　〔防城区江山乡沙沥行政村沙沥村南约500米·战国—汉〕　遗址东临大海，面积约1万平方米。在地表采集有大量红褐色夹砂绳纹陶片以及灰色或红色、褐色的人字纹、方格纹、菱形纹、雷纹陶片。陶片较厚，火候低，器形有瓮、罐类器。1988年出土陶盘1件，褐红色，质粗且厚，直口，平底，外饰弦纹，口底径各0.1米，高0.05米。

10－A₁₀　**防城故城址**　〔防城区防城镇水营行政村、沙埠行政村一带·明代〕　据《防城县志》载：防城之名始于北宋开宝五年（972）。明万历三十四年（1606），军事长官伍素□筑城。城址平面略呈圆形，周长约1200米，城墙用青砖砌内、外檐墙，中间夯填灰土，宽约2米。开有东、南、西、北四城门，门上均有门楼。清康熙元年（1662）交趾入侵防城时被摧毁，今尚存残垣和零星碎砖。

11－A₁₁　**水师营地遗址**　〔防城区防城镇水营行政村水营村沿江一带·明代〕　据《防城县志》记载，明末，为防倭寇侵袭，朝廷命安陆侯吴杰、永定侯张全，在此建立水师营地，派营官1名，驻军300名，备有大小兵船若干。并在防城江入口处筑码头，长约30米，宽10米，料石砌筑。在水营村西面炮台岭、细岭上各筑一炮台。遗址现为造船厂，炮台遗址尚存部分遗迹。

A₁₁₋₁　**水营炮台岭炮台遗址**　〔防城区水营村西面的炮台岭上·明代〕　炮台岭海拔9.3米，顶部较平坦，面积约150平方米，山上长满荆棘灌木。明代末年，安陆侯吴杰、永定侯张全在此修筑炮台一座，炮台岭上现还残存炮台建筑的青砖墙基，地面部分的青砖在20世纪70年代被拆除。

A₁₁₋₂　**水营细岭炮台遗址**　〔防城区水营村西面细岭上·明代〕　明代末年，安陆侯吴杰、永定侯张全在细岭修筑炮台一座，与不远处稍高的炮台岭炮台一同扼守防城出海口咽喉。原炮台为泥土夯筑圆台，高1米多，1958年炮台被毁平，现仅存炮台圆形痕迹。原置铁炮亦不知去向。

12－A₁₂　**冲茶窑址**　〔防城区茅岭乡大坝行政村冲茶村西约500米冲茶沟·清代〕　窑址包括社山塘和凤山坪窑区，尚可见窑口3座，每座窑面积约2平方米。冲茶窑区的废品堆积厚约2—3米，面积约64平方米，内含碎砖及碗、盘及器圈足、托柱等。瓷器胎质灰白，胎较厚，施釉不及底和圈足，釉色以灰白釉为主。有的器物绘有青灰花卉。

13－A₁₃　**那梭炮台遗址**　〔防城区那梭镇炮台行政村炮台脚村东面的炮台岭顶·清代〕　清光绪十六年（1890）修建。炮台平面呈椭圆形，外围墙用片石干砌，内部设施已倒塌。南面可守那勤、扶隆大录入江平、东兴的必经之道，西面监视防城入那良、板八、垌中的必经之路。

14－B₁　**潭东唐墓**　〔防城区江山乡潭蓬行政村潭东村·唐代〕　1982年修路时发现唐墓1座，为砖室墓，墓室被毁。出土六系陶罐、青瓷碗、花瓣形印花青瓷碟残件等。（见《考古》1985年9期）

15－B₂　**刘永福母亲墓**　〔防城区那良镇那楼行政村那营村虎龙岭山腰上·清代·市文物保护单位〕　刘永福母亲陈氏原葬于上思，清光绪五年（1879）迁葬于虎龙岭。墓葬朝西南，冢呈圆丘形，三合土封面，宝珠顶。前有墓碑和方形祭台，碑面正中竖行刻"皇清诰赠二品夫人谥慈惠刘母陈夫人墓"，冢两侧及后面有半圆形三合土墓圈墙，墓圈墙两端立望柱。墓后约100米有三合土镶嵌的石碑，字迹模糊不清。

16－C₁　**潭蓬运河**　〔防城区江山乡潭蓬行政村潭蓬村·唐代·自治区文物保护单位〕　俗称"仙人泷"。开凿于唐元和三年（808）至咸通九年（868）之间，唐咸通七年（866）安南都护、本管经略招讨使高骈募工疏通。运河东西走向，沟通了防城港和珍珠港，缩短了海上航程。全长约3公里，宽8—25米。在运河东段河道北壁下方刻有"咸通九年三月七日""湖南军""元和三年五月作"等字,行书,阴刻。

17－C₂ 三都书院 〔防城区防城镇中山社区中山路防城中学·清代〕 建于清嘉庆二十一年（1816）。三进院落,由前、中、后三座及天井、厢房组成,占地面积约4500平方米。现存后座,砖木结构,面阔三间,进深一间,抬梁式木构架,硬山顶,盖小青瓦。1910年以来为学校使用。

18－C₃ 骏威桥 〔防城区扶隆乡那勤行政村西江村六阔口小河上·清代〕 为广西近代名人林俊廷（1876—1933,旧桂系将领）所建。东西走向,单孔石拱平桥,长15米,宽2.38米,高6米,拱跨5.2米。桥台（墩）、桥身、桥拱均用料石干砌,桥面铺石板,两端与河岸齐平。桥头原立石碑已不存。

19－C₄ 扶隆古道 〔防城区扶隆乡平隆山,上思县叶安乡那荡一带·清代〕 建于清代,具体时间不详。古道起于防城区扶隆乡平隆山,止于上思县叶安乡那荡,全长约60公里。路面用石块铺设,最宽处1.5米,窄处1米。当时是十万大山一带居民沟通外界的一条主要通道,一直沿用到20世纪70年代。

20－C₅ 望龙楼 〔防城区那良镇范河行政村范河林场内·清代〕 建于清末,具体时间不详,为当地秀才杨南昌修建。坐北朝南,砖木结构,中西式结合的围屋建筑。平面呈长方形,由门厅、望龙楼、两天井、后厅、连廊、碉楼组成,占地面积约670平方米。东西两侧围墙内侧连廊连接望龙楼与北面两角碉楼。望龙楼位于围屋中心,为西式三层楼房。南侧两角碉楼为四层四角攒尖顶,其余屋面均为硬山,顶盖小青瓦。

21－C₆ 三圣庙 〔防城区那良镇那良社区兴宁路中段·清代〕 建于清代,具体时间不详。原庙为二进院落,由前殿、后殿、天井、厢房组成。现仅存后殿,坐北朝南,砖木结构,面阔三间,进深一间,前置檐廊,立方形檐柱2根,明间双开木门,室内为通殿。庙内保存有清代碑刻8方。占地面积78.84平方米。

22－C₇ 关帝庙 〔防城区滩营乡平旺行政村旧街头·清代〕 建于清代,具体时间不详。庙坐西北朝东南,砖木结构,二进院落,占地面积142.59平方米。前、后殿面阔三间,进深一间,硬山顶,盖小青瓦。前座有前檐,明间双开门,两次间无前檐墙。

23－C₈ 板八碉楼 〔防城区峒中镇板八行政村板四组6号·清代〕 建于清代,具体时间不详。碉楼坐西朝东,砖木结构,面阔5.6米,进深6米,砖墙,木架梁,硬山顶,盖小青瓦。高三层,底层可存放粮食,二、三层可住人,四壁设有瞭望孔。占地面积33.6平方米。

24－D₁ 凿字岭摩崖石刻 〔防城区那良镇大村行政村那卜屯东约1公里·清代〕 摩崖石刻3方。在高3.2米,宽4.5米,长2米的巨石南壁上阴刻榜书"天黄偶成""天道之向"和"硕巅广志公出龙门"等。文皆竖行,字径0.1—8米,楷书,阴刻。史载清康熙年间"三点会"在钦廉活动,此石刻可能是"三点会"活动的遗迹。

25－D₂ 华石奉宪示禁碑 〔防城区华石镇华石行政村华石村·清代〕 碑刻1方。清嘉庆十六年（1811）立。碑高1.28米,宽0.6米,厚0.1米。碑文竖18行,满行41字,计742字,字径0.02米,楷书,阴刻。首题"奉宪示禁"4字,额题"署廉州府正堂理猛直隶军民府加十级纪录十次傫",落款"嘉庆十六年三月十二日示发仰时罗尚张褂晓谕"。碑文记载防城华石乡民在嘉庆年间（1796—1820）受当地官差压迫、剥削的情况。

26－D₃ 村头奉宪示禁碑 〔原立防城区华石镇行政村华石村头,现存防城区博物馆·清代〕 碑刻1方。清嘉庆十六年（1811）立。碑高1.25米,宽0.64米,厚0.1米。碑文竖16行,满行40字,计676字,字径0.02米,楷书,阴刻。首题"奉宪示禁"4字,额题"特授廉州府正堂加三级记录七次季指示扰民同"。碑文载防城华石乡民在嘉庆年间（1796—1820）受当地官差压迫、剥削的情况,乡民逃亡者不可胜数,官府于是出告示严禁奴役乡民。

27－D₄ "大清国钦州界"九号界碑 〔防城区那良镇范河行政村范河村江口的北仑河岸边·清代〕 清光绪十六年（1890）立。碑阳朝南,碑高1.26米,宽0.6米,厚0.3米。碑面中间竖行刻楷书"大清国钦州界",左侧竖行刻"光绪十六年二月立",右侧竖行刻"知州事李受彤书"。

28－D₅ "大清国钦州界"十号界碑 〔防城区那良镇大河村大河村南面约1公里石碑峒·清代〕 碑刻1方。清光绪十六年（1890）立。碑阳朝西,高1.77米,宽0.63米,厚0.23米。碑面中部竖行刻楷书"大清国钦州界",右侧竖行刻"知州事李受彤书",左侧竖行刻"光绪十陆年贰月立"。文皆阴刻。

29－D₆ "大清国钦州界"十一号界碑 〔防城区那良镇其那行政村加龙村东面约500米的竹林边·清代〕 碑刻1方。清光绪十九年（1893）立。碑阳朝南,碑高1.55米,宽0.43米,厚0.23米。碑面中部竖行刻楷书"大清国钦州界",右侧竖行刻"光绪十九年十一月立",左侧竖行刻"十一号知钦州知州事李受彤"。文皆阴刻。

30－D₇ "大清国钦州界"十三号界碑 〔防城区

那良镇滩散行政村墩寿村滩散至峒中公路边·清代〕碑刻1方。清光绪十五年（1889）立。碑阳朝西，碑高2.2米，宽0.65米，厚0.24米。碑面中部竖行阳刻楷书"大清国钦州界"，右侧竖行阴刻"光绪拾伍年拾壹月吉日立"。

31 - D₈"大清国钦州界"十四号界碑 〔防城区那良镇滩散行政村六市路口·清代〕碑刻1方。清光绪十六年（1890）立。碑阳朝北，高2米，宽0.63米，厚0.23米。碑面中部竖行阳刻楷书"大清国钦州界"，右侧竖行阴刻"光绪拾伍年拾壹日吉日立"。

32 - D₉"大清国钦州界"十五号界碑 〔防城区那良镇高林村坑怀村西面约2公里的山脚处·清代〕碑刻1方。清光绪十九年（1893）立。碑阳朝南，高1.32米，宽0.3米，厚0.2米。碑面中部竖行刻楷书"大清国钦州界"，右侧竖行刻楷书"光绪十九年十一月立"，左侧竖行刻"十五号知钦州知州事李受彤立"。文皆阴刻。

33 - D₁₀"大清国钦州界"十六号界碑 〔防城区那良镇里火行政村大闸村西面的界河旁·清代〕碑刻1方。清光绪十六年（1890）立。碑阳朝西，高1.26米，宽0.34米，厚0.15米。碑面中间竖行刻楷书"大清国钦州界"，右侧竖行刻"光绪十六年十一月立"，左侧刻文仅可辨"十六""李"等字，其余字迹较模糊。文皆阴刻。

34 - D₁₁"大清国钦州界"十八号界碑 〔防城区峒中镇大坑行政村大坑村西面的稔云岭顶上（已离开原位）·清代〕碑刻1方。清光绪十九年（1893）立。碑经搬移已倒伏于草丛中。碑高2米，宽0.3米，厚0.25米。碑的一面中部竖行刻"大清国钦州界"，右侧竖行刻"光绪十九年十月"，左侧竖行刻"知钦州事李受彤立"；另一面刻有：NO：18，1895和法文字母，下方刻有中文"大南"2字。文皆阴刻。

35 - D₁₂"大清国钦州界"二十一号界碑 〔防城区峒中镇和平行政村那灯村西面约2000米·清代〕碑刻1方。清光绪二十一年（1895）立。碑残高0.74米，宽0.27米，厚0.15米。碑一面的上部横行刻"1895"，中部竖行"大南"2字。朝另一面的上部左侧有"立"字，中有"界"字下半部分。文皆阴刻。

36 - D₁₃"大清国钦州界"二十三号界碑 〔防城区峒中镇尚义行政村峒尾村南面青龙岭山腰·清代〕碑刻2方。清光绪十五年（1889）立。界碑有大、小各1方，碑阳朝西南，右边为大碑，尖顶圭形，高1.43米，宽0.36米，厚0.16米，碑面中部竖行刻"大清国……"，右侧竖行刻"光绪十五年十……"；左边小碑右侧竖行刻"大清国钦州……"，左侧竖行刻

"知钦州事……"，其余文字已没入土中。文皆阴刻。

37 - D₁₄"大清国钦州界"二十四号界碑 〔防城区峒中镇尚义行政村峒头村南面约500米的坡地边·清代〕碑刻1方。清光绪十九年（1893）立。碑阳朝东北，高1.43米，宽0.36米，厚0.16米。碑面中部竖行刻楷书"大清国钦州界"，右侧竖行刻"光绪十九年十一月二十四号"，左侧竖行刻"知钦州事李受彤立"。文皆阴刻。

38 - D₁₅"大清国钦州界"二十五号界碑 〔防城区峒中镇板兴行政村那心村边贸口岸东面约50米处的田地中·清代〕碑刻1方。刻于清代。碑阳朝东南，高1.8米，宽0.63米，厚0.3米。碑面中部竖行刻楷书"大清国钦州界"，两侧的字迹模糊不清。文皆阴刻。

39 - D₁₆"大清国钦州界"二十六号界碑 〔防城区立于峒中镇坤闵行政村坤闵村东面·清代〕碑刻1方。清光绪十三年（1887）立。碑阳朝南，高1.9米，宽0.57米，厚0.2米。碑面中部竖行刻楷书"大清国钦州界"，右侧竖行刻"廿十六号"，左侧竖行刻"光绪十三年十一月吉日"。文皆阴刻。

40 - E₁ 那崇营盘遗址 〔防城区华石镇那崇行政村西北面约1公里营盘岭顶·清代〕传为清末黑旗军修筑。营盘原有6条壕沟，深约2米，因耕种将壕沟挖平。西南面1.2公里的米龙幢炮台岭是当年法军驻扎的地点，营盘岭是法军米龙幢炮台岭下山通向防城、东兴的必经路口，黑旗军和法军曾在此发生过激烈的战斗。营盘岭下有一片田地叫打铁铺，是当年刘永福打制兵器的地方。

41 - E₂ 米龙幢法军炮台遗址 〔防城区华石镇那崇行政村西南面2.2公里的米龙幢炮台岭·1884年〕清光绪十年（1884）中法战争时侵华法军修筑，俗称番鬼屯。炮台用红砖砌筑，已毁，遗迹仍清晰可见。炮台东面的山坡修有地道，北面遗存掩体及长约50米，宽4米，深2米的壕沟遗迹。法军当年曾在此受到刘永福所率黑旗军的英勇阻击。

42 - E₃ 沙坳岭法军营盘遗址 〔防城区江山乡白龙行政村横港村西南面的沙坳岭上·1884年〕俗称番鬼岭营盘、石头城。清光绪十年（1884）法军入侵白龙尾时在此安营扎寨。清军与当地群众曾在此与法军展开激烈的战斗。岭前不远处即为法军的坟场。营盘四周用石头砌筑围墙，墙建造营房，占地面积约2664平方米。现围墙的墙基仍保存完好，营盘的遗迹清晰可见。

E₃₋₁ 法军坟场 〔江山乡横港村沙坳岭前约500米坡地·1884年〕俗称死佬田。清光绪十年（1884）

法军入侵白龙尾时，在沙坳岭安营扎寨并与清军和当地群众发生激烈战斗。阵亡法军即埋葬于此。现为荒芜坡地，已看不出当年埋葬痕迹。

43-E₄ 连城要塞遗址和友谊关（防城港市段）〔防城区江山乡白龙行政村白龙尾半岛·1885—1898·全国重点文物保护单位〕 连城要塞是清末广西提督、边防督办苏元春于清光绪十一年至二十四年间（1885—1898）督建的边防军事设施。防城港市境段主要是防城区江山乡白龙尾半岛的白龙炮台。

E₄₋₁ 白龙炮台〔防城区江山乡白龙行政村白龙尾半岛·1894年〕 清光绪十二年（1886）由张之洞率部勘察选址，清光绪二十年（1894）建成，海口营管带陈良杰督建。由白龙、龙珍、龙骧、银坑4座炮台组成炮群，分别建于白龙尾半岛的4座临海的小山丘上，呈弧形排列，互相呼应。炮台平面呈椭圆形，长12米、宽约6米。片石及三合夯土墙，内设炮位，炮台拱门分别嵌有台名石匾。"白龙台"和"银亢台"为双炮位，各安放铁炮2门，"龙珍台"和"龙骧台"为单炮位，各安放铁炮1门，铁炮已散失。炮台内有营房、火药库等地下建筑。4座炮台与企沙镇的石龟头炮台互为犄角。总占地面积约31.4万平方米。

44-E₅ 刘永福旧居〔防城区那良镇那楼行政村那营屯·1886年·市文物保护单位〕 中法战争后，刘永福在那良营建住宅。后因那良地处边境，另择钦州建三宣堂。旧居建于清光绪十二年（1886）。坐东北朝西南，二进院落，由前、后座及天井组成。占地面积约1803平方米。前、后座面阔三间，青砖墙，前出檐廊，廊柱与前檐墙间，廊两端山墙均开有拱门，正面大门上方有彩壁画，硬山顶，盖小青瓦。前、后座中隔天井，天井两侧为厢房。

45-E₆ 苏元春衣冠墓〔防城区那良镇范河行政村范河村西面公保岭·清代〕 建于清末。为清末广西提督、边防督办苏元春的衣冠墓。墓葬朝东南，圆丘形冢，用青砖围砌，底径约14米。花岗岩墓碑，高1.5米，碑面无碑文。冢前立浮雕龙纹华表4根，径约0.25米，高约4米。墓后砌有16米护墙。20世纪70年代末墓被盗，华表、墓碑皆佚。

46-E₇ 唐浦珠墓〔防城区大菉镇坡稔行政村坡稔村西南约2公里李勇山·1912年〕 唐浦珠（？—1912），广西防城县大菉镇人。曾任清末大菉圩民团团总。1906年率大菉民团30余人参加防城起义，史称"防城之役"。此后唐浦珠加入同盟会。1912年在越南芒街被捕，被引渡回钦州后被杀害。墓葬朝东北，圆丘形土冢，高0.7米，底径约1.7米。墓前有一块砂岩石作为墓碑标志。

47-E₈ 彭智芳宅〔防城区茅岭乡美丽行政村新屋村·1928年〕 彭智芳（1887—1968），广西防城茅岭人，国民革命军第63军153师师长、第七战区司令长官部中将高参。中华人民共和国成立后任广州市政协委员，1968年病逝于广州。旧居建于1928年。坐北朝南，砖木结构，三进院落，由前、中、后座及两天井、厢房、碉楼组成。主体建筑面阔三间，清水墙，山墙搁檩，硬山顶，盖小青瓦。室内、天井地面均为青砖铺地。天井围墙内各设厢房，庭院四角各建1座二层硬山顶碉楼。

48-E₉ 谦受图书馆旧址〔防城区防城镇防城中学·1929年·市文物保护单位〕 1929年冬，由时任广东省省长陈济棠捐资兴建，并以其父之字命馆名。陈济棠（1890—1954），字伯南，广西防城人，国民革命军陆军一级上将，曾任国民革命军第6集团军总司令、国民党中央执行委员会委员、农林部长、琼崖行政长官兼警备司令等职，1954年病故于台北。馆址坐西朝东，砖混结构，为3座仿西式二层楼房，还有池、亭、桥等附属建筑。占地面积约729平方米。三座楼房平列，四周廊道相通。主楼厅墙壁上嵌陈济棠撰书的《谦受图书馆记》石匾。现为防城中学图书馆。

49-E₁₀ 慰慈救济院旧址〔防城区防城镇防城市中医院·1935年〕 是陈济棠、陈维周兄弟奉其母遗愿兴建。于救济院前冠以"慰慈"二字，取安慰慈祥的母亲意。救济院包括育婴堂、养老院、2座砖木结构二层楼房，硬山顶，盖小青瓦。房内地面铺花阶砖，墙四周雕刻有精美图案。墙上嵌刻陈济棠撰书的《慰慈救济院记》1方。后因中医院改扩建，原建筑被拆毁，现尚存陈济棠《慰慈救济院记》镶嵌在中医院后门的山墙内。

50-E₁₁ 伯南公园〔防城区防城镇西侧防城江长洲岛·1935年〕 1935年，陈济棠捐款在防城江中长洲岛兴建公园，并取其字命名为"伯南公园"。公园四面环水，门楼镌刻"伯南公园"4字，园内设有亭、台、楼、阁，风景秀丽，面积约8万平方米。1985年6月维修。

51-E₁₂ 陈济湘旧居〔防城区防城镇沙埠行政村二组的临江边·民国〕 陈济湘，又名陈维周，陈济棠五哥。旧居为陈济湘的别墅，当地称"陈五少别墅"。旧居坐西南朝东北，砖木结构，二进院落，平面呈"凸"字形，面阔9.5米，进深12.2米，占地面积约120平方米。前、后座为二层楼房，面阔三间，进深一间，青砖墙，木梁架，硬山顶，盖小青瓦。北侧厨房面阔三间，单檐悬山顶。

52-E₁₃ 平旺烈士纪念碑〔防城区滩营乡平旺行

政村平旺村西南约 200 米的坡岭上·1963 年〕 建于 1963 年。坐西北朝东南，砖石结构，碑高 7 米，面饰白石米。碑座为四方形，长 3.5 米，宽 2.8 米，正面漆书烈士芳名、籍贯。碑身为立柱体，顶塑五角星，正面竖两行刻"中国人民解放军一五一师四五一团三营于防城县剿匪中光荣牺牲烈士纪念碑"，西北面竖行刻"革命烈士永垂不朽"。碑后面有烈士的墓茔。

53 - E₁₄ **抗日武装起义纪念亭** 〔防城区那良镇那良社区那良中学校园内北面营盘岭上·1985 年〕 1985 年为纪念那良抗日武装起义牺牲的烈士而建。坐北朝南，钢筋混凝土结构六角亭，重檐六角攒尖顶，盖琉璃瓦。亭正面檐下有黄云题"那良抗日武装起义纪念亭"匾。亭内中部并立石碑 2 方，左碑碑阳刻"革命烈士永垂不朽"，碑阴刻烈士芳名；右碑碑阳为那良抗日武装起义简介，碑阴是迁建碑记。亭四周有砖砌城垛式围栏。

54 - E₁₅ **防城烈士陵园** 〔防城区防城镇东北隅的镇夏岭上·1992 年〕 为纪念解放战争时期牺牲的邱祥霞、黄木芬、钟竹筠、刘镇夏、陈凤鸣 5 位烈士而建，1992 年竣工。陵园建于山顶上，占地面积约 21344 平方米。坐北朝南，前为四柱三间石牌坊，明间额刻"防城烈士陵园"。沿台阶往上为照壁，刻陵园简介及烈士的事迹，最高处为回廊和纪念亭，亭前横列 5 位烈士塑像，四面雕有《丁未惊雷》等 4 组浮雕。正面有"革命烈士永垂不朽"石碑，南面有刘镇夏烈士墓。

55 - F₁ **肇英堂旧址** 〔防城区防城镇教育路原防城第一招待所内·1935 年〕 陈济棠二哥陈济隆的儿子陈树雄于 1935 年建。坐北朝南，砖木结构双层围屋，面阔 22 米，进深 18.5 米，有大小房间 34 间，占地面积约 348 平方米。正门两侧各有两层悬山顶楼房，面阔皆三间。大厅正上方有"肇英堂"匾。北面开 3 门。中间为天井，四角各设三层碉楼 1 座。外围为石基础，3 米以上用青砖砌筑。北楼为混凝土楼面，房子下筑有地道通往中山路的维伯堂。

56 - F₂ **维伯堂** 〔防城区防城镇中山路 188 号·民国〕 建于民国，也称"继园"，为陈济棠与其兄陈维周修建。坐西朝东，二层西式建筑，面阔 16.65 米，进深 44 米，占地面积约 733 平方米。灰沙抹面，楼面、天面均为钢筋混凝土结构。楼内分为厅堂、厢房、过道等，楼顶后期添建一层。曾作为国民党县党部驻地。

57 - G₁ **营盘村铜鼓出土点** 〔防城区茅岭乡美丽行政村营盘村东北约 20 米·东汉—唐〕 1923 年，营盘村出土北流型铜鼓 1 面。鼓面径 0.9 米，高 0.5 米。鼓面太阳纹七芒。面沿环立四足蛙六只。足已残。

58 - G₂ **麻角地瓷器窖藏** 〔防城区江山乡潭蓬行政村潭蓬村南约 2.5 公里麻角地·明代〕 1982 年 6 月，麻角地山腰出土青花瓷器 14 件，用一陶缸盛装。其中碗 9 件，碟 5 件。碗敞口，深腹，圜底圈足，底饰青花花草、竹、梅、山石等。外壁绘花卉、飞鸟、缠枝蕃莲、八宝、水草、松、竹、梅、山石纹。口径 0.126—0.15 米，高 0.059—0.067 米。碟敞口，圜底圈足，口沿下内壁饰青花 2 周，底绘山石、花木，外壁腹下绘缠枝花、八宝纹等。口径 0.166 米，高 0.035 米。（见《考古》1985 年 9 期）

59 - G₃ **皇殿岭铜火铳出土点** 〔防城区江山乡潭蓬行政村潭北村东北约 500 米皇殿岭·明代〕 1982 年 10 月，皇殿岭冲沟出土铜火铳 1 件。残长 0.38 米。身分三节，铳筒、火药膛、铳各一节。铳口及各节间作箍状凸棱一周。铳筒口径 0.015 米，火药膛短而鼓，长 0.058 米，最大径 0.062 米，靠后部开有一小圆孔以放置药捻。左侧腔壁被炸毁。（见《考古》1985 年 9 期）

东兴市

1 - A₁ **社山遗址** 〔江平镇交东行政村交东村西南海边社山·新石器时代·自治区文物保护单位〕 贝丘遗址。1958 年发现。面积约 8 万平方米。文化堆积分上、下二层：上层为贝丘堆积，厚 0.8 米；下层为含兽骨碎块、绳纹陶片的褐色土堆积，厚 0.4 米。采集有夹砂绳纹灰色陶片、磨光石斧、兽骨等。陶片过残，器形不明。

2 - B₁ **龙岭墓葬** 〔江平镇黄竹行政村高滩屯后龙岭山·清代〕 俗称"安阳王墓"。墓葬朝南，三合土冢，墓前建有 10 余级石砌踏跺，旁立 2 根方形石立柱。柱宽约 0.25 米，高 1.5 米，柱顶雕刻蹲麒麟。拜台两侧各有石狮 1 尊。墓侧竖立数方高约 1 米，宽约 0.6 米的碑状花岗岩石板。占地面积约 120 平方米。墓曾多次被盗，已遭破坏，踏跺、石柱保存，残碑可辨"巫"等字。

3 - C₁ **谆良何公祠** 〔马路镇马路行政村下里卜村·清代〕 建于清咸丰四年（1854），清同治九年（1870）重修。坐西朝东。砖木结构，二进院落，由前庭院、前座、后堂、天井组成。主体建筑面阔三间，抬梁式木构架，悬山顶，盖小青瓦。前座设前庭院，有前檐廊，立棱形石檐柱 2 根，封檐板刻动物及花卉图案。后堂正堂设何氏宗族神位。

4 - C₂ **伏波庙** 〔东兴镇东郊社区罗浮村龟岭山·清代〕 建于清光绪二十年（1894）。坐北朝南，砖木结构，二进院落，由前殿、后殿、天井、走廊组成，占地面积约 250 平方米。前殿、后殿面阔三间，硬山顶，盖小青瓦。前殿有檐廊，檐柱 2 根。两侧有砖砌拱门。廊前置 4 级石踏跺。天井用条石铺砌，两侧为敞开式走廊。后殿内以砖墙分隔，明间正殿供奉伏波将军像，像前葫芦状石香炉阴刻"伏波庙" 3 字，落款"光绪二十年岁次甲午八月吉旦""防城县东兴街□□"。

5 - C₃ 三圣宫 〔东兴镇竹山行政村国界零公里处东面 200 米处·清代〕 建于明代，清光绪二十二年（1896）年重修。坐东朝西。砖木结构，二进院落，由前殿、后殿、天井、走廊组成，占地面积约 300 平方米。前殿、后殿面阔三间，青砖墙，抬梁式木构架，硬山顶，盖小青瓦。前殿有前檐廊，方形檐柱 2 根，门额挂"三圣宫"匾。天井用条石铺砌。后殿明间设神坛，供"北帝""岳王"像。庙内存清光绪二十二年《□修上下式庙碑记》1 方，记捐资修庙人芳名。

6 - C₄ 三婆庙 〔江平镇山心行政村山心村西北面·清代〕 建于清代，具体时间不详。坐东南朝西北，砖木结构平房，占地面积约 500 平方米。平面呈"凸"字形，面阔三间，进深一间。前有檐廊，立浮雕盘龙石檐柱 4 根，三联拱门，硬山顶，盖小青瓦。廊前有 2 级踏跺。廊内正门额塑"三婆庙"匾，两侧门楹右书上联"一年清泰蒙三庇"，左书下联"四季安康托婆祐"。两次间开拱窗。

7 - D₁ "大清国钦州界"一号界碑 〔东兴镇竹山行政村国界零公里处·清代〕 碑刻 1 方。清光绪十六年（1890）立。碑阳朝南，高 1.76 米，宽 0.62 米，厚 0.27 米。碑面中部竖行刻楷书"大清国钦州界"，右侧上方竖行刻"光绪十六年二月立"，左侧竖行刻"知州事李受彤书"。文皆阴刻。

8 - D₂ "大清国钦州界"三号界碑 〔原立于北仑河中方河岸上，现置东兴镇深沟河口·清代〕 碑刻 1 方。清光绪十六年（1890）立。碑高 1.66 米，宽 0.59 米，厚 0.25 米。碑体已断为两截，碑面中部竖行刻楷书"大清国钦州界"，右侧上方竖行刻"光绪十六年二月立"，左侧竖行刻"知州事李受彤书"。文皆阴刻。

9 - D₃ "大清国钦州界"四号界碑 〔东兴镇河堤路中段南距北仑河约 20 米·清代〕 碑刻 1 方。清光绪十六年（1890）立。已被搬移倒伏。碑高 1.82 米，宽 0.6 米，厚 0.3 米。碑面中部竖行刻楷书"大清国钦州界"，右侧上方竖行刻"光绪十六年二月立"，左侧竖行刻"知州事李受彤"。文皆阴刻。

10 - D₄ "大清国钦州界"五号界碑 〔东兴市口岸西侧南距北仑河约 10 米处·清代〕 碑刻 1 方。清光绪十六年（1890）立。碑阳朝西，高 1.65 米，宽 0.57 米，厚 0.26 米。碑面中部竖行刻楷书"大清国钦州界"，右侧上方竖行刻"光绪十六年二月立"，左侧竖行刻"知州事李受彤书"。文皆阴刻。

11 - D₅ "大清国钦州界"六号界碑 〔东兴镇北郊社区 14 组西南面北仑河边·清代〕 碑刻 1 方。清光绪十六年（1890）立。碑阳朝西，高 1.65 米，宽 0.63 米，厚 0.29 米。碑面中部竖行刻楷书"大清国钦州界"，右侧上方竖行刻"光绪十六年二月立"，左侧竖行刻"知州事李受彤书"。文皆阴刻。

12 - D₆ "大清国钦州界"七号界碑 〔东兴镇江那行政村南面距北仑河 10 米处·清代〕 碑刻 1 方。清光绪十六年（1890）立。碑阳朝南，高 1.65 米，宽 0.58 米，厚 0.28 米。碑面中部竖行刻楷书"大清国钦州界"，右款竖行刻"光绪十六年二月立"，左款竖行刻"知州事李受彤书"。文皆阴刻。

13 - D₇ "大清国钦州界"八号界碑 〔东兴镇大田行政村旺兴屯西面约 300 米处·清代〕 碑刻 1 方。清光绪十六年（1890）立。碑阳朝西，高 1.58 米，宽 0.6 米，厚 0.31 米。碑面中部竖行刻楷书"大清国钦州界"，右款竖行刻"光绪十六年二月立"，左款竖行刻"知州事李受彤书"。文皆阴刻。

14 - E₁ 国民党军统局海外部训练班旧址 〔马路镇马路行政村茅坡村南约 400 米·1941 年〕 1941 年春，国民党军统局海外部在此开办秘密训练班，学员是来自那良、马路、思勒、罗浮等地和越北各地的男女青年华侨 200 余人。旧址原为思罗学校，1927 年广东省主席陈济棠兴建，占地面积约 5000 平方米。大门坐东朝西，大门内原设有训练场、教室、宿舍等。主体建筑为面阔三间的砖木结构二层楼房，硬山顶，盖小青瓦。今存 1 座三间。

15 - E₂ 东兴烈士墓园 〔东兴镇中越友谊公园北面山坡·1958 年·市文物保护单位〕 为纪念 1945 年至 1967 年牺牲的陈汉东、沈强、林矫、叶世、林八、黄八成、时志恒等 9 位烈士，东兴各族自治县人民政府于 1958 年修建，2008 年维修。墓园坐南朝北，园内有烈士墓 4 座，皆朝东，砖石水泥结构圆形冢，占地面积约 2000 平方米。

16 - E₃ 中越人民革命烈士纪念碑 〔东兴镇中越友谊公园公园·1958·市文物保护单位〕 1958 年中共东兴各族自治县委员会、东兴各族自治县人民政府为纪念中越两国人民在革命斗争中牺牲的烈士而建。纪念碑坐北朝南，由碑座及碑身组成，高约 12 米，砖石水泥结构，占地面积约 1200 平方米。碑座呈四方

"凸"字形,正面下方分别用中越文字刻刘镇夏、陈凤鸣等 22 名中越烈士英名。碑身呈方柱形,正面镌刻"中越革命烈士纪念碑",背面刻中越两种文字"光荣的人民英雄永垂不朽"。西面为越文碑题。

17 - F₁ 罗浮恒望天主教堂 〔东兴镇楠木山行政村恒乐屯西面约 100 米·清代·自治区文物保护单位〕清道光十二年(1832)法国传教士包文华创建。坐东南朝西北,砖木结构,哥特式建筑,主教堂高二层,面阔三间,前面及两侧设有外廊,正面为三联拱外廊,圆形及方形拱楣窗,顶砌女儿墙,山花墙面塑"天主堂"三字。北面约 10 米有三层方形钟楼,东面约 200 米有二层骑楼式修女院,并附学校、育婴堂等。占地面积约 5400 平方米。育婴堂、学校已毁。

18 - F₂ 三德天主教堂 〔东兴镇竹山行政村三德村东面约 300 米处平坡地·清代〕清道光三十年(1850)法国传教士包文华创建。坐北朝南,砖木结构,大门为塔形建筑,高四层,教堂面阔约 9 米,进深约 26.4 米。大门底层两侧及塔形屋顶竖十字架。底层前有走廊,走廊上方有厢房。教堂后部两侧凸出部位为厢房。占地面积约 1200 平方米。

19 - F₃ 江平村教堂 〔江平镇解放路东端北面街·清代〕清咸丰四年(1854),由法国传教士创建,1984 年重修。哥特式建筑,坐北朝南,砖木结构。附有修女院、学校、育婴堂等,占地面积约 1500 平方米。教堂上设有钟楼,悬挂 3 只钟。

20 - F₄ 明江师范图书楼旧址 〔东兴镇人民路东面,东兴市第二小学校园内南面·民国〕据史料记载,现东兴第二小学校园前身为明江师范学校旧址,建于 20 世纪 20—30 年代。现存明江师范图书楼。坐北朝南,砖木结构,为中西合璧骑楼式二层建筑。底层、二层正门前为四联拱外廊,直棂式栏杆,两侧面开拱门、窗。占地面积约 700 平方米。

21 - F₅ 陈济棠旧居 〔东兴镇永金街南面·民国〕俗称陈公馆,建于 20 世纪 20 年代。坐北朝南。砖木结构,由主楼及附楼组成,四周为砖石围砌围墙,北面开大门。占地面积约 2000 平方米。主楼平面呈"凸"字形,高二层,前为二层抱厦,底层置 3 级台阶,二层为阳台,以栏杆围护,平顶。抱厦后为主体,面阔四间,西侧间为外廊。硬山顶。二层东面有桥状梯通向附楼,附楼高三层,朝西,前为圆柱走廊,后置房间。

22 - F₆ 王氏民居 〔东兴镇生财街 5 号·民国〕民国时曾作为海关、银行等办公场所。坐南朝北,砖木结构,中西式合璧式楼房,高三层,面阔、进深二间。底层地面铺叶状花阶砖,二、三层前檐有六联外廊,二层廊沿砌砖栏杆,室内为木楼板,硬山顶。顶前檐砌半圆山花弧形女儿墙。占地面积约 250 平方米。

23 - G₁ 沥尾石斧出土点 〔东兴市江平镇沥尾行政村沥尾村东面临海坡地·新石器时代〕1981 年 7 月,沥尾村东面沙滩距地表深 0.8 米处出土石斧 3 件。石斧磨制。有长条形和梯形 2 种,弧刃,刃部有使用痕迹。较大的 2 件,长 0.6—0.88 米,宽 0.42—0.45 米。较小 1 件通身磨光,两面斜刃,长 0.04 米,宽 0.031 米。(见《文物》1984 年 9 期)

上思县

1 - A₁ 旧州故城址 〔思阳镇华加行政村旧州屯北·宋—明·县文物保护单位〕建于明弘治十八年(1505)前,具体时间不详。据《上思县志》记载,旧州城原为土城。城北临明江,南靠五马山,在高出河面 15 米的台地上,面积约 6.7 万平方米。地面散布很多陶瓷残片、青砖及瓦片,采集有南宋瓷碗片和明代黑底棕胎瓷缸片等。城墙已无痕迹。城内多已辟为耕地。

2 - A₂ 土地山营盘遗址 〔公正乡公正行政村那计屯北约 50 米土地山·清代〕建于清光绪三十三年(1907)。为边关第九、第十巡防队建营置兵之处。占地面积约 700 平方米。原有的营房等设施均已毁,山上只散布一些石块、砖、瓦等。

3 - A₃ 那凤窑址 〔在妙镇驮从村行政村那凤村西约 200 米山坡上·清代·县文物保护单位〕窑址北距明江河约 50 米,窑口及面积不详。现存残窑口 1 座,斜坡式龙窑,窑室呈馒头形,高约 2 米,径约 3 米。采集有夹粗砂棕釉青瓷碗、厚胎缸陶残片和青瓷碗片等。

4 - A₄ 板回塘铺遗址 〔那琴乡联惠行政村板回屯西南约 1 公里烟墩山坡·清代〕清康熙二十三年(1684)上思州知州戴梦熊与绅士捐资修建的 3 处官塘之一。板回塘铺为 3 处塘铺之头塘,据《上思县志》记载,板回头塘原建有三间房,设铺兵六名,后改设汛兵三名。知州戴梦熊捐置店舍于塘侧,招人开店,以便行人栖宿。现塘铺已毁,仅存碎砖及零散瓦片。

5 - A₅ 那琴塘铺遗址 〔那琴乡那琴行政村那琴乡卫生院东约 100 米顶塘山·清代·县文物保护单位〕清康熙二十三年(1684),上思州知州戴梦熊与绅士捐资修建的 3 处官塘之一,为其中二塘。设于顶塘山顶,现存基址。平面呈圆形,直径 3 米,墙用砖砌筑,残高 1.6 米。1990 年出土清乾隆二十年(1755)立《奉宪禁革碑》,碑文大意是各塘铺均拨兵驻守,附近村民有捐资承值、修葺铺舍和烟墩的责任,来往兵丁不得借故骚扰村民等。《上思县志》有载。

6－A₆ 枯桃塘铺遗址 〔那琴乡桃岭行政村古桃屯东南约1公里处永究山·清代〕 清康熙二十三年（1684）上思州知州戴梦熊与绅士捐资修建的3处官塘之一，为其中三塘。据《上思县志》载，枯桃塘铺原建有房屋三间，设铺兵六名，后改设汛兵三名。知州戴梦熊捐置店舍于塘侧，招人开店，以便栖宿。现塘铺已毁，遗址旁仍有清乾隆二十年（1755）立《奉宪禁革碑》1方，碑高1.8米，宽0.7米，厚约0.16米。

7－A₇ 文庙遗址 〔思阳镇朝阳路38号·明—清·县文物保护单位〕 又称黉宫、学宫。建于明正德五年（1510），明嘉靖三十一年（1552）毁于兵乱，后捐资修复，至清康熙年间（1662—1722）历任知州修缮、增修、扩建，清雍正元年（1723）奉旨改其中启圣祠为崇圣祠。原有的棂星门、泮池、大成殿、乡贤祠、崇圣祠、明伦堂、启圣祠、藏书阁、祭器库等建筑，多已毁。现存青砖砌拱门，门洞面阔3米，两侧墙长约30米，高约6.4米，厚约0.7米。大成殿前两侧厢房、崇圣祠，砖木结构，硬山顶，抬梁式木构架，盖小青瓦。

8－A₈ 华光庙遗址 〔思阳镇计怀行政村弄怀屯东约1公里处山上·清代〕 据《上思县志》记载，华光庙原有4座，县城四个城门各1座。现存北城门1座，系清嘉庆十年（1805）重建，原为三进院落，由前座、中殿、后殿组成，周边围墙为土筑，长约30米，宽约4.85米。现仅存后殿，面阔三间，屋顶已倒塌。另存嘉庆十年（1805）立《重建华光庙碑志》1方。碑文记信士、信童等芳名。

9－A₉ 华光寺遗址 〔在妙镇佛子行政村佛子村东约100米·清代·县文物保护单位〕 建于清道光年间（1821—1850）。原为四进院落，已毁。现仅存石香炉1个，用石凿成，呈方形，通高1.55米，其中基座高0.82米，长0.64米，宽0.55米。炉身通刻龙纹，中阳刻"五显官"、耳阴刻"道光十三年"字样。基座饰青松、竹、菊花及鹿等图案。

10－A₁₀ 王侯山古庙遗址 〔叫安乡熟康行政村百弄屯东面约1公里王侯山顶·清代·县文物保护单位〕 据《上思县志》记载，王侯山原残存古庙基址，为清咸丰、同治年间（1851—1874）民众集资修建。今庙已不存，遗址发现残碑石50多块，残碑上刻有"嘉庆""同治""光绪"及捐资建庙者芳名。现原址上又修了一座寺庙。

11－A₁₁ 平羌庙遗址 〔思阳镇玉学行政村平羌屯西面约100米·清代〕 又称土司庙，据民国版《上思县志》记载，此庙为祭祀宋代上思土司黄圣许所

建。现存中座，为清代修建。坐北朝南，高二层，上层已毁，现存底层，面阔三间，青砖墙，硬山顶，盖小青瓦。前檐墙已不存，立2根棱柱形石柱。

12－A₁₂ 娘娘庙遗址 〔平福乡平福行政村平福村东·清代〕 建于清末，具体时间不详。曾由当地群众改名为南海观音庙。据传当年刘永福部返乡省亲时曾捐资重修娘娘庙，为纪念刘永福，当地群众将其改名为文武庙。大部分建筑已损坏，仅存一间，占地面积约24平方米，砖木结构，青砖墙，硬山顶，盖小青瓦。屋外有天井，面积约20平方米。

13－A₁₃ 兰西岭塔遗址 〔平福乡平福圩北面约1公里兰西岭山坡·清代〕 清光绪十年（1884），平福圩民众捐资修建宝塔以锁水口。为六角形砖塔，高两层约6米，两层门各有对联1副。一层对联为"论交时有古文风，醉后共谈天下事"。二层对联为"文化开千古，功名䦆两间"。塔已毁，遗址仅存残基座及残砖。《上思县志》有载。

14－B₁ 渌笔山凌氏家族墓地 〔思阳镇计怀行政村内禁水库北面约1公里渌笔山·明代·县文物保护单位〕 为明代崇祯三年（1630）庚午科进士凌登选及其家族墓地。墓葬5座，皆朝南。祖墓4座用三合土垒筑，略呈长方状，长约3.1—3.3米，宽约1.86—2.21米，高0.74—1米，墓碑呈屋檐状，墓主分别为凌府黄老淑人、谭老太恭人、凌太老大人、黄老淑人、举人凌登选。

15－B₂ 路柳山赵氏家族墓地 〔思阳镇华加行政村旧州屯东约1公里路柳山·明代·县文物保护单位〕 墓葬2座，皆朝北，三合土冢，呈弧背长方形。其一为赵紫霞墓，冢高1.5米，长4.2米，宽3.8米，明崇祯年间（1628—1644）赵氏族人与墓主外甥凌登选出资重修。墓碑面阴刻楷书"明显考赵府紫霞大公之墓"，其余碑文已难辨识。冢前有卵石堆砌成的祭台，祭台前约1米有2座三合土球状堆，右边1座已毁。另一墓在该墓偏东3米，系赵府梁氏之墓。冢高1.6米，长3.2米，宽2.6米，墓碑已毁。

16－B₃ 路柳山黎氏家族墓地 〔思阳镇华加行政村旧州屯东约1公里路柳山·明代·县文物保护单位〕 墓葬3座，系明墓清修。中为黎氏大公墓，左右各相距1米处分别为其正室、侧室墓。3墓皆朝西，冢呈圆丘形，四周围砌料石。中墓底径2.5米，高1.2米；两侧墓底径约2米，高1.2米。原墓碑已毁，现碑系黎氏家族于近年重修时所立。

17－B₄ 渌徐山徐氏家族墓地 〔那琴乡龙楼行政村那佐屯南面约1公里渌徐山腰·明代·县文物保护单位〕 共有墓葬2座。长方形三合土冢。明万历年

间（1573—1620）立碑，碑有屋檐状盖，顶饰宝珠，碑文为阴刻，楷书。其中一墓碑倒塌，另一墓前有盗洞。

18－B₅ 铁庐山陈氏家族墓地 〔叫安镇那当行政村汪门屯西面约1公里铁庐山腰·清—民国·县文物保护单位〕 有墓葬4座，占地面积约2500平方米。墓葬均朝北，主墓为"皇清待赠恭敏陈府近壮寿老先生待诰孺人陈府近耄寿王老太之墓"。清咸丰七年（1857）建，三合土冢，呈卧狮状，以石、砖围砌，长4.8米，宽4.3米，高1.74米。墓周围砌青砖围墙。墓前侧有青砖祭台，其余3墓在主墓北偏东面约50米处。三合土拌沙石冢，呈长方弧背状，墓长约2.7—3.2米，宽约1.5—1.93米，高约1.6—1.9米。

19－B₆ 林氏家族墓地 〔叫安镇三科行政村三科屯东面约100米江山坡上·清代·县文物保护单位〕 有墓葬56座，为清代林氏家族墓群，分布面积约560平方米。分为东、西两部分，东部有清乾隆年间（1736—1795）、清光绪年间（1875—1908）墓葬45座，西部有墓葬11座，排列稀疏无序。多用石、三合土垒筑。主墓3座，在东部，冢呈椭圆丘形，长2.8—4.3米，宽1.5—2米，高2—2.25米。分别为清嘉庆二十三年（1818）"林家太祖原任太平府教谕讳中享之墓"、清同治七年（1868）"皇清待赠孺人林门太始祖太婆之墓"、清同治十年（1871）"太始祖福荣太公连太婆之墓"。

20－B₇ 磨砖山廖氏家族墓地 〔叫安镇三科行政村叫强屯东南面约1里处磨砖山丘上·清代·县文物保护单位〕 墓葬分别为清道光八年（1828）、十年（1830）修建。共有墓葬13座，分布面积约75平方米。其中9座已塌毁，墓葬均朝西，三合土冢，呈弧背长方形，长1.7米，宽1.24米，高0.9米。

21－B₈ 渌布山陆氏家族墓地 〔思阳镇广元行政村广元屯北约2公里的渌布山山腰·清代·县文物保护单位〕 有墓葬2座，皆朝南，砖石拌三合土冢，呈弧背长方形。其中陆朝经夫妇合葬墓，系清乾隆四十九年（1784）重修，长2.34米，宽3.2米，高1.54米。墓碑刻"明故高祖显考讳朝经高祖妣吴氏合葬之墓"。墓东南、东面有高1米左右的三合土围墙。另一墓为"清故显考陆太公婆之墓"，长2.16米，宽1.08米，高1.54米，是陆朝经长男陆启盛夫妇墓。

22－B₉ 鹿鹤山陆氏家族墓地 〔思阳镇广元行政村广元村北渌布山墓前约500米鹿鹤山丘陵上·清代·县文物保护单位〕 有墓葬3座，皆朝南，弧背长方形三合土冢，长3.2米，宽1.76米，高1.8米，占地面积约200平方米。其中一墓为"清故显考陆太

公显妣吴氏府君合葬之墓"，是陆氏太始祖陆香次男陆启昌之墓。

23－B₁₀ 路柳山吕氏家族墓地 〔思阳镇华加行政村旧州屯东约1公里路柳山·清代·县文物保护单位〕 修筑于清代，具体时间不详。为旧州屯吕氏家族墓。共有墓葬3座，皆朝北。长方形三合土冢，高1.85米，宽1.2米，长2.37米。墓碑均已毁。

24－B₁₁ 那留墓群 〔华兰镇华城行政村那留屯西面约500米处山坡·清代〕 墓群分布面积约900平方米。为清康熙至清光绪年间（1662—1908）马、梁二姓家族墓，共有墓葬11座。其中马氏墓5座在坡东，梁氏墓6座在坡下，相距约20米。冢用三合土筑成弧背长方形，用青砖围砌，一般高1.3米，长3米，宽1.5米。墓前均立有墓碑。两墓群间山坡上立有"泰山"碑，梁氏墓群西约10米处立有"梁氏家族每年捐资祭祖条例"碑，碑两侧立八棱形花岗岩华表。

25－B₁₂ 帽山陆氏家族墓地 〔那琴乡桃行行政村下争屯西南约1公里帽山上·清代·县文物保护单位〕 有墓葬4座，分别于清乾隆四十年（1775）、清乾隆四十四年（1779）重修。墓葬均朝北，长方形三合土冢，墓长2.32—3米，宽1.33—1.76米，高1.2—1.54米。分别为陆肇兴、陆肇兴妻王氏、陆肇兴长子陆道恒、陆道恒妻陈氏墓。

26－B₁₃ 上寺林氏家族墓地 〔南屏瑶族乡渠坤行政村上寺屯·清代〕 分布面积约30平方米，为林氏家族墓地，有墓葬3座，皆朝南。冢用三合土筑成，似鲸鱼头状，高约1.7米。3座墓前均立有墓碑，并建置祭台。

27－B₁₄ 兰奉山凌氏家族墓群地 〔在妙镇佛子行政村岜僚屯西北面约1公里兰奉山腰上·清—民国·县文物保护单位〕 有墓葬7座，分布面积约300平方米。其中清道光至清宣统年间（1821—1911）墓葬5座，近代墓葬2座。墓皆朝西，三合土冢，呈椭圆状，高1.65—2.1米，长2.24—3.06米，宽1.5—1.86米。墓碑皆阴刻楷书，刻墓主名讳，墓前有祭台。

28－B₁₅ 旧州李氏墓 〔思阳镇华加行政村旧州屯东北面约100米处·唐代·县文物保护单位〕 建于唐代，宋代及清代均重修。现墓为清代修筑，墓葬朝北，平面呈中宽，前、后窄的梭形，长2.4米，高2米，用砂河石拌三合土垒筑。原墓碑已毁成碎块，仅可辨"大唐""讳"等字。现碑为清代所立，碑文为"大唐故显考讳安李大公之墓"。

29－B₁₆ 黄圣许墓 〔叫安镇双板行政村板门屯板门山坡·元代〕 据民国版《上思县志》记载，元代上思土牧黄圣许墓在南乡板门山，距县城六十里。其

穴场乘有龙脉，又阴竖石柱于汪修潭。原墓朝东南，原为宋代三色砖围砌，中间为土冢。后其墓由后人重修，并另立碑。

30 – B₁₇ 黄达墓 〔叫安镇板细行政村等祥屯南面约250米丘陵山上·明代·县文物保护单位〕 明嘉靖四十四年（1565）迁葬于此。墓葬朝北，冢已不存，周围散布不少青砖，墓碑高0.45米，宽0.32米，厚0.12米。碑面阴刻"故显考黄达之墓"，落款"万历五年十二月十五日考男黄丁泣立"。楷书。墓主黄达（1529—1549），生平不详。

31 – B₁₈ 卢氏夫妇墓 〔叫安镇那布行政村石牌屯西北面约500米石牌山·明代·县文物保护单位〕 建于明万历三十二年（1604）。为卢氏夫妇合葬墓。墓葬朝北，圆丘形土冢，高1.5米，底径3.2米。墓碑有屋檐盖，顶饰石珠，高0.97米，宽0.54米，厚0.13米。碑文阴刻"万历三十二年三月初十日"，"明故显考卢大□□姚廖大□□"，楷书。墓主卢氏夫妇，生平不详。

32 – B₁₉ 婆伯山黄氏墓 〔那琴乡那琴行政村那琴村东约3公里婆伯山山腰·明代·县文物保护单位〕 建于明代，清代重修。为上思县黄氏家族之太始祖墓。墓葬朝南，冢呈弧背长方形，青砖砌筑，高1.55米，长2.7米，宽1.2米。墓碑宽约0.8米，高1.1米，碑文阴刻，楷书。

33 – B₂₀ 旧州黎氏墓 〔思阳镇华加行政村旧州屯东面约100米·明代·县文物保护单位〕 建于明代，清光绪四年（1878）重修。墓葬朝西北，系用石块围砌，六面锥形，高2.2米，底径约3.3米，占地面积约100平方米。墓碑高0.9米，宽0.6米，碑面阴刻行书"皇明敕赠文林郎始祖讳文僚赠太孺人始祖姚陆氏黎太公婆佳城"，"光绪四年岁次戊寅仲春月初二午时重修竖碑"。墓北面约3米处立有石碑2方，均阴刻楷书，东碑载族人名312人，西碑载族人名159人。南面约3米处立石碑1方，为黎氏合族捐资碑。

34 – B₂₁ 崇吊山陆氏墓 〔那琴乡桃岭行政村下争屯西约1公里崇吊山腰·清代·县文物保护单位〕 清道光八年（1828）重修。墓葬朝东，椭圆丘形冢，墓长3.5米，宽1.8米，高1.2米。墓碑高1米，宽0.7米，碑面刻"明故太始祖陆大公婆之墓"，碑文记载陆氏先祖自河南迁徙至广东高要县、广西思阳州，最后落脚上思枯精村的历史。

35 – B₂₂ 渌渠山和尚墓 〔叫安镇松柏行政村福驮屯南约200米·清代·县文物保护单位〕 墓葬3座，皆朝西北，为三合土冢。较大的一座，呈椭圆状，石块围筑，墓碑高0.7米，宽0.43米。碑面阴刻颜体

"圆寂本师上精下一老和尚舍利塔"。前方约1米有2座圆锥形小冢，各高0.5米，底径0.5米，前立砖为碑，高0.35米，宽0.17米。分别阴刻正楷"圆寂恩师上海下珠利塔""圆寂师伯上海下岱舍利塔"。

36 – B₂₃ 刘永福父墓 〔平福乡那明行政村天岩屯崇恩山半山腰上·清代·县文物保护单位〕 建于清咸丰六年（1856），1983年修缮。墓葬朝南，圆丘形土冢，底径约1.5米，高1米。墓前立水磨石墓碑，面刻"刘以来墓"4字。墓前面约20米原有座小戏台，今已毁。墓前方偏北约1公里处，原立有清政府钦赠给刘永福的《奉天诰命碑》《圣旨碑》各1方。正面约1公里处，立有越南阮朝钦赠《奉天诰命碑》1方，背面约50米处还有越南阮朝赠的《奉天诰命碑》2方，《圣旨碑》1方。现收藏于上思县文物管理所。

37 – C₁ 四方山道 〔在妙镇佛子行政村兰奉屯北4公里兰奉山腰·明代·县文物保护单位〕 建于明代，具体时间不详，清代重修。为上思与扶绥县来往的山道，现存长约490米，宽1.2米。原有石踏跺360级，现存112级，100余米，每级由2块长方形料石拼接筑成。

38 – C₂ 顶墩山烽火台 〔那琴乡那俩行政村上团屯北约1公里的顶墩山顶·清代·县文物保护单位〕 又名烟墩。建于清康熙年间（1662—1722），具体时间不详。清知州戴梦熊在上思通往南宁官道附近的山上修建烽火台，相距十五里一台，可相互呼应，顶墩山烽火台是其中之一。烽火台系土筑的圆台体，台高约4米，底径约25米，顶径约5米。1990年在其附近枯桃塘铺遗址出土的清乾隆二十年（1755）立"奉宪禁革"碑中记载附近村民有捐资承值及修茸铺舍、烟墩的责任等。占地面积约490平方米。

39 – C₃ 烟墩山烽火台 〔那琴乡联惠行政村板回屯西南约1公里的烟墩山顶·清代·县文物保护单位〕 又名烟墩。建于清康熙二十三年（1684）。知州戴梦熊在上思通往南宁官道附近的山上修建烽火台，相距十五里一台，可相互呼应，烟墩山烽火台是其中之一。烽火台系土筑的圆台体，四周较陡，中间稍凹。台高约6米，底径15米，顶径约4米。占地面积约176.63平方米。

40 – C₄ 那崇山烽火台 〔那琴乡桃岭行政村下争屯东南2公里的那崇山顶·清代·县文物保护单位〕 又名烟墩，建于清康熙二十三年（1684）。知州戴梦熊在上思通往南宁官道附近的山上修建烽火台，相距十五里一台，可相互呼应，那崇山烽火台是其中之一。烽火台系土筑的圆台体。台顶较平坦。台高约4米，底径约23米，顶径约6米。占地面积约415平方米。

41 - C₅ 大替屯烽火台 〔那琴乡桃岭行政村大替屯南面约 1 公里的顶墩山顶·清代·县文物保护单位〕建于清康熙二十三年（1684）。知州戴梦熊在上思通往南宁官道附近的山上修建烽火台，相距十五里一台，可相互呼应，大替屯烽火台是其中之一。台系土筑的圆台体，台顶较平坦。台高约 5.5 米，底径 20 余米，顶径约 5 米。占地面积约 320 平方米。

42 - C₆ 永究山烽火台 〔那琴乡桃岭行政村古桃屯东南约 1 公里的永究山顶·清代·县文物保护单位〕建于清康熙二十三年（1684）。知州戴梦熊在上思通往南宁官道附近的山上修建烽火台，相距十五里一台，可相互呼应，永究山烽火台是其中之一。烽火台系土筑的圆台体，上窄下宽，台顶较平坦。台高约 5 米，底径约 29 米，顶径约 5 米。占地面积约 660 平方米。

43 - C₇ 平利桥 〔叫安镇三科行政村平利屯西面约 100 米小河上·清代·县文物保护单位〕建于清道光十九年（1839），又称那兰石桥。东西走向，双孔石拱平桥，长 8 米，宽 1.86 米，拱跨 2 米。料石砌筑桥台、桥拱，桥面用花岗条石铺砌，其中一块条石上刻有"记□百文五□□光六年售七"等字。桥西约 30 米处有道光十九年《名杨巩桥碑记》碑刻 1 方，记载建桥意义及捐资芳名。

44 - C₈ 平福圩码头 〔平福乡平福行政村平福村·清代〕建于清同治年间（1862—1874），与平福圩同时修建。自平福圩东南面往西铺筑至河边，用砂岩条石铺砌，条石大小不一，最长 1.5 米，宽 0.3 米。现存 81 级踏跺。原立有清同治年间的码头碑记，现移存于平福圩文武庙内。

45 - C₉ 粤东书院 〔平福乡平福行政村平福村·清代·县文物保护单位〕原名粤东会馆。建于清同治二年（1863），由平福乡民众捐资兴建。清光绪年间（1875—1908）改为"粤东书院"。坐东朝西，砖木结构，二进院落，分前、后两座，中隔天井，两侧廊庑，占地面积约 130 平方米。前座已毁，门额原有阴刻楷书"粤东书院"石匾。后座为二层楼房，面阔三间，前有檐廊，楼面铺木板，抬梁式木构架，悬山顶，盖小青瓦。

46 - C₁₀ 那郭司马第 〔叫安镇那布行政村那郭屯·清代·县文物保护单位〕建于清同治二年（1863）。坐西朝东，砖木结构，二进院落，由前、后两座及天井、厢房组成，占地面积约 250 平方米。主体建筑面阔三间，进深二间，外为清水砖墙，内墙泥砖，穿斗与抬梁混合木构架，悬山顶，盖小青瓦。封檐板和横梁等有龙、花草浮雕，柱础为八棱宝瓶式。前座有前檐廊，立圆木檐柱 2 根，明间前檐为 6 扇木隔扇门。门额上有清同治二年阳刻楷书"司马第"横匾。

47 - C₁₁ 燕城民居 〔思阳镇思阳行政村燕城屯·清代〕建于清光绪年间（1875—1908），系燕城屯黄锦秋建。坐西朝东，砖木结构，四合院，由前座、后座、天井及厢房组成，占地面积约 250 平方米。前、后座面阔三间，进深二间，穿斗与抬梁混合木构架，悬山顶，盖小青瓦。后座前置檐廊，廊立宝瓶础木檐柱 2 根，门额上挂上思厅军民府赠送的"德著松筠"横匾。两次间有格棂窗，封檐板、梁头、横梁均饰菊花、蝴蝶等浮雕。天井以青砖铺砌。

48 - C₁₂ 福阜桥 〔在妙镇佛子行政村那目屯西北面 1 公里苏桥坡地的小溪上·清代〕建于清光绪十七年（1891）。东西走向，双孔石拱平桥，长 28 米，宽 2.5 米，拱跨 4.3 米。桥身、桥拱用料石、灰浆砌筑，桥南、北侧拱顶各置一块长条石，面阴刻文字，一为右侧款文"福阜桥"，中间正文"彩映长虹"，左侧款文"光绪十七年□□"。二为右款文"福阜桥"，中间正文"光分月半"，左款文"光绪十七岁鼎建"。桥两端桥堍宽约 6 米，以料石垒筑。

49 - C₁₃ 那埋司马第 〔华兰镇华城行政村那埋屯·清代〕建于清代，具体时间不详。坐北朝南，砖木结构，三进院落，由大门、中座、后座、天井、厢房组成，占地面积约 600 平方米。大门、中座、后座面阔三间，穿斗与抬梁混合木构架，悬山顶，盖小青瓦。大门明间设前凹廊，门额悬挂"司马第"匾额，门前有 12 级条石踏跺。中座前置檐廊，立砖砌方檐柱 2 根。后座屋檐两侧镶有木质雕刻龙头。前天井中部有两侧铺条石，中间铺筑青砖的通道。后天井为青砖铺筑。

50 - C₁₄ 思阳镇民居 〔思阳镇北彩街 29 号·清代〕建于清代，具体时间不详。坐东朝西，砖木结构，单体平房，面阔三间，进深一间，清水墙，内金柱 4 根，抬梁式木构架，硬山顶，盖小青瓦。明间有左右两个用圆砖砌筑的砖柱，前后开门。两次间东西端各开一门相对。封檐板浮雕葡萄等图案。

51 - C₁₅ 上争屯民居 〔位于那琴乡桃岭行政村上争屯·清代〕建于清代，具体时间不详。坐西朝东，砖木结构，单体平房，面阔三间，进深一间，青砖、泥砖墙，抬梁式木构架，悬山顶，盖小青瓦。前有檐廊，立木檐柱 2 根，柱顶饰雕在雀替。内分隔墙以青砖为底，高约 1.93 米，其上砌泥砖。地面铺青砖。

52 - D₁ 弄怀岩摩崖石刻 〔思阳镇计怀行政村弄怀屯东北面约 500 米弄怀岩西洞口崖壁·明代·县文物保护单位〕摩崖石刻 8 方。形式有题榜、题诗、题记等。字体多为楷书，也有隶书。文字多已漫漶不清。其中入洞口有明嘉靖知州周璞题横行榜书"弄怀"2字，字径0.95米，楷书，阳刻。落款"闽南周璞题"。刻于明嘉靖二十三年（1544）之后。其侧有周璞题记和明万历番禺人杨茂先题《秋日游弄怀岩》五言律诗等。周璞（生卒年不详），明福建福宁州人。嘉靖二十二年（1543）知上思州，后任思恩知府。

D₁₋₁ 杨茂先"秋日游弄怀岩"诗 〔思阳镇弄怀屯弄怀岩西洞口岩壁·明代〕 摩崖石刻1方。明万历四年（1576）刻。刻面高约0.8米，宽0.52米。文竖3行，计61字，楷书，阴刻。杨茂先撰文并书丹。五言律诗，8句共40字。诗云："揽辔探奇迹，逢秋壮胜游。泉香松雨落，洞古石烟浮。钟鼓依岩响，莓苔绕径幽。仙源俱在望，何处觅庙邱。"落款"番禺杨茂先题"。杨茂先（生卒年不详），广东番禺人，明万历四年（1576）任上思州知州。

53－D₂ 美利岩摩崖石刻 〔思阳镇西北约7公里美利岩洞口崖壁·明代·县文物保护单位〕 美利岩又称美丽岩，有摩崖石刻1方。明嘉靖二十三年（1544）后刻，具体时间不详。刻面约高2米，宽1米。碑文竖2行，计7字。明嘉靖知州周璞撰文并书丹。无首题，正文榜书"美利"2字，字径0.95米，楷体，阴刻。落款"闽南周璞题"。

54－D₃ 凿字潭摩崖石刻 〔在妙镇驮从行政村那凤村南面的明江河中·年代不详·县文物保护单位〕 摩崖石刻2方。在明江河中突出河面的一块大石上刻有龙、鹿等动物图案和"湖广桂杨州石记"7字；在另一块石上刻榜书"苍石横波"4字。均为楷书，阴刻。字径0.47米。

55－D₄ 禁革陋例碑 〔原置思阳镇东靖路，现存上思县文物管理所·清代〕 碑刻1方。清乾隆二十二年（1757）立。碑高1.8米，宽0.7米，厚0.16米。碑文竖行，200余字，楷书，阴刻。上思州知州戴梦熊所立。额题"禁革陋例碑"，碑文内容为禁止民间各种陋习，禁止征收一切苛捐杂税等。

56－D₅ 三台书院重修碑记 〔原置思阳镇东街，现存上思县文物管理所·清代〕 碑刻1方。三台书院曾于清嘉庆九年（1804）和道光十一年（1831）重修。碑为道光二十三年（1843）立。碑高1.02米，宽0.92米，厚0.45米。碑文竖行，楷书，阴刻。李济芳撰文并书丹。首题"三台书院重修碑记"，落款"上思州事藏泉李济芳撰"。碑文记载署州事李济芳及绅民捐资重修三台书院过程，并要求树立好的学风。

57－D₆ 镇水碑 〔公正乡公正行政村那计屯西约100米处的立叫山·清代〕 在高出赖路州河20米的山腰上，立碑刻1方。刻于清代，具体时间不详。碑

高0.9米，宽0.38米。碑中刻一人头像，头上刻一太阳，下饰云纹，中间刻一"邪"字，左边刻"万水见君逃"5字，为镇压河水泛滥之意。

58－E₁ 关仁甫旧居遗址 〔思阳镇六莫巷·清代·县文物保护单位〕 关仁甫（1873—1958），原名嘉善，又名汉臣、福臣、炳南，一度化名黎雪胡，广西上思县思阳镇人，辛亥革命元老，曾任建国联军粤桂边防军务督办游击第二路司令兼上思县知事等职，被孙中山先生誉为"革命先锋"。1936年任香港中和堂总部第二任总理，从事华侨联谊工作。1958年3月病逝于香港。旧居为关仁甫之祖屋及出生地。原有平房三间，先后于1925年、2005年倒塌，其宅基地上已修建了民房。1988年，由上思县人民政府收回。

E₁₋₁ 关仁甫家族墓 〔思阳镇计怀行政村三化屯西北面约3公里狮子山·清代·县文物保护单位〕 有墓4座，系关仁甫的父、母、祖母、叔祖母墓，占地面积约100平方米。墓葬均朝南，三合土冢，呈长方形，长2.1米，宽0.8米，高1米。均立有碑。碑高0.42米，宽0.31米。碑文为阴刻楷书，刻墓主姓名。

59－E₂ 中共东安支部旧址 〔公正乡公正行政村那计屯南面村边·1940年·县文物保护单位〕 1940年至1941年间，中共上思地下党支部在此举办了青训班、战工团、学生军等培训班。同时，中共上思东安支部在此成立。旧址原为关帝庙，始建年代不详，重建于清光绪三十三年（1907）。原建筑面阔四间，现仅存一间，坐北朝南，石灰、河卵石砌墙，抬梁式木构架，硬山顶，盖小青瓦。前檐墙不存，门前有柱础、石踏跺，还有石卧狮1个、卧虎1个、铁钟两口。

60－E₃ 琵琶会议旧址 〔公正乡那齐行政村琵琶屯·1947年〕 1947年10月初，中共上思县特支、东安支部、粤桂边人民解放军21团在琵琶屯先后召开2次会议，部署上思起义。旧址原为梁著臣住宅，泥墙平房，面阔三间，抬梁式木构架，硬山顶，盖小青瓦。占地面积约60平方米。

61－E₄ 上思游击队总部旧址 〔叫安镇双板行政村枯埋村西约5公里岜莱山·1947年〕 1947—1949年间，上思游击队总部转移至岜莱山山腰岩厦内，继续领导上思县的武装斗争。旧址为石灰岩岩厦，宽9.5米，高1.9米，进深5米。

62－E₅ 粤桂边人民解放军三支队联络站旧址 〔南屏瑶族乡江波行政村六细屯东·1948年·县文物保护单位〕 1948年下半年，粤桂边人民解放军第3支队在南屏乡一带开展游击斗争。联络站设在六细屯瑶族农家。1949年6月18日在此成立了中共上思工作委员会。旧址为泥墙平房，面阔二间，进深一间，悬山

顶，盖小青瓦。占地面积约 100 平方米。

63 - E₆ 粤桂边人民解放军二十团油印室旧址 〔南屏瑶族乡江波行政村六细屯·1948 年〕 1948 年 10 月，粤桂边人民解放军第 20 团（后改为 22 团）在六细屯一户瑶族农家设立油印室翻印文件、学习资料及宣传品。旧址为平房，面阔三间，抬梁式木构架，泥墙，悬山顶，盖小青瓦。占地面积约 70 平方米。

64 - E₇ 上思县革命烈士纪念碑 〔思阳镇北面文岭山·1957 年〕 为纪念粤桂边区人民解放军第 22 团在解放战争和抗美援朝牺牲的凌群光等 70 多名烈士，上思县人民政府于 1951 年在文岭山修建了烈士纪念碑。碑坐西朝东，高 8 米，水泥、砖结构。二级六边形碑座，边长 2.7 米，其上立四方立柱体碑体，正面刻"革命烈士纪念碑"。1975 年重修。

65 - E₈ 吴凤典墓 〔平福乡公安行政村平隆屯南约 1.5 公里枯华山山腰·1967 年·县文物保护单位〕 吴凤典（1840—1906），又名泰，字雅楼，壮族，广西上思县那琴乡上伴屯人。为黑旗军左营管带，曾任越南阮朝宣慰副使、副领兵管，回国后任清雷州参将。逝世后，清政府诰授为"龙虎将军"。原葬上伴屯，1967 年其后人迁葬今址。长方形土冢，长 1.3 米，宽 0.9 米，高 0.8 米，无墓碑，占地面积约 20 平方米。

66 - E₁₀ 冯文烈士墓 〔平福乡公安行政村南面约 200 米处山坡·1994 年〕 1994 年 9 月，上思县人民政府为解放战争中牺牲的冯文烈士修筑。墓葬朝西，水泥修筑，呈椭圆柱状，长 2.24 米，宽 1.53 米，高 1.26 米。碑面刻"冯文烈士之墓"。落款"上思县人民政府公元一九九四年九月三十日立"，两侧分立 2 方石碑，南面碑为冯文烈士墓志铭，北面碑为捐资修墓者名单。

67 - G₁ 那当石器出土点 〔叫安镇那当行政村那当屯东南约 200 米河旁台地·新石器时代·县文物保护单位〕 1983 年，在明江西岸河旁 I 级台地上采集到双肩石斧 10 余件，同时台地上还散布有石片、石核等。

68 - G₂ 那笃石铲出土点 〔公正乡信良行政村那笃屯南约 1 公里山坳·新石器时代·县文物保护单位〕 1984 年，山坳中出土石铲 3 件。其中 1 件被压碎。另 2 件为一大一小，均有方柄，平肩微向上翘，束腰，双面刃。铲长 0.163—0.231 米，宽 0.095—0.098 米。

69 - G₃ 那凤铜鼓出土点 〔在妙镇驮从行政村那凤屯南 1 公里山坡·东汉—唐〕 1986 年 7 月，修建妙镇至平福公路时，在山坡上出土灵山型铜鼓 1 血，无伴随物。鼓面径 0.77 米，高 0.464 米，足径 0.786 米。鼓面太阳纹十芒，面沿列三累蹲蛙与三单蛙相间。饰变体连线纹、"四出"钱纹、虫纹、鸟形纹、鸟纹、兽形纹、席纹等。胸腰间附辫纹扁耳 2 对，足部稍残。

中 国 文 物 地 图 集
—— 广 西 分 册 ——

文物单位索引

简 要 说 明

1. 本索引收入《中国文物地图集·广西分册》市、县文物图和文物单位简介中的文物单位共 7843 条。

2. 索引的排列，按文物单位首字笔画简繁顺序；同笔画者，根据汉字习惯书写规律，按笔画起笔横、竖、撇、点、折的顺序排列；首字相同的，按文物单位第二个字的笔画数、笔序排列，余类推。

3. 索引中文物单位名称后的两组数字，分别代表该文物单位所在的图幅和文字的页码，如白莲洞遗址 145F3 96，其中 145F3 为文物单位所在图幅的页码和坐标网格；96 为文物单位简介的页码，市、县文物图中未标出的部分文物单位的子目，只注明文物单位简介的页码。

三画
一部

乙（一丁乚）部

丿部

乙 (乛丁乚) 部

广西壮族自治区全国重点文物保护单位、自治区文物保护单位名录

全国重点文物保护单位

古遗址（8处）

序号	名称	地理位置	时代	公布时间	备注
1	顶蛳山遗址	南宁市邕宁区蒲庙镇新新行政村九碗坡东面顶蛳山	新石器时代	2001.06.25	第五批
2	智城洞城址	南宁市上林县白圩镇爱长行政村石捡村东北约500米智城山	唐	2006.5.25	第六批
3	白莲洞遗址	柳州市鱼峰区白莲街道大桥社区柳石路472号白莲洞洞穴科学博物馆内	旧石器时代—新石器时代	2006.5.25	第六批
4	鲤鱼嘴遗址	柳州市鱼峰区天马街道大龙潭社区大龙潭公园内龙山南麓	旧石器时代—新石器时代	2006.5.25	第六批
5	甑皮岩遗址	桂林市象山区平山街道大风山社区甑皮岩路独山南麓	新石器时代	2001.06.25	第五批
6	秦城遗址	桂林市兴安县溶江镇一甲行政村水街、通济村，莲塘行政村七里圩、大营村一带	秦—汉	2006.5.25	第六批
7	百谷和高岭坡遗址	百色市右江区龙景街道大和行政村百谷屯东北约400米百谷山、田东县林逢镇檀河行政村坡算屯南约50米高岭坡	旧石器时代	2001.06.25	第五批
8	感驮岩遗址	百色市那坡县城厢镇公园路县人民公园内后龙山脚感驮岩内外	新石器时代	2006.5.25	第六批

古墓葬（1处）

序号	名称	地理位置	时代	公布时间	备注
1	合浦汉墓群	北海市合浦县廉州镇的东北、南、北面	汉	1996.11.20	第四批

古建筑（10处）

序号	名称	地理位置	时代	公布时间	备注
1	莫土司衙署	来宾市忻城县城关镇西宁街98号	明—清	1996.11.20	第四批
2	靖江王府及王陵	桂林市秀峰区秀峰街道东华社区广西师范大学内；七星区朝阳乡、叠彩区大河乡尧山西南麓一带	明	1996.11.20	第四批
3	灵渠	桂林市兴安县兴安镇、湘漓镇、严关镇及溶江镇区域	秦	1988.01.13	第三批
4	燕窝楼	桂林市全州县永岁乡石岗行政村石岗村东南村口	明—清	2006.5.25	第六批
5	恭城古建筑群	桂林市恭城瑶族自治县恭城镇拱辰街、太和街	明—清	2006.5.25	第六批

古建筑（10处）					
6	江头村和长岗岭村古建筑群	桂林市灵川县九屋镇江头行政村江头村、灵田乡上长岗岭行政村长岗岭村	明至民国	2006.5.25	第六批
7	临贺故城	贺州市八步区贺街镇瑞云山东北侧河西社区河西街临江西岸	汉—清	2001.06.25	第五批
8	马殷庙	贺州市富川瑶族自治县朝东镇福溪行政村福溪村	明—清	2006.5.25	第六批
9	经略台真武阁	玉林市容县容州镇东外街57号真武阁公园内绣江之滨	明	1982.02.23	第二批
10	大士阁	北海市合浦县山口镇永安行政村永安村	明	1988.01.13	第三批
石窟寺及石刻（3处）					
1	花山岩画	崇左市宁明县城中镇耀达行政村耀达屯东北约500米花山	战国—东汉	1988.01.13	第三批
2	柳侯祠碑刻	柳州市城中区公园街道文惠路柳侯祠内	南宋—民国	2006.5.25	第六批
3	桂林石刻	桂林市叠彩区、秀峰区、象山区、七星区	唐—清	2001.06.25	第五批
近现代重要史迹及代表性建筑（16处）					
1	昆仑关战役旧址	南宁市兴宁区昆仑镇九塘社区欧廖村与领兵山之间的山隘中、柳州市鱼峰区大龙潭社区广西龙潭医院宿舍区内	1939—1940年	2006.5.25	第六批
2	胡志明旧居	柳州市鱼峰区天马街道乐群社区柳石路1号、2号、驾鹤街道蟠龙社区蟠龙山、柳北区解放街道友谊社区柳州饭店内	1942—1954年	2006.5.25	第六批
3	八路军桂林办事处旧址	桂林市叠彩区叠彩街道叠彩社区中山北路14号、灵川县定江镇宝路行政村路西村15号	1938年	1996.11.20	第四批
4	李宗仁故居及官邸	桂林市临桂县两江镇信果行政村浪头村马鞍山脚下、桂林市象山区象山街道文明社区文明路16号	清、1948年	1996.11.20	第四批
5	湘江战役旧址	桂林市兴安县、全州县、灌阳县三县交界区湘江两岸	1934年	2006.5.25	第六批
6	梧州中山纪念堂	梧州市万秀区中山街道东正社区中山公园北山顶	1930年	2006.5.25	第六批
7	李济深故居	梧州市苍梧县大坡镇坡头行政村料神村	1925年	1996.11.20	第四批
8	太平天国永安活动旧址	梧州市蒙山县蒙山镇民主街32号及县城周边乡镇	1851—1852年	2006.5.25	第六批
9	容县近代建筑群	玉林市容县容城镇、黎村镇、杨梅镇、松山镇	清—民国	2006.5.25	第六批

近现代重要史迹及代表性建筑（16 处）					
10	金田起义地址	贵港市桂平市金田镇金田行政村金田村西犀牛岭	1851 年	1963.03.04	第一批
11	中国工农红军第七军、第八军军部旧址	百色市右江区百城街道解放街 39 号、龙州县龙州镇新街 19 号	1929—1930 年	1988.01.13	第三批
12	右江工农民主政府旧址	百色市田东县平马镇南华街 1 号	1929 年	1996.11.20	第四批
13	刘永福、冯子材旧居建筑群	钦州市钦南区文峰街道板桂街 10 号、南珠街道白水塘社区白水塘	清	2001.06.25	第五批
14	红军标语楼	河池市金城江区河池镇河池街 28 号	1930 年	2006.5.25	第六批
15	广西农民运动讲习所旧址	河池市东兰县武篆镇巴学行政村干孟屯拉甲山	1925 年	2006.5.25	第六批
16	连城要塞遗址和友谊关	北海市海城区；防城港市防城区、东兴市；崇左市宁明县、凭祥市、龙州县、大新县；百色市靖西县、那坡县	明—清	2006.5.25	第六批
近现代代表性建筑（4 处）					
1	程阳永济桥	柳州市三江侗族自治县林溪乡平岩行政村马安屯西北约 50 米林溪河上	民国	1982.02.23	第二批
2	岜团桥	柳州市三江侗族自治县独峒乡岜团行政村岜团村边苗江河上	清	2001.06.25	第五批
3	马胖鼓楼	柳州市三江侗族自治县八江乡马胖行政村马胖屯	民国	2006.5.25	第六批
4	北海近代建筑群	北海市海城区	近代	2001.06.25	第五批

广西壮族自治区文物保护单位

古遗址（50处）					
序号	名称	地理位置	时代	公布时间	备注
1	灰窑田遗址	南宁市青秀区津头街道三岸园艺场西约500米邕江北岸灰窑田岭	新石器时代	1981.8.25	
2	豹子头遗址	南宁市青秀区中山街道柳沙社区柳沙园艺场那贝村西南约2公里邕江左岸	新石器时代	1981.8.25	
3	青龙江口遗址	南宁市青秀区长塘镇定西行政村冲豆内坡西北约1公里青龙江口	新石器时代	1981.8.25	
4	天窝遗址	南宁市青秀区长塘镇长塘行政村天窝村东约2.5公里螺蛳山	新石器时代	1981.8.25	
5	石船头遗址	南宁市良庆区良庆镇那黄行政村那黄村北约3.5公里邕江南岸临江台地上	新石器时代	1981.8.25	
6	江西岸遗址	崇左市扶绥县新宁镇城厢社区江西岸村东南约1公里左江北岸	新石器时代	1981.8.25	
7	敢造遗址	崇左市扶绥县新宁镇长沙行政村那普村西南约1.5公里	新石器时代	1981.8.25	
8	同正遗址	崇左市扶绥县中东镇中东社区中东街东约2公里土坡	新石器时代	1981.8.25	
9	歌寿岩遗址	崇左市大新县榄圩乡新球行政村逐标村东北约500米歌寿山	新石器时代	1994.7.8	
10	镇南门城墙	柳州市城中区城中街道五星社区曙光中路	明	2009.5.4	
11	柳江人遗址	柳州市柳江县穿山镇竹山行政村新兴农场场部驻地东约2公里通天岩内	旧石器时代	1994.7.8	
12	柳城巨猿洞	柳州市柳城县社冲乡社冲行政村新社冲村西面约500米楞寨山	更新世	1994.7.8	
13	柳城窑址	柳州市柳城县大埔镇木桐行政村木桐村北侧约150米	南宋—元	1981.8.25	
14	怀远故城址	柳州市三江侗族自治县丹洲镇丹洲社区丹洲岛上	明	2009.5.4	
15	麒麟山人遗址	来宾市兴宾区桥巩乡桥巩行政村合隆村南约500米麒麟山	旧石器时代	1963.2.26	
16	蓬莱洲象州故城遗址	来宾市兴宾区城厢乡五香行政村二沟村南约500米蓬莱洲	南宋	2009.5.4	
17	南沙湾遗址	来宾市象州县象州镇城南社区南沙湾村北约800米	新石器时代	1994.7.8	

古遗址（50处）					
18	娘娘村遗址	来宾市象州县石龙镇迷赖行政村娘娘村东南约400米	新石器时代	1994.7.8	
19	圣堂山石墙	来宾市金秀瑶族自治县长垌乡平孟行政村圣堂山山腰	明	2009.5.4	
20	窑田岭窑址	桂林市永福县永福镇南雄行政村方家寨村	宋	1981.8.26	
21	大岩遗址	桂林市临桂县临桂镇二塘行政村小太平村下岩门山北麓	新石器时代	2009.5.4	
22	严关窑址	桂林市兴安县严关镇杉树行政村水南田村一带	宋	1963.2.26	
23	渡里园遗址	桂林市全州县龙水镇桥渡行政村渡里园村西约100米庙山岭	新石器时代	1994.7.8	
24	蒋安岭（江凹里）窑址	桂林市全州县永岁乡永岁行政村江凹里村东约50米、乐家湾行政村乐家湾村南200米之间的湘江两岸	唐—清	1981.8.25	
25	洮阳城遗址	桂林市全州县永岁乡梅潭行政村梅塘村东约100米土石山上	西汉—隋	1981.8.25	
26	晓锦遗址	桂林市资源县资源镇晓锦行政村下锦村后龙山	新石器时代	2009.5.4	
27	古城岗古城遗址	桂林市灌阳县新街乡邓家行政村香溪村雀儿山	西汉	1981.8.25	
28	元丰鉴铸钱遗址	梧州市万秀区城北街道钱鉴社区桂江东岸钱鉴村（今桂江造船厂内）	北宋	1981.8.25	
29	古龙窑址	梧州市藤县古龙镇忠隆行政村中坡村西北约300米马鹿头东坡	汉—南朝	1981.8.25	
30	中和窑址	梧州市藤县藤州镇中和行政村中和村北流河东岸沿岸的小山丘上	宋	1981.8.25	
31	贺州鉴铸钱遗址	贺州市八步区莲塘镇上寺行政村上左寨村牛排岭西麓铁屎坪	北宋	1994.7.8	
32	绿鸦冶铁遗址	玉林市兴业县龙安镇、山心镇、大平山镇、洛阳镇一带	宋	2000.7.19	
33	铜石岭冶铜遗址	玉林市北流市民安镇兴上行政村上良村大、小铜石岭、会岭台的沿河山坡一带	汉—唐	1981.8.25	
34	岭垌窑址	玉林市北流市平政镇岭垌行政村岭垌村	宋	1981.8.25	
35	西山冶铜遗址	玉林市容县容西乡西山行政村西山村附近	汉—唐	1981.8.25	
36	城关窑址	玉林市容县容州镇绣江两岸	宋	1981.8.25	
37	南江古码头遗址	贵港市港南区江南街道南江村郁江岸边	明—民国	2009.5.4	

古遗址（50处）					
38	上塔遗址	贵港市桂平市寻旺乡东塔行政村上塔村西南浔江南岸台地上	新石器时代	1994.7.8	
39	大塘城遗址	贵港市桂平市寻旺乡先锋行政村大塘城村西北浔江郁江河岸台地	新石器时代	1994.7.8	
40	桂平窑址	贵港市桂平市西山镇西山行政村西山村一带	元—明	1963.2.26	
41	登塘冶铁遗址	贵港市平南县六陈镇登塘行政村、大妙行政村、合水行政村、邦机行政村一带屋背山	西汉	1994.7.8	
42	那赖遗址	百色市田阳县田州镇兴城行政村那赖村西约200米的山坡上	旧石器时代	2009.5.4	
43	钦江县故城遗址	钦州市钦南区久隆镇沙田行政村上东坝村西北约800米	隋—宋	1981.8.25	
44	灵山人遗址	钦州市灵山县灵城镇梓崇行政村梓崇村马鞍山	旧石器时代	2000.7.19	
45	钦州故城遗址	钦州市灵山县旧州镇旧州行政村旧州村南约50米	唐—北宋	1981.8.25	
46	越州故城遗址	钦州市浦北县石埇镇坡子坪行政仰天湖村北面	南朝	1981.8.25	
47	下窑村窑址	北海市银海区福成镇海宁行政村下窑村	宋	1963.2.26	
48	大浪古城遗址	北海市合浦县石湾镇大浪行政村古城头村	汉—明	2009.5.4	
49	杯较山遗址	防城港市防城区茅岭乡茅岭行政村茅岭圩西南约4公里江心岛	新石器时代	1963.2.26	
50	社山遗址	防城港市东兴市江平镇交东行政村西南海边社山	新石器时代	1981.8.25	
古墓葬（52处）					
1	板麦石塔墓	崇左市江州区江州镇板麦行政村板麦村东南约1公里宝塔山	明	2000.7.19	
2	黄泽墓	崇左市宁明县明江镇琴岳行政村板册村四把岭	明	2000.7.19	
3	庙山岩洞葬	崇左市大新县福隆乡福隆社区福隆街北面庙山东崖岩洞中	宋—明	2000.7.19	
4	张翀和张翀母亲墓	柳州市城中区河东街道河东行政村油榨村东南蜈蚣岭东面山腰	明	2009.5.4	
5	九头山墓群	柳州市鱼峰区麒麟街道元江社区九头山村西南	汉	2009.5.4	

古墓葬（52处）					
6	杨廷理及其家族墓群	柳州市鱼峰区白莲街道洛维社区洛维园艺场底村、城中区河东街道河东村马鹿山东南约1公里杨家岭	清	2009.5.4	
7	刘蕡墓	柳州市柳南区太阳村镇文笔行政村兴龙村	唐	2009.5.4	
8	新安墓群	柳州市柳江县白沙乡新安行政村小田头村至崖尾村间的柳江西岸	汉	1994.7.8	
9	融安南朝墓群	柳州市融安县长安镇安宁行政村黄家寨村、木寨行政村马架村、红卫行政村下崩冲村、东圩行政村、浮石镇泉头行政村九龙村一带	南朝	2009.5.4	
10	岭南墓群	来宾市象州县大乐镇岭南行政村岭南村东、西、南面丘陵上	汉	1994.7.8	
11	王二东汉墓群	来宾市金秀瑶族自治县桐木镇仁里行政村王二村南约300米官坡岭	东汉	2000.7.19	
12	五通墓群	桂林市临桂县五通镇北街头岭、中庸乡牛岭头	汉—南朝	1981.8.26	
13	界首墓群	桂林市兴安县界首镇界首行政村黄家村西	汉—晋	1963.2.26	
14	石马坪墓群	桂林市兴安县溶江镇莲塘行政村莲塘村石马坪、黄茅岭一带	汉—宋	1963.2.26	
15	龙尾巴岭墓群	桂林市全州县凤凰乡湾里行政村石子桥村西黄土岭	汉	1994.7.8	
16	大梅子坳墓群	桂林市全州县咸水乡鲁塘行政村鲁塘村南约1公里大梅子坳岭一带	汉—晋	1963.2.26	
17	双藻田墓群	桂林市全州县绍水镇塘口行政村双藻田村东北约15米、兴安界首镇兴田行政村	汉—晋	1981.8.25	
18	十份山墓群	桂林市全州县咸水乡龙田行政村沙田村十份山	汉—晋	1981.8.25	
19	沿河墓群	桂林市全州县绍水镇沿河行政村老底宅村和青山田村边树林里	汉—南朝	1981.8.25	
20	凤凰嘴墓群	桂林市全州县凤凰乡和平行政村凤凰嘴村、左家坪村	汉—南朝	1981.8.25	
21	古城岗墓群	桂林市灌阳县新街乡龙炼行政村马家坪村西北满天星山	战国—晋	1981.8.25	
22	白沙村墓群	桂林市灌阳县黄关镇东阳行政村白沙村	汉	1981.8.25	
23	丁塘口墓群	桂林市灌阳县新街乡虎坊行政村张家湾村后	汉—南朝	1981.8.25	

古墓葬（52处）					
24	花篢墓群	桂林市荔浦县花篢镇江华、凤联、大同、花篢行政村一带	汉—南朝	1981. 8. 25	
25	马岭墓群	桂林市荔浦县马岭镇永明、凤凰、新寨行政村一带	汉—南朝	1981. 8. 25	
26	阳安墓群	桂林市平乐县阳安乡古端行政村古端村东面梅花岭	战国—晋	1981. 8. 25	
27	张家墓群	桂林市平乐县张家镇老埠行政村老埠村至钓鱼行政村和村村银山岭	战国—晋	1981. 8. 25	
28	二塘墓群	桂林市平乐县二塘镇周塘行政村岩头岭、铜锣道至锰矿区一带	晋—唐	1981. 8. 25	
29	莲花墓群	桂林市恭城瑶族自治县莲花镇莲花、枧头等行政村辖地	晋—南朝	1981. 8. 25	
30	巨塘墓群	桂林市恭城瑶族自治县平安乡巨塘行政村巨塘村	晋—南朝	1981. 8. 25	
31	梧州墓群	梧州市万秀区云盖山、蝶山区莲花山、螺山、塘源等地	汉—南朝	1963. 2. 26	
32	花果山墓群	梧州市岑溪市糯垌镇糯垌社区糯垌镇政府驻地北约100米花果山	战国—汉	1994. 7. 8	
33	新圩墓群	梧州市蒙山县新圩镇双垌行政村双垌村南面约800米北哥谷岭、谢村行政村马赖岭	汉—晋	1981. 8. 25	
34	桂岭墓群	贺州市八步区桂岭镇英民行政村英民村南	战国—汉	1981. 4. 7	
35	铺门墓群	贺州市八步区铺门镇贺江两岸较高的台地上	汉	1981. 4. 7	
36	新村墓群	贺州市八步区黄田镇新村行政村新村街西	汉	1981. 4. 7	
37	孝穆皇太后先茔	贺州市八步区桂岭镇善华行政村新田尾寨北约80米	明	2000. 7. 19	
38	朝阳墓群	贺州市富川瑶族自治县城北镇城北行政村朝阳村南面横岭	汉—宋	1981. 8. 25	
39	清塘墓群	贺州市钟山县英家镇英家行政村至大同行政村松木根村	汉—南朝	1981. 8. 25	
40	王岭墓群	贺州市钟山县燕塘镇合群行政村王岭村至白沙井村	汉—南朝	1981. 8. 25	
41	里古墓群	贺州市钟山县公安镇里太行政村南	汉—宋	1963. 2. 26	
42	张屋—牛庙墓群	贺州市钟山县燕塘镇张屋行政村至公安镇牛庙行政村西北	汉—元	1981. 8. 25	

古墓葬（52处）					
43	北陀墓群	贺州市昭平县北陀镇凤清行政村、立教行政村、乐群行政村一带	汉	1994.7.8	
44	贵县墓群	贵港市港北区贵城街道	汉—晋	1963.2.26	
45	瓦氏夫人墓	百色市田阳县田州镇隆平行政村那豆村东北约300米岑氏墓地	明	1994.7.8	
46	岑氏土司墓	百色市平果县旧城镇兴宁行政村	明—清	1994.7.8	
47	岑氏土司墓地	百色市靖西县新靖镇旧州街西侬赞山	明	1994.7.8	
48	久隆墓群	钦州市钦南区久隆镇新圩行政村至钦北区平吉镇古隆行政村一带	隋—唐	1981.8.25	
49	刘永福墓	钦州市钦南区沙埠镇油路行政村沙寮村老虎头岭南面	清	1994.7.8	
50	冯子材墓（包括碑亭）	钦州市钦南区沙埠镇坭桥行政村坭桥村东北的小山丘上	清	1981.8.25	
51	九如墓群	河池市都安瑶族自治县九渡乡九如行政村渡口村、加若村之间	汉	1981.8.25	
52	凤腾山墓群	河池市环江毛南族自治县下南乡堂八行政村堂八村西北约2.3公里凤腾山东南坡	明—清	2000.7.19	
古建筑（91处）					
1	邕江防洪古堤	南宁市青秀区中山街道中山社区邕江大桥北端东面约300米处	清	2009.5.4	
2	新会书院	南宁市兴宁区民生街道人民中社区解放路42号	清—民国	2000.7.19	
3	南宁魁星楼	南宁市江南区江西镇扬美行政村东侧希望小学	清	2009.5.4	
4	五圣宫	南宁市邕宁区蒲庙镇蒲津社区蒲津路63号	清	2009.5.4	
5	伏波庙	南宁市横县云表镇六河行政村龙门塘村西南1.2公里郁江乌蛮滩北岸	明	1994.7.8	
6	惠迪公祠	南宁市隆安县南圩镇南圩社区积发村	清	2009.5.4	
7	宾州南桥	南宁市宾阳县宾州镇南街与三联街交接处宝水江上	明	2009.5.4	
8	思恩府试院	南宁市宾阳县宾州镇三联社区三联街宾阳县职业中等技术学校内	清	2000.7.19	
9	太平府故城	崇左市江洲区太平镇中山社区	明	2000.7.19	
10	左江斜塔	崇左市江洲区太平镇大村行政村归龙村北约1.5公里左江中心鳌头岛	明—清	1994.7.8	

古建筑（91 处）					
11	万福寺	崇左市天等县向都镇中和社区北约 800 米岜琅山	清	2000.7.19	
12	养利州故城址	崇左市大新县桃城镇旧城区	清	2009.5.4	
13	东门城楼	柳州市城中区城中街道东门社区曙光东路中段	明—清	1994.7.8	
14	隆盛九厅十八井	柳州市柳江县进德镇三千行政村隆盛村	清	2000.7.19	
15	覃村石拱桥	柳州市柳城县古砦仫佬族乡龙美行政村覃村村东南约 100 米覃村河下游	清	2009.5.4	
16	古廨古建筑群	柳州市柳城县古砦仫佬族乡古砦行政村古廨村	明—清	2009.5.4	
17	和里三王宫	柳州市三江侗族自治县良口乡和里行政村欧阳寨南约 200 米双溪交汇处	明—清	2009.5.4	
18	文辉塔	来宾市兴宾区迁江镇大村行政村扶济村南约 100 米红水河北岸	明	2009.5.4	
19	武宣故城北门城楼	来宾市武宣县武宣镇上北街尾	清	2009.5.4	
20	武宣文庙	来宾市武宣县武宣镇东街	清	2000.7.19	
21	舍利塔	桂林市象山区象山街道虹桥社区民主路万寿巷文昌桥头	明	1963.2.26	
22	普贤塔	桂林市象山区象山街道文新社区象鼻山顶	明	2000.7.19	
23	虹桥	桂林市象山区象山街道虹桥社区南门桥东侧阳江南岸	明	2009.5.4	
24	木龙洞石塔	桂林市叠彩区叠彩街道叠彩社区还珠路叠彩山东麓木龙洞古渡头	唐	1963.2.26	
25	宋靖江府城墙（包括古南门、宝积山城墙、鹦鹉山、铁封至叠彩山城墙、藏兵洞、东镇门及城墙、新建筑所遮蔽的城墙）	桂林市秀峰区、叠彩区从榕湖北路、翊武路至宝积山、鹦鹉山、铁封山地段	南宋	2000.7.19	
26	花桥	桂林市七星区七星街道七星公园西门口小东江与灵剑溪汇流处	明—清	1963.2.26	
27	仙桂桥	桂林市阳朔县白沙镇旧县行政村旧县村西北约 500 米遇龙河支流上	南宋	1994.7.8	
28	遇龙桥	桂林市阳朔县白沙镇遇龙行政村遇龙村西南侧遇龙河上	明	2000.7.19	

	古建筑（91 处）				
29	永宁州城城墙	桂林市永福县百寿镇寿城社区半边街北端	明—清	1981.8.25	
30	南边山双凤桥	桂林市临桂县南边山乡钱村行政村双凤桥村双凤河	清	2009.5.4	
31	六塘清真寺	桂林市临桂县六塘镇六塘街社区西水街17 号	清	2009.5.4	
32	四方灵泉	桂林市灵川县潭下镇老街行政村山口村	清	2009.5.4	
33	大圩古镇	桂林市灵川县大圩镇	清—民国	2000.7.19	
34	木湾村古建筑群	桂林市灵川县海洋乡大庙塘行政村桐木湾村	清—民国	2009.5.4	
35	榜上村古建筑群	桂林市兴安县漠川乡榜上行政村榜上村	明—清	2009.5.4	
36	严关（包括附属碑刻）	桂林市兴安县严关镇仙桥行政村严关口村	清	1963.2.26	
37	水源头村古建筑群	桂林市兴安镇白石乡鳌头行政村水源头村	清	2009.5.4	
38	湘山寺塔群与石刻	桂林市全州县全州镇湘山寺公园内	唐—民国	1994.7.8	
39	南石祠	桂林市全州县绍水镇松川行政村白塘村大藕塘西北面	清	1994.7.8	
40	白茆坞牌坊	桂林市全州县枧塘乡塘福行政村新白茆坞村东约 500 米	清	1994.7.8	
41	精忠祠	桂林市全州县大西江镇锦塘行政村四板桥村东村口	清	2000.7.19	
42	柴侯祠	桂林市全州县全州镇桂黄中路 65 号	清	2000.7.19	
43	关帝庙	桂林市灌阳县灌阳镇解放路灌阳镇第一小学东南侧	明—清	2000.7.19	
44	石刻牌坊	桂林市灌阳县文市镇月岭行政村月岭村前	清	1981.8.25	
45	荔浦塔	桂林市荔浦县荔城镇宝塔巷 27 号旁	清	1981.8.25	
46	平乐粤东会馆	桂林市平乐县平乐镇大街 55 号	清	2009.5.4	
47	朗山民居	桂林市恭城瑶族自治县莲花镇朗山行政村朗山村	清	1994.7.8	
48	豸游周氏宗祠	桂林市恭城瑶族自治县嘉会乡豸游行政村豸游村	清	2000.7.19	
49	白鹤观	梧州市蝶山区角嘴街道珠山社区鸳江路 1 号河滨公园桂江西岸珠山东麓	清	2000.7.19	
50	粤东会馆	梧州市苍梧县龙圩镇忠义街	清	1994.7.8	
51	南渡镇邓公庙	梧州市岑溪市南渡镇南渡社区南渡中心小学内	清	1994.7.8	

古建筑（91处）					
52	五世衍祥牌坊	梧州市岑溪市水汶镇南禄行政村南禄村莲塘坳	清	2000.7.19	
53	授三公祠	梧州市藤县古龙镇古龙行政村古龙村公路旁	清末	2009.5.4	
54	封阳石城	贺州市八步区铺门镇中华行政村中华村西约200米	明	2009.5.4	区保公布名：中华石城
55	开宁寺	贺州市八步区开山镇南和行政桂开二级路的西侧路边	明—清	2000.7.19	
56	黄田戏台	贺州市八步区黄田镇黄田社区建设路42号	清	2009.5.4	
57	文明阁	贺州市昭平县黄姚镇黄姚街行政村东南天马山	明—清	2000.7.19	
58	黄姚戏台	贺州市昭平县黄姚镇黄姚街行政村	明—清	1994.7.8	
59	回澜风雨桥	贺州市富川瑶族自治县朝东镇油沐行政村沐笼村东约1公里黄沙河上	明	1994.7.8	
60	富阳故城	贺州市富川瑶族自治县富阳镇江西岸了高岭东侧	明—清	1994.7.8	
61	凤溪古建筑	贺州市富川瑶族自治县城北镇凤岭行政村凤溪村	明—清	2000.7.19	
62	慈云寺和瑞光塔	贺州市富川瑶族自治县富阳镇南门外富江西岸瑞光园内	清	2009.5.4	
63	东水村古建筑群	贺州市富川瑶族自治县朝东镇东水行政村东水村	清	2009.5.4	
64	大田戏台	贺州市钟山县公安镇大田行政村大田村南约30米	清	1981.8.25	
65	恩荣牌坊	贺州市钟山县燕塘镇玉坡行政村玉西村	清	2000.7.19	
66	莲花戏台	贺州市钟山县两安瑶族自治乡三联行政村莲花村南	清	2000.7.19	
67	石龙桥	贺州市钟山县石龙镇石龙社区石龙街西北石龙河上	清	2000.7.19	
68	龙道村古建筑群	贺州市钟山县回龙镇龙福行政村龙道村	清	2009.5.4	
69	石龙戏台	贺州市钟山县石龙镇石龙社区石龙街	清	2009.5.4	
70	高山村古建筑群	玉林市玉州区城北街道高山行政村高山村	清	2009.5.4	
71	庞村古建筑群	玉林市兴业县石南镇庞村行政村庞村	清	2009.5.4	
72	青莪馆	玉林市陆川县温泉镇新洲北路140号	清末	2009.5.4	

续表

古建筑（91处）					
73	东塔	贵港市桂平市寻旺乡东塔行政村东塔村东塔小学旁浔江东南岸	明	1981.8.25	
74	寿圣寺	贵港市桂平市麻垌镇洞天行政村洞天村白石山	明—清	1994.7.8	
75	大安古建筑群	贵港市平南县大安镇镇大街白沙江与新客河交汇处	清	1994.7.8	
76	灵洲会馆	百色市右江区百城街道解放街6号	清	2009.5.4	
77	田阳粤东会馆	百色市田阳县田州镇隆平行政村牌楼村西约200米	清	2009.5.4	
78	丹桂塔	百色市那坡县城厢镇公园路人民公园内后龙山脚感驮岩北侧	清	2009.5.4	
79	岑氏家族建筑群	百色市西林县那劳乡那劳行政村那劳村	明—清	1994.7.8	
80	大芦村古建筑群	钦州市灵山县佛子镇大芦行政村大芦村	明—清	2009.5.4	
81	伯玉公祠	钦州市浦北县小江镇平马行政村李屋村	清	2009.5.4	
82	大郎书院	钦州市浦北县小江镇平马行政村平马中心校内	清	2009.5.4	
83	北宋村石碑坊	河池市环江毛南族自治县明伦镇北宋行政村北宋村东北约500米公路旁	清	1994.7.8	
84	平洛乐登桥	河池市罗城仫佬族自治县东门镇平洛行政村水埠村西南约500米河面上	明	2009.5.4	
85	白龙城址	北海市铁山港区营盘镇白龙社区白龙圩	明	1981.8.25	
86	文昌塔	北海市合浦县廉州镇定海南路81号对面四方岭	明	2009.5.4	
87	海角亭	北海市合浦县廉州镇文蔚路廉州中学内	清	1994.7.8	
88	惠爱桥	北海市合浦县廉州镇惠爱路西门江上	清	1994.7.8	
89	东坡亭	北海市合浦县廉州镇合浦师范学校内	清	2000.7.19	
90	廉州武圣宫	北海市合浦县廉州镇奎文路24号	清	2009.5.4	
91	潭蓬运河	防城港市防城区江山乡潭蓬行政村潭蓬村	唐	1981.8.25	
石刻（19处）					
1	岜字山摩崖石刻	崇左市大新县恩城乡政府南约1公里的岜字山山脚	元—清	1994.7.8	
2	穷斗山摩崖造像	崇左市大新县全茗镇灵熬行政村朋大村东北约1.2公里穷斗山	明	2000.7.19	
3	鱼峰山马鞍山石刻	柳州市鱼峰区天马街道乐群社区鱼峰公园鱼峰山、天马街道乐群社区屏山大道南侧马鞍山	宋—清	1981.8.25	

石刻（19处）					
4	真仙岩石刻	柳州市融水苗族自治县融水镇下廓行政村南约1.2公里真仙岩	宋—清	1963.2.26	
5	高岩摩崖石刻	柳州市鹿寨县雒容镇高岩行政村高岩村南约1公里高岩	宋—清	1994.7.8	
6	白虎山石刻	来宾市忻城县古蓬镇凌头行政村周安村西约250米白虎山	明—清	2009.5.4	
7	帽合山岩画	来宾市金秀瑶族自治县桐木镇泰山行政村猫尾村北约2公里帽合山中部山腰	明	2000.7.19	
8	芦笛岩、大岩壁书	桂林市秀峰区甲山街道福利路社区芦笛路光明山芦笛岩和大岩	唐—清	1981.8.25	
9	碧莲峰摩崖石刻	桂林市阳朔县阳朔镇碧莲峰东麓和东北麓	明—现代	2009.5.4	
10	百寿岩摩崖石刻	桂林市永福县百寿镇东岸行政村东约50米百寿岩	宋—清	1981.8.25	
11	合掌石摩崖石刻	贺州市钟山县钟山镇民富行政村白马村东约100米白马山东麓	宋	2009.5.4	
12	碧云岩摩崖石刻	贺州市钟山县钟山镇民富行政村白马村大岩山碧云岩	宋—民国	2009.5.4	
13	勾漏洞摩崖石刻	玉林市北流市北流镇钩漏行政村勾漏山勾漏洞	宋—清	1981.8.25	
14	宴石山摩崖造像	玉林市博白县顿谷镇石坪行政村宴石山西壁	唐	1994.7.8	
15	南山寺石刻	贵港市港南区新塘乡山边行政村狮头山南山寺内	宋—清	1963.2.26	
16	田东印茶摩崖造像	百色市田东县江城镇镇政府西约1公里八仙山	宋	1981.8.25	
17	水源洞摩崖石刻（包括洞内外游廊、石拱桥、山门观音阁等）	百色市凌云县泗城镇旦村行政村百花吞东北面约150米水源洞	清—民国	2000.7.19	
18	三海岩摩崖石刻	钦州市灵山县灵城镇灵峰社区灵山中学北面三海岩、田螺岩	南宋—民国	1994.7.8	
19	会仙山摩崖石刻	河池市宜州市庆远镇白龙公园会仙山白龙洞	宋—民国	1994.7.8	
近现代重要史迹（51处）					
1	中共广西省委第二次代表大会旧址	南宁市青秀区中山街道津头社区河堤路雷屋	1929年	1981.8.25	

续表

	近现代重要史迹（51处）				
2	镇宁炮台	南宁市兴宁区民生街道人民东北一里社区人民东路16号人民公园望仙坡	1917年	2009.5.4	
3	共青团南宁地委旧址	南宁市兴宁区民生街道北宁社区北宁街47号	1926年	1981.8.25	
4	革命烈士纪念碑	南宁市兴宁区民生街道人民东北一里社区人民东路16号人民公园内托子岭	1956年	1963.2.26	
5	广西高等法院办公楼旧址	南宁市兴宁区民生街道兴宁社区朝阳路3—5号	1927年	2009.5.4	
6	广西省土改工作团第二团部旧址	南宁市江南区江西镇锦江行政村麻子畲坡老口渡口中南岸边	1951年	2009.5.4	
7	广西南宁育才学校旧址	南宁市西乡塘区心圩街道和德行政村九冬坡	1951年	2009.5.4	
8	法国驻龙州领事馆旧址	崇左市龙州县龙州镇利民社区利民街	1908年	2000.7.19	
9	陈勇烈祠	崇左市龙州县龙州镇北帝巷	1897年	1981.8.25	
10	越南共产党驻龙州秘密机关旧址	崇左市龙州县龙州镇南街99号	1931年	2009.5.4	
11	业秀园（陆荣廷旧居）	崇左市龙州县水口镇水口旧街东北端	1919年	2009.5.4	
12	廖磊公馆	柳州市城中区公园街道罗池社区中山东路36号	1932年	2009.5.4	
13	张公岭环山工事碉堡群遗址	柳州市柳南区南环街道竹鹅行政村柳邕路张公岭	1933—1937年	2009.5.4	
14	广西农事试验场旧址	柳州市柳北区沙塘镇柳州农科所内	1936年	2009.5.4	
15	大瑶山团结公约碑	来宾市金秀瑶族自治县金秀镇功德路县人民政府大楼南约10米石碑亭	1982年	2009.5.4	
16	广西省立艺术馆	桂林市秀峰区秀峰街道解西社区解放西路15号	1944—1949年	2009.5.4	
17	蒋翊武先生就义处纪念碑	桂林市秀峰区秀峰街道榕湖社区翊武路南端东侧	1921年	1963.2.26	
18	张曙墓	桂林市七星区七星街道七星公园内普陀山北麓	1957年	2000.7.19	
19	阚维雍等三将军及八百壮士墓	桂林市七星区七星街道七星公园内普陀山博望坪	1946年	2000.7.19	
20	中共桂林市工委机关旧址	桂林市七星区穿山街道穿山行政村江东村口	1947—1949年	1963.2.26	

近现代重要史迹（51 处）					
21	陈光烈士墓	桂林市七星区七星街道七星公园内普陀山西麓	1951 年	2000. 7. 19	
22	马君武墓	桂林市雁山区雁山镇桂阳公路西侧雁山南端山坡	1940 年	1981. 8. 25	
23	徐悲鸿旧居	桂林市阳朔县阳朔镇前街 5 号	1936 年	2000. 7. 19	
24	红军楼	桂林市龙胜各族自治县平等乡龙坪行政村龙坪寨	1934 年	1981. 8. 25	
25	中共梧州地委、广西特委旧址	梧州市万秀区城中街道北山社区建设路兴仁巷 4 号、民主社区民主路维新里东三巷 4 号	1926—1927 年	1963. 2. 26	
26	陈济桓故居	梧州市岑溪市筋竹镇筋竹社区筋竹镇政府大院内	1935 年	2009. 5. 4	
27	中共广西省委黄姚旧址	贺州市昭平县黄姚镇黄姚街行政村安乐街宝珠巷	1945 年	1994. 7. 8	
28	英家起义地址	贺州市钟山县英家镇英家行政村英家街	1947 年	2000. 7. 19	
29	俞家舍	玉林市北流市陵城街道大兴街 167 号	1928 年	1994. 7. 8	
30	北流县农民运动讲习所旧址	玉林市北流市北流镇城东一路 90 号	1927	1981. 8. 25	
31	中共广西省委办事处旧址	玉林市北流市北流镇环城行政村环城村（大埠头黎家庄）	1928—1930 年	1981. 8. 25	
32	朱锡昂烈士故居遗址	玉林市博白县沙河镇山桥行政村上垌村	清	2009. 5. 4	
33	中共广西特委扩大会议旧址	贵港市港北区贵城街道古榕路 46 号	1928 年	1963. 2. 26	
34	平南县殉国烈士纪念碑	贵港市平南县平南镇东面浔江北岸罗冲桥畔	1935 年	1994. 7. 8	区保公布名：辛亥革命黄花岗起义五烈士纪念塔
35	思隆县农民运动讲习所旧址	百色市田东县平马镇人民路古榕街 146 号	1926 年	1981. 8. 25	
36	广西省田南道农民办事处旧址	百色市田东县平马镇德乐路德新巷 37 号东面	1927 年	1994. 7. 8	
37	西林教案遗址	百色市田林县定安镇东新街	1856 年	1994. 7. 8	
38	中国工农红军第七军、第八军会师军部旧址	百色市乐业县城三乐街 292 号	1930 年	1994. 7. 8	

近现代重要史迹（51 处）				
39	凌云中山纪念堂	百色市凌云县泗城镇胜利社区正东小区后龙山脚下	1938 年	2009.5.4	
40	泗峡坳抗日烈士墓园	钦州市灵山县太平镇南行政村泗峡坳顶	1940 年	2009.5.4	
41	太平天国翼王石达开等唱和诗刻	河池市宜州市庆远镇白龙公园会仙山白龙洞口右侧岩壁	1860 年	1963.2.26	
42	红军岩	河池市凤山县凤城镇恒里行政村恒里村东北恒里上半山腰	1931 年	2009.5.4	
43	红七军二十一师兵工厂遗址	河池市凤山县袍里乡坡心行政村林那村国家地质公园三门海景区马王洞内	1930 年	2009.5.4	区保公布名：红七军廿一师兵工厂遗址
44	中共红七军前委东兰县苏维埃政府旧址	河池市东兰县武篆镇中和行政村魁星街 18 号	1930 年	1963.2.26	
45	韦拔群烈士纪念碑	河池市东兰县东兰镇城西社区西面更闹坡烈士公园	1957 年	1963.2.26	
46	东兰劳动小学旧址	河池市东兰县东兰镇城东社区虎头街 62 号	1929—1930 年	2009.5.4	
47	韦拔群故居遗址及旧墓	河池市东兰县武篆镇东里行政村的东里村特牙山	1926、1930 年	2009.5.4	
48	红七军二十一师师部旧址	河池市巴马瑶族自治县西山乡弄京行政村弄索村弄场	1931 年	1963.2.26	
49	中国工农红军独立第三师师部、中共右江特委右江革命委员会旧址	河池市巴马瑶族自治县西山乡弄京行政村弄岩村	1931—1932	1997.3.21	
50	韦拔群烈士牺牲地	河池市巴马瑶族自治县西山乡弄烈行政村弄烈村东北约 3 公里香刷弄场香刷洞	1932 年	2009.5.4	
51	罗浮恒望天主教堂	防城港市东兴市东兴镇楠木山行政村恒乐村西约 100 米	清	2009.5.4	
近现代代表性建筑（8 处）					
1	明秀园	南宁市武鸣县城厢镇灵源社区蒙家村	1919 年	2000.7.19	
2	施恒益大院	南宁市横县横州镇城司社区城司街东二巷 394 号	1933 年	2009.5.4	
3	海洋庙	桂林市灵川县海洋乡海洋街社区海洋山	1925 年	2000.7.19	
4	伟江顺风桥	桂林市龙胜各族自治县伟江乡布弄村潘寨潘寨江上	1947 年	1994.7.8	

近现代代表性建筑（11处）					
5	平等鼓楼群	桂林市龙胜各族自治县平等乡平等行政村平等寨	清—民国	1994.7.8	
6	梧州市近代建筑群	梧州市万秀区、蝶山区	清—民国	2009.5.4	
7	谢鲁山庄	玉林市陆川县乌石镇谢鲁行政村寨子村燕子山南麓	1920年	1994.7.8	
8	黄明堂墓	钦州市钦北区大寺镇广琅行政村料厘村西北龙狗岭	1939年	1994.7.8	
其他（3处）					
1	正隆巨猿化石出土地点	崇左市大新县榄圩乡正隆行政村那隆村东北约1公里牛睡山黑洞	更新世	2000.7.19	
2	感报寺铜钟	梧州市万秀区中山街道东正社区中山公园北山顶西南侧钟亭内	南汉	1963.2.26	
3	乾亨寺铜钟	贺州市八步区八步街道体育路东端留趣山顶	南汉	1963.2.26	

参加第二次全国文物普查和相关文物调查人员名单

（各名单均以姓氏笔画为序）

广西博物馆（含广西文物工作队）：

于凤芝	王克荣	王梦祥	韦仁义	方一中	丘 龙	朱良玉
李 珍	李玉瑜	李庆斌	吴伟峰	吴崇基	邱钟仑	何乃汉
张世铨	张宪文	陈 文	陈左眉	陈远璋	罗坤馨	周石保
周继勇	郑超雄	贾志光	党春宁	黄启善	黄增庆	梁旭达
梁景津	梁薇薇	彭书琳	蒋廷瑜	覃义生	覃圣敏	覃彩銮
曾从运	谢日万	谢光茂	蓝日勇	谭增义	潘慧琳	魏桂宁

南宁市：

韦用之	文志广	叶浓新	叶展新	孙冬梅	陈建睦	钟燕华
郭顺利	唐春松	黄云忠	黄民贤	黄用之	黄昌宁	温松生
蒙树忠	雷时仲	雷时忠	雷秋江	雷 声	黎之江	黎之津

崇左市：

马介文	马赤农	韦寿平	韦寿福	韦学彬	邓宁生	许钟夫
农 毅	农广田	农秀琛	农启鹏	朱秋平	李文东	李达初
李泽洪	李朝军	杨伯虎	杨统邦	吴 凡	吴作韬	吴经文
何农林	何理广	宋有才	张 军	张显光	陈少华	陈明凤
罗必雄	周忠志	侯成韬	胡里生	徐 宏	黄乃贺	黄才琛
黄兰京	黄志川	梁镝	梁宣军	梁馗喜	梁耀基	曾 岚
廖日球	廖永延	廖有宁	翟长孙			

柳州市：

韦月梅　韦巧莲　韦远裕　韦润德　刘　文　刘燕山　阳少维
李月樵　吴玉兰　吴世华　吴瑞平　何应辉　余健龄　陈建宏
胡玉圣　胡荣康　梁宪建　覃贵真　覃祖瑞　温其洲　熊　飞
熊启校

来宾市：

马凤球　马冯生　韦　敏　韦凤文　韦佩宽　韦建成　全维健
李家声　李赞鲁　杨向东　肖世力　张　旭　陈文成　林润西
金玉宝　周昆灵　贺定龙　徐惠文　黄刚毅　梁国庆　梁相成
梁炳贵　梁家培　覃球生　曾甲堂　蓝建军　简宣付　蔡雍阶
潘学忠　潘福生

桂林市：

王开政　王武坤　王建东　韦明玲　邓根珏　左志强　石全峰
石修孝　龙　飞　白光颜　吕志芳　全志明　全建兰　刘　琦
刘王宣　刘为芳　刘烈辉　刘家毅　江威信　李　勇　李铎玉
何开粹　杨永明　邱太林　邱盛元　何怡范　谷丽灵　张子模
陆亚冰　陈小春　陈兴华　陈树谦　林京海　周开保　郑佑德
赵　平　秦家德　顾金昆　俸　艳　俸娇英　黄书林　黄志荣
盘元昌　康金林　覃晓秋　曾少立　谭发胜　熊　彬　黎福金
潘国俊

梧州市：

司徒少萍　刘统载　李乃贤　杨建辉　吴寿才　吴桂盈　陈久年
陈水德　林　刚　罗德振　袁　敏　黄育清　黄宗汉　黄衍燊
董武生　蒙惠朝　廖清芳　谭丽坤　黎　军

贺州市：

王国政　叶继浪　冯盛秋　苏秋霞　李兆宗　李　青　李　惠

杨挥才　肖继光　邱宗仁　张春云　陈　卫　陈圣峰　陈昌盛
陈　烁　罗德才　孟士康　胡作建　姚　健　莫测镜　郭建军
郭　洁　唐先治　蒋元丰　覃光荣　曾宪瑜　曾艳英　蓝裕穆
虞美群　廖勇宾

玉林市：

王天威　韦有伦　邓保军　卢增荣　叶恩俊　丘保荣　朱少明
朱绍华　刘用华　李义凡　杨　李　杨瑞棠　肖清薇　邹良娣
张曼双　陈　亮　陈西章　陈庆光　陈尚进　陈修海　林　春
罗志明　庞庆通　庞善巧　封绍柱　凌英伟　高守忠　高　虹
唐青莉　唐尚恒　唐国锋　黄及鸿　黄福兰　梁劲南　梁柱栋
梁　勇　蒋以亨　程新佑　曾宪球　蔡永坚　廖　勤　黎　戈
黎晓仓

贵港市：

甘永初　冯宇明　冯桂淳　刘学文　岑坤德　张武光　陈小波
陈玉文　陈永湘　林仕然　林其伟　郑彩云　钟辉雄　莫建华
莫康卿　徐祖耀　凌崇征　黄　亮　黄国光　黄思宁　黄素坤
黄桂康　黄培棋　黄婉玲　黄惠初　梁　俭　梁文林　梁汉忠
梁家毅　彭树鸿　谢绍彬　黎文灿　黎宪红

百色市：

于曼萍　王文魁　王任保　韦宝昌　韦　勇　韦爱桃　田　丰
丛彩云　农卫红　农文田　苏立孟　李　果　李家业　张连珠
陆建国　陈守圣　陈应生　林祖昌　胡祖耀　班燕西　凌树东
凌海平　郭　华　黄　生　黄　江　黄　毅　黄为群　黄可创
黄志雄　黄时华　黄明标　黄育新　黄顺坚　黄保林　黄理盘
黄霖珍　彭志达　蒋惠忠　覃　杰　覃汉民　覃庆生　覃孟林
曾祥旺　蒙珍强　简晓明　潘汉江

钦州市：

马光都	韦雯彦	孔凤戈	邓 兰	邓家庆	玉永琏	宁 勇
苏士君	李少玲	吴斯俊	岑恺详	宋传辉	张 红	陈培之
陈朝英	邵 辉	赵 理	莫耀华	黄志朗	黄岳逢	黄宗业
梁锡鸿	谢 军	蒙文辉	滕 彬			

河池市：

王天成	王仕保	韦 拥	韦云生	韦志耀	韦国兴	韦继耀
韦彩伦	卢海明	李 波	李楚荣	吴邦国	陆汉松	陆 军
陆炳康	陈有天	陈爱民	思 毅	班华善	莫仁刚	莫建华
徐金文	唐国风	黄大业	黄大伦	黄桂康	梁世贵	梁忠福
梁富林	蒋之丰	蒋志忠	韩克明	谭耀东		

北海市：

王伟昭	刘焯远	张居英	陆 露	陈瑞业	罗定汉	周德叶
黄文龙	黎顺鉴					

防城港市：

王荣伟	王善初	韦树有	劳乃文	苏 烈	黄之勇	黄学政
谢 毅						

（由于时间久远，人员变动较大，难免出现错漏，恳请见谅包涵）

后记

《中国文物地图集·广西壮族自治区分册》（以下简称《广西分册》）是根据国家文物局关于出版《中国文物地图集》的决定而进行编辑的。《广西分册》编辑工作由广西壮族自治区文化厅组织领导，由文化厅文物处（今文物局）组织编辑。具体工作由《广西分册》编辑组承担，编辑人员有陈远璋、彭书琳、蓝日勇、梁旭达、谭发胜、党丁文、梁景津、韦仁义。先后参加相关编辑工作的人员还有吴兵、陆卫、钟良、陈宇、陈嘉、甘晓芸、潘玉梅等。

《广西分册》的编辑自20世纪90年代起开始，在编辑组全体编辑人员及工作人员的共同努力下，《广西分册》历经多次修改才完成初稿。1993年3月，时任国家文物局副局长黄景略率李晓东、叶学明、叶小燕、吴梦麟、王凌云、史俐敏等文物地图集编委、编辑组成员抵邕，对《广西分册》书稿进行了初审，提出了初审意见。此后，按照初审意见要求，编辑组对相关文物资料进行了补充调查及收集，在此基础上对《广西分册》进行了较大幅度的修改：包括对概述、专题、重点文物以及A、B、C、E、F、G类相关条目进行了不同程度的调整、补充修改，其中重点对C类条目进行了较大修改，重新组织编写了D类条目。修改的任务比较繁重，编辑组克服了诸多困难，多次易稿。2009年，《广西分册》修改稿在北京通过了国家文物局《中国文物地图集》专家组评审，编辑组再次按终审意见进行了最后一次修订。其间，乡镇合并等行政区划的变化增加了工作量及困难，至2017年《广西分册》完成最终统编、统纂，《广西分册》终稿交付文物出版社，几经校核，即将印刷出版。

《广西分册》总结了广西文物田野工作，包括历次文物专题调查或普查、考古发掘，以及1955年、1959年、1963—1966年、1981—1984年、1986—1989年先后进行的五次全区性文物普查，其中有两次为全国性文物普查工作。特别是1981—1989年全国文物普查期间，广西壮族自治区文物工作队以及广西各市、县文物保护管理机构及相关部门的专业、业余工作人员近3000人次参加了田野调查，足迹踏遍了广西的大地，调查覆盖率达到了广西行政区域的85%以上，发现了不可移动文物点1万余处，其中新发现的文物点有7231处，填写了各类文物调查登记表。另外，各地市文化局、文物管理机构日常工作的积累和发现，也为《广西分册》的编辑提供了丰富的资料，为《广西分册》的完成奠定了坚实的基础。《广西分册》汇集了中华人民共和国成立以来广西文物调查（包括专题调查）、考古发掘等文物田野工作的重要成果，包括在古遗址、古墓葬、古建筑、古石刻、古岩画、近现代代表性建筑等诸方面的重要收获，是全面反映广西境内已发现的不可移动文物分布、保护、保存基本状况的资料，其中凝聚着广西全体文物工作者（包括行政管理人员、专业工作者、后勤人员）的辛勤付出和汗水，是大家共同努力的成果。《广西分册》的出版不仅是对过去广西文物工作的科学总结，也是今后开展工作的新起点，将对今后的文物保护管理以及文物的科学研究、展示和合理利用产生积极作用，对于弘扬中华文化，促进广西社会经济建设，促进精神文明和物质文明都具有重要的意义。

《广西分册》由陈远璋主编（兼执行主编）。

本书概述由陈远璋、韦仁义撰写。

重点文物图文字由陈远璋撰写，图片由文物所在地的文物保护管理机构提供。

文物分布图最初由彭书琳、韦仁义、蓝日勇、陈远璋、梁旭达、梁景津分别填注，后按照出版社要求，由陈远璋、钟良及出版单位共同重新填注完成。

14 个专题文物图说明的撰写者分别是：谢日万（撰写《广西壮族自治区少数民族建筑》）、韦仁义（撰写《广西壮族自治区古代窑址》《广西壮族自治区太平天国运动史迹》《广西壮族自治区抗日战争史迹》）、彭书琳（撰写《广西壮族自治区大石铲遗存》《广西壮族自治区岩洞葬》）、梁旭达（撰写《广西壮族自治区旧石器时代文化遗存》《广西壮族自治区新石器时代文化遗存》《广西壮族自治区已发掘的古遗址、古墓葬》）、蓝日勇（撰写《广西壮族自治区古代铜鼓遗存》《广西壮族自治区秦汉遗存》）、陈远璋（撰写《广西壮族自治区古代岩画》《广西壮族自治区石刻》《广西壮族自治区全国重点文物保护单位和自治区文物保护单位》）。

文物单位简介的撰写分工如下：A 类由梁旭达、陈远璋执笔，B 类由蓝日勇、陈远璋执笔，C 类由陈远璋、梁景津执笔，D 类由陈远璋、党丁文、谭发胜执笔，E 类由陈远璋、韦仁义执笔，F 类由韦仁义执笔，G 类由彭书琳执笔。

《广西壮族自治区全国重点文物保护单位、区重点文物保护单位名录》由钟良制作。本书英文翻译为杨新辉。

全书由陈远璋统改、统编、统稿，钟良参加了校对工作。

《广西分册》的编辑工作得到了国家文物局黄景略、李晓东等领导的指导。广西壮族自治区文化厅（今文化和旅游厅）领导班子虽经多次变动，始终对《广西分册》的编辑予以高度重视，历届主管和分管领导甘霖、黄宇、张虹、韦壮凡、于栗、陈映红、谢日万、容小宁、张化声、冼光位、覃溥、顾航等以及自治区文物局的历届领导莫志东、吴兵、陈远璋与文物局各处室的领导赵晋凯、秦小燕、蒋东彪、彭鹏程、谢立等都十分关心和支持《广西分册》的编辑工作，积极解决《广西分册》编辑工作的实际问题，给了编辑人员很大的鼓励。文物局处室相关同志也给予编辑组很大的帮助。《中国文物地图集》编辑组叶学明、叶小燕、吴梦麟、王凌云、史俐敏等专家两次赴南宁，对《广西分册》的编辑工作给予具体指导和帮助。国家文物局《中国文物地图集》评审委员会的专家对《广西分册》进行了两次评审，提出了中肯的修改意见。广西各地市县文化局、文物管理所、博物馆（纪念馆）及广西文物保护与考古研究所的专业人员，为《广西分册》提供了大量的文字及图片资料，为编辑工作的进行提供了保证。文物出版社周成等同志，为保证《广西分册》的出版质量，也多次赴广西予以指导，协同解决出版的相关问题。这些支持、帮助和鼓励，都对《广西分册》的编辑起着十分重要的作用。在此，谨表示诚挚的谢意。

参加本书编辑工作的党丁文、梁景津、韦仁义以及参加文物普查并为本书提供资料的一些同志已经不幸仙逝，在此谨向他们表示深切的悼念。

《中国文物地图集·广西壮族自治区分册》编辑组